MANUAL DE DIREITO
ADMINISTRATIVO

O GEN | Grupo Editorial Nacional – maior plataforma editorial brasileira no segmento científico, técnico e profissional – publica conteúdos nas áreas de concursos, ciências jurídicas, humanas, exatas, da saúde e sociais aplicadas, além de prover serviços direcionados à educação continuada.

As editoras que integram o GEN, das mais respeitadas no mercado editorial, construíram catálogos inigualáveis, com obras decisivas para a formação acadêmica e o aperfeiçoamento de várias gerações de profissionais e estudantes, tendo se tornado sinônimo de qualidade e seriedade.

A missão do GEN e dos núcleos de conteúdo que o compõem é prover a melhor informação científica e distribuí-la de maneira flexível e conveniente, a preços justos, gerando benefícios e servindo a autores, docentes, livreiros, funcionários, colaboradores e acionistas.

Nosso comportamento ético incondicional e nossa responsabilidade social e ambiental são reforçados pela natureza educacional de nossa atividade e dão sustentabilidade ao crescimento contínuo e à rentabilidade do grupo.

JOSÉ DOS SANTOS CARVALHO FILHO

MANUAL DE DIREITO ADMINISTRATIVO

39ª edição revista, atualizada e ampliada

- O autor deste livro e a editora empenharam seus melhores esforços para assegurar que as informações e os procedimentos apresentados no texto estejam em acordo com os padrões aceitos à época da publicação, e todos os dados foram atualizados pelo autor até a data de fechamento do livro. Entretanto, tendo em conta a evolução das ciências, as atualizações legislativas, as mudanças regulamentares governamentais e o constante fluxo de novas informações sobre os temas que constam do livro, recomendamos enfaticamente que os leitores consultem sempre outras fontes fidedignas, de modo a se certificarem de que as informações contidas no texto estão corretas e de que não houve alterações nas recomendações ou na legislação regulamentadora.

- Fechamento desta edição: *10.01.2025*

- O Autor e a editora se empenharam para citar adequadamente e dar o devido crédito a todos os detentores de direitos autorais de qualquer material utilizado neste livro, dispondo-se a possíveis acertos posteriores caso, inadvertida e involuntariamente, a identificação de algum deles tenha sido omitida.

- **Atendimento ao cliente: (11) 5080-0751 | faleconosco@grupogen.com.br**

- Direitos exclusivos para a língua portuguesa
  Copyright © 2025 by
  Editora Atlas Ltda.
  Uma editora integrante do GEN | Grupo Editorial Nacional
  Travessa do Ouvidor, 11 – Térreo e 6º andar
  Rio de Janeiro – RJ – 20040-040
  www.grupogen.com.br

- Reservados todos os direitos. É proibida a duplicação ou reprodução deste volume, no todo ou em parte, em quaisquer formas ou por quaisquer meios (eletrônico, mecânico, gravação, fotocópia, distribuição pela Internet ou outros), sem permissão, por escrito, da Editora Atlas Ltda.

- Capa: Aurélio Corrêa

CIP-BRASIL. CATALOGAÇÃO NA PUBLICAÇÃO
SINDICATO NACIONAL DOS EDITORES DE LIVROS, RJ

C323m
39. ed.

Carvalho Filho, José dos Santos
Manual de direito administrativo / José dos Santos Carvalho Filho. - 39. ed., rev., atual. e ampl. - Barueri [SP] : Atlas, 2025.
1.176 p. ; 24 cm.

Inclui bibliografia e índice
ISBN 978-65-5977-707-5

1. Direito administrativo - Brasil. I. Título.

25-96005   CDU: 342.9(81)

Meri Gleice Rodrigues de Souza - Bibliotecária - CRB-7/6439

À Shirlei, *com amor, pelo carinho e*
pelo incentivo que sempre recebi.
Ao Maurício *e à* Adriana, *meus filhos.*
Aos meus pais, que plantaram a semente.

*Jus gentium est quod naturalis ratio
inter omnes homines constituit.*

(O direito das gentes é o que a razão
natural constitui entre todos os homens.)

Como a vida é o maior benefício do universo e não há mendigo que não prefira a miséria à morte, segue-se que a transmissão da vida, longe de ser uma ocasião de galanteio, é a hora suprema da missa espiritual.

Machado de Assis

Sobre o Autor

É mestre em Direito pela Universidade Federal do Rio de Janeiro (UFRJ), tendo lecionado na Universidade do Estado do Rio de Janeiro (UERJ) e na Estácio de Sá (UNESA), bem como nos cursos de pós-graduação da Universidade Federal Fluminense (UFF) e da Universidade Candido Mendes (UCAM), além de ter ministrado aulas em vários cursos preparatórios para concursos públicos. Integrou a equipe docente da Escola da Magistratura do Estado do Rio de Janeiro (EMERJ) e da Fundação Escola do Ministério Público do Estado do Rio de Janeiro (FEMPERJ). É procurador de justiça do Ministério Público do Estado do Rio de Janeiro (aposentado), instituição na qual ocupou vários cargos de assessoria, além da função de consultor jurídico do Ministério Público (2009/2012). Participa, como expositor, de congressos e seminários realizados em todo o País. É membro do Instituto Brasileiro de Direito Administrativo (IBDA), do Instituto de Direito Administrativo do Rio de Janeiro (IDARJ) e do Instituto dos Advogados Brasileiros (IAB). É membro da Academia Brasileira de Letras Jurídicas.

Trabalhos do Autor

I – LIVROS

Manual de Direito Administrativo, Atlas, 39. ed., 2025.
Improbidade Administrativa – Prescrição e outros Prazos Extintivos, Atlas, 3. ed., 2019.
Processo Administrativo Federal, Atlas, 5. ed., 2013.
Comentários ao Estatuto da Cidade, Atlas, 5. ed., 2013.
Consórcios Públicos, Atlas, 2. ed. 2013.
Ação Civil Pública. Comentários por Artigo, Lumen Juris, 7. ed., 2009.
O Estado em Juízo no Novo CPC, Atlas, 2016.

II – OBRAS COLETIVAS

1. O Princípio da Efetividade e os Direitos Sociais Urbanísticos (*A Efetividade dos Direitos Sociais*, obra coletiva, coord. por Emerson Garcia, Lumen Juris, 2004).
2. Processo Administrativo (*Direito Administrativo*, obra coletiva, série *Direito em Foco*, Impetus, 2005, coord. por Marcelo Leonardo Tavares e Valter Shuenquener de Araújo).
3. A Discricionariedade: Análise de seu Delineamento Jurídico (*Discricionariedade Administrativa*, obra coletiva, coord. de Emerson Garcia, Lumen Juris, 2005).
4. O Direito de Preempção do Município como Instrumento de Política Urbana. Novos Aspectos (*Arquivos de Direito Público*, obra coletiva, Método, 2007, org. por Adriano Sant'Anna Pedra).
5. Políticas Públicas e Pretensões Judiciais Determinativas (*Políticas Públicas*: Possibilidades e Limites, obra coletiva, coord. por Cristiana Fortini, Júlio César dos Santos Esteves e Maria Tereza Fonseca Dias, Fórum, 2008).
6. O Ministério Público e o Combate à Improbidade Administrativa (*Temas Atuais do Ministério Público*, coord. por Cristiano Chaves de Faria, Nelson Rosenvald e Leonardo Barreto Moreira, Lumen Juris, 2008).
7. A Sobrevivente Ética de Maquiavel (*Corrupção, Ética e Moralidade Administrativa*, coord. por Luis Manuel Fonseca Pires, Maurício Zockun e Renata Porto Adri, Fórum, 2008).
8. Políticas Públicas e Pretensões Determinativas (*Grandes Temas de Direito Administrativo*, org. por Volnei Ivo Carlin, Conceito, 2009).
9. Terceirização no Setor Público: Encontros e Desencontros (*Terceirização na Administração*, obra em homenagem ao Prof. Pedro Paulo de Almeida Dutra, Fórum, 2009).
10. O Processo Administrativo de Apuração da Improbidade Administrativa (*Estudos sobre Improbidade Administrativa em Homenagem ao Prof. J. J. Calmon de Passos*, obra coletiva org. por Alexandre Albagli Oliveira, Cristiano Chaves e Luciano Ghigone, Lumen Juris, 2010).
11. Interesse Público: Verdades e Sofismas (*Supremacia do Interesse Público*, obra coletiva, coord. por Maria Sylvia Zanella di Pietro e Carlos Vinicius Alves Ribeiro, Atlas, 2010).

12. Ação Civil Pública e Ação de Improbidade Administrativa: Unidade ou Dualidade? (*A Ação Civil Pública após 25 Anos*, obra coletiva, coord. por Édis Milaré, RT, 2010).

13. O Formalismo Moderado como Dogma do Processo Administrativo (*Processo Administrativo. Temas Polêmicos da Lei nº 9.784/99*, obra coletiva, coord. por Irene Patrícia Nohara e Marco Antônio Praxedes de Moraes Filho, Atlas, 2011).

14. O Estatuto da Cidade (*Tratado de Direito Administrativo*, coord. por Adilson Abreu Dallari, Carlos Valder do Nascimento e Ives Gandra Silva Martins, Saraiva, 2013).

15. A desapropriação e o princípio da proporcionalidade (*Leituras complementares de Direito Administrativo*, org. por Fernanda Marinela e Fabrício Bolzan, Podivm, 2. ed., 2010).

16. Plano diretor e inconsciência urbanística (*Direito e Administração Pública*, obra coletiva, org. por Floriano de Azevedo Marques Neto *et al.*, Atlas, 2013).

17. Transformação e efetividade do Direito Administrativo (*Direito Administrativo*, obra coletiva, org. por Thiago Marrara, Almedina Brasil, 2014).

18. Controle da Administração Pública (*Tratado de Direito Administrativo*, Coord. Maria Sylvia Zanella Di Pietro, RT, v. 7, 2014).

19. Tutela da ordem urbanística (*Ação civil pública*, Coord. Édis Milaré, RT, 2015).

20. Discricionariedade técnica e controle judicial (*Problemas emergentes da Administração Pública*, Coord. Valmir Pontes Filho e Emerson Gabardo, Fórum, 2015).

21. Regime jurídico dos termos de colaboração, termos de fomento e acordos de cooperação (*Parcerias com o terceiro setor*, coord. Fabrício Motta, Fernando Borges Mânica e Rafael Arruda Oliveira, Fórum, 2017).

22. Magistratura, Ministério Público e Conselhos Nacionais (*Administração Pública. Desafios para a transparência, probidade e desenvolvimento*, XXIX Congresso Brasileiro de Direito Administrativo, Fórum, 2017).

23. Constituição Federal Comentada (comentários aos arts. 37, 38 e 175 da CF, GEN/Forense, 2018).

24. Ação de improbidade administrativa e o regime no novo Código de Processo Civil (*Temas de direito administrativo contemporâneo*, Lumen Juris, 2018).

25. Improbidade administrativa: razões sociológicas (*Temas atuais de direito público*, Thoth Edit., 2019).

26. Política urbana na Constituição da Cidade (*Direito Constitucional da Cidade,* org. Emerson Affonso Moura, Marcos Alcino Torres e Maurício Jorge Mota, Lumen Juris, 2º vol., 2021).

27. Princípios constitucionais e segurança jurídica (*Estudos em homenagem a Sérgio de Andréa Ferreira*, Org. Aluisio Gonçalves de Castro Mendes, Gustavo Binenbojm e José dos Santos Carvalho Filho, Edit. GZ, 2023).

28. Impactos da erosão constitucional (*Direito administrativo entre tradição e transformação*, Org. Mariah Brochado e Onofre Alves Batista Junior, Dialética, 2023).

III – TRABALHOS PREMIADOS

1. "O Ministério Público no Mandado de Segurança" (monografia premiada por sua classificação em 1º lugar no 1º Concurso "Prêmio Associação do Ministério Público" do Estado do Rio de Janeiro – publicado na *Revista de Direito da Procuradoria-Geral de Justiça do RJ*, v. 13, 1981).

2. "A Exaustão da Via Administrativa e o Controle Jurisdicional dos Atos Administrativos" (Prêmio "San Thiago Dantas" – VI Encontro do Ministério Público do Rio de Janeiro, Cabo Frio, 1985 – publicado na *Revista de Direito da Procuradoria-Geral de Justiça*, nº 22, 1985).

3. "O Ministério Público e o Controle do Motivo dos Atos Administrativos à luz da Constituição de 1988" (Trabalho apresentado no XII Encontro do Ministério Público do Rio de Janeiro, outubro/91 – Prêmio "Mariza Perigault" pelo 1º lugar na área cível).

IV – ARTIGOS JURÍDICOS

1. O Contencioso Administrativo no Brasil (*Revista de Direito da Procuradoria-Geral de Justiça do Rio de Janeiro*, nº 8, 1979).

TRABALHOS DO AUTOR | XV

2. A Responsabilidade Civil das Entidades Paraestatais (*Revista de Direito da Procuradoria-Geral de Justiça*, nº 9, 1980, e Revista *Juriscível*, nº 100).

3. Da Avaliação Penal na Pena Acessória de Perda de Função Pública (Tese de Mestrado – aprovada, UFRJ, 1981).

4. A Extinção dos Atos Administrativos (Revista *Juriscível*, nº 117 – 1982, e *Revista de Direito da Procuradoria-Geral de Justiça do Rio de Janeiro*, nº 16, 1982).

5. O Fato Príncipe nos Contratos Administrativos (*Revista de Direito da Procuradoria-Geral de Justiça do Rio de Janeiro*, nº 23, 1986).

6. O Ministério Público e o Princípio da Legalidade na Tutela dos Interesses Coletivos e Difusos – Tese aprovada no VIII Congresso Nacional do Ministério Público, Natal – 1990 (*Revista de Direito da Procuradoria-Geral de Justiça do Rio de Janeiro*, nº 32, 1990).

7. As Novas Linhas do Regime de Licitações (*Revista do Tribunal de Contas do RJ*, nº 25 – set. 93, e *Livro de Estudos Jurídicos*, nº 7, 1993).

8. Extensibilidade dos Direitos Funcionais aos Aposentados (*Revista do Ministério Público do Rio de Janeiro*, v. 1, 1995, e *Revista do Tribunal de Contas do RJ*, nº 26, 1994).

9. Os Interesses Difusos e Coletivos e o Princípio da Legalidade (*Livro de Estudos Jurídicos*, nº 3, 1992).

10. Exame Psicotécnico: natureza e condições de legitimidade (*Livro de Estudos Jurídicos*, nº 9, 1994).

11. Observações sobre o Direito à Obtenção de Certidões (*Livro de Estudos Jurídicos*, nº 5, 1992).

12. Responsabilidade Civil do Estado por Atos Legislativos (*Livro de Estudos Jurídicos*, nº 6, 1993).

13. O Novo Processo Expropriatório para Reforma Agrária (*Revista do Ministério Público do Rio de Janeiro*, v. 2, 1995, e *Livro de Estudos Jurídicos*, nº 8, 1994).

14. A Eficácia Relativa do Controle da Constitucionalidade pelos Tribunais Estaduais (*Livro de Estudos Jurídicos*, nº 10, 1995).

15. A Contradição da Lei nº 8.987/95 quanto à Natureza da Permissão de Serviços Públicos (*Revista Arquivos do Tribunal de Alçada*, v. 21, 1995, e *Livro de Estudos Jurídicos*, nº 11, 1995).

16. Regime Jurídico dos Atos Administrativos de Confirmação e de Substituição (*Revista Doutrina*, v. 1, 1995, e *Revista Arquivos do Tribunal de Alçada*, v. 24, 1996).

17. A Prescrição Judicial das Ações contra o Estado no que Concerne a Condutas Comissivas e Omissivas (*Revista Doutrina*, v. 2, 1996).

18. Aspectos Especiais do Mandado de Segurança Preventivo (*Revista Doutrina*, v. 3, 1997).

19. Acumulação de Vencimentos com Proventos da Inatividade (*Revista Doutrina*, v. 4, 1997).

20. A Nova Limitação do Efeito *erga omnes* na Ação Civil Pública (*Revista Doutrina*, v. 5, 1998).

21. As Novas Agências Autárquicas diante da privatização e da Globalização da Economia (*Revista Doutrina*, nº 6, 1998).

22. O Controle Autárquico no Processo de Desestatização e da Globalização da Economia (*Revista do Ministério Público* [RJ], nº 8, 1998).

23. O Controle da Relevância e Urgência nas Medidas Provisórias (*Revista Doutrina*, nº 7, 1999, e *Revista do Ministério Público* [RJ], nº 9, 1999).

24. A investidura em Cargos em Comissão e o Princípio da Moralidade (*Revista Doutrina*, nº 8, 1999).

25. O Futuro Estatuto das Empresas Públicas e Sociedades de Economia Mista (*Revista Doutrina*, RJ, nº 9, 2000, e *Revista do Ministério Público* [RJ], nº 11, 2000).

26. O Pregão como Nova Modalidade de Licitação (*Revista Doutrina*, nº 10, 2000).

27. Regime Especial dos Servidores Temporários (*Revista Ibero-Americana de Direito Público*, v. III, 2001).

28. Ação Civil Pública e Inconstitucionalidade Incidental de Lei ou Ato Normativo (*Revista do Ministério Público* [RJ], nº 12, jul/dez. 2000).

29. O Direito de Preempção do Município como Instrumento de Política Urbana (*Revista Doutrina*, nº 12, 2001).

30. O Controle Judicial da Concretização dos Conceitos Jurídicos Indeterminados (*Revista Forense*, nº 359, 2002, e *Revista da Procuradoria-Geral do Estado do Rio de Janeiro*, nº 54, 2001).

31. A Responsabilidade Fiscal por Despesas com Pessoal (*Revista do Ministério Público do RJ*, nº 14, 2001).

32. Personalidade Judiciária de Órgãos Públicos (*Revista da EMERJ – Escola da Magistratura do RJ*, nº 19, set. 2002).

33. Autorização de Uso de Bem Público de Natureza Urbanística (*Revista Ibero-Americana de Direito Público*, nº VII, 2002).

34. Autorização e Permissão: a Necessidade de Unificação dos Institutos (*Revista do Ministério Público do RJ* nº 16, 2002; *Revista Ibero-Americana de Direito Público*, nº VIII, 2003).

35. Os Bens Públicos no Novo Código Civil (*Revista da EMERJ – Escola da Magistratura do ERJ*, nº 21, 2003).

36. Propriedade, Política Urbana e Constituição (*Revista da EMERJ – Escola da Magistratura do ERJ*, nº 23, 2003).

37. A Deslegalização no Poder Normativo das Agências Reguladoras (*Revista Interesse Público*, nº 35, Notadez (RS), 2006.

38. O Novo Regime Funcional de Agentes Comunitários de Saúde e Agentes de Combate às Endemias (*Revista Gestão Pública e Controle*, Trib. Contas do Estado da Bahia, nº 2, 2006).

39. Operações Urbanas Consorciadas (com a Profª Cristiana Fortini, *Revista da Procuradoria-Geral do Município de Belo Horizonte*, ano 1, nº 1, 2008).

40. Regularização Fundiária: Direito Fundamental na Política Urbana (*Revista de Direito Administrativo*, nº 247, Atlas, jan./abr. 2008).

41. A Desapropriação e o Princípio da Proporcionalidade (*Revista do Ministério Público do Estado do Rio de Janeiro*, nº 28, 2008; *Revista Interesse Público*, Fórum, nº 53, 2009).

42. Estado Mínimo vs. Estado Máximo: o Dilema (*Cadernos de Soluções Constitucionais*, Malheiros, nº 3, 2008).

43. A Concessão de Uso Especial para Fins de Moradia como Instrumento de Regularização Fundiária (*Direito Administrativo*, obra em homenagem ao Prof. Francisco Mauro Dias, coord. por Marcos Juruena Villela Souto, Lumen Juris, 2009).

44. *Comentários à Constituição Federal de 1988* (coord. por Paulo Bonavides, Jorge Miranda e Walber de Moura Agra, comentários aos arts. 39 a 41 da CF, Forense, 2009).

45. Precatórios e Ofensa à Cidadania (*Revista do Ministério Público do Rio de Janeiro*, nº 33, jul./set. 2009).

46. A Sobrevivente Ética de Maquiavel (*Revista do Ministério Público do Estado do Rio de Janeiro*, nº 34, out./dez. 2009).

47. Servidor Público: Elementos das Sanções (*Informativo COAD* nº 28, 2010; *RBDP – Revista Brasileira de Direito Público*, Fórum, nº 32, jan./mar. 2011).

48. Conselhos Nacionais da Justiça e do Ministério Público: Complexidades e Hesitações (*Revista Interesse Público*, Fórum, nº 63, set./out. 2010; *RBDP – Revista Brasileira de Direito Público*, Fórum, nº 31, out./dez. 2010; *Revista do Ministério Público* (RJ), nº 36, abr./jun. 2010).

49. Coisa julgada e controle incidental de constitucionalidade (*RDA – Revista de Direito Administrativo*, FGV, nº 254, maio/ago. 2010).

50. A autoexecutoriedade e a garantia do contraditório no processo administrativo (*RTDP – Revista Trimestral de Direito Público*, nº 53, Malheiros, 2011).

51. Rescisão do contrato administrativo por interesse público: manifestação do contratado (*ADV-COAD – Seleções Jurídicas*, jan. 2011).

52. Responsabilidade trabalhista do Estado nos contratos administrativos (*COAD – Doutrina e Jurisprudência – CT – Consult. Trabalhista*, nº 7, fev. 2011).

53. Imprescritibilidade da pretensão ressarcitória do Estado e patrimônio público (*RBDP – Revista Brasileira de Direito Público*, Fórum, nº 36, jan./mar. 2012).

54. Distribuição dos *Royalties* e Marco Regulatório (COAD – *Seleções Jurídicas* – mar. 2012).

55. Terceirização no setor público: encontros e desencontros – *Revista da Procuradoria-Geral do Município de Belo Horizonte*, ano 4, nº 8, jul./dez. 2011.

56. Estado mínimo × Estado máximo: o dilema – *Revista da Procuradoria-Geral do Município de Juiz de Fora*, nº 1, jan./dez. 2011.

57. Crença e descrença na reserva do possível (*Seleções Jurídicas*, ADV-/COAD, abr. 2013).

58. O Município e o enigma da competência comum constitucional (*Revista Fórum Municipal & Gestão das Cidades*, ano I, nº 1, set./out. 2013 e *Revista da ESMESC – Escola da Magistratura do Estado de Santa Catarina*, v. 20, nº 26, 2013).

59. Federação, eficiência e ativismo judicial (*Revista Interesse Público*, Fórum, nº 81, set./out. 2013).

60. Propriedade, política urbana e Constituição (*Revista Brasileira de Direito Municipal*, Fórum, ano 15, nº 54, out./dez. 2014).

61. O novo regime jurídico das parcerias (*Revista Fórum de Contratação e Gestão Pública*, Fórum, ano 13, n. 155, nov./2014).

62. Eficácia repressiva da improbidade administrativa nas esferas penal e cível (www.genjuridico.com.br – 26.11.2015).

63. Mandatos sucessivos com interrupção: prescrição da ação de improbidade (www.genjuridico.com.br – 10.12.2015).

64. Distorções no regime jurídico das entidades privadas da administração indireta (www.genjuridico.com.br – 14.1.2016).

65. Breves considerações sobre as alterações da Lei Anticorrupção (www.genjuridico.com.br – 26.1.2016).

66. Adicional de 1/3 de férias e incidência do imposto de renda (www.genjuridico.com.br – 8.2.2016).

67. O declínio e o descrédito das organizações sociais (www.genjuridico.com.br – 29.2.2016).

68. "Compliance" no setor privado: compromisso com a ética e a lei (www.genjuridico.com.br – 17.3.2016).

69. Investidura sem fim público (www.genjuridico.com.br – 18.3.2016).

70. Extinção do direito de preferência no tombamento (www.genjuridico.com.br – 11.4.2016).

71. Membros do Ministério Público: investidura em cargos e funções no poder executivo (www.genjuridico.com.br – 3.5.2016).

72. A anomalia do regime de precatórios para sociedades de economia mista (www.genjuridico.com.br – 25.5.2016).

73. Coercitividade no exercício do poder de polícia (www.genjuridico.com.br – 7.6.2016).

74. O confuso regime de subsídio remuneratório (www.genjuridico.com.br – 22.8.2016).

75. Direito de informação e desvio de poder retaliatório (www.genjuridico.com.br – 6.9.2016).

76. Estatuto das empresas públicas e sociedades de economia mista: abrangência e unidade normativa (www.genjuridico.com.br – 20.9.2016).

77. A estranha limitação dos convênios (www.genjuridico.com.br – 4.10.2016).

78. "Contratos de parceria" e impropriedade semântica (sítio *genjurídico*, out./2016).

79. Teste de integridade: afronta à dignidade da pessoa humana (sítio *genjurídico*, nov./2016).

80. Litígios da OAB: competência da justiça federal (sítio *genjurídico*, nov./2016).

XVIII | MANUAL DE DIREITO ADMINISTRATIVO • *Carvalho Filho*

81. Vaquejada e conflito de princípios (sítio *genjurídico*, dez./2016).

82. Auxílio-moradia: legitimidade e dissimulação (sítio *genjurídico*, jan./2017).

83. O procedimento de manifestação de interesse social (sítio *genjurídico*, jan./2017).

84. Prescrição da improbidade administrativa: nova hipótese (sítio *genjurídico*, fev./2017).

85. Elemento subjetivo na nova categoria de atos de improbidade (sítio *genjuridico*, jan./2017).

86. STF e agentes políticos: nepotismo e insegurança (sítio *genjuridico*, mar./2017).

87. Precatórios e créditos prioritários (sítio *genjurídico*, mar./2017).

88. Concessão e permissão de serviços públicos: dicotomia inócua (sítio *genjuridico*, abr./2017).

89. Doações eleitorais com desvio de finalidade (sítio *genjuridico*, abr./2017).

90. Greve do servidor público: vergonhosa omissão (sítio *genjuridico*, maio/2017).

91. Indenização pelo Estado e superpopulação carcerária (sítio *genjuridico*, maio/2017).

92. Ação anulatória de ato do CNJ (sítio *genjuridico*, jun./2017).

93. Responsabilidade subsidiária da administração nos contratos (sítio *genjuridico*, jun./2017).

94. Crimes comuns de Governador: inexistência de simetria (sítio *genjuridico*, jul./2017).

95. Crueldade com animais: retrocesso da EC 96/2017 (sítio *genjuridico*, ago./2017).

96. Competência do Município para legislar sobre meio ambiente (sítio *genjuridico*, ago./2017).

97. A eficácia da norma superveniente no mandado de injunção (sítio *genjuridico*, set./2017).

98. Coronavírus e o poder de polícia impositivo (sítio *genjuridico*, abr./2020).

99. Períodos de crise: restrições do Estado às liberdades (sítio *genjuridico*, abr./2020).

100. Judiciário invasivo e ofensa à Constituição (sítio *genjuridico*, maio/2020).

101. Federalismo (des)cooperativo e maturidade social (sítio *genjuridico*, maio/2020).

102. Instituições desalinhadas e ameaça à democracia (sítio *genjuridico*, jun./2020).

103. O esdrúxulo inquérito instaurado pelo STF (sítio *genjuridico*, jun./2020).

104. Afinal, o que é "erro grosseiro"? (sítio *genjuridico*, jun./2020).

105. Poder executivo inapto: espaços para legislativo e judiciário (sítio *genjuridico*, jul./2020).

106. A relação conturbada entre o Estado e as organizações sociais (sítio *genjuridico*, jul./2020).

107. Crises, pandemia e direitos fundamentais: o perigo nas interseções (*Revista Estudos Institucionais*, vol. 6, nº 3, set./dez./2020).

108. Entidades paraestatais privadas e imunidade tributária (sítio *genjuridico*, jun./2021).

109. Sequestro e bloqueio de verbas de empresas estatais (sítio *genjuridico*, ago./2021).

110. A fragilidade de uma federação: como se reconhece (sítio *genjuridico*, ago./2021).

111. Imprevisibilidade nos contratos administrativos (*Solução em Licitações e Contratos* nº 73, Seção Soluções Autorais, São Paulo, SGP, abril/2024, pp. 101-108).

112. Desapropriação de núcleos urbanos informais (*SAM – Solução em Direito Administrativo e Municipal* nº 61, Seção Soluções Autorais, S. Paulo, SGP, julho/2024, pp. 117-124; Seleções Jurídicas – COAD, outubro/2024).

113. Fundações instituídas pelo Estado: alcance da Lei nº 14.133/2021 (*SLC – Solução em Licitação e Contratos* nº 77, Seção Soluções Autorais, S. Paulo, SGP, agosto/2024, pp. 41-44).

114. Empresas estatais e indicações políticas (*SAM – Solução em Direito Administrativo e Municipal* nº 63, Seção Soluções Autorais, S. Paulo, SGP, setembro/2024, pp. 55-57; Seleções Jurídicas – COAD, julho/2024).

Nota do Autor

Quando a vida me inclinou para o Direito Público, e especialmente para o Direito Administrativo, procurei, a cada dia, buscar mais e mais ensinamentos entre os juristas pátrios e estrangeiros, para solucionar as infindáveis dúvidas que até hoje me vêm assaltando. E a cada dia continuo aprendendo, porque a vida e o Direito são mesmo um eterno aprendizado.

Porém, talvez não tenha havido aprendizado maior do que o que proveito das aulas que nestes últimos 15 anos tenho ministrado, em faculdades e cursos de preparação para concursos da área jurídica, e do já hoje significativo exército de alunos, verdadeiros amigos, que sempre me dispensaram carinho e estímulo. À vida sou grato pelo magistério; aos alunos, pelas lições que recebi.

Entre as várias lições, quatro me marcaram. Primeiramente, o acesso à informação: todos exigiam linguagem que permitisse a mais eficaz comunicação, com exclusão de todo excesso ou preciosismo. Depois, apoiavam-me no sistema didático organizado, pelo qual procurei relacionar e examinar os temas de Direito Administrativo pela sucessão ordenada de tópicos, itens e subitens, visando facilitar o estudo e a análise dos temas. Em terceiro lugar, senti o interesse que sempre despertou a opinião dos julgadores, de primeiro grau e dos Tribunais, em relação a cada assunto estudado; foi a eterna busca de aplicação do Direito. Por fim, fui sempre informado pelos alunos de que faziam falta questões concretas e problemas para que pudessem medir seus conhecimentos; procurei, por isso, entremear os ensinamentos teóricos com a prática dessa forma de treinamento.

Nesta obra, procurei exatamente retratar essas lições. Além de organizar, da forma mais didática possível, os diversos temas de Direito Administrativo, adotando linguagem direta e objetiva, acrescentei, em cada capítulo, um tópico destinado à jurisprudência pertinente e outro com um rol de questões concretas, a maioria delas constantes de provas para a Magistratura, o Ministério Público e as outras carreiras jurídicas.

Longe fiquei de qualquer pretensão que pudesse vislumbrar definitividade ou verdade absoluta. Ao contrário, trata-se de trabalho não voltado para juristas, mas, sim, para aqueles, estudantes ou profissionais, que se interessem pelo Direito Administrativo e pelos vários aspectos teóricos, práticos e polêmicos da disciplina, que busquei deixar espraiados pelos capítulos do livro.

Insisto em que a obra representa um momento de meus estudos. Por isso, estou certo de que muitos de meus atuais pensamentos podem vir a modificar-se, maior seja o universo de conhecimentos e estudos que venha a adquirir. Pintei-o em cores menos professorais, porque sonho com que as ideias nela consignadas possam ser analisadas, questionadas, confirmadas ou criticadas. Tudo faz parte da própria dialética do Direito, razão por que receberei, humildemente e de coração aberto, todas as opiniões a respeito do que deixei registrado. Meu sonho, na verdade, dá suporte à motivação maior: continuar e perseguir o objetivo que alvejei.

Sinceros agradecimentos a minhas amigas Elizabeth Homsi, Maria de Lourdes Franco de Alencar, Maria Elizabeth Corker, Fabiana Vianna de Oliveira; a minha esposa, Shirlei Rangel Carvalho; e a meu filho, Maurício José Rangel Carvalho, que me auxiliaram na revisão da obra. E a Glória Maria Pinto de Oliveira, minha secretária, que me auxiliou no trabalho de digitação.

Janeiro de 1997.

Nota à 39ª Edição

Este *Manual* chega agora à 39ª edição, e, como sempre fez nas edições anteriores, a obra foi atualizada com novas abordagens, a legislação e a jurisprudência mais recentes.

Certamente, não se teria alcançado essa marca, não fossem os inúmeros leitores que fielmente consultam o trabalho – estudantes, professores, magistrados, advogados e todos os demais operadores jurídicos. A todos o autor expressa seu mais sincero agradecimento.

Segue a nova legislação contemplada nesta edição:

- Emenda Constitucional nº 134, de 24.9.2024: dispõe sobre eleição dos órgãos diretivos dos Tribunais (Cap. 1);
- Emenda Constitucional nº 135, de 20.12.2024: dá nova redação ao art. 37, § 11, da CF, quanto ao teto remuneratório dos servidores (Cap. 11);
- Lei nº 14.849, de 2.5.2024: altera o art. 37, V, da Lei nº 10.257/2001 (Estatuto da Cidade) (Cap. 12);
- Lei nº 14.898, de 13.6.2024: institui diretrizes para a Tarifa Social de Água e Esgoto (Cap. 7);
- Lei nº 14.905, de 28.6.2024: altera o art. 406 do Código Civil quanto à taxa de juros (Caps. 11, 13 e 15);
- Lei nº 14.965, de 9.9.2024: dispõe sobre normas gerais relativas a concursos públicos (Cap. 11);
- Lei nº 14.981, de 20.9.2024: dispõe sobre medidas excepcionais para a aquisição de bens e a contratação de obras e de serviços, no caso de estado de calamidade pública (Cap. 9);
- Lei nº 15.012, de 4.11.2024: altera a Lei nº 11.445/2007 (marco do saneamento básico) (Cap. 7).

Além da legislação, foram referidas mais de trinta novas decisões judiciais sobre os diversos temas da obra, permitindo ao leitor melhor análise em virtude da mais recente jurisprudência – hoje fator de grande relevância para os operadores jurídicos.

Foram introduzidas as Súmulas nºs 672 e 674 do STJ, sobre processo disciplinar (Cap. 15). Mencionou-se também o cancelamento da Súmula nº 421 do STJ (Cap. 15). Para melhor didática, foi ainda criado um tópico específico para as novas normas gerais sobre concursos públicos (Cap. 11).

Por fim, o autor reafirma que, mais uma vez, empregou todo o seu empenho para manter a obra atualizada, sempre com o intuito de atender a todos aqueles que o honram com o seu prestígio.

Janeiro de 2025.

José dos Santos Carvalho Filho

Abreviaturas e Siglas

ACO	–	Ação Cível Originária
ADIN	–	Ação Direta de Inconstitucionalidade
AgR	–	Agravo Regimental
AI	–	Agravo de Instrumento
AO	–	Ação Originária
ApCív	–	Apelação Cível
BDA	–	*Boletim de Direito Administrativo*
BDM	–	*Boletim de Direito Municipal*
CCív	–	Câmara Cível
CF	–	Constituição Federal
CLT	–	Consolidação das Leis Trabalhistas
CNJ	–	Conselho Nacional de Justiça
CNMP	–	Conselho Nacional do Ministério Público
CP	–	Código Penal
CPC	–	Código de Processo Civil
CPP	–	Código de Processo Penal
DJ	–	*Diário da Justiça da União*
DO	–	*Diário Oficial*
EC	–	Emenda Constitucional
EInf	–	Embargos Infringentes
ELC		Estatuto de Licitações e Contratos
GCâm	–	Grupo de Câmaras
HC	–	*Habeas Corpus*
MI	–	Mandado de Injunção
MP	–	Ministério Público
MPv	–	Medida Provisória
MS	–	Mandado de Segurança
QO	–	Questão de Ordem
Rcl	–	Reclamação
RDA	–	*Revista de Direito Administrativo*
RDE	–	*Revista de Direito do Estado*

RDP	–	*Revista de Direito Público*
RDPGERJ	–	*Revista de Direito da Procuradoria-Geral do Estado do Rio de Janeiro*
RE	–	Recurso Extraordinário
REsp	–	Recurso Especial
RF	–	*Revista Forense*
RJTJSP	–	*Revista de Jurisprudência do Tribunal de Justiça do Estado de São Paulo*
RMS	–	Recurso em Mandado de Segurança
RO	–	Recurso Ordinário
RSTJ	–	*Revista do Superior Tribunal de Justiça*
RT	–	*Revista dos Tribunais*
RTDP	–	*Revista Trimestral de Direito Público*
RTJ	–	*Revista Trimestral de Jurisprudência do STF*
SLS	–	Suspensão de Liminar e de Sentença
SS	–	Suspensão de Segurança
STA	–	Suspensão de Tutela Antecipada
STF	–	Supremo Tribunal Federal
STJ	–	Superior Tribunal de Justiça
TA	–	Tribunal de Alçada
TCív	–	Turma Cível
TFR	–	Tribunal Federal de Recursos (extinto)
TJ	–	Tribunal de Justiça
TRF	–	Tribunal Regional Federal
TSE	–	Tribunal Superior Eleitoral

Sumário

Capítulo 1. Direito Administrativo e Administração Pública ... 1

I. **Introdução** ... 1
   1. O Estado ... 1
   2. Poderes e Funções ... 2
   3. Função Administrativa ... 3
   4. Federação ... 4
      4.1. Características ... 5
      4.2. Autonomia: Capacidade de Autoadministração ... 5
   5. Direito Administrativo ... 6
      5.1. Breve Introdução ... 6
      5.2. Conceito ... 6
      5.3. Relações com Outros Ramos Jurídicos ... 7
II. **Administração Pública: Sentidos** ... 9
   1. Sentido Objetivo ... 9
   2. Sentido Subjetivo ... 10
III. **Órgãos Públicos** ... 10
   1. Introdução ... 10
   2. A Relação Órgão/Pessoa ... 10
      2.1. Característica Básica ... 11
      2.2. Criação e Extinção ... 11
   3. Teorias de Caracterização do Órgão ... 12
   4. Conceito ... 13
   5. Capacidade Processual ... 13
   6. Classificação ... 14
IV. **Agentes Públicos** ... 15
V. **Princípios Administrativos** ... 15
   1. Princípios Expressos ... 16
      1.1. Princípio da Legalidade ... 16
      1.2. Princípio da Impessoalidade ... 17
      1.3. Princípio da Moralidade ... 18
      1.4. Princípio da Publicidade ... 22
      1.5. Princípio da Eficiência ... 25
   2. Princípios Reconhecidos ... 29
      2.1. Princípio da Supremacia do Interesse Público ... 29
      2.2. Princípio da Autotutela ... 30
      2.3. Princípio da Indisponibilidade ... 31
      2.4. Princípio da Continuidade dos Serviços Públicos ... 31
      2.5. Princípio da Segurança Jurídica (Proteção à Confiança) ... 32
      2.6. Princípio da Precaução ... 35
   3. O Princípio da Razoabilidade ... 35
   4. O Princípio da Proporcionalidade ... 37
VI. **Súmulas** ... 38

Capítulo 2. Poderes e Deveres dos Administradores Públicos ... 39

I. **Introdução** ... 39
II. **Uso e Abuso de Poder** ... 39

MANUAL DE DIREITO ADMINISTRATIVO • Carvalho Filho

1. Uso do Poder	39
2. Poder-Dever de Agir	40
3. Abuso do Poder	41
3.1. Sentido	41
3.2. Formas de Abuso: Excesso e Desvio de Poder	41
3.3. Efeitos	42
3.4. Abuso de Poder e Ilegalidade	43
3.5. Abuso de Autoridade	44
III. Poderes Administrativos	45
1. Conceito	45
2. Modalidades	45
2.1. Poder Discricionário	45
2.2. Poder Regulamentar	50
2.3. Poder de Polícia	57
IV. Deveres dos Administradores Públicos	57
1. Dever de Probidade	57
2. Dever de Prestar Contas	58
3. Dever de Eficiência	59
V. Hierarquia e Disciplina	60
1. Hierarquia	60
1.1. Efeitos	60
1.2. Subordinação e Vinculação	61
1.3. Hierarquia e Funções Estatais	61
2. Disciplina Funcional	62
2.1. Sentido	62
2.2. Direito Penal e Direito Punitivo Funcional	62
2.3. Procedimento de Apuração	64

Capítulo 3. Poder de Polícia 65

I. Introdução	65
II. Sentido Amplo e Estrito	65
III. Conceito	66
IV. Poder de Polícia no Direito Positivo	66
V. Competência	67
VI. Poder de Polícia Originário e Delegado	69
VII. Polícia Administrativa e Polícia Judiciária	71
VIII. Fundamentos	72
IX. Finalidade	72
X. Âmbito de Incidência	73
XI. Atuação da Administração	73
1. Atos Normativos e Concretos	73
2. Determinações e Consentimentos Estatais	73
3. Atos de Fiscalização	75
XII. Limites	75
XIII. Características	75
1. Discricionariedade e Vinculação	75
2. Autoexecutoriedade	76
3. Coercibilidade	78
XIV. Legitimidade da Polícia Administrativa	79
1. Requisitos Gerais de Validade	79
2. Princípio da Proporcionalidade	79
XV. Sanções de Polícia	80
XVI. Súmulas	82

Capítulo 4. Ato Administrativo 85

I. Introdução	85
1. Fatos Administrativos	85
2. Atos da Administração	86
3. Atos Jurídicos e Atos Administrativos	87

SUMÁRIO | XXVII

II. Conceito 88
  1. Sujeitos da Manifestação de Vontade 89
  2. Regime Jurídico de Direito Público 89
  3. Silêncio Administrativo 90

III. Elementos 92
  1. Competência 93
    1.1. Sentido 93
    1.2. Fonte 93
    1.3. Características 94
    1.4. Critérios Definidores da Competência 94
    1.5. Delegação e Avocação 94
  2. Objeto 95
    2.1. Sentido 95
    2.2. Requisitos de Validade 96
    2.3. Discricionariedade e Vinculação 96
  3. Forma 97
    3.1. Sentido 97
    3.2. Requisito de Validade 97
    3.3. Princípio da Solenidade 97
  4. Motivo 98
    4.1. Sentido 98
    4.2. Discricionariedade e Vinculação 98
    4.3. Motivo e Motivação 99
    4.4. Teoria dos Motivos Determinantes 102
    4.5. Congruência entre o Motivo e o Resultado do Ato 103
  5. Finalidade 104
    5.1. Sentido 104
    5.2. Finalidade e Objeto 104

IV. Características 105
  1. Imperatividade 105
  2. Presunção de Legitimidade 105
  3. Autoexecutoriedade 106

V. Mérito Administrativo 107
  1. Sentido 107
  2. Vinculação e Discricionariedade 108
  3. Controle do Mérito 108

VI. Formação e Efeitos 110
  1. Perfeição 110
  2. Eficácia 110
  3. Exequibilidade 110
  4. Validade 111

VII. Classificação 111
  1. Critério dos Destinatários: Atos Gerais e Individuais 111
  2. Critério das Prerrogativas: Atos de Império e de Gestão 112
  3. Critério da Liberdade de Ação: Atos Vinculados e Discricionários 112
  4. Critério da Intervenção da Vontade Administrativa: Atos Simples, Compostos e Complexos 113
  5. Critério dos Efeitos: Atos Constitutivos, Declaratórios e Enunciativos 114
  6. Critério da Retratabilidade: Atos Revogáveis e Irrevogáveis 114
  7. Critério da Executoriedade: Atos Autoexecutórios e Não Autoexecutórios 115

VIII. Espécies 115
  1. Espécies Quanto à Forma de Exteriorização 116
    1.1. Decretos e Regulamentos 116
    1.2. Resoluções, Deliberações e Regimentos 117
    1.3. Instruções, Circulares, Portarias, Ordens de Serviço, Provimentos e Avisos 118
    1.4. Alvarás 118
    1.5. Ofícios 118
    1.6. Pareceres 118
    1.7. Certidões, Atestados e Declarações 120
    1.8. Despachos 121

MANUAL DE DIREITO ADMINISTRATIVO • Carvalho Filho

2. Espécies Quanto ao Conteúdo 121
   2.1. Licença 121
   2.2. Permissão 122
   2.3. Autorização 125
   2.4. Admissão 126
   2.5. Aprovação, Homologação e Visto 126
   2.6. Atos Sancionatórios 127
   2.7. Atos Funcionais 129

IX. Procedimento Administrativo 129

X.   Extinção dos Atos Administrativos 130
  1. Extinção Natural 130
  2. Extinção Subjetiva 130
  3. Extinção Objetiva 130
  4. Caducidade 131
  5. Desfazimento Volitivo 131

XI. Invalidação (ou Anulação) 131
  1. Teoria das Nulidades 131
   1.1. Introdução 131
   1.2. As Nulidades no Direito Privado 132
   1.3. A Controvérsia Doutrinária 132
   1.4. A Terminologia Adotada 133
  2. Conceito e Pressuposto 133
  3. Quem Pode Invalidar 134
  4. Dever de Invalidar 135
  5. Autotutela e Contraditório 137
  6. Efeitos 139
  7. Convalidação 140

XII. Revogação 142
  1. Conceito 142
  2. Pressuposto 143
  3. Fundamento 143
  4. Origem 143
  5. Efeitos 144
  6. Inocorrência 144
  7. Revogação da Revogação 145

XIII. Súmulas 146

Capítulo 5. Contratos Administrativos 147

I.   Introdução 147

II.   Contratos e Licitações 147

III. Contratos da Administração Pública 148
  1. Contratos Privados da Administração 148
  2. Contratos Administrativos 149

IV. Conceito 149

V.   Fontes Normativas 150
  1. Fonte Constitucional 150
  2. Fonte Legislativa 151
   2.1. Lei Básica 151
   2.2. A Aplicabilidade Concomitante 151
   2.3. Abrangência 152

VI. Princípios 152

VII. Sujeitos do Contrato 153

VIII. Relação Contratual 154
  1. Natureza jurídica 154
  2. Posição Preponderante da Administração 155

IX. Prerrogativas da Administração 155

X.   Modalidades Contratuais 156
  1. Objeto como Ponto Diferencial 156
  2. Contratação de Compras (Fornecimento) 157
  3. Contratação de Obras e Serviços de Engenharia 158

SUMÁRIO XXIX

4.	Contratação de Serviços	159
5.	Outras Contratações	160
6.	Contratos de Publicidade	160
XI.	**Formalização**	161
XII.	**Garantias**	162
XIII.	**Alocação de Riscos**	163
XIV.	**Duração e Prorrogação dos Contratos**	164
XV.	**Execução do Contrato**	165
XVI.	**Inexecução do Contrato**	166
XVII.	**Alteração do Contrato**	168
XVIII.	**Extinção do Contrato**	170
1.	Sentido	170
2.	Cumprimento do Objeto	171
3.	Advento do Termo Final	171
4.	Hipóteses de Extinção	171
5.	Fontes da Extinção Contratual	172
6.	Efeitos da Extinção	173
XIX.	**Recebimento do Objeto do Contrato**	173
XX.	**Pagamentos**	174
XXI.	**Invalidação dos Contratos**	175
XXII.	**Meios Alternativos de Resolução de Controvérsias**	176
XXIII.	**Irregularidades**	176
1.	Infrações e Sanções Administrativas	177
2.	Impugnações, Pedidos de Esclarecimento E Recursos	179
3.	Controle das Contratações	180
XXIV.	**Crimes**	181
XXV.	**Portal Nacional de Contratações Públicas (PNCP)**	183
XXVI.	**Microempresas e Empresas de Pequeno Porte**	183
XXVII.	**Convênios Administrativos**	184
XXVIII.	**Consórcios Públicos**	187
XXIX.	**Súmulas**	193

Capítulo 6. Licitação 195

I.	**Introdução**	195
II.	**Conceito**	195
III.	**Natureza Jurídica**	196
IV.	**Fontes Normativas**	196
1.	Fonte Constitucional	196
2.	Fonte Legislativa	197
2.1.	Lei Básica	197
2.2.	A Aplicabilidade Concomitante	197
V.	**Destinatários**	197
VI.	**Fundamentos**	198
1.	Moralidade Administrativa	198
2.	Igualdade de Oportunidades	199
VII.	**Princípios**	199
1.	Princípio da Legalidade	200
2.	Princípios da Moralidade, da Impessoalidade e da Probidade Administrativa	200
3.	Princípio da Igualdade	200
4.	Princípio da Publicidade	201
5.	Princípio da Vinculação ao Edital	201
6.	Princípio do Julgamento Objetivo	202
7.	Princípio da Competitividade	202
8.	Princípios da Eficiência, Eficácia, Economicidade e Celeridade	202
9.	Princípio do Interesse Público	203
10.	Princípios da Razoabilidade e da Proporcionalidade	203
11.	Princípios da Motivação e Segurança Jurídica	204
12.	Princípio do Planejamento	204
13.	Princípio da Segregação de Funções	205
14.	Princípio do Desenvolvimento Nacional Sustentável	205

MANUAL DE DIREITO ADMINISTRATIVO • *Carvalho Filho*

VIII. **Processo Licitatório** 205
IX. **Fase Preparatória** 206
    1. Instrução 206
    2. Modalidades 208
        2.1. Noções Gerais 208
        2.2. Concorrência 208
        2.3. Pregão 208
        2.4. Concurso 209
        2.5. Leilão 209
        2.6. Diálogo Competitivo 209
    3. Critérios de Julgamento 210
        3.1. Critérios Gerais 210
        3.2. Maior Retorno Econômico e Contrato de Eficiência 210
X. **Divulgação do Edital** 211
XI. **Propostas e Lances** 212
XII. **Julgamento** 213
XIII. **Habilitação** 214
    1. Aspectos gerais 214
    2. Habilitação Jurídica 214
    3. Habilitação Técnico-Profissional e Técnico-Operacional 215
    4. Habilitação Fiscal, Social e Trabalhista 215
    5. Habilitação Econômico-Financeira 215
XIV. **Encerramento da Licitação** 216
XV. **Contratação Direta** 217
    1. Processo de Contratação Direta 217
    2. Inexigibilidade de Licitação 218
    3. Dispensa de Licitação 221
        3.1. Noções Gerais 221
        3.2. Critério de Valor 222
        3.3. Licitação Fracassada 223
        3.4. Objetos Específicos 223
        3.5. Emergência e Calamidade Pública 225
        3.6. Pesquisa e Desenvolvimento Tecnológico 226
        3.7. Forças Armadas e Segurança Nacional 227
        3.8. Relações Interpessoais de Direito Público 228
        3.9. Área da Saúde 228
XVI. **Alienações** 229
    1. Considerações Preliminares 229
    2. Bens Imóveis 229
    3. Bens Móveis 230
XVII. **Instrumentos Auxiliares** 231
    1. Credenciamento 231
    2. Pré-Qualificação 232
    3. Procedimento de Manifestação de Interesse 232
    4. Sistema de Registro de Preços 233
    5. Registro Cadastral 234
XVIII. **Irregularidades** 235
XIX. **Crimes** 235
XX. **Portal Nacional de Contratações Públicas (PNCP)** 236
XXI. **Microempresas e Empresas de Pequeno Porte** 236
XXII. **Serviços de Publicidade** 237
XXIII. **Súmulas** 238

Capítulo 7.   Serviços Públicos 239

I. **Introdução** 239
II. **Conceito** 240
III. **Características** 241
    1. Sujeito Estatal 241
    2. Interesse Coletivo 241
    3. Regime de Direito Público 241

SUMÁRIO | **XXXI**

IV.	**Classificação**	242
	1. Serviços Delegáveis e Indelegáveis	242
	2. Serviços Administrativos e de Utilidade Pública	243
	3. Serviços Coletivos e Singulares	243
	4. Serviços Sociais e Econômicos	244
V.	**Titularidade**	245
	1. Competência	245
	2. Regulamentação	248
	3. Controle	248
VI.	**Princípios**	248
	1. Princípio da Generalidade	249
	2. Princípio da Continuidade	249
	3. Princípio da Eficiência	253
	4. Princípio da Modicidade	253
VII.	**Remuneração**	254
VIII.	**Usuários**	257
	1. Direitos	258
	2. Deveres	260
IX.	**Execução do Serviço**	260
	1. Execução Direta	260
	2. Execução Indireta	261
	2.1. Noção	261
	2.2. Descentralização	261
	2.2.1. Delegação Legal	262
	2.2.2. Delegação Negocial: Particulares em Colaboração	263
	3. Novas Formas de Prestação dos Serviços Públicos	264
	3.1. Desestatização e Privatização	264
	3.2. Gestão Associada	267
	3.3. Regimes de Parceria (Terceiro Setor)	268
	3.3.1. Regime de Convênios Administrativos	269
	3.3.2. Regime dos Contratos de Gestão (as Organizações Sociais)	270
	3.3.3. Gestão por Colaboração (Organizações da Sociedade Civil de Interesse Público – OSCIPs)	273
	3.3.4. Regime Geral das Parcerias	276
	3.3.5. Programa de Parcerias de Investimentos – PPI	283
X.	**Marco Legal do Saneamento Básico**	284
XI.	**Marco Legal das Ferrovias**	286
XII.	**Súmulas**	288

Capítulo 8. Concessão e Permissão de Serviços Públicos 289

I.	**Introdução**	289
II.	**Fontes Normativas**	290
	1. Fonte Constitucional	290
	2. Fonte Infraconstitucional	291
III.	**Concessão de Serviços Públicos (Concessão Comum)**	291
	1. Modalidades	291
	2. Concessão de Serviço Público Simples	291
	2.1. Conceito	291
	2.2. Objeto	292
	3. Concessão de Serviço Público Precedida da Execução de Obra Pública	293
	3.1. Nomenclatura	293
	3.2. Conceito	294
	3.3. Objeto	294
	4. Natureza Jurídica	295
	4.1. O Caráter Contratual	295
	4.2. Concessão e Permissão	296
	5. A Relação Contratual	297
	6. A Supremacia do Concedente	297
	7. A Natureza do Concessionário e do Concedente	297
	8. Concessão a Empresas Estatais	298

MANUAL DE DIREITO ADMINISTRATIVO • Carvalho Filho

9.	Exigência de Licitação	299
9.1.	O Caráter de Obrigatoriedade	299
9.2.	Modalidades Licitatórias	300
9.3.	O Edital	300
9.4.	Critérios de Julgamento	301
9.5.	Fatores de Desclassificação	301
9.6.	Participação de Empresas Estatais	302
10.	Mutabilidade	302
11.	Política Tarifária	304
12.	Análise do Pacto de Concessão	308
12.1.	Autorização Legal	308
12.2.	Cláusulas Essenciais	309
12.3.	A Responsabilidade do Concessionário	310
12.4.	Transferência de Encargos	312
12.5.	Alteração do Concessionário	312
12.6.	Cessão de Créditos Operacionais	313
13.	Encargos do Concedente	313
13.1.	Fiscalização	313
13.2.	Intervenção na Propriedade Privada	314
13.3.	Outros Encargos Pertinentes	315
14.	Encargos do Concessionário	315
14.1.	O Serviço Adequado	315
14.2.	Transparência na Execução	316
14.3.	As Contratações do Concessionário	316
15.	Direitos e Obrigações dos Usuários	317
16.	Prazo da Concessão	319
17.	Intervenção na Concessão	320
17.1.	Sentido	320
17.2.	Procedimento	320
18.	Extinção	321
18.1.	Termo Final do Prazo	321
18.2.	Anulação	322
18.3.	Rescisão	322
18.4.	Caducidade	323
18.5.	Encampação	324
18.6.	Falência e Extinção da Concessionária	325
19.	Reversão	325
20.	Concessões Anteriores	327
21.	Controle dos Serviços Concedidos	328
22.	Concessão Florestal	329
IV.	**Permissão de Serviços Públicos**	331
1.	Conceito e Objeto	331
2.	Natureza Jurídica	331
3.	Diferença entre Concessão e Permissão	332
4.	A Permissão Condicionada	334
5.	Referências Constitucionais	334
6.	Responsabilidade Civil	335
7.	Aplicação de Regras Idênticas às das Concessões	335
8.	Extinção	336
8.1.	Termo Final do Prazo	336
8.2.	Anulação	336
8.3.	Encampação	337
8.4.	Caducidade	337
8.5.	Desfazimento por Iniciativa do Permissionário (Rescisão)	338
9.	Permissão lotérica	338
V.	**Concessão Especial de Serviços Públicos (Parcerias Público-Privadas)**	339
1.	Introdução	339
2.	Conceito e Natureza Jurídica	340
3.	Modalidades e Incidência Normativa	342
4.	Objeto	343
5.	Características e Diretrizes	344

SUMÁRIO | XXXIII

6.	Cláusulas Essenciais, Não Essenciais e Vedações	345
7.	Contraprestação e Garantias	347
8.	Sociedade de Propósito Específico	350
9.	Licitações	351
	9.1. Introdução	351
	9.2. Modalidade e Condições	352
	9.3. Edital	353
	9.4. Procedimento	354
VI.	**Autorização**	355
VII.	**Súmulas**	359

Capítulo 9. Administração Direta e Indireta 361

I.	**Noções Introdutórias**	361
	1. Federação e Autonomia	361
	2. Poderes e Funções. A Função Administrativa	362
	3. Administração Pública	362
	4. Organização Administrativa: Centralização e Descentralização	362
	5. Princípios Regedores da Administração Pública	363
II.	**Administração Direta**	364
	1. Conceito	364
	2. Natureza da Função	364
	3. Abrangência	365
	4. Composição	365
	5. Contrato de Desempenho	366
	5.1. Introdução	366
	5.2. Lei Regulamentadora	367
	5.3. Contrato de Desempenho	367
	5.4. Natureza Jurídica	367
	5.5. Críticas à Fisionomia Contratual	368
	5.6. Finalidades	368
	5.7. Flexibilidades e Autonomias Especiais	368
	5.8. Cláusulas Obrigatórias	369
	5.9. Obrigações das Partes	369
	5.10. Suspensão e Rescisão	369
III.	**Administração Indireta**	369
	1. Conceito	369
	2. Natureza da Função	370
	3. Abrangência	370
	4. Composição	371
	5. Administração Fundacional	372
	6. Entidades Paraestatais	372
	7. Princípios da Administração Indireta	374
	7.1. Princípio da Reserva Legal	374
	7.2. Princípio da Especialidade	375
	7.3. Princípio do Controle	375
	8. Categorias Jurídicas	376
IV.	**Autarquias**	376
	1. Introdução	376
	1.1. Terminologia	376
	1.2. Autarquia e Autonomia	377
	1.3. Autarquias Institucionais e Territoriais	377
	2. Conceito	378
	3. Referências Normativas	378
	4. Personalidade Jurídica	378
	5. Criação, Organização e Extinção	379
	6. Objeto	380
	7. Classificação	380
	7.1. Quanto ao Nível Federativo	381
	7.2. Quanto ao Objeto	381
	7.3. Quanto ao Regime Jurídico (Autarquias de Regime Especial)	383

MANUAL DE DIREITO ADMINISTRATIVO • Carvalho Filho

8. Agências Reguladoras 384
    8.1. Considerações Iniciais 384
    8.2. Criação das Agências 385
    8.3. Origens 385
    8.4. Disciplina Normativa 386
    8.5. Poder Regulatório 386
    8.6. Natureza Jurídica 387
    8.7. Características Especiais 387
    8.8. Poder Normativo Técnico 388
    8.9. Autonomia Decisória 388
    8.10. Autonomia Administrativa 389
    8.11. Autonomia Financeira 390
    8.12. Teoria da Captura 391
    8.13. Prestação de Contas e Controle Social 391
    8.14. Ouvidoria 392
    8.15. Articulação das Agências 392
    8.16. Regime Jurídico dos Servidores 393
9. Agências Executivas 393
10. Associações Públicas 394
11. Aspectos Especiais das Autarquias 394
    11.1. Patrimônio 395
    11.2. Pessoal 395
    11.3. Controle Judicial 396
    11.4. Foro dos Litígios Judiciais 396
    11.5. Atos e Contratos 398
    11.6. Responsabilidade Civil 398
    11.7. Prerrogativas Autárquicas 398
V. Empresas Públicas e Sociedades de Economia Mista 400
1. Introdução 400
2. Referências Normativas 400
3. Conceito 401
4. Personalidade Jurídica 401
5. Instituição e Extinção 402
6. Subsidiárias 403
    6.1. Pessoas Subsidiárias 403
    6.2. Sociedades de Mera Participação do Estado 404
7. Objeto 405
8. Regime Jurídico 406
    8.1. Hibridismo 406
    8.2. Regime Constitucional 406
    8.3. Regime Legal 407
    8.4. Regime Estatutário 409
    8.5. Prescrição 409
9. Regime Tributário 409
10. Função Social 412
11. Diferença entre as Entidades 412
    11.1. Constituição do Capital 412
    11.2. Forma Jurídica 413
    11.3. Foro Processual 413
12. Patrimônio 414
13. Pessoal 416
14. Falência e Execução 417
    14.1. Falência 417
    14.2. Execução 418
15. Responsabilidade Civil 419
16. Governança Corporativa 420
    16.1. Sentido 420
    16.2. Transparência 420
    16.3. Estrutura e Gestão de Riscos 421

17.	Controle	421
	17.1. Controle Externo	421
	17.2. Controle Interno	422
	17.3. Arbitragem	422
18.	Participantes do Sistema	423
	18.1. Acionista Controlador	423
	18.2. Administradores	423
	18.3. Conselho de Administração	424
	18.4. Membro Independente	425
	18.5. Diretoria	425
	18.6. Comitê de Auditoria Estatutário	426
	18.7. Conselho Fiscal	426
19.	Atos Jurídicos	427
20.	Licitações	427
	20.1. Microssistema e Aplicabilidade	427
	20.2. Dispensa e Inexigibilidade de Licitação	428
	20.2.1. Exigibilidade de Licitação	428
	20.2.2. Dispensas Específicas	428
	20.2.3. Dispensas Genéricas	429
	20.2.4. Inexigibilidade	429
	20.2.5. Requisitos Comuns	430
	20.3. Disposições Gerais	430
	20.3.1. Regulamentos Internos	430
	20.3.2. Princípios e Diretrizes	430
	20.3.3. Aspectos Especiais	430
	20.4. Obras e Serviços	431
	20.5. Aquisição de Bens	432
	20.6. Alienação de Bens	432
	20.7. Procedimento Licitatório	432
	20.8. Procedimentos Auxiliares	433
21.	Contratos	434
	21.1. Natureza dos Contratos	434
	21.2. Formalização	434
	21.3. Alteração dos Contratos	435
	21.4. Sanções Administrativas	435
VI.	**Fundações Públicas**	436
1.	Introdução	436
2.	A Polêmica sobre a Natureza Jurídica das Fundações	436
	2.1. Conceito no Decreto-lei nº 200/1967	440
	2.2. O Tratamento da Matéria	440
3.	Característica fundamental	441
4.	Objeto	441
5.	Criação e Extinção	442
6.	Regime Jurídico	443
	6.1. Prerrogativas	443
	6.2. Privilégios Tributários	444
7.	Patrimônio	444
8.	Pessoal	444
9.	Controle	445
	9.1. Controle Institucional	445
	9.2. Controle do Ministério Público	445
	9.3. Controle Judicial	446
10.	Foro dos Litígios	446
11.	Atos e Contratos	447
12.	Responsabilidade Civil	447
VII.	**Outras Pessoas Jurídicas Vinculadas ao Estado**	448
1.	Introdução	448
2.	Pessoas de Cooperação Governamental (Serviços Sociais Autônomos)	448
	2.1. Sentido	448
	2.2. Natureza Jurídica	448

MANUAL DE DIREITO ADMINISTRATIVO • *Carvalho Filho*

2.3.	Criação	448
2.4.	Objeto	449
2.5.	Recursos Financeiros	450
2.6.	Ausência de Fins Lucrativos	451
2.7.	Controle	451
2.8.	Outros Aspectos do Regime Jurídico	452
2.9.	Privilégios Tributários	455
3.	Organizações Colaboradoras (ou Parceiras)	456
VIII.	**Súmulas**	456

Capítulo 10. **Responsabilidade Civil do Estado** 459

I.	**Introdução**	459
1.	Responsabilidade. Noção Jurídica	459
1.1.	Tipos de Responsabilidade	459
2.	Responsabilidade Civil	460
3.	O Dano e a Indenização	460
4.	Os Sujeitos do Cenário	461
II.	**Evolução**	461
1.	A Irresponsabilidade do Estado	461
2.	Teoria da Responsabilidade com Culpa	462
3.	Teoria da Culpa Administrativa	462
4.	Teoria da Responsabilidade Objetiva	463
5.	Fundamento da Responsabilidade Objetiva: A Teoria do Risco Administrativo	463
III.	**Direito Brasileiro**	464
1.	Código Civil	464
2.	Constituição Federal	465
3.	Análise dos Elementos Constitucionais	466
3.1.	Pessoas Responsáveis	466
3.2.	Agentes do Estado	468
3.3.	A Duplicidade de Relações Jurídicas	469
IV.	**Aplicação da Responsabilidade Objetiva**	469
1.	Pressupostos	469
2.	Ônus da Prova: Inversão	471
3.	Participação do Lesado	471
4.	Fatos Imprevisíveis	472
5.	Atos de Multidões	473
6.	Danos de Obra Pública	474
7.	Condutas Omissivas	475
8.	Responsabilidade Primária e Subsidiária	477
V.	**Atos Legislativos**	478
1.	Regra Geral	478
2.	Leis Inconstitucionais	479
3.	Leis de Efeitos Concretos	480
4.	Omissão Legislativa	480
VI.	**Atos Judiciais**	481
1.	Atos Administrativos e Jurisdicionais	481
2.	Condutas Dolosas	482
3.	Condutas Culposas	482
VII.	**Reparação do Dano**	484
1.	A Indenização	484
2.	Meios de Reparação do Dano	484
3.	Prescrição	485
4.	Sujeito Passivo da Lide	486
5.	Denunciação à Lide	487
VIII.	**O Direito de Regresso**	488
1.	Sentido	488
2.	Meios de Solução	489
3.	Causa de Pedir	489
4.	Interesse de Agir	489
5.	Prescrição	490
IX.	**Súmulas**	491

SUMÁRIO | XXXVII

Capítulo 11. Servidores Públicos 493

I. **Agentes Públicos** 493
    1. Sentido 493
    2. Classificação 493
        2.1. Agentes Políticos 494
        2.2. Agentes Particulares Colaboradores 494
        2.3. Servidores Públicos 496
    3. Agentes de Fato 496
II. **Servidores Públicos** 497
    1. Sentido 497
    2. Características 497
    3. Classificação 498
        3.1. Servidores Públicos Civis e Militares 498
        3.2. Servidores Públicos Comuns e Especiais 499
        3.3. Servidores Públicos Estatutários, Trabalhistas e Temporários 499
III. **Regimes Jurídicos Funcionais** 500
    1. Regime Estatutário 501
    2. Regime Trabalhista 502
        2.1. Regime de Emprego Público 503
    3. Regime Especial 505
        3.1. Regime Especial das Administrações Tributárias 508
    4. Regime Jurídico Único 509
    5. Terceirização 510
IV. **Organização Funcional** 514
    1. Quadro Funcional 514
    2. Cargos, Empregos e Funções Públicas 514
    3. Classificação dos Cargos 515
    4. Criação, Transformação e Extinção de Cargos 518
    5. Provimento 520
        5.1. Tipos de Provimento 521
        5.2. Formas de Provimento 521
    6. Investidura: Nomeação, Posse e Exercício 522
    7. Reingresso 523
    8. Vacância 525
    9. Direito Adquirido dos Servidores 525
    10. Cessão de Servidores 527
V. **Regime Constitucional** 528
    1. Concurso Público 528
        1.1. Sentido 528
        1.2. Fundamento 530
        1.3. Alcance da Exigência 530
        1.4. Inexigibilidade 533
        1.5. Concurso Interno 534
        1.6. Inscrição e Aprovação 535
        1.7. Validade 540
        1.8. Precedência na Convocação 541
        1.9. Sanção 542
        1.10. Resultado do Concurso 542
        1.11. Invalidação do Concurso 545
        1.12. Sistema de Cotas: Reserva Étnica 547
        1.13. Normas gerais sobre concursos públicos 548
            1.13.1. Legislação 548
            1.13.2. A questão da constitucionalidade 548
            1.13.3. Aplicabilidade 549
            1.13.4. Vigência 550
            1.13.5. Conteúdo normativo 550
    2. **Acessibilidade** 551
        2.1. Sentido 551
        2.2. Incidência 551
        2.3. Requisitos de Acesso 552

2.4.	Sexo e Idade	558
2.5.	Exame Psicotécnico	560
2.6.	Acesso Profissional ao Idoso	562
2.7.	Direito à Amamentação	563
3.	**Acumulação de Cargos e Funções**	563
3.1.	Regra Geral	563
3.2.	Situações de Permissividade	564
3.3.	Efeitos	567
3.4.	Ingresso em Nova Carreira	568
3.5.	Convalidação Constitucional	569
4.	**Estabilidade**	570
4.1.	Noção do Instituto	570
4.2.	Estabilização Constitucional	571
4.3.	Estágio Probatório	572
4.4.	Estabilidade e Efetividade	574
4.5.	Demissão e Exoneração	575
4.6.	Exoneração Conversível em Demissão	578
4.7.	Servidores Trabalhistas	579
4.8.	Vitaliciedade	581
5.	**Regime Previdenciário**	582
5.1.	Previdência do Servidor Público	582
5.2.	Contributividade	585
	5.2.1. Introdução	585
	5.2.2. Contributividade	585
	5.2.3. Contribuições	586
5.3.	Fundos Previdenciários Públicos	589
5.4.	Previdência Complementar	591
5.5.	Aposentadoria	594
5.6.	Pensões	612
5.7.	PEC Paralela	616
6.	**Disponibilidade**	618
6.1.	Sentido	618
6.2.	Pressupostos	618
6.3.	Incidência	619
6.4.	Efeitos	620
6.5.	A Questão dos Proventos	620
7.	**Mandato Eletivo**	622
8.	**Sistema Constitucional de Remuneração**	623
8.1.	Remuneração	623
8.2.	Revisão Remuneratória	630
8.3.	Irredutibilidade	633
8.4.	Isonomia	635
8.5.	Vinculação e Teto	636
8.6.	Pagamento com Atraso	641
8.7.	Pagamento a Maior	642
9.	**Associação Sindical e Direito de Greve**	643
9.1.	Associação Sindical	643
9.2.	Greve	645
10.	**Direitos Sociais dos Servidores**	649
VI.	**Responsabilidade dos Servidores Públicos**	651
1.	**Responsabilidade Civil**	652
2.	**Responsabilidade Penal**	653
3.	**Responsabilidade Administrativa**	653
4.	**Efeitos da Decisão Penal nas Esferas Civil e Administrativa**	655
4.1.	Repercussão na Esfera Civil	655
4.2.	Repercussão na Esfera Administrativa	656
4.3.	Crimes Funcionais	656
4.4.	Crimes Não Funcionais	657
VII.	**Súmulas**	659

SUMÁRIO | XXXIX

Capítulo 12. Intervenção do Estado na Propriedade 663

I. Introdução 663
   1. Breve Histórico 663
   2. Propriedade 664
II. **Intervenção do Estado** 664
   1. Sentido 664
   2. Quadro Normativo Constitucional 665
III. **Competência** 665
IV. **Fundamentos** 666
   1. Supremacia do Interesse Público 666
   2. Função Social da Propriedade 667
V. **Modalidades** 668
VI. **Servidão Administrativa** 669
   1. Sentido e Natureza Jurídica 669
   2. Fundamentos 669
   3. Objeto 670
   4. Formas de Instituição 671
   5. Extinção 672
   6. Indenização 673
   7. Características 674
VII. **Requisição** 674
   1. Sentido 674
   2. Fundamentos 675
   3. Objeto e Indenização 676
   4. Instituição e Extinção 676
   5. Características 677
VIII. **Ocupação Temporária** 677
   1. Sentido e Objeto 677
   2. Fundamentos 678
   3. Modalidades e Indenização 678
   4. Instituição e Extinção 679
   5. Características 680
IX. **Limitações Administrativas** 680
   1. Sentido 680
   2. Natureza Jurídica 681
   3. Fundamentos 682
   4. Indenização 682
   5. Características 683
X. **Tombamento** 683
   1. Sentido 683
   2. Fonte Normativa 684
   3. Fundamento 685
   4. Objeto 686
   5. Natureza Jurídica 686
   6. Espécies 687
   7. Instituição 688
      7.1. Desfazimento 690
   8. Processo Administrativo 691
   9. Efeitos 691
   10. Controle 693
   11. Outros Instrumentos Protetivos 694
XI. **Súmulas** 695

Capítulo 13. Desapropriação 697

I. **Introdução** 697
II. **Conceito** 698
III. **Natureza Jurídica** 698
IV. **Pressupostos** 698
V. **Fontes Normativas e Espécies** 699

XL | MANUAL DE DIREITO ADMINISTRATIVO • *Carvalho Filho*

VI. Objeto	701
1. Regra Geral	701
2. Bens Públicos	702
3. Bens de Entidades da Administração Indireta	703
4. Margens dos Rios Navegáveis	704
VII. Forma de Aquisição	705
VIII. Competências	706
1. Competência Legislativa	706
2. Competência Declaratória	706
3. Competência Executória	708
IX. Destinação dos Bens Desapropriados	709
1. Regra Geral	709
2. Casos Especiais	710
2.1. Desapropriação por Zona	710
2.2. Desapropriação Urbanística	711
2.3. Desapropriação por Interesse Social	712
2.4. Desapropriação-Confisco	712
2.5. Desapropriação de Núcleos Urbanos Informais	713
X. Fase Declaratória	713
1. Declaração Expropriatória	713
2. Conteúdo	714
3. Formalização	715
4. Natureza Jurídica	716
4.1. Controle Judicial	716
5. Efeitos	717
6. Caducidade	717
XI. Fase Executória	718
1. Via Administrativa	719
1.1. Alienação por Acordo	719
1.2. Notificação e Acordo	719
2. Via Judicial	720
XII. Ação de Desapropriação	721
1. Partes	721
2. A Pretensão	722
3. A Contestação	722
4. Imissão Provisória na Posse	723
4.1. Permissão Legal	723
4.2. Pressupostos	724
4.3. Urgência	724
4.4. Depósito Prévio	725
4.5. Levantamento Parcial do Depósito	726
5. Prova Pericial	727
6. Intervenção do Ministério Público	727
7. Sentença	728
8. Transferência da Propriedade	729
XIII. Indenização	730
1. Regra Geral	730
2. Situações Especiais	732
3. Enfiteuse, Jazidas e Direito de Superfície	733
4. Juros Moratórios e Compensatórios	734
4.1. Juros Moratórios	734
4.2. Juros Compensatórios	737
4.3. Cumulatividade	739
5. Atualização Monetária	740
6. Honorários	740
7. Direitos de Terceiros	742
XIV. Desistência da Desapropriação	743
XV. Desapropriação Indireta	744
1. Sentido	744
2. Fundamento	745
3. Proteção Possessória	746

SUMÁRIO XLI

4. Ação do Expropriado 746
    4.1. Caracterização 746
    4.2. Natureza e Legitimidade para a Ação 747
    4.3. Foro da Ação 748
    4.4. Prescrição da Ação (Pretensão) 748
    4.5. Acréscimos Indenizatórios 751
    4.6. Despesas Processuais 753
5. Apossamento Administrativo 754

XVI. **Direito de Extensão** 755
1. Sentido 755
2. Fundamento 755
3. Outros Aspectos 756
    3.1. Admissibilidade 756
    3.2. Oportunidade do Exercício do Direito 756

XVII. **Retrocessão** 757
1. Noção Jurídica 757
2. Natureza do Direito 758
3. Aspectos Especiais 760
    3.1. Tredestinação 760
    3.2. Demora na Utilização do Bem 761
    3.3. Prescrição 761
    3.4. Alienação por Acordo 762

XVIII. **Desapropriação Rural** 762
1. Introdução 762
2. Aspectos Especiais 763
    2.1. Competência 763
    2.2. Função Social Rural 763
    2.3. Indenização 764
    2.4. Inaplicabilidade da Desapropriação 764
3. Procedimento Expropriatório 765
    3.1. Procedimento Administrativo 766
    3.2. Procedimento Judicial 767

XIX. **Desapropriação Confiscatória** 769
XX. **Desapropriação Urbanística Sancionatória** 771
XXI. **Súmulas** 773

Capítulo 14. Atuação do Estado no Domínio Econômico 777

I. **Introdução** 777
1. O Liberalismo Econômico 777
2. Modelo Interventivo 778
3. Constitucionalização Normativa 778
4. Quadro Normativo 779

II. **Ordem Econômica** 779
1. Fundamentos 779
    1.1. Valorização do Trabalho Humano 780
    1.2. Liberdade de Iniciativa 780
2. Princípios 781
3. Declaração de Direitos da Liberdade Econômica 782

III. **Formas de Atuação do Estado** 783
IV. **Estado Regulador** 784
1. Sentido 784
2. Natureza da Atuação 785
3. Competências 785
4. Repressão ao Abuso do Poder Econômico 786
    4.1. Sentido 786
    4.2. Formas de Abuso 787
    4.3. Trustes, Cartéis e *Dumping* 787
    4.4. Normas e Meios Repressivos 788
5. Controle do Abastecimento 790
6. Tabelamento de Preços 791
7. Microempresas e Empresas de Pequeno Porte 792

XLII | MANUAL DE DIREITO ADMINISTRATIVO • *Carvalho Filho*

V.	**Estado Executor**	794
	1. Formas	794
	2. Exploração Direta	795
	2.1. Regra Geral	795
	2.2. Pressupostos	796
	3. Exploração Indireta	796
	3.1. Sentido	796
	3.2. As Empresas do Estado	797
VI.	**Monopólio Estatal**	798
	1. Sentido	798
	2. Natureza Jurídica	799
	3. Monopólio e Privilégio	799
	4. Atividades Monopolizadas	799
VII.	**Súmulas**	801

Capítulo 15. Controle da Administração Pública 803

I.	**Introdução**	803
	1. Controle Político e Controle Administrativo	803
	2. Fundamentos	804
II.	**Controle**	805
	1. Sentido	805
	2. Objetivo	805
	3. Natureza Jurídica	806
	4. Classificação	806
	4.1. Quanto à Natureza do Controlador	806
	4.2. Quanto à Extensão do Controle	807
	4.3. Quanto à Natureza do Controle	807
	4.4. Quanto ao Âmbito da Administração	809
	4.5. Quanto à Oportunidade	809
	4.6. Quanto à Iniciativa	809
III.	**Controle Administrativo**	810
	1. Sentido	810
	2. Objetivos	810
	3. Meios de Controle	810
	3.1. Controle Ministerial	811
	3.2. Hierarquia Orgânica	811
	3.3. Direito de Petição	811
	3.4. Revisão Recursal	812
	3.5. Controle Social	812
	3.6. Outros Instrumentos Legais	814
	4. Recursos Administrativos	814
	4.1. Sentido	814
	4.2. Fundamentos e Objetivo	815
	4.3. Natureza Jurídica	816
	4.4. Formalização	816
	4.5. Classificação	817
	4.6. Espécies	818
	4.7. Efeitos	820
	4.8. Exigência de Garantia	821
	4.9. *Reformatio in Pejus*	823
	4.10. Exaustão da Via Administrativa	824
	5. Coisa Julgada Administrativa	825
	6. Prazos Extintivos (Prescrição Administrativa)	826
	7. Processo Administrativo	829
	7.1. Introdução	829
	7.2. Sentido	831
	7.3. Classificação	832
	7.4. Objeto	833
	7.5. Princípios	834

7.6.	Processo Administrativo na Administração Federal	839
7.7.	Processo Administrativo Disciplinar	846
8.	Arbitragem	858
9.	Mediação	860
10.	Acordo Terminativo de Litígios	861
11.	Responsabilidade Administrativa e Civil de Pessoas Jurídicas (Lei Anticorrupção)	862

IV. Controle Legislativo 865
1. Sentido e Fundamento 865
2. Espécies de Controle 866
   2.1. Controle Político 866
   2.2. Controle Financeiro 867
3. Tribunal de Contas 870

V. Controle Judicial 875
1. Sentido 875
2. Sistemas de Controle 878
   2.1. Sistema do Contencioso Administrativo 878
   2.2. Sistema da Unidade de Jurisdição 879
3. Natureza 879
4. Oportunidade 880
5. Atos sob Controle Especial 881
   5.1. Atos Políticos 881
   5.2. Atos Legislativos Típicos 881
   5.3. Atos *Interna Corporis* 882
6. Instrumentos de Controle 884
   6.1. Meios Inespecíficos 884
   6.2. Meios Específicos 884
7. Prescrição de Ações contra a Fazenda Pública 884
   7.1. Sentido 884
   7.2. Fonte Normativa 885
   7.3. Direitos Pessoais e Reais 885
   7.4. Interrupção e Suspensão 887
   7.5. Prescrição da Ação e Prescrição das Prestações 888
   7.6. Prescrição Intercorrente 889
   7.7. Apreciação no Processo 889
8. Mandado de Segurança 891
   8.1. Conceito 891
   8.2. Espécies e Fontes Normativas 891
   8.3. A Tutela 891
   8.4. Impetrante 892
   8.5. Impetrado 893
   8.6. Formas de Tutela 894
   8.7. Descabimento 895
   8.8. Medida Liminar 896
   8.9. Competência 897
   8.10. Prazo 899
   8.11. Sentença e Coisa Julgada 899
   8.12. Mandado de Segurança Coletivo 900
   8.13. Aspectos Especiais 902
9. *Habeas Corpus* 905
   9.1. Conceito e Fontes Normativas 905
   9.2. Pressupostos Constitucionais 905
   9.3. Espécies 905
   9.4. Constrangimento Ilegal 906
   9.5. Competência 906
10. Ação Popular 907
    10.1. Conceito e Fontes Normativas 907
    10.2. Bens Tutelados 907
    10.3. Competência 908
    10.4. Legitimação Ativa e Passiva 908
    10.5. Objeto da Ação 909

MANUAL DE DIREITO ADMINISTRATIVO • Carvalho Filho

10.6. Liminar	909
10.7. Sentença e Coisa Julgada	910
11. Mandado de Injunção	911
11.1. Conceito, Fonte Normativa e Modalidades	911
11.2. Pressupostos	912
11.3. Bens Tutelados	912
11.4. Competência	913
11.5. Legitimação Ativa e Passiva	913
11.6. Liminar	914
11.7. Procedimento	914
11.8. Decisão	914
11.9. Mandado de Injunção Coletivo	916
12. *Habeas Data*	916
12.1. Conceito e Fonte Normativa	916
12.2. Bem Tutelado	917
12.3. Partes	917
12.4. Competência	917
12.5. Interesse de Agir	918
12.6. Pedido	919
12.7. Procedimento	919
12.8. Decisão e Recursos	920
13. Ação Civil Pública	920
13.1. Conceito e Fontes Normativas	920
13.2. Bens Tutelados	921
13.3. Espécies de Tutela	923
13.4. Partes	923
13.5. Sentença e Coisa Julgada	924
14. Improbidade Administrativa	926
14.1. Microssistema da Improbidade Administrativa	926
14.2. Ação de Improbidade	926
14.3. Fontes Normativas	927
14.3.1. Fontes Constitucionais	927
14.3.2. Direito Administrativo Sancionador	927
14.3.3. Fontes Legislativas	928
14.4. Lei Reguladora	928
14.4.1. Natureza	928
14.4.2. Abrangência	929
14.5. Uso Indevido da Ação	929
14.6. Atos de Improbidade Administrativa	929
14.6.1. Noção	929
14.6.2. Dolo	930
14.6.3. Atipicidade da Conduta	931
14.6.4. Retroatividade	932
14.7. Objeto da Tutela	932
14.8. Sujeito Passivo da Improbidade	933
14.8.1. Conceito	933
14.8.2. Entidades Federativas	933
14.8.3. Administração Indireta	933
14.8.4. Entidades do Setor Privado	934
14.8.5. Outras Entidades	934
14.9. Sujeito Ativo da Improbidade	935
14.9.1. Conceito	935
14.9.2. Agentes Públicos	935
14.9.3. Agentes Políticos	936
14.9.4. Servidores Públicos	937
14.9.5. Outros Agentes	937
14.9.6. Recursos de Origem Pública	938
14.9.7. Pessoas Jurídicas	938
14.9.8. Terceiros	939
14.9.9. Sucessão e Alteração Contratual	940

14.10. Tipologia da Improbidade	940
14.10.1. Considerações Preliminares	940
14.10.2. Enriquecimento Ilícito	941
14.10.3. Prejuízo ao Erário	941
14.10.4. Violação a Princípios	944
14.10.5. Ordem Urbanística	946
14.10.6. Conflito de Interesses	947
14.11. Sanções	947
14.11.1. Base Legal	947
14.11.2. Cominações	947
14.11.3. Modalidades	948
14.11.4. Sanções e Atos de Improbidade	948
14.11.5. Natureza Jurídica	949
14.11.6. Constitucionalidade do Rol de Sanções	949
14.11.7. Aplicabilidade	949
14.11.8. Sanções Isoladas ou Cumulativas	950
14.11.9. Elementos Valorativos	951
14.11.10. Revisão Sancionatória	951
14.11.11. Adequação Punitiva	952
14.11.12. Pessoas Jurídicas	952
14.11.13. Oportunidade da Aplicação	953
14.11.14. Princípio da Subsunção	953
14.11.15. Independência de Instâncias	953
14.12. Sanções em Espécie	954
14.12.1. Ressarcimento Integral do Dano	954
14.12.2. Perda de Bens e Valores	955
14.12.3. Perda da Função Pública	956
14.12.4. Suspensão de Direitos Políticos	958
14.12.5. Multa Civil	959
14.12.6. Proibição de Contratar com o Poder Público	960
14.12.7. Probição de Receber Benefícios ou Incentivos Fiscais ou Creditícios	961
14.13. Declaração de Imposto de Renda	961
14.14. Procedimento Administrativo	962
14.15. Indisponibilidade de Bens	963
14.16. Procedimento Judicial	966
14.16.1. Considerações Preliminares	966
14.16.2. Procedimento	966
14.16.3. Natureza da Ação	966
14.16.4. Ação de Improbidade e Ação Civil Pública	967
14.16.5. Legitimidade	967
14.16.6. Foro e Prevenção	968
14.16.7. Fase Postulatória	968
14.16.8. Decisão Inicial	969
14.16.9. Instrução	970
14.16.10. Acordo de Não Persecução Civil	970
14.16.11. Sentença Final	971
14.16.12. Unificação de Sanções	972
14.16.13. Denunciação Caluniosa	972
14.16.14. Afastamento do Agente	973
14.17. Prescrição	973
14.17.1. Observações Iniciais	973
14.17.2. Regra Geral	974
14.17.3. Suspensão do Prazo	975
14.17.4. Interrupção do Prazo	975
14.17.5. Aspectos Complementares	976
14.18. Despesas Processuais	976
VI. O Poder Público em Juízo	977
1. Capacidade Processual	977
2. Pessoas Federais	978
3. Pessoas Estaduais e Pessoa Distrital	979

4.	Pessoas Municipais	980
5.	Representação Judicial	981
6.	Particularidades Processuais	982
7.	Despesas Judiciais	987
8.	Pagamento dos Créditos de Terceiros	989
	8.1. Sistema de Precatórios	989
	8.2. Fazenda Pública	989
	8.3. Execução dos Créditos	990
	8.4. Débitos Fazendários Especiais	990
	8.5. Obrigações de Pequeno Valor	991
	8.6. Precatórios Complementares e Fracionamento	992
	8.7. Dotações Orçamentárias	992
	8.8. Débitos do Credor	993
	8.9. Atualização de Valores	993
	8.10. Cessão de Créditos	994
	8.11. Precatórios de Estados, Distrito Federal e Municípios	994
	8.12. Comprometimento dos Precatórios	995
	8.13. Precatórios de Grande Valor	995
	8.14. Amortização de Dívidas de Entes Públicos	996
	8.15. Processo Administrativo	996
	8.16. Regime Transitório	997
VII.	**Controle Estatal na LINDB – Lei de Introdução às Normas do Direito Brasileiro**	997
1.	Considerações iniciais	997
2.	Valores abstratos e motivação (art. 20)	998
3.	Consequências e regularização de condutas (art. 21)	999
4.	Gestão complexa e políticas públicas (art. 22)	999
5.	Nova interpretação ou orientação (art. 23)	1000
6.	Revisão de validade (art. 24)	1000
7.	Celebração de compromisso (art. 26)	1001
8.	Compensação e compromisso processual (art. 27)	1001
9.	Responsabilidade pessoal do agente (art. 28)	1002
10.	Atos normativos e consulta pública (art. 29)	1003
11.	Segurança jurídica (art. 30)	1004
VIII.	**Súmulas**	1004

Capítulo 16. Bens Públicos 1011

I.	**Introdução**	1011
1.	Domínio Público	1011
2.	Domínio Eminente	1011
II.	**Conceito**	1012
III.	**Bens das Pessoas Administrativas Privadas**	1014
IV.	**Classificação**	1016
1.	Quanto à Titularidade	1016
	1.1. Bens Federais	1016
	1.2. Bens Estaduais e Distritais	1017
	1.3. Bens Municipais	1017
2.	Quanto à Destinação	1017
	2.1. Bens de Uso Comum do Povo	1018
	2.2. Bens de Uso Especial	1018
	2.3. Bens Dominicais	1019
3.	Quanto à Disponibilidade	1020
	3.1. Bens Indisponíveis	1020
	3.2. Bens Patrimoniais Indisponíveis	1020
	3.3. Bens Patrimoniais Disponíveis	1021
V.	**Afetação e Desafetação**	1021
VI.	**Regime Jurídico**	1023
1.	Alienabilidade Condicionada	1023
2.	Impenhorabilidade	1024
3.	Imprescritibilidade	1024
4.	Não Onerabilidade	1026

SUMÁRIO | XLVII

VII. Aquisição 1026
    1. Introdução 1026
    2. Classificação 1027
    3. Formas de Aquisição 1027
        3.1. Contratos 1027
        3.2. Usucapião 1028
        3.3. Desapropriação 1029
        3.4. Acessão 1029
        3.5. Aquisição *Causa Mortis* 1030
        3.6. Arrematação 1030
        3.7. Adjudicação 1031
        3.8. Resgate na Enfiteuse 1031
        3.9. Aquisição *Ex Vi Legis* 1031

VIII. Gestão dos Bens Públicos 1033
    1. Sentido 1033
    2. Uso dos Bens Públicos 1033
    3. Formas de Uso 1034
        3.1. Uso Comum 1035
        3.2. Uso Especial 1035
        3.3. Uso Compartilhado 1036
        3.4. Cemitérios Públicos 1039
    4. Uso Privativo 1041
        4.1. Autorização de Uso 1042
        4.2. Permissão de Uso 1044
        4.3. Concessão de Uso 1046
        4.4. Concessão de Direito Real de Uso 1048
        4.5. Concessão de Uso Especial para Fins de Moradia 1050
        4.6. Cessão de Uso 1054
        4.7. Formas de Direito Privado 1055

IX. Alienação 1059
    1. Considerações Gerais 1059
    2. Competência Normativa e Reguladora 1060
    3. Instrumentos Comuns 1061
        3.1. Venda 1061
        3.2. Doação 1063
        3.3. Permuta 1064
        3.4. Dação em Pagamento 1065
    4. Instrumentos Específicos 1065
        4.1. Concessão de Domínio 1065
        4.2. Investidura 1066
        4.3. Incorporação 1067
        4.4. Retrocessão 1067
        4.5. Legitimação de Posse 1067
        4.6. Legitimação Fundiária 1068

X. Espécies de Bens Públicos 1069
    1. Terras Devolutas 1069
    2. Terrenos de Marinha 1071
    3. Terrenos Acrescidos 1074
    4. Terrenos Reservados 1074
    5. Terras Ocupadas pelos Indígenas 1075
    6. Plataforma Continental 1075
    7. Ilhas 1076
    8. Faixa de Fronteiras 1078
    9. Subsolo e Riquezas Minerais 1079

XI. Águas Públicas 1080
XII. Súmulas 1083

Índice Remissivo 1085

Referências Bibliográficas 1101

Direito Administrativo e Administração Pública

I. Introdução

1. O ESTADO

Diversos são os sentidos do termo "estado", e isso porque diversos podem ser os ângulos em que pode ser enfocado.

No sentido, porém, de sociedade política permanente, a denominação "Estado"[1] surge pela primeira vez no século XVI na obra *O Príncipe*, de Maquiavel, indicando, no entanto, as comunidades formadas pelas cidades-estado.

Discutem os pensadores sobre o momento em que apareceu o Estado, ou seja, qual a precedência cronológica: o Estado ou a sociedade. Informa-nos DALMO DALLARI que para certa doutrina o Estado, como a sociedade, sempre existiu; ainda que mínima pudesse ser, teria havido uma organização social nos grupos humanos. Outra doutrina dá à sociedade em si precedência sobre a formação do Estado: este teria decorrido de necessidade ou conveniências de grupos sociais. Uma terceira corrente de pensamento ainda retarda o nascimento do Estado, instituição que só passaria a existir com características bem definidas.[2]

A matéria tem seu estudo aprofundado na Teoria Geral do Estado, aí, portanto, devendo ser desenvolvida. O que é importante para o presente estudo é o fato, atualmente indiscutível, de que o Estado é um ente personalizado, apresentando-se não apenas exteriormente, nas relações internacionais, como internamente, neste caso como pessoa jurídica de direito público, capaz de adquirir direitos e contrair obrigações na ordem jurídica.

O novo Código Civil (Lei nº 10.406, de 10.1.2002), com vigor a partir de janeiro de 2003, atualizou o elenco de pessoas jurídicas de direito público, mencionando entre elas as pessoas que, por serem federativas, representam cada compartimento interno do Estado federativo brasileiro: a União, os Estados, o Distrito Federal e os Municípios (art. 41, I a III).[3] Diversamente, porém, do que ocorria sob a égide do Código anterior, o Código vigente alude expressamente aos Territórios, pondo fim à controvérsia sobre o assunto e confirmando-os como pessoas jurídicas de direito público, conforme já registrava a doutrina dominante,[4] muito embora sem autonomia política e sem integrar a federação, como se infere do art. 18 da CF, que a eles não

---

[1] O termo vem do latim "status", com o sentido de "estar firme".

[2] *Elementos de teoria geral do estado*, p. 45.

[3] No Código revogado, a relação era prevista no art. 14, I a III.

[4] MICHEL TEMER, *Elementos de Direito Constitucional*, Saraiva, 5. ed., 1989, p. 100, que cita outros especialistas com a mesma opinião.

alude. Cuida-se, com efeito, de mera pessoa administrativa descentralizada (para alguns com a natureza de autarquia territorial), integrante da União e regulada por lei complementar federal (art. 18, § 2º, CF).

Em nosso regime federativo, por consequência, todos os componentes da federação materializam o Estado, cada um deles atuando dentro dos limites de competência traçados pela Constituição.

A evolução da instituição acabou culminando no surgimento do *Estado de direito*, noção que se baseia na regra de que ao mesmo tempo em que o Estado cria o direito deve sujeitar-se a ele. A fórmula do *rule of law* prosperou de tal forma que no mundo jurídico ocidental foi ela guindada a verdadeiro postulado fundamental.[5]

2. PODERES E FUNÇÕES

Compõe-se o Estado de *Poderes*, segmentos estruturais em que se divide o poder geral e abstrato decorrente de sua soberania. Os Poderes de Estado, como estruturas internas destinadas à execução de certas funções, foram concebidos por Montesquieu em sua clássica obra,[6] pregando o grande filósofo, com notável sensibilidade política para a época (século XVIII), que entre eles deveria haver necessário equilíbrio, de forma a ser evitada a supremacia de qualquer deles sobre outro.

Os Poderes de Estado figuram de forma expressa em nossa Constituição: *são Poderes da União, independentes e harmônicos entre si, o Legislativo, o Executivo e o Judiciário* (art. 2º).

A cada um dos Poderes de Estado foi atribuída determinada função. Assim, ao Poder Legislativo foi cometida a função normativa (ou legislativa); ao Executivo, a função administrativa; e, ao Judiciário, a função jurisdicional.

Entretanto, não há exclusividade no exercício das funções pelos Poderes. Há, sim, preponderância. As linhas definidoras das funções exercidas pelos Poderes têm caráter político e figuram na Constituição. Aliás, é nesse sentido que se há de entender a independência e a harmonia entre eles: se, de um lado, possuem sua própria estrutura, não se subordinando a qualquer outro, devem objetivar, ainda, os fins colimados pela Constituição.

Por essa razão é que os Poderes estatais, embora tenham suas funções normais (*funções típicas*), desempenham também funções que materialmente deveriam pertencer a Poder diverso (*funções atípicas*), sempre, é óbvio, que a Constituição o autorize.

O Legislativo, por exemplo, além da função normativa, exerce a função jurisdicional quando o Senado processa e julga o Presidente da República nos crimes de responsabilidade (art. 52, I, CF) ou os Ministros do Supremo Tribunal Federal pelos mesmos crimes (art. 52, II, CF). Exerce também a função administrativa quando organiza seus serviços internos (arts. 51, IV, e 52, XIII, CF).

O Judiciário, afora sua função típica (função jurisdicional), pratica atos no exercício de função normativa, como na elaboração dos regimentos internos dos Tribunais (art. 96, I, "a", CF), e de função administrativa, quando organiza os seus serviços (art. 96, I, "a", "b", "c"; art. 96, II, "a", "b" etc.). A propósito dessa última, foi editada a EC 134, de 24.9.2024, que, alterando o art. 196 da CF, dispõe sobre a eleição dos órgãos diretivos dos Tribunais de Justiça.

---

[5] MANOEL GONÇALVES FERREIRA FILHO, em sucinto e interessante estudo, intitulado As Origens do estado de direito, informa que a expressão "Estado de direito" foi cunhada na Alemanha *(Rechtsstaat)*, em obra de WELCKER, publicada em 1813. Sintetiza, ainda, a evolução que teve o instituto a partir da antiguidade (*RDA* 168, p. 11-17).

[6] *De l'esprit des lois*, Paris, 1748.

Por fim, o Poder Executivo, ao qual incumbe precipuamente a função administrativa, desempenha também função atípica normativa, quando produz, por exemplo, normas gerais e abstratas através de seu poder regulamentar (art. 84, IV, CF),[7] ou, ainda, quando edita medidas provisórias (art. 62, CF) ou leis delegadas (art. 68, CF). Quanto à função jurisdicional, o sistema constitucional pátrio vigente não deu margem a que pudesse ser exercida pelo Executivo.[8] A função jurisdicional típica, assim considerada aquela por intermédio da qual conflitos de interesses são resolvidos com o cunho de *definitividade (res iudicata)*, é praticamente monopolizada pelo Judiciário, e só em casos excepcionais, como visto, e expressamente mencionados na Constituição, é ela desempenhada pelo Legislativo.[9]

Em relação à *tipicidade* ou *atipicidade* das funções, pode suceder que determinada função se enquadre, em certo momento, como típica, e o direito positivo venha a convertê-la em atípica, e vice-versa. Exemplo elucidativo ocorreu com os processos de inventário e separação e divórcio consensuais: ainda que inexistisse litígio, cumpria aos interessados recorrer à via judicial. Tratando-se de função administrativa, ao ser exercida no Judiciário qualificava-se como *função jurisdicional atípica*. Posteriormente, contudo, o inventário e a partilha (quando os interessados são capazes e concordes), bem como a separação e o divórcio consensuais (quando não há filhos menores ou incapazes), passaram a ser admitidos por simples escritura pública em Ofício de Notas comum, servindo o título para o registro público adequado (arts. 610, § 1º, e 733, Código de Processo Civil). Com tal mudança de rumo, o que era *função jurisdicional atípica* passou a caracterizar-se como *função administrativa típica*.

3. FUNÇÃO ADMINISTRATIVA

Não constitui tarefa muito fácil delinear os contornos do que se considera função administrativa. Os estudiosos têm divergido sobre o tema. Todos, no entanto, fazem referência ao pensamento de OTTO MAYER, que, ao final do século passado, defendia a autonomia do Direito Administrativo em face do Direito Constitucional, e afirmava: *"A administrativa é a atividade do Estado para realizar seus fins, debaixo da ordem jurídica"*. A visão do grande jurista alemão mostrava que a função administrativa haveria de ter duas faces: a primeira relativa ao *sujeito* da função (aspecto subjetivo); a segunda relativa aos efeitos da função no mundo jurídico (aspecto objetivo formal).

Para a identificação da função administrativa, os autores se têm valido de critérios de três ordens:

1º) *subjetivo* (ou *orgânico*), que dá realce ao sujeito ou agente da função;

2º) *objetivo material*, pelo qual se examina o conteúdo da atividade; e

3º) *objetivo formal*, que explica a função pelo regime jurídico em que se situa a sua disciplina.

---

[7] Sobre a *função normativa* do Poder Executivo, vide FABRICIO MOTTA, *Função normativa da administração pública*, Del Rey, 2007, p. 143-144.

[8] O art. 205 da Constituição anterior, referindo-se ao *contencioso administrativo*, insinuava a possibilidade de o Executivo desempenhar função jurisdicional. Com a Carta vigente, entretanto, que baniu aquela norma, restou superada a discussão.

[9] DIOGO DE FIGUEIREDO MOREIRA NETO (*Contencioso administrativo*, p. 23) admite que o Executivo exerça jurisdição *sem* definitividade. Ousamos discordar do ilustre professor. Para nós, o fato de existirem contendas na via administrativa suscetíveis de decisão não implica o exercício da função jurisdicional típica, esta sim, a única que produz a *res iudicata*.

MANUAL DE DIREITO ADMINISTRATIVO • *Carvalho Filho*

Nenhum critério é suficiente, se tomado isoladamente. Devem eles combinar-se para suscitar o preciso contorno da função administrativa.

Na prática, a função administrativa tem sido considerada de caráter residual, sendo, pois, aquela que não representa a formulação da regra legal nem a composição de lides *in concreto*.[10] Mais tecnicamente pode dizer-se que função administrativa é aquela exercida pelo Estado ou por seus delegados, subjacentemente à ordem constitucional e legal, sob regime de direito público, com vistas a alcançar os fins colimados pela ordem jurídica.[11]

Enquanto o ponto central da função legislativa consiste na criação do direito novo (*ius novum*) e o da função jurisdicional descansa na composição de litígios, na função administrativa o grande alvo é, de fato, a gestão dos interesses coletivos na sua mais variada dimensão, consequência das numerosas tarefas a que se deve propor o Estado moderno. Como tal gestão implica normalmente a prática de vários atos e atividades alvejando determinada meta, a Administração socorre-se, com frequência, de processos administrativos como instrumento para concretizar a função administrativa.[12]

Exatamente pela ilimitada projeção de seus misteres é que alguns autores têm distinguido *governo* e *administração*,[13] e função administrativa e função política, caracterizando-se esta por não ter subordinação jurídica direta, ao contrário daquela, sempre sujeita a regras jurídicas superiores.[14]

Não custa, por fim, relembrar que, a despeito da reconhecida diversidade dos critérios identificadores da função administrativa, como mencionamos acima, é o critério material que tem merecido justo realce entre os estudiosos; cuida-se de examinar o conteúdo em si da atividade, independentemente do Poder de onde provenha. Em virtude dessa consideração é que constituem *função materialmente administrativa* atividades desenvolvidas no Poder Judiciário, de que são exemplos decisões em processos de jurisdição voluntária e o poder de polícia do juiz nas audiências, ou no Poder Legislativo, como as denominadas *"leis de efeitos concretos"*, atos legislativos que, ao invés de traçarem normas gerais e abstratas, interferem na órbita jurídica de pessoas determinadas, como, por exemplo, a lei que concede pensão vitalícia à viúva de ex-presidente.[15] Em relação a elas a ideia é sempre *residual*: onde não há criação de direito novo ou solução de conflitos de interesses na via própria (judicial), a função exercida, sob o aspecto material, é a administrativa.

Convém realçar, aliás, que, por sua amplitude, a função administrativa abrange atribuições relevantes de instituições estatais. É o caso, por exemplo, dos membros do Ministério Público e da Defensoria Pública. Conquanto tenham sede constitucional e desempenhem papel estratégico no sistema das garantias coletivas, nem por isso sua ação deixa de enquadrar-se como função administrativa, já que seus agentes não legislam nem prestam jurisdição.

4. FEDERAÇÃO

Desde a Constituição de 1891, quando passou a ser república, o Brasil tem adotado o regime da federação como forma de Estado. Hoje tal forma tem previsão expressa na Constituição Federal (arts. 1º e 18).

---

[10] DIOGO DE FIGUEIREDO MOREIRA NETO, *Curso de direito administrativo*, p. 20.

[11] O conceito tem por base o firmado por ARICÊ MOACYR AMARAL SANTOS no precioso trabalho Função administrativa, no qual, aliás, detalha as opiniões de vários publicistas a respeito do tema (*RDP* nº 89, p. 165-185).

[12] EURICO, BITENCOURT NETO. *Devido procedimento equitativo e vinculação de serviços públicos delegados no Brasil*, Fórum, 2009, p. 22.

[13] HELY LOPES MEIRELLES, Direito administrativo brasileiro, p. 60.

[14] DIOGO DE FIGUEIREDO MOREIRA NETO, *Curso*, p. 21.

[15] EDUARDO GARCÍA DE ENTERRÍA e TOMÁS-RAMÓN FERNÁNDEZ, *Curso de derecho administrativo*, Civitas, Madri, v. I, 10. ed., 2000, p. 44.

A federação, como forma de Estado, foi instituída pela primeira vez nos Estados Unidos, após a luta empreendida para a libertação das colônias inglesas do jugo britânico (século XVIII). O federalismo americano decorreu de processo de *agregação*, tornando-se unidos, num só Estado, os estados soberanos, que antes se uniam através de confederação (*federalismo centrípeto*). No Brasil, porém, resultou de processo de *segregação*, uma vez que durante o Império era adotado o regime unitário, com apenas um único poder político (*federalismo centrífugo*).

Como bem observa CELSO RIBEIRO BASTOS, a federação, como forma de Estado, "*foi a forma mais imaginosa já inventada pelo homem para permitir a conjugação das vantagens da autonomia política com aquelas outras defluentes da existência de um poder central*".[16] De fato, se de um lado não se rechaça o poder central e soberano, de outro recebem as partes componentes capacidade política derivada do processo de descentralização.

4.1. Características

A *descentralização política* é a característica fundamental do regime federativo. Significa que, além do poder central, outros círculos de poder são conferidos a suas repartições. No Brasil, há três círculos de poder, todos dotados de autonomia, o que permite às entidades componentes a escolha de seus próprios dirigentes. Compõem a federação brasileira a União Federal, os Estados, os Municípios e o Distrito Federal (art. 18, CF).

Afigura-se fundamental o *sistema de repartição de competências*, porquanto é com base nele que se dimensiona o poder político dos entes do Estado Federal. Assim, pertencem à União as matérias de predominante interesse nacional; ao Estado, as de interesse regional; e ao Município, as de interesse local. Na verdade, o critério ontológico do sistema funda-se na *prevalência do interesse* da entidade federativa.[17]

Outras características são a participação da vontade dos Estados na vontade nacional, representados no Senado Federal (art. 46, CF), e o poder de autoconstituição, conferido de forma expressa aos Estados de modo a permitir sejam regidos também por suas próprias Constituições (art. 25, CF). Os Municípios, por sua vez, saíram bastante fortalecidos na Carta vigente. Embora não se lhes tivesse permitido ter uma Constituição sob o aspecto formal, admitiu-se fossem regidos por lei orgânica, de efeitos assemelhados aos que decorrem das Constituições (art. 29, CF).[18]

4.2. Autonomia: Capacidade de Autoadministração

A Constituição Federal deixou registrado expressamente que os entes que compõem a federação brasileira são dotados de *autonomia*.

Autonomia, no seu sentido técnico-político, significa ter a entidade integrante da federação capacidade de auto-organização, autogoverno e autoadministração.[19] No primeiro caso, a entidade pode criar seu diploma constitutivo; no segundo, pode organizar seu governo e eleger seus dirigentes; no terceiro, pode ela organizar seus próprios serviços.

---

[16] *Comentários à Constituição do Brasil*, v. I, p. 215.

[17] É o que também destaca GUILHERME PEÑA DE MORAES (*Curso de direito constitucional*, Lumen Juris, 2008, p. 319).

[18] MICHEL TEMER, *Elementos de direito constitucional*, p. 64-66. O autor aponta ainda elementos necessários à manutenção da federação: a rigidez constitucional e a existência de órgão incumbido do controle da constitucionalidade das leis.

[19] WILSON ACCIOLI, Instituições de direito constitucional, p. 105.

MANUAL DE DIREITO ADMINISTRATIVO • *Carvalho Filho*

É este último aspecto que apresenta relevância para o tema relativo à Administração Pública. Dotadas de autonomia e, pois, da capacidade de autoadministração, as entidades federativas terão, por via de consequência, as suas próprias Administrações, ou seja, sua própria organização e seus próprios serviços, inconfundíveis com o de outras entidades.

Poder-se-á, assim, considerar a Administração Pública num sentido *geral*, considerando-se todos os aparelhos administrativos de todas as entidades federativas, e num sentido *específico*, abrangendo cada pessoa da federação tomada isoladamente.

5. DIREITO ADMINISTRATIVO

5.1. Breve Introdução

O estudo desse ramo do Direito reclama, de início, a distinção entre o Direito Administrativo, de um lado, e as normas e princípios que nele se inserem, de outro. Normas hoje consideradas como pertencentes a esse ramo sempre existiram, inclusive ao tempo em que a figura do Estado ainda não se havia constituído com a fisionomia atual. Com efeito, mesmo que despidos de qualquer sistematização, os ordenamentos mais antigos exibiam normas que pretendiam regular, conquanto timidamente, a relação jurídica entre o Poder e os integrantes das sociedades de modo geral.

O Direito Administrativo, contudo, como sistema jurídico de normas e princípios, somente veio a lume com a instituição do Estado de Direito, ou seja, quando o Poder criador do direito passou também a respeitá-lo. O fenômeno nasce com os movimentos constitucionalistas, cujo início se deu no final do século XVIII. Através do novo sistema, o Estado passava a ter órgãos específicos para o exercício da administração pública e, por via de consequência, foi necessário o desenvolvimento do quadro normativo disciplinador das relações internas da Administração e das relações entre esta e os administrados. Por isso, pode considerar-se que foi a partir do século XIX que o mundo jurídico abriu os olhos para esse novo ramo jurídico, o Direito Administrativo.

No período anterior, o regime vigorante era o das monarquias absolutas, em que todos os poderes do Estado desaguavam nas mãos do monarca, tornando frágeis as relações entre o Estado e os súditos. O brocardo da época era o célebre *"L'État c'est moi"*, para indicar a concentração dos poderes exclusivamente sob o manto real.[20] Com a teoria da separação de poderes concebida por MONTESQUIEU, o Estado, distribuindo seu próprio poder político, permitiu que em sua figura se reunisse, ao mesmo tempo, o sujeito ativo e passivo do controle público. Nesse ambiente, foi possível criar normas próprias para a execução desse controle.[21]

5.2. Conceito

Com o desenvolvimento do quadro de princípios e normas voltados à atuação do Estado, o Direito Administrativo se tornou *ramo autônomo* dentre as matérias jurídicas. Como assinalou VEDEL, agora a comunidade jurídica não mais se defrontava com normas derrogatórias do direito privado, mas, ao contrário, surgiam normas diretamente vocacionadas à solução de

---

[20] Daí se originaram outros postulados despóticos, como *"the king can do no wrong"*, do sistema inglês, ou *"le roi ne peut mal faire"*, do sistema francês. A máxima superior do absolutismo se resumia na oração latina: *"quod principi placuit legis habet vigorem"* (*"o que agrada ao rei tem força de lei"*).

[21] Não nos deteremos no histórico pátrio e estrangeiro da disciplina, e isso porque refoge ao âmbito de nosso estudo. Sobre o tema, vide OSWALDO ARANHA BANDEIRA DE MELLO, *Princípios gerais de direito administrativo*, Forense, 2. ed., 1979, v. I, e MARIA SYLVIA ZANELLA DI PIETRO, *Direito administrativo*, Atlas, 17. ed., 2004.

Cap. 1 • DIREITO ADMINISTRATIVO E ADMINISTRAÇÃO PÚBLICA | 7

eventuais litígios oriundos das relações entre o Estado e os administrados, formando um bloco diverso do adotado para o direito privado.[22]

Entretanto, o Direito Administrativo, como novo ramo autônomo, propiciou nos países que o adotaram diversos critérios como foco de seu objeto e conceito. Na França, prevaleceu a ideia de que o objeto desse Direito consistia nas leis reguladoras da Administração. No direito italiano, a corrente dominante o limitava aos atos do Poder Executivo.[23] Outros critérios foram ainda apontados como foco do Direito Administrativo, como o critério de regulação dos órgãos inferiores do Estado e o dos serviços públicos. À medida, porém, que esse ramo jurídico se desenvolvia, verificou-se que sua abrangência se irradiava para um âmbito maior, de forma a alcançar o Estado internamente e a coletividade a que se destina.

Muitos são os conceitos encontrados nos autores modernos de Direito Administrativo. Alguns levam em conta apenas as atividades administrativas em si mesmas; outros preferem dar relevo aos fins desejados pelo Estado. Em nosso entender, porém, o Direito Administrativo, com a evolução que o vem impulsionando contemporaneamente, há de focar-se em dois tipos fundamentais de relações jurídicas: uma, de *caráter interno*, que existe entre as pessoas administrativas e entre os órgãos que as compõem; outra, de *caráter externo*, que se forma entre o Estado e a coletividade em geral.

Desse modo, sem abdicar dos conceitos dos estudiosos, parece-nos se possa conceituar o Direito Administrativo como sendo *o conjunto de normas e princípios que, visando sempre ao interesse público, regem as relações jurídicas entre as pessoas e órgãos do Estado e entre este e as coletividades a que devem servir.*

De fato, tanto é o Direito Administrativo que regula, por exemplo, a relação entre a Administração Direta e as pessoas da respectiva Administração Indireta, como também a ele compete disciplinar a relação entre o Estado e os particulares participantes de uma licitação, ou entre o Estado e a coletividade, quando se concretiza o exercício do poder de polícia.[24] Seja qual for a relação, porém, estará ela sujeita a um regime próprio e específico, o regime jurídico-administrativo de direito público, sempre com embasamento constitucional.[25]

Não custa, ao final deste tópico, lembrar que, como ensina DIEZ, o Direito Administrativo apresenta três características principais: (1ª) constitui um *direito novo*, já que se trata de disciplina recente com sistematização científica; (2ª) espelha um *direito mutável*, porque ainda se encontra em contínua transformação; e (3ª) é um *direito em formação*, não se tendo, até o momento, concluído todo o seu ciclo de abrangência.[26]

5.3. Relações com Outros Ramos Jurídicos

O estudo moderno do Direito não mais comporta a análise isolada e estanque de um ramo jurídico. Na verdade, o Direito é um só; são as relações jurídicas que podem ter diferente natureza. Assim, embora de forma sucinta, é cabível indicar algumas linhas em que o Direito Administrativo se tangencia com outras disciplinas jurídicas.

---

[22] *Derecho administrativo*, Bibl. Juríd. Aguilar, Madri, 1980, p. 40 (trad. 6. ed. francesa por Juan Rincon Jurado).

[23] Na França, apontam-se as obras de DUCROCQ, BATBIE e GIANQUINTO; na Itália, são citados RANELLETTI, ZANOBINI e MEUCCI (vide cit., HELY LOPES MEIRELLES, *Direito administrativo brasileiro*, 29. ed., 2004, p. 38-39).

[24] Como consigna SAYAGUÉS LASO, alguns conceitos mais se distinguem pela forma do que de fundo (*Tratado de derecho administrativo*, Montevidéu, 1974, v. I, p. 21).

[25] EMERSON AFFONSO DA COSTA MOURA, *Regime administrativo brasileiro e Constituição Federal de 1988*, Lumen Juris, 2017, p. 24-25.

[26] MANUEL MARIA DIEZ, *Manual de derecho administrativo*, Plus Ultra, Buenos Aires, 2. ed., 1980, t. I, p. 52.

No entanto, antes de serem indicados os pontos de contato entre as disciplinas, vale a pena relembrar um assunto sempre comentado: a antiga classificação romana, que admitia, como os dois grandes ramos jurídicos, o *Direito Público* e o *Direito Privado*. Tal classificação está hoje superada, como registram praticamente todos os estudiosos. O fundamento está em que todo ramo jurídico contém, de algum modo, normas de ambos os campos; significa, portanto, que nenhuma disciplina se afigura inflexível quanto à natureza das normas que a integram. Se tal fundamento é verdadeiro, não menos o é o fundamento de que, em cada Direito, *predominam as normas* de um ramo sobre as do outro. E sob esse aspecto não há dúvida de que *o Direito Administrativo se insere no ramo do Direito Público*, tal como ocorre com o Direito Constitucional, o Direito Penal, o Direito Processual, o Direito Eleitoral e outros. No campo do Direito Privado ficam, em última instância, o Direito Civil e o Direito Comercial (ou Empresarial, se assim se preferir).

A relação de maior intimidade do Direito Administrativo é com o *Direito Constitucional*. E não poderia ser de outra maneira. É o Direito Constitucional que alinhava as bases e os parâmetros do Direito Administrativo; este é, na verdade, o lado dinâmico daquele. Na Constituição se encontram os princípios da Administração Pública (art. 37), as normas sobre servidores públicos (arts. 39 a 41) e as competências do Poder Executivo (arts. 84 e 85). São mencionados, ainda, na Lei Maior os institutos da desapropriação (arts. 5º, XXIV, 182, § 4º, III, 184 e 243), das concessões e permissões de serviços públicos (art. 175), dos contratos administrativos e licitações (arts. 37, XXI, e 22, XXVII) e da responsabilidade extracontratual do Estado (art. 37, § 6º), entre outros.

Com o *Direito Processual* o Direito Administrativo se relaciona pela circunstância de haver em ambos os ramos a figura do *processo*: embora incidam alguns princípios próprios em cada disciplina, existem inevitáveis pontos de ligação entre os processos administrativos e judiciais. Como exemplo, lembre-se que o direito ao contraditório e à ampla defesa incide tanto numa como noutra categoria (art. 5º, LV, CF). Por outro lado, nos processos administrativos de natureza acusatória são aplicáveis alguns postulados e normas do processo penal.[27] No que diz respeito ao processo civil, este prevê algumas normas que consideram especificamente o Estado como parte da relação processual e que, por isso, lhe outorgam algumas prerrogativas. Exemplos: prazo em dobro para todas as manifestações processuais (art. 183, CPC); sujeição ao duplo grau obrigatório de jurisdição (embora com algumas exceções) de sentença proferida contra União, Estados, Distrito Federal, Municípios e respectivas autarquias e fundações de direito público, bem como da que julga procedentes embargos à execução fiscal (art. 496, I e II, CPC), só tendo eficácia a decisão após apreciação pelo tribunal.

A relação com o *Direito Penal* se consuma através de vários elos de ligação. Um deles é a previsão, no Código Penal, dos crimes contra a Administração Pública (arts. 312 a 326, Código Penal) e a definição dos sujeitos passivos desses delitos (art. 327, *caput*, e § 1º, Código Penal). A interseção se dá também no caso de normas penais em branco, aquelas cujo conteúdo pode completar-se com normas administrativas.

Também com o *Direito Tributário* há matérias conexas e relacionadas. Uma delas é a que outorga ao Poder Público o exercício do poder de polícia, atividade tipicamente administrativa e remunerada por *taxas* (art. 145, II, CF, e arts. 77 e 78, do Código Tributário Nacional). De outro ângulo, tem-se que as normas de arrecadação tributária se inserem dentro do Direito Administrativo.

O *Direito do Trabalho* é outra disciplina que apresenta alguns pontos de contato com o Direito Administrativo. Primeiramente, porque as normas reguladoras da função fiscalizadora

---

[27] No mesmo sentido, ODETE MEDAUAR, *Direito administrativo moderno*, RT, 8. ed., 2004, p. 42.

das relações de trabalho estão integradas no Direito Administrativo. Depois, é de se reconhecer que ao Estado-Administração é permitido o recrutamento de servidores pelo *regime trabalhista*, aplicando-se preponderantemente a essa relação jurídica as normas da Consolidação das Leis do Trabalho – CLT.

Existem, ainda, relações entre o Direito Administrativo e os *Direitos Civil e Comercial* (ou *Empresarial*). Diga-se, aliás, que são intensas essas relações. À guisa de exemplo, todavia, vale anotar que a teoria civilista dos atos e negócios jurídicos e a teoria geral dos contratos se aplica supletivamente aos atos e contratos administrativos (vide, por exemplo, o art. 89 da Lei nº 14.133/2021 – o Estatuto de Licitações e Contratos). Numa outra vertente, destaque-se que o Estado pode criar empresas públicas e sociedades de economia mista para a exploração de atividade econômica (art. 173, § 1º, CF). A nova Lei de Falências (Lei nº 11.101, de 9.2.2005), a seu turno, exclui do regime falimentar aquelas entidades administrativas.

Por último, é de atentar-se para as relações que alguns novos ramos jurídicos mantêm com o Direito Administrativo. Como exemplo, cite-se o *Direito Urbanístico*, que, objetivando o estudo, a pesquisa e as ações de política urbana, contém normas tipicamente de Direito Administrativo. Poderia até mesmo dizer-se, sem receio de errar, que se trata de verdadeiro subsistema do Direito Administrativo. O Estatuto da Cidade (Lei nº 10.257, de 10.7.2001) dispõe sobre vários instrumentos próprios desse ramo, como as licenças, as obrigações urbanísticas, o estudo prévio de impacto de vizinhança etc.

II. Administração Pública: Sentidos

Há um consenso entre os autores no sentido de que a expressão "administração pública" é de certo modo duvidosa, exprimindo mais de um sentido. Uma das razões para o fato é a extensa gama de tarefas e atividades que compõem o objetivo do Estado. Outra é o próprio número de órgãos e agentes públicos incumbidos de sua execução. Exatamente por isso é que, para melhor precisar o sentido da expressão, devemos dividi-lo sob a ótica dos executores da atividade pública, de um lado, e da própria atividade, de outro.

1. SENTIDO OBJETIVO

O verbo *administrar* indica *gerir, zelar*, enfim uma ação dinâmica de supervisão. O adjetivo *pública* pode significar não só algo ligado ao Poder Público, como também à coletividade ou ao público em geral.

O sentido objetivo, pois, da expressão – que aqui deve ser grafada com iniciais minúsculas[28] – deve consistir na própria atividade administrativa exercida pelo Estado por seus órgãos e agentes, caracterizando, enfim, a *função administrativa*, com os lineamentos que procuramos registrar anteriormente (vide item nº 3).

Trata-se da própria gestão dos interesses públicos executada pelo Estado, seja através da prestação de serviços públicos, seja por sua organização interna, ou ainda pela intervenção no campo privado, algumas vezes até de forma restritiva (poder de polícia). Seja qual for a hipótese da administração da coisa pública (*res publica*), é inafastável a conclusão de que a destinatária última dessa gestão há de ser a própria sociedade, ainda que a atividade beneficie, de forma imediata, o Estado. É que não se pode conceber o destino da função pública que não seja voltado aos indivíduos, com vistas a sua proteção, segurança e bem-estar. Essa a administração pública, no sentido objetivo.

---

[28]   HELY LOPES MEIRELLES, ob. cit., p. 79; DIÓGENES GASPARINI, *Direito administrativo*, p. 30.

2. SENTIDO SUBJETIVO

A expressão pode também significar o conjunto de agentes, órgãos e pessoas jurídicas que tenham a incumbência de executar as atividades administrativas. Toma-se aqui em consideração o *sujeito* da função administrativa, ou seja, quem a exerce de fato. Para diferenciar esse sentido da noção anterior, deve a expressão conter as iniciais maiúsculas: Administração Pública.

A Administração Pública, sob o ângulo subjetivo, não deve ser confundida com qualquer dos Poderes estruturais do Estado, sobretudo o Poder Executivo, ao qual se atribui usualmente a função administrativa. Para a perfeita noção de sua extensão é necessário pôr em relevo a *função administrativa em si*, e não o Poder em que é ela exercida. Embora seja o Poder Executivo o administrador por excelência, nos Poderes Legislativo e Judiciário há numerosas tarefas que constituem atividade administrativa, como é o caso, por exemplo, das que se referem à organização interna dos seus serviços e dos seus servidores. Desse modo, todos os órgãos e agentes que, em qualquer desses Poderes, estejam exercendo função administrativa, serão integrantes da Administração Pública.

A Constituição vigente, é justo que se registre aliás, se houve com elogiável técnica ao dispor em separado da Administração Pública (Capítulo VII do Título III) e dos Poderes estruturais da República (Capítulos I, II e III do Título IV).

Os órgãos e agentes a que nos temos referido integram as entidades estatais, ou seja, aquelas que compõem o sistema federativo (União, Estados, Distrito Federal e Municípios). Entretanto, existem algumas pessoas jurídicas incumbidas por elas da execução da função administrativa. Tais pessoas também se incluem no sentido de Administração Pública. São elas as autarquias, sociedades de economia mista, empresas públicas e fundações públicas. No primeiro caso temos a Administração Direta, responsável pelo desempenho das atividades administrativas de forma centralizada; no segundo se forma a Administração Indireta, exercendo as entidades integrantes a função administrativa descentralizadamente.

As referidas entidades, por estarem unidas por pontos de identificação e por outros de distinção, serão examinadas em capítulo próprio (Capítulo 9), a que remetemos o leitor.

III. Órgãos Públicos

1. INTRODUÇÃO

A noção de Estado, como visto, não pode abstrair-se da de pessoa jurídica. O Estado, na verdade, é considerado um ente personalizado, seja no âmbito internacional, seja internamente. Quando se trata de Federação, vigora o *pluripersonalismo*, porque além da pessoa jurídica central existem outras internas que compõem o sistema político.

Sendo uma pessoa jurídica, o Estado manifesta sua vontade através de seus agentes, ou seja, as pessoas físicas que pertencem a seus quadros.

Entre a pessoa jurídica em si e os agentes, compõe o Estado um grande número de repartições internas, necessárias à sua organização, tão grande é a extensão que alcança e tamanhas as atividades a seu cargo. Tais repartições é que constituem os *órgãos públicos*.

2. A RELAÇÃO ÓRGÃO/PESSOA

Primitivamente se entendeu que os agentes eram mandatários do Estado (*teoria do mandato*). Não podia prosperar a teoria porque, despido de vontade, não poderia o Estado outorgar mandato.

Passou-se a considerar os agentes como representantes do Estado (*teoria da representação*). Acerbas foram também as críticas a essa teoria. Primeiro, porque o Estado estaria sendo

Cap. 1 · DIREITO ADMINISTRATIVO E ADMINISTRAÇÃO PÚBLICA | 11

considerado como uma pessoa incapaz, que precisa da representação. Depois, porque se o dito representante exorbitasse de seus poderes, não se poderia atribuir responsabilidade ao Estado, este como representado. A solução seria, à evidência, iníqua e inconveniente.

Por inspiração do jurista alemão OTTO GIERKE, foi instituída a *teoria do órgão*, e segundo ela a vontade da pessoa jurídica deve ser atribuída aos órgãos que a compõem, sendo eles mesmos, os órgãos, compostos de agentes.[29]

2.1. Característica Básica

A característica fundamental da teoria do órgão consiste no *princípio da imputação volitiva*, ou seja, a vontade do órgão público é imputada à pessoa jurídica a cuja estrutura pertence. Há, pois, uma relação jurídica externa, entre a pessoa jurídica e outras pessoas, e uma relação interna, que vincula o órgão à pessoa jurídica a que pertence.

A teoria tem aplicação concreta na hipótese da chamada *função de fato*. Desde que a atividade provenha de um órgão, não tem relevância o fato de ter sido exercida por um agente que não tenha investidura legítima. Bastam a *aparência* da investidura e o exercício da atividade pelo órgão: nesse caso, os efeitos da conduta vão ser imputados à pessoa jurídica.

2.2. Criação e Extinção

Representando compartimentos internos da pessoa pública, os órgãos públicos não são livremente criados e extintos pela só vontade da Administração. Tanto a criação como a extinção de órgãos *dependem de lei*, e nesse sentido dispõe a vigente Constituição quando inclui a exigência na relação das denominadas "*reservas legais*", matérias cuja disciplina é reservada à lei (art. 48, XI). Anteriormente era exigida lei para a criação, estruturação e atribuições dos órgãos, mas com a nova redação dada ao dispositivo pela EC nº 32, de 11.9.2001, a exigência passou a alcançar apenas a criação e a extinção de órgãos. Em consequência, a estruturação e as atribuições podem ser processadas por decreto do Chefe do Executivo, como consta, aliás, no art. 84, VI, "a", da CF, também alterado pela referida Emenda.

O STF, a nosso ver com acerto, suspendeu, cautelarmente, a eficácia de decreto expedido pelo Chefe do Executivo, pelo qual este, unilateralmente, decretava a extinção de vários órgãos da administração federal, cuja existência tenha sido mencionada em lei em sentido formal, ainda que ausente referência à competência ou à composição – condição essa, porém, de fundamento duvidoso e não acatada por alguns dos julgadores.[30] A Constituição não suscita esse requisito (arts. 84, VI, "a", e 48, X, CF), daí por que entendemos que, com menção ou não em lei formal, a extinção do órgão nunca pode ser unilateral por ato do Executivo, estando clara a reserva de participação do Poder Legislativo.

O mesmo STF declarou a inconstitucionalidade de dispositivo contido em decreto (art. 5º, Decreto nº 10.224/2020), que procedia à reestruturação de órgão federal voltado ao meio ambiente, excluindo alguns dos integrantes, entre eles o representante da sociedade civil. Fundou-se a decisão no art. 225, § 1º, VI, da CF, que consagra o direito ao meio ambiente.[31] A decisão é, no mínimo, duvidosa. A uma, porque a lei não prevê a composição do órgão e, a duas, porque o Executivo pode unilateralmente proceder, por decreto, à reestruturação de órgãos públicos, como autoriza o art. 84, VI, "a", da CF, desde que não haja aumento de despesa ou criação e extinção de órgãos. Parece, pois, ter havido invasão da competência do Executivo pelo Judiciário.[32]

---

[29]   CELSO ANTÔNIO BANDEIRA DE MELLO, Apontamentos sobre os agentes e órgãos públicos, p. 62-66.
[30]   STF, ADI 6.121-MC, j. 12 e 13.6.2019.
[31]   STF, ADPF 651, j. 28.4.2022.
[32]   STF, ADPF 651, j. 28.4.2022.

Não obstante, pelo evidente interesse da Administração, a Carta reserva ao Presidente da República (e, por simetria, aos demais Chefes de Executivo) iniciativa privativa para deflagrar o processo legislativo sobre a matéria (art. 61, § 1º, II, "e", CF).[33] A EC nº 32/2001, alterando este último dispositivo, fez remissão ao art. 84, VI, da CF, também alterado pela aludida Emenda, como vimos, segundo o qual é da competência do Presidente da República dispor, mediante decreto, sobre organização e funcionamento da Administração Federal, desde que não haja aumento de despesa nem criação ou extinção de órgãos públicos. Sendo assim, são legítimas a transformação e a reengenharia de órgãos públicos por ato privativo do Chefe do Executivo (e, portanto, dispensada lei) quando tais fatos administrativos se incluírem no mero processo de organização da administração pública.

A nova diretriz constitucional já tinha o endosso de parte da doutrina, segundo a qual seria lícito que o Executivo criasse órgãos auxiliares, inferiores ou subalternos, desde que aproveitasse os cargos já existentes e tivesse a competência delegada por lei, somando-se ainda a condição de não serem praticados atos que pudessem constranger a esfera jurídica dos particulares.[34] De qualquer forma, a Constituição agora parece ter dirimido qualquer dúvida a respeito dessa possibilidade.

Sobre o poder de deflagrar o processo legislativo para a criação de órgãos públicos (*iniciativa reservada* ou *privativa*), dois aspectos merecem realce. De um lado, é inconstitucional a lei sobre a matéria que se tenha originado da iniciativa de outro órgão: se a iniciativa, por exemplo, é do Chefe do Poder Executivo, o projeto de lei não pode ser apresentado por membro ou comissão do Legislativo.[35] De outro, deve ser lembrado que a Constituição aponta hipóteses em que a iniciativa reservada é atribuída a órgãos diversos. Assim, além do art. 61, § 1º, II, "e", da CF (iniciativa do Presidente da República e, por simetria, dos demais Chefes do Executivo), encontra-se tal tipo de iniciativa nos arts. 96, II, "c" e "d" (iniciativa dos Tribunais judiciários), 127, § 2º (iniciativa do Ministério Público) e 134, § 4º (iniciativa da Defensoria Pública).

No Poder Legislativo, a criação e a extinção de órgãos se situam dentro do poder que têm suas Casas de dispor sobre sua organização e funcionamento, conforme previsto nos arts. 51, IV (Câmara dos Deputados), e 52, XIII (Senado Federal). Por via de consequência, não dependem de *lei*, mas sim de *atos administrativos* praticados pelas respectivas Casas. Como retratam princípios extensíveis atinentes à organização funcional, tais mandamentos aplicam-se também ao Legislativo de Estados, Distrito Federal e Municípios.

3. TEORIAS DE CARACTERIZAÇÃO DO ÓRGÃO

Estudioso do tema, CELSO ANTÔNIO BANDEIRA DE MELLO observa, em sua conhecida monografia,[36] que há três teorias que procuram caracterizar os órgãos públicos.

A primeira teoria é a *subjetiva*, e de acordo com ela os órgãos públicos são os próprios agentes públicos. Tal pensamento não se coaduna com a realidade administrativa, pois que, a ser assim, se desaparecido o agente, extinto estaria também o órgão.

---

[33] Ambos os dispositivos (arts. 48, XI, e 61, § 1º, II, "e", da CF) referem-se a "Ministérios e órgãos da Administração Pública", o que traduz nítida impropriedade, já que os Ministérios não deixam de qualificar-se como grandes órgãos da Administração. Da forma como foram redigidos, podem insinuar a falsa impressão de que se cuida de institutos diversos.

[34] CARLOS ARI SUNDFELD, Criação, estruturação e extinção de órgãos públicos – limites da lei ao decreto regulamentar, *RDP* nº 97, p. 48, 1991.

[35] STF, ADI 4.726, j. 10.11.2020. Também: STF ADI 3.178, j. 27.9.2006, e ADI 3.751, j. 4.6.2007.

[36] *Apontamentos*, cit., p. 62-66.

Temos ainda a teoria *objetiva*: órgãos públicos seriam as unidades funcionais da organização administrativa. A crítica à teoria objetiva também tem procedência: é que, prendendo-se apenas à unidade funcional em si, repudia-se o agente, que é o verdadeiro instrumento através do qual as pessoas jurídicas recebem a oportunidade de querer e agir.

A terceira é a teoria *eclética*, que não rechaça qualquer dos dois elementos – nem o objetivo, significando os círculos de competência, nem o subjetivo, ligado aos próprios agentes públicos. Também essa teoria merece a crítica que lhe é feita no sentido de que incide no mesmo contrassenso das primeiras.

O pensamento moderno reside em caracterizar-se o órgão público como um círculo efetivo de poder que, para tornar efetiva a vontade do Estado, precisa estar integrado pelos agentes. Em outras palavras, os dois elementos se reclamam entre si, mas não constituem uma só unidade.[37]

4. CONCEITO

Ante a fixação dessas premissas, pode-se conceituar o órgão público como o compartimento na estrutura estatal a que são cometidas funções determinadas, sendo integrado por agentes que, quando as executam, manifestam a própria vontade do Estado.

5. CAPACIDADE PROCESSUAL

Como círculo interno de poder, o órgão em si é despersonalizado; apenas integra a pessoa jurídica. A capacidade processual é atribuída à pessoa física ou jurídica, como averba o art. 70 do CPC: *"Toda pessoa que se encontre no exercício de seus direitos tem capacidade de estar em juízo".* Sendo assim, o órgão não pode, como regra geral, ter capacidade processual, ou seja, idoneidade para figurar em qualquer dos polos de uma relação processual. Faltaria a presença do pressuposto processual atinente à capacidade de estar em juízo. Nesse sentido já decidiu o STF[38] e têm decidido os demais Tribunais.[39]

Diferentemente se passa com relação ao mandado de segurança, mandado de injunção e *habeas data*: em tais ações, o polo passivo é integrado pela autoridade (pessoa física com função pública) que pertence ao órgão, tendo a lei conferido a ela a capacidade processual.

De algum tempo para cá, todavia, tem evoluído a ideia de conferir capacidade a órgãos públicos para certos tipos de litígio. Um desses casos é o da impetração de mandado de segurança por órgãos públicos de natureza constitucional, quando se trata da defesa de sua competência, violada por ato de outro órgão. Em consequência, para exemplificar, *"a Assembleia Legislativa Estadual, a par de ser órgão com autonomia financeira expressa no orçamento do Estado, goza, legalmente, de independência organizacional. É titular de direitos subjetivos, o*

---

[37] Resume CELSO ANTÔNIO a sua teoria: "Considerada a questão nestes termos, vê-se que a noção de ofício é suporte lógico da noção de agente. Tem primazia racional sobre ela. Isto, contudo, não impede que se tenha presente a seguinte realidade: há dois elementos, o feixe de atribuições e o agente, necessários à formação e expressão da vontade do Estado, contudo, ambos não formam uma unidade" (ob. cit., p. 65).

[38] O STF não conheceu de ações propostas contra o CNMP – Conselho Nacional do Ministério Público (Pet 3.674, j. 4.10.2006) e contra o CNJ – Conselho Nacional de Justiça (ACO nº 1.660 e 1.704, j. 10.2.2011), indicando-se a União como parte legítima passiva para a lide e remetendo-se o processo à Justiça Federal de primeiro grau. O art. 102, I, *r*, da CF, refere-se apenas a mandado de segurança, mandado de injunção, *habeas data* e *habeas corpus* (STF, AO 1.814, Min. MARCO AURÉLIO, em 24.9.2014).

[39] O STJ não reconheceu a capacidade processual de Câmara Municipal que litigava contra o INSS a respeito de contribuições previdenciárias sobre subsídios de seus membros (REsp 1.109.840-AL, Rel. Min. BENEDITO GONÇALVES, *DJ* 17.6.2009). Também: REsp 1.164.017-PI, Rel. Min. CASTRO MEIRA, em 24.3.2010 e REsp 1.429.322, Min. MAURO CAMPBELL MARQUES, em 20.2.2014.

que lhe confere a chamada 'personalidade judiciária', que a autoriza a defender os seus interesses em juízo. Tem, pois, capacidade processual."[40] Em outra hipótese, já se admitiu mandado de segurança impetrado por Câmara Municipal contra o Prefeito para o fim de obrigá-lo à devida prestação de contas ao Legislativo, tendo sido concedida a segurança.[41]

Repita-se, porém, que essa excepcional personalidade judiciária só é aceita em relação aos órgãos mais elevados do Poder Público, de envergadura constitucional, quando defendem suas prerrogativas e competências. Por outro lado, esse tipo de conflito se passa entre órgãos da mesma natureza, como é o caso (talvez o mais comum) de litígio entre o Executivo e o Legislativo, e, como pertencem à mesma pessoa política, não haveria mesmo outra alternativa senão admitir-lhes, por exceção, a capacidade processual. O que não nos parece tecnicamente adequado é a formação de litisconsórcio entre o órgão e a própria pessoa a que pertence, como já foi decidido.[42] Ou a personalidade judiciária é atribuída ao órgão em si para a defesa de sua competência, ou, se o problema é diverso, a capacidade deve ser da pessoa federativa, ainda que a controvérsia atinja mais especificamente determinado órgão.

Submetida essa questão ao STJ, decidiu-se pela constitucionalidade de lei que institui órgãos, funções ou carreiras especiais voltadas à *consultoria e assessoramento jurídicos* dos Poderes Judiciário e Legislativo estaduais. Em que pese sua função básica, pode ser-lhes facultada a *representação judicial extraordinária* nos casos em que esses Poderes precisem praticar atos processuais em nome próprio na defesa de sua autonomia, prerrogativas e independência relativamente aos demais Poderes, e desde que a atividade dos referidos órgãos esteja separada da atividade-fim do ente estadual a que se encontram atrelados.[43]

Para os conflitos entre órgãos comuns da Administração, a solução deve ter caráter interno e ser processada pelos órgãos a que são subordinados, em observância ao princípio da hierarquia administrativa.

Mais recentemente, veio a dispor o Código do Consumidor (Lei nº 8.078, de 11.9.1990) que são legitimados para promover a liquidação e execução de indenização *"as entidades e órgãos da administração pública, direta ou indireta, ainda que sem personalidade jurídica, especificamente destinados à defesa dos interesses e direitos protegidos por este Código"* (art. 82, III). Como se observa, o legislador aqui admitiu expressamente a capacidade e legitimidade de *órgãos* na relação processual.

Tal situação processual, diga-se por oportuno, é excepcional e só admissível ante expressa previsão legal.

6. CLASSIFICAÇÃO

São os mais diversos os critérios adotados para definir-se a classificação dos órgãos públicos. Veremos os mais importantes:

6.1 *Quanto à pessoa federativa*: de acordo com a estrutura em que estejam integrados, os órgãos dividem-se em *federais, estaduais, distritais e municipais*.

6.2 *Quanto à situação estrutural*: esse critério leva em conta a situação do órgão ou da estrutura estatal. Classificam-se em: (1º) *Diretivos*, aqueles que detêm funções de

---

[40] Nesse exato sentido, STJ, Súmula 525 (2015). Na doutrina: HELY LOPES MEIRELLES, *Mandado de segurança, ação popular...*, p. 5.

[41] TJ-RJ, MS 2008.004.00067, Rel. Des. MARCOS ALCINO DE AZEVEDO TORRES, publ. em 18.9.2008.

[42] STJ (REsp nº 241.637-BA, 1ª Turma, Rel. Min. GARCIA VIEIRA, julg. em 17.2.2000, em *Jurisprudência STJ* nº 47, de fev. 2000).

[43] STF, ADI 6.433, j. 31.3.2023.

Cap. 1 · DIREITO ADMINISTRATIVO E ADMINISTRAÇÃO PÚBLICA | **15**

comando e direção; e (2º) *Subordinados*, os incumbidos das funções rotineiras de execução.[44]

6.3 *Quanto à composição*: sob esse aspecto, podem os órgãos dividir-se em *singulares*, quando integrados por um só agente (como a Chefia do Executivo; o inventariante judicial), e *coletivos*, os mais comuns, quando compostos por vários agentes. Estes últimos podem subdividir-se em dois grupos:

a) *Órgãos de Representação Unitária*: aqueles em que a exteriorização da vontade do dirigente do órgão é bastante para consubstanciar a vontade do próprio órgão. É o caso, por exemplo, de um Departamento ou de uma Coordenadoria: a manifestação volitiva do órgão é representada pela manifestação volitiva do Diretor ou do Coordenador;

b) *Órgãos de Representação Plúrima*: aqueles em que a exteriorização da vontade do órgão, quando se trata de expressar ato inerente à função institucional do órgão como um todo, emana da unanimidade ou da maioria das vontades dos agentes que o integram, normalmente através de votação. É o caso de Conselhos, Comissões ou Tribunais Administrativos. Como a manifestação do órgão resulta da vontade conjugada de seus membros, têm sido denominados de *órgãos colegiados*.[45]

Ressalte-se, contudo, que, se o ato é de rotina administrativa, a vontade do órgão de representação plúrima será materializada pela manifestação volitiva apenas de seu presidente. Ademais, se for impetrado mandado de segurança contra ato do órgão, a notificação para prestar informações deverá ser dirigida exclusivamente ao agente que exerça a sua presidência.[46]

IV. Agentes Públicos

Os agentes são o elemento físico da Administração Pública. Na verdade, não se poderia conceber a Administração sem a sua presença. Como visto anteriormente (tópico III, nº 3), não se pode abstrair dos agentes para a projeção da vontade do Estado.

Agentes públicos são todos aqueles que, a qualquer título, executam uma função pública como prepostos do Estado. São integrantes dos órgãos públicos, cuja vontade é imputada à pessoa jurídica. Compõem, portanto, a trilogia fundamental que dá o perfil da Administração: órgãos, agentes e funções.

Em virtude da variada fisionomia das relações jurídicas que os vinculam ao Estado, permitimo-nos examinar o tema relativo aos agentes públicos em local próprio (Capítulo 11).

V. Princípios Administrativos

Princípios administrativos são os postulados fundamentais que inspiram todo o modo de agir da Administração Pública. Representam cânones pré-normativos, norteando a conduta do

---

[44] É conhecida a classificação de HELY LOPES MEIRELLES (*Direito administrativo brasileiro*, p. 66-68) em órgãos independentes, autônomos, superiores e subalternos. Deixamos, porém, de adotá-la neste trabalho porque nos parecem imprecisos os critérios distintivos entre as categorias, *venia concessa* ao grande administrativista.

[45] São exemplos elucidativos de órgãos colegiados o Conselho Nacional de Justiça (art. 103-B da CF) e o Conselho Nacional do Ministério Público (art. 130-A da CF).

[46] Essas classificações variam segundo a visão do autor. Há quem apenas divida os órgãos, nesse aspecto, em singulares ou colegiados, retratando o que denominamos de órgãos de representação unitária ou de representação plúrima. V. HELY LOPES MEIRELLES (*Direito administrativo*, cit., p. 69-70).

16 | MANUAL DE DIREITO ADMINISTRATIVO • *Carvalho Filho*

Estado quando no exercício de atividades administrativas. Bem observa CRETELLA JÚNIOR que não se pode encontrar qualquer instituto do Direito Administrativo que não seja informado pelos respectivos princípios.[47]

A doutrina moderna tem-se detido, para a obtenção do melhor processo de interpretação, no estudo da configuração das *normas jurídicas*. Segundo tal doutrina – nela destacados os ensinamentos de ROBERT ALEXY e RONALD DWORKIN –, as normas jurídicas admitem classificação em duas categorias básicas: *os princípios* e *as regras*. As regras são operadas de modo disjuntivo, vale dizer, o conflito entre elas é dirimido no *plano da validade*: aplicáveis ambas a uma mesma situação, uma delas apenas a regulará, atribuindo-se à outra o caráter de nulidade. Os princípios, ao revés, não se excluem do ordenamento jurídico na hipótese de conflito: dotados que são de determinado *valor* ou *razão*, o conflito entre eles admite a adoção do critério da *ponderação de valores* (ou *ponderação de interesses*), vale dizer, deverá o intérprete averiguar a qual deles, na hipótese *sub examine*, será atribuído *grau de preponderância*. Não há, porém, nulificação do princípio postergado; este, em outra hipótese e mediante nova ponderação de valores, poderá ser o preponderante, afastando-se o outro princípio em conflito.[48]

Adotando-se essa nova análise, poderá ocorrer, também em sede de Direito Administrativo, a colisão entre princípios, sobretudo os de índole constitucional, sendo necessário verificar, após o devido processo de ponderação de seus valores, qual o princípio preponderante e, pois, aplicável à hipótese concreta.

Não são unânimes os autores quanto a tais princípios, muitos deles originados de enfoques peculiares à Administração Pública e vistos pelos estudiosos como de maior relevância.

Por ter a Constituição Federal enunciado alguns princípios básicos para a Administração, vamos considerá-los *expressos* para distingui-los daqueles outros que, não o sendo, são aceitos pelos publicistas, e que denominaremos de *reconhecidos*.

1. PRINCÍPIOS EXPRESSOS

A Constituição vigente, ao contrário das anteriores, dedicou um capítulo à Administração Pública (Capítulo VII do Título III) e, no art. 37, deixou expressos os princípios a serem observados por todas as pessoas administrativas de qualquer dos entes federativos. Convencionamos denominá-los de *princípios expressos* exatamente pela menção constitucional.

Revelam eles as diretrizes fundamentais da Administração, de modo que só se poderá considerar válida a conduta administrativa se estiver compatível com eles.

1.1. Princípio da Legalidade

O princípio da legalidade é certamente a diretriz básica da conduta dos agentes da Administração. Significa que toda e qualquer atividade administrativa deve ser autorizada por lei. Não o sendo, a atividade é ilícita.[49]

---

[47] *Dicionário de direito administrativo*, p. 415. Por serem de aplicação ao Direito Administrativo, o autor considera--os *setoriais*, para distingui-los dos *gerais*.

[48] Para mais aprofundada análise da matéria, consulte-se PAULO BONAVIDES (*Curso de direito constitucional*, Malheiros, 9. ed., 2000, p. 256-265) e FÁBIO CORRÊA SOUZA DE OLIVEIRA (*Por uma teoria dos princípios*. O princípio constitucional da razoabilidade, Lumen Juris, 2002, p. 39-45).

[49] SAYAGUÉS LASO, *Tratado de derecho administrativo*, v. I, p. 383: "La administración debe actuar ajustándose estrictamente a las reglas de derecho. Si transgrede ditas reglas, la actividad administrativa se vuelve ilícita y eventualmente apareja responsabilidad."

Cap. 1 • DIREITO ADMINISTRATIVO E ADMINISTRAÇÃO PÚBLICA | 17

Tal postulado, consagrado após séculos de evolução política, tem por origem mais próxima a criação do *Estado de Direito*, ou seja, do Estado que deve respeitar as próprias leis que edita.

O princípio *"implica subordinação completa do administrador à lei. Todos os agentes públicos, desde o que lhe ocupe a cúspide até o mais modesto deles, devem ser instrumentos de fiel e dócil realização das finalidades normativas".*[50] Na clássica e feliz comparação de HELY LOPES MEIRELLES, enquanto os indivíduos no campo privado podem fazer tudo o que a lei não veda, o administrador público *só pode atuar* onde a lei autoriza.[51]

É extremamente importante o *efeito* do princípio da legalidade no que diz respeito aos direitos dos indivíduos. Na verdade, o princípio se reflete na consequência de que a própria garantia desses direitos depende de sua existência, autorizando-se então os indivíduos à verificação do confronto entre a atividade administrativa e a lei. Uma conclusão é inarredável: havendo dissonância entre a conduta e a lei, deverá aquela ser corrigida para eliminar-se a ilicitude.

Não custa lembrar, por último, que, na teoria do Estado moderno, há duas funções estatais básicas: a de criar a lei (legislação) e a de executar a lei (administração e jurisdição). Esta última pressupõe o exercício da primeira, de modo que só se pode conceber a atividade administrativa diante dos parâmetros já instituídos pela atividade legiferante. Por isso é que administrar é função subjacente à de legislar. O princípio da legalidade denota exatamente essa relação: só é legítima a atividade do administrador público se estiver condizente com o disposto na lei.

1.2. Princípio da Impessoalidade

A referência a esse princípio no texto constitucional, no que toca ao termo *impessoalidade*, constituiu uma surpresa para os estudiosos, que não o empregavam em seus trabalhos. *Impessoal é "o que não pertence a uma pessoa em especial"*,[52] ou seja, aquilo que não pode ser voltado especialmente a determinadas pessoas.

O princípio objetiva a igualdade de tratamento que a Administração deve dispensar aos administrados que se encontrem em idêntica situação jurídica. Nesse ponto, representa uma faceta do princípio da *isonomia*. Por outro lado, para que haja verdadeira impessoalidade, deve a Administração voltar-se exclusivamente para o interesse público, e não para o privado, vedando-se, em consequência, sejam favorecidos alguns indivíduos em detrimento de outros e prejudicados alguns para favorecimento de outros. Aqui reflete a aplicação do conhecido *princípio da finalidade*, sempre estampado na obra dos tratadistas da matéria, segundo o qual o alvo a ser alcançado pela Administração é somente o interesse público, e não se alcança o interesse público se for perseguido o interesse particular, porquanto haverá nesse caso sempre uma atuação discriminatória.[53]

Não se pode deixar de fora a relação que a finalidade da conduta administrativa tem com a lei. *"Uma atividade e um fim supõem uma norma que lhes estabeleça, entre ambos, o nexo necessário"*, na feliz síntese de CIRNE LIMA.[54] Como a lei em si mesma deve respeitar a isonomia, porque a isso a Constituição a obriga (art. 5º, *caput* e inciso I), a função administrativa nela baseada também

---

50   CELSO ANTÔNIO BANDEIRA DE MELLO, *RDP* nº 90, p. 57-58.

51   *Direito administrativo brasileiro*, p. 83.

52   CALDAS AULETE, *Dicionário contemporâneo da língua portuguesa*, v. III, p. 2667.

53   A associação entre impessoalidade e finalidade é abonada também por LEANDRO BORTOLETO, *Direito administrativo*, JusPodivm, 2012, p. 38.

54   *Princípios de direito administrativo*, p. 21.

MANUAL DE DIREITO ADMINISTRATIVO • *Carvalho Filho*

deverá fazê-lo, sob pena de cometer-se *desvio de finalidade*, que ocorre quando o administrador se afasta do escopo que lhe deve nortear o comportamento – o interesse público.[55]

Embora sob a expressão "desvio de finalidade", o princípio da impessoalidade tem proteção no direito positivo: o art. 2º, alínea "e", da Lei nº 4.717/1965, que regula a ação popular, comina com a sanção de invalidade o desvio de finalidade.

Assim, portanto, deve ser encarado o princípio da impessoalidade: a Administração há de ser impessoal, sem ter em mira este ou aquele indivíduo de forma especial.[56]

A propósito do princípio da impessoalidade e de sua matriz, o princípio da isonomia, é oportuno ressalvar que têm sido admitidas exceções para sua aplicação. Uma delas diz respeito ao *sistema de cotas*, em que se prevê reserva de vagas pelo critério étnico-social para ingresso em instituições de nível superior. O STF, fundando-se no art. 5º, *caput*, da CF, e fazendo sobrelevar a igualdade material sobre a formal, considerou constitucional tal *ação afirmativa*, que traduz política de inclusão social com o objetivo de suplantar desigualdades oriundas do processo histórico do país, muito embora os destinatários obtenham maiores vantagens que os demais interessados.[57] Não obstante, a matéria é profundamente polêmica, havendo muitos setores da sociedade que não aceitam, nesse caso, o privilégio de tratamento e entendem que outras políticas devem ser executadas para a inclusão étnico--social – opinião que merece o nosso abono. De outro lado, erige-se o critério de raça como elemento diferencial de nossa sociedade, e não como fator de agregação, conforme seria desejável em termos sociológicos.

1.3. Princípio da Moralidade

O princípio da moralidade impõe que o administrador público não dispense os preceitos éticos que devem estar presentes em sua conduta. Deve não só averiguar os critérios de conveniência, oportunidade e justiça em suas ações, mas também distinguir o que é honesto do que é desonesto. Acrescentamos que tal forma de conduta deve existir não somente nas relações entre a Administração e os administrados em geral, como também internamente, ou seja, na relação entre a Administração e os agentes públicos que a integram.[58]

O art. 37 da Constituição Federal também a ele se referiu expressamente, e pode-se dizer, sem receio de errar, que foi bem aceito no seio da coletividade, já sufocada pela obrigação de ter assistido aos desmandos de maus administradores, frequentemente na busca de seus próprios interesses ou de interesses inconfessáveis, relegando para último plano os preceitos morais de que não deveriam afastar-se.

O que pretendeu o Constituinte foi exatamente coibir essa imoralidade no âmbito da Administração. Pensamos, todavia, que somente quando os administradores estiverem realmente imbuídos de espírito público é que o princípio será efetivamente observado. Aliás, o princípio da moralidade está indissociavelmente ligado à noção do bom administrador, que não somente deve ser conhecedor da lei como dos princípios éticos regentes da função

---

[55] Em artigo sobre o tema, CELSO ANTÔNIO BANDEIRA DE MELLO afirma que "liberdade legal" no Direito Administrativo é mero instrumento para que a Administração, em situações concretas, possa adotar a providência adequada, nunca, porém, com dispensa do fim previsto na lei (*RDA* nº 172, p. 18).

[56] JOSÉ AFONSO DA SILVA (*Direito constitucional positivo*, p. 562) dá sentido diverso ao princípio. Entende o grande publicista que este significa "que os atos e provimentos administrativos são imputáveis não ao funcionário que os pratica, mas ao órgão ou entidade administrativa em nome do qual age o funcionário".

[57] STF, ADPF 186, Rel. Min. Ricardo Lewandowski, em 26.4.2012.

[58] A respeito do tema, veja-se o trabalho de SUZY ELIZABETH CAVALCANTE KOURY, *A ética do serviço público*, *RDA* 220, p. 183-194, 2000.

Cap. 1 · DIREITO ADMINISTRATIVO E ADMINISTRAÇÃO PÚBLICA | 19

administrativa.[59] Dentre as formas de imoralidade, a *corrupção* é, sem dúvida, a mais escandalosa na Administração. Trata-se de fenômeno mundial, mas em alguns países com razoável padrão ético ela é pontual, havendo apenas *atos de corrupção*; em outros, no entanto, com baixo padrão, como é o nosso caso, ela é sistêmica, surgindo mesmo um *estado de corrupção*.[60]

A Constituição referiu-se expressamente ao princípio da moralidade no art. 37, *caput*. Embora o conteúdo da moralidade seja diverso do da legalidade, o fato é que aquele está normalmente associado a este. Em algumas ocasiões, a imoralidade consistirá na ofensa direta à lei e aí violará, *ipso facto*, o princípio da legalidade. Em outras, residirá no tratamento discriminatório, positivo ou negativo, dispensado ao administrado; nesse caso, vulnerado estará também o princípio da impessoalidade, requisito, em última análise, da legalidade da conduta administrativa.[61]

A falta de moralidade administrativa pode afetar vários aspectos da atividade da Administração. Quando a imoralidade consiste em atos de improbidade, que, como regra, causam prejuízos ao erário, o diploma regulador é a Lei nº 8.429, de 2.6.1992 (alterada pela Lei nº 14.230, de 25.10.2021), que prevê as hipóteses configuradoras da falta de probidade na Administração, bem como estabelece as sanções aplicáveis a agentes públicos e a terceiros, quando responsáveis por esse tipo ilegítimo de conduta. Ao mesmo tempo, contempla os instrumentos processuais adequados à proteção dos cofres públicos, admitindo, entre outras, os instrumentos de tutela provisória e o bloqueio de contas bancárias e aplicações financeiras, sem contar, logicamente, a ação principal de perdimento de bens, ajuizada pelo Ministério Público ou pela pessoa de direito público interessada na reconstituição de seu patrimônio lesado, sem prejuízo – é óbvio – de outras sanções, como se verá oportunamente.

Outro instrumento relevante de tutela jurisdicional é a *ação popular*, contemplada no art. 5º, LXXIII, da vigente Constituição. Anteriormente só direcionada à tutela do patrimônio público econômico, passou a tutelar, mais especificamente, outros bens jurídicos de inegável destaque social, como o meio ambiente, o patrimônio histórico e cultural e a moralidade administrativa. Pela ação popular, regulamentada pela Lei nº 4.717, de 29.6.1965, qualquer cidadão pode deduzir a pretensão de anular atos do Poder Público contaminados de imoralidade administrativa. Por isso, advogamos o entendimento de que o tradicional pressuposto da *lesividade*, tido como aquele causador de dano efetivo ou presumido ao patrimônio público, restou bastante mitigado diante do novo texto constitucional na medida em que guarda maior adequação à tutela do patrimônio em seu sentido econômico. Quando a Constituição se refere a atos *lesivos* à moralidade administrativa, deve entender-se que a ação é cabível pelo simples fato de ofender esse princípio, independentemente de haver ou não efetiva lesão patrimonial.[62]

Por fim, não se pode esquecer de também citar a *ação civil pública*, prevista no art. 129, III, da CF, como uma das funções institucionais do Ministério Público, e regulamentada pela Lei nº 7.347, de 24.7.1985, como outro dos instrumentos de proteção à moralidade administrativa. Esta se encontra inserida não somente no conceito de patrimônio social como também dentre os interesses difusos, ambos referidos naquele dispositivo constitucional.[63] A Lei Orgânica do

---

[59]   É a correta observação de REINALDO MOREIRA BRUNO, em seu *Direito administrativo didático*, Del Rey, 2. ed., 2008, p. 62.

[60]   HÉCTOR A. MAIRAL, *As raízes legais da corrupção*, Contracorrente, 2018, p. 22.

[61]   No mesmo sentido, o excelente trabalho de JOSÉ GUILHERME GIACOMUZZI, *A Moralidade Administrativa – história de um conceito*, RDA 230/291, ano 2002, concluindo pela inexistência de moralidade autônoma, como pregam alguns estudiosos.

[62]   *Contra*: SÉRGIO DE ANDRÉA FERREIRA, A moralidade na principiologia da atuação governamental, *RDA* 220, 2000, p. 237.

[63]   Sobre a tutela da moralidade administrativa e do patrimônio público, incluindo o social, vide REUDER CAVALCANTE MOTTA, *Tutela do patrimônio público e da moralidade administrativa*, Fórum, 2012, p. 63-72.

20 | MANUAL DE DIREITO ADMINISTRATIVO • *Carvalho Filho*

Ministério Público (Lei nº 8.625, de 12.2.1993) consagra, com base naqueles bens jurídicos, a defesa da moralidade administrativa pela ação civil pública promovida pelo Ministério Público.[64]

É fácil observar, desse modo, que não faltam instrumentos de combate a condutas e atos ofensivos ao princípio da moralidade administrativa. Cumpre, isso sim, aos órgãos competentes e aos cidadãos em geral diligenciar para que se invalidem esses atos e se apliquem aos responsáveis severas punições, isso, é óbvio, enquanto o futuro não demonstrar que os administradores públicos e as pessoas em geral estejam realmente mais apegados aos valores morais que devem inspirar uma sociedade justa e equânime.[65]

Quanto à necessidade de preservar os padrões de moralidade no serviço público, é justo sublinhar (e também aplaudir) a disciplina aprovada pelo Conselho Nacional de Justiça, em resolução regulamentadora de dispositivo constitucional, pela qual ficou expressamente vedada a condenável prática do *nepotismo*, sem dúvida uma das revoltantes formas de improbidade na Administração.[66] Para tanto, ficou proibida a nomeação para cargos em comissão ou funções gratificadas de cônjuge (ou companheiro) ou parente em linha direta ou por afinidade, até o terceiro grau inclusive, de membros de tribunais, juízes e servidores investidos em cargos de direção ou assessoramento, estendendo-se a vedação à ofensa por via oblíqua, concretizada pelo favorecimento recíproco, ou por cruzamento (o parente de uma autoridade subordina-se formalmente a outra, ao passo que o parente desta ocupa cargo vinculado àquela).

Excetuam-se da vedação para tais hipóteses, é claro, os casos em que a nomeação recai sobre cônjuge ou parente que ocupam cargos efetivos por efeito de aprovação em concurso público. Ainda assim, porém, não podem exercer funções com subordinação direta ao juiz ou à autoridade administrativa aos quais estejam vinculados por matrimônio, união estável ou parentesco. A norma proibitiva – é oportuno consignar – pretende alcançar, isto sim, parentes que sequer integram os quadros funcionais, propiciando seu ingresso nestes, portanto, sem concurso público. Não há vedação à referida subordinação direta, contudo, se o servidor designado é concursado e não ocupa função de confiança remunerada, e isso para não haver ofensa ao princípio constitucional da acessibilidade (art. 37, I e II, CF).[67]

A vedação atinge, da mesma forma, a contratação temporária por prazo determinado das mesmas pessoas (salvo quando comprovada necessidade temporária de excepcional interesse público, como averba o art. 37, IX, da CF, e por meio de processo seletivo), bem como a contratação de pessoa jurídica de que sejam sócios, gerentes ou diretores os aludidos parentes. Ficou vedada, ainda, a contratação de prestação de serviço com empresa que tenha entre seus empregados cônjuges ou parentes de juízes e de titulares de cargos de direção e assessoramento. O Conselho Nacional do Ministério Público – CNMP, por sua vez, também editou algumas resoluções para disciplinar a questão do nepotismo.

A despeito da resistência oposta por alguns setores do Poder Judiciário, o Supremo Tribunal Federal declarou a constitucionalidade da aludida Resolução ao argumento de que se encontra em completa sintonia com os axiomas constitucionais previstos no art. 37 da Lei Maior, sobretudo no que tange aos princípios da impessoalidade, eficiência e igualdade, ao mesmo tempo em que

---

[64] Art. 25, IV, "b". Sobre o assunto, vide o nosso *Ação civil pública – comentários por artigo*, Lumen Juris, RJ, 7. ed., 2009, p. 80-81.

[65] Endossamos aqui as palavras de MÁRCIA NOLL BARBOZA, para quem o princípio da moralidade "se coloca, em nosso sistema, como um superprincípio, que manifesta a substância do regime jurídico administrativo, iluminando-o e reforçando-o" (*O princípio da moralidade administrativa*, Livraria do Advogado, 2002, p. 142).

[66] Resolução nº 7, de 18.10.2005, em regulamentação ao disposto no art. 103-B, § 4º, II, da CF.

[67] STF, ADI 524, Min. RICARDO LEWANDOWSKI, em 20. 5.2015.

repudiou a tese de ofensa ao princípio federativo, eis que o CNJ não usurpou qualquer função atribuída ao Poder Legislativo.[68]

A Corte Suprema, todavia, não cingiu a sua orientação apenas ao Poder Judiciário. E nem seria razoável que o fizesse: afinal não é o único responsável por tal prática. Desse modo, considerou ofensiva à Constituição qualquer nomeação – para cargos ou funções de confiança, ou ainda funções gratificadas – de cônjuge, companheiro ou parente em linha reta, colateral ou por afinidade, até o terceiro grau, inclusive, do agente nomeante ou de servidor que, na mesma pessoa jurídica, ocupe cargo de direção, chefia ou assessoramento. A vedação estende-se à administração direta e indireta de qualquer dos Poderes da União, Estados, Distrito Federal e Municípios. Nela se inclui, ainda, o *nepotismo transverso* (ou *nepotismo cruzado*), ou seja, aquele resultante de ajuste mediante designações recíprocas.[69]

A determinação guarda algum radicalismo e certamente provocará algumas injustiças, visto que existem parentes ocupando cargos e funções de confiança dotados de eficiência, interesse administrativo e espírito público. Não obstante, tantos foram os abusos cometidos e os apadrinhamentos ocorridos, e tão densa se revelou a insatisfação social com esse estado de coisas, que a reação acabou por exceder os limites em função dos quais foi oposta. Essa é a constatação que, numa visão sociológica, frequentemente se encontra. Por outro lado, a norma, tal como veiculada, provocará algumas complexidades em sua aplicação.

Ficaram, porém, fora da proibição as nomeações de parente para cargos políticos, como os de Ministro ou Secretário Estadual ou Municipal, e isso em virtude de terem esses cargos natureza eminentemente *política*, diversa, portanto, da que caracteriza os cargos e funções de confiança em geral, os quais têm feição nitidamente *administrativa*. Sendo assim, será lícito que Governador nomeie irmão para o cargo de Secretário de Estado, ou que Prefeito nomeie sua filha para o cargo de Secretária Municipal de Educação.[70] De qualquer modo, devem ser evitadas tais nomeações, se possível: independentemente da natureza política dos cargos, sempre vai pairar uma suspeita de favorecimento ilegítimo.[71]

A clara preocupação do governo com os parâmetros da ética pública evidenciou-se com a edição da Lei nº 12.813, de 16.5.2013, que dispõe sobre o *conflito de interesses* no Poder Executivo federal, assim entendido o confronto entre os interesses públicos e privados, relacionado a titulares (e ex-titulares) de cargos e empregos em três situações funcionais: (a) agentes ocupantes de cargos políticos ou administrativos de alta hierarquia;[72] (b) agentes com acesso a informações privilegiadas, aptas a trazer vantagem econômica para o agente ou terceiro; (c) agentes que deixaram seu cargo ou emprego, agora sujeitos a determinados impedimentos concernentes ao uso e divulgação de dados públicos. A conduta contrária aos impedimentos e restrições da lei pode configurar-se como improbidade administrativa nos termos da Lei nº 8.429/1992 e como infração funcional sujeita à pena de demissão e apurada conforme as regras da Lei nº 8.112/1990 (Estatuto dos Servidores Públicos Federais), inclusive quanto à responsabilização do servidor. A lei – pode asseverar-se sem receio de engano – seria desnecessária se fosse diversa a valoração ética da sociedade e, em consequência, dos servidores públicos. Adite-se, por fim, que a lei é

---

[68] ADC 12-MC, j. 16.2.2006.

[69] Súmula Vinculante nº 13 (*DJ* 29.8.2008).

[70] STF, Recl. 6.650-MC-Agr., j. 16.10.2008, e Recl. 29.033, j. 17.9.2019.

[71] O STF, *a priori*, não considerou Conselheiro de Tribunal de Contas Estadual como agente político, vedando sua nomeação feita pelo Governador do Estado, seu irmão (Rcl. 6702-AgR-MC/PR, Rel. Min. RICARDO LEWANDOWSKI, em 4.3.2009).

[72] De acordo com o art. 2º, são os cargos e empregos: (a) de ministros de Estado; (b) de natureza especial ou equivalentes; (c) de presidente, vice e diretor de entidade da Administração Indireta; (d) em comissão (DAS níveis 5 e 6 ou equivalentes).

22 | MANUAL DE DIREITO ADMINISTRATIVO • *Carvalho Filho*

federal, vale dizer, aplica-se exclusivamente à União, muito embora nos demais entes federativos possa ser apurada a ilicitude das condutas.

1.4. Princípio da Publicidade

Outro princípio mencionado na Constituição é o da publicidade. Indica que os atos da Administração devem merecer a mais ampla divulgação possível entre os administrados, e isso porque constitui fundamento do princípio propiciar-lhes a possibilidade de controlar a legitimidade da conduta dos agentes administrativos. Só com a transparência dessa conduta é que poderão os indivíduos aquilatar a legalidade ou não dos atos e o grau de eficiência de que se revestem.

É para observar esse princípio que os atos administrativos são publicados em órgãos de imprensa ou afixados em determinado local das repartições administrativas, ou, ainda, mais modernamente, divulgados por outros mecanismos integrantes da tecnologia da informação, como é o caso da Internet.

O princípio da publicidade pode ser concretizado por alguns instrumentos jurídicos específicos, citando-se entre eles:

1. *o direito de petição*, pelo qual os indivíduos podem dirigir-se aos órgãos administrativos para formular qualquer tipo de postulação (art. 5º, XXXIV, "a", CF);

2. as *certidões*, que, expedidas por tais órgãos, registram a verdade de fatos administrativos, cuja publicidade permite aos administrados a defesa de seus direitos ou o esclarecimento de certas situações (art. 5º, XXXIV, "b", CF); e

3. a ação administrativa *ex officio de divulgação de informações* de interesse público.[73]

Negado o exercício de tais direitos, ou ainda não veiculada a informação, ou veiculada incorretamente, evidenciada estará a ofensa a direitos de sede constitucional, rendendo ensejo a que o prejudicado se socorra dos instrumentos constitucionais para garantir a restauração da legalidade – o mandado de segurança (art. 5º, LXIX, CF) e o *habeas data* (art. 5º, LXXII, CF).

Por outro lado, não se deve perder de vista que todas as pessoas têm o *direito à informação*, ou seja, o direito de receber dos órgãos públicos informações de seu interesse particular ou de interesse coletivo, com exceção das situações resguardadas por sigilo. Esse é o mandamento constante do art. 5º, XXXIII, da CF. À Administração Pública cabe dar cumprimento ao dispositivo, como forma de observar o princípio da publicidade. Embora nascido com o timbre de direito individual, atualmente o direito à informação dos órgãos públicos espelha *dimensão coletiva*, no sentido de que a todos, de um modo geral, deve assegurar-se o direito.[74]

Complementando o conteúdo do aludido direito, previu a Constituição o *direito de acesso à informação* (art. 37, § 3º, II, CF), por meio do qual se deve viabilizar o acesso dos usuários a registros administrativos e a informações sobre atos de governo, desde que respeitados o direito à intimidade e à vida privada (art. 5º, X, CF) e as situações legais de sigilo (art. 5º, XXXIII, CF). A propósito, foi editada, com fundamento nesse postulado, a Lei nº 13.709, de 14.8.2018 (Lei Geral de Proteção de Dados Pessoais – LGPD), justamente com o escopo de proteger os direitos fundamentais de liberdade e de privacidade, bem como o livre desenvolvimento da

---

[73]   Essa hipótese foi expressamente prevista na Lei nº 12.527, de 18.11.2011, que regula o acesso a informações públicas.

[74]   A pertinente observação é de JOSÉ AFONSO DA SILVA, *Curso de direito constitucional positivo*, Malheiros, 20. ed., 2002, p. 259.

personalidade da pessoa natural. A propósito, o inc. LXXIX do art. 5º da CF foi incluído pela EC nº 115, de 10.2.2022, e passou a considerar o direito à proteção dos dados pessoais como direito fundamental.

Para dar concretude a todos esses mandamentos constitucionais, foi promulgada a Lei nº 12.527, de 18.11.2011 (Lei de Acesso à Informação) com incidência sobre a União, Estados, Distrito Federal e Municípios, que passou a regular tanto o direito à informação, quanto o direito de acesso a registros e informações nos órgãos públicos,[75] aplicável (a) a toda a Administração Direta e Indireta (autarquias, fundações, empresas públicas e sociedades de economia mista), (b) a entidades sob controle direto ou indireto dos entes federativos e, no que for cabível, (c) às entidades privadas sem fins lucrativos que recebam recursos públicos do orçamento, diretamente ou mediante contratos de gestão, termos de parceria, convênios, subvenções sociais e outros benefícios similares.[76]

No sistema da Lei de Acesso, foram contempladas duas formas de publicidade. A primeira foi denominada de *transparência ativa,* marcada pelo fato de que as informações são transmitidas *ex officio* pela Administração, inclusive pela referência nos respectivos sítios eletrônicos. A segunda chama-se *transparência passiva,* caracterizando-se pelo procedimento em que o interessado formula sua postulação ao órgão que detém a informação.[77]

A lei traça regras sobre o acesso a informações e as formas de divulgação, exigindo que qualquer negativa ao direito seja fundamentada, ou seja, tenha *motivação específica,* sob pena de sujeitar-se o responsável a medidas disciplinares.[78] O pedido do interessado deve indicar sua identificação e a especificação da informação solicitada (art. 10). Em nosso entender, porém, embora seja essa a regra geral, poderá a Administração, em casos excepcionais, dispensar a exigência, e isso porque a própria lei admite a divulgação *ex officio* de informações.[79] No caso de indeferimento, tem o interessado o direito de obter o inteiro teor da decisão denegatória, por certidão ou cópia (art. 14), bem como de interpor o devido recurso. O procedimento terá a aplicação subsidiária da Lei nº 9.784/1999, que rege o processo administrativo federal (art. 20).

São contempladas, no entanto, *restrições de acesso à informação,* cabíveis quando a divulgação puser em risco a segurança da sociedade ou do Estado (art. 23). Assim, tais informações sujeitam-se a uma *classificação,* consideradas em três grupos: *ultrassecretas, secretas* e *reservadas,* vigorando as restrições, respectivamente, nos prazos de vinte e cinco, quinze e cinco anos, a partir da produção do dado a ser informado.[80]

Cabe, ainda, salientar que, no intuito de consolidar a garantia de acesso, a lei não somente previu sanções disciplinares a servidores que lhe ofendam as disposições (art. 33), como também isentou qualquer servidor de responsabilidade civil, penal ou administrativa pela iniciativa de cientificar as autoridades superiores a respeito de fato que tenha implicado a prática de crimes ou atos de improbidade, de que tenha conhecimento, mesmo que este decorra do exercício de cargo, emprego ou função.[81]

---

[75] A nova lei revogou alguns dispositivos da Lei nº 8.159/1991, que regula os arquivos públicos, e integralmente a Lei nº 11.111/2005, que regulamentava a parte final do art. 5º, XXXIII, da CF.

[76] Arts. 1º, parágrafo único, e 2º.

[77] Arts. 6º e 10, respectivamente. Registre-se que as referidas expressões não constam da lei, mas figuram no Decreto nº 7.724/2012, que a regulamentou no âmbito do Poder Executivo.

[78] Arts. 7º, § 4º, e 11, § 1º, II.

[79] Art. 3º, II.

[80] Arts. 23 e 24.

[81] Art. 44, que incluiu o art. 126-A na Lei nº 8.112/1990 (Estatuto federal).

No que se refere aos encargos, a Constituição assegurou aos administrados o direito de acesso, *independentemente do pagamento de taxas* (art. 5º, XXXIV, "a" e "b"). Significa que ao Poder Público cabe o ônus da prestação do serviço de informar, só se admitindo, em algumas situações, a *cobrança ressarcitória*, ou seja, aquela que corresponde ao efetivo gasto com o material empregado. Para o fornecimento de certidão, por exemplo, não pode ser cobrada qualquer taxa, mesmo dissimuladamente, mas apenas o que representar dispêndio para a Administração.[82] No mesmo sentido, dispôs a Lei nº 12.527/2011 que é gratuito o serviço de busca e fornecimento de informação, ressalvando-se apenas as hipóteses de reprodução de documentos, quando poderá ser cobrado exclusivamente o valor necessário ao ressarcimento do custo do serviço (art. 12).

O princípio da publicidade, entretanto, não pode deixar de ser harmonizado com os princípios da razoabilidade e da proporcionalidade, exigindo-se práticas excessivas por parte da Administração. Nessa trilha, o STF já declarou inconstitucional dispositivo legal que determinava que atos do Executivo em jornais ou veículos similares mencionassem o custo para o erário. Fundou-se a decisão, ainda, no fato de que tal exigência poderia ser ainda mais dispendiosa para a Administração.[83]

Outra questão levada à Corte foi a da legitimidade, ou não, de *divulgação dos vencimentos brutos mensais* dos servidores, como medida de transparência administrativa. Conquanto houvesse desacordo nas instâncias inferiores, ficou decidido que o fato se coadunava com o princípio da publicidade, ressalvando-se, contudo, a necessidade de figurar exclusivamente o nome e a matrícula funcional do servidor, vedada a divulgação de outros dados pessoais, como CPF, RG e endereço residencial.[84]

A Lei nº 12.527/2011 não previu claramente semelhante divulgação, mas, ao regulamentar a lei, foi expedido o Decreto nº 7.724, de 26.5.2012, que impôs a publicidade de remuneração, incluindo subsídio e vantagens pecuniárias.[85] Façamos duas observações. Primeiramente, a norma regulamentar é destinada apenas ao Poder Executivo, como, aliás, figura no referido decreto. Em segundo lugar, será inconstitucional a publicidade de parcelas de cunho estritamente pessoal, como pensão alimentícia, plano médico, prestação imobiliária etc., todas elas protegidas pelo princípio da intimidade e da vida privada (art. 5º, X, CF).[86]

Sem embargo da circunstância de que a publicidade dos atos constitui a regra, o sistema jurídico – repita-se – institui algumas exceções, tendo em vista a excepcionalidade da situação e os riscos que eventual divulgação poderia acarretar. O próprio art. 5º, XXXIII, da CF, resguarda o sigilo de informações quando se revela indispensável à segurança da sociedade e do Estado. O mesmo ocorre na esfera judicial: nos termos do art. 93, IX, da CF, com a redação dada pela EC nº 45/2004, apesar de serem públicos os julgamentos, poderá a lei limitar que, em certos atos, só estejam presentes as partes e seus advogados, ou, conforme a hipótese, apenas estes últimos. A Constituição pretendeu proteger o direito à intimidade do interessado diante de certos casos, considerando-o prevalente sobre o princípio do interesse público à informação. Vale dizer: a própria Carta admitiu o conflito entre tais princípios, indicando, na ponderação

---

[82] O STF já declarou a inconstitucionalidade de lei estadual que previa taxa de segurança como forma dissimulada de remunerar o fornecimento de certidão (ADI 2969-AM, j. 29.3.2007).

[83] ADI 2472-RS, j. 11.11.2004.

[84] STF, SS 3.902, Rel. Min. AYRES BRITTO, em 9.6.2011. No caso, tratava-se de providência levada a cabo pelo Município de São Paulo.

[85] Art. 7º, § 3º, VI.

[86] No mesmo sentido, o trabalho de VICTOR AGUIAR JARDIM DE AMORIM, *Análise sobre a repercussão da Lei de Acesso à Informação em relação à divulgação dos dados remuneratórios dos servidores públicos* (COAD, 28/2012, p. 445-447).

Cap. 1 · DIREITO ADMINISTRATIVO E ADMINISTRAÇÃO PÚBLICA | 25

de valores a ser feita pelo intérprete, a preponderância do direito de sigilo e intimidade sobre o princípio geral de informação.

Entretanto, é interessante anotar que, relativamente a esses valores, foi julgada constitucional a Lei Complementar nº 105/2001, na parte em que admite que a Receita Federal receba dados bancários de contribuintes fornecidos diretamente pelos bancos, sem que haja prévia autorização judicial. Não haveria, no caso, quebra de sigilo, mas sim transferência de sigilo dos bancos para o órgão fiscal, ambos protegidos contra o acesso de terceiros. É exigível, porém, que o ente público instaure o processo administrativo adequado, com oitiva do contribuinte interessado.[87]

Situação que merece comentário diz respeito aos *efeitos* decorrentes da falta de publicidade (mais comumente de publicação) de atos administrativos. Cuida-se de saber se tal ausência se situa no plano da *validade* ou da *eficácia*. Anteriormente, a doutrina era mais inflexível, considerando como inválido o ato sem publicidade; ou seja, a publicidade seria *requisito de validade*. Modernamente, tem-se entendido que cada hipótese precisa ser analisada separadamente, inclusive a lei que disponha sobre ela. Em várias situações, a falta de publicidade não retira a validade do ato, funcionando como *fator de eficácia*: o ato é válido, mas inidôneo para produzir efeitos jurídicos. Se o for, a irregularidade comporta saneamento.[88]

Ultimamente, tem-se desenvolvido a ação administrativa denominada de *"chamada pública"* (também intitulada de *chamamento público*), por meio da qual a Administração publica edital com o objetivo de divulgar a adoção de certas providências específicas e convocar interessados para participar da iniciativa, indicando, quando for o caso, os critérios objetivos necessários à seleção. É o caso, entre outros, da convocação de interessados para credenciamento junto à Administração, ou de capacitação de comunidades para recebimento de algum serviço público, ou ainda para apresentação de projetos e programas a serem estudados por órgãos administrativos. Semelhante instrumento espelha, sem dúvida, a aplicação do princípio da publicidade, na medida em que, de forma transparente, a Administração divulga seus objetivos e permite que interessados do setor privado acorram na medida de seus interesses.

Por oportuno, cabe ainda dar destaque ao fato de que a publicidade não pode ser empregada como instrumento de propaganda pessoal de agentes públicos. De acordo com o art. 37, § 1º, da CF, a publicidade de atos, programas, serviços e campanhas dos órgãos públicos tem por objetivo somente educar, informar e orientar. É vedado às autoridades que se valham do sistema de divulgação de atos e fatos para promoção pessoal, muito embora seja comum referido desvio, numa demonstração de egocentrismo incompatível com o regime democrático. Vulnerar aquele mandamento representa, ao mesmo tempo, ofensa aos princípios da impessoalidade e da moralidade, como já têm decidido os nossos Tribunais, exigindo rigorosa necessidade de coibir semelhantes práticas.[89]

1.5. Princípio da Eficiência

A EC nº 19/1998, que guindou ao plano constitucional as regras relativas ao projeto de reforma do Estado, acrescentou, ao *caput* do art. 37, outro princípio: o da eficiência (denominado de "qualidade do serviço prestado" no projeto da Emenda).

Com a inclusão, pretendeu o Governo conferir direitos aos usuários dos diversos serviços prestados pela Administração ou por seus delegados e estabelecer obrigações efetivas aos

---

[87] STF, ADI 2.859 e RE 601.314, j. 24.2.2016.
[88] No mesmo sentido, WALLACE PAIVA MARTINS JUNIOR, *Transparência administrativa*, Saraiva, 2004, p. 48-62.
[89] STF, RE 191.668, 26.4.2011.

MANUAL DE DIREITO ADMINISTRATIVO • *Carvalho Filho*

prestadores. Não é difícil perceber que a inserção desse princípio revela o descontentamento da sociedade diante de sua antiga impotência para lutar contra a deficiente prestação de tantos serviços públicos, que incontáveis prejuízos já causou aos usuários. De fato, sendo tais serviços prestados pelo Estado ou por delegados seus, sempre ficaram inacessíveis para os usuários os meios efetivos para assegurar seus direitos. Os poucos meios existentes se revelaram insuficientes ou inócuos para sanar as irregularidades cometidas pelo Poder Público na execução desses serviços.

A inclusão do princípio, que passou a ser expresso na Constituição, suscitou numerosas e acerbas críticas por parte de alguns estudiosos. Uma delas consiste na imprecisão do termo. Ou seja: quando se pode dizer que a atividade administrativa é eficiente ou não? Por outro lado, afirma-se ainda, de nada adianta a referência expressa na Constituição se não houver por parte da Administração a efetiva intenção de melhorar a gestão da coisa pública e dos interesses da sociedade. Com efeito, nenhum órgão público se tornará eficiente por ter sido a eficiência qualificada como princípio na Constituição.[90] O que precisa mudar, isto sim, é a mentalidade dos governantes; o que precisa haver é a busca dos reais interesses da coletividade e o afastamento dos interesses pessoais dos administradores públicos. Somente assim se poderá falar em eficiência.

O núcleo do princípio é a procura de produtividade e economicidade e, o que é mais importante, a exigência de reduzir os desperdícios de dinheiro público, o que impõe a execução dos serviços públicos com presteza, perfeição e rendimento funcional.[91] Há vários aspectos a serem considerados dentro do princípio, como a produtividade e economicidade, qualidade, celeridade e presteza e desburocratização e flexibilização, como acentua estudioso sobre o assunto.[92]

Incluído em mandamento constitucional, o princípio pelo menos prevê para o futuro maior oportunidade para os indivíduos exercerem sua real cidadania contra tantas falhas e omissões do Estado. Trata-se, na verdade, de dever constitucional da Administração, que não poderá desrespeitá-lo, sob pena de serem responsabilizados os agentes que derem causa à violação. Diga-se, entretanto, que de nada adiantará a menção a tal princípio se não houver uma disciplina precisa e definida sobre os meios de assegurar os direitos dos usuários, a qual, diga-se por oportuno, já há muito deveria ter sido instituída se tivesse sido regulamentado o art. 37, § 3º, da Constituição Federal, que, mesmo antes da alteração introduzida pela mencionada Emenda Constitucional, previa expressamente a edição de lei para regular as reclamações relativas à prestação de serviços públicos. Fora daí, o princípio, tanto quanto tem sido esse último mandamento, tornar-se-á letra morta.

Vale a pena observar, entretanto, que o princípio da eficiência não alcança apenas os serviços públicos prestados diretamente à coletividade. Ao contrário, deve ser observado também em relação aos serviços administrativos internos das pessoas federativas e das pessoas a elas vinculadas. Significa que a Administração deve recorrer à moderna tecnologia e aos métodos hoje adotados para obter a qualidade total da execução das atividades a seu cargo, criando, inclusive, novo organograma em que se destaquem as funções gerenciais e a competência dos agentes que devem exercê-las. Tais objetivos é que ensejaram as recentes ideias a respeito da *administração gerencial* nos Estados modernos (*public management*), segundo a qual se faz necessário identificar uma

---

[90] IVAN BARBOSA RIGOLIN bradou a respeito: "A inclusão do princípio da eficiência no texto constitucional foi a atitude mais ineficiente da vida dos autores da ideia, nos últimos trinta anos" (O servidor público nas reformas constitucionais, Fórum, 2003, p. 26).

[91] FERNANDA MARINELA, *Direito administrativo*, Jus Podivm, 2005, p. 41.

[92] EDUARDO AZEREDO RODRIGUES, *O princípio da eficiência à luz da teoria dos princípios*, Lumen Juris, 2012, p. 91-99.

gerência pública compatível com as necessidades comuns da Administração, sem prejuízo para o interesse público que impele toda a atividade administrativa.[93]

A Emenda Constitucional nº 45, de 8.12.2004 (denominada de "Reforma do Judiciário"), acrescentou o inciso LXXVIII ao art. 5º da Constituição, estabelecendo: "*a todos, no âmbito judicial e administrativo, são assegurados a razoável duração do processo e os meios que garantam a celeridade de sua tramitação*". O novo mandamento, cuja feição é a de direito fundamental, tem por conteúdo o princípio da eficiência no que se refere ao acesso à justiça e estampa inegável reação contra a insatisfação da sociedade pela excessiva demora dos processos, praticamente tornando inócuo o princípio do acesso à justiça para enfrentar lesões ou ameaças a direito (art. 5º, XXXV, CF). Note--se que a nova norma constitucional não se cinge aos processos judiciais, mas também àqueles que tramitam na via administrativa, muitos destes, da mesma forma, objeto de irritante lentidão. Não basta, porém, a inclusão do novo mandamento; urge que outras medidas sejam adotadas, em leis e regulamentos, para que a disposição possa vir a ter densa efetividade.[94]

Exatamente por esse motivo é que o art. 7º da citada EC nº 45/2004 determinou a instalação pelo Congresso Nacional de comissão especial mista, com o objetivo de elaborar, em 180 dias da promulgação da Emenda, os projetos de lei para a regulamentação do que nela foi disciplinado. Cominou-se, ainda, à mesma comissão a obrigação de promover alterações na legislação federal, no intuito de ampliar o acesso à justiça e tornar mais célere e efetiva a prestação jurisdicional, como constitui anseio de toda a sociedade.[95]

Atualmente, os publicistas têm apresentado vários estudos sobre a questão concernente ao *controle* da observância do princípio da eficiência. A complexidade que envolve o tema é compreensível: de um lado, há que se respeitar as diretrizes e prioridades dos administradores públicos, bem como os recursos financeiros disponíveis e, de outro, não se pode admitir que o princípio constitucional deixe de ser respeitado e aplicado. Os controles administrativo (de caráter interno e processado pelos próprios órgãos administrativos) e legislativo são reconhecidamente legítimos e indubitáveis à luz dos arts. 74 e 70 da Lei Maior, respectivamente. O controle judicial, entretanto, sofre limitações e só pode incidir quando se tratar de comprovada ilegalidade. Como tem consagrado corretamente a doutrina, "*o Poder Judiciário não pode compelir a tomada de de-cisão que entende ser de maior grau de eficiência*", nem invalidar atos administrativos invocando exclusivamente o princípio da eficiência.[96] Note-se que a ideia não pretende excluir inteiramente o controle judicial, mas sim evitar que a atuação dos juízes venha a retratar devida intervenção no círculo de competência constitucional atribuída aos órgãos da Administração.

A *eficiência* não se confunde com a *eficácia* nem com a *efetividade*. A eficiência transmite sentido relacionado ao *modo* pelo qual se processa o desempenho da atividade administrativa; a ideia diz respeito, portanto, à conduta dos agentes. Por outro lado, eficácia tem relação com os *meios e instrumentos* empregados pelos agentes no exercício de seus misteres na administração; o sentido aqui é tipicamente instrumental. Finalmente, a efetividade é voltada para os *resultados* obtidos com as ações administrativas; sobreleva nesse aspecto a positividade dos objetivos. O desejável é que tais qualificações caminhem simultaneamente, mas é possível admitir que haja condutas administrativas produzidas com eficiência, embora não tenham eficácia ou

---

[93] É a correta observação de DANIELA MELLO COELHO, calcada em autores americanos modernos, como David Osborne e Peter Plastrik (*Administração pública gerencial e direito administrativo*, Mandamentos, 2004, p. 132).

[94] Sobre a responsabilidade do Estado pela violação do princípio, vide ANDRÉ LUIZ NICOLITT, *A duração razoável do processo*, Lumen Juris, 2006, p. 113-115.

[95] Atendendo ao objetivo do EC nº 45, foi editada a Lei nº 11.419, de 19.12.2006, que dispõe sobre a informatização do processo judicial e institui o processo eletrônico, tema sem dúvida ligado ao princípio da eficiência.

[96] VLADIMIR DA ROCHA FRANÇA, no excelente trabalho *Eficiência administrativa na Constituição Federal*, RDA nº 220, p. 175, 2000.

efetividade. De outro prisma, pode a conduta não ser muito eficiente, mas, em face da eficácia dos meios, acabar por ser dotada de efetividade. Até mesmo é possível admitir que condutas eficientes e eficazes acabem por não alcançar os resultados desejados; em consequência, serão despidas de efetividade.

Alguns estudiosos proclamam a necessidade de que a reforma da Administração seja constante e adequada às mudanças sociais, e não apenas um fato isolado em busca de impacto.[97] Se é verdadeira tal premissa, mais importante se nos afigura a premência na mudança de postura e de consciência por parte dos administradores públicos, processo que, inegavelmente, passa pela transformação dos baixos padrões éticos facilmente observados no seio de nossa sociedade. Sem dúvida, eficiência guarda estreita aproximação com moralidade social. Em outra vertente, é imperioso não esquecer que a eficiência também guarda relação com outros princípios básicos da Administração, como é o caso dos princípios da legalidade, da impessoalidade, da moralidade e da razoabilidade.[98]

Lembre-se aqui que a eficiência foi um dos elementos inspiradores da Lei nº 13.655, de 25.4.2018, que incluiu vários dispositivos no Decreto-lei nº 4.657/1942 (Lei de Introdução às Normas do Direito Brasileiro – LINDB), com o escopo de estabelecer regras para o regime de direito público. Sobre o tema, remetemos o leitor ao Capítulo 15, no tópico relativo ao controle estatal.

A burocracia, por sua vez, é um inegável entrave para a eficiência na Administração. Para atenuar esse costume enraizado, custoso e desnecessário, foi editada a Lei nº 13.726, de 8.10.2018, que, propondo-se a desenvolver o processo de *desburocratização*, dispõe sobre a *racionalização de atos e procedimentos administrativos* na União e nos demais entes federativos, mediante a supressão ou a simplificação de formalidades ou exigências desnecessárias ou superpostas, cujo incômodo seja superior ao risco de fraude. De acordo com a lei, passam a ser dispensadas as exigências de: (a) reconhecimento de firma, cabendo ao agente confrontar a assinatura com o documento de identidade, ou obter a assinatura do interessado presente; (b) autenticação de cópia, quando o agente puder compará-la com o original; (c) juntada de documento original, substituível por cópia autenticada; (d) apresentação de certidão de nascimento, a ser substituída por documento de identidade, inclusive profissional, passaporte, título de eleitor e outros congêneres; (e) apresentação de título de eleitor, salvo para votar ou registrar candidatura; (f) apresentação de autorização com firma reconhecida para viagem de menor se presentes os pais ao momento do embarque (art. 3º, I a VI).

O mesmo diploma veda a exigência de prova concernente a fato já comprovado por outro documento (art. 3º, § 1º). Não sendo possível ao interessado, sem culpa deste, obter diretamente do órgão documento de regularidade, a prova deve ser formalizada por declaração escrita e assinada, sob responsabilidade civil, penal e administrativa do signatário (art. 3º, § 2º). Outro avanço no embate à burocracia foi a vedação de que órgãos e entidades de um Poder da União, Estados, Distrito Federal e Municípios exijam do cidadão a apresentação de certidão ou documento expedido por outro órgão ou entidade do mesmo Poder, excetuando-se as seguintes situações: (a) certidão de antecedentes criminais; (b) informações sobre pessoa jurídica; (c) outras expressamente previstas em lei (art. 3º, § 3º). Além disso, foi instituído o Selo de Desburocratização e Simplificação, como símbolo do reconhecimento de programas e práticas que mitiguem a burocracia e permitam melhor atendimento ao usuário (art. 7º). Enfim, tudo isso

---

[97] VANICE REGINA LÍRIO DO VALLE, *A reforma administrativa que ainda não veio: dever estatal de fomento à cidadania ativa e à governança* (*RDA* nº 252, ano 2009, p. 119-140).

[98] Relativamente a essa relação, vide ONOFRE ALVES BATISTA JÚNIOR, *Princípio constitucional da eficiência administrativa*, Fórum, 2. ed., 2012, p. 276-306.

se põe – já não é sem tempo – em consonância com o princípio de eficiência, consagrado no art. 37, *caput*, da CF, constituindo, portanto, dever jurídico imputado à Administração Pública.

Pela pertinência com o tema em foco, urge fazer referência aqui à Lei nº 14.129, de 29.3.2021, que dispõe sobre princípios, regras e instrumentos para o Governo Digital e para o aumento da eficiência pública. O escopo do diploma consiste em elevar o nível de eficiência na Administração Pública mediante socorro aos processos de desburocratização, de inovação, de transformação digital e da participação do cidadão. É aplicável à administração direta federal, autarquias, fundações públicas e empresas públicas e sociedades de economia mista e suas subsidiárias e controladas *prestadoras de serviços públicos*; estão, pois, excluídas da lei essas últimas entidades quando atuarem no setor econômico ou empresarial. As demais entidades federativas podem aplicá-la, com a condição, no entanto, de adotarem seus preceitos, formalizando-os por atos normativos próprios.

2. PRINCÍPIOS RECONHECIDOS

Além dos princípios expressos, a Administração Pública ainda se orienta por outras diretrizes que também se incluem em sua principiologia, e que por isso são da mesma relevância que aqueles. Doutrina e jurisprudência usualmente a elas se referem, o que revela a sua aceitação geral como regras de proceder da Administração. É por esse motivo que os denominamos de *princípios reconhecidos*, para acentuar exatamente essa aceitação. Vejamos tais princípios.

2.1. Princípio da Supremacia do Interesse Público

As atividades administrativas são desenvolvidas pelo Estado para benefício da coletividade. Mesmo quando age em vista de algum interesse estatal imediato, o fim último de sua atuação deve ser voltado para o interesse público. E se, como visto, não estiver presente esse objetivo, a atuação estará inquinada de desvio de finalidade.

Desse modo, não é o indivíduo em si o destinatário da atividade administrativa, mas sim o grupo social num todo. Saindo da era do individualismo exacerbado, o Estado passou a caracterizar-se como o *Welfare State* (Estado/bem-estar), dedicado a atender ao interesse público. Logicamente, as relações sociais vão ensejar, em determinados momentos, um conflito entre o interesse público e o interesse privado, mas, ocorrendo esse conflito, há de prevalecer o interesse público.

Trata-se, de fato, do primado do interesse público. O indivíduo tem que ser visto como integrante da sociedade, não podendo os seus direitos, em regra, ser equiparados aos direitos sociais. Vemos a aplicação do princípio da supremacia do interesse público, por exemplo, na desapropriação, em que o interesse público suplanta o do proprietário; ou no poder de polícia do Estado, por força do qual se estabelecem algumas restrições às atividades individuais.

A despeito de não ser um conceito exato, aspecto que leva a doutrina em geral a configurá-lo como *conceito jurídico indeterminado*, a verdade é que, dentro da análise específica das situações administrativas, é possível ao intérprete, à luz de todos os elementos do fato, identificar o que é e o que não é interesse público. Ou seja: é possível encontrar as balizas do que seja interesse público dentro de suas zonas de certeza negativa e de certeza positiva. Portanto, cuida-se de conceito *determinável*.[99]

---

[99] É a correta observação de CARLOS VINÍCIUS ALVES RIBEIRO, *Interesse Público*: um conceito jurídico determinável, em *Supremacia do Interesse Público*, obra colet., Atlas, 2010, p. 115.

30 | MANUAL DE DIREITO ADMINISTRATIVO • *Carvalho Filho*

Algumas vozes se têm levantado atualmente contra a existência do princípio em foco, argumentando-se no sentido da primazia de interesses privados com suporte em direitos fundamentais quando ocorrem determinadas situações específicas.[100] Não lhes assiste razão, no entanto, nessa visão pretensamente modernista. Se é evidente que o sistema jurídico assegura aos particulares garantias contra o Estado em certos tipos de relação jurídica, é mais evidente ainda que, como regra, deva respeitar-se o interesse coletivo quando em confronto com o interesse particular. A existência de direitos fundamentais não exclui a densidade do princípio. Este é, na verdade, o corolário natural do regime democrático, calcado, como por todos sabido, na preponderância das maiorias.[101] A "*desconstrução*" do princípio espelha uma visão distorcida e coloca em risco a própria democracia; o princípio, isto sim, suscita "*reconstrução*", vale dizer, adaptação à dinâmica social, como já se afirmou com absoluto acerto.[102]

Com a vênia aos que perfilham visão oposta, reafirmamos nossa convicção de que, malgrado todo o esforço em contrário, a prevalência do interesse público é indissociável do direito público, este, como ensina SAYAGUÉS LASO, o regulador da harmonia entre o Estado e o indivíduo.[103] Sobre o tema, já firmamos a seguinte consideração: "*Elidir o princípio se revela inviável, eis que se cuida de axioma inarredável em todo tipo de relação entre corporação e indivíduo. A solução, destarte, está em ajustá-lo para que os interesses se harmonizem e os confrontos sejam evitados ou superados.*"[104]

2.2. Princípio da Autotutela

A Administração Pública comete equívocos no exercício de sua atividade, o que não é nem um pouco estranhável em vista das múltiplas tarefas a seu cargo. Defrontando-se com esses erros, no entanto, pode ela mesma revê-los para restaurar a situação de regularidade. Não se trata apenas de uma faculdade, mas também de um *dever*, pois que não se pode admitir que, diante de situações irregulares, permaneça inerte e desinteressada. Na verdade, só restaurando a situação de regularidade é que a Administração observa o princípio da legalidade, do qual a autotutela é um dos mais importantes corolários.

Não precisa, portanto, a Administração ser provocada para o fim de rever seus atos. Pode fazê-lo de ofício. Aliás, não lhe compete apenas sanar as irregularidades; é necessário que também as previna, evitando-se reflexos prejudiciais aos administrados ou ao próprio Estado.[105]

Registre-se, ainda, que a autotutela envolve dois aspectos quanto à atuação administrativa:

1. aspectos de legalidade, em relação aos quais a Administração, de ofício, procede à revisão de atos ilegais; e

---

[100] *Interesses públicos v. interesses privados: desconstruindo o princípio da supremacia do interesse público*, Lumen Juris, 2005, vários autores (coord. por Daniel Sarmento). Além do coordenador, adotam tal posição, entre outros, Alexandre Santos de Aragão e Humberto Ávila.

[101] Perfilham a corrente da aplicabilidade do princípio, entre outros, MARIA SYLVIA ZANELLA DI PIETRO (*Direito administrativo*, cit., 19. ed., 2006, p. 82-83), CELSO ANTÔNIO BANDEIRA DE MELLO (*Curso de direito administrativo*, cit., 20. ed., 2006, p. 58-61) e LÚCIA VALLE FIGUEIREDO (*Curso de direito administrativo*, Malheiros, 7. ed., 2004, p. 66-67).

[102] Vale a pena examinar o belo trabalho crítico de ALICE GONZALEZ BORGES, *Supremacia do interesse público: desconstrução ou reconstrução?*, em *RDE* nº 3, 2006, p. 137-153.

[103] ENRIQUE SAYAGUÉS LASO, *Tratado de derecho administrativo*, Edit. Daniel Martins, 4. ed., Montevidéu, 1974, v. I, p. 18.

[104] Nosso trabalho Interesse público: verdades e sofismas, em *Supremacia do interesse público*, ob. colet., Atlas, 2010, p. 82.

[105] LANDI e POTENZA, *Manuale di diritto amministrativo*, p. 588.

Cap. 1 • DIREITO ADMINISTRATIVO E ADMINISTRAÇÃO PÚBLICA | 31

2. aspectos de mérito, em que reexamina atos anteriores quanto à conveniência e oportunidade de sua manutenção ou desfazimento.

A capacidade de autotutela está hoje consagrada, sendo, inclusive, objeto de firme orientação do Supremo Tribunal Federal, que a ela faz referência nas clássicas Súmulas 346 e 473.[106]

Em nome, porém, do princípio da segurança jurídica e da estabilidade das relações jurídicas, vêm sendo criados limites ao exercício da autotutela pela Administração. Na verdade, a eterna pendência da possibilidade de revisão dos atos administrativos revela-se, em alguns casos, mais nociva do que a sua permanência. Por isso mesmo, a Lei nº 9.784, de 29.1.1999, que regula o processo administrativo federal, consignou que o direito da Administração de anular atos administrativos que tenham irradiado efeitos favoráveis ao destinatário *decai* em cinco anos, salvo comprovada má-fé (art. 54). Vê-se, portanto, que, depois desse prazo, incabível se torna o exercício de autotutela pela Administração, eis que tal hipótese acarreta, *ex vi legis*, a conversão do fato anterior em situação jurídica legítima.

2.3. Princípio da Indisponibilidade

Os bens e interesses públicos não pertencem à Administração nem a seus agentes. Cabe-lhes apenas geri-los, conservá-los e por eles velar em prol da coletividade, esta sim a verdadeira titular dos direitos e interesses públicos.

O princípio da indisponibilidade enfatiza tal situação. A Administração não tem a livre disposição dos bens e interesses públicos, porque atua em nome de terceiros. Por essa razão é que os bens públicos só podem ser alienados na forma em que a lei dispuser. Da mesma forma, os contratos administrativos reclamam, como regra, que se realize licitação para encontrar quem possa executar obras e serviços de modo mais vantajoso para a Administração.

O princípio parte, afinal, da premissa de que todos os cuidados exigidos para os bens e interesses públicos trazem benefícios para a própria coletividade.

Cabe, por último, uma observação sobre o tema. O princípio da indisponibilidade do interesse público não constitui obstáculo à aplicação do *princípio do consensualismo*, como alguns equivocadamente supõem. Ao contrário, são axiomas harmônicos dentro do sistema. O que se exige é que os instrumentos consensuais firmados pela Administração observem certos padrões de legitimidade, como os princípios da legalidade, moralidade, isonomia e publicidade, além dos elementos formais atinentes à motivação e à segurança jurídica.[107]

2.4. Princípio da Continuidade dos Serviços Públicos

Os serviços públicos buscam atender aos reclamos dos indivíduos em determinados setores sociais. Tais reclamos constituem muitas vezes necessidades prementes e inadiáveis da sociedade. A consequência lógica desse fato é a de que não podem os serviços públicos ser interrompidos, devendo, ao contrário, ter normal continuidade. Ainda que fundamentalmente ligado aos serviços públicos, o princípio alcança toda e qualquer atividade administrativa, já que o interesse público não guarda adequação com descontinuidades e paralisações na Administração.[108]

---

[106] Súmula 346: *"A Administração Pública pode declarar a nulidade dos seus próprios atos."* Súmula 473: *"A administração pode anular seus próprios atos quando eivados de vícios que os tornam ilegais, porque deles não se originam direitos; ou revogá-los, por motivo de conveniência ou oportunidade, respeitados os direitos adquiridos, e ressalvada, em todos os casos, a apreciação judicial."*

[107] LUZARDO FARIA, no excelente trabalho O papel do princípio da indisponibilidade do interesse público na administração pública consensual, *RDA*, Ed. FGV, v. 281, nº 3, p. 273-302, set.-dez. 2022.

[108] A correta observação é de RAFAEL CARVALHO REZENDE OLIVEIRA, *Princípios do direito administrativo*, Lumen Juris, 2011, p. 141.

32 | MANUAL DE DIREITO ADMINISTRATIVO • *Carvalho Filho*

Encontramos em mais de um momento a aplicação do princípio. Em primeiro lugar, dispôs a Constituição Federal que a greve dentro da Administração seria regulada por lei específica (art. 37, VII), ou seja, lei ordinária que trate especificamente da matéria (antes da EC nº 19/1998, o dispositivo previa lei complementar). Mesmo no setor privado, o Constituinte, embora tenha reconhecido o direito de greve para os trabalhadores, ressalvou no art. 9º, § 1º: *"A lei definirá os serviços ou atividades essenciais e disporá sobre o atendimento das necessidades inadiáveis da comunidade."* Tudo isso mostra a preocupação de não ocasionar solução de continuidade nos serviços públicos.[109]

Não é dispensável, porém, acentuar que a continuidade dos serviços públicos está intimamente ligada ao princípio da eficiência, hoje expressamente mencionado no art. 37, *caput,* da CF, por força de alteração introduzida pela EC nº 19/1998, relativa à reforma do Estado. Logicamente, um dos aspectos da qualidade dos serviços é que não sofram solução de continuidade, prejudicando os usuários.[110]

Outro exemplo, sempre referido entre os autores, é o dos contratos administrativos. Para evitar a paralisação das obras e serviços, é vedado ao particular contratado, dentro de certos limites, opor em face da Administração a exceção de contrato não cumprido *(exceptio non adimpleti contractus).*

Na verdade, o princípio em foco guarda estreita pertinência com o princípio da supremacia do interesse público. Em ambos se pretende que a coletividade não sofra prejuízos em razão de eventual realce a interesses particulares. O próprio Código de Defesa do Consumidor (Lei nº 8.078/1990) adota o postulado, ao exigir que os serviços de concessionários e permissionários sejam adequados, eficientes, seguros e, *"quanto aos essenciais, contínuos"* (art. 22).

É evidente que a continuidade dos serviços públicos não pode ter caráter absoluto, embora deva constituir a regra geral. Existem certas situações específicas que excepcionam o princípio, permitindo a paralisação temporária da atividade, como é o caso da necessidade de proceder a reparos técnicos ou de realizar obras para a expansão e melhoria dos serviços. Por outro lado, alguns serviços são remunerados por tarifa, pagamento que se caracteriza como preço público, de caráter tipicamente negocial. Tais serviços, frequentemente prestados por concessionários e permissionários, admitem suspensão no caso de inadimplemento da tarifa pelo usuário, devendo ser restabelecidos tão logo seja quitado o débito. É o caso, para exemplificar, dos serviços de energia elétrica e uso de linha telefônica.

2.5. Princípio da Segurança Jurídica (Proteção à Confiança)

As teorias jurídicas modernas sempre procuraram realçar a crise conflituosa entre os princípios da legalidade e da estabilidade das relações jurídicas. Se, de um lado, não se pode relegar o postulado de observância dos atos e condutas aos parâmetros estabelecidos na lei, de outro é preciso evitar que situações jurídicas permaneçam por todo o tempo em nível de instabilidade, o que, evidentemente, provoca incertezas e receios entre os indivíduos. A prescrição e a decadência são fatos jurídicos por meio dos quais a ordem jurídica confere destaque ao princípio da *estabilidade das relações jurídicas,* ou, como se tem denominado atualmente, ao *princípio da segurança jurídica.*

Como já foi sublinhado em estudos modernos sobre o tema, o princípio em tela comporta dois vetores básicos quanto às perspectivas do cidadão. De um lado, a *perspectiva de certeza,* que indica o conhecimento seguro das normas e atividades jurídicas, e, de outro, a *perspectiva*

---

[109] Nesse sentido, o substancioso parecer de MANOEL GONÇALVES FERREIRA FILHO, *RDA* nº 175, p. 152-157.

[110] Vide a propósito os comentários sobre o princípio da eficiência feitos anteriormente neste capítulo.

Cap. 1 • DIREITO ADMINISTRATIVO E ADMINISTRAÇÃO PÚBLICA | **33**

de estabilidade, mediante a qual se difunde a ideia de consolidação das ações administrativas e se oferece a criação de novos mecanismos de defesa por parte do administrado, inclusive alguns deles, como o direito adquirido e o ato jurídico perfeito, de uso mais constante no direito privado.[111] A segurança jurídica admite manifestação *positiva*, traduzida pela certeza da norma, e *negativa*, marcada pela vedação à arbitrariedade.[112]

No direito comparado, especialmente no direito alemão, os estudiosos se têm dedicado à necessidade de estabilização de certas situações jurídicas, principalmente em virtude do transcurso do tempo e da boa-fé, e distinguem os princípios da *segurança jurídica* e da *proteção à confiança*. Pelo primeiro, confere-se relevo ao *aspecto objetivo* do conceito, indicando-se a inafastabilidade da estabilização jurídica; pelo segundo, o realce incide sobre o *aspecto subjetivo*, e neste se sublinha o sentimento do indivíduo em relação a atos, inclusive e principalmente do Estado, dotados de presunção de legitimidade e com a aparência de legalidade.[113]

Os princípios da segurança jurídica e da proteção à confiança passaram a constar de forma expressa no art. 54, da Lei nº 9.784, de 29.1.1999, nos seguintes termos: *"O direito da Administração de anular os atos administrativos de que decorram efeitos favoráveis para os destinatários decai em 5 (cinco) anos, contados da data em que foram praticados, salvo comprovada má-fé"*. A norma, como se pode observar, conjuga os aspectos de tempo e boa-fé, mas se dirige essencialmente a estabilizar relações jurídicas pela convalidação de atos administrativos inquinados de vício de legalidade.

É certo que a jurisprudência aponta alguns casos em que foram convalidadas situações jurídicas ilegítimas, justificando-se a conversão pela *"teoria do fato consumado"*, isto é, em certas ocasiões melhor seria convalidar o fato do que suprimi-lo da ordem jurídica, hipótese em que o transtorno seria de tal modo expressivo que chegaria ao extremo de ofender o princípio da estabilidade das relações jurídicas. Com a positivação do princípio, tornou-se de maior densidade a sustentação do fato ilegítimo anterior; por mais que se esforçassem os intérpretes, a fundamentação do fato consumado não se afigurava muito convincente.[114]

Decorre, portanto, da citada norma a clara intenção de sobrelevar o princípio da proteção à confiança, de modo que, após cinco anos e desde que tenha havido boa-fé, fica limitado o poder de autotutela administrativa e, em consequência, não mais poderá a Administração suprimir os efeitos favoráveis que o ato produziu para seu destinatário. Registre-se, a propósito, que o STF, invocando a Lei nº 9.784/1999, convalidou ato administrativo de transposição de carreira em favor de servidor, porquanto, embora calcado em lei supostamente inconstitucional, já consolidara a situação jurídica do destinatário e, desse modo, merecia proteção *"em homenagem ao princípio da segurança jurídica"*.[115] Atos de ascensão funcional também foram convalidados, vez que seu desfazimento ultrapassou de muito o quinquênio fixado na Lei nº 9.784/1999; mais uma vez foi protegida a confiança do administrado.[116]

---

[111]   RAFAEL VALIM, *O Princípio da segurança jurídica no direito administrativo brasileiro*, Malheiros, 2010, p. 91-104.

[112]   ANDRÉ SADDY, *Curso de direito administrativo brasileiro*, Ed. CEEJ, 2022, p. 342.

[113]   Sobre o tema, vide o excelente trabalho de ALMIRO DO COUTO E SILVA, *O princípio da segurança jurídica (proteção à confiança) no direito público brasileiro e o direito da administração pública de anular seus próprios atos administrativos: o prazo decadencial do art. 54 da lei do processo administrativo da União (Lei nº 9.784/99)*, publicado na *RDA* nº 237, p. 271-315, 2004.

[114]   A correta observação é de ALMIRO DO COUTO E SILVA, cit., p. 287. O autor cita, inclusive, a hipótese de pessoas que concluíram curso superior, mesmo havendo irregularidades em seus currículos, e que tiveram seus diplomas validados. São citadas, inclusive, várias decisões judiciais em idêntico sentido.

[115]   RE 466.546-RJ, 2ª Turma, Rel. Min. GILMAR MENDES, em 14.2.2006 (vide *Informativo STF* nº 416, fev. 2006).

[116]   STF, MS 26393 e 26404, Rel. Min. CÁRMEN LÚCIA, em 29.10.2004.

Em diversos outros aspectos se tem desenvolvido o princípio da segurança jurídica e de seu corolário – o princípio da proteção à confiança. No campo da responsabilidade civil do Estado, por exemplo, decidiu-se que o governo federal deveria indenizar os prejuízos causados a empresários do setor sucroalcooleiro em virtude de sua intervenção no domínio econômico, fixando preços inferiores aos propostos por autarquia vinculada ao próprio governo. Reconheceu-se que, embora lícita a intervenção, a hipótese estaria a configurar a responsabilidade objetiva do Poder Público – tudo por afronta à confiança depositada pelos prejudicados em pessoa da mesma administração federal.[117]

No campo do direito positivo, merecem citação as Leis nºs 9.868, de 10.11.1999 (processo e julgamento de ação direta de inconstitucionalidade e declaratória de constitucionalidade), e 9.882, de 3.12.1999 (processo e julgamento de arguição de descumprimento de preceito fundamental), nas quais o legislador admite expressamente que a decisão nas referidas ações possa ter eficácia tão somente após o trânsito em julgado, ou a partir de outro momento, *"tendo em vista razões de segurança jurídica ou de excepcional interesse social"*, mantendo-se, por conseguinte, os efeitos pretéritos da lei declarada inconstitucional e resguardando-se a confiança depositada pelo indivíduo na lei editada pelos poderes políticos.[118]

Doutrina moderna, calcada inicialmente no direito alemão e depois adotada no direito comunitário europeu, advoga o entendimento de que a tutela da confiança legítima abrange, inclusive, o *poder normativo da Administração*, e não apenas os atos de natureza concreta por ela produzidos. Cuida-se de proteger expectativas dos indivíduos oriundas da crença de que disciplinas jurídico-administrativas são dotadas de certo grau de estabilidade. Semelhante tutela demanda dois requisitos: (1º) a ruptura inesperada da disciplina vigente; (2º) a imprevisibilidade das modificações. Em tais hipóteses, cabe à Administração adotar algumas soluções para mitigar os efeitos das mudanças: uma delas é a exclusão do administrado do novo regime jurídico; outra, o anúncio de medidas transitórias ou de um período de *vacatio*; outra, ainda, o direito do administrado a uma indenização compensatória pela quebra da confiança decorrente de alterações em atos normativos que acreditava sólidos e permanentes. É claro que a matéria ainda está em fase de estudos e desenvolvimento, mas, inegavelmente, constitui uma forma de proteger a confiança e as expectativas legítimas na estabilidade normativa, desejável em qualquer sistema jurídico.[119]

O desenvolvimento do princípio em tela denota que a *confiança* traduz um dos fatores mais relevantes de um regime democrático, não se podendo perder de vista que é ela que dá sustentação à entrega dos poderes aos representantes eleitos, como já registrou autorizada doutrina.[120] Em nosso entender, porém, não se pode levá-lo ao extremo para o fim de salvaguardar meras expectativas fáticas ou jurídicas, como já ocorre em outros sistemas; semelhante direção elidiria o próprio desenvolvimento do Estado e de seus projetos em prol da coletividade. O que se pretende é que o cidadão não seja surpreendido ou agravado pela mudança inesperada de comportamento da Administração, sem o mínimo respeito às situações formadas e consolidadas no passado, ainda que não se tenham convertido em direitos adquiridos.

A propósito, convém registrar que o art. 30 da LINDB – Lei de Introdução às Normas do Direito Brasileiro (Decreto-lei nº 4.657/1942), incluído pela Lei nº 13.655, de 25.4.2018, estabelece que cabe às autoridades públicas *aumentar a segurança jurídica* na aplicação das

---

[117] RE nº 422.941-DF, 2ª Turma, Rel. Min. CARLOS VELLOSO, em 6.12.2005 (*Informativo STF* nº 412, dez. 2005).

[118] Arts. 27 e 11, respectivamente.

[119] A respeito do tema, veja-se o excelente trabalho de PATRICIA BAPTISTA, *A tutela da confiança legítima como limite ao exercício do poder normativo da Administração Pública – a proteção às expectativas legítimas dos cidadãos como limite à retroatividade normativa*, em *RDE* nº 3, 2006, p. 155-181.

[120] VALTER SHUENQUENER DE ARAÚJO, *O princípio da proteção da confiança*, Impetus, RJ, 2009, p. 244.

Cap. 1 • DIREITO ADMINISTRATIVO E ADMINISTRAÇÃO PÚBLICA | 35

normas, valendo-se de regulamentos, súmulas administrativas e respostas a consultas, instrumentos que terão caráter vinculante em relação ao órgão ou entidade a que se destinam, até que sofram revisão. Sobre o referido diploma, remetemos o leitor ao Capítulo 15, no tópico referente ao controle estatal.

2.6. Princípio da Precaução

Em virtude da moderna tendência entre os estudiosos de desenvolver-se a ideia de que é necessário evitar a catástrofe antes que ela ocorra, parece-nos oportuno tecer breve comentário sobre o *princípio da precaução*, que, embora não expresso, tem sido reconhecido como inspirador das condutas administrativas.

Esse postulado teve origem no âmbito do direito ambiental, efetivamente foro próprio para seu estudo e aprofundamento. Significa que, em caso de risco de danos graves e degradação ambientais, *medidas preventivas* devem ser adotadas de imediato, ainda que não haja certeza científica absoluta, fator este que não pode justificar eventual procrastinação das providências protetivas.[121] Autorizada doutrina, a propósito, já deixou consignado que, existindo dúvida sobre a possibilidade de dano, *"a solução deve ser favorável ao ambiente e não ao lucro imediato"*.[122]

Alguns autores pretendem distinguir os princípios da *precaução* e da *prevenção*. Assim, o princípio da precaução seria o adotado quando houvesse incerteza científica sobre o dano ambiental, de modo que eventuais ações (como obras, por exemplo) sequer poderiam ser deflagradas. Já pelo princípio da prevenção, haveria certeza científica quanto ao dano, com o que se permitiriam ações já dotadas dos mecanismos necessários a evitá-lo. Com a devida vênia, a distinção não agrega nada à necessidade de proteger o meio ambiente. Seja num como noutro caso, haveria precaução ou prevenção – vocábulos, aliás, sinônimos, de acordo com os dicionaristas. No caso, só muda a certeza ou a incerteza científicas como pressupostos que ensejam a proteção preventiva.

Atualmente, o axioma tem sido invocado também para a tutela do *interesse público*, em ordem a considerar que, se determinada ação acarreta risco para a coletividade, deve a Administração adotar postura de precaução para evitar que eventuais danos acabem por concretizar-se. Semelhante cautela é de todo conveniente na medida em que se sabe que alguns tipos de dano, por sua gravidade e extensão, são irreversíveis ou, no mínimo, de dificílima reparação.

Nesses casos, incide a *inversão do ônus da prova*, exigindo-se que o interessado comprove que seu projeto não traz riscos para a coletividade, cabendo à Administração, em cada caso, aferir a existência, ou não, de reais condições de segurança para o interesse público.

Embora ainda em fase de evolução, o princípio da precaução merece total agasalho na sociedade moderna em face de certas ações que se têm revelado devastadoras para os indivíduos. Aqui a prevenção deve sobrepujar a correção.

3. O PRINCÍPIO DA RAZOABILIDADE

Alguns autores modernos têm procurado alinhar também, entre os princípios da Administração Pública, o denominado "princípio da razoabilidade".[123]

---

[121] Esses são os elementos que constam no Princípio nº 15 da Declaração do Rio de Janeiro na ECO/92.

[122] PAULO AFFONSO LEME MACHADO, *Direito ambiental brasileiro*, Malheiros, 5. ed., 1995, p. 444.

[123] MARIA SYLVIA ZANELLA DI PIETRO (*Direito administrativo*, p. 68); DIOGO DE FIGUEIREDO MOREIRA NETO (*Curso*); LUCIA VALLE FIGUEIREDO (*Curso de direito administrativo*, p. 46). Também: DANIEL ANDRÉ FERNANDES, *Os princípios da razoabilidade e da ampla defesa*, Lumen Juris, 2003.

MANUAL DE DIREITO ADMINISTRATIVO • Carvalho Filho

Em nosso entender, porém, é necessário examinar com precisão o sentido desse princípio, sob pena de se chegar a conclusões dissonantes dos postulados de direito público.

Razoabilidade é a qualidade do que é *razoável*, ou seja, aquilo que se situa dentro de limites aceitáveis, ainda que os juízos de valor que provocaram a conduta possam dispor-se de forma um pouco diversa. Ora, o que é totalmente razoável para uns pode não o ser para outros. Mas, mesmo quando não o seja, é de reconhecer-se que a valoração se situou dentro dos *standards* de aceitabilidade. Dentro desse quadro, não pode o juiz controlar a conduta do administrador sob a mera alegação de que não a entendeu *razoável*. Não lhe é lícito substituir o juízo de valor do administrador pelo seu próprio, porque a isso se coloca o óbice da separação de funções, que rege as atividades estatais. Poderá, isto sim, e até mesmo deverá, controlar os aspectos relativos à legalidade da conduta, ou seja, verificar se estão presentes os requisitos que a lei exige para a validade dos atos administrativos. Esse é o sentido que os Tribunais têm emprestado ao controle.

Desse modo, quando alguns estudiosos indicam que *"a razoabilidade vai se atrelar à congruência lógica entre as situações postas e as decisões administrativas"*,[124] parece-nos que a falta da referida congruência *viola, na verdade, o princípio da legalidade*, porque, no caso, ou há vício nas razões impulsionadoras da vontade, ou o vício estará no objeto desta. A falta de razoabilidade, na hipótese, é puro reflexo da inobservância de requisitos exigidos para a validade da conduta. Por outro lado, quando a falta de razoabilidade se calca em situação na qual o administrador tenha em mira algum interesse particular, violado estará sendo o princípio da moralidade, ou o da impessoalidade, como tivemos a oportunidade de examinar.

Com esses elementos, desejamos frisar que o princípio da razoabilidade tem que ser observado pela Administração à medida que sua conduta se apresente dentro dos padrões normais de aceitabilidade. Se atuar fora desses padrões, algum vício estará, sem dúvida, contaminando o comportamento estatal. Significa dizer, por fim, que não pode existir violação ao referido princípio quando a conduta administrativa é inteiramente revestida de licitude.

Acertada, pois, a noção de que o princípio da razoabilidade se fundamenta nos princípios da legalidade e da finalidade, como já se destacou, não se podendo supor que a correção judicial possa invadir o *mérito administrativo*, que reflete o juízo de valoração em que se baseia o administrador para definir sua conduta, invasão que, diga-se de passagem, tem sido reiteradamente repudiada pelo Judiciário em virtude do princípio da separação de Poderes, consignado no art. 2º da Lei Maior. Conclui o eminente administrativista que *"tal não ocorre porque a sobredita liberdade é liberdade dentro da lei, vale dizer, segundo as possibilidades nela comportadas"*, aditando que *"uma providência desarrazoada, consoante dito, não pode ser havida como comportada pela lei. Logo, é ilegal; é desbordante dos limites nela admitidos"*.[125]

Assim, na esteira da doutrina mais autorizada e rechaçando algumas interpretações evidentemente radicais, exacerbadas e dissonantes do sistema constitucional vigente, é preciso lembrar que, quando se pretender imputar à conduta administrativa a condição de ofensiva ao princípio da razoabilidade, terá que estar presente a ideia de que *a ação é efetiva e indiscutivelmente ilegal*. Inexiste, por conseguinte, conduta legal vulneradora do citado princípio: ou a ação vulnera o princípio e é ilegal, ou, se não o ofende, há de ser qualificada como legal e inserida dentro das funções normais cometidas ao administrador público.

Dissentimos, por conseguinte, de doutrina que advoga a eliminação do poder discricionário da Administração diante da aplicação do princípio da razoabilidade. Se é verdade que este abranda o excesso de poder administrativo, não é menos verdadeiro que o administrador continua

---

[124] LUCIA VALLE FIGUEIREDO, ob. e loc. cit.

[125] CELSO ANTÔNIO BANDEIRA DE MELLO, *Curso de direito administrativo*, p. 55 (grifos do autor).

Cap. 1 • DIREITO ADMINISTRATIVO E ADMINISTRAÇÃO PÚBLICA | **37**

detendo o poder jurídico de valorar condutas e decisões, pois que essa é a sua atribuição. Não concordamos, pois, com as posições segundo as quais ao Judiciário seria conferida a função de praticamente substituir o juízo de valoração levado a cabo pelo administrador. Trata-se de radicalismo que mais complica que elucida a aplicação do direito.[126]

Não custa lembrar, por outro lado, que o princípio da razoabilidade não incide apenas sobre a função administrativa, mas, ao contrário, incide sobre qualquer função pública, inclusive a função legislativa. Por isso mesmo, o STF, por mais de uma vez, já declarou a inconstitucionalidade de lei por violação ao princípio, tanto de lei federal,[127] quanto de lei estadual,[128] o que denota que esse tipo de ofensa afeta realmente o *plano de validade* dos atos.

4. O PRINCÍPIO DA PROPORCIONALIDADE

O princípio da proporcionalidade, que está ainda em evolução e tem sido acatado em alguns ordenamentos jurídicos, guarda alguns pontos que o assemelham ao princípio da razoabilidade e entre eles avulta o de que é objetivo de ambos a outorga ao Judiciário do poder de exercer controle sobre os atos dos demais Poderes. Enquanto o princípio da razoabilidade tem sua origem e desenvolvimento na elaboração jurisprudencial anglo-saxônica, o da proporcionalidade é oriundo da Suíça e da Alemanha, tendo-se estendido posteriormente ao Direito da Áustria, Holanda, Bélgica e outros países europeus.[129]

O grande fundamento do princípio da proporcionalidade é o *excesso de poder*, e o fim a que se destina é exatamente o de conter atos, decisões e condutas de agentes públicos que ultrapassem os limites adequados, com vistas ao objetivo colimado pela Administração, ou até mesmo pelos Poderes representativos do Estado. Significa que o Poder Público, quando intervém nas atividades sob seu controle, deve atuar porque a situação reclama realmente a intervenção, e esta deve processar-se com equilíbrio, sem excessos e proporcionalmente ao fim a ser atingido.

Segundo a doutrina alemã, para que a conduta estatal observe o princípio da proporcionalidade, há de revestir-se de tríplice fundamento: (1) *adequação*, significando que o meio empregado na atuação deve ser compatível com o fim colimado; (2) *exigibilidade*, porque a conduta deve ter-se por necessária, não havendo outro meio menos gravoso ou oneroso para alcançar o fim público, ou seja, o meio escolhido é o que causa o menor prejuízo possível para os indivíduos; (3) *proporcionalidade em sentido estrito*, quando as vantagens a serem conquistadas superarem as desvantagens.[130]

O princípio, que grassou no Direito Constitucional, hoje incide também no Direito Administrativo como forma de controle da Administração Pública. É necessário, contudo, advertir que, embora o aludido princípio possa servir como instrumento de controle da atividade administrativa, sua aplicação leva em conta, repita-se, o excesso de poder. Não pode, porém,

---

[126] Acerca do assunto, vide FÁBIO CORRÊA SOUZA DE OLIVEIRA, em *Por uma teoria dos princípios. O princípio constitucional da razoabilidade*, Lumen Juris, 2003, p. 121-152.

[127] No caso, o art. 91-A da Lei nº 9.504/97, com a redação da Lei nº 12.034/09, pelo qual se exigia, ao momento da votação, a apresentação tanto do documento de identificação com foto, quanto do título de eleitor – exigência considerada desmedida e irrazoável (ADI 4.467, Rel. Min. ELLEN GRACIE, em 30.9.2010).

[128] ADI 1.158, Rel. Min. CELSO DE MELLO. No caso, lei do Estado do Amazonas concedia aos servidores aposentados a gratificação de férias de um terço da remuneração mensal prevista no art. 7º, XVII, da Constituição.

[129] Ver a excelente obra de GERMANA DE OLIVEIRA MORAES, *Controle jurisdicional da administração pública*, p. 76-79. Segundo a autora, até mesmo os Tribunais supranacionais, como é o caso do Tribunal de Justiça das Comunidades Europeias, adotaram o princípio da proporcionalidade.

[130] WILLIS SANTIAGO GUERRA FILHO, *Metodologia jurídica e interpretação constitucional, Ensaios de teoria constitucional*, Fortaleza: UFC, 1989, apud GERMANA DE OLIVEIRA MORAES (ob. cit., p. 79).

interferir no critério discricionário de escolha do administrador público, quando este tiver à sua disposição mais de uma forma lícita de atuar, oportunidade em que estará exercendo legitimamente seu poder de administração pública. Em consequência, sua aplicação exige equilíbrio e comedimento por parte do julgador, que deverá considerar com acuidade todos os elementos da hipótese sob apreciação; se não o fizer, ele mesmo será o agente violador do princípio que pretende aplicar.

Examinada, conquanto em síntese, a fisionomia dos princípios da razoabilidade e da proporcionalidade, chega-se à conclusão de que ambos constituem instrumentos de controle dos atos estatais abusivos, seja qual for a sua natureza. No processo histórico de formação desses postulados, porém, pode afirmar-se que o princípio da razoabilidade nasceu com perfil hermenêutico, voltado primeiramente para a lógica e a interpretação jurídica e só agora adotado para a ponderação de outros princípios, ao passo que o princípio da proporcionalidade já veio a lume com direcionamento objetivo, material, visando desde logo ao balanceamento de valores, como a segurança, a justiça, a liberdade etc. Na verdade, *"confluem ambos, pois, rumo ao (super) princípio da ponderação de valores e bens jurídicos, fundante do próprio Estado de Direito Democrático contemporâneo (pluralista, cooperativo, publicamente razoável e tendente ao justo)"*.[131]

VI. Súmulas

SÚMULAS VINCULANTES

Súmula Vinculante 13: *A nomeação de cônjuge, companheiro ou parente em linha reta, colateral ou por afinidade, até o terceiro grau, inclusive, da autoridade nomeante ou de servidor da mesma pessoa jurídica investido em cargo de direção, chefia ou assessoramento, para o exercício de cargo em comissão ou de confiança ou, ainda, de função gratificada na administração pública direta e indireta em qualquer dos Poderes da União, dos Estados, do Distrito Federal e dos Municípios, compreendido o ajuste mediante designações recíprocas, viola a Constituição Federal.*

SUPERIOR TRIBUNAL DE JUSTIÇA

Súmula 525: *A Câmara de Vereadores não possui personalidade jurídica, apenas personalidade judiciária, somente podendo demandar em juízo para defender os seus direitos institucionais* (2015).

---

[131] É o preciso ensinamento do ilustre tributarista RICARDO AZIZ CRETTON, em sua excelente obra *Os princípios da proporcionalidade e da razoabilidade e sua aplicação no direito tributário* (Lumen Juris, 2001, p. 75, grifos do autor).

2

Poderes e Deveres
dos Administradores Públicos

I. Introdução

O Estado, embora se caracterize como instituição política, cuja atuação produz efeitos externos e internos, não pode deixar de estar a serviço da coletividade. A evolução do Estado demonstra que um dos principais motivos inspiradores de sua existência é justamente a necessidade de disciplinar as relações sociais, seja propiciando segurança aos indivíduos, seja preservando a ordem pública, ou mesmo praticando atividades que tragam benefício à sociedade.

Não obstante, é impossível conceber que o Estado alcance os fins colimados sem a presença de seus *agentes*, estes, como visto no capítulo anterior, o elemento físico e volitivo através do qual atua no mundo jurídico.

Logicamente, o ordenamento jurídico há de conferir a tais agentes certas prerrogativas peculiares à sua qualificação de prepostos do Estado, prerrogativas estas indispensáveis à consecução dos fins públicos. Constituem elas os *poderes administrativos*.

Mas, ao mesmo tempo em que confere poderes, o ordenamento jurídico impõe, de outro lado, deveres específicos para aqueles que, atuando em nome do Poder Público, executam as atividades administrativas. São os *deveres administrativos*.

Serão esses os aspectos a serem examinados no presente capítulo. Frise-se, todavia, que tanto uns quanto outros emanam do variado e difuso conjunto normativo aplicável às relações jurídico-administrativas em geral. É impossível, assim, mencioná-los a todos, razão pela qual nos limitaremos ao exame daqueles que causam mais profunda repercussão no âmbito do Direito Administrativo e que de forma mais própria caracterizam a atuação dos administradores.

II. Uso e Abuso de Poder

1. USO DO PODER

O poder administrativo representa uma prerrogativa especial de direito público outorgada aos agentes do Estado. Cada um desses terá a seu cargo a execução de certas funções. Ora, se tais funções foram por lei cometidas aos agentes, devem eles exercê-las, pois que seu exercício é voltado para beneficiar a coletividade. Ao fazê-lo, dentro dos limites que a lei traçou, pode dizer-se que usaram normalmente os seus poderes.

40 | MANUAL DE DIREITO ADMINISTRATIVO • *Carvalho Filho*

Uso do poder, portanto, é a utilização normal, pelos agentes públicos, das prerrogativas que a lei lhes confere.

2. PODER-DEVER DE AGIR

Quando um poder jurídico é conferido a alguém, pode ele ser exercitado ou não, já que se trata de mera faculdade de agir. Essa, a regra geral. Seu fundamento está na circunstância de que o exercício ou não do poder acarreta reflexos na esfera jurídica do próprio titular.

O mesmo não se passa no âmbito do direito público. Os poderes administrativos são outorgados aos agentes do Poder Público para lhes permitir atuação voltada aos interesses da coletividade. Sendo assim, deles emanam duas ordens de consequência:

1ª) são eles irrenunciáveis;[1] e

2ª) devem ser obrigatoriamente exercidos pelos titulares.

Desse modo, as prerrogativas públicas, ao mesmo tempo em que constituem poderes para o administrador público, impõem-lhe o seu exercício e lhe vedam a inércia, porque o reflexo desta atinge, em última instância, a coletividade, esta a real destinatária de tais poderes.

Esse aspecto dúplice do poder administrativo é que se denomina de *poder-dever de agir*. E aqui são irretocáveis as já clássicas palavras de HELY LOPES MEIRELLES: *"Se para o particular o poder de agir é uma faculdade, para o administrador público é uma obrigação de atuar, desde que se apresente o ensejo de exercitá-lo em benefício da comunidade"*.[2]

Corolário importante do poder-dever de agir é a situação de ilegitimidade de que se reveste a inércia do administrador: na medida em que lhe incumbe conduta comissiva, a omissão (conduta omissiva) haverá de configurar-se como ilegal. Desse modo, o administrado tem o direito subjetivo de exigir do administrador omisso a conduta comissiva imposta na lei, quer na via administrativa, o que poderá fazer pelo exercício do direito de petição (art. 5º, XXXIV, "a", da CF), quer na via judicial, formulando na ação pedido de natureza condenatória de obrigação de fazer (ou, para outros, pedido mandamental).

Ressalve-se, no entanto, que nem toda omissão administrativa se qualifica como ilegal; estão nesse caso as *omissões genéricas*, em relação às quais cabe ao administrador avaliar a oportunidade própria para adotar as providências positivas, como é o caso, por exemplo, de projetos de obras públicas, que integram a política pública de administração, sem prazo certo para implementação.

Incide aqui o que a moderna doutrina denomina de *reserva do possível*, para indicar que, por vários motivos, nem todas as metas governamentais podem ser alcançadas, principalmente pela costumeira escassez de recursos financeiros. Somente diante dos concretos elementos a serem sopesados ao momento de cumprir determinados empreendimentos é que o administrador público poderá concluir no sentido da *possibilidade* de fazê-lo, à luz do que constitui a *reserva administrativa* dessa mesma possibilidade. Por lógico, não se pode obrigar a Administração a fazer o que se revela impossível. Em cada situação, todavia, poderá a Administração ser instada a demonstrar tal impossibilidade; se esta inexistir, não terá como invocar em seu favor a *reserva do possível*.

---

[1]   MANUEL MARIA DIEZ, *Manual de derecho administrativo*, p. 41 (t. I). Ensina o autor: "Son (las potestades) irrenunciables. Puede ocurrir que el titular las ejercite o no, pero su pérdida no depende de su voluntad."

[2]   *Direito administrativo brasileiro*, p. 82-83.

Cap. 2 • PODERES E DEVERES DOS ADMINISTRADORES PÚBLICOS | 41

Ilegais, desse modo, serão as *omissões específicas*, ou seja, aquelas que estiverem ocorrendo mesmo diante de expressa imposição legal no sentido do *facere* administrativo em prazo determinado,[3] ou ainda quando, mesmo sem prazo fixado, a Administração permanece omissa em período superior ao aceitável dentro de padrões normais de tolerância ou razoabilidade.[4] Da mesma forma, não incide a teoria da reserva do possível para a garantia de direitos fundamentais ou prioritários, como, por exemplo, o acesso a deficientes.[5] Em tais hipóteses, assegura-se ao interessado exigir da autoridade omissa conduta positiva – originária, pois, do poder-dever de agir atribuído aos administradores públicos. Em caso de resistência, é assegurado ao interessado o recurso à via judicial, na qual poderá postular seja o omisso condenado ao cumprimento de obrigação de fazer, no caso, a de adotar conduta positiva, inclusive para o fim de praticar o ato administrativo de sua competência.[6]

Cabe lembrar, neste ponto, que a omissão da Administração Pública pode também ser objeto de *reclamação* a ser proposta junto ao STF, quando houver contrariedade, negativa de vigência ou aplicação indevida de enunciado de súmula vinculante, como dispõe a Lei nº 11.417, de 19.12.2006, que regulou o art. 103-A da CF. Exige-se, entretanto, que o interessado tenha esgotado anteriormente as instâncias administrativas (art. 7º, *caput* e § 1º).[7]

Quanto ao agente omisso, poderá ele ser responsabilizado civil, penal ou administrativamente, conforme o tipo de inércia a ele atribuído. Pode, inclusive, ser punido por desídia no respectivo estatuto funcional, ou, ainda, ser responsabilizado por conduta qualificada como improbidade administrativa. Caso da omissão administrativa sobrevenham danos para terceiros, têm estes ação indenizatória em face da pessoa administrativa a que pertencer o servidor inerte, respondendo este em ação regressiva perante aquela (art. 37, § 6º, CF).[8]

3. ABUSO DO PODER

3.1. Sentido

Nem sempre o poder é utilizado de forma adequada pelos administradores. Como a atuação destes deve sujeitar-se aos parâmetros legais, a conduta abusiva não pode merecer aceitação no mundo jurídico, devendo ser corrigida na via administrativa ou judicial. A utilização do poder, portanto, deve guardar conformidade com o que a lei dispuser.

Podemos, então, dizer que abuso de poder é a conduta ilegítima do administrador, quando atua fora dos objetivos expressa ou implicitamente traçados na lei.

3.2. Formas de Abuso: Excesso e Desvio de Poder

A conduta abusiva dos administradores pode decorrer de duas causas:

---

[3] É o caso do art. 49, da Lei nº 9.784/1999 (processo administrativo federal), que assina à Administração o prazo de até 30 dias para proferir decisão, após concluída a instrução do processo administrativo.

[4] Para exemplificar, é a hipótese em que a lei assina prazo certo para cumprimento de determinada obrigação por parte do administrador, como ocorre, às vezes, na fixação de prazo para que a autoridade decida pedido formulado pelo administrado.

[5] STJ, REsp 1.607.472, j. 15.9.2016.

[6] Sobre omissão do administrador, vide também Capítulo 4, no tópico referente ao silêncio administrativo.

[7] Remetemos o leitor ao Capítulo 15, no tópico referente ao controle judicial da Administração.

[8] Idêntica opinião tem CELSO ANTÔNIO BANDEIRA DE MELLO (*Curso de direito administrativo*, Malheiros, 15. ed., 2003, p. 379).

1ª)   o agente atua fora dos limites de sua competência; e

2ª)   o agente, embora dentro de sua competência, afasta-se do interesse público que deve nortear todo o desempenho administrativo.

No primeiro caso, diz-se que o agente atuou com *"excesso de poder"* e no segundo, com *"desvio de poder"*.

Excesso de poder é a forma de abuso própria da atuação do agente fora dos limites de sua competência administrativa.[9] Nesse caso, ou o agente invade atribuições cometidas a outro agente, ou se arroga o exercício de atividades que a lei não lhe conferiu.

Já o desvio de poder é a modalidade de abuso em que o agente busca alcançar fim diverso daquele que a lei lhe permitiu, como bem assinala LAUBADÈRE.[10] A finalidade da lei está sempre voltada para o interesse público. Se o agente atua em descompasso com esse fim, desvia-se de seu poder e pratica, assim, conduta ilegítima. Por isso é que tal vício é também denominado de *desvio de finalidade*, denominação, aliás, adotada na lei que disciplina a ação popular (Lei nº 4.717, de 29.6.1965, art. 2º, parágrafo único, "e").[11]

O desvio de poder é conduta mais visível nos atos discricionários. Decorre desse fato a dificuldade na obtenção da prova efetiva do desvio, sobretudo porque a ilegitimidade vem dissimulada sob a aparência da perfeita legalidade. Observa a esse respeito CELSO ANTÔNIO BANDEIRA DE MELLO: *"Trata-se, pois, de um vício particularmente censurável, já que se traduz em comportamento soez, insidioso. A autoridade atua embuçada em pretenso interesse público, ocultando dessarte seu malicioso desígnio."*[12] Não obstante, ainda que sem prova ostensiva, é possível extrair da conduta do agente os dados indicadores do desvio de finalidade, sobretudo à luz do objetivo que a inspirou.[13]

Em preciosa monografia sobre o tema, CRETELLA JUNIOR, também reconhecendo a dificuldade da prova, oferece, entretanto, a noção dos *sintomas denunciadores* do desvio de poder. Chama sintoma *"qualquer traço, interno ou externo, direto, indireto ou circunstancial que revele a distorção da vontade do agente público ao editar o ato, praticando-o não por motivo de interesse público, mas por motivo privado"*.

3.3. Efeitos

Agindo com abuso de poder, por qualquer de suas formas, o agente submete sua conduta à revisão, judicial ou administrativa. O abuso de poder não pode compatibilizar-se com as regras da legalidade, de modo que, constatado o abuso, cabe repará-lo.

A invalidação da conduta abusiva pode dar-se na própria esfera administrativa (autotutela) ou através de ação judicial, inclusive por mandado de segurança (art. 5º, LXIX, CF). Por outro lado, o abuso de poder, em certas circunstâncias, constitui ilícito penal, como se verá adiante, e também ilícito civil, rendendo ensejo às consequências jurídicas de direito privado advindas da conduta abusiva.

---

[9]   JEAN RIVERO, *Droit administratif*, p. 247. Sobre o vício de competência, assim se pronuncia o autor: "De todas as formas de ilegalidade, é a mais grave: os agentes públicos não dispõem do poder sobre a base e nos limites dos textos que fixam as suas atribuições."

[10] *Manuel de droit administratif*, p. 89.

[11] Sobre a matéria, vale a pena consultar a excelente monografia de MARIA CUERVO SILVA E VAZ CERQUINHO, *O desvio de poder no ato administrativo*, Revista dos Tribunais, 1979.

[12] *O desvio de poder*, RDA 172/9.

[13] *Anulação do ato administrativo por desvio de poder*, p. 106.

Cap. 2 • PODERES E DEVERES DOS ADMINISTRADORES PÚBLICOS | 43

O comportamento abusivo de autoridades públicas só pode ser eficazmente combatido pelo instrumento do *controle*, seja qual for o Poder estatal em que seja exercido. A ausência de controle rende ensejo à prática de abuso de poder; assim, para coibi-lo, necessária se torna a criação de mecanismos adequados à identificação do abuso e de seu autor, bem como das consequências jurídicas a que estará sujeito o responsável pela ilegalidade. Sensível a tais situações, aliás, a EC 45/2004 determinou a instituição de órgãos específicos no combate a abuso de poder cometido por integrantes do Poder Judiciário e do Ministério Público (Conselho Nacional de Justiça e Conselho Nacional do Ministério Público), admitindo reclamações dos interessados e punição aos responsáveis.[14]

3.4. Abuso de Poder e Ilegalidade

Pela própria natureza do fato em si, todo abuso de poder se configura como ilegalidade. Não se pode conceber que a conduta de um agente, fora dos limites de sua competência ou despida da finalidade da lei, possa compatibilizar-se com a legalidade. É certo que nem toda ilegalidade decorre de conduta abusiva; mas todo abuso se reveste de ilegalidade e, como tal, sujeita-se à revisão administrativa ou judicial.

Conforme pensamento adotado por vários autores, a ilegalidade é gênero do qual o abuso de poder é espécie.[15] Há autores, todavia, que entendem diversamente, ao consignar que nem todo abuso de poder constitui ilegalidade.[16]

Com a devida vênia a esses renomados juristas, pensamos que todo abuso de poder é realmente uma afronta ao princípio da legalidade. Por isso mesmo, não se houve o legislador constituinte com a devida técnica ao delinear o *habeas corpus* (art. 5º, LXVIII), o mandado de segurança (art. 5º, LXIX) e o direito de petição (art. 5º, XXXIV, "a"), fixando como pressuposto dessas garantias o fato de haver na conduta administrativa "ilegalidade ou abuso de poder", dando a falsa impressão de serem fenômenos diversos e ensejando a errônea interpretação de que poderia haver abuso de poder *legal*, o que seria inegável *contradictio in terminis*.

Precisa é a lição de SEABRA FAGUNDES a respeito dessa alternativa constitucional, que, de resto, repete a que continha o art. 153, §§ 20 e 21, da Constituição de 1967: *"A conceituação do abuso de poder terá caráter meramente teórico, por isto que, do ponto de vista prático do cabimento do mandado de segurança, a distinção pouco importa. Sendo o abuso de poder espécie do gênero ilegalidade, onde esta se constate caberá aquele remédio, sem embargo da classificação que se lhe possa emprestar."*[17] A melhor doutrina adota o mesmo pensamento sobre o tema.[18]

O poder administrativo, como visto, é conferido para ser devidamente utilizado e só dessa forma é que se pode afirmar a presença da legalidade. Sem a utilização conforme a lei, o abuso de poder jamais refugirá a seu caráter de ilegalidade.

---

[14] Arts. 103-B, § 4º, III e IV, e 130-A, § 2º, II e III, CF, com a redação da citada EC nº 45/2004.

[15] Essa relação de gênero e espécie é bem destacada por SEABRA FAGUNDES (*O controle dos atos administrativos pelo poder judiciário*, p. 269).

[16] OTHON SIDOU, *As garantias ativas dos direitos coletivos*, Forense, 1977, p. 248. No mesmo sentido, DIÓGENES GASPARINI, ob. cit., p. 59.

[17] Ob. cit., p. 269 (grifos do original).

[18] HELY LOPES MEIRELLES (*Direito administrativo brasileiro*, p. 94); CRETELLA JUNIOR (*Curso de direito administrativo*, p. 321); SÉRGIO DE ANDRÉA FERREIRA (*Direito administrativo didático*, p. 101); BUENO VIDIGAL (Mandado de Segurança, *RF* nº 139/43), dentre outros.

3.5. Abuso de Autoridade

As expressões *"abuso de poder"* e *"abuso de autoridade"* guardam idêntico sentido. Alguns tentam diferenciá-las, mas, em última instância, ambas se equivalem. Com efeito, quem é dotado de "autoridade" (*auctoritas*) tem, fatalmente, a titularidade de algum poder. O termo *"autoridade"* é empregado tanto para indicar o poder decorrente do cargo ou da função, quanto para qualificar determinado indivíduo dotado de poder. Contudo, quando a referência é ao *abuso de autoridade*, pretende-se, na verdade, caracterizar o abuso de poder do agente quanto à sua competência.

Apesar disso, por pura tradição, tem-se empregado a expressão "abuso de autoridade" para nominar condutas que se configuram como crimes. Nesse sentido, dispunha a Lei nº 4.898/1965, que regulava a matéria. Não obstante, depois de muita polêmica, foi editada a Lei nº 13.869, de 5.9.2019, que, revogando a Lei nº 4.898/1965, e com vetos e rejeição de vetos, passou a dispor sobre os crimes de abuso de autoridade. Alguns dos tipos penais previstos na lei têm merecido justas críticas por seu perigoso subjetivismo, possibilitando o enquadramento penal da conduta de acordo apenas com a visão do intérprete ou aplicador.

Confirmando a correlação entre poder e autoridade, a lei define o crime de abuso de autoridade como aquele praticado por agente público, quando, no exercício da função ou a pretexto de exercê-la, abuse do poder que lhe foi atribuído (art. 1º). As condutas se caracterizam como crimes se o agente visa prejudicar outrem ou beneficiar-se a si próprio ou a terceiro, ou, ainda, por mero capricho ou satisfação pessoal (art. 1º, § 1º).

O autor da conduta deve qualificar-se como agente público, servidor ou não, da administração direta ou indireta de qualquer dos Poderes da União, dos Estados, do Distrito Federal e do Município, entre eles, os servidores públicos civis e militares (ou equiparados) e membros dos Poderes Legislativo, Executivo e Judiciário, bem como do Ministério Público e dos Tribunais ou Conselhos de Contas (art. 2º). A lei, aliás, define o agente público em sentido amplo, com as mesmas linhas adotadas na Lei nº 8.429/1992, que dispõe sobre atos de improbidade administrativa.

A Lei nº 13.869/2019 é basicamente de natureza penal e, por tal motivo, relaciona várias condutas que tipificam crimes (arts. 9º a 38). Sendo assim, a matéria refoge ao estudo de nossa disciplina. Todavia, tais crimes habitualmente se configuram também como ilícitos civis e administrativos, de modo que apenas esses aspectos serão objeto de nossos comentários.

Em primeiro lugar, confirmando o princípio da independência das instâncias, dita a lei que as penas oriundas da prática de crimes de abuso de autoridade são aplicáveis independentemente das sanções de natureza civil ou administrativa (art. 6º). Significa, obviamente, que a conduta ofensiva de norma civil ou administrativa poderá ser passível das respectivas sanções, sem considerar a pena imposta pela prática do crime. As responsabilidades penal, civil e administrativa, desse modo, podem ser conjugadas e, conforme a hipótese, cumuladas as sanções.

Para evitar eventual falta de investigação, cumpre às respectivas autoridades informar ao devido órgão administrativo as notícias de crimes de abuso de autoridade, quando as condutas também se configurarem como infrações funcionais (art. 6º, parágrafo único). Cuida-se de importante dever jurídico atribuído a autoridades policiais, Ministério Público e magistrados, vez que, sem a informação a que se refere a lei, ficaria a Administração desarmada quanto à investigação da falta funcional. Comunicado o crime, deve ser de imediato, e em paralelo, instaurado o necessário processo disciplinar.

Em que pese a independência das instâncias, há uma certa dependência das responsabilidades civil e administrativa relativamente à responsabilidade penal. Caso se tenha decidido, no âmbito desta, sobre a existência ou a autoria do fato, esses aspectos não podem mais ser questionados nos campos civil e administrativo (art. 7º). Para exemplificar, se a decisão judicial for peremptória no sentido de que determinado agente não praticou o crime, ou seja, se tiver sido excluída a autoria, tal decisão repercute nas esferas civil e administrativa, afastando do acusado o raio de incidência do ilícito. Havendo processos em curso, o processo cível terá julgamento de improcedência da ação, ao passo que o processo administrativo será objeto de arquivamento.

Outra hipótese de repercussão da esfera penal nas demais esferas: faz coisa julgada no cível e no campo administrativo-disciplinar a sentença penal na qual houver sido certificado que o ato foi praticado em estado de necessidade, em legítima defesa, em estrito cumprimento do dever legal ou no exercício regular de direito (art. 8º). Ocorrendo qualquer uma dessas situações, fica prejudicada qualquer discussão nas áreas cível e disciplinar administrativa. Repete-se na lei o disposto no art. 65 do Código de Processo Penal.

III. Poderes Administrativos

1. CONCEITO

Vimos que sem determinadas prerrogativas aos agentes administrativos não poderia o Estado alcançar os fins a que se destina. Essas prerrogativas são exatamente os poderes administrativos.

Pode-se, pois, conceituar os poderes administrativos como o conjunto de prerrogativas de direito público que a ordem jurídica confere aos agentes administrativos para o fim de permitir que o Estado alcance seus fins.

2. MODALIDADES

2.1. Poder Discricionário

SENTIDO – A lei não é capaz de traçar rigidamente todas as condutas de um agente administrativo. Ainda que procure definir alguns elementos que lhe restringem a atuação, o certo é que em várias situações a própria lei lhes oferece a possibilidade de valoração da conduta. Nesses casos, pode o agente avaliar a *conveniência* e a *oportunidade* dos atos que vai praticar na qualidade de administrador dos interesses coletivos.

Nessa prerrogativa de valoração é que se situa o poder discricionário. *Poder discricionário,* portanto, é a prerrogativa concedida aos agentes administrativos de elegerem, entre várias condutas possíveis, a que traduz maior conveniência e oportunidade para o interesse público. Em outras palavras, não obstante a discricionariedade constitua prerrogativa da Administração, seu objetivo maior é o atendimento aos interesses da coletividade.[19]

Conveniência e oportunidade são os elementos nucleares do poder discricionário. A primeira indica em que condições vai se conduzir o agente; a segunda diz respeito ao momento em que a atividade deve ser produzida. Registre-se, porém, que essa liberdade de escolha tem que se conformar com o fim colimado na lei, pena de não ser atendido o objetivo público da ação administrativa. Não obstante, o exercício da discricionariedade tanto pode concretizar-se ao momento em que o ato é praticado, quanto, *a posteriori,* ao momento em que a Administração decide por sua revogação.[20]

---

[19] RITA TOURINHO, *Discricionariedade administrativa*, Juruá, 2. ed., 2009, p. 127.

[20] Nesse exato sentido, vide STJ, RMS nº 211, 1ª Turma, Rel. Min. PEDRO ACIOLI, *DJ* 9.10.1990.

Trata-se, sem dúvida, de significativo poder para a Administração. Mas não pode ser exercido arbitrariamente. Conforme tem assinalado autorizada doutrina, o Poder Público há de sujeitar-se à devida contrapartida, esta representada pelos direitos fundamentais à boa administração, assim considerada a administração transparente, imparcial, dialógica, eficiente e respeitadora da legalidade temperada.[21] Portanto, não se deve cogitar da discricionariedade como um poder absoluto e intocável, mas sim como uma alternativa outorgada ao administrador público para cumprir os objetivos que constituem as verdadeiras demandas dos administrados. Fora daí, haverá arbítrio e justa impugnação por parte da coletividade e também do Judiciário.

LIMITAÇÕES AO PODER DISCRICIONÁRIO – A moderna doutrina, sem exceção, tem consagrado a limitação ao poder discricionário, possibilitando maior controle do Judiciário sobre os atos que dele derivem.

Um dos fatores exigidos para a legalidade do exercício desse poder consiste na *adequação* da conduta escolhida pelo agente à finalidade que a lei expressa. Se a conduta eleita destoa da finalidade da norma, é ela ilegítima e deve merecer o devido controle judicial.

Outro fator é o da verificação dos motivos inspiradores da conduta. Se o agente não permite o exame dos fundamentos de fato ou de direito que mobilizaram sua decisão em certas situações em que seja necessária a sua averiguação, haverá, no mínimo, a fundada suspeita de má utilização do poder discricionário e de desvio de finalidade.[22]

Tais fatores constituem meios de evitar o indevido uso da discricionariedade administrativa e ainda possibilitam a revisão da conduta no âmbito da própria Administração ou na via judicial.

O que se veda ao Judiciário é a aferição dos critérios administrativos (conveniência e oportunidade) firmados em conformidade com os parâmetros legais, e isso porque o Juiz não é administrador, não exerce basicamente a função administrativa, mas sim a jurisdicional. Haveria, sem dúvida, invasão de funções, o que estaria vulnerando o princípio da independência dos Poderes (art. 2º da CF).

As limitações à atividade administrativa abrangem, inclusive, a denominada *discricionariedade técnica*, no âmbito da qual se atribui à Administração o poder de fixar juízos de ordem técnica, mediante o emprego de noções e métodos específicos das diversas ciências ou artes. Tal poder é assegurado a algumas agências reguladoras com eminente função técnica, como as que atuam nas áreas de energia elétrica, telecomunicações e exploração de petróleo. Embora se revele possível o controle de legalidade nesses casos, sempre poderá haver alguma margem eminentemente discricionária, particularmente quando presente o intuito de auxiliar a Administração quanto aos critérios de conveniência e oportunidade, não parecendo razoável o entendimento de que "nunca" haverá espaço para a discricionariedade.[23]

DISCRICIONARIEDADE E ARBITRARIEDADE – A liberdade da escolha dos critérios de conveniência e oportunidade não se coaduna com a atuação fora dos limites da lei.

Enquanto atua nos limites da lei, que admite a escolha segundo aqueles critérios, o agente exerce a sua função com *discricionariedade*, e sua conduta se caracteriza como inteiramente legítima.

---

[21] JUAREZ FREITAS, *Discricionariedade administrativa e o direito fundamental à boa administração pública*, Malheiros, 2007, p. 20-21.

[22] DIOGO DE FIGUEIREDO MOREIRA NETO erige à condição de princípio a *razoabilidade* como elemento de limitação à discricionariedade administrativa, vinculando-a efetivamente ao aspecto teleológico da norma legal (*Legitimidade e discricionariedade*, p. 38). No mesmo sentido, MARIA SYLVIA ZANELLA DI PIETRO, ob. cit., p. 68-69).

[23] Com o mesmo pensamento, CÁSSIO CAVALLI, no trabalho *O controle da discricionariedade administrativa e a discricionariedade técnica* (*RDA* nº 251, 2009, p. 61-76).

Ocorre que algumas vezes o agente, a pretexto de agir discricionariamente, se conduz fora dos limites da lei ou em direta ofensa a esta. Aqui comete *arbitrariedade*, conduta ilegítima e suscetível de controle de legalidade. Nesse ponto se situa a linha diferencial entre ambas: não há discricionariedade *contra legem*.

ATIVIDADES VINCULADAS – Há atividades administrativas cuja execução fica inteiramente definida na lei. Dispõe esta sobre todos os elementos do ato a ser praticado pelo agente. A este não é concedida qualquer liberdade quanto à atividade a ser desempenhada e, por isso, deve submeter-se por inteiro ao mandamento legal.

O desempenho de tal tipo de atividade é feito através da prática de *atos vinculados*, diversamente do que sucede no poder discricionário, permissivo da prática de *atos discricionários*. O que se distingue é a liberdade de ação. Ao praticar atos vinculados, o agente limita-se a reproduzir os elementos da lei que os compõem, sem qualquer avaliação sobre a conveniência e a oportunidade da conduta. O mesmo já não ocorre quando pratica atos discricionários, como visto anteriormente.

Doutrina autorizada inclui, entre os poderes administrativos, o denominado *"poder vinculado"*, situando-o em antagonismo com o *poder discricionário*.[24] Com a devida vênia, porém, pensamos não se tratar propriamente de "poder" outorgado ao administrador; na verdade, através dele não se lhe confere qualquer prerrogativa de direito público. Ao contrário, a *atuação vinculada* reflete uma imposição ao administrador, obrigando-o a conduzir-se rigorosamente em conformidade com os parâmetros legais. Por conseguinte, esse tipo de atuação mais se caracteriza como *restrição* e seu sentido está bem distante do que sinaliza o verdadeiro poder administrativo.[25] Diversamente ocorre, como já se viu, com o poder discricionário: neste, o administrador tem a prerrogativa de decidir qual a conduta mais adequada à satisfação do interesse público.

CONTROLE JUDICIAL – Todos os atos administrativos podem submeter-se à apreciação judicial de sua legalidade, e esse é o natural corolário do princípio da legalidade. Em relação aos atos vinculados, não há dúvida de que o controle de legalidade a cargo do Judiciário terá muito mais efetividade. Com efeito, se todos os elementos do ato têm previsão na lei, bastará, para o controle da legalidade, o confronto entre o ato e a lei. Havendo adequação entre ambos, o ato será válido; se não houver, haverá vício de legalidade.[26]

No que se refere aos atos discricionários, todavia, é mister distinguir dois aspectos. Podem eles sofrer controle judicial em relação a todos os elementos vinculados, ou seja, aqueles sobre os quais não tem o agente liberdade quanto à decisão a tomar. Assim, se o ato é praticado por agente incompetente; ou com forma diversa da que a lei exige; ou com desvio de finalidade; ou com o objeto dissonante do motivo etc.

O controle judicial, entretanto, não pode ir ao extremo de admitir que o juiz se substitua ao administrador. Vale dizer: não pode o juiz entrar no terreno que a lei reservou aos agentes da Administração, perquirindo os critérios de conveniência e oportunidade que lhe inspiraram a conduta. A razão é simples: se o juiz se atém ao exame da legalidade dos atos, não poderá questionar critérios que a própria lei defere ao administrador.

---

[24] HELY LOPES MEIRELLES, *Direito administrativo brasileiro*, cit., p. 96-97.

[25] Com o mesmo pensamento, MARIA SYLVIA ZANELLA DI PIETRO, *Direito administrativo*, cit., p. 70. DIÓGENES GASPARINI também não se refere à atividade vinculada como poder administrativo (*Direito administrativo*, cit., p. 108-121).

[26] Sobre o tema, vide LUIS MANUEL FONSECA PIRES, *Controle judicial da discricionariedade administrativa*, Campus-Elsevier, 2008.

48 | MANUAL DE DIREITO ADMINISTRATIVO • *Carvalho Filho*

Assim, embora louvável a moderna inclinação doutrinária de ampliar o controle judicial dos atos discricionários, não se poderá chegar ao extremo de permitir que o juiz examine a própria valoração administrativa, legítima em si e atribuída ao administrador.[27] Insista-se, pois, no exame do âmbito dentro do qual pode ser viável a atuação do administrador – situação que se configura como a *reserva do possível*, vale dizer, o conjunto de elementos a serem sopesados pela Administração necessários à conclusão da possibilidade ou não do cumprimento de certo objetivo.[28]

Nesse passo, é oportuno ressaltar a bem constante discussão sobre o *controle de políticas públicas*, como resultado do desenvolvimento das ideias de *"judicialização da política"* (ou *"politização da justiça"*), segundo as quais se admite o que se tem denominado de *"ativismo judicial"*, propiciando a intervenção do Judiciário em áreas típicas de gestão administrativa, em virtude da reconhecida ineficiência da Administração. Embora tal ação provoque resultados de satisfação social, a doutrina se tem dividido quanto à sua admissibilidade e aos limites de semelhante intervenção. A verdade é que, sem embargo de ser esta admitida em algumas hipóteses, não o tem sido em outras, o que tem causado perplexidade entre os estudiosos pela ausência de parâmetros dotados de certa objetividade que possam indicar até onde será lícita tal interferência. A matéria é delicada e, como é de se esperar, ainda aguarda maior maturação no que concerne às soluções mais adequadas para solver o problema.[29]

O STF procurou estabelecer alguns parâmetros, ditos objetivos, para justificar a intervenção do Judiciário na esfera do Executivo. A despeito do esforço, porém, não há objetividade alguma para a distinção, e tanto é verdade que, relativamente à decisão, foram proferidos vários votos contrários.[30]

É inegável, porém, a atual tendência em ampliar o ativismo judicial, mediante ingerência direta do Poder Judiciário. Semelhante tendência tem sido registrada em várias decisões judiciais pelas quais se impõem obrigações de fazer à Administração. Citem-se, a título de exemplo, decisões que ordenaram a manutenção de programas sociais tipicamente administrativos[31] ou que determinaram a promoção de medidas ou de obras emergenciais em estabelecimentos prisionais, deixando-se clara a impossibilidade de alegação da reserva do possível.[32] No aspecto pragmático, a sociedade aplaude tais decisões, mas, no aspecto jurídico e político, é imperioso, por cautela, que se conheçam os limites dentro dos quais pode legitimar-se essa judicialização, sem ofensa ao axioma constitucional da separação de poderes. Correta, pois, a observação de que o ativismo se configura como um risco social, conforme a extensão que alcance.[33]

Assinale-se, no que concerne a essa temática, que moderna doutrina, em análise científica sobre o tema, advoga a interpretação de que deve rechaçar-se o *"ativismo judicial"* disfarçado

---

[27] Essa é a opinião também de ALEXANDRE C. DE ASSIS (*Excesso de poder e discricionariedade*: controle judicial), *RDP* 92/147, que ressalta o reconhecimento de liberdade discricionária para a eleição de certos critérios à vista de variadas soluções. Ao final, remata: *"Neste espaço, é livre a Administração para buscar a satisfação da finalidade pública que a lei em questão reclama."*

[28] Vide o que dissemos neste capítulo, no tópico concernente ao *poder-dever de agir*.

[29] Um desses aspectos sensíveis é o das pretensões de cumprimento de obrigação de fazer em face do Poder Público. Examinamos o tema em nosso trabalho *Políticas públicas e pretensões judiciais determinativas* (*Políticas públicas. Possibilidade de limites*, obra colet., Fórum, 2008, p. 107-126). A favor do ativismo judicial: JOSÉ MARINHO PAULO JUNIOR, *O poder jurisdicional de administrar*, Lumen Juris, 2007, p. 92-93.

[30] STF, RE 684.612, j. 30.6.2023.

[31] STF, RE 482.611, Min. CELSO DE MELLO, em 23.3.2010.

[32] STF, RE 592.581, Min. RICARDO LEWANDOWSKI, em 13.8.2015.

[33] CRISTIANA CORRÊA CONDE FALDINI, *A constitucionalização do direito administrativo*, em *Supremacia do interesse público*, coord. Maria Sylvia di Pietro e Carlos Vinicius R. Alves, Atlas, 2010, p. 276.

em *"constitucionalismo da efetividade"*, fincando estacas no sentido de que ao Judiciário, especialmente, cabe desempenhar seu efetivo papel, qual seja, o da guarda da Constituição, sem que, para tanto, tenha que invadir competências constitucionais que não lhe foram reservadas.[34] A propósito, já se afirmou, com razão, que a omissão de determinada política pública não permite que o Judiciário a execute, já que não é sua função; cabe-lhe, isto sim, efetivar de forma concreta eventuais direitos com amparo constitucional.[35]

Conclui-se, desse modo, que o controle judicial alcançará todos os *aspectos de legalidade* dos atos administrativos, não podendo, todavia, estender-se à valoração da conduta que a lei conferiu ao administrador. Um exemplo mostra bem a hipótese: em virtude de o Município do Rio de Janeiro ter alterado paradas e itinerários de certas linhas de ônibus, foi proposta ação contra tal fato, e o STJ, apreciando a matéria, decidiu *tratar-se de ato discricionário, que sob o aspecto formal não apresenta nenhum defeito, não podendo o Judiciário adentrar em suas razões de conveniência.* Corretamente, portanto, a Egrégia Corte considerou inviável que razões meramente administrativas fossem objeto de apreciação pelo Judiciário.[36]

Modernamente, como já tivemos a oportunidade de registrar, os doutrinadores têm considerado os princípios da *razoabilidade* e da *proporcionalidade* como valores que podem ensejar o controle da discricionariedade, enfrentando situações que, embora com aparência de legalidade, retratam verdadeiro abuso de poder. Referido controle, entretanto, só pode ser exercido à luz da hipótese concreta, a fim de que seja verificado se a Administração portou-se com equilíbrio no que toca aos meios e fins da conduta, ou o fator objetivo de motivação não ofende algum outro princípio, como, por exemplo, o da igualdade, ou ainda se a conduta era realmente necessária e gravosa sem excesso. Não é tarefa simples, porque a exacerbação ilegítima desse tipo de controle reflete ofensa ao princípio republicano da separação de Poderes, cujo axioma fundamental é o do equilíbrio entre eles ou, como o denominam os constitucionalistas em geral, o princípio dos freios e contrapesos *(checks and balances).*[37]

DISCRICIONARIEDADE E CONCEITOS JURÍDICOS INDETERMINADOS – Alguns estudos doutrinários têm tratado, como uma só unidade, a discricionariedade e os conceitos jurídicos indeterminados. Entretanto, embora haja aspectos comuns em ambos, os autores modernos mais autorizados têm procurado distinguir os institutos.

Conceitos jurídicos indeterminados são termos ou expressões contidos em normas jurídicas, que, por não terem exatidão em seu sentido, permitem que o intérprete ou o aplicador possam atribuir certo significado, mutável em função da valoração que se proceda diante dos pressupostos da norma. É o que sucede com expressões do tipo "ordem pública", "bons costumes", "interesse público", "segurança nacional" e outras do gênero. Em palavras diversas, referidos conceitos são aqueles *"cujo âmbito se apresenta em medida apreciável incerto, encerrando apenas uma definição ambígua dos pressupostos a que o legislador conecta certo efeito de direito".*[38]

---

[34]   Vale a pena atentar para o excelente estudo de LEONARDO DE ARAÚJO FERRAZ, *Da teoria à crítica. princípio da proporcionalidade*, Dictum, 2009, p. 172/174.

[35]   TATIANA ROBLES SEFERJAN, *O controle das políticas públicas pelo Poder Judiciário*, em *Supremacia do interesse público*, coord. Maria Sylvia di Pietro e Carlos Vinicius R. Alves, Atlas, 2010, p. 313.

[36]   RMS nº 11.050-RJ, 2ª Turma, Rel. Min. ELIANA CALMON, julg. em 22.2.2000 (*Informativo Jurisprudência do STJ,* nº 48, fev. 2000).

[37]   Num dos mais profundos trabalhos do direito pátrio sobre controle jurisdicional da atividade administrativa, v. GERMANA DE OLIVEIRA MORAES, que, com base em estudos de HARTMUT MAURER, JAVIER BERNES (proporcionalidade), JOHN BELL e TOMÁS-RAMON FERNANDEZ (razoabilidade), indica, com detalhes, a construção teórica sobre o controle da atividade não vinculada do Estado em face dos aludidos princípios (*Controle*, cit., p. 75-83).

[38]   As palavras são do jurista português SÉRVULO CORREIA, apud GERMANA DE OLIVEIRA MORAES, ob. cit., p. 57.

50 | MANUAL DE DIREITO ADMINISTRATIVO • *Carvalho Filho*

A discricionariedade não pressupõe imprecisão de sentido, como ocorre nos conceitos jurídicos indeterminados, mas, ao contrário, espelha a situação jurídica diante da qual o administrador pode optar por uma dentre várias condutas lícitas e possíveis. Aqui é a própria norma que, ao ser criada, oferece ao aplicador a oportunidade de fazer a subsunção do fato à hipótese normativa mediante processo de escolha, considerando necessariamente o fim a que se destina a norma. Não é, portanto, uma opção absolutamente livre, visto que tem como parâmetro de legitimidade o objetivo colimado pela norma. A fisionomia jurídica da discricionariedade comporta três elementos: (1) norma de previsão aberta que exija complemento de aplicação; (2) margem de livre decisão, quanto à conveniência e à oportunidade da conduta administrativa; (3) ponderação valorativa de interesses concorrentes, com prevalência do que melhor atender ao fim da norma.[39]

A razão pela qual têm sido confundidos os institutos decorre da circunstância de que ambos se enquadram na atividade não vinculada da Administração, uma vez que neles a norma não exibe padrões objetivos de atuação. Mas, enquanto o conceito jurídico indeterminado situa-se no plano de *previsão* da norma (antecedente), porque a lei já estabelece os efeitos que devem emanar do fato correspondente ao pressuposto nela contido, a discricionariedade aloja-se na *estatuição* da norma (consequente), visto que o legislador deixa ao órgão administrativo o poder de ele mesmo configurar esses efeitos. Nesta, portanto, o processo de escolha tem maior amplitude do que o ocorrente naquele.

Entre os estudiosos do tema, há aqueles que entendem que não há processo de escolha nos conceitos jurídicos indeterminados. *Concessa venia*, não parece verdadeiro o entendimento, porque, por mais que o intérprete se esforce em delimitar a área de aplicação de tais conceitos, sempre restará uma *zona de incerteza* que lhes é imanente pela própria razão de ser *indeterminado* o conceito legal.

Levando-se em conta justamente a ausência de *standards* de objetividade tanto na discricionariedade quanto na aplicação dos conceitos jurídicos indeterminados, surgem como mecanismos de controle os princípios da razoabilidade e da proporcionalidade, pelos quais se poderá evitar excesso de poder e adequação da conduta ao fim a que a norma se destina, como já visto anteriormente. O certo é constatar que a indeterminação dos institutos não pode conduzir à imunidade de controle.[40] Em outras palavras, cabe afirmar que a razoabilidade representa uma barreira de contenção, ou seja, um limite contra condutas irrazoáveis.[41]

2.2. Poder Regulamentar

SENTIDO – Ao editar as leis, o Poder Legislativo nem sempre possibilita que sejam elas executadas. Cumpre, então, à Administração criar os mecanismos de complementação das leis indispensáveis a sua efetiva aplicabilidade. Essa é a base do poder regulamentar.

Poder regulamentar, portanto, é a prerrogativa conferida à Administração Pública de editar atos gerais para complementar as leis e permitir a sua efetiva aplicação.[42] A prerrogativa, registre-se, é apenas para *complementar* a lei; não pode, pois, a Administração *alterá-la*

---

[39] GERMANA DE OLIVEIRA MORAES, ob. cit., p. 39.

[40] Para maior aprofundamento do tema, remetemos a CELSO ANTÔNIO BANDEIRA DE MELLO, em sua obra específica *Discricionariedade e controle judicial* (Malheiros, 2. ed., 2001).

[41] Com razão, pois, IRENE PATRÍCIA NOHARA, *Limites à razoabilidade nos atos administrativos*, Atlas, 2006, p. 165.

[42] Explica AUGUSTO HENRIQUE WERNECK MARTINS que *a ideia de "poder regulamentar" está intrinsecamente ligada à aparição histórica do Estado Liberal*, de modo que a separação de Poderes acabou por reconhecer ao Executivo a capacidade de editar normas jurídicas (*Reflexões acerca do poder regulamentar* – propostas à constituinte, *RDPGERJ*, 40/45).

Cap. 2 · PODERES E DEVERES DOS ADMINISTRADORES PÚBLICOS | 51

pretexto de estar regulamentando. Se o fizer, cometerá *abuso de poder regulamentar*, invadindo a competência do Legislativo. Por essa razão, o art. 49, V, da CF, autoriza o Congresso Nacional a sustar atos normativos que extrapolem os limites do poder de regulamentação.

Registre-se, por oportuno, que, ao desempenhar o poder regulamentar, a Administração exerce inegavelmente *função normativa*, porquanto expede normas de caráter geral e com grau de abstração e impessoalidade, malgrado tenham elas fundamento de validade na lei. Como assinala autorizada doutrina, a *função normativa* é gênero no qual se situa a *função legislativa*, o que significa que o Estado pode exercer aquela sem que tenha necessariamente que executar esta última.[43] É na função normativa geral que se insere o poder regulamentar.

NATUREZA DO PODER REGULAMENTAR – Em primeiro lugar, o poder regulamentar representa uma prerrogativa de direito público, pois que conferido aos órgãos que têm a incumbência de gestão dos interesses públicos.

Sob o enfoque de que os atos podem ser originários e derivados, o poder regulamentar é de natureza *derivada (ou secundária)*: somente é exercido à luz de lei preexistente. Já as leis constituem atos de *natureza originária* (ou *primária*), emanando diretamente da Constituição.

Nesse aspecto, é importante observar que só se considera poder regulamentar típico a atuação administrativa de complementação de leis, ou atos análogos a elas. Daí seu caráter derivado. Há alguns casos, todavia, que a Constituição autoriza determinados órgãos a produzirem atos que, tanto como as leis, emanam diretamente da Carta e têm natureza primária; inexiste qualquer ato de natureza legislativa que se situe em patamar entre a Constituição e o ato de regulamentação, como ocorre com o poder regulamentar. Serve como exemplo o art. 103-B, da CF, inserido pela EC nº 45/2004, que, instituindo o Conselho Nacional de Justiça, conferiu a esse órgão atribuição para *"expedir atos regulamentares no âmbito de sua competência, ou recomendar providências"*.[44] A despeito dos termos da expressão (*"atos regulamentares"*), tais atos não se enquadram no âmbito do verdadeiro poder regulamentar; como terão por escopo regulamentar a própria Constituição, serão eles *autônomos e de natureza primária*, situando-se no mesmo patamar em que se alojam as leis dentro do sistema de hierarquia normativa.

FORMALIZAÇÃO – A formalização do poder regulamentar se processa, basicamente, por *decretos e regulamentos*. Nesse sentido é que o art. 84, IV, da Constituição Federal dispõe que ao Presidente da República compete expedir decretos e regulamentos para a fiel execução das leis. Pelo princípio da simetria constitucional, o mesmo poder é conferido a outros Chefes do Poder Executivo (governadores, prefeitos, interventores) para os mesmos objetivos.

Há também atos normativos que, editados por outras autoridades administrativas, podem caracterizar-se como inseridos no poder regulamentar. É o caso de instruções normativas, resoluções, portarias etc. Tais atos têm frequentemente um círculo de aplicação mais restrito, mas, veiculando normas gerais e abstratas para a explicitação das leis, não deixam de ser, a seu modo, meios de formalização do poder regulamentar.

Por esse motivo é que, considerando nosso sistema de hierarquia normativa, podemos dizer que existem graus diversos de regulamentação conforme o patamar em que se aloje o ato regulamentador. Os decretos e regulamentos podem ser considerados como *atos de regulamentação de primeiro grau*; outros atos que a eles se subordinem e que, por sua vez, os regulamentem, evidentemente com maior detalhamento, podem ser qualificados como *atos de regulamentação de segundo grau*, e assim por diante. Como exemplo de atos de regulamentação de segundo

---

[43] FABRÍCIO MOTTA, *Função normativa da administração pública*, Del Rey, 2007, p. 133-135.

[44] Idêntica expressão foi mencionada no art. 130-A, § 2º, I, da CF (também introduzido pela EC nº 45/2004), relativamente às competências do Conselho Nacional do Ministério Público.

MANUAL DE DIREITO ADMINISTRATIVO • *Carvalho Filho*

grau, podemos citar as *instruções* expedidas pelos Ministros de Estado, que têm por objetivo regulamentar as leis, decretos e regulamentos, possibilitando sua execução.[45]

Embora em regra o poder regulamentar expresso por atos de regulamentação de primeiro grau seja formalizado por decretos e regulamentos, existem situações especiais em que a lei indicará, para sua regulamentação, ato de formalização diversa, embora idêntico seja seu conteúdo normativo e complementar. Nesse caso, o que importa realmente é a natureza do ato: sendo normativo e visando a complementar e minudenciar as normas da lei, terá ele a natureza de ato regulamentar de primeiro grau, produzido no exercício do poder regulamentar.

Exemplo interessante está na Lei nº 9.096, de 19.9.1995, que dispõe sobre partidos políticos. Dita o art. 61 da lei: "O *Tribunal Superior Eleitoral* expedirá instruções para a fiel execução desta Lei". Apesar da competência do TSE, é fácil constatar que se cuida aqui da mesma função regulamentar de primeiro grau exercida pelo Presidente da República por decretos e regulamentos ex vi do art. 84 da CF.

REGULAMENTAÇÃO TÉCNICA – De acordo com o sistema clássico da separação de Poderes, não pode o legislador, fora dos casos expressos na Constituição, delegar integralmente seu poder legiferante aos órgãos administrativos. Significa dizer que o poder regulamentar legítimo não pode simular o exercício da função de legislar decorrente de indevida delegação oriunda do Poder Legislativo, delegação essa que seria, na verdade, inaceitável renúncia à função que a Constituição lhe reservou.

Modernamente, contudo, em virtude da crescente complexidade das atividades técnicas da Administração, passou a aceitar-se nos sistemas normativos, originariamente na França, o fenômeno da *deslegalização*, pelo qual a competência para regular certas matérias se transfere da lei (ou ato análogo) para outras fontes normativas por autorização do próprio legislador: a normatização sai do domínio da lei (*domaine de la loi*) para o domínio de ato regulamentar (*domaine de l'ordonnance*).[46] O fundamento não é difícil de conceber: incapaz de criar a regulamentação sobre algumas matérias de alta complexidade técnica, o próprio Legislativo delega ao órgão ou à pessoa administrativa a função específica de instituí-la, valendo-se dos especialistas e técnicos que melhor podem dispor sobre tais assuntos.

Não obstante, é importante ressaltar que referida delegação não é completa e integral. Ao contrário, sujeita-se a limites. Ao exercê-la, o legislador reserva para si a competência para o regramento básico, calcado nos critérios políticos e administrativos, transferindo tão somente a competência para a regulamentação técnica mediante parâmetros previamente enunciados na lei. É o que no Direito americano se denomina *delegação com parâmetros (delegation with standards)*. Daí poder afirmar-se que a delegação só pode conter a discricionariedade técnica.

Trata-se de modelo atual do exercício do poder regulamentar, cuja característica básica não é simplesmente a de complementar a lei através de normas de conteúdo organizacional, mas sim de criar normas técnicas não contidas na lei, proporcionando, em consequência, inovação no ordenamento jurídico. Por esse motivo, há estudiosos que o denominam de *poder regulador* para distingui-lo do poder regulamentar tradicional.[47]

---

[45] Art. 87, parágrafo único, inc. II, da CF. Sobre a aptidão de regulamentar atribuída a autarquias reguladoras, consulte-se o trabalho de PEDRO DUTRA, *O poder regulamentar dos órgãos reguladores*, RDA 211, p. 239-256, 2000.

[46] JOSÉ MARIA PINHEIRO MADEIRA, *Administração pública centralizada e descentralizada*, América Jurídica, 2001, p. 231.

[47] É o pensamento de JOSÉ MARIA PINHEIRO MADEIRA (ob. cit., p. 233). A despeito da distinção entre os modelos, parece-nos não existir erronia no emprego da expressão *poder regulamentar* para ambos. É que tanto num como noutro caso o órgão administrativo está complementando a lei e possibilitando a sua execução, o que, em última instância, se configura como objeto do poder regulamentar.

Cap. 2 • PODERES E DEVERES DOS ADMINISTRADORES PÚBLICOS | 53

Exemplos dessa forma especial do poder regulamentar têm sido encontrados na instituição de algumas *agências reguladoras*, entidades autárquicas às quais o legislador tem delegado a função de criar as normas técnicas relativas a seus objetivos institucionais. É o caso da Agência Nacional de Energia Elétrica – ANEEL e da Agência Nacional de Telecomunicações – ANATEL, em cuja competência se insere a produção de normas técnicas para os setores de energia elétrica e telecomunicações, objeto de sua atuação controladora.[48]

LEI E PODER REGULAMENTAR – O poder regulamentar é subjacente à lei e pressupõe a existência desta. É com esse enfoque que a Constituição autorizou o Chefe do Executivo a expedir decretos e regulamentos: viabilizar a efetiva execução das leis (art. 84, IV).

Por essa razão, ao poder regulamentar não cabe contrariar a lei (*contra legem*), pena de sofrer invalidação. Seu exercício somente pode dar-se *secundum legem*, ou seja, em conformidade com o conteúdo da lei e nos limites que esta impuser.[49] Decorre daí que não podem os atos formalizadores criar direitos e obrigações, porque tal é vedado num dos postulados fundamentais que norteiam nosso sistema jurídico: "ninguém será obrigado a fazer ou deixar de fazer alguma coisa senão em virtude de lei" (art. 5º, II, CF).

É legítima, porém, a fixação de *obrigações subsidiárias* (ou *derivadas*) – diversas das obrigações *primárias* (ou *originárias*) contidas na lei – nas quais também se encontra imposição de certa conduta dirigida ao administrado. Constitui, no entanto, requisito de validade de tais obrigações sua necessária *adequação* às obrigações legais. Inobservado esse requisito, são inválidas as normas que as preveem e, em consequência, as próprias obrigações. Se, por exemplo, a lei concede algum benefício mediante a comprovação de determinado fato jurídico, pode o ato regulamentar indicar quais documentos o interessado estará obrigado a apresentar. Essa obrigação probatória é derivada e legítima por estar amparada na lei. O que é vedado e claramente ilegal é a exigência de obrigações derivadas impertinentes ou desnecessárias em relação à obrigação legal; nesse caso, haveria vulneração direta ao princípio da proporcionalidade e ofensa indireta ao princípio da reserva legal, previsto, como vimos, no art. 5º, II, da CF.[50]

Por via de consequência, não podem considerar-se legítimos os atos de mera regulamentação, seja qual for o nível da autoridade de onde se tenham originado, que, a pretexto de estabelecerem normas de complementação da lei, criam direitos e impõem obrigações aos indivíduos. Haverá, nessa hipótese, indevida interferência de agentes administrativos no âmbito da função legislativa, com flagrante ofensa ao princípio da separação de Poderes insculpido no art. 2º da CF.[51] Por isso, de inegável acerto a afirmação de que *só por lei se regula liberdade e propriedade; só por lei se impõem obrigações de fazer ou não fazer, e só para cumprir dispositivos legais é que o Executivo pode expedir decretos e regulamentos*, de modo que são inconstitucionais regulamentos produzidos em forma de *delegações disfarçadas* oriundas de leis que meramente transferem ao Executivo a função de disciplinar o exercício da liberdade e da propriedade das pessoas.[52]

CONTROLE DOS ATOS DE REGULAMENTAÇÃO – Visando a coibir a indevida extensão do poder regulamentar, dispôs o art. 49, V, da Constituição Federal, ser da competência exclusiva do Congresso Nacional *"sustar os atos normativos do Poder Executivo que exorbitem*

---

[48]   Art. 2º da Lei nº 9.427, de 26.12.1996, e art. 19 da Lei nº 9.472, de 16.7.1997, respectivamente.

[49]   STJ, REsp nº 3.667-SC, Rel. Min. PEDRO ACIOLI, *DJ* 10.9.1990.

[50]   Com razão, RAFAEL CARVALHO REZENDE OLIVEIRA sustenta que, com menor intensidade, os regulamentos também criam o Direito (*A constitucionalização do direito administrativo. O princípio da juridicidade, a releitura da legalidade administrativa e a legitimidade das agências reguladoras*, Lumen Juris, 2009, p. 63-64).

[51]   TRF 1ª Reg., ApCiv em MS 92.01.19152-PA, publ. 1.4.1994.

[52]   CELSO ANTÔNIO BANDEIRA DE MELLO, com fundamento em PONTES DE MIRANDA (*Poder regulamentar ante o princípio da legalidade*, *RTDP* nº 4, p. 75 ss, 1993).

54 | MANUAL DE DIREITO ADMINISTRATIVO • *Carvalho Filho*

do poder regulamentar ou dos limites de delegação legislativa". Cuida-se, como se pode observar, de controle exercido pelo Legislativo sobre o Executivo no que diz respeito aos limites do poder regulamentar, com o objetivo de ser preservada a função legislativa para o Poder constitucionalmente competente para exercê-la.

No que se refere ao *controle judicial*, é preciso distinguir a natureza do conteúdo estampado no ato regulamentar. Tratando-se de ato regulamentar *contra legem*, ou seja, aquele que extrapole os limites da lei, viável será apenas o *controle de legalidade* resultante do confronto do ato com a lei, ainda que tenha caráter normativo. O Pretório Excelso já teve a oportunidade de decidir que, *"se a interpretação administrativa da lei que vier a consubstanciar-se em decreto executivo divergir do sentido e do conteúdo da norma legal, que o ato secundário pretendeu regulamentar, quer porque tenha este se projetado* ultra legem, *quer porque tenha permanecido* citra legem, *quer, ainda, porque tenha investido* contra legem, *a questão caracterizará, sempre, típica crise de legalidade, e não de inconstitucionalidade"*.[53] Desse modo, revelar-se-á inadequado o uso da ação direta de inconstitucionalidade, prevista no art. 102, I, "a", da CF, a despeito da referência, no dispositivo, a leis e *atos normativos*.

Se o ato regulamentar, todavia, ofender diretamente a Constituição, sem que haja lei a que deva subordinar-se, terá a qualificação de ato *autônomo* e, nessa hipótese, poderá sofrer controle de constitucionalidade pela via direta, ou seja, através da ação direta de inconstitucionalidade (art. 102, I, "a", CF), medida que permite a impugnação de leis ou atos normativos que contrariem a Constituição. Sendo assim, para que seja viável o controle de constitucionalidade de decreto, regulamento ou outro tipo de ato administrativo de cunho normativo editado pelo Executivo (o que, na verdade, não seria propriamente forma de exercício do poder regulamentar), dois serão os aspectos de que deva revestir-se o ato: além de *normativo* (como o exige a Constituição), deverá ele ser *autônomo*.[54]

Não há dúvida, porém, de que essa interpretação dava margem a que certos atos regulamentares subordinados restassem sem um efetivo controle; porquanto, de um lado, não podiam ser atacados pela via direta e, de outro, não permitiam concreta defesa do direito individual pela via incidental, já que nesta os efeitos do ato regulamentar só poderiam ser paralisados se o interessado obtivesse a concessão de medida cautelar. Atualmente, no entanto, é cabível a impugnação direta pela *arguição de descumprimento de preceito fundamental*, prevista no art. 102, § 1º, da CF, e regulamentada pela Lei nº 9.882, de 3.12.1999, porque aqui o controle concentrado é mais amplo, abrangendo a inconstitucionalidade direta e indireta, atos normativos autônomos e subordinados e até mesmo atos concretos. Tal ação, portanto, veio colmatar a lacuna antes existente, permitindo o controle direto e concentrado sobre qualquer ato regulamentar, mesmo que derivado de lei.[55]

Outra relação entre a lei e o poder regulamentar se encontra no *mandado de injunção*, instrumento especial criado pela Constituição de 1988 (art. 5º, LXXI). Tratando-se de poder, a atividade de regulamentação se configura também como dever. Desse modo, não pode a Administração eximir-se de desempenhá-la quando necessária à aplicação da lei. O vício aí consiste na *ausência da norma regulamentadora*. Inicialmente, depois de fundas divergências entre seus Ministros, o STF decidiu que, no mandado de injunção, lhe caberia apenas declarar

---

[53] STF, ADIN nº 996-6-DF, Pleno, unân., Rel. Min. CELSO DE MELLO, publ. em *DJ* de 6.5.1994. No mesmo sentido, ADIN 2.006-DF, Pleno, Rel. Min. MAURÍCIO CORRÊA, julg. em 1º.7.1999 (*Informativo STF* nº 155, publ. em *DJ* de 4.8.1999).

[54] STF, ADI 1.396, j. 8.6.1998.

[55] Sobre o tema, vide ANDRÉ RAMOS TAVARES, em *Tratado da arguição de preceito fundamental*, Saraiva, 2001, p. 201. O autor lembra que a Constituição portuguesa prevê o controle concentrado também para casos de ilegalidade.

Cap. 2 · PODERES E DEVERES DOS ADMINISTRADORES PÚBLICOS | 55

a inércia do órgão ou agente incumbidos da regulamentação da norma, com a finalidade de permitir que o indivíduo pudesse exercer os direitos e liberdades constitucionais de que fosse titular. Posteriormente, a Corte admitiu a fixação de prazo para que o omisso fosse constituído em mora. Em processo evolutivo, a Corte tem admitido proceder à imediata regulamentação para o caso concreto, tornando mais eficaz o citado remédio constitucional.[56]

LEI PENDENTE DE REGULAMENTO – Não raras vezes o legislador, ao instituir a lei, prevê que o Poder Executivo deve proceder a sua regulamentação. Quando o legislador contempla essa previsão, está implicitamente admitindo que a lei precisa ser complementada para merecer devida e correta aplicação. E ao Poder Executivo, como regra, incumbe desempenhar essa função complementadora do mandamento legal através dos respectivos atos de regulamentação.

A regra legal que autoriza o Chefe do Executivo a regulamentar a lei deve necessariamente apontar o prazo fixado para ser expedido o ato de regulamentação. Nesse prazo, a lei ainda não se torna exequível enquanto não editado o respectivo decreto ou regulamento, e isso porque o ato regulamentar, nessa hipótese, figura como verdadeira condição suspensiva de exequibilidade da lei. Significa que os efeitos da lei ficam pendentes, e somente quando implementada a condição com o advento do referido ato é que a lei se torna, então, passível de aplicabilidade.[57]

O Executivo não pode se eximir de regulamentar a lei no prazo que lhe foi assinado. Cuida-se de poder-dever de agir, não se reconhecendo àquele Poder mera faculdade de regulamentar a lei, mas sim dever de fazê-lo para propiciar sua execução. Na verdade, a omissão regulamentadora é inconstitucional, visto que, em última análise, seria o mesmo que atribuir ao Executivo o poder de *legislação negativa em contrário*, ou seja, de permitir que sua inércia tivesse o condão de estancar a aplicação da lei, o que, obviamente, ofenderia a estrutura de Poderes da República.

Com tal fundamento, se for ultrapassado o prazo de regulamentação sem a edição do respectivo decreto ou regulamento, a lei deve tornar-se exequível para que a vontade do legislador não se afigure inócua e eternamente condicionada à vontade do administrador.[58] Nesse caso, os titulares de direitos previstos na lei passam a dispor de ação com vistas a obter do Judiciário decisão que lhes permita exercê-los, com o que estará sendo reconhecido que a lei deve ser aplicada e observada. Entre as ações cabíveis está, como vimos, o mandado de injunção, remédio adequado conforme a natureza do direito dependente da regulamentação.

A ausência, na lei, de fixação de prazo para a regulamentação afigura-se-nos inconstitucional, uma vez que não pode o Legislativo deixar ao exclusivo alvedrio do Executivo a prerrogativa de só tornar a lei exequível quando julgar conveniente. Primeiramente, inexiste tal prerrogativa na Constituição. E depois tal situação equivaleria a uma disfarçada delegação de poderes, o que é proibido no vigente sistema constitucional.

REGULAMENTOS AUTÔNOMOS – Lavra funda divergência na doutrina sobre a possibilidade, ou não, de o Executivo editar os denominados *regulamentos autônomos*, atos destinados a prover sobre situações não contempladas na lei. Distinguem-se os regulamentos autônomos dos regulamentos delegados, adotados em alguns sistemas, como o francês, em que a própria Constituição permite que o Legislativo delegue ao Executivo a disciplina de matérias reservadas à lei. Tais atos não têm agasalho em nosso sistema.

---

[56] Para maior detalhamento, vide Capítulo 15, item V, no tópico relativo ao mandado de injunção.

[57] Com o mesmo entendimento, DIÓGENES GASPARINI, *Poder regulamentar*, Revista dos Tribunais, 2. ed., 1982, p. 61. Caso concreto foi decidido, com a adoção dessa linha, pelo TRF da 1ª Reg., na ApCív nº 96.01.52554-8, 2ª Turma, Juíza ASSUSETE MAGALHÃES, DJ de 9.10.1997.

[58] É a perfeita lição de HELY LOPES MEIRELLES a respeito (*Direito administrativo brasileiro*, p. 112-113).

56 | MANUAL DE DIREITO ADMINISTRATIVO • *Carvalho Filho*

Uma primeira posição defende sua existência no Direito brasileiro como decorrente dos poderes implícitos da Administração.[59] Outros professam o entendimento de que, conquanto possam teoricamente existir, os regulamentos autônomos não são admitidos no ordenamento jurídico pátrio, e isso porque a Carta vigente, como visto, atribui à Chefia do Executivo o poder de editar atos para a fiel execução das leis, razão por que só teria admitido os *regulamentos de execução*.[60]

Refletindo sobre o tema, entendemos que esta última posição é a que melhor se compatibiliza com nosso sistema jurídico. Realmente, não conseguimos encontrar no vigente quadro constitucional respaldo para admitir-se a edição de regulamentos autônomos. Está à mostra em nosso sistema político que ao Executivo foi apenas conferido o poder regulamentar derivado, ou seja, aquele que pressupõe a edição de lei anteriormente promulgada, que necessite do seu exercício para viabilizar a efetiva aplicação de suas normas.

Sob a égide da Constituição de 1967, sustentava-se a existência de regulamentos autônomos pela circunstância de se conferir ao Presidente da República competência para dispor sobre a estruturação, atribuições e funcionamento dos órgãos da administração federal (art. 81, V, CF). A vigente Constituição, entretanto, teve dicção diferente, atribuindo competência para dispor sobre a organização e o funcionamento da administração federal *"na forma da lei"*, insinuando a supressão de qualquer autonomia normativa para o Presidente da República (art. 84, VI, CF). A EC nº 32, de 11.9.2001, porém, modificando o art. 84, VI, da CF, excluiu aquela expressão e retornou ao sistema da Constituição anterior, atribuindo ao Presidente da República competência para dispor, mediante decreto, sobre *"organização e funcionamento da administração federal, quando não implicar aumento de despesa nem criação ou extinção de órgãos públicos"*. Em consequência, os simpatizantes da admissibilidade dos regulamentos autônomos poderão reforçar seu entendimento, invocando o novo texto constitucional.[61]

Não obstante, mesmo diante da alteração processada na Constituição, permanecemos fiel ao pensamento que expressamos acima. Aliás, a questão dos decretos e regulamentos autônomos deve ser colocada em termos mais precisos. Para que sejam caracterizados como tais, é necessário que os atos possam criar e extinguir *primariamente* direitos e obrigações, vale dizer, sem prévia lei disciplinadora da matéria ou, se se preferir, colmatando lacunas legislativas. Atos dessa natureza não podem existir em nosso ordenamento porque a tanto se opõe o art. 5º, II, da CF, que fixa o postulado da reserva legal para a exigibilidade de obrigações. Para que fossem admitidos, seria impositivo que a Constituição deixasse clara, nítida, indubitável, a viabilidade jurídica de sua edição por agentes da Administração, como o fez, por exemplo, ao atribuir ao Presidente da República o poder constitucional de legislar através de medidas provisórias (art. 62, CF). Aqui, sim, o poder legiferante é *direto* e *primário*, mas os atos são efetivamente legislativos, e não regulamentares. Ao contrário, decretos e regulamentos autônomos estampariam poder legiferante *indireto e simulado*, e este não encontra suporte na Constituição.

Os atos de organização e funcionamento da Administração Federal, ainda que tenham conteúdo normativo, são meros atos ordinatórios, ou seja, atos que se preordenam basicamente ao setor interno da Administração para dispor sobre seus serviços e órgãos, de modo que só

---

[59]   HELY LOPES MEIRELLES, *Direito administrativo brasileiro*, p. 112; SÉRGIO DE ANDRÉA FERREIRA, *Direito administrativo didático*, p. 62; DIOGO DE FIGUEIREDO MOREIRA NETO, *Curso de direito administrativo*, p. 121.

[60]   CRETELLA JR., *Curso de direito administrativo*, p. 270; DIÓGENES GASPARINI, *"Direito Administrativo*, p. 113; MARIA SYLVIA ZANELLA DI PIETRO, *Direito administrativo*, p. 71; CELSO RIBEIRO BASTOS, *Curso de direito constitucional*, p. 336.

[61]   É como pensa MARIA SYLVIA ZANELLA DI PIETRO, *Direito administrativo*, cit., 19. ed., 2006, p. 104, conquanto entenda o restabelecimento ocorreu *"de forma muito limitada"*.

reflexamente afetam a esfera jurídica de terceiros, e assim mesmo mediante imposições derivadas ou subsidiárias, mas nunca originárias. Esse aspecto não é suficiente para converter os atos em decretos ou regulamentos autônomos. Na verdade, vários outros atos, além do decreto, dispõem sobre a organização administrativa, como é o caso de avisos ministeriais, resoluções, provimentos, portarias, instruções, ordens de serviço. A diferença é apenas de hierarquia do agente responsável pela prática do ato e da maior ou menor amplitude de seu objeto. O conteúdo organizacional, no entanto, é o mesmo.[62]

É mister, todavia, distinguir os decretos e regulamentos como atos administrativos e os decretos oriundos do exercício da função política da competência do Presidente da República. É o caso, por exemplo, dos decretos de intervenção (art. 36, § 1º, CF), de estado de defesa (art. 136, § 1º, CF) e de estado de sítio (art. 138, CF). Ao contrário dos atos administrativos, cuida-se de *atos políticos* e de *natureza primária*, nesse caso porque emanam diretamente da Constituição, como ocorre com os regimentos de Tribunais e resoluções de órgãos legislativos. Por tal razão, e somente por ela, é que se podem considerar autônomos. Os atos administrativos, como já visto, pressupõem a existência de lei, ainda que provenham das autoridades mais graduadas da Administração. Em consequência, apenas estes, e não aqueles, é que são idôneos ao exercício do efetivo poder regulamentar.

2.3. Poder de Polícia

Além dos poderes discricionário e regulamentar, dispõem os agentes da Administração do *poder de polícia*, que completa o rol das reais prerrogativas administrativas. Como se trata de atividade que reclama uma série de enfoques, tal poder será examinado em separado, no capítulo seguinte.

IV. *Deveres dos Administradores Públicos*

O direito positivo não confere apenas poderes aos administradores públicos. Ao contrário, estabelece também certos deveres que devem ser por eles cumpridos para evitar sejam responsabilizados pelo descumprimento. Dentre tantos deveres que lhes são cometidos, estudaremos os mais importantes, segundo o ensinamento dos estudiosos.

1. DEVER DE PROBIDADE

É o primeiro e talvez o mais importante dos deveres do administrador público. Sua atuação deve, em qualquer hipótese, pautar-se pelos princípios da honestidade e moralidade, quer em face dos administrados, quer em face da própria Administração.

Não deve cometer favorecimento nem nepotismo, cabendo-lhe optar sempre pelo que melhor servir à Administração. O administrador probo há de escolher, por exemplo, o particular que melhores condições oferece para contratação; ou o indivíduo que maior mérito tiver para exercer a função pública. Enfim, deverá ser honesto, conceito extraído do cidadão médio.

A improbidade acarreta vários efeitos para o administrador. Além de sofrer suspensão de seus direitos políticos, submete-se à perda da função pública, à indisponibilidade de seus bens e à obrigação de ressarcir o erário público pelos danos que cometeu, sem contar a ação penal a que terá de responder. Tais efeitos estão expressos no art. 37, § 4º, da Constituição.[63]

---

[62] MARÇAL JUSTEN FILHO adotou o mesmo entendimento, considerando que a EC nº 32/2001 não restabeleceu o regulamento autônomo no Brasil (*Curso de direito administrativo*, Saraiva, 2005, p. 150-151).

[63] Os especialistas observam que o dispositivo nada acrescenta ao direito comum, que já continha regras repressivas para enfrentar a improbidade administrativa (v. CELSO RIBEIRO BASTOS, *Comentários à Constituição do Brasil,*

MANUAL DE DIREITO ADMINISTRATIVO • *Carvalho Filho*

Regulamentando esse mandamento constitucional, foi editada a Lei nº 14.230, de 25.10.2021 (LIA – Lei de Improbidade Administrativa), que alterou a Lei nº 8.429, de 2.6.1992, na qual se encontra a atual disciplina sobre os atos de improbidade administrativa. Estes podem tipificar (a) enriquecimento ilícito, (b) danos ao erário e (c) violação a princípios e deveres funcionais, como catalogados nos arts. 9º a 11.

A lei abrange todo e qualquer agente público, seja qual for a situação que o vincule ao Poder Público, bem como aqueles que, não sendo agentes, concorram para as condutas de improbidade ou delas se beneficiem. Tomando conhecimento de ato de improbidade praticado na Administração, qualquer pessoa poderá representar à autoridade administrativa ou ao Ministério Público para o fim de providenciar a apuração do fato denunciado. Várias são as sanções aplicáveis nas hipóteses de improbidade, sem prejuízo das previstas na legislação específica: suspensão dos direitos políticos, perda da função pública, proibição de contratar com o Poder Público, ressarcimento integral do dano, perda dos bens ilicitamente acrescidos ao patrimônio, pagamento de multa civil e vedação ao recebimento de benefícios fiscais.

Existem dois tipos de tutela. A primeira é de natureza cautelar e tem por fim determinar a indisponibilidade de bens dos réus para assegurar, antecedente ou incidentalmente, a integral recomposição do erário ou do acréscimo patrimonial oriundo do ato de enriquecimento ilícito (art. 16). A segunda é a tutela definitiva por meio da ação principal, cuja pretensão consiste no reconhecimento da improbidade e condenação do réu, sendo competente para a demanda o Ministério Público (ou a pessoa jurídica interessada, conforme interpretação do STF) (art. 17).

No que concerne à hipótese em que o ato de improbidade provoque danos ao erário, é competente a pessoa jurídica interessada ou o Ministério Público para ajuizar ação cautelar de sequestro (*rectius:* arresto) dos bens do agente ou do terceiro para garantir o ressarcimento aos cofres públicos, como também para promover a ação principal, de rito ordinário, com o objetivo de recompor o erário lesado pela conduta ímproba. Trata-se, portanto, de legislação específica que bem demonstra a necessidade de ser observado o dever de probidade na Administração.

Sujeita-se a conduta inquinada de imoralidade, por outro lado, à ação popular (art. 5º, LXXIII, CF, e Lei nº 4.717/1965), proposta por qualquer cidadão, já que titular do direito a uma administração legítima e adequada. Os estatutos funcionais também preveem deveres e obrigações dos administradores, relativos ao dever de probidade.[64]

De tal relevo é esse dever que a conduta do Presidente da República, quando o afronta, configura crime de responsabilidade (art. 85, V, CF).

2. DEVER DE PRESTAR CONTAS

Como é encargo dos administradores públicos a gestão de bens e interesses da coletividade, decorre daí o natural dever, a eles cometido, de prestar contas de sua atividade. Se no âmbito privado o administrador já presta contas normalmente ao titular dos direitos, com muito maior razão há de prestá-las aquele que tem a gestão dos interesses de toda a coletividade.

O dever abrange o círculo integral da gestão, mas, sem dúvida, é na utilização do dinheiro público que mais se acentua. O dinheiro público, originário em sua maior parte da contribuição dos administrados, tem de ser vertido para os fins estabelecidos em lei e por isso mesmo é que constitui crime contra o erário a malversação dos fundos públicos.

---

v. III, t. III, p. 163; MANOEL GONÇALVES FERREIRA FILHO, *Comentários à Constituição brasileira de 1988*, p. 259). A inovação, porém, consistiu em inserir a infração e as sanções em dispositivo constitucional específico.

[64] Ver arts. 116 e 117 da Lei nº 8.112, de 11.12.1990, estatuto funcional da União, autarquias e fundações públicas federais.

Cap. 2 • PODERES E DEVERES DOS ADMINISTRADORES PÚBLICOS | 59

A prestação de contas de administradores pode ser realizada internamente, através dos órgãos escalonados em graus hierárquicos, ou externamente. Nesse caso, o controle de contas é feito pelo Poder Legislativo por ser ele o órgão de representação popular. A propósito, já se destacou, com oportunidade, que o papel do Legislativo nunca se resumiu à função legiferante, mas, ao revés, caracteriza-se ele como o poder financeiro, ao qual, desde a era medieval, tem incumbido as funções de autorizar tributos, consentir em gastos públicos e tomar contas dos administradores.[65]

No Legislativo se situa, organicamente, o Tribunal de Contas, que, por sua especialização, auxilia o Congresso Nacional na verificação de contas dos administradores. No art. 71 da Constituição Federal estão enumeradas as várias funções do Tribunal de Contas voltadas para o controle da atividade financeira dos agentes da Administração. Registre-se, ainda, que o dever de prestar contas alcança não só a Administração centralizada, mas também os agentes de entidades a ela vinculadas e até mesmo outras pessoas que recebam subvenção governamental.[66]

O próprio Presidente da República tem o dever de prestar contas ao Congresso Nacional, referentes ao exercício anterior, no prazo de 60 dias após a abertura da sessão legislativa (art. 84, XXIV, CF). É o que basta para demonstrar que esse dever é inerente a qualquer agente que atue em nome dos interesses coletivos.

Anote-se também que, preocupado com a necessidade de controle da atividade financeira da Administração, o Constituinte alterou, por meio da EC nº 40, de 29.5.2003, a redação do inciso V do art. 163, da Constituição (dispositivo incluído no capítulo das finanças públicas), para consignar que a lei complementar a que se refere o dispositivo deverá dispor, entre outras matérias, sobre a *"fiscalização financeira da administração pública direta e indireta"*. Trata-se, portanto, da possibilidade de serem criados outros instrumentos de controle dos órgãos administrativos, a par dos muitos já existentes. A intenção do Constituinte é digna de aplausos pelo fim a que se propõe, mas, acima disso, urge que os órgãos de controle, ao implementar sua tarefa, atuem com eficiência, valendo-se de meios eficazes para alcançar efetividade no objetivo. Sem isso, a norma abstrata, segundo pensamos, será simplesmente inócua.

3. DEVER DE EFICIÊNCIA

Não é desconhecido que o Estado de direito atua subjacentemente à lei e visa alcançar determinados fins que, de uma forma ou de outra, trazem benefício à coletividade.[67]

Desse modo, não é cabível supor que tais fins sejam conquistados sem que a atividade administrativa se qualifique como eficiente. O Decreto-lei nº 200, de 25.2.1967 (Reforma Administrativa Federal), alinhou cinco princípios fundamentais (art. 6º): planejamento, coordenação, descentralização, delegação de competência e controle. Todos eles, de uma forma ou de outra, buscam perseguir maior eficiência na atividade administrativa.

O dever de eficiência dos administradores públicos reside na necessidade de tornar cada vez mais qualitativa a atividade administrativa. Perfeição, celeridade, coordenação, técnica, todos esses são fatores que qualificam a atividade pública e produzem maior eficiência no seu desempenho.

---

[65] MANOEL GONÇALVES FERREIRA FILHO, *Curso de direito constitucional*, p. 138.

[66] Essa abrangência tem previsão legal. Vide Lei nº 6.223, de 14.7.1975, alterada pela Lei nº 6.525, de 11.4.1978. O processo de fiscalização pela Câmara e Senado se inscreve na Lei nº 7.295, de 19.12.1984.

[67] MANUEL MARIA DIEZ, *Manual*, cit., v. I, p. 28.

MANUAL DE DIREITO ADMINISTRATIVO • *Carvalho Filho*

A eficiência, porém, não depende apenas da natureza da atividade. É mister que os sujeitos da atividade tenham qualificação compatível com as funções a seu cargo. Indiscutível, pois, o rigor com que se deve haver a Administração para o recrutamento de seus servidores. Quando estes possuem qualificação, escolhidos que foram pelo sistema do mérito, as atividades da Administração são exercidas com maior eficiência.

A eficiência da atividade administrativa, com efeito, produz frutos e causa benefícios à própria coletividade. Daí configurar-se como dever do administrador público. Aliás, a EC nº 19/1998, como vimos, acrescentou no art. 37, *caput*, da CF, o princípio da eficiência. Ainda para atendimento a esse princípio, a EC nº 45/2004, como vimos, acrescentando o inciso LXXVIII ao art. 5º da CF, assegurou a todos o direito à razoável duração do processo e aos meios garantidores da celeridade de seu procedimento, tudo na tentativa de instilar e propiciar maior eficiência no exercício das funções cometidas ao Poder Judiciário.

V. Hierarquia e Disciplina

Hierarquia e *Disciplina* são situações que ocorrem dentro da estrutura funcional da Administração Pública. Pode-se mesmo afirmar que se trata de *fatos administrativos*, porquanto representam acontecimentos normais surgidos no âmbito da organização administrativa.

Há autores que consideram a hierarquia e a disciplina como poderes administrativos – o *"poder hierárquico"* e o *"poder disciplinar"*.[68] Entendemos, contudo, que tais situações não devem ser qualificadas rigorosamente como *"poderes"*; falta-lhes a fisionomia inerente às prerrogativas de direito público que cercam os verdadeiros *poderes administrativos*. Cuida-se, como dissemos, de fatos administrativos – fatos esses que se configuram como características relacionadas à organização administrativa em geral.[69]

Não obstante, comentaremos tais fenômenos administrativos neste capítulo; é que, mesmo não sendo típicos poderes administrativos, são inegavelmente situações próprias da atividade administrativa, das quais emana uma série de efeitos jurídicos de direito público pertinentes à organização da Administração Pública.

1. HIERARQUIA

Hierarquia é o escalonamento em plano vertical dos órgãos e agentes da Administração que tem como objetivo a organização da função administrativa. E não poderia ser de outro modo. Tantas são as atividades a cargo da Administração Pública que não se poderia conceber sua normal realização sem a organização, em escalas, dos agentes e dos órgãos públicos. Em razão desse escalonamento firma-se uma relação jurídica entre os agentes, que se denomina de *relação hierárquica*.

1.1. Efeitos

Do sistema hierárquico na Administração decorrem alguns efeitos específicos. O primeiro consiste no poder de *comando* de agentes superiores sobre outros hierarquicamente inferiores. Estes, a seu turno, têm *dever de obediência* para com aqueles, cabendo-lhes executar as tarefas

---

[68] HELY LOPES MEIRELLES, *Direito administrativo brasileiro*, cit., p. 105-108, e SÉRGIO DE ANDRÉA FERREIRA, *Direito administrativo didático*, cit., p. 132.

[69] É como parece considerar DIÓGENES GASPARINI, *Direito administrativo*, cit., p. 38.

Cap. 2 · PODERES E DEVERES DOS ADMINISTRADORES PÚBLICOS | 61

em conformidade com as determinações superiores. É claro que tal dever não obriga o agente de nível inferior a cumprir ordens manifestamente ilegais, aferíveis pelo indivíduo mediano. Essa, aliás, a posição adotada pelo CP, de cujo art. 22 se extrai, *a contrario sensu*, a interpretação de que, se a ordem do superior é manifestamente ilegal, pelo fato responde não só o autor da ordem como aquele que a cumpriu.

Outro efeito da hierarquia é o de *fiscalização* das atividades desempenhadas por agentes de plano hierárquico inferior para a verificação de sua conduta não somente em relação às normas legais e regulamentares, como ainda no que disser respeito às diretrizes fixadas por agentes superiores.

Decorre também da hierarquia o poder de *revisão* dos atos praticados por agentes de nível hierárquico mais baixo. Se o ato contiver vício de legalidade, ou não se coadunar com a orientação administrativa, pode o agente superior revê-lo para ajustamento a essa orientação ou para restaurar a legalidade.

Por fim, derivam do escalonamento hierárquico a *delegação* e a *avocação*. "Delegação é a transferência de atribuições de um órgão a outro no aparelho administrativo", como resume CRETELLA JR.[70] O poder de delegação não é irrestrito e, por isso, não atinge certas funções específicas atribuídas a determinados agentes; a delegação abrange funções genéricas e comuns da Administração. Cuida-se de fato administrativo que vislumbra maior eficiência na ação dos administradores públicos e que reclama expressa definição das atribuições delegadas.[71]

A avocação é o fato inverso. Através dela, *o chefe superior pode substituir-se ao subalterno, chamando a si (ou avocando) as questões afetas a este, salvo quando a lei só lhe permita intervir nelas após a decisão dada pelo subalterno.*[72] Acrescente-se que a avocação, embora efeito do sistema hierárquico, não deve ser disseminada em profusão, uma vez que excepciona as regras normais de competência administrativa. Daí seu caráter de excepcionalidade. Por esse motivo é que está absolutamente adequada a norma que trata da avocação na Lei nº 9.784, de 29.1.1999, que regula o processo administrativo federal. Dispõe o art. 15: *"Será permitida, em caráter de excepcionalidade. Por esse motivo é que está absolutamente justificados, a avocação temporária de competência atribuída a órgão hierarquicamente inferior."*

1.2. Subordinação e Vinculação

A subordinação e a vinculação constituem relações jurídicas peculiares ao sistema administrativo. Não se confundem, porém. A primeira tem caráter *interno* e se estabelece entre *órgãos* de uma mesma pessoa administrativa como fator decorrente da hierarquia. A vinculação, ao contrário, possui caráter *externo* e resulta do controle que pessoas federativas exercem sobre as pessoas pertencentes à Administração Indireta.

É, portanto, de subordinação a relação entre uma Divisão e um Departamento dentro da Secretaria de determinado Município, por exemplo. Mas se configura como de vinculação a que liga um Estado-Membro a uma de suas autarquias ou empresas públicas.

1.3. Hierarquia e Funções Estatais

A hierarquia é cabível apenas no âmbito da função administrativa. Não podemos, contudo, restringi-la ao Poder Executivo, porque, como já observamos antes, a função administrativa se

---

[70]   *Dicionário de direito administrativo*, p. 172.

[71]   Vide arts. 11 e 12, parágrafo único, do Decreto-lei nº 200/1967. Registre-se, ainda, o fato de que a Constituição previu a delegação como possível de ser direcionada do Presidente da República para os Ministros (art. 84, parágrafo único).

[72]   MARCELO CAETANO, *Manual de direito administrativo*, t. I, p. 246.

62 | MANUAL DE DIREITO ADMINISTRATIVO • *Carvalho Filho*

difunde entre todos os órgãos que a exercem, seja qual for o Poder que integrem. Existem, desse modo, escalas verticais em toda a Administração, ou seja, em todos os segmentos de quaisquer dos Poderes onde se desempenha a função administrativa.

Entretanto, inexiste hierarquia entre os agentes que exercem *função jurisdicional* ou *legislativa*, visto que inaplicável o regime de comando que a caracteriza. No que concerne aos primeiros, prevalece o *princípio da livre convicção do juiz*, pelo qual age este com independência, "sem subordinação jurídica aos tribunais superiores", como bem salienta HUMBERTO THEODORO JÚNIOR.[73]

É bem verdade que o sistema de *súmulas vinculantes*, implantado no direito pátrio pela EC nº 45/2004, que acrescentou o art. 103-A na Constituição, provoca mitigação àquele princípio, vez que dele ressai o preceito de que órgãos jurisdicionais devam exercer a função jurisdicional em conformidade com a orientação contida na súmula, o que, de certo modo, reflete relação de caráter hierárquico. E tanto é verdadeiro esse aspecto que, se ato administrativo ou decisão judicial contrariar a súmula vinculante, ou der a esta aplicação indevida, poderá o interessado promover *reclamação* junto ao Supremo Tribunal Federal, como expressa o art. 103-A, § 3º, da CF, inserido no texto constitucional pela EC nº 45/2004 (Reforma do Judiciário). Reza, ainda, tal mandamento que, julgada procedente a reclamação, o efeito será a anulação do ato administrativo ou a cassação da decisão judicial, determinando-se que outra seja proferida, com ou sem a aplicação da súmula, conforme o caso. Ainda assim, contudo, a regra será a independência do juiz para decidir os conflitos que lhe são apresentados na via judicial, ou seja, a atuação com livre convencimento para julgar. O regime das súmulas vinculantes foi regulamentado pela Lei nº 11.417, de 19.12.2006.

Por outro lado, na função legislativa vigora o *princípio da partilha das competências constitucionais*, peculiar às federações como a nossa, em função do qual o poder legiferante já se encontra delineado na Constituição. Assim, não há poder de mando, por exemplo, do Legislativo federal em relação ao estadual quando a matéria é suscetível de ser disciplinada por este. Nem do Legislativo estadual sobre o municipal, se se trata de competência atribuída ao município. Se lei federal dispõe sobre matéria reservada ao Município, por exemplo, não haverá preponderância dela sobre a lei municipal, o que comprova que não há hierarquia. Ao contrário, a lei federal é que será inconstitucional e suprimida do ordenamento jurídico.

2. DISCIPLINA FUNCIONAL

2.1. Sentido

A disciplina funcional resulta do sistema hierárquico. Com efeito, se aos agentes superiores é dado o poder de fiscalizar as atividades dos de nível inferior, deflui daí o efeito de poderem eles exigir que a conduta destes seja adequada aos mandamentos legais, sob pena de, se tal não ocorrer, serem os infratores sujeitos às respectivas sanções.

Disciplina funcional, assim, é a situação de respeito que os agentes da Administração devem ter para com as normas que os regem, em cumprimento aos deveres e obrigações a eles impostos.

2.2. Direito Penal e Direito Punitivo Funcional

Cada um desses conjuntos normativos traz preceitos impositivos de conduta e prevê sanções para as hipóteses de infração. As relações jurídicas por eles reguladas, no entanto, apresentam perfil diverso. O Direito Penal deriva do poder punitivo *geral* atribuído ao Estado

---

[73] *Curso de direito processual civil*, v. I, p. 216.

na sua relação com os indivíduos em geral, ainda que no exercício de função pública. Mesmo quando cometem um dos crimes contra a própria Administração (arts. 312 a 326 do CP), os servidores públicos são tidos como indivíduos comuns que infringem a norma penal. Concomitantemente, porém, estarão infringindo também uma norma administrativa e, aqui sim, a apenação tem caráter tipicamente funcional.

Já o Direito punitivo funcional se enquadra dentro do Direito Administrativo, e emana da relação entre a Administração Pública e os seus servidores, exatamente para preservar a disciplina que deve reinar na organização administrativa.

ILICITUDE PENAL E ADMINISTRATIVO-FUNCIONAL – São diversos os ilícitos penal, civil e administrativo, o que vai redundar na diversidade também da sua configuração.

No Direito Penal, o legislador utilizou o sistema da rígida *tipicidade*, delineando cada conduta ilícita e a sanção respectiva. O mesmo não sucede no campo disciplinar. Aqui a lei limita-se, como regra, a enumerar os deveres e as obrigações funcionais e, ainda, as sanções, sem, contudo, uni-los de forma discriminada, o que afasta o sistema da rígida tipicidade.

Nada impede, todavia, que o legislador estabeleça conduta dotada de tipicidade específica como caracterizadora de ilícito administrativo. Nesse caso, nenhum problema haverá quanto à punibilidade: esta ocorrerá ou não conforme tenha ou não ocorrido a conduta. Mas não é essa a regra do ilícito administrativo, como sucede em relação à ilicitude penal. Esta não admite os denominados *tipos abertos*, aceitos normalmente na esfera da Administração.

A APLICAÇÃO DAS SANÇÕES – É exatamente em virtude desse fato que as formas de apenação se distanciam uma da outra.

No Direito Penal, o juiz aplica ao infrator a pena atribuída à conduta tipificada na lei, permitindo-se ao aplicador somente *quantificá-la* (dosimetria da pena). No Direito disciplinar, não obstante, tal não ocorre. De acordo com a gravidade da conduta, *"a autoridade escolherá, entre as penas legais, a que consulte ao interesse do serviço e a que mais reprima a falta cometida"*,[74] o que lhe confere certo poder de avaliação dos elementos que provocaram a infração para aplicar a sanção apropriada ao fato. Em virtude dessa competência, não cabe ao Judiciário alterar ou majorar sanções aplicadas pelo administrador, porque decisão desse tipo ofenderia o princípio da separação de Poderes consagrado na Carta vigente; ao juiz cabe tão somente invalidá-las se constatar hipótese de ilegalidade.[75]

A avaliação conferida ao administrador para aplicar a punição não constitui discricionariedade, como costuma afirmar a doutrina tradicional, e isso porque não há propriamente juízo de conveniência e de oportunidade. Urge que o administrador forme a sua convicção com base em todos os elementos do processo administrativo; sua conduta, portanto, *está vinculada a tais elementos*.[76] Desse modo, deve reduzir-se a um mínimo qualquer parcela de subjetivismo no que tange ao poder punitivo da Administração, permitindo-se, em consequência, que o Judiciário aprecie o ato sancionatório praticamente em sua integralidade.

Ressalve-se, contudo, que esse poder não vai ao extremo de conduzir o agente aplicador da sanção ao cometimento de abuso, sobretudo de desvio de finalidade, caso em que estará configurada hipótese de arbitrariedade, incompatível com o princípio da legalidade.

A correta aplicação da sanção deve obedecer ao *princípio da adequação punitiva* (ou *princípio da proporcionalidade*), vale dizer, o agente aplicador da penalidade deve impor a sanção

---

[74] HELY LOPES MEIRELLES, ob. cit., p. 105.

[75] STJ, MS 7.966, j. 8.10.2003.

[76] STJ, MS 12.927, j. 12.12.2007.

64 | MANUAL DE DIREITO ADMINISTRATIVO • *Carvalho Filho*

perfeitamente adequada à conduta infratora. Por essa razão, a observância do referido princípio há de ser verificada caso a caso, de modo a serem analisados todos os elementos que cercaram o cometimento do ilícito funcional.

2.3. Procedimento de Apuração

A apuração das infrações funcionais deve ser feita de forma regular, normalmente com as formalidades que rendam ensejo à precisa comprovação dos fatos, e se admitindo sempre ampla possibilidade de defesa por parte do servidor acusado da prática da infração.

Como regra geral, a apuração de infrações funcionais é formalizada por meio de processo disciplinar, cuja tramitação é prevista em leis e outras normas regulamentares, geralmente de caráter estatutário. O assunto será melhor desenvolvido adiante, no Capítulo 15, destinado ao controle da Administração Pública e, especificamente, na parte relativa aos processos administrativos. Não podemos, todavia, deixar de já agora destacar que em tais procedimentos não pode o administrador abstrair-se do *princípio do devido processo legal (due process of law)*, hoje inscrito expressamente na Constituição (art. 5º, LIV), pelo qual o Estado deve obedecer às próprias regras que institui.[77]

Por fim, queremos deixar expresso que qualquer punição funcional, mesmo de natureza leve, pressupõe a instauração de processo administrativo disciplinar, no qual se assegure a garantia do contraditório e ampla defesa ao servidor acusado da prática de fato considerado pela lei como passível de punição. É o que reza, de modo peremptório, o art. 5º, LV, da Constituição.

---

[77] NAGIB SLAIBI FILHO, *Anotações à Constituição de 1988*, Forense, 1989, p. 209.

3

Poder de Polícia

I. Introdução

Não é desconhecido o fato de que o Estado deve atuar à sombra do princípio da supremacia do interesse público. Significa dizer que o interesse particular há de curvar-se diante do interesse coletivo. É fácil imaginar que, não fora assim, se implantaria o caos na sociedade.

Dessume de tal postulado que o Direito não pode deixar de regular uma relação jurídica própria do direito público, a relação jurídico-administrativa. Nela se instalam, de um lado, a Administração Pública e, de outro, o administrado, considerado este como o indivíduo que, de alguma forma, esteja vinculado àquela, como bem acentua ENTRENA CUESTA.[1]

Por outro lado, foi visto no capítulo antecedente que o Estado precisa ter mecanismos próprios que lhe permitam atingir os fins que colima, mecanismos esses inseridos no direito positivo e qualificados como verdadeiros *poderes* ou prerrogativas especiais de direito público.

Um desses poderes resulta exatamente do inafastável confronto entre os interesses público e privado, e nele há a necessidade de impor, às vezes, restrições aos direitos dos indivíduos. É preciso ressaltar, contudo, que tais benefícios não são despropositados, mas imprescindíveis, *"a fim de assegurar conveniente proteção aos interesses públicos, instrumentando os órgãos que os representam para um bom, fácil, expedito e resguardado desempenho de sua missão".*[2]

Quando o Poder Público interfere na órbita do interesse privado para salvaguardar o interesse público, restringindo direitos individuais, atua no exercício do poder de polícia.[3]

II. Sentido Amplo e Estrito

A expressão *poder de polícia* comporta dois sentidos, um amplo e um estrito. Em sentido amplo, poder de polícia significa toda e qualquer ação restritiva do Estado em relação aos direitos individuais. Sobreleva nesse enfoque a função do Poder Legislativo, incumbido da criação do *ius novum*, e isso porque apenas as leis, organicamente consideradas, podem delinear o perfil dos direitos, elastecendo ou reduzindo o seu conteúdo. É princípio constitucional o de que *"ninguém será obrigado a fazer ou deixar de fazer alguma coisa senão em virtude de lei"* (art. 5º, II, CF).

---

[1] *Curso de derecho administrativo*, p. 174. Eis o que define o autor sobre a qualificação do *administrado*: "Toda persona privada – física o jurídica – susceptible de ser vinculada por los actos – normativos o no – de la Administración recibe el nombre de *administrado*."

[2] CELSO ANTÔNIO BANDEIRA DE MELLO, *Curso*, p. 8.

[3] Sobre o poder de polícia, vale a pena ver a bem elaborada obra de JOSÉ MARIA PINHEIRO MADEIRA, *Repensando o poder de polícia*, Lumen Juris, 2000.

MANUAL DE DIREITO ADMINISTRATIVO • *Carvalho Filho*

Em sentido estrito, o poder de polícia se configura como atividade administrativa, que consubstancia, como vimos, verdadeira prerrogativa conferida aos agentes da Administração, consistente no poder de restringir e condicionar a liberdade e a propriedade.[4] É nesse sentido que foi definido por RIVERO, que deu a denominação de *polícia administrativa*.[5] Aqui se trata, pois, de atividade tipicamente administrativa e, como tal, subjacente à lei, de forma que esta já preexiste quando os administradores impõem a disciplina e as restrições aos direitos. É nesse sentido que nos concentraremos, porque o tema é inerente ao Direito Administrativo.

Reconhecido estudioso propõe o abandono da noção de poder de polícia e polícia administrativa e sua substituição pela ideia de *administração ordenadora*, que define como sendo a função administrativa exercida através do uso do poder de autoridade para a organização da vida privada. Contudo, além de a noção ter quase a mesma fisionomia jurídica, difícil seria substituir aquelas expressões, já consagradas no direito clássico. Ademais, o poder de polícia é referido em sede constitucional (art. 145, II, CF).[6]

Apenas com o intuito de evitar possíveis dúvidas em decorrência da identidade de vocábulos, vale a pena realçar que não há como confundir *polícia-função* com *polícia-corporação*: aquela é a função estatal propriamente dita e deve ser interpretada sob o aspecto material, indicando atividade administrativa; esta, contudo, corresponde à ideia de órgão administrativo, integrado nos sistemas de segurança pública e incumbido de prevenir os delitos e as condutas ofensivas à ordem pública, razão por que deve ser vista sob o aspecto subjetivo (ou formal).[7] A polícia-corporação executa frequentemente funções de polícia administrativa, mas a polícia-função, ou seja, a atividade oriunda do poder de polícia, é exercida por outros órgãos administrativos além da corporação policial.

III. Conceito

Clássico é o conceito firmado por MARCELO CAETANO: *"É o modo de atuar da autoridade administrativa que consiste em intervir no exercício das atividades individuais suscetíveis de fazer perigar interesses gerais, tendo por objeto evitar que se produzam, ampliem ou generalizem os danos sociais que a lei procura prevenir."*[8]

De nossa parte, entendemos se possa conceituar o poder de polícia como *a prerrogativa de direito público que, calcada na lei, autoriza a Administração Pública a restringir o uso e o gozo da liberdade e da propriedade em favor do interesse da coletividade.*

IV. Poder de Polícia no Direito Positivo

O poder de polícia não é estranho ao direito positivo. A Constituição Federal autoriza a União, os Estados, o Distrito Federal e os Municípios a instituírem taxas em razão do exercício do poder de polícia (art. 145, II).

Por outro lado, dispõe o art. 78 do Código Tributário Nacional (Lei nº 5.172, de 25.10.1966) que se considera poder de polícia a *"atividade da administração pública que,*

---

4   Idem, p. 349.

5   *"Entende-se por polícia administrativa o conjunto de intervenções da administração que tendem a impor à livre ação de particulares a disciplina exigida pela vida em sociedade"* (*Droit administratif*, p. 412).

6   CARLOS ARI SUNDFELD, *Direito administrativo ordenador*, Malheiros, 1997, p. 15-21.

7   A distinção, oportuna, aliás, é de JOSÉ ARTHUR DINIZ BORGES (*Direito administrativo sistematizado e sua interdependência com o direito constitucional*, Lumen Juris, 2002, p. 127).

8   *Princípios fundamentais de direito administrativo*, p. 339.

limitando ou disciplinando direito, interesse ou liberdade, regula a prática de ato ou a abstenção de fato, em razão de interesse público concernente à segurança, à higiene, à ordem, aos costumes, à disciplina da produção e do mercado, ao exercício de atividades econômicas dependentes de concessão ou autorização do Poder Público, à tranquilidade pública ou ao respeito à propriedade e aos direitos individuais ou coletivos".

Conquanto longe de perfeita, a conceituação da lei ao menos desenhou, em suas linhas fundamentais, a noção do poder de polícia, destacando o aspecto ligado às limitações que a Administração pode instituir sobre os direitos.

Observe-se, contudo, que a atividade do Poder Público no exercício do poder de polícia autoriza-o a exigir do interessado o pagamento de *taxa*, conforme exprimem a citada disposição constitucional e o art. 77 do Código Tributário Nacional. Em consequência, não é cabível a cobrança de *tarifa*, que se caracteriza como *preço público*, e que, diferentemente daquele tributo, tem natureza negocial ou contratual, sendo adequado, por exemplo, para remunerar serviços públicos econômicos, inclusive os executados por concessionários e permissionários de serviços públicos (energia, transportes, linhas telefônicas etc.). Desse modo, é ilícito que ato administrativo institua tarifa para remunerar o poder de polícia, quando o correto é a instituição de taxa, a ser processada por lei.[9]

Da mesma forma, para que seja legítima a cobrança de taxa pelo Poder Público competente, necessário se faz que a entidade *exerça efetivamente* o poder de polícia. Por essa razão, várias decisões judiciais invalidaram os atos de cobrança de taxa quando o Poder Público não lograva demonstrar o exercício do poder de polícia. Se é essa atividade que constitui o fato gerador do aludido tributo, logicamente inexiste fato gerador se não há o desempenho da atividade que lhe serve de base. Entretanto, se, no ente público, existe órgão específico e estrutura implantada, é de considerar-se presumido o exercício do poder de polícia,[10] podendo eventual omissão, no entanto, ensejar a responsabilização dos agentes desidiosos.

V. Competência

A competência para exercer o poder de polícia é, em princípio, da pessoa federativa à qual a Constituição Federal conferiu o poder de regular a matéria. Na verdade, *"os assuntos de interesse nacional ficam sujeitos à regulamentação e policiamento da União; as matérias de interesse regional sujeitam-se às normas e à polícia estadual; e os assuntos de interesse local subordinam-se aos regulamentos edilícios e ao policiamento administrativo municipal"*.[11]

De fato, o sistema de competências constitucionais fixa as linhas básicas do poder de regulamentação das pessoas federativas (arts. 21, 22, 25 e 30, CF). Exemplo marcante encontra-se na Lei nº 12.587, de 3.1.2012 (mobilidade urbana), que preceitua ser atribuída (a) à União a prestação, diretamente, ou por delegação ou gestão associada, dos *serviços de transporte público* interestadual e internacional de caráter urbano; (b) ao Estado a prestação dos mesmos serviços coletivos urbanos intermunicipais; e (c) ao Município a mesma prestação, quando se tratar de serviço de transporte urbano intramunicipal (arts. 16 a 18). A mesma lei, porém, admite a

---

[9]   O IBAMA criou preço por meio de portaria, embora a hipótese espelhasse pagamento pelo exercício do poder de polícia. O STF deferiu medida liminar para suspender a eficácia da portaria, ante a plausibilidade jurídica da tese mediante a qual a hipótese seria de taxa a ser criada por lei (ADINMC nº 2.247-DF, Rel. Min. ILMAR GALVÃO, julg. em 13.2.2000; vide *Informativo STF* nº 202, de set. 2000).

[10]   Também: STF RE 588.322-RO, Rel. Min. GILMAR MENDES, em 16.6.2010.

[11]   HELY LOPES MEIRELLES, ob. cit., p. 109.

68 | MANUAL DE DIREITO ADMINISTRATIVO • *Carvalho Filho*

alteração dessas competências no caso de *gestão associada*, em que uma pessoa federativa pode, por delegação, operar o serviço de competência de outra.

Não se pode esquecer, entretanto, que as hipóteses de *poder concorrente* vão ensejar, *ipso facto*, o exercício conjunto do poder de polícia por pessoas de nível federativo diverso, conclusão que emana do disposto nos arts. 22, parágrafo único, 23 e 24 da Constituição Federal.

Por conseguinte, será inválido o ato de polícia praticado por agente de pessoa federativa que não tenha competência constitucional para regular a matéria e, portanto, para impor a restrição.

Da mesma forma, só pode ter-se por legítimo o exercício da atividade administrativa configuradora do poder de polícia se a lei em que se fundar a conduta da Administração tiver lastro constitucional. Se a lei for inconstitucional, ilegítimos serão os atos administrativos que, com fundamento nela, se voltarem a uma pretensa tutela do interesse público, materializada no exercício do poder de polícia. Só há, portanto, poder de polícia legítimo na medida em que legítima é a lei que lhe dá suporte.

Exemplo interessante e pertinente foi aquele em que o STF, confirmando decisão cautelar anterior, declarou a inconstitucionalidade da Lei nº 2.895, de 20.3.1998, do Estado do Rio de Janeiro, que, absurdamente, autorizava a realização de competições de "galos combatentes" e previa o respectivo poder de polícia, fundando-se a Corte em ofensa ao meio ambiente (art. 225, § 1º, VII, CF) e no repúdio à tese de que se trataria de competição esportiva.[12]

Como o sistema de partilha de competências constitucionais envolve três graus federativos – o federal, o estadual e o municipal –, e tendo em vista ainda a demarcação de competências privativas e concorrentes, é forçoso reconhecer que, dada a complexidade da matéria, não raramente surgem hesitações na doutrina e nos Tribunais quanto à entidade competente para a execução de certo serviço ou para o exercício do poder de polícia.

Só para exemplificar, a jurisprudência já se firmou no sentido de que a União tem competência para regular horário de atendimento bancário,[13] mas para fixar horário de funcionamento de lojas comerciais competente é o Município.[14] Por outro lado, cabe à União, e não aos Estados, autorizar e fiscalizar o funcionamento de máquinas caça-níqueis, videobingos, videopôquer e assemelhadas, atividades incluídas no "sistema de sorteios" constante do art. 22, XX, da CF.[15] Também já se reconheceu a competência do Município para legislar sobre meio ambiente e controle da poluição no trânsito, quando houver interesse local (art. 30, I e II, CF), e daí emana o respectivo poder de polícia, com eventual aplicação de multas; a decisão, porém, não foi pacífica.[16] Noutro giro, foi reconhecida a competência do Município para impor aos bancos a obrigação de instalar portas eletrônicas com detector de metais, por ser assunto de interesse local – no caso, a segurança dos usuários (art. 30, I, CF).[17] Por conseguinte, é imperioso que o intérprete faça detida análise da hipótese concreta de modo a adequar-se ao sistema traçado na Constituição.

Avulta notar, ainda, que o poder de polícia, sendo atividade que, em algumas hipóteses, gera competência concorrente entre pessoas federativas, rende ensejo à sua execução em sistema

---

[12] STF, ADI 1.856, j. 26.5.2011.

[13] Súmula nº 19, do STJ

[14] Súmula nº 645, do STF.

[15] STF, ADI 3.895-SP, Rel. Min. MENEZES DIREITO, *DJ* 29.9.2008.

[16] STF, RE 194.704, j. 29.6.2017. Houve, contudo, 3 votos vencidos, nos quais se sustentava que a competência seria da União, por ser matéria de trânsito e transporte (art. 22, XI, CF).

[17] STF, RE 240.406, j. 25.11.2003, e STJ, RMS 25.988, j. 2.4.2009.

Cap. 3 • PODER DE POLÍCIA | **69**

de cooperação calcado no regime de *gestão associada*, como o autoriza o art. 241, da CF. Nessas hipóteses, os entes federativos interessados firmarão convênios administrativos e consórcios públicos para atenderem aos objetivos de interesse comum. No caso do trânsito, por exemplo, é comum a celebração de tais ajustes, visto que há infrações sujeitas à fiscalização federal, estadual e municipal, sendo, então, conveniente uma atuação conjunta para conquistar maior eficiência. No que toca à segurança viária (vias públicas e mobilidade urbana), a Constituição definiu que o poder de polícia na fiscalização compete aos Estados, Distrito Federal e Municípios, por meio de seus respectivos agentes de trânsito (art. 144, § 10, CF).

VI. Poder de Polícia Originário e Delegado

Ante o princípio de que quem pode o mais pode o menos, não é difícil atribuir às pessoas políticas da federação o exercício do poder de polícia. Afinal, se lhes incumbe editar as próprias leis limitativas, de todo coerente que se lhes confira, em decorrência, o poder de minudenciar as restrições. Trata-se aqui do poder de polícia *originário*, que alcança, em sentido amplo, as leis e os atos administrativos provenientes de tais pessoas.

O Estado, porém, não age somente por seus agentes e órgãos internos. Várias atividades administrativas e serviços públicos são executados por pessoas administrativas vinculadas ao Estado. A dúvida consiste em saber se tais pessoas têm idoneidade para exercer o poder de polícia.

E a resposta não pode deixar de ser positiva, conforme proclama a doutrina mais autorizada.[18] Tais entidades, com efeito, são o prolongamento do Estado e recebem deste o suporte jurídico para o desempenho, por delegação, de funções públicas a ele cometidas.

Indispensável, todavia, para a validade dessa atuação é que a delegação seja feita por *lei formal*, originária da função regular do Legislativo.[19] Observe-se que a existência da lei é o pressuposto de validade da polícia administrativa exercida pela própria Administração Direta e, desse modo, nada obstaria que servisse também como respaldo da atuação de entidades paraestatais, mesmo que sejam elas dotadas de personalidade jurídica de direito privado. Como exemplo, a Fundação Departamento Estradas de Rodagens do RJ, criada pela Lei-RJ nº 1.695/1990, que detém poder fiscalizatório. O que importa, repita-se, é que haja expressa delegação na lei pertinente e que o delegatário seja entidade integrante da Administração Pública.[20]

A respeito do tema, suscitou-se grande polêmica relacionada à Guarda Municipal, quando o Município do Rio de Janeiro a instituiu sob a forma de empresa pública (posteriormente transformada em autarquia, pessoa de direito público, pela Lei Complementar/RJ nº 100/2009). Com o argumento de que se tratava de pessoa jurídica de direito privado, bem como pela circunstância de que seus servidores se subordinavam ao regime trabalhista, o que não lhes poderia conferir estabilidade, alguns passaram a defender a anulação das multas de trânsito por eles aplicadas em consequência da impossibilidade jurídica de ser exercido poder de polícia pela entidade.[21] A nosso ver, tal entendimento reflete flagrante desvio de perspectiva. Inexiste qualquer vedação constitucional para que pessoas administrativas de direito privado possam exercer o poder de polícia *em sua modalidade fiscalizatória*. Não lhes cabe – é lógico – o *poder de criação* das normas restritivas de polícia, mas, uma vez já criadas, como é o caso das normas

---

[18]   Vide parecer do ilustre Procurador Dr. EUGÊNIO NORONHA LOPES, em *Revista de Direito PGE/RJ*, n. 39, p. 281-287, 1987.

[19]   STJ, REsp 3.745, j. 26.9.1990 (multa imposta por entidade paraestatal).

[20]   TACiv/RJ, Ap.Civ. 3.012, reg. 13.9.1994 (COMLURB – coleta do lixo). *Contra*: STJ, REsp 817.534, j. 10.11.2009 (BHTrans, controle do trânsito).

[21]   TJ-RJ, Ap. Cív. 46.337/05, 13ª Câm. Cív., Rel. Des. ADEMIR PAULO PIMENTEL, em 11.10.2006.

70 | MANUAL DE DIREITO ADMINISTRATIVO • *Carvalho Filho*

de trânsito, nada impede que fiscalizem o cumprimento das restrições. Aliás, cabe aqui observar que a Lei nº 9.503/1997 (Código de Trânsito Brasileiro) é claríssima ao admitir que o agente da autoridade de trânsito, a quem incumbe comprovar a infração, seja *servidor civil, estatutário ou celetista* ou, ainda, policial militar designado pela autoridade de trânsito. Acertadamente, porém, a jurisprudência mais recente tem julgado legítimo o exercício do poder de polícia fiscalizatório pela aludida corporação.[22]

Bem a propósito, o STF, em irreparável julgamento, decidiu que as guardas municipais têm idoneidade para atuar na fiscalização, no controle e na orientação do trânsito e do tráfego, podendo, inclusive, aplicar as sanções pertinentes, e isso por se tratar do exercício de mero poder de polícia, o que, aliás, sempre sustentamos. A Corte, no entanto, foi mais além para entender que, em face do art. 144, § 8º, da CF, não haverá impedimento a que a referida instituição exerça funções adicionais à de proteção de bens, serviços e instalações do Município, desde que, é claro, nos lindes da competência municipal.[23]

Em nova apreciação sobre o tema, envolvendo polícia de trânsito, a Corte delineou seu entendimento com mais elementos. Nessa questão, o STJ adotara a interpretação de que apenas os atos relativos ao *consentimento* e à *fiscalização* seriam delegáveis, o que seria inviável relativamente aos atos de *legislação* e de *sanção*. O STF, porém, estendeu o poder de delegação também às sanções, consideradas como corolários da fiscalização. A vedação, desse modo, se limitará aos atos de legislação, privativos que são da função coercitiva do Poder Público. Em consequência, pode haver delegação da função de polícia a pessoas privadas da Administração Indireta (empresas públicas e sociedades de economia mista), desde que o capital social seja majoritariamente público e que prestem exclusivamente serviço público de atuação própria do Estado fora do regime concorrencial.[24] A questão, a nosso ver, está adequadamente julgada. Fora daí, o que resta é a estranheza do entendimento proibitivo, e em cujo foco parece haver maior preocupação com aspectos formais do direito do que com a exigência de postura mais civilizada no trânsito por parte de algumas pessoas – exigência, diga-se de passagem, notória em toda a sociedade.

Nessa questão de trânsito, costuma-se reclamar contra o que se vem denominando de "*indústria de multa*", acusação desferida contra entidades encarregadas da fiscalização do trânsito, que estariam aplicando multas de forma abusiva para arrecadação de recursos. A questão aqui é outra. Cuida-se de abuso de poder, que precisa ser severamente reprimido pelas autoridades competentes. Tal abuso, todavia, tanto pode vir de pessoas privadas quanto de pessoas públicas incumbidas da função fiscalizadora. Portanto, esse aspecto não serve para solucionar juridicamente a questão posta sob enfoque. O que se exige é o controle e a exemplar punição pelo cometimento de abusos, o que, infelizmente, quase nunca acontece.

Por outro lado, releva destacar que a delegação não pode ser outorgada a pessoas da iniciativa privada, desprovidas de vinculação oficial com os entes públicos, visto que, por maior que seja a parceria que tenham com estes, jamais serão dotadas da potestade (*ius imperii*) necessária ao desempenho da atividade de polícia. A propósito, foi declarada a inconstitucionalidade de dispositivo da Lei nº 9.469/1998, que previa a delegação a entidades privadas do poder de fiscalização de profissões regulamentadas, fundando-se a decisão na indelegabilidade do poder de polícia. [25]

Quando a lei confere a uma entidade administrativa o poder acima referido, diz-se que há na hipótese poder de polícia *delegado*. Sem embargo de algumas resistências, como antecipamos,

---

22 TJ-RJ, MS 9.074, j. 12.3.2010, e Ap.Civ 36.729, j. 3.2.2010.

23 STF, RE 658.570, Min. ROBERTO BARROSO, maioria, em 6.8.2015.

24 STF 633.782, j. 23.10.2020.

25 STF, ADI 1.717, j. 7.11.2002.

moderna doutrina vem admitindo essa delegação, com o destaque apenas da necessidade de serem observadas certas cautelas, como (a) o impedimento de conflito entre os interesses público e privado, (b) o afastamento do setor econômico de mercado e (c) o acidentalismo do poder de polícia, significando que o ente delegado não deve exercê-lo como essência institucional, mas sim em decorrência da própria prestação do serviço público.[26]

Em determinadas situações em que se faz necessário o exercício do poder de polícia *fiscalizatório* (normalmente de caráter preventivo), o Poder Público atribui a pessoas privadas, por meio de contrato, a operacionalização material da fiscalização através de máquinas especiais, como ocorre, por exemplo, na triagem em aeroportos para detectar eventual porte de objetos ilícitos ou proibidos. Aqui o Estado não se despe do poder de polícia nem procede a qualquer delegação, mas apenas atribui ao executor a tarefa de operacionalizar máquinas e equipamentos, sendo-lhe incabível, por conseguinte, instituir qualquer tipo de restrição; sua atividade limita-se, com efeito, à *constatação de fatos*. O mesmo ocorre, aliás, com a fixação de equipamentos de fiscalização de restrições de polícia, como os aparelhos eletrônicos utilizados pelos órgãos de trânsito para a identificação de infrações por excesso de velocidade: ainda que a fixação e a manutenção de tais aparelhos possam ser atribuídos a pessoas privadas, o poder de polícia continua sendo da titularidade do ente federativo constitucionalmente competente. Nada há de ilícito em semelhante atribuição operacional. Adite-se que a jurisprudência já confirmou, de forma absolutamente acertada, a licitude dos chamados "*pardais eletrônicos*", fundando-se no fato de que o art. 280, § 2º, da Lei nº 9.503/1997 (Código de Trânsito Brasileiro), admite que a infração também possa ser comprovada por tais equipamentos, quando inviável for a presença do agente de trânsito.[27]

No que toca ao exercício de profissão ou ofício, cujo poder de polícia genérico se inscreve no art. 5º, XIII, da CF, foi reconhecida a competência regulamentadora da OAB relativamente à profissão de advogado, fato que ensejou o julgamento de legitimidade do *exame de ordem* dos bacharéis em Direito, com vistas a aferir a sua capacitação para exercer a respectiva atividade profissional.[28]

VII. Polícia Administrativa e Polícia Judiciária

Costumam os estudiosos do assunto dividir o poder de polícia em dois segmentos: a Polícia Administrativa e a Polícia Judiciária. Não obstante, antes de traçar a linha diferencial entre cada um desses setores, cabe anotar que ambos se enquadram no âmbito da *função administrativa*, vale dizer, representam atividades de gestão de interesses públicos.

A Polícia Administrativa é atividade da Administração que se exaure em si mesma, ou seja, inicia e se completa no âmbito da função administrativa. O mesmo não ocorre com a Polícia Judiciária, que, embora seja atividade administrativa, prepara a atuação da função jurisdicional penal, o que a faz regulada pelo Código de Processo Penal (arts. 4º ss) e executada por órgãos de segurança (polícia civil ou militar), ao passo que a Polícia Administrativa o é por órgãos administrativos de caráter mais fiscalizador.

Outra diferença reside na circunstância de que a Polícia Administrativa incide basicamente sobre *atividades* dos indivíduos, enquanto a polícia judiciária preordena-se ao *indivíduo* em si, ou seja, aquele a quem se atribui o cometimento de ilícito penal.[29]

---

[26] JOSÉ VICENTE SANTOS DE MENDONÇA, Estatais com poder de polícia: por que não?, *RDA* 252, p. 98-118, 2009.

[27] STJ, REsp 759.759, j. 5.9.2006.

[28] STF, RE 603.583, j. 26.10.2011.

[29] MARIA SYLVIA ZANELLA DI PIETRO, *Direito Administrativo*, p. 90.

MANUAL DE DIREITO ADMINISTRATIVO • Carvalho Filho

Vejamos um exemplo: quando agentes administrativos estão executando serviços de fiscalização em atividades de comércio, ou em locais proibidos para menores, ou sobre as condições de alimentos para consumo, ou ainda em parques florestais, essas atividades retratam o exercício de Polícia Administrativa. Se, ao contrário, os agentes estão investigando a prática de crime e, com esse objetivo, desenvolvem várias atividades necessárias à sua apuração, como oitiva de testemunhas, inspeções e perícias em determinados locais e documentos, convocação de indiciados etc., são essas atividades caracterizadas como Polícia Judiciária, eis que, terminada a apuração, os elementos são enviados ao Ministério Público para, se for o caso, providenciar a propositura da ação penal.

Por pretender evitar a ocorrência de comportamentos nocivos à coletividade, reveste-se a Polícia Administrativa de caráter eminentemente *preventivo*: pretende a Administração que o dano social sequer chegue a consumar-se. Já a Polícia Judiciária tem natureza predominantemente *repressiva*, eis que se destina à responsabilização penal do indivíduo.[30] Tal distinção, porém, não é absoluta, como têm observado os estudiosos. Na verdade, os agentes da Polícia Administrativa também agem repressivamente, quando, por exemplo, interditam um estabelecimento comercial ou apreendem bens obtidos por meios ilícitos. Por outro lado, os agentes de segurança têm a incumbência, frequentemente, de atuar de forma preventiva, para o fim de ser evitada a prática de delitos.

Embora não seja comum, há na doutrina quem adote a terminologia "polícia mista" para denominar o órgão estatal que acumula ou exerce, sucessiva ou simultaneamente, as duas funções – a *preventiva* e a repressiva –, como é o caso da polícia brasileira em que o mesmo agente previne e reprime.[31]

VIII. Fundamentos

No que concerne ao benefício resultante do poder de polícia, constitui fundamento dessa prerrogativa do Poder Público o *interesse público*. A intervenção do Estado no conteúdo dos direitos individuais somente se justifica ante a finalidade que deve sempre nortear a ação dos administradores públicos, qual seja, o interesse da coletividade.

Em outro ângulo, a prerrogativa em si se funda na supremacia geral da Administração Pública. É que esta mantém, em relação aos administrados, de modo indistinto, nítida superioridade, pelo fato de satisfazer, como expressão de um dos poderes do Estado, interesses públicos.[32]

IX. Finalidade

No Estado liberal, ao mesmo tempo em que se passava a dedicar ao indivíduo maior proteção em face do próprio Estado, verificaram os sistemas políticos que essa proteção não se tornaria eficaz sem que se permitisse ao Poder Público intervir nas relações privadas, como bem registra CAIO TÁCITO.[33]

Desse modo, outra não poderia ser a finalidade dessa intervenção através do poder de polícia senão a de proteção dos interesses coletivos, o que denota estreita conotação com o

---

[30] JAYME BERBAT FILHO e CLAUDIO ROBERTO PAZ LIMA, Comentários à Lei Orgânica da Polícia Civil do Estado do Rio de Janeiro, Freitas Bastos, 2023, p. 63.

[31] CRETELLA JUNIOR, Polícia e poder de polícia, em *RDA* 162, 1985, p. 17.

[32] CELSO ANTÔNIO BANDEIRA DE MELLO, *Curso*, p. 353.

[33] *Poder de polícia e polícia do poder*, RDA 162/4. Explica o grande jurista que a expressão *police power* ingressou pela primeira vez na terminologia legal do julgamento pela Corte Suprema dos Estados Unidos, no caso Brown *versus* Maryland, com o sentido de limite ao direito de propriedade visando adequá-lo a interesses da comunidade.

Cap. 3 • PODER DE POLÍCIA | 73

próprio fundamento do poder, ou seja, se o interesse público é o fundamento inspirador dessa atuação restritiva do Estado, há de constituir alvo dela a proteção do mesmo interesse. Este tem que ser entendido em sentido amplo, para alcançar todo e qualquer aspecto, como o material, moral, cultural, ecológico etc.[34]

X. Âmbito de Incidência

É bastante amplo o círculo em que se pode fazer presente o poder de polícia. Com efeito, qualquer ramo de atividade que possa contemplar a presença do indivíduo rende ensejo à intervenção restritiva do Estado. Em outras palavras, não há direitos individuais *absolutos* a esta ou àquela atividade, mas ao contrário, deverão estar subordinados aos interesses coletivos. Daí poder dizer-se que a liberdade e a propriedade são sempre direitos *condicionados*, visto que sujeitos às restrições necessárias a sua adequação ao interesse público.

Até mesmo o *direito de locomoção*, corolário do princípio da liberdade, pode excepcionalmente sofrer condicionamentos em decorrência de situação emergencial que afete a coletividade. Exemplo significativo ocorreu durante a pandemia da Covid-19, em que várias restrições precisaram ser impostas aos indivíduos, constituindo o que alguns denominam de "*estado de necessidade administrativo*".[35]

É esse o motivo pelo qual se faz menção à polícia de construções, à polícia sanitária, à polícia de trânsito e tráfego, à polícia de profissões, à polícia do meio ambiente etc. Em todos esses ramos aparece o Estado, em sua atuação restritiva de polícia, para a preservação do interesse da comunidade.

XI. Atuação da Administração

1. ATOS NORMATIVOS E CONCRETOS

No exercício da atividade de polícia, pode a Administração atuar de duas maneiras.

Em primeiro lugar, pode editar *atos normativos*, que têm como característica o seu conteúdo genérico, abstrato e impessoal, qualificando-se, por conseguinte, como atos dotados de amplo círculo de abrangência. Nesse caso, as restrições são perpetradas por meio de decretos, regulamentos, portarias, resoluções, instruções e outros de idêntico conteúdo.

Além desses, pode criar também *atos concretos*,[36] estes preordenados a determinados indivíduos plenamente identificados, como são, por exemplo, os veiculados por atos sancionatórios, como a multa, e por atos de consentimentos, como as licenças e autorizações.

Se o Poder Público pretende regular, por exemplo, o desempenho de profissão, ou edificações, editará atos normativos. Quando, ao revés, interdita um estabelecimento ou concede autorização para porte de arma, pratica atos concretos.

2. DETERMINAÇÕES E CONSENTIMENTOS ESTATAIS

Os denominados *atos de polícia* possuem, quanto ao objeto que colimam, dupla qualificação: ou constituem determinações de ordem pública ou consubstanciam consentimentos dispensados aos indivíduos.

---

[34] JOSÉ MARIA PINHEIRO MADEIRA, ob. cit., p. 15.

[35] MAGNO FEDERICI GOMES e AMANDA RODRIGUES ALVES, O poder de polícia e a liberdade de locomoção: estado de necessidade administrativo em tempos de pandemia ambiental, *RDA* 282/1, p. 173-201, 2023.

[36] SÉRGIO DE ANDRÉA FERREIRA denomina tais manifestações como atos de realização ou concretização do Direito (ob. cit., p. 252).

O Poder Público estabelece *determinações* quando a vontade administrativa se apresenta impositiva, de modo a gerar deveres e obrigações aos indivíduos, não podendo estes se eximir de cumpri-los. Não custa lembrar que para alguns autores os atos de polícia podem traduzir obrigações de fazer (*facere*), enquanto que para outros espelham apenas obrigações de não fazer (*non facere*).[37] Abstraímo-nos, porém, dessa discussão, preferindo realçar o caráter impositivo dos atos de polícia, intitulando de "*determinações*" as imposições estatais.

Os *consentimentos* representam a resposta positiva da Administração Pública aos pedidos formulados por indivíduos interessados em exercer determinada atividade, que dependa do referido consentimento para ser considerada legítima. Aqui a Polícia Administrativa resulta da verificação que fazem os órgãos competentes sobre a existência ou inexistência de normas restritivas e condicionadoras, relativas à atividade pretendida pelo administrado.

Tais atos de consentimento são as *licenças* e as *autorizações*. As licenças são atos vinculados e, como regra, definitivos, ao passo que as autorizações espelham atos discricionários e precários. Exemplo das primeiras é a licença para construção; constitui autorização o consentimento dado a determinados moradores para fechamento temporário de uma rua com vistas à realização de festa popular. Outros exemplos desta última categoria estão na Lei nº 10.826, de 22.12.2003 (o estatuto do desarmamento), na qual foi previsto ato de autorização para compra de arma de fogo (art. 4º, § 1º) e também para o porte (art. 10). Como atos administrativos que são, serão eles estudados com maior enfoque no capítulo próprio.

Instrumento formal de tais atos é normalmente o *alvará*, mas documentos diversos podem formalizá-los, como carteiras, declarações, certificados e outros que tenham idêntica finalidade. Apenas a título de exemplo, a autorização para que se mantenha arma de fogo no interior da residência é formalizada pelo certificado de registro de arma de fogo, como averba o art. 5º da citada Lei nº 10.826/03. O que importa, pois, no caso é o consentimento que a Administração deseja exprimir por semelhantes atos.

Impõe-se aqui uma importante observação. Não é incomum verificar-se a confusão que se faz quanto ao sentido das *licenças, autorizações* e *alvarás*. A distinção, porém, é clara. A licença e a autorização são os atos administrativos em si, que afinal espelham a vontade da Administração em consentir que o indivíduo exerça certa atividade. Alvará, entretanto, é o documento, o instrumento de formalização daqueles atos. Por isso é que corretas são as expressões "alvará de licença" e "alvará de autorização". Decorre daí que tecnicamente não há "revogação" ou "anulação" de "alvará"; o que se revoga ou anula é o ato de licença ou autorização.

Não obstante, convém destacar que a Administração, de forma equivocada, tenta ocasionalmente cobrar taxas de renovação de licença por suposto exercício do poder de polícia em atividade de fiscalização. Tal conduta se reveste de ilegalidade, pois que somente onde a Administração atua efetivamente no exercício do poder de polícia é que se justifica a cobrança de taxa, como, aliás, está expresso no art. 145, II, da CF. Um desses casos de renovação ilegal de licença foi apreciado pelo STJ, que decidiu: "*Há exercício do Poder de Polícia na concessão inicial da licença. O mesmo não ocorre na renovação de Licença para Localização, onde não há o que verificar, pois o estabelecimento é o mesmo que inicialmente foi licenciado.*"[38]

Órgãos e entidades que prestam serviços públicos por delegação sujeitam-se ao poder de ordenamento municipal quanto à localização de seus estabelecimentos. Urge, pois, que se sujeitem ao poder de polícia municipal e que obtenham a necessária licença para instalação.

---

[37] Na primeira corrente, HELY LOPES MEIRELLES (*Direito Administrativo* cit., p. 122); na segunda, CELSO ANTÔNIO BANDEIRA DE MELLO (*Curso* cit., p. 355).

[38] STJ, REsp 111.670, j. 14.3.2000.

Cap. 3 • PODER DE POLÍCIA | 75

É o caso de cartórios notariais ou de registro, que, embora sujeitos à fiscalização do Poder Judiciário, só podem instalar-se legitimamente mediante a expedição do alvará de licença.[39]

3. ATOS DE FISCALIZAÇÃO

Não adiantaria deter o Estado o poder de impor restrições aos indivíduos se não dispusesse dos mecanismos necessários à fiscalização da conduta destes. Assim, o poder de polícia reclama do Poder Público a atuação de agentes fiscalizadores da conduta dos indivíduos. A propósito, a doutrina faz referência a uma *vigilância geral*, que se traduz *"na observação constante da conduta dos indivíduos nos lugares públicos e de todas as atividades que destes decorrem"*, e uma *vigilância* especial, concernente a atividades específicas (jogos, festas), a locais onde são exercidas (praças, bares) e à conduta de certas classes sociais (menores, moradores de rua).[40]

A fiscalização apresenta duplo aspecto: um *preventivo*, através do qual os agentes da Administração procuram impedir um dano social, e um *repressivo*, que, em face da transgressão da norma de polícia, redunda na aplicação de uma sanção. Neste último caso, é inevitável que a Administração, deparando a conduta ilegal do administrado, imponha-lhe alguma obrigação de fazer ou de não fazer. Como exemplo, cite-se o caso em que o indivíduo construiu em área pública, tendo decidido o STJ que *"a construção clandestina em logradouro público está sujeita à demolição, não tendo o invasor de má-fé direito à retenção, nem à indenização pelo município de eventuais benfeitorias"*.[41]

XII. Limites

Bem averba CRETELLA JR. que *"a faculdade repressiva não é, entretanto, ilimitada, estando sujeita a limites jurídicos: direitos do cidadão, prerrogativas individuais e liberdades públicas asseguradas na Constituição e nas leis"*.[42] Embora há muito já se reconheçam limites para o exercício do poder de polícia, é forçoso admitir que novos parâmetros têm sido concretamente aplicados, como os concernentes à dignidade humana, à proporcionalidade e ao conteúdo dos direitos fundamentais.[43]

A observação é de todo acertada: há uma linha, insuscetível de ser ignorada, que reflete a junção entre o poder restritivo da Administração e a intangibilidade dos direitos (liberdade e propriedade, entre outros) assegurados aos indivíduos. Atuar aquém dessa linha demarcatória é renunciar ilegitimamente a poderes públicos; agir além dela representa arbítrio e abuso de Poder, porque *"a pretexto do exercício do poder de polícia, não se pode aniquilar os mencionados direitos"*.[44]

XIII. Características

1. DISCRICIONARIEDADE E VINCULAÇÃO

Reina alguma controvérsia quanto à caracterização do poder de polícia, se vinculado ou discricionário.[45] Em nosso entender, porém, a matéria tem de ser examinada à luz do enfoque a ser dado à atuação administrativa.

---

[39] TJ-RJ, ApCív 2009.49345, Rel. Des. JESSÉ TORRES, publ. em 13.10.2009.

[40] MARCELO CAETANO, *Princípios*, cit., p. 352.

[41] STJ, REsp 111.670, j. 14.3.2000.

[42] *Curso*, cit., p. 601.

[43] JOSÉ VICENTE SANTOS DE MENDONÇA, *Direito Constitucional Econômico*, Fórum, 2014, p. 335.

[44] DIÓGENES GASPARINI, *Direito administrativo*, p. 118.

[45] Vide HELY LOPES MEIRELLES (ob. cit., p. 120) e CELSO ANTÔNIO B. DE MELLO (ob. cit., p. 360), com opiniões diametralmente opostas.

76 | MANUAL DE DIREITO ADMINISTRATIVO • *Carvalho Filho*

Quando tem a lei diante de si, a Administração pode levar em consideração a área de atividade em que vai impor a restrição em favor do interesse público e, depois de escolhê-la, o conteúdo e a dimensão das limitações. É o caso, por exemplo, em que autoridades públicas enumeram apenas alguns rios onde a pesca se tornará proibida. Sem dúvida que nesse momento a Administração age no exercício de seu poder *discricionário*.

Em questão que envolveu ordem do Município para transferir a área de atividade comercial de camelôs deficientes físicos, o então TACív-RJ, realçando o caráter discricionário do poder de polícia nesse aspecto, bem como o interesse público que constitui a finalidade dos atos administrativos, decidiu que a autorização tem natureza precária, razão por que *"o direito de exploração de comércio em determinado local não inibe a municipalidade de alterá-lo em prol da comunidade, máxime porque a autorização traz ínsita em si o germe de sua potencial extinção, ainda que com prazo certo"*.[46] É nessa valoração do órgão administrativo sobre a conveniência e a oportunidade da transferência que está a discricionariedade do poder de polícia. Evidentemente, o que é vedado à Administração é o abuso do poder de polícia, algumas vezes processado por excesso de poder ou por desvio de finalidade.

O inverso ocorre quando já está fixada a dimensão da limitação. Nessa hipótese, a Administração terá de cingir-se a essa dimensão, não podendo, sem alteração da norma restritiva, ampliá-la em detrimento dos indivíduos. A atuação, por via de consequência, se caracterizará como *vinculada*. No exemplo acima dos rios, será vedado à Administração impedir a pesca (não havendo, obviamente, outra restrição) naqueles cursos d'água não arrolados como alvo das medidas restritivas de polícia.

A doutrina tem dado ênfase, com cores vivas, à necessidade de controle dos atos de polícia, ainda quando se trate de determinados aspectos, pelo Poder Judiciário. Tal controle inclui os atos decorrentes do poder discricionário para evitar-se excessos ou violências da Administração em face de direitos individuais.[47] O que se veda ao Judiciário é agir como *substituto* do administrador, porque estaria invadindo funções que constitucionalmente não lhes são atribuídas.[48]

2. AUTOEXECUTORIEDADE

Nas precisas palavras de DEBBASCH, a Administração pode tomar, *sponte sua*, as providências que modifiquem imediatamente a ordem jurídica, impondo desde logo obrigações aos particulares, com vistas ao interesse coletivo.[49] Pelo objetivo que a inspira, não pode ficar a Administração à mercê do consentimento dos particulares. Ao revés, cumpre-lhe agir de imediato.

A prerrogativa de praticar atos e colocá-los em imediata execução, sem dependência à manifestação judicial, é que representa a *autoexecutoriedade*. Tanto é autoexecutória a restrição imposta em caráter geral, como a que se dirige diretamente ao indivíduo, quando, por exemplo, comete transgressões administrativas. É o caso da apreensão de bens, interdição de estabelecimentos e destruição de alimentos nocivos ao consumo público. Verificada a presença dos pressupostos legais do ato, a Administração pratica-o imediatamente e o executa de forma integral. Esse o sentido da autoexecutoriedade.

Outro ponto a considerar é o de que a autoexecutoriedade não depende de autorização de qualquer outro Poder, desde que a lei autorize o administrador a praticar o ato de forma

---

[46] TA-Civ-RJ, ApCiv 8.900, reg. 23.5.1997.

[47] CAIO TÁCITO, Poder de polícia e polícia do poder, *RDA* 162/1985, p. 6.

[48] V. Parecer 21/87 do ilustre Procurador do Estado (RJ), Dr. SABINO LAMEGO DE CAMARGO, em *Revista de Direito da PGE-RJ* nº 40, 1988, p. 246-248.

[49] CHARLES DEBBASCH, *Droit Adminitratif* cit., p. 260.

Cap. 3 • PODER DE POLÍCIA | 77

imediata. Assim, acertada a decisão segundo a qual, *no exercício de poder de polícia administrativa, não depende a Administração da intervenção de outro poder para torná-lo efetivo.*[50] Quando a lei autoriza o exercício do poder de polícia com autoexecutoriedade, é porque se faz necessária a proteção de determinado interesse coletivo.

Impõem-se, ainda, duas observações. A primeira consiste no fato de que há atos que não autorizam a imediata execução pela Administração, como é o caso das *multas*, cuja cobrança só é efetivamente concretizada pela ação própria na via judicial. A outra é que a autoexecutoriedade não deve constituir objeto de abuso de poder, de modo que deverá a prerrogativa compatibilizar-se com o princípio do devido processo legal para o fim de ser a Administração obrigada a respeitar as normas legais. Assim, impõe-se lei autorizadora, estado de urgência na providência administrativa e inexistência de outra via idônea para resguardar o interesse público ameaçado ou ofendido.[51]

A despeito de a multa não ser autoexecutória, é possível que seu pagamento se configure como condição para que a Administração pratique outro ato em favor do interessado. Exige-se, contudo, que tal condição tenha expressa previsão em lei. Há, aqui e ali, entendimento no sentido de que a liberação de veículo alvo da penalidade de apreensão por motivo de infração de trânsito dispense o pagamento da multa, e isso sob o argumento de que se estaria, indiretamente, convertendo a multa em punição autoexecutória.[52] Não nos parece correta tal orientação. No caso, não se trata de transformação da natureza da multa, mas sim da circunstância de ter a lei considerado a quitação da multa como condição da prática de novo ato administrativo. Se a lei fez expressamente a previsão, não há fundamento para impugnar a exigência.[53]

O que não se admite é que o órgão de trânsito imponha o pagamento da multa que ainda não tenha sido objeto de *notificação*, pois que com esta é que a sanção se torna exigível. Todavia, se está vencida é porque o infrator não a impugnou oportunamente, deixando transcorrer *in albis* o prazo de impugnação, ou, se impugnou, seu recurso foi improvido: nesse caso, seu pagamento pode ser normalmente imposto como condição de liberação do veículo.[54]

Hipótese interessante sobre o tema, aliás, foi decidida pelo TJ-RJ. Em razão de estar operando transporte de passageiros sem a devida autorização legal, determinado veículo (uma "van") foi objeto de apreensão e multa pela autoridade de trânsito. Para liberar o veículo, exigiu-se do proprietário que pagasse a multa. Em outras palavras: a multa figuraria como condição para liberação do veículo. Em mandado de segurança, o Tribunal decidiu que a multa não é autoexecutória e não pode figurar como condição de outro ato, a menos que haja expressa previsão legal.[55] Ora, o Código de Trânsito, como visto, prevê expressamente a hipótese, o que deixa sem fundamento a decisão.

Vale a pena observar que o direito positivo também qualifica o pagamento de tributos ou contribuições como condição para a prática de outros atos. Como exemplo, pode citar-se a exigência de quitação fiscal para participação em procedimentos de licitação pública. O próprio Código Tributário Nacional admite que lei possa exigir a quitação de tributos (art. 205). Portanto, não há qualquer estranheza em tal situação, devendo-se admitir que o legislador, nesses casos, não quis permitir que as multas impostas venham a permanecer indefinidamente sem

---

50   TJ-SP (ApCív nº 165.088-1, 4ª CCív, unân., Rel. Des. ALVES BRAGA, julg. em 19.3.1992).

51   CELSO ANTÔNIO BANDEIRA DE MELLO, *Curso* cit., p. 366.

52   TJ-RJ, Duplo Grau nº 311/98, Des. MARCUS TULLIUS ALVES, *DO* 17.11.1998.

53   STJ, REsp 895.377, j. 11.9.2007, e REsp 1.088.532, j. 16.4.2009.

54   Nesse exato sentido, STJ, REsp 1.104.775-RS, Rel. Min. CASTRO MEIRA, em 24.6.2009.

55   TJ-RJ, Duplo Grau Jurisd. Obrigat. nº 311, publ. 17.11.1998.

MANUAL DE DIREITO ADMINISTRATIVO • Carvalho Filho

a quitação por parte do infrator; afinal, se foi aplicada multa, houve fatalmente a transgressão administrativa.

Outra hipótese que tem provocado alguma polêmica diz respeito à mesma exigência de pagamento de multas no caso de renovação de licenciamento de veículos. Como essa exigência é prevista na lei de trânsito, nenhuma razão existe para dispensá-la.

O que é imprescindível é que tais hipóteses tenham previsão legal, não ficando, por conseguinte, ao mero alvedrio da autoridade administrativa. Assim, não encontramos ressonância para algumas opiniões que, em nome da pseudotutela de direitos, opõe alguma resistência a esse tipo de condicionamento previsto em lei, invocando basicamente o argumento de que a multa de trânsito é penalidade administrativa e, como tal, pode ser inscrita na dívida ativa e cobrada por processo especial de execução fiscal.[56] Com a devida vênia, não abonamos esse pensamento: a uma, porque o pagamento das multas como condição de novo licenciamento está expresso em lei, que nada tem de inconstitucional, como se observa no art. 131, §§ 2º e 3º, da Lei 9.503/1997 (Código de Trânsito Brasileiro); a duas, porque o fato de a multa ser suscetível de execução fiscal não tem qualquer relação com a exigência de sua quitação antes do licenciamento e vistoria; e, a três, porque o excesso de infrações, como regra, é sintoma de periculosidade no trânsito e de risco para pedestres e outros motoristas, e é nessa verificação que se situa o exercício do poder de polícia pela Administração – atividade, na hipótese, tipicamente preventiva contra a indevida prática da atividade pelos particulares. Felizmente, tem predominado a lógica em decisões e entendimentos contrários.[57]

3. COERCIBILIDADE

Essa característica estampa o grau de imperatividade de que se revestem os atos de polícia. A Polícia Administrativa, como é natural, não pode curvar-se ao interesse dos administrados de prestar ou não obediência às imposições. Se a atividade corresponder a um poder, decorrente do *ius imperii* estatal, há de ser desempenhada de forma a obrigar todos a observarem os seus comandos.

Diga-se, por oportuno, que é intrínseco a essa característica o poder que tem a Administração de usar a força, caso necessária para vencer eventual recalcitrância. É o que sucede, por exemplo, quando, em regime de greve, operários se apoderam *manu militari* da fábrica e se recusam a desocupá-la na forma da lei.

Outro exemplo significativo foi o fixado na Lei nº 13.301, de 27.6.2016, que dispõe sobre medidas de vigilância em saúde, a propósito do combate aos vírus da dengue, *chikungunya* e da *zika*, que têm provocado inúmeras doenças de caráter contagioso. A lei autoriza à autoridade administrativa o ingresso forçado em imóveis públicos ou privados, no caso de abandono, ausência ou recusa, que possam impedir o acesso dos agentes de saúde competentes (art. 1º, § 1º, IV). Cuida-se de evidente exercício da coercibilidade no âmbito do poder de polícia preventivo.

Não custa lembrar nesta oportunidade que, em virtude da pandemia da Covid-19, foi editada a Lei nº 14.019, de 2.7.2020, que, alterando a Lei nº 13.979/2020, determinou a *obrigatoriedade* do uso de *máscaras* de proteção individual para que as pessoas circulem em espaços públicos e privados com acesso ao público, em vias públicas e em transportes públicos (art. 1º). Trata-se de inequívoca hipótese da coercibilidade aplicada no âmbito do poder de polícia.

---

[56] Foi como decidiu a 2ª Turma do STJ no REsp nº 765.740-RJ, Rel. Min. CASTRO MEIRA, em 13.12.2005.

[57] TJ-RJ, Rec. Inominado nº 0172360-11.2015.8.19.0001 e Enunciado nº 89 (quitação de multas e tributos antes da vistoria veicular).

Cap. 3 • PODER DE POLÍCIA | 79

XIV. Legitimidade da Polícia Administrativa

1. REQUISITOS GERAIS DE VALIDADE

Os atos oriundos da atividade de Polícia Administrativa, para serem legítimos, precisam, como ocorre com qualquer ato administrativo, estar revestidos de todos os requisitos de validade.

Tais requisitos serão mais detidamente estudados no Capítulo 4, destinado ao ato administrativo. Não obstante, e pela pertinência com o tema sob estudo, convém desde já assinalar os principais aspectos ligados à legitimidade dos atos de polícia.

Deverão os atos de polícia ser praticados por agentes no exercício regular de sua *competência*. É também indispensável que o ato seja produzido com a *forma* imposta pela lei. Outros requisitos de validade são a *finalidade*, o *motivo* e o *objeto*. Enfim, como ato administrativo que é, o ato de polícia será legal ou ilegal, conforme compatível ou não com os requisitos exigidos para sua validade.

2. PRINCÍPIO DA PROPORCIONALIDADE

O princípio da proporcionalidade deriva, de certo modo, do poder de coerção de que dispõe a Administração ao praticar atos de polícia. Realmente, não se pode conceber que a coerção seja utilizada indevidamente pelos agentes administrativos, o que ocorreria, por exemplo, se usada onde não houvesse necessidade.

Em virtude disso, tem a doutrina moderna mais autorizada erigido à categoria de princípio necessário à legitimidade do ato de polícia a existência de uma linha proporcional entre os *meios* e os *fins* da atividade administrativa. Como bem observa CELSO ANTÔNIO BANDEIRA DE MELLO, é preciso que a Administração tenha cautela na sua atuação, *"nunca se servindo de meios mais enérgicos que os necessários à obtenção do resultado pretendido pela lei"*.[58]

Não havendo proporcionalidade entre a medida adotada e o fim a que se destina, incorrerá a autoridade administrativa em *abuso de poder* e ensejará a invalidação da medida na via judicial, inclusive através de mandado de segurança.[59]

Na verdade, sobram razões para esse entendimento. Mas a principal, segundo nosso entender, descansa no postulado maior pelo qual à Administração são conferidas prerrogativas que têm o único escopo de atender aos interesses coletivos, não lhe sendo lícito, todavia, atuar em detrimento deste ou daquele indivíduo, a pretexto de buscar aqueles interesses. Se a conduta administrativa é desproporcional, a conclusão inevitável é a de que um ou alguns indivíduos estão sendo prejudicados por excesso de poder, revelando-se ausente o verdadeiro interesse coletivo a ser perseguido e configurando-se, sem dúvida, ilegalidade que merece correção.

Exemplo típico, e lamentavelmente não raro, de ofensa ao princípio da proporcionalidade consiste no uso exagerado de violência por agentes policiais encarregados de manter a ordem em casos de protestos ou movimentos populares e de diligências em locais de maior incidência de delitos, como favelas, morros e outras comunidades. A violência excessiva é conduta desproporcional à regular diligência de preservação da ordem pública, de modo que merece repressão e responsabilização dos agentes causadores da violação.

Aplica-se, da mesma forma, o princípio em tela quando a lei prevê a punição por meio de *multa*, fixando um valor mínimo e um valor máximo. O administrador não é inteiramente livre para fixar o valor da multa; ao contrário, cabe-lhe aplicar a sanção em conformidade com a natureza da infração, exigindo-se-lhe, assim, observância à proporcionalização punitiva. E mais:

---

[58]   *Curso*, cit., p. 367.

[59]   No mesmo sentido, HELY LOPES MEIRELLES (ob. cit., p. 125) e MARIA SYLVIA DI PIETRO (ob. cit., p. 93).

80 | MANUAL DE DIREITO ADMINISTRATIVO • Carvalho Filho

compete-lhe também expressar o *motivo* (ou *justificativa*) que lhe impulsionou a manifestação de vontade geradora da aplicação da multa.[60]

Bem ilustrativos a propósito são os dizeres de aresto do STF, segundo o qual *"a atuação da administração pública, no exercício do poder de polícia, há de ficar restrita aos atos indispensáveis à eficácia da fiscalização, voltada aos interesses da sociedade"*. Acrescentou a decisão que, se for ultrapassada a simples correção da conduta e aplicada punição, devem ser assegurados o contraditório e a ampla defesa, nos termos do art. 5º, LV, da CF. E concluiu a Corte que *"não subsiste decisão administrativa que, sem observância do rito imposto constitucionalmente, implique a imposição de pena de suspensão, projetada no tempo, obstaculizando o desenvolvimento do trabalho de taxista"*.[61] No caso, a autoridade administrativa, além de praticar o ato proporcional ao gravame cometido pelo motorista de táxi, extrapolou o limite imposto pelo interesse público, aplicando punição bem mais gravosa, fato que se configurou como ofensa ao princípio da proporcionalidade.

XV. Sanções de Polícia

Sanção administrativa é o ato punitivo que o ordenamento jurídico prevê como resultado de uma infração administrativa, suscetível de ser aplicado por órgãos da Administração.[62] A *infração administrativa*, por sua vez, configura-se como o comportamento típico, antijurídico e reprovável idôneo a ensejar a aplicação de sanção administrativa, no desempenho de função administrativa.[63]

Se a sanção resulta do exercício do poder de polícia, qualificar-se-á como *sanção de polícia*. Para alguns autores, trata-se de *sanção externa*, em oposição à *sanção interna*, pertinente ao regime de servidores públicos.[64] O primeiro aspecto a ser considerado no tocante às sanções de polícia consiste na necessária observância do *princípio da legalidade*. Significa dizer que somente a lei pode instituir tais sanções com a indicação das condutas que possam constituir infrações administrativas. Atos administrativos servem apenas como meio de possibilitar a execução da norma legal sancionatória, mas não podem, por si mesmos, dar origem a apenações.[65]

As sanções espelham a atividade repressiva decorrente do poder de polícia. Estão elas difundidas nas diversas leis que disciplinam atividades sujeitas a esse poder. As mais comuns são a multa, a inutilização de bens privados, a interdição de atividade, o embargo de obra, a cassação de patentes, a proibição de fabricar produtos etc. São sanções, na verdade, todos os atos que representam a punição aplicada pela Administração pela transgressão de normas de polícia.

Modernamente tem sido feita – corretamente, diga-se de passagem – distinção entre *sanções de polícia* e *medidas de polícia*. Sanções são aquelas que espelham uma punição efetivamente aplicada à pessoa que houver infringido a norma administrativa, ao passo que medidas são as providências administrativas que, embora não representando punição direta, decorrem do cometimento de infração ou do risco em que esta seja praticada. O Código de Trânsito Brasileiro distingue *penalidades* (o mesmo que *sanções*), como multa, advertência etc.

---

[60]   STJ, REsp 462.732, j. 20.8.2009.

[61]   STF, RE 153.540, j. 5.6.1995.

[62]   REGIS FERNANDES DE OLIVEIRA, *Infrações e sanções administrativas*, p. 26.

[63]   A observação é de DANIEL FERREIRA, *Teoria geral da infração administrativa*, Fórum, 2009, p. 231.

[64]   DIOGO DE FIGUEIREDO MOREIRA NETO, *Curso* cit., p. 342.

[65]   TRF – 1ª R, ApCiv 1997.01.009481-4, publ. 14.5.1999.

Cap. 3 • PODER DE POLÍCIA | **81**

(art. 256, I a VII), de *medidas administrativas*, como remoção de veículo, teste de alcoolemia etc. (art. 269, I a XI).

Em algumas circunstâncias, a mesma conduta administrativa pode caracterizar-se como uma ou outra modalidade, sempre considerando o que a lei tiver previsto para enfrentar a referida situação. É o caso, para exemplificar, da interdição de estabelecimento: tanto pode ser ato punitivo direto pela prática de infração grave, como pode ser medida administrativa, adotada em face da prática de infração para a qual a lei previu sanção direta.[66]

Não se deve esquecer que as sanções devem ser aplicadas em observância ao devido processo legal (*due process of law*), para que se observe o princípio da garantia de defesa aos acusados, inscrito no art. 5º, LIV e LV, da CF. Se o ato sancionatório de polícia não tiver propiciado ao infrator a oportunidade de rechaçar a acusação e de produzir as provas necessárias às suas alegações, estará contaminado de vício de legalidade, devendo ser corrigido na via administrativa ou judicial.[67] Como se trata de processo acusatório, deve reconhecer-se a incidência, por analogia, de alguns axiomas consagrados no âmbito do Direito Penal e Processual Penal.[68]

Em relação à multa de trânsito, o STJ já se pacificou no sentido de que no respectivo processo administrativo são indispensáveis as notificações da autuação e da aplicação da sanção decorrente da infração cometida pelo motorista: a primeira se materializa no ato que indica os elementos que cercam a infração (local, dia, horário etc.); a segunda consiste no ato que corresponde à efetiva aplicação da penalidade (Súmula 312). Entretanto, se houver autuação em flagrante, torna-se desnecessária a notificação da infração; nesse caso, fica aberto, de imediato, o prazo para que o infrator apresente sua defesa prévia.[69] Avulta notar, ainda, que o pagamento da multa de trânsito não impede que o interessado discuta judicialmente o débito, cabendo a repetição do indébito se a sanção for anulada (STJ, Súmula 434).

Na esfera da Administração Pública federal, direta ou indireta, a ação punitiva, quando se tratar do exercício do poder de polícia, prescreve em cinco anos contados da data da prática do ato ou, em se tratando de infração permanente ou continuada, do dia em que tiver cessado. Entretanto, se o fato constituir crime, o prazo prescricional será o mesmo atribuído pela lei penal. É o que dispõe a Lei nº 9.873, de 23.11.1999, promulgada após sucessivas medidas provisórias. Cuida-se, pois, de prescrição contra o Poder Público e a favor do infrator, de modo que, consumada, fica este garantido contra qualquer sanção de polícia a cargo da Administração.

A prescrição incide também sobre procedimentos administrativos paralisados por mais de três anos na hipótese em que se aguarda despacho ou julgamento da autoridade administrativa. O processo deverá ser arquivado de ofício ou a requerimento do interessado, mas caberá à Administração apurar a responsabilidade funcional do agente pela omissão no referido prazo (art. 1º, § 1º). A prescrição da ação punitiva da Administração, no caso das sanções de polícia, se interrompe: (a) pela notificação ou citação do indiciado ou acusado, ainda que por edital; (b) por qualquer ato inequívoco pelo qual se demonstre o interesse administrativo na apuração do fato; (c) pela decisão condenatória recorrível (art. 2º, I a III, Lei nº 9.873); e (d) por qualquer ato inequívoco que traduza manifestação expressa de tentativa de solução conciliatória no âmbito interno da Administração (art. 2º, I a IV, Lei nº 9.873). A lei prevê ainda a *suspensão* do prazo, quando em vigor compromisso de cessação ou do acordo em controle

---

[66]   FÁBIO MEDINA OSÓRIO, *Direito administrativo sancionador*, RT, 2000, p. 80-82.

[67]   TJ-RJ, Duplo Grau Jurisd. nº 108, reg. 3.11.1997.

[68]   Nesse sentido, vale a pena consultar o trabalho de EDILSON PEREIRA NOBRE JUNIOR, *Sanções administrativas e princípios de direito penal* (*RDA*, v. 219, p. 127-151, 2000).

[69]   STJ, REsp 894.279, j. 6.2.2007.

82 | MANUAL DE DIREITO ADMINISTRATIVO • *Carvalho Filho*

de concentrações, em apuração de infrações da ordem econômica (art. 3º, I, Lei nº 9.873 c/c art. 46, § 2º, Lei nº 12.529/2011).

Em consonância com esse quadro normativo, já se pacificou o entendimento de que a pretensão da Administração de promover a execução da multa por infração ambiental prescreve em cinco anos, contados a partir do término do respectivo processo administrativo (STJ, Súmula 467).

Vale destacar, por último, que a prescrição da pretensão punitiva da Administração, regulada pela Lei nº 9.873/1999, tem incidência específica para as infrações relacionadas ao poder de polícia, sendo, por conseguinte, inaplicável em processos administrativos funcionais e de natureza tributária. É o que expressa o art. 5º desse diploma.

A nova regulação merece aplausos porque, limitando a ação punitiva da Administração, prestigia o princípio de segurança nas relações jurídicas e, assim, confere garantia do indivíduo ou pessoa jurídica contra eventuais comportamentos inquinados de excesso de poder ou desvio de finalidade. Não obstante, foi destinada exclusivamente à Administração *federal*, embora, por sua relevância, devesse estender-se também às Administrações estaduais e municipais.

A despeito de a prescrição quinquenal estar direcionada à Administração Federal, cresce a tendência de estendê-la a todas as multas, fundando-se o entendimento na aplicação isonômica do Decreto nº 20.910/1932.[70] Não nos parece procedente o argumento: a uma, porque esse diploma trata da prescrição de pretensões de administrados contra a Fazenda, e não desta contra administrados, de onde se infere ser inviável a aplicação analógica; a duas, porque seria exigível lei própria para fixar o aludido prazo (que, aliás, já deveria haver), mas, do momento em que inexiste, caberia aplicar-se o Código Civil, que, ao contrário do que se costuma afirmar, não regula apenas relações privadas, mas, em certas ocasiões, também rege relações de direito público, já que muitas de suas normas pertencem à teoria geral do direito.

XVI. Súmulas

SUPREMO TRIBUNAL FEDERAL

Súmula 645: *É competente o Município para fixar o horário de funcionamento de estabelecimento comercial* (atual Súmula Vinculante 38).

Súmula 646: *Ofende o princípio da livre concorrência lei municipal que impede a instalação de estabelecimentos comerciais do mesmo ramo em determinada área.*

SÚMULAS VINCULANTES

Súmula Vinculante 38: *É competente o Município para fixar o horário de funcionamento de estabelecimento comercial* (antiga Súmula 645).

Súmula Vinculante 41: *O serviço de iluminação pública não pode ser remunerado mediante taxa* (antiga Súmula 670).

SUPERIOR TRIBUNAL DE JUSTIÇA

Súmula 19: *A fixação de horário bancário, para atendimento ao público, é da competência da União.*

---

[70] STJ, REsp 1.105.442, Rel. Min. HAMILTON CARVALHIDO, em 21.12.2009.

Súmula 312: *No processo administrativo para imposição de multa de trânsito, são necessárias as notificações da autuação e da aplicação da pena decorrente da infração.*

Súmula 434: *O pagamento da multa por infração de trânsito não inibe a discussão judicial do débito.*

Súmula 467: *Prescreve em cinco anos, contados do término do processo administrativo, a pretensão da Administração Pública de promover a execução da multa por infração ambiental.*

4

Ato Administrativo

I. Introdução

A teoria do ato administrativo compõe, sem qualquer dúvida, o ponto central do estudo do Direito Administrativo, como, aliás, oportunamente anota MARCELO CAETANO.[1] Diz o autor que a expressão passou a ser utilizada com frequência a partir do início do presente século, talvez enganchada à ideia de ato jurídico, constituída por civilistas alemães e italianos no curso do século anterior. Remata observando que a noção da expressão traduz uma ação *concluída, "uma vontade que se manifestou ou pelo menos se revelou nem que seja por omissão".*[2] Antes, porém, de chegar ao ato administrativo como manifestação da vontade administrativa, é necessário distinguir os conceitos de certas figuras com as quais aquele provoca alguma confusão.

1. FATOS ADMINISTRATIVOS

A noção de *fato administrativo* não guarda relação com a de *fato jurídico*, encontradiça no direito privado.[3] Fato jurídico significa o fato capaz de produzir efeitos na ordem jurídica, de modo que dele se originem e se extingam direitos (*ex facto oritur ius*).

A ideia de fato administrativo não tem correlação com tal conceito, pois que não leva em consideração a produção de efeitos jurídicos, mas, ao revés, tem o sentido de *atividade material* no exercício da função administrativa, que visa a efeitos de ordem prática para a Administração. Exemplos de fatos administrativos são a apreensão de mercadorias, a dispersão de manifestantes, a desapropriação de bens privados, a requisição de serviços ou bens privados etc. Enfim, a noção indica tudo aquilo que retrata alteração dinâmica na Administração, um movimento na ação administrativa. Significa dizer que a noção de fato administrativo é mais ampla que a de fato jurídico, uma vez que, além deste, engloba também os fatos simples, ou seja, aqueles que não repercutem na esfera de direitos, mas estampam evento material ocorrido no seio da Administração.

Observa com precisão a doutrina que o fundamento do fato administrativo, como operação material, é, como regra, o ato administrativo. Manifestada a vontade administrativa através deste, surge como consequência a ocorrência daquele. Às vezes, o fato administrativo precede o ato: é o caso da apreensão de bens, em que o agente primeiro produz a operação material de apreender, e depois é que a descreve no auto de apreensão, este sim o ato administrativo.[4]

---

[1] *Princípios fundamentais de direito administrativo*, p. 108.

[2] Ob. e loc. cit.

[3] CRETELLA JÚNIOR, *Curso de direito administrativo*, p. 134.

[4] SEABRA FAGUNDES, *O Controle dos atos administrativos pelo Poder Judiciário*, p. 93.

Entretanto, o fato administrativo não se consuma sempre em virtude de algum ato administrativo. Às vezes, decorre de uma conduta administrativa, ou seja, de uma ação da Administração, não formalizada em ato administrativo. A só alteração de local de determinado departamento administrativo não se perfaz, necessariamente, pela prática de ato administrativo; como a mudança de lugar, porém, representou atividade administrativa material, poderá afirmar-se que constituiu um fato administrativo. Acrescente-se, ainda, que até fenômenos naturais, quando repercutem na esfera da Administração, constituem fatos administrativos, como é o caso, por exemplo, de um raio que destrói um bem público ou de uma enchente que inutiliza equipamentos pertencentes ao serviço público.

Em síntese, podemos constatar que os *fatos administrativos* podem ser *voluntários* e *naturais*. Os fatos administrativos voluntários se materializam de duas maneiras: (1ª) por *atos administrativos*, que formalizam a providência desejada pelo administrador através da manifestação da vontade; (2ª) por *condutas administrativas*, que refletem os comportamentos e as ações administrativas, sejam ou não precedidas de ato administrativo formal. Já os fatos administrativos naturais são aqueles que se originam de fenômenos da natureza, cujos efeitos se refletem na órbita administrativa.

Assim, quando se fizer referência a fato administrativo, deverá estar presente unicamente a noção de que ocorreu um evento dinâmico da Administração.

2. ATOS DA ADMINISTRAÇÃO

A expressão *atos da Administração* traduz sentido amplo e indica todo e qualquer ato que se origine dos inúmeros órgãos que compõem o sistema administrativo em qualquer dos Poderes. O emprego da expressão não leva em conta a natureza deste ou daquele ato. Significa apenas que a Administração Pública se exprime, na maioria das vezes, por meio de atos, de forma que, ao fazê-lo, pratica o que se denomina de *atos da Administração*. O critério identificativo, portanto, reside na *origem* da manifestação de vontade. Uma vez praticado o ato, aí sim, caberá ao intérprete identificá-lo na categoria adequada.

Na verdade, entre os atos da Administração se enquadram atos que não se caracterizam propriamente como atos administrativos, como é o caso dos *atos privados* da Administração. Exemplo: os contratos regidos pelo direito privado, como a compra e venda, a locação etc. No mesmo plano estão os *atos materiais*, que correspondem aos fatos administrativos, noção vista acima: são eles atos da Administração, mas não configuram atos administrativos típicos.

Alguns autores aludem também aos *atos políticos* ou *de governo*.[5] Não concordamos, porém, com tal referência, vez que entendemos que tais atos estão fora das linhas dos atos da Administração. Estes emanam sempre da lei; são diretamente subjacentes a esta. Aqueles alcançam maior liberdade de ação, e resultam de normas constitucionais. O caráter governamental sobreleva ao administrativo.

Por outro lado, como se verá adiante, há atos administrativos produzidos por agentes de entidades que não integram a estrutura da Administração Pública, mas que nem por isso deixam de qualificar-se como tais. É o caso de certos atos de concessionários de serviços públicos, quando regidos pelo direito público.[6] Já quando se fala em atos da Administração, tem que ser levada em consideração a circunstância de terem emanado desta.[7]

---

[5] CELSO ANTÔNIO BANDEIRA DE MELLO, *Curso*, cit., p. 172-173.

[6] É como anota DIÓGENES GASPARINI, *Direito administrativo*, 1992, p. 66.

[7] Deixamos de mencionar a diferença entre "atos da Administração" e "atos de Administração", anotada por CRETELLA JR. É que esta última noção equivale à de "fatos administrativos", segundo o ensinamento do autor, noção já vista anteriormente (*Curso*, cit., p. 213).

3. ATOS JURÍDICOS E ATOS ADMINISTRATIVOS

As noções de ato jurídico e de ato administrativo têm vários pontos comuns. No direito privado, o ato jurídico possui a característica primordial de ser um *ato de vontade*, com idoneidade de infundir determinados efeitos no mundo jurídico. *"Adquirir, resguardar, transferir, modificar ou extinguir direitos, eis, em poucas palavras, em toda a sua extensão e profundidade, o vasto alcance dos atos jurídicos"*, como bem registra WASHINGTON DE BARROS MONTEIRO.[8] Trata-se, pois, de instituto que revela a primazia da vontade.

Os elementos estruturais do ato jurídico – o sujeito, o objeto, a forma e a própria vontade – garantem sua presença também no ato administrativo. Ocorre que neste o sujeito e o objeto têm qualificações especiais: o sujeito é sempre um agente investido de prerrogativas públicas, e o objeto há de estar preordenado a determinado fim de interesse público. Mas no fundo será ele um instrumento da vontade para a produção dos mesmos efeitos do ato jurídico.

Temos, assim, uma relação de gênero e espécie. Os atos jurídicos são o gênero do qual os atos administrativos são a espécie, o que denota que em ambos são idênticos os elementos estruturais.

O Código Civil vigente introduziu algumas alterações na disciplina relativa aos atos jurídicos. Uma dessas alterações consiste no fato de não mais indicar-se o objeto da vontade, ou seja, se a pessoa pretende adquirir, modificar ou extinguir direitos e obrigações, como figurava no art. 81 do antigo Código. De fato, o núcleo da noção do ato jurídico é a vontade jurígena, aquela que objetiva a produção de efeitos no mundo jurídico, e não a especificidade perseguida pela vontade em relação aos direitos e obrigações (aquisição, modificação, transferência, extinção).

Outra inovação reside na adoção, pelo vigente Código Civil, da doutrina alemã do *negócio jurídico*.[9] Segundo esse pensamento doutrinário, é preciso distinguir o ato jurídico e o negócio jurídico. A noção central do ato jurídico repousa na manifestação de vontade em conformidade com o ordenamento jurídico, ao passo que a do negócio jurídico reside na declaração de vontade dirigida no sentido da obtenção de um resultado perseguido pelo emitente. O ato jurídico, portanto, é gênero do qual o negócio jurídico é espécie. Toda vontade legítima preordenada à produção de efeitos jurídicos constitui um ato jurídico, mas há várias manifestações volitivas produzidas *ex lege*, vale dizer, declarações de vontade que visam a uma consequência jurídica, desejada ou não pelo emitente. Outras, ao contrário, buscam finalidade jurídica própria, ou seja, uma consequência jurídica alvitrada pelo manifestante. Estas, e não as anteriores, é que propiciam a configuração de negócios jurídicos.[10]

O Código Civil revogado tratou conjuntamente o ato e o negócio jurídico, como constava do já citado art. 81. O novo Código, todavia, cuidou especificamente do negócio jurídico (arts. 104 a 184) para então estabelecer, em norma genérica, que aos atos jurídicos lícitos, não qualificados como negócios jurídicos, hão de aplicar-se, no que couber, as disposições pertinentes a estes últimos (art. 185).

Na sistemática do Código, por conseguinte, devem os atos administrativos (assim como os atos jurisdicionais e legislativos) enquadrar-se como atos jurídicos, porquanto a vontade jurígena será emitida pelos agentes da Administração em conformidade com a lei, mas não poderão ser qualificados como negócios jurídicos, porque a emissão volitiva decorre diretamente da lei, independentemente de o agente desejar, ou não, a finalidade a ser alcançada pelo ato.

---

[8]   *Curso de direito civil*, v. I, p. 175.

[9]   A teoria foi desenvolvida nas obras de ENNECCERUS, KIPP Y WOLF, OERTMANN e RUGGIERO E MAROI, e aceita em alguns ordenamentos modernos.

[10]   CAIO MÁRIO DA SILVA PEREIRA, *Instituições de direito civil*, Forense, 1º v., 1961, p. 335-340.

88 | MANUAL DE DIREITO ADMINISTRATIVO • *Carvalho Filho*

Nada obstante, é preciso considerar que a Administração Pública, conquanto muito mais voltada à edição de atos jurídicos, qualificados como atos administrativos, também pode praticar negócios jurídicos, conforme sucede, por exemplo, quando celebra contratos com particulares. A razão é simples: aqui o objeto contratual será realmente o alvitrado pelas partes.

II. Conceito

Não há uniformidade entre os autores quanto a um conceito de ato administrativo, e isso porque o conceito deve atender ao exato perfil do instituto.

Consideramos, todavia, que três pontos são fundamentais para a caracterização do ato administrativo. Em primeiro lugar, é necessário que a vontade emane de agente da Administração Pública ou dotado de prerrogativas desta. Depois, seu conteúdo há de propiciar a produção de efeitos jurídicos com fim público. Por fim, deve toda essa categoria de atos ser regida basicamente pelo direito público.

Quanto à manifestação de vontade, deve assinalar-se que, para a prática do ato administrativo, o agente deve estar no exercício da função pública ou, ao menos, a pretexto de exercê-la. Essa exteriorização volitiva difere da que o agente manifesta nos atos de sua vida privada em geral. Por outro lado, quando pratica ato administrativo, a vontade individual se subsume na *vontade administrativa*, ou seja, a exteriorização da vontade é considerada como proveniente do órgão administrativo, e não do agente visto como individualidade própria. Por isso é que, como vimos, o ato administrativo é um ato jurídico, mas não um negócio jurídico. Daí ser específico o exame dos denominados *vícios de vontade* no ato administrativo, sendo certo concluir que *"o Direito Administrativo escolheu critérios objetivos para disciplinar a invalidação do ato administrativo, podendo prescindir dos chamados 'vícios da vontade' existentes no Direito Privado".*[11]

Firmadas tais premissas, podemos, então, conceituar o ato administrativo como sendo *"a exteriorização da vontade de agentes da Administração Pública ou de seus delegatários, nessa condição, que, sob regime de direito público, vise à produção de efeitos jurídicos, com o fim de atender ao interesse público".*

Alguns autores referem-se a conceito firmado com base em critério subjetivo, que leva em consideração o órgão de onde se origina a vontade. O critério, porém, com a devida vênia, não tem relevância, porque é indiscutível que o sujeito da vontade é a Administração Pública ou quem lhe faça as vezes. Daí termo-nos cingido ao critério objetivo, este sim significando a própria atividade administrativa.

À guisa de esclarecimento, deve registrar-se que o Código Civil revogado enumerava os objetivos específicos da manifestação de vontade nos atos jurídicos: adquirir, resguardar, transferir, modificar e extinguir direitos e obrigações. O Código vigente, porém, não mais adotou essa técnica (arts. 104 a 114), e isso em virtude de a vontade estar realmente preordenada a todo o tipo de efeitos jurídicos, inclusive aqueles anteriormente mencionados; a ideia moderna é a do *ato jurígeno*, isto é, aquele idôneo à produção de efeitos no mundo jurídico. A conceituação que adotamos, desse modo, passa a ficar em consonância com a nova lei, sobretudo considerado o fato de que, como visto, os atos administrativos espelham uma categoria especial dos atos jurídicos em geral.

As linhas do conceito que firmamos redundam na exclusão, como atos administrativos típicos, dos atos privados da Administração e dos fatos administrativos não produtores de eficácia jurídica, estes meros atos materiais, como anteriormente já tivemos a oportunidade de ver.

---

[11] SILVIO LUÍS FERREIRA DA ROCHA, em *A irrelevância da vontade do agente na teoria do ato administrativo* (*RTDP*, v. nº 25, p. 43-55).

Cap. 4 • ATO ADMINISTRATIVO | 89

1. SUJEITOS DA MANIFESTAÇÃO DE VONTADE

Não são todas as pessoas que têm competência para praticar atos administrativos. Para que o ato assim se qualifique, é necessário que o sujeito da manifestação volitiva esteja, de alguma forma, vinculado à Administração Pública. Por esse motivo é que, no conceito, aludimos a duas categorias de sujeitos dos atos administrativos: os agentes da Administração e os delegatários.

Agentes da Administração são todos aqueles que integram a estrutura funcional dos órgãos administrativos das pessoas federativas, em qualquer dos Poderes, bem como os que pertencem aos quadros de pessoas da Administração Indireta (autarquias, fundações públicas, empresas públicas e sociedades de economia mista). O único pressuposto exigido para sua caracterização é que, no âmbito de sua competência, exerçam *função administrativa*. Estão, pois, excluídos os magistrados e os parlamentares, quando no exercício das funções jurisdicional e legislativa, respectivamente; se, entretanto, estiverem desempenhando eventualmente função administrativa, também serão qualificados como agentes da Administração para a prática de atos administrativos.

Os *agentes delegatários*, a seu turno, são aqueles que, embora não integrando a estrutura funcional da Administração Pública, receberam a incumbência de exercer, por delegação, função administrativa (*função delegada*). Resulta daí, por conseguinte, que, quando estiverem realmente no desempenho dessa função, tais pessoas estarão atuando na mesma condição dos agentes da Administração, estando, desse modo, aptas à produção de atos administrativos. Estão nesse caso, para exemplificar, os agentes de empresas concessionárias e permissionárias de serviços públicos, e também os de pessoas vinculadas formalmente à Administração, como os serviços sociais autônomos (SESI, SENAI etc.). Averbe-se, porém, que, fora do exercício da função delegada, tais agentes praticam negócios e atos jurídicos próprios das pessoas de direito privado.

Avulta, por fim, assinalar que os atos administrativos oriundos de agentes delegatários, quando no exercício da função administrativa, são considerados atos de autoridade para fins de controle de legalidade por meio de ações específicas voltadas para atos estatais, como o mandado de segurança (art. 5º, LXIX, CF) e a ação popular (art. 5º, LXXIII, CF).

2. REGIME JURÍDICO DE DIREITO PÚBLICO

Note-se que no conceito mencionamos que os atos administrativos são sujeitos a *regime jurídico de direito público*. Com efeito, na medida em que tais atos provêm de agentes da Administração e se vocacionam ao atendimento do interesse público, não podem ser inteiramente regulados pelo direito privado, este apropriado para os atos jurídicos privados, cujo interesse prevalente é o particular.[12]

Significa dizer que há regras e princípios jurídicos específicos para os atos administrativos que não incidem sobre atos privados, e isso porque aqueles se qualificam como atos de Poder, e, como tais, devem ser dotados de certas prerrogativas especiais. É o caso, para exemplificar, das normas que contemplam os requisitos de validade dos atos administrativos, ou os princípios da legalidade estrita, da autoexecutoriedade e da presunção de legitimidade dos mesmos atos.[13]

Desse modo, é o regime jurídico de direito público que rege *basicamente* os atos administrativos, cabendo ao direito privado fazê-lo *supletivamente*, ou seja, em caráter subsidiário e sem contrariar o regramento fundamental específico para os atos públicos.

---

[12] JOSÉ CRETELLA JR., *Curso de direito administrativo*, Forense, 1986, 8. ed., p. 218; DIÓGENES GASPARINI, *Direito administrativo*, cit., p. 61.

[13] LÚCIA VALLE FIGUEIREDO aponta várias dessas prerrogativas especiais de direito público (*Curso de direito administrativo*, Malheiros, 2. ed., 1995, p. 102).

90 | MANUAL DE DIREITO ADMINISTRATIVO • *Carvalho Filho*

Não custa observar que não é apenas o interesse público concreto, ou o intento de beneficiar a coletividade, que caracteriza o ato administrativo. Alguns atos assemelham-se realmente a atos administrativos, porque, em seu conteúdo, estão direcionados ao atendimento de demandas da sociedade. Estando, porém, ao desamparo do regime de direito público, tais condutas propiciam a prática de atos meramente privados; são atos de utilidade pública, mas caracterizam-se como atos privados. É o caso, por exemplo, de atos praticados por agentes de algumas entidades de caráter assistencial: mesmo voltados para o público em geral, tais atos serão privados, já que essas pessoas não têm vínculo jurídico formal com a Administração, de onde se infere que seus atos não estão subordinados a regime de direito público.

Apenas para sublinhar a diferença: os atos de diretora de escola municipal se qualificam como atos administrativos, em face do regime de direito público a que se submete o sujeito da vontade; os atos de diretor de escola mantida por entidade religiosa privada são, como regra, atos privados. Nessa última hipótese estão também os atos de agentes de entidades privadas quando preordenadas à assistência social de populações carentes.

3. SILÊNCIO ADMINISTRATIVO

Questão que encerra algumas discrepâncias entre os estudiosos é a que diz respeito *ao silêncio administrativo*, isto é, à omissão da Administração quando lhe incumbe manifestação de caráter comissivo. É o tema relativo ao silêncio como manifestação de vontade.

No direito privado, a aplicação normativa sobre o silêncio encontra solução definida. De acordo a lei civil, o silêncio, como regra, importa consentimento tácito, considerando-se os usos ou as circunstâncias normais. Só não valerá como anuência se a lei declarar indispensável a manifestação expressa (art. 111, Código Civil).

No direito público, todavia, não pode ser essa a solução a ser adotada. Urge anotar, desde logo, que o silêncio não revela a prática de ato administrativo, eis que inexiste manifestação formal de vontade; não há, pois, qualquer declaração do agente sobre sua conduta. Ocorre, isto sim, um *fato jurídico administrativo*, que, por isso mesmo, há de produzir efeitos na ordem jurídica.[14] A teoria do silêncio administrativo teve sua origem no sistema do contencioso administrativo francês, tendo-se admitido efeitos negativos à omissão da vontade. A matéria, no direito pátrio, ainda carece de sistema, mas é imperioso averiguar tal situação, que é usual e concreta na Administração.[15]

Em nosso entendimento, é preciso distinguir, de um lado, a hipótese em que a lei já aponta a consequência da omissão e, de outro, aquela em que na lei não há qualquer referência sobre o efeito que se origine do silêncio.

No primeiro caso, a lei pode indicar dois efeitos: (1º) o silêncio importa manifestação positiva (anuência tácita); (2º) o silêncio implica manifestação denegatória.[16] Quando o efeito retrata manifestação positiva, considera-se que a Administração pretendeu emitir vontade com caráter de anuência, de modo que o interessado decerto terá sua pretensão satisfeita. Se a lei diz, por exemplo, que, *"não se manifestando a autoridade em dez dias, considera-se aprovado o projeto"*, o silêncio equivale ao ato positivo de aprovação. Expressando a lei, por outro lado, que a ausência de manifestação tem efeito denegatório, deve entender-se que a Administração contrariou o interesse do administrado, o que o habilita a postular a invalidação do ato, se

---

[14]   No mesmo sentido, DIÓGENES GASPARINI, *Direito administrativo*, Saraiva, 4. ed., 1995, p. 539.

[15]   Sobre o tema, vide ANDRÉ SADDY, *Silêncio administrativo*, Forense, 2014, p. 18-19.

[16]   Com o mesmo pensamento, ODETE MEDAUAR, *Direito administrativo moderno*, Revista dos Tribunais, 2. ed., 1998, p. 166.

julgar que tem vício de legalidade. Aqui a pretensão tem cunho *constitutivo*, porquanto objetiva extinguir a relação jurídica decorrente do fato denegatório tácito.

O mais comum, entretanto, é a hipótese em que a lei se omite sobre a consequência do silêncio administrativo. Em tal circunstância, a omissão pode ocorrer de duas maneiras: (1') com a ausência de manifestação volitiva no prazo fixado na lei; (2') com a demora excessiva na prática do ato quando a lei não estabeleceu prazo, considerada excessiva aquela que refoge aos padrões de tolerabilidade e razoabilidade. Em semelhantes situações, o interessado faz jus a uma definição por parte da Administração, valendo-se, inclusive, do direito de petição, assegurado no art. 5º, XXXIV, "a", da vigente Constituição.

Caso não tenha êxito na via administrativa para obter manifestação comissiva da Administração, não restará para o interessado outra alternativa senão recorrer à via judicial. Diferentemente do que sucede na hipótese em que a lei indica que a omissão significa denegação – hipótese em que se pretende desconstituir relação jurídica –, o interessado deduzirá pedido de natureza *mandamental* (ou, para alguns, condenatória para cumprimento de obrigação de fazer), o qual, se for acolhido na sentença, implicará a expedição de ordem judicial à autoridade administrativa para que cumpra seu poder-dever de agir e formalize manifestação volitiva expressa, sob pena de desobediência a ordem judicial.[17]

Há juristas, no entanto, que sustentam que, se a Administração estava vinculada ao conteúdo do ato não praticado (ato vinculado), e tendo o interessado direito ao que postulara, poderia o juiz suprir a ausência de manifestação.[18] Ousamos dissentir desse entendimento, porquanto não pode o órgão jurisdicional substituir a vontade do órgão administrativo; pode, isto sim, obrigá-lo a emiti-la, se a lei o impuser, arcando o administrador com as consequências de eventual descumprimento.[19]

Por outro lado, se o pedido do interessado consiste na emissão de vontade geradora de ato discricionário, e a Administração silencia sobre o pedido, tem o postulante o mesmo direito subjetivo de exigir, na via judicial, que o juiz determine à autoridade omissa expressa manifestação sobre o que foi requerido na via administrativa. Note-se que a pretensão do interessado na ação não consiste na prolação de sentença que ordene ao agente omisso o *atendimento do pedido administrativo*, fato que refletiria a substituição da vontade do administrador pela do juiz e que, por isso mesmo, seria incabível. A pretensão – isto sim – é a de ser o administrador omisso condenado ao cumprimento de obrigação de fazer, vale dizer, ser condenado à *prática do ato administrativo em si*, independentemente do conteúdo que nele venha a ser veiculado. Cessada a omissão pela prática do ato, poderá então o interessado verificar se nele estão presentes os requisitos de sua validade.[20]

Por via de consequência, vale a pena anotar que a impugnação ao silêncio administrativo (omissões administrativas) não se confunde com a dirigida à invalidade de atos. Por isso é que são duas as etapas a serem percorridas pelo interessado: na primeira, busca obter decisão que obrigue à manifestação do agente omisso (decisão mandamental); na segunda é que, sanada a omissão, o interessado postula a anulação do ato, se entender que está contaminado de vício de legalidade (decisão constitutiva). No que toca, porém, às *omissões genéricas* da Administração, tornar-se-á imperioso verificar a ocorrência relacionada à *reserva do possível*, como já tivemos a oportunidade de assinalar anteriormente: caso administrativamente impossível a consecução

---

[17]   STF, MS 24.167, j. 5.10.2006.

[18]   CELSO ANTÔNIO BANDEIRA DE MELLO, *Curso* cit., 15. ed., p. 380.

[19]   Em abono desse entendimento, DIÓGENES GASPARINI, *Direito administrativo*, cit., p. 539.

[20]   É também a opinião de DIÓGENES GASPARINI (ob. e loc. cit.). *Contra*: CELSO ANTÔNIO BANDEIRA DE MELLO (ob. cit., p. 380).

92 | MANUAL DE DIREITO ADMINISTRATIVO • *Carvalho Filho*

de determinado objetivo, estará despida de amparo a pretensão no sentido de implementá-la, já que não se considera ilícito tal tipo de omissão.[21]

A Lei nº 11.417, de 19.12.2006, que regulamentou o art. 103-A da CF, alude à omissão administrativa, estabelecendo que se tal situação contrariar enunciado de *súmula vinculante*, negar-lhe vigência ou espelhar aplicação indevida de seu conteúdo, dará ensejo à propositura, perante o STF, de *reclamação* com vistas ao desfazimento dessa postura omissiva (art. 7º, §§ 1º e 2º). A medida vale tanto para omissões como para atos, reclamando, todavia, o esgotamento da via administrativa. A lei, porém, indica que o acolhimento da reclamação provoca a *anulação* do ato administrativo, mas silencia sobre o efeito a ser produzido quando se trata de omissão. Como não há propriamente anulação de conduta omissiva, nem pode o Judiciário suprir-lhe a ausência em virtude do princípio da separação de funções, o STF, no caso de procedência da reclamação, só poderá *determinar ao administrador* o cumprimento de atuação comissiva (*facere*), proferindo, destarte, decisão de caráter mandamental (ou condenatório determinativo, como preferem alguns processualistas).

Por último, não custa destacar que, dependendo da natureza do silêncio ou omissão administrativa, poderão ser adotadas medidas que rendam ensejo à responsabilização administrativa, civil e penal do administrador omisso.

III. Elementos

Reina grande controvérsia sobre a nomenclatura a ser adotada em relação aos aspectos do ato que, se ausentes, provocam a sua invalidação. Alguns autores empregam o termo *"elementos"*,[22] ao passo que outros preferem a expressão *"requisitos de validade"*.[23] Na verdade, nem aquele termo nem esta expressão nos parecem satisfatórios. *"Elemento"* significa algo que integra uma determinada estrutura, ou seja, faz parte do "ser" e se apresenta como pressuposto de existência. *"Requisito de validade"*, ao revés, anuncia a exigência de pressupostos de validade, o que só ocorre depois de verificada a existência. Ocorre que, entre os cinco clássicos pressupostos de validade do ato administrativo, alguns se qualificam como elementos (*v. g.*, a forma), ao passo que outros têm a natureza efetiva de requisitos de validade (*v. g.*, a competência). Adotamos o termo *"elementos"*, mas deixamos consignada a ressalva acima quanto à denominação e à efetiva natureza dos componentes do ato.

Independentemente da terminologia, contudo, o que se quer consignar é que tais elementos constituem os pressupostos necessários para a validade dos atos administrativos. Significa dizer que, praticado o ato sem a observância de qualquer desses pressupostos (e basta a inobservância de somente um deles), estará ele contaminado de vício de legalidade, fato que o deixará, como regra, sujeito à anulação.

Não há também unanimidade entre os estudiosos quanto aos elementos do ato administrativo, identificados que são por diversos critérios. Preferimos, entretanto, por questão didática, repetir os elementos mencionados pelo direito positivo na lei que regula a ação popular (Lei nº 4.717, de 29.6.1965, art. 2º), cuja ausência provoca a invalidação do ato. Abstraindo-nos, embora, de fazer análise mais profunda sobre tais aspectos (porque refugiria ao objetivo deste

---

[21]   Vide Capítulo 2, no tópico relativo ao *poder-dever de agir*.

[22]   MARIA SYLVIA ZANELLA DI PIETRO, *Direito administrativo*, cit., p. 154, e DIOGO DE FIGUEIREDO MOREIRA NETO, *Curso de direito administrativo*, cit., p. 106.

[23]   HELY LOPES MEIRELLES, *Direito administrativo brasileiro*, cit., p. 134, e DIÓGENES GASPARINI, *Direito administrativo*, cit., p. 68.

trabalho), o certo é que o legislador não somente definiu os elementos, como ainda lhes desenhou as linhas mais marcantes de sua configuração (art. 2º, parágrafo único).

1. COMPETÊNCIA

1.1. Sentido

Competência é o círculo definido por lei dentro do qual podem os agentes exercer legitimamente sua atividade. Na verdade, poder-se-ia qualificar esse tipo de competência como *administrativa*, para colocá-la em plano diverso das competências legislativa e jurisdicional. O instituto da competência funda-se na necessidade de divisão do trabalho, ou seja, na necessidade de distribuir a intensa quantidade de tarefas decorrentes de cada uma das funções básicas (legislativa, administrativa ou jurisdicional) entre os vários agentes do Estado, e é por esse motivo que o instituto é estudado dentro dos três Poderes de Estado, incumbidos, como se sabe, do exercício daquelas funções.

O elemento da competência administrativa anda lado a lado com o da *capacidade* no direito privado. Capacidade, como não desconhecemos, é a idoneidade de atribuir-se a alguém a titularidade de relações jurídicas. No direito público há um *plus* em relação ao direito privado: naquele se exige que, além das condições normais necessárias à capacidade, atue o sujeito da vontade *dentro da esfera que a lei traçou*. Como o Estado possui, pessoa jurídica que é, as condições normais de capacidade, fica a necessidade de averiguar a condição específica, vale dizer, a competência administrativa de seu agente.[24]

1.2. Fonte

Sendo o Estado integrado por grande quantidade de agentes, e estando a seu cargo um número incontável de funções, não é difícil concluir que a competência tem que decorrer de norma expressa. Enquanto no direito privado a presunção milita em favor da capacidade, no direito público a regra se inverte: não há presunção de competência administrativa; esta há de originar-se de texto expresso.

Sendo a função administrativa subjacente à lei, é nesta que se encontra, de regra, a fonte da competência administrativa. Consoante o ensinamento de todos quantos se dedicaram ao estudo do tema, a lei é a fonte normal da competência. É nela que se encontram os limites e a dimensão das atribuições cometidas a pessoas administrativas, órgãos e agentes públicos.

Mas a lei não é a fonte exclusiva da competência administrativa. Para órgãos e agentes de elevada hierarquia, ou de finalidades específicas, pode a fonte da competência situar-se na própria Constituição. Exemplos desses casos encontram-se nos arts. 84 a 87, parágrafo único (competência do Presidente da República e dos Ministros de Estado, no Executivo); arts. 48, 49, 51 e 52 (competência do Congresso Nacional, Câmara dos Deputados e Senado Federal); art. 96, I e II (competência dos Tribunais, no Judiciário); art. 71 (competência do Tribunal de Contas).

Em relação a órgãos de menor hierarquia, pode a competência derivar de normas expressas de atos administrativos de organização. Nesse caso, serão tais atos editados por órgãos cuja competência decorre de lei. Em outras palavras, a competência *primária* do órgão provém da lei, e a competência dos segmentos internos dele, de natureza *secundária*, pode receber definição através dos atos de organização.[25] Nesse caso importa sempre verificar a *fonte normativo-formal* do órgão para que se analise se a competência dos atos há de ter fundamento em lei ou em ato normativo.

---

[24] CRETELLA JR., *Curso*, p. 284.
[25] MARIA SYLVIA ZANELLA DI PIETRO, *Direito administrativo* cit., p. 155.

94 | MANUAL DE DIREITO ADMINISTRATIVO • Carvalho Filho

Pode firmar-se, assim, a conclusão de que a competência administrativa há de se originar de *texto expresso* contido na Constituição, na lei (nesse caso, a regra geral) e em normas administrativas, como, aliás, bem sintetiza CASSAGNE.[26]

1.3. Características

Por ser instituto de direito público, que mantém estreita relação com o princípio da garantia dos indivíduos no Estado de Direito, a competência não recebe a incidência de figuras normalmente aceitas no campo do direito privado.

Por isso, duas são as características de que se reveste. A primeira é a *inderrogabilidade*: a competência de um órgão não se transfere a outro por acordo entre as partes, ou por assentimento do agente da Administração. Fixada em norma expressa, deve a competência ser rigidamente observada por todos.

A segunda é a *improrrogabilidade*: a incompetência não se transmuda em competência, ou seja, se um órgão não tem competência para certa função, não poderá vir a tê-la supervenientemente, a menos que a antiga norma definidora seja alterada. Na esfera jurisdicional, como é sabido, um juízo incompetente pode converter-se em competente; em outros casos, não. Daí a classificação da competência em *absoluta* (improrrogável) e *relativa* (prorrogável).[27]

1.4. Critérios Definidores da Competência

A norma que define a competência recebe o influxo de diversos fatores: são os critérios definidores da competência. Tais critérios constituem fatores necessários à consecução do fim último do instituto – a organização e a distribuição de tarefas.

A definição da competência, assim, decorre dos critérios em razão da *matéria*, da *hierarquia*, do *lugar* e do *tempo*.

O critério relativo à *matéria* envolve a especificidade da função para sua melhor execução. Esse é o critério que preside à criação de diversos Ministérios e Secretarias Estaduais ou Municipais. Em relação à *hierarquia*, o critério encerra a atribuição de funções mais complexas ou de maior responsabilidade aos agentes situados em plano hierárquico mais elevado.

O critério de *lugar* inspira-se na necessidade de descentralização territorial das atividades administrativas. É o que sucede com as circunscrições territoriais de certos órgãos, como as delegacias regionais de algum órgão federal. Por fim, pode a norma conferir a certo órgão competência por período determinado. É o critério em razão do *tempo*, adotado, por exemplo, em ocasiões de calamidade pública.[28]

1.5. Delegação e Avocação

Em algumas circunstâncias, pode a norma autorizar que um agente transfira a outro, normalmente de plano hierárquico inferior, funções que originariamente lhe são atribuídas. É o fenômeno da *delegação de competência*. Para que ocorra é mister que haja norma expressa autorizadora, normalmente de lei. Na esfera federal, dispõe o art. 12 do Decreto-lei nº 200, de 25.2.1967 (o estatuto da reforma administrativa federal), que é possível a prática da delegação de competência, mas seu parágrafo único ressalva que *"o ato de delegação indicará com precisão a autoridade delegante, a autoridade delegada e as atribuições objeto de delegação"*.

---

[26] *El acto administrativo*, p. 193.

[27] HUMBERTO THEODORO JUNIOR, *Curso* cit., vol. I, p. 192-201.

[28] MARCELO CAETANO, *Princípios*, p. 138.

A lei pode, por outro lado, impedir que algumas funções sejam objeto de delegação. São as funções indelegáveis, que, se transferidas, acarretam a invalidade não só do ato de transferência, como dos praticados em virtude da indevida delegação. É o caso, por exemplo, da Lei nº 9.784, de 29.1.1999, que regula o processo administrativo na Administração Federal, pela qual é vedada a delegação quando se trata de atos de caráter normativo, de decisão de recurso administrativo ou quando as matérias são da competência exclusiva do órgão ou da autoridade (art. 13, I a III).

Observe-se, todavia, que o ato de delegação não retira a competência da autoridade delegante, que continua competente cumulativamente com a autoridade delegada, conforme bem assinala a doutrina.[29] A assertiva se justifica em virtude da situação do delegante, que, por ser o titular originário da competência, não pode vê-la excluída pelo só fato da delegação.

Se a autoridade hierarquicamente superior atrair para sua esfera decisória a prática de ato da competência natural de agente com menor hierarquia, dar-se-á o fenômeno inverso, ou seja, a *avocação*, sem dúvida um meio de evitar decisões concorrentes e eventualmente contraditórias. *Avocação*, segundo reconhecida doutrina, é o fato pelo qual *"órgão superior atrai para si a competência para cumprir determinado ato atribuído a outro inferior"*, fenômeno que pressupõe sistema de hierarquia e ausência de competência exclusiva do órgão superior.[30]

A Constituição Federal, no art. 84, depois de enumerar os poderes do Presidente da República, admite, no parágrafo único, a delegação aos Ministros de Estado de algumas das funções originariamente atribuídas à mais alta autoridade do país. O fato, por conseguinte, significa que a competência para as demais funções se configura como indelegável.

Há outros exemplos de modificação de competência. A EC nº 45/2004 (Reforma do Judiciário), inserindo o inciso XIV no art. 93, da CF, passou a admitir que servidores do Judiciário recebam *delegação* para a prática de atos de administração e atos de mero expediente sem caráter decisório. Estes, aliás, embora praticados dentro do processo, representam meros atos processuais de administração, razão por que o Constituinte resolveu admitir a delegação com o objetivo de proporcionar maior celeridade dos feitos, retirando do juiz o compromisso de praticar atos de menor relevância e evitando grande perda de tempo nessa função.

O art. 103-B, § 4º, III, da Constituição, também introduzido pela EC 45/2004, admite expressamente a possibilidade de *avocação*, pelo Conselho Nacional de Justiça, de processos disciplinares em curso, instaurados contra membros ou órgãos do Poder Judiciário. São exemplos de modificações de competência, como se pode verificar.

Para evitar distorção no sistema regular dos atos administrativos, é preciso não perder de vista que tanto a delegação como a avocação devem ser consideradas como figuras excepcionais, só justificáveis ante os pressupostos que a lei estabelecer. Na verdade, é inegável reconhecer que ambas subtraem de agentes administrativos funções normais que lhes foram atribuídas. Por esse motivo, é inválida qualquer delegação ou avocação que, de alguma forma ou por via oblíqua, objetive a supressão das atribuições do círculo de competência dos administradores públicos. A própria Lei nº 9.784/1999 enfatiza as restrições, realçando que a avocação temporária só será permitida em *caráter excepcional* e por *motivos relevantes* devidamente justificados.

2. OBJETO

2.1. Sentido

Objeto, também denominado por alguns autores de *conteúdo*, é a alteração no mundo jurídico que o ato administrativo se propõe a processar. Significa, como informa o próprio

---

[29]   MARCELO CAETANO, *Manual* cit., p. 140.
[30]   L. DELPINO e F. DEL GIUDICE, *Elementi di diritto amministrativo*, p. 92.

96 | MANUAL DE DIREITO ADMINISTRATIVO • *Carvalho Filho*

termo, o objetivo imediato da vontade exteriorizada pelo ato, a proposta, enfim, do agente que manifestou a vontade com vistas a determinado alvo. Na prática, o *objeto* é a resposta à indagação "para que serve o ato?", o que expressa o fim imediato da vontade.[31]

Pode o objeto do ato administrativo consistir na aquisição, no resguardo, na transferência, na modificação, na extinção ou na declaração de direitos, conforme o fim a que a vontade se preordenar. Por exemplo: uma licença para construção tem por objeto permitir que o interessado possa edificar de forma legítima; o objeto de uma multa é punir o transgressor de norma administrativa; na nomeação, o objeto é admitir o indivíduo no serviço público etc.

2.2. Requisitos de Validade

Para que o ato administrativo seja válido, seu objeto deve ser *lícito*. A *licitude* é, pois, o requisito fundamental de validade do objeto, exigível, como é natural, também para o ato jurídico. Há autores que incluem como requisito a exigência de ser *moral*;[32] em nosso entender, porém, trata-se de requisito pertinente à *finalidade*, e não ao *objeto*. O Código Civil em vigor foi mais preciso no que toca a tais requisitos de validade, exigindo que, além de lícito e possível, o objeto deve ser também *determinado* ou *determinável* (art. 104, II).

Além de lícito, deve o objeto ser *possível*, ou seja, suscetível de ser realizado. Esse é o requisito da *possibilidade*. Mas, como oportunamente adverte reconhecida doutrina, "a impossibilidade há de ser *absoluta*, que se define quando a prestação for irrealizável por qualquer pessoa, ou insuscetível de determinação".[33]

2.3. Discricionariedade e Vinculação

A vontade do agente, exteriorizada pelo ato administrativo, tem que reproduzir, às vezes, a própria vontade do legislador. Em outras situações, é a lei que permite ao agente que faça o delineamento do que pretende com sua manifestação de vontade.

Quando se trata de atividade vinculada, o autor do ato deve limitar-se a fixar como objeto deste o mesmo que a lei previamente já estabeleceu. Aqui, pode dizer-se que se trata de *objeto vinculado*. Como exemplo, temos a licença para exercer profissão: se o interessado preenche todos os requisitos legais para a obtenção de licença para exercer determinada profissão *em todo o território nacional*, esse é o objeto do ato; desse modo, não pode o agente, ao concedê-la, restringir o âmbito do exercício da profissão, porque tal se põe em contrariedade com a própria lei.

Em outras hipóteses, todavia, é permitido ao agente traçar as linhas que limitam o conteúdo de seu ato, mediante a avaliação dos elementos que constituem critérios administrativos. Nesse caso estaremos diante de *objeto discricionário*, e, na correta observação da doutrina, constitui a parte variável do ato, sendo possível, desse modo, a fixação de termos, condições e modos.[34] Cite-se, como exemplo, a autorização para funcionamento de um circo em praça pública: pode o ato fixar o limite máximo de horário em certas circunstâncias, ainda que o interessado tenha formulado pedido de funcionamento em horário além do que o ato veio a permitir; uma outra autorização para o mesmo fim, por outro lado, pode tornar o horário mais elástico, se as circunstâncias forem diversas e não impeditivas. São essas circunstâncias que o agente toma em consideração para delimitar a extensão do objeto.

---

[31] SÉRGIO DE ANDRÉA FERREIRA, *Direito administrativo didático*, p. 96.
[32] MARIA SYLVIA ZANELLA DI PIETRO, *Direito administrativo*, p. 157.
[33] CAIO MÁRIO DA SILVA PEREIRA, *Instituições*, vol. I, p. 344.
[34] SAYAGUÉS LASO, *Tratado*, vol. I, p. 441.

3. FORMA

3.1. Sentido

A forma é o meio pelo qual se exterioriza a vontade. A vontade, tomada de modo isolado, reside na mente como elemento de caráter meramente psíquico, interno. Quando se projeta, é necessário que o faça através da forma. Por isso mesmo é que a forma é elemento que integra a própria formação do ato. Sem sua presença, o ato (diga-se qualquer ato que vise a produção de efeitos) sequer completa o ciclo de existência.

3.2. Requisito de Validade

A forma, como concepção material, não se identifica com a forma na concepção jurídica.[35] De fato, uma coisa é o ato ter forma, e outra, diversa, é o ato ter forma *válida*.

Por isso, para ser considerada válida, a forma do ato deve compatibilizar-se com o que expressamente dispõe a lei ou ato equivalente com força jurídica. Desse modo, não basta simplesmente a exteriorização da vontade pelo agente administrativo; urge que o faça nos termos em que a lei a estabeleceu, pena de ficar o ato inquinado de vício de legalidade suficiente para provocar-lhe a invalidação.[36]

O aspecto relativo à forma válida tem estreita conexão com os *procedimentos administrativos*. Constantemente, a lei impõe que certos atos sejam precedidos de uma série formal de atividades (é o caso da licitação, por exemplo). O ato administrativo é o ponto em que culmina a sequência de atos prévios. Por ter essa natureza, estará sua validade comprometida se não for observado todo o procedimento, todo o *iter* que a lei contemplou, observância essa, aliás, que decorre do princípio do devido processo legal, consagrado em todo sistema jurídico moderno.

3.3. Princípio da Solenidade

Diversamente do que se passa no direito privado, onde vigora o princípio da liberdade das formas, no direito público a regra é a solenidade das formas.[37] E não é difícil identificar a razão da diversidade de postulados. No direito privado prevalece o interesse privado, a vontade dos interessados, ao passo que no direito público toda a atividade deve estar voltada para o interesse público. Sobre o tema, o Código Civil estabelece que "a validade da declaração de vontade não dependerá de forma especial, senão quando a lei expressamente a exigir" (art. 107).

Dois são os aspectos que merecem análise no que diz respeito ao princípio da solenidade no direito público.

O primeiro descansa na regra geral que deve nortear a exteriorização dos atos. Deve o ato ser *escrito*, registrado (ou arquivado) e publicado. Não obstante, admite-se que em situações singulares possa a vontade administrativa manifestar-se através de outros meios, como é o caso de *gestos* (de guardas de trânsito, *v. g.*), *palavras* (atos de polícia de segurança pública) ou *sinais* (semáforos ou placas de trânsito). Esses meios, porém, é importante que se frise, são excepcionais e atendem a situações especiais.

O outro aspecto a se considerar é o que concerne ao *silêncio* como manifestação de vontade, matéria que tem desafiado a argúcia dos estudiosos. Sobre o tema, já tecemos os comentários

---

[35] RAFAEL BIELSA, *Derecho administrativo*, p. 83.

[36] CARLOS FERNANDO URZÚA RAMÍREZ, *Requisitos del acto administrativo*, p. 99.

[37] HELY LOPES MEIRELLES, ob. cit., p. 135.

98 | MANUAL DE DIREITO ADMINISTRATIVO • *Carvalho Filho*

pertinentes no tópico relativo ao conceito de atos administrativos – tópico para o qual remetemos o leitor.

O grande defeito que incide sobre a forma do ato administrativo é a afronta à especificidade que a lei impõe para a exteriorização da vontade administrativa. Se a lei estabelece determinada forma como revestimento do ato, não pode o administrador deixar de observá-la, pena de invalidação por vício de legalidade.

Não obstante, é preciso reconhecer que a análise da adequação da forma à lei exige carga de comedimento e razoabilidade por parte do intérprete. Em consequência, haverá hipóteses em que o vício de forma constitui, em última instância, mera irregularidade sanável, sem afetar a órbita jurídica de quem quer que seja; em tais casos não precisará haver anulação, mas simples correção, o que se pode formalizar pelo instituto da convalidação do ato. Se o ato foi formalizado por "portaria", ao invés de sê-lo por "ordem de serviço", como exigia a lei, seria rematado exagero anular o ato, pois que o erro de denominação não interferiu no conteúdo legítimo do ato.[38]

Em outras hipóteses, porém, o vício na forma é insanável, porque afeta o ato em seu próprio conteúdo. É o caso, por exemplo, de resolução que declare determinado imóvel como de utilidade pública para fins de desapropriação. Como a lei exige o decreto do Chefe do Executivo para tal fim (art. 6º, Decreto-lei nº 3.365/1941), aquele ato tem vício insanável e, por isso, torna-se passível de anulação.

Embora se distinga *forma* e *procedimento*, no sentido de que aquela indica apenas a exteriorização da vontade e este uma sequência ordenada de atos e atividades, costuma-se caracterizar os defeitos em ambos como vícios de forma.[39] É o caso, por exemplo, de portaria de demissão de servidor estável, sem a observância do processo administrativo prévio (art. 41, § 1º, II, CF). Ou ainda do ato permissivo de contratação direta de empresa para realizar obra pública em hipótese na qual a lei exija o procedimento licitatório.

4. MOTIVO

4.1. Sentido

Toda vontade emitida por agente da Administração resulta da impulsão de certos fatores fáticos ou jurídicos. Significa que é inaceitável, em sede de direito público, a prática de ato administrativo sem que seu autor tenha tido, para tanto, razões de fato ou de direito, responsáveis pela extroversão da vontade.

Pode-se, pois, conceituar o motivo como a situação de fato ou de direito que gera a vontade do agente quando pratica o ato administrativo.

4.2. Discricionariedade e Vinculação

Tendo em conta o tipo de situação por força da qual o ato é praticado, classifica-se o motivo em *motivo de direito* e *motivo de fato*. Motivo de direito é a situação de fato eleita pela norma legal como ensejadora da vontade administrativa. Motivo de fato é a própria situação de fato ocorrida no mundo empírico, sem descrição na norma legal.

Se a situação de fato já está delineada na norma legal, ao agente nada mais cabe senão praticar o ato tão logo seja ela configurada. Atua ele como executor da lei em virtude do princípio

---

[38] Com o mesmo entendimento, CELSO ANTÔNIO BANDEIRA DE MELLO (*Curso*, cit., 15. ed., p. 377), que se refere à *"metodização de fórmulas".*

[39] HELY LOPES MEIRELLES, *Direito administrativo*, cit., p. 136.

da legalidade que norteia a Administração. Caracterizar-se-á, desse modo, a produção de *ato vinculado* por haver estrita vinculação do agente à lei.

Diversa é a hipótese quando a lei não delineia a situação fática, mas, ao contrário, transfere ao agente a verificação de sua ocorrência atendendo a critérios de caráter administrativo (conveniência e oportunidade). Nesse caso é o próprio agente que elege a situação fática geradora da vontade, permitindo, assim, maior liberdade de atuação, embora sem afastamento dos princípios administrativos. Desvinculado o agente de qualquer situação de fato prevista na lei, sua atividade reveste-se de discricionariedade, redundando na prática de *ato discricionário*.

Observa-se, ante tal demarcação, que um dos pontos que marcam a distinção entre a vinculação e a discricionariedade reside no motivo do ato.

4.3. Motivo e Motivação

A despeito da divergência que grassa entre alguns autores a propósito dos conceitos de motivo e motivação, tem-se firmado a orientação que os distingue e pela qual são eles configurados como institutos autônomos.

Motivo, como vimos, é a situação de fato (alguns denominam de "circunstâncias de fato") por meio da qual é deflagrada a manifestação de vontade da Administração. Já a motivação, como bem sintetiza CRETELLA JR., *"é a justificativa do pronunciamento tomado"*,[40] o que ocorre mais usualmente em atos cuja resolução ou decisão é precedida, no texto, dos fundamentos que conduziram à prática do ato. Em outras palavras: a motivação exprime de modo expresso e textual todas as situações de fato que levaram o agente à manifestação da vontade.

É imperioso considerar, na hipótese, que a motivação pode ser *contextual* ou *aliunde*. Naquela a justificativa se situa no próprio bojo do ato administrativo, ao passo que na última se encontra em local ou instrumento diverso. O importante é a verificação de sua existência, pois que, esteja onde estiver, a motivação representa o elemento inspirador da manifestação da vontade do administrador.[41]

Trava-se grande discussão a respeito da obrigatoriedade ou não da motivação nos atos administrativos. Alguns estudiosos entendem que é obrigatória; outros, que a obrigatoriedade se circunscreve apenas aos atos vinculados.[42] Pensamos, todavia, diferentemente. Como a lei já predetermina todos os elementos do ato vinculado, o exame de legalidade consistirá apenas no confronto do motivo do ato com o motivo legal. Nos atos discricionários, ao revés, sempre poderá haver algum subjetivismo e, desse modo, mais necessária é a motivação nesses atos para, em nome da transparência, permitir-se a sindicabilidade da congruência entre sua justificativa e a realidade fática na qual se inspirou a vontade administrativa.[43] Registre-se, ainda, que autorizada doutrina considera indispensável a motivação também nos atos vinculados.[44] De outro lado, advoga-se também o entendimento de que a motivação constitui dever jurídico.[45]

O que temos notado em diversos doutrinadores e decisões judiciais é que não tem havido uma análise mais precisa e técnica a respeito do tema. Além do mais, frequentemente se tem

---

[40]   *Curso*, p. 310.

[41]   ANTÔNIO CARLOS DE ARAÚJO CINTRA, *Motivo e motivação do ato administrativo*, RT, 1979, p. 110.

[42]   Nesse sentido, MARIA SYLVIA DI PIETRO (ob. cit., p. 158) e DIÓGENES GASPARINI (ob. cit., p. 71).

[43]   É a opinião de OSWALDO ARANHA BANDEIRA DE MELLO, *Princípios gerais de direito administrativo*, Forense, v. I, 1979, p. 523-529. Também: FERNANDO GARRIDO FALLA, *Tratado de derecho administrativo*, Inst. Estudios Políticos, v. I, 6. ed., 1973, p. 532.

[44]   FLORIVALDO DUTRA DE ARAÚJO, *Motivação e controle do ato administrativo*, Del Rey, 2. ed., 2005, p. 112.

[45]   CIRO DI BENATTI GALVÃO, *O dever jurídico de motivação administrativa*, Lumen Juris, 2. ed., 2016, p. 49.

100 | MANUAL DE DIREITO ADMINISTRATIVO • *Carvalho Filho*

confundido motivo e motivação, fazendo-se menção a esta quando, na realidade, se quer aludir àquele. A confusão, a nosso ver, se afigura injustificável: a Lei nº 4.717/1965, que relaciona os requisitos do ato administrativo, menciona *"motivos"* (art. 2º, "d" e parágrafo único, "d"). Os termos são verdadeiramente sinônimos, e isso já é causa de confusão; mas na expressão legal consta o termo *"motivos"* e, por isso, a ele devemos recorrer quando estivermos tratando dos elementos impulsionadores da vontade administrativa.

Já vimos ser afirmado que o ato é inválido porque deveria ter motivação e que, apesar disso, não se teria encontrado a justificativa. Ora, a motivação não significa a falta de justificativa, mas a falta desta *dentro do texto do ato*. A simples falta de justificativa ofenderia a legalidade *por falta do motivo*, o que é coisa diversa, até porque o motivo pode ser encontrado fora do ato (como, por exemplo, quando a justificativa está dentro de processo administrativo). Entendemos mesmo que, por amor à precisão e para evitar tanta controvérsia, deveria ser abandonada a distinção, de caráter meramente formal, para considerar-se como indispensável a *justificativa* do ato, seja qual for a denominação que se empregue.

Quanto ao motivo, dúvida não subsiste de que é realmente obrigatório. Sem ele, o ato é írrito e nulo. Inconcebível é aceitar-se o ato administrativo sem que se tenha delineado determinada situação de fato.

No que se refere à motivação, porém, temos para nós, com o respeito que nos merecem as respeitáveis opiniões dissonantes, que, como regra, a obrigatoriedade inexiste.

Fundamo-nos em que a Constituição Federal não incluiu (e nem seria lógico incluir, segundo nos parece) qualquer princípio pelo qual se pudesse vislumbrar tal *intentio*; e o Constituinte, que pela primeira vez assentou regras e princípios aplicáveis à Administração Pública, tinha tudo para fazê-lo, de modo que, se não o fez, é porque não quis erigir como princípio a obrigatoriedade de motivação. Entendemos que, para concluir-se pela obrigatoriedade, haveria de estar ela expressa em mandamento constitucional, o que, na verdade, não ocorre. Ressalvamos, entretanto, que também não existe norma que vede ao legislador expressar a obrigatoriedade. Assim, *só se poderá considerar a motivação obrigatória se houver norma legal expressa nesse sentido*. No caso, haverá de aplicar-se o princípio da legalidade, segundo o qual, quando estabelece normas expressas, o legislador não deixa margem de atuação para o administrador. O problema é que a lei normalmente é omissa a respeito, e é nesse momento que surge a dúvida no sentido de ser, ou não, obrigatória a fundamentação do ato.

Decorre daí que, sem a expressa menção na norma legal, não se pode açodadamente acusar de ilegal ato que não tenha formalmente indicado suas razões, até porque estas poderão estar registradas em assentamento administrativo diverso do ato, acessível a qualquer interessado. Exemplo esclarecedor, no que toca à previsão legal da motivação, foi dado pela Lei nº 9.784, de 29.1.1999, reguladora do processo administrativo na esfera federal. Segundo o art. 50 dessa lei, exigem motivação, com indicação dos fatos e dos fundamentos, vários tipos de atos administrativos, como os que negam, limitam ou afetam direitos ou interesses; impõem ou agravam deveres, encargos ou sanções; decidem processos administrativos de concurso ou seleção pública; decidem recursos administrativos etc. Ora, ao indicar os atos a serem expressamente motivados, o legislador considerou, implicitamente, que outros atos prescindem da motivação. Estes são os atos de mero expediente, os autoexplicativos pela simplicidade dos pressupostos e os que são constitucionalmente dispensados, como é o caso da nomeação para cargo em comissão.[46]

Conclui-se do sistema da lei que, se os atos nela mencionados estiverem sem fundamentação, serão inválidos, mas o serão por indevida contrariedade à determinação legal; de outro lado, os que lá não constam não poderão ser tidos por inválidos pelo só fato da ausência da

---

[46] JUAREZ FREITAS, *O controle dos atos administrativos e os princípios constitucionais*, 2004, p. 261.

fundamentação expressa. Poderão sê-lo por outras razões, mas não por essa. Só isso demonstra que não se pode mesmo considerar a motivação como indiscriminadamente obrigatória para toda e qualquer manifestação volitiva da Administração.

Invocam alguns, em prol da tese da obrigatoriedade, o art. 93, X, da Constituição Federal, segundo o qual *"as decisões administrativas dos tribunais serão motivadas e em sessão pública, sendo as disciplinares tomadas pelo voto da maioria absoluta de seus membros"* (redação da EC nº 45/2004). Entendemos, com a devida vênia, que tal fundamento não procede. E por mais de uma razão. Em primeiro lugar, muitas dúvidas pairam sobre a interpretação da expressão *"decisões administrativas"*. Na verdade, tanto pode entender-se que se trata de sinônimo de *"atos administrativos"*, como se pode interpretar no sentido de que se cuida de atos administrativos *decisórios*, proferidos em processos administrativos em que haja conflito de interesses. Esta última, aliás, parece ser a melhor interpretação. Sendo assim, a obrigatoriedade somente alcançaria esse tipo de atos decisórios, mas não aqueles outros, da rotina administrativa, que não tivessem essa fisionomia.

Há, ainda, outro aspecto. O termo *"motivadas"*, constante do texto constitucional, também pode admitir mais de um sentido, ou seja, tanto pode significar que as decisões administrativas devam ter motivação, como pode indicar que devam ter motivo. Se este último for o sentido, nenhuma novidade terá o Constituinte acrescentado à clássica doutrina, que considera o motivo como elemento, ou, para outros, requisito de validade dos atos administrativos.

Por fim, é importante destacar que o art. 93, X, se situa no capítulo constitucional destinado ao Poder Judiciário. Assim, mesmo que se entenda que o texto exige de fato a motivação, a exigência envolveria apenas os atos do Poder Judiciário, sem alcançar, por conseguinte, os praticados no âmbito do Poder Executivo.

Insistimos em afirmação que já fizemos: não consideramos de relevo distinguir entre atos vinculados ou discricionários. Parece-nos, até mesmo, que se alguma dessas categorias pode dispensar a motivação, seria ela exatamente a dos atos vinculados, porque nestes a situação de fato já tem descrição na norma, de modo que a validade ou não do ato decorreria de mero confronto entre este e aquela. O mesmo não se passaria com os atos discricionários. Tendo o agente nessa hipótese a liberdade de eleger a situação fática geradora de sua vontade, maior segurança se proporcionaria aos administrados se fosse ela descrita expressamente no ato. Entretanto, mesmo aqui, inexistindo norma constitucional expressa, não se pode extrair a interpretação no sentido da obrigatoriedade.[47]

Sem dúvida nenhuma, é preciso reconhecer que o administrador, sempre que possa, deve mesmo expressar as situações de fato que impeliram a emissão da vontade, e a razão não é difícil de conceber: quanto mais transparente o ato da Administração, maiores as possibilidades de seu controle pelos administrados. Não obstante, se essa conduta é aconselhável, e se os administradores devem segui-la, não se pode ir ao extremo de tê-la por obrigatória.

Na verdade, há inúmeros atos oriundos da prática administrativa que, embora tenham motivo, não têm motivação. Sirvam como exemplo atos que denegam pedidos de autorização ou de permissão (que geram atuação discricionária), ou os atos funcionais, como nomeação, exoneração de cargos em comissão etc. No bojo do ato não constam as razões do Administrador, mas no processo administrativo estarão presentes na condição de *motivo*. Daí ser possível distinguir duas formas de exteriorização do motivo: uma delas referida no próprio ato, como é o caso de atos que contêm inicialmente as justificativas iniciadas por *"considerando"* (*motivo contextual*); outra forma é a que se aloja fora do ato (*motivo aliunde* ou *per relationem*), como

---

[47] STF, RE 77.812, j. 11.5.1978, e MS 20.601, j. 9.9.1987.

102 | MANUAL DE DIREITO ADMINISTRATIVO • *Carvalho Filho*

é a hipótese de justificativas constantes de processos administrativos ou mesmo em pareceres prévios que serviram de base para o ato decisório.[48]

Por outro lado, não é lícito ao administrador adotar, à guisa de motivo do ato, fundamentos genéricos e indefinidos, como, por exemplo, *"interesse público"*, *"critério administrativo"*, e outros do gênero. Semelhantes justificativas demonstram usualmente o intuito de escamotear as verdadeiras razões do ato, com o objetivo de exime-lo do controle de legalidade pela Administração ou pela via judicial. A dissimulação dos fundamentos não é o mesmo que praticar o ato por razões de conveniência e oportunidade, fatores próprios dos atos discricionários. Em casos como aquele, portanto, o ato sujeita-se à invalidação por vício no motivo, restaurando--se, em consequência, a legalidade ofendida pela manifestação volitiva do administrador. A jurisprudência, acertadamente, tem endossado essa providência.[49]

É interessante, por fim, averbar que, quando a motivação do ato for obrigatória, porque assim o impõe a lei, o vício nele existente pode situar-se no elemento *forma*, desde que haja descompasso entre o que a lei exige e o que consta do ato. Nesse sentido, aliás, a correta lição de reconhecido estudioso sobre o tema.[50] Aqui, porém, deve sublinhar-se que, nesse caso, o ato que não contenha a motivação obrigatória ou a tenha incluído de forma incompleta é suscetível de convalidação, conforme o caso, cabendo ao administrador, contudo, expressar, em momento posterior, o motivo determinante para a prática do ato, desde que idôneo e já preexistente nesse momento; a manifestação poderá ocorrer, inclusive, quando for o caso, nas informações em mandado de segurança.[51]

A LINDB – Lei de Introdução às Normas do Direito Brasileiro (Decreto-lei nº 4.657/1942), com a alteração da Lei nº 13.655/2018, estabelece que a *motivação* será o elemento que demonstrará a necessidade e a adequação da *invalidação* de ato, contrato, ajuste, processo ou norma administrativa, bem como eventuais alternativas (art. 20, parágrafo único). Trataremos da matéria, com maior minúcia, no Capítulo 15, no tópico atinente ao controle estatal.

4.4. Teoria dos Motivos Determinantes

Desenvolvida no Direito francês, a teoria dos motivos determinantes baseia-se no princípio de que o motivo do ato administrativo deve sempre guardar compatibilidade com a situação de fato que gerou a manifestação da vontade. E não se afigura estranho que se chegue a essa conclusão: se o motivo se conceitua como a própria situação de fato que impele a vontade do administrador, a inexistência dessa situação provoca a invalidação do ato.

LAUBADÈRE, tratando dos vícios no motivo, refere-se a duas espécies, e uma delas é exatamente a falta de correspondência do motivo com a realidade fática ou jurídica. Registra o autor: *"O ato administrativo pode ser ilegal porque os motivos alegados pelo autor não existiram, na realidade, ou não têm o caráter jurídico que o autor lhes emprestou; é a ilegalidade por inexistência material ou jurídica dos motivos (considerada, ainda, erro de fato ou de direito)".*[52]

Acertada, pois, a lição segundo a qual *"tais motivos é que determinam e justificam a realização do ato, e, por isso mesmo, deve haver perfeita correspondência entre eles e a realidade".*[53]

A aplicação mais importante desse princípio incide sobre os discricionários, exatamente aqueles em que se permite ao agente maior liberdade de aferição da conduta. Mesmo que um ato

---

[48] FLORIVALDO DUTRA DE ARAÚJO, *Motivação* cit., p. 119.

[49] STJ, MS 9.944, j. 25.5.2005.

[50] ANTÔNIO CARLOS DE ARAÚJO CINTRA, *Motivo e motivação* cit., p. 111.

[51] Também: STJ, RMS 40. 427, Min. ARNALDO ESTEVES LIMA, em 3.9.2013.

[52] *Manuel de Droit Administratif*, LGDJ, Paris, 1976, p. 90.

[53] HELY LOPES MEIRELLES, ob. cit., p. 181.

Cap. 4 · ATO ADMINISTRATIVO | 103

administrativo seja discricionário, não exigindo, portanto, expressa motivação, esta, se existir, passa a vincular o agente aos termos em que foi mencionada. Se o interessado comprovar que inexiste a realidade fática mencionada no ato como determinante da vontade, estará ele irremediavelmente inquinado de vício de legalidade.

Veja-se um exemplo: se um servidor requer suas férias para determinado mês, pode o chefe da repartição indeferi-las sem deixar expresso no ato o motivo; se, todavia, indefere o pedido sob a alegação de que há falta de pessoal na repartição, e o interessado prova que, ao contrário, há excesso, o ato estará viciado no motivo. Vale dizer: terá havido incompatibilidade entre o motivo expresso no ato e a realidade fática; esta não se coaduna com o motivo determinante.

4.5. Congruência entre o Motivo e o Resultado do Ato

Sendo um elemento calcado em situação anterior à prática do ato, o motivo deve sempre ser ajustado ao resultado do ato, ou seja, aos fins a que se destina. Impõe-se, desse modo, uma *relação de congruência* entre o motivo, de um lado, e o objeto e a finalidade, de outro. Na correta lição de eminente doutrinador, *"os motivos devem aparecer como premissas donde se extrai logicamente a conclusão, que é a decisão".*[54]

Encontra-se a exigência dessa compatibilidade na própria lei. A Lei nº 4.717/1965, que regula a ação popular, depois de considerar nulos os atos que tenham o vício da inexistência de motivos (art. 2º, "d"), procura definir o que significa tal distorção: *"a inexistência dos motivos se verifica quando a matéria de fato ou de direito, em que se fundamenta o ato, é materialmente inexistente ou juridicamente inadequada ao resultado obtido"* (art. 2º, parágrafo único, "d").

Uma análise acurada da definição legal conduz à conclusão de que o legislador agrupou sob a mesma figura hipóteses diversas. A inexistência dos motivos é o que a lei aponta quando a matéria de fato ou de direito é *materialmente inexistente*. A outra hipótese ali contemplada como sendo vício no motivo não é a de inexistência de motivo, mas sim a da *falta de congruência* entre o motivo (este existente) e o resultado do ato, consistente este no objeto e na finalidade.

Em síntese, temos que não só a inexistência em si do motivo contamina o ato, como também o faz a incongruência entre o motivo e o resultado do ato. Alguns autores dão a denominação de *causa* à referida incongruência, indicando o mesmo fenômeno, ou seja, a necessidade de haver compatibilidade lógica entre o motivo e o conteúdo do ato.[55] Permitimo-nos, todavia, não usar o termo, porque, além de ter significados diversos e ser despido de precisão jurídica, suscita dúvidas e enseja confusão com o elemento *motivo*, do qual pode ser perfeito sinônimo. Afinal, o motivo do ato não deixa de ser a causa que inspirou sua prática. Melhor, então, analisar o fenômeno como um *fato* que conduz à invalidação do ato, e isso porque, havendo a incongruência, ou o motivo ou o objeto, ou ambos, estarão inquinados de vício de legalidade.

Um exemplo para esclarecer: a Administração revoga várias autorizações de porte de arma, invocando como motivo o fato de um dos autorizados ter se envolvido em brigas. Em relação aos demais, que não tiveram esse envolvimento, o motivo não guarda compatibilidade lógica com o resultado do ato, qual seja, a revogação da autorização. Desse modo, a revogação só é válida em relação àquele que perpetrou a situação fática geradora do resultado do ato.

A congruência entre as razões do ato e o objetivo a que se destina é tema que tem intrínseca aproximação com os princípios da razoabilidade e da proporcionalidade, visto que, se entre as razões e o objeto houver desajuste lógico, o ato estará inquinado de vício de legalidade e terá

---

[54] MARCELO CAETANO, *Princípios* cit., p. 148.

[55] CELSO ANTÔNIO BANDEIRA DE MELLO, que, por sua vez, reproduz o pensamento do jurista português ANDRÉ GONÇALVES PEREIRA (*Curso*, p. 187).

104 | MANUAL DE DIREITO ADMINISTRATIVO • *Carvalho Filho*

vulnerado os aludidos princípios. Em ambos se exige que a conduta do administrador não refuja aos parâmetros lógicos adotados pelas pessoas em geral, nem que tenha como fundamentos dados desproporcionais ao fim colimado pela norma que dá suporte à conduta. Sobre os princípios da razoabilidade e da proporcionalidade, já foram feitos anteriormente os devidos comentários.

5. FINALIDADE

5.1. Sentido

Finalidade é o elemento pelo qual todo ato administrativo deve estar dirigido ao *interesse público*. Realmente não se pode conceber que o administrador, como gestor de bens e interesses da coletividade, possa estar voltado a interesses privados. O intuito de sua atividade deve ser o bem comum, o atendimento aos reclamos da comunidade, porque essa de fato é a sua função. Nesse ângulo, é imperioso observar que o resultado da conduta pressupõe o motivo do ato, vale dizer, o motivo caminha em direção à finalidade.[56]

Já vimos anteriormente que o desrespeito ao interesse público constitui abuso de poder sob a forma de desvio de finalidade. Não se pode esquecer também que conduta desse tipo ofende os princípios da impessoalidade e da moralidade administrativa, porque, no primeiro caso, enseja tratamento diferenciado a administrados na mesma situação jurídica, e, no segundo, porque relega os preceitos éticos que devem nortear a Administração. Tais princípios estão expressos no art. 37, *caput*, da Constituição Federal.

Exemplo de desvio de finalidade é aquele em que o Estado desapropria um imóvel de propriedade de desafeto do Chefe do Executivo com o fim predeterminado de prejudicá-lo. Ou aquele em que se concedem vantagens apenas a servidores apaniguados. O agente, nesse caso, afasta-se do objetivo que deve guiar a atividade administrativa, vale dizer, o interesse público.

Os autores modernos mostram a existência de um elo indissociável entre a finalidade e a competência, seja vinculado ou discricionário o ato. A finalidade, retratada pelo interesse público da conduta administrativa, não poderia refugir ao âmbito da competência que a lei outorgou ao agente. Em outras palavras, significa que, quando a lei define a competência do agente, a ela já vincula a finalidade a ser perseguida pelo agente. Daí a acertada observação de que *"ocorre o desvio de poder quando a autoridade administrativa, no uso de sua competência, movimenta-se tendente à concreção de um fim, ao qual não se encontra vinculada, ex vi da regra de competência".*[57]

Segundo alguns especialistas, o *desvio de finalidade* seria um vício objetivo, consistindo no distanciamento entre o exercício da competência e a finalidade legal, e, por tal razão, irrelevante se revelaria a intenção do agente.[58] Não endossamos esse pensamento. Na verdade, o fato em si de estar a conduta apartada do fim legal não retrata necessariamente o desvio de finalidade, vez que até por erro ou ineficiência pode o agente cometer ilegalidade. O desvio pressupõe o *animus*, vale dizer, a intenção deliberada de ofender o objetivo de interesse público que lhe deve nortear o comportamento. Sem esse elemento subjetivo, haverá ilegalidade, mas não propriamente desvio de finalidade.

5.2. Finalidade e Objeto

Ambos estampam os aspectos teleológicos do ato e podem ser considerados como vetores do *resultado* do ato. Mas o objeto representa o *fim imediato*, ou seja, o resultado prático a ser

---

[56]   EDMIR NETTO DE ARAÚJO, *Curso de direito administrativo*, 2010, p. 479.

[57]   MARIA CUERVO SILVA E VAZ CERQUINHO, ob. cit., p. 60.

[58]   RAFAEL MUNHOZ DE MELLO, *O desvio de poder* (*RTDP* nº 40, p. 186-214, 2002).

alcançado pela vontade administrativa. A finalidade, ao contrário, reflete o fim mediato, vale dizer, o interesse coletivo que deve o administrador perseguir.

Em razão disso, o objeto é variável conforme o resultado prático buscado pelo agente da Administração, ao passo que a finalidade é *invariável* para qualquer espécie de ato: será sempre o interesse público. Vejamos um exemplo: numa autorização para estacionamento, o objeto é o de consentir que alguém estacione seu veículo; numa licença de construção, o objeto é consentir que alguém edifique; numa admissão, o objeto é autorizar alguém a ingressar em estabelecimento público. Variável é, pois, o objeto conforme a *espécie* do ato. Entretanto, a finalidade é invariável por ser comum a todos eles: o *interesse público*.

IV. Características

Os atos administrativos emanam de agentes dotados de parcela do Poder Público. Basta essa razão para que precisem estar revestidos de certas características que os tornem distintos dos atos privados em geral. Há aqui uma ou outra divergência quanto a tais características, mas estudaremos aqueles que traduzem a singularidade do ato administrativo, na opinião da maior parte dos autores.

1. IMPERATIVIDADE

Imperatividade, ou coercibilidade, significa que os atos administrativos são cogentes, obrigando a todos quantos se encontrem em seu círculo de incidência (ainda que o objetivo a ser por ele alcançado contrarie interesses privados), na verdade, o único alvo da Administração Pública é o interesse público.

Com efeito, absurdo seria que a Administração ficasse, a cada passo de sua atividade, à mercê do interesse individual, permitindo que o interesse coletivo pudesse estar a ele subordinado. O princípio da supremacia do interesse público, como já tivemos oportunidade de examinar, justifica a coercibilidade dos atos administrativos.

Decorre da imperatividade o poder que tem a Administração de exigir o cumprimento do ato. Não pode, portanto, o administrado recusar-se a cumprir ordem contida em ato administrativo quando emanada em conformidade com a lei. A exigibilidade, assim, deflui da própria peculiaridade de ser o ato imperativo. Parte da doutrina inclui a *exigibilidade* entre as características;[59] em nosso entender, no entanto, trata-se de corolário da imperatividade, até porque pode haver exigibilidade sem coercibilidade.

Há, é verdade, certos atos em que está ausente o cunho coercitivo. É o caso dos atos de consentimento (permissões, autorizações), em que ao lado do interesse público de todo ato há também o interesse privado. Entretanto, ainda neles se pode descobrir um resquício de imperatividade, ao menos no que toca à obrigação do beneficiário de se conduzir exatamente dentro dos limites que lhe foram traçados.

2. PRESUNÇÃO DE LEGITIMIDADE

Os atos administrativos, quando editados, trazem em si a presunção de legitimidade, ou seja, a presunção de que nasceram em conformidade com as devidas normas legais, como bem anota a doutrina argentina.[60] Essa característica não depende de lei expressa, mas deflui da própria natureza do ato administrativo, como ato emanado de agente integrante da estrutura do Estado.

---

[59] DIÓGENES GASPARINI (ob. cit., p.78) e CELSO ANTÔNIO BANDEIRA DE MELLO (ob. cit., p. 195).

[60] MANUEL MARIA DIEZ, *Manual* cit., v. I, p. 224.

106 | MANUAL DE DIREITO ADMINISTRATIVO • Carvalho Filho

Vários são os fundamentos dados a essa característica. O fundamento precípuo, no entanto, reside na circunstância de que se cuida de atos emanados de agentes detentores de parcela do Poder Público, imbuídos, como é natural, do objetivo de alcançar o interesse público que lhes compete proteger. Desse modo, inconcebível seria admitir que não tivessem a aura de legitimidade, permitindo-se que a todo momento sofressem algum entrave oposto por pessoas de interesses contrários. Por esse motivo é que se há de supor que presumivelmente estão em conformidade com a lei.

É certo que não se trata de presunção absoluta e intocável. A hipótese é de presunção *iuris tantum* (ou relativa), sabido que pode ceder à prova em contrário, no sentido de que o ato não se conformou às regras que lhe traçavam as linhas, como se supunha.[61]

Efeito da presunção de legitimidade é a autoexecutoriedade, que, como veremos adiante, admite seja o ato imediatamente executado. Outro efeito é o da inversão do ônus da prova, cabendo a quem alegar não ser o ato legítimo a comprovação da ilegalidade. Enquanto isso não ocorrer, contudo, o ato vai produzindo normalmente os seus efeitos e sendo considerado válido, seja no revestimento formal, seja no seu próprio conteúdo.[62]

3. AUTOEXECUTORIEDADE

Das mais relevantes é a característica da autoexecutoriedade. Significa ela que o ato administrativo, tão logo praticado, pode ser imediatamente executado e seu objeto imediatamente alcançado. Além disso, tem ele idoneidade de por si criar direitos e obrigações, submetendo a todos que se situem em sua órbita de incidência.[63]

No direito privado, são raras as hipóteses em que se permite ao particular executar suas próprias decisões. É o caso do possuidor turbado ou esbulhado, que pode manter ou restituir sua posse por sua própria força (art. 1.210, § 1º, Código Civil). No direito público, porém, é admitida a execução de ofício das decisões administrativas sem intervenção do Poder Judiciário, construção hoje consagrada entre os autores modernos e haurida do Direito francês, que denomina o instituto de "*privilège du préalable*".[64]

A autoexecutoriedade tem como fundamento jurídico a necessidade de salvaguardar com rapidez e eficiência o interesse público, o que não ocorreria se a cada momento tivesse que submeter suas decisões ao crivo do Judiciário. Além do mais, nada justificaria tal submissão, uma vez que assim como o Judiciário tem a seu cargo uma das funções estatais – a função jurisdicional –, a Administração também tem a incumbência de exercer função estatal – a função administrativa.

Essa particularidade, aliás, é bem destacada por GARCÍA DE ENTERRÍA, ao afirmar que esses extraordinários efeitos dos atos administrativos constituem verdadeiros títulos executivos, dispensando anuência dos tribunais. "*Não há necessidade, portanto, de recorrer aos Tribunais em busca de juízo declaratório para obter uma sentença favorável que sirva de título a uma posterior realização material de seus direitos.*" Aduz, por fim, o grande jurista que, desse ponto de vista, o ato administrativo vale como a própria sentença do juiz, ainda que seja sujeita a controle por este.[65]

A característica da autoexecutoriedade é frequentemente utilizada no exercício do poder de polícia. Exemplos conhecidos do uso dessa prerrogativa são os da destruição de

---

[61] Também: ROMEU FELIPE BACELLAR FILHO, *Direito administrativo*, Saraiva, 2005, p. 53.

[62] STJ, REsp 1.298.407, j. 23.5.2012. Vide também: JOSÉ SÉRGIO MONTE ALEGRE, *Presunção de legalidade, ônus da prova e autotutela: o que diz a Constituição?*, *RTDP* nº 30, p. 86-101, 2000.

[63] GEORGES VEDEL, *Droit administratif*, p. 173.

[64] JEAN RIVERO, *Droit administratif*, p. 101.

[65] GARCÍA DE ENTERRÍA e TOMÁS-RAMON FERNÁNDEZ, *Curso de derecho administrativo*, cit., v. I, p. 49.

bens impróprios ao consumo público e a demolição de obra que apresenta risco iminente de desabamento. Verificada a situação que provoca a execução do ato, a autoridade administrativa de pronto o executa, ficando, assim, resguardado o interesse público.

Em algumas hipóteses, o ato administrativo fica despido desse atributo, o que obriga a Administração a recorrer ao Judiciário. Cite-se, como exemplo, a cobrança de multa ou a desapropriação. Ambas as atividades impõem que a Administração ajuíze a respectiva ação judicial.

A vigente Constituição instituiu linhas mais restritivas à autoexecutoriedade dos atos da Administração. Conforme o disposto no art. 5º, LV, da Lei Maior, em todo processo administrativo que tenha a presença de litigantes, ou aqueles de natureza acusatória, hão de ser assegurados o contraditório e a ampla defesa, com os meios e recursos inerentes a tais garantias. A regra, como é fácil notar, estabelece alguns limites ao princípio de executoriedade, impedindo uma atuação exclusiva do administrador. A restrição, no entanto, não suprime o princípio, até porque, sem ele, dificilmente poderia a Administração, em certos momentos, concluir seus projetos administrativos e alcançar os objetivos que colima.[66]

Em determinadas situações, a autoexecutoriedade pode provocar sérios gravames aos indivíduos, e isso porque algumas espécies de danos podem ser irreversíveis. Esse tipo de ameaça de lesão pode ser impedido pela adoção de mecanismos que formalizem a tutela preventiva ou cautelar, prevista, aliás, no art. 5º, XXXV, da CF. Dentre as formas cautelares de proteção, a mais procurada pelas pessoas é a *medida liminar*, contemplada em leis que regulam algumas ações específicas contra o Poder Público. Sendo deferida pelo juiz, o interessado logrará obter a suspensão da eficácia do ato administrativo, tenha sido iniciada ou não. O objetivo é exatamente o de impedir que a imediata execução do ato, isto é, a sua autoexecutoriedade, acarrete a existência de lesões irreparáveis ou de difícil reparação. São expressamente previstas no mandado de segurança (Lei nº 12.016/2009), na ação popular (Lei nº 4.717/1965) e na ação civil pública (Lei nº 7.347/1985). Trata-se, pois, de mecanismos que procuram neutralizar os efeitos próprios dessa especial prerrogativa dos atos administrativos.

V. Mérito Administrativo

1. SENTIDO

Vimos, ao estudar o poder discricionário da Administração, que em certos atos a lei permite ao agente proceder a uma avaliação de conduta, ponderando os aspectos relativos à conveniência e à oportunidade da prática do ato. Esses aspectos que suscitam tal ponderação é que constituem o *mérito administrativo*.

Pode-se, então, considerar mérito administrativo a avaliação da conveniência e da oportunidade relativas ao motivo e ao objeto, inspiradoras da prática do ato discricionário. Registre-se que não pode o agente proceder a qualquer avaliação quanto aos demais elementos do ato – a competência, a finalidade e a forma, estes vinculados em qualquer hipótese. Mas lhe é lícito valorar os fatores que integram o motivo e que constituem o objeto, com a condição, é claro, de se preordenar o ato ao interesse público.

Têm sido desferidas algumas críticas quanto à figura e à existência do mérito administrativo. Conquanto a expressão, de fato, não seja muito precisa, parece-nos indiscutível a identificação, na prática do ato administrativo, de determinados fatores que pressupõem a valoração do administrador e seu processo de escolha. Por conseguinte, é admissível a irresignação

---

[66] REGIS FERNANDES DE OLIVEIRA, no trabalho "Executoriedade dos atos administrativos", *RT* 684/44.

108 | MANUAL DE DIREITO ADMINISTRATIVO • *Carvalho Filho*

quanto à denominação, mas, em nosso entender, revela-se improcedente qualquer ataque à sua existência, ainda mais quando considerado o procedimento de formação de certos atos e a discricionariedade administrativa.

2. VINCULAÇÃO E DISCRICIONARIEDADE

Quando o agente administrativo está ligado à lei por um elo de vinculação, seus atos não podem refugir aos parâmetros por ela traçados. O motivo e o objeto do ato já constituirão elementos que o legislador quis expressar. Sendo assim, o agente não disporá de nenhum poder de valoração quanto a tais elementos, limitando-se a reproduzi-los no próprio ato. A conclusão, dessa maneira, é a de que não se pode falar em mérito administrativo em se tratando de ato vinculado.

O contrário se passa quanto aos atos discricionários. Nestes se defere ao agente o poder de valorar os fatores constitutivos do motivo e do objeto, apreciando a conveniência e a oportunidade da conduta. Como o sentido de mérito administrativo importa essa valoração, outra não pode ser a conclusão senão a de que tal figura só pode estar presente nos atos discricionários.[67] Referida valoração de conveniência e oportunidade é que reflete o que modernamente se denomina de *reserva do possível*, ou seja, o conjunto de elementos que tornam possível esta ou aquela ação governamental e, por via de consequência, o que se revela inviável de ser executado pela Administração em certo momento e dentro de determinadas condições.

Já tivemos a oportunidade de assinalar que o administrador pode fazer valoração de conduta tanto na discricionariedade quanto na aplicação de conceitos jurídicos indeterminados, institutos que, apesar de terem alguns pontos comuns, apresentam fisionomia particular. Para não haver repetições inúteis, consulte-se o que dissemos anteriormente sobre tais aspectos.[68]

3. CONTROLE DO MÉRITO

A valoração de conduta que configura o mérito administrativo pode alterar-se, bastando para tanto imaginar a mudança dos fatores de conveniência e oportunidade sopesados pelo agente da Administração. Na verdade, o que foi conveniente e oportuno hoje para o agente praticar o ato pode não sê-lo amanhã. O tempo, como sabemos, provoca alteração das linhas que definem esses critérios.

Com tal natureza, vemos que o agente pode mudar sua concepção quanto à conveniência e oportunidade da conduta. Desse modo, é a ele que cabe exercer esse controle, de índole eminentemente administrativa. Como exemplo, o caso de uma autorização para fechamento de rua com vistas à realização de uma festa junina. Pode a autorização ter sido dada pelo período de uma semana seguida, porque no momento de decidir o agente encontrou conveniência e oportunidade. Se, por acaso, se alterarem essas condições no meio do período, compete ao mesmo agente desfazer o ato e cancelar a autorização. Pertenceu-lhe, assim, o controle.

O Judiciário, entretanto, não pode imiscuir-se nessa apreciação, sendo-lhe vedado exercer controle judicial sobre o mérito administrativo. Como já se averbou corretamente, se pudesse o juiz fazê-lo, *"faria obra de administrador, violando, dessarte, o princípio de separação e independência dos poderes"*.[69] E está de todo acertado esse fundamento: se ao juiz cabe a função

---

[67] HELY LOPES MEIRELLES, ob. cit., p. 138.

[68] Vide Capítulo 2, no tópico relativo ao poder discricionário. Vide também GERMANA DE OLIVEIRA MORAES, *Controle*, cit., p. 71-73.

[69] SEABRA FAGUNDES, com apoio em RANELLETTI (*Controle* cit., p. 147).

jurisdicional, na qual afere aspectos de legalidade, não se lhe pode permitir que proceda a um tipo de avaliação, peculiar à função administrativa e que, na verdade, decorre da própria lei. No mesmo sentido, várias decisões de Tribunais já foram proferidas.

O próprio Judiciário, faça-se justiça, tem observado o sistema pátrio e se expressado por meio da posição que reflete a melhor técnica sobre o tema. Assim, já se decidiu que *"a conveniência e oportunidade do ato administrativo constitui critério ditado pelo poder discricionário, o qual, desde que utilizado dentro dos permissivos legais, é intangível pelo Poder Judiciário"*.[70] Em confirmação, assentou-se: *"Abonar ou não as faltas havidas por aluno do Curso Especial de Formação de Oficiais insere-se no âmbito do mérito do ato administrativo, que não é passível de crítica pelo Judiciário, cuja missão é verificar a conformação do ato com a lei escrita"*.[71] Essa é realmente a correta visão jurídica, de modo que não encontram ressonância aquelas vozes que, por seu radicalismo e desvio de perspectiva, insinuam admitir a invasão do mérito administrativo pelo juiz.

O STJ deixou a questão em termos claros, assentando que *"é defeso ao Poder Judiciário apreciar o mérito do ato administrativo, cabendo-lhe unicamente examiná-lo sob o aspecto de sua legalidade, isto é, se foi praticado conforme ou contrariamente à lei. Esta solução se funda no princípio da separação dos poderes, de sorte que a verificação das razões de conveniência ou de oportunidade dos atos administrativos escapa ao controle jurisdicional do Estado"*.[72]

O Supremo Tribunal Federal corrobora essa posição e, em hipótese na qual se discutia expulsão de estrangeiro, disse a Corte que se trata de ato discricionário de defesa do Estado, sendo de competência do Presidente da República, *"a quem incumbe julgar a conveniência ou oportunidade da decretação da medida"*, e que *"ao Judiciário compete tão somente a apreciação formal e a constatação da existência ou não de vícios de nulidade do ato expulsório, não o mérito da decisão presidencial"*.[73]

Referidas decisões são dignas de aplausos por demonstrarem, com exatidão, o perfil relativo ao controle do mérito administrativo e retratam como a questão merece ser realmente enfocada. Sobre o tema, aliás, anotou ilustre publicista, em feliz síntese, que *"o mérito (relativo a juízos de conveniência e de oportunidade) pode até não ser diretamente controlável, em si, mas o demérito o será sempre"*. [74]

É claro que, a pretexto de exercer a discricionariedade, pode a Administração disfarçar a ilegalidade com o manto de legitimidade do ato, o que não raro acontece. Tal hipótese, entretanto, sempre poderá ser analisada no que toca às causas, aos motivos e à finalidade do ato. Concluindo-se ausentes tais elementos, ofendidos estarão os princípios da razoabilidade e da proporcionalidade, justificando, em consequência, a invalidação do ato. Tais princípios, como já tivemos a oportunidade de consignar, refletem poderosos e modernos instrumentos para enfrentar as condutas eivadas de abuso de poder, principalmente aquelas dissimuladas sob a capa de legalidade. O STF, por exemplo, anulou a criação de 42 cargos em comissão em quadro com 67 servidores, remanescendo apenas 25 cargos efetivos. Típico abuso de poder e ofensa à modalidade administrativa.[75]

Em outra vertente, a jurisprudência se tem inclinado no sentido da inaplicabilidade da teoria da reserva do possível, quando se trata de garantir o exercício de direitos considerados

---

[70] TJ-SP (ApCív nº 234.352-1, 2ª CCív, Rel. Des. CORREIA LIMA, julg. em 2.5.1995).

[71] TJ-MG (ApCív nº 142.110-6, 4ª CCív, Rel. Des. BADY CURY, julg. em 23.12.1999).

[72] STJ, RO-MS 1.288, j. 4.4.1994.

[73] STF, HC 73.940, j. 26.6.1996.

[74] JUAREZ FREITAS, *O controle dos atos administrativos* cit., p. 217.

[75] STF, RE 365.368, j. 22.5.2007.

110 | MANUAL DE DIREITO ADMINISTRATIVO • Carvalho Filho

pelo legislador como fundamentais e prioritários, sobretudo se o Poder Público não comprova a ausência de recursos para o cumprimento do dever administrativo.[76]

VI. Formação e Efeitos

1. PERFEIÇÃO

A formação do ato administrativo representa um processo que vai definindo os elementos que o compõem. Esse processo pode ser mais ou menos longo, e nele pode ou não intervir a vontade do administrado. O certo é que a perfeição do ato somente vai suceder quando se encerrar esse ciclo de formação. Ressalve-se que *perfeição* não significa aqui o que não tem vícios; seu sentido é o de "consumação", "conclusão".

Desse modo, à semelhança do ato jurídico perfeito (art. 5º, XXXVI, CF, e art. 6º, § 1º, Lei de Introdução às Normas do Direito Brasileiro), pode dizer-se que os atos administrativos podem ser *perfeitos* ou *imperfeitos*, configurando-se os primeiros quando encerrado seu ciclo de formação, e os últimos, quando ainda em curso o processo constitutivo. O ato administrativo perfeito assume a garantia atribuída ao ato jurídico perfeito, impedindo seja atingido por efeito retroativo da lei.

2. EFICÁCIA

Eficácia é a idoneidade que tem o ato administrativo para produzir seus efeitos. Em outras palavras, significa que o ato está pronto para atingir o fim a que foi destinado. Se o ato completou seu ciclo de formação, podemos considerá-lo eficaz, e isso ainda que dependa de termo ou condição futuros para ser executado. O termo e a condição, como veremos adiante, podem constituir óbices à operatividade do ato, mas nem por isso descaracterizam sua eficácia.

Como bem averba SÉRGIO DE ANDRÉA FERREIRA, a eficácia comporta três tipos de dimensão: *temporal*, que leva em consideração o período da produção de efeitos (há atos de eficácia instantânea e atos de eficácia duradoura); *espacial*, que considera o âmbito de incidência dos efeitos (ex.: um ato de permissão originário do Município só produz efeitos no círculo territorial deste); e *subjetiva*, atinente aos indivíduos que estarão sob sujeição do ato.[77]

Sob a ótica ora em estudo, podemos então dizer que os atos administrativos podem ser *eficazes* ou *ineficazes*, aqueles com aptidão para produzirem seus efeitos, e estes quando ainda não dispõem dessa possibilidade. O certo, contudo, é que o pressuposto da eficácia é a *existência* do ato; sem esse pressuposto, não há que se falar em eficácia ou ineficácia.[78]

3. EXEQUIBILIDADE

Confundida às vezes com a eficácia, a exequibilidade tem, entretanto, sentido diverso. Significa ela a efetiva disponibilidade que tem a Administração para dar operatividade ao ato, ou seja, executá-lo em toda a inteireza. Desse modo, um ato administrativo pode ter eficácia, mas não ter ainda exequibilidade. Exemplo: uma autorização dada em dezembro para começar em janeiro do ano próximo é eficaz naquele mês, mas só se tornará exequível neste último. Tal situação assemelha-se à da sentença pendente de recurso: antes de transitar em julgado é

---

[76] Foi como decidiu o STJ, no REsp 1.607.472, j. 15.9.2016.

[77] *Direito administrativo didático*, cit., p. 97-99.

[78] RICARDO MARCONDES MARTINS, *Efeitos dos vícios do ato administrativo*, Malheiros, 2008, p. 138.

eficaz, por ter idoneidade para produzir efeitos, mas ainda é *inexequível* por não ser dotada de definitividade.[79]

Considerando, assim, o aspecto da operatividade dos atos, temos que podem ser eles *exequíveis* ou *inexequíveis*. No primeiro caso já são inteiramente operantes, ou seja, já existe a disponibilidade para colocá-los em execução. Essa disponibilidade, como se viu, inexiste nos últimos.

4. VALIDADE

Validade é a situação jurídica que resulta da conformidade do ato com a lei ou com outro ato de grau mais elevado. Se o ato não se compatibiliza com a norma superior, a situação, ao contrário, é de invalidade.

Nessa ótica, portanto, os atos podem ser *válidos* ou *inválidos*. Aqueles são praticados com adequação às normas que os regem, ao passo que estes têm alguma dissonância em relação às mesmas normas.

Parte da doutrina admite os chamados atos inexistentes, em que está ausente um dos elementos qualificadores do ato administrativo, como, por exemplo, o ato que não se origina de um agente da Administração. Não obstante, são rigorosamente idênticos os efeitos que derivam do ato inválido ou inexistente, de modo que não há importância prática na distinção.[80]

É de interesse para o Direito Administrativo verificar a *relação entre a validade, a eficácia e a exequibilidade*. A primeira hipótese é a dos atos *válidos, eficazes e exequíveis*: aqui os atos não só foram editados conforme a lei, como também já têm aptidão e efetiva possibilidade de serem concretizados. Mas um ato pode ser *válido, eficaz e inexequível* quando, embora compatível com a lei e apto em tese a produzir efeitos, sujeita sua operatividade a termo ou condição futura. Pode, ainda, ser *válido e ineficaz* (e logicamente também *inexequível*): o ato é congruente com a norma legal, mas ainda não completou seu ciclo de formação e, por isso, não tem ainda idoneidade para ser concretizado (é o caso dos atos que a doutrina denomina de *atos complexos* ou *compostos*). É possível, da mesma forma, que o ato seja *inválido, eficaz e exequível*: nessa hipótese, o ato foi editado em desconformidade com a lei, mas já é idôneo a produzir efeitos e pode efetivamente produzi-los (incide aqui a presunção de legitimidade dos atos administrativos). Se for *inválido, eficaz e inexequível*, o ato, desconforme à lei, embora completamente formado, está sujeito a termo ou condição futura, não sendo, pois, operante ainda. Por último, poderá ser *inválido e ineficaz* (e também fatalmente *inexequível*): nesse caso o ato, além de contrariar a norma legal, sequer completou seu ciclo de formação e, naturalmente, não tem condições de ser executado.[81]

VII. Classificação

A classificação dos atos administrativos sofre imensa variação em virtude da diversidade de critérios adotados para firmá-la. Serão apresentados nesta obra os critérios que, adotados pela maioria dos autores, trazem efetiva utilidade prática para o estudo dos atos administrativos.

1. CRITÉRIO DOS DESTINATÁRIOS: ATOS GERAIS E INDIVIDUAIS

Atos gerais, também denominados de normativos, são aqueles que regulam uma quantidade indeterminada de pessoas que se encontram na mesma situação jurídica. Exemplo: os regulamentos,

---

[79] HELY LOPES MEIRELLES, *Direito administrativo* cit., p. 142.

[80] HELY LOPES MEIRELLES, ob. cit., p. 157.

[81] Observações similares a respeito são bem anotadas por CELSO ANTÔNIO BANDEIRA DE MELLO, *Curso*, p. 176.

112 | MANUAL DE DIREITO ADMINISTRATIVO • Carvalho Filho

as instruções normativas etc. Os atos gerais ou normativos são considerados como de natureza legislativa, por trazerem em si os aspectos de generalidade, abstração e impessoalidade. Submetem-se, por isso, em alguns casos, ao controle concentrado da constitucionalidade, como deflui do art. 102, I, "a", da CF.

Atos individuais (também denominados *concretos*) são os que se preordenam a regular situações jurídicas concretas, vale dizer, têm destinatários individualizados, definidos, mesmo coletivamente. Exemplo: uma licença para construção; um decreto expropriatório. Ao contrário dos atos normativos, podem eles ser impugnados diretamente pelos interessados quanto à legalidade, quer na via administrativa, quer através da via judicial.

2. CRITÉRIO DAS PRERROGATIVAS: ATOS DE IMPÉRIO E DE GESTÃO

A distinção entre essas categorias de atos é antiga, originando-se do Direito francês. A despeito de frequentemente criticada, tem sido sempre trazida à tona pela doutrina.

Atos de império são os que se caracterizam pelo poder de coerção decorrente do poder de império (*ius imperii*), não intervindo a vontade dos administrados para sua prática. Como exemplo, os atos de polícia (apreensão de bens, embargo de obra), os decretos de regulamentação etc.

O Estado, entretanto, atua no mesmo plano jurídico dos particulares quando se volta para a gestão da coisa pública (*ius gestionis*). Nessa hipótese, pratica *atos de gestão*, intervindo frequentemente a vontade de particulares. Exemplo: os negócios contratuais (aquisição ou alienação de bens). Não tendo a coercibilidade dos atos de império, os atos de gestão reclamam na maioria das vezes soluções negociadas, não dispondo o Estado da garantia da unilateralidade que caracteriza sua atuação.

3. CRITÉRIO DA LIBERDADE DE AÇÃO: ATOS VINCULADOS E DISCRICIONÁRIOS

No Capítulo 2, destinado aos poderes da Administração, procuramos demarcar as linhas que distinguem a atividade vinculada da discricionária. Voltamos à distinção, agora voltada aos atos que definem os dois grandes tipos de conduta dos agentes administrativos, condutas essas que refletem maior ou menor liberdade de ação.

Atos vinculados, como o próprio adjetivo demonstra, são aqueles que o agente pratica reproduzindo os elementos que a lei previamente estabelece. Ao agente, nesses casos, não é dada liberdade de apreciação da conduta, porque se limita, na verdade, a repassar para o ato o comando estatuído na lei. Isso indica que nesse tipo de atos não há qualquer subjetivismo ou valoração, mas apenas a averiguação de conformidade entre o ato e a lei. Exemplo de um ato vinculado: a licença para exercer profissão regulamentada em lei. Os elementos para o deferimento desse ato já se encontram na lei, de modo que ao agente caberá apenas verificar se quem o reivindica preenche os requisitos exigidos e, em caso positivo, deverá conferir a licença sem qualquer outra indagação.

Diversamente sucede nos *atos discricionários*. Nestes é própria a lei que autoriza o agente a proceder a uma avaliação de conduta, obviamente tomando em consideração a inafastável finalidade do ato. A valoração incidirá sobre o motivo e o objeto do ato, de modo que este, na atividade discricionária, resulta essencialmente da liberdade de escolha entre alternativas igualmente justas, traduzindo, portanto, um certo grau de subjetivismo. Para alguns autores, há diferença entre o poder discricionário e os conceitos jurídicos indeterminados (ex.: *interesse público, ordem pública*): naquele haveria liberdade de escolha entre alternativas possíveis, ao passo que nestes só há uma solução justa.[82]

---

[82] EROS ROBERTO GRAU, invocando GARCÍA DE ENTERRÍA (*RDP* 93/42).

Salienta, todavia, moderna doutrina que os atos discricionários não estampam uma liberdade absoluta de agir para o administrador. A avaliação que se permite ao administrador fazer tem que estar em conformidade com o *fim legal*, ou seja, aquele alvo que a lei, expressa ou implicitamente, busca alcançar. Não havendo tal conformidade, o ato não é licitamente produzido, pois que estará vulnerando o princípio da legalidade, hoje erigido à categoria de princípio administrativo (art. 37, CF).

4. CRITÉRIO DA INTERVENÇÃO DA VONTADE ADMINISTRATIVA: ATOS SIMPLES, COMPOSTOS E COMPLEXOS

A vontade administrativa pode exteriorizar-se de forma una ou múltipla. O objetivo proposto pela Administração pode ser alcançado através de processo de formação do ato em que intervenha uma única ou várias manifestações administrativas. É nesse aspecto que enfocamos o presente critério classificatório.

Se o ato emana da vontade de um só órgão ou agente administrativo, classificar-se-á como *ato simples*, e quanto a esse tipo não divergem os autores.

O problema surge quando se tem que caracterizar os atos cujo processo de formação reclama a intervenção da vontade de mais de um órgão ou agente administrativo. Apesar das divergências, parece-nos que se possam subdividir tais atos em *complexos* e *compostos*.

Atos complexos são aqueles cuja vontade final da Administração exige a intervenção de agentes ou órgãos diversos, havendo certa autonomia, ou conteúdo próprio, em cada uma das manifestações. Exemplo: a investidura do Ministro do STF se inicia pela escolha do Presidente da República; passa, após, pela aferição do Senado Federal; e culmina com a nomeação (art. 101, parágrafo único, CF).

Já os *atos compostos* não se compõem de vontades autônomas, embora múltiplas. Há, na verdade, uma só vontade autônoma, ou seja, de conteúdo próprio. As demais são meramente instrumentais, porque se limitam à verificação de legitimidade do ato de conteúdo próprio. Exemplo: um ato de autorização sujeito a outro ato confirmatório, um visto. Divergem os autores quanto a esses atos. Alguns não os aceitam;[83] outros não lhes fazem referência;[84] e outros, a despeito de acolherem a distinção, exemplificam com hipóteses que, a nosso ver, são impróprias (p. ex.: considerar a nomeação do Procurador-Geral da República, precedida pela aprovação do Senado, como ato complexo, e não composto).[85]

No que toca aos efeitos, temos que os atos que traduzem a vontade final da Administração só podem ser considerados perfeitos e acabados quando se consuma a última das vontades constitutivas de seu ciclo. Embora, nos atos compostos, uma das vontades já tenha conteúdo autônomo, indicando logo o objetivo da Administração, a outra vai configurar-se, apesar de meramente instrumental, como verdadeira condição de eficácia.

Em nosso entender, as noções de ato complexo e composto deveriam merecer novo enfoque analítico. O importante nessa análise deve ser a distinção entre a *vontade final* e as *vontades-meio*. A vontade final é que vai resultar de todas as manifestações ocorridas no curso da formação do ato. É por esse motivo que o ato a que corresponder a vontade final da Administração só vai ser tido como perfeito e acabado quando todas as vontades-meio tiverem intervindo. Logicamente que cada vontade-meio vai ser retratada num determinado ato praticado por agente administrativo. Estes atos-meio deverão ser apreciados por si mesmos.

---

[83] SÉRGIO DE ANDRÉA FERREIRA, *Direito administrativo* cit.

[84] DIÓGENES GASPARINI (*Direito administrativo* cit.) e CELSO ANTÔNIO BANDEIRA DE MELLO (*Curso* cit.).

[85] MARIA SYLVIA ZANELLA DI PIETRO, *Direito administrativo* cit.

MANUAL DE DIREITO ADMINISTRATIVO • *Carvalho Filho*

Vejamos um exemplo prático: suponha-se a prática de ato composto – uma autorização – que reclame duas vontades, uma de conteúdo autônomo (a primeira) e a outra instrumental (o *visto* da autoridade superior). A autorização em si só é ato perfeito e acabado quando os dois agentes tiverem manifestado sua vontade. Isso, contudo, não impede o exame individual dos atos-meio, e nesse exame poder-se-á verificar cada um dos elementos componentes, como a competência, a forma etc.

Se meditarmos com serenidade, veremos que *não é o ato* que é complexo ou composto; a vontade-fim da Administração é que exige *vários atos* no processo de formação da vontade final. Esta é que resulta de processo complexo, e não o ato em si. Melhor, então, firmar a conclusão de que há certas vontades administrativas que somente consumam seu ciclo de formação se mais de um ato-meio for praticado em tal processo. É em relação a este, e só a este, que se poderá falar em *complexidade* ou *composição*.[86]

Por fim, é oportuno destacar que a vontade dos órgãos colegiados se configura como *ato simples coletivo*. É que as vontades formadoras são *interna corporis* e se dissolvem no processo de formação, de modo que apenas uma é a vontade que se projeta no mundo jurídico.

5. CRITÉRIO DOS EFEITOS: ATOS CONSTITUTIVOS, DECLARATÓRIOS E ENUNCIATIVOS

Esse critério leva em consideração o tipo de efeitos que os atos administrativos podem produzir. Podem ser constitutivos, declaratórios e enunciativos.

Atos constitutivos são aqueles que alteram uma relação jurídica, criando, modificando ou extinguindo direitos. Exemplo: a autorização, a sanção disciplinar, o ato de revogação.

Atos declaratórios são os que apenas declaram situação preexistente, citando-se, como exemplo, o ato que declara que certa construção provoca riscos à integridade física dos transeuntes, ou o ato que constata irregularidade administrativa em órgão administrativo.

Por fim, temos os *atos enunciativos*, cuja característica é a de indicarem juízos de valor, dependendo, portanto, de outros atos de caráter decisório. O exemplo típico é o dos pareceres. Diga-se, aliás, que tais atos não são considerados como típicos atos administrativos por alguns autores.

6. CRITÉRIO DA RETRATABILIDADE: ATOS REVOGÁVEIS E IRREVOGÁVEIS

Destaca-se esse critério em função da cessação ou não de efeitos no que toca à incidência sobre a órbita jurídica de terceiros. Daí poder afirmar-se que, sob esse critério, os atos podem ser *revogáveis* ou *irrevogáveis*.

São *irrevogáveis* os atos que a Administração não mais pode retirar do mundo jurídico por razões administrativas ligadas a sua conveniência e oportunidade. Como exemplo, uma licença para exercer profissão. Na verdade, há casos específicos que impedem a revogação, mas, por sua pertinência, serão eles examinados oportunamente no tópico relativo à revogação dos atos administrativos (tópico XII deste capítulo).

Ao contrário, os *atos revogáveis* são os que a Administração está livre para expungir do mundo jurídico, fazendo cessar os seus efeitos, em decorrência de um critério meramente administrativo. Nesse caso, tais atos não chegaram a conferir direito subjetivo aos destinatários, no sentido de terem os seus efeitos mantidos. Exemplo: uma autorização para estacionamento de veículo no pátio de um prédio público.

---

[86] Estudamos longamente esse assunto no trabalho *Regime jurídico dos atos administrativos de confirmação e de substituição* (*Doutrina*, v. I, p. 196-205).

Como ensinam os especialistas na matéria, a regra é a revogabilidade dos atos administrativos, vale dizer, a possibilidade de deixar com a Administração o poder de avaliar, de forma discricionária, quando um ato deve perdurar, ou quando há interesse de suprimi-lo do universo jurídico.

7. CRITÉRIO DA EXECUTORIEDADE: ATOS AUTOEXECUTÓRIOS E NÃO AUTOEXECUTÓRIOS

O tema já mereceu exame no tópico relativo à autoexecutoriedade, como característica dos atos administrativos. Sua repetição aqui tem razões de ordem apenas didática, eis que estamos tratando da classificação dos atos quando há vários enfoques. E um deles é o de serem autoexecutórios ou não.

Nesse aspecto, podem os atos ser *autoexecutórios* ou *não autoexecutórios*. Os primeiros são a regra geral e têm a idoneidade jurídica de serem postos em imediata execução tão logo praticados pela Administração. Não dependem, assim, de qualquer autorização prévia, inclusive do Judiciário. Situam-se aí os atos de organização administrativa, como as instruções, portarias e circulares, entre outros.

Outros atos, todavia, não têm esse condão. A Administração só pode executá-los por via indireta, recorrendo ao Poder Judiciário. É o caso da multa: depois de aplicada, só pode ser cobrada do transgressor por via judicial. A rigor, a aplicação em si da multa é ato autoexecutório. Os efeitos pecuniários que do ato resultam é que não podem ser consumados diretamente pelos órgãos administrativos, mas, ao revés, dependerão de ação judicial.

VIII. Espécies

Como a Administração Pública tem a seu cargo numerosas atribuições, diversos são os atos administrativos que seus agentes praticam. É preciso distinguir, entretanto, os aspectos formal e material de tais atos. Para alguns atos é adotada uma nomenclatura específica no que se refere ao *nomen iuris* externo, formal, aquele pelo qual é conhecido no mundo jurídico. Não há de confundir-se, porém, o nome do ato sob esses aspectos com o seu conteúdo, vale dizer, a mensagem que veicula, a exteriorização material, enfim, da proposta que o autor do ato pretendeu externar.

É por essa notória distinção que, quanto às espécies, devem os atos ser agrupados sob o aspecto formal, de um lado, e sob o aspecto material (ou seu conteúdo), de outro.

Não obstante, cabe anotar que alguns estudiosos sugerem uma classificação dos atos administrativos considerando especificamente as suas *espécies* (ou *modalidades*), independentemente do aspecto material ou formal que os caracterize. É conhecida, por exemplo, a classificação apontada por HELY LOPES MEIRELLES,[87] que prevê os seguintes agrupamentos de atos: (a) *normativos* (de comando geral e abstrato); (b) *ordinatórios* (ordenam o funcionamento da administração); (c) *negociais* (encerram uma declaração da Administração conjugada com a vontade do particular); (d) *enunciativos* (enunciam situação existente, sem manifestação material da Administração); (e) *punitivos* (contêm uma sanção aplicada a infratores de normas administrativas).[88]

Conquanto seja útil todo o esforço de sistematização que envolva a matéria, parece-nos que a dita classificação apresenta algumas situações que a desfiguram, caso se leve em conta o

---

[87] *Direito administrativo brasileiro*, Malheiros, 29. ed., 2004, p. 176-195.

[88] Adotando a mesma classificação, DIOGO DE FIGUEIREDO MOREIRA NETO, *Curso de direito administrativo*, Forense, 7. ed., 1989, p. 121-124.

116 | MANUAL DE DIREITO ADMINISTRATIVO • *Carvalho Filho*

preciso enquadramento dos atos. Alguns *decretos*, por exemplo, enquadram-se realmente na categoria de *atos normativos*, mas outros existem, de caráter individual, que se situam como *ordinatórios*. *Portarias, instruções, ordens de serviço*, a seu turno, se classificam como *ordinatórios*, mas, dependendo de seu conteúdo, podem caracterizar-se nitidamente como *normativos*. Os atos *negociais*, como *licenças e autorizações*, não perdem sua fisionomia de atos *ordinatórios*, já que também ordenam a atividade administrativa. Feito esse reparo, deve registrar-se que se trata de classificação frequentemente adotada, motivo por que nos parece útil mencioná-la aos leitores.

Em relação aos *atos normativos*, vale a pena uma breve anotação. De acordo com a LINDB – Lei de Introdução às Normas do Direito Brasileiro (Decreto-lei nº 4.657/1942), com as alterações incluídas pela Lei nº 13.655/2018, a edição de atos normativos por agente da Administração, salvo os de mera organização interna, poderá ser precedida de *consulta pública* com o escopo de ouvir eventuais interessados (art. 29). A norma alcança, pois, os atos de eficácia externa, mas os atos ordinatórios, de eficácia apenas interna, não demandam essa medida. O conteúdo da norma é democrático e atende à natureza republicana, mas será necessário aguardar para ver se a Administração realmente implementará a consulta, ainda mais considerando sua costumeira atuação verticalizada e unilateral.

1. ESPÉCIES QUANTO À FORMA DE EXTERIORIZAÇÃO

1.1. Decretos e Regulamentos

Os decretos são atos que provêm da manifestação de vontade privativa dos Chefes do Executivo, o que os torna resultantes de competência administrativa específica. A Constituição Federal alude a eles no art. 84, IV, como forma pela qual o Presidente da República dá curso à fiel execução das leis. Pela teoria do paralelismo principiológico, governadores e prefeitos dispõem de idêntica competência, conforme as Constituições Estaduais e Leis Orgânicas municipais. De acordo com o art. 87, parágrafo único, I, da CF, cabe aos Ministros (e Secretários, nos Estados e Municípios) *referendar* os decretos, segundo a correlação entre o conteúdo dos atos e a área de competência a seu cargo. Cuida-se de atos compostos, que reclamam a manifestação de ambas as autoridades, fórmula oriunda do próprio texto constitucional.

Dependendo do conteúdo, podemos classificá-los em decretos *gerais* e *individuais*: aqueles têm caráter normativo e traçam regras gerais; estes têm destinatários específicos, individualizados. Exemplo de um decreto geral: o decreto que regulamenta uma lei. Exemplo de um decreto individual: o decreto de nomeação de servidor público.

A doutrina costuma classificar os decretos em *decretos regulamentares* (ou *de execução*), voltados para a complementação e detalhamento das leis, e *decretos autônomos* (ou *independentes*), destinados a suprir lacunas da lei. Teoricamente, não há dúvida quanto a essa distinção; basta ver sua destinação. Contudo, se é certo que os decretos regulamentares são acolhidos expressamente pelo ordenamento jurídico pátrio, os decretos autônomos, como já vimos, suscitam algumas perplexidades quanto à sua existência diante da Constituição: há quem os entenda viáveis, mas há também aqueles que os julgam não acolhidos pelo direito positivo vigente – tema já visto anteriormente quando examinado o poder regulamentar.

O decreto geral é, por sua natureza, ato de que se socorre o Chefe do Executivo para regulamentar as leis, ou seja, para expedir normas administrativas necessárias a que a lei possa ser executada. Trata-se, portanto, de atividade de caráter administrativo. Deve-se registrar, a bem da verdade, que o caráter administrativo decorre do exame do ato sob o aspecto orgânico (o órgão de que emana) e formal (processo de criação idêntico ao dos demais atos administrativos). Não obstante, sob o aspecto material ou substancial, podem os decretos ser considerados como tendo caráter legislativo ou normativo, eis que projetam normas gerais, abstratas e impessoais.

Embora não possa substituir a lei, é legítimo que o legislador, após criar a norma básica, atribua ao decreto a função de alterar futuramente critérios e índices objetivos. Tem-se denominado tal processo de *deslegalização*.[89]

Quanto aos *regulamentos*, é lícito afirmar que, considerando o seu aspecto formal e orgânico, devem ser qualificados como atos administrativos, muito embora se apresentem cercados de peculiaridades específicas. O art. 84, IV, da CF, a eles se refere de forma expressa, ao conferir ao Presidente da República competência privativa para *"[...] expedir decretos e regulamentos para sua fiel execução"* (execução das leis, diga-se de passagem).

A despeito de serem exteriorizados através de forma própria, constituem apêndices de outros atos, mais comumente de decretos (embora nem sempre). Esses atos é que os colocam em vigência, embora outros atos, como resoluções e portarias, também possam ter essa função. Trata-se, no entanto, de atos diversos – um é o regulamento e outro é o ato administrativo que o põe em vigor no mundo jurídico. No que concerne à função regulamentadora, no entanto, o objeto (ou conteúdo) de decretos regulamentares e regulamentos mostra-se idêntico, isto é, destinam-se aos mesmos fins. Observe-se, porém, que, pela diversidade de objetos, são atos distintos o decreto regulamentar e o decreto que põe o regulamento em vigor: aquele visa à função regulamentar, enquanto este se dedica tão somente a conferir vigência ao regulamento.

Dois são os aspectos que distinguem os decretos e os regulamentos: (1º) os decretos têm força jurígena própria, ou seja, vigoram por si mesmos como atos independentes, ao passo que os regulamentos são atos dependentes e, por isso, não têm força própria que os impulsione para a vigência (vale dizer: dependem de outro ato como instrumento para que possam vigorar); (2º) os decretos podem ser normativos (como é o caso dos decretos de execução) ou individuais; os regulamentos, ao contrário, só se projetam como atos normativos.

1.2. Resoluções, Deliberações e Regimentos

Resoluções são atos, normativos ou individuais, emanados de autoridades de elevado escalão administrativo, como, por exemplo, Ministros e Secretários de Estado ou Município, ou de algumas pessoas administrativas ligadas ao Governo. Constituem matéria das resoluções todas as que se inserem na competência específica dos agentes ou pessoas jurídicas responsáveis por sua expedição.

Tais resoluções são típicos atos administrativos, tendo, portanto, *natureza derivada*; pressupõem sempre a existência de lei ou outro ato legislativo a que estejam *subordinadas*. Destarte, não se confundem com as resoluções previstas no texto constitucional, como é o caso das relacionadas no art. 59, VII, que integram o processo legislativo. Trata-se de *atos autônomos* e de *natureza primária*, não se configurando como atos administrativos propriamente ditos, tratando normalmente de matéria de interesse direto das Casas Legislativas.[90] É a mesma hipótese, aliás, contemplada no art. 5º, § 2º, da EC nº 45/2004 (Reforma do Judiciário), segundo o qual caberá ao Conselho Nacional de Justiça, enquanto não sobrevier o Estatuto da Magistratura, a edição de *resolução* para disciplinar o funcionamento do órgão e definir as atribuições do Ministro-Corregedor. Outros exemplos de resoluções de *natureza primária* estão contemplados nos arts. 155, § 2º, IV e 68, § 2º, da Constituição.

Deliberações são atos oriundos, em regra, de órgãos colegiados, como conselhos, comissões, tribunais administrativos etc. Normalmente, representam a vontade majoritária de seus componentes e se caracterizam como atos simples coletivos, como tivemos a

---

[89] STF, ADI 4.568, j. 3.11.2011.
[90] MANOEL GONÇALVES FERREIRA FILHO, *Curso* cit., p. 186.

118 | MANUAL DE DIREITO ADMINISTRATIVO • *Carvalho Filho*

oportunidade de assinalar ao tratar da classificação dos atos sob o critério da intervenção da vontade estatal.

Outra categoria de atos é a dos *regimentos*, típicos dos órgãos colegiados, cuja função reside em demonstrar sua organização e seu funcionamento. À semelhança do que ocorre com os *regulamentos*, tais atos ficam, em regra, subordinados a um ato de aprovação, normalmente emanado do agente que preside o órgão. Por exemplo: resolução que aprova um regimento. Note-se, contudo, que o regimento, como conjunto de regras, se origina, no mais das vezes, da vontade unânime ou da maioria dos membros do órgão, ao passo que o ato de aprovação, como vem ensinando a doutrina, tem apenas a função de servir de instrumento para sua formalização e entrada em vigor.[91]

1.3. Instruções, Circulares, Portarias, Ordens de Serviço, Provimentos e Avisos

Todos esses atos servem para que a Administração organize sua atividade e seus órgãos, e, por essa razão, são denominados por alguns autores de *ordinatórios*. Apesar de auxiliarem a Administração a definir melhor sua organização interna, a verdade é que, na prática, encontramos muitos deles ostentando caráter normativo, fato que provoca a imposição de regras gerais e abstratas.

O sistema legislativo pátrio não adotou o processo de codificação administrativa, de modo que cada pessoa federativa, cada pessoa administrativa ou até órgãos autônomos dispõem sobre quem vai expedir esses atos e qual será seu conteúdo. As tentativas que os estudiosos encetaram para distingui-los têm sido infrutíferas, pois que é grande a variação que sofrem no que se refere a seu conteúdo e à competência dos agentes. Entendemos, porém, que na prática administrativa atual é irrelevante distingui-los. Relevante é primeiramente entendê-los como instrumentos de organização da Administração. Depois, é verificar se, em cada caso, foi competente o agente que os praticou; se estão presentes seus requisitos de validade; e qual o propósito do administrador. E, sobretudo, se observam o princípio da legalidade.

1.4. Alvarás

Alvará é o instrumento formal expedido pela Administração, que, através dele, expressa aquiescência no sentido de ser desenvolvida certa atividade pelo particular. Seu conteúdo é o consentimento dado pelo Estado, e por isso se fala em alvará de autorização, alvará de licença etc.

Embora se costume dizer que os alvarás podem ser *precários ou definitivos*,[92] parece-nos que a precariedade ou a definitividade são atributos da autorização ou da licença que estão em seu bojo, de modo que só por extensão de sentido são classificados daquela forma.

1.5. Ofícios

São atos formais, de intensa utilização na rotina administrativa, através dos quais as autoridades administrativas se comunicam entre si ou com terceiros. Podem conter solicitações, imposições, recomendações ou meras informações. Sendo veículo de comunicação, os ofícios têm grande importância, sob o aspecto formal, na via administrativa.

1.6. Pareceres

Os pareceres consubstanciam opiniões, pontos de vista de alguns agentes administrativos sobre matéria submetida à sua apreciação. Em alguns casos, a Administração não está obrigada

---

[91] ODETE MEDAUAR, *Direito administrativo didático*, Revista dos Tribunais, 8. ed., 2004, p. 170.

[92] CRETELLA JR., *Dicionário*, p. 34.

a formalizá-los para a prática de determinado ato; diz-se, então, que o parecer é *facultativo*. Quando é emitido *"por solicitação de órgão ativo ou de controle, em virtude de preceito normativo que prescreve a sua solicitação, como preliminar à emanação do ato que lhe é próprio"*, dir-se-á *obrigatório*.[93] Nessa hipótese, o parecer integra o processo de formação do ato, de modo que sua ausência ofende o elemento formal, inquinando-o, assim, de vício de legalidade.

Refletindo um juízo de valor, uma opinião pessoal do parecerista, o parecer não vincula a autoridade que tem competência decisória, ou seja, aquela a quem cabe praticar o ato administrativo final. Trata-se de atos diversos – o parecer e o ato que o aprova ou rejeita. Como tais atos têm conteúdos antagônicos, o agente que opina nunca poderá ser o que decide.

De tudo isso resulta que o agente que emite o parecer não pode ser considerado solidariamente responsável com o agente que produziu o ato administrativo final, decidindo pela aprovação do parecer. A responsabilidade do parecerista pelo fato de ter sugerido mal somente lhe pode ser atribuída se houver comprovação indiscutível de que agiu dolosamente, vale dizer, com o intuito predeterminado de cometer improbidade administrativa. Semelhante comprovação, entretanto, não dimana do parecer em si, mas, ao revés, constitui ônus daquele que impugna a validade do ato em função da conduta de seu autor.[94]

Não nos parece correto, portanto, atribuir, *a priori*, responsabilidade solidária a servidores pareceristas quando opinam, sobre o aspecto formal ou substancial (em tese), pela aprovação ou ratificação de contratos e convênios, e isso porque o conteúdo dos ajustes depende de outras autoridades administrativas, e não dos pareceristas. Essa responsabilidade não pode ser atribuída por presunção e só se legitima no caso de conduta dolosa, como já afirmado, ou por erro grosseiro injustificável.[95] Daí julgarmos digna de aplausos norma legal que afaste a presunção de responsabilidade.[96]

Costuma a doutrina fazer referência aos *pareceres vinculantes*, assim conceituados aqueles que impedem a autoridade decisória de adotar outra conclusão que não seja a do ato opinativo, ressalvando-se, contudo, que se trata de regime de exceção e, por isso mesmo, só sendo admitidos se a lei o exigir expressamente.[97] Em nosso entender, porém, há um *desvio de qualificação jurídica* nesses atos: pareceres são atos opinativos, de modo que, se o opinamento do parecerista vincula outra autoridade, o conteúdo do ato é tipicamente *decisório*, e não meramente *opinativo*, como é de sua natureza. Em suma: o parecerista acaba tendo a vestimenta de autoridade decisória, cabendo ao agente vinculado papel meramente secundário e subserviente à conclusão do parecerista. Cuida-se, pois, de esdrúxula inversão de *status* jurídico. Não obstante, a admitir-se semelhante categoria, seria coerente atribuir ao autor do parecer vinculante responsabilidade solidária, em função de seu poder de decisão, compartilhado com a autoridade vinculada.[98]

Sem embargo da anomalia, a Lei nº 9.784/1999, que regula o processo administrativo federal, prevê esse tipo de parecer e estabelece que, se for vinculante, o processo fica paralisado e, caso não o seja, poderá prosseguir (art 42, §§ 1º e 2º). A nosso ver, o legislador confundiu *parecer vinculante* com *parecer obrigatório*: este sim é que, se ausente, deveria ensejar a paralisação do processo, e não o opinamento vinculante.

---

93   OSWALDO ARANHA BANDEIRA DE MELLO, *Princípios*, v. I, p. 575.
94   STF, MS 24.073, j. 26.11.2002, e STJ, REsp 1.183.504, j. 18.5.2010.
95   STF, MS 24.584, j. 9.8.2007. *Contra*: TJ-RJ, Ap.Civ. 45.421, j. 1.9.2007.
96   É o caso da Lei Estadual/RJ 5.427/2009 (art. 38, § 3º).
97   OSWALDO ARANHA BANDEIRA DE MELLO, *Princípios gerais*, cit., v. I, p. 576.
98   STF, MS 24.631, j. 9.8.2007.

120 | MANUAL DE DIREITO ADMINISTRATIVO • *Carvalho Filho*

Quando o ato decisório se limita a aprovar o parecer, fica este integrado naquele como razão de decidir, ou seja, corresponde ao motivo do ato. Se, ao revés, o ato decisório define a questão de modo contrário ao parecer, deverá a autoridade expressar formalmente as razões que a levaram a decidir de modo contrário ao opinamento do parecer, sob pena de ser considerado abuso de poder o ato que praticar, justamente por não render ensejo à verificação de sua legalidade.

Por fim, convém dar uma palavra sobre os denominados *pareceres normativos*, não muito raros na Administração. A terminologia levaria a um paradoxo, pois que um juízo de valor não pode revestir-se do cunho de normatividade. Ocorre que, às vezes, o parecer esgota, de forma profunda e estudada, o tratamento a ser dispensado a determinada questão. Concordando com esse tratamento, determinada autoridade decisória resolve, então, estendê-lo a todas as demais hipóteses idênticas que vierem a ocorrer, passando, assim, a representar uma *orientação geral* para os órgãos administrativos. Note-se, todavia, que sem a aprovação formal da autoridade decisória e sem sua indicação de que o tratamento deve ser estendido aos demais órgãos, o parecer não poderia ter tais efeitos. O que se observa é que a normatividade não é propriamente do parecer, mas da solução que deu a determinada questão, devidamente aprovada pela autoridade competente.

1.7. Certidões, Atestados e Declarações

São esses atos classificados como *declaratórios*. Primitivamente os considerávamos como *enunciativos*, como advogam alguns doutrinadores. Refletindo sobre o tema, e sobretudo para fins didáticos, passamos a incluí-los entre os declaratórios, e isso porque neles o agente público, na verdade, declara situação jurídica. Por conseguinte, reservamos a categoria de enunciativos para os atos em que o agente exprime juízo de valor – caso específico dos *pareceres*, como acentuamos anteriormente.

Nos *atestados* e *declarações*, os agentes administrativos dão fé, por sua própria condição, da existência desse fato. É o caso, por exemplo, do atestado de vacina ou de residência. Outro exemplo é a Declaração de Nascido Vivo-DNV, quando expedida por profissional de saúde servidor público (Lei nº 12.662, de 5.6.2012).

As *certidões* também comprovam a existência de fatos, mas se distinguem dos primeiros pela circunstância de representarem a reprodução do que já está formalizado nos registros públicos. Como exemplo, a certidão de nascimento, a certidão de dados funcionais do servidor etc.

Não se pode esquecer que as certidões revelam a expressão do princípio da publicidade na Administração (art. 37, *caput*, da CF) e sua obtenção configura-se como um dos direitos fundamentais dos indivíduos para a defesa de direitos e esclarecimentos de situações de interesse pessoal (art. 5º, XXXIV, "b", da CF). Servem também para documentar o exercício do direito de acesso às informações constantes de órgãos públicos, assegurado pelo art. 5º, XXXIII, da CF.[99]

Os Tribunais não têm, com algumas exceções, considerado o direito a certidões como ilimitado, restringindo-o quando se configurem comportamentos abusivos do indivíduo.[100] Diga-se, por oportuno, que a Lei nº 9.051, de 18.5.1995, embora tenha fixado o prazo de 15 dias para a expedição de certidões na Administração Direta ou Indireta, instituiu limitação ao preceito constitucional, exigindo que no requerimento da certidão o interessado indique os fins e as razões do pedido (art. 2º).

---

[99]   Vide Lei nº 12.527/2011 (art. 14).

[100]   Nesse sentido, ApCív nº 450/85, TJ-MS, 27/2/1986, e MS nº 15, TJ-BA, de 27.11.1987, Sessão Plena.

Semelhante exigência, contudo, a despeito de não ser contemplada na Constituição, deve ser interpretada como necessária para evitar abusos no exercício do direito à certidão. No entanto, a interpretação merece temperamentos. Se a informação é pessoal e diz respeito unicamente ao próprio interessado, dispensável e irrazoável se torna a exigência. Ademais, a Lei de Acesso (Lei nº 12.527/2011) protege as informações pessoais contra terceiros e, por isso, lhes restringem o acesso (art. 6º, III). Avulta notar, ainda, que o mesmo diploma veda quaisquer exigências relativas aos motivos do pedido quando se trata de informações de interesse público (art. 10, § 3º), e, se o faz em relação a estas, com mais razão terá que fazê-lo no que concerne às informações de interesse privado requeridas pelo próprio interessado. Consequentemente, a exigência de apontar motivo e fins, contida na Lei nº 9.051/95, só prevalece quando o requerente postula a certidão sobre fatos e situações atinentes a terceiros.

Alguns desses atos de caráter declaratório recebem denominação própria em virtude de sua situação específica. É o caso da *apostila*, que retrata o ato mencionado em registros funcionais para comprovar a existência de certa situação jurídica que envolve o servidor público. Essa comprovação encerra presunção *iuris tantum* da veracidade do fato e só comporta supressão ou alteração mediante prova efetiva em contrário a ser produzida pela Administração.

1.8. Despachos

Despachos são atos administrativos praticados no curso de um processo administrativo. Logicamente, o termo se origina do Direito Processual, que, inclusive, os prevê como forma específica de manifestação jurisdicional (art. 203, § 3º, CPC). No campo do Direito Administrativo, contudo, o sentido é mais amplo, porque abrange não só as intervenções rotineiras dos agentes, mas também algumas manifestações de caráter decisório. Como tais manifestações não têm terminologia específica, ficou convencionado chamá-las de despachos.

2. ESPÉCIES QUANTO AO CONTEÚDO

2.1. Licença

Podemos definir a licença como o ato vinculado por meio do qual a Administração confere ao interessado consentimento para o desempenho de certa atividade.[101] Não são todas as atividades que reclamam a licença do Poder Público. Há, no entanto, algumas atividades que o indivíduo só pode exercer de forma legítima se obtiver o necessário ato administrativo de licença. Através da licença, o Poder Público exerce seu poder de polícia fiscalizatório, verificando, em cada caso, se existem, ou não, óbices legais ou administrativos para o desempenho da atividade reivindicada.

Embora sejam estudadas em tópicos separados, a licença, a permissão e a autorização enquadram-se, por suas peculiaridades, na categoria dos *atos de consentimento estatal*. Podem encontrar-se três aspectos que aproximam as espécies dessa categoria: (1º) todos decorrem de anuência do Poder Público para que o interessado desempenhe a atividade; (2º) nunca são conferidos *ex officio*: dependem sempre de pedido dos interessados; (3º) são sempre necessários para legitimar a atividade a ser executada pelo interessado.

Autorizada doutrina denomina os atos de consentimento estatal de *atos negociais*, porque retratam a conjugação de vontades por parte da Administração e do interessado – expressão oriunda de *"atti amministrativi negoziali"*, cunhada pela doutrina italiana.[102] Não a utilizamos, porém, por duas razões. Primeiramente, não vislumbramos propriamente um *negócio jurídico*

---

[101] ARMANDO DE OLIVEIRA MARINHO e ZAIRO LARA FILHO, *Programa de direito administrativo*, p. 99.
[102] HELY LOPES MEIRELLES, *Direito administrativo* cit., p. 169.

122 | MANUAL DE DIREITO ADMINISTRATIVO • Carvalho Filho

no caso; há, isto sim, um interessado que pede o consentimento, de um lado, e, de outro, a Administração, que concede ou nega o consentimento. Além disso, a mesma doutrina insere, na aludida categoria, atos como a *aprovação*, o *visto* e a *homologação*, em relação aos quais não se identifica sequer a conjugação de vontades que caracteriza um negócio jurídico.[103]

Três são os aspectos de relevo que devem ser examinados em relação à licença. O primeiro deles é a sua natureza. Trata-se de ato *vinculado*, porque o agente não possui qualquer liberdade quanto à avaliação de sua conduta. Se o interessado preenche os requisitos legais para a concessão da licença, tem ele direito a obtê-la, e, se houver denegação, admissível será até mesmo mandado de segurança para superar o abuso (art. 5º, LXIX, CF).

O segundo fator que merece exame reside na iniciativa. O Poder Público não age *ex officio* para outorgar licenças. Depende sempre da deflagração processada pelo interessado, que solicita o consentimento.

Por fim, deve ser realçado que o direito subjetivo do indivíduo à atividade que pretende desempenhar não se confunde com o desempenho em si. O direito preexiste à licença, mas o desempenho da atividade somente se legitima se o Poder Público exprimir o seu consentimento pela licença. Por essa razão é que o ato deve ter natureza declaratória.[104] Muito conhecidas são as licenças para construir, de localização de estabelecimento e para exercer profissão regulamentada em lei.

Sendo a licença um ato vinculado, deveria ela ter sempre o caráter de definitividade. Atos vinculados são definitivos, ou seja, uma vez consignado em lei o direito à atividade desejada pelo administrado, a licença, reconhecendo-lhe a possibilidade de exercício desse direito, não mais pode ser desfeita por ato posterior da Administração, salvo quando a própria lei estabelece prazo para a eficácia da licença. Se a lei não o faz, a licença será definitiva.

Todavia, no que tange à licença para construir, doutrina e jurisprudência a têm considerado como mera faculdade de agir e, por conseguinte, suscetível de revogação enquanto não iniciada a obra licenciada, ressalvando-se ao prejudicado o direito à indenização pelos prejuízos causados.[105] O STF já confirmou, por mais de uma vez, esse entendimento. Numa das vezes, deixou assentado que, *"antes de iniciada a obra, a licença para construir pode ser revogada por conveniência da administração pública, sem que valha o argumento do direito adquirido".*[106] Recentemente, rediscutido o tema, a Corte reiterou essa orientação, averbando que *"não fere direito adquirido decisão que, no curso de processamento de pedido de licença de construção em projeto de loteamento, estabelece novas regras de ocupação do solo".*[107]

Em que pese ser pacífico o entendimento, parece-nos, no mínimo, estranho e incompatível com o instituto da licença e de seu caráter de ato vinculado e definitivo. Ademais, sempre se assegura, na hipótese em questão, indenização ao prejudicado, o que não se coaduna com a figura da revogação dos atos administrativos. Por essa razão, há autorizada doutrina que prefere ver nesses casos verdadeira *desapropriação do direito*, este sim instituto que se compadece com o dever indenizatório atribuído ao Poder Público.[108]

2.2. Permissão

Permissão é o ato administrativo discricionário e precário pelo qual a Administração consente que o particular execute serviço de utilidade pública ou utilize privativamente bem

---

[103]   HELY LOPES MEIRELLES, ob. e loc. cit.

[104]   MARIA SYLVIA ZANELLA DI PIETRO, *Direito administrativo*. cit., p.173.

[105]   SÉRGIO DE ANDRÉA FERREIRA, *Direito administrativo* cit., p. 113.

[106]   STF, RE 105.634, j. 20.9.1985, e RE 85.002, j. 1.6.1976.

[107]   RE nº 212.789, Min. ILMAR GALVÃO, em 27.4.1999.

[108]   LUCIA VALLE FIGUEIREDO, *Disciplina urbanística da propriedade*, p. 85-91.

Cap. 4 • ATO ADMINISTRATIVO | 123

público. Como regra, a permissão é ato discricionário e precário, no sentido de que o administrador pode sopesar critérios administrativos para expedi-la, de um lado, e de outro não será conferido ao permissionário o direito à continuidade do que foi permitido, de modo que poderá o consentimento ser posteriormente revogado sem indenização ao prejudicado. Convém observar, todavia, que esse é o sentido clássico do ato de permissão, mas atualmente existem inúmeras restrições e modificações do instituto no sistema normativo vigente.

Entretanto, há situações anômalas. A Lei nº 9.503/1997 (Código de Trânsito Brasileiro) prevê o que denomina de *"Permissão para Dirigir"*, conferida àquele que for aprovado no exame de habilitação, tendo a validade de um ano, período após o qual será outorgada a carteira definitiva (art. 148, § 2º). Apesar da denominação, não se trata de "permissão", mas sim de licença, porque o ato é vinculado e a ele tem direito o indivíduo que preenche as condições fixadas no Código. A provisoriedade de sua eficácia não lhe retira a natureza de licença, e tanto isso é verdadeiro que a cassação do ato somente se legitima se ocorrer algum dos fatos que a lei expressamente prevê.

A despeito disso, a característica regular do instituto é a *precariedade*, que, aliás, ficou expressa na disciplina relativa à permissão de serviço público. Com efeito, a Lei nº 8.987, de 13.2.1995, ao definir o instituto, afirma que ele retrata uma delegação, a título precário, da prestação de serviços públicos (art. 2º, IV). Essa característica indica uma posição favorável da Administração Pública na relação jurídica, já que o titular da permissão não poderá opor-se à vontade administrativa de extinguir o ato.

É verdade, todavia, que no atual sistema constitucional (art. 175) e na disciplina fixada na mencionada lei a permissão de serviços públicos há de ser precedida de licitação, o que, logicamente, reduz em muito o âmbito da precariedade do ato. É que, se a escolha do permissionário resulta de procedimento licitatório formal, não pode o permitente, a seu exclusivo juízo, dar fim ao ato, salvo se houver interesse público devidamente justificado.

Embora seja, de regra, inteiramente discricionária, e nesse caso pode ser chamada de *simples* ou *incondicionada*, a permissão poderá ser *condicionada* (também chamada de *contratual*),[109] quando o próprio Poder Público criar autolimitações, que podem se referir a prazo, razões de revogação, garantias aos permissionários etc. Nessas hipóteses, a discricionariedade administrativa sofrerá mitigação, pois que a liberdade de atuação por parte do administrador esbarrará nas condições que ele próprio estabeleceu. Exemplo: se uma determinada permissão de uso de bem público é outorgada sem qualquer condição, a Administração é livre para revogá-la. Se, todavia, é garantido o prazo mínimo de um ano, a Administração terá que respeitar tal prazo, pena de, não o fazendo, possibilitar que o permissionário postule a reparação de seus prejuízos pela extinção antecipada.

Além da permissão para execução de serviços públicos, pode ela consentir o uso, por particular, de um bem público. Chamar-se-á, nessa hipótese, de permissão de uso de bem público, tema que, por sua pertinência, será desenvolvido no capítulo dedicado ao domínio público, no tópico relativo ao uso dos bens públicos (vide Capítulo 16).

É importante registrar, a propósito do tema, que a clássica permissão de serviços públicos, como ato administrativo, desapareceu do sistema. Anteriormente, eram admitidas, com formas bem definidas, duas modalidades de prestação de serviços públicos: uma através da concessão de serviços públicos, com a natureza jurídica de *contrato administrativo*; outra, por meio da permissão de serviços públicos, com a fisionomia de *ato administrativo*. Entretanto, a Lei nº 8.987/1995, referindo-se à permissão de serviços públicos, conferiu-lhe natureza jurídica contratual, considerando-a *contrato de adesão* (art. 40), isso com base no próprio art. 175, parágrafo único, inc. I, da CF, que já deixara dúvidas em seu enunciado, por transmitir a ideia de que a permissão de serviços públicos se revestiria de forma contratualizada.

---

[109] HELY LOPES MEIRELLES, ob. cit., p. 171.

124 | MANUAL DE DIREITO ADMINISTRATIVO • *Carvalho Filho*

A nova postura legal, portanto, descartou a permissão de serviços públicos como ato administrativo, da forma clássica como era considerada. Aliás, com o tratamento estabelecido na lei, fica difícil saber, em termos atuais, quais as linhas diferenciais efetivas que demarcariam a diferença entre a concessão e a permissão de serviços públicos. O próprio STF, em discussão sobre o tema, decidiu, por apertada maioria, que não mais existe diferença conceitual entre a concessão e a permissão de serviços públicos.[110] A propósito, serão feitos novos comentários sobre o tema dentro do capítulo destinado às concessões e permissões de serviços públicos.

Diante de tudo isso, reduziu-se a um mínimo de extensão o universo de atos administrativos de permissão. Podemos dizer, sem medo de errar, que, erradicados os atos administrativos de permissão de *serviços públicos*, restaram apenas os atos de permissão de *uso de bens públicos*, cuja disciplina não é alcançada nem pelo art. 175 da CF nem pela Lei nº 8.987/1995. O estudo sobre essa permissão será apresentado, como já foi dito, no Capítulo 16, destinado aos bens públicos.

Em síntese, e para não nos afastarmos da didática da obra, podemos considerar como admissíveis duas modalidades de permissão: (1) a permissão de uso de bens públicos, qualificado como ato administrativo unilateral, discricionário e precário (podendo, contudo, ser *condicionada*, como vimos); (2) a permissão de serviços públicos, com a natureza legal de contrato administrativo, bilateral e resultante de atividade vinculada do administrador em virtude da exigência normal de licitação para a escolha do contratado.

Apenas para demonstrar a confusão que reina atualmente quanto à caracterização do instituto, a Lei nº 9.472, de 16.7.1997, que dispõe sobre o sistema geral de telecomunicações, alude à permissão como sendo *"o ato administrativo"* que atribui a alguém o dever de prestar excepcionalmente o serviço de telecomunicações, no *regime de direito público e em caráter provisório* (art. 118, parágrafo único). A norma, por conseguinte, contraria a configuração contratual prevista na Lei nº 8.987/1995 (Lei Geral das Concessões). A normatização, pois, está longe do princípio da segurança jurídica.

Não obstante, a EC nº 49/2006 suscitou inegável perplexidade ao introduzir as alíneas "b" e "c" (neste caso, com redação da EC nº 118/2022) no inciso XXIII do art. 21 da CF. Ao excepcionar o monopólio federal sobre atividades nucleares, os dispositivos enunciaram: *"b) sob regime de permissão, são autorizadas a comercialização e a utilização de radioisótopos para a pesquisa e usos médicos, agrícolas e industriais"* e *"c) sob regime de permissão, são autorizadas a produção, comercialização e utilização de radioisótopos para pesquisa e uso médicos"*.

Como facilmente se pode observar, o consentimento federal terá por foco as atividades de comercialização, produção e utilização, todas normalmente objeto dos atos de *licença* ou *autorização*, já que não se trata de serviço público propriamente dito, este sim, passível de consentimento por concessão ou permissão. Da mesma forma, nada há relativamente ao uso de bens públicos, o que, como vimos, também poderia ser objeto do ato de permissão. Trata-se, na verdade, de atividade privada, de caráter econômico (embora sob severo controle do governo federal), para cujo consentimento não é a permissão o instrumento adequado.

Assim sendo, parece-nos que o Constituinte provocou imperdoável confusão no que toca ao já tão confuso sistema de consentimentos estatais. Sem embargo do termo "permissão", o consentimento na hipótese deve ser formalizado por *ato administrativo* (licença ou autorização), e não por *contrato administrativo*, como o seria se se cuidasse da atual permissão de serviço público, tal como regulada no direito positivo. Por outro lado, o "regime" a que se referem os dispositivos será aquele que a lei regulamentadora definir para a prática do ato de consentimento, o que, aliás, já ocorre, como regra, com as atividades sujeitas às licenças e autorizações.

---

[110] STF, ADI 1.491, j. 8.5.2014.

Cap. 4 • ATO ADMINISTRATIVO | 125

Pelas dificuldades oriundas da aplicação dos atos de consentimento estatal, cuja variação de espécie mais confunde do que elucida, talvez se possa no futuro adotar uma só denominação para os institutos da licença, permissão e autorização, buscando-se na respectiva lei o regime jurídico aplicável na espécie, como ocorre em alguns sistemas estrangeiros, inclusive no direito italiano.

2.3. Autorização

Autorização é o ato administrativo pelo qual a Administração consente que o particular exerça atividade ou utilize bem público no seu próprio interesse. É ato discricionário e precário, características, portanto, idênticas às da permissão.

É necessária a autorização quando a atividade solicitada pelo particular não pode ser exercida legitimamente sem o consentimento do Estado.[111] No exercício de seu poder de polícia, porém, o Poder Público dá o seu consentimento no que se refere ao desempenho da atividade, quando não encontra prejuízo para o interesse público. Exemplos de autorização: autorização para estacionamento de veículos particulares em terreno público; autorização para porte de arma; autorização para fechamento de rua por uma noite para a realização de festa comunitária; a autorização para operar distribuição de sinais de televisão a cabo[112] etc.

No que toca à autorização para uso de bem público, repetimos o que dissemos quanto à permissão: o tema será examinado no Capítulo 16, relativo ao domínio público.

A Constituição Federal fez referência às autorizações. São elas mencionadas na Carta para a pesquisa e lavra de recursos minerais e para o aproveitamento dos potenciais de energia hidráulica (art. 176, parágrafo único), e também para certas atividades especiais de competência da União Federal (art. 21, inciso XII). Alguns autores entendem tratar-se de uma terceira modalidade – *autorização de serviços públicos.*[113] Com a devida vênia, pensamos que a autorização nesse caso se destina a atividades de predominante interesse privado, e isso porque o dispositivo já alude à concessão e à permissão, estas, sim, vocacionadas à prestação de serviços públicos.[114]

Apesar da clássica configuração do ato de autorização, de vez em quando surge no ordenamento jurídico norma que dispensa ao ato caracterização diversa, instituindo indesejável confusão na matéria. É o caso da Lei nº 9.472/1997 – disciplinadora do sistema de telecomunicações –, em cujo art. 131, § 1º, a autorização de serviço de telecomunicações é qualificada como ato vinculado, refugindo, portanto, à normal natureza do ato.[115] Tal inovação em nada contribui para a análise científica do direito e, ao revés, só serve para provocar tolas polêmicas em intérpretes mais desavisados.

Em virtude do advento da Lei nº 10.826, de 22.12.2003 – denominada de *Estatuto do Desarmamento* –, parece-nos oportuno tecer breve consideração sobre o porte de arma, clássico exemplo de ato administrativo de autorização. Com fundamento no art. 22, inciso XXI, da CF, segundo o qual a União tem competência privativa para legislar sobre material bélico, a referida lei atribuiu à Polícia Federal competência administrativa para a expedição do ato de autorização para o porte de arma de fogo, mas condicionou a outorga à expedição prévia de outro ato de autorização, de competência do SINARM – Sistema Nacional de Armas, órgão integrante do Ministério da Justiça, para a compra e registro da arma (art. 4º, § 1º),

---

[111]   MARIA SYLVIA DI PIETRO, ob. cit., p. 172.

[112]   Neste caso, v. STF, RMS 22.665, Min. NELSON JOBIM, em 14.3.2006.

[113]   MARIA SYLVIA ZANELLA DI PIETRO, *Direito administrativo* cit., p. 172.

[114]   JOSÉ AFONSO DA SILVA, *Curso de direito constitucional positivo*, p. 430.

[115]   DINORÁ MUSETTI GROTTI, "Regime jurídico das telecomunicações", *RDA* 224/2001, p. 183-196.

126 | MANUAL DE DIREITO ADMINISTRATIVO • *Carvalho Filho*

sendo viável, contudo, que mediante convênio, a União proceda à delegação do ato a Estados e Distrito Federal. Não obstante deva o interessado preencher certos requisitos previstos na lei para a autorização de porte (art. 10, § 1º), elementos esses que são vinculados para a Administração, o ato é discricionário, visto que a ela caberá, em última instância, avaliar os critérios de conveniência e oportunidade para a outorga, ainda que cumpridos aqueles requisitos pelo interessado. Significa, pois, que inexiste prévio direito subjetivo à posse e ao porte de arma, a não ser nos casos expressamente listados na lei reguladora (art. 6º); o direito, em consequência, nasce com o ato administrativo de autorização.

Merece comentário, ainda, um outro aspecto relativo à autorização. O direito positivo contempla atos de consentimento estatal a que dá a denominação de *concessão*. É o caso do art. 176, § 1º, da CF, que prevê a *concessão de lavra* em matéria de recursos minerais, e do art. 223, da CF, que admite a *"concessão [...] para o serviço de radiodifusão sonora e de sons e imagens"*. Conquanto tenha sido empregado o termo *"concessão"*, tais instrumentos não têm a fisionomia de contratos administrativos, como são as concessões em geral, mas sim de meros atos administrativos – especificamente atos de *autorização*. Esse descompasso entre denominação e natureza de institutos provoca indesejável confusão entre os operadores do direito e é inegavelmente contraproducente para a ciência jurídica. Daí a importância de perquirir-se o conteúdo e a natureza do instituto, e não apenas a sua forma ou denominação.

2.4. Admissão

Admissão é o ato administrativo que confere ao indivíduo, desde que preencha os requisitos legais, o direito de receber o serviço público desenvolvido em determinado estabelecimento oficial. É o caso da admissão em escolas, universidades ou hospitais públicos.

Trata-se de ato vinculado. Preenchendo os requisitos que a lei fixou, o indivíduo faz jus ao serviço prestado em tais estabelecimentos, não tendo o administrador, assim, qualquer liberdade na avaliação de sua conduta. Negado o direito, pode o prejudicado socorrer-se da via judicial, inclusive através do mandado de segurança, se provar a liquidez e certeza de seu direito (art. 5º, LXIX, CF).

2.5. Aprovação, Homologação e Visto

Agrupamos neste tópico a aprovação, a homologação e o visto porque têm eles um denominador comum: nenhum deles existe isoladamente, mas, ao revés, pressupõem sempre a existência de outro ato administrativo.

A *aprovação* é a manifestação discricionária do administrador a respeito de outro ato. Pode ser *prévia* ou *posterior*. A Constituição Federal prevê hipótese de autorização prévia no art. 52, III: o Senado se manifesta antes da nomeação de alguns membros da Magistratura, Governador de Território etc. Já no art. 49, IV, está exemplo de aprovação *a posteriori*: o Congresso se manifesta após a decretação do estado de defesa e da intervenção federal.

Há doutrina cujo entendimento é o de que a aprovação pode caracterizar-se como ato *vinculado*.[116] Lamentamos, porém, divergir do grande publicista. Em nosso entender, a natureza da aprovação só permite enquadrá-la como ato tipicamente *discricionário*, pois que, na verdade, não se pode conceber que o agente seja *"compelido"* a aprovar alguma coisa. Nesse sentido, aliás, a opinião de ilustres autores.[117]

---

[116] HELY LOPES MEIRELLES, *Direito administrativo* cit., p. 172.

[117] DIÓGENES GASPARINI, *Direito Administrativo* cit., p. 86, e LUCIA VALLE FIGUEIREDO, *Curso* cit., p. 101.

A *homologação*, a seu turno, constitui manifestação vinculada, ou seja, praticado o ato, o agente por ela responsável não tem qualquer margem de avaliação quanto à conveniência e oportunidade da conduta. Ou bem procede à homologação, se tiver havido legalidade, ou não o faz em caso contrário. Além do aspecto da vinculação do agente, a homologação traz ainda outra distinção em relação à aprovação: contrariamente a esta, a homologação só pode ser produzida *a posteriori*.[118] Há doutrina que admite a homologação para exame da legalidade e também da conveniência.[119] Não nos parece lógico, com a devida vênia, o exame discricionário da conveniência no ato homologatório, pois que, se assim fosse, nenhuma diferença haveria em relação ao ato de *aprovação* posterior. Apesar disso, há casos em que a lei, embora de forma imprópria, realmente permite ao agente homologador aferição de legalidade e de conveniência administrativa. É o caso da homologação na licitação.

O *visto* é ato que se limita à verificação da legitimidade formal de outro ato. Mas pode também ser apenas ato de ciência em relação a outro. Seja como for, o visto é condição de eficácia do ato que o exige. Exemplo: um ato de A dirigido a C tem que ser encaminhado com o visto de B.

Embora nos tenhamos referido à homologação, aprovação e visto, entendemos mais apropriado falar-se em *atos de confirmação*, em que mais importante que a terminologia do ato é a verificação de que a vontade final da Administração só será tida como válida e eficaz com a presença da legítima manifestação volitiva confirmatória da parte de alguns agentes. Uma análise detida do tema há de revelar que um agente, quando homologa, aprova ou apõe o seu visto, está em qualquer caso *confirmando* a vontade do ato anterior, confirmação essa necessária por força da norma legal ou regulamentar aplicável. Trata-se de hipóteses, como já registramos, em que a lei exige a formalização de *procedimento* para alcançar a *vontade-fim* da Administração; todos os atos do procedimento, inclusive os de confirmação, constituem as *vontades-meio* administrativas.

2.6. Atos Sancionatórios

Atos sancionatórios são as punições aplicadas àqueles que transgridem normas administrativas. Como diversas são as áreas em que incidem, pode-se dizer que as sanções são agrupáveis em duas categorias: *sanções internas e externas*. As primeiras são aplicadas em decorrência do regime funcional do servidor público, e como exemplo podemos apontar as penalidades previstas nos estatutos funcionais: advertência, suspensão, demissão etc. As sanções externas decorrem da relação Administração-administrado e incidem quando o indivíduo infringe a norma administrativa. São exemplos a multa de trânsito, a multa tributária, a apreensão de bens, a interdição de atividade, o fechamento de estabelecimentos etc.

Há dois aspectos que merecem observação quanto a tais atos. O primeiro consiste na exigência de estarem eles previstos na lei, e nem poderia ser diferente, visto que, não sendo assim, o indivíduo não teria a menor segurança contra os atos da Administração. Trata-se, na verdade, de corolário do princípio do devido processo legal (*due process of law*) (art. 5º, LIV, CF).

A propósito, vale destacar que o direito positivo já previu o ato sancionatório de prisão administrativa;[120] a partir da vigente Constituição, todavia, semelhante sanção não mais pôde subsistir em virtude de os respectivos mandamentos não terem sido recepcionados pelo art. 5º, LXI e LXVII, da CF, como já havia corretamente assentado o STJ (Súmula 280). Diante disso,

---

[118] Com idêntica opinião, DIÓGENES GASPARINI, *Direito administrativo*, cit., p. 81, e MARIA SYLVIA ZANELLA DI PIETRO, *Direito administrativo*, cit., p. 174.

[119] É a opinião de HELY LOPES MEIRELLES, *Direito administrativo brasileiro*, cit., p. 173.

[120] Era o caso do art. 35 do Decreto-lei 7.661/1945 (antiga Lei de Falências).

128 | MANUAL DE DIREITO ADMINISTRATIVO • *Carvalho Filho*

não mais podem ser criadas normas que prevejam sanção daquela natureza. Nesse teor, a nova lei falimentar enquadrou a desobediência do falido no crime de desobediência (art. 104, parágrafo único, Lei nº 11.101/2005).[121]

Averbe-se que as Constituições anteriores autorizavam a prisão por ordem da *"autoridade competente".*[122] A Carta vigente, contudo, alude a *"autoridade judiciária competente"* (art. 5º, LXI), excluindo, portanto, a legitimidade da prisão ordenada por autoridade administrativa, salvo nas duas exceções previstas na própria Constituição: (1ª) transgressões militares (art. 5º, LXI); e (2ª) detenção por força de estado de sítio, em que há suspensão de certas garantias constitucionais (art. 138 c/c art. 139, II, CF).[123] Consequentemente, qualquer ordem de prisão imposta por autoridade administrativa demanda prévia autorização judicial, sendo inconstitucional a lei que dispense tal formalidade. Da mesma forma, não foram recepcionadas pela atual Constituição normas que admitiam a prisão direta por administradores, como, por exemplo, as que constavam da Lei nº 6.815/1980, antigo Estatuto dos Estrangeiros, hoje revogada pela Lei nº 13.445/2017.

O segundo aspecto é que, como regra, o administrador terá o encargo de considerar vários fatores para bem observar o regime de adequação da sanção à infração cometida, a menos que a lei previamente defina essa correlação, como bem anota SAYAGUÈS LASO.[124] Em outras palavras: é frequente, como já vimos, que a lei relacione as condutas ilícitas num dispositivo e as sanções em outro; quando a lei adota tal critério, o administrador deve aplicar a sanção de forma correta, adequando-a à conduta à luz de todos os elementos que a cercam. Quando, ao contrário, a lei já aponta a sanção específica para determinada conduta (sistema adotado pelo direito penal), a tarefa do administrador é menos complexa, visto que não lhe cabe senão aplicar a sanção prevista na lei, uma vez comprovada a conduta infratora.

No que tange aos atos sancionatórios, um fato é certo e incontestável: *sanções* decorrem de *infrações*. Estas correspondem às condutas que infringem normas administrativas. Configurando-se como condutas ilícitas, são merecedoras de reação da ordem jurídica; a reação materializa-se por meio das sanções (ou punições, ou atos punitivos). Diferentemente, porém, dos ilícitos penais, a consumação da infração administrativa não demanda a presença dos graus de culpabilidade exigidos naquela esfera. Assim, a transgressão se consuma pela conduta mobilizada por simples *voluntariedade*, ou seja, pela simples vontade de adotar o comportamento.[125]

Tendo em vista a natureza peculiar dos atos sancionatórios, cabe anotar que sua aplicação requer a observância de alguns princípios administrativos. Um deles é o *princípio da legalidade*, pelo qual só pode incidir a sanção se houver expressa previsão na lei (e não em simples ato administrativo). Outro é o *princípio do contraditório e ampla defesa*, que confere ao infrator a oportunidade de rechaçar a acusação de cometimento da infração e provar as suas alegações. Exigível também é o *princípio da proporcionalidade*, através do qual o administrador tem o ônus de adequar o ato sancionatório à infração cometida, sendo-lhe vedado, pois, agravar ou atenuar desproporcionalmente a sanção. Quanto ao *princípio do devido processo legal*, a ele já nos referimos: sua incidência garante ao infrator seja observado rigorosamente todo o procedimento contemplado na lei para suscitar a punição. Sustenta-se também a observância

---

[121] FABIO ULHOA COELHO, *Comentários à nova lei de falências e recuperação de empresas*, 2005, p. 284.

[122] Constituição de 1891 (art. 72, § 13); de 1934 (art. 113, inc. 21); de 1937 (art. 122, inc. 11); de 1946 (art. 141, § 20); de 1967 (art. 150, § 12); e EC nº 1/1969 (art. 153, § 12).

[123] CELSO RIBEIRO BASTOS e IVES GANDRA MARTINS, *Comentários* cit., v. 2, p. 292.

[124] *Tratado de derecho administrativo*, v. I, p. 426.

[125] No mesmo sentido, CELSO ANTÔNIO BANDEIRA DE MELLO (*Curso*, cit., 20. ed., 2006, p. 805) e DANIEL FERREIRA (*Sanções administrativas*, Malheiros, 2001, p. 64-65). *Contra* (exigindo culpabilidade): FÁBIO MEDINA OSÓRIO, *Direito administrativo sancionador*, Revista dos Tribunais, 2000, p. 312 ss.

do *princípio da motivação*, assegurando-se ao interessado o conhecimento das razões que conduziram à prática do ato punitivo.[126]

Por último, comporta distinguir (como já o fizemos anteriormente) os atos administrativos que espelham *sanções* daqueles outros que configuram meras *providências (ou medidas) operacionais administrativas*: enquanto aquelas refletem a reação jurídica pela transgressão de norma administrativa, ou seja, uma efetiva punição, estas últimas indicam apenas a adoção das providências que incumbem à Administração para o fim de solucionar certas situações singulares, como é o caso da remoção de bens e pessoas, do embargo temporário de obra, da interdição de local etc.[127]

2.7. Atos Funcionais

Embora não sejam categorizados como espécies distintas de atos administrativos pelos autores em geral, entendemos que os atos funcionais são típicos atos administrativos, possuindo apenas a característica de serem originados da relação funcional entre a Administração e seu servidor, mormente a relação estatutária. Situam-se entre tais atos os de nomeação, de aposentadoria, de transferência, de promoção, de concessão de férias e licenças e, enfim, todos os que têm previsão nos estatutos funcionais, inclusive os sancionatórios, como tivemos a oportunidade de verificar no tópico anterior.

Mesmo tendo tal singularidade, qual seja, de provirem de relação jurídica específica, aplicam-se a eles todos os princípios concernentes à Administração e exige-se que neles se observem os requisitos de validade reclamados de todos os demais atos administrativos. São dotados também dos mesmos atributos. Não há, desse modo, razão para não incluí-los nas espécies de atos administrativos, embora constituindo categoria própria.

Conforme já anotamos anteriormente, muitos dos atos funcionais são averbados nos prontuários dos servidores públicos por meio de *apostilas*, que, na verdade, constituem instrumento de comprovação dos aludidos atos. Aliás, o *apostilamento* de certos atos funcionais retrata direito subjetivo do servidor quando a lei expressamente o exige. Nesse caso, a atuação do administrador é *vinculada*, devendo ater-se ao que a lei dispuser.

IX. *Procedimento Administrativo*

Procedimento administrativo é a sequência de atividades da Administração, interligadas entre si, que visa a alcançar determinado efeito final previsto em lei. Trata-se, pois, de atividade contínua, não instantânea, em que os atos e operações se colocam em ordenada sucessão com a proposta de chegar-se a um fim predeterminado. No curso do procedimento, várias atividades são levadas a efeito, inclusive a prática de alguns atos administrativos intermediários.

Justamente pelo fato de o procedimento ser constituído pela prática de vários atos e atividades, não somente de administradores públicos como também de administrados e terceiros, sua *formalização* se consuma, em geral, através de *processo administrativo*, este indicativo das relações jurídicas entre os participantes do procedimento, tendo, pois, verdadeira natureza teleológica e valendo como instrumento para alcançar o objetivo final da Administração.

Quando a lei o exige, o procedimento regular é condição de eficácia e validade do ato final. Normalmente é constituído de fases, de modo que em cada uma destas pode haver a verificação da legalidade. Não deixa de ter aplicação aqui o princípio do devido processo legal, em face da obrigatoriedade que tem a Administração de observar o que dispõe a lei a respeito.[128]

---

[126] CELSO ANTÔNIO BANDEIRA DE MELLO, *Curso*, cit., 20. ed., p. 808.

[127] Vide o Capítulo 3, no tópico pertinente às sanções de polícia.

[128] GUIDO LANDI e GIUSEPPE POTENZA, *Manuale di diritto amministrativo*, Giuffrè, Milão, 1978, p. 239.

130 | MANUAL DE DIREITO ADMINISTRATIVO • *Carvalho Filho*

Moderna doutrina, com base no direito europeu, tem desenvolvido os estudos sobre a *procedimentalização da atividade administrativa*, como o caminho que a Administração deve percorrer para alcançar os seus fins, sob o comando de alguns parâmetros normativos que vinculam agentes e interessados. Por intermédio dos procedimentos administrativos, fecha-se o círculo autoritário da ação estatal, desenvolve-se a cooperação administrativa e se lhes atribui a marca de veículo de democratização e de inserção do cidadão no seio do Estado.[129]

X. Extinção dos Atos Administrativos

Como bem assinala a doutrina, inclusive estrangeira,[130] a extinção do ato administrativo deveria ser aquela que resultasse do cumprimento de seus efeitos. Aduz, entretanto, que não se pode deixar de reconhecer que há outras *formas anômalas* pelas quais ocorre a extinção. Vejamos, sistematicamente, tais processos de extinção, com a ressalva de que variam eles, embora não de modo profundo, entre os autores.

Cinco são as formas de extinção dos atos administrativos.

1. EXTINÇÃO NATURAL

É aquela que decorre do cumprimento normal dos efeitos do ato. Se nenhum outro efeito vai resultar do ato, este se extingue naturalmente. Exemplo: a destruição de mercadoria nociva ao consumo público; o ato cumpriu seu objetivo, extinguindo-se naturalmente. Outro exemplo: uma autorização por prazo certo para exercício de atividade; sobrevindo o termo *ad quem*, há a extinção natural do ato.

Na extinção natural, o aspecto marcante reside no fato de que há certo grau de previsibilidade para que ocorra. Não há, portanto, interferência direta nem do administrador nem do eventual beneficiário. Ou seja: o ato já traz em si o gérmen natural de sua extinção.

2. EXTINÇÃO SUBJETIVA

Ocorre com o desaparecimento do sujeito que se beneficiou do ato. É o caso de uma permissão. Sendo o ato de regra intransferível, a morte do permissionário extingue o ato por falta do elemento subjetivo.

Essa modalidade de extinção caracteriza-se pela circunstância de que a relação jurídica, no caso, se qualifica como *intuitu personae*, de modo que os efeitos do ato administrativo, em linha de princípio, não se transmitem a terceiros. O ato fica, pois, impossibilitado de prosseguir em sua eficácia. Entretanto, se houver transferibilidade dos efeitos, o ato não se extinguirá, continuando a produzir normalmente os seus efeitos.

3. EXTINÇÃO OBJETIVA

O objeto dos atos é um dos seus elementos essenciais. Desse modo, se depois de praticado o ato desaparece seu objeto, ocorre a extinção objetiva. Exemplo: a interdição de estabelecimento; se o estabelecimento vem a desaparecer ou ser definitivamente desativado, o objeto do ato se extingue e, com ele, o próprio ato.

O fundamento dessa forma extintiva consiste na essencialidade do elemento objeto no plano de existência do ato. Se a eficácia deste se irradia sobre determinado conteúdo, que

---

[129] LUISA CRISTINA PINTO E NETTO, *Participação administrativa procedimental*, Fórum, 2009, p. 37-41.

[130] DORIS PICCININI GARCIA, *Teoría del decaimento de los actos administrativos*, 1968, p. 11.

representa o objeto, uma vez desaparecido este, extingue-se o próprio ato, despido que fica de elemento essencial para sua existência.

4. CADUCIDADE

Há caducidade *"quando a retirada funda-se no advento de nova legislação que impede a permanência da situação anteriormente consentida".*[131]

Caducidade aqui significa a perda de efeitos jurídicos em virtude de norma jurídica superveniente contrária àquela que respaldava a prática do ato. O ato, que passa a ficar em antagonismo com a nova norma, extingue-se. Exemplo: uma permissão para uso de um bem público; se, supervenientemente, é editada lei que proíbe tal uso privativo por particulares, o ato anterior, de natureza precária, sofre caducidade, extinguindo-se.

5. DESFAZIMENTO VOLITIVO

As formas anteriores de extinção dos atos administrativos ocorrem independentemente de manifestação de vontade. No entanto, os atos podem extinguir-se pela edição de outros atos, razão por que, nessas hipóteses, a extinção decorrerá da manifestação de vontade do administrador.

São três as formas de desfazimento volitivo do ato administrativo: a *invalidação* (ou *anulação*), a *revogação* e a *cassação*. As duas primeiras serão examinadas em tópicos à parte, logo a seguir, e isso porque apresentam algumas singularidades merecedoras de análise especial.

A *cassação* é a forma extintiva que se aplica quando o beneficiário de determinado ato descumpre condições que permitem a manutenção do ato e de seus efeitos. Duas são suas características: a primeira reside no fato de que se trata de ato vinculado, já que o agente só pode cassar o ato anterior nas hipóteses previamente fixadas na lei ou em outra norma similar. A segunda diz respeito à sua natureza jurídica: trata-se de ato sancionatório, que pune aquele que deixou de cumprir as condições para a subsistência do ato. Exemplo: cassação de licença para exercer certa profissão; ocorrido um dos fatos que a lei considera gerador da cassação, pode ser editado o respectivo ato.

Hipótese interessante de cassação foi a prevista na Lei nº 10.826/2003 – o estatuto do desarmamento. Diz a lei que a autorização de porte de arma *"perderá automaticamente sua eficácia"* se o portador for detido ou abordado em estado de embriaguez ou sob o efeito de substâncias químicas ou alucinógenas (art. 10, § 2º). Em que pese a expressão adotada na lei, a ocorrência dos suportes fáticos nela previstos rende ensejo realmente à *cassação* do ato de autorização, dada a sua evidente natureza punitiva. Da cassação – isto sim – é que resultará a perda automática da eficácia da autorização.

Examinemos, então, as duas outras formas de extinção do ato em decorrência da vontade manifestada em ato superveniente: a invalidação e a revogação.

XI. Invalidação (ou Anulação)

1. TEORIA DAS NULIDADES

1.1. Introdução

Se no direito privado a teoria das nulidades já suscita tantas dúvidas, pode-se imaginar no Direito Administrativo as questões que dela ressaem. Oportuna a observação da doutrina

---

[131] DIÓGENES GASPARINI, ob. cit., p. 82.

132 | MANUAL DE DIREITO ADMINISTRATIVO • *Carvalho Filho*

no sentido de que *"a deficiência e a falta de sistematização dos textos de Direito Administrativo embaraçam a construção da teoria das nulidades dos atos da Administração Pública".*[132] De acordo com o autor, é necessário recorrer aos dispositivos da legislação civil, embora reconheça a dificuldade de adaptá-los aos atos administrativos, porque, enquanto os atos jurídicos privados envolvem, de regra, interesses privados, nos atos administrativos há múltiplos interesses, e sobretudo o interesse público.

1.2. As Nulidades no Direito Privado

As nulidades no direito privado obedecem a um sistema dicotômico, composto da *nulidade* e da *anulabilidade*, a primeira figurando no art. 166 e a segunda no art. 171, do vigente Código Civil. Na verdade, não se pode, em tese, conceber gradação de vícios, mas, como acertadamente observa a doutrina, *"a ordem normativa pode repelir com intensidade variável atos praticados em desobediência às disposições jurídicas, estabelecendo destarte uma gradação no repúdio a eles".*[133]

É exatamente a diferença quanto ao repúdio que conduz à classificação de atos nulos e atos anuláveis. Não é desnecessário, porém, lembrar que a maior ou menor gravidade do vício resulta de exclusiva consideração do legislador, que emite, de fato, um juízo de valor. Por isso, entendeu ele que um ato jurídico que inobserva forma fixada em lei tem maior gravame que um ato praticado com vício de consentimento, como o erro, e tanto isso é verdadeiro que no primeiro caso o ato é nulo (art. 166, IV, do novo Código) e, no segundo, o ato é anulável (art. 171, II, Código Civil).

São duas as diferenças básicas entre a nulidade e a anulabilidade. Primeiramente, a nulidade não admite convalidação, ao passo que na anulabilidade ela é possível. Quanto a esse aspecto, o Código Civil é peremptório, proclamando: *"O negócio jurídico nulo não é suscetível de confirmação, nem convalesce pelo decurso do tempo"* (art. 169). Além disso, o juiz pode decretar *ex officio* a nulidade ou mediante alegação de qualquer interessado ou do Ministério Público, ao passo que a anulabilidade só pode ser apreciada se houver provocação da parte interessada (arts. 168 e 177 do Código vigente).

1.3. A Controvérsia Doutrinária

A adaptabilidade ou não da teoria das nulidades ao Direito Administrativo provocou funda cisão na doutrina, dividindo-a em dois polos diversos e antagônicos.

De um lado, a teoria *monista*, segundo a qual é inaplicável a dicotomia das nulidades ao Direito Administrativo. Para esses autores, o ato é nulo ou válido, de forma que a existência de vício de legalidade produz todos os efeitos que naturalmente emanam de um ato nulo.[134]

De outro está a teoria *dualista*, prestigiada por aqueles que entendem que os atos administrativos podem ser nulos ou anuláveis, de acordo com a maior ou menor gravidade do vício. Para estes, como é evidente, é possível que o Direito Administrativo conviva com os efeitos não só da nulidade como também da anulabilidade, inclusive, neste último caso, com o efeito da convalidação de atos defeituosos.[135]

---

[132] SEABRA FAGUNDES, *O controle* cit., p. 46.

[133] CELSO ANTÔNIO BANDEIRA DE MELLO, *Curso* cit., p. 226.

[134] Perfilham esse pensamento HELY LOPES MEIRELLES, DIÓGENES GASPARINI, REGIS FERNANDES DE OLIVEIRA, SÉRGIO FERRAZ (estes dois últimos citados por D. GASPARINI, ob. cit., p. 103).

[135] Adotam esse entendimento CELSO ANTÔNIO BANDEIRA DE MELLO, OSWALDO ARANHA BANDEIRA DE MELLO, SEABRA FAGUNDES, CRETELLA JÚNIOR, SÉRGIO DE ANDRÉA FERREIRA, LUCIA VALLE FIGUEIREDO, entre outros.

Na doutrina estrangeira, encontramos inúmeros adeptos da doutrina dualista, como CASSAGNE, MARCELO CAETANO, GUIDO e POTENZA, RENATO ALESSI etc.

Permitimo-nos perfilhar a doutrina dualista, embora não possamos deixar de assinalar um aspecto que nos parece fundamental. É que a regra geral deve ser a da nulidade, considerando-se assim graves os vícios que inquinam o ato, e somente por exceção pode dar-se a convalidação de ato viciado, tido como anulável. Sem dúvida é o interesse público que rege os atos administrativos, e tais interesses são indisponíveis como regra. Apenas quando não houver reflexo dos efeitos do ato viciado na esfera jurídica de terceiros é que se poderá admitir seja convalidado; a não ser assim, forçoso seria aceitar que a invalidade possa produzir efeitos válidos.[136]

1.4. A Terminologia Adotada

Embora muitos dos autores se refiram à *"anulação"* dos atos administrativos, decidimos adotar o termo *"invalidação"*, seguindo, aliás, a posição de CELSO ANTÔNIO BANDEIRA DE MELLO, para significar qualquer desconformidade do ato com as normas reguladoras, evitando-se, desse modo, que a referência à "anulação" cause a insinuação de que trata de processo de desfecho apenas da anulabilidade, e não da nulidade.

Quando nos referirmos, portanto, à invalidação, emprestaremos ao instituto sentido amplo, abrangendo a nulidade e a anulabilidade, e dando realce ao fator que nos parece deveras relevante – a existência de vício inquinando algum dos elementos do ato.

Não se pode perder de vista, por último, que a invalidação é forma de extinção dos atos administrativos por manifestação volitiva, manifestação essa contida no ato superveniente responsável pela supressão do anterior.

2. CONCEITO E PRESSUPOSTO

Firmadas as linhas que caracterizam a invalidação, podemos conceituá-la como sendo a forma de desfazimento do ato administrativo em virtude da existência de vício de legalidade.

O pressuposto da invalidação é exatamente a presença do vício de legalidade. Como já examinamos, o ato administrativo precisa observar seus requisitos de validade para que possa produzir normalmente os seus efeitos. Sem eles, o ato não poderá ter a eficácia desejada pelo administrador. Por isso é que para se processar a invalidação do ato é imprescindível que esteja ausente um desses requisitos. A presença destes torna o ato válido e idôneo à produção de efeitos, não havendo a necessidade do desfazimento.

O vício no elemento *competência* decorre da inadequação entre a conduta e as atribuições do agente. É o caso em que o agente pratica ato que refoge ao círculo de suas atribuições (excesso de poder). Como exemplo, cite-se a prática de ato por agente subordinado, cuja matéria é da competência de superior hierárquico.

No elemento *finalidade*, o vício consiste na prática de ato direcionado a interesses privados, e não ao interesse público, como seria o correto (desvio de finalidade). Ocorre tal vício, por exemplo, quando, entre vários interessados, o agente confere autorização apenas àquele a quem pretende beneficiar. Aqui há a violação também do princípio da impessoalidade.

O vício de *forma* provém do ato que inobserva ou omite o meio de exteriorização exigido para o ato, ou que não atende ao procedimento previsto em lei como necessário à decisão que a Administração deseja tomar. Para exemplificar, veja-se a hipótese em que a lei exija a

---

[136] HERALDO GARCIA VITTA, "Atos administrativos. Invalidações. Classificação", em *RDA* 211/2000, p. 257-272.

134 | MANUAL DE DIREITO ADMINISTRATIVO • Carvalho Filho

justificação do ato e o agente a omite quando de sua prática. Da mesma forma, configura-se como vício no referido elemento a punição sumária de servidor público, sem que se tenha instaurado o necessário processo disciplinar com a garantia da ampla defesa e do contraditório.

No que toca ao elemento *motivo*, o vício pode ocorrer de três modos, muito embora a Lei nº 4.717/1965 só se refira à inexistência dos motivos (art. 2º, parágrafo único, "d"): (1º) inexistência de fundamento para o ato;[137] (2º) fundamento falso, vale dizer, incompatível com a verdade real; (3º) fundamento desconexo com o objetivo pretendido pela Administração. Se o agente pratica o ato sem qualquer razão, há vício no elemento "motivo". O mesmo sucede se baseia sua manifestação de vontade em fato que não existiu, como, *v. g.*, se o ato de cassação de uma licença é produzido com base em determinado evento que não ocorreu. Exemplo da terceira modalidade desse vício é aquele em que o agente apresenta justificativa que não se coaduna com o objetivo colimado pelo ato.

Por fim, o vício no *objeto* consiste, basicamente, na prática de ato dotado de conteúdo diverso do que a lei autoriza ou determina. Há vício se o objeto é ilícito, impossível ou indeterminável. Como exemplo, cite-se a hipótese em que o ato permite que o indivíduo exerça atividade proibida, como a autorização para menores em local vedado à sua presença. Em sede punitiva, há vício no objeto quando o agente, diante do fato previsto na lei, aplica ao indivíduo sanção mais grave que a adequada para o fato. Outro exemplo: um decreto expropriatório sem a indicação do bem a ser desapropriado.

A LINDB – Lei de Introdução às Normas do Direito Brasileiro (Decreto-lei nº 4.657/1942), alterada pela Lei nº 13.655, de 25.4.2018, criou outra exigência para a invalidação de atos. Segundo o art. 20, parágrafo único, cumpre que o administrador ofereça a motivação do ato invalidatório, pois que através dela é que se demonstrará a necessidade e a adequação do ato. O objetivo é evitar o desfazimento de situações há muito constituídas, com efeitos mais indesejáveis do que os decorrentes da consolidação do ato.

3. QUEM PODE INVALIDAR

Inquinado o ato de vício de legalidade, pode ele ser invalidado pelo Judiciário ou pela própria Administração.

Distinguindo-se a função jurisdicional das demais funções pelo fato de defrontar-se com situação de dúvida ou conflito e de enfrentar tais situações mediante a aplicação da lei *in concreto*, claro que é ela adequada para dirimir eventual conflito entre o ato administrativo e a lei, e é por isso, aliás, que, como bem observa a doutrina, configura-se como forma de garantia aos indivíduos.[138] Desse modo, discutida numa ação judicial a validade de um ato administrativo e verificando o juiz a ausência de um dos requisitos de validade, profere decisão invalidando o ato. Ao fazê-lo, procede à retirada do ato de dentro do mundo jurídico.

O ordenamento jurídico constitucional indica hipóteses em que se pode encontrar o suporte da garantia de ser levado ao Judiciário questionamento sobre atos administrativos ilegais: o mandado de segurança (art. 5º, LXIX); a ação popular (art. 5º, LXIII); a ação civil pública (art. 129, III); e, sobretudo, o princípio que assegura o recurso ao Judiciário quando haja lesão ou ameaça ao direito do indivíduo, consagrado no art. 5º, XXXV.

Além dessas clássicas formas de impugnação, o art. 103-A, da CF (introduzido pela EC nº 45/2004), instituiu o regime das *súmulas vinculantes*, com o intuito de aperfeiçoar e acelerar

---

[137] Esse vício corresponde à inexistência de norma jurídica, vício apontado por alguns estudiosos (IRENE PATRÍCIA NOHARA, *O motivo no ato administrativo*, Atlas, 2004, p. 45).

[138] GABINO FRAGA, *Derecho administrativo*, 1977, p. 51.

o exercício da função judicial, e nele também se encontra instrumento de anulação de atos administrativos. O dispositivo foi regulamentado pela Lei nº 11.417, de 19.12.2006, e nesse diploma está prevista a *reclamação* ao STF para formalizar o pedido de anulação de atos administrativos que contrariem enunciado de súmula vinculante, ou lhe neguem vigência, ou, ainda, o apliquem indevidamente, sem prejuízo do emprego de outros meios de impugnação (art. 7º). Embora a reclamação exija como requisito de admissibilidade o esgotamento das vias administrativas (art. 7º, § 1º), o certo é que, julgada procedente, ensejará a *anulação do ato administrativo* diretamente pelo STF (art. 7º, § 2º). Trata-se, por conseguinte, de novo instrumento de invalidação de atos administrativos.

Por outro lado, a Administração pode invalidar seus próprios atos. Dotada do poder de *autotutela*, não somente pode, mas também *deve* fazê-lo (com as ressalvas que adiante serão vistas), expungindo ato que, embora proveniente da manifestação de vontade de algum de seus agentes, contenha vício de legalidade.[139]

O fundamento dessa iniciativa reside no *princípio da legalidade* (art. 37, *caput*, CF). De fato, o administrador não estaria observando o princípio se, diante de um ato administrativo viciado, não declarasse a anomalia por meio de sua invalidação. Essa é a razão por que, nas corretas palavras de grande jurista, a invalidação configura-se como *"um ato de tutela jurídica, de defesa da ordem legal constituída, ou, por outras palavras, um ato que sob certo prisma pode ser considerado negativo, visto não ter o efeito de produzir consequências novas na órbita administrativa, mas antes a de reinstaurar o* statu quo ante*"*.[140]

Em conclusão, temos duas formas possíveis de invalidação: uma processada pelo Judiciário e outra pela própria Administração. Diga-se, ainda, que essa dupla via já mereceu consagração junto ao Supremo Tribunal Federal em suas conhecidas Súmulas, as de nºs 346 e 473. Acrescente-se, por fim, que a invalidação por qualquer das referidas vias atinge todo tipo de atos administrativos com vício de legalidade. Observamos que estão incluídos também os atos discricionários, ao contrário do que pensam alguns. Da mesma forma que os vinculados, tais atos devem observar os requisitos exigidos para sua validade. Apenas no que toca ao juízo de valoração concedido ao administrador é que somente se consuma o controle de legalidade quando está ele contaminado de algum vício.

A propósito, cabe sublinhar que, em decorrência do princípio da separação de Poderes, o Legislativo não pode desconstituir, por lei, atos do Poder Executivo, quando estes tenham sido praticados dentro das competências constitucionalmente reservadas ao Chefe desse Poder. *"Essa prática legislativa, quando efetivada, subverte a função primária da lei, transgride o princípio da divisão funcional do poder, representa comportamento heterodoxo da instituição parlamentar e importa em atuação 'ultra vires' do Poder Legislativo"*, como já se decidiu irreparavelmente, para demonstrar a exorbitância do Legislativo no que toca às suas prerrogativas constitucionais.[141]

4. DEVER DE INVALIDAR

No que se refere à anulação, surge a questão de saber se há por parte da Administração o *dever* ou a *faculdade* de anular o ato administrativo com vício de legalidade. A matéria é polêmica: para uns, haverá sempre a obrigatoriedade de fazê-lo, fundando-se o entendimento no princípio da legalidade;[142] para outros, a Administração terá a faculdade de optar pela

---

[139] MARIA SYLVIA DI PIETRO, ob. cit., p. 179.
[140] MIGUEL REALE, *Revogação e anulamento do ato administrativo*, 1986, p. 32.
[141] STF, ED-RE 427.574, Rel. Min. CELSO DE MELLO, em 13.12.2011.
[142] HELY LOPES MEIRELLES, ob. cit., p. 186.

136 | MANUAL DE DIREITO ADMINISTRATIVO • *Carvalho Filho*

invalidação do ato ou por sua manutenção, nesse caso se houver prevalência do princípio do interesse público sobre o da invalidação dos atos.[143]

Em nosso entendimento, nenhuma das duas correntes está inteiramente correta: nem há sempre o dever de invalidar o ato, nem pode o administrador atuar discricionariamente, optando pela invalidação ou manutenção do ato.

A melhor posição consiste em considerar-se como regra geral aquela segundo a qual, em face de ato contaminado por vício de legalidade, o administrador *deve* realmente anulá-lo. A Administração atua sob a direção do princípio da legalidade (art. 37, CF), de modo que, se o ato é ilegal, cumpre proceder à sua anulação para o fim de restaurar a legalidade malferida. Não é possível, em princípio, conciliar a exigência da legalidade dos atos com a complacência do administrador público em deixá-lo no mundo jurídico produzindo normalmente seus efeitos; tal omissão ofende literalmente o princípio da legalidade.

Entretanto, se essa deve ser a regra geral, há que se reconhecer que, em certas circunstâncias especiais, poderão surgir situações que acabem por conduzir a Administração a manter o ato inválido. Nesses casos, porém, não haverá escolha discricionária para o administrador, mas a única conduta juridicamente viável terá que ser a de não invalidar o ato e deixá-lo subsistir e produzir seus efeitos.

Tais situações consistem em verdadeiras *limitações* ao dever de invalidação dos atos e podem apresentar-se sob duas formas: (1) o decurso do tempo; (2) consolidação dos efeitos produzidos.[144] O decurso do tempo, como é sabido, estabiliza certas situações fáticas, transformando--as em situações jurídicas. Aparecem aqui as hipóteses da prescrição e da decadência para resguardar o princípio da estabilidade das relações jurídicas. Desse modo, se o ato é inválido e se torna ultrapassado o prazo adequado para invalidá-lo, ocorre a decadência, como adiante veremos, e o ato deve permanecer como estava.[145] Anteriormente, aludíamos à *prescrição*, mas, diante do art. 54 da Lei nº 9.784/1999, segundo o qual o direito à autotutela da Administração *"decai"* em 5 anos, pareceu-nos conveniente a adequação aos dizeres da lei.

Haverá limitação, ainda, quando as consequências jurídicas do ato gerarem tal consolidação fática que a manutenção do ato atenderá mais ao interesse público do que a invalidação. *"Com base em tais atos certas situações terão sido instauradas e na dinâmica da realidade podem converter-se em situações merecedoras de proteção, seja porque encontrarão em seu apoio alguma regra específica, seja porque estarão abrigadas por algum princípio de Direito."*[146] Essas singulares situações é que constituem o que alguns autores denominam de *"teoria do fato consumado"* dentro do Direito Administrativo.[147]

Nesses casos, é de se considerar o surgimento de inafastável barreira ao dever de invalidar da Administração, certo que o exercício desse dever provocaria agravos maiores ao Direito do que aceitar a subsistência do ato e de seus efeitos na ordem jurídica.[148] Nota-se, por conseguinte, a prevalência do princípio do interesse público sobre o da legalidade estrita. Atualmente, como já observamos, a doutrina moderna tem considerado aplicável também o *princípio da segurança jurídica* (na verdade inserido no princípio do interesse público), em ordem a impedir

---

[143] RÉGIS FERNANDES DE OLIVEIRA, *Ato administrativo*, p. 124; SEABRA FAGUNDES, *Controle*, cit., p. 52; TOSHIO MUKAI, *Direito administrativo sistematizado*, p. 229.

[144] WEIDA ZANCANER, *Da convalidação e da invalidação dos atos administrativos*, p. 60-62.

[145] STF, RE nº 466.546, Min. GILMAR MENDES, em 14.2.2006.

[146] WEIDA ZANCANER, *Da convalidação* cit., p. 61.

[147] Vide MAURO ROBERTO GOMES DE MATTOS, "Princípios do fato consumado no direito administrativo", *RDA* 220, p. 195-208.

[148] V. TRF-5ª Reg., AMS 694-RN, 1Des. FRANCISCO FALCÃO, publ. 19.4.1991.

que situações jurídicas permaneçam eternamente em grau de instabilidade, gerando temores e incertezas para as pessoas e para o próprio Estado. Já se decidiu que tal princípio somente se aplicaria quando o ato é praticado sem contestação, mas que, se houver questionamento desde sua prática, não se caracterizaria o "fato consumado", devendo, pois, invalidar-se o ato.[149] De qualquer modo, a matéria ainda é nebulosa e tem desafiado posições divergentes.

Neste ponto, é de todo conveniente relembrar as normas pertinentes ao tema incluídas na Lei nº 13.655/2018, ao alterar o Dec.-lei nº 4.657/1942 (LINDB – Lei de Introdução às Normas do Direito Brasileiro). Numa primeira vertente, o legislador impôs a necessidade de *motivação* e de *adequação de medidas* para justificar a *invalidação de ato*, contrato, ajuste, processo ou norma administrativa, devendo a autoridade mencionar possíveis alternativas (art. 20, parágrafo único). Ficou clara aqui a intenção de impedir desfazimentos desarrazoados ou desnecessários de atos estatais. O Decreto federal nº 9.830/2019 deu foros de confirmação à citada orientação.

Além disso, a lei enunciou que a decisão que invalidar ato administrativo deve indicar expressamente suas *consequências jurídicas e administrativas*, formando-se, então, a doutrina do *consequencialismo*. De outro lado, exigiu-se que a decisão mencione as condições para uma regularização proporcional e equânime, sem prejuízo aos interesses gerais (art. 21 e parágrafo único). A ideia foi a de que o responsável pela invalidação não ignorasse os seus efeitos futuros e os analisasse cuidadosamente, a fim de evitar situações desastrosas advindas do desfazimento. É de se aplaudir a *ratio essendi* da norma, embora – é forçoso reconhecer – nem sempre seja fácil perscrutar as consequências futuras, constantemente imprevisíveis.

5. AUTOTUTELA E CONTRADITÓRIO

Por meio da prerrogativa da autotutela, como já vimos anteriormente, é possível que a Administração reveja seus próprios atos, podendo a revisão ser ampla, para alcançar aspectos de legalidade e de mérito (Súmulas 346 e 473 do STF). Trata-se, com efeito, de princípio administrativo, inerente ao poder-dever geral de vigilância que a Administração deve exercer sobre os atos que pratica e sobre os bens confiados à sua guarda. Decorre daí que *"falha a Administração quando, compelida a exercer a autotutela, deixa de exercê-la"*.[150]

A autotutela se caracteriza pela iniciativa de ação atribuída aos próprios órgãos administrativos. Em outras palavras, significa que, se for necessário rever determinado ato ou conduta, a Administração poderá fazê-lo *ex officio*, usando sua autoexecutoriedade, sem que dependa necessariamente de que alguém o solicite. Tratando-se de ato com vício de legalidade, o administrador toma a iniciativa de anulá-lo; caso seja necessário rever ato ou conduta válidos, porém não mais convenientes ou oportunos quanto a sua subsistência, a Administração providencia a revogação. Essa sempre foi a clássica doutrina sobre o tema.

Modernamente, no entanto, tem prosperado o pensamento de que, em certas circunstâncias, não pode ser exercida a autotutela de ofício em toda a sua plenitude. A orientação que se vai expandindo encontra inspiração nos modernos instrumentos democráticos e na necessidade de afastamento de algumas condutas autoritárias e ilegais de que se valeram, durante determinado período, os órgãos administrativos. Trata-se, no que concerne ao poder administrativo, de *"severa restrição ao poder de autotutela de seus atos, de que desfruta a Administração Pública"*.[151]

---

[149] STJ, EREsp 1.157.628, j. 7.12.2017.

[150] CRETELLA JUNIOR, *Dicionário de direito administrativo*, p. 89.

[151] ADILSON ABREU DALLARI, *Os poderes administrativos e as relações jurídico-administrativas*, RTDP nº 24, p. 68-69, 1998.

138 | MANUAL DE DIREITO ADMINISTRATIVO • *Carvalho Filho*

Adota-se tal orientação, por exemplo, em alguns casos de anulação de atos administrativos, quando estiverem em jogo interesses de pessoas, contrários ao desfazimento do ato. Para permitir melhor avaliação da conduta administrativa a ser adotada, tem-se exigido que se confira aos interessados o direito ao contraditório, outorgando-se-lhes o poder de oferecerem as alegações necessárias a fundamentar seu interesse e sua pretensão, no caso o interesse à manutenção do ato. Na verdade, como bem acentua o citado autor, *"não se aniquila essa prerrogativa; apenas se condiciona a validade da desconstituição de ato anteriormente praticado à justificação cabal da legitimidade dessa mudança de entendimento, arcando a Administração Pública com o ônus da prova"*.[152]

O STF já teve a oportunidade de decidir que, quando forem afetados interesses individuais, *"a anulação não prescinde da observância do contraditório, ou seja, da instauração de processo administrativo que enseja a audição daqueles que terão modificada situação já alcançada"*.[153] Observa-se dos dizeres do aresto ter sido considerada indevida a anulação de ato administrativo por falta de oportunidade conferida aos interessados, de contraditar e rechaçar os motivos que justificaram a conduta invalidatória. Desconsiderada foi, então, a autotutela *ex officio* da Administração.[154]

Essa irreversível tendência denota o propósito de impedir decisões imediatas e abusivas da Administração, sem que o interessado sequer tenha oportunidade de defender-se e rechaçar as razões administrativas. Por esse motivo, já se propôs, no próprio STF, a complementação de sua Súmula 473, de modo a mencionar, *in fine*, a ressalva *"garantidos, em todos os casos, o devido processo legal administrativo e a apreciação judicial"*.[155] Realmente, a consolidação do princípio do devido processo legal provocou a mitigação da Súmula 473 do STF, que atualmente já não mais tem caráter absoluto.[156]

O direito positivo já apresenta, a seu turno, hipótese de exigência de contraditório antes do desfazimento de atos. Exemplo elucidativo se encontra na Lei nº 14.133/2021 (Estatuto de Licitações e Contratos), que estabelece a exigência do contraditório antes do ato administrativo de desfazimento do processo de licitação (art. 71, § 3º). Inspira o dispositivo a oportunidade de manifestação dos interessados na manutenção da licitação e o exame das razões que conduzem a Administração a perpetrar o desfazimento.

É preciso, por fim, advertir que nenhuma hipótese deve ser objeto de generalização indiscriminada. O exercício da autotutela administrativa *ex officio*, quer de legalidade, quer de mérito, é o corolário regular e natural dos poderes da Administração, de modo que, a princípio, poderão ser anulados e revogados atos por iniciativa do Poder Público. Por isso não se deve simplesmente considerar descartado o poder de autoexecutoriedade administativa. Em casos especiais, porém, como os vistos acima, deverão ser observados o contraditório e a ampla defesa antes de tomada a decisão administrativa. Tais casos, no entanto, devem ser vistos dentro do ângulo de excepcionalidade.

Acertada, portanto, a decisão que estatuiu: *"O contraditório e a ampla defesa, garantias proclamadas no art. 5º, LV, da CF, devem ser observados, não há dúvida, como regra geral, mas não absoluta, sob pena de ficar desamparado em muitos casos o interesse público, quando, então, impõe-se a prevalência da autoexecutoriedade de que gozam os atos administrativos, relegando-se para fase posterior o direito de defesa"*.[157]

---

[152]   ADILSON ABREU DALLARI, ob. e loc. cit.

[153]   STF, RE 158.543, j. 30.8.1994.

[154]   STF, AgRg no RE 210.916, j. 19.3.2002, e AI 587.487, j. 31.5.2007.

[155]   A sugestão foi da Min. CÁRMEN LÚCIA, no voto proferido no RE 594.296-MG, em 21.9.2011.

[156]   No mesmo sentido: STJ, RMS 26.261, Rel. Min. MARIA THEREZA DE ASSIS MOURA, em 7.2.2012.

[157]   TJ-SP (ApCív nº 179.373-1, 8ª CCív, unân., Rel. Des. ANTÔNIO MARSON, julg. em 24.11.1992).

6. EFEITOS

A invalidação opera *ex tunc,* vale dizer, *"fulmina o que já ocorreu, no sentido de que se negam hoje os efeitos de ontem".*[158] É conhecido o princípio segundo o qual os atos nulos não se convalidam nem pelo decurso do tempo. Sendo assim, a decretação da invalidade de um ato administrativo vai alcançar o momento mesmo de sua edição.

Isso significa o desfazimento de todas as relações jurídicas que se originaram do ato inválido, com o que as partes que nelas figuraram hão de retornar ao *statu quo ante.* Para evitar a violação do direito de terceiros, que de nenhuma forma contribuíram para a invalidação do ato, resguardam-se tais direitos da esfera de incidência do desfazimento, desde que, é claro, se tenham conduzido com boa-fé.

Exemplo clássico é o de um agente coletor de tributos com investidura ilegítima. Invalidada a investidura, produzindo efeitos em relação ao servidor e à Administração, nem por isso se deixará de validar a quitação obtida por contribuintes pelo pagamento de impostos feito àquele servidor.

É preciso não esquecer que o ato nulo, por ter vício insanável, não pode redundar na criação de qualquer direito. O STF, de modo peremptório, já sumulou que a Administração pode anular seus próprios atos ilegais, *porque deles não se originam direitos* (Súmula 473). Coerente com tal entendimento, o STJ, decidindo questão que envolvia o tema, consignou que *o ato nulo nunca será sanado e nem terceiros podem reclamar direitos que o ato ilegítimo não poderia gerar.*[159]

Por via de consequência, são inteiramente destituídos de amparo legal os pedidos formulados à Administração ou ao Judiciário por alguns interessados, no sentido de lhes serem estendidos, por equidade, os efeitos de ato administrativo nulo anterior. A ilegalidade não pode ser suporte de extensão para outras ilegalidades, nem encontra eco em qualquer aspecto da equidade. O que é preciso, isto sim, é sanar a ilegalidade, corrigindo-a através da anulação do ato e restabelecendo a necessária situação de legalidade.

Quanto à prescrição, considera grande parte da doutrina que ela incide em relação aos atos administrativos inválidos. Entende-se que o *interesse público* que decorre do princípio da estabilidade das relações jurídicas é tão relevante quanto a necessidade de restabelecimento da legalidade dos atos administrativos, de forma que deve o ato permanecer seja qual for o vício de que esteja inquinado.[160] Em tais casos, opera-se a prescrição das ações pessoais em cinco anos (Decreto nº 20.910/1932 e Decreto-lei nº 4.597/1942).

O novo Código Civil não adotou a sistemática de estabelecer prazos genéricos diversos para direitos pessoais e reais, como o fazia o Código revogado (ações reais em 10 anos, entre presentes, e 15 anos, entre ausentes, cf. art. 177); a regra geral, para direito de qualquer natureza, é a de que a prescrição ocorre em dez anos, quando a lei não tenha estabelecido prazo menor (art. 205). A nulidade do negócio jurídico não pode ser confirmada, nem convalesce pelo decurso do tempo (art. 169), o que não é aplicável aos atos administrativos, conforme visto acima. Em relação aos negócios jurídicos anuláveis, o prazo de decadência para postular sua anulação é de quatro anos (art. 178); será, porém, de dois anos quando a lei qualificar certo ato de anulável, sem estabelecer prazo decadencial próprio (art. 179). Não obstante, a matéria relativa à prescrição da ação anulatória (decadência do pleito anulatório, no novo sistema) de atos administrativos anuláveis continua sendo quinquenal, vez que regida por legislação especial

---

[158] CELSO ANTÔNIO BANDEIRA DE MELLO, *Curso,* p. 229.

[159] STJ, REsp 367, j. 16.12.1992.

[160] HELY LOPES MEIRELLES, ob. cit., p. 189. A mesma posição é adotada por DIÓGENES GASPARINI (ob. cit., p. 105) e DIOGO DE FIGUEIREDO MOREIRA NETO (ob. cit., p. 171).

(Dec. nº 20.910/1932 e Decreto-lei nº 4.597/1942), aplicável na hipótese de direitos pessoais de administrados contra a Fazenda Pública.

Em sede administrativa, a Lei nº 9.784, de 29.1.1999, que dispõe sobre o processo administrativo na Administração Federal, também limitou a ação administrativa de anulação de atos administrativos, estabelecendo que o direito da Administração de anular atos que tenham produzido efeitos favoráveis para os destinatários decai em cinco anos, contados da data da prática do ato, ressalvada, entretanto, a ocorrência de comprovada má-fé (art. 54). Idêntico preceito foi adotado no Estado do Rio de Janeiro pela Lei Estadual nº 3.870, de 24.6.2002.

Em relação ao novo prazo, há entendimento no sentido de que o termo *a quo* de sua contagem ocorre a partir da data da publicação da lei nova – no plano federal, a Lei nº 9.784/1999 – quando se trata de atos administrativos praticados em data anterior à sua vigência.[161] Entendemos, porém, de forma diversa, e por mais de uma razão. A uma, porque a lei nada dispôs a respeito e, a duas, porque os prazos anteriores não podem ser simplesmente ignorados. Assim, deve aplicar-se, por analogia, o disposto no art. 2.028, do Código Civil, que não prevê qualquer *início de prazo* a partir de sua vigência; refere-se apenas aos *prazos* a serem observados (*"Serão os da lei anterior os prazos, quando reduzidos por este Código, e, se na data de sua entrada em vigor, já houver transcorrido mais da metade do tempo estabelecido na lei revogada"*). Se o prazo da lei anterior era superior a cinco anos (prazo atual) e já havia transcorrido mais da metade, é aquele o prazo a ser considerado; se o tempo decorrido era inferior à metade, considerar-se-á o novo prazo. De qualquer modo, o termo *a quo* será sempre o da *vigência do ato* sujeito à anulação.

À guisa de exemplo, se o prazo anterior para anular o ato era de 20 anos e já haviam transcorrido 11 anos, o interessado terá ainda 9 anos para fazê-lo; se já houvessem transcorrido apenas 2 anos, haveria de aplicar-se o novo prazo (cinco anos), tendo o interessado 3 anos ainda antes da decadência.

Essa nos parece a solução que simplesmente não põe uma pá de cal no tempo já decorrido a partir da prática do ato, o que provocaria gravame para o interessado. Para evitar tal gravame é que ousamos dissentir, com a devida vênia, do entendimento segundo o qual, tendo havido má-fé do beneficiário ou da Administração, o prazo seria o mesmo de cinco anos, iniciando--se, porém, a contagem a partir da ciência do ato lesivo.[162] Semelhante solução faria perdurar a situação de insegurança, prejudicando o administrado quando a má-fé se originasse da própria Administração. Por outro lado, até condutas de má-fé são alcançadas pelos institutos extintivos, embora devam sê-lo por prazos maiores, como é o caso dos previstos no Código Civil em comparação com o quinquenal previsto na Lei nº 9.784/1999.

7. CONVALIDAÇÃO

A *convalidação* (também denominada por alguns autores de *aperfeiçoamento* ou *sanatória*) é o processo de que se vale a Administração para aproveitar atos administrativos com vícios superáveis, de forma a confirmá-los no todo ou em parte. Só é admissível o instituto da convalidação para a doutrina dualista, que aceita possam os atos administrativos ser nulos ou anuláveis.

O instituto da convalidação tem a mesma premissa pela qual se demarca a diferença entre vícios sanáveis e insanáveis, existente no direito privado. A grande vantagem em sua aceitação no Direito Administrativo é a de poder aproveitar-se atos administrativos que tenham vícios sanáveis, o que frequentemente produz efeitos práticos no exercício da função administrativa.

---

[161] STJ, MS 7702, Min. JOSÉ ARNALDO DA FONSECA, em 14.9.2005.

[162] É como pensa JUAREZ FREITAS, *O controle dos atos administrativos*, cit., p. 267.

Por essa razão, o ato que convalida tem efeitos *ex tunc*, uma vez que retroage, em seus efeitos, ao momento em que foi praticado o ato originário.[163]

Há três formas de convalidação. A primeira é a *ratificação*. Como já se definiu com propriedade, ratificação *"é o acto administrativo pelo qual o órgão competente decide sanar um acto inválido anteriormente praticado, suprindo a ilegalidade que o vicia"*.[164] A autoridade que deve ratificar pode ser a mesma que praticou o ato anterior ou um superior hierárquico, mas o importante é que a lei lhe haja conferido essa competência específica.[165] Exemplo: um ato com vício de forma pode ser posteriormente ratificado com a adoção da forma legal. O mesmo se dá em alguns casos de vício de competência.[166] Segundo a maioria dos autores, a *ratificação* é apropriada para convalidar atos inquinados de *vícios extrínsecos*, como a competência e a forma, não se aplicando, contudo, ao motivo, ao objeto e à finalidade.

A segunda é a *reforma*. Essa forma de aproveitamento admite que novo ato suprima a parte inválida do ato anterior, mantendo sua parte válida. Exemplo: ato anterior concedia licença e férias a um servidor; se se verifica depois que não tinha direito à licença, pratica-se novo ato retirando essa parte do ato anterior e se ratifica a parte relativa às férias.

A última é a *conversão*, que se assemelha à reforma. Por meio dela a Administração, depois de retirar a parte inválida do ato anterior, processa a sua substituição por uma nova parte, de modo que o novo ato passa a conter a parte válida anterior e uma nova parte, nascida esta com o ato de aproveitamento. Note-se que a *reforma* e a *conversão* afetam o elemento objeto do ato – no qual *pode ocorrer vício extrínseco*; no entanto, não há convalidação do *elemento* viciado, mas sim sua supressão ou substituição. Exemplo: um ato promoveu A e B por merecimento e antiguidade, respectivamente; verificando após que não deveria ser B mas C o promovido por antiguidade, pratica novo ato mantendo a promoção de A (que não teve vício) e insere a de C, retirando a de B, por ser esta inválida.

Não há unanimidade na doutrina nem quanto à terminologia nem quanto às formas de aperfeiçoamento do ato. Aliás, é muito oportuno sublinhar, nesse passo, que esse tema não mereceu ainda, por parte dos estudiosos de direito público, o necessário aprofundamento. De qualquer modo, adotamos os termos, as formas e respectivos pressupostos mencionados por grande parte da doutrina.[167] Há, inclusive, na legislação a previsão dessas três modalidades.[168]

Nem todos os vícios do ato permitem seja este convalidado. Os vícios insanáveis impedem o aproveitamento do ato, ao passo que os vícios sanáveis possibilitam a convalidação. São convalidáveis os atos que tenham vício de competência e de forma, nesta incluindo-se os aspectos formais dos procedimentos administrativos.[169] Também é possível convalidar atos com vício no objeto, ou conteúdo, mas apenas quando se tratar de conteúdo plúrimo, ou seja, quando a vontade administrativa se preordenar a mais de uma providência administrativa no mesmo ato: aqui será viável suprimir ou alterar alguma providência e aproveitar o ato quanto às demais providências, não atingidas por qualquer vício. Advirta-se, contudo, que, se o objeto ou conteúdo do ato for único, não haverá como saná-lo: a correção será necessária por ato de anulação. Vícios insanáveis tornam os atos inconvalidáveis. Assim, inviável será a convalidação

---

[163] LÚCIA VALLE FIGUEIREDO, ob. cit., p. 146.

[164] MARCELO CAETANO, *Manual* cit., vol. I, p. 557.

[165] DIOGO DE FIGUEIREDO MOREIRA NETO, *Curso* cit., p. 170.

[166] Exemplo de convalidação foi dado pelo STJ, no REsp 1.348.472, j. 21.5.2013.

[167] Como exemplo, MARCELO CAETANO, *Manual* cit., v. I, p. 556-560.

[168] Lei Estadual-RJ nº 5.427, de 1.4.2009.

[169] Com a mesma opinião, WEIDA ZANCANER, *Da convalidação* cit., p. 68.

142 | MANUAL DE DIREITO ADMINISTRATIVO • *Carvalho Filho*

de atos com vícios no motivo, no objeto (quando único), na finalidade e na falta de congruência entre o motivo e o resultado do ato.

Assim como sucede na invalidação, podem ocorrer *limitações* ao poder de convalidar, ainda quando sanáveis os vícios do ato. Constituem barreiras à convalidação: (1) a impugnação do interessado, expressamente ou por resistência quanto ao cumprimento dos efeitos; (2) o decurso do tempo, com a ocorrência da prescrição, razão idêntica, aliás, à que também impede a invalidação.[170]

Normalmente, as leis que tratam das relações de direito público silenciam sobre o instituto da convalidação. Entretanto, indicando elogiável avanço, demonstrado pela expressividade no trato do assunto, a Lei nº 9.784, de 29.1.1999, reguladora do processo administrativo na esfera federal, contemplou a convalidação, ao lado da anulação e da revogação, averbando que a Administração pode declará-la quando forem sanáveis os vícios e não sobrevier prejuízo ao interesse público ou a terceiros. A importância da norma legal, embora incidente apenas sobre a Administração Federal, é incontestável, uma vez que denuncia a opção do legislador pátrio em admitir expressamente a convalidação e o consequente aproveitamento de atos contaminados de vícios sanáveis, fato que comprova ter ele também perfilhado a tese dualista no que toca à teoria das nulidades nos atos administrativos.

XII. Revogação

1. CONCEITO

É o instrumento jurídico através do qual a Administração Pública promove a retirada de um ato administrativo por razões de conveniência e oportunidade.

Trata-se de um poder inerente à Administração. Ao mesmo tempo em que lhe cabe sopesar os elementos de conveniência e oportunidade para a prática de certos atos, caber-lhe-á também fazer a mesma avaliação para retirá-los do mundo jurídico. Na verdade, não se poderia mesmo conceber que alguns atos administrativos perdurassem infinitamente no universo jurídico, contrariando critérios administrativos novos, os quais, embora supervenientes, passem a refletir a imagem do interesse público a ser protegido.

A revogação vem exatamente ao encontro da necessidade que tem a Administração de ajustar os atos administrativos às realidades que vão surgindo em decorrência da alteração das relações sociais.

Na doutrina estrangeira, alguns autores admitem dois tipos de revogação, uma por motivos de legalidade e outra por motivos de conveniência e oportunidade; na primeira, a retirada do ato tem como fundamento o vício de legalidade no ato, ao passo que nesta última o motivo seria o interesse da Administração.[171] Não obstante, não é esse o sistema adotado pela generalidade dos estudiosos pátrios. Para vícios de legalidade, o instrumento próprio de saneamento é a anulação; a revogação se destina à retirada do ato por razões eminentemente administrativas, resguardado, é claro, o direito adquirido.[172] Trata-se, por conseguinte, de institutos com marcas bem distintas, o que não ocorre nos sistemas que adotam a revogação por vício de legalidade.

---

[170] WEIDA ZANCANER, *Da convalidação* cit., p. 60.

[171] GARCÍA DE ENTERRÍA e TOMÁS-RAMÓN FERNÁNDEZ, *Curso de derecho administrativo*, cit., v. I, p. 645.

[172] ODETE MEDAUAR (*Direito administrativo moderno*, Revista dos Tribunais, 2. ed., 1998, p. 175); LÚCIA VALLE FIGUEIREDO (*Curso de direito administrativo*, Malheiros, 2. ed., 1995, p. 159); HELY LOPES MEIRELLES (*Direito administrativo brasileiro*, cit., p. 184), dentre outros.

2. PRESSUPOSTO

O pressuposto da revogação é o *interesse público*, dimensionado pela Administração. Cabendo a esta delinear o sentido do interesse público, porque sua função básica é a de gerir os bens e interesses da coletividade, como vimos, vai buscar em cada caso os elementos que o configuram, de modo que, alteradas as condições anteriores que permitiram a prática do ato, não raro promove a sua retirada do mundo jurídico.

No dimensionamento dessas condições, a Administração leva em conta a conveniência e a oportunidade de manter o ato ou de expungi-lo do acervo jurídico. É o poder próprio de adequar a conduta administrativa a novas situações. Como bem registra REALE, "nesse processo *ativo* ou *positivo* de realização de fins próprios, a revogação dos atos administrativos pelo Estado insere-se como um momento natural: representa um elo no fluir normal da ação administrativa",[173] lição que evidencia claramente a coloração do instituto da revogação como forma de agir positiva da Administração.

Vejamos um exemplo prático: um ato de autorização para extrair areia de rio foi praticado quando reinavam condições fáticas que não violavam o interesse público. Suponha-se, porém, que, posteriormente, a atividade consentida venha a criar malefícios para a natureza. Nesse caso, os novos critérios administrativos certamente vão conduzir à revogação daquela autorização. Esses novos critérios de conveniência e oportunidade é que representam o interesse público justificador da revogação, ou seja, o seu pressuposto.

3. FUNDAMENTO

É o *poder discricionário* da Administração que constitui o fundamento do instituto da revogação. A respeito, é de anotar-se que a Administração dispõe de tal poder "*para rever a sua atividade interna e encaminhá-la adequadamente à realização de seus fins específicos*".[174]

Dimana desse fundamento que há uma correlação entre a discricionariedade que inspira a criação do ato e a que conduz à sua revogação. É dizer: como regra, são suscetíveis de revogação os atos discricionários. Simples é a razão: como estes foram praticados à luz de certas *condições de fato*, pertinentes à conveniência e à oportunidade, alteradas tais condições, pode ser revogado o ato. Haverá, como veremos adiante, exceções a essa regra, mas nem por isso podemos deixar de considerá-la aplicável à maioria dos casos.

4. ORIGEM

Ao contrário da invalidação, que pode ser efetivada pelo Judiciário ou pela própria Administração no exercício de sua prerrogativa de autotutela, a revogação só pode ser processada pela Administração, e isso porque é vedado ao Judiciário apreciar os critérios de conveniência e oportunidade administrativas.[175]

É que, no sistema pátrio, prevalece o sistema da repartição de funções estatais, de modo que, se fosse lícito ao Juiz proceder à valoração daqueles critérios, estaria ele exercendo função administrativa, e não jurisdicional, esta a função que constitucionalmente lhe compete. Sendo a revogação um instituto que traduz valoração administrativa, não pode ser cometida senão à Administração Pública.

---

[173] MIGUEL REALE, ob. cit., p. 31 (grifos do autor).
[174] HELY LOPES MEIRELLES, ob. cit., p. 184.
[175] MARIA SYLVIA DI PIETRO, ob. cit., p. 187.

144 MANUAL DE DIREITO ADMINISTRATIVO • *Carvalho Filho*

O que o Juiz pode verificar, e isso é coisa diversa, é a validade ou não do ato de revogação. Mas nessa hipótese estará exercendo normalmente sua função jurisdicional, que consiste no exame da adequação dos casos litigiosos concretos à lei.

5. EFEITOS

Para bem entender os efeitos do ato revogador, é preciso ter em mente que sua incidência abrange os atos *válidos*, atos que, a despeito disso, precisam ser retirados do universo jurídico. A hipótese de conter o ato vícios de legalidade leva não à revogação, mas à invalidação ou anulação, como visto anteriormente.

Ora, se o ato revogado tinha validade, o ato de revogação só pode produzir efeitos *ex nunc*, ou seja, a partir de sua vigência, de modo que os efeitos produzidos pelo ato revogado devem ser inteiramente respeitados. Atua para o futuro, *"mantendo intangidos os efeitos passados e produzidos do ato revogado"*, como corretamente averba estudioso sobre o assunto.[176]

Nesse ponto, é mister destacar que o ato revogado, apesar de não mais se situar na esfera de interesse da Administração, era desprovido de vícios, ou seja, tratava-se de ato legal. Ora, o ato jurídico perfeito não pode ser atingido pela lei nova, garantido que está pelo princípio da irretroatividade das leis (art. 5º, XXXVI, da CF). Se está a salvo da própria lei, com muito maior razão o estará de atos administrativos supervenientes. De tudo ressai a conclusão de que os efeitos do ato revogado não podem ser atingidos pelo ato revogador.

6. INOCORRÊNCIA

O poder de revogação da Administração Pública não é ilimitado. Ao contrário, existem determinadas situações jurídicas que não rendem ensejo à revogação, em alguns casos por força da própria natureza do ato anterior, em outros pelos efeitos que produziu na ordem jurídica.

São insuscetíveis, pois, de revogação:

1. os atos que exauriram os seus efeitos (exemplo: um ato que deferiu férias ao servidor; se este já gozou as férias, o ato de deferimento já exauriu os seus efeitos);

2. os atos vinculados, porque em relação a estes o administrador não tem liberdade de atuação (exemplo: um ato de licença para exercer profissão regulamentada em lei não pode ser retirado do mundo jurídico por nenhum critério administrativo escolhido pela Administração);[177]

3. os atos que geram direitos adquiridos, garantidos por preceito constitucional (art. 5º, XXXVI, CF) (exemplo: o ato de conceder aposentadoria ao servidor, depois de ter este preenchido o lapso temporal para a fruição do benefício);

4. os atos integrativos de um procedimento administrativo, pela simples razão de que se opera a preclusão do ato anterior pela prática do ato sucessivo (exemplo: não pode ser revogado o ato de adjudicação na licitação quando já celebrado o respectivo contrato);[178] e

5. os denominados *meros atos administrativos*, como os pareceres, certidões e atestados.

---

[176] WALTER CAMPAZ, *Revogação dos atos administrativos*, p. 79.

[177] Ressalva-se apenas o caso da licença para construção, quando a obra não foi ainda iniciada. Veja-se o que dissemos a respeito ao estudarmos anteriormente o ato de licença.

[178] CELSO ANTÔNIO BANDEIRA DE MELLO, ob. cit., p. 224.

Há doutrinadores que incluem entre os atos irrevogáveis aqueles em que já se tenha exaurido a competência relativamente ao objeto do ato, exemplificando com o ato que, tendo sido objeto de recurso, está sob apreciação de autoridade hierárquica de nível mais elevado, o que deixaria a autoridade que praticou o ato sem competência para a revogação.[179] Assim, entretanto, não nos parece. Se o autor, diferentemente do que decidira, resolve revogá-lo depois da interposição do recurso, nada impede que o faça, pois que o recurso não tem o condão de suprimir-lhe a competência legal. O efeito será apenas o de resultar prejudicado o recurso em virtude do atendimento da pretensão recursal.

7. REVOGAÇÃO DA REVOGAÇÃO

A questão aqui consiste em saber se pode haver revogação de um outro ato anterior de revogação. Em termos práticos: havia o ato A, que foi revogado pelo ato B; agora, com o ato C, a Administração desiste de B e quer reativar o conteúdo do ato A.

O tema deve ser analisado sob dois aspectos. Antes, porém, é preciso não esquecer que o ato de revogação é de caráter *definitivo*, ou seja, exaure-se tão logo atinge o seu objetivo, que é o de fazer cessar a eficácia do ato revogado. Com o ato revogador, assim, desaparece do mundo jurídico o ato revogado.

O problema surge quando a Administração se arrepende da revogação, pretendendo o retorno do ato revogado para que ressurjam os seus efeitos. Nesse caso, como bem já se averbou, a revogação não terá o efeito de repristinar o ato revogado, porque a isso se opõe o art. 2º, § 3º, da Lei de Introdução às Normas do Direito Brasileiro, conquanto destinada a norma às leis revogada e revogadora.[180] Na verdade, não se pode mais conceber que o ato revogado, expungido do universo jurídico, ressuscite pela só manifestação de desistência do ato revogador. Esse é o primeiro aspecto a ser considerado.[181]

O segundo ocorre quando a Administração quer mesmo restaurar a vigência do ato revogado e, no próprio ato em que se arrepende da revogação, expressa seu intento, de forma cabal e indubitável. Nesse caso, o efeito é diferente, e isso porque num só ato a Administração faz cessar os efeitos da revogação e manifesta expressamente a sua vontade no sentido de revigorar o ato revogado. Na prática, *nasce um novo ato administrativo* com dois capítulos: um relativo à desistência da revogação e outro consistindo no mesmo objeto que tinha o ato revogado. Essa hipótese não se afigura ilegal. Nessa linha, há exemplos em que o administrador, para dissipar possíveis dúvidas, faz expressar, nos atos que revogam atos revogadores, a indicação de que estão restaurando este ou aquele ato.[182] Parece-nos bastante prudente que o Administrador o faça, para demonstrar que se trata de ato novo.

Ressalte-se apenas, para não deixar dúvidas, que o terceiro ato, que foi o que restaurou o conteúdo do ato revogado (este, o primeiro dos atos praticados), tem o caráter de *ato novo* e, por tal motivo, não podem ser aproveitados os efeitos anteriores, que são aqueles produzidos no período em que vigorava o ato revogador (o segundo dos atos praticados); é que com esse ato – ato de revogação – cessaram os efeitos do primeiro ato. O que o terceiro ato faz é tão somente adotar, *a partir de sua vigência*, o mesmo conteúdo que tinha o primeiro ato e, consequentemente, os mesmos efeitos que eram dele decorrentes. A vigência, contudo, não alcança o período em que vigorava o ato de revogação do primeiro dos atos.[183]

---

[179] MARIA SYLVIA ZANELLA DI PIETRO, *Direito administrativo*, cit., p. 188.

[180] DIÓGENES GASPARINI, *Direito administrativo* cit., p. 102.

[181] No mesmo sentido, ELYESLEY SILVA DO NASCIMENTO, *Curso de direito administrativo*, Impetus, 2013, p. 329.

[182] DIÓGENES GASPARINI, ob. e loc. cit.

[183] Contra: CELSO ANTÔNIO BANDEIRA DE MELLO, *Curso* cit., p. 222.

XIII. Súmulas

SUPREMO TRIBUNAL FEDERAL

Súmula 346: *A Administração Pública pode declarar a nulidade dos seus próprios atos.*

Súmula 473: *A Administração pode anular seus próprios atos quando eivados de vícios que os tornam ilegais, porque deles não se originam direitos; ou revogá-los, por motivo de conveniência ou oportunidade, respeitados os direitos adquiridos e ressalvada, em todos os casos, a apreciação judicial.*

SUPERIOR TRIBUNAL DE JUSTIÇA

Súmula 280: *O art. 35 do Decreto-lei nº 7.661/1945, que estabelece a prisão administrativa, foi revogado pelos incisos LXI e LXVII do art. 5º da Constituição Federal de 1988.*

5

Contratos Administrativos

I. Introdução

Instituto destinado à livre manifestação de vontade, os contratos são conhecidos desde tempos imemoriais, muito embora, como é evidente, sem o detalhamento sobre os aspectos de conteúdo e de formalização que a história jurídica tem apresentado.

Os contratos nasceram sob a égide do direito privado e seu núcleo central sempre foram as manifestações de vontade capazes de produzir efeitos para os pactuantes. Por isso, no direito romano inicial, os contratos tinham caráter rigorosamente formal, característica notória da Lei das XII Tábuas, em que a intenção das partes deveria ser materializada na correção das palavras pronunciadas.[1]

Com a noção mais moderna da personificação do Estado, cristalizou-se a ideia da possibilidade jurídica de serem firmados pactos bilaterais, figurando ele como uma das partes da relação obrigacional. Logicamente, tais compromissos nem deveriam, de um lado, ser desnaturados a ponto de perder sua característica própria, nem deveriam, de outro, ser de tal modo livres que pudessem abstrair-se das condições especiais que cercam a figura estatal.

De qualquer modo, o substrato básico dos contratos é o acordo de vontades com objetivo determinado, pelo qual as pessoas se comprometem a honrar as obrigações ajustadas. Com o Estado não se passa diferentemente. Sendo pessoa jurídica e, portanto, apta a adquirir direitos e contrair obrigações, tem a linha jurídica necessária que lhe permite figurar como sujeito de contratos.

II. Contratos e Licitações

Enquanto no direito privado a celebração de contratos, como regra, é livre e independe de formalidades prévias, bastando a manifestação volitiva, no direito público inexiste essa liberdade, até porque, como já se viu anteriormente, vigora o princípio do formalismo para maior proteção ao interesse público que sempre deve estar no âmago das condutas administrativas.

Essa é a razão pela qual os contratos firmados pela Administração Pública, em sua grande maioria, reclamam formalidades que antecedem a celebração e entre elas nenhuma tem maior relevância do que a *licitação*, procedimento administrativo que tem por escopo a seleção de interessados para a contratação pública.

Contratos e licitações são, por conseguinte, institutos indissociáveis e complementares, o que significa dizer que não há como estudá-los de forma estanque, e tanto é assim que a

---

[1] SÍLVIO DE SALVO VENOSA, *Direito civil*, Atlas, v. II, 3. ed., 2003, p. 364-365.

148 | MANUAL DE DIREITO ADMINISTRATIVO • *Carvalho Filho*

lei que os regula é rigorosamente a mesma – atualmente a **Lei nº 14.133, de 01.04.2021** – o ***Estatuto de Licitações e Contratos (ELC)***. Como de hábito, o referido diploma, que substitui a Lei nº 8.666/1993, será usualmente denominado de *Estatuto*. A despeito disso, trata-se de tema cercado de numerosos aspectos jurídicos e administrativos. Assim, o plano da obra será o mesmo adotado nas edições anteriores, ou seja, no presente capítulo estudaremos os contratos administrativos e, no próximo, as licitações.

De outro lado, como a nova lei disciplinou os princípios gerais sobre os institutos e sobre os agentes públicos responsáveis por sua preparação e execução, serão incluídos dois tópicos adiante para os comentários pertinentes. Reafirmamos, porém, que, em que pese sua inclusão no presente capítulo, sua abrangência alcança também as licitações objeto do próximo capítulo. O mesmo sucederá com as infrações administrativas, os crimes e o Portal Nacional de Contratações Públicas (PNCP).

Tais dados são relevantes para que o leitor possa compreender, de forma clara e didática, o plano da obra e a inevitável conexão entre contratos administrativos e licitações.

III. *Contratos da Administração Pública*

A Administração Pública – já se viu – é o segmento do Estado incumbido de desempenhar as atividades administrativas. Tenha-se em vista, no entanto, que a referência à Administração Pública indica a presença de uma pessoa jurídica, que tanto pode ser um ente federativo, quanto outro não federativo, mas com personalidade de direito público e, pois, sujeito a regime bastante similar ao que o regula.

Na verdade, trata-se de contratos celebrados pela União Federal, pelos Estados e Distrito Federal e pelos Municípios, e por outros entes públicos, como autarquias e fundações públicas, pelos respectivos setores administrativos. Assim, seja qual for a pessoa jurídica em si, pode ser denominada de Administração Pública quando realiza licitações e firma contratos.

Dada a evidente quantidade de contratações feitas por tais entidades, não é difícil inferir a sua grande variedade, não somente quanto à sua natureza, mas também quanto a seu regime jurídico. Sem considerar esses aspectos específicos, é correto afirmar que se trata de contratos da Administração Pública, por terem o Estado ou entes similares como uma das partes.

Desse modo, pode-se afirmar que *contratos da Administração Pública* refletem uma categoria genérica e podem ser conceituados como todos aqueles ajustes em que o Estado está presente como parte contratante.

Pertinente, ainda, acrescentar que a celebração de contratos é atividade típica do Poder Executivo dentro de sua competência e, em regra, não pode subordinar-se à prévia autorização do Legislativo ou do Tribunal de Contas. Inexiste tal relação de dependência na Constituição, de modo que lei de unidade federativa que a imponha é flagrantemente inconstitucional, como, aliás, consolidado na jurisprudência.[2]

1. CONTRATOS PRIVADOS DA ADMINISTRAÇÃO

Nem sempre a Administração age em seu *ius imperii*. Como o Estado se materializa por meio de pessoas jurídicas, nada impede que, sob determinadas circunstâncias, decida estabelecer relações jurídicas típicas do direito privado. Na verdade, sempre haverá algum tipo de imposição própria do direito público, o que se justifica plenamente pelo fato de se

---

[2]   STF, ADI 3.670, j. 2.4.2007. Também: TJ-MG, ADI 10000110770872000, j. 9.1.2013.

Cap. 5 • CONTRATOS ADMINISTRATIVOS | 149

tratar de uma pessoa de direito público estatal, mas a base e os efeitos da relação pertencerão ao direito privado.

Esse fato pode ocorrer no âmbito dos contratos. Há ajustes que, mesmo com participação de um ente público, são típicos do direito privado e por este regulados. Vale dizer: ainda que haja certas formalidades, habitualmente prévias e específicas para entidades públicas, o certo é que, uma vez celebrado o contrato, será ele regulado pelo direito privado, civil ou empresarial, como o reconhece a doutrina [3] e a jurisprudência.[4]

À falta de nomenclatura específica, tais ajustes são denominados de *contratos privados da Administração Pública*, para distingui-los daqueles outros contratos cujo núcleo básico sofre a irradiação de normas de direito público. Fora os citados formalismos estatais, o Estado em tais contratos está nivelado ao particular na relação jurídica, não ostentando qualquer tipo de vantagem especial decorrente de seu *status*.

São contratos privados da Administração, por exemplo, a compra e venda, a permuta, a doação e outros do gênero.

2. CONTRATOS ADMINISTRATIVOS

Os *contratos administrativos* também constituem uma categoria do gênero *contratos da Administração Pública*. A relação, pois, é de gênero para espécie: todo contrato administrativo se enquadra como contrato da Administração, mas nem todo contrato da Administração se caracteriza como contrato administrativo. [5]

Seria de indagar-se qual o motivo pelo qual os contratos administrativos estampam categoria própria dos contratos em geral. O motivo consiste em seu *regime jurídico*, do qual se irradiam muitas normas e princípios peculiares ao direito público, inexistentes no campo do direito privado. Apesar disso, não podem deixar de incidir normas de direito privado, pois que foi nesse campo que o instituto do contrato surgiu. Ressalve-se, porém, que a incidência se efetiva *supletivamente*, prevalecendo, então, as normas de direito público (art. 89 do Estatuto). Em outras palavras, é inegável a existência de certo *hibridismo normativo*, em função da conjunção entre normas de direito público e de direito privado.

Importante destacar que as normas que compõem o regime jurídico de direito público incidente sobre os contratos administrativos têm a particularidade de assegurar ao Estado contratante algumas situações especiais de vantagem em relação ao particular contratado, situações a que o Estatuto denominou de *prerrogativas da Administração* (art. 104) – expressão que bem denota essa *supremacia* da Administração, como estudaremos adiante.

Não custa assinalar, por fim, que nem o sujeito nem o objeto são isoladamente fatores de identificação do contrato administrativo; são, na verdade, fatores complementares. O elemento marcante reside no *regime jurídico de direito público*, pelo qual incidem normas específicas que refogem ao direito privado. Daí serem regulados basicamente pela Lei nº 14.133/2021, seu Estatuto próprio.

IV. Conceito

Obviamente, há uma variedade enorme de conceitos de contrato administrativo formulado pelos estudiosos. Sem necessidade de grandes voos, será oferecido conceito dotado de simplicidade, mas com realce à forma didática.

---

[3]   CRETELLA JUNIOR, *Curso*, cit., e CAIO TÁCITO, *Direito administrativo*, cit., p. 292.

[4]   STJ, RMS 32.263, j. em 20.11.2012.

[5]   Também: EDMIR NETO DE ARAÚJO, *Curso de direito administrativo*, cit., p. 666.

150 | MANUAL DE DIREITO ADMINISTRATIVO • *Carvalho Filho*

Nesse teor, pode-se conceituar o contrato administrativo como *o ajuste firmado entre a Administração Pública e um particular, ou entre dois entes públicos, regulado basicamente pelo direito público e supletivamente pelo direito privado, e tendo por objeto atividade que, de alguma forma, traduza interesse público.*

V. Fontes Normativas

1. FONTE CONSTITUCIONAL

Diversamente da anterior, que silenciava sobre o assunto, a Constituição vigente estabelece desde logo a competência legislativa para dispor sobre contratos. O texto constitucional não especifica o tipo de contrato, referindo-se apenas à *"contratação"*, o que evidentemente abrange todos os tipos de contratos.

Dispõe o art. 22, XXVII, da CF que compete privativamente à União Federal legislar sobre *"normas gerais de licitação e contratação, em todas as modalidades, para as administrações públicas diretas, autárquicas e fundacionais da União, Estados, Distrito Federal e Municípios, obedecido o disposto no art. 37, XXI, e para as empresas públicas e sociedades de economia mista, nos termos do art. 173, § 1º, III".* O art. 37, XXI, referido no dispositivo, refere-se à obrigatoriedade da licitação previamente ao contrato, ao passo que o art. 173, § 1º, III, prevê a edição do estatuto de empresas públicas, sociedades de economia mista e subsidiárias que explorem atividade econômica, no caso a Lei nº 13.303, de 30.6.2016, que estabelece regras próprias para tais entidades.

Urge ressaltar, contudo, que o texto alude a *"normas gerais"*, expressão plurissignificativa e, portanto, sem a desejável exatidão. Ao contrário, nela sempre será possível interpretação com alguma dose de subjetivismo, como o reconhece a doutrina, havendo, por isso, opiniões diversas sobre seu sentido.[6]

A ideia central da expressão, que, de resto, é peculiar ao regime de federação, relaciona-se àquelas normas dotadas de generalidade tal que não invadam diretamente a autonomia dos demais entes federativos. Ainda assim, é claro, nem sempre será fácil identificá-las.

Para alguns autores, não basta examinar a norma isoladamente e tentar extrair seu conteúdo genérico ou específico. A *generalidade* há de resultar sempre de um juízo entre normas, e não da apreciação de uma norma isolada, formando-se aí um critério subjetivo-objetivo. Além disso, será necessária a edição da norma nacional, a fim de que seja considerada parâmetro de generalidade para os demais entes, quando criarem suas normas específicas.[7] Enfim, a matéria enseja variadas visões interpretativas.

O certo, entretanto, é que, tendo a União competência privativa para editar apenas *normas gerais* sobre a matéria, a competência implícita para legislar sobre *normas específicas* (e nunca normas gerais) deve ser atribuída aos Estados, ao Distrito Federal e aos Municípios. A questão, portanto, será de constitucionalidade ou não da norma.

Não obstante, diversos conflitos tiveram origem nessa distinção. Lei distrital foi declarada inconstitucional por criar exigências em contratação não existentes na legislação federal.[8] Noutro giro, foi julgada constitucional norma de lei orgânica municipal que vedava a celebração

---

[6]   FERNANDA DIAS MENEZES DE ALMEIDA, *Comentários à Constituição do Brasil*, coord. Gomes Canotilho e outros, Saraiva/Almedina, 2013, p. 756.

[7]   LEANDRO SARAI, FLAVIO GARCIA CABRAL e CRISTIANE RODRIGUES IWAKURA, O conceito de norma geral de licitação e contratação pública, *RDA* 282/1, p. 203-232, 2023.

[8]   STF, ADI 3.670, j. 2.4.2007.

Cap. 5 • CONTRATOS ADMINISTRATIVOS | 151

de contratos com o Município por agentes políticos e titulares de funções de confiança até seis meses após seu afastamento.[9] Pelo que se tem observado, dificilmente será pacífica a interpretação das normas gerais e específicas dentro do sistema de competências constitucionais.

Há uma questão conflituosa e não resolvida, nascida sob o império da lei anterior, e que, por ter sido repetida no atual Estatuto, decerto terá prosseguimento. Cuida-se da previsão de que a doação de bem imóvel só será permitida a outro órgão ou entidade da Administração Pública (art. 76, I, "b"). Tal restrição só pode ser considerada legítima se dirigida à União, considerando-se federal, e não nacional, a norma, com o emprego do método da interpretação conforme a Constituição. Mas eventual interpretação que a estenda às demais unidades federativas é flagrantemente inconstitucional, já que se trata de norma específica, de competência dessas entidades, e não geral, caso em que seria da competência federal.[10]

2. FONTE LEGISLATIVA

2.1. Lei Básica

A **Lei nº 14.133, de 01.04.2021**, é o atual *Estatuto de Licitações e Contatos* (ELC), tendo sido publicada na mesma data. Nela ficaram estabelecidas as normas gerais de licitação e contratação para as administrações públicas diretas, autárquicas e fundacionais da União, dos Estados, do Distrito Federal e dos Municípios (art. 1º).

A lei revogou expressamente a Lei nº 8.666/1993 (Estatuto anterior), a Lei nº 10.520/2002 (pregão) e a Lei nº 12.462/2011 (Regime Diferenciado de Contratações – RDC), congregando em diploma único as normas que se espraiavam nas leis revogadas, gerando habitualmente superposição de regras e grande confusão para os intérpretes (art. 193, II).

Procedeu também à alteração de outras leis, como o Código de Processo Civil e o Código Penal, no qual foram incluídos os arts. 337-E a 337-P. O mesmo ocorreu com a Lei nº 8.987/1995, que regula as concessões e permissões, e a Lei nº 11.079/2004, que regula as Parcerias Público-Privadas (PPP) (arts. 177 a 180 do Estatuto).

Embora tenha objeto específico, vale mencionar aqui a Lei nº 14.981, de 20.9.2024, que dispõe sobre medidas excepcionais para a aquisição de bens e a contratação de obras e de serviços, inclusive de engenharia, para o fim de enfrentamento de estado de calamidade pública, sobretudo oriundo de eventos climáticos extremos.

2.2. A Aplicabilidade Concomitante

O Estatuto estabeleceu situação no mínimo surpreendente no que tange à vigência e aplicabilidade da lei nova e das anteriores. Primeiramente, revogou os arts. 89 a 108 da Lei nº 8.666 (parte penal da lei) a partir de sua publicação (art. 193, I).

Não obstante, anunciou a revogação das Leis nº 8.666/1993, 10.520/2002 e 12.462/2011 *"após decorridos 2 (dois) anos da publicação oficial desta Lei"* (art. 193, II). E aditou que, durante esse prazo, a Administração *poderá optar* por licitar de acordo com a lei nova ou conforme as leis revogadas, exigindo-se tão somente que a opção seja indicada expressamente no edital, vedando-se a aplicação combinada da lei nova com as leis revogadas (art. 191). Caso a escolha recaia sobre as leis revogadas, o contrato deverá ser disciplinado pelas regras nelas previstas (art. 191, parágrafo único).

---

[9]   STF, RE 423.560, j. 29.5.2012.

[10] STF, ADI-MC 927/93. A liminar suspensiva foi decretada para suspender o art. 17, I, "b", da Lei 8.666/93, hoje art. 76, I, "b", Lei 14.133. Todavia, a Corte julgou prejudicada a ação em face do advento da nova lei (j. em 11.4.2023).

152 | MANUAL DE DIREITO ADMINISTRATIVO • *Carvalho Filho*

Ou seja: durante um biênio, seriam aplicáveis *concomitantemente* as leis antigas e a lei nova *tanto para contratos administrativos quanto para licitações* – técnica simplesmente inusitada. Normalmente, dependendo da complexidade, o legislador prevê o vigor da nova lei após determinado prazo ou em determinada data, perdurando nesse ínterim a aplicabilidade apenas da lei antiga. Ao chegar o termo final, a lei antiga é excluída do sistema e a nova passa a integrá-lo; há, portanto, *sucessividade*. Da forma como foi previsto no Estatuto, haverá *simultaneidade*, sendo de suspeitar-se que muitas controvérsias e discussões serão travadas e muita confusão será criada na aplicação simultânea das citadas leis.

O art. 193, II, todavia, foi alterado pela Lei Complementar nº 198, de 28.6.2023, que ampliou o prazo de aplicação concomitante, passando de um biênio (expirando, pois, em abril de 2023), como figurava primitivamente, para finalizar em 30.12.2023.

Na edição anterior, fizemos referência a dispositivos da Lei nº 8.666/1993, equivalentes aos do atual Estatuto, para fins comparativos. Com o fim da vigência daquele diploma em 30.12.2023, como visto anteriormente, providenciamos a retirada da maior parte dessas referências, mesmo com o risco de haver nova prorrogação, fato que infelizmente condiz com nossa instabilidade normativa.

2.3. Abrangência

O Estatuto delineou os casos de não abrangência, ou seja, aqueles em cuja relação jurídica não incidem primariamente suas normas. De início, a lei não abrange as *empresas públicas, as sociedades de economia mista e suas subsidiárias*, regidas pela Lei nº 13.303/2016 (art. 1º, § 1º). Aqui se trata de pessoas privadas da administração indireta que explorem atividade econômica de produção ou comercialização de bens ou de prestação de serviços. Para tais entidades, as normas, naturalmente, terão que ser mais flexíveis em virtude da natureza de sua atividade econômica e, usualmente, empresarial.

Não são alcançados também pelo Estatuto os contratos firmados por repartições públicas *sediadas no exterior*, as quais se sujeitam às peculiaridades locais, embora tenham que submeter-se aos princípios gerais da lei licitatória. Licitações e contratações lastreadas por recursos oriundos de *empréstimo ou doação* de agência oficial de cooperação estrangeira, ou organismo financeiro com participação do Brasil, admitem condições especiais decorrentes de acordos internacionais ou peculiares à seleção e contratação fixados no sistema das agências ou dos organismos, observados, porém, os princípios sobre a matéria (art. 1º, §§ 2º e 3º).

Estão, ainda, fora da incidência do Estatuto os contratos que encerrem *operação de crédito e gestão de dívida pública*, bem como as contratações reguladas por normas previstas em legislação própria (art. 3º, I e II). Em compensação, aplicam-se, dentro do Estatuto, as normas de licitações e contratos previstas entre os arts. 42 a 49 da Lei Complementar nº 123/2006 (Estatuto da Microempresa e Empresa de Pequeno Porte), cujo regime será estudado adiante, ressalvando-se, contudo, algumas particularidades para a incidência (art. 4º, §§ 1º a 3º).

As disposições do Estatuto são aplicáveis, da mesma forma, no que couber e quando não houver norma especial, aos *convênios, acordos, ajustes* e outros *instrumentos similares* celebrados por entidades administrativas, conforme regulamento do Poder Executivo federal (art. 184, Estatuto).

VI. *Princípios*

O Estatuto anterior (Lei nº 8.666) já fazia menção aos *princípios* regentes das licitações e contratos, sendo alguns expressos e outros tácitos (art. 3º e §§ 1º a 3º).

A lei vigente relacionou 22 princípios regentes de contratações e licitações (art. 5º). Logicamente se trata de visível exagero, mas, se fosse procurada alguma justificativa para tanto, poderia considerar-se a preocupação do legislador em resguardar-se contra um dos campos de maior incidência de fraudes, falsidades, escândalos e desonestidades – o dos contratos e licitações.

Nada mudará, no entanto, se não mudar a ética pública dos administradores e da sociedade e não houver o necessário e rigoroso controle. Urge que todos os participantes de contratos e licitações – agentes e terceiros – procedam com honestidade e retidão. Sem isso, pode a lei acrescentar outros 22 postulados que as coisas permanecerão como sempre estiveram – para vergonha e desalento de nossa sociedade.

Seguem-se os princípios: 1) legalidade; 2) impessoalidade; 3) moralidade; 4) publicidade; 5) eficiência; 6) interesse público; 7) probidade administrativa; 8) igualdade; 9) planejamento; 10) transparência; 11) eficácia; 12) segregação de funções; 13) motivação; 14) vinculação ao edital; 15) julgamento objetivo; 16) segurança jurídica; 17) razoabilidade; 18) competitividade; 19) proporcionalidade; 20) celeridade; 21) economicidade; 22) desenvolvimento nacional sustentável.

Nesse elenco, encontram-se vários princípios em repetição ou conexos a outros. É o caso dos princípios da impessoalidade, moralidade e probidade administrativa, que no fundo significam a mesma coisa. O mesmo em relação aos da publicidade e transparência. São conexos os princípios da eficiência, eficácia e economicidade. Inovações, na verdade, são os princípios do planejamento, importante, sem dúvida; do desenvolvimento nacional sustentável, de sentido um pouco fluido; e da segregação de funções, para controle de servidores em funções suscetíveis a riscos.

Ninguém discute a relevância dos princípios dentro da interpretação jurídica, mas sempre será prudente aplicá-los de forma criteriosa para evitar que sua natureza fluida e indeterminada possa ensejar tendências acusatórias e servir para qualquer tipo de enquadramento de conduta. O constitucionalismo pós-moderno estampa um avanço, mas sua incidência no mundo jurídico reclama cautela e sensibilidade.

De qualquer modo, como o Estatuto é unitário no que toca a contratos e licitações, faremos os comentários mais detalhados sobre os princípios no capítulo seguinte, destinado às licitações (Capítulo 6).

VII. Sujeitos do Contrato

Como se pode observar, a lei é basicamente destinada a entes públicos, quer integrantes da administração direta, como é o caso das unidades federativas, quer os pertencentes à administração indireta, como as autarquias e fundações públicas de natureza autárquica. Na prática, não é incorreto afirmar que um dos sujeitos é a Administração Pública, porque em última análise se cuida do Estado no desempenho da função administrativa.

A lei refere-se a *órgãos* dos Poderes, a *fundos especiais* e a *entidades* controladas direta ou indiretamente pela Administração (art. 1º, I e II). Os órgãos não têm personalidade jurídica e retratam meros compartimentos internos da pessoa jurídica, independentemente de sua posição entre os Poderes. Sendo assim, quem contrata, ou seja, o sujeito contratual é a pessoa jurídica, mesmo que no instrumento conste o nome do órgão.

O mesmo se passa com os *fundos especiais*. Como regra, representam apenas rubricas orçamentárias e são despidos de personalidade jurídica, sendo impossível que sejam sujeitos autônomos. Desse modo, integram necessariamente a pessoa pública, esta sim o sujeito contratual. Pode ocorrer que o fundo tenha personalidade jurídica; se o tiver, contudo, será

154 | MANUAL DE DIREITO ADMINISTRATIVO • *Carvalho Filho*

abrangido por ser pessoa pública, e não por ser um fundo.[11] Insista-se que, em qualquer caso, a contratação encerra atuação administrativa.

Relembre-se, uma vez mais, que não são partes do contrato administrativo as entidades privadas reguladas pelo Estatuto das Estatais (Lei nº 13.303/2016), ou seja, as empresas públicas e as sociedades de economia mista, e subsidiárias, que exploram atividade econômica de produção de bens e prestação de serviços. Assim, o Estatuto, como lei geral, só se aplica *subsidiariamente*.

Embora os sujeitos dos contratos sejam, em regra, pessoas jurídicas, é importante considerar o papel desempenhado pelos *agentes públicos* no processo de licitação e contratação. O Estatuto alinha algumas regras relativas a essa atuação entre os arts. 7º a 10, incluindo autoridades, gestores e operadores do sistema e respectivas competências e responsabilidades.

Entre elas, destaca-se a que trata das *vedações*, no art. 9º, por exemplo, a de admitir atos que comprometam a competitividade ou ofereçam preferências indevidas. Trata-se de vedações de ordem objetiva, eis que traduzem comportamentos proibidos aos agentes que atuam no setor de contratações públicas.[12]

A título de inovação, o Estatuto previu que, se os agentes que participaram da licitação e contratação precisarem defender-se nas vias administrativa, controladora ou judicial, tendo atuado com base em *parecer jurídico*, a advocacia pública pode assumir sua *representação* judicial ou extrajudicial (art. 10). Alguns autores criticam que a base se situe em parecer jurídico, já que se trata de ato meramente opinativo e sem eficácia própria, podendo o gestor não endossá-lo.[13]

VIII. Relação Contratual

1. NATUREZA JURÍDICA

A natureza jurídica da relação contratual no contrato administrativo apresenta, como não poderia deixar de ser, alguns aspectos específicos em comparação aos contratos em geral. São eles:

a)   *núcleo básico de direito público*: indica que o direito privado incide subsidiariamente;

b)   *bilateralidade*: o contato sempre traduz obrigações para ambas as partes;

c)   *formalismo:* o ajuste é, em regra, formal e documental e requer a observância de requisitos externos e internos, havendo apenas poucas exceções em que se admite um certo informalismo;

d)   *comutatividade*: há equivalência entre as obrigações, que são previamente conhecidas e ajustadas;

e)   *intuitu personae*: presume-se que o contratado é o que melhores condições ofereceu à Administração, fator que decorre, inclusive, de ter vencido o procedimento prévio seletivo na licitação.

---

[11]   Correta, pois, a observação de MARÇAL JUSTEN FILHO, *Comentários à lei de licitações e contratos administrativos,* Dialética, 9. ed., 2002, p. 38.

[12]   RAFAEL SÉRGIO LIMA DE OLIVEIRA, *Comentários à Lei de Licitações e Contratos Administrativos*, obra colet., Forum, v. 1, 2022, p. 172.

[13]   DANIEL BARRAL, *Comentários à Lei de Licitações e Contratos Administrativos*, obra colet., Forum, v. 1, 2022, p. 178.

2. POSIÇÃO PREPONDERANTE DA ADMINISTRAÇÃO

Se um contrato representa o encontro de duas vontades em convergência para objetivo comum, a premissa lógica haveria de residir na igualdade das partes contratantes. Vale dizer: embora possa haver vantagens para uma das partes no plano prático, não caberia qualquer tipo de vantagem no plano jurídico.

Entretanto, como já se antecipou, o contrato administrativo recebe o influxo de um regime de direito público sobre a relação contratual, de cujo âmbito se irradiam situações que põem a Administração em situação de vantagem. Trata-se, na verdade, de normas legais que traduzem o que se tem denominado habitualmente de *cláusulas exorbitantes* ou *cláusulas de privilégio*, e isso porque realmente exorbitam o regime de direito privado.[14] O Estatuto, todavia, as denominou de *prerrogativas* (art. 104), como ocorria na lei anterior (art. 58), a serem estudadas adiante.

O certo é que, embora se possa considerar uma *contradictio in terminis*, a Administração tem uma certa posição de supremacia em relação ao particular, e tal preponderância decorre justamente das prerrogativas concedidas ao pactuante público no contrato administrativo. Tais prerrogativas justificam-se em virtude do *interesse público* que reveste o objeto contratual, sendo, pois, compreensível a conclusão dos estudiosos de que, diversamente do direito privado, *as partes não são rigorosamente niveladas* no contrato administrativo.[15]

Oportuno assinalar, entretanto, que as citadas cláusulas exorbitantes estampam vantagens legítimas para a Administração alcançar a execução dos fins a que se direciona, mas não pode servir de pretexto para a prática de condutas abusivas e ilegais contra o pactuante privado, as quais são passíveis de correção pela via administrativa ou no Judiciário. Não se pode relegar o fato de que, mesmo havendo interesse público, o acordo pertence à categoria dos contratos.

IX. *Prerrogativas da Administração*

Prerrogativas da Administração (ou *cláusulas exorbitantes*, porque refogem à órbita do direito privado, ou *cláusulas de privilégio*) são as situações de vantagem que, traduzidas em normas legais, permitem à Administração, e somente a ela, a adoção de medidas específicas próprias do direito público, em decorrência de sua posição de preponderância relativamente ao particular contratado. São elas que, no dizer da doutrina, rendem ensejo a uma certa *desigualdade* entre as partes.[16] Sua previsão, como já dito, encontra-se no art. 104 do Estatuto.

A primeira delas reside na possibilidade de *modificação* (ou *alteração*) *unilateral do contrato*, com o objetivo de melhor adequá-lo às finalidades de interesse público pactuadas entre as partes (art. 104, I, Estatuto). A prerrogativa, contudo, não tem o condão de ofender direitos do contratado. Sua particularidade está no fato de ser conferido a um dos pactuantes o poder de, mediante sua só vontade, alterar aquilo que anteriormente fora ajustado. Em tópico próprio adiante, teceremos considerações adicionais sobre essa cláusula exorbitante.

Em relação a essa prerrogativa, é mister fazer uma observação. O poder de alterabilidade unilateral não é ilimitado para a Administração. Ao contrário, cinge-se a cláusulas de execução do objeto contratual. As cláusulas econômico-financeiras e monetárias somente podem ser alteradas por consenso, ou seja, pela vontade de ambas as partes (art. 104, § 1º). A não ser

---

[14] DIÓGENES GASPARINI, *Direito administrativo*, cit., 2006, p. 627.

[15] Foi a correta anotação de MARCUS JURUENA VILLELA SOUTO, *Direito administrativo contratual*, Lumen Juris, 2004, p. 373.

[16] CAIO TÁCIO, *Direito administrativo*, cit., p. 292.

156 | MANUAL DE DIREITO ADMINISTRATIVO • *Carvalho Filho*

assim, poderia a Administração alterar o próprio preço ajustado para a contratação. A alteração dessas cláusulas decorre do princípio da *equação econômico-financeira* do contrato, pelo qual a relação entre objeto e preço fixada no início do contrato deve perdurar durante toda a sua execução. Assim, só quando se rompe tal equação é que surge o fundamento para sua alteração, visando ao reequilíbrio contratual (art. 104, § 2º).[17]

Outra prerrogativa é a *extinção unilateral do contrato* pela Administração (art. 104, II). Como se verá, também em item próprio, nos contratos privados é vedado que a só vontade de um dos sujeitos tenha aptidão jurídica para dar fim à relação contratual, mesmo que não haja conduta indevida da outra parte. Isso, no entanto, é uma garantia da Administração quando a consecução do contrato for mais perniciosa do que sua extinção. O fundamento, desse modo, tem escora em razões de interesse público.

A lei refere-se, ainda, à prerrogativa de *fiscalização da execução* do contrato (art. 104, III). Essa cláusula tem que ser interpretada *cum grano salis*. Na verdade, a parte pode fiscalizar o cumprimento de todo e qualquer contrato. No caso do contrato administrativo, porém, a ideia é a de que a fiscalização não corresponde apenas a um poder jurídico, como nos contratos privados, mas a um *dever jurídico*, insuscetível de descumprimento em face do interesse público a que se destina o contrato.

A Administração tem, da mesma forma, a prerrogativa de *aplicação de sanções* pela inexecução do ajuste (art. 104, IV). Esse poder punitivo, inexistente no direito privado, tem como origem a posição de supremacia da Administração no contrato administrativo. O particular contratado, dada a natureza e os fins do ajuste, tem o dever de correta execução, já que eventual inexecução afeta indiretamente a própria coletividade.

Finalmente, o Estatuto assegurou à Administração a prerrogativa de *ocupação provisória* de bens móveis e imóveis, bem como de *utilização de pessoal e serviços* vinculados ao objeto do contrato (art. 104, V). Não obstante, tal prerrogativa não pode ser imotivada e arbitrária, mas, ao revés, tem *natureza cautelar*, podendo ser desempenhada no caso de risco à prestação de serviços essenciais ou de necessidade de acautelar a investigação de faltas contratuais cometidas pelo contratado (art. 104, V, "a" e "b").

X. Modalidades Contratuais

1. OBJETO COMO PONTO DIFERENCIAL

O Estatuto, tal qual ocorria com o anterior, não relaciona as modalidades de contrato administrativo, ou seja, não fornece em todos os casos denominação própria ao contrato, como acontece no direito privado em relação aos contratos de doação, permuta, empréstimo e, enfim, aos chamados contratos nominados.

A técnica empregada pelo legislador para indicar os contratos administrativos tem maior densidade no que diz respeito ao *objeto contratual*, sugerindo que, mais importante que o *nomen juris*, é o fim a que se destina o ajuste, como pactuado pelas partes. Ao firmar o contrato, as partes estabelecem direitos e obrigações, sendo que, embora a fonte mediata destas seja a lei, a fonte imediata é a vontade das partes.[18] Por esse motivo, são *as obrigações* que se configuram como o *objeto imediato* do contrato.[19]

---

[17] Também: FLÁVIO AMARAL GARCIA, *Licitações e contratos administrativos*, Lumen Juris, 2007, p. 146.

[18] ONOFRE ALVES BATISTA JÚNIOR, *Transações administrativas*, Quartier Latin, 2007, p. 204.

[19] SÍLVIO DE SALVO VENOSA, *Direito civil*, Atlas, v. 2, 3. ed., 2003, p. 437.

Resulta, portanto, que, ao aludirmos a este ou àquele contrato, estaremos com foco naquilo que lhe constitui o objeto avençado pelos contratantes, o que, na prática, representa um fato jurídico. Assim, por exemplo, a alusão ao contrato de obras tem em mira que a Administração contratou alguma empresa para executar determinada obra, sem que haja preocupação com o nome que se possa emprestar ao ajuste.

O Estatuto, de acordo com seu art. 2º, é aplicável a: I) alienação e concessão de direito real de uso de bens; II) compra, incluindo a encomenda; III) locação; IV) concessão e permissão de uso de bens públicos; V) prestação de serviços, com a inclusão de serviços técnico-profissionais especializados; VI) obras e serviços de arquitetura e engenharia; VII) contratos de tecnologia da informação e de comunicação.

2. CONTRATAÇÃO DE COMPRAS (FORNECIMENTO)

De acordo com a definição legal, compra é a "aquisição remunerada de bens para fornecimento de uma só vez ou parceladamente, considerada imediata aquela com prazo de entrega de até 30 (trinta) dias da data prevista para apresentação da proposta" (art. 6º, X, Estatuto).

Vários estudiosos costumam denominar tais ajustes de *contratos de fornecimento*, tendo em vista que por meio deles a Administração busca fornecedores de bens para o desempenho de sua atividade administrativa. Considerando a variadíssima dimensão dessa atividade, pode-se mesmo imaginar que o Estado é talvez um dos maiores compradores de bens, senão o maior, para suprimento de seu ofício.[20]

O regime de compras está sujeito a alguns parâmetros, e nem poderia ser diferente em virtude dos gastos que acarretam para o erário. Primeiramente, é necessário elaborar um *planejamento* em que se calcule o consumo anual e se definam, entre outras, as condições de aquisição e pagamento (art. 40).

Deve o administrador obedecer aos *princípios* que regem as compras. O primeiro é o *princípio da padronização*, para ajustar as especificidades estéticas, técnicas ou de desempenho. Sua aplicação, porém, não é aleatória, impondo-se que o administrador apresente clara motivação para sua implantação, sob pena de ofensa ao princípio da competitividade. O *princípio do parcelamento* pode ser aplicado quando houver vantagens econômicas e técnicas. Por fim, o *princípio da responsabilidade fiscal*, pelo qual o administrador deve confrontar a despesa estimada com a prevista no orçamento (art. 40, V, "a" a "c").

Outro aspecto a observar é o da *qualidade* dos bens a serem adquiridos, e isso porque inúmeros casos demonstraram que a Administração obteve produtos sem nenhuma qualidade, revelando-se gastos inúteis. A similaridade do produto demanda a prova de sua qualidade, seja pela comprovação de que está conforme as normas técnicas fixadas pelos órgãos competentes, seja pela declaração firmada por outro órgão público, seja ainda pela certificação de instituição oficial (art. 42, I a III).

A lei prevê *situações de exceção* no regime de compras (art. 41). Uma delas é possibilidade de indicar marca ou modelo, desde que haja a necessária justificativa, inclusive a padronização. Outra é a exigência de amostra ou prova de conceito do bem em algumas fases do procedimento licitatório ou durante a vigência do contrato. Pode, ainda, a Administração vedar a contratação de marca ou produto quando anteriormente não tiverem sido satisfatórios para o cumprimento do contrato, tudo, é claro, devidamente formalizado e fundamentado em processo administrativo.

Não custa destacar a recomendação do Estatuto no sentido de que as unidades da federação instituam *centrais de compras*, para a realização de compras em *grande escala*, com

---

[20]   EDMIR NETTO DE ARAÚJO, *Curso de direito administrativo*, Saraiva, 5. ed., 2010, p. 737.

158 | MANUAL DE DIREITO ADMINISTRATIVO • *Carvalho Filho*

o propósito de dar suporte aos diversos órgãos sob sua competência (art. 181). A finalidade aqui é a de economicidade e a medida requer apenas organização e coordenação administrativas. No caso de Municípios menores, com até 10.000 habitantes, a preferência, para o mesmo fim, é pela instituição de *consórcios públicos*, regulados pela Lei nº 1.107/2005 (art. 181, parágrafo único, Estatuto). A norma é convincente, mas utópica, pois está mais que comprovado que, com raras exceções, os entes federativos não gostam de firmar consórcios públicos, o que é uma pena.

3. CONTRATAÇÃO DE OBRAS E SERVIÇOS DE ENGENHARIA

Em consonância com o Estatuto, *obra* é toda atividade que a lei tenha considerado como privativa das profissões de arquiteto e engenheiro, na qual ocorra intervenção no meio ambiente por um conjunto de ações, formando um resultado que inova o espaço físico da natureza ou ocasiona alteração substancial da fisionomia primitiva de um imóvel (art. 6º, XII).

Já o *serviço de engenharia* é toda atividade destinada a obter certa utilidade, intelectual ou material, em prol da Administração, não caracterizada como obra, mas que a lei considera privativa de engenheiro, de arquiteto ou de técnicos especializados (art. 6º, XXI), podendo qualificar-se como *serviço comum* ou *serviço especial de engenharia*.

Teoricamente, as noções são compreensíveis, mas, em termos práticos, tem havido algumas dissidências em sua aplicação. À guisa de exemplo, já houve entendimento no sentido de que o conceito de obra se estenderia a providências preliminares, mas prevaleceu a inteligência de que se trata de ações que refogem ao conceito.[21] O mesmo se passa com os serviços: nem sempre se distinguem com clareza os serviços em geral e os serviços de engenharia. Até mesmo a distinção entre obra e serviço pode ser complexa;[22] para alguns é o resultado do contrato.[23] Por conseguinte, algumas situações terão que ser analisadas caso a caso.

A execução de obras e serviços de engenharia deve considerar alguns aspectos de grande *alcance social*, como o impacto ambiental, o impacto de vizinhança, o emprego de produtos e equipamentos com redutores de consumo de energia e recursos naturais, a proteção ao patrimônio histórico, cultural, arqueológico e imaterial, bem como a acessibilidade para deficientes com mobilidade reduzida (art. 45, I a VI).

Em outra vertente, esse tipo de contratação admite *regimes* diferenciados (art. 46). De um lado, temos a (a) *empreitada por preço unitário*, com preço certo de unidades determinadas; (b) a *empreitada por preço global*, com previsão de preço certo e global; (c) a *empreitada integral*, em que o empreendimento é contratado em sua integralidade, abrangendo todas as etapas de obras, serviços e instalações (art. 6º, XXVIII, XXIX e XXX). Esta última, na verdade, constitui espécie de empreitada por preço global, mas se caracteriza pela abrangência do objeto contratual, assinando ao contratado a obrigação de executar um empreendimento, o que, obviamente, é sempre de maior complexidade.[24]

Além desses, o Estatuto prevê ainda os regimes da (d) *contratação por tarefa*, para pequenos trabalhos por preço certo; (e) *contratação integrada*, em que cabe ao contratado elaborar e

---

[21] Vide JESSÉ TORRES PEREIRA JUNIOR, *Comentários à lei de licitações e contratações da Administração Pública*, Renovar, 5. ed., 2002, p. 95.

[22] TATIANA MARTINS DA COSTA CAMARÃO, *Licitações e contratos. Aspectos relevantes* (ob. colet.), Forum, 2007, p. 85.

[23] IVAN BARBOSA RIGOLIN e MARCO TULLIO BOTTINO, *Manual prático das licitações,* Saraiva, 1998, p. 124-125.

[24] MARÇAL JUSTEN FILHO, *Comentários*, cit., p. 113.

Cap. 5 • CONTRATOS ADMINISTRATIVOS | 159

desenvolver os projetos básico e executivo; (f) *contratação semi-integrada*, em que o contratado elabora o projeto executivo; e (g) *fornecimento e prestação de serviço associado*, pelo qual o contratado além de fornecer o objeto, assume a responsabilidade de operação ou manutenção, ou ambas, por tempo determinado (art. 6º, XXXI a XXXIV).

Alguns desses regimes exigem que a Administração providencie os projetos básicos, que contêm o planejamento geral, e executivo, que contempla a operacionalização do contrato. Outros impõem apenas o projeto executivo, dispensando-se o projeto básico: é o caso da contratação integrada (art. 46, § 2º).

É importante que o administrador público acompanhe as etapas da execução do contrato, observados o pagamento e a medição conforme o cronograma físico-financeiro vinculado ao cumprimento de metas de resultado (art. 46, § 9º).

4. CONTRATAÇÃO DE SERVIÇOS

Serviço, como o define o Estatuto, é a "atividade ou conjunto de atividades destinadas a obter determinada utilidade, intelectual ou material, de interesse da Administração" (art. 6º, XI). O conceito apresenta certa fluidez e provoca dúvidas. Afinal, o que é utilidade? Por que é uma atividade ou um conjunto de atividades? Haverá situações em que não se saberá bem se se trata de serviço comum ou serviço de engenharia. Enfim, são conceitos nem sempre muito fáceis de identificar na prática.

Os serviços comportam várias categorias. *Serviços contínuos* são aqueles contratados para necessidades permanentes ou prolongadas da Administração. *Serviços não contínuos* são aqueles ajustados para fim determinado em período certo. Os serviços contínuos, observado o período de um ano, podem ter seu preço revisto, conforme o que o edital fixar. A revisão poderá ocorrer: (a) por *reajustamento em sentido estrito*, com base em índices específicos ou setoriais (sem regime de dedicação exclusiva ou predominante de mão de obra); (b) *repactuação*, mediante indicação analítica da variação de custos (com regime de dedicação exclusiva ou predominante de mão de obra) (art. 25, § 8º, I e II).

Além desses, há ainda os *serviços contínuos com regime de dedicação exclusiva de mão de obra*, em que os empregados do contratado desempenham suas funções nas próprias dependências do órgão administrativo. Finalmente, há os *serviços técnicos especializados de natureza predominantemente intelectual*, aí incluídos (a) estudos técnicos e projetos, (b) pareceres e perícias, (c) assessorias e consultorias, (d) fiscalização e supervisão, (e) patrocínio ou defesa de causas judiciais ou administrativas, (f) treinamento, (g) restauração de obras de arte e (h) controles de qualidade, bem como, naturalmente, os similares (art. 6º, XV a XVIII).

A *terceirização* dos serviços é admitida quando se trata de atividades materiais acessórias, instrumentais ou complementares à matéria que se situe na competência do órgão ou entidade (art. 48). Mas há inúmeras vedações para que ocorra. Veda-se, entre outras, a indicação de pessoas nominadas, a fixação de salário inferior ao fixado na legislação, a existência de vínculo de subordinação com empregado do terceirizado e qualquer tipo de interferência indevida da Administração na gestão do terceirizado. Da mesma forma, o terceirizado não pode contratar cônjuge, companheiro ou parente em linha reta, até o terceiro grau, de dirigente do órgão ou da entidade (art. 48, parágrafo único).[25]

No que tange às contratações de serviços com regime de dedicação exclusiva de mão de obra, a empresa contratada deve apresentar a prova de que está em situação regular com as obrigações trabalhistas e com o FGTS, fornecendo os documentos pertinentes a tal comprovação (art. 50).

---

[25] STF, RE 910.552, j. 30.6.2023.

160 | MANUAL DE DIREITO ADMINISTRATIVO • Carvalho Filho

5. OUTRAS CONTRATAÇÕES

Outras contratações estão sujeitas às normas do Estatuto. A lei fala em *alienação* e *concessão de direito real de uso de bens*. Alienação não é bem o contrato, mas sim o *fato jurídico* de transferência do domínio, sendo que esta constitui seu objeto. A matéria será examinada em capítulo próprio, adiante. A concessão de direito real de uso é o que traduz a sua denominação, vale dizer, é a transferência apenas do uso, sendo regulada pelo Decreto-lei nº 271/1967, e também será analisada no referido capítulo.[26]

A *locação*, por sua vez, corresponde a um tipo específico de contrato nominado, sendo rotineiro e numeroso no campo das relações privadas. No caso, a contratação envolve a utilização de imóvel privado pela Administração para a instalação de órgão ou entidade. A fisionomia da locação, porém, é a mesma: o proprietário cede temporariamente o uso de seu imóvel ao locatário mediante pagamento de aluguel. Como regra, tal contrato deve ser precedido de licitação e avaliação prévia, do exame de sua conservação, dos custos para adaptações e do prazo de amortização dos investimentos (art. 51). Em casos especiais, pode haver contratação direta, fundando-se em hipótese de inexigibilidade de licitação (art. 74, V).

A *concessão e a permissão de uso de bens públicos*, por fim, incluem-se também entre os contratos administrativos e retratam o uso de bens públicos por particulares mediante consentimento contratual da Administração, sempre sob determinadas condições. Tendo em vista sua natureza jurídica, serão estudadas no tópico relativo à gestão de bens públicos, no mesmo capítulo já antes referido.

6. CONTRATOS DE PUBLICIDADE

A Lei nº 12.232, de 29.4.2010, que dispõe sobre normas gerais para licitação e contratação pela Administração Pública de serviços de publicidade prestados por meio de agências de propaganda, introduziu alguns aspectos especiais que marcam o caráter singular desse tipo de contratação, sem dúvida alvo de inúmeros desvios no passado. Por essa razão, veremos sucintamente o que de mais relevante consta da lei no que tange aos contratos.

Não é qualquer atividade que se enquadra como serviço de publicidade. Este traduz o conjunto de atividades que alvitrem o estudo, o planejamento, a conceituação, a concepção, a criação, a execução interna, a supervisão da execução externa, bem como a distribuição de publicidade aos meios de divulgação. O objetivo do serviço de publicidade consiste na promoção da venda de bens ou serviços de qualquer natureza, na difusão de ideias ou na informação ao público em geral.

Uma das características da lei é a de que os contratos só podem ser celebrados por intermédio de *agências de propaganda* que, além de terem sua atividade regulada pela Lei nº 4.680/1965, sejam portadoras de *certificado de qualificação técnica* de funcionamento. O acesso a tais certificados, todavia, tem que ser o mais amplo possível, porquanto, se não o for, ficarão alijadas as entidades para as quais a obtenção seja inacessível, com grave agressão ao princípio da competitividade.

O contrato pode ter objeto plúrimo: ao lado do serviço principal, podem ser incluídas atividades complementares, desde que conexas àquele. São vedadas outras atividades, como as de assessoria de imprensa, comunicação e relações públicas e, ainda, as que tenham por fim realizar eventos festivos. Em outra vertente, a lei admite a adjudicação do serviço a mais de uma agência de propaganda, sem separação em itens ou contas publicitárias; tal faculdade, porém, deverá ser justificada.

---

[26] Capítulo 16.

Paira certa dúvida sobre se os serviços de publicidade se configuram como *serviços contínuos*, cujos contratos, como sabido, são suscetíveis de prorrogação por dez anos, observadas determinadas condições (art. 107, Lei nº 14.133/2021). Inexiste na lei qualquer vedação excludente dessa classificação. Por outro lado, certas atividades publicitárias não justificariam prorrogação contratual. Em nosso entender, portanto, será preciso analisar caso a caso de forma pontual, só se considerando serviço comum, para fins de prorrogação contratual, aquela publicidade rotineira, normalmente de cunho institucional da Administração, para cuja contratação inicial, aliás, sempre se exigirá licitação.[27]

Há previsão na lei de que pertencem à Administração vantagens conquistadas em negociação de compra de mídia, diretamente ou por meio de agências, inclusive descontos e bonificações concedidos pelo veículo de divulgação (art. 15, parágrafo único). Não obstante, constituem receita própria da agência os frutos oriundos da concessão, pelo veículo de divulgação, de planos de incentivo, tendo havido concordância por parte da agência.

XI. Formalização

Ao exame do tema relativo à *formalização*, nunca se poderá perder de vista, logo de plano, que, em se tratando de negócio jurídico firmado por ente público, as contratações recebem o influxo de princípios de direito público, e entre eles está o *princípio do formalismo*. Obviamente haverá exceções, mas é preciso reconhecer que, mesmo diante de todos os aspectos negativos que se possam levantar, ainda é o formalismo que confere maior segurança às relações jurídicas tanto para a Administração quanto para os administrados.[28]

O contrato tem por base o *termo de referência*, documento que contém todos os elementos para a contratação, como definição do objeto, motivação, requisitos, modelo de execução e de gestão, formas e critérios de seleção de fornecedor, estimativa do valor do contrato e adequação orçamentária (art. 6º, XXIII). Todos esses elementos são coletados na fase de preparação da licitação e servem de parâmetro para a contratação.

O instrumento básico de formalização é denominado de *termo de contrato* (art. 90, Estatuto), mas nada impede seja dada outra denominação, desde que presentes os elementos de uma contratação. Nele devem figurar todos os dados do contrato e a referência ao processo administrativo gerador, seja de licitação, seja de contratação direta. Havendo necessidade de acréscimo, poderão ser firmados *termos aditivos* ou *aditamentos*, que devem também ser juntados ao respectivo processo. Se o contrato for relativo a *direitos reais* sobre imóveis, necessária será a formalização por *escritura pública* lavrada pelo ofício de notas (art. 91, § 2º).

Há hipóteses que dispensam o instrumento formal de contrato: é o caso de dispensa de licitação e de compras com entrega imediata e integral dos bens adquiridos, em que não há obrigações futuras. Nesses casos, pode haver a substituição por outros instrumentos, como *carta-contrato*, *nota de empenho de despesa*, *autorização de compra* ou *ordem de execução de serviço* (art. 95). Por outro lado, os contratos devem ter forma escrita (art. 91), admitindo-se o contrato verbal no caso de pequenas compras ou prestação de serviços de pronto pagamento, assim considerados os que tiverem valor inferior a R$ 11.981,20 (art. 95, § 2º, alterado pelo Decreto nº 11.871, de 29.12.2023). É viável, ainda, a forma eletrônica para contratos e termos aditivos.

---

[27] É também como pensa CARLOS PINTO COELHO MOTTA, *Divulgação institucional e contratação de serviços de publicidade*, Fórum, 2010, p. 83. O autor cita o Acórdão nº 1.499/2006, do TCU, TC nº 6.834/1995, Rel. Min. Fernando Gonçalves, no mesmo sentido.

[28] LUCIA VALLE FIGUEIREDO, *Curso de direito administrativo*, Malheiros, 9. ed., 2008, p. 532.

162 | MANUAL DE DIREITO ADMINISTRATIVO • *Carvalho Filho*

Finda a licitação, a Administração convoca o vencedor para assinar o termo do contrato. Caso não o faça, serão convocados os licitantes remanescentes na ordem de classificação para a contratação nas mesmas condições do vencedor. Se nenhum aceitar, caberá o processo de negociação para obter-se o melhor preço, mesmo que superior ao do vencedor (art. 90).

Indispensável é que, no conteúdo do contrato, estejam incluídas as *cláusulas necessárias* (art. 92). A enumeração dessas cláusulas é longa, mas algumas se destacam, como as que impõem a menção ao regime de execução, ao objeto com suas características, aos prazos, ao crédito de sustentação para a despesa, às garantias e à matriz de risco. Enfim, a falta de qualquer delas implica vício na forma contratual e pode contaminar todo o contrato. Somente em situações excepcionais será possível sanar a ausência e evitar a anulação do ajuste. No elenco dessas cláusulas, constava a do inciso VI do art. 92, que exigia os critérios e a periodicidade da medição, quando fosse o caso, e o prazo para liquidação e para pagamento. Essa cláusula, porém, foi vetada e excluída da relação, conforme Lei nº 14.770, de 22.12.2023.

Em virtude de algumas dúvidas a respeito da matéria, consideram-se como adimplemento da obrigação contratual: a) a prestação do serviço; b) a realização da obra; c) a entrega do bem, ou parcela destes; d) qualquer outro fato contratual a cuja ocorrência esteja vinculada a emissão de documento de cobrança – conforme passou a estabelecer o § 7º do art. 92 do Estatuto, incluído pela Lei nº 14.770/2023.

Inovação constante do Estatuto é a obrigação de divulgar o contrato no Portal Nacional de Contratações Públicas (PNCP), fato necessário para conferir eficácia ao ajuste e que deve ser cumprido em 20 dias úteis, no caso de licitações, e 10 dias úteis, quando se tratar de contratação direta. Os contratos celebrados em regime de urgência, no entanto, terão eficácia a partir de sua assinatura, sendo publicados posteriormente (art. 94 e § 1º).

REGIME SIMPLIFICADO PARA A UNIÃO – Dentro do presente tópico, relativo à formalização, parece oportuno trazer à tona um novo regime instituído pela Lei nº 14.770, de 22.12.2023, ao inserir o art. 184-A no Estatuto. Trata-se do regime simplificado para a União.

De acordo com essa norma, deverá aplicar-se o regime simplificado à execução, ao acompanhamento e à prestação de contas dos convênios, contratos de repasse e instrumentos similares, em que for parte da União, com valor global de até R$ 1.500.000,00 (um milhão e quinhentos mil reais). A intenção do legislador é induvidosa, pois está claro o propósito de desburocratizar e facilitar as etapas dentro do processo relativo aos referidos ajustes.

A simplificação consistirá, primeiramente, no plano de trabalho aprovado, que deverá conter parâmetros objetivos para caracterizar o cumprimento do objeto (art. 184-A, I). Depois, a minuta do ajuste deve ser simplificada (art. 184-A, II). Além disso, a verificação da execução do objeto deverá ocorrer mediante visita de constatação da compatibilidade com o plano de trabalho (art. 184-A, IV).

O regime em foco dispõe, ainda, que o *acompanhamento* pela concedente ou mandatária será efetivado pela verificação dos *boletins de medição e fotos georreferenciadas* registradas pela executora e pelo convenente, bem como por vistorias locais, sendo admitidas outras vistorias, se for necessário (art. 184-A, § 1º, Estatuto).

Reafirme-se, por último, que a norma é destinada apenas à *União* e somente se aplicará a convênios, contratos de repasse e instrumentos congêneres celebrados *após a publicação* da Lei 14.770, ocorrida em 22.12.2023.

XII. *Garantias*

Embora não seja obrigatório, a Administração pode incluir no edital a imposição de que o contratado ofereça *garantia* para a correta execução do contrato (art. 96). Em cada caso, a

Administração deverá verificar as condições que cercam o contrato bem como eventuais riscos para o seu cumprimento. A garantia a resguarda contra inexecução contratual e elide ou mitiga os prejuízos decorrentes. Mas há dois lados: de um lado, assegura a Administração e, de outro, onera as propostas e, de algum modo, restringe a disputa.[29]

A lei enumera algumas ferramentas de garantia. A primeira é a *caução* em dinheiro ou em títulos da dívida pública, com emissão devidamente registrada no sistema de liquidação e de custódia autorizada pelo Banco Central.

Outro mecanismo é o *seguro-garantia*, em que o contratado ajusta com seguradora para a cobertura por eventual descumprimento do contrato, incluindo multas, prejuízos e indenizações (art. 97). Em se tratando de obras e serviços de engenharia, pode ser prevista a obrigação de a seguradora assumir a execução e concluir o objeto do contrato (art. 102).

Registre-se que, conforme já bem acentuado, o seguro-garantia foi a modalidade que mais mereceu atenção do legislador, inclusive sendo definido no art. 6º, LIV, do Estatuto, para garantir *"o fiel cumprimento das obrigações assumidas pelo contratado"*. Esse tipo de seguro não se identifica com os seguros clássicos, e isso porque o tomador do seguro não é o próprio segurado beneficiário da apólice; diversamente, o tomador é o contratado e o segurado é o ente administrativo contratante.[30]

Além dessas duas, tem-se ainda a *fiança bancária*, pela qual banco ou instituição financeira autorizada pelo Banco Central a operar no Brasil assume os riscos pela inexecução contratual.

Por fim, o Estatuto incluiu um quarto instrumento, o *título de capitalização* custeado por pagamento único, com resgate pelo valor total, modalidade prevista no art. 96, § 1º, inciso IV, e introduzida em virtude de alteração processada pela Lei nº 14.770/2023.

Nas contratações de obras, serviços e fornecimentos, o máximo da garantia é de 5% do valor inicial do contrato, podendo ser majorado o percentual para até 10%, exigindo-se, contudo, a justificativa de complexidade e riscos quanto à execução (art. 98). O valor-base em contratos de serviços e fornecimentos contínuos com prazo superior a um ano é o valor anual do contrato.

A liberação ou restituição da garantia ocorrerá após a fiel execução do contrato ou a sua extinção no caso de culpa exclusiva da Administração, sendo atualizada se for em dinheiro (art. 100).

XIII. Alocação de Riscos

Em termos de gestão, *matriz de riscos* constitui uma ferramenta de gerenciamento cujo objetivo é o de identificar e calcular o tamanho de um risco e viabilizar providências para impedimento ou controle. É também denominada de *matriz de probabilidade e impacto*. Importa observar, todavia, que os riscos se referem a fatos normalmente imprevisíveis, como desastres naturais, chuvas excessivas etc., mas não devem alcançar situações de culpa da Administração, como ocorre com o fato do príncipe (ato governamental) e o fato da Administração (fato culposo), cujos efeitos não podem ser atribuídos ao contratado.[31]

A lei permite que a contratação tenha a previsão dessa matriz de riscos, alocando-os entre as partes pactuantes, com a indicação daqueles que vão ser assumidos pelo setor público ou pelo

---

[29]   JOEL DE MENEZES NIEBUHR, *Licitação e contrato administrativo*, Forum, 3. ed., 2013, p. 727.

[30]   RAFAEL AMORIM DE AMORIM, *Comentários à Lei de Licitações e Contratos Administrativos*, obra colet., Forum, v. 2, 2022, p. 299.

[31]   MARIA SYLVIA ZANELLA DI PIETRO, *Parcerias na Administração Pública*, Atlas, 9. ed., 2012, p. 158.

setor privado, ou mesmo compartilhados (art. 103). A alocação deverá levar em conta a natureza do risco, o beneficiário das prestações e a maior capacidade de gerenciamento, avaliando-se as obrigações e os encargos das partes. Se houver cobertura por seguradora, a preferência é que os riscos sejam transferidos ao contratado. A alocação dos riscos é sujeita, naturalmente, a custos, de modo que estes devem ser quantificados para verificar seus reflexos no preço (art. 103, § 3º).

Em suma, a *alocação de risco*, conforme averbou ilustre especialista, "é a ação de decidir quem suportará os efeitos (positivos ou negativos) da materialização do risco".[32] Significa antever, no caso de ocorrer o evento, quem suportará seus efeitos. Por tal motivo, os riscos podem ser alocados a uma só das partes, ou a ambas, dependendo da natureza, da causa e do impacto.

A matriz de alocação de riscos fixará os parâmetros do equilíbrio econômico-financeiro inicial do contrato considerando eventos supervenientes e serve para auxiliar o estudo de eventuais pleitos das partes. Atendidas as condições da matriz, tem-se como mantido o equilíbrio econômico-financeiro, renunciando as partes a pedidos de reequilíbrio financeiro, exceto quando se tratar de alterações unilaterais impostas pela Administração ou, no caso de legislação superveniente, de aumento ou redução de tributos pagos diretamente pelo contratado (art. 103, § 5º).

XIV. Duração e Prorrogação dos Contratos

No que se refere à *duração do contrato*, a fonte sempre será o edital, não podendo ser dispensadas a verificação da disponibilidade de créditos orçamentários e a previsão no plano plurianual, quando o prazo for superior a 1 ano. Tal verificação deverá ocorrer no momento da contratação e a cada exercício financeiro (art. 105, Estatuto). Esse é um dever que o administrador não pode relegar a segundo plano e, se o fizer, pode ser responsabilizado civil e funcionalmente, e, ainda, sujeito à Lei de Improbidade (LIA).

Se a Administração contrata serviços e fornecimentos contínuos, a duração do ajuste pode estender-se a 5 anos. O Estatuto anterior empregava método diverso: o contrato seria de um ano, admitidas prorrogações até o limite de 5 anos no total. Atualmente, o prazo já pode ser fixado diretamente em 3, 4 ou 5 anos, conforme a conveniência da Administração. Acresce que a lei ainda admite a prorrogação sucessiva até 10 anos, desde que comprovada a vantagem da prorrogação (art. 107).

Mas esse limite não é aleatório. A lei exige (a) que o administrador declare maior vantagem econômica; (b) o atestado, quando feita a contratação e em cada exercício, de que existem créditos orçamentários atrelados à contratação e de que há vantagem na permanência; e (c) a possibilidade de a Administração extinguir o contrato, sem ônus, caso inexista crédito orçamentário ou não haja vantagem econômica (art. 106). A vantagem econômica do prazo maior é elemento fundamental para sua fixação, e essa é a razão por que o administrador precisa verificar e atestar a vantajosidade, o que nem sempre ocorre.[33]

Em alguns casos de dispensa de licitação, o contrato pode ser celebrado pelo prazo de *até 10 anos* em virtude de sua especificidade ou complexidade (art. 107). Assim, como exemplo, os casos de alta complexidade e materiais para as Forças Armadas (art. 75, IV, "f" e "g"), ou para bens destinados à inovação e à pesquisa científica e tecnológica, bem como contratações que possam afetar a segurança nacional (art. 75, V e VI).

---

[32] ANDRÉ LUIZ FREIRE, *Direito dos contratos administrativos*, Ed. RT, 2023, p. 203.
[33] JESSÉ TORRES PEREIRA JUNIOR, *Comentários*, cit., p. 587.

Cap. 5 · CONTRATOS ADMINISTRATIVOS | 165

É viável também a *contratação por prazo indeterminado* nos contratos em que a Administração seja usuária de serviço público oferecido em regime de monopólio, sempre necessária, porém, a verificação, em cada exercício financeiro, dos respectivos créditos orçamentários.

São tratados em separado os contratos que produzem receita e os contratos de eficiência que produzem economia. Neles, o prazo será de até 10 anos nos contratos sem investimento e de até 35 anos, quando houver previsão de investimento, como é o caso de benfeitorias permanentes a cargo do contratado e que se transferem ao patrimônio público ao final do contrato (art. 110).

Quando a contratação tiver um escopo predefinido, ou seja, quando o objeto contratual for dotado de precisão quanto ao *resultado* a ser alcançado (por exemplo, a construção de um muro de arrimo contra deslizamentos), o prazo de vigência será considerado automaticamente prorrogado quando o objeto não for concluído no prazo fixado. Os efeitos, entretanto, variam de acordo com a parte culpada. Se a culpa couber ao contratado, será ele constituído em mora e sujeito às sanções administrativas cabíveis; além disso, a Administração pode optar pela extinção do contrato e adotar as medidas adequadas à continuidade da execução (art. 111 e parágrafo único, I e II). Caso a culpa seja da Administração, poderá haver efeitos gravosos para esta, dependendo da ocorrência dos casos previstos no art. 137 do Estatuto.

XV. *Execução do Contrato*

Tal qual ocorre em todo e qualquer contrato, é de se esperar que as partes o executem fielmente, em consonância com as cláusulas que nele se contêm e sempre em observância às normas legais que regem a relação contratual. É o velho princípio do *pacta sunt servanda*, já configurado como dogma desde o direito romano. Havendo inexecução, cada parte responde pelas respectivas consequências.

Como já se afirmou acertadamente, o dever de fiel execução dos contratos provém da circunstância de que eles tornam concreto o interesse público, bem como dão caráter de objetividade a fatores subjetivos do ajuste. Por via de consequência, seu cumprimento é o que realmente os administrados esperam dos pactuantes.[34]

A execução do contrato precisa ser acompanhada e fiscalizada por um ou mais fiscais do contrato, representantes especialmente designados pela Administração, sendo viável, no entanto, que terceiros sejam contratados para dar-lhes assistência e fornecer-lhes subsídios necessários ao controle da execução. Podem também ser auxiliados por órgãos de assessoramento jurídico e de controle interno. Por outro lado, o contratado deve designar preposto para permanecer no local da obra ou do serviço, devendo antes submetê-lo à concordância da Administração (art. 118).

A responsabilidade pelos danos causados à Administração ou a terceiros por força da execução do contrato é do contratado. Ainda que a Administração fiscalize a execução, não haverá exclusão ou mitigação da responsabilidade.

O contratado é o único responsável pelos encargos trabalhistas, previdenciários, fiscais e comerciais relativos ao contrato (art. 121). Sua inadimplência não transfere o pagamento de tais encargos à Administração. Há uma ressalva quanto aos contratos de serviços contínuos com regime de dedicação exclusiva de mão de obra: aqui a Administração responde solidariamente pelos encargos e subsidiariamente pelos encargos trabalhistas em caso de falha na fiscalização. Para garantir o cumprimento de obrigações trabalhistas pelo contratado, a Administração

---

[34] CHRISTIANNE DE CARVALHO STROPPA e CRISTIANA FORTINI, *Comentários à Lei de Licitações e Contratos Administrativos*, Forum, v. 2, 2022, p. 347.

166 | MANUAL DE DIREITO ADMINISTRATIVO • *Carvalho Filho*

pode adotar várias medidas, como a exigência de caução, seguro-garantia ou fiança bancária e o pagamento condicionado à comprovação da quitação dessas obrigações.

A subcontratação pode ser processada pelo contratado até o limite autorizado pela Administração, mas subsistem suas responsabilidades contratuais e legais (art. 122). Entretanto, cabe-lhe comprovar junto à Administração a capacidade técnica do subcontratado. É vedada a subcontratação com pessoa que tenha vínculo de caráter técnico, comercial, econômico, financeiro, trabalhista ou civil com agentes do órgão contratante, ou que tenha parentesco com estes (art. 122, § 3º). Todavia, se for realizada e o objeto implementado, cabe à Administração indenizar o executor.[35]

XVI. Inexecução do Contrato

INEXECUÇÃO – Quando há descumprimento do ajuste, ocorre a *inexecução do contrato*. Considerando o conteúdo pactuado, a inexecução pode ser *total* ou *parcial*. No primeiro caso, o descumprimento abrange o contrato integralmente ou em sua parte nuclear; no segundo, apenas uma parte ou algumas cláusulas são descumpridas. Na verdade, o efeito é o mesmo, mas é possível que na inexecução parcial haja mais facilidade de readequação pelas partes.

INEXECUÇÃO CULPOSA E SEM CULPA – Em outro ângulo, a inexecução pode ser *culposa* ou *sem culpa*. A *inexecução culposa* deve ser entendida em sentido lato, para abranger qualquer infração de um dever legal ou contratual.[36] Por outro lado, diversamente do que ocorre no Direito Penal, a culpa no âmbito cível deve ser interpretada como abrangente de *culpa em sentido estrito* e *dolo*.

Significa, pois, que tanto faz que o contratado descumpra o contrato por culpa, agindo com negligência, por exemplo, como que o faça de forma deliberada, ou seja, dolosamente. Em qualquer caso, tratar-se-á de inexecução culposa, gerando para a outra parte o direito à rescisão do contrato.

A *inexecução sem culpa* resulta de descumprimento do contrato sem que nenhuma das partes tenha contribuído para tanto. A causa consiste na ocorrência de fatos supervenientes ao contrato, que impedem ou agravam a execução regular do ajuste. Como regra, tais fatos são extraordinários e imprevisíveis ao momento da celebração do contrato, mas, quando aparecem, provocam inevitáveis efeitos no regime de cumprimento contratual.

FATO DA ADMINISTRAÇÃO – Quando sobrevém situação imputável culposamente ao ente público, a doutrina a denomina de *fato da Administração* e atribui a esta a responsabilidade pela rescisão do contrato e a obrigação de reparar danos, se houver.[37]

É importante distinguir as hipóteses. Enquanto muitas situações de rompimento contratual decorrem de fatores imprevisíveis e extraordinários, fora do alcance do pactuante, no fato da Administração é esta que, mediante culpa, provoca o descumprimento do ajuste. Portanto, trata-se de situação de inexecução com culpa por parte da Administração.

TEORIA DA IMPREVISÃO – Tais fatos ensejam a aplicação da *teoria da imprevisão*, pela qual acontecimentos imprevisíveis, ocorridos depois de celebrado o ajuste, rompem a equação econômico-financeira do contrato, impondo-se, por consequência, o reequilíbrio de posição entre os pactuantes.[38]

---

[35] STJ, REsp 2.045.450, j. 20.6.2023.

[36] CAIO MÁRIO DA SILVA PEREIRA, *Instituições de direito privado*, v. II, p. 272.

[37] HELY LOPES MEIRELLES, *Direito administrativo*, cit., p. 223.

[38] ANDRÉ DE LAUBADÈRE, *Manual de droit administratif*, LGDJ, Paris, 1976, p. 214.

O fundamento dessa teoria reside no postulado da cláusula *rebus sic stantibus*, segundo o qual o contrato deve ser cumprido desde que presentes as mesmas condições existentes no cenário dentro do qual foi o pacto ajustado. Alteradas tais condições, rompe-se o equilíbrio contratual, não se podendo admitir que apenas uma das partes sofra os efeitos gravosos da imprevisibilidade. Incide, pois, uma álea econômica como característica da teoria da imprevisão.[39]

O Código Civil deu bem a dimensão dessa ocorrência ao prever, no art. 478, que o devedor pode pedir a resolução do contrato quando, nos contratos de execução continuada ou diferida, a prestação de uma das partes se tornar excessivamente onerosa, propiciando extrema vantagem para a outra, em face de fatos extraordinários e imprevisíveis. Foi o que o Código denominou de *resolução por onerosidade excessiva*. Se o fato superveniente impedir a execução totalmente, haverá o direito à rescisão sem culpa; se a tornar mais gravosa, o pactuante tem o direito ao reequilíbrio contratual.

FATO DO PRÍNCIPE – Os estudiosos fazem referência, ainda, ao *fato do príncipe* como situação ensejadora da extinção ou revisão do contrato. Trata-se da ocorrência de ato lícito praticado pela Administração supervenientemente à celebração do contrato que modifica suas condições e provoca prejuízo ao contratado. Aqui o que predomina é a *álea administrativa*, isso porque o ato é praticado pelo Estado no desempenho de suas funções legais.[40]

Esse fato deve ser extraordinário, extracontratual e imprevisível. Já afirmamos, em trabalho sobre o tema, que a Administração não se preordena diretamente ao contratado quando pratica o ato de interferência, tendo este caráter de generalidade, como, por exemplo, a proibição de importar certo produto necessário à execução de determinado contrato. Mesmo assim, contudo, não pode prejudicar o contratado, que nenhuma participação tem quanto à ocorrência do fato.[41]

Sobre o fato do príncipe, há uma divergência que merece citação. Alguns autores entendem que o ato caracterizador do fato do príncipe deve emanar da mesma entidade pública que celebrou o contrato.[42] Com a devida vênia, entendemos diferentemente. A Administração representa o próprio Estado e pouco importa que o contrato tenha sido celebrado pelo Município e o fato do príncipe se tenha originado da União. No caso é o Estado atuando e rompendo o equilíbrio contratual, com gravame para o contratado.[43]

O efeito do fato do príncipe é idêntico ao que se origina das situações sujeitas à aplicação da teoria da imprevisão. Caso inteiramente inviável a execução do contrato pelo contratado, tem este direito à indenização pelos danos causados. Se for possível prosseguir na relação contratual, deve ser revista a equação econômico-financeira inicial do ajuste para que contratado não fique sujeito à situação de desvantagem perante a Administração.

CASO FORTUITO E FORÇA MAIOR – A inexecução sem culpa pode ser oriunda também de *caso fortuito* ou *força maior*, situações de fato que redundam na impossibilidade de serem cumpridas as obrigações contratuais. Sempre houve muita polêmica em torno da distinção entre tais situações, mas grande parte dos estudiosos sustenta que o caso fortuito retrataria fenômenos da natureza, como terremotos e outras catástrofes naturais, enquanto a força maior decorreria de ação humana, como, por exemplo, a greve.

---

[39]   CAIO TÁCITO, *Direito administrativo*, cit., p. 210.

[40]   CAIO TÁCITO, *Direito administrativo*, cit., p. 207.

[41]   Nosso trabalho *"O fato do príncipe nos contratos administrativos"*, *Revista de Direito da PGE-RJ*, nº 23, 1986, p. 73-79.

[42]   JEAN RIVERO, *Droit administratif*, cit., p. 127, e CAIO TÁCIO, *Direito administrativo*, cit., p. 208.

[43]   Em abono de nosso entendimento, DIÓGENES GASPARINI, *Direito administrativo*, cit., p. 404.

168 | MANUAL DE DIREITO ADMINISTRATIVO • *Carvalho Filho*

O Código Civil, porém, não realçou a distinção, limitando-se a enunciar que *"O caso fortuito ou de força maior verifica-se no fato necessário, cujos efeitos não era possível evitar ou impedir"* (art. 393, parágrafo único). Como não há culpa por tais eventos, acrescenta o Código que o devedor não responde pelos prejuízos deles decorrentes, salvo se expressamente se houver responsabilizado por eles (art. 393, *caput*).

O certo é que, sobrevindo hipótese de caso fortuito ou de força maior, rompe-se o equilíbrio contratual, agravando a situação de uma das partes, sem que tenha esta conspirado para o acontecimento. Para evitar o enriquecimento sem causa da parte não afetada, urge restabelecer a equação contratual, evitando que ela se loculpete da ruína da outra. Tais situações, entretanto, devem caracterizar-se pela imprevisibilidade, inevitabilidade e impossibilidade do cumprimento das obrigações.[44] Fora daí, os fatos se situarão dentro da álea normal dos contratos.

Caso sobrevenha hipótese de caso fortuito, força maior ou fato do príncipe, o Estatuto prevê dois tipos de efeito. Havendo impossibilidade de executar o contrato rigorosamente conforme o pactuado, cabe a *alteração consensual* do contrato para o reequilíbrio da relação jurídica nos termos do que fora ajustado primitivamente (art. 124, II, "d"). Se as situações supervenientes de exceção provocarem o impedimento à execução do contrato, não haverá alternativa senão a de *extinção do contrato* (art. 137, *caput*, V).

XVII. Alteração do Contrato

ALTERAÇÃO CONTRATUAL – Em princípio, o contrato, uma vez celebrado, deve ser cumprido em consonância com as cláusulas que o compõem, sem que se processem alterações para evitar mudanças no que toca às condições mediante as quais foram emitidas as manifestações de vontade. Evidentemente, nada impede que os pactuantes admitam alterações, desde que em situação de consenso entre ambos.

Nos contratos administrativos, entretanto, incide basicamente o regime de direito público, provocando, como já adiantamos, a admissibilidade de *prerrogativas* (ou *cláusulas exorbitantes*), que oferecem à Administração algumas situações de vantagem em relação ao particular. Por tal motivo, nesse regime deverá considerar-se a existência de duas categorias de alteração contratual: a *alteração bilateral* (ou *consensual*) e a *alteração unilateral*.

ALTERAÇÃO UNILATERAL – A *alteração unilateral*, embora constitua prerrogativa da Administração, não pode ser imposta imotivada ou arbitrariamente, mas, presentes razões de conveniência e de oportunidade, a decisão administrativa tem natureza discricionária.[45] O que caracteriza essa cláusula exorbitante é o fato de que se configura como direito da Administração, de onde decorre a circunstância de que o exercício desse direito reflete uma obrigação para o contratado. Em outras palavras, o contratado não pode opor-se à decisão administrativa se respeitados os requisitos legais para tanto. E, como é óbvio, também não pode impor alterações unilaterais.

São duas as hipóteses que admitem a alteração unilateral do contrato (art. 124, I, "a" e "b", Estatuto). A primeira (*alteração qualitativa*) decorre de *modificação do projeto ou das especificações*, resultante da necessidade de melhor ajustamento técnico aos objetivos contratuais, sendo vedada, todavia, a desnaturação do projeto. A segunda (*alteração quantitativa*) ocorre quando se revelar necessário *modificar o valor contratual* por haver acréscimo ou redução quantitativa do objeto contratual, dentro de alguns limites fixados em lei. Em ambas as

---

[44] HELY LOPES MEIRELLES, *Direito administrativo*, cit., p. 112.
[45] FERNANDA MARINELA, *Direito administrativo*, Impetus, 8. ed., 2014, p. 486.

situações será imprescindível não haver rompimento do equilíbrio econômico-financeiro do contrato; a linha dessa equação não pode deixar de subsistir.

LIMITES – Nas contratações de obras, serviços ou compras, o contratado é *obrigado a aceitar*, nas mesmas condições contratuais, as alterações unilaterais que representem acréscimos ou supressões de até 25% do valor inicial atualizado do contrato. Em se tratando de reforma de edifício ou de equipamento, o limite *para acréscimos* é de 50% sobre a mesma base; para supressões, *a contrario sensu*, prevalece o percentual geral de 25 % (art. 125 do ELC).

No caso de a Administração impor supressão além do percentual acima, o contratado terá direito à rescisão sem que se lhe seja imputada qualquer culpa (art. 137, § 2º, I, Estatuto). Correta, pois, a advertência de que o contratado deve conhecer bem a disciplina regente dos contratos administrativos.[46]

Sob a égide da legislação anterior, havia controvérsia quanto à incidência desses limites. Para alguns estudiosos, os referidos limites só incidiriam sobre as alterações *quantitativas*, sendo incompatíveis com a natureza das *qualitativas*.[47] Para outros, contudo, incidiriam sobre ambas as categorias, e isso porque a lei não fazia qualquer distinção quanto ao limite da incidência (art. 65, § 1º).[48] O vigente Estatuto parece ter espancado a dúvida e optado por este último entendimento. De fato, o art. 125 refere-se às alterações unilaterais mencionadas no art. 124, I, que contempla as duas hipóteses nas alíneas "a" e "b", de onde se infere que os citados limites incidem tanto nas alterações quantitativas quanto nas qualitativas.

O art. 184, § 3º, do Estatuto, incluído pela Lei nº 14.770, de 22.12.2023, permite a incidência de *ajustes* nos instrumentos celebrados com recursos de transferências voluntárias, para promover alterações em seu objeto, com algumas *condições*. Primeiramente, é vedada a *transposição*, o *remanejamento* ou a *transferência* de recursos de uma categoria de programação para outra, ou de um órgão para outro (art. 184, § 3º, I). Ademais, cumpre oferecer *motivação* objetiva pelo pactuante (art. 184, § 3º, II). Por fim, em se tratando de obra, deve manter-se o que foi *pactuado* quanto a suas características (art. 184, § 3º, III).

ALTERAÇÃO BILATERAL – A *alteração bilateral* (ou *consensual*) decorre de acordo entre os pactuantes (art. 124, II) e pode ter por motivo a conveniência de substituição da garantia de execução, ou, ainda, a necessidade de alteração do regime de execução da obra ou serviço ou do modo de fornecimento, por inaplicáveis os termos contratuais primitivos. Outra causa é a necessidade de modificação da forma de pagamento por fatos supervenientes, sendo vedada, contudo, a antecipação de pagamento.

EQUILÍBRIO ECONÔMICO-FINANCEIRO – O motivo, contudo, que rende ensejo a maiores elucubrações é a alteração prevista no art. 124, II, "d", do Estatuto. A alteração tem por base o propósito de *restabelecer o equilíbrio econômico-financeiro* inicial do contrato nas hipóteses de *força maior, caso fortuito ou fato do príncipe*, ou, ainda, como consequência de fatos imprevisíveis ou previsíveis de consequências incalculáveis, que impeçam a normal execução do ajuste nas condições avençadas. Trata-se da incógnita sobre o futuro e sobre fatos que não puderam ser previstos, os quais usualmente prejudicam uma das partes do contrato. Aqui é de grande alçada o estudo da *teoria da imprevisão*, tema já analisado acima.

O reequilíbrio será exigido quando *insumos* tiverem elevação extraordinária do preço, afetando a equação contratual. Será também necessário nas contratações de obras e serviços de engenharia, quando a Administração *retardar providências* a seu cargo, como desapropriações,

---

[46] IRENE PATRÍCIA NOHARA, *Direito administrativo*, Atlas, 3. ed., 2013, p. 409.

[47] MARÇAL JUSTEN FILHO, *Comentários*, cit., p. 506; VERA LÚCIA MACHADO D'ÁVILA, *Temas polêmicos sobre licitações e contratos*, Malheiros, 5. ed., 2001, p. 315.

[48] JESSÉ TORRES PEREIRA JÚNIOR, *Comentários*, cit., p. 656.

170 | MANUAL DE DIREITO ADMINISTRATIVO • *Carvalho Filho*

licenciamentos etc. No caso de falhas de projeto, apurar-se-á a devida responsabilidade técnica e eventual indenização à Administração (art. 124, § 1º).

O aumento ou redução dos encargos do contratado redunda em alteração do preço para restabelecer o equilíbrio econômico-financeiro do contrato, a qual será formalizada por *termo aditivo* (art. 130). Obviamente, o fato gerador da alteração precisará ser detalhadamente comprovado no processo administrativo da contratação. A Administração, a seu turno, não pode suprimir obras, serviços ou bens a seu exclusivo critério. Se o fizer, e o contratado houver adquirido materiais, colocando-os no local dos trabalhos, a Administração deverá indenizá-lo pelos danos causados (art. 129).

A extinção do contrato não impede o restabelecimento da equação contratual, mas o pedido do interessado deve ser formulado durante a vigência do contrato e antes de alguma prorrogação (art. 131). Apesar do que diz a lei, não se pode deixar de reconhecer que danos causados pela Administração podem ser objeto de reparação ainda que postulados depois do contrato. A não ser assim, haveria locupletamento sem causa pelo ente público contratante.

A *revisão* do preço decorre da necessidade de equacionar os direitos e obrigações contratuais. Nos contratos de serviços contínuos, a lei contempla duas modalidades de revisão. A primeira é o *reajustamento em sentido estrito*, conforme *índices específicos ou setoriais*, e incide quando não houver regime de dedicação exclusiva de mão de obra ou predominância de mão de obra. A segunda é a *repactuação*, nos casos de regime de dedicação exclusiva de mão de obra ou predominância desta, sendo que a base será a *demonstração analítica da variação dos custos* (art. 92, § 4º, I e II).

O Estatuto, em alteração posterior, passou a admitir que, quando verificada qualquer das hipóteses do art. 124, *caput*, II, "d", e o valor global se revelar insuficiente para a execução do objeto, será viável: a) utilizar saldos de recursos ou rendimentos de aplicação financeira; b) receber o aporte de novos recursos pelo concedente; c) reduzir as metas e as etapas, sem que isso, no entanto, comprometa a fruição ou a funcionalidade do objeto pactuado. É o que dispõe o art. 184, § 2º, I a III, do Estatuto, com a alteração da Lei nº 14.770, de 22.12.2023.

XVIII. *Extinção do Contrato*

1. SENTIDO

A *extinção do contrato* é o fato que retrata genericamente o fim do vínculo contratual que unia os pactuantes. Em certo momento e em decorrência de algum fato superveniente, a relação jurídica representativa do contrato tem os seus efeitos definitivamente paralisados. Portanto, a extinção admite várias modalidades, dependendo do fato que a provocar. Esse é um ponto inicial para o exame do tema.

A expressão tem cunho genérico, e isso é oportuno destacar pelo fato de que há inúmeras outras expressões com as quais se confunde, muito embora possa haver alguma diferença quanto a seu perfil. Não caberá aqui o exame aprofundado dessas diferenças, mas procuraremos abordar classificações e expressões que realmente indiquem institutos com delineamento próprio.

De início, convém lembrar que a Lei nº 8.666 empregou o termo *rescisão* (art. 78), enquanto o Estatuto vigente adotou o termo *extinção* (art. 137). Só por aí já se pode inferir a importância de identificar o fato extintivo do contrato.

Não se pode descartar, da mesma forma, uma classificação muito adotada pelos civilistas quanto ao fim do contrato. A *resolução* do contrato é a forma de extinção oriunda do inadimplemento de uma das partes em relação a suas obrigações contratuais. É prevista no art. 475 do Código Civil. De outro lado, a *resilição* é a modalidade extintiva que decorre da manifestação

Cap. 5 • CONTRATOS ADMINISTRATIVOS | 171

de vontade das partes: pode ser *unilateral*, quando uma das partes tem o poder de encerrar a relação contratual mediante denúncia notificada (art. 473, C. Civil) ou *bilateral*, quando advém da vontade de ambos os pactuantes (art. 472, C. Civil).

Alguns se referem, ainda, à *rescisão*, cujo pano de fundo seria algum vício na relação jurídica, similar à *anulação*, em que pese o uso do termo para indicar tanto a resolução quanto a resilição. Trata-se apenas de parâmetros para distinguir as formas extintivas, já que sobre a classificação divergem usualmente os autores.

Todas essas categorias se enquadram na classe das *extinções imprevistas*, porque estão fora do que pretenderam as partes ao contratar. Com efeito, nenhum contratante desejaria que a outra parte fosse inadimplente. Em outro ângulo, existem as *extinções naturais*, em que o término do contrato traduz exatamente o que as partes desejaram ao pactuar; é o que ocorre quando o objeto é concluído regularmente.

Como se verá adiante, o contrato administrativo pode ser extinto de várias maneiras, incidindo as categorias extintivas referidas de acordo com o fato gerador da finalização do ajuste.

2. CUMPRIMENTO DO OBJETO

O *cumprimento do objeto* contratual se concretiza quando "as partes conseguiram o que pactuaram e voltam, sem a menor dificuldade, às respectivas situações anteriores".[49] Essa é uma forma de *extinção natural* do contrato, tendo em vista que o objetivo dos pactuantes foi alcançado sem que houvesse qualquer tipo de intercorrência no curso na relação contratual.

Quando, por exemplo, a Administração contrata a execução de uma obra e esta é concluída sem atropelos, com o devido pagamento do preço pelo contratante, dar-se-á a extinção natural pelo cumprimento do objeto.

3. ADVENTO DO TERMO FINAL

Há contratos que se extinguem pelo *advento do termo final* e isso ocorre quando preveem que as obrigações deles derivadas perdurem por determinado lapso de tempo, fixando-se, em consequência, um termo final (termo *ad quem*). Advindo esse termo final, o contrato se sujeita à extinção natural. Difere da categoria anterior pelo fato de que nesta não se considera o fator tempo, e sim o objeto do contrato, ao passo que na presente categoria o fator tempo é fundamental para a subsistência da relação contratual.

A Administração celebra inúmeros contratos dessa natureza quando visa à prestação de serviços contínuos, como serviços gerais, de copa e cozinha, assistência técnica etc. O Estatuto trata especificamente dos contratos de serviços contínuos, estabelecendo, entre outras normas, que o interregno mínimo é de um ano (art. 92, § 4º).

4. HIPÓTESES DE EXTINÇÃO

Todas as *hipóteses* de extinção do contrato são necessariamente amparadas em *motivos*, e estes devem ser expressamente mencionados no processo respectivo, nunca sendo desprezado o contraditório e a ampla defesa (art. 137).

São motivos: a) não cumprimento ou cumprimento irregular do contrato ou do edital; b) não atendimento das determinações provindas da autoridade competente para fiscalizar a execução; c) fatos restritivos da capacidade executiva da empresa; d) falência ou insolvência civil,

---

[49] DIÓGENES GASPARINI, *Direito administrativo*, cit., p. 416.

172 | MANUAL DE DIREITO ADMINISTRATIVO • *Carvalho Filho*

dissolução da sociedade ou falecimento; e) caso fortuito ou força maior; f) atraso na obtenção da licença ambiental ou impossibilidade; g) atraso ou impossibilidade de liberação de áreas sujeitas à desapropriação, desocupação ou servidão administrativa; h) razões de interesse público declinadas pela autoridade máxima do órgão; i) não cumprimento das obrigações relativas à reserva de cargos prevista em lei, bem como em outras normas específicas, para pessoa com deficiência, para reabilitado da Previdência Social ou para aprendiz.

Em certas situações, a lei admite para o contratado o *direito à extinção* do contrato. Esse direito decorre da ocorrência de fatos supervenientes atribuídos à Administração que impedem ou agravam a execução do contrato (art. 137, § 2º, I a V). Alguns deles traduzem *fatos da Administração*, indicando conduta culposa desta e gerando o desfazimento do vínculo pela *resolução* do contrato.

Um dos casos é a supressão do objeto do contrato que provoque alteração do valor acima dos limites permitidos na lei. Também quando a Administração ordena a suspensão da execução por mais de 3 meses, ou quando há repetidas suspensões. O mesmo ocorre com a falta de liberação de espaço para viabilizar a execução.

O atraso no pagamento por mais de 2 meses confere ao contratado o direito à extinção do contrato (art. 137, § 2º, IV, Estatuto), prazo inferior ao da Lei nº 8.666, que era de 90 dias (art. 78, XV). Vale a pena anotar que a tendência dos tribunais é no sentido de admitir a imediata suspensão do cumprimento das obrigações pelo contratado, sendo dispensável a tutela jurisdicional – o que nos parece inteiramente acertado. Embora as decisões tenham sido proferidas sob o império da lei anterior, subsistem os elementos para a mesma aplicação sob o comando da lei vigente.[50]

Como se observa, são todas elas hipóteses de culpa da Administração que acarreta prejuízo ao contratado. Sendo assim, cabe ao ente público cuidar para o cumprimento de suas obrigações, inclusive financeiras, de modo que, não o fazendo, se sujeite à obrigação de reparar os danos causados ao particular.

Em caso de paralisações, o contratado pode optar pela suspensão do cumprimento das obrigações até que a situação administrativa esteja regularizada. Entretanto, cabe na hipótese a repactuação do contrato para o restabelecimento da equação econômico-financeira, medida que deve ser adotada mediante os indicadores técnicos pertinentes.

5. FONTES DA EXTINÇÃO CONTRATUAL

Levando em conta a origem, ou fonte, de onde surgem as extinções, é possível classificá-la em três categorias, as quais, aliás, são tratadas no art. 138 do Estatuto.

Primeiramente, temos a *extinção unilateral*, decorrente da manifestação única de vontade da Administração (ato administrativo unilateral), o que significa que o contratado em nada participa dessa forma extintiva (art. 138, I). Para que seja legítima, urge que o descumprimento seja atribuído ao contratado, gerando a *resolução* contratual; se a inadimplência é da Administração, vedada se torna a extinção unilateral. Não obstante, o ônus da prova do descumprimento compete à Administração, de modo que, se é errônea sua avaliação, o contratado tem direito à reparação por eventuais prejuízos.

A segunda categoria é a da *extinção consensual*, cuja fonte é o acordo entre os pactuantes, por conciliação, mediação ou comitê de resolução de disputas, sendo necessário o interesse da Administração (art. 138, II). Aqui, como vimos, se trata de *resilição* contratual em virtude da bilateralidade do ajuste extintivo.

---

[50] STJ, REsp 1.843.163, j. 18.12.2019 e REsp 1.873.255, j. 3.8.2020.

Por fim, temos a *extinção judicial* ou *arbitral*, proveniente de decisão de órgão do Poder Judiciário ou decorrente de cláusula compromissória ou compromisso arbitral (art. 138, III). Tal forma de extinção pressupõe a existência de litígio entre os contratantes, ensejando a atuação de órgão externo para a solução do conflito. No caso em que a Administração descumpre o contrato, sem o reconhecer, o contratado deve recorrer a essa modalidade, e, se for procedente sua pretensão, a Administração terá que submeter-se à decisão externa e, se for o caso, pagar ao contratado a devida indenização por danos causados.

É oportuno lembrar, neste ponto, que a extinção do contrato não constitui obstáculo para o reconhecimento do *desequilíbrio econômico-financeiro*, devendo o pedido ser formulado na vigência do contrato. Nessa hipótese, será concedida indenização por meio de *termo indenizatório* (art. 131 e parágrafo único, Estatuto). Entretanto, convém salientar que esse termo pressupõe que a dívida seja reconhecida como efeito do referido desequilíbrio.[51]

6. EFEITOS DA EXTINÇÃO

É evidente que a extinção do contrato, pondo termo à relação jurídica anteriormente estabelecida, ocasiona alguns efeitos para as partes. Quando a extinção tem por origem a culpa exclusiva da Administração, o efeito será o direito do contratado a ser ressarcido pelos prejuízos regularmente comprovados, bem como a devolução da garantia, os pagamentos devidos pela execução até a data da extinção e o pagamento do custo de eventual desmobilização (art. 138, § 2º, I a III).

Já a extinção unilateral, cuja base é o descumprimento do contratado, gera para a Administração a direito a assumir imediatamente o objeto do contrato e a ocupação e utilização do local, das instalações e dos equipamentos. Ainda pode executar a garantia contratual para fazer face a certas despesas, como eventuais prejuízos, verbas trabalhistas e previdenciárias e multas. Por outro lado, pode reter créditos contratuais até o limite dos prejuízos que lhe foram causados (art. 139).

XIX. *Recebimento do Objeto do Contrato*

Uma vez cumprido o contrato, a Administração faz a verificação quanto à sua execução. Atendidas as condições legais e editalícias, procede então ao *recebimento do objeto* contratual, que admite duas modalidades: *recebimento provisório* e *recebimento definitivo* (art. 140, Estatuto).

O *recebimento provisório* consiste na singela transferência da posse do bem ou dos resultados do serviço para a Administração. "Não acarreta a liberação integral do particular nem significa que a Administração reconheça que o objeto é bom ou que a prestação foi executada corretamente".[52] Também não indica quitação para o contratado. À Administração, nessa fase, cabe analisar detidamente a adequação do objeto com as exigências técnicas ou administrativas fixadas em lei e no edital. Essa etapa fica a cargo do responsável pelo acompanhamento e fiscalização, a quem incumbe firmar termo detalhado realçando o cumprimento das exigências.

A seu turno, o *recebimento definitivo* traduz a aceitação do objeto pela Administração. Já se afirmou corretamente: "Ele significa que a Administração analisou o objeto e expressou concordância com o que foi executado pelo contratado".[53] Pelo recebimento definitivo, a Administração reconhece que o objeto não sofre reparos e que o contratado cumpriu devidamente

---

[51] HAMILTON BONATTO, *Comentários à Lei de Licitações e Contratos Administrativos*, obra colet., Forum, v. 2, 2022.

[52] MARÇAL JUSTEN FILHO, *Comentários*, cit., p. 519.

[53] JOEL DE MENEZES NIEBUHR, *Licitação pública*, cit., p. 816.

174 | MANUAL DE DIREITO ADMINISTRATIVO • *Carvalho Filho*

suas obrigações. O recebimento definitivo é da competência do servidor ou da comissão designada pela autoridade competente, a quem, da mesma forma, cabe apresentar termo minucioso sobre o cumprimento integral do contrato.

Se não houver adequação do objeto, não haverá recebimento; a Administração manifestará sua *rejeição*, total ou parcial. O recebimento não afasta a responsabilidade civil pela segurança da obra ou serviço. Como regra, despesas como testes, ensaios etc. correm por conta do contratado, a menos que haja disposição expressa em contrário.

O recebimento definitivo de projeto de obra pela Administração não exime o projetista ou o consultor da responsabilidade objetiva por eventuais danos causados por erro de projeto (art. 140, § 5º). No caso de obra, o recebimento não exime o contratado, no prazo mínimo de 5 anos, da responsabilidade objetiva pela solidez e segurança dos materiais e dos serviços e pela funcionalidade da construção, reforma, recuperação ou ampliação do bem imóvel. Havendo vício, defeito ou incorreção, haverá responsabilidade do contratado pela reparação, pela correção, pela reconstrução ou pela substituição adequadas (art. 140, § 6º).

XX. Pagamentos

Diversamente do que sucedeu na legislação anterior – Lei nº 8.666/1993 –, o Estatuto vigente dedicou um capítulo aos *pagamentos* a serem efetuados pela Administração, inserindo na disciplina algumas normas que solucionam dúvidas existentes no passado.

Um dos princípios básicos sobre o tema reside na observância da *ordem cronológica* para cada fonte diferenciada de recursos, com a seguinte subdivisão: a) compra de bens; b) locações; c) prestação de serviços; d) obras (art. 141). Pretendeu o legislador não criar uma lista única para pagamentos, mas quatro listas, cada uma delas relativa a um tipo de contratação.

Pode haver algumas exceções ao princípio, que devem ser motivadas e autorizadas pela autoridade competente mediante comunicação aos órgãos de controle e tribunal de contas. Situações de emergência, calamidade pública ou grave perturbação da ordem e pagamento a microempresas, empresas de pequeno porte, sociedades cooperativas e empreendimentos congêneres, quando houver risco de descumprimento, incluem-se nas exceções. Nestas estão também pagamentos a serviços em sistemas estruturantes e de direitos oriundos de contratos em falência, recuperação judicial ou dissolução de empresa. O mesmo ocorre, ainda, para assegurar a integridade do patrimônio público ou para manter o funcionamento de atividades finalísticas do órgão, quando houver risco de descontinuidade.

Em razão do princípio da transparência, a Administração está obrigada a *disponibilizar* mensalmente em sítio da internet a ordem cronológica dos pagamentos e indicar eventuais hipóteses de exceção a essa ordem (art. 141, § 3º). O desrespeito à observância da ordem cronológica constitui infração administrativa, sem prejuízo de outras, e rende ensejo à apuração do fato e responsabilização do agente responsável.

A lei trouxe inovação quanto ao resultado do contrato: se a contratação for de obras, serviços e compras, pode ser prevista *remuneração variável* atrelada ao *desempenho* do contratado, considerando-se metas, qualidade, sustentabilidade ambiental e prazos de entrega (art. 144). A norma é salutar, mas certamente deverá a Administração redobrar os cuidados ao estabelecer os critérios de desempenho geradores da variação remuneratória. Sem isso, podem ocorrer distorções com gravames perigosos para o erário. O sistema, no entanto, não reflete a regra geral dos contratos, de modo que, caso a Administração o utilize, deve oferecer a devida motivação (art. 144, § 2º).

É *vedado* o *pagamento antecipado*, total ou parcial; essa é a regra geral (art. 145). Só será permitido se (a) ensejar sensível economia de recursos ou (b) representar condição indispensável

Cap. 5 · CONTRATOS ADMINISTRATIVOS | 175

para a obtenção do bem ou para a prestação do serviço, sendo necessária, contudo, a prévia justificativa no processo administrativo e previsão no edital da licitação. Pode ser exigida garantia ao contratado como condição de pagamento; se não for executado o objeto no prazo contratual, o valor antecipado deverá ser devolvido.

XXI. Invalidação dos Contratos

Ao tratar dos vícios do contrato, o Estatuto referiu-se à *nulidade* dos contratos (Cap. XI, arts. 147 a 150). Preferimos, contudo, empregar o termo *invalidação* para alcançar qualquer hipótese que conduza ao desfazimento do ajuste por vício de legalidade. Com isso, ficamos ao largo da polêmica em torno da teoria dualista, que distingue a nulidade e a anulabilidade.

Não obstante, é imperioso anotar que, segundo a doutrina clássica, são admitidas três categorias de atos inválidos. A primeira é a *nulidade*, quando o ordenamento jurídico é ofendido de forma mais grave, segundo critérios do legislador. A segunda é a *anulabilidade*, quando há menor potencial ofensivo. E, finalmente, a *inexistência*, quando há a ausência de elementos constitutivos do negócio jurídico.[54] Esses fenômenos podem ser agrupados dentro da *ineficácia* dos negócios jurídicos.[55] Para complementar, é interessante notar que o Código Civil trata dos *atos nulos* (art. 166) e dos *atos anuláveis* (art. 171), adotando, pois, o sistema da dualidade.

Entretanto, o que interessa assinalar, neste passo, é que o Estatuto, assim como o fazia lei anterior, embora se refira apenas à nulidade, inclui nela os casos de anulabilidade, segundo os critérios do Direito Civil. Como exemplo, se não reveste a forma prescrita em lei, o contrato administrativo é nulo (art. 166, IV, C. Civil); se há vício em virtude de erro, é anulável (art. 171, II, C. Civil). Mais uma razão, portanto, para adotar o termo genérico de *invalidação*, que supera a distinção e facilita a interpretação, valendo para qualquer tipo de ineficácia.

No sistema do Estatuto, é facilmente perceptível a intenção de só admitir a invalidação em último caso e apenas quando não for possível o saneamento do contrato (art. 147), solução, aliás, própria dos atos anuláveis (art. 172, C. Civil). Por outro lado, o fator *interesse público* é guindado à posição de determinante para a invalidação, ou seja, pode ser impeditivo do desfazimento. Nesse caso, devem avaliar-se vários aspectos, como os impactos econômicos e financeiros oriundos do atraso causado pela invalidação; os riscos sociais; o custo da deterioração ou perda do que já foi executado; a despesa para desmobilização e outros do gênero.

Se a paralisação ou a invalidação não atender ao interesse público, a Administração deverá optar pela continuidade do contrato e pela solução de irregularidades contratuais por meio de indenização por perdas e danos, sendo compulsória, porém, a apuração de responsabilidade e aplicação das respectivas sanções (art. 147, parágrafo único).

Diz a lei que a invalidação opera retroativamente (*ex tunc*), o que é próprio do ato nulo. Todavia, se impossível o retorno das partes à situação anterior, a invalidação deve ser resolvida pela indenização de perdas e danos (art. 148). Será possível também, dependendo das circunstâncias, que a invalidação só tenha eficácia em momento futuro, a fim de possibilitar nova licitação; o prazo será de 6 meses, admitindo-se uma única prorrogação.

A invalidação não exonera a Administração do dever de indenizar o particular pelo que já houver executado até o momento em que for declarada a ineficácia, bem como por outros prejuízos que não lhe sejam imputáveis. Será apurada, no entanto, a responsabilidade do causador do fato (art. 149).

---

[54] CAIO MÁRIO DA SILVA PEREIRA, *Instituições*, cit., v. I, 23. ed., 2010, p. 538-539.
[55] SÍLVIO DE SALVO VENOSA, *Direito civil*, cit., v. 1, 3. ed., 2003, p. 569.

176 | MANUAL DE DIREITO ADMINISTRATIVO • *Carvalho Filho*

Vale a pena, neste momento, reafirmar o que dissemos ao tratar da invalidação de atos administrativos à luz das novas diretrizes traçadas pelo Decr.-lei 4.657/1942 (LINDB – Lei de Introdução às Normas do Direito Brasileiro), com as alterações introduzidas pela Lei nº 13.655/2018, com o qual o Estatuto guarda consonância. Sempre que possível, deverá o contrato ser regularizado e, caso necessária a invalidação, é imperioso motivá-la e oferecer alternativas de solução. Por outro lado, cabe à autoridade competente perscrutar as consequências jurídicas e administrativas da invalidação, evitando-se efeitos desastrosos mais graves do que os que adviriam da manutenção ou correção do ajuste (arts. 20 e 21).

XXII. Meios Alternativos de Resolução de Controvérsias

Sensível à tendência moderna irreversível de busca de soluções para conflitos fora da via judicial, o Estatuto admite que, nas contratações por ele reguladas, sejam empregados *meios alternativos de prevenção e resolução de controvérsias* (art. 151). Tais ferramentas caracterizam-se por dois aspectos básicos: a celeridade, com a dispensa do Judiciário por sua usual demora, e a economicidade, em que há redução de despesas com os meios clássicos.

São meios alternativos a *arbitragem*, regulada pela Lei nº 9.307/1996; a *mediação*, contemplada na Lei nº 13.140/2015; e o *comitê de resolução de conflitos*, órgão interno administrativo criado para esse objetivo. Sobre os dois primeiros mecanismos, teceremos considerações detalhadas em capítulo adiante.[56]

Referidos instrumentos abrangem uma série de conflitos, mas estes devem ser relacionados a *direitos patrimoniais disponíveis*, entre eles podendo citar-se questões atinentes ao equilíbrio econômico-financeiro do contrato, ao inadimplemento de obrigações e ao cálculo de parcelas indenizatórias. Em se tratando de arbitragem, será ela sempre de direito, obrigando-se ao princípio da publicidade (art. 152). Para facilitar, os contratos podem ter aditamento para incluir a adoção dos meios de resolução de controvérsias.

Para observar o princípio da impessoalidade, cumpre respeitar critérios isonômicos, técnicos e transparentes para a escolha de árbitros, de colegiados arbitrais e dos comitês de resolução de conflitos (art. 154).

XXIII. Irregularidades

O Estatuto destina título próprio – o Título IV (arts. 155 a 173) – à disciplina sobre as *irregularidades* cometidas em contratos administrativos e licitações.

O referido Título se subdivide em 3 capítulos: o Capítulo I trata das infrações e sanções administrativas; o Capítulo II regula as impugnações, pedidos de esclarecimento e recursos; e o Capítulo III cuida do controle das contratações.

Comporta observar que o citado Título IV refere-se simultaneamente a contratos administrativos e licitações, porque, embora sejam institutos diversos, estão indissociavelmente ligados entre si. Comentaremos os temas no presente capítulo, mas com a ressalva de que *será aplicável também às licitações*, tema objeto do próximo capítulo.

Ao tratar em título próprio das irregularidades, o legislador levou em conta a necessidade de disciplinar os fatos geradores das infrações e os efeitos delas, tanto quanto as sanções aplicáveis aos infratores. Impugnações e recursos são parte integrante do processo e o controle merece tópico próprio para aperfeiçoamento e governança do sistema.

---

[56] Capítulo 15.

Cap. 5 • CONTRATOS ADMINISTRATIVOS | 177

1. INFRAÇÕES E SANÇÕES ADMINISTRATIVAS

Tendo em vista os interesses de particulares e o constante comportamento desonesto de alguns competidores, é compreensível que o processo de licitação e contratação junto à Administração ocasione uma série de transgressões e provoque a aplicação de diversas sanções. Não há como deixar de prever essa disciplina, que na prática tem frequente incidência.

Infração administrativa, no caso de contratações e licitações, é o ilícito que se caracteriza pela transgressão de norma administrativa perpetrada por particulares ou por agentes públicos. As infrações podem resultar de conduta *comissiva*, mediante atuação positiva, ou *omissiva*, mediante ação negativa (inação). A seu turno, *sanção administrativa*, no mesmo campo, é o ato administrativo que retrata a penalidade imposta ao infrator como efeito da transgressão cometida. Essas as noções básicas sobre tais situações.

A enumeração legal das infrações é única, vale dizer, abrange ofensas tanto a normas de contratos quanto de licitações, além de prever condutas comissivas e omissivas (art. 155). A relação não se reveste de técnica aprimorada e contém até redundâncias. De qualquer modo, pode-se adotar, para fins didáticos, a seguinte classificação: a) *infrações licitatórias*, praticadas no curso da licitação (p. ex.: inciso IV: "deixar de entregar a documentação exigida para o certame"); b) *infrações pré-contratuais*, aquelas cometidas pelo licitante vencedor (*v.g.*: inciso V: "não manter a proposta, salvo em decorrência de fato superveniente devidamente justificado"; c) *infrações contratuais*, cometidas pela inobservância de obrigações contratuais (p. ex.: inciso I: "dar causa à inexecução parcial do contrato").[57]

Eis as infrações (art. 155): a) causar a inexecução parcial e total do contrato, bem como a parcial que cause grave dano à Administração, aos serviços e ao interesse coletivo (incisos I, II e III); b) deixar de celebrar o contrato e de entregar a documentação para a licitação e para o contrato (incisos IV e VI); c) não manter a proposta, salvo por fato superveniente justificado (inciso V); d) retardar a execução ou a entrega do objeto da licitação (inciso VII); e) apresentar declaração ou documento falso e prestar declaração falsa (inciso VIII); f) praticar ato fraudulento na licitação ou no contrato e agir de forma inidônea por fraude (incisos IX e X); g) frustrar objetivo da licitação (inciso XI); e h) praticar ato lesivo previsto no art. 5º da Lei nº 12.846/2013, dispositivo em que se relacionam vários atos lesivos à Administração (inciso XII).

Em outra vertente, constituem sanções (art. 156): a) *advertência*; b) *multa*; c) *impedimento de licitar e contratar*; d) *declaração de inidoneidade para licitar ou contratar* (incisos I a IV). Nesse elenco, há uma certa gradação de gravidade, partindo-se da mais leve para a mais grave. A multa, porém, aplica-se a qualquer das infrações previstas no art. 155. É imperioso ressaltar, entretanto, que a aplicação de sanção prevista na lei não afasta a obrigação de o infrator reparar integralmente o dano causado à Administração (art. 156, § 9º). Aqui se deu prevalência à proteção do patrimônio público, insuscetível de ser excluída por conta da punição administrativa.

O sistema punitivo comporta a existência de alguns fatores que traduzem *critérios de punibilidade*, ou seja, de elementos necessários à correta aplicação da sanção, em observância ao *princípio da adequação punitiva* (art. 156, § 1º). O regime sancionatório deve considerar (a) a natureza e a gravidade da infração; (b) as peculiaridades do caso concreto; (c) as circunstâncias agravantes ou atenuantes; (d) os danos decorrentes da infração; (e) a implantação ou aperfeiçoamento de programa de integridade, conforme orientações do órgão de controle. Tais fatores têm o escopo de permitir a verificação de eventual abuso de poder punitivo, em

---

[57] THIAGO MARRARA, *Licitações e contratos administrativos*, obra em coautoria, Forense, 2021, p. 227-229.

178 | MANUAL DE DIREITO ADMINISTRATIVO • Carvalho Filho

face de sanções graves aplicadas a infrações menores, evidenciando ofensa ao princípio da proporcionalidade.

A lei estabeleceu correlação de algumas sanções com determinadas infrações. A *advertência,* sanção mais leve, é aplicável no caso de inexecução parcial do contrato, mas pode ser aplicada penalidade mais grave, desde que justificadamente. A *multa* aplica-se a qualquer das infrações e comporta ser cumulativa com outras sanções (art. 156, § 7º). Submete-se, contudo, a limites: não pode ser inferior a 0,5% nem superior a 30% do valor do contrato (art. 156, § 3º). A sanção de *impedimento de licitar e contratar* incide sobre as condutas previstas nos incisos II a VII do art. 155, mas pode haver motivo para aplicação de penalidade mais grave, sendo de 3 anos o prazo máximo de sua eficácia.

A sanção de *declaração de inidoneidade para licitar e contratar* é a mais grave dentre todas e por esse motivo mereceu disciplina mais detalhada e exigente. Sua incidência decorre das infrações previstas nos incisos VIII a XII do art. 155, de onde se infere que o legislador as considerou de natureza mais grave, independentemente de causar ou não prejuízo à Administração.[58] Pode eventualmente ser aplicada às infrações puníveis com impedimento (incisos II a VII), desde que haja a devida justificativa. Quanto ao prazo, a lei fixa o mínimo em 3 anos e o máximo em 6 anos.

Considerando a sua *gravidade,* essa penalidade demanda algumas *exigências* em seu procedimento. De plano, cumpre proceder à análise jurídica para a verificação da congruência entre a infração e a sanção (art. 156, § 6º). A competência exclusiva é de autoridades de elevado plano hierárquico: no Poder Executivo, é do Ministro, Secretário Estadual ou Municipal, e de autoridade equivalente, no caso de autarquia e fundação; nos demais Poderes, Ministério Público e Defensoria Pública, a competência exclusiva é também das autoridades de nível equivalente ao das anteriores.

Por conseguinte, tal sanção aplicada por autoridade diversa contamina o ato punitivo de vício de legalidade quanto à competência. Possível também é o vício de forma, por inobservância de procedimento, ou de objeto, caso a infração seja enquadrada em penalidade diversa.

A *defesa* do punido é tema relevante no campo das sanções. Faculta-se, no caso de multa, a defesa do punido no prazo de 15 dias úteis. Como *faculdade* administrativa *não implica dever* da Administração, o interessado pode recorrer do ato punitivo. E nem poderia ser diferente ante o princípio do contraditório e ampla defesa (art. 5º, LV, CF). No caso de impedimento e declaração de inidoneidade, a Administração deve instaurar *processo administrativo punitivo,* sendo concedido direito de defesa e apresentação de provas no prazo de 15 dias úteis a partir da intimação (art. 158, *caput*). Embora a lei tenha silenciado, a aplicação da multa também exigirá a formalização em processo administrativo, seja no processo de licitação e contratação, seja em processo autônomo.

Quanto à *prescrição,* no que tange às citadas penalidades mais gravosas, dois aspectos sobressaem: de um lado, o *prazo* é de 5 anos e, de outro, a *contagem* se inicia da ciência da infração pela Administração (art. 158, § 4º). Portanto, se a infração é escamoteada e disfarçada, não começa o prazo prescricional, pois que inexiste ciência do fato pela Administração. A *interrupção* ocorre com a instauração do processo de responsabilização e a *suspensão* pela celebração de acordo de leniência (Lei nº 12.846/2013) e por decisão judicial que impeça a conclusão da apuração administrativa.

Caso a infração administrativa, nesta lei ou em outras de licitações e contratos administrativos, tipifique algum dos *atos lesivos* previstos na Lei nº 12.846 (Lei Anticorrupção), a apuração

---

[58] MARÇAL JUSTEN FILHO, *Comentários,* cit., p. 574.

e o julgamento serão conjuntos, nos mesmos autos, observado o rito dessa lei específica, bem como a autoridade competente definida nesse diploma (art. 159).

Incide no sistema de contratação e licitação o instituto da *desconsideração da personalidade jurídica* (*disregard of legal entity*), pelo qual, se a pessoa jurídica for utilizada com abuso de direito para dissimular atos ilícitos ou provocar confusão patrimonial, todos os efeitos incidentes sobre ela se estenderão a seus administradores e sócios com poderes de administração, à empresa sucessora ou à empresa coligada ou com relação de controle (art. 160). Nessa apuração, deverá assegurar-se o contraditório e a ampla defesa, bem como a devida análise jurídica prévia.

O Estatuto contempla, ainda, a figura da *reabilitação* do licitante ou contratado perante a autoridade responsável pela aplicação da sanção, redundando em sua recapacitação para certames e contratações. Entretanto, devem ser cumpridos os seguintes requisitos: a) reparação integral do dano causado à Administração; b) pagamento da multa; c) transcurso do prazo mínimo de 1 ano da aplicação da sanção na hipótese de impedimento, ou de 3 anos, no caso de declaração de inidoneidade; d) provimento das condições previstas no ato punitivo; e) análise jurídica prévia, com opinamento conclusivo (art. 163). As situações mais graves (incisos VIII e XII do art. 155) demandam também a implantação ou aperfeiçoamento de *programa de integridade* (*compliance*).

Se houver atraso injustificado na execução do contrato, o contratado se sujeitará à aplicação da *multa de mora*, conforme previsto no edital ou no contrato. Aqui o fato gerador é o atraso em si do cumprimento da obrigação e tem por base o art. 394 do Código Civil. Mas pode a Administração convertê-la em *multa compensatória*, com base no art. 409 do mesmo Código, e que tem finalidade diversa, pois que pode referir-se à inexecução completa da obrigação ou simplesmente à mora. Nesse caso, a Administração poderá proceder à extinção unilateral do contrato, cumulando a multa com outras sanções previstas em lei (art. 162, §§ 1º e 2º).

2. IMPUGNAÇÕES, PEDIDOS DE ESCLARECIMENTO E RECURSOS

Foram previstos três instrumentos para uso pelos interessados no caso de inconformismo ou dúvida relativamente a algum ato da Administração: as *impugnações*, os *pedidos de esclarecimento* e os *recursos* (arts.164 a 168, Estatuto).

O *pedido de esclarecimento*, como bem informa a expressão, é a ferramenta que permite a qualquer cidadão formular requerimento para que seja dirimida dúvida sobre os termos de edital de licitação. O fato gerador desse mecanismo não é a irresignação, mas sim a *dúvida* quanto à compatibilização entre o edital e a legislação pertinente. O prazo de interposição de impugnação e de pedido de esclarecimento é de até 3 dias úteis antes da abertura do certame (art. 164).

A *impugnação* e o *recurso* têm o escopo de indicar alguma irregularidade que contamina os termos do edital ou de determinado ato administrativo. O pressuposto aqui é a *irresignação* do impugnante ou do recorrente, e sua intenção é a de obter a alteração do edital ou a revisão do ato. O que a lei denominou de *impugnação* reflete, na verdade, uma espécie de recurso, enquadrando-se na categoria da *representação*, em que a legitimidade é ampla e conferida a qualquer cidadão; por isso, estampa forma de controle social.[59] Já o recurso, assim genericamente denominado, impõe legitimidade restrita, usualmente do interessado direto na revisão do ato.

---

[59] JESSÉ TORRES PEREIRA JUNIOR, *Comentários*, cit., p. 438.

180 | MANUAL DE DIREITO ADMINISTRATIVO • *Carvalho Filho*

Em dispositivo separado, o Estatuto previu duas formas de inconformismo quanto aos atos da Administração, cujo prazo de interposição é de 3 dias úteis a partir da intimação do ato: o *recurso* e o *pedido de reconsideração* (art. 165, I e II). Ambos os instrumentos, na verdade, se enquadram na categoria dos recursos, visto que têm a finalidade de hostilizar e rever determinado ato. O *recurso* (*rectius: recurso hierárquico*, como consta no art. 165, II) é apreciado por autoridade superior à que praticou o ato, ao passo que o *pedido de reconsideração* é dirigido à mesma autoridade.

Cabe *recurso hierárquico* contra: a) ato que decide pedido de pré-qualificação ou de inscrição em registro cadastral; b) julgamento das propostas; c) ato de habilitação ou inabilitação; d) anulação ou revogação da licitação; e) extinção unilateral do contrato (art. 165, I, "a" a "e"). O *pedido de reconsideração* é residual, ou seja, é interposto quando não caiba o recurso hierárquico.

Nos casos "b" e "c" acima, o recurso será *bipartido*. Na primeira fase – *fase de intenção* – o interessado manifesta imediatamente sua intenção de recorrer, sob pena de preclusão. Na segunda – *fase de argumentação* – apresenta suas razões recursais (art. 165, § 1º). Na hipótese "a", o recurso é primeiramente dirigido à autoridade que praticou o ato impugnado (*juízo preliminar)*; caso não o reconsidere em até 3 dias úteis, enviará o recurso, com motivação, à autoridade superior, que decidirá em até 10 dias úteis (*juízo definitivo*).

Como atos administrativos que são, as *sanções* também conferem ao punido o direito de recorrer. Em se tratando de *advertência, multa* ou *impedimento de licitar e contratar*, cabe *recurso hierárquico* no prazo de 15 dias úteis contados da intimação, incidindo o já citado procedimento dividido nos juízos preliminar e definitivo, este último a ser finalizado em até 20 dias úteis (art. 166 e parágrafo único). Se a sanção for a de *declaração de inidoneidade*, o recurso cabível é o *pedido de reconsideração*, que deve ser decidido no mesmo prazo (art. 167).

Os recursos terão *efeito suspensivo* do ato ou da decisão recorrida, até que seja proferida a decisão final da autoridade competente (art. 168). Nesse caso, é dever do administrador não dar execução ao ato, ou seja, deve mantê-lo com sua eficácia paralisada.[60] Em que pese a referência da lei a *ato* ou *decisão*, parece oportuno registrar, para dirimir eventuais dúvidas, que a denominada *decisão*, como é óbvio, também se configura como *ato*, tendo apenas a particularidade de ter caráter decisório. Decisórios ou não decisórios, todos são atos administrativos. Os atos decisórios demandam assessoramento jurídico para subsidiar o órgão competente e evitar decisões estapafúrdias.

3. CONTROLE DAS CONTRATAÇÕES

Poucas áreas no direito público reclamam mais constantemente a função de controle do que a de contratos e licitações. O noticiário diuturno tem informado à sociedade os desvios, escândalos e locupletamentos ilícitos perpetrados por agentes e terceiros, numa cadeia infinita de crimes e infrações. Por conseguinte, o controle sempre desafiará aperfeiçoamento, dividindo-se em *controle preventivo*, exercido para evitar a ocorrência do fato irregular, e *controle repressivo*, quando já ocorreu a irregularidade ou a infração e a Administração precisa tomar as providências adequadas.

O Estatuto difundiu o controle sobre contratos e licitações por meio de escalonamento de órgãos e agentes, com a denominação de *linhas de defesa*: a primeira linha de defesa, composta de servidores e empregados públicos; a segunda, integrada pelas unidades de assessoramento jurídico e de controle interno; e a terceira, integrada pelo órgão central de controle interno e pelo tribunal de contas (art. 169, *caput*, I a III).

---

[60] FLÁVIO AMARAL GARCIA, *Licitações*, cit., p. 276.

Conforme averba a doutrina, o controle estampa uma atividade complexa e delicada no processo de contratos e licitações. Assim, deve ser exercido não somente pela primeira linha de agentes, ou seja, aqueles mais próximos à atividade administrativa, mas também a outras instâncias dotadas de maior independência para proceder à avaliação dos atos e dos agentes envolvidos no processo.[61]

Houve alguma dúvida quanto à atribuição das unidades de assessoramento jurídico no controle de segunda linha (art. 169, II, Estatuto). Não nos parece, porém, que possa haver óbice jurídico para tanto. A função de assessoramento é ampla e envolve, além da atividade de consultoria em geral, a de verificação de atos do órgão a que pertence, e nesse aspecto situa-se a possibilidade de controle interorgânico.[62]

Esses órgãos de controle, no caso de ocorrência de mera *irregularidade formal,* devem diligenciar no sentido do adequado *saneamento* e *mitigação de riscos* quanto a novas ocorrências. Se a irregularidade provocar *dano à Administração,* deve o órgão controlador apurar a infração e individualizar as condutas, remetendo, ainda, cópia dos documentos ao Ministério Público para investigação sobre outros ilícitos (art. 169, § 3º, I e II).

O *controle preventivo* permite que os órgãos formulem consulta a órgãos internos e externos de controle sobre a adequação de atos ao Estatuto (art. 170). A *fiscalização* impõe a adoção de critérios de oportunidade, materialidade, relevância e risco, sempre consideradas as razões invocadas pelo órgão responsável. Documentos impertinentes ou protelatórios devem ser descartados. Qualquer pessoa física ou jurídica, licitante ou contratado, tem o *direito de representação* aos órgãos de controle ou tribunais de contas informando sobre a existência de irregularidade (art. 170, § 4º).

O legislador disciplinou a questão relativa à *suspensão cautelar* da licitação, matéria que tem sempre gerado alguma polêmica. Ao suspender o processo, o tribunal de contas, no prazo de 25 dias úteis, deve apreciar definitivamente o mérito da irregularidade denunciada, definindo as causas da ordem suspensiva e o modo de assegurar o interesse público prejudicado pela suspensão (art. 171, § 1º). A decisão deve definir as providências adequadas para, conforme o caso, o saneamento do processo ou a sua anulação.

Cabe ao órgão responsável, em 10 dias úteis, prestar todas as informações cabíveis, inclusive informando as medidas para cumprimento da suspensão, além de providenciar a apuração de responsabilidade (art. 171, § 2º). Caso haja omissão, o próprio omisso será responsabilizado e obrigado a reparar o prejuízo ao erário.

XXIV. Crimes

No que tange aos crimes cometidos na área de licitações e contratos, o Estatuto vigente adotou estratégia legislativa diversa da que ocorria na lei anterior – a Lei nº 8.666. Esta incluía, em seu bojo, a tipificação dos crimes,[63] mas a lei atual alterou o Código Penal para o fim de inserir os crimes relativos à matéria. Assim, o art. 178 do Estatuto incluiu, no Título XI da Parte Especial do Código Penal, o Capítulo II-B, com o título "Dos Crimes em Licitações e Contratos Administrativos", constituído dos arts. 337-E a 337-P. Desse modo, o estudo de crimes na matéria é assunto de Direito Penal.

---

[61] RAFAEL AMORIM DE AMORIM, Comentários à Lei de Licitações e Contratos Administrativos, Forum, v. 2, 2022, p. 564.

[62] LEANDRO SARAI e THYAGO DE PIERI BERTOLDI, RDA 283, n. 2, 2024, pp. 225/252.

[63] Arts. 89 a 98.

182 | MANUAL DE DIREITO ADMINISTRATIVO • *Carvalho Filho*

À guisa de dado complementar aos estudiosos, vale a pena, ainda que resumidamente, informar esses crimes:

a) Contratação direta ilegal (art. 337-E; pena: reclusão de 4 a 8 ano, e multa);

b) Frustração do caráter competitivo da licitação (art. 337-F; pena: reclusão de 4 a 8 anos, e multa);

c) Patrocínio de contratação indevida (art. 337-G: patrocínio de interesse privado dando causa à invalidação do certame; pena: reclusão de 6 meses a 3 anos, e multa);

d) Modificação ou pagamento irregular em contrato administrativo (art. 337-H: dar causa a vantagem para o contratado, inclusive prorrogação contratual, sem amparo na lei ou em ato administrativo, bem como pagar fatura com preterição da ordem cronológica; pena: reclusão de 4 a 8 anos, e multa);

e) Perturbação de processo licitatório (art. 337-I: impedir, perturbar ou fraudar ato de licitação; pena: detenção de 6 meses a 3 anos, e multa);

f) Violação de sigilo em licitação (art. 337-J: devassar sigilo da proposta ou permitir a violação; pena: detenção de 2 a 3 anos, e multa);

g) Afastamento de licitante (art. 337-K: afastar ou tentar por meio de violência, grave ameaça ou oferta de vantagem de qualquer tipo; pena: reclusão de 3 a 5 anos, e multa, além da pena da violência);

h) Fraude em licitação ou contrato (art. 337-L; pena: reclusão de 4 a 8 anos, e multa);

i) Contratação inidônea (art. 337-M: admitir em licitação quem seja declarado inidôneo; pena: reclusão de 1 a 3 anos, e multa) (obs.: celebrar contrato com empresa inidônea, ou esta com a Administração – pena: reclusão de 3 a 6 anos, e multa; se a empresa participa da licitação – pena: reclusão de 1 a 3 anos, e multa; vide art. 337-M, §§ 1º e 2º);

j) Impedimento indevido (art. 337-N: obstar ou impedir inscrição em registro cadastral, ou alterar, suspender ou cancelar o registro; pena: reclusão de 6 meses a 2 anos, e multa);

k) Omissão grave de dado ou de informação por projetista (art. 337-O: omitir, modificar ou entregar à Administração levantamento cadastral ou outros dados em relevante dissonância com a realidade, frustrando o caráter competitivo da licitação; pena: reclusão de 6 meses a 3 anos, e multa);

Conquanto se trate de matéria de Direito Penal, parece oportuno tecer breves considerações sobre esse sistema punitivo.

Primeiramente, quanto à *natureza* dos delitos, a relação comporta a existência de crimes *comissivos*, aqueles cometidos por ação positiva, e *omissivos*, decorrentes de conduta omissiva (ou negativa) do autor. O crime de fraude na licitação (art. 337-L, Cód. Penal) é claramente comissivo, ao passo que a omissão de dados à Administração traduz crime omissivo (art. 337-O, Cód. Penal).

Quanto ao *elemento subjetivo*, a disciplina normativa é omissa a respeito de eventual conduta culposa. Sendo assim, os crimes acima somente são praticados a título de *dolo*, ou seja, mediante o ânimo deliberado de sua prática e a previsão do resultado. Os tipos culposos constituem exceção e, por isso, sua configuração depende de expressa manifestação legal, como emana do art. 18, II, parágrafo único, do Código Penal.[64]

---

[64] ALBERTO SILVA FRANCO e RUI STOCCO, *Código Penal e sua interpretação*, RT, 8. ed., 2007, p. 169.

O *sujeito passivo* é sempre a Administração Pública, titular que é do direito à observância dos princípios da legalidade e moralidade nos contratos e nas licitações. O *sujeito ativo* pode ser agente público ou terceiro, mas há alguns crimes que só comportam ser cometidos pelo primeiro (*crimes próprios*).

Sob a égide da lei anterior, os dispositivos contidos na Lei nº 8.666, por terem o caráter de lei especial, revogaram os dispositivos do Código Penal em que eventualmente pudesse a conduta ser enquadrada.[65] Com a transferência dos crimes para o Código Penal, o problema desaparece, sendo tratado apenas nesse Código e à luz do direito intertemporal.

Uma última observação parece oportuna quanto à matéria em foco. Relaciona-se ao *princípio da insignificância* (ou da *bagatela*), segundo o qual, apesar de haver subsunção da conduta ao tipo (*tipicidade formal*), inexiste real lesividade social (*tipicidade material*), o que afastaria a punibilidade. Há forte jurisprudência nessa direção. Mas há que se considerar o valor do bem jurídico concretamente, a lesão ao bem e a lesão a valores imateriais de valor social.[66]

Ocorre que, tendo em vista a posição da Administração, consolidou-se, à luz da legislação precedente, o entendimento de ser inaplicável o referido princípio nos crimes cometidos em contratos e licitações.[67] Tal entendimento, a nosso ver, remanesce diante das atuais modificações, haja vista que o elemento suscetível de proteção permanece o mesmo – a Administração Pública.

XXV. Portal Nacional de Contratações Públicas (PNCP)

O legislador, sensível às distorções existentes no sistema de contratos e licitações, principalmente em função do regime federativo, em que as unidades nem sempre buscam a cooperação mútua – o que é um retrocesso –, entendeu conveniente criar um *sítio eletrônico* destinado à divulgação de atos relativos à matéria e à realização facultativa de contratações por todos os entes da federação (art. 174). A esse sítio a lei denominou de *Portal Nacional de Contratações Públicas* (PNCP), gerido por representantes da União, dos Estados e do Distrito Federal e Municípios.

No Portal, haverá informações sobre planos de contratação, catálogos eletrônicos, editais em geral e avisos de contratação direta, atas de registro de preços, contratos e termos aditivos e notas fiscais eletrônicas, quando for a hipótese. Além disso, poderá oferecer sistema unificado de registro, painel para consulta de preços, sistema de gestão compartilhada e outras informações aos interessados. Nada impede que os demais entes federativos instituam sítio eletrônico próprio para a divulgação complementar (art. 175).

A lei prevê, ainda, que os Municípios com até 20.000 habitantes terão o prazo de 6 anos, a partir da lei, para realizar licitação por meio eletrônico, cumprir as regras de divulgação em sítio eletrônico oficial e organizar seus quadros com agentes e órgãos responsáveis pelo processo licitatório (art. 8º, Estatuto), observando, inclusive, os impedimentos fixados (art. 7º). Enquanto isso não ocorre, deve publicar as informações em diário oficial e dar acesso à versão física dos documentos em suas repartições, vedando-se cobrança de taxa.

XXVI. Microempresas e Empresas de Pequeno Porte

De acordo com a Constituição, constitui princípio da ordem econômica e financeira o *tratamento favorecido* a *microempresas* e *empresas de pequeno porte* (art. 170, IX). Seguindo tal princípio, a Carta ordenou que os entes federativos lhes dispensassem *tratamento jurídico*

---

[65]   ANDRÉ GUILHERME TAVARES DE FREITAS, *Crimes na lei de licitações*, Lumen Juris, 2007, p. 26.

[66]   GUILHERME DE SOUZA NUCCI, *Manual de direito penal*, RT, 7. ed., 2011, p. 231.

[67]   Súmula 599, STJ (2017).

184 | MANUAL DE DIREITO ADMINISTRATIVO • *Carvalho Filho*

diferenciado, mediante a simplificação, redução ou eliminação, conforme o caso, de suas obrigações administrativas, tributárias, previdenciárias e creditícias (art. 179). Foi, assim, valorizado o papel dessas empresas, de grande relevância para o setor econômico.[68]

Com fundamento desses parâmetros constitucionais, foi editada a Lei Complementar nº 123, de 14.12.2006, que instituiu o Estatuto Nacional da Microempresa e da Empresa de Pequeno Porte, com regras específicas sobre a matéria. Na disciplina, foram introduzidas normas especiais, que passaram a prevalecer sobre a lei geral, no caso, o Estatuto dos Contratos e Licitações (Lei nº 14.133/2021). Dentro do campo específico, trata-se de *normas gerais* editadas pela União (art. 22, XXVII, CF), cabendo às demais unidades federativas a edição para *normas específicas complementares*. Contudo, enquanto estas não editarem suas leis, aplicar-se-á a legislação federal.

O referido diploma determinou que todos os entes públicos da Administração, incluindo autarquias e fundações públicas, oferecessem, nas contratações públicas, tratamento diferenciado àquelas empresas, para promover-lhes o desenvolvimento econômico e social nos planos regional e local, bem como estimular o processo de inovação tecnológica, mediante a implementação de políticas públicas mais eficientes para o setor.

O tratamento diferenciado nos *contratos* deve ser implementado de três formas. Primeiramente, cumpre instaurar processo licitatório para *competição apenas* entre microempresas e empresas de pequeno porte, embora limitado o valor do contrato a R$ 80.000,00 (art. 48, I, da LC nº 123/2006). Em segundo lugar, cabe estabelecer, nas licitações para aquisição de bens de natureza divisível, *cota* de até 25% do objeto para a contratação dessas empresas. Por último, poderá a Administração, para obras e serviços, exigir dos licitantes a *subcontratação* das mesmas empresas.

Em algumas situações tais normas não são aplicáveis. São elas: a) quando não houver mais de três microempresas ou empresas de pequeno porte no local ou na região, capazes de atender às exigências do edital; b) quando as regras de preferência não implicarem vantagem para a Administração ou acarretarem prejuízo em relação ao objeto licitado; c) quando for o caso de dispensa ou inexigibilidade de licitação, ressalvados os incisos I e II do art. 75 do Estatuto (dispensa por valor), quando então a compra deverá ser feita preferencialmente dessas empresas favorecidas (art. 49, II a IV, LC nº 123).

XXVII. Convênios Administrativos

Consideram-se convênios administrativos (ou convênios de cooperação) os ajustes firmados por pessoas administrativas entre si, ou entre estas e entidades particulares, com vistas a ser alcançado determinado objetivo de interesse público.

Como bem registra a clássica lição de HELY LOPES MEIRELLES,[69] convênio e contrato não se confundem, embora tenham em comum a existência de vínculo jurídico fundado na manifestação de vontade dos participantes. A rigor, pode admitir-se que ambos os ajustes se enquadram na categoria dos contratos *lato sensu*, vez que neles estão presentes os elementos essenciais dos negócios consensuais. Para a distinção entre eles, contudo, os contratos serão considerados *stricto sensu*, vale dizer, como uma das espécies da categoria genérica dos contratos.

No contrato, os interesses são opostos e diversos; no convênio, são paralelos e comuns. Nesse tipo de negócio jurídico, o elemento fundamental é a *cooperação*, e não o lucro, que é o almejado pelas partes no contrato. De fato, num contrato de obra, o interesse da Administração é a realização da obra, e o do particular, o recebimento do preço. Num convênio de assistência

---

[68] CELSO RIBEIRO BASTOS, *Comentários*, cit., v. 7, p.187/8.
[69] Ob. cit., p. 354.

Cap. 5 · CONTRATOS ADMINISTRATIVOS | 185

a menores, porém, esse objetivo tanto é do interesse da Administração como também do particular. Por isso, pode-se dizer que as vontades não se compõem, mas se adicionam.[70]

Outro aspecto distintivo reside nos polos da relação jurídica. Nos contratos, são apenas dois os polos, ainda que num destes haja mais de um pactuante. Nos convênios, ao revés, podem ser vários os polos, havendo um inter-relacionamento múltiplo, de modo que cada participante tem, na verdade, relação jurídica com cada um dos integrantes dos demais polos.

Os convênios não se formam com personalidade jurídica autônoma e representam, na verdade, o vínculo que aproxima várias entidades com personalidade própria.[71] O vínculo jurídico nessa modalidade de ajuste não tem a rigidez própria das relações contratuais. Como regra, cada pactuante pode denunciar o convênio, retirando-se livremente do pacto, de modo que, se só há dois partícipes, extingue-se o ajuste. Se vários são os partícipes, todos podem decidir-se, também livremente, pela extinção. Nesse caso, se um deles resolve abandonar a cooperação, o convênio pode prosseguir entre os remanescentes.

Como esse tipo de ajuste está fundado no propósito de cooperação mútua entre os pactuantes, tem sido admitida a participação, como pactuantes, de *órgãos públicos* despidos de personalidade jurídica. Nesse caso, podem surgir duas situações distintas. Uma delas é aquela em que o órgão ajusta com pessoas jurídicas diversas: aqui se subentende que o órgão está representando a pessoa a que pertence. Exemplo: em convênio entre a Secretaria de Educação de Município (órgão público) e uma fundação privada, considera-se que o órgão representa o Município no ajuste. Outra situação é a dos *convênios interorgânicos*, ou seja, convênios firmados por *órgãos públicos* integrantes do mesmo ente público. Exemplo: convênio entre a Secretaria de Segurança Pública e a Assembleia Legislativa, ambos órgãos do mesmo Estado. Em tal ajuste, o que ressalta é apenas o compromisso dos órgãos pactuantes na perseguição das metas a que se propuseram, e, por isso, não se opõe, como regra, qualquer óbice jurídico à celebração do negócio. Com efeito, há três razões para sua legitimação: (1ª) os direitos e obrigações estão direcionados a um objetivo de interesse comum dos pactuantes; (2ª) o convênio apenas formaliza a execução de metas internas da Administração; (3ª) o pactuante, como visto, tem o direito de retirar-se do ajuste (*denúncia do convênio*), sem suportar qualquer efeito de maior relevância. Impera, portanto, nesse aspecto, o *princípio do informalismo*, não sendo exigível o pressuposto da personalidade jurídica, como, ao revés, sucede nos contratos.

A celebração de convênios, por sua natureza, independe de licitação prévia como regra. É verdade que a Lei nº 8.666/1993 estabelece, no art. 116, que é ela aplicável a convênios e outros acordos congêneres. Faz, entretanto, a ressalva de que a aplicação ocorre *no que couber*. Como é lógico, raramente será possível a competitividade que marca o processo licitatório, porque os pactuantes já estão previamente ajustados para o fim comum a que se propõem. Por outro lado, no verdadeiro convênio inexiste perseguição de lucro, e os recursos financeiros empregados servem para cobertura dos custos necessários à operacionalização do acordo. Sendo assim, inviável e incoerente realizar licitação.[72]

---

[70]   DIOGO DE FIGUEIREDO MOREIRA NETO (ob. cit., p. 148). O autor desenvolve o tema à luz da teoria do *ato complexo*, originada do Direito alemão talvez por criação de Otto Gierke, como espécie do gênero *atos bilaterais*.

[71]   DIOGO DE FIGUEIREDO admite que o convênio se transfigure em novo ente (ob. e loc. cit.). Entendemos melhor, contudo, a doutrina de HELY LOPES MEIRELLES, para quem os convênios refletem mera aquiescência de pessoas, estas sim autônomas (ob. cit., p. 355).

[72]   Em abono dessa orientação, decidiu corretamente o STF no Inq. 1.957-PR, Rel. Min. CARLOS VELLOSO, em 11.5.2005 (vide *Informativo STF* nº 387, maio 2005).

186 | MANUAL DE DIREITO ADMINISTRATIVO • Carvalho Filho

Também desnecessária se nos afigura autorização legislativa.[73] Quanto à sua formalização, são eles normalmente consubstanciados através de *"termos"*, *"termos de cooperação"*, ou mesmo com a própria denominação de *"convênio"*. Mais importante que o rótulo, porém, é o seu conteúdo, caracterizado pelo intuito dos pactuantes de *recíproca cooperação*, em ordem a ser alcançado determinado fim de seu interesse comum. Tendo a participação de entidade administrativa, é fácil concluir que esse objetivo sempre servirá, próxima ou mais remotamente, ao interesse coletivo.

Cabe observar, todavia, que alguns atos internos de entes federativos fazem distinção entre *convênios e termos de cooperação*.[74] Cuida-se, porém, eminentemente de opção administrativa interna, sem qualquer lei que ampare semelhante diferença. Ambos os ajustes têm, ontologicamente, o mesmo alvitre cooperativo, razão por que a distinção mais confunde que elucida. Noutro giro, há quem sustente serem diversos o convênio de cooperação e o convênio, sendo aquele o acordo entre entidades federativas, e este o ajuste firmado entre o Poder Público e pessoas privadas.[75] Da mesma forma, o sistema normativo vigente, em nosso entender, não autoriza essa distinção, nada impedindo que ambos os ajustes sejam nominados simplesmente de *convênio*.

A Constituição vigente não se refere expressamente aos convênios no conjunto de regras que tratam da partilha de competências, mas deixa implícita a possibilidade de serem ajustados. Com efeito, dispõe o art. 23, parágrafo único, com a redação da EC nº 53/2006, que *"leis complementares fixarão normas para a cooperação entre a União e os Estados, o Distrito Federal e os Municípios, tendo em vista o equilíbrio do desenvolvimento e do bem-estar em âmbito nacional"*.[76] Por outro lado, deve ser destacado que, além dessa previsão, não há qualquer vedação constitucional para tais ajustes; ao contrário, o sistema adotado conduz normalmente a esse desiderato, emanando de várias de suas disposições o sentido de se volverem as entidades federativas a objetivos comuns. A despeito dessa admissibilidade implícita, a vigente Constituição passou a prever, no art. 241, com redação dada pela EC nº 19/1998, que a União, os Estados, o Distrito Federal e os Municípios deverão instituir, através de lei, disciplina de consórcios públicos e convênios de cooperação a serem celebrados entre si, com vistas à gestão associada de serviços públicos e à transferência de serviços, pessoal, encargos e bens necessários à regular continuidade dos serviços transferidos.

O dispositivo constitucional teve claro intuito, qual seja o de prever atividades de cooperação entre as pessoas políticas. Não obstante, é importante distinguir dois aspectos. O art. 241, com sua nova redação, prevê a edição de lei reguladora dos convênios e consórcios com vistas à transferência de serviços (na verdade, deverá haver leis reguladoras a serem editadas pelas diversas pessoas federativas). Tais leis, contudo, apresentarão caráter genérico no que toca a esse objetivo específico. Mas, independentemente do dispositivo, nada impede que convênios para fins diversos, embora também cooperativos, sejam celebrados entre as entidades políticas sem que haja necessariamente lei autorizadora, eis que essa atuação se caracteriza como normal atividade administrativa. Além disso, como já enfatizado, inexiste vedação para tal fim.

---

[73] Em contrário, HELY LOPES MEIRELLES, que, todavia, reconhece que o STF (*RTJ* 115/597) tem considerado inconstitucional a norma que exige autorização legislativa por intromissão indevida na competência do Executivo (ob. cit., p. 355).

[74] Advirta-se que é muito variável o tratamento da matéria, pois que, em razão da autonomia federativa, tais definições normalmente resultam de decretos do Chefe do Executivo da unidade federada interessada.

[75] É a opinião de ERICO FERRARI NOGUEIRA no trabalho *Convênio administrativo: espécie de contrato?* (*RDA* 258, ano 2011, p. 81-110).

[76] A norma, embora de princípio programático, espelha um postulado do federalismo cooperativo, e, como bem ressalta CRETELLA JUNIOR, "longe de circunscrever-se ao âmbito local, interessa a todo o país, concretizando-se em normas de cooperação federais" (*Comentários à Constituição de 1988*, v. IV, p. 1.771).

Dada a semelhança entre os institutos, a Lei n° 14.026, de 15.7.2020, incluiu na Lei n° 11.107/2005 o § 4° no art. 1°, pelo qual devem ser aplicadas, aos convênios de cooperação, no que couber, as disposições da lei relativas aos consórcios públicos. Mas não será inviável que o ente federativo, em virtude de sua autonomia, institua normas específicas para reger os seus próprios convênios, já que se trata de matéria eminentemente administrativa.

Há autores que se referem ainda aos clássicos *consórcios administrativos*, distinguindo-se dos convênios pelo fato de serem aqueles ajustados sempre entre entidades estatais, autárquicas e paraestatais da mesma espécie, ao passo que estes o seriam entre pessoas de espécies diferentes.[77]

Com a vênia devida aos que assim pensam, parece-nos inócua a demarcação distintiva, porquanto em ambos os ajustes são idênticos os contornos jurídicos, o conteúdo e os efeitos. E a prática administrativa tem demonstrado, não raras vezes, que pessoas da mesma espécie (por exemplo, Municípios de determinada região) têm buscado objetivos comuns através da celebração de *convênios*.

Pensamos, pois, que o termo *convênio* atualmente é o adequado para os regimes de cooperação entre pessoas, só cabendo distingui-los, como se fez acima, da figura tradicional dos contratos. Por tal motivo, o fator que deve remarcar essa modalidade de ajustes, repetimos, é o intuito cooperativo dos participantes, sendo, pois, irrelevante distinguir a natureza jurídica destes.

Por outro lado, releva consignar que nossa referência foi aos consórcios administrativos tradicionais, nos quais o vínculo cooperativo material e formal é idêntico ao dos convênios. Não aludimos, pois, aos *consórcios públicos*, instrumentos mais recentes, instituídos como pessoas jurídicas e previstos no art. 241 da CF, com regulamentação da Lei n° 11.107/2005, os quais serão logo adiante examinados.

Ressalte-se, ainda, por amor à precisão, que não devem confundir-se a lei referida no art. 23, parágrafo único, da CF, e a mencionada no art. 241 da Carta (com a redação dada pela EC n° 19/1998). Além do aspecto formal (aquela é lei complementar, ao passo que esta é lei ordinária), releva notar a diferença também quanto ao conteúdo. A lei complementar fixará normas de cooperação entre as pessoas federativas para assegurar o equilíbrio do desenvolvimento e do bem-estar em âmbito nacional; há, portanto, intensa generalidade na norma quanto ao objeto pretendido. A lei ordinária, contudo, tem objetivo específico, qual seja, o de regular os convênios (e os "consórcios") cooperativos para a gestão associada dos serviços públicos e para a transferência dos elementos do serviço sem perda da continuidade. Em comum têm elas o fato de que a instrumentalização desses objetivos poderá dar-se através de negócios de parceria – os convênios administrativos de cooperação.

Por fim, vale a pena assinalar que a EC n° 19/1998, incluindo o § 8° no art. 37 da CF, previu a celebração dos chamados "contratos de gestão" para melhor desempenho da atividade administrativa, os quais, como veremos no momento próprio, mais se enquadram como convênios do que como típicos contratos, já que neles o ponto nuclear é realmente a parceria. Vide Capítulo 7, tópico IX, item 3.3.2.

XXVIII. Consórcios Públicos

Foi a Lei n° 11.107, de 6.4.2005, que, com suporte no art. 241 da CF, passou a dispor sobre normas gerais de contratação de *consórcios públicos*, destinadas à União, aos Estados, ao Distrito Federal e aos Municípios, visando à realização de objetivos de interesse comum desses entes estatais e promovendo a gestão associada a que alude o citado mandamento

---

[77] HELY LOPES MEIRELLES, ob. cit., p. 356.

188 | MANUAL DE DIREITO ADMINISTRATIVO • *Carvalho Filho*

constitucional. A lei federal tem o escopo de regular, de forma geral, a formação do pacto cooperativo (*lei nacional*); a competência legislativa, pois, é da União Federal.[78] Tal lei, contudo, não exclui as leis dos demais entes federativos no que tange à decisão sobre a conveniência, ou não, da participação no consórcio; essa competência deriva da autonomia que a Constituição lhes garante.[79]

Como registramos anteriormente, *os consórcios*, tradicionalmente, nada mais eram do que *convênios*, instrumento em que pessoas públicas ou privadas ajustam direitos e obrigações com o objetivo de alcançar metas de interesse recíproco. Em outras palavras, sempre foram negócios jurídicos pelos quais se pode expressar a vontade de cooperação mútua dos pactuantes. A diferença apontada entre ambos, como vimos, era despida de fundamentação normativa. A disciplina da Lei nº 11.107/2005, entretanto, demonstra que os consórcios públicos passaram a espelhar nova modalidade de negócio jurídico de direito público, com espectro mais amplo do que os convênios administrativos, muito embora se possa considerá-los como espécie destes. Daí a necessidade de tecer breves comentários sobre o novo instituto.

Ao exame do delineamento jurídico dos consórcios públicos, pode afirmar-se que sua *natureza jurídica* é a de *negócio jurídico plurilateral de direito público* com o conteúdo de *cooperação mútua entre os pactuantes*.[80] Em sentido lato, poder-se-á considerar *contrato multilateral*.[81] Constitui negócio jurídico, porque as partes manifestam suas vontades com vistas a objetivos de natureza comum que pretendem alcançar. É plurilateral, porque semelhante instrumento admite a presença de vários pactuantes na relação jurídica, sem o regime de contraposição existente nos contratos; por isso, alguns o denominam de *ato complexo*. É de direito público, tendo em vista que as normas regentes se dirigem especificamente para os entes públicos que integram esse tipo de ajuste. Retratam cooperação mútua, numa demonstração de que os interesses não são antagônicos, como nos contratos, e sim paralelos, refletindo interesses comuns.

Em consequência, a despeito de a lei referir-se, na ementa, a "*contratação de consórcios públicos*" e consignar, no art. 3º, que o consórcio se constituirá por *contrato*, os entes públicos participantes do ajuste estão voltados para finalidades de interesse comum de todos e, desse modo, situam-se lado a lado na relação jurídica. Embora tenham direitos e obrigações, não estão em posições opostas, conforme se verifica nos verdadeiros contratos, mas sim em posições colaterais, em que todos buscam atingir objetivos comuns. Semelhante negócio jurídico, por conseguinte, melhor se enquadra na categoria dos *convênios*, tendo como especificidade o fato de se apresentar com a forma de pessoa jurídica, o que não acontece com os convênios *stricto sensu*. À guisa de exemplo, se uma pessoa pública ajusta a prestação de um serviço de vigilância, por exemplo, celebra efetivo contrato, mas, no caso de associar-se a outra pessoa pública para alcançar objetivos próprios (*v. g.*, o abastecimento de água), celebrará convênio, ou no caso em foco, consórcio público, modalidade daquele, em que também está presente o caráter associativo dos pactuantes.

O *objeto* dos consórcios públicos, como já assinalado, se concentra na realização de atividades e metas de interesse comum das pessoas federativas consorciadas (art. 1º). Cuida-se, em última instância, de profícuo instrumento do federalismo cooperativo, através do qual os entes estatais, sem embargo de não abrirem mão de sua ampla autonomia, preservada na Constituição, se associam a outras pessoas também estatais para alcançar metas que são importantes para

---

[78]   A referida lei foi regulamentada pelo Decreto federal nº 6.017, de 17.1.2007.

[79]   A correta conclusão é de ALICE GONZALEZ BORGES, que ainda observa que os termos do art. 241 da CF são imprecisos e podem levar à indevida interpretação de que todos os entes federativos têm competência para legislar sobre o tema (Consórcios públicos: nova sistemática e controle, *Revista do Tribunal de Contas da Bahia*, nº 1, nov. 2005, p. 188-189).

[80]   Nossa obra *Consórcios públicos*, Lumen Juris, 2009, p. 26.

[81]   MARCELO HARGER, *Consórcios públicos na Lei nº 11.107/05*, Fórum, 2007, p. 68.

Cap. 5 • CONTRATOS ADMINISTRATIVOS | 189

todos, sempre observados os parâmetros constitucionais. De fato, há determinados serviços públicos que, por sua natureza ou extensão territorial, demandam a presença de mais de uma pessoa pública para que sejam efetivamente executados. É para tal situação que servem os consórcios públicos. A ideia, sem dúvida, é digna de aplausos; caberá, porém, aos participantes do negócio implementá-lo à luz do efetivo interesse público, relegando a segundo plano interesses menores.

A *formalização* decorrente do ajuste apresenta peculiaridade: ajustadas as partes, devem elas constituir *pessoa jurídica*, sob a forma de *associação pública* ou *pessoa jurídica de direito privado*.[82] Semelhante *personalização* do negócio jurídico não é exigida nos convênios *stricto sensu*: nestes, os pactuantes se associam, mas não se institui pessoa jurídica, e os direitos e obrigações decorrem apenas do instrumento pelo qual se formalizarem.[83] Ou seja: quanto ao conteúdo, não há distinção, pois que em ambos os casos os participantes estão associados para fins comuns. Quanto à forma, no entanto, os consórcios públicos exigem a criação de pessoa jurídica, o mesmo não sucedendo com os convênios em sentido estrito e com os tradicionais consórcios administrativos (estes, como vimos, mera categoria dos convênios).[84] Por outro lado, também não se confundem com os consórcios de empresas previstos na lei das sociedades anônimas, já que estes são mecanismos de direito privado.[85]

Há dois *requisitos formais prévios* à formação do consórcio. Primeiramente, o ajuste somente poderá efetivar-se se houver prévia subscrição de *protocolo de intenções* (art. 3º). Esse acordo já representa a manifestação formal de vontade do ente estatal para participar do negócio público.[86] Em segundo lugar, tem-se que, firmado o protocolo, deverá este ser objeto de *ratificação por lei* (art. 5º); esta, porém, será dispensada se a entidade pública, ao momento do protocolo, já tiver editado lei disciplinadora de sua participação no consórcio.[87] Verifica-se, por via de consequência, que a participação da pessoa estatal no consórcio não pode ser decidida apenas pelo Poder Executivo: a lei demanda a participação também do Poder Legislativo, e o faz porque esse tipo de associação acarreta, em algumas situações, verdadeira representação do ente estatal pelo consórcio. Trata-se, pois, de ato de governo, e não de mero consentimento de administração.

A *organização e o funcionamento* dos consórcios, no entanto, serão regidos pela legislação reguladora das associações civis, prevalecendo, no caso de colisão, a disciplina da Lei nº 11.107/2005 (art. 15). A estrutura do consórcio e o funcionamento específico dos órgãos que o integram serão previstos no respectivo estatuto (art. 7º). Observe-se que são dois os diplomas reguladores: de um lado, o que regula as associações civis (basicamente o Código Civil), aplicável na relação jurídica decorrente do consórcio (disciplina externa); de outro, o que define a atuação dos órgãos internos e a organização da entidade (disciplina interna).

Em virtude de sua especificidade, gerando a associação de vários entes públicos, o consórcio público, *quando assumir a forma de associação pública*, caso em que terá *personalidade jurídica de direito público*, *integrará a Administração Indireta* das pessoas federativas consorciadas

---

[82] Art. 1º, § 1º.

[83] Nossa obra *Consórcios Públicos*, cit., p. 8.

[84] Destacando o costumeiro equívoco de "personalização" de convênios e consórcios administrativos, vide DAMIÃO ALVES DE AZEVEDO, no trabalho *A natureza jurídica das associações de municípios e dos consórcios intermunicipais* (RDA 238/2004, p. 375-384).

[85] É como observa FERNANDA MARINELA, *Direito administrativo*, JusPodivm, v. I, 2005, p. 371.

[86] O protocolo de intenções corresponde, na verdade, ao próprio conteúdo do ajuste. Por tal motivo, a lei reclama a inserção de várias *cláusulas necessárias* (art. 4º, I a XII), todas elas pressupostos de validade do negócio. Seu enunciado demonstra que tais cláusulas definem a atuação dos entes estatais e as formas de consecução de seus objetivos. A extensão da atuação também depende das pessoas federativas consorciadas; as normas que regulam a matéria estão no art. 4º, § 1º, do diploma em foco.

[87] Art. 6º, § 2º.

190 | MANUAL DE DIREITO ADMINISTRATIVO • *Carvalho Filho*

(art. 6º, § 1º).[88] *A contrario sensu,* caso se institua como pessoa jurídica de direito privado, estará fora da administração descentralizada, não sendo, assim, considerada pessoa administrativa.[89] Não obstante, trata-se da prestação de serviço público de forma descentralizada por pessoa jurídica formada exclusivamente por pessoas da federação e, desse modo, a entidade, pelo sistema vigente, não pode deixar de integrar a Administração Indireta. Pensamos, pois, que, seja de direito público ou de direito privado, a entidade representativa do consórcio público se incluirá na administração descentralizada dos entes federativos consorciados.[90]

No que concerne ao *regime jurídico,* tanto o consórcio público dotado de personalidade jurídica de direito público quanto o de direito privado devem observar as normas de direito público quanto à realização de licitação, à celebração de contratos, à prestação de contas e à admissão de pessoal, esta pelo regime trabalhista previsto na CLT.[91] Primitivamente, o regime celetista era imposto unicamente aos consórcios com personalidade de direito privado. Posteriormente, no entanto, o legislador incluiu também os consórcios com personalidade de direito público como sujeitos ao mesmo regime.[92] Infere-se, pois, que todos os consórcios públicos devem se submeter ao regime trabalhista previsto na CLT. É imperioso anotar, contudo, que o regime jurídico dos consórcios é marcado por certo hibridismo, já que a relação trabalhista, sem dúvida, aproxima-se do direito privado. Por outro lado, ao enumerar os campos sujeitos ao regime de direito público, o legislador admitiu implicitamente que para outros poderá incidir o regime de direito privado.

No que concerne *às associações públicas,* a Lei nº 11.107/2005, para assim qualificá-las, incumbiu-se de alterar o art. 41 do Código Civil, que enumera as pessoas jurídicas de direito público interno. No inciso IV, onde constava apenas *"autarquias",* passou a constar *"autarquias, inclusive as associações públicas".* Tal modificação, todavia, pode causar alguma dúvida no espírito do intérprete. O termo *autarquia* pode assumir dois sentidos: em sentido estrito, corresponde a uma determinada categoria de pessoa jurídica de direito público, integrante da administração indireta do Estado; em sentido lato, indica qualquer pessoa jurídica que tenha certa autonomia administrativa, financeira e operacional. Como constou da alteração, não é muito fácil concluir se as associações públicas se incluem na categoria de autarquia em sentido estrito, ou se são elas uma nova modalidade de pessoa jurídica que, como as autarquias, têm personalidade jurídica de direito público e autonomia administrativa e financeira. A primeira interpretação se nos afigura mais condizente com o texto: as associações públicas, assim como certas fundações, incluem-se no gênero *autarquia,* assim considerada como modalidade específica de pessoa jurídica de direito público.[93]

Há, porém, uma dificuldade criada na lei. De acordo com o art. 6º, I, a *aquisição* da personalidade jurídica da associação pública ocorrerá *"mediante a vigência das leis de ratificação do protocolo de intenções". Quid iuris,* contudo, se as leis tiverem data de vigência diversa? A lei

---

[88] Exemplo de associação pública autárquica era a Autoridade Pública Olímpica – APO, consórcio formado pela União, Estado e Município do Rio de Janeiro, para os Jogos Olímpicos de 2016 (Lei nº 12.396/2011, revogada pela Lei nº 13.474/2017).

[89] É a conclusão firmada por ODETE MEDAUAR e GUSTAVO JUSTINO DE OLIVEIRA, *Consórcios públicos,* RT, 2006, p. 78.

[90] Nossa obra *Consórcios públicos,* cit., p. 40. Também: DIÓGENES GASPARINI, *Direito administrativo,* cit., 11. ed., 2006, p. 345, e MARIA SYLVIA ZANELLA DI PIETRO, *Direito administrativo,* cit., 19. ed., 2006, p. 466.

[91] Art. 6º, § 2º, da Lei nº 11.107/2005.

[92] Lei nº 13.822, de 3.5.2019 (alterou o art. 6º, § 2º, da lei).

[93] No mesmo sentido: ALICE GONZALEZ BORGES, *Consórcios públicos:* nova sistemática e controle (*Revista dos Tribunais e Contas da Bahia,* nº 1, 2005, p. 192). *Contra:* MARIA SYLVIA ZANELLA DI PIETRO, para quem se trata de nova espécie de entidade da Adm. Indireta (*Direito administrativo,* cit., 19. ed., 2006, p. 466). Diversamente, consideramos tais associações como nova categoria *de autarquias.*

não aponta solução. Registra-se entendimento segundo o qual a personalidade jurídica surge em momentos diferentes para cada ente consorciado, e isso pelo fato de o consórcio integrar a administração indireta.[94] Sob outra visão, entende-se que a personalidade tem início mediante a vigência de *parcela* das leis de ratificação, desde que haja número suficiente para a caracterização de um consórcio.[95]

Consideramos, todavia, que a primeira solução não se compatibiliza com o sistema da unidade da personalização jurídica, ao passo que pela segunda teria que admitir-se a formação do consórcio sem a presença de todos os que firmaram o protocolo de intenções, o que, em nosso entender, contraria a ideia de associação de todos os entes interessados. O ideal seria que as leis de todos os consorciados tivessem sua vigência iniciada na mesma data, bastando que os interessados se organizassem para tanto. No caso de terem datas diversas, no entanto, a personalidade do consórcio só será adquirida com a vigência da última lei de ratificação do protocolo de intenções, visto que o suporte fático-jurídico da criação do consórcio é a vigência *das leis* de ratificação. Antes, somente teria existência e eficácia o protocolo de intenções.

A retirada do ente federativo do consórcio público pressupõe ato formal de seu representante na assembleia geral, em consonância com o disposto em lei (art. 11). A retirada ou a extinção do consórcio, contudo, não prejudica as obrigações previamente constituídas, inclusive os contratos; a extinção delas dependerá do pagamento das devidas indenizações (art. 11, § 2º, incluído pela Lei nº 14.026/2020).

A *extinção* do consórcio depende de instrumento aprovado pela assembleia geral, ratificado mediante *lei* por todos os entes consorciados. Já a *alteração* depende de idêntico instrumento, também aprovado pela assembleia geral, confirmado através de lei pela *maioria* dos entes consorciados (arts. 12 e 12-A da Lei nº 11.107, alterados pela Lei nº 14.662, de 24.8.2023). Anteriormente, a alteração também reclamava lei de *todos os consorciados*, mas, com a alteração, passou a ser exigida apenas a *maioria* deles.

O *efeito jurídico* natural decorrente da constituição de pessoa jurídica reside na possibilidade de consórcios públicos celebrarem qualquer tipo de *acordo com terceiros*, como contratos e convênios. São também suscetíveis da destinação de auxílios, subvenções e contribuições sociais e econômicas por parte de entidades dos setores público e privado. Havendo previsão no ajuste, podem *promover desapropriações e instituir servidões administrativas*, depois da declaração de utilidade pública ou interesse social firmada pela pessoa competente.[96] Podem ainda os consórcios ser *contratados sem licitação* pela própria pessoa da administração direta ou indireta, desde que seja esta participante do ajuste.[97] Apesar dessa limitação, parece-nos que nada impede que, em certas circunstâncias, possa o consórcio ser contratado por pessoa estatal ou paraestatal não integrante do ajuste, ou com esta firmar convênio, e isso porque: (1º) configura-se como pessoa jurídica; e (2º) não tem lógica nem é razoável a limitação, eis que desnecessária e desproporcional aos fins colimados pelo instituto.[98]

---

[94] É como pensa MARIA SYLVIA ZANELLA DI PIETRO, que, todavia, reconhece a impropriedade da solução (*Direito administrativo*, cit., 19. ed., 2006, p. 470).

[95] ODETE MEDAUAR e GUSTAVO JUSTINO DE OLIVEIRA, *Consórcios públicos*, Revista dos Tribunais, 2006, p. 75.

[96] É importante registrar que aos consórcios só foi conferido o poder de *efetivar* a desapropriação ou a servidão, seja por meio de acordo com o proprietário, seja por meio da competente ação de desapropriação. Nesse caso, o consórcio será a parte autora da ação e aquele a quem incumbe indenizar o proprietário.

[97] Os aludidos efeitos estão mencionados no art. 2º, § 1º, I a III, da Lei nº 11.107.

[98] Com pessoa não participante, porém, a contratação poderá exigir prévia licitação, conforme o caso; no caso de ente participante, no entanto, o certame será naturalmente dispensado, como averba a lei. Aliás, poderá haver dispensa de licitação até mesmo com pessoa não participante, tudo dependendo, é claro, do objeto da contratação. No caso, aplicar-se-á a respeito à Lei nº 8.666/1993.

192 | MANUAL DE DIREITO ADMINISTRATIVO • *Carvalho Filho*

A lei admite, ainda, que consórcios públicos *arrecadem tarifas e outros preços públicos* no caso de ser prestado algum serviço ou quando administrarem bens públicos cujo uso seja remunerado (art. 2º, § 2º). Se o bem público for administrado pelo próprio ente titular do domínio, a arrecadação da tarifa dependerá de autorização a ser conferida ao consórcio pela referida pessoa titular.

Outro poder jurídico conferido pela lei aos consórcios é o de poderem celebrar *contratos de concessão ou permissão de obras e serviços públicos*, desde que haja autorização em tal sentido no instrumento negocial e que esteja bem definido o objeto da delegação.[99] A norma autorizadora, portanto, propicia que os consórcios públicos figurem como *concedentes* ou *permitentes* de obras ou serviços públicos, substituindo os entes estatais – estes, logicamente, os normais titulares da atividade delegada e, portanto, caracterizados como delegantes. A lei refere-se à outorga de concessão, permissão ou *autorização* de obras e serviços públicos. Em nosso entender, houve evidente impropriedade técnica: serviços públicos, tecnicamente, podem ser objeto de concessão ou permissão, únicas referidas no art. 175 da CF, mas não de autorização. Desse modo, é de entender-se que os consórcios podem outorgar autorizações, mas seu instrumento será o ato administrativo, e não um contrato. Por outro lado, o objeto da autorização não se configura como serviço público, e sim como atividade de interesse eminentemente privado, como já examinamos ao estudar os atos administrativos de consentimento estatal.

Na disciplina dos consórcios se encontra, ainda, a previsão do que a lei denominou de *contrato de programa* (art. 13). Segundo o texto legal, referido contrato constitui *condição de validade* da constituição e regulação de obrigações que uma pessoa da federação assuma para com outro ente estatal ou para com consórcio público, com o objetivo de implementar gestão associada através da qual sejam prestados serviços públicos ou transferidos, total ou parcialmente, encargos, serviços, pessoal ou bens necessários à consecução dos serviços transferidos. Ainda aqui não parece haver *contrato* algum, na acepção técnica da expressão. Há, isto sim, prévia definição de obrigações que o ente, como integrante do consórcio, assume perante os demais pactuantes; obrigações, aliás, são perfeitamente cabíveis em todos os negócios jurídicos, inclusive nos convênios, e, dessa maneira, o que pretende a lei é que o ente participante não se aventure no consórcio, mas, ao revés, que dele participe *"para implementar, de forma programada, a gestão associada de serviços públicos"*.[100] Exatamente por isso é que a lei exigiu que, nesse tipo de instrumento, se atenda à legislação de concessões e permissões de serviços públicos e se contemplem procedimentos que assegurem transparência na gestão econômica e financeira de cada serviço no que toca a cada titular deste (art. 13, § 1º).[101]

O contrato de programa continua a vigorar ainda que seja extinto o consórcio público ou o convênio de cooperação pelos quais foi autorizada a gestão associada dos serviços públicos. Por outro lado, é vedado que nele se estabeleça cláusula que atribua à pessoa contratada determinadas atividades próprias do ente contratante, como as que se referem ao planejamento, regulação e fiscalização dos serviços por ela mesma prestados. A razão é óbvia: não podem fundir-se numa só pessoa as figuras do ente controlador e do ente controlado, pena de extinguir-se o próprio controle. Podem participar desse negócio jurídico não só os entes federativos como também os que pertencem à respectiva administração direta, sejam de direito público ou de direito privado.

---

[99] Art. 2º, § 3º.

[100] Como bem averba MARIA SYLVIA ZANELLA DI PIETRO, a expressão *contrato de programa* era empregada como ajuste ligado aos contratos de gestão previstos no art. 37, § 8º, da CF. Com a Lei nº 11.107, passou a ter o significado também de *convênio* entre entidades públicas (*Direito administrativo*, cit., 19. ed., 2006, p. 472).

[101] Na opinião de MARIA SYLVIA ZANELLA DI PIETRO, o art. 13, § 1º, é incompreensível porque um ente federativo não poderia ser concessionário de outro (*Direito administrativo*, cit., 19. ed., 2006, p. 474). Esse fato é verdadeiro, mas, segundo pensamos, o dispositivo refere-se à relação entre o consórcio como prestador do serviço e os usuários, e não entre os figurantes em si do consórcio.

Os contratos de prestação de serviços públicos de saneamento básico terão que observar o art. 175 da CF, sendo vedada a formalização de novos contratos de programa com essa finalidade (art. 13, § 8º, incluído pela Lei nº 14.026/2020).

A lei autorizou a União a celebrar convênios com os consórcios públicos, alvitrando viabilizar a descentralização e a execução de políticas públicas em escalas adequadas (art. 14). Para dirimir eventuais dúvidas, o legislador estabeleceu que as exigências legais de regularidade aplicam-se ao próprio consórcio pactuante, e não aos entes federativos que o integram.[102]

A Lei nº 11.107/2005 alterou a Lei nº 8.429/1992, que regula os casos de *improbidade administrativa*, introduzindo os incisos XIV e XV no art. 10 deste último diploma. Consequentemente, passaram a configurar improbidade administrativa: (a) a celebração de qualquer ajuste para gestão associada sem a observância das formalidades previstas na Lei nº 11.107; (b) a celebração de contrato de rateio de consórcio sem prévia e suficiente dotação orçamentária ou sem a observância das exigências impostas na lei.

Na disciplina jurídica, foi instituída a figura do *contrato de rateio* (art. 8º) – na verdade também negócio jurídico plurilateral de direito público – que se constitui como pressuposto para que os entes consorciados transfiram recursos ao consórcio público, sempre com observância das normas previstas na LC nº 101/2000, que dispõe sobre a responsabilidade pela gestão fiscal. O prazo de vigência deve ser o mesmo do exercício financeiro, o que leva à obrigação de ser periodicamente renovado. A exceção corre por conta de programas previstos em plano plurianual. Se o consorciado não consignar em seu orçamento as dotações suficientes para as despesas assumidas no ajuste, será previamente suspenso e, depois, excluído do consórcio.

Sujeita-se o consórcio à fiscalização contábil, operacional e patrimonial pelo Tribunal de Contas "*competente para apreciar as contas do Chefe do Poder Executivo representante legal do consórcio*" (art. 9º, parágrafo único). A norma, que parece apontar um só Tribunal de Contas controlador, tem que ser interpretada em harmonia com a Constituição, sob pena de revelar-se inconstitucional. Se o consórcio implica a transferência de recursos por parte dos entes consorciados, não pode a lei retirar dos órgãos de contas das demais pessoas federativas o poder de controle outorgado pela Lei Maior (é o caso, *v. g.*, de vários Estados em consórcio público), até porque, como visto, o consórcio integra a Administração Indireta.[103] Deve entender-se, pois, que o texto legal citou um só Tribunal de Contas de modo *exemplificativo*, com o que não afastou os demais de sua missão constitucional (art. 71, CF).

Por fim, a lei instituiu algumas normas alteradoras da Lei nº 8.666/1993 no que concerne às *licitações* realizadas por consórcios públicos (art. 17). Tendo em vista, porém, a natureza da matéria, teceremos os devidos comentários no capítulo próprio.[104]

XXIX. Súmulas

SUPERIOR TRIBUNAL DE JUSTIÇA

Súmula 599: *O princípio da insignificância é inaplicável aos crimes contra a Administração Pública* (2017).

Súmula 646: *O crime de fraude à licitação é formal, e sua consumação prescinde da comprovação do prejuízo ou da obtenção de vantagem* (2021).

---

[102] Art. 14, parágrafo único, incluído pela Lei nº 13.821, de 3.5.2019.

[103] No mesmo sentido, MARIA SYLVIA ZANELLA DI PIETRO, *Direito administrativo*, cit., 19. ed., 2006, p. 467.

[104] Vide Capítulo 6.

6

Licitação

I. Introdução

A Administração Pública, como foi visto no capítulo anterior, exerce atividade multifária e complexa, e sempre com os olhos voltados para fim de interesse público. Para alcançá-lo, precisa valer-se de serviços e bens fornecidos por terceiros, razão por que é obrigada a firmar contratos para realização de obras, prestação de serviços, fornecimento de bens, execução de serviços públicos, locação de imóveis etc. Por isso é que, como bem observa BIELSA, a causa jurídica, fundada numa causa fática, é sempre elemento essencial dos contratos.[1]

Não poderia a lei deixar ao exclusivo critério do administrador a escolha das pessoas a serem contratadas, porque, fácil é prever, essa liberdade daria margem a escolhas impróprias, ou mesmo a concertos escusos entre alguns administradores públicos inescrupulosos e particulares, com o que prejudicada, em última análise, seria a Administração Pública, gestora dos interesses coletivos.

A licitação veio contornar esses riscos. Sendo um procedimento anterior ao próprio contrato, permite que várias pessoas ofereçam suas propostas, e, em consequência, permite também que seja escolhida a mais vantajosa para a Administração.[2]

No presente capítulo, estudaremos alguns dos mais importantes aspectos das licitações, como os referentes a sua natureza jurídica, fins, procedimentos, modalidades, e, enfim, as linhas básicas que possam conduzir a uma visão global do instituto.

II. Conceito

Para conceituar-se a licitação, de forma objetiva, não se pode deixar de considerar dois elementos, que, inclusive, serão estudados separadamente. O primeiro é a *natureza jurídica* do instituto, ou seja, como este se insere dentro do quadro jurídico. O segundo consiste no *objetivo* a que se preordena, o que, aliás, constitui a própria *ratio essendi* desse instrumento.

Fincados em tais elementos, podemos conceituar a licitação como *o procedimento administrativo vinculado por meio do qual os entes da Administração Pública e aqueles por ela controlados selecionam a melhor proposta entre as oferecidas pelos vários interessados, com dois objetivos – a celebração de contrato, ou a obtenção do melhor trabalho técnico, artístico ou científico.*

---

[1] RAFAEL BIELSA, *Derecho administrativo*, t. II, p. 157.

[2] SAYAGUÉS LASO, *Tratado de derecho administrativo*, v. I, p. 552.

III. Natureza Jurídica

A licitação, como é óbvio, não poderia exaurir-se com instantaneidade. Ao revés, é necessária uma sequência de atividades da Administração e dos interessados, devidamente formalizadas, para que se chegue ao objetivo desejado.

Por isso, a natureza jurídica da licitação é a de *procedimento administrativo com fim seletivo*, porque, bem registra ENTRENA CUESTA, o procedimento constitui um *"conjunto ordenado de documentos e atuações que servem de antecedente e fundamento a uma decisão administrativa, assim como as providências necessárias para executá-la"*.[3]

De fato, esse conjunto de atividades e documentos será sempre necessário, seja mais ou menos formal o procedimento. É preciso que a Administração divulgue o que pretende selecionar e contratar; que os interessados acorram com documentos e propostas; que se obedeça a um processo formal de escolha e assim por diante. Tudo isso, sem dúvida, reclama a presença de documentos e demanda certo lapso de tempo para sua conclusão.

Avulta, ainda, a qualificação do procedimento. Tratando-se de ordenada sequência de atividades, a licitação é procedimento *vinculado* no sentido de que, fixadas suas regras, ao administrador cabe observá-las rigorosamente. Somente assim estará salvaguardando o direito dos interessados e a probidade na realização do certame. Aliás, esse é um dos aspectos decorrentes do princípio da probidade administrativa, princípio inscrito no art. 5º do Estatuto dos Contratos e Licitações.

Merece comentário, por oportuno, o fato de que os parâmetros jurídicos relativos ao procedimento têm assento constitucional. Não pode a lei, por conseguinte, pena de inconstitucionalidade, autorizar Tribunais de Contas e Casas legislativas a sustar licitações, porquanto a Constituição não lhes confere tal atribuição, conforme já se decidiu, em nossa visão, de modo inteiramente correto.[4]

IV. Fontes Normativas

1. FONTE CONSTITUCIONAL

Diversamente da Constituição anterior, silente a respeito do tema, a Constituição vigente referiu-se expressamente à licitação, estabelecendo, no art. 22, XXVII, ser da competência privativa da União Federal legislar sobre *"normas gerais de licitação e contratação, em todas as modalidades, para as administrações públicas diretas, autárquicas e fundacionais da União, Estados, Distrito Federal e Municípios, obedecido o disposto no art. 37, XXI, e para as empresas públicas e sociedades de economia mista, nos termos do art. 173, § 1º, III"*, conforme redação dada pela EC nº 19/1998.

Além desse mandamento, a Constituição também enunciou o *princípio da obrigatoriedade de licitação*. No art. 37, XXI, estabelece que, fora dos casos expressos em lei, *"as obras, serviços, compras e alienações serão contratados mediante processo de licitação pública que assegure igualdade de condições a todos os concorrentes"*. Diante de semelhante princípio, não pode a Administração abdicar do certame licitatório antes da celebração de seus contratos, salvo em situações excepcionais definidas em lei. Por tal motivo, já se decidiu ser inadmissível lei de unidade federativa em que se permitia que pequenas empresas pagassem seus débitos tributários através de dação em pagamento de materiais para a Administração, e isso porque a aquisição desses bens demanda obrigatoriamente licitação prévia nos termos do art. 37, XXI, da Constituição.[5]

---

[3]   RAFAEL ENTRENA CUESTA, *Derecho administrativo*, v. I, p. 249.

[4]   STF, ADI 3.715, Min. GILMAR MENDES, em 21.8.2014.

[5]   STF, ADI 1917, j. 26.4.2007.

Relacionam-se, ainda, ao tema, embora de forma indireta, o art. 37, *caput,* da CF, que averba os princípios da moralidade e da publicidade, e o art. 71, II e VI, que se refere ao controle externo de administradores incumbidos da gestão de dinheiros públicos. Acrescente-se, por oportuno, que outros dispositivos constitucionais que preservem a moralidade pública terão sempre pertinência com o tema, haja vista que se trata de princípio fundamental da Administração.

Importa destacar, por fim, que o art. 173, § 1º, da CF, com a redação da EC nº 19/1998, previu a edição de estatuto jurídico para empresas públicas e sociedades de economia mista, no qual, entre outras matérias, se incluiria a relativa a licitações e contratações. O estatuto veio a lume com a Lei nº 13.303, de 30.6.2016, que será analisado adiante no Capítulo 9, destinado à Administração Direta e Indireta.

2. FONTE LEGISLATIVA

2.1. Lei Básica

Conforme já mencionamos, a **Lei nº 14.133, de 01.04.2021**, é o atual *Estatuto de Licitações e Contatos* (ELC), tendo sido publicada na mesma data. Coube a esse diploma estabelecer as normas gerais de licitação e contratação para as administrações públicas diretas, autárquicas e fundacionais da União, dos Estados, do Distrito Federal e dos Municípios (art. 1º).

Por oportuno, reiteramos que o Estatuto revogou expressamente a Lei nº 8.666/1993 (Estatuto anterior), a Lei nº 10.520/2002 (pregão) e a Lei nº 12.462/2011 (regime diferenciado de contratações – RDC). Hoje, pois, há um diploma único que define as normas que se espraiavam nas leis revogadas, provocando usualmente grande hesitação para os intérpretes (art. 193, II). Como antecipamos, o art. 193, II, foi alterado pela Lei Complementar nº 198, de 28.6.2023, ampliando-se o prazo de aplicação concomitante até 30.12.2023.

2.2. A Aplicabilidade Concomitante

Embora já tenhamos tratado do tema no capítulo anterior, é oportuno relembrar que o Estatuto fixou a revogação das Leis nº 8.666/1993, 10.520/2002 e 12.462/2011, após decorridos 2 anos de sua publicação (art. 193, II), mas admitiu que a Administração possa *optar* pela aplicação da lei nova ou das leis revogadas, impondo-se apenas que a opção seja indicada expressamente no edital. Entretanto, veda-se a aplicação combinada da lei nova com as leis revogadas (art. 191). Como antecipamos, o art. 193, II, foi alterado pela Lei Complementar nº 198, de 28.6.2023, ampliando-se o prazo de aplicação concomitante até 30.12.2023.

O atual Estatuto, desse modo, admitiu *aplicabilidade concomitante* temporária das leis antigas e da lei nova *tanto para os contratos administrativos quanto para as licitações.* Após o período de concomitância, suprime-se a lei antiga e passa a vigorar apenas a lei nova. É uma técnica legislativa anômala e evidente fonte de controvérsias, além de simbolizar grande insegurança jurídica.

Diante desse cenário, e considerando o fim da vigência da Lei nº 8.666/1993 em 30.12.2023, excluímos, por falta de sentido, a maior parte das referências normativas de comparação, sem prejuízo, como dissemos antes, do risco de haver nova prorrogação, o que não será impossível em face da hesitação legislativa de nosso sistema.

V. Destinatários

Nos termos do art. 22, XXVII, da CF, é da competência da *União Federal* dispor sobre *normas gerais* em matéria de contratos e licitações. São essas que constituem o limite legislativo da lei federal, no caso o Estatuto em vigor. Consequentemente, aos demais entes federativos compete editar *normas específicas,* ou seja, normas que complementem a lei federal sem alterar seu conteúdo normativo.

No que toca aos destinatários das normas de licitação, reitera-se aqui o que já foi dito em relação aos contratos administrativos no capítulo anterior. O Estatuto destina-se a *entes estatais* regidos pelo direito público. Por isso, o art. 1º do Estatuto alude à União, aos Estados, ao Distrito Federal e aos Municípios, materializados por suas respectivas administrações públicas, no âmbito das quais se desempenha a função administrativa. Além dos *entes estatais federativos,* incluem-se entre os destinatários os *entes estatais administrativos,* como é o caso das autarquias e fundações de direito público, que integram a administração indireta das pessoas políticas.

A lei referiu-se a administrações *fundacionais,* o que peca pela imprecisão. Já está consolidado o entendimento de que há fundações governamentais de direito público, modalidade de autarquia, e fundações governamentais de direito privado, sujeitas, em sua base, ao regime de direito privado. Estas últimas, empregando-se uma interpretação sistemática, não se submetem ao Estatuto, ainda que tenham que obedecer aos princípios administrativos gerais e, de preferência, editar regulamento simplificado.

O Estatuto alude a órgãos dos Poderes (art. 1º, *caput,* I), mas se trata de meros compartimentos internos das unidades federadas, como já assinalamos anteriormente. Por outro lado, os fundos especiais (art. 1º, *caput,* II) retratam meras rubricas financeiras e, por isso, já integram o ente público. Assim, portanto, a lei só pode estar considerando o fundo dotado de personalidade jurídica regido pelo direito público, este sim sujeito ao Estatuto.

Sujeitam-se também ao Estatuto as "entidades controladas direta ou indiretamente" pela Administração Pública. Nem sempre será fácil interpretar o que é o "controle indireto" a que se refere a lei. Há o entendimento de que se cuida das entidades privadas cujo controle acionário pertence a um ente público.[6] Mesmo assim, contudo, surgirão dúvidas em face da fluidez da expressão. É o caso dos serviços sociais autônomos (SENAI, SESI etc.), que, embora recebam dinheiro público resultante de contribuições obrigatórias e tenham representantes governamentais em órgãos dirigentes, foram excluídos pelo TCU do âmbito de incidência da Lei nº 8.666, o antigo Estatuto.[7]

Não se incluem no regime do Estatuto as empresas públicas, as sociedades de economia mista e suas subsidiárias, regidas pela Lei nº 13.303/2016 (art. 1º, § 1º), e isso porque são pessoas privadas da administração indireta que exploram atividade econômica de produção ou comercialização de bens ou de prestação de serviços, as quais demandam normas mais flexíveis por seu caráter empresarial.

Sobre entidades situadas no exterior e contratações que envolvam recursos oriundos de empréstimo ou doação (art. 1º, §§ 2º e 3º), vide o que dissemos a respeito no capítulo anterior na parte relativa à abrangência do Estatuto (Capítulo 5).

VI. *Fundamentos*

1. MORALIDADE ADMINISTRATIVA

Quando foi concebido o procedimento de licitação, assentou-se o legislador em determinados fundamentos inspiradores. E um deles foi, sem dúvida, a moralidade administrativa.

---

[6] JESSÉ TORRES PEREIRA JÚNIOR, *Comentários,* cit., p. 36.
[7] TCU, Decisão nº 256/99, Rel. Min. Benjamin Zymler.

Erigida atualmente à categoria de princípio constitucional pelo art. 37, *caput*, da CF, a moralidade administrativa deve guiar toda a conduta dos administradores. A estes incumbe agir com lealdade e boa-fé no trato com os particulares, procedendo com sinceridade e descartando qualquer conduta astuciosa ou eivada de malícia.[8]

A licitação veio prevenir eventuais condutas de improbidade por parte do administrador, algumas vezes curvados a acenos ilegítimos por parte de particulares, outras, levados por sua própria deslealdade para com a Administração e a coletividade que representa. Daí a vedação que se lhe impõe, de optar por determinado particular. Seu dever é o de realizar o procedimento para que o contrato seja firmado com aquele que apresentar a melhor proposta. Nesse ponto, a moralidade administrativa se toca com o próprio princípio da impessoalidade, também insculpido no art. 37, *caput*, da Constituição, porque, quando o administrador não favorece este ou aquele interessado, está, *ipso facto*, dispensando tratamento impessoal a todos.

2. IGUALDADE DE OPORTUNIDADES

O outro fundamento da licitação foi a necessidade de proporcionar igualdade de oportunidades a todos quantos se interessam em contratar com a Administração, fornecendo seus serviços e bens (o que é mais comum), ou àqueles que desejam apresentar projetos de natureza técnica, científica ou artística.

A se permitir a livre escolha de determinados fornecedores pelo administrador, estariam alijados todos os demais, o que seria de se lamentar, tendo em vista que, em numerosas ocasiões, poderiam eles apresentar à Administração melhores condições de contratação.

Cumpre, assim, permitir a competitividade entre os interessados, essencial ao próprio instituto da licitação.[9] Como é evidente, esse fundamento se agrega à noção que envolve os princípios da igualdade e da impessoalidade, de obrigatória observância por todos aqueles que integrem os quadros da Administração.

VII. Princípios

O Estatuto fez longa enumeração de princípios administrativos de incidência sobre contratos e licitações (art. 5º). A ideia do legislador foi a de fixar os postulados que não podem ser descartados pelo administrador público quando sua atuação envolver essa matéria. Por isso, já se afirmou, com razão, que os princípios *"são ideias centrais que dão sustentação a um dado sistema normativo"*.[10]

Não custa insistir naquilo que mencionamos no capítulo anterior: princípios devem ser aplicados com prudência, dada a sua imprecisão semântica, que tanto permite tendências para um lado como para o outro. Acresce-se, ainda, que o mais importante é a conscientização do administrador de que as normas licitatórias sejam realmente adotadas para os fins legais.

Por conseguinte, endossamos inteiramente a corretíssima opinião de que se trata de verdadeiro *"festival principiológico"*, que vai na contramão da atual tendência do Direito Público "de se evitar instituir comandos legais de baixa densidade normativa, que se utilizam de fórmulas abertas e flexíveis, por contribuírem para a ampliação da imprevisibilidade e da insegurança

---

[8] CELSO ANTÔNIO BANDEIRA DE MELLO, *Curso*, cit., p. 245.

[9] TOSHIO MUKAI, *Estatuto jurídico das licitações e contratos administrativos,* p. 16.

[10] ANDERSON SANT'ANA PEDRA, *Comentários à Lei de Licitações e Contratos Administrativos*, obra colet., Forum, 2022, p. 72.

jurídica na gestão pública".[11] Princípios são postulados relevantes, mas, em compensação, estampam portas abertas para o arbítrio.

A seguir, serão feitos breves comentários sobre os princípios mais relevantes para o tema.

1. PRINCÍPIO DA LEGALIDADE

O princípio da legalidade é talvez o princípio basilar de toda a atividade administrativa. Significa que o administrador não pode fazer prevalecer sua vontade pessoal; sua atuação tem que se cingir ao que a lei impõe. Essa limitação do administrador é que, em última instância, garante os indivíduos contra abusos de conduta e desvios de objetivos.

No campo das licitações, o princípio da legalidade impõe, principalmente, que o administrador observe as regras que a lei traçou para o procedimento. É a aplicação do *devido processo legal*, segundo o qual se exige que a Administração escolha a modalidade certa; que seja bem clara quanto aos critérios seletivos; que só deixe de realizar a licitação nos casos permitidos na lei; que verifique, com cuidado, os requisitos de habilitação dos candidatos, e, enfim, que se disponha a alcançar os objetivos colimados, seguindo os passos dos mandamentos legais.

2. PRINCÍPIOS DA MORALIDADE, DA IMPESSOALIDADE E DA PROBIDADE ADMINISTRATIVA

O princípio da moralidade exige que o administrador se paute por conceitos éticos. O da impessoalidade indica que a Administração deve dispensar o mesmo tratamento a todos os administrados que estejam na mesma situação jurídica.

Sem dúvida, tais princípios guardam íntima relação entre si. No tema relativo aos princípios da Administração Pública, dissemos que, se pessoas com idêntica situação são tratadas de modo diferente, e, portanto, não impessoal, a conduta administrativa estará sendo ao mesmo tempo imoral. Sendo assim, tanto estará violado um quanto o outro princípio.

O direito condena condutas dissociadas dos valores jurídicos e morais. Por isso, mesmo quando não há disciplina legal, é vedado ao administrador conduzir-se de modo ofensivo à ética e à moral. A moralidade está associada à legalidade: se uma conduta é imoral, deve ser invalidada.[12]

O art. 5º do Estatuto aludiu também ao *princípio da probidade administrativa*. A probidade tem o sentido de honestidade, boa-fé, moralidade por parte dos administradores, características que nunca poderiam deixar de ser exercidas por aqueles que representam a Administração[13].

Não obstante, tal princípio está associado aos princípios da moralidade e da impessoalidade, de modo que todos, em última instância, envolvem a necessidade de que tanto administradores quanto participantes do processo licitatório ajam com lisura, retidão e respeito aos direitos dos demais atores.[14] Lastimavelmente, esse aspecto é o calcanhar de Aquiles do processo, tantos são os escândalos já protagonizados, para grande desalento da sociedade.

3. PRINCÍPIO DA IGUALDADE

O princípio da igualdade, ou isonomia, tem sua origem no art. 5º da CF, como direito fundamental, e indica que a Administração deve dispensar idêntico tratamento a todos os

---

[11] A correta observação é de EDGAR GUIMARÃES, em *Licitações e Contratos Administrativos,* obra em coautoria, Forense, 2021, p. 45.

[12] MARÇAL JUSTEN FILHO, *Comentários à lei de licitações e contratos administrativos,* p. 31.

[13] RAUL ARMANDO MENDES, *Comentários,* cit., p. 11.

[14] FABIO LINS DE LESSA CARVALHO, O princípio da impessoalidade nas licitações, Ed. UFAL, 2005, p. 99.

administrados que se encontrem na mesma situação jurídica. Ao tratar da obrigatoriedade da licitação, a Constituição, de forma expressa, assegurou no art. 37, XXI, que o procedimento deve assegurar "igualdade de condições a todos os concorrentes". Portanto, as linhas marcantes do princípio são de índole constitucional.

A igualdade na licitação significa que todos os interessados em contratar com a Administração devem competir em igualdade de condições, sem que a nenhum se ofereça vantagem não extensiva a outro. O princípio, sem dúvida alguma, está intimamente ligado ao da impessoalidade: de fato, oferecendo igual oportunidade a todos os interessados, a Administração lhes estará oferecendo também tratamento impessoal.

É claro que a Administração pode estabelecer requisitos para a competição. A igualdade está em que todos deverão igualmente submeter-se a eles, e isso porque todos têm a mesma expectativa de contratar com a Administração.[15] Já se considerou ofensivo à igualdade inserir como fator de averiguação da proposta a contribuição ou não de impostos ao ente responsável pela licitação, pois que isso alijaria vários competidores.[16]

4. PRINCÍPIO DA PUBLICIDADE

Esse princípio informa que a licitação deve ser amplamente divulgada, de modo a possibilitar o conhecimento de suas regras a um maior número possível de pessoas. E a razão é simples: quanto maior for a quantidade de pessoas que tiverem conhecimento da licitação, mais eficiente poderá ser a forma de seleção, e, por conseguinte, mais vantajosa poderá ser a proposta vencedora.

Nunca é demais frisar que os atos do Estado devem estar abertos a todos, ou seja, são atos públicos e, por tal motivo, devem ser franqueados a todos. Licitação sem publicidade revela-se simplesmente um zero jurídico. Lembra-se, aqui, por oportuno, que a publicidade é um princípio republicano e remonta à *res publica*, indicativa da *coisa pública, coisa de todos.*[17]

Conexo à publicidade é o *princípio da transparência*, também mencionado no art. 5º. Alguns autores tentam encontrar diferença entre ambos, mas, na verdade, ambos estão indissoluvelmente entrelaçados. A transparência é o efeito natural da publicidade: onde esta se apresenta, surge aquela como consequência. A ofensa ao princípio da publicidade provoca ofensa ao princípio da transparência. Nesse aspecto, pois, há superposição desnecessária.

5. PRINCÍPIO DA VINCULAÇÃO AO EDITAL

A vinculação ao edital é garantia do administrador e dos administrados. Significa que as regras traçadas para o procedimento devem ser fielmente observadas por todos. Se a regra fixada não é respeitada, o procedimento se torna inválido e suscetível de correção na via administrativa ou judicial. No Estatuto anterior, empregava-se a expressão "*vinculação ao instrumento convocatório*".

Tal princípio decorre da própria natureza da licitação como procedimento vinculado e, portanto, insuscetível de mutações pela Administração. O princípio da vinculação obriga a Administração a observar suas próprias normas, o mesmo ocorrendo com os participantes. Além disso, impede que surjam surpresas para os licitantes, prejudicando o caráter competitivo do procedimento. Trata-se, assim, de elemento garantidor da lisura do certame.[18]

---

[15] IVAN BARBOSA RIGOLIN, Manual prático das licitações, cit., p. 38.

[16] STF, ADI 3.070, j. 29.11.2007.

[17] A pertinente observação é de JOEL DE MENEZES NIEBUHR, em *Licitação pública e contrato administrativo*, Fórum, 3. ed., 2013, p. 57.

[18] CARLOS ARI SUNDFELD, *Licitação e contrato administrativo*, Malheiros, 1994, p. 21.

202 | MANUAL DE DIREITO ADMINISTRATIVO • *Carvalho Filho*

6. PRINCÍPIO DO JULGAMENTO OBJETIVO

O *princípio do julgamento objetivo* é corolário do princípio da vinculação ao edital. Consiste em que os critérios e fatores seletivos previstos no edital devem ser inafastavelmente adotados para o julgamento, evitando-se, assim, qualquer surpresa para os participantes da licitação e julgamentos ditados por gosto pessoal ou favorecimentos.[19]

O sentido do postulado abrange basicamente os critérios de julgamento (art. 33, Estatuto). De fato, se o edital prevê a seleção pelo critério do menor preço, não pode o administrador substituí-lo pelo de melhor técnica, e vice-versa.

Entretanto, como o reconhecem os estudiosos, nem sempre será tarefa simples recorrer à objetividade na etapa do julgamento, e isso em virtude da própria natureza dos elementos a serem aferidos. É o caso, por exemplo, do critério de melhor técnica, em que dificilmente se poderá empregar total objetividade; ao contrário, haverá situações que, ao menos em pequena parte, demandará certa subjetividade.[20]

7. PRINCÍPIO DA COMPETITIVIDADE

A licitação traduz procedimento eminentemente seletivo. Por meio dela, a Administração escolhe aquele que, tendo vencido o certame, apresenta a proposta mais satisfatória para a futura contratação. Sendo necessário o ato de escolha, urge que o procedimento conte com vários participantes para que se possam comparar suas propostas. Esse é o ideal e a regra geral.

Assim, o *princípio da competitividade* requer que o processo contenha *competição*, ou seja, que permita que dentre vários interessados possa a Administração apontar o mais adequado para o contrato. Trata-se, na verdade, de princípio correlato ao princípio da isonomia, em que todos concorrem em igualdade de condições (art. 11, II, Estatuto).

Por tal motivo, cumpre que o administrador não admita a ocorrência de normas que, de algum modo, possam refletir no regime competitivo. Vedadas são aquelas que restrinjam ou frustrem a competição, bem como interferências que possam favorecer algum dos concorrentes. Nessa ótica, a habilitação não deve impor exigências inatendíveis ou impertinentes, situações que afetam a competição.[21] Nesse sentido, o art. 12, III, do Estatuto, pelo qual o desatendimento de exigências apenas formais que não afetem o regime competitivo não implica a exclusão do licitante.

8. PRINCÍPIOS DA EFICIÊNCIA, EFICÁCIA, ECONOMICIDADE E CELERIDADE

Os princípios da eficiência, eficácia e economicidade, embora incluídos separadamente no art. 5º, desafiam comentário único, eis que indiscutível o elo que os aproxima.

O *princípio da eficiência* traduz a necessidade de a Administração aprofundar-se no *modo de atuar* (*modus faciendi*), buscando soluções rápidas e resultados ajustados às necessidades administrativas. A licitação é um procedimento burocrático por natureza e, por isso mesmo, demanda dos administradores o maior esforço possível para que ela possa realmente alcançar sua finalidade, qual seja a seleção da melhor proposta.

O *princípio da eficácia* leva em consideração os *meios* a serem adotados para que o objetivo da licitação seja alcançado. Tais meios, quando postos à disposição do administrador, não podem ser postergados, eis que necessários para a obtenção do melhor resultado. Assim, por

---

[19]   IVAN BARBOSA RIGOLIN, *Manual*, cit., p. 44.
[20]   FLÁVIO AMARAL GARCIA, *Licitações*, cit., p. 90.
[21]   EDMIR NETTO DE ARAÚJO, *Curso*, cit., p. 549.

Cap. 6 · LICITAÇÃO | 203

exemplo, se determinada situação permite a contratação direta sem ofensa às normas legais, desnecessário realizar a licitação – nesse caso, um meio mais demorado para o fim colimado.

Já o *princípio da economicidade* constitui efeito dos princípios acima. Cuida-se, na verdade, da obrigação do administrador de encontrar a melhor *relação custo-benefício* nas contratações administrativas. Nem sempre o menor preço se configura como melhor alternativa para a Administração. Ao administrador consciencioso caberá zelar pelos recursos públicos como se fossem os seus próprios, porquanto representam eles patrimônio inevitavelmente social.[22]

Por fim, o *princípio da celeridade* tem intrínseca relação com a eficiência e a eficácia. Em face de sua natureza burocrática, a licitação é costumeiramente um procedimento demorado e habitualmente irrita administradores que gostariam de dar solução mais rápida. Todavia, o procedimento é vinculado, de modo que o administrador deve seguir as etapas com a maior rapidez possível, para que sua atuação seja eficiente em virtude de seu modo de proceder e eficaz pelos meios empregados.

9. PRINCÍPIO DO INTERESSE PÚBLICO

O *princípio do interesse público* permeia todo o Direito Administrativo e seus institutos. Não é difícil explicar o motivo. Como envolve as relações jurídicas entre o Estado e os indivíduos em geral, o alvo dessas relações não pode deixar de ser o interesse público, assim considerado como o interesse da sociedade. Embora os indivíduos integrem necessariamente o grupo social, o certo é que há de se alvejar o sentido coletivo, que, por ser coletivo, deve sobrelevar ao interesse individual.

Em matéria de licitação, o interesse público é materializado nos vários aspectos que circundam o instituto, como a proteção à integridade nas contratações e ao patrimônio público, isso sem falar na fisionomia democrática do instituto, na qual se ressalta a impessoalidade e se busca reduzir um pouco o sentimento de improbidade que ronda agentes e interessados.

O instituto, indiscutivelmente, sofre algumas críticas por sua excessiva burocracia, mas não deixa de ser uma ferramenta necessária para realizar a triagem daqueles que se propõem a contratar com o Poder Público. Essa é a razão por que, em que pesem alguns questionamentos, o instituto figura em sede constitucional.

10. PRINCÍPIOS DA RAZOABILIDADE E DA PROPORCIONALIDADE

Já fizemos os devidos comentários sobre os *princípios da razoabilidade e da proporcionalidade* no primeiro capítulo desta obra, ao tratarmos dos princípios que regem o Direito Administrativo. E o que lá foi dito aplica-se no campo específico das licitações.

Sem querer repetir considerações já feitas, é imperioso consignar que o núcleo de tais princípios reside na necessidade de conter as condutas administrativas contaminadas de *abuso de poder*, quer quando há comportamentos que excedem as necessidades da função (*excesso de poder*), quer quando há simulação de legalidade para proporcionar um desvio dos fins legítimos da atuação administrativa (*desvio de finalidade*).

No terreno das licitações, os princípios da razoabilidade e da proporcionalidade vedam que haja excessos por parte do Poder Público, sendo certo que, mediante sua observância, o administrador deve ajustar os meios de que se socorre em sua conduta aos fins alvitrados pela Administração.[23] Nesse aspecto, vale lembrar que o princípio do formalismo se sujeita

---

22 FLÁVIO AMARAL GARCIA, *Licitações*, cit., p. 73.
23 FLÁVIO AMARAL GARCIA, *Licitações*, cit., p. 77.

204 | MANUAL DE DIREITO ADMINISTRATIVO • *Carvalho Filho*

a algumas mitigações (art. 12, III, ELC), tudo obviamente dentro de um plano equilibrado, razoável e proporcional.

11. PRINCÍPIOS DA MOTIVAÇÃO E SEGURANÇA JURÍDICA

O sentido do *princípio da motivação* consiste na referência expressa às razões que justificaram atos e decisões administrativas. Sem que haja clara justificativa, o administrado passa a situar-se numa esfera de incerteza e não raras vezes se torna suscetível de condutas arbitrárias por parte de maus administradores.

Ninguém desconhece que o segredo e a falta de transparência constituem ferramentas para regimes antidemocráticos. Por outro lado, o fato de o administrador ter que justificar seu ato o inibe de praticar arbitrariedades e o obriga a adotar postura de maior responsabilidade.[24] Em termos de licitações, cabe ao administrador explicitar, sempre que possível e exigível, os motivos que inspiraram sua conduta, conferindo segurança e credibilidade ao licitante.

O *princípio da segurança jurídica*, a seu turno, guarda inegável aproximação com o da motivação. Conforme entende a doutrina dominante, a segurança jurídica reflete o sentido de estabilidade, significando que o administrado tem aptidão de conhecer não só os motivos da conduta administrativa, como também as fontes normativas de onde provieram os atos e decisões da Administração.[25]

É fácil concluir que tal princípio é garantidor dos licitantes no processo licitatório. Como diversas decisões são proferidas no procedimento pelos administradores responsáveis pela licitação, será sempre indispensável que estejam em conformidade com as normas regentes, mantendo certo grau de estabilidade quanto aos limites do que se decide administrativamente. É imperioso que o administrado tenha confiança nas posições da Administração e na estabilidade de suas orientações, sem mudanças bruscas ou inexplicáveis.

12. PRINCÍPIO DO PLANEJAMENTO

Sem dúvida, um dos mais importantes princípios da Administração Pública, e dos quais esta é mais carente, é o *princípio do planejamento*. O planejamento comporta a necessidade de definir projetos a serem executados, incluindo etapas, cronogramas, modos de fazer etc. Em verdade, *planejar* é o oposto de *improvisar*, porque o improviso quase sempre redunda em fracasso quanto à conquista de metas, ao passo que o planejamento atua de forma prospectiva, com visão sobre o futuro e dentro da maior exatidão possível.

A Lei nº 8.666/1993 não fez qualquer referência a esse fator. Esse é um dos motivos de serem as licitações distantes de qualquer programação, "*acabando por gerar uma desordem na arquitetura das demandas, prejudicando a efetividade das ações governamentais e o interesse público*", de acordo com pertinente observação de ilustrada professora.[26]

O Estatuto incluiu várias normas nas quais se impõe a elaboração de planejamento para contratações e, consequentemente, para licitações. Embora o princípio envolva mais diretamente os contratos, compete ao administrador também planejar as licitações, procurando identificar sua necessidade, seu enquadramento, o prazo procedimental e outros aspectos do gênero. Com isso, tenta-se evitar o que é desastroso para a Administração: as surpresas imprevistas. Cumpre, pois, elaborar o *plano anual* de contratações e licitações (art. 12, VII, Estatuto).

---

[24]   ANTÔNIO CARLOS DE ARAÚJO CINTRA, *Motivo e motivação*, cit., p. 112.

[25]   IRENE PATRÍCIA NOHARA, *Direito administrativo*, Atlas, 3. ed., 2013, p. 108.

[26]   TATIANA CAMARÃO, *Comentários à Lei de Licitações e Contratos Administrativos*, obra colet., 2022, p. 253.

13. PRINCÍPIO DA SEGREGAÇÃO DE FUNÇÕES

A lei refere-se, ainda, ao *princípio da segregação de funções*, por meio do qual a Administração define a separação de funções, notadamente as de autorização, aprovação, execução, controle e contabilização das operações, com o objetivo de delinear as responsabilidades funcionais.

A sede desse princípio aloja-se nos sistemas de controle interno e na verificação das competências outorgadas aos administradores participantes do processo. Quanto mais ampla a segregação de funções, mais seguro será o controle sobre sua origem e seus resultados, inclusive sobre a atuação dos administradores.

Esse postulado aplica-se tanto a contratações quanto a licitações, pois que encerra, na realidade, um aspecto facilitador do controle interno. Nas licitações, sua incidência é de grande relevância considerando-se as diversas etapas do procedimento e a quantidade de agentes e terceiros que dele participam. Tendo em vista que o controle funcional é fundamental para a boa administração, o legislador incluiu o princípio na relação do art. 5º do Estatuto, como meio para identificar funções e agentes.

14. PRINCÍPIO DO DESENVOLVIMENTO NACIONAL SUSTENTÁVEL

O *princípio do desenvolvimento nacional sustentável* não constava primitivamente do texto do art. 3º da Lei nº 8.666/1993, tendo sido sua inclusão determinada pela Lei nº 12.349/2010. O Estatuto vigente manteve o princípio no rol do art. 5º.

Referido princípio impõe que o Poder Público tenha a incumbência de ponderar as consequências ambientais derivadas de qualquer decisão administrativa em face dos efeitos no campo econômico. O ponto nuclear do princípio está no fato de que os custos para o meio ambiente devem ser proporcionais aos benefícios econômicos.[27] Em outras palavras, vantagens econômicas não podem ser avaliadas isoladamente, mas, ao contrário, devem ser vistas em consonância com as matrizes de sustentabilidade protetoras do meio ambiente.

A aplicação do princípio incide mais diretamente nas contratações, evitando-se que o Estado se preocupe tão somente com efeitos econômicos, mesmo em detrimento do meio ambiente. Mas, por tabela, recai também sobre as licitações por sua ligação direta com os contratos e sua exigibilidade prévia como condição para celebrá-los.

VIII. Processo Licitatório

O *processo de licitação*, como antecipamos, tem por objetivo principal selecionar a proposta mais vantajosa para a contratação pelo Poder Público. No entanto, pretende também evitar contratações com sobrepreço e com superfaturamento, situações que comprometem o erário.

A *governança* das contratações e o monitoramento das licitações ficam a cargo da alta administração do órgão, que, entre outras funções, tem a de analisar a gestão de riscos e implementar os controles internos para o desfecho adequado do procedimento (art. 11 e parágrafo único, ELC). Para tanto, urge que a Administração elabore, como adiantamos, um *plano anual* de contratações como parte do planejamento geral do órgão.

O *formalismo* do processo exige, como regra, documentos por escrito, mas o não atendimento de exigências formais sem interferência no regime competitivo não exclui o participante (art. 12, III, ELC). Os atos serão de preferência *digitais*, permitindo comunicação e validação por

---

[27] EGON BOCKMANN MOREIRA e FERNANDO VERNALHA GUIMARÃES, *Licitação pública*, Malheiros, 2012, p. 88.

206 | MANUAL DE DIREITO ADMINISTRATIVO • *Carvalho Filho*

meio eletrônico. Somente será imposto o reconhecimento de firma no caso de dúvida quanto à autenticidade de documento ou assinatura. Em relação à *publicidade*, os atos são públicos, mas a lei admite o sigilo do conteúdo das propostas até a abertura e do orçamento no interesse da Administração (art. 13).

O Estatuto prevê alguns *impedimentos* para participar de licitações (art. 14). Não podem participar (a) o autor do anteprojeto, projeto básico ou projeto executivo, pessoa física ou empresa; (b) empresa em que o autor do projeto seja dirigente, gerente, acionista ou responsável técnico; (c) pessoa impossibilitada por sanção aplicada; (d) aquele que tenha vínculo com dirigente do órgão contratante, ou que tenha parentesco até o terceiro grau; (e) empresas controladoras e controladas competindo entre si; (f) a pessoa que, nos 5 anos anteriores ao edital, tenha sido condenada na via judicial por exploração de trabalho infantil, por impor a trabalhadores condições análogas às de escravo ou por contratar adolescentes ilegalmente.

Consórcios podem participar do processo, mas devem comprometer-se a constituí-lo no momento oportuno e indicar a empresa que exercerá a liderança. Por outro lado, a empresa consorciada não pode participar do certame. Outra peculiaridade consiste na responsabilidade solidária dos integrantes pelos atos praticados em consórcio. É legítimo que a Administração estabeleça para o consórcio, a título de habilitação econômico-financeira, acréscimo de 10% a 30% sobre o valor atribuído a licitante individual (art. 15, § 1º), mas de tal situação se excluem consórcios constituídos de microempresas e pequenas empresas (art. 15, § 2º).

No processo licitatório podem figurar profissionais organizados em *cooperativas* (art. 16), mas cumpre seja observada a legislação pertinente (Leis nº 5.764/1971 e 12.690/2012 e Lei Complementar nº 130/2009). Impõe-se que qualquer cooperado seja capaz de executar o objeto contratado.

Como procedimento administrativo, a licitação compõe-se de várias *fases*, sendo estas as etapas em que se desenvolve a função seletiva. O Estatuto, seguindo a tendência já adotada em outras leis, e diversamente da Lei nº 8.666/1993, inseriu a *fase de julgamento como antecedente da habilitação*, evitando o grande desperdício de tempo com análise de documentos de todos os licitantes, quando apenas um será o vitorioso; por exceção, porém, poderá haver a inversão justificada em ato motivado (art. 17, IV e V, e § 1º).

Poderá haver, na fase de julgamento, se assim o estabelecer o edital, verificação pela Administração no sentido da análise e avaliação da conformidade das propostas relativamente ao licitante declarado provisoriamente vencedor (art. 17, § 3º).

IX. Fase Preparatória

1. INSTRUÇÃO

Na fase de *instrução*, cabe à Administração coletar todos os dados e documentos suficientes para dar suporte ao processo de licitação. Essa fase instrutória é fundamental para a avaliação e o controle do procedimento, não sendo dispensável afirmar que o administrador deve redobrar seus cuidados nessa fase de preparação, até porque, dependendo da hipótese, dela podem advir elementos de eventual responsabilização.

A lei aponta vários *dados necessários* à instrução, como estudo técnico preliminar, definição do objeto e das condições de pagamento e de execução. Inclui-se também o orçamento estimado, fundamental para aferir a capacidade de cumprimento da Administração. Deve ser juntada a minuta do edital, já que este é que rege a licitação, bem como a minuta do contrato, anexa ao edital, serve para que interessados verifiquem previamente os termos do ajuste. Os regimes e a modalidade de licitação também precisam ser acostados no processo. A motivação é o elemento que indica as razões de condições impostas no edital, inclusive exigências e vedações. É prevista ainda a análise dos riscos que prejudiquem o resultado do certame (art. 18).

Cabe, ainda, estabelecer *métodos* para melhor resultado da licitação. Assim, a Administração deve proceder à centralização de procedimentos para contratações, evitando-se desvios prejudiciais à seleção. Importa, da mesma forma, criar catálogo eletrônico de padronização para compras, obras e serviços. Com o auxílio das assessorias jurídicas e órgãos de controle, devem instituir-se modelos de minutas de editais e outros documentos pertinentes ao contrato (art. 19).

Na fase instrutória, pode a Administração, com antecedência mínima de 8 dias úteis, realizar *audiência pública*, presencial ou à distância, e *consulta pública* sobre a licitação. O objetivo da lei é compulsar a sociedade civil a avaliar e opinar sobre a licitação, seguindo o princípio da transparência e da publicidade, instrumentos democráticos de participação popular. A Administração ainda é muito tímida sobre tais consultas, o que é uma pena, mas é certo que deveria evoluir para acolher essa forma de controle social.

É importante realçar a *compatibilidade de mercado*, ou seja, a adequação entre o valor previamente estimado do contrato e os preços de mercado, observados todos os bancos de dados e considerada a economia de escala. Esse é um setor importante na instrução para que o órgão responsável não estime *preço inexequível* ou *sobrepreço* para bens, serviços e obras (art. 23). A verificação em foco alcança, inclusive, as contratações diretas por dispensa ou inexigibilidade de licitação (art. 23, § 4º). A pesquisa de preços é elemento fundamental para a estimativa a ser feita pela Administração, sendo exigência costumeiramente mencionada pelas Cortes de Contas.[28]

Como regra, o *orçamento* estimado para a contratação é um ato público, nada impedindo sua divulgação ou consulta. Todavia, a lei admite que, por exceção, possa ter caráter sigiloso. O sigilo, porém, não prevalece para órgãos de controle (art. 24, I).

Elemento fundamental da instrução é a minuta do *edital*. Já antecipamos que o edital é o documento regente da licitação e nele se estabelecem todos os dados do certame. Estão nele as regras sobre convocação, habilitação, julgamento, recursos e penalidades, bem como as atinentes à fiscalização e à gestão do contrato. Enquanto na etapa de preparação e definição, as regras podem ser alteradas pelo administrador. Depois da divulgação, contudo, alterações, como regra, não são permitidas, eis que se trata de ato vinculado fora do âmbito de avaliação discricionária por parte do administrador.[29]

É admissível, no processo licitatório, estabelecer *margem de preferência* para situações específicas: 1º) bens manufaturados e serviços nacionais sujeitos a normas técnicas brasileiras; 2º) bens reciclados, recicláveis ou biodegradáveis. No primeiro caso, beneficia-se a produção nacional, ao passo que no segundo, prestigia-se a sustentabilidade mediante a proteção ao meio ambiente (art. 26). Entretanto, há limitações para tal preferência, além de exigência de expressa motivação para sua adoção (art. 26, § 1º, I). A ferramenta em tela tem aptidão para ser utilizada como instrumento válido de *fomento* a atividades econômicas de interesse público, sem violação constitucional,[30] embora sob rígido controle estatal. O Decreto nº 11.890, de 22.1.2024, regulamentou o dispositivo.

---

[28] EDUARDO GROSSI FRANCO NETO e THIAGO ELIAS MAUAD DE ABREU, *Licitações e contratos*, Casa do Direito, 2019, p. 56.

[29] RAFAEL CARVALHO REZENDE OLIVEIRA, *Licitações e contratos administrativos. Teoria e prática*, Gen/Método, 5. ed., 2015, p. 110.

[30] DANILO MIRANDA VIEIRA, Margens de preferência nas contratações públicas e promoção do desenvolvimento econômico, *RDA* 282/1, p. 109-133, 2023.

208 | MANUAL DE DIREITO ADMINISTRATIVO • *Carvalho Filho*

2. MODALIDADES

2.1. Noções Gerais

O rol das modalidades contido na lei anterior foi alterado pelo vigente Estatuto, conforme se pode observar no art. 28, I a V. Desde logo, foram excluídas duas clássicas modalidades: a *tomada de preços* e o *convite*. A primeira ensejava a competição entre interessados previamente cadastrados, ao passo que a segunda permitia que a disputa se cingisse àqueles que fossem diretamente convidados a participar.

Por outro lado, incluiu-se o *pregão*, que era objeto de lei específica, revogada pelo Estatuto vigente, com já adiantamos anteriormente.[31] Além disso, instituiu uma nova modalidade, o *diálogo competitivo*, cercada de um pouco mais de complexidade e cujo delineamento será visto adiante.

Eis a atual enumeração das modalidades: a) pregão; b) concorrência; c) concurso; d) leilão; e) diálogo competitivo. Não é permitido criar outras modalidades além dessas, bem como combiná-las entre si, evitando-se figuras anômalas.

Além dessas modalidades básicas, a lei contemplou também os *procedimentos auxiliares* (art. 28, § 1º c/c art. 78), os quais serão objeto de comentários específicos adiante em tópico próprio.

2.2. Concorrência

A modalidade que constitui o modelo básico da licitação é a *concorrência*, adequada aos contratos em geral de obras, serviços e compras. Na legislação anterior, essa modalidade era destinada a contratos com valor mais elevado, acima das faixas indicadas. A lei vigente, porém, não adotou esse critério específico, atribuindo-se à modalidade a observância do rito normal previsto no art. 17 do ELC.

Na definição legal, concorrência é a modalidade adequada para a contratação de bens e serviços especiais e de obras e serviços comuns e especiais de engenharia, observando os critérios de julgamento de menor preço, melhor técnica ou conteúdo artístico, técnica e preço, maior retorno econômico e maior desconto (art. 6º, XXXVIII, Estatuto).

2.3. Pregão

O *pregão* teve confirmado seu objetivo já definido em sua antiga lei reguladora (Lei nº 10.520/2002), destinando-se aos contratos cujo objeto possui padrões de desempenho e qualidade que permitam definição objetiva pelo edital, recorrendo-se às especificações usuais de mercado.

O Estatuto define essa modalidade como obrigatória para aquisição de *bens e serviços comuns*, cujo critério de julgamento poderá ser o de menor preço ou o de maior desconto (art. 6º, XLI). Consideram-se bens e serviços comuns aqueles "cujos padrões de desempenho e qualidade podem ser objetivamente definidos pelo edital, por meio das especificações usuais do mercado" (art. 6º, XIII). Eventual complexidade técnica ou intelectual do serviço não descaracteriza essa qualificação, bastando que se enquadre no conceito legal e nas práticas de mercado, como já se decidiu.[32]

Essa modalidade apresenta fase em que preponderam *lances verbais* ou *por meio eletrônico* e enseja maior celeridade no procedimento. Além disso, há vantagem econômica ante a possibilidade

---

[31]   Lei nº 10.520, de 17.7.2002.

[32]   TRF-2ª Reg., AC 0167807-17.2016.4.02.5101, j. 17.4.2020.

de redução de preços ao momento dos lances.[33] Não é cabível, todavia, para contratos de serviços técnicos especializados com predomínio de aspecto intelectual, bem como de obras e serviços de engenharia, neste caso exceto os serviços comuns, como previsto no art. 6º, XXI, "a", do Estatuto.

2.4. Concurso

A modalidade de *concurso* já é clássica no sistema de licitações e sua fisionomia foi ratificada pela lei vigente. Busca a escolha de trabalho técnico, científico ou artístico, que, por sua natureza, reclama julgamento pelo critério de melhor técnica ou conteúdo artístico, tendo em vista o certo grau de subjetividade das avaliações conducentes à escolha. Na verdade, a escolha é eminentemente qualitativa.[34]

Nessa modalidade, é comum que a Administração ofereça um prêmio ao vencedor (art. 30, III, Estatuto). Se o concurso for destinado à escolha de projeto, o vencedor deve fazer a cessão de seus direitos patrimoniais e autorizar sua execução consoante o interesse da Administração (art. 30, parágrafo único).

2.5. Leilão

O *leilão* é a modalidade de que se socorre a Administração para a alienação de bens imóveis ou de bens móveis inservíveis ou objeto de apreensão legal. O vencedor do certame é aquele que oferece o maior lance. O procedimento pode estar a cargo de leiloeiro oficial, hipótese em que será selecionado em pregão, ou de servidor designado pela Administração.

O edital deverá ser divulgado por sítio eletrônico oficial, contendo todas as informações do certame, e será afixado na sede da Administração. Tal modalidade não requer registro cadastral prévio, é despida de habilitação e será homologada tão logo concluídos os lances (art. 31, §§ 3º e 4º).

2.6. Diálogo Competitivo

Por fim, a modalidade de *diálogo competitivo* configurou-se como inovação no sistema licitatório básico. Conforme a definição legal, tal modalidade destina-se à contratação de obras, serviços e compras em que a Administração "realiza diálogos competitivos com licitantes previamente selecionados mediante critérios objetivos, com o intuito de desenvolver uma ou mais alternativas capazes de atender às suas necessidades, devendo os licitantes apresentar proposta final após o encerramento dos diálogos" (art. 6º, XLII).

Embora não haja muita precisão quanto à fisionomia da modalidade, a intenção do legislador foi a de superar dificuldades enfrentadas pela Administração em contratos de objetos complexos e inovadores. Impõem-se algumas condições, como: (a) inovação tecnológica ou técnica; (b) impossibilidade de a Administração ter a satisfação de sua necessidade sem adaptar soluções disponíveis no mercado; (c) impossibilidade de precisão quanto às especificações técnicas (art. 32, I, "a" a "c").

Enfim, o que se observa é que haverá situações em que nem mesmo a Administração tem a definição do objeto contratual nem a solução adequada para a contratação – situação que, naturalmente, deve ser detalhadamente explicitada.

De qualquer modo, algumas razões têm sido invocadas para essa modalidade. Uma delas consiste em maior flexibilidade para as contratações públicas. Além disso, os contratos têm por objeto dotado de peculiaridades únicas, fora dos ajustes rotineiros. Outra justificativa

---

[33]   JAIR EDUARDO SANTANA, *Pregão presencial e eletrônico*, Fórum, 3. ed., 2009, p. 36.
[34]   EGON BOCKMANN MOREIRA e Fernando Vernalha Guimarães, *Licitação*, cit., p. 108.

210 | MANUAL DE DIREITO ADMINISTRATIVO • *Carvalho Filho*

decorre da lógica econômica: os custos de mobilizar recursos fixos para contratos autônomos e eventuais podem ser mais elevados do que os decorrentes da tarefa de coleta de informações e de interação com o mercado.[35]

Quanto ao *rito* dessa modalidade, a Administração primeiramente apresenta suas necessidades e fixa prazo para manifestação de interesse de participação. O edital deve informar os critérios para a pré-seleção, sendo admitidos todos os que cumprirem os requisitos objetivos. As reuniões com os candidatos pré-selecionados serão registradas em ata e gravadas, para a segurança de todos. Ao final, a Administração deve juntar os documentos e gravações que indiquem a conclusão do diálogo. O vencedor será aquele que oferecer uma contratação mais vantajosa. A condução do processo caberá a uma comissão de contratação composta por no mínimo três servidores efetivos ou empregados públicos integrantes de quadros permanentes (art. 32, § 1º, XI, ELC).

3. CRITÉRIOS DE JULGAMENTO

3.1. Critérios Gerais

Critérios de julgamento são os elementos que, no regime comparativo decorrente do que propõem os licitantes, propiciam a seleção da proposta mais favorável para a Administração. São eles: (a) menor preço; (b) maior desconto; (c) melhor técnica ou conteúdo artístico; (d) técnica e preço; (e) maior lance, no caso de leilão; (f) maior retorno econômico (art. 33).

Os critérios de *menor preço* e *maior desconto* baseiam-se no menor dispêndio, vale dizer, na escolha da proposta que ensejar menor gasto de recursos públicos (art. 34). Aqui o critério é objetivo e emana rigorosamente do confronto entre as propostas. Em algumas situações, é possível que o critério de *técnica e preço* também considere esse fator. A referência para o julgamento pelo critério de *maior desconto* é o preço global fixado no edital.

Outro critério é o da *melhor técnica*, em que o *valor* em si da proposta tem dimensão *inferior à técnica* a ser empregada na execução do contrato. Ou seja: uma proposta vencedora sob esse critério pode não ter oferecido (e quase nunca oferece mesmo) o menor preço. Na opinião de reconhecidos juristas, o edital deve fixar pauta em que haja alguns dados de objetividade, evitando-se um total subjetivismo na apreciação das propostas.[36]

O critério de *técnica e preço* tem um pouco mais de complexidade e considera a maior pontuação oriunda da *ponderação* das notas atribuídas à técnica e ao preço da proposta. Na ponderação, pode a técnica sobrepujar o preço em importância, gerando pontuação maior; pode também ocorrer o oposto. É o critério adequado a serviços técnicos especializados com predominância intelectual, ou dependentes de tecnologia sofisticada e de domínio restrito. O mesmo para bens e serviços especiais de tecnologia da informação e de comunicação e obras e serviços especiais de engenharia.

Nos critérios de *melhor técnica* e de *técnica e preço*, o julgamento é atribuição de uma banca designada para esse fim, devendo ser consideradas a capacidade e a experiência dos licitantes. A banca é constituída de no mínimo 3 membros, sendo servidores efetivos ou empregados permanentes, ou profissionais contratados por seu conhecimento técnico e experiência em relação aos quesitos do edital (art. 37, § 1º).

3.2. Maior Retorno Econômico e Contrato de Eficiência

Por fim, o critério de *maior retorno econômico* é empregado exclusivamente para a celebração de *contrato de eficiência* e leva em conta a maior economia para a Administração

---

[35] GUILHERME F. DIAS REISDORFER, *Diálogo competitivo*, Forum, 2022, p. 29.
[36] ADILSON ABREU DALLARI, *Aspectos jurídicos da licitação*, Saraiva, 7. ed., 2006, p. 165.

(art. 39). Esse tipo de ajuste tem por objeto a prestação de serviços, podendo incluir-se obras e bens, com o intuito de propiciar economia ao Poder Público, mediante redução de despesas correntes (art. 6º, LIII). Trata-se de contrato com *obrigação de resultado*, já previsto na Lei nº 12.462/2011 (RDC – Regime Diferenciado de Contratações Públicas), agora regulado com caráter de generalidade.

Nesse critério, a remuneração deve ser fixada em percentual que se aplica de *forma proporcional à economia* comprovadamente obtida na execução do contrato. Importante é que o edital aponte parâmetros objetivos para dimensionar a economia gerada na execução, que será a base de cálculo para remunerar o contratado (art. 39, § 2º).

O licitante, em certame para contrato de eficiência, deve apresentar duas propostas: uma, a *proposta de trabalho*, que indica (a) as obras, serviços e bens e (b) a economia que se pretende gerar; outra, a *proposta de preço*, que consiste no percentual sobre a economia que se pretende criar em determinado período (art. 39, § 1º). O retorno econômico resultará da economia que se pretende criar com a proposta de trabalho, com a dedução da proposta de preço.

Se não se concretizar a economia contratada, poderão surgir dois efeitos: a) a diferença entre a economia contratada e a efetivamente obtida será descontada da remuneração do contratado; b) se a diferença entre a economia contratada e a efetivamente adquirida for superior ao limite máximo fixado no contrato, o contratado fica sujeito a outras sanções cabíveis (art. 39, § 4º).

Por último, sobrelevam dois aspectos. Primeiramente, a despeito do escopo de gerar economia ao erário, o contrato de eficiência não teve praticamente adoção sob a égide do RDC. Em segundo lugar, não é uma contratação simples, impondo-se a atuação de técnicas próprias e especialistas para a concepção de sua instituição, o que desafia cuidadosa preparação e rigoroso planejamento.

X. Divulgação do Edital

Encerrando-se a fase preparatória, cabe encaminhar o processo ao *órgão de assessoramento jurídico* para o controle prévio de legalidade, devendo ser elaborado o competente *parecer* (art. 53). Neste, o parecerista deve apreciar os aspectos de legalidade do edital e do processo preparatório, oferecendo sua fundamentação e conclusão.

Quanto à *obrigatoriedade* de tal manifestação, reconhecidas autoridades entendiam, à luz da legislação anterior, que sua ausência não comprometeria a validade do processo, eis que o importante seria sua adequação à legalidade e aos fins da Administração.[37] No atual sistema, entretanto, entendemos que o parecer do órgão jurídico é condição de validade do processo, vez que, além do exame dos termos do edital, precede ao controle prévio de legalidade, como anuncia o Estatuto.

A autoridade decisória não está vinculada ao parecer, até porque este estampa *natureza opinativa*. No entanto, se discordar do parecer, deve motivar claramente seu ato para controle de sua decisão. O projeto previa que o parecerista seria civil e regressivamente responsável quando agisse com dolo ou fraude na confecção do parecer. Resultaria daí, portanto, que sem prova de conduta dolosa ou fraudulenta, inexistiria fundamento para sua responsabilização. O dispositivo (art. 53, § 6º), no entanto, foi vetado pelo Executivo.

O *controle de legalidade* é exercido nas contratações diretas, termos de cooperação, convênios e ajustes do gênero. É dispensável, porém, a apreciação jurídica em contratos de baixo valor ou pequena complexidade, ou ainda onde haja minutas padronizadas (art. 53, § 5º).

---

[37] MARÇAL JUSTEN FILHO, *Comentários*, cit., p. 367.

212 | MANUAL DE DIREITO ADMINISTRATIVO • *Carvalho Filho*

A *divulgação do edital* deverá ocorrer em sítio eletrônico oficial (art. 53, § 3º), para concretizar a publicidade da licitação, ficando à disposição dos interessados para consulta. Se a autoridade entender cabível, poderão ser também disponibilizados, após a homologação do processo, os documentos da fase preparatória não anexos ao edital (art. 54, § 2º).

XI. Propostas e Lances

Propostas e *lances* são expressões da manifestação dos interessados em participar do processo licitatório. Embora o lance seja uma espécie do gênero *proposta*, é empregado no sentido de proposta verbal dentro do rito do respectivo procedimento.

Ambos estão sujeitos a determinados prazos para sua *apresentação*. Fora deles, ocorre a preclusão temporal do prazo, não mais sendo admissível oferecer a proposta. Advirta-se, desde logo, que, em licitações do Ministério da Saúde, os prazos podem ser reduzidos até a metade (art. 55, § 2º).

Para *aquisição de bens*, eis os prazos: a) 8 dias úteis, em caso de julgamento de menor preço ou de maior desconto; b) 15 dias úteis, fora dessas hipóteses (art. 55, I).

No caso de *serviços e obras*: a) 10 dias úteis, quando o critério for de menor preço ou maior desconto em contratos de *serviços comuns* e *obras e serviços comuns de engenharia*; b) 25 dias úteis, em critério de menor preço ou maior desconto, no caso de *serviços especiais* e *obras e serviços especiais de engenharia*; c) 60 dias úteis, no caso do regime de *contratação integrada*; d) 35 dias úteis, para o regime de *contratação semi-integrada* e nas hipóteses *não abrangidas* nas alíneas anteriores (art. 55, II)

Para licitação com o critério de *maior lance*, o prazo é de 15 dias úteis (art. 55, III). No caso de julgamento de técnica e preço ou melhor técnica ou conteúdo artístico, o prazo é de 35 dias úteis (art. 55, IV).

Havendo alteração no edital, a Administração deve providenciar nova divulgação, de forma idêntica à anterior, devolvendo-se os mesmos prazos originais, a não ser que não afete as propostas (art. 55, § 1º). Com isso, os interessados têm direito à readequação de suas propostas, isso sem contar o fato de que a alteração pode despertar o interesse de proponentes que anteriormente não teriam condições de apresentar sua proposta.[38]

O Estatuto contemplou, ainda, dois modos de disputa: a *disputa aberta* e a *disputa fechada* (art. 56). Na primeira, as propostas são transmitidas por lances públicos e sucessivos, crescentes ou decrescentes. Na segunda, as propostas permanecem em sigilo até o momento fixado para sua divulgação. Anteriormente, era vedado o emprego de disputa fechada isolada em critérios de menor preço ou maior desconto, mas o § 1º do art. 56 do Estatuto foi vetado, com o que desapareceu a vedação (alteração da Lei nº 14.770, de 22.12.2023). Por outro lado, há vedação de disputa aberta no caso do critério de técnica e preço, hipótese em que haverá certa subjetividade em alguns aspectos da seleção.

Caso a melhor proposta tenha diferença de pelo menos 5% em relação à classificada em segundo lugar, pode a Administração reiniciar a disputa aberta, o que se justifica em virtude da possibilidade de obtenção de melhores condições (art. 56, § 4º).

É lícito exigir dos interessados uma taxa de *garantia da proposta*, quando esta é apresentada. A taxa não pode ser superior a 1% do valor estimado para o contrato e será devolvida no prazo de 10 dias úteis, contado da assinatura do contrato ou da data em que for declarada frustrada a licitação. Como se trata de valor sob custódia da Administração, o valor devolvido deve ser monetariamente atualizado.[39] Caso haja recusa em assinar o contrato ou apresentar

---

[38] EGON BOCKMANN MOREIRA e FERNANDO VERGALHA GUIMARÃES, *Licitação*, cit., p. 228.
[39] JESSÉ TORRES PEREIRA JÚNIOR, *Comentários*, cit., p. 364.

os documentos necessários, a garantia poderá ser executada em seu valor integral (art. 58, §§ 1º a 3º).

XII. Julgamento

A fase de *julgamento* é aquela em que a Administração, após o regime de verificação comparativa entre as propostas dos licitantes, realiza a seleção da mais adequada à futura contratação. É indispensável o exame de conformidade entre as propostas e as exigências do edital. Para não desperdiçar tempo, no entanto, a lei admite que esse exame seja feito exclusivamente com a proposta mais bem classificada.

A *classificação* das propostas rende ensejo à verificação da conformidade entre elas e o que dispõe o edital e quanto às condições de mercado.[40] Quando não ocorre tal consonância, resulta a *desclassificação da proposta*. São fatores para a desclassificação: a) vícios insanáveis; b) desajuste quanto às especificações técnicas; c) preços inexequíveis ou acima do orçamento estimado; d) falta de demonstração de exequibilidade, quando exigido; e) desconformidade com quaisquer exigências do edital, caso insanáveis (art. 59, I a V, Estatuto).

Um dos fatores mais importantes para a classificação reside na *exequibilidade* da proposta, ou seja, na verificação sobre se terá condições de ser cumprida. *Proposta inexequível*, pois, é aquela sem condições de ser executada.[41] Por isso, a Administração tem a faculdade de fazer diligências para aferir essa condição ou impor ao licitante que a demonstre. Em se tratando de obras e serviços de engenharia, será considerada inexequível a proposta com valor inferior a 75% do valor estimado; trata-se aqui da *inexequibilidade presumida* (art. 59, § 4º).

Pode ocorrer que o valor da proposta seja inferior a 85% do valor orçado pela Administração. Se o fato ocorrer em contratações de obras e serviços de engenharia, pode a Administração exigir do vencedor *garantia adicional* equivalente à diferença entre o valor da proposta e o valor estimado. Aqui o caso é de *exequibilidade suspeita* (art. 59, § 5º).

O Estatuto regulou a situação de *empate* entre duas ou mais propostas. Desde logo, foi descartado o sorteio como fator de desempate. Atualmente, são os seguintes: a) disputa final com nova proposta dos empatados; b) avaliação do desempenho contratual prévio; c) ações de equidade entre homens e mulheres no trabalho; d) desenvolvimento de programa de integridade (*compliance*). Caso persista o empate, dar-se-á preferência sucessivamente a empresas (a) estabelecidas no território do órgão; (b) brasileiras; (c) com investimentos em pesquisa e tecnologia; (d) que comprovem a prática de mitigação nos termos da Lei nº 12.187/2009 (Política Nacional sobre Mudança do Clima – PNMC) (art. 60).

A lei ressalvou, ainda, o critério de desempate estabelecido na Lei Complementar nº 123/2006 (art. 44), com preferência para *microempresas e empresas de pequeno porte*. Apenas para relembrar, essa lei considerou empatadas propostas dessas empresas com valor igual ou até 10% superior à melhor proposta; a preferência, então, recairá sobre elas. No caso de pregão, esse percentual é de 5%.

Após a definição do resultado, é cabível que a Administração proceda à *negociação* de melhores condições com a empresa vencedora. Caso a primeira colocada, mesmo depois da negociação, seja desclassificada pelo fato de sua proposta permanecer acima do preço máximo estimado pela Administração, poderá esta negociar com os demais licitantes, na ordem de classificação inicial (art. 61, § 1º). Cabe ao agente de contratação ou à comissão de contratação conduzir o processo de negociação e, após conclusão, divulgar a todos os licitantes o resultado, anexando-se os documentos pertinentes ao processo licitatório (art. 61, § 2º).

---

40 ODETE MEDAUAR, *Direito administrativo moderno*, RT, 8. ed., 2004, p. 231.
41 JOEL DE MENEZES NIEBUHR, *Licitação pública*, cit., p. 485.

XIII. Habilitação

1. ASPECTOS GERAIS

Habilitação é a fase do processo licitatório em que a Administração examina as informações e os documentos apresentados pelo licitante, tendo por escopo comprovar sua capacidade de realizar o objeto do contrato (art. 62). Realmente a futura contratação não pode ser feita com qualquer empresa, mas sim com aquela que se apresenta como idônea e capaz técnica e economicamente para executar o que pretende a Administração.[42]

É sempre imperioso reafirmar o escopo da habilitação, qual seja, a verificação das condições objetivas e subjetivas dos interessados. Portanto, não é um fim em si mesma, o que leva à necessidade de que as exigências formuladas não extrapolem os limites do razoável, aplicando-se, assim, os elementos do *princípio da proporcionalidade*: adequação, necessidade e proporcionalidade em sentido estrito.[43]

Essa fase divide-se em 4 etapas: a) habilitação jurídica; b) habilitação técnica; c) habilitação fiscal, social e trabalhista; d) habilitação econômico-financeira. Na atual sistemática da licitação, os documentos comprobatórios da habilitação só devem ser apresentados pelo licitante vencedor; se, excepcionalmente, a fase for anterior à do julgamento, a exigência abrange todos os licitantes. Já os documentos relativos à habilitação fiscal só podem ser cobrados depois do julgamento e apenas do licitante com melhor classificação. Impõe-se também a apresentação de declaração que comprove o cumprimento de reserva de cargos para deficientes e reabilitados da Previdência Social (art. 63, IV).

As condições de habilitação devem estar previstas no edital. Por outro lado, a habilitação pode ser efetivada por meio eletrônico de comunicação à distância. Uma vez entregues os documentos de habilitação, não será possível a sua substituição ou a apresentação de outros, salvo para atualização dos que comprovem fatos preexistentes (art. 64). É possível o saneamento de falhas ou erros que não alterem a substância dos documentos, sendo necessária a devida motivação.

Vale a pena registrar, ainda, as situações relativamente à *documentação*. Primeiramente, pode ser *apresentada* no original, por cópia ou por outro meio admitido pela Administração. Pode também ser *substituída* por registro cadastral expedido por entidade pública, caso haja previsão no edital. Por fim, pode ser *dispensada*, total ou parcialmente, no caso de contrato (a) para entrega imediata, (b) de valores inferiores a ¼ do limite de dispensa de licitação para compras em geral, e (c) para contratações de produto para pesquisa e desenvolvimento até o valor de R$ 359.436,08 (art. 70, alterado pelo Decreto nº 11.871/2023).

2. HABILITAÇÃO JURÍDICA

Obviamente, não seria viável que a Administração celebrasse contrato com pessoa jurídica sem aptidão para atuar no mundo dos negócios. Assim, a *habilitação jurídica* busca comprovar que o licitante tem capacidade de exercer direitos e assumir obrigações (art. 66).

A exigência legal para essa habilitação cinge-se à apresentação de documentos que comprovem a existência jurídica da pessoa, como contrato social, inscrição no registro próprio e registro no cadastro nacional de contribuintes. Se necessário, deverá apresentar autorização para realizar o objeto do futuro contrato.

---

[42] CARLOS ARI SUNDFELD, *Licitação*, cit., p. 108.

[43] MARIANA MAGALHÃES AVELAR, *Comentários à Lei de Licitações e Contratos Administrativos*, 2022, p. 591.

3. HABILITAÇÃO TÉCNICO-PROFISSIONAL E TÉCNICO-OPERACIONAL

A *habilitação técnico-profissional* e *técnico-operacional* tem por objetivo impedir que a Administração Pública venha a contratar participante que não reúna os conhecimentos técnicos para executar o objeto da futura contratação.[44] Quanto maior a complexidade do objeto, mais severas serão as exigências para esse tipo de habilitação. O que não se pode admitir é que a Administração não veja a conclusão do contrato por falta de capacidade técnica, como, infelizmente, se tem visto não raras vezes.

São elementos de comprovação: a) apresentação de profissional registrado ou, se for o caso, detentor de atestado de responsabilidade técnica; b) certidões ou atestados expedidos pelo conselho profissional respectivo indicando capacidade para serviços iguais ou similares; c) informação sobre pessoal técnico, instalações e aparelhamentos necessários; d) atendimento de requisitos especiais; e) registro na entidade profissional pertinente, se for o caso; f) declaração de ciência de todas as condições para cumprir as obrigações decorrentes da licitação (art. 67, I a VI).

Os dados constantes em "a" e "b" acima podem deixar de ser exigidos nas licitações em geral, à exceção dos contratos de obras e serviços de engenharia, em que não podem ser dispensados. Se o objeto for a execução de serviços contínuos, a Administração pode exigir a demonstração de que o licitante já desempenhou serviços similares por período mínimo, não excedente de 3 anos. Caso o licitante tenha participado de consórcio, o atestado deve indicar sua atividade e a dos demais participantes; se o atestado foi em favor do consórcio, será necessário especificar o desempenho do licitante, inclusive quanto a eventuais serviços técnicos especializados de natureza preponderantemente intelectual.

4. HABILITAÇÃO FISCAL, SOCIAL E TRABALHISTA

Nesse tipo de habilitação, o licitante deve comprovar sua situação de regularidade em três áreas: *fiscal, social* e *trabalhista* (art. 68). O objetivo nesse aspecto é o de impedir que interessados com problemas fiscais e trabalhistas sejam premiados com a celebração de contratos com a Administração. O mesmo em relação a aspectos sociais previstos em lei. Eventual irregularidade exclui o interessado e vale como punição indireta, além de incentivar que outros interessados mantenham situação de regularidade nas citadas áreas.

Impõe-se que o licitante comprove: a) inscrição mediante CPF ou CNPJ; b) inscrição no cadastro estadual e municipal, se for o caso; c) regularidade perante as Fazendas federal, estadual e municipal; d) regularidade para com a Seguridade Social e o FGTS; e) regularidade perante a Justiça do Trabalho; f) atendimento ao art. 7º, XXXIII, CF (proibição de trabalho noturno, perigoso ou insalubre a menores de dezoito e de qualquer trabalho a menores de dezesseis anos, salvo na condição de aprendiz, a partir de quatorze anos).

Os documentos a que se refere essa habilitação podem ser apresentados por quaisquer meios aptos à comprovação, inclusive por meio eletrônico (art. 68, § 1º).

5. HABILITAÇÃO ECONÔMICO-FINANCEIRA

Na *habilitação econômico-financeira*, a Administração busca exigir dos licitantes a demonstração de sua boa situação econômico-financeira como meio de garantir, em tese, a execução do futuro contrato (art. 69, Estatuto). Como assinalam os estudiosos, urge que se comprove que o interessado na contratação disponha de meios próprios para a execução do contrato,

---

[44] FLÁVIO AMARAL GARCIA, *Licitações*, cit., p. 231.

216 | MANUAL DE DIREITO ADMINISTRATIVO • *Carvalho Filho*

inclusive arcando com os custos existentes antes de receber o pagamento.[45] Tal avaliação não é absoluta, porque podem surgir fatos supervenientes que alterem a condição econômico--financeira do licitante, mas o conjunto desses elementos pode denunciar a presunção de sua capacidade positiva.

A demonstração deve ser objetiva, empregando-se coeficientes e índices econômicos fixados no edital, com a devida justificativa e exigindo-se apenas o seguinte: a) balanço patrimonial, demonstração de resultado de exercício e outros demonstrativos contábeis dos 2 últimos exercícios sociais, ou, se o licitante tiver sido instituído antes desse período, a do último exercício; b) certidão negativa de ações de falência expedida pelo distribuidor da sede da empresa. Pode a Administração aceitar declaração de contador habilitado com a informação de atendimento dos índices do edital.

A lei veda que a Administração exija valores mínimos de faturamento anterior e índices de lucratividade (art. 69, § 2º). A razão consiste em que tais exigências podem traduzir arbitrariedade e alijar bons concorrentes no certame. Em compensação, é possível impor a apresentação da relação de compromissos do licitante que importem na redução de sua capacidade econômico-financeira.

Em se tratando de compras para entrega futura e de obras e serviços, a Administração pode fixar exigência de capital mínimo ou de patrimônio líquido mínimo no percentual máximo de 10% do valor estimado para o contrato (art. 69, § 4º). Nesse aspecto, há entendimento de que a exigência relativa ao capital social é inconstitucional, porque, por mais elevado que seja, se revela insuficiente para verificar a situação econômica da empresa; o capital pode ser de valor muito elevado e a empresa estar insolvente, de modo que a avaliação correta é a do patrimônio.[46]

XIV. Encerramento da Licitação

Como todo processo administrativo, o de licitação também se sujeita à necessidade de um desfecho – o encerramento do processo. Depois das fases de julgamento e habilitação, e após finda a etapa recursal, o processo licitatório será enviado à autoridade superior, e esta pode adotar mais de uma providência a respeito (art. 71).

Em primeiro lugar, pode proceder ao *retorno* do processo para serem saneadas eventuais irregularidades. Nesse caso, o processo retorna ao órgão responsável pela sua condução, cabendo-lhe superar as irregularidades. Registre-se, por oportuno, que, no caso, se cuida de irregularidades sanáveis.

Outra providência é a de *revogação* da licitação por conveniência e oportunidade. De fato, essa hipótese não deve constituir a regra, porque incabíveis alterações de postura injustificáveis pela Administração. Mas pode ocorrer, realmente, que fato superveniente desaconselhe a futura contratação, e aí entra a possibilidade de revogar o certame.[47] Advirta-se, todavia, que a apreciação da conveniência e oportunidade não rende ensejo à discricionariedade absoluta, isso porque daria margem a desvios de finalidade. Cumpre que o administrador defina claramente a situação superveniente que gerou a mudança de interesse por parte da Administração (art. 71, § 2º).

Além dessas, pode a autoridade, ainda, decretar a *anulação* da licitação em caso de ilegalidade insanável. Essa decisão anulatória pode ocorrer *ex officio* ou mediante provocação de terceiro,

---

45   JOEL DE MENEZES NIEBUHR, *Licitação*, cit., p. 409.
46   MARÇAL JUSTEN FILHO, *Comentários*, cit., p. 339.
47   DIÓGENES GASPARINI, *Direito administrativo*, cit., p. 618.

e deve indicar expressamente os atos com vícios insanáveis e os que deles se originam (art. 71, § 1º). Quando a autoridade pratica o ato de controle, deve este ser considerado definitivo em razão de sua natureza. Ou seja: em nome da estabilidade das relações jurídicas e da segurança jurídica, o ato de controle é insuscetível de alteração, exceto em situações excepcionalíssimas.[48]

Fora dessas situações, cabe à autoridade decisória efetivar a *adjudicação* do objeto e a *homologação* da licitação. Tais atos têm o efeito de permitir o início das providências para o fim de ser formalizado o contrato. Em outras palavras, a assinatura do contrato pressupõe a regularidade e a homologação do processo licitatório.

Nas hipóteses de anulação e revogação da licitação, é imperioso que se assegure aos interessados *prévia manifestação* sobre esses atos (art. 71, § 3º). Esse instrumento contraditório deve ser adotado, quando couber, nos casos de contratação direta e nos procedimentos auxiliares da licitação (art. 71, § 4º).

Se houver anulação da licitação, é impossível apagar todos os efeitos anteriores como se não tivessem existido. A lei anuncia que a nulidade não exonera a Administração do *dever de indenizar* o contratado por tudo que já tiver executado até o ato anulatório, bem como pelos prejuízos devidamente comprovados, devendo ser responsabilizados os agentes responsáveis. O direito indenizatório, porém, não pode ser exercido quando a causa da nulidade for atribuída ao próprio contratado (art. 149, Estatuto).

XV. Contratação Direta

1. PROCESSO DE CONTRATAÇÃO DIRETA

De início, é de considerar-se que a *contratação direta* se configura como instrumento de exceção, porquanto foge à regra geral das contratações, para as quais se faz necessário realizar o procedimento prévio da licitação, com a finalidade de selecionar aquele que apresentar a melhor proposta para a Administração. Entretanto, como ninguém desconhece, haverá situações em que a licitação se revelará inviável ou dispensável, e são elas que acabam por impor a contratação direta.

Por conseguinte, pode-se oferecer um *conceito* de contratação direta, como sendo a celebração de contrato administrativo sem a realização de prévia licitação e, em consequência, sem o critério seletivo que rege as contratações em geral, nos casos enumerados na lei.

O sistema tem escora em sede constitucional. Com efeito, ao dispor sobre o princípio da obrigatoriedade de licitação no art. 37, XXI, a Constituição deixou claro que a incidência do princípio deve ser observada "ressalvados os casos específicos na legislação". Esse dispositivo, incluído na competência legislativa da União Federal, tem caráter de *norma geral* e, por via de consequência, aplica-se a todas as unidades federativas.[49] Sendo assim, as hipóteses mencionadas no Estatuto são de observância compulsória para todos os entes sujeitos à exigência de licitação.

Tratando-se de ferramenta de exceção, a contratação direta deve submeter-se a uma atenção redobrada pelo administrador. Por isso, o processo respectivo deve ter rigorosa *instrução* (art. 72). São documentos que instruem o processo: a) documento de demanda ou estudo técnico preliminar, projeto básico, análise de riscos; b) estimativa de despesa; c) parecers jurídico e técnico; d) compatibilidade entre orçamento e o valor da contratação; e) comprovação de habilitação e qualificação do contratado; f) motivação para a escolha do contratado;

---

[48] ADILSON ABREU DALLARI, *Aspectos jurídicos*, cit., p. 197.
[49] JORGE ULISSES JACOBY FERNANDES, *Contratação direta sem licitação*, Brasília Jurídica, 5. ed., 2004, p. 36.

218 | MANUAL DE DIREITO ADMINISTRATIVO • Carvalho Filho

g) justificativa do preço; h) autorização da autoridade competente, que deve ser divulgada no sítio eletrônico oficial (art. 72, parágrafo único).

A contratação direta, pela forma como é autorizada, sempre provocou numerosos atos de improbidade de agentes e de locupletamento ilícito por terceiros. Daí ser inarredável o rigor dessa modalidade. Caso seja esta irregular, haverá *responsabilidade solidária* entre o contratado e o agente público responsável no que toca ao dano causado ao erário, além de outras sanções cabíveis relativas à conduta (art. 73). A solidariedade indica, no caso, mais de um devedor com obrigação por toda a dívida.[50] A indenização pelo dano pode ser cobrada de um dos devedores ou de ambos. E não precisa ser cobrada em parcela: cada devedor solidário tem obrigação quanto à integralidade da indenização.

Em caso de *sobrepreço* ou *superfaturamento,* o dano causado ao erário deve ser claramente comprovado para a imputação de irregularidade. *Sobrepreço* é o preço orçado em valor significativamente superior aos preços de referência de mercado, podendo ser de apenas um item, caso a licitação seja por preços unitários, ou do valor global do objeto no caso de contratação por tarefa ou empreitada por preço global ou integral, semi-integrada ou integrada (art. 6º, LVI).

Por sua vez, *superfaturamento* é o dano causado ao patrimônio da Administração por fatores como (a) medição do objeto superior à quantidade real; (b) deficiência na execução que cause a redução de qualidade, vida útil ou segurança; (c) alterações no orçamento que provoquem desequilíbrio em favor do particular; (d) alterações em cláusulas financeiras que proporcionem recebimentos contratuais antecipados; distorção do cronograma físico-financeiro; prorrogação do prazo sem justificativa, com custos adicionais para a Administração; e reajuste irregular de preços (art. 6º, LVII).

A lei reza também que as funções serão segregadas e as condutas individualizadas (art. 169, § 3º, II). Significa que a apuração levará em conta a função de cada agente no procedimento a fim de que se identifique a conduta de cada um, evitando-se o risco de responsabilizar quem não contribuiu para o resultado danoso.

2. INEXIGIBILIDADE DE LICITAÇÃO

Uma das situações que geram a contratação direta é a *inexigibilidade de licitação.* O pressuposto de tal situação excepcional reside na *inviabilidade de competição* (art. 74). Quer dizer: não havendo espaço para que possam concorrer vários interessados na contratação, o certame, que pressupõe exatamente a competitividade, não pode mesmo ser realizado.

É certo que há muitos questionamentos sobre a inexigibilidade de licitação. E não é para menos. A sociedade está cansada de receber notícias de escândalos ocorridos em licitações, e a inexigibilidade, por ausência do procedimento seletivo, é uma inevitável brecha para o cometimento de ilegalidades à custa da Administração. A verdade é que há muitas considerações a fazer em relação ao sistema. Também é indiscutível que nem sempre a licitação provoca a melhor contratação e reduz a corrupção; essa é apenas uma meia verdade, como já acentuou excelente estudo a respeito do tema.[51]

Há total impossibilidade de relacionar todos os casos de inviabilidade de competição. Por isso, o Estatuto, depois de aludir à licitação inviável, aditou a expressão *"em especial nos casos de"* e em seguida fez uma enumeração de várias hipóteses (art. 74). Por tal motivo, tem-se reconhecido que

---

[50] ORLANDO GOMES, *Obrigações,* Forense, 1961, p. 46.

[51] RENATO GERALDO MENDES e EGON BOCKMANN MOREIRA, *Inexigibilidade de licitação,* Zênite, 2016, p. 83.

as hipóteses contempladas nos incisos do dispositivo estampam meros exemplos da aludida inviabilidade, caracterizando-se, então, o fato de que o legislador recorreu a uma *relação exemplificativa*. Infere-se daí, pois, que poderão surgir situações de inexigibilidade não constantes da referida relação.[52]

Os exemplos que podem caracterizar a inexigibilidade de licitação são os seguintes: a) contratação de serviços ou de compra de materiais que só possam ser fornecidos por produtor, empresa ou representante comercial exclusivos (*fornecedor exclusivo*); b) contratação de profissional do setor artístico consagrado pela crítica especializada ou pela opinião pública (*contratação de artistas*); c) contratos de serviços técnicos especializados predominantemente intelectual com profissionais de *notória especialização* (exceto de publicidade); d) contratação de objetos por meio de *credenciamento*; e) contrato de *aquisição ou locação de imóvel* com certas particularidades de instalações e localização que induzam à escolha direta do contratado.

São enquadrados como *serviços técnicos especializados* prestados por profissionais de notória especialização: 1) estudos técnicos, planejamento e projetos básicos ou executivos; 2) pareceres, perícias e avaliações; 3) assessorias ou consultorias técnicas e auditorias financeiras ou tributárias; 4) fiscalização, supervisão ou gerenciamento de serviços ou obras; 5) patrocínio de causas judiciais ou administrativas; 6) treinamento e aperfeiçoamento de pessoal; 7) restauração de obras de arte; 8) controles de qualidade e tecnológico, análises, testes e ensaios de campo e laboratoriais, instrumentação e monitoramento de parâmetros específicos de obras e do meio ambiente e outros serviços de engenharia que se incluam nessa categoria.

No que tange ao *fornecedor exclusivo*, a Administração deverá comprovar rigorosamente essa condição. Para tanto, exigirá do contratado documento comprobatório da exclusividade, como atestados e declarações, inclusive do fabricante nesse sentido (art. 74, § 1º). A contratação de profissional do setor artístico pode ser feita com seu empresário exclusivo, mas este deve apresentar o contrato ou outro documento que indique a exclusividade (art. 74, § 2º).

No caso dos profissionais de *notória especialização*, a lei considera que tem essa qualificação "o profissional ou a empresa cujo conceito no campo de sua especialidade, decorrente de desempenho anterior, estudos, experiência, publicações, organização, aparelhamento, equipe técnica ou outros requisitos relacionados com suas atividades, permita inferir que o seu trabalho é essencial e reconhecidamente adequado à plena satisfação do objeto do contrato" (art. 74, § 3º).

A lei excluiu a exigência de o serviço ter *natureza singular*, presente na lei anterior, significando a necessidade de haver um cunho pessoal de absoluta individualização.[53] A expressão, porém, provocou mais polêmicas que elucidações e acabou não alcançando o desejável objetivo de precisão. Assim, em bom momento a lei vigente não a reproduziu.

Há alguma divergência quanto à *contratação de advogados*, mas se tem reconhecido, com uma ou outra dissonância, que a missão do advogado é específica por natureza e pode ensejar a contratação por inexigibilidade, sempre observados os princípios da moralidade e impessoalidade.[54] Admite-se que, para atuações rotineiras, sem grandes exigências técnicas, será possível licitar, por exemplo, entre escritórios de advocacia. É preciso, no entanto, verificar o caso concreto. Corrobora tal orientação a Lei nº 8.906/1994 (Estatuto do Advogado), em cujo art. 3º-A,

---

[52] EROS ROBERTO GRAU, "*Inexigibilidade de licitação: aquisição de bens e serviços que só podem ser fornecidos ou prestados por determinado agente econômico*", RDP nº 100, p. 32.

[53] CARLOS ARI SUNDFELD, *Licitação*, cit., p. 45.

[54] MARIA FERNANDA PIRES DE CARVALHO PEREIRA, *Licitações e contratos. Aspectos relevantes*, ob. colet., Fórum, 2007, p. 97-104.

220 | MANUAL DE DIREITO ADMINISTRATIVO • *Carvalho Filho*

acrescido pela Lei nº 14.039, de 17.8.2020, o legislador considerou de notória especialização o advogado ou a sociedade de advogados dotados de conhecimentos e experiências profissionais dos quais se permita inferir ser o seu trabalho essencial e indiscutivelmente o mais adequado à plena satisfação do objeto do contrato.[55]

Diga-se, por oportuno, que, a propósito dessa questão, a mais alta Corte voltou a se pronunciar no sentido da possibilidade de contratação direta de advogados por inexigibilidade de licitação, desde que, obviamente, sejam atendidos os requisitos legais (art. 74, III, "e", Estatuto). Exigiu-se ainda a inexistência de agentes públicos para o patrocínio de causas do Poder Público, bem como a cobrança de preço compatível, observando-se o valor médio cobrado pelo advogado em situações anteriores.[56]

Não obstante, cabe aqui anotar um dado que parece incontestável. Ao dizer que o contratado deverá ter conceito cuja qualificação *"permita inferir"* que seu trabalho é *"essencial e reconhecidamente adequado à plena satisfação"* do objeto do contrato, a lei rendeu ensejo, sem dúvida, a uma certa subjetividade e juízo de valor. De fato, dos aspectos legais mencionados pode inferir-se, ou não, que o trabalho será o mais adequado, dependendo do juízo de valor a ser feito pela autoridade administrativa. Aqui não há solução: será preciso contar com a honestidade e a capacidade do administrador para proceder a tal avaliação.

Para a hipótese de inexigibilidade relativa à compra ou locação de imóvel (art. 74, V), viável quando o imóvel apresente peculiaridades que atraiam o contrato, o Estatuto estabeleceu alguns requisitos. Um deles é a *avaliação prévia do bem,* do seu estado de conservação e dos *custos de adaptações,* bem como prazo de amortização dos investimentos. Aqui busca-se evitar que a escolha acabe sendo prejudicial para a Administração, já tendo havido hipóteses em que os custos de adaptação foram elevadíssimos, culminando pela conclusão de que foi equivocada a escolha.

Outro requisito é a certificação da inexistência de imóveis públicos *vagos e disponíveis* adequados – imposição relevante em face do princípio da economicidade, já que o uso pode ser gratuito ou mais barato, e formalizado por cessão ou concessão de uso. Por fim, cabe justificar a singularidade do imóvel para demonstrar a vantagem para a Administração; na verdade, sem essa motivação, pode a escolha ser inspirada em interesses escusos, prejudicando gravemente a Administração (art. 74, § 5º, I a III).

Pode ocorrer que, além de ser inexigível a licitação, o valor estimado do contrato se enquadre em hipótese de dispensa de licitação em razão do valor (art. 75, I e II), o que, em tese, permitiria qualquer direção. Entretanto, alguns autores entendem que a preferência deve ser dada à dispensa.[57] Outros, contudo, têm diferente pensamento e sustentam que a preferência será da inexigibilidade, devendo-se indagar primeiramente se a licitação é viável, para depois verificar se é dispensável – interpretação mais adequada em nosso entender.[58]

A Lei nº 11.284, de 2.3.2006, que dispõe sobre a gestão de *florestas públicas,* ao tratar da outorga de concessão à gestão privada, veda a declaração de inexigibilidade (art. 13, § 2º). A norma causa estranheza porque pressupõe que sempre haverá competição, o que não é verdadeiro. Assim, parece-nos inconstitucional, eis que impede o exercício da função administrativa de gestão florestal pelo fato de ocorrer hipótese de inexigibilidade.

---

[55] A referida Lei nº 14.039 alterou ainda o Dec.-lei nº 9.295/1946 para o fim de conferir idêntica qualificação a contadores e sociedades de contabilidade.

[56] STF, REs 656.558 e 610.523, j. 25.10.2024.

[57] JORGE ULISSES JACOBY FERNANDES, *Vade-mécum de licitações e contratos,* Fórum, 2. ed., 2005, p. 463-464.

[58] MARÇAL JUSTEN FILHO, *Comentários,* cit., p. 271.

3. DISPENSA DE LICITAÇÃO

3.1. Noções Gerais

Já foi mencionado, ao momento das considerações sobre a contratação direta, que é a própria Constituição que, conquanto exprima o princípio da obrigatoriedade de licitação, abre a ressalva de que esta, por motivos diversos, não será ou poderá não ser realizada (art. 37, XXI). Quando configurada a hipótese de afastamento do administrador relativamente a seu dever de licitar, surge o espaço para a contratação direta.[59]

Um dos pressupostos para a contratação direta, a inexigibilidade de licitação, foi comentado no tópico anterior. O presente destina-se à *dispensa de licitação* (art. 75, Lei nº 14.133/2021), que se caracteriza pelo fato de que, em certas circunstâncias, poderia o procedimento ser realizado, mas, pela particularidade da situação, o legislador decidiu não torná-lo obrigatório. Por isso, a lei registra que "*É dispensável a licitação*", numa indicação de que a licitação *pode* ser dispensada, ou não. Nesse aspecto, prevalece a opção do administrador no exercício de sua discricionariedade.

É imperioso que se faça a distinção entre tais figuras. Na *inexigibilidade*, ocorre a *inviabilidade de competição*, de modo que, ainda que o administrador o desejasse, seria impossível realizar o procedimento licitatório. Na *dispensa*, diferentemente, ocorre a *possibilidade de competição*, mas a lei deixa a critério do administrador realizar a licitação ou fazer a contratação direta. Em outras palavras, na dispensa, a licitação é viável, mas pode o administrador não entendê-la conveniente.

Em outra vertente, importa destacar dois aspectos em relação à dispensa. Um deles consiste na *excepcionalidade*, no sentido de que as situações que a ensejam são incomuns, excepcionais, vale dizer, refogem às situações normais. O outro é a *taxatividade*, indicativa de que a enumeração da lei tem caráter taxativo (*numerus clausus*) e nela não cabe extensão a qualquer outra situação além daquelas expressas na relação.[60]

A doutrina costuma distinguir *licitação dispensável* de *licitação dispensada*. A primeira é caracterizada pela viabilidade de competição, facultando-se ao administrador não realizar o procedimento. A segunda é marcada por determinação da lei no sentido de não ser realizada a licitação.[61] Todavia, a distinção foi prejudicada pela redação do Estatuto vigente: enquanto a lei anterior empregava a expressão "*dispensada* esta" (art. 17, I e II, Lei nº 8.666), a lei nova usa a expressão "*admitida a dispensa de licitação*" (art. 75, I), em que está ausente qualquer tipo de ordem e, ao contrário, parece sobressair a facultatividade própria da licitação dispensável.

Não custa acrescentar, por oportuno, que alguns dos casos tidos como de licitação *dispensada*, relativos à alienação de bens públicos, constituem, na realidade, verdadeiras hipóteses de inexigibilidade. Com efeito, no caso de permuta de imóvel público com outro de natureza privada, não há ensejo para competição, eis que é único o destinatário do contrato, o que configura situação de inexigibilidade.

Em virtude da grande quantidade de situações que permitem a dispensa de licitação, parece-nos mais conveniente, para fins didáticos, agrupá-las em algumas categorias por sua similitude ou propósito. É o que faremos a seguir.

---

[59] VICTOR AGUIAR JARDIM DE AMORIM, *Licitações e contratos administrativos*: teoria e jurisprudência, Senado Federal, 2017, p. 169.

[60] RAUL ARMANDO MENDES, *Comentários*, cit., p. 66.

[61] JESSÉ TORES PEREIRA JÚNIOR, *Comentários*, cit., p. 23, e MARCOS JURUENA VILLELA SOUTO, *Licitações* cit., p. 142-147.

3.2. Critério de Valor

O Estatuto socorre-se, desde logo, do *critério de valor*, prevendo que, para contratações estimadas até determinado valor, o administrador possa valer-se do instrumento da dispensa de licitação (art. 75). Nunca é demais lembrar, porém, que se trata de faculdade para a Administração; se esta o desejar, pode recorrer ao certame licitatório para o processo seletivo.

Há duas faixas de valor. A primeira é destinada a obras e serviços de engenharia ou serviços de manutenção de veículos automotores: a dispensa alcança contratações que envolvam valores inferiores a R$ 119.812,02 (art. 75, I, alterado pelo Decreto nº 11.871/2023). A segunda abrange outros serviços e compras: aqui haverá dispensa se a contratação envolver valores inferiores a R$ 59.906,02 (art. 75, II, com redação do mesmo decreto). Costuma-se afirmar que se trata de contratações de *pequeno valor*. Na verdade, essa é apenas uma sensação, pois que, na prática, nem são valores tão pequenos assim. Mas o legislador precisa demarcar; desse modo, o mais prudente é considerar que se trata de valores pequenos por *presunção legal*, admitindo-se, por isso, a dispensa.

Para evitar repetição de contratações diretas pelo critério de valor, dispõe a lei que, para aferição dos valores, deverá observar-se (a) o somatório do que for gasto pela entidade no exercício financeiro e (b) o somatório da despesa efetuada com objetos da mesma natureza, ou seja, aqueles relativos a contratações do mesmo ramo de atividade (art. 75, § 1º).

A norma veio em socorro daquelas situações em que a unidade gestora fez várias contratações diretas de pequeno valor relativas ao mesmo objeto, cujo montante excederia a faixa fixada na lei e exigiria a licitação, artifício ilegal e fraudulento de certos administradores, que talvez fosse combatido com um adequado planejamento. A aludida limitação, no entanto, não se aplica aos contratos de serviços de manutenção de veículos automotores pertencentes ao órgão até o limite de R$ 9.584,97 (art. 75, § 7º, com alteração do Decreto 11.871/2023), o que significa que o somatório pode exceder o limite definido no art. 75, I.

Os limites acima são *duplicados* quando obras, serviços e compras são contratados por *consórcio público* ou por *autarquia* ou *fundação* que se caracterizem como agências executivas (art. 75, § 2º). Foram excluídas as empresas públicas e sociedades de economia mista mencionadas na lei anterior, o que se justifica por se submeterem atualmente à legislação própria. A lei aludiu apenas a compras, obras e serviços; assim, não alcança as alienações, que devem sujeitar-se aos limites gerais.[62]

Apesar dessas hipóteses de dispensa de licitação pelo valor do contrato, recomenda o Estatuto que a Administração, preferencialmente, faça divulgação prévia de aviso no sítio eletrônico oficial pelo prazo mínimo de 3 dias, com o objetivo de registrar sua manifestação sobre o interesse em obter propostas adicionais de interessados, caso em que será selecionada a proposta mais vantajosa (art. 75, § 3º). A finalidade é evitar algum tipo de favorecimento a algum interessado. Mas a lei ressalva que tal providência deve ser tomada *preferencialmente*, o que desobriga a Administração de fazê-lo. Talvez, na prática, ela jamais se valerá dessa extensão competitiva.

Cumpre acrescentar, por oportuno, que os valores indicados na lei deverão ser *atualizados* pelo IPCA-E (Índice Nacional de Preços ao Consumidor Amplo Especial), ou por índice substituto, a cada dia 1º de janeiro, impondo-se sua divulgação no Portal Nacional (PNCP). É o que enuncia o art. 182. (Coube ao Decreto federal nº 10.922, de 30.12.2021, apresentar os índices de atualização.) Periodicamente, decretos têm sido editados para atualizar os índices.

---

[62] EGON BOCKMANN MOREIRA e FERNANDO VERNALHA GUIMARÃES, *Licitação*, cit., p. 409.

3.3. Licitação Fracassada

Embora a denominação não seja oficial, costuma-se dizer que *licitação fracassada* é aquela em que o referido procedimento não alcançou o objetivo colimado pela Administração, qual seja o de selecionar a proposta mais adequada para uma futura contratação. Realmente, houve fracasso quanto ao objetivo, impedindo que o Poder Público contrate obra, serviço ou compra de produtos de que necessite.

Nessa hipótese, não há alternativa para a Administração senão a de realizar nova licitação, a menos que desista da contratação. O Estatuto, entretanto, admitiu a contratação direta em algumas hipóteses expressas, com a obrigação, porém, de que sejam as mesmas as condições definidas no edital anterior e que o procedimento fracassado tenha sido realizado há menos de um ano (art. 75, III). Ultrapassado o prazo, ocorre a caducidade dessa faculdade administrativa, porque ela fica sem eficácia.

São previstas duas hipóteses de licitação fracassada. A primeira ocorre quando, no processo licitatório, não apareceram licitantes interessados na contratação (art. 75, III, "a"). É a chamada *licitação deserta*, ou seja, aquela que não despertou o interesse de nenhuma empresa, ou ainda, aquela licitação que passou em branco.[63]

Na segunda hipótese, não há desinteressados, mas a expressão do interesse na contratação foi formalizada de modo indevido. Desse modo, a licitação não se completou pela apresentação de propostas (a) inválidas (art. 75, III, "a"; (b) com preços manifestamente superiores aos de mercado; (c) com preços incompatíveis com os fixados pelos órgãos competentes (art. 75, III, "b"). Essa hipótese tem sido denominada de *licitação frustrada.*[64]

Há um aspecto que desafia breve comentário. A lei anterior, na última hipótese acima, referia-se à expressão *preços manifestamente inexequíveis*, para indicar aqueles que em tese nunca dariam ensejo à execução do contrato, fato que redundaria na desclassificação da proposta. A lei vigente abandonou a expressão, e nisso andou bem, porquanto não foram poucas as controvérsias geradas em torno do que indicaria "preços manifestamente inexequíveis", expressão eminentemente valorativa. Em compensação, instituiu um dever para a Administração, qual seja, o de fixação de preços para que se possa verificar a existência ou não de compatibilidade.

3.4. Objetos Específicos

Contratações para diversos fins apresentam objetos específicos, dos quais decorre o efeito de ser dispensável a licitação. São situações específicas, por conseguinte, que geram contratações diretas.

MANUTENÇÃO DE EQUIPAMENTOS – Uma dessas situações é a contratação que tenha por objeto bens componentes ou peças necessários à *manutenção de equipamentos* a serem adquiridos do fornecedor original (art. 75, IV, "a", Estatuto). O contrato, nesse caso, tem que ser firmado durante o período de garantia técnica e deve explicitar claramente essa condição. São situações em que a garantia manutenção vem acoplada à aquisição do bem, mas com a condição de o adquirente fornecer peças e bens para a manutenção.

ACORDO INTERNACIONAL – Outro objeto específico é o atinente à contratação de bens, serviços, alienações ou obras em conformidade com *acordo internacional* aprovado pelo Congresso Nacional, em condições manifestamente vantajosas para o Poder Público (art. 75,

---

[63]   FLÁVIO AMARAL GARCIA, *Licitações*, cit., p. 309.
[64]   MARCOS JURUENA VILLELA SOUTO, *Licitações*, cit., p. 149.

224 | MANUAL DE DIREITO ADMINISTRATIVO • *Carvalho Filho*

IV, "b"). A peculiaridade aqui está na internacionalização do acordo, área nem sempre situada sob a jurisdição pátria. Além disso, são bens normalmente produzidos no exterior.[65] O termo *manifestamente*, como sempre ocorre, é dúbio e carece de precisão, quedando-se em campo de valoração subjetiva. Cabe, pois, ao administrador interpretá-lo em cada hipótese.

GÊNEROS PERECÍVEIS – Produtos hortifrutigranjeiros, pães e outros gêneros perecíveis podem ser contratados diretamente durante o período necessário à realização do certame. A base de pagamento será o preço do dia (art. 75, IV, "e"). Aqui a justificativa é o decurso do tempo, que afeta indiscutivelmente a qualidade de alimentos marcados pela perecibilidade. Então, a solução é a compra direta enquanto se providencia a licitação para fornecimento contínuo.[66]

RESÍDUOS SÓLIDOS URBANOS – É dispensável a licitação na contratação de coleta, processamento e comercialização de *resíduos sólidos urbanos* recicláveis ou reutilizáveis em áreas com sistema de coleta seletiva de lixo (art. 75, IV, "j"). O contratado deverá ser associação ou cooperativa formada exclusivamente por pessoas físicas de baixa renda, qualificadas como catadores de materiais recicláveis, a quem incumbe utilizar equipamentos compatíveis com as normas técnicas, ambientais e sanitárias. Essa hipótese retrata situação de proteção social a classes menos favorecidas associada ao processo urbanístico de gestão sanitária.

OBRAS DE ARTE – Pode ser feita contratação direta no caso de aquisição ou restauração de obras de arte e objetos históricos, com garantia de autenticidade, com a condição de serem inerentes às finalidades do órgão ou com elas compatíveis (art. 75, IV, "k"). É conveniente anotar que tais bens não se prestam a adornar salas e saguões de prédios públicos, em que inexista relação com eles. O dispositivo é adequado a museus, centros históricos, escolas, institutos de artes e pesquisa histórica, com os quais a contratação guarda vinculação. A restauração de obras de arte consta também como hipótese de inexigibilidade (art. 74, III, "g"). Para adequar os dispositivos, deve entender-se que na inexigibilidade só há um profissional técnico moldado para a tarefa, ao passo que na dispensa há vários técnicos, podendo, todavia, a Administração fazer a contratação direta com um deles.

ORGANIZAÇÕES CRIMINOSAS – O Estatuto admite a dispensa de licitação para contratar serviços especializados ou aquisição ou locação de equipamentos destinados ao *rastreamento e à obtenção de provas*, na forma do que prevê o art. 3º, II e V, da Lei nº 12.850/2013, que dispõe a respeito de investigação criminal sobre organizações criminosas (art. 75, IV, "l"). O inciso II trata da captação ambiental de sinais eletromagnéticos, óticos ou acústicos, ao passo que o inciso V se refere à interceptação de comunicações telefônicas e telemáticas. Para que seja legítima, a dispensa deve ser motivada e indicar a existência do sigilo na investigação.

COMISSÃO DE AVALIAÇÃO – É dispensável, ainda, a licitação para contratação de profissionais com o objetivo de compor a *comissão de avaliação de critérios de técnica*, sendo o profissional qualificado como de notória especialização (art. 75, XIII). Como já se viu, a notória especialização é a qualificação que propicia a ocorrência de inexigibilidade de licitação para serviços técnicos (art. 74, III, "a" e "b"). No caso em tela, porém, consta como dispensa. Para uma interpretação lógica e sistemática, será preciso supor que haja vários profissionais de notória especialização para compor a comissão, de modo que se deixará ao administrador a faculdade de dispensar a licitação e fazer a contratação direta.

---

[65] EDGAR GUIMARÃES, *Contratação direta*, Negócios Públicos Editora, 2013, p. 103.
[66] MARÇAL JUSTEN FILHO, *Comentários*, cit., p. 252.

ASSOCIAÇÃO DE PESSOAS COM DEFICIÊNCIA – O objeto neste caso é claramente social. A Administração pode contratar, com dispensa de licitação, *associação de pessoas com deficiência*, sem fins lucrativos e de comprovada idoneidade, para a prestação de serviços (art. 75, XIV). Não obstante, devem estar presentes duas condições: a) o preço do serviço deve ser compatível com os preços de mercado; b) os serviços devem ser executados exclusivamente por pessoas com deficiência. Nada impede, contudo, que algum dirigente ou assessor não seja portador de deficiência, até porque ele pode ser importante para a associação. Mas a execução em si do serviço pressupõe somente pessoas com deficiência.

INTERVENÇÃO NO DOMÍNIO ECONÔMICO – Dispõe o art. 75, X, ser dispensável a licitação quando a União tiver que *intervir no domínio econômico* para regular preços ou normalizar o abastecimento. Segundo o art. 174 da CF, o Estado é agente normativo e regulador da atividade econômica, cabendo-lhe nessa qualidade a função fiscalizatória do setor. Além disso, compete-lhe também reprimir o abuso do poder econômico que tenha o escopo de dominação dos mercados (art. 173, § 4º, CF). A intervenção é da competência exclusiva da União, razão por que o dispositivo é inaplicável aos demais entes federativos.[67]

ACESSO À ÁGUA – O inciso XVII do art. 75, incluído pela Lei nº 14.628, de 20.7.2023, considerou dispensável a licitação quando houver contratação de entes privados sem fins lucrativos, com o objetivo de implementação de cisternas ou outras tecnologias sociais de *acesso à água*, não só para consumo humano, como também para a produção de alimentos.

Semelhante contratação tem o escopo de beneficiar as famílias rurais de *baixa renda*, que tenham sido prejudicadas por calamidades de *seca* ou pela *ausência* na prestação regular do serviço de água. Cuida-se, por conseguinte, de ajuste com evidente intuito de *assistência social*, o que justifica a dispensa. Caberá ao Poder Público, porém, fiscalizar a hipótese com rigor para evitar desvios de finalidade – lamentavelmente usuais em nossa Administração.

ALIMENTAÇÃO GRATUITA – Outra hipótese de *política assistencial* foi incluída no art. 75 do Estatuto, pela mesma Lei nº 14.628/2023, mediante o acréscimo do inciso XVIII, que torna dispensável a licitação para contratação com entidades privadas sem fins lucrativos, visando à implementação do Programa Cozinha Solidária.

Esse programa alvitra fornecer *alimentação gratuita* de preferência à população em situação de *vulnerabilidade e risco social*, incluindo-se a população de rua, para o fim de promoção de políticas de segurança alimentar e nutricional e de assistência social, e de efetivação de direitos sociais, dignidade humana, resgate social e melhoria da qualidade de vida.

De fato, não caberia mesmo exigir-se licitação nessa hipótese, sobretudo porque o fundamento se situa no propósito de reduzir a pobreza e as desigualdades sociais, profundas em nossa sociedade. Reafirma-se, no entanto, a necessidade de efetivo controle administrativo, porque ninguém desconhece que justamente atrás de políticas sociais se escondem os habituais oportunistas e apropriadores de recursos públicos.

3.5. Emergência e Calamidade Pública

É prevista no Estatuto a hipótese de dispensa de licitação nos casos de *emergência* ou de *calamidade pública*, quando houver urgência no atendimento de situação suscetível de provocar prejuízo ou comprometer a regular continuidade dos serviços públicos ou a segurança de pessoas, obras, serviços, equipamentos e outros bens (art. 75, VIII). Nem sempre será fácil caracterizar o que é situação de emergência, visto que a noção se reveste de certo grau de subjetividade,

---

[67] JESSÉ TORRES PEREIRA JÚNIOR, *Comentários*, cit., p. 271.

226 | MANUAL DE DIREITO ADMINISTRATIVO • *Carvalho Filho*

podendo ocorrer, como já ocorreu, falta de congruência entre a valoração do administrador e a do controlador (como exemplo, auditor ou Conselheiro de Tribunal de Contas).[68]

Há algumas restrições para essa contratação direta. Primeiramente, só poderão ser adquiridos os bens necessários ao combate da situação de emergência ou de calamidade. Além disso, as parcelas de obras e serviços devem ser concluídas no prazo máximo de um ano, a partir da ocorrência geradora. Veda-se a prorrogação dos contratos e a recontratação de quem já foi contratado antes por força do dispositivo em foco.

A lei considera emergencial a contratação para *manter a continuidade do serviço público* e dispensa a licitação, mas impõe que sejam respeitados os preços de mercado e providenciado de imediato o processo licitatório, cabendo à Administração apurar a responsabilidade dos agentes encarregados da situação de emergência (art. 75, § 6º).

A emergência pode ser classificada em duas modalidades: *a emergência real* e a *potencial*. A *emergência real* é aquela que se verifica após a ocorrência de um evento destrutivo, requerendo reparações. De outro lado, *emergência potencial* é aquela que decorre do prenúncio ou iminência de um fato danoso ou perigoso, tornando-se urgente a adoção de providências para impedir ou prevenir os efeitos do evento.[69]

Ilegítima, todavia, é a situação comumente denominada *emergência fabricada* ou *desidiosa*, situação provocada pela desídia dos gestores, que deixam de adotar as medidas necessárias à realização de novo procedimento licitatório antes do fim do contrato vigente. O fato pode ocasionar efeitos punitivos para o agente, mas – ressalve-se – cumpre verificar a conduta do agente, que pode ser dolosa ou apenas movida por culpa, já que há casos de real dificuldade na instauração ou finalização do processo licitatório.[70]

A propósito, já se decidiu, com inteiro acerto, no sentido da constitucionalidade de lei distrital (art. 37, XXI, CF), que veda a recontratação de empresa contratada diretamente, com dispensa de licitação, em situação emergencial, quando fundada nessa mesma situação e o período total das contratações exceder o prazo máximo de um ano, o que retrata provável desvio de finalidade. Entretanto, a empresa pode participar de nova licitação ou ser contratada diretamente por outro fundamento contemplado em lei.[71]

No sombrio período da pandemia da COVID-19, com início no ano de 2020, configurou-se, em muitos casos, situação de urgência para aquisição de medicamentos e insumos destinados ao combate da doença. Houve, pois, hipóteses de dispensa e de inexigibilidade, inclusive com legislação específica.

3.6. Pesquisa e Desenvolvimento Tecnológico

Alguns casos de dispensa relacionam-se com atividades de pesquisa e desenvolvimento tecnológico, e outras finalidades afins. São situações em que é viável a licitação, mas conveniente a dispensa, com a escolha direta do contratado.

É dispensável a licitação para contratação de produtos para *pesquisa e desenvolvimento*, com limite, porém, no caso de obras e serviços de engenharia, do valor de R$ 359.436,08 (art. 75, IV, "c", alterado pelo Decreto nº 11.871/2023). Aqui a cautela é necessária para evitar desvios de finalidade; o foco da dispensa é a pesquisa e desenvolvimento, e esses fatores devem ser interpretados restritivamente.

---

[68]   IVAN BARBOSA RIGOLIN e MARCO TULLIO BOTTINO, *Manual prático das licitações*, Saraiva, 2. ed., 1998, p. 297.

[69]   EDGAR GUIMARÃES, *Contratação*, cit., p. 48.

[70]   FELIPE BOSELLI, *Comentários à Lei de Licitações e Contratos Administrativos*, obra colet., Forum, v. 2, 2022, p. 141.

[71]   STF, ADI 6.890, j. 6.9.2024.

Outro caso de dispensa nessa categoria é a *transferência de tecnologia ou licenciamento* de direito de uso ou de exploração de criação protegida, quando se trata de contratos firmados por instituição científica pública ou agência de fomento (art. 75, IV, "d"). Impõe-se, no entanto, uma condição: a prova de que o contrato acarreta vantagem para a Administração. Em consequência, sem essa demonstração, a licitação será obrigatória.

A contratação pode ser direta também no caso de bens ou serviços produzidos no país, que sejam dotados de *alta complexidade tecnológica* e visem à *defesa nacional* (art. 75, IV, "f"). Tais qualificações devem ser cumulativas; se apenas uma estiver presente, incidirá o princípio da obrigatoriedade de licitação.

A dispensa é cabível para a contratação que tenha por escopo atender a dispositivos da Lei nº 10.973/2004, que dispõe sobre incentivos à *inovação e à pesquisa científica e tecnológica* no ambiente produtivo (art. 75, V). Essa legislação alvitra a obtenção de capacidade para a autonomia tecnológica e o desenvolvimento do sistema produtivo nacional e regional do país, com lastro em dispositivos constitucionais, particularmente os arts. 218, 219 e 219-A, da Constituição.

Nessa categoria inclui-se, da mesma forma, a contratação em que haja *transferência de tecnologia* de produtos estratégicos para o *SUS – Sistema Único de Saúde*, de acordo com listagem desse Sistema (art. 75, XII). Aqui a proteção tem como foco a área da saúde, de importância fundamental para a sociedade e plena de carências, como todos reconhecem. A base constitucional é o art. 196 da CF, segundo o qual a saúde é direito de todos e dever do Estado, de modo que nunca será demais o empenho para a melhoria dos serviços desse setor.

Por fim, é dispensável a licitação para contratação firmada por *Instituição Científica, Tecnológica e de Inovação (ICT)* de instituição brasileira sem fins lucrativos, cuja finalidade seja o apoio, a captação e a execução de projetos de ensino, pesquisa, extensão, desenvolvimento institucional, científico e tecnológico e de estímulo à inovação (art. 75, XV). Pode voltar-se também para a gestão administrativa e financeira dessas atividades ou para a contratação de instituição voltada à recuperação social do preso, exigindo-se, entretanto, que tenha reputação ética e profissional reconhecida e não tenha fins lucrativos.

3.7. Forças Armadas e Segurança Nacional

A lei indica hipóteses de dispensa relacionadas às Forças Armadas e à segurança nacional. Um desses casos é a contratação de *materiais de uso* das Forças Armadas, quando houver necessidade de manter a padronização requerida pelas estruturas de apoio logístico dos setores militares. Há vedação, contudo, relativa a materiais de uso pessoal e administrativo (art. 75, IV, "g").

Também é dispensável a licitação para bens e serviços destinados ao atendimento dos contingentes militares das forças brasileiras incumbidas de *operações de paz no exterior* (art. 75, IV, "h"). Tanto o preço quanto a escolha do fornecedor devem ser motivados, estabelecendo-se ao menos algum parâmetro para efeito de controle.

A contratação de abastecimento ou suprimento de efetivos militares em *permanência de curta duração* em portos, aeroportos ou locais fora da sede, por motivo de movimentação operacional ou de adestramento (art. 75, IV, "i").

Há dispensa, ainda, na contratação que possa ocasionar comprometimento da *segurança nacional*, nos casos definidos pelo Ministério da Defesa, quando há demanda dos comandos das Forças Armadas e dos outros Ministérios (art. 75, VI). O propósito do legislador foi o de preservar a segurança nacional, inclusive em situações em que a publicidade própria da licitação for apta a colocar em risco essa garantia constitucional.[72]

---

[72] FLÁVIO AMARAL GARCIA, *Licitações*, cit., p. 310.

228 | MANUAL DE DIREITO ADMINISTRATIVO • Carvalho Filho

Por último, é dispensável a licitação nos casos de *guerra, estado de defesa, estado de sítio, intervenção federal ou de grave perturbação da ordem* (art. 75, VII). A *ratio* do dispositivo é fácil de compreender: a guerra traduz situação de fato relevante e provoca consequências inevitáveis na órbita do Direito.[73] É uma situação anômala, e, por isso mesmo, não há como seguir o procedimento de licitação em face da costumeira urgência nas demandas. O mesmo ocorre com as demais situações, que refogem à normalidade institucional.

3.8. Relações Interpessoais de Direito Público

Há algumas situações que decorem de relação jurídica e institucional entre órgãos ou entidades públicas. Como regra, trata-se de típicas *relações de direito público* e que, por isso mesmo, desafiam disciplina específica. Nesses casos, a lei admite a contratação direta.

Uma dessas situações é a *aquisição,* por pessoa jurídica de direito público interno, de bens produzidos ou serviços prestados por órgão ou entidade que *integre a Administração Pública,* instituído para esse fim específico (art. 75, IX). Exige-se, no entanto, que o preço ajustado seja consonante com os praticados no mercado ou com os custos da pessoa a ser contratada. Do dispositivo ressai a conclusão de que a contratação de obras não está abrangida nessa hipótese de dispensa. Ademais, a aquisição tem que ser feita por ente público (pessoas federativas, autarquias e fundações públicas), mas o fornecedor pode ser entidade privada da Administração, como empresas públicas e sociedades de economia mista.[74]

Além dessa hipótese, a lei prevê a dispensa de licitação para celebração de *contrato de programa* com ente federativo ou entidade de sua administração indireta que tenha como objeto a prestação de serviço público de forma associada, em conformidade com disposição de consórcio público ou convênio de cooperação (art. 75, XI). O contrato de programa tem previsão na Lei nº 11.107/2005 (art. 13), que dispõe sobre *consórcios públicos.* Esse ajuste, como já dissemos em outra oportunidade, alvitra a gestão associada de serviços de interesse dos pactuantes, em que estes procuram melhores resultados e maior efetividade nas metas de interesse comum.[75]

3.9. Área da Saúde

A *área da saúde* é uma das mais sensíveis dentro dos serviços públicos e, como é fácil perceber, algumas circunstâncias podem ensejar que a contratação seja feita diretamente, sem a realização do procedimento licitatório.

Nesse aspecto, pode haver contratação direta para aquisição de *medicamentos* destinados exclusivamente ao tratamento de *doenças raras* definidas pelo Ministério da Saúde (art. 75, IV, "m"). Esse tipo de assistência foge às situações normais e podem ocorrer situações em que a licitação seria prejudicial. Daí a possibilidade de contratação direta.

Outro caso de dispensa é a aquisição, por pessoa de direito público interno, *de insumos estratégicos para a saúde,* produzidos por fundação de apoio a órgão administrativo, autarquia ou fundação em projetos de ensino, pesquisa, extensão, desenvolvimento institucional, científico e tecnológico e de estímulo à inovação (art. 75, XVI). Entretanto, é preciso que a entidade tenha sido criada antes da entrada em vigor do Estatuto e que o preço esteja na faixa dos praticados no mercado.

---

[73] JORGE ULISSES JACOBY FERNANDES, *Contratação direta*, cit., p. 306.

[74] JOEL DE MENEZES NIEBUHR, *Licitação pública*, cit., p. 139.

[75] *Consórcios públicos*, Atlas, 2. ed., 2013, p. 139.

XVI. Alienações

1. CONSIDERAÇÕES PRELIMINARES

O tema sobre *alienações de bens públicos* encerra necessariamente a análise de dois aspectos. O primeiro deles consiste nos aspectos que cercam os próprios bens públicos, ao passo que o segundo envolve o processo seletivo para a escolha daquele que vai adquiri-los ou, se for o caso, a dispensa de licitação.

O Estatuto anterior já incluía capítulo destinado à alienação de bens públicos. A lei vigente não se afastou dessa sistemática e estabeleceu a disciplina das alienações no art. 75, contendo inúmeros dispositivos da lei anterior e outros de aperfeiçoamento do quadro normativo.

Na verdade, não há como dissociar os dois enfoques. De um lado, as alienações se formalizam normalmente por meio de contrato e, por esse motivo, é inafastável a necessidade de cuidar da licitação para a alienação, ou da dispensa, se for o caso. Apenas à guisa de esclarecimento imediato, o termo *alienação* reflete um fato jurídico pelo qual determinado bem se transfere de uma para outra pessoa. As ferramentas da alienação é que se configuram como contratos, como é o caso da venda, doação, permuta etc.

Para empregar um método claro e didático, veremos a seguir a parte do capítulo das alienações que se refere à *licitação* e aos casos de *dispensa*. O estudo em si dos instrumentos alienatórios integrará o capítulo destinado aos bens públicos em geral, comentando-se não só as alienações, mas também a gestão e a aquisição desses bens.[76]

É oportuno, porém, consignar desde já que a alienação de qualquer bem público reclama dois pressupostos impostergáveis. O primeiro é o *interesse público* devidamente explicitado, vale dizer, a justificativa em função da qual é pretendida a alienação do bem e a demonstração de que esse é o melhor caminho na gestão do patrimônio público. Depois, a *avaliação prévia*, para que se possa aferir se o preço estará congruente com o valor de mercado, evitando-se possível dilapidação patrimonial do Estado (art. 76, Estatuto).

2. BENS IMÓVEIS

Os imóveis de que trata a lei integram a categoria dos *bens públicos*, e fazem parte do patrimônio dos entes federativos, das autarquias e das fundações governamentais de direito público. Imóveis pertencentes a pessoas privadas, mesmo sendo da Administração Indireta, configuram-se como bens privados e, pois, sujeitos a regramento de direito civil ou regimental da entidade.

A alienação de bens imóveis depende do cumprimento de dois requisitos, como estabelece o art. 76, I, do Estatuto: em primeiro lugar, a *autorização legislativa*, que indica a participação do Poder Legislativo por meio de manifestação expressa em ato próprio e que resulta na edição de lei autorizadora.[77] Significa, pois, que a Administração não pode alienar imóveis públicos por ato administrativo de sua exclusiva autoria. O fundamento é a necessidade de controle e proteção do patrimônio público. Será dispensada a autorização legislativa, todavia, no caso de imóveis adquiridos em procedimentos judiciais ou por dação em pagamento, impondo-se apenas avaliação prévia e licitação (art. 76, § 1º).

O segundo requisito é a exigência de *prévia licitação* na modalidade de *leilão*. O Estatuto vigente, nesse aspecto, alterou a lei anterior, na qual se apontava a concorrência como a modalidade adequada para esse tipo de alienação. Por conseguinte, a regra geral é que a Administração

---

[76] Cap. 16.
[77] EDMIR NETO DE ARAÚJO, *Curso*, cit., p. 1.166.

230 | MANUAL DE DIREITO ADMINISTRATIVO • *Carvalho Filho*

faça a estimativa do preço pela avaliação prévia e ofereça aos interessados a aquisição pelo procedimento de leilão.

Não obstante, a lei apresenta um elenco de hipóteses em que há *dispensa de licitação*, sendo que em alguns casos haverá impossibilidade jurídica para a realização do certame. Eis os casos de dispensa: a) dação em pagamento; b) doação a outro ente público; c) permuta por outros imóveis que atendam às finalidades da Administração; d) investidura; e) venda a outro ente administrativo; f) alienação gratuita ou onerosa, aforamento, concessão de direito real de uso, locação e permissão de uso de bens imóveis residenciais relacionados a programas de habitação ou regularização fundiária; g) os mesmos contratos relativos a imóveis comerciais de âmbito local, com área máxima de 250m^2 e com vistas à regularização fundiária; h) alienação e concessão de direito real de terras públicas rurais da União e do INCRA; i) legitimação de posse regulada pela Lei nº 6.383/1976; j) legitimação fundiária e legitimação de posse previstas na Lei nº 13.465/2017.

A lei dispensa, ainda, a licitação no caso de a Administração conceder *título de propriedade ou de direito real de uso*, quando o uso se destinar (a) a outro órgão ou entidade administrativa e (b) a pessoa natural que tenha cumprido os requisitos de cultura, de ocupação mansa e pacífica e de exploração direta sobre área rural (art. 76, § 3º, I e II).

A *doação com encargo* será sujeita à prévia licitação e o instrumento negocial conterá necessariamente os encargos, prazo de cumprimento e cláusula de reversão, sob pena de nulidade do ato. Havendo interesse público claramente justificado, será dispensada a licitação (art. 76, § 6º).

O Estatuto inovou, no caso de venda de bens imóveis, ao conferir *direito de preferência* ao licitante que, seguindo as regras do edital, comprove a ocupação do imóvel objeto do certame (art. 77). Note-se, contudo, que não se trata de direito de preferência absoluto. Ao contrário, o que a lei pretende é que, diante do melhor preço alcançado com a venda, possa o interessado ocupante do imóvel oferecer preço igual e, então, ser beneficiado com o direito à aquisição. A preferência, portanto, não se sustenta se o ocupante não oferece o melhor preço em favor da Administração.

3. BENS MÓVEIS

A alienação de bens móveis públicos, ou seja, aqueles que integram o patrimônio das pessoas de direito público, impõe, como regra, a realização de *licitação prévia* sob a modalidade de *leilão*, mas a lei enumerou hipóteses em que a licitação é dispensada. Estas constituem exceção à regra; se a Administração pretende alienar bens móveis, deve realizar o certame licitatório.

A dispensa de licitação ocorrerá nos seguintes casos: a) doação (permitida, segundo a lei, exclusivamente para fins e uso de interesse social); b) permuta (só entre órgãos administrativos, conforme dispõe o Estatuto); c) venda de ações; d) venda de títulos, respeitada a legislação pertinente; e) venda de bens produzidos ou comercializados por entidades da Administração; f) venda de materiais e equipamentos sem utilização previsível pelo ente titular mas adequado a outro (art. 76, II, "a" a "f").

A lei vigente não mais inclui a *avaliação prévia* como requisito para a alienação de bens móveis, como figurava na lei anterior. Entendemos, porém, que, apesar da omissão, a avaliação prévia é fundamental para obstar eventuais riscos ao patrimônio público. Como têm reconhecido os estudiosos, a avaliação prévia é instrumento imprescindível à estimativa do valor do bem e, por isso mesmo, requer justificativa que demonstre o zelo do administrador.[78] Afinal, que garantia existe numa venda em que não se saiba anteriormente ao menos qual o valor aproximado?

---

[78] EGON BOCKMANN MOREIRA e FERNANDO VERNALHA GUIMARÃES, *Licitação pública*, cit., p. 364.

XVII. Instrumentos Auxiliares

Além do procedimento-base da licitação, o Estatuto contemplou, em capítulo à parte, o que denominou de *instrumentos auxiliares* (art. 78), que retratam procedimentos com fins específicos, sem abandonar a ideia central de que a Administração precisa mesmo munir--se de ferramentas adequadas para ao menos permitir a inferência de que será celebrado um bom contrato e de que o contratado foi alvo de seleção ou verificação para apresentar a melhor proposta.

Para estabelecer parâmetros, a lei consignou que os *procedimentos auxiliares* devem seguir critérios claros e objetivos definidos em regulamento (art. 78, § 1º). Tais critérios é que podem conferir a desejável segurança jurídica aos interessados na contratação e, ao exigir-se que sejam claros e objetivos, pretende-se que não ofereçam subterfúgios ou complexidades que deturpem seu objetivo. Isso é o que deseja a lei.

A seguir, faremos breves comentários sobre referidos procedimentos.

1. CREDENCIAMENTO

Credenciamento é o procedimento auxiliar que objetiva a formação de vínculo contratual com a Administração Pública para a execução de determinado serviço de utilidade pública (art. 79, Estatuto). Como regra, alcança vários interessados e todos prestam o mesmo serviço em igualdade de condições. Portanto, a Administração celebra *contrato administrativo* com cada um dos credenciados. Para alguns estudiosos, trata-se de hipóteses de inexigibilidade de licitação, uma vez que é inviável a licitação para a execução do serviço planejado pela Administração.

De acordo com o Estatuto, o credenciamento pode ser utilizado em hipóteses de contratação. Uma delas consiste em *contratações paralelas e não excludentes*, em que é vantajoso para a Administração a realização de contratos simultâneos em condições padronizadas, sem exclusão de ninguém (art. 79, I).

Outra hipótese é aquela em que a *seleção* fica a critério de *terceiros*, o que ocorre quando a seleção do contratado fica a cargo do beneficiário direto da prestação do serviço (art. 79, II).

Cabe também o credenciamento para contratações em *mercados fluidos*, vale dizer, quando a flutuação constante do valor da prestação e das condições de contratação torna inviável a seleção de agente por meio de licitação (art.79, III). Nesse caso, a Administração deve registrar as cotações de mercado vigentes ao momento da contratação.

Para que o sistema tenha legitimidade, o *edital de chamamento* de interessados deve ser divulgado e mantido em sítio eletrônico oficial à disposição do público, a fim de que novos interessados possam efetuar seu cadastramento. Por outro lado, o edital deve estabelecer as *condições padronizadas* de contratação e, quando for o caso, definir o valor da contratação (art. 79, parágrafo único, I e III). A propósito, já se decidiu ser ilegal pontuação fixada no edital para não classificar interessados já credenciados, pois que tal método desvirtua o sistema, calcado na inexigibilidade.[79]

O credenciado tem uma relação *intuitu personae* com a Administração, cabendo apenas a ela a execução do objeto do contrato. Daí emana ser *vedado* que o objeto seja cometido a *terceiros*, a menos que tenha havido autorização por parte do órgão contratante (art. 79, parágrafo único, V). Se o credenciado inobservar tal vedação, dará margem à rescisão contratual por sua culpa.

A lei admite a *denúncia* do contrato por qualquer das partes dentro dos prazos fixados no edital (art. 79, parágrafo único, VI). Em consequência, cada pactuante tem o direito potestativo

---

[79] STJ, REsp 1.747.636, j. 3.12.2019.

de dar fim à contratação sem a necessidade de especificar o motivo. Nesse aspecto, pois, há ampla liberdade para as partes.

A *regulamentação* do instrumento de credenciamento foi delineada pelo Decreto nº 11.878, de 09.01.2024, com as normas detalhadas da operacionalização dessa ferramenta.

2. PRÉ-QUALIFICAÇÃO

O instrumento da *pré-qualificação*, que tem a natureza de procedimento seletivo preliminar, consiste numa habilitação prévia de interessados em contratar com a Administração, que atendam às exigências usualmente mais severas para uma futura contratação (art. 80, Estatuto). Aberta a licitação, só os pré-qualificados, como regra, estarão aptos a competir. Evita-se, com isso, que surjam incidentes sobre a qualificação durante o curso do certame, gerando inevitável atraso.[80]

De acordo com o Estatuto, a pré-qualificação visa a selecionar previamente dois tipos de situação. Primeiro, a seleção de *licitantes* que atendam às condições de habilitação para futura licitação ou de licitação vinculada a programas de obras e serviços definidos de forma objetiva. Nesse caso, podem ser dispensados documentos já inseridos em registro cadastral. Depois, a seleção de *bens* que estejam consonantes com exigências técnicas ou qualidade fixadas pela Administração (art. 80, I e II). Aqui a Administração pode exigir a comprovação de qualidade. O procedimento de pré-qualificação deve ficar permanentemente aberto para receber inscrição de interessados.

A pré-qualificação pode ser *parcial* ou *total*: parcial, quando só alguns dos requisitos técnicos ou de habilitação forem exigidos, e *total*, quando forem exigidos todos os requisitos (art. 80, § 7º). Sendo parcial, os documentos restantes de habilitação serão demandados posteriormente, no curso do processo licitatório. O *prazo* de validade da pré-qualificação é de um ano no máximo e não superior ao prazo de validade dos documentos apresentados pelo interessado (art. 80, § 8º).

O *edital* deve conter todas as informações sobre o procedimento. Além disso, os documentos devem ser apresentados ao *órgão* ou *comissão administrativa* para análise, o que não pode ultrapassar 10 dias úteis. Nessa etapa, podem ser solicitados elementos para correção ou reapresentação de documentos. Após serem pré-qualificados, os bens e serviços devem integrar o *catálogo* respectivo no órgão administrativo. Licitantes e bens pré-qualificados devem ser divulgados e mantidos para conhecimento do público.

A licitação, quando for realizada, *poderá* ser restrita a licitantes e bens pré-qualificados (art. 80, § 10). Trata-se, portanto, de faculdade para a Administração. Não era esse, contudo, o sistema tradicionalmente adotado. A pré-qualificação, assim como a antiga tomada de preços, era restrita àqueles que já se haviam habilitado previamente. Entretanto, ante os termos da lei, pode a Administração convocar não somente os licitantes cadastrados, como também aqueles sem cadastro. O mesmo se diga a respeito dos bens. De um lado se valoriza a competição, mas de outro a pré-qualificação perde um pouco de sua eficácia.

3. PROCEDIMENTO DE MANIFESTAÇÃO DE INTERESSE

Procedimento de manifestação de interesse é o instrumento pelo qual se permite à Administração solicitar à iniciativa privada a propositura e a realização de estudos, investigações, levantamentos e projetos de soluções inovadoras que contribuam com questões de relevância pública (art. 81, Estatuto). O procedimento é instaurado mediante edital de *chamamento público*.

---

[80] MARÇAL JUSTEN FILHO, *Comentários*, cit., p. 604.

Os estudos, investigações, levantamentos e projetos ligados à contratação e de utilidade para a licitação, sejam eles oriundos da Administração ou de terceiros por esta autorizados, devem ficar à disposição dos interessados, cabendo ao vencedor da licitação o dever de ressarcir os gastos correspondentes, na forma do que dispuser o edital.

Essas atividades, quando realizadas pela iniciativa privada, em virtude de procedimento de manifestação de interesse, não conferem ao autor direito de preferência na licitação, nem obrigam a Administração a realizá-la. Também não criam o direito a ressarcimento de gastos efetuados, cabendo apenas a remuneração pelo vencedor da licitação, sem possibilidade de cobrança de valores da Administração (art. 81, § 2º, I a IV).

É imperioso que a Administração se ampare em parecer fundamentado no qual fique demonstrada a adequação do produto ou serviço entregue. Da mesma forma, é preciso garantir que as premissas adotadas sejam compatíveis com as necessidades do órgão.

Segundo a lei, o procedimento em foco pode ser restrito a *startups*, como é o caso de microempreendedores individuais, microempresas e empresas de pequeno porte (art. 81, § 4º). Devem elas ter "natureza emergente" e "grande potencial", qualificações subjetivas e de difícil verificação. Essa restrição parece contrariar o princípio da impessoalidade e da competitividade, afastando outros eventuais interessados, com ofensa evidente aos parâmetros constitucionais.

4. SISTEMA DE REGISTRO DE PREÇOS

Sistema de registro de preços (SRP), conforme definição legal, é "o conjunto de procedimentos para realização, mediante contratação direta ou licitação nas modalidades pregão ou concorrência, de registro formal de preços relativos a *prestação de serviços*, a *obras* e a *aquisição e locação de bens* para contratações futuras" (art. 6º, XLV, Estatuto).

Referido sistema representa um mecanismo empregado para dinamizar e tornar mais eficientes as contratações públicas, e isso porque uma só licitação pode produzir vários compromissos obrigacionais para ajustes futuros em determinado prazo. O vencedor fica obrigado a atender à demanda da Administração relativamente ao bem, à obra ou ao serviço com preços registrados.[81] Quer dizer: um só processo licitatório pode ensejar várias contratações sucessivas, evitando-se licitações diversas para o mesmo objeto. Enfim, tal instrumento teve o objetivo de acelerar os processos de contratação.

Algumas pessoas têm dificuldade de compreender esse sistema. Mas, no fundo, ele é simples. Apenas a título de exemplo, suponha-se que o órgão administrativo precisa adquirir cartuchos para suas impressoras. Não teria sentido fazer várias licitações para adquiri-los. Assim, o órgão faz somente uma licitação para que os licitantes ofereçam o preço do produto, comprometendo-se o vencedor a atender aos pedidos sucessivos da Administração em determinado prazo e com o preço e quantidades registrados. A Administração, então, vai adquirindo à medida que necessita dos cartuchos. E pode até mesmo nem adquiri-los, ficando a oferta em potencial. Em palavras simples, esse é o sistema.

O sistema exige a *ata de registro de preços*, que tem natureza vinculativa e obrigacional e traduz um compromisso para contratações futuras. Na ata são registrados o objeto, os preços, os fornecedores, os participantes e as condições negociais, conforme definido no edital. Seu prazo de vigência é de um ano, podendo ser prorrogado pelo mesmo período, desde que o preço continue sendo vantajoso (art. 84).

---

[81] CRISTIANA FORTINI e FERNANDA PIAGINNI ROMANELLI, *Registro de preços*, ob. colet., coord. Cristiana Fortini, Fórum, 3. ed., 2020, p. 69.

Há três tipos de participantes da Administração. Primeiro, o *órgão ou entidade gerenciadora*, que é responsável pela condução dos procedimentos para registro de preços e gerenciamento da ata. Depois, o *órgão ou entidade participante*, que integra o procedimento desde o início e integra a ata de registro. Por fim, o *órgão ou entidade não participante*, também chamado de *carona*, que não participa inicialmente do procedimento nem integra a ata de registro (art. 6º, XLVII a XLIX).

A entidade gerenciadora, na fase preparatória da licitação para o SRP, deve divulgar sua *intenção* de implantar o registro, a fim de que *outras entidades administrativas* possam, no prazo de 8 dias úteis, manifestar seu interesse de participação no processo, permitindo-se a estimativa total das quantidades da contratação (art. 86). Caso preclusa essa oportunidade, pode a entidade administrativa posteriormente *aderir à ata* de registro de preços, qualifi-cando-se *como entidade não participante* (*carona*). Entretanto, a lei veda que entidades da Administração federal façam adesão a atas de registro gerenciadas por entidade estadual, distrital ou municipal (art. 86, § 8º).

Conforme previsto no art. 86, § 3º, do Estatuto, com a alteração da Lei nº 14.770, de 22.12.2023, a faculdade de *aderir à ata* de registro na condição de *não participante* poderá ser exercida: 1º) por órgãos e entidades da Administração federal, estadual, distrital e municipal, no que concerne à ata de registro de preços de órgão ou entidade gerenciadora federal, estadual ou distrital; 2º) por órgãos e entidades da Administração *municipal*, quanto à ata de registro de preços de órgão ou entidade gerenciadora *municipal*, desde que o registro de preços tenha sido formalizado mediante licitação.

O edital para licitação do SRP deve ser detalhado quanto às especificidades do certame e do seu objeto, quantidades máximas e mínimas e possibilidade de ser oferecida proposta em quantidade inferior ao máximo previsto no edital. O fornecedor assume o compromisso de fornecimento nas condições estabelecidas, ainda que a Administração não faça a contratação. Cabe também prever o registro de mais de um fornecedor, desde que com preço igual ao do vencedor. Como regra, é vedada a participação do órgão em mais de uma ata de registro com o mesmo objeto no prazo de validade da que tiver participado.

5. REGISTRO CADASTRAL

Registro cadastral é o sistema de que se valem as entidades da Administração Pública para *unificar* o registro de licitantes, disponibilizando-o no Portal Nacional de Contratações Públicas, como for detalhado em regulamento (art. 87, Estatuto). Como já retrata um cadastramento prévio, pode a Administração restringir a licitação a fornecedores cadastrados, conforme dis-puser regulamento (art. 87, § 3º). Na lei anterior, várias dúvidas foram suscitadas a respeito do registro em virtude da disciplina defeituosa, mas o tratamento atual dirime essas hesitações.[82]

Para atender a sua finalidade, o sistema será público e desafia ampla divulgação, estando sempre aberto aos interessados. Além disso, a Administração está obrigada a realizar chama-mento público pela internet, ao menos uma vez por ano, para fins de atualização e ingresso de novos interessados.

O interessado, para sua *inscrição* ou *atualização* no cadastro, deve fornecer os dados ne-cessários a esse fim (art. 88). A Administração classificará o inscrito por *categorias,* segundo sua área de atuação, podendo ser criadas subcategorias, se for o caso. O inscrito fará jus a um *certificado*, sujeito a ulteriores atualizações, se necessário. O documento, já previsto na legislação anterior, comprova a idoneidade do inscrito para futura contratação.[83]

---

[82] JESSÉ TORRES PEREIRA JÚNIOR, *Comentários*, cit., p. 237.
[83] ADILSON ABREU DALLARI, *Aspectos jurídicos*, cit., p. 93.

A atuação do contratado será objeto de *avaliação* pela Administração, e esta emitirá documento que comprove o cumprimento das obrigações assumidas. A anotação do cumprimento de obrigações estará condicionada à implementação e à regulamentação do cadastro de atestado informando sobre a situação, sempre em atendimento aos princípios da licitação (art. 88, §§ 3º e 4º).

Se o inscrito deixar de atender às exigências impostas na lei, o registro poderá ser objeto de *alteração, suspensão* ou *cancelamento*. O requerimento de cadastro feito pelo interessado lhe confere o direito de participar da licitação até a decisão da Administração. Eventual celebração do contrato, porém, estará condicionada à emissão do já referido certificado (art. 88, §§ 5º e 6º).

XVIII. Irregularidades

O Estatuto, como já antecipamos, destinou o Título IV (arts. 155 a 173) à disciplina das *irregularidades*, subdividindo-o em três capítulos: um para regular as infrações e sanções administrativas (arts. 155 a 163); outro, para tratar das impugnações, dos pedidos de esclarecimento e dos recursos (arts. 164 a 168); e o terceiro destinado ao controle das contratações (arts. 169 a 173).

Como o Estatuto é diploma único e estabelece as normas reguladoras tanto dos contratos quanto das licitações, examinamos, em tópico próprio, toda a matéria do referido Título IV no capítulo anterior, destinado aos contratos administrativos (Capítulo 5).

Em consequência, para não repetir análise já efetuada, remetemos o leitor ao aludido tópico, no qual toda a matéria foi comentada e analisada, conforme os termos da legislação vigente.

XIX. Crimes

Já esclarecemos que o Estatuto vigente adotou, no que se refere aos crimes praticados em contratos e licitações, método diverso, excluindo os tipos constantes da lei anterior para incluí-los no Código Penal, o que, nesse aspecto, se configura realmente como melhor técnica.

Desse modo, o art. 178 do Estatuto incluiu, no Título XI da Parte Especial do Código Penal, o Capítulo II-B, com o título "Dos Crimes em Licitações e Contratos Administrativos", constituído dos arts. 337-E a 337-P. Por via de consequência, o estudo de crimes nessa área de contratos e licitações passou a ser assunto direto de Direito Penal.

Assim como ocorreu com o tópico acima, relativo às irregularidades, tratamos do tema e de alguns de seus aspectos no capítulo anterior, destinado aos contratos administrativos, abrangendo também as licitações (Capítulo 5). Para evitar dubiedade inútil, reiteramos a sugestão de consultar os comentários que fizemos no referido espaço.

Não obstante, pela pertinência da matéria, parece conveniente destacar que o *crime de fraude à licitação*, cujas hipóteses estão alinhadas no art. 337-L do Código Penal, incluído pela Lei nº 14.133/2021, caracteriza-se como *crime formal*, de modo que a consumação do delito dispensa a comprovação do prejuízo ou da obtenção da vantagem, conforme interpretação jurisprudencial.[84]

---

[84] STJ, Súmula 645 (2021).

XX. Portal Nacional de Contratações Públicas (PNCP)

Da mesma forma como ocorreu com os temas acima, fizemos no capítulo anterior (Capítulo 5), em tópico específico, os comentários sobre o Portal Nacional de Contratações Públicas (PNCP), sítio eletrônico que contempla inúmeras informações e dados sobre contratações e licitações e previsto nos arts. 174 a 176 do Estatuto.

Remetemos o leitor ao aludido tópico, no qual foram feitas breves considerações sobre a natureza, os requisitos e os objetivos do Portal.

XXI. Microempresas e Empresas de Pequeno Porte

Já vimos no capítulo anterior, sobre contratos administrativos, que a Lei Complementar nº 123/2006 estabeleceu disciplina específica para microempresas e empresas de pequeno porte, em regulamentação dos arts. 170, IX e 179 da Constituição, considerando seu relevante papel no setor econômico.[85] Além de normas pertinentes aos contratos administrativos, o referido diploma também introduziu normas especiais sobre licitações, como será visto no presente tópico.

Antes de mais nada, impõe-se registrar que o tratamento favorecido a essa categoria de empresas independe de previsão no edital. Primitivamente, havia tal exigência (art. 49, I, LC nº 123), o que já era contestado por alguns autores,[86] mas depois ela foi revogada, em bom momento, diga-se de passagem. Portanto, a aplicação é direta, ainda que o edital não preveja as normas de favorecimento.

Outro aspecto a considerar é que, como já explicado anteriormente, as normas específicas são aplicáveis no sistema de normas gerais previstas no Estatuto de Contratos e Licitações, como dita o art. 60, § 2º. Significa que tais empresas não perdem as prerrogativas enunciadas em seu estatuto quando a Administração realiza licitação comum em conformidade com as normas do estatuto geral.

Deverão essas empresas apresentar necessariamente, por ocasião de licitações, toda a documentação exigida para comprovar a sua *regularidade fiscal e trabalhista*, ainda que haja alguma restrição nesses aspectos (art. 43, LC nº 123). À guisa de benefício, a lei, em caso de haver restrição, oferece à empresa o prazo de 5 dias úteis para *regularização*, contado a partir do momento em que for declarado vencedor da licitação. Caso não o faça nesse prazo, sujeitar-se-á à *decadência* do direito à contratação, sem prejuízo de outras sanções, cabendo à Administração convocar os licitantes remanescentes para o contrato, ou revogar a licitação (art. 43, §§ 1º e 2º, LC nº 123).

Para reduzir a burocracia, a LC nº 123 enuncia que microempresas e empresas de pequeno porte só precisem comprovar a regularidade fiscal e trabalhista para efeito de assinatura do contrato (art. 42). A norma, no entanto, perdeu parte de sua eficácia na medida em que o sistema do Estatuto vigente posiciona a habilitação depois do julgamento (art. 17, IV e V). A eficácia permanece apenas na hipótese em que a Administração, excepcionalmente, impuser a habilitação antes do julgamento (art. 17, § 1º).

Outro aspecto do tratamento favorecido reside no *critério de desempate*. Esse critério foi denominado de *preferência na contratação* de microempresas e empresas de pequeno porte

---

[85] Capítulo 5.

[86] JAIR EDUARDO SANTANA e EDGAR GUIMARÃES AMORIM, *Licitações e o novo estatuto da pequena e microempresa*, Fórum, 2. ed., 2009, p. 25.

(art. 44, LC nº 123), vale dizer, havendo *empate* entre competidores, a empresa favorecida deve ser a contratada.

A lei catalogou duas espécies de *empate*. De um lado, o *empate real*, ou seja, aquele em que as propostas do participante e da empresa favorecida apresentam ofertas rigorosamente idênticas. A preferência recairá sobre a empresa favorecida (art. 44, LC nº 123).

De outro lado, a lei também considera empate as situações em que as propostas oferecidas pelas empresas favorecidas sejam iguais ou até 10% superiores à proposta mais bem classificada (art. 44, § 1º). No caso de pregão, o intervalo percentual será de até 5% superior ao melhor preço (art. 44, § 2º). Tais hipóteses refletem situações caracterizadas como *empate presumido*, vale dizer, embora diferentes as propostas, a lei as considera empatadas.

No caso de empate, a microempresa ou a empresa de pequeno porte mais bem classificada poderá oferecer proposta de preço mais baixo do que a apresentada pela empresa vencedora; se o fizer, o objeto contratual lhe será adjudicado (art. 45, I). Não ocorrendo a contratação, serão convocadas as empresas favorecidas remanescentes também consideradas em situação de empate, no caso, presumido, para a adjudicação referida (art. 45, II). Se houver empate entre as próprias empresas favorecidas, será realizado sorteio para definir a que primeiro fará a melhor oferta (art. 45, III).

Caso as empresas favorecidas não sejam contratadas, o objeto será adjudicado em favor da proposta originalmente vencedora da licitação. Tal sistema só será aplicado quando a microempresa ou a empresa de pequeno porte não tiverem oferecido a melhor proposta (art. 45, § 2º). Nesse caso, obviamente, a empresa favorecida já terá vencido naturalmente a licitação sem a incidência de qualquer norma privilegiada.

XXII. Serviços de Publicidade

A contratação de *serviços de publicidade*, conforme já vimos no capítulo dos contratos (Capítulo 5), tem fisionomia especial e apresenta peculiaridades que os contratos comuns de serviços não possuem. Além disso, muitas dúvidas surgiram quanto a contratações anteriores relativamente à lisura da escolha. Por tal motivo, foi editada a Lei nº 12.232, de 29.4.2010, para disciplinar licitações e contratos nesse campo.

A Lei nº 12.232 teve sua incidência ampliada pela Lei nº 14.356, de 31.5.2022, que incluiu os arts. 20-A e 20-B, segundo os quais a aplicação da lei estende-se também aos casos de contratação de *serviços de comunicação institucional*. Esses serviços classificam-se em serviços de relação com a imprensa, de natureza específica, e serviços de relações públicas, de cunho mais geral.

O legislador determinou que o critério de julgamento seja o de *melhor técnica* ou *técnica e preço* (art. 5º), de onde se infere que não contemplou o de *menor preço*, realmente inadequado a esse tipo de objeto. O dispositivo faz menção às modalidades previstas no art. 22 da Lei nº 8.666/1993, o antigo Estatuto. Enquanto perdurar a vigência desse diploma, a referência se revela eficaz. Todavia, quando findar sua eficácia temporária, só permanecerão as normas do Estatuto vigente e, em consequência, não mais poderão ser empregados a tomada de preços e o convite, ambas as modalidades excluídas pela lei vigente. A Administração, assim, terá que socorrer-se da concorrência.

O edital deve ser acompanhado de um *briefing*, no qual sejam oferecidas, de forma objetiva e clara, as informações que permitam a elaboração das propostas pelos interessados. Estes, por sua vez, apresentam duas propostas: uma técnica, composta por um plano de comunicação

238 | MANUAL DE DIREITO ADMINISTRATIVO • *Carvalho Filho*

publicitária e por um quadro de informações relativas ao proponente, e outra de preço, que conterá quesitos representativos dos itens de remuneração existentes no mercado publicitário (art. 6º, II, III e V, Lei nº 12.232/2010).

Haverá duas comissões julgadoras: uma é a *subcomissão técnica*, incumbida de julgar as propostas técnicas, e a outra é a *comissão permanente* ou *especial*, responsável pelo julgamento das propostas de preço e pelo julgamento final. Para maior imparcialidade no julgamento, a subcomissão técnica será composta de, no mínimo, três integrantes formados na área de comunicação (ou correlata), sendo que, pelo menos, 1/3 deles não pode ter vínculo com a Administração.

Mesmo antes da vigência do atual Estatuto, a Lei nº 12.232/2010, seguindo a tendência então dominante, previa que a habilitação abrangeria apenas os candidatos já classificados no julgamento final das propostas, após regular convocação (art. 6º, I, II e XI). Após o julgamento da habilitação, será aberto prazo para recursos e, depois de serem estes apreciados, será homologado o procedimento e adjudicado o objeto licitado.

Não custa relembrar que as particularidades do procedimento contempladas na referida lei desafiam *aplicabilidade primária*, cabendo a *aplicação subsidiária* do Estatuto, que é *lei geral*, naquilo que não confrontar as normas da *lei especial*.

Conforme já se averbou com razão, os recursos alocados para meios publicitários têm a natureza de *fomento*, e isso porque uma imprensa independente e honesta tem estofo constitucional e propicia efeitos externos positivos. Essa relação, no entanto, deve submeter-se a critérios dotados da maior objetividade possível, evitando-se a formação de vínculo clientelista entre governo e imprensa.[87]

XXIII. Súmulas

SUPERIOR TRIBUNAL DE JUSTIÇA

Súmula 645: *O crime de fraude à licitação é formal, e sua consumação prescinde da comprovação do prejuízo ou da obtenção de vantagem* (2021).

---

[87]   A observação é de ROBERTO RICOMINI PICCELLI, em Função estimulante da publicidade governamental, *RDA* v. 281, nº 3, p. 250-272, set.-dez. 2022.

Serviços Públicos

I. Introdução

Constitui traço de unanimidade na doutrina a dificuldade de definir, com precisão, serviços públicos. Trata-se, na verdade, de expressão que admite mais de um sentido, e de conceito que, sobre ter variado em decorrência da evolução do tema relativo às funções do Estado, apresenta vários aspectos diferentes entre os elementos que o compõem. É conhecida a teoria de DUGUIT, segundo a qual os serviços públicos constituiriam a própria essência do Estado. Desse momento em diante, porém, foi tão profunda a alteração introduzida na concepção das atividades estatais que na França se chegou a considerar que estava em crise a noção de serviço público.

Por força dessas dificuldades é que varia o conceito de serviço público entre os estudiosos da matéria, nacionais e estrangeiros.

Todavia, como nossa pretensão é a de colocar os temas com a maior simplicidade e dentro de linhas lógicas, quer-nos parecer que se deva esclarecer, de imediato, que a expressão *serviço público* admite dois sentidos fundamentais, um *subjetivo* e outro *objetivo*. No primeiro, levam-se em conta os órgãos do Estado, responsáveis pela execução das atividades voltadas à coletividade. Nesse sentido, são serviços públicos, por exemplo, um órgão de fiscalização tributária e uma autarquia previdenciária. No sentido *objetivo*, porém, serviço público é a atividade em si, prestada pelo Estado e seus agentes. Aqui nos abstraímos da noção de quem executa a atividade para nos prendermos à ideia da própria atividade.[1]

É no sentido *objetivo* que o tema será desenvolvido.

Contudo, as dificuldades não se exaurem na demarcação desses dois sentidos da expressão. Mesmo quando chegamos à ideia de serviço público como atividade, é preciso averiguar quais são os fatores que o caracterizam. E o tema também suscita discrepâncias, calcadas em enfoques especiais levados em consideração pelo estudioso, o que nos leva a três correntes distintas.

A primeira baseia-se no *critério orgânico*, pelo qual o serviço público é o prestado por órgão público, ou seja, pelo próprio Estado. A crítica consiste em que essa noção clássica está hoje alterada pelos novos mecanismos criados para a execução das atividades públicas, não restritas apenas ao Estado, mas, ao contrário, delegadas frequentemente a particulares.

Há, ainda, o *critério formal*, que realça o aspecto pertinente ao regime jurídico. Vale dizer, será serviço público aquele disciplinado por regime de direito público. O critério é insuficiente, porque em alguns casos incidem regras de direito privado para certos segmentos da prestação de

---

[1] Essa distinção básica dos sentidos subjetivo e objetivo é adotada por JEAN RIVERO, que se refere a *"définition organique"* e *"définition matérielle"* (*Droit administratif*, p. 424).

240 | MANUAL DE DIREITO ADMINISTRATIVO • *Carvalho Filho*

serviços públicos, principalmente quando executados por pessoas privadas da Administração, como as sociedades de economia mista e as empresas públicas.

Por fim, temos o *critério material*, que dá relevo à natureza da atividade exercida. Serviço público seria aquele que atendesse direta e essencialmente à comunidade. A crítica aqui reside no fato de que algumas atividades, embora não atendendo diretamente aos indivíduos, voltam-se em favor destes de forma indireta e mediata. Além disso, nem sempre as atividades executadas pelo Estado representam demandas essenciais da coletividade. Algumas vezes são executadas atividades secundárias, mas nem por isso menos relevantes na medida em que é o Estado que as presta, incumbindo-lhe exclusivamente a definição de sua estratégia administrativa.

A conclusão a que se chega é a de que, insuficientes os critérios, tomados de forma isolada, devem todos eles ser considerados na formação da moderna fisionomia que marca a noção de *serviço público*. Esse o sentido moderno que, segundo entendemos, se deve emprestar à noção. Dada a diversidade de critérios para a noção de *serviço público*, no entanto, é imperioso reconhecer que sua abrangência pode alcançar todo e qualquer serviço prestado pelo Estado; com menor amplitude, prestados, individual ou coletivamente, à coletividade; e, com sentido ainda mais restrito, apenas os que beneficiam especificamente certos indivíduos.[2]

II. Conceito

Não é difícil perceber que o realce de um ou de outro critério acaba por ensejar conceitos díspares de serviço público. Como subsídio, e para estudo comparativo, convém apontar o conceito firmado por alguns estudiosos.

LAUBADÈRE denomina de serviço público *"toda atividade de uma coletividade pública visando a satisfazer um objetivo de interesse geral"*.[3]

MARCELO CAETANO assim define: *"Chamamos serviço público ao modo de atuar da autoridade pública a fim de facultar, por modo regular e contínuo, a quantos deles careçam, os meios idôneos para satisfação de uma necessidade coletiva individualmente sentida."*[4]

Eis o enfoque dado por FRITZ FLEINER: *"Chamamos serviço público ao conjunto de pessoas e meios que são constituídos tecnicamente em uma unidade e destinados a servir permanentemente a um fim público específico."*[5]

DIEZ simplifica o conceito, considerando que serviço público *"é a prestação que a Administração efetua de forma direta ou indireta para satisfazer uma necessidade de interesse geral"*.[6]

Na doutrina pátria, também variam os conceitos. HELY LOPES MEIRELLES assim define: *"Serviço público é todo aquele prestado pela Administração ou por seus delegados, sob normas e controles estatais, para satisfazer necessidades essenciais ou secundárias da coletividade, ou simples conveniências do Estado."*[7]

MARIA SYLVIA DI PIETRO, a seu turno, considera serviço público *"toda atividade material que a lei atribui ao Estado para que a exerça diretamente ou por meio de seus delegados,*

---

[2] ALEXANDRE SANTOS DE ARAGÃO aponta tais concepções, dividindo-as nos sentidos amplíssimo, amplo, restrito e restritíssimo (*Direito dos serviços públicos*, Forense, 2007, p. 144-149).

[3] ANDRÈ DE LAUBADÈRE, *Manuel de droit administratif*, p. 21.

[4] *Manual de direito administrativo*, t. II, p. 1.043.

[5] *Droit administratif allemand*, p. 198.

[6] MANUEL MARIA DIEZ, *Manual de derecho administrativo*, t. II, p. 16.

[7] *Direito administrativo brasileiro*, p. 289.

Cap. 7 • SERVIÇOS PÚBLICOS | 241

com o objetivo de satisfazer concretamente às necessidades coletivas, sob regime jurídico total ou parcialmente de direito público".[8]

Em nosso entender, o conceito deve conter os diversos critérios relativos à atividade pública. De forma simples e objetiva, conceituamos serviço público como *toda atividade prestada pelo Estado ou por seus delegados, basicamente sob regime de direito público, com vistas à satisfação de necessidades essenciais e secundárias da coletividade.*

III. Características

As características do serviço público resultam da própria formulação conceitual. Trata-se dos traços que conferem a fisionomia jurídica do instituto e guardam pertinência com quem presta o serviço; com o fim a que se destina o serviço; e com o regime jurídico sob a égide do qual é ele executado.

1. SUJEITO ESTATAL

Visando a um interesse público, os serviços públicos se incluem como um dos objetivos do Estado. É por isso que são eles criados e regulamentados pelo Poder Público, a quem também incumbe a fiscalização.

É claro que as relações sociais e econômicas modernas permitem que o Estado delegue a particulares a execução de certos serviços públicos. No entanto, essa delegação não descaracteriza o serviço como público, vez que o Estado sempre se reserva o poder jurídico de regulamentar, alterar e controlar o serviço. Não é por outra razão que a Constituição atual dispõe no sentido de que é ao Poder Público que incumbe a prestação dos serviços públicos (art. 175).

2. INTERESSE COLETIVO

Sendo gestor dos interesses da coletividade, o Estado não pode alvitrar outro objetivo senão o de propiciar a seus súditos todo o tipo de comodidades a serem por eles fruídas.

A grande diversidade dos interesses coletivos exige sua caracterização em *primários ou essenciais*, de um lado, e *secundários ou não essenciais*, de outro. Quando o serviço é essencial, deve o Estado prestá-lo na maior dimensão possível, porque estará atendendo diretamente às demandas principais da coletividade. Inobstante, ainda que seja secundário, a prestação terá resultado de avaliação feita pelo próprio Estado, que, por algum motivo especial, terá interesse em fazê-lo.

De uma ou de outra forma, contudo, os serviços públicos hão de vislumbrar o interesse coletivo, seja ele próximo ou remoto.

Registre-se, por oportuno, entretanto, que o caráter de essencialidade do serviço não tem parâmetros previamente definidos, variando de acordo com o lugar e o tempo em que a atividade é desempenhada. Com efeito, há países em que um determinado serviço se configura como essencial, ao passo que em outro não passa de atividade secundária.

3. REGIME DE DIREITO PÚBLICO

Como o serviço é instituído pelo Estado e alveja o interesse coletivo, nada mais natural que ele se submeta a regime de direito público.

---

[8]   *Direito administrativo*, p. 80.

242 | MANUAL DE DIREITO ADMINISTRATIVO • *Carvalho Filho*

Na verdade, não se precisa admitir que a disciplina seja integralmente de direito público, porque, como é sabido, alguns particulares prestam serviços em colaboração com o Poder Público. Embora nessas hipóteses incidam algumas regras de direito privado, nunca incidirão elas integralmente, sendo necessário que algumas normas de direito público disciplinem a prestação do serviço. Pode-se até mesmo dizer que nesses casos o regime será *híbrido*, predominando, porém, o regime de direito público quando em rota de colisão com o de direito privado.

Inúmeras são as normas de direito público aplicáveis aos serviços públicos, destacando--se a que impõe a fiscalização do serviço; a supremacia do Estado no que toca à execução; a prestação de contas e outras do gênero.

Existem algumas atividades que, exercidas por particulares, poderiam indiciar, numa ótica genérica, a prestação de um serviço público, tendo em vista que inegavelmente se destinam ao bem-estar de grupos sociais ou de comunidades específicas da sociedade. É o caso de assistência médica ou de ensino proporcionados por pessoas privadas, como entidades religiosas e organizações não governamentais. Numa visão jurídica, entretanto, tais atividades não constituem serviços públicos, porque não são executadas sob regime jurídico de direito público, mas sim dentro do âmbito normal das pessoas privadas que têm na solidariedade ou assistência social um de seus objetivos institucionais. Mesmo que o Poder Público tenha o poder de regular e fiscalizar essas atividades, a atuação estatal se faz dentro do âmbito normal de controle, e não sob um sistema normativo específico, destinado à detalhada disciplina da atividade. Por conseguinte, é mister distinguir: um posto médico municipal enseja a prestação de serviço público de assistência médica, mas um posto médico mantido por entidade religiosa reflete o exercício de atividade privada, embora também de assistência médica.

IV. *Classificação*

Variam as classificações em que os autores agrupam os serviços públicos. Em alguns momentos, elas se identificam quanto ao conteúdo, mas recebem nomenclatura diversa. Consideramos que a importância da classificação está em agrupar-se, com precisão, serviços públicos diversos, levando-se em conta a extensão, o âmbito de incidência, a natureza etc. Entre todas, parece-nos que se deva adotar quatro classificações, que são as a seguir especificadas.

Advirta-se, por oportuno, que, além das que serão comentadas adiante, podem-se catalogar outras classificações fundadas em critérios diversos, o que será visto no decorrer da exposição. Assim, faremos referência aos serviços *comuns* e *privativos*, no tópico relativo à competência, bem como aos serviços *gratuitos* e *remunerados*, no concernente à remuneração. Admite-se, ainda, a classificação de serviços *centralizados* e *descentralizados*, a serem estudados na parte da execução do serviço. Da mesma forma, temos serviços *compulsórios* e *facultativos*, de um lado, e serviços *suspensíveis* e *contínuos*, de outro, que serão examinados nos tópicos referentes aos princípios da continuidade e da remuneração.

1. SERVIÇOS DELEGÁVEIS E INDELEGÁVEIS

Serviços delegáveis são aqueles que, por sua natureza ou pelo fato de assim dispor o ordenamento jurídico, comportam ser executados pelo Estado ou por particulares colaboradores. Como exemplo, os serviços de transporte coletivo, energia elétrica, sistema de telefonia etc.

Serviços indelegáveis, por outro lado, são aqueles que só podem ser prestados pelo Estado diretamente, ou seja, por seus próprios órgãos ou agentes. Exemplifica-se com os serviços de defesa nacional, segurança interna, fiscalização de atividades, serviços assistenciais etc.

Cap. 7 • SERVIÇOS PÚBLICOS | 243

Alguns serviços, embora delegáveis, são prestados pelo próprio Estado, mas o fato se deve a determinada diretriz política e administrativa que pretenda implementar, o que não impede que, em outro momento, sejam executados por terceiros. Já os indelegáveis são inerentes ao Poder Público centralizado e a entidades autárquicas e fundacionais e, em virtude de sua natureza específica, não podem ser transferidos a particulares, para segurança do próprio Estado.

O aspecto da essencialidade, apontada por eminentes publicistas, apresenta-se, em nosso entender, com linhas de certo modo imprecisas. A essencialidade resulta do reclamo social para atividades reputadas básicas para a coletividade, mas tal caracterização não diz respeito à delegabilidade ou não do serviço. Há serviços públicos essenciais que são delegáveis a particulares, e nada impede que o sejam, desde que o Poder Público não se abstenha de controlá-los e fiscalizá-los.

A classificação ora comentada corresponde, com mínimas alterações, à de *serviços próprios* e *impróprios*, adotada por alguns doutrinadores.[9] Semelhante nomenclatura, *venia concessa*, não tem a exatidão desejável: de fato, se os serviços se destinam à coletividade, não há como deixar de considerá-los *próprios*. Em nosso entender, é a delegabilidade ou não do serviço que demarca a sua natureza. Por outro lado, a classificação em *serviços essenciais* e *não essenciais* padece da mesma imprecisão, pois que se trata de juízos de valor sujeitos à alteração dependendo do tempo e lugar. Como é sabido, o que é essencial para uns poderá não o ser para outros; daí ser subjetiva essa valoração.[10]

2. SERVIÇOS ADMINISTRATIVOS E DE UTILIDADE PÚBLICA

O Estado, ao prestar serviços públicos, sempre se volta aos interesses da coletividade. Mas a fruição dos serviços pode ser direta ou indireta. De fato, quando executa serviços de organização interna, o Estado, embora atendendo à conveniência sua, beneficia indiretamente a coletividade.

Por essa razão, consideram-se *serviços administrativos* aqueles que o Estado executa para compor melhor sua organização, como o que implanta centro de pesquisa ou edita a imprensa oficial para a divulgação dos atos administrativos.

Já os *serviços de utilidade pública* se destinam diretamente aos indivíduos, ou seja, são proporcionados para sua fruição direta. Entre eles estão o de energia domiciliar, fornecimento de gás, atendimento em postos médicos, ensino etc.

3. SERVIÇOS COLETIVOS E SINGULARES

Serviços coletivos (uti universi) são aqueles prestados a grupamentos indeterminados de indivíduos, de acordo com as opções e prioridades da Administração, e em conformidade com os recursos de que dispõe. São exemplos os serviços de pavimentação de ruas, de iluminação pública, de implantação do serviço de abastecimento de água, de prevenção de doenças e outros do gênero.

Já os *serviços singulares (uti singuli)* preordenam-se a destinatários individualizados, sendo mensurável a utilização por cada um dos indivíduos. Exemplos desses serviços são os de energia domiciliar ou de uso de linha telefônica.

---

[9]   HELY LOPES MEIRELLES, *Direito administrativo brasileiro*, cit., p. 290.
[10] DIÓGENES GASPARINI adota essa classificação (*Direito administrativo*, cit., p. 222).

244 | MANUAL DE DIREITO ADMINISTRATIVO • Carvalho Filho

Os primeiros são prestados de acordo com as conveniências e possibilidades administrativas e, desse modo, não têm os indivíduos direito subjetivo próprio para sua obtenção, muito embora possam suas associações mostrar à Administração a necessidade de serem atendidos. Os serviços singulares, ao revés, criam direito subjetivo quando o indivíduo se mostra em condições técnicas de recebê-los. Se o serviço é prestado a outro que esteja na mesma situação jurídica, pode o interessado pleitear que a prestação também o alcance. A não ser assim, vulnerado estaria o princípio da impessoalidade (art. 37, CF). Ocorrendo a vulneração, poderá o prejudicado recorrer à via judicial para reconhecimento de seu direito.[11]

4. SERVIÇOS SOCIAIS E ECONÔMICOS

Serviços sociais são os que o Estado executa para atender aos reclamos sociais básicos e representam ou uma atividade propiciadora de comodidade relevante, ou serviços assistenciais e protetivos. Evidentemente, tais serviços, em regra, são deficitários, e o Estado os financia através dos recursos obtidos junto à comunidade, sobretudo pela arrecadação de tributos. Estão nesse caso os serviços de assistência à criança e ao adolescente; assistência médica e hospitalar; assistência educacional; apoio a regiões menos favorecidas; assistência a comunidades carentes etc.

De outro lado, os *serviços econômicos* são aqueles que, embora classificados como *serviços públicos*, rendem ensejo a que o prestador aufira lucros oriundos de sua execução, tendo esse tipo de atividade fisionomia similar à daquelas de caráter tipicamente empresarial (industrial e comercial). Não são deficitários, portanto, como os serviços sociais. Exemplos comuns são os serviços de energia elétrica, gás canalizado, transportes coletivos e outros do gênero.

Cumpre distinguir os *serviços econômicos* das *atividades privadas eminentemente econômicas*: aqueles, como já se viu, são serviços públicos, ao passo que estas não se caracterizam como tais, refletindo apenas interesses próprios de empresas privadas. Os serviços públicos econômicos tanto podem ser prestados pelo Estado diretamente, como por pessoas administrativas (empresas públicas e sociedades de economia mista) e entidades do setor privado, através do regime de delegação. As atividades tipicamente econômicas são destinadas, em princípio, às empresas privadas, como assinala o art. 170, parágrafo único, da CF, que consagra o princípio da livre iniciativa. Contudo, por exceção, podem ser exercidas pelo Estado (art. 173, *caput*, CF) e por empresas públicas e sociedades de economia mista, entes de sua administração indireta (art. 173, § 1º, CF). É o caso, por exemplo, da exploração de minérios e minerais nucleares, atividade econômica objeto de monopólio estatal (art. 177, CF).

Nem sempre é inteiramente exata e precisa a linha que demarca os serviços públicos econômicos e as atividades econômicas privadas. Por isso, surgem divergências em algumas hipóteses. Uma delas foi a que ocorreu com o *serviço postal*, atividade executada por empresa pública federal.[12] O STF, em decisão sobre o tema, teve vários votos com conteúdo e extensão divergentes, considerando a recepção, ou não, da legislação anterior pertinente pela vigente Constituição. Prevaleceu a tese do sentido mais amplo para o serviço postal, mas houve votos para excluir do conceito as encomendas e impressos, como também para assegurar-se o monopólio apenas para carta, cartão postal e correspondência agrupada, não abrangendo, portanto, boletos, contas de luz, água e telefone, jornais, livros ou qualquer tipo de encomendas ou impressos. Anote-se que a decisão não deixou dúvida de que o serviço postal se caracteriza

---

[11] No mesmo sentido, HELY LOPES MEIRELLES (ob. cit., p. 291) e MARIA SYLVIA DI PIETRO (ob. cit., p. 84).

[12] O serviço é disciplinado pela Lei nº 6.538/1978, sendo executado, em monopólio federal, pela ECT – Empresa Brasileira de Correios e Telégrafos, criada pelo Decreto-lei nº 509/1969, a quem foi atribuída a exclusividade de execução ("*privilégio*").

Cap. 7 • SERVIÇOS PÚBLICOS | 245

como serviço público; a discrepância cingiu-se apenas à maior ou menor extensão do sentido de "*serviço postal*".[13]

V. Titularidade

1. COMPETÊNCIA

Sendo a federação o modelo adotado no Brasil, indispensável se torna perquirir qual a entidade federativa competente para instituir, regulamentar e controlar os diversos serviços públicos. Para tanto, será necessário compulsar as linhas que traçam a própria competência constitucional conferida à União, Estados, Distrito Federal e Municípios. Desde já, portanto, se permite, sob a ótica federativa, considerar os serviços públicos como *federais, estaduais, distritais e municipais.*

A vigente Constituição adotou, dessa feita, o sistema de apontar expressamente alguns serviços como sendo comuns a todas as pessoas federativas, continuando, porém, a haver algumas atividades situadas na competência privativa de algumas esferas.

Desse modo, parece-nos pertinente registrar que, quanto a esse aspecto, podemos defrontar--nos com *serviços comuns* e *serviços privativos.*

Serviços privativos são aqueles atribuídos a apenas uma das esferas da federação. Como exemplo, temos a emissão de moeda, serviço postal e polícia marítima e aérea, privativos da União (art. 21, VII, X e XXII, CF); o serviço de distribuição de gás canalizado, privativo dos Estados (art. 25, § 2º, CF); a arrecadação de tributos municipais e o transporte coletivo intra-municipal, conferidos aos Municípios (art. 30, III e V, CF).

Tendo em vista que o sistema de partilha constitucional de competências apresenta algumas complexidades, não raras vezes tem sido declarada a inconstitucionalidade de leis que invadem a competência legislativa privativa de outro ente federativo. A inconstitucionalidade, no caso, é irremediável: se a competência foi reservada a determinada pessoa federativa, nenhuma outra poderá exercê-la. Apenas à guisa de exemplos: leis estaduais não podem dispor sobre licenciamento e utilização de motocicletas e ciclomotores para o transporte de passageiros; trata-se de competência de lei federal (art. 22, XI, CF).[14] Da mesma forma, o Estado não pode disciplinar serviços de energia elétrica, que competem à União (art. 22, IV, CF).[15] Também não pode fazê-lo no que toca ao serviço de transportes coletivos (intramunicipais), de competência dos Municípios (art. 30, V, CF).[16] Ainda: Estados e Distrito Federal não podem dispor sobre consórcios e sorteios, inclusive bingos e loterias, visto se tratar de competência da União (art. 22, XX, CF).[17] Da mesma forma, Estados não podem legislar sobre tarifas de assinatura básica de telefonia (21, XI e 22, IV, CF).[18]

Serviços comuns, ao contrário, são os que podem ser prestados por pessoas de mais de uma esfera federativa. A Constituição enumerou vários serviços comuns no art. 23, referindo expressamente a competência da União, Estados, Distrito Federal e Municípios. Entre eles estão

---

[13]   ADPF 46, Min. EROS GRAU, j. 5.8.2009.

[14]   STF, ADI 3.136-MG, Rel. Min. RICARDO LEWANDOWSKI, e ADI 3.135-PA, Rel. Min. GILMAR MENDES.

[15]   STF, ADI 3729-SP, Rel. Min.GILMAR MENDES, em 17.9.2007.

[16]   STF, ADI 845-AP, Rel. Min. EROS GRAU, em 23.11.2007. No caso, tratava-se de inconstitucionalidade de dis-positivo da Constituição Estadual.

[17]   Tal competência foi consolidada pela Súmula Vinculante nº 2, do STF.

[18]   STF, ADI 4.603, em 26.5.2011. Também: STF, ADI 3.558-RJ (medidores de consumo ordenados por lei estadual) e ADI 3.661-AC (Estado proibia corte de fornecimento de água e energia).

246 | MANUAL DE DIREITO ADMINISTRATIVO • *Carvalho Filho*

os serviços de saúde pública (inciso II); promoção de programas de construção de moradias (inciso IX); proteção do meio ambiente e preservação das florestas, fauna e flora (incisos VI e VII), entre outros. Em relação a tais serviços, dificilmente haverá, em nosso entender, absoluta coincidência quanto aos aspectos da prestação, dadas as peculiaridades de cada pessoa federativa e os interesses que protege. Apesar disso, há entendimento em sentido contrário: no caso de coincidência, prevalecerá a competência da esfera superior por ser excludente.[19]

No que tange a tais serviços, a Constituição, no art. 23, parágrafo único, previa a edição de *lei complementar* (federal, adite-se) com a fixação de normas para regular a *cooperação* entre as entidades federativas, visando ao equilíbrio do desenvolvimento e do bem-estar em âmbito nacional, tudo no intuito de implementar-se um federalismo efetivamente cooperativo. A previsão, que aludia à promulgação de *diploma único*, nunca se concretizou. A EC nº 53, de 19.12.2006, alterou o dispositivo, passando a prever a edição de *leis complementares* plúrimas para o mesmo objetivo. A alteração foi para melhor, porque a cooperação mútua para cada setor de serviços comuns poderá ser regulada em lei complementar própria, em atendimento às peculiaridades que o setor apresente. De qualquer modo, a edição dessa lei complementar é *conditio sine qua* para a disciplina de cooperação recíproca, de modo que também não terá eficácia a alteração processada pela EC nº 53/2006 se nenhuma lei complementar reguladora vier a lume.

Importante assinalar a relevância do critério relativo à *extensão territorial dos interesses* a serem alcançados pela prestação do serviço. De fato, tratando-se de serviço que abranja toda a extensão territorial do país, deverá ele ser prestado pela União. Se abranger todo o Estado, ultrapassando, pois, os limites municipais, deve ser prestado por aquele. E aos Municípios caberá prestar aqueles que sejam de interesse local e, portanto, dentro dos seus limites territoriais.

A propósito, tem lavrado funda divergência na doutrina acerca da competência para a prestação dos serviços de fornecimento de água e saneamento urbano, e isso em virtude de serem tais serviços prestados pelos Estados anteriormente à vigente Constituição, o que gerou a instituição, em alguns casos, de pessoas da administração indireta estadual (autarquias, empresas públicas e sociedades de economia mista). Em nosso entendimento, no entanto, a competência privativa para tais serviços é atualmente do Município, conforme consigna a Constituição no art. 30, I (assuntos de interesse local) e V (organização e prestação dos serviços públicos de interesse local). Para tanto, porém, o Município deve estar devidamente aparelhado com equipamentos e pessoal especializado, o que nem sempre tem ocorrido; nessa hipótese, a entidade estadual continua executando o serviço, que, por ser de inegável essencialidade, não pode ser paralisado, sob pena de causar imenso gravame à coletividade.[20]

O ente municipal, por outro lado, não perde sua competência no caso de integrar região metropolitana, esta prevista no art. 25, § 3º, da CF. Na verdade, os Estados podem estabelecer restrições relativas ao *interesse regional* ou prestar serviços que ultrapassem os limites de um Município. Veda-se-lhes, todavia, que interfiram nos serviços de *interesse local*, de que é exemplo o serviço de saneamento básico – serviço da competência privativa do ente municipal.[21] Lei complementar estadual, que institua região metropolitana, será inconstitucional se conferir ao Estado monopólio na coordenação e organização dos serviços de interesse local, de evidente

---

[19]   HELY LOPES MEIRELLES, *Direito administrativo*, cit., p. 295.

[20]   O STF já reconheceu a titularidade do Município e, em sua impossibilidade, a competência subsidiária do Estado (ADI 2.340, Min. RICARDO LEWANDOWSKI, em 6.3.2013). Vide também: STF, STA-Suspensão de Tutela Antecipada nº 26-Agr-PE, Min. NELSON JOBIM, em 1º.6.2005.

[21]   Também: RICARDO MARCONDES MARTINS, Titularidade do serviço de saneamento básico, *RDA* 249, p. 170-195, 2009; e STF, ADI 2.977, j. 6.3.2013.

interesse dos Municípios. Reclama-se, ao contrário, a presença de representantes municipais no órgão gestor da região metropolitana.[22]

A Lei nº 13.089, de 12.1.2015, instituiu o *Estatuto da Metrópole*, com base no art. 25, § 3º, da CF, estabelecendo normas gerais para o planejamento, a gestão e a execução das funções públicas de interesse comum em *regiões metropolitanas* e em *aglomerações urbanas* criadas pelos Estados. Além disso, dispôs sobre o plano de desenvolvimento urbano integrado e criou o sistema denominado de *governança interfederativa*, órgão ao qual deve incumbir o compartilhamento das ações e responsabilidades de entes federativos quanto à organização, ao planejamento e à execução de funções de interesse comum. Para tanto, listou uma série de instrumentos com esse propósito, como, entre outros, os consórcios públicos, os convênios de cooperação, os contratos de gestão e as parcerias público-privadas. Em suma, ao menos já existe uma lei reguladora para dispor sobre os vários assuntos complexos e conflituosos decorrentes da relação interfederativa, existentes em regiões metropolitanas e aglomerações urbanas. Atingir as metas, porém, depende da competência dos administradores e de sua consciência no que tange à finalidade de interesse público.

A Lei nº 11.445, de 5.1.2007, que dispõe sobre diretrizes gerais para o *saneamento básico*, silenciava sobre a competência constitucional, mas, por alteração superveniente, conferiu a titularidade dos respectivos serviços públicos aos *Municípios e ao Distrito Federal*, no caso de *interesse local*, e aos Estados, em conjunto com os Municípios que compartilham instalações operacionais integrantes de regiões metropolitanas, aglomerações urbanas e microrregiões criadas por lei complementar estadual, no caso de *interesse comum* (art. 8º, I e II, conforme Lei nº 14.026, de 15.7.2020).

De acordo com esse diploma, o saneamento básico é classificado em quatro categorias, cada uma delas com sua infraestrutura própria: (a) abastecimento de água potável; (b) esgotamento sanitário; (c) limpeza urbana e manejo de resíduos sólidos; (d) drenagem e manejo das águas pluviais urbanas (art. 3º, I, "a" a "d"). O legislador, entretanto, não deixou de prever que, tendo em vista a natureza desse tipo de serviço, os entes federativos envolvidos devem prestá-lo pelo regime de gestão associada na forma prevista no art. 241 da CF (art. 3º, II), inclusive através da celebração de consórcios públicos, regulados pela Lei nº 11.107/2005 (art. 8º).[23]

Dentro do tema sob enfoque, vale a pena fazer referência, embora sucintamente, à Lei nº 12.587, de 3.1.2012, que, regulamentando os arts. 21, XX, e 182, da CF, institui as diretrizes da *Política Nacional de Mobilidade Urbana*, alvitrando a integração entre os diferentes tipos de transporte e o aperfeiçoamento da acessibilidade e mobilidade das pessoas e cargas no seio das cidades, como parte específica da política de desenvolvimento urbano. O sistema nacional destinado à execução daquela política é o conjunto dos meios de transporte, de serviços e de infraestruturas, através dos quais se proporciona o deslocamento de pessoas e cargas.

Nesse diploma, o legislador aplicou com exatidão o *critério da extensão territorial dos interesses*, ao cuidar do serviço de *transporte público* de caráter urbano. À União compete prestar o serviço de transporte público interestadual e internacional, sendo caso de interesse tipicamente federal. Aos Estados cabe prestar idêntico serviço quando de natureza inter-municipal – caso em que o interesse exorbita o municipal e não chega ao federal (art. 25, § 1º, CF). Por fim, aos Municípios foi reservada a prestação do serviço de transporte urbano dentro da própria área municipal, caracterizado como serviço essencial e de interesse local (art. 30, I e V, CF).

---

[22] Foi a diretriz traçada pelo STF, na ADI 1.842, j. 28.2.2013.

[23] V. LUIZ HENRIQUE ANTUNES ALOCHIO, *Direito do saneamento*, Millenium, 2007.

248 | MANUAL DE DIREITO ADMINISTRATIVO • *Carvalho Filho*

2. REGULAMENTAÇÃO

Os serviços públicos só podem ser executados se houver uma disciplina normativa que os regulamente, vale dizer, que trace as regras através das quais se possa verificar como vão ser prestados. Essa disciplina regulamentadora, que pode se formalizar através de leis, decretos e outros atos regulamentares, garante não só o Poder Público como também o prestador do serviço e, ainda, em diversas ocasiões, os próprios indivíduos a que se destina.

A regulamentação do serviço público cabe à entidade que tem competência para prestá--lo. O poder de regulamentar encerra um conjunto de faculdades legais para a pessoa titular do serviço. Pode ela, de início, estabelecer as regras básicas dentro das quais será executado o serviço. Depois, poderá optar por executá-lo direta ou indiretamente, e, nesse caso, celebrar contratos de concessão ou firmar termos de permissão com particulares, instituindo e alterando os meios de execução e, quando se fizer necessário, retomá-lo para si.

Como o objetivo é atender à coletividade, podem os órgãos públicos, como bem salienta FLEINER, remover quaisquer obstáculos que possam dificultar ou impedir a execução do serviço.[24]

3. CONTROLE

Além do poder de regulamentação, a competência constitucional para a instituição do serviço confere ainda o poder de controlar sua execução.

O controle, diga-se de passagem, é inerente à titularidade do serviço. Se a determinada pessoa federativa foi dada competência para instituir o serviço, é não só faculdade, mas dever, o de aferir as condições em que é prestado, sobretudo porque essa aferição traz repercussão na esfera dos indivíduos beneficiários do serviço.

O controle pode ser *interno*, quando a aferição se voltar para os órgãos da Administração incumbidos de exercer a atividade. A hierarquia e a disciplina são fatores intrínsecos a essa forma de controle. Pode ainda o controle ser *externo*, quando a Administração procede à fiscalização de particulares colaboradores (concessionários e permissionários), ou também quando verifica os aspectos administrativo, financeiro e institucional de pessoas da administração descentralizada. Em todos esses casos, deve a entidade federativa aferir a forma de prestação, os resultados que tem produzido, os benefícios sociais, a necessidade de ampliação, redução ou substituição, e, enfim, todos os aspectos que constituam real avaliação do que está sendo executado.[25]

VI. *Princípios*

Sendo voltados aos membros da coletividade, os serviços públicos a cargo do Estado ou de seus delegados devem obedecer a certos *standards* compatíveis com o prestador, os destinatários e o regime a que se sujeitam. Como bem anota VEDEL, há aspectos particulares a cada tipo de serviço, mas, de outro lado, avultam outros vetores, de caráter genérico, que devem estar presentes na prestação de todas as modalidades.[26] Esses aspectos genéricos constituem os princípios regedores dos serviços públicos. Vejamos tais princípios, na forma como apontados pelos doutrinadores.

---

[24]   FLEINER, *Droit administratif*, cit., p. 203.
[25]   CAETANO, *Manual*, cit., p. 1.050.
[26]   GEORGES VEDEL, *Droit administratif*, p. 814.

1. PRINCÍPIO DA GENERALIDADE

O princípio da generalidade apresenta-se com dupla faceta. Significa, de um lado, que os serviços públicos devem ser prestados com a maior amplitude possível, vale dizer, deve beneficiar o maior número possível de indivíduos. Além disso, é imperioso avaliar, da mesma forma, a extensão territorial dentro da qual o serviço é executado, e isso porque quanto maior for a extensão, maior será decerto o número de pessoas beneficiadas pela atuação estatal.

Mas é preciso dar relevo também ao outro sentido, que é o de serem eles prestados sem discriminação entre os beneficiários, quando tenham estes as mesmas condições técnicas e jurídicas para a fruição. Cuida-se de aplicação do princípio da isonomia ou, mais especificamente, da impessoalidade (art. 37, CF).[27] Alguns autores denominam esse modelo de princípio da igualdade dos usuários, realçando, portanto, a necessidade de não haver preferências arbitrárias.[28]

2. PRINCÍPIO DA CONTINUIDADE

Esse princípio indica que os serviços públicos não devem sofrer interrupção, ou seja, sua prestação deve ser contínua para evitar que a paralisação provoque, como às vezes ocorre, colapso nas múltiplas atividades particulares. A continuidade deve estimular o Estado ao aperfeiçoamento e à extensão do serviço, recorrendo, quando necessário, às modernas tecnologias, adequadas à adaptação da atividade às novas exigências sociais.

Merece destaque, nesse passo, breve consideração sobre a *suspensão* do serviço público, matéria que tem trazido algumas discrepâncias nos Tribunais e entre os juristas.

O assunto deve ser examinado sob dois ângulos. O primeiro consiste na hipótese em que o usuário do serviço deixa de observar os requisitos técnicos para a prestação. Nesse caso, o Poder Público pode suspender a prestação do serviço, pois que, se lhe incumbe prestá-lo, compete ao particular beneficiário aparelhar-se devidamente para possibilitar a prestação. Readequando-se às necessidades técnicas ensejadoras do recebimento do serviço, o usuário tem o direito a vê-lo restabelecido.

Solução diversa ocorre quando o usuário deixa de pagar o serviço. A despeito de algumas divergências, e com o abono de alguns estudiosos, entendemos que se devam distinguir os serviços compulsórios e os facultativos. Se o serviço for facultativo, o Poder Público pode suspender-lhe a prestação no caso de não pagamento, o que guarda coerência com a facultatividade em sua obtenção. É o que sucede, por exemplo, com os serviços prestados por concessionários, cuja suspensão é expressamente autorizada pela Lei nº 8.987/1995, que dispõe sobre concessões de serviços públicos (art. 6º, § 3º, II),[29] embora não possa iniciar-se na sexta-feira, no sábado ou no domingo, nem em feriado ou no dia anterior a este (art. 6º, § 4º, Lei nº 8.987 com a redação da Lei nº 14.015, de 15.5.2020). Tratando-se, no entanto, de serviço compulsório, não será permitida a suspensão, e isso não somente porque o Estado o impôs coercitivamente, como também porque, sendo remunerado por taxa, tem a Fazenda mecanismos privilegiados para cobrança da dívida. Tais soluções são as que nos parecem mais compatíveis na relação Estado-usuário.

A suspensão do serviço pode decorrer também de situação de emergência, ou, após prévio aviso, por *razões técnicas* ou de *segurança* nas instalações. A interrupção, nessa

---

[27] DIÓGENES GASPARINI, ob. cit., p. 224.

[28] VEDEL, ob. cit., p. 816.

[29] Vide STJ, REsp 510.478, Min. FRANCIULLI NETTO, em 10.6.2003. Também: Súmula 83 do TJ-RJ: "É lícita *a interrupção do serviço pela concessionária, em caso de inadimplemento do usuário, após prévio aviso, na forma da lei*".

250 | MANUAL DE DIREITO ADMINISTRATIVO • *Carvalho Filho*

hipótese, não se caracteriza como descontinuidade do serviço e, por isso, o prestador não fere o princípio da continuidade (art. 6º, § 3º, I, da Lei nº 8.987/1995). Incorrerá em ilicitude, porém, se, não havendo emergência, deixar de efetuar a prévia comunicação pública sobre a paralisação temporária do serviço. Como a lei não indicou o meio, considerou-se lícita a divulgação por emissoras de rádio com cobertura no Município local, transmitida dias antes da interrupção do serviço.[30]

Desperta alguma controvérsia a questão relativa à indenização pelo prestador no caso de suspensão do serviço por motivos de ordem técnica. Pode a lei estabelecer limite de tolerância para que o serviço seja licitamente interrompido, ou delegar à Administração o poder de fazê--lo. Contudo, no silêncio da lei, entendemos que o usuário deve ser indenizado pelos prejuízos que comprovar, decorrentes da paralisação, ainda que o executor tenha feito a comunicação prévia. O fundamento reside não somente na responsabilidade objetiva baseada no risco administrativo, a que se sujeita o fornecedor do serviço *ex vi* do art. 37, § 6º, da CF, como também no Código de Defesa do Consumidor, pelo qual o fornecedor responde, independentemente de culpa, pela reparação de danos ao consumidor por defeitos relativos à prestação do serviço (art. 14).[31] A responsabilidade só estará excluída se a suspensão for provocada por fatos da natureza (tempestades, raios etc.) ou de terceiros (furto de fiação, por exemplo).

A Lei nº 14.052, de 8.9.2020, incluiu, na Lei nº 9.427/1996, o art. 16-A e implantou microssistema, sujeito a regulamentação, sobre a interrupção no fornecimento de *energia elétrica*. Segundo a lei, a interrupção provoca a aplicação de *multa* à prestadora do serviço em benefício dos usuários finais. Será aplicável quando ultrapassado o valor-limite de indicadores de qualidade do serviço. Não o será quando houver (a) falha no sistema ou (b) inadimplemento do usuário. A multa terá um limite mínimo e um limite máximo, e poderá ser paga sob a forma de crédito na fatura de energia ou em espécie, dentro de três meses após a apuração. Por outro lado, a multa não afasta a incidência de outras penalidades previstas em lei (art. 16-A, § 1º, I a V, Lei nº 9.427/1996). Por fim, serão criados instrumentos para a auditoria dos indicadores de qualidade do serviço, diversos de eventuais informações da prestadora do serviço (art. 16-A, § 2º).

A despeito da funda controvérsia que lavra a respeito do tema, a doutrina tem consignado que os serviços públicos específicos e divisíveis podem ser remunerados por *taxa* ou por *preço* (do qual a *tarifa* é uma das modalidades). No primeiro caso, os serviços são prestados pelo Estado investido de seu *ius imperii*, sendo inerentes à sua soberania, de forma que não podem ser transferidos ao particular, pois que, afinal, visam apenas a cobrir os custos da execução (ex.: taxa de incêndio ou taxa judiciária); no segundo, a remuneração tem natureza contratual, e os serviços, que possibilitam a obtenção de lucros, podem ser delegados a particulares, e o próprio Estado, quando os executa, despe-se de sua potestade, atuando como particular (tarifas de transportes, de energia elétrica, de uso de linha telefônica ou, com algumas divergências, de consumo de água).[32]

No que tange ao serviço de abastecimento de água, tem havido muitas divergências quanto à suspensividade, ou não, do serviço. Há entendimentos no sentido de que não pode ser suspenso pelo prestador porque é imposto obrigatoriamente pelo Poder Público e remunerado por taxa.[33] Há, inclusive, decisões judiciais nesse mesmo sentido, ou seja, admitindo que a hipótese reclama o pagamento de taxa, ainda que o serviço seja executado por concessionário.[34]

---

[30]   STJ, REsp 1.270.339, j. 15.12.2016.

[31]   Vide STJ, REsp 935.468-AL, Rel. Min. ELIANA CALMON, em 24.3.2009.

[32]   Vide a respeito LUIZ EMYGDIO DA ROSA JR. (*Manual de direito financeiro e de direito tributário*, p. 390-391).

[33]   HELY LOPES MEIRELLES (ob. cit., p. 297).

[34]   STJ, REsp 201.112, j. 20.4.1999, e REsp 782.270, j. 18.10.2005.

Entendemos, todavia, que diversa é a tendência atual, porque, diante das várias privatizações desse serviço através do regime de concessão, passou a atividade a ter maior caráter negocial, sendo paga, portanto, por tarifa, e, desse modo, suscetível de suspensão por falta de pagamento. Já há, inclusive, algumas decisões adotando essa posição. O próprio STF, reiterando posição já assumida anteriormente, decidiu expressamente que remuneração do serviço de água se caracteriza como preço público (tarifa) e, por via de consequência, não tem natureza tributária, podendo, assim, ser fixado por decreto do Poder Executivo.[35] Parece-nos ser essa, realmente, a melhor orientação. Todavia, é bom lembrar que há autores para os quais o serviço pode ser remunerado por taxa ou tarifa.[36]

O STJ não discrepou dessa posição, bem equacionando a questão. Admitindo a interrupção do fornecimento em virtude de inadimplemento do usuário, entendeu que a norma de incidência não seria a do art. 22 do Código de Defesa do Consumidor, que prevê a continuidade dos serviços essenciais, mas sim a do art. 6º, § 3º, II, da Lei nº 8.987/1995, que, disciplinando as concessões de serviços públicos, autoriza expressamente aquela providência por parte do concessionário.[37] Levada a questão à 1º Seção do mesmo tribunal, restou confirmada a posição – irreparável, aliás, segundo nosso pensamento.[38] Em outra oportunidade, o mesmo Tribunal, peremptoriamente, classificou a contraprestação do usuário como *tarifa*.[39]

Não obstante, a suspensão do serviço só é admissível no caso de *débitos atuais*, ou seja, os que provêm do próprio mês de consumo, ou, ao menos, dos anteriores próximos. Em se tratando de *débitos pretéritos*, isoladamente considerados, deve o concessionário valer-se dos meios ordinários de cobrança; a não ser assim, o consumidor estaria sofrendo inaceitável constrangimento, o que é vedado no Código de Defesa do Consumidor.[40] Por outro lado, o novo usuário não pode sofrer a suspensão do serviço por débito do usuário antecedente. A prestação do serviço, remunerada por *tarifa*, gera obrigação de caráter *pessoal*, e não *propter rem*, como seria o caso de tributo.[41]

A Lei nº 11.445, de 5.1.2007, que passou a estabelecer o Marco Legal do Saneamento Básico mediante as alterações introduzidas pela Lei nº 14.026, de 15.7.2020, admite que os serviços de abastecimento de água e esgotamento sanitário sejam remunerados na forma de taxas, tarifas e outros preços públicos, fixados para cada um ou para ambos em conjunto (art. 29, I). Antes da alteração, o dispositivo não se referia ao pagamento por taxas. Como se pode observar, persistirão os velhos problemas para identificar a natureza jurídica do pagamento. O art. 40, V, da referida lei, também sofreu alteração: o serviço de abastecimento de água ou de esgotamento sanitário pode ser interrompido no caso de inadimplemento do usuário quanto ao pagamento das *tarifas*, de onde se infere que não poderá sê-lo na hipótese de *taxas*.

A suspensão do serviço, então, somente será admissível se for remunerado por preço público (tarifa), ainda que tenha natureza compulsória, estabelecida em lei. Apesar dessa posição, razoavelmente pacificada, há decisões que entenderam inadmissível a suspensão do serviço, mesmo pago por tarifa, quando usuário é o Poder Público. No caso, invoca-se o argumento de que prédios públicos não podem deixar de funcionar, tendo em vista a supremacia do interesse público sobre o privado.[42]

---

[35] RE (Agr.) 201.630, j. 11.06.2002. Também: ERE 54.491 e RREE 85.268 e 77.162.

[36] RICARDO LOBO TORRES, *Curso de direito financeiro e tributário*, 2005, p. 190.

[37] REsp 337.965, j. 2.9.2003.

[38] REsp 363.943, j. 12.11.2003. Ainda: REsp 596.320, j. 12.12.2006.

[39] EREsp 690.609, j. 26.3.2008.

[40] No mesmo sentido: STJ, REsp 909.146, j. 19.4.2007, e REsp 1.040.147, j. 6.5.2008.

[41] TJ-RJ, Ap.Civ. 350.258, j. 27.4.2010, e TJ-SC, AMS 28.069, publ. 5.5.2010.

[42] TJ-RJ, Ap. Cív. 110.283, publ. 10.3.1999. Também: TJ-SP, Ap. Cív. 236.975, j. 6.6.1995.

252 | MANUAL DE DIREITO ADMINISTRATIVO • Carvalho Filho

Não nos parece, *concessa maxima venia*, a melhor posição. O Poder Público, nessas hipóteses, age como mero contratante de serviços e, se é inadimplente com tais obrigações de natureza negocial, é porque os administradores são incompetentes, para dizer o mínimo. Assim, a empresa prestadora do serviço não pode ser compelida a prestá-lo, sob pena de relegar a segundo plano o equilíbrio econômico-financeiro que lhe é assegurado pelo contrato de concessão. O que se deve fazer é promover a responsabilidade política, administrativa e criminal dos agentes responsáveis por esse inaceitável descumprimento. É justo reconhecer, contudo, que, pelo menos, já se admitiu (corretamente, aliás) a interrupção do serviço de energia elétrica por inadimplência de empresa prestadora de serviço público essencial de interesse coletivo; tal decisão evidencia a natureza contratual do serviço de energia elétrica.[43]

Em outra decisão, o STJ procurou conciliar a situação de inadimplência e a natureza do devedor. Sendo inadimplente Município na obrigação do pagamento da tarifa de energia elétrica, ficou decidido que a suspensão do serviço poderá atingir certos órgãos (ginásio de esportes, piscina municipal, biblioteca, almoxarifado, paço municipal, a Câmara Municipal, Correios, velório, oficinas e depósito), mas não poderia alcançar serviços essenciais (escolas, hospitais, usinas, repartições públicas).[44] O entendimento é razoável em virtude do prejuízo que sofre a população, mas – repita-se – deveria providenciar-se a responsabilidade dos administradores inadimplentes, maus gestores dos recursos públicos.

No que tange ao serviço de abastecimento de água, a Lei nº 11.445, de 5.1.2007, passou a estabelecer que a interrupção do serviço em virtude de inadimplência deve obedecer a prazos e critérios que preservem condições mínimas de manutenção da saúde das pessoas atingidas, quando se tratar de: (a) estabelecimentos de saúde; (b) instituições educacionais; (c) instituições de internação coletiva de pessoas; (d) usuário residencial de baixa renda, beneficiário de tarifa social (art. 40, § 3º). Nota-se, pois, que o legislador atendeu a situações de caráter eminentemente social, sujeitas, por isso mesmo, a uma disciplina especial. Por outro lado, dois aspectos merecem destaque. Primeiramente, a lei não isentou tais destinatários do pagamento da tarifa, mas apenas admitiu procedimento especial para a interrupção do serviço. Outrossim, não fez qualquer referência a pessoas estatais, de onde se depreende que nenhuma benesse devia ser-lhes concedida quando não honrassem sua obrigação de pagar pela prestação do serviço. A respeito, aliás, já se indeferiu pretensão de Município que, apesar de inadimplente com a tarifa de água e esgoto, exigia a continuidade do serviço.[45]

Por isso mesmo, tem suscitado controvérsia a denominada *tarifa mínima*, particularmente com relação ao serviço de consumo de água. Alguns advogam o entendimento de que, em se tratando de tarifa, não pode ser fixado valor mínimo para ela, eis que não teria havido uso do serviço. O STJ, no entanto, já decidiu em contrário, assentando que *"a utilização obrigatória dos serviços de água e esgoto não implica que a respectiva remuneração tenha a natureza de taxa"*, invocando, para tanto, precedentes do Supremo Tribunal Federal. Aduziu o referido Tribunal que *"o preço público tem natureza diversa do preço privado, podendo servir para a implementação de políticas governamentais no âmbito social"*, sendo, pois, legítima a cobrança de tarifa mínima.[46] Costuma-se invocar também, como fundamento da cobrança, a necessidade de manutenção geral da rede dos serviços. Entretanto, algumas vozes se têm levantado contra a cobrança.[47] No futuro, tornar-se-á necessário repensar o sistema, de forma a que

---

43 STJ, REsp 628.833, j. 22.6.2004.
44 REsp 460.271, j. 6.5.2004. Também: REsp 853.392, j. 21.9.2006 e REsp 848.784, j. 9.2.2008.
45 STJ, SS 1.764, j. 27.11.2008.
46 STJ, Súmula 356. Vide ainda: REsp 911.802, j. 24.10.2007. Também: Súmula 84, TJ-RJ.
47 STJ, Rcl 4.983, j. 10.12.2010.

a cobrança da tarifa atinja somente aqueles que efetivamente se utilizem do serviço; essa é, aliás, a peculiaridade de que se reveste. Não obstante, aqui e ali se encontra certa tendência de suprimir esse tipo de pagamento.[48]

Ainda dentro do presente enfoque, não custa registrar que é inconstitucional lei estadual que veda, sob pena de multa, a suspensão dos serviços de energia elétrica e fornecimento de água por falta de pagamento, sem que o consumidor tenha sido previamente comunicado. A lei estadual, no caso, viola a competência da União para dispor sobre serviços e instalações de energia elétrica e para legislar sobre energia (art. 22, IV, CF). Ofende também a competência dos Municípios para legislar sobre fornecimento de água, serviço essencial de interesse local (art. 30, I e V, CF).[49]

3. PRINCÍPIO DA EFICIÊNCIA

Deve o Estado prestar seus serviços com a maior eficiência possível. Conexo com o princípio da continuidade, a eficiência reclama que o Poder Público se atualize com os novos processos tecnológicos, de modo que a execução seja mais proveitosa com menor dispêndio.

Fator importante para a Administração reside na necessidade de, periodicamente, ser feita avaliação sobre o proveito do serviço prestado. Desse modo, poderá ser ampliada a prestação de certos serviços e reduzida em outros casos, procedendo-se à adequação entre o serviço e a demanda social. Se inexiste adequação, não há eficiência. É o caso em que o Poder Público implanta serviço de iluminação pública em local sem construções ou em que constrói escola para mais de mil alunos em comunidade com apenas duzentos.[50] São situações a serem evitadas dentro da Ciência da Administração, na qual se pode avaliar a relação custo/benefício do serviço.

A Constituição Federal, referindo-se ao regime das empresas concessionárias e permissionárias, deixou registrado que tais particulares colaboradores, a par dos direitos a que farão jus, têm o dever de manter adequado o serviço que executarem, exigindo-lhes, portanto, observância ao princípio da eficiência (art. 175, parágrafo único, IV).

É tanta a necessidade de que a Administração atue com eficiência, curvando-se aos modernos processos tecnológicos e de otimização de suas funções, que a EC nº 19/1998 incluiu no art. 37 da CF o *princípio da eficiência* entre os postulados principiológicos que devem guiar os objetivos administrativos, como já tivemos a oportunidade de consignar (Capítulo 1). Nesse mesmo ponto, registramos que a Lei nº 13.726/2018 dispõe sobre a racionalização de atos e procedimentos administrativos em todas as unidades da federação para desburocratizar o serviço público e melhor atender aos usuários.

4. PRINCÍPIO DA MODICIDADE

Significa esse princípio que os serviços devem ser remunerados a preços módicos, devendo o Poder Público avaliar o poder aquisitivo do usuário para que, por dificuldades financeiras, não seja ele alijado do universo de beneficiários do serviço.

Parece-nos acertado o pensamento segundo o qual esse princípio *"traduz a noção de que o lucro, meta da atividade econômica capitalista, não é objetivo da função administrativa, devendo o eventual resultado econômico positivo decorrer da boa gestão dos serviços, sendo certo*

---

48 STF, ADI 4.369, j. 23.6.2010.
49 STF, ADI 7.576, j. 26.4.2024.
50 São exemplos de DIÓGENES GASPARINI, *Direito administrativo*, cit., p. 224.

254 | MANUAL DE DIREITO ADMINISTRATIVO • Carvalho Filho

que alguns deles, por seu turno, têm de ser, por fatores diversos, essencialmente deficitários ou, até mesmo, gratuitos".[51]

É tão importante a modicidade para adequação entre a prestação do serviço e a sua remuneração que, em certas oportunidades, o Poder Público oferece subsídio para seu custo ou admite apoio financeiro por outras fontes de renda, como ocorre nas concessões e permissões (art. 11, Lei nº 8.987/1995). Evidentemente não se trata de subvenções aleatórias, mas, sim, de fontes de sustentação para tornar mais módico o preço do serviço em benefício dos usuários.

Em outro giro, existem alguns serviços que alcançam o mais alto patamar no que concerne ao princípio da modicidade, isto é, são previstos como serviços gratuitos. Como exemplo, temos a educação básica obrigatória, inclusive para os que não tiveram essa oportunidade na idade própria (art. 208, I, CF) e o transporte coletivo urbano aos maiores de 65 anos (art. 230, § 2º, CF). O fundamento dessa garantia repousa, em linha de princípio, na necessidade de amparar hipossuficientes, que, sem as respectivas normas de coerção, dificilmente teriam como exercer seus direitos.

VII. Remuneração

A questão da remuneração dos serviços públicos tem relação com o próprio conceito de *prestação*. DIEZ destaca que, no sentido técnico, prestação *"é uma atividade pessoal que um sujeito deve efetuar em benefício de outro sujeito a quem se proporciona uma utilidade concreta e em virtude de uma relação jurídica de natureza obrigatória entre as duas partes".[52]*

Ocorre que, na relação de direito público, a prestação efetivada pelo Poder Público nem sempre recebe o correspectivo pecuniário, o que leva ao reconhecimento de que os serviços, como primeira caracterização, podem ser *gratuitos* e *remunerados*.

Os serviços gratuitos têm cunho basicamente social e devem levar em conta fatores singulares de indivíduos ou de comunidades. Gratuitos, como regra, devem ser os serviços de assistência médica, educação, apoio a coletividades carentes etc. Não obstante, nada impede que, em serviços dessa natureza, possa ser cobrada remuneração (normalmente taxa) de algumas pessoas em favor de outras de baixa condição socioeconômica, em nome do princípio da solidariedade e da inclusão social, não constituindo óbice o fato de o órgão ser beneficiário de orçamento público.[53]

Quando, porém, os indivíduos têm obrigação pecuniária como contraprestação do serviço, diz-se que o serviço é remunerado. A forma de remuneração também é variável. Em primeiro lugar, alguns serviços são remunerados por *taxas*, espécie de tributo prevista para esse fim (art. 145, II, CF). Quando o serviço é obrigatório, ou seja, imposto aos administrados, será ele remunerado por taxa. É o caso do serviço de prevenção de incêndio ou coleta de lixo.

No que tange a este último serviço, torna-se ainda importante distinguir o serviço de coleta individual regular dos resíduos sólidos, de um lado, e o de limpeza pública consistente em varrição, lavagem e capinação das vias e logradouros públicos, e no desentupimento de bueiros, de outro. O primeiro enseja a remuneração por taxa porque implica a presença dos requisitos da divisibilidade e especificidade, bem como o exercício do poder de polícia,

---

[51] SÉRGIO DE ANDRÉA FERREIRA, *Direito administrativo didático*, p. 235.

[52] *Contra*: STF, RE 500.171, j. 13.8.2008. Também: Súmula Vinculante 12 do STF.

[53] *Contra*, entendendo ser ilegítima a cobrança: STF, RE 500.171-GO, Rel. Min. RICARDO LEWANDOWSKI, em 13.8.2008 (com quatro votos vencidos). A hipótese referia-se à taxa de matrícula em universidade pública para a criação de um fundo em favor de estudantes de baixa condição socioeconômica. Vide também Súmula Vinculante 12, do STF.

exigidos pelo citado mandamento constitucional,[54] mas o segundo tem caráter geral e constitui atividade típica do Poder Público e essencial para a coletividade, de onde se infere que seus custos devem ser cobertos pelos recursos advindos do pagamento dos impostos em geral.[55] A propósito, já se pacificou o entendimento de que não vulnera o art. 145, II, da CF, a cobrança de taxa exclusivamente em virtude da prestação dos serviços públicos de coleta, remoção e tratamento ou destinação de lixo ou resíduos oriundos de imóveis – considerados específicos e divisíveis (STF, Súmula Vinculante 19/2009). Ressalve-se, porém, que essa cobrança tem que estar completamente dissociada de outros serviços de limpeza pública, como, por exemplo, de conservação e limpeza de logradouros e bens públicos.[56] É viável, ainda, o serviço de coleta de lixo extraordinário, destinado a pessoas físicas e jurídicas que produzem resíduos em quantidade excessiva e superior à produção normal; tal serviço pode ser objeto de concessão e sua remuneração se faz por tarifa.[57]

Em relação ao serviço de distribuição de água, a matéria tem-se revelado objeto de algumas controvérsias, como já tivemos a oportunidade de salientar. Não obstante, a tendência atual é a de considerá-lo como serviço de natureza contratual e, por via de consequência, remunerado por tarifa, e não por taxa.

A remuneração por taxa é devida ainda que o usuário não utilize o serviço; basta, como registra a Constituição, que o serviço seja posto à sua disposição. Como é imposto em caráter obrigatório, domina o entendimento da doutrina e da jurisprudência, com alguma controvérsia, no sentido de que esse tipo de serviço não pode ser objeto de suspensão por parte do prestador, até mesmo porque tem ele a possibilidade de valer-se das ações judiciais adequadas, inclusive e principalmente a execução fiscal contra o usuário inadimplente.

Contudo, para que o prestador do serviço possa obter a respectiva remuneração, urge que tenha sido efetivamente executado. Se não o foi, qualquer cobrança se revela indevida, já que o usuário não pode pagar por um serviço que não lhe foi prestado. Tem ocorrido o fato com a cobrança da tarifa de esgoto em locais em que sequer existe o serviço. A jurisprudência – acertadamente, a nosso ver – tem assegurado ao usuário o direito à repetição do indébito, com restituição em dobro, com base no art. 42, parágrafo único, do CDC – Código de Defesa do Consumidor.[58]

De outro lado, pode ocorrer que, em virtude de política pública com objetivos previamente estabelecidos, a remuneração tenha *parâmetros diferenciados* de cobrança conforme a existência de certos elementos específicos quanto à obtenção do serviço. No caso do abastecimento de água, por exemplo, a cobrança pode ser diferenciada considerando-se a *categoria dos usuários* e as *faixas de consumo* (STJ, Súmula 407). Ali o parâmetro decorre de política de justiça social, os usuários de maior vulnerabilidade social, como é o caso da Lei nº 10.438/2002, que criou a Tarifa Social de Energia Elétrica, e da Lei nº 14.898, de 13.6.2024, que institui diretrizes para a Tarifa Social de Água e Esgoto em âmbito nacional, em favor de usuários de baixa renda; aqui, de controle do uso, onerando-se quem consome maiores quantidades, sobretudo em se tratando de recurso natural limitado e, por isso, suscetível de proteção pelo governo; a legislação

---

54 Também: ADILSON ABREU DALLARI, Cobrança de taxa remuneratória do serviço de coleta de lixo, *RTDP* 25, p. 20-32, 1999.

55 STF, RE 204.827, Min. ILMAR GALVÃO, j. 12.12.1996.

56 STF, RE 576.321, Rel. Min. RICARDO LEWANDOWSKI, em 4.12.2008.

57 Vide MARCOS PAULO MARQUES ARAÚJO, *Serviço de limpeza urbana à luz da lei de saneamento básico*, 2008, p. 360-365, e CESAR A. GUIMARÃES PEREIRA, em Participação privada nos serviços de limpeza urbana, em *RDA* 216, p. 75-108, 1999.

58 STJ, AgRg-AI 1.303.241, j. 17.3.2011, e Embs. Diverg. 1.212.378, j. 9.5.2011.

256 | MANUAL DE DIREITO ADMINISTRATIVO • *Carvalho Filho*

vigente, aliás, já prevê, em relação ao consumo da água, a adoção de fomento ao uso sustentável, o incentivo a equipamentos e métodos economizadores e a educação ambiental visando à economia desse recurso hídrico (Lei nº 11.445/2007).

Advirta-se, todavia, que a cobrança da taxa só é legítima se o serviço público, prestado ou disponibilizado ao usuário, for específico e divisível, como expressa o art. 145, II, da Constituição. Será específico, quando tiver linhas próprias de identificação, e divisível, quando o usuário receber parcelas individualizadas do serviço.[59] Por tal motivo, não pode ser imposta taxa para remunerar serviços de destinação genérica. O STF, aliás, já assentou, em correta orientação, a nosso ver, que o serviço de iluminação pública, em virtude de sua generalidade e indiscriminação, não pode ser remunerado por taxa.[60]

A EC 39/2002, contudo, introduziu o art. 149-A na CF, passando a admitir que o Município e o DF instituam contribuição para o custeio do serviço. Posteriormente, porém, o art. 149-A da CF, alterado pelas ECs nºs 39/2002 e 132/2023 (Reforma Tributária), passou a admitir que Municípios e o DF instituam *contribuições* não só para o custeio, a expansão e a melhoria do serviço de *iluminação pública*, como também para sistemas de monitoramento, visando à *segurança e à preservação de logradouros públicos*, observado o art. 150, I e III, da CF.

Os serviços facultativos são remunerados por *tarifa*, que é caracterizada como preço público. Aqui o pagamento é devido pela efetiva utilização do serviço, e dele poderá o particular não mais se utilizar se o quiser. Considera-se que nessa hipótese o Estado, ou seus delegados, executem serviços econômicos (industriais ou comerciais), o que dá lugar à contraprestação. Exemplo desse tipo de serviço é o de energia elétrica e de transportes urbanos. Sendo tais serviços de livre utilização pelos usuários, já que inexiste qualquer cunho de obrigatoriedade, tem-se entendido, a nosso ver com toda a coerência, que podem ser suspensos pelo prestador se o usuário não cumprir seu dever de remunerar a prestação. Porém, quitando seu débito, o usuário tem direito ao fim da suspensão e, em consequência, à nova fruição do serviço.

O débito tarifário, contudo, não pode ser transferido ao novo usuário do serviço essencial, e isso porque não é deste último a inadimplência para com o concedente.[61] A propósito, cabe observar que, na locação de imóvel, cabe ao locatário, que utiliza realmente o serviço, o ônus de pagar a tarifa, e não ao locador, se este estava quite com o prestador, e isso porque não se trata de tributo, situação que redundaria em obrigação *propter rem*. Assim, o débito recai sobre aquele que foi o efetivo consumidor do serviço.[62]

A figura do *pedágio* por uso de rodovias, prevista no art. 150, V, da Constituição, foi alvo de muitas controvérsias quanto à sua natureza jurídica, entendendo alguns tratar-se de *taxa*, enquanto outros o qualificavam como *preço público*. Acabou prevalecendo, e, a nosso ver, com inteiro acerto, esse último entendimento, afastando-se, em consequência, o princípio da legalidade estrita, aplicável às taxas, fato que enseja a possibilidade de o preço ser estabelecido por decreto. Alinharam-se três argumentos para semelhante conclusão: (a) a referência ao pedágio na disciplina tributária constitucional teria apenas o efeito de vedar a instituição de tributos para limitação ao tráfego de pessoas e bens, admitindo-se, porém, a cobrança por pedágio, outra espécie jurídica; (b) a inexistência de compulsoriedade na utilização de rodovias (STF, Súmula 545); e (c) a cobrança tendo por base somente a efetiva utilização do serviço, sendo, porém, inviável se a base for a oferta potencial do serviço, como ocorre com as taxas.[63]

---

[59]   SACHA CALMON NAVARRO COELHO, *Curso de direito tributário brasileiro*, Forense, 1999, p. 148.

[60]   Súmula Vinculante 41 (antiga Súmula 670).

[61]   Com acerto decidiu o TJ-RJ: Enunciado nº 21 (v. Aviso 55/2009).

[62]   STJ, AgRg no REsp 46.478, j. 25.11.2011; TJ-RJ, ApCiv 350.258, j. 27.4.2010.

[63]   STF, ADI 800, Min. TEORI ZAVASCKI, em 11.6.2014.

No que concerne ao serviço de abastecimento de água, além da denominada *tarifa mínima*, já comentada anteriormente, tem sido admitida a *tarifa por estimativa*, quando o prestador do serviço ainda não instalou o equipamento de medição (hidrômetro). Mas, se há inércia irrazoável do prestador, ou resistência para proceder à instalação, torna-se incabível a cobrança por estimativa[64]; nesse caso, a cobrança terá que ser efetuada pela tarifa mínima.[65]

Muita controvérsia foi criada a propósito da cobrança da tarifa de água em condomínios formados de *múltiplas unidades* de consumo e um único hidrômetro. O STJ, inicialmente, decidiu que não era lícita a cobrança da tarifa no valor do consumo mínimo multiplicado pelo número de unidades do condomínio, aduzindo que a cobrança haveria de ser feita pelo consumo real aferido.[66] Posteriormente, no entanto, a Corte reviu esse entendimento para decidir que, nesses condomínios, é lícita a adoção de metodologia de cálculo da tarifa, sendo esta constituída de uma parcela fixa (*tarifa mínima*), concebida sob a forma de franquia de consumo devida por cada uma das unidades consumidoras, bem como uma segunda parcela, variável e eventual (*tarifa variável*), somente exigida se o consumo real aferido pelo hidrômetro único exceder a franquia de consumo de todas as unidades consideradas em conjunto. Em seguida, interpretando os arts. 29 e 30 da Lei 11.445/2007 (saneamento básico), considerou ilegal o método exclusivo do consumo global, caracterizando o condomínio como uma única unidade de consumo, além de estender a ilegalidade no caso de dispensa de cada unidade relativamente à tarifa mínima fixada como franquia de consumo.[67]

Matéria que suscita alguma dúvida é a que diz respeito à *prescrição* da pretensão à *repetição de indébito* de tarifas. Não sendo tributo, inaplicável é a prescrição prevista no CTN – Código Tributário Nacional (art. 168, I, da Lei nº 5.172/1966: 5 anos a partir da extinção do crédito tributário). Por outro lado, embora o usuário seja consumidor, não se trata de defeito na prestação do serviço, o que torna inviável a incidência do CDC – Código de Defesa do Consumidor (art. 27 da Lei nº 8.078/1990: 5 anos a partir do conhecimento do dano e de sua autoria). Resulta, pois, que, inaplicáveis as leis especiais, é de adotar-se a prescrição fixada no Código Civil. É de adotar-se o prazo prescricional de dez anos, previsto no art. 205 do Código Civil. A jurisprudência já consagrou tal entendimento.[68]

A despeito de serem as taxas e as tarifas os meios de pagamento em relação aos quais, por sua semelhança, surgem algumas perplexidades, não se pode deixar de registrar que, em última análise, impostos e contribuições de melhoria, modalidades tributárias, também são idôneos a remunerar certos serviços públicos. Os *impostos* destinam-se à execução de serviços gerais do Estado, não havendo vinculação entre o pagamento e os fins a que se destinam os respectivos recursos. Por outro lado, a *contribuição de melhoria* visa a reembolsar o Estado por despesas efetuadas na execução de obras que tenham produzido valorização nos imóveis por elas beneficiados (art. 145, III, CF), exigindo-se a presença de dois elementos: a *despesa* com as obras e a *valorização* dos imóveis em decorrência delas.[69]

VIII. Usuários

Independentemente do fato de o serviço ser prestado pela Administração ou por seus delegados, "*o agente executivo do serviço, seja a própria Administração ou o concessionário,*

---

[64] STJ, REsp (AgRg) 1.166.704-RJ, Min. HUMBERTO MARTINS, em 9.2.2010.

[65] STJ, REsp 1.513.218, Min. HUMBERTO MARTINS, em 10.3.2015.

[66] STJ, Tema 414, REsp 1.166.561, j. 2.8.2010.

[67] STJ, REsp 1.937.887-RJ e 1.937.891-RJ, j. 20.6.2024.

[68] Súmula 412, STJ; REsp 1.532.514, j. 10.5.2017.

[69] RICARDO LOBO TORRES, *Direito financeiro* cit., 2005, p. 408.

258 | MANUAL DE DIREITO ADMINISTRATIVO • *Carvalho Filho*

tem obrigação de prestar o serviço ao usuário ou consumidor, nos termos fixados nas leis e regulamentos", conforme enfatiza, sem reparos, a doutrina especializada.[70] Aduz o autor que o usuário tem direito à prestação do serviço, até porque a relação constituída não é contratual como regra, mas se trata de situação jurídica objetiva e estatutária, com base na regulamentação do serviço.[71]

1. DIREITOS

O direito fundamental do usuário é o direito ao recebimento do serviço, desde que aparelhado devidamente para tanto.[72]

Esse direito substantivo é protegido pela via judicial, e a ação deve ser ajuizada em face da entidade competente para a prestação recusada. Pode o interessado valer-se de qualquer via idônea, inclusive o mandado de segurança quando seu direito se revestir de liquidez e certeza. Na verdade, de nada adiantaria ter o direito sem a ação para protegê-lo.[73] Note-se, entretanto, que nem todo serviço público pode ser objeto de ação com vistas à sua execução obrigatória em favor do administrado. Mas, quando há tal possibilidade, é através do instituto da ação judicial que o usuário pode ver o reconhecimento de seu direito em face da entidade prestadora. A sentença que lhe reconhecer o direito terá o efeito de compelir o prestador a executá-lo em benefício do interessado.

Além do direito ao serviço, a doutrina reconhece ainda o direito à indenização no caso de ser mal prestado ou interrompida a sua prestação, provocando prejuízo ao particular.[74]

A participação do usuário foi elevada à condição de proteção constitucional. De fato, o art. 37, § 3º, I a III, da CF, prevê a edição de lei para disciplinar a referida participação, na administração direta e indireta, bem como vários outros aspectos, como as reclamações, o acesso a registros e informações e o regime da representação contra atuação negligente ou abusiva por parte de agentes públicos.

Para regulamentar o dispositivo, foi editada a Lei nº 13.460, de 26.6.2017, aplicável a todos os entes federativos, sem prejuízo da incidência de normas específicas pertinentes a atividades sob regulação e da Lei nº 8.078/1990 (CDC – Código de Defesa do Consumidor). A lei prevê a aplicação subsidiária a "serviços públicos prestados por particular" (art. 1º, § 3º). A expressão é nitidamente duvidosa e certamente alguns conflitos ocorrerão para interpretar o dispositivo, haja vista a flexibilidade dos conceitos de "serviço público" e de "particular". Cada órgão ou entidade administrativa deverá divulgar uma Carta de Serviços ao Usuário, com informação de todos os detalhes pertinentes ao serviço prestado (art. 7º).

A Administração deve observar as *diretrizes* para a execução do serviço, destacando-se, dentre outras, a urbanidade, a presunção de boa-fé do usuário, vedação de imposições descabidas, a observância dos códigos de ética e a criação de medidas protetivas (art. 5º, I a XVI). O inciso XVI, incluído pela Lei nº 14.015, de 15.6.2020, impõe que o consumidor seja comunicado previamente do desligamento em razão de inadimplemento e também do dia em que aquele ocorrerá, necessariamente em horário comercial. Se não houver essa notificação

---

[70] CAIO TÁCITO, *Direito administrativo* cit, p. 251.

[71] CAIO TÁCITO, ob. e loc. cit., com base em LAUBADÈRE, DUGUIT e GARRIDO FALLA. O autor demonstra que essa é a doutrina dominante, encontrando apoio nos ensinamentos de LAUBADÈRE, DUGUIT, GARRIDO FALLA, DUEZ E DEBEYRE.

[72] GEORGES VEDEL, *Droit administratif* cit., p. 817.

[73] HELY LOPES MEIRELLES, ob. cit., p. 295.

[74] Nesse sentido, VEDEL (ob. e loc. cit.) e LAUBADÈRE (ob. cit., p. 264). Na doutrina pátria, D. GASPARINI (ob. cit., p. 226) e HELY L. MEIRELLES (ob. cit., p. 295).

Cap. 7 · SERVIÇOS PÚBLICOS | 259

prévia, o consumidor não pagará a taxa de religação e a concessionária se sujeitará à aplicação de multa (art. 5º, parágrafo único, também incluído pela citada Lei nº 14.015/2020).

Também são relacionados os *direitos básicos dos usuários*, entre eles a participação para acompanhamento do serviço, liberdade de escolha, acesso a informações e proteção dos dados pessoais (art. 6º, I a VII, Lei nº 13.460/2017). Reafirmando a diretriz já mencionada, o inciso VII foi também introduzido pela Lei nº 14.015/2020, para assegurar ao consumidor o direito básico à comunicação prévia da suspensão da prestação de serviço. Por outro lado, no caso de inadimplemento do usuário, ficou vedada a suspensão iniciada em sexta-feira, sábado ou domingo, bem como em feriado ou no dia anterior a feriado (art. 6º, parágrafo único, Lei nº 13.460/2017, incluído pela Lei nº 14.015/2020).

Noutro giro, a lei disciplina o regime das *manifestações* dos usuários sobre a prestação dos serviços, que não podem ser recusadas em nenhuma hipótese. Devem ser dirigidas à respectiva ouvidoria ou, se não houver, diretamente ao órgão responsável pelo serviço, com uso, inclusive, de meio eletrônico, constituindo-se, para tanto, procedimento administrativo para análise da manifestação (arts. 9º a 12). As *ouvidorias* objetivam, precipuamente, a criação de canal entre o usuário e o órgão prestador do serviço, competindo-lhes, além de receber as manifestações e reclamações, atuar em prol do aperfeiçoamento do serviço (arts. 13 e 14). Cada entidade deve providenciar a expedição dos respectivos atos de regulamentação das ouvidorias (art. 17).

Foi prevista, ainda, a instituição de *conselho de usuários*, a ser organizado pelo órgão executor, com as finalidades, dentre outras, de acompanhar a prestação do serviço, participar de sua avaliação e propor melhorias (arts. 18 a 22). O órgão, inclusive, permite a *avaliação continuada do serviço*, como prevê o art. 23, pela qual uma contínua fiscalização impede a perda de qualidade e proporciona maior grau de satisfação no que toca à execução do serviço.

A Lei nº 12.007, de 29.7.2009, assegurou aos usuários consumidores o direito à *declaração de quitação anual de débitos* a ser emitida pelas pessoas jurídicas prestadoras de serviços públicos (ou privados) (art. 1º), devendo ser encaminhada até o mês de maio do ano seguinte ou até o mês subsequente à completa quitação do ano anterior ou dos anos anteriores (art. 3º). O efeito mais relevante dessa declaração reside na sua qualificação como prova de que o consumidor cumpriu suas obrigações no ano de referência e nos anteriores (art. 4º). Havendo algum débito questionado em sede judicial, o usuário fará jus à declaração de quitação dos meses em que o débito foi faturado. A inovação legislativa atribui ao prestador do serviço o ônus de comprovar eventual inadimplemento por parte do consumidor ao momento em que este já estiver munido da aludida declaração. Caso esta não seja expedida no prazo legal, o usuário pode requerer no Judiciário seja o prestador condenado ao cumprimento dessa obrigação de fazer (*facere*). Evidentemente, a obrigação não alcança os prestadores de serviços públicos *gerais e coletivos* em que os usuários não sofrem identificação (*v. g.*: transportes urbanos de passageiros); ao contrário, incide sobre os serviços *específicos e individuais*, nos quais o usuário é identificado (*v. g.*: energia elétrica e uso de linha telefônica).

Alguns diplomas legais, reguladores de serviços públicos, têm dedicado normas ou capítulos especiais através dos quais se asseguram os direitos dos usuários. Vale a pena citar, entre outras, a Lei nº 8.987/95, que regula as concessões e permissões de serviços públicos (arts. 7º e 7º-A); a Lei nº 11.445/2007, que dispõe sobre o saneamento básico, exigindo que o titular dos serviços fixe os referidos direitos (art. 9º, IV) e prevendo o controle social, em que os usuários devem participar dos respectivos órgãos de controle (art. 47, IV); e a Lei nº 12.587/2012, que institui a Política Nacional de Mobilidade Urbana, com realce para o serviço de transportes coletivos (art. 14), prevendo-se também a participação do usuário em órgãos de controle (art. 15).

Entretanto, a despeito de todo esse elenco normativo, a proteção legal aos usuários não tem acompanhado a sua proteção efetiva. Na prática, o que se observa constantemente é que estes

260 | MANUAL DE DIREITO ADMINISTRATIVO • *Carvalho Filho*

continuam a ter seus direitos transgredidos impunemente pelos prestadores de serviços públicos e a deparar insuperáveis dificuldades para socorrer-se de instrumentos eficazes que, na realidade do cotidiano, possam garantir seus direitos. Assim, muito ainda terá que ser feito para concretizar a tutela do usuário prevista na Constituição. Aguardemos, pois, se haverá, ou não, maior proteção ao usuário de serviços públicos diante da Lei nº 13.460/2017. Desde logo, porém, é bom advertir que apenas leis não bastam; cumpre que haja uma mudança de mentalidade para que os órgãos administrativos ofereçam aos usuários de seus serviços o tratamento que realmente merecem.

2. DEVERES

Alguns serviços não exigem propriamente qualquer dever da parte dos administrados. O Poder Público os executa sem ônus de qualquer natureza para os destinatários.

Outros, porém, não dispensam o preenchimento, pelo particular, de determinados requisitos para o recebimento do serviço, ou para não ser interrompida a sua prestação. Tais requisitos representam deveres do administrado e podem ser de três ordens: *administrativa*, concernente aos dados a serem apresentados pelo interessado junto à Administração; *técnica*, relativa às condições técnicas necessárias para a Administração prestar o serviço; e *pecuniária*, no que diz respeito à remuneração do serviço.[75] A Lei nº 8.987/1995 consigna alguns deveres atribuídos aos usuários, direcionados à melhor execução do serviço público (art. 7º).

Em outra ótica, os usuários não têm apenas direitos. A já citada Lei nº 13.460/2017 enumera seus *deveres*, que são (a) a utilização correta dos serviços; (b) a prestação de informações; (c) a colaboração com o prestador; e (d) a preservação das condições dos bens necessários à execução do serviço (art. 8º, I a IV). Aqui também é preciso que os usuários tenham a consciência de que serviços públicos atendem a toda a coletividade, de modo que, antes de qualquer antagonismo, devem estar imbuídos do espírito de colaboração com os órgãos responsáveis pela execução dos serviços.

IX. Execução do Serviço

Já se viu que a titularidade dos serviços públicos pertence ao Estado. Objetivando atender a reclamos da coletividade, ninguém senão o Poder Público teria maior interesse em prestá-los e, por isso mesmo, chegaram eles a ser considerados como a própria essência do Estado.

Todavia, interessa ao Estado dividir, algumas vezes, a tarefa de executá-los. Não há estranheza nessa parceria, sabido que a cada dia aumentam em quantidade e complexidade os serviços voltados para a população. Além do mais, há também interesse de particulares na prestação, possível que é a obtenção de lucros decorrentes da atividade. É claro, porém, que esta há de merecer controle do Estado, impedindo que o interesse privado se sobreponha ao interesse público.

O certo é que, possível a parceria, podem os serviços públicos ser executados *direta* ou *indiretamente*.

1. EXECUÇÃO DIRETA

Execução direta é aquela através da qual o próprio Estado presta diretamente os serviços públicos. Acumula, pois, as situações de titular e prestador do serviço. As competências para essa função são distribuídas entre os diversos órgãos que compõem a estrutura administrativa da pessoa prestadora.

---

[75] DIÓGENES GASPARINI, *Direito administrativo* cit., p. 227.

Cap. 7 • SERVIÇOS PÚBLICOS | 261

O Estado deve ser entendido aqui no sentido de pessoa federativa. Assim, pode-se dizer que a execução direta dos serviços públicos está a cargo da União, dos Estados, dos Municípios e do Distrito Federal através dos órgãos integrantes de suas respectivas estruturas. Ministérios, Secretarias Estaduais e Municipais, Coordenadorias, Delegacias, fazem parte do elenco de órgãos públicos aos quais é conferida competência para as atividades estatais.

Esses órgãos formam o que se costuma denominar de *administração centralizada*, porque é o próprio Estado que, nesses casos, centraliza a atividade. O velho Decreto-lei nº 200/1967, que implantou a reforma administrativa federal, denominou esse grupamento de órgãos de *administração direta* (art. 4º, I), isso porque o Estado, na função de administrar, assumiria diretamente seus encargos.

2. EXECUÇÃO INDIRETA

2.1. Noção

Diz-se que há *execução indireta* quando os serviços são prestados por entidades diversas das pessoas federativas. O Estado, por sua conveniência, transfere os encargos da prestação a outras pessoas, nunca abdicando, porém, do dever de controle sobre elas, controle esse, como é lógico, variável de conformidade com a forma específica de transferência. Em certas situações, o executor indireto originário contrata terceiros para desempenhar parte do objeto que lhe incumbe. É o caso em que, por exemplo, empresa pública (já responsável por execução indireta) contrata sociedade privada para assistência mecânica a seus veículos. Sob esse prisma, pois, haverá uma execução indireta *originária*, incumbência da pessoa originariamente incumbida do serviço, e uma execução indireta *derivada*, de responsabilidade da pessoa por ela contratada.

Ainda que prestado o serviço por terceiro, o Estado não pode deixar de ter alguma responsabilidade nesse processo. Afinal, quem teve o poder jurídico de transferir atividades há de suportar, de algum modo, as consequências do fato. Estas, como adiante se verá, se desenharão de acordo com a forma pela qual se operou a transferência.

2.2. Descentralização

Descentralização é o fato administrativo que traduz a transferência da execução de atividade estatal a determinada pessoa, integrante ou não da Administração. Dentre essas atividades inserem-se os serviços públicos. Desse modo podem-se considerar dois tipos de serviços quanto à figura de quem os presta – os *serviços centralizados* (os prestados em execução direta pelo Estado) e os *serviços descentralizados* (prestados por outras pessoas).

A descentralização admite duas modalidades. A *descentralização territorial* encerra a transferência de funções de uma pessoa federativa a outra, ou também do poder central a coletividades locais. Essa descentralização, no regime federativo, é definida na Constituição, diversamente do que ocorre com o regime unitário, em que a dispersão se consuma com a lei.[76] Já a *descentralização institucional* representa a transferência do serviço do poder central a uma pessoa jurídica própria, de caráter administrativo, nunca de cunho político.

É importante, ainda, não confundir a descentralização com o que a doutrina denomina de *desconcentração*. Aquela implica a transferência do serviço para *outra* entidade. A desconcentração, que é processo eminentemente interno, significa apenas a substituição de um órgão por

---

[76] É a observação de JEAN RIVERO, *Droit administratif*, cit., p. 307-309.

dois ou mais com o objetivo de melhorar e acelerar a prestação do serviço.[77] Note-se, porém, que na desconcentração *o serviço era centralizado e continuou centralizado*, pois que a substituição se processou apenas internamente. É o caso, por exemplo, em que um determinado Ministério é desmembrado em dois: nesse caso, um órgão dá lugar à criação de dois. Em algumas ocasiões tem havido confusão no emprego dessas figuras, e isso se explica pelo fato de que, quando se desconcentra, procede-se, em última análise, a uma descentralização. Cuida-se, porém, de fenômenos diversos, já que na desconcentração ocorre mero *desmembramento orgânico*.

Assim como os processos de descentralização e de desconcentração têm fisionomia *ampliativa*, pode o Estado atuar em sentido inverso, ou seja, de forma *restritiva*. Nessas hipóteses, surgirão a centralização e a concentração. Aquela ocorre quando o Estado retoma a execução do serviço, depois de ter transferido sua execução a outra pessoa, passando, em consequência, a prestá-lo diretamente; nesta última, dois ou mais órgãos internos são agrupados em apenas um, que passa a ter a natureza de órgão concentrador.

São duas as *formas básicas* através das quais o Estado processa a descentralização: uma delas é a que se efetiva por meio de lei (*delegação legal*) e a outra é a que se dá por negócio jurídico de direito público (*delegação negocial*). A ambas dedicaremos alguns comentários a seguir.

Antes, porém, deve anotar-se que autorizada doutrina alude a tais instrumentos com as denominações, respectivamente, de descentralização *por outorga* e *por delegação*, entendendo-se que pela primeira o Poder Público transfere a própria titularidade do serviço, ao passo que pela segunda a transferência tem por alvo apenas a execução do serviço.[78] Nesse caso, a delegação somente ocorreria quando o Estado firmasse negócio jurídico, mas não quando criasse entidade para sua Administração Indireta.

Lamentamos divergir de semelhante entendimento. Os serviços públicos estão e sempre estarão sob a titularidade das pessoas federativas, na forma pela qual a Constituição procedeu à partilha das competências constitucionais. Essa titularidade, retratando, como retrata, inequívoca expressão de poder político e administrativo, é irrenunciável e insuscetível de transferência para qualquer outra pessoa. Resulta, por conseguinte, que o alvo da descentralização é tão somente a *transferência da execução do serviço (delegação)*, e nunca a de sua titularidade. O que muda é apenas o *instrumento* em que se dá a delegação: numa hipótese, o instrumento é a *lei* (que, além de delegar o serviço, cria a entidade que vai executá-lo), enquanto na outra é um *contrato* (concessões ou permissões de serviços públicos para pessoas já existentes). Mas em ambos os casos o fato administrativo é, sem dúvida, a delegação.

O fundamento inarredável de que a delegação só atinge a execução do serviço reside na circunstância de que, a qualquer momento, dependendo das condições administrativas almejadas pelo Estado, poderá este extinguir a delegação, seja revogando a lei na qual esta foi conferida, seja extinguindo de alguma forma a concessão ou a permissão (como, por exemplo, ocorre com a rescisão antecipada ou com o advento do termo final do ajuste). O fenômeno administrativo, então, terá caráter inverso, qual seja, o retorno à *centralização*.

2.2.1. Delegação Legal

Delegação legal é aquela cujo processo de descentralização foi formalizado através de lei. A lei, como regra, ao mesmo tempo em que admite a descentralização, autoriza a criação de pessoa

---

[77] Nesse sentido, HELY LOPES MEIRELLES, *Direito administrativo brasileiro*, cit., p. 298, e DIÓGENES GASPARINI, *Direito administrativo*, cit., p. 233. RIVERO também faz a distinção e considera a desconcentração forma de prestação centralizada do serviço (*Droit administratif*, cit., p. 307).

[78] É como pensam HELY LOPES MEIRELLES (*Direito administrativo brasileiro*, cit., 29. ed., 2004, p. 331) e DIÓGENES GASPARINI (*Direito administrativo*, cit., 9. ed., 2004, p. 298).

administrativa para executar o serviço. O mandamento hoje é de nível constitucional. Dispõe o art. 37, XIX, da CF, que *"somente por lei específica poderá ser criada autarquia e autorizada a instituição de empresa pública, de sociedade de economia mista e de fundação, cabendo à lei complementar, neste último caso, definir as áreas de sua atuação"* (redação da EC nº 19/1998).

E o inciso XX do mesmo art. 37 também exige a lei para criação de subsidiárias dessas pessoas administrativas, bem como para participarem elas de empresa privada.

Essas pessoas a quem foi conferida competência legal para o desempenho de certa função do Estado compõem a *administração indireta* ou *administração descentralizada*, e, como tais, integram a Administração Pública considerada como um todo (art. 37, CF). Note-se, porém, que, se as pessoas da administração descentralizada resultam de autorização legal, pode haver também, como veremos no momento próprio, outras pessoas que, também autorizadas por lei e desempenhando serviço público, não integram a estrutura orgânica da Administração. Nem por isso deixará de haver na espécie forma de descentralização por delegação legal.

Por questão didática, examinaremos tais pessoas e seu regime jurídico no Capítulo 9, especificamente voltado para a administração indireta.

2.2.2. Delegação Negocial: Particulares em Colaboração

Outra forma de execução indireta dos serviços públicos, ainda sob o aspecto da descentralização, é a transferência dos mesmos a particulares, que, por isso, se caracterizam como particulares em colaboração com o Estado.

Essa forma de transferência denominamos de *delegação negocial*, porque sua instituição se efetiva através de negócios jurídicos regrados basicamente pelo direito público – a concessão de serviço público e a permissão de serviço público. A concessão caracteriza-se como *contrato administrativo*, e a permissão, apesar de tradicionalmente qualificada como ato administrativo, passou a ser formalizada por contrato de adesão, como consta do art. 40 da Lei nº 8.987, de 13.2.1995, que regula ambos os institutos. Sob o aspecto *material*, ambas se preordenavam ao mesmo fim, mas a antiga diferença, sob o aspecto *formal*, desapareceu com o advento da referida lei.

Indiscutível, todavia, é que tanto a concessão quanto a permissão de serviços públicos estampam instrumentos de direito público pelos quais a Administração procede a descentralização por delegação negocial. A caracterização negocial restou ainda mais evidente diante da citada lei, que atribuiu a ambas a fisionomia de contratos administrativos.

É válido consignar, de outro lado, que, além dos contratos administrativos, alguns autores têm admitido o processo de descentralização por atos administrativos unilaterais e por atos multilaterais, nesse caso por meio de convênios.[79] O certo é que o processo de descentralização pela delegação negocial se torna cada dia mais amplo, e isso porque se materializa pela celebração de ajustes de caráter jurídico. Por isso, devem ser incluídas nele as parcerias público-privadas (Lei nº 11.079/2004), que se caracterizam como concessões de serviço público, bem como as parcerias sociais, firmadas com organizações sociais (Lei nº 9.637/1998), organizações da sociedade civil de interesse público (Lei nº 9.790/1999) e organizações da sociedade civil (Lei nº 13.019/2014).

Os instrumentos da *delegação negocial*, por suas peculiaridades, são estudados em locais diversos. Assim, convênios e consórcios foram examinados no capítulo destinado aos contratos administrativos; as parcerias público-privadas serão comentadas na parte relativa às concessões e permissões de serviços públicos; e as parcerias com as organizações anteriormente citadas

---

79 PAULO CÉSAR MELO DA CUNHA, *Regulação jurídica da saúde suplementar no Brasil*, Lumen Juris, 2003, p. 35-43.

264 | MANUAL DE DIREITO ADMINISTRATIVO • *Carvalho Filho*

serão objeto de estudo adiante neste mesmo capítulo. Em outra vertente, os instrumentos da *delegação legal* serão analisados no capítulo referente à Administração Direta e Indireta.

3. NOVAS FORMAS DE PRESTAÇÃO DOS SERVIÇOS PÚBLICOS

O Estado, nos últimos tempos, tem demonstrado evidente preocupação em adaptar-se à modernidade, ao gerenciamento eficiente de atividades e ao fenômeno da globalização econômica, que arrasta atrás de si uma série interminável de consequências de ordem política, social, econômica e administrativa.

Na verdade, as antigas fórmulas vêm indicando que o Estado, com o perfil que vinha adotando, envelheceu. Para enfrentar as vicissitudes decorrentes da adequação aos novos modelos exigidos para a melhor execução de suas atividades, algumas providências têm sido adotadas e outros rumos foram tomados, todos alvitrando qualificar o Estado como organismo realmente qualificado para o atendimento das necessidades da coletividade.

Esses os aspectos que abordaremos a seguir.

3.1. Desestatização e Privatização

O primeiro grande passo para mudar o desenho do Estado como prestador de serviços foi o Programa Nacional de Desestatização, instituído pela Lei nº 8.031, de 12.4.1990. Posteriormente, essa lei foi revogada pela Lei nº 9.491, de 9.9.1997, que, embora alterando procedimentos previstos na lei anterior, manteve as linhas básicas do Programa.

Sem necessidade, para nosso estudo, de considerar o detalhamento da lei, permitimo--nos destacar quatro aspectos que, em nosso entender, têm realmente relevância para a boa percepção do Programa.[80]

O primeiro diz respeito aos *objetivos fundamentais* do Programa, e entre estes merece relevo o de *"reordenar a posição estratégica do Estado na economia, transferindo à iniciativa privada atividades indevidamente exploradas pelo setor público"* (art. 1º, I), mostrando que a busca desse objetivo acarretará, por via de consequência, a redução da dívida pública líquida (art. 1º, II) e a concentração da Administração Pública em atividades nas quais seja fundamental a presença do Estado em vista das prioridades nacionais (art. 1º, V). Assim agindo, será possível *"permitir a retomada de investimentos nas empresas e atividades que vierem a ser transferidas à iniciativa privada"* (art. 1º, III), propiciando o fortalecimento do mercado de capitais pela oferta de valores mobiliários (art. 1º, VI) e a reestruturação do setor privado para aumentar sua competitividade e modernizar sua infraestrutura (art. 1º, IV).

Além dos objetivos, é necessário apontar o *objeto* sobre o qual poderá incidir o Programa. Poderão submeter-se à desestatização:

a) as empresas, incluídas as instituições financeiras, controladas direta ou indiretamente pela União;

b) as empresas criadas pelo setor privado que, por qualquer razão, passaram ao controle da União;

c) os serviços públicos objeto de concessão, permissão ou autorização;

d) as instituições financeiras públicas estaduais que tenham sofrido desapropriação de ações de seu capital social;

e) bens móveis e imóveis da União (art. 2º, I a V, da Lei nº 9.491/1997).

---

[80] Vide MARCOS JURUENA VILLELA SOUTO, *Desestatização, privatização, concessões e terceirizações*, 1997.

Cap. 7 · SERVIÇOS PÚBLICOS | 265

Dentre essas hipóteses, causa certa espécie a relativa aos serviços sob concessão ou permissão (art. 2º, III, Lei nº 9491/1997). É que tais instrumentos já retratam, *ex natura*, uma delegação negocial a pessoas do setor privado – fato que, por si, indica prévio processo de desestatização. Assim sendo, poderia haver alguma alteração na forma de execução, mas não haveria propriamente desestatização. Entretanto, a mesma lei considerou também desestatização a transferência, para a iniciativa privada, de serviços públicos de *responsabilidade* da União (não prestados, mas meramente de sua responsabilidade) (art. 2º, § 1º, "b", da Lei nº 9.491/1997), e neles se incluem, obviamente, as concessões e as permissões. Essa hipótese, aliás, foi questionada no STF no que tange ao serviço de transporte rodoviário interestadual e internacional, mas a Corte adotou o entendimento de que a hipótese se referia às concessões e permissões outorgadas sem a prévia e necessária licitação, e cujos serviços estariam a desafiar novas outorgas, agora consoantes com a Constituição.[81] Malgrado tal entendimento, semelhante ação em si não configura desestatização, a não ser pelo fato de a lei, impropriamente, tê-la assim considerado; na verdade, a atividade *já estava desestatizada*.

Um terceiro aspecto concerne às formas pelas quais se processam as desestatizações. São elas:

a) alienação de participação societária, inclusive de controle acionário;

b) abertura de capital;

c) aumento de capital, com o Estado renunciando aos direitos de subscrição ou cedendo-os, total ou parcialmente;

d) alienação, arrendamento, locação, comodato ou cessão de bens e instalações;

e) dissolução de sociedades ou desativação parcial de seus empreendimentos, sendo alienados os seus ativos;

f) concessão, permissão ou autorização de serviços públicos;

g) aforamento, remição de foro, permuta, cessão, concessão de direito real de uso resolúvel e alienação mediante venda de bens imóveis de domínio da União (art. 4º, I a VII, da Lei nº 9.491).

É oportuno destacar, neste passo, que a lei admitiu a modalidade de *leilão* para várias das formas de desestatização, como é o caso da alienação da participação societária, a dissolução de sociedades e a concessão, permissão ou autorização de serviços públicos (art. 4º, § 3º, da Lei nº 9.491), tendo sido esta última hipótese chancelada pela jurisprudência.[82]

O último aspecto, mas nem por isso menos importante, é o sentido final de *desestatização* e de *privatização*. Primeiramente, cabe distinguir os termos: *"desestatizar"* significa retirar o Estado de certo setor de atividades, ao passo que *"privatizar"* indica tornar algo privado, converter algo em privado. Anteriormente, a Lei nº 8.031/1990 usava o termo *"privatização"*, mas a nova ideia proveniente do vocábulo acabou gerando interpretação desconforme ao preceito legal, entendendo algumas pessoas que significaria *privatizar atividades*, o que não seria verdadeiro, visto que muitas das atividades do programa continuariam e continuam a caracterizar-se como serviços públicos; a privatização, assim, não seria da *atividade* ou *serviço*, mas sim do *executor da atividade ou serviço*.

A Lei nº 9.491/1997, porém, passou a denominar de *desestatização* o que a lei anterior chamava de *privatização*, de modo que o termo, além de se tornar compatível com o próprio nome do Programa, indicou claramente que o objetivo pretendido era apenas o *de afastar o*

---

[81] STF, MS 27.516-DF, Rel. Min. ELLEN GRACIE, em 22.10.2008.

[82] STF, MS 27.516, j. 22.10.2008.

266 | MANUAL DE DIREITO ADMINISTRATIVO • Carvalho Filho

Estado da posição de executor de certas atividades e serviços. Ampliando um pouco mais o conceito da lei anterior, dispôs a nova lei:

> "*Art. 2º [...]*
>
> *§ 1º Considera-se desestatização:*
>
> *a) a alienação, pela União, de direitos que lhe assegurem, diretamente ou através de outras controladas, preponderância nas deliberações sociais e o poder de eleger a maioria dos administradores da sociedade;*
>
> *b) a transferência, para a iniciativa privada, da execução de serviços públicos explorados pela União, diretamente ou através de entidades controladas, bem como daqueles de sua responsabilidade;*
>
> *c) a transferência ou outorga de direitos sobre bens móveis e imóveis da União, nos termos desta Lei."*

Esse é o sentido atual da desestatização: o Estado, depois de abraçar, por vários anos, a execução de muitas atividades empresariais e serviços públicos, com os quais sempre teve gastos infindáveis e pouca eficiência quanto aos resultados, resolveu imprimir nova estratégia governamental: seu afastamento e a transferência das atividades e serviços para sociedades e grupos empresariais.

Em outra vertente, é lícito que a lei reguladora da desestatização, editada por determinado ente federativo, impeça que ações ou cotas de suas empresas sejam adquiridas por empresas vinculadas a ente federativo diverso, justificando-se a vedação em virtude da necessidade de preservação do pacto federativo e da efetividade do processo de desestatização.[83]

No que se refere especificamente aos serviços públicos, deve ressalvar-se que o Estado *não deixou de ser o titular,* transferindo somente a *execução em si* dos serviços. Por isso, o legislador deixou claro, no Programa (art. 7º), que a desestatização dos serviços públicos mediante os procedimentos na lei admitidos *"pressupõe a delegação, pelo Poder Público, de concessão ou permissão do serviço, objeto da exploração",* observada, obviamente, a legislação aplicável ao serviço.

Vale a pena observar que a desestatização indica, nesses casos, a *transformação dos serviços descentralizados por delegação legal em serviços descentralizados por delegação negocial,* vez que as antigas pessoas paraestatais (delegação legal), com a saída do Estado, têm passado a ser pessoas da iniciativa privada e, em sua nova gestão, tais pessoas passam a prestar os serviços sob o regime de concessões ou permissões (delegação negocial). Ou seja: a pessoa continua a mesma, tendo mudado sua estrutura interna e a forma de gestão do serviço. Mas, ainda quando a antiga pessoa paraestatal é *extinta* e uma ou mais pessoas da iniciativa privada passam a executar o mesmo serviço, o que se observa também aqui é a transformação do regime de delegação legal para o de delegação negocial.

É pertinente, porém, assinalar neste passo que, em nome de determinado interesse público, se admite que a empresa desestatizada ainda sofra certo grau de ingerência da parte da pessoa administrativa anteriormente controladora. Cuida-se de inegável forma de intervenção estatal em pessoa privatizada. Para tanto, podem ser criadas ações preferenciais de classe especial (*"golden shares"*), de propriedade exclusiva do antigo ente controlador, que conferem a este certas prerrogativas especiais, inclusive o poder de veto às deliberações da assembleia geral nas matérias previamente indicadas (art. 17, § 7º, da Lei 6.404/1976 – Lei das Sociedades

---

[83] STF, ADI 2.452, Min. EROS GRAU, em 17.6.2010. No caso, a ação foi proposta pelo Estado de Minas Gerais diante de lei do Estado de São Paulo, que estabelecia tal vedação.

Anônimas). Sendo situação inovadora, urge que se aprofundem os estudos sobre os efeitos e os limites de forma de intervenção.[84]

Corolário do Programa de Desestatização, e particularmente em razão da transferência de atividades a empresas da iniciativa privada, têm sido criadas as *agências autárquicas* (também denominadas de *agências reguladoras* ou *agências governamentais*), sob a forma de autarquias, cuja função básica reside especificamente em exercer o controle sobre tais empresas, visando a mantê-las ajustadas aos postulados fundamentais do Programa e aos ditames do interesse público e prevenindo qualquer tipo de comportamento empresarial que reflita abuso de poder econômico. Sobre essas novas pessoas administrativas, teceremos os devidos comentários dentro do tópico III do Capítulo 9, relativo à Administração Indireta.

Sensíveis à introdução desse novo sistema, os estudiosos não puderam furtar-se a reconhecer o surgimento de novas regras, de caráter específico, que têm por fim regular as atividades em que empresas da iniciativa privada substituíram ou ocuparam setores não mais atendidos pela Administração Direta ou Indireta na prestação de serviços públicos ou na execução de atividades econômicas. Como o Direito vai-se setorizando por meio de quadros normativos específicos para disciplinar determinadas relações jurídicas e sociais, já é cabível a referência a um *direito administrativo regulatório*, por meio do qual se enfoca o nascimento, a evolução e os efeitos decorrentes dessa relação de controle do setor público sobre o setor privado.[85]

3.2. Gestão Associada

Como o regime adotado em nossa Constituição é o federativo, que se caracteriza pelos círculos especiais de competência outorgados às entidades federativas, faz-se necessário estabelecer mecanismos de vinculação entre elas, de modo a que os serviços públicos, sejam eles privativos, sejam concorrentes, possam ser executados com maior celeridade e eficiência em prol da coletividade, em coerência com o princípio reitor de colaboração recíproca, que deve nortear o moderno *federalismo de cooperação*.

A Constituição, para deixar claro esse intento, previu, ao instituir a reforma administrativa do Estado (EC nº 19/1998), a *gestão associada* na prestação de serviços públicos, a ser implementada, através de lei, por *convênios de cooperação* e *consórcios públicos* celebrados entre a União, os Estados, o Distrito Federal e os Municípios (art. 241, CF). Trata-se, como já tivemos a oportunidade de examinar, de instrumentos de cooperação de atividades visando a alcançar objetivos de interesses comuns dos pactuantes. Embora já tenhamos examinado os convênios anteriormente, voltamos a mencioná-los aqui, com o enfoque específico no tema pertinente à prestação dos serviços públicos.

A noção de *gestão associada* emana da própria expressão: significa uma conjugação de esforços visando a fins de interesse comum dos gestores. Em relação à *gestão associada de serviços públicos*, pode-se adotar a conceituação de que corresponde ao *"exercício das atividades de planejamento, regulação ou fiscalização de serviços públicos por meio de consórcio público ou de convênio de cooperação entre entes federados, acompanhadas ou não da prestação de serviços públicos ou da transferência total ou parcial de encargos, serviços, pessoal e bens essenciais à continuidade dos serviços transferidos"* (Decreto nº 6.017, de 17.1.2007, que regulamentou a Lei nº 11.107/2005, reguladora dos consórcios públicos).

Tanto os convênios de cooperação como os consórcios públicos tradicionais são espécies do gênero *convênios administrativos* e retratam idêntico conteúdo negocial, qual seja, o de

---

[84] Sobre o tema, v. FÁBIO GUIMARÃES BENSOUSSAN, *Intervenção estatal na empresa privatizada*, 2007.

[85] MARCOS JURUENA VILLELA SOUTO, *Direito administrativo regulatório*, 2002.

268 | MANUAL DE DIREITO ADMINISTRATIVO • *Carvalho Filho*

associação entre pessoas para interesses de todos, nunca perdendo de vista, é claro, o interesse público. Consideram alguns que nos consórcios são de mesmo nível as pessoas pactuantes, ao passo que nos convênios elas têm qualificação distinta – diferença que, como já assinalamos, é totalmente inexpressiva e inócua. O que importa é a fisionomia jurídica e os fins de tais negócios plúrimos: todos indicam formas de *atuação conjunta*, formando a *gestão associada* na prestação de serviços públicos a que agora se refere a Constituição.

Devemos consignar, entretanto, que nesse aspecto nos referimos aos consórcios tradicionais entre pessoas administrativas. Os consórcios públicos instituídos pela Lei nº 11.107, de 6.4.2005, como já vimos, embora também resultem do instituto da gestão associada entre entidades públicas, têm perfil diverso do atribuído àqueles, inclusive porque se formalizam através de pessoas jurídicas, o que não ocorre com os consórcios anteriores.

Se determinado serviço é federal, deve a União geri-lo ou controlá-lo por si ou por Estados-membros e Municípios, se com estes melhor se tornar a operacionalização da atividade. O mesmo se passa com os serviços estaduais: se necessário for, devem eles geri-los associadamente com os Municípios. O que se pretende, em última análise, é que os cidadãos recebam os serviços públicos com melhor qualidade e com maior eficiência.

O art. 23, parágrafo único, da CF, também rende ensejo à gestão associada entre os entes federativos no que concerne à prestação de serviços de sua competência comum (art. 23, CF). Previa-se nele a edição de lei complementar para regular esse tipo de cooperação, visando ao desenvolvimento e ao bem-estar em âmbito nacional. A EC nº 53, de 19.12.2006, como vimos, alterou aquele dispositivo, prevendo a edição de *leis complementares* (e não apenas *uma* lei complementar) para a instituição da disciplina. A alteração facilitou de certo modo a regulação, pois que cada diploma poderá traçar as normas apropriadas para certo setor de serviços comuns objeto da cooperação mútua, atendendo às particularidades de que possa revestir-se. Em outras palavras, poderão ser diversas as formas de disciplinar a cooperação recíproca, considerando a natureza específica do serviço sob gestão associada.

Expressivo exemplo de *gestão associada* de atividades situadas na competência comum dos entes federativos é o *Sistema Nacional de Cultura*, implantado pela EC nº 71, de 29.11.2012, ao introduzir o art. 216-A na Constituição. O sistema é organizado em regime de colaboração, de modo descentralizado e participativo, e mobilizado por um processo de gestão e promoção conjunta de políticas públicas de cultura. Tais políticas, que devem qualificar-se como democráticas e permanentes, resultarão de pactos a serem firmados entre as unidades da federação, e entre estas e a sociedade, visando a promover o desenvolvimento humano, social e econômico voltado ao plexo exercício dos direitos culturais. Cabe, pois, aos entes federativos adotar postura de eficiência, para o fim de ajustarem a gestão associada da cultura nacional.

3.3. Regimes de Parceria (Terceiro Setor)

Além da associação de pessoas exclusivamente da Administração Pública, o Estado pretende modernizar-se através da possibilidade de executar os serviços públicos pelos regimes de parceria, caracterizados pela aliança entre o Poder Público *e entidades privadas*, sempre com o objetivo de fazer chegar aos mais diversos segmentos da população os serviços de que esta necessita e que, por várias razões, não lhe são prestados.

O ponto característico nuclear desses regimes consiste em que a parceria do Estado é formalizada junto com *pessoas de direito privado e da iniciativa privada*, ou seja, aquelas que, reguladas pelo direito privado, não sofrem ingerência estatal em sua estrutura orgânica. A elas incumbirá a execução de serviços e atividades que beneficiem a coletividade, de modo que tal atuação se revestirá da qualificação de *função delegada* do Poder Público.

Referidas entidades que, sem dúvida, se apresentam com certo hibridismo, na medida em que, sendo privadas, desempenham função pública, têm sido denominadas de *entidades do terceiro setor*,[86] a indicar que não se trata nem dos entes federativos nem das pessoas que executam a administração indireta e descentralizada daqueles, mas simplesmente compõem um *tertium genus*, ou seja, um agrupamento de entidades responsáveis pelo desenvolvimento de novas formas de prestação dos serviços públicos. Em última análise, o *terceiro setor* resulta de iniciativas da sociedade civil, através de pessoas de atuação voluntária, associações e organizações não governamentais, para a execução de funções eminentemente sociais, sem alvejar resultados lucrativos, como as pessoas empresariais em geral.[87]

Apenas à guisa de informação, há entendimento que admite a categoria denominada de *quarto setor*, no âmbito da qual estão incluídas as entidades privadas da Administração (empresas públicas e sociedades de economia mista) de *natureza empresarial* (ou *de mercado*), que têm o escopo de explorar atividade meramente econômica.[88]

Por questões didáticas, é possível classificar os regimes de parceria em três grupos:

1. o regime de convênios administrativos;
2. o regime dos contratos de gestão;
3. o regime da gestão por colaboração.
4. o regime das parcerias voluntárias (organizações da sociedade civil).

A parceria entre os setores público e privado pode também processar-se por ferramentas de diversa natureza. É o caso em que o Poder Público confere ao particular alguma contraprestação, frequentemente mediante incentivos fiscais, pelo apoio à prestação de serviços públicos. Cite-se, como exemplo, a Lei nº 11.445/2007, em cujo art. 54-A, incluído pela Lei nº 13.329, de 1.8.2016, ficou instituído o Regime Especial de Incentivos para o Desenvolvimento do Saneamento Básico – REISB, pelo qual o Poder Público estimula a pessoa jurídica prestadora de saneamento básico a aumentar seu volume de investimentos em troca da concessão de créditos tributários. Essa troca de colaboração, em sentido lato, não deixa de se configurar também como parceria.

3.3.1. Regime de Convênios Administrativos

O que caracteriza essa forma de parceria é a circunstância de ser o regime formalizado através de *convênios administrativos*. Nesses acordos, normalmente de caráter plurilateral, Poder Público, de um lado, e entidades privadas, de outro, associam-se com o objetivo de alcançar resultados de interesses comuns.

Na verdade, assumem a mesma fisionomia daqueles ajustes que formalizam a gestão associada, com a diferença apenas de que aqueles são pactuados entre entidades administrativas, ao passo que estes admitem a participação de pessoas da iniciativa privada. Ajuste dessa modalidade seria, por exemplo, o que a União firmasse com fundações mantidas por indústrias automobilísticas com vistas ao aperfeiçoamento e avanço tecnológico da indústria nacional no setor.

---

[86] Vide PAULO MODESTO, Reforma administrativa e marco legal do terceiro setor, *RDA* 214, p. 55-68, 1998.

[87] Foi como bem acentuou RAQUEL MELO URBANO DE CARVALHO, *Curso de direito administrativo*, Parte Geral, Podium, 2008, p. 881. V. também sobre a matéria: RAFAEL CARVALHO REZENDE OLIVEIRA, *Administração pública, concessões e terceiro setor*, Lumen Juris, 2009, p. 279.

[88] STF, ADPF 46, j. 5.8.2009 (voto Min. Marco Aurélio).

270 | MANUAL DE DIREITO ADMINISTRATIVO • Carvalho Filho

Não há legislação específica sobre tal regime, mas como os convênios são pactos nos quais as partes manifestam suas vontades e expressam seus direitos e obrigações, nada impede se continue adotando a mesma sistemática, de resto já utilizada há muito tempo. Na verdade, é o instrumento pactuado que serve de *lex inter partes*, com uma ou outra especificidade própria do direito público em razão da presença de pessoa governamental.

3.3.2. Regime dos Contratos de Gestão (as Organizações Sociais)

A necessidade de ser ampliada a descentralização na prestação de serviços públicos levou o Governo a prever a instituição do Programa Nacional de Publicização – PNP, por meio da Lei nº 9.637, de 15.5.1998, pela qual algumas atividades de caráter social, exercidas por pessoas e órgãos administrativos de direito público, poderão ser posteriormente absorvidas por pessoas de direito privado, segundo consta expressamente do art. 20. A absorção implicará, naturalmente, a extinção daqueles órgãos e pessoas e a descentralização dos serviços para a execução sob regime de parceria.

O termo *publicização* atribuído ao Programa parece-nos inadequado e infeliz. Primeiramente, porque parece antagonizar-se com o termo *privatização*, o que, como já vimos, não é verdadeiro. Depois, porque, de fato, nenhuma atividade estará sendo *publicizada*, o que ocorreria somente se fosse ela deslocada da iniciativa privada para a área governamental. No caso, é o inverso que sucede, posto que pessoas governamentais é que vão dar lugar a entidades de direito privado. O que existe, na realidade, é o cumprimento de mais uma etapa do processo de *desestatização*, pelo qual o Estado se afasta do desempenho direto da atividade, ou, se se preferir, da prestação direta de alguns serviços públicos, mesmo não econômicos, delegando-a a pessoas de direito privado não integrantes da Administração Pública.

Essas pessoas, a quem incumbirá a execução de serviços públicos em regime de parceria com o Poder Público, formalizado por *contratos de gestão*, constituem as *organizações sociais*. Advirta-se, porém, que não se trata de nova categoria de pessoas jurídicas, mas apenas de uma *qualificação especial*, um título jurídico concedido por lei a determinadas entidades que atendam às exigências nela especificadas. Não integram o sistema formal da Administração Pública; assumem, entretanto, a qualidade de entidades parceiras do Poder Público, visando à execução de determinadas tarefas de interesse público.

As pessoas qualificadas como *organizações sociais* devem observar três fundamentos principais:

1. devem ter personalidade jurídica de direito privado;
2. não podem ter fins lucrativos; e
3. devem destinar-se ao ensino, à cultura, à saúde, à pesquisa científica, ao desenvolvimento tecnológico e à preservação do meio ambiente (art. 1º).

Uma vez qualificadas como *organizações sociais*, o que resultará de critério discricionário do Ministério competente para supervisionar ou regular a área de atividade correspondente ao objeto social (art. 2º, II),[89] as entidades são declaradas como de interesse social e utilidade pública para todos os efeitos legais e podem receber recursos orçamentários e usar bens públicos necessários à consecução de seus objetivos, neste último caso através de permissão de uso (arts. 11 e 12). Admissível será, ainda, a cessão especial de servidor público, com ônus para o

---

[89] Idêntico é o pensamento de LUCIANA CORDEIRO RODRIGUES, A concessão do título jurídico de organização social (*RDA*, 232, p. 133-140, 2003).

Cap. 7 • SERVIÇOS PÚBLICOS | 271

governo, vale dizer, o governo poderá ceder servidor seu para atuar nas organizações sociais com a incumbência do pagamento de seus vencimentos (art. 14).

Para habilitar-se como *organização social*, a lei exige o cumprimento de vários requisitos, como a definição do objeto social da entidade, sua finalidade não lucrativa, a proibição de distribuição de bens ou parcelas do patrimônio líquido e a publicação anual no Diário Oficial da União de relatório financeiro, entre outros mencionados no art. 2º da Lei nº 9.637/1998. Por outro lado, devem possuir Conselho de Administração em cuja composição haja representantes do Poder Público e de entidades da sociedade civil e membros eleitos dentre associados de associação civil e outros eleitos que tenham notória capacidade profissional e reconhecida idoneidade moral, tudo em conformidade com os percentuais fixados na lei reguladora (art. 3º da Lei nº 9.637/1998).

A *organização social*, todavia, poderá sofrer *desqualificação* de seu título quando forem descumpridas as disposições fixadas no contrato de gestão. Nesse caso, será necessária a instauração de processo administrativo em que se assegure o contraditório e a ampla defesa. Definida a desqualificação, porém, os dirigentes são solidariamente responsáveis pelos danos causados ao Poder Público, impondo-se ainda a reversão dos bens usados sob permissão e a devolução dos recursos alocados à entidade, sem prejuízo de outras sanções cabíveis. Anote-se que, a despeito de a lei haver empregado a expressão *poderá proceder à desqualificação*, dando a falsa impressão de que se trata de conduta facultativa, o certo é que, descumpridas as normas e cláusulas a que está submetida, a Administração exercerá atividade vinculada, *devendo* (e não *podendo*) desqualificar a entidade responsável pelo descumprimento.[90]

Devidamente qualificadas, as *organizações sociais* celebram com o Poder Público o que a lei denominou de *contratos de gestão,* com o objetivo de formar a parceria necessária ao fomento e à execução das atividades já mencionadas. A despeito da denominação adotada, não há propriamente *contrato* nesse tipo de ajuste, mas sim verdadeiro *convênio*, pois que, embora sejam pactos bilaterais, não há a contraposição de interesses que caracteriza os contratos em geral; há, isto sim, uma cooperação entre os pactuantes, visando a *objetivos de interesses comuns*. Sendo paralelos e comuns os interesses perseguidos, esse tipo de negócio jurídico melhor há de enquadrar-se como convênio.[91] Cabe advertir, entretanto, que é possível considerar o citado negócio como contrato *lato sensu*, como o fazem alguns, tendo em vista que nele também se celebra um ajuste bilateral, mas, tecnicamente, sempre se fará a ressalva de que, naquela categoria, os pactuantes alvitram interesses comuns, e não contrapostos.

Nos contratos de gestão, devem ser observados os princípios da moralidade, da legalidade, da impessoalidade, da publicidade e da economicidade, que, como sabemos, incidem sobre todas as atividades da Administração. Devem ainda ser definidos, com a maior precisão possível, os direitos e obrigações das partes, e principalmente é necessário especificar o programa de trabalho sugerido pela organização, bem como os prazos de execução das atividades e as metas a serem alcançadas. Urge também fixar o método de avaliação de desempenho a ser adotado não só em termos de qualidade, como também de produtividade. Há que se prever, por outro lado, o controle financeiro, bem como os limites e critérios para as despesas com remuneração e vantagens pecuniárias para dirigentes e empregados da entidade (art. 7º, I e II).

Diante da possibilidade de as *organizações sociais* receberem recursos financeiros do Poder Público, a lei exige que a este caiba exercer a fiscalização das atividades e proceder ao exame da prestação de contas das entidades (art. 8º). Qualquer irregularidade ou ilegalidade deve ser de imediato comunicada ao Tribunal de Contas, sob pena de responsabilização do

---

90 STJ, MS 10.527, Min. DENISE ARRUDA, j. 14.9.2005.

91 Em voto que proferiu na ADI 1.923, o Min. AYRES BRITTO endossou expressamente nosso entendimento.

272 | MANUAL DE DIREITO ADMINISTRATIVO • Carvalho Filho

agente fiscalizador. Independentemente disso, havendo malversação de bens ou recursos públicos, as autoridades incumbidas da fiscalização devem representar ao Ministério Público, à Advocacia-Geral da União ou à Procuradoria da entidade, no sentido de que sejam requeridos judicialmente a decretação da indisponibilidade dos bens da entidade e o sequestro dos bens dos dirigentes, de agentes públicos e de terceiros envolvidos com o fato delituoso e possivelmente beneficiados com enriquecimento ilícito (art. 10). Soma-se também a possibilidade de investigação, exame e bloqueio de bens, contas bancárias e aplicações no país e no exterior (art. 10, § 2º).

A lei, no art. 10, § 1º, alude ao *sequestro*, indicando que tal medida cautelar seria processada conforme os arts. 822 a 825 do CPC/1973, o que mereceu críticas por parte de alguns estudiosos, para os quais, em certos casos, mais adequado seria o *arresto* (art. 813, CPC/1973), destinado a bens sem especificação e mais seguro para o resultado útil do processo. O art. 301 do vigente CPC, porém, engloba ambos na *tutela provisória*, especificamente na *tutela de urgência* de natureza cautelar, de modo que a remissão da lei deverá considerar esse novo dispositivo, sem que haja maior preocupação com a nomenclatura da medida.

O novo sistema, como se pode observar, tem na parceria entre o Poder Público e entidades privadas sem fins lucrativos o seu núcleo jurídico. A descentralização administrativa nesse tipo de atividade pode propiciar grande auxílio ao governo, porque as *organizações sociais*, de um lado, têm vínculo jurídico que as deixa sob controle do Poder Público e, de outro, possuem a flexibilidade jurídica das pessoas privadas, distante dos freios burocráticos que se arrastam nos corredores dos órgãos públicos. Não obstante, entendemos que o sucesso do empreendimento depende de fator que, segundo temos observado, tem estado ausente ou deficiente nas atribuições do Poder Público, qual seja, o da fiscalização das entidades e do cumprimento de seus objetivos. Sem fiscalização, é fácil vislumbrar situações de descalabro administrativo, de desfiguração dos objetivos e, o que é pior, de crimes financeiros contra o governo.[92]

O STF, como antecipamos, conferiu a vários dispositivos da Lei nº 9.637/1998 interpretação conforme a Constituição, decidindo em resumo que devem ser conduzidos de *forma pública, objetiva e impessoal*, observando-se o art. 37, *caput*, da CF, os procedimentos de: (a) qualificação das OS; (b) celebração do contrato de gestão; (c) dispensa de licitação e outorga de permissão de uso de bem público; e (d) a seleção de pessoal, na forma do regulamento próprio. Por outro lado, afastou qualquer interpretação que restrinja o controle de aplicação das verbas públicas pelo Ministério Público e pelo Tribunal de Contas da União.[93] Em outras palavras, a Corte acolheu o sistema das OS como instituto legítimo para implementar políticas públicas nas áreas mencionadas na lei. A imposição de forma pública, objetiva e impessoal para alguns procedimentos, na prática, nada acrescentou ao perfil das entidades, já que, sendo atreladas ao Poder Público, devem realmente observar os princípios constitucionais, sem perder, obviamente, o seu perfil de pessoas do setor privado. A propósito, o TCU confirmou a possibilidade de ser contratada OS para desempenhar serviços de saúde, desde que em observância aos princípios da legalidade e da moralidade administrativa.[94]

Os empregados das OS submetem-se ao regime trabalhista comum, já que se trata de entidades de direito privado. Não obstante, como se verá no capítulo próprio (Cap. 15), podem ser equiparados a agentes públicos para a prática de atos qualificados como improbidade

---

92   Consulte-se DIOGO DE FIGUEIREDO MOREIRA NETO, Organizações sociais de colaboração, e PAULO MODESTO, Reforma administrativa e marco legal das organizações sociais no Brasil, ambos em *RDA* 210, 1997.

93   STF, ADI 1.923, Min. LUIZ FUX, em 16.4.2015.

94   TCU, Plenário, Acórdãos nº 3.239/2013 e 352/2016.

Cap. 7 • SERVIÇOS PÚBLICOS | **273**

administrativa (Lei nº 8.429/1992 – Lei de Improbidade Administrativa – LIA). Noutro giro, já se decidiu que tais empregados equiparam-se aos funcionários públicos para fins penais, na forma do art. 327, § 1º, do Código Penal, porquanto esse dispositivo tem grande amplitude e inclui, no sistema de equiparação, agentes que exercem funções em entidades prestadoras de serviços contratadas ou conveniadas para desempenhar atividades típicas da Administração.[95]

Por último, vale destacar que a lei é de observância obrigatória apenas para a União Federal e, portanto, incide sobre os serviços públicos federais. Mas, assim como o Governo Federal concebeu essa nova forma de prestação de serviços, nada impede que Estados, Distrito Federal e Municípios editem seus próprios diplomas com vistas à maior descentralização de suas atividades, o que podem fazer adotando o modelo proposto na Lei nº 9.637/1998 ou modelo diverso, desde que, é óbvio, idênticos sejam seus objetivos.[96] O importante é que a qualificação seja atribuída a entidades que se proponham a executar serviços sociais comunitários em parceria com o Poder Público.

3.3.3. *Gestão por Colaboração (Organizações da Sociedade Civil de Interesse Público – OSCIPs)*

O terceiro regime de parceria consiste na *gestão por colaboração*, que envolve a colaboração de entidades da iniciativa privada, usualmente representativas dos diversos segmentos da sociedade civil, que desenvolvem ações de utilidade pública. Reconhecendo que sua atividade se preordena ao interesse coletivo, o Governo delega a tais entidades algumas tarefas que lhe são próprias, como forma de descentralização e maior otimização dos serviços prestados, ao mesmo tempo em que lhes estende certas particularidades jurídicas, como a que permite a tais entes propor ação perante Juizados Especiais Cíveis (art. 8º, III, da Lei nº 9.099/1995).

O regime da gestão por colaboração foi instituído pela Lei nº 9.790, de 23.3.1999 (regulamentada pelo Decreto nº 3.100, de 30.6.1999), que concebeu as *organizações da sociedade civil de interesse público*, outra modalidade de qualificação jurídica a ser atribuída a algumas pessoas de direito privado em virtude de ações que podem desenvolver em regime de parceria com o Poder Público. Aplica-se, ainda, a tais entidades, embora no que couber, a disciplina estabelecida na Lei nº 13.019, de 31.7.2014, que regula as parcerias voluntárias gerais. Ressalte-se, assim como o fizemos em relação às *organizações sociais*, que não se trata de nova *categoria* de pessoa jurídica, mas sim de *específica qualificação jurídica* de algumas pessoas jurídicas, observadas as condições estabelecidas na lei reguladora.

Na verdade, a lei tenta eliminar as antigas distorções nascidas no regime das pessoas *consideradas de utilidade pública*, sem que se fizesse verdadeira distinção entre *entidades de favorecimento mútuo* e *entidades de fins comunitários*. As primeiras não produzem qualquer fim de interesse público, voltando-se apenas aos interesses de seus membros ou associados, e ainda assim se beneficiam da isenção de tributos, da percepção de subvenções e de outras vantagens, cujos beneficiários deveriam ser realmente as entidades de solidariedade social. Essa indistinção acabou por gerar desconfortável desconfiança no sistema e, o que é pior, acabou permitindo, por ausência de controles efetivos, a apropriação de vultosas parcelas de verbas públicas.[97]

Primitivamente, a lei estabeleceu três características básicas para as OSCIPs: (1) devem ter personalidade jurídica de direito privado; (2) não podem ter fins lucrativos; e (3)

---

[95]   STF, HC 138.484, j. 11.9.2018.

[96]   Vide a respeito o trabalho: Terceiro setor da Administração Pública. Organizações sociais. Contrato de gestão, de EGON BOCKMAN MOREIRA (*RDA* 227, p. 309-320, 2002).

[97]   PAULO MODESTO, Reforma do marco legal do terceiro setor no Brasil, *RDA* 214, p. 55-68, 1998.

274 | MANUAL DE DIREITO ADMINISTRATIVO • *Carvalho Filho*

os estatutos e objetivos terão que estar em conformidade com a lei reguladora. A Lei nº 13.019/2014 acima citada, contudo, acrescentou uma quarta característica: a exigência de que as entidades tenham sido constituídas e estejam em funcionamento há, no mínimo, três anos (art. 1º da Lei nº 9.790/1999). Em consequência, o legislador procurou impedir que falsas entidades sejam criadas e postulem a qualificação tão somente para locupletar-se, desde logo, de vantagens concedidas pela Administração, habitualmente à custa do conluio para a prática de improbidade.

Ademais, não podem estar voltadas para qualquer objetivo. Os objetivos que podem dar ensejo ao título jurídico são:

a) a promoção da educação, da saúde, da cultura, da assistência social e da segurança alimentar e nutricional;

b) a proteção e defesa do meio ambiente;

c) a promoção do desenvolvimento econômico e social, incluindo o combate à pobreza;

d) experimentação de novos modelos socioprodutivos;

e) promoção de valores universais, como os da ética, da paz, da cidadania, dos direitos humanos e da democracia, e também a promoção de assistência jurídica complementar;

f) a promoção do voluntariado; e

g) estudos, pesquisas, desenvolvimento de tecnologias alternativas, divulgação de informações e conhecimentos concernentes a todos os citados objetivos (art. 3º, I a XIII).

Para que se qualifiquem como *organizações da sociedade civil de interesse público*, a lei exige que os estatutos da entidade preencham alguns requisitos expressos, como, por exemplo, o da observância dos princípios da legalidade, impessoalidade, moralidade, publicidade, economicidade e eficiência; e, ainda, o atendimento aos princípios básicos de contabilidade, a publicidade do relatório de suas atividades e a sujeição a auditorias externas independentes. O requerimento da qualificação, devidamente instruído, é formulado ao Ministério da Justiça (arts. 5º e 6º), que, verificando o atendimento dos requisitos legais e o fato de não se enquadrar a entidade dentre aquelas vedadas por lei, deferirá o pedido e expedirá o respectivo certificado de qualificação.

Não podem qualificar-se como organizações da sociedade civil de interesse público várias categorias de pessoas jurídicas: sociedades comerciais, inclusive as que comercializam planos de saúde e as cooperativas, bem como as organizações creditícias relacionadas com o sistema financeiro; entidades de representação de classe e sindical; instituições partidárias; entidades religiosas; hospitais e escolas sem gratuidade; pessoas, inclusive fundações, instituídas pelo Poder Público; e as organizações sociais (art. 2º). Tendo em vista a autonomia dos entes federativos, a vedação de acúmulo dos títulos de OSCIP e OS (art. 2º, IX) só tem eficácia para a esfera federal, de modo que uma OS federal, por exemplo, pode ter o título de OSCIP estadual ou municipal.

As *organizações da sociedade civil de interesse público*, na busca de seus objetivos, podem cooperar com o Poder Público de três maneiras:

1. por meio da execução direta de projetos, programas e planos de ação;

2. pela entrega de recursos humanos, físicos ou financeiros; e

3. pela prestação de atividades de apoio a outras entidades sem fins lucrativos.

Havendo condições de cooperação com a Administração, a lei prevê a celebração de *termo de parceria*, no qual deverão estar formalizados, de modo detalhado, os direitos e as obrigações dos pactuantes (arts. 9º e 10). Por sua natureza, esse negócio jurídico qualifica-se como verdadeiro *convênio administrativo*, já que as partes têm interesses comuns e visam à mutua cooperação, além do fato de que uma delas será o Poder Público representado por algum de seus órgãos ou pessoas.

Para alguns estudiosos, porém, os termos de parceria, de certo modo, aperfeiçoaram o modelo dos contratos de gestão, admitindo a desvinculação das ações como poder público até a celebração do termo. Além disso, as OSCIPs ficam obrigadas, no caso de extinção, a transferir seu patrimônio para entidade similar (art. 4º, IV, da Lei nº 9.790/1999). Por fim, foi ampliado o controle social das entidades.[98]

A entidade, se for de seu interesse, pode requerer a exclusão de sua qualificação como organização da sociedade civil de interesse público. Se, entretanto, deixar de preencher, posteriormente, as condições exigidas na lei, sofrerá a *perda da qualificação*, impondo-se, para tanto, a decisão proferida em processo administrativo, instaurado a pedido do Ministério Público ou de qualquer cidadão, em que se lhe assegure contraditório e ampla defesa. A perda pode resultar também de processo judicial, assegurada a mesma garantia (art. 7º, Lei nº 9.790/1999). Outrossim, o cidadão só pode requerer a desqualificação se for identificado, já que a lei veda o anonimato (art. 8º). Ocorrendo malversação de bens ou recursos públicos, os agentes de fiscalização da parceria poderão requerer ao Ministério Público e à Advocacia-Geral da União no sentido de serem providenciados a indisponibilidade dos bens da entidade e o sequestro de bens dos dirigentes e de terceiros beneficiados pela ilegalidade que se tenham enriquecido ilicitamente à custa do erário.

Sem prejuízo dessas medidas, poderão ser adotadas outras providências constritivas e reparatórias, previstas na Lei nº 8.429/1992, que dispõe sobre atos de improbidade administrativa, e na LC nº 64/1990, que estabelece os casos de inelegibilidade. Cabível, da mesma forma, a tutela provisória de natureza cautelar, inclusive para investigação, exame e bloqueio de bens, contas bancárias e aplicações, no país e no exterior (art. 13, §§ 1º e 2º, Lei nº 9.790/1999).

A constante preocupação do governo quanto à adequada execução do termo de parceria mobilizou a alteração processada pela já citada Lei nº 13.019/2014, no sentido de que a *prestação de contas* da OSCIP perante o parceiro público há de considerar a correta aplicação dos recursos públicos alocados, bem como o adimplemento do objeto do ajuste, instruída a prestação com vários dados e documentos, como relatório anual de atividades, demonstrativo da receita e despesa, planilha de resultados, balanço patrimonial, origem e aplicação dos recursos, parecer de auditoria e outros conexos e destinados ao mesmo objetivo (art. 15-B da Lei 9.790/1999).

Tais preceitos demonstram que o regime de parceria previsto na Lei nº 9.790/1999 implica sérias responsabilidades às entidades qualificadas como organizações da sociedade civil de interesse público, e isso pela circunstância de que, mesmo tendo personalidade jurídica de direito privado e pertencendo ao segmento da sociedade civil, passam a executar serviços públicos em regime formalizado por instrumento próprio, o termo de parceria, devendo, por conseguinte, respeitar as obrigações pactuadas e, o que é mais importante, direcionar-se primordialmente ao interesse público, visto que no exercício dessas atividades a organização desempenha função delegada do Poder Público.

Como se pode observar, afinal, são semelhantes os sistemas de parceria ensejadores das *organizações sociais* e das *organizações da sociedade civil de interesse público*. O núcleo central

---

[98] MARIA TEREZA FONSECA DIAS, *Terceiro setor e estado: legitimidade e regulação*, 2008, p. 300.

276 | MANUAL DE DIREITO ADMINISTRATIVO • *Carvalho Filho*

de ambos é a *parceria Estado/entidade privada* na busca de objetivos de interesses comuns e benéficos à coletividade. Logicamente, existem pontos específicos que distinguem os regimes. Um deles é a participação de agentes do Poder Público na estrutura da entidade: enquanto é ela exigida nos Conselhos de Administração das *organizações sociais*, não há esse tipo de ingerência nas *organizações da sociedade civil de interesse público*. Outro aspecto é a formalização da parceria: com aquelas entidades é celebrado contrato de gestão, ao passo que com estas é firmado termo de parceria. Enfim, nota-se que as linhas da disciplina jurídica das *organizações sociais* as colocam um pouco mais atreladas ao Poder Público do que as *organizações da sociedade civil de interesse público*. Ambas, porém, retratam novas formas de prestação de serviços públicos.[99]

A despeito de nos termos referido especificamente às organizações da sociedade civil de interesse público, é justo reconhecer que muitas entidades do setor privado, independentemente de sua vinculação com o Poder Público, vêm prestando e podem prestar inestimável apoio aos governos no que toca à execução das funções sociais típicas. Em algumas ocasiões, é a própria lei que estimula a instituição de tais entidades. A Lei nº 9.867, de 10.11.1999, por exemplo, assumiu amplo alcance social ao prever a instituição das *cooperativas sociais*, com a finalidade de inserir as pessoas em desvantagem no mercado econômico, por meio do trabalho, com fundamento no interesse geral em promover a pessoa humana e a integração social dos cidadãos. Cuida-se de relevantíssima atividade social, porquanto a tais entidades caberá diminuir as dificuldades gerais e individuais dessa categoria de pessoas, bem como desenvolver e executar programas especiais de treinamento para aumentar-lhes a produtividade e a independência econômica e social. Ao Estado cabe associar-se a essas entidades, reforçando o regime de parceria por meio de incentivos e subvenções e aperfeiçoando os sistemas de controle do uso de eventuais recursos públicos.

A lei considera como pessoas em desvantagem (e, portanto, merecedoras de apoio e estímulo social): (a) os deficientes físicos e sensoriais; (b) os deficientes psíquicos e mentais, os que dependem de acompanhamento psiquiátrico permanente e os egressos de hospitais psiquiátricos; (c) os dependentes químicos; (d) os egressos de prisões; (e) os condenados a penas alternativas à detenção; (f) os adolescentes em idade adequada ao trabalho e situação familiar difícil do ponto de vista econômico, social ou afetivo.

3.3.4. *Regime Geral das Parcerias*

FONTE NORMATIVA – A Lei nº 13.019, de 31.7.2014, com as alterações da Lei nº 13.204, de 14.12.2015, instituiu o regime jurídico das *parcerias* entre a Administração Pública e as organizações da sociedade civil, em cooperação mútua, tendo por objetivo o desempenho de atividades de interesse público e o estabelecimento de políticas de fomento, colaboração e cooperação com tais entidades do setor privado. Por sua natureza, não seria despropositado denominar a lei de *Estatuto das Parcerias*. Primitivamente, a Lei nº 13.019/2014 empregava a expressão *"parcerias voluntárias"*, evidente redundância pela impossibilidade de haver *"parceria coercitiva"*. A Lei nº 13.204/2015, porém, sanou o equívoco.

Esse diploma legal funda-se no art. 22, XXVII, da CF, que, como já visto, confere à União Federal competência privativa para editar normas gerais de licitação e contratação a serem aplicadas a todos os entes federativos e entidades da Administração Indireta. Embora o vínculo jurídico não seja rigorosamente o dos contratos em sentido estrito, o certo é que as parcerias, *lato sensu*, podem ser catalogadas dentro da categoria contratual e, por essa razão, torna-se cabível a competência privativa da União.

---

[99] V. SÉRGIO DE ANDREA FERREIRA, As organizações sociais e as organizações da sociedade civil de interesse público, *RDA* 217, p. 105-118, 1999.

Desde já, contudo, cabe uma advertência. A competência federal para a matéria limita-se à edição de *normas gerais*, aquelas que traduzem parâmetros genéricos de incidência, e, por conseguinte, às demais pessoas federativas compete a edição de *normas específicas*. Resulta que, se a norma federal não tiver o caráter de generalidade, o que desafia verificação caso a caso, só se aplicará à própria União; quanto aos outros entes, a aplicação redundaria em vício de constitucionalidade.

REGIME JURÍDICO – O Estatuto das Parcerias instituiu o conjunto normativo que deve reger a relação jurídica entre a Administração Pública e seus parceiros privados. Esse conjunto de normas é que configura o regime jurídico da cooperação.

Nesse aspecto, é imperioso não esquecer que outras leis já disciplinaram as parcerias. É o caso das Leis nos 9.637/1998 e 9.790/1999, que tratam, respectivamente, das organizações sociais (OS) e das organizações da sociedade civil de interesse público (OSCIPs). Como já se anotou, tais expressões constituem a titulação conferida a algumas entidades privadas que se associam em regime de cooperação com o Poder Público. Mas o vínculo estabelecido entre os pactuantes é, sem dúvida, o de parceria. O que parece certo, no entanto, é que dificuldades surgirão no processo de conciliação entre tantas leis que contemplam parcerias com a Administração.

O regime das parcerias não estende suas exigências a vários ajustes e normas já previstos anteriormente, conforme dita o art. 3º da lei. Entre outras hipóteses, destaca-se tal inaplicabilidade (a) aos contratos de gestão firmados com OS (inciso III); (b) aos termos de parceria firmados com OSCIPs (inciso. VI); (c) aos convênios e contratos com entidades filantrópicas nos termos do art. 199, § 1º, da CF (inciso IV); (d) às parcerias entre a Administração e os serviços sociais autônomos, caso do Senai, Sesi e congêneres (inciso X). Por conseguinte, a Lei nº 13.109/2014 contempla regime geral de cunho residual, de modo que, para sua aplicação, será indispensável verificar se a parceria já está regida por lei específica.

CONCEITO – Ao conceituar as parcerias, o Estatuto não criou nenhuma inovação de monta. Ao contrário, consolidou a ideia de que esse tipo de ajuste tem realçado costumeiramente.

Diz a lei que parceria é o *"conjunto de direitos, responsabilidades e obrigações decorrentes de relação jurídica estabelecida formalmente entre a Administração Pública e organizações da sociedade civil, em regime de mútua cooperação, para a consecução de finalidades de interesse público e recíproco, mediante a execução de atividade ou de projeto expressos em termos de colaboração, em termos de fomento ou em acordos de cooperação"* (art. 2º, III).

O núcleo central do conceito, sem dúvida, consiste no regime de *mútua cooperação*, como já enfatizamos antes. Significa que a parceria encerra auxílio recíproco entre os acordantes para alcançar a finalidade para a qual foi celebrada, preponderando as metas sociais sobre interesses econômicos e financeiros.

Além disso, o conceito menciona os *sujeitos* necessários à formação do vínculo e as atividades e projetos que devem constituir o *objeto* da parceria. Dessa vinculação, emanam direitos, obrigações e responsabilidades dos parceiros.

SUJEITOS E OBJETO – *Sujeitos* da parceria são as entidades que figuram nos polos da relação jurídica, aos quais, por sua posição, devem ser atribuídos os direitos, as obrigações e as responsabilidades.

Um dos sujeitos deve pertencer compulsoriamente à Administração Pública – o *parceiro público* – e outro se insere no setor privado – o *parceiro privado*. São eles que, situando-se em setores sociais diversos, firmam a colaboração recíproca. É claro que, no âmbito privado, podem celebrar-se parcerias somente entre particulares, mas, para os fins do Estatuto, uma das partes tem que ser necessariamente entidade da Administração Direta ou Indireta.

Quanto ao *objeto*, não há como admitir que a parceria esteja dissociada de alguma *finalidade pública*. Ainda que o parceiro privado possa ter interesses institucionais na execução do ajuste, é imperioso que o objetivo traduza atividade que, de algum modo, ofereça benefícios à sociedade ou, ao menos, a um de seus segmentos.

No caso, o Estatuto refere-se à execução de *atividades* e *projetos* estabelecidos previamente em planos de trabalho. Tal finalidade afigura-se bastante ampla, isso sem contar que a elaboração de projetos aloja-se obviamente entre as atividades. Todavia, é de considerar-se que os projetos espelham a programação a ser seguida, ao passo que as atividades, que deles poderão advir, indicam as operações efetivas para a consecução dos objetivos programados.

NATUREZA JURÍDICA – Nos comentários sobre o regime de parcerias, temos enfatizado que nele sobressai a formação de um vínculo jurídico de natureza cooperativa, em que os pactuantes buscam atingir seus objetivos numa ação de reciprocidade.

Relembrando aqui esse aspecto, cabe consignar que, tecnicamente, é de ter-se um contrato, *lato sensu*, quando as partes, diante de determinado objeto, se atribuem direitos, obrigações e responsabilidades. Dentro da categoria genérica, é possível distinguir, de um lado, os contratos *stricto sensu* e, de outro, os convênios. Naqueles, além do aspecto econômico predominante habitualmente, há um paralelismo entre os fins alvitrados pelos contratantes (ex.: o locador dá em locação e o locatário toma em locação). Nestes, porém, em que sobreleva a feição social, os fins são de interesse comum (ex.: ambos os pactuantes desejam propiciar assistência médica). Desse modo, só se justifica incluir os convênios na categoria dos contratos se estes forem interpretados em seu sentido amplo.

Consequentemente, as parcerias voluntárias, ressaltado o perfil que ostentam decorrente de seu regime jurídico, têm a natureza jurídica de *contrato* (*lato sensu*), mas a essência de seu conteúdo reflete inegavelmente um *convênio*, já que os pactuantes atuam com mútua cooperação e se preordenam a fins de interesse comum, de cunho eminentemente social.

ORGANIZAÇÕES DA SOCIEDADE CIVIL – De acordo com o Estatuto (art. 2º, I), a organização da sociedade civil (OSC) se divide em três categorias.

A primeira é definida como a entidade privada sem fins lucrativos, que *não distribui* entre seus sócios, associados, conselheiros, diretores, terceiros etc. resultados, sobras, excedentes operacionais, dividendos, isenções ou parcelas de seu patrimônio, os quais são aplicados integralmente para fins institucionais, ou seja, para aqueles previstos em seu estatuto como objeto social, podendo a aplicação ocorrer de forma imediata ou através da formação de fundo patrimonial ou de reserva (art. 2º, I, "a"). É fácil notar que essa é a categoria geral, na qual se incluem todas as pessoas jurídicas que assumem a referida fisionomia.

Além dela, constituem OSC também as cooperativas sociais instituídas pela Lei nº 9.867/1999 para dar ensejo à integração social dos cidadãos e aquelas (a) integradas por pessoas em situação de risco ou vulnerabilidade pessoal ou social; (b) alcançadas por programas de combate à pobreza e geração de trabalho; (c) destinadas ao fomento e à educação de trabalhadores e agentes no setor rural; e (d) instituídas para o desempenho de projetos e atividades de interesse público e caráter social (art. 2º, I, "b").

Por último, incluem-se como OSC as organizações religiosas que tenham por fim o exercício de atividades ou projetos de interesse público e social, desde que não se dediquem a fins exclusivamente religiosos (art. 2º, I, "c").

A listagem das entidades desafia uma breve anotação. A expressão *organização da sociedade civil* encerra o sentido de *categoria jurídica genérica*, isto é, categoria na qual se incluem diversos entes de categorias específicas, como é o caso de associações, fundações e outras do gênero. Portanto, não há espaço para confundir tais entidades com as organizações sociais

(OS) ou com as organizações da sociedade civil de interesse público (OSCIPs). Estas, como já se viu, retratam uma titulação conferida a certas entidades sem fins lucrativos, que preenchem os requisitos das leis respectivas. Por via de consequência, todas as OS e OSCIPs se inserem na categoria genérica das organizações da sociedade civil (OSCs), mas nem todas as que estão nessa categoria ostentam aquela titulação.

FUNDAMENTOS, PRINCÍPIOS E DIRETRIZES – Estatuto foi instituído mediante determinados pilares, que constituem os seus *fundamentos* (art. 5º). São eles: (a) a *gestão pública democrática*, indicando que o Estado deve atuar em conjugação com o setor privado; (b) a *participação social*, indicativa de que os interesses a serem perseguidos devem ter caráter predominantemente social, e não econômico; (c) o *fortalecimento da sociedade civil*, significando a ampliação dos objetivos institucionais das entidades privadas; e (d) a *transparência na aplicação dos recursos públicos*, como meio de verificar e fiscalizar se os valores alocados são efetivamente empregados para os fins alvitrados na parceria, evitando a constante e condenável malversação dos recursos.

Por outro lado, devem os parceiros reverenciar os *princípios* da legalidade, legitimidade, impessoalidade, moralidade, publicidade, economicidade, eficiência e eficácia, além de outros contemplados na Constituição e na própria lei (art. 5º). Trata-se, em última instância, dos princípios já compulsórios para a Administração, e por todos bem conhecidos. Embora destinados basicamente àquela, têm sua incidência ampliada para alcançar as entidades que, sendo do setor privado, vinculam-se ao Poder Público pelo regime das parcerias. No entanto, mais importante do que meramente relacionar os princípios é constatar se estão sendo efetivamente cumpridos, isto é, adotá-los também na prática.

As *diretrizes fundamentais* constituem os rumos que devem ser observados pelos parceiros, bem como as metas que devem direcionar-se as parcerias (art. 6º). Genericamente, pode afirmar-se que todas elas têm escora nas políticas de colaboração mútua e de fomento à iniciativa privada. Destacam-se, entre elas: (a) o fortalecimento da cooperação mútua entre o Estado e o particular; (b) a ação integrada, complementar e descentralizada de recursos e atividades, evitando-se a fragmentação das verbas públicas; (c) a cogestão administrativa no intuito de impedir a obtenção de benefícios ou vantagens indevidas; (d) a promoção de soluções adotadas pelos parceiros para atender a necessidades e demandas da população.

INSTRUMENTOS DE FORMALIZAÇÃO – Os instrumentos pelos quais se formalizam as parcerias podem ser de três ordens: (a) *termo de colaboração*; (b) *termo de fomento*; (c) *acordo de cooperação* (art. 2º, VII a VIII-A c/c arts. 16 e 17 do Estatuto).

O *termo de colaboração* é o mecanismo pelo qual são formalizadas as parcerias firmadas para a execução de atividades de interesse comum propostas pela Administração Pública, mediante a transferência de recursos financeiros.

O *termo de fomento*, a seu turno, corresponde ao instrumento adotado para as parcerias firmadas com OSCs, com propostas apresentadas por estas, para a execução de atividades comuns mediante mútua cooperação e envolvendo também transferência de recursos.

Em comum, ambos (1) retratam a cooperação mútua entre os parceiros, (2) alvitram a consecução de finalidades de interesse público e (3) são firmados sem prejuízo dos contratos de gestão e dos termos de parceria celebrados, respectivamente, com OS e OSCIPs. A diferença entre os termos situa-se apenas na *iniciativa da formulação da proposta* para a parceria. No termo de colaboração, é a Administração que propõe a parceria, ao passo que no termo de fomento a proposta advém da organização da sociedade civil interessada.

A nomenclatura dos termos não preza pela desejável exatidão. É que o termo de colaboração poderá ter como objeto pactuado atividade de fomento aos fins institucionais do parceiro privado. Em outra vertente, o termo de fomento expressa, logicamente, uma forma

280 | MANUAL DE DIREITO ADMINISTRATIVO • *Carvalho Filho*

de colaboração do parceiro público. O elemento diferencial, portanto, deve residir mesmo naquele que formulou a proposta de parceria.

O terceiro instrumento é o *acordo de cooperação*, adequado para formalizar parcerias celebradas entre a Administração Pública e organizações da sociedade civil, também objetivando ações de interesse comum, mas *sem envolver transferência de recursos financeiros*. Apesar desse aspecto particular, que o diferencia das ferramentas anteriores, o acordo de cooperação não dispensa a fiscalização do Poder Público no que concerne à eficiência, celeridade e economicidade do parceiro privado, na busca do objetivo pactuado.

PROCEDIMENTO DE MANIFESTAÇÃO DE INTERESSE SOCIAL – A lei instituiu ferramenta interessante no que toca às parcerias: o *procedimento de manifestação de interesse social* (art. 18). Trata-se de um processo direcionado à manifestação transmitida por setores da sociedade civil, objetivando a melhoria da Administração por meio de parcerias. Sua natureza jurídica, portanto, é a de *processo administrativo* formal, cujo *procedimento* deve ser estabelecido pela unidade federativa interessada.

A ideia é inegavelmente democrática, pois permite ao cidadão, isoladamente ou por meio de movimentos sociais, e também a organizações da sociedade civil oferecer propostas à Administração no sentido de ser realizado chamamento público com o propósito de firmar parceria. Nunca é demais relembrar que o procedimento contém apenas uma proposição, que pode ser aceita, ou não, pelo órgão administrativo.

A proposta deve indicar o subscritor, o interesse público em jogo e os elementos da realidade que se pretende aperfeiçoar, modificar ou desenvolver, com os respectivos dados relativos a custos, vantagens e outros do gênero. A Administração divulga a proposta em seu sítio eletrônico e, havendo interesse administrativo, providencia a instauração do procedimento (art. 20).

No entanto, é imperioso anotar que a instauração do procedimento não rende ensejo necessariamente ao chamamento público; este resultará de conveniência da Administração (art. 21). Por outro lado, o acolhimento da proposta não é causa para a dispensa do chamamento público. Por sua natureza, a proposta para o procedimento de manifestação de interesse social não obsta a que a organização proponente participe do certame seletivo.

Registre-se, porém, que esse procedimento não espelha condição para o chamamento público ou para a parceria, sendo apenas um instrumento de participação da sociedade civil no planejamento e desenvolvimento da Administração (art. 21, § 3º).

CHAMAMENTO PÚBLICO – De acordo com a Lei nº 13.019/2014, a escolha da OSC para a celebração de parcerias não fica, em linha de princípio, ao alvedrio da Administração. Ao contrário, o Estatuto exige a realização de procedimento seletivo para a escolha daquele que, em tese, se qualifique como o melhor parceiro privado. Esse procedimento é o que a lei denomina de *chamamento público*. Sobre ele, convém fazer algumas anotações.

Primeiramente, quanto à sua *natureza*, o chamamento público espelha *procedimento seletivo*, que o inclui como modalidade específica de *licitação*, e isso porque o certame visa escolher o melhor interessado para celebrar a parceria. A Lei nº 14.133/2021 (Estatuto de Licitações e Contratos), como já se consignou, incluiu o credenciamento como procedimento auxiliar das licitações e também previu o edital de chamamento público para cadastramento de interessados (art. 79, parágrafo único, I).

O chamamento público, como espécie de licitação, deve observar os *princípios* da isonomia, legalidade, impessoalidade, moralidade, igualdade, publicidade, probidade administrativa, vinculação ao instrumento convocatório, julgamento objetivo e de outros princípios correlatos (art. 2º, XII), com destaque para o da competitividade (art. 24, § 2º). Em relação a este, existem duas exceções: 1ª) pode o certame limitar-se a entidades sediadas numa determinada entidade federativa; 2ª) pode ser prevista delimitação do território onde se executarão as atividades e os projetos (art. 24, § 2º, I e II).

Por outro lado, o *procedimento* deve ser dotado de elementos claros, objetivos e simplificados, para orientação dos interessados e maior facilidade de acesso às instâncias administrativas (art. 23, *caput*). Sendo possível, a Administração deve prever *critérios* específicos para a seleção, especialmente quanto ao objeto, às metas, aos custos e aos indicadores, quantitativos e qualitativos, de avaliação de resultados (art. 23, parágrafo único). Infere-se da lei que tais critérios só serão exigidos se forem viáveis para a seleção, o que permite que o administrador esteja capacitado para avaliar as reais necessidades do certame.

O procedimento deve ser deflagrado pela publicação de *edital*, como ocorre, em regra, nas licitações. Nele, a Administração deve especificar (a) a programação orçamentária na qual se ampara a parceria; (b) o objeto da parceria; (c) os elementos constantes da proposta; (d) os critérios de seleção, sobretudo no que toca à metodologia de pontuação e ao peso atribuído a cada critério e (e) o valor calculado para a consecução do objeto (art. 24, § 1º).

A lei estabeleceu alguns casos de *dispensa* do chamamento público, ocorrendo nos casos de: (a) urgência oriunda de paralisação ou de ameaça, relativa a atividades de relevante interesse público, pelo prazo de até 180 dias; (b) guerra, calamidade pública, grave perturbação da ordem pública ou ameaça à paz social; (c) proteção a pessoas ameaçadas ou em situação de risco; (d) atividades concernentes a serviços de educação, saúde e assistência social, quando executadas por OSC previamente credenciada pelo órgão gestor da política pública (art. 30).

Além da dispensa, foi prevista a *inexigibilidade* do chamamento público, tendo por fundamento a situação que sempre a inspira: a inviabilidade de competição entre as OSCs. A inviabilidade decorrerá da natureza singular do objeto da parceria ou se as metas só puderem ser alcançadas por uma entidade específica (art. 31).

De qualquer modo, entretanto, a ausência do chamamento público, nos casos de dispensa e de inexigibilidade, deverá ser expressamente *justificada* pelo administrador público (art. 32). Trata-se da *motivação* do ato administrativo decisório, tão relevante que, se não declinada, o efeito será a nulidade da parceria (art. 32, § 1º). Some-se a esse efeito o de atribuir-se ao administrador conduta de improbidade administrativa, dependendo das circunstâncias que geraram a não realização do certame. A motivação do ato, quando houver dúvida sobre sua veracidade, pode ser objeto de *impugnação* no prazo de 5 dias após a publicação do ato (art. 32, § 2º).

ASPECTOS GERAIS – O regime de parcerias importa a existência de vários elementos, e estes merecem ser comentados, ainda que sucintamente.

Em primeiro lugar, a lei estabelece que alguns *requisitos* devem ser preenchidos para a celebração de parcerias. É de destacar aquele pelo qual o estatuto interno das organizações da sociedade civil devem conter dados considerados essenciais à sua caracterização, como, por exemplo, (a) os objetivos institucionais; (b) a transferência do patrimônio líquido a outra entidade similar no caso de dissolução; (c) a devida escrituração de sua contabilidade e (d) prazo mínimo de existência, com cadastro ativo, comprovado por documento oficial da Receita Federal e (e) experiência prévia quanto ao objeto da parceria (art. 33). Os requisitos têm por escopo afastar algumas entidades formadas por pessoas inescrupulosas, que buscam apenas o locupletamento indevido de riqueza e a satisfação de outros interesses escusos.

De outro ângulo, preocupado com os habituais desvios ocorridos em convênios de cooperação, o legislador enunciou algumas *vedações* no regime das parcerias. De plano, há impedimento para entidades sem constituição regular e para aquelas que deixaram de prestar contas em parceria anterior. O mesmo para entidade que tenha como dirigente membro de Poder ou do Ministério Público, ou dirigente de órgão da mesma esfera governamental em que será firmada a parceria. Veda-se, ainda, a parceria para organizações cujas contas foram rejeitadas pela Administração nos últimos cinco anos, salvo se foi sanada a irregularidade e quitados os débitos, ou reconsiderada a decisão de rejeição, ou, também, se a apreciação das contas estiver pendente de decisão em face de recurso com efeito suspensivo (art. 39, I a IV). Soma-se a essas a vedação de parcerias que tenham por objeto ou envolvam delegação das funções de regulação, de fiscalização, de exercício do poder de polícia ou de outras atividades exclusivas do Estado (art. 40). Cuida-se de serviços indelegáveis, próprios do Estado, e, por isso, insuscetíveis de delegação para entes do setor privado, despidos das prerrogativas típicas de autoridade.

A lei criou, ainda, a figura do *gestor* da parceria, assim definido como sendo o agente público responsável pela gestão do ajuste cooperativo, designado por ato publicado em meio oficial de comunicação e ao qual são atribuídos poderes de controle e fiscalização (art. 2º, VI). Entre outras funções, cabe ao gestor, além de fiscalizar a execução da parceria, prestar informações a seu superior hierárquico sobre fatos prejudiciais ao cumprimento do objeto e emitir parecer técnico sobre a prestação de contas final (art. 61, I a V). A importância do gestor da parceria salta aos olhos, mas, para ser bem-sucedida a sua atribuição, impõe-se que o agente designado atue com rigorosa eficiência e intocável probidade.

Outro aspecto relevante que guarda pertinência com as parcerias é o relativo à *prestação de contas*, matéria à qual a lei dedica um capítulo próprio (arts. 63 a 72). É indiscutível que cabe à Administração exigir do parceiro privado os esclarecimentos sobre as contas, principalmente quando a parceria envolve transferência de recursos financeiros. Esses elementos é que permitem ao gestor avaliar a sua regularidade. Nessa manifestação, a conclusão poderá ser: (a) de aprovação da prestação de contas; (b) de aprovação com ressalvas; ou (c) de rejeição da referida prestação (art. 69, § 5º, I a III). Ao final, a avaliação pode concluir que as contas estão: (a) regulares; (b) regulares com ressalva; ou (c) irregulares (art. 72, I a III).

A prestação e avaliação das contas de parceiros privados e outros beneficiários de convênios constitui, em nossa visão, o ponto mais frágil do controle estatal sobre recursos públicos, gerando a impressão de total desinteresse de autoridades públicas na gestão correta dos valores alocados a entes privados. Decerto, esse é um ponto em que a Administração tem um longo caminho a percorrer.

Vale a pena informar que a lei previu um *regime de adesão*, ou seja, a União poderá autorizar Estados, Municípios e Distrito Federal a *aderir* ao Sistema de Convênios e Contratos de Repasse – SICONV, visando à utilização das funcionalidades da lei (art. 81). Como garantia do princípio da transparência, a Lei nº 14.345, de 24.5.2022, incluiu o art. 81-B, segundo o qual ex-prefeitos e ex-governadores de entes federativos que tenham aderido ao sistema terão *direito de acesso* a todos os registros de convênios firmados em suas gestões, até que o concedente tenha emitido manifestação final sobre as respectivas prestações de contas. Trata-se de aplicação do princípio do acesso a informações (Lei nº 12.527/2011) e da garantia da ampla defesa.

Um último aspecto a comentar é o que diz respeito à *responsabilidade e sanções*, aquela decorrente de eventuais infrações às normas pactuadas ou à lei regente, provocando a aplicação das últimas. Dispõe o Estatuto que, diante de tal situação, pode a Administração, garantida a prévia defesa, aplicar ao parceiro privado as seguintes sanções: (a) advertência; (b) suspensão temporária da participação em chamamento público e impedimento de celebrar parceria ou contrato com entidades da esfera de governo da administração sancionadora, por prazo não superior a dois anos (embora, em nosso entender, a sanção devesse alcançar todas as esferas federativas); (c) declaração de inidoneidade para participar de chamamento público ou de celebrar parceria ou contrato, devendo subsistir a punição enquanto perdurarem os motivos ou até que seja promovida a reabilitação perante a autoridade sancionadora (art. 73, I a III). Verifica-se, pois, que o regime punitivo é praticamente o mesmo adotado para as licitações em geral, regidas pela Lei nº 14.133/2021 (Estatuto de Licitações e Contratos – ELC).

Cap. 7 • SERVIÇOS PÚBLICOS | 283

3.3.5. Programa de Parcerias de Investimentos – PPI

No curso do desenvolvimento para a conjugação de esforços entre os setores público e privado, o governo federal fez editar a Lei nº 13.334, de 13.9.2016, por meio da qual foi criado, no âmbito da Presidência da República, o *Programa de Parcerias de Investimentos (PPI)*, destinado a ampliar e fortalecer a interação entre o Estado e a iniciativa privada por meio da celebração de contratos de parceria, tendo como alvo a execução de empreendimentos públicos de infraestrutura e de outras medidas de desestatização.

Apesar de situar-se no âmbito da Chefia do Executivo Federal, o programa tem maior alcance dentro da federação. Em consequência, podem integrá-lo: (a) os empreendimentos públicos de infraestrutura a cargo da administração direta ou indireta federal; (b) idênticos empreendimentos que, por delegação ou fomento, estão a cargo dos Estados, Distrito Federal e Municípios; e (c) medidas do Programa Nacional de Desestatização (art. 1º, § 1º, I a III, da Lei nº 9.491/1997).

Chama a atenção, contudo, a questão da nomenclatura – assunto que não raras vezes suscita interpretações divergentes. De acordo com a lei, o instrumento a ser empregado entre os pactuantes denomina-se *contrato de parceria*, como consta expressamente no art. 1º. Ocorre que são considerados contratos de parceria: (a) a concessão comum; (b) a concessão patrocinada; (c) a concessão administrativa; (d) a concessão regida por legislação setorial; (e) a permissão de serviços públicos; (f) o arrendamento de bem público; (g) a concessão de direito real de uso; (h) outros negócios jurídicos de estrutura semelhante (art. 1º, § 2º).

Nesse aspecto, vale a pena um esclarecimento. Na verdade, não existe uma categoria específica denominada *contrato de parceria* e, por isso, pode haver dúvidas sobre esse instrumento de formalização. *Parceria* é um *fato jurídico*, indicativo da conjugação de esforços entre entidades públicas e privadas, mas suscetível de formalizar-se por várias ferramentas. As categorias supramencionadas na lei é que se configuram como instrumentos específicos de parceria, e nelas é que se enquadram os *contratos* e *atos administrativos*. O que a União deseja é fazer parceria, mas a formalizará através de um dos instrumentos (atos e contratos) que a concretizam. Pode parecer óbvio, mas é possível que o intérprete inadvertido suponha ter sido criada uma nova espécie contratual, o que não corresponde à verdade. Como já há certa confusão envolvendo as diversas denominações dos instrumentos formais, parece conveniente acender o sinal de alerta sobre o assunto.

O programa contempla objetivos e princípios a serem observados nas parcerias (arts. 2º e 3º) e prevê a criação de Conselho para desempenhar várias atribuições pertinentes à execução dos projetos, bem como de Secretaria para apoio administrativo (arts. 7º e 8º). Estima-se que haja previamente a estruturação dos projetos que venham a integrar o programa (art. 12). Além disso, autorizou-se o BNDES a criar o Fundo de Apoio à Estruturação de Parcerias (FAEP), com atribuição de prestar, onerosamente, serviços técnicos profissionais especializados para a estruturação das parcerias de investimentos e medidas de desestatização (arts. 14 a 16).

A Lei nº 13.448, de 5.6.2017, alterou as diretrizes da Lei nº 13.334/2016, para incluir a possibilidade de proceder à prorrogação normal ou antecipada de contratos em curso, mediante anuência do contratado, com a finalidade de adotar melhores práticas regulatórias e empregar novas tecnologias e serviços (art. 2º). Previu-se, ainda, o que foi denominado de "relicitação", pela qual se extinguiria amigavelmente o contrato de parceria, celebrando-se novo contrato com outros contratados, mediante licitação com esse objetivo (art. 4º, III). A denominação é evidentemente imprópria, pois que, na verdade, as partes ajustam consensualmente a rescisão do contrato, para que outro seja firmado com nova sociedade e, se assim é, claro que indispensável será uma nova licitação. São relações jurídicas diversas, o

284 | MANUAL DE DIREITO ADMINISTRATIVO • Carvalho Filho

que exige obviamente todo o procedimento interno e externo para o novo contrato. Melhor que "relicitação" seria "recontratação" com contratado diverso, impondo-se nova licitação, como em qualquer caso similar.

Enfim, o governo federal se propõe a desenvolver ações de infraestrutura e desestatização, mediante alocação de recursos, socorrendo-se de parcerias com o setor privado por meio da celebração de um dos negócios jurídicos que espelham cooperação recíproca entre os pactuantes.

X. Marco Legal do Saneamento Básico

Um dos serviços públicos fundamentais é, com certeza, o da execução do *saneamento básico* para a população, e há muito a sociedade clama pela melhoria desse serviço, até o momento sofrível em virtude dos 35 milhões de pessoas, que, conforme dados de 2020, não o recebiam. Assim, muitos desafios terão que ser enfrentados, porquanto todos reconhecem a ausência de planejamento setorial, a evidente escassez de diretrizes nacionais e a notória carência de investimentos no setor.[100] Por isso, incluímos o presente tópico para comentar, ainda que resumidamente, o sistema implantado pela nova legislação.

Para instituir o *marco legal do saneamento básico*, foi editada a **Lei nº 14.026, de 15.7.2020**, com o objetivo primordial de universalizar e qualificar a prestação de serviços no setor, de forma a garantir que, até 31.12.2033, 99% da população tenham acesso à água potável e 90% ao tratamento e à coleta de esgoto sanitário. Pretende-se também revitalizar as bacias hidrográficas, reduzir as perdas de água e conservar o meio ambiente, medidas que contribuirão para melhor qualidade de vida e saúde da população. Enfim, é um processo de democratização do saneamento básico para alcançar as classes menos favorecidas. Diga-se, ainda, por oportuno, que o marco legal foi *declarado constitucional,* fundando-se nos arts. 21, XX, 22, XXVII e 23, IX, da Constituição.[101]

O novo microssistema foi gerado a partir de alterações em vários diplomas legais que, de alguma forma, cuidam da matéria. Primeiramente, foi alterada a Lei nº 9.984, de 17.7.2000, que instituiu a Agência Nacional de Águas, agora denominada Agência Nacional de Águas e Saneamento Básico (ANA). De acordo com as alterações, compete à agência, entre outras funções: (a) editar *normas de referência* para a regulação dos serviços de saneamento básico (art. 1º); (b) fixar *parâmetros* para metas de cobertura e indicadores de qualidade; (c) incentivar *cooperação* entre pessoas federativas e a regionalização dos serviços; (d) estimular a *livre concorrência*, a competitividade, a eficiência e a sustentabilidade dos prestadores do serviço; (e) estabelecer *subsídios* para populações de baixa renda; (f) declarar a *situação crítica* de escassez quantitativa ou qualitativa de recursos hídricos (arts. 4º e 4º-A).

Anote-se que as *normas de referência*, como já se observou corretamente, se assemelham, no ângulo material, às denominadas "*leis-quadro*" ou "*normas gerais*" – atos normativos que delineiam disciplina jurídica consistente, coordenada e integral em determinada área. Tais atos definem princípios e obrigações gerais, não invadindo, entretanto, o campo de detalhamento e especificidades reservado a entidades e agentes públicos regionais e locais.[102]

---

[100] A observação é de DANIELA SANDOVAL e JÉSSICA ACOCELLA, Os desafios do saneamento e os incentivos para o avanço do setor, em *O novo marco regulatório do saneamento básico*, obra colet., São Paulo, RT, 2020, p. 67.

[101] STF, ADIs 6.492, 6536, 6583 e 6882, j. 2.12.2021.

[102] JULIANO HEINEN, Normas de referência da agência de águas (e saneamento básico) no Brasil a partir do novo marco legal do setor (Lei nº 14.026/2020), *RDA* v. 281, nº 3, p. 215-247, set.-dez. 2022.

A Lei n° 14.026 alterou também a Lei n° 11.107, de 6.4.2005, que regula os consórcios públicos. A grande modificação foi a *vedação* dos denominados *contratos de programa* para prestação de serviços de água e esgoto, modelo em que prefeitos e governadores firmavam diretamente termos de parceria com empresas estatais, sem realizar licitação. Pretende-se, pois, ampliar a competitividade para admitir a participação de empresas privadas no processo seletivo para a contratação (art. 13, § 8°, Lei n° 11.107).

As alterações mais extensas foram as da Lei n° 11.445, de 5.1.2007, que estabelece as diretrizes do saneamento básico no país, aplicáveis aos pilares básicos do serviço: (a) abastecimento de água; (b) esgotamento sanitário; (c) limpeza urbana e (d) manejo dos resíduos sólidos. Tais diretrizes darão suporte às normas de referência a serem editadas pela ANA.

Aspecto de grande realce é a *prestação regionalizada* do serviço de saneamento básico, visando a alcançar mais de um Município, sendo estruturado por regiões metropolitanas, por unidades regionais ou por blocos de referência concebidos pelos Municípios para gestão associada (art. 8°). Com essa diretriz, as prestadoras do serviço não poderão limitar-se ao lucro auferido em grandes Municípios, mas deverão atender àqueles de menor capacidade técnica e financeira. Pretende-se com esse projeto atrair a iniciativa privada para o setor, bem como alcançar a desejável meta de universalização dos serviços de saneamento básico.[103]

Ainda com base na Lei n° 11.445, os contratos devem contemplar metas de expansão de padrão de qualidade do serviço, bem como possíveis fontes de receita alternativa e repartição de risco entre as partes. Os contratos em vigor serão mantidos, mas as empresas deverão provar capacidade econômico-financeira e adequação às metas na execução do serviço (arts. 10-A e 10-B). A lei criou o Comitê Interministerial de Saneamento Básico com a finalidade de assegurar a implementação da política (art. 53-A).

Como o exige o cenário atual, a Lei n° 11.445, com alterações da Lei n° 14.546, de 4.4.2023, passou a estabelecer medidas de prevenção contra *desperdícios*, de *aproveitamento* de águas de chuva e de *reuso* não potável das águas cinzas. Para tanto, os prestadores de serviço devem corrigir falhas e evitar vazamentos, bem como fiscalizar a rede de abastecimento de água para evitar ligações irregulares (art. 43-A). No âmbito federal, caberá à União estimular as referidas águas em atividades paisagísticas, agrícolas, florestais e industriais (art. 49-A). Trata-se de evidente preocupação com o uso e o aproveitamento do sistema hídrico, eis que ninguém desconhece que a água é um bem valioso, mas finito.

Em observância ao *princípio da segurança hídrica*, a Lei n° 11.445/2007, com a alteração da Lei n° 15.012, de 4.11.2024, passou a determinar que seja dada publicidade também sobre os níveis dos reservatórios de água para abastecimento público e outros dados relativos à segurança hídrica (art. 26). A imposição permite maior acesso e controle no que toca ao serviço em tela, cuja execução afeta diretamente os usuários.

Por fim, a Lei n° 14.026 alterou mais três diplomas: 1) Lei n° 12.305, de 2.8.2010 (Política Nacional de Resíduos Sólidos), para o fim de que seja revisado, no máximo, a cada dez anos, o plano municipal de gestão integrada de resíduos sólidos e para o fim de extinguir os chamados "lixões", uma vergonha nacional; 2) Lei n° 13.089, de 12.1.2015 (Estatuto da Metrópole), para estender as regras da política sanitária às unidades regionais de saneamento básico; 3) Lei n° 13.529, de 4.12.2017 (participação da União em fundos para concessões e PPPs), alvitrando-se conferir à União a destinação de recursos destinados ao saneamento básico.

---

[103] RAFAEL DOMINGOS FAIARDO VANZELLA e JÉSSICA SURUAGY AMARAL BORGES, Notas sobre a prestação regionalizada dos serviços públicos de saneamento básico, em *O novo marco regulatório do saneamento básico*, obra colet., São Paulo, RT, 2020, p. 248.

286 MANUAL DE DIREITO ADMINISTRATIVO • *Carvalho Filho*

É importante assinalar, como o registra a doutrina mais autorizada, que o incremento dos serviços de infraestrutura pressupõe a participação privada nos respectivos projetos, não somente para ampliar os investimentos públicos, mas também para ganhar maior eficiência no que toca à gestão e operação dos serviços, podendo a Administração valer-se de vários instrumentos adequados, como as concessões e as parcerias público-privadas.[104]

Enfim, temos a legislação. Mas isso não basta, porque o legislador não executa. É necessário que os órgãos e os entes federativos envolvidos na política de saneamento básico se disponham realmente a reduzir a desigualdade social nessa área e democratizem o serviço, de forma a alcançar os segmentos sociais mais excluídos e necessitados. No futuro, veremos se a Administração mais uma vez se revelará incapaz de executar as políticas instituídas em prol da sociedade.

XI. Marco Legal das Ferrovias

A Lei nº 14.273, de 23.12.2021 (Lei das Ferrovias – LF) estabeleceu o novo marco legal para a exploração do serviço ferroviário e trouxe algumas inovações relativamente ao regime anterior. A propósito, serão feitas algumas observações sobre os principais pontos do sistema de ferrovias implantado pelo referido diploma.

Em primeiro lugar, o *objeto* da lei consiste na organização do transporte ferroviário, no uso da infraestrutura ferroviária, nos tipos de outorga para a exploração indireta do serviço no território nacional e nas operações urbanísticas associadas à atividade de ferrovias (art. 1º, LF). A disciplina rendeu ensejo à instituição de um verdadeiro microssistema do serviço ferroviário.

A *competência* para a delegação do serviço de transporte ferroviário é *comum*, ou seja, União, Estados, Distrito Federal e Municípios podem fazer a outorga no que concerne às ferrovias integrantes de seus respectivos sistemas de viação (art. 2º, § 1º, LF). A União, porém, pode delegar a exploração dos serviços de seu sistema ferroviário às demais unidades federativas por meio de concessão, autorização ou arrendamento a pessoa pública ou privada (art. 6º, § 2º, Lei nº 12.379, de 6.1.2011).

As *políticas públicas* atinentes à exploração de ferrovias não podem deixar de considerar alguns *princípios* incidentes sobre a atividade. Assim, devem servir de norte os princípios da proteção e respeito ao usuário, da proteção ao meio ambiente, do aumento da oferta de mobilidade, da integração da infraestrutura, da eficiência administrativa, da defesa da concorrência e da regulação equilibrada (art. 4º). São, na verdade, postulados dirigidos aos bons administradores, mas inócuos para os ímprobos e incompetentes.

O sistema apresenta-se com três *classificações* quanto à exploração de ferrovias. Primeiramente, quanto a *espécie*: a) de cargas; b) de passageiros. Depois, quanto ao *transportador*: a) vinculado à gestão da infraestrutura ferroviária; b) desvinculado dessa gestão. Por último, quanto ao *regime de execução*: a) regime de direito público; b) regime de direito privado (art. 6º, I a III).

A *exploração de ferrovias* pode ser executada pela União, Estados, Distrito Federal e Municípios, no âmbito de suas respectivas competências (art. 7º, LF). Divide-se em duas formas de execução: *exploração direta* e *exploração indireta*. A *exploração direta*, executada pelo próprio ente público, tem caráter excepcional e só é permitida nos casos do art. 173 da

---

[104] AUGUSTO NEVES DAL POZZO e RENAN MARCONDES FACCHINATTO, *O novo marco regulatório do saneamento básico*, coord. pelo primeiro autor, São Paulo, RT, 2020, p. 408.

Cap. 7 · SERVIÇOS PÚBLICOS | 287

CF, ou seja, relevante interesse público ou segurança nacional. A *exploração indireta* admite duas formas: a) exploração em *regime público*, mediante *concessão*, aplicando-se aqui o regime das concessões de serviços públicos; b) exploração em *regime privado,* mediante *autorização.*

Talvez a maior novidade da lei tenha sido a instituição do *regime privado* para a exploração de ferrovias. A inovação divide os estudiosos. Para alguns, a lei revelou inegável retrocesso, permitindo que tal serviço fique à mercê dos interesses econômicos do setor privado, que certamente abandonará trajetos pouco lucrativos. Na opinião de outros, a novo regime permite o investimento privado como forma de incentivar o setor ferroviário, há décadas colocado em segundo plano pelo governo. Daí a possibilidade de a própria empresa privada sugerir, por sua conta, projeto de nova ferrovia com investimentos e formas de operação próprias do setor empresarial.

A exploração de ferrovias por empresa privada é formalizada mediante *contrato de autorização,* cujo prazo deve ser estabelecido pelo regulador ferroviário nos termos da proposta da empresa solicitante ou no ato de chamamento público, mas deve ser fixado entre 25 e 99 anos (art. 19 e § 1º, LF). Do contrato devem constar as *cláusulas essenciais,* como, entre outras, o objeto da autorização, o prazo, direitos e deveres dos usuários e operador, responsabilidades, solução extrajudicial, foro e hipóteses de extinção do contrato (art. 29). A contratação deve ser precedida de *chamamento público,* procedimento no qual se fará a seleção do autorizatário (arts. 26 a 28).

No regime privado de exploração aplicam-se regras diversas das que incidem sobre as concessões de serviços públicos, ou seja, o regime submete-se a *disciplina própria.* A *prorrogação* do prazo depende apenas do interesse da empresa e da regularidade na exploração (art. 19. § 2º). Não há, em regra, *reversão* para o Poder Público dos bens que compõem a ferrovia (art. 22), nem a empresa faz jus a qualquer *indenização* de melhorias a seu cargo (art. 22, parágrafo único). *Gratuidades* e *descontos* nas ferrovias privadas só podem ser instituídos por lei que preveja recursos para o custeio; mas nada impede sejam concedidos de acordo com a conveniência da empresa (art. 24 e § 1º).

A *extinção do contrato* pode ter um dos seguintes fatos geradores: a) advento do termo contratual; b) cassação; c) caducidade; d) decaimento; e) renúncia; f) anulação; g) falência (art. 30, LF). Como algumas dessas figuras têm sentido duvidoso, convém registrar as definições legais. A *cassação,* formalizada por ato da autoridade competente, é a forma extintiva decorrente da perda das condições para a continuidade da autorização em face de negligência, imperícia ou abandono (art. 31). A *caducidade* provém de infração grave, transferência irregular da delegação ou de reiteração de descumprimento contratual (art. 32). Ocorre o *decaimento* quando lei superveniente vedar o tipo de atividade ou suprimir a exploração em regime privado (art. 33).

Por último, são pertinentes duas anotações. Em primeiro lugar, frequentemente haverá necessidade de *compartilhamento da infraestrutura ferroviária,* situação admitida na lei desde que haja garantias de capacidade de transporte no documento de outorga no caso de concessões ou no acordo comercial entre os interessados no caso de autorizações (art. 41).

Em segundo lugar, cumpre destacar a possibilidade de promover-se a *autorregulação ferroviária,* pela qual é possível, entre outros fins, o de criação de padrões técnico-operacionais, de coordenação e organização das operações ferroviárias, de articulação com órgãos públicos e de conciliação de conflitos entre os membros (art. 44). A autorregulação, que deve ajustar-se a seu estatuto, à Lei das Ferrovias e à sua regulamentação, decorre de associação voluntária de operadoras, a quem incumbe instituir pessoa jurídica de direito privado sem fins lucrativos que as representará em seus objetivos comerciais e operacionais (art. 43).

288 | MANUAL DE DIREITO ADMINISTRATIVO • Carvalho Filho

XII. Súmulas

SUPREMO TRIBUNAL FEDERAL

Súmula 545: *Preços de serviços públicos e taxas não se confundem, porque estas, diferentemente daqueles, são compulsórias e têm sua cobrança condicionada à prévia autorização orçamentária, em relação à lei que as instituiu.*

Súmula 670: *O serviço de iluminação pública não pode ser remunerado mediante taxa* (vide Súmula Vinculante 41).

SÚMULAS VINCULANTES

Súmula Vinculante nº 2: *É inconstitucional a lei ou ato normativo estadual ou distrital que disponha sobre sistemas de consórcios e sorteios, inclusive bingos e loterias.*

Súmula Vinculante nº 12: *A cobrança de taxa de matrícula nas universidades públicas viola o disposto no art. 206, IV, da Constituição Federal.*

Súmula Vinculante nº 19: *A taxa cobrada exclusivamente em razão dos serviços públicos de coleta, remoção e tratamento ou destinação de lixo ou resíduos provenientes de imóveis, não viola o artigo 145, II, da Constituição Federal.*

Súmula Vinculante nº 41: *O serviço de iluminação pública não pode ser remunerado mediante taxa* (antiga Súmula 670).

SUPERIOR TRIBUNAL DE JUSTIÇA

Súmula 356: *É legítima a cobrança de tarifa básica pelo uso dos serviços de telefonia fixa.*

Súmula 407: *É legítima a cobrança de tarifa de água, fixada de acordo com as categorias de usuários e as faixas de consumo.*

Súmula 412: *A ação de repetição de indébito de tarifas de água e esgoto sujeita-se ao prazo prescricional estabelecido no CC.*

8

Concessão e Permissão de Serviços Públicos

I. Introdução

Vimos no capítulo anterior que o Estado tem a seu cargo os serviços públicos a serem executados em prol da coletividade, desempenhando nesse caso uma gestão *direta* dessas atividades. Ocorre, porém, que frequentemente delega a outras pessoas a prestação daqueles serviços, gerando, por conseguinte, o sistema da *descentralização* dos serviços. Quando se trata de pessoas integrantes da própria Administração, a descentralização enseja a *delegação legal*, ao contrário do que acontece quando a execução dos serviços é transferida a pessoas da iniciativa privada através de atos e contratos administrativos, hipótese que constitui a *delegação negocial*.

A delegação negocial – assim denominada por conter inegável aspecto de bilateralidade nas manifestações volitivas – se consuma através de negócios jurídicos celebrados entre o Poder Público e o particular, os quais se caracterizam por receber, necessariamente, o influxo de normas de direito público, haja vista a finalidade a que se destinam: o atendimento a demandas (primárias ou secundárias) da coletividade ou do próprio Estado.

É a essa forma especial de descentralização que nos dedicaremos no presente capítulo. Ao estudá-la, teremos que examinar justamente os negócios jurídicos que a materializam, ou seja, as concessões e as permissões de serviços públicos. Como são institutos que, embora assemelhados, guardam peculiaridades próprias, serão eles analisados em tópicos distintos, nos quais se procurará realçar os aspectos que os identificam e os distinguem.

Cabe-nos observar nesta parte introdutória que, diante do advento do regime das parcerias público-privadas, implantado pela Lei nº 11.079, de 30.12.2004, pareceu-nos oportuno refundir a sistematização do presente capítulo, tendo em vista que a lei atribuiu ao referido instituto a natureza de contratos administrativos de concessão. Daí termos excluído do capítulo relativo aos contratos administrativos em geral o exame da matéria, para incluí-lo no presente, por ser destinado especificamente às concessões.

À guisa de sistema, e para fins didáticos e melhor compreensão do instituto, torna-se imperioso formular o quadro atual em que se situam as concessões de serviços públicos.

A classificação básica divide as concessões de serviços públicos em duas categorias: (1º) *concessões comuns*; (2º) *concessões especiais*.

As *concessões comuns* são reguladas pela Lei nº 8.987, de 13.2.1995, e comportam duas modalidades: (1º) *concessões de serviços públicos simples*; (2º) *concessões de serviços públicos*

290 | MANUAL DE DIREITO ADMINISTRATIVO • *Carvalho Filho*

precedidas da execução de obra pública. Sua característica consiste no fato de que o poder concedente não oferece qualquer contrapartida pecuniária ao concessionário; todos os recursos deste provêm das tarifas pagas pelos usuários.

De outro lado, as *concessões especiais* são reguladas pela Lei nº 11.079, de 30.12.2004, e também se subdividem em duas categorias: (1º) *concessões patrocinadas;* (2º) *concessões administrativas*. As concessões especiais são caracterizadas pela circunstância de que o concessionário recebe determinada contraprestação pecuniária do concedente. Incide sobre elas o regime jurídico atualmente denominado de *"parcerias público-privadas"*.

Como se trata de categorias diversas, cada uma disciplinada em lei própria, comentaremos primeiramente os contratos de concessão comum de serviço público e depois os contratos de concessão especial de serviço público, ambos com as respectivas modalidades.

Realçamos aqui, mais uma vez, que existem concessões que, embora assim nominadas, não são contratos administrativos nem visam à prestação de serviços públicos. É o caso das concessões de lavra e da atividade de radiodifusão sonora e de sons e imagens (arts. 176, § 1º, e 223, da CF). Cuida-se, com efeito, de instrumentos que se caracterizam como meros atos administrativos de *autorização* – fato que, por isso mesmo, acarreta alguma confusão entre os estudiosos (justificavelmente, diga-se de passagem).

II. Fontes Normativas

1. FONTE CONSTITUCIONAL

A concessão e a permissão têm expressa referência constitucional. De fato, dispõe o art. 175 da Constituição Federal: *"Incumbe ao Poder Público, na forma da lei, diretamente ou sob regime de concessão ou permissão, sempre através de licitação, a prestação de serviços públicos."*

A norma é clara no que toca à prestação dos serviços públicos. Institui, na verdade, uma alternativa para o exercício dessa atividade: ou a atuação direta pela Administração, ou a atuação descentralizada, através das concessões e permissões. Para melhor entendimento da norma, é de considerar-se que, a despeito do termo *diretamente*, nele se inclui tanto a atuação direta *stricto sensu*, bem como a que o Estado desempenha através de sua Administração Indireta, resultante do processo de descentralização por delegação legal.[1] Embora várias Constituições anteriores se tenham referido às concessões, só a vigente fez expressa menção também às permissões, colocando-as, por isso, como forma específica de prestação indireta de serviços públicos.[2]

O citado art. 175 contempla ainda vários princípios que, na lei reguladora nele prevista, devem reger as concessões e permissões, destacando-se o da política tarifária, o da obrigação de manter serviço adequado, o que trata dos direitos dos usuários, o das especificidades desses negócios jurídicos e o da obrigatoriedade de licitação. Tais parâmetros constitucionais serão analisados nos tópicos seguintes.

Além dessa norma de caráter genérico, a Constituição, ao tratar da partilha constitucional, alude aos institutos da concessão e da permissão de serviços públicos. São exemplos os arts. 21, XI e XII (competência da União); 25, § 2º (competência do Estado); e 30, V (competência do Município), da Lei Maior.

---

[1] No mesmo sentido, CELSO RIBEIRO BASTOS, *Comentários*, cit., v. III, p. 130-131.

[2] Vide art. 136, Constituição de 1934; art. 146, Constituição de 1937; art. 151, Constituição de 1946; e art. 167, Constituição de 1967, com a EC nº 1/69.

2. FONTE INFRACONSTITUCIONAL

Depois de muita espera – espera que atravessou várias Constituições – foi finalmente promulgada a *Lei no 8.987, de 13.2.1995*, que passou a dispor sobre o regime de concessão comum e permissão de serviços públicos, tal como previsto no art. 175 da vigente Constituição, excetuando os de radiodifusão sonora e de sons e imagens (art. 41).

Vários foram os aspectos disciplinados na lei, como os relativos à contratação, especificando-se os encargos do concedente e do concessionário; à licitação; aos usuários; à política tarifária e, enfim, àqueles que indicam o perfil do instituto. Conquanto de forma um pouco lacônica, foi também destinada disciplina para as permissões de serviço público.

A lei reguladora das concessões e permissões não teve uma passagem muito tranquila pelo Poder Legislativo; muita polêmica foi criada, sobretudo pelos interesses que despertava em alguns segmentos econômicos e sociais. O certo é que logo após foi promulgada a *Lei no 9.074, de 7.7.1995*, antecedida de algumas medidas provisórias, que, alterando e complementando algumas normas da Lei nº 8.987/1995, tratou especificamente dos serviços de energia elétrica e da reestruturação dos serviços concedidos. Algum tempo depois, foi editada a Lei nº 9.648, de 27.5.1998, que introduziu algumas alterações em ambos os diplomas.

Posteriormente a essa legislação, foi editada a Lei nº 11.079, de 30.12.2004, que passou a disciplinar a concessão especial de serviços públicos, sob as modalidades de concessão patrocinada e concessão administrativa. Como já dissemos, esse diploma instituiu o regime denominado de *"parceria público-privada"*, pelo qual o Estado-concedente tem a obrigação de oferecer ao concessionário determinada contrapartida pecuniária. O citado diploma prevê a aplicação subsidiária de dispositivos da Lei nº 8.987/1995, da qual pode dizer-se que é lei especial; da Lei nº 9.074/1995 e da Lei nº 8.666/1993, que dispõe sobre licitações públicas, atualmente substituída pelo novo Estatuto (ELC), a Lei nº 14.133, de 1º.4.2021.

São essas, portanto, as leis que constituem atualmente a fonte normativa infraconstitucional ou, para quem o preferir, o estatuto regulador dos institutos. Alguns de seus princípios e normas serão objeto de exame no presente capítulo.

III. *Concessão de Serviços Públicos (Concessão Comum)*

1. MODALIDADES

Para a correta percepção do regime de concessão (concessão comum), parece-nos oportuno destacar, logo de início, que a lei, adotando o ensinamento da doutrina, distinguiu duas modalidades do instituto: *a concessão de serviço público* e *a concessão de serviço público precedida da execução de obra pública.*

Ambas são formas de delegação negocial e apresentam vários pontos em comum. Têm, entretanto, alguns pontos diferenciais, razão por que devem eles ser analisados nos respectivos tópicos.

2. CONCESSÃO DE SERVIÇO PÚBLICO SIMPLES

2.1. Conceito

Ao qualificarmos de *simples* a concessão de serviço público, desejamos demonstrar que essa é a clássica modalidade de serviço delegado pelo Poder Público. Distingue-se, pois, como já visto, da modalidade em que, além do serviço, o Estado delega também a construção da obra pública.

292 | MANUAL DE DIREITO ADMINISTRATIVO • *Carvalho Filho*

Concessão de serviço público é o contrato administrativo pelo qual a Administração Pública transfere à pessoa jurídica ou a consórcio de empresas a execução de certa atividade de interesse coletivo, remunerada através do sistema de tarifas pagas pelos usuários. Nessa relação jurídica, a Administração Pública é denominada de *concedente* e o executor do serviço, de *concessionário*.

A Lei nº 8.987/1995 também contribuiu para a fixação do perfil da concessão, realçando que se trata de delegação da prestação do serviço feita pelo concedente, mediante *concorrência* ou *diálogo competitivo* (modalidade esta incluída pelo art. 179 da Lei nº 14.133/2021, Estatuto de Contratos e Licitações), a pessoa jurídica ou consórcio de empresas que demonstre capacidade para sua execução, por sua conta e risco e por prazo determinado (art. 2º, II).

Pelos contornos do instituto, trata-se de um serviço público que, por beneficiar a coletividade, deveria incumbir ao Estado. Este, porém, decide transferir a execução para particulares, evidentemente sob sua fiscalização. Como o serviço vai ser prestado para os membros da coletividade, a estes caberá o ônus de remunerá-lo em prol do executor.

É, pois, com absoluto acerto que CAIO TÁCITO anota que, embora o vínculo principal seja o que liga o concedente ao concessionário, há outros existentes nesse negócio típico de direito público: *"Na concessão de serviço público há situações jurídicas sucessivas, que lhe imprimem um caráter triangular."*[3] Com efeito, se, de um lado, o negócio se inicia pelo ajuste entre o Poder Público e o concessionário, de outro dele decorrem outras relações jurídicas, como as que vinculam o concedente ao usuário e este ao concessionário. Importante é saber que na concessão de serviço público há uma tríplice participação de sujeitos: o concedente, o concessionário e o usuário.

2.2. Objeto

O *objeto* da concessão simples pode ser visto sob dois aspectos – um *mediato* e um *imediato*. Mediatamente significa a vontade administrativa de gerir, de forma descentralizada, determinado serviço público,[4] calcada na necessidade de agilizar a atividade, de conferir maior celeridade na execução e de melhor atender aos indivíduos que a solicitam.

O objeto imediato é a execução de determinada atividade caracterizada como serviço público, a ser desfrutada pela coletividade. A Lei nº 9.074/1995 sujeitou ao regime da Lei nº 8.987/1995 os seguintes serviços públicos federais:

a)   vias federais, precedidas ou não de obra pública;

b)   exploração de obras ou serviços de barragens, contenções, eclusas, diques e irrigações, com ou sem obra pública;

c)   estações aduaneiras e outros terminais alfandegários de uso público, não instalados em área de porto ou aeroporto, também precedidos, ou não, de obra pública (art. 1º);

d)   serviços postais (hipótese acrescentada pela Lei nº 9.648/1998).

Excluiu, porém, da necessidade de contratar a concessão algumas atividades de transporte, como as de transporte de cargas por meio rodoviário; aquaviário de passageiros, desde que não realizado entre portos organizados; rodoviário e aquaviário de pessoas, realizados por empresas de turismo no exercício da respectiva atividade; e transporte de pessoas, realizado, de forma privativa, por organizações públicas ou privadas, mesmo de maneira regular (art. 1º, §§ 2º e 3º).

---

[3]   *Direito administrativo*, p. 251.

[4]   VEDEL, *Droit administratif*, p. 831.

Cap. 8 · CONCESSÃO E PERMISSÃO DE SERVIÇOS PÚBLICOS | 293

No que concerne ao objeto, há, assim, primeiramente uma diretriz administrativa pela qual se verifica a conveniência da concessão; depois, ajusta-se o contrato para atingir os fins alvitrados.

3. CONCESSÃO DE SERVIÇO PÚBLICO PRECEDIDA DA EXECUÇÃO DE OBRA PÚBLICA

3.1. Nomenclatura

Para quem se acostumou a tratar da concessão de serviço público, há de custar, certamente, a lembrança do *nomen iuris* que a lei atribuiu à outra modalidade de delegação, conhecida até agora na doutrina como *concessão de obra pública*.[5]

A Lei nº 8.987/1995, todavia, foi expressa quando se referiu, em seu art. 2º, III, à *concessão de serviço público precedida da execução de obra pública*. Assim, a despeito da extensão da nomenclatura, parece-nos coerente empregar os termos mencionados na lei. Diga-se, a bem da verdade, que a expressão legal nos parece mais técnica e condizente com essa forma de delegação. Trata-se, como veremos adiante, de instituto com duplicidade de objeto, devendo-se distinguir o exercício da atividade a ser prestada ao público da execução da obra em si mesma.

Com efeito, a expressão *concessão de obra pública* parecia indicar que o Poder Público *"transferia"* (ou *"concedia"*) uma obra pública, o que não é precisamente o que ocorre nesse negócio jurídico. A obra não pode ser tecnicamente *concedida;* o que o Estado concede é a *atividade*, ou seja, o *serviço*. Para tanto autoriza o concessionário a executar a obra previamente. Há, portanto, duplicidade de objeto; em relação a este, o que é objeto de concessão é o serviço público a ser prestado após a execução da obra.

É verdade que há entendimento no sentido da possibilidade de concessão de obra sem que haja a prestação de um serviço público (casos de estacionamento, estádios e museus).[6] Com a devida vênia, não adotamos o mesmo entendimento. Ainda quando o Poder Público contrata particular para tais construções, as atividades delas decorrentes se caracterizam como serviços públicos, ou seja, serviços administrativos de interesse do Estado e da população. Na verdade, deveriam os empreendimentos estar a cargo do Estado, mas, em face da carência de recursos, são cometidos a particulares, que deles se beneficiarão pelo período definido no contrato.

Diversa, no entanto, é a hipótese em que o Estado constrói, por exemplo, um estacionamento com seus próprios recursos, mas não tem interesse em sua exploração. Se resolver transferi-la a particulares, o negócio jurídico a ser firmado se caracterizará como concessão de uso de bem público, instituto de natureza diversa do que se prevê na Lei nº 8.987/1995. O mesmo sucederá se o Estado realiza construção para fins de específica exploração empresarial (não será a regra, mas se afigura possível) – diversa, pois, da noção de serviços públicos: poderá alugá-lo a terceiros; dar em comodato; ou celebrar concessão de uso, remunerada ou gratuita. Também aqui não incidirá aquele diploma legal.

Fiquemos, pois, com a expressão da lei: concessão de serviço público precedida da execução de obra pública.

---

[5] A expressão *concessão de obra pública* era a adotada tradicionalmente pelos estudiosos. A ela se referem HELY LOPES MEIRELLES (*Direito administrativo Brasileiro*, cit, p. 242); MARIA SYLVIA DI PIETRO (*Direito administrativo*, cit., p. 222); ANTÔNIO QUEIROZ TELLES (*Introdução ao direito administrativo*, cit., p. 238), dentre outros. A antiga Lei nº 1.481, de 21.6.1989, do Estado do Rio de Janeiro, embora já revogada, referia-se, em sua ementa, à concessão de serviços e *obras públicas*, repetindo a expressão também no art. 21 e inciso II.

[6] É o pensamento de FLÁVIO AMARAL GARCIA, *Regulação jurídica das rodovias concedidas*, Lumen Juris, 2004, p. 52.

3.2. Conceito

Concessão de serviço público precedida da execução de obra pública é o contrato administrativo através do qual o Poder Público ajusta com pessoa jurídica ou consórcio de empresas a execução de determinada obra pública, por sua conta e risco, delegando ao construtor, após a conclusão, sua exploração por determinado prazo, exigindo-se a realização de prévia licitação ou diálogo competitivo (modalidade esta incluída pela Lei nº 14.133/2021).

Nessa forma de concessão, pretende o Estado livrar-se do dispêndio que obras públicas acarretam, deixando todo o investimento a cargo do concessionário. Como este investe, com toda a certeza, vultosos recursos na execução da obra, é justo que se lhe permita explorá-la para recuperar o capital investido. Por outro lado, a coletividade se beneficia da obra, e o Estado, após o prazo da concessão, assume sua exploração, podendo, ou não, transferi-la novamente, se for de sua conveniência.

3.3. Objeto

A delegação sob essa modalidade de concessão compreende uma duplicidade de objeto.

O primeiro deles encerra um ajuste entre o concedente e o concessionário para o fim de ser executada determinada obra pública. Há aqui verdadeiro contrato de construção de obra, assemelhado aos contratos administrativos de obra em geral, deles se distinguindo, contudo, pela circunstância de que o concedente não remunera o concessionário pela execução, o que não ocorre naqueles, como vimos no capítulo destinado aos contratos administrativos. Conforme já reconheceu autorizada doutrina, o contrato de obra continua igual ao que era: acabada a obra, o Poder Público paga o empreiteiro. Na concessão, o sistema é diferente, porque é *a própria obra que vai ensejar a execução do serviço*.[7]

O segundo objeto é que traduz uma real concessão, vale dizer, o concedente, concluída a obra, transfere sua exploração, por determinado prazo, ao concessionário. É o serviço público de exploração da obra pública que vai ser concedido, incumbindo àqueles que dele desfrutarem (os usuários) o pagamento da respectiva tarifa em prol de quem construiu a obra e agora explora o serviço dela decorrente.

Firma-se, por conseguinte, um pacto de construção e um de concessão do serviço.

Vale a pena observar, por oportuno, que, a despeito de ter sido denominada de concessão de serviço público *precedida da execução de obra pública*, foi ela definida na lei como *a construção, total ou parcial, conservação, reforma, ampliação ou melhoramento de quaisquer obras de interesse público* (art. 2º, III). No que diz respeito a construção, reforma, ampliação ou melhoramento de obras, é assimilável o caráter de *precedência* em relação ao serviço a ser executado.

O mesmo não se pode dizer, contudo, quanto à atividade de conservação. A atividade de conservar obras públicas guarda *concomitância* com o serviço prestado, e não *precedência*: à medida que as obras vão sendo executadas, o concessionário explora o respectivo bem público através da cobrança de tarifa. É o que ocorre, por exemplo, com a concessão para a execução de obras e conservação de estradas de rodagem, remunerada pelo sistema de *pedágios*. O que se quer dizer é que, a despeito da expressão "concessão de serviço público *precedida* da execução da obra", pode a concessão ter por objeto a execução da obra realizada *simultaneamente* à prestação do serviço de conservação. Poderia também

---

[7] CÁRMEN LÚCIA ANTUNES ROCHA, *Estudo sobre concessão e permissão de serviço público no direito brasileiro*, Saraiva, 1996, p. 43.

o ente público celebrar *contrato de obra* com empresa privada para reparação de rodovia, na forma da Lei nº 14.133/2021 (ELC), mas nesse caso teria que arcar com o pagamento do empreiteiro, fato que não ocorre com a concessão, em que a remuneração do executor provém das tarifas pagas pelos usuários.

4. NATUREZA JURÍDICA

4.1. O Caráter Contratual

Não há total unanimidade entre os autores sobre a natureza jurídica da concessão de serviço público. Não obstante, domina o entendimento de que se trata de *contrato administrativo,* que, todavia, apresenta peculiaridades próprias nas linhas que o compõem.[8]

Entendemos que referido negócio jurídico é de natureza contratual, embora sejamos forçados a reconhecer particularidades específicas que o configuram realmente como inserido no âmbito do direito público. A Constituição Federal, no art. 175, parágrafo único, quando faz referência à lei disciplinadora das concessões, refere-se, no inciso I, ao *caráter especial de seu contrato,* o que parece confirmar a natureza contratual do instituto. A Lei nº 8.987/1995, no entanto, pôs fim a eventual controvérsia, consignando expressamente que a concessão, seja qual for a sua modalidade, *"será formalizada mediante contrato"* (art. 4º). Temos, pois, como fato atualmente indiscutível, a atribuição de contrato administrativo às concessões de serviços públicos.

A despeito disso, observa RIVERO que a concessão se sujeita a um conjunto de regras de caráter *regulamentar,* as "que fixam a organização e o funcionamento do serviço", e que, por isso mesmo, podem ser modificadas unilateralmente pela Administração. Ao lado delas, há regras essencialmente *contratuais,* quais sejam, as disposições financeiras que garantem a remuneração do concessionário, regidas pelo princípio do equilíbrio econômico-financeiro dos contratos.[9]

Importante frisar que, tendo a natureza jurídica de *contratos administrativos,* as concessões submetem-se basicamente a *regime de direito público,* cujas regras, como visto, estão enunciadas na Lei nº 8.987/1995. Supletivamente, porém, é admissível a incidência de normas de direito privado, pois que neste é que se encontra detalhada a disciplina que regula os contratos em geral. A fonte primeira, no entanto, é a lei especial reguladora.

Todos esses elementos conduzem ao enquadramento das concessões dentro da teoria clássica do contrato administrativo, devendo destacar-se, como o faz reconhecida doutrina, três aspectos básicos: (a) o objeto contratual é complementado por atos unilaterais posteriores à celebração do ajuste; (b) a autoexecutoriedade das pretensões da Administração; (c) o respeito ao princípio do equilíbrio econômico-financeiro fixado no início.[10]

Outro aspecto que merece ênfase reside na natureza do objeto a que se destinam todos os contratos de concessão de serviços públicos. Como se observa na própria denominação, constitui objeto desse tipo de ajuste a *prestação de um serviço público.* A atividade delegada ao concessionário deve caracterizar-se como serviço público, e os exemplos conhecidos de concessões comprovam o fato: firmam-se concessões para serviços de energia elétrica, gás canalizado, transportes coletivos, comunicações telefônicas etc.

---

[8] No sentido de que é contrato administrativo, HELY L. MEIRELLES (ob. cit., p. 342); D. GASPARINI (ob. cit., p. 242) e MARIA SYLVIA DI PIETRO (ob. cit., p. 215). No sentido de que pode ser contrato ou ato unilateral, SÉRGIO DE ANDRÉA FERREIRA, *Direito administrativo didático,* p. 240.

[9] *Droit administratif,* p. 451.

[10] VERA MONTEIRO, *Concessão,* Malheiros, 2010, p. 44.

296 | MANUAL DE DIREITO ADMINISTRATIVO • *Carvalho Filho*

Atividades meramente econômicas, por conseguinte, são inidôneas para figurar como objeto de contratos de concessão, ainda que, por impropriedade técnica, sejam assim denominados. É o caso da Lei nº 9.478, de 6.8.1997, reguladora da política nacional de atividades petrolíferas, que denomina de *contrato de concessão* o ajuste celebrado entre a ANP – Agência Nacional do Petróleo e empresas privadas, com o fim de serem executadas atividades de exploração, desenvolvimento e produção de petróleo e gás natural (arts. 23 e 43). Há evidente erronia na nomenclatura legal. Tais atividades são eminentemente privadas, de caráter empresarial, muito embora se constituam monopólio da União, exercido, por longos anos, exclusivamente pela PETROBRAS, e hoje suscetíveis, parcialmente, de execução por empresas privadas, conforme as alterações introduzidas pela EC nº 9/1995 no art. 177 da Lei Maior. A referida lei institui a disciplina básica de tais contratos, mas o certo é que, apesar de algumas regras especiais, não se configuram eles como contratos de concessão de serviços públicos, tais como desenhados pelo art. 175 da CF, mas sim como simples *contratos privados*, e isso porque, simplesmente, seu objeto não é a prestação de um serviço público, mas o mero desempenho de atividade econômica.[11]

Conquanto haja inegáveis semelhanças, o *contrato de concessão de serviços públicos,* como vem acentuando a doutrina mais autorizada, não se confunde com o *contrato de franquia* (*"franchising"*), algumas vezes celebrado por entes administrativos. Em ambos os ajustes, uma das partes (*concedente* ou *franqueador*) delega à outra a execução de atividade de que é titular (*concessionário* ou *franqueado*). Mas a concessão se qualifica como contrato administrativo, ao passo que a franquia traduz contrato tipicamente privado, como regra de natureza empresarial. Ademais, o franqueado atua em nome do franqueador, utilizando sua marca, sua técnica e sua organização; o concessionário, ao revés, opera em nome próprio e adota sua própria estrutura orgânica.[12]

A propósito, foi editada a Lei nº 11.668, de 2.5.2008, que, disciplinando o *contrato de franquia postal*, no qual é contratante a ECT – Empresa Brasileira de Correios e Telégrafos, indicou que sua regência complementar se processa pela aplicação das Leis nos 10.406/2002 (Código Civil), 13.966/2019 (regula a franquia empresarial) e 8.666/1993 (atualmente Lei nº 14.133/2021). Semelhante indicação comprova, sem dúvida, que se trata de contrato tipicamente de direito privado, com uma ou outra derrogação por norma de direito público, de caráter excepcional. Assim, os particulares que executam atividades de franquia postal caracterizam-se como *franqueados*, e não como *concessionários*.

4.2. Concessão e Permissão

Não é incomum ser feita certa confusão entre a concessão e a permissão de serviço público. A confusão, pode-se dizer, até se justifica diante da circunstância de que ambas almejam o mesmo objeto – a prestação de um serviço público.

Tradicionalmente, a diferença residia em que a concessão de serviço público era caracterizada como *contrato administrativo*, ao passo que a permissão de serviço público se qualificava como *ato administrativo*. Dessa distinção quanto à caracterização formal dos institutos emanavam nitidamente algumas consequências jurídicas diversas, como as relativas à indenizabilidade, à precariedade, à estabilidade da delegação etc.

Entretanto, a Lei nº 8.987/1995, de modo surpreendente e equivocado, atribuiu à permissão de serviço público a natureza de *contrato de adesão* (art. 40), provocando justificável confusão

---

[11] TOSHIO MUKAI, em Contrato de Concessão formulado pela Agência Nacional de Petróleo - Comentários e Sugestões (*RTDP* nº 25, pp. 82-93, 1999).

[12] Sobre o tema, vide CRISTIANA FORTINI, *Contratos administrativos*, Del Rey, 2007, p. 65-70, e MARIA SYLVIA ZANELLA DI PIETRO, *Parcerias na administração pública*, Atlas, 3. ed., 1999.

Cap. 8 · CONCESSÃO E PERMISSÃO DE SERVIÇOS PÚBLICOS | 297

sobre essa forma de delegação. Com essa fisionomia, atualmente inexiste, na prática, distinção entre a concessão e a permissão de serviço público. De qualquer modo, mencionaremos os frágeis pontos distintivos ao comentarmos adiante a natureza das permissões. Parece-nos ter sido infeliz a qualificação da permissão como contrato, feita pelo art. 175, parágrafo único, I, da CF, e pela Lei nº 8.987/1995. De um lado, inexistiu razão plausível para tanto e, de outro, porque, ao invés de elucidar, veio a criar enorme e injustificável confusão, o que atrita com o caráter científico do direito.

5. A RELAÇÃO CONTRATUAL

O contrato de concessão é *bilateral,* visto que gera obrigações para ambos os contratantes; *comutativo,* porque não existe álea, ou seja, são equivalentes e previamente identificadas as obrigações das partes; *intuitu personae,* eis que o concessionário não pode ceder suas obrigações, e, sobretudo, o serviço que lhe foi delegado, a terceiros, sem prévio assentimento do assentimento do contratante (a Lei nº 8.987/95 admitiu a subconcessão, desde que prevista no contrato e que o concedente a tenha autorizado); e *formal,* já que necessária é a formalização das vontades e o mais detalhado lineamento das obrigações cominadas aos contratantes.

6. A SUPREMACIA DO CONCEDENTE

Sendo a concessão um contrato administrativo, constitui característica natural do ajuste a desigualdade das partes, de modo a conferir posição de supremacia ao poder concedente. Aliás, se esta é característica dos demais contratos administrativos, em que a relação jurídica se cinge ao Estado e ao particular, com maior razão teria que sê-lo para as concessões, que, como visto, exigem também a participação dos membros da coletividade, não só como destinatários do serviço, mas também como responsáveis pelo pagamento das tarifas.

Como corolário da preponderância do Estado nos contratos administrativos, incidem na concessão as cláusulas de privilégio, ou *exorbitantes,* que são certas prerrogativas expressamente atribuídas ao Estado nos contratos administrativos. A Lei nº 8.987/1995 previu, em mais de uma passagem, aspectos que retratam essa preponderância. Cite-se, como exemplo, o art. 23, V, que admite possíveis alterações no contrato, e o art. 37, que contempla a retomada do serviço pela encampação, fundada em motivos de interesse público.

7. A NATUREZA DO CONCESSIONÁRIO E DO CONCEDENTE

Na concepção clássica, a doutrina admitia que o serviço público fosse delegado à pessoa física ou jurídica.[13] A lei não admitiu a delegação do serviço a pessoas físicas, mas apenas a pessoas jurídicas ou a consórcio de empresas. A exigência, inclusive, foi estendida também às concessões de serviço público precedidas da execução de obra pública (art. 2º, II e III, do Estatuto das Concessões).

Em face da exigência legal, a comprovação da personalidade jurídica do concessionário ou da regularidade do consórcio de empresas constitui requisito inafastável para a validade da contratação. Sem sua observância, o contrato apresentará vício de legalidade quanto à figura do concessionário.

Quanto à natureza do concedente, pode-se afirmar que tradicionalmente foi representado pela figura do Estado ou, no caso de Estados federativos, de suas pessoas integrantes. No caso brasileiro, entes federativos são a União, os Estados, o Distrito Federal e os Municípios,

---

13   Vide HELY LOPES MEIRELLES, ob. cit., p. 339.

298 | MANUAL DE DIREITO ADMINISTRATIVO • *Carvalho Filho*

todos com idoneidade de figurarem como sujeitos concedentes, de acordo com as respectivas competências constitucionais e com os serviços que possam prestar.

A despeito dessa clássica fisionomia, porém, a celebração de alguns contratos de concessão tem sido delegada, em caráter de exceção, a autarquias, especialmente algumas agências reguladoras, passando tais entes a ostentar a qualificação de *concedentes*. Trata-se de delegação de *função fiscalizadora* ou de *controle*, o que rende ensejo a que esse tipo de descentralização, por via de consequência, tenha expressa previsão em lei. A Lei nº 9.472, de 16.7.1997, delegou à ANATEL – Agência Nacional de Telecomunicações, agência reguladora, o poder de *celebrar* e gerenciar contratos de concessão dos serviços de telefonia sob regime público (art. 19, VI), neles assumindo, como sujeito ativo, a qualidade jurídica de *concedente*.

A Lei nº 9.427/1996, no art. 3º, IV, fazia a mesma delegação à ANEEL, no que toca ao serviço de energia elétrica.

A Lei nº 10.848/2004, contudo, alterou o dispositivo e suprimiu o poder de *celebração* dos contratos, mantendo apenas a competência para geri-los.

8. CONCESSÃO A EMPRESAS ESTATAIS

Quando o Estado resolve adotar a gestão descentralizada dos serviços públicos, procede à delegação legal ou negocial, editando a lei autorizadora da criação de entidade a ele vinculada para executar certo serviço específico, ou firmando a concessão ou permissão para o serviço.

Por esse motivo, as pessoas instituídas por força de delegação legal estão vinculadas à pessoa federativa instituidora, e esta, como é óbvio, há de ter natural ingerência na sua organização, estrutura e direção. Os dirigentes são agentes públicos da confiança das autoridades da administração direta responsáveis pelo controle das pessoas instituídas.

O mesmo não ocorre com as pessoas concessionárias e também permissionárias. Tratando-se de pessoas jurídicas privadas (não mais pode haver concessionários pessoas físicas), o Estado não tem qualquer ingerência em sua estrutura e organização, limitando-se à fiscalização normal exercida por quem contrata os serviços de outrem. É, portanto, característica da concessão que o concessionário pertença à iniciativa privada, mesmo que, por delegação do Estado, esteja executando um serviço de interesse público.[14]

De algum tempo para cá, porém, o Estado tem admitido a figura anômala de firmar concessões a empresas estatais, misturando, de certo modo, as noções de gestão dos serviços públicos por delegação legal e negocial. A vigente Constituição, a princípio, referia-se expressamente a esse mecanismo, dispondo no art. 25, § 2º: *Cabe aos Estados explorar diretamente, ou mediante concessão a empresa estatal, com exclusividade de distribuição, os serviços locais de gás canalizado.* Outro exemplo era o do art. 21, XI, que previa esse mesmo tipo de concessão no tocante a serviços telefônicos, telegráficos e outros serviços de telecomunicações.[15] Os dispositivos foram alterados, respectivamente, pelas Emendas Constitucionais nºs 5/1995 e 8/1995, as quais eliminaram do texto o anômalo instituto.

Trata-se, em nosso entender, de distorção no sistema clássico de concessões, pois que, na verdade, se afigura como um contrato entre duas pessoas estatais, a que titulariza o serviço e a que o executa, sendo esta obviamente vinculada àquela. Se a empresa é estatal, tendo resultado de processo de delegação legal, a própria lei já definiria seu perfil institucional, bem como a

---

14   MARCELO CAETANO, *Manual*, cit., tomo II, p. 1.083.

15   Os dispositivos foram alterados, respectivamente, pelas Emendas Constitucionais nºs 5/1995 e 8/1995, as quais eliminaram do texto o anômalo instituto.

tarefa que deveria desempenhar, desnecessário, desse modo, falar-se em concessão, instrumento, como visto, de delegação *negocial*. Tal sistema ocasiona a perda da grande vantagem da concessão, qual seja, a prestação de serviços públicos sem custos para o Estado.[16] Por tal razão, várias têm sido as críticas a essa contratação.[17] Considerando sua natureza, o ajuste configura-se mais propriamente, segundo alguns, como *concessão-convênio*.[18]

A única hipótese em relação à qual pode dizer-se que não há distorção consiste na celebração de contrato de concessão entre um ente federativo e uma entidade estatal (*rectius:* paraestatal) *vinculada a ente federativo diverso*. Como suposição, pode imaginar-se que a União Federal firme contrato de concessão com certa sociedade de economia mista vinculada a certo Estado-membro para a prestação do serviço de energia elétrica. Nesse caso, entretanto, a entidade governamental estará exercendo atividade tipicamente empresarial e atuando no mundo jurídico nos mesmos moldes que uma empresa da iniciativa privada, de modo que, para lograr a contratação, deverá ter competido em licitação prévia com outras empresas do gênero, observado o princípio da igualdade dos licitantes, e vencido o certame pelo oferecimento da melhor proposta. A anomalia seria visível (e aí estaria a distorção) se a União contratasse com empresa estatal federal a concessão do mesmo serviço.

9. EXIGÊNCIA DE LICITAÇÃO

9.1. O Caráter de Obrigatoriedade

Já foi visto que os contratos administrativos, como regra, exigem o procedimento prévio de licitação. Trata-se de princípio impostergável por estar associado aos postulados básicos de moralidade e igualdade.

Os contratos de concessão não fogem à regra que a Constituição traçou sobre exigibilidade de licitação para as contratações (art. 37, XXI). Ao contrário, no art. 175 deixou assentada, de forma induvidosa, a exigibilidade do procedimento seletivo, e, para tanto, empregou a expressão *"sempre através de licitação"*.

Desse modo, não mais tem o Estado o poder de escolher livremente o concessionário de seus serviços. Deverá este ser o efetivo vencedor em processo de licitação previamente realizado. Com fundamento no princípio em foco, aliás, já se declarou a inconstitucionalidade de lei estadual que admitia a conversão direta de permissões municipais de transporte coletivo em permissões estaduais, no caso da criação de novos Municípios ou de desmembramento de área para incorporação ao território de outro Município. Tal fato acarretaria a extinção da permissão em virtude da alteração da competência constitucional para regular o serviço, de modo que seria necessária nova licitação para a escolha do permissionário, tudo em conformidade com o art. 37, XXI, da CF.[19]

Além de ser obrigatório o procedimento de licitação, deve o certame guiar-se por todos os princípios que normalmente regem essa modalidade de seleção. Por tal razão, é necessário observar os princípios da legalidade, moralidade, publicidade, igualdade, julgamento objetivo e vinculação ao instrumento convocatório. Diante disso, é inconstitucional a lei do ente público, que, de forma abstrata, regule as concessões com a antecipada previsão de

---

[16]   A observação é de MARIA SYLVIA ZANELLA DI PIETRO, *Direito administrativo*, cit., p. 217.

[17]   Vide ALICE GONZALEZ BORGES, no trabalho Concessões de serviço público de abastecimento de água aos Municípios, publ. *RDA* 212/1995.

[18]   MARÇAL JUSTEN FILHO, *Concessões de serviços públicos*, Dialética, 1997.

[19]   STF, ADI 2.716-RO, j. 29.11.2007.

300 | MANUAL DE DIREITO ADMINISTRATIVO • *Carvalho Filho*

prorrogabilidade do contrato, forma dissimulada de violar aqueles princípios e de praticar favorecimentos escusos.[20]

Cabe, neste passo, registrar importante observação. Conquanto a Lei nº 8.987 contenha normas específicas, aplicam-se *subsidiariamente* às concessões e permissões as normas da Lei nº 14.133/2021 – o Estatuto de Licitações e Contratos (ELC). É o que dispõe o art. 186 desse diploma. Por conseguinte, onde não houver norma específica na Lei nº 8.987, incidirão, no que couber, as normas da lei geral, no caso, as normas do Estatuto.

9.2. Modalidades Licitatórias

A lei de concessões não somente assentou a obrigatoriedade de licitação para a escolha do concessionário, como ainda definiu as modalidades licitatórias. Anteriormente, a única modalidade era a *concorrência*, mas o Estatuto vigente (Lei nº 14.133/2021), alterando o art. 2º, II e III, da Lei nº 8.987, incluiu também, como alternativa, o *diálogo competitivo*, em que, como já visto, o concedente poderá realizar diálogos com licitantes previamente selecionados, para desenvolver alternativas capazes de atender às suas necessidades, apresentando proposta ao final (art. 6º, XLII, do Estatuto). Com as alterações, as modalidades referidas aplicam-se tanto às concessões simples quanto às concessões precedidas da execução de obra pública.

Por exceção, a Lei nº 9.074/1995 previu também a modalidade de *leilão* de quotas ou ações nos casos de privatização de pessoas administrativas sob controle direto ou indireto da União, com simultânea outorga de nova concessão ou com a prorrogação das já existentes. É exigível, porém, a observância da necessidade de serem vendidas quantidades mínimas que garantam a transferência do controle acionário. A regra, entretanto, não se aplica aos serviços públicos de telecomunicações (art. 27, I).

As modalidades de concorrência e de diálogo competitivo são de observância obrigatória também para Estados, Distrito Federal e Municípios, porquanto a norma da lei federal que as exige tem caráter de princípio, que, como tal, deve nortear todas as situações que guardem identidade. Nesse sentido, aliás, a lei das concessões determinou que todos os entes federativos promovam a revisão de sua legislação e a adaptem às suas prescrições, procurando atender às peculiaridades de seus serviços (art. 1º, parágrafo único).

9.3. O Edital

Ao elaborar o edital, deverá o ente público concedente observar as regras gerais da Lei nº 14.133/2021 – o Estatuto de Licitações e Contratos. É o que prescreve o art. 18 da Lei nº 8.987. E nem deveria ser de outra forma, já que os princípios da igualdade de oportunidades e da competitividade devem estar presentes também na escolha daquele a quem vai ser delegada a prestação do serviço, ou seja, o concessionário.

Vários são os requisitos exigíveis pela lei de concessões para a validade do edital. Destacam-se entre eles: (a) direitos e obrigações do concedente e do concessionário; (b) o objeto e o prazo da concessão; (c) as condições para a adequada prestação do serviço; (d) critério de reajuste das tarifas etc. (art. 18).

É, da mesma forma, necessário que o edital tenha, como anexo, a minuta do contrato, a fim de que os interessados já possam verificar, antes da participação, se lhes são convenientes as cláusulas propostas. Esse é o motivo, aliás, porque se considera a concessão como modalidade de *contrato de adesão*: uma vez anexada a minuta ao edital, a Administração

---

[20] Nesse sentido, STF, RE 422.591, Min. DIAS TOFFOLI, em 1º.12.2010.

Cap. 8 · CONCESSÃO E PERMISSÃO DE SERVIÇOS PÚBLICOS | 301

já indica previamente o conteúdo básico do contrato, cabendo aos participantes apenas a alternativa de aceitá-lo por adesão, participando do processo licitatório, ou repudiá-lo, desistindo do certame.

O edital deve submeter-se fielmente aos princípios da igualdade e da impessoalidade, de modo a que todos os competidores participem regidos pelas mesmas condições. É inconstitucional, por exemplo, a lei que estabeleça pontuação mais favorável às empresas que vinham ostentando anteriormente a posição de concessionárias. Estas devem concorrer em igualdade de condições com as que pleiteiam a contratação. Além disso, o art. 37, XXI, da CF, inadmite quaisquer exigências de qualificação técnica e econômica que não sejam indispensáveis ao cumprimento do contrato.[21]

Quanto às fases da licitação, a Lei nº 8.987 adotava primitivamente o sistema da antiga lei licitatória, a Lei 8.666, em que a habilitação precedia o julgamento. Posteriormente, a Lei nº 11.196, de 21.11.2005, incluiu o art. 18-A na citada Lei nº 8.987 e passou a admitir a inversão dessas fases, consolidando a tendência que se verificou em vários diplomas. Com o advento, porém, do vigente Estatuto, em que o julgamento antecede mesmo a habilitação, salvo em casos de exceção facultados ao administrador (art. 17, § 1º), ficaram inteiramente conciliadas as disposições da Lei nº 8.987 com as da Lei nº 14.133/2021.

9.4. Critérios de Julgamento

A licitação com vistas à escolha do particular que vai executar serviço de concessão atende a peculiaridades específicas, e isso pela própria natureza dessa modalidade de delegação.

Desse modo, o critério de julgamento terá que se ajustar à forma pela qual se ajusta a concessão do serviço. Como regra, o vencedor da licitação será aquele que apresentar o menor valor da tarifa do serviço a ser prestado. Aqui a lei pretendeu favorecer o usuário, adotando o princípio da modicidade da tarifa.

Se a concessão importar pagamento do concessionário ao concedente, o critério de julgamento será inverso, vale dizer, vencerá a licitação aquele que oferecer o maior preço. A despeito de serem esses os critérios básicos, a lei admite ainda a sua combinação, de acordo com o que vier a ser regulado para a concessão (art. 15, I a III, do Estatuto das Concessões).

A Lei nº 9.648, de 27.5.1998, acrescentou os incisos IV, V, VI e VII ao art. 15, introduzindo critérios de melhor técnica, antes inexistentes: IV – melhor proposta técnica, com preço fixado no edital; V – melhor proposta em razão da combinação dos critérios de menor valor da tarifa do serviço público a ser prestado com o de melhor técnica; VI – melhor proposta em razão da combinação dos critérios de maior oferta pela outorga da concessão com o de melhor técnica; e VII – melhor oferta de pagamento pela outorga após qualificação de propostas técnicas.

Não poderão, entretanto, os candidatos fraudar os objetivos da licitação, apresentando propostas claramente inexequíveis ou financeiramente incompatíveis com os fins do certame. Se tal ocorrer, as propostas serão desclassificadas.

9.5. Fatores de Desclassificação

Um dos principais cuidados do poder concedente, ao planejar a concessão de serviço público, deve ser o da escolha de candidato que possa efetivamente executar o serviço da melhor forma possível, de modo a atender aos reclamos da coletividade.

Por isso, já vimos que, se a proposta for inexequível material ou financeiramente, deve ser desclassificada.

---

[21] STF, ADI 2.716-RO, j. 29.11.2007.

302 | MANUAL DE DIREITO ADMINISTRATIVO • *Carvalho Filho*

Mas não é apenas nesse caso que ocorrerá a desclassificação. Se o interessado necessitar, para viabilização de sua proposta, de subsídios ou vantagens que, além de não autorizados em lei, não estejam também à disposição dos demais licitantes, será ela desclassificada. Trata-se de procedimento que se compatibiliza com o princípio da igualdade dos licitantes (art. 14, Lei 8.987/95, e art. 5º, Lei 14.133/2021).

Outra norma que guarda consonância com o referido princípio consiste na proposta apresentada por entidade estatal diversa daquela que vai delegar o serviço. Se essa proposta, para ser viável, depender de vantagens ou subsídios da entidade estatal controladora, deverá ser também alijada da competição (art. 17, e § 1º, Lei 8.987).

9.6. Participação de Empresas Estatais

A Lei nº 9.074/1995, disciplinando matéria que ficara omissa na Lei nº 8.987/1995, regulou a participação, no procedimento licitatório, de empresa estatal (*rectius:* empresa *paraestatal*), ou seja, aquela que de alguma forma esteja vinculada a pessoa federativa.

No momento em que admitiu essa participação, o legislador precisou ajustar algumas regras sobre licitações, visto que estão tais empresas sujeitas ao regime da Lei nº 8.666/1993, já substituída pela Lei nº 14.133/2021. Voltou-se principalmente para os preparativos que antecedem a composição dos preços e serviços, imprescindíveis àqueles que pretendam ser concessionários de serviços públicos.

Verificando essa situação específica, a Lei nº 9.074/1995 autorizou que a empresa estatal, participante de concorrência para a escolha de concessionário, tenha dispensa de licitação quando, para compor sua proposta, precise colher preços ou serviços fornecidos por terceiros e assinar pré-contratos.

Logicamente tais pré-contratos dependem, para transformar-se em contratos definitivos, de ser a empresa estatal vitoriosa no processo licitatório. Se o for, os contratos, agora definitivos, terão que ser apreciados pelos órgãos de controle externo aos quais tenha sido cometida essa função fiscalizadora. Com isso, poder-se-á evitar que, para vencer a licitação, a empresa estatal celebre contratos lesivos ao erário.

Se, em caso contrário, a empresa estatal for derrotada na licitação, os pré-contratos, que terão necessariamente cláusula resolutiva de pleno direito, serão considerados como desfeitos pela vontade bilateral das partes, sem que lhes seja cominada qualquer obrigação sancionatória ou indenizatória (art. 32, §§ 1º 2º, Lei nº 9.074/1995).

10. MUTABILIDADE

A doutrina, em grande parte, reconhece nos contratos de concessão a existência de cláusulas regulamentares e de cláusulas financeiras. Estas, como traduzem o preço do serviço, não podem ser alteradas ao exclusivo arbítrio da Administração.

Com as cláusulas regulamentares, porém, sucede o contrário. Ao ser delegado o serviço, fica *"o concessionário em uma situação jurídica regulamentar ou estatutária, cujo conteúdo está nas normas legais e regulamentares que disciplinam o serviço concedido"*, como bem assinala reconhecida doutrina.[22] Assiste razão ao autor. Na verdade, a concessão sofre o influxo de uma disciplina de caráter geral, normativa, organizacional, que pode ser modificada por *critérios administrativos*.

---

[22] SÉRGIO DE ANDRÉA FERREIRA, *Direito administrativo*, cit., p. 240.

Daí o preciso ensinamento de CAIO TÁCITO, de que a mutabilidade desses contratos "*consiste em reconhecer a supremacia da Administração, quanto à faculdade de inovar, unilateralmente, as normas de serviço, adaptando as estipulações contratuais às novas necessidades e conveniências públicas*".[23]

Claro que o *ius variandi* a que se sujeitam as concessões pode ocasionar encargos para o concessionário. Se tal ocorrer, este faz jus ao reacerto das tarifas ou à recomposição patrimonial, mas o que não pode é opor-se a eventuais alterações no *modus operandi* do contrato, já que inseridas no âmbito discricionário da Administração.

Deve consignar-se, todavia, que a mutabilidade que marca as concessões não tem caráter absoluto nem no que tange às cláusulas de serviço. Afinal, trata-se de um contrato e, como tal, há de estar presente um mínimo de estabilidade na relação jurídica. Fora daí, poderá vislumbrar-se abuso de poder. Já se decidiu, por exemplo, que é inconstitucional a lei estadual que concede a trabalhadores desempregados isenção do pagamento dos serviços de fornecimento de luz e água, não somente porque interfere em relação concessional diversa (federal e municipal), como também em virtude de inobservância às regras estabelecidas na licitação (art. 37, XXI, CF).[24] Entretanto, ainda que a concessão fosse estadual, o benefício, de notória densidade social, haveria de ser compensado pelo concedente, evitando-se o rompimento do equilíbrio econômico-financeiro que preside o contrato e o consequente prejuízo para o concessionário.

O poder de alteração unilateral do contrato, em consequência, não pode servir de fonte de abusos por parte do concedente, como têm averbado os estudiosos do assunto. E nem poderia ser diferente. Se, de um lado, esse poder constitui exercício da soberania do Estado em prol do interesse público, de outro se torna impositivo que a Administração demonstre inequivocamente a existência de fatos justificadores do exercício da prerrogativa. Sem essa contraposição, é flagrante a possibilidade de abuso de poder. Está, portanto, inteiramente acertada a afirmação de que "*o ius variandi não pode ser tomado como um poder afeito a uma autonomia de vontade do Poder Público (que, de resto, inexiste). Trata-se de competência regulada e pautada por pressupostos certos, determinados pela lei sob um princípio de reserva legal*".[25]

Na verdade, a exigência de tal equilíbrio é que possibilita assegurar-se ao concessionário o direito ao pactuado na concessão e o respeito ao princípio da equação econômico-financeira do contrato. Significa dizer que, se se eleva o custo do serviço para o concessionário, cabe ao Estado adequar o contrato à nova realidade. Somente assim poderá alcançar-se a real observância ao princípio da equação econômico-financeira dos contratos administrativos.[26] Por tal motivo, aliás, já foi declarada a inconstitucionalidade de lei municipal que, sem fixar a devida fonte de custeio e ausente qualquer cláusula contratual na concessão, instituiu vários casos de gratuidade no serviço público de transporte coletivo municipal, com evidente vulneração do equilíbrio econômico-financeiro do contrato.[27] Com o mesmo fundamento, foi declarada constitucional a norma de Carta estadual que exigia a indicação da correspondente fonte de custeio no caso de gratuidade na prestação indireta de serviços públicos.[28]

---

[23] Ob. cit., p. 205. Em abono desse pacífico entendimento, aponta o autor vários publicistas que dele comungam, como WALINE, DUGUIT, JÈZE, DUEZ e DEBEYRE, LAUBADÈRE, entre outros.

[24] STF, ADI 2.299-RS, Rel. Min. MOREIRA ALVES, *DJ* de 29.8.2003. A ação teve por objeto a Lei Estadual nº 11.462/2000, do Rio Grande do Sul.

[25] FERNANDO VERNALHA GUIMARÃES, no trabalho Uma releitura do poder de modificação unilateral dos contratos administrativos (*ius variandi*) no âmbito das concessões de serviços públicos, in *RDA*, v. nº 219, p. 107-125, 2000.

[26] Vide a respeito o trabalho de FLORIANO DE AZEVEDO MARQUES NETO, *Breves considerações sobre o equilíbrio econômico e financeiro nas concessões* (RDA nº 227/2002, p. 105-109).

[27] TJ-RJ, Repres. Inconst. 41, Des. ROBERTO WIDER, em 21.12.2006.

[28] STF, ADI 3225-RJ, Rel. Min. CEZAR PELUSO, em 17.9.2007.

304 | MANUAL DE DIREITO ADMINISTRATIVO • *Carvalho Filho*

A respeito, já se decidiu, a nosso ver com absoluto acerto, que nem o advento de planos econômicos gerais, implantados pelo governo por ato legislativo legítimo, pode romper o equilíbrio econômico-financeiro das concessões, garantido pela própria contextualização dos contratos. E isso principalmente quando o ajuste na concessão estabelece a correspondência entre o valor das tarifas e os fatores de custo do serviço concedido, cláusula considerada essencial na relação contratual.[29] Tal solução, como é fácil perceber, espelha o necessário respeito que o Estado deve dispensar aos contratos que ele mesmo celebra, ao mesmo tempo em que assegura ao concessionário um mínimo de estabilidade na relação concessional.

11. POLÍTICA TARIFÁRIA

Como remuneração pela execução do serviço, o Poder Público fixa a *tarifa* a ser paga pelos usuários. Trata-se de preço público e, portanto, fica a sua fixação sob a competência do concedente.

A Constituição em vigor, diversamente da anterior, limitou-se a dizer que a lei reguladora das concessões deverá disciplinar a política tarifária (art. 175, parágrafo único, III). A despeito da simplicidade da expressão, não se pode deixar de reconhecer que o concessionário tem o direito subjetivo à fixação das tarifas em montante suficiente para ser devidamente prestado o serviço.

Esse entendimento emana da própria Constituição. Com efeito, se do concessionário é exigida a obrigação de manter serviço adequado (art. 175, parágrafo único, IV, CF), não pode ser relegada a contrapartida da obrigação, ou seja, o direito de receber montante tarifário compatível com essa obrigação. Se, de um lado, não devem as tarifas propiciar indevido e desproporcional enriquecimento do concessionário, com graves prejuízos para os usuários, de outro não pode o seu valor impedir a adequada prestação do serviço delegado pelo Estado. Por isso mesmo, várias decisões judiciais asseguraram a concessionários o direito à revisão das tarifas.

Constituição anterior era mais clara a respeito da *performance* das tarifas. Rezava o art. 167 que as tarifas deveriam permitir ao concessionário a justa remuneração do capital, a melhoria e expansão dos serviços e a observância da equação econômico-financeira do contrato. A despeito, porém, da atual redação, bem mais lacônica, deve ter-se como assegurados tais objetivos.

Adite-se, ainda, que a fixação das tarifas é o verdadeiro molde do princípio do equilíbrio econômico-financeiro dos contratos de concessão. Exatamente por isso, é necessária a sua revisão periódica para compatibilizá-la com os custos do serviço, as necessidades de expansão, a aquisição de equipamentos e o próprio lucro do concessionário.[30]

O reajuste para reposição do valor da moeda é automático e imediatamente aplicável, independentemente de alegação do concedente sobre eventual descumprimento do contrato, fato que deverá ser discutido em processo administrativo próprio, garantindo-se ao concessionário o contraditório e a ampla defesa.[31] O contrato de concessão pode, eventualmente, prever reajuste tarifário de alguns itens em percentual superior ao índice fixado, não ultrapassando a média ponderada dos itens em geral. Nesse caso, não cabe ao Judiciário anular a respectiva cláusula, uma vez que isso afronta o próprio contrato.[32]

Com o objetivo de cumprir os princípios da publicidade e da transparência na prestação dos serviços públicos, a Lei nº 13.673, de 5.6.2018 alterou a Lei nº 8.987/1995, incluindo o § 5º no art. 9º, pelo qual a concessionária deverá divulgar em seu sítio eletrônico, com clareza e

---

[29]   STF, RE 571.969, Min. CÁRMEN LÚCIA, em 12.3.2014.
[30]   HELY LOPES MEIRELLES, ob. cit., p. 346.
[31]   No mesmo sentido: STJ, AgInt no REsp 1.413.218, j. 4.12.2018.
[32]   STF, RE 1.059.819, j. 18.2.2022.

Cap. 8 · CONCESSÃO E PERMISSÃO DE SERVIÇOS PÚBLICOS | 305

permitindo boa compreensão pelos usuários, tabela com a indicação das tarifas praticadas e a evolução das revisões ou reajustes efetivados nos últimos cinco anos. Idêntica recomendação foi dirigida às concessionárias de energia elétrica (art. 15, § 3º, Lei 9.427/1996) e às de telecomunicações (art. 3º, parágrafo único, Lei nº 9.472/1997).

A Lei nº 8.987/1995 regulou a matéria relativa à política tarifária. Na disciplina, a lei ressaltou a possibilidade de ajuste quanto à revisão das tarifas, para manter o equilíbrio econômico-financeiro do contrato. Este princípio deve ainda ser observado no caso de alteração unilateral do contrato que atinja o equilíbrio inicial. Tal ocorrendo, deve o concedente restabelecê-lo concomitantemente à ocorrência do fato que gerou a ruptura da linha de equilíbrio. O que é vedada é a elevação indevida e abusiva das tarifas: se tal ocorrer, os usuários-consumidores têm direito à correção do aumento. Tratando-se de direito difuso, vez que indeterminados os usuários, tem o Ministério Público legitimidade para propor a respectiva ação civil pública.[33]

Embora a regra geral seja a da unicidade da tarifa, a política tarifária admite a diferenciação das tarifas, quando são distintos os segmentos de usuários do serviço. Não obstante, são requisitos da fixação diferenciada as características técnicas do serviço prestado e os custos necessários ao atendimento dos diversos setores de usuários. O que é vedado ao concessionário é a ofensa ao princípio da impessoalidade em relação aos usuários, mediante tratamento jurídico diferenciado para situações fáticas idênticas. Para a licitude da tarifa diferenciada é indispensável que concedente e concessionário demonstrem claramente que o sistema de progressividade na cobrança atende a critérios de política pública e visa, em última instância, ao interesse coletivo. É o caso da utilização do serviço de abastecimento de água. Sendo esta um bem público limitado e essencial à própria sobrevivência da humanidade, como hoje o consideram os especialistas, não pode ser alvo de desperdício, ou uso indevido ou desnecessário, sendo, pois, cabível a cobrança de tarifa diferenciada para faixas de maior ou menor dispêndio pelos usuários.[34]

A Lei nº 11.445, de 5.1.2007, que dispõe sobre diretrizes gerais de saneamento básico, corroborou expressamente essa possibilidade. Ao tratar da necessidade de assegurar a sustentabilidade econômico-financeira dos serviços de saneamento básico, entre eles os de abastecimento de água, esgotamento sanitário, limpeza urbana e manejo de águas pluviais urbanas, previu que a estrutura de *remuneração* e *cobrança* dos serviços pode levar em consideração diversos fatores, e entre estes relacionou a definição de *categorias de usuários*, distribuídas por *faixas ou quantidades* crescentes de *utilização ou de consumo* (art. 30, I). Tais fatores, como já se apontou anteriormente, têm como base as diretrizes estabelecidas para a política adotada para a prestação dos serviços de saneamento básico, em que, além dos usuários em si, deve ser considerado o próprio serviço a ser prestado.

Visando ao princípio da modicidade, é também possível que o poder concedente, ao fixar as normas do edital da licitação, preveja a possibilidade de o concessionário receber receitas alternativas. Desse modo, poderá ser reduzido o valor da tarifa. Referidas receitas, porém, deverão estar previamente autorizadas em lei e à disposição de todos os interessados (art. 11, Lei nº 8.987/1995). Já se decidiu, a propósito, que, havendo previsão contratual de tais receitas, é lícito ao concessionário de rodovia cobrar de concessionária de energia elétrica pelo uso de faixa de domínio de rodovia para a instalação de postes e passagem de cabos aéreos, a fim de ampliar-se a rede de energia.[35]

---

[33] STF, RE 228.177-MG, Rel. Min. GILMAR MENDES, em 17.11.2009.

[34] A matéria hoje está pacificada no STJ: vide Súmula 407 (2009). Também: Súmula 82 do TJ-RJ.

[35] STJ, EREsp 985.695, Min. HUMBERTO MARTINS, em 26.11.2014.

Para evitar que maus administradores instituam, de maneira descriteriosa, benefícios tarifários, a Lei nº 9.074/1995 dispôs que sua estipulação fica condicionada à previsão, em lei, da origem dos recursos ou da concomitante revisão da estrutura tarifária do concessionário ou permissionário, tudo com o objetivo de manter o equilíbrio econômico-financeiro do contrato. A lei foi mais adiante: tais benefícios só podem ser atribuídos a uma coletividade de usuários, sendo vedado expressamente o benefício singular, fato que se configuraria em iniludível conduta ilegal, caracterizadora do desvio de finalidade.

Na concessão do serviço de conservação de estradas, tem havido reclamações de alguns usuários quanto à tarifa do pedágio cobrada em determinadas rodovias. Algumas reclamações são de fato procedentes, mas é preciso não esquecer que a responsabilidade pela fixação da tarifa cabe à Administração. Se o contrato previu tarifa por demais elevada, ou admitiu reajuste fora dos padrões regulares de atualização monetária, a culpa exclusiva é do concedente. O que é necessário é que o Poder Público se cerque de técnicos competentes para alcançar tarifa que remunere o concessionário pelo serviço que executa, sem contudo onerar o bolso dos usuários. O certo é que, se o contrato prevê, o concessionário tem direito subjetivo ao reajuste da tarifa.[36]

Alguns governos, mais popularescos e demagógicos do que verdadeiros administradores públicos, têm tentado impor a concessionários, unilateral e coercitivamente, a redução da tarifa estabelecida no contrato, geralmente celebrado em administração anterior, sob a alegação de que seria ela demasiadamente elevada e ao mesmo tempo prejudicial ao bolso dos usuários. O abuso é notório e atende normalmente a interesses políticos. De um lado, é a constatação da incompetência e do despreparo dos administradores públicos, e isso porque um dos dois governos dá mostra de sua mediocridade: ou o anterior, que não teve capacidade de projetar o valor mais compatível da tarifa, ou o atual, que, não tendo essa capacidade, se volta contra o anterior, que fizera corretamente a projeção. De outro, é a frontal violação do contrato de concessão, eis que a tarifa só pode ser revista, sobretudo reduzida, quando houver real justificativa para tanto.

Caso o concedente deseje reduzir o valor da tarifa, deve compensar o concessionário para que seja mantido o equilíbrio econômico-financeiro do contrato, seja através da redução dos ônus e encargos atribuídos contratualmente ao concessionário, seja por meio de indenização paga pelo concedente, correspondente ao que o concessionário deixará de arrecadar em razão da redução tarifária.[37] As tentativas de redução unilateral da tarifa sem previsão contratual ou sem a devida compensação têm sido consideradas abusivas e corretamente anuladas pelo Judiciário.[38]

Diversa, contudo, é a situação do idoso. A Constituição assegurou aos maiores de 65 anos gratuidade nos transportes coletivos urbanos (art. 230, § 2º). A Lei nº 10.741/2003 (Estatuto do Idoso, hoje denominado Estatuto da Pessoa Idosa), no art. 39, *caput*, reproduziu a garantia, aditando-se que basta apresentar documento que prove sua idade; por outro lado, impõe-se em seu favor a reserva de 10% dos assentos nos veículos de transporte coletivo (art. 39, §§ 1º e 2º, Lei nº 10.741, com redação da Lei nº 14.423, de 22.7.2022). Sendo o mandamento constitucional de eficácia plena e aplicabilidade imediata, a lei nada fez senão consagrar a efetividade normativa, e, desse modo, o benefício independeria de fonte de custeio. Entretanto, em virtude do princípio do equilíbrio econômico-financeiro do contrato, deve assegurar-se aos

---

[36] STJ, Agr.Reg. na Susp. Liminar nº 76-PR, j. 1.7.2004.

[37] Com igual pensamento, ANTÔNIO CARLOS CINTRA DO AMARAL, no trabalho Validade de leis estaduais que estipulam isenção de pedágio, ou outro benefício tarifário, nas rodovias concedidas (*RTDP* nº 31, p. 97-105, 2000).

[38] Como exemplos, o Estado do Rio de Janeiro e o Município do Rio de Janeiro reduziram, *manu militari* e atabalhoadamente, as tarifas de pedágio na RJ 124 e Linha Amarela, respectivamente, mas o Judiciário assegurou liminarmente aos concessionários o restabelecimento do valor contratual das tarifas.

Cap. 8 · CONCESSÃO E PERMISSÃO DE SERVIÇOS PÚBLICOS | 307

delegatários do serviço (concessionários e permissionários) o direito de pleitear do delegante eventual compensação no caso de haver prejuízo para o prestador, fato, aliás, que exigirá sempre detalhada demonstração através das respectivas planilhas de custo. A eficácia do preceito, todavia, é integral e sua aplicabilidade, exigível e imediata.[39]

Dentro do mesmo aspecto social, a Lei nº 8.899, de 29.6.1994, concedeu passe livre às pessoas portadoras de deficiência, comprovadamente carentes, no sistema de transporte coletivo interestadual. Com fundamento no princípio da solidariedade social, previsto no art. 3º da CF, o STF considerou a lei constitucional, afastando o argumento de que estaria havendo ofensa ao equilíbrio econômico-financeiro dos contratos de concessão e permissão, pois que tal aspecto poderia ser analisado quando da definição das tarifas nas negociações contratuais.[40] Dois aspectos, no entanto, merecem exame, em nosso entender. Primeiramente, a aferição do eventual desequilíbrio contratual não depende da negociação futura da tarifa, mas incide de imediato, cabendo ao concedente, porém, arcar com os custos do restabelecimento da equação. Em segundo lugar, a referida lei foi editada dentro da competência da União para legislar sobre transporte coletivo interestadual, só incidindo sobre esse serviço; resulta, pois, ser inaplicável para o transporte intermunicipal e intramunicipal – serviços da competência legislativa e regulamentadora, respectivamente, dos Estados e dos Municípios.

Sobre a questão do pedágio em rodovias sob o regime de concessão, tem sido discutida a questão da ilegitimidade de sua cobrança quando inexiste via alternativa para os usuários, o que ofenderia o direito de locomoção. Em nosso entender, o Poder Público, em certas circunstâncias, deveria realmente disponibilizar outra via de circulação para os usuários mais desprovidos de recursos. A verdade, porém, é que o art. 9º, § 1º, da Lei nº 8.987/1995 não instituiu essa obrigação, limitando-se a consignar que, *somente nos casos expressamente previstos em lei*, poderia a tarifa ser *"condicionada à existência de serviço público alternativo e gratuito para o usuário"*. Portanto, para que o Poder Público seja compelido àquela obrigação, necessário se torna que a lei expressamente o preveja; sem essa previsão, a Administração atuará discricionariamente quanto à criação, ou não, da via alternativa.[41]

Outro aspecto que merece destaque diz respeito à competência para a outorga da concessão: a questão sobre alterações contratuais só pode ser discutida entre a pessoa federativa que outorgou a concessão e o respectivo concessionário. Bem definindo a matéria, o STF já teve a oportunidade de decidir pela suspensão cautelar de dispositivo de lei estadual que estabeleceu suspensão temporária do pagamento das tarifas de consumo de energia elétrica, água e esgoto em favor dos trabalhadores que não dispunham de qualquer remuneração. Entendeu o referido Tribunal que o Estado não poderia interferir na relação contratual entre o concedente (no caso, os Governos Federal e municipal) e os respectivos concessionários (art. 175, parágrafo único, I e III, CF). Além disso, não poderia alterar as condições preestabelecidas na licitação, fato que ensejaria ofensa ao art. 37, XXI, da vigente Constituição.[42]

Algumas tarifas são cobradas através de contas de consumo entregues na própria residência do usuário ou no local onde se processou o consumo. Tais contas devem ser distribuídas pelos Correios ou pela própria empresa concessionária, e não por empresa privada por esta contratada para tal serviço. O STJ já decidiu que *"a execução conferida às concessionárias de serviço público não lhes outorgou a possibilidade de contratação de empresas particulares para o serviço de distribuição de contas de consumo"*, e isso porque, admitindo-se a contratação, a

---

[39]   Assim decidiu corretamente o STF na ADI 3.768-DF, Rel. Min. CÁRMEN LÚCIA, em 19.9.2007.
[40]   ADI 2649-DF, Rel. Min. CÁRMEN LÚCIA, em 8.5.2008.
[41]   STJ, REsp 417.804, Min. TEORI ZAVASCKI, em 19.4.2005, e REsp 617.002, Min. JOSÉ DELGADO, em 5.6.2007.
[42]   ADIN nº 2.337-SC (Medida Cautelar), Rel. Min. CELSO DE MELLO.

308 | MANUAL DE DIREITO ADMINISTRATIVO • *Carvalho Filho*

concessionária estaria vulnerando, por via oblíqua, o monopólio do serviço postal atribuído à União (art. 21, X, CF) e delegado à empresa pública federal criada exatamente para tal fim: a ECT – Empresa Brasileira de Correios e Telégrafos.[43]

Reiteramos aqui o que já assinalamos anteriormente: no que diz respeito ao pagamento indevido de tarifas, a *prescrição* para a *ação de repetição de indébito* é a prevista no Código Civil, já que a relação jurídica não tem natureza tributária nem se configura como relação típica de consumo.[44]

Por fim, vale destacar, como já observamos anteriormente, que, em matéria de política tarifária, tem sido admitida a denominada *tarifa mínima*, devida pela só disponibilização do serviço concedido, à semelhança do que ocorre com o sistema de taxas.[45] Sem embargo do fundamento apontado para admitir esse tipo de cobrança – a política de implementação e manutenção da estrutura necessária à prestação do serviço –, entendemos que o fato reflete inegável distorção no sistema de prestação de serviços públicos de natureza facultativa, serviços esses que só deveriam merecer remuneração na medida em que o usuário *efetivamente* se beneficiasse deles, com o consequente realce da característica contratual que rege a relação entre o prestador e usuário do serviço.[46] O correto, a nosso ver, é que os gastos com a manutenção e expansão do sistema de serviços estejam embutidos no próprio valor da tarifa, evitando-se que o contribuinte tenha que pagar por um serviço que não utiliza.[47]

12. ANÁLISE DO PACTO DE CONCESSÃO

12.1. Autorização Legal

Quando a Lei nº 8.987/1995 veio a lume, o legislador traçou inúmeras regras demonstrativas da fisionomia das concessões de serviços públicos e outras estabelecendo os requisitos, as condições, os direitos e obrigações das partes etc. Silenciou, no entanto, sobre a manifestação de vontade deflagradora da delegação do serviço. O silêncio, naturalmente, tem que ser interpretado no sentido de que a vontade iniciadora deve originar-se de autoridades do Executivo, às quais compete, como é sabido, o exercício da função administrativa. Na verdade, são próprios dessa função a criação, a prestação, o controle e a regulamentação de serviços públicos, sendo, por isso, de todo razoável que, como de hábito, a competência para tais atividades seja cometida à Administração.

A Lei nº 9.074/1995, contudo, demonstrando visível preocupação no que toca à instituição de novas concessões e permissões, criou outro requisito para elas, exigindo a edição de lei autorizadora e disciplinadora das condições da delegação do serviço, ressalvando, porém, certas situações já definidas no ordenamento jurídico. Dispôs o art. 2º desse diploma: *"É vedado à União, aos Estados, ao Distrito Federal e aos Municípios executarem obras e serviços públicos por meio de concessão e permissão de serviço público, sem lei que lhes autorize e fixe os termos,*

---

43 REsp nº 4873-SP, 2º Turma, unân., Rel. Min. ADHEMAR MACIEL, publ. *DJ* 2.3.1998, p. 51.

44 Súmula 412, STJ. Vide o que comentamos no Capítulo 7, no tópico ref. à remuneração dos serviços públicos.

45 STJ, REsp nº 20.741-DF, 2º Turma, Rel. Min. ARI PARGENDLER, *DJ* de 3.6.1996. Também o TJ/RJ, na Súmula 84, alude expressamente à tarifa mínima para os serviços de água e energia elétrica.

46 Alguns julgados já adotam esse entendimento. Vide a referência feita pelo STF, no RE 567.454-BA, Rel. Min. CARLOS BRITTO, em 17.6.2009.

47 Merece revisão, p. ex., o denominado "pagamento de assinatura" em serviços de telefonia, que não retribui o uso de serviço algum – sistema que ocorre em vários países. Nas ADIs 3.343-DF e 4.478-AP (1º.9.2011), o Min. AYRES BRITTO, vencido, mas, a nosso ver, com o melhor direito, adotou esse entendimento, ofensivo aos direitos do consumidor. *Contra*: Súmula 356, STJ; REsp 911.802-RS, Min. JOSÉ DELGADO, em 24.10.2007.

dispensada lei autorizativa nos casos de saneamento básico e limpeza urbana e nos já referidos na Constituição Federal, nas Constituições Estaduais e nas Leis Orgânicas do Distrito Federal e Municípios, observados, em qualquer caso, os termos da Lei no 8.987, de 1995."

A norma inovadora, como se pode verificar, dispensa a lei autorizativa nos casos de já haver previsão da delegação do serviço no ordenamento jurídico básico das entidades federativas. Qualquer novo serviço, todavia, que tais entidades pretendam delegar por meio de concessão ou permissão, *dependerá da prévia manifestação de vontade do legislador.* Nesses casos, por conseguinte, duas serão as vontades necessárias à instituição da concessão ou da permissão: a primeira, do administrador que, com vistas à prestação de serviço delegado, proporá a promulgação de lei autorizativa, e a segunda do legislador, que, aceitando a proposta, consignará a sua autorização.

A Lei nº 9.074/1995, em face da alteração que introduziu, editou norma de aplicação transitória, no sentido de ter considerado dispensada da lei autorizativa a contratação de serviços e obras públicas resultantes dos processos iniciados com fundamento na Lei nº 8.987/1995, no período entre a publicação dessa lei e a da lei nova (art. 2º, § 1º).

12.2. Cláusulas Essenciais

Não somente por se configurar como contrato administrativo, mas principalmente por força de suas peculiaridades específicas, entre as quais se destaca a delegação do serviço público, o contrato de concessão precisa conter algumas cláusulas especiais, consideradas como o termômetro dos direitos e obrigações dos pactuantes. São elas as *cláusulas essenciais* do contrato.

Por serem essenciais ao contrato, não há como serem relegadas a segundo plano, nem podem estar ausentes do instrumento contratual. A ausência das cláusulas essenciais no contrato, bem como a sua menção com inobservância ao que estabelece a lei, provocam, de modo inarredável, a invalidade do ajuste, que pode ser decretada pela própria Administração ou pelo Judiciário.

Antes do vigente estatuto de concessões, não havia, como regra, parâmetros fixados em lei para o delineamento das regras que deveriam vigorar quando da execução do serviço público. Por essa razão, algumas concessões foram outorgadas de forma prejudicial ao poder concedente e desproporcionalmente favorável ao concessionário, numa inaceitável linha de desvio de finalidade. O fato gerou a advertência de especialistas para que o Estado-concedente reagisse contra essa inversão de valores, acautelando-se em novos contratos contra o sério gravame sobre o interesse público.[48]

A Lei nº 8.987/1995 resolveu o problema, estabelecendo que nos contratos de concessão devem estar incluídas as cláusulas essenciais (art. 23).

O elenco legal contém quinze cláusulas essenciais, mas, pelo que representam, convencionamos agrupá-las em cinco categorias. A primeira consiste nas *cláusulas relativas ao serviço*, que são as que definem o modo, a forma e condições de prestação do serviço, bem como as que fixam os critérios de sua avaliação; as que indicam o objeto, a área e o prazo da concessão; e as que fixam o preço e os critérios de reajuste.

A segunda categoria é a das *cláusulas relativas aos direitos e obrigações*, ou seja, aquelas que definem os direitos e obrigações do concedente, do concessionário e dos usuários. Uma terceira categoria é a das *cláusulas de prestação de contas*, aquelas que impõem ao concessionário prestar contas ao concedente e que lhe exigem a publicação de demonstrações financeiras periódicas. A quarta consiste nas *cláusulas de fiscalização,* pelas quais o concedente acompanha a execução do serviço pelo concessionário e, quando for o caso, aplica-lhe as devidas sanções.

---

[48] HELY LOPES MEIRELLES, *Direito administrativo,* cit., p. 343.

310 | MANUAL DE DIREITO ADMINISTRATIVO • *Carvalho Filho*

E a última corresponde às *cláusulas relativas ao fim da concessão*, que são as que preveem os casos de extinção, os bens reversíveis, o cálculo indenizatório, as condições de prorrogação do contrato e as que definem o foro para divergências contratuais.

Quando se tratar de concessão de serviço público precedida da execução de obra pública, outras duas cláusulas serão classificadas ainda como essenciais:

1. a que define os cronogramas físico-financeiros da execução das obras pertinentes à concessão do serviço; e
2. a que impõe ao concessionário o oferecimento de garantia do fiel cumprimento das obrigações relativas às obras que precedem a prestação do serviço (art. 23, parágrafo único, I e II, Lei 8.987)

É interessante notar que, entre as cláusulas essenciais, a lei mencionou aquela relacionada "*ao foro e ao modo amigável de solução das divergências contratuais*" (art. 23, XV). Houve, a princípio, certa dúvida na interpretação do dispositivo, mas o art. 23-A da Lei nº 8.987, incluído pela Lei nº 11.196/2005, passou a prever a possibilidade de serem empregados *mecanismos privados*, aludindo expressamente à *arbitragem*, regulada pela Lei nº 9.307/1996.[49] Este diploma, por sua vez, alterado pela Lei nº 13.129/2015, previu expressamente o recurso a tal mecanismo pela Administração Direta e Indireta no caso de direitos disponíveis. Sendo assim, conflitos envolvendo esses direitos na concessão podem ser dirimidos pela arbitragem.

Ampliando o sistema de resolução consensual de conflitos, a Lei nº 13.140, de 26.6.2015 (Lei da Mediação), regulou o instituto da *mediação*, aplicável também à Administração Pública no caso de direitos disponíveis ou indisponíveis que admitam transação. O mecanismo aplica-se a conflitos que envolvam equilíbrio econômico-financeiro de contratos firmados pela Administração com particulares. Infere-se, pois, ser esse método aplicável também às concessões e permissões.[50] Adiante comentaremos mais minuciosamente o tema.

12.3. A Responsabilidade do Concessionário

Ao executar o serviço, o concessionário assume todos os riscos do empreendimento. Por esse motivo, cabe-lhe responsabilidade civil e administrativa pelos prejuízos que causar ao poder concedente, aos usuários ou a terceiros.

No que tange ao sujeito lesado pelo dano, há entendimento no sentido da inaplicabilidade da responsabilidade objetiva do concessionário, no caso de danos causados a terceiros, não usuários do serviço concedido. Em outras palavras, a responsabilidade objetiva só incidiria no caso de danos causados a usuários.[51] *Concessa venia*, dissentimos da decisão. Na verdade, o texto constitucional não faz qualquer distinção a respeito, não cabendo ao intérprete fazê-lo. Ao contrário, as pessoas de direito privado prestadoras de serviços públicos (como é o caso dos concessionários) estão mencionadas ao lado das pessoas jurídicas de direito público (art. 37, § 6º, CF) para o efeito de se sujeitarem à responsabilidade objetiva. Desse modo, não há razão para a aludida distinção. A admitir-se semelhante fundamentação, forçosa também teria que ser a distinção quando o próprio Estado causasse danos a terceiros e a usuários de alguns de seus serviços, o que, é óbvio, nunca foi sequer objeto de cogitação. O que pretendeu o Constituinte

---

[49] SUZANA DOMINGUES MEDEIROS, *Arbitragem envolvendo o Estado no direito brasileiro* (RDA 233/71, 2003).

[50] MARCOS JURUENA VILLELA SOUTO, *Formas consensuais de composição de conflitos para a exploração de ferrovias*, RDA nº 253, 2010, p. 117-131.

[51] STF, RE 262.651-SP, j. 16.11.2004.

Cap. 8 · CONCESSÃO E PERMISSÃO DE SERVIÇOS PÚBLICOS | 311

foi tornar equiparados, para fins de incidência da responsabilidade objetiva, o Estado e as pessoas de direito privado prestadoras de serviços públicos, e isso porque, conforme já ensinava a doutrina mais autorizada, estas últimas são verdadeira *longa manus* do Poder Público.

No que toca ao ilícito civil, a atividade do concessionário rege-se pela *responsabilidade objetiva*, como averba o art. 37, § 6º, da CF. Consoante esse dispositivo, não só as pessoas jurídicas de direito público, como as pessoas de direito privado prestadoras de serviço público sujeitam-se ao princípio da responsabilidade objetiva, que se caracteriza, como sabido, pela desnecessidade de investigação sobre o elemento culposo na ação ou omissão. Como os concessionários são prestadores de serviço público (art. 175, CF), estão eles enquadrados naquela regra constitucional.[52]

Diz a lei que a fiscalização a cargo do concedente não exclui nem atenua essa responsabilidade (art. 25). A regra deve ser interpretada com a máxima precisão, em ordem a se considerar que, independentemente da boa ou má fiscalização, a responsabilidade do concessionário *em relação a prejuízos causados ao concedente* é *integral*, vale dizer, não pode ele pretender reduzir sua responsabilidade, ou mitigá-la, sob o pretexto de que houve falha na fiscalização.

Mas não se pode extrair da regra legal a mesma interpretação quando os prejuízos forem causados a usuários ou a terceiros, tendo havido, por parte do poder concedente, falha na fiscalização. Interpretação nesse sentido ofenderia o já referido princípio constitucional de responsabilidade, contido no art. 37, § 6º, da Constituição. Se esta norma atribui ao Estado responsabilidade civil por danos que seus agentes, nessa qualidade, causem a terceiros, *não pode ele ver-se excluído dessa responsabilidade, quando seus agentes tiverem sido omissos ou deficientes na fiscalização das atividades do concessionário*. Note-se que a hipótese se refere a prejuízos decorrentes da execução do serviço, e não aqueles que se tenham originado das relações privadas entre o concessionário e terceiros. Neste caso, incidem as regras que regulam a responsabilidade civil no direito privado.

Desse modo, a melhor interpretação é a de que, embora a *responsabilidade primária integral* seja atribuída ao concessionário, pode este exercer seu direito de regresso contra o concedente, quando tiver havido ausência ou falha na fiscalização, porque nesse caso terá o concedente contribuído, juntamente com o concessionário, para a ocorrência do resultado danoso. O direito de regresso deverá ser exercido pelo concessionário para postular a reparação de seu prejuízo na justa medida da contribuição do concedente para o resultado danoso cujo prejuízo lhe provocou o dever de indenizar. Assim, se, por exemplo, o concedente contribuiu pela metade para o resultado danoso, tem o concessionário, após ter reparado integralmente os prejuízos do lesado, o direito de postular o reembolso de metade do que foi obrigado a indenizar. Sentido diverso levaria a verdadeiro e indevido enriquecimento sem causa por parte do Estado: tendo agido com culpa e não tendo dever indenizatório, estar-se-ia locupletando de sua própria torpeza.

Além disso, é importante analisar outra hipótese, qual seja, aquela em que apenas o concessionário contribuiu para o prejuízo de terceiro, sem que tenha havido, por conseguinte, vulneração pelo concedente de sua obrigação fiscalizatória. Logicamente não haveria direito de regresso contra o concedente nessa hipótese, já que inexistiu por parte deste qualquer culpa concorrente. Não obstante, se, apesar disso, o concessionário não tiver meios efetivos para reparar os prejuízos causados, pode o lesado dirigir-se ao concedente, que sempre terá *responsabilidade subsidiária* pelo fato de ser o concessionário um agente seu. Insolvente o concessionário, passa a não mais existir aquele a quem o concedente atribuiu a responsabilidade primária. Sendo assim, a relação jurídica indenizatória se fixará diretamente entre o lesado e o Poder Público,

---

[52] Tem a mesma opinião CELSO ANTÔNIO BANDEIRA DE MELLO, *Curso*, p. 345.

312 | MANUAL DE DIREITO ADMINISTRATIVO • Carvalho Filho

de modo a ser a este atribuída a responsabilidade civil subsidiária. A razão está no fato de que os danos foram causados pelo concessionário, atuando em nome do Estado.[53]

Não obstante, já se decidiu – com acerto, a nosso ver – que a suspensão do serviço pelo concessionário, como no caso da energia elétrica, não acarreta a presunção de *dano moral* em favor de pessoa jurídica atingida pelo fato. No caso, inexiste, em princípio, responsabilidade civil do concessionário. O dano moral somente se materializa se a pessoa prejudicada comprovar a existência de prejuízo à sua honra objetiva, conclusão que, obviamente, afasta a referida presunção.[54]

12.4. Transferência de Encargos

Sendo bastante complexa, como regra, a atividade a ser desenvolvida pelo concessionário, pode ele contratar com terceiros para o desempenho de atividades vinculadas, acessórias ou complementares ao serviço concedido, bem como para a implementação de projetos a este associados. A transferência de encargos, porém, exige a observância das regras disciplinadoras da execução do serviço. Além disso, os negócios jurídicos firmados entre o concessionário e terceiros não envolvem o poder concedente e submetem-se às regras de direito privado (art. 25 e §§ 1º e 2º, Lei 8.987).

Outra forma de transferência de encargos do concessionário se faz através da *subconcessão*. Por ela, o subconcessionário passa a executar, em lugar do concessionário-subconcedente, atividades vinculadas ao serviço concedido. A subconcessão só tem validade se tiver havido autorização do Poder Público e referência no contrato de concessão. Consumando-se a subconcessão, ocorre o fenômeno da sub-rogação, passando o subconcessionário a assumir todos os direitos e obrigações do subconcedente, naturalmente dentro dos limites em que se firmou a subconcessão. Para evitar favorecimentos ilegais, impõe-se, em qualquer hipótese, procedimento de licitação para a escolha do subconcessionário.

12.5. Alteração do Concessionário

Quando o concessionário é escolhido através do procedimento de licitação, tem-se a presunção de que a melhor forma de executar o serviço delegado estará a seu cargo. Presume-se também que ideal seja a estrutura interna funcional do concessionário, fator levado em conta quando do processo seletivo. Portanto, tais elementos devem perdurar, em princípio, no período de prestação do serviço.

Podem, entretanto, ocorrer fatos supervenientes que alterem a situação inicial do concessionário. Pode, por exemplo, ser necessária a transferência da concessão ou, ainda, pode ocorrer a alteração do controle societário da empresa concessionária. A lei não impede a configuração de tais ocorrências, mas, como é evidente, impõe algumas condições. Assim, deverá haver prévia anuência do poder concedente, sob pena de caducidade da concessão. Por outro lado, o novo concessionário ou os novos controladores da empresa concessionária inicial devem não somente firmar o compromisso de cumprir todas as cláusulas do contrato em vigor, como também observar os requisitos de regularidade jurídica e fiscal, capacidade técnica e idoneidade financeira, imprescindíveis à execução do serviço concedido. Sem que atenda a tais requisitos, o concedente não autorizará as ocorrências e, em consequência, porá fim à delegação concessional (art. 27, § 1º, I e II).

---

[53]   CELSO ANTÔNIO BANDEIRA DE MELLO, *Curso,* cit., p. 345.

[54]   Também: STJ, REsp 1.298.689, Min. CASTRO MEIRA, em 23.10.2012.

Cap. 8 · CONCESSÃO E PERMISSÃO DE SERVIÇOS PÚBLICOS | 313

No tema em foco, o que o legislador deseja efetivamente é que a situação do concessionário não afete o interesse público nem o serviço concedido, em detrimento da coletividade. Com tal consideração, e desde que o contrato o discipline, pode o concedente autorizar a *alteração do controle* do concessionário, sendo o mesmo transferido para a pessoa que exercia o papel de *financiadora*. Essa operação tem por escopo propiciar a reestruturação financeira do concessionário de modo a preservar a regularidade na execução do serviço (art. 27, § 2º). Não obstante, o novo controlador deve comprovar sua regularidade jurídica e fiscal, eis que se altera sua situação jurídica: passa de ente financiador para controlador da empresa contratada pelo Poder Público. De outro lado, a substituição do controle não atinge as obrigações nem do concessionário nem do controlador perante o poder concedente (art. 27, §§ 3º e 4º).

12.6. Cessão de Créditos Operacionais

Alguns contratos de concessão exigem a percepção de *investimentos* a fim de ser devidamente cumprido o serviço ou a obra concedidos. Com o escopo de garantir o investidor em contratos de empréstimo de longo prazo, assim considerado o contrato que tenha prazo médio de vencimento superior a 5 anos (art. 28-A, parágrafo único, Lei 8.987), o legislador admite que o concessionário ajuste, em favor daquele, a *cessão de créditos operacionais* futuros em caráter fiduciário, correspondente a parcela da remuneração a ser paga pelo concedente (art. 28-A, caput, Lei 8.987). Esse negócio jurídico visa a fomentar a concessão de empréstimos ao executor do serviço sob o influxo de menor risco e maior segurança para o mutuante, com benefício para a consecução do objeto concessional.

Há duas exigências formais a serem observadas. Primeiramente, o contrato de cessão de créditos, para ter eficácia *erga omnes*, deverá ser registrado no Cartório de Títulos e Documentos. Além disso, a eficácia, em relação ao concedente, condiciona-se à notificação formal deste; sem tal comunicação, a cessão não produzirá efeitos relativamente ao ente público (art. 28-A, I e II).

O mutuante, se o desejar, pode indicar o próprio concessionário para receber seus créditos, atuando ele como seu representante e depositário. Mas poderá também delegar à instituição financeira a cobrança e recebimento dos créditos cedidos. Nesse caso, o concessionário deve exibir à entidade financeira os créditos passíveis de cobrança. Se houver valores excedentes, serão devolvidos ao concessionário (art. 28-A, IV, V e VIII).

13. ENCARGOS DO CONCEDENTE

13.1. Fiscalização

Na medida em que o contrato de concessão implica a transferência a um particular de determinado serviço voltado para o público, a Administração, logicamente, tem que se reservar um poder de controle não só desse serviço como do próprio concessionário, cujas regras, conforme realça FLEINER, caracterizam-se como de direito público.[55]

Não há propriamente forma especial para que o Poder Público exerça a fiscalização sobre os concessionários. No entanto, a fiscalização só pode ter eficácia se a Administração destinar órgão centralizado específico para esse controle, agindo com zelo e severidade em tudo quanto possa proteger a coletividade beneficiária do serviço. Frequentemente são noticiadas reclamações de usuários do serviço de transporte coletivo urbano, executado por empresas que alteram as condições estipuladas, sobretudo deixando de manter circulando

---

[55] *Droit administratif allemand*, p. 213.

314 | MANUAL DE DIREITO ADMINISTRATIVO • *Carvalho Filho*

alguns ônibus em horários de menor movimento. Diminuindo os custos e aumentando os lucros à custa do sacrifício da população, tais empresas só receberiam a devida censura se fossem fiscalizadas com rigor e eficiência, o que realça a circunstância de que, mais que um poder, a fiscalização constitui um dever para a Administração responsável pela transferência do serviço.

A fiscalização, como ressalta o art. 30 do Estatuto das Concessões, abrange até mesmo a estrutura do concessionário, em ordem a possibilitar a verificação de sua contabilidade, recursos técnicos, adequação do serviço, aperfeiçoamento da prestação, e chega ao limite de ensejar a intervenção na prestação do serviço, quando o concessionário, de alguma forma, prejudica os usuários, seja prestando com falhas, seja deixando de prestar o serviço.[56]

Vários são os aspectos previstos na lei para o regular exercício da fiscalização do serviço concedido. Assim, cabe ao concedente aplicar sanções e regulamentar o serviço; observar o cumprimento, pelo concessionário, das cláusulas contratuais referentes ao serviço; zelar pela adequada prestação do serviço e, enfim, controlar a atividade delegada (art. 29, I, II, VI e VII, Lei 8.987). A fiscalização pode, inclusive, levar o concedente a intervir na prestação do serviço e até mesmo a extinguir a delegação, no caso de ineficiência insuperável do concessionário (art. 29, III e IV). Ressalte-se, todavia, que a mais eficiente fiscalização, diante do atual poder regulatório, deve ser a exercida pelas agências reguladoras, cuja função precípua é exatamente essa.

A falta de fiscalização por parte do concedente ou a má fiscalização provocam sua responsabilidade civil no caso de danos causados a terceiros, ensejando que o concessionário, responsável integral, exerça contra ele seu direito de regresso para postular o reembolso de parte do que indenizou, conforme tenha sido a dimensão de sua participação culposa.

O processo de desestatização (ou privatização), por ter propiciado, como vimos, a ampliação do regime de concessões, mediante a transferência de vários serviços públicos a empresas da iniciativa privada, gerou o nascimento de *agências reguladoras*. Essas entidades, dependendo da lei reguladora do serviço concedido, tanto podem ter a natureza de concedentes no contrato, como podem ter sido criadas apenas para exercer o controle sobre as atividades concedidas e sobre a atuação dos concessionários. Seja qual for a sua posição, é fundamental e inafastável a função que a lei lhes outorga: cabe-lhes exercer severa fiscalização sobre a execução do serviço e o desempenho do concessionário, porquanto não se pode esquecer que o serviço precisa ser *adequado* e isso representa garantia para os usuários, que não podem ficar prejudicados pela omissão fiscalizadora do Poder Público.

13.2. Intervenção na Propriedade Privada

Frequentemente as condições de prestação do serviço devem ser aperfeiçoadas e expandidas para melhor atendimento à população. O projeto de expansão pode render ensejo a que se tenha que utilizar a propriedade privada, ou mesmo transferi-la de seu proprietário.

Com esse objetivo, pode o concedente declarar de utilidade pública todos os bens necessários à execução do serviço ou da obra pública, seja para fins de desapropriação, seja com o fito de instituir servidão administrativa. Tais encargos, que também retratam poderes administrativos, são previstos no art. 29, VIII e IX, da Lei 8.987. A desapropriação ou a servidão administrativa pode ser efetivada pelo próprio concedente ou pelo concessionário, neste caso

---

[56] HELY LOPES MEIRELLES traz, inclusive, o ensinamento de BILAC PINTO, autor de trabalho sobre o tema (ob. cit., p. 345).

Cap. 8 • CONCESSÃO E PERMISSÃO DE SERVIÇOS PÚBLICOS | 315

por intermédio de processo de outorga de poderes. No primeiro caso, a indenização cabe ao concedente, e no segundo, ao concessionário.

É oportuno lembrar que a intervenção do concedente na propriedade privada tem suporte no princípio da supremacia do interesse público sobre o interesse privado. Como o objeto da concessão é a prestação de um serviço público, está aí presente o pressuposto que legitima esse tipo de intervenção.

13.3. Outros Encargos Pertinentes

A lei previu, ainda, para o concedente alguns outros encargos que guardam pertinência com a concessão. Um deles é o de incentivar a competitividade, com vistas a evitar a prestação de atividades monopolísticas, comumente geradoras de distorções quanto à qualidade e ao preço e, por que não dizer, de formas abusivas do poder econômico.

Ao concedente incumbe também fomentar o aumento da qualidade, da produtividade e da preservação do meio ambiente (art. 29, X). Neste caso, devem as autoridades públicas verificar se a prestação do serviço não está ofendendo o equilíbrio ecológico e os ecossistemas naturais, protegidos expressamente pela Constituição (art. 225). O interesse público, como é fácil constatar, não se situa somente na prestação em si do serviço, mas sim na execução regular, com o cuidado que merece a proteção ao meio ambiente.

Por fim, é preciso que os usuários do serviço colaborem com o concedente para a melhor prestação do serviço. Por esse motivo, incumbe ao Poder Público estimular a criação de associações de usuários, as quais, por sua representatividade, podem perfeitamente auxiliar o Poder Público na defesa dos interesses relativos ao serviço (art. 29, XII).

14. ENCARGOS DO CONCESSIONÁRIO

Sendo o executor do serviço delegado, o concessionário, da mesma forma que o concedente, recebeu alguns encargos legais. Tais encargos não podem deixar de ser cumpridos pelo concessionário. Cuida-se de obrigações legais, de modo que sua inobservância provoca inadimplemento contratual, podendo o concessionário sofrer vários tipos de penalização, como multas, intervenção no serviço e extinção da concessão.

O Estatuto das Concessões apresenta o elenco desses encargos (art. 31), mas, para maior facilidade de seu estudo, resolvemos agrupá-los em categorias, conforme a natureza de seu conteúdo.

14.1. O Serviço Adequado

O alvo mais importante da concessão é, de fato, *a prestação de serviço adequado*. A matéria não é apenas legal, mas, ao contrário, está prevista na Constituição. Com efeito, ao prever a lei disciplinadora do regime de concessões e permissões, a Lei Maior impôs expressamente que deveria ela dispor sobre a obrigação de manter serviço adequado (art. 175, parágrafo único, IV).

De fato, o serviço delegado é prestado em favor da coletividade. Assim sendo, maior deve ser o cuidado do Poder Público e do prestador na qualidade do serviço. Daí ter o Estatuto de Concessões definido serviço adequado como aquele que satisfaz as condições de regularidade, continuidade, eficiência, segurança, atualidade, generalidade, cortesia na sua prestação e modicidade das tarifas (art. 6º, § 1º). Veja-se que o legislador atrelou à noção de serviço adequado a observância dos princípios que devem nortear a prestação de serviços públicos, demonstrando claramente sua intenção de beneficiar e garantir os destinatários dos serviços – os usuários.

316 | MANUAL DE DIREITO ADMINISTRATIVO • *Carvalho Filho*

Já afirmou autorizado doutrinador, acertadamente, que a relação concessional não pode acarretar ônus desarrazoados nem aos usuários, nem ao concessionário. De outro lado, não pode impedir o acesso ou a prestação do serviço. Ou seja: não poderá ser *excludente, parcial* ou *defeituosa*. O escopo é o equilíbrio entre o que pode ser prestado a custos razoáveis aos usuários e o investimento que atraia o setor empresarial.[57]

A continuidade do serviço é dos mais importantes princípios regedores das concessões. Todos sabemos que podem alcançar cifras vultosas os prejuízos causados pela interrupção de serviços, bastando que nos lembremos de atividades essenciais à coletividade, como os serviços médicos, o de defesa civil, o de segurança pública e até mesmo os empreendimentos de natureza econômica, todos dependentes da regular prestação do serviço.

Por esse motivo, somente em situações emergenciais ou naquelas em que haja prévio aviso é que se legitima a descontinuidade, e assim mesmo quando houver razões de ordem técnica ou de segurança das instalações, ou no caso de inadimplência do usuário, levado em conta o interesse da coletividade. Apenas com a observância desses requisitos é que se poderá dizer que inexistiu serviço adequado.

Quanto à abrangência e à expansão do serviço, visando torná-lo ainda mais adequado, cabe ao concessionário promover desapropriações e instituir servidões administrativas, quando tenha recebido tais poderes do concedente. Decorre desse poder a obrigação de indenizar o proprietário pela perda de sua propriedade ou, eventualmente, pelos prejuízos que lhe causar a servidão administrativa.

14.2. Transparência na Execução

O concessionário deve ser o mais transparente possível quando da execução do contrato. Desse modo, configura-se como encargo seu a prestação de contas ao concedente, incluindo-se aí o acesso aos registros contábeis, e o registro dos bens vinculados ao serviço.

Além disso, deve ser permitido aos prepostos do concedente livre acesso às obras, aos equipamentos e às instalações necessárias à execução do serviço. Os bens empregados na prestação do serviço devem ser devidamente preservados, obrigando-se o concessionário a constante atividade de manutenção. Para maior garantia da preservação, exige-se que o concessionário contrate o seguro dos bens e equipamentos vinculados à concessão.

Os recursos financeiros captados pelo concessionário necessitam de eficiente gestão para o fim de evitar-se sua dilapidação patrimonial, fato que pode provocar dificuldades na prestação. Por isso, é importante que o executor faça corretamente as aplicações dos recursos captados.

14.3. As Contratações do Concessionário

Como já vimos, o concessionário desempenha a atividade delegada por sua conta e risco. Trata-se de característica própria da concessão. Por essa razão, o concedente nenhuma responsabilidade tem no que se refere às contratações firmadas pelo concessionário.

Se se tratar de contratos de serviço, para mão de obra específica, serão eles regidos pelo direito privado. Em se tratando de recrutamento de pessoal de apoio técnico e administrativo permanente, o concessionário celebrará contratos de trabalho, disciplinados normalmente pela legislação trabalhista (art. 31, parágrafo único).

Esse é o ângulo empresarial do concessionário, ou seja, a necessidade de estruturação interna e externa para cumprir regularmente o objeto contratado.

---

[57] EGON BOCKMANN MOREIRA, *Direito das concessões de serviço público*, Forum, 2. ed., 2022, p. 249.

15. DIREITOS E OBRIGAÇÕES DOS USUÁRIOS

A Constituição, ao tratar da prestação de serviços públicos por concessionários e permissionários, previu que a lei disciplinadora do assunto deveria dispor sobre os direitos dos usuários (art. 175, parágrafo único, inciso II). Deu relevo, por conseguinte, ao fator coletivo, vale dizer, àqueles que, pertencendo à coletividade, viessem a fazer uso do serviço.

Como bem observa SAYAGUÉS LASO, não há unanimidade entre os estudiosos sobre a natureza do vínculo que liga o concessionário ao usuário.[58] Independentemente disso, porém, ao usuário se reconhecem certos direitos, quer em face do concessionário, quer em face do próprio Poder concedente.

De plano, pode-se tranquilamente deixar assentado que os usuários têm direito ao serviço, atendidas que sejam as condições de sua obtenção.[59] Ao mesmo tempo em que são titulares desse direito, o Poder Público tem a correspectiva obrigação de prestá-lo, não lhe sendo possível discriminar o universo de destinatários, sob pena de violação dos princípios da igualdade e da impessoalidade, expressos na Constituição da República. No que tange ao direito do usuário ao recebimento do serviço, é voz uníssona na doutrina que, ofendido esse direito, pode o usuário prejudicado recorrer ao Judiciário para exigir a sua prestação.[60]

Há dois grupos de conjuntos normativos que regulam os direitos dos usuários: o primeiro está na Lei nº 8.078/1990 – o Código de Defesa do Consumidor; o segundo se encontra na Lei nº 8.987/1995 – o Estatuto das Concessões. São os direitos relacionados neste último diploma que comentaremos adiante.

O primeiro e fundamental direito reside no recebimento de serviço adequado, ou seja, o serviço que realmente atenda a seus reclamos. Como vimos anteriormente, a adequação do serviço é noção que está ligada aos princípios administrativos de prestação de serviços, como os da regularidade, continuidade, eficiência etc. Em suma, é cabível afirmar que a *prestação* deve ser considerada *adequada* sempre que executada de modo compatível com as condições estabelecidas nas leis pertinentes e com os anseios dos usuários.[61]

Outro direito é o de poderem os usuários obter e utilizar o serviço com liberdade de escolha, observadas, como é óbvio, as regras traçadas pelo concedente. O Estatuto também não se esqueceu de tratar do direito à informação, estabelecendo que os usuários são titulares desse direito não somente em relação ao concedente, como também em face do concessionário. Essas informações são necessárias para a defesa de direitos individuais e de interesses coletivos e difusos, muito embora a lei não se tenha referido a estes últimos, os difusos (art. 7º, I a III, Lei 8.987).

A Lei nº 9.074/1995 delineou outro tipo de direito atribuído aos usuários. Dispôs a lei que o regulamento disciplinador de todo e qualquer serviço público estabeleça a forma de participação dos usuários na fiscalização do concessionário, bem como a periódica disponibilidade, ao público, de relatório sobre os serviços executados. Agiu bem o legislador nesse passo, porque, à medida que os usuários se conscientizarem melhor de seus direitos e se organizarem em segmentos sociais mais fortalecidos e respeitados, poder-se-á exercer mais efetivo controle não

---

[58] *Tratado de derecho administrativo*, t. II, p. 23. O autor mostra que alguns qualificam o vínculo como de direito privado (ZANOBINI), outros como de direito público (BUTTGENBACH), outros como contrato de adesão (BIELSA e GRECA), e outros consideram o usuário como numa situação objetiva e estatutária por força de condições estabelecidas pelo concedente (DUGUIT, DUEZ Y DEBEYRE, GARCIA OVIEDO).

[59] CELSO ANTÔNIO BANDEIRA DE MELLO, ob. cit., p. 337.

[60] Veja-se MARIA SYLVIA ZANELLA DI PIETRO, ob. cit., p. 219.

[61] LETÍCIA QUEIROZ DE ANDRADE, *Teoria das relações jurídicas da prestação de serviço público sob regime de concessão*, Malheiros, 2015, p. 217.

318 | MANUAL DE DIREITO ADMINISTRATIVO • *Carvalho Filho*

somente sobre a atuação do concessionário, mas também sobre o próprio concedente, já que a este foram também cometidas várias obrigações, como já visto anteriormente.

Outro direito relevante para o usuário de serviços concedidos diz respeito ao *vencimento dos débitos* dos consumidores. A Lei nº 9.791, de 24.3.1999, inserindo o art. 7º-A na Lei nº 8.987/1995, estabeleceu que as concessionárias de serviços públicos nos Estados e no Distrito Federal têm a obrigação de oferecer ao usuário, dentro do mês de vencimento, o mínimo de seis dias como opção de vencimento para o recolhimento de seus débitos. A norma é positiva, porque leva em conta as diversas formas e os vários momentos de remuneração dos usuários, evitando que sejam muitas vezes obrigados a pagar suas contas com atraso e, em consequência, sujeitar-se ao pagamento de acréscimos onerosos. Registre-se, ainda, que, como a Lei nº 8.987/1995 é de caráter geral, regulamentando o art. 175 da CF, a citada norma deverá aplicar-se a todas as concessões federais, estaduais, distritais e municipais (art. 1º, parágrafo único).

Como já assinalamos em passagem anterior, a Lei nº 12.007, de 29.7.2009, criou novo direito em favor do usuário, qual seja, o de receber do prestador do serviço público a *declaração de quitação anual de débitos,* com o fim de comprovar que não tem obrigações descumpridas no ano de referência e nos anteriores. O direito refere-se ao usuário de serviços singulares ou individuais, em que se requer compulsoriamente a sua identificação; não se aplica, porém, aos serviços coletivos ou universais, nos quais inexiste a identificação, o que foi examinado quando dos comentários aos direitos dos usuários, no capítulo anterior.

Quanto aos *litígios,* tendo em vista que os concessionários são pessoas de direito privado não integrantes da Administração, devem os usuários, para a defesa judicial de seus direitos, oriundos que são de indiscutível relação de consumo, ajuizar suas ações na Justiça Estadual. Esse foro é também competente para julgar pedido de indenização por danos morais de empregado contra concessionária.[62] Somente quando for litisconsorte passiva necessária, assistente ou opoente *agência reguladora* – que tem natureza de autarquia – é que o foro da demanda se deslocará: sendo agência federal, o foro é o da Justiça Federal (109, I, CF) (STF, Súmula Vinculante 27); sendo estadual ou municipal, o foro é da Justiça Estadual, mas o processo tramitará no Juízo fazendário, na forma como dispuser a respectiva lei de organização judiciária.

Mas não apenas direitos são atribuídos aos usuários. A lei lhes atribui também obrigações, na medida em que, apesar de serem os destinatários da atividade, têm o dever de colaborar com o Poder Público para a melhoria e regularidade dos serviços.

Assim, devem comunicar ao concedente as irregularidades cometidas pelo concessionário, bem como os atos ilícitos por ele praticados, ao contrário do que ocorre com muitos consumidores que, desanimados com a ineficiência dos meios de controle do Poder Público, simplesmente quedam inertes quando são vítimas da má execução do serviço. É preciso haver maior conscientização do público para a defesa de seus direitos, mas de nada adiantará essa conscientização se o Poder Público concedente não demonstrar, com clareza, a efetividade de seu controle e a busca real no fim último da concessão, qual seja, a regular e eficiente prestação do serviço (art. 7º, IV e V). Convém observar que o art. 37, § 3º, da CF, prevê a edição de lei que regule as reclamações de usuários relativas à prestação de serviços públicos, bem como a manutenção de serviços de atendimento aos usuários, o que preencherá importante lacuna nesse aspecto.

Devem, ainda, os usuários contribuir para a permanência das boas condições dos bens públicos empregados na execução do serviço. Com efeito, é lamentável que ainda nos defrontemos com atos de vandalismo por parte de alguns indivíduos, que, por mero prazer,

---

[62] STJ, CC 132.460, j. 10.2.2021.

Cap. 8 · CONCESSÃO E PERMISSÃO DE SERVIÇOS PÚBLICOS | **319**

destroem o patrimônio público, quer o pertencente ao Estado, quer o que integra o acervo do concessionário. É preciso coibir duramente esse espírito destrutivo, porque, se os estragos são causados por uns poucos, os seus reflexos atingem grande parte da população. Por isso é que a lei atribuiu aos usuários a obrigação de contribuir para a preservação dos bens necessários à prestação do serviço.

Por fim, incumbe aos usuários o pagamento da tarifa ao concessionário pelos serviços que lhes foram prestados. A tarifa, como vimos, é modalidade de preço público e se caracteriza por remunerar serviços públicos objeto de contratação. Desse modo, o não pagamento configura-se como inadimplência por parte do usuário, criando para o concessionário o direito de suspender a prestação do serviço enquanto perdurar o descumprimento, o que encontra suporte no art. 6º, § 3º, II, da Lei nº 8.987/1995.[63] A matéria, como já vimos, vem sendo pacificada nos tribunais.[64] Reitere-se aqui, por oportuno, que a interrupção do serviço não pode ser iniciada na sexta-feira, no sábado ou no domingo, nem em feriado ou no dia anterior a ele (art. 6º, § 4º, Lei nº 8.987, incluído pela Lei nº 14.015, de 15.6.2020).

16. PRAZO DA CONCESSÃO

As concessões só podem ser outorgadas por *prazo determinado*. Com efeito, caracterizando-se como contrato administrativo e exigindo sempre o prévio procedimento de licitação (art. 175, CF), a concessão por prazo indeterminado burlaria, por linhas transversas, esse princípio constitucional, privilegiando por todo o tempo um determinado particular em detrimento de outros que também pretendessem colaborar com o Poder Público, fato que muitas vezes ocorria na Administração Pública.

Não há norma expressa que indique o limite de prazo, com o que a fixação deste ficará a critério da pessoa federativa concedente do serviço. É claro que o prazo deverá levar em conta o serviço concedido. Tratando-se de serviços para cuja prestação se exija o dispêndio de recursos vultosos, deve o contrato ser firmado em prazo que assegure ao concessionário o ressarcimento do capital investido, porque, a não ser assim, não haveria interesse da iniciativa privada em colaborar com o Poder Público.

A lei geral licitatória – Lei nº 14.133/2021 – admite um limite de dez anos para contratos administrativos que tenham por objeto a prestação de serviços a serem executados de forma contínua (art. 107). A norma somente se aplica aos contratos de serviço prestados diretamente à Administração, mas não incide sobre as concessões, em cujo estatuto, dotado de caráter especial, não há fixação de prazo mínimo.

Fora daí, a concessão deve ser outorgada em prazo compatível com o princípio da igualdade de oportunidades a ser proporcionada a todos quantos se interessem em executar atividades de interesse coletivo (art. 37, XXI, CF), rendendo ensejo a que se reavaliem o serviço prestado, o prestador, o preço do serviço etc. em novo procedimento licitatório.

É lícita a prorrogação do contrato, devendo as respectivas condições figurar como cláusula essencial do ajuste. Nesse sentido, o art. 23, XII, da Lei nº 8.987. O prazo de prorrogação deve iniciar-se ao momento em que termina o prazo original. Pode ocorrer que, antes do termo final, as partes já ajustem a prorrogação. Nesse caso, o concedente tem a obrigação de fundamentar, detalhada e transparentemente, as razões técnicas e administrativas que o impeliram à antecipação. Se não o fizer, ou forem inconsistentes as razões, poderá a prorrogação ser investigada

---

[63] STJ, REsp 510.478, Min. FRANCIULLI NETTO, em 10.6.21003.

[64] Vejam-se, *v. g.*, os termos da Súmula 83, do TJ/RJ: "É lícita a interrupção do serviço pela concessionária, em caso de inadimplemento do usuário, após prévio aviso, na forma da lei" (julg. em 12.9.2005, Rel. Des. ROBERTO WIDER).

MANUAL DE DIREITO ADMINISTRATIVO • Carvalho Filho

pelos órgãos competentes ou pelo Ministério Público, dela emanando fundada suspeita de improbidade administrativa.

Conforme já se salientou com precisa metodologia, as prorrogações de concessão podem ser de *três modalidades*: a) por emergência; b) por reequilíbrio; c) por interesse público. Como esta última se reveste de excepcionalidade, estará sujeita a severos *pressupostos de validade*, como: a) previsão em lei; b) outorga precedida de licitação; c) previsão em edital; d) inexistência de prorrogação anterior; e) cumprimento contratual pela concessionária; f) vantajosidade da medida; g) consenso entre as partes.[65] Todos esses pressupostos, por sua natureza, estarão sujeitos a controles administrativo e judicial.

17. INTERVENÇÃO NA CONCESSÃO

17.1. Sentido

A concessão implica a delegação, pelo Poder Público, de certo serviço de interesse público ao concessionário, que o executa por sua conta e risco. Essa a noção básica do instituto. Exatamente porque o Estado *delega* o serviço, reserva-se o poder-dever de fiscalizar a sua prestação, já que, como tivemos a oportunidade de realçar, o alvo da atividade delegada é, na realidade, a população.

Em virtude desses elementos é que o concedente pode tomar várias medidas para assegurar a regular execução do serviço. Uma dessas medidas consiste exatamente na *intervenção* do concedente na concessão. Trata-se de uma emergencial substituição do concessionário, que, por este ou aquele motivo, não está conseguindo levar a cabo o objeto do contrato.

Pode-se, pois, conceituar a intervenção como *a ingerência direta do concedente na prestação do serviço delegado, em caráter de controle, com o fim de manter o serviço adequado a suas finalidades e para garantir o fiel cumprimento das normas legais, regulamentares e contratuais da concessão.*

17.2. Procedimento

Tratando-se de ingerência direta no contrato e na execução do serviço, a intervenção só se legitima diante da presença de certos requisitos.

O primeiro deles diz respeito ao *ato administrativo deflagrador*. A lei exige que a intervenção se faça por decreto do Chefe do Executivo da entidade concedente, o qual conterá, da forma mais precisa possível, os limites, o prazo e os objetivos da intervenção, bem como indicará o interventor. O requisito importa modalidade de *competência especial*, visto que apenas um agente da Administração – o Chefe do Executivo – tem aptidão jurídica para declarar a intervenção (art. 32, parágrafo único). Aduzimos que o decreto, no caso, traz a característica da *autoexecutoriedade*: verificada a irregularidade da prestação do serviço e constatada a situação emergencial, o ato produz desde logo os seus efeitos.

Após o decreto de intervenção é que o concedente deve instaurar o procedimento administrativo. O prazo para tanto é de trinta dias, e no procedimento se buscarão as causas que geraram a inadequação do serviço e se apurarão as devidas responsabilidades. Diante do parâmetro constitucional, o procedimento terá que observar o princípio do contraditório e da ampla defesa (art. 5º, LV, CF). Note-se que o decreto de intervenção pode ensejar a instauração de processo administrativo interno, ao menos de caráter sumário, diante do princípio do formalismo na Administração. Nele, porém, não haverá direito a contraditório

---

[65] FELIPE MONTENEGRO VIVIANI GUIMARÃES, Dos pressupostos de validade para a prorrogação por interesse público das concessões de serviço público, *RDA* v. 282, nº 2, p. 101-132, maio-ago. 2023.

Cap. 8 · CONCESSÃO E PERMISSÃO DE SERVIÇOS PÚBLICOS | 321

e ampla defesa, já que a lei postergou esse direito para o processo de apuração posterior à intervenção (art. 33, Lei nº 8.987).[66]

O prazo para encerramento desse feito de apuração é de 180 dias. Ultrapassado esse prazo, a Administração ter-se-á mostrado lenta e desidiosa, e o efeito desse comportamento implica a invalidade da intervenção, retornando o concessionário à gestão do serviço (art. 33, § 2º, Estatuto).

O procedimento, uma vez encerrado, levará a uma de duas conclusões: ou se terá concluído pela inadequação do concessionário para prestar o serviço, fato que conduzirá à extinção da concessão; ou nenhuma culpa se terá apurado contra ele, e nesse caso a concessão terá restaurada sua normal eficácia.

O formalismo do procedimento é inarredável pelo administrador, que a ele está vinculado. Se se constatar vício nesse procedimento, o efeito será a sua nulidade e, se for o caso, o direito do concessionário à inteira reparação dos prejuízos causados pela intervenção (art. 33, § 1º).

A Lei nº 12.767, de 27.12.2012 (art. 5º), entretanto, criou procedimento próprio para a intervenção nas concessões de *serviço público de energia elétrica*, a qual não mais se submete integralmente à Lei nº 8.987/1995. Entre as peculiaridades se destacam as seguintes: (1) a intervenção será promovida pela ANEEL, a quem o interventor prestará contas; (2) com a intervenção, *suspende-se o mandato* dos administradores e membros do conselho fiscal; (3) o interventor *responde* civil, penal e administrativamente por seus atos; (4) os administradores *respondem solidariamente* pelas obrigações da concessionária durante sua gestão nos casos do art. 158, I e II, da Lei nº 6.404/1976 (Lei das Sociedades Anônimas); (5) à ANEEL caberá deferir ou não o *plano de recuperação* da concessionária; se o indeferir, será declarada a *caducidade* da concessão; (6) durante a intervenção, a concessionária poderá receber *recursos financeiros* para assegurar a continuidade do serviço, mas, quando encerrada a intervenção, serão *devolvidos* à União pela concessionária ou pela pessoa que a tiver substituído; (7) ficarão *indisponíveis os bens* dos administradores da concessionária sob intervenção, sendo-lhes vedado aliená-los direta ou indiretamente; (8) são inaplicáveis às concessionárias de energia elétrica os regimes de *recuperação judicial e extrajudicial* previstos na Lei nº 11.101/2005, salvo posteriormente à extinção da concessão. Infere-se, pois, que o legislador conferiu foros de especificidade ao serviço público de energia elétrica, em virtude de sua inegável relevância para as populações.

18. EXTINÇÃO

O contrato de concessão pode extinguir-se por diversas causas, pondo fim, em consequência, aos seus efeitos no que toca à prestação do serviço pelo concessionário.

Sendo variadas as causas, diversas são, também, as formas de extinção, algumas delas dotadas de nomenclatura própria, conforme consta da lei disciplinadora. Por essa diversidade, convém que as estudemos separadamente adiante, para melhor análise das causas e dos efeitos extintivos.

18.1. Termo Final do Prazo

Essa é a forma natural de extinção da concessão. Advindo o momento final previsto para o fim do contrato, a extinção opera-se *pleno iure,* sem necessidade de qualquer ato anterior de aviso ou notificação.[67]

Os efeitos da extinção, nesse caso, são *ex nunc,* de modo que só a partir do termo final é que o serviço se considera revertido ao concedente. E também somente a partir dele é que

---

[66] STJ, RMS 66.794, j. 22.2.2022.
[67] Com o mesmo entendimento, DIÓGENES GASPARINI (ob. cit., p. 259).

322 | MANUAL DE DIREITO ADMINISTRATIVO • *Carvalho Filho*

o concessionário se desvincula de suas obrigações, perdendo, por conseguinte, os privilégios administrativos que possuía em virtude da vigência do contrato.

Registre-se, todavia, que, ainda que extinto o contrato, responde o concessionário pelos atos praticados quando ainda vigente o ajuste. Na verdade, o advento do termo final não pode significar um *status* integral de irresponsabilidade administrativa e civil do concessionário.

No que concerne à reversão de bens, também efeito do advento do prazo contratual, preferimos examiná-la adiante em tópico próprio. Vale a pena realçar, porém, que a extinção do ajuste não está condicionada ao pagamento prévio de eventual indenização relativamente a bens reversíveis. Assim, com o advento do termo final do contrato, o concedente pode desde logo assumir o serviço concedido, discutindo-se, *a posteriori*, a questão indenizatória.[68]

18.2. Anulação

A anulação do contrato de concessão é decretada quando o pacto foi firmado com vício de legalidade. Sua decretação, como é próprio do fenômeno anulatório, pode provir de decisão administrativa ou judicial, e os efeitos que produz são *ex tunc*, ou seja, a partir da ocorrência do vício.[69] Está prevista no art. 35, V, da Lei de Concessões.

O que não se pode conceber é o prosseguimento da atividade, se esta decorre de um ajuste com vício de legalidade. Presente o vício, há presumida lesão ao patrimônio público, o que permite o ajuizamento de ação popular para postular-se a anulação do ajuste (art. 5º, LXXIII, CF, e art. 4º, III, a, b e c, Lei 4.717/1965).

18.3. Rescisão

Pode o contrato de concessão extinguir-se pela *rescisão* (art. 35, IV). Caracteriza-se a rescisão pela ocorrência de fato, superveniente à celebração do contrato, idôneo para desfazer o vínculo firmado entre o concedente e o concessionário. O termo era frequentemente empregado no sentido de descumprimento pelo concessionário de obrigações regulamentares, muito embora admitisse outros sentidos, como bem demonstra MARCELO CAETANO.[70]

O Estatuto das Concessões, porém, ao se referir à *rescisão*, considerou-a como de *iniciativa do concessionário* (art. 39). reservando nomenclatura própria (caducidade) para a rescisão deflagrada pelo concedente. Resulta daí, portanto, que, nos termos da lei vigente, a rescisão é a forma de extinção cuja atividade deflagradora é atribuída ao concessionário. A despeito da estrita referência legal, porém, não nos parece descartada a hipótese de *rescisão bilateral amigável* ou *distrato*, em que as partes concordam em pôr fim ao contrato. Embora não se tenha mencionado tal forma, não foi ela vedada na lei. Além do mais, pode haver interesse recíproco das partes contratantes em extinguir o ajuste, não sendo razoável que fossem a isso impedidas.

O pressuposto da rescisão é o descumprimento, pelo concedente, das normas legais, regulamentares ou contratuais. Embora a lei se refira apenas às normas contratuais, entendemos que não é só o descumprimento destas que dá causa à rescisão. Haverá ocasiões em que por desrespeito à lei ou aos regulamentos disciplinadores da concessão sejam da mesma forma vulnerados direitos do concessionário. O fator *descumprimento* é o mesmo, de forma que o concessionário poderá tomar a iniciativa de extinguir a concessão por meio da rescisão.

---

[68] Nesse sentido decidiu o STJ, no REsp 1.059.137-SC, Rel. Min. FRANCISCO FALCÃO, em 29.10.2008.

[69] HELY LOPES MEIRELLES, ob. cit., p. 350.

[70] *Manual*, v. II, p. 1115.

Cap. 8 · CONCESSÃO E PERMISSÃO DE SERVIÇOS PÚBLICOS | 323

O único caminho para esse tipo de rescisão é a *via judicial*. Com efeito, na via administrativa o concedente dificilmente reconheceria seu inadimplemento. Soma-se, ainda, o fato de que, discussão por discussão, prevalece a vontade da Administração, dotada que é do privilégio da presunção de legitimidade. Surgindo, portanto, o conflito de interesses, e certo o concessionário do descumprimento, pelo concedente, das obrigações que lhe incumbem, deve ele recorrer ao Judiciário para postular não somente o desfazimento do pacto concessional, mas também a eventual reparação dos prejuízos causados pelo Poder Público por sua atuação ilícita.

Ao contrário da Administração, o concessionário não pode valer-se da *exceptio non adimpleti contractus* (exceção de contrato não cumprido), prevista no art. 476 do Código Civil, segundo o qual, nos contratos bilaterais, nenhum dos pactuantes, antes de cumprida a sua obrigação, pode exigir o implemento da do outro. Dispõe o art. 39, parágrafo único, da Lei nº 8.987/1995 que os serviços a cargo do concessionário não poderão ser interrompidos ou paralisados até a decisão judicial transitada em julgado.

A regra legal não deve, entretanto, ser interpretada literalmente, porque, levada a extremos, poderia ocasionar a ruína do concessionário, muitas vezes sem que tenha sido ele o causador da interrupção ou paralisação. Parece-nos que a regra acima só tem aplicação quando o concessionário puder manter as condições de prestação do serviço. Não o podendo em virtude do inadimplemento do concedente, pode recorrer à via judicial e pleitear tutela cautelar, nos termos dos arts. 301 e seguintes do CPC vigente, desde que presentes os pressupostos que amparam essa especial modalidade de prestação jurisdicional – a plausibilidade do direito (*fumus boni iuris*) e o risco de lesão irreparável (*periculum in mora*). Recorrendo a esse tipo especial de processo, o concessionário poderá obter medida cautelar que tenha por fim permitir a interrupção ou paralisação imediata do serviço, sem que na ação principal possa o concedente descumpridor atribuir-lhe culpa por tais providências. A doutrina, aliás, destaca que a inoponibilidade da exceção tem sido mitigada, quando há encargo extraordinário e insuportável para o contratado, como é o caso do inadimplemento por longos períodos.[71]

18.4. Caducidade

Assim como o concedente pode dar ensejo à rescisão do contrato, o concessionário também pode descumprir cláusulas contratuais ou normas legais e regulamentares. Pode dizer-se, por conseguinte, que tanto o concedente quanto o concessionário podem ter culpa no desfecho do ajuste.

Na verdade, o inadimplemento ulterior à celebração provoca a rescisão do contrato. Quando, porém, a rescisão ocorre por inadimplemento do concessionário, a lei a denomina de *caducidade*. Nos dizeres da lei, "*a inexecução total ou parcial do contrato acarretará, a critério do poder concedente, a declaração de caducidade da concessão*", podendo, ainda, o Poder Público optar pela aplicação de sanções contratuais (art. 38).

Sem embargo da denominação, a caducidade não deixa de ser o efeito extintivo decorrente de atuação culposa do concessionário, ou seja, não deixa de ser o instrumento de rescisão unilateral do contrato por inadimplemento do prestador do serviço. Este é um dos fatores que ocasionam a conhecida *rescisão administrativa*, caracterizada como aquela que provém da vontade unilateral da Administração. No caso, legitima-se essa modalidade de extinção porque o concessionário descumpre "obrigações fundamentais relativas à montagem e exploração do serviço".[72]

---

[71] HELY LOPES MEIRELLES, *Direito administrativo,* cit., p. 201.

[72] MARCELO CAETANO, ob. e v. cit., p. 1115. É também o que a doutrina francesa denomina de *déchéance du concessionaire*, ou seja, infração do concessionário (RIVERO, ob. cit., p. 456).

324 | MANUAL DE DIREITO ADMINISTRATIVO • *Carvalho Filho*

Várias são as formas de inadimplemento do concessionário, geradoras da caducidade:

1. inadequação na prestação do serviço, seja por ineficiência, seja por falta de condições técnicas, econômicas ou operacionais;
2. paralisação do serviço sem justa causa;
3. descumprimento de normas legais e regulamentares, e de cláusulas contratuais;
4. desatendimento de recomendação do concedente para a regularização do serviço;
5. não cumprimento de penalidades nos prazos fixados;
6. sonegação de tributos e contribuições sociais, assim fixada em sentença judicial transitada em julgado; e
7. não atendimento à intimação do concedente para, em 180 dias, apresentar a documentação concernente à regularidade fiscal no período da concessão; anote-se que esse motivo foi introduzido pela Lei nº 12.767/2012, que acrescentou o inciso VII ao § 1º do art. 38 do Estatuto das Concessões.

A declaração de caducidade impõe a observância prévia de algumas formalidades, ensejando *atividade vinculada* dos agentes da Administração. Primeiramente, o concessionário deve receber a comunicação do seu descumprimento e a recomendação de ser sanada a irregularidade em certo prazo. Somente após é que o concedente instaurará processo administrativo, assegurando-se ampla defesa ao concessionário. Sendo constatada a inadimplência deste, o concedente declarará a caducidade por decreto expedido pelo Chefe do Executivo. Da indenização devida pelo concedente, relativa aos bens do concessionário, serão descontados as multas e os danos por ele causados (art. 38, §§ 2º a 5º, Lei 8.998).

Cumpre anotar que a já citada Lei nº 12.767/2012 criou algumas *normas específicas* para a *extinção* da concessão do *serviço público de energia elétrica*, nos casos de *caducidade* e *falência* ou *extinção da concessionária*, previstos no art. 35, III e VI, do Estatuto das Concessões. Com a extinção, o concedente assume temporariamente o serviço por meio de órgão ou entidade federal, até que seja contratado outro concessionário após licitação por leilão ou concorrência (art. 2º). O prestador transitório poderá recrutar pessoal pelo regime da contratação temporária previsto na Lei nº 8.745/1993, bem como receber recursos financeiros durante a gestão do serviço. Viabiliza-se, ainda, o pagamento de remuneração ao referido gestor temporário no período de prestação do serviço. Caberá também a esse gestor assumir os direitos e obrigações advindos dos contratos firmados com o Operador Nacional do Sistema – ONS e com a Câmara de Comercialização de Energia Elétrica – CCEE, bem como de outros ajustes celebrados pelo antigo titular da concessão (art 4º).

18.5. Encampação

Outra forma de extinção da concessão funda-se em razões de ordem administrativa. Basicamente tem lugar quando o concedente deseja retomar o serviço concedido. Aqui se aplica a prerrogativa especial que tem o Poder Público de extinguir unilateralmente os contratos administrativos. Nessa modalidade extintiva, não há qualquer inadimplência por parte do concessionário; há, isto sim, o interesse da Administração em retomar o serviço.

É a essa forma de extinção que a lei denomina de *encampação*. Como consta do art. 37 da Lei de Concessões, *"considera-se encampação a retomada do serviço pelo poder concedente durante o prazo da concessão, por motivos de interesse público"*. A doutrina já há

Cap. 8 • CONCESSÃO E PERMISSÃO DE SERVIÇOS PÚBLICOS | 325

muito reconhecia essa forma de extinção, também denominada de *resgate*, bem como o motivo que a provocava.[73]

Sendo o concedente o titular do serviço, é de todo razoável que, em razão da peculiaridade de certas situações, tenha ele interesse em extinguir a delegação e, por conseguinte, a concessão. Os motivos, como bem consigna a lei, são de interesse público, vale dizer, a Administração há de calcar-se em fatores de caráter exclusivamente administrativo.[74] Registre-se, no entanto, por oportuno, que, embora esses fatores sejam próprios da avaliação dos administradores públicos, estão eles vinculados à sua veracidade. Em outras palavras, se o concedente encampa o serviço sob a alegação do motivo A, fica vinculado à efetiva existência desse motivo; se inexistente o motivo alegado, o ato de encampação é írrito e nulo.

A encampação pressupõe, ainda, dois requisitos para que possa se consumar. Um deles é a existência de lei que autorize especificamente a retomada do serviço. O outro é o prévio pagamento, pelo concedente, da indenização relativa aos bens do concessionário empregados na execução do serviço. A lei autorizativa e a indenização *a priori*, pois, constituem *condições prévias de validade* do ato de encampação.

18.6. Falência e Extinção da Concessionária

Dispõe o art. 35, VI, da Lei das Concessões, que a concessão se extingue pela "*falência ou extinção da empresa concessionária*" e, em se tratando de empresário individual, pelo "*falecimento ou incapacidade do titular*".

Tais hipóteses provocam, de fato, a extinção *pleno iure* do contrato de concessão, e isso pela singela razão de que fica inviável a execução do serviço público objeto do ajuste. Ocorrendo a extinção, o serviço delegado retorna ao poder concedente para, se for o caso, ser providenciada nova concessão.

No que se refere à falência, vale observar que a Lei nº 11.101, de 9.2.2005 (a nova Lei de Falências), também prevê a extinção do contrato de concessão no caso de a empresa concessionária de serviços públicos ter decretada a sua falência (art. 195). A impossibilidade de prosseguimento do contrato, aliás, é lógica, porquanto a decretação da falência implica "*o afastamento do devedor de suas atividades*", como consigna o art. 75 do vigente diploma falimentar.

Como já registramos no tópico relativo à caducidade, a hipótese de extinção da concessão por falência ou extinção da concessionária, no caso de *concessões de energia elétrica*, regula-se também pela Lei nº 12.767/2012, que alterou a Lei nº 8.987/1995 na matéria. Esse diploma, conforme antecipamos, excluiu, para tais sociedades concessionárias, os regimes de recuperação judicial e extrajudicial previstos na Lei nº 11.101/2005, salvo posteriormente à extinção da concessão (art. 18). Reitera-se, neste passo, que, ao estatuir novas regras, a lei elevou o *status* de importância do serviço público de energia elétrica, tendo em vista a sua repercussão nos setores econômico e social da coletividade.

19. REVERSÃO

Reversão é a transferência dos bens do concessionário para o patrimônio do concedente em virtude da extinção do contrato. O termo em si não traduz a fisionomia do instituto.

---

[73] Cf. HELY LOPES MEIRELLES (ob. cit., p. 348); LUCIA VALLE FIGUEIREDO (ob. cit., p. 69); CELSO ANTÔNIO BANDEIRA DE MELLO (ob. cit., p. 339).

[74] A respeito da encampação em si, lembra VEDEL que a previsão se encontra em vários "cadernos de encargos" e revela a disposição do concedente em retomar o serviço, pagando a necessária indenização (ob. cit., p. 851).

326 | MANUAL DE DIREITO ADMINISTRATIVO • *Carvalho Filho*

De fato, *reversão* é substantivo que deriva de *reverter*, isto é, *retornar*, dando a falsa impressão que os bens da concessão vão *retornar* à propriedade do concedente. Na verdade, os bens nunca foram da propriedade do concedente; apenas passam a sê-lo quando se encerra a concessão. Antes, integravam o patrimônio do concessionário. Com efeito, haveria verdadeira incorporação de bens.[75]

O sentido melhor do termo, portanto, não tem conotação com os bens, mas sim com o serviço delegado. Com efeito, o que reverte para o concedente não são os bens do concessionário, mas sim o serviço público que constituiu objeto de anterior delegação pelo instituto da concessão.[76] O ingresso dos bens no acervo do concedente, quando ocorre, é mero corolário da retomada do serviço. Seja como for, tornou-se frequente o emprego do termo *reversão* no sentido de transferência de bens. A própria lei parece ter incidido nessa erronia; dispõe o art. 35, § 1º, que, *"extinta a concessão, retornam ao poder concedente todos os bens reversíveis, direitos e privilégios transferidos ao concessionário conforme previsto no edital e estabelecido no contrato"*. Direitos e privilégios, sim, foram anteriormente transferidos, e agora retornam ao concedente. Não os bens, todavia; não são eles *reversíveis*, mas sim *incorporáveis* ao final do contrato.

O Estatuto das Concessões, em seu contexto geral, parece só ter admitido concessões com reversão, e tanto o fato é verdadeiro que foi esta referida como objeto de regra especial de licitação (art. 18, X) e como cláusula essencial do contrato (art. 23, X). Quando tratou da extinção da concessão, fez sempre a referência no pressuposto de que houvesse realmente bens reversíveis (art. 35, §§ 1º e 4º, e art. 36). Apesar disso, parece-nos que nem sempre a concessão tem que exigir, necessariamente, a reversão. Em alguns contratos, normalmente de curta duração, e sobretudo quando a tarifa é fixada sem considerar a aquisição de qualquer equipamento, findo o contrato, os bens continuam na propriedade do concessionário. Assim sendo, podemos considerar dois grupos de concessão no que toca à reversão dos bens: um, daqueles contratos em que se pactua a transferência, e outro, daqueles em que se ajusta a permanência dos bens em poder do concessionário. Seja como for, é indispensável que as partes ajustem expressamente no contrato quanto ao destino dos bens utilizados na prestação do serviço.

A reversão pode ser *onerosa* ou *gratuita*. No primeiro caso, o concedente tem o dever de indenizar o concessionário, porque os bens foram adquiridos com seu exclusivo capital. Nesse sentido, o expresso teor da lei: *"A reversão no advento do termo contratual far-se-á com a indenização das parcelas dos investimentos vinculados a bens reversíveis, ainda não amortizados ou depreciados, que tenham sido realizados com o objetivo de garantir a continuidade e atualidade do serviço concedido"* (art. 36, Estatuto).

Na reversão gratuita, a fixação da tarifa já levou em conta o ressarcimento do concessionário pelos recursos que empregou na aquisição dos bens, de forma que ao final tem o concedente o direito à propriedade desses bens sem qualquer ônus, inclusive instalações e obras efetuadas.[77] E é justo que assim seja, pois que o concessionário fez os investimentos, mas os recuperou através de recursos oriundos das tarifas pagas pelos usuários. Seria hipótese de enriquecimento sem causa se continuasse com a propriedade desses bens. Como é o concedente que representa os interesses dos usuários, a seu patrimônio devem ser incorporados os bens do concessionário empregados na prestação do serviço. Na verdade, quando a concessão se extingue pelo advento do termo final, *"os bens aplicados ao serviço já estarão amortizados e o lucro esperado já terá sido fruído"*.[78]

---

[75] LUCIA VALLE FIGUEIREDO, *Direito administrativo* cit., p. 69.
[76] SÉRGIO DE ANDRÉA FERREIRA, *Direito administrativo* cit., p. 244.
[77] GABINO FRAGA, *Direito administrativo*, cit., p. 259.
[78] É a observação de CELSO ANTÔNIO BANDEIRA DE MELLO, *Curso*, cit., p. 343.

Cap. 8 · CONCESSÃO E PERMISSÃO DE SERVIÇOS PÚBLICOS | **327**

Há também outro fundamento para a reversão dos bens ao concedente. É que, como regra, os bens necessários à execução do serviço já não mais terão utilidade para o concessionário, quando este deixa de prestá-lo. Trata-se de equipamentos, máquinas, veículos e um sem-número de peças que só servem para aquele serviço; na verdade, servirão agora ao concedente, porque com a extinção do contrato retoma o serviço anteriormente delegado ao concessionário. De fato, bens como locomotivas, vagões, trilhos, estações de desembarque, diques, cais portuário e dragas marítimas só passam a interessar ao concedente, que retomou o serviço.[79]

Vale ainda deixar o registro de que objeto da reversão consiste apenas nos bens empregados pelo concessionário para a execução do serviço, e isso porque apenas esses foram alcançados pela projeção das tarifas. Os bens adquiridos com sua própria parcela de lucros, todavia, permanecem em seu poder, até mesmo porque situação contrária vulneraria o direito de propriedade, assegurado no art. 5º, XXII, da CF.[80] Situação diversa é a daqueles bens que foram *desvinculados* dos objetivos do serviço. A desvinculação deve ser autorizada pelo concedente para que os bens desvinculados sejam considerados de propriedade exclusiva do concessionário; se não o forem, serão também objeto da reversão gratuita. O que não pode é haver artifícios escusos da parte do concessionário, objetivando desagregar bens que sejam passíveis de reversão.[81]

20. CONCESSÕES ANTERIORES

A Lei nº 8.987/1995 regulou as concessões de serviços públicos outorgadas anteriormente, traçando algumas regras especiais de acordo com a situação de que se revestiu a delegação.

Em primeiro lugar, garantiu a validade e a continuidade do contrato ou do ato de outorga pelo prazo então avençado, em respeito aos efeitos do ato jurídico perfeito, prevendo o art. 42, § 1º, que, vencido o prazo, deveria o concedente realizar licitação nos termos lei (art. 42).

Este último dispositivo, no entanto, foi alterado pela Lei nº 11.445, de 5.1.2007, que trata das diretrizes gerais para o saneamento básico. Dispõe agora que, vencido o prazo do ajuste, o serviço poderá ser *prestado por órgão ou entidade do poder concedente*, ou *delegado a terceiros, mediante novo contrato*. A alteração é inteiramente despida de sentido. Com efeito, o vencimento do contrato enseja sempre a retomada do serviço pelo concedente ou o prosseguimento da delegação através de novo contrato. Só que, neste último caso, será indispensável a licitação, formalidade exigida pelo art. 175 da CF. O silêncio da norma ora vigente quanto à licitação não pode ser interpretado como sinal de dispensa do certame; interpretação em tal direção seria flagrantemente inconstitucional.

De outro lado, considerou extintas todas as concessões cujo contrato se tenha celebrado após a Constituição sem prévio processo de licitação. Aqui, como é fácil observar, o legislador atendeu rigorosamente ao disposto no art. 175 da CF, dando a correta interpretação de que, mesmo sem a lei reguladora, já era inteiramente eficaz o conteúdo desse dispositivo que exigia a licitação. A hipótese legal, nesse caso, encerra *extinção por inobservância de norma constitucional* (art. 43).

Extinguiu, ainda, as concessões que, conquanto firmadas antes da promulgação da vigente Constituição, não se tenham iniciado, ou em que os serviços e obras tenham sido paralisados quando da entrada em vigor do Estatuto Concessional. Cuida-se de *extinção por inexistência doserviço* (art. 43, parágrafo único).

---

[79]   CELSO ANTÔNIO BANDEIRA DE MELLO, *Curso* cit., p. 343.

[80]   No mesmo sentido, HELY LOPES MEIRELLES (ob. cit., p. 348) e DIÓGENES GASPARINI (ob. cit., p. 266).

[81]   SÉRGIO DE ANDRÉA FERREIRA, *Direito administrativo*, cit., p. 245.

328 | MANUAL DE DIREITO ADMINISTRATIVO • *Carvalho Filho*

Percebeu o legislador, da mesma forma, que poderia haver algumas concessões anteriores cujo objeto não se tivesse completado por atraso em obras necessárias à prestação do serviço. Quanto a estas, a lei exigiu que o concessionário apresentasse, em 180 dias, plano efetivo de conclusão das obras. A falta de apresentação ou a apresentação de plano com inviável implementação ensejariam a extinção da concessão. O caso é, pois, de *extinção por inadimplemento do concessionário* (art. 44, parágrafo único).

Por fim, tratou o legislador das concessões anteriores concedidas a título precário, as que estivessem com prazo vencido e as que estivessem vigorando por prazo indeterminado. Como são hipóteses que, de alguma forma, contêm anomalia quando se leva em conta o perfil do instituto, a lei as considerou válidas pelo tempo necessário à tomada de providências para a realização de licitação na qual será escolhido o novo concessionário do serviço. Para resguardar os atuais concessionários, fixou a lei o prazo mínimo de 24 meses para tais providências (art. 44, § 2º).

Anteriormente, o legislador não fixava prazo máximo para a regularização das concessões em caráter precário. A citada Lei nº 11.445/2007, entretanto, introduziu o § 3º no art. 42 do Estatuto das Concessões, através do qual ficou estabelecida a validade máxima dos ajustes até 31.12.2010, e isso mediante a condição de terem sido cumpridas determinadas condições até 30.6.2009. Uma das condições é o levantamento da infraestrutura dos bens reversíveis; outra é a celebração de acordo entre concedente e concessionário sobre os critérios e a forma de indenização a respeito dos referidos bens. Na falta de tal acordo, a indenização será calculada pelos critérios já ajustados na concessão ou, na omissão destes, por avaliação realizada por empresa de auditoria independente (art. 42, §§ 3º a 6º, Lei nº 8.987/1995, com a redação da Lei nº 11.445/2007).

A Lei nº 9.074, de 7.7.1995, fez aditamento no que toca a essas situações anteriores à vigência da Lei nº 8.987/1995. Para evitar elevado grau de subjetivismo e eventual desvio de finalidade por parte de administradores, estabeleceu que em todos esses casos deverá o concedente observar alguns aspectos. São eles:

a) garantia da continuidade na prestação do serviço;

b) prioridade para conclusão das obras paralisadas ou em atraso;

c) aumento da eficiência dos concessionários;

d) amplo atendimento ao mercado, incluindo-se as populações de baixa renda ou áreas de baixa densidade demográfica; e

e) uso racional dos bens coletivos, incluindo-se os recursos naturais (art. 3º, I a V).

21. CONTROLE DOS SERVIÇOS CONCEDIDOS

Em virtude do projeto de desestatização (ou *privatização*, como alguns ainda o denominam), diante do qual o Estado se afasta da execução, por si ou por suas entidades, de serviços públicos e atividades econômicas, bem como da estratégia relativa ao novo papel destinado ao Estado pelo processo de reforma administrativa, muitos serviços públicos, antes prestados por entidades estatais, passaram a ser executados sob regime contratual de concessão, forma, como já vimos, de descentralização de atividades administrativas por delegação negocial.

A ampliação dos serviços concedidos, desse modo, provocou a necessidade de ser reforçado o controle sobre sua execução. Anteriormente, quando o serviço público era executado por empresas governamentais, ao próprio Estado incumbia o controle; conquanto fossem elas pessoas privadas, o controle não deixava de ser, em sentido lato, de caráter interno: o Estado

Cap. 8 • CONCESSÃO E PERMISSÃO DE SERVIÇOS PÚBLICOS | 329

criador exercia controle sobre suas criaturas. Nas concessões, todavia, os concessionários são pessoas privadas *sem qualquer vínculo com o Estado* no que tange à sua estrutura e organização. Cuida-se, em última instância, de pessoas da iniciativa privada, cuja particularidade, entretanto, é a de executar serviços públicos.

Como a *execução* do serviço passou a empresas da iniciativa privada, mas a *titularidade* do serviço continuou sendo do Estado, foi necessário instituir sistema específico para manter o controle estatal, agora de modo mais particularizado, sobre os concessionários e os serviços públicos concedidos.

O sistema instituído, como já antecipamos no tópico relativo à desestatização, foi o de reservar a certas entidades típicas do Estado o controle sobre determinados segmentos de serviços concedidos. Vieram a lume, assim, as *agências reguladoras*, sob a forma de autarquias, cuja destinação prioritária consiste no exercício do controle estatal sobre os numerosos serviços já atualmente prestados sob o regime de concessão. Na esfera federal, por exemplo, destacam-se a ANEEL – Agência Nacional de Energia Elétrica, controladora do setor elétrico (Lei nº 9.427/1996), e a ANATEL – Agência Nacional de Telecomunicações (Lei nº 9.472/1997), fiscalizadora do setor de telecomunicações.[82] Certamente, outras agências reguladoras poderão ser instituídas, à medida que for ampliado o regime concessional para a prestação de outros serviços públicos.

Os Estados, o Distrito Federal e os Municípios, a exemplo da União Federal, também têm criado suas autarquias reguladoras para o mesmo tipo de controle.[83]

No campo das relações de consumo, já se pacificou o entendimento de que compete à Justiça estadual processar e julgar as causas entre consumidor e concessionária do serviço concedido de telefonia, causas essas que se têm avolumado de forma indesejável. No entanto, se autarquia federal for litisconsorte passiva necessária, o foro será o da Justiça Federal, *ex vi* do art. 109, I, da Constituição.[84]

Noutra vertente, já se decidiu, a nosso ver corretamente, que eventuais processos administrativos sancionadores instaurados por agências reguladoras contra concessionários devem obedecer ao princípio da publicidade durante toda a tramitação, ressalvados apenas atos que se enquadrem na categoria dos sigilosos na forma da lei. O sigilo estabelecido como regra se afigura inconstitucional.[85]

22. CONCESSÃO FLORESTAL

Com o objetivo de regular a *gestão de florestas públicas* para a produção sustentável, foi promulgada a Lei nº 11.284, de 2.3.2006, com intuito protetivo no que tange aos ecossistemas, solo, água, biodiversidade e valores culturais associados e, enfim, ao próprio patrimônio público natural.

Nos termos da lei são *florestas públicas* aquelas, naturais ou plantadas, que se localizam nos diversos biomas brasileiros, em bens sob o domínio da União, Estados, Distrito Federal e Municípios ou das pessoas da administração indireta (art. 3º, I). Tendo em vista que entre estas podem estar pessoas de direito privado (caso das sociedades de economia mista e empresas públicas, por exemplo), é de se considerar que, nesse aspecto, a lei inovou,

---

[82] A ANEEL foi criada pela Lei nº 9.427, de 26.12.1996, e a ANATEL pela Lei nº 9.472, de 16.7.1997.

[83] No Estado do Rio de Janeiro, por exemplo, foram criadas a AGETRANS – Agência Reguladora de Serviços Públicos Concedidos de Transportes Aquaviários, Ferroviários e Metroviários e de Rodovias do ERJ (Lei nº 4.555/2005) e a AGENERSA – Agência Reguladora de Energia e Saneamento Básico do ERJ (Lei nº 4.556/2005).

[84] V. STF. Súmula Vinculante 27 (2009), que se refere especificamente à ANATEL.

[85] STF, ADI-DF 5.371, j. 25.2.2022.

considerando patrimônio público as florestas que se situam em áreas do domínio daquelas entidades. Cuida-se, pois, de exceção ao caráter dos bens de tais pessoas – bens privados, como qualificados no art. 98 do Código Civil.

Para a administração da floresta, que a lei denominou de *manejo florestal sustentável* (art. 3º, VI), através do qual se podem obter benefícios econômicos, sociais e ambientais, inclusive mediante a utilização de produtos madeireiros, com respeito aos instrumentos de sustentação do ecossistema, a lei instituiu a figura da *concessão florestal*, que permitirá a gestão das florestas pelo setor privado sob controle do Estado.

Concessão florestal, desse modo, é o contrato administrativo de concessão pelo qual o concedente delega onerosamente ao concessionário (pessoa jurídica, em consórcio ou não) o serviço de gestão das florestas públicas e, por conseguinte, o direito de praticar atividades de manejo florestal sustentável, de restauração florestal e de exploração de produtos e serviços em unidade de manejo (art. 3º, VII, com redação da Lei nº 14.590, de 24.5.2023). Tal como sucede nas concessões em geral, o concessionário exercerá sua atividade por sua conta e risco e deverá demonstrar aptidão para seu desempenho.

A natureza jurídica do referido instituto é a de *contrato administrativo* (art. 7º), com *prazo determinado*, incluindo-se, no sistema geral, como *concessão comum*, e, dentro desta, como *concessão de serviços públicos simples*, eis que, em regra, a delegação se cinge à prestação do serviço de gestão da floresta. Quer dizer: a delegação é eminentemente de *atividade*, de modo que só eventualmente, e por exceção, haverá para o concessionário florestal a obrigação de realizar algum tipo de obra. Por outro lado, a delegação se caracteriza pela *onerosidade* (art. 3º, VII), cabendo ao concessionário remunerar o concedente pela outorga, o que difere das concessões em geral, em que a onerosidade existe apenas na relação concessionário-usuário, e não na relação concessionário-concedente.

Por se tratar de contrato administrativo, tal ajuste não necessita da autorização prévia do Congresso Nacional, como o exige o art. 49, XVII, da CF, e isso porque inexiste transferência de áreas públicas, mas, ao contrário, retrata apenas a outorga a um particular, a título oneroso e mediante licitação, da prática de manejo florestal, como instrumento protetivo a áreas dessa natureza.[86]

O *objeto* da concessão reside na exploração de produtos e serviços florestais, devidamente especificados, em determinada unidade de manejo da floresta pública (art. 14). Para evitar o uso indevido das florestas, a lei vedou a outorga de alguns direitos a elas inerentes, como, entre outros, a titularidade imobiliária, a exploração de recursos hídricos, minerais, pesqueiros ou da fauna silvestre e o acesso ao patrimônio genético para fins de pesquisa e desenvolvimento (art. 16, § 1º).

A *disciplina jurídica* que regula a concessão florestal é basicamente a que consta da lei e do edital de licitação. A lei alude também a *"normas pertinentes"* (art. 7º), de onde se pode inferir que incidem supletivamente as normas da lei geral das concessões – a Lei nº 8.987/1995. Por outro lado, Estados, Distrito Federal e Municípios poderão criar sua própria legislação suplementar e, quando já a tiverem, deverão adequá-la às peculiaridades da gestão prevista na Lei nº 11.284/2006, lei geral no caso (art. 2º, §§ 1º e 2º).

Instaurou-se certa polêmica sobre a exigência, ou não, de *prévia lei federal* para autorizar a concessão florestal. Houve entendimento de que a Lei nº 11.284/2006 seria inconstitucional por violar o art. 49, XVII, da CF, que exige aprovação do Congresso Nacional *"para alienação ou concessão de terras públicas com área superior a dois mil e quinhentos hectares"*, sendo, pois, inviável o planejamento das concessões pelo Poder Executivo. Não nos parece procedente a impugnação. Primeiro, porque o mandamento constitucional alude à *concessão de domínio*,

---

[86] STF, ADI 3.989, j. 26.4.2024.

que implica a transferência de propriedade, e não à *concessão para uso e exploração*, como é o caso da concessão florestal. Depois, é diferente o tratamento dispensado pelo ordenamento jurídico à propriedade pública, de um lado, e a seus acessórios, de outro, o que se observa claramente no art. 176 da CF, a propósito da exploração das riquezas minerais do subsolo.[87] A Corte, no entanto, em bom momento, julgou improcedente a ação e considerou a lei constitucional.[88]

O *processo de outorga* da concessão florestal deve observar certas exigências. Primeiramente, o concedente deverá expedir *ato administrativo* em cujo conteúdo se demonstre a conveniência da delegação; exigível, então, na hipótese a *motivação* da vontade administrativa. Impõe-se também que o concedente promova audiência pública ou outra forma de consulta pública, numa forma democrática de participação social (art. 8°). Só depois será providenciada a *licitação*, obrigatória no processo, com a necessária publicação do edital (art. 12). É neste que serão especificados o objeto da concessão e a unidade de manejo (ou seja, o perímetro) em que será exercida a gestão florestal. Como já acentuado anteriormente, a licitação observará as regras da Lei n° 11.284 e supletivamente as da lei geral – a Lei n° 14.133/2021 (ELC) – inclusive quanto aos princípios previstos neste diploma, como legalidade, moralidade, competitividade etc. (art. 13, Lei 11.284/2006 c/c art. 5°, Lei 14.133/2021). A modalidade será a de *concorrência* e a lei veda a declaração de inexigibilidade prevista no art. 74 do vigente estatuto licitatório (art. 13, §§ 1° e 2°).

IV. *Permissão de Serviços Públicos*

1. CONCEITO E OBJETO

Permissão de serviço público é o contrato administrativo através do qual o Poder Público (permitente) transfere a um particular (permissionário) a execução de certo serviço público nas condições estabelecidas em normas de direito público, inclusive quanto à fixação do valor das tarifas.

A Lei n° 8.987/1995 assim a definiu: *"delegação, a título precário, mediante licitação, da prestação de serviços públicos, feita pelo poder concedente à pessoa física ou jurídica que demonstre capacidade para seu desempenho, por sua conta e risco"* (art. 2°, IV).

No que concerne ao objeto, aplica-se aqui o mesmo que dissemos a propósito das concessões. Mediatamente, a permissão indica uma diretriz administrativa no sentido de ser executado certo serviço de modo descentralizado. O objeto imediato consiste na execução em si do serviço visando a alcançar os reclamos oriundos da comunidade.

2. NATUREZA JURÍDICA

A permissão, em toda a doutrina clássica, sempre teve a natureza jurídica de *ato administrativo*, indicando o consentimento que a Administração dispensava a determinada pessoa física ou jurídica para executar serviço público de forma descentralizada. Essa era, aliás, a marca que a distinguia da concessão de serviço público, qualificada como *contrato administrativo*.

A Constituição vigente, no entanto, referindo-se à prestação descentralizada de serviços, previu, no art. 175, parágrafo único, a edição de lei para o fim de dispor sobre o regime das

---

[87] Com a mesma opinião, RAFAEL VERAS, em seu trabalho *A concessão de florestas e o desenvolvimento sustentável*, em *RDPE* – Rev. de Dir. Público da Economia n° 26/2009, p. 107-133. O autor cita, inclusive, decisão do Min. GILMAR MENDES do STF que, reformando acórdão do TRF-2° R, ordenou o prosseguimento de licitação para a concessão da floresta do Jamari, em Rondônia, suspensa pela decisão reformada (p. 114).

[88] STF, ADI 3.989-DF, julg.virtual de 19 a 26.4.2024.

332 | MANUAL DE DIREITO ADMINISTRATIVO • *Carvalho Filho*

empresas concessionárias e permissionárias, aludindo também ao fato de que deveria levar em conta *o caráter especial de seu contrato*. A expressão suscitou dúvida em sua interpretação, porque, da forma como foi mencionada no dispositivo, parecia alcançar tanto a concessão quanto a permissão.

Para alguns intérpretes, teria havido impropriedade da lei, porque, a considerar-se ambas como contrato, desapareceria fatalmente a única distinção de relevo entre os dois institutos. Outros, entretanto, numa visão mais literal do mandamento constitucional, preferiram advogar o entendimento de que, a partir da Constituição de 1988, a permissão de serviço público haveria de ter a natureza jurídica de *contrato administrativo*.

Regulamentando a norma constitucional, a Lei nº 8.987/1995 dispôs que a permissão deveria ser formalizada mediante *contrato de adesão* (art. 40), realçando, assim, o aspecto da bilateralidade do instituto, própria da figura do contrato. A opção se nos afigurou infeliz e só aumentou a confusão entre os estudiosos e administradores públicos, porque, na prática, desapareceu a diferença entre tais delegações. Como já foi dito, outrora qualificamos a permissão como ato administrativo, mas, tendo em vista o absurdo adotado pela lei, somos forçados a nos render à caracterização nela estabelecida, qual seja, a de contrato administrativo de adesão. O direito é lógica e precisão científica, e nada lhe é mais devastador do que a incongruência e a irrazoabilidade.

Em suma, temos que a natureza jurídica da permissão de serviço público, *ex vi legis*, é a de *contrato administrativo de adesão*.[89]

3. DIFERENÇA ENTRE CONCESSÃO E PERMISSÃO

Vimos que a marca diferencial entre a concessão e a permissão de serviço público se situava na natureza jurídica, ou seja, enquanto aquela era contrato administrativo, esta exibia a natureza de ato administrativo. A fisionomia contratual era, pois, inadequada para a permissão, como registrava a doutrina em quase unanimidade.[90]

Com o advento da Lei nº 8.987/1995, porém, ficou quase impossível identificar qualquer diferença entre os institutos. Analisando o art. 40 da Lei, que atribuiu à permissão o caráter de contrato de adesão, muitos autores se insurgiram contra tal caracterização, considerando-a um equívoco e uma contradição do legislador.[91] Seja como for, a lei foi peremptória quanto à natureza jurídica da permissão, de modo que, com toda a sua erronia e as críticas que merece, não há como deixar de considerá-la de caráter contratual.

A incoerência da lei (e também do art. 175, parágrafo único, da CF) foi tão flagrante que dividiu o próprio STF. Em ação direta de inconstitucionalidade, na qual se discutia a questão relativa à forma de delegação do serviço móvel celular, prevista na Lei nº 9.295/1996, a Corte decidiu, pela apertada maioria de seis a cinco, que o art. 175, parágrafo único, da CF, *afastou qualquer distinção conceitual entre permissão e concessão, ao conferir àquela o caráter contratual próprio desta.*[92] Significa que, a despeito de inúmeras vozes discordantes dentro do próprio Tribunal, a maioria do STF considerou que atualmente a concessão e a permissão de serviços públicos têm a mesma natureza jurídica: *contrato administrativo*.

---

[89] Nesse sentido, aliás, decidiu o STF na ADIN nº 1.491/1998, como detalharemos adiante.

[90] Neste sentido, MARIA SYLVIA DI PIETRO (ob. cit., p. 220); HELY LOPES MEYRELLES (ob. cit., p. 343-350); DIOGO DE FIGUEIREDO MOREIRA NETO (ob. cit., p. 378-284); CRETELLA JÚNIOR (*Curso de direito administrativo*, p. 398).

[91] Vide o nosso trabalho "A contradição da Lei nº 8.987/95 quanto à natureza da permissão de serviços públicos", in *Arquivos do Tribunal de Alçada* (TA-RJ, v. 21, 1995, p. 22-25).

[92] ADI 1.491, Min. CARLOS VELLOSO, por apertada maioria, j. 1.7.1998.

Cap. 8 · CONCESSÃO E PERMISSÃO DE SERVIÇOS PÚBLICOS | 333

Conclui-se, então, que ambos os institutos: (1) são formalizados por contratos administrativos; (2) têm o mesmo objeto: a prestação de serviços públicos; (3) representam a mesma forma de descentralização: ambos resultam de delegação negocial; (4) não dispensam licitação prévia; e (5) recebem, de forma idêntica, a incidência de várias particularidades desse tipo de delegação, como supremacia do Estado, mutabilidade contratual, remuneração tarifária etc.[93]

Com todos esses pontos de identidade, caberia a indagação: qual a diferença, então, entre a concessão e a permissão de serviço público?

Perpassando o texto legal relativo às definições dos institutos (art. 2º, II e IV), deparamo-nos com dois pequenos (e insignificantes) pontos distintivos, mas únicos, segundo nos parece, para traçar a linha demarcatória.

Primeiramente, enquanto a concessão pode ser contratada com pessoa jurídica ou consórcio de empresas, a permissão só pode ser firmada com pessoa física ou jurídica. Extrai-se, portanto, que não há concessão com pessoa física, nem permissão com consórcio de empresas. A diferença, pois, se encontra na natureza do delegatário, o que, deve registrar-se, é de uma irrelevância a toda a prova.

Em segundo lugar, consta no conceito de permissão (art. 2º, IV) que esse ajuste estampa delegação *a título precário*, ressalva que não se encontra na definição do negócio concessional (art. 2º, II). Parece, assim, que o legislador considerou a permissão (mas não a concessão) como dotada de *precariedade*, qualidade, aliás, que também consta do art. 40 da Lei. Mas, o que será essa precariedade, não existente para a concessão e atribuída somente à permissão? A resposta é praticamente impossível. *Precariedade* é um atributo indicativo de que o particular que firmou ajuste com a Administração está sujeito ao livre desfazimento por parte desta, sem que se lhe assista direito à indenização por eventuais prejuízos.

Não cremos que essa seja a situação jurídica do permissionário diante do contrato que celebrou com o Poder Público visando à execução de serviço público. A conclusão, diga-se de passagem, emana do próprio art. 40, parágrafo único, da Lei, que admite a incidência na permissão de regras inerentes à concessão. Ora, como em relação a esta, o desfazimento unilateral do contrato pela Administração por razões de interesse público a obriga a indenizar o concessionário, o mesmo é de se esperar que ocorra com o permissionário, que, afinal, está prestando o mesmo serviço público que o concessionário poderia executar. Portanto, não está na ausência do direito indenizatório a precariedade apontada na lei.

Por outro lado, caso se pretenda entender que a precariedade tem o sentido de poder o permitente (Poder Público) rescindir unilateralmente o contrato de permissão, também aí não se constataria qualquer grande diferença, porque, como vimos, o contrato de concessão também se sujeita à encampação, nome que a lei dispensou àquele tipo de rescisão (art. 37).

Por conseguinte, a ressalva *"a título precário"* não traduz marca distintiva convincente.

Poder-se-ia objetar com o fato de que a lei considerou a permissão *contrato de adesão*, o que não fez em relação ao pacto concessional. Mas a objeção não seria aceitável. O contrato de adesão se caracteriza pelo fato de que uma das partes já apresenta à outra previamente a completa pactuação do ajuste, impedindo a existência da pré-negociabilidade entre elas. Ora, a adesão, de fato, incide tanto para o concessionário quanto para o permissionário, vez que, no curso da licitação, já estarão predefinidas várias cláusulas do futuro contrato, não somente no edital,

---

[93] O art. 40, parágrafo único, da Lei nº 8.987/1995, averba: *"Aplica-se às permissões o disposto nesta Lei."* Com isso, admitiu a incidência das regras da concessão no ajuste permissional.

334 | MANUAL DE DIREITO ADMINISTRATIVO • *Carvalho Filho*

como na própria minuta do contrato, disponível ao momento do procedimento licitatório.[94] E a tais cláusulas prefixadas não resta ao concessionário ou permissionário senão aderir.

Por tudo quanto foi exposto, não fica difícil concluir como estão mal disciplinados os institutos. Tão difícil quanto identificar alguma diferença de relevo entre eles. Até mesmo o sentido adotado anteriormente, de que a concessão se destinaria a serviços públicos que implicassem investimentos mais vultosos, enquanto a permissão seria apropriada para delegação de serviços menos dispendiosos – até mesmo essa anterior distinção, repita-se, fica hoje comprometida diante da disciplina normativa vigente.

Realmente, como concluiu o mais alto Pretório, é mais lógico admitir-se que entre a permissão e a concessão não mais se vislumbrem diferenças do que tentar identificar pontos distintivos incongruentes, inócuos e não convincentes.

4. A PERMISSÃO CONDICIONADA

A doutrina sempre reconheceu, além da *permissão simples*, a denominada *permissão condicionada* (ou *contratual*). Enquanto naquela cabia à Administração inteira avaliação sobre a permanência ou revogação do ato, sem direitos para o permissionário, nesta última o poder permitente estabelecia várias regras regulamentadoras do serviço e algumas normas criadoras de limitações para si próprio, instituindo, em consequência, uma série de direitos para o permissionário.

Esse conjunto de limitações impostas ao permitente constituía as condições a serem observadas na permissão, tornando esta mais aproximada a um negócio contratual do que a um ato administrativo unilateral. Por esse motivo é que alguns autores a denominaram de *permissão contratual* e reconheciam que, com esse tipo de delegação, ficavam frágeis as distinções entre a permissão condicionada e a concessão. Resultava daí que alguns serviços, delegados por permissão, melhor o seriam através de concessão.[95]

A matéria hoje perdeu o interesse no caso de serviços públicos. Tendo a Lei nº 8.987/1995 atribuído à permissão a natureza de negócio contratual e, por outro lado, obrigando à fixação das regras a serem observadas pelas partes, onde há direitos e obrigações para ambas, verifica-se que a antiga permissão condicionada ou contratual é atualmente um verdadeiro contrato administrativo.

Desse modo, não há mais que falar em permissão simples quando o objeto da atividade for a execução de serviços públicos.

5. REFERÊNCIAS CONSTITUCIONAIS

A Carta da República não deixou de fazer referência ao instituto da permissão de serviço público. Como dissemos quando do estudo das concessões, o art. 175 da CF deixou o registro de que a prestação indireta de serviços públicos é feita através dos institutos da *concessão* ou da *permissão*. Enfatizamos, por oportuno, que, mesmo antes de editada a Lei das Concessões e Permissões a que alude o dispositivo, o instituto já vinha há muito servindo à execução descentralizada de serviços públicos.

---

[94] O art. 18 da Lei nº 8.987/1995 determina sejam obedecidas as normas gerais sobre contratos e licitações contidas na legislação própria. E esta, basicamente representada pela Lei nº 14.133/2021, impõe a obrigatoriedade de ser anexada ao edital a minuta do futuro contrato (art. 40, § 2º, III).

[95] No mesmo sentido, MARIA SYLVIA DI PIETRO (ob. cit., p. 221), que, inclusive, cita MEIRELLES TEIXEIRA, autor de trabalhos em que firmou o mesmo entendimento (*RDP* 6/100 e 7/114). Traz ainda a opinião de IVAN RIGOLIN, para quem o melhor seria extinguir o instituto.

Cap. 8 • CONCESSÃO E PERMISSÃO DE SERVIÇOS PÚBLICOS | **335**

Há exemplos de serviços, mencionados na Constituição, que podem ser executados por permissão. É o caso dos serviços de radiodifusão sonora, de sons e imagens e outros serviços de telecomunicações; serviços de energia elétrica; navegação aérea, aeroespacial; serviços de transporte rodoviário, ferroviário e aquaviário; serviços de portos marítimos, fluviais e lacustres (art. 21, XI e XII). Na competência municipal, é expressa a previsão da permissão para os serviços públicos de interesse local (art. 30, V).

Em relação ao art. 21, XXIII, "b" e "c", da CF, com a alteração processada pela EC nº 118/2022, pelo qual ficou autorizada, *"sob regime de permissão"*, a comercialização e a utilização de radio-isótopos para a pesquisa e uso agrícolas e industriais, bem como a produção, a comercialização e a utilização de radioisótopos para pesquisa e uso médicos, já manifestamos anteriormente o entendimento de que as hipóteses não ensejam *permissão de serviço público* (que é contrato administrativo), mas sim consentimento para atividade privada, o que deveria ocorrer pelos atos de *licença* ou *autorização*, conforme o regime que a lei regulamentadora venha a adotar - matéria examinada quando tratamos do ato administrativo.

6. RESPONSABILIDADE CIVIL

Tanto quanto ocorre na concessão, o permissionário sujeita-se à responsabilidade civil *objetiva*, prevista no art. 37, § 6º, da Constituição. Com efeito, são destinatários desse mandamento tanto as pessoas de direito público quanto *as de direito privado prestadoras de serviços públicos*. E nesta última categoria inserem-se, sem dúvida, os permissionários de serviços públicos.

Havendo dano em decorrência do serviço, portanto, o permissionário tem a obrigação de repará-lo independentemente da perquirição do elemento *culpa* por parte de seu agente. Quanto ao mais, aplica-se aqui o que dissemos sobre a responsabilidade civil dos concessionários.

7. APLICAÇÃO DE REGRAS IDÊNTICAS ÀS DAS CONCESSÕES

Não são muito profundas as diferenças que alinhavam a fisionomia das concessões e permissões, como tem sido verificado no estudo dos institutos. Assim sendo, não causa espécie que a lei tenha determinado para sua disciplina algumas de suas regras, também incidentes sobre as concessões (art. 40, parágrafo único, Estatuto).

Para evitar inúteis repetições, mencionaremos tais regras, com a sugestão de que outros elementos sejam verificados nos respectivos tópicos destinados às concessões.

A primeira delas é a *mutabilidade*, ou seja, pode o permitente alterar as condições de execução do serviço em virtude de reclamos de ordem administrativa.

Depois, a *política tarifária*. Também o permissionário tem o direito de ver fixadas as tarifas de modo a manter a linha de equilíbrio econômico-financeiro da permissão. Como esta é classificada como *contrato* pela lei, haverá inevitável vinculação do Poder Público à previsão dos custos e dos lucros do permissionário.

A *fiscalização* é poder jurídico intrínseco a quem delega o serviço. Tem, pois, o permitente o poder (e, por isso, o *dever*) de verificar se a comunidade destinatária dos serviços os tem recebido a contento. Se não os tem, é porque o permissionário se desviou do objetivo de interesse público a que se comprometeu quando se propôs a prestar o serviço. E nesse caso a Administração deverá tomar as medidas necessárias para recompor a situação que propicie o benefício coletivo.

Imprescindível, por outro lado, é que o Poder Público permitente realize *licitação* para a escolha do permissionário, como exigido, inclusive, pela Constituição (art. 175). Tendo em

336 | MANUAL DE DIREITO ADMINISTRATIVO • *Carvalho Filho*

vista que a permissão se configurava tradicionalmente como ato administrativo, e não como contrato, não são raras as notícias de que algumas permissões têm sido conferidas sem o referido certame. Se assim for efetivada, a contratação é nula, não apenas por ofensa ao aludido mandamento constitucional, como também pelo desrespeito aos princípios da impessoalidade e da moralidade, sobretudo porque, em regra, tal conduta visa a beneficiar determinadas pessoas, com evidente desvio de finalidade. A propósito, já se decidiu que, sem licitação, a permissão não tem a garantia do equilíbrio econômico-financeiro do contrato.[96] Além disso, deve o administrador responsável ser punido em ação de improbidade administrativa, nos termos da Lei nº 8.429/1992. Esse tipo de fraude tem sido, inclusive, tentado pela conversão de atos administrativos precários em permissão de serviços públicos – fato que o Judiciário tem corretamente coibido.[97]

Caso a permissão não tenha sido precedida de licitação, deve o permitente extingui-la de imediato em razão da nulidade do ato e retomar o serviço delegado. Pode, entretanto, delegar de forma precária, por tempo limitado, até que se ultime a necessária licitação. Mas tal precariedade é incompatível com longos prazos, devendo limitar-se apenas ao período suficiente para a realização do certame.[98] Resulta, pois, ser inconstitucional a lei que dispensa de licitação buscando a prorrogação automática de permissões e restauração da vigência de contratos anteriores. [99]

Por fim, incidem também as regras pertinentes aos encargos do concedente e do concessionário e aquelas que espelham os direitos dos usuários. O usuário é um só, seja o serviço prestado por concessão ou permissão. Desse modo, todos os direitos a ele reconhecidos modernamente hão de ser reconhecidos pelas pessoas a quem se tenha outorgado a permissão.

8. EXTINÇÃO

8.1. Termo Final do Prazo

A permissão pode ter prazo determinado. Não se trata evidentemente da permissão simples, mas sim da permissão condicionada, pois que o Estado, embora não obrigado, admite o exercício da atividade permitida por tempo determinado, que, em princípio, promete respeitar. É, como já dito, cláusula de autolimitação do poder permanente. Não custa lembrar, entretanto, que, mesmo tendo prazo certo, a permissão pode ser extinta antes do final, quando, por exemplo, o permitente decide retomar o serviço; nesse caso, observar-se-ão as mesmas regras aplicáveis às concessões.

Estabelecido prazo para o desempenho da atividade permitida, a permissão extingue-se *pleno iure* com o advento do termo final, sem necessidade de qualquer aviso antecedente. A eficácia do ato, quando este foi instituído, já fora antevista com aquele prazo, e, assim, cumprido este, é de considerar-se que a vontade administrativa não desejava projetar-se por outro período.

8.2. Anulação

Ocorre a anulação quando o contrato de permissão tem algum vício de legalidade. Como o contrato administrativo deve observar alguns requisitos para ser considerado válido, sua invalidação deve ser proclamada se ausente qualquer deles.

---

[96] STJ, REsp 1.352.497, Min. OG FERNANDES, em 4.2.2014.
[97] STJ, REsp 886.763, Min. ELIANA CALMON, em 8.4.2008.
[98] STJ, Ag.Rg no REsp 1.435.347, Min. MAURO CAMPBELL MARQUES, em 19.8.2014.
[99] STF, ADI 7.241-PI, j. 23.2.2024.

Os efeitos da invalidação são *ex tunc,* isto é, retro-operantes, alcançando o momento em que foi celebrado o contrato. Por outro lado, a invalidação pode ser decretada na via administrativa (autotutela) ou na judicial.

Por força do art. 40, parágrafo único, da Lei nº 8.987/1995, aplicam-se à permissão as regras pertinentes estabelecidas para a concessão.

8.3. Encampação

Vimos que o art. 37 da Lei nº 8.987/1995 contempla a *encampação* como forma extintiva da concessão, estatuindo como pressuposto o intuito de a Administração retomar o serviço delegado por razões de interesse público. Trata-se, portanto, de típica *rescisão administrativa unilateral do contrato* tendo por fundamento a valoração que faz o concedente da necessidade e da conveniência de ser retomado o serviço. São razões administrativas, inteiramente legítimas, a menos que o desfazimento contratual seja inspirado em abuso de poder.

Anote-se que, embora também traduza *desfazimento,* o certo é que a *encampação* não se confunde com a *revogação,* sendo esta adequada ao desfazimento de *atos administrativos,* e não de *contratos,* como é o caso atual da *permissão.*

Se o Poder Público pode proceder à encampação em contratos de concessão, poderá fazê-lo também em relação às permissões. O interesse na retomada do serviço tanto pode surgir num como noutro contrato. Assim, incide normalmente o art. 40, parágrafo único, que estende à permissão as regras sobre a concessão.

Os bens do permissionário, com a encampação, continuam, em regra, na sua propriedade. É o que acontece normalmente com os ônibus de empresa permissionária de transportes coletivos. No entanto, se a tarifa for fixada para reembolsar o permissionário dos gastos efetuados para a aquisição dos bens necessários à execução do serviço, deverão eles ser transferidos para o permitente, sob o manto dos mesmos princípios que regem o instituto da *reversão* nas concessões.

Entretanto, não havendo cláusula que indique a cobertura do capital do permissionário pela tarifa, só é lícito ao Poder Público transferir os bens daquele mediante indenização que lhe repare todos os prejuízos.[100] Fora daí, a hipótese seria a de confisco.

Por fim, deve ser dito que a encampação produz efeitos *ex nunc,* ou seja, a partir do ato que determinou a rescisão contratual. Emana daí que devem ser respeitados todos os efeitos produzidos durante a vigência do contrato.

8.4. Caducidade

A declaração de caducidade, prevista para a concessão no art. 38 do Estatuto, parece-nos também aplicável às permissões.

De fato, é de todo previsível que o permissionário não esteja cumprindo as normas legais e regulamentares pertinentes à prestação do serviço. Tal ocorrendo, tem o permitente o poder--dever de sanar a irregularidade, adotando o mesmo procedimento aplicável às concessões, ou seja, as regras previstas no art. 38 e parágrafos do Estatuto das Concessões.

Poder-se-ia objetar com o argumento de que o permitente teria instrumento mais efetivo – a encampação. A objeção, porém, em nosso entender não procederia. Na encampação, o Poder Público tem interesse administrativo na retomada do serviço permitido; na caducidade, entretanto, há situação fática – o inadimplemento – que admite o contraditório e a ampla defesa

---

[100] No mesmo sentido, DIÓGENES GASPARINI (ob. cit., p. 261).

338 | MANUAL DE DIREITO ADMINISTRATIVO • *Carvalho Filho*

por parte do permissionário. E, além disso, não se pode perder de vista que o permissionário está executando um serviço público.

Soma-se, ainda, o disposto no art. 40, parágrafo único, da Lei nº 8.987/1995, segundo o qual seus preceitos são aplicáveis às permissões. Sendo assim, no caso de inadimplemento do permissionário, deve o permitente declarar a caducidade da permissão.

Para as permissões do serviço público de *energia elétrica*, a Lei nº 12.767, de 27.12.2012, instituiu procedimento específico para a extinção nos casos de *caducidade* e de *falência* ou *extinção* da permissionária, previstos no art. 35, III e VI, do Estatuto das Concessões. Nos termos daquele diploma, as novas regras, embora destinadas às concessões, foram estendidas às permissões do serviço de energia elétrica (art. 19). Sobre as inovações, remetemos o leitor ao tópico relativo às concessões, no qual fizemos os pertinentes comentários.

8.5. Desfazimento por Iniciativa do Permissionário (Rescisão)

A lei silenciou sobre a hipótese em que o descumprimento de cláusulas legais e regulamentares se origina de conduta atribuída ao permitente. Como vimos, a lei denominou de *rescisão* a forma de desfazimento da concessão por iniciativa do concessionário, quando a inadimplência é da parte do concedente.

Caso se considerasse a permissão um ato administrativo, o termo *rescisão* não seria apropriado. Tratando-se, no entanto, de contrato administrativo, a hipótese é mesmo a de rescisão, tal como ocorre com as concessões. Não obstante, ainda que cabível a rescisão, o certo é que o desfazimento do contrato nesse caso é realmente da iniciativa do permissionário.

O pressuposto é o mesmo que vimos anteriormente: o descumprimento por parte do Poder Público. Embora silente a lei a respeito, entendemos que somente é possível essa forma de desfazimento através da *via judicial*, a símile do que ocorre para a rescisão de concessões (art. 39). Fundamo-nos em que na permissão o objeto é o mesmo da concessão, ou seja, a prestação de serviço público. Desse modo, não pode a coletividade sujeitar-se ao exclusivo arbítrio do permissionário, no sentido de paralisar a execução do serviço. Vale aqui o princípio da continuidade do serviço, que o permissionário está obrigado a respeitar. Se impossível a continuidade, deve obter autorização judicial, através da tutela cautelar, para não mais prosseguir na execução da atividade.

9. PERMISSÃO LOTÉRICA

A Lei nº 12.869, de 18.10.2013, regulou nova forma de permissão, a *permissão lotérica*, assim considerada como a outorga, a título precário e mediante licitação, do serviço de comercialização das loterias federais e de outros produtos autorizados, bem como a delegação de outros serviços definidos na legislação, como é o caso de serviços bancários, figurando como *outorgante* a Caixa Econômica Federal e como *outorgado* o *permissionário lotérico* particular.

Tal permissão impõe a realização de prévia licitação; sem ela, será inconstitucional por violar o art. 175 da CF, como já se decidiu.[101]

Esse tipo de permissão não impede o exercício de atividades complementares e comerciais pelo particular, devendo ser observada a legislação pertinente. A remuneração do permissionário consiste em comissão incidente sobre o preço de venda das apostas, deduzidos os repasses previstos em lei. O prazo da permissão é de 20 anos, sendo renovável automaticamente por

---

101   STF, RE 1.498.128-CE, j. 27.9.2024.

igual período. A extinção pode originar-se de rescisão (*rectius*: desfazimento por iniciativa do permissionário lotérico) ou de caducidade (por culpa do permissionário), bem como pelas demais formas previstas na lei geral, a Lei nº 8.987/1995.

A permissão em tela configura-se como forma de *delegação* de serviço público, caracterizada como *descentralização de segundo grau*, visto que a Caixa já atua em primeiro grau, mediante delegação direta da União. A atividade sob permissão reflete evidente *serviço público não essencial*, sendo regulado dominantemente por normas de direito público, conquanto mediante incidência eventual do direito privado. Os antigos termos de responsabilidade e compromisso, que mais se configuravam como atos administrativos de delegação, converteram-se em permissão lotérica, passando a ter conformação contratual (art. 5º-A).

A EC nº 129, de 5.7.2023, acrescentou o art. 123 ao ADCT da CF – Ato das Disposições Constitucionais Transitórias, para assegurar prazo de vigência adicional, contado do término do prazo contratual vigente, a todos os termos de credenciamento, contratos, aditivos e outros tipos de permissão lotérica em vigor, destinados à venda de serviços lotéricos.

V. Concessão Especial de Serviços Públicos (Parcerias Público-Privadas)

1. INTRODUÇÃO

A Lei nº 11.079, de 30.12.2004, instituiu normas gerais sobre licitação e o que denominou na ementa de *"contratação de parceria público-privada"* no âmbito da União, Estados, Distrito Federal e Municípios.

Embora o projeto inicial (Projeto de Lei nº 2.546, do Poder Executivo) tivesse silenciado sobre o enquadramento de tal tipo de contratação dentro do sistema geral de contratos, a lei acabou por considerar a parceria público-privada como contrato administrativo de concessão (art. 2º), admitindo duas modalidades, como veremos a seguir: a concessão patrocinada e a concessão administrativa.

Em virtude de tal caracterização e, ainda, pela referência expressa que a lei fez às concessões comuns, reguladas pela Lei nº 8.987/1995, admitindo, inclusive, a aplicação subsidiária de algumas das normas desse diploma, entendemos melhor caracterizá-las como *concessões especiais*, para distingui-las das concessões comuns, categoria clássica, que acabamos de examinar. Portanto, nos termos da lei, a contratação de parceria público-privada nada mais é do que modalidade especial dos contratos de concessão.

Por questão de método e para observar uniformidade em termos de sistema, incluímos o estudo dessa nova modalidade contratual dentro do presente capítulo, especificamente destinado às concessões e permissões de serviços públicos.

A disciplina encontra-se estampada em *lei federal*, fundada no mandamento previsto no art. 22, XXVII, da vigente Constituição, segundo o qual, como já vimos, ficou atribuída à União Federal competência legislativa para editar *normas gerais* sobre contratação e licitação com incidência sobre todos os entes federativos. O citado dispositivo é, aliás, o mesmo fundamento em que se apoiaram as Leis nos 8.987/1995 (Lei das Concessões) e 8.666/1993, lei que antecedeu a Lei nº 14.133/2021, o vigente Estatuto de Licitações e Contratos.

O *âmbito de incidência* das normas gerais é o mesmo desses diplomas: incidem sobre todas as pessoas federativas – União, Estados, Distrito Federal e Municípios – e as entidades da Administração indireta (autarquias, fundações públicas, empresas públicas e sociedades de economia mista), sendo estendidas também a fundos especiais (o que retrata impropriedade técnica, porque fundos não têm personalidade e sempre integram a

340 | MANUAL DE DIREITO ADMINISTRATIVO • *Carvalho Filho*

estrutura de alguma das pessoas governamentais) e a outras entidades controladas direta ou indiretamente pelos entes federativos. É o que dispõem o art. 1º e parágrafo único da Lei nº 11.079/2004.

Não obstante, no que se refere a parcerias público-privadas contratadas por Estados, Distrito Federal e Municípios, a lei fixa limites para tais despesas, considerando a receita corrente líquida da pessoa federativa. Somente se forem observados tais limites é que a União poderá conceder-lhes garantia e realizar transferência voluntária de recursos. Em consequência, a lei exige que aqueles entes, antes da contratação, encaminhem ao Senado Federal e à Secretaria do Tesouro Nacional as informações indicativas do cumprimento dos aludidos limites (art. 28 e § 1º, Lei 11.079).

Nesse passo, cumpre observar que, regulamentando o art. 173, § 1º, da CF, foi editada a Lei nº 13.303, de 30.6.2016 – o estatuto jurídico da empresa pública, da sociedade de economia mista e de suas subsidiárias –, que, entre outros aspectos, disciplinou o regime de contratos e licitações para essas entidades estatais, como veremos adiante. Em se tratando de lei especial, diretamente endereçada a essas pessoas administrativas, deve-se reconhecer a prevalência de suas normas sobre as contidas em leis gerais. Por conseguinte, no que se refere a elas, a Lei nº 1.079/2004 terá incidência subsidiária.

Além das normas gerais, aplicáveis a todas as pessoas federativas, a Lei nº 11.079/2004 estabeleceu algumas *normas específicas* direcionadas apenas à União Federal (arts. 14 a 22). É no campo de incidência de semelhantes normas que Estados, Distrito Federal e Municípios podem editar sua própria legislação. A competência da União para editar normas gerais não impede que os demais entes federativos instituam legislação suplementar. É o que consignam os arts. 24, § 2º, e 30, II, da CF.[102]

As parcerias público-privadas têm sido adotadas com sucesso em diversos ordenamentos jurídicos, como, entre outros, os de Portugal, Espanha, Inglaterra e Irlanda, e apresentam como justificativa dois pontos fundamentais, sobretudo em relação aos países ainda em desenvolvimento: a *falta de disponibilidade de recursos financeiros* e a *eficiência da gestão do setor privado*. Por outro lado, são instrumentos adequados para investimentos no setor privado, além de servirem para importantes ações de infraestrutura.[103]

Se semelhante modelo será frutífero ou não, só o tempo dirá – o tempo e também a forma como irá conduzir-se a Administração na aplicação do instituto. De qualquer modo, apesar de alguns aspectos confusos na disciplina jurídica, é mais uma das tentativas que ultimamente se têm apresentado para que o Poder Público obtenha do setor privado parcerias, recursos e formas de gestão no intuito de executar atividades estatais e prestar serviços públicos, tarefas nas quais o Estado, sozinho, tem fracassado.

Por questão didática, procuraremos comentar o instituto sem qualquer passionalismo nem ideologia política, mas, ao revés, levando em consideração o direito positivo em si, ou seja, o conjunto das normas que regulam as parcerias, inclusive buscando harmonizá-las com os parâmetros estabelecidos na Constituição. Não podemos deixar de considerar, da mesma forma, o desiderato do legislador: a execução e a melhor gestão dos serviços públicos.

2. CONCEITO E NATUREZA JURÍDICA

A Lei nº 11.079/2004, ao contrário do que ocorria com o projeto de lei do Executivo, não definiu nem o contrato de concessão especial, nem a parceria público-privada. Limitou-se a

---

[102] Também: ALEXANDRE SANTOS DE ARAGÃO, *Direito dos serviços públicos*, cit., p. 684-685.
[103] MARCOS NÓBREGA, *Direito da infraestrutura*, Quartier Latin, 2011, p. 60.

Cap. 8 • CONCESSÃO E PERMISSÃO DE SERVIÇOS PÚBLICOS | **341**

estabelecer que *"parceria público-privada é o contrato administrativo de concessão, na modalidade patrocinada ou administrativa"* (art. 2º).

Aqui é imperioso comentar a questão do *nomen juris* do instituto. A ementa da lei refere-se a *"contratação de parceria público-privada"*, mas no art. 2º se qualifica a parceria como contrato administrativo de concessão. A lei ficou confusa nesse ponto. A correta denominação deveria ser a de *"contrato de concessão especial de serviços públicos"*, para distinguir tal ajuste, como vimos, da concessão comum. A expressão *"contrato de parceria"* é tecnicamente imprópria. Primeiramente, há inegável contradição nos termos: onde há contrato (tipicamente considerado) não há parceria em seu sentido verdadeiro. Além disso, o denominado *"parceiro privado"* nada mais é do que uma pessoa comum do setor privado, que, como tal, persegue lucros e vantagens na execução do serviço ou da obra pública.

Quanto a isso, aliás, nenhuma diferença tem ela em relação às pessoas concessionárias na concessão comum. O que caracteriza a verdadeira parceria, isto sim, é a cooperação mútua, técnica e financeira, com objetivos comuns (e não contrapostos, como ocorre nos contratos em geral) e sem fins lucrativos, conforme sucede nos *convênios* e nos contratos de gestão firmados com organizações sociais, previstos na Lei nº 9.637/1998. A divulgação da expressão, todavia, tornou-a conhecida dessa forma; assim, ao que tudo indica, será esse negócio jurídico conhecido como *"contrato de parceria público-privada"*, ou simplesmente *"parcerias público-privadas"* (*PPPs*). A referência que fizemos, portanto, a tais expressões (e o faremos sem abdicar de nossa crítica) será apenas em virtude de serem elas empregadas na lei.

Dentro dos objetivos da lei, pode o contrato de concessão especial sob regime de parceria público-privada ser conceituado como *o acordo firmado entre a Administração Pública e pessoa do setor privado com o objetivo de implantação ou gestão de serviços públicos, com eventual execução de obras ou fornecimento de bens, mediante financiamento do contratado, contraprestação pecuniária do Poder Público e compartilhamento dos riscos e dos ganhos entre os pactuantes.*

O conceito procura abranger os elementos básicos do instituto. Trata-se de acordo de natureza contratual, já que resultante da manifestação volitiva da Administração e do concessionário privado. A delegação implica o serviço de implantação e gestão de empreendimentos públicos normalmente de grande vulto. Dependendo da natureza do serviço, pode ocorrer que sua execução reclame eventual realização de obras e fornecimento de bens; ainda assim, o objeto básico é o serviço de interesse público a ser prestado. O dispêndio, total ou parcial, com a prestação do serviço incumbe à pessoa privada, que será devidamente ressarcida no curso do contrato. Aliás, se o contrato não prevê a contraprestação pecuniária do concedente ao concessionário, não será concessão especial (ou parceria público-privada, como diz a lei), e sim concessão comum, sendo regulada pela Lei nº 8.987/1995. (art. 2º, § 3º).[104] Por fim, riscos e ganhos são compartilhados, indicando responsabilidade solidária entre as partes.

A *natureza jurídica* desse tipo de ajuste é a de *contrato administrativo de concessão de serviço público*, como, aliás, emana da própria lei (art. 2º). Tendo em vista que a lei se refere à concessão *comum*, regulada pela Lei nº 8.987/1995, há que se considerar a delegação em foco como *concessão especial*, para distingui-la daquela outra modalidade.

Incidem sobre tais contratos o princípio da desigualdade das partes e as cláusulas exorbitantes peculiares aos contratos administrativos previstos nas Leis nºˢ 14.133/2021 e 8.987/1995, entre elas a alteração e a rescisão unilateral do contrato e a aplicabilidade de sanções administrativas.

---

[104] Vide o trabalho *Parcerias público-privadas e a fiscalização dos tribunais de contas*, de autoria de AURO AUGUSTO CALIMAN, no qual comenta decisão do TC-SP a respeito de edital de licitação para uma PPP descaracterizada, pela ausência de contraprestação do concedente ao concessionário (*RDA* nº 244, p. 306-329, 2007).

3. MODALIDADES E INCIDÊNCIA NORMATIVA

Os contratos de concessão especial de serviços públicos comportam duas *modalidades:* a *concessão patrocinada* e a *concessão administrativa.*

A *concessão patrocinada* se caracteriza pelo fato de o concessionário perceber recursos de duas fontes, uma decorrente do pagamento das respectivas tarifas pelos usuários, e outra, de caráter adicional, oriunda de contraprestação pecuniária devida pelo poder concedente ao particular contratado (art. 2º, § 1º).

A segunda modalidade é a *concessão administrativa,* assim considerada a prestação de serviço *"de que a Administração Pública seja a usuária direta ou indireta, ainda que envolva execução de obra ou fornecimento e instalação de bens"* (art. 2º, § 2º). Diversamente do que ocorre com a concessão patrocinada, a concessão administrativa não comporta remuneração pelo sistema de tarifas a cargo dos usuários, eis que o pagamento da obra ou serviço é efetuado diretamente pelo concedente. Poderão os recursos para pagamento, contudo, ter origem em outras fontes.[105] Embora haja entendimentos que contestem esse tipo de remuneração exclusiva do Poder Público ao concessionário (*tarifa-zero*), domina o pensamento de que, tratando-se de modalidade especial de concessão, inexiste vedação constitucional para sua instituição, o que realmente nos parece acertado.[106]

Quanto à *incidência normativa,* a Lei nº 11.079/2004, embora seja o diploma básico da disciplina jurídica do instituto, fez distinção no que tange à disciplina suplementar (*incidência normativa subsidiária*) a ser adotada conforme a modalidade de concessão.

As concessões patrocinadas sujeitam-se à aplicação subsidiária da Lei nº 8.987/1995 (lei geral das concessões), que regula as concessões comuns de serviços públicos, bem como de outras leis que sejam correlatas ao referido diploma.

No que concerne às concessões administrativas, a Lei nº 11.079 especificou, para aplicação suplementar (adicionalmente, como disse a lei), alguns dispositivos das Leis nºs 8.987/1995 e 9.074/1995. Da primeira lei, incidem os arts. 21 (disponibilização aos participantes da licitação de estudos, projetos, obras e despesas ou investimentos efetuados pelo concedente, obrigando o vencedor ao ressarcimento conforme o previsto no edital); 23 (cláusulas essenciais do contrato); 25 (responsabilidade do concessionário por prejuízos causados ao concedente, usuários ou terceiros); 27 a 39 (anuência do concedente para transferência da concessão ou do controle societário do concessionário; encargos do poder concedente e do concessionário; intervenção no serviço; extinção da concessão). Incide, ainda, o art. 31 da 9.074/1995, segundo o qual os autores ou responsáveis economicamente pelos projetos básico ou executivo podem participar, direta ou indiretamente, da licitação ou da execução de obras e serviços.

Os contratos de concessão (comum) de serviços públicos continuam regidos pela Lei nº 8.987/1995 (lei geral das concessões e permissões) e pela legislação pertinente, não se lhes aplicando as disposições da Lei nº 11.079. Da mesma forma, os contratos administrativos em geral, não classificados como contratos de concessão, seja qual for a modalidade desta, sujeitam-se à disciplina exclusiva da Lei nº 14.133/2021 (Estatuto de Licitações e Contratos).

---

[105] No mesmo sentido, MARIA SYLVIA ZANELLA DI PIETRO, ob. cit., 19. ed., p. 315.

[106] LUIZ TARCISIO TEIXEIRA FERREIRA, *Parcerias Público-Privadas. Aspectos constitucionais,* Fórum, 2006, p. 72. O autor invoca as opiniões de GUSTAVO BINEMBOJM e FLORIANO DE AZEVEDO MARQUES NETO no mesmo sentido.

4. OBJETO

Conforme dispõe o art. 2º, § 1º, da Lei das Parcerias, o objeto da concessão patrocinada é a *concessão de serviços públicos ou de obras públicas*, tal como previsto na Lei Geral das Concessões. Nessa hipótese, a destinatária dos serviços e obras é a coletividade, cabendo aos usuários pagar ao concessionário a respectiva tarifa pela utilização do serviço.

Registre-se, no entanto, que o objeto básico da concessão é o *serviço público*, ainda que de cunho administrativo interno. Já foi dito ser imprópria tecnicamente a expressão *"concessão de obra pública"*, porque obra não se concede, e sim se contrata. Concede-se, isto sim, o *"serviço"*, a *"atividade"*, o *"uso"*. Assim, quando a lei se refere a tal expressão, deve considerar-se que, mesmo sendo a obra o foco do contrato, o contratado recebe em concessão a prestação de um serviço a ser executado em função da obra por ele realizada. Relembramos, inclusive, que essa é a ideia prevista na Lei nº 8.987/1995, quando contemplou a *concessão de serviço público precedida da execução de obra pública*.

Na concessão administrativa, o objeto é a *prestação de serviços*, sendo a Administração Pública a usuária direta ou indireta, ainda que seja necessária a execução de obras ou o fornecimento e a instalação de bens (art. 2º, § 2º). Alguns estudiosos advogam o entendimento de que o objeto é complexo, envolvendo necessariamente a prestação de um serviço e a execução de uma obra (ou uma concessão de uso).[107] Outros sustentam inexistir necessariedade do objeto complexo, podendo o contrato alvejar somente a prestação do serviço, doutrina que nos parece mais consentânea com o texto legal.[108]

Na verdade, a lei ficou confusa quanto ao objeto da concessão administrativa. Na concessão patrocinada, é fácil entender a sua lógica, pois que afinal se assemelha à concessão comum, desta se diferenciando apenas em virtude de o concessionário receber também recursos oriundos do Poder Público, e não somente dos usuários. No entanto, na concessão administrativa a lei deixou margem a dúvidas. De logo, fala-se em *prestação de serviços* sem qualquer especificação quanto à sua natureza. Ademais, diz-se que os serviços se destinam à Administração como *usuária direta ou indireta*. Mas o que significa ser "usuário direto ou indireto" do serviço?

A expressão é vaga e de difícil inteligência. Ao que parece a lei pretendeu dar em concessão uma série de atividades tipicamente administrativas, para as quais precisará de investimentos do setor privado. Na justificativa do projeto de lei do Executivo, foi dito que as parcerias público-privadas permitiriam um amplo leque de investimentos, *"suprindo demandas desde as áreas de segurança pública, habitação, saneamento básico até as de infraestrutura viária ou elétrica".*[109] Nota-se, pois, que o sistema pretende admitir a contratação de variada gama de serviços públicos de *natureza administrativa*, única hipótese em que se pode entender o fato de ser a Administração usuária direta ou indireta desses mesmos serviços.

Conquanto semelhantes em face do mesmo objeto, e ainda que em ambos a Administração seja usuária do serviço, o contrato de concessão administrativa de serviços não tem perfil idêntico ao do contrato de serviços regulado pela Lei nº 14.133/2021. Neste, o particular contratado limita-se à prestação do serviço, cabendo à Administração pagar o respectivo preço em dinheiro; naquele, o concessionário presta o serviço mas se lhe exige que faça investimento

---

[107] PAULO MODESTO, Reforma do Estado, formas de prestação de serviços ao público e parcerias público-privadas, em *Parcerias Público-Privadas* (Coord. Carlos Ari Sundfeld), Malheiros, 2005, p. 483.

[108] No mesmo sentido, LUIZ TARCÍSIO TEIXEIRA FERREIRA, *Parcerias Público-Privadas*. Aspectos constitucionais, Malheiros, 2006, p. 70.

[109] Projeto de Lei nº 2.546, do Poder Executivo.

na atividade, obrigando-se a Administração a uma contraprestação pecuniária que pode variar de espécie, como reza o art. 6º da Lei nº 11.079.

Como se trata de delegação da gestão de determinada atividade de infraestrutura administrativa, a concessão administrativa reclama que se confira ao concessionário certo grau de *autonomia empresarial* para que a atividade possa ser desenvolvida com maior eficiência e as metas devidamente alcançadas. Deve caber-lhe, pois, definir os meios e as estratégias inerentes ao poder de gestão atribuído por essa modalidade de concessão. Por tal motivo é que a lei (art. 2º, § 4º, III) vedou a contratação direcionada apenas ao fornecimento de mão de obra, ao fornecimento e instalação de equipamentos ou à execução de obra pública, casos que seriam regidos normalmente pelo estatuto de licitações e contratos.[110]

Por tais elementos é que, com a devida vênia, dissentimos daqueles doutrinadores que identificam a concessão administrativa com o contrato de prestação de serviços.[111] Pode-se admitir que haja semelhanças entre eles e até mesmo suspeitar que esse novo tipo de contratação venha a fracassar, mas inexiste total identidade no que tange à fisionomia jurídica de tais negócios.[112]

Verifica-se, pois, que a concessão administrativa constitui mero pretexto para atrair investimento do setor privado e, como o concessionário é pessoa privada e persegue lucros, fica no espírito do intérprete séria dúvida sobre a dimensão da contraprestação a que estará sujeita a Administração no caso de contratação dessa espécie.

5. CARACTERÍSTICAS E DIRETRIZES

Relegando a segundo plano os traços diferenciais secundários, pode-se considerar que os contratos de concessão especial sob o regime de parceria público-privada apresentam três características básicas que os distinguem dos demais contratos administrativos.

A primeira delas reside no *financiamento do setor privado*. Esse aspecto indica que o Poder Público não disponibilizará integralmente (até porque não os tem) recursos financeiros para os empreendimentos públicos que contratar. Caberá, pois, ao parceiro privado a incumbência de fazer investimentos no setor da concessão, seja com recursos próprios, seja através de recursos obtidos junto a outras entidades do setor público ou privado. Talvez esse seja o ponto que mais de perto justifique a ideia de parceria, como está na titulação do ajuste.[113]

A outra característica consiste no *compartilhamento dos riscos*, assim entendido o fato de que o Poder concedente deve solidarizar-se com o parceiro privado no caso da eventual ocorrência de prejuízos ou outra forma de déficit, ainda que tal consequência tenha tido como causa fatos imprevisíveis, como o caso fortuito, a força maior, o fato do príncipe e a imprevisão em virtude de álea econômica extraordinária (art. 5º, III, Lei 11.079). Daí a necessidade de eficiente controle sobre o objeto da contratação: se a gestão do empreendimento, a cargo do parceiro privado, for desastrosa, o Estado concedente arcará, juntamente com aquele, com as consequências advindas da má execução do contrato.

Por fim, é aspecto marcante da concessão especial a *pluralidade compensatória* fixada como obrigação do Estado em favor do concessionário pela execução da obra ou do serviço. De fato, em tal sistema é admitida contraprestação pecuniária de espécies diversas, além do

---

[110] ALEXANDRE ARAGÃO, As parcerias Público-Privadas - PPPs no Direito Brasileiro (RDA 240, p. 120, 2005).

[111] É o pensamento de CELSO ANTÔNIO BANDEIRA DE MELLO, *Curso*, cit., 20. ed., 2006, p. 732.

[112] Também: MARIA SYLVIA ZANELLA DI PIETRO, *Direito administrativo* cit., 19ª ed., 2006, p. 315.

[113] Sobre a matéria, vide a obra de ADILSON ABREU DALLARI e ADRIANO MURGEL BRANCO, *O financiamento de obras e de serviços públicos*, Bertin/Paz e Terra, 2006.

Cap. 8 · CONCESSÃO E PERMISSÃO DE SERVIÇOS PÚBLICOS | 345

pagamento direto em pecúnia, que é a forma comum de quitação. A lei admite a cessão de créditos não tributários e a outorga de certos direitos da Administração, fora outros que lei estabelecer (art. 6º).

Por enquadrar-se como contrato administrativo, a concessão especial sob regime de parceria deverá ser celebrado com amparo em certas *diretrizes* (art. 4º), sendo estas consideradas as linhas a serem observadas quando a Administração elaborar seus projetos para tais espécies de ajuste. Algumas delas, aliás, são de tamanha obviedade que sequer mereceriam referência expressa no texto legal.

Entre estas últimas estão, por exemplo, a eficiência na execução das obras e serviços públicos (art. 4º, I), o respeito aos interesses dos destinatários do objeto do contrato e dos parceiros privados (art. 4º, II) e a transparência de procedimentos e decisões (art. 4º, V) – todas elas elementos naturais dos contratos da Administração.

Afora essas, deve a Administração levar em conta a *indelegabilidade de funções exclusivas do Estado* (art. 4º, III), como a jurisdicional, as de regulação e as decorrentes do exercício do poder de polícia. Tais atividades não comportam delegação a pessoas do setor privado, impondo-se que sejam sempre executadas por entes dotados de potestade pública (*jus imperii*). Não será lícito, assim, celebrar contrato de concessão para que parceiro privado fiscalize exercício de profissões ou exerça o controle (regulação) atribuído às agências reguladoras. A menção à função jurisdicional era dispensável: nunca houve cogitação no sentido de delegá-la a entes privados. A ter-se que mencioná-la, o mesmo deveria ter sido feito relativamente à função legiferante do Estado, tão obviamente indelegável quanto a jurisdicional.

A lei aponta também como diretriz a *repartição objetiva dos riscos* (art. 4º, VI). Já vimos que esse aspecto constitui uma das características das parcerias público-privadas. Trata-se de fórmula para não afastar eventuais parceiros privados se fosse apenas seu o risco do empreendimento. Desse modo, os projetos administrativos devem considerar esse nível de igualdade no que toca aos riscos e, naturalmente, a possíveis prejuízos.

A *responsabilidade fiscal* é outra diretriz e incide tanto na etapa de celebração como na de execução do serviço ou da obra (art. 4º, IV). O êxito, porém, da observância de semelhante diretriz depende muito da forma pela qual os órgãos públicos desempenharão a função de controle. Este há de ser interno, quando relacionado às receitas e despesas públicas, e externo, na verificação do desempenho do concessionário e das metas a serem alcançadas.

Finalmente, a lei inclui no rol das diretrizes a *sustentabilidade financeira* dos projetos de parceria (art. 4º, VII). Significa que cabe à Administração prover-se de reserva dos custos que ficarão a seu cargo e das vantagens socioeconômicas decorrentes do objeto contratual, indicando-se quais os benefícios que poderão advir da implantação ou da gestão do empreendimento a ser executado pelo parceiro privado. Em outras palavras, é necessário que seja previamente verificada a relação custo-benefício do empreendimento projetado.

6. CLÁUSULAS ESSENCIAIS, NÃO ESSENCIAIS E VEDAÇÕES

As concessões especiais sob regime de parceria público-privada apresentam-se com dois grupos de *cláusulas essenciais*. O caráter de essencialidade tem o sentido de que a ausência ou distorção de semelhantes cláusulas provoca a nulidade do contrato. Têm, por conseguinte, intrínseca relação com a validade do pacto concessional.

O primeiro grupo, objeto de remissão pela Lei nº 11.079, é constituído pelas mesmas cláusulas que constam no art. 23 da Lei nº 8.987/1995, que já comentamos no tópico pertinente relativo às concessões comuns. Para evitar repetição, remetemos o leitor ao aludido tópico.

O segundo é o que se encontra na relação do art. 5º da Lei nº 11.079: são as cláusulas essenciais adicionais.

346 | MANUAL DE DIREITO ADMINISTRATIVO • Carvalho Filho

No que tange a estas últimas, é obrigatório que no instrumento contratual conste a previsão da repartição de riscos entre concedente e concessionário, inclusive diante da ocorrência de fatos imprevisíveis (art. 5º, III); semelhante previsão, aliás, compatibiliza-se com a diretriz fixada na lei nesse mesmo sentido (art. 4º, VI).

Há regra essencial quanto ao prazo contratual: a vigência do contrato não será inferior a cinco, nem superior a trinta e cinco anos, já considerada eventual prorrogação (art. 5º, I). Significa que o contrato só admite prorrogação se o prazo total não ultrapassar aquele limite. A fixação do prazo fica a critério da Administração; nesse ponto, portanto, exerce atividade discricionária. Cabe-lhe, entretanto, observar o princípio da proporcionalidade: o prazo deve ser compatível com a amortização dos investimentos efetuados.

Obrigatórias são, ainda, as cláusulas que prevejam a remuneração e a atualização dos valores contratuais e as que indiquem os meios de preservação da atualidade da prestação dos serviços (art. 5º, IV e V). Se a atualização dos valores contratuais se sujeitar a fórmulas e índices objetivos, a aplicação do reajuste será automática; desse modo, dispensada estará a Administração da prática de ato homologatório do reajuste. No caso de rejeitar a atualização, deve o órgão concedente apresentar sua justificativa expressa para o fato e publicar o respectivo ato na imprensa oficial até o prazo de quinze dias contado da apresentação da fatura (art. 5º, § 1º).

Outras cláusulas essenciais são: (a) a definição dos fatos que indiquem a inadimplência pecuniária do concedente (art. 5º, VI); (b) as penalidades aplicáveis às partes no caso de inadimplemento, sempre observado o postulado da proporcionalidade em relação à gravidade da falta (art. 5º, II); (c) as garantias de execução do contrato pelo parceiro privado compatíveis com a natureza e a extensão do objeto contratual (art. 5º, VIII); (d) os critérios de avaliação de desempenho do concessionário (art. 5º, VII); (e) o compartilhamento com a Administração de ganhos econômicos do concessionário se houver redução do risco de crédito de financiamentos por ele obtidos (art. 5º, IX); (f) a vistoria de bens reversíveis, ou seja, daqueles que, utilizados pelo parceiro privado, venham a ser transferidos para o patrimônio do parceiro público, sendo admitida a retenção de pagamento para o fim de sanar eventuais irregularidades (art. 5º, X).

A Lei nº 12.766, de 27.12.2012, inseriu o inciso XI no art. 5º em comento. Segundo a alteração, constitui também cláusula essencial "*o cronograma e os marcos para o repasse ao parceiro privado das parcerias do aporte de recursos*", relativos à fase de investimentos do projeto e/ou após a disponibilização dos serviços. A exigência se dará quando o contrato prever o aporte de recursos em favor do concessionário para a realização de obras e aquisição de bens reversíveis, na forma do art. 18, X e XI, da Lei nº 8.987/1995. A autorização para tanto, contudo, deverá constar no edital de licitação, se o contrato for novo, ou em lei específica, se o ajuste foi celebrado até 8.8.2012 (data da publicação da MP 575, de 7.8.2012, que acabou convertida na lei em tela).

Além das cláusulas obrigatórias, a lei admite a inclusão no contrato de *cláusulas não essenciais*, isto é, aquelas cuja ausência não implica a nulidade da concessão. A inserção no contrato depende da avaliação de conveniência a cargo da entidade concedente.

Uma delas é a previsão dos requisitos que conduzem o concedente a autorizar a transferência do controle da sociedade de propósito específico (a que executa o contrato, como veremos adiante) para seus financiadores, quando necessária reengenharia financeira e a continuidade da prestação do serviço (art. 5º, § 2º, I). No caso, não se aplica o art. 27, § 1º, I, da Lei nº 8.987/1995, segundo o qual o pretendente, para obter a autorização do poder concedente, deverá cumprir as exigências de capacidade técnica, idoneidade financeira e regularidade jurídica e fiscal indispensáveis à assunção do serviço. Todavia, existe entendimento segundo o qual seria inconstitucional o art. 5º, § 2º, I, sob o fundamento de que estaria violando o art. 37, XXI, da

CF, que contempla tais requisitos.[114] Ousamos divergir desse entendimento. Primeiramente, o mandamento constitucional só considera os citados requisitos quando *"indispensáveis à garantia do cumprimento das obrigações"*, que é o que ocorre com a transferência do controle da sociedade. Demais disso, essa é exatamente uma das formas de compartilhamento dos riscos previsto na lei para os parceiros (art. 5º, III). Não vemos, pois, qualquer eiva de inconstitucionalidade no dispositivo.

Facultativa é também a cláusula que preveja a possibilidade de que o empenho seja emitido diretamente em nome dos financiadores do projeto quando se tratar de obrigações pecuniárias a cargo da Administração (art. 5º, § 2º, II). Aqui a lei pretendeu afastar um pouco a burocracia do processo de empenho e garantir ao investidor o recebimento de seus créditos.

Por último, é legítimo que o contrato contenha cláusula que contemple a possibilidade de serem pagas indenizações aos financiadores do projeto na hipótese de extinção antecipada da concessão. A eles podem ser assegurados ainda pagamentos efetuados pelos fundos e empresas governamentais garantidores da contratação (art. 5º, § 2º, III). Objetiva-se nesse aspecto criar um ponto de atração para os financiadores, reduzindo-lhes o risco de prejuízos decorrentes do empreendimento.

São previstas na lei situações que constituem as *vedações* relativamente à parceria público-privada (art. 2º, § 4º). Tais vedações representam os pressupostos negativos do contrato: se inobservados, o contrato estará fadado à invalidação por vício de legalidade.

Em primeiro lugar, tem-se *vedação quanto ao valor*: é vedada a contratação quando o valor do contrato for inferior a dez milhões de reais (art. 2º, § 4º, Lei nº 11.079, com a redação da Lei nº 13.529, de 4.12.2017); antes, o valor mínimo era de vinte milhões. *A contrario sensu*, se envolver quantia inferior, deverá ser celebrado contrato de obra ou de serviço (Lei nº 14.133/2021), ou contrato de concessão comum (Lei nº 8.987/1995). Esse limite aplica-se de forma geral a todos os entes federativos. Sustentam alguns que se trata de norma geral de direito financeiro, e não de norma geral de contratação.[115] De fato, é tênue, no caso, a linha limítrofe, mas, a nosso ver, é norma sobre contratação, visto que, sendo esta o objeto principal, a fixação do limite mínimo lhe é elemento acessório. Por tal motivo, está dentro da competência da União legislar sobre a matéria (art. 22, XXVII, CF).

Depois, a lei contempla *vedação quanto ao tempo*: o contrato não pode ser celebrado por período inferior a cinco anos. Esse prazo mínimo é previsto em dois dispositivos: art. 2º, § 4º, II, e art. 5º, I, da lei. Note-se que no art. 2º, § 4º, específico das vedações, não se previu o limite máximo de vigência do contrato, ou seja, trinta e cinco anos. Esse limite, como vimos, está previsto apenas no art. 5º, I, que trata das cláusulas essenciais do contrato.

Por último, é prevista *vedação quanto ao objeto*: o contrato não pode ter como objeto único o fornecimento de mão de obra, o fornecimento e a instalação de equipamentos ou a execução de obra pública. Justifica-se a vedação pelo fato de que, se o ajuste tiver como único objeto referidas atividades, estará ele enquadrado como contrato normal de serviços, compras e obras, regulado pela Lei nº 14.133/2021 (ELC).

7. CONTRAPRESTAÇÃO E GARANTIAS

No comentário deste tópico, merece ser lembrado que a *contraprestação pecuniária* do poder concedente é elemento característico da parceria público-privada. Nesse sentido é expresso o art. 2º, § 3º, da Lei nº 11.079. Contudo, vale a pena destacar que a ideia de *contraprestação*

---

[114] É o que pensa o ilustre Prof. CELSO ANTÔNIO BANDEIRA DE MELLO, *Curso*, cit., 20. ed., p. 743.

[115] LUIZ TARCÍSIO TEIXEIRA FERREIRA, *Parcerias Público-Privadas*. Aspectos constitucionais, cit., p. 36.

348 | MANUAL DE DIREITO ADMINISTRATIVO • *Carvalho Filho*

pecuniária encerra dois sentidos: o primeiro é o que indica que o poder concedente efetuará o pagamento ao parceiro privado diretamente em dinheiro; o segundo reside em que o caráter de pecuniariedade pode ser *indireto*, vale dizer, pode a contraprestação ser efetuada através de mecanismo jurídico que, por sua vez, se converta ulteriormente em pecúnia. Este último é que é o sentido que se encontra no art. 6º da lei, que trata da matéria.

Seja qual for a forma pela qual se apresente, porém, a contraprestação só pode ser efetuada quando já estiver disponível o serviço prestado pelo parceiro privado. Resulta daí que a antecipação do pagamento pode configurar improbidade administrativa (Lei nº 8.429/1992). Por outro lado, sendo o serviço dividido em etapas, será lícito efetuar a contraprestação relativamente àquela que já se revelar fruível pela Administração. Aqui, a contraprestação será parcial e corresponderá à parte do serviço que já tiver sido executada e disponibilizada para o poder concedente (art. 7º e § 1º, Lei 11.079). Se houver o aporte favorecido de recursos, na fase de investimentos a cargo do concessionário, deverá ele ser proporcional às etapas efetivamente cumpridas, como dispõe o art. 7º, § 2º – parágrafo introduzido pela Lei nº 12.766, de 27.12.2012.

Vigora para as parcerias público-privadas o princípio da *variabilidade remuneratória*: pode o contrato conter cláusula pela qual a remuneração seja vinculada ao desempenho do concessionário. Mas, para tanto, será imperioso que o contrato estabeleça de forma clara e precisa as metas e os padrões de qualidade e disponibilidade do objeto do ajuste (art. 6º, § 1º). Tal previsão nos parece razoável, mas dependerá, a nosso ver, da fixação de parâmetros objetivos no contrato, porque somente assim poderão os parceiros pleitear, um perante o outro, o reconhecimento de seus direitos quanto à remunerabilidade pactuada.

A já citada Lei nº 12.766/2012, introduzindo algumas alterações na matéria, passou a admitir a previsão contratual do aporte de recursos em favor do parceiro privado, no caso de realização de obras e aquisição de bens reversíveis, hipótese prevista no art. 18, X e XI, da Lei nº 8.987/1995 (art. 6º, § 2º). Outra inovação residiu na exclusão do valor desse aporte como base de cálculo para determinados fins tributários (I. Renda, CSLL, PIS, COFINS), reduzindo a oneração do concessionário (art. 6º, § 3º). A compensação desse bônus, no entanto, será efetuada ao final do contrato, ocasião em que o concessionário não receberá indenização pelas parcelas de investimentos vinculadas a bens reversíveis ainda não amortizadas ou depreciadas, se os investimentos tiverem sido realizados com o aporte favorecido de recursos (art. 6º, § 5º).

A forma normal de contraprestação pecuniária a ser efetuada pelo parceiro público é a *ordem bancária*. Indica-se aqui que o valor devido ao concessionário estará disponibilizado em estabelecimento bancário. No projeto de lei falava-se em "pagamento em dinheiro". A alteração foi saudável, visto que poucas são despesas pagas efetivamente em dinheiro pela Administração. Já a ordem bancária indica o pagamento em ou através de outro mecanismo em que o valor esteja disponibilizado no estabelecimento bancário.

Admite-se, ainda, a *cessão de créditos não tributários*, como é caso, por exemplo, de créditos derivados de indenizações devidas por terceiros. Outro instrumento é a *outorga de direitos em face da Administração Pública* (art. 6º, III). A dicção da lei nesse caso resultou fluida e imprecisa. É de supor-se, no entanto, que o legislador se tenha referido a direitos que tenham o caráter de conversibilidade em pecúnia, ou que ao menos estampem a representação de determinado valor. Talvez possa enquadrar-se na hipótese a outorga onerosa do direito de construir, instrumento urbanístico previsto na Lei nº 10.257/2001 (Estatuto da Cidade), pelo qual o interessado recebe consentimento para edificar além do coeficiente de aproveitamento básico do local. Como o interessado deve efetuar uma contrapartida, e tendo esta valor econômico, pode ser dispensada para que o respectivo valor sirva como contraprestação do Poder Público, outorgando-se, porém, o direito ao parceiro privado.

Cap. 8 · CONCESSÃO E PERMISSÃO DE SERVIÇOS PÚBLICOS | 349

Outro mecanismo é a *outorga de direitos sobre bens públicos dominicais* (art. 6º, IV). Insere-se nessa modalidade a renda obtida em decorrência da locação ou da concessão de bens públicos (que serão mesmo necessariamente dominicais). Em consequência, não servem como contraprestação os rendimentos oriundos do uso de bens de uso comum do povo e de bens de uso especial. Por fim, poderá a lei prever outros instrumentos que formalizem a contraprestação do poder concedente.

A parceria público-privada evidencia clara preocupação em evitar que o concessionário, a cujo cargo ficaram os investimentos no serviço ou na obra pública, sofra prejuízos ou corra riscos diante de eventual inadimplemento do poder concedente ou até mesmo em virtude fatos imprevisíveis. Por tal motivo, a lei consignou as *garantias* que podem ser contratadas relativamente às obrigações contraídas pela Administração Pública (art. 8º).

Uma dessas garantias é a *vinculação de receitas* (art. 8º, I). Como é sabido, a Constituição veda a vinculação de receita de impostos a órgão, fundo ou despesa (art. 167, IV), mas o próprio dispositivo consigna algumas hipóteses em que a vinculação é admissível. Uma delas é a prestação de garantias às operações de crédito por antecipação de receita, matéria passível de ser prevista na lei orçamentária anual, nos termos do art. 165, § 8º, da CF. Por conseguinte, havendo previsão no contrato, é legítimo que o concedente ofereça como garantia ao parceiro privado recursos vinculados à arrecadação de impostos.

Para alguns autores, o dispositivo se revela inconstitucional, argumentando-se com o fato de que a exceção contemplada no art. 167, IV, da CF, não visa a garantir credores, mas sim a preservar o equilíbrio entre a dívida pública e o valor da receita antecipada, com isso prevenindo-se desequilíbrio orçamentário.[116] Com o devido respeito a tão abalizadas opiniões, não vislumbramos incongruência com o texto constitucional. Este limita-se a considerar não vedada a vinculação no caso de *"prestação de garantias às operações de crédito por antecipação de receita"*. Ora, como ensina autorizada doutrina, tais operações visam a cobrir eventual déficit de caixa, *"quando as receitas tributárias arrecadadas se mostram ainda insuficientes para atender as despesas iniciais"*, fato que permite ao Executivo garantir a operação de crédito por antecipação da receita.[117] Nesse aspecto, parece-nos deva ter-se em vista o aspecto específico da parceria público-privada, na qual a contraprestação pelo investimento feito pelo concessionário é o compartilhamento dos riscos e a garantia de recebimento de seu crédito.

Podem ainda ser ajustadas outras formas de garantia, como: (a) contratação de seguro-garantia com empresas não controladas pelo ente estatal; (b) garantia prestada por organismos internacionais ou instituições financeiras fora do controle do Poder Público; (c) criação ou utilização de fundos especiais, conforme previsto em lei; (d) garantia prestada por fundo garantidor ou empresa estatal criada especificamente para tal objetivo; (e) outros instrumentos a serem adotados em lei (art. 8º. II e VI, Lei 11.079).

Quanto ao *fundo garantidor* (Fundo Garantidor de Parcerias – FGP) – mecanismo pelo qual optou o governo federal, conforme consta dos arts. 16 a 22 da lei, e que enseja algumas vantagens para o parceiro privado –, há interpretação segundo a qual ocorreria contrariedade ao art. 165, § 9º, II, da CF, pelo qual se exige *lei complementar* para a instituição e funcionamento de fundos, e ao art. 71 da Lei nº 4.320/1964 (normas gerais de direito financeiro), que proíbe que fundos possam ser objeto de garantia de dívidas pecuniárias.[118] Nesse aspecto, a

---

[116] É o pensamento de CELSO ANTÔNIO BANDEIRA DE MELLO, *Curso* cit., 20ª ed., p. 740.

[117] LUIZ EMYGDIO DA ROSA JR., *Manual de direito financeiro e direito tributário*, Renovar, 18. ed., 2005, p. 91. Também não discrimina a natureza da operação de crédito IVES GANDRA MARTINS, *Comentários à Constituição do Brasil*, Saraiva, v. 6., t. II, 1991, p. 346.

[118] A opinião é de KIYOSHI HARADA, em parecer elaborado para a OAB (apud ALEXANDRE ARAGÃO, trab. cit., *RDA* 240/2005).

MANUAL DE DIREITO ADMINISTRATIVO • *Carvalho Filho*

Lei 11.079 dispõe que, em caso de inadimplemento, os bens e direitos do Fundo poderão ser objeto de constrição judicial e alienação para satisfazer as obrigações garantidas (art. 18, § 7º).

A impugnação, porém, não procede. O dispositivo constitucional tem cunho genérico e refere-se ao estabelecimento de normas gerais sobre fundos, e não à instituição de fundo específico, sendo, pois, legítima a instituição deste por lei ordinária. Por outro lado, o dispositivo da Lei nº 4.320/1964 apenas impõe que as receitas dos fundos se vinculem a objetivos predeterminados, nada impedindo, portanto, que entre tais objetivos esteja o de garantir dívidas contraídas para a execução de parcerias público-privadas.[119]

É de se reconhecer, contudo, que o fundo ora referido constitui figura de certo modo anômala, já que tem natureza privada e responde com seus bens e direitos pelas obrigações que venha a contrair (art. 16, §§ 1º e 5º, da lei). Entretanto, é despido de personalidade jurídica própria e se configura como verdadeira *universalidade jurídica de bens e direitos* ou, se se preferir, de *patrimônio de afetação*. O intento da lei, no entanto, ficou claro: em virtude do sistema de parceria, deve conferir-se ao credor maior facilidade no recebimento de seu crédito, o que não ocorre nos contratos comuns da Administração.[120] Assinale-se, por fim, que tal sistema não poderia aplicar-se a fundos de natureza pública, eis que a regência nesse caso sofre o influxo de normas de direito público.

A Lei nº 11.079/2004 previu a possibilidade de a União conceder garantia ou realizar transferência voluntária aos Estados, Distrito Federal e Municípios com vistas à contratação de PPPs (art. 28). A condição é que a soma das despesas continuadas decorrentes das parcerias já contratadas por tais pessoas não ultrapasse, no ano anterior, o percentual de 5% da receita corrente líquida do exercício, ou que as despesas anuais dos contratos vigentes nos dez anos subsequentes não excedam 5% da mesma receita, projetada para os respectivos exercícios. O percentual anterior de comprometimento era de 3%, mas foi elevado para 5% pela Lei nº 12.766/2012, que alterou o citado art. 28 da Lei nº 11.079/2004. A alteração, como se pode inferir, ampliou a margem de comprometimento da receita para que aqueles entes federativos façam jus ao benefício.

8. SOCIEDADE DE PROPÓSITO ESPECÍFICO

Embora o projeto de lei do Executivo sobre as parcerias público-privadas não tenha feito a previsão, a Lei nº 11.079/2004 contemplou a instituição da *sociedade de propósito específico*, conferindo-lhe a incumbência de *implantar e gerir o projeto de parceria*, como reza o art. 9º. Pretendeu o legislador colocar em apartado a pessoa jurídica interessada na parceria, de um lado, e a pessoa jurídica incumbida da execução do objeto do contrato, de outro. A providência, de fato, permitirá melhor forma de controle do poder concedente sobre as atividades, o desempenho e as contas do parceiro privado, advertindo-se que tais sociedades podem praticar outros atos desvinculados do seu objeto principal.[121]

Não obstante, a lei não se revelou suficientemente clara quanto ao momento de instituição da referida sociedade. O art. 9º emprega a expressão *"Antes da celebração do contrato"*, e só. Ao que parece, a precedência diz respeito apenas ao contrato, mas não à licitação. Nesta participará normalmente a pessoa jurídica já existente. Aquela que vencer o certame, então, terá que cumprir obrigação pré-contratual, qual seja, a de instituir a sociedade de propósito específico.

---

[119] São as corretas observações de ALEXANDRE ARAGÃO, *RDA* 240 cit., p. 205.

[120] Da mesma forma não merece apoio o entendimento de que haveria ofensa ao art. 100 da CF, que prevê o sistema de precatórios, opinião esposada por CELSO ANTÔNIO BANDEIRA DE MELLO (*Curso*, cit., p. 740).

[121] EGON BOCKMANN MOREIRA, *Direito das concessões de serviço público*, Malheiros, 2010, p. 108.

Cap. 8 · CONCESSÃO E PERMISSÃO DE SERVIÇOS PÚBLICOS | 351

É a conclusão que se afigura mais lógica. O edital de licitação, no entanto, deverá fixar prazo para que o licitante vencedor cumpra tal obrigação, pois que seria inócua a existência desta sem prazo-limite para o cumprimento. O certo é que, descumprida essa obrigação, o poder concedente não poderá celebrar o contrato com a sociedade primitiva. Dentro do sistema licitatório, caberá à Administração convocar o participante que ficou na ordem de classificação imediatamente inferior.

Permite a lei que a sociedade de propósito específico assuma a forma de companhia aberta, sob o modelo de sociedade anônima, de modo a propiciar a negociação de valores mobiliários no mercado (art. 9º, § 2º). Trata-se, contudo, de faculdade legal, de onde se infere que a referida sociedade poderá constituir-se com capital fechado. Esta enseja *constituição por subscrição particular*, originando-se de deliberação dos subscritores em assembleia geral ou por escritura pública (art. 88, Lei 6.404/1976 - Lei das Sociedades Anônimas). A companhia aberta resulta de *constituição por subscrição pública*, de iniciativa dos denominados *fundadores* (aqueles que desejam captar recursos no mercado para a implementação da sociedade), e pressupõem a observância de procedimento específico previsto em lei para sua instituição (arts. 82 a 87, Lei 6.404/1976). Esta última não vincula os sócios através de contrato propriamente dito, mas sim por ato plurilateral; na subscrição pública, os subscritores apenas aderem ao empreendimento. Por isso, são consideradas *sociedades institucionais*, e não *contratuais*, como são aquelas em que está presente a *affectio societatis*.[122]

No caso de transferência do controle da sociedade de propósito específico, necessária será a autorização expressa da Administração, devendo o edital e o contrato fixar os critérios para esse fim (art. 9º, § 1º). Exige-se, todavia, a observância do art. 27, § 1º, da Lei nº 8.987/1995, segundo o qual deve o pretendente ao controle da sociedade preencher os requisitos relativos à capacidade técnica, idoneidade financeira e regularidade jurídica e fiscal, que o habilitem à execução do contrato, bem como assumir o compromisso de cumprir todas as cláusulas do contrato em vigor.

A lei veda que a Administração Pública seja titular da maioria do capital votante nesse tipo de sociedade (art. 9º, § 4º, Lei 11.079). Em consequência, a sociedade de propósito específico não poderá adotar a forma de sociedade de economia mista, nem a de sociedade de mera participação estatal em que o Poder Público seja detentor da maioria do capital com direito a voto. Ou seja: a lei quis afastar qualquer ingerência de órgãos públicos no controle dessas sociedades.

Admissível se afigura, porém, a aquisição da maioria do capital votante por instituição financeira controlada pelo Poder Público, em decorrência do inadimplemento de contratos de financiamento (art. 9º, § 5º). Por força de semelhante ressalva, se a referida instituição financeira se enquadrar na categoria de sociedade de economia mista ou empresa pública, e houver previsão legal expressa nessa direção, constituir-se-á *sociedade de economia mista ou empresa pública subsidiária* (ou de segundo grau). Sem a previsão legal, entretanto, a assunção da maioria do capital votante renderá ensejo à formação de sociedade de mera participação do Estado, com a condição especial de ser titular da parte majoritária do capital social com direito a voto.

9. LICITAÇÕES

9.1. Introdução

A Lei nº 11.079/2004 – tal como ocorreu com a Lei nº 8.987/1995, para as concessões comuns – contemplou algumas normas específicas para os contratos de concessão especial

---

[122] É a observação de SÉRGIO CAMPINHO (*O direito de empresa*, Renovar, 2. ed., 2003, p. 51).

352 | MANUAL DE DIREITO ADMINISTRATIVO • *Carvalho Filho*

(as parcerias público-privadas). Tais normas, todavia, não excluem as normas gerais sobre o certame licitatório, constantes da Lei nº 14.133/2021 (ELC).

Por via de consequência, cabe sublinhar inicialmente que as normas consignadas na Lei nº 11.079 serão as de *aplicabilidade primária* (art. 12). Não obstante, incidem, em caráter de *aplicabilidade subsidiária*, as normas da Lei nº 14.133/2021 (a lei mais genérica sobre o assunto) e da Lei nº 8.987/1995, que, por tratar das concessões em geral, se configura também como lei geral relativamente à Lei nº 11.079, que regula especificamente as parcerias público-privadas.

9.2. Modalidade e Condições

Assim como ocorreu com a concessão simples, a previsão inicial na Lei nº 11.079 era a de que a modalidade obrigatória para as concessões especiais seria a *concorrência*, conforme o art. 10. Entretanto, o Estatuto vigente (art. 180) alterou o dispositivo e passou a admitir também o *diálogo competitivo* (art. 6º, XLII, do Estatuto).

Como a concessão especial apresenta lineamento jurídico próprio, a lei reguladora impôs a presença de certas *condições* para a instauração do processo licitatório.

A primeira delas é a *autorização da autoridade competente* (art. 10, I), fundada em estudos técnicos que indiquem: (a) a conveniência e oportunidade administrativas e as razões que justifiquem a opção pelo regime de parceria público-privada; (b) a subsistência das metas de resultados fiscais, compensando-se os efeitos da contratação através do aumento da receita ou da redução da despesa nos períodos subsequentes (art. 4º, § 1º, Lei Complementar nº 101/2000 – Lei da Responsabilidade na Gestão Fiscal); (c) a observância dos limites e condições estabelecidos na lei de responsabilidade O art. 10, I, "c", da Lei no 11.079, remete aos arts. 29, 30 e 32 da LC no 101/2000, que dispõem, respectivamente, sobre as definições básicas da dívida pública, os limites da dívida pública e das operações de crédito.

Faz-se necessário, ainda, que o objeto do contrato esteja previsto no plano plurianual relativo ao período de execução do ajuste (art. 10, V). Deve a Administração identificar a estimativa do *impacto orçamentário-financeiro* provocado pelo empreendimento, cabendo ao ordenador de despesa declarar que as obrigações decorrentes do contrato se compatibilizam com a lei de diretrizes orçamentárias e que estão contempladas na lei orçamentária anual (art. 10, II e III). Para tanto, deve ser feita a estimativa do fluxo de recursos públicos necessários ao cumprimento do objeto do contrato e ao adimplemento das obrigações assumidas pela Administração (art. 10, IV). Todas essas exigências constituem condições – nem sempre de fácil implementação, como se pode verificar – para que se inicie a licitação com vistas à contratação da parceria. Convém lembrar que, se a assinatura do contrato ocorrer em exercício diverso daquele em que for publicado o edital, devem ser atualizadas as condições relativas aos estudos técnicos, impacto orçamentário, estimativa de fluxos e declaração do ordenador de despesa (art. 10, § 2º).

Outra condição é a realização de *consulta pública* para análise da minuta do edital de licitação e do contrato de concessão, devendo a Administração providenciar a devida publicação, indicando todos os elementos que demonstrem a necessidade da contratação e fixando prazo para recebimento de sugestões, críticas e observações sobre o propósito governamental (art. 10, VI).

Constitui, ainda, condição a obtenção de *licença ambiental* (ou as diretrizes para a obtenção) com vistas ao empreendimento alvitrado (art. 10, VII). Tratando-se de empreendimento de vulto, será relevante a aludida licença: só através dela se poderá verificar se o meio ambiente não estará sujeito a danos fatais e irreversíveis. Na verdade, de nada adianta resolver um problema com o serviço ou a obra pública e ao mesmo tempo criar outro com a destruição do sistema ecológico. Daí a exigência da *sustentabilidade* do empreendimento, prevista no art. 4º, VII, da Lei nº 11.079.

Cap. 8 • CONCESSÃO E PERMISSÃO DE SERVIÇOS PÚBLICOS | 353

Por fim, é exigível *autorização legislativa específica* quando o Poder Público pretender celebrar *concessão patrocinada*, em que caiba à Administração o pagamento de mais de 70% da remuneração a ser paga ao concessionário (art. 10, § 3º).

A Lei nº 12.766/2012, todavia, acrescentou uma nova exigência, ao inserir o § 4º no art. 10: urge (1) que os estudos de engenharia definidores do valor do investimento da PPP sejam detalhados como se fossem um anteprojeto e (2) que o valor dos investimentos fixado como referência para a licitação seja calculado com base em valores de mercado, levando em conta quer o custo global de obras semelhantes, quer os sistemas de custos que empreguem como insumo valores de mercado do setor específico do projeto, tudo formalizado em orçamento sintético.

9.3. Edital

Na qualidade de instrumento convocatório e representando o documento fundamental de regência da licitação, o *edital* sempre haverá de sujeitar-se a exigências especiais previstas na lei. Na verdade, esse ato reflete o conjunto de normas que regulam as relações entre o Poder Público e os participantes da licitação. Na Lei nº 14.133/2021, os requisitos básicos estão no art. 25, e na Lei nº 8.987/1995 se encontram entre os arts. 14 e 22.

A Lei nº 11.079 indicou alguns elementos específicos apropriados ao regime da parceria público-privada e fez remissão a dispositivos de ambos aqueles diplomas.

Diz o art. 11 que o edital "conterá" a minuta do contrato. A dicção da lei está mal colocada. A minuta do contrato não se insere nos termos do edital; considera-se integrante dele, mas sua apresentação formal se faz pela anexação da minuta ao edital. Esse é também, como vimos, o sistema adotado pelo Estatuto (Lei nº 14.133/2021).

Aplicam-se, no que couber, algumas normas do processo de licitação previsto na Lei nº 8.987/1995. A mais importante delas é o art. 18, que exibe o elenco geral dos requisitos. É admitida a participação de empresas em consórcio (art. 19, Lei nº 8.987) e a disponibilização aos interessados de estudos, projetos, obras, serviços e investimentos já efetuados pelo concedente, podendo ser previsto o ressarcimento de despesas pelo licitante vencedor se o edital assim estabelecer (art. 21, Lei nº 8.987). A outra remissão é ao art. 15, §§ 3º e 4º, da Lei nº 8.987: recusa a propostas manifestamente inexequíveis ou financeiramente descompassadas em relação aos fins da licitação e preferência à proposta oferecida por empresa brasileira no caso de haver igualdade de condições.

O edital deve assinalar a garantia de proposta do licitante. Para evitar abusos por parte do concedente, inviabilizando a participação de algum interessado, a lei fez remissão ao art. 31, III, da Lei nº 8.666/1993, pelo qual a garantia tem que estar limitada a um por cento do valor estimado do objeto da contratação. Atualmente tal preceito consta do art. 58 da Lei nº 14.133/2021 – o vigente Estatuto – repetindo-se o limite da garantia em no máximo 1% do valor estimado para a contratação (art. 58, § 1º).

Se houver garantias a serem oferecidas pela Administração ao parceiro privado, como permite o art. 8º da Lei nº 11.079, deverão estar também especificadas no edital (art. 11, parágrafo único).

A lei (art. 11, III) faculta a adoção, entre outros mecanismos privados, do instituto da *arbitragem,* para solução de eventuais conflitos entre as partes, estando previsto, como já vimos, na Lei nº 9.307/1996. De acordo com esse diploma, a arbitragem, na Administração, é viável para dirimir conflitos relativos a direitos patrimoniais disponíveis (art. 1º, § 1º,

354 | MANUAL DE DIREITO ADMINISTRATIVO • *Carvalho Filho*

incluído pela Lei nº 13.129/2015).[123] Cuida-se aqui da incidência do *princípio do consensualismo* na Administração, como tem reconhecido a doutrina, evitando-se os problemas conhecidos da via judicial.[124]

Sob a égide da legislação anterior, omissa a respeito do tema, lavrou certa controvérsia sobre a legitimidade da *arbitragem* para a solução de conflitos. Alegavam alguns estudiosos que haveria inconstitucionalidade em virtude do interesse público que norteia o objeto da concessão.[125] Não endossamos essa interpretação, com a devida vênia. E por mais de uma razão. A Lei nº 9.307/1996 passou a admitir o instituto na Administração para dirimir conflitos pertinentes a direitos patrimoniais disponíveis. Depois, a própria Lei nº 8.987 referiu-se "ao foro e ao modo amigável de solução das divergências contratuais" (art. 23, XV).

Atualmente, a matéria perdeu o objeto, já que a Lei nº 14.133/2021 – o Estatuto vigente – prevê expressamente a adoção de *meios alternativos de prevenção e resolução de controvérsias*, especialmente a conciliação, a mediação, o comitê de resolução de disputas e a arbitragem (art. 151). O tema, inclusive, foi objeto de comentários no capítulo destinado aos contratos administrativos (Capítulo 5). Adite-se, apenas, que essa é a tendência atual – e lógica, diga-se de passagem – que rege a resolução de conflitos.

9.4. Procedimento

A Lei nº 11.079 apresenta alguns aspectos procedimentais singulares, que deverão ser adotados na licitação para a contratação da parceria (art. 12). Apesar disso, foi clara a lei em fazer remissão às normas da Lei nº 8.666/1993, como as regras básicas a serem adotadas no certame. Assim, as normas apontadas na lei da parceria terão caráter complementar. A referida lei foi substituída pelo novo Estatuto, a Lei nº 14.133/2021, de modo que é o atual diploma que contém as normas básicas a serem observadas na parceria.

Primeiramente, será lícito que a Administração faça prévia aferição da *qualificação técnica* das propostas apresentadas, sendo desclassificados os interessados que não obtiverem pontuação mínima. Nesse caso, serão excluídos da licitação (art. 12, I).

Os *critérios* de julgamento são os mesmos previstos para as concessões comuns (art. 15, I a V, da Lei nº 8.987/1995), já vistos anteriormente. A Lei nº 11.079, todavia, admite mais dois critérios: (1º) menor valor da contraprestação a ser paga pela Administração; (2º) melhor proposta decorrente da combinação do critério anterior com o de melhor técnica, conforme os pesos mencionados no edital (art. 12, II, *a* e *b*).

A *formalização* das propostas econômicas deve ser definida no edital. Mas a lei admite duas modalidades. Na primeira a proposta será apenas escrita e apresentada em envelope lacrado; na segunda se permite o oferecimento da proposta por escrito, seguindo-se lances em viva voz (art. 12, III, *a* e *b*). Pode adotar-se, portanto, o *sistema de oralidade* previsto para a modalidade de pregão. Há, porém dois mecanismos formais em relação aos lances em viva voz (cuja quantidade, aliás, não pode ser limitada). Em primeiro lugar, devem ser oferecidos na ordem inversa de classificação das propostas escritas; significa que o primeiro lance deve ser oferecido pelo último colocado no certame; o segundo, pelo penúltimo, e assim por diante. Depois, é permitido restringir o universo dos que vão participar dos lances em viva voz, para o fim de admitir-se somente a participação daqueles que tiverem oferecido proposta escrita no máximo 20% maior que o valor da melhor proposta.

---

[123] Vide Capítulos 5 e 15, nos quais tratamos do tema.

[124] GUSTAVO HENRIQUE JUSTINO DE OLIVEIRA, *A arbitragem e as parcerias público-privadas*, RDA 241, 2005, p. 241-271.

[125] CELSO ANTÔNIO BANDEIRA DE MELLO, *Curso*, cit., 20. ed., p. 733.

Preocupou-se o legislador em deixar bem claras as razões de aferição das propostas técnicas, tanto para qualificação como para julgamento. Por isso, exigiu-se o regime de *motivação*, em que a Administração deve fundamentar os atos de aferição com base nos elementos definidos objetivamente no edital (art. 12, § 2º). Com efeito, quanto mais objetivos forem os parâmetros de avaliação da proposta técnica, mais assegurado estará o direito dos licitantes e menos viável será o cometimento de abusos administrativos.

Contempla, ainda, a lei a possibilidade de se adotar o regime de *inversão* das fases de habilitação e julgamento (art. 13), este sendo precedente àquela, tal como também sucede na modalidade de pregão. Em nosso entender, a lei não deveria ter previsto a *faculdade*, mas sim a *obrigatoriedade* da inversão. É muito mais lógico julgar primeiramente as propostas, para só depois verificar a documentação exclusivamente do vencedor. Se o vencedor for inabilitado, examinar-se-ão os documentos do licitante que ficou em segundo lugar, e assim sucessivamente. No sistema clássico, perdem-se horas examinando os documentos de habilitação para, ao final, ser escolhido apenas um vencedor; tal sistema contraria a modernidade e refoge a qualquer padrão da razoabilidade.

Divulgado o resultado final, o objeto do contrato será adjudicado ao vitorioso no certame. A este será, então, assegurada a execução do contrato em conformidade com os aspectos técnico e econômico que constaram de sua proposta. A lei não se referiu ao ato de homologação, mas, em virtude da natureza do contrato de concessão especial, o ato de resultado final do processo licitatório, oriundo da comissão de licitação, deve sujeitar-se à homologação da autoridade superior competente, porque a esta é que compete verificar aspectos de legalidade e mérito relativos à licitação e ao futuro contrato. Só depois da homologação é que, enfim, deve ser praticado o ato de adjudicação, ou seja, o ato de conferir-se ao vencedor o direito à execução do contrato.

VI. Autorização

Alguns autores referem-se aos chamados *serviços autorizados,* como é o caso de HELY LOPES MEIRELLES, para quem tais atividades servem *"para atender interesses coletivos instáveis ou emergência transitória"*.[126]

Com o respeito que nos merecem esses autores, ousamos dissentir dessa linha de pensamento. Na verdade, não há autorização *para a prestação de serviço público.* Este ou é objeto de concessão ou de permissão. A autorização é ato administrativo discricionário e precário pelo qual a Administração consente que o indivíduo desempenhe atividade de seu *exclusivo ou predominante interesse,* não se caracterizando a atividade como serviço público.

Não nos parece possível conceber dois tipos diversos de atos para o mesmo objeto. Também não nos convence que a diferença se situe na natureza do serviço público, vale dizer, se é estável ou instável, ou se é emergencial ou não emergencial, como parece pretender aquele grande mestre. Se o serviço se caracteriza como público deve ser consentido por permissão. Alguns autores exemplificam a autorização invocando a atividade de portar arma ou a de derivar água de rio público.[127] Ora, com a devida vênia, tais atividades são realmente autorizadas, mas estão longe de considerar-se serviço público; cuida-se, isto sim, de atividades de interesse privado, que precisam de consentimento estatal pela necessidade de ser exercido, pela Administração, o seu poder de polícia. Por isso é que o Poder Público, nesses casos, confere autorização. Por isso, a doutrina refere-se a ato de predominante ou exclusivo interesse do particular.[128]

---

[126]   *Direito administrativo brasileiro* cit., pp. 352-353. DIÓGENES GASPARINI, *Direito Administrativo* cit., p. 267.

[127]   Vide DIÓGENES GASPARINI, ob. e loc. cit.

[128]   HELY LOPES MEIRELLES, *Direito administrativo* cit., p. 352.

356 | MANUAL DE DIREITO ADMINISTRATIVO • Carvalho Filho

Costuma-se fazer remissão ao art. 21, XII, da CF, para justificar a dita autorização de serviço público. Assim, porém, não nos parece. O art. 21 da CF dá competência à União Federal para *explorar, diretamente ou mediante autorização, concessão ou permissão*, algumas atividades, como os serviços de radiodifusão sonora, de sons e imagens, navegação, transportes etc. Essas atividades, contudo, nem sempre são típicos serviços públicos; algumas vezes são exercidas por particulares no próprio interesse destes, ou seja, sem que haja qualquer benefício para certo grupamento social. Desse modo, a única interpretação cabível, em nosso entender, para a menção às três espécies de consentimento federal, reside em que a concessão e a permissão são os institutos próprios para a prestação de serviços públicos, e a autorização o adequado para o desempenho da atividade do próprio interesse do autorizatário. Há, porém, entendimento de que o serviço de energia elétrica também pode comportar autorização.[129]

É certo que pode haver equívoco na rotulação dos consentimentos estatais. Cumpre, entretanto, averiguar a sua verdadeira essência. Ainda que rotulada de *autorização*, o ato será de *permissão* se alvejar o desempenho de serviço público; ou, ao contrário, se rotulado de *permissão*, será de *autorização* se o consentimento se destinar à atividade de interesse do particular.

Além disso, há o argumento que consideramos definitivo: a Constituição Federal, ao referir-se à prestação indireta de serviços públicos, só fez menção à concessão e à permissão (art. 175). Parece-nos, pois, que hoje a questão está definitivamente resolvida, no sentido de que o ato de autorização não pode consentir o desempenho de serviços públicos.

A conclusão, desse modo, é a de considerar inaceitável a noção dos denominados *serviços públicos autorizados*. A atividade, quando for *autorizada*, há de refletir interesse exclusivo ou predominante de seu titular, ou seja, haverá na atividade autorizada interesse meramente privado, ainda que traga alguma comodidade a um grupo de pessoas.[130]

Há autores, todavia, que admitem a autorização de serviços públicos sob regime privado, distinguindo-os dos prestados sob regime de direito público. E o fazem, entre outros motivos, pela menção à *autorização*, ao lado da permissão e da concessão, feita pela Constituição.[131] Ousamos, com a vênia devida, dissentir desse entendimento. Em nosso entender, ou a atividade se caracteriza efetivamente como serviço público – hipótese em que poderá este ser prestado por concessão ou por permissão (mas não por autorização) – ou se tratará de atividade meramente privada e, aí sim, poderá ser outorgada a autorização. Além disso, se o serviço é público, somente o regime de direito público poderá regulá-lo em seu perfil fundamental.

Na prática, existem certas atividades que encerram alguma dúvida sobre se devem ser consideradas serviços de utilidade pública ou atividades de mero interesse privado, dada a dificuldade em se apontar a linha demarcatória entre ambos. Há mesmo atividades que nascem como de interesse privado e, ao desenvolver-se, passam a caracterizar-se como serviços públicos. A atividade de transporte de passageiros, por exemplo, às vezes suscita dúvida, e isso porque há serviços públicos e serviços privados de transporte de pessoas. É o caso de *vans* que conduzem moradores para residências situadas em local de mais difícil acesso em morros. Ou ainda o serviço de táxis. Trata-se, em nosso entender, de atividades privadas e, por isso mesmo, suscetíveis de *autorização*.[132] E, sendo autorização, não será realmente para nenhum serviço público, já que este se configura como objeto de *permissão*.

---

[129] MARIA SYLVIA ZANELLA DI PIETRO, *Direito administrativo* cit., 19ª ed., p. 305.

[130] RAFAEL CARVALHO REZENDE OLIVEIRA, *Administração pública* cit., p. 243.

[131] SARA JANE LEITE DE FARIAS, *Regulação jurídica dos serviços autorizados*, Lumen Juris, 2005, p. 196. Também: CLÁUDIO BRANDÃO DE OLIVEIRA, *Manual de direito administrativo*, Impetus, 3. ed., 2006, p. 123.

[132] Idêntica hipótese é a dos *mototáxis* e *"motoboys"*, agora regulados pela Lei nº 12.009, de 29.7.2009.

Cap. 8 · CONCESSÃO E PERMISSÃO DE SERVIÇOS PÚBLICOS | 357

Particularmente em relação às *vans* de passageiros, também denominadas de *"peruas"*, é forçoso reconhecer a dificuldade de enquadrar sua atividade – que é a de transportar, em cada veículo, pequeno número de passageiros nos núcleos urbanos – como serviço público ou atividade meramente privada. Situa-se, com efeito, em posição que fica num meio-termo entre o transporte coletivo de passageiros, inegavelmente serviço público, e o serviço de táxi, que, atendendo a pessoas de modo individualizado, melhor se configura como atividade privada. Embora consideremos esse tipo de transporte mais bem enquadrado como atividade privada (ao menos da forma como se iniciou junto à população, em que o atendimento era mais individualizado), entendemos deva ele submeter-se à regulamentação e controle pelo Poder Público, o que, em regra, não vem ocorrendo nas cidades, principalmente metrópoles, em que se tem desenvolvido notoriamente, ocupando espaço que o transporte coletivo regular não vinha conseguindo preencher em benefício da população.

A regulamentação e o controle da atividade, bem como a oferta do serviço em caráter mais genérico, ensejam – é forçoso reconhecer – sua maior assemelhação com a natureza dos serviços públicos. A total anarquia dessa atividade tem causado conhecidos conflitos, como os relacionados a emprego e desemprego, responsabilidade dos transportadores, segurança dos passageiros, excesso de veículos nos centros urbanos, desavenças entre donos de *"peruas"* e empresários e empregados de empresas de ônibus etc., tudo a demandar urgentemente a intervenção regulamentadora e o rigoroso controle dos órgãos administrativos competentes. Registre-se aqui substanciosos estudos sobre o tema.[133]

Por todos esses aspectos, a nosso ver, somente se o serviço de transporte de passageiros pelas *vans* sofrer regulamentação e controle nos moldes do que ocorre com os ônibus, passando, então, a ser oficialmente serviço público, é que será objeto de *contrato de permissão de serviço público*, sujeitando-se, em consequência, à Lei nº 8.987/1995. Fora daí, o consentimento estatal dar-se-á por *autorização*.

Disciplinando mediante regras gerais e classificando a atividade de transporte de passageiros, foi editada a Lei nº 12.587, de 3.1.2012, que, como já visto, instituiu a *Política Nacional de Mobilidade Urbana*, para melhorar o deslocamento de pessoas e a integração dos diversos meios de transporte, fatores necessários ao desenvolvimento urbano – matéria de competência da União (art. 21, XX, CF), com significativa participação dos Municípios (art. 182, CF).

A mobilidade urbana – impende anotar – guarda intrínseca relação com o *direito de locomoção*, vez que a falta de mobilidade afeta significativamente esse direito. Dependendo da visão sobre a mobilidade urbana, pode esta apresentar-se como *macroacessibilidade*, indicando a maior facilidade de atingir-se os lugares de forma geral, e *microacessibilidade*, no sentido de acesso a destinações específicas, como, *v. g.*, através de estacionamentos, pontos de ônibus etc.[134]

Nesse diploma, sobreveio a seguinte classificação: (a) transporte *público coletivo*, definido como o serviço público de transporte de passageiros, com acesso a toda a população, mediante pagamento individualizado, prevendo-se itinerários e preços fixados pelo Poder Público. Exemplo: os ônibus de linha com acesso geral para os indivíduos e o serviço de *vans* empresariado e regularizado (art. 4º, VI); (b) *transporte público individual*, assim considerado o serviço, remunerado e de caráter privado, de transporte de passageiros, aberto ao público, executado por meio de veículos de aluguel e alvejando a realização de viagens individualizadas. Como exemplos, os serviços de táxis, de *vans* individuais e os veículos de transporte de executivos (art. 4º, VIII); (c) *transporte privado coletivo*, sendo aquele serviço

---

[133] CLÓVIS BEZNOS, Transporte coletivo alternativo - aspectos jurídicos (*RTDP* nº 26, pp. 295-300, 1999).
[134] GERALDO SPAGNO GUIMARÃES, Comentários à lei de mobilidade urbana, Fórum, 2012, p. 104.

358 | MANUAL DE DIREITO ADMINISTRATIVO • *Carvalho Filho*

de transporte de passageiros, porém *não aberto ao público*, visando à realização de viagens, cada uma destas podendo ter características próprias. É o caso de ônibus fretado por grupos para passeios ou os ônibus exclusivos para moradores de condomínio (art. 4º, VII).

Noutro giro, a lei de mobilidade urbana caracteriza o serviço de *transporte privado coletivo*, considerada a sua natureza, como atividade tipicamente *privada*, de onde se infere que o poder de polícia, exercido pela Administração ao momento da instituição do serviço, deve ensejar consentimento estatal por meio de *autorização*. Cuida-se, pois, de *serviço autorizado* (art. 11).

No que concerne à atividade de *transporte público individual* de passageiros, como é o caso dos *táxis*, a lei primitivamente a qualificou como *serviço público* prestado sob *permissão* (art. 12), endossando o entendimento de alguns autores sobre a natureza do serviço. A Lei nº 12.865, de 9.10.2013, alterou o citado dispositivo, passando a caracterizar a atividade como *serviço de utilidade pública*, disciplinado e fiscalizado pelo Município, com atendimento às respectivas exigências administrativas. A alteração sugere claramente que tal serviço tem natureza preponderantemente privada, permitindo deduzir-se que o consentimento estatal se formaliza por *autorização*, e não por *permissão*, a despeito da errônea denominação que ainda subsiste em algumas leis anacrônicas, sobretudo de caráter local. Em nosso entendimento, a alteração foi digna de aplausos e sublinhou o aspecto técnico de que se reveste o serviço, o que, aliás, é abonado por vários estudiosos.[135]

Avulta ressaltar, por oportuno, que a autorização para o serviço de táxi passou a ser transferível a qualquer interessado e, em caso de falecimento do outorgado, a seus sucessores legítimos, desde que preenchidos os devidos requisitos e mediante anuência da Administração Municipal (art. 12-A e §§ 1º a 3º, Lei 12.587/2012).[136] Em nossa visão, tais disposições são de duvidosa constitucionalidade, e isso porque traduzem hipóteses que incidem sobre atos de autorização do Poder Público municipal, que, como é de ciência geral, são personalíssimos (*intuitu personae*) e, pois, como regra, intransferíveis. Infere-se, destarte, que a lei federal parece ter invadido a competência reservada à esfera do Município, oriunda de sua autonomia constitucional.

Em bom momento, no entanto, o STF declarou a inconstitucionalidade dos §§ 1º a 3º do art. 12-A da Lei nº 12.587/2012, por ofensa à isonomia e à impessoalidade, além de desatender ao *princípio da proporcionalidade*, invocando-se as seguintes razões: a) carece de adequação no que toca aos fins previstos e contribui para a concentração de outorgas de táxi nas mãos de poucas famílias; b) também não há a *necessariedade*, porquanto pode haver tutela do Estado sem ofender a liberdade de iniciativa de terceiros; c) falta, por fim, a *proporcionalidade em sentido estrito*, considerando que há imposição à liberdade de profissão e à liberdade de iniciativa de terceiros, sem comprovação de que existiria, na hipótese, vulnerabilidade específica a ser suprida pelo Estado, quando se faz a comparação com outros segmentos econômicos e sociais.[137]

A Lei nº 13.640, de 26.3.2018, alterando o inciso X do art. 4º da Lei nº 12.587/2012 (Mobilidade Urbana), incluiu nova modalidade de transporte: *o transporte remunerado privado individual de passageiros*, definido como aquele não aberto ao público e destinado à realização de viagens individualizadas ou compartilhadas, quando solicitadas exclusivamente por passageiros previamente cadastrados em aplicativos ou outras plataformas de comunicação em rede (*Uber* e análogos). Tanto quanto o serviço de táxi, trata-se de *serviço autorizado*, já que prevalente o interesse privado. A competência para regulamentação e fiscalização do serviço é atribuída ao Município e ao Distrito Federal. Para a eficiência, efetividade e segurança da

---

[135] CLÓVIS BEZNOS, trab. e loc. cit., e HELY LOPES MEIRELLES, *Direito administrativo*, cit., 2003, p. 385.
[136] Art. 12-A e §§ 1º a 3º, da Lei nº 12.587//2012, incluídos pela Lei nº 12.865/2013.
[137] ADI 5.337, Rel. Min. Luiz Fux, j. 01.03.2021.

Cap. 8 · CONCESSÃO E PERMISSÃO DE SERVIÇOS PÚBLICOS

atividade, a Lei nº 12.587/2012, com alterações da mesma Lei nº 13.640/2018, instituiu várias diretrizes a serem observadas na execução do serviço, bem como diversas exigências a serem cumpridas pelos motoristas (arts. 11-A e 11-B). Com tal regulamentação, deve reduzir-se a resistência de certos setores contra essa modalidade de transporte. A verdade, porém, é que só ocorrerá a eficiência e segurança do serviço para os usuários se houver efetiva fiscalização dos órgãos municipais e distritais competentes.

Ainda sobre o tema, a Lei nº 14.273, de 23.12.2021 (Lei das Ferrovias), que instituiu o *marco legal das ferrovias*, como vimos anteriormente, admitiu a exploração do serviço ferroviário em dois regimes: de direito público e de direito privado. O primeiro, além das normas da lei reguladora, encontra base na lei geral de concessões, formalizando-se por contratos de concessão de serviço público. O segundo, porém, foi considerado como *atividade econômica privada*, muito embora possa destinar-se ao público de passageiros, resultando que a formalização se efetiva por *contratos de autorização*, nos quais se alinham os direitos e obrigações dos pactuantes e outras cláusulas necessárias.

Na verdade, trata-se verdadeira autorização, e só não foi admitida a hipótese da prática do ato de autorização em virtude da maior complexidade do serviço. Por isso, o *contrato* de autorização. Na essência, porém, o contrato traduz o mesmo conteúdo, delegando ao particular uma atividade considerada pela lei como operação econômica privada. Isso tudo demonstra como o sistema das delegações – concessões, permissões e autorizações – ainda carece de melhores parâmetros de identificação e delineamento.

VII. *Súmulas*

SÚMULAS VINCULANTES

Súmula Vinculante 27: *Compete à Justiça Estadual julgar causas entre consumidor e concessionária de serviço público de telefonia, quando a ANATEL não seja litisconsorte passiva necessária, assistente nem opoente.*

SUPERIOR TRIBUNAL DE JUSTIÇA

Súmula 356: *É legítima a cobrança de tarifa básica pelo uso dos serviços de telefonia fixa.*

Súmula 357: *A pedido do assinante, que responderá pelos custos, é obrigatória, a partir de 1o de janeiro de 2006, a discriminação de pulsos excedentes e ligações de telefonia fixa para celular.*

Súmula 407: *É legítima a cobrança de tarifa de água, fixada de acordo com as categorias de usuários e as faixas de consumo.*

Súmula 412: *A ação de repetição de indébito de tarifas de água e esgoto sujeita-se ao prazo prescricional estabelecido no CC.*

○○⬜ 9 ⬜○○

Administração Direta e Indireta

I. Noções Introdutórias

1. FEDERAÇÃO E AUTONOMIA

Federação é a forma de Estado em que, ao lado do poder político central e soberano, vicejam entidades políticas internas componentes do sistema, às quais são conferidas competências específicas pela Constituição.

Para a concepção do regime federativo, foi considerada, com realce, a noção de soberania, tudo para que se pudesse distinguir federação e confederação: nesta, seriam soberanos todos os membros, e naquela, apenas o Estado em si detinha soberania.[1]

De fato, na confederação a aliança se forma entre vários Estados soberanos, resultando daí um vínculo caracterizado pela fragilidade e instabilidade. Na federação, ao contrário, os entes integrantes do regime se associam numa união indissolúvel, como forma de dar à unidade resultante preponderância sobre a pluralidade formadora.

Diversamente do Estado unitário, no qual o poder político é centralizado e insuscetível à formação de membros integrantes dotados de relevância, a federação distingue o poder político central dos poderes atribuídos aos entes integrantes. Embora se possam identificar inúmeras características, podem-se apontar três como as básicas para o contorno juspolítico da federação:

1. a descentralização política;
2. o poder de autoconstituição das entidades integrantes; e
3. a participação das vontades dos entes integrantes na formação da vontade nacional.[2]

Decorre do sistema federativo o princípio da *autonomia* de seus entes integrantes na organização político-administrativa do Estado, que, nos termos do art. 18 da CF, compreende a União, os Estados, o Distrito Federal e os Municípios. A autonomia dos entes integrantes demonstra que são eles dotados de independência dentro dos parâmetros constitucionais e que as competências para eles traçadas na Constituição apontam para a inexistência de hierarquia entre eles. Gozam, pois, do que se denomina de *poder de autodeterminação*.[3]

Como se pode observar, são indissociáveis as noções de federação e autonomia das pessoas federativas nos termos pautados na Constituição Federal, e é a autonomia que

---

[1] PONTES DE MIRANDA, *Comentários à Constituição de 1967*, t. I, p. 70.
[2] MICHEL TEMER, *Elementos de direito constitucional*, p. 62.
[3] MANOEL GONÇALVES FERREIRA FILHO, *Comentários à Constituição Brasileira de 1988*, v. I, p. 140.

362 | MANUAL DE DIREITO ADMINISTRATIVO • Carvalho Filho

atribui aos entes da federação os poderes de autoconstituição, autogoverno, autolegislação e autoadministração.

2. PODERES E FUNÇÕES. A FUNÇÃO ADMINISTRATIVA

Na organização político-administrativa da República brasileira, são três os Poderes políticos instituídos pela Constituição: o Executivo, o Legislativo e o Judiciário, todos harmônicos e independentes, como apregoa o art. 2º da Carta vigente. A tripartição de Poderes abrange também os Estados-membros, mas nos Municípios vigora a bipartição de Poderes, porque em sua estrutura orgânica se apresentam apenas o Executivo e o Legislativo.

Ao examinarmos o tema inicial relativo à Administração Pública, chegamos a mencionar que os Poderes políticos da nação têm funções típicas – aquelas naturais, próprias e para as quais foram instituídos – e atípicas, assim consideradas as funções que, conquanto impróprias, foram expressamente admitidas na Constituição.[4] Típicas, como sabemos, são as funções legislativa, administrativa e jurisdicional, quando atribuídas, respectivamente, aos Poderes Legislativo, Executivo e Judiciário.

Relevante função do Estado moderno, a *função administrativa* é dentre todas a mais ampla, uma vez que é através dela que o Estado cuida da gestão de todos os seus interesses e os de toda a coletividade. Por isso, tem sido vista como residual. Na verdade, excluída a função legislativa, pela qual se criam as normas jurídicas, e a jurisdicional, que se volta especificamente para a solução de conflitos de interesses, todo o universo restante espelha o exercício da função administrativa. Só por aí já é fácil verificar a amplitude da função.

Não custa relembrar, nesta parte introdutória, que a função administrativa é desempenhada em todos os Poderes da União, dos Estados, do Distrito Federal e dos Municípios, abrangendo todos os órgãos que, gerindo os interesses estatais e coletivos, não estejam voltados à legislação ou à jurisdição.

3. ADMINISTRAÇÃO PÚBLICA

A expressão *administração pública*, como já vimos, admite mais de um sentido. No sentido *objetivo*, exprime a ideia de *atividade, tarefa, ação*, enfim a própria função administrativa, constituindo-se como o alvo que o governo quer alcançar. No sentido subjetivo, ao contrário, a expressão indica o universo de órgãos e pessoas que desempenham a mesma função.

No presente capítulo, vamos considerá-la sob o sentido *subjetivo*, porque a análise do tema envolve basicamente o conjunto de órgãos de que se vale o Estado para atingir os fins colimados. É, portanto, o Estado-sujeito, o Estado-pessoa que vamos estudar como Administração Direta e Indireta.[5]

4. ORGANIZAÇÃO ADMINISTRATIVA: CENTRALIZAÇÃO E DESCENTRALIZAÇÃO

A organização administrativa resulta de um conjunto de normas jurídicas que regem a competência, as relações hierárquicas, a situação jurídica, as formas de atuação e controle dos órgãos e pessoas, no exercício da função administrativa. Como o Estado atua por meio de órgãos, agentes e pessoas jurídicas, sua organização se calca em três situações fundamentais: *a centralização, a*

---

[4]   Vide Capítulo 1.

[5]   Lembramos, por questão de método, que empregaremos as expressões *Administração Direta e Indireta* com maiúsculas, quando indicarmos o Estado-pessoa. Quando nos referirmos à atividade em si, utilizaremos as expressões *administração direta e indireta*, com minúsculas.

descentralização e a desconcentração.[6] Esta última, como vimos, por ser mero fenômeno interno, traduz, na verdade, atividade centralizada, e, por tal motivo, o presente capítulo será dedicado à centralização e descentralização.

A centralização é a situação em que o Estado executa suas tarefas diretamente, ou seja, por intermédio dos inúmeros órgãos e agentes administrativos que compõem sua estrutura funcional. Pela descentralização, ele o faz indiretamente, isto é, delega a atividade a outras entidades. Na desconcentração, desmembra órgãos para propiciar melhoria na sua organização estrutural.

Exatamente nessa linha distintiva é que se situam a centralização e a descentralização. Quando se fala em centralização, a ideia que o fato traz à tona é o do desempenho *direto* das atividades públicas pelo Estado-Administração. A descentralização, de outro lado, importa sentido que tem correlação com o exercício de atividades de modo *indireto*.

Nessa linha de raciocínio, pode-se considerar a existência de uma administração centralizada e de uma administração descentralizada, ambas voltadas para o cumprimento das atividades administrativas. Por via de consequência, já é oportuno observar, nestas notas introdutórias, que a denominada administração direta reflete a administração centralizada, ao passo que a administração indireta conduz à noção de administração descentralizada.

5. PRINCÍPIOS REGEDORES DA ADMINISTRAÇÃO PÚBLICA

A Administração Pública – já estudamos o assunto – é regida por vários princípios jurídicos, uns de nível constitucional e outros inseridos nas diversas leis que cuidam da organização dos entes federativos.

Em nível constitucional, sempre é relevante observar que os princípios se impõem a todas as esferas federativas, abrangendo a administração direta e a indireta. Não há, portanto, qualquer restrição quanto à esfera de aplicação nos princípios administrativos constitucionais básicos – a legalidade, a moralidade, a impessoalidade, a publicidade e a eficiência (art. 37, *caput*, da CF, com a redação da EC nº 19/1998). A Constituição proclama, além desses, outros princípios específicos, que se aplicam a situações particulares no cumprimento, pelo Estado, de sua função administrativa, como é o caso do concurso público, da prestação de contas, da responsabilidade civil e outros do gênero. Tais princípios serão examinados no curso deste capítulo.

Em relação à União, vale a pena lembrar que seu estatuto organizacional relaciona cinco princípios que devem nortear a atividade na Administração Federal: o planejamento, a coordenação, a descentralização, a delegação de competência e o controle (arts. 6º a 14, Decr.-lei 200/1967). Realmente, esses são princípios que visam à melhor operacionalização dos serviços administrativos, possibilitando que os órgãos estejam entrosados para evitar superposição de funções; que autoridades transfiram algumas funções de sua competência a outros agentes, impedindo o assoberbamento de expedientes e a morosidade das decisões. Indispensável também é que não haja improvisos, mas que, ao revés, sejam projetadas as ações administrativas de modo a serem atendidas as prioridades governamentais.[7] Por fim, é preciso que se ramifiquem as competências, tornando os órgãos e pessoas fiéis executores das políticas administrativas.

O que a modernidade reclama é uma administração gerencial, marcada pela gestão e controle de resultados, com maior autonomia do administrador, planejamento, incentivos ao servidor, descentralização, menor verticalização hierárquica e o estímulo às parcerias com o

---

6   ROBERTO DROMI, *Derecho administrativo*, p. 457.

7   Sobre o princípio do planejamento, vale a pena consultar o trabalho de RENATA PORTO ADRI, *Planejamento estatal e democracia* (*Corrupção, ética e moralidade administrativa*, obra coletiva, Fórum, 2008, p. 287-304).

setor privado.[8] Em outras palavras, uma administração pública com metas definidas e real objetivo de servir aos cidadãos.

A EC nº 109, de 15.3.2021, introduziu o § 16 no art. 37 da CF, estabelecendo que cabe aos órgãos e entidades da administração pública, individual ou coletivamente, proceder à *avaliação das políticas públicas*, devendo, inclusive, divulgar o objeto da avaliação e os resultados conquistados, na forma da lei. Na verdade, nada acrescentou ao sistema, porquanto essa obrigação é natural de quem exerce a administração pública e prescinde de disposição expressa. De qualquer modo, é de ver o que o legislador vai trazer como elementos de regulamentação de tal preceito constitucional.

São esses princípios – especialmente o da descentralização – que fundamentam a divisão da administração em direta e indireta.

II. *Administração Direta*

1. CONCEITO

Administração Direta é o conjunto de órgãos que integram as pessoas federativas, aos quais foi atribuída a competência para o exercício, de forma centralizada, das atividades administrativas do Estado. Em outras palavras, significa que *"a Administração Pública é, ao mesmo tempo, a titular e a executora do serviço público"*.[9]

A noção envolve alguns aspectos importantes. O primeiro consiste em considerarmos, nesse caso, o Estado como pessoa administrativa.[10] Depois, é mister lembrar que a Administração Direta é constituída por *órgãos* internos dessas mesmas pessoas; tais órgãos são o verdadeiro instrumento de ação da Administração Pública, pois que a cada um deles é cometida uma competência própria, que corresponde a partículas do objetivo global do Estado. Por fim, vale destacar o objetivo dessa atuação: o desempenho das múltiplas funções administrativas atribuídas ao Poder Público em geral.

A centralização é, como vimos, inerente à Administração Direta do Estado e dela indissociável. Relembremos, então, o tema da natureza da função.

2. NATUREZA DA FUNÇÃO

Neste ponto, o que tem relevância é a noção de que a Administração Direta do Estado desempenha atividade *centralizada*.

A atividade centralizada é aquela exercida pelo Estado diretamente. Quando se fala em *Estado* aqui, estão sendo consideradas as diversas pessoas políticas que compõem nosso sistema federativo – a União, os Estados, o Distrito Federal e os Municípios. Tais pessoas exercem, por elas mesmas, diversas atividades internas e externas. Para concretizar tal função, valem-se elas de seus inúmeros *órgãos* internos, que, como já vimos, constituem os compartimentos ou células integrantes daquelas pessoas, dotados de competência própria e específica para melhor distribuição do trabalho e constituídos por *servidores públicos*, que representam, como vimos, o elemento humano dos órgãos.

---

[8] MARCOS PEREIRA ANJO COUTINHO, *Dimensões normativas da governança e do planejamento administrativo*, D'Plácido, 2018, p. 119.

[9] É a feliz síntese de JOSÉ MARIA PINHEIRO MADEIRA, *Administração Pública centralizada e descentralizada*, América Jurídica, 2001, p. 123.

[10] SÉRGIO DE ANDRÉA FERREIRA, ob. cit., p. 71.

Cap. 9 · ADMINISTRAÇÃO DIRETA E INDIRETA | 365

Existem numerosas atividades a cargo da administração direta. A função básica de organização interna, a lotação de órgãos e agentes, sua fiscalização e supervisão, para exemplificar, quase sempre é desempenhada diretamente. Por isso, a organização de tais pessoas comporta tantos componentes internos, como os Ministérios, as Secretarias, as Coordenadorias etc.

Podemos, pois, fixar a orientação de que, quando o Estado executa tarefas através de seus órgãos internos, estamos diante da administração direta estatal no desempenho de atividade centralizada.

Há certas funções centralizadas que, por sua relevância, merecem referência constitucional. O art. 37, XXII, da CF, com a redação da EC nº 42/2003 (reforma tributária), considerou as *administrações tributárias* dos entes federativos como *atividades essenciais* ao funcionamento do Estado, devendo ser exercidas por servidores de carreiras específicas. A essa função serão destinados recursos prioritários, exigindo-se que seja integrada a atuação dos entes federativos, com transmissão recíproca de dados cadastrais e informações fiscais. A EC nº 132, de 20.12.2023 (Reforma Tributária), inseriu os §§ 17 e 18 no art. 37 da CF (com vigência a partir de 2027, conforme art. 3º da mesma Emenda), que tratam, respectivamente, de normas gerais sobre servidores das administrações tributárias dos entes federativos mencionadas no art. 37, XX, da CF, bem como do teto remuneratório para os servidores de carreira dessa área, como será comentado oportunamente.

3. ABRANGÊNCIA

O Estado, como se sabe, tem três Poderes políticos estruturais – o Executivo, o Legislativo e o Judiciário. São eles os seus órgãos diretivos, incumbidos que estão de levar a cabo as funções que permitem conduzir os destinos do país. Apesar de sua qualidade de poderes políticos, não se lhes exclui o caráter de *órgãos;* são os órgãos fundamentais e independentes, é verdade, mas não deixam de ser órgãos internos das respectivas pessoas federativas.

O Executivo é o Poder incumbido do exercício da atividade administrativa em geral, mas o Legislativo e o Judiciário também têm essa incumbência quando precisam organizar-se para desempenhar atividades de apoio necessárias às funções típicas a seu cargo – a normativa e a jurisdicional. Essas atividades de apoio são de caráter administrativo.

Por outro lado, no sistema interno de organização, esses Poderes também contêm, em sua estrutura, diversos órgãos e agentes, necessários à execução da função de apoio.

Significa dizer que a Administração Direta do Estado *abrange todos os órgãos dos Poderes políticos das pessoas federativas cuja competência seja a de exercer a atividade administrativa*, e isso porque, embora sejam estruturas autônomas, os Poderes se incluem nessas pessoas e estão imbuídos da necessidade de atuarem *centralizadamente* por meio de seus órgãos e agentes.

Não há dúvida, assim, de que é bastante abrangente o sentido de Administração Direta.

4. COMPOSIÇÃO

Como a Administração Direta é própria das pessoas políticas da federação, temos que considerá-la em conformidade com os níveis componentes da nossa forma de Estado.

Na *esfera federal,* temos que a Administração Direta da União, no Poder Executivo, se compõe de órgãos de duas classes distintas: a Presidência da República e os Ministérios. A Presidência da República é o órgão superior do Executivo e nele se situa o Presidente da República como Chefe da Administração (art. 84, II, da CF). Nela se agregam ainda vários órgãos tidos como essenciais (*v.g.* a Casa Civil e a Secretaria-Geral), de assessoramento imediato (*v.g.* a Assessoria Especial e o Advogado-Geral da União) e de consulta (Conselho da República e Conselho de Defesa Nacional). Os Ministérios são os outros órgãos administrativos, todos de grande porte, cada um deles destinado a determinada área de atuação administrativa, como economia, saúde, educação, justiça e segurança pública, cidadania, meio ambiente, infraestrutura, turismo, entre outras. Em sua estrutura interna, existem centenas de outros órgãos, como as secretarias, os conselhos, as inspetorias, os departamentos e as coordenadorias, entre outros. Cabe aos Ministros auxiliar o Presidente da República na direção da administração, conforme consta do mesmo art. 84, II, da Constituição. Além do vetusto Decreto-lei nº 200/67, que contém algumas disposições ainda vigentes, é a Lei nº 14.600, de 19.6.2023, que dispõe sobre a organização da Presidência da República e dos Ministérios, bem como de seus órgãos integrantes, definindo inclusive as respectivas competências. Convém observar, neste ponto, que já foram editadas sucessivas leis sobre a organização da Administração federal, que, por isso mesmo, é marcada por inevitável instabilidade, contrária à segurança jurídica.

Os Poderes Legislativo e Judiciário têm sua estrutura orgânica definida em seus respectivos atos de organização administrativa. O Legislativo tem o poder constitucional de dispor sobre sua organização e funcionamento, bem como de elaborar seu regimento interno (art. 51, III e IV, CF, para a Câmara dos Deputados), e art. 52, XII e XIII, para o Senado Federal). O Judiciário, da mesma forma, tem capacidade auto-organizatória em relação a cada um de seus Tribunais. Seus atos de organização se encontram nas leis estaduais de divisão e organização judiciárias e em seus regimentos internos (arts. 96, II, "d", e 96, I, "a", CF).

Na *esfera estadual*, temos organização semelhante à federal, guardando com esta certo grau de simetria. Assim, teremos a Governadoria do Estado, os órgãos de assessoria ao Governador e as Secretarias Estaduais, com os vários órgãos que as compõem, correspondentes aos Ministérios na área federal. O mesmo se passa com o Legislativo e Judiciário estaduais.

Por fim, a Administração Direta na *esfera municipal* é composta da Prefeitura, de eventuais órgãos de assessoria ao Prefeito e de Secretarias Municipais, com seus órgãos internos. O Município não tem Judiciário próprio, mas tem Legislativo (Câmara Municipal), que também poderá dispor sobre sua organização, a símile do que ocorre nas demais esferas. O Distrito Federal é assemelhado aos Estados, mas tem as competências legislativas reservadas a Estados e Municípios (art. 32, § 1º, CF). Desse modo, sua administração direta não terá grande diferença em relação aos demais entes federativos, compondo-se de Governadoria, órgãos de assessoria direta e de Secretarias Distritais.

5. CONTRATO DE DESEMPENHO

5.1. Introdução

O art. 37, § 8º, da CF, fruto da inclusão pela EC nº 19/1998, estabeleceu que a autonomia gerencial, orçamentária e financeira dos órgãos e entidades da administração direta e indireta poderá ser ampliada *mediante contrato*, a ser celebrado entre seus administradores e o Poder Público, visando à fixação de metas de desempenho para o órgão ou entidade.

O mandamento constitucional não tem eficácia plena, pois depende de lei para dispor sobre (a) o prazo de duração do contrato, (b) os controles e critérios de avaliação de desempenho, direitos, obrigações e responsabilidades dos dirigentes, e (c) a remuneração do pessoal.

O ajuste em foco retrata mecanismo com a finalidade de proporcionar melhor gerenciamento das atividades e serviços públicos e um melhor desempenho da respectiva administração, sempre alvitrando atender ao interesse público. Decorre, por isso, do princípio da eficiência, inscrito no art. 37, *caput*, da CF.

Os estudiosos têm reconhecido que a sociedade persegue atualmente a adoção de novas técnicas e modernos instrumentos adequados à *administração gerencial (public management)*, a fim de que sejam efetivamente solucionadas as demandas prioritárias do grupo social.[11]

5.2. Lei Regulamentadora

Mais de vinte anos após a promulgação do citado dispositivo, veio a lume a Lei nº 13.934, de 11.12.2019, com o objetivo de proceder à devida *regulamentação* do preceito constitucional. Sua vigência foi prevista para 180 dias contados da publicação oficial, esta ocorrida em 12.12.2019.

É importante destacar que, em se tratando de instrumento próprio da administração de cada ente federativo, o citado diploma legal limita sua eficácia ao âmbito da administração direta e indireta de qualquer dos *Poderes da União* e das autarquias e fundações públicas *federais*.

Por via de consequência, cada ente federativo interessado em instituir essa ferramenta administrativa, deverá fazê-lo por lei própria, de acordo com suas conveniências e interesses.

Além da lei em si, foi prevista a edição de *atos normativos*, pelos quais serão definidos os órgãos e entidades supervisores e os requisitos gerenciais e os critérios técnicos para a celebração do contrato (art. 4º).

5.3. Contrato de Desempenho

Antes da regulamentação, os especialistas denominavam o ajuste previsto na norma constitucional de *"contrato de gestão"*, isso pela óbvia razão de que tinha o intuito de aprimorar o gerenciamento das atividades administrativas.

A lei regulamentadora, todavia, optou por nomenclatura diversa, denominando o ajuste de *"contrato de desempenho"*, por certo levando em consideração que busca medir o desempenho de alguns órgãos administrativos quanto a determinadas metas estabelecidas. Entretanto, o desempenho em si é apenas parte do processo de gestão, de modo que o legislador acabou dizendo menos do que a proposta constitucional.

Consoante os termos da lei, contrato de desempenho é *"o acordo celebrado entre o órgão ou entidade supervisora e o órgão ou entidade supervisionada, por meio de seus administradores, para o estabelecimento de metas de desempenho do supervisionado, com os respectivos prazos de execução e indicadores de qualidade, tendo como contrapartida a concessão de flexibilidades ou autonomias especiais"* (art. 2º).

Meta de desempenho, nos termos do art. 2º, § 1º, é conceituada como sendo o nível desejado de atividade ou resultado, desenhado de forma objetiva e mensurável para determinado período. Em outras palavras, significa o padrão ideal da qualidade das ações administrativas de determinado órgão ou entidade pública.

5.4. Natureza Jurídica

O contrato de desempenho não é fácil de ser caracterizado, até mesmo porque sua fisionomia jurídica tem realmente caráter de especificidade, não se enquadrando nas formas ordinárias de contratação pública.

A princípio, considerou-se que tal contrato refletisse hipótese de terceirização, mas os contratantes, de acordo com a lei, são órgãos e entidades administrativas, e não propriamente terceiros. Também não se confunde com os ajustes previstos na Lei nº 13.019/2014, que regula parcerias entre o Poder Público e organizações da sociedade civil (OSCs). De outro lado, tem perfil diverso do que reveste os convênios e instrumentos análogos.

---

[11] V. DANIELA MELLO COELHO, *Administração Pública Gerencial* cit., p. 132.

368 | MANUAL DE DIREITO ADMINISTRATIVO • *Carvalho Filho*

Levando em conta a natureza dos contratantes e o objeto do ajuste, pode o contrato de desempenho qualificar-se genericamente como *contrato público* e particularmente como *contrato administrativo* em sentido lato. Como ostenta caráter administrativo, não estaria incorreto qualificá-lo como *contrato administrativo interno*, firmado para aperfeiçoar o gerenciamento das atividades a cargo da respectiva entidade federativa.

Embora o objeto contratual seja a melhora do gerenciamento da atividade administrativa, há sérias dúvidas quanto às partes, já que podem ser órgãos sem personalidade jurídica integrantes do mesmo ente público.

5.5. Críticas à Fisionomia Contratual

Tão logo foi implantado no art. 37, § 8º, da CF, o contrato de desempenho – ou contrato de gestão, como anteriormente denominado – foi alvo de fundadas críticas por parte de muitos especialistas, que o julgaram inteiramente heterodoxo e dissonante das normas que regem os contratos em geral, provocando sérias dúvidas quanto à sua viabilidade.

A Lei nº 9.649/1998 previu a hipótese de contratos de gestão entre autarquias qualificadas como agências executivas e o respectivo Ministério supervisor (art. 51, II). Tal configuração se revelou esdrúxula, já que o Ministério, como mero órgão interno da União, não tem aptidão jurídica para figurar como parte de um contrato, a não ser que represente a pessoa jurídica de que faz parte.[12]

É mister assinalar que a relação entre órgãos internos – por exemplo, um Ministério e um Departamento – é *hierárquica*, de forma que dela já advém naturalmente o controle de desempenho. Em outra vertente, a relação entre o ente federativo e uma autarquia ou fundação é de *vinculação*, também revelando-se evidente o controle entre o supervisor e o vinculado. Assim, cuida-se de inovação que refoge à técnica organizacional da Administração e que, decerto, provocará alguma confusão em sua aplicabilidade.[13] Além disso, afigura-se desnecessária ante as ferramentas de controle de metas já existentes.

5.6. Finalidades

O objetivo primordial do contrato de desempenho reside na melhoria do desempenho do supervisionado, conforme consigna o art. 5º da lei.

Especificamente, essa finalidade comporta o intuito de aprimorar a execução e o controle de resultados na gestão pública e de adequar as atividades do supervisionado às políticas e programas governamentais. Nesse caso, busca-se evitar a dissociação de finalidades entre órgãos do mesmo ente.

Alvitra-se também dar abertura ao controle social sobre a atividade administrativa e, ainda, fixar indicadores objetivos para o controle de resultados. Em relação a estes, pretende-se delinear a responsabilidade de dirigentes. Cumpre, da mesma forma, desenvolver e implantar modelos de gestão dotados de flexibilidade, direcionados à maior qualidade dos serviços prestados à comunidade.

5.7. Flexibilidades e Autonomias Especiais

Flexibilidades e autonomias especiais retratam a possibilidade de ação com um pouco mais de liberdade por parte do órgão supervisionado, permitindo-lhe até a ampliação da autonomia gerencial, orçamentária e financeira (art. 2º, § 3º).

---

[12] Também: LUCIANO DE ARAÚJO FERRAZ, *Comentários à Constituição do Brasil*, obra colet., Saraiva/Almedina, 2013, p. 921.

[13] CELSO ANTÔNIO BANDEIRA DE MELLO, *Curso* cit., 32. ed., 2015, p. 186.

Diversas são as ações decorrentes dessa forma de gestão, conforme dita o art. 6º. Por ela, o supervisionado, por exemplo, pode definir estrutura regimental, sem aumento de despesa, para regular atividade interna do órgão.

Pode também ampliar a autonomia administrativa quanto a delegações relativamente a contratos, a limites específicos para despesas de pequeno vulto e à formação de banco de horas.

5.8. Cláusulas Obrigatórias

A lei estabelece que o contrato de desempenho precisa conter algumas cláusulas necessárias (art. 7º). Sem elas, poderá ser suscitada a existência de vício contratual.

São obrigatórias as cláusulas que indiquem: (a) as metas de desempenho; (b) a estimativa dos recursos e o cronograma de desembolso para cumprimento das metas; (c) as obrigações de supervisor e supervisionado; (d) as flexibilidades e autonomias especiais; (e) as penalidades; (f) as condições para revisão, prorrogação, renovação e rescisão do contrato; (g) a sistemática de acompanhamento e controle; (h) o prazo de vigência, não superior a 5 nem inferior a 1 ano.

Em consonância com o princípio da publicidade, cabe ao supervisionado publicar o extrato do contrato em órgão oficial e diligenciar no sentido da ampla e integral divulgação do ajuste. A publicação, segundo a lei, é condição de eficácia do contrato (art. 7º, parágrafo único).

5.9. Obrigações das Partes

Os administradores do supervisionado têm as seguintes obrigações: (a) rever os processos internos para adequá-los ao regime de flexibilidades e autonomias, com a definição das ferramentas de controle interno; (b) atingir as metas e cumprir as obrigações enunciadas no contrato de desempenho (art. 8º).

Já aos administradores do supervisor cabe: (a) gerenciar o contrato de desempenho e avaliar os resultados; (b) fornecer orientação técnica ao supervisionado no procedimento de prestação de contas (art. 9º).

5.10. Suspensão e Rescisão

Caso o supervisionado não alcance comprovadamente as metas intermediárias, pode o supervisor, mediante ato motivado, promover a *suspensão* do contrato e da fruição das flexibilidades e autonomias especiais. A suspensão será cancelada quando houver recuperação do desempenho ou repactuação das metas (art. 10).

A suspensão, portanto, é incidental e pode ter sua eficácia paralisada com o restabelecimento da situação de regularidade nas ações a cargo do supervisionado.

A *rescisão* implica o desfazimento do contrato e poderá efetivar-se de duas maneiras. Primeiramente, pode dar-se a *rescisão amigável*, quando há consenso entre os pactuantes. A *rescisão administrativa* ocorrerá por ato do supervisor quando houver insuficiência injustificada do desempenho do supervisionado ou descumprimento reiterado das cláusulas contratuais (art. 11).

No primeiro caso, não se questiona a natureza da motivação, eis que prevalece a vontade dos pactuantes, ao passo que no segundo é de presumir-se a culpa do supervisionado no que toca às obrigações contratuais.

III. Administração Indireta

1. CONCEITO

Administração Indireta do Estado é o conjunto de pessoas administrativas que, vinculadas à respectiva Administração Direta, têm o objetivo de desempenhar as atividades administrativas de forma descentralizada.

370 | MANUAL DE DIREITO ADMINISTRATIVO • *Carvalho Filho*

O conceito, que procuramos caracterizar com simplicidade para melhor entendimento, dá destaque a alguns aspectos que entendemos relevantes. Primeiramente, a indicação de que a administração indireta é formada por *pessoas jurídicas*, também denominadas por alguns e até pelo Decreto-lei nº 200/1967, de *entidades* (art. 4º, II).

Depois, é preciso não perder de vista que tais pessoas não estão soltas no universo administrativo. Ao contrário, ligam-se elas, por elo de vinculação, às pessoas políticas da federação, nas quais está a respectiva administração direta.

Por fim, o objetivo de sua instituição – a atuação estatal descentralizada – como já vimos e tornaremos a ver logo a seguir.

2. NATUREZA DA FUNÇÃO

O grande e fundamental objetivo da Administração Indireta do Estado é a execução de algumas tarefas de seu interesse por outras pessoas jurídicas.[14] Quando não pretende executar determinada atividade através de seus próprios órgãos, o Poder Público transfere a sua titularidade ou a mera execução a outras entidades, surgindo, então, o fenômeno da delegação.

Quando a delegação é feita por contrato ou ato administrativo, já vimos que aparecem como delegatários os concessionários e os permissionários de serviços públicos. Quando é a lei que cria as entidades, surge a Administração Indireta.

Resulta daí que a Administração Indireta é o próprio Estado executando algumas de suas funções *de forma descentralizada*. Seja porque o tipo de atividade tenha mais pertinência para ser executada por outras entidades, seja para obter maior celeridade, eficiência e flexibilização em seu desempenho, o certo é que tais atividades são exercidas *indiretamente* ou, o que é o mesmo, *descentralizadamente*.

O critério para a instituição de pessoas da Administração Indireta com vistas ao desempenho de funções descentralizadas é de ordem administrativa. Com efeito, o Estado é o exclusivo juiz da conveniência e da oportunidade em que deve ser descentralizada esta ou aquela atividade e, em consequência, criada (ou extinta) a entidade vinculada. Mas não há dúvida de que, criada essa entidade, a atividade a ser por ela exercida será *descentralizada*.

3. ABRANGÊNCIA

No que se refere à abrangência do sentido da Administração Indireta, pouca coisa temos a acrescentar ao que já mencionamos no mesmo tópico, quando do exame da Administração Direta.

Por força da autonomia conferida pela Constituição, todas as entidades federativas podem ter a sua Administração Indireta. Desde que seja sua a competência para a atividade e que haja interesse administrativo na descentralização, a pessoa política pode criar as entidades de sua Administração descentralizada. Por conseguinte, além da federal, temos a Administração Indireta de cada Estado, do Distrito Federal e, quando os recursos o permitirem, dos Municípios.

Sempre que se faz referência à Administração Indireta do Estado, a ideia de vinculação das entidades traz à tona, como órgão controlador, o Poder Executivo. Entretanto, o art. 37 da Constituição alude à administração direta, indireta e fundacional de *qualquer dos Poderes* da União, Estados, Distrito Federal e Municípios. Assim dizendo, poder-se-ia admitir a existência de entidades de administração indireta vinculadas também às estruturas dos Poderes Legislativo e Judiciário, embora o fato não seja comum, por ser o Executivo o Poder incumbido

---

[14] DIÓGENES GASPARINI, ob. cit., p. 232.

Cap. 9 · ADMINISTRAÇÃO DIRETA E INDIRETA | 371

basicamente da administração do Estado. Em outra vertente, nada impede que a lei institua entidades de administração indireta vinculadas a outros órgãos superiores do Estado, como o Ministério Público, a Defensoria Pública, a Advocacia Pública (Advocacia-Geral da União e Procuradorias estaduais e municipais), quando necessárias ao desempenho de funções de apoio técnico e administrativo descentralizado.[15]

4. COMPOSIÇÃO

Enquanto a Administração Direta é composta de órgãos internos do Estado, a Administração Indireta se compõe de *pessoas jurídicas*, também denominadas de *entidades*.

De acordo com o art. 4º, II, do Decreto-lei nº 200/1967, a Administração Indireta compreende as seguintes categorias de entidades, dotadas, como faz questão de consignar a lei, de *personalidade jurídica própria*:

a)   as autarquias;

b)   as empresas públicas;

c)   as sociedades de economia mista; e

d)   as fundações públicas.

É correto, pois, afirmar que, se encontrarmos uma dessas categorias de entidades, estaremos diante de uma pessoa integrante de alguma Administração Indireta, seja ela da União, seja dos Estados, Distrito Federal ou Municípios. Com essa qualificação, estará ela, com toda a certeza, vinculada à respectiva Administração Direta. Esse é o ponto principal do tema em foco, com a ressalva das situações anômalas que vez ou outra aparecem, mais em decorrência da desordem administrativa do que de um sistema lógico que deve presidir a Administração Pública.

Impõe-se ainda um comentário. A circunstância de que a entidade se enquadra numa das categorias jurídicas acima confere certeza suficiente e indiscutível para ser considerada como integrante da Administração Indireta da respectiva pessoa federativa, e isso independentemente de prestar serviço público ou exercer atividade econômica de natureza empresarial. Não é o fim a que se destina a entidade que a qualifica como participante da Administração Indireta, mas sim a natureza de que se reveste. Talvez *de lege ferenda* pudessem ser excluídas as pessoas com objetivos empresariais, objetivos normalmente impróprios aos fins desejáveis do Estado, mas não foi esse o sistema adotado pela Constituição e legislação pátrias.[16]

Não custa observar que a Lei nº 11.107, de 6.4.2005, que dispõe sobre normas gerais de contratação de consórcios públicos, determinou que estes se personificassem, constituindo *associação pública* ou pessoa jurídica de direito privado. A mesma lei, no art. 16, alterou o art. 41, IV, do Código Civil, que se refere às autarquias como pessoas jurídicas de direito público, acrescentando a expressão *"inclusive as associações públicas"*. Resulta daí, por conseguinte, que, enquadrando-se como autarquias, as associações públicas passam a integrar a Administração Indireta das pessoas federativas que participam do consórcio público. Essa, aliás, é a norma do art. 6º, § 1º, da citada lei.

---

[15]   No mesmo sentido, SÉRGIO DE ANDRÉA FERREIRA, *Comentários à Constituição*. v. III, Rio de Janeiro: F. Bastos, 1991, p. 14.

[16]   JOSÉ MARIA PINHEIRO MADEIRA, *Administração pública*, cit., p. 164.

372 | MANUAL DE DIREITO ADMINISTRATIVO • *Carvalho Filho*

5. ADMINISTRAÇÃO FUNDACIONAL

Antes da Constituição de 1988, a expressão *administração fundacional* não era empregada nem na doutrina nem no direito positivo. A divisão clássica da Administração consistia apenas na administração direta e indireta. A Constituição, no entanto, dispondo sobre os princípios administrativos, resolveu mencioná-la no art. 37, aludindo primitivamente à administração direta, indireta *ou fundacional*.

A referência constitucional à expressão provocou logo algumas divergências entre os estudiosos. Alguns autores entenderam ter sido criado um novo segmento na Administração.[17] Outros entenderam que na expressão *administração fundacional* não estariam as fundações privadas instituídas pelo Estado.[18] Outros sequer fizeram comentários sobre a nova expressão.[19]

Com o respeito que nos merecem todos esses estudiosos, entendemos, em primeiro lugar, que foi imprópria a expressão empregada na Constituição. A uma, porque a atuação do Estado só se faz de duas maneiras: de forma direta ou de forma indireta; quando atua por meio de suas fundações, só pode estar agindo de forma indireta, não havendo *tertium genus*. Desse modo, na expressão *administração indireta*, já se tem que incluir necessariamente as atividades executadas por fundações. A duas, porque as fundações nada têm de tão especial que façam por merecer uma categoria à parte; ao contrário, estão elas no mesmo plano que as outras categorias da Administração Indireta – as autarquias, as empresas públicas e as sociedades de economia mista.

Assim sendo, a única interpretação que nos parecia razoável diante do impróprio texto constitucional residia na ideia de que a Administração é Direta ou Indireta, incluindo-se nesta a atividade exercida pelas fundações instituídas pelo Estado, nominando-se, então, esse grupo de pessoas como administração fundacional.

Consideramos, portanto, que nenhum segmento especial foi criado pela Constituição, como entendemos, por outro lado, que na expressão *administração fundacional* devem estar inseridas todas as fundações criadas pelo Estado, seja qual for a sua natureza, visto que nenhum indício restritivo foi denunciado pelo Constituinte.

Felizmente, porém, a inusitada impropriedade foi corrigida pela Emenda Constitucional nº 19/1998, que, dando nova redação ao *caput* do art. 37 da CF, consignou apenas as expressões "administração direta e indireta", alteração que conduz à conclusão de que as fundações públicas nada mais são do que outra das categorias integrantes da Administração Indireta estatal.

6. ENTIDADES PARAESTATAIS

O termo *paraestatal* tem formação híbrida, porque, enquanto o prefixo *para* é de origem grega, o vocábulo *status* é de origem latina. *Paraestatal* significa *ao lado do Estado, paralelo ao Estado*. Entidades paraestatais, desse modo, são aquelas pessoas jurídicas que atuam ao lado e em colaboração com o Estado. A expressão *enti paraestatali* foi empregada pela primeira vez no Direito italiano, pelo Decreto no 1.825, de 1924, que tratava de contrato de emprego privado, tendo sido, posteriormente, adotada em outros diplomas.[20]

---

[17] SÉRGIO DE ANDRÉA FERREIRA (*Boletim de Direito Administrativo*, nº 89, p. 336); NAGIB SLAIBI FILHO (*Anotações à Constituição de 1988*, p. 356).

[18] IVAN BARBOSA RIGOLIN (*O Servidor Público na Constituição de 1988*, p. 117).

[19] HELY LOPES MEIRELLES, ob. cit., p. 316-318.

[20] JOSÉ CRETELLA JUNIOR, *Curso de direito administrativo*, Forense, 1986, p. 52.

Não obstante, vários são os sentidos que leis, doutrinadores e tribunais têm emprestado à expressão, o que não só deixa dúvidas ao intérprete quando com ela se depara, como também imprime indesejável imprecisão jurídica, que em nada contribui para a ciência do Direito.

Há juristas que entendem serem entidades paraestatais aquelas que, tendo personalidade jurídica de direito privado (não incluídas, pois, as autarquias), recebem amparo oficial do Poder Público, como as empresas públicas, as sociedades de economia mista, as fundações públicas e as entidades de cooperação governamental (ou serviços sociais autônomos), como o SESI, SENAI, SESC, SENAC etc.[21] Outros pensam exatamente o contrário: entidades paraestatais seriam as autarquias.[22] Alguns, a seu turno, só enquadram nessa categoria as pessoas colaboradoras que não se preordenam a fins lucrativos, estando excluídas, assim, as empresas públicas e as sociedades de economia mista.[23] Para outros, ainda, paraestatais seriam as pessoas de direito privado integrantes da Administração Indireta, excluindo-se, por conseguinte, as autarquias, as fundações de direito público e os serviços sociais autônomos.[24] Por fim, já se considerou que na categoria se incluem além dos serviços sociais autônomos até mesmo as escolas oficializadas, os partidos políticos e os sindicatos, excluindo-se a administração indireta.[25] Na prática, tem-se encontrado, com frequência, o emprego da expressão *empresas estatais*, sendo nelas enquadradas as sociedades de economia mista e as empresas públicas. Há também autores que adotam o referido sentido.[26]

Essa funda divergência acaba levando o estudioso, sem dúvida, a não empregar a expressão, por ser destituída de qualquer precisão jurídica.[27] Na verdade, justifica-se integralmente essa posição. Com muito maior razão, não deveria utilizá-la a lei, como o faz, por exemplo, o art. 327, § 1º, do Código Penal, que considera funcionário público aquele que exerce função em entidade paraestatal. Seja como for, a expressão, a nosso ver, e tendo em vista o seu significado, deveria abranger *toda pessoa jurídica que tivesse vínculo institucional com a pessoa federativa, de forma a receber desta os mecanismos estatais de controle*. Estariam, pois, enquadradas como *entidades paraestatais* as pessoas da administração indireta e os serviços sociais autônomos.

Na verdade, sequer as *autarquias* deveriam, a rigor, estar excluídas da categoria das paraestatais, como sustentam alguns estudiosos. A despeito de serem pessoas de direito público, não estão *no interior* (já que não são *órgãos*), mas sim *ao lado* do ente federativo, e, tanto quanto as demais entidades, estão sujeitas à vinculação estatal e desempenham funções do interesse do Estado, em perfeita sintonia com suas metas. Para uma compreensão lógica, em nosso entender, ou a pessoa caracteriza-se como *estatal*, se for integrante do próprio Estado, como é o caso das pessoas federativas, ou, não sendo assim, terá ela que qualificar-se como *paraestatal*, por atuar em direta colaboração com o Estado por força de vínculo jurídico formal.

Fizemos menção ao tema em virtude da divergência que seu sentido acarreta. Mas, como não tem significação precisa dentro da ciência jurídica, evitaremos aludir à expressão no decorrer desta obra.

---

21   HELY LOPES MEIRELLES, ob. cit., p. 318. O autor aduz que "o paraestatal não é o estatal, nem é o particular; é o meio-termo entre o público e o privado".

22   CRETELLA JUNIOR, *Curso*, cit., p. 52.

23   CELSO ANTÔNIO BANDEIRA DE MELLO, Prestação de serviços público e administração indireta, p. 353.

24   SÉRGIO DE ANDRÉA FERREIRA, *Curso*, cit., p. 78.

25   OSWALDO ARANHA BANDEIRA DE MELLO, *Princípios*, cit., v. II, p. 271.

26   LUCIA VALLE FIGUEIREDO, *Curso*, cit., p. 72.

27   É o pensamento de MARIA SYLVIA DI PIETRO (ob. cit., p. 264).

374 | MANUAL DE DIREITO ADMINISTRATIVO • *Carvalho Filho*

7. PRINCÍPIOS DA ADMINISTRAÇÃO INDIRETA

Todos os princípios administrativos de caráter genérico que vimos estudando incidem sobre a administração indireta. Sem dúvida, hão de aplicar-se os princípios fundamentais da legalidade, da moralidade, da impessoalidade e da publicidade, porque o texto do art. 37, *caput*, da Constituição Federal, faz expressa referência àquela modalidade de administração.

Não obstante, há três postulados que merecem destaque nesta parte de nosso estudo porque dizem respeito particularmente à administração indireta. São esses que examinaremos a seguir.

7.1. Princípio da Reserva Legal

Este princípio tem por objetivo a indicação de que todas as pessoas integrantes da Administração Indireta de qualquer dos Poderes, seja qual for a esfera federativa a que estejam vinculadas, só podem ser instituídas por lei.

Nesse exato sentido, o disposto no art. 37, XIX, da CF, com a redação dada pela Emenda Constitucional nº 19/1998: *"Somente por lei específica poderá ser criada autarquia e autorizada a instituição de empresa pública, de sociedade de economia mista e de fundação, cabendo à lei complementar, neste último caso, definir as áreas de sua atuação."*

A nova redação do dispositivo, no entanto, deixou dúvidas quanto à sua parte final, ausente no texto anterior. Estabeleceu a norma que caberá à lei complementar definir as áreas de atuação *neste último caso*, sem esclarecer se esta expressão se refere à instituição de empresa pública, sociedade de economia mista e fundação, ou se está aludindo apenas à categoria das fundações. Ao que parece, o mandamento refere-se apenas às fundações, e isso porque o art. 173, § 1º, da CF, também alterado pela referida Emenda, já indica que empresas públicas e sociedades de economia mista terão como objeto explorar atividade econômica de produção ou comercialização de bens ou de prestação de serviços. Ora, sendo assim, não seria coerente admitir lei complementar para delinear áreas de atuação dessas entidades. Seja como for, entretanto, fica difícil entender por que razão o Constituinte previu lei complementar para definir áreas de atuação de fundações, quando basta lei ordinária para autorizar sua instituição.

De qualquer modo, porém, o mandamento significa que tais entidades só podem ingressar no mundo jurídico se houver manifestação dos Poderes Legislativo e Executivo no processo de formação da lei instituidora, cabendo a este último o poder de iniciativa da lei, por se tratar de matéria de caráter estritamente organizacional da Administração Pública (art. 61, § 1º, II, "e", CF).

Avulta notar, por fim, que o princípio da reserva legal se aplica também à hipótese de instituição de pessoas *subsidiárias* das empresas públicas e sociedades de economia mista (art. 37, XX, CF). A exigência tem por fim evitar que, uma vez criadas as entidades primárias, possam elas, abusivamente, instituir, a seu exclusivo critério, esse tipo de pessoas de natureza derivada, com o risco de ficarem sem qualquer tipo de controle e de provocarem dispêndio para o erário. Desse modo, só se torna possível criar tais pessoas subsidiárias se também houver lei autorizadora, tal como acontece com as entidades primárias.

Não é necessário, entretanto, que haja uma lei autorizadora específica para que seja criada cada subsidiária, como sustentam alguns. A Constituição não permite essa interpretação tão restrita. Nada impede que a lei instituidora da entidade primária, ou lei subsequente, já preveja a instituição de futuras subsidiárias. O Supremo Tribunal Federal vem em socorro desse pensamento e decidiu que, uma vez instituída sociedade de economia mista (art. 37, XIX, CF) e delegada à lei que a criou permissão para a constituição de subsidiárias, as quais podem majoritária ou minoritariamente associar-se a outras empresas, *o requisito da autorização legislativa*

(CF, art. 37, XX) acha-se cumprido, não sendo necessária a edição de lei especial para cada caso.[28] Parece-nos certíssimo o entendimento, sobretudo se for considerado que ao intérprete não é lícito criar restrições onde a Constituição não o faz.

7.2. Princípio da Especialidade

Não é qualquer atividade cometida aos órgãos da Administração Direta que se torna objeto do processo de descentralização. Ao Estado cabe a avaliação do que deve continuar a ser executado centralizadamente ou do que deve ser transferido a outra pessoa.

O princípio da especialidade aponta para a absoluta necessidade de ser expressamente *consignada na lei* a atividade a ser exercida, descentralizadamente, pela entidade da Administração Indireta. Em outras palavras, nenhuma dessas entidades pode ser instituída com finalidades genéricas, vale dizer, sem que se defina na lei o objeto preciso de sua atuação.

Somente as pessoas políticas têm a seu cargo funções genéricas das mais diversas naturezas, como definido no sistema de partilha constitucional de competências. Tal não pode ocorrer com as pessoas da Administração Indireta. Estas *só podem atuar, só podem despender seus recursos nos estritos limites determinados pelos fins específicos para os quais foram criadas.*[29]

7.3. Princípio do Controle

Controle é o conjunto de meios através dos quais pode ser exercida função de natureza fiscalizatória sobre determinado órgão ou pessoa administrativa. Dizer-se que órgão ou entidade estão sujeitos a controle significa constatar que só podem eles atuar dentro de determinados parâmetros, ou seja, nunca podem agir com liberdade integral.

Diante disso, pode afirmar-se que toda pessoa integrante da Administração Indireta é submetida a controle pela Administração Direta da pessoa política a que é vinculada. E nem poderia ser de outra maneira. Se é a pessoa política que enseja a criação daquelas entidades, é lógico que tenha que se reservar o poder de controlá-las. Por esse motivo é que tais entidades figuram como se fossem satélites das pessoas da federação.

O princípio do controle, também denominado de *tutela administrativa*, se distribui sobre quatro aspectos:

1. *controle político*, pelo qual são os dirigentes das entidades da Administração Indireta escolhidos e nomeados pela autoridade competente da Administração Direta, razão por que exercem eles função de confiança (relação *intuitu personae*);

2. *controle institucional*, que obriga a entidade a caminhar sempre no sentido dos fins para os quais foi criada;

3. *controle administrativo*, que permite a fiscalização dos agentes e das rotinas administrativas da entidade; e

4. *controle financeiro*, pelo qual são fiscalizados os setores financeiro e contábil da entidade.

A forma pela qual os órgãos governamentais exercem o controle pode variar conforme a lei de organização administrativa federal, estadual, distrital ou municipal. Como regra, porém, tem-se adotado o sistema de controle através de Ministérios ou de Secretarias, o que é bastante razoável,

---

[28] ADI 1.649, j. 24.3.2004 (legitimidade dos arts. 64 e 65 da Lei 9.478/97, que autorizam subsidiárias para a Petrobras).

[29] A correta observação é de SÉRGIO DE ANDRÉA FERREIRA, *Direito administrativo* cit., p. 75.

376 | MANUAL DE DIREITO ADMINISTRATIVO • Carvalho Filho

porque cada um desses órgãos, dotados de competência específica em certas áreas, fica encarregado de fiscalizar o grupo de pessoas da administração indireta que executem atividades correlatas àquela competência. Para exemplificar: as escolas e universidades, pela natureza de sua função, ficam sob controle do Ministério da Educação. Entidades ligadas à área econômica, como o Banco Central, Casa da Moeda e Banco do Brasil, são vinculadas ao Ministério da Economia. Hospitais e fundações de saúde devem estar atreladas ao Ministério da Saúde, e assim sucessivamente.

A União Federal adotou essa sistemática, denominando-a de *supervisão ministerial*. Dispõe o Decreto-lei nº 200/1967 que *todo e qualquer órgão da administração federal, direta ou indireta, está sujeito à supervisão do Ministro de Estado competente*, excetuando-se apenas aqueles órgãos (e não pessoas) que prestem assessoria direta ao Presidente da República. É oportuno lembrar que, apesar da expressão *"supervisão ministerial"*, a entidade descentralizada pode ser vinculada a órgãos equiparados a Ministérios, como Gabinetes e Secretarias ligadas à Presidência da República.

Alerte-se, porém, que, a despeito da vinculação das entidades a Ministérios e Secretarias, órgãos do Poder Executivo, como é obviamente a regra geral, nada impede que, embora excepcionalmente, possam ser vinculadas à direção administrativa dos Poderes Legislativo e Judiciário, desde que sua instituição obedeça aos requisitos estabelecidos na Constituição. Até mesmo à Administração do Ministério Público é admissível a vinculação das referidas entidades.[30]

O controle funda-se no fato normalmente conhecido como *relação de vinculação*, através do qual se pode averbar que toda pessoa da administração indireta é *vinculada* a determinado órgão da respectiva administração direta. São todas, pois, entidades vinculadas. A observação é feita para o fim de distinguir-se a *relação de vinculação*, fixada entre pessoas, e a *relação de subordinação*, apropriada para o controle entre órgãos internos das pessoas administrativas.

8. CATEGORIAS JURÍDICAS

Já vimos que, enquanto a Administração Direta se constitui de órgãos, a Administração Indireta se compõe de entidades dotadas de personalidade jurídica própria.

Essas entidades estão agrupadas em quatro categorias, cada uma delas apresentando pessoas jurídicas com algumas particularidades específicas que as tornam distintas das demais. São elas: as autarquias, as empresas públicas, as sociedades de economia mista e as fundações públicas.

Como um dos aspectos distintivos mais marcantes reside no *objeto* da entidade, que deve ser compatível com sua natureza jurídica, o art. 26 da EC nº 19/1998, relativa à reforma do Estado, dispôs que *"no prazo de dois anos da promulgação desta Emenda, as entidades da administração indireta terão seus estatutos revistos quanto à respectiva natureza jurídica, tendo em conta a finalidade e as competências efetivamente executadas"*. Nesse prazo, por conseguinte, deveria o Poder Público adequar a natureza jurídica de suas entidades descentralizadas ao objeto que com elas seja compatível.

Para melhor exame dessas categorias, vamos estudá-las em tópicos separados, nos quais procuraremos apontar os principais aspectos de sua fisionomia jurídica.

IV. Autarquias

1. INTRODUÇÃO

1.1. Terminologia

O termo *autarquia* significa *autogoverno* ou *governo próprio*, mas no direito positivo perdeu essa noção semântica para ter o sentido de *pessoa jurídica administrativa com relativa capacidade de gestão dos interesses a seu cargo*, embora sob controle do Estado, de onde se originou.

---

[30] Nesse sentido, SÉRGIO DE ANDRÉA FERREIRA, *Comentários à Constituição*, v. III, p. 14-15.

Cap. 9 · ADMINISTRAÇÃO DIRETA E INDIRETA | 377

Na verdade, até mesmo em relação a esse sentido, o termo está ultrapassado e não mais reflete uma noção exata do instituto. Existem, como se verá, outras categorias de pessoas administrativas que também procedem à gestão de seus interesses, fato que também as colocaria como autarquias. Por isso, é importante observar, desde logo, que não se deve fazer qualquer ligação entre a terminologia e o perfil jurídico da autarquia, devendo-se apenas considerar que se trata de uma modalidade de pessoa administrativa, instituída pelo Estado para o desempenho de atividade predeterminada, dotada, como ocorre com cada uma dessas pessoas, de algumas características especiais que as distinguem de suas congêneres.

1.2. Autarquia e Autonomia

A despeito da imprecisão de que se revestem os vocábulos quando tentam caracterizar institutos jurídicos, autarquia e autonomia têm significados diversos.

Autonomia é figura de conotação mais política, porque indica que alguns entes podem criar sua própria administração e estabelecer sua organização jurídica, como observava ZA-NOBINI.[31] Não se trata de uma pessoa instituída pelo Estado; é, com efeito, uma parcela do próprio Estado. Em determinadas situações, as pessoas autônomas têm capacidade política, significando a possibilidade de eleger os seus próprios representantes. Melhor exemplo de entes autônomos é o das pessoas integrantes de uma federação, como no caso do Brasil. Estados, Distrito Federal e Municípios são, todos eles, autonomias, no sentido de que, nos termos da Constituição Federal, dispõem de todas aquelas prerrogativas e peculiaridades. O art. 18 da Constituição, aliás, emprega o termo *autônomos* quando se refere a tais entidades políticas.

Outro é o sentido de autarquia. Aqui a conotação não é de caráter político, mas sim administrativo. O Estado, quando cria autarquias, visa a atribuir-lhes algumas funções que merecem ser executadas de forma descentralizada. Daí não poderem criar regras jurídicas de auto-organização, nem terem capacidade política. Sua função é meramente administrativa. Por tal motivo é que se pode afirmar que, enquanto a autonomia é o próprio Estado, a autarquia é *apenas uma pessoa administrativa criada pelo Estado.*

1.3. Autarquias Institucionais e Territoriais

A doutrina costuma distinguir as autarquias denominadas de *institucionais*, e aquelas consideradas como *territoriais*.

As chamadas autarquias territoriais correspondem a desmembramentos geográficos em certos países, normalmente com regime unitário (ou de centralização política), aos quais o poder central outorga algumas prerrogativas de ordem política e administrativa, permitindo-lhes uma relativa liberdade de ação. Não chegam a ser verdadeiras autonomias, mas têm a seu cargo algumas funções privativas conferidas pelo Estado. Esse, aliás, foi o sentido inicial do termo *autarquia.*[32] Costuma-se considerar como integrantes dessa categoria os nossos Territórios, entes despidos de autonomia, que executam, por delegação, algumas funções próprias de Estado (art. 33, CF).

As autarquias institucionais nascem como pessoas jurídicas criadas pelo Estado para se desincumbirem de tarefas para as quais a lei as destinou. Contrariamente àquelas outras, não correspondem a áreas geográficas. Trata-se de meras pessoas administrativas sem delegação política estatal, limitando-se, por isso, a perseguir os objetivos que lhes foram impostos.

Essa é a razão por que apenas as autarquias institucionais integram a Administração Indireta do Estado, e este, através delas e das demais pessoas vinculadas, buscará alcançar os objetivos e as diretrizes administrativas previamente traçados.

---

[31]   CRETELLA JÚNIOR, *Curso,* cit., p. 53.
[32]   MARIA SYLVIA DI PIETRO, ob. cit., p. 268.

2. CONCEITO

Como todas as categorias de pessoas jurídicas integrantes da Administração Indireta, as autarquias têm sua própria fisionomia, apresentando algumas particularidades que as distinguem das demais. Basicamente, são elementos necessários à conceituação das autarquias os relativos à personalidade jurídica, à forma de instituição e ao objeto, os quais, pelo fato mesmo de integrarem o conceito, serão analisados adiante em separado.

À luz desses elementos, pode-se conceituar autarquia como *a pessoa jurídica de direito público, integrante da Administração Indireta, criada por lei para desempenhar funções que, despidas de caráter econômico, sejam próprias e típicas do Estado.*

Vejamos alguns exemplos de autarquias mais conhecidas, vinculadas à União Federal: o INSS – Instituto Nacional do Seguro Social; o INCRA – Instituto Nacional de Colonização e Reforma Agrária; a Comissão Nacional de Energia Nuclear; o Banco Central do Brasil; a Comissão de Valores Mobiliários; o IBAMA – Instituto Brasileiro do Meio Ambiente e dos Recursos Naturais Renováveis; o DNOCS – Departamento Nacional de Obras contra as Secas e outras tantas. Estados e Municípios também têm suas próprias autarquias.

3. REFERÊNCIAS NORMATIVAS

A vigente Constituição fez menção, por mais de uma vez, à administração indireta do Estado, como ocorre, por exemplo, nos arts. 37, caput, 49, X e 70, caput. Fez também várias referências às autarquias, às vezes empregando a expressão *entidades autárquicas* (arts. 37, XIX, 109, I e 144, § 1º, I). Em nenhum momento, porém, afirma, de forma peremptória, que elas integram a Administração Indireta. À luz, portanto, do quadro constitucional, apenas se pode inferir, através de interpretação sistemática e lógica de seus textos, a relação jurídica pela qual as autarquias se inserem como categoria dentro do sistema administrativo descentralizado do Estado.

Foi o legislador federal que definiu essa relação. O Decreto-lei nº 200, de 25.2.1967, conhecido como o Estatuto da Reforma Administrativa Federal, não somente ofereceu a conceituação de autarquia, como também disse claramente que essa categoria era integrante da Administração Indireta (art. 4º, II, "a" e art. 5º, I).

A sistemática adotada no modelo federal serviu de inspiração para as demais pessoas da federação, muitas das quais editaram leis de organização de sua Administração, dividindo-a em Direta e Indireta e inserindo nesta as categorias contempladas na lei federal.

4. PERSONALIDADE JURÍDICA

Ao caracterizar a autarquia, consignou o referido Decreto-lei nº 200/1967 ser ela *"o serviço autônomo, criado por lei, com personalidade jurídica, patrimônio e receita próprios, para executar atividades típicas da administração pública, que requeiram, para seu melhor funcionamento, gestão administrativa e financeira descentralizada".*

Veja-se que o legislador não qualificou o tipo de personalidade jurídica que deveria ser atribuído à categoria, e nesse ponto se encontra uma das falhas da conceituação legal. Limitou-se apenas a dizer que o serviço teria personalidade jurídica, o que não seria, de fato, nenhuma novidade. Mais preciso foi o Decreto-lei nº 6.016, de 22.11.1943, que, dispondo sobre a imunidade dos bens, rendas e serviços das autarquias, deixou expressa a menção de que tais entidades eram pessoas de direito público. Dispunha o art 2º desse diploma: "Considera-se autarquia,

Cap. 9 • ADMINISTRAÇÃO DIRETA E INDIRETA | 379

para efeito deste Decreto-lei, o serviço estatal descentralizado, com personalidade de direito público, explícita ou implicitamente reconhecida por Lei." [33]

Entretanto, nenhuma dúvida há, em tempos atuais, a despeito da omissão do Decreto-lei nº 200/1967, de que as autarquias são realmente *pessoas jurídicas de direito público*. A qualificação, aliás, foi confirmada pelo novo Código Civil que, relacionando as pessoas jurídicas de direito público, inseriu expressamente as autarquias (art. 41, IV). Apesar de dotadas de função exclusivamente administrativa (o que as coloca em plano diverso das pessoas de direito público integrantes da federação brasileira, estas possuidoras de capacidade política), sua personalidade jurídica de direito público lhes atribui todas as pertinentes prerrogativas contidas no ordenamento jurídico vigente.

Note-se, porém, que esse perfil, longe de ser um modelo de precisão – opinião, de resto, também perfilhada por alguns estudiosos – só seria obrigatório dentro do regime administrativo da União Federal, haja vista que consta de diploma legal para ela voltado especificamente.[34] A prática, porém, tem mostrado que as demais pessoas federativas abraçaram a referida conceituação, o que, em nosso entender, é extremamente salutar, para impedir a caótica situação de haver um sentido diverso do instituto, conforme o Estado ou o Município a que pertencer a autarquia. Ao menos, pode-se estar tranquilo de que idêntico é o sentido de autarquia, bem como de seus elementos peculiares, tanto no norte, como no sul, o que é ótimo para a uniformização jurídica pertinente. Alguns Estados, além de incluírem as autarquias em suas Constituições, com textos similares ao do Decr.-lei 200, ainda as qualificaram como pessoas de direito público.[35]

Por último, vale fazer uma rápida observação sobre o início da personalidade jurídica das autarquias. Sendo pessoas jurídicas de direito público, não incide sobre elas a disciplina prevista no Código Civil. Com efeito, a regra aí prevista, qual seja, a de que a existência legal das pessoas jurídicas começa com a inscrição, no registro próprio, de seus contratos, atos constitutivos ou estatutos, se irradia apenas sobre as pessoas de direito privado (art. 45, Código Civil).[36] Para as pessoas jurídicas de direito público, como as autarquias, a regra tem estreita conexão com o princípio da legalidade, visto que, sendo criadas por lei, têm o início de sua existência no mesmo momento em que se inicia a vigência da lei criadora. É, portanto, com o início da vigência da lei criadora que tem início a personalidade jurídica das autarquias.

5. CRIAÇÃO, ORGANIZAÇÃO E EXTINÇÃO

Vimos anteriormente que a vigente Constituição, ao contrário das anteriores, decidiu estabelecer para a criação das pessoas da Administração Indireta o princípio da reserva legal: todas elas, inclusive as autarquias, devem ser criadas por lei (art. 37, XIX, CF).[37]

A lei de criação da autarquia deve ser da iniciativa privativa do Chefe do Executivo. De acordo com regra constitucional (art. 61, § 1º, II, "e", da CF), cabe ao Presidente da República a iniciativa das leis que disponham sobre criação, estruturação e atribuições dos Ministérios e órgãos da Administração Pública, sendo essa regra aplicável também a Estados e Municípios. Além disso, a criação de pessoas administrativas é matéria própria de administração pública, razão por que ninguém melhor do que o Chefe do Executivo para aferir a conveniência e a necessidade de deflagrar o processo criativo.

---

[33] O art. 2º desse diploma era claro: "Considera-se autarquia, para efeito deste Decreto-lei, o serviço estatal descentralizado, com personalidade de direito público, explícita ou implicitamente reconhecida por Lei."

[34] No mesmo sentido, HELY LOPES MEIRELLES, ob. cit., p. 309.

[35] Constituição do Estado do Rio de Janeiro (art. 77, § 2º, I).

[36] Art. 45, Código Civil.

[37] Art. 37, XIX, CF. Ver o que dissemos no tópico III, nº 7.1.

MANUAL DE DIREITO ADMINISTRATIVO • *Carvalho Filho*

O texto da norma constitucional merece interpretação lógica no caso, já que não se refere expressamente às autarquias. Não obstante, deve considerar-se que estas são abrangidas pela norma, não somente porque o texto faz menção a atribuições dos Ministérios, aos quais estão elas vinculadas, como também porque o termo *"órgãos"* tem aqui sentido amplo, em ordem a alcançar quer os órgãos públicos (em sentido estrito), quer as pessoas jurídicas que fazem parte da Administração Pública, como é o caso das autarquias.

Para a extinção de autarquias, é também a lei o instrumento jurídico adequado. As mesmas razões que inspiraram o princípio da legalidade, no tocante à criação de pessoas administrativas, estão presentes no processo de extinção. Trata-se, na verdade, de irradiação do princípio da simetria das formas jurídicas, pelo qual a forma de nascimento dos institutos jurídicos deve ser a mesma para sua extinção. Ademais, não poderia ato administrativo dar por finda a existência de pessoa jurídica instituída por lei, já que se trata de ato de inferior hierarquia.[38]

A organização das autarquias é delineada através de ato administrativo, normalmente decreto do Chefe do Executivo. No ato de organização são fixadas as regras atinentes ao funcionamento da autarquia, aos órgãos componentes e à sua competência administrativa, ao procedimento interno e a outros aspectos ligados efetivamente à atuação da entidade autárquica.

6. OBJETO

Ao fixar os contornos jurídicos das autarquias, o Decreto-lei nº 200/1967 consignou que seriam elas destinadas a executar *atividades típicas da administração pública*, expressão que, é fácil notar, suscita dúvidas a respeito de seu sentido. A noção de *atividades típicas* é extremamente fluida e variável no tempo e no espaço: em determinado momento, por exemplo, certa atividade pode não ser considerada própria da Administração, e depois passar a sê-lo.

Em nosso entender, porém, o legislador teve o escopo de atribuir às autarquias a execução de *serviços públicos de natureza social e de atividades administrativas*, com a exclusão dos serviços e atividades de cunho econômico e mercantil, estes adequados a outras pessoas administrativas, como as sociedades de economia mista e as empresas públicas.[39] Um serviço de assistência a regiões inóspitas do país ou um serviço médico podem ser normalmente prestados por autarquias, mas o mesmo não se passa, por exemplo, com a prestação de serviços bancários ou de fabricação de produtos industriais, atividades próprias de pessoas administrativas privadas. Aliás, houve na Administração algumas correções de rumo, adequando-se a categoria da entidade a seus fins institucionais.

7. CLASSIFICAÇÃO

Variam entre os autores as fórmulas de classificação das autarquias, e o fato se justifica pelas diferentes óticas sob as quais se procede à análise dessas pessoas administrativas. Parece-nos, no entanto, pouco didático que nos estendamos sobre o tema, abordando aspectos de pequeno interesse.

Por essa razão, preocupamo-nos em apontar três fatores que de fato demarcam diferenças entre as autarquias. São eles:

1. o nível federativo;
2. o objeto; e
3. a natureza (regime jurídico).

Vejamos essas diferenças.

---

[38] A observação é de CELSO ANTÔNIO BANDEIRA DE MELLO, ob. cit., p. 76.

[39] HELY LOPES MEIRELLES, *Direito administrativo* cit., p. 307.

7.1. Quanto ao Nível Federativo

Esta classificação leva em conta o círculo federativo responsável pela criação da autarquia.

Neste caso, as autarquias podem ser *federais, estaduais, distritais e municipais*, conforme instituídas pela União, pelos Estados, pelo Distrito Federal e pelos Municípios.

Anote-se, no entanto, que as regras gerais previstas na Constituição para essa categoria aplicam-se a todas elas, independentemente da esfera federativa de onde se tenham originado. Os aspectos especiais que acarretam variação entre elas não se prendem ao nível federativo, mas sim à pessoa federativa em si mesma, já que cada uma destas tem autonomia para estabelecer os objetivos, os planos de cargos e salários dos servidores, a organização etc.

Em virtude da autonomia de que são titulares, na forma do art. 18, da CF, cada uma das pessoas federativas tem competência para instituir suas próprias autarquias, que ficarão vinculadas à respectiva Administração Direta.

Anteriormente, houve uma tentativa para a criação de autarquia de interesse comum de alguns Estados, o que geraria uma vinculação administrativa plúrima. O STF, entretanto, decidiu no sentido da inviabilidade desse tipo de entidade, fundando-se em que *"não há possibilidade de criação de autarquia interestadual mediante a convergência de diversas unidades federadas".*[40]

Com o advento da Lei nº 11.107/2005, no entanto, fundada no art. 241 da CF, foram instituídos, como vimos, os *consórcios públicos,* que retratam negócios jurídicos plurilaterais e de direito público, celebrados entre os entes federativos com o objetivo de executarem funções de interesse comum. A lei impõe que os consórcios públicos adquiram personalidade jurídica, sendo uma das formas a *associação pública,* que tem a natureza jurídica de *autarquia.* Diz a lei que, sendo autarquia, o consórcio passa a integrar a Administração Indireta de todos os entes federativos consorciados (art. 6º, § 1º), de modo que restou superado o entendimento adotado preteritamente pela Corte.

7.2. Quanto ao Objeto

Dentro das atividades típicas do Estado, a que estão preordenadas, as autarquias podem ter diferentes objetivos, classificando-se em:

a) *autarquias assistenciais:* aquelas que visam a dispensar auxílio a regiões menos desenvolvidas ou a categorias sociais específicas, para o fim de minorar as desigualdades regionais e sociais, preceito, aliás, inscrito no art. 3º, III, da CF. Exemplo: INCRA – Instituto Nacional de Colonização e Reforma Agrária;

b) *autarquias previdenciárias:* voltadas para a atividade de previdência social oficial. Exemplo: o INSS (Instituto Nacional do Seguro Social);

c) *autarquias culturais:* dirigidas à educação e ao ensino. Exemplo: a UFRJ (Universidade Federal do Rio de Janeiro);

d) *autarquias profissionais* (ou *corporativas*): incumbidas da inscrição de certos profissionais e de fiscalizar sua atividade. Exemplo: OAB (Ordem dos Advogados do Brasil); CRM (Conselho Regional de Medicina); CREA (Conselho Regional de Engenharia e Arquitetura), e outras do gênero.

---

[40] ACO 503, Min. MOREIRA ALVES, j. 25.10.2001.

382 | MANUAL DE DIREITO ADMINISTRATIVO • Carvalho Filho

e) *autarquias administrativas*: que formam a categoria residual, ou seja, daquelas entidades que se destinam às várias atividades administrativas, inclusive de fiscalização, quando essa atribuição for da pessoa federativa a que estejam vinculadas. É o caso do INMETRO (Instituto Nacional de Metrologia, Normalização e Qualidade Industrial); BACEN (Banco Central do Brasil); IBAMA (Instituto Brasileiro do Meio Ambiente e dos Recursos Naturais Renováveis);

f) *autarquias de controle*: enquadram-se nesta categoria as recém-criadas *agências reguladoras*, inseridas no conceito genérico de *agências autárquicas*, cuja função primordial consiste em exercer controle sobre as entidades que prestam serviços públicos ou atuam na área econômica por força de concessões e permissões de serviços públicos (descentralização por delegação negocial), como é o caso da ANEEL (Agência Nacional de Energia Elétrica), da ANATEL (Agência Nacional de Telecomunicações) e da ANP (Agência Nacional do Petróleo). Sobre tais entidades, remetemos aos comentários feitos adiante, no nº 15 deste tópico;

g) *autarquias associativas*: são as denominadas *"associações públicas"*, ou seja, aquelas que resultam da associação com fins de mútua cooperação entre entidades públicas, formalizada pela instituição de *consórcios públicos*, sendo estes regulados, como já vimos anteriormente no capítulo relativo aos contratos administrativos, pela Lei nº 11.107/2005.

No que toca às *autarquias profissionais*, algumas observações se tornam necessárias.

A Lei nº 9.649, de 27.5.1998, que teve o escopo de reorganizar a administração federal, passou a estabelecer que os serviços de fiscalização de profissões regulamentadas seriam exercidos em *caráter privado*, por delegação do Poder Público, mediante autorização legislativa (art. 58). Consignava, ainda, que os conselhos de fiscalização teriam personalidade jurídica de direito privado, sem vínculo funcional ou hierárquico com os órgãos da Administração Pública (art. 58, § 2º). Sua organização e estrutura seriam fixadas por decisão interna do plenário (art. 58, § 1º) e os litígios de que fizessem parte seriam deduzidos perante a Justiça Federal (art. 58, § 8º). Todos esses dispositivos foram declarados inconstitucionais – decisão evidentemente acertada – já que inviável é a delegação, a entidade privada, de atividade típica do Estado, ainda mais quando se sabe que nela está incluído o exercício do poder de polícia, de tributação e de punição, no que tange a atividades profissionais regulamentadas. Assim, ofendidos foram os arts. 5º, XIII; 22, XXVI; 21, XXIV; 70, parágrafo único; 149 e 175 da CF.[41]

É importante, também, assinalar que tem havido algumas controvérsias e dúvidas a respeito do regime jurídico da *OAB – Ordem dos Advogados do Brasil*. Decidiu-se, entretanto, que tal autarquia não integra a Administração Indireta da União, configurando-se como entidade independente; assim, não está vinculada a qualquer órgão administrativo, nem se sujeita ao respectivo controle ministerial.

Além do mais, é entidade que não pode ser comparada às demais autarquias profissionais, porque, além de seu objetivo básico – de representação da categoria dos advogados – tem ainda função institucional de natureza constitucional. Por outro lado, seu pessoal é regido pela CLT, mas não se submete ao art. 37, II, da CF, que exige prévia aprovação em concurso público para a contratação dos servidores.[42] Tratamento diverso, porém, tem sido dispensado às demais autarquias profissionais (Conselhos), das quais se exige o regime estatutário previsto na Lei nº 8.112/1990.[43]

---

[41] ADI 1.717, Min. SIDNEY SANCHES, j. 7.11.2002.

[42] ADI 3.026, Min. EROS GRAU, j. 8.6.2006.

[43] STJ, REsp 820.696, j. 2.9.2008. Também: TRF-2, Ap. Cív. 200851010146899, j. 16.6.2014, e TRF-5, Reex.Neces. 8013363920124058300, j. 12.12.2013.

Cap. 9 · ADMINISTRAÇÃO DIRETA E INDIRETA | 383

Algumas controvérsias surgiram a propósito da natureza jurídica das contribuições para as autarquias profissionais. O STF considera que se trata de tributos sob a forma de contribuições parafiscais da espécie "contribuições de interesse das categorias profissionais", embasadas no art. 149 da CF.[44]

Podem ser fixadas por lei ordinária, sendo legítimo que se estabeleçam valores-teto para os contribuintes, atendendo ao princípio da capacidade contributiva.[45] Apesar disso, já se decidiu que o título executivo previsto no art. 46, parágrafo único, da Lei nº 8.906/1994 (Estatuto da OAB), sujeita-se à execução comum, prevista no art. 784 do CPC, não sendo aplicável, pois, a Lei nº 6.830/1980, que rege o processo de execução fiscal.[46]

Por outro lado, adotou-se, ainda, o entendimento de que a entidade não se submete às normas financeiras da Lei nº 4.320/1964, nem ao controle exercido pelo Tribunal de Contas da União, a despeito do disposto no art. 71, II, da CF, que trata do julgamento de contas quando envolvidos dinheiros públicos.[47] Quanto ao foro processual, em que pesem divergências, predomina a que fixa como competente a justiça federal, com lastro no art. 109, I, da CF.[48] A matéria sobre o regime dessas entidades, como se pode ver, ainda está longe de uma definição mais precisa. Há, inclusive, surpreendente decisão que só considera autarquias os Conselhos profissionais, mas exclui a OAB dessa categoria, deixando o intérprete sem saber onde a entidade se enquadra.[49]

No que tange ao regime tributário, já se reconheceu à OAB a garantia da imunidade recíproca prevista no art. 150, VI, "a", da CF, com supedâneo no fato de que executa atividade própria do Estado e defende a ordem jurídica, além de sua função de selecionar e controlar disciplinarmente os advogados. Entretanto, a imunidade alcança tão somente as finalidades essenciais, o que não impede a autoridade fiscal de examinar a atuação da entidade.[50] A mesma garantia de imunidade recíproca foi estendida à Caixa de Assistência dos Advogados, e isso porque (a) presta serviço público delegado, (b) a atividade é executada em virtude lei e (c) o serviço é prestado por ente público sem finalidade econômica.[51]

Sem dúvida, trata-se de *regime especial*, diverso do adotado para as autarquias em geral. Não é idêntico, com certeza, ao adotado para as agências reguladoras – autarquias de regime especial, de que trataremos logo adiante – mas é inegável que ostenta caráter de excepcionalidade em relação ao sistema autárquico comum.

7.3. Quanto ao Regime Jurídico (Autarquias de Regime Especial)

A despeito de não abonarmos esta classificação, como adiante explicaremos, permitimo-nos apresentá-la não somente em virtude da referência feita por algumas leis, como também em homenagem a alguns especialistas que a têm acolhido quando aludem ao regime das autarquias.

É sob esse aspecto que se admite a classificação de dois grupos de autarquias quando se leva em conta o seu regime jurídico: (a) *autarquias comuns* (ou *de regime comum)*; (b) *autarquias especiais* (ou *de regime especial*). Segundo a própria terminologia, é fácil distingui-las:

---

44 STF, MS 21.797, j. 9.3.2000.
45 STF, ADIs 4.697 e 4.762, j. 6.10.2016.
46 STJ, EREsp 503.252, j. 25.8.2004.
47 STJ, EREsp 503.252, j. 25.8.2004.
48 STF, RE 595.332, j. 31.8.2016.
49 STJ, REsp 507.536, j. 18.11.2010.
50 STF, AgR. no RE 259.976, j. 23.3.2010.
51 STF, RE 405.267, j. 6.9.2018.

384 | MANUAL DE DIREITO ADMINISTRATIVO • Carvalho Filho

as primeiras estariam sujeitas a uma disciplina jurídica sem qualquer especificidade, ao passo que as últimas seriam regidas por disciplina específica, cuja característica seria a de atribuir prerrogativas especiais e diferenciadas a certas autarquias.

Foi a Lei nº 5.540/1968, que, ao dispor sobre a organização do ensino superior (art. 4º e parágrafo único, já revogados), estabeleceu que as universidades e estabelecimentos de ensino, quando oficiais, se constituiriam em *autarquias de regime especial* ou em fundações de direito público. Contudo, não definiu o que seria esse regime especial, limitando-se exclusivamente a consignar que esse regime obedeceria às *"peculiaridades"* indicadas na disciplina legal. Acolhendo essa qualificação, alguns doutrinadores adotaram o entendimento de que o regime especial se caracterizaria pelas regalias que a lei conferisse à autarquia, houvesse ou não referência em dispositivo legal.[52] Note-se, entretanto, que nem sempre se aceitou inteiramente essa categoria, e isso ficou claro quando se tentou extrair em seu favor situações jurídicas sem amparo na Constituição. À guisa de exemplo, os servidores do Banco Central, que tinham regime diferenciado, passaram a ser estatutários, como os integrantes das demais autarquias.[53]

A verdade é que, por consenso dos especialistas, passaram a ser consideradas *autarquias especiais* todas aquelas entidades autárquicas dotadas de peculiaridades específicas e de configuração diversa da que possuem as autarquias clássicas.

8. AGÊNCIAS REGULADORAS

8.1. Considerações Iniciais

No processo de modernização do Estado, uma das medidas preconizadas pelo Governo foi a da criação de um grupo especial de autarquias a que se convencionou denominar de *agências*, cujo objetivo institucional consiste na função de controle de pessoas privadas incumbidas da prestação de serviços públicos, em regra sob a forma de concessão ou permissão, e também na de intervenção estatal no domínio econômico, quando necessário para evitar abusos nesse campo, perpetrados por pessoas da iniciativa privada.

A Lei nº 9.491, de 9.9.1997 (que revogou a Lei nº 8.031, de 12.4.1990), instituiu o Plano Nacional de Desestatização – PND, com o objetivo estratégico de, entre outros fins, reduzir o *deficit* público e sanear as finanças governamentais, para tanto transferindo à iniciativa privada atividades que o Estado exercia de forma dispendiosa e indevida. Todos os parâmetros foram traçados na lei para cumprimento pela Administração Pública, sem a possibilidade de desviar-se dos objetivos nela fixados.[54]

Uma das formas de implementar a referida transferência consistiu no processo de *privatização*, pelo qual se antevia a alienação, a pessoas da iniciativa privada, de direitos pertencentes ao Governo Federal que lhe asseguravam a preponderância nas deliberações sociais e o poder de eleger a maioria dos administradores da sociedade. As antigas pessoas paraestatais se transformariam, desse modo, em pessoas do setor exclusivamente privado, ou, em outras palavras, convertia-se o processo de descentralização por delegação legal, do qual resultavam as entidades da administração indireta, em descentralização por delegação negocial, já que as novas pessoas desempenhariam suas atividades através do sistema da concessão de serviços públicos.

---

[52] HELY LOPES MEIRELLES (ob. cit., p. 316). O autor considerava autarquias de regime especial o Banco Central do Brasil (Lei nº 4.595/1964), a Comissão Nacional de Energia Nuclear (Lei nº 4.118/1962) e a Universidade de São Paulo (Decreto-lei nº 13.855/1944).

[53] STF, ADI 449, j. 28.9.1996.

[54] JOSÉ EDWALDO TAVARES BORBA, *Sociedade de economia mista e privatização*, Lumen Juris, 1997, p. 37.

Cap. 9 · ADMINISTRAÇÃO DIRETA E INDIRETA | 385

O afastamento do Estado, porém, dessas atividades haveria de exigir a instituição de órgãos reguladores, como, aliás, passou a constar do art. 21, XI, da CF, com a redação da EC nº 8/1995, e do art. 177, § 2º, III, com a redação da EC nº 9/1995. Pela natureza da função a ser exercida, foram então criadas, sob a forma de autarquias (agências autárquicas ou governamentais), as denominadas *agências reguladoras*, entidades com típica função de controle.

8.2. Criação das Agências

Diante da permissão constitucional para a instituição de entidades de regulação, foram sendo criadas gradativamente as agências reguladoras, cada uma delas direcionada a determinado setor econômico ou de prestação de serviços de relevância pública.

A primeira delas foi a Agência Nacional de Energia Elétrica – ANEEL, criada pela Lei nº 9.427, de 26.12.1996. Logo após, vieram a Agência Nacional de Telecomunicações – ANATEL, nascida na Lei nº 9.472, de 16.7.1997, e a Agência Nacional do Petróleo – ANP, que veio a lume pela Lei nº 9.478, de 6.8.1997.

Após essas três primeiras, seguiram-se: (a) Agência Nacional de Vigilância Sanitária – ANVISA (Lei nº 9.782/1999); (b) Agência Nacional de Saúde Suplementar – ANS (Lei nº 9.961/2000); (c) Agência Nacional de Águas e Saneamento Básico – ANA (Lei nº 9.984/2000); (d) Agência Nacional de Transportes Terrestres – ANTT (Lei nº 10.233/2001); (e) Agência Nacional de Transportes Aquaviários – ANTAq (Lei nº 10.233/2001); (f) Agência Nacional de Cinema – ANCINE (MP nº 2.228-1/2001); (g) Agência Nacional de Aviação Civil – ANAC (Lei nº 11.182/2005); e (h) Agência Nacional de Mineração – ANM (Lei nº 13.575/2017).

Registre-se, ainda, que há autarquias que, conquanto não instituídas com tal nomenclatura, são consideradas agências reguladoras, não apenas pela função de controle que executam, como também pela similaridade quanto à fisionomia jurídica das entidades.

Não obstante, como veremos adiante, tais *agências reguladoras* não se confundem com as *agências executivas*: aquelas têm o controle e a fiscalização como funções básicas, ao passo que estas últimas têm caráter mais operacional, sendo, assim, apropriadas para exercer atividades administrativas típicas de Estado.[55]

Em outra vertente, como a instituição de tais autarquias resulta de processo de descentralização administrativa, e tendo em vista ainda a autonomia que lhes confere a Constituição, é lícito a Estados, Distrito Federal e Municípios criar suas próprias agências autárquicas quando se tratar de serviço público de sua respectiva competência, cuja execução tenha sido delegada a pessoas do setor privado, inclusive e principalmente concessionários e permissionários. O que se exige, obviamente, é que a entidade seja instituída *por lei*, como impõe o art. 37, XIX, da CF, nela sendo definidas a organização, as competências e a devida função controladora.[56]

8.3. Origens

O modelo em que se configuram as agências reguladoras não foi criado no Brasil. Vários países, geralmente com maior desenvolvimento no que concerne ao regime de controles, adotaram esse tipo de entidade, ainda que haja uma ou outra diferença entre os sistemas.

---

[55]   Vide CAIO TÁCITO, Agências reguladoras da administração (RDA 221, pp. 1-5, 2000).

[56]   Como já exemplificamos, o Estado do Rio de Janeiro, pela Lei nº 4.555, de 6.6.2005, criou a AGETRANS – Agência Reguladora de Serviços Públicos Concedidos de Transportes Aquaviários, Ferroviários e Metroviários e de Rodovias do Estado do Rio de Janeiro.

386 | MANUAL DE DIREITO ADMINISTRATIVO • Carvalho Filho

Essas entidades encontram sua origem no regime norte-americano, que há muito contempla as figuras das *"independent agencies"* e *"independent regulatory agencies"*, destinadas à regulação econômica ou social. Caracterizam-se pela independência com que atuam no exercício de suas funções, sem interferência direta do governo.

Outros sistemas, como os da Inglaterra, Espanha e Argentina, também têm dado ensejo à criação dessas entidades.[57] Na França, foram criadas, a partir do processo de descentralização de 1978, as *"autoridades administrativas independentes"* (*"AAI – Autorités Administratives Indépendantes"*), que, embora com idêntico objetivo que as agências, não tiveram sua natureza jurídica muito bem delineada pelo legislador.[58]

8.4. Disciplina Normativa

Como as agências reguladoras se caracterizam como autarquias, foi-lhes aplicado primitivamente o mesmo sistema adotado para as entidades autárquicas em geral, qual seja, o regime delineado na respectiva lei instituidora. Não havia, portanto, lei geral de autarquias, vigorando para cada uma delas a disciplina prevista em sua lei instituidora.

De fato, o exame dessas leis, por meio das quais se instituíram as agências reguladoras, evidencia que o legislador traçou normas detalhadas de composição de seu regime jurídico. E assim continua a ser, embora atualmente com certa relativização.

Com efeito, primeiramente foi editada a Lei nº 9.986, de 18.7.2000, que, em caráter geral, dispôs sobre a gestão de recursos humanos das agências reguladoras, hoje com vários dispositivos revogados.

Posteriormente, veio à tona a Lei nº 13.848, de 25.6.2019, que disciplina a gestão, a organização, o processo decisório e o controle social das agências. Cuida-se também de lei geral para as agências reguladoras, formando um microssistema específico aplicável a todas essas entidades. Cumpre anotar, a propósito, que, para alcançar seu escopo de generalidade, o referido diploma alterou várias das leis específicas na parte em que destoavam do novo sistema, visando à uniformidade normativa pertinente à matéria. Adiante alguns desses aspectos serão comentados.

8.5. Poder Regulatório

A instituição das agências decorreu do denominado *poder regulatório*, pelo qual as entidades exercem controle basicamente sobre dois setores, ambos executados por pessoas da iniciativa privada: os serviços públicos, normalmente delegados por concessão (como, *v. g.*, a energia elétrica), e algumas atividades econômicas privadas de relevância social (*v. g.*, produção e comercialização de medicamentos).[59]

O poder regulatório corresponde a uma das funções estatais – a função regulatória –, de cunho administrativo, voltada ao controle de determinadas atividades públicas e privadas de interesse social. Por tal motivo, deve adequar-se aos fins colimados pelo Governo e às políticas econômicas e administrativas que inspiraram o processo de descentralização. Na verdade, retratam a presença interventiva e reguladora do Estado em certos setores sensíveis das atividades econômicas e da prestação de serviços públicos.

---

[57] CAIO TÁCITO, *Agências reguladoras* cit., p. 4.

[58] A informação é de CARLOS GUSTAVO DIREITO, no excelente trabalho *A evolução do modelo de regulação francês*, em *RDE* nº 2, 2006, p. 193-198.

[59] RICARDO MARCONDES MARTINS, com propriedade, denomina estas últimas de *atividades privadas sob regime especial* (*Regulação administrativa à luz da Constituição Federal*, Malheiros, 2011, p. 174).

Cap. 9 · ADMINISTRAÇÃO DIRETA E INDIRETA | 387

Pode mesmo afirmar-se, sem receio de errar, que tais autarquias deverão ser fortes e atentas à área sob seu controle. Sem isso, surgirá o inevitável risco de que pessoas privadas pratiquem abuso de poder econômico, visando à dominação dos lucros.[60] A Constituição já caracterizou essas formas de abuso (art. 173, § 4º), cabendo, dessa maneira, às novas agências autárquicas a relevante função de controle dos serviços e atividades exercidos sob o regime da concessão.

Noutro giro, é oportuno considerar nessa função a importância da Análise de Impacto Regulatório (AIR), prevista na Lei nº 13.874/2019 (Lei da Liberdade Econômica), para propiciar a mitigação dos riscos da atividade regulatória e tornando razoáveis seus efeitos nocivos. Trata-se de um dever da Administração Pública, que rende ensejo à formação de direito subjetivo a uma regulação eficiente, como assinala a melhor doutrina.[61]

8.6. Natureza Jurídica

Já antecipamos que a *natureza jurídica* das agências reguladoras é a de *autarquias*, sendo, portanto, dotadas de personalidade jurídica de direito público. Trata-se de entes públicos da administração indireta do Estado, com a função específica de controle de atividades econômicas e da prestação de serviços públicos.

Dentro do gênero autarquias, as agências reguladoras situam-se na categoria das *autarquias especiais*, ou, se assim se preferir, *autarquias de regime especial*, pela circunstância, já anotada, de que seu regime jurídico se apresenta com certas peculiaridades específicas, não incidentes sobre as *autarquias comuns*, ou *de regime comum*.

Corroborando essa natureza jurídica, o art. 2º, parágrafo único, da Lei nº 13.848/2019 faz expressa referência ao fato, caracterizando as agências reguladoras como *"autarquias especiais"*. Pelo fato de integrarem essa categoria peculiar, sujeitam-se ao microssistema normativo contemplado no referido diploma legal.

8.7. Características Especiais

As leis específicas das agências reguladoras sempre contemplaram as características especiais das entidades, como o poder de editar normas de caráter geral, a autonomia decisória, a autonomia administrativa e a autonomia econômico-financeira.[62] Tais peculiaridades, como reconhece a doutrina, constituem verdadeiras prerrogativas das agências, diferenciando-as das autarquias comuns.[63]

A Lei nº 13.848/2019 corroborou tais características e as qualificou como marcas gerais para todas as agências. Assim, diz a lei que a natureza especial das entidades caracteriza-se pela ausência de tutela ou de subordinação hierárquica, pela autonomia funcional, decisória, administrativa e financeira, e pela investidura a termo de seus dirigentes e estabilidade durante os mandatos, somando-se, ainda, outras disposições que não se ajustam ao modelo das autarquias comuns (art. 3º).

Vale a pena, portanto, comentar brevemente algumas dessas características.

---

[60] Vide nosso trabalho O controle autárquico no processo de desestatização e da globalização da economia (*Rev. Ministério Público* – RJ, v. 8, 1998).

[61] HENRIQUE RIBEIRO CARDOSO e ALEXANDRE AUGUSTO ROCHA SOARES, Direito subjetivo à regulação eficiente: a natureza dúplice da Análise de Impacto Regulatório, *RDA* 281/2, p. 139-174, 2022.

[62] JOSÉ MARIA PINHEIRO MADEIRA, *Administração pública*, cit., p. 233.

[63] Sobre o tema, vide ARNOLDO WALD e LUIZA RANGEL DE MORAES (Agências Reguladoras, *Revista de Informação Legislativa* (DF), jan./mar. 1999); MAURO ROBERTO GOMES DE MATTOS (Agências reguladoras e as suas características, *RDA* 218, p. 71-91, 1999); e DIOGO DE FIGUEIREDO MOREIRA NETO (*Mutações do direito administrativo*, Renovar, 2000, p. 148).

388 | MANUAL DE DIREITO ADMINISTRATIVO • *Carvalho Filho*

8.8. Poder Normativo Técnico

O *poder normativo técnico* indica que essas autarquias recebem das respectivas leis delegação para editar normas técnicas (não as normas básicas de política legislativa) complementares de caráter geral, retratando poder regulamentar mais amplo, porquanto tais normas se introduzem no ordenamento jurídico como direito novo (*ius novum*).[64] Semelhante poder tem suscitado alguns questionamentos, inclusive quanto à sua constitucionalidade. Não vemos, porém, qualquer óbice quanto à sua instituição, de resto já ocorrida em outros sistemas jurídicos. O que nos parece inafastável é a verificação, em cada caso, se foi regular o exercício do poder ou, ao contrário, se foi abusivo, com desrespeito aos parâmetros que a lei determinou.[65] Consequentemente, o poder normativo técnico não pode deixar de submeter-se a *controle administrativo e institucional*.[66]

Esse fenômeno, de resto já conhecido em outros sistemas jurídicos, tem sido denominado de *deslegalização* (ou *deslegificação*, como preferem alguns), considerando que a edição de normas gerais de caráter técnico se formaliza por atos administrativos regulamentares em virtude de delegação prevista na respectiva lei. Na verdade, não há, como supõem alguns estudiosos (equivocadamente, a nosso ver), transferência do poder legiferante a órgãos ou pessoas da Administração, mas tão somente o poder de estabelecer regulamentação sobre matéria de ordem técnica, que, por ser extremamente particularizada, não poderia mesmo estar disciplinada na lei. Por conseguinte, nenhuma ofensa estará sendo perpetrada ao princípio da reserva legal contemplado em âmbito constitucional.[67] Em nosso entender, trata-se de exigência dos tempos modernos e, por refletir inovação, não surpreende a reação oposta por alguns setores jurídicos, costumeira em semelhantes situações, considerando-a inadmissível no direito pátrio.[68] O que se exige, isto sim, é que as escolhas da Administração regulatória tenham suporte em elementos concretos e suscetíveis de aferição, e por essa razão esse cotejo é denominado por alguns juristas de *reflexidade administrativa*.[69]

O que se quer dizer, em termos de poder normativo técnico, é que incumbe às agências editar atos regulatórios com efeitos gerais, frequentemente similares às normas legais. De fato, para exemplificar, o art. 2º da Lei nº 9.427/1996 atribui à ANEEL a função de "regular e fiscalizar a produção, transmissão, distribuição e comercialização de energia elétrica, em conformidade com as políticas e diretrizes do governo federal". Noutro giro, a lei lhe atribui competência para "implementar as políticas e diretrizes do governo federal", para cumprimento da Lei nº 9.074/1995. É forçoso reconhecer que, no âmbito dessa competência, alguns atos regulatórios normativos espelharão inevitável expansão de eficácia dentro dos parâmetros legais, já que precisarão ter normas de conteúdo próprio, embora amoldados à lei. Como se vê, nem sempre será fácil realizar o confronto de legalidade entre esses atos e a respectiva lei-parâmetro.

8.9. Autonomia Decisória

A *autonomia decisória* significa que os conflitos administrativos, inclusive os que envolvem as entidades sob seu controle, se desencadeiam e se dirimem através dos próprios órgãos da autarquia. Em outras palavras, o poder revisional exaure-se no âmbito interno, sendo inviável juridicamente eventual recurso dirigido a órgãos ou autoridades da pessoa federativa à qual está vinculada a autarquia.

---

[64]   BRUNO BRODBEKIER, Poder regulamentar na Administração Pública (*RDA* 233, 2003).

[65]   Também: MARCELO ALEXANDRINO E VICENTE PAULO, *Direito administrativo, Impetus*, 2006, pp. 104-106.

[66]   WALTON ALENCAR RODRIGUES, *O controle da regulação no Brasil* (RDA 241, pp. 39-52, 2005).

[67]   Em abono de nossa opinião: RAFAEL CARVALHO REZENDE OLIVEIRA, *A constitucionalização*, cit., p. 150.

[68]   GUSTAVO BINENBOJN, *Agências reguladoras independentes e democracia no Brasil* (RDA nº 240, pp. 156, 2005).

[69]   SÉRGIO GUERRA *Discricionariedade e reflexividade*, Fórum, 2008, p. 223.

Cap. 9 • ADMINISTRAÇÃO DIRETA E INDIRETA | **389**

A competência decisória da agência abrange tanto os conflitos surgidos no âmbito de concessionários, permissionários ou outras sociedades empresariais entre si (todas evidentemente sob seu controle), como também aqueles decorrentes da relação entre tais pessoas e os usuários dos serviços e atividades por elas executados. No caso de irresignação contra decisão administrativa final, firmada pela instância máxima da entidade, deve o interessado buscar no Judiciário a satisfação de seu interesse.

A despeito desse aspecto especial das citadas entidades, tem havido entendimento no sentido da possibilidade de os Ministérios exercerem poder revisional, de ofício ou por provocação (recurso hierárquico impróprio), sobre os atos das agências quando ultrapassados os limites de sua competência ou contrariadas políticas públicas do governo central.[70] Semelhante controle traduz uma forma de supervisão ministerial, inadequada para as agências em virtude de sua peculiar fisionomia de ser dotada de maior independência quanto a suas ações. Embora tenham que estar necessariamente vinculadas à Administração Direta (normalmente, a um Ministério ou Secretaria Estadual ou Municipal), não podem sofrer o mesmo tipo de controle a que se submetem as demais pessoas da administração indireta.[71] Tal entendimento demonstra que os órgãos governamentais ainda não aceitaram inteiramente esse novo regime nem se conformaram com a redução de seu poder em face da maior autonomia outorgada às agências. Percebe-se no ar, portanto, uma tensão e uma irresignação de órgãos estatais diante desse poder das agências, o que não ocorre, por exemplo, no sistema americano.[72]

A Lei nº 13.848/2019 alinhou várias normas sobre o *processo decisório* das agências reguladoras, cominando-lhes a obrigação de observar princípios administrativos nessa área, como, por exemplo, o princípio da proporcionalidade, exigindo adequação entre meios e fins e vedando a imposição de obrigações e restrições em medida superior à necessária (art. 4º), e o princípio da motivação, segundo o qual devem ser indicados os pressupostos de fato e de direito inspiradores de suas decisões (art. 5º).

Para evitar efeitos nocivos, a lei impõe, ainda, que a adoção e as propostas de alteração de atos normativos de interesse geral sejam precedidas da realização de Análise de Impacto Regulatório (AIR), na qual são detalhados os elementos modificativos do ato (art. 6º). As decisões devem ter caráter colegiado e as reuniões deliberativas dos órgãos superiores devem ser gravadas.

Com o objetivo de colher elementos para as decisões que alvitrem a alteração de atos normativos de interesse geral, as agências devem socorrer-se de instrumentos sociais de participação da sociedade civil, como é o caso de consultas públicas e audiências públicas (arts. 9º e 10).

8.10. Autonomia Administrativa

Quanto à *autonomia administrativa*, assim se entende o fato de que alguns de seus dirigentes têm investidura a termo, ou seja, são nomeados para prazo determinado fixado na lei, não ficando à mercê de critério político do Ministério supervisor, nem da usual e condenável prática da descontinuidade administrativa, tão prejudicial às metas que as instituições buscam alcançar. A legislação frequentemente emprega o termo *mandato*, o que não é tecnicamente correto, já que o mandato tem caráter político e resulta de processo eletivo, como é o caso do mandato dos parlamentares e Chefes do Executivo. O caso é de *investidura a termo*, instituto

---

[70] Parecer nº AC-051, oriundo do Parecer nº AGU/MS 04/2006, aprovado pelo Presidente da República com o caráter de *parecer normativo* (*DOU* de 19.6.2006).

[71] Acertadas as críticas opostas por ALEXANDRE SANTOS DE ARAGÃO no trabalho *Supervisão Ministerial das Agências Reguladoras: Limites, Possibilidades e o Parecer AGU nº AC-051* (*RDA* nº 245, p. 237-262, 2007).

[72] DAVI MONTEIRO DINIZ, Independência das agências administrativas nos Estados Unidos da América: contraste com a autonomia de entes administrativos no direito brasileiro, *RDA* v. 282, nº 2, p. 217-248, maio-ago. 2023.

390 | MANUAL DE DIREITO ADMINISTRATIVO • *Carvalho Filho*

que, embora tenha em comum o prazo determinado para o exercício das funções, tem caráter nitidamente administrativo. Essa, aliás, foi a expressão corretamente adotada no art. 3º da Lei nº 13.848/2019.

Na prática, todavia, nem sempre a independência das agências é respeitada pelo ente federativo, que frequentemente intervém na esfera de sua competência. Várias são as hipóteses dessa natureza já ocorridas. De qualquer modo, os dirigentes têm alguma estabilidade em seus cargos, sobretudo porque são nomeados pelo Presidente da República, mas sua investidura depende de aprovação do Senado Federal, nos termos do art. 52, III, "f", da Constituição (*"titulares de outros cargos que a lei determinar"*).

Semelhante situação funcional tem rendido ensejo a alguma divergência quanto à caracterização dos dirigentes das agências reguladoras. Sustenta-se, por exemplo, que estariam inseridos na categoria dos *agentes políticos*, já que, entre suas funções, está a de implementar políticas públicas.[73] Ousamos, *concessa venia*, dissentir desse entendimento. Ainda que lhes seja assegurada relativa estabilidade, ocupam, na verdade, cargos em comissão, com a peculiaridade de ser a investidura a tempo certo. Sua função é eminentemente administrativa, porque, seja como for, atuam dentro dos parâmetros fixados na lei. Desse modo, parece-nos devam ser considerados *agentes administrativos*, alojados na categoria dos *servidores públicos comuns de regime especial*, cujo regime jurídico, com escora em lei, em nada se assemelha ao dos agentes políticos, que tem suporte básico na Constituição.

A lei geral – Lei nº 13.848/2019 – enumerou as competências que marcam a autonomia administrativa das agências. Por meio dessa autonomia, cabe-lhes (a) solicitar diretamente ao Ministério da Economia autorização para realizar concursos, prover cargos, observada a disponibilidade orçamentária, e alterar o quadro de pessoal; (b) conceder diárias e passagens; e (c) firmar contratos administrativos e prorrogá-los, quando relativos a atividades de custeio (art. 3º, § 2º, I a III).

Reafirmando tendência atual, a lei impõe a adoção de estratégias de gestão de riscos e controle interno, sendo-lhes, ainda, exigível a divulgação de programa de integridade, com a finalidade de prevenir e reprimir atos fraudulentos e de corrupção (art. 3º, § 3º).

8.11. Autonomia Financeira

Finalmente, a *autonomia financeira* demonstra que essas autarquias têm recursos próprios e recebem dotações orçamentárias para gestão por seus próprios órgãos, visando aos fins a que a lei as destinou. Entre suas rendas, deve destacar-se a taxa de fiscalização e controle de serviços públicos delegados, cuja arrecadação é alocada aos cofres da autarquia – taxa, aliás, julgada constitucional.[74]

Daí a instituição das *taxas de regulação*, das quais são contribuintes as pessoas jurídicas que executam as atividades sob controle da agência. O tributo em foco caracteriza-se realmente como *taxa*, visto que: (1º) o fato gerador é o exercício do poder de polícia, no caso a fiscalização do setor (art. 145, II, CF); (2º) é compulsória a prestação pecuniária e não constitui sanção de ato ilícito (art. 3º, Código Tributário Nacional); (3º) é instituída por lei (as leis de regulação), além de ser cobrada mediante atividade vinculada (o mesmo art. 3º do CTN); (4º) visa a custear os serviços de regulação prestados pela agência. A base de cálculo é a receita auferida pelo concessionário, e em relação a tal aspecto não há vulneração do art. 145, § 2º, da CF – que veda

---

[73] MARCOS JURUENA VILLELA SOUTO, *Direito administrativo regulatório*, Lumen Juris, 2002, p. 237.

[74] STF, ADI 1.948, j. 4.2.1999. Vide também JOSÉ MARIA PINHEIRO MADEIRA, *Administração pública* cit., p. 236-237.

que as taxas tenham a mesma base de cálculo dos impostos – tendo em vista que a lei utiliza o faturamento apenas como critério para a incidência de taxas fixas.[75]

8.12. Teoria da Captura

A relação entre a agência reguladora e as entidades privadas sob seu controle tem gerado estudos e decisões quanto à necessidade de afastar indevidas influências destas últimas sobre a atuação da primeira, de modo a beneficiar-se as empresas em desfavor dos usuários do serviço. É o que a moderna doutrina denomina de *teoria da captura* (*"capture theory"*, na doutrina americana), pela qual se busca impedir uma vinculação promíscua entre a agência, de um lado, e o governo instituidor ou os entes regulados, de outro, com flagrante comprometimento da independência da pessoa controladora.[76]

Em controvérsia apreciada pelo Judiciário, já se decidiu no sentido de obstar a nomeação, para vagas do Conselho Consultivo de agência reguladora, destinadas à representação de entidades voltadas para os usuários, de determinadas pessoas que haviam ocupado cargos em empresas concessionárias, tendo-se inspirado a decisão na evidente suspeição que o desempenho de tais agentes poderia ocasionar.[77] Tal decisão, aliás, reflete inegável avanço no que tange ao controle judicial sobre atos discricionários, que, embora formalmente legítimos, se encontram contaminados por eventual ofensa aos princípios da razoabilidade e proporcionalidade.

Neste passo, cabe reiterar o que acentuamos anteriormente: o sistema verdadeiro das agências reguladoras implica lhes seja outorgada certa independência em relação ao governo no que tange a vários aspectos de sua atuação. Se há interferência política do governo, o sistema perde a sua pureza e vocação. Aqui e ali, no entanto, têm surgido investidas e escaramuças de órgãos governamentais, com o propósito de reduzir o poder daquelas entidades, e esse tipo de ingerência denota flagrante distorção no processo de desestatização.

8.13. Prestação de Contas e Controle Social

Como já visto anteriormente (art. 3º, § 3º, Lei nº 13.848/2019), as agências reguladoras devem estabelecer mecanismos para o controle de suas competências. Cuida-se do *controle interno*, de resto obrigatório para todos os órgãos e entidades administrativas.

Não obstante, a referida lei destinou capítulo para regular a prestação de contas e o controle social, enunciando, logo de início, que o *controle externo* das agências será exercido pelo Congresso Nacional, com apoio do Tribunal de Contas da União (art. 14). A norma aplica-se às demais unidades federativas, reservando-se o controle às respectivas Casa Legislativa e Corte de Contas.

Cabe às agências elaborar *relatório anual*, indicando os dados relativos à política do setor, bem como preparar dois planos específicos: o *plano estratégico* e o *plano de gestão anual*. O *plano estratégico* deve contemplar os objetivos, metas e resultados estratégicos concernentes às ações regulatórias, fiscalizatórias e normativas da agência, e, ainda, os fatores externos passíveis de eventualmente afetar a execução do plano (art. 17). Já o *plano de gestão anual* definirá as metas de desempenho e de fiscalização a serem alcançadas enquanto vigorar, como também preverá a estimativa de recursos orçamentários e cronograma de desembolso dos recursos (art. 19).

---

[75] Assim decidiu o STJ na referida ADI 1.948, j. 4.2.1999.

[76] SÉRGIO GUERRA, *Teoria da captura de agência reguladora em sede pretoriana* (RDA 244, pp. 331-347, 2007).

[77] TRF, 5ª R, Ap.Civ. 342.739 (*apud* SÉRGIO GUERRA). Tratava-se do Conselho Consultivo da ANATEL.

MANUAL DE DIREITO ADMINISTRATIVO • Carvalho Filho

Como são vários os compromissos da agência, tanto administrativos como operacionais, a lei lhes deu a incumbência de elaborar uma *agenda regulatória* que, sendo uma ferramenta de planejamento, relaciona o conjunto de temas prioritários suscetíveis de regulamentação pela entidade (art. 21).

8.14. Ouvidoria

Como instrumento de controle interno, as agências, em seu quadro, devem ter um *ouvidor*, com atuação sem regime de subordinação hierárquica e com vedação ao exercício de outras funções. Sua competência é a de (a) zelar pela qualidade e tempestividade dos serviços executados pela agência; (b) acompanhar os processos de denúncias e reclamações; e (c) preparar relatório anual sobre as atividades da entidade (art. 22 e § 1º, Lei nº 13.848/2019). Esse agente público especial reflete mecanismo democrático e um canal isento para apuração e definição de fatos que afetem a competência da agência.

O processo de nomeação do ouvidor sujeita-se a regime especial. Será escolhido e nomeado pelo Presidente da República, mediante prévia aprovação do Senado Federal, na forma do art. 52, III, "f", da CF, não podendo ser inelegível (art. 1º, *caput*, I, Lei Complementar nº 64/1990), sendo de três anos o prazo de sua investidura a termo. Além disso, deve ter notório conhecimento de administração pública ou em regulação, no campo da respectiva agência reguladora (art. 23, Lei nº 13.848/2019).

Além de ter acesso a todos os processos da agência, deve o ouvidor reservar-se a manutenção de sigilo sobre as informações, quando exigível. Seus relatórios são enviados ao conselho diretor ou à diretoria colegiada, aos quais caberá deliberar sobre o tema discutido no processo. Decorrido o prazo, com ou sem essa manifestação, o ouvidor deverá encaminhar o relatório e, se for o caso, a deliberação ao Ministro a que estiver vinculada a agência, à Câmara dos Deputados, ao Senado Federal e ao Tribunal de Contas da União (art. 22, §§ 2º a 6º).

8.15. Articulação das Agências

A Lei nº 13.848/2019 destina vários capítulos para incentivar a interação e a articulação das agências com outras entidades dessa categoria e similares, com a finalidade de proporcionar maior coordenação entre órgãos reguladores e permitir maior eficácia das metas em decorrência da atuação conjunta.

Ficou, assim, prevista interação entre as agências reguladoras e os órgãos de defesa da concorrência (art. 25); articulação entre agências reguladoras (art. 29); articulação das agências com órgãos de defesa do consumidor e meio ambiente (art. 31); e interação operacional entre as agências federais e as agências e outros órgãos reguladores das esferas estaduais, distrital e municipais (art. 34).

O legislador apenas reforçou por instrumento normativo o natural dever dos órgãos e entidades públicas de se ajustarem para que os resultados de suas competências alcancem índices maiores de eficiência e satisfação das comunidades. Entretanto, nossa federação de três níveis, cada um deles com intensa autonomia em sede constitucional, dificulta a coordenação e a interação entre eles. Por outro lado, nossos administradores – lamentavelmente, diga-se de passagem – têm profunda dificuldade de estabelecer elos de cooperação e de colaboração, parecendo pequenas ilhas no oceano. No fundo, não estão acostumados à ideia de articulação com outros órgãos integrantes das esferas de poder.

8.16. Regime Jurídico dos Servidores

No que concerne ao regime jurídico dos servidores dessas autarquias, a Lei nº 9.986, de 18.7.2000, previa inicialmente o regime de emprego público, de caráter trabalhista, regulado pela CLT (Decreto-lei nº 5.454/1943), sendo previstos alguns cargos em comissão regidos pelo regime estatutário.

Esse diploma, no entanto, foi derrogado pela Lei nº 10.871, de 20.5.2004, que, alterando todas as normas relativas ao regime trabalhista dos servidores, instituiu o regime estatutário e dispôs sobre a criação de carreiras e organização de cargos efetivos. Atualmente, pois, os servidores das agências reguladoras devem sujeitar-se ao regime estatutário respectivo (na esfera federal, é a Lei nº 8.112/1990 – o Estatuto dos Servidores Públicos Civis da União).

A propósito, já se decidiu serem constitucionais os arts. 23, II, "c", e 36-A da Lei nº 10.871/2004, que vedam aos servidores titulares de cargos efetivos de agências reguladoras o exercício de outra atividade profissional, inclusive operacional de empresa, ou de direção político-partidária.[78]

9. AGÊNCIAS EXECUTIVAS

Também instituídas sob a forma de autarquia, as *agências executivas* se distinguem das agências reguladoras pela circunstância de não terem, como função precípua, a de exercer controle sobre particulares prestadores de serviços públicos. Tais entidades, ao revés, destinam-se a exercer atividade estatal que, para melhor desenvoltura, deve ser descentralizada e, por conseguinte, afastada da burocracia administrativa central. A base de sua atuação, desse modo, é a *operacionalidade*, ou seja, visam à efetiva execução e implementação da atividade descentralizada, diversamente da função de controle, esta o alvo primordial das agências reguladoras. Com isso, não se quer dizer que não possam ter, entre suas funções, a de fiscalização de pessoas e atividades, mas sim que tal função não constituirá decerto o ponto fundamental de seus objetivos.

A previsão inicial dessa categoria de autarquias veio a lume com a edição da Lei nº 9.649/1998, que, hoje, com muitos dispositivos revogados, regulava a organização da Presidência da República e dos Ministérios na Administração Pública federal. Segundo o disposto no art. 51 do referido diploma, ato do Presidente da República poderá qualificar como *agência executiva* autarquias e fundações, desde que: (1º) tenham plano estratégico de reestruturação e de desenvolvimento institucional em andamento; (2º) tenham celebrado contrato de gestão com o Ministério supervisor. A tais agências a lei assegura autonomia de gestão e a disponibilidade de recursos orçamentários e financeiros para que possam cumprir suas metas e seus objetivos institucionais. Observe-se, por fim, que as agências executivas não se configuram como categoria nova de pessoas administrativas; a expressão corresponde apenas a uma *qualificação* (ou *título*) atribuída a autarquias ou fundações governamentais.[79]

Em nosso entender, porém, as agências executivas não apresentam qualquer peculiaridade que possa distingui-las das clássicas autarquias, salvo, como é óbvio, a criação da então desconhecida nomenclatura que lhes foi atribuída – a de *agências*. Nas agências reguladoras ainda é possível admitir certo grau de inovação, porque decorrem do regime de privatização, implantado em época relativamente recente e para o fim de reforma administrativa. É que, ampliando-se o número de particulares prestadores de serviços públicos em substituição ao Estado, far-se-ia necessário realmente instituir novas entidades com a função específica de controle. Mas nada há de inovador em qualificar-se de *agência executiva* a entidade autárquica

---

[78] STF, ADI 6.033, j. 3.3.2023.

[79] JOSÉ MARIA PINHEIRO MADEIRA, *Administração pública centralizada e descentralizada*, cit., p. 326.

394 | MANUAL DE DIREITO ADMINISTRATIVO • *Carvalho Filho*

que se dedique a exercer atividade estatal descentalizada, e isso pela singela razão de que esse sempre foi o normal objetivo das autarquias.

Nem mesmo a propalada qualificação de *autarquias de regime especial* serve para identificá--las como entidades diferentes das conhecidas autarquias. Como já acentuamos anteriormente, o fato de terem dirigentes com investidura temporal predefinida ou com nomeação condicionada à aprovação do Senado, como o permite o art. 52, III, *f*, da CF, não apresenta qualquer especificidade, já que sempre se reconheceu que o regime jurídico das autarquias pode ter linhas diversas, dependendo, é lógico, da lei que as institua.

Exemplos atuais de agências executivas são o Instituto Nacional de Metrologia, Normatização e Qualidade Industrial (INMETRO) e a Agência Brasileira de Inteligência (ABIN), instituída pela Lei nº 9.883, de 7.12.1999. Com a mesma natureza, foram reinstituídas a SUDAM – Superintendência do Desenvolvimento da Amazônia (Lei Complementar nº 124/2007) e a SUDENE – Superintendência do Desenvolvimento do Nordeste (Lei Complementar nº 125/2007). Todas essas entidades continuam a ser autarquias. Para renomado jurista, teria havido *"conversão"* das autarquias em agências executivas.[80] Entendemos, no entanto, imprópria tal figura, eis que inexistiu transformação das autarquias, mas mera qualificação, tendo em vista seu perfil executivo.

10. ASSOCIAÇÕES PÚBLICAS

A Lei nº 11.107, de 6.4.2005, que dispõe sobre normas gerais de instituição de *consórcios públicos,* previu que estes mecanismos deverão constituir *associação pública* ou *pessoa jurídica de direito privado* (art. 1º, § 1º).

Ao se referir à personalidade, o legislador estabeleceu que a *associação pública* terá *personalidade jurídica de direito público* (art. 6º, I), ao contrário da alternativa, em que a pessoa terá personalidade jurídica de direito privado.

Completando semelhante quadro, o art. 16 do mesmo diploma alterou o art. 41, do Código Civil, que relaciona as pessoas jurídicas de direito público interno: no inciso IV, onde constavam *"as autarquias",* passou a constar *"as autarquias, inclusive as associações públicas".*

Em que pese a possibilidade de haver dúvidas na interpretação do novo texto do dispositivo da lei civil, como já registramos anteriormente, parece-nos que o legislador pretendeu incluir as associações públicas – pessoas derivadas da formação de consórcio público – na categoria das autarquias, tal como ocorre com as fundações governamentais de direito público, na opinião dominante entre os autores.

Resulta, pois, que, formado o consórcio público com a fisionomia jurídica de *associação pública* – sempre para a consecução de objetivos de interesse comum dos entes pactuantes e para a implementação do sistema de gestão associada, esta com base no art. 241, da CF – terá ela personalidade jurídica de direito público e natureza jurídica de autarquia. Consequentemente, a tais associações serão atribuídas todas as prerrogativas que a ordem jurídica dispensa às autarquias em geral.

11. ASPECTOS ESPECIAIS DAS AUTARQUIAS

Configurando-se como pessoas jurídicas de direito público e integrantes da Administração Indireta, as autarquias em geral são beneficiadas com a incidência normativa de situações e prerrogativas específicas.

---

[80]   CAIO TÁCITO, *Agências reguladoras* cit., p. 3.

Cap. 9 • ADMINISTRAÇÃO DIRETA E INDIRETA | 395

Algumas delas, como é óbvio, reproduzem as mesmas aplicáveis aos entes federativos, visto que todos – autarquias e unidades federativas – são entidades de direito público. No entanto, como não poderia deixar de ser, algumas dúvidas e controvérsias gravitam em torno de tais situações.

Por tal motivo, vale a pena tecer algumas considerações sobre esses aspectos, que integram o regime jurídico das autarquias.

11.1. Patrimônio

A questão do patrimônio diz respeito à caracterização dos bens em públicos e privados. A classificação se encontrava no art. 65 do antigo Código Civil, que dispunha: *"São públicos os bens do domínio nacional pertencentes à União, aos Estados ou aos Municípios. Todos os outros são particulares, seja qual for a pessoa a que pertencerem".* O legislador, ao criar a norma, teve o evidente intuito de classificar como públicos apenas os bens pertencentes às pessoas integrantes da federação, qualificando os demais como privados.

Ocorre que a norma datava de 1916, e a partir de então o sistema jurídico-administrativo sofreu profundas mudanças. Uma delas foi a criação desse tipo especial de pessoas jurídicas – as autarquias, que, embora sem integrar a organização política do Estado, estão a ele vinculadas, ostentando personalidade jurídica de direito público. Adaptando-se a norma do Código Civil a essas alterações, considerou a doutrina, a nosso ver com razão, que o intuito da lei, mais do que proteger os bens das pessoas federativas, foi o de qualificar como bens públicos aqueles integrantes do patrimônio das pessoas administrativas de direito público. Assim, pacificou-se o entendimento de que os bens das autarquias são considerados como bens públicos.

O vigente Código Civil, no entanto, dirimiu qualquer dúvida que ainda pudesse haver quanto à natureza dos bens de autarquias. Alterando os termos da classificação do Código de 1916, passou a dispor no art. 98: *"São públicos os bens do domínio nacional pertencentes às pessoas jurídicas de direito público interno; todos os outros são particulares, seja qual for a pessoa a que pertencerem."* Observa-se, assim, que o critério para a qualificação de bem público deixou de ser o fato de pertencer a pessoa da federação para ser aquele que pertence a qualquer pessoa de direito público. Por via de consequência, a natureza dos bens de autarquias é a de bens públicos.

Em decorrência dessa qualificação, os bens das autarquias abrigam os mesmos meios de proteção atribuídos aos bens públicos em geral, destacando-se entre eles a impenhorabilidade e a imprescritibilidade, como, aliás, já decidiu a mais alta Corte.[81] Por outro lado, não é livre para o administrador autárquico a sua alienação; como ocorre com os bens públicos em geral, é necessário que o administrador obedeça às regras legais reguladoras dessa especial atividade administrativa, qual seja, a alienabilidade dos bens públicos.

11.2. Pessoal

De acordo com o art. 39, em sua redação primitiva, as pessoas federativas ficaram com a obrigação de instituir, no âmbito de sua organização, *regime jurídico único* para os servidores da Administração Direta, das autarquias e das fundações públicas. O objetivo do legislador foi o de manter planos de carreira idênticos para esses setores administrativos, acabando com as

---

[81] *RTJ* 87/866. Também: STJ, REsp 200.399, j. 29.4.1999.

396 | MANUAL DE DIREITO ADMINISTRATIVO • *Carvalho Filho*

antigas diferenças que, como é sabido, por anos, e anos provocaram inconformismos e litígios entre os servidores.

Entretanto, muitas foram as interpretações dadas ao dispositivo, no que toca ao regime jurídico único. A consulta aos estudiosos demonstra que cada um teve seu próprio entendimento, o que se explica pelo fato de que o texto não transmitiu a necessária clareza e definição. O regime jurídico único, todavia, foi extinto pela EC nº 19/1998, que, alterando o art. 39 da CF, suprimiu a norma que contemplava o aludido regime. A respeito, veja-se o estudo a ser desenvolvido no capítulo destinado aos servidores públicos (Capítulo 11).

Sob a égide do novo art. 39 da CF, e uma vez extinto o regime jurídico único, desapareceu a vinculação entre os regimes jurídicos da Administração Direta e das autarquias, o que possibilitou que estas pudessem ter seu pessoal regido pelo regime estatutário ou trabalhista, em conformidade com o que estabelecesse a lei instituidora.

Ocorre que o novo art. 39 da CF teve sua eficácia suspensa por decisão do STF,[82] com efeitos *ex nunc*, ensejando o retorno da norma anterior e, por conseguinte, do regime jurídico único. Assim, voltou também toda a celeuma relativa à aplicação da norma. Em nosso entendimento, porém, o regime único está a indicar que as autarquias devem adotar o mesmo regime estabelecido para os servidores da Administração Direta, isto é, ou todos os servidores serão estatutários ou todos serão trabalhistas. Finalmente, depois de longo tempo, o STF julgou constitucional a alteração no art. 39 e, assim, foi extinto o regime jurídico único.[83]

11.3. Controle Judicial

As autarquias, conquanto dotadas de personalidade jurídica de direito público, praticam, como todas as demais pessoas dessa categoria, atos administrativos típicos e atos de direito privado.

Os atos de direito privado são controlados no Judiciário pelas vias comuns adotadas na legislação processual, tal como ocorre com os atos jurídicos normais praticados por particulares. Assim, por exemplo, se uma autarquia adquire uma área pertencente a um particular, o contrato aí celebrado se regulará pelas normas relativas à compra e venda, previstas no Código Civil.

Os atos administrativos, porém, sujeitando-se a algumas características especiais, são controlados no Judiciário tanto pelas vias comuns (ação de indenização, ação de anulação de ato etc.), quanto pelas especiais, como é o caso do mandado de segurança ou da ação popular. De fato, se um ato praticado por agente autárquico viola direito líquido e certo de terceiro, é considerado ato de autoridade para fins de controle de legalidade por mandado de segurança (art. 5º, LXIX, CF).

É preciso ressalvar, todavia, os elementos do ato autárquico que resultam de valoração sobre a conveniência e a oportunidade da conduta, ensejando o desempenho da legítima discricionariedade, conduta inteiramente amparada na lei. Tais elementos, como ocorre com os atos administrativos em geral, revelam o regular exercício da função administrativa e são privativos dos agentes administrativos, estando, por conseguinte, excluídos de apreciação judicial.

11.4. Foro dos Litígios Judiciais

As autarquias *federais* são referidas no art. 109, I, da CF, dispositivo pertinente à competência da Justiça Federal. Desse modo, as autarquias, nos litígios comuns, sendo autoras, rés,

---

[82] ADI 2.135-4-MC, Rel. Min. ELLEN GRACIE, em 2.8.2007.
[83] STF, ADI 2.135, j. 6.11.2024.

Cap. 9 · ADMINISTRAÇÃO DIRETA E INDIRETA | 397

assistentes ou oponentes, têm suas causas processadas e julgadas na Justiça Federal. Uma ação de indenização ou de anulação de contrato, tendo por parte, por exemplo, o Banco Central ou o INCRA, deve correr nessa Justiça. A despeito de alguma hesitação dos estudiosos, a OAB – Ordem dos Advogados do Brasil, em nosso entender, também se sujeita à Justiça Federal: a uma porque, embora seja uma entidade *sui generis*, tem a natureza jurídica de *autarquia*, como vimos anteriormente; a duas, porque sua função institucional consiste no controle e fiscalização de profissão, matéria intimamente ligada à União Federal – pessoa dotada de competência privativa para legislar sobre as *"condições para o exercício de profissões"*, como registra o art. 22, XVI, da Constituição.[84]

Nas causas em que litigam usuários-consumidores e concessionárias de serviços públicos, intervindo *agência reguladora* (que é autarquia federal) na qualidade de litisconsorte passiva necessária, assistente ou opoente, a competência para processar e julgar o feito é da Justiça Federal, como já assinalamos anteriormente.[85] É o caso, por exemplo, de demanda entre usuário e empresa de telefonia, quando intervém a ANATEL naquelas situações. Não havendo esse tipo de intervenção, o foro será o da Justiça Estadual.

A mesma Justiça Federal é o foro competente para processar e julgar mandados de segurança contra agentes autárquicos. Aqui a regra se encontra no art. 109, VIII, da CF, que faz menção a *ato de autoridade federal*, que é como se consideram os atos daqueles agentes.

A despeito dessas regras gerais, há a previsão de foro específico para as causas relativas à falência, a acidentes de trabalho e as sujeitas à Justiça Eleitoral e do Trabalho (art. 109, I, da CF). Assim, se uma autarquia federal, por exemplo, tem crédito para com empresa privada com falência decretada, sua habilitação e postulações deverão ser promovidas no juízo falimentar, que se situa dentro da organização da Justiça Estadual.

Além disso, se autarquia federal, em ação de execução que tramita perante a Justiça Estadual, postula preferência de crédito, subsiste essa competência, não sendo o feito, consequentemente, deslocado para a Justiça Federal. É o que já consagrou o STJ em verbete sumular.[86]

Quanto às autarquias *estaduais e municipais,* os processos em que figuram como partes ou intervenientes terão seu curso na Justiça Estadual comum, sendo o juízo indicado pelas disposições da lei estadual de divisão e organização judiciárias. Nas comarcas maiores, haverá decerto varas próprias de competência fazendária, nelas tramitando os processos de interesse de autarquias; nas menores, porém, em que, por exemplo, haja um juízo único, é neste que correrá ação intentada contra autarquia municipal.

Vejamos a questão dos litígios *trabalhistas* (ou, melhor, dos litígios decorrentes da *relação de trabalho* genericamente considerada). O regime dos servidores autárquicos pode ser *estatutário* ou *trabalhista*, conforme o que a lei pertinente estabelecer. Sendo estatutário, o litígio classifica-se como de natureza *comum*, de modo que eventuais demandas devem ser processadas e julgadas nos juízos fazendários, os mesmos, aliás, onde tramitam os litígios de natureza estatutária dos servidores da Administração Direta (Justiça Federal ou Estadual, conforme o caso). Se, ao contrário, o litígio decorrer de contrato de trabalho firmado entre a autarquia e o servidor, terá ele a natureza de litígio trabalhista (em sentido estrito), devendo ser solvido na Justiça do Trabalho, seja federal, estadual ou municipal a autarquia. Como exemplo, se um servidor estatutário de autarquia pleiteia contra esta a percepção de determinada gratificação, a competência será da Justiça Federal (art. 109, I, da CF); se a lide envolver servidor trabalhista, competente será a Justiça do Trabalho (art. 114 da CF). A mesma Justiça

---

[84] Vide STF, RE 595.332, j. 31.8.2016. Também: STJ, CC 45.410, j. 28.9.2005, e REsp 829.366, j. 17.8.2006.

[85] Súmula Vinculante 27, STF.

[86] Súmula 270 (vide texto ao final do capítulo).

MANUAL DE DIREITO ADMINISTRATIVO • *Carvalho Filho*

trabalhista será competente quando o litígio tiver origem em fato ocorrido anteriormente à eventual transferência do servidor trabalhista para o regime estatutário por imposição legal (STJ, Súmula 97).

11.5. Atos e Contratos

Já se disse que alguns atos e contratos de autarquias podem ser de natureza privada e, como tais, regulados pelo direito privado.

Essa, porém, não é a regra. Os atos das autarquias são, como regra, típicos atos administrativos, revestindo-se das peculiaridades próprias do regime de direito público ao qual se submetem. Devem conter todos os requisitos de validade (competência, finalidade etc.) e são privilegiados pela imperatividade, presunção de legitimidade, autoexecutoriedade e exigibilidade. Sua extinção pode dar-se pela invalidação ou pela revogação, tudo exatamente como vimos no capítulo dedicado aos atos administrativos. Vimos também que, tratando-se de atos de autoridade pública, são eles sujeitos à aferição de legalidade por mandado de segurança ou ação popular.[87]

O mesmo se pode dizer a propósito dos contratos. Fora daqueles contratos típicos do direito privado (compra e venda, permuta, doação etc.), os ajustes firmados por autarquias se caracterizam como contratos administrativos, que, como já tivemos a oportunidade de estudar, apresentam alguns princípios que favorecem o Poder Público. Tais contratos regem-se pela Lei nº 14.133/2021 e devem ser obrigatoriamente precedidos de licitação, como estabelece o art. 1º desse diploma, calcado no art. 22, XXVII, da CF, ressalvados, logicamente, os casos nela mesma excepcionados.[88]

11.6. Responsabilidade Civil

Dispõe o art. 37, § 6º, da CF, que as pessoas jurídicas de direito público e as de direito privado prestadoras de serviços públicos respondem pelos danos que seus agentes, nessa qualidade, causarem a terceiros.

Sem qualquer dúvida, as autarquias, que têm personalidade jurídica de direito público, estão enquadradas na norma. Sua posição no que toca à responsabilidade civil, aliás, é a mesma em que estão as próprias pessoas da federação.

A regra contida no referido dispositivo vem sendo repetida desde a Constituição de 1946 (art. 194) e consagra a teoria da responsabilidade objetiva do Estado, ou seja, aquela que independe da investigação sobre a culpa na conduta do agente. Significa dizer que, se um fato administrativo originário de uma autarquia provocar prejuízos a terceiro, mesmo que não se identifique culpa individual do agente autárquico, tem o prejudicado direito à reparação dos prejuízos, resultado da responsabilidade civil objetiva da autarquia.

O mesmo dispositivo, todavia, admite que a entidade civilmente responsável, no caso a autarquia, exerça direito de regresso contra o servidor que diretamente provocou o dano, mas a responsabilidade civil deste só se configurará se houver a comprovação de que agiu com dolo ou culpa.

11.7. Prerrogativas Autárquicas

O ordenamento jurídico, considerando a natureza e o papel desempenhado pelas autarquias, atribui a estas algumas prerrogativas de direito público. Vejamos as mais importantes:

---

[87] HELY LOPES MEIRELLES, *Direito administrativo*, cit., p. 311.
[88] DIÓGENES GASPARINI, ob. cit., p. 240.

Cap. 9 · ADMINISTRAÇÃO DIRETA E INDIRETA | 399

a) imunidade tributária: o art. 150, § 2º, da CF, veda a instituição de impostos sobre o patrimônio, a renda e os serviços das autarquias, desde que vinculados a suas finalidades essenciais ou às que delas decorram. Significa dizer que se algum bem tiver destinação diversa das finalidades da entidade autárquica ou um serviço for prestado também dessa forma, incidirão normalmente, sobre o patrimônio e os serviços, os respectivos impostos. Podemos, assim, dizer que a imunidade para as autarquias tem natureza *condicionada*; parte da jurisprudência tem entendido que a imunidade persiste se o imóvel está alugado a terceiros, desde que preservada a finalidade institucional da entidade,[89] mas outros arestos julgam suficiente que os aluguéis sejam aplicados nas finalidades da pessoa, o que, em nosso entender, é bastante fluido e agride, por via oblíqua, a Constituição.[90]

b) impenhorabilidade de seus bens e de suas rendas: não pode ser usado o instrumento coercitivo da penhora como garantia do credor. A garantia se estabelece, como regra, pelo sistema de precatórios judiciais, e a execução obedece a regras próprias da legislação processual (arts. 100, CF, e 910, CPC);

c) imprescritibilidade de seus bens: caracterizando-se como bens públicos, não podem eles ser adquiridos por terceiros através de usucapião. Em relação aos bens imóveis, a vigente Constituição é peremptória nesse sentido: o art. 183, § 3º, emprega a expressão *imóveis públicos*, também adequada às autarquias. Mas não são só os imóveis. Quaisquer bens públicos, seja qual for a sua natureza, são imprescritíveis (art. 102, Código Civil). Essa orientação, aliás, está consagrada na Súmula 340 do Supremo Tribunal Federal;

d) prescrição quinquenal: dívidas e direitos em favor de terceiros contra autarquias prescrevem em cinco anos. Significa que, se alguém tem crédito contra autarquia, deve promover a cobrança nesse prazo, sob pena de prescrever sua pretensão de fazê-lo (Decreto nº 20.910/1932 e Decreto-lei nº 4.597/1942);

e) créditos sujeitos à execução fiscal: os créditos autárquicos são inscritos como dívida ativa e podem ser cobrados pelo processo especial das execuções fiscais, tal como os créditos da União, Estados e Municípios (Lei nº 6.830/1980).

f) principais situações processuais específicas:
   – a autarquia, tanto quanto os entes federativos, goza de *prazo em dobro* para todas as suas manifestações processuais, contado a partir da intimação pessoal (art. 183 do CPC);
   – estão sujeitas ao duplo grau de jurisdição, só produzindo efeito após confirmação pelo Tribunal, as sentenças proferidas contra autarquias (art. 496, I, CPC), e as que julgarem procedentes embargos à execução de dívida ativa promovida pela Fazenda Pública, nesta, como já mencionado acima, incluídas as autarquias (art. 496, II, CPC: a referência aqui é à *execução fiscal*); Obs.: inexistirá a prerrogativa, contudo, em algumas situações especiais, nas quais é necessário interpor o recurso voluntário para que as razões sejam apreciadas na instância superior; uma delas funda-se no valor da condenação ou do proveito econômico obtido na causa (art. 496, § 3º, CPC);[91] a outra considera precedentes jurisprudenciais consolidados (art. 496, § 4º, CPC); neste último dispositivo são também consideradas orientações vinculantes no âmbito administrativo;

---

[89] STJ, REsp 1.335.220, j. 21.8.2012, e REsp 769.940, j. 17.8.2006.
[90] STF, Súmula Vinculante 52 (2015).
[91] Tais limites são inaplicáveis em mandado de segurança (STJ, REsp 788.847, j. 26.4.2006).

400 MANUAL DE DIREITO ADMINISTRATIVO • *Carvalho Filho*

– a defesa de autarquia na execução por quantia certa fundada em título judicial, antes formalizada por embargos do devedor em autos apartados, passou a ser efetivada por *impugnação* à execução, nos próprios autos, dentro da etapa do *cumprimento da sentença*, adotando-se também aqui, portanto, o processo sincrético.

V. Empresas Públicas e Sociedades de Economia Mista

1. INTRODUÇÃO

Embora sejam de categorias diversas, as empresas públicas e as sociedades de economia mista devem ser estudadas em conjunto, tantos são os pontos comuns que nelas aparecem. Como veremos, essas entidades são dotadas de personalidade jurídica de direito privado e delas se vale o Estado para possibilitar a execução de alguma atividade de seu interesse com maior flexibilidade, sem as travas do emperramento burocrático indissociáveis das pessoas de direito público.

A terminologia que dá o nome às empresas públicas é realmente de grande imprecisão. O termo *públicas* pode denotar, em princípio, que se trata de pessoas de direito público, mas assim não é; contrariamente, cuida-se de pessoas de direito privado. O adjetivo apenas indica que a entidade é vinculada ao Poder Público, fato que a exclui do setor privado em sentido estrito. A expressão *empresa pública* é adotada em vários países (Itália, Inglaterra, França e Alemanha), nem sempre com idêntico delineamento, mas com a possibilidade de caracterizar, por vezes, o "Estado-empresário".[92]

As sociedades de economia mista, pelo próprio nome, demonstram a sua natureza. São sociedades anônimas, mais apropriadas à exploração de atividade econômica, cujo capital é distribuído entre o Governo e particulares, estes usualmente investidores, com o evidente objetivo de reforçar o empreendimento a que se propõem. Sendo também pessoas privadas, conduzem-se no setor econômico com maior versatilidade, a exemplo do que ocorre com as empresas públicas.[93]

Sociedades de economia mista e empresas públicas andam de mãos dadas, assemelham-se em seu perfil e irmanam-se nos objetivos colimados pelo Estado. Portanto, não será difícil verificar, ao longo deste estudo, que não haverá praticamente nenhum dado tão marcante que possa levar o Governo a optar por uma ou por outra. A ideia básica que traduzem continua sendo a do Estado-empresário, que intenta aliar uma atividade econômica à prestação de um serviço de interesse coletivo.

2. REFERÊNCIAS NORMATIVAS

A Constituição Federal faz expressa referência a sociedades de economia mista e empresas públicas, ao tratar dos princípios que informam a atividade econômica. No art. 173, § 1º, o texto faz menção ao fato de que, quando exploram atividade econômica, devem sujeitar-se ao regime próprio das empresas privadas, incluindo-se aí as obrigações trabalhistas e tributárias. Logo a seguir, no § 2º, as iguala às empresas privadas no que tange a privilégios fiscais, dispondo que *"as empresas públicas e as sociedades de economia mista não poderão gozar de privilégios fiscais não extensivos às do setor privado"*.

---

[92] HELY LOPES MEIRELLES, *Direito Administrativo* cit., p. 325.

[93] JOSÉ SERPA DE SANTA MARIA explica que é controversa a origem dessas entidades. Para uns, seria o Banco de S. Jorge (Gênova), no século XV (Paul Rehme), enquanto para outros (Carvalho Davis e Miranda Valverde) seria a Cia. das Índias Orientais (Países Baixos), no século XVI (*Sociedades de economia mista e empresas públicas*, Liber Juris, 1979, p. 40-50).

Cap. 9 · ADMINISTRAÇÃO DIRETA E INDIRETA | 401

Outras referências são feitas às entidades, como as que dizem respeito à instituição por lei (art. 37, XIX e XX); à vedação de acumulação remunerada de cargos e funções (art. 37, XVII); à exclusão na lei de diretrizes orçamentárias, no que toca à despesa com pessoal (art. 169, § 1º, II). Obviamente tais referências são expressas, mas outras normas constitucionais aludem à Administração Indireta, com o que alcançam também as citadas entidades.

No plano infraconstitucional, recorria-se ao vetusto Decreto-lei nº 200/1967, que definia as entidades, embora sofrendo algumas críticas – fato compreensível dada a inevitável mudança por que têm passado, desde então, as instituições administrativas. Apesar disso, o art. 173, § 1º, da CF prevê, desde a alteração introduzida pela EC nº 19/1998, a edição de lei, formalizando o *estatuto jurídico* das empresas públicas, sociedades de economia mista e suas subsidiárias, no qual fossem fixados (a) seu regime jurídico; (b) a função social; (c) a disciplina de licitação e contrato; (d) a composição orgânica; e (e) regime e responsabilidade dos administradores (incisos I a V).

Com lastro nesse mandamento constitucional, foi (tardiamente, aliás) editada a Lei nº 13.303, de 30.6.2016, que regulou os aspectos mencionados na Constituição e que passou a constituir o estatuto jurídico da empresa pública, da sociedade de economia mista e de suas subsidiárias. O Estatuto, como o chamaremos doravante e que será analisado em seguida, não aborda – é importante ressalvar – todas as questões relativas a tais entidades, de modo que algumas delas continuarão decerto a gerar imprecisão interpretativa.

3. CONCEITO

A linha conceitual das entidades nunca foi objeto de total unanimidade entre os autores, mas, bem ou mal, os estudiosos se socorriam do que dispunha o Decreto-lei nº 200/1967 (art. 5º, II e III). Não obstante, a Lei nº 13.303/2016 (Estatuto) expressou seu conceito, que não coincide rigorosamente com o anterior. Desse modo, é mister reproduzir a definição estampada na lei vigente.

De acordo com o art. 3º do Estatuto, empresa pública *"é a entidade dotada de persona-lidade jurídica de direito privado, com criação autorizada por lei e com patrimônio próprio, cujo capital social é integralmente detido pela União, pelos Estados, pelo Distrito Federal ou pelos Municípios"*.

Por outro lado, dita o art. 4º da mesma lei que sociedade de economia mista *"é a entidade dotada de personalidade jurídica de direito privado, com criação autorizada por lei, sob a forma de sociedade anônima, cujas ações com direito a voto pertençam em sua maioria à União, aos Estados, ao Distrito Federal, aos Municípios ou a entidade da administração indireta"*.

Como exemplos de empresa pública, podem ser citados a Empresa Brasileira de Correios e Telégrafos – ECT e a Caixa Econômica Federal – CEF. São sociedades de economia mista o Banco do Brasil S.A. e a Petrobras – Petróleo Brasileiro S.A. – todas essas entidades pertencentes à administração federal.

4. PERSONALIDADE JURÍDICA

As empresas públicas e as sociedades de economia mista têm personalidade jurídica de direito privado, o que, nesse aspecto, as torna diferentes das autarquias, qualificadas como pessoas jurídicas de direito público.

É preciso ter em conta, porém, o objetivo que inspirou o Estado a criar esse tipo de pessoas de natureza empresarial. Como os órgãos estatais se encontram presos a uma infinita quantidade de controles, o que provoca sensível lentidão nas atividades que desempenha, essas pessoas

402 | MANUAL DE DIREITO ADMINISTRATIVO • *Carvalho Filho*

administrativas, tendo personalidade de direito privado, embora sob a direção institucional do Estado, possibilitam maior versatilidade em sua atuação, quando voltadas para atividades econômicas.

Todavia, como veremos adiante, tais entidades não se limitam às atividades econômicas em sentido estrito, e podem ser instituídas para prestar serviços públicos ou para executar funções de predominante caráter social, sempre com a flexibilidade decorrente de sua personalidade de direito privado. Em razão dessa natureza, não recebem a incidência de algumas prerrogativas de direito público.

É indiscutível que a personalidade jurídica de que são dotadas as entidades lhes confere autonomia própria de ação e de instituição de sua estrutura. Por isso, já se julgou inconstitucional dispositivo de lei que atribuía à Procuradoria-Geral do Estado o controle dos serviços jurídicos das entidades. Fundou-se a decisão no fato de que o art. 132 da CF confere às Procuradorias a consultoria e representação dos entes públicos, incluindo autarquias e fundações públicas. Estender sua competência visando ao controle jurídico das entidades implica ingerência indevida do Governo, criando verdadeiro embaraço no caso em que surgir conflito entre o ente público e a empresa pública ou sociedade de economia mista – hipótese em que o Governo controlador poderia avocar o processo e decidir em conformidade com seus próprios interesses.[94]

5. INSTITUIÇÃO E EXTINÇÃO

No passado, algumas normas, equivocadamente, chegaram a assentar que empresas públicas e sociedades de economia mista seriam *criadas* por lei (art. 5º, II e III, Decr.-lei 200/1967 e art. 37, XIX, CF, em sua redação primitiva). A impropriedade era evidente, eis que a lei *cria* apenas pessoas de direito público, como é o caso das autarquias, mas esse regime não se aplica àquelas entidades dotadas de personalidade jurídica de direito privado. A Constituição, no art. 37, XIX, com a redação da EC nº 19/1998, corrigiu o equívoco anterior e passou a dispor que por lei específica poderá apenas ser *autorizada a instituição* de empresa pública e sociedade de economia mista.

Congruente com esse mandamento, o Estatuto deixou claro esse regime de instituição: *"A constituição de empresa pública ou de sociedade de economia mista dependerá de prévia* autorização legal *que indique, de forma clara, relevante interesse coletivo ou imperativo de segurança nacional, nos termos do* caput *do art. 173 da Constituição Federal"* (art. 2º, § 1º).

Verifica-se, pois, que, para a instituição de tais entidades, vigora não o princípio da legalidade, mas, sim, o *princípio da autorização legislativa*, que confere à lei a função de autorizar sua criação. Desse modo, a vigência da lei por si só não enseja o nascimento das entidades. O mesmo princípio, aliás, recai sobre a instituição de suas subsidiárias (art. 37, XX, da CF) e daquelas entidades em que o Estado tem mera participação (art. 2º, § 2º, da Lei nº 13.303/2016).

Quanto à *criação* em si *das* entidades, aplica-se o regime de direito privado, ou seja, o Estado deve providenciar a elaboração do ato que traduza o seu estatuto ou do ato constitutivo, para a inscrição no registro próprio, este o fato que origina o início da existência legal da entidade, *ex vi* do art. 45 do Código Civil. É verdade que, no caótico mundo administrativo, existe uma ou outra formação anômala de entidades da Administração, mas tal desorganização e incompetência não desfiguram o método legítimo de sua criação.[95] O Estatuto impõe que

---

[94] Nessa direção, STF, ADI 3.536, j. 3.10.2019.

[95] Vide CELSO ANTÔNIO BANDEIRA DE MELLO, *Curso* cit., p. 98, e DIÓGENES GASPARINI, *Direito administrativo* cit., p. 278.

todas as empresas públicas e sociedades de economia mista estejam incluídas em banco de dados público e gratuito do Registro Público de Empresas Mercantis e Atividades Afins, para permitir o acesso aos interessados (art. 92).

O Estatuto não fez menção direta aos requisitos para a *extinção* das entidades. Entretanto, se a autorização para serem instituídas pressupõe a edição de lei, como, inclusive, determina a Constituição, idêntica forma de autorização será necessária para que sejam extintas. Aplica--se aqui a teoria da simetria, em que atos constitutivos e extintivos devem ostentar a mesma fisionomia. Em suma, é vedado ao Poder Executivo proceder sozinho à extinção da entidade; se pretender fazê-lo, deve enviar projeto de lei à Casa legislativa para a edição da lei respectiva, de caráter extintivo. Entretanto, o projeto extintivo é da competência privativa do Chefe do Executivo, sendo vedada a iniciativa parlamentar (art. 61, § 1º, II, "e", da CF).[96]

Na verdade, a referência no Estatuto teve caráter indireto, como dispõe o art. 29, XVIII, segundo o qual é dispensável a licitação *"na compra e venda de ações, de títulos de crédito e de dívida e de bens que produzam ou comercializem"*. O texto provocou ampla discussão no STF. No julgamento de sua constitucionalidade, a Corte decidiu – a nosso ver com acerto – que a alienação do controle acionário de empresas públicas e de sociedades de economia mista impõe autorização legislativa e licitação.[97] Confirmou-se, pois, a vedação a que o Executivo decida sozinho pela extinção nesse caso. De outro lado, é imperioso que se respeite o princípio da competitividade, a fim de evitar artifícios gravosos ao patrimônio da entidade.

No caso de extinção da entidade por meio do regime de *privatização*, é legítimo que a lei da respectiva unidade federativa assuma obrigações financeiras decorrentes de sentença judicial proferida após a mudança, não somente porque não viola o princípio da isonomia ou o ato jurídico perfeito, mas também porque implica redução do preço, tornando mais atraente a negociação.[98]

6. SUBSIDIÁRIAS

6.1. Pessoas Subsidiárias

Subsidiárias são aquelas pessoas jurídicas cujas atividades se sujeitam a gestão e controle de uma empresa pública ou de uma sociedade de economia mista. Estas caracterizam-se como *primárias* (ou *empresas de primeiro grau*) e são controladas diretamente pelo ente federativo. Aquelas – também denominadas de *empresas de segundo grau* – são *subsidiárias*, porque seu controle estatal não é direto, mas sim indireto, sendo atribuído a uma empresa pública ou sociedade de economia mista. Em última análise, porém, o controle, ainda que remoto, será da respectiva unidade federativa, indicando que também integram as pessoas da administração indireta.[99]

Há autores que entendem que as subsidiárias a que alude o inciso XX do art. 37 da CF não podem ser classificadas como sociedades de economia mista, porquanto estas já estariam incluídas no inciso XIX; seriam, assim, de categoria diversa.[100] Com a devida vênia, pensamos que a norma não distingue, de modo que a categoria das subsidiárias deve ser interpretada no sentido de abranger as entidades que não sofrem controle direto do ente federativo, mas, sim, indireto, por meio de empresa pública ou sociedade de economia mista.

---

[96] STF, ADI 2.295, j. 15.6.2016.

[97] STF, ADI 5.624-MC, j. 5 e 6.6.2019.

[98] STF, ADI 5.271/MA, j. 26.8.2022.

[99] Também: RAFAEL CARVALHO REZENDE OLIVEIRA, *Administração pública* cit., p. 47.

[100] SÉRGIO DE ANDRÉA FERREIRA, *Comentários à Constituição*, Freitas Bastos, 1991, v. III, p. 47.

MANUAL DE DIREITO ADMINISTRATIVO • Carvalho Filho

Embora já tenhamos antecipado, não custa relembrar que a instituição de subsidiárias também obedece ao princípio da autorização legislativa, impondo-se a edição de lei para que a Administração providencie o nascimento da entidade (art. 37, XX, da CF, e art. 2º, § 2º, do Estatuto). A autorização legal não precisa ser específica, bastando ser prevista a futura instituição na lei pertinente à empresa pública ou sociedade de economia mista.[101] Foi o que ocorreu com a Lei nº 9.478/1997, que autorizou a Petrobras a criar entidade para construir e operar seus dutos, terminais e embarcações para transporte de petróleo.

Quanto à *extinção* de subsidiárias e controladas, sempre entendemos que a alienação de seu controle acionário depende também de lei autorizadora, ainda que genérica, e isso por mais de uma razão: a uma, porque sua instituição teve fundamento em autorização legal, e, a duas, porque não se trata de mera operação econômica, mas, sim, de transferência de parcela do patrimônio público pertencente a entidade da administração indireta. Entretanto, o STF decidiu de forma contrária, dispensando, nesse caso, a autorização legislativa (apesar de votos contrários, a nosso ver, com a melhor interpretação). A Corte decidiu, ainda, que tal alienação pode ser realizada com dispensa de licitação, observados, porém, os princípios da Administração (art. 37, CF) e a necessária competitividade.[102]

Avulta notar, ainda, que é lícita a instituição da denominada *subsidiária integral*, ou seja, aquela que tem um único acionista, conforme previsão no art. 251 da Lei nº 6.404/1976 – Lei das Sociedades Anônimas.[103] No caso, o acionista será a entidade administrativa instituidora. Por outro lado, revela-se juridicamente viável também a conversão da subsidiária integral em empresa de caráter societário mediante a admissão de novos acionistas, como o autoriza o art. 253 daquele diploma, sempre exigida a autorização legal. Como exemplo, a Lei nº 10.738, de 17.9.2003, autorizou o Banco do Brasil, sociedade de economia mista, a instituir duas subsidiárias integrais, com possibilidade de acrescer outros acionistas.

6.2. Sociedades de Mera Participação do Estado

Aqui é importante fazer uma observação. As entidades subsidiárias não se confundem com as *sociedades de mera participação do Estado*, vale dizer, aquelas em que o Estado, embora figure em sua composição, não detém o controle da entidade, apresentando posição mais assemelhada à de investidor, e tal situação as exclui da órbita da Administração Indireta. Aliás, ambas as categorias são referidas separadamente no art. 37, XX, da CF. O Estatuto se refere a elas como *sociedades empresariais*, nas quais a empresa pública, a sociedade de economia mista ou suas subsidiárias não detêm o controle acionário (art. 1º, § 7º).

O Estatuto, no entanto, criou limites à constituição de tais entidades. Assim, a autorização legal não se aplica a operações de tesouraria, adjudicação de ações em garantia e participações permitidas pelo Conselho de Administração em consonância com o plano de negócios da empresa pública, da sociedade de economia mista ou de suas subsidiárias (art. 2º, § 3º). O legislador, portanto, pretendeu afastar a Administração de ingerência mais efetiva na empresa, restringindo-a ao papel de investidora ou de agente de fomento.

Em outra vertente, a lei exigiu que a pessoa administrativa participante adote, em sua fiscalização, práticas de governança e controle proporcionais à relevância, à materialidade e aos riscos do negócio (art. 7º). Para tanto, devem considerar vários aspectos de caráter fiscalizatório,

---

[101] STF, ADI 1.649, j. 24.3.2004.

[102] ADI 5.624-MC, j. 5 e 6.6.2019. Destacamos aqui o voto do Min. Ricardo Lewandowski, que entendia necessária a autorização legislativa. Também: ADPF 794, j. 21.5.2021.

[103] MÔNICA GUSMÃO, *Direito empresarial*, Impetus, 2. ed., 2004, p. 39.

Cap. 9 • ADMINISTRAÇÃO DIRETA E INDIRETA | 405

como, entre outros, documentos e informações, relatório de execução do orçamento, situação financeira, execução de projetos e condicionantes socioambientais (art. 8º, I a IX, do Estatuto). Enfim, quer o legislador que a Administração abandone sua habitual inércia e desinteresse com a coisa pública, mediante comportamento proativo, sobretudo no que toca à fiscalização do negócio. A ideia é boa; se a Administração vai cumprir, a história é outra.

7. OBJETO

A questão atinente ao *objeto* das empresas públicas e das sociedades de economia mista sempre foi alvo de muitas controvérsias. O Decreto-lei 200/1967, ao conceituar as entidades, deixou expresso que ambas se destinariam à exploração de *atividade econômica* (art. 5º, II e III). Por outro lado, o art. 173, § 1º, da CF alude às mesmas entidades que *"explorem atividade econômica de produção ou comercialização de bens ou de prestação de serviços"*.

A doutrina, rebatendo a ideia de que as entidades teriam tão somente finalidade econômica, insurgiu-se mediante justificadas críticas, levando em conta que o Estado também poderia instituí-las para a *prestação de serviços públicos*, o que a legislação não apontava com clareza, embora a realidade administrativa o demonstrasse à evidência.[104] Assim, não se poderia deduzir que o objeto seria *somente* a atividade econômica, e, por tal motivo, pacificou-se o entendimento no sentido da *duplicidade* de objeto: *exploração de atividades econômicas e prestação de serviços públicos*. Registre-se, por oportuno, que o art. 2º do Estatuto também atribui às entidades a exploração de atividades econômicas, mas não lhes veda a execução de serviços públicos, quando assim for conveniente para a Administração.

Buscou-se, então, conciliar tais finalidades adotando-se a interpretação de que o objeto das entidades administrativas seria o exercício de *atividades econômicas* em sentido lato, assim consideradas aquelas que permitem a utilização de recursos para a satisfação de necessidades públicas. Dentro dessa noção, que representa o gênero, poderiam encontrar-se duas espécies: *as atividades econômicas "stricto sensu"* e *os serviços públicos econômicos*.[105] Desse modo, estariam fora do objeto institucional os serviços públicos não econômicos, que, por sua natureza, são incompatíveis com a natureza das empresas públicas e sociedades de economia mista.[106]

Assentada tal premissa, surge um problema: o regime jurídico das entidades voltadas a atividades econômicas em sentido estrito não é rigorosamente igual ao daquelas que prestam serviços públicos. Considerando que nem sempre é fácil distinguir tais atividades, resulta que algumas situações acabam por gerar inevitáveis divergências, causando muita perplexidade entre os estudiosos.[107] Aliás, a própria interpretação do art. 173, § 1º, da CF provoca polêmica, porque não se sabe com precisão se o dispositivo abrange todas as empresas públicas e sociedades de economia mista, ou apenas as que exercem atividade econômica em sentido estrito. Para alguns estudiosos, o Estatuto, ao incluir entidades prestadoras de serviços públicos, teria transcendido os limites do dispositivo constitucional, direcionado basicamente a atividades econômicas.[108]

---

[104] HELY LOPES MEIRELLES, *Direito administrativo* cit., p. 321, e CELSO ANTÔNIO BANDEIRA DE MELLO, *Curso* cit., p. 86-87.

[105] EROS ROBERTO GRAU, *Elementos de direito econômico*, RT, 1981, p. 87. Também: ADILSON DALLARI, *Revista de direito público* nº 94, p. 94.

[106] HORÁCIO AUGUSTO MENDES DE SOUZA, *Regulação jurídica do transporte rodoviário de passageiros*, Lumen Juris, 2003, p. 7-44.

[107] Sobre essas dificuldades, veja-se MARÇAL JUSTEN FILHO, O regime jurídico das empresas estatais e a distinção entre "serviço público" e "atividade econômica", *RDE* nº 1, 2006, p. 119-135.

[108] EDGAR GUIMARÃES e JOSÉ ANACLETO ABDUCH SANTOS, *Lei das estatais*, Fórum, 2017, p. 20.

406 | MANUAL DE DIREITO ADMINISTRATIVO • *Carvalho Filho*

Vale consignar – insista-se – que nem todos os serviços públicos podem ser prestados por empresas públicas e sociedades de economia mista. Podem sê-lo aqueles que, *mesmo sendo prestados por tais entidades, poderiam ser executados também pela iniciativa privada*. Excluem-se, desse modo, os denominados *serviços próprios* do Estado, de natureza indelegável, cabendo ao ente estatal a exclusividade na execução. É o caso da segurança pública, justiça, soberania, serviços indelegáveis. Descartam-se também os *serviços sociais*, como as atividades assistenciais nas áreas médica, de inclusão e apoio social, ambiental e outras do gênero. Sendo, como regra, deficitários, tornam-se mais apropriados para autarquias e fundações governamentais.

O que é certo é que a lei autorizadora precisa definir, com total clareza, o objeto da empresa pública, da sociedade de economia mista e de suas subsidiárias, demonstrando o escopo da Administração no que toca à atividade a ser desempenhada pelas entidades. O Estatuto, a propósito, reclama que a lei, quando o objeto se relacionar a atividade de mercado, com caráter econômico e empresarial, *"indique, de forma clara, relevante interesse coletivo ou imperativo de segurança nacional, nos termos do 'caput' do art. 173 da Constituição Federal"* (art. 2º, § 1º).

Infelizmente, não é fácil investigar se o objeto pretendido pela Administração é realmente efetivo ou não. É por tal motivo que centenas de entidades têm sido criadas gerando a suspeita de sua duvidosa necessidade, isso quando não é para atender a interesses escusos, mediante violação aos princípios da moralidade e da impessoalidade. Tal postura é de se lamentar, pois muitas delas, além de desnecessárias, provocam injustificável prejuízo para os cofres públicos.

8. REGIME JURÍDICO

8.1. Hibridismo

A análise do regime jurídico das empresas públicas e das sociedades de economia mista e de suas subsidiárias deve partir de dois pressupostos – um deles, considerando o fato de que são pessoas de direito privado, e o outro, a circunstância de que integram a Administração Pública. Sem dúvida, são aspectos que usualmente entram em rota de colisão, mas, por sua vez, inevitáveis ante a natureza das entidades.

Diante disso, a consequência inevitável é a de que seu regime jurídico se caracteriza pelo *hibridismo normativo*, no qual se apresenta o influxo de normas de direito público e de direito privado. Semelhante particularidade, como não poderia deixar de ser, rende ensejo a numerosas perplexidades e divergências.

8.2. Regime Constitucional

O *regime constitucional* espraia-se por diversas passagens da Constituição. De forma direta, as entidades são tratadas no art. 173, § 1º, da CF, que, conforme vimos, previu a criação de estatuto jurídico para sua disciplina.

Noutro giro, afirma-se que tais pessoas não poderão gozar de privilégios fiscais não extensivos àquelas do setor privado, sendo fundamento a necessidade de não ofender o princípio da livre concorrência (art. 173, § 2º, da CF) – norma que, a nosso ver, não tem sido devidamente aplicada.[109] Depois, a Constituição enuncia norma enigmática e dispensável, prevendo lei que regulamente as relações da empresa pública com o Estado e a sociedade (art. 173, § 3º, da CF): enigmática,

---

[109] STF, RE 599.628, j. 25.5.2011: inaplicável o regime de precatórios a sociedades de economia mista.

Cap. 9 • ADMINISTRAÇÃO DIRETA E INDIRETA | 407

porque não se sabe o que pretendeu o Constituinte com a norma, e dispensável, porque tais relações devem ser disciplinadas pelo estatuto previsto, não se precisando de outra lei para isso.

Outras normas do regime constitucional dizem respeito à lei autorizadora para instituição (art. 37, XIX); ao controle pelo Tribunal de Contas (art. 71); ao controle e fiscalização do Congresso Nacional (art. 49, X); à exigência de concurso público para seus empregados (art. 37, II); à previsão de rubrica orçamentária (art. 165, § 5º); imunidade de empresa pública prestadora de serviço postal (art. 150, § 2º, com a redação da EC nº 132, de 20.12.2023, que implantou a Reforma Tributária), entre outras.

Neste passo, deve insistir-se na ambiguidade do tratamento constitucional. Na verdade, a Carta não deixou clara a demarcação entre entidades destinadas a atividades econômicas e as prestadoras de serviços públicos, de modo que daí sempre resultarão dúvidas sobre o que será aplicável a uma e a outra das categorias, exigindo interpretação muitas vezes casuística, não muito conveniente quando se alvitra precisão jurídica.

8.3. Regime Legal

Com base no art. 173, § 1º, da CF, foi editada a *Lei nº 13.303, de 30.6.2016*, que formalizou o *estatuto jurídico* das empresas públicas, das sociedades de economia mista e de suas subsidiárias, ou simplesmente *Estatuto*. Como toda lei dessa natureza, várias polêmicas serão decerto suscitadas no cenário de sua aplicabilidade.

De início, cabe notar a questão da *abrangência* da lei. Segundo o art. 1º, a lei abrange toda e qualquer das entidades da União, dos Estados, do DF e dos Municípios *"que explore atividade econômica de produção ou comercialização de bens ou de prestação de serviços, ainda que a atividade econômica esteja sujeita ao regime de monopólio da União ou seja de prestação de serviços públicos".*

A norma é suscetível de controvérsia, calcada na *competência* da União para criar lei geral, de cunho nacional, para regular as entidades em nível estadual, distrital e municipal. Os arts. 22 e 24 da CF não registram essa competência expressa, salvo no que concerne a contratos e licitações (art. 22, XXVII), em que é expressa a competência da União. Ocorre que o Estatuto trata de inúmeras outras relações jurídicas, além de contratos e licitações.

Embora possa haver dúvidas a respeito, parece-nos que a fonte normativa se situa no art. 173, § 1º, da CF, exatamente o que prevê a edição do estatuto jurídico. Certamente haverá objeção de que a norma não pretendeu fixar competência da União, mas, considerando a necessidade de uniformizar essas entidades da administração descentralizada, uma lei geral será mais satisfatória e eficaz do que leis estaduais, distritais e municipais, ainda mais se lembrarmos de que existem mais de cinco mil Municípios. Com o recurso a uma interpretação sistemática, poder-se-á considerar que somente lei uniforme poderá disciplinar melhor a matéria, afastando-se suposta ofensa à autonomia das unidades federativas, que nada têm a perder (ao contrário!) com a uniformização veiculada pelo Estatuto. De qualquer modo, a doutrina e a jurisprudência avaliarão futuramente a questão em tela.

Outra questão que levantará algumas divergências diz respeito à *abrangência* da lei quanto à *natureza* das entidades. O art. 1º do Estatuto, conforme já visto, aplica-se às entidades que explorem atividade econômica, ainda que sob monopólio da União, bem como àquelas destinadas à prestação de serviços públicos. Foram ambas as espécies, portanto, catalogadas no mesmo diploma regulador. De um lado, o fato simplifica, pela unificação, a regência das entidades, como, aliás, sempre nos pareceu o melhor caminho; a distinção entre as categorias tem causado mais dúvidas do que elucidações. De outro, será muito difícil, na prática, que as diferenças sejam superadas. Seja como for, o Estatuto foi claro: a aplicabilidade é extensiva e alcança todo e qualquer tipo de empresa pública ou sociedade de economia mista.

408 | MANUAL DE DIREITO ADMINISTRATIVO • *Carvalho Filho*

A incidência extensiva alcança, ainda: (a) empresas públicas *dependentes*, destinadas a atividades econômicas, ainda que monopolizadas pelo governo federal, e prestadoras de serviços públicos (art. 2º, III, da Lei Complementar nº 101/2000); (b) as entidades que participem de *consórcio*, conforme o art. 279 da Lei nº 6.404/1976, na condição de operadora; (c) a sociedade de propósito específico, controlada por empresa pública ou sociedade de economia mista (art. 1º, §§ 2º, 5º e 6º, do Estatuto).

O legislador, porém, sempre está pronto para complicar. Com efeito, estabeleceu que o Título I da lei (disposições aplicáveis às entidades) *não se aplica* à empresa pública e à sociedade de economia mista que tiver, juntamente com suas respectivas subsidiárias, receita operacional inferior a R$ 90.000.000,00, no exercício social anterior. No entanto, excepcionou com vários artigos que terão aplicabilidade (art. 1º, § 1º), entre eles os que se referem às definições, autorização legal, auditorias, transparência e função social da entidade. Não se aplicam, destarte, as regras que dizem respeito à estrutura orgânica, situadas entre os arts. 13 e 26 do Estatuto.

Ainda quanto ao regime, registra-se que a sociedade de economia mista é regida pela Lei nº 6.404/1976 (Lei das Sociedades Anônimas) (art. 5º do Estatuto). Por outro lado, o ente que a controla se submete aos deveres e responsabilidades do acionista controlador, na forma da referida lei (art. 4º, § 1º). Noutro giro, se a entidade é registrada na Comissão de Valores Mobiliários, sujeita-se às normas da Lei nº 6.385/1976 (Lei do Mercado de Valores Mobiliários) (art. 4º, § 2º). Tratando-se de empresa pública, sociedade de economia mista de capital fechado e suas subsidiárias, aplicam-se as disposições da referida Lei nº 6.404/1976 e as da Comissão de Valores Mobiliários sobre escrituração e demonstrações financeiras e, ainda, auditoria independente por auditor do mesmo órgão (art. 7º).

No aspecto da aplicabilidade, há uma regra importante que merece observação. Dita o Estatuto que qualquer das entidades criadas antes de sua vigência terá o prazo de 24 meses para a adequação ao regime nele instituído (art. 91). Apesar disso, a lei entrou em vigor na data de sua publicação, ocorrida em 1.7.2016 (art. 97). Trata-se de uma *contradictio in terminis*, porque, para as referidas entidades, a lei não iniciou sua real vigência, dado o prazo que lhes foi concedido. Com muita dificuldade, pode entender-se que para as novas entidades houve *vigência imediata*, ao passo que para as anteriores a lei admitiu *vigência diferida*.

São aplicáveis às entidades e suas subsidiárias as punições previstas na Lei nº 12.846, de 1.8.2013 (Lei Anticorrupção), que dispõe sobre a responsabilização administrativa e civil de pessoas jurídicas por atos contra a Administração Pública (art. 94 do Estatuto). Entretanto, ficaram isentas das seguintes sanções: (a) suspensão ou interdição parcial de atividades; (b) dissolução compulsória; (c) proibição de receber incentivos, subsídios e outras benesses de órgãos públicos pelo prazo entre 1 e 5 anos. Como se vê, cuida-se de aplicabilidade restrita, mas, dependendo da gravidade do ilícito, devem sofrer intervenção direta do ente controlador para a correção de rumos e o restabelecimento de seu objetivo institucional.

Relativamente aos *recursos*, já se decidiu no sentido da inconstitucionalidade do bloqueio ou sequestro de verba pública, mediante decisão judicial, de empresa estatal prestadora de serviço público não concorrencial e sem intuito lucrativo primário. Essa orientação oferece algumas perplexidades e aumenta o já confuso regime dessas entidades, e isso porque, sendo elas privadas, seus recursos em tese só poderiam qualificar-se como privados, a não ser que os tenham recebido de ente público.[110]

---

[110] STF, ADPF 616, j. 21.5.2021.

8.4. Regime Estatutário

Na escala hierárquica normativa, o Estatuto alude ao *estatuto da companhia* (art. 13), que deve observar as diretrizes e restrições fixadas na lei autorizadora, regulando o Conselho de Administração, os requisitos para a função de diretor, a avaliação de desempenho dos dirigentes e, enfim, o funcionamento dos órgãos componentes.

A lei autorizou o Poder Executivo dos entes públicos a editar os atos estatutários, com as devidas regras de governança, e sempre observadas as diretrizes do Estatuto (art. 1º, § 3º). Assina o prazo de 180 dias a partir da publicação da lei para a edição dos referidos atos; não o fazendo, passam a submeter-se às normas de governança previstas na lei.

Dois aspectos devem ser consignados. Primeiro, os atos estatutários têm caráter administrativo interno e regulam a estrutura e o funcionamento da entidade, sendo, na verdade, o *estatuto* da empresa. Depois, tais atos sujeitam-se a controle de legalidade, resultante do confronto entre suas normas e o Estatuto básico.

8.5. Prescrição

Dissemos anteriormente que o hibridismo que caracteriza o regime jurídico dessas entidades não se poderia furtar à ocorrência de situações no mínimo duvidosas. Uma delas é, sem dúvida, a *prescrição*.

Como se trata de pessoas jurídicas de direito privado, deveria incidir o Código Civil para a prescrição. Aplicável seria a regra do art. 205 desse Código, pelo qual, não havendo prazo menor fixado em lei, a prescrição seria de dez anos (*prescrição decenal*).

As pessoas jurídicas de direito público, ao contrário, submetem-se à disciplina do Decreto nº 20.910/1932, que assina o prazo de cinco anos para a prescrição relativamente a dívidas dos entes federativos e suas respectivas Fazendas (art. 1º), estendendo-se o prazo a autarquias e órgãos paraestatais, criados por lei e mantidos mediante impostos, taxas ou quaisquer contribuições similares (art. 2º) (*prescrição quinquenal*).

Essa, definitivamente, não é a hipótese das atuais empresas públicas e sociedades de economia mista, e, justamente por tal motivo, a jurisprudência entendia inaplicável o Decreto nº 20.910 a tais entidades, conclusão absolutamente coerente com a sua natureza.[111]

Todavia, decidiu-se, a partir de algum tempo, separar desse grupo as entidades prestadoras de serviços públicos essenciais e que, mesmo tendo fins lucrativos, tenham atuação sem natureza concorrencial. Com base nesse aspecto, foram elas equiparadas aos entes públicos, daí resultando a aplicação do citado Decreto nº 20.910 e, em consequência, considerou-se aplicável a prescrição quinquenal.[112]

Tal equiparação – é oportuno adiantar – é a mesma que causa distorções no regime tributário, conforme será visto adiante. Com a devida vênia, não nos convencemos dessa orientação, não só por não haver previsão legal, como ainda porque não guarda congruência com a natureza privada das entidades.

9. REGIME TRIBUTÁRIO

O regime tributário tem sido, em nosso entender, um dos pontos nevrálgicos e mais complexos no que diz respeito a empresas públicas e sociedades de economia mista.

---

[111] STJ, REsp 1.270.671, j. 16.2.2012.
[112] STJ, REsp 1.635.716, j. 4.10.2022.

Nesse aspecto, a Constituição oferece dois mandamentos. O primeiro é o art. 173, § 1º, pelo qual essas entidades, segundo o estatuto nele previsto, devem sujeitar-se *"ao regime jurídico próprio das empresas privadas, inclusive quanto aos direitos e obrigações civis, comerciais, trabalhistas e tributários"*. O segundo é o § 2º do mesmo artigo, que diz: *"As empresas públicas e as sociedades de economia mista não poderão gozar de privilégios fiscais não extensivos às do setor privado"*.

O problema é que o art. 173, § 1º, fez referência às entidades *"que explorem atividade econômica de produção ou comercialização de bens ou de prestação de serviços"*, sendo que essa última expressão não indicou que tipo de serviços, ou seja, se só seriam serviços de natureza privada ou se também alcançaria os serviços públicos. Grande parte dos autores defende a interpretação de que se trata apenas de atividades econômicas em sentido estrito, não incluindo as pessoas prestadoras de serviços públicos.[113]

Em nosso entender, porém, essa linha demarcatória não estava expressa na Constituição e, ao contrário, todas elas se destinam à exploração da atividade econômica *lato sensu*, incluindo-se aí os serviços públicos. Na medida em que o Estado as institui, cobrindo-lhe com as vestes do direito privado, deve arcar com os efeitos tributários normais incidentes sobre as demais empresas privadas. Não é apenas a questão da competitividade e da concorrência que está em jogo naqueles dispositivos, mas principalmente a personalidade jurídica de direito privado, situação que deve irmaná-las a todas as sociedades do setor privado.[114]

O certo é que essa dicotomia acabou por consagrar-se não somente por renomados administrativistas, que admitiam, inclusive, a imunidade tributária, prevista no art. 150, VI, "a", da CF, privilégio específico de pessoas de direito público, mas também por decisões que, dia a dia, ampliaram a gama desses privilégios, fato que provocou inúmeros litígios – mas, convém registrar, com frequentes votos vencidos, numa clara demonstração de falta de consenso sobre o tema.

Uma das primeiras decisões afastava da regra isonômica do art. 173, § 2º, da CF as entidades que prestavam serviço público em regime de monopólio, fundando-se o entendimento em que não haveria risco para a concorrência com as empresas privadas, e, desse modo, lhes foi conferida imunidade tributária.[115] Em consequência, a imunidade alcançou o IPTU, tanto dos imóveis da empresa pública, como daqueles apenas utilizados por ela;[116] o IPVA estadual;[117] o ISS municipal;[118] o ICMS sobre o transporte de bens realizado pela empresa.[119] Além disso, a imunidade beneficiou sociedade de economia mista da área de saúde, pelo fato de o Poder Público deter 99,99% do capital social – argumento, com a devida vênia, inconsistente.[120]

Para confirmar a hesitação sobre o tema, vale a pena invocar a situação em que um *imóvel de pessoa pública* é ocupado por sociedade de economia mista com fins econômicos. O ente público, no caso, tem *imunidade recíproca*, afastando-se a cobrança do IPTU municipal (art. 150, VI, "a", da CF), salvo quando houver atividade econômica ou contraprestação paga pelo usuário a título de preço ou tarifa (art. 150, § 3º, da CF). A decisão sobre a questão atribuiu à

---

[113] MARIA SYLVIA ZANELLA DI PIETRO, *Direito administrativo* cit., p. 282, e DIÓGENES GASPARINI, *Direito administrativo* cit., p. 282.

[114] Essa parece ser também a opinião de HELY LOPES MEIRELLES, *Direito administrativo* cit., p. 319.

[115] STF, RE 407.099, j. 22.6.2004, reformando-se decisão do TRF-4ª Reg., que negava a imunidade – posição que, a nosso ver, espelhava a melhor interpretação. No caso, tratava-se da ECT-Empresa Brasileira de Correios e Telégrafos. Também: RE 363.412, j. 7.8.2007 (INFRAERO).

[116] STF, RE 773.992, j. 15.10.2014 (2 votos vencidos).

[117] STF, ACO 765, AgR, j. 5.10.2006.

[118] STF, RE 601.392, j. 28.2.2013 (5 votos vencidos).

[119] STF, RE 627.051, j. 12.11.2014 (2 votos vencidos).

[120] STF, RE 580.264, j. 16.12.2010 (4 votos vencidos).

entidade administrativa ocupante a qualidade de sujeito passivo do tributo, nos termos do art. 34 do Código Tributário Nacional.[121] Ou seja, o tratamento foi congruente com a Constituição, não garantindo à sociedade de economia mista privilégio fiscal não extensivo às empresas privadas (art. 173, § 2º, da CF).[122]

Ainda a confusão: em conflito entre empresa pública (ECT) e o Estado, sobre cobrança do IPVA, entendeu-se que a competência seria do STF em razão da natureza de conflito federativo entre os litigantes (art. 102, I, "f", da CF), aduzindo-se que o Decreto-lei nº 509/1969 equiparou (quando nunca poderia!) a empresa à Fazenda Pública.[123] O referido diploma, nessa parte, é flagrantemente inconstitucional, pois a lei não pode fazer essa equiparação a seu alvedrio, ainda mais quando se trata de pessoa de direito privado, insuscetível de ser catalogada como Fazenda Pública. Sendo assim, a competência deveria ser da justiça de primeiro grau de jurisdição.

Depois de todas essas dissonâncias, o STF veio a decidir sobre a matéria e fixar tese no âmbito do sistema de Repercussão Geral. Eis a tese conforme definida: "*Sociedade de economia mista, cuja participação acionária é negociada em Bolsas de Valores, e que, inequivocamente, está voltada à remuneração do capital de seus controladores ou acionistas, não está abrangida pela regra de imunidade tributária prevista no art. 150, VI, 'a', da Constituição, unicamente em razão das atividades desempenhadas*".[124] Como se pode observar, a posição excludente da imunidade é restrita, de modo que, a nosso ver, perpetua-se a equivocada interpretação de que as demais entidades privadas da Administração são equiparadas aos entes públicos – situação a que não alude a Constituição.

O certo é que o STF tem reafirmado a tese da imunidade recíproca para empresas públicas e sociedades de economia mista. De acordo com a Corte, a imunidade pressupõe a ocorrência de três requisitos: (a) prestação de serviços públicos; (b) ausência do propósito de lucro; (c) atuação em regime de exclusividade, sem concorrência.[125] Em resumo, são pessoas privadas tratadas como se fossem entidades de direito público, o que nos parece de visível anomalia.

Como o Estatuto das empresas públicas e sociedades de economia mista abrange todas as categorias dessas entidades, *ex vi* do seu art. 1º, é possível – e razoável, aditamos – que passem a ser inteiramente submetidas às suas próprias normas e, no que couber, às de direito privado, sem que se lhes sejam atribuídos privilégios tributários de direito público, incompatíveis com a sua natureza jurídica.

Não obstante, numa demonstração de que a matéria sofre oscilações esdrúxulas, o art. 150, § 2º, da CF, com a alteração introduzida pela Emenda Constitucional nº 132, de 20.12.2023, que instituiu a Reforma Tributária, estendeu à *empresa pública prestadora de serviço postal* a imunidade tributária conferida a autarquias e fundações instituídas e mantidas pelo Poder Público, prevista no art. 150, VI, "a", da CF (vedação a que os entes públicos instituam impostos sobre o patrimônio, renda ou serviços, uns dos outros).

A alteração provoca algumas perplexidades. De um lado, é endereçada diretamente à ECT (Empresa Brasileira de Correios e Telégrafos), empresa pública incumbida do serviço postal, que, como antecipado, já vinha sendo tratada equivocadamente como ente público. De outro, a norma contradiz o próprio art. 173, § 2º, da CF, pelo qual empresas públicas não podem gozar de privilégios fiscais não extensivos às do setor privado.

---

[121]   STF, RE 253.472, j. 25.8.2010.
[122]   Também: STF, RE 434.251, j. 19.4.2017.
[123]   STF, ACO 765 (QO), j. 1.6.2005. Houve, porém 2 votos vencidos.
[124]   STF, Tese 508, Repercussão Geral (paradigma: RE 600.867, j. 29.6.2020).
[125]   STF, ACO 3.410, j. 20.4.2022.

MANUAL DE DIREITO ADMINISTRATIVO • Carvalho Filho

Como se não bastasse, a ampliação da imunidade tributária é muito mais restrita do que a admitida pelo STF, que, como visto anteriormente, abrange *também* sociedades de economia mista e empresas públicas, em geral. Como disposições restritivas devem ser interpretadas restritivamente, resulta que o Constituinte, ao estender a imunidade *somente à empresa pública* prestadora do serviço postal, excluiu todas as demais entidades paraestatais do regime da imunidade e, desse modo, deu interpretação diversa – melhor, mas não a ideal, a nosso ver – da que ofereceu a mais alta Corte.

10. FUNÇÃO SOCIAL

De acordo com o art. 173, § 1º, I, da CF, o estatuto jurídico deveria contemplar a *função social* das empresas públicas e sociedades de economia mista. Fundando-se nesse mandamento, o Estatuto traçou as regras gerais para desenhar esse tipo de função.

O núcleo explicativo da função social consiste nos objetivos de interesse coletivo ou de segurança nacional expressos na lei. O interesse coletivo deve direcionar-se para o bem-estar econômico e para o emprego eficiente dos recursos a cargo das entidades, propiciando o acesso de consumidores e o desenvolvimento ou emprego de tecnologia brasileira e a adoção de práticas de sustentabilidade ambiental e de responsabilidade social corporativa (art. 27, *caput* e §§ 1º e 2º, do Estatuto).

Dentro da função social, o Estatuto admite, ainda, que as entidades celebrem *convênios* ou *contratos de patrocínio* para promover atividades culturais, sociais, esportivas, educacionais e de inovação tecnológica, com o fim de fortalecer sua marca, tudo em conformidade com as normas estatutárias de contratos e licitações (art. 27, § 3º). No contrato de patrocínio, a entidade (*patrocinadora*) aloca recursos e contribuições à pessoa física ou jurídica (*patrocinada*), para cobrir gastos com eventos, competições, shows, gincanas, pesquisas etc. Como tal ajuste representa custos, reclama-se muita cautela por parte das entidades, fixando-se, inclusive, determinados limites e compulsando-se a área financeira.

11. DIFERENÇA ENTRE AS ENTIDADES

11.1. Constituição do Capital

As empresas públicas e as sociedades de economia mista se irmanam em vários aspectos, guardando evidentes semelhanças. Mas há alguns pontos em que se diferenciam. Um deles reside na constituição do capital da entidade.

Nas *sociedades de economia mista*, o capital é formado da conjugação de recursos oriundos dos entes públicos ou de outras pessoas administrativas, de um lado, e de recursos da iniciativa privada, de outro. Assim, as ações são distribuídas entre a entidade governamental e particulares acionistas. Para que aquela mantenha o controle da sociedade, deve pertencer-lhe a maioria das ações com direito a voto. É o que se infere do art. 4º do Estatuto.

Cumpre salientar que a autorização legal e o domínio da maioria do capital votante retratam pressupostos indispensáveis à caracterização da sociedade de economia mista. Por tal motivo, se o capital pertencente ao ente público é minoritário, teremos, como visto, uma *sociedade de mera participação do Estado*, e não uma sociedade de economia mista, figurando o Poder Público como mero investidor no setor privado.

Diversa é a composição do capital das empresas públicas. Nestas o capital, em princípio, é integralmente detido pelas *pessoas federativas* – a União, os Estados, o Distrito Federal e os Municípios. Não participam, pois, entidades ou pessoas físicas exclusivamente do setor privado (art. 3º do Estatuto). Não obstante, desde que a maioria do capital seja titularizado pelos entes federativos, admite-se a participação de outras pessoas de direito público interno e de entidades

Cap. 9 · ADMINISTRAÇÃO DIRETA E INDIRETA | 413

da administração indireta das pessoas federativas (art. 3º, parágrafo único, do Estatuto). Para exemplificar, é possível instituir empresa pública com maioria do capital detido por um Estado e o capital minoritário distribuído entre autarquias, sociedades de economia mista e até mesmo outra empresa pública. O que não pode é figurar no capital – insista-se – pessoa jurídica do setor privado que não integra a Administração Indireta.

11.2. Forma Jurídica

Outra diferença entre as entidades consiste na forma jurídica, ou seja, na forma pela qual atuam na ordem jurídica.

A *sociedade de economia mista* adota a forma de *sociedade anônima*, conforme registra o conceito da entidade no art. 4º do Estatuto e já anotava o antigo Decreto-lei 200/1967 (art. 5º, III). Em virtude dessa forma específica, tais entidades são regidas pela Lei nº 6.404/1976 (Lei das Sociedades por Ações), que contém capítulo específico para esse fim (arts. 235 a 240), sendo aplicável naquilo que não contrariar o Estatuto (Lei nº 13.303/2016), atualmente a lei básica regente.

No que se refere à *empresa pública*, há uma observação a fazer. O Decreto-lei 200/1967, ao definir essa categoria, permitiu que se revestisse de *"qualquer das formas admitidas em direito"* (art. 5º, II). O Estatuto, porém, ao conceituar a entidade, silenciou sobre esse aspecto (art. 3º). Não obstante, tal omissão confirma a previsão anterior quanto à pluralidade de forma jurídica, concedendo ao ente público ampla margem de escolha em relação ao projeto de instituição da empresa pública.[126] A entidade, então, pode ser *unipessoal*, quando o capital pertence exclusivamente a um só titular, no caso a pessoa instituidora, ou *pluripessoal*, quando, além do capital dominante do ente instituidor, se associam recursos de outras pessoas administrativas.

Nunca é demais consignar que a forma das pessoas jurídicas constitui objeto do Direito Civil ou Comercial, de modo que compete exclusivamente à União legislar sobre a matéria (art. 22, I, da CF). Assim, empresas públicas estaduais, distritais e municipais sujeitam-se à legislação federal sobre o aspecto da forma,[127] cabendo-lhes, em consequência, a faculdade de regular outros aspectos, sempre de acordo com o que dispõe o Estatuto.

Diferentemente das sociedades de economia mista, cuja forma jurídica está expressa na lei, as empresas públicas podem sofrer alguns questionamentos quanto a esse aspecto. Mas, apesar do silêncio da lei, não podem adotar formas incompatíveis com a sua natureza, como a de sociedade em nome coletivo (art. 1.039 do Código Civil), sociedade cooperativa (art. 1.093 do Código Civil) e, evidentemente, empresa individual de responsabilidade limitada (art. 980-A do Código Civil), além de outras similares.

11.3. Foro Processual

A Constituição Federal incluiu as empresas públicas federais entre os entes cujos litígios tramitam na justiça federal, quando na qualidade de autoras, rés, assistentes ou oponentes (art. 109, I, da CF). Infere-se daí que as empresas públicas estaduais, distritais e municipais litigam na justiça estadual.

---

[126] Também: ANA FRAZÃO, *Estatuto jurídico das empresas estatais*, ob. colet., Contracorrente, 2018, p. 16.

[127] MARIA SYLVIA ZANELLA DI PIETRO, *Direito administrativo* cit., 18. ed., 2005, p. 401, e VÍTOR RHEIN SCHIRATO, Novas anotações sobre as empresas estatais, *RDA* 239/2005, p. 212.

414 | MANUAL DE DIREITO ADMINISTRATIVO • *Carvalho Filho*

A norma não é de aplicação irrestrita. Se o ente federal, em execução que tramita na justiça estadual, oferece protesto pela preferência de crédito, não há deslocamento da competência para a justiça federal.[128]

As sociedades de economia mista, por outro lado, têm suas ações processadas e julgadas na justiça estadual, já que a Constituição silenciou sobre elas no referido art. 109, I. O STF, aliás, já consagrou entendimento nesse exato sentido.[129] A competência somente se desloca para a justiça federal quando a União intervém como assistente ou opoente.[130] O deslocamento ocorre também quando a União figura como sucessora da sociedade de economia mista.[131]

A nosso ver, nada justifica essa diferença de tratamento. Na verdade, inexiste qualquer razão consistente para que as empresas públicas federais litiguem na justiça federal. Sendo entidades de direito privado e evidentemente aproximadas às sociedades de economia mista, deveriam, juntamente com estas, e por coerência, ter seus processos apreciados na justiça estadual.

Como se pode ver, a citada diferença – repita-se – abrange apenas as empresas públicas *federais*; as demais litigam na justiça estadual, na forma do que dispõe a lei de organização judiciária do respectivo Estado.

12. PATRIMÔNIO

Os bens que passam a integrar, inicialmente, o patrimônio das empresas públicas e das sociedades de economia mista provêm geralmente da pessoa federativa instituidora. Esses bens, enquanto pertenciam a esta última, tinham a qualificação de bens públicos. Quando, todavia, são transferidos ao patrimônio daquelas entidades, passam a caracterizar-se como *bens privados*, sujeitos à sua própria administração. Sendo bens privados, não são atribuídas a eles as prerrogativas próprias dos bens públicos, como a imprescritibilidade, a impenhorabilidade, a alienabilidade condicionada etc.

Registre-se, entretanto, que alguns estudiosos advogam o entendimento de que são *bens públicos de uso especial* (ou *com destinação* especial) aqueles de que se socorrem essas entidades quando preordenadas à prestação de determinado serviço público.[132] Permitimo-nos, contudo, dissentir desse pensamento. O fato de estarem alguns bens de tais entidades afetados à eventual prestação de serviços públicos *não os converte em bens públicos*, pois que nenhuma ressalva em tal sentido mereceu previsão legal. A situação é a mesma que ocorre com bens de concessionários e permissionários de serviços públicos. Podem, é certo, receber uma ou outra proteção especial em virtude de sua afetação, mas isso não os transforma em bens públicos. Por isso, melhor é que, em semelhante situação, sejam classificados de *bens privados com destinação especial*. Quanto aos bens que não estejam diretamente a serviço do objetivo público da entidade, não há dúvida consistente: trata-se de *bens privados*. Idêntica classificação têm os bens de empresas públicas e sociedades de economia mista quando exploram atividade econômica.

---

[128] STJ, Súmula 270.

[129] STF, Súmula 556, e STJ, Súmula 42.

[130] STF, RE 614.115, AgR, j. 16.9.2014.

[131] STJ, Súmula 365.

[132] HELY LOPES MEIRELLES, *Direito administrativo brasileiro*, cit., p. 321, e MARIA SYLVIA ZANELLA DI PIETRO, *Direito administrativo*, cit., 19. ed., 2006, p. 452. Também: MARCELO ANDRADE FÉRES, O Estado Empresário: Reflexões sobre a eficiência do regime jurídico das sociedades de economia mista na atualidade (*Revista de Direito do Estado* nº 6, Renovar, p. 284, 2007).

A questão da *impenhorabilidade dos bens* dessas entidades tem gerado profunda confusão e decisões divergentes. Anteriormente, o entendimento era o de que tais bens não poderiam ter semelhante privilégio, ante o disposto no art. 173, § 1º, II, da CF, ainda que lei anterior *indevidamente* o garantisse, sendo de considerar-se que a norma não teria sido recepcionada pela atual Constituição.[133] Posteriormente, contudo, adotou-se entendimento diametralmente oposto, qual seja, o de que a Constituição teria recepcionado dispositivos de lei anterior que continha o privilégio.[134] *Concessa venia*, ousamos discordar de semelhante pensamento. O sistema de precatório é aplicável apenas à Fazenda Pública (art. 100, CF), e no sentido desta evidentemente não se incluem pessoas administrativas de direito privado, como as empresas públicas e sociedades de economia mista. A extensão da aplicabilidade do sistema a tais entidades provoca irreversível prejuízo aos seus credores, já que se trata de mecanismo injusto e anacrônico, ao mesmo tempo em que beneficia devedores paraestatais recalcitrantes. Provoca também inegável perplexidade na medida em que o devedor privilegiado é *pessoa jurídica de direito privado*... Não obstante, tal posição não é pacífica, havendo, inclusive, decisões judiciais em sentido contrário.[135]

O Código Civil vigente – diga-se de passagem – dissipou quaisquer dúvidas a respeito, dispondo que são públicos os bens pertencentes a pessoas jurídicas de direito público e particulares todos os demais, seja qual for a pessoa a que pertencerem (art. 98). Por conseguinte, se aquelas entidades têm personalidade jurídica de direito privado, seu patrimônio há de caracterizar-se como privado. Assim, bens de sociedade de economia mista são sujeitos a usucapião, como já se decidiu acertadamente.[136] a menos que estejam afetados à prestação de serviços públicos,[137] Avulta notar, ainda, que o Estatuto (Lei nº 10.303/2016) nada dispôs em contrário, reforçando essa interpretação.

É oportuno consignar que a Lei nº 6.404/1976, que regula as sociedades anônimas, já admitia expressamente, no art. 242, a penhora de bens pertencentes a sociedades de economia mista, o que demonstrava total incompatibilidade com o regime de bens públicos e, ao contrário, indicava claramente que se trata de bens privados, vale dizer, despidos das prerrogativas especiais atribuídas aos bens públicos. Mesmo com a revogação do citado dispositivo pela Lei nº 10.303, de 31.10.2001, permanece a caracterização. E por mais de uma razão. A uma, porque nenhum privilégio quanto a esses bens se encontra na vigente Constituição; a duas, porque o novo Código Civil só caracteriza como bens públicos os que pertencem a pessoas jurídicas de direito público interno (art. 98), o que não é o caso de sociedades de economia mista e empresas públicas.

A administração dos bens, incluindo conservação, proteção e os casos de alienação e oneração, é disciplinada pelos estatutos da entidade. Nada impede, porém, que em determinados casos a lei (até mesmo a lei autorizadora) trace regras específicas para os bens, limitando o poder de ação dos administradores da empresa. No silêncio da lei, entretanto, vale o que estipularem o estatuto da empresa e as resoluções emanadas de sua diretoria.

No caso de extinção da entidade, a regra é que, liquidadas as obrigações por ela assumidas em face de terceiros, o patrimônio seja incorporado à pessoa controladora, qualificando-se então como públicos esses bens após a incorporação.

---

[133] STF, RE 222.041 e 228.296, j. 15.9.1998. O Decreto-lei nº 509/1969 prevê a impenhorabilidade dos bens da ECT, empresa pública – norma, a nosso ver, inconstitucional.

[134] STF, RE 220.906, j. 16.11.2000 (3 votos vencidos e, segundo pensamos, com a melhor interpretação).

[135] O Verbete Sumular nº 139 do TJ-RJ tem os seguintes termos, corretíssimos a nosso ver: "A regra do art. 100 da Constituição Federal não se aplica às empresas públicas e sociedades de economia mista."

[136] STJ, REsp 647.357, j. 19.9.2006.

[137] STJ, AgInt no AREsp 2.498.172, j. 4.11.2024.

13. PESSOAL

O pessoal das empresas públicas e das sociedades de economia mista se submete ao regime trabalhista comum, cujos princípios e normas se encontram na Consolidação das Leis do Trabalho. Por isso mesmo, o vínculo jurídico que se firma entre os empregados e aquelas pessoas administrativas tem natureza *contratual*, já que atrelados por contrato de trabalho típico. Lembre-se de que esse regime jurídico já vem previsto na Constituição, quando ficou definido que se aplicariam àquelas entidades o mesmo regime jurídico aplicável às empresas privadas, inclusive quanto às obrigações tributárias e *trabalhistas* (art. 173, § 1º).

Em geral, os cargos de presidente ou de direção dessas entidades correspondem a funções de confiança e são preenchidos a critério da autoridade competente do ente público a que estão vinculadas. Ainda assim, os escolhidos integrarão o quadro da empresa e, mesmo que temporário o exercício das funções, serão eles também regidos pelo regime trabalhista. Por outro lado, a lei não pode fixar condições e critérios para aquelas nomeações, vez que se trata de decisão reservada ao Executivo, usualmente por sua Chefia.[138]

Sendo contratual o regime, os litígios entre os empregados e as entidades, decorrentes das relações de trabalho, serão processados e julgados na Justiça do Trabalho, como estabelece o art. 114 da Constituição Federal.

O ingresso desses empregados deve ser precedido de aprovação em concurso público, tal como previsto no art. 37, II, da Carta da República. Alguns autores sustentam que é dispensável o concurso se a entidade apenas explora atividade econômica, ou que a exigência constitucional deve ao menos ser atenuada.[139] Não comungamos com esse entendimento, visto que a exigência constitucional não criou qualquer diferença entre esta ou aquela entidade da Administração Indireta e, se não há restrição, não cabe ao intérprete criá-la em descompasso com o mandamento legal.[140]

Para esses empregados não incidem as regras protetivas especiais dos servidores públicos, como, por exemplo, a estabilidade estatutária. Mesmo tendo sido aprovados por concurso, incidem as regras da CLT que disciplinam a formação e a rescisão do contrato de trabalho.[141] Apesar de inaplicável o regime da estabilidade funcional, tem sido assegurado aos empregados concursados dessas entidades o direito de exigir *motivação* em eventuais atos de demissão, requisito não exigido nas rescisões contratuais em geral.[142] Não há necessidade de processo administrativo, mas a motivação deve ser expressa e incluída em ato formal.[143]

Outras regras se aplicam aos empregados de empresas públicas e sociedades de economia mista:

a) não podem acumular seus empregos com cargos ou funções públicas (art. 37, XVII, CF);

b) são equiparados a funcionários públicos para fins penais (art. 327, § 1º, CP); registre-se, contudo, que a referência do dispositivo a servidores de "*entidades paraestatais*" – expressão, como vimos, plurissignificativa – tem provocado alguma dúvida na jurisprudência sobre a equiparação de empregados de empresas públicas e sociedades

---

[138] STF, ADI 2.225, j. 21.8.2014 (excluindo-se, porém, as autarquias).

[139] CELSO ANTÔNIO BANDEIRA DE MELLO, *Curso* cit., p. 307.

[140] No mesmo sentido, DIÓGENES GASPARINI, *Direito administrativo* cit., p. 280, e HELY LOPES MEIRELLES, *Direito administrativo* cit., p. 322. Também: TCU, Proc. 17.062/93, *RDA* nº 194, p. 94 (a decisão, porém, foi reformada em pedido de reconsideração julgado em 1996 no mesmo processo).

[141] Também: DIÓGENES GASPARINI, *Direito administrativo* cit., p. 280. *Contra*: CELSO ANTÔNIO BANDEIRA DE MELLO, *Curso* cit., p. 107.

[142] STF, RE 589.998, j. 20.3.2013 – decisão, segundo pensamos, irreparável.

[143] STF, RE 688.267, j. 28.2.2024 (Tema 1.022, Reperc.Geral).

Cap. 9 · ADMINISTRAÇÃO DIRETA E INDIRETA | **417**

de economia mista, mas domina o entendimento de que são mesmo equiparados a servidores públicos, o que é absolutamente correto, eis que, com a redação da Lei nº 9.983/2000, o art. 327, § 1º, equiparou também a servidores públicos os empregados de empresa prestadora de serviço *contratada ou conveniada* para a execução de atividade típica da Administração; ora, se tais empregados são equiparados, com maior suporte o serão os empregados daquelas pessoas administrativas (aliás, já se julgou que empregado dos Correios e de sociedade de economia mista respondem por crime de peculato);[144]

c) são considerados agentes públicos para os fins de incidência das diversas sanções na hipótese de improbidade administrativa (Lei nº 8.429/1992).

14. FALÊNCIA E EXECUÇÃO

14.1. Falência

Sempre foi objeto de muita polêmica a matéria relacionada à falência e execução de sociedades de economia mista e empresas públicas.

No que tange às *sociedades de economia mista*, a Lei nº 6.404/1976 (art. 242), que regula as sociedades anônimas, as excluía primitivamente do regime de falência, mas o dispositivo foi revogado pela Lei nº 10.303/2001. No entanto, mesmo antes da revogação, muitos estudiosos defendiam que a norma não fora recepcionada pela Constituição, invocando-se o art. 173, § 1º, que submetia as entidades ao mesmo regime das empresas privadas quanto às obrigações civis, comerciais, trabalhistas e tributárias. Desse modo, deveriam sujeitar-se à falência como as empresas do setor privado em geral, sendo esse, inclusive o nosso pensamento.

A revogação ensejou a interpretação de que o legislador acabara por admitir o regime falimentar para as sociedades de economia mista. Entretanto, deveria excluir da falência as entidades *prestadoras de serviços públicos*. E, por mais de uma razão. A uma, porque deve prevalecer o princípio da continuidade dos serviços públicos, não se podendo prejudicar a coletividade pela má gestão de administradores incompetentes ou desonestos. A duas, porque, mesmo com divergências, sustentava-se que as entidades com esse objetivo estariam fora da incidência do art. 173, § 1º, da CF, destinado àquelas que tivessem como alvo a exploração de atividade econômica.

Quanto às *empresas públicas*, a Lei nº 6.404/1976 sempre foi omissa quanto ao seu regime, levando os especialistas a posições diferentes quanto à questão da falência. Para alguns, cabia a decretação, exceto se a entidade fosse prestadora de serviços públicos, com os mesmos fundamentos já apontados – posição que partilhamos, em virtude da destinação da entidade.[145]

Para outros, caberia irrestritamente o regime falimentar.[146]

Com o advento da Lei nº 11.101, de 9.2.2005, que regula a falência e a recuperação judicial, a matéria, ao menos em termos de direito positivo, ficou definida. Dispõe o art. 2º, I, que a lei *não se aplica a empresas públicas e sociedades de economia mista*. Tendo silenciado o referido diploma, é de interpretar-se que não distinguiu os objetivos das entidades, levando o intérprete a inferir que a inaplicabilidade atinge tanto as que exploram atividades econômicas, quanto as que prestam serviços públicos.

---

[144]   STJ, REsp 1.046.844, j. 6.10.2009. *Contra:* TJ-SP (*RJTJESP* 37/271).
[145]   CELSO ANTÔNIO BANDEIRA DE MELLO, *Curso* cit., p. 99.
[146]   DIÓGENES GASPARINI, *Direito administrativo* cit., p. 282.

418 | MANUAL DE DIREITO ADMINISTRATIVO • *Carvalho Filho*

Em nosso entendimento, não foi feliz (para dizer o mínimo) o legislador nessa opção, flagrantemente ofensiva ao art. 173, § 1º, da CF. Se o dispositivo equiparou as entidades àquelas do setor privado quanto às obrigações civis e comerciais, pelo menos no desempenho de atividade empresarial, parece incongruente admitir a falência para as últimas e não o admitir para as primeiras. Na verdade, as entidades administrativas econômicas ficaram em evidente posição de vantagem em relação às empresas do setor privado, e, com certeza, não foi essa discriminação que o Constituinte pretendeu.

14.2. Execução

O regime de execução e penhora continua sendo aplicável a empresas públicas e sociedades de economia mista, independentemente da atividade que desempenhem. A revogação do art. 242 da Lei nº 6.404/1976, que dispunha expressamente sobre a aplicabilidade, em nada afetou a incidência do regime sobre as entidades. Resulta daí que, munido de título executivo judicial ou extrajudicial, o credor pode ajuizar normalmente a ação de execução; e, não pago o débito no prazo legal, deve o juiz ordenar a penhora dos bens necessários à garantia do juízo e do credor. É de considerar-se, aliás, que os bens pertencentes a essas pessoas paraestatais se caracterizam como *bens privados*, como deixou claro o art. 98 do Código Civil, já que ambas são dotadas de personalidade jurídica de direito privado. Assim sendo, nenhuma razão existe para que não sejam sujeitas ao processo de execução e ao regime de penhora previstos no Código de Processo Civil.

Quanto a esse aspecto, aliás, têm surgido, aqui e ali, decisões que põem em evidente risco o direito dos credores de tais entidades administrativas. Já vimos anteriormente que empresa pública teve seus bens considerados impenhoráveis apenas porque lei (editada antes da Constituição) assim dispunha, sendo-lhe garantido o pagamento por meio do vetusto e anacrônico sistema de precatórios.[147] Depois, entendeu-se que empresa pública teria direito a imunidade tributária, como se fosse pessoa de direito público.[148] Ultimamente, decisão suspendeu a penhora de recursos financeiros de sociedade de economia mista pelo fato de: (1º) prestar serviço público essencial (metroviário); (2º) a penhora recair sobre receitas vinculadas ao custeio do serviço; (3º) ter-se que observar o princípio da continuidade do serviço público.[149] Depois, pretendeu-se incluir sociedade de economia mista prestadora de serviço público no conceito de Fazenda Pública, garantindo-se o regime de precatórios, totalmente inidôneo para pessoas privadas.[150] De outro lado, sustentou-se o cabimento de precatório para sociedade de economia mista por não se situar no mercado concorrencial.[151] Como se pode constatar, há uma grande confusão na matéria e, em nosso entender, flagrante desvio de perspectiva nas soluções. Felizmente, e com todo o acerto, em nosso entender, o STF decidiu, de modo transparente, relativamente a empresa pública com capital integral de Estado, que empresas públicas e sociedades de economia mista não têm direito à prerrogativa de execução via precatório, fundando-se a decisão no art. 173, § 1º, inciso II, da CF – cujo teor sequer deveria dar margem às hesitações anteriores.[152]

---

[147] STF, RE 220.906, j. 16.11.2000. A ECT (Correios) foi a beneficiária da decisão.

[148] STF, RE 407.099, j. 22.6.2004, também beneficiando os Correios.

[149] STF, AC 669, j. 6.10.2005. No caso, o METRÔ-SP, sem amparo em qualquer lei, postulou (pasme-se!) o privilégio da impenhorabilidade, invocando o já citado precedente da ECT.

[150] STF, RE 852.302, AgR, j. 15.12.2015. No RE 599.628, j. 25.5.2011, foi corretamente rejeitada a tese, mas esta teve 3 votos vencidos a favor.

[151] STF, ADPF 387, j. 23.3.2017.

[152] STF, AgR. no RE 851.711, j. 12.12.2017. Também: RE 892.727, j. 7.8.2018.

Cap. 9 · ADMINISTRAÇÃO DIRETA E INDIRETA | **419**

Pensamos que tais precedentes são perigosos e estimulam condutas abusivas por parte de empresas que se valem da condição de integrantes da administração indireta para não solver os débitos que têm para com seus credores. Tais posições colocam as entidades em posição de superioridade em relação às pessoas do setor privado. O que raia ao absurdo é conferir ao Estado dupla vantagem: admitir que crie pessoas de direito privado e, ao mesmo tempo, lhes dispense tratamento privilegiado como se fossem elas o próprio Estado. Tudo isso decorre do confuso sistema que incide sobre essas entidades administrativas. A esperança corre por conta do atual Estatuto (Lei nº 10.303/2016), que, ao menos em sua expressão, insere sob seu regime todas as empresas públicas e sociedades de economia mista, seja qual for a sua natureza ou o objetivo a que se destinem.

Aplicam-se, quando são partes tais entidades, as normas concernentes aos efeitos da sentença que determina o cumprimento de obrigação de fazer ou não fazer (art. 497, CPC), obrigação de entregar coisa certa (art. 498, CPC) e obrigação por quantia certa (com base em título judicial), esta regulada pelos arts. 513 a 519, do Código vigente. Proceder-se-á à execução por quantia certa, como já se adiantou, no curso da fase de cumprimento da sentença, posterior à fase de conhecimento, dentro dos mesmos autos, como é a regra geral, formalizando-se a defesa por intermédio da *impugnação* (art. 525, CPC).

No caso de ser necessária a *penhora* para garantir o direito do credor, aplica-se o art. 863 do CPC, segundo o qual aquele ato se fará, conforme o valor do crédito, sobre a renda, determinados bens ou sobre todo o patrimônio, devendo o juiz nomear como depositário, preferentemente, um dos diretores da entidade. Em que pese ter o dispositivo feito alusão a empresa *"que funcione mediante concessão ou autorização"*, é de considerar-se que empresas públicas e sociedades de economia mista se enquadram na hipótese, pois que, na verdade, são instituídas por *autorização legal* (art. 37, XIX, CF). Recaindo a penhora sobre a renda ou determinados bens, caberá ao diretor depositário apresentar a forma de administração e o regime de pagamento, como prevê o art. 863, § 1º, do mesmo Código.

15. RESPONSABILIDADE CIVIL

No ordenamento jurídico vigente, existem dois planos de responsabilidade civil: a responsabilidade civil de direito privado, cujas regras se encontram no Código Civil (arts. 186 a 188 e 927), fundada na teoria da responsabilidade subjetiva, e a responsabilidade de direito público, prevista no art. 37, § 6º, da CF (e também no art. 43 do Código Civil), que consagra a teoria da responsabilidade objetiva.

Em relação a esta última, dispõe o referido artigo que a ela se submetem as pessoas jurídicas de direito público e *as de direito privado prestadoras de serviços públicos*. Esta última expressão, acrescentada pela vigente Constituição, tem provocado algumas dúvidas quanto à sua real aplicabilidade.

Como a Constituição não se referiu à *administração indireta*, nem fez menção expressa a sociedades de economia mista e empresas públicas, parece-nos que o dado jurídico desejado pelo Constituinte para enquadramento na norma foi mesmo o fato de a entidade prestar serviço público. Aqui, portanto, temos que nos curvar ao exame da atividade exercida pelas citadas entidades, embora todas, em sentido lato, exerçam atividade econômica. Se o objeto da atividade for a exploração de atividade econômica em sentido estrito (tipicamente mercantil e empresarial), a norma constitucional não incidirá; em consequência, a responsabilidade será a subjetiva, regulada pela lei civil. Se, ao contrário, executarem serviços públicos típicos, tais entidades passam a ficar sob a égide da responsabilidade objetiva prevista na Constituição. Essa é que nos parece a melhor interpretação para o art. 37, § 6º, da CF, sem embargo de opiniões em contrário.

420 | MANUAL DE DIREITO ADMINISTRATIVO • Carvalho Filho

Por último, cabe salientar que, seja qual for a natureza da sociedade de economia mista ou da empresa pública, o Estado, vale dizer, a pessoa federativa a que estão vinculadas as entidades, é sempre responsável *subsidiário* (não solidário!). Significa dizer que, somente se o patrimônio dessas entidades for insuficiente para solver os débitos, os credores terão o direito de postular os créditos remanescentes através de ação movida contra a pessoa política controladora. O tema também tem enfrentado algumas divergências entre os juristas especializados.[153]

16. GOVERNANÇA CORPORATIVA

16.1. Sentido

A Lei nº 13.303/2016 impõe que o estatuto das empresas públicas e sociedades de economia mista, bem como suas subsidiárias, observe as regras de *governança corporativa*, de transparência e de estruturas, práticas de gestão de riscos e de controle interno e composição administrativa (art. 6º do Estatuto).

Governança corporativa é o conjunto de processos, costumes, políticas, leis, regulamentos e instituições que disciplinam a forma e os métodos pelos quais a empresa é dirigida, administrada ou controlada. Cuida-se, pois, de um microssistema que norteia as ações e diretrizes da entidade. Envolve o relacionamento entre os sócios e os órgãos componentes, e, ainda, entre a empresa e o governo e a sociedade, sempre com realce para seu papel social.

Para maior higidez na governança corporativa, as regras norteadoras da empresa transformam princípios básicos em recomendações objetivas, procurando conciliar interesses com o objetivo de otimização do valor econômico de longo prazo da organização, propiciando o acesso a recursos devidos e auxiliando, no aspecto qualitativo, na gestão da empresa.

Em termos de administração empresarial, desenvolve-se na atualidade, portanto, o sistema de *compliance*, verdadeiro compromisso, pelo qual a empresa institui autonormatização com o fim de submeter-se ao cumprimento das normas legais e regulamentares externas, e também as normas que traduzem as políticas e as diretrizes estabelecidas para o negócio e para as atividades da instituição, buscando, inclusive, impedir, identificar e regular eventuais desvios ou inconformidades nas ações e estratégias empresariais. A finalidade do *compliance*, como já se resumiu com rara felicidade, "*é minimizar riscos legais e reputacionais de instituições, empresas e corporações*".[154]

Em suma, significa que a entidade tem a obrigação de conduzir-se dentro dos padrões de legalidade e ética, corrigindo os numerosos e lamentáveis escândalos e desvios de perspectiva que têm assolado as entidades paraestatais, à custa de seus recursos e daqueles provenientes do erário e com o enriquecimento ilícito de meia dúzia de agentes públicos e particulares desonestos. Para tanto, foi prevista a elaboração de um Código de Conduta e Integridade, como será visto adiante.

16.2. Transparência

A *transparência* é corolário do princípio da publicidade (art. 37 da CF), indicando a limpidez e clareza que devem qualificar as ações e objetivos das entidades. De fato, como pertencem à Administração Indireta, não há por que não franquear à coletividade o acesso aos componentes de seu negócio, pois, na verdade, sempre deverá estar presente, como vimos, a função social das entidades.

---

[153] DIÓGENES GASPARINI, *v.g.*, não admite sequer a responsabilidade subsidiária (*Direito administrativo* cit., p. 292).

[154] EVANE BEIGUELMAN KRAMER, *Estatuto jurídico das empresas estatais*, ob. colet., Contracorrente, 2018, p. 168.

O Estatuto relacionou os *requisitos mínimos de transparência* (art. 8º, I a IX), com o fito de impedir manobras escusas da administração da entidade. Destacam-se entre eles: (a) carta anual com a mostra dos compromissos de consecução de objetivos; (b) política de divulgação de informações sobre a governança corporativa; (c) divulgação dos dados operacionais e financeiros; (d) relatório de sustentabilidade; (e) adequação do estatuto à lei autorizadora. Caso a sociedade de economia mista esteja inscrita na Comissão de Valores Mobiliários, submete-se também ao regime de divulgação exigido pelo órgão (art. 8º, § 3º).

Diz a lei, ainda, que quaisquer obrigações e responsabilidades que as entidades que exploram atividade econômica assumam em *condições distintas* às de qualquer outra do setor privado devem estar definidas em lei ou regulamento, bem como previstas em contrato, convênio ou ajuste e ter seu custo e receitas discriminados e divulgados de modo transparente (art. 8º, § 2º). A norma é de difícil compreensão, pois, segundo o art. 173, § 1º, da CF, as entidades são equiparadas às do setor privado, sendo vedada a discriminação, sob pena de inconstitucionalidade. Assim, fica difícil saber o que são *condições distintas*, significando talvez a concessão de algum aspecto peculiar próprio de pessoas da administração indireta.

16.3. Estrutura e Gestão de Riscos

Dispõe o Estatuto que a empresa pública e a sociedade de economia mista devem adotar *regras de estrutura* e *práticas de gestão de riscos e controle interno* (art. 9º).

Regras de estrutura são aquelas que dizem respeito à organização da entidade, abrangendo a ação dos administradores e empregados e a prática de controle interno, bem como a área competente para fiscalizar o cumprimento de obrigações e gestão de riscos. Além disso, alcança também a auditoria interna a cargo do Comitê de Auditoria Estatutário, um dos órgãos da entidade.

A *gestão de riscos* (*ERM – enterprise risk management*) implica a estratégia dos órgãos de administração no sentido de tentar impedir ou reduzir a frequência ou o rigor das perdas, e de pagar as perdas advindas dos esforços encetados com esse objetivo. Trata-se, como se vê, de ação inerente à boa administração da empresa. Convém observar, por oportuno, que a gestão de riscos não cria a estratégia da entidade, mas a informa sobre os riscos aos quais está exposta com a adoção de determinada estratégia, indicando as alternativas que guardem conformidade com sua missão e visão.[155]

17. CONTROLE

17.1. Controle Externo

As empresas públicas e sociedades de economia mista, como já comentado, estão sujeitas a dois tipos de controle: o *controle externo* e o *controle interno*. Por meio daquele, as entidades devem observar as ações e estratégias determinadas por entes públicos, ao passo que o último implica a fiscalização executada pelos próprios órgãos internos das entidades.

O controle externo é exercido pelo ente público a que as entidades estão vinculadas e encerra os controles *político, institucional, administrativo* e *financeiro*, como ocorre com todas as pessoas da Administração Indireta. Não custa rememorar que entre estas e a pessoa pública – a Administração instituidora – instaura-se *relação de vinculação*, pela qual se materializa o controle sob todos aqueles aspectos.

---

[155] RODRIGO PIRONTI AGUIRRE DE CASTRO e FRANCINE SILVA PACHECO GONÇALVES, *"Compliance" e gestão de risco nas empresas estatais*, Fórum, 2018, p. 78.

422 | MANUAL DE DIREITO ADMINISTRATIVO • *Carvalho Filho*

Assim, empresas públicas e sociedades de economia mista federais vinculam-se à União Federal, que exerce controle sobre elas. O mesmo se passa com entidades estaduais, distritais e municipais: cada uma delas está *vinculada* à respectiva entidade federativa. As subsidiárias são controladas diretamente pela respectiva empresa pública ou sociedade de economia mista e indiretamente pelo ente público instituidor.

O Estatuto destinou um capítulo para a *fiscalização pelo Estado e pela sociedade* sobre as entidades (arts. 85 a 90). É visível a preocupação do legislador com o emprego legítimo dos recursos públicos e com os controles internos contábil, financeiro, operacional e patrimonial, e, para tanto, instituiu acesso irrestrito dos órgãos controladores a todos os elementos necessários à execução do controle, bem como um banco de dados eletrônico, como instrumento de acesso.

Somando-se a tais instrumentos, a lei conferiu ao *cidadão* legitimidade não só para impugnar editais de licitação no caso de ilegalidade, mas também para representar ao tribunal de contas ou aos órgãos controladores internos (art. 87, §§ 1º e 2º). Impôs-se às entidades a obrigação de disponibilizar, por meio eletrônico, informações sobre a execução dos contratos e de seu orçamento (art. 88).

17.2. Controle Interno

O Estatuto contempla várias espécies de controle interno, a começar pelas normas relativas à transparência com que se deve conduzir a entidade.

Um dos mecanismos é a *auditoria interna* a que devem submeter-se as entidades. Esse órgão deve ser vinculado ao Conselho de Administração e ser responsável pela verificação da qualidade da gestão de riscos e dos processos de governança corporativa, incluindo-se a fiscalização financeira (art. 9º, § 3º).

A lei prevê a elaboração e divulgação de um *Código de Conduta e Integridade*, que deverá disciplinar vários aspectos da entidade, como a observância de princípios, valores e missão; as instâncias internas; o veículo para denúncias; proteção contra retaliações; sanções por ofensa às normas; e treinamento periódico a administradores e empregados (art. 9º, § 1º, do Estatuto).

É prevista também a criação de um *comitê estatutário*, com o objetivo de verificar a legitimidade do processo de indicação e a avaliação dos integrantes do Conselho de Administração e do Conselho Fiscal, sendo-lhe atribuída a competência para dar apoio ao acionista controlador no que diz respeito às indicações (art. 10). A lei previu, ainda, o *controle financeiro de publicidade*, estabelecendo-se limites para tais despesas, sobretudo pelo usual desvio de recursos para contratações dessa natureza.

Enfim, não faltam mecanismos de controle nem de acesso àqueles que querem exercê-lo. Todos sabemos, porém, que não bastam as regras formais para fiscalizar a atuação dos administradores. É imperioso que os valores éticos e a probidade passem a fazer parte do cotidiano dos gestores, cumprindo que nestes se infundam os princípios que impedem a confusão entre o público e o privado.

17.3. Arbitragem

Arbitragem – já se viu – é um método de resolução de conflitos em que as partes litigantes indicam pessoa ou entidade privada para solucionar a controvérsia, mediante informalidade e maior celeridade e fora do âmbito das funções do Judiciário.

Esse método é regulado pela Lei nº 9.307, de 23.9.1996 (Lei da Arbitragem), que, a partir de 2015, passou a dispor expressamente: *"A administração pública direta e indireta poderá utilizar-se da arbitragem para dirimir conflitos relativos a direitos patrimoniais disponíveis*".[156] A inovação representou um avanço relativamente à resolução de conflitos de que faça parte entidade da Administração Direta ou Indireta, propiciando, como efeitos, maior economicidade e celeridade, relativamente ao longo percurso das demandas judiciais.

O Estatuto postou-se em consonância com essa possibilidade, admitindo que a sociedade de economia mista possa solucionar, mediante arbitragem, conflitos entre acionistas e a sociedade, ou entre acionistas controladores e acionistas minoritários, na forma como estiver disciplinado no respectivo estatuto (art. 12, parágrafo único). A despeito da menção apenas à sociedade de economia mista, a norma aplica-se extensivamente a outros conflitos semelhantes em empresas públicas, incidindo, pois, a norma geral autorizadora prevista na Lei nº 9.307/1996.

18. PARTICIPANTES DO SISTEMA

Entre as normas do Estatuto que compõem a disciplina geral das empresas públicas e sociedades de economia mista, várias delas referem-se aos participantes do sistema, quer na qualidade de órgãos, quer na posição de interessados.

Vejamos, abreviadamente, as regras desse sistema.

18.1. Acionista Controlador

Acionista controlador é a pessoa, natural ou jurídica, ou grupo de pessoas atreladas por acordo de voto, ou sob controle comum, que: (a) detém a titularidade da maioria de votos nas assembleias gerais; (b) tem o poder de eleger a maioria dos administradores da companhia; e (c) usa seu poder para dirigir a empresa e orientar o funcionamento dos órgãos internos.[157]

A lei obriga o acionista controlador da empresa pública ou da sociedade de economia mista a (1) preservar a autonomia do Conselho de Administração; (2) respeitar a política de indicação na escolha dos administradores e membros do Conselho Fiscal; e (3) não divulgar, sem a devida autorização, informação que cause impacto na cotação dos títulos da sociedade, na sua relação com o mercado e com os consumidores e fornecedores (art. 14, I a III, do Estatuto).

Caso o acionista controlador se conduza com abuso de poder, será ele responsável pela prática dos atos dessa natureza, nos termos da Lei nº 6.404/1976 (art. 15 do Estatuto). Esse diploma é que relaciona as várias hipóteses consideradas como abusivas (art. 117, § 1º, "a" a "h"). Semelhante forma de comportamento pode provocar sérios gravames à sociedade e aos acionistas. Por isso, justifica-se inteiramente a responsabilização do acionista controlador.

São legitimados para a ação de reparação: (a) a própria sociedade; (b) o terceiro prejudicado; e (c) os demais sócios, independentemente de autorização da assembleia geral. A prescrição da pretensão ocorre no prazo de 6 anos, a contar da prática do ato abusivo (art. 15, §§ 1º e 2º, do Estatuto).

18.2. Administradores

Os *administradores* das entidades classificam-se em dois grupos: 1º) os membros do Conselho de Administração; 2º) os membros da diretoria. Na qualidade de administradores, submetem-se à regência da Lei nº 6.404/1976 (art. 16 do Estatuto).

Em virtude das diversas distorções na indicação dos administradores, habitualmente favorecidos por critérios exclusivamente políticos, a lei estabeleceu requisitos para o exercício da função.

---

[156] Art. 1º, § 1º, incluído pela Lei nº 13.129, de 26.5.2015.
[157] Art. 116 da Lei nº 6.404/1976.

MANUAL DE DIREITO ADMINISTRATIVO • *Carvalho Filho*

Todos devem ter reputação ilibada e notório conhecimento – exigências, é verdade, apenas teóricas, mas frequentemente contornadas pelas autoridades. Cumpre que tenham formação acadêmica e que não sejam inelegíveis, impondo-se, ainda, formação profissional (art. 17, I a III). Nesse último caso, admitem-se empregados concursados e que tenham mais de 10 anos na entidade, ou tenham ocupado cargo na gestão superior com reconhecida capacidade (art. 17, § 5º).

De outro lado, veda-se a indicação de representantes do órgão regulador da entidade, bem como de agentes políticos, incluindo-se parentes consanguíneos ou afins até o terceiro grau; de participante próximo de partido político; de pessoa com cargo em organização sindical; de contratados e fornecedores; e de pessoa que possa litigar com o ente público (art. 17, §§ 2º e 3º).

Neste passo, vale a pena tecer breve comentário sobre a interpretação das vedações. O art. 17, § 2º, *veda a indicação* para o Conselho de Administração e para a diretoria: a) de representante do órgão regulador ao qual a empresa paraestatal está sujeita, de Ministro de Estado, de Secretário de Estado, de Secretário Municipal, de titular de cargo, sem vínculo permanente com o serviço público, de natureza especial ou de direção e assessoramento superior na Administração Pública, de dirigente estatutário de partido político e de titular de mandato no Poder Legislativo de qualquer unidade federativa (inciso I); b) de pessoa que atuou, nos últimos 36 meses, como participante de estrutura decisória de partido político ou em trabalho vinculado a organização, estruturação e realização de campanha eleitoral (inciso II).

Não é difícil interpretar a *mens legis*. Como é habitual, na Administração, a prática de apadrinhamento para a ocupação de cargos públicos – prática, aliás, nefasta, injusta e imoral -, o legislador vedou a indicação de certos agentes que, por sua natureza e pela proximidade do poder, estão mais suscetíveis de se beneficiar dessa benesse condenável, tudo isso considerando o longo histórico desse sistema.

Por mais incrível e surpreendente que possa parecer, o STF, em decisão monocrática proferida em ADI, concedeu tutela provisória incidental por considerar parcialmente inconstitucionais os incisos I e II, do § 2º, do art. 17, no que concerne a Ministros, Secretários, titulares de cargos sem vínculo permanente, de natureza especial e de direção e assessoramento. O mesmo foi decidido em relação a agentes partidários, cuja vedação só poderia atingir os que estivessem atuando ao momento da nomeação.[158] A decisão, que provocou evidente retrocesso, perdurou por mais de um ano, até que, em boa hora e com o melhor direito, o Plenário reformou a decisão e declarou constitucionais os dispositivos impugnados,[159] prevalecendo assim o fundamento de observância do princípio da moralidade.[160]

18.3. Conselho de Administração

Conselho de Administração é o órgão superior de direção das empresas públicas e sociedades de economia mista. Suas competências básicas estão alinhadas na Lei nº 6.404/1976, iniciando-se pelo poder de "*fixar a orientação geral dos negócios da companhia*" (art. 142, I a IX).

Além dessas competências, o Estatuto relacionou algumas outras específicas, como (a) o monitoramento de decisões sobre governança corporativa, política de gestão e código de conduta

---

[158] STF, ADI 7.331-DF, Tutela Provisória Incidental, Min. Ricardo Lewandowski, em 18.3.2023.

[159] STF, ADI 7.331-DF, 9.5.2024, Rel. Min André Mendonça.

[160] Sobre o tema, escrevemos o trabalho "Empresas estatais e indicações políticas", publ. em *Solução em Direito Administrativo e Municipal*, ano 6, nº 63, set/2024, pp. 55/58.

Cap. 9 · ADMINISTRAÇÃO DIRETA E INDIRETA | 425

dos agentes; (b) instituir e supervisionar os sistemas de gestão de riscos e controle interno; (c) fixar sistema de porta-vozes, para evitar informações contraditórias entre as diversas áreas; (d) avaliar os diretores, quanto à sua eficiência e capacidade (art. 18).

A lei assegura aos acionistas minoritários e ao representante dos empregados o direito de participar do Conselho. Aquela classe pode eleger um conselheiro, se maior quantidade não lhe couber por meio do voto múltiplo, conforme normas da Lei nº 6.404/1976 (art. 19, § 2º, do Estatuto).

Para tentar impedir costumeira imoralidade, a lei veda a participação remunerada de membros da Administração em mais de 2 conselhos, de administração ou fiscal, de empresas públicas e sociedades de economia mista (art. 20).

18.4. Membro Independente

Dita o art. 22 do Estatuto que o Conselho de Administração deve ser composto, no mínimo, por 25% de *membros independentes* ou por pelo menos um, caso se possibilite o uso da faculdade do *voto múltiplo* pelos acionistas minoritários, nos termos do art. 141 da Lei nº 6.404/1976.

Como essa questão é de direito empresarial, vale a pena uma breve anotação. O *voto múltiplo* é o mecanismo que amplia a possibilidade de haver representação dos acionistas minoritários no conselho de administração, sendo uma forma de exercer a democracia nesse órgão. Portadores de ações com direito a voto (ordinárias) que representem no mínimo 10% do capital social podem requerer a adoção do voto múltiplo na eleição para membros do órgão, ainda que essa faculdade não esteja prevista no estatuto social da companhia. Cada ação terá tantos votos quanto o número dos assentos no conselho. Por exemplo, se houver oito conselheiros, cada ação terá oito votos. Caso o voto múltiplo seja adotado, todas as ações ordinárias – e não somente as que requereram o instituto – obedecerão à regra do voto múltiplo. É reconhecido ao acionista concentrar todos os votos em um candidato ou distribuí-los em vários.

Como se observa, o mecanismo favorece os acionistas minoritários e busca o equilíbrio empresarial entre os sócios de diferente categoria. O Estatuto, porém, impõe que o membro independente obedeça a alguns requisitos, como, por exemplo, (a) não ter vínculo com a entidade, exceto a participação no capital; (b) não ter parentesco com autoridades do Executivo e administrador da entidade; (c) não ter sido vinculado à entidade nos últimos 3 anos; (d) não receber remuneração da entidade; (e) não ser ligado a contratações com a entidade, como fornecedor, comprador ou interessado em contratação (art. 22, § 1º).

Em suma, quer a lei que o membro a ser indicado tenha efetivamente o caráter de independência, para bem atuar no conselho, fora das pressões do grupo majoritário. No caso de empresas públicas e sociedades de economia mista, o objetivo é equilibrar as forças do capital, em contraponto ao poder do ente público, controlador da entidade.

18.5. Diretoria

A *diretoria* é o órgão a quem incumbe a tarefa de operar os negócios da empresa pública e da sociedade de economia mista. São os reais executivos da entidade e se dividem entre a presidência e as diretorias de área.

A lei reclama que sua atuação tenha por pressuposto metas e resultados da entidade: aquelas indicam os objetivos decorrentes do plano operacional e estes traduzem a efetividade das ações e operações desenvolvidos na entidade. Metas e objetivos, por seu caráter fundamental, devem ser aprovados pelo Conselho de Administração (art. 23).

426 | MANUAL DE DIREITO ADMINISTRATIVO • *Carvalho Filho*

Cabe à diretoria, ainda, até a última reunião ordinária do Conselho de Administração, apresentar o plano de negócios para o exercício seguinte e a estratégia de longo prazo, com a atualização oriunda da análise de riscos e oportunidades para os 5 anos seguintes (art. 23, § 1º, I e II).

18.6. Comitê de Auditoria Estatutário

O Comitê de Auditoria Estatutário é órgão auxiliar do Conselho de Administração, sendo integrado por, no mínimo, três e, no máximo, cinco membros, com a exigência de que a maioria seja independente (arts. 24 e 25 do Estatuto).

Esse órgão recebeu relevantes competências, quase todas relativas à fiscalização e ao monitoramento sobre vários setores das entidades. Assim, entre outras atribuições, opina sobre contratação e destituição de auditor independente, elabora relatório anual sobre metas e resultados, examina os canais de acesso ao controle interno e avalia exposições de risco da entidade.

O Comitê deverá ter autonomia operacional e dotação orçamentária, dentro dos limites fixados pelo Conselho de Administração, para implementar os instrumentos de consultas, avaliações e investigações, dentro do objetivo de suas atividades (art. 22, § 7º). Por outro lado, exige a lei que o membro do Comitê obedeça a alguns requisitos específicos, necessários para verificar seu perfil quanto à probidade e à competência (art. 25, § 1º). Um de seus membros deve possuir experiência em assuntos de contabilidade societária.

18.7. Conselho Fiscal

Ao tratar do *Conselho Fiscal*, o Estatuto remete às disposições da Lei nº 6.404/1976, relativas a seus poderes, deveres e responsabilidades, a requisitos e impedimentos para investidura e remuneração, além de outras normas pertinentes (art. 26). Convém, pois, fazer breve resenha sobre o que estabelece a respeito a Lei de Sociedades por Ações.

Cabe ao Conselho Fiscal: (a) fiscalizar os atos dos administradores e verificar o cumprimento dos seus deveres; (b) opinar sobre o relatório anual da administração, aditando informações úteis à assembleia geral; (c) opinar sobre as propostas dos órgãos da administração, a serem submetidas à assembleia geral, relativas a modificação do capital social, emissão de debêntures ou bônus de subscrição, planos de investimento ou orçamentos de capital, distribuição de dividendos, transformação, incorporação, fusão ou cisão; (d) denunciar aos órgãos de administração e, em caso de omissão, à assembleia geral, os erros, fraudes ou crimes que descobrirem, e sugerir providências úteis à companhia; (e) convocar a assembleia geral ordinária, se os órgãos da administração retardarem por mais de um mês essa convocação, e a extraordinária, sempre que ocorrerem motivos graves ou urgentes; (f) analisar, ao menos trimestralmente, o balancete e demais demonstrações financeiras; (g) examinar as demonstrações financeiras do exercício social e sobre elas opinar; (h) exercer essas atribuições, durante a liquidação, tendo em vista o que estabelecem as disposições especiais (art. 163, Lei 6.404/1976).

São *requisitos* para integrar o Conselho Fiscal o diploma em curso de nível universitário ou o exercício por, no mínimo, três anos do cargo de administrador ou de conselheiro fiscal (art. 162, Lei 6.404). Há *impedimento* para: (a) condenados por alguns crimes, a maior parte de cunho econômico, ou a pena que vede o acesso a cargos públicos (art. 147, Lei 6.404); (b) membros de órgãos de administração e empregados da entidade, ou de pessoa controlada ou do mesmo grupo; (c) cônjuge ou parente, até o terceiro grau, de administrador da empresa (art. 162, § 2º, Lei 6.404). A *remuneração* é fixada pela assembleia geral, não podendo ser inferior, para cada conselheiro, a dez por cento da que, em média, for atribuída a cada diretor, excluídos benefícios, verbas de representação e participação nos lucros; além disso, faz jus a reembolso com despesas de locomoção e estada (art. 162, § 3º).

Os *deveres* dos conselheiros são os mesmos atribuídos aos administradores. Soma-se o fato de que devem conduzir-se sempre no exclusivo interesse da entidade, vedando-lhe condutas abusivas que prejudiquem a empresa ou os acionistas. A *responsabilidade* é solidária entre os membros, a menos que o conselheiro declare sua discordância em relação à conduta hostilizada, com comunicação aos órgãos de administração e à assembleia geral. Por outro lado, o membro não é responsável pelos ilícitos cometidos por outros integrantes (art. 165, *caput*, e §§ 1º a 3º, Lei 6.404).

No caso de empresas públicas e sociedades de economia mista, o Conselho deve contar com ao menos um membro indicado pela pessoa controladora, que deve ser servidor público com vínculo permanente com a Administração (art. 26, § 2º, do Estatuto).

19. ATOS JURÍDICOS

Considerando o regime de hibridismo normativo que rege as empresas públicas e as sociedades de economia mista, o efeito inevitável é o da prática de atos jurídicos de direito privado e de atos administrativos – estes estudados no âmbito do direito público. Nem sempre haverá demarcação precisa quanto à linha diferencial entre os atos, mas caberá ao intérprete analisar a natureza da manifestação de vontade dos representantes das entidades.

Alguns são típicos *atos de direito privado*, sobretudo quando a entidade se destina à exploração de atividade econômica. Nesse aspecto, equipara-se inteiramente às pessoas de direito privado e seus atos são regidos pelo Direito Civil ou Comercial, dependendo da hipótese e da natureza da atividade da empresa. Aqui incide, em toda a sua plenitude, o art. 173, § 1º, da CF. O Estatuto, em mais de uma passagem, indica a aplicação da Lei nº 6.404/1976, que regula as sociedades por ações no campo privado.

Não obstante, empresas públicas e sociedades de economia mista atuam, em muitos aspectos, como entidades delegadas da respectiva pessoa pública controladora. Em virtude da natureza de tal delegação, as manifestações de vontade pertinentes rendem ensejo à prática de *atos administrativos*, sobre os quais incidem, em linha de princípio, os elementos e características peculiares aos atos dessa categoria.

Diante de sua natureza, esses atos são sujeitos a controle de legalidade, como o são os atos administrativos em geral, inclusive por meio de mandado de segurança (art. 1º, § 1º, da Lei nº 12.016/2009) e ação popular (Lei nº 4.717/1965). A jurisprudência tem considerado que os atos praticados pelas entidades privadas no processo de licitações e contratos, a que estão submetidas, configuram-se como atos administrativos, sujeitos a controle por mandado de segurança, sob o fundamento de que se trata de atividade prevista constitucionalmente (art. 37, XXI, da CF).[161]

Não custa repetir aqui o que já antecipamos: em que pese a sua especificidade, foi editada a Lei nº 14.981/2024, que prevê medidas excepcionais de licitação e de contratação em situações de calamidade pública em face de impacto provocado por eventos climáticos extremos.

20. LICITAÇÕES

20.1. Microssistema e Aplicabilidade

A Lei nº 13.303/2016 apresenta, entre os arts. 28 e 84, um *microssistema específico* aplicável às licitações e contratações a cargo de empresas públicas e sociedades de eco-

---

[161] STJ, REsp 683.668, j. 4.5.2006; STJ, Súmula 333.

428 | MANUAL DE DIREITO ADMINISTRATIVO • *Carvalho Filho*

nomia mista. Tal diploma configura-se como *lei especial*, visto que se destina a regular particularmente as citadas entidades administrativas. Ao contrário, a Lei nº 14.133/2021 – o Estatuto de Licitações e Contratos (ELC) – qualifica-se como *lei geral* e, em virtude dessa natureza, não se aplica àquelas entidades, como dispõe, aliás, seu art. 1º, § 1º, salvo na parte em que regula os crimes.

Entretanto, se houver qualquer referência feita à Lei nº 8.666/1993, lei licitatória anterior, aplica-se o Estatuto vigente, ou seja, a Lei nº 14.133/2021. É o que estabelece o art. 189 desse diploma.

Quanto ao direito intertemporal, ambos os diplomas subsistem, vez que a lei nova, que estabelece disposições gerais ou especiais relativamente às já existentes, não revoga nem modifica a lei anterior (art. 2º, § 2º, da Lei de Introdução às Normas do Direito Brasileiro – Decreto-lei 4.657/1942). Consequentemente, a Lei nº 13.303 continuará a regular a matéria de que trata, sem interferência direta do atual Estatuto. Entretanto, eventuais omissões da lei especial podem ser supridas pela lei geral, ocorrendo então a aplicabilidade *subsidiária*.

Incidem sobre o procedimento licitatório as disposições previstas na Lei Complementar nº 123, de 14.12.2006 – o Estatuto da Microempresa e Empresa de Pequeno Porte, na parte em que trata das aquisições públicas (art. 28, § 1º, do Estatuto), dispensando tratamento especial a essa categoria de sociedades empresárias (arts. 42 a 48) – matéria já vista anteriormente no capítulo concernente às licitações.

20.2. Dispensa e Inexigibilidade de Licitação

20.2.1. *Exigibilidade de Licitação*

A Constituição, em seu art. 37, XXI, enuncia o princípio da exigibilidade de licitação para a Administração Direta e Indireta e, ao fazê-lo, incluiu as empresas públicas e a sociedades de economia mista.

O Estatuto, portanto, não poderia dispor de forma contrária. Por tal motivo, deixa expresso que os contratos dessas entidades com terceiros, tendo variados objetivos, serão precedidos obrigatoriamente de licitação, com a ressalva estabelecida na própria lei.

Não há dúvida, por consequência, que o tratamento dispensado às entidades quanto às licitações se equipara ao atribuído às pessoas públicas – fato que, em algumas situações, provoca óbvias distorções, mormente quando a entidade atua no mercado, como se fora empresa do setor privado. Certamente, a burocracia do procedimento não é compatível com a agilidade que se requer para o empresariado, mas acaba por pesar o fato de que se trata de empresas estatais, gestoras, muitas das vezes, de dinheiros públicos, e muitas também, com baixo padrão de eficiência e moralidade.

20.2.2. *Dispensas Específicas*

Antes da edição do estatuto jurídico, muitas discussões se levantaram sobre a extensão da obrigatoriedade de licitação para as empresas públicas e sociedades de economia mista, levando em conta principalmente a celebração de alguns contratos típicos de direito privado em virtude de sua natureza econômica ou institucional.

O Estatuto aceitou as ponderações, algumas até suscitadas pelo TCU, e estabeleceu dois casos de *dispensa específica* de licitação para as entidades.

Um deles é o que se refere à comercialização, prestação ou execução direta pelas entida-des, "*de produtos, serviços ou obras especificamente relacionados com seus respectivos objetos sociais*" (art. 28, § 3º, I). Realmente são situações incompatíveis com a licitação. É a hipótese, por exemplo, em que uma empresa pública de assessoria ambiental contrata com pessoa física ou jurídica para a prestação desse exato serviço. Ou aquela em que uma sociedade de economia mista comercializa produtos que constituem objeto de sua atividade econômica (a venda de bens e produtos).

O outro consiste nos casos em que a escolha do parceiro esteja atrelada a suas características peculiares, *"vinculada a oportunidades de negócio definidas e específicas"*, com a necessária justificativa da inviabilidade da licitação (art. 28, § 3º, II). Aqui já se vislumbra maior subjetivismo, vez que não é fácil identificar essa "vinculação de oportunidades do negócio". Desse modo, a fiscalização dessa hipótese de dispensa deve ser mais acurada, sendo indiscutível que, no fundo, pode constituir uma brecha para contratações diretas ilegítimas.

20.2.3. Dispensas Genéricas

O Estatuto enumera, ainda, no art. 29, os casos de *dispensa genérica* de licitação, isto é, aqueles que figuram, em sua maior parte, nos casos de dispensa previstos no art. 75 da Lei nº 14.133/2021 (estatuto geral), já devidamente examinados no capítulo destinado às licitações.

No que se refere à dispensa em função do valor, os limites estabelecidos na Lei nº 13.303 são os mesmos adotados na lei geral (art. 75, I e II, ELC). Assim, a dispensa para obras e serviços de engenharia tem por limite o valor de R$ 119.812,02 e, para outros serviços e compras, o valor de R$ 59.906,02, valores fixados pelo Decreto nº 11.871/2023 (art. 29, I e II, Lei nº 13.303). O Conselho de Administração, todavia, pode alterar esses valores para adequá-los à variação de custos, podendo haver valores diversos para cada empresa (art. 29, § 3º).

O dispositivo inclui hipótese específica para as entidades: é dispensável a licitação nas contratações entre empresas públicas e sociedades de economia mista e suas respectivas subsidiárias, para o fim de adquirir ou alienar bens e prestar ou obter serviços, impondo-se, porém, que o objeto tenha pertinência com o estatuto social e que o preço seja compatível com os praticados no mercado (art. 29, XI).

Os casos envolvendo bens foram diretamente inseridos na relação. Há dispensa na transferência de bens a órgãos e entidades administrativas, obviamente por permuta, bem como na doação de bens móveis por motivos de interesse social, exigindo-se avaliação e conveniência quanto à escolha dessa forma alienativa (art. 29, XVI e XVII). O mesmo ocorre na compra e venda de ações, de títulos de crédito e de dívida, e, ainda, de bens objeto de sua produção ou comercialização (art. 29, XVIII).

20.2.4. Inexigibilidade

O fundamento da inexigibilidade permanece o mesmo: a inviabilidade de licitação. As hipóteses mais comuns são as de fornecedor ou representante exclusivo e contratação de serviços técnicos especializados (os mesmos previstos no art. 6º, XVIII, da Lei nº 14.133/2021, com profissionais ou empresas de notória especialização, excluindo-se, porém, os serviços de publicidade (art. 74, III).

Não há também qualquer novidade quanto ao conceito de notória especialização, previsto no art. 74, § 3º, do vigente Estatuto geral, sendo pressupostos a experiência anterior e a equipe técnica, permitindo deduzir-se que o escolhido para a contratação seja o mais adequado para a entidade licitante (art. 30, § 1º, do Estatuto).

430 | MANUAL DE DIREITO ADMINISTRATIVO • Carvalho Filho

20.2.5. Requisitos Comuns

O processo relativo à dispensa e à inexigibilidade deverá ser corretamente instruído, acostando-se os dados de eventual situação emergencial, quando for o caso, e declinando-se a razão da escolha e a justificativa do preço (art. 30, § 3º).

É importante observar os efeitos da responsabilidade. Caso haja sobrepreço ou superfaturamento, devidamente comprovado pelo órgão de controle externo, haverá responsabilidade solidária entre o agente que decidiu pela contratação e o fornecedor ou prestador do serviço pelo dano causado (art. 30, § 2º). Infere-se daí que aquele que fornece ou presta o serviço não se exime de punição, já que agiu com evidente improbidade. De outro lado, a solidariedade permite a propositura da demanda em conjunto ou isoladamente, admitindo-se, nesse caso, o direito de regresso.

20.3. Disposições Gerais

20.3.1. Regulamentos Internos

As disposições reguladoras dos contratos e licitações, como se tem observado, situam-se numa escala normativa hierárquica, a começar pela Constituição e se estendendo à legislação infraconstitucional geral e especial.

Além de todo esse conjunto, a lei autoriza empresas públicas e sociedades de economia mista a publicar e atualizar *regulamento interno* de licitações e contratos, que, como não pode deixar de ser, precisa ser amoldado às regras de superior hierarquia. Nele devem figurar cadastros, minutas padronizadas, trâmite do procedimento, formalização dos contratos e de recursos e, enfim, todo um quadro de atuação uniforme dentro da entidade (art. 40).

20.3.2. Princípios e Diretrizes

Assim como ocorre com a lei geral, as licitações promovidas por empresas públicas e sociedades de economia mista devem observar os já conhecidos *princípios* da impessoalidade, moralidade, igualdade, publicidade, eficiência, probidade administrativa, economicidade, desenvolvimento nacional sustentável, vinculação ao instrumento convocatório, competitividade e julgamento objetivo (art. 31). Já examinamos o sentido de tais princípios e nenhuma novidade foi oferecida a esse respeito, razão por que remetemos o leitor aos comentários no capítulo das licitações.

Diretrizes são os rumos a serem seguidos pelas entidades para alcançar as metas programadas, sendo formalizadas por instruções e orientações veiculadas pelos respectivos órgãos diretivos. Constituem diretrizes das licitações e contratos (a) a padronização do objeto e dos instrumentos contratuais; (b) a maior vantagem no certame; (c) o parcelamento do objeto contratual, preservando-se a economia de escala; (d) o emprego preferencial do pregão; e (e) a pauta de probidade nas transações com interessados (art. 32). Tais diretrizes, na verdade, devem nortear todas as licitações e contratos na Administração Pública, mas, de qualquer modo, estão expressas no Estatuto.

20.3.3. Aspectos Especiais

O Estatuto consigna, dentro das disposições gerais, a norma que estabelece, como regra, o *sigilo do valor estimado* da contratação, evitando que futuros interessados se valham do conhecimento do valor para formular suas propostas. A norma, porém, admite exceção, quando houver motivo devidamente justificado (art. 34).

Cap. 9 · ADMINISTRAÇÃO DIRETA E INDIRETA | **431**

Assim como ocorre no estatuto geral, a lei prevê alguns casos de *impedimento* de participação no certame, em que a situação pode dar ensejo a favorecimentos indevidos ou à presença de candidatos já avaliados previamente de modo negativo (art. 38). Cabe às entidades manter cadastro atualizado das empresas punidas por conduta ilícita ou inexecução contratual. A finalidade é clara: com o cadastro, pode a entidade fazer uma pré-seleção quanto à condição subjetiva de candidatos.

A *publicidade* é efetivada por meio da divulgação em portal específico mantido pela empresa pública ou sociedade de economia mista. São fixados prazos mínimos para apresentação de propostas ou lances, contados a partir da divulgação do instrumento convocatório (art. 39). Os prazos, como regra, variam de cinco a trinta dias, mas podem chegar a, no mínimo, quarenta e cinco dias, conforme o caso, e são peremptórios, vinculando os administradores e assegurando igualdade aos licitantes.

Sob a égide da legislação anterior, aplicava-se a Lei nº 8.666 no caso da prática dos *crimes* previstos nesse diploma. Com o advento, porém, da Lei nº 14.133/2021, a disciplina sobre os crimes, conforme seu art. 178, foi deslocada para o Código Penal, instituindo-se os delitos previstos nos arts. 337-E a 337-O, desse Código. O art. 1º, § 1º, do Estatuto vigente, ao excluir a Lei nº 13.303 de seu regime, ressalvou os citados crimes. Por via de consequência, condutas que tipifiquem tais crimes serão reguladas pelo Código Penal.

20.4. Obras e Serviços

O Estatuto alinhou algumas normas específicas para obras e serviços. Uma delas diz respeito aos *regimes* das contratações, que podem ser: (a) empreitada por preço unitário; (b) empreitada por preço global; (c) tarefa; (d) empreitada integral; (e) contratação integrada; (f) contratação semi-integrada (art. 42, Estatuto).[162]

Vale a pena fazer uma breve consideração sobre a diferença entre esses dois últimos regimes. No regime da *contratação integrada*, competem ao contratado a elaboração e o desenvolvimento dos *projetos básico e executivo*, bem como a execução do objeto contratual, a montagem, os testes e as demais medidas necessárias para a consecução do alvo contratual. Já na *contratação semi-integrada*, ao contratado só cabem a elaboração e o desenvolvimento do *projeto executivo* e as demais atividades dele decorrentes. Por conseguinte, aqui o projeto básico é elaborado pela própria Administração ou por outra empresa, diversa daquela que executa o contrato.

A lei aponta hipóteses de *impedimentos* para participar de licitações de obras e serviços. Estão impedidas: (a) a pessoa que elaborou o anteprojeto ou o projeto básico; (b) a pessoa jurídica que participa de consórcio responsável pela feitura desses mesmos instrumentos; (c) a pessoa jurídica na qual o autor desses instrumentos ocupa função diretiva, como gerente, administrador, ou tenha vinculação ou é subcontratado (art. 44). O escopo do legislador, bem se vê, foi o de evitar que essa vinculação possa ensejar favorecimentos e ofensas à impessoalidade – sérios gravames à competitividade do processo.

Outra norma de destaque é a que prevê a *remuneração variável*, vinculada ao desempenho do contratado e calculada mediante a adoção de critérios especiais, como metas, qualidade, sustentabilidade ambiental e prazos de entrega, devidamente previstos no instrumento convocatório (art. 45). Na teoria, o critério é razoável, mas cumpre à Administração extrema cautela para a fixação dos critérios, com o objetivo de evitar que haja direcionamento da licitação. Aqui é preciso que a arquitetura dos critérios esteja a cargo de agentes técnicos e especializados da Administração.

---

[162] Art. 42 do Estatuto.

432 | MANUAL DE DIREITO ADMINISTRATIVO • *Carvalho Filho*

Outra figura interessante é a *contratação conjunta*. Quando o serviço puder ser executado de modo concorrente e simultâneo por mais de uma empresa, é possível celebrar contratos conjugados para melhor atendimento do objeto. É mister, porém, que a Administração justifique tal necessidade e que não haja perda da economia de escala, ou seja, a economia que resulta da unificação contratual e ampliação do objeto (art. 46, Estatuto).

20.5. Aquisição de Bens

A regra básica da aquisição de bens é a da *não preferência de marca*, pois isso representa vulneração aos princípios da impessoalidade e competitividade. Entretanto, admite-se, por exceção, a *indicação da marca ou modelo* em situações especiais: (a) padronização necessária; (b) única marca ou modelo a atender o objeto contratual, sendo comercializado por mais de um fornecedor; (c) a identificação da marca ou modelo servir como referência para a compreensão do objeto, exigindo-se a menção a "ou similar ou de melhor qualidade" (art. 47, I).

Com o objetivo de a aquisição ser mais conveniente e segura para a Administração, podem ser exigidas a *amostra* do bem, na fase de pré-qualificação, e a solicitação de *certificação de qualidade* do produto ou do processo de fabricação por instituição credenciada. Como condições de aceitabilidade, podem ser impostas a adequação à ABNT (Associação Brasileira de Normas Técnicas) e a certificação realizada pelo Sinmetro (Sistema Nacional de Metrologia) (art. 47, II e III, e parágrafo único, Estatuto).

No sentido da transparência administrativa, a Administração deve manter publicidade mínima semestral, em sítio eletrônico com acesso irrestrito, da relação das aquisições efetivadas pelas empresas públicas e sociedades de economia mista (art. 48).

É oportuno sublinhar que tanto os arts. 47 e 48, relativos à aquisição de bens, como os arts. 49 e 50, concernentes à alienação, caracterizam-se como *normas gerais*, atraindo, em consequência, a competência privativa da União para legislar sobre a matéria e suscitando uniformização em todas as esferas federativas (art. 22, XXVII, CF).[163]

20.6. Alienação de Bens

Duas são as exigências para a alienação de bens das empresas públicas e sociedades de economia mista. Primeiramente, cumpre proceder à *avaliação formal* do bem a ser alienado, a não ser em casos de (a) transferência para outra entidade administrativa; (b) doação para entidades de interesse social e compra e venda de ações; e (c) títulos de crédito e de dívida, bem como de bens que produzam ou comercializem (art. 49, I).

O outro requisito é o da *obrigatoriedade de licitação*, ressalvadas as hipóteses já vistas, contempladas no art. 28, § 3º, do Estatuto (casos de dispensa específica). O princípio estende-se, *ex vi legis*, à atribuição de ônus real sobre os bens das entidades, sempre ressalvadas as hipóteses de dispensa e inexigibilidade (art. 50).

20.7. Procedimento Licitatório

Entre os arts. 51 e 62, o Estatuto estabeleceu as normas que deverão reger o procedimento de licitação para as empresas públicas e sociedades de economia mista. Há muito se buscava instituir regime próprio para as estatais, o que encontrou ressonância no art. 173, § 1º, III, da

---

[163] Também: LEONARDO CARVALHO RANGEL, *Estatuto jurídico das empresas estatais*, obra colet., Contracorrente, 2018, p. 214.

Cap. 9 · ADMINISTRAÇÃO DIRETA E INDIRETA | **433**

CF, incluído pela EC 19/1998. A Lei nº 8.666/1993, antiga lei licitatória, se revelava imprópria, não só porque se direcionava basicamente à Administração Direta e a pessoas de direito público, como também porque sua regulação engessava as entidades de direito privado, sujeitas a algumas regras de mercado. A Lei nº 13.303/2016, contudo, criou disciplina própria e mais adequada a essas entidades, vigorando, como já visto, de modo autônomo, independentemente do novo Estatuto geral, a Lei nº 14.133/2021. A Lei nº 13.303/2016, assim, recorreu aos pontos mais adequados inseridos na disciplina do citado Estatuto geral, da Lei nº 10.520/2002 (pregão) e da Lei nº 12.462/2011 (regime diferenciado de licitações), criando, assim, maior flexibilidade para o certame licitatório.[164] Comentaremos, pois, os aspectos mais importantes do procedimento de licitação das estatais.

As *fases* do procedimento foram mais detalhadas pelo legislador, indicando, com maior exatidão, o passo a passo do processo. São elas: (a) preparação; (b) divulgação; (c) apresentação de lances ou propostas; (d) julgamento; (e) verificação de efetividade dos lances ou propostas; (f) negociação; (g) habilitação; (h) interposição de recursos; (i) adjudicação do objeto; (j) homologação do resultado ou revogação do procedimento (art. 51, I a X).

Adotando um misto de licitação clássica e pregão, a lei admitiu os *modos de disputa aberto* e *fechado*, e, ainda, a combinação de ambos (art. 52). No primeiro, os licitantes apresentam lances públicos e sucessivos, podendo ser crescentes ou decrescentes, conforme o caso. No segundo, as propostas são sigilosas até o momento em que devem ser divulgadas.

Variados são os *critérios de julgamento*: (a) menor preço; (b) maior desconto; (c) melhor combinação de técnica e preço; (d) melhor técnica; (e) melhor conteúdo artístico; (f) maior oferta de preço; (g) maior retorno econômico; (h) melhor destinação de bens alienados (art. 54). Admite o Estatuto que haja combinação de critérios, no caso de parcelamento do objeto. Por outro lado, a lei recomenda o emprego de parâmetros específicos para evitar o subjetivismo de alguns desses critérios. Apesar disso, nunca é fácil tornar objetivo critério com subjetividade inerente.

A fase da *verificação da efetividade* é a que obriga ao exame da legitimidade da proposta ou do lance, podendo provocar a *desclassificação* do licitante, e esta pode decorrer de: (a) vícios insanáveis; (b) descumprimento de especificações técnicas previstas no edital; (c) preços manifestamente inexequíveis; (d) proposta acima do orçamento; (e) ausência de demonstração de exequibilidade; (f) desconformidade com o instrumento convocatório (art. 56, I a VI). Nessa última hipótese, pode ser superada a desconformidade se for possível a adequação da proposta antes da adjudicação e sem prejuízo para a igualdade entre os licitantes.

Seguindo o melhor modelo, a lei previu que a *habilitação*, como regra, será posterior ao julgamento. Entretanto, permite que o administrador, mediante a competente justificativa, a realize anteriormente ao julgamento, devendo a inversão estar prevista no instrumento convocatório (art. 51, § 1º).

20.8. Procedimentos Auxiliares

O Estatuto denominou de *procedimentos auxiliares* as ferramentas que podem ser empregadas para dar suporte às licitações e tornar mais efetivo o certame nas empresas públicas e sociedades de economia mista.

---

[164] FERNANDA NEVES VIEIRA MACHADO, *Estatuto jurídico das empresas estatais*, obra colet., Contracorrente, 2018, p. 228.

434 MANUAL DE DIREITO ADMINISTRATIVO • *Carvalho Filho*

São procedimentos auxiliares das licitações: (a) pré-qualificação permanente; (b) cadastramento; (c) registro de preços; (d) catálogo eletrônico de padronização.

A *pré-qualificação permanente* tem a finalidade de identificar fornecedores devidamente habilitados e produtos com qualidade certificada para futuras licitações (art. 64). Por isso, poderá a licitação restringir a participação aos fornecedores já pré-qualificados. O administrador deverá agrupar os fornecedores por segmentos, conforme suas especialidades.

O *cadastramento*, efetuado nos registros cadastrais, e o sistema de *registro de preços* configuram-se como ferramentas adotadas no vigente estatuto licitatório (Lei nº 14.133/2021), já examinadas. Por fim, o *catálogo eletrônico de padronização* configura-se como um sistema informatizado e centralizado, para permitir a padronização de itens a serem adquiridos pelas entidades (art. 67). Pode ser adotado para critérios de menor preço e maior desconto e deverá conter todos os documentos e procedimentos da fase interna da licitação, incluindo as especificações dos objetos.

21. CONTRATOS

21.1. Natureza dos Contratos

Os contratos celebrados por empresas públicas e sociedades de economia mistas submetem-se, tanto quanto seus atos, a um regime jurídico *híbrido*.

O regime jurídico básico é o de *direito privado*, como registra expressamente o art. 68 do Estatuto. Realmente, quando as entidades exploram atividades econômicas e empresariais, o conteúdo dos contratos rege-se pelos preceitos de direito privado. Um exemplo é o contrato de franquia postal, pelo qual a ECT delega a particulares atividades inerentes ao serviço postal.[165]

Entretanto, não há como evitar a aplicabilidade do *direito público* em algumas relações jurídicas, porquanto se trata realmente de pessoas da administração indireta, sob o controle do respectivo ente público. Nesses aspectos, distinguem-se das pessoas do setor privado. É o caso das normas sobre concurso público, acumulação de cargos e funções, prestação de contas aos tribunais de contas, responsabilidade na gestão fiscal e outras da mesma natureza e, sobretudo, do sistema de licitações.

Desse modo, é de inferir-se que, sujeitas como estão às normas de licitação e contratos enunciados no Estatuto, as entidades são regidas nessa parte pelo direito público. Daí resulta que, mais importante do que caracterizar os contratos como privados ou administrativos, é identificar a natureza das normas aplicáveis às diversas relações jurídicas de que participem as entidades.

21.2. Formalização

Também nesse aspecto, algumas normas repetem as que figuram na lei geral. Exige-se que o instrumento contratual contenha *cláusulas necessárias*, que, por sua fisionomia, não podem deixar de integrar o ajuste (art. 69). É prevista, ainda, a possibilidade de ser exigida *prestação de garantia* nas contratações, por meio de caução em espécie, seguro-garantia e fiança bancária (art. 70).[166]

Quanto à *duração*, os contratos não podem exceder 5 anos, salvo no caso de projetos no plano de negócios e investimentos da entidade e na hipótese de ajuste por prazo superior conforme prática usual do mercado, ou a inviabilização ou oneração do objeto, se for obedecido o prazo-regra.

---

[165] A Lei nº 11.668, de 2.5.2008, que criou esses contratos, consigna a incidência subsidiária do Código Civil e da Lei nº 8.955/1994, hoje revogada pela Lei nº 13.966/2019, que regula a franquia empresarial.

[166] Art. 70.

Cap. 9 · ADMINISTRAÇÃO DIRETA E INDIRETA | 435

Os contratos firmados pelas entidades devem ser *escritos,* mas, tanto quanto ocorre na lei geral, é lícita a *dispensa do termo* contratual no caso de pequenas despesas de pronta entrega e pagamento, de que não resultem obrigações futuras para as entidades (art. 73). Os *encargos* trabalhistas, fiscais e comerciais derivados da execução do contrato são de responsabilidade da sociedade contratada, e eventual inadimplência não acarreta a transferência da responsabilidade às entidades contratantes (art. 77 e § 1º).[167]

A *subcontratação* é admitida dentro de certos limites e condições, devendo o subcontratado cumprir as exigências de qualificação técnica impostas quando da contratação primitiva. Há vedação, todavia, quando se trata de empresa ou consórcio que tenha participado da licitação ou da elaboração, direta ou indireta, do projeto básico ou executivo (art. 78 e § 2º). *Direitos patrimoniais e autorais* de projetos ou serviços desenvolvidos por profissionais autônomos ou empresas contratadas passam a ser propriedade das entidades (art. 80).

21.3. Alteração dos Contratos

As hipóteses de alteração contratual no estatuto jurídico das empresas públicas e sociedades de economia mista, previstas no art. 81, são praticamente as mesmas previstas na lei geral licitatória.

Há um dado, contudo, que merece destaque. O pressuposto para a alteração é o *acordo* entre as partes, compulsoriamente previsto entre as cláusulas necessárias. O legislador fixou esse pressuposto para todos os regimes de execução, mas ressalvou o da contratação integrada (art. 43, VI, do Estatuto).

Assim, o acordo de alteração envolverá as seguintes situações: (a) modificação do projeto ou das especificações; (b) necessidade de modificação do valor contratual em razão de acréscimo ou redução quantitativa; (c) substituição da garantia de execução; (d) modificação do regime de execução da obra, serviço ou fornecimento, por fato superveniente; (e) modificação da forma de pagamento por fato ulterior, mantido o valor inicial atualizado e vedada antecipação, relativamente ao cronograma financeiro, sem a respectiva contraprestação por parte do contratado; (f) equilíbrio econômico-financeiro do contrato, com idêntico perfil relativamente à teoria já vista anteriormente (art. 81, I a VI, do Estatuto).

Nenhuma grande novidade existe no que tange aos limites de acréscimo ou supressão de obras, serviços e compras, nem a necessidade de reequilíbrio contratual no caso de criação ou extinção de tributos e outros encargos.

21.4. Sanções Administrativas

As *sanções administrativas* têm como fundamento a prática de infração relativa à execução do contrato pela empresa pactuante. Resultam, pois, de transgressão contratual e precisam ter previsão no instrumento de contrato.

O Estatuto refere-se à *multa de mora,* aplicável quando há atraso injustificado na execução do contrato (art. 82). Essa multa não é a multa comum, mas sim uma punição pelo descumprimento de prazo previsto contratualmente. Por isso, distingue-se dos juros de mora, que nem sempre traduzem sanção. A aplicação da multa não impede a de outras sanções.

São sanções: (a) advertência; (b) multa, na forma prevista no contrato; (c) suspensão temporária de participar de licitação e impedimento de contratar com a entidade licitadora pelo prazo de até 2 anos (art. 83, I a III). A multa aqui não decorre necessariamente de atraso, mas pode incidir no caso de outra infração contratual. Em nosso entender, não se trata de *multa*

---

[167]   Art. 77 e § 1º.

436 | MANUAL DE DIREITO ADMINISTRATIVO • *Carvalho Filho*

compensatória, que visa a reparar danos,[168] mas sim da denominada *multa simples* ou *cláusula penal*, que retrata uma sanção por infração a alguns deveres contratuais.[169]

A suspensão de participar de licitação pode ser aplicada a empresas ou profissionais que: (a) tenham sido condenados definitivamente por fraude fiscal; (b) tenham praticado atos para frustrar os fins do certame; (c) indiquem não possuir idoneidade para contratar com qualquer das entidades (art. 84).

VI. Fundações Públicas

1. INTRODUÇÃO

A fundação, como pessoa jurídica oriunda do direito privado, se caracteriza pela circunstância de ser atribuída personalidade jurídica a um patrimônio preordenado a certo fim social. Trata-se de uma das categorias das pessoas jurídicas de direito privado, estando reguladas nos arts. 62 a 69 do Código Civil.

Esse tipo de entidade não pode abstrair-se da figura daquele que faz a dotação patrimonial – o instituidor – e, embora a lei civil não seja expressa, é também inerente às fundações sua finalidade social, vale dizer, a perseguição a objetivos que, de alguma forma, produzam benefícios aos membros da coletividade. Essa finalidade as distancia de alvos que visem à percepção de lucros, deixando-as em agrupamento diverso daquele em que se encontram, por exemplo, as sociedades comerciais. Pode mesmo dizer-se que são essas as características básicas das fundações: 1ª) a figura do instituidor; 2ª) o fim social da entidade; e 3ª) a ausência de fins lucrativos.

Foi com esse parâmetro que nasceram as fundações públicas, sem alteração, inclusive, dos citados elementos básicos caracterizadores. Mudança, na verdade, temos apenas na natureza do instituidor, que agora passou a ser o Estado. Desse modo, podemos considerar, já de início, uma primeira divisão para as fundações:

1. *as fundações privadas*, instituídas por pessoas da iniciativa privada; e

2. *as fundações públicas*, quando o Estado tiver sido o instituidor.

Na prática, várias têm sido as denominações atribuídas às fundações públicas: *fundações instituídas pelo Poder Público*, *fundações instituídas e mantidas pelo Poder Público* (art. 71, III, CF), *fundações controladas pelo Poder Público* (art. 163, II, CF), *fundações sob controle estatal* (art. 8º, § 5º, ADCT, CF), *fundações públicas* (art. 19, ADCT, CF), *fundações governamentais* e outras do gênero. O rótulo não tem grande importância. O ponto que deve ser lembrado é realmente o de que essas fundações são criadas pelo Poder Público, que, por isso mesmo, assume o papel de instituidor das entidades.

2. A POLÊMICA SOBRE A NATUREZA JURÍDICA DAS FUNDAÇÕES

A grande discussão que se tem travado, há algum tempo, sobre as fundações públicas diz respeito à natureza jurídica das entidades. Está longe ainda o momento de pacificação dos diversos pensamentos que tratam da questão da personalidade jurídica das fundações instituídas pelo Poder Público, o que é realmente lamentável. Como se verá adiante, a discussão nada acrescenta ao tecnicismo jurídico, mas, ao contrário, cria grande confusão no meio jurídico, nos Tribunais

---

[168] É como pensa JOEL DE MENEZES NIEBUHR, *Licitação*, ob. cit., p. 1.009.

[169] FRANCISCO ZARDO, *Estatuto jurídico das empresas estatais*, obra colet., Contracorrente, 2018, p. 295.

e no próprio seio da Administração, provocando claramente, como já tivemos oportunidade de presenciar, algumas reações irônicas por parte daqueles aos quais é apresentada a discussão.

Há duas correntes sobre a matéria.

A primeira, hoje dominante, defende a existência de dois tipos de fundações públicas: as fundações de direito público e as de direito privado, aquelas ostentando personalidade jurídica de direito público e estas sendo dotadas de personalidade jurídica de direito privado. Por esse entendimento, as fundações de direito público são caracterizadas como verdadeiras *autarquias*, razão por que são denominadas, algumas vezes, de *fundações autárquicas* ou *autarquias fundacionais*. Seriam elas uma espécie do gênero *autarquias*.[170]

O STF optou por esse entendimento, quando deixou assentado que *"nem toda fundação instituída pelo Poder Público é fundação de direito privado. As fundações, instituídas pelo Poder Público, que assumem a gestão de serviço estatal e se submetem a regime administrativo previsto, nos Estados-membros, por leis estaduais, são fundações de direito público, e, portanto, pessoas jurídicas de direito público. Tais fundações são espécie do gênero autarquia, aplicando-se a elas a vedação a que alude o § 2º do art. 99 da Constituição Federal".*[171] Noutro giro, há autores que sustentam tratar-se de entidades de distintas categorias.[172]

A segunda corrente advoga a tese de que, mesmo instituídas pelo Poder Público, as fundações públicas têm sempre personalidade jurídica de direito privado, inerente a esse tipo de pessoas jurídicas. O fato de ser o Estado o instituidor não desmente a caracterização dessas entidades, até porque é o Estado quem dá criação a sociedades de economia mista e a empresas públicas, e essas entidades, como já visto, têm personalidade jurídica de direito privado.

Essa era a opinião clássica de HELY LOPES MEIRELLES, para quem constituía uma *contradictio in terminis* expressões como *autarquias fundacionais* ou *fundações públicas*, explicando que se a entidade era uma fundação estaria ínsita sua personalidade privada e que, se era uma autarquia, a personalidade seria de direito público. Advertia o saudoso jurista que *"uma entidade não pode, ao mesmo tempo, ser fundação e autarquia; ser pessoas de direito privado e ter personalidade de direito público!* E rematava: *o fato de o Estado servir-se de instituto de direito privado para a realização de atividades de interesse público não transfigura a instituição civil em entidade pública, nem autarquiza esse meio de ação particular".*[173]

Com o advento da Constituição de 1988, o autor passou a entender que a referência a *fundações públicas* e denominações análogas permitia inferir que tais entidades teriam personalidade de direito público. Apesar disso, mostrava ainda certo inconformismo em relação à posição adotada pelo STF: *"Não entendemos como uma entidade (fundação) possa ser espécie de outra (autarquia) sem se confundirem nos seus conceitos".*[174] Com a vênia devida ao grande autor, parece-nos que a mera denominação não serve como critério para aceitar as fundações de direito público; o critério, isto sim, deve ser o da natureza jurídica da entidade.

Vários autores perfilham o entendimento de que as fundações instituídas pelo Poder Público teriam personalidade de direito privado.[175]

---

[170] É o entendimento de OSWALDO ARANHA BANDEIRA DE MELLO (ob. cit., v. II, p. 204-205); CELSO ANTÔNIO BANDEIRA DE MELLO (ob. cit., p. 83); MARIA SYLVIA DI PIETRO (ob. cit., p. 273); DIÓGENES GASPARINI (ob. cit., p. 269); MIGUEL REALE (*RDA* 72/409); CRETELLA JR. (*Curso*, p. 59), entre outros.

[171] RE 101.126, j. 24.10.1984. Também: Agr. no RE 219.900, 4.6.2002.

[172] CALIL SIMÃO, *Fundações governamentais*, RT, 2014, p. 137-139.

[173] *Direito administrativo brasileiro*, p. 350.

[174] HELY LOPES MEIRELLES, *Direito administrativo* cit., p. 317.

[175] MANOEL OLIVEIRA FRANCO SOBRINHO (*RDA* 25/387); CAIO TÁCITO (*RF* 205, p. 417); SEABRA FAGUNDES (*RDA* 78/1); EROS ROBERTO GRAU (*RDP*, nº 98, p. 77).

Em nosso entender, sempre nos pareceu mais lógico e coerente o pensamento de HELY LOPES MEIRELLES. Na verdade, causa grande estranheza que uma fundação criada pelo Estado se qualifique como pessoa de direito público, ainda mais quando se sabe que o recurso do Poder Público a esse tipo de entidade de direito privado visava a possibilitar maior flexibilidade no desempenho de atividades sociais exatamente iguais às colimadas pelas fundações instituídas por particulares. Causa também grande confusão e parece bastante incongruente a caracterização das fundações públicas como espécie do gênero autarquia. Ora, se uma entidade tem personalidade jurídica de direito público e se reveste de todos os elementos que formam o perfil das autarquias, seria muito mais razoável que não fosse ela denominada de *fundação*, mas sim de *autarquia*. E, assim, há que se chegar necessariamente à conclusão de que existem fundações que são autarquias e fundações que não o são... Realmente, nota-se um semblante de perplexidade em todos aqueles que passam a conhecer esse tipo de distinção adotada pela maior parte da doutrina.

A hesitação alcança também o próprio Judiciário. Em ação movida contra a Fundação Nacional de Saúde – FNS, instituída pelo Governo Federal, o Juiz da 2º Vara Federal de Sergipe declinou de sua competência para a Justiça Estadual, que também se julgou incompetente. Suscitado o conflito negativo, foi ele decidido pelo Superior Tribunal de Justiça, que indicou, como competente, o juiz estadual. Em Recurso Extraordinário, o Supremo Tribunal Federal reformou a decisão do STJ, declarando a competência da Justiça Federal. Flagrante a hesitação, eis a ementa da decisão:

> *"Fundação Pública – Autarquia – Justiça Federal.*
>
> *1. A Fundação Nacional de Saúde, que é mantida por recursos orçamentários oficiais da União e por ela instituída, é entidade de direito público.*
>
> *2. Conflito de competência entre a Justiça Comum e a Federal. Artigo 109, I, da Const. Federal. Compete à Justiça Federal processar e julgar ação em que figura como parte fundação pública, tendo em vista sua natureza jurídica conceitual assemelhar-se, em sua origem, às autarquias.*
>
> *3. Ainda que o art. 109, I da Const. Federal não se refira expressamente às fundações, o entendimento desta Corte é o de que a finalidade, a origem dos recursos e o regime administrativo de tutela absoluta a que, por lei, estão sujeitas, fazem delas espécie do gênero autarquia.*
>
> *4. Recurso extraordinário conhecido e provido para declarar a competência da Justiça Federal."*[176]

Não é difícil observar, pelo texto da própria ementa, que inexiste precisão absoluta para a caracterização desse tipo de fundações. Por outro lado, o enquadramento dessas fundações como categoria-espécie do gênero autarquias é feito por similitude, já que reconhecidamente a Constituição não alude à categoria fundacional no art. 109, I.

De qualquer modo, são quatro os fatores diferenciais trazidos pelo STF para a distinção entre as fundações governamentais de direito público e as de direito privado:

a) desempenho de serviço estatal;

b) regime administrativo;

c) finalidade; e

d) origem dos recursos.

---

[176] RE nº 215.741, 2º Turma, Rel. Min. MAURÍCIO CORRÊA, em 30.3.1999 (*RDA* 217, p. 178-180).

O primeiro fator nos parece frágil, pois que tanto as primeiras como as últimas sempre exercem atividade qualificada como serviço público. O regime administrativo não é causa da distinção, mas efeito dela; de fato, o regime será um ou outro conforme se qualifique, como premissa, a fundação como inserida nesta ou naquela categoria, sendo, pois, insatisfatório esse fator distintivo. A finalidade é rigorosamente a mesma para ambas, ou seja, a execução de serviço público não lucrativo. Aliás, nem há propriamente distinção de finalidade entre fundações públicas e autarquias. Sendo assim, o único fator do qual se pode extrair pequeno elemento de diferenciação reside na origem dos recursos, admitindo-se que serão fundações estatais de direito público aquelas cujos recursos tiverem previsão própria no orçamento da pessoa federativa e que, por isso mesmo, sejam mantidas por tais verbas, ao passo que de direito privado serão aquelas que sobreviverem basicamente com as rendas dos serviços que prestem e com outras rendas e doações oriundas de terceiros.

Para alguns estudiosos, a marca diferencial entre as categorias fundacionais estaria na natureza do serviço: serviços públicos, para as fundações de direito público, e atividades estatais de caráter social, para as de direito privado.[177] O critério, contudo, a nosso ver, é impreciso, bastando lembrar que as atividades de caráter social podem muito bem inserir-se na classe dos serviços públicos. Desse modo, parece melhor a linha diferencial fundada na *natureza dos recursos*.

Ainda assim, porém, não se justificaria, em nosso entender, adotar idêntica denominação para entidades com distinta fisionomia. Se as fundações de direito público são verdadeiras autarquias, não tem a menor lógica que sejam nominadas de *"fundações"*, principalmente por se tratar de entidades de categoria jurídica diversificada. Tudo só contribui para dificultar o entendimento daqueles que se dedicam ao estudo das pessoas administrativas, sobretudo quando o Direito, por seus postulados lógicos, deve transmitir simplicidade e coerência, e não anomalias e confusões para os estudiosos.

Como nos mais diversos exemplos que se têm verificado, seja em nível federal, seja em nível estadual, distrital e municipal, as fundações governamentais dependem diretamente do orçamento público e subsistem à custa dos recursos públicos oriundos do erário da respectiva pessoa política que as controla, será forçoso reconhecer que, à luz da distinção acima, restaram poucas dentre as fundações públicas que podem ser qualificadas como fundações governamentais de direito privado.

Há um outro aspecto diferencial que deverá marcar a distinção entre as duas categorias fundacionais. As fundações governamentais de direito privado são adequadas para a execução de *atividades não exclusivas do Estado*, ou seja, aquelas que são também desenvolvidas pelo setor privado, como saúde, educação, pesquisa, assistência social, meio ambiente, cultura, desporto, turismo, comunicação e até mesmo previdência complementar do servidor público (art. 40, §§ 14 e 15, da CF). Para *funções estatais típicas* a fundação deverá ser pessoa de direito público, já que somente esse tipo de entidade detém *poder de autoridade* (potestade pública), incompatível para pessoas de direito privado.

O certo é que, como já reconheceu o STF, é constitucional a lei que impõe o regime celetista para fundação destinada à prestação do serviço de saúde e criada como fundação pública de direito privado, com patrimônio e receita próprios, autonomia gerencial, orçamentária e financeira.[178] Nesse caso, deverá submeter-se predominantemente ao regime de direito privado.

---

[177] TOSHIO MUKAI, As fundações de direito público e de direito privado na Constituição de 1988, *BDA*, fev.1991, p. 99-109.

[178] STF, ADI 4.247, j. 3.11.2020.

MANUAL DE DIREITO ADMINISTRATIVO • *Carvalho Filho*

O problema, como se pode deduzir, nunca será muito simples de solucionar, a começar pelo fato de que a expressão *"fundações públicas"*, empregada frequentemente, contempla as duas categorias de fundações governamentais – nenhuma delas, registre-se, dotada de denominação própria. Por tal motivo, a dificuldade de caracterização de uma ou de outra categoria ainda suscita controvérsias, tanto quanto, aliás, a dita expressão *"fundações públicas"*, e isso incluindo o próprio STF.[179]

2.1. Conceito no Decreto-lei nº 200/1967

Este diploma, por muitos anos, relacionou como pessoas da Administração Indireta federal apenas as autarquias, as empresas públicas e as sociedades de economia mista. A Lei nº 7.596, de 10.4.1987, porém, acrescentou ao art. 5º do Decreto-lei nº 200/1967 o inciso IV, pelo qual as fundações públicas passaram a integrar, ao lado daquelas, a Administração Indireta. Vejamos o teor do dispositivo: *"Fundação pública – a entidade dotada de personalidade jurídica de direito privado, sem fins lucrativos, criada em virtude de autorização legislativa, para o desenvolvimento de atividades que não exijam execução por órgãos ou entidades de direito público, com autonomia administrativa, patrimônio próprio gerido pelos respectivos órgãos de direção, e funcionamento custeado por recursos da União e de outras fontes."*

Complementando a inovação, a mesma lei criou o § 3º do art. 5º do Decreto-lei nº 200/1967, explicitando que *"as entidades de que trata o inciso IV deste artigo adquirem personalidade jurídica com a inscrição da escritura pública de sua constituição no Registro Civil de Pessoas Jurídicas, não se lhes aplicando as demais disposições do Código Civil concernentes às fundações"*.

Não parece haver dúvida de que o legislador tinha em mente a já consolidada ideia relativa às fundações instituídas pelo Poder Público, como pessoas jurídicas de direito privado, dotada de muitos pontos de assemelhação com as fundações criadas pela iniciativa privada, inclusive quanto à aquisição da personalidade jurídica através do registro do ato constitutivo. Desse modo, é indiscutível que as entidades introduzidas na Administração Indireta se caracterizam como fundações públicas com personalidade jurídica de direito privado e com sua configuração estrutural básica regulada pelo Direito Civil.

A Constituição de 1988 por várias vezes se referiu às fundações instituídas e mantidas pelo Poder Público, mas em nenhum momento tratou de sua personalidade jurídica. Sendo assim, tem-se que as fundações públicas de direito privado, previstas no Decreto-lei nº 200/1967, não guardam qualquer incompatibilidade com as regras constitucionais, o que permite inferir que a regra que as definiu tem inteira eficácia.

Em compensação, o lamentável dilema continua provocando uma pergunta: afinal, por que tanta confusão e incoerência no trato das fundações instituídas pelo Estado?

2.2. O Tratamento da Matéria

Em virtude da posição dicotômica, majoritária como já dissemos, não teremos outra forma de tratar das fundações, que não a de sempre distinguir as fundações públicas de direito privado, de um lado, e as de direito público, de outro, estas últimas consideradas como espécies das autarquias.

Relembre-se, por oportuno, que, por serem uma espécie de autarquias, as fundações de direito público receberão o influxo das mesmas prerrogativas e especificidades atribuídas àquela categoria de pessoas administrativas.

---

[179] STF, RE 716.378, j. 7.8.2019.

Cap. 9 · ADMINISTRAÇÃO DIRETA E INDIRETA | 441

3. CARACTERÍSTICA FUNDAMENTAL

As fundações foram inspiradas pela intenção do instituidor de dotar bens para a formação de um patrimônio destinado a *objetivos sociais*, e não de caráter econômico ou empresarial. Como já acentuou reconhecida doutrina, releva constatar que a entidade beneficia pessoas de forma desinteressada, sem qualquer finalidade lucrativa.[180] O Código Civil, primitivamente, previa que tais entidades destinavam-se apenas a fins religiosos, morais, culturais ou de assistência. A relação, contudo, era insuficiente e, por isso, o art. 66, parágrafo único, do Código, foi alterado pela Lei nº 13.151, de 28.7.2015, prevendo-se agora os seguintes objetivos: I) assistência social; II) cultura, defesa e conservação do patrimônio histórico e artístico; III) educação; IV) saúde; V) segurança alimentar e nutricional; VI) defesa, preservação e conservação do meio ambiente e promoção do desenvolvimento sustentável; VII) pesquisa científica, desenvolvimento de tecnologias alternativas, modernização de sistemas de gestão, produção e divulgação de informações e conhecimentos técnicos e científicos; VIII) promoção da ética, da cidadania, da democracia e dos direitos humanos; IX) atividades religiosas.[181]

Desse modo, é de se reconhecer que tal objetivo não pode comportar o intuito de obtenção de lucros, assim havidos como a parcela de rendimentos que decorre das atividades de caráter econômico. O lucro é somente compatível com as sociedades civis e comerciais que visem, na verdade, a distribuir tais rendimentos a seus sócios.

Não é o caso das fundações. São elas entidades de fins não lucrativos e se, em sua atividade, houver valores que ultrapassem os custos de execução, tais valores não se configurarão tipicamente como lucro, mas sim como *superavit*, necessário ao pagamento de novos custos operacionais, sempre com o intuito de melhorar o atendimento dos fins sociais. Nelas, portanto, o aspecto social sobreleva ao fator econômico.

A definição legal das fundações, contida, como vimos, no art. 5º, inciso IV, do Decreto-lei nº 200/1967, indica expressamente a característica dos fins não lucrativos. A despeito de a referência constar da conceituação das fundações públicas com personalidade de direito privado, aplica-se também às fundações autárquicas, já que idênticos os objetivos de ambas as categorias.

4. OBJETO

Os fins a que se destinam as fundações públicas são sempre de caráter social e suas atividades se caracterizam como serviços de utilidade pública. Por esse motivo, jamais poderá o Estado instituir fundações públicas quando pretender intervir no domínio econômico e atuar no mesmo plano em que o fazem os particulares; para esse objetivo, já se viu, criará empresas públicas e sociedades de economia mista.

As fundações governamentais se destinam, habitualmente, às seguintes atividades: (a) assistência social; (b) assistência médica e hospitalar; (c) educação e ensino; (d) pesquisa; (e) atividades culturais. Aqui cabem duas observações. Primeiramente, pode a lei estabelecer outros fins, desde que tenham feição social. Depois, não é incomum que objetivos fundacionais coincidam com fins autárquicos, já que em ambos sobreleva o aspecto social.[182]

Vejamos alguns exemplos de fundações da esfera federal: Fundação Escola de Administração Pública; Conselho Nacional de Desenvolvimento Científico e Tecnológico; Fundação

---

[180] JOSÉ EDUARDO SABO PAES, *Fundações, associações e entidades de interesse social*. 6. ed. Brasília Jurídica, 2006, p. 347.

[181] O Código admite que algumas fundações tenham sido criadas anteriormente com objetivos diversos, hipótese em que, sem lhes exigir alteração, impõe-lhes funcionamento sujeito à disciplina por ele instituída (art. 2.032).

[182] Para exemplificar, o ensino superior pode ser objeto de autarquia (Universidade Federal do Rio de Janeiro) ou de fundação (Fundação Universidade Federal de Ouro Preto).

442 | MANUAL DE DIREITO ADMINISTRATIVO • *Carvalho Filho*

Casa de Rui Barbosa; Fundação Nacional do Índio; Fundação Instituto Brasileiro de Geografia e Estatística; Fundação Nacional de Saúde e outras tantas ligadas à Administração.

Vale a pena tecer uma última consideração sobre o objeto das fundações governamentais. Segundo entendemos, se a fundação pública é instituída com a adoção, basicamente, do regime de direito privado, deverá sujeitar-se ao modelo previsto no Código Civil, inclusive quanto ao objeto, constituído, como vimos, das finalidades a que alude o art. 62, parágrafo único, do mesmo Código. Não obstante, se se tratar de fundação de direito público, poderá o legislador indicar objeto diverso dos que constam no diploma civilístico. A razão é que tais fundações têm natureza autárquica, o que permite ao legislador fixar sua finalidade institucional, considerando o interesse público perseguido, naquele caso específico, pela Administração.[183]

5. CRIAÇÃO E EXTINÇÃO

Neste tópico, é necessário adequar o que já dissemos a respeito das demais pessoas da Administração Indireta. E, para proceder a essa adequação, temos que distinguir os dois tipos de fundação pública, embora para ambos seja necessária a edição de lei.

No caso de fundações públicas de direito privado, a lei apenas autoriza a criação da entidade. Como bem registra o art. 5º, § 3º, do Decreto-lei nº 200/1967, a personalidade dessas fundações é adquirida com a inscrição da escritura pública de sua constituição no Registro Civil de Pessoas Jurídicas. São, pois, dois atos diversos: a lei é autorizadora da criação da entidade, ao passo que o ato de registro é que dá início a sua personalidade jurídica.

Se a fundação pública for de natureza autárquica, ou seja, de direito público, a regra a ser aplicada é a mesma que incide sobre as autarquias, vale dizer, a própria lei dá nascimento à entidade, porque essa é a regra adotada para o nascimento da personalidade jurídica de pessoas jurídicas de direito público.

Diante dessa diferença, será forçoso reconhecer que o art. 37, XIX, da CF, com a redação dada pela EC nº 19/1998, só se referiu às fundações públicas de direito privado, ao estabelecer que *"somente por lei específica poderá ser criada autarquia e autorizada a instituição de empresa pública, de sociedade de economia mista e de fundação"*. Ora, se é apenas autorizada a instituição, esta se dará pela inscrição de seus estatutos no registro próprio.

A extinção das fundações públicas decorre também de lei, como ocorre com as demais pessoas administrativas. Mas, retornando à distinção, a lei autorizará a extinção de fundações de direito privado e ela mesma extinguirá as de direito público, nesta última hipótese tal como sucede com as autarquias.

O art. 37, XIX, da CF, com a redação da EC nº 19/1998, criou inovação quanto às fundações. Reza o dispositivo que somente por *lei específica* pode ser autorizada a instituição de *"empresa pública, de sociedade de economia mista e de fundação, cabendo à lei complementar, neste último caso, definir as áreas de sua atuação"*. O mandamento, ao mencionar a *autorização* por lei, só pode ter-se referido às fundações governamentais de direito privado, e isso pela óbvia razão de que as fundações de direito público são diretamente *instituídas* por lei, espécies que são do gênero *autarquias*, como já deixamos anotado anteriormente. Quis o Constituinte, então, atribuir à lei complementar a tarefa de fixar quais os setores aos quais poderão dedicar-se as fundações públicas de direito privado; significa, *a contrario sensu*, que não poderá ser autorizada a criação desse tipo de fundação fora das áreas indicadas no aludido diploma.

---

[183] No mesmo sentido, ALEXANDRE SANTOS DE ARAGÃO, no trabalho As fundações públicas e o novo Código Civil (*RDA* 231/313, 2003).

Cap. 9 · ADMINISTRAÇÃO DIRETA E INDIRETA | 443

No que concerne a tal previsão, alguns intérpretes advogam o entendimento de que, sem tal lei, não haveria ensejo para as fundações governamentais de direito privado. Discordamos, contudo, dessa linha de opinião: embora de algum tempo para cá esteja havendo uma certa *"publicização"* das fundações, ainda existem algumas que se caracterizam como entidades privadas, com fisionomia mais aproximada àquelas fundações do setor privado. A lei complementar, certamente, definirá, além das áreas de atuação, o regime jurídico básico a ser aplicado, diferenciando-o mais precisamente do que incide sobre as fundações de natureza autárquica – regime esse tipicamente de direito público.

6. REGIME JURÍDICO

Embora já nos tenhamos referido, de passagem, ao regime jurídico das fundações públicas, entendemos, por questão de método, que devemos deixar bem claras as linhas desse regime no que concerne às referidas entidades.

As fundações públicas de direito público não se distinguem, nesse particular, das autarquias: sujeitam-se ao regime de direito público. Em consequência, estarão descartadas as normas de direito privado reguladoras das fundações particulares.

6.1. Prerrogativas

Recebendo o influxo desse quadro normativo, pode-se concluir que as fundações públicas de direito público fazem jus às mesmas *prerrogativas* que a ordem jurídica atribui às autarquias, tanto de direito substantivo, como de direito processual. E nem poderia ser de outro modo, na medida em que são consideradas como espécie do gênero autarquia. É também a posição adotada pela jurisprudência.[184]

Em relação às fundações públicas com personalidade de direito privado, temos que reconhecer que a lei criou para elas um regime especial. Na verdade, deveriam elas reger-se, basicamente, pelas normas de direito civil sobre a matéria fundacional, e só supletivamente pelas regras de direito público, principalmente, como vimos oportunamente, na relação que vincula as entidades da Administração Indireta à respectiva Administração Direta. Todavia, o já citado art. 5º, § 3º, do Decreto-lei nº 200/1967, embora tenha previsto a aquisição da personalidade jurídica pelo registro da escritura pública de constituição, consignou que não lhes são aplicáveis *as demais disposições do Código Civil concernentes às fundações*. Podemos, pois, concluir que o regime jurídico aplicável sobre as fundações públicas de direito privado tem caráter híbrido, isto é, em parte (quanto à constituição e ao registro) recebem o influxo de normas de direito privado e noutra parte incidirão normas de direito público, normas que, diga-se de passagem, visarão a adequar as entidades à sua situação especial de pessoa da Administração Indireta.

No que concerne às prerrogativas processuais, deve entender-se que não incidem sobre as fundações governamentais de direito privado, mas apenas sobre as fundações de direito público, que, como vimos, são espécies de autarquias. O art. 496, I, do CPC, por exemplo, deixa expresso que está sujeita ao duplo grau de jurisdição, só produzindo efeito, após confirmada pelo tribunal, a sentença proferida contra as pessoas federativas e as respectivas autarquias e *fundações de direito público*. Nota-se, assim, que o legislador pretendeu afastar deliberadamente as fundações de direito privado, ainda que instituídas pelo Poder Público. Numa interpretação sistemática há de se inferir que somente as fundações autárquicas têm a garantia daquelas prerrogativas, o que não ocorre com as fundações privadas, às quais devem ser aplicadas as regras processuais comuns às partes em geral. Nessa linha, aliás, já

---

[184] STJ, REsp 148.521-PE, Rel. Min. ADHEMAR MACIEL, *DJ* 14.9.1998.

444 | MANUAL DE DIREITO ADMINISTRATIVO • *Carvalho Filho*

se decidiu, em boa interpretação, que fundações públicas de direito privado não fazem jus à isenção de custas processuais.[185]

6.2. Privilégios Tributários

Dispõe o art. 150, § 2º, da CF que o princípio da imunidade tributária, relativa aos impostos sobre a renda, o patrimônio e os serviços federais, estaduais e municipais (art. 150, VI, *a*), é extensivo *às fundações instituídas e mantidas pelo Poder Público*.

Empregando essa expressão, de amplo alcance e sem qualquer restrição, desnecessário se torna, nesse aspecto, distinguir os dois tipos de fundações públicas. Ambas as modalidades fazem jus à referida imunidade, não incidindo, pois, impostos sobre a sua renda, o seu patrimônio e os seus serviços.

A despeito da controvérsia existente, a jurisprudência se consolidou no sentido de que há uma presunção *iuris tantum* em favor da imunidade das fundações públicas. Resulta, então, que caberá à Administração tributária comprovar a eventual tredestinação dos bens protegidos pela imunidade, matéria, obviamente, objeto de prova.[186]

7. PATRIMÔNIO

Da mesma forma que as autarquias, os bens do patrimônio das fundações públicas de direito público são caracterizados como *bens públicos*, protegidos por todas as prerrogativas que o ordenamento jurídico contempla. Para não sermos repetitivos, remetemos o leitor ao mesmo tema, que examinamos na parte relativa às autarquias.

As fundações públicas de direito privado, contrariamente, têm seu patrimônio constituído de *bens privados*, incumbindo sua gestão aos órgãos dirigentes da entidade na forma definida no respectivo estatuto. Somente se houver na lei autorizadora restrições e impedimentos quanto à gestão dos bens fundacionais é que os órgãos dirigentes deverão obedecer. Fora dessa hipótese, o poder de gestão é da própria fundação, cabendo, no caso de desvio de finalidade, a responsabilização civil e criminal dos responsáveis.

8. PESSOAL

Este é outro ponto em que é necessário distinguir as fundações.

Como já mencionamos, grande polêmica foi suscitada a propósito do regime jurídico único em virtude da alteração procedida pela EC 19/1998 no art. 39 da Constituição. Suspensa inicialmente a alteração, o STF decidiu, depois de longo tempo, no sentido da constitucionalidade da alteração, admitindo, assim, a extinção do regime jurídico único. Desse modo, ficou prejudicada a discussão no que tange às fundações de direito público, já que seu regime será aquele que a lei instituidora determinar.

Já no caso de fundações públicas de direito privado, o pessoal, em nosso entender, deve sujeitar-se normalmente ao regime trabalhista comum, traçado na CLT. Sendo de natureza privada tais entidades, não teria sentido que seus servidores fossem estatutários. Na verdade, haveria mesmo incompatibilidade, haja vista que o regime estatutário, com seu sistema de cargos e carreiras, é adequado para pessoas de direito público, como é o caso das autarquias e das fundações autárquicas, sem contar, como é óbvio, as pessoas políticas da federação. A

---

[185] STJ, REsp 1.409.199, j. 10.3.2020.

[186] STF, Agr/ARE 796.191, j. 10.2.2015, e ARE 708.404, j. 11.6.2013.

despeito do regime trabalhista, aplicam-se aos empregados dessas fundações as restrições de nível constitucional, como, por exemplo, a vedação à acumulação de cargos e empregos (art. 37, XVII) e a necessidade de prévia aprovação em concurso público de provas ou de provas e títulos antes da contratação dos empregados (art. 37, II).[187]

Não obstante, ainda há certa complexidade, como vimos, para caracterizar a entidade denominada *"fundação pública"* como de direito público ou de direito privado. No concernente a certa fundação pública, decidiu-se que não se aplicava a estabilidade especial prevista no art. 19 do ADCT da CF a empregado admitido antes dos cinco anos exigidos nesse dispositivo, fundando-se a decisão no fato de que se tratava de fundação pública de direito privado, não incluída na expressão "fundações públicas" contida no citado artigo.[188]

9. CONTROLE

9.1. Controle Institucional

Como sucede com as pessoas da Administração Indireta, as fundações públicas, qualquer que seja a sua natureza, sujeitam-se a controle pela respectiva Administração Direta.

Esse controle pode ser exercido sob três prismas:

1. o controle *político*, que decorre da relação de confiança entre os órgãos de controle e os dirigentes da entidade controlada (estes são indicados e nomeados por aqueles);

2. o controle *administrativo*, pelo qual a Administração Direta fiscaliza se a fundação está desenvolvendo atividade consonante com os fins para os quais foi instituída; e

3. controle *financeiro*, exercido pelo Tribunal de Contas, tendo a entidade o encargo de oferecer sua prestação de contas para apreciação por aquele Colegiado (arts. 70 e 71, II, da CF).

Vale a pena observar que o art. 71, II, da CF emprega a expressão *fundações instituídas e mantidas pelo Poder Público*, que, por sua abrangência, alcança tanto as fundações públicas de direito público como as de direito privado. Como o dispositivo se refere à apreciação de contas dos responsáveis por *dinheiros públicos*, infere-se que a fundação governamental que subsista apenas com recursos próprios não estará sob incidência da regra constitucional.[189] Não se desconhece, todavia, a tendência atual de ampliar o controle sobre entidades que executam atividades sociais, objetivando impedir a malversação de recursos da entidade por dirigentes inescrupulosos.

Outros dispositivos que contêm alguma forma de controle fundacional são os arts. 52, VII, 165, §§ 5º e 9º, e 169, parágrafo único, da CF.

9.2. Controle do Ministério Público

Nos termos do art. 66 do Código Civil, *velará pelas fundações o Ministério Público do Estado, onde situadas*. Em virtude desse dispositivo, o Ministério Público em cada Estado tem,

---

[187] Cf. MARIA SYLVIA DI PIETRO, ob. cit., p. 280.
[188] STF, RE 716.378, j. 7.8.2019 (maioria com 5 votos vencidos).
[189] Vide EROS ROBERTO GRAU, *RDP* nº 98, p. 75, 1991.

446 | MANUAL DE DIREITO ADMINISTRATIVO • *Carvalho Filho*

em sua organização funcional, orgão de execução, normalmente a Curadoria de Fundações, destinado à fiscalização dessas entidades, quando se trata de instituidor privado.

O Código Civil, no art. 66, § 1º, estabelecia caber ao Ministério Público Federal o encargo de velar pelas fundações sediadas no Distrito Federal e em Territórios.[190] A distorção, todavia, foi corrigida pela Lei nº 13.151, de 28.7.2015, que, alterando o citado art. 66, § 1º, conferiu o controle ao MP do DF e Territórios. Ressalve-se apenas, por oportuno, que nas *fundações de direito público* federais, o controle, se a lei o contemplar, incumbirá ao MP Federal.

A função ministerial, no caso, se justifica pela necessidade de fiscalizar se a fundação está efetivamente perseguindo os fins para os quais foi instituída. Trata-se, portanto, de controle finalístico.

No caso de fundações governamentais, é dispensável essa fiscalização, independentemente da natureza da entidade, haja vista que o controle finalístico já é exercido pela respectiva Administração Direta. Haveria, em consequência, duplicidade de controle para os mesmos fins.[191] Esse é o motivo pelo qual em várias leis orgânicas estaduais do Ministério Público há a expressa menção de que a Curadoria de Fundações não tem atribuições para fiscalizar fundações governamentais. Observe-se, por oportuno, que mesmo os entes fundacionais de direito privado não recebem integral incidência das normas do Código Civil, e isso em face da peculiaridade de integrarem a administração indireta do Estado. Uma das que não incidem é exatamente a que se refere ao velamento das fundações pelo Ministério Público – norma inspirada na necessidade de controle das entidades criadas sob injunção da vontade de particulares.[192]

9.3. Controle Judicial

As fundações públicas de direito público podem dar origem a atos de direito privado e a atos administrativos. No primeiro caso, o controle judicial se dará pelas vias comuns, ao passo que neste último poderá o controle ser exercido pelas vias específicas, como o mandado de segurança e a ação popular.

Se se tratar de fundações governamentais com personalidade de direito privado, a regra será que pratique atos de natureza privada, controláveis pelas vias processuais comuns. Entretanto, quando praticar ato no exercício de função delegada do Poder Público, esse ato se caracterizará como administrativo e, como tal, sujeito a controle também pelas mesmas vias especiais anteriormente mencionadas.

10. FORO DOS LITÍGIOS

No que concerne às fundações públicas com personalidade de direito público, a competência de foro para os litígios judiciais segue o que dissemos a respeito das autarquias. Tratando-se de fundação de direito público *federal*, seus litígios são dirimidos na Justiça Federal, inclusive aqueles que decorram da relação estatutária entre a fundação e seus servidores. A propósito, note-se que o art. 109, I, da CF, empregou a expressão *"entidade autárquica"*, que obviamente abrange autarquias e fundações autárquicas. A elas, inclusive, da mesma forma que às autarquias, aplica-se a Súmula 270 do STJ. As fundações *estaduais* e *municipais* terão seus feitos processados no foro fixado no código de organização judiciária do Estado.[193]

---

[190] Nesse sentido decidiu o STF na ADI 2.794, Min. SEPÚLVEDA PERTENCE, j. 14.12.2006.

[191] No mesmo sentido, MARIA SYLVIA DI PIETRO (ob. cit., p. 277). Em sentido contrário, HELY LOPES MEIRELLES em edições anteriores de sua clássica obra *Direito administrativo brasileiro* (cf. 7. ed., 1979, p. 353).

[192] A respeito, vide JOSÉ EDUARDO SABO PAES, *Fundações*, cit., p. 544-552.

[193] Aplica-se *in casu* também a Súmula 97 do STJ. Vide item 11 do tópico relativo às autarquias.

Se se tratar de fundação governamental de direito privado, seja qual for a esfera a que esteja vinculada, a regra de foro é a comum para as pessoas privadas, ou seja, a Justiça estadual. Como o pessoal dessas fundações deve reger-se pela lei trabalhista, será competente a Justiça do Trabalho para dirimir os conflitos dessa natureza.

11. ATOS E CONTRATOS

Ainda aqui é preciso distinguir a natureza das fundações governamentais.

Como as fundações de direito público são espécie do gênero autarquia, as manifestações de vontade de seus agentes se formalizam, normalmente, por *atos administrativos*, regulados basicamente por regras especiais de direito público. Poderão, é claro, ser praticados atos de natureza privada e, nesse caso, se sujeitarão às normas do Direito Civil ou Comercial. Seus contratos também se caracterizam como administrativos, razão pela qual incide a disciplina da Lei nº 14.133/2021, o Estatuto geral.

As fundações públicas de direito privado praticam, em regra, atos de direito privado. Só serão considerados atos administrativos aqueles praticados no exercício de função delegada do Poder Público. A Lei nº 8.666/1993 aplicava-se a todas as fundações governamentais, já que se referia a *fundações públicas*, sem especificar de qual natureza (art. 1º, parágrafo único). A Lei nº 14.133/2021, porém, alude a administrações *autárquicas e fundacionais* (art. 1º) e às entidades controladas direta ou *indiretamente* pela Administração (art. 1º, II). Embora não haja a clareza desejável, tudo parece sugerir que também as fundações governamentais de direito privado deverão subordinar-se ao Estatuto vigente, no que tange a contratos e licitações. É forçoso reconhecer, todavia, que o sistema deixa dúvidas a respeito de tal incidência.

12. RESPONSABILIDADE CIVIL

A questão da responsabilidade civil se aplica às duas modalidades de fundação pública. De acordo com o art. 37, § 6º, da CF, são civilmente responsáveis por atos de seus agentes tanto as pessoas jurídicas de direito público como as pessoas de direito privado prestadoras de serviços públicos.

As fundações, como já visto, não se prestam à exploração de atividades econômicas; ao contrário, são criadas pelo Estado para a execução de atividades de caráter social e que, obviamente, retratam verdadeiros serviços públicos.

Conclui-se, portanto, que as fundações governamentais sujeitam-se à responsabilidade *objetiva*, consagrada no referido mandamento, a exemplo do que se passa com as sociedades de economia mista e as empresas públicas quando prestadoras de serviços públicos. Aqui não é preciso distinguir os dois tipos de fundações públicas: se forem de direito público, estarão dentre as pessoas jurídicas de direito público; se forem de direito privado, incluir-se-ão entre as pessoas de direito privado prestadoras de serviços públicos. Ambas têm previsão no art. 37, § 6º, da CF.[194]

A responsabilidade das fundações é *primária*, ou seja, elas é que devem, em princípio, responder pelos prejuízos que seus agentes causem a terceiros. A pessoa estatal instituidora, como já tivemos a oportunidade de assinalar quando tratamos das outras entidades administrativas privadas, tem responsabilidade *subsidiária*, vale dizer, só se torna responsável se e quando a fundação for incapaz de reparar integralmente os prejuízos.

---

[194] TJ-MG, Ap. Cív. 1.0079.01.026579-5/001, j. 10.3.2005, e TJ-DF, Ap. Cív. 20140110534464, j. 17.2.2016.

448 | MANUAL DE DIREITO ADMINISTRATIVO • *Carvalho Filho*

VII. Outras Pessoas Jurídicas Vinculadas ao Estado

1. INTRODUÇÃO

A formação básica da Administração Pública é aquela que a subdivide em Administração Direta e Indireta, sendo esta última constituída pelas entidades anteriormente estudadas.

Não obstante, existem algumas outras pessoas jurídicas que, *embora não integrando o sistema da Administração Indireta*, cooperam com o governo, prestam inegável serviço de utilidade pública e se sujeitam a controle direto ou indireto do Poder Público. Em seu perfil existem, como não podia deixar de ser, alguns aspectos inerentes ao direito privado e outros que as deixam vinculadas ao Estado. A despeito da imprecisão do conceito, como vimos, poderíamos tranquilamente enquadrá-las na categoria das *entidades paraestatais*.

2. PESSOAS DE COOPERAÇÃO GOVERNAMENTAL (SERVIÇOS SOCIAIS AUTÔNOMOS)

2.1. Sentido

Pessoas de cooperação governamental são aquelas entidades que colaboram com o Poder Público, a que são vinculadas, através da execução de alguma atividade caracterizada como serviço de utilidade pública. Alguns autores as têm denominado de *serviços sociais autônomos*.[195] A denominação também tem sido adotada por leis mais recentes que autorizaram a instituição de tais entidades.[196] A expressão realmente é tradicional, mas não retrata com fidelidade a categoria da entidade, já que muitas fundações também espelham serviços sociais autônomos. Na verdade, estão elas enquadradas na categoria das *pessoas de cooperação governamental* – daí a razão de nossa referência.

2.2. Natureza Jurídica

As pessoas de cooperação governamental são pessoas jurídicas de direito privado, embora no exercício de atividades que produzem algum benefício para grupos sociais ou categorias profissionais.

Apesar de serem entidades que cooperam com o Poder Público, não integram o elenco das pessoas da Administração Indireta, razão por que seria impróprio considerá-las pessoas administrativas.

Não há regra que predetermine a forma jurídica dessas pessoas. Podem assumir o formato de categorias jurídicas conhecidas, como fundações ou associações, ou um delineamento jurídico especial, insuscetível de perfeito enquadramento naquelas categorias, como, aliás, vem ocorrendo com várias delas.

2.3. Criação

Sua criação depende de lei autorizadora, tal como ocorre com as pessoas da Administração Indireta, embora não tenham sido elas mencionadas no art. 37, XIX, da Lei Maior. Entretanto, recebem recursos oriundos de contribuições pagas compulsoriamente, e obrigações dessa natureza reclamam previsão em lei.

---

[195] HELY LOPES MEIRELLES, *Direito administrativo*, cit., p. 335.

[196] É o caso das Leis nºˢ 10.668/2003 e 11.080/2004, que autorizaram a criação da Agência de Promoção de Exportações do Brasil – APEX-BRASIL e da Agência Brasileira de Desenvolvimento Industrial – ABDI, respectivamente.

Cap. 9 · ADMINISTRAÇÃO DIRETA E INDIRETA | 449

A personalidade jurídica tem início com a inscrição de seu estatuto no cartório próprio, no caso o Registro Civil de Pessoas Jurídicas. Neste ponto, por conseguinte, incide plenamente a regra do art. 45 do Código Civil, que trata da existência das pessoas jurídicas.

Os estatutos são delineados através de regimentos internos, normalmente aprovados por decreto do Chefe do Executivo. Neles, desenha-se a organização administrativa da entidade, com a referência aos objetivos, órgãos diretivos, competências e normas relativas aos recursos e à prestação de contas.

2.4. Objeto

As pessoas de cooperação governamental têm sempre como objeto uma atividade social que representa a prestação de um serviço de utilidade pública, beneficiando certos grupamentos sociais ou profissionais.

Há quatro entidades tradicionais dessa categoria: o SESI (Serviço Social da Indústria) e o SESC (Serviço Social do Comércio), destinados à assistência social a empregados dos setores industrial e comercial, respectivamente; e o SENAI (Serviço Nacional de Aprendizagem Industrial) e o SENAC (Serviço Nacional de Aprendizagem Comercial), destinados à formação profissional e educação para o trabalho, também com vistas, respectivamente, à indústria e ao comércio. As leis autorizadoras da criação dessas pessoas são: Decreto-lei no 9.403, de 25.6.1946 (SESI); Decreto-lei no 9.853, de 13.9.1946 (SESC); Decreto-lei no 4.048, de 22.1.1942 (SENAI); e Decreto-lei no 8.621, de 10.1.1946 (SENAC).

Recentemente, foram criadas outras pessoas dessa natureza: o SEBRAE (Serviço Brasileiro de Apoio às Micro e Pequenas Empresas), que se destina à execução de programas de auxílio e orientação a empresas de pequeno porte (essa entidade se originou da transformação do antigo CEBRAE, que era órgão federal, através da Lei no 8.029, de 12.4.1990, alterada posteriormente pela Lei no 8.154, de 28.12.1990, que, por sua vez, já sofreu também algumas alterações posteriores); o SENAR (Serviço Nacional de Aprendizagem Rural), com o objetivo de organizar, administrar e executar o ensino da formação profissional rural e a promoção social do trabalhador rural (o SENAR foi previsto no art. 62 do ADCT da CF e regulado pela Lei no 8.315, de 23.12.1991); e o SEST (Serviço Social do Transporte) e o SENAT (Serviço Nacional de Aprendizagem do Transporte), que visam a fins idênticos aos antes referidos, dirigidos especificamente aos serviços de transporte, seja como empresa, seja como trabalhador autônomo (Lei nº 8.706, de 14.9.1993).

Outra entidade congênere é o SESCOOP (Serviço Nacional de Aprendizagem do Cooperativismo), criado para organizar, administrar e executar o ensino de formação profissional, desenvolvimento e promoção social do trabalhador em cooperativa e dos cooperados.[197]

Ultimamente, foi autorizada a instituição da Agência de Promoção de Exportações do Brasil – APEX-Brasil, com o objetivo de promover e fomentar a execução de políticas relacionadas a exportações, em cooperação com o Poder Público, particularmente quando beneficiem empresas de pequeno porte e propiciem a geração de empregos,[198] e a Agência Brasileira de Desenvolvimento Industrial – ABDI, destinada a promover a execução de políticas de desenvolvimento do setor industrial (Lei nº 11.080, de 30.12.2004). Após, foi também autorizada a instituição da Agência Nacional de Assistência Técnica e Extensão Rural (ANATER), com a finalidade de

---

[197] Medida Provisória nº 1.715, de 3.9.1998, que instituiu o Programa de Revitalização de Cooperativas de Produção Agropecuária (RECCOP). A MP não a caracterizou expressamente como *serviço social autônomo*, mas sua função, no sistema, aproxima-se do objetivo das demais entidades.

[198] Lei nº 10.668, de 14.5.2003. A entidade em foco resulta de desmembramento do SEBRAE, razão por que a lei instituidora também altera a Lei nº 8.029/1990, relativa a esta última.

450 | MANUAL DE DIREITO ADMINISTRATIVO • *Carvalho Filho*

promover a execução de políticas de desenvolvimento da assistência técnica e extensão rural, em prol do desenvolvimento sustentável no meio rural (Lei nº 12.897, de 18.12.2013).

Cumpre anotar, no entanto, que estas últimas entidades, conquanto tenham sido qualificadas nas respectivas leis como *"serviços sociais autônomos"*, têm regime e perfil jurídicos bem diversos dos atribuídos tradicionalmente às entidades da mesma natureza. Eis alguns aspectos distintivos: (a) nas entidades mais recentes, o Presidente é nomeado pelo Presidente da República; nas anteriores, a autoridade maior é escolhida por órgãos colegiados internos; (b) naquelas, a supervisão compete ao Poder Executivo; nestas, inexiste tal supervisão; (c) de outro lado, é prevista a celebração de contrato de gestão com o governo, o que também não existe para os serviços sociais anteriores; (d) por fim, contempla-se, para aquelas, a inclusão de dotações consignadas no Orçamento-Geral da União; os serviços sociais clássicos, todavia, não recebem recursos diretos do erário.

Na verdade, esses serviços sociais autônomos mais recentes afastaram-se do modelo clássico e mais se aproximaram do sistema da Administração Pública descentralizada. Levando em consideração seu objeto institucional, poderiam ser corretamente enquadradas como *agências executivas*, sob a forma de autarquias. No caso, acabou surgindo um regime híbrido: são típicas pessoas administrativas, embora excluídas formalmente da Administração Indireta. Esse ponto é relevante porque, se há algo indiscutível, esse é o de que os serviços sociais autônomos tradicionais *não integram* a Administração Pública.

2.5. Recursos Financeiros

Os recursos carreados às pessoas de cooperação governamental são oriundos de *contribuições parafiscais*, recolhidas compulsoriamente pelos contribuintes que as diversas leis estabelecem, para enfrentarem os custos decorrentes de seu desempenho, sendo vinculadas aos objetivos da entidade. A Constituição Federal, aliás, refere-se expressamente a tais contribuições no art. 240, nesse caso pagas por empregadores sobre a folha de salários.

Esses recursos são arrecadados pela Fazenda Nacional, que os repassa às entidades destinatárias. Em virtude de tal situação, cuida-se de recursos que se caracterizam como *dinheiro público*. E isso por mais de uma razão: primeiramente, pela expressa previsão legal das contribuições; além disso, essas contribuições não são facultativas, mas, ao revés, compulsórias, com inegável similitude com os tributos; por fim, esses recursos estão vinculados aos objetivos institucionais definidos na lei, constituindo desvio de finalidade quaisquer dispêndios voltados para fins outros que não aqueles.

A despeito de serem destinatários dos referidos recursos, já se decidiu que os serviços sociais autônomos não têm legitimidade passiva *ad causam* para integrar a relação processual ao lado do ente público arrecadador. Considerou-se que os recursos provêm de uma Contribuição de Intervenção no Domínio Econômico – CIDE, de modo que o repasse configura mera transferência de receita corrente para pessoas jurídicas de direito privado, como forma de subvenção econômica. Daí se infere que não podem figurar como litisconsortes passivos ao lado da União.[199]

Quanto ao diploma instituidor, já se advogou o entendimento de que a previsão da contribuição parafiscal estaria a exigir formalização através de lei complementar, como o exigiria a Constituição, isso porque o art. 146, III, "a", exige lei complementar para normas gerais de direito financeiro e definição de tributos e suas espécies. Há evidente equívoco nessa interpretação.

---

[199] STJ, ERESP 1.619.954, j. 10.4.2019.

Cap. 9 · ADMINISTRAÇÃO DIRETA E INDIRETA | 451

Tais contribuições se caracterizam como de intervenção no domínio econômico, podendo, portanto, ser instituídas por *lei ordinária*. Inexiste, assim, contrariamente ao alegado, qualquer inconstitucionalidade nessa forma de instituição.[200]

Os contribuintes são as pessoas jurídicas incluídas no setor econômico a que está vinculada a entidade. Para o SENAI e SESI, por exemplo, são contribuintes as sociedades inseridas no setor de indústria, ao passo que para o SESC e SENAC contribuem as sociedades do comércio e, depois de alguma polêmica, as prestadoras de serviço (salvo quando integram outro serviço social).[201]

Depois de muita polêmica sobre o tema, restou decidido que as contribuições destinadas ao SESI, SENAI, SESC e SENAC *não estão submetidas ao teto* de vinte salários mínimos, aplicando-se no caso o art. 1º, I, do Decr.-lei nº 2.318/1986, que revogou a Lei 6.950/1981, na qual havia a fixação daquele limite.[202]

2.6. Ausência de Fins Lucrativos

As pessoas de cooperação governamental dedicam-se, já vimos, a exercer atividades de amparo a certas categorias sociais, podendo dizer-se, em virtude desse fato, que desempenham serviços de utilidade pública.

Assim, seu objetivo está distante daquele perseguido pelos setores empresariais e não se reveste de qualquer conotação econômica. Nesse ponto, aliás, assemelham-se às fundações. E, tal como estas, não podem alvitrar fins lucrativos, próprios de empresas que exploram atividade econômica. Os valores remanescentes dos recursos que a elas são distribuídos constituem *superavit* (e não lucro) e devem ser revertidos para os mesmos objetivos, visando a sua melhoria, aperfeiçoamento e maior extensão. Trata-se, enfim, de entidades de caráter não econômico.

2.7. Controle

Por serem pessoas jurídicas de criação autorizada por lei, bem como pela circunstância de arrecadarem contribuições parafiscais de recolhimento obrigatório, caracterizadas como dinheiro público, as pessoas de cooperação governamental submetem-se a controle pelo Poder Público, na forma definida em lei, estando sempre vinculadas à supervisão do Ministério em cuja área de competência estejam enquadradas.

Para fins de controle, dispõe o art. 183 do Decreto-lei nº 200/1967 que *"as entidades e organizações em geral, dotadas de personalidade jurídica de direito privado, que recebem contribuições parafiscais e prestam serviços de interesse público ou social, estão sujeitas à fiscalização do Estado nos termos e condições estabelecidos na legislação pertinente a cada uma"*.

Normalmente as leis instituidoras dessas entidades já apontam alguns meios de controle, principalmente o financeiro. Além delas, outros diplomas têm acrescido formas de fiscalização, como, por exemplo, a submissão à auditoria externa dos órgãos ministeriais a que estejam vinculadas.[203] Por outro lado, prestam contas ao Tribunal de Contas, na forma e nas condições fixadas por resoluções reguladoras da matéria, expedidas pelo mesmo Colegiado.

---

[200] Foi como acertadamente decidiu o STF no RE 635.682, Min. GILMAR MENDES, em 25.4.2013.

[201] STJ, Súmula nº 499 (2013).

[202] STJ, REsp 1.898.532 e 1.905.870, j. 13.3.2024 (v. Tema 1.079, STJ).

[203] Vide Decreto-lei nº 772, de 19.8.1969.

2.8. Outros Aspectos do Regime Jurídico

Por serem pessoas jurídicas de direito privado, as pessoas de cooperação governamental sujeitam-se basicamente às regras de direito privado. Todavia, o elo de vinculação que as deixa atreladas ao Poder Público resulta na emanação de normas de direito público, sobretudo no que toca à utilização dos recursos, à prestação de contas e aos fins institucionais.

Praticam atos de direito privado, mas se algum ato for produzido em decorrência do exercício de função delegada estará ele equiparado aos atos administrativos e, por conseguinte, sujeito a controle pelas vias especiais, como a do mandado de segurança.

Por outro lado, estão obrigadas a realizar licitação antes de suas contratações, como o exige a Lei nº 14.133/2021, que, de forma clara, consigna que se subordinam a seu regime jurídico, além das pessoas da Administração Indireta, as demais entidades controladas direta ou indiretamente pela Administração Pública (art. 1º, II).

O Tribunal de Contas da União perfilhava esse mesmo entendimento, adotando-o em várias decisões proferidas em processos relativos às entidades em foco.[204] Posteriormente, no entanto, mudou radicalmente tal pensamento, excluindo-as da incidência da Lei nº 8.666/1993, então vigente (atualmente, Lei nº 14.133/2021). Foram invocados, basicamente, os seguintes argumentos: (a) o art. 22, XXVII, da CF, só dirige o princípio da obrigatoriedade da licitação à administração direta e indireta, na qual não estão as pessoas de cooperação governamental; (b) a Lei nº 8.666/1993 não poderia alargar o seu alcance para abrangê-las em seu raio de incidência; (c) a expressão *entidades controladas* só é aplicável a empresas públicas e sociedades de economia mista, nos termos do art. 243, § 2º, da Lei nº 6.404/1976 (Lei das Sociedades Anônimas).[205]

Há que ser respeitada a nova posição do TCU, mas dela ousamos dissentir. Os argumentos invocados, *concessa venia*, não nos convencem. Primeiramente, o fato de o art. 22, XXVII, da CF, aludir apenas à administração direta e indireta não exclui a possibilidade de o legislador exigir que outras pessoas se submetam também à Lei nº 8.666/1993 (hoje, Lei nº 14.133/2021). Afinal, se a própria lei autorizou a criação de tais pessoas, nada impediria que instituísse mecanismos especiais de controle, pois que afinal todas têm algum elo com o Poder Público. Desse modo, o Estatuto, como lei federal que é, poderia alargar o alcance do dispositivo constitucional para incidir sobre tais entidades (como o fez realmente no art. 1º, parágrafo único; atualmente art. 1º, II, Lei nº 14.133/2021), por isso que a Constituição em nenhum momento limitou a lei licitatória *apenas* às pessoas da Administração Direta e Indireta; exigiu-se tão somente que para estas *sempre* haveria subordinação ao Estatuto.

Por fim, não se nos afigura correto o entendimento de que a expressão *controladas indiretamente* se refira somente às sociedades reguladas pela Lei nº 6.404/1976. A circunstância de as entidades, embora organizadas pelo setor privado, terem sido previstas em lei, somada ao fato de lhes ter sido instituído o direito a contribuições parafiscais pagas obrigatoriamente pelos contribuintes, caracterizando-se como recursos públicos, é fundamento mais do que suficiente para submetê-las a controle do Poder Público, e isso realmente ocorre em relação a suas contas, que, como vimos, sujeitam-se a controle do Tribunal de Contas. Aliás, se uma entidade aufere recursos pagos obrigatoriamente por terceiros, é de se esperar que seja fiscalizada pelo Poder Público. Esse é um postulado antigo e inafastável do regime democrático. Daí nenhuma estranheza pode causar o fato de a lei submetê-las também a controle em sede de contratos e licitações.

---

[204] TCU, Decisões nºs 47/1995, 408/1995 e 166/1996.

[205] TCU, Decisões nº 907/1997 e 461/1998.

Cap. 9 • ADMINISTRAÇÃO DIRETA E INDIRETA | 453

Para deixar bem clara a nossa posição, queremos deixar registrado que não estamos questionando *se é conveniente ou não* que o Estatuto as alcance. Apenas estamos interpretando os dizeres da lei para entender que o texto legal, além de não ofender a Constituição, inclui realmente as pessoas de cooperação governamental. E que, se mudança tiver que acontecer, que o seja através de nova lei federal, e não por interpretação dissonante do texto legal vigente. Em suma, parece-nos que a melhor interpretação era aquela que o Colendo TCU dispensava à matéria anteriormente.

De qualquer forma, a solução adotada pelo TCU acabou sendo a de que tais entidades não têm inteira liberdade na matéria, devendo observar os princípios gerais e básicos da licitação pública, como a legalidade, moralidade, impessoalidade, publicidade e competitividade, entre outros, os quais estão expressos, aliás, na Lei nº 8.666/1993 e na atual Lei nº 14.133/2021, embora se tenha permitido que a edição de regulamentos próprios, dotados de menor complexidade procedimental, como admitia a Lei nº 8.666 (art. 119, parágrafo único) e não o proíbe o atual Estatuto (Lei nº 14.133/2021). A solução, desse modo, culminou por harmonizar-se com esse dispositivo legal. Com esses parâmetros, o SENAI e o SESI editaram seus próprios regulamentos simplificados sobre a matéria.

No que concerne ao foro no qual devam tramitar os processos em que sejam autoras ou rés tais entidades, já se pacificou o entendimento de que a competência é da Justiça estadual, já que se trata de pessoas de direito privado e não integrantes formais da estrutura da Administração Pública. Nesse sentido, aliás, invoque-se a Súmula 516, do STF: *"O Serviço Social da Indústria – SESI – está sujeito à jurisdição da Justiça Estadual."*[206] Segue-se, por conseguinte, que eventual mandado de segurança contra ato de agente de qualquer dessas pessoas, quando no exercício de função delegada, deve ser processado e julgado no foro estadual de natureza cível, normalmente as varas cíveis, a menos que a organização judiciária estadual aponte juízo específico diverso.

A despeito dessa tranquila orientação, ainda há um ou outro Tribunal que, equivocadamente, insiste em apontar a Justiça Federal como competente para feitos que envolvam tais entidades.[207] O próprio STJ, surpreendentemente, decidiu que mandado de segurança impetrado contra dirigente do SENAI é da competência da Justiça Federal, invocando, como argumento, o fato de que a contribuição adicional, prevista no art. 6º do Decreto-lei nº 4.048/1942, foi criada pela União.[208] O fundamento é inconsistente, porquanto o citado diploma delegou ao próprio SENAI a arrecadação e a cobrança da referida contribuição, funções que não têm qualquer relação com as do governo federal. Além disso, ofende o art. 109, VIII, da CF, que prevê a competência da Justiça Federal para processar e julgar mandados de segurança contra autoridade federal, o que, à evidência, não é o caso dos dirigentes dos serviços sociais autônomos. Vê-se, pois, que a confusão é geral até no Judiciário.

Outro aspecto que merece realce consiste na real posição que os serviços sociais autônomos ostentam no sistema de prestação de serviços públicos. Em virtude da reconhecida importância de seus objetivos, tais pessoas têm sido equivocadamente consideradas como pessoas da Administração Indireta. Tal equiparação é errônea e despida de fundamento legal. O fato de serem elas submetidas a algumas formas de controle especial por parte do Poder Público não enseja seu enquadramento como pessoas da Administração Indireta. E isso porque, primeiramente, tais formas de controle têm que estar expressamente previstas na lei, e, segundo, porque as

---

[206] STJ, REsp 530.206, j. 6.11.2003, e Confl. Compet. 17.707, j. 9.10.1996.

[207] O STF, no RE 414.375, j. 31.10.2006, reformou, corretamente, decisão do TRF-4, que equivocadamente considerou o SEBRAE autarquia federal.

[208] STJ, Confl. Compet. nº 123.713, Rel. Min. MAURO CAMPBELL MARQUES, em 8.8.2012.

454 | MANUAL DE DIREITO ADMINISTRATIVO • *Carvalho Filho*

pessoas da administração descentralizada, como vimos anteriormente, já estão relacionadas na lei própria (Decreto-lei nº 200/1967).

A propósito, já se decidiu que a alienação de bens imóveis da Administração para serviços sociais autônomos não pode ensejar a dispensa de licitação, conforme a então vigente Lei nº 8.666 (art. 17, I, "e"), que previa a concorrência; atualmente, a Lei nº 14.133/2021 (art. 76, I, "e") prevê o leilão. É que a dispensa incide sobre a *"venda a outro órgão ou entidade da administração pública, de qualquer esfera de governo"*, o que não ocorre com aquelas entidades, que, como já visto, não integram a Administração Indireta.[209]

Diante desses elementos, não abonamos, com a devida vênia, a recomendação que o Tribunal de Contas da União tem dirigido a algumas dessas entidades, no sentido de que seus dirigentes tenham limitação remuneratória, na forma do art. 37, XI, da CF. Chega a ser surpreendente essa posição do TCU. O art. 37 da Constituição tem como destinatários apenas a Administração Direta e as entidades da Administração Indireta, conforme está expresso em seu texto, e, se assim é, não pode o intérprete alargar os parâmetros que o Constituinte fixou. O dispositivo, portanto, não alcança dirigentes e empregados do SESI, SENAI, SESC SENAC e SEBRAE, só para apontar algumas dessas entidades. A recomendação, por conseguinte, está contaminada de vício de legalidade e de constitucionalidade, rendendo ensejo à sua invalidação.[210]

É preciso salientar que o art. 37 da CF tem como únicos destinatários os entes da Administração Direta e Indireta e, por isso mesmo, não pode ser aplicado a entidades de outra natureza, sobretudo no que diz respeito às restrições que contém. Assim, também não procede o entendimento de algumas vozes do TCU no sentido de ser exigido para os entes de cooperação governamental o sistema de concurso público adotado para a Administração Pública (art. 37, II, CF). Pode exigir-se, isto sim, a observância dos princípios gerais da legalidade, moralidade e impessoalidade, e isso porque tais pessoas executam um serviço público, mas o recrutamento de seu pessoal deve obedecer apenas aos critérios por elas estabelecidos. A posição do TCU, contudo, foi corretamente reformada pelo Judiciário, que, assim, restabeleceu a legítima interpretação ao citado mandamento constitucional.[211]

Outra decisão do TCU que, da mesma forma, nos parece inteiramente equivocada, reside na recomendação para que os membros dos Conselhos federal e estaduais das entidades sejam incluídos na relação dos responsáveis por prestações de contas, bem como que entreguem cópia de suas declarações de bens e rendimentos. De acordo com as leis reguladoras e seus regimentos, os Conselhos são órgãos colegiados de *caráter normativo*, não tendo, pois, os seus membros atividade de gestão dos recursos da entidade; como é lógico, só pode ser responsável por prestação de contas quem atua como gestor de bens e valores, de modo que, fora daí, estaria sendo criada verdadeira responsabilidade objetiva sem suporte legal. Por outro lado, a Lei nº 8.730/1993 só obriga à entrega da declaração de bens e rendimentos aos *"administradores ou responsáveis por bens e valores públicos"* (art. 4º), não sendo lícito irradiar o âmbito da lei a quem não tenha sido nela contemplado.[212]

Afigura-se óbvia, portanto, a confusão que alguns fazem sobre a real posição topográfica dos serviços sociais autônomos no sistema administrativo e de execução de serviços públicos. Releva notar que a execução de serviços públicos não é fato idôneo a, isoladamente, acarretar

---

[209]   STJ, REsp 1.241.400, Min. BENEDITO GONÇALVES, em 8.10.2013.

[210]   TCU, Acórdãos 508/2005 e 2.371/2003. Depois, o TCU, acertadamente, mudou seu entendimento (Acórdão 2.788/2006).

[211]   STF, RE 798.874, Min. TEORI ZAVASCKI, em 17.9.2014.

[212]   Essas exigências constam das mesmas decisões já citadas.

Cap. 9 · ADMINISTRAÇÃO DIRETA E INDIRETA | 455

a inserção da pessoa prestadora no elenco das pessoas administrativas. Assim, reitere-se que essas pessoas de cooperação governamental podem ter aqui e ali uma certa aproximação com pessoas da Administração, mas o certo é que, por força de lei, não integram a Administração Indireta. Em consequência, o regime jurídico aplicável a pessoas administrativas não pode ser o mesmo a incidir sobre os serviços sociais autônomos.

2.9. Privilégios Tributários

Confirmando mandamento anterior, a Constituição vigente deu às pessoas de cooperação governamental tratamento privilegiado no que toca à incidência de impostos, firme no reconhecimento de que, ausentes fins econômicos e lucrativos, tais entidades devem ser estimuladas à execução de seus misteres de caráter educacional e de assistência social.

Com efeito, a Constituição Federal averba o conhecido princípio da imunidade tributária, estabelecendo que é vedado à União, aos Estados, ao Distrito Federal e aos Municípios instituir impostos sobre o patrimônio, a renda e os serviços, uns dos outros (art. 150, inciso VI, *a*). E a mesma vedação se faz presente no caso de *"patrimônio, renda ou serviços dos partidos políticos, inclusive suas fundações, das entidades sindicais dos trabalhadores,* das instituições de educação e de assistência social, sem fins lucrativos, *atendidos os requisitos da lei"* (art. 150, VI, *c*). Desse modo, como as pessoas de cooperação governamental se dedicam, institucionalmente, às atividades de assistência social e de educação para o trabalho, estão elas enquadradas nesta última hipótese constitucional de imunidade.

Quanto à extensão da imunidade, observam-se algumas controvérsias a propósito da expressão *"impostos sobre patrimônio, renda ou serviços",* constante do art. 150, VI, *c,* da CF. Uns conferem sentido estrito, considerando a classificação adotada no CTN – Código Tributário Nacional, ao passo que outros admitem sentido amplo (sobretudo no que se refere à noção de "patrimônio"). É que o CTN considera impostos sobre o patrimônio apenas o IPTR, o IPTU e o imposto de transmissão de bens imóveis e direitos a eles relativos. Dentro do próprio STF já se apresentou a divergência: em determinada hipótese, a Corte entendeu que a imunidade não abrangia o ICMS;[213] em outra, considerou esse imposto como alcançado pela imunidade,[214] sendo que este último foi o entendimento que veio a predominar.[215] Entretanto, em hipótese na qual empresa produtora fornecera bens de consumo ao SESI para venda direta aos filiados deste, decidiu-se não haver imunidade quanto ao ICMS, já que contribuinte seria a primeira, sendo o ônus repassado ao consumidor.[216]

Não obstante, algumas observações se fazem necessárias. Uma delas consiste em que a imunidade alcança apenas a incidência de impostos, sendo devido, em consequência, o pagamento de taxas e de contribuições (de melhoria, sociais, de intervenção no domínio econômico etc.), quando presentes os respectivos fatos geradores, tudo com base no citado art. 150, VI, "c", da Constituição. Apesar disso, a jurisprudência tem adotado interpretação mais ampla, julgando ainda vigentes os arts. 12 e 13 da Lei nº 2.613/1955, segundo os quais as entidades *"gozam de ampla isenção fiscal como se fossem da própria União".*[217] A matéria, porém, é controvertida, porquanto alguns intérpretes pensam em contrário, considerando que os mencionados dispositivos

---

[213] RE 164.162, j. 14.5.1996.

[214] RE 210.251, j. 17.11.1998.

[215] RE 186.175 (Emb.Diverg.), j. 23.8.2006.

[216] STF, RE 202.987, j. 30.6.2009.

[217] STJ, REsp 1.430.257, Min. MAURO CAMPBELL MARQUES, em 18.2.2014. No caso, tratava-se de cobrança do imposto de importação, PIS-importação e COFINS-importação.

456 | MANUAL DE DIREITO ADMINISTRATIVO • *Carvalho Filho*

têm que ser interpretados conforme a Constituição e o regime tributário nela estabelecido, não havendo como vislumbrar-se o intuito de equiparar as entidades à própria União.

De acordo com o atual quadro normativo, a imunidade limita-se apenas à incidência de impostos sobre a renda, o patrimônio ou os serviços das entidades, mas não alcança, logicamente, impostos de natureza diversa. Por último, a imunidade só abrange as atividades estritamente vinculadas aos fins essenciais das entidades, tal como se dá com as autarquias (art. 150, § 2º, CF). Se a atividade assim não se caracterizar, incidirá normalmente o tributo: é o caso, por exemplo, em que a entidade alugue um imóvel de sua propriedade apenas para o fim de obtenção de renda. Contudo, só o fato de estar o imóvel vago ou sem edificação não afasta, em linha de princípio, a prerrogativa da imunidade, cabendo à Administração tributária apresentar a prova em contrário.[218]

3. ORGANIZAÇÕES COLABORADORAS (OU PARCEIRAS)

Neste capítulo tratamos da Administração Direta e da Indireta, com o exame de sua estrutura e posição no contexto geral da Administração Pública.

Dedicamos um tópico às *pessoas de cooperação governamental*, que, embora não integrem o sistema da Administração Pública, guardam certa aproximação com as entidades privadas da Administração Indireta, sobretudo no que concerne à exigência de *lei* para autorizar-lhes a criação. Esse aspecto, por si só, é suficiente para ensejar seu maior atrelamento ao Poder Público e realçar suas responsabilidades e de seus administradores.

Existem, todavia, outras pessoas privadas, *instituídas pelas fórmulas de direito privado*, às quais pode ser atribuído o encargo da prestação de serviços públicos no regime de *parceria* com a Administração Pública. Tais entidades também estão juridicamente vinculadas com o Estado, mas os instrumentos de formalização da parceria têm a natureza de verdadeiros convênios, o que as coloca como categoria diversa das pessoas de cooperação governamental, e isso porque, tendo estas a sua função definida na lei instituidora, prescindem de qualquer outro instrumento que formalize o regime de cooperação. O regime de cooperação está delineado, portanto, na própria lei e alcança especificamente a entidade por ela instituída.

Os regimes de parceria, desenvolvidos mais recentemente, permitem que certas pessoas privadas colaboradoras adquiram títulos jurídicos especiais, através dos quais recebem a qualificação de *organizações sociais* (Lei nº 9.637, de 15.5.1998) e *organizações da sociedade civil de interesse público* (Lei nº 9.790, de 23.3.1999). O mesmo se pode dizer das *organizações da sociedade civil*, que também têm aptidão para formar parcerias com a Administração (Lei nº 13.019, de 31.7.2014). Em virtude de sua atividade, caracterizada como verdadeiro serviço público, já fizemos sobre elas os devidos comentários no capítulo referente a essa matéria.[219]

VIII. Súmulas

SUPREMO TRIBUNAL FEDERAL

Súmula 97: *Compete à Justiça do Trabalho processar e julgar reclamação de servidor público relativamente a vantagens trabalhistas anteriores à instituição do regime jurídico único.*

Súmula 340: *Desde a vigência do Código Civil, os bens dominicais, como os demais bens públicos, não podem ser adquiridos por usucapião.*

---

[218] STF, RE 385.091, Min. DIAS TOFFOLI, em 6.8.2013. A hipótese tratava de imóvel pertencente ao SESI.
[219] Vide Capítulo 7, no tópico pertinente ao regime de parceria.

Súmula 516: *O Serviço Social da Indústria – SESI – está sujeito à jurisdição da Justiça Estadual.*

Súmula 517: *As sociedades de economia mista só têm foro na Justiça Federal, quando a União intervém como assistente ou opoente.*

Súmula 556: *É competente a Justiça comum para julgar as causas em que é parte sociedade de economia mista.*

Súmula 620: *A sentença proferida contra autarquias não está sujeita a reexame necessário, salvo quando sucumbente em execução de dívida ativa* (O enunciado restou prejudicado pelo disposto no art. 496, I e II, do CPC).

SÚMULAS VINCULANTES

Súmula Vinculante 27: *Compete à Justiça Estadual julgar causas entre consumidor e concessionária de serviço público de telefonia, quando a ANATEL não seja litisconsorte passiva necessária, assistente nem opoente.*

Súmula Vinculante 52: *Ainda quando alugado a terceiros, permanece imune ao IPTU o imóvel pertencente a qualquer das entidades referidas pelo art. 150, VI, "c", da Constituição Federal, desde que o valor dos aluguéis seja aplicado nas atividades para as quais tais entidades foram constituídas.*

SUPERIOR TRIBUNAL DE JUSTIÇA

Súmula 39: *Prescreve em vinte anos a ação para haver indenização, por responsabilidade civil, de sociedade de economia mista.*[220]

Súmula 42: *Compete à Justiça comum estadual processar e julgar as causas cíveis em que é parte sociedade de economia mista e os crimes praticados em seu detrimento.*

Súmula 45: *No reexame necessário, é defeso ao Tribunal agravar a condenação imposta à Fazenda Pública.*

Súmula 224: *Excluído do feito o ente federal, cuja presença levara o Juiz Estadual a declinar da competência, deve o Juiz Federal restituir os autos, e não suscitar conflito.*

Súmula 270: *O protesto pela preferência de crédito, apresentado por ente federal em execução que tramita na Justiça Estadual, não desloca a competência para a Justiça Federal.*

Súmula 324: *Compete à Justiça Federal processar e julgar ações de que participa a Fundação Habitacional do Exército, equiparada a entidade autárquica federal, supervisionada pelo Ministério do Exército.*

Súmula 333: *Cabe mandado de segurança contra ato praticado em licitação por sociedade de economia mista ou empresa pública.*

Súmula 365: *A intervenção da União como sucessora da rede Ferroviária Federal S/A (RFF-SA) desloca a competência para a Justiça Federal ainda que a sentença tenha sido proferida por Juízo estadual.*

Súmula 499: *As empresas prestadoras de serviços estão sujeitas às contribuições ao SESC e SENAC, salvo se integrantes noutro serviço social.*

---

[220] Como já assinalado, a referência ao prazo de vinte anos decorreu do Código Civil anterior, que vigorava à época da súmula, editada em 1993. De acordo com o Código vigente, no entanto, o prazo, como regra, será de dez anos (art. 205).

10

Responsabilidade Civil do Estado

I. Introdução

1. RESPONSABILIDADE. NOÇÃO JURÍDICA

A noção de responsabilidade implica a ideia de *resposta*, termo que, por sua vez, deriva do vocábulo verbal latino *respondere*, com o sentido de responder, replicar.[1]

De fato, quando o Direito trata da responsabilidade, induz de imediato a circunstância de que alguém, o responsável, deve responder perante a ordem jurídica em virtude de algum fato precedente.

Esses dois pontos – o fato e a sua imputabilidade a alguém – constituem pressupostos inafastáveis do instituto da responsabilidade. De um lado, a ocorrência do fato é indispensável, seja ele de caráter comissivo ou omissivo, por ser ele o verdadeiro gerador dessa situação jurídica. Não pode haver responsabilidade sem que haja um elemento impulsionador prévio. De outro, é necessário que o indivíduo a que se impute responsabilidade tenha a aptidão jurídica de efetivamente responder perante a ordem jurídica pela ocorrência do fato.

No que diz respeito ao fato gerador da responsabilidade, não está ele atrelado ao aspecto da licitude ou ilicitude. Como regra, é verdade, o fato ilícito é que acarreta a responsabilidade, mas, em ocasiões especiais, o ordenamento jurídico faz nascer a responsabilidade até mesmo de fatos lícitos. Nesse ponto, a caracterização do fato como gerador da responsabilidade obedece ao que a lei estabelecer a respeito.

1.1. Tipos de Responsabilidade

O fato gerador da responsabilidade varia de acordo com a natureza da norma jurídica que o contempla. Essa variação é que propicia tipos diversos de responsabilidade ou, em outras palavras, a diversidade da norma corresponde à diversidade dos tipos de responsabilidade.

Temos, então, que se a norma tem natureza penal, a consumação do fato gerador provoca responsabilidade *penal*; se a norma é de direito civil, teremos a responsabilidade *civil*; e, finalmente, se o fato estiver previsto em norma administrativa, dar-se-á a responsabilidade *administrativa*.

Como as normas jurídicas, no caso acima, são autônomas entre si, a consequência é a de que as responsabilidades também serão, em princípio, independentes: a responsabili-

---

[1] ANTÔNIO QUEIROZ TELLES, *Introdução ao direito administrativo*, p. 409.

460 | MANUAL DE DIREITO ADMINISTRATIVO • *Carvalho Filho*

dade civil não acarreta, necessariamente, a responsabilidade penal e a administrativa; esta última, por sua vez, independe da civil e da penal. Apenas para exemplificar: uma infração administrativa de impontualidade de um servidor causa a sua responsabilidade administrativa, mas não implica sua responsabilidade penal, porque não foi violada norma dessa natureza. Por outro lado, se o indivíduo causa dano a outrem, agindo com negligência, tem responsabilidade civil, mas não penal nem administrativa, vez que sua conduta só vulnerou norma de caráter civil.

Podem, eventualmente, conjugar-se as responsabilidades, mas isso só vai ocorrer se a conduta violar, *simultaneamente*, normas de naturezas diversas. No crime de peculato (art. 312, CP), por exemplo, o servidor que se apropria indevidamente de bem público sob sua custódia tem, cumulativamente, responsabilidade penal, civil e administrativa, porquanto sua conduta violou, simultaneamente, esses três tipos de norma.

2. RESPONSABILIDADE CIVIL

O tema que ora enfrentamos se cinge à responsabilidade civil, isto é, aquela que decorre da existência de um fato que atribui a determinado indivíduo o caráter de imputabilidade dentro do direito privado.

O vigente Código Civil mantém o sentido básico do art. 159 do CC/1916, embora com texto mais preciso e com desmembramento da disciplina pertinente ao ato ilícito e à responsabilidade. Assim, dita o art. 186 do Código: *"Aquele que, por ação ou omissão voluntária, negligência ou imprudência, violar direito e causar dano a outrem, ainda que exclusivamente moral, comete ato ilícito."* No capítulo destinado à responsabilidade civil e à obrigação indenizatória, averba o mesmo Código no art. 927: *"Aquele que, por ato ilícito (arts. 186 e 187), causar dano a outrem, fica obrigado a repará-lo."*

A regra é genérica e abrange tanto a responsabilidade extracontratual como a contratual. Para o exame do tema, é importante distinguir essas duas modalidades de responsabilidade. A contratual é estudada na parte relativa aos contratos celebrados pela Administração, tema que já examinamos anteriormente. A *extracontratual* é aquela que deriva das várias atividades estatais sem qualquer conotação pactual. O estudo neste capítulo cingir-se-á especificamente a este último tipo.

3. O DANO E A INDENIZAÇÃO

A responsabilidade civil tem como pressuposto *o dano* (ou prejuízo). Significa dizer que o sujeito só é civilmente responsável se sua conduta, ou outro fato, provocar dano a terceiro. Sem dano, inexiste responsabilidade civil.

O dano nem sempre tem cunho patrimonial, como era concebido no passado. A evolução da responsabilidade culminou com o reconhecimento jurídico de duas formas de dano – *o dano material (ou patrimonial) e o dano moral*. O dano material é aquele em que o fato causa efetiva lesão ao patrimônio do indivíduo atingido. Já na noção do dano moral, o que o responsável faz é atingir a esfera interna, moral e subjetiva do lesado, provocando-lhe, dessa maneira, alguma forma de sofrimento ou incômodo. A Constituição, no art. 5º, incisos V e X, aludiu ao dano moral como figura autônoma, superando, portanto, a antiga tese de que, nesse tipo de dano, a reparação indenizatória dependeria da existência conjunta de dano patrimonial.[2] No

---

[2] CELSO RIBEIRO BASTOS, *Comentários à Constituição brasileira* cit., v. II, p.65. Na doutrina estrangeira: ANDRÉ DE LAUBADÈRE, *Manuel de droit administratif*, p. 130.

Cap. 10 · RESPONSABILIDADE CIVIL DO ESTADO | 461

concernente à matéria, consolidou-se o entendimento de que a indenização por danos morais não está sujeita à incidência de imposto de renda.[3]

Tem-se observado notória evolução da noção de dano para fins de responsabilidade civil e indenização. Um desses aspectos concerne à hipótese em que há o denominado *dano estético*, particularidade do dano moral. A jurisprudência passou a considerá-los isoladamente com vistas à indenização. Assim, revela-se legítima a *cumulação de indenizações* do dano estético e do dano moral.[4]

Toda responsabilidade rende ensejo a determinada *sanção*, cuja natureza varia em função do tipo de responsabilidade: a responsabilidade penal importa a aplicação de sanção penal; a civil, penalização de caráter privado, e assim por diante. Se o mesmo fato provoca responsabilidade de mais de uma natureza, são aplicáveis, cumulativamente, as respectivas sanções. A sanção aplicável no caso de responsabilidade civil é a *indenização*, que se configura como o montante pecuniário que representa a reparação dos prejuízos causados pelo responsável.

A conclusão, assim, é a de que, tendo ocorrido o fato ensejador da responsabilidade civil e perpetrado o dano ao lesado, tem este, contra o responsável, direito à reparação dos prejuízos ou, em outras palavras, faz jus à devida indenização. A doutrina reconhece que, no caso de dano moral, a indenização não corresponde ao preço da dor (*pretium doloris*), mas sim serve para "*proporcionar à vítima uma compensação pelo dano suportado*".[5]

4. OS SUJEITOS DO CENÁRIO

O tema em foco diz respeito à responsabilidade civil do Estado, vale dizer, às hipóteses em que o Estado é civilmente responsável por danos causados a terceiros.

De início, importa lembrar que o Estado, como pessoa jurídica, é um ser intangível. Somente se faz presente no mundo jurídico através de seus agentes, pessoas físicas cuja conduta é a ele imputada. O Estado, por si só, não pode causar danos a ninguém.

Sendo assim, o cenário concernente ao tema que estudamos se compõe de três sujeitos: o Estado, o lesado e o agente do Estado. Neste cenário, o Estado, segundo o direito positivo, é civilmente responsável pelos danos que seus agentes causarem a terceiros. Sendo-o, incumbe-lhe reparar os prejuízos causados, ficando obrigado a pagar as respectivas indenizações.

II. Evolução

1. A IRRESPONSABILIDADE DO ESTADO

Na metade do século XIX, a ideia que prevaleceu no mundo ocidental era a de que o Estado não tinha qualquer responsabilidade pelos atos praticados por seus agentes. A solução era muito rigorosa para com os particulares em geral, mas obedecia às reais condições políticas da época. O denominado *Estado Liberal* tinha limitada atuação, raramente intervindo nas relações entre particulares, de modo que a doutrina de sua irresponsabilidade constituía mero corolário da figuração política de afastamento e da equivocada isenção que o Poder Público assumia àquela época.[6]

---

[3] Súmula 498 do STJ (2012).
[4] Súmula 387 do STJ (2009).
[5] CAIO MÁRIO DA SILVA PEREIRA, *Instituições* cit., bol. II, p. 286.
[6] JEAN RIVERO, *Droit administratif* cit., p. 264.

462 | MANUAL DE DIREITO ADMINISTRATIVO • Carvalho Filho

Essa teoria não prevaleceu por muito tempo em vários países. A noção de que o Estado era o ente todo-poderoso confundida com a velha teoria da intangibilidade do soberano e que o tornava insuscetível de causar danos e ser responsável foi substituída pela do *Estado de Direito*, segundo a qual deveriam ser a ele atribuídos os direitos e deveres comuns às pessoas A ideia anterior, da intangibilidade do Estado, decorria da irresponsabilidade do monarca, traduzida nos postulados *"the king can do no wrong"* e *"le roi ne peut mal faire"*.

Modernamente, portanto, o direito positivo das nações civilizadas admite a responsabilização civil do Estado pelos danos que seus agentes causem a terceiros, podendo variar aspectos específicos e de menor importância no que toca à responsabilidade do agente, ao montante da reparação, à forma processual de proteção do direito etc. Apesar disso, alguns países de grande desenvolvimento só recentemente abandonaram a doutrina da irresponsabilidade do Estado. Os Estados Unidos, por exemplo, fizeram-no através do *Federal Tort Claim* (de 1946) e, a Inglaterra, através do *Crown Proceeding* Act (de 1947).

2. TEORIA DA RESPONSABILIDADE COM CULPA

O abandono da teoria da irresponsabilidade do Estado marcou o aparecimento da doutrina da responsabilidade estatal no caso de ação culposa de seu agente. Passava a adotar-se, desse modo, a doutrina civilista da culpa.

Entretanto, procurava distinguir-se, para esse fim, dois tipos de atitude estatal: os atos de império e os atos de gestão. Aqueles seriam coercitivos porque decorrem do poder soberano do Estado, ao passo que estes mais se aproximariam com os atos de direito privado. Se o Estado produzisse um ato de gestão, poderia ser civilmente responsabilizado, mas se fosse a hipótese de ato de império não haveria responsabilização, pois que o fato seria regido pelas normas tradicionais de direito público, sempre protetivas da figura estatal.[7]

Essa forma de atenuação da antiga teoria da irresponsabilidade do Estado provocou grande inconformismo entre as vítimas de atos estatais, porque na prática nem sempre era fácil distinguir se o ato era de império ou de gestão. Ao mesmo tempo, a jurisprudência procurava distinguir, de um lado, as faltas do agente atreladas à função pública e, de outro, as faltas dissociadas de sua atividade. Logicamente, tais critérios tinham mesmo que proporcionar um sem-número de dúvidas e confusões.[8]

3. TEORIA DA CULPA ADMINISTRATIVA

O reconhecimento subsequente da culpa administrativa passou a representar um estágio evolutivo da responsabilidade do Estado, eis que não mais era necessária a distinção acima apontada, causadora de tantas incertezas.

A teoria foi consagrada pela clássica doutrina de PAUL DUEZ, segundo a qual o lesado não precisaria identificar o agente estatal causador do dano. Bastava-lhe comprovar o mau funcionamento do serviço público, mesmo que fosse impossível apontar o agente que o provocou.[9] A doutrina, então, cognominou o fato como *culpa anônima* ou *falta do serviço*.

A *falta do serviço* podia consumar-se de três maneiras: a inexistência do serviço, o mau funcionamento do serviço ou o retardamento do serviço. Em qualquer dessas formas, a falta do serviço implicava o reconhecimento da existência de culpa, ainda que atribuída ao serviço

---

[7] MARIA SYLVIA DI PIETRO, ob. cit., p. 357.

[8] ANDRÉ DE LAUBADÈRE demonstrou esse fato (*Manuel* cit., p. 357).

[9] SÉRGIO DE ANDRÉA FERREIRA (*Direito administrativo didático*, 1985, p. 278).

Cap. 10 · RESPONSABILIDADE CIVIL DO ESTADO | 463

da Administração. Por esse motivo, para que o lesado pudesse exercer seu direito à reparação dos prejuízos, era necessário que comprovasse que o fato danoso se originava do mau funcionamento do serviço e que, em consequência, teria o Estado atuado culposamente. Cabia-lhe, ainda, o ônus de provar o elemento *culpa*.

4. TEORIA DA RESPONSABILIDADE OBJETIVA

Das doutrinas civilistas e após a teoria da culpa no serviço, o direito dos povos modernos passou a consagrar a teoria da responsabilidade objetiva do Estado.

Essa forma de responsabilidade dispensa a verificação do fator culpa em relação ao fato danoso. Por isso, ela incide em decorrência de fatos lícitos ou ilícitos, bastando que o interessado comprove a relação causal entre o fato e o dano.[10]

Não há dúvida de que a responsabilidade objetiva resultou de acentuado processo evolutivo, passando a conferir maior benefício ao lesado, por estar dispensado de provar alguns elementos que dificultam o surgimento do direito à reparação dos prejuízos, como, por exemplo, a identificação do agente, a culpa deste na conduta administrativa, a falta do serviço etc.

5. FUNDAMENTO DA RESPONSABILIDADE OBJETIVA: A TEORIA DO RISCO ADMINISTRATIVO

Foi com lastro em fundamentos de ordem política e jurídica que os Estados modernos passaram a adotar a teoria da responsabilidade objetiva no direito público.

Esses fundamentos vieram à tona na medida em que se tornou plenamente perceptível que o Estado tem maior poder e mais sensíveis prerrogativas do que o administrado. É realmente o sujeito jurídica, política e economicamente mais poderoso. O indivíduo, ao contrário, tem posição de subordinação, mesmo que protegido por inúmeras normas do ordenamento jurídico. Sendo assim, não seria justo que, diante de prejuízos oriundos da atividade estatal, tivesse ele que se empenhar demasiadamente para conquistar o direito à reparação dos danos.

Diante disso, passou-se a considerar que, por ser mais poderoso, o Estado teria que arcar com um risco natural decorrente de suas numerosas atividades: à maior quantidade de poderes haveria de corresponder um risco maior. Surge, então, a *teoria do risco administrativo*, como fundamento da responsabilidade objetiva do Estado.

Tem havido alguma controvérsia sobre as noções do *risco administrativo* e do denominado *risco integral*. No *risco administrativo*, não há responsabilidade civil genérica e indiscriminada: se houver participação total ou parcial do lesado para o dano, o Estado não será responsável no primeiro caso e, no segundo, terá atenuação no que concerne a sua obrigação de indenizar. Por conseguinte, a responsabilidade civil decorrente do risco administrativo encontra limites.[11] Já no *risco integral* a responsabilidade sequer depende do nexo causal e ocorre até mesmo quando a culpa é da própria vítima. Assim, por exemplo, o Estado teria que indenizar o indivíduo que se atirou deliberadamente à frente de uma viatura pública. É evidente que semelhante fundamento não pode ser aplicado à responsabilidade do Estado,[12] só sendo admissível em situações raríssimas e excepcionais.[13]

---

[10]   CELSO ANTÔNIO BANDEIRA DE MELLO, *Curso*, cit., p. 441.

[11]   DIÓGENES GASPARINI, *Direito administrativo*, cit., 2006, p. 971.

[12]   HELY LOPES MEIRELLES, *Direito administrativo*, cit., p. 556.

[13]   SERGIO CAVALIERI FILHO exemplifica com os casos de responsabilidade por acidente do trabalho e do seguro obrigatório para automóveis (DPVAT) (*Programa de responsabilidade civil*, Malheiros, 5. ed., 2004, p. 150-152).

464 | MANUAL DE DIREITO ADMINISTRATIVO • Carvalho Filho

Em tempos atuais, tem-se desenvolvido a *teoria do risco social*, segundo a qual o foco da responsabilidade civil é a vítima, e não o autor do dano, de modo que a reparação estaria a cargo de toda a coletividade, dando ensejo ao que se denomina de *socialização dos riscos* – sempre com o intuito de que o lesado não deixe de merecer a justa reparação pelo dano sofrido.[14] A referida teoria, no fundo, constitui mero aspecto específico da teoria do risco integral, sendo que para alguns autores é para onde se encaminha a responsabilidade civil do Estado: seria este responsável mesmo se os danos não lhe forem imputáveis.[15] Em nosso entender, porém, tal caráter genérico da responsabilidade poderia provocar grande insegurança jurídica e graves agressões ao erário, prejudicando em última análise os próprios contribuintes.

Além do risco decorrente das atividades estatais em geral, constituiu também fundamento da responsabilidade objetiva do Estado o princípio da repartição dos encargos. O Estado, ao ser condenado a reparar os prejuízos do lesado, não seria o sujeito pagador direto; os valores indenizatórios seriam resultantes da contribuição feita por cada um dos demais integrantes da sociedade, a qual, em última análise, é a beneficiária dos poderes e das prerrogativas estatais.

Verifica-se, portanto, que os postulados que geraram a responsabilidade objetiva do Estado buscaram seus fundamentos na justiça social, atenuando as dificuldades e impedimentos que o indivíduo teria que suportar quando prejudicado por condutas de agentes estatais.

III. *Direito Brasileiro*

1. CÓDIGO CIVIL

Era o Código Civil que regulava anteriormente a responsabilidade do Estado. O art. 15 da antiga lei civil tinha os seguintes termos: *"As pessoas jurídicas de direito público são civilmente responsáveis por atos de seus representantes que nessa qualidade causem danos a terceiros, procedendo de modo contrário ao direito ou faltando a dever prescrito por lei, salvo o direito regressivo contra os causadores do dano."*

O texto provocou alguma dissidência entre os intérpretes. Alguns entendiam que a norma consagrava a teoria da responsabilidade subjetiva, sendo necessária a averiguação da culpa na conduta do agente estatal, ao passo que outros vislumbravam já o prenúncio da responsabilidade objetiva do Estado.

Em nosso entender, a norma exigia a prova da culpa. Os pressupostos aí consignados – o procedimento contrário ao direito e a falta a dever prescrito por lei – revelavam que a responsabilidade estatal não se configuraria diante de fatos lícitos, mas, ao contrário, só diante de atos culposos. Se alguém agisse contrariamente ao direito ou faltasse a dever legal, sua conduta seria necessariamente culposa.[16]

O Código Civil em vigor, entretanto, alterou o art. 15 e dispôs no art. 43: *"As pessoas jurídicas de direito público interno são civilmente responsáveis por atos dos seus agentes que nessa qualidade causem danos a terceiros, ressalvado direito regressivo contra os causadores do dano, se houver, por parte destes, culpa ou dolo."* Diante dos novos termos, impõe-se reconhecer que o Código, na parte que constitui o núcleo básico da norma, passou a disciplinar o tema em consonância com a vigente Constituição, como veremos adiante.

---

[14]   SERGIO CAVALIERI FILHO, *Programa*, cit., p. 155.

[15]   CELSO ANTÔNIO BANDEIRA DE MELLO, *Curso*, cit., 2008, p. 982.

[16]   No mesmo sentido, HELY LOPES MEIRELLES (ob. cit., p. 557).

2. CONSTITUIÇÃO FEDERAL

A Constituição Federal de 1946 passou a dar diferente redação para regular a matéria. Nos termos do art. 194, ficou assentado que *"as pessoas jurídicas de direito público interno são civilmente responsáveis pelos danos que seus funcionários, nessa qualidade, causem a terceiros"*.

Se comparado esse texto com o do art. 15 do Código Civil revogado, não será difícil observar que foram retirados da norma os pressupostos da conduta contrária ao direito e da inobservância de dever legal, exatamente aqueles que denunciavam a adoção da responsabilidade subjetiva ou com culpa.

Resulta da alteração da norma que o direito pátrio, através de regra constitucional, passou a consagrar a teoria da responsabilidade objetiva do Estado, na qual não era exigida a perquirição do fator culpa. Interpretação comparativa levava a concluir-se que o art. 15 do Código anterior havia sofrido derrogação pelo advento do art. 194 da Constituição de 1946.

As Constituições posteriores praticamente repetiram o mandamento (art. 105 da Constituição de 1967 e art. 107 da mesma Constituição, com a Emenda nº 1/1969) e continuaram a consagrar a teoria da responsabilidade objetiva.

A vigente Constituição regula a matéria no art. 37, § 6º, que tem o seguinte teor: *"As pessoas jurídicas de direito público e as de direito privado prestadoras de serviços públicos responderão pelos danos que seus agentes, nessa qualidade, causarem a terceiros, assegurado o direito de regresso contra o responsável nos casos de dolo ou culpa."*

A matéria, já o vimos, restou superada pelo vigente Código Civil. O art. 43 do novo Código tem total compatibilidade normativa em relação ao núcleo básico do art. 37, § 6º, da CF, de modo que atualmente nenhuma dúvida pode existir de que, no ordenamento jurídico pátrio, o Estado sujeita-se à teoria da responsabilidade objetiva.

Além desse dispositivo, que de resto é o mandamento básico sobre o assunto, não se pode esquecer de mencionar o art. 21, XXIII, *d*, da Lei Fundamental, segundo o qual, competindo à União Federal explorar os serviços e instalações nucleares de qualquer tipo, exercendo monopólio sobre pesquisa, lavra, enriquecimento e reprocessamento, industrialização e comercialização de minérios nucleares e derivados, assevera que *"a responsabilidade civil por danos nucleares independe da existência de culpa"*. A norma reforça a sujeição do Poder Público à responsabilidade objetiva, tendo como fundamento *a teoria do risco administrativo*, de modo que, se a União ou outra pessoa de sua administração causarem qualquer tipo de dano no desempenho de tais atividades, estarão inevitavelmente sujeitas ao dever de reparar os respectivos prejuízos através de indenização, sem que possam trazer em sua defesa o argumento de que não houve culpa no exercício da atividade. Haverá, pois, risco administrativo natural nas referidas tarefas, bastando, assim, que o lesado comprove o fato, o dano e o nexo causal entre o fato e o dano que sofreu. Alguns estudiosos entendem que a responsabilidade por danos nucleares decorre da teoria do *risco integral*, tendo em vista a desnecessidade do nexo causal e a possibilidade de culpa da própria vítima.[17]

Conquanto fora do âmbito do art. 37, § 6º, da CF, há legislação pela qual a União assume a responsabilidade civil perante terceiros, na hipótese de danos a bens e pessoas provocados por atentados terroristas, atos de guerra ou eventos assemelhados, ocorridos no país ou no estrangeiro, contra aeronaves de matrícula brasileira operadas por empresas brasileiras de transporte aéreo público. É o objeto da Lei nº 10.744, de 9.10.2003, caracterizando-se, na espécie, responsabilidade civil do governo federal por atos de terceiros, mais abrangente, portanto, que o citado preceito constitucional. Essa legislação protetiva originou-se dos danos oriundos dos ataques terroristas de 11.9.2001, desfechados contra os Estados Unidos.

---

[17] SERGIO CAVALIERI FILHO, *Programa de responsabilidade civil*, Malheiros, 5. ed., 2004, p. 154.

466 | MANUAL DE DIREITO ADMINISTRATIVO · *Carvalho Filho*

3. ANÁLISE DOS ELEMENTOS CONSTITUCIONAIS

O texto do art. 37, § 6º, da Constituição de 1988, a despeito de não alterar a doutrina já consagrada anteriormente, apresenta, em nosso entender, três elementos que merecem especial análise para sua perfeita interpretação. Vejamos esses elementos.

3.1. Pessoas Responsáveis

A regra constitucional faz referência a duas categorias de pessoas sujeitas à responsabilidade objetiva: as pessoas jurídicas de direito público e as pessoas jurídicas de direito privado prestadoras de serviços públicos.

Em relação à primeira categoria, não há novidade. São objetivamente responsáveis as pessoas jurídicas de direito público: as pessoas componentes da federação (União, Estados, Distrito Federal e Municípios), as autarquias e as fundações públicas de natureza autárquica.

A segunda categoria constituiu inovação no mandamento constitucional – as pessoas de direito privado prestadoras de serviços públicos. A intenção do Constituinte foi a de igualar, para fins de sujeição à teoria da responsabilidade objetiva, as pessoas de direito público e aquelas que, embora com personalidade jurídica de direito privado, executassem funções que, em princípio, caberiam ao Estado. Com efeito, se tais serviços são delegados a terceiros pelo próprio Poder Público, não seria justo nem correto que a só delegação tivesse o efeito de alijar a responsabilidade objetiva estatal e dificultar a reparação de prejuízos pelos administrados.

Dada a grande variedade de formas de delegação, de pessoas delegatárias e de serviços públicos, bem como a noção nem sempre muito precisa do que se configura como *serviços públicos*, poderá haver algumas dúvidas quanto ao enquadramento da pessoa prestadora do serviço na norma constitucional. Entretanto, pode-se, a princípio, considerar como classificadas nessa categoria as pessoas privadas da Administração Indireta (empresas públicas, sociedades de economia mista e fundações públicas com personalidade de direito privado), quando se dedicam à prestação de serviços públicos, e os concessionários e os permissionários de serviços públicos, estes expressamente referidos no art. 175 da Constituição Federal, como é o caso das empresas de transporte coletivo, de fornecimento de água, de distribuição e fornecimento de energia elétrica e outras dessa natureza.

Diante do requisito constitucional, ficam, pois, excluídas as empresas públicas e as sociedades de economia mista que se dedicam à exploração de atividade econômica, por força do art. 173, § 1º, da CF, que impõe sejam elas regidas pelas normas aplicáveis às empresas privadas. Em consequência, estão elas sujeitas à responsabilidade subjetiva comum do Direito Civil.

Entendem alguns que a responsabilidade objetiva das pessoas privadas prestadoras de serviços públicos incide exclusivamente na hipótese em que o dano é perpetrado contra usuários, e isso porque são estes os titulares do direito à adequada prestação do serviço; assim, não seria objetiva a responsabilidade perante terceiros. Ousamos dissentir de semelhante posicionamento. E por mais de uma razão. A uma, porque a Constituição não fez a menor distinção entre pessoas de direito público e pessoas de direito privado prestadoras de serviços públicos quanto à incidência da responsabilidade objetiva; se tal distinção não foi feita, não cabe ao intérprete fazê-la. A duas, porque haveria absoluta incongruência no que concerne à *ratio* do dispositivo. Com efeito, se tais pessoas privadas prestam serviço público, é claro que atuam como se fosse o próprio Estado, deste tendo recebido a devida delegação. Ora, se assim é, não caberia restringir-se sua responsabilidade civil objetiva apenas aos usuários, admitindo-se só para o Estado sua aplicação a todos, inclusive terceiros. Isso definitivamente não teria lógica. A responsabilidade objetiva prevista no art. 37, § 6º, da CF, tem carga de incidência idêntica para o Estado e para as pessoas privadas prestadoras de serviços públicos: aplica-se a todos,

Cap. 10 · RESPONSABILIDADE CIVIL DO ESTADO | 467

usuários e terceiros.[18] O STF adotou de início posição restritiva, mas, acertadamente, alterou-a expressamente para ampliar o manto da responsabilidade e suprimir a equivocada distinção.[19]

Há, ainda, dois pontos que, a nosso ver, merecem ser comentados. Primeiramente, é preciso identificar com nitidez as pessoas privadas que se enquadram no art. 37, § 6º, da Constituição. Devem elas prestar os serviços de forma delegada pelo Poder Público, sendo necessário que haja um vínculo jurídico de direito público entre o Estado e seu delegatário. Desse modo, algumas pessoas privadas só aparentemente prestam serviços públicos, mas como o fazem sob regime de direito privado, sem qualquer elo jurídico típico com o Poder Público, não estão inseridas na regra constitucional. É o caso, por exemplo, de sociedades religiosas, de associações de moradores, de fundações criadas por particulares, muitas das quais se dedicam à assistência social, à educação, ao atendimento das comunidades etc. Sua responsabilidade é regida pelo Direito Civil. Estão fora do dispositivo também as pessoas privadas que exercem atividades comerciais e industriais, porque inexiste qualquer relação de direito público entre elas e o Poder Público.

De outro lado, entendemos que as pessoas de cooperação governamental (ou serviços sociais autônomos) estão sujeitas à responsabilidade objetiva atribuída ao Estado. Sua atividade é, como já tivemos a oportunidade de ver, de caráter eminentemente social, podendo considerar-se que se qualifica como serviço público. Além do mais, têm vínculo com o Estado, porquanto foi este que fez editar as respectivas leis autorizadoras da criação das entidades e as vinculou a seus objetivos institucionais, obrigando-as, inclusive, à prestação de contas em razão dos recursos que auferem, decorrentes do recolhimento de contribuições compulsórias. É o caso do SESI, SENAI, SESC, SENAC e outras, cuja situação jurídica examinamos anteriormente.

Em relação às organizações sociais e às organizações da sociedade civil de interesse público, qualificação jurídica atribuída a entidades de direito privado que se associam ao Poder Público em regime de parceria, poderão surgir dúvidas sobre se estariam ou não sujeitas à responsabilidade objetiva. O motivo reside na circunstância de que são elas vinculadas ao ente estatal por meio de contratos de gestão ou termos de parceria, bem como pelo fato de que se propõem ao desempenho de serviço público. Em que pese a existência desses elementos de vinculação jurídica ao Estado, entendemos que sua responsabilidade é subjetiva e, consequentemente, regulada pelo Código Civil. É que esses entes não têm fins lucrativos e sua função é a de auxílio ao Poder Público para melhorar o resultado de certas atividades de interesse do público e do próprio Estado.

Assim, não se nos afigura que esse tipo de parceria desinteressada e de cunho eminentemente social carregue o ônus da responsabilidade objetiva, quando, sem a parceria, estariam as referidas pessoas reconhecidamente sob a égide do Código Civil. Nesse caso, se o dano proveio do desempenho do serviço público, sem que tenha havido culpa na conduta, o correto será responsabilizar-se a pessoa federativa que buscou a parceria, mas nunca a própria entidade parceira. Afinal, é o Estado que se sujeita ao risco administrativo. Convém ressaltar, no entanto, que, dissentindo de nosso pensamento, respeitável doutrina advoga a incidência do art. 37, § 6º, da CF, sobre as organizações sociais, realçando-lhes o fato de prestarem serviço público para considerá-las sujeitas à responsabilidade objetiva.[20]

---

[18] Com idêntico entendimento, ODETE MEDAUAR (*Direito administrativo moderno*, cit., 8. ed., 2004, p. 438) e CELSO ANTÔNIO BANDEIRA DE MELLO (*Curso*, cit., 25. ed., 2008, p. 993). *Contra*, excluindo a responsabilidade objetiva em face de terceiros não usuários: STF, RE 262.651-SP, 2ª Turma, Rel. Min. CARLOS VELLOSO, nov. 2004.

[19] STF, RE 591.874, j. 26.8.2009.

[20] CRISTIANA FORTINI, em Organizações Sociais: Natureza Jurídica da Responsabilidade Civil das Organizações Sociais em face dos Danos causados a terceiros, publicado na *Revista do Curso de Direito do Centro Univ. Metod. Izabela Hendrix*, v. 4., 2004, p. 13-19. Em seu trabalho, a autora aponta idêntica posição de MARÇAL JUSTEN FILHO (*Comentários*, cit, Dialética, 8. ed., p. 35).

468 | MANUAL DE DIREITO ADMINISTRATIVO • *Carvalho Filho*

3.2. Agentes do Estado

Dispõe o art. 37, § 6º, da CF que o Estado é civilmente responsável pelos danos que seus agentes, nessa qualidade, venham a causar a terceiros. Como pessoa jurídica que é, o Estado não pode causar qualquer dano a ninguém. Sua atuação se consubstancia por seus agentes, pessoas físicas capazes de manifestar vontade real. Todavia, como essa vontade é imputada ao Estado, cabe a este a responsabilidade civil pelos danos causados por aqueles que o fazem presente no mundo jurídico.

A expressão *"nessa qualidade"* tem razão de ser, porque só pode o Estado ser responsabilizado se o preposto estatal estiver no exercício de suas funções ou, ao menos, se esteja conduzindo a pretexto de exercê-la. Desse modo, se causar dano a terceiro no correr de sua vida privada, sua responsabilidade é pessoal e regida pelo Direito Civil. Justamente por esse motivo é que já se atribuiu responsabilidade ao Estado em razão de danos causados por policial militar, que, a despeito de estar sem farda, se utilizou da arma pertencente à corporação. No caso, não exercia sua função, mas, ao usar a arma, conduziu-se a pretexto de exercê-la.[21]

O termo *agente* tem sentido amplo, não se confundindo com o termo *servidor*. Este é de sentido mais restrito e envolve uma relação de trabalho entre o indivíduo e o Estado. O servidor é um agente do Estado, mas há outros agentes que não se caracterizam tipicamente como servidores, como veremos no capítulo seguinte.

Deve considerar-se, por conseguinte, que na noção de agentes estão incluídas todas aquelas pessoas cuja vontade seja imputada ao Estado, sejam elas dos mais elevados níveis hierárquicos e tenham amplo poder decisório, sejam elas os trabalhadores mais humildes da Administração, no exercício das funções por ela atribuídas.[22]

Diante disso, são agentes do Estado os membros dos Poderes da República, os servidores administrativos, os agentes sem vínculo típico de trabalho, os agentes colaboradores sem remuneração, enfim todos aqueles que, de alguma forma, estejam juridicamente vinculados ao Estado. Se, em sua atuação, causam danos a terceiros, provocam a responsabilidade civil do Estado.[23]

Algumas divergências têm surgido quanto aos danos provocados por operações policiais, sobretudo por arma de fogo. A jurisprudência dominante, contudo, atribui a responsabilidade civil ao Estado, inclusive no caso de perícia inconcludente. Cabe ao Estado, por isso, apresentar a comprovação de exclusão da responsabilidade.[24]

Quanto aos ofícios de notas (tabelionatos) e de registro, existem algumas particularidades e controvérsias sobre a matéria, e a razão consiste no fato de que, apesar de os titulares serem agentes do Estado, desempenham sua atividade por delegação, em caráter privado (art. 236, § 1º, da CF), numa aparente *contradictio*. No caso, podem vislumbrar-se duas relações jurídicas, uma *interna* e outra *externa*. Com relação à *interna*, os notários e oficiais de registro são civilmente responsáveis pelos prejuízos causados a terceiros, por culpa ou dolo, pessoalmente, pelos substitutos designados ou escreventes autorizados, assegurado o direito de regresso (art. 22, Lei nº 8.935/1994). Quanto à *externa*, a conduta de tais agentes provoca a responsabilidade civil do Estado (art. 37, § 6º, da CF), que, inclusive, pode ser acionado diretamente, assegurando-se-lhe, porém, o direito de regresso.[25] No caso, a responsabilidade do Estado é direta, primária e objetiva, incidindo o

---

[21] STF, RE 160.401, j. 20.4.1999. Também: RE 363.423, j. 16.11.2004.
[22] CELSO ANTÔNIO BANDEIRA DE MELLO (ob. cit., p. 443).
[23] Também: IRENE PATRÍCIA NOHARA, *Direito administrativo*, Atlas, 2. ed., 2012, p. 778.
[24] STF, ARE 1.385.315, j. 11.4.2024.
[25] STF, RE 175.739, j. 26.10.1998, e RE 187.753, j. 26.3.1999.

art. 37, § 6º, em toda a sua plenitude.[26] Todavia, já se decidiu no sentido da responsabilidade subsidiária do Estado, com fundamento no regime das concessões – argumento, com a devida vênia, improcedente pela inteira diversidade dos regimes jurídicos.[27]

3.3. A Duplicidade de Relações Jurídicas

O texto constitucional concernente à responsabilidade exibe, nitidamente, duas relações jurídicas com pessoas diversas e diversos fundamentos jurídicos.

Na primeira parte do dispositivo, a Constituição regula a relação jurídica entre o Estado e o lesado, sendo aquele considerado civilmente responsável por danos causados a este. O fundamento jurídico dessa relação, como temos visto, reside na responsabilidade objetiva do Estado, dispensada a prova da culpa pelo prejudicado.

A parte final do texto, no entanto, faz menção à relação jurídica pertinente ao direito de regresso, dela fazendo parte o Estado e seu agente. Ao dizer que o Estado pode exercer seu direito de regresso contra o agente responsável nos casos de culpa ou dolo, a Constituição vinculou as partes à teoria da responsabilidade subjetiva ou com culpa. Significa dizer que o Estado só pode ressarcir-se do montante com que indenizou o lesado se comprovar a atuação culposa de seu agente, o que, aliás, constitui a regra geral no direito privado. Não custa acrescer que no Direito Penal é fundamental a distinção entre a culpa e o dolo para a configuração do crime, mas no direito privado é irrelevante para fins de responsabilidade civil. A culpa civil abrange o dolo e a culpa *stricto sensu*, como deflui do art. 186 do Código Civil.

Estão presentes, desse modo, no preceito constitucional, dois tipos de responsabilidade civil: a do Estado, sujeito à responsabilidade objetiva, e a do agente estatal, sob o qual incide a responsabilidade subjetiva ou com culpa.

IV. Aplicação da Responsabilidade Objetiva

1. PRESSUPOSTOS

A marca característica da responsabilidade objetiva é a desnecessidade de o lesado pela conduta estatal provar a existência da culpa do agente ou do serviço. O fator culpa, então, fica desconsiderado como pressuposto da responsabilidade objetiva.

Para configurar-se esse tipo de responsabilidade, bastam três pressupostos. O primeiro deles é a ocorrência do *fato administrativo*, assim considerado como qualquer forma de conduta, comissiva ou omissiva, legítima ou ilegítima, singular ou coletiva, atribuída ao Poder Público. Ainda que o agente estatal atue fora de suas funções, mas a pretexto de exercê-las, o fato é tido como administrativo, no mínimo pela má escolha do agente (*culpa in eligendo*) ou pela má fiscalização de sua conduta (*culpa in vigilando*).

O segundo pressuposto é *o dano*. Já vimos que não há falar em responsabilidade civil sem que a conduta haja provocado um dano. Não importa a natureza do dano: tanto é indenizável o dano patrimonial como o dano moral. Logicamente, se o dito lesado não prova que a conduta estatal lhe causou prejuízo, nenhuma reparação terá a postular.

O último pressuposto é *o nexo causal* (ou relação de causalidade) entre o fato administrativo e o dano. Significa dizer que ao lesado cabe apenas demonstrar que o prejuízo sofrido se originou

---

[26] STF, RE 842.846, j. 27.2.2019.
[27] STJ, REsp 1.087.862, j. 2.2.2010.

470 | MANUAL DE DIREITO ADMINISTRATIVO • *Carvalho Filho*

da conduta estatal, sem qualquer consideração sobre o dolo ou a culpa.[28] Se o dano decorre de fato que, de modo algum, pode ser imputado à Administração, não se poderá imputar responsabilidade civil a esta; inexistindo o fato administrativo, não haverá, por consequência, o nexo causal. As decisões judiciais costumam referir-se à falta de nexo causal. Parece-nos, no entanto, que a hipótese é a de ausência de fato imputável ao Poder Público e, só por decorrência, de nexo causal. Essa é a razão por que não se pode responsabilizar o Estado por todos os danos sofridos pelos indivíduos, principalmente quando decorrem de fato de terceiro ou de ação da própria vítima.

Em relação à primeira dessas hipóteses, já se decidiu acertadamente que não há responsabilidade do Estado no caso em que o veículo, depois de registrado, foi apreendido por ter sido furtado, e isso porque o certificado de registro, embora sendo título de propriedade, não se configura como legitimador do negócio jurídico.[29] Outro caso de exclusão da responsabilidade do Estado ocorreu em hipótese de deslizamento de encosta causado pelas sucessivas escavações das próprias vítimas.[30]

O nexo de causalidade é fator de fundamental importância para a atribuição de responsabilidade civil do Estado. O exame supérfluo e apressado de fatos causadores de danos a indivíduos tem levado alguns intérpretes à equivocada conclusão de responsabilidade civil do Estado. Para que se tenha uma análise absolutamente consentânea com o mandamento constitucional, é necessário que se verifique se realmente houve um fato administrativo (ou seja, um fato imputável à Administração), o dano da vítima e a certeza de que o dano proveio efetivamente daquele fato. Essa é a razão por que os estudiosos têm consignado, com inteira dose de acerto, que *"a responsabilidade objetiva fixada pelo texto constitucional exige, como requisito para que o Estado responda pelo dano que lhe for imputado, a fixação do nexo causal entre o dano produzido e a atividade funcional desempenhada pelo agente estatal".*[31]

O mais importante, no que tange à aplicação da teoria da responsabilidade objetiva da Administração, é que, presentes os devidos pressupostos, tem esta o dever de indenizar o lesado pelos danos que lhe foram causados *sem que se faça necessária a investigação sobre se a conduta administrativa foi, ou não, conduzida pelo elemento culpa*. Por conseguinte, decisões lícitas do governo são suscetíveis, em alguns casos, de ensejar a obrigação indenizatória por parte do Estado. Vale a pena, à guisa de exemplo, relembrar decisão do STF que condenou a União a indenizar os prejuízos decorrentes de sua intervenção no domínio econômico, em função da qual se determinara a fixação de preços, no setor sucro-alcooleiro, em patamar inferior aos valores apurados e propostos por autarquia ligada ao próprio governo federal (o extinto Instituto Nacional do Açúcar e do Álcool), o que, obviamente, gerou inegáveis prejuízos. Considerou a Corte que, *embora legítima a intervenção estatal*, há certos limites para executá-la, inclusive dentro do princípio constitucional da liberdade de iniciativa (livre exercício das atividades econômicas), previsto no art. 170, *caput*, da Constituição. Em que pese a legitimidade da conduta, estavam presentes os pressupostos da responsabilidade objetiva, de modo que à União caberia indenizar todos os prejudicados em virtude da decisão que adotou.[32]

Hipótese bem assemelhada a essa foi aquela em que o mesmo STF julgou procedente a pretensão de empresa aérea, contra a União, de ser indenizada pelos prejuízos causados oriundos da implementação do chamado "Plano Cruzado". Embora reconhecendo a constitucionalidade dessa lei econômica, entendeu-se que a intervenção estatal não poderia ferir cláusula do contrato

---

[28] STJ, REsp 38.666, j. 8.11.93. Também: LUCIA VALLE FIGUEIREDO, *Curso*, p. 176.

[29] STF, RE 228.521, j. 3.11.1998.

[30] TJ-RJ, ApCiv 15/98, DO 17.12.1998 (excluída a responsabilidade do Município).

[31] São as irrepreensíveis conclusões de BRUNO LUIZ WEILER SIQUEIRA no trabalho *O nexo de causalidade na responsabilidade patrimonial do Estado* (vide *RDA* v. 219, p. 91-106, 2000).

[32] STF, RE 422.941, j. 6.12.2005. A decisão reformou acórdão do STJ.

Cap. 10 · RESPONSABILIDADE CIVIL DO ESTADO | 471

de concessão que previa a correspondência entre as tarifas e os custos do serviço concedido. No fundo, há típica aplicação da responsabilidade objetiva do Estado, que admite, inclusive, o dever de indenizar ainda que em decorrência de atos lícitos.[33]

No que tange a *concessionárias de rodovias*, pessoas de direito privado prestadoras de serviços públicos, são elas submetidas à responsabilidade objetiva no caso de acidentes provocados por animais domésticos na pista de rolamento, incidindo, portanto, a teoria do risco administrativo, pela qual não comporta perscrutar a culpa.[34]

2. ÔNUS DA PROVA: INVERSÃO

A questão relativa à prova leva, primeiramente, em conta a defesa do Estado na ação movida pelo lesado. Diante dos pressupostos da responsabilidade objetiva, ao Estado só cabe defender-se provando a inexistência do fato administrativo, a inexistência de dano ou a ausência do nexo causal entre o fato e o dano.

Mas há ainda outro fator que merece ser analisado. A pretensão formulada pelo indivíduo para obter do Estado a reparação de prejuízos atenua em muito o princípio de que o ônus da prova incumbe a quem alega (*onus probandi incumbit ei que dicit, non qui negat*). Se o autor da ação alega a existência do fato, o dano e o nexo de causalidade entre um e outro, cabe ao Estado-réu a contraprova sobre tais alegações.[35]

3. PARTICIPAÇÃO DO LESADO

O fato de ser o Estado sujeito à teoria da responsabilidade objetiva não vai ao extremo de lhe ser atribuído o dever de reparação de prejuízos em razão de tudo o que acontece no meio social. É essa a razão do repúdio à denominada teoria do risco integral, que, como já vimos, é injusta, absurda e inadmissível no direito moderno.

Para que se configure a responsabilidade do Estado, é necessário que seja verificado o comportamento do lesado no episódio que lhe provocou o dano.

Se o lesado em nada contribuiu para o dano que lhe causou a conduta estatal, é apenas o Estado que deve ser civilmente responsável e obrigado a reparar o dano.

Entretanto, pode ocorrer que o lesado tenha sido o único causador de seu próprio dano, ou que ao menos tenha contribuído de alguma forma para que o dano tivesse surgido. No primeiro caso, a hipótese é de autolesão, não tendo o Estado qualquer responsabilidade civil, eis que faltantes os pressupostos do fato administrativo e da relação de causalidade.[36] O efeito danoso, em tal situação, deve ser atribuído exclusivamente àquele que causou o dano a si mesmo.[37]

Se, ao contrário, o lesado, juntamente com a conduta estatal, participou do resultado danoso, não seria justo que o Poder Público arcasse sozinho com a reparação dos prejuízos. Nesse caso, a indenização devida pelo Estado deverá sofrer redução proporcional à extensão da conduta do lesado que também contribuiu para o resultado danoso. Desse modo, se Estado e lesado contribuíram por metade para a ocorrência do dano, a indenização devida por aquele deve atingir apenas a metade dos prejuízos sofridos, arcando o lesado com a outra metade. É a aplicação do sistema

---

[33]   STF, RE 571.969, Min. CÁRMEN LÚCIA, em 12.3.2014.

[34]   STJ, REsp 1.908.738, j. 21.8.2024.

[35]   TR-PR, Ação Civil Improb. Admin. 10232701, j. 14.5.2013.

[36]   STF, RE 120.924, j. 25.5.93, e STJ, REsp 945.675, j. 7.10.2008 (vítima alcoolizada).

[37]   EDIMUR FERREIRA DE FARIA, *Curso de direito administrativo positivo*, Del Rey, 1997, p. 517.

MANUAL DE DIREITO ADMINISTRATIVO • Carvalho Filho

da compensação das culpas no direito privado. Exemplo interessante foi o de acidente de trânsito em que dois veículos colidiram em cruzamento por força de defeito no semáforo: provado que ambos trafegavam com excesso de velocidade, contribuindo para o resultado danoso, foi-lhes assegurada indenização do Poder Público apenas pela metade dos danos.[38]

A jurisprudência tem reconhecido, com absoluta exatidão, o sistema de compensação de culpas e do dever indenizatório. Em hipótese na qual o particular edificou casa residencial numa encosta de colina, sem as indispensáveis cautelas e comprometendo a estabilidade das elevações, tendo sido o imóvel destruído por fortes chuvas e comprovada culpa concorrente do Município, decidiu o TJ-RJ que *há partilha de responsabilidade e, por consequência óbvia, nos danos a compor, reduzindo-se a imposição do ressarcimento dos danos apurados.*[39]

O novo Código Civil, curvando-se à real existência de diversos fatos dessa natureza, instituiu pertinentemente norma disciplinando a culpa civil recíproca. Dita o art. 945 do novo diploma: *"Se a vítima tiver concorrido culposamente para o evento danoso, a sua indenização será fixada tendo-se em conta a gravidade de sua culpa em confronto com a do autor do dano."* O dispositivo, como se nota, abriga no direito positivo a tese antes acolhida apenas em sede jurisprudencial, reforçando a solução hoje aplicada no caso de responsabilidade da Administração Pública com participação do lesado no desfecho de seu próprio dano.

4. FATOS IMPREVISÍVEIS

Não é raro que os indivíduos sofram danos em razão de fatos que se afiguram imprevisíveis, aqueles eventos que, por alguma causa, ocorrem sem que as pessoas possam pressenti-los e até mesmo preparar-se para enfrentá-los e evitar os prejuízos, às vezes vultosos, que ocasionam.

São fatos imprevisíveis aqueles eventos que constituem o que a doutrina tem denominado de *força maior* e de *caso fortuito*. Não distinguiremos, porém, essas categorias, visto que há grande divergência doutrinária na caracterização de cada um dos eventos. Alguns autores entendem que a força maior é o acontecimento originário da vontade do homem, como é o caso da greve, por exemplo, sendo o caso fortuito o evento produzido pela natureza, como os terremotos, as tempestades, os raios e trovões.[40] Outros dão caracterização exatamente contrária, considerando força maior os eventos naturais e caso fortuito os de alguma forma imputáveis ao homem.[41] Há, ainda, quem considere caso fortuito um acidente que não exime a responsabilidade do Estado.[42]

Pensamos que o melhor é agrupar a força maior e o caso fortuito como fatos imprevisíveis, também chamados de *acaso*, porque são idênticos os seus efeitos. Daí a correta conclusão de que *"todo o esforço empregado pela doutrina para bifurcar o acaso resultou numa confusão, que hoje se procura evitar, ou mesmo contornar, eliminando-a pura e simplesmente, atenta a circunstância de que é o mesmo o efeito atribuído pela lei".*[43]

E qual a importância desses fatos no que diz respeito à responsabilidade do Estado? O primeiro ponto que importa considerar é o relativo ao caráter de *imprevisibilidade* de que se

---

[38] TJ-RJ, ApCiv 4543, 8º CCív, Rel. Des. ELLIS FIGUEIRA, 1990.

[39] TJ-RJ, Ap. Cív. 5.237/1994, reg. 24.3.1995.

[40] DIÓGENES GASPARINI (ob. cit., p. 608); ANTÔNIO QUEIROZ TELLES (ob. cit., p. 421); HELY LOPES MEIRELLES (ob. cit., p. 221).

[41] MARIA SYLVIA DI PIETRO (ob. cit., p. 361); LUCIA VALLE FIGUEIREDO (ob. cit., p. 186).

[42] CELSO ANTÔNIO BANDEIRA DE MELLO (ob. cit., p. 458); GEORGES VEDEL, *Droit administratif*, p. 386; MARIA SYLVIA DI PIETRO (ob. cit., p. 361).

[43] ORLANDO GOMES, *Obrigações*, p. 158-159.

Cap. 10 · RESPONSABILIDADE CIVIL DO ESTADO | **473**

revestem. Significa dizer que sua ocorrência estava fora do âmbito da normal prevenção que podem ter as pessoas. Tais fatos, como anota VEDEL, são imprevisíveis e irresistíveis.[44]

O outro aspecto a considerar reside na exclusão da responsabilidade do Estado no caso da ocorrência desses fatos imprevisíveis. Vimos que os pressupostos da responsabilidade objetiva são o fato administrativo, o dano e o nexo de causalidade entre o fato e o dano. Ora, na hipótese de caso fortuito ou força maior nem ocorreu fato imputável ao Estado, nem fato cometido por agente estatal. E, se é assim, não existe nexo de causalidade entre qualquer ação do Estado e o dano sofrido pelo lesado. A consequência, pois, não pode ser outra que não a de que tais fatos imprevisíveis não ensejam a responsabilidade do Estado. Em outras palavras, são eles excludentes da responsabilidade.

É preciso, porém, verificar, caso a caso, os elementos que cercam a ocorrência do fato e os danos causados. Se estes forem resultantes, em conjunto, do fato imprevisível e de ação ou omissão culposa do Estado, não terá havido uma só causa, mas *concausas*, não se podendo, nessa hipótese, falar em excludente de responsabilidade. Como o Estado deu causa ao resultado, segue-se que a ele será imputada responsabilidade civil. Por respeito à equidade, porém, a indenização será mitigada, cabendo ao Estado *reparar o dano de forma proporcional à sua participação no evento lesivo* e ao lesado arcar com o prejuízo correspondente a sua própria conduta.[45]

Em certas circunstâncias, a situação decorrente de danos provocados por fatos de terceiros assemelha-se à relativa aos fatos imprevisíveis no que concerne à análise da responsabilidade civil da Administração. Sem que se possa imputar atuação omissiva direta ao Estado, não há como responsabilizá-lo civilmente por atos de terceiros. Somente mediante a constatação de que a omissão foi a responsável conjunta pela ocorrência do dano é que se pode atribuir a responsabilidade estatal. É o caso, lamentavelmente frequente, de furtos e assaltos à mão armada em transportes coletivos ou na via pública. Sem a prova da culpa, não há como responsabilizar a empresa concessionária de transporte, já que ela própria assume a condição de lesada juntamente com os passageiros. Nesse sentido se têm pronunciado os Tribunais.[46] É justo reconhecer que opiniões em sentido contrário se justificam em razão do cansaço da sociedade pelo alto grau de violência que tem assolado as grandes cidades. Semelhante visão, porém, funda-se em argumento de ordem emocional, que, por isso mesmo, resulta dissociado da verdadeira análise jurídica.[47]

5. ATOS DE MULTIDÕES

Não é incomum que os indivíduos sofram prejuízos em razão de atos danosos praticados por agrupamentos de pessoas. Nas sociedades de massa atuais se torna cada vez mais comum que multidões dirijam sua fúria destruidora a bens particulares, normalmente quando pretendem evidenciar algum protesto contra situações especiais. Em todo o mundo ocorrem esses movimentos, ora de estudantes contra a polícia, ora da população contra o Estado, ora de delinquentes contra o indivíduo. Sabemos que, nos agrupamentos de pessoas, o indivíduo perde muito dos parâmetros que demarcam seus valores morais e sociais, deixando-se levar

---

[44]   Ob. cit., p. 386.

[45]   CELSO ANTÔNIO BANDEIRA DE MELLO, ob. cit., p. 457.

[46]   Vide STJ, REsp 435.865, j. 9.10.2002. Também: REsp 200.110, j. 21.3.2000; REsp 331.801, j. 5.10.2004 (roubo em ônibus); REsp 402.708, j. 24.8.2004 (roubo em metrô); REsp 589.629, j. 2.10.2008 (tiro oriundo de outro veículo). Ainda: STF, RE 113.194, j. 15.5.1987.

[47]   STJ, REsp 976.564, Rel. Min. LUÍS FELIPE SALOMÃO, em 20.9.2012. No caso, cuidava-se de assalto a cargas transportadas pelos Correios, sem prova de negligência dessa empresa.

MANUAL DE DIREITO ADMINISTRATIVO • Carvalho Filho

pela caudalosa corrente do grupo e agindo, dentro do grupo, como não o faria individualmente. Daí ser reconhecida hoje a chamada psicologia das multidões.

Qual a repercussão dos atos de multidões na responsabilidade civil do Estado?

A regra, aceita no direito moderno, é a de que os danos causados ao indivíduo em decorrência exclusivamente de tais atos não acarreta a responsabilidade civil do Estado, já que, na verdade, são tidos como atos praticados por terceiros. Sequer existem os pressupostos da responsabilidade objetiva do Estado, seja pela ausência da conduta administrativa, seja por falta de nexo causal entre atos estatais e o dano. Pelo inusitado ou pela rapidez com que os fatos ocorrem, não se pode atribuir os seus efeitos a qualquer ação ou omissão do Poder Público.[48]

Ocorre, porém, que, em certas situações, se torna notória a omissão do Poder Público, porque teria ele a possibilidade de garantir o patrimônio das pessoas e evitar os danos provocados pela multidão. Nesse caso, é claro que existe uma conduta omissiva do Estado, assim como é indiscutível o reconhecimento do nexo de causalidade entre a conduta e o dano, configurando-se, então, a responsabilidade civil do Estado. Trata-se, pois, de situação em que fica cumpridamente provada a omissão culposa do Poder Público. Essa é a orientação que tem norteado a jurisprudência a respeito do assunto.[49]

Suponha-se, para exemplificar, que se esteja formando um agrupamento com mostras de hostilidade em certo local onde há várias casas comerciais. Se os órgãos de segurança tiverem sido avisados a tempo e ainda assim não tiverem comparecido os seus agentes, a conduta estatal estará qualificada como omissiva culposa, ensejando, por conseguinte, a responsabilidade civil do Estado, em ordem a reparar os danos causados pelos atos multitudinários. Tal como na hipótese dos fatos imprevisíveis, contudo, a indenização será proporcional à participação omissiva do Estado no resultado danoso.

6. DANOS DE OBRA PÚBLICA

A questão da responsabilidade do Estado oriunda de danos provocados por obras públicas tem apresentado alguma controvérsia entre os estudiosos e nas decisões judiciais. Entretanto, parece-nos que se pode estabelecer um sistema lógico para o assunto, procurando distinguir as várias hipóteses que o tema encerra.

A primeira hipótese é aquela em que o dano é provocado pelo só fato da obra. Por alguma razão natural ou imprevisível, e sem que tenha havido culpa de alguém, a obra pública causa dano ao particular. Se tal ocorrer, dar-se-á a responsabilidade objetiva do Estado, independentemente de quem esteja executando a obra, eis que presentes todos os pressupostos para sua configuração.[50] Ainda que não se possa caracterizar de ilícita a atividade estatal, a responsabilidade decorre da própria teoria do risco administrativo.[51]

Uma segunda hipótese pressupõe que o Estado tenha cometido a execução da obra a um empreiteiro através de contrato administrativo, e que o dano tenha sido provocado exclusivamente por culpa do executor. A solução será a de atribuir-se ao empreiteiro a responsabilidade subjetiva comum de direito privado, sabido que cumpre o contrato sob sua conta e risco. A ação deve ser movida, no caso, somente contra o empreiteiro, sem participação do Estado no

---

[48] RIVERO, referindo-se à hipótese, registra que ela ocorre quando a polícia de segurança não pode impedir os danos (*sans que la police ait pu les empêcher*) (ob. cit., p. 300).

[49] Vide TJ-RJ, Ap. Cív. 454/1990, j. 19.3.1991.

[50] No mesmo sentido, HELY LOPES MEIRELLES (ob. cit., p. 560).

[51] ROBERTO DROMI, *Derecho administrativo* cit., p. 712.

Cap. 10 • RESPONSABILIDADE CIVIL DO ESTADO | 475

processo. A responsabilidade do Estado é subsidiária, isto é, só estará configurada se o executor não lograr reparar os prejuízos que causou ao prejudicado.[52]

É viável, por fim, que tanto o empreiteiro privado como o próprio Poder Público (este, ainda que por omissão) tenham contribuído para o fato causador do dano. Aqui ambos têm responsabilidade primária e solidária, podendo figurar conjuntamente na ação de reparação de danos proposta pelo lesado.[53]

7. CONDUTAS OMISSIVAS

O Estado causa danos a particulares por ação ou por omissão. Quando o fato administrativo é comissivo, podem os danos ser gerados por conduta culposa ou não. A responsabilidade objetiva do Estado se dará pela presença dos seus pressupostos – o fato administrativo, o dano e o nexo causal.

Todavia, quando a conduta estatal for omissiva, será preciso distinguir se a omissão constitui, ou não, fato gerador da responsabilidade civil do Estado. Nem toda conduta omissiva retrata um desleixo do Estado em cumprir um dever legal; se assim for, não se configurará a responsabilidade estatal. Somente quando o Estado se omitir diante do dever legal de impedir a ocorrência do dano é que será responsável civilmente e obrigado a reparar os prejuízos.[54]

A consequência, dessa maneira, reside em que a responsabilidade civil do Estado, no caso de conduta omissiva, só se desenhará *quando presentes estiverem os elementos que caracterizam a culpa*.[55] A culpa origina-se, na espécie, do descumprimento do dever legal, atribuído ao Poder Público, de impedir a consumação do dano. Resulta, por conseguinte, que, nas omissões estatais, a teoria da responsabilidade objetiva não tem perfeita aplicabilidade, como ocorre nas condutas comissivas.[56]

Há mais um dado que merece realce na exigência do elemento culpa para a responsabilização do Estado por condutas omissivas. O art. 927, parágrafo único, do Código Civil, estabelece que *"Haverá obrigação de reparar o dano, independentemente de culpa, nos casos especificados em lei"*, o que indica que a responsabilidade objetiva, ou sem culpa, pressupõe menção expressa em norma legal. Não obstante, o art. 43, do Código Civil, que, como vimos, se dirige às pessoas jurídicas de direito público, não incluiu em seu conteúdo a conduta omissiva do Estado, o mesmo, aliás, ocorrendo com o art. 37, § 6º, da CF. Desse modo, é de interpretar-se que citados dispositivos se aplicam apenas a comportamentos comissivos e que os omissivos só podem ser objeto de responsabilidade estatal se houver culpa.[57]

Queremos deixar claro, no entanto, que o elemento marcante da responsabilidade extracontratual do Estado é efetivamente *a responsabilidade objetiva*; daí não se nos afigurar inteiramente correto afirmar que, nas condutas omissivas, incidiria a responsabilidade subjetiva.[58] A responsabilidade objetiva é um *plus* em relação à responsabilidade subjetiva e não deixa de

---

[52] STJ, REsp 467.252, j. 2.12.2004; TJ-SC, Ap. Cív. 24.363, j. 25.3.1986.

[53] TJ-SC, Ap. Cív. nº 31.302, 1º CCív, Rel. Des. João Martins, publ. *DO* 7.9.1990.

[54] CELSO ANTÔNIO BANDEIRA DE MELLO, *Curso* cit., p. 447.

[55] STJ, REsp 721.439, j. 21.8.2007.

[56] Contra: JOÃO AGNALDO DONIZETI GANDINI e DIANA PAOLA DA SILVA SALOMÃO, no trabalho *"A responsabilidade civil do Estado por conduta omissiva"*, no qual apontam outros partidários do mesmo entendimento (*RDA* 232, p. 199-230, 2003).

[57] A correta observação é de EDUARDO MACCARI TELLES, no trabalho *A responsabilidade civil do estado por atos omissivos e o novo Código Civil*, publ. na *Revista de Direito da Proc. Geral do Estado do Rio de Janeiro* nº 57/2003, p. 115-130.

[58] É como pensa CELSO ANTÔNIO BANDEIRA DE MELLO, ob. cit., p. 447.

476 | MANUAL DE DIREITO ADMINISTRATIVO • Carvalho Filho

subsistir em razão desta; além do mais, todos se sujeitam normalmente à responsabilidade subjetiva, porque essa é a regra do ordenamento jurídico. Por conseguinte, quando se diz que nas omissões o Estado responde somente por culpa, não se está dizendo que incide a responsabilidade subjetiva, mas apenas que se trata da responsabilização comum, ou seja, aquela fundada na culpa, não se admitindo então a responsabilização sem culpa.

Na verdade, nenhuma novidade existe nesse tipo de responsabilidade. Quer-nos parecer, assim, que o Estado se sujeita à responsabilidade objetiva, mas, quando se tratar de conduta omissiva, estará ele na posição comum de todos, vale dizer, sua responsabilização se dará por culpa.[59] Acresce notar, por fim, que, mesmo quando presentes os elementos da responsabilidade subjetiva, estarão fatalmente presentes os elementos da responsabilidade objetiva, por ser esta mais abrangente que aquela. De fato, sempre estarão presentes o fato administrativo, o dano e o nexo de causalidade. A única peculiaridade é que, nas condutas omissivas, se exigirá, além do fato administrativo em si, que seja ele calcado na culpa.

Uma das hipóteses que, sem qualquer dúvida, evidenciam culpa em conduta omissiva da Administração é a que resulta de descumprimento de ordem judicial. Na verdade, nem deveria ocorrer essa omissão, mas infelizmente aqui e ali alguns administradores relutam em atender a determinações judiciais. Quando não a descumprem, retardam o seu cumprimento, o que também revela omissão quanto a dever concreto de agir. Nesses casos, o lesado tem direito a ser indenizado pela Administração omissa.[60] Além da responsabilidade civil, é possível ainda, dependendo das circunstâncias do caso, que os agentes responsáveis pela omissão sejam responsabilizados funcional e criminalmente.

Outra hipótese reside na omissão do Estado, quando devida e comprovadamente advertido da possibilidade de ocorrer o fato causador dos danos. Mesmo que o fato provenha de terceiros, o certo é que conduta diligente do Estado poderia ter impedido a sua ocorrência. Aqui a responsabilidade civil do Estado pela omissão é concreta, não podendo fugir à obrigação de reparar os danos. Exemplo: professora recebeu ameaças de agressão por parte de aluno e, mais de uma vez, avisou a direção da escola, que ficou omissa; tendo-se consumado as agressões, tem o Poder Público responsabilidade por sua omissão.[61]

Assinale-se, por oportuno, que, tratando-se de responsabilidade civil, urge que, nas condutas omissivas, além do elemento culposo, se revele a presença de *nexo direto de causalidade* entre o fato e o dano sofrido pela vítima. Significa dizer que não pode o intérprete buscar a relação de causalidade quando há uma ou várias intercausas entre a omissão e o resultado danoso. A propósito, já se decidiu por condenação de Município que não impediu a instalação de loja de fogos de artifício em zona residencial, a qual explodiu e causou danos a terceiros.[62] De qualquer modo, incidirá sempre a responsabilidade com culpa.[63]

Parece-nos adequado e pertinente tecer um último comentário sobre a matéria. Ouvem-se, de quando em vez, algumas vozes que se levantam para sustentar a responsabilidade integral do Estado pelas omissões genéricas a ele imputadas. Tais vozes se tornam mais usuais na medida em que se revela a ineficiência do Poder Público para atender a certas demandas sociais. A solução, porém, não pode ter ranços de passionalismo, mas, ao contrário, deve ser vista na ótica eminentemente política e jurídica. Não há dúvida de que o Estado é omisso no cumprimento de vários de seus deveres genéricos: há carências nos setores da educação,

---

[59] SÉRGIO CAVALIERI FILHO, *Programa de responsabilidade civil*, p. 141.

[60] STF, RE 283.989, j. 11.9.2001.

[61] Foi a hipótese decidida pelo STJ, no REsp 1.142.245, Rel. Min. CASTRO MEIRA, em 5.10.2010.

[62] STF, RE 136.861-SP, j. 21.9.2010.

[63] STF, RE 409.203, j. 7.6.2005: foragido de penitenciária praticou ameaças e estupro.

Cap. 10 · RESPONSABILIDADE CIVIL DO ESTADO | 477

saúde, segurança, habitação, emprego, meio ambiente, proteção à maternidade e à infância, previdência social, enfim em todos os direitos sociais (previstos, aliás, no art. 6º da CF). Mas o atendimento dessas demandas reclama a implementação de políticas públicas para as quais o Estado nem sempre conta com recursos financeiros suficientes (ou conta, mas investe mal). Tais omissões, por genéricas que são, não rendem ensejo à responsabilidade civil do Estado, mas sim à eventual responsabilização política de seus dirigentes. É que tantas artimanhas comete o Poder Público na administração do interesse público, que a sociedade começa a indignar-se e a impacientar-se com as referidas lacunas. É compreensível, portanto, a indignação, mas o fato não conduz a que o Estado tenha que indenizar toda a sociedade pelas carências a que ela se sujeita. Deve, pois, separar-se o sentimento emocional das soluções jurídicas: são estas que o Direito contempla.

Por força desses aspectos, vemos com profunda preocupação decisões judiciais que atribuem responsabilidade civil do Estado por omissão, sem que esta tenha nexo direto de causalidade com o resultado, ou seja, omissões genéricas decorrentes das carências existentes em todas as sociedades.[64] O mesmo ocorre com decisões que tratem as omissões sob o manto da responsabilidade objetiva, em flagrante desvio de perspectiva.[65] Já se decidiu também pela responsabilidade do Estado, com dever de indenizar, por dano moral decorrente das más condições do sistema penitenciário, entendendo-se inaplicável a teoria da reserva do possível.[66] São decisões que causam perigosos precedentes, razão por que – parece-nos – deva haver redobrada cautela no trato dessa matéria.

8. RESPONSABILIDADE PRIMÁRIA E SUBSIDIÁRIA

Tema que tem merecido muitas considerações por parte dos especialistas é o relativo à responsabilidade primária e subsidiária no que toca às condutas estatais. A responsabilidade é primária quando atribuída diretamente à pessoa física ou à pessoa jurídica a que pertence o agente autor do dano. Será subsidiária a responsabilidade quando sua configuração depender da circunstância de o responsável primário não ter condições de reparar o dano por ele causado.

Em consequência, a responsabilidade do Estado será primária quando o dano tiver sido provocado por um de seus agentes. Assim, se um servidor, ou qualquer outro agente, estiver atuando em nome da União, do Estado, do Município, do Distrito Federal ou de uma autarquia ou fundação autárquica, o dano que causar será atribuído, primariamente, à pessoa jurídica estatal a cujo quadro pertencer.

Nem sempre, entretanto, a responsabilidade do Estado será primária. Como já vimos anteriormente, há muitas pessoas jurídicas que exercem sua atividade como efeito da relação jurídica que as vincula ao Poder Público, podendo ser variados os títulos jurídicos que fixam essa vinculação. Estão vinculadas ao Estado as pessoas de sua Administração Indireta, as pessoas prestadoras de serviços públicos por delegação negocial (concessionários e permissionários de serviços públicos) e também aquelas empresas que executam obras e serviços públicos por força de contratos administrativos.

Em todos esses casos, a responsabilidade primária deve ser atribuída à pessoa jurídica a que pertence o agente autor do dano. Mas, embora não se possa atribuir responsabilidade direta ao Estado, o certo é que também não será lícito eximi-lo inteiramente das consequências do

---

[64] STF, STA 223, j. 14.4.2008 (condenação do Estado por assalto na via pública).

[65] Vide STF, RE 543469 AgR-RJ, Rel. Min. ELLEN GRACIE, em 16.3.2010.

[66] STF, RE 580.252, j. 16.2.2017.

478 | MANUAL DE DIREITO ADMINISTRATIVO • *Carvalho Filho*

ato lesivo. Sua responsabilidade, porém, será subsidiária, ou seja, somente nascerá quando o responsável primário não mais tiver forças para cumprir a sua obrigação de reparar o dano.[67]

Por conseguinte, não abonamos o pensamento de que o Poder Público tem responsabilidade solidária pelos danos causados por pessoa privada à qual compete prestar determinado serviço público, só pelo fato de ter havido delegação do serviço. Trata-se, a nosso ver, de conclusão tipicamente passional, de caráter radical e afastada dos cânones jurídicos que regem a matéria. O Poder Público não é, repita-se, o segurador universal de todos os danos causados aos administrados.

O que é importante é verificar a conduta administrativa. Se a Administração concorreu com a pessoa responsável para o resultado danoso (o que ocorre algumas vezes por negligência e omissão administrativa), haverá realmente solidariedade; a Administração terá agido com culpa *in omittendo* ou *in vigilando*, podendo ser demandada juntamente com o autor do dano. Contudo, se a culpa é *exclusiva* da pessoa prestadora do serviço, a ela deve ser imputada a *responsabilidade primária* e ao Poder Público a *responsabilidade subsidiária*; não há, portanto, solidariedade.[68] Resulta, pois, nessa hipótese, que eventual demanda indenizatória deve ser dirigida em face exclusivamente do causador do dano, sendo a Administração parte ilegítima *ad causam* na referida ação.

No tocante à matéria ambiental, na qual há peculiaridades específicas, ficou decidido que a responsabilidade civil da Administração Pública por danos ao meio ambiente, quando oriunda de *omissão do dever de fiscalização*, é de caráter *solidário*, mas de execução *subsidiária*.[69] Ou seja, a Administração só é demandada após a comprovação de incapacidade financeira do efetivo causador do dano.

V. Atos Legislativos

1. REGRA GERAL

A função de legislar constitui uma das atividades estruturais do Estado moderno, senão a mais relevante, tendo em conta que consubstancia a própria criação do direito (*ius novum*). Além do mais, a função legislativa transcende à mera materialização das leis para alcançar o *status* que espelha o exercício da soberania estatal, vale dizer, da autodeterminação dos Estados com vistas à instituição das normas que eles próprios entendem necessárias à disciplina social.

Por esse motivo, tivemos a oportunidade de consignar, em trabalho que publicamos, que a regra geral, no caso de atos legislativos, deve sempre ser a de não ser atribuída responsabilidade civil ao Estado, sobretudo porque a edição de leis, por si só, não tem normalmente o condão de acarretar danos indenizáveis aos membros da coletividade.

É claro, porém, que a questão nem sempre apresenta essa simplicidade. No Direito estrangeiro, têm variado as soluções, inclusive de doutrinadores. Em alguns casos, sustenta-se a total irresponsabilidade do Estado; em outros, entende-se que haverá a responsabilidade do Estado se a lei causar dano a pessoas ou a grupos sociais; outros, ainda, só admitem a responsabilização no caso de leis inconstitucionais.[70]

Apesar da divergência existente entre os autores nacionais, entendemos que o ato legislativo não pode mesmo causar a responsabilidade civil do Estado, se a lei é produzida em estrita

---

[67]   CELSO ANTÔNIO BANDEIRA DE MELLO (ob. cit., p. 443).
[68]   STJ, REsp 746.555, j. 18.10.2005 (concessa venia, decisão equivocada).
[69]   STJ, Súmula 652 (2021).
[70]   SAYAGUÉS LASO, *Tratado*, cit., v. I, p. 593 ss.

Cap. 10 • RESPONSABILIDADE CIVIL DO ESTADO | 479

conformidade com os mandamentos constitucionais. Com a devida vênia dos que pensam em contrário, não vemos como uma lei, regularmente disciplinadora de certa matéria, cause prejuízo ao indivíduo, sabido que os direitos adquiridos já incorporados a seu patrimônio jurídico são insuscetíveis de serem molestados pela lei nova, *ex vi* do art. 5º, XXXVI, da CF. Acresce, ainda, que a lei veicula regras gerais, abstratas e impessoais, não atingindo, como é óbvio, direitos individuais.

Pode ocorrer, isto sim, e frequentemente ocorre, que a lei nova contrarie interesses de indivíduos ou de grupos, mas esse fato, por si só, não pode propiciar a responsabilidade civil do Estado para obrigá-lo à reparação de prejuízos. Parece-nos incoerente, de fato, responsabilizar civilmente o Estado, quando as leis, regularmente editadas, provêm do órgão próprio, integrado exatamente por aqueles que a própria sociedade elegeu – pensamento adotado por alguns estudiosos. Alguns autores admitem a responsabilidade civil do Estado mesmo no caso de leis inconstitucionais.[71]

Cumpre reconhecer, entretanto, que moderna doutrina tem reconhecido, em situações excepcionais, a obrigação do Estado de indenizar, ainda que a lei produza um *dano jurídico lícito*. Isso ocorre particularmente quando a lei atinge direitos de determinado grupo de indivíduos (p. ex.: o de propriedade), à custa de algum outro benefício conferido a um universo maior de destinatários. Trata-se aqui de *dano lícito indenizável*, sujeito, no entanto, a que seja (a) economicamente mensurável, (b) especial e (c) anormal.[72] De qualquer modo, sempre será necessária certa precaução no que tange à análise de tais situações, em ordem a evitar que lei contrária a meros interesses possa gerar pretensões reparatórias despidas de fundamento jurídico.

2. LEIS INCONSTITUCIONAIS

Enfoque inteiramente diverso é o que diz respeito à produção de leis inconstitucionais.

Quando se assenta a premissa de que a soberania do Estado permite àqueles que representam a sociedade a edição de atos legislativos, a suposição é a de que tais atos devem guardar compatibilidade com a Constituição. Significa dizer que ao poder jurídico e político de criação de leis, o Estado, por seus agentes parlamentares, tem o dever de respeitar os parâmetros constitucionais. Por isso, assim como se pode afirmar ser lícita a edição regular de leis, pode também asseverar-se que é ilícito criar lei em descompasso com a Constituição.

Desse modo, é plenamente admissível que, se o dano surge em decorrência de lei inconstitucional, a qual evidentemente reflete atuação indevida do órgão legislativo, não pode o Estado simplesmente eximir-se da obrigação de repará-lo, porque nessa hipótese configurada estará a sua responsabilidade civil.[73] Como já acentuou autorizada doutrina, a noção de lei inconstitucional corresponde à de *ato ilícito*, provocando o dever de ressarcir os danos patrimoniais dele decorrentes.[74]

Releva destacar alguns aspectos. Em primeiro lugar, a responsabilidade só se consuma se o ato legislativo efetivamente produziu danos ao particular, pois que frequentemente a inconstitucionalidade da lei em nada afeta a órbita jurídica patrimonial das pessoas. Depois, é preciso que a lei tenha sido declarada inconstitucional, visto que milita em seu favor a presunção de

---

[71] CRETELLA JUNIOR, *Tratado de direito administrativo*, v.8, 1970, p. 255. Também: ÁLVARO LAZZARINI, *Boletim de direito administrativo* (set/1991, p. 493).

[72] MAURÍCIO ZOCKUN, *Responsabilidade patrimonial do Estado*, Malheiros, 2010, p. 123-150.

[73] Também: DIÓGENES GASPARINI (ob. cit., p. 609) e STF (RE 158.962, j. 4.12.1992). *Contra*: HELY LOPES MEIRELLES (ob. cit., p. 561).

[74] JULIO CÉSAR DOS SANTOS ESTEVES, *Responsabilidade civil do Estado por ato legislativo*, Del Rey, 2003, p. 249.

480 | MANUAL DE DIREITO ADMINISTRATIVO • *Carvalho Filho*

constitucionalidade, presunção esta desmentida apenas quando o órgão judiciário expressamente proclamar a inconstitucionalidade.[75] Por último, não há confundir o dano proveniente da lei inconstitucional ou aquele derivado de ato praticado com base na lei inconstitucional. Em ambos os casos, o Estado será civilmente responsável, mas no primeiro é a lei em si que provoca o dano, ao passo que no segundo é o ato praticado com base na lei; assim, a inconstitucionalidade lá é causa direta da responsabilidade, enquanto que aqui é causa indireta.

Avulta, ainda, destacar que o fato gerador da responsabilidade estatal no caso – a *inconstitucionalidade da lei* – alcança tanto a inconstitucionalidade *material* como a *formal*, pois que, na verdade, o vício de forma na lei também não escusa a ilegítima atuação do órgão legislativo.[76] Primitivamente, admitia-se a responsabilidade apenas quando houvesse controle concentrado de constitucionalidade; entretanto, atualmente já se considera que o *controle incidental* pode, da mesma forma, gerar a responsabilidade do Estado, eis que inexiste qualquer óbice no direito positivo para tal conclusão.[77] A verdade é que tanto numa hipótese quanto na outra fica reconhecido o *erro legislativo*.

3. LEIS DE EFEITOS CONCRETOS

Leis de efeitos concretos são aquelas que se apresentam como leis sob o aspecto formal, mas que, materialmente, constituem meros atos administrativos. Para que surjam, seguem todo o processo legislativo adotado para as leis em geral. Não irradiam, todavia, efeitos gerais, abstratos e impessoais como as verdadeiras leis, mas, ao contrário, atingem a esfera jurídica de indivíduos determinados, razão por que pode dizer-se que são concretos os seus efeitos.

Em relação a tais leis, já se pacificaram doutrina e jurisprudência no sentido de que podem ser impugnadas através das ações em geral, inclusive o mandado de segurança, sendo interessado aquele cuja órbita jurídica seja hostilizada pelos seus efeitos. Diga-se, por oportuno, que, por não terem conteúdo normativo (leis em tese), tais leis não são suscetíveis de impugnação por ação direta de inconstitucionalidade, como, por mais de uma vez, decidiu o STF.

Com esse perfil, não é difícil concluir que, se uma lei de efeitos concretos provoca danos ao indivíduo, fica configurada a responsabilidade civil da pessoa jurídica federativa de onde emanou a lei, assegurando-se ao lesado o direito à reparação dos prejuízos.[78]

4. OMISSÃO LEGISLATIVA

Tema que tem merecido, ultimamente, alguma discussão é o relativo à *omissão legislativa*, isto é, à inércia do Poder Legislativo no que concerne a seu dever de legislar quando previsto na Constituição. O debate não era muito difundido na doutrina clássica, mas se acentuou a partir da vigente Constituição, que considerou inconstitucional a omissão legislativa e apontou *mecanismos específicos* para combatê-la, como o mandado de injunção (art. 5º, LXXI) e a ação direta de inconstitucionalidade por omissão (art. 103, § 2º).

A questão consiste no seguinte: o Estado tem responsabilidade civil em virtude de sua omissão no dever de legislar? A matéria rende ensejo a algumas distinções.

Parece-nos que, se o texto constitucional fixa determinado prazo para o ato legislativo, a apresentação de projeto de lei ou a edição de medida provisória antes do prazo consolida

---

[75]   STJ, REsp 571.645, j. 21.9.2006.

[76]   No mesmo sentido, JULIO CÉSAR DOS SANTOS ESTEVES, *Responsabilidade civil*, cit., p. 249.

[77]   Ainda com base no excelente estudo de JULIO CÉSAR DOS SANTOS ESTEVES, ob. cit., p. 250.

[78]   Com esse entendimento, MARIA SYLVIA DI PIETRO (ob. cit., p. 363).

o cumprimento do dever constitucional, ainda que o ato final seja produzido em momento posterior, fato que se justifica em função do processo legislativo imposto pela Constituição. Consequentemente, não haverá responsabilidade civil do Estado nem dever de indenizar.

Não cumprida a obrigação no prazo constitucional, e decretando o Poder Judiciário a mora do legislador, sem a fixação de prazo para o cumprimento, a diligência do Executivo ou do Legislativo, perpetrada em prazo situado dentro de *padrões de razoabilidade*, não acarreta a responsabilidade civil do Estado, não havendo, portanto, dever indenizatório.[79] Fora de tais padrões, há de considerar-se inarredável a culpa omissiva do legislador e, por tal motivo, eventuais prejudicados têm direito à reparação de seus danos por parte da unidade federativa omissa.

Pensamos, todavia, que a evolução da responsabilidade civil estatal deve avançar mais e conduzir a solução mais rigorosa e menos condescendente com as omissões do Estado. Se é certo que inexiste, como regra, prazo certo para o exercício da função legislativa, não menos certo é que o reconhecimento da mora no caso de expressa previsão constitucional quanto ao prazo para legislar deve implicar, por sua própria natureza, a responsabilidade civil do Estado e o dever de indenizar, uma vez que tal inação reflete inaceitável abuso de poder. Na verdade, é desnecessária decisão judicial que figure como condição dessa responsabilidade.[80] A indevida leniência com os abusos estatais não ajuda em nada e, ao revés, contribui para a perpetuação desse tipo de inconstitucionalidade.[81]

VI. Atos Judiciais

1. ATOS ADMINISTRATIVOS E JURISDICIONAIS

As expressões *atos judiciais* e *atos judiciários* suscitam algumas dúvidas quanto a seu sentido. Como regra, tem-se empregado a primeira expressão como indicando os *atos jurisdicionais* do juiz (aqueles relativos ao exercício específico da função do juiz). Atos judiciários é expressão que tem sido normalmente reservada aos atos administrativos de apoio praticados no Judiciário. Para o tema da responsabilidade civil do Estado, é preciso distinguir a natureza dos atos oriundos do Poder Judiciário.

Como todo Poder do Estado, o Judiciário produz inúmeros atos de administração além daqueles que correspondem efetivamente à sua função típica. São, portanto, atos administrativos, diversos dos atos jurisdicionais, estes peculiares ao exercício de sua função.

No que concerne aos atos administrativos (ou atos judiciários), incide normalmente sobre eles a responsabilidade civil objetiva do Estado, desde que, é lógico, presentes os pressupostos de sua configuração. Enquadram-se aqui os atos de todos os órgãos de apoio administrativo e judicial do Poder Judiciário, bem como os praticados por motoristas, agentes de limpeza e conservação, escrivães, oficiais cartorários, tabeliães e, enfim, de todos aqueles que se caracterizam como agentes do Estado.[82]

Os atos jurisdicionais, já antecipamos, são aqueles praticados pelos magistrados no exercício da respectiva função. São, afinal, os atos processuais caracterizadores da função jurisdicional, como os despachos, as decisões interlocutórias e as sentenças. Em relação a tais atos é que surgem vários aspectos a serem considerados.

---

[79] Vide STF, RE 424.584, j. 17.11.2009. Também: ADI 2.061/2001.

[80] *Contra*: MAURÍCIO ZOCKUN, *Responsabilidade* cit., p. 165.

[81] Vide STF, RE 424.584, j. 17.11.2009.

[82] RUI STOCCO, *Responsabilidade civil dos notários e registradores* (Sel. Jurid. COAD, ago/95, p.31-38).

482 | MANUAL DE DIREITO ADMINISTRATIVO • *Carvalho Filho*

Não obstante, é relevante desde já consignar que, tanto quanto os atos legislativos, os atos jurisdicionais típicos são, em princípio, insuscetíveis de redundar na responsabilidade objetiva do Estado.[83] São eles protegidos por dois princípios básicos. O primeiro é o da soberania do Estado: sendo atos que traduzem uma das funções estruturais do Estado, refletem o exercício da própria soberania. O segundo é o princípio da recorribilidade dos atos jurisdicionais: se um ato do juiz prejudica a parte no processo, tem ela os mecanismos recursais e até mesmo outras ações para postular a sua revisão. Assegura-se ao interessado, nessa hipótese, o sistema do duplo grau de jurisdição.[84]

Por outro lado, o instituto da coisa julgada, aplicável às decisões judiciais, tem o intuito de dar definitividade à solução dos litígios, obediente ao princípio da segurança das relações jurídicas. Se a decisão judicial causou prejuízo à parte e esta não se valeu dos recursos para revê-la, sua inércia a impede de reclamar contra o ato prejudicial. Se, ao contrário, o ato foi confirmado em outras instâncias, é porque tinha ele legitimidade, sendo, então, inviável a produção de danos à parte.

2. CONDUTAS DOLOSAS

Há hipóteses, embora não muito comuns, em que o juiz pratica ato jurisdicional com o intuito deliberado de causar prejuízo à parte ou a terceiro. No caso, a conduta é dolosa e revela, sem dúvida, violação a dever funcional, como estatuído na Lei Orgânica da Magistratura.

Segundo o art. 143, I e II, do vigente CPC, o juiz responde por perdas e danos quando no exercício de suas funções procede dolosamente, inclusive com fraude, bem como quando recusa, omite ou retarda, sem justo motivo, providência que deva ordenar de ofício ou a requerimento da parte. Nesse caso, a responsabilidade é individual do juiz, cabendo-lhe, em consequência, o dever de reparar os prejuízos que causou.

Contudo, ninguém pode negar que o juiz é um agente do Estado. Sendo assim, não pode deixar de incidir também a regra do art. 37, § 6º, da CF, sendo, então, civilmente responsável a pessoa jurídica federativa (a União ou o Estado-Membro), assegurando-se-lhe, porém, direito de regresso contra o juiz.

Para a compatibilização da norma do Código de Processo Civil com a Constituição, forçoso será reconhecer que o prejudicado pelo ato jurisdicional doloso terá a alternativa de propor a ação indenizatória contra o Estado ou contra o próprio juiz responsável pelo dano, ou, ainda, contra ambos, o que é admissível porque o autor terá que provar, de qualquer forma, que a conduta judicial foi consumada de forma dolosa.[85]

3. CONDUTAS CULPOSAS

O ato jurisdicional causador do dano pode, entretanto, ter sido praticado de forma culposa. É o caso, por exemplo, em que o juiz profere sentença de modo negligente, sem ter apreciado devidamente as provas produzidas no processo.

Se esse ato é de natureza penal, já o Código de Processo Penal previa a responsabilidade civil do Estado. Trata-se da revisão criminal, ação especial que visa à desconstituição de sentença que contenha erro judiciário. Dispõe o art. 630 desse Código que o tribunal, se a parte o requerer, poderá reconhecer o direito a uma justa indenização pelos prejuízos causados. Essa

---

[83] Vide STF, RE 429.518-SC, Rel. Min. CARLOS VELLOSO, em 5.10.2004.

[84] STF, RE 111.609, Rel. Min. MOREIRA ALVES, em 11.12.1992.

[85] No sentido da alternativa, MÁRIO MOACYR PORTO (Responsabilidade do Estado pelos atos de seus juízes", *Revista dos Tribunais* nº 563, p. 9-14, 1982) e LAIR DA SILVA LOUREIRO FILHO (Responsabilidade pública por atividade judiciária no direito brasileiro, *RDA* nº 231, p. 27, 2003). *Contra*, admitindo apenas a responsabilidade do Estado: JUARY SILVA (*A Responsabilidade do Estado por atos judiciários e legislativos*, Saraiva, 1985, p. 216-220).

Cap. 10 · RESPONSABILIDADE CIVIL DO ESTADO 483

norma foi abraçada pelo art. 5º, LXXV, da CF, segundo o qual *"o Estado indenizará o condenado por erro judiciário, assim como o que ficar preso além do tempo fixado na sentença".* Significa que, se o indivíduo é condenado em virtude de sentença que contenha erro judiciário, inclusive por conduta culposa do juiz, tem ele direito à reparação dos prejuízos a ser postulada em ação ajuizada contra o Estado.

Se a solução é tranquila no que diz respeito a atos jurisdicionais de natureza penal, o mesmo não se pode dizer em relação a atos de natureza cível.

Como regra, já se viu, os atos jurisdicionais decorrentes de conduta culposa do juiz na área cível não ensejavam a responsabilidade civil do Estado, pois que afinal teria o interessado os mecanismos recursais com vistas a evitar o dano. No entanto, o texto que está no art. 5º, LXXV, da CF dá margem a dúvidas, visto que se limita a mencionar *o condenado por erro judiciário*, sem especificar que tipo de condenação, cível ou criminal. Apesar da dúvida que suscita, entendemos que o legislador constituinte pretendeu guindar à esfera constitucional a norma legal anteriormente contida no Código de Processo Penal, sem, todavia, estender essa responsabilidade a atos de natureza cível. Em nosso entendimento, portanto, se um ato culposo do juiz, de natureza cível, possibilita a ocorrência de danos à parte, deve ela valer-se dos instrumentos recursais e administrativos para evitá-los, sendo inviável a responsabilização civil do Estado por fatos desse tipo. A não ser assim, os juízes perderiam em muito a independência e a imparcialidade, bem como permaneceriam sempre com a insegurança de que atos judiciais de seu convencimento pudessem vir a ser considerados resultantes de culpa em sua conduta.[86]

Não obstante, parece-nos inteiramente cabível distinguir os *atos tipicamente jurisdicionais* do juiz, normalmente praticados dentro do processo judicial, dos *atos funcionais*, ou seja, daquelas ações ou omissões que digam respeito à atuação do juiz fora do processo. Neste último caso, diferentemente do que sucede naqueles, se tais condutas provocam danos à parte sem justo motivo, o Estado deve ser civilmente responsabilizado, ainda que o juiz tenha agido de forma apenas culposa, porque o art. 37, § 6º, da CF é claro ao fixar a responsabilidade estatal por danos que seus agentes causarem a terceiros, e entre seus agentes encontram-se, à evidência, inseridos os magistrados. É o caso, por exemplo, em que o juiz retarda, sem justa causa, o andamento de processos; ou perde processos por negligenciar em sua guarda; ou deixa, indevidamente, de atender a advogado das partes; ou ainda pratica abuso de poder em decorrência de seu cargo.

Todas essas hipóteses, que refletem condutas mais de caráter administrativo do que propriamente jurisdicionais, rendem ensejo, desde que provados o dano e o nexo causal, à responsabilidade civil do Estado e ao consequente dever de indenizar, sem contar, é óbvio, a responsabilidade funcional do juiz. O Estado, todavia, nos termos do referido mandamento constitucional, tem direito de regresso contra o juiz responsável pelo dano, o qual, demonstrada sua culpa, deverá ressarcir o Estado pelos prejuízos que lhe causou. O mesmo, em nosso entender, aplica-se aos membros do Ministério Público em face de sua posição no cenário jurídico pátrio.

Questão que ultimamente vem sendo arguida é a que consiste em saber se há responsabilidade civil do Estado pela violação do *princípio da duração razoável do processo*, previsto no art. 5º, LXXVIII, da CF e introduzido pela EC nº 45/2004 (Reforma do Judiciário). Para alguns estudiosos, se a violação decorrer de falha no serviço judiciário ou em paralisações injustificadas do processo, o Estado está sujeito à responsabilidade objetiva, com base no art. 37, § 6º,

---

[86] Em sentido contrário, COTRIM NETO em Da responsabilidade do Estado por atos de juiz em face da Constituição de 1988, publ. na *RTDP* nº 1, p. 31 ss. Também LUCIA VALLE FIGUEIREDO, *Curso*, cit., p. 186.

da CF.[87] Assim não pensamos, porém. Sem considerar a indeterminação do conceito – já que *"duração razoável"* é expressão fluida e sem densidade de exatidão – parece-nos que a ofensa ao referido princípio implicará sempre a investigação sobre a forma como se desenvolveu o serviço, de modo que a conclusão a que chegar o intérprete terá que enveredar pelo terreno da culpa no serviço. A hipótese, pois, é a de incidência da responsabilidade com culpa (ou subjetiva, se assim se preferir).

Neste passo, convém trazer à tona uma nova visão da responsabilidade civil do Estado por *risco jurisdicional anormal,* decorrente da tramitação do processo sem a garantia do devido processo legal e do respeito ao contraditório e à ampla defesa, bom como quando a decisão judicial impuser restrições a direitos fundamentais de modo excessivo, desproporcional ou inadequado para a proteção do bem sob tutela.[88]

VII. Reparação do Dano

1. A INDENIZAÇÃO

A indenização é o montante pecuniário que traduz a reparação do dano. Corresponde à compensação pelos prejuízos oriundos do ato lesivo.

A indenização devida ao lesado deve ser a mais ampla possível, de modo que seja corretamente reconstituído seu patrimônio ofendido pelo ato lesivo. Deve equivaler ao que o prejudicado perdeu, incluindo-se aí as despesas que foi obrigado a fazer, e ao que deixou de ganhar. Quando for o caso, devem ser acrescidos ao montante indenizatório os juros de mora e a atualização monetária. Tendo havido morte, incide a regra do art. 948 do Código Civil, que fixa os fatores suscetíveis de serem indenizados.[89] Por outro lado, ocorrendo lesões corporais ou redução de capacidade de trabalho, aplicam-se os arts. 949 e 950 do mesmo Código.

2. MEIOS DE REPARAÇÃO DO DANO

Perpetrada a ofensa ao patrimônio do lesado, a reparação do dano a ser reivindicada pode ser acertada através de dois meios: o *administrativo* e o *judicial.*

Na via administrativa, o lesado pode formular seu pedido indenizatório ao órgão competente da pessoa jurídica civilmente responsável, formando-se, então, processo administrativo no qual poderão manifestar-se os interessados, produzir-se provas e chegar-se a um resultado final sobre o pedido. Se houver acordo quanto ao montante indenizatório, é viável que o pagamento se faça de uma só vez ou parceladamente, tudo de acordo com a autocomposição das partes interessadas.

Não havendo acordo, ao lesado caberá propor a adequada ação judicial de indenização, que seguirá o *procedimento comum* (art. 318, CPC). O foro da ação vai depender da natureza da pessoa jurídica: se for a União, empresa pública ou entidade autárquica federal, a competência é da Justiça Federal (art. 109, I, CF); se for de outra natureza, competente será a Justiça Estadual, caso em que deverá ser examinado o que dispuser o Código de Organização Judiciária local. Observe-se, ainda, que, dependendo do valor pleiteado, pode a ação ser proposta nos Juizados Especiais Federais ou nos Juizados Especiais da Fazenda Pública, onde já estiverem instalados.

---

[87] É a opinião de ANDRÉ LUIZ NICOLITT, *A duração razoável do processo,* cit., p. 115.

[88] FLAVIO DE ARAÚJO WILLEMAN, *Responsabilidade civil do Estado por risco jurisdicional anormal no Brasil,* CEEJ, 2023, p. 171.

[89] DIÓGENES GASPARINI, ob. cit., p. 613.

Cap. 10 · RESPONSABILIDADE CIVIL DO ESTADO | 485

3. PRESCRIÇÃO

O direito do lesado à reparação dos prejuízos tem natureza pessoal e obrigacional. Como ocorre com os direitos subjetivos em geral, não podem eles ser objeto da inércia de seu titular, sob pena do surgimento da prescrição da ação que tenha por fim a tutela desses direitos.

Se a pessoa responsável se enquadra como entidade federativa ou autárquica (incluídas, pois, as fundações de direito público), consumava-se a prescrição no prazo de cinco anos contados a partir do fato danoso. Tal prazo extintivo situava-se no âmbito da clássica prescrição quinquenal das ações pessoais contra o Estado (Decreto n° 20.910/1932). Esse tipo de prescrição, como é sabido, abrangia, entre outras, a pretensão do lesado à indenização, tornando impossível quer o pedido administrativo, quer a ação judicial.

Ao contrário, se ré for pessoa de direito privado, a questão relativa ao prazo prescricional merece cuidadoso exame. O Código Civil revogado fixava em vinte anos o prazo de prescrição de direitos pessoais (art. 177). Ocorre que a Medida Provisória n° 2.180-35, de 24.8.2001, inserindo o art. 1°-C na Lei n° 9.494, de 10.9.1997, que dispõe sobre tutela antecipada contra a Fazenda, consignou que prescreve em cinco anos o direito de obter indenização dos danos causados por agentes de pessoas jurídicas de direito público *e de pessoas jurídicas de direito privado prestadoras de serviços públicos*. Houve, portanto, derrogação do antigo Código Civil nessa parte, de forma que as pessoas privadas abrangidas pelo art. 37, § 6°, da CF passaram a ter o mesmo privilégio que têm as pessoas públicas no que toca à prescrição quinquenal de ações indenizatórias de terceiros em virtude de danos causados por seus agentes.

O vigente Código Civil, no entanto, introduziu várias alterações na disciplina da prescrição, algumas de inegável importância. Uma delas diz respeito ao prazo genérico da prescrição, que passou de vinte (específica para direitos pessoais) para dez anos (art. 205). Outra é a que fixa o prazo de *três anos* para a prescrição da *pretensão de reparação civil* (art. 206, § 3°, V, Cód. Civil). Vale dizer: se alguém sofre dano por ato ilícito de terceiro, deve exercer a pretensão reparatória (ou indenizatória) no prazo de três anos, pena de ficar prescrita e não poder mais ser deflagrada.

Como o texto se refere à reparação civil de forma genérica, será forçoso reconhecer que a redução do prazo beneficiará tanto as pessoas públicas como as de direito privado prestadoras de serviços públicos. Desse modo, ficarão derrogados os diplomas acima *no que concerne à reparação civil*.[90] Contudo, as demais pretensões pessoais contra a Fazenda continuam sujeitas à prescrição quinquenal prevista no Decreto n° 20.910/1932.

Cumpre nessa matéria recorrer à interpretação normativo-sistemática. Se a ordem jurídica sempre privilegiou a Fazenda Pública, estabelecendo prazo menor de prescrição da pretensão de terceiros contra ela, prazo esse fixado em cinco anos pelo Decreto n° 20.910/1932, raia ao absurdo admitir a manutenção desse mesmo prazo quando a lei civil, que outrora apontava prazo bem superior àquele, reduz significativamente o período prescricional, no caso para três anos (pretensão à reparação civil). Desse modo, se é verdade, de um lado, que não se pode admitir prazo inferior a três anos para a prescrição da pretensão à reparação civil contra a Fazenda, em virtude de inexistência de lei especial em tal direção, não é menos verdadeiro, de outro, que tal prazo não pode ser superior, pena de total inversão do sistema lógico-normativo; no mínimo, é de aplicar-se o novo prazo fixado agora pelo Código Civil. Interpretação lógica não admite a aplicação, na hipótese, das regras de direito intertemporal sobre lei especial e lei geral, em que aquela prevalece a despeito do advento desta. A prescrição da citada pretensão

---

[90] Também: STJ AgRg no Ag. 1.195.710, j. 26.6.2012, e AgRg nos EDcl. No Ag. 1.386.124, j. 14.6.2011. *Contra*: STJ, REsp 1.277.724, j. 26.5.2015, e MARIA SYLVIA ZANELLA DI PIETRO, *Direito administrativo*, cit., 23. ed., 2010, p. 762.

486 | MANUAL DE DIREITO ADMINISTRATIVO • Carvalho Filho

de terceiros contra as pessoas públicas e as de direito privado prestadoras de serviços públicos passou de quinquenal para trienal.[91-92]

Pela especificidade da situação, vale a pena frisar que, conforme orientação da jurisprudência, são *imprescritíveis* as ações indenizatórias por danos morais e materiais, oriundos de atos de perseguição política ofensivos a direitos fundamentais, ocorridos durante o regime militar (Súmula 647, STJ).

4. SUJEITO PASSIVO DA LIDE

Há alguns pontos controvertidos em relação ao sujeito passivo da lide indenizatória.

De início, não há qualquer dúvida de que a pessoa jurídica de direito público ou a de direito privado prestadora de serviço público têm idoneidade para figurar no polo passivo do processo. Terão, portanto, a condição de rés, porque a elas é imputada a responsabilidade civil e a obrigação de reparar o dano.

Questiona-se, todavia, se é viável ajuizar a ação diretamente contra o agente estatal causador do dano, sem a presença da pessoa jurídica. Há autores que não o admitem.[93] Outros entendem que é viável.[94] Em nosso entender, acertada é esta última posição. O fato de ser atribuída responsabilidade objetiva à pessoa jurídica não significa a exclusão do direito de agir diretamente contra aquele que causou o dano. O mandamento contido no art. 37, § 6º, da CF visou a favorecer o lesado por reconhecer nele a parte mais frágil, mas não lhe retirou a possibilidade de utilizar normalmente o direito de ação. Há certa hesitação na jurisprudência com decisões proibitivas[95] e permissivas.[96] A tendência, porém, é no sentido de considerar parte ilegítima o agente autor do ato, devendo a ação ser proposta contra a pessoa jurídica responsável.[97]

O entendimento configura-se como notoriamente restritivo: não se compadece com o amplo direito de ação assegurado aos administrados em geral e deixa em situação cômoda o agente que efetivamente perpetrou o dano. Por outro lado, não vislumbramos no ordenamento jurídico fundamento para a blindagem do agente causador do dano em virtude da possibilidade de ser ajuizada ação em face do Estado. Semelhante pensamento, portanto, é antagônico ao sistema de garantias outorgado pela Constituição.

Sendo assim, tanto pode o lesado propor a ação contra a pessoa jurídica, como contra o agente estatal responsável pelo fato danoso, embora seja forçoso reconhecer que a Fazenda Pública sempre poderá oferecer maior segurança ao lesado para o recebimento de sua indenização; por outro lado, a responsabilidade do agente livra o lesado da conhecida demora do pagamento em virtude do sistema de precatórios judiciais.[98] Todavia, há decisão admitindo a alternatividade no polo passivo.[99] Além dessas hipóteses, ainda pode o autor, no caso de culpa

---

[91]   No mesmo sentido, FLÁVIO DE ARAÚJO WILLEMAN, *Responsabilidade civil das agências reguladoras*, Lumen Juris, 2005, p. 42, e CARLOS ROBERTO GONÇALVES, *Responsabilidade civil*, Saraiva, 8. ed., 2003, p. 190.

[92]   STJ, REsp 1.137.354, j. 8.9.2009. *Contra:* STJ, AgRg no AREsp 14.062, j. 20.9.2012.

[93]   HELY LOPES MEIRELLES (ob. cit., p. 562). Também: MARCOS CHUCRALLA MOHERDAUI BLASI, *Panorama atual da responsabilidade do Estado em matéria de serviços públicos na jurisprudência do STF* (*RBDP* nº 31, p. 102, 2010).

[94]   DIÓGENES GASPARINI (ob. cit., p. 612).

[95]   STF, RE 327.904, em 15.8.2006, e RE 344.133, em 9.9.2008.

[96]   STJ, REsp 1.162.598, j. 2.8.2011 (ação contra representante do MP por ofensa a segredo de justiça).

[97]   STF, RE 1.027.633, j. 14.8.2019 (Tema 940 de Repercussão Geral).

[98]   STJ, REsp 731.746, j. 5.8.2008.

[99]   STF, RE 99.214, j. 22.3.1983.

ou dolo, mover a ação contra ambos em litisconsórcio facultativo, já que são eles ligados por responsabilidade solidária.[100]

O STF, entretanto, já decidiu que, em se tratando de dano causado por magistrado no exercício da função jurisdicional, a ação indenizatória deve ser ajuizada somente em face da respectiva pessoa de direito público, e não diretamente em face do magistrado, e isso porque este se caracteriza como agente político do Estado, não se podendo, na hipótese, vislumbrar responsabilidade concorrente, mas apenas a que eventualmente venha a decorrer do exercício do direito de regresso.[101] A despeito de ter havido divergências entre os órgãos das várias instâncias judiciais no assunto, parece-nos acertada a solução alvitrada, tendo em vista, realmente, a especificidade da natureza da atividade jurisdicional. Tratando-se, no entanto, de ato meramente administrativo, entendemos que a ação pode ser endereçada diretamente ao juiz, tal como ocorre com os demais agentes administrativos.[102]

A Lei nº 13.655, de 25.4.2018, incluiu, no Decreto-lei nº 4.657/1942 (Lei de Introdução às Normas do Direito Brasileiro – LINDB), o art. 28, segundo o qual o agente público responderá pessoalmente por suas decisões ou opiniões técnicas em caso de dolo ou erro grosseiro, e com isso atirou mais lenha na fogueira quanto à já confusa temática. A despeito do tempo verbal ("*responderá*"), a responsabilidade direta e pessoal do agente espelha alternativa, e não obrigatoriedade, já que o lesado sempre pode acionar primeiro a Fazenda Pública. Noutro giro, a responsabilidade do agente decorre de dolo ou culpa, e não de dolo ou erro grosseiro, que tem outro significado e se aplica apenas a atos de pareceristas. Mais adiante, no Capítulo 15, comentaremos esse polêmico dispositivo, no tópico concernente ao controle estatal.

5. DENUNCIAÇÃO À LIDE

Outro ponto tormentoso no tocante à ação indenizatória diz respeito ao tema da denunciação à lide. A questão consiste em saber se a pessoa jurídica responsável, ré no processo, deve ou pode denunciar à lide o servidor que provocou o dano.

Ao tratar do tema, o CPC/1973 estabelecia ser *obrigatória* a denunciação à lide, inclusive àquele que estivesse obrigado, por lei ou contrato, a indenizar, em ação regressiva, o prejuízo do que perdeu a demanda.[103] Em razão do texto legal, alguns estudiosos inclinavam-se pela compulsoriedade da denunciação.[104]

Outros, contudo, davam interpretação diversa, para considerar facultativo, e não obrigatório, o litisconsórcio, e isso porque, a despeito do texto legal, a hipótese ensejaria facultatividade da denunciação.[105] Resulta daí que, se a parte não requeresse a denunciação à lide, poderia mesmo assim demandá-lo em ação autônoma no exercício de seu direito de regresso. Essa interpretação passou a ser mais condizente com o Código de Processo Civil, em cujo art. 125 se lê que é *admissível* (e não mais *obrigatória*, como no CPC anterior) a denunciação à lide àquele que estiver obrigado a indenizar o prejuízo do vencido, em ação regressiva (inciso II).

---

[100] CELSO ANTÔNIO BANDEIRA DE MELLO, *Curso* cit., p. 466.
[101] STF, RE 228.977, j. 5.3.2002.
[102] STJ, REsp 1.842.613, j. 22.3.2022 (abuso cometido por membro do MP).
[103] Art. 70, III.
[104] DIÓGENES GASPARINI, *Direito administrativo*, cit., p. 612.
[105] VICENTE GRECO, *Direito processual civil brasileiro*, v. I, p. 139-148.

488 | MANUAL DE DIREITO ADMINISTRATIVO • Carvalho Filho

No que concerne especificamente à ação indenizatória contra o Estado, a divergência persiste mesmo diante do art. 125, II, do vigente CPC. Na visão de muitos especialistas, não é cabível a denunciação. O primeiro fundamento consiste em que tais disposições do CPC concernem ao regime de responsabilidade civil no campo privado, mas não à responsabilidade civil do Estado, que tem previsão própria na Constituição (art. 37, § 6º). A relação entre o lesado e o Estado escora-se na responsabilidade *objetiva*, ao passo que o vínculo regressivo entre o Estado e seu agente funda-se na responsabilidade *subjetiva*. São, portanto, diversos os elementos da causa de pedir relativamente às pretensões do lesado (originária) e do Estado (regressiva). Acresce, ainda, um fundamento de ordem lógica: a ser admitida a denunciação do servidor à lide, poderia haver gravame ao lesado, já que, em muitos casos, teria ele que aguardar o desfecho (costumeiramente demorado) do litígio entre o Estado e seu servidor, baseado na culpa civil, quando a Constituição o beneficiou com pretensão que, em razão da responsabilidade objetiva, independe da discussão desse elemento subjetivo.[106] Essa é, a nosso ver, a melhor doutrina a respeito do assunto.

Anote-se, ainda, que essa parece ter sido a posição adotada pela Lei nº 8.112/1990 – o Estatuto dos servidores públicos federais –, segundo a qual, ocorrendo dano causado a terceiros, o servidor deverá responder perante a Fazenda Pública *em ação regressiva* (art. 122, § 2º). Conquanto não seja o dispositivo de extrema clareza, é de supor-se que considerou tal ação como autônoma, diversa, portanto, daquela em que o lesado tenha demandado a Fazenda.

Aliás, o intuito de proteção ao hipossuficiente em relações jurídicas de caráter indenizatório foi o mesmo adotado pelo Código de Defesa do Consumidor, que, na relação de regresso, exige processo indenizatório autônomo, vedando expressamente a denunciação à lide. Nas hipóteses em que o comerciante é solidariamente responsável com o fabricante, construtor, produtor ou importador, o consumidor pode demandar qualquer deles e, para não ser prejudicado, a lei impõe que aquele que pagar a indenização deve exercer seu direito de regresso contra o outro responsável em ação diversa da ajuizada originariamente pelo consumidor (art. 88 e 13, parágr. único, Lei 8.078/1990, Código de Defesa do Consumidor).

Deve registrar-se, porém, que, embora controvertida a matéria, nota-se visível tendência a acolher a tese da facultatividade da denunciação à lide, o que mais se consolida diante da expressão contida no art. 125 do CPC vigente (É admissível...), de modo que se permita a propositura de ação regressiva autônoma, após transitada em julgado a ação indenizatória originária.[107] Entretanto, se tal tendência é aceitável no campo das relações privadas, maior dificuldade há para admiti-la no campo da responsabilidade civil do Estado, sabido que nele continuam palpáveis e lógicos os fundamentos já vistos, que conduzem à inaplicabilidade do instituto. Por isso, algumas decisões endossam tal interpretação.[108] Outras, no entanto, trilham posição contrária.[109]

VIII. O Direito de Regresso

1. SENTIDO

Direito de regresso é o assegurado ao Estado no sentido de dirigir sua pretensão indenizatória contra o agente responsável pelo dano, quando tenha este agido com culpa ou dolo.

---

[106] Têm esse entendimento HELY LOPES MEIRELLES (ob. cit., p. 562); CELSO ANTÔNIO BANDEIRA DE MELLO (*Curso*, cit., p. 466); LUCIA VALLE FIGUEIREDO (*Curso*, cit., p. 181); WEIDA ZANCANER (*Responsabilidade extracontratual do Estado*, p. 62 e ss.; VICENTE GRECO FILHO (*Direito processual*, cit., v. I, p. 146).

[107] À guisa de exemplos, advogando a não obrigatoriedade: TJ-SP, Apel. 00036257920088260093 SP 0003625-79.2008.8.26.0093, j. 28.1.2015, e TJ-MG, Agr. 200000038655300001 MG 2.0000.00.386553-0/000(1), j. 12.12.2002.

[108] TJ-RJ, Súmula 50.

[109] STJ, REsp 1.187.456, j. 16.11.2010, no sentido da facultatividade, mesmo quando se trata do Estado.

Cap. 10 · RESPONSABILIDADE CIVIL DO ESTADO | 489

É importante lembrar que no tema da responsabilidade civil do Estado existem duas relações jurídicas diversas – uma que liga o lesado ao Estado e outra que vincula o Estado a seu agente. Esta última relação é que consubstancia o direito de regresso do Estado, estando prevista na parte final do art. 37, § 6º, da Constituição Federal.

2. MEIOS DE SOLUÇÃO

Assim como ocorre na relação entre o lesado e o Estado, pode o agente concordar na indenização ao Estado na via administrativa, como fruto de acordo entre as partes, ou na via judicial, caso se apresente o conflito de interesses.

Na via administrativa, o pagamento da indenização pelo agente será sempre resultado de acordo entre as partes. Ao Estado é vedado estabelecer qualquer regra administrativa que obrigue o agente, *manu militari*, a pagar o débito. É ilegal, por exemplo, qualquer norma que autorize o Estado a descontar, por sua exclusiva iniciativa e sem qualquer barreira de contenção, parcelas indenizatórias dos vencimentos do servidor. O Estado é um credor como qualquer outro nesse caso e não dispõe de privilégio nesse sentido. Somente será legítimo o desconto em folha se: (1º) houver anuência expressa do servidor; (2º) houver previsão em lei, com fixação de percentual máximo de desconto, observado o princípio da razoabilidade, como, por exemplo, ocorre no Estatuto dos Servidores Federais (Lei 8.112/1990, art. 46, § 1º), que, embora de forma indireta, fixa o percentual máximo em 10 %; e[110] (3º) for assegurado ao servidor, nesta última hipótese, o contraditório e a ampla defesa.[111]

Na via judicial, frustrado o acordo, o Estado promoverá a devida ação de indenização, que tramitará pelo procedimento comum. É comum o uso da expressão *ação regressiva* para nominar a demanda a ser movida pelo Estado contra seu agente. Mais técnico, porém, é considerá-la ação de indenização, pois o regresso não qualifica a ação e indica apenas que o direito de ação, de que é titular o Estado, deve ser exercido secundariamente, pressupondo o exercício prévio do direito de ação pelo lesado. Quanto à questão do foro, aplica-se aqui o que dissemos a propósito da ação do lesado contra o Estado.

3. CAUSA DE PEDIR

Como a responsabilidade do agente é a subjetiva, só será cabível a ação de regresso se o agente responsável tiver agido com culpa ou dolo.

A causa de pedir da ação a ser ajuizada pelo Estado, por conseguinte, consiste na existência do fato danoso, causado por culpa do agente, e na responsabilidade subjetiva deste. Sendo assim, cabe ao Estado, autor da ação, o ônus de provar a culpa do agente, como estabelece o art. 373, I, do CPC.

Em consequência, se o dano tiver sido causado por atividade estatal sem ser possível a identificação do agente (culpa anônima do serviço), o Estado será obrigado a reparar o dano, jungido que está pela teoria da responsabilidade objetiva, mas lhe será impossível exercer o direito de regresso contra qualquer agente.

4. INTERESSE DE AGIR

O interesse de agir reside na utilidade que tem o titular do direito material de recorrer ao Judiciário para fazer valer sua pretensão.

---

[110] É o caso do art. 46, § 1º, da Lei nº 8.112/1990, que, embora de forma indireta, fixa o percentual máximo em dez por cento.

[111] STJ, REsp1.116.855, j. 17.6.2010, e REsp 651.081, j. 19.5.2005.

490 MANUAL DE DIREITO ADMINISTRATIVO • Carvalho Filho

Cada pessoa estatal regulamentará a forma pela qual seus procuradores devem providenciar a propositura da ação de indenização no exercício do direito de regresso. Em alguma legislação, todavia, encontra-se norma que assina a seus procuradores determinado prazo para propor a ação, contado do *trânsito em julgado da sentença condenatória*.[112]

Parece-nos, porém, que dentro desse período ainda não terá nascido para o Estado a condição da ação relativa ao interesse de agir. Este só deve surgir quando o Estado já tiver pago a indenização ao lesado; nesse momento é que o erário sofreu o prejuízo e, em consequência, somente a partir daí é que pode se habilitar ao exercício de seu direito de regresso contra o agente. A só condenação do Estado, mesmo que transitada em julgado a decisão, não importa o imediato interesse processual na ação de indenização a ser movida contra o agente. A não ser assim, ter-se-ia que admitir que, mesmo sem ter tido prejuízo efetivo, o Estado estaria habilitado a postular o ressarcimento em face do agente. Mas como se entender nesse caso o direito *de regresso*?

Como exemplo, citemos a hipótese em que a ação tenha sido julgada procedente, a decisão tenha transitado em julgado e que até mesmo tenha sido liquidada a sentença, não vindo, porém, o autor a se interessar pela execução, ou até renunciar a ela, visto se tratar de direito disponível. Ora, se logo depois do trânsito em julgado tiver sido ajuizada a ação do Estado contra o agente, ter-se-ia que reconhecer que o Estado poderia ser indenizado sem que tivesse ele mesmo indenizado a vítima da lesão. Realmente, não se poderia falar em direito de regresso...

Em contrário, todavia, já se pronunciou o STJ, decidindo, após entender cabível a denunciação à lide do servidor, que *não é necessário o deslinde da ação indenizatória contra o Estado para que este venha a exercer seu direito de regresso contra o seu agente*.[113] Para nós, soa estranho esse entendimento: tal possibilidade renderia ensejo até mesmo a enriquecimento sem causa em favor do Estado, visto que poderia ele receber a indenização de seu servidor sem ter pago anteriormente nem vir a pagar no futuro qualquer indenização ao lesado e, em consequência, sem sofrer qualquer lesão patrimonial que pudesse amparar o pedido indenizatório regressivo.

5. PRESCRIÇÃO

Neste tópico, cuida-se de indagar qual o prazo de prescrição para que o Estado possa exercer o seu direito de regresso contra o agente responsável pelo dano, formulando a respectiva pretensão indenizatória para ressarcir-se do que pagou ao lesado a título de indenização. Aqui, portanto, a matéria diz respeito à prescrição da *ação do Estado em face de seu agente*.

Segundo dispõe o art. 37, § 5º, da CF, cabe à lei fixar os prazos de prescrição para ilícitos praticados por qualquer agente, que provoquem prejuízos ao erário, ressalvando, contudo, *"as respectivas ações de ressarcimento"*.

Pelo texto constitucional, pode concluir-se que a Carta, no caso de ilícitos oriundos de agentes do Poder Público, admitiu *ações prescritíveis* e *ações imprescritíveis*, referindo-se, em relação a estas, ao ressarcimento de prejuízos. Desse modo, em se tratando de efeitos administrativos e penais, advindos da conduta ilícita, haverá prescritibilidade, na forma estabelecida na lei. Para os primeiros, a lei será federal, estadual, distrital ou municipal, conforme o caso; para os últimos, a lei será privativamente federal (art. 22, I, CF).

---

[112] É o caso da Lei nº 4.619/1965, que, na esfera federal, fixa esse prazo em sessenta dias.
[113] STJ, REsp 236.837, j. 3.2.2000.

Cap. 10 · RESPONSABILIDADE CIVIL DO ESTADO | 491

Consequentemente, no que concerne à pretensão ressarcitória (ou indenizatória) do Estado, a Constituição assegura a *imprescritibilidade* da ação. Assim, não há período máximo (vale dizer: prazo prescricional) para que o Poder Público possa propor a ação de indenização em face de seu agente, com o fito de garantir o ressarcimento pelos prejuízos que o mesmo lhe causou.[114] Diante da garantia constitucional, *"o direito do Estado é permanente para reaver o que lhe for ilicitamente subtraído"*, como já consignou notável constitucionalista.[115]

É importante, todavia, observar três aspectos sobre a matéria.

Primeiramente, deve registrar-se que o STF decidiu, de início, que a imprescritibilidade abrangeria apenas a ação que vise ao ressarcimento de prejuízos causados por atos danosos de *improbidade administrativa*.[116] Posteriormente, exigiu que tais atos terão que ser praticados com dolo.[117] Diante de tal premissa, podem ser alcançados agentes públicos ou não, e terceiros, desde que o ato seja previsto nos arts. 9º a 11, da Lei nº 8.429/1992, a Lei de Improbidade Administrativa. Entretanto, se o caso é de ilícito civil, a ação é prescritível, aplicando-se o art. 206, § 3º, V, do Código Civil, que fixa o prazo de três anos. A regra, pois, é a prescritibilidade da pretensão ressarcitória em nome da segurança jurídica.[118]

O segundo aspecto concerne aos sujeitos da garantia constitucional. Embora a Carta não o diga expressamente, a imprescritibilidade alcança apenas as *pessoas jurídicas de direito público*, ou seja, as pessoas federativas, autarquias e fundações autárquicas, e, por essa razão, não atingem as empresas públicas e sociedades de economia mista, pessoas de direito privado.[119] É que, tecnicamente, só se pode falar em *"agentes públicos"* – expressão cunhada no art. 37, § 5º, CF – quando se trata de pessoas de direito público.

Por último, cabe relembrar que a norma se aplica somente no caso dos *efeitos danosos* (*prejuízos*) advindos das condutas ilícitas de natureza civil. Quer dizer: outras pretensões do Estado decorrentes de responsabilidade civil do agente, que não tenham cunho ressarcitório pela ausência de prejuízos, não estão incluídas na garantia da imprescritibilidade.

IX. Súmulas

SUPERIOR TRIBUNAL DE JUSTIÇA

Súmula 387: *É lícita a cumulação de indenizações de dano estético e dano moral.*

Súmula 498: *Não incide imposto de renda sobre a indenização por danos morais.*

Súmula 647: *São imprescritíveis as ações indenizatórias por danos morais e materiais decorrentes de atos de perseguição política com violação de direitos fundamentais ocorridos durante o regime militar* (2021).

Súmula 652: *A responsabilidade civil da Administração Pública por danos ao meio ambiente, decorrente de sua omissão no dever de fiscalização, é de caráter solidário, mas de execução subsidiária* (2021).

---

[114] No mesmo sentido: DIÓGENES GASPARINI, *Direito administrativo*, cit., 11. ed., p. 986.

[115] PINTO FERREIRA, *Comentários*, cit., v. 2., 1990, p. 397.

[116] STF, RE 669.069, j. 3.2.2016, e AI 481.650 AgR-ED-ED, j. 21.8.2017.

[117] STF, RE 852.475, j. 8.8.2018. V. Capítulo 15, na parte relativa à ação de improbidade administrativa.

[118] Nesse sentido, STJ, REsp 1.069.779, Rel. Min. HERMAN BENJAMIN, em 18.9.2008.

[119] Também: RAQUEL MELO URBANO DE CARVALHO, *Curso de direito administrativo*, cit, p. 522.

11

Servidores Públicos

I. Agentes Públicos

1. SENTIDO

A expressão *agentes públicos* tem sentido amplo. Significa o conjunto de pessoas que, a qualquer título, exercem uma função pública como prepostos do Estado. Essa função, é mister que se diga, pode ser remunerada ou gratuita, definitiva ou transitória, política ou jurídica. O que é certo é que, quando atuam no mundo jurídico, tais agentes estão de alguma forma vinculados ao Poder Público. Como se sabe, o Estado só se faz presente através das pessoas físicas que em seu nome manifestam determinada vontade, e é por isso que essa manifestação volitiva acaba por ser imputada ao próprio Estado. São todas essas pessoas físicas que constituem os agentes públicos.

A Lei nº 8.429, de 2.6.1992, alterada pela Lei nº 14.230, de 25.10.2021, que dispõe sobre as sanções aplicáveis aos agentes públicos nos casos de enriquecimento ilícito na Administração Pública, firmou conceito que bem mostra a abrangência do sentido. Diz o art. 2º:

> *"Para os efeitos desta Lei, consideram-se agente público o agente político, o servidor público e todo aquele que exerce, ainda que transitoriamente ou sem remuneração, por eleição, nomeação, designação, contratação ou qualquer outra forma de investidura ou vínculo, mandato, cargo, emprego ou função nas entidades referidas no art. 1º desta Lei".*

Como o artigo anterior faz referência a todos os agentes da União, Estados, Distrito Federal e Municípios, bem como a qualquer dos Poderes dessas pessoas federativas, não é difícil constatar a amplitude da noção de agentes públicos. Ainda que a conceituação apresente algumas redundâncias e mesmo que voltada para a referida lei, a verdade é que retrata fielmente o sentido que os estudiosos emprestam à expressão.

Com tão amplo significado, desde as mais altas autoridades da República, como os Chefes do Executivo e os membros do Poder Legislativo, até os servidores que executam as mais humildes tarefas, todos se qualificam como agentes públicos, vinculados que estão aos mais diversos órgãos estatais.

2. CLASSIFICAÇÃO

Sendo quantitativa e qualitativamente tão abrangente a categoria dos agentes públicos, há que se reconhecer a existência de grupamentos que guardem entre si algum fator de semelhança.

494 | MANUAL DE DIREITO ADMINISTRATIVO • *Carvalho Filho*

Para melhor estudo, torna-se necessário agrupar os agentes públicos em categorias que denotem referenciais básicos distintivos. Trata-se, na verdade, de classificação de natureza didática, relevante para a formação de um sistema lógico de identificação. Vejamos essas categorias.

2.1. Agentes Políticos

Agentes políticos são aqueles aos quais incumbe a execução das diretrizes traçadas pelo Poder Público. São estes agentes que desenham os destinos fundamentais do Estado e que criam as estratégias políticas por eles consideradas necessárias e convenientes para que o Estado atinja os seus fins.[1]

Caracterizam-se por terem funções de direção e orientação estabelecidas na Constituição e por ser normalmente transitório o exercício de tais funções. Como regra, sua investidura se dá através de eleição, que lhes confere o direito a um mandato, e os mandatos eletivos caracterizam-se pela transitoriedade do exercício das funções, como deflui dos postulados básicos das teorias democrática e republicana. Por outro lado, não se sujeitam às regras comuns aplicáveis aos servidores públicos em geral; a eles são aplicáveis normalmente as regras constantes da Constituição, sobretudo as que dizem respeito às prerrogativas e à responsabilidade política. São eles os Chefes do Executivo (Presidente, Governadores e Prefeitos), seus auxiliares (Ministros e Secretários Estaduais e Municipais) e os membros do Poder Legislativo (Senadores, Deputados Federais, Deputados Estaduais e Vereadores).

Alguns autores dão sentido mais amplo a essa categoria, incluindo Magistrados, membros do Ministério Público e membros dos Tribunais de Contas.[2] Com a devida vênia a tais estudiosos, parece-nos que o que caracteriza o agente político não é o só fato de serem mencionados na Constituição, mas sim o de exercerem *efetivamente* (e não *eventualmente*) função política, de governo e administração, de comando e, sobretudo, de fixação das estratégias de ação, ou seja, aos agentes políticos é que cabe realmente traçar os destinos do país.

Ninguém discute a importância do papel que tais agentes desempenham no cenário nacional, mas, ao contrário do que ocorre com os legítimos agentes políticos, cuja função é transitória e política, sua vinculação ao Estado tem caráter profissional e de permanência e os cargos que ocupam não resultam de processo eletivo, e sim, como regra, de nomeação decorrente de aprovação em concurso público. Por isso, vários estudiosos não os incluem entre os agentes políticos.[3] Não interferem diretamente nos objetivos políticos, como o fazem os verdadeiros agentes políticos. Assim, sua fisionomia jurídica se distancia bastante da que caracteriza estes últimos. Não se nos afigura adequada, com efeito, sua inclusão como agentes políticos do Estado. Mais apropriado é inseri-los como servidores especiais dentro da categoria genérica de servidores públicos, como veremos adiante.

É verdade que o art. 37, XI, da CF, com a redação dada pela EC nº 41/2003, insinua que os membros do Judiciário e do Ministério Público se incluam entre os agentes políticos. Todavia, o agrupamento de agentes públicos no dispositivo tem apenas *fins remuneratórios*, não desfigurando o que dissemos, visto que levamos em conta aspecto bem diverso, qual seja, *o da natureza do vínculo jurídico que liga o agente ao Poder Público*.

2.2. Agentes Particulares Colaboradores

Outra categoria de agentes públicos é a dos agentes particulares colaboradores.

---

[1]   OSWALDO ARANHA BANDEIRA DE MELLO, *Princípios gerais de direito administrativo*, cit., v. II, p. 287.

[2]   HELY LOPES MEIRELLES, ob. cit., p. 74.

[3]   MARIA SYLVIA DI PIETRO, *Dir. admin.* cit., p. 305, e CELSO ANTÔNIO BANDEIRA DE MELLO, Curso cit., p. 123.

Como informa o próprio nome, tais agentes, embora sejam particulares, executam certas funções especiais que podem qualificar-se como públicas, sempre como resultado do vínculo jurídico que os prende ao Estado. Alguns deles exercem verdadeiro *munus* público, ou seja, sujeitam-se a certos encargos em favor da coletividade a que pertencem, caracterizando-se, nesse caso, como transitórias as suas funções. Vários desses agentes, inclusive, não percebem remuneração, mas, em compensação, recebem benefícios colaterais, como o apostilamento da situação nos prontuários funcionais ou a concessão de um período de descanso remunerado após o cumprimento da tarefa. Por tal motivo, alguns os denominam de *agentes honoríficos*.[4]

Clássico exemplo desses agentes são os jurados, as pessoas convocadas para serviços eleitorais, como os mesários e os integrantes de juntas apuradoras, e os comissários de menores voluntários. São também considerados agentes particulares colaboradores os titulares de ofícios de notas e de registro não oficializados (art. 236, CF) e os concessionários e permissionários de serviços públicos.

Alguns autores consideram agentes públicos as pessoas contratadas por meio de contrato de locação civil de serviços.[5] Com a máxima vênia, lamentamos divergir. É que o vínculo nesse caso é meramente contratual e não traduz uma relação permanente de trabalho. Uma coisa é a contratação para fins de emprego (qualquer que seja o vínculo), e outra, inteiramente diversa, é o contrato para a execução de obras, serviços etc., neste caso sempre com objeto contratual definido e determinado. Por via de consequência, somente aqueles é que devem ser enquadrados como agentes públicos.[6]

No que concerne especificamente aos titulares de registro e ofícios de notas, cujas funções são desempenhadas em caráter privado, por delegação do Poder Público, como consigna o art. 236 da CF, sujeitam-se eles a regime jurídico singular, contemplado na Lei nº 8.935, de 18.11.1994, regulamentadora daquele dispositivo constitucional. Apesar de a função caracterizar-se como de natureza privada, sua investidura depende de aprovação em concurso público e sua atuação se submete a controle do Poder Judiciário, de onde se infere que se trata de regime jurídico híbrido. Não há dúvida, todavia, de que esses agentes, pelas funções que desempenham, devem ser qualificados como colaboradores do Poder Público, muito embora não sejam ocupantes de cargo público, mas sim agentes que exercem, em caráter de definitividade, função pública sujeita a regime especial. Por tal razão, já se decidiu que, por não haver cargo público típico, não incidiria a exigência de reserva legal ex vi do art. 48, X e XI, da CF.[7]

A exoneração ou dispensa desses agentes precisa ser analisada em cada caso, já que, em razão da grande variedade de categorias que compõem a classe, há diversidade de regimes jurídicos. Alguns podem condicionar a sua exclusão a determinados pressupostos, e nesse caso o administrador atuará vinculadamente. Quando o vínculo é de natureza precária, a Administração pode atuar em conformidade com seu poder discricionário e promover a exoneração, mas nessa hipótese deverá informar a motivação do ato, sem exigir-se, contudo, o contraditório e a ampla defesa.[8]

---

4   HELY LOPES MEIRELLES, *Direito administrativo*, cit., 39 ed., 2013, p. 82.
5   É como pensa CELSO ANTÔNIO BANDEIRA DE MELLO, *Curso*, cit., p. 125.
6   Também: LUCIA VALLE FIGUEIREDO, *Curso*, p. 617, e EDIMUR FERREIRA DE FARIA, *Curso* cit., p. 97.
7   STF, ADI-MC 2.415, j. 13.12.2001.
8   STJ, RMS 26.347, j. 21.5.2011 (exoneração de conciliador em que se previa o descredenciamento por conveniência motivada).

496 | MANUAL DE DIREITO ADMINISTRATIVO • *Carvalho Filho*

2.3. Servidores Públicos

A categoria dentre os agentes públicos que contém a maior quantidade de integrantes é, sem a menor dúvida, a dos servidores públicos. Formam a grande massa dos agentes do Estado, desenvolvendo, em consequência, as mais variadas funções.

São denominados por uns de *agentes administrativos*, mas a expressão não é adequada, porque diz menos do que o sentido que se deve emprestar à expressão *servidores públicos*. Na realidade, existem muitos servidores públicos que desempenham funções diversas da função administrativa do Estado. Por outros, são denominados de *funcionários públicos*, expressão também inadequada, já que, além de banida da Constituição, tem sentido mais restrito do que a de *servidores públicos*, e isso porque, na verdade, eram assim considerados apenas os servidores estatutários que integravam a estrutura dos entes federativos (Administração Direta), o que indica que se tratava de uma categoria dos servidores públicos. Estes, por sua vez, integram a Administração Direta, as autarquias e as fundações públicas autárquicas, sob qualquer regime funcional.[9]

O certo é que tais agentes se vinculam ao Estado por uma relação permanente de trabalho e recebem, a cada período de trabalho, a sua correspondente remuneração. São, na verdade, profissionais da função pública. Como a relação jurídica que os vincula ao Estado apresenta certas peculiaridades e ainda porque é o estudo de seu regime jurídico o objeto deste capítulo, vamos deter-nos sobre essa análise em tópico específico mais adiante.

3. AGENTES DE FATO

A doutrina refere-se a um grupo de agentes que, mesmo sem ter uma investidura normal e regular, executam uma função pública em nome do Estado. São os denominados *agentes de fato*, nomenclatura empregada para distingui-los dos agentes de direito. O ponto marcante dos agentes de fato é que o desempenho da função pública deriva de situação excepcional, sem prévio enquadramento legal, mas suscetível de ocorrência no âmbito da Administração, dada a grande variedade de casos que se originam da dinâmica social.

Podem ser agrupados em duas categorias: 1°) os agentes necessários; e 2°) os agentes putativos.

Agentes necessários são aqueles que praticam atos e executam atividades em situações excepcionais, como, por exemplo, as de emergência, em colaboração com o Poder Público e como se fossem agentes de direito. *Agentes putativos* são os que desempenham uma atividade pública na presunção de que há legitimidade, embora não tenha havido investidura dentro do procedimento legalmente exigido. É o caso, por exemplo, do servidor que pratica inúmeros atos de administração, tendo sido investido sem aprovação em concurso público.[10]

Não é fácil, logicamente, identificar os efeitos produzidos por atos de agentes de fato. Antes de mais nada, é preciso examinar caso a caso as situações que se apresentem. Como regra, pode dizer-se que os atos de agentes necessários são confirmados pelo Poder Público, entendendo-se que a excepcionalidade da situação e o interesse público a que se dirigiu o agente têm idoneidade para suprir os requisitos de direito. Em relação aos agentes putativos, podem ser questionados alguns atos praticados internamente na Administração, mas externamente devem ser convalidados, para evitar que terceiros de boa-fé sejam prejudicados pela falta de investidura legítima. Fala-se aqui na aplicação da teoria da aparência, significando que para

---

[9] O art. 337-D do Código Penal, incluído pela Lei n° 10.467, de 11.6.2002, prevê a figura do *funcionário público estrangeiro*, que, no entanto, só é aplicável para fins penais.

[10] DIOGO DE FIGUEIREDO MOREIRA NETO (*Curso*, cit., p. 226-227).

Cap. 11 · SERVIDORES PÚBLICOS | 497

o terceiro há uma fundada suposição de que o agente é de direito. É o caso, por exemplo, em que um contribuinte de boa-fé, dentro do órgão público, paga tributo a agente sem investidura legítima: a quitação deste constitui ato legítimo. Acresce, ainda, que, se o agente exerceu as funções dentro da Administração, tem ele direito à percepção da remuneração, mesmo se ilegítima a investidura, não estando obrigado a devolver os respectivos valores; a não ser assim, a Administração se beneficiaria de enriquecimento sem causa.[11]

Note-se, porém, que o agente de fato jamais poderá usurpar a competência funcional dos agentes públicos em geral, já que este tipo de usurpação da função pública constitui crime previsto no art. 328 do Código Penal.

II. Servidores Públicos

1. SENTIDO

Servidores públicos são todos os agentes que, exercendo com caráter de permanência uma função pública em decorrência de relação de trabalho, integram o quadro funcional das pessoas federativas, das autarquias e das fundações públicas de natureza autárquica.

Sem embargo de respeitáveis opiniões em contrário,[12] não consideramos servidores públicos os empregados das entidades privadas da Administração Indireta, caso das empresas públicas, sociedades de economia mista e fundações públicas de direito privado. Todos são sempre regidos pelo regime trabalhista, integrando a categoria profissional a que estiver vinculada a entidade, como a de bancários, economiários, securitários etc. Além do mais, o art. 173, § 1º, da CF estabelece que empresas públicas e sociedades de economia mista devem sujeitar-se às regras de direito privado quanto às obrigações trabalhistas. São, portanto, empregados normais. Por fim, a própria tradição do Direito brasileiro nunca enquadrou tais empregados como servidores públicos, nem em sentido lato.[13]

Como foi dito acima, os servidores públicos fazem do serviço público uma profissão, como regra de caráter definitivo, e se distinguem dos demais agentes públicos pelo fato de estarem ligados ao Estado por uma efetiva relação de trabalho. Na verdade, guardam em muitos pontos grande semelhança com os empregados das empresas privadas: tanto estes como os servidores públicos emprestam sua força de trabalho em troca de uma retribuição pecuniária, comumente por períodos mensais. Ambos são trabalhadores em sentido lato: executam suas tarefas em prol do empregador (público ou privado) e percebem, ao final do mês, sua remuneração (vencimentos, para os servidores, e salário, para os trabalhadores privados).

2. CARACTERÍSTICAS

Podemos apontar algumas características que delineiam o perfil da categoria dos servidores públicos.

A primeira delas é a *profissionalidade*, significando que os servidores públicos exercem efetiva profissão quando no desempenho de suas funções públicas. Formam, por conseguinte, uma categoria própria de trabalhadores – a de servidores públicos. Não é por outra razão que a vigente Constituição, preocupada com o aspecto da profissionalidade do servidor

---

[11]   Foi como decidiu o STF no RMS 25.104, j. 21.2.2006.

[12]   CELSO ANTÔNIO BANDEIRA DE MELLO, ob. cit., p. 124, e MARIA SYLVIA DI PIETRO, ob. cit., p. 306.

[13]   HELY LOPES MEIRELLES, *Direito administrativo brasileiro*, cit., p. 359 e DIÓGENES GASPARINI, *Direito administrativo*, cit., p. 171.

498 | MANUAL DE DIREITO ADMINISTRATIVO • *Carvalho Filho*

público, impôs aos entes federativos a criação de escolas de governo para a formação e aprimoramento profissional, visando, inclusive, à verificação de requisitos para a promoção nas carreiras (art. 39, § 2º).[14]

Neste passo, avulta notar que, há muito, vêm os estudiosos reclamando a necessidade de proceder-se à verdadeira *profissionalização da função pública*, de modo a valorizar-se o servidor como ser humano e profissional do Poder Público, outorgando-se-lhe direitos inerentes a essa condição, como remuneração justa, padrões isonômicos, direitos sociais, licenças, aperfeiçoamento funcional e outros do gênero. Como registra a doutrina, *"para a efetiva profissionalização, é imprescindível ampliar os horizontes profissionais daquele que trabalha para a Administração"*.[15]

Outra característica é a *definitividade*. O sentido aqui é o da permanência no desempenho da função. Isso não quer dizer que não haja funções de caráter temporário, mas todas estas vão representar sempre situações excepcionais, que, por serem assim, refogem à regra geral da definitividade. A regra geral é a de que o servidor desenvolverá seus misteres com cunho de permanência.

Temos também a existência de uma *relação jurídica de trabalho*, e nela pode verificar-se a todo o tempo a presença de dois sujeitos: de um lado, a pessoa beneficiária do exercício das funções, que em sentido amplo pode qualificar-se como empregador (pessoas federativas, autarquias e fundações autárquicas), e de outro, o servidor público, vale dizer, aquele a quem incumbe o efetivo exercício das funções e que empresta sua força de trabalho para ser compensado com uma retribuição pecuniária. Pode dizer-se mesmo que a relação de trabalho corresponde à relação de emprego, logicamente em sentido amplo, sem considerar apenas os empregos regulados pela legislação trabalhista. Por isso, não é incomum ouvir-se de um servidor exonerado a afirmação de que *"perdeu o emprego"*. Na prática, *emprego* tanto serve para indicar a relação de trabalho das entidades privadas em geral, como para identificar a relação jurídica da qual faz parte o servidor público.

3. CLASSIFICAÇÃO

Procurando sistematizar os grupos de que se compõe a categoria dos servidores públicos, parece-nos razoável e didático efetuar uma classificação com o fim de agrupá-los em segmentos bem definidos.

3.1. Servidores Públicos Civis e Militares

Essa é a primeira classificação dos servidores públicos e obedece aos dois ramos básicos de funções públicas: a civil e a militar. É a Constituição Federal que separa os dois agrupamentos, traçando normas específicas para cada um deles. As regras aplicáveis aos servidores públicos civis se encontram entre os arts. 39 a 41 da CF.

De acordo com o novo sistema introduzido pela EC nº 18/1998, há o grupo dos militares dos Estados, Distrito Federal e Territórios (art. 42 e parágrafos, CF), e o dos militares das Forças Armadas, integrantes da União Federal (art. 142, § 3º, CF).

No que concerne aos militares, cumpre fazer uma observação. A despeito da alteração introduzida pela EC nº 18/1998, que substituiu a expressão *"servidores públicos civis"* por *"servidores públicos"* e da eliminação da expressão *"servidores públicos militares"*, substituída por *"Militares dos Estados, Distrito Federal e Territórios"* (Seção III, mesmos Capítulo e Título,

---

[14] ROMEU FELIPE BACELLAR FILHO, Profissionalização da função pública (RDA 232, pp. 1-9, 2009).

[15] Sobre o tema, vide RAQUEL DIAS DA SILVEIRA, *Profissionalização da Função Pública*, Fórum, 2009, p. 67-70.

art. 42), com a inclusão dos militares federais no Capítulo das Forças Armadas (Título V, Capítulo II, arts. 142 e 143), o certo é que, em última análise, todos são servidores públicos *lato sensu,* embora diversos os estatutos jurídicos reguladores, e isso porque, vinculados por relação de trabalho subordinado às pessoas federativas, percebem remuneração como contraprestação pela atividade que desempenham. Por tal motivo, parece-nos correta a expressão *"servidores militares".*[16]

Nosso estudo se limitará aos servidores civis, mas nunca é demais lembrar que, havendo dois grupos de servidores com normas constitucionais específicas, deverá haver, como há, estatutos infraconstitucionais também apropriados para cada um deles.

3.2. Servidores Públicos Comuns e Especiais

Esta classificação leva em consideração a natureza das funções exercidas e o regime jurídico que disciplina a relação entre o servidor e o Poder Público.

Servidores públicos comuns são aqueles a quem incumbe o exercício das funções administrativas em geral e o desempenho das atividades de apoio aos objetivos básicos do Estado. Formam a grande massa dos servidores, podendo ser estatutários ou trabalhistas. Os estatutários podem ser divididos em duas subcategorias: (1º) *servidores de regime geral,* aqueles que se submetem ao regime geral contido no estatuto funcional básico; (2º) *servidores de regime especial,* aqueles em que o estatuto funcional disciplinador se encontra em lei específica. É o caso, por exemplo, dos professores, dos servidores policiais e dos fiscais, que, em algumas unidades federativas, têm estatuto próprio, diverso do geral. O art. 37, XXII, da CF, com a redação da EC nº 42/2003, previu *carreiras específicas* para os servidores integrantes da administração tributária dos entes públicos; a norma, assim, exigirá estatutos especiais para lhes regular a relação jurídica funcional.

Servidores públicos especiais são aqueles que executam certas funções de especial relevância no contexto geral das funções do Estado, sendo, por isso mesmo, sujeitos a regime jurídico funcional diferenciado, sempre estatutário, e instituído por diploma normativo específico, organizador de seu estatuto. Pela inegável importância de que se reveste sua atuação, a Constituição contempla regras específicas que compõem seu regime jurídico supralegal. Nessa categoria é que nos parece coerente incluir os Magistrados, os membros do Ministério Público, os Defensores Públicos, os membros dos Tribunais de Contas e os membros da Advocacia Pública (Procuradores da União e dos Estados-Membros).[17]

3.3. Servidores Públicos Estatutários, Trabalhistas e Temporários

Essa classificação atende a dois critérios: a natureza do vínculo jurídico que liga o servidor ao Poder Público e a natureza dessas funções.

Servidores públicos estatutários são aqueles cuja relação jurídica de trabalho é disciplinada por diplomas legais específicos, denominados de *estatutos.* Nos estatutos estão inscritas todas as regras que incidem sobre a relação jurídica, razão por que nelas se enumeram os direitos e deveres dos servidores e do Estado.

---

[16] Reina certa controvérsia na doutrina. ODETE MEDAUAR (ob. cit., p. 308) e LUCIA VALLE FIGUEIREDO (ob. cit., p. 617) admitem a expressão; DIÓGENES GASPARINI a substitui por *"agentes militares";* e MARIA SYLVIA ZANELLA DI PIETRO considera-a excluída pela modificação constitucional (ob. cit., 2007, p. 482).

[17] Com a mesma visão, PEDRO GORDILHO, em *Aspectos da E.C 45, de 8.12.2004 – Reforma do Judiciário,* publ. na RDA nº 240/2005, p. 268.

Essa categoria ainda admite uma subdivisão: a dos servidores públicos sujeitos ao *estatuto geral* da pessoa federativa correspondente, e a dos servidores sujeitos a *estatutos especiais*. De fato, como regra, ao lado do estatuto geral dos servidores públicos, que disciplina os quadros funcionais em geral, com suas classes e carreiras, vicejam estatutos especiais, que regulam a relação jurídica de trabalho de certas categorias específicas de servidores.

Os servidores públicos estatutários é que, quando integrantes da própria estrutura das pessoas políticas, foram tradicionalmente denominados de *funcionários públicos*, expressão bastante forte que lamentavelmente a Constituição em má hora e, a nosso ver, sem qualquer necessidade, descartou. Apesar disso, as pessoas em geral continuam a adotá-la quando se referem a esses servidores regidos por estatutos funcionais. Até mesmo autores de renome a empregam, embora com a advertência do abandono constitucional.[18] Note-se, porém, que os atuais servidores estatutários podem integrar não somente a estrutura da pessoa federativa, mas também a de suas autarquias e fundações autárquicas.

A segunda categoria é a dos *servidores públicos trabalhistas (ou celetistas)*, assim qualificados porque as regras disciplinadoras de sua relação de trabalho são as constantes da Consolidação das Leis do Trabalho. Seu regime básico, portanto, é o mesmo que se aplica à relação de emprego no campo privado, com as exceções, é lógico, pertinentes à posição especial de uma das partes – o Poder Público.

A última categoria é a dos *servidores públicos temporários*, os quais, na verdade, se configuram como um agrupamento excepcional dentro da categoria geral dos servidores públicos. A previsão dessa categoria especial de servidores está contemplada no art. 37, IX, da CF, que admite a sua contratação por tempo determinado para atender à necessidade temporária de excepcional interesse público. A própria leitura do texto constitucional demonstra o caráter de excepcionalidade de tais agentes. Entretanto, admitido o seu recrutamento na forma da lei, serão eles considerados como integrantes da categoria geral dos servidores públicos.

III. Regimes Jurídicos Funcionais

Pelas referências feitas acima sobre as várias subdivisões da categoria dos servidores públicos, não será difícil constatar que muitas de suas peculiaridades variam exatamente em função do regime jurídico que incide sobre as respectivas relações de trabalho.

Regime jurídico, como se sabe, é o conjunto de regras de direito que regulam determinada relação jurídica. Sendo assim, vale a pena examinar as características principais dos regimes jurídicos que disciplinam as diversas relações de natureza funcional e, por conseguinte, as categorias específicas dos servidores que estudamos acima.

Do regime jurídico se originam diversos direitos e deveres para os servidores públicos. Na verdade, são muito variados os *fatos funcionais* que os envolvem durante o tempo em que exercem a função pública. Por essa razão, o órgão administrativo precisa ter o prontuário referente a cada servidor, de modo a permitir que as autoridades competentes consultem qualquer dado de sua vida funcional. As anotações funcionais do servidor usualmente constam de atos administrativos inseridos em seu prontuário, constituindo o que se costuma denominar de *apostilas*. O fato funcional averbado denomina-se de *apostilamento*. Como as apostilas têm a presunção de legitimidade, direitos e deveres nelas averbados desafiam regular cumprimento; somente em decorrência de seu desfazimento, por anulação ou revogação, é que ficam destituídas de eficácia.

---

[18] MARIA SYLVIA DI PIETRO, ob. cit., p. 306.

Cap. 11 · SERVIDORES PÚBLICOS | 501

1. REGIME ESTATUTÁRIO

Regime estatutário é o conjunto de regras que regulam a relação jurídica funcional entre o servidor público estatutário e o Estado. Esse conjunto normativo, como vimos acima, se encontra no estatuto funcional da pessoa federativa. As regras estatutárias básicas devem estar contidas em lei; há outras regras, todavia, mais de caráter organizacional, que podem estar previstas em atos administrativos, como decretos, portarias, circulares etc. As regras básicas, entretanto, devem ser de natureza legal. A lei estatutária, como não poderia deixar de ser, deve obedecer aos mandamentos constitucionais sobre servidores. Pode, inclusive, afirmar-se que, para o regime estatutário, há um regime constitucional superior, um regime legal contendo a disciplina básica sobre a matéria e um regime administrativo de caráter organizacional.

Duas são as características do regime estatutário. A primeira é a da *pluralidade normativa*, indicando que os estatutos funcionais são múltiplos. Cada pessoa da federação, desde que adote o regime estatutário para os seus servidores, precisa ter a sua lei estatutária para que possa identificar a disciplina da relação jurídica funcional entre as partes. Há, pois, estatutos funcionais federal, estaduais, distrital e municipais, cada um deles autônomo em relação aos demais, porquanto a autonomia dessas pessoas federativas implica, necessariamente, o poder de organizar seus serviços e seus servidores. Há Municípios que adotam a legislação estadual, mas o fazem por expressa previsão de seus estatutos (o que não é desejável). Não obstante, a legislação estadual e municipal não pode ser aplicada por analogia à legislação federal, já que são instrumentos autônomos, a menos que se trate de omissão quanto a direitos autoaplicáveis de caráter constitucional.[19]

A outra característica concerne à *natureza* da relação jurídica estatutária. Essa relação não tem natureza contratual, ou seja, inexiste contrato entre o Poder Público e o servidor estatutário. Tratando-se de relação própria do direito público, não pode ser enquadrada no sistema dos negócios jurídicos bilaterais de direito privado. Nesse tipo de relação jurídica não contratual, a conjugação de vontades que conduz à execução da função pública leva em conta outros fatores tipicamente de direito público, como o provimento do cargo, a nomeação, a posse e outros do gênero.[20]

A conclusão, pois, é a de que o regime estatutário, como tem em vista regular a relação jurídica estatutária, não pode incluir normas que denunciem a existência de negócio contratual.

Na União Federal, que adotou o regime estatutário para seus servidores, o estatuto funcional é o da Lei nº 8.112, de 11.12.1990. Neste diploma é que estão alinhadas as regras que indicam os direitos, deveres e obrigações dos servidores públicos e da própria União.

Acresce destacar, ainda, que constitui competência privativa do Chefe do Executivo, nos termos do art. 61, § 1º, II, "c", da CF, a iniciativa de *lei* que disponha *sobre o regime jurídico* dos servidores públicos, inclusive provimento de cargos, estabilidade e aposentadoria. Frequentemente, porém, as Casas Legislativas usurpam esse poder de iniciativa reservado ao Chefe do Executivo, quer através de leis (com veto do Executivo), quer através de Constituições estaduais, regulando inúmeros aspectos próprios do regime estatutário, como aposentadoria, remuneração, vantagens pecuniárias etc., o que tem dado ensejo a várias decisões dos Tribunais Superiores que, acertadamente, declaram a inconstitucionalidade, direta ou incidentalmente, de tais atos por ofensa ao aludido mandamento.[21]

---

[19]   STJ, RMS 46.438, j. 16.12.2014.
[20]   Confirmando esse aspecto, vide STJ, RMS 9.341, j. 28.11.2000.
[21]   STF, ADI 2.249 (matéria de remuneração); ADI 1.421 (aposentadoria); ADI 700 (incorporação de triênios).

502 | MANUAL DE DIREITO ADMINISTRATIVO • *Carvalho Filho*

Alguns entes federativos – tendo em vista previsão em Constituições Estaduais ou em leis orgânicas municipais – editaram *leis complementares* para instituir seu regime estatutário. A despeito das hesitações acerca do tema, não nos parece formalmente adequada tal modalidade legislativa. A exigência de *lei ordinária* contemplada no art. 61, § 1º, II, da CF, constitui princípio extensível, aplicando-se, pelo regime de simetria, a todas as pessoas federativas. Com efeito, a adoção de lei complementar dificulta eventuais alterações a serem propostas no estatuto funcional pelo Executivo, pois que reclamam *quorum* mais elevado para a aprovação dos projetos de lei. Haveria, portanto, para os entes federativos tratamento diferenciado relativamente à mesma matéria. Sendo assim, lei complementar na espécie se revela inconstitucional.[22]

Litígios entre o Estado e os servidores estatutários são dirimidos perante a Justiça Comum – *Justiça Federal*, no caso de servidores federais, e *Justiça Estadual*, em se tratando de servidores estaduais e municipais (neste caso, a competência interna será estabelecida no respectivo código de organização judiciária).[23] Em virtude da alteração introduzida pela EC nº 45/2004 (Reforma do Judiciário) no art. 114, da CF, houve quem entendesse que os referidos conflitos passariam a ser solucionados pela Justiça do Trabalho.

Semelhante inferência se revela equívoca. E por mais de uma razão. Uma primeira consiste em que a expressão *"relação de trabalho"* sempre foi interpretada em sentido estrito, para indicar exclusivamente a relação contratual entre empregadores e empregados, inclusive, é óbvio, quando empregador é um ente público. Uma segunda reside em que não houve, quanto ao conteúdo da norma, nenhuma alteração nessa parte; em outras palavras, a antiga redação do art. 114, nesse aspecto, mudou apenas de apresentação. Por último, ninguém desconhece que a Justiça do Trabalho está direcionada para relações de trabalho de *natureza contratual*, não sendo, portanto, o foro adequado para dirimir conflitos de que façam parte servidores estatutários, visto que, como examinamos, inexiste contrato entre tais servidores e os entes públicos.[24]

Cabe lembrar aqui a existência de alguma dúvida sobre a competência jurisdicional no caso em que o servidor estatutário formula pretensão oriunda de sua relação trabalhista antecedente, outrora convertida em relação estatutária. Para alguns, competente seria a Justiça do Trabalho, mas prevaleceu o entendimento de que a competência é da Justiça Comum, federal ou estadual.[25] Por outro lado, litígio entre membro de Conselho Tutelar e Município foi considerado de caráter institucional e estatutário, sendo competente para dirimi-lo a Justiça Comum estadual.[26]

2. REGIME TRABALHISTA

O regime trabalhista é aquele constituído das normas que regulam a relação jurídica entre o Estado e seu servidor trabalhista. Como o regime é aquele aplicável genericamente às relações jurídicas entre empregadores e empregados no campo privado, encontra-se ele na Consolidação das Leis do Trabalho (Decreto-lei nº 5.452, de 1º.5.1943).

As características desse regime se antagonizam com as do regime estatutário. Primeiramente, o regime se caracteriza pelo princípio da *unicidade normativa*, porque o conjunto integral das normas reguladoras se encontra em um único diploma legal – a CLT. Significa que, tantas quantas sejam as pessoas federativas que adotem esse regime, todas elas deverão guiar-se pelas regras desse único diploma. Nesse caso, o Estado figura como simples empregador, na mesma posição, por conseguinte, dos empregadores de modo geral. Evidentemente, sendo empregador

---

22 Em abono de nosso entendimento, v. STF, ADI 2.872-PI, maioria, j. 1º.8.2011.
23 Vide Súmula 137, do STJ, ao final deste capítulo.
24 STF, ADI 3.395, j. 5.4.2006.
25 STF, Rcl. 8.909-AgR, j. 22.9.2016 (maioria, com 4 votos vencidos).
26 STJ, CC 84.886, j. 12.12.2007.

o Estado, incidem aqui e ali normas de direito público, mas elas não podem desfigurar o regime básico da CLT, de cunho primordialmente contratual.

A outra característica diz respeito à natureza da relação jurídica entre o Estado e o servidor trabalhista. Diversamente do que ocorre no regime estatutário, essa relação jurídica é de *natureza contratual*. Significa dizer que o Estado e seu servidor trabalhista celebram efetivamente contrato de trabalho nos mesmos moldes adotados para a disciplina das relações gerais entre capital e trabalho.[27]

É preciso considerar que, mesmo sob regime contratual trabalhista, o servidor não deixa de caracterizar-se como tal. Em consequência, é vedado ignorar tal situação funcional no caso de ocorrer alteração para o regime estatutário. Ocorrendo essa alteração (que não pode ser compulsoriamente imposta e, assim, deve resultar de opção do servidor), é dever do ente federativo respeitar todos os direitos funcionais adquiridos pelo servidor sob a égide do regime celetista, agregando-os, sem solução de continuidade, à nova relação funcional estatutária. Relegar os direitos já conquistados pelo servidor constitui flagrante inconstitucionalidade, como têm consignado acertadamente alguns julgados.[28] O STF, diga-se de passagem, consolidou em súmula específica dita orientação (Súmula 678).

Na hipótese de litígios entre servidores trabalhistas e a União, Estados, Distrito Federal e Municípios, decorrentes da relação de trabalho, na qual figuram tais entes públicos como empregadores, o foro competente para solucioná-los é a Justiça do Trabalho, *ex vi* do art. 114, I, da CF, com a redação da EC nº 45/2004 (que nessa parte, repetimos, alterou somente a apresentação, mas não o conteúdo). Como se trata de relação jurídica de *natureza contratual*, formalizada por *contrato de trabalho*, adequada é a justiça trabalhista para enfrentar e dirimir litígios que dela se originem, ainda que a contratação se tenha firmado antes da CF/1988, sem prévia aprovação em concurso público.[29] Mesmo que o servidor tenha passado para o regime estatutário, será competente o foro da Justiça do Trabalho se a questão controversa tiver ocorrido durante a vigência do contrato de trabalho, pois que a Justiça Comum não poderia exercer sua jurisdição nessa matéria.[30] No caso de acidente de trabalho, é também competente a Justiça do Trabalho para processar e julgar ações de indenização por danos morais e materiais ajuizadas contra o empregador, seja qual for a natureza deste (Súmula Vinculante 22).

2.1. Regime de Emprego Público

Para concretizar mais um dos vetores do projeto de reforma administrativa do Estado, iniciado pela EC nº 19/1998, o Governo Federal fez editar a Lei nº 9.962, de 22.2.2000, disciplinando o que o legislador denominou de *regime de emprego público*, que nada mais é do que a aplicação do regime trabalhista comum à relação entre a Administração e o respectivo servidor.

A lei é *federal*, ou seja, destinada apenas a órgãos e entidades federais, diversamente da lei nacional, aplicável em todo o território nacional. Portanto, , portanto, incide apenas no âmbito da Administração federal direta, autárquica e fundacional, estando excluídas as empresas públicas e as sociedades de economia mista. A aplicabilidade desse regime, em nosso entender, cinge-se às fundações de direito público, de natureza autárquica, mas não às fundações federais de direito privado, cujo pessoal é regido integralmente pela CLT. Prevê que o regime de

---

[27] LUÍSA CRISTINA PINTO E NETTO, *A contratualização da função pública*, Del Rey, 2005, pp. 303-307.

[28] STF, RE 223.376-RS, Rel. Min. MOREIRA ALVES, em 29.9.1998.

[29] STF, Ag. no RE 906.491, Min. TEORI ZAVASCKI, j. 1º.10.2015.

[30] *Contra*: STF, CC 8.018, j. 19.12.2019 (com 4 votos vencidos, a nosso ver, com a melhor interpretação).

MANUAL DE DIREITO ADMINISTRATIVO • *Carvalho Filho*

emprego público será regido pela CLT (Decreto-lei nº 5.452/1943) e pela legislação trabalhista correlata, considerando-as aplicáveis *naquilo que a lei não dispuser em contrário* (art. 1º). Dessa ressalva, infere-se que a Lei nº 9.962 é a legislação básica e que as demais haverão de ter caráter subsidiário: só prevalecem se forem compatíveis com aquela.

Observe-se, por oportuno, que Estados, Distrito Federal e Municípios nem poderão valer--se diretamente da disciplina da referida lei, por ser originária de pessoa política diversa, nem lhes será possível instituir regramento idêntico ou similar, eis que a competência para legislar sobre direito do trabalho, como ocorre na espécie, é privativa da União Federal (art. 22, I, CF). Desejando admitir servidores pelo regime de contratação, deverão, como regra, obedecer à disciplina da CLT. O que nos parece legítimo, porém, é que tais pessoas editem *lei* na qual se imponham à *própria Administração* autolimitações quanto aos poderes atribuídos pela CLT ao empregador em geral, como, por exemplo, fixando os casos em que a Administração rescindirá o contrato. Aqui não haverá *criação* de norma de direito do trabalho, mas mera *diretriz funcional*, em que as regras mais se assemelham àquelas pactuadas diretamente no instrumento contratual, em plena conformidade com os preceitos da legislação trabalhista.

A lei não submete a seu regime os servidores estatutários regidos pela Lei nº 8.112/1990, ainda que se trate de servidores ocupantes de cargos de provimento em comissão. Antecipa, entretanto, a criação, em leis específicas, de outros empregos a serem regulados pela nova lei, bem como a transformação de cargos atuais em empregos, demonstrando o nítido intuito de ampliar o quadro de servidores celetistas e, consequentemente, de reduzir o número de estatutários.

O recrutamento para o regime de emprego público exige prévia aprovação em concurso público de provas ou de provas e títulos, o que não poderia ser diferente ante o disposto no art. 37, II, da Lei Fundamental. O vínculo laboral tem natureza *contratual* e se formaliza pela celebração de contrato por prazo *indeterminado*. O contrato só pode ser rescindido quando houver: (1) prática de falta grave, tal como relacionado no art. 482, da CLT; (2) acumulação ilegal de cargos, empregos ou funções públicas; (3) necessidade de redução de quadro, no caso de excesso de despesa, como previsto no art. 169 da CF; (4) insuficiência de desempenho apurada em processo administrativo. Essas regras indicam não só que ficou excluída a hipótese de *resilição unilateral*[31] do contrato por parte do Estado-empregador, não sendo assim aplicável nesse aspecto o art. 479 da CLT, mas também que é *vinculada* à atividade da União no que tange às hipóteses de desfazimento do vínculo: em nenhuma hipótese a rescisão contratual poderá dar-se ao mero alvedrio da Administração Federal, decorrente da valoração de conveniência e oportunidade. Diante da exigência legal de rescisão vinculada, o empregado é titular do direito à reintegração no emprego, se a Administração extinguir o pacto laboral fora das hipóteses da lei ou em situação contaminada de vício de legalidade.

A lei exclui da observância de tais exigências a extinção de contratos de servidores firmados com base na regra de autonomia de gestão, de que trata o art. 37, § 8º, da CF (art. 3º, parágrafo único, Lei 9.962). Significa dizer que é mais frágil o vínculo trabalhista nessa hipótese e que, em relação a tais contratações, será viável o exercício do direito à resilição unilateral do contrato pela União, ainda quando o motivo tenha fundamento em razões de natureza discricionária.

Merece análise um último aspecto do regime de emprego público. No projeto encaminhado à sanção do Presidente da República,[32] constava que o aludido regime não incidiria sobre os

---

[31] Adotamos aqui a lição de DÉLIO MARANHÃO, que, com base em DE PAGE, considera a *resilição* como distrato amigável, e *resilição unilateral* (ou *dispensa imotivada*) como o direito potestativo de extinguir a relação jurídica contratual (*Instituições de direito do trabalho*, v. I, p. 526-528, obra conjunta com ARNALDO SÜSSEKIND e SEGADAS VIANNA).

[32] Projeto de Lei nº 57, de 1999 (nº 4.811/1998 na Câmara dos Deputados).

Cap. 11 • SERVIDORES PÚBLICOS | 505

servidores titulares de cargos efetivos que desenvolvessem as denominadas *atividades exclusivas de Estado*, já que, em relação a eles, foram assegurados critérios e garantias especiais no caso de perda do cargo por insuficiência de desempenho (art. 41, § 1º, III, CF) ou por excesso de quadro (art. 169, §§ 4º e 7º, CF). Tais garantias se encontram no art. 247 da CF, introduzido pela EC nº 19/1998. O dispositivo foi vetado pelo Chefe do Executivo, sob a alegação de que tais atividades ainda se encontrariam em processo de regulamentação em outro projeto de lei. A despeito do veto, entretanto, não há qualquer dúvida de que algumas carreiras realmente não comportam, por sua natureza particular, a incidência do regime de emprego público e devem continuar sujeitas ao regime estatutário, sejam ou não consideradas as respectivas funções como "atividades exclusivas de Estado". Citem-se, para exemplificar, as carreiras de diplomacia, fiscalização, polícia, advocacia pública e a carreira militar em geral. Por conseguinte, o regime de emprego público será o adequado para os servidores que executem as funções normais de apoio técnico e administrativo em geral, os quais, verdade seja dita, formam a maioria esmagadora dentro da categoria dos servidores públicos.

3. REGIME ESPECIAL

O regime especial visa a disciplinar uma categoria específica de servidores: os servidores temporários. Como visto anteriormente, o recrutamento desse tipo de servidores tem escora no art. 37, IX, da CF, mas algumas observações devem ser feitas em relação ao regime especial.

De início, cabe analisar a questão sobre o instrumento que vai formar as regras disciplinadoras. O texto constitucional usa a expressão *"a lei estabelecerá"*, indicando desde logo que se trata de norma constitucional de eficácia limitada, na clássica sistematização de JOSÉ AFONSO DA SILVA, porque dependente de lei para que possa consumar o objetivo nela contemplada. Indaga-se, todavia: qual lei? Como se trata de recrutamento que pode traduzir interesse para algumas pessoas federativas e desinteresse para outras, deve entender-se que a lei reguladora deverá ser a da pessoa federativa que pretender a inclusão dessa categoria de servidores.[33] Significa, pois, que nenhum ente federativo poderá valer-se da lei reguladora editada por outro. À guisa de exemplo, Municípios e Estados não podem adotar esse regime com base na Lei nº 8.745/1993, aplicável apenas à União Federal. Havendo a lei, não pode a autoridade maior do ente federativo ser acusada de crime de responsabilidade por recrutamento não previsto em lei. Pode haver outros vícios na admissão, mas não o de inexistir previsão legal.[34]

Outro ponto a ser examinado é o relativo à natureza da relação jurídica funcional. Diz a Constituição que a lei estabelecerá os casos de *contratação* desses servidores. Assim dizendo, só se pode entender que o Constituinte pretendeu caracterizar essa relação funcional como de natureza contratual. Cuida-se, de fato, de verdadeiro *contrato administrativo* de caráter *funcional*, diverso dos contratos administrativos em geral pelo fato de expressar um vínculo de trabalho subordinado entre a Administração e o servidor. Não obstante essa qualificação, a lei instituidora do regime certamente poderá incluir algumas normas que mais se aproximem do regime estatutário, que, inclusive, tem aplicação subsidiária no que couber.[35] O que não poderá, obviamente, é fixar outra qualificação que não a contratual.

O STJ, aliás, já teve a oportunidade de decidir, em processo de conflito de competência, que esse tipo de contratação *"não revela qualquer vínculo trabalhista disciplinado pela CLT"*, sendo,

---

[33]   No mesmo sentido, MARIA SYLVIA DI PIETRO, ob. cit., p. 307.

[34]   Nesse sentido, v. STF, HC 104.078-SP, j. 7.6.2011.

[35]   RAPHAEL DIÓGENES SERAFIM VIEIRA, *Servidor público temporário*, UFV, 2007, p. 62.

506 | MANUAL DE DIREITO ADMINISTRATIVO • *Carvalho Filho*

pois, da Justiça Federal a competência para dirimir questão de pagamento de verbas quando for ré a União Federal.[36] Nos Estados que adotarem semelhante regime, portanto, a competência será dos juízos fazendários, os mesmos que normalmente processam e julgam litígios de servidores estatutários. Em suma: litígios de servidores sob a égide dos regimes estatutário e especial são processados e julgados na *Justiça Comum* (federal ou estadual), e não na trabalhista.[37] A orientação prevalece até em caso de ação indenizatória do servidor contra o Poder Público.[38]

Entretanto, impõe-se distinguir. A Justiça Comum só é competente para apreciar tais litígios quando *o ente federativo tiver efetivamente editado a lei específica reguladora do regime especial*, como determina o art. 37, IX, da CF.[39] Se não o tiver feito, sequer pode recrutar servidores pelo regime especial; caso o faça, a pretexto de admitir servidores temporários, estará celebrando, dissimuladamente, mero contrato de trabalho, de modo que futuros conflitos deverão ser decididos na Justiça do Trabalho. Não obstante, semelhante distinção parece não ser acolhida por certos setores do Judiciário, o que não se afigura, em nosso entender, o melhor entendimento.[40]

Outro aspecto merecedor de exame consiste na *longa permanência* do vínculo temporário, em virtude de sucessivas prorrogações (algumas expressas, outras tácitas), gerando verdadeira consolidação da relação de trabalho. A matéria aqui é controvertida. Numa vertente, entende--se que essa causa – o fator *tempo* – não é idônea para converter o regime especial no regime trabalhista;[41] noutra, advoga-se essa possibilidade, em face do desvirtuamento do regime inicial.[42] A despeito da anomalia, parece-nos melhor este último entendimento, e por mais de uma razão: a uma, porque a permanência do servidor comprovaria a inexistência de qualquer temporariedade do vínculo, como o exige a Constituição; a duas, porque outra orientação só prejudica o próprio servidor, que não teria as parcelas relativas à rescisão do contrato de trabalho, não sendo razoável recaírem sobre ele os efeitos da má gestão administrativa. Reitere-se, contudo, que tal polêmica só se justifica se a pessoa federativa tiver editado sua lei específica para o regime especial; caso contrário, o vínculo terá mesmo que ser trabalhista, seja temporário ou permanente.

O regime especial deve atender a três pressupostos inafastáveis.

O primeiro deles é a *determinabilidade temporal* da contratação, ou seja, os contratos firmados com esses servidores devem ter sempre prazo determinado, contrariamente, aliás, do que ocorre nos regimes estatutário e trabalhista, em que a regra consiste na indeterminação do prazo da relação de trabalho. Constitui, porém, evidente simulação a celebração de contratos de locação de serviços como instrumento para recrutar servidores, ainda que seja do interesse de empresas públicas e sociedades de economia mista.[43]

Depois, temos o pressuposto da *temporariedade* da função: a necessidade desses serviços deve ser sempre temporária. Se a necessidade é permanente, o Estado deve processar o recrutamento através dos demais regimes. Está, por isso, descartada a admissão de servidores temporários para o exercício de funções permanentes; se tal ocorrer, porém, haverá indisfarçável simulação, e a admissão será inteiramente inválida. Lamentavelmente, algumas Administrações, insensíveis (para dizer o mínimo) ao citado pressuposto, tentam fazer

---

36   AgRg. no Confl.Compet. 38.459, j. 22.10.2003, e Confl.Compet. 16.209, j. 26.6.1996.
37   STF, ADI-MC 3.395, j. 5.4.2006. Também: STF, Recl. 4.351, j. 11.11.2015.
38   STJ, CC 96.608, j. 18.12.2009.
39   STF, CC 7.201, j. 29.10.2008.
40   Vide STF, Recl. 7.109 AgR/MG, Rel. Min. MENEZES DIREITO, em 2.4.2009.
41   Vide STF, RE 573.202, j. 21.8.2008, e Recl. 6.667, j. 27.11.2008 (neste caso, reformando decisão do STJ).
42   STJ, CC 70.226, j. 14.3.2007 (neste caso, a servidora "temporária" já era servidora do Município há 13 anos ininterruptamente). Também: STJ, CC 96.556, j. 6.8.2008.
43   STF, ADI 890, j. 11.9.2003.

Cap. 11 • SERVIDORES PÚBLICOS | 507

contratações temporárias para funções permanentes, em flagrante tentativa de fraudar a regra constitucional. Tal conduta, além de dissimular a ilegalidade do objetivo, não pode ter outro elemento mobilizador senão o de favorecer a alguns apaniguados para ingressarem no serviço público sem concurso, o que caracteriza inegável desvio de finalidade.[44] Caso a função seja permanente, a contratação temporária só é legítima se a Administração comprovar situação emergencial e transitória, com previsão de ser posteriormente superada.[45]

O último pressuposto é a *excepcionalidade* do interesse público que obriga ao recrutamento. Empregando o termo *excepcional* para caracterizar o interesse público do Estado, a Constituição deixou claro que situações administrativas comuns não podem ensejar o chamamento desses servidores. Portanto, pode dizer-se que a excepcionalidade do interesse público corresponde à excepcionalidade do próprio regime especial.[46] Algumas vezes o Poder Público, tal como sucede com o pressuposto anterior e em regra com o mesmo desvio de poder, simula desconhecimento de que a excepcionalidade do interesse público é requisito inafastável para o regime especial.[47]

Sensível a esse tipo de evidente abuso – no mínimo ofensivo ao princípio da moralidade administrativa –, o STF julgou procedente ação direta e declarou a inconstitucionalidade de lei estadual que permitia o recrutamento de servidores pelo regime especial temporário, calcando-se em dois fundamentos: (1º) falta de especificação das atividades de excepcional interesse público; (2º) ausência de motivação quanto à real necessidade temporária das funções a serem exercidas.[48] Idêntica inconstitucionalidade ocorre se a lei fixa hipóteses abrangentes e genéricas, sem indicar as situações de emergência, bem como inclui carreiras e cargos permanentes do Estado.[49] Também é inconstitucional a lei que prevê prorrogações sucessivas do contrato em face de interesse público inespecífico, sem fixação de prazo.[50] A orientação é de todo louvável e registra acertado controle sobre esse tipo de admissão de servidores em desconformidade com o parâmetro constitucional. Outra inconstitucionalidade foi declarada em hipótese na qual lei estadual estabilizou servidores recrutados apenas pelo regime temporário sem concurso público.[51]

Em suma, o que se pode afirmar, para a correta observância do art. 37, IX, da CF, é que os pressupostos constitucionais não podem ser descartados por leis estaduais ou municipais, ao tratar da matéria. Leis que disponham sobre regime especial de contratação temporária sem fixar prazo máximo de contratação (determinabilidade temporal) ou a circunstância relativa à excepcionalidade são flagrantemente inconstitucionais e devem ser excluídas no sistema normativo.[52]

Lamentavelmente, a contratação pelo regime especial, em certas situações, tem servido mais a interesses pessoais do que ao interesse administrativo. Por intermédio desse regime, têm ocorrido contratações "temporárias" com inúmeras prorrogações, o que as torna verdadeiramente permanentes. Ocorre também que a Administração realiza concurso para investidura legítima em regime estatutário ou trabalhista e, ao invés de nomear ou contratar os aprovados, contrata terceiros para as mesmas funções. Trata-se de condutas que refletem *desvio de finalidade* e que merecem invalidação em face dos princípios da legalidade e da moralidade

---

[44]   STF, ADI 2.125, j. 6.4.2000. Todavia, na ADI 3.068, j. 25.8.2004, admitiu-se o recrutamento para tais funções, embora com 5 votos vencidos – estes, a nosso ver, com a melhor interpretação.

[45]   STJ, MS 20.335, Min. BENEDITO GONÇALVES, j. 22.4.2015.

[46]   CÁRMEN LÚCIA ANTUNES ROCHA, *Princípios constitucionais dos servidores públicos*, Saraiva, 1999, p. 244.

[47]   STF, ADI 2.229, j. 9.6.2004, e ADI 3.700, j. 15.10.2008 (inconstitucionalidade de leis estaduais que previam contratação temporária de advogados para a função de Defensor Público). Também: ADI 4.246, j. 26.5.2011.

[48]   ADI 2.987-SC, em 19.2.2004.

[49]   STF, ADI 3.721, j. 9.6.2016, e ADI 3.116, j. 14.4.2011.

[50]   STF, ADI 3.662, j. 23.2.2017.

[51]   STF, ADI 1.241, j. 22.9.2016.

[52]   STF, RE 527.109, j. 9.4.2014, e RE 658.026, j. 9.4.2014.

MANUAL DE DIREITO ADMINISTRATIVO • *Carvalho Filho*

administrativa. Pode até mesmo concluir-se que semelhantes distorções ofendem o *princípio da valorização do trabalho humano*, previsto no art. 170, *caput*, da Carta vigente, até porque têm sido desprezados alguns dos direitos fundamentais dos servidores.[53]

A União Federal, fundada no art. 37, IX, da CF, promulgou lei reguladora desse regime. Trata-se da Lei nº 8.745, de 9.12.1993, na qual foram estabelecidos diversos casos considerados de necessidade temporária de excepcional interesse público, os prazos de contratação e a incidência de algumas regras do regime estatutário. Destacam-se, entre as citadas atividades, as de contratação em ocasião de calamidade pública, surtos endêmicos, recenseamentos, admissão de professor estrangeiro e algumas funções específicas das Forças Armadas.

O citado diploma tem sofrido alterações por leis posteriores, normalmente para a inserção de novas hipóteses permissivas desse tipo de contratação. Uma delas foi a contratação de assistência e emergências em saúde pública, com dispensa do processo seletivo em razão da peculiaridade emergencial da situação, e com prazo máximo de dois anos (arts. 2º, II, 3º, § 1º e 4º parágrafo único, VI, Lei 8.745/1993). Outra consiste na adoção do regime para admissão de pesquisador, de técnico com formação em área tecnológica de nível intermediário ou de tecnólogo, nacionais ou estrangeiros, para projetos de pesquisa com prazo determinado, em entidade destinada à pesquisa, ao desenvolvimento e à inovação (art. 2º, VIII, Lei 8.745/1993).

Para evitar simulação, permitindo, por via oblíqua, a continuação, por prazo indeterminado, do contrato temporário, a lei vedou, como regra, nova contratação antes de decorridos dois anos do encerramento do contrato anterior (art. 9º, III), justamente para evitar a distorção quanto à temporariedade.[54] No entanto, tal vedação deve ser interpretada restritivamente, de modo que não se aplica à hipótese de contratação por outro órgão, dentro daquele período, quando o interessado se submete a novo procedimento seletivo, visto que nesse caso não haveria burla ao princípio do concurso público.[55]

3.1. Regime Especial das Administrações Tributárias

Conforme já consignamos anteriormente, o art. 37, XXII, da CF tratou especificamente das *administrações tributárias* de todos os entes federativos, consideradas atividades essenciais ao funcionamento do Estado, em relação às quais foram destacados três pontos: 1º) exercício por servidores de carreiras específicas; 2º) obtenção de recursos prioritários para seu desempenho; 3º) atuação integrada de todas as unidades federativas.

No que toca ao *regime jurídico* dos servidores dessa área, a Emenda Constitucional nº 132, de 20.12.2023 (Reforma Tributária), incluiu dois mandamentos no art. 37 da CF relacionados à matéria, com vigência a partir de 2027, conforme o art. 3º da mesma Emenda, ambos indicativos da especificidade do regime em comparação com os demais. Por conseguinte, podemos classificá-lo como *regime especial das administrações tributárias*, visto ser constituído de algumas regras próprias diferenciadas.

O primeiro mandamento incluído pela citada EC 132/2023 foi o § 17 do art. 37, pelo qual se prevê que *lei complementar* venha a estabelecer normas gerais aplicáveis às administrações tributárias, dispondo sobre *deveres, direitos e garantias* dos *servidores* das respectivas carreiras. Essas normas, portanto, definirão o delineamento do regime.

---

[53] GUSTAVO ALEXANDRE MAGALHÃES, no trabalho O desrespeito ao princípio da valorização do trabalho humano por meio da contratação temporária de servidores públicos, publicado na *RDA* nº 239/2005, p. 111-118.

[54] O STF, no RE 635.648, j. 14.6.2017, julgou constitucional o dispositivo.

[55] STJ, REsp 1.433.037, Min. HUMBERTO MARTINS, em 25.2.2014.

O outro foi o § 18 do mesmo art. 37, segundo o qual, para os fins do art. 37, XI, da CF, que fixa o *teto remuneratório*, os servidores de carreira das administrações tributárias dos Estados, do Distrito Federal e dos Municípios sujeitam-se ao *limite aplicável aos servidores da União*, o que significa dizer que a remuneração daqueles não poderá exceder a que for atribuída a estes.

4. REGIME JURÍDICO ÚNICO

Em sua redação originária, dispunha o art. 39, *caput*, da CF, que a União, os Estados, o Distrito Federal e os Municípios deveriam instituir, no âmbito de sua competência, *regime jurídico único* e planos de carreira para os servidores da administração pública direta, das autarquias e das fundações públicas.

Muita polêmica se originou desse mandamento, porquanto, não tendo sido suficientemente claro, permitiu o entendimento, para uns, de que o único regime deveria ser o estatutário, e para outros o de que a pessoa federativa poderia eleger o regime adequado, desde que fosse o único. Na verdade, nunca foi dirimida a dúvida. O certo é que havia entidades políticas em que se adotou o regime estatutário, ao lado de outras (sobretudo Municípios), nas quais adotado foi o regime trabalhista.

O sistema do regime jurídico único, entretanto, anteriormente previsto no art. 39 da CF, foi abolido pela EC nº 19/1998, que implantou a reforma administrativa do Estado. O efeito da alteração foi o de permitir que a União, os Estados, o Distrito Federal e os Municípios pudessem recrutar servidores sob mais de um regime jurídico. Desse modo, tornou-se possível, por exemplo, que um Estado tenha um grupo de servidores estatutários e outro de servidores trabalhistas, desde que, é claro, seja a organização funcional estabelecida em lei. O mesmo foi permitido para as demais pessoas federativas. Aliás, a própria União Federal, como já vimos, tem a previsão de servidores estatutários (Lei nº 8.112/1990) e de servidores trabalhistas (Lei nº 9.962/2000 e legislação trabalhista).

Nada impediria, é claro, que a entidade política adotasse apenas um regime funcional em seu quadro, mas, se o fizesse, não seria por imposição constitucional, e sim por *opção administrativa*, feita em decorrência de avaliação de conveniência, para melhor atender a suas peculiaridades. A qualquer momento, no entanto, poderia modificar a estratégia inicial e instituir regime funcional paralelo, desde que, logicamente, o novo sistema seja previsto em lei.

Sucede, entretanto, que o STF deferiu medida cautelar para o fim de suspender a eficácia do art. 39, *caput*, da CF, com a redação dada pela EC nº 19/1998, o que rendeu ensejo ao retorno da redação anterior, *pela qual havia sido instituído o regime jurídico único*. Considerou a Corte a existência de aparentes indícios de inconstitucionalidade formal, tendo em vista erro de procedimento na tramitação daquela Emenda. A decisão, porém, teve eficácia *ex nunc*, subsistindo a legislação editada sob o império do dispositivo suspenso.[56] Com o restabelecimento do *regime jurídico único*, retornou a controvérsia sobre a matéria. Vale a pena relembrar as três posições: (1º) o regime único indica a obrigatoriedade de adoção *exclusiva* do regime estatutário;[57] (2º) cabe à pessoa federativa optar pelo regime estatutário ou trabalhista, mas, uma vez feita a opção, o regime deverá ser o mesmo para a Administração Direta, autarquias e fundações de direito público;[58] (3º) admite-se a opção por um regime único para a Administração Direta e outro para autarquias e fundações públicas.[59]

---

[56]   STF, ADI 2.135, j. 2.8.2007.

[57]   HELY LOPES MEIRELLES, *Direito administrativo brasileiro*, cit., 1993, p. 359; SÉRGIO LUIZ BARBOSA NEVES, *Regime jurídico único e os servidores públicos*, Lumen Juris, 1991, p. 41.

[58]   MARIA SYLVIA ZANELLA DI PIETRO, *Direito administrativo*, cit., Atlas, 1993, p. 307; CELSO ANTÔNIO BANDEIRA DE MELLO, *Curso*, cit., 1993, p. 143.

[59]   TOSHIO MUKAI, *Administração pública na Constituição de 1988*, Saraiva, 1989, p. 62.

510 | MANUAL DE DIREITO ADMINISTRATIVO • Carvalho Filho

Como não havia suficiente clareza (e continua não havendo) sobre o significado do *"regime jurídico único"* na Constituição, justificava-se a controvérsia acima apontada. De qualquer modo, pensamos que o Constituinte nem quis obrigar à adoção exclusiva do regime estatutário, nem, por outro lado, desejou admitir a cisão de regimes entre a Administração Direta, de um lado, e as autarquias e fundações de direito público, de outro. No primeiro caso, não houve expresso mandamento constitucional que conduzisse àquela conclusão; no segundo, a cisão retrataria uma ruptura na lógica criada para a unicidade do regime. Por via de consequência, reiterando pensamento que já adotávamos em edições anteriores, consideramos que a *intentio* do Constituinte foi a de que o regime de pessoal fosse apenas *único*, seja o estatutário, seja o trabalhista – tese sufragada pela segunda corrente doutrinária já mencionada – com o que se poderiam evitar os velhos confrontos entre servidores da mesma pessoa federativa, tendo por alvo normas diversas estabelecidas por cada um daqueles regimes.

Cabe anotar, também, que a *unicidade* de regime jurídico alcança tão somente os servidores permanentes. Para os servidores temporários, continua subsistente o *regime especial*, como previsto no art. 37, IX, da CF. Portanto, será sempre oportuno destacar que a expressão *"regime único"* tem que ser considerada *cum grano salis*, para entender-se que os regimes de pessoal são *dois* – um, o *regime comum* (tido como *regime único*), e outro, o *regime especial* (para servidores temporários).

A despeito de toda essa hesitação, e quase duas décadas depois, o STF pôs fim à controvérsia, julgando constitucional a EC 19/1998 e, por consequência, o fim do regime jurídico único.[60] Resulta, pois, que o regime jurídico do servidor será aquele que a respectiva lei determinar, nada impedindo que, numa mesma unidade federativa, haja servidores sujeitos a regimes diversos.

Ao mesmo tempo em que baniu o regime jurídico único, a EC nº 19/1998, alterando inteiramente o art. 39, § 1º, da CF, extinguiu também o sistema de *isonomia funcional*, que, diga-se a bem da verdade, nunca foi efetivamente cumprido pelas pessoas do Estado. Estabelecia-se, na redação original, a necessidade de pagamento de remuneração igual àqueles que ocupassem cargos de atribuições iguais ou cargos assemelhados do mesmo Poder, ou entre servidores dos três Poderes. O mandamento nem foi cumprido nem dificilmente o será no futuro, pois que poucas coisas são tão confusas na Administração quanto o sistema remuneratório dos servidores. O sistema caótico é fruto do acúmulo de erros e erros, cometidos por várias décadas de arbitrariedades, abusos e imoralidades administrativas. Retorna-se, por conseguinte, ao sistema anterior, no qual foram constantes as discriminações injustificadas quanto aos vencimentos, daí decorrendo profunda insatisfação dos servidores: nada parece mais desanimador do que um servidor saber que, tendo cargo igual ao de outro servidor, ou exercendo funções idênticas ou assemelhadas, sua remuneração é desigualmente inferior.[61]

5. TERCEIRIZAÇÃO

Terceirização é o fenômeno pelo qual se separa a relação econômica de trabalho da relação trabalhista correspondente. Com isso, permite-se a um sujeito de direito contratar serviços no mercado de trabalho sem que assuma os efeitos decorrentes da relação empregatícia de que faz parte o trabalhador.[62] Trata-se de relação jurídica com três partícipes: a *empresa tomadora* do serviço, a *empresa prestadora* do serviço e o *trabalhador*, vinculado juridicamente a esta última. Pode ser *definitiva* ou *temporária,* e, neste caso, o objetivo é o de atender à substituição transitória de pessoal permanente ou à demanda complementar de serviços.

---

[60] STJ, REsp 1.831.507, j. 6.8.2024.

[61] Ninguém desconhece que os vencimentos dos servidores do Legislativo, Judiciário, Ministério Público e Tribunais de Contas são, em regra, muito superiores aos do Executivo – o que reflete flagrante injustiça.

[62] MAURÍCIO GODINHO DELGADO, *Curso de direito do trabalho,* LTr, 3. ed., 2004, p. 428.

De acordo com a doutrina em geral, a terceirização, conforme a hipótese, ofenderia vários princípios constitucionais, como a proteção do trabalhador, a condição mais benéfica, o tratamento isonômico e outros do gênero.[63] Por tal motivo, sempre se distinguiu a *terceirização lícita*, no caso de contratação para exercer *atividade-meio*, da *terceirização ilícita*, quando se tratasse de *atividade-fim* – distinção essa, contudo, usualmente difícil de demarcar.[64]

A terceirização se consubstanciava, em seu modelo clássico, pelo contrato de trabalho temporário, disciplinado pela Lei nº 6.019, de 3.1.1974. Entretanto, esse diploma sofreu profunda alteração pela Lei nº 13.429, de 31.3.2017, passando a regular também outro tipo de contratação. Diante das modificações, pode-se classificar a terceirização em duas categorias: 1ª) *contrato de trabalho temporário*; 2ª) *contrato de prestação de serviços*.

De acordo com a lei, *trabalho temporário* é aquele prestado por pessoa física contratada por *empresa de trabalho temporário*, que a disponibiliza a uma empresa tomadora do serviço, com o fim de atender à necessidade de substituição transitória de pessoal permanente ou à demanda complementar de serviços (art. 2º, Lei nº 6.019/1974). Nas duas relações jurídicas contratuais, portanto, figuram, na primeira, a empresa de trabalho temporário e o empregado, e, na segunda, a empresa tomadora do serviço e a empresa de trabalho temporário – aquela contratante direta desta.

Noutro giro, a *prestação de serviços a terceiros* consiste na transferência feita pela contratante da execução de suas atividades à pessoa jurídica de direito privado prestadora de serviços, dotada de capacidade econômica compatível com a execução da atividade. Essa atividade pode ser principal ou secundária, não havendo, assim, restrição para a contratação (art. 4º-A). Há aqui também duas relações contratuais: a primeira, composta pela empresa de prestação de serviço e seu empregado, e a outra, constituída pela empresa tomadora do serviço e pela empresa de prestação de serviço, sendo esta contratada diretamente por aquela.

A rigor, trata-se de duas modalidades específicas do gênero *empresas prestadoras de serviços a terceiros*, mas uma se dedica a prover situações temporárias na empresa contratante, enquanto a outra pode colaborar com a tomadora em caráter permanente.

A *temporariedade* do trabalho é bem definida na lei: "Trabalho temporário é aquele prestado por pessoa física contratada por uma empresa de trabalho temporário que a coloca à disposição de uma empresa tomadora de serviços, para atender à necessidade de substituição transitória de pessoal permanente ou à demanda complementar de serviços" (art. 2º, Lei nº 6.019/1974). A demanda é complementar quando derivada de fatores imprevisíveis ou, quando previsíveis, sejam intermitentes, periódicos ou sazonais (art. 2º, § 2º). Empresa de trabalho temporário, por sua vez, é aquela "responsável pela colocação de trabalhadores à disposição de outras empresas temporariamente" (art. 4º).

No que se refere à *prestação de serviços*, esclarece a lei que assim se considera "a transferência feita pela contratante da execução de quaisquer de suas atividades, inclusive sua atividade principal, à pessoa jurídica de direito privado prestadora de serviços que possua capacidade econômica compatível com a sua execução" (art. 4º-A). Observe-se, pois, que, na própria conceituação legal, inexiste menção à temporariedade, de onde se infere a natureza da prestação do serviço, que eventualmente pode ser constante.

O regime jurídico para ambas as categorias tem alguns pontos em comum e outros diferenciais para atender à especificidade do contrato. A análise do regime, contudo, não comporta aprofundamento neste tópico, vez que refoge ao objetivo principal, qual seja, o de verificar sua admissibilidade para o Estado. Entretanto, dois aspectos sobressaem no que concerne às linhas desse regime, valendo a pena comentá-los brevemente.

---

[63]   VÓLIA BONFIM CASSAR, *Direito do trabalho*, Impetus, 5. ed., 2011, p. 512.

[64]   V. nosso trabalho *"Terceirização no setor público: encontros e desencontros"*, em *Terceirização na administração*, org. por Cristiana Fortini, Fórum, 2009, p. 38-62. Também: CAROLINA ZANCANER ZOCKUN, *Da terceirização na administração pública*, Malheiros, 2014, p. 59-66.

512 | MANUAL DE DIREITO ADMINISTRATIVO • *Carvalho Filho*

Primeiramente, foi dissipada a dúvida sobre a terceirização de atividades-meio e atividades--fim. O legislador foi claro ao afirmar que o contrato de trabalho temporário "pode versar sobre o desenvolvimento de atividades-meio e atividades-fim a serem executadas na empresa tomadora de serviços" (art. 9º, § 3º). Em outra vertente, dispôs que o contrato de prestação de serviços admite a transferência pela contratante "de quaisquer de suas atividades, inclusive sua atividade principal" (art. 4º-A). Como se observa, foi evidentemente ampliado o leque de atividades suscetíveis de terceirização, para alcançar tanto atividades-meio quanto atividades--fim – posição, aliás, já adotada pelo STF sobre o tema.[65]

O segundo aspecto relevante diz respeito à relação jurídica de trabalho: os empregados não têm vínculo com a empresa tomadora do serviço; ou seja, são vinculados juridicamente apenas às empresas de trabalho temporário e de prestação de serviço. De acordo com a lei, esta última é que "contrata, remunera e dirige o trabalho realizado por seus trabalhadores, ou subcontrata outras empresas para realização desses serviços" (art. 4º-A, § 1º), ao passo que, em relação à primeira, não existe vínculo de emprego entre os empregados da empresa de trabalho temporário e a empresa tomadora do serviço (art. 10). Pode haver, em certas situações, uma extensão de responsabilidade para as empresas tomadoras do serviço, mas a ideia central da terceirização é a de que seu elo contratual se forme apenas com as empresas contratadas, e não com os empregados destas.

Na ótica do direito público, uma primeira indagação diz respeito à possibilidade de o *Estado figurar como tomador de serviços temporários*. Há várias opiniões contrárias a essa possibilidade, mas, no contraponto, há outras que a admitem sem qualquer objeção, invocando, entre outros, o fundamento de que a lei não criou nenhuma vedação nesse sentido. Com o novo teor da lei, o trabalho temporário pode abranger tanto as atividades-meio quanto as atividades-fim do ente público. Não obstante, estão excluídas as carreiras de Estado, como as da magistratura, Ministério Público, diplomacia e polícia, que têm caráter eminentemente estatutário e se revelam incompatíveis com recrutamento dessa espécie.

Se alguma hesitação pode existir quanto à contratação de empresa de trabalho temporário pela Administração, praticamente nenhuma pode ser oposta à *contratação de empresas prestadoras de serviço*. Reitera-se aqui a inexistência de vedação legal para tal tipo de contratação, somando-se, ainda, o fato de que se trata de ajuste similar aos contratos de serviços celebrados sob a égide da Lei nº 14.133/2021. Por outro lado, a terceirização é de atividades, e não de mão de obra.

Não custa lembrar que a terceirização, denominada *execução indireta*, já é prevista desde o vetusto Decreto-lei nº 200/1967, que permite que a Administração se desobrigue da realização material de atividades executivas por meio de empresas terceirizadas, mediante contrato (art. 10, § 7º).

Na esfera federal, foi editado o Decreto nº 9.507, de 21.9.2018, que regula a terceirização na Administração Direta e Indireta. Numa interpretação dedutiva, pode-se concluir que a regra geral é a admissibilidade dessa forma de execução. Na Administração federal direta, autárquica ou fundacional, é vedada para os serviços que: (a) encerrem a tomada de decisão ou posicionamento institucional nos setores de planejamento, coordenação, supervisão e controle; (b) sejam considerados estratégicos para a Administração; (c) estejam relacionados ao poder de polícia, de regulação, de outorga de serviços públicos e de aplicação de sanção; e (d) sejam inerentes às categorias funcionais abrangidas pelo plano de cargos do órgão ou da entidade, exceto disposição legal em contrário ou quando se tratar de cargo extinto, total ou parcialmente, no âmbito do quadro geral de pessoal (art. 3º, I a IV). Como se verifica, nenhuma demarcação foi feita quanto a atividades-meio e atividades-fim. Ao contrário, basta que a lei autorize para que certa função, atribuída a cargo do Plano, possa ser terceirizada.

---

65 STF, ADPF 324, j. 30.8.2018, e RE 958.252, j. 30.8.2018.

Cap. 11 · SERVIDORES PÚBLICOS | **513**

No que concerne a empresas públicas e sociedades de economia mista federais, o Decreto nº 9.507 veda a terceirização no caso de serviços em que a empresa contratada empregue profissionais com atribuições próprias dos cargos integrantes do Plano da entidade, "exceto se contrariar os princípios administrativos da eficiência, da economicidade e da razoabilidade" (art. 4º). Veja-se que a exceção permissiva tem fisionomia elástica e flexível. Ou seja: se houver ofensa à eficiência ou economicidade, a terceirização será plenamente acolhida.

Uma coisa é certa: socorrendo-se de algum desses modelos, o ente público, apesar de ser apenas o contratante do serviço, terá a obrigação de fiscalizar o cumprimento das obrigações trabalhistas e previdenciárias por parte da prestadora. De acordo com as novas linhas da lei, a empresa contratante é subsidiariamente responsável pelas obrigações trabalhistas relativamente ao período em que ocorrer a prestação do serviço. Além disso, cabe-lhe, nos termos do art. 31 da Lei nº 8.212/1991, reter 11% do valor bruto da nota fiscal ou fatura de prestação de serviços e recolher, em nome da empresa cedente da mão de obra, o valor retido no mês subsequente, em prazo fixado na lei (arts. 10, § 7º, e 5º-A, § 5º, Lei nº 6.019/1974).

Há uma divisão entre os intérpretes quanto aos aspectos positivos e negativos da nova disciplina. Para alguns, esse tipo de contratação pelo Estado ofenderia o art. 37, II, da CF, sendo uma burla ao sistema de *concurso público*. O argumento, todavia, padece de consistência, e isso porque não só já existe o recrutamento sem concurso para cargos em comissão, mas também porque o regime especial do servidor temporário, como vimos, impõe apenas um procedimento seletivo de duvidosa eficiência. Suscita-se também a possibilidade de *nepotismo*, mas o sistema atual também não o tem impedido. O que se precisa é fortalecer os sistemas de controle e transparência nos entes administrativos.

Outras críticas: (a) remuneração dos trabalhadores temporários inferior à dos demais servidores; (b) redução da qualidade no exercício das funções, em face da falta de especialização dos temporários; (c) perda da eficiência em razão do descompromisso desses empregados; (d) ausência do direito à progressão na carreira, diversamente do que ocorre com os servidores.

Em outra vertente, algumas perspectivas se afiguram positivas para os entes públicos: (a) enxugamento da extensa máquina administrativa; (b) não provimento de cargos e funções considerados desnecessários; (c) redução de custos para o Estado, habitualmente com recursos escassos, em razão dos altos vencimentos pagos em alguns órgãos públicos para certas funções; (d) aumento da eficiência, tendo em vista a inaplicabilidade de garantias específicas dos servidores, como, por exemplo, a estabilidade, que, em regra, causa acomodação e desinteresse.

Certamente, haverá questões a solucionar. Uma delas é a dos aprovados em concurso público; havendo vagas, o Estado teria que supri-las com os concursados, assim agindo até a extinção da validade do certame. Mas, existindo cargos vagos e sem concurso público, nada obsta à contratação do trabalho temporário, já que inexiste obrigação de prover cargos vagos quando algum interesse público o desaconselhar.

É claro que muitas dúvidas surgirão no caso de adoção desses regimes de terceirização pela Administração. Mas não se pode, *a priori* e sem facciosismo, julgar se será melhor ou pior. O Estado sempre foi um péssimo gestor de seus recursos humanos, de modo que a ele assiste o dever de repensar sua gestão, seja qual for o regime a que se submetam os seus agentes. Não é a terceirização, por qualquer de suas modalidades (que, a rigor, já existem), que irá transformar os órgãos públicos; os fatores de transformação são a mudança de mentalidade dos administradores públicos e o exercício da verdadeira cidadania.

Há mais um dado a se considerar. A terceirização além precisa ser adotada com razoabilidade, sem exageros em qualquer ponto. Nem o Estado deve vedá-la inteiramente, nem deve terceirizar todas as suas funções. Não é difícil inferir a necessidade de que a Administração atue com equilíbrio e bom senso em tal processo.

514 | MANUAL DE DIREITO ADMINISTRATIVO • *Carvalho Filho*

IV. Organização Funcional

1. QUADRO FUNCIONAL

Quadro funcional é o conjunto de carreiras, cargos isolados e funções públicas remuneradas integrantes de uma mesma pessoa federativa ou de seus órgãos internos.[66]

O quadro funcional é o verdadeiro espelho do quantitativo de servidores públicos da Administração. Se houvesse efetiva organização funcional, o quadro seria o elemento pelo qual o órgão ou a pessoa poderiam nortear-se para inúmeros fins, como a eliminação de excessos, o remanejamento de servidores, o recrutamento de outros, a adequação remuneratória etc., pois que nele se teria o real espectro das carências e demasias observadas nos setores administrativos. Lamentavelmente, porém, reina o caos nesse controle funcional e frequentemente se tem tido conhecimento do malogro das Administrações em identificar os componentes de seu quadro.

Carreira é o conjunto de classes funcionais em que seus integrantes vão percorrendo os diversos patamares de que se constitui a progressão funcional. As *classes* são compostas de cargos que tenham as mesmas atribuições. Os *cargos* que compõem as classes são cargos de carreira, diversos dos cargos isolados que, embora integrando o quadro, não ensejam o percurso progressivo do servidor. Para exemplificar os psicólogos de certo órgão têm cargos de carreira. Se houver três patamares funcionais, haverá três classes desses servidores: os de 1º, 2º e 3º Classes. Essas classes em conjunto é que formam a carreira dos psicólogos.

2. CARGOS, EMPREGOS E FUNÇÕES PÚBLICAS

Cargo público é o lugar dentro da organização funcional da Administração Direta e de suas autarquias e fundações públicas que, ocupado por servidor público, tem funções específicas e remuneração fixadas em lei ou diploma a ela equivalente. O art. 3º da Lei nº 8.112/1990 (Estatuto dos Servidores da União) define o cargo público como sendo *o conjunto de atribuições e responsabilidades previstas na estrutura organizacional que devem ser cometidas a um servidor*. O conceito da lei não é perfeito: cargo não é um conjunto de atribuições; cargo é uma célula, um lugar dentro da organização; além do mais, as atribuições são, isto sim, *cometidas* ao titular do cargo.

A *função pública* é a atividade em si mesma, ou seja, função é sinônimo de atribuição e corresponde às inúmeras tarefas que constituem o objeto dos serviços prestados pelos servidores públicos. Nesse sentido, fala-se em função de apoio, função de direção, função técnica.

No sistema funcional, determinadas funções são suscetíveis de remuneração. É muito confusa a nomenclatura referente a tais situações. Em geral, emprega-se a expressão *função gratificada,* que, na verdade, indica uma *gratificação de função,* ou seja, uma função especial, fora da rotina administrativa e normalmente de caráter técnico ou de direção, cujo exercício depende da confiança da autoridade superior. Em virtude da especificidade da atribuição, o servidor percebe um *plus* em acréscimo a seu vencimento. Trata-se, pois, de vantagem pecuniária.

A Constituição, no art. 37, V, utilizou a expressão *"funções de confiança",* que, na verdade, é marcada por evidente imprecisão. A análise do dispositivo demonstra que se pretendeu aludir às já mencionadas funções gratificadas. A expressão é vaga e inexata porque existem várias outras funções de confiança atribuídas a situações funcionais diversas, como é o caso das relacionadas a cargos em comissão. A confusão se completa com a expressão *"funções comissionadas",* usada às vezes para indicar cargos em comissão. A falta de uniformidade impera nesse aspecto. Vale

---

[66] HELY LOPES MEIRELLES, ob. cit., p. 361.

Cap. 11 · SERVIDORES PÚBLICOS | 515

a pena registrar, desde logo, que cargos em comissão podem ser ocupados por pessoas que não pertencem aos quadros funcionais da Administração, ao passo que as funções gratificadas (ou de confiança, no dizer da Constituição) são reservadas exclusivamente aos servidores ocupantes de cargo efetivo, ainda que sejam lotados em órgão diverso. A exigência consta do já citado art. 37, V, da CF.

Todo cargo tem função, porque não se pode admitir um lugar na Administração que não tenha a predeterminação das tarefas do servidor. Mas nem toda função pressupõe a existência do cargo.[67] O titular do cargo se caracteriza como servidor público estatutário.

O cargo, ao ser criado, já pressupõe as funções que lhe são atribuídas. Não pode ser instituído cargo com funções aleatórias ou indefinidas: é a prévia indicação das funções que confere garantia ao servidor e ao Poder Público. Por tal motivo, é ilegítimo o denominado *desvio de função*, fato habitualmente encontrado nos órgãos administrativos, que consiste no exercício, pelo servidor, de funções relativas a outro cargo, que não o que ocupa efetivamente. Nem a insuficiência de servidores na unidade administrativa justifica o desvio de função.[68] Cuida-se de uma corruptela no sistema de cargos e funções que precisa ser coibida, para evitar falsas expectativas do servidor e a instauração de litígios com o escopo de permitir a alteração da titularidade do cargo. Na verdade, o desvio de função não se convalida, a não ser em situações excepcionais autorizadas em lei, mas o servidor deve ser indenizado, quando couber, pelo exercício das funções do outro cargo,[69] e a autoridade administrativa deve ser responsabilizada pela anomalia, inclusive porque retrata improbidade administrativa.

A expressão *emprego público* é utilizada para identificar a relação funcional trabalhista, assim como se tem usado a expressão *empregado público* como sinônima da de *servidor público trabalhista*. Para bem diferenciar as situações, é importante lembrar que o servidor trabalhista tem função (no sentido de tarefa, atividade), mas não ocupa cargo. O servidor estatutário tem o cargo que ocupa e exerce as funções atribuídas ao cargo.

Advirta-se, contudo, que, em qualquer caso, são criadas funções tão específicas e estratégicas, que o art. 37, § 7º, da CF, incluído pela EC 19/1998, prevê a edição de lei que disponha sobre os requisitos e as restrições aplicáveis, quer ao ocupante de cargo, quer ao servidor trabalhista, da Administração Direta ou Indireta, quando no exercício das referidas funções tiverem acesso a informações privilegiadas. Cuida-se, como é fácil notar, da proteção aos dados que devem manter-se sob a égide exclusiva dos órgãos administrativos.

3. CLASSIFICAÇÃO DOS CARGOS

Uma primeira classificação leva em consideração a situação dos cargos diante do quadro funcional. Sob esse aspecto, dividem-se em *cargos de carreira* e *cargos isolados*. Os primeiros permitem a progressão funcional dos servidores através de diversas classes até chegar à classe mais elevada. Os cargos isolados, ao contrário, têm natureza estanque e inviabilizam a progressão.

Sob o ângulo das garantias e características dos cargos, podem eles agrupar-se em três categorias:

1. cargos vitalícios;
2. cargos efetivos; e
3. cargos em comissão.

---

[67] HELY LOPES MEIRELLES, ob. cit., p. 361.
[68] Assim o STJ, com acerto, decidiu no RMS 37.248, j. 27.8.2013.
[69] STJ, Súmula 378.

516 | MANUAL DE DIREITO ADMINISTRATIVO • *Carvalho Filho*

Costuma-se também denominá-los de cargos de provimento vitalício, de provimento efetivo e de provimento em comissão. Não há qualquer diferença. Essas expressões se justificam em razão do elo indissociável que vincula as noções de cargo e de provimento do cargo.

Cargos vitalícios são aqueles que oferecem a maior garantia de permanência a seus ocupantes. Somente através de processo judicial, como regra, podem os titulares perder seus cargos (art. 95, I, CF). Desse modo, torna-se inviável a extinção do vínculo por exclusivo processo administrativo (salvo no período inicial de dois anos até a aquisição da prerrogativa). A vitaliciedade configura-se como verdadeira prerrogativa para os titulares dos cargos dessa natureza e se justifica pela circunstância de que é necessária para tornar independente a atuação desses agentes, sem que sejam sujeitos a pressões eventuais impostas por determinados grupos de pessoas.[70] A vitaliciedade tem previsão constitucional. Atualmente são cargos vitalícios os dos magistrados (art. 95, I, CF), os dos membros do Ministério Público (art. 128, § 5°, I, *a*, CF) e os dos membros dos Tribunais de Contas (art. 73, § 3°, CF). Por se tratar de prerrogativa de sede constitucional, em função da qual cabe ao Constituinte aferir a natureza do cargo e da função para atribuí-la, não podem Constituições Estaduais e Leis Orgânicas municipais, nem mesmo lei de qualquer esfera, criar outros cargos com a garantia da vitaliciedade. Consequentemente, apenas Emenda à Constituição Federal poderá fazê-lo.[71]

Cargos efetivos são aqueles que se revestem de caráter de permanência, constituindo a maioria absoluta dos cargos integrantes dos diversos quadros funcionais. Com efeito, se o cargo não é vitalício ou em comissão, terá que ser necessariamente efetivo. Embora em menor grau que nos cargos vitalícios, os cargos efetivos também proporcionam segurança a seus titulares: a perda do cargo, segundo emana do art. 41, § 1°, da CF, só poderá ocorrer, depois que adquirirem a estabilidade, se houver sentença judicial ou processo administrativo em que se lhes faculte ampla defesa, e agora também em virtude de avaliação negativa de desempenho, como introduzido pela EC n° 19/1998.

Os *cargos em comissão*, ao contrário dos tipos anteriores, são de ocupação transitória. Seus titulares são nomeados em função da relação de confiança que existe entre eles e a autoridade nomeante. Por isso é que na prática alguns os denominam de *cargos de confiança*. A natureza desses cargos impede que os titulares adquiram estabilidade. Por outro lado, assim como a nomeação para ocupá-los dispensa a aprovação prévia em concurso público, a exoneração do titular é despida de qualquer formalidade especial e fica a exclusivo critério da autoridade nomeante. Por essa razão é que são considerados de livre nomeação e exoneração (art. 37, II, CF).

É importante acentuar que cargos em comissão somente podem destinar-se a funções de *chefia, direção e assessoramento*, todas elas de caráter específico dentro das funções administrativas. Resulta daí, por conseguinte, que a lei não pode criar tais cargos para substituir outros de cunho permanente e que devem ser criados como cargos efetivos, exemplificando-se com os de perito, auditor, médico, motorista e similares. Lei com tal natureza é inconstitucional por vulnerar a destinação dos cargos em comissão, concebida pelo Constituinte (art. 37, V, CF).[72]

O texto constitucional anterior estabelecia que os cargos em comissão e as funções de confiança deveriam ser exercidos *preferencialmente* por servidores ocupantes de cargos de carreira técnica ou profissional. A EC n° 19/1998, da reforma do Estado, todavia, alterando o inciso V do art. 37, restringiu essa investidura, limitando o exercício de funções de confiança a servidores ocupantes de cargo efetivo e a investidura em cargos em comissão a servidores de carreira, nos casos, condições e percentuais mínimos previstos em lei, devendo as atribuições

---

70   DIÓGENES GASPARINI, ob. cit., p. 203.
71   Nessa direção, STF, ADI 2.729, j. 16.11.2005.
72   No mesmo sentido, vide STF, ADI 3.602-GO, j. 14.4.2011.

de tais funções e cargos destinar-se apenas à chefia, direção e assessoramento. A norma ora vigente limita a investidura, em cargos em comissão, de pessoas que não pertencem aos quadros públicos, com o que se procurará evitar tantos casos de imoralidade e nepotismo existentes em todos os setores da Administração.

Várias restrições e vedações – como já acentuamos anteriormente – foram instituídas pelo Conselho Nacional de Justiça na Resolução nº 7, de 18.10.2005, no que tange à nomeação para *cargos em comissão ou funções gratificadas* de cônjuge, companheiro ou parente em linha reta, colateral ou por afinidade, até o terceiro grau, inclusive, de membros de Tribunais, de juízes e de servidores investidos em cargo de direção ou assessoramento, ficando fora da vedação apenas aqueles que já sejam titulares de cargos de provimento efetivo, ou seja, que já pertençam ao quadro funcional; ser-lhes-á vedado, no entanto, atuar em subordinação ao magistrado ou servidor determinante da incompatibilidade (art. 2º, § 1º).

Nota-se, pois, que semelhantes vedações configuram-se como exceções ao art. 37, II, da CF, que contempla o princípio da livre nomeação de servidores para cargos em comissão. Dita Resolução foi editada com fundamento no art. 103-B, § 4º, II, da CF, introduzido pela EC nº 45/2004, que confere ao Conselho a atribuição de zelar pela observância dos princípios administrativos enunciados no art. 37, *caput*, da Constituição. Na hipótese, os princípios diretamente protegidos são os da moralidade e da impessoalidade, intentando-se impedir e corrigir a prática de *nepotismo*, lamentavelmente de costumeira e conhecida frequência em certos Tribunais e órgãos judiciais.[73]

O STF estendeu a vedação à administração direta e indireta de todos os Poderes da União, dos Estados, do Distrito Federal e dos Municípios, impedindo a nomeação – para cargo ou função de confiança, ou função gratificada – de cônjuge, companheiro ou parente em linha reta, colateral ou por afinidade, até o terceiro grau, inclusive, relacionados à autoridade nomeante ou a servidor da mesma pessoa jurídica ocupante de cargo de direção, chefia ou assessoramento. Vedado também ficou o *nepotismo transverso* (ou *nepotismo cruzado*), aquele que resulta de ajuste que enseja designações recíprocas. Todos esses aspectos foram consolidados na Súmula Vinculante 13, do do STF. De outro lado, tratamos do tema quando estudamos o princípio da moralidade no Capítulo1.

Não obstante o silêncio da referida Súmula a respeito, parece-nos que a proibição não alcança os servidores titulares de cargos de *provimento efetivo ou vitalício* – ressalva, aliás, que, como visto acima, foi prevista na citada Resolução do CNJ. O alvo efetivo do favorecimento ilegal concentra-se em cônjuges, parentes etc., que *não integram* os quadros funcionais. Diferente é a hipótese daqueles servidores – que não somente já os integram, como ainda tiveram seu ingresso condicionado à prévia aprovação em concurso público. Sendo assim, e por força do princípio da impessoalidade, não poderiam sofrer discriminação relativamente a colegas com a mesma situação jurídica. Nesses casos, a vedação – isto sim – deve recair tão só na impossibilidade de o nomeado para cargo em comissão ficar diretamente subordinado ao parente responsável pela nomeação.

Em relação às *pessoas privadas da Administração* (empresas públicas e sociedades de economia mista), é frequente a alusão a "cargos efetivos" e "cargos em comissão" (ou "cargos de confiança"). A despeito de serem referidos na CLT (arts. 450, 499, § 1º, e 469, § 1º), trata-se da utilização do modelo adotado no regime estatutário, visando ao delineamento da organização funcional. *Cargo*, como já vimos, é instrumento próprio do regime estatutário, e não do trabalhista. Portanto, aludidas expressões indicam, na verdade, "empregos efetivos"

---

[73] No CNMP – Conselho Nacional do Ministério Público –, a matéria está regulada na Resolução nº 37/2009, fundada no art. 130-A, § 2º, II, da CF.

518 | MANUAL DE DIREITO ADMINISTRATIVO • *Carvalho Filho*

e "empregos em comissão", todos eles regidos pela CLT – Consolidação das Leis do Trabalho, diferentemente dos verdadeiros cargos públicos, regidos pelos estatutos funcionais do respectivo ente federativo.[74]

4. CRIAÇÃO, TRANSFORMAÇÃO E EXTINÇÃO DE CARGOS

A regra geral para a criação, transformação e extinção de cargos públicos é contemplada no art. 48, X, da CF. Segundo este dispositivo, cabe ao Congresso Nacional, com a sanção do Presidente da República, dispor sobre a criação, transformação e extinção dos cargos, empregos e funções públicas. Na criação, formam-se novos cargos na estrutura funcional; na extinção, eliminam-se os cargos; e a transformação nada mais é do que a extinção e a criação simultânea de cargos: um cargo desaparece para dar lugar a outro. A norma constitucional significa que, como regra, todos esses fatos relativos aos cargos *pressupõem a existência de lei*.[75] O dispositivo, todavia, foi alterado pela EC nº 32, de 11.9.2001, que, fazendo referência ao art. 84, VI, *b*, da CF, também alterado pela citada Emenda, passou a admitir que o Chefe do Executivo proceda à extinção de funções ou cargos públicos, quando vagos. Desse modo, mesmo que o cargo tenha sido criado por lei, pode ser extinto por decreto no caso de vacância. As regras mencionadas, pelo princípio da simetria das esferas federativas, aplicam-se, *mutatis mutandis*, a Estados, Distrito Federal e Municípios.

Convém anotar, entretanto, que apenas a *lei* pode ser o instrumento de criação dos cargos, sendo, por conseguinte, inconstitucional a lei que autorize o Chefe do Executivo a expedir *decretos* para tal finalidade. Primeiramente, porque ofende o art. 61, § 1º, II, *a*, da CF, que exige a própria lei (de iniciativa do Chefe do Executivo) para que se efetive a criação do cargo. Ofende também o art. 84, VI, *a*, da CF, que, embora admita o decreto para a organização e funcionamento da Administração, veda aumento de despesas, e estas fatalmente teriam que ocorrer no caso de novos cargos.[76]

Tem sido usualmente admitida na Administração a denominada transformação de cargos "sem aumento de despesa", implementada por atos administrativos oriundos de autoridades dirigentes de pessoas e órgãos públicos, através dos quais se extinguem alguns cargos e se criam outros com despesa correspondente à daqueles. Na verdade, não se trata propriamente, no caso, de transformação de cargos, a ser prevista em lei, mas sim de mera reorganização interna muito mais de caráter administrativo. Tal procedimento, aliás, restou sufragado pela EC nº 32/2001, que, alterando o art. 84, da CF, conferiu ao Presidente da República (e aos demais Chefes de Executivo) competência para dispor, mediante decreto, sobre organização e funcionamento da administração, desde que não haja aumento de despesa nem criação ou extinção de órgãos públicos (art. 84, VI, a, CF).

Em nosso entender, contudo, essa reorganização tem limites para o Administrador, sendo vedado, a pretexto de executá-la, alterar tão profundamente a estrutura funcional do órgão que dela possa resultar a sua desfiguração, com extinção de carreiras e criação de novos cargos, sem que haja autorização legal. Da mesma forma, não pode um ato administrativo mudar atribuições dos cargos para os quais seus titulares se habilitaram por concurso: isso refletiria desvio de finalidade e, indiretamente, retrataria transformação do cargo. Alterações dessa natureza somente podem perpetrar-se por meio de lei formal, como já se decidiu corretamente.[77]

---

[74] É também a observação de CARLOS ARI SUNDFELD e RODRIGO PAGANI DE SOUZA, no trabalho As empresas estatais, o concurso público e os cargos em comissão, *RDA* nº 243, Atlas, 2006, p. 34-35.

[75] STF, RE 577.025, j. 11.12.2008 (criação de cargos por decreto).

[76] Vide STF, ADI 3232, 3983 e 3950-TO, Rel. Min. CEZAR PELUSO, em 14.8.2008.

[77] STF, MS 26.955, j. 1.12.2010, e MS 26.740, j. 30.8.2011.

Na mesma linha, foi declarada inconstitucional lei estadual que autorizava a transformação, mediante decreto ou outro ato normativo infralegal, de funções de confiança em cargos em comissão, ou vice-versa, fundando-se a decisão no fato de que não havia na hipótese mera reorganização administrativa (art. 84, VI, "a" e "b", da CF), bem como na ofensa ao princípio da reserva legal (art. 48, X c/c art. 61, § 1º, II, "a", da CF).[78]

No que se refere aos cargos em comissão, impõe-se observar – já antecipamos – que, de acordo com o art. 37, II, da CF, suas funções limitam-se às de *chefia, direção* e *assessoramento*, funções essas que, em virtude de especificidades funcionais, ostentam certo destaque nos quadros de servidores. Assim, a lei não pode criar cargos dessa natureza para funções permanentes ou de rotina administrativa, próprias das carreiras regulares e dos cargos efetivos. O desvio de finalidade da lei com essa configuração qualifica-a como inconstitucional, evidenciando indesejável burla ao mandamento constitucional.[79]

Em outra vertente, deve-se anotar que o art. 48 da CF dispensa a sanção do Presidente nos casos dos arts. 49, 51 e 52, que dispõem, respectivamente, sobre a competência do Congresso, da Câmara dos Deputados e do Senado Federal. Os arts. 51, IV, e 52, XIII, a seu turno, autorizam a Câmara e o Senado, respectivamente, a dispor sobre sua organização e sobre a criação, transformação e extinção de seus cargos. Resulta de todo esse quadro normativo que esses fatos relativos aos cargos, *quando se trata da organização funcional da Câmara e do Senado, não dependem de lei*, como nos demais casos. Em consequência, seus cargos são criados, transformados e extintos através de *resolução*.[80]

Como os Poderes são independentes, releva examinar a questão da iniciativa das leis que visem a criação, transformação e extinção dos cargos públicos. No caso de cargos do Executivo, a iniciativa da lei é privativa do Chefe desse Poder (art. 61, § 1º, II, *a*, CF). No que toca ao Judiciário, a iniciativa cabe ao Tribunal interessado, não só em relação aos cargos da estrutura de apoio administrativo, como também os próprios cargos da Magistratura (art. 96, II, *b*, CF). A regra pertinente ao Judiciário é aplicável aos casos de cargos dos Tribunais de Contas: a iniciativa cabe a cada um desses Tribunais.

O Ministério Público, por sua vez, foi erigido à categoria de unidade orgânica independente; por esse motivo, o art. 127, § 2º, da CF estabeleceu que cabe à Instituição, logicamente através de seu Procurador-Geral, propor ao Legislativo a criação, transformação e extinção dos cargos de sua estrutura institucional básica (Promotor de Justiça, Procurador etc.) e também dos cargos integrantes da organização de apoio, denominada de serviços auxiliares. Embora a Constituição se tenha referido apenas à criação e à extinção, a lei também é exigida para a *transformação* de cargos. Idêntico perfil foi conferido à Defensoria Pública, dotada igualmente de autonomia funcional e administrativa (art. 134, § 2º, CF). Em consequência, cabe-lhe a iniciativa das leis que criem cargos para seus membros e serviços auxiliares (art. 134, § 4º, CF). No Legislativo, já se viu, não há o problema de iniciativa; os cargos são criados e extintos por atos internos desse Poder.

É importante destacar que o poder de iniciativa para a criação ou reestruturação funcional de cargos e carreiras se aloja no âmbito de discricionariedade de cada titular, cabendo-lhe o exame da conveniência e oportunidade para tomar aquela providência. Em que pese a evidência desse poder administrativo, algumas ações têm sido propostas – sobretudo a ação civil pública, frequentemente mal utilizada – com a pretensão de obter mandamento judicial para tal exercício da atividade discricionária. Com muita lucidez e técnica, os Tribunais têm

---

[78] STF, ADI 6.180/SE, j. 14.08.2023.

[79] STF, ADI 3.602, j. 14.4.2011 (cargos em comissão de peritos, auditores etc.).

[80] CELSO ANTÔNIO BANDEIRA DE MELLO, ob. cit., p. 127.

520 | MANUAL DE DIREITO ADMINISTRATIVO • *Carvalho Filho*

rechaçado tal pretensão sob o fundamento de que não é lícito ao Poder Judiciário, em ação de conhecimento, atrair para si a deliberação de atos da Administração, sob pena de violação do princípio constitucional da interdependência dos Poderes do Estado, sendo, pois, *"inadmissível compelir o Poder Executivo, por meio de ação civil pública, com preceito cominatório de obrigação de fazer, a remeter ao Poder Legislativo mensagem dispondo sobre a criação e estruturação de carreira de cargos públicos".*[81] O STJ também já proclamou que *"a decisão judicial que intervém na administração pública determinando a contratação de servidores públicos em caráter precário é flagrantemente ilegítima".*[82]

Não obstante, afigura-se flagrantemente inconstitucional a criação de cargos em comissão em *número excessivo e desproporcional* ao quantitativo dos cargos efetivos, fato que denuncia claramente o propósito de favorecimento de alguns poucos apaniguados, frequentemente por interesses políticos.[83] Da mesma forma, é inconstitucional a lei que cria cargos em comissão com *atribuições incompatíveis* com o regime de livre nomeação e exoneração, isto é, funções que não sejam de direção, chefia ou assessoramento.[84] Revela-se ainda ilegítima a transformação de cargos na qual se permita *reenquadramento* indiscriminado dos servidores, *sem critério de adequação* relativamente aos requisitos (natureza de funções, escolaridade etc.) do cargo novo e do cargo transformado, ensejando privilégios por via oblíqua.[85] Em todos esses casos, é notória a intenção de fraudar os princípios do concurso público, da moralidade e da impessoalidade, a fim de beneficiar indevidamente alguns privilegiados em detrimento dos desapadrinhados, numa inaceitável persistência da cultura da imoralidade.

Avulta notar que os empregos públicos da Administração Direta, autarquias e fundações de direito público também exigem sua criação por lei, sendo esta de iniciativa do Chefe do Executivo (art. 61, § 1º, II, "a", CF). Já os empregos públicos de pessoas privadas da Administração (empresas públicas e sociedades de economia mista), quer os denominados "cargos efetivos", quer os chamados "cargos em comissão" ou "de confiança" (na verdade, "empregos efetivos" ou "empregos em comissão", como vimos) podem ser criados através dos atos de organização funcional dessas entidades.[86]

5. PROVIMENTO

Provimento é o fato administrativo que traduz o preenchimento de um cargo público. Como esse fato depende da manifestação volitiva da autoridade competente em cada caso, tem-se que o fato *provimento* é consubstanciado através de um ato administrativo de caráter funcional: são os atos de provimento.

Alguns autores definem o provimento como *o ato pelo qual se efetua o preenchimento do cargo público.*[87] Assim não pensamos, porém. A nosso ver, o provimento caracteriza-se como *fato administrativo*, ou seja, um evento que consiste no preenchimento de um cargo vago. *Prover*, como se sabe, significa *preencher o que está vago*. Como o fato precisa de formalização, sua existência depende da prática de um ato administrativo. Sendo assim, enquanto o provimento é o fato em si que consiste no preenchimento do cargo, o ato administrativo é o meio idôneo

---

[81] TA-PR, Ap. Cív. 227.594-5, DJ 10.10.2003.

[82] STJ, SLS nº 1.276, Min. ARI PARGENDLER, em 28.10.2010.

[83] STF, RE 365.368, j. 22.5.2007, e ADI 6.655, j. 6.5.2022.

[84] STF, ADI 3.233-PB, Rel. Min. JOAQUIM BARBOSA, em 10.5.2007.

[85] STF, ADI 3857-CE, Rel. Min. RICARDO LEWANDOWSKI, em 18.12.2008.

[86] Também: CARLOS ARI SUNDFELD e RODRIGO PAVANI DE SOUZA, em *As empresas estatais...*, cit., p. 38.

[87] HELY LOPES MEIRELLES, *Direito administrativo brasileiro*, cit., p. 364; MARIA SYLVIA ZANELLA DI PIETRO, *Direito administrativo*, cit., 20. ed., 2007, p. 559, e CELSO ANTÔNIO BANDEIRA DE MELLO, *Curso*, cit., p. 149.

Cap. 11 · SERVIDORES PÚBLICOS | 521

para materializá-lo. Portanto, não se pode dizer tecnicamente que provimento *é o ato* de preenchimento, mas sim que é o ato que *materializa ou formaliza* o provimento. Há provimento do cargo quando o indivíduo é aprovado em concurso ou quando é promovido: os atos que formalizam o provimento, contudo, são diversos.[88]

5.1. Tipos de Provimento

Há dois tipos de provimento, de acordo com a situação do indivíduo que vai ocupar o cargo. De um lado, temos o *provimento originário*, aquele em que o preenchimento do cargo dá início a uma relação estatutária nova, seja porque o titular não pertencia ao serviço público anteriormente, seja porque pertencia a quadro funcional regido por estatuto diverso do que rege o cargo agora provido. Exemplo: é provimento originário aquele em que o servidor, vindo de empresa da iniciativa privada, é nomeado para cargo público após aprovação em concurso. Também é provimento originário a hipótese em que um detetive, sujeito a estatuto dos policiais, é nomeado, após concurso, para o cargo de Defensor Público, sujeito a estatuto diverso.

De outro lado, há também o *provimento derivado*, aquele em que o cargo é preenchido por alguém que já tenha vínculo anterior com outro cargo, sujeito ao mesmo estatuto. Se, por exemplo, o servidor é titular do cargo de Assistente nível A e, por promoção, passa a ocupar o cargo de Assistente nível B, o provimento é derivado.

5.2. Formas de Provimento

Várias são as formas de provimento, todas dependentes de um ato administrativo de formalização. O art. 8º da Lei nº 8.112/1990 enumera essas formas: nomeação, promoção, readaptação, reversão, aproveitamento, reintegração e recondução. A ascensão e a transferência, anteriormente previstas no dispositivo, foram suprimidas pela Lei nº 9.527, de 10.12.1997.

Nomeação é o ato administrativo que materializa o provimento originário. Em se tratando de cargo vitalício ou efetivo, a nomeação deve ser precedida de aprovação prévia em concurso público. Se se tratar de cargo em comissão, é dispensável o concurso. *Promoção* é a forma de provimento pela qual o servidor sai de seu cargo e ingressa em outro situado em classe mais elevada. É a forma mais comum de progressão funcional. *Ascensão* (ou acesso) é a forma de progressão pela qual o servidor é elevado de cargo situado na classe mais elevada de uma carreira para cargo da classe inicial de carreira diversa ou de carreira tida como complementar da anterior. *Transferência* é a passagem do servidor de seu cargo efetivo para outro de igual denominação, situado em quadro funcional diverso. Esses dois últimos institutos não foram recepcionados pela Constituição[89] e acabaram sendo excluídos do estatuto federal pela Lei nº 9.527, de 10.12.1997. *Readaptação* é forma de provimento pela qual o servidor passa a ocupar cargo diverso do que ocupava, tendo em vista a necessidade de compatibilizar o exercício da função pública com a limitação sofrida em sua capacidade física ou psíquica. E a *recondução* é o retorno do servidor que tenha estabilidade ao cargo que ocupava anteriormente, por motivo de sua inabilitação em estágio probatório relativo a outro cargo ou pela reintegração de outro servidor ao cargo do qual teve que se afastar. Essas duas últimas formas são previstas, respectivamente, nos arts. 24 e 29 da Lei nº 8.112/1990, o estatuto federal.

No que concerne particularmente à promoção, é forçoso reconhecer que são muito variados os sistemas de melhoria funcional. Algumas leis funcionais distinguem a *promoção* e a *progressão* (esta *stricto sensu*, porque toda melhoria, em última análise, retrata uma forma de progressão

---

[88] A mesma opinião tem ODETE MEDAUAR, *Direito administrativo moderno*, cit., p. 317.

[89] STF, ADI 231, j. 5.8.1992 e MS 22.148, j. 19.12.1995.

522 | MANUAL DE DIREITO ADMINISTRATIVO • Carvalho Filho

funcional). Na promoção, o servidor é alçado de cargo integrante de uma classe para cargo de outra (*melhoria vertical*), ao passo que na progressão o servidor permanece no mesmo cargo, mas dentro dele percorre um *iter* funcional, normalmente simbolizado por *índices* ou *padrões*, em que a melhoria vai sendo materializada por elevação nos vencimentos (*melhoria horizontal*). Para exemplificar, suponha-se que a carreira de Técnico de Administração tenha três classes, correspondentes aos níveis A, B e C, e que em cada classe haja três padrões de vencimentos (X, Y e Z). Se o servidor é Técnico de nível A e tem o padrão X, ao passar para o padrão Y, é beneficiado pela progressão. Após percorrer todos os padrões, terá direito a ocupar o cargo de Técnico de nível B: nesse momento sua melhoria funcional se processou pela promoção, visto que saiu de um cargo (o de Técnico nível A, que, em consequência, ficou vago) e ingressou em cargo de outra classe. Como foi dito, é claro que haverá variações de acordo com as diversas leis funcionais, algumas, aliás, disciplinadoras de regimes complicadíssimos e ininteligíveis de melhoria do servidor.

Embora possa haver certa semelhança com algumas dessas formas, com elas não se confundem a *remoção* e a *redistribuição*, que não são formas de provimento derivado por não ensejarem investidura em nenhum cargo. Em ambas há apenas o deslocamento do servidor: na remoção, o servidor é apenas deslocado no âmbito do mesmo quadro e, na redistribuição, o deslocamento é efetuado para quadro diverso. Em qualquer caso, porém, o servidor continua titularizando seu cargo, o que não ocorre nas formas de provimento derivado.

Neste passo, é importante destacar que essas modalidades de deslocamento funcional podem esconder inaceitável arbítrio por parte do órgão administrativo, mediante flagrante ofensa ao princípio da impessoalidade. Se isso ocorrer, o ato é írrito e nulo. Por exemplo: a remoção que mascara perseguição pessoal a servidor.[90] Para evitar esse tipo de desvio de finalidade, cabe ao administrador explicitar, de forma clara, as razões de sua decisão relativamente a determinado servidor *(motivação)*, permitindo seja exercido o controle de legalidade sobre a justificativa apresentada. Deve, ainda, exigir-se que tais atos resultem de critérios previamente estabelecidos, diante dos quais possam todos os servidores merecer o mesmo tratamento.[91]

A reversão, a reintegração e o aproveitamento são formas de provimento por reingresso do servidor. Por esse motivo, serão estudadas adiante em separado.

6. INVESTIDURA: NOMEAÇÃO, POSSE E EXERCÍCIO

O termo *investidura* apresenta algumas discrepâncias em seu sentido. Entendemos, porém, que a investidura retrata uma operação complexa, constituída de atos do Estado e do interessado, para permitir o legítimo provimento do cargo público.[92]

Nomeação é o ato administrativo que materializa o provimento originário de um cargo. Como regra, a nomeação exige que o nomeado não somente tenha sido aprovado previamente em concurso público, como também tenha preenchido os demais requisitos legais para a investidura legítima. Uma vez nomeado o servidor, o desfazimento da nomeação não fica ao exclusivo critério da Administração: o ato somente pode ser desfeito depois de assegurar-se ao interessado a garantia do contraditório e da ampla defesa.[93] Vimos também que o concurso é dispensável no caso de nomeação para cargos em comissão (art. 37, II, CF).

---

90 TJ-RJ, Ap. Cív. 98.871, publ. 26.7.2010.

91 TJ-SC, Reex.Necess. 5933-7/2008, publ. 27.5.2008.

92 CRETELLA JR. (*Dicionário*, cit., p. 310).

93 TJ-MG, ApCív 15.412, 2° CCív, Rel. Des. FERNANDES FILHO, *DO* de 30.5.1994.

A *posse* é o ato da investidura pelo qual ficam atribuídos ao servidor as prerrogativas, os direitos e os deveres do cargo. É o ato de posse que completa a investidura, espelhando uma verdadeira *conditio iuris* para o exercício da função pública. É o momento em que o servidor assume o compromisso do fiel cumprimento dos deveres e atribuições, como bem averba OSWALDO ARANHA BANDEIRA DE MELLO.[94] Com a posse, completa-se também a relação estatutária da qual fazem parte o Estado, de um lado, e o servidor, de outro.

Por fim, o *exercício* representa o efetivo desempenho das funções atribuídas ao cargo. O exercício, como é óbvio, só se legitima na medida em que se tenha consumado o processo de investidura. É o exercício que confere ao servidor o direito à retribuição pecuniária como contraprestação pelo desempenho das funções inerentes ao cargo.

7. REINGRESSO

Reingresso é o retorno do servidor ao serviço público pela ocorrência de determinado fato jurídico previsto no estatuto funcional. Como tais formas representam a investidura do servidor depois de extinta a relação estatutária, constituem modalidades de provimento derivado.

Uma das formas de reingresso é a *reintegração*. Ocorre a reintegração quando o servidor retorna a seu cargo após ter sido reconhecida a ilegalidade de sua demissão. O fato gerador dessa modalidade de provimento é o reconhecimento da ilegalidade, por sentença judicial, do ato que extinguiu a relação jurídica estatutária. O art. 41, § 2º, da CF assegura ao ex-servidor o direito de retornar a seu cargo, desde que invalidada por sentença judicial o ato anterior de demissão.

No texto anterior, o dispositivo assegurava que, no caso de reintegração, o servidor que vinha ocupando o cargo tinha direito de ser reconduzido ao cargo de origem, sem direito à indenização, ou aproveitado em outro cargo ou, ainda, posto em disponibilidade. A EC nº 19/1998 alterou o dispositivo, condicionando a existência desse direito apenas ao servidor *estável* que venha ocupando o cargo antes da reintegração, o que significa que o servidor não estável pode ser exonerado pela Administração, sem que se lhe confira a possibilidade de recondução, aproveitamento ou disponibilidade. Aliás, a referida Emenda acentuou também o fato de que, mesmo quando viável a disponibilidade, a remuneração será proporcional ao tempo de serviço.

Outra forma é o *aproveitamento*, que significa o retorno do servidor a determinado cargo, tendo em vista que o cargo que ocupava foi extinto ou declarado desnecessário. Enquanto não se dá o aproveitamento, o servidor permanece em situação transitória denominada de disponibilidade remunerada. A disponibilidade reclama que a Administração providencie o adequado aproveitamento do servidor, evitando-se que fique indefinidamente percebendo remuneração sem exercer qualquer função pública. A exigência emana do art. 41, § 3º, da CF. Embora o texto constitucional silencie a respeito, parece-nos acertada a regra estabelecida no art. 30 do Estatuto Federal, o qual, além de considerar obrigatório o aproveitamento, impõe seja ele efetivado em cargo de atribuições e vencimentos compatíveis com o que anteriormente ocupava, como veremos mais adiante.

A última forma de provimento por reingresso é a reversão. Esse tipo de reingresso é específico para o servidor inativo e se consuma mediante a ocorrência de duas situações funcionais: 1ª) restabelecimento, por laudo médico, de servidor aposentado por invalidez; 2ª) vício de legalidade no ato que concedeu a aposentadoria.[95] A Lei nº 8.112/1990, porém, ao tratar da reversão, só fez menção ao reingresso do servidor aposentado por invalidez. Mas se houve erro

---

[94] Ob. e v. cit., p. 403.
[95] CELSO ANTÔNIO BANDEIRA DE MELLO, *Curso* cit., p. 152.

na aposentação do servidor, a Administração tem o dever de anular o ato e obrigar o servidor a retornar a seu cargo; nesse caso também sucederá reversão.

Anteriormente se reconhecia uma forma de reversão em que o servidor, após a sua aposentadoria, solicitava o seu retorno ao serviço público, ficando a critério da Administração atender ou não à postulação. Atualmente não mais se afigura viável essa forma de reversão: do momento em que o servidor foi aposentado, a relação estatutária extinguiu-se e dela resultou, inclusive, a vacância do cargo. Ora, uma nova investidura só seria possível mediante aprovação prévia em concurso público, o que não se dava naquela forma de reversão. Se fosse admitida, estaria vulnerada, por linha transversa, a regra do art. 37, II, da CF.

No entanto, sem embargo dessa óbvia linha de teorização, nova legislação federal, alterando a Lei nº 8.112/1990 (Estatuto dos Servidores Federais), passou a admitir a reversão *"no interesse da administração"*, desde que: (1º) haja solicitação da reversão; (2º) a aposentadoria tenha sido voluntária e concedida nos cinco anos anteriores ao pedido; (3º) o servidor fosse estável quando se aposentou; (4º) haja cargo vago (art. 25, Lei 8.112/1990). Pelas novas regras, a reversão dar-se-á no mesmo cargo em que o servidor se aposentou ou naquele que resultou de eventual transformação. Se o cargo estiver provido, o servidor ficará como *excedente* até a ocorrência de vaga. Anote-se que tais exigências não incidem sobre a reversão do aposentado *por invalidez*, hipótese em que a lei impõe apenas o laudo da junta médica oficial (art. 25, I, Lei nº 8.112/1990).

Em nosso entendimento, tais normas são flagrantemente inconstitucionais. Como já se enfatizou, a aposentadoria extingue a relação estatutária e acarreta a vacância do respectivo cargo, não se podendo admitir a ressurreição da relação jurídica definitivamente sepultada. Por outro lado, esse tipo de reversão rende ensejo a que o servidor, depois de abandonar o serviço público, resolva simplesmente desistir de sua inatividade e voltar ao mesmo cargo, deixando sempre fluido e instável o quadro funcional. Não se pode esquecer, ainda, que reingresso dessa natureza ofende frontalmente o princípio da acessibilidade aos cargos mediante prévia aprovação em concurso público, expressamente acolhido no art. 37, II, da vigente Constituição, e isso porque inaugura nova relação estatutária, diversa daquela que se extinguiu pela aposentadoria. O fundamento, aliás, é o mesmo adotado pelo STF para os casos de transferência e ascensão funcional, institutos que, também aceitos anteriormente, como o era a reversão por interesse administrativo, foram banidos do atual sistema por vulneração ao aludido postulado.

Resta confirmado, por conseguinte, que só pode ocorrer a reversão quando houver restabelecimento do servidor aposentado por invalidez ou se houver ato ilegal de aposentadoria, ambas as hipóteses consentâneas com o atual regime estatutário constitucional.

O mesmo se pode dizer da antiga *readmissão*, forma anterior de reingresso pela qual o servidor, depois de deixar o serviço público, requeria o retorno direto a seu cargo, sem aprovação em concurso público, ficando a critério da Administração aceitar ou não o pedido. Hoje tal forma é vedada pelo mesmo art. 37, II, da CF e sua aceitação implicaria conduta constitucionalmente vedada.

Sem embargo do notório anacronismo e da flagrante inconstitucionalidade desse instituto, tem sido adotada a readmissão do servidor por decisão de alguns órgãos públicos, o que contraria frontalmente o princípio do concurso público e parece traduzir inevitável desvio de finalidade. Há, inclusive, diplomas que preveem essa forma de reingresso. O STF, porém, por seu Plenário, já teve a oportunidade de declarar a inconstitucionalidade de lei estadual que previa a readmissão, sem concurso público, de magistrado exonerado. Disse a Corte que essa modalidade de provimento não tem previsão na Lei Orgânica da Magistratura – LOMAN (Lei Complementar nº 35/1979), não podendo lei estadual instituí-la.[96] A decisão é digna

---

[96] STF, ADI 2.963, j. 23.2.2005.

Cap. 11 • SERVIDORES PÚBLICOS | 525

de aplausos, mas convém salientar que, segundo pensamos, haveria inconstitucionalidade ainda que houvesse previsão no referido diploma, sabido que semelhante situação estaria em confronto com o art. 37, II, da Lei Maior, que exige o concurso público.

Ainda sobre a readmissão, é oportuno tecer breve comentário sobre o art. 453, § 1º, da CLT – Consolidação das Leis do Trabalho, segundo o qual na aposentadoria espontânea de empregados de empresas públicas e de sociedades de economia mista seria permitida sua readmissão, desde que cumpridos os requisitos constantes do art. 37, XVI, da CF, e condicionada à prestação de concurso público. O dispositivo foi declarado inconstitucional pelo STF ao argumento de que, incluídos tais empregados na vedação do art. 37, XVI, da CF, a lei estaria admitindo a cumulação de vencimentos e proventos *em qualquer caso*, o que ofende o art. 37, § 10, da CF. Averbou, ainda, o eminente Relator que, mesmo que se entenda que os empregados estão fora da proibição daquele mandamento, a aposentadoria espontânea estaria ensejando a extinção do vínculo empregatício, com o que estaria o empregado sujeito à despedida arbitrária (ou sem justa causa), sem indenização.[97]

8. VACÂNCIA

Vacância é o fato administrativo-funcional que indica que determinado cargo público não está provido, ou, em outras palavras, está sem titular.

Autorizada doutrina define vacância como sendo o *ato administrativo* pelo qual o servidor é destituído do cargo, emprego ou função.[98] Em nosso entender, contudo, a definição não corresponde fielmente ao conceito de *vacância*. Não se trata de *ato*, mas sim de uma *situação fática funcional*. Por outro lado, a vacância não se dá apenas por destituição; há outros fatos geradores da referida situação. Aliás, a Lei nº 8.112/1990 é, nesse ponto, bastante técnica: dispõe o art. 33 do Estatuto que a vacância do cargo público *"decorrerá de"*, para logo após alinhar uma série de fatos ensejadores dessa situação.[99]

Diversos podem ser os fatos que geram a situação de vacância. Dois deles bem conhecidos são a exoneração e a demissão, sobre as quais teceremos alguns comentários adiante. Também a transferência, a promoção, a readaptação e a ascensão provocam a vacância dos cargos cujos titulares passaram a ocupar outros cargos. Por fim, a aposentadoria e o falecimento do servidor: pelo fato de extinguirem a relação estatutária, provocam situação de vacância dos cargos anteriormente titularizados pelo servidor aposentado ou falecido.

9. DIREITO ADQUIRIDO DOS SERVIDORES

Muitas discussões têm sido travadas a respeito do direito adquirido dos servidores públicos. Afinal, há direito adquirido em favor dos servidores?

A resposta reclama a análise de dois vetores.

O primeiro diz respeito ao estatuto funcional. O servidor, quando ingressa no serviço público sob regime estatutário, recebe o influxo das normas que compõem o respectivo estatuto. Essas normas, logicamente, não são imutáveis; o Poder Público pode introduzir alterações com vistas à melhoria dos serviços, à concessão ou à extinção de vantagens, à melhor organização dos quadros funcionais etc. Como as normas estatutárias são contempladas em lei, segue-se que têm

---

[97]   STF, ADI 1.770, j. 11.10.2006.

[98]   MARIA SYLVIA ZANELLA DI PIETRO, *Direito administrativo*, cit., p. 332.

[99]   Em abono de nosso entendimento, ODETE MEDAUAR alude à *"situação do cargo sem ocupante"* (*Direito administrativo moderno*, cit., p. 317). Idêntica definição é dada por CRETELLA JUNIOR, *Curso de direito administrativo*, cit., p. 539.

MANUAL DE DIREITO ADMINISTRATIVO • *Carvalho Filho*

caráter genérico e abstrato, podendo sofrer alterações como ocorre, normalmente, em relação aos demais atos legislativos. O servidor, desse modo, *não tem direito adquirido à imutabilidade do estatuto*, até porque, se o tivesse, seria ele um obstáculo à própria mutação legislativa.[100] Citemos um exemplo: suponha-se que o estatuto do servidor, quando este foi nomeado para o cargo, contemplasse uma licença para estudar no exterior. Nada impede que o Poder Público extinga a licença posteriormente, por entendê-la inconveniente à Administração. O servidor não tem direito adquirido à manutenção da referida licença no estatuto funcional. Esse é um ponto de grande relevância, não se podendo perder de vista que as leis que traduzem normas gerais e abstratas, como é o caso dos estatutos, são normalmente alteráveis.

Não obstante, a lei estatutária contempla vários direitos individuais para o servidor. A aquisição desses direitos, porém, depende sempre de um suporte fático ou, se se preferir, de um fato gerador que a lei expressamente estabelece. Se se *consuma o suporte fático previsto na lei e se são preenchidos os requisitos para o seu exercício, o servidor passa a ter direito adquirido ao benefício ou vantagem que o favorece.* Aqui, portanto, não se trata do problema da mutabilidade das leis, como antes, mas sim da imutabilidade do direito em virtude da ocorrência do fato que o gerou. Cuida-se nesse caso de direito adquirido do servidor, o qual se configura como intangível mesmo se a norma legal vier a ser alterada. É que, como sabido, a lei não prejudicará o direito adquirido, o ato jurídico perfeito e a coisa julgada, como proclama o art. 5º, XXXVI, da Constituição Federal.

Vejamos um exemplo: suponha-se que o estatuto funcional do servidor, quando de seu ingresso no serviço público, admitisse adicional de tempo de serviço, conferindo o percentual de cinco por cento dos vencimentos para cada período de cinco anos de efetivo exercício (quinquênios). Não tem o servidor direito adquirido à permanência do adicional; em outras palavras, a Administração pode extingui-lo. Se a extinção se der, para exemplificar, quando o servidor já tiver 11 anos de serviço, a norma terá sofrido alteração, mas terá ele direito adquirido ao percentual de dez por cento, porque a essa altura se terá completado o fato gerador do direito à percepção desse percentual: o exercício das funções pelo período de dois quinquênios. Caso a extinção ocorra quando o servidor conte apenas com dois anos de efetivo exercício, nenhum direito terá, porquanto não se terá consumado nem o fato gerador do primeiro percentual, qual seja, o exercício da função por cinco anos. A situação aqui é de mera expectativa, diferente da anterior, em que o fato realmente se consumou, originando a aquisição do direito.

Em se tratando de nova Constituição, a doutrina dominante registra que não há a garantia do direito adquirido contra seus mandamentos, visto que ela inaugura outra ordem jurídica, sucedendo a anterior, e tem incidência imediata sobre as situações nascidas sob a égide da Constituição antecedente. O STJ, aliás, já consignou expressamente tal posição, decidindo que *"inexiste direito adquirido contra texto constitucional, em especial no que se refere a regime jurídico de servidores públicos".*[101] Exemplo elucidativo está no art. 17 do ADCT da CF, que determinou a redução dos valores remuneratórios aos limites fixados na Constituição: a norma é aplicável mesmo que o excesso de remuneração tenha decorrido de sentença transitada em julgado ou de ato jurídico perfeito, não havendo, pois, como invocar direito adquirido.[102]

Diversa, contudo, é a situação de alteração da Constituição por Emenda Constitucional. Esta decorre do Poder Constituinte Derivado, que se caracteriza por ser derivado, subordinado e condicionado, submetendo-se a várias limitações fixadas na Constituição (art. 60, CF). Dentre elas, destacam-se as limitações materiais, constitutivas das denominadas "cláusulas pétreas" (art. 60, § 4º, CF), *"matérias que formam o núcleo intangível da Constituição Federal".*[103] Em virtude

---

[100] STF, RE 563.965, Min. CÁRMEN LÚCIA, em 11.2.2009.

[101] MS nº 7-DF, 1ª Seção, unân., Rel. Min. MIGUEL FERRANTE, publ. em 5.3.1990.

[102] STF, Embs. Diverg. no RE 146.331, j. 23.11.2006.

[103] ALEXANDRE DE MORAES, *Direito Constitucional*, p. 496.

Cap. 11 · SERVIDORES PÚBLICOS | 527

destas, não pode ser objeto de deliberação a proposta de Emenda que vise a abolir "direitos e garantias individuais". Sendo assim, se o servidor já tem direito adquirido, que é um dos vetores dos direitos individuais, não pode a alteração constitucional retroagir para alcançá-lo e suprimi-lo.

Em vista dos novos ares do Direito Administrativo, que consagram, como já vimos, os *princípios da segurança jurídica e da proteção à confiança*, à luz do art. 54 da Lei nº 9.784/1999, pode considerar-se que o servidor que, de boa-fé, obteve determinada vantagem funcional por meio de ato inquinado de vício de legalidade, a que não deu causa, tem, após o prazo de cinco anos, direito adquirido à manutenção do ato, estando a Administração, nesse caso, impedida de exercer seu poder de autotutela.[104]

10. CESSÃO DE SERVIDORES

Cessão de servidores é o fato funcional por meio do qual determinada pessoa administrativa ou órgão público cede, sempre em caráter *temporário*, servidor integrante de seu quadro para atuar em outra pessoa ou órgão, com o objetivo de cooperação entre as administrações e de exercício funcional integrado das atividades administrativas. Trata-se, na verdade, de empréstimo temporário do servidor, numa forma de parceria entre as esferas governamentais. Avulta notar, porém, que tal ajuste decorre do poder discricionário de ambos os órgãos e do interesse que tenham na cessão; sendo assim, não há falar em direito subjetivo do servidor à cessão.

Alguns estatutos funcionais disciplinam a cessão, enquanto outros silenciam sobre o fato, e isso porque se trata de ajuste bilateral oriundo de consenso entre pessoas ou órgãos diversos, frequentemente sujeitos a estatutos diferentes. Presente o interesse dos pactuantes, usualmente configurado através da troca de ofícios, o cedente formaliza sua anuência por meio de *ato administrativo de cessão*, sujeito a todos os requisitos de validade.

O órgão que disponibiliza o servidor denomina-se de *cedente* e aquele ao qual é cedido o servidor leva o nome de *cessionário*. Entretanto, como acentuamos em outra oportunidade, a alteração não desnatura a vinculação funcional do servidor com o órgão cedente. Sendo assim, extinta a cessão, o servidor retornará normalmente às suas funções no órgão de origem.[105]

Duas são as modalidades de cessão de servidores: a *cessão sem ônus para o cedente e a cessão com ônus para o cedente*. Na primeira, o servidor é cedido, mas o encargo com a remuneração recai sobre o órgão cessionário; aqui, a remuneração pode ser paga diretamente pelo cessionário ou pelo cedente, sendo que neste caso será providenciado o necessário reembolso.[106] Na segunda, dá-se o contrário: a remuneração continua a ser paga pelo cedente, muito embora possa o servidor cedido auferir alguma vantagem pecuniária junto ao órgão cessionário. Caso o órgão responsável pelo ônus remuneratório descumpra sua obrigação de pagamento, ao outro, caso a cumpra, cabe ação de ressarcimento para reaver os valores que pagou em lugar do primeiro.[107]

A *cessão* não se confunde com a *transferência*: naquela há o empréstimo temporário do servidor, ao passo que nesta se concretiza, como vimos, o deslocamento definitivo do servidor para outro quadro, inclusive com mudança de cargo. Essa é a razão por que a transferência não é mais admitida como mero ajuste bilateral: por força da Constituição, só aprovado em novo concurso público pode o servidor ser investido em cargo diverso.

---

[104] O STF, *v. g.*, convalidou atos de ascensão funcional porque o desfazimento ocorreu em prazo superior a cinco anos (MS 26.393 e 26.404, Rel. Min. CÁRMEN LÚCIA, em 29.10.2009). Em outro caso, foi ratificada promoção por mérito efetivada há mais de cinco anos (STF, MS 24.448, Min. AYRES BRITTO, em 27.9.2007).

[105] Nossa obra *Consórcios públicos*,cit., p. 83.

[106] O esclarecimento é de ANTÔNIO FLÁVIO DE OLIVEIRA, *Servidor público*. Remoção, cessão, enquadramento e redistribuição, Fórum, 3. ed., 2009, p. 129.

[107] STF, ACO 555, j. 23.4.2015.

A prática tem demonstrado que a cessão propicia, constantemente, efeitos de grande complexidade na relação funcional, principalmente quando em número excessivo de servidores cedidos. Além de o servidor cedido atuar em órgão com quadro, carreiras, classes e cargos de natureza diversa, pode ficar em situação de expectativa e instabilidade, muitas vezes à mercê da permanência ou sucessão de dirigentes dos órgãos envolvidos. Não raros, desse modo, são os litígios funcionais decorrentes da cessão.[108]

Gerou controvérsia a questão sobre a competência para aplicar sanção a servidor cedido. Decidiu-se que, no caso de infração cometida no exercício das funções no órgão cessionário, a este cabe preferencialmente instaurar o respectivo processo disciplinar, inclusive pela maior facilidade para a produção da prova. Entretanto, o julgamento e a eventual aplicação de penalidade competem ao órgão cedente, ao qual está vinculado, sendo necessário novo processo disciplinar, com possível aproveitamento de dados constantes do primeiro procedimento. Ao órgão cessionário, cabe apenas rescindir a cessão e proceder à devolução do servidor ao órgão de origem.[109] Como exemplo, a aplicação da pena de demissão de servidor do Poder Executivo cedido ao Legislativo é da competência de autoridade daquele Poder, ainda que a infração tenha sido cometida durante o período de cessão.[110]

V. Regime Constitucional

Já tivemos a oportunidade de verificar que, acima das regras estatutárias contidas na lei respectiva, sobrepairam os mandamentos constitucionais pertinentes aos servidores públicos. Repetimos que é de todo razoável falar-se em estatuto constitucional do servidor público, ao lado dos estatutos legais.

Esse estatuto é formado por várias normas que disciplinam as relações funcionais e, por isso, constituem elas o que denominamos de *regime constitucional* do servidor público. São os vetores desse regime que examinaremos a seguir.

1. CONCURSO PÚBLICO

1.1. Sentido

Concurso público é o procedimento administrativo que tem por fim aferir as aptidões pessoais e selecionar os melhores candidatos ao provimento de cargos e funções públicas. Na aferição pessoal, o Estado verifica a capacidade intelectual, física e psíquica de interessados em ocupar funções públicas e no aspecto seletivo são escolhidos aqueles que ultrapassam as barreiras opostas no procedimento, obedecida sempre a ordem de classificação. Cuida-se, na verdade, do mais idôneo meio de recrutamento de servidores públicos.[111] Abonamos, então, a afirmação de que o certame público está direcionado à boa administração, que, por sua vez, representa um dos axiomas republicanos.[112]

---

[108] Ainda nossos *Consórcios públicos*, p. 84, e ANTÔNIO FLÁVIO DE OLIVEIRA, *Servidor público*, cit., p. 154-155.

[109] STJ, MS 21.991, j. 16.11.2016.

[110] STJ, MS 19.994, j. 23.5.2018.

[111] O concurso público foi implantado na França ao tempo de Napoleão e, apesar de sua idoneidade, foi de início objeto de renhidas resistências, que definharam posteriormente ante o aspecto democrático que foi reconhecido a esse tipo de procedimento (CRETELLA JR., *Dicionário*, cit., p. 144).

[112] A observação é de MAURÍCIO ZOCKUN, em *Corrupção, ética e moralidade administrativa*, obra colet., Fórum, 2008, p. 264.

Por se tratar de procedimento administrativo em cujo cerne se encontra densa competitividade entre os aspirantes a cargos e empregos públicos, o concurso público não raras vezes rende ensejo à instauração de conflitos entre os candidatos, ou entre estes e o próprio Poder Público. É importante, em consequência, que essa característica marcante seja solucionada de forma legítima, sobretudo com a aplicação dos princípios da motivação e do contraditório e da ampla defesa (art. 5º, LV, CF).[113]

O concurso pode ser de provas ou de provas e títulos. Atualmente não mais é juridicamente possível o concurso apenas de títulos, porque esta forma de seleção não permite uma disputa em igualdade de condições. A regra do concurso está no art. 37, II, da CF. A EC nº 19/1998, que implantou a reforma do Estado, alterou o dispositivo, introduzindo alteração no sentido de que o concurso público de provas ou de provas e títulos se faça *"de acordo com a natureza e a complexidade do cargo ou emprego, na forma prevista em lei"*. Em nosso entender, porém, mesmo sem esse acréscimo, já se deveria entender que o concurso, como processo seletivo que é, tem que se compatibilizar com a natureza e a complexidade das funções atribuídas ao cargo ou ao emprego, porquanto são eles, sem qualquer dúvida, os verdadeiros fatores que norteiam as fórmulas concursais. Seja como for, entretanto, o mandamento constitucional visa a obrigar o administrador público a observar o princípio da razoabilidade, de modo a que nem haja exageros na aferição das provas e títulos, nem sejam estes meros artifícios para chancelar favorecimentos, situações nitidamente ilegítimas.

Tem havido uma tendência de *unificação de procedimentos concursais*, com o objetivo de tornar o certame otimizado e mais eficiente, sendo de cada ente federativo a competência para tanto. Nessa direção, a União editou o Decreto nº 11.722, de 28.9.2023, que dispõe sobre o Concurso Público Nacional Unificado, com incidência, porém, apenas para o Governo Federal.

O concurso de provas e títulos, se observarmos com lógica e coerência o intento constitucional, indica que os candidatos devem ter seu conhecimento medido pelas provas a que se submeterem, porque esse é o objetivo delas. Por esse motivo é que são comumente denominadas de *provas de conhecimento*.

Obviamente, não é esse o escopo do concurso de títulos, integrante do concurso de provas e títulos. A titulação dos candidatos não pode servir como parâmetro para aprovação ou reprovação no concurso público, pena de serem prejudicados seriamente aqueles que, contrariamente a outros candidatos, e às vezes por estarem em início da profissão, ainda não tenham tido oportunidade de obterem esta ou aquela titulação. Entendemos, pois, que os pontos atribuídos à prova de títulos só podem refletir-se na *classificação* dos candidatos, e não em sua *aprovação* ou *reprovação*.[114] De outro lado, revela-se ilegítima a pontuação desproporcional atribuída a títulos; aqui a Administração deve respeitar o princípio da proporcionalidade, pois que, não agindo dessa maneira, pesarão fundadas suspeitas sobre o propósito de favorecimento de determinados candidatos. Só assim é possível considerar o concurso de provas e títulos compatível com o princípio da impessoalidade inscrito no art. 37 da CF. Entretanto, em contrário há entendimento de que a prova de títulos pode ser eliminatória.[115] De outro lado, já se decidiu

---

[113] FABRÍCIO MOTTA, *Concurso público e Constituição*, obra colet., Fórum, 2005, p. 142.

[114] No mesmo sentido, vide STF, MS 31.176 e 32.074, Min. LUIZ FUX, em 2.9.2014. Com a mesma opinião, PAULO ROBERTO FERREIRA MOTTA e RAQUEL DIAS DA SILVEIRA, *Concurso Público*, em *Servidor público* (obra colet. org. Cristiana Fortini), Fórum, 2009, p. 333.

[115] STJ, RMS 12.908, j. 2.4.2002.

530 | MANUAL DE DIREITO ADMINISTRATIVO • *Carvalho Filho*

que essa prova pode ensejar pontuação que, conjugada com a das provas, leve à reprovação do candidato – interpretação que absolutamente não abonamos.[116]

Há controvérsias quanto à qualificação como concurso público de determinados certames que selecionam candidatos não propriamente para cargos e empregos públicos, mas sim para funções que, embora basicamente de natureza privada, refletem caráter público e reclamam indispensável controle estatal.[117] Em nosso entender, tais certames incluem-se entre os concursos públicos, eis que: (a) há seletividade no processo; (b) é a Administração que os organiza, coordena e nomeia os aprovados; (c) há prévia fixação de vagas pela Administração; (d) a atividade é privada, mas sujeita a controle do Estado. Sendo assim, devem sujeitar-se aos postulados gerais pertinentes aos concursos. Algumas decisões têm reconhecido implicitamente tal qualificação,[118] mas outros julgadores, despidos da visão global do sistema seletivo concursal, sustentam o contrário, com o que permitem verdadeiro vácuo da incidência normativa sobre tais procedimentos.

1.2. Fundamento

O concurso público é o instrumento que melhor representa o *sistema do mérito*, porque traduz um certame de que todos podem participar nas mesmas condições, permitindo que sejam escolhidos realmente os melhores candidatos.

Baseia-se o concurso em três postulados fundamentais. O primeiro é o *princípio da igualdade*, pelo qual se permite que todos os interessados em ingressar no serviço público disputem a vaga em condições idênticas para todos. Depois, o *princípio da moralidade administrativa*, indicativo de que o concurso veda favorecimentos e perseguições pessoais, bem como situações de nepotismo, em ordem a demonstrar que o real escopo da Administração é o de selecionar os melhores candidatos. Por fim, o *princípio da competição*, que significa que os candidatos participam de um certame, procurando alçar-se a classificação que os coloque em condições de ingressar no serviço público.[119]

Quanto ao princípio da isonomia (ou igualdade), um de seus efeitos consiste na observância das mesmas regras para todos os candidatos ao concurso público, incluindo aquelas estatuídas no edital. Desse modo, não podem ser impostas exigências diversas para aqueles que se submetem ao mesmo concurso – fato, aliás, de inegável obviedade. Em hipótese como essa, o Judiciário anulou a realização da prova.[120]

1.3. Alcance da Exigência

A prévia aprovação em concurso público é, como regra, condição de ingresso no serviço público. O alcance da exigência deve ser o mais amplo possível, de modo que se pode considerar que a exigência da aprovação em concurso se configura como a regra geral.

A regra abrange não só o provimento em cargos públicos, como também a contratação de servidores pelo regime trabalhista. O mandamento constitucional, aliás, faz referência à investidura em cargo ou emprego público (art. 37, II). Por outro lado, o concurso deve ser

---

[116] STF, RE 221.966, j. 25.5.1999.

[117] Como exemplo, os concursos para Oficial de Notas e de Registro (Lei nº 8.935/1994) e para praticante de prático, organizado pela Marinha do Brasil (Lei nº 9.537/1997).

[118] STJ, MC 4.662, j. 2.6.2005, e TRF, 2ª Reg., Ap. Cív. 556.605.

[119] MARCELO CAETANO, *Manual de direito administrativo*, v. II, p. 638.

[120] STJ, REsp 1.237.346, j. 22.11.2011.

Cap. 11 · SERVIDORES PÚBLICOS | 531

exigido quer para a Administração Direta, quer para as pessoas da Administração Indireta, sejam as públicas, como as autarquias e fundações autárquicas, sejam as pessoas privadas, como as sociedades de economia mista e as empresas públicas. É de lamentar-se, portanto, decisão que convalidou recrutamento em empresa pública sem o devido certame.[121] No que toca ao regime estatutário, o requisito é também indispensável, como regra, para a investidura em cargos vitalícios e efetivos.

Houve alguns especialistas que advogavam a tese de que o concurso não seria exigível no caso de pessoas da Administração Indireta com atividade econômica.[122] Posteriormente, porém, sufragou-se a tese de que a exigência alcançaria todas as pessoas da Administração Direta e Indireta.[123] Este era realmente o escopo do Constituinte para evitar favorecimentos e apadrinhamentos imorais e ilegais, infelizmente usuais na Administração Indireta.

Como o art. 37, II, da CF, exige o concurso público para *"a investidura em cargo ou emprego público"*, a jurisprudência passou a entender, diferentemente do que ocorria sob a égide da Carta anterior, onde sucederam inúmeros abusos e desvios de finalidade, que o acesso (ou ascensão) e a transferência não mais constituem formas de provimento derivado, como o é a promoção, meio legítimo de alcançar-se degraus mais elevados na carreira. O STF já decidiu que *"estão, pois, banidas das formas de investidura admitidas pela Constituição a ascensão e a transferência, que são formas de ingresso em carreira diversa daquela para a qual o servidor público ingressou por concurso".*[124] Deste modo, se o cargo integra carreira diversa da que pertence o servidor, este só poderá ocupá-lo se for aprovado em concurso público.

A matéria relacionada a essa questão foi definitivamente assentada pelo STF, ao estabelecer: *"É inconstitucional toda modalidade de provimento que propicie ao servidor investir-se, sem prévia aprovação em concurso público destinado ao seu provimento, em cargo que não integra a carreira na qual anteriormente investido".*[125] Significa, pois, que é vedado admitir que o servidor ocupante de cargo de uma carreira seja transferido para cargo de carreira diversa sem que tenha sido aprovado no respectivo concurso, seja qual for a modalidade de provimento. Investidura desse tipo sem prévia aprovação em concurso configura-se como ilegítima, gerando a necessidade de sua anulação pelo Judiciário ou pela própria Administração.

Nessa mesma linha, já se firmou a orientação jurisprudencial de que se revela ilegítima a equiparação de carreira de nível médio a outra de nível superior. Haveria, por via oblíqua, verdadeira ascensão funcional, o que é vedado pelo sistema de investidura previsto na Constituição. Por exemplo, servidores de nível médio não podem ser guindados à classe de auditores fiscais, para a qual se exige nível superior. Será inconstitucional a lei que admitir tal forma de acesso.[126]

Não obstante, o mau hábito cultivado por décadas tem levado a Administração a tentar algumas escaramuças com a finalidade de relegar a segundo plano a exigência do concurso. Assim, por exemplo, têm sido consideradas inconstitucionais as leis que transformavam em estatutários e, pois, titulares de cargos efetivos, servidores trabalhistas contratados sem concurso, mesmo que tivessem mais de cinco anos de serviço público antes da promulgação da Constituição. A norma do art. 19 do ADCT da CF só conferiu estabilização aos servidores, mas não deu ensejo a provimento de cargos, o que só poderia ocorrer se o servidor se submetesse

---

[121] STF, MS 22.357, j. 27.5.2004. No caso, tratava-se de admissão de servidores sem concurso efetivada pela Infraero.

[122] TOSHIO MUKAI, Empresa pública na nova Constituição (*RDP* 90, p. 196-204, 1989).

[123] Nesse sentido, LILIAM DA SILVA RAMOS, em Administração indireta – concurso público (*RDP* 92, p. 197-201, 1989).

[124] ADIN nº 231, Rel. Min. MOREIRA ALVES, julg. em 5.8.1992 (*RDA* 191/124, de 1993).

[125] Súmula Vinculante 43 (2015), antiga Súmula 685.

[126] Vide STF, ADI 6.355, j. 28.5.2021.

532 | MANUAL DE DIREITO ADMINISTRATIVO • *Carvalho Filho*

a concurso público e nele fosse aprovado, como o exige o art. 37, II, da CF. É o típico caso de transformação de emprego em cargo só admissível mediante aprovação no respectivo certame.[127]

Em outras ocasiões, a Administração cria nova carreira com novos cargos e simplesmente pretende preenchê-los com servidores trabalhistas ou mesmo com estatutários de carreiras diversas. Clara está, nessa hipótese, a intenção de burlar a regra constitucional. O STF, inclusive, já declarou inconstitucional lei do Estado do Mato Grosso, que, tendo criado um Grupo Especial de Advogados do Estado, carreira nova, permitia a investidura automática nos cargos por advogados da administração pública direta, autárquica e fundacional. Para ser legítima a investidura, tornar-se-ia imprescindível a prévia aprovação no respectivo concurso.[128] Ainda com base no art. 37, II, da CF, e na Súmula 685, foi declarada inconstitucional lei estadual que autorizava o Poder Judiciário a firmar contratos administrativos para atendimento aos serviços vinculados a cargos de provimento efetivo não providos por força de vacância ou de afastamento do servidor – fato que gerava a evidência de possíveis favorecimentos pela ausência de concurso público.[129]

Situação comum na Administração reside na cessão de servidores de um para outro órgão ou pessoa jurídica dotada de quadro diverso. Tendo em conta que, habitualmente, as remunerações deste último são mais atraentes, bem como o fato de que, algumas vezes, a cessão perdura por muitos anos (o que, aliás, não deveria ocorrer), o servidor cedido quase sempre pleiteia o *enquadramento* no órgão ao qual está emprestado. Ocorre que esse enquadramento se revela inconstitucional, primeiramente porque se cuida de quadros funcionais diversos e, depois, porque, para ser efetivado, o servidor seria forçosamente investido em outro cargo efetivo, sem ter sido aprovado previamente em concurso público. Se qualquer lei, incluindo Constituições estaduais e leis orgânicas, contemplar essa disfunção, será inegavelmente inconstitucional.[130]

Situação diversa, no entanto, é aquela em que nova carreira criada por lei recebe atribuições anteriormente conferidas a carreira diversa. Nesse caso, se os integrantes da carreira mais antiga ingressaram por meio de concurso público, nada impede que se lhes faculte optar pelos cargos da nova carreira. Aqui não estaria sendo vulnerado nem o princípio da aprovação em concurso público, nem o da exigência de concurso para primeira investidura, já que esta, na hipótese em foco, tem fisionomia distinta e particularidade própria.[131]

Questão que tem gerado funda polêmica consiste na usual contratação por entes públicos (normalmente Municípios) de servidores sem a prévia aprovação em concurso público. Seja qual for a hipótese, é certo que semelhante recrutamento se reveste de ilegalidade e, portanto, deve sujeitar-se à invalidação. Nessas situações, o regime jurídico do servidor deve ser considerado o *regime trabalhista*, já que este se configura como o regime geral dos trabalhadores, tendo, por isso, caráter *residual*; o contrato de trabalho, aliás, independe da formalização do vínculo e, por essa razão, é que a lei trabalhista admite o contrato *escrito, verbal e tácito*. Admissões efetuadas pretensamente sob regime estatutário ou especial (servidores temporários) devem enquadrar-se no regime trabalhista. Entretanto, formou-se, no âmbito da Justiça do Trabalho, entendimento pelo qual a contratação sem concurso é nula e só gera para os empregados o direito a salários e aos valores relativos ao FGTS.[132]

---

[127] Vide STF, ADIs 248, j. 18.11.1993; 402, j. 2.8.1993; e 1.193, j. 6.4.2000. Também: ADI 2.433, j. 23.5.2001.

[128] STF, ADI 824, j. 23.5.2001.

[129] STF, ADI 2.912, j. 7.11.2007.

[130] Também: STF, ADI 351, Min. MARCO AURÉLIO, em 14.5.2014.

[131] STF, ADI 3.720, j. 31.10.2007. Pela Lei Complementar-SP nº 988/2006, Procuradores do Estado puderam optar pela carreira da Defensoria Pública, cujas funções eram atribuídas àqueles.

[132] É o que averba a Súmula nº 363 do TST.

Não abonamos esse restritivo efeito jurídico. Na verdade, tal solução acaba punindo o empregado, que é a parte mais fraca na relação com o Estado, e favorece a este, o responsável pela contratação ilegal, eximindo-o de determinados ônus e lhe permitindo locupletar-se de sua própria torpeza.[133] O desfazimento do vínculo de trabalho deve assegurar ao ex-servidor todos os direitos trabalhistas, pecuniários ou não, o que encontra amparo no princípio da dignidade humana e nos direitos sociais previstos no art. 7º da Carta vigente.[134] Além disso, deve aplicar-se aos administradores responsáveis por tais admissões (o que quase nunca ocorre) as sanções que resultam de sua improbidade e má-administração.[135] A propósito, já se decidiu, com absoluto acerto, que o servidor, ainda que recrutado sem concurso público, faz jus à percepção do FGTS, direito que não pode ser postergado.[136]

O certame público, por outro lado, não pode servir como meio para arregimentar *estagiários* com vistas à substituição de servidores do quadro, com pagamento de menor retribuição. Cuida-se de um artifício que burla o sistema de recrutamento de servidores. Estagiários podem até executar tarefas próprias de servidores, mas o fazem a título de treinamento e em caráter transitório; servidores, ao contrário, são profissionais do serviço público e exercem funções em caráter permanente. Havendo vagas no quadro, portanto, deve a Administração recrutar servidores, e não estagiários como forma de suprir a falta daqueles. Lei com tal propósito já foi declarada inconstitucional.[137]

1.4. Inexigibilidade

Há algumas situações especiais em relação às quais a Constituição dispensa a aprovação prévia em concurso público pelo servidor. Note-se, porém, que tais situações são excepcionais e atendem apenas à estratégia política do Constituinte.

No que toca aos cargos vitalícios, é inexigível o concurso para a investidura dos integrantes do quinto constitucional dos Tribunais Judiciários, composto de membros do Ministério Público e advogados (art. 94, CF). A investidura dos membros dos Tribunais de Contas sujeita-se à regra idêntica (art. 73, §§ 1º e 2º, CF). O mesmo ocorre com os Ministros do STF (art. 101, parágrafo único, CF) e do STJ (art. 104, parágrafo único, CF).

Para os cargos efetivos, a dispensa favorece aos ex-combatentes que tenham efetivamente participado de operações bélicas durante a Segunda Guerra Mundial (art. 53, I, do ADCT da CF).

Por outro lado, não há também a exigência de concurso para o provimento de cargos em comissão declarados em lei como de livre nomeação e exoneração (art. 37, II, CF). A dispensa nesse caso, como é fácil observar, atende à específica natureza desses cargos, titularizados por servidores da confiança das autoridades nomeantes. Embora a Constituição não tenha feito expressa alusão, é lícito afirmar, com suporte em interpretação sistemática, que a inexigibilidade de concurso abrange também os *empregos em comissão* (ou *de confiança*) das pessoas administrativas de direito privado – empresas públicas, sociedades de economia mista e fundações públicas de direito privado.[138]

---

[133] No mesmo sentido, vide o excelente trabalho de GUSTAVO ALEXANDRE MAGALHÃES, "O desrespeito ao princípio da valorização do trabalho humano por meio da contratação temporária de servidores públicos" (*RDA* 239/2005, p. 111-118).

[134] *Contra*: STF, RE 705.140, Min. TEORI ZAVASCKI, em 28.8.2014. A Corte decidiu não caber aviso-prévio, gratificação natalina, férias e respectivo abono e multa trabalhista.

[135] Vide STJ, REsp 917.437, j. 16.9.2008, maioria. A decisão não reconheceu improbidade administrativa no caso.

[136] STF, RE 596.478, j. 13.6.2012, e ADI 3.127, j. 26.3.2015.

[137] STF, ADI 3.795, j. 24.2.2011.

[138] No mesmo sentido, SÉRGIO DE ANDRÉA FERREIRA, Empresa estatal – funções de confiança – constituição federal – art. 37, II, *RDA* nº 227/2002, p. 413.

534 | MANUAL DE DIREITO ADMINISTRATIVO • *Carvalho Filho*

A escolha do administrador alvitrando a nomeação de servidor para ocupar cargo ou emprego em comissão (ou de confiança, em geral) não é inteiramente livre; ao contrário, deve amparar-se em critérios técnicos e administrativos, com análise do nível e da eficiência do nomeado. Lamentavelmente, tal possibilidade tem gerado favorecimentos ilegais a certos apaniguados e verdadeira troca de favores. Ultimamente, porém, o sistema, como já se viu, tem oferecido mecanismos de impedimento para esse estado de coisas (inclusive nepotismo), o que é correto, porquanto a função pública não pode ficar à mercê de violação do princípio da moralidade diante da falta de ética de alguns administradores públicos.[139]

Por fim, tem-se admitido que o concurso público também é inexigível para o recrutamento de servidores temporários. Aqui a dispensa se baseia em razões lógicas, sobretudo as que levam em conta a determinabilidade do prazo de contratação, a temporariedade da carência e a excepcionalidade da situação de interesse público, pressupostos, aliás, expressos no art. 37, IX, da CF.[140] A Lei nº 8.745/1993, que regula essa categoria de servidores na esfera federal, dispõe expressamente que o recrutamento é feito por processo seletivo simplificado com ampla divulgação, prescindindo do concurso público.

Cada ente federativo tem atribuição para editar lei de criação do regime especial de servidores temporários, como prevê o art. 37, IX, da CF. Somente haverá inconstitucionalidade caso inobservados os requisitos constitucionais. Noutro giro, não cabe, de regra, a acusação de prática de improbidade administrativa por violação de princípios, sobretudo com a vigência da Lei nº 14.230/2021, que impõe a presença de dolo específico para a tipificação do ilícito.[141]

A Emenda Constitucional nº 51, de 14.2.2006, introduzindo o § 4º ao art. 198 da CF, consignou que os *agentes comunitários de saúde* e os *agentes de combate às endemias* podem ser recrutados pelos gestores locais do sistema único de saúde através de *processo seletivo público*, de acordo com a natureza e a complexidade de suas atribuições e requisitos para seu desempenho, estendendo-se o alcance da norma à contratação direta por Estados, Distrito Federal e Municípios, ressalvadas leis especiais desses entes (art. 2º, EC 51/2006).[142] À primeira vista, tal processo seletivo não seria o mesmo que o concurso público de provas e títulos, assim como previsto no art. 37, II, da CF, parecendo ter-se admitido procedimento seletivo simplificado – exceção ao princípio concursal. A legislação regulamentadora, porém, aludiu a *processo seletivo público de provas ou de provas e títulos*, o que espelha o concurso público (art. 9º, Lei 11.350/2006).[143] A expressão empregada no novo texto, além de atécnica, só serviu para suscitar dúvida no intérprete; na verdade, bastaria que o Constituinte se tivesse referido simplesmente ao concurso público – instituto já com definição própria e imune a tais dúvidas.

1.5. Concurso Interno

O concurso interno é o processo seletivo realizado exclusivamente dentro do âmbito de pessoas administrativas ou órgãos públicos. Como o demonstra a própria expressão, esse tipo de certame não pode ser tido como concurso público, sabido que a participação dos candidatos é de caráter limitado.

---

[139] Sobre o tema, v. LUIS MANUEL FONSECA PIRES, *Corrupção, ética e moralidade administrativa*, Fórum, obra colet., 2008, p. 235-252.

[140] CELSO ANTÔNIO BANDEIRA DE MELLO, *Curso* cit., p. 136.

[141] STJ, REsp 1.913.638, j. 11.5.2022.

[142] Art. 2º, EC nº 51/2006.

[143] Art. 9º da Lei nº 11.350, reguladora do regime jurídico desses servidores.

Cap. 11 • SERVIDORES PÚBLICOS | 535

A questão do concurso interno surgiu a propósito da regra do art. 19, § 1º, do ADCT da CF. Depois de conferir a certos servidores o direito à estabilidade no serviço público (art. 19, ADCT, CF), a Constituição consignou que o tempo de serviço desses servidores seria contado como título quando fossem submetidos a *concurso* para fins de efetivação, na forma da lei. Como a norma não empregou o adjetivo *público*, alguns entenderam que a hipótese ensejaria mero concurso interno. Parece-nos que esse não é o melhor entendimento. Na verdade, o Constituinte em nenhum momento pretendeu excepcionar a regra geral do concurso público. Ao contrário. Quis, isto sim, possibilitar que alguns servidores, se aprovados em concurso público para cargos efetivos, pudessem ter seu tempo anterior de serviço computado como título. Os que não desejassem a efetivação nos cargos não precisariam submeter-se ao concurso, pois que já teriam conquistado a estabilidade. Os servidores, no entanto, que pretendessem ocupar cargos efetivos, deveriam participar normalmente do concurso público e, se aprovados, seu tempo anterior de serviço valeria como título para a classificação final dos candidatos.[144]

Para melhor interpretar o sistema constitucional relativo ao recrutamento de servidores, deve considerar-se admissível o concurso interno apenas para provimento de cargos de classes intermediárias e finais de carreira, ou ainda para a ascensão funcional, pela qual o servidor pretende sair de cargo da classe final de uma carreira para outro da classe inicial de carreira superior ou complementar, isso em circunstâncias especiais, como aquela em que a carreira superior é complementar à inferior.[145]

A jurisprudência, porém, tem anulado situações em que servidores públicos tenham vantagens desarrazoadas em relação a terceiros na competição para o ingresso em cargos públicos. O STF, por exemplo, já decidiu que constitui quebra do princípio da igualdade a concessão desse tipo de vantagens sem qualquer justificativa. Em relação a certa lei do Estado do Rio de Janeiro, consignou o STF: *"Se se admite – como faz o dispositivo impugnado – que integrantes do Quadro Permanente da Polícia Civil possam concorrer para quaisquer outros cargos do mesmo Quadro, ainda que de atribuições inteiramente diversas, independentemente de sujeição às respectivas provas de capacitação física e de investigação social, estarão eles em posição de acentuada vantagem, em relação aos concorrentes que ainda não ocupam cargos do Quadro"*, concluindo que: *"Pode estar caracterizada, nesse ponto, uma quebra ao princípio da igualdade (isonomia), que deve ser observado entre todos os concorrentes."*[146] Em outra ocasião, definiu o Pretório Excelso que *"é desarrazoado o critério previsto em edital de concurso público que empresta ao tempo de serviço público pontuação superior àquela referente a títulos de pós graduação"*, situação que, logo se vê, ofende o princípio da razoabilidade.[147]

1.6. Inscrição e Aprovação

O concurso público, por ser um procedimento administrativo, compõe-se de várias etapas. Uma das etapas iniciais é a da inscrição. Inscrição é a manifestação de vontade do candidato no sentido de participar da competição. A inscrição, entretanto, não gera para o interessado direito à realização do concurso. Havendo razões de interesse administrativo, pode a Administração desistir de realizá-lo, cabendo-lhe, todavia, devolver aos já inscritos eventuais importâncias pagas a título de inscrição.

---

[144] Esse é também o entendimento de MÁRCIO CAMMAROSANO em seu precioso trabalho Concurso interno para efetivação de servidores, publ. no *BDM,* maio 1992, p. 295.

[145] Também: MÁRCIO CAMMAROSANO, ob. cit., p. 297. *Contra:* STF, ADI 231, j. 5.8.1992 (inconstitucionalidade da ascensão funcional).

[146] Vide *RTJ* 157/67 (Pleno, Rel. Min. SIDNEY SANCHES, julg. em 29.9.1994).

[147] STF, Ag.Rg. em RE 205.535, j. 22.5.1998.

536 | MANUAL DE DIREITO ADMINISTRATIVO • *Carvalho Filho*

Como o procedimento concursal provoca despesas para o órgão responsável por sua realização, é comum a cobrança de *taxa de inscrição* para os candidatos, a fim de, prioritariamente, cobrir os respectivos custos. Daí ser ilegítima a fixação de taxa de valor desarrazoado ou que simule forma de arrecadação excessiva de receita. Por outro lado, há de respeitar-se o princípio da impessoalidade: lei que, por exemplo, conceda isenção da taxa a servidores públicos ofende esse princípio, configurando-se como inconstitucional.[148]

Os especialistas instalaram grande controvérsia sobre a *natureza jurídica* da taxa. Para alguns, trata-se de *tributo* sob a modalidade de taxa, visando à prestação de um serviço.[149] Para outros, no entanto, cuida-se de *receita pública*, mais aproximada à noção de preço, cujo objetivo é o de recompor gastos efetuados pelo Estado.[150]

Todavia, em certas circunstâncias, o valor da taxa pode ser elevado demais para os candidatos de baixa renda. Levando em conta esse aspecto, foi editada a Lei nº 13.656, de 30.4.2018, que concede isenção a certos candidatos a cargos ou empregos na administração federal direta ou indireta, desde que (a) a renda familiar mensal *per capita* seja igual ou inferior a meio salário-mínimo regional ou (b) o candidato seja doador de medula óssea em entidades credenciadas pelo governo (art. 1º, I e II). No caso de falsidade de informações, poderá ocorrer, dependendo do momento, (a) a exclusão do concurso, (b) a exclusão da lista de aprovados ou (c) a nulidade do ato de nomeação. Advirta-se, a propósito, que se trata de *lei federal*, ou seja, com eficácia apenas para a União, mas não para as demais unidades federativas, que podem editar sua legislação própria.

No que toca à aprovação em concurso, o entendimento clássico era o de que esse fato não gerava o direito à nomeação do candidato aprovado, refletindo mera expectativa de direito.[151] Coerente com essa linha de pensamento, dispositivos constitucionais que garantiam o direito à nomeação foram declarados inconstitucionais com fundamento em que, pela Constituição Federal, era a lei ordinária, de iniciativa do Chefe do Executivo, e não as Cartas Estaduais, o instrumento adequado para criar normas sobre regime jurídico de servidores (art. 61, § 1º, II, *c*, CF).[152]

Não obstante, conforme deixamos consignado em edições anteriores, os tempos atuais estavam a reclamar a inversão desse postulado. Se o edital do concurso previu determinado número de vagas, *a Administração fica vinculada a seu provimento,* em virtude da presumida necessidade para o desempenho das respectivas funções. Assim, deve assegurar-se a todos os aprovados dentro do referido número de vagas direito subjetivo à nomeação. Sendo assim, a falta de nomeação é que deve constituir exceção, cabendo ao órgão público comprovar, de forma fundamentada, a sua omissão. Somente com tal orientação poderá impedir-se o arbítrio da Administração, ao mesmo tempo em que com ela poderá respeitar-se, com impessoalidade, a ordem classificatória advinda do concurso público, obstando-se a que os aprovados fiquem à mercê dos caprichos e humores dos dirigentes administrativos.[153]

O STF endossou esse entendimento, o que é digno de aplausos. Segundo a Corte, o direito subjetivo à nomeação dentro do número de vagas previstas no edital integra o princípio da segurança jurídica, não mais se admitindo injustificada omissão por parte da

---

[148] STF, ADIs 5.818-CE e 3.918-SE, j. 13.5.2022.
[149] TRF-1ª Reg., Ação Civil Pública nº 27.661, *DJ* 23.9.2004.
[150] STJ, RMS 13.858, j. 21.8.2003, e TJ/MG, ADI 1.0000.06.445487-9/000, *DJ* 11.7.2008.
[151] STF, RE 116.044, j. 8.11.1988. Também: STJ, RMS 1.174, j. 22.4.1992.
[152] STF, RE 190.264-RJ, j. 10.2.2000, e RE 229.450-RJ, j. 10.2.2000. A norma impugnada era o art. 77, VII, da Constituição do Estado do Rio de Janeiro, que contemplava o referido direito.
[153] O STJ vinha proferindo decisões nessa linha. Vide RMS 19.478, j. 6.5.2008; RMS 15.420, j. 17.4.2008; RMS 15.345, j. 19.4.2007; REsp 1.220.684, j. 3.2.2011.

Administração. E mais: não pode a Administração atribuir vagas a novos concursados, em detrimento de aprovados em certame anterior. A recusa em nomear candidatos aprovados só se caracteriza como lícita – aduziu a Corte – em virtude de situação excepcional, passível de expressa fundamentação do órgão administrativo.[154] Desse modo, caso o candidato tenha sido aprovado fora do número de vagas, não terá, em princípio, direito à nomeação.[155] Entretanto, se houve desistência de candidato aprovado dentro do número de vagas, aquele aprovado fora destas passa a adquirir o direito à nomeação, obedecida, naturalmente, a ordem de classificação.[156]

Em outra vertente, já se decidiu que o candidato aprovado dentro do número de vagas não tem direito à nomeação quando o edital dispuser que essas serão efetuadas na medida das disponibilidades orçamentárias.[157] Surgindo vagas novas no prazo de validade do concurso, o aprovado fora das vagas oferecidas não tem direito à nomeação no caso de não haver disponibilidade orçamentária.[158] Contrariamente, terá o direito desde que o edital ofereça, além das vagas iniciais, outras que surgirem durante o prazo de validade do concurso.[159] E, se o edital não menciona o número de vagas, pelo menos o candidato classificado em primeiro lugar tem direito à nomeação; os candidatos subsequentes também podem pleitear o direito, comprovando a existência de outros cargos vagos.[160] Tais decisões, como se observa, modificam o tradicional e anacrônico pensamento de discricionariedade administrativa para tal fim – situação que rendeu ensejo a numerosos abusos.

Após muita polêmica sobre o assunto, o STF decidiu que o direito subjetivo do candidato aprovado em concurso público deve ser assegurado: (a) quando a aprovação ocorrer dentro do número de vagas previsto no edital; (b) quando houver preterição na nomeação em virtude da inobservância da ordem de classificação; (c) quando surgirem novas vagas, ou for aberto novo concurso durante a validade do anterior, e suceder a preterição arbitrária e imotivada de candidatos pela Administração.[161] Assim, o só fato da criação de novas vagas não garante a nomeação, e isso porque poderão acontecer fatos administrativos que desaconselhem a nomeação de modo responsável.

No que tange ao direito subjetivo à nomeação, caberia indagar em qual momento nasce a pretensão do candidato aprovado. Tendo em vista que a pretensão nasce ao momento da violação do direito (art. 189, Código Civil), na hipótese surgirá ao fim do prazo de validade do concurso ou, se antes dele, sobrevier fato administrativo que indique a ofensa ao direito por parte da Administração.[162]

A propósito, vale a pena considerar, neste passo, que a Administração deve convocar o candidato aprovado por meio de *intimação pessoal,* quando se interpõe tempo razoável entre o resultado do concurso e a convocação, não sendo lícito transferir para o candidato o encargo de acompanhar diariamente o órgão oficial de imprensa.[163] Várias hipóteses já ocorreram em que candidatos aprovados acabaram por ser preteridos na convocação, em razão dessa flagrante arbitrariedade. A Administração só se exime de convocar pessoalmente o aprovado quando este

---

[154] STF, RE 598.099, j. 10.8.2011.
[155] STJ, MS 17.886, Min. ELIANA CALMON, em 11.9.2013.
[156] STJ, AgRg no ROMS 48.266 e AgRg no RMS 41.031, j. 18.8.2015. Também: RMS 53.506, j. 26.9.2017.
[157] STJ, RMS 35.211, Min. MAURO CAMPBELL MARQUES, em 2.4.2013.
[158] STJ, RMS 37.700, Min. MAURO CAMPBELL MARQUES, em 4.4.2013.
[159] STJ, MS 18.881, Rel. Min. NAPOLEÃO MAIA FILHO, em 28.11.2012.
[160] STJ, RMS (AgRg) 33.426, j. 23.8.2011.
[161] STF, RE 837.311, j. 9.12.2015.
[162] Foi como decidiu acertadamente o TJ-PE, no Agr.Regimental 209.989, j. 13.5.2010.
[163] Nessa trilha, v. STJ, RMS 23.106, j. 18.11.2010.

MANUAL DE DIREITO ADMINISTRATIVO • *Carvalho Filho*

mudou de endereço sem proceder à necessária comunicação ao órgão administrativo, estando, pois, em lugar incerto. Se não houve mudança, o ônus cabe à Administração, que deve convocar pessoalmente o aprovado ou o já nomeado.[164]

Exemplo de flagrante arbitrariedade por omissão é aquela em que o órgão administrativo deixa transcorrer *in albis* o prazo de validade do concurso, e, a despeito de haver candidatos aprovados, não os nomeia. E o que é pior: providencia outro edital para deflagrar novo concurso. Semelhante situação precisa ser rigorosamente coibida: na verdade, não é compreensível que tal omissão faça tantos candidatos amargar a falta de nomeação. Por outro lado, esses candidatos têm direito adquirido a nomeação.[165] Aliás, em nosso entender, o agente responsável pela omissão deve responder por improbidade administrativa, com lastro na Lei nº 8.429/1992.

Há situação similar, cuja solução remete à mesma premissa. Se o candidato é aprovado no concurso e há omissão ou recusa para a nomeação, apesar de ficar comprovado que a Administração, certamente por incompetência ou improbidade, providenciou recrutamento através de contratação precária para exercer as mesmas funções do cargo para o qual o candidato foi aprovado, passa este a ter direito subjetivo ao ato de nomeação. A solução é aplicável, inclusive, se o candidato foi aprovado fora do número de vagas previsto no edital.[166] Tal direito subjetivo tem fundamento na constatação de que a Administração tem necessidade da função e, por conseguinte, do servidor para exercê-la, não podendo suprir essa necessidade por contratação precária se há aprovados em concurso para supri-la.[167]

Hipótese semelhante é aquela em que o concurso se destina a preenchimento de apenas uma vaga, fato definido no respectivo edital: ainda que haja vários aprovados, a Administração só estará obrigada a nomear o candidato selecionado em primeiro lugar, não tendo os demais direito a vagas que venham futuramente a surgir.[168]

Da mesma forma, se o edital prevê que somente um certo número de candidatos, na ordem de classificação, será aproveitado para a fase subsequente do concurso (geralmente, um curso interno), os remanescentes não têm direito a participar dessa fase, ainda que alguns, pelo grau obtido, possam incluir-se no universo dos aprovados; sua situação jurídica, portanto, equipara-se à de reprovação. Consequentemente, a Administração poderá realizar novo concurso. Pode não ser o melhor critério de aferição, mas inexiste impedimento para adotá-lo.[169]

Não obstante, se o candidato for aprovado no concurso e vier a ser nomeado, tem direito subjetivo à posse e, portanto, à complementação do processo de investidura.[170] A ordem de classificação no concurso também tem importância para o provimento. A jurisprudência já definiu que, dentro do prazo de validade do concurso, o candidato tem direito subjetivo à nomeação, caso seja preterido na ordem de classificação do concurso.[171] Entretanto, se a participação e aprovação do candidato em alguma etapa do concurso público decorreram de concessão de medida liminar em ação judicial, não há para o interessado direito subjetivo à nomeação.[172]

---

[164] AgRg no RMS 37.227, Min. MAURO CAMPBELL MARQUES, em 6.12.2012.

[165] Assim decidiu, com acerto, o STF, no RE 227.480-RJ (maioria), Rel. Min. CÁRMEN LÚCIA, em 16.9.2008. Também: STF, RE 607.590, Min. ROBERTO BARROSO, em 19.9.2014.

[166] STF, RE 581.113, j. 5.4.2011, e STJ, RMS 31.847, j. 23.11.2011.

[167] STF, RE 273.605, j. 23.4.2002, e STJ, RMS 19.924, j. 10.10.2006 e RMS 22.908, j. 28.9.2010.

[168] Assim decidiu o TJ-SC, na Ap. no MS 96.001563-9, j. 17.9.1996.

[169] STJ, RMS 23.942, j. 21.8.2008, e RMS 21.528, j. 24.8.2010.

[170] STF, Súmula 16. Vide também Súmula 17.

[171] Súmula 15 do STF.

[172] Com acerto decidiu o STF, no RMS 23.813, j. 21.8.2001.

Cap. 11 • SERVIDORES PÚBLICOS | **539**

Nesse aspecto, aliás, vale a pena salientar que alguns órgãos judiciais, por evidente equívoco de ordem técnica, concedem medidas liminares para o efeito de ser o candidato nomeado e empossado no cargo, muito embora esteja ele ainda questionando o resultado desfavorável de certa prova ou mesmo do concurso. Em nosso entender, a Administração deve recorrer de tais prematuras decisões, primeiramente porque a controvérsia sobre a suposta ilegalidade não foi solucionada em caráter definitivo pelo Judiciário e, depois, porque a providência cautelar deve limitar-se à *reserva de vaga* e à consequente garantia, conforme o grau obtido, da posição na lista de classificação, na hipótese de o candidato obter decisão favorável no processo. É a reserva da vaga – e não a nomeação e a posse – que garante o interessado contra o *periculum in mora* decorrente da demora na solução do litígio.[173]

No que concerne a esse aspecto, o STF já decidiu, a nosso ver de forma lapidar, que a posse ou o exercício em cargo público em razão de decisão judicial de caráter provisório, como é o caso das liminares, não implica a manutenção definitiva do candidato que não satisfez as exigências do concurso, *ex vi* do art. 37, II, da CF. Essa imposição constitucional "*prepondera sobre o interesse individual do candidato, que não pode invocar, na hipótese, o princípio da confiança legítima, pois conhece a precariedade da medida judicial*".[174] Torna-se, pois, incabível e ofensiva à Constituição, no caso, a aplicação da *teoria do fato consumado*, frequentemente adotada para convalidar indevidamente situações ilegais e esconder condenáveis espertezas. Essa deve ser a regra. Há situações excepcionais, porém, em que o longo período de tempo decorrido torna inviável o desfazimento do ato; nesse caso, não há alternativa senão manter a sua eficácia, em nome da segurança jurídica.[175]

Pode ocorrer que o candidato não tenha sido nomeado por ter sido considerado reprovado no concurso, e posteriormente, em ação judicial, a decisão tenha reconhecido sua aprovação e, consequentemente, tenha ordenado ao órgão administrativo a adoção de providência com vistas à nomeação. O mesmo sucede quando a demora decorre de decisão judicial que corrige ilegalidade praticada quando do processo de inscrição. Qual deve ser a situação jurídica desse novo servidor em relação aos demais, nomeados preteritamente?

Há dois aspectos a considerar, um de natureza *funcional*, outro de caráter *remuneratório*. No que tange ao primeiro, o ato de nomeação deve retroagir ao momento em que houve as nomeações anteriores, e o servidor deve ser inserido na ordem classificatória, como se tivesse sido nomeado juntamente com os demais aprovados. Tendo havido progressões funcionais, como a promoção por exemplo, tem direito a elas, como se estivesse em exercício, eis que não pode ser prejudicado pelo equívoco administrativo. Tal garantia cinge-se às progressões fundadas em critérios objetivos, como, *v.g.*, o decurso do tempo, mas não se estende àquelas sujeitas a condições específicas que só podem ser cumpridas mediante o exercício da função. Lamentavelmente, a tendência dos tribunais é a de não reconhecer o direito a progressões pretéritas.[176] Quanto à remuneração relativa ao período anterior, entretanto, não tem direito à sua percepção, porquanto não houve o exercício da função gerador do direito aos vencimentos. Não obstante, tem direito a pleitear indenização contra o Estado para a reparação dos prejuízos, com fundamento no art. 37, § 6º, da CF.[177] Um dos critérios para cálculo da indenização é o da apuração das diferenças entre o que o servidor deixou de perceber pela

---

[173] STJ, AgRg.na Susp.Segur. 1.267, j. 4.2.2004, em decisão digna de aplausos.

[174] STF, RE 608.482, Min. TEORI ZAVASCKI, em 7.8.2014.

[175] STF, RE 740.029, j. 14.8.2018; STJ, AREsp 883.574, j. 20.2.2020.

[176] STF, RE 629.392, j. 8.6.2016, e TRF-1ª Reg., AR 0054119-86.2013.4.01.0000, j. 31.3.2015 (reformando decisão de 1º grau, com a qual, a nosso ver, estava o melhor direito).

[177] STF, RE 221.170, j. 4.4.2000.

540 | MANUAL DE DIREITO ADMINISTRATIVO • *Carvalho Filho*

demora na nomeação e o que percebeu no período quando na atividade que desempenhava.[178] É de lamentar-se, porém, que tal posição – a nosso ver justa e legítima – tenha sido rechaçada em alguns julgados, que só beneficiam o Estado, que cometeu o erro, em detrimento do candidato prejudicado no concurso.[179]

A Administração Pública, nos últimos tempos, tem-se valido do concurso para *cadastro de reserva*, modalidade na qual, como regra, não se especifica o número de cargos ou empregos a serem preenchidos. Pode ocorrer em situações transitórias, como aquela em que o órgão aguarda a liberação de verbas para remunerar os futuros servidores. A despeito de considerado legítimo,[180] os candidatos ficam em situação de expectativa e instabilidade por desconhecerem quando haverá (ou mesmo *se haverá*) a convocação. Além disso, torna-se mais complexo o controle de legalidade da Administração em virtude da ampla liberdade que se lhe concede nesses casos, sendo difícil, inclusive, comprovar eventual arbitrariedade. Pode ser cômodo para a Administração, mas não nos parece seja ele o melhor método para garantir os direitos dos candidatos; o melhor é aquele em que o edital já define previamente o número de vagas e o prazo de duração do certame, permitindo que todos possam aferir o comportamento da Administração na integralidade do processo competitivo. Aliás, como já consignou reconhecida doutrina, se não há vagas ainda, o concurso é, no mínimo, desnecessário e constitui desvio de finalidade.[181] Entretanto, reforçando tendência atual, tem-se reconhecido direito líquido e certo à convocação dos candidatos colocados nas posições subsequentes na ordem de classificação, quando há desistência por parte de outros candidatos que, convocados, expressaram a sua desistência.[182] Idêntico direito é assegurado no caso de surgirem novas vagas durante o prazo de validade do concurso, seja por criação legal, seja por vacância do cargo (aposentadorias, falecimentos, exonerações etc.).[183]

Não raramente os editais de concurso têm incluído as denominadas *cláusulas de barreira*, pelas quais se limita o número de candidatos participantes de cada fase do certame. Trata-se de regra restritiva que não se confunde com a *reprovação*. Ambas são normas que provocam a eliminação do candidato, mas, enquanto esta indica que o candidato não teve aptidão para ser aprovado, naquelas houve aprovação, embora com pontuação insuficiente para inclusão no grupo dos remanescentes. Tais restrições, causadas pelo excesso atual de candidatos ao serviço público e sendo objeto de alguns questionamentos, já foram declaradas constitucionais, afirmando-se inexistir ofensa ao princípio da acessibilidade aos cargos e funções públicas.[184]

1.7. Validade

O concurso público tem prazo de validade, para permitir a sua renovação e a candidatura de outros interessados. O prazo de validade é de dois anos, prorrogável uma vez por igual período. É a regra do art. 37, III, da CF.

---

[178] Esse critério ficou expresso na decisão do STJ, nos Emb. Diverg. no REsp 825.037, Rel. Min. ELIANA CALMON, em 1.11.2011.

[179] STF, RE 724.347, j. 26.2.2015 (dois votos vencidos, a nosso ver com a adequada interpretação); STJ, EREsp 1.117.974, j. 19.12.2011, e AgRg-EDEcl-REsp 1.300.537, j. 4.10.2012 – julgado em que o STJ mudou o entendimento anterior. Também: STJ, REsp 1.238.344, j. 30.11.2017.

[180] TRF-5ª R., AI 14173-3, 1ª T., Rel. Des. FREDERICO AZEVEDO, *DJ* 15.9.2008.

[181] A observação é de PAULO ROBERTO FERREIRA MOTTA e RAQUEL DIAS DA SILVEIRA, Concurso público, em *Servidor público*, cit., p. 335.

[182] STJ, RMS 32.105-DF, Rel. Min. ELIANA CALMON, em 19.8.2010.

[183] STJ, RMS 37.882, Min. MAURO CAMPBELL MARQUES, *DJ* 14.2.2013.

[184] STF, RE 635.739, Min. GILMAR MENDES, em 19.2.2014.

Cap. 11 • SERVIDORES PÚBLICOS | **541**

É preciso interpretar bem a referida norma, pois que a expressão *igual período* andou suscitando alguma divergência. Se o concurso foi programado para ter prazo de validade por dois anos, a prorrogação será de dois anos. Entretanto, se o prazo inicial fixado for de um ano, por exemplo, o prazo de prorrogação será também de um ano. Em outras palavras, a expressão *igual período* significa que o prazo da prorrogação tem que ser igual ao prazo inicialmente projetado para o concurso.

Esgotado o prazo do concurso, com ou sem prorrogação, sem que haja novas vagas, os aprovados não podem pleitear a investidura. Com o final do prazo consumou-se a caducidade do concurso, de modo que os interessados deverão submeter-se a novo concurso. O TJ-RJ, a respeito do assunto, averbou que, *"se ao término final do prazo do concurso, já revalidado, inexiste vaga a atingir concursado, direito não há a beneficiar àquele que, aprovado, não se encontra na classificação em posição de ser nomeado".*[185]

Por outro lado, se escoou o prazo de validade do concurso e não houve prorrogação, quer porque o edital não o previu, quer porque a Administração não a providenciou no momento oportuno (antes do escoamento do prazo inicial), é vedado restabelecer sua validade *a posteriori*. Na verdade, o término do prazo de validade importa a caducidade do procedimento, vale dizer, perde este sua eficácia jurídica. Resulta que nomeações feitas no período de prorrogação ilegal têm que ser desfeitas.[186]

É mister salientar que a prorrogação do concurso só se reveste de legitimidade se a lei ou, ao menos o edital, aventar essa possibilidade. Não havendo referência legal ou previsão no ato editalício, presume-se que a Administração já realizou o certame sem a intenção de prorrogá-lo ao final.[187] Entretanto, ainda que esteja prevista, a prorrogação, ou não, do concurso reflete atividade discricionária da Administração, não cabendo ao Judiciário sindicar os critérios de conveniência e oportunidade que inspiram a decisão administrativa.[188]

Não obstante, é preciso ressalvar que o fim do prazo de validade não prejudica a investidura do servidor que, antes desse momento, tenha pleiteado no Judiciário o reconhecimento de algum direito ofendido pela Administração quando da realização do concurso. Mesmo que a ação seja julgada após o citado prazo, o Estado será compelido a nomear o aprovado. A não ser assim, sofreria este os efeitos decorrentes da demora na prestação jurisdicional, sem que tenha contribuído para semelhante situação.[189]

1.8. Precedência na Convocação

A questão da precedência na convocação diz respeito ao hábito abusivo anterior de algumas Administrações de convocar candidatos para o provimento de cargos, mesmo havendo ainda aprovados no concurso anterior.

A Constituição procurou sanar esse problema, dispondo no art. 37, IV: *"Durante o prazo improrrogável previsto no edital de convocação, aquele aprovado em concurso público de provas ou de provas e títulos será convocado com prioridade sobre novos concursados para assumir cargo ou emprego, na carreira."*

A expressão *prazo improrrogável* constante do texto deve ser interpretada como o prazo dentro do qual tem validade o concurso. Aplica-se, pois, o direito de precedência na

---

[185] Ap. Cív. nº 3.542, 5ª. C. Cív., reg. 9.10.1997.

[186] Correta a decisão do STF no RE 352.258, j. 27.4.2004.

[187] Com o mesmo pensamento, JOSÉ MARIA PINHEIRO MADEIRA, *O servidor público na atualidade*, 8. ed., 2009, p. 116.

[188] Também: STJ, AgRg no AREsp 128.916, Rel. Min. BENEDITO GONÇALVES, em 23.10.2012.

[189] Com acerto decidiu o STJ no REsp 860.703, j. 4.3.2008.

542 | MANUAL DE DIREITO ADMINISTRATIVO • *Carvalho Filho*

convocação tanto no prazo de validade fixado para o concurso, sem prorrogação, como no prazo de prorrogação, se tal fato ocorrer. Ambos são *improrrogáveis* e, desse modo, incide o direito de precedência.[190]

A circunstância de serem criados novos cargos na estrutura administrativo-funcional, todavia, não gera o direito à convocação para futuros concursos, ainda que no concurso anterior tenha havido candidatos que, aprovados em uma das fases do certame, não ficaram classificados dentro do número de vagas previstas no edital.[191]

Hipótese interessante é aquela em que o concurso é realizado para preenchimento de uma única vaga, conforme o estabelecido no respectivo edital. O Tribunal de Justiça de Santa Catarina, apreciando a questão, decidiu que *"é cediço que em concurso público as cláusulas do edital vinculam a Administração e os concorrentes. Também que a aprovação não gera direito subjetivo ao aproveitamento, salvo preterição por outro candidato. Constando do regulamento do concurso que ele se destina a selecionar um candidato para uma única vaga, os demais, mesmo aprovados, não têm direito líquido e certo às vagas que se criarem posteriormente, porque a elas não concorreram".*[192]

1.9. Sanção

A exigência de aprovação prévia em concurso público e a fixação dos prazos de validade do certame são requisitos inafastáveis para a regularidade do procedimento de seleção. Havendo violação aos princípios da legalidade, da igualdade ou da impessoalidade no curso da competição, não haverá outra alternativa senão a de considerar nulo o concurso.

Sendo praticado qualquer ato de investidura em cargo, emprego ou função sem observância do requisito concursal ou do prazo de validade do procedimento, estará ele inquinado de vício de legalidade, devendo ser declarada a sua nulidade. A autoridade responsável pela ilegalidade também deverá sofrer a necessária sanção, tudo na forma que a lei estabelecer (art. 37, § 2º, CF). A lei a que se refere o texto constitucional deve ser aquela que for promulgada pela respectiva pessoa política, mas a sanção poderá ser prevista seja na lei estatutária do funcionalismo, seja em lei específica para o assunto. Cita-se aqui a Lei nº 8.429/1992 (Lei de Improbidade Administrativa), na qual figuram sanções de caráter administrativo e funcional, conforme se verá no capítulo próprio.

1.10. Resultado do Concurso

Muitas dúvidas têm pairado a respeito dos direitos dos candidatos no que tange ao resultado de concursos públicos.

Um desses aspectos diz respeito à vista de provas. Trata-se de direito que precisa ser assegurado ao candidato, já que somente através da vista é que poderá ele verificar a existência de erros materiais ou de arbitrariedades cometidas por examinadores. Em nosso entender, a vista de provas decorre do próprio princípio da publicidade, inscrito no art. 37, *caput*, da CF, como um dos princípios fundamentais da Administração Pública. Correta, pois, se nos afigura a decisão do STJ, que assentou: *"É injustificável o comportamento da Administração, fazendo inserir nas instruções normativas, baixadas através de edital de concurso, a vedação ao pedido de vista ou à interposição de recurso do resultado da seleção psicológica."*[193] Embora

---

[190] Vide a respeito STF, RE 192.568, j. 23.4.1996.
[191] STF, RMS 23.547, j. 14.12.1999.
[192] MS nº 96.001563, 3ª C.Cív., j. 17.9.1996.
[193] REsp 28.885, j. 9.11.1993.

Cap. 11 · SERVIDORES PÚBLICOS | **543**

a decisão se refira à prova psicológica, com maior razão é de estender-se às provas de conhecimento específico.

No que concerne a provas orais, o desejável é que sejam gravadas: afinal, as palavras voam (*verba volant*). A gravação se coaduna com o princípio da publicidade e permite que o interessado possa insurgir-se contra eventual cometimento de abuso por parte de algum examinador. Tratando-se de banca examinadora, o candidato, além da média, tem o direito de saber a nota que cada integrante lhe atribuiu, isso independentemente do silêncio do edital.[194] Na verdade, nenhuma razão há para omitir-se esse dado do interessado. Da mesma forma, não se pode negar ao candidato o direito de recurso contra o resultado de prova, pois nada impede que tenha havido algum tipo de arbitrariedade por parte do examinador (*v. g.*: perguntas fora do programa). É ilegítima, pois, qualquer norma que considere irretratável a pontuação em sede recursal.[195]

Questão diversa, mas nem por isso menos complexa e constante, é a que se relaciona com o direito à revisão de prova. A jurisprudência tem-se orientado no sentido de que só são passíveis de reexame no Judiciário as questões cuja impugnação se funda na ilegalidade da avaliação ou dos graus conferidos pelos examinadores. O mais comum nesses casos é a chamada *prova de múltipla escolha*, nas quais apenas uma alternativa é aceita pela banca. Se o interessado comprova que há mais de uma alternativa, a questão é de legalidade, e o Judiciário deve anular a questão, atribuindo ao candidato os pontos que perdeu em relação a ela.

Sobre esse tipo de prova, já houve questionamento relativo ao sistema de correção, adotado em alguns concursos públicos, em que é previsto o cancelamento de uma questão certa para uma ou várias questões erradas. Na verdade, essa é mera hipótese de técnica de concurso através da qual se procura evitar que o candidato, sem saber responder a determinada questão, simplesmente aponte uma das alternativas com a esperança de ser bafejado pela sorte. O STF também considera legítimo tal sistema, tendo consignado que *"a penalização, nas questões de múltipla escolha, com penalização consistente no cancelamento de resposta certa para questão ou questões erradas, é questão de técnica de correção para tal tipo de provas, não havendo nisso qualquer ilegalidade".*[196]

Quando se cuida da denominada *prova discursiva*, a situação é diversa, porque a avaliação das respostas levada a efeito pelos examinadores pode levar em consideração vários aspectos além do fator estritamente ligado ao conhecimento. Nesses casos, não há como evitar que as bancas examinadoras sejam dotadas de certo poder discricionário para avaliar as respostas e chegar à sua graduação. Esses critérios não podem ser reavaliados no Judiciário, pois que, além de serem privativos da Administração, sua reapreciação implicaria ofensa ao princípio da separação de Poderes.[197] O TJ-SP, por exemplo, consignou: *"Os critérios adotados por Banca Examinadora de um concurso não podem ser revistos pelo Judiciário, salvo em hipótese de ilegalidade ou inconstitucionalidade."*[198]

No mesmo sentido, decidiu o TRF da 1º Região: *"Inexistindo ilegalidade nas questões, é vedado ao Poder Judiciário, mesmo em processo de cognição ordinária, examinar, subjetivamente, o acerto na formulação das perguntas e das respostas dadas como certas pela banca examinadora, o que importaria substituição desta, em detrimento dos demais concorrentes que se submeteram aos mesmos exames e encontraram as mesmas dificuldades dos autores."*[199] O STF não destoou,

---

[194]   *Contra*, a nosso ver com equívoco: STJ, RMS 27.673, j. 19.12.1990.

[195]   Nessa direção julgou o STF, no MS 32.042, Min. CÁRMEN LÚCIA, em 26.8.2014.

[196]   MS nº 21.176, j. 19.12.1990.

[197]   Remessa *ex officio* nº 92.01.17411-0-MA, 1º Turma, Rel. Juiz ALDIR PASSARINHO, publ. *DJ* de 20.3.1995.

[198]   Remessa *ex officio* nº 92.01.17411, *DJ* 20.3.1995.

[199]   Também: STJ, RMS 28.204, j. 5.2.2009, e REsp 1.130.985, j. 17.12.2009.

544 | MANUAL DE DIREITO ADMINISTRATIVO • *Carvalho Filho*

asseverando "*não competir ao Judiciário substituir a banca examinadora para reexaminar o conteúdo das questões e os critérios de correção utilizados*", orientação que consolida a jurisprudência sobre a matéria.[200]

É claro que muitas reclamações têm sido apresentadas por candidatos que se julgam prejudicados pela avaliação, de certo modo subjetiva, de sua prova pelos examinadores. Se o candidato não se conforma com o resultado, deve ser-lhe assegurado o direito a recurso, dirigido à autoridade mencionada no edital ou na lei ou ato de organização da entidade pública. Mesmo assim, sempre restará grande parcela de subjetivismo para a banca examinadora. Por essa razão, deve a Administração ter o redobrado cuidado de selecionar, para seus concursos, examinadores dotados de muito equilíbrio e imparcialidade, de modo a reduzir os riscos de resultados injustos provocados pela atuação de examinadores desequilibrados e desajustados aos objetivos reais visados pelos certames públicos.[201]

Diante de alguns abusos cometidos em correções de provas, cresce pouco a pouco a doutrina que admite a sindicabilidade judicial em certas hipóteses especiais, que retratam ofensa aos princípios da legalidade, da razoabilidade e da proporcionalidade. A nova doutrina se funda na moderna jurisprudência alemã que assegura ao candidato, em provas relativas ao exercício da profissão, o direito à proteção jurídica e a uma "*margem de resposta*", de modo que uma resposta *tecnicamente sustentável* não seja considerada falsa. Em outra ótica, cresce o entendimento de que, mesmo em questões discursivas, deve a banca examinadora fixar previamente os aspectos básicos de sua solução (gabarito geral), em ordem a atenuar a densidade de subjetivismo e oferecer ao candidato maior possibilidade de controle da correção.

Conquanto não possa o Judiciário aferir os critérios adotados pela banca examinadora na solução das questões discursivas, é absolutamente legítimo que confronte as questões com o programa do concurso, tendo em vista que este faz parte do edital. Se questão formulada não se insere na relação dos pontos constantes do programa, está contaminada de vício de legalidade e se torna suscetível de invalidação na via administrativa ou na judicial. Aqui não se cuida de controle de mérito, nem de substituir valoração reservada ao administrador; cuida-se, isto sim, de controle de legalidade sobre o edital, ato de natureza vinculada, sendo, pois, permitido ao Judiciário exercê-lo em toda a sua plenitude.[202] Por outro lado, já se invalidou questão formulada com erro no enunciado, levando o candidato a dúvidas quanto à resposta.[203]

Advertimos, contudo, que é imperioso agir com cautela em tal apreciação. Como se sabe, o Direito não é uma ciência estanque, de modo que suas várias disciplinas fatalmente se entrelaçam em postulados e axiomas, numa evidente demonstração de que existem pontos conexos entre elas. Desse modo, não basta alegar que a questão estaria fora do programa, mas sim que ela não tem qualquer conexão com os pontos nele relacionados. A advertência é válida porque alguns candidatos, no afã de verem revistas suas notas, opõem impugnações nem sempre consistentes – fato que também merece cuidadosa aferição.

A *prova de aptidão física* também tem despertado algumas divergências, e isso porque muitos imprevistos de ordem física podem surgir ao momento de realização da prova. Como regra, os editais têm consignado a vedação de tratamento diferenciado em razão de alterações patológicas ou fisiológicas temporárias (fraturas, viroses, cirurgias etc.) e negada a possibilidade de outra data, exatamente, aliás, como ocorre com as provas de

---

[200] STF, RE 632.853, j. 23.4.2015. Também: STJ, AgRg no HD 127, j. 14.6.2006.

[201] Ver sobre o tema GERMANA DE OLIVEIRA MORAES, *Controle*, cit., p. 172-173.

[202] Idêntico entendimento foi esposado pelo STF no RE nº 434.708-RS, Rel. Min. SEPÚLVEDA PERTENCE, publ. em *DJ* de 9.9.2005.

[203] STJ, RMS 49.896, j. 20.4.2017.

Cap. 11 • SERVIDORES PÚBLICOS | 545

conhecimento. O STF anteriormente entendia ser possível a designação de nova data,[204] mas (a nosso ver acertadamente) mudou de entendimento, fundando-se em que tal fato importaria privilégio a alguns candidatos em detrimento dos demais, vulnerando o princípio da isonomia nos certames públicos.[205] A exceção é a hipótese de *gravidez*: esta é considerada como motivo de força maior, de modo que não ofenderia o princípio da isonomia a marcação de nova data para a prova. O entendimento, assim, impede seja eliminada do concurso a candidata grávida.[206]

Outra questão suscitada que provocou polêmica foi a concernente à *crença religiosa*. O STF proferiu decisão, por maioria, no sentido de que é possível a realização de etapas de concurso público em datas e horários distintos dos previstos no edital, quando o candidato invoca escusa de consciência por motivo de crença religiosa, desde que presente a razoabilidade da alteração e não haja ônus para a Administração.[207] Com a devida vênia, entendemos que o melhor direito está com os votos vencidos. Embora a liberdade religiosa seja um direito com fundamento constitucional, o Estado é laico, não havendo motivo razoável para sujeitar-se à crença religiosa individual. Contrariamente ao que se dispôs na decisão, não há razoabilidade nem hipótese sem ônus para o Estado, além do fato de que essa discriminação ofende o princípio da igualdade dos candidatos, sobretudo para aqueles também sujeitos a barreiras sem caráter religioso.

No caso de haver anulação de alguma questão e consequente necessidade de *reclassificação na listagem* dos aprovados, com eventual inserção do candidato na mesma lista, provocando a exclusão de terceiros, a ação demandará, compulsoriamente, o chamamento dos demais candidatos atingidos para integrar a lide e valer-se do postulado do contraditório e da ampla defesa.[208]

1.11. Invalidação do Concurso

Nem sempre a Administração se tem havido com a devida legitimidade na realização de concursos públicos. Ao contrário, é comum ouvir-se reclamações de candidatos quanto a diversos aspectos dos concursos, como favorecimentos pessoais, regras de privilégio para alguns candidatos, critérios discriminatórios em editais, suspeitas de fraude, questões de prova mal formuladas etc. Por isso, têm sido significativas a descrença e a revolta, inteiramente justificáveis, aliás, de pessoas interessadas em ingressar no serviço público em relação à idoneidade e à verdadeira função seletiva de certos concursos.

Seja como for, é incontestável que, se está contaminado por vícios de legalidade, o concurso público deve ser invalidado e, se for o caso, novamente realizado sem tais equívocos. A invalidação pode dar-se, como de resto ocorre com os atos administrativos, pelo Judiciário ou pela própria Administração, neste caso em virtude de seu poder de autotutela. Endossamos, pois, a ilação de que os postulados de acesso igualitário e meritório serão inúteis se não houver a previsão do correspondente sistema de controle da atuação administrativa nos certames públicos.[209]

Devemos distinguir, porém, a invalidação do concurso *antes* e *depois* da investidura dos aprovados.

---

[204] RE 179.500, em 26.10.1998, e RE 584.444, j. 2.3.2010.

[205] RE 630.733, Min. GILMAR MENDES, em 15.5.2013.

[206] STF, RE 1.058.333, j. 23.11.2018, e AI 825.545, j. 13.4.2011. Também: STJ, RMS 31.505, j. 16.8.2012, e RMS 28.400, j. 19.2.2013.

[207] STF, RE 611.874, j. 26.11.2020 (maioria, com 4 votos vencidos).

[208] STJ, REsp 1.831.507, j. 6.8.2024.

[209] FÁBIO LINS DE LESSA CARVALHO, *Concursos públicos no direito brasileiro*, Juruá, 2015, p. 407.

546 | MANUAL DE DIREITO ADMINISTRATIVO • *Carvalho Filho*

Se a ilegalidade ocorre no curso do certame, a Administração pode invalidar o procedimento sem que esteja assegurado qualquer direito de defesa aos participantes contra a anulação. O mesmo se passa se a ilegalidade é constatada após a sua realização, mas antes da investidura dos aprovados: a invalidação se legitima normalmente pela exclusiva atuação administrativa. A razão é que, como os candidatos e os aprovados têm mera expectativa em relação aos atos de investidura, é incoerente que se lhes possa outorgar direito de opor-se ao desfazimento do certame.

Nessa fase, não têm sido raras as impugnações feitas ao *edital* do concurso em virtude de eventuais ilegalidades. É sempre importante ressaltar que o edital não pode conter exigências que vulnerem o *princípio da acessibilidade* aos cargos e empregos públicos, pena de nulidade; como já se viu, são legítimos apenas os requisitos compatíveis com a natureza da função. Outro vício frequente consiste na *alteração do edital* relativamente a aspectos substanciais do ato: nada impede que se proceda a alguma retificação de ordem formal ou secundária; vedado, no entanto, é modificar elemento essencial, como, *v. g.*, a mudança do critério de classificação, a inserção de disciplinas não contidas no ato anterior, a substituição da natureza da prova e outros do gênero. Em todos esses casos, o ato editalício desafia a invalidação.[210]

Não é essa, contudo, a posição na hipótese de os candidatos aprovados já terem sido nomeados e empossados em seus cargos e de já estarem no exercício de suas funções. Aqui a invalidação do concurso se reflete diretamente sobre os atos de investidura, gerando, na prática, uma demissão por via oblíqua. Por isso, têm os Tribunais assegurado a tais servidores o direito ao contraditório e ampla defesa nos moldes estabelecidos no art. 5º, LV, da CF. Nesse caso, *"a orientação da jurisprudência do Pretório Excelso se firmou no sentido de que a anulação de concurso público, com a consequente exoneração dos servidores já empossados, somente é possível com a instauração de processo administrativo que possibilite o exercício da ampla defesa e o direito ao contraditório".*[211]

Essa hipótese, porém, não se confunde com aquela em que o indivíduo sequer se submeteu a concurso público, mas, apesar disso, foi ilegalmente nomeado. Aqui a própria Administração (e também o Judiciário), no regular exercício de sua autotutela, pode anular o ato de nomeação por conter indiscutível vício de inconstitucionalidade. Incide, pois, a prerrogativa da autoexecutoriedade dos atos administrativos, sem que contra a anulação direta do ato possa o interessado opor a garantia do contraditório e da ampla defesa, prevista no art. 5º, LV, da CF.[212]

Há ainda uma outra situação que, por estar ocorrendo com certa frequência, merece ser analisada. Trata-se de concurso público em que, a despeito de o candidato não preencher algum requisito para a aprovação (reprovação em exame, ausência no dia da prova, exame físico etc.), consegue, em ação judicial (normalmente o mandado de segurança), ser beneficiado com a concessão de medida liminar na qual se determina que o Poder Público dê posse ao candidato.

Esse tipo de decisão cautelar *in limine* é totalmente inconstitucional e carece de qualquer técnica jurídica. A medida cautelar pode, quando muito, ordenar a reserva de vaga, mas nunca impor a formação da relação funcional pela investidura, porque isso ofende diretamente a prerrogativa da presunção de legitimidade de que são dotados os atos da Administração. Se o juiz vem a acolher o pedido do candidato, todos os efeitos do erro administrativo deverão ser reparados, inclusive, se for o caso, a responsabilização funcional da autoridade. Mas daí não se pode extrair a conclusão de que o órgão judicial possa ordenar que a posse seja ultimada.

O certo é que, em virtude dessa grave erronia técnica, dezenas e até centenas de candidatos são empossados e só após a lenta tramitação do processo é que o Judiciário decide o litígio em

---

[210] À guisa de exemplo: STF, MS 27.165-DF, Rel. Min. JOAQUIM BARBOSA, em 18.12.2008.

[211] O STJ, no REsp 1.970-MA, Rel. Min. GARCIA VIEIRA, em 31.10.1990, considerou ilegal até a exoneração de servidores em estágio probatório, pela falta do contraditório e ampla defesa.

[212] STF, RE 213.513, j. 8.6.1999, e RE 224.283, j. 1.9.2001.

Cap. 11 • SERVIDORES PÚBLICOS | 547

desfavor dos candidatos. Por causa do tempo já decorrido a partir da ilegítima investidura, postulam eles a convalidação de sua situação. Pedido em tal direção é nitidamente injurídico (quando não eivado de má-fé), de modo que o único desfecho possível no caso é o desfazimento da posse através da anulação, sem qualquer direito ao candidato que não cumpriu requisito para a aprovação no certame. Imperioso, por via de consequência, descartar a teoria do fato consumado.[213]

Nesses casos, é mister destacar, inexiste qualquer motivo para invalidar o concurso. A Administração deve, isto sim, diligenciar no sentido da anulação das nomeações ilegítimas e prematuras, tão logo o Judiciário reconheça ter sido improcedente a pretensão dos candidatos. Foi, como já vimos, a solução adotada pelo STF, que não reconheceu, em tais situações, a aplicação da teoria do fato consumado, nem o princípio da proteção à confiança, sabido que o candidato conhecia muito bem o caráter de precariedade de sua investidura.[214]

Não obstante, a realidade tem demonstrado a consolidação de situações jurídicas ilícitas decorrentes de concurso público. Embora provoque certo repúdio, não há como afastar, nesse caso, a teoria do fato consumado, visto que haveria maior gravame no desfazimento do concurso do que em sua convalidação. Nessas hipóteses, contudo, cumpre analisar detidamente os aspectos que cercaram o concurso, devendo o intérprete socorrer-se dos princípios da razoabilidade e da proporcionalidade.[215] Registre-se, porém, que o desejável é que a Administração seja diligente na apreciação do procedimento concursal e em sua invalidação, quando for o caso, impedindo que o decurso do tempo converta a ilicitude em padrão de legalidade.

1.12. Sistema de Cotas: Reserva Étnica

A União Federal editou a Lei nº 12.990, de 9.6.2014, com vigência por dez anos, na qual estabeleceu a reserva aos *negros* do percentual de vinte por cento das vagas para provimento em cargos e empregos públicos no âmbito da Administração Pública federal, tanto a direta quanto a indireta. Como se trata de lei federal, a ela não se submetem as demais pessoas políticas. Trata-se de reserva étnica implementada pelo sistema de cotas, com a finalidade de proporcionar a inclusão social e reduzir as desigualdades de caráter racial. O sistema, na verdade, a despeito de retratar política inclusiva, tem merecido algumas críticas pelo fato de instituí-la fundada no fator raça, inegavelmente impreciso diante da miscigenação que marca a formação histórica da sociedade brasileira.

A reserva de vagas é destinada a candidatos negros, assim considerados os que se autodeclararem *pretos* ou *pardos* quando da inscrição no concurso, conforme o critério de cor ou raça adotado pela Fundação IBGE.[216] Sendo falsa a declaração, instaura-se processo administrativo com a garantia do contraditório e da ampla defesa e, confirmada a falsidade, dele resultará a eliminação do candidato ou, no caso de nomeação, a anulação da investidura. É evidente que nada disso funcionará se a Administração não dispuser de órgão de fiscalização, e, em consequência, muitas fraudes, sem dúvida, poderão ser cometidas.

A lei impõe que os editais de concurso especifiquem o número de vagas reservadas, mas a reserva só é compulsória quando o número de vagas for superior a três. Caso o resultado do

---

[213]   STF, RE 275.159, j. 11.9.2001 (reformou-se decisão do TJ-SC), e STF, RMS 31.538, j. 17.11.2015. Também: STJ, REsp 293.461, j. 13.3.2002.

[214]   STF, RE 608.482, Min. TEORI ZAVASCKI, em 7.8.2014.

[215]   À guisa de exemplo, vide STJ, REsp 1.130.985-PR, Rel. Min. HUMBERTO MARTINS, em 17.12.2009.

[216]   Art. 2º. O IBGE classifica as raças em 5 categorias: brancos, pretos, pardos, amarelos e indígenas. Os pardos (ou mestiços), por sua vez, subdividem-se em: mulatos (descendentes de brancos e negros), mamelucos ou caboclos (de brancos e indígenas) e cafuzos (de negros e indígenas).

548 MANUAL DE DIREITO ADMINISTRATIVO • Carvalho Filho

percentual redunde em número fracionado, será este aumentado, se a fração exceder a 0,5 (cinco décimos), para o número inteiro superior, ou diminuído em caso contrário (art. 1º, §§ 1º a 3º).

Avulta notar, ainda que os candidatos negros se habilitam concomitantemente para as vagas reservadas e para as vagas gerais (ou de ampla concorrência), em conformidade com sua classificação. Na hipótese de o candidato negro ser aprovado dentro das vagas gerais, não será incluído nas vagas reservadas. Havendo desistência de candidato para vaga reservada, será convocado o candidato da mesma categoria com a classificação imediatamente posterior. Se o número de candidatos negros não preencher as vagas reservadas, serão as remanescentes transferidas para as gerais e preenchidas pelos aprovados com melhor classificação (art. 3º, caput e §§ 1º a 3º).

A nomeação dos aprovados deverá seguir os critérios de alternância e proporcionalidade, considerando-se a relação entre a quantidade total de vagas e a reservada a candidatos negros e a candidatos com deficiência (art. 4º). O objetivo do legislador foi o de tornar global o processo de inclusão social nos concursos públicos, conjugando o direito da maioria com o das minorias.

Submetida a referida lei ao STF, foi ela declarada constitucional, afastando-se os argumentos de violação (a) ao princípio do concurso público, porque os cotistas se sujeitam ao certame; (b) ao princípio da eficiência, porque nem sempre os primeiros colocados são melhores do que aqueles em classificação inferior; (c) ao princípio da proporcionalidade, porque o percentual de 20% é congruente com o processo de reparação história e de ação afirmativa de inclusão social. Quanto à nomeação, devem ser convocados alternadamente os da lista geral e da lista específica: se há 20 vagas, sendo 4 de cotistas, nomeiam-se os 4 primeiros da lista geral e de imediato o primeiro da lista específica. Noutro giro, decidiu a Corte que a lei é federal, não se aplicando às demais unidades federativas; mas, se estas adotarem o critério, as respectivas leis serão tidas por constitucionais.[217]

1.13. Normas gerais sobre concursos públicos

1.13.1. Legislação

As normas básicas sobre concursos públicos sempre foram aquelas insculpidas na Constituição, basicamente no capítulo destinado à Administração Pública. É possível, inclusive, considerar o concurso público como verdadeiro princípio fundamental da Administração, já que atrelado a vários princípios, como a legalidade, a moralidade, a impessoalidade e a publicidade.

Apesar do conteúdo constitucional, foi editada a *Lei nº 14.965, de 9.9.2024*, que, conforme consta em sua ementa, dispõe sobre as *"normas gerais relativas a concursos públicos"*.

Como se trata de diploma que somente agora foi incluído no sistema normativo, surgirão, com certeza, algumas análises e interpretações de juristas e tribunais. Antecipamo-nos, porém, para o fim de atualização da obra e informação dos leitores sobre o tema.

1.13.2. A questão da constitucionalidade

A questão principal da matéria consiste no exame da constitucionalidade. Como é sabido, os concursos públicos são procedimentos destinados à seleção de candidatos para ocupar cargos públicos, e estes integram a estrutura administrativa de cada um dos entes federativos.

Por conseguinte, observados os parâmetros constitucionais, a *competência legislativa* para editar normas sobre concursos públicos é da própria pessoa federativa interessada. Na

---

[217] STF, ADC 41, j. 8.6.2017.

Constituição, a norma básica é o art. 37, II, que apenas enuncia que a investidura em cargo ou emprego público depende de aprovação prévia em concurso público, na *forma prevista em lei*.

Essa lei, obviamente, é aquela oriunda do ente federativo interessado no recrutamento. Portanto, a referência ao art. 37, II, da CF, pela Lei 14.965/2024 (art. 1º) não afasta a competência constitucional já fixada para as unidades da federação, a qual – registre-se – decorre da autonomia que lhes foi conferida (art. 18, CF).

O legislador parece ter ciência disso. De fato, a uma primeira vista, a impressão foi a de que a lei alcançaria todos os entes federativos. Numa vertente, dispõe sobre "*normas gerais relativas a concursos públicos*" (ementa). Noutra, afirma que os concursos serão regidos "*por esta Lei*", pelas leis e pelos regulamentos específicos, "compatíveis com esta Lei" (art. 1º, § 1º).

Ao fim, reconhecendo que seria inviável essa aplicabilidade geral, o legislador recuou e pontuou ao final: "Alternativamente à observância das normas desta Lei, os Estados, o Distrito Federal e os Municípios podem optar por editar normas próprias, observados os princípios constitucionais da administração pública e desta Lei" (art. 13, § 2º) (grifamos).

Em tal cenário, infere-se que, sem essa ressalva, a lei seria *inconstitucional* por violar a autonomia de Estados, Distrito Federal e Municípios. Por outro lado, a Lei 14.965/2024 tem que ser objeto de *interpretação conforme a Constituição* em ordem a se considerar que somente é de aplicação *compulsória* para a *administração pública federal*, sendo, pois, facultativa e subsidiária para as demais unidades federativas. Estas, portanto, são livres para estabelecer regras diversas, desde que, é claro, compatíveis com a Constituição. Cuida-se, pois, de *lei federal*, e *não nacional*, com caráter de generalidade.

1.13.3. Aplicabilidade

A lei não tem aplicabilidade geral, consignando-se algumas restrições quanto à sua incidência.

Primeiramente, é prevista uma *aplicação subsidiária* aos concursos previstos no art. 131, § 2º, da CF (Advocacia-Geral da União), e 132 da CF (Procuradorias dos Estados e do Distrito Federal), não podendo ofender normas constitucionais específicas. Sendo assim, a aplicação primária decorre da legislação e dos atos normativos que disciplinam especificamente a matéria.

Noutro giro, há também hipóteses de *inaplicabilidade* da lei. A primeira delas se refere aos concursos para juiz substituto (art. 93, *caput*, inc. I, CF), para o Ministério Público (art. 129, § 3º, CF), para a Defensoria Pública (art. 134, § 1º, CF) e para o ingresso nas Forças Armadas (art. 142, § 3º, inc. X, CF), conforme determina o art. 1º, § 3º, I, da Lei 14.965/2024.

A lei também não se aplica na hipótese das empresas públicas e das sociedades de economia mista que não recebem recursos da União para cobrir despesas de pessoal ou de custeio (art. 1º, § 3º, II). A terceira hipótese é a inaplicabilidade a essas mesmas entidades, quando não recebem recursos dos Estados, do Distrito Federal e dos Municípios para idênticas despesas (art. 1º, § 3º, III). A *contrario sensu*, caso sejam subvencionadas pelos entes federativos vinculantes, a lei lhes será aplicada normalmente.

Há, ainda, outro caso de inaplicabilidade: a lei não se aplica aos concursos públicos cuja abertura tenha sido autorizada por ato produzido *antes da entrada em vigor* da lei (art. 13, § 1º).

Por fim, há as hipóteses de *aplicabilidade facultativa*, ou seja, fica facultada a aplicação total ou parcial da lei se houver previsão no ato que autoriza a abertura de concurso nos casos acima de inaplicabilidade, bem como aos processos concernentes aos casos de contratação por tempo determinado (art. 37, *caput*, IX, CF); agentes comunitários de saúde e de combate às endemias) (art. 198, § 4º, CF); professores, técnicos e cientistas estrangeiros (art. 207, § 1º, CF); e nas hipóteses que não se enquadram na regra geral dos concursos (art. 37, *caput*, II, CF). OK

550 | MANUAL DE DIREITO ADMINISTRATIVO • *Carvalho Filho*

1.13.4. Vigência

Ficou previsto que a Lei 14.965/2024 entrará em vigor "no dia 1º de janeiro do quarto ano após sua publicação oficial" (art. 13). Apesar da pouca precisão, parece razoável a seguinte interpretação: a) a publicação ocorreu em 10.9.2024; b) o quarto ano após essa publicação ocorrerá em 9.9.2028; c) assim, o vigor terá início em 1º de janeiro de 2029.

A despeito dessa vigência futura, a lei admitiu que sua aplicação poderá ser antecipada se o assim o determinar o ato que autorizar a abertura do concurso. A aplicabilidade, nesse caso, deverá vir expressa no referido ato.

1.13.5. Conteúdo normativo

A lei estabelece como *objetivo* do concurso público a seleção de candidatos mediante *avaliação* dos conhecimentos, das habilidades e, em certos casos, das competências adequadas ao melhor desempenho das atribuições do cargo ou emprego público (art. 2º).

No procedimento concursal, é expressa a *vedação*, em qualquer fase do concurso, de qualquer *discriminação ilegítima* de candidatos em virtude de idade, sexo, estado civil, condição física, deficiência, etnia, naturalidade, proveniência ou local de origem (art. 2º, § 4º), exigindo-se, por conseguinte, ampla isonomia entre os interessados, medida louvável como política inclusiva.

Impõe-se que a *autorização* para a abertura do concurso contenha expressa *motivação*, vale dizer, o administrador estará vinculado a justificar a necessidade do procedimento (art. 3º). Devem ser mencionadas, entre outros, a denominação e quantidade dos cargos e dos empregos e comprovada a inexistência de candidatos aprovados e não nomeados em concurso anterior. Cumpre, ainda, apresentar a estimativa do *impacto orçamentário-financeiro* no exercício previsto para o provimento e nos dois seguintes (art. 3º, II, III e V).

Caso haja concurso anterior, com *candidatos aprovados e não nomeados*, para os mesmos cargos e empregos, a abertura de novo concurso será *excepcional*, compelindo-se o administrador a demonstrar a insuficiência da quantidade dos não nomeados, considerando as necessidades da administração pública (art. 3º, parágr. único).

O *planejamento* e a *execução* do concurso podem ser atribuídos a (a) comissão organizadora interna; (b) órgão ou entidade pública do mesmo ente federativo; ou (c) ente diverso especializado na seleção, capacitação e avaliação de servidores e empregados públicos (art. 4º, I e II, Lei 14.965/2024).

A etapa de *planejamento* implica várias atribuições, como, por exemplo, (a) a identificação dos conhecimentos e habilidades exigidas para os cargos e empregos; (b) a opção sobre os tipos de prova; (c) o conteúdo programático para o procedimento; e (d) a designação dos avaliadores das provas, entre outras (art. 6º).

Quanto à execução, o instrumento básico é o *edital*, ato ao qual compete mencionar vários aspectos do concurso, como a denominação e quantidade dos cargos e empregos, o ato de autorização do concurso, os atos de inscrição e pagamento da respectiva taxa, as etapas do procedimento e, enfim, todos os aspectos que devem vigorar na relação entre o órgão ou entidade responsável e os candidatos (art. 7º).

Foi destinado capitulo específico para a *avaliação* das provas, relativamente às quais devem ser analisados os conhecimentos, habilidades e competências apropriadas para o cargo ou emprego público. Os conhecimentos podem ser aferidos por provas escritas, objetivas ou dissertativas, e provas orais, sendo viável cobrir conteúdos gerais ou específicos (art. 9º).

Cap. 11 · SERVIDORES PÚBLICOS | 551

Alguns concursos incluem, como uma de suas etapas, a realização de *curso* ou *programa de formação*, compostos de uma fase de instrução quanto à missão e outra de treinamento para as atividades do cargo ou emprego. Essa fase pode ser de caráter (a) eliminatório, (b) classificatório ou (c) eliminatório e classificatório, tudo conforme estiver previsto no edital (art. 11).

2. ACESSIBILIDADE

2.1. Sentido

Acessibilidade é o conjunto de normas e princípios que regulam o ingresso de pessoas interessadas no serviço público. Os parâmetros que regem o acesso ao serviço público acarretam vinculação para os órgãos administrativos, de modo que não pode a Administração criar dificuldades maiores nem abrir ensanchas de facilidades fora das regras que compõem o sistema.

Cuida-se, pois, de verdadeiro direito subjetivo[218] – o direito de acesso aos cargos, empregos e funções públicas, observadas logicamente as normas aplicáveis em cada tipo de provimento.

Convém notar que o direito de acesso, previsto no art. 37, I, da CF, corresponde ao ingresso no serviço público, ou, se assim se preferir, ao provimento inicial ou originário.[219]

2.2. Incidência

A regra fundamental do acesso ao serviço público é a que figura no art. 37, I, da CF, com a alteração introduzida pela E.C. nº 19/1998. Reza o dispositivo que *"os cargos, empregos e funções públicas são acessíveis aos brasileiros que preencham os requisitos estabelecidos em lei, assim como aos estrangeiros, na forma da lei"*.

Primeiramente, é preciso observar que o direito de acesso ao serviço público é conferido aos *brasileiros* que preencham os requisitos legais. Como não há qualquer restrição quanto ao sentido do termo, devemos entender que são titulares do direito não apenas os brasileiros natos como os naturalizados. Essa é a regra geral. A exceção está contemplada no art. 12, § 3º, da CF, que enumerou alguns cargos privativos de brasileiro nato: Presidente e Vice-Presidente da República; Presidentes da Câmara dos Deputados e do Senado Federal; Ministro do STF; membros da carreira diplomática; oficial das Forças Armadas e Ministro de Estado da Defesa.

Em relação ao dispositivo, surgiu a questão de saber se, diante do texto original, o estrangeiro poderia ingressar no serviço público, eis que não havia qualquer referência a tal situação. A nosso ver, o texto, isoladamente considerado, não abria qualquer brecha para o recrutamento de estrangeiro com vistas a cargo, emprego ou função na Administração. Numa interpretação sistemática, contudo, parecia-nos que a Constituição já admitia o ingresso no caso de contratação temporária, prevista no art. 37, IX, da CF, não só por ser temporária como por ter natureza excepcional.[220] Havia, porém, entendimento pelo qual seria totalmente vedada a admissão.[221]

O legislador federal confirmou essa possibilidade ao inserir, entre os casos desse recrutamento, a contratação de professor e pesquisador visitante estrangeiro (art. 2º, V, Lei nº 8.745/1993). Confirmando a possibilidade, a EC nº 11, de 1996, inseriu o § 1º no art. 207 da

---

[218] MARIA SYLVIA DI PIETRO, ob. cit., p. 317.
[219] JOSÉ MARIA PINHEIRO MADEIRA, *Servidor público na atualidade*, América Jurídica, 2003, p. 45).
[220] No mesmo sentido, HELY LOPES MEIRELLES, *Direito administrativo brasileiro*, cit., p. 373.
[221] DIÓGENES GASPARINI, *Direito administrativo*, cit., p. 125.

552 | MANUAL DE DIREITO ADMINISTRATIVO • *Carvalho Filho*

CF, dispondo: *"É facultado às universidades admitir professores, técnicos e cientistas estrangeiros, na forma da lei"*. O Estatuto federal (Lei 8.112/1990) passou a admitir o recrutamento de estrangeiros pelas universidades e instituições de pesquisa científica (art. 5º, § 3º).

Com o advento da EC nº 19/1998, restou ampliado, no art. 37, I, da CF, o princípio da acessibilidade também aos estrangeiros, nos termos da lei reguladora. Reconheceu o Constituinte que a rigidez do texto anterior, limitando o acesso aos cargos e funções públicas apenas aos brasileiros, criou inúmeras dificuldades naquelas situações específicas em que se tornava necessário o recrutamento de professores, técnicos e profissionais estrangeiros. É claro que, mesmo não podendo esse recrutamento caracterizar-se como regra geral, é possível agora ao legislador ordinário, regulamentando o dispositivo, estabelecer os casos e as condições nos quais será legítimo o acesso de estrangeiros às funções públicas. Todavia, urge a promulgação da lei regulamentadora, pois que dela depende a eficácia do mandamento constitucional.[222]

Em suma, o que se tem de certo na questão da acessibilidade é que ofende o princípio da legalidade, consignado no art. 37 da CF, a prática de ato que vise a alijar candidato a concurso público sem que o órgão responsável decline expressamente a justificativa que o impulsionou. É vedada a ausência de fundamento no ato. Nesse sentido – diga-se por oportuno – já decidiu o STF em verbete sumular: *"É inconstitucional o veto não motivado à participação de candidato a concurso público."*[223] Ato administrativo com tal natureza estará contaminado de vício nos requisitos do motivo e, muito provavelmente, da finalidade, o que o torna passível de invalidação pela própria Administração ou pelo Judiciário.

2.3. Requisitos de Acesso

O direito de acesso ao serviço público não é desprovido de algumas exigências. Por esse motivo, o texto constitucional deixou bem claro que o acesso pressupõe a observância dos requisitos estabelecidos em lei. De antemão, é importante frisar que, pelo princípio da isonomia, os requisitos exigidos dos candidatos devem ser os mesmos, independentemente do fato de que alguns possam ter prosseguido no certame por via judicial.[224] A orientação é acertada, pois que, se houve correção judicial, é porque a Administração produziu erro administrativo.

Para inteira garantia dos interessados, é sempre imperioso destacar que, nos termos do art. 37, I, da CF, os requisitos devem ter expressa previsão em *lei*. Em consequência, os editais de concurso – nesse aspecto, atos vinculados – devem reproduzi-los fielmente, admitindo-se apenas que exijam alguns deles derivados dos que estão na lei, ou ao menos com eles estreitamente conexos. Há órgãos administrativos que não observam essa necessária correspondência, criando exigências não contidas na lei. Para exemplificar, se a lei estabelece, como requisito, que o candidato tenha diploma de graduação, é vedado que o edital exija diploma de pós-graduação.[225] Seria típica hipótese em que o ato administrativo exorbitaria dos limites legais.

Podemos dividir os requisitos em *objetivos* e *subjetivos*. Objetivos são aqueles que guardam pertinência com as funções do cargo ou emprego, como é o caso das provas de conhecimento, das provas de título, provas de esforço e demais testes de avaliação do mesmo gênero. Subjetivos são os requisitos que dizem respeito à pessoa do candidato, como os exames físico e psíquico, a boa conduta, a prestação de serviço militar, a escolaridade etc. Nenhum requisito subjetivo pode discriminar o candidato em razão de suas condições estritamente pessoais, como raça,

---

[222] 14.6.2011 (validou-se norma de Estatuto vedatória à admissão de estrangeiro).
[223] Súmula 684, STF.
[224] STF, RE 596.482-RJ, j. 7.6.2011.
[225] Assim decidiu o STJ no RMS 33.478, j. 21.3.2013.

cor, credo religioso, credo político, forma estética, sexo e idade (nesses últimos casos, com as exceções adiante registradas).

Mesmo os requisitos objetivos devem ser fixados em estrita consideração com as funções a serem exercidas pelo servidor, sob pena de serem considerados discriminatórios e violadores dos princípios da igualdade e da impessoalidade. Se a lei consigna algum dispositivo que institua requisito ofensivo a tais postulados, estará ele inquinado do vício de inconstitucionalidade. Em concursos da área jurídica, por exemplo, tem sido exigido o requisito da *prática forense*. Ora, a expressão está longe de ser precisa e seu sentido natural é o de que pode ser candidato ao concurso quem *tenha exercido atividade ligada à área jurídica*. Por essa razão, O STJ já decidiu que *"o conceito de prática forense, como delimitado no edital de concursos, é restritivo, limitativo, devendo abranger, também, aquelas outras atividades ligadas ao exercício laboral dos funcionários da Justiça, dos estágios das faculdades, das assessorias etc.".*[226] É o caso também do exercício no cargo de técnico judiciário, que obviamente importa prática forense pelas funções a ela relativas.[227]

O art. 93, I, da Constituição, com a alteração introduzida pela EC nº 45/2004 (Reforma do Judiciário), passou a estabelecer que para o ingresso na carreira da Magistratura será exigido, dentre outros requisitos, que o bacharel em direito tenha, no mínimo, três anos de *atividade jurídica*. Idêntico requisito é exigido para o ingresso na carreira do Ministério Público, como dispõe o art. 129, § 3º, da CF, também alterado pela aludida EC nº 45/2004. A expressão, sem dúvida, é mais precisa que a de *"prática forense"*, adotada em algumas leis e regulamentos de concurso. É mais ampla também, visto que englobará grande universo de interessados que, impedidos de exercer a prática do foro em si, atuam em setores indiscutivelmente ligados à área jurídica, não sendo justo, realmente, que ficassem alijados do certame.

Tem lavrado alguma controvérsia sobre o termo inicial da contagem do prazo para a *comprovação do tempo de atividade jurídica*. Vários têm sido os momentos apontados para o início do prazo, inclusive o da colação de grau (que, anote-se, não é referido na CF: arts. 93, I, e 129, § 3º).[228] Parece-nos duvidoso tal critério. O termo *a quo* legítimo é aquele em que o candidato concluiu com êxito seu curso e que, por ter cumprido todas as condições, tem direito à colação do grau e recebimento do respectivo diploma; por isso, costuma receber um certificado provisório naquele primeiro momento. Na verdade, esses fatos ulteriores constituem mera finalização formal do procedimento e, em regra, são protelados por demora atribuída às próprias universidades e órgãos públicos, não podendo o interessado ser prejudicado pela omissão de terceiro.[229] Não obstante, se a demora na colação de grau for atribuída à omissão do interessado, dela (e não da conclusão do curso) deve ser contado o aludido prazo, pois que o direito não socorre aos omissos e desinteressados.

Registre-se que o requisito relativo à prática profissional (atividade jurídica) só se afigura legítimo por força de dispositivos constitucionais expressos relacionados ao ingresso na Magistratura e no Ministério Público, os quais, na verdade, excepcionam a regra geral da acessibilidade aos cargos públicos, prevista no art. 37, I, da CF. Para as demais carreiras, a exigência de comprovar prazo mínimo de *prática profissional* é inconstitucional e ofende o aludido princípio da acessibilidade bem como o da impessoalidade (art. 37, CF). Vulnera também o princípio da razoabilidade, já que tal restrição é incongruente com o sistema de concurso público adotado em nosso ordenamento, fundado basicamente no critério do

---

[226] STJ, MS 6.216-DF, j. 12.5.1999.
[227] STJ, RMS 14.434-MG, j. 9.3.2003.
[228] STF, ADI 3.460-DF, j. 31.8.2006.
[229] Acertadamente decidiu o STJ no RMS 26.667, j. 11.11.2008.

554 | MANUAL DE DIREITO ADMINISTRATIVO • Carvalho Filho

mérito. Poderá admitir-se tal exigência, contudo, se ela se revelar absolutamente *indispensável às funções* a serem exercidas, o que, além de ter caráter de exceção, demandará o exame caso a caso da hipótese, bem como a inclusão do requisito em item próprio do edital – que, aliás, não basta isoladamente.[230] Semelhante requisito, afinal, é apropriado para recrutamento de empregados por pessoas do setor privado, que, como se sabe, não se sujeitam à compulsória realização de concurso público.

Vários são os exemplos de requisitos de acesso ilegítimos. Numa hipótese foi considerada inconstitucional e irrazoável lei que fixou estatura mínima para o cargo de Oficial de Saúde da Polícia Militar do Estado de Minas Gerais.[231] Em outra hipótese, o STF, confirmando acórdão do Tribunal de Justiça local, manteve a mesma posição quando foi fixada altura mínima de 1,60 m para preenchimento do cargo de escrivão de polícia do Estado do Mato Grosso do Sul, garantindo a uma candidata que tinha 1,57 m o direito de participar do certame.[232]

Taxas de inscrição em concurso fixadas em valor excessivo também constituem fator de violação ao princípio da acessibilidade, impedindo a participação de candidatos com menor poder aquisitivo. O montante arrecadado deve destinar-se apenas ao custeio do concurso, e não servir como fonte de recursos para a Administração, fato que espelha inegavelmente desvio de finalidade e indica a prática de improbidade administrativa.[233]

O que se extrai das decisões proferidas pelos Tribunais é que não só o legislador como o administrador público estão impedidos de criar requisitos objetivos ou subjetivos de exclusivo caráter discriminatório. E o que é mais grave: *sem qualquer relação direta com as funções atribuídas ao cargo*. Na verdade, requisitos de acesso só se legitimam se estiver rigorosamente comprovado que foram fixados levando em conta as funções a serem exercidas, vale dizer, a missão destinada ao servidor dentro do cenário da Administração Pública.

Quanto ao controle de legalidade, já se decidiu que o prazo de decadência para o mandado de segurança a ser impetrado pelo candidato, impugnando regra do edital do concurso, começa a correr do momento em que se dá a lesão ao direito no curso do certame, e não da data de publicação do edital.[234]

2.3.1. *Pessoas Portadoras de Deficiência*

Aspecto de extrema relevância social – mas que não tem merecido a devida atenção – é o que se refere às *pessoas portadoras de deficiência*. A acessibilidade destas é assegurada no art. 37, VIII, da CF, que impõe seja reservado na lei *percentual dos cargos e empregos públicos*, bem como a definição dos critérios de admissão. A Lei nº 7.853, de 24.10.1999, dispõe sobre o apoio às pessoas portadoras de deficiência e sua integração social, além de enunciar, como fundamentais, os princípios da igualdade de tratamento e oportunidade, justiça social, respeito à dignidade humana e outros de caráter social. Regulamentando essa lei, foi editado o Decreto nº 3.298, de 20.12.1999, que estabelece a política nacional para a integração da pessoa portadora de deficiência, nele sendo definidas e classificadas as deficiências,[235]

---

230   *Contra*: STJ, REsp 801.982, j. 17.5.2007.

231   STJ, RMS 1.643, j. 10.2.1993, e STF, RE 148.095, j. 3.2.1998.

232   STF, RE 194.952, j. 1.9.2001.

233   Também: ANILDO FABIO DE ARAUJO, Acesso aos cargos públicos (Inform. COAD nº 35/2011, p. 585).

234   STF, RMS 23.586, j. 25.10.2011.

235   Eis a classificação (art. 4º): (a) deficiência física; (b) deficiência auditiva; (c) deficiência visual; (d) deficiência mental; (e) deficiência múltipla.

4º (deficiências física, auditiva, visual, mental e múltipla), bem como previstas as normas de acesso ao trabalho (arts. 34 a 45), destacando-se entre elas a que exige o preenchimento de dois a cinco por cento dos cargos por portadores de deficiência (art. 36), norma aplicável a empresas com 100 ou mais empregados.

Deve ressalvar-se, entretanto, que é possível ocorrer conflito entre o princípio do acesso ao deficiente (art. 37, VIII) e os princípios da igualdade e da impessoalidade (art. 37, *caput* e II, CF). Nesse aspecto, urge considerar que estes últimos se qualificam como *princípios gerais*, ao passo que o primeiro espelha, na realidade, um *princípio específico* e, por isso mesmo, de caráter *excepcional*. Desse modo, será sempre necessário analisar cada hipótese concreta para chegar-se a conclusão compatível com o princípio da razoabilidade. Para exemplificar: em concurso no qual se ofereciam apenas duas vagas, a aplicação do percentual de cinco por cento geraria uma fração (0,1), que, arredondada, geraria uma unidade, ou seja, haveria uma só vaga para não deficientes e uma outra para deficientes. Aqui não caberia a reserva de vaga em virtude da aplicação do princípio específico; se coubesse, ofendido estaria também o princípio da razoabilidade, além, é lógico, dos princípios gerais aludidos.[236]

Diante de tal quadro normativo, não há dúvida de que as pessoas portadoras de deficiência têm *direito subjetivo à participação* nos concursos públicos, ao mesmo tempo em que o Poder Público tem o *dever jurídico* de fixar o percentual de cargos e empregos públicos a elas destinados. Se a lei do ente federativo não o tiver feito, deve fazê-lo o edital de concurso. Caso ambos sejam silentes, cabe ao interessado pleitear no Judiciário a admissibilidade da participação e a respectiva reserva de vaga.[237]

É evidente que alguns requisitos devem ser observados, como o grau e extensão da deficiência e a compatibilidade desta com as funções a serem exercidas (*adequação funcional*), o que deve ser avaliado por equipe técnica multiprofissional; o nível de escolaridade; a necessidade de adaptação *a a posteriori* etc. – procedimento previsto nos arts. 34 a 45 do Decreto nº 3.298/1999. De qualquer modo.[238] De qualquer modo, porém, a jurisprudência já consignou – a nosso ver acertadamente – que o portador de visão monocular tem direito de, em concurso público, concorrer às vagas destinadas às pessoas com deficiência (Súmula 377, STJ). Pacificou-se também o entendimento de que o portador de surdez unilateral não se insere no grupo de pessoas com deficiência, para o fim de disputa nas vagas que lhes são reservadas (Súmula 552, STJ).

A qualificação da pessoa como portadora de deficiência, em havendo divergência sobre ela, pode ser discutida em ação judicial.[239] Por outro lado, a participação de deficientes obriga à elaboração de duas listas de classificação, sendo uma delas composta exclusivamente por aqueles e destinada somente às vagas objeto da reserva.

Na verdade, não se tem visto, pelo menos até agora, maior preocupação dos órgãos estatais (salvo honrosas exceções) no que se refere ao recrutamento de pessoas portadoras de deficiência. Essa postura omissiva é inconstitucional: ao Poder Público cabe regular e incentivar essa participação, e isso porque, como sabido, trata-se de inegável instrumento de *inclusão social*.

---

[236] Também: STF, MS 26.310, j. 20.9.2007.
[237] Acertadamente, STJ, RMS 20.300, j. 3.8.2006.
[238] Os arts. 34 a 45 do Decreto nº 3.298/1999 indicam o procedimento.
[239] Vide STJ, RMS 20.875, j. 3.8.2006.

556 | MANUAL DE DIREITO ADMINISTRATIVO • *Carvalho Filho*

2.3.2. *Requisitos de Inscrição e do Cargo*

Outro ponto importante, mas que tem suscitado entendimentos discrepantes por falta de análise mais funda e lógica sobre a matéria, reside na distinção – que muitos deixam de fazer – *entre requisitos de inscrição* e *requisitos do cargo*. Consistem os primeiros em algumas exigências legitimamente reclamadas pela Administração ao momento em que o candidato se inscreve no concurso. É o caso, por exemplo, de exibição da carteira de identidade (ou apresentação de cópia) para a identificação do candidato, ou de exibição de procuração, quando se trata de inscrição feita por mandatário em favor de terceiro.[240] Tais requisitos, como é óbvio, devem estar previstos no edital do concurso, que é o regime jurídico disciplinador do certame. Qualquer requisito de inscrição exigido sem previsão no edital constitui inegável abuso de poder. Já se decidiu que o limite de idade, quando previsto em lei e no edital, deve ser apurado na fase de inscrição, e não da posse, haja vista a impossibilidade de prever o momento da realização do certame.[241]

Diferentemente, os *requisitos do cargo* são aqueles que o candidato deve preencher para a investidura no cargo público. Dizem respeito, portanto, à natureza das funções a serem exercidas, e não ao procedimento de seleção levado a efeito pelo concurso. Em virtude do princípio da legalidade (art. 37, CF), esses requisitos devem estar contemplados *em lei*. Nada impede, contudo, que o edital os mencione, reproduzindo o que a lei estabelece. O que não é lícito é que tal exigência seja *apenas* prevista no edital. Também revela ilegalidade a exigência de cumprir requisito de cargo ao momento em que o candidato se limita a inscrever-se no concurso. Cuida-se de exigência prematura, desnecessária e inoportuna. Se o requisito é para o cargo, sua exigência deverá dar-se somente quando o candidato, já agora aprovado, estiver em condições de ser nomeado para a consequente investidura.[242] O Supremo Tribunal Federal, examinando o tema, também adotou essa posição.[243] O Superior Tribunal de Justiça a consagrou expressamente em verbete sumular. Lamentavelmente, o STF decidiu diferentemente, admitindo, ao momento da inscrição, a exigência da comprovação do requisito de atividade jurídica por três anos – requisito tipicamente relacionado à investidura.[244] Para cargos fora da área jurídica, o mesmo STF decidiu o contrário, ou seja, os requisitos do cargo devem ser reclamados antes da posse, o que revela inegável contradição.[245]

O STJ passou a adotar esse entendimento, restringindo-o, contudo, às carreiras da magistratura e do Ministério Público. Em tais hipóteses, por conseguinte, não incidiria a Súmula 266 do mesmo Tribunal, o que não impediria sua incidência sobre outras carreiras. Fundou-se a decisão na nova redação dada ao art. 93, I, da CF, pela EC nº 45/2004, bem como no art. 129, § 3º, da CF, que se identifica com aquele dispositivo.[246] Entretanto, não abonamos semelhante pensamento. Na verdade, a alteração introduzida pela citada EC nº 45/2004 não fez qualquer referência ao momento de comprovação do tempo de atividade jurídica. Além disso, a contagem desse período tem que estender-se até a posse, pois que é nesse momento que o candidato aprovado ingressa na carreira, e não no momento em que apenas se inscreve no concurso. Aliás, em ambos os dispositivos consta a expressão *"o ingresso na carreira"* e esse, evidentemente, não

---

[240] A respeito, vide RITA TOURINHO, *Concurso público*, Lumen Juris, 2008, p. 67-68.

[241] STF, ARE 840.592, j. 23.6.2015.

[242] STJ, RMS 10.764, j. 16.9.1999 (candidato só obteve diploma ao momento da investidura).

[243] STF, RE 184.425, j. 1.10.1996, e STJ, RMS 11.904, j. 13.11.2001 (idade de 18 anos antes da investidura).

[244] ADI 3.460, j. 31.8.2006 (3 votos vencidos, a nosso ver, com a melhor interpretação). Também: STF, RE 655.265, j. 13.4.2016 (3 votos vencidos).

[245] STF, AgR-RE-594.862, j. 9.11.2010.

[246] STJ, RMS 21.426, j. 14.2.2007.

Cap. 11 • SERVIDORES PÚBLICOS | 557

se dá na oportunidade da inscrição no concurso. Essa é que nos parece a interpretação lógica do requisito em foco.

Quanto à *escolaridade*, que se configura como requisito para o cargo (mas que, às vezes, equivocadamente, é exigida no ato de inscrição), pode a Administração não proceder à nomeação se o candidato aprovado não a comprova nesse momento, ou a comprova em nível inferior ao exigido no edital. No entanto, a recíproca não é verdadeira: se o candidato tem nível de escolaridade superior ao exigido no edital, é vedado à Administração obstar-lhe a investidura sob esse argumento.[247] Caso o concurso não esteja concluído e a lei venha a elevar o padrão de escolaridade para o cargo, é lícito alterar o edital para adequá-lo à nova exigência legal. Nesse caso, serão excluídos do certame aqueles que não possuírem a nova escolaridade, o que se funda na premissa (mencionada anteriormente) de que o participante do concurso tem mera expectativa quanto à nomeação para o cargo.[248]

O *exame médico admissional* traduz requisito para o acesso ao serviço público, porque a investidura no cargo pressupõe que o servidor esteja fisicamente apto a exercer suas funções. Trata-se de requisito legal, vez que, como regra, vem expresso nos estatutos funcionais – estes, como sabido, formalizados por leis. É dispensável a informação no estatuto de que a inaptidão nesse exame tem caráter eliminatório, vez que esse efeito resulta naturalmente daquela circunstância.[249]

Questão delicada e complexa é aquela que diz respeito à *capacitação moral* do candidato instituída como requisito de acesso em fase às vezes denominada de *investigação social*. Esse tipo de aferição nem sempre é muito simples e pode dar margem à arbitrariedade por parte dos agentes integrantes da comissão de concurso. Para que seja legítima, necessário se faz que a condição moral do candidato seja efetivamente incompatível com as funções do cargo a que aspira. O STF, por exemplo, já teve a oportunidade de sentenciar, em concurso para escrivão de polícia, inclusive reformando acórdão do TJ-RS, que a só existência de ação penal instaurada contra o candidato por crime de corrupção passiva não rende ensejo à definição de falta de capacidade moral, sendo fundamento o fato de que o afastamento ofenderia o art. 5º, LVII, da CF, pelo qual ninguém pode ser considerado culpado até o trânsito em julgado de sentença penal condenatória.[250] A nosso juízo, contudo, essa hipótese ensejaria suspensão do direito à nomeação e posse até que a ação tivesse o trânsito em julgado: se não houve condenação, indícios fortes ao menos foram considerados para a instauração da ação penal.[251] A melhor posição, portanto, é a que não admite excessos nem restritivos nem imoderadamente amplos.[252] É de se reconhecer, no entanto, a tendência de considerar inconstitucional o impedimento de candidato sujeito a inquérito ou ação penal em curso, em face do princípio da presunção de inocência.[253]

Hipótese diversa, entretanto, é aquela em que o delito já foi alcançado pela prescrição. Como se trata de instituto que rende ensejo à extinção da punibilidade, a prática do delito não pode servir como óbice à capacitação moral do candidato, permitindo que este concorra em igualdade de condições com os demais candidatos. Com esse entendimento, o STF, reformando

---

[247] O STJ, no REsp 308.700, j. 26.2.2002, reformou decisão contrária.

[248] Também: STF, RE 318.106, j. 18.19.2005, reformando decisão do TST.

[249] Assim decidiu o STJ no AgRg. no REsp 1.414.990, Min. HUMBERTO MARTINS, em 3.4.2014.

[250] RE 194.872, Min. MARCO AURÉLIO, em 7.11.2000. Também: STJ, REsp 795.174, Min. LAURITA VAZ, em 4.2.2010, e AgRg no RMS 39.580, Min. MAURO CAMPBELL MARQUES, em 11.2.2014.

[251] *Contra*: STJ, RMS 11.396, j.12.11.2007, pela imediata nomeação.

[252] O STF decidiu não ter capacitação moral o candidato sujeito à suspensão condicional do processo, na forma da Lei nº 9.099/1995, em virtude das restrições decorrentes de tal situação (RE 568.030-RN, Rel. Min. MENEZES DIREITO, em 2.9.2008).

[253] Nessa direção, STF, RE 560.900, j. 6.2.2020.

558 | MANUAL DE DIREITO ADMINISTRATIVO • *Carvalho Filho*

acórdão do TJ-RS e restabelecendo a sentença monocrática, decidiu em favor de candidato cujo delito de falsidade ideológica havia sido objeto de prescrição.[254]

Se o servidor foi punido com demissão em um cargo e, posteriormente, é aprovado em concurso público para outro cargo, não haverá, em princípio, óbice para sua nomeação. Para que haja impedimento, deve haver previsão expressa em lei, já que os requisitos de acesso se sujeitam à reserva legal; no silêncio da lei, o aprovado tem direito à nomeação, estando o administrador vinculado à obrigação de investi-lo no cargo, em observância ao princípio da legalidade estrita.[255]

A existência de anotações em certidão relativas a ações de natureza cível nas quais seja réu o candidato não tem o condão, da mesma forma, de atribuir-lhe o cunho de inidoneidade, impedindo a sua investidura. Primeiramente, porque a propositura de ações contra ele depende da iniciativa de terceiros, no caso os seus autores. Demais disso, sua tramitação, sem que tenha havido desfecho, aponta para a presunção que milita em seu favor, sendo ilegal que se imponham restrições incompatíveis com a falta de definitividade das soluções judiciais.[256]

Visando a assegurar o caráter reservado de certas informações, a EC nº 19/1998 acrescentou ao art. 37 da CF o § 7º, prevendo que lei venha a dispor sobre os requisitos e as restrições de servidores públicos da Administração Direta ou Indireta, quando as funções de seu cargo ou emprego ensejarem o acesso a informações privilegiadas. No caso, poderá a lei não somente estabelecer requisitos mais restritivos para o ingresso no serviço público, como também fixar restrições mais rigorosas aos servidores, haja vista que ao privilégio de acesso a tais informações reservadas deverá corresponder, obviamente, responsabilidade civil, penal e administrativo-funcional mais severa.

2.4. Sexo e Idade

Os fatores pertinentes ao sexo e à idade de candidatos ao provimento de cargos públicos têm provocado funda controvérsia entre os estudiosos e nos Tribunais.

Segundo pensamos, a análise de tais requisitos deve ser efetuada levando em conta tão somente *a natureza das funções* a serem exercidas pelo futuro servidor. Podemos, no entanto, considerar que a regra geral consiste na impossibilidade de eleger esses fatores como requisitos de acesso aos cargos e empregos públicos. Homens e mulheres, independentemente de sua idade, devem disputar normalmente as vagas reservadas para candidatos em concurso público (art. 39, § 3º, CF).

É forçoso reconhecer, porém, a existência de certas situações e de certas funções públicas que permitiriam a fixação de determinada idade ou determinado sexo. O que é certo, diga-se por oportuno, é que tais situações devem revestir-se do caráter de excepcionalidade para não haver ofensa aos postulados constitucionais aplicáveis. Não obstante, se ocorrerem, será lícito estabelecer o requisito.

No que toca à idade, entendemos acertada a observação de CELSO ANTÔNIO BANDEIRA DE MELLO, segundo o qual *"não é inconstitucional estabelecer limite de idade quando o concurso destinar-se a determinados cargos ou empregos cujo desempenho requeira esforços físicos ou cause acentuados desgastes intoleráveis a partir de faixas etárias mais elevadas"*.[257]

Muitas decisões judiciais discrepam também nesse ponto, mas parece estar sendo firmado esse entendimento. O STF, por exemplo, assentou a regra geral da inviabilidade do requisito

---

[254] STF, RE 212.198, j. 14.8.2001.
[255] STJ, RMS 30.518, em 19.6.2012.
[256] Em tal sentido, STJ, MC 16.116-AC, Rel. Min. OG FERNANDES, em 18.5.2010.
[257] Ob. cit., p. 134. Do mesmo pensamento participa HELY LOPES MEIRELLES (ob. cit., p. 374). Contra: JOSÉ AFONSO DA SILVA (*Direito constitucional positivo*, cit., p. 570).

de idade, mas ressalvou as hipóteses em que a limitação pudesse justificar-se em virtude da natureza das atribuições do cargo a ser preenchido.[258] Em casos nos quais a limitação não teria justificativa, os dispositivos legais foram considerados inconstitucionais.[259]

A controvérsia sobre o requisito de idade acabou por ser definida pelo STF, que registrou em súmula: *"O limite de idade para a inscrição em concurso público só se legitima em face do art. 7º, XXX, da Constituição, quando possa ser justificado pela natureza das atribuições do cargo a ser preenchido"* (Súmula 683, STF).

Um desses casos consiste na previsão, em dispositivo legal ou em edital de concurso, de dispensa do requisito de idade em favor de candidatos que já sejam servidores públicos, em detrimento dos demais candidatos. A ilegitimidade é flagrante, visto que a discriminação de idade não teria suporte na natureza das funções, como seria aceitável, mas sim na qualificação jurídica pessoal do candidato. Há, portanto, inegável ofensa aos princípios da impessoalidade e da acessibilidade funcional, sendo plenamente cabível ao Judiciário reprimir essa distorção.[260]

A despeito dessas premissas, que se afiguram de lógica aceitável, nem sempre os Tribunais têm adotado idêntico pensamento no trato da matéria, havendo, em alguns casos, decisões que não têm lastro sólido no sistema constitucional.

O STJ, por exemplo, decidiu que a proibição constitucional pertinente ao limite de idade não se estenderia aos juízes pelo fato de serem caracterizados como membros de Poder.[261] O argumento é de extrema fragilidade, pois que o mandamento constitucional é aplicável a todos os cargos públicos. O STF, entretanto, adotou a posição correta, considerando inconstitucional o limite de idade fixado para ingresso no Ministério Público, considerando seus membros, em sentido lato, como servidores públicos, a mesma caracterização, aliás, que deve ser atribuída aos magistrados para esse fim.[262]

No que diz respeito à *idade mínima*, deve-se aplicar a mesma linha de pensamento adotada para o limite máximo de idade. O ponto central da legitimidade ou não dessa fixação, repita-se, é a natureza das funções a serem exercidas. Se a Administração institui limite mínimo ofendendo o princípio da razoabilidade, o requisito é inconstitucional. Caso demonstre, de forma fundamentada, a razão por que é fixada a idade mínima, a restrição é legítima e não merece qualquer impugnação.

Analisando edital de concurso para ingresso na Polícia Militar do DF, o Pretório Excelso deu foros de legalidade à fixação de idade máxima e de idade mínima para a investidura na corporação.[263] Para o cargo de Magistrado, por exemplo, tem sido admitida a exigência de idade mínima superior à fixada para outros cargos (*v. g.*: vinte e cinco anos), com a justificativa de que as relevantes funções do cargo exigem maior maturidade para serem devidamente exercidas.[264] O mesmo poderá ocorrer com cargos de natureza assemelhada, dependendo sempre da natureza das funções. A propósito, já se decidiu que candidato aprovado em concurso com 17 anos de idade, já emancipado, pode tomar posse no cargo para o qual se habilitou, ainda que a exigência de idade mínima de 18 anos conste na lei ou no edital.[265] Consolida-se, pois, a tendência de flexibilizar a idade mínima, em conformidade com os princípios da razoabilidade e do acesso.

---

[258] STF, RE 157.863, j. 31.8.1993 e RO em MS 21.045, j. 29.3.1994.

[259] STJ, RMS 2.341, j. 29.5.1995 (cargo de arquiteto não exige limitação de idade).

[260] Assim decidiu o TJ-MG (ApCiv. 125.309, DO 24.6.1999).

[261] STJ, RMS 1.082, j. 2.6.1993.

[262] STF, RE 197.847, j. 19.5.1998.

[263] STF, AI 284.001 (AgRg), j. 24.10.2000.

[264] STJ, RMS 14.156, j. 27.8.2002 (idade verificada até a posse, e não na inscrição).

[265] STJ, REsp 1.462.659, j. 1.12.2015.

560 | MANUAL DE DIREITO ADMINISTRATIVO • *Carvalho Filho*

Idêntica linha de pensamento pode ser adotada em relação ao requisito *sexo*. Em princípio, o sexo não pode ser fixado como requisito de acesso. Ressalvadas estarão, no entanto, as situações funcionais que justificarem a escolha de um ou outro dos sexos. Em concurso para prover cargos de Monitora em estabelecimento de abrigo para meninas adolescentes, seria válido limitar-se o acesso ao sexo feminino.[266] Vedado será, entretanto, instituir esse requisito em casos que não tenham qualquer justificativa e em que as funções do cargo possam ser normalmente executadas por pessoas de qualquer dos sexos.[267] O STF, inclusive, já considerou ofensivo ao princípio da isonomia edital que admitia somente candidatos do sexo masculino, sem que nem o ato nem a legislação declinassem a justificativa para a restrição.[268]

A propósito, é oportuno destacar que a *própria lei* pode exigir determinado sexo para os cargos e funções públicas. É o que ocorre com a Lei nº 7.210/1984 (Lei de Execução Penal), que impõe aos estabelecimentos penais destinados a mulheres quadro funcional constituído exclusivamente de agentes do sexo feminino na segurança de suas dependências internas (art. 83, § 3º, Lei nº 7.210/1984). Verifica-se, pois, que a especificação do sexo, em certas situações, não se afigura apenas conveniente e razoável, mas rigorosamente necessária.

Para alguns agentes especiais, é a própria Constituição que registra idades máxima e mínima. A nomeação para os cargos de Ministros do STF, STJ, TST e TCU e juiz do TRF ou TRT pressupõe a idade mínima de 35 anos e máxima de 70 anos de idade (arts. 101, 104, parágrafo único, 111-A, 73, § 1º, I, 107 e 115, respectivamente). Antes, a idade máxima era de 65 anos, mas a EC nº 122, de 17.5.2022, a elevou para 70.

2.5. Exame Psicotécnico

O exame psicotécnico é aquele em que a Administração afere as condições psíquicas do candidato a provimento de cargo público. Trata-se de requisito legítimo, visto que as funções públicas devem ser exercidas por pessoas mentalmente sãs. Algumas observações devem ser feitas, entretanto, a respeito desse tipo de aferição. Tratando-se de requisito de acesso a cargos públicos, deve ser expressamente previsto em lei.[269]

Em estudo que fizemos a respeito, procuramos demonstrar que, por largo período, as pessoas se insurgiam contra esse exame porque não se lhes permitia a verificação dos resultados. Concluímos, ao final, que a validade do exame psicotécnico estava subordinada a dois pressupostos necessários: o real objetivo do teste e o poder de revisão, para o fim de evitar qualquer forma de subjetivismo que vulnere o princípio da impessoalidade na Administração.[270]

Atualmente, está pacificado o entendimento de que o exame psicotécnico deve permitir ao candidato a avaliação do resultado. O STF, a respeito, decidiu que não pode ser considerado exame a entrevista com clausura ou reservada, sem que haja parâmetros técnicos, nem pode integrá-lo qualquer aferição despida de rigor científico, que renda ensejo ao arbítrio, ao preconceito e aos humores do examinador.[271]

A decisão é irretocável e indica que não se pode considerar legítimo o exame, nem qualquer de suas etapas, quando a Administração promove entrevistas, diálogos, dissertações orais, sem que possa o candidato ter parâmetros para verificar o resultado. Sendo o exame calcado

---

[266] CELSO ANTÔNIO BANDEIRA DE MELLO exemplifica com o cargo de polícia feminina (*Curso*, p. 134).

[267] STF, RE 120.305, j. 8.9.1994 (Oficialato da Polícia Militar).

[268] STF, RE 528.684, j. 3.9.2013.

[269] STJ, AgRg. no REsp 773.288, Min. CELSO LIMONGI, publ. em 1º.2.2010.

[270] Cf. nosso trabalho Exame psicotécnico: natureza e condições de legitimidade, publ. no *Livro de Estudos Jurídicos* nº 9, em 1994, p. 329-337.

[271] STF, RE 112.676, j. 17.11.1987.

Cap. 11 · SERVIDORES PÚBLICOS | 561

em pressupostos científicos e objetivos, terá licitude, pois que ao interessado será permitido confrontar o resultado a que chegaram os examinadores. É imperioso anotar, entretanto, que, se o exame psicotécnico for anulado por vício de legalidade, o candidato deverá submeter-se a novo exame, desta feita sem os vícios anteriores, a fim de lhe ser aferida a capacidade psicológica para o exercício do cargo, medida que também visa a preservar o princípio da isonomia, relativamente aos demais candidatos.[272]

Não obstante, há que considerar-se que a exigência relativa à aferição psíquica do candidato ao concurso deve ser prevista em lei, como claramente estabelecido no art. 37, I, da CF. Esse fato impõe, naturalmente, que a Administração inclua também no edital, decorrente da referida lei, a previsão do exame, sendo a conduta nesse caso vinculada à disposição legal.[273] Se o exame psicotécnico é previsto apenas no ato da Administração, como elemento de aferição psíquica, a exigência se configurará como inconstitucional. O STF já teve a oportunidade de definir esse tema nesse exato sentido,[274] vindo, inclusive, a consagrar tal orientação em verbete sumular.[275]

Por outro lado, se o servidor já se submeteu a exame psicotécnico para o cargo que ocupa e se submete a concurso para cargo idêntico ou de funções semelhantes da mesma pessoa federativa, sem que a Administração lhe tenha atribuído anteriormente qualquer comportamento doentio sob o aspecto psíquico, desnecessária será nova avaliação psicológica ou, se tiver sido realizada, irrelevante seu resultado. Foi a solução dada pelo STF em hipótese na qual Procurador da Fazenda Nacional, com mais de cinco anos de exercício, e aprovado com excelente resultado nas provas intelectuais, foi considerado inapto para ingresso no cargo de Procurador da República. O eminente Relator decidiu que, tendo o candidato ultrapassado aquelas provas e *"demonstrando perfeita adequação às funções do cargo pretendido, perde relevo o resultado do exame psicotécnico"*, de modo que a hipótese estaria a desafiar a concessão da segurança para o fim de lhe ser assegurada a posse no cargo para o qual se habilitou.[276]

Hipótese semelhante, e também de flagrante ilegalidade, ocorre com as denominadas *entrevistas*, que, na realidade, escondem forma de eliminação de candidatos, ao sabor, frequentemente, de selecionadores nem sempre habilitados para extrair qualquer tipo de aferição do candidato. Trata-se de prática que, não raro, conduz a abusos que prejudicam gravemente o candidato e não lhe oferecem qualquer oportunidade de defesa contra o abuso nem ensejo para rechaçar os motivos (quando existem) eventualmente invocados. O TJ-RJ, acertadamente, já decidiu: *"Concurso Público – Posse Impedida em Razão de Entrevista Pré-Admissional – Impossibilidade. Tendo o impetrante sido aprovado em concurso público de provas e títulos, não pode ser impedido de tomar posse em razão do resultado de entrevista pré-admissional, cujos resultados não lhe foram comunicados e onde não lhe foi possível defender-se de acusações que lhe foram feitas."*[277]

Alguns órgãos administrativos, não se sabe bem o motivo, ou se é para alguma ocultação escusa, já que não se vislumbra qualquer razão plausível, insistem em conferir ao exame psicotécnico caráter sigiloso, chegando mesmo ao ápice de inserir essa qualificação em cláusula de edital de concurso. Essa imposição é notoriamente ilegítima e ofende literalmente o princípio que assegura a qualquer indivíduo o direito à obtenção de informações perante os órgãos públicos (art. 5º, XXXIII, CF). Afinal, todos têm o direito de saber quais os motivos que conduziram o examinador a considerar o candidato inapto no exame psicotécnico, e, aliás, em qualquer tipo de prova. O resultado, já se disse, precisa ser suscetível de apreciação por outro técnico, permitindo,

---

[272] STF, RE 1.133.146 (Repercussão Geral), j. 20.9.2018.
[273] STJ, RMS 43.416, Min. HUMBERTO MARTINS, em 18.2.2014.
[274] STF, RE 232.871, Min. CARLOS VELLOSO, em 17.11.1998.
[275] Súmula Vinculante 44 (2015), antiga Súmula 686.
[276] STF, MS 20.972, j. 6.12.1989, e STJ, REsp 24.558, j. 19.10.1994.
[277] TJ-RJ, ApCiv. 13.619, DO 6.9.1999.

inclusive, que o interessado, se for o caso, recorra ao Judiciário para análise da legalidade ou não da conclusão do exame. Sem essa garantia, a administração teria a oportunidade de cometer mais abusos ainda do que os que comete usualmente. Os Tribunais, inclusive o Supremo Tribunal Federal, têm sido cada vez mais sensíveis à necessidade de observância dessa garantia.[278] O STJ também, realçando a ilegalidade, já anulou exame psicotécnico por ser sigiloso, irrecorrível e com critérios puramente subjetivos, ainda que com previsão no edital.[279]

Avulta notar, por oportuno, que os mesmos requisitos de legalidade devem ser exigidos no caso de *exame médico* do candidato aprovado. A inaptidão deste precisa constar de laudo específico do profissional competente, no qual se descrevam, pormenorizadamente, as razões que conduziram à conclusão. Se não houver tal motivação, o exame é írrito e nulo.[280]

2.6. Acesso Profissional ao Idoso

A disciplina sobre os direitos e garantias concernentes ao idoso, há muito esperada, foi introduzida pela Lei nº 10.741, de 1º.10.2003 – o Estatuto do Idoso, hoje denominado Estatuto da Pessoa Idosa pela Lei nº 14.423/2022.

No capítulo destinado à profissionalização e ao trabalho da pessoa idosa, a lei garantiu a esta o direito ao exercício de atividade profissional, observadas suas condições físicas, intelectuais e psíquicas (art. 26).

Averbou ainda a lei que, para admitir idosos em qualquer trabalho ou emprego, será vedado discriminar e fixar limite máximo de idade, inclusive para concursos, ressalvados os casos em que a natureza do cargo o exigir (art. 27). Como a definição legal do idoso atinge aqueles que têm idade superior a 60 anos, é preciso adequar tais disposições legais às condições para investidura no serviço público.

Primeiramente, o limite de idade para a investidura da pessoa idosa não poderá ser superior a 75 anos, já que, como regra geral, com essa idade ocorre a aposentadoria compulsória, como estabelece o art. 40, § 1º, II, da CF e Lei Complementar nº 152/2015. Portanto, a proibição de discriminar idade do idoso deve aplicar-se entre 60 e 75 anos de idade, para adequar-se a disposição legal ao mandamento constitucional.

Depois, será necessário considerar, como, aliás, ressalvou a lei, as funções do cargo. Algumas funções serão incompatíveis com o exercício por servidor de idade mais elevada; nesses casos, legítima será a exclusão da pessoa idosa. Contudo, se as funções forem suscetíveis de ser exercidas por servidor naquela faixa etária, ilegal será a discriminação do interessado por força de sua idade.

Para a desejável aplicação do Estatuto da Pessoa Idosa nessa parte, necessário será que o Poder Público crie e estimule programas de profissionalização especializada para os idosos, com o aproveitamento de seus potenciais e habilidades para funções regulares e remuneradas, conforme está previsto no art. 28, I, do Estatuto. A mesma disciplina específica deverá ser instituída para a investidura do idoso no serviço público.

Impõe-se, ainda, observar que a pessoa idosa não tem direito a uma melhor classificação como critério de desempate, no caso de a lei específica exigir critérios diversos preponderantes sobre o de idade. Se a lei, por exemplo, fixa como critérios sucessivos de desempate, nessa ordem, (a) o tempo de serviço público; (b) o tempo na carreira; e (c) o mais idoso, a classificação há de obedecer ao previsto na mencionada lei.[281]

---

[278] STF, RE 265.261, j. 13.2.2001 (inconstitucional sigilo de psicotécnico)

[279] REsp 442.964, j. 17.9.2002.

[280] Acertadamente decidiu o STJ em tal linha: RMS 26.927, j. 4.8.2011.

[281] Foi como decidiu o STF no MS 33.046, j. 10.3.2015, no caso de concurso de remoção para titular de ofício de registro, com aplicação da Lei nº 8.935/1994.

2.7. Direito à Amamentação

Em proteção aos efeitos da maternidade, a Lei nº 13.872, de 17.9.2019, estabeleceu o direito de as mães amamentarem seus filhos de até 6 meses de idade no dia da realização da prova ou etapa avaliatória do concurso público.

A lei é *federal*, e não *nacional*, sendo, portanto, destinada à Administração Direta e às entidades da Administração Indireta dos Poderes da União. Consequentemente, não se aplica a concursos realizados por Estados, Distrito Federal e Municípios, os quais são dotados de autonomia para regular o procedimento concursal. Entretanto, seria de todo aconselhável que também adotassem a providência em respeito à proteção da maternidade.

A mãe deverá firmar declaração com a informação da idade, servindo como elemento de prova do fato. A declaração será firmada no ato de inscrição para o concurso, mas cabe à mãe apresentar a certidão de nascimento durante sua realização.

Para exercer o direito, a mãe deve fazer previamente a pertinente solicitação ao órgão responsável pela realização do concurso. Sendo deferido o pedido, poderá indicar pessoa acompanhante para ficar com a guarda da criança durante o tempo necessário. A pessoa acompanhante ficará em sala reservada com a criança, permitindo-se que a mãe proceda à amamentação a cada intervalo de 2 horas, por até 30 minutos, por filho, hipótese em que será acompanhada de um fiscal. O tempo de amamentação será compensado em igual período.

O edital do concurso deve prever expressamente o direito à amamentação, fixando prazo para que a mãe se pronuncie sobre seu propósito de exercê-lo. Não o fazendo, ocorre a preclusão do prazo e a caducidade do direito, de modo que a mãe não poderá reclamar posteriormente contra a impossibilidade de amamentação.

3. ACUMULAÇÃO DE CARGOS E FUNÇÕES

3.1. Regra Geral

Dispõe a Constituição Federal que é vedada a acumulação remunerada de cargos públicos (art. 37, XVI). Essa é a regra geral a respeito. Significa, por exemplo, que não pode o titular de cargo de engenheiro acumular com o de oficial administrativo. O inciso XVII do mesmo art. 37, todavia, estende a proibição a mais duas situações. Uma delas é a da acumulação de empregos e funções. Dessa maneira, chega-se à primeira regra geral completa: é vedada a acumulação remunerada de cargos, empregos e funções públicas.[282]

A segunda situação de impedimento é a relativa aos cargos, empregos e funções nas autarquias, sociedades de economia mista, empresas públicas e fundações mantidas pelo Poder Público. Temos, então, a segunda regra sobre o assunto: proíbe-se a acumulação de cargos, empregos e funções também nas pessoas da Administração Indireta. A EC nº 19/1998, de reforma administrativa do Estado, alterando o art. 37, XVII, da CF, que trata desses outros casos de inviabilidade de acumulação, ampliou as vedações ali contidas, para alcançar também as subsidiárias das referidas entidades, bem como as sociedades controladas, direta ou indiretamente, pelo Poder Público. Significa dizer que, mesmo que a entidade não integre a Administração Indireta, mas desde que seja subsidiária ou que sofra controle direto ou indireto do Poder Público, vedada estará a acumulação remunerada de funções ou empregos públicos.[283]

A vedação atinge, por conseguinte, a acumulação remunerada de cargos, empregos e funções na Administração Direta e Indireta, seja dentro de cada uma, seja entre os dois setores da Administração entre si. Por outro lado, observa-se certa controvérsia no que tange à inclusão

---

[282]   STJ, RMS 38.867, j. 18.10.2012 (vedada acumulação de Oficial de Notas (notário) com cargo público).

[283]   STF, RMS 24.249, j. 14.9.2004 (ilegal acumulação de cargo com emprego em hospital sob controle da União).

564 | MANUAL DE DIREITO ADMINISTRATIVO • *Carvalho Filho*

ou não, no art. 37, XVII, da CF, de empregos em empresas públicas e sociedades de economia mista, tendo em vista serem elas pessoas de direito privado. Em nosso entender, o mandamento constitucional não dá margem a qualquer dúvida, pois que a vedação tem por destinatária a Administração Pública, envolvendo, portanto, a Administração Direta e a Indireta. Assim, é inconstitucional a acumulação de emprego em duas empresas públicas ou sociedades de economia mista, ou em uma sociedade de economia mista e uma empresa pública.[284]

Vale a pena destacar que, em virtude da ampliação das hipóteses de vedação, não mais poderão subsistir eventuais situações de acúmulo anteriormente permitidas, sendo incabível a alegação de direito adquirido por se tratar de situação jurídica com efeitos protraídos no tempo. A regra constitucional tem aplicabilidade imediata. Conquanto válidos os efeitos anteriores da acumulação, será lícito à Administração ordenar que o servidor faça sua opção por um dos cargos ou empregos, sendo obrigado por conseguinte a afastar-se do outro.

O fundamento da proibição é impedir que o acúmulo de funções públicas faça com que o servidor não execute qualquer delas com a necessária eficiência. Além disso, porém, pode-se observar que o Constituinte quis também impedir a acumulação de ganhos em detrimento da boa execução das tarefas públicas. Tantos são os casos de acumulação indevida que a regra constitucional parece letra morta; quando se sabe que o caos que reina nas Administrações sequer permite a identificação correta de seus servidores, afigura-se como grotesca a proibição constitucional, pois que será praticamente impossível respeitar o que se estabelece a respeito.

Note-se que a vedação se refere à acumulação *remunerada*. Em consequência, se a acumulação só encerra a percepção de vencimentos por uma das fontes, não incide a regra constitucional proibitiva.

3.2. Situações de Permissividade

A Constituição admite a acumulação remunerada em algumas situações que expressamente menciona. Observe-se, porém, que, seja qual for a hipótese de permissividade, há de sempre estar presente o pressuposto da compatibilidade de horários. Sem esta, a acumulação é vedada, mesmo que os cargos e funções sejam em tese acumuláveis. Entretanto, a exigência constitucional é somente a de compatibilidade de horários, de modo que será vedado criar exigência não prevista, como é o caso do limite de horas semanais de trabalho. É imperioso, porém, recorrer, no caso, ao princípio da razoabilidade, o que precisa ser verificado em cada situação, inclusive quanto à possibilidade material da acumulação. Há controvérsia na matéria. Algumas decisões afastam qualquer limite temporal, bastando a compatibilidade de horários.[285] Outras definem o limite semanal em sessenta horas, com base em interpretação do TCU – posição que endossamos com fundamento nos postulados da razoabilidade e da saúde do trabalhador, que não podem ser postergados.[286] O STF, porém, adotou o primeiro entendimento, acabando por moldar também a interpretação do STJ.[287]

A EC nº 19/1998, alterando o inciso XVI do art. 37 da CF, estabeleceu uma outra condição nos casos de permissividade: a observância de que os ganhos acumulados não excedam o teto remuneratório previsto no art. 37, XI, da Lei Maior. A alteração, convém ressaltar, não impede a situação jurídica em si da acumulação dos cargos ou empregos; o que a referida Emenda vedou foi a percepção de ganhos cujo montante ultrapasse o teto previsto no art. 37, XI, da CF. Desse

---

[284] STF, ADI 1.770-DF, j. 11.10.2006.

[285] STJ, AgREsp 291.919, j. 18.4.2013 e AgRg no AREsp 677.596, j. 19.5.2015.

[286] STJ, REsp 1.565.429, j. 24.11.2015 e MS 19.336, j. 26.2.2014.

[287] STF, AgR. no RE 1.094.802, j. 11.5.2018, e STJ, REsp 1.746.784, j. 23.8.2018, e REsp 1.767.955, j. 27.3.2019.

modo, parece-nos que, à luz do novo texto constitucional, será possível a acumulação se em um dos cargos ou empregos, ou até mesmo em ambos, o servidor tiver redução remuneratória de forma a ser observado o teto estipendial fixado na lei.

São hipóteses de permissividade (art. 37, XVI):

a) dois cargos de professor;

b) um cargo de professor com outro técnico ou científico;

c) a de dois cargos ou empregos privativos de profissionais de saúde, com profissões regulamentadas.

Essa última hipótese de permissividade decorreu de alteração introduzida no art. 37, XVI, "c", da CF, pela Emenda Constitucional n° 34, de 13.12.2001. Anteriormente a permissividade limitava-se à acumulação de dois cargos de médico, o que gerou muitas controvérsias em relação a outros profissionais de saúde, que pretendiam lhes fosse estendido o benefício.[288] Note-se, porém, que o novo mandamento se referiu a *profissionais de saúde*, ou seja, àqueles profissionais que exercem atividade técnica *diretamente* ligada ao serviço de saúde, como médicos, odontólogos, enfermeiros etc.[289] Não alcança, portanto, os servidores administrativos que atuam em órgãos onde o serviço de saúde é prestado, como hospitais, postos de saúde, ambulatórios etc.

Por conseguinte, não são rigorosamente sinônimas as expressões *"profissionais de saúde"* e *"profissionais da área de saúde"*. Esta é mais ampla e envolve não só os servidores técnicos em saúde como todos os que trabalham na área de apoio administrativo. Resulta daí, então, ser vedada a acumulação do cargo de médico com cargo administrativo fora da área de saúde, ainda que aquela profissão seja requisito para ocupá-lo.[290] Entretanto, se o cargo é de direção ou de assessoria e apenas profissionais de saúde possam provê-lo, será viável a acumulação; é que, embora de natureza administrativa, tem o cargo o caráter de privatividade, o que é previsto na norma. Em que pesem algumas controvérsias, a jurisprudência passou a admitir a acumulação de dois cargos de médico para médicos militares, desde que não desempenhe função tipicamente castrense.[291]

O acúmulo pode dar-se no mesmo regime ou em regimes diversos; assim é possível acumular dois cargos, dois empregos ou um cargo e um emprego. A exigência da regulamentação da profissão significa que se faz necessária a existência de *lei* disciplinando o exercício profissional e, como é frequente, instituindo a autarquia incumbida da fiscalização.

O conceito de cargo técnico ou científico, por falta de precisão, tem provocado algumas dúvidas na Administração. O ideal é que o estatuto fixe o contorno mais exato possível para sua definição, de modo que se possa verificar, com maior facilidade, se é possível, ou não, a acumulação. *Cargos técnicos* são os que indicam a aquisição de conhecimentos técnicos e práticos necessários ao exercício das respectivas funções. Já os *cargos científicos* dependem de conhecimentos específicos sobre determinado ramo científico. Normalmente, tal gama de conhecimento é obtida em nível superior; essa exigência, porém, nem sempre está presente, sobretudo para os cargos técnicos. Por outro lado, não basta que a denominação do cargo contenha o termo "técnico": o que importa é que suas funções, por serem específicas, se diferenciem das meramente burocráticas

---

[288] STF, RE 222.423, j. 31.8.1999 (vedado acumular cargos de dentista).

[289] O TRF-2° R., comprovada a compatibilidade de horários, reconheceu a acumulação de dois cargos de enfermeiro (AMS 2002.02.01.000901-6, Rel. Des. ANTÔNIO CRUZ NETTO, *DJ* 13.11.2008).

[290] STF, RE 248.248, j. 2.9.2008 (acumulação de médico com perito criminal).

[291] STJ, RMS 39.157, Min. HERMAN BENJAMIN, em 26.2.2013.

566 | MANUAL DE DIREITO ADMINISTRATIVO • Carvalho Filho

e rotineiras.[292] Seja como for, nem sempre será fácil atribuir tais qualificações de modo exato. As soluções adequadas normalmente são adotadas ao exame da situação concreta.[293]

Outras situações de permissividade referem-se à possibilidade de juiz e de membro do Ministério Público acumularem seus cargos com outro de magistério (art. 95, parágrafo único, e art. 128, § 5º, II, "d", da CF). O que se deve ter como certo é que, tratando-se de hipóteses que refletem exceções ao sistema geral de vedação à acumulabilidade, devem elas ser interpretadas restritivamente, sendo incabível estendê-las a outras situações que não se enquadrem naquelas expressamente permitidas.

Questão que suscitava controvérsia era concernente à possibilidade, ou não, de acumulação remunerada de proventos da aposentadoria com vencimentos de cargo, emprego ou função pública. A razão da controvérsia consistia no silêncio da Constituição a respeito dessa hipótese, contrariamente à Constituição de 1967, com a Emenda nº 1/1969, que expressamente vedava a acumulação com algumas exceções de permissividade. A vedação voltou a ficar expressa na Constituição em face do § 10 do art. 37, introduzido pela EC nº 20, de 15.12.1998, que implantou a reforma da previdência social. À guisa de informação, porém, o STF considerou válida a acumulação de dois cargos com proventos de aposentadoria relativos a um terceiro cargo, sob o fundamento de que tal situação se consumou antes da EC 20/1998 e de que o art. 11 desta resguardou o direito dos inativos até a data de sua promulgação.[294]

Vale lembrar, afinal, que as hipóteses de permissividade cingem-se exclusivamente a duas fontes remuneratórias, como é o caso de dois cargos, dois empregos ou um cargo e um emprego. Tais hipóteses são de direito estrito e não podem ser estendidas a situações não previstas. Desse modo, é inadmissível a acumulação remunerada de três ou mais cargos e empregos, ainda que todos sejam passíveis de dupla acumulação, ou mesmo que um deles provenha de aposentadoria. Na verdade, os casos de permissão espelham exceção ao sistema geral e além disso é de presumir-se que dificilmente o servidor poderia desempenhar eficientemente suas funções se fossem estas oriundas de três ou mais cargos, empregos ou funções.[295] A vedação estende-se, ainda, a uma terceira função decorrente de contratação como temporário pelo regime especial.[296]

A disciplina sobre acumulação de cargos e funções para os *magistrados* sofre incidência do disposto no art. 95, parágrafo único, I, da CF, que lhes veda *"exercer, ainda que em disponibilidade, outro cargo ou função, salvo uma de magistério"*. A referência à disponibilidade funda-se na circunstância de que, em semelhante situação, o magistrado, apesar de afastado, continua a perceber remuneração do erário e, tendo em vista possibilidade de eventual reingresso, sua situação acaba por assemelhar-se à anterior, quando ocupava normalmente seu cargo. A ressalva quanto à permissividade – *uma* única função de magistério – limita-se a cargos ou funções em instituições pertencentes à Administração, seja centralizada, seja descentralizada (neste caso, como ocorre, *v. g.*, nas universidades autárquicas ou fundacionais). Não obsta, contudo, à acumulação o fato de o professor ser guindado a cargos de direção institucional (*v. g.*, diretor de Faculdade ou Reitor de Universidade), desde que sejam eles privativos de docentes. Aqui urge recorrer à interpretação lógica: se os cargos de direção, como regra, nada mais são do que o efeito da evolução profissional da carreira do professor, o óbvio é que incida também nesse caso a permissividade cumulativa.

---

292 Consulte-se a respeito JOSÉ MARIA PINHEIRO MADEIRA, *Servidor Público*, cit., 8. ed., 2009, p. 207-309.

293 STJ, RMS 39.157, j. 26.2.2013 (admitida acumulação do cargo de médico militar com o de professor).

294 STF, RMS 24.737, j. 1.6.2006.

295 STF, RE 141.376, j. 2.10.2001, e RMS 26.929, j. 19.10.2010; STJ, RMS 14.937, j. 3.6.2003.

296 STF, RMS 26.929, Rel. Min. JOAQUIM BARBOSA, em 19.10.2010.

Cap. 11 · SERVIDORES PÚBLICOS | **567**

Por outro lado, como a restrição do texto – *uma única função* – se refere a instituições administrativas, nada impede que, além do cargo de magistério nessas instituições, o magistrado tenha contrato com instituições ou cursos do setor privado, desde que, obviamente, haja compatibilidade de horários com o exercício da judicatura. Da mesma forma, é legítimo que, não ocupando cargo em estabelecimento público, tenha um ou mais contratos com instituições privadas para a função de professor. No caso de magistrado aposentado, aplica-se, subsidiariamente, o art. 37, § 10, da CF, segundo o qual os proventos de aposentadoria somente são cumuláveis com: (1º) cargo ou função de magistério; (2º) cargos eletivos; (3º) cargos em comissão de livre nomeação e exoneração.

No que concerne aos *membros do Ministério Público*, incide o art. 128, § 5º, II, "d", da CF, segundo o qual lhes é vedado *"exercer, ainda que em disponibilidade, qualquer outra função pública, salvo uma de magistério"*. Diferentemente do art. 95, parágrafo único, I, da CF, aplicável aos magistrados, o dispositivo em tela deixa claro que a restrição a *uma* função de magistério se refere ao exercício de função pública (daí a expressão *"qualquer outra função pública"*). Idêntica, pois, deve ser a interpretação para os magistrados, apesar da incompletude de seu texto. No que tange a instituições do setor privado, valem aqui as observações já feitas a propósito dos magistrados.[297] O Conselho Nacional do Ministério Público – CNMP, na Resolução nº 73, de 15.6.2011, dispõe sobre o acúmulo do exercício das funções ministeriais com o exercício do magistério por membros do Ministério Público da União e dos Estados.

A permissividade de acumulação foi estendida aos militares dos Estados, do Distrito Federal e dos Territórios. Com efeito, a EC nº 101, de 3.7.2019, acrescentou o § 3º ao art. 42 da CF, pelo qual lhes ficou assegurada a acumulação prevista no art. 37, XVI, da CF, com prevalência da atividade militar, desde que haja compatibilidade de horários. Diante de tal alteração, o militar pode acumular as funções de seu cargo com, por exemplo, as de professor ou de médico, ou com função técnica.

3.3. Efeitos

Se o servidor acumula remuneradamente cargos ou funções públicas, a sua situação encerra violação ao estatuto constitucional. Uma vez consumada tal situação, é de se perguntar quais os efeitos que dela provêm.

Adequada solução é a concebida pela Lei nº 8.112/1990, pertinente aos servidores públicos federais. Se fica provada a boa-fé do servidor na acumulação proibida, deve ele optar por um dos cargos (art. 133, *caput*, e § 5º). Se a situação decorrer de conduta eivada de má-fé, perderá ambos os cargos e restituirá o que tiver percebido indevidamente (art. 133, § 6º). Se o outro cargo integrar entidade federativa diversa, esta será comunicada da demissão do servidor (art. 133, § 6º). Por outro lado, só fato de responder a processo por acumulação de boa-fé não permite a demissão do servidor, sem que lhe seja assegurado previamente o direito de opção.[298]

O direito de opção, no entanto, só pode ser exercido quando for possível ao servidor oferecer pedido de exoneração de um dos cargos. Há hipóteses em que o estatuto veda a formulação desse pedido quando o servidor responde a processo disciplinar, exigindo a conclusão deste e a eventual aplicação de penalidade, situação, inclusive, prevista no art. 172 do Estatuto federal (Lei 8.112/1990).[299] Nessa hipótese, fica suspenso o direito até a conclusão do processo, relativamente a um dos cargos.[300]

---

[297]   STF, ADI 3.126, j. 17.2.2005 (mas magistério não pode inviabilizar o ofício judicante).
[298]   TRF, 4ª R, Ap em .MS 90.04.21522, DJ 23.10.1991.
[299]   É o caso do art. 172, da Lei 8.112/90, para a esfera federal.
[300]   STJ, RMS 38.867, Min. HUMBERTO MARTINS, em 18.10.2012.

568 | MANUAL DE DIREITO ADMINISTRATIVO • *Carvalho Filho*

Quanto ao aspecto remuneratório, há que se considerar o desempenho do servidor ao acumular cargos ou funções. Caso não tenha exercido sua atividade em um dos cargos ou funções, deve devolver as remunerações indevidamente percebidas por atividade na qual não laborou, pena de enriquecimento ilícito sem causa. Em outra vertente, se desempenhou efetivamente e de boa-fé ambas as funções, nada terá que devolver, já que a remuneração retratou a contraprestação pelo serviço executado.[301]

No caso de entender equivocadamente ser ilícita determinada acumulação legítima, impedindo a continuação regular do exercício em uma das funções, o Estado tem o dever de reparar o dano causado e indenizar o servidor prejudicado. Mas, não se aplica o critério relativo à teoria da perda da chance, incabível porque o servidor já estava desempenhando sua função, e sim o da efetiva extensão do dano, com base no art. 944 do Código Civil, calculando-se o valor dos danos que o servidor efetivamente sofreu em virtude de seu afastamento.[302]

3.4. Ingresso em Nova Carreira

Frequentemente tem sido suscitada a questão funcional concernente ao ingresso do servidor, já titular de cargo ou emprego público, em cargo ou emprego de carreira diversa, após aprovação em concurso público. O problema que se põe é o seguinte: o servidor já adquiriu estabilidade em seu cargo ou já exerce seu emprego com certo grau de permanência e, aprovado por concurso para carreira diversa, terá que se sujeitar a novo estágio probatório; porquanto, sendo diversa a carreira, o novo provimento, conforme já vimos, se qualificará como originário.

E nesse momento lhe assalta a dúvida: como trocar o certo pelo duvidoso? Para não correr riscos, o servidor, antes da nova investidura, postula e consegue deferimento de licença sem vencimentos em relação ao cargo ou de suspensão do contrato de trabalho, se for sujeito a regime celetista. A título de esclarecimento, diga-se que a licença sem vencimentos tem sido frequentemente denominada nos estatutos como "licença para tratar de assuntos particulares". A mesma denominação, aliás, pode ser adotada no regime trabalhista. A questão consiste em saber se esse recurso impediria a acumulação vedada pela Constituição. A matéria é polêmica e sobre ela tem havido opiniões discrepantes.

O problema tem vindo à tona principalmente porque nossa federação é de três graus, sendo composta de numerosas pessoas federativas. Cada uma delas tem sua própria autonomia funcional e capacidade para instituir seus planos de cargos e carreiras. Como a cada dia se intensifica o número de concursos públicos para os mais diversos cargos dessas esferas, ficam os servidores intimidados com os efeitos que possam advir de eventual acumulação de cargos.

Quando o estatuto respectivo já prevê a referida situação funcional, a questão fica logo resolvida. É o caso do art. 29, I, da Lei nº 8.112/1990 (Estatuto Federal), que prevê o instituto da *recondução*. Por meio deste, o servidor estável retorna ao cargo que ocupava anteriormente no caso de *"inabilitação em estágio probatório relativo a outro cargo"*. Na esfera federal, portanto, basta que o servidor comprove sua próxima investidura e a comunique ao órgão de pessoal, para o fim de lhe ser assegurado o eventual retorno.

A maioria dos estatutos funcionais, todavia, não contempla esse instituto, que, além de dotado de lógica luminar, é compatível com os mais comezinhos postulados de justiça. Desse modo, é perfeitamente legítimo e equânime que o servidor se licencie do cargo anterior ou ajuste a suspensão do contrato de trabalho, sempre sem remuneração (vencimentos ou salário), e seja

---

[301] Em abono de tal solução, STJ, REsp. 565.548, Min. ELIANA CALMON, em 13.8.2013.

[302] STJ, REsp 1.308.719, Min. MAURO CAMPBELL MARQUES, em 25.6.2013.

empossado no cargo ou emprego da nova carreira. Tal situação em nenhuma hipótese ofenderia o art. 37, XVI, da CF, que alude à acumulação *remunerada* de cargos.[303] Se o mandamento, que tem cunho restritivo, diz que a acumulação vedada é a remunerada, não pode o intérprete ampliar o âmbito da restrição. Na verdade, impedir a investidura do servidor licenciado ou com contrato de trabalho suspenso, sem remuneração, provoca ofensa ao princípio do livre exercício de trabalho, ofício ou profissão, consagrado no art. 5º, XIII, da CF.

O correto, assim, é que a licença ou a suspensão contratual vigore até o momento em que o servidor venha a adquirir estabilidade no novo cargo ou emprego; só nessa ocasião é que lhe cabe providenciar a exoneração do cargo anterior. E deve mesmo fazê-lo para regularizar sua situação funcional, sob pena de estar sujeito às responsabilidades decorrentes de sua desídia. Há estatutos que não preveem esse tipo de licença; outros a submetem ao juízo discricionário da Administração; e outros, ainda, limitam a licença a período menor do que três anos, que é o prazo atual da estabilidade. Em nosso entender, tais restrições não se compatibilizam com a vigente Constituição, sendo inaplicáveis à hipótese de investidura em novo cargo ou emprego público.

O que não se pode admitir, por não apresentar um mínimo sentido de justiça, é que o servidor, aprovado em novo concurso e mobilizado para galgar novos degraus no serviço público, seja pressionado a não aceitar a nova investidura por temor da perda irreversível de sua situação funcional anterior. Não tem cabimento exigir-lhe que se exonere do cargo anterior como condição para a posse no novo cargo; isso é o mesmo que obrigá-lo a trocar situação de estabilidade por outra de instabilidade. Afinal, só merece aplausos o esforço do servidor concursado na busca de cargos melhores. Atualmente é usual que, sempre por concurso, o servidor federal aspire a determinado cargo municipal, ou que servidor estadual tencione ocupar cargo federal. Tais situações merecem incentivo, e não cerceamentos, por parte da Administração.

O que a Constituição quer é apenas impedir dupla remuneração no serviço público, e tal mandamento não estará sendo vulnerado pelo servidor. É bem verdade que há opiniões em contrário, que preferem entender que no caso haveria proibição, porque, acima da dupla remuneração, seria vedada a própria acumulação em si, seja de que forma for.[304] Felizmente, outros estudiosos têm seu pensamento lastreado na Constituição, como deve ser, e percebem a necessidade de não deixar o servidor vitorioso sem a necessária proteção.[305]

3.5. Convalidação Constitucional

Embora a situação não seja comum e atenda a hipóteses excepcionais, a Constituição convalidou caso de acumulação vedado sob a égide da Carta anterior.

Com efeito, o art. 17, § 2º, do ADCT da CF assegurou o exercício cumulativo de dois cargos ou empregos privativos de profissionais de saúde que estivessem sendo exercidos na Administração Direta ou Indireta. Significa que muitas das situações englobadas no mandamento eram consideradas inválidas anteriormente e passaram à condição de validade por força do novo dispositivo constitucional.

Cuida-se, pois, de acumulações indevidas que foram convalidadas pela nova Constituição. Tendo havido convalidação, devem aproveitar-se todos os efeitos oriundos do cúmulo anterior, como se tivesse sido lícita a situação desde o seu início.[306]

---

[303] *Contra*: ANTÔNIO FLAVIO DE OLIVEIRA, *Servidor público: questões polêmicas*, Forum, 2006, p. 15.

[304] Também: TCU, 2ª Câm., Decisão nº 337/99 (Proc. 014.841/1996-7).

[305] IVAN BARBOSA RIGOLIN, *Comentários ao Regime Único dos Servidores Públicos Civis*, Saraiva, 1992, p. 76.

[306] STF, RE 182.811, j. 30.5.2006 (a norma aplica-se tanto a profissionais de saúde civis, quanto *militares*).

570 | MANUAL DE DIREITO ADMINISTRATIVO • *Carvalho Filho*

4. ESTABILIDADE

4.1. Noção do Instituto

Estabilidade é o direito outorgado ao servidor estatutário, nomeado em virtude de concurso público, de permanecer no serviço público após três anos de efetivo exercício, como passou a determinar a EC nº 19/1998, que alterou o art. 41 da CF, pelo qual anteriormente era exigido o prazo de apenas dois anos.

Diante da alteração, o art. 41, § 4º, da CF, determinou que, além do cumprimento do prazo, a aquisição da estabilidade depende ainda de avaliação especial de desempenho do servidor, a ser realizada por comissão funcional com essa finalidade. Consigne-se, todavia, que o prazo de três anos foi aplicável somente aos servidores que ingressaram no serviço público após a promulgação da EC 19 (4.6.1998), não incidindo, pois, sobre aqueles que já se encontravam cumprindo o estágio probatório anteriormente (art. 28, EC 19).

Uma observação deve ser feita a propósito das novas condições para a aquisição da estabilidade. De um lado, a Constituição impõe o cumprimento de requisito temporal (art. 41, *caput*) e, de outro, exige que o servidor tenha seu desempenho aprovado por comissão de avaliação (art. 41, § 4º). Dependendo da situação, todavia, poder-se-á enfrentar conflito aparente de normas, a ser resolvido pela ponderação dos interesses tutelados pelas citadas regras. Caso a Administração não institua a comissão ou esta retarde sua decisão para após o prazo de três anos, deverá considerar-se que o servidor, cumprido o prazo, terá adquirido a estabilidade, mesmo sem a avaliação da comissão. É que a norma da avaliação funcional por comissão especial foi criada em favor da Administração, de modo que, se esta não concretiza a faculdade constitucional, deve entender-se que *tacitamente* avaliou o servidor de forma positiva. O que não se pode é prejudicar o servidor, que já cumpriu integralmente o período de estágio, pela inércia ou ineficiência dos órgãos administrativos. Assim, para conciliar os citados dispositivos, será necessário concluir que a avaliação do servidor pela comissão deverá encerrar-se antes de findo o prazo necessário para a aquisição da estabilidade, para, então, se for o caso, ser providenciado o processo de exoneração do servidor avaliado negativamente.[307]

É oportuno considerar, neste passo, que a Administração deve providenciar, ainda dentro do período trienal, o *ato de exoneração* do servidor. A avaliação de desempenho é mero procedimento prévio e não tem idoneidade jurídica para afastar o servidor. O mesmo ocorre com a prática do ato de "*denegação da estabilidade*", praticado por alguns órgãos antes do ato exoneratório. Trata-se de desmembramento desnecessário, porquanto o ato de exoneração já contém implicitamente a denegação da estabilidade. E, a nosso ver, ainda redunda em efeito gravoso para a Administração: ainda que tenha havido este último ato, o transcurso do prazo gera a estabilidade do servidor se o ato de exoneração não tiver sido assinado. É este, e não aquele, que gera a exclusão do servidor e a vacância do cargo. Assim, se a avaliação for negativa, deve de imediato produzir-se o ato de exoneração. O prazo constitucional é fatal e decadencial: transcorrido *in albis,* perde a Administração o próprio direito à exoneração do servidor.

O direito só é conferido ao servidor estatutário, não o sendo ao servidor trabalhista. A regra da estabilidade, contida no art. 41 da CF, refere-se a servidor *nomeado*, e o § 1º dita que o servidor estável só perderá o seu *cargo* por sentença judicial ou processo administrativo. Ora, a nomeação e o cargo, como tivemos a oportunidade de analisar, são figuras típicas do regime estatutário, não alcançando, por conseguinte, os servidores de regime diverso.[308] É forçoso reconhecer, contudo, que, para alguns, a estabilidade abrange também os servidores trabalhistas, havendo, inclusive,

---

[307] No mesmo sentido: STF, MS 24.543, j. 21.8.2003.
[308] ANTÔNIO QUEIROZ TELLES (*Introdução*, cit., p. 341).

alguns julgados principalmente na esfera da Justiça do Trabalho. Tal entendimento, porém, é minoritário e não se harmoniza com o sistema funcional estabelecido na Constituição.[309]

A estabilidade não é estendida aos titulares de cargos em comissão de livre nomeação e exoneração, sendo incompatível com a transitoriedade de exercício que caracteriza esse tipo de cargos. Por outro lado, quando se fala em estabilidade, o referencial é para os cargos efetivos, porque a garantia de permanência para cargos vitalícios tem nomenclatura própria – vitaliciedade. Alterando o art. 41 da CF, a EC nº 19/1998 eliminou qualquer margem de dúvida, referindo-se a *"servidores nomeados para cargo de provimento efetivo"*.

A estabilidade é instituto que guarda relação com o *serviço*, e não com o *cargo*. Emana daí que, se o servidor já adquiriu estabilidade no serviço ocupando determinado cargo, não precisará de novo estágio probatório no caso de permanecer em sua carreira, cujos patamares são alcançados normalmente pelo sistema de promoções. Entretanto, se vier a habilitar-se a cargo de natureza e carreira diversas, terá que submeter-se a novo estágio probatório para a aquisição da estabilidade. O STJ já teve a oportunidade de anotar que *"a estabilidade diz respeito ao serviço público, e não ao cargo"*, aduzindo que *"o servidor estável, ao ser investido em novo cargo, não está dispensado de cumprir o estágio probatório nesse novo cargo"*.[310]

Um exemplo esclarece tal situação: se um servidor já é estável no cargo de "Auxiliar Administrativo" e, após concurso, é investido no cargo de "Psicólogo", deverá sujeitar-se a novo estágio probatório antes de adquirir a estabilidade. Temos admitido, no entanto, que, se o estatuto funcional for silente, deve assegurar-se ao servidor a possibilidade de retorno a seu antigo cargo no caso de não ser aprovado no período probatório relativo ao cargo novo. Uma das soluções é a de não consumar a exoneração antes da estabilidade, permanecendo o servidor com licença ou afastamento sem remuneração. Assim entendemos por não nos parecer justo e legítimo descartar o servidor de uma situação de permanência para introduzi-lo numa outra de instabilidade, sobretudo quando foi habilitado através de novo concurso e sua atividade vai ser produzida em prol do próprio Poder Público.

Adquirida a estabilidade, o servidor só pode ser demitido através de sentença judicial ou processo administrativo em que se lhe assegure ampla defesa (art. 41, CF). São três os requisitos que podem render ensejo à demissão regular do servidor estável:

a)   o cometimento de infração grave;

b)   a apuração da falta em processo administrativo; e

c)   a garantia da ampla defesa.[311]

4.2. Estabilização Constitucional

Além da condição normal que ocasiona a estabilidade do servidor público, as Constituições têm criado hipóteses funcionais especiais às quais proporciona também a garantia de permanência.

A vigente Constituição previu hipótese dessa natureza no art. 19 do ADCT, considerando estáveis todos os servidores públicos civis federais, estaduais, distritais e municipais, da Administração Direta ou Indireta, que estivessem em exercício há pelo menos cinco anos

---

[309]   REINALDO MOREIRA BRUNO e MANOLO DEL OLMO, *Servidor público. Doutrina e jurisprudência*, Del Rey, 2006, p. 110.

[310]   RO em MS nº 859, 2º Turma, Rel. Min. JOSÉ JESUS FILHO, julg. em 11.12.1991 (*RDA* 191/135, 1992).

[311]   ANTÔNIO QUEIROZ TELLES (*Introdução*, cit., p. 341).

572 MANUAL DE DIREITO ADMINISTRATIVO • *Carvalho Filho*

na data da promulgação da Carta e que não tenham sido admitidos na forma estabelecida no art. 37 da CF.

Essa forma de garantia, que melhor se denomina *estabilização*, teve incidência de grande amplitude, abrangendo os servidores públicos estatutários e trabalhistas, somente sendo dela excluídos os servidores que desempenhassem cargo, emprego ou função de confiança ou outras funções e cargos que a lei considerasse como de livre exoneração. Em outras palavras, a estabilização alcançou todos aqueles servidores que exercessem suas funções com caráter de permanência (art. 19, § 2º, ADCT da CF). Consequentemente, não pode a estabilização estender-se a hipóteses não previstas no mandamento constitucional.[312]

É de bom alvitre observar, no entanto, que as hipóteses não alcançadas pela estabilização se qualificam como exceções e, portanto, devem ser interpretadas restritivamente. A regra geral, desse modo, é a da permanência dos servidores no serviço público, desde que consumado o fato gerador do direito previsto na norma constitucional. Se não há elementos probatórios que indiquem estar a situação do servidor dentro das exceções, deve ser-lhe reconhecido o direito à estabilidade.[313]

Essa forma de estabilidade, como se pode notar, tem mais cunho político do que jurídico, diversamente da estabilidade prevista no corpo permanente da Constituição.

É oportuno considerar que essa forma de estabilização não rende ensejo à efetividade, vale dizer, o servidor passa a ser estável, mas não ocupa cargo efetivo. Nessa vertente, já se decidiu que, se esse servidor ingressou sem concurso público antes da Constituição, não faz jus a reenquadramento em novo plano de cargos e carreiras.[314]

Neste tópico, cabe, ainda, destacar a previsão da denominada *estabilidade provisória*, prevista no art. 10, II, *a* e *b*, do Ato das Disposições Transitórias da Constituição, segundo o qual, na falta da lei complementar reguladora, fica vedada a dispensa arbitrária ou sem justa causa (a) do empregado eleito para cargo de direção de comissões internas de prevenção de acidentes, desde o registro de sua candidatura até um ano após o final de seu mandato, e (b) da empregada gestante, desde a confirmação da gravidez até cinco meses após o parto. A norma, embora destinada a empregados, alcança também os servidores sem a estabilidade natural, como os titulares de cargos em comissão e os servidores trabalhistas; direciona-se, portanto, aos trabalhadores em geral. Trata-se de direitos de evidente caráter social, assegurados para evitar arbitrariedades cometidas contra trabalhadores. A propósito, a Lei Complementar nº 146, de 25.6.2014, estendeu o direito, no caso de falecimento da genitora, a quem detiver a guarda de seu filho.

4.3. Estágio Probatório

Estágio probatório é o período dentro do qual o servidor é aferido quanto aos requisitos necessários para o desempenho do cargo, relativos ao interesse no serviço, adequação, disciplina, assiduidade e outros do mesmo gênero.[315]

Lamentavelmente, o estágio probatório até agora só existiu na teoria, pois que, ressalvadas raríssimas exceções, jamais se conseguiu verificar qualquer sistema de comprovação adotado pela Administração que permitisse concluir por uma avaliação honesta e efetiva sobre os requisitos para o desempenho dos cargos públicos. Como é lógico, acabam ultrapassando esse período servidores ineptos, desidiosos e desinteressados, que, em consequência, adquirem a

---

[312] STF, ADIs 289-CE e 125-SC, j. 9.2.2007.

[313] STF, RE 319.156, j. 25.10.2005.

[314] STF, Agr. no RE 1.306.505, j. 28.3.2022.

[315] EDIMUR FERREIRA DE FARIA, *Curso de direito administrativo positivo*, Del Rey, 1997, p. 115.

Cap. 11 · SERVIDORES PÚBLICOS | **573**

estabilidade e ficam praticamente insuscetíveis de qualquer forma de exclusão. Talvez aqui esteja um dos males do sistema de estabilidade funcional, fato que tem estimulado os legisladores a mitigá-lo ou simplesmente erradicá-lo do quadro das garantias do servidor.

Embora o servidor em estágio probatório não tenha estabilidade, sua exclusão do serviço público, no caso de restar comprovado que não reúne as condições mínimas para a permanência, não pode processar-se sem o mínimo requisito formal. O correto, no caso, é a instauração de processo administrativo em que se ofereça a cada interessado o direito de defender-se das conclusões firmadas pelos órgãos competentes. É o processo formal que vai admitir a verificação de legalidade na conduta dos administradores responsáveis pela aferição do servidor. Por isso, o STF já definiu que o funcionário em estágio probatório não pode ser exonerado sem inquérito ou sem as formalidades legais de apuração de sua capacidade.[316]

Não tendo o servidor demonstrado, durante o estágio probatório, sua aptidão para o exercício da função pública, a Administração, observadas as formalidades acima mencionadas, procede à sua exoneração, que, como veremos a seguir, não é penalidade, mas simples medida de salvaguarda da regular execução das atividades administrativas. Impõe-se, no caso, a instauração de processo administrativo regular, no qual deve assegurar-se ao servidor o direito ao contraditório e à ampla defesa, visto que, em última análise, há um litígio entre a Administração e o servidor, justificando-se, portanto, a incidência do art. 5º, LV, da CF.[317] Por outro lado, para impedir alguma arbitrariedade, sempre caberá investigar *os motivos* do ato administrativo que tenha concluído no sentido da exoneração do servidor, exigindo-se, inclusive, que a *motivação seja expressa*.[318]

Nunca é demais insistir em que o estágio probatório espelha instrumento de *avaliação* do servidor. Sendo assim, só pode ter adequada aplicabilidade quando o servidor é aferido em relação ao *efetivo exercício* das funções do cargo. Ou seja: ele precisa demonstrar sua capacidade de exercer tais funções pelo período de três anos. Essa a *ratio* do dispositivo constitucional. Infere-se, por conseguinte, que eventuais afastamentos pessoais do serviço, como, *exempli gratia*, licenças médicas ou licença-gestante, ensejam a suspensão do prazo, sendo descontadas tais ausências do lapso trienal. São as leis funcionais que, usualmente, regem a matéria. Idêntico efeito ocorre quando o servidor é cedido a outro órgão.[319] Em semelhantes hipóteses, o estágio probatório se estenderá por mais de três anos, se considerada a data da investidura, e isso porque o servidor precisará completar o período no efetivo exercício das funções.[320] Todavia, no caso de ter sido aplicada ao servidor a penalidade de suspensão, cujo limite é, como regra, de 90 dias (art. 130, Lei 8.112/1990), esse período não pode ser descontado do tempo de estágio, eis que se trata de afastamento coercitivo, e não voluntário; a não ser assim, o servidor estaria sofrendo dupla punição com a ampliação do prazo probatório. Somente em casos excepcionais o Estatuto federal admite a suspensão do prazo para certos tipos de afastamento (art. 20, § 5º).

A EC nº 19/1998, revelando a preocupação do Governo com os servidores ineficientes, acrescentou o § 4º ao art. 41 da CF, dispondo que, *"como condição para a aquisição da estabilidade, é obrigatória a avaliação especial de desempenho por comissão instituída para essa finalidade"*.

Como se nota, a Administração já está obrigada a fazer a avaliação de desempenho ao fim do estágio probatório. Entretanto, se a avaliação não for séria e honesta, o dispositivo, como alguns outros, será simples letra morta.

---

316   Súmula 339. Também: TJ-RJ, ApCiv. 824/1998.

317   TJ-MS, Reex.Necess. nº 46.353, Rel. Des. MILTON MALULEI, apud *ADCOAS* 8154476.

318   Com acerto, o TJ-PR no Reex. Neces. 37.542, j. 10.5.1995.

319   STJ, RMS 23.689-RS, Rel. Min. MARIA THEREZA DE ASSIS MOURA, em 18.5.2010.

320   No mesmo sentido: STJ, RMS 19.884, j. 8.11.2007.

574 | MANUAL DE DIREITO ADMINISTRATIVO • Carvalho Filho

Tem havido entendimento de que o prazo de três anos para a aquisição da estabilidade no serviço público não está vinculado ao prazo do estágio probatório, o que teria fundamento na interpretação do art. 41, *caput*, e § 4º, da CF; desse modo, deveria manter-se para o estágio o prazo anterior de dois anos, que continua fixado em algumas normas de estatutos funcionais.[321] Tal entendimento, *concessa venia*, é insustentável e incoerente. Primeiramente, não há como desatrelar o prazo de estabilidade do prazo de estágio probatório (nem nunca houve, aliás): se a estabilidade pressupõe a prova de aptidão do servidor, é lógico que essa prova deverá ser produzida no mesmo prazo de três anos. Em segundo lugar, o art. 41, § 4º, inovou apenas na parte em que prevê a operacionalização do sistema de prova, para tanto concebendo seja instituída comissão com o fim de proceder à avaliação especial de desempenho do servidor; portanto, nada tem a ver com o prazo da estabilidade e do estágio. Por último, deve notar-se que as normas estatutárias que ainda registram o prazo de dois anos de estágio (o que foi feito sob a égide do mandamento constitucional anterior) estão descompassadas com a regra vigente do art. 41, da CF, de imediata aplicabilidade, razão por que não foram recepcionadas pelo novo sistema, ou, se se preferir, foram revogadas pela norma hoje vigente. O que os entes federativos devem fazer é adequar tais normas à Constituição; enquanto não o fazem, contudo, é claro que prevalece o texto constitucional. Absurdo, porém, é desvincular institutos (estabilidade e estágio probatório) que nada mais são do que faces da mesma moeda.[322]

O estágio probatório de que tratamos não se confunde, em absoluto, com o *estágio experimental*, adotado em alguns sistemas funcionais. O primeiro representa o período de aferição após a nomeação do servidor. Este último constitui *fase do concurso*, de modo que o estagiário só se converterá em servidor público quando for nomeado para o cargo, depois de aprovado em todas as fases do concurso. Trata-se de regime digno de críticas, sendo marcado pelo fato de haver superposição desnecessária de períodos probatórios, com alguns efeitos de difícil solução.[323]

4.4. Estabilidade e Efetividade

Com muita frequência têm sido confundidas as noções de estabilidade e efetividade. Trata-se, entretanto, de figuras de perfil bem diferenciado, com natureza e finalidades próprias, embora ambas tenham grande relevância no estudo dos servidores públicos.

Estabilidade, como vimos acima, é a garantia constitucional do servidor público estatutário de permanecer no serviço público, após o período de três anos de efetivo exercício. *Efetividade* nada mais é do que a situação jurídica que qualifica a titularização de cargos efetivos, para distinguir-se da que é relativa aos ocupantes de cargos em comissão. Se um servidor ocupa um cargo efetivo, tem efetividade; se ocupa cargo em comissão, não a tem.

Vejamos a aplicação prática dessa diferença. Um servidor que, após aprovação em concurso, é investido em cargo efetivo, tem efetividade, e esta nasce no momento em que o servidor toma posse e completa a relação estatutária. Nos primeiros três anos, continua tendo efetividade, embora não tenha ainda estabilidade. Após esse período, o servidor, que já tinha efetividade, adquire também a estabilidade. Vejamos um exemplo contrário: no caso visto acima, em que a Constituição estabiliza servidores, podemos concluir sem dificuldade que o servidor passou a ter a garantia da estabilidade, mas não tinha efetividade, porque não ocupava qualquer cargo efetivo antes da promulgação da Carta. Terá, pois, estabilidade sem que tenha efetividade.

---

[321] Foi como decidiu o STJ no MS 9.373, j. 25.8.2004.

[322] O STJ, no MS 12.523, j. 22.4.2009, alterou sua posição e endossou nosso entendimento. Também: STF, AI 754.802, j. 7.6.2011.

[323] Era o sistema adotado no Estatuto dos Servidores do Estado do Rio de Janeiro (Decr.-lei nº 220/1975). Em boa hora foi extinto pela Lei Complementar nº 140, de 18.3.2011.

Cap. 11 • SERVIDORES PÚBLICOS | **575**

Posteriormente, submete-se a concurso e se vê investido em cargo efetivo: nessa hipótese, além da estabilidade, passa a ter também efetividade.

Concluímos, desse modo, que:

a)   pode haver efetividade sem estabilidade;

b)   pode haver estabilidade sem efetividade;

c)   pode haver, concomitantemente, efetividade e estabilidade; e

d)   pode não haver nem estabilidade nem efetividade (caso dos servidores trabalhistas não alcançados pela regra excepcional de estabilização prevista no art. 19 do ADCT da CF).

4.5. Demissão e Exoneração

Institutos que também provocam confusão em seu emprego técnico são os da demissão e da exoneração.

Desde logo é mister realçar que ambas têm um ponto de identidade: são atos administrativos que ensejam a extinção do vínculo estatutário do servidor público, ocasionando a vacância dos cargos.

Mas, enquanto a *demissão* é ato de caráter punitivo, representando uma penalidade aplicada ao servidor em razão de infração funcional grave, a *exoneração* é a dispensa do servidor por interesse deste ou da Administração, não havendo qualquer conotação de sentido punitivo.[324] O suporte fático da demissão é, portanto, inteiramente diverso do suporte da exoneração: na primeira, é a prática de uma infração grave, e, na segunda, o interesse do servidor ou da Administração.

Em virtude da diversidade de pressupostos, um ato não pode substituir o outro: a exoneração, por exemplo, não substitui a demissão. Caso o servidor tenha cometido infração grave, o efeito será a sua demissão, e não a exoneração, mesmo que se encontre em estágio probatório. De outro lado, se não houve falta grave, o servidor, se necessário, será exonerado, e não demitido.

Algumas normas empregam a expressão *"perda do cargo"* ou *"perda da função pública"* para indicar a sanção ou o efeito de outra decisão.[325] Em última análise, tais situações se equiparam à demissão, representando uma sanção causada por alguma infração grave e desvinculando o servidor do órgão que integrava. A aplicabilidade de tais punições, todavia, pressupõe que o servidor esteja em atividade. Aplicá-las a inativos, com a devida vênia, não nos parece tecnicamente correto, sabido que não mais têm cargo ou função.[326]

A exoneração admite ainda uma subdivisão: pode ser a pedido ou *ex officio*. Na primeira é o servidor que manifesta seu interesse em sair do serviço público e desocupar o cargo de que é titular. A exoneração *ex officio*, ao revés, implica a iniciativa da Administração em dispensar o servidor.

Logicamente, a Administração não é inteiramente livre para promover a exoneração *ex officio*. Poderá fazê-lo em três casos:

a)   quando o servidor, ocupante de cargo efetivo, não satisfizer as condições do estágio probatório;

---

[324]   De inteira precisão, nesse ponto, a clássica lição de HELY LOPES MEIRELLES, ob. cit., p. 386.

[325]   Como exemplos: art. 41, *caput*, CF (servidores); art. 95, I, CF (magistrados); art. 128, § 5º, I, *a*, CF (membros do MP); art. 92, I, Código Penal (efeito da condenação); art. 12, I a IV, Lei nº 8.429/1992 (improbidade administrativa).

[326]   *Contra*: STJ no REsp 914.405, Rel. Min. GILSON DIPP, maioria, em 23.11.2010.

576 | MANUAL DE DIREITO ADMINISTRATIVO • Carvalho Filho

b)   quando esse mesmo servidor, tendo tomado posse, não entra em exercício no prazo legal; e

c)   a juízo da autoridade competente, no caso de cargo em (arts. 34 e 35, Lei 8.112/1990).[327]

Diversos os suportes fáticos dos institutos, diversas hão de ser as suas linhas jurídicas.[328] Releva notar, por ser pertinente, que a exoneração de cargo em comissão não reclama motivação expressa: à autoridade nomeante (cujo ato dispõe de *motivo*, como é óbvio) será lícito proceder à exoneração do servidor a seu alvedrio. O contrário se passa nos dois primeiros casos acima apontados: neles, além da garantia do contraditório conferida ao servidor, a justificativa (ou *motivo*) deve vir expressa, possibilitando-se, assim, eventual controle do ato.[329] Urge, desse modo, instaurar o competente processo administrativo, que não tem caráter tipicamente disciplinar e pode ostentar qualquer denominação, para o fim de conferir-se ao servidor ou interessado o direito à ampla defesa.[330]

A exoneração de servidora gestante titular de cargo em comissão configura-se como ato arbitrário e ofensivo ao princípio da estabilidade provisória e da proteção à gestante (art. 7º, XVIII, CF). Se tal ocorrer, a servidora, embora não tenha o direito à reintegração no cargo, em face do caráter *ad nutum* da exoneração, faz jus à remuneração correspondente ao prazo da estabilidade provisória, ou seja, até cinco meses após o parto (art. 10, II, *b*, ADCT da CF). Essa é a orientação dominante firmada pelos Tribunais.[331]

A EC nº 19/1998, visando à reforma do Estado, instituiu, agora com previsão no art. 41, § 1º, III, mais um caso de demissão, a ser disciplinado por lei complementar, que é aquele em que o servidor, após sofrer avaliação funcional, demonstrar insuficiência de desempenho, comprovada em processo administrativo com ampla defesa. Aliás, mais do que nunca, é necessário o contraditório nesse caso, para que se previnam arbitrariedades e perseguições.

Criou também outra hipótese de exoneração de servidor estável (e não de demissão, como pensam alguns), quando tiverem sido insuficientes duas providências administrativas com vistas a adequar as despesas de pessoal aos limites fixados na Lei Complementar nº 101, de 4.5.2000, que regulamentou o art. 169 da CF, este alterado pela nº EC 19/1998, para o fim de criar, por si e por seus parágrafos, novos mecanismos de controle e redução das despesas com pessoal a cargo das pessoas federativas:

1.   redução em pelo menos 20% das despesas com cargos em comissão ou funções de confiança;

2.   exoneração de servidores não estáveis, assim considerados aqueles que foram admitidos na Administração Direta, autarquias e fundações sem concurso público após 5.10.1983, (art. 33, Emenda Constitucional nº 19/1998, que acrescentou o art. 247 ao texto constitucional); no caso, deve assegurar-se o contraditório e a ampla defesa em processo administrativo, pena de nulidade do ato exoneratório.[332]

---

[327]   A Lei nº 8.112/1990 regula nesse sentido a matéria. Cf. arts. 34 e 35.

[328]   Ouve-se normalmente a menção de que "vou pedir demissão", com o sentido de "vou sair do serviço público". Tecnicamente, porém, a referência é errônea: ninguém "pede" demissão; a demissão é imposta pelo cometimento da infração grave. O correto seria dizer-se "vou pedir exoneração", para indicar o interesse do servidor em desocupar o seu cargo.

[329]   Com a mesma opinião, MAURO ROBERTO GOMES DE MATTOS, *Lei no 8.112/90 interpretada e comentada*, América Jurídica, 2005, p. 160.

[330]   STJ, RMS 22.567-MT, j. 28.4.2011.

[331]   STF, RE 509.775-SP (j. 2.2.2010); RE 287.905 (j. 29.6.2006); e RMS 24.263 (j. 1º.4.2003). Também: STJ, RMS 18.887-MS (j. 7.11.2006).

[332]   STF, RE 223.904, j. 8.6.2004.

Somente se inócuas essas medidas, previstas no § 3° do art. 169 da CF, introduzido pela EC n° 19/1998, é que será admitida essa exoneração por excesso de quadro, conforme registra, com clareza, o § 4° do mesmo art. 169 da CF, também inserido pela citada Emenda.

Nesse caso, o servidor fará jus à indenização correspondente a um mês de remuneração por ano de serviço, sendo extinto seu cargo e vedada a criação de cargo, emprego ou função com atribuições iguais ou assemelhadas pelo prazo de quatro anos (§§ 5° e 6° acrescentados ao art. 169). Para tanto, cada Poder deverá expedir ato normativo motivado, especificando a atividade funcional e o órgão ou unidade funcional objeto da redução de pessoal.

Há autores que sustentam ser inaplicável a exoneração prevista no art. 169, § 4°, da CF, aos servidores já estáveis ao momento em que foi promulgada a EC 19/1998, sob o fundamento de que não podem sujeitar-se a novo regime jurídico, pena de violação a seu direito adquirido.[333] Não abonamos, *data venia*, esse pensamento. Como já deixamos consignado anteriormente, não se pode negar que a consumação de fatos previstos na lei propiciem a aquisição de direito adquirido aos servidores. Mas daí não se deve inferir que *todas as condições estatutárias sejam imunes ao processo de mutabilidade futura*. Nesse sentido, aliás, já se pacificaram os Tribunais no que toca ao regime estatutário. Se é certo que constitui direito adquirido dos servidores a estabilidade já adquirida antes da EC n° 19, não menos verdadeiro é o fato de que não há o direito a que sejam mantidos, no futuro, todos os efeitos decorrentes da mesma estabilidade. Ofensa ao direito adquirido ocorreria, aí sim, se a EC n° 19 tivesse simplesmente deixado de considerá-los estáveis, o que, à evidência, não sucedeu.

Essa forma de exoneração foi disciplinada pela Lei n° 9.801, de 14.6.1999, que regulamentou o citado art. 169, § 4°, da CF. No conteúdo da lei, deve destacar-se a norma pela qual se exige que o ato normativo do Chefe do Poder especifique qual será a redução da despesa e qual o número de servidores a serem alcançados pelo ato, bem como os órgãos em que se encontrem. Importante ainda é que se indique qual o *critério geral impessoal* a ser adotado para identificar os servidores atingidos, isso para evitar discriminações pessoais entre servidores em idêntica situação jurídica, o que seria inconstitucional por violar o princípio da impessoalidade da Administração Pública (art. 37, CF). Por fim, deve o ato especificar o prazo para pagamento das indenizações devidas e os créditos orçamentários destinados a tal objetivo (art. 2°, § 1°, I a IV).

Há mais de um critério geral impessoal para identificação dos servidores. Pode a Administração adotar o que consiste no menor tempo de serviço público; ou na maior remuneração; ou também na menor idade. Pode haver combinação desses critérios com o de menor número de dependentes, para fins de classificação (art. 2°, §§ 2° e 3°). Esses critérios são objeto de escolha por parte da Administração, que, em cada caso, deverá atender à situação específica desenhada no serviço público, tal como, por exemplo, excesso de quadro, ou existência de funções mais suscetíveis de serem reduzidas, ou ainda serviços passíveis de supressão. Seja como for, todavia, os cargos vagos em decorrência dessas exonerações terão que ser declarados extintos, e a Administração Pública não poderá criar outros cargos e empregos com funções iguais ou assemelhadas no prazo de quatro anos (art. 4°, Lei 9.801, consonante com art. 169, § 6°, CF).[334]

A Lei n° 9.801/1999 tem caráter geral, vale dizer, aplica-se à Administração de todos os Poderes da União, Estados, Distrito Federal e Municípios. Sendo assim, é vedado a qualquer dessas pessoas federativas estabelecer, em leis próprias, regras que contrariem o conteúdo normativo daquele diploma, pena de serem inquinadas do vício da inconstitucionalidade.

---

[333] Também: LUCIA VALLE FIGUEIREDO, *Reforma administrativa*, RTDP n° 25/1999, pp. 5-12.

[334] Art. 4° da lei, que, nesse aspecto, guarda consonância com o art. 169, § 6°, da CF, introduzido pela EC n° 19/1998.

578 | MANUAL DE DIREITO ADMINISTRATIVO • *Carvalho Filho*

É oportuno assinalar que, como registramos anteriormente, tais hipóteses configuram modelos de *exoneração*, e não demissão. Por isso, a lei é digna de aplausos quando, em seu art. 1º, propõe-se a regular a *exoneração de servidores públicos estáveis*.

A Emenda Constitucional nº 51/2006, introduzindo o § 6º ao art. 198 da CF, contemplou nova hipótese de *exoneração* de servidor: a daqueles que, exercendo funções equivalentes às de agente comunitário de saúde ou de agente de combate às endemias, não cumpram os requisitos específicos para o exercício daquelas funções. Aqui a hipótese não é a de demissão, eis que inexiste qualquer transgressão como suporte fático da perda do cargo; trata-se, portanto, de exoneração, em que o desfazimento do vínculo funcional decorre da vontade de uma das partes da relação jurídica, no caso em foco, da manifestação do Poder Público.

4.6. Exoneração Conversível em Demissão

Quando o servidor está respondendo a processo administrativo suscetível da aplicação da pena de demissão, a Administração tem o direito de não conceder a exoneração a pedido, bem como o dever de não exonerar *ex officio* enquanto o processo não termina. Como é sabido, os efeitos da demissão têm aspectos diversos dos que advêm do ato de exoneração, de modo que não teria sentido conceder-se a exoneração diante da visível possibilidade de o servidor vir a ser demitido. O correto, na hipótese, é aguardar-se o desfecho do processo administrativo: havendo demissão, não haverá mesmo ensejo para conceder-se exoneração; sendo diversa a punição, a exoneração pode ser normalmente concedida, se for requerida pelo servidor, ou providenciada de ofício pela Administração.

Quid iuris, porém, se, a despeito de processo disciplinar em curso, com possibilidade de aplicação da pena de demissão, for concedida a exoneração a pedido, ou praticado o ato de exoneração *ex officio*? Em nosso entendimento, terá havido erro administrativo, porque a Administração não pode abrir mão de seu dever de sancionar quando o servidor tiver praticado infração funcional, sobretudo a infração grave passível de demissão. Desse modo, se o processo culminar realmente com a pena de demissão, não haverá outra alternativa senão a de anular o ato de exoneração e praticar o de demissão, o que, na prática, significa *a conversão da exoneração em demissão*. O que nos parece injurídico é considerar que o ato de exoneração teria servido como meio de perdoar o servidor pela infração grave cometida.

O STJ, todavia, decidiu de maneira diversa. Em curso processo administrativo, o servidor foi exonerado a pedido, de acordo com programa de demissão voluntária. Concluído o processo, foi demitido a bem do serviço público. A Corte entendeu que, com a exoneração, se teria extinto a relação estatutária, sendo inviável a aplicação de pena disciplinar e restando para a Administração apenas a possibilidade de apurar a responsabilidade civil e criminal do ex-servidor.[335]

Com a devida vênia, não abonamos esse pensamento. É verdade que a Administração não poderia ter concedido a exoneração requerida pelo servidor, na medida em que este respondia a processo administrativo já em curso e passível da sanção demissória. Mas o erro administrativo, nesse caso, não pode ter o condão de representar perdão administrativo da falta grave cometida pelo servidor. Se a falta existiu e foi comprovada no processo, é dever da Administração observar o estatuto funcional e aplicar a sanção. A não ser assim, o pedido de exoneração teria valido como forma de o infrator escapar da punição, o que seria consagrar a fraude em seu favor.

---

[335] STJ, RMS 11.056, j. 6.3.2001.

4.7. Servidores Trabalhistas

Muitas das regras constitucionais incidem sobre todos os servidores públicos civis, independentemente do regime jurídico a que se submetem. Por isso há, algumas vezes, certa dificuldade em atrelar este ou aquele instituto a um tipo específico de servidor, ou a todos em geral. A análise, quando tal ocorre, deve ser feita caso a caso.

A estabilidade é um desses institutos.

Embora já tenhamos feito referência anteriormente ao assunto, vale a pena repeti-lo e acrescentar outros elementos para melhor análise.

Quando a Constituição anterior tratava somente dos funcionários públicos (ou servidores públicos estatutários), nenhuma dificuldade havia em vincular a estabilidade a essa categoria de servidores. A vigente Constituição, entretanto, cuida dos servidores públicos civis, categoria-gênero, como vimos, que se subdivide em várias modalidades de servidores. Assim, alguma dúvida pode ser suscitada a respeito da esfera de abrangência do instituto da estabilidade, no que toca aos servidores trabalhistas.

Reza o art. 41 da CF que são estáveis os servidores *nomeados para cargo de provimento efetivo* em virtude de concurso público. Por sua vez, dita o § 1º do mesmo dispositivo que é condicionada e limitada a perda do *cargo* no caso de servidor estável. Esses elementos indicam que o instituto não se aplica aos servidores trabalhistas. A nomeação e o cargo, já o consignamos, são figuras somente compatíveis com o regime estatutário, e guardam inteira incompatibilidade com o regime trabalhista. Este regime é contratual e, com tal natureza, não se processa qualquer nomeação nem o servidor ocupa cargo algum. No regime trabalhista ora vigente sequer subsiste o instituto da estabilidade trabalhista, como já houve anteriormente. Os casos de estabilidade espelham situações especialíssimas, expressamente contempladas no quadro normativo constitucional.[336]

Sendo assim, temos que, sem embargo da circunstância de que a relação jurídica trabalhista, quando empregador o Poder Público, pode sofrer o influxo de algumas normas de direito público, o certo é que a garantia da estabilidade não incide na referida relação, limitando-se, pois, aos servidores públicos estatutários. Esse é o sentido que predomina entre os especialistas.[337]

Poder-se-ia questionar sobre a estabilidade no caso de o servidor trabalhista ter sido contratado após aprovação prévia em concurso público. Alguns autores entendem que o concurso atribuiria ao servidor algumas garantias do regime estatutário, inclusive a estabilidade. Não pensamos assim, com a devida vênia. O concurso é pré-requisito de ingresso no serviço público, independente do regime jurídico a que pertencer o servidor, e em nenhum momento a estabilidade foi atrelada a esse requisito. Desse modo, não será atribuída ao servidor trabalhista a garantia da estabilidade ainda que tenha sido aprovado em concurso público antes da contratação. O concurso, nesse caso, tem o mesmo valor jurídico do procedimento levado a efeito por algumas entidades da iniciativa privada quando pretendem selecionar os melhores candidatos para a contratação trabalhista.

---

[336] Ensejam estabilidade, na relação trabalhista, a ocupação de cargo de direção ou representação sindical por parte de empregado sindicalizado (art. 8º, VIII, CF); a eleição de empregado para cargo de direção de comissões internas de prevenção de acidentes (art. 10, II, "a", ADCT, CF); e a gestação de empregada, desde a confirmação da gravidez até cinco meses após o parto (art. 10, II, "b", ADCT, CF). Registre-se, ainda, que todas essas formas de estabilidade têm natureza transitória.

[337] DIÓGENES GASPARINI (ob. cit., p. 158); HELY LOPES MEIRELLES (ob. cit., p. 382); MARIA SYLVIA DI PIETRO (ob. cit., p. 327).

580 | MANUAL DE DIREITO ADMINISTRATIVO • *Carvalho Filho*

Existe entendimento, no entanto, segundo o qual seria ilegítima a possibilidade de a Administração rescindir imotivadamente o vínculo laboral e despedir o servidor, com os ônus decorrentes, tal como no direito trabalhista.[338] Ora, na verdade sempre haverá motivo para a rescisão do contrato, mesmo que seja o desinteresse do empregador, e, por isso mesmo, a lei trabalhista lhe comina certos efeitos pecuniários mais gravosos na hipótese de resilição contratual, que é exatamente essa que fica ao alvedrio do empregador. Eis por que, somente em casos especialíssimos, a Justiça do Trabalho admite a reintegração do empregado despedido. O que se tem exigido, isto sim, é que o ato administrativo que determina a rescisão contratual tenha *motivação*, vale dizer, a justificativa formal do desfazimento, ainda que calcada na necessidade de redução do quadro funcional ou das despesas com pessoal.[339]

Assim, não nos parece que a ordem jurídica confira alguma situação especial aos servidores contratados pelo Estado sob a égide da lei trabalhista. Pode ocorrer que lei federal contemple, especificamente para algumas categorias de servidores trabalhistas, garantias não previstas na CLT: é o caso da já referida Lei nº 9.962/2000, em favor de servidores federais. Mas, excluídas tais hipóteses, incide normalmente a legislação trabalhista e esta admite (*si et in quantum*) a rescisão contratual pela só manifestação volitiva do empregador.[340] Aliás, o próprio TST já decidiu que a dispensa de empregados de empresas públicas e de sociedades de economia mista independe de ato motivado para sua validade.[341]

O Supremo Tribunal Federal, aliás, já deixou definido que *"o disposto no artigo 41 da CF, que disciplina a estabilidade dos servidores públicos civis, não se aplica aos empregados de sociedade de economia mista... afastando, assim, a alegação de que os empregados da administração pública indireta, contratados mediante concurso público, somente poderiam ser dispensados por justo motivo".*[342] Conquanto destinada a empregados de entidade da Administração Indireta, a decisão se aplica aos servidores trabalhistas da Administração Direta, indicando que não se lhes aplica o instituto da estabilidade, peculiar aos servidores estatutários, ainda que o ingresso no serviço público tenha sido precedido de aprovação em concurso público. Em outras palavras, a aprovação em concurso público não rende ensejo à aquisição do direito à estabilidade.

A Lei nº 9.962, de 22.2.2000, como já vimos, instituiu o regime de emprego público no âmbito da Administração federal direta, autárquica e fundacional, estabelecendo que a CLT é o diploma básico regulador das relações entre a União e seus servidores trabalhistas. Nesse diploma, foram instituídas algumas regras protetivas dos servidores e entre elas está a inexistência do poder de resilição unilateral do contrato concedido aos empregadores em geral pela lei trabalhista. A proteção significa, de forma implícita, uma certa garantia de permanência no serviço público, bem assemelhada à estabilidade do regime estatutário. Entretanto, dois pontos merecem realce na nova legislação: (1) a nova lei só alcança a Administração Federal, não incidindo nas esferas estadual, distrital e municipal; (2) a lei, sendo do mesmo nível hierárquico-normativo da CLT, é derrogatória desta lei geral no que se refere aos contratos de trabalho celebrados com o Governo Federal, estampando mesmo autolimitações consideradas integrantes do pacto laboral.

Assim sendo, os demais entes federativos – Estados, Distrito Federal e Municípios – não se sujeitam às referidas autolimitações. Os contratos de trabalho que celebrarem com servidores desse regime estarão sujeitos às regras da CLT, nas quais não se encontra o direito à estabilidade, nada impedindo, por conseguinte, apesar de algumas vozes em contrário, que se valham do direito

---

[338] V. Parecer CQ-64, Advocacia-Geral da União. V. RDA 200/1995, p. 249.

[339] STF, RE 589.998, j. 20.3.2013 (decisão sobre os Correios, mas aplicável também à administração direta).

[340] Também: TST, Recurso Revista 54.754/2002.

[341] Vide TST, Orientação Jurisprudencial nº 247, item I.

[342] STF, AgR 245.235, j. 26.10.1999.

Cap. 11 • SERVIDORES PÚBLICOS | 581

de rescisão unilateral do contrato de trabalho quando necessário ao interesse público. O que se deve coibir é o abuso de poder, que, se for cometido, há de merecer correção. Mas não se pode colocar o interesse do servidor, por mais digno que seja, acima do interesse público na rescisão de contratos trabalhistas, ainda mais porque, apesar de haver estabilidade no regime estatutário, o servidor não está protegido contra a extinção do cargo, conforme averbamos anteriormente.

Em relação aos servidores trabalhistas admitidos *há menos de cinco anos* antes da vigência da Constituição e, pois, não protegidos pela estabilização do art. 19 do ADCT da CF, já se decidiu que podem ser "demitidos" sem prévio procedimento administrativo por não terem a garantia da estabilidade.[343] Em nosso entender, porém, é preciso distinguir, e isso porque no regime trabalhista o desfecho do vínculo se consuma com a rescisão do contrato de trabalho com ou sem culpa do empregado, e não propriamente por meio de demissão. Reiteramos, pois, que, em se tratando de rescisão sem culpa, cabe apenas ao empregador arcar com os ônus legais trabalhistas decorrentes de sua decisão unilateral, mas, cuidando-se de rescisão com culpa, parece-nos necessária a instauração de processo administrativo para averiguar a culpa do obreiro, conferindo-se a este o direito ao contraditório e à ampla defesa, em observância ao princípio fundamental contemplado no art. 5º, LV, da Constituição.

4.8. Vitaliciedade

A vitaliciedade representa a garantia, ou a prerrogativa especial, de permanência no serviço público, conferida a agentes públicos de determinadas categorias funcionais, titulares de cargos vitalícios, em virtude da especificidade das funções que lhe são cometidas, tal como reconhecido em sede constitucional. No atual quadro normativo constitucional, são titulares do direito à vitaliciedade os magistrados (art. 95, I), os membros dos Tribunais de Contas (art. 73, § 3º) e os membros do Ministério Público (art. 128, § 5º, I, "a").

Na verdade, a vitaliciedade dos servidores vitalícios em muito se assemelha à estabilidade dos servidores efetivos, sendo comum em ambas o direito do servidor de continuar inserido no respectivo quadro funcional. Mas, enquanto a perda da vitaliciedade só pode derivar de sentença judicial transitada em julgado, como resulta daqueles dispositivos, a da estabilidade pode originar-se também de processo administrativo, embora assegurando-se o direito de ampla defesa ao servidor (art. 41, II e III, CF). Por conseguinte, será forçoso reconhecer que os efeitos da vitaliciedade são mais benéficos para o titular do cargo do que os advindos da estabilidade.

Entretanto, a Constituição também impôs, em algumas situações, o cumprimento de requisito temporal – no caso, de dois anos – para adquirir a vitaliciedade. Segundo o art. 95, I, da CF, os juízes gozam da prerrogativa da *"vitaliciedade, que, no primeiro grau, só será adquirida após dois anos de exercício, dependendo a perda do cargo, nesse período, de deliberação do tribunal a que o juiz estiver vinculado e, nos demais casos, de sentença judicial transitada em julgado".*

A despeito de o conteúdo da garantia ser o mesmo, vislumbram-se nesse mandamento dois suportes fáticos diversos para sua aquisição, permitindo seja ela classificada em: (a) *vitaliciedade mediata*, no caso de juízes de primeiro grau; e (b) *vitaliciedade imediata*, para a investidura em outras situações. No primeiro caso, conquanto o cargo seja vitalício, os efeitos jurídicos decorrentes da vitaliciedade são adquiridos apenas após dois anos de exercício, período em que poderá haver a perda do cargo por processo administrativo decidido no âmbito do respectivo Tribunal. É o caso, por exemplo, do juiz ou do promotor de justiça aprovado em concurso público. No segundo, a vitaliciedade é concomitante à investidura, como é o caso do magistrado de Tribunal oriundo da classe dos advogados, cuja investidura se tenha dado pelo

---

[343] STF 289.321, Min. MARCO AURÉLIO, em 2.12.2010.

582 | MANUAL DE DIREITO ADMINISTRATIVO • *Carvalho Filho*

quinto constitucional (art. 94, CF), ou, ainda, do membro de Tribunal de Contas, escolhido nos termos do art. 73, § 2°, da CF. Nessas hipóteses, ao contrário do que sucede com a anterior, inexiste estágio confirmatório, de modo que a só investidura já é suficiente para garantir ao titular a vitaliciedade e, em consequência, a perda do cargo decretada exclusivamente por sentença judicial transitada em julgado.

5. REGIME PREVIDENCIÁRIO

5.1. Previdência do Servidor Público

5.1.1. *Sentido*

Regime previdenciário é o conjunto de regras constitucionais e legais que regem os benefícios outorgados aos servidores públicos em virtude da ocorrência de fatos especiais expressamente determinados, com o fim de assegurar-lhes e à sua família amparo, apoio e retribuição pecuniária.

A ideia central de *"previdência"* encerra a de *"precaução"*, *"previsão"*, *"vista ou conhecimento do futuro"*,[344] indicando a necessidade de serem tomadas cautelas presentes para enfrentar, no futuro, problemas e adversidades encontrados pelos servidores e seus familiares no curso de sua relação de trabalho com o Poder Público.

Vários podem ser os benefícios previdenciários, alguns deles contemplados nos próprios estatutos funcionais. Em sede de Constituição, os benefícios básicos e mais relevantes são a *aposentadoria* e a *pensão*, que estudaremos adiante.

5.1.2. *Regimes de Previdência*

A Constituição sofreu, pela Emenda Constitucional n° 103, de 12.11.2019 (Reforma da Previdência), algumas alterações no que concerne ao regime de previdência em geral, incluindo a dos servidores públicos, tudo motivado pelo imenso déficit do sistema anterior, colocando em risco a própria solvência do Estado. Anteriormente, as EC n° 20/1998 e n° 41/2003 já haviam introduzido modificações no sistema.

Há, na verdade, um microssistema constitucional sobre a matéria, devendo advertir-se que sua complexidade provoca usualmente muitas dúvidas e interpretações divergentes. Os comentários a seguir terão como base os dispositivos constitucionais, levando em conta as citadas alterações.

São dois os regimes de previdência hoje previstos na Constituição, os quais, embora apresentem pontos de convergência em alguns aspectos, com vistas à obtenção da maior uniformidade possível, têm fisionomia e destinatários próprios. O primeiro tem a disciplina prevista nos arts. 201 e 202, sendo aplicáveis aos trabalhadores em geral, pertencentes em regra à iniciativa privada e regidos pela Consolidação das Leis do Trabalho; o segundo se encontra no art. 40 e seus parágrafos, destinando-se especificamente aos servidores públicos efetivos, regidos pelos respectivos estatutos funcionais.

Os dispositivos do primeiro conjunto normativo constituem o *regime geral de previdência social*, ao passo que os do segundo formam o denominado *regime próprio de previdência social*, que, na verdade, estampa um regime previdenciário especial. Por exceção, limitada esta a alguns poucos casos, a Constituição manda aplicar ao regime próprio, no que couber, os requisitos e critérios estabelecidos para o regime geral; cuida-se, pois, de aplicação supletiva (art. 40, § 12).

---

[344] CALDAS AULETE, *Dicionário contemporâneo da Língua Portuguesa*, v. IV, p. 4.072.

5.1.3. Abrangência do Regime Próprio

Como os servidores públicos em geral podem enquadrar-se num ou noutro regime, dependendo da natureza do vínculo de trabalho com o Poder Público, é necessário identificar primeiramente a *categoria funcional* em que se localiza o servidor para que se verifique qual o regime jurídico que vai regular os benefícios previdenciários a que faz jus.

O regime jurídico de previdência dos *servidores públicos estatutários e efetivos*, que são a grande massa dos agentes administrativos, é o *regime próprio de previdência social*, de caráter especial, encontrando-se sua disciplina no art. 40 e parágrafos da CF. São regras específicas por terem como destinatários servidores com situação funcional própria: devem ser *estatutários e efetivos*. Significa dizer que essa disciplina abrange os servidores que sejam não somente regidos pelos estatutos funcionais, mas também que ocupem cargo público de provimento efetivo. Ambos são requisitos necessários e cumulativos, como emana do art. 40, *caput*, da CF.

Neste passo, vale a pena um registro: conquanto a Constituição não tenha sido expressa a respeito, referindo-se tão somente a servidores *efetivos*, sujeitam-se também ao regime próprio os ocupantes de cargos *vitalícios*, estando, porém, a disciplina básica nos respectivos capítulos constitucionais. Os cargos ostentam natureza diversa, mas é inegável que seus titulares integram uma *relação estatutária*, diversa da que rege outros agentes.

5.1.4. Regulamentação do Regime Próprio

A *regulamentação* do regime próprio foi fixada pela Lei nº 9.717, de 27.11.1998, que dispõe sobre normas gerais para a organização e o funcionamento dos regimes próprios de previdência social de todas as unidades federativas.

Assim, abrange os servidores da União, dos Estados, do Distrito Federal e dos Municípios e, ainda, os militares dos Estados e do Distrito Federal. É imperioso destacar que, embora a lei seja federal, compõe-se de normas gerais de aplicabilidade a todas as pessoas federativas por força de mandamento constitucional.

Por conseguinte, todas elas devem observar as normas legais, estando impedidas de criar outras em desacordo com os parâmetros gerais que a lei estabelece; sua atuação visará apenas suplementar as regras expressas na lei federal para atender a suas peculiaridades específicas.

Consoante advertência contida na referida lei, os regimes próprios devem ser organizados e fundados em normas gerais de contabilidade e atuária, aspectos indispensáveis à garantia de seu equilíbrio financeiro e atuarial, observados os critérios relacionados no mesmo diploma.

Não é demais destacar que as normas básicas do regime próprio estão alinhadas na Constituição, formando o estatuto constitucional. Desse modo, os estatutos funcionais das unidades federativas têm que se limitar apenas a fixar um ou outro ponto supletivo, sem desnaturar, contudo, o quadro normativo constitucional. Na verdade, pouco espaço lhes sobrou diante do detalhamento fixado na Constituição.

No que se refere a polícias militares e corpos de bombeiros militares, o art. 22, XXI, da CF, com redação da EC nº 103/2019, conferiu competência legislativa privativa da União para dispor sobre inatividades e pensões dessas categorias. Assim, é a *lei federal* que regulará seus benefícios.

5.1.5. Unicidade de Regimes e de Gestão

A *unicidade de regimes*, prevista no art. 40, § 20, da CF, significa que as entidades federativas não poderão adotar mais de um regime próprio de previdência social para os servidores

584 | MANUAL DE DIREITO ADMINISTRATIVO • *Carvalho Filho*

titulares de cargos efetivos. Isso indica que o conjunto de normas previdenciárias da pessoa federativa deverá abranger todos os servidores efetivos, sem distinções relacionadas a esta ou àquela categoria funcional.

Em outra vertente, a Constituição também impõe a existência de apenas um *órgão ou entidade gestora* do regime próprio em cada unidade federativa, sendo alcançados todos os Poderes, órgãos, autarquias e fundações públicas, aos quais incumbe o financiamento do regime, com a observância dos critérios, parâmetros e a natureza jurídica definidos na lei complementar federal prevista no § 22 do art. 40. Adota-se, pois, no caso, o princípio da *unicidade de gestão*, também expresso no citado § 20 do art. 40 da CF.

A Constituição, no mesmo § 22 do art. 40, veda a instituição de novos regimes próprios e prevê lei complementar federal na qual se estabeleçam, para os regimes já existentes, normas gerais de *organização, de funcionamento e de responsabilidade* em sua gestão. Para tanto, deverá dispor sobre vários aspectos: (a) requisitos para sua extinção e migração para o regime geral; (b) modelo de arrecadação, aplicação e utilização dos recursos; (c) controle externo e social, com fiscalização pela União; (d) equilíbrio financeiro e atuarial; (e) condições para criação de fundos previdenciários; (f) equacionamento do déficit atuarial; (g) estruturação do órgão ou entidade gestora; (h) responsabilidade de gestores do regime; (i) adesão a consórcio público; (j) parâmetros para apuração da base de cálculo e definição de alíquota de contribuições ordinárias e extraordinárias.

Complementando o sistema, o art. 167, XII, da CF, incluído pela EC nº 103/2019, veda a utilização de recursos do regime próprio, inclusive os pertencentes a fundos previdenciários, para despesas que não sejam as relativas ao pagamento de benefícios previdenciários, bem como para aquelas que não se destinem às despesas de organização e funcionamento.

Ainda para a proteção dos recursos do sistema, vedam-se a transferência voluntária de recursos, a outorga de avais, a oferta de garantias e subvenções federais e a concessão de empréstimos e financiamentos por instituições federais aos entes federativos, no caso de inobservância das regras do regime próprio (art. 167, XIII, CF). O conteúdo da norma é louvável, embora de discutível eficácia ante os arranjos políticos costumeiros entre as pessoas federativas, visando ocultar irregularidades.

5.1.6. *Regime de Outros Agentes*

Como já visto, o regime próprio de previdência social é aplicável aos servidores titulares de cargos efetivos. Entretanto, além desse grupo de servidores, há inúmeros outros agentes vinculados ao Estado. Estes, porém, não se incluem entre os destinatários do regime próprio.

De acordo com o art. 40, § 13, da CF, aplicar-se-á o *regime geral de previdência social*, previsto nos arts. 201 e 202 da CF, às seguintes categorias de agentes públicos: (a) ocupantes exclusivamente de cargos em comissão, declarados em lei de livre nomeação e exoneração; (b) ocupantes de outros cargos temporários; (c) exercentes de mandato eletivo; (d) servidores trabalhistas.

Estão sujeitos ao regime geral de previdência social os *servidores temporários*, sob regime especial, admitidos sob a égide do art. 37, IX, da CF. Assim, ocorrendo contratação por tempo determinado para suprir necessidade temporária de excepcional interesse público, os servidores contratados estarão submetidos ao regime geral.

Os agentes que exercem mandato eletivo também estão sob o regime geral de previdência. Como os mandatos são temporários, os agentes computarão seu tempo no período anterior de contribuição, bem como no período posterior ao mandato, independentemente de estarem no regime próprio ou no regime geral.

Cap. 11 · SERVIDORES PÚBLICOS | 585

5.1.7. Ocupantes Exclusivos de Cargos em Comissão

Em relação aos servidores estatutários ocupantes de cargo em comissão, vale a pena lembrar que o termo *"exclusivamente"* tem que ser interpretado no sentido de que o servidor não integra o quadro funcional permanente e foi guindado diretamente ao cargo de confiança. A norma não se aplica, portanto, a servidores que, *sendo titulares de cargos efetivos*, venham a ocupar *eventualmente* cargos em comissão. Tais servidores são do quadro permanente, e o exercício do cargo em comissão não lhes retira o direito ao cargo efetivo de que são titulares; mesmo exercendo *exclusivamente* o cargo em comissão (até porque lhes é vedada a acumulação), seu cargo efetivo fica à sua disposição, aguardando seu retorno. Sendo assim, sujeitar-se-ão normalmente ao regime próprio de previdência.

Apesar da clareza da norma, há entendimento no sentido de que o servidor ocupante de cargo em comissão, se já é aposentado pelo regime estatutário, deveria contribuir para o regime próprio de previdência, e não para o regime geral, invocando-se como fundamento o fato de que aposentado daquela natureza ainda continua vinculado ao Poder Público.[345]

O argumento é totalmente equivocado: a uma, porque não há mais qualquer vínculo funcional entre o aposentado e o Estado, já que a aposentadoria faz cessar o vínculo estatutário; a duas, porque a investidura nessa hipótese é nova, vale dizer, instaura-se outra relação funcional sem qualquer relação com a anterior; e a três, porque a Constituição nada ressalvou nesse sentido. Assim, se um servidor aposentado vem a ocupar exclusivamente cargo em comissão, deve contribuir para o regime geral da previdência social, independentemente do regime jurídico sob o qual se aposentou anteriormente.

5.2. Contributividade

5.2.1. Introdução

Não há a menor dúvida de que os benefícios previdenciários são, como regra, caracterizados pela *onerosidade*, o que significa que sua concessão implica utilização de recursos públicos, normalmente vultosos em face do quantitativo de beneficiários. Sendo assim, é natural que tais benefícios devam refletir a contraprestação pelos valores que o servidor vai paulatinamente pagando a título de contribuição.

O sistema adotado na Constituição tem lastro em dois pressupostos fundamentais: a contributividade e a solidariedade. Ambos estão expressos no art. 40, *caput*, que inaugura a disciplina do regime próprio de previdência social dos servidores titulares de cargos efetivos. Em se tratando dos pilares básicos do regime, não podem deixar de ser observados por todas as unidades federativas.

5.2.2. Contributividade

A Constituição foi bem clara ao estabelecer que o regime próprio de previdência social dos servidores de cargos efetivos *"terá caráter contributivo e solidário"*, de forma a ser preservado o equilíbrio financeiro e atuarial (art. 40, *caput*).

O sentido da norma constitucional apresenta dois aspectos inafastáveis. Em primeiro lugar, ter-se-á que observar o sistema da *contributividade*, a indicar que os servidores, como futuros

---

[345] Proc. nº 211.831-4/01, do Tribunal de Contas do Rio de Janeiro, tendo adotado o entendimento a Procuradoria--Geral do TCE, o Ministério Público e um dos Conselheiros integrantes do Colegiado.

586 | MANUAL DE DIREITO ADMINISTRATIVO • *Carvalho Filho*

beneficiários, devem ter o encargo de pagar contribuições paulatinas e sucessivas no curso de sua relação de trabalho.

Depois, será também necessária a manutenção do equilíbrio financeiro e atuarial, de forma que haja a maior correspondência possível entre o ônus da contribuição e o valor dos futuros benefícios. Tais cálculos não resultam de trabalho jurídico, mas sim de projeções técnicas levadas a efeito pela ciência atuarial. A Lei nº 9.717/1998, aliás, exige expressamente que os regimes previdenciários sejam baseados em normas gerais de contabilidade e atuária, visando a garantir o equilíbrio financeiro e atuarial, e relaciona várias ações a serem adotadas para alcançar esse objetivo (art. 1º).

O equilíbrio financeiro tem direta correlação com *o custeio* dos benefícios previdenciários. O custeio dos benefícios deve corresponder ao volume de recursos arrecadados dos contribuintes, evitando-se qualquer tipo de excesso: nem tais recursos devem propiciar excesso de *superavit*, porque isso representaria ônus desnecessário para o contribuinte, nem devem ser tão escassos que acabe acarretando dispêndio suplementar para o erário, elevando ainda mais o já indesejável *deficit* público. Daí ser inteiramente aplicável, também para a previdência especial dos servidores, a regra pertinente ao regime geral de previdência: *"Nenhum benefício ou serviço da seguridade social poderá ser criado, majorado ou estendido sem a correspondente fonte de custeio total"* (art. 195, § 5º, CF).

5.2.3. *Contribuições*

Uma vez que o sistema previdenciário precisa ser preservado para manter seu equilíbrio financeiro e atuarial, é imperioso que os servidores efetuem *contribuições* para o sistema.

Para tanto, a União, os Estados, o Distrito Federal e os Municípios devem instituir, forçosamente por meio de lei, contribuições para o custeio do regime próprio de previdência social, as quais serão pagas por servidores ativos, aposentados e pensionistas. Essas contribuições poderão ter *alíquotas progressivas*, considerando o valor da base de contribuição ou os proventos de aposentadoria e pensões (art. 149, § 1º, CF). Essa é a *contribuição ordinária*.

Caso venha a surgir déficit atuarial, poderá ser cobrada contribuição ordinária de aposentados e pensionistas sobre valor dos proventos e pensões acima do salário mínimo (art. 149, § 1º-A). Caso inócua a medida, faculta-se a instituição de *contribuição extraordinária*, no âmbito da União, a ser paga por servidores ativos, aposentados e pensionistas. Concomitantemente, outras medidas poderão ser adotadas para equacionar o déficit, impondo-se, contudo, a vigência por prazo determinado, contado da data de sua instituição (arts. 149, §§ 1º-B e 1º-C).

5.2.4. *Alíquotas de Contribuição*

Sob a égide da normatização constitucional pretérita, foi promulgada a Lei nº 10.887, de 18.6.2004, na qual se estabeleceu que, para a manutenção do regime próprio de previdência, a alíquota de contribuição dos servidores ativos foi fixada em 11% sobre os ganhos do servidor (arts. 4º a 6º).

Ocorre que a EC nº 103/2019 enunciou norma transitória estabelecendo que, enquanto não alterado aquele diploma em relação às alíquotas, a contribuição será de 14% (art. 11, EC nº 103/2019), com vigência, porém, a partir do primeiro dia do 4º mês posterior à data da publicação daquela Emenda (art. 36, I). Infere-se, pois, do texto da norma que a majoração da alíquota independe da futura lei, sendo vigente a partir do termo *a quo* referido.

Cap. 11 • SERVIDORES PÚBLICOS | 587

A nova alíquota, entretanto, será *majorada* ou *reduzida* dependendo do valor-base da contribuição ou do benefício. Há oito faixas de valor-base: nas três primeiras haverá reduções da alíquota; na quarta faixa, a alíquota é a geral (14%); da quinta à oitava, a alíquota terá majorações, de modo que na última faixa – a de maior valor-base – será de 22%, o que supera em muito a alíquota geral. Os valores-base sujeitar-se-ão a reajustes conforme índices do reajuste de benefícios do regime geral de previdência (art. 11, § 3º, EC nº 103/2019).

Não obstante, a aplicação atenderá ao sistema da *progressividade,* ou seja, cada alíquota incidirá sobre a respectiva faixa de valores (art. 11, § 2º, EC nº 103/2019). Sem dúvida, o sistema é meio complexo. Apenas para exemplificar: quem aufere valor incluído na 3ª faixa (de 2 a 3 mil reais), terá sua contribuição reduzida: (a) em 6,5% referentes à 1ª faixa, ou seja, a contribuição será de 7,5% (14%-6,5%); (b) em 5% relativos à 2ª faixa, isto é, contribuição de 9%; (c) em 2% atinentes à sua faixa, ou seja, contribuição de 12%. Por conseguinte, os cálculos também terão que ser progressivos, percorrendo-se faixa por faixa, até chegar ao montante da contribuição.

5.2.5. Aposentados e Pensionistas

A regra tradicional no que se refere à contribuição previdenciária sempre foi no sentido de que contribuintes devem ser os *servidores ativos,* ou seja, aqueles que estão em pleno exercício de suas atividades, ou em situações assim consideradas por lei.

Ao ser instituída em legislação anterior, a contribuição previdenciária de *aposentados e pensionistas* gerou funda polêmica quanto à sua constitucionalidade, gerando mesmo decisão do STF no sentido de que a norma seria incompatível com o sistema constitucional pela inexistência de fundamento para tal matéria.[346] Posteriormente, no entanto, diante do caráter solidário do regime de previdência expresso na Constituição, ficou legitimada essa cobrança para aposentados e pensionistas, em conformidade com o art. 40, § 18, incluído pela EC nº 41/2003.

No texto constitucional ficou definido que a alíquota de contribuição, com redução ou majoração, será paga também por aposentados e pensionistas de quaisquer Poderes, incluídas autarquias e fundações. Incidirá sobre o valor da parcela dos proventos de aposentadorias e pensões que *exceda o limite máximo* fixado para os benefícios do regime geral de previdência, considerando-se, nessa hipótese, a totalidade do valor do benefício para fins de definição das alíquotas a serem aplicadas (art. 11, § 4º, EC nº 103/2019).

Há, portanto, dois critérios. De um lado, haverá uma parte isenta desses proventos, incidindo a contribuição apenas sobre a parte que supera o valor máximo dos benefícios. De outro, deverá ser levado em conta o total do valor do benefício para identificação das faixas de incidência.

5.2.6. Solidariedade no Regime Previdenciário

Ao tratar do regime próprio de previdência social, a Constituição deixou expresso que se cuida de regime de caráter *contributivo e solidário* (art. 40, *caput*).

A solidariedade em relação ao regime está a indicar que a contribuição previdenciária não se destina apenas a assegurar benefício ao contribuinte e à sua família, mas, ao contrário, assume objetivo também de *caráter social,* exigindo-se que pessoas já beneficiadas pelo regime continuem tendo a obrigação de pagar a contribuição previdenciária, agora não mais para o exercício de direito próprio, mas sim em favor do sistema do qual são integrantes, ainda que já tenham conquistado seu direito pessoal. É exatamente nesse aspecto, em que o contribuinte socorre o sistema, que se deve entender ser *solidário* o regime de previdência.

---

[346] STF, ADi 2010-MC, j. 30.9.1999.

588 | MANUAL DE DIREITO ADMINISTRATIVO • *Carvalho Filho*

É o caráter solidário do regime próprio que legitima a cobrança de contribuições de aposentados e pensionistas, prevista no citado art. 11, § 4º, da EC nº 103/2019. Na verdade, tais contribuições, como explicam os técnicos, é que permitem manter o equilíbrio financeiro e atuarial do sistema, evitando a ocorrência e majoração de déficit, que inviabilizam sua aplicabilidade e execução.

Reiteramos neste passo o que consignamos anteriormente – a resistência de alguns setores doutrinários em aceitar referida cobrança como inserida nos parâmetros constitucionais.[347] Uma vez qualificado o regime como *solidário*, prevalece a causa social sobre a individual. Por outro lado, urge preservar o equilíbrio do regime. Desse modo, é possível não concordar com tal estratégia, mas fundamento inexiste para considerá-la inconstitucional. Ali temos um juízo de valor, ao passo que aqui se examina somente a congruência da estratégia com a Constituição.[348]

5.2.7.   *Base de Contribuição*

Base de contribuição (ou valor-base ou base de incidência) é o valor sobre o qual incide a contribuição previdenciária. No regime próprio dos servidores públicos, uma vez identificada a base de contribuição, serão feitos os cálculos com o emprego das alíquotas que se aplicam na hipótese, recorrendo-se, como dito, ao sistema progressivo.

A definição da base de incidência está prevista na Lei nº 10.887/2004, sendo assim considerado o vencimento do cargo efetivo acrescido das vantagens pecuniárias permanentes estabelecidas em lei, os adicionais de caráter individual ou quaisquer outras vantagens de caráter *remuneratório* (art. 4º, § 1º). Ou seja, o valor-base da contribuição é o total dos *ganhos* do servidor, que constituem a totalidade de sua remuneração.

No entanto, a lei exclui algumas das parcelas auferidas pelo servidor, sobretudo aquelas que ostentam cunho *indenizatório*: estas, com efeito, não retratam remuneração, mas, sim, uma compensação por despesas a cargo do servidor. Entre outras verbas, destacam-se (a) diárias, (b) ajuda de custo por mudança de sede, (c) ajuda para transporte, (d) salário-família, (e) auxílio-alimentação, (f) auxílio-creche, (g) verba resultante de cargo em comissão ou função comissionada, (h) abono de permanência, (i) adicional de férias, (j) adicional por serviço extraordinário, (k) auxílio-moradia e (l) adicional noturno.

A despeito dos termos da lei, muitas controvérsias têm sido suscitadas sobre a base de contribuições previdenciárias, principalmente sobre as muitas e variadas vantagens pecuniárias percebidas pelos servidores, que obviamente reivindicam frequentemente a exclusão de algumas delas da incidência.

Uma dessas hesitações refere-se à incidência da contribuição sobre a remuneração auferida pelo desempenho em cargos em comissão e funções comissionadas. Para alguns, como não poderia essa remuneração ser computada para a fixação de proventos da aposentadoria ou pensão, inadmissível seria tê-la como base de incidência. Entretanto, parece melhor a interpretação de que, tratando-se de ganhos de cunho remuneratório, deveria ser cobrada a contribuição, independentemente de efeitos futuros – tese, inclusive, que se coaduna com o caráter solidário da contributividade.[349]

Sem embargo da viabilidade jurídica, em face do suporte constitucional, a Lei nº 10.887/2004 excluiu da base de incidência das contribuições a parcela percebida em decorrência de exercício de cargo em comissão ou de função de confiança (art. 4º, § 1º, VIII), mas permitiu que o servidor optasse pela inclusão da mesma parcela na base de cálculo sobre a qual

---

[347]   JOSÉ AFONSO DA SILVA, em parecer acostado à ADI 3.105, STF.
[348]   STF, ADIs 3.105 e 3.128, j. 18.8.2004. A Corte abonou nossa posição e decidiu no mesmo sentido.
[349]   Nesse exato sentido, STJ, RMS 13.212, j. 21.5.2002

Cap. 11 • SERVIDORES PÚBLICOS | **589**

incide a contribuição (art. 4º, § 2º). Se fizer semelhante opção, o cálculo do benefício levará em consideração a referida parcela, mas, de qualquer modo, deverá ser observada a limitação prevista no art. 40, § 2º, da CF.

A questão – que já constituía o tema 163 da repercussão geral – foi enfim decidida pelo STF. Segundo a Corte, não incide a contribuição previdenciária sobre verba não incorporável aos proventos de aposentadoria, como, por exemplo, o terço de férias, serviços extraordinários, adicional noturno e adicional de insalubridade. Fundou-se em que o princípio da solidariedade do regime não elide o da contributividade, o que impede a incidência sobre parcela que não trará retorno ao servidor. Sendo assim, seria meramente exemplificativo, e não taxativo, o rol das parcelas isentas previsto nas Leis nºs 9.783/1999 e 10.887/2004.[350]

A decisão, que reformou julgado do Tribunal *a quo*, teve quatro votos vencidos – com os quais, a nosso ver, está a melhor interpretação. Nesse caso, interpretou-se no sentido de que aqueles diplomas, que apresentaram rol meramente exemplificativo, ofereciam a possibilidade de se incluírem, na base de cálculo da contribuição previdenciária, parcelas remuneratórias percebidas pelo servidor a título de ganhos habituais, excluindo-se, por conseguinte, somente os ganhos não habituais e aqueles que, mesmo habituais, fossem caracterizados como parcelas indenizatórias. O julgado desprezou o fato de que a própria Lei nº 10.887/2004, no art. 4º, § 2º, previu expressamente a opção do servidor para incluir, na base de cálculo, parcelas remune-ratórias – as quais influem diretamente no cálculo da média aritmética para a fixação dos proventos, conforme critério previsto no art. 1º do mesmo diploma.

Vale a pena aditar uma outra informação. As contribuições somente incidem sobre be-nefícios relativos aos sistemas previdenciários de natureza pública e de filiação compulsória. Por conseguinte, não podem ser cobradas quando se trata de proventos ou pensões especiais resultantes de planos de natureza complementar, que ensejam filiação facultativa do servidor.[351]

5.3. Fundos Previdenciários Públicos

5.3.1. Sentido

Fundos previdenciários são conglomerados financeiros, formados por valores e bens patri-moniais e não patrimoniais, cujo objetivo consiste em garantir recursos para o pagamento de benefícios de caráter previdenciário. Dependendo dos integrantes, podem ser *públicos* ou *privados*.

Os fundos previdenciários públicos têm previsão no art. 249 da CF, que autoriza a União e os demais entes federativos a constituírem fundos integrados pelos recursos oriundos das contribuições e por bens, direitos e ativos de qualquer natureza, com a finalidade de assegurar recursos para o pagamento de proventos de aposentadoria e pensões concedidas aos servidores e seus dependentes, em acréscimo aos recursos dos respectivos tesouros.

Para disciplinar a instituição e o funcionamento de tais fundos, foi editada a Lei nº 9.717/1998, em cujo art. 6º estão previstos os lineamentos do sistema, incluindo os controles de gestão e responsabilidade de gestores e outros integrantes dos órgãos superiores.

5.3.2. Instituição e Extinção

Em virtude da natureza e dos objetivos dos fundos públicos de previdência, sua instituição não poderia deixar de ser efetivada *por lei*, como está enunciado no art. 249 da CF.

---

[350]   STF, RE 593.068, j. 11.10.2018.

[351]   Foi como decidiu o STJ no RMS 23.051, j. 6.3.2007.

590 | MANUAL DE DIREITO ADMINISTRATIVO • *Carvalho Filho*

Consequentemente, revela-se inconstitucional a criação de tais fundos por decreto, ato que emana tão somente do Chefe do Executivo. Ao prever a instituição por lei, cumpre que seja apresentado projeto de lei ao Poder Legislativo e que este participe do processo legislativo, do qual deverá resultar a lei instituidora.

Essa lei deverá dispor sobre a natureza e a administração dos fundos. A natureza refere-se ao perfil jurídico do fundo, isto é, ao modelo com o qual se apresenta no mundo jurídico. A administração impõe o detalhamento da gestão do fundo, com definição de diretores, órgãos e funções.

Adotando-se o princípio das formas congêneres, e tendo em vista a forma de criação, somente *por lei* o fundo poderá ser extinto. E isso se justifica plenamente. Na verdade, trata-se de dar fim a um conglomerado composto de valores e bens públicos, com fins previdenciários, situação que demanda realmente a edição de lei. Além disso, há expressa previsão legal para essa forma extintiva (art. 6º, IX, Lei nº 9.717/1998).

Se ocorrer a extinção do fundo, o respectivo ente público assumirá integralmente a responsabilidade pelo pagamento dos benefícios concedidos durante a vigência, e também daqueles cujos requisitos se completaram antes da extinção (art. 10).

5.3.3. *Requisitos*

Como os fundos demandam recursos públicos, exigem-se alguns requisitos para sua instituição. Cuida-se de cautelas expressas em lei para evitar a dilapidação ou o desvirtuamento dos fins do fundo.

Um dos requisitos – e fundamental – é que sua conta seja distinta da do Tesouro (art. 6º, II, Lei nº 9.717/1998). O intuito da norma não é difícil de perceber: o amálgama entre recursos de natureza e fins diversos rende ensejo a confusão, a equívocos contábeis e à ocorrência de má utilização das verbas.

Outro requisito é que os recursos sejam aplicados conforme orientação do Conselho Monetário Nacional (art. 6º, IV). Aqui a lei pretendeu estabelecer forma de controle sobre o emprego dos recursos, de modo a impedir sua malversação, em detrimento dos fins almejados pelo fundo.

Veda-se, ainda, a concessão de empréstimos de qualquer natureza, sendo também necessário avaliar os bens e direitos do fundo. Em outro giro, impõe-se a fixação de limites para a taxa de administração (art. 6º, V, VII e VIII).

5.3.4. *Descumprimento e Responsabilidade*

Várias irregularidades já foram encontradas na gestão dos fundos previdenciários, com grande prejuízo para o erário e para os beneficiários. Tentando amenizar esse problema, a Lei nº 13.846, de 18.6.2019, introduziu várias alterações na Lei nº 9.717/1998.

Primeiramente, ficou estipulado que o *descumprimento* das normas regentes implicará a ocorrência de vários efeitos. Um deles é a suspensão das transferências voluntárias de recursos pela União. Outra consequência é a suspensão de empréstimos e financiamentos por instituições financeiras federais (art. 7º, I e III).

Além disso, a lei opôs impedimento para a celebração de acordos, contratos, convênios ou ajustes, bem como para o recebimento de empréstimos, financiamentos, avais e subvenções de órgãos federais, da administração direta ou indireta (art. 7º, II). No entanto, o que é preciso ver é se, futuramente, tais efeitos serão realmente produzidos.

Quanto à *responsabilidade*, a lei estabeleceu duas regras importantes. Uma delas é a que atribui aos responsáveis pelos poderes e órgãos da entidade pública, aos dirigentes da unidade gestora e aos membros dos conselhos e comitês *responsabilidade direta* por infrações cometidas ao arrepio da lei (art. 8º).

Por outro lado, dirigentes e responsáveis pela gestão do regime próprio, bem como consultores e distribuidores, instituições financeiras e o fundo de investimentos recebedor dos recursos, incluindo seus gestores e administradores, terão *responsabilidade solidária*, na medida de sua participação, pelo ressarcimento dos prejuízos oriundos de aplicações indevidas (art. 8º-A).

5.4. Previdência Complementar

5.4.1. Aspectos Iniciais

A Constituição admite duas modalidades de previdência: uma é a *previdência básica*, ao passo que a outra é a *previdência complementar*. A previdência básica é aquela, de caráter obrigatório, que alcança todos os trabalhadores, enquanto a previdência complementar, de cunho facultativo, abrange apenas aqueles que a ela se filiaram (arts. 201 e 202, CF).

O grande objetivo da previdência complementar, como expressa sua própria nomenclatura, reside em proporcionar ao trabalhador contribuinte da previdência básica a possibilidade de auferir futuramente o benefício previdenciário, sobretudo a aposentadoria, com valor mais elevado, na medida em que efetue contribuições também para o regime complementar.

Na verdade, a implantação do regime da previdência complementar decorre do fato de que os benefícios dos servidores terão como limite aquele fixado para o regime geral de previdência, o que pode ser bem inferior aos vencimentos. Contribuindo para o regime complementar, perceberá importância para completar os proventos a que faz jus.

5.4.2. Previdência Complementar dos Servidores

Já vimos que os servidores podem sujeitar-se a dois tipos de regime – o regime próprio para os servidores efetivos (art. 40, *caput*, CF) e o regime geral de previdência para ocupantes exclusivamente de cargo em comissão, servidores temporários e emprego público (art. 40, § 13, CF).

A norma fundamental que regula a previdência complementar dos *servidores efetivos* está inscrita no art. 40, § 14, da CF, no qual se prevê que a União, os Estados, o Distrito Federal e os Municípios devem instituir tal regime, observado o *limite máximo dos benefícios do regime geral de previdência social* para o valor das aposentadorias e pensões oriundas do regime próprio de previdência.

Para o segundo grupo de agentes públicos, aplicar-se-á o regime geral de previdência social, cujo regime tem previsão nos arts. 201 e 202 da CF. Assim, um servidor temporário, por exemplo, efetuará suas contribuições para o regime geral de previdência, e não para o regime próprio, destinado apenas a servidores efetivos.

Não obstante, a Constituição impõe que a complementação de aposentadorias dos servidores, bem como de pensões, seja decorrente do sistema previsto nos §§ 14 a 16 do art. 40, podendo também ser prevista em lei extintiva do regime próprio de previdência (art. 37, § 15, CF). Qualquer outra fonte será vedada para gerar a citada complementação. A restrição, contudo, não incide sobre aposentadorias e pensões concedidas antes da vigência da EC nº 103, publicada em 13.11.2019.

592 | MANUAL DE DIREITO ADMINISTRATIVO • Carvalho Filho

5.4.3. Instituição

Ao instituírem o regime de previdência complementar, os entes federativos deverão fazê-lo por lei, no caso *lei ordinária* (art. 40, § 14, CF). Primitivamente, a previsão era a criação por lei complementar, mas a EC nº 41/2003 passou a exigir tão somente a lei ordinária. Infere-se, pois, que haverá, nesse caso, menor quórum para a aprovação da lei.

A referida lei submete-se ao poder de *iniciativa privativa* do respectivo Poder Executivo. Resulta daí que descabe a qualquer outro Poder a providência de apresentar anteprojeto de lei para deflagrar o processo legislativo. O anteprojeto, por conseguinte, deverá emanar do Chefe do Executivo: presidente, governador ou prefeito, conforme a entidade federativa. Algumas objeções contra esse poder de iniciativa chegaram a ser feitas, mas, a nosso ver, despidas de fundamento. Nada impede que o Constituinte reserve a iniciativa privativa a algum Poder específico, dependendo da matéria a ser regulada na futura lei.

A lei ordinária instituidora da previdência complementar, todavia, não se confunde com a *lei complementar*, prevista no art. 202, § 4º, da CF, que visa disciplinar a relação entre, de um lado, a pessoa federativa, incluídas as entidades da administração indireta, na qualidade de patrocinadores dos planos de benefícios previdenciários, e, de outro, as entidades de previdência complementar. Regulamentando o dispositivo constitucional, foi editada a Lei Complementar nº 108, de 29.5.2001.

Essa lei, inclusive, será aplicável, no que couber, a permissionários e concessionários de serviços públicos, quando patrocinarem planos de previdência complementar (art. 202, § 5º, CF). Confere-se, assim, a tais entidades do setor privado tratamento dispensado a pessoas da Administração, o que, de certo modo, causa estranheza e "publiciza" pessoas de caráter privado.

Há, ainda, a previsão de outra lei complementar com a finalidade de enumerar-se os requisitos necessários à indicação dos membros das diretorias das entidades fechadas de previdência complementar, patrocinadas pelas citadas pessoas administrativas, bem como de disciplinar a inclusão dos participantes nos colegiados e instâncias decisórias, cujos interesses sejam alvo de discussão e deliberação (art. 202, § 6º). A norma tem o escopo de democratizar o sistema decisório das entidades de previdência complementar, evitando que sejam dissociadas dos interesses dos participantes.

A União fez editar a Lei nº 12.618, de 30.4.2012, pela qual instituiu o regime de previdência complementar para seus servidores. Para tanto, criou três fundações, uma para cada um dos Poderes (Funpresp-Exe, Funpresp-Leg e Funpresp-Jud), todas qualificadas como entidades fechadas de previdência.

5.4.4. Entidades de Previdência Complementar

Segundo a Lei Complementar nº 109, de 29.5.2001, que dispõe sobre o regime de previdência complementar, duas são as categorias de entidades dedicadas à operação do sistema.

A primeira categoria é constituída pelas *entidades fechadas de previdência complementar*, que se caracterizam pelo fato de serem acessíveis exclusivamente (a) aos empregados de uma empresa ou grupo de empresas e aos servidores da União, Estados, Distrito Federal e Municípios, denominados *entes patrocinadores*; e (b) aos associados ou membros de pessoas jurídicas de caráter profissional, classista ou setorial, denominadas *instituidores* (art. 31). Além disso, não podem ter fins lucrativos.

A segunda se compõe das *entidades abertas de previdência complementar*, constituídas somente como sociedades anônimas, cujo objetivo é o de instituir e operar planos de benefícios

Cap. 11 • SERVIDORES PÚBLICOS | 593

de caráter previdenciário concedidos em forma de renda continuada ou pagamento único, sendo acessíveis a quaisquer pessoas físicas (art. 36).

Enquanto a primeira categoria reclama universo limitado quanto ao conjunto de participantes, na segunda, a acessibilidade é geral, visto que aberta a quaisquer pessoas físicas.

O regime de previdência complementar dos servidores efetivos, sujeitos ao regime próprio, poderá ser efetivado por meio de qualquer das espécies de entidades, conforme assinala o art. 40, § 15, da CF, com a redação da EC nº 103/2019. Anteriormente, só se admitia a oferta de planos por entidades fechadas, mas, com a alteração, ambas as espécies passaram a ser admitidas para operar os planos de benefícios.

5.4.5. Plano de Benefícios

O sistema de previdência complementar comporta planos de três modalidades: contribuição definida, benefício definido e contribuição variável (art. 7º, parágrafo único, LC nº 109/2001).

No plano de *contribuição definida (CD)*, os benefícios são calculados em função das contribuições alocadas ao plano mais a remuneração alcançada nos investimentos, formando, assim, o saldo de contas do participante. O valor da contribuição é ajustado quando há a contratação do plano, e o benefício a ser recebido no momento da aposentadoria varia em função dessa quantia acumulada, do tempo de acumulação e da rentabilidade. Pode haver revisão no curso da fase contributiva.

Em relação ao plano de *benefício definido (BD)*, o participante sabe antecipadamente qual será o seu nível de benefício na aposentadoria no momento da adesão ao plano. Por exemplo: 70% do último salário. Em função disso, o valor da contribuição é calculado pelo atuário, de forma que garanta o recebimento desse benefício.

O plano de *contribuição variável (CV)* permite que o participante estabeleça a contribuição mensal que quer efetuar, de modo que o valor do benefício é resultado desse esforço de poupança. Esse tipo de plano oferece benefícios programados, que apresentam a conjugação das características das modalidades de contribuição definida (na fase contributiva) e de benefício definido (na fase de percepção de benefícios). Além disso, os valores dos benefícios são calculados em função da idade, gênero, recursos acumulados e também da taxa de juros no momento do pedido de aposentadoria.

O art. 40, § 15, da CF somente admite, para os integrantes do regime próprio, o plano na modalidade de *contribuição definida*, o que significa que o cálculo dos benefícios é efetuado em função das contribuições pagas e do resultado dos investimentos, cuja soma constitui a conta do participante.

5.4.6. Ingresso no Sistema e Opção

O sistema de previdência complementar alcançará todos os servidores que ingressarem no ente público após a vigência do ato instituidor do regime, isso independentemente de sua adesão ao plano de benefícios.

Os que tiverem ingressado antes da implantação do regime, porém, não ingressarão automaticamente no sistema. Portanto, poderão permanecer sob a égide do regime anterior.

Se tiverem interesse em participar do novo regime, devem firmar, expressa e previamente, sua *opção*, como forma de manifestação positiva para o ingresso na previdência complementar. É o que consta no art. 40, § 16, da Constituição.

Importante lembrar que, conforme dita o art. 3º da Lei nº 12.618/2012, para os integrantes do sistema será aplicado o limite máximo para os benefícios do regime geral de previdência social às aposentadorias e pensões a serem concedidas pelo regime próprio da União.

594 | MANUAL DE DIREITO ADMINISTRATIVO • *Carvalho Filho*

5.5. Aposentadoria

5.5.1. *Conceito*

Aposentadoria é o direito, garantido pela Constituição, ao servidor público, de perceber determinada remuneração na inatividade diante da ocorrência de certos fatos jurídicos previamente estabelecidos.

A aposentadoria é um fato jurídico-administrativo que precisa se formalizar através de um ato administrativo da autoridade competente. Esse ato sujeita-se à apreciação do Tribunal de Contas, a quem incumbe verificar a sua legalidade diante da efetiva consumação do suporte fático do benefício (art. 71, III, CF).

5.5.2. *Natureza Jurídica*

Lavra funda divergência a respeito da *natureza jurídica* do ato de aposentadoria. Para alguns, trata-se de *ato complexo* formado pela manifestação volitiva do órgão administrativo somada à do Tribunal de Contas.[352] Significa dizer que a aposentadoria somente se aperfeiçoaria pelo somatório das manifestações de ambos os órgãos.

Não nos parece correto semelhante pensamento. Cuida-se, com efeito, de atos administrativos diversos, com conteúdo próprio e oriundo de órgãos administrativos desvinculados entre si. No primeiro, a Administração, verificando o cumprimento dos pressupostos normativos, reconhece ao servidor o direito ao benefício da inatividade remunerada; no segundo, a Corte de Contas procede à apreciação da legalidade do ato para fins de registro (art. 71, III, CF), o que o caracteriza como ato de controle *a posteriori*.[353] A jurisprudência mais atual vem consolidando tal entendimento.[354] O próprio STJ, mudando o entendimento, também passou a considerar que se trata de dois atos autônomos, inclusive para fins de verificação da decadência quinquenal.[355]

Sendo assim, a aposentadoria tem a natureza jurídica de *ato administrativo*, de caráter *funcional*, gerador do direito ao afastamento do servidor sem perda da remuneração quando consumado o substrato fático do benefício. Por conseguinte, não se confunde com a manifestação do Tribunal de Contas, a qual estampa ato administrativo de *controle*.

5.5.3. *Prazos Extintivos*

Tema que tem suscitado frequentes indecisões diz respeito ao prazo extintivo, no caso a decadência, do ato de aposentadoria, no caso de ser ele objeto de anulação ou de correção pelo órgão administrativo ou pela Corte de Contas.

Quando é a Administração que, indeferindo o pedido, denega a concessão da aposentadoria, o interessado, no caso de irresignação, deve interpor o recurso administrativo ou promover a ação judicial em face da própria pessoa administrativa; tratando-se de mandado de segurança, será este impetrado contra o agente administrativo responsável pela denegação do benefício, atribuindo-se-lhe, portanto, a qualidade de autoridade coatora. Contrariamente, se a Administração concede a aposentadoria e o Tribunal de Contas não a aprova, recusando-se a

---

[352] STF, RE 195.861, j. em 26.8.1997.

[353] Também: CAIO TÁCITO, *RDA* 53, e FELIPE DEIAB, *Rev. Procuradoria-Geral do TCE-RJ*, nº 1, 2005.

[354] Vide STF, MS 25.116, j. 8.9.2010 (maioria).

[355] STJ, REsp 1.506.932, j. 2.3.2021.

registrar o ato concessivo, a coação passa a originar-se dessa Corte, e contra ela apenas deve o interessado, no caso do *mandamus*, pleitear a correção de eventual nulidade do ato de recusa.[356]

Como consequência da diversidade dos referidos atos, a Administração – pelo autocontrole – ou o Tribunal de Contas – pelo controle externo – submetem-se ao prazo de cinco anos para anular ou alterar o ato de aposentadoria impondo gravame ao aposentado, contando-se o prazo a partir da data da chegada do processo administrativo na Corte;[357] não o fazendo, consuma--se a decadência em favor deste, tornando-se imutável o ato (art. 54, Lei nº 9.784/1999).[358] A conclusão decorre da aplicação do *princípio da segurança jurídica* e de seu corolário, o *princípio da proteção à confiança*, em ordem a evitar-se que o aposentado fique eternamente à mercê de decisão desfavorável do Poder Público.

De fato, seria um absurdo que o servidor já venha fruindo normalmente sua aposentadoria quando, dez anos depois, o Tribunal de Contas resolva considerar o ato inválido ou passível de alteração. A admitir-se tal possibilidade, estar-se-á premiando a inércia, a desídia e a inefici-ência da Administração controladora em desfavor do interessado, que, afinal, confiou no ato concessivo do benefício; tratar-se-ia de uma desproteção à confiança e à segurança jurídica.[359] Apesar disso, há julgados que consideram que o prazo decadencial de 5 anos tem início a partir da data da homologação da concessão da aposentadoria pelo Tribunal de Contas, o que, *data venia*, põe em risco os aludidos princípios e prejudica severamente o servidor aposentado.[360]

A solução para o tema divide os intérpretes. Para uns, caso tenha ultrapassado os cinco anos, a Corte de Contas tem que assegurar ao interessado o direito ao contraditório e à ampla defesa, entendendo-se, contudo, ser necessário fixar prazo para tal apreciação, na melhor das hipóteses, de cinco anos.[361] Para outros, o prazo seria decadencial, de modo que, inobservado, a Corte perderia o próprio direito à reforma do ato e a seu respectivo registro. Segundo um terceiro pensamento, não haveria base para fixação de prazo, considerando-se que só com o registro o ato de aposentadoria se aperfeiçoa.[362] Em nosso entendimento, melhor se põe a se-gunda corrente, a única que efetivamente respeita o princípio da razoabilidade e da segurança jurídica, além de coibir a inaceitável e prolongada omissão administrativa.[363]

Não se operando a decadência, tanto a Administração como a Corte de Contas podem invalidar ou alterar o ato de aposentadoria, inclusive, neste caso, o valor dos proventos quan-do tiver havido erronia administrativa no cálculo. Exige-se, não obstante, o atendimento ao *princípio do contraditório e da ampla defesa* (art. 5º, LV, CF), permitindo-se ao interessado que se manifeste sobre o propósito da Administração. Há entendimento de que o aludido princípio só será exigível quando se tratar de alteração pretendida pelo órgão administrativo após a aprovação do ato pelo Tribunal de Contas.[364] Ousamos discordar, *data venia*. Qualquer alteração de ato consumado que cause gravame para o interessado deve ensejar a aplicação do postulado constitucional. Assim, se é a Corte de Contas que entende deva ser alterado o ato de aposentadoria, com prejuízo para o aposentado, a ela também compete convocar o interessado

---

[356] STJ, REsp 223.670, j. 19.4.2007.

[357] STF, MS 24.781, j. 2.3.2011.

[358] Também: STF, RE 636.553, j. 19.2.2020, e STJ, AgInt no REsp 366.017, j. 3.10.2023. *Contra:* STF, MS 25.440, j. 15.12.2005.

[359] STJ, RMS 26.998, j. 6.12.2011 (no caso, foi adotada a teoria do fato consumado em situação na qual o Tribunal de Contas do DF só negou o registro após 10 anos do ato de aposentação).

[360] STJ, RMS 21.142, j. 20.9.2007. Também: STJ, EREsp 1.240.168, j. 7.5.2012, e Ag.Rg. no REsp 1.257.666, j. 16.8.2011.

[361] STF, Ag.Reg. em MS 28.962, j. 28.8.2012.

[362] STF, MS 25.116, j. 8.9.2010, decisão por maioria.

[363] Também com essa direção: TJ/SC, Ap. Cív. 2011.752.347, em 10.9.2012.

[364] STF, RE 285.495, j. 2.10.2007.

596 | MANUAL DE DIREITO ADMINISTRATIVO • *Carvalho Filho*

para manifestar-se sobre sua posição. Somente assim, haverá a necessária transparência na atividade administrativa e o respeito ao princípio da segurança jurídica.

5.5.4. *Aposentadoria Punitiva*

A aposentadoria de que trataremos no tópico presente, com a natureza jurídica de direito à inatividade remunerada, de cunho funcional, não se confunde com a *aposentadoria punitiva* (ou *sancionatória*): aquela se caracteriza como benefício previdenciário e tem por suporte principal o tempo de contribuição do servidor; esta, ao contrário, tem a natureza jurídica de sanção funcional.

Esse tipo de aposentadoria vinha sofrendo duras (e justas) críticas, sendo considerado privilégio injustificável, porquanto permitia que o punido, a despeito de ter praticado ilícito gravíssimo, continuava a perceber sua remuneração proporcionalmente. Beneficiava magistrados, membros do Ministério Público e membros das Cortes de Contas.

Em bom momento, a EC nº 103/2019 extinguiu essa modalidade anômala de aposentadoria ao modificar os arts. 93, VIII, 103-B, § 4º, III, e 130-A, § 2º, III, da CF, descartando-a do elenco de sanções e mantendo apenas a remoção e a disponibilidade. Com isso, ficou derrogada, nesse aspecto, a Lei Complementar nº 35/1979, o Estatuto da Magistratura.

Examinaremos, a seguir, como está delineado o regime da aposentadoria para os servidores públicos.

5.5.5. *Regime Jurídico*

5.5.5.1. *Noção Inicial*

A aposentadoria dos servidores públicos constitui um microssistema com inúmeras normas específicas, algumas de inegável complexidade, nas quais se aloja o regime jurídico do benefício. Como se trata de um direito subjetivo do servidor, sempre exercido após determinado fato gerador previsto em lei, cumpre analisar os principais aspectos desse regime.

Antes, contudo, convém esclarecer que esse regime jurídico tem sofrido diversas alterações, compondo, a cada momento, o que se costuma denominar de *"reforma da previdência"*. Foi o que ocorreu preteritamente com as EC nº 20/1998 e nº 41/2003 e, ultimamente, com a EC nº 103/2019. O elemento mobilizador de tais "reformas" descansa no assustador e crescente déficit no sistema previdenciário, provocando perigo à estabilidade das finanças públicas e do erário.

Nos itens seguintes, estudaremos as linhas principais do regime jurídico da aposentadoria dos servidores públicos à luz do sistema normativo vigente, dentro dos quais as últimas alterações provieram, como dissemos, da referida EC nº 103/2019. Ao cabo, faremos algumas considerações sobre as *situações transitórias*, também enunciadas na mesma Emenda.

5.5.5.2. *Regimes Jurídicos*

Já vimos, mas não custa relembrar, que inexiste um só regime jurídico de aposentadoria para todos os servidores públicos. Ao contrário, a Constituição cataloga dois regimes jurídicos, cada um deles destinado a um grupo de servidores.

Assim, os *servidores efetivos* sujeitam-se ao *regime próprio* de previdência, dotado de caráter especial, cujas regras estão relacionadas no art. 40, *caput* e seus vários parágrafos, da Constituição. Já as demais categorias – servidores ocupantes exclusivamente de cargo em comissão, servidores temporários e servidores sob regime trabalhista – estão sob a égide do *regime geral de previdência social*, estampado nos arts. 201 e 202 da Constituição (art. 40, § 13, CF).

Cap. 11 · SERVIDORES PÚBLICOS | 597

As considerações a seguir limitar-se-ão ao regime próprio e, consequentemente, aos servidores titulares de cargos efetivos que a ele se submete.

Deve-se consignar, a título de esclarecimento, que magistrados, membros do Ministério Público e membros dos Tribunais de Contas, antes sujeitos a normas especiais e mais vantajosas para sua aposentadoria, estão atualmente sob o império das normas gerais que regem todos os servidores (arts. 93, VI; 73, § 3º; e 129, § 4º, CF).

Ainda no que se refere ao regime jurídico, vale a pena acentuar que normas específicas sobre aposentadoria, editadas pelos entes federativos, devem ser formalizadas por *lei*, de *iniciativa privativa* do Chefe do Executivo, como assinala a Constituição (art. 61, § 1º, II, "c"). Conquanto direcionada à União, a norma aplica-se às demais entidades políticas pelo princípio da simetria. Violada a iniciativa, a lei será inconstitucional.[365]

5.5.6. Modalidades de Aposentadoria

O sistema registra três modalidades de aposentadoria: (a) aposentadoria voluntária; (b) aposentadoria por incapacidade permanente (invalidez); (c) aposentadoria compulsória. Em tese, há, ainda, uma quarta modalidade: a aposentadoria do ex-combatente (art. 53, V, ADCT); cuida-se, no entanto, de situação excepcional e quase inexistente na atualidade.

A diferença entre as modalidades situa-se no fato gerador do benefício, que consiste, na realidade, no conjunto de requisitos necessários para a aquisição do direito. Normalmente, tais requisitos são cumulativos, de modo que o direito só passa a integrar o patrimônio jurídico do servidor quando todos eles são cumpridos. Essa é a norma que rege o instituto.

5.5.7. Aposentadoria Voluntária

Aposentadoria voluntária é aquela cujo fato gerador apresenta como requisito básico a *manifestação de vontade* do servidor em passar à inatividade remunerada, acompanhada de outros requisitos previstos na legislação. Seu fundamento normativo encontra-se no art. 40, § 1º, III, da Constituição.

No sistema anterior de aposentadoria voluntária do servidor público, além do intuito do servidor em passar à inatividade remunerada, previa-se também idade mínima, tempo de contribuição, tempo mínimo de serviço público e tempo mínimo no cargo.

O sistema vigente, entretanto, com a promulgação da EC nº 103/2019, alterou profundamente essa sistemática. O requisito expresso na Constituição é, para a União, apenas o da idade mínima de 62 anos de idade para a mulher e 65 anos para o homem. O tempo de contribuição e os demais requisitos devem ser estabelecidos em lei complementar. Nos Estados, Distrito Federal e Municípios, a idade mínima deve ser fixada nas respectivas Constituições e Leis Orgânicas, cabendo à lei complementar anunciar os demais requisitos (art. 40, § 1º, III, CF).

Como a aposentadoria em pauta se caracteriza por ser voluntária, pode ocorrer que a vontade do servidor seja a de permanecer em seu cargo, sem passar à inatividade. Nesse caso, se completou todos os requisitos para a aposentadoria voluntária, poderá fazer jus, caso permaneça em atividade, a um *abono de permanência*, cujo valor será, *no máximo*, igual ao valor de sua contribuição previdenciária, de onde se infere que pode ser de valor mais baixo. Tal vantagem, contudo, não é perene: extingue-se quando o servidor completa a idade para aposentadoria compulsória. É o que dita o art. 40, § 19, da CF.

---

[365] STF, ADI 2.904, j. 15.4.2009.

5.5.8. Aposentadoria por Incapacidade Permanente

Aposentadoria por incapacidade permanente é o benefício concedido em decorrência de impossibilidade física ou psíquica do servidor, em caráter permanente, para exercer as funções de seu cargo. A nomenclatura clássica, vigente antes das atuais modificações do sistema, era a de *"aposentadoria por invalidez permanente".* O pressuposto normativo dessa modalidade está no art. 40, § 1º, I, da CF.

O sistema sofreu modificação. Anteriormente, essa modalidade de aposentadoria distinguia, de um lado, a invalidez genérica e, de outro, a invalidez decorrente de acidente em serviço, moléstia profissional ou doença grave contagiosa ou incurável. Tal distinção ensejava tratamento diferenciado no que toca aos proventos: no primeiro caso, os proventos eram proporcionais ao tempo de contribuição, ao passo que no segundo seriam integrais.

Com a alteração, esse tipo de aposentadoria pressupõe um único fato gerador: a incapacidade permanente para o trabalho, no cargo em que o servidor estiver investido, sendo inviável o regime de readaptação. Não mais existe a causa da incapacidade; esta, em si, é que determina a passagem à inatividade. Impõe-se, ainda, que o aposentado se submeta a avaliações periódicas para observar se ainda persistem as condições que geraram a concessão da aposentadoria, tudo na forma da lei da respectiva unidade federativa.

Há, aqui, inevitável aproximação com o instituto da *readaptação*. Segundo reza o art. 37, § 13, da CF, o servidor efetivo poderá ser readaptado para exercer cargo com atribuições e responsabilidades compatíveis com sua limitação física ou mental, enquanto perdurar essa situação. Exige-se, porém, que tenha habilitação e nível de escolaridade congruentes com o cargo para o qual for readaptado, sendo mantida a remuneração do cargo de origem.

5.5.9. Aposentadoria Compulsória

Aposentadoria compulsória é a modalidade em que o servidor público passa à inatividade remunerada em virtude de sua *idade*. O fato gerador do benefício é tão somente a idade do servidor, conforme o que estiver estabelecido na lei. Sendo assim, a vontade do servidor é fator impertinente e não tem qualquer interferência nesse tipo de aposentação. O benefício está previsto no art. 40, § 1º, II, da CF.

Noutro giro, essa espécie de aposentação consagra, como fundamento, o fato de que, a partir da idade fixada em lei, o servidor deixaria de ter as condições físicas e psíquicas para continuar exercendo as suas funções. Isso, obviamente, nem sempre ocorre, já que há servidores com mais idade plenamente capazes de desempenhar suas atribuições. Não obstante, a hipótese reflete uma presunção absoluta (*juris et de jure*) de incapacidade, ou seja, aquela contra a qual não subsiste prova em contrário.

Classicamente, a idade desse tipo de aposentadoria era de 70 anos para todos os agentes. Entretanto, a EC nº 88/2015 alterou o citado dispositivo para admitir que, além dessa idade, seria admitida a inatividade também aos 75 anos de idade, na forma de lei complementar.

Apesar da previsão de lei complementar, o art. 100 do ADCT determinou a aplicação imediata do novo limite de idade a Ministros do STF, dos Tribunais Superiores e do Tribunal de Contas da União. Posteriormente, foi editada a Lei Complementar nº 152, de 3.12.2015, pela qual foi estendido o novo limite aos (1) servidores efetivos de todos os entes federativos, incluindo autarquias e fundações; (2) membros do Poder Judiciário; (3) membros do Ministério Público; (4) membros da Defensoria Pública; (5) membros dos Tribunais e Conselhos de Contas. Ou seja: na prática, o que constituía exceção se converteu em regra geral.

Cap. 11 · SERVIDORES PÚBLICOS | 599

O fundamento da extensão da idade, segundo órgãos do governo, teve caráter econômico, evitando-se o afastamento de servidores aos 70 anos de idade e a necessidade de substituí-los. No entanto, essa alegação não se revelou muito convincente. Muitos analistas viram nessa extensão apenas uma vantagem a mais para a elite dos servidores, sobretudo para aqueles que fruem uma série de regalias e mordomias dispendiosas à custa do erário, sem qualquer vantagem, todavia, para os mais necessitados, que formam a massa dos servidores mais humildes.

Algumas controvérsias surgiram quanto à compulsoriedade da aposentadoria. Oficiais de notas e de registro, por exemplo, deveriam sujeitar-se à idade-limite constitucional, conforme jurisprudência inicial. Posteriormente, porém, considerou-se tal limite inaplicável no caso de serventias privatizadas,[366] mas incidente sobre as serventias estatizadas, cujos titulares são remunerados pelos cofres públicos.[367]

A norma constitucional em foco tem caráter *extensível*, vale dizer, estende-se a todas as entidades da federação. Resulta, pois, que é inconstitucional a lei estadual ou municipal que amplia o limite constitucional[368] ou que o reduza.[369] Cumpre anotar, ainda, que o mandamento ora sob exame não se aplica a servidores ocupantes exclusivamente de cargo em comissão, nem a servidores trabalhistas e temporários.[370] Nada impede, porém, que o servidor efetivo se aposente compulsoriamente, mas permaneça ocupando cargo em comissão; ou que, aposentado, venha a ser nomeado para esse tipo de cargo. Trata-se, na verdade, de duas relações jurídicas distintas para as quais não há barreira constitucional.[371]

5.5.10. *Requisitos e Critérios Diferenciados*

A Constituição veda a adoção de *requisitos ou critérios diferenciados* para a concessão de benefícios em regime próprio de previdência social, com ressalva das situações definidas no próprio texto constitucional (art. 40, § 4º, CF).

Requisitos são elementos necessários à diferenciação, como, por exemplo, a idade mínima. Já *critérios* são regras que permitem a fundamentação racional dos requisitos; como exemplo, a inclusão de pessoas sem justificativa para a discriminação.

A norma tem por fundamento o *princípio da impessoalidade* na Administração Pública, em cujo conteúdo sobressai o princípio da isonomia e se insere a necessidade de não serem criadas diferenças indevidas para os servidores. Infere-se, por via de consequência, que requisitos e critérios para os benefícios previdenciários devem ser os mesmos para todos os servidores, só se admitindo, por exceção, que sejam diferenciados por força de elementos que justifiquem efetivamente o tratamento diferenciado.

Um dos efeitos decorrentes da ressalva constitucional é a existência de situações especiais que rendem ensejo à concessão de *aposentadorias especiais*, a serem comentadas adiante.

5.5.11. *Aposentadorias Especiais*

Aposentadorias especiais são aquelas cujos beneficiários passam à inatividade remunerada mediante o cumprimento de requisitos e critérios diferenciados dos demais servidores, em virtude da situação específica e excepcional em que se encontram.

---

366   STF, RE 556.504, j. 10.8.2010; STJ, RMS 15.752, j. 9.12.2003.
367   STF, RE 647.827, j. 15.2.2017.
368   STF, ADI 4.696 e ADI 4.698, j. 1º.12.2011.
369   TJ-RS, MS 70.055.162.226, publ. em 1º.11.2013.
370   No mesmo sentido, STJ, RMS 36.950, j. 26.4.2013.
371   STF, RE 786.540, j. 15.12.2016.

600 | MANUAL DE DIREITO ADMINISTRATIVO • *Carvalho Filho*

O primeiro grupo dos agentes sujeitos a essa especificidade é o dos *servidores com deficiência*, previamente submetidos a avaliação biopsicossocial, levada a efeito por equipe multiprofissional e interdisciplinar (art. 40, § 4º-A, CF). Aqui, o propósito do sistema é a proteção de servidores deficientes cuja atuação lhes imponha maior sacrifício em comparação com os demais.

Outro grupo é o dos ocupantes do cargo de (a) *agente penitenciário*, (b) de *agente socio-educativo*, (c) de *policial federal ou civil* (art. 144, I a IV, CF) ou (d) de *policial do quadro do Legislativo* (arts. 51, IV, e 52, XIII, CF). As condições especiais, nesses casos, decorrem das atividades de risco normalmente executadas por esses agentes em virtude da natureza de suas funções (art. 40, § 4º-B, CF).

Sujeitos, ainda, à aposentadoria especial são os servidores cujas atividades sejam desempenhadas com efetiva *exposição a agentes químicos, físicos e biológicos*, isolada ou conjugadamente, prejudiciais à saúde. Veda-se, no entanto, a caracterização por categoria profissional ou ocupação, o que reclama que a excepcionalidade não será geral, mas, sim, limitada àqueles servidores que atuem efetiva e comprovadamente sob situação de risco (art. 40, § 4º-C, CF).

Em relação a esses três grupos de servidores, é a *lei complementar* da respectiva pessoa federativa que estabelecerá os requisitos de *idade* e *tempo* de contribuição diferenciados para a aposentadoria especial. A omissão do Estado na edição da lei complementar já gerou divergências quanto à devida solução. Houve decisões nas quais se determinou a incidência do regime geral de previdência social (Lei nº 8.213/1991).[372] Depois, reconheceu-se o benefício, mas sem incidência desse regime.[373] Por fim, consagrou-se a interpretação de que, enquanto não promulgada a lei complementar, seria aplicável o regime geral de previdência na parte da aposentadoria especial.[374]

O último grupo beneficiado com a aposentadoria especial é o dos *professores* (art. 40, § 5º, CF). Os titulares do cargo de professor têm o benefício de ser reduzida a idade mínima para a inatividade em 5 anos relativamente à aposentadoria geral (art. 40, § 1º, III, CF). Também aqui foi levada em conta a natureza exaustiva da atuação no magistério, fato, aliás, há muito considerado para a categoria.

Entretanto, o benefício está condicionado à comprovação do tempo de efetivo exercício na função de magistério na educação infantil e no ensino fundamental e médio, na forma do que for definido em *lei complementar* da respectiva entidade federativa. O STF, a propósito, já consagrou o entendimento na Súmula nº 726, segundo a qual *"para efeito de aposentadoria especial de professores não se computa o tempo de serviço prestado fora da sala de aula"*.

Merece comentário a controvérsia a respeito do pressuposto relativo ao "efetivo exercício das funções de magistério". A Lei de Diretrizes e Bases da Educação (Lei nº 9.394/1996) foi alterada pela Lei nº 11.301/2006, passando o art. 67 a equiparar ao exercício no magistério as funções de direção de unidade escolar e de coordenação e assessoramento pedagógico. Tal equiparação decerto beneficia os professores, mas se revela flagrantemente inconstitucional por ultrapassar os limites fixados na respectiva norma de incidência. A despeito disso, o STF considerou constitucional a equiparação, embora com três votos vencidos, com os quais, a nosso ver, está a melhor interpretação.[375]

Diante do mandamento constitucional, ficaram excluídos da aposentadoria especial os professores do ensino superior, ainda que sua atuação se tenha perpetrado mediante efetiva função de magistério em sala de aula. Consequentemente, sujeitam-se à aposentadoria comum aplicável aos servidores em geral.

---

[372] STF, MI 721, j. 30.8.2007, e MI 758, j. 1.7.2008.
[373] STF, MI 2.140, 2.123, 2.508 e 2.370, j. 6.3.2013.
[374] STF, Súmula Vinculante nº 33 (2014).
[375] STF, ADI 3.772, j. 29.10.2008.

Cap. 11 • SERVIDORES PÚBLICOS | 601

5.5.12. Proventos

A remuneração paga aos servidores aposentados tem a denominação técnica de *proventos*, importância que, em tese, serviria para *prover* a sua subsistência e a de sua família, quando não mais em exercício da função pública.

Tradicionalmente, o valor dos proventos era equivalente ao da remuneração do servidor quando em atividade, não havendo qualquer perda quando passasse à inatividade. A Constituição, entretanto, passou a adotar sistema diverso: fixando um teto para o desconto da contribuição previdenciária, estabeleceu, por via de consequência, um *teto* para o valor dos benefícios, inclusive o dos proventos da aposentadoria. Em outras palavras, adotou, para os servidores públicos, o mesmo sistema já adotado para os trabalhadores do setor privado vinculados ao regime geral de previdência social.

O *cálculo* dos proventos não é mais matéria de Constituição, ao menos quanto à sua metodologia, critérios e condições. Nos termos do art. 40, § 3º, da CF, as regras para o cálculo serão definidas *em lei do respectivo ente federativo*.

É evidente a necessidade de observância dos parâmetros constitucionais, mas a opção do constituinte deu margem a uma grande liberdade das unidades federativas no que toca à lei responsável pelas condições do cálculo dos proventos. Como há número expressivo de entes federativos, é provável que despontem alguns problemas na matéria.

Não obstante, a Constituição traça *limites* mínimo e máximo para o valor dos proventos. Para o cálculo, é imperioso observar, no que concerne ao limite mínimo, que o valor dos proventos *não poderá ser inferior* ao valor mínimo previsto no art. 201, § 2º, da CF ("Nenhum benefício que substitua o salário de contribuição ou o rendimento do trabalho do segurado terá valor mensal inferior ao salário mínimo"). Cuida-se, como se vê, de salvaguarda assegurada aos aposentados.

Em outra vertente, o valor dos proventos *não poderá ser superior* ao limite máximo fixado para o regime geral de previdência social. Por conseguinte, tal limite se tornou aplicável tanto ao regime próprio quanto ao regime geral de previdência. Ficou ressalvado apenas, por razões óbvias, o que estiver delineado no regime de previdência complementar previsto nos §§ 14 a 16 do art. 40 da CF.

Embora a Constituição tenha delegado aos entes federativos a edição de lei para regular o cálculo dos proventos, assegura-se ao aposentado o direito de, para o cálculo, serem considerados todos os valores de remuneração, devidamente atualizados, da forma em que o dispuser a lei (art. 40, § 17, CF). É a forma de evitar que remunerações pretéritas sejam computadas em seus valores históricos, obviamente defasados ao momento de elaboração do cálculo.

Vantagens pecuniárias de caráter geral têm sido consideradas como parcelas remuneratórias. Na verdade, em que pese o rótulo, trata-se de remuneração disfarçada. Assim, devem integrar os proventos.[376] Contrariamente, ficam fora dos proventos vantagens de caráter indenizatório, como, por exemplo, o auxílio-moradia,[377] bem como aquelas incompatíveis com a situação de aposentado, como o abono de férias.[378]

Como existem várias regras de transição aplicáveis a situações funcionais diferentes, vale a pena, para fins didáticos, catalogar os proventos em três categorias: 1ª) *proventos integrais*, aqueles cujo valor corresponde ao total do que a lei prevê como importância devida, cumprindo advertir que nem sempre se equipara ao valor do cargo em atividade; 2ª) *proventos limitados*, aqueles que equivalem ao limite máximo de pagamento de benefícios, embora o servidor

---

[376] STF, RE 596.962, j. 21.8.2014.
[377] STF, ADI 3.783, j. 17.3.2011.
[378] STF, ADI 2.579, j. 21.8.2003.

602 | MANUAL DE DIREITO ADMINISTRATIVO • *Carvalho Filho*

auferisse remuneração superior na atividade; 3ª) *proventos proporcionais*, os que são calculados de forma proporcional ao tempo de contribuição do servidor; é o caso da aposentadoria compulsória (art. 40, § 1º, II, CF).

Os proventos integrais podem dar ensejo a dois tipos de aposentadoria. Primeiramente, a *aposentadoria com paridade*, quando o valor dos proventos se mantém correspondente ao do cargo que o servidor ocupava, estando, pois, sujeito ao mesmo reajuste adotado para ele – situação atualmente apenas inserida nas regras transitórias. Ou seja: o valor dos proventos nunca será inferior ao do cargo no qual o servidor se aposentou. Depois, a *aposentadoria sem paridade*, em que, a despeito de serem integrais, os proventos não são reajustados em consonância com o valor do cargo no qual era investido o servidor, mas, ao contrário, sujeitam-se a critérios fixados em lei.

5.5.13. *Cumulação de Proventos*

A Constituição veda, como regra, a percepção de *mais de uma aposentadoria* decorrente do regime próprio de previdência. Vale dizer: não pode o aposentado acumular proventos. Incidem também outras vedações, regras e condições para a acumulação de benefícios previdenciários previstas no regime geral de previdência (art. 40, § 6º, CF).

O mandamento, todavia, ressalva a hipótese das aposentadorias oriundas de cargos acumuláveis na atividade, nos termos da Constituição. Assim, se, por exemplo, o servidor tem um cargo efetivo de professor do Município e outro no Estado, poderá aposentar-se em ambos e perceber cumulativamente os respectivos proventos, desde que, é óbvio, tenha preenchido os requisitos para ambas as aposentadorias. Isso porque os cargos de professor são acumuláveis na atividade (art. 37, XVI, "a", CF).

Em algumas situações excepcionais, normalmente criadas sob a égide do sistema anterior, o somatório dos proventos da inatividade pode alcançar valores além do limite constitucional. Nesse caso, aplica-se o art. 40, § 11, da CF, que determina seja observado o limite fixado no art. 37, XI, da CF, ainda que os cargos em atividade tenham sido cumuláveis. A solução para a hipótese será o abate em um dos proventos, de modo a que a soma deles não ultrapasse o teto constitucional.

Outra vedação é a *acumulação de proventos* de aposentadoria oriunda do regime próprio *com a remuneração* de cargo, emprego ou função pública. É o que estabelece o art. 37, § 10, da CF. Ressalvam-se, no entanto, três hipóteses: (a) cargos acumuláveis na atividade; (b) cargos em comissão; (c) cargos eletivos. Sendo assim, se, para exemplificar, o servidor se aposentou no cargo de analista administrativo, e for eleito deputado federal, poderá receber cumulativamente seus proventos de aposentadoria e o subsídio de parlamentar. Tem-se entendido, porém, ser ilegítimo o cúmulo dos proventos de duas aposentadorias com remuneração de cargo, e isso porque tal situação estaria extrapolando a permissividade constitucional.[379]

No que toca ao mesmo art. 37, § 10, da CF, entendemos que as *hipóteses permissivas* desse mandamento mobilizam a conclusão de que o *somatório* dos proventos de um cargo com os vencimentos de outro *pode ultrapassar* o teto remuneratório geral previsto no art. 37, XI. O teto será considerado apenas em relação a cada um desses ganhos, não à sua soma. Para exemplificar, se o servidor aufere proventos em valor que alcança o teto e vem depois a ser eleito para mandato parlamentar ou nomeado para cargo em comissão, tem direito a continuar percebendo seus proventos e acumulá-los com o subsídio ou vencimento do cargo eletivo ou em comissão; o que não pode é perceber, em qualquer deles, valor superior ao teto. Cuida-se de interpretação lógica e sistemática do dispositivo, fundada em mais de uma razão. A uma,

---

[379] Assim entendeu o STF, RE 198.190, j. 5.3.1996, e o STJ, RMS 10.045, j. 7.6.2001.

Cap. 11 • SERVIDORES PÚBLICOS | 603

porque entendimento restritivo estaria a impedir que o aposentado, nesses casos, exercesse o direito político de ser eleito, ou retornasse ao serviço público em cargo comissionado, o que ofenderia o direito ao trabalho amparado constitucionalmente. Fora daí, seu novo trabalho teria que ser gratuito, o que também é vedado na Constituição. A duas, porque o texto da Constituição não criou qualquer restrição para as situações de permissividade reservadas aos aposentados no dispositivo, sendo vedado ao intérprete criá-las.[380]

A despeito da omissão no texto constitucional, a norma deve aplicar-se, da mesma forma, à hipótese de proventos pagos em virtude de disponibilidade remunerada, prevista no art. 41, § 3º, da CF. Se é idêntico o fundamento, não há por que não incidir a mesma norma. Na verdade, seria iníquo que servidor aposentado pudesse, em algumas situações, acumular seus proventos com vencimentos de outro cargo, e que servidor posto em disponibilidade não o pudesse: em ambos os casos o servidor aufere remuneração sem estar em atividade. Sendo assim, servidor em disponibilidade pode ocupar, por exemplo, cargo em comissão.[381]

A norma tem amplo alcance e inclui cumulação de vencimentos (ou salários) e proventos oriundos de cargos, empregos e funções. Tratando-se de empregos em empresas públicas e sociedades de economia mista, incide também a vedação. Por essa razão, inclusive, foi declarada a inconstitucionalidade do art. 453, § 1º, da CLT, em cujos termos se vislumbrava a possibilidade de acumulação de proventos com salários decorrentes de dois empregos inacumuláveis naquelas entidades, visto que permitia que o empregado aposentado espontaneamente poderia ser readmitido, desde que submetido a concurso público.[382]

Nada impede que o servidor aposentado acumule seus proventos de aposentadoria de emprego público (CLT) com a remuneração pelo exercício de servidor temporário. Ou seja: o servidor aposentado pelo regime geral da previdência pode ser contratado para o regime temporário especial. Na verdade, não se lhe aplica o art. 37, § 10, da CF, que alude apenas aos proventos decorrentes do regime próprio.[383]

Por outro lado, o servidor aposentado por incapacidade permanente (invalidez) não pode cumular seus proventos nem com outro cargo efetivo acumulável, nem mesmo com cargo em comissão. A despeito do texto de art. 37, § 10, da CF, no qual não se fez distinção, é certo que essa aposentadoria tem como pressuposto a inaptidão física ou psíquica para o exercício das funções. Resulta daí, portanto, que eventual cumulação nesse caso redundaria em inevitável incompatibilidade lógica, eis que se estaria atribuindo o exercício de função pública a quem o Poder Público já considerara inapto anteriormente. Tal vedação foi mitigada pela viabilidade de o aposentado, em certas circunstâncias, ser contratado com base na lei licitatória, sem prejuízo, porém, do dever da Administração de analisar a invalidez, evitando-se fraude na aposentadoria.[384]

5.5.14. Revisão de Proventos

A fim de preservar seu valor em decorrência do tempo e de outros fatores eventuais, a Constituição assegura ao aposentado o direito à revisão de seus proventos, conforme estabelece o art. 40, § 8º, da CF: *"É assegurado o reajustamento dos benefícios para preservar-lhes, em caráter permanente, o valor real, conforme critérios estabelecidos em lei".*

---

[380] Também: TCU, Proc. TC 017.351/2005-2. No caso, tratava-se de proventos de magistrado com subsídio de deputado federal.

[381] Também: DIÓGENES GASPARINI, *Dir. Administrativo* cit., 2006, p. 222. Ainda: STF, RE 161.742, j. 8.4.2008.

[382] STF, ADI 1.770, j. 11.10.2006.

[383] STJ, REsp 1.298.503, j. 7.4.2015.

[384] TCU, Proc. 017.697/2007-4, Acórdão 2.059, ano 2007.

604 | MANUAL DE DIREITO ADMINISTRATIVO • Carvalho Filho

Nos termos do dispositivo, é fácil notar que o único compromisso firmado pela Carta foi o de preservar o valor real dos benefícios. Mas o reajustamento com essa finalidade terá critérios a serem adotados pelo legislador, a quem foi delegada essa especial competência. É imperioso reconhecer que nem sempre se poderá identificar qual será o "valor real" do benefício para fins de reajuste, e esse fato enche de temores os futuros aposentados e pensionistas, que, na verdade, ficarão à mercê dos critérios que a lei estabelecer.

A linha interpretativa do art. 40, § 8º, da CF, leva à conclusão de que poderá a lei não garantir a revisão de proventos e pensões com os mesmos índices ou na mesma ocasião em que é revista a remuneração dos servidores ativos. Possível será, ainda, que a lei não estenda a revisão a fatos administrativos que, posteriores à concessão dos benefícios, tenham provocado melhoria funcional para os servidores em atividade.

Não é demais esclarecer que algumas situações transitórias do regime próprio ainda permitem a revisão dos proventos de forma completa, ou seja, nas mesmas condições e com os mesmos índices aplicáveis aos servidores em atividade. Mas são exceções que no futuro desaparecerão.

5.5.15. Contagem de Tempo

O serviço público se espraia em todas as esferas federativas – a federal, as estaduais, a distrital e as municipais. É viável, portanto, que um servidor ocupe cargo numa unidade federativa e sucessivamente titularize outro (ou exerça emprego) em entidade federativa diversa.

O servidor não ficará prejudicado se esse fato acontecer. Conforme o disposto no art. 40, § 9º, da CF, o tempo de contribuição federal, estadual, distrital ou municipal será contado para fins de aposentadoria. Adota-se aqui o *princípio da reciprocidade do cômputo do tempo de contribuição*, que impede nova contagem para a aposentadoria quando o servidor se desliga de um ente federativo e ingressa em outro. Na verdade, nada justificaria orientação diferente, visto que, nesses casos, o servidor continua emprestando sua força de trabalho à pessoa integrante da federação, seja qual for a esfera a que se refira.

O dispositivo manda observar os §§ 9º e 9º-A do art. 201 da CF. O § 9º do art. 201 dispõe que, para fins de aposentadoria, "*será assegurada a contagem recíproca do tempo de contribuição entre o Regime Geral de Previdência Social e os regimes próprios de previdência social, e destes entre si, observada a compensação financeira, de acordo com os critérios estabelecidos em lei*".

Por outro lado, o § 9º-A do art. 201 assegura que o tempo de serviço militar e o tempo de contribuição ao regime geral de previdência social e os regimes próprios de previdência social terão contagem recíproca para a inativação militar ou aposentadoria, sendo também necessária a compensação financeira entre os regimes militar e os outros dois.

Para regulamentar o dispositivo constitucional, foi editada a Lei nº 9.796, de 5.5.1999, que dispõe exatamente sobre a compensação financeira entre o Regime Geral de Previdência Social e os regimes de previdência dos servidores da União, dos Estados, do Distrito Federal e dos municípios, nos casos de contagem recíproca de tempo de contribuição para fins de aposentadoria.

O que é inconstitucional, isto sim, é a imposição, por algum ente federativo, de restrições quanto à admissibilidade da contagem recíproca de tempo de serviço. A inconstitucionalidade reside na inexistência, em sede constitucional, de qualquer restrição quanto à contagem recíproca do tempo, como se observa nos termos do art. 40, § 9º, da CF. Por isso mesmo, foi declarada, *incidenter tantum*, a inconstitucionalidade de dispositivo de lei municipal que exigia um tempo mínimo de serviço público para admitir a compensação entre regimes previdenciários diversos.[385]

---

[385] Também: STF, RE 219.169, j. 25.4.2002; AI 452.425, j. 13.9.2011; e ADI 1.798, j. 27.8.2014.

Cap. 11 • SERVIDORES PÚBLICOS | 605

Cumpre anotar, a propósito do art. 40, § 9º, da CF, que a contagem de tempo não se destina apenas à aposentadoria, mas, ao contrário, vale também para a *disponibilidade*, prevista no art. 41, § 3º, da CF, para os casos de extinção do cargo ou declaração de sua desnecessidade. O mandamento refere-se a "tempo de serviço correspondente". A expressão pode ensejar alguma dúvida, mas deve ser interpretada no sentido de que o tempo de serviço é o *correspondente ao tempo de contribuição*. Portanto, o tempo de serviço em si não é contado para o benefício; urge que nele o servidor tenha efetuado as respectivas contribuições.

A contagem pressupõe que tenha havido efetiva contribuição por parte do servidor, ou, em alguns casos anteriores, efetivo exercício da função. Com efeito, a Constituição veda que a lei venha a estabelecer qualquer forma de contagem de tempo de contribuição *fictício* (art. 40, § 10). Infere-se que não mais será viável o denominado *tempo presumido*, adotado em alguns regimes funcionais no caso de licenças, afastamentos, contagem em dobro do tempo de férias e licenças especiais não gozadas, a menos que tenha havido efetiva contribuição. Cabe ao servidor comprová-la para que possa computar o tempo necessário à aposentadoria ou disponibilidade.

Claro que, nesse aspecto, há que considerar as situações pretéritas definitivamente constituídas. Assim, se o tempo presumido foi computado anteriormente ao sistema vigente e devidamente averbado, a anotação tem eficácia e não pode ser desnaturada por norma posterior. A situação reflete inegável direito adquirido, sendo assegurada ao servidor a eficácia da averbação.

Caso a aposentadoria seja concedida com a utilização de tempo de contribuição relativamente a cargo, emprego ou função pública, incluindo-se aí o regime geral de previdência social, será rompido o vínculo gerador do aludido tempo de contribuição (art. 37, § 14, CF). Mesmo sem a clareza desejável, a intenção do legislador, ao que parece, foi a de impedir que o vínculo anterior gere novos períodos para utilização no tempo de contribuição. A norma, porém, não se aplica às aposentadorias do regime geral de previdência concedidas antes da vigência da EC nº 103, publicada em 13.11.2019.

5.5.16. Direito Adquirido

Questão sempre ventilada em relação ao tema, é a de saber se há direito adquirido à aposentadoria e, em caso positivo, em que momento tem nascimento.

A questão deve ser examinada à luz da existência dos fatos geradores do direito. A aposentadoria é uma mera expectativa de direito enquanto não se consuma o fato gerador do benefício. No caso da aposentadoria voluntária, por exemplo, enquanto o servidor exerce suas funções sem ter alcançado ainda o prazo mínimo fixado na Constituição, tem ele mera expectativa de direito. Completado o prazo, passa ele a ser titular do direito. Desse modo, pode concluir-se que, consumado o prazo fixado para determinada aposentadoria, surge para o servidor o direito adquirido ao benefício.

Em face do exposto, pacificou-se o entendimento de que o direito à aposentadoria se rege pela lei da época em que o servidor reuniu os requisitos para a obtenção do benefício, ainda que, por ser possível, não tenha formulado o respectivo pedido.[386] Sobre esse tema, aliás, o STF, fundando-se no direito adquirido, decidiu, a nosso ver com todo o acerto, que o contribuinte tem *direito ao melhor benefício*, com o que não importa "*o decesso remuneratório ocorrido em data posterior ao implemento das condições legais*".[387] Significa que, se o direito foi adquirido no ano 79, mas o requerimento só foi apresentado no ano 80, concluindo o segurado que teria

---

[386] Vide Súmula nº 359, STF.
[387] STF, RE 630.501, j. 21.3.2013.

606 | MANUAL DE DIREITO ADMINISTRATIVO • Carvalho Filho

sido mais vantajoso requerer em 79, tem ele direito ao cálculo dos proventos com base nesse ano. Quer dizer: a não formulação do pedido à época da implementação do direito adquirido à aposentadoria não pode prejudicar o segurado quanto ao valor dos proventos.

Essa interpretação, guindada, na prática, a verdadeiro princípio em favor dos aposentados, tem sido adotada nas várias Emendas Constitucionais que se dedicaram às reformas de previdência, incluindo a EC nº 103/2019, como se observa em suas disposições transitórias. Significa que os servidores que já são titulares do direito à aposentadoria nas condições vigentes sob o império do sistema anterior não são alcançados pelas novas normas que lhes possam causar algum tipo de gravame. Contudo, enquanto não cumpridos todos os requisitos, o servidor tem mera *expectativa de direito*, de modo que lhe são aplicáveis as novas normas. Noutro giro, tem-se admitido a *retroatividade benigna*, vale dizer, a retroação em situação mais favorável.[388]

Sufragando essa interpretação, dispõe o art. 3º da EC nº 103/2019 que a concessão de aposentadoria ao servidor público será assegurada, a qualquer tempo, desde que tenha cumprido *"os requisitos para obtenção desses benefícios até a data de entrada em vigor"* da citada Emenda, hipótese em que serão observados os critérios da legislação vigente na data em que foram preenchidos os respectivos requisitos. Vigora também a legislação anterior para o cálculo dos proventos e eventuais reajustes (art. 3º, § 1º, EC nº 103/2019).

Vale a pena acrescentar, ainda, uma observação. Embora as situações sujeitas ao princípio da irretroatividade das leis repousem sobre a dicotomia direito adquirido e expectativa de direito, as Emendas que instituíram reformas previdenciárias criaram uma outra forma de garantia ao servidor: *o ingresso do servidor no serviço público antes da Emenda*. Apesar de caracterizar-se como expectativa de direito, uma vez que ainda não cumpridos todos os requisitos, o ingresso anterior do servidor tem sido tratado como direito adquirido. Por esse motivo, alguns benefícios anteriores lhe são resguardados contra preceitos da lei nova. Leva-se em conta, nesse caso, a grande repercussão social dos sistemas previdenciários, sobretudo porque os mais novos são sempre mais restritivos.

5.5.17. Situações Transitórias

SENTIDO – Já adiantamos que a disciplina estampada na EC nº 103/2019 tem eficácia para o futuro, vale dizer, abrange os servidores que ingressaram no serviço público *após sua vigência*.

Entretanto, como ocorreu nas Emendas que promoveram "reformas" da previdência anteriormente, a aludida Emenda também registrou uma série de normas reguladoras de *situações transitórias*, geralmente alcançando os servidores que *ingressaram* no serviço público antes de sua vigência.

Portanto, não é muito fácil para o servidor localizar exatamente sua posição no quadro normativo para verificar quais são efetivamente os seus direitos. De qualquer modo, faremos menção, em síntese, a tais situações transitórias.

APLICABILIDADE – No sistema ora vigente, a Constituição delegou a Estados, Distrito Federal e Municípios competência para dispor, mediante sua própria lei, sobre vários aspectos do regime próprio para seus servidores.

No entanto, para evitar *lacunas normativas*, determinou-se serem aplicáveis às aposentadorias desses servidores as normas constitucionais e infraconstitucionais anteriores

---

[388] SÉRGIO DE ANDRÉA FERREIRA (*Comentários à Constituição, cit.*, v. III, p. 447).

à vigência da EC nº 103/2019, enquanto as pessoas federativas não executarem, por lei, as alterações relativas a seu regime próprio (art. 4º, § 9º, EC nº 103/2019).

O mesmo deve ocorrer no que concerne às normas incompatíveis com as alterações promovidas pela EC nº 103/2019, quanto aos novos §§ 4º, 4º-A, 4º-B e 4º-C do art. 40, que tratam de requisitos ou critérios diferenciados para deficientes, policiais e servidores expostos a riscos. Enquanto não vier a lei reguladora, prevalecem as normas anteriores à vigência da EC nº 103 (art. 4º, § 10, EC nº 103/2019).

DIREITO ADQUIRIDO – Reafirmando o que foi dito anteriormente, assegura-se o direito à aposentadoria e à pensão a todos os servidores que já cumpriram os devidos requisitos, aplicando-se-lhes as normas que vigoravam à época em que foram eles preenchidos (art. 3º, EC nº 103/2019).

Além do direito em si à obtenção dos benefícios, incidem também as normas de cálculo e reajuste então vigentes (art. 3º, §§ 1º e 2º, EC nº 103/2019).

Tais situações, por via de consequência, não são afetadas pelo advento das novas normas que compõem o vigente microssistema de previdência social dos servidores.

ABONO DE PERMANÊNCIA – De acordo com o art. 40, § 19, da CF, cada ente federativo editará lei para regular o abono de permanência quando o servidor optar por permanecer em atividade, tendo condições de aposentadoria. O valor será, *no máximo*, igual ao da contribuição, o que significa que poderá ser inferior.

Até a edição dessa lei, no entanto, assegura-se aos que ingressaram antes da EC nº 103 a percepção do abono em valor *equivalente* ao da contribuição previdenciária, até a idade da aposentadoria compulsória (arts. 3º, § 3º, e 8º, EC nº 103/2019).

REQUISITOS PARA APOSENTADORIA – Se o servidor federal *ingressou* no serviço público antes da vigência da EC nº 103, poderá aposentar-se mediante o cumprimento cumulativo dos seguintes requisitos: 1º) 56 anos de idade, se mulher, e 61 anos, se homem; 2º) 30 anos de contribuição, se mulher, e 35 anos, se homem; 3º) 20 anos de efetivo exercício no serviço público; 4º) 5 anos de exercício no cargo efetivo em que ocorrer a aposentadoria; 5º) somatório da idade e do tempo de contribuição equivalente a 86 anos, se mulher, e 96, se homem (art. 4º, I a V, EC nº 103/2019).

Há duas regras associadas a esses requisitos. Em primeiro lugar, a idade mínima, a partir de 1º janeiro de 2022, será de 57 anos para mulher e de 62 anos para homem. Ademais, a partir de 1º janeiro de 2020, haverá progressividade quanto ao somatório de idade e tempo de contribuição: a pontuação será acrescida a cada ano de 1 ponto, até alcançar o limite de 100 pontos para a mulher e de 105 para o homem (art. 4º, §§ 1º e 2º, EC nº 103/2019).

A EC nº 103/2019 estabeleceu outra regra para esses mesmos servidores que ingressaram no serviço público *antes de sua vigência* (art. 20). Assim, a aposentadoria voluntária pode ser concedida mediante os seguintes requisitos cumulativos: (a) idade mínima de 57 anos de idade para a mulher e de 60 para o homem; (b) 30 anos de contribuição, se mulher, e 35, se homem; (c) 20 anos de efetivo exercício no serviço público; (d) 5 anos no cargo efetivo em que se der a aposentadoria; (e) *período adicional* de contribuição (vulgarmente chamado de "pedágio") equivalente ao tempo que, na data de vigência da EC nº 103, faltaria para alcançar o tempo mínimo de 30 ou 35 anos de contribuição.

Para o professor nas mesmas condições há regras especiais mais benéficas quanto a idade, tempo de contribuição, de pontuação e de progressividade (arts. 4º, §§ 4º e 5º, e 20, § 1º, da EC nº 103/2019). Policiais têm regras especiais no art. 5º da EC nº 103/2019. Também o têm os servidores com atividades sujeitas a risco à saúde (art. 21, EC nº 103/2019).

CÁLCULO DOS PROVENTOS – Há dois tipos de cálculos dos proventos. O primeiro é para o servidor federal que (a) *ingressou no serviço público antes de 31.12.2003*; (b) não tenha optado pelo regime de previdência complementar (art. 40, § 16, CF); (c) tenha 62 anos de idade, se mulher, e 65 anos, se homem.

Nesse caso, os proventos corresponderão à *totalidade da remuneração* do servidor no cargo efetivo do qual se originar a aposentadoria (art. 4º, § 6º, I, EC nº 103/2019). A remuneração resulta da soma do subsídio, ou vencimento, com as vantagens pecuniárias permanentes do cargo e com os adicionais de caráter individual e das vantagens pessoais permanentes (art. 8º, EC nº 103/2019).

O segundo é para o servidor que *ingressou após 31.12.2003*. Nessa hipótese, o cálculo será apurado *na forma da lei*.

Idêntico critério está previsto no art. 20, § 2º, da EC nº 103, para os mesmos grupos de servidores.

Não se pode deixar de lado *norma transitória* importante sobre *cálculo de proventos*. Segundo o art. 26 da EC nº 103/2019, enquanto não vem a lei disciplinando o cálculo dos benefícios, deverá ser utilizada a *média aritmética simples* das remunerações que serviram como base para as contribuições, atualizadas monetariamente, correspondentes a 100% do período contributivo *desde a competência julho de 1994*, ou desde o início da contribuição, se este se deu em momento posterior.

O valor do benefício, em alguns casos, corresponderá a 60% da aludida média aritmética, acrescendo-se 2 pontos percentuais para cada ano de contribuição que exceder o período de 20 anos de contribuição (art. 26, § 2º, EC nº 103/2019). Tal critério, porém, não alcança os que ingressaram antes de 31.12.2003. É o que emana do inciso I do referido dispositivo.

REAJUSTE – Também aqui há dois métodos de reajuste, dependendo da condição do servidor.

Para o servidor que *ingressou antes de 31.12.2003*, o reajuste atenderá ao que dita o art. 7º da EC nº 41/2003, ou seja, os proventos serão revistos na mesma proporção e na mesma data, sempre que se modificar a remuneração dos servidores em atividade. Estende-se também aos aposentados e pensionistas quaisquer benefícios ou vantagens posteriormente concedidos aos servidores em atividade, inclusive quando decorrentes da transformação ou reclassificação do cargo ou função em que se deu a aposentadoria ou que serviu de referência para a concessão da pensão, na forma da lei.

Se o servidor ingressou *após aquela data*, o reajuste será aquele estabelecido para o regime geral de previdência social. Verifica-se, pois, que há maior vantagem para o primeiro grupo de servidores, já que os proventos não apresentarão perdas em relação aos vencimentos do cargo efetivo.

REGIMES PRÓPRIOS TRANSITÓRIOS – Está prevista, no art. 40, § 19, da CF, a edição de *lei complementar federal* para regular a organização e o funcionamento dos regimes próprios já existentes. Enquanto não vem essa lei, aplica-se a Lei nº 9.717, de 27.11.1998 (art. 9º, EC nº 103/2019).

Os benefícios limitam-se a *aposentadorias e à pensão* por morte. Incapacidade temporária e salário-maternidade serão despesas diretas do ente federativo, não correndo à conta do regime próprio (art. 9º, §§ 2º e 3º, EC nº 103/2019).

Estados, Distrito Federal e Municípios não podem fixar *alíquota inferior* à da contribuição dos servidores da União, a menos que, comprovadamente, não possuam déficit atuarial a ser equacionado (art. 9º, § 4º, EC nº 103/2019).

Poderá ser instituída, mediante lei, *contribuição extraordinária* pelo prazo máximo de 20 anos, caso necessário o equacionamento do déficit atuarial. Outras medidas deverão ser tomadas simultaneamente para esse fim (art. 9º, § 8º, EC nº 103/2019 e art. 149, §§ 1º-B e 1º-C, CF).

SERVIDORES DA UNIÃO – Lei federal deverá definir as regras do regime próprio da União, bem como os benefícios e seus requisitos (art. 40, CF).

Enquanto a lei não for editada, vigora o art. 10 da EC nº 103/2019. A aposentadoria voluntária exigirá: (a) idade mínima de 62 anos de idade para a mulher e 65 anos para o homem; (b) 25 anos de contribuição; (c) 10 anos de serviço público; (d) 5 anos no cargo efetivo concernente à aposentadoria.

A aposentadoria por incapacidade permanente, caso inviável a readaptação, deverá subordinar-se a avaliações periódicas para constatar a continuidade das condições de incapacidade. E a aposentadoria compulsória observará o art. 40, § 1º, II, da CF.

Foram instituídas também normas específicas para a aposentadoria especial, como a de policiais e agentes penitenciários e socioeducativos, professores e ocupantes de cargos com exposição a agentes químicos, físicos e biológicos (art. 10, § 2º, EC nº 103/2019).

5.5.18. *Desaposentação (Renúncia à Aposentadoria)*

Considera-se *desaposentação*, também denominada *renúncia à aposentadoria*, o cancelamento de uma aposentadoria anteriormente concedida ao segurado por qualquer dos regimes de previdência, a fim de obter a concessão de um novo benefício mais vantajoso, com o cumprimento de todos os requisitos para a aquisição do direito. Ocorre esse tipo de interesse quando, após a concessão do primeiro benefício de aposentadoria, o segurado continua a contribuir para o sistema previdenciário.

Os especialistas costumam distinguir a *desaposentação*, de um lado, e a *reaposentação*, de outro. A desaposentação implica o cancelamento da aposentadoria anteriormente concedida, pleiteando-se novo benefício com base em todo o período de contribuição do segurado, resultado da soma do antigo e do novo. Já na *reaposentação*, o pedido é feito tão somente com base nas novas contribuições realizadas após a concessão do primeiro benefício, não sendo utilizados os requisitos e contribuições exigidos para a primeira concessão. Em ambos os casos, o segurado renuncia à primeira aposentadoria para beneficiar-se da segunda.

A origem da desaposentação decorreu da circunstância de que muitos segurados, após a obtenção de suas aposentadorias, normalmente em razão do tempo de contribuição, retornaram ao mercado de trabalho e continuaram a contribuir ao regime previdenciário, sem que houvesse qualquer contrapartida oriunda das novas contribuições.

A questão foi discutida no âmbito do regime geral de previdência. No primeiro momento, a pretensão do segurado à desaposentação foi acolhida no Judiciário, entendendo-se que a aposentadoria estamparia direito disponível,[389] além do fato de que novas contribuições não poderiam ficar sem efeito jurídico, em virtude do princípio contributivo-retributivo – interpretação, aliás, que endossamos com fulcro nesse inafastável postulado.[390]

Entretanto, essa interpretação foi modificada pelo STF, que, por maioria, entendeu que tal pretensão seria improcedente, fundando-se no art. 18, § 2º, da Lei nº 8.213/1991 (Lei do Regime Geral Previdenciário), considerado constitucional, segundo o qual se veda aos aposentados que permaneçam em atividade, ou que a esta retornem, a percepção de qualquer prestação adicional,

---

[389] STJ, REsp 663.336, j. 6.11.2007.
[390] STJ, REsp 1.334.488, j. 8.5.2013.

610 | MANUAL DE DIREITO ADMINISTRATIVO • *Carvalho Filho*

salvo salário-família e reabilitação profissional. Assim, sem lei expressamente autorizadora não caberia a desaposentação.[391] Diante disso, o STJ realinhou seu entendimento sobre o tema, passando também a decidir pela inviabilidade do instituto.[392]

Para os *servidores efetivos*, porém, sujeitos ao regime próprio de previdência, composto de regras específicas, a matéria demanda análise com diverso delineamento. A questão central consiste em saber se o servidor pode reivindicar sua desaposentação e utilizar seu tempo de contribuição anterior para a aposentadoria em novo cargo, com melhor remuneração. É a hipótese, por exemplo, em que um aposentado no cargo de Psicólogo presta novo concurso e vem a ocupar o cargo de Oficial de Justiça, e neste vem a efetuar novas contribuições.

Em nosso entender, inexiste óbice à desaposentação do servidor efetivo. Na verdade, inocorre impedimento para a sucessão de aposentadoria, desde que, é óbvio, cumpridos os devidos requisitos objetivos. Além disso, a legislação infraconstitucional também não exprime tal vedação, o que mostra que se trata de situação diferente da que ocorre com o regime geral de previdência, no qual é expressa a vedação. E mais: seria absurdo não conferir efeito jurídico às contribuições previdenciárias efetuadas pelo servidor em razão da investidura no segundo cargo.

Demais disso, urge considerar a profunda diferença no concernente aos ganhos do aposentado. No microssistema constitucional do regime próprio, proíbe-se a percepção cumulativa de proventos com remuneração de cargo (art. 37, § 10), o que não sucede no regime geral de previdência; neste se vedam apenas prestações adicionais, mas não a atividade laboral em si. Sendo assim, o empregado pode perceber seus proventos cumulativamente com o salário de novo emprego. Desse modo, a diferença de tratamento deixa muito mais restritiva a situação do servidor efetivo aposentado.

Irreparável, por conseguinte, o então entendimento do STJ, deixando claro que "*a aposentadoria é direito patrimonial disponível, sujeita à renúncia, possibilitando à recorrente a contagem do respectivo tempo de serviço e o exercício em outro cargo público para o qual prestou concurso público*".[393] Idêntico direito tem o servidor que se aposentou pelo regime geral e que, depois, veio a ocupar cargo público por concurso: seu tempo de contribuição, comprovado pela respectiva certidão, deveria ser computado para o período exercido no novo cargo (princípio da contagem recíproca), permitindo-se que, consumada a desaposentação, viesse o servidor a pleitear a aposentadoria pelo regime próprio, como também já se decidiu.[394]

Embora o precedente do STF tenha enfrentado o tema à luz apenas do regime geral de previdência, não tendo nenhuma relação com o regime próprio, irradiado por normas e princípios diversos, parece haver uma contaminação daquela decisão de modo a estendê-la a qualquer desaposentação.[395] Cuida-se, todavia, de indevida extensão e de irreparável injustiça justamente para aqueles aposentados que continuam a exercer sua atividade laborativa, com a perspectiva de cancelar sua aposentadoria anterior e obter novo benefício, agora condizente com sua nova remuneração.

---

[391] STF, RE 827.833, j. 6.2.2020, e RE 661.256, j. 27.10.2016.

[392] STJ, REsp 1.181.333, j. 6.3.2018, e REsp 1.234.152, j. 20.2.2018.

[393] STJ, RMS 17.874, j. 16.12.2004. Também: STJ, REsp 497.683, j. 18.3.2003.

[394] STJ, MS 7.711, j. 8.5.2002.

[395] TCU, Proc. nº 006542/2013-1, Acórdão 2.128, Min. Vital do Rego, 12.9.2018.

Cap. 11 · SERVIDORES PÚBLICOS | 611

5.5.19. Cassação de Aposentadoria

O ato de aposentadoria, como qualquer manifestação de vontade da Administração Pública, pode ser objeto de *desfazimento*. Não obstante, é imperioso analisar o motivo, isto é, o conjunto de elementos que podem justificar a retirada do ato do mundo jurídico.

O motivo mais comum é a ocorrência de vício de legalidade, resultante da prática do ato em desconformidade com os preceitos legais que regem a aposentadoria. Inobservado qualquer dos requisitos impostos para sua concessão, o ato estará contaminado de vício de legalidade. Hipóteses como insuficiência do tempo de contribuição, averbação indevida de tempo de serviço público e informações falsas têm sido causa do desfazimento do ato de aposentadoria. Se tal ocorrer, o desfazimento caracteriza-se como *invalidação*.

Diferente da invalidação, no entanto, é a *cassação da aposentadoria*. O motivo do desfazimento aqui é a prática de infração gravíssima do servidor aposentado ao tempo em que ainda estava em atividade. Por essa razão, a natureza jurídica da cassação de aposentadoria é a de *sanção*, representando a punição pela infração cometida.

Na esfera federal, essa penalidade é expressamente prevista no art. 134 da Lei nº 8.112/1990 (estatuto dos servidores), que tem os seguintes termos: *"Será cassada a aposentadoria ou a disponibilidade do inativo que houver praticado, na atividade, falta punível com a demissão"*. Observa-se, portanto, que o fato gerador não foi praticado quando o servidor já estava aposentado, mas sim quando ainda ocupava seu cargo. A infração decerto teria gerado a demissão, mas, como foi concedida a aposentadoria antes do processo demissório, a sanção se converte em cassação do ato que a concedeu. Essa é a tônica da penalidade.

Registre-se, por oportuno, que não há direito adquirido do servidor ao benefício da aposentadoria, se tiver dado ensejo, enquanto em atividade, à pena de demissão. Por isso, inteiramente cabível a cassação, que pode atingir qualquer tipo de aposentadoria.[396] Até mesmo a extinta aposentadoria compulsória, sanção aplicada a magistrados, poderia ser posteriormente cassada, quando decretada, na ação própria, a perda do cargo.[397]

Sanção dessa natureza tende a evitar que a aposentadoria sirva como escudo para escamotear infrações gravíssimas cometidas pelo ex-servidor anteriormente, sem que se lhe aplique a necessária e justa sanção, além do fato de se permitir que usufrua uma inatividade remunerada. Desse modo, quando o servidor passa à inatividade a fim de fugir à responsabilidade funcional, e posteriormente se conclui, em regular processo disciplinar, no sentido de que praticou falta gravíssima, a pena de cassação de aposentadoria é legítima e se apresenta com duplo efeito: invalida o ato de aposentadoria e traduz a aplicação de penalidade equivalente à de demissão.[398]

5.5.20. Aposentadoria pelo Regime Geral de Previdência

Já anotamos anteriormente que, nos termos do art. 40, § 13, da CF, sujeitam-se ao *regime geral de previdência social*: 1º) os servidores trabalhistas; 2º) os servidores temporários, inclusive mandato eletivo; 3º) os servidores ocupantes exclusivamente de cargo em comissão. Por conseguinte, apenas os servidores titulares de cargos efetivos e vitalícios estão sujeitos ao *regime próprio de previdência social*.

---

396 No mesmo sentido, STJ, MS 23.608, j. 27.11.2019.
397 STJ, RMS 18.763, j. 6.12.2005.
398 STJ, RMS 27.370, j. 19.2.2009.

612 | MANUAL DE DIREITO ADMINISTRATIVO • *Carvalho Filho*

A fonte de incidência normativo-constitucional dos servidores sujeitos ao regime geral de previdência social é o delineado basicamente nos arts. 201 e 202 da Constituição, com a complementação da legislação infraconstitucional pertinente.

Em relação aos servidores trabalhistas, há uma peculiaridade que, a nosso ver, merece comentário.

No regime da CLT, sempre houve controvérsia sobre se a aposentadoria voluntária daria ensejo, ou não, à extinção do contrato de trabalho. Para alguns, a aposentadoria provocaria a extinção natural do contrato laboral.[399] Conforme o pensamento de outros especialistas, não ocorreria a extinção do contrato, sendo diversa a relação jurídica entre o empregado e a pessoa previdenciária.[400] O STF, com amparo no art. 7º, I, da CF (proteção contra despedida arbitrária), considerou que toda despedida se configura como arbitrária quando não se fundar em falta grave, em motivos de ordem técnica e por razões econômico-financeiras (arts. 482 e 165, CLT), sendo vedado que o fato em si da aposentadoria acarrete a extinção do vínculo contratual.[401]

Na verdade, como são *de naturezas diversas* as relações jurídicas entre o empregado e o empregador, de um lado, e entre o empregado e a instituição previdenciária, de outro, a aquisição do direito à aposentadoria espontânea, segundo nos parece, não pode interferir no contrato de trabalho, de forma que este só se torna extinto se o servidor se afastar da atividade. Não se afastando, o contrato continua a vigorar normalmente, visto que não mais se exige o desligamento do empregado para a concessão da aposentadoria; com efeito, nem se lhe impõe a obrigação de aviso ao empregador. O direito ao benefício resulta diretamente da relação previdenciária, e só indiretamente da relação de trabalho. Sendo assim, a rescisão unilateral do Estado-empregador há de ensejar o pagamento das obrigações previstas em lei (verbas rescisórias).[402]

Semelhante solução, entretanto, não se aplica aos servidores temporários e aos servidores ocupantes exclusivamente de cargos em comissão, embora também sujeitos ao regime geral de previdência social. O regime jurídico daqueles é de direito público e de caráter especial, sendo o contrato firmado por tempo determinado. No que concerne aos últimos, o regime é estatutário e, portanto, não contratual, de modo que a aposentadoria é fato jurídico que extingue a relação estatutária e acarreta a vacância do respectivo cargo. Nessa hipótese, se a direção do órgão se interessar em manter o servidor no cargo em comissão (o que é admitido pelo art. 37, § 10, da CF), deverá considerar-se extinta a antiga e iniciada uma nova relação jurídica, de modo que o servidor perceberá, cumulativamente, os proventos de sua aposentadoria e a remuneração normal de seu cargo em comissão.

5.6. Pensões

5.6.1. *Sentido e Natureza Jurídica*

Pensão é o pagamento efetuado pelo Estado à família do servidor em virtude de seu falecimento em atividade ou já aposentado. O direito decorre das contribuições previdenciárias efetuadas pelo servidor falecido, para o fim de assegurar eventuais benefícios a sua família. Desse modo, uma vez consumado o fato gerador – a morte do servidor – e cumpridos os requisitos legais, o Estado tem

---

[399] VALENTIN CARRION, *Comentários à CLT,* Saraiva, 30 ed., 2005, p. 298, e ARNALDO SÜSSEKIND, *Instituições de direito do trabalho,* LTR, v.I, 1 ed., 1991, p. 472.

[400] WLADIMIR NOVAES MARTINEZ, *Comentários à Lei Básica da Previdência Social,* LTr, v. II, 1992, p. 184.

[401] STF, ADI 1.721, j. 11.10.2006.

[402] STF, RE 449.420, j. 16.8.2005 (reforma de decisão do TST que admitira a demissão de servidora em razão de sua aposentadoria).

a obrigação de verter o benefício ao titular. A base constitucional do benefício aloja-se no art. 40, § 7º, da Constituição.

A *natureza jurídica* da pensão é a de *benefício previdenciário*, a mesma, portanto, atribuída à aposentadoria. Não se trata de vantagem gratuita, mas, sim, de retribuição às contribuições vertidas ao fundo previdenciário pelo contribuinte.

A previdência encerra justamente a precaução de que se cerca o contribuinte para enfrentar situações indesejadas, mas inevitáveis, ocorridas no curso do período de exercício de suas funções ou de inatividade.

O direito à pensão nasce no momento em que são cumpridos todos os requisitos estabelecidos na respectiva legislação, sobretudo o fato gerador básico: o falecimento do servidor ativo ou aposentado. Vigora aqui o princípio do *tempus regit actum*.[403]

5.6.2. Disciplina Jurídica

O texto atual alterou o sistema de pensões no que concerne ao diploma regente. Anteriormente, a Constituição previa apenas que lei regularia o benefício da pensão, de onde se inferia tratar-se de lei nacional editada pela União para todo o país.

De acordo com o art. 40, § 7º, da CF, com a alteração da EC nº 103/2019, é a *lei do respectivo ente federativo* que estabelecerá as condições e os requisitos para a concessão da pensão por morte. Sendo assim, Estados, Distrito Federal e Municípios deverão editar leis específicas para regular o benefício, sempre adotando, é claro, os parâmetros fixados na Constituição.

Já se decidiu ser legítima a *lei de efeitos concretos* que estabeleceu pensão em favor de Prefeito, e isso porque, além da instituição por lei, nenhuma prova foi feita quanto à violação aos princípios da moralidade e impessoalidade. No caso, a lei fixara, em favor da viúva, pensão de 30% dos vencimentos de ex-Prefeito, falecido no curso do mandato.[404]

Entretanto, o direito à pensão não é ilimitado nem abusivo e, ao contrário, esbarra em certas vedações, a fim de preservar sua efetiva finalidade. Por isso, já se decidiu que a concessão de *pensão vitalícia* à viúva, à companheira e a dependentes de prefeitos, vice-prefeitos e vereadores, falecidos no exercício do mandato, é incompatível com a Constituição.[405] Lei editada com previsão de tal benefício é flagrantemente inconstitucional.

5.6.3. Contributividade e Solidariedade

Já adiantamos que o regime próprio de previdência social tem a característica de ser dotado de caráter *contributivo* e *solidário*, o que está expresso no art. 40, *caput*, da CF.

Resulta daí que pensionistas, em certos casos, também terão a obrigação de efetuar contribuições para o sistema de previdência, para manter o equilíbrio atuarial dos fundos previdenciários. É isso que reflete o *princípio da contributividade*.

Por outro lado, o sistema previdenciário estampa regime de evidente interesse coletivo, para beneficiar todo o universo de servidores, ativos e inativos, e respectivas famílias. Por conseguinte, urge que todos colaborem para tal fim social, unidos no mesmo propósito, o que configura o princípio da *solidariedade*.

---

[403] Súmula 340, STJ.
[404] STF, RE 405.386, j. 26.2.2013, reformando-se acórdão do TJ-RJ.
[405] STF, ADPF 764, j. 27.8.2021.

5.6.4. Base e Valor da Contribuição

Primeiramente, é mister esclarecer que nem todos os pensionistas terão a obrigação de contribuir para o sistema previdenciário. Dispõe o art. 40, § 18, da CF que essa obrigação atinge aquelas pensões que *superem o limite máximo* fixado para os benefícios do regime geral de previdência social de que trata o art. 201 da CF. Assim, quem não ultrapassa esse limite, não contribui para o sistema.

Demais disso, a contribuição, segundo o mesmo dispositivo, deverá ter *percentual idêntico* ao estabelecido para os servidores titulares de cargos efetivos. Desse modo, as normas aplicáveis a estes se estendem, no que toca ao percentual contributivo, aos pensionistas abrangidos pela obrigação de contribuir.

5.6.5. Cálculo da Pensão

Conforme o art. 23, *caput*, da EC nº 103/2019, a pensão por morte de servidor público federal (e também de segurado do regime geral) corresponderá à cota de 50% do valor dos proventos da aposentadoria recebida ou daquela a que teria direito se fosse aposentado por incapacidade permanente na data do óbito, com o acréscimo de 10 pontos percentuais por dependente, até o máximo de 100%.

Havendo perda da qualificação de dependente, cessará o pagamento da cota respectiva, e esta não reverterá aos demais dependentes. Quando houver cinco ou mais dependentes, fica preservado o valor equivalente a 100% da pensão (art. 23, § 1º, EC nº 103/2019). A condição de dependência pode ser reconhecida previamente ao óbito do segurado, por meio de avaliação, a ser atualizada periodicamente (art. 23, § 5º, EC nº 103/2019).

Se houver deficiente inválido ou deficiente, o valor da pensão será: (a) de 100% da aposentadoria recebida ou da que deveria receber na aposentadoria por incapacidade permanente na data do óbito, até o limite máximo de benefícios do regime geral de previdência; e (b) de uma cota familiar de 50% acrescida de cotas de 10 pontos percentuais para cada dependente, até o máximo de 100%, quando o valor ultrapassar o limite máximo dos benefícios do referido regime geral (art. 23, § 2º, EC nº 103/2019). A pensão será recalculada quando não mais houver dependente inválido ou deficiente.

A EC nº 103/2019 fez remissão à Lei nº 8.213/1991 (Lei do Regime Geral) para estabelecer que a esse diploma caberá regular o tempo de duração da pensão e das cotas, bem como o rol e a perda da qualidade de dependente, e, ainda, as condições para o devido enquadramento (art. 23, § 4º, EC nº 103/2019). Para o direito à pensão, equiparam-se ao filho exclusivamente o enteado e o menor tutelado, provada a dependência econômica (art. 23, § 6º).

5.6.6. Incidência Normativa

As normas sobre pensão previstas no art. 23 da EC nº 103/2019, a despeito de terem natureza de normas constitucionais, bem como as incluídas na legislação vigente na data de vigor da mesma Emenda, podem ser alteradas por lei ordinária para os regimes próprio e geral de previdência (art. 23, § 7º, EC nº 103/2019).

Enquanto não sobrevêm as aludidas alterações mediante lei, são aplicáveis às pensões concedidas aos dependentes de servidores dos Estados, Distrito Federal e Municípios as normas anteriores à data de entrada em vigor da EC nº 103 contidas na Constituição e na legislação pertinente (art. 23, § 8º, EC nº 103/2019).

5.6.7. Acumulação de Pensões

O beneficiário da pensão por morte não pode acumular seu benefício com outra pensão, *no âmbito do mesmo regime de previdência*. Para exemplificar, o pensionista de determinado Estado, beneficiário do regime próprio, não pode perceber cumulativamente outra pensão desse mesmo ente público. A ressalva é para cargos acumuláveis na atividade: se o segurado tinha dois cargos de médico, o beneficiário pode receber cumulativamente as pensões relativamente a ambos os cargos (art. 24, *caput*, EC nº 103/2019).[406]

É também acumulável a pensão deixada por cônjuge ou companheiro em face de um regime de previdência social com outra pensão ou aposentadoria *decorrentes de regime diverso*, inclusive de militares (arts. 42 e 142, CF). Como exemplo, se o segurado era filiado ao regime próprio em razão de seu cargo efetivo e concomitantemente filiado ao regime geral de previdência, o pensionista pode perceber ambas as pensões (art. 24, § 1º, EC nº 103/2019).

Nessas hipóteses, entretanto, o valor cumulativo não é integral. Assim, fica assegurado o recebimento do *valor integral do benefício mais vantajoso* e de uma parte de cada um dos demais benefícios, apurando-se o valor conforme as seguintes faixas: 1ª) 60% do valor que superar 1 salário mínimo, até o limite de 2; 2ª) 40% do que exceder 2 até o limite de 3 salários mínimos; 3ª) 20% do que exceder a 3 até o limite de 4 salários mínimos; 4ª) 10% do que exceder 4 salários mínimos (art. 24, § 2º, EC nº 103/2019). Se houver alteração de algum benefício, o interessado pode solicitar a revisão (art. 24, § 3º).

A EC nº 103/2019, porém, resguardou o direito adquirido daqueles que obtiveram o benefício antes de sua entrada em vigor. Nesse caso, não se aplicam as regras restritivas supramencionadas (art. 24, § 4º). Por outro lado, poderá haver alterações no regime de acumulação de pensão, com outras vedações, regras e condições estabelecidas no regime geral de previdência (art. 24, § 5º, EC nº 103/2019 c/c art. 40, § 6º, CF).

5.6.8. Revisão da Pensão

Assim como ocorre com os proventos de aposentadoria, as pensões também devem ser revistas para evitar sua defasagem. Nos termos do art. 40, § 8º, da CF, ficou assegurado o reajustamento dos benefícios para a preservação permanente do valor real. A não ser assim, haveria, na prática, o decréscimo da importância nominal do benefício.

Os critérios para o reajustamento serão definidos em lei, conforme anota o referido mandamento. É claro que sempre há imensa dificuldade em fiscalizar a adequação entre a lei e o dever de reajustamento mencionado na Constituição. Em tese, contudo, é fundamental que a lei preserve o valor da pensão.

Conforme já anotamos a propósito da aposentadoria, poderá a lei adotar índices diversos dos aplicáveis aos vencimentos da atividade. Poderá, ainda, fazê-lo em momentos diversos. Em outras palavras, ficou afastado o critério da paridade relativamente à remuneração dos servidores ativos.

5.6.9. Prescrição

A pretensão ao recebimento de pensão por morte sujeita-se à prescrição. Assim, se for exercida pelo interessado depois de 5 anos a partir da data do falecimento, fica prescrita a pretensão de fundo, ou, como preferem alguns, prescreve o próprio fundo de direito.[407]

---

[406] STF, RE 658.999 (Tema 627 RG), j. 16.12.2022.
[407] STJ, REsp 1.191.913, j. 18.11.2010.

MANUAL DE DIREITO ADMINISTRATIVO • *Carvalho Filho*

A prescrição, no caso, tem a finalidade de não deixar a situação jurídica às calendas, sem que haja real e efetivo exercício do direito pelo titular. Trata-se de aplicar o princípio da segurança jurídica na hipótese.

5.7. PEC Paralela

CONSIDERAÇÕES INICIAIS – Ao ser discutida a proposta que teve seu desfecho na EC nº 103/2019, Estados, Distrito Federal e Municípios opunham certa resistência a acolher as regras da reforma da previdência nela contidas. Questão meramente política, já que a reforma teve por objetivo proporcionar maior economia aos cofres públicos e reduzir o déficit causado pelo sistema previdenciário.

Por esse motivo, a reforma avançou e gerou a referida EC nº 103/2019, mas muitas de suas normas se destinam unicamente à União. Posteriormente, no entanto, as demais unidades federativas, cientes de que sua exclusão só lhes traria maiores gravames, recuaram e passaram a admitir a extensão das normas para suas respectivas ordens jurídicas.

Todavia, sua inclusão causaria atraso na tramitação da proposta já aprovada na Câmara dos Deputados. Para solucionar a questão, o Senado criou proposta de Emenda, a Proposta de Emenda à Constituição nº 133, de 2019 – apelidada de "PEC Paralela" –, na qual foram inseridas as outras entidades federativas.

Embora ainda não tenha sido promulgada no momento do fechamento da presente edição, dependendo de aprovação na Câmara dos Deputados, entendemos de bom alvitre adiantar algumas de suas normas para conhecimento dos leitores. Na verdade, embora possível, não deverá haver grandes mudanças na tramitação final. Por isso, antecipamo-nos em comentá-la, com a advertência de que ainda se trata de proposta.

PROPOSIÇÃO BÁSICA – A proposição básica da PEC Paralela consiste na inclusão do art. 40-A na Constituição, pela qual Estados, Distrito Federal e Municípios *poderão* adotar, desde que sem prazo definido, condições ou exceções, algumas das regras aplicáveis ao regime próprio de previdência social da União, previstas no art. 40 da CF.

Como é fácil inferir, a proposição não tem a finalidade de *compelir* as unidades à adoção das regras federais, mas, ao contrário, cuida-se de *faculdade* jurídica e política, cuja avaliação ficará a cargo de cada uma delas.

Caso a opção seja efetivada, o ente federativo deverá providenciar a edição de *lei ordinária*, de *iniciativa* do Chefe do Poder Executivo.

ADOÇÃO DO SISTEMA FEDERAL – Os entes federativos poderão adotar as seguintes normas aplicáveis à União: (a) art. 40, § 1º, I e III, CF (aposentadorias por incapacidade permanente e voluntária); (b) art. 40, § 3º, CF (cálculo de proventos de aposentadorias por lei do ente federativo); (c) art. 40, § 4º-A (aposentadoria de servidores com deficiência); (d) art. 40, § 4º-B (aposentadoria de agentes policiais e penitenciários); (e) art. 40, § 4º-C (aposentadoria de servidores sujeitos a risco); (f) art. 40, § 5º (aposentadoria de professores); e (g) art. 40, § 7º (pensão por morte).

As alterações feitas na lei federal sobre esses dispositivos vincularão o regime próprio de previdência dos demais entes federativos, enquanto não for revogada a respectiva lei por outra de iniciativa do respectivo Poder Executivo (art. 40-A, § 2º, cf. PEC Paralela). A lei revogadora, no entanto, não poderá ser adotada nos 180 dias anteriores ao final do mandato do Chefe do Executivo (art. 40-A, § 3º).

APLICABILIDADE – Os citados dispositivos exigem que Estados, Distrito Federal e Municípios exerçam suas competências.

Assim, enquanto não exercidas essas competências, continuarão aplicáveis ao regime próprio de previdência de tais entidades federativas as normas vigentes na data de publicação da lei revogadora para a adoção do regime próprio de previdência da União, relativamente aos mencionados dispositivos (art. 40-A, § 4º, cf. PEC Paralela).

Caso o Estado, nos termos acima, adote a legislação federal, os regimes próprios dos seus Municípios ficarão vinculados a ela enquanto não sobrevier a lei municipal revogadora do regime anterior (art. 40-A, § 5º).

DIREITO ADQUIRIDO – Para resguardar o direito adquirido, será assegurada, a qualquer tempo, a concessão de aposentadoria ao servidor público estadual e municipal e de pensão por morte a seus dependentes segundo os critérios da legislação vigente na data em que foram atendidos os requisitos para a concessão do benefício (art. 40-A, § 7º, cf. PEC Paralela).

Em outras palavras, o cumprimento dos requisitos assegura a aplicação das normas que, à época, estiverem em vigor, ainda que o pedido seja formulado posteriormente.

CONTRIBUIÇÃO PREVIDENCIÁRIA – Ficou previsto também que a contribuição de que trata o art. 149, § 1º-B, da CF é, da mesma forma, facultada aos Estados, Distrito Federal e Municípios.

O referido dispositivo estabelece que, no caso de haver insuficiência de medidas para equacionar o déficit atuarial, pode ser instituída contribuição extraordinária dos servidores públicos ativos, dos aposentados e dos pensionistas.

PENSÃO POR MORTE – O art. 9º da PEC Paralela pretende alterar alguns aspectos do benefício da pensão por morte contemplados na EC nº 103/2019.

Segundo dispõe o art. 9º da referida PEC, enquanto não for editada a lei que discipline o cálculo da pensão concedida a segurado de servidor público, a cota por dependente menor de 18 anos será de 20 pontos percentuais, e não de 10, como enunciado no art. 23, *caput* e § 2º, II, da EC nº 103/2019.

PRAZO PARA OPÇÃO – A proposição reabriu também, pelo prazo de 6 meses contados da vigência da futura Emenda, o prazo para opção pelo regime de previdência complementar previsto no art. 3º, § 7º, da Lei nº 12.618/2012, que institui esse regime para servidores federais titulares de cargo efetivo (art. 11, PEC Paralela).

Entretanto, a opção será irrevogável e irretratável, além de não ser devida qualquer contrapartida pela União e suas estatais referente ao valor dos descontos já efetuados sobre valor acima do limite máximo fixado para os benefícios do regime geral de previdência (RGPS) (art. 11, parágrafo único, PEC Paralela).

POLICIAIS – A PEC Paralela incluiu o § 11 no art. 144 da CF para estabelecer que lei complementar específica fixará os requisitos e critérios para a concessão de aposentadoria e pensão dos policiais e bombeiros, bem como de agentes penitenciários e socioeducativos, peritos oficiais das polícias legislativas.

Registre-se, a propósito, que a EC nº 104, de 4.12.2019, instituiu as polícias penais federais, estaduais e distrital, com a função de exercer a segurança dos estabelecimentos penais (art. 144, § 5º-A), sendo que, futuramente, substituirão a carreira de agentes penitenciários.

Desse modo, devem ser considerados para a edição da lei complementar a que se refere o dispositivo.

ALTERAÇÕES NA EC Nº 103 – São previstas, no art. 2º da PEC Paralela, alterações em alguns dispositivos da EC nº 103/2019.

Incidirão tais alterações sobre os arts. 18 e 19 (aposentadoria pelo regime geral de previdência); 22 (aposentadoria de pessoas com deficiência); 24 (pensão por morte); e 26 (cálculo dos benefícios).

INCIDENTE DE PREVENÇÃO DE LITIGIOSIDADE – Grande inovação pretendida pela PEC Paralela é o *incidente de prevenção de litigiosidade*, cujo objeto é a solução de contro-

618 | MANUAL DE DIREITO ADMINISTRATIVO • *Carvalho Filho*

vérsia jurídica atual ou potencial de direito público, suscetível de provocar insegurança jurídica e relevante efeito multiplicador de processos sobre questão idêntica.

O objetivo é fácil de entender. Primeiramente, a proposta guarda consonância com o princípio da segurança jurídica, evitando interpretações díspares e fluidas sobre assuntos de direito público. Demais disso, reforça a credibilidade do Judiciário perante a sociedade, frequentemente perplexa com a alteração de entendimentos em decisões judiciais.

Caso se cuide de matéria constitucional, a competência será do STF (art. 102, I, "s", CF). Tratando-se de matéria de norma federal, competente será o STJ (art. 105, I, "j", CF). As teses firmadas no julgamento do incidente terão efeito vinculante geral, no caso do STF (art. 102, § 4º, CF), ou geral, à exceção do STF, no caso do STJ (art. 105, § 2º, CF).

Têm legitimidade para suscitar o incidente de prevenção de litigiosidade, tanto junto ao STF quanto perante o STJ: (a) o Procurador-Geral da República; (b) o Advogado-Geral da União; (c) o Defensor Público da União; e d) o Conselho Federal da OAB (arts. 103-C e 105, § 3º, CF). Podem também instaurar o incidente: (a) os Tribunais Regionais Federais, do Trabalho, Eleitorais e Tribunais de Justiça, no que toca a temas pendentes sob sua jurisdição; (b) os Tribunais Superiores, quanto aos respectivos temas de sua jurisdição (art. 103-C, parágrafo único).

A proposta alcança, ainda, os Estados e o Distrito Federal ante a possibilidade de instituição do incidente de prevenção de litigiosidade, relativamente à interpretação de norma estadual ou distrital, sobre a qual haja controvérsia jurídica de direito público, capaz de acarretar insegurança jurídica e multiplicação de processos sobre a mesma questão (art. 125, § 8º, CF). Assim, como os demais mecanismos constitucionais, a previsão deverá ocorrer na Constituição Estadual ou na lei orgânica distrital.

6. DISPONIBILIDADE

6.1. Sentido

Disponibilidade é a situação funcional na qual o servidor passa à inatividade em virtude da extinção de seu cargo ou da declaração de sua desnecessidade (art. 41, § 3º, CF).

Nunca é demais lembrar que a extinção de um cargo é fato cuja apreciação fica atribuída aos órgãos administrativos, ainda que, como regra, dependa de lei para consumar-se. A estabilidade não protege o servidor contra a extinção do cargo, porque nesta se presume o interesse maior da Administração. Por outro lado, não seria justo que a extinção do cargo carreasse para o servidor situação de angústia pela perda do trabalho. É com essas vertentes que nasceu a disponibilidade.

É oportuno assinalar, desde logo, que o instituto em foco não se confunde com a *disponibilidade punitiva*, que, conforme indica a própria expressão, estampa modalidade de sanção funcional, e nada tem a ver com a extinção ou desnecessidade do cargo. É o caso da disponibilidade punitiva de magistrados, prevista no art. 93, VIII, da CF, pela qual fica o juiz afastado compulsoriamente de seu cargo pelo voto da maioria absoluta do respectivo tribunal ou do Conselho Nacional de Justiça, percebendo subsídios proporcionais ao tempo de serviço. Idêntica sanção, aliás, aplica-se também aos membros do Ministério Público, como prevê o art. 130-A, § 2º, III, da CF, introduzido pela EC nº 45/2004.

6.2. Pressupostos

Dois são os pressupostos para a disponibilidade. Em primeiro lugar, a extinção do cargo, que, como já vimos, depende de lei, exceto nas hipóteses dos cargos do Legislativo e

Cap. 11 • SERVIDORES PÚBLICOS | 619

do art. 84, VI, "b", da CF, neste caso quando os cargos estiverem vagos, o que foi registrado anteriormente.

O outro pressuposto é a declaração de desnecessidade do cargo. Essa declaração deve ser firmada através de ato administrativo, normalmente por decreto do Chefe do Executivo, e isso porque a Constituição em nenhum momento fez exigência quanto à forma dessa manifestação de vontade. Por outro lado, trata-se de atividade de caráter tipicamente administrativo, que se situa dentro do âmbito discricionário da Administração, a esta cabendo estabelecer o juízo de conveniência e oportunidade sobre valoração da desnecessidade.[408] O ato administrativo declaratório, contudo, não é infenso ao controle judicial: se houver vício de legalidade, inclusive qualquer forma de desvio de finalidade, deverá ser invalidado.

Autorizada doutrina advoga o entendimento de que a *declaração de desnecessidade* deve ser *precedida de lei*, com o escopo de regulamentar o art. 41, § 3º, da CF.[409] O STF adotou idêntica posição.[410] Ousamos dissentir desse entendimento. A nosso ver, o citado mandamento constitucional é autoaplicável, além de não ter feito qualquer exigência quanto à edição prévia de lei. Portanto, parece-nos que a declaração deva ser mesmo formalizada por meio de *ato administrativo*, em cujo conteúdo o órgão administrativo procederá à valoração quanto à desnecessidade dos cargos.[411] Aliás, o próprio STF já deixara assentada tal orientação.[412]

Tendo em vista a expressividade dos requisitos constitucionais, afigura-se ilegítimo e inconstitucional que a Administração, a pretexto de afastar e punir servidores, expeça decretos com o propósito de declarar a desnecessidade de cargos, como já aconteceu em algumas situações. Sem dúvida, a hipótese configura-se como desvio de finalidade, já que os atos aparentam uma finalidade, quando, na realidade, outro é o alvo da Administração. O processo de afastamento e de punibilidade é outro, não podendo ser substituído pela declaração de desnecessidade de cargos, cujos pressupostos são inteiramente diversos.

6.3. Incidência

O mandamento constitucional se refere a cargos, indicando logicamente o regime estatutário: *Extinto o cargo ou declarada sua desnecessidade*, anota o art. 41, § 3º, da CF, o servidor ficará em disponibilidade *até seu adequado aproveitamento em outro cargo.*

Não obstante, é de levar-se em consideração que existem, como já visto anteriormente, servidores públicos de regimes diversos do estatutário, que também têm a garantia da estabilidade funcional. Não são titulares de cargos, porque em tais regimes não há propriamente cargos, mas funções; independentemente disso, contudo, foi-lhes assegurada aquela garantia, até mesmo em preceito constitucional. Que dizer, portanto, em relação a empregos públicos que precisam ser extintos ou que se tornaram desnecessários?

O STF, examinando a questão, deu relevo, para fins da disponibilidade, à estabilidade em si, e não à natureza do regime funcional. A decisão da Corte é no sentido de que *"a garantia constitucional da disponibilidade remunerada decorre da estabilidade do serviço público, que é*

---

[408] Também: STF, MS 21.227, j. 5.9.1993, e RE 194.082, j. 22.4.2008.

[409] ADILSON DALLARI, *Regime constitucional dos servidores públicos*, Revista dos Tribunais, 1990, p. 97. Também: PLINIO SALGADO, A disponibilidade do servidor: uma visão histórica e atual, in JUNIOR WAGNER (Coord.). *Direito público*, Del Rey, 2004, p. 658.

[410] RE 240.735-MG (Agr.R.), Rel. Min. EROS GRAU, em 28.3.2006.

[411] No mesmo sentido: HELY LOPES MEIRELLES, *Direito administrativo brasileiro*, cit, 29. ed., 2004, p. 426; e DIÓGENES GASPARINI, *Direito administrativo*, cit., 11. ed., 2006, p. 221.

[412] RE 141.571-PR, Rel. Min. MARCO AURÉLIO, em 20.6.1995.

620 | MANUAL DE DIREITO ADMINISTRATIVO • *Carvalho Filho*

assegurada não apenas aos ocupantes de cargos, mas também aos de empregos públicos, já que o art. 41 da CF se refere genericamente a servidores".[413]

A solução se nos afigura adequada em face de interpretação sistemática, já que não se justificaria entender que seria possível à Administração extinguir cargos ou declarar a sua desnecessidade, e estar impedida de fazê-lo em relação aos empregos públicos, deixando-a de pés e mãos atados em relação aos mesmos, ainda que comprovadamente fossem prescindíveis e suprimíveis. Não abonamos, no entanto, *concessa venia*, o argumento de que o art. 41 da CF, referindo-se a servidores, tenha alcançado também os trabalhistas, já que seus termos são nitidamente preordenados aos servidores estatutários, estes, sim, ocupantes de cargos. Por outro lado, entendemos que a solução alvitrada pela Corte deve limitar-se aos exercentes de empregos públicos que tenham a garantia da estabilidade. Se firmaram contrato de trabalho normal com a Administração, deverão submeter-se às regras da legislação trabalhista que dispõem sobre as formas e os efeitos da rescisão do pacto laboral.

6.4. Efeitos

Diz o art. 41, § 3º, da CF, que, ocorrendo tais pressupostos, o servidor ficará em disponibilidade remunerada, até seu adequado aproveitamento em outro cargo.

Vislumbram-se, então, dois efeitos. O primeiro impõe que o servidor em disponibilidade perceba remuneração após a lei de extinção do cargo ou o ato de declaração de sua desnecessidade. Essa remuneração, deve destacar-se, tem a mesma natureza dos proventos, pois que é atribuída a servidor inativo (ainda que temporariamente).

O segundo efeito é o dever imposto à Administração de aproveitar o servidor em outro cargo, evitando-se a eternização da inatividade remunerada, com notórios prejuízos ao erário. Esse pressuposto não existia na Constituição anterior, o que permitia situações como essa. Com os novos dizeres, o texto constitucional não mais permite esse fato: ocorrendo a disponibilidade, deve a Administração, da forma mais breve possível, providenciar o reingresso do servidor em outro cargo.

A despeito desse efeito, a norma constitucional federal tem aplicabilidade extensível, constituindo parâmetro para a disciplina estabelecida em Constituições Estaduais e leis orgânicas municipais. Em consequência, é inconstitucional disposição de Carta estadual que fixa prazo para a permanência do servidor em disponibilidade, vez que a Constituição Federal silencia sobre tal aspecto. Haveria inegável ofensa à separação de Poderes, com a criação de obrigação para o Executivo, sem amparo constitucional.[414]

A Administração não é inteiramente livre quanto ao cargo no qual haverá o aproveitamento. Se assim fosse, a disponibilidade poderia servir como escudo para transferências de cargo e de quadro, com ofensa à Constituição. Por via de consequência, é imperioso que o novo cargo tenha funções que guardem certa compatibilidade com as do cargo extinto ou desnecessário, numa demonstração de que se pretende efetivamente cumprir o preceito constitucional.[415]

6.5. A Questão dos Proventos

Em relação aos ganhos do servidor em disponibilidade, tem havido algumas dúvidas sobre sua natureza. A Constituição anterior referia-se a *vencimentos proporcionais* (art. 100, parágrafo

---

[413] MS nº 21.236-5-DF, Pleno, unânime, Rel. Min. SYDNEY SANCHES, em 20.4.1995, publ. em *DJ* de 25.8.1995.

[414] STF, ADI 239, Min. DIAS TOFFOLI, em 19.2.2014. No caso, a Constituição do Estado do Rio de Janeiro fixara o prazo de um ano para a disponibilidade.

[415] Na mesma direção, v. TJ/RJ, Ap. Cív. 1752-18.2006.8.19.0058, publ. em 10.1.2011.

Cap. 11 · SERVIDORES PÚBLICOS | 621

único), o que não era correto, porque vencimento não é apropriado para a remuneração na inatividade. A Carta vigente aludiu genericamente à *remuneração proporcional*, conferindo maior precisão a essa modalidade de ganhos. Anote-se, porém, que a natureza específica dos ganhos do servidor em disponibilidade, que está em inatividade ao menos temporariamente, é a de *proventos*, semelhantemente ao que ocorre com o aposentado. Se vier a ser aproveitado em outro cargo, aí sim, voltará a perceber vencimentos. Com efeito, naquelas situações o Estado *provê* (ou *supre*), vale dizer, oferece ao beneficiário determinado valor à guisa de auxílio, e não propriamente lhe destina *retribuição*.[416] Apesar disso, há quem ainda entenda tratar-se de vencimentos.[417]

Tornou-se polêmica a questão dos proventos no caso da disponibilidade. Suscitava-se a dúvida sobre se os proventos seriam integrais ou proporcionais na referida situação funcional.

Antes, porém, vale a pena trazer a razão da dúvida. A Constituição anterior, quando tratava da disponibilidade, consignava que o servidor perceberia vencimentos proporcionais ao tempo de serviço (art. 100, parágrafo único). A vigente Constituição, quando foi promulgada, nenhuma alusão fez nesse sentido, limitando-se a exigir que o servidor viesse a ser aproveitado em outro cargo.

Duas correntes de pensamento, então, se formaram. A primeira com o entendimento de que, a despeito do silêncio da Constituição, os vencimentos (*rectius:* proventos) deveriam ser proporcionais, o que resultava da interpretação conjugada do art. 41, § 3º, com o art. 40, § 9º, da CF. Como este último dispositivo assegura o cômputo do tempo de serviço federal, estadual ou municipal para efeitos de aposentadoria e disponibilidade, os vencimentos teriam que ser proporcionais, porque, a não ser assim, ficaria sem sentido o dispositivo.[418]

Outra corrente teve pensamento diferente, advogando a tese de que os proventos deveriam ser pagos integralmente.[419]

Com a devida vênia aos juristas que adotaram o primeiro pensamento, não nos convenceu o argumento da interpretação conjugada do art. 40, § 9º, e do art. 41, § 3º, da CF. Em nosso entendimento, deveria prevalecer a interpretação comparativa entre o sistema anterior e o vigente. No sistema anterior, o servidor poderia ficar (como ficava, na prática) eternamente na situação de disponibilidade remunerada. Logicamente, os proventos deveriam ser pagos proporcionalmente ao tempo de serviço, porque, se não houvesse o aproveitamento, a remuneração do servidor seria ao menos inferior à que percebia na atividade, gerando menor desfalque ao erário público. A Carta em vigor, entretanto, alterou o conteúdo da norma anterior: de um lado, suprimiu a referência a vencimentos proporcionais ao tempo de serviço; e de outro, inseriu a menção *até seu adequado aproveitamento em outro cargo*.[420]

Sensível à polêmica e visando a dirimir definitivamente a dúvida, a EC nº 19/1998, que implantou a reforma administrativa do Estado, deixou definido, na alteração que introduziu no § 3º do art. 41 da CF, que o servidor estável ficará em disponibilidade *com remuneração proporcional ao tempo de serviço, até seu adequado aproveitamento em outro cargo*. Desse modo, está agora superada a discussão quanto à forma de remuneração do servidor em disponibilidade.

---

[416] Com igual pensamento, OSWALDO ARANHA BANDEIRA DE MELLO, *Princípios gerais*, cit., v. II, p. 435. Também DIÓGENES GASPARINI se refere a *proventos* (*Direito administrativo*, cit., 11. ed., 2006, p. 221).

[417] CÁRMEN LÚCIA ANTUNES ROCHA, voto no RE 161.741, j. 8.4.2008.

[418] Adotaram esse entendimento CAIO TÁCITO, TÉRCIO SAMPAIO FERRAZ JÚNIOR, CELSO ANTÔNIO BANDEIRA DE MELLO, ADILSON DALLARI (posições veiculadas em noticiário do *Jornal do Brasil*, de 3.7.1990); IVAN RIGOLIN (*O servidor público na Constituição de 1988*, cit., p. 170).

[419] Perfilharam esse entendimento JOSÉ AFONSO DA SILVA (*Direito Constitucional Positivo*, cit., p. 583) e SÉRGIO DE ANDRÉA FERREIRA (*Comentários*, cit., p. 483). DIÓGENES GASPARINI a princípio teve esse entendimento, mas posteriormente mudou de opinião (ob. cit., p. 169).

[420] Assim decidiu o STF na ADI 313, j. 21.8.1991 (fundamentos: 1) irredutibilidade; 2) silêncio da CF sobre proporcionalidade).

MANUAL DE DIREITO ADMINISTRATIVO • *Carvalho Filho*

Registre-se que a base dos proventos continua sendo o *tempo de serviço* prestado pelo servidor, e não o *tempo de contribuição*, como ocorre com a aposentadoria. A norma do art. 41, § 3º, da CF, foi confirmada nesse ponto pelo art. 40, § 9º, da CF, introduzido pela EC nº 20/1998, que implantou a reforma da Previdência Social.

É imperioso notar, a propósito, que, uma vez definida a forma de remuneração proporcional para o servidor em disponibilidade, como visto acima, a norma de Constituição Estadual ou de lei orgânica municipal que estabelecer remuneração integral estará contaminada de vício de inconstitucionalidade material por ofensa à Constituição Federal. Esta – já o vimos – reflete, na matéria, normas extensíveis, compulsoriamente aplicáveis aos diplomas básicos dos demais entes federativos.[421]

É importante registrar, no entanto, que a alteração, a despeito de haver definido a forma remuneratória, não eliminou a obrigação, cometida ao Poder Público, de providenciar o aproveitamento, em outro cargo, do servidor posto em disponibilidade, de modo que tal situação continua sendo qualificada como de mera transitoriedade, ainda que o servidor esteja sendo remunerado de forma proporcional. Como já tivemos a oportunidade de consignar na 1ª edição desta obra, deve a Administração planejar, com método e critérios técnicos, a extinção ou a declaração de desnecessidade de seus cargos, de modo a proporcionar o mais rápido aproveitamento dos servidores postos em disponibilidade. Na verdade, a disponibilidade deve significar um verdadeiro meio de remanejamento de cargos e funções, evitando-se os gastos efetuados com servidores que não exercem qualquer atividade em prol da Administração. A conta a ser paga não é pequena, e por isso não é justo que à coletividade caiba esse pesado ônus...

7. MANDATO ELETIVO

Ao servidor público é permitido exercer mandato eletivo. A qualificação profissional do servidor não poderia mesmo excluí-lo do processo eletivo, sabido que a elegibilidade constitui um dos mais relevantes direitos outorgados ao cidadão. É verdade que a eleição de servidor público pode refluir na relação estatutária, e por essa razão a Constituição traçou algumas regras a serem aplicadas nessa hipótese.

Se o servidor público é eleito para exercer mandato político, presume-se que irá se dedicar a essa nova atividade. Como não poderá exercer as funções normais de seu cargo, a regra é o surgimento da figura do *afastamento*: exercendo mandato eletivo, o servidor deverá afastar-se de seu cargo. Essa regra, porém, só atinge os servidores que passam a exercer mandato eletivo *federal, estadual* ou *distrital*. Para exemplificar, se um servidor que ocupe um cargo de economista é eleito para exercer o mandato de Deputado Estadual, terá que se afastar temporariamente de seu cargo. Logicamente, só perceberá, na hipótese, remuneração como Deputado.

Vindo a exercer o cargo político de Prefeito, a restrição é menor: embora tenha que se afastar de seu cargo, pode optar pela remuneração de seu cargo efetivo ou do cargo de Prefeito. Se, no caso citado acima, os vencimentos e vantagens do cargo de economista superam a remuneração do cargo de Prefeito, pode o servidor exercer este último cargo, mas continuar percebendo sua remuneração como economista.

A restrição pode ser ainda menor quando o servidor passa a ocupar o cargo de Vereador. Aqui é necessário verificar, preliminarmente, a questão da *compatibilidade de horários*. Não havendo essa compatibilidade, aplicar-se-á a mesma regra que incide sobre o cargo de Prefeito. Mas se houver compatibilidade de horários, perceberá dupla remuneração: a de seu cargo administrativo e a do cargo de Vereador. Essa, aliás, é a única hipótese de acumulação

---

[421] STF, ADI 239, Min. DIAS TOFFOLI, em 19.2.2014.

remunerada de cargos no que toca ao processo eletivo de servidor público. Supondo-se que o já citado economista, do quadro estadual, por exemplo, tenha jornada apenas no horário da manhã e que as sessões da Câmara Municipal sejam realizadas no horário da tarde, poderão ser acumuladas as funções dos cargos, bem como as remunerações a eles atribuídas.[422] Vedado, porém, é que o Vereador aceite ocupar cargo em comissão ou exonerável *ad nutum* em pessoas administrativas e empresas concessionárias de serviço público, situações incompatíveis com o mandato eletivo. É o que dimana da interpretação do art. 54, I, "b", e II, "b", com o art. 29, VII, da CF. A proibição estende-se, aliás, a qualquer mandato eletivo do Poder Legislativo. Desse modo, a permissibilidade alcança apenas a acumulação do cargo eletivo com cargo de provimento efetivo.

De outro lado, há vedação também no que concerne à acumulação remunerada do cargo de Vereador com o de Secretário Municipal. Nos termos do art. 29, IX, da CF, as proibições e incompatibilidades aplicáveis à vereança devem guardar correspondência, no que couber, com os modelos federal e estadual referentes aos respectivos parlamentares. Assim, a vedação funda-se na interpretação sistemática dos arts. 38, III, 54 e 56 da CF, bem como no princípio da separação dos Poderes, conforme acertadamente já se decidiu.[423]

Para que o servidor não seja prejudicado pelo exercício do mandato popular, seu tempo de serviço deverá ser contado para todos os efeitos, exceto para promoção por merecimento. A regra procura conciliar os dois interesses. A contagem do tempo permite que o servidor eleito obtenha os benefícios que o estatuto lhe garante. Não a promoção por merecimento, porém, que depende do efetivo exercício das funções do cargo e se afigura incompatível com a situação de afastamento. A regra, no entanto, não é de se aplicar aos servidores que acumulam seu cargo com o de Vereador: como não se afastam do cargo administrativo de provimento efetivo, continua sendo possível que sejam promovidos por merecimento.[424]

No que se refere à previdência social, o art. 38, V, da CF, com a redação da EC nº 103/2019, estabeleceu que, se o servidor público da Administração Direta ou de autarquias e fundações públicas for segurado de regime próprio de previdência social, permanecerá filiado a esse regime no ente federativo de origem. Portanto, o mandato eletivo não interrompe o curso do servidor eleito no regime previdenciário a que está filiado na entidade a que pertence. Com isso, foi substituída a confusa redação que constava anteriormente do dispositivo.

A EC nº 103/2019 vedou a instituição de novos regimes (e também a adesão de novos segurados) aplicáveis a titulares de mandato eletivo de todos os entes federativos, e isso porque alguns deles retratam privilégios incompatíveis com os princípios da impessoalidade e da economicidade (art. 14). Os atuais segurados, no entanto, podem firmar *opção expressa*, formalizada no prazo de 180 dias a contar da vigência da referida Emenda, para retirar-se do regime a que estejam vinculados. Nesse caso, será assegurada a contagem de tempo de contribuição efetuada no curso desse regime (art. 14, § 2º).

8. SISTEMA CONSTITUCIONAL DE REMUNERAÇÃO

8.1. Remuneração

O sistema remuneratório no serviço público, seja em nível constitucional, seja no plano das leis funcionais, é um dos pontos mais confusos do regime estatutário. O grande choque de

---

[422] TJ-MG, ApCiv. 16.182, em 31.5.1994.

[423] STF, RE 497.554-PR, Rel. Min. RICARDO LEWANDOWSKI, em 27.4.2010.

[424] HELY LOPES MEIRELLES, ob. cit., p. 390.

624 | MANUAL DE DIREITO ADMINISTRATIVO • *Carvalho Filho*

interesses, o escamoteamento de vencimentos, a simulação da natureza das parcelas estipendiais, a imoralidade administrativa, tudo enfim acaba por acarretar uma confusão sem limites, gerando uma infinidade de soluções diversas para casos iguais e uma só solução para hipóteses diferentes. Vejamos o sistema normativo constitucional a respeito.

Remuneração é o montante percebido pelo servidor público a título de vencimentos e de vantagens pecuniárias. É, portanto, o somatório das várias parcelas pecuniárias a que faz jus, em decorrência de sua situação funcional. A Lei nº 8.112/1990, que é o estatuto federal, define a remuneração como a soma do vencimento do cargo e das vantagens *permanentes*. Em nosso entender, o legislador não primou pela boa técnica. O fato de ser permanente ou transitória a vantagem pecuniária não a descaracteriza como parcela remuneratória. Assim, por exemplo, se um servidor percebe por apenas dois meses uma gratificação de difícil acesso, que não é vantagem permanente, nesse período essa parcela integrou sua remuneração.

8.1.1. *Remuneração Básica*

A remuneração básica consiste na importância correspondente ao cargo ou ao emprego do servidor. Cuida-se do núcleo remuneratório. A ele podem, ou não, ser acrescidas outras parcelas.

Vencimento é a retribuição pecuniária que o servidor percebe pelo exercício de seu cargo, conforme a correta conceituação prevista no estatuto funcional federal (art. 40, Lei nº 8.112/1990).[425] Emprega-se, ainda, no mesmo sentido *vencimento-base* ou *vencimento-padrão*. Essa retribuição se relaciona diretamente com o cargo ocupado pelo servidor: todo cargo tem seu vencimento previamente estipulado.

O substrato fático do vencimento é, como regra, o *exercício das funções* relativas ao cargo, embora haja situações especiais em que o servidor faz jus à remuneração sem exercer funções (férias, licenças para tratamento de saúde etc.). Se a nomeação vier a ser anulada, o vencimento se converte em indenização pelo trabalho executado, não tendo o ex-servidor o dever de devolução de tais parcelas.[426] Caso o servidor pleiteie a remuneração do seu cargo, cabe à Administração comprovar que não houve o exercício, pois que esse será o fato impeditivo, modificativo ou extintivo do direito do autor.[427]

A fixação do valor da remuneração dos servidores demanda a edição de *lei*, como afirmado peremptoriamente no art. 37, X, da Constituição, observada a iniciativa privativa em cada caso. No caso dos servidores do Executivo, a iniciativa compete ao Chefe desse Poder, como estabelece o art. 61, § 1º, II, "a", da CF. Para os membros e servidores do Judiciário, a iniciativa é dos Tribunais (art. 96, II, "b", CF), e para os do Ministério Público é do respectivo Procurador-Geral (art. 127, § 2º, CF). Note-se, por oportuno, que a preservação da iniciativa reservada implica também vedação a que o Legislativo apresente emenda que acarrete aumento de despesa aos respectivos projetos.[428] Não havia anteriormente exigência de lei para a fixação dos vencimentos dos cargos administrativos do Legislativo, mas a EC nº 19/1998, alterando os arts. 51, IV e 52, XIII, da CF, passou a exigir lei para tal fim, conferindo a cada Casa Legislativa, no entanto, o poder de iniciativa. Sem *lei formal*, o reajuste se afigura inconstitucional.

Pela EC nº 19/1998, que traçou as regras gerais pertinentes à reforma administrativa do Estado, passou a ser denominada de *"subsídio"* a remuneração do membro de Poder, do

---

[425] O termo correto é mesmo *vencimento*. No entanto, emprega-se, como sinônimo, o termo no plural – *vencimentos*. Este último termo, a nosso ver, deveria significar *remuneração*, ou seja, tudo o que o servidor *vence* ou percebe.

[426] Bem decidiu o STJ no REsp 575.551, j. 6.2.2007.

[427] STJ AgRg no AREsp 116.481, Rel. Min. ARNALDO LIMA, em 4.12.2012.

[428] STF, ADI 4.433/SC, Rel. Min. ELLEN GRACIE, em 6.10.2010.

Cap. 11 · SERVIDORES PÚBLICOS | 625

detentor de cargo eletivo, dos Ministros de Estado e dos Secretários Estaduais e Municipais, conforme a nova redação do art. 39, § 4º, da CF, bem como a remuneração dos membros do Ministério Público (art. 128, § 5º, I, "c", da CF) e dos integrantes da Defensoria Pública e da Advocacia Pública, incluindo-se nesta as Procuradorias dos Estados e do Distrito Federal (art. 135 c/c arts. 131 e 133, o primeiro com remissão ao art. 39, § 4º). Pairou certa dúvida sobre a situação dos procuradores municipais, mas prevaleceu o entendimento – correto a nosso ver – de que, ausente qualquer distinção, o termo "procuradores" contido no art. 37, XI, da CF, tem sentido amplo e inclui aquela categoria.[429] Da mesma forma, aplica-se tal tipo de remuneração aos servidores policiais integrantes das polícias mencionadas no art. 144, I a V, da CF, como enunciado no art. 144, § 9º, da Carta política.

De acordo com o referido mandamento, duas são as características do subsídio: em primeiro lugar, deve *observar o teto remuneratório* fixado no art. 37, XI; além disso, deve ser estabelecido em *parcela única*, sendo, portanto, vedado o acréscimo de algumas vantagens pecuniárias, como gratificações, adicionais, abonos, prêmios, verbas de representação e outras de caráter remuneratório. A norma, entretanto, tem sido interpretada com temperamentos, ocasionando algumas dúvidas quanto à sua legitimidade, como veremos adiante no tópico relativo ao teto remuneratório. Já se decidiu que funções situadas fora do "conteúdo ocupacional" do cargo podem ensejar a percepção de vantagem pecuniária, o que, na prática, significa o descarte da exigência de o subsídio ser pago em parcela única, já que tais funções podem gerar adicionais e gratificações.[430]

Aliás, não custa lembrar que o próprio art. 39, § 4º, da CF, não pode ser interpretado de forma literal, mas sim em conjugação com o § 3º do mesmo artigo, que manda aplicar aos servidores vários direitos concedidos aos trabalhadores da iniciativa privada, entre eles o adicional de férias, o décimo terceiro salário, o acréscimo de horas extraordinárias, o adicional de trabalho noturno etc. São direitos sociais que não podem ser postergados pela Administração. Por conseguinte, é induvidoso que algumas situações ensejarão acréscimo pecuniário à dita *"parcela única"*.[431] A propósito, já se decidiu cabível a percepção de subsídio com gratificação especial paga por função excepcional.[432] Na verdade, a vedação alcança aquelas vantagens pecuniárias rotineiras pagas a todos os servidores no regime comum de vencimentos.

A fixação dos subsídios dos Deputados e Senadores, bem como do Presidente, do Vice--Presidente e dos Ministros de Estado continua a ser da competência exclusiva do Congresso, como consta do texto atual do art. 49, VII e VIII, também alterado pela citada Emenda. Por ser exclusiva a competência, e dispensável a sanção do Presidente, o ato de fixação remuneratória não será a lei, mas ato interno do Congresso (decreto legislativo).[433] O STF, porém, entendeu exigível lei formal em face do princípio da reserva legal – argumento, a nosso ver, inconsistente, já que se trata de prerrogativa constitucional.[434] Os subsídios dos Ministros do Supremo Tribunal Federal, entretanto, devem ser fixados *por lei*, como previsto no art. 48, XV, da CF, com a redação da EC nº 41/2003, cuja iniciativa será da competência do mesmo Tribunal, cabendo aos Tribunais Superiores e aos Tribunais de Justiça a iniciativa da lei que fixa a remuneração de seus membros, como consigna o art. 96, II, "b", da CF, também com a redação da citada EC

---

[429] STF, RE 663.696, j. 28.2.2019.

[430] STF, ADI 4.941, j. 14.8.2019.

[431] Com o mesmo pensamento, ODETE MEDAUAR, *Direito administrativo moderno*, cit., 8. ed., 2004, p. 322.

[432] STF, ADI 4.941, j. 14.8.2019.

[433] Algumas casas legislativas empregam a *Resolução*. Na prática, ambos são atos privativos dos órgão legislativos e sua linha diferencial é fluida e polêmica, como se constata pela opinião dos especialistas.

[434] STF, ADI 6.437. j. 28.5.2021.

n° 41/2003. Na verdade, a referida lei (que veio a ser editada posteriormente) foi contemplada como sendo o pressuposto necessário à implantação do sistema de subsídios, como, aliás, já havia sido definido pelo Supremo Tribunal Federal.[435]

Impõe-se destacar, neste passo, que é inconstitucional a norma que assegure *subsídio vitalício* a ex-titulares de cargos eletivos, ainda que com a falsa denominação de *representação*. A uma, porque há ausência de remuneração básica à qual se possa somar tal parcela; a duas, porque esta não se enquadra como pensão previdenciária, só concedida a dependentes do agente por sua morte (art. 40, § 7°, CF); e a três, porque não se cuida de pensão civil, cujo fato gerador é alguma lesão ou outra ofensa à saúde (art. 949, Código Civil). Tal concessão representa, por via oblíqua, verdadeiro pagamento sem causa.[436]

Quanto ao valor mínimo de retribuição, a vigente Constituição oferece aos servidores públicos a mesma garantia atribuída aos empregados em geral: nenhuma remuneração pode ser inferior ao salário mínimo (art. 7°, IV c/c art. 39, § 3°, CF). Para o valor mínimo, considera-se o total da *remuneração*, e não o *vencimento* do cargo em si: assim, pode este ser inferior àquele valor, mas se lhe acrescerá parcela pecuniária (*abono*) para ser alcançada a remuneração mínima. Portanto, salário mínimo para o servidor indica a sua remuneração mínima.[437]

Por exceção, considera-se legítima a fixação de remuneração inferior ao salário mínimo para as praças no início de sua prestação do serviço militar. Constitui fundamento o fato de não ter sido incluído, no rol das garantias dispensadas aos servidores militares, o citado inciso IV do art. 7° (art. 142, § 3°, VIII, CF), de onde se pode inferir a aplicabilidade de disciplina especial.[438]

Vale a pena insistir na importante alteração introduzida nos arts. 51, IV, e 52, XIII, da CF. Pelo texto atual, permitir-se-á que a Câmara dos Deputados e o Senado Federal tenham a competência apenas *para a iniciativa da lei* visando à fixação da remuneração *de seus servidores*, eliminando-se, assim, a prerrogativa originalmente contemplada nos referidos dispositivos. Aliás, na nova redação do art. 37, X, da CF, o texto é claro e peremptório ao exigir que a remuneração de servidores e o subsídio de alguns desses agentes especiais (membros de Poder, titulares de cargo eletivo, Ministros de Estado e Secretários Estaduais e Municipais) *somente possam efetuar-se por lei específica.*

No caso de *servidor trabalhista,* sua remuneração básica é o *salário,* pago pelo empregador como contraprestação do serviço, como define o art. 457 da CLT, embora por vezes seja adotada erroneamente denominação diversa. Como Estado e servidor celebram contrato de trabalho, de caráter oneroso e sinalagmático, a prestação do serviço pelo servidor empregado e a sua retribuição pelo salário figuram como elementos essenciais do negócio.[439]

A remuneração dos servidores públicos sujeita-se ao princípio da publicidade, de modo que a divulgação de seus nomes e respectivos vencimentos e vantagens pecuniárias no sítio da entidade pagadora nada mais revela do que a necessidade de transparência das informações públicas, acessíveis a todos os cidadãos. Essa é a característica do Estado democrático, que não comporta sigilo das coisas públicas e, por isso, não há ensejo para o direito à privacidade, a despeito da tendência geral de encobrir a todo custo tais informações.[440]

---

[435] STF, ADI (MC) 2.648, j. 29.8.2002.

[436] Nesse exato (e correto) sentido, STF, ADI 4.552, em 9.4.2015.

[437] STF, Súmula Vinculante 16.

[438] STF, Súmula Vinculante 6 (texto ao final do capítulo).

[439] O ensinamento é de DÉLIO MARANHÃO, *Direito do Trabalho*, FGV, 11. ed., 1983, p. 55.

[440] Também: STF, ARE 652.777, Min. TEORI ZAVASCKI, em 23.4.2015.

Cap. 11 • SERVIDORES PÚBLICOS | 627

8.1.2. Vantagens Pecuniárias

Vantagens pecuniárias são as parcelas pecuniárias acrescidas ao vencimento-base em decorrência de uma situação fática previamente estabelecida na norma jurídica pertinente. Toda vantagem pecuniária reclama a consumação de certo fato, que proporciona o direito à sua percepção. Presente a situação fática prevista na norma, fica assegurado ao servidor o direito subjetivo a receber o valor correspondente à vantagem. Esses fatos podem ser das mais diversas ordens: desempenho das funções por certo tempo; natureza especial da função; grau de escolaridade; funções exercidas em gabinetes de chefia; trabalho em condições anormais de dificuldades etc.

As vantagens pecuniárias integram a remuneração global e devem ser instituídas por *lei*, já que sua criação ultrapassa a competência meramente administrativa. Não tem sido raro, no entanto, encontrar, em diversas esferas, vantagens criadas por atos administrativos normativos, como decretos, resoluções, portarias e atos congêneres. Tais atos são inconstitucionais por invadir a seara do Legislativo e, por isso, desafiam anulação.[441]

São vantagens pecuniárias, entre outras, os *adicionais* e as *gratificações*. HELY LOPES MEIRELLES buscou distinguir essas duas espécies de retribuição: *"O que caracteriza o adicional e o distingue da gratificação é ser aquele uma recompensa ao tempo de serviço do servidor, ou uma retribuição pelo desempenho de funções especiais que refogem da rotina burocrática, e esta, uma compensação por serviços comuns executados em condições anormais para o servidor, ou uma ajuda pessoal em face de certas situações que agravam o orçamento do servidor."*[442]

A despeito da distinção, a verdade é que, na prática, não tem sido ela adotada nos infinitos diplomas que tratam da matéria. De fato, seria razoável distinguir essas vantagens considerando que os adicionais se referem à especificidade da função, ao passo que as gratificações têm relação com a especificidade da situação fática de exercício da função. Entendemos, não obstante, que atualmente não mais prevalece a distinção, razão por que nos parece que o fator mais importante é o que leva em conta que as vantagens pecuniárias pressupõem sempre a ocorrência de um suporte fático específico para gerar o direito a sua percepção. Será, pois, irrelevante que a vantagem relativa ao tempo de serviço seja denominada de adicional de tempo de serviço ou de gratificação de tempo de serviço; de adicional de insalubridade ou de gratificação de insalubridade; de adicional ou de gratificação de nível universitário. O que vai importar é a verificação, na norma pertinente, do fato que gera o direito à percepção da vantagem. Se o fato gerador for inverídico, a vantagem nele fundada tem vício de legalidade. Como exemplo, o adicional de férias para inativos.[443]

Dependendo do estatuto funcional, outras vantagens podem ser previstas, como é o caso de *abonos, prêmios, verbas de representação, parcelas compensatórias, direito pessoal* e outras da mesma natureza. Todas essas têm caráter *remuneratório*, ou seja, incluem-se entre os ganhos do servidor. Tais parcelas, conquanto indiquem vantagem pecuniária, não se confundem com aquelas que espelham natureza *indenizatória*, servindo para compensar gastos efetuados pelo servidor. Como exemplos, o auxílio-transporte, a ajuda de custo para mudança, o auxílio-alimentação, as diárias e outras vantagens similares. Como não constituem propriamente rendimentos, sobre elas não podem incidir o imposto de renda nem a contribuição previdenciária. O valor relativo a horas extraordinárias, porém, caracteriza-se como remuneratório e, por isso, sujeita-se à referida incidência tributária (Súmula 463, STJ).[444]

---

[441] STF, ADI 1.776, Min. DIAS TOFFOLI, em 4.9.2014. No caso, a Corte declarou inconstitucional ato normativo editado pela Presidência do STJ, que instituía determinada gratificação aos servidores.

[442] Ob. cit., p. 405 (grifo nosso).

[443] STF, ADI 1.158, j. 20.8.2014 (inconstitucionalidade de lei do Amazonas, que previa o benefício).

[444] Vide Súmula 463, STJ.

628 | MANUAL DE DIREITO ADMINISTRATIVO • *Carvalho Filho*

A verdade é que tem havido divergências (algumas injustificáveis) quanto à natureza remuneratória ou indenizatória da parcela pecuniária. Para exemplificar, o chamado *abono* (ou *gratificação*) de férias, previsto no art. 7º, XVII, da CF, apesar de algumas vozes em contrário (a nosso ver inteiramente equivocadas), constitui parcela de evidente natureza remuneratória, já que compõe, no mês de férias, uma remuneração diferenciada e mais elevada, de cunho social, de modo que sobre ela devem incidir normalmente os respectivos tributos e contribuições. O *auxílio-alimentação*, como regra, é claramente parcela indenizatória, de modo que, se assim é, não deve ser paga nas férias; sendo paga de forma diversa, simulará verdadeira remuneração, incompatível com o caráter do auxílio.[445]

Adite-se, no entanto, que referidas vantagens pecuniárias, quando remuneratórias, não podem ser acrescidas à remuneração que a Constituição passou a qualificar como *subsídio*. Com efeito, de acordo com o art. 39, § 4º, da CF, introduzido pela EC nº 19/1998, a remuneração pelo sistema de subsídios é fixada em parcela única, sendo, por conseguinte, vedada a percepção de acréscimos de qualquer natureza, como adicionais, gratificações, abonos, prêmios, verbas de representação e outros do mesmo gênero. Significa dizer que toda remuneração percebida, em várias parcelas, pelos agentes incluídos no sistema de subsídios deverá futuramente ser transformada em parcela única, sempre obedecido o teto remuneratório previsto no art. 37, X e XI, da CF.

No caótico sistema remuneratório que reina na maioria das Administrações, é comum encontrar-se, ao lado do vencimento-base do cargo, parcela da remuneração global com a nomenclatura de *gratificação* ou de *adicional*, que, na verdade, nada mais constitui do que parcela de acréscimo do vencimento, estabelecida de modo simulado. As verdadeiras gratificações e adicionais caracterizam-se por terem pressupostos certos e específicos e, por isso mesmo, são pagas somente aos servidores que os preenchem. As demais são vencimentos disfarçados sob a capa de vantagens pecuniárias, beneficiando a generalidade dos servidores e até mesmo aposentados, sem que haja qualquer pressuposto específico.[446] A jurisprudência indica que tal situação reflete verdadeiro aumento de vencimentos por via oblíqua.[447] Em outras palavras, cuida-se de vantagens pecuniárias que têm o título de gratificação, mas, na verdade, retratam parcelas incluídas no próprio vencimento do cargo. Imaginem-se tais distorções nas milhares de entidades componentes de nossa federação... Exemplo de gratificação simulada é o *auxílio-moradia*, paga genericamente a magistrados e membros do MP e do Legislativo, entre outros, a qual tem evidente feição *remuneratória*.

Algumas leis estatutárias funcionais preveem o sistema de *estabilização financeira*, concretizado pelo instituto da *incorporação* (também denominada de *agregação* ou *apostilamento*), pelo qual o servidor agrega ao vencimento-base de seu cargo efetivo determinado valor normalmente derivado da percepção contínua, por período preestabelecido, de certa vantagem pecuniária ou decorrente do provimento em cargo em comissão. Exemplifique-se com a hipótese em que o servidor incorpora o valor correspondente a 50% do vencimento de cargo em comissão, se nele permanecer dez anos ininterruptamente. Ou com a incorporação do valor correspondente a certa gratificação funcional se esta for percebida no mínimo por cinco anos. Seja como for, esse valor incorporado terá a natureza jurídica de vantagem pecuniária, por ser diverso da importância percebida em razão do cargo, mas, em última análise, reflete verdadeiro acréscimo na remuneração do servidor por seu caráter de permanência.

Consumado o fato que a lei definiu como gerador da incorporação, o valor incorporado constituirá direito adquirido do servidor, sendo, portanto, insuscetível de supressão posterior

---

[445] *Contra*: STJ, REsp 1.360.774, j. 18.6.2013 (decisão da qual discordamos, com a devida vênia).

[446] TJ-RJ, MS 870/1998, DO 23.3.1999 ("gratificação de encargos especiais").

[447] STF, AI 437.175, j. 12.8.2003, e STJ, AgRg no REsp 1.372.058, j. 4.2.2014.

Cap. 11 • SERVIDORES PÚBLICOS | 629

pela Administração. O necessário, sem dúvida, é que a lei funcional demarque, com exatidão e em cada caso, qual a situação fática que, consumada, vai propiciar a incorporação; ocorrida a situação, o servidor faz jus à agregação do valor a seu vencimento-base.[448] Não havendo lei que contemple de forma expressa a incorporação, o servidor não tem direito a esse tipo de vantagem.[449]

Deve consignar-se, por oportuno, que a parcela incorporada só constitui direito do titular enquanto sujeito ao regime jurídico dentro do qual se operou a incorporação. Se o servidor ingressa em outro regime jurídico, não faz jus à percepção da aludida parcela, a menos que haja previsão expressa do estatuto em sentido contrário. O fundamento reside no postulado, pacificamente reconhecido (e já comentado anteriormente), segundo o qual inexiste direito adquirido a regime jurídico.[450]

A despeito de muito empregado por vários entes públicos, o sistema de incorporação, que, de fato, já gerou inúmeras distorções, foi alterado pela Constituição. Com efeito, o § 9º do art. 39 da CF, incluído pela EC nº 103/2019, passou a vedar a incorporação de vantagens de natureza temporária ou atreladas ao exercício de função de confiança ou de cargo em comissão à remuneração do cargo efetivo. Portanto, a temporariedade não mais se converterá em definitividade. Todavia, ficam excluídas da vedação as incorporações já efetivadas antes da vigência da referida Emenda (art. 13, EC nº 103/2019). Resguardou-se, no caso, em favor dos servidores, a situação definitivamente constituída antes da norma constitucional modificadora.

As vantagens pecuniárias devem ser acrescidas tomando como base o vencimento do cargo. Não podem os acréscimos pecuniários ser computados nem acumulados para o efeito da percepção de outros acréscimos. Essa foi (e ainda é em alguns casos) uma prática constante empregada na Administração, denominada de *efeito cascata*, e que gera evidentes distorções no sistema remuneratório. A Constituição coíbe essa prática no art. 37, XIV, com a redação dada pela EC nº 19/1998, ainda que o acréscimo tenha o mesmo título ou fundamento.

Depois de algumas hesitações nos Tribunais, pacificou-se o entendimento de que o cálculo de gratificações e outras vantagens pecuniárias *não incide sobre o abono* que serve para complementar o vencimento do servidor a fim de alcançar o valor do salário mínimo – o qual, como visto, considera a remuneração do servidor, e não seu vencimento-base.[451] Em nosso entender, essa não foi a melhor decisão. Se o referido abono é parcela remuneratória necessária para alcançar o salário (remuneração) e mínimo do servidor, a remuneração final é que deveria constituir a base de cálculo para a incidência das vantagens pecuniárias, e não apenas o valor do vencimento-base, inferior ao salário mínimo constitucional. A orientação, como se pode inferir, prejudica justamente os servidores de menor padrão remuneratório, o que espelha flagrante injustiça.

Malgrado possa haver reajuste do valor atribuído às vantagens pecuniárias, já se pacificou o entendimento de que, ressalvados os casos previstos na Constituição, é vedado adotar-se o salário mínimo como indexador de base de cálculo das referidas parcelas, quando percebidas pelos servidores públicos (e também pelos empregados em geral). Assim, por exemplo, não pode a lei fixar que o adicional de insalubridade (ou qualquer outro adicional) tenha como base de cálculo dois salários mínimos, nem que seja reajustado com base na elevação do salário mínimo.[452] Por outro lado, é também vedado que o Judiciário profira decisão com o objetivo

---

448 STF, RE 563.965, j. 11.2.2009. Também: TJ-RJ, ApCiv 12.916, j. 25.5.2010.
449 Nesse sentido, STJ, RMS 22.996, Min. LAURITA VAZ, em 25.11.2010.
450 STF, AI 410.946, AgR, j. 17.3.2010.
451 STF, Súmula Vinculante 15.
452 STF, RE 565.714-SP, Rel. Min. CÁRMEN LÚCIA, em 30.4.2008.

630 | MANUAL DE DIREITO ADMINISTRATIVO • Carvalho Filho

de substituir o aludido indexador, já que, por linha transversa, estaria criando vantagem sem fundamento legal.[453]

Embora a questão remuneratória esteja, em regra, afeta a cada ente federativo, por força de sua autonomia, assegura-se, em situações excepcionais, *remuneração mínima* para *todos os servidores públicos* de determinada categoria. Com lastro no art. 60, III, "e", do ADCT da Constituição, a Lei nº 11.738, de 16.7.2008, ao regulamentar o dispositivo, fixou *piso salarial profissional* para os *profissionais do magistério público da educação básica*, independentemente do regime jurídico sob cuja égide exerçam suas funções. A implementação do sistema será gradativa, mas a fixação do referido piso obriga a União, Estados, Distrito Federal e Municípios. Em outras palavras, nenhum cargo ou emprego público poderá ter remuneração inferior à fixada para o piso salarial. Alguns entes públicos têm sustentado haver inconstitucionalidade na fixação do piso, sob a alegação de que a matéria é reservada à lei de iniciativa do Executivo (art. 61, § 1º, II, CF) e que haveria ofensa ao pacto federativo em virtude de a lei ser federal (arts. 1º, 25 e 60, § 4º, I, CF). Não nos parece correta a impugnação, pois que a citada lei teve por base dispositivo constitucional (art. 60, III, "e", ADCT da CF), no qual se previu *piso nacional*, cabendo, pois, à lei federal (no caso, de *caráter nacional*) regular a matéria.[454]

No caso de vantagens pecuniárias de caráter alimentar, a *prescrição* da pretensão do servidor consuma-se no prazo de 5 anos, conforme estabelece o art. 1º do Decreto nº 20.910/1932, e não de 2 anos, como prevê o art. 206, § 2º, do Código Civil. Este último prazo refere-se à prestação alimentar no campo do direito privado, diferentemente do primeiro, aplicável às relações de direito público.[455] Todavia, se a Administração, após o prazo prescricional, reconhece débito de valores em favor do servidor, considera-se o ato como renúncia à prescrição; em consequência, o prazo desta flui a partir do ato de reconhecimento.[456]

8.2. Revisão Remuneratória

A Constituição assegura aos servidores públicos, no art. 37, X, o direito à revisão de sua remuneração. O dispositivo, aliás, contém impropriedade técnica ao referir-se *"à remuneração dos servidores públicos e ao subsídio de que trata o art. 39, § 4º [...]"*, parecendo considerar o subsídio coisa diversa da remuneração, quando nenhuma dúvida existe de que o subsídio é uma das espécies de remuneração. A leitura correta, pois, do mandamento deve ser no sentido de que a revisão incidirá *na remuneração básica* dos servidores e agentes públicos.

A revisão remuneratória pressupõe alguns requisitos particulares.

O primeiro é o *requisito formal*, segundo o qual é exigível lei específica para sua efetivação. Depois, temos o *requisito da generalidade*, indicativo de que a revisão deverá ser geral, processando-se de forma ampla, em ordem a alcançar o universo integral dos servidores, incluindo-se aí os servidores do Poder Legislativo, do Judiciário e do Ministério Público. Pelo *requisito da anualidade*, a revisão deverá ter periodicidade de um ano. Em relação a este requisito, cabe a cada ente federativo fixar o momento dentro do ano em que se dará a revisão. A anualidade é a periodicidade mínima, de onde se infere que nada obsta a que a periodicidade seja menor. Finalmente, impõe-se a presença do *requisito isonômico*, pelo qual se exige que sejam idênticos os índices revisionais.

---

[453] STF, Súmula Vinculante 4, de 2008.

[454] STF, ADI 4.167, j. 17.12.2008 (denegada medida cautelar suspensiva).

[455] Também: STJ AgRg no AREsp 231.635, Min. CASTRO MEIRA, em 23.10.2012.

[456] STJ, AREsp 51.586, Min. BENEDITO GONÇALVES, em 13.11.2012.

Na Administração Federal, o diploma que regulamenta o art. 37, X, da CF, é a Lei nº 10.331, de 18.12.2001. Nela foi previsto o mês de janeiro para a revisão, estendida também a proventos e pensões. Tornar-se-á necessário, contudo, observar algumas condições: (a) definição do índice em lei específica; (b) previsão na Lei de Diretrizes Orçamentárias; (c) previsão da despesa e indicação das fontes de custeio; (d) disponibilidade financeira, sem interferência nos compromissos assumidos em áreas prioritárias de interesse econômico e social; (e) respeito aos limites com despesas de pessoal registrados na legislação pertinente (art. 169, CF, e Lei Complementar 101/2000);[457] (f) adequação do índice à evolução nominal e real das remunerações no mercado de trabalho. Estados, Distrito Federal e Municípios também deverão editar suas respectivas leis, já que o mandamento constitucional é extensivo a todos os entes federativos.

No que concerne ao realinhamento da remuneração dos servidores, cumpre distinguir a *revisão geral* da *revisão específica*. Aquela retrata um reajustamento genérico, calcado fundamentalmente na perda de poder aquisitivo do servidor em decorrência do processo inflacionário; esta atinge apenas determinados cargos e carreiras, considerando-se a remuneração paga às respectivas funções no mercado comum de trabalho, para o fim de ser evitada defasagem mais profunda entre as remunerações do servidor público e do empregado privado. São, portanto, formas diversas de revisão e apoiadas em fundamentos diversos e inconfundíveis.

Por esse motivo, causa estranheza que a citada Lei nº 10.331 determine sejam deduzidos da revisão os percentuais concedidos no exercício anterior a título de reorganização ou reestruturação de cargos e carreiras. Ora, se tais fatos administrativos visaram a carreiras e cargos determinados, espelharam revisão específica para os respectivos servidores, e esse tipo de revisão, numa análise lógica, não poderia subsumir-se no índice aplicado na revisão geral. Infere-se que tal dedução, em última análise, acabará por reduzir ou tornar sem efeito a revisão específica. O art. 3º da lei refere-se a outras hipóteses de dedução, como a concessão de gratificações e adicionais, adiantamentos e outras vantagens pecuniárias. Em relação a tais parcelas, a dedução, em tese, é razoável, quando significarem elevação remuneratória. Nossa crítica, porém, é focada especificamente na dedução de índices aplicados a título de revisão específica, ou seja, aquela atrelada a cargo ou carreira determinados.

A distinção entre *revisão geral* e *revisão específica* tem relevância também no que diz respeito à *iniciativa da lei* que tiver tais objetivos. Tratando-se de *revisão geral*, a iniciativa da lei compete ao Presidente da República e aos demais Chefes do Executivo, conforme estabelecem os arts. 37, X e 61, § 1º, II, "a", da CF.[458] As *revisões específicas*, porém, dependem de lei cuja iniciativa compete à autoridade dirigente em cada Poder, dispondo em tal sentido o mesmo art. 37, X, da CF; nessa hipótese, por conseguinte, não se aplica o citado art. 61, § 1º, que trata da iniciativa privativa do Presidente da República. Nesse aspecto, o STF julgou constitucionais as Leis nºs 11.169/05 e 11.170/05, de iniciativa, respectivamente, da Câmara dos Deputados e do Senado, que, com base nos arts. 51, IV, e 52, XIII, da CF, concederam revisão remuneratória específica aos servidores dessas Casas legislativas..[459]

Registre-se, ainda, que a revisão remuneratória constitui direito dos servidores e dever inarredável por parte dos governos de todas as entidades da federação. A ausência de lei disciplinadora da revisão estampa *inconstitucionalidade por omissão*, que suscita a possibilidade de o Judiciário declará-la e de dar ciência aos órgãos omissos sobre a falta de cumprimento do dever constitucional. O STF já teve a oportunidade de declarar a inconstitucionalidade por omissão

---

[457] Art. 169 da CF e Lei Complementar nº 101, de 4.5.2000 – a Lei de Responsabilidade na gestão fiscal.
[458] STF, ADIs 3.543 e 3.538, j. 22.5.2020.
[459] STF, ADI 3.599, j. 21.5.2007.

632 | MANUAL DE DIREITO ADMINISTRATIVO • *Carvalho Filho*

de vários governadores de Estados e do Distrito Federal, em virtude de não terem deflagrado o processo legislativo sobre a matéria, como lhes incumbe a Constituição.[460]

Em evidente guinada quanto a essa interpretação, a mais alta Corte reviu parcialmente a matéria e considerou que o art. 37, X, da CF não estampa direito subjetivo dos servidores à revisão remuneratória, cabendo, entretanto, ao Poder Executivo pronunciar-se clara e justificadamente sobre a ausência de proposta da lei revisional. Entendeu-se que o termo *"revisão"* no texto constitucional importa avaliação anual por parte do Governo, a qual pode resultar, ou não, em concessão de aumento. Em outra vertente, a revisão não terá que obedecer necessariamente a índices inflacionários. O engessamento do Governo, no caso, deixaria de levar em conta circunstâncias políticas, econômicas e sociais impeditivas de aumento para os servidores. Consequentemente, não há direito dos servidores a indenização no caso em que o Executivo deixar de remeter a proposta de revisão.[461]

Não obstante, o procedimento de revisão de vencimentos tem caráter eminentemente administrativo. Assim, é vedado que o Poder Judiciário determine o *aumento de remuneração* dos servidores, ainda que a pretexto de isonomia; se o fizesse, estaria ingerindo, de forma indevida, na área reservada à Administração Pública e ao Legislativo. Não cabe, por conseguinte, formular pretensões judiciais com esse objetivo.[462] Sobre o tema, aliás, já se pacificou a jurisprudência.[463]

Quanto ao índice de reajuste, o STF advogou o entendimento de que se revela inconstitucional a lei municipal que estabelece o reajuste automático de servidores municipais pela variação do IPC, fundando-se o Tribunal na ofensa ao princípio da autonomia do Município, prevista no art. 18 da CF.[464] Em nosso entendimento, contudo, o problema se situa no reajuste *automático* por índice fixado pelo Governo Federal. Daí, nada impede que, *em cada período anual*, o Município possa fundar seu dever revisional na variação adotada por índices oficiais fixados por entidade federativa diversa. Nesse caso, nenhuma inconstitucionalidade pode ser imputada à lei revisora de remuneração, porquanto terá sido plenamente assegurada a autonomia municipal, consubstanciada exatamente na possibilidade de opção pelo índice de reajuste mais adequado.

Tal interpretação parece emanar da orientação segundo a qual há inconstitucionalidade no caso de vinculação do reajuste de vencimentos de servidores estaduais ou municipais a índices federais de correção monetária.[465] A inconstitucionalidade reside, em nosso entender, na circunstância de Estados e Municípios estarem *automática e permanentemente* atrelados aos índices federais de correção,[466] mas nenhum vício existirá se se tratar de *adoção eventual* de um desses índices para proporcionar a reposição de perdas inflacionárias em favor dos servidores. É exatamente nesse ponto, aliás, que se concentra o poder discricionário dos entes estaduais e municipais para estabelecer o índice de revisão dos vencimentos. Interpretação diversa conduziria à conclusão de que Estados e Municípios *jamais* poderiam utilizar índice adotado na esfera federal, o que seria rematado absurdo.

Conquanto não haja previsão do índice a ser adotado para a revisão remuneratória, parece-nos que o Poder Público não tem inteira discricionariedade de fixar aquele que lhe convenha; a ser assim, tal decisão poderia tornar ineficaz o mandamento constitucional. Deve

---

[460] STF, ADIs 2.061, 2.481, 2.486, 2.490, 2.492 e 2.525.

[461] STF, RE 565.089, j. 25.9.2019, com 4 votos vencidos.

[462] STF, AgR-AI 698.138-RS, Rel. Min. CELSO DE MELLO, *DJ* 6.2.2009.

[463] STF, Súmula Vinculante 37, de 2014. Também: RE 592.317, j. 28.8.2014.

[464] RE 247.387-GO, Rel. Min. NÉRI DA SILVEIRA, julg. em 20.2.2002 (*Informativo STF* nº 257, fev. 2002).

[465] STF, Súmula Vinculante nº 42 (2015), antiga Súmula 681.

[466] STF, AC 2.228, em 10.3.2009. Também: STF, ADI 5.584, j. 3.12.2021.

Cap. 11 · SERVIDORES PÚBLICOS | 633

ser aplicado o *índice oficial* e, se mais de um houver, aquele que retrate o escopo da norma, isto é, que proceda à recomposição remuneratória e restabeleça o poder aquisitivo do servidor.[467]

8.3. Irredutibilidade

A garantia da irredutibilidade de vencimentos tradicionalmente constituiu prerrogativa dos magistrados e membros dos Tribunais de Contas, e até hoje a garantia subsiste, ao lado da vitaliciedade e da inamovibilidade (arts. 93, I a III, e 73, § 3º, da CF).

A Constituição de 1988, no art. 37, inc. XV, dando uma guinada de 180 graus em relação ao entendimento então dominante no Direito Administrativo, que consistia em admitir-se a redução de vencimentos de servidores sujeitos ao regime estatutário, estendeu a mesma garantia aos servidores públicos em geral, sejam eles sujeitos ao regime estatutário (cargos públicos), sejam regidos pela legislação trabalhista (emprego público). A garantia estende-se também a cargos em comissão e funções gratificadas, como acertadamente já decidiu o STF.[468]

Entretanto, como bem assinalam alguns estudiosos, enquanto a prerrogativa da irredutibilidade de vencimentos dos magistrados tinha como razão inspiradora a garantia de desempenho imparcial e independente de sua função específica – a função jurisdicional –, não foi certamente essa a razão que mobilizou o Constituinte a estendê-la a todos os servidores, e do modo como foi outorgada configura-se efetivamente como mero benefício de ordem pessoal, mais inerente à pessoa do servidor do que à função que desempenha.[469] Desse modo, pode hoje afirmar-se que a irredutibilidade nem mais representa uma prerrogativa. De garantia peculiar atribuída a categorias especiais de agentes públicos passou a indicar direito funcional genérico de todos os servidores permanentes.

O sentido da irredutibilidade, porém, não é absoluto. Protege-se o servidor apenas contra a *redução direta* de seus vencimentos, isto é, contra a lei ou qualquer outro ato que pretenda atribuir ao cargo ou à função decorrente de emprego público importância inferior à que já estava fixada ou fora contratada anteriormente. Contudo, os Tribunais já se pacificaram no sentido de que não há proteção contra a *redução indireta*, assim considerada aquela em que: (1) o vencimento não acompanha *pari passu* o índice inflacionário; ou (2) o vencimento nominal sofre redução em virtude da incidência de impostos. Nessa linha, aliás, o art. 37, XV, da CF ressalva expressamente os arts. 150, II, 153, III, e 153, § 2º, I, que retratam, respectivamente, o princípio da igualdade dos contribuintes, a incidência do imposto sobre a renda e proventos de qualquer natureza e os critérios da generalidade, universalidade e progressividade, inerentes ao referido tributo.

A leitura da regra constitucional, por outro lado, deve levar em consideração o vencimento básico do cargo, o salário contratado e as parcelas incorporadas, que passam, na verdade, a integrar a parcela básica. Não se incluem, todavia, na garantia da irredutibilidade os adicionais e as gratificações devidos por força de circunstâncias específicas e muitas vezes de caráter transitório, as quais podem suscitar até sua absorção em vencimento mais elevado, como ocorre na implantação de novos planos de cargos e carreiras.[470] Tal entendimento, diga-se de passagem,

---

[467] Assiste inteira razão a JOSÉ SÉRGIO MONTE ALEGRE, em seu trabalho Revisão anual da remuneração dos servidores públicos (*RTDP* nº 39, p. 49-52, 2002).

[468] RE 378.932-PE, 1ª Turma, Rel. Min CARLOS BRITTO, julg. em 30.9.2003 (*Informativo STF* nº 323, out. 2003).

[469] É a correta observação de CELSO RIBEIRO BASTOS e YVES GANDRA S. MARTINS (Comentários, cit., v. III, t. III, p. 121).

[470] JESSÉ TORRES PEREIRA JUNIOR, Da reforma administrativa constitucional, p. 134.

634 | MANUAL DE DIREITO ADMINISTRATIVO • *Carvalho Filho*

já foi esposado pelo STF, tendo-se decidido que o princípio da irredutibilidade de vencimentos *"não veda a redução de parcelas que componham os critérios legais de fixação, desde que não se diminua o valor da remuneração na sua totalidade"*.[471]

Com esse pensamento, o STJ já teve a oportunidade de decidir que *"só os vencimentos são irredutíveis; as gratificações, salvo aquelas de caráter individual, podem, para efeito de aplicação do denominado redutor salarial, sofrer limitações quantitativas"*. Concluiu-se, no caso, que a gratificação de produtividade deve ser alcançada pelo mencionado redutor salarial, se a remuneração, no total, ultrapassar o limite legal estabelecido.[472] Em outra vertente, como não há direito adquirido a regime jurídico, é legítima a alteração da forma de cálculo da remuneração, sendo vedada apenas redução vencimental.[473] Por conseguinte, observada essa garantia, nada impede a alteração do modo de cálculo de gratificações e outras vantagens pecuniárias.[474]

Como o mandamento constitucional não distingue, a garantia da irredutibilidade alcança, da mesma forma, os cargos em comissão. Resulta, pois, que, se o titular de cargo em comissão for afetado por força de novo plano de cargos e vencimentos, não poderá sofrer decréscimo remuneratório, devendo ser-lhe assegurada a percepção, como vantagem pessoal, de parcela que corresponda à diferença entre a remuneração que vinha percebendo e a nova. Tal parcela, contudo, sujeita-se à *absorção* integral ou gradativa em decorrência de futuros aumentos de remuneração, e tem sido nominada de diversas formas, como *"parcela absorvível"*, *"vantagem pessoal nominalmente identificável"*, *"direito pessoal"*, *"diferença individual"*, e outras do gênero – todas indicativas do direito do servidor de não sofrer redução em seus vencimentos. Consequentemente, já se anulou decisão do TCU que determinara a supressão de vantagens pessoais do servidor, ordenando-se a devolução dos respectivos valores.[475]

Como a garantia da irredutibilidade abrange vencimentos do servidor estatutário e salários dos servidores trabalhistas, não pode ser reduzida a remuneração do servidor no caso de mudar de regime funcional. Assim, se um servidor trabalhista, por exemplo, é transposto para o regime estatutário, passando a ocupar cargo e, em consequência, deixando de receber algumas vantagens inerentes ao regime contratual, sua remuneração nominal não pode ser reduzida. A Administração deverá remunerá-lo com o valor do vencimento do cargo somado à parcela que venha a completar o antigo salário, parcela essa a ser paga como direito pessoal irretirável e dotada de natureza remuneratória.[476]

Por outro lado, a *ampliação da jornada de trabalho* pode provocar ofensa ao princípio da irredutibilidade. Se a jornada alcança certo número de horas semanais – por exemplo, 30 horas – e o regime passa a ser de 40 horas, a essa ampliação deve corresponder o aumento da remuneração para o fim de ficar adequada ao novo regime. A persistência do vencimento anterior, diante do aumento da jornada, vulnera o aludido princípio.[477]

A EC nº 19/1998 alterou a redação do citado art. 37, XV, da CF, fundamentalmente para o fim de incluir na garantia, além dos vencimentos, os *subsídios*, nova denominação dada àqueles quando se trata de algumas categorias especiais de agentes públicos, assunto que

---

[471] RE 364.317-RS, 2º Turma, Rel. Min. CARLOS VELLOSO, em 21.10.2003 (*Informativo STF* nº 326, out. 2003).

[472] RMS nº 8.852-ES, 6º Turma, Rel. Min. FERNANDO GONÇALVES, julg. em 15.8.2000 (vide *Informativo Jurisprudência STJ* nº 66, ago. 2000). Na decisão, invocam-se precedentes: RMS nº 6.638-GO (*DJ* 8.6.1998) e RMS nº 8.350-SP (*DJ* 30.6.1997).

[473] STF, AgR-RE 591.388, Rel. Min. RICARDO LEWANDOWSKI, em 3.4.2012.

[474] STF, RE 563.965, Min. CÁRMEN LÚCIA, em 11.2.2009.

[475] STF, MS 24.580, j. 30.8.2007.

[476] STF, RE 243.349, j. 11.9.2001 (reforma de acórdão que admitiu redução remuneratória - art. 7º, VI, CF).

[477] No mesmo sentido: STF, RE 255.792, j. 28.4.2009, e ARE 660.010, j. 30.10.2014.

Cap. 11 • SERVIDORES PÚBLICOS | 635

examinamos em tópico anterior. Fez-se também alusão ao art. 39, § 4º, da CF, que é o que prevê os subsídios, mas de forma indireta incide ainda o art. 37, XI, da Carta, que prevê a fixação do teto remuneratório.

Não custa sublinhar, por correlato com a garantia da irredutibilidade remuneratória, que é vedado à Administração efetuar descontos nos vencimentos dos servidores, a não ser quando haja consentimento expresso por parte destes ou quando a lei expressamente o preveja, estabelecendo percentual máximo e razoável para o desconto (p. ex., art. 46, § 1º, Estatuto federal) e sempre garantindo o direito ao contraditório e à ampla defesa. Fora daí, o desconto será abusivo e ilegal, sujeito à anulação pelo Judiciário.[478]

Resta demonstrado, portanto, que o direito à irredutibilidade é limitado e condicionado, como consta do mandamento constitucional e resulta da jurisprudência mais autorizada sobre o assunto.

8.4. Isonomia

O princípio da isonomia remuneratória, anteriormente previsto no art. 39, § 1º, da CF, estabelecia que fariam jus à igualdade de vencimentos os servidores da administração direta que ocupassem cargos de atribuições iguais ou cargos assemelhados de um mesmo Poder ou entre os Poderes Executivo, Legislativo e Judiciário, ressalvando apenas as vantagens de caráter individual e as concernentes à natureza ou ao local de trabalho.

A intenção do Constituinte foi a de evitar as disparidades remuneratórias entre cargos idênticos, situados em estruturas funcionais diversas. Em outras palavras, o assistente social do Poder Executivo deveria perceber a mesma remuneração que o assistente social do Poder Judiciário ou Legislativo. Ficariam de fora dos padrões isonômicos aquelas vantagens que, por estarem atreladas à pessoa em si do servidor ou à sua condição de trabalho, gerassem situações funcionais singulares.

Observamos, contudo, que a isonomia jamais foi devidamente implantada, confluindo para isso os interesses corporativos dos diversos quadros funcionais. Os que militam na área dos direitos dos servidores públicos há muito têm constatado que não há paridade entre os cargos do Executivo, Legislativo e Judiciário; normalmente a retribuição dos cargos destes dois últimos. Poderes é mais elevada que a do Executivo. Quando não é o valor em si da remuneração do cargo que é mais elevado, criam-se adicionais e gratificações permanentes e genéricos que nada mais são do que um complemento remuneratório disfarçado.

Por essa razão é que o princípio da isonomia foi extinto pela EC nº 19/1998, que implantou a reforma administrativa do Estado. Em lugar da isonomia, passou a dispor o art. 39, § 1º, da CF que a fixação dos padrões de vencimento e das demais parcelas integrantes da remuneração devem observar a natureza, o grau de responsabilidade e a complexidade dos cargos componentes de cada carreira, bem como os requisitos para a investidura e as peculiaridades próprias dos cargos e das funções. Retornamos, pois, ao sistema encontrado na Constituição anterior.

Temos, de nossa parte, fundadas razões de descrença nessa nova orientação. Se o próprio regime de isonomia foi sempre desrespeitado e fraudado pelas diversas instituições da República, a despeito de seu caráter de justiça, pelo qual se igualaria a remuneração de servidores com funções idênticas ou semelhantes, imagine-se tendo agora o Estado, nas mais diversas esferas de Poder e da federação, liberdade para proceder à avaliação de natureza e complexidade de cargos e suas peculiaridades... Se as disparidades já existiam com o princípio da isonomia, parece-nos irreversível que se tornarão mais profundas e injustas com o novo sistema, sabido

---

[478] Vide STJ, REsp 1.116.855-RJ (AgRg), Rel. Min. ARNALDO ESTEVES LIMA, em 17.6.2010.

636 | MANUAL DE DIREITO ADMINISTRATIVO • *Carvalho Filho*

que as Administrações não apenas se têm mostrado deficientes para tal avaliação, como também porque, constantemente, têm sido pressionadas pelo impulso provocado por determinados interesses escusos de certas autoridades, situação de imoralidade que só se extinguirá com a mudança de consciência dos administradores públicos.

8.5. Vinculação e Teto

Repetindo mandamento anterior, a Constituição em vigor proibiu a vinculação ou equiparação de vencimentos para o efeito da remuneração de pessoal no serviço público (art. 37, XIII). A regra, como é fácil notar, procura evitar os denominados *aumentos em cascata*, que ocorrem quando, aumentada a retribuição de uma classe de servidores, outras classes se beneficiam, por estarem atreladas àquela. Significa que o aumento de um significaria o aumento de milhares, com grande prejuízo ao erário e aos próprios servidores, neste caso porque o Estado não se arriscaria a conceder aumentos específicos a esta ou àquela classe, sabedor que a seu reboque milhares de outros cargos se beneficiariam do aumento.

De outro lado, é vedada também a vinculação entre agentes públicos cujas linhas remuneratórias se apresentam com sistema próprio. É o caso, por exemplo, de Deputados Estaduais e servidores públicos estaduais. Agentes políticos sujeitam-se a regime próprio e, por essa razão, Prefeitos, Vice-Prefeitos e Vereadores não podem ter seus subsídios vinculados à remuneração dos servidores públicos municipais.[479] A rigor, desde a EC nº 19/1998, que deu nova redação ao art. 37, XIII, da CF, é vedada a vinculação ou equiparação de vencimentos de quaisquer espécies remuneratórias. Em consequência, toda lei anterior permissiva de tais situações restou sem fundamento de validade, ou, se assim se preferir, tornou-se inconstitucional.[480] Vedada também é a vinculação do subsídio de deputados estaduais a parlamentares federais, pois que isso agride o princípio da autonomia dos entes federados.[481]

A regra do *teto remuneratório* é a que consta do *art. 37, XI*, da CF, com a redação da EC nº 41/2003. A Constituição, depois de reformada por esta última emenda, passou a admitir tetos remuneratórios *geral* e *específicos*, estes dependendo da respectiva entidade federativa. Assim, estabeleceu, como *teto geral* para todos os Poderes da União, Estados, Distrito Federal e Municípios, o subsídio mensal, em espécie, dos Ministros do Supremo Tribunal Federal. No que concerne aos *tetos específicos* (ou *subtetos*), foi fixado para os Municípios o subsídio do Prefeito, e para Estados e Distrito Federal, foram previstos três subtetos: (1º) no Executivo, o subsídio mensal do Governador; (2º) no Legislativo, o subsídio dos Deputados Estaduais e Distritais; (3º) no Judiciário, o subsídio dos Desembargadores do Tribunal de Justiça, aplicável esse limite aos membros do Ministério Público, aos Procuradores e aos Defensores Públicos.

A despeito dessa regra geral, a EC nº 47, de 5.7.2005, introduziu o § 12, ao art. 37 da CF, pelo qual fixou alternativa para a fixação do teto. Segundo o novo mandamento, os Estados e o Distrito Federal têm a faculdade de fixar *teto único local* remuneratório (na verdade, também um *subteto*), desde que o façam através de emendas às respectivas Constituições e Lei Orgânica (aqui, no caso do Distrito Federal). O limite único deverá corresponder ao subsídio mensal dos Desembargadores do respectivo Tribunal de Justiça, o qual, a seu turno, se limita ao percentual de noventa inteiros e vinte e cinco centésimos por cento (90,25%) do subsídio mensal dos Ministros do Supremo Tribunal Federal. O art. 37, § 12, todavia, não se aplica aos subsídios dos Deputados Estaduais e Distritais e dos Vereadores.

---

[479] Com a mesma linha, v. STF, AgR-RE 411.156, Rel. Min. CELSO DE MELLO, em 29.11.2011.

[480] STF, ADPF 97, Min. ROSA WEBER, em 21.8.2014.

[481] STF, ADI 6.437, j. 28.5.2021.

Cap. 11 • SERVIDORES PÚBLICOS | 637

O STF, porém, dando interpretação conforme à Constituição, excluiu os magistrados estaduais do âmbito do art. 37, XI e § 12, da CF, entendendo não lhes ser aplicável o teto remuneratório de 90,25% do subsídio dos Ministros do STF. Fundou-se a decisão, de início, na ocorrência de violação ao princípio da isonomia (art. 5º, *caput* e I), pelo fato de ter havido tratamento discriminatório entre magistrados federais e estaduais, que, além de desempenharem idênticas funções, se submetem a um só estatuto (Lei Complementar nº 35/1979). Em consequência, as EC nºs 41 e 47 teriam ultrapassado os limites do poder constitucional reformador (art. 60, § 4º, IV).

Outro fundamento foi o de que a estrutura judiciária tem caráter nacional, fato que emana do art. 93, V, da CF, que prevê o escalonamento vertical de subsídios da magistratura, sem qualquer distinção entre órgãos judiciários federais e estaduais.[482] Com a devida vênia, dissentimos de semelhante entendimento. A uma, porque o fato de haver um só estatuto para a magistratura não impede que o Constituinte estabeleça regras específicas para órgãos federais e estaduais; a duas, porque o escalonamento previsto no art. 93, V, da CF, tem *caráter geral*, diversamente do que ocorre com os tetos remuneratórios fixados no art. 37, XI e § 12, normas que têm *caráter especial* por disciplinarem especificamente matéria relativa a remuneração. Em nosso entender, portanto, com os votos vencidos está o melhor entendimento: o poder reformador decorrente das EC nºs 41 e 47 não guarda qualquer incompatibilidade com o quadro constitucional.

Os *subtetos remuneratórios* previstos no art. 37, XI, da CF, podem ser instituídos de *forma diferenciada* para pessoas federativas diversas. O fundamento consiste em que tais entes têm necessidade de proceder de modo adequado quanto à remuneração de seus serviços, com o intuito de criar soluções compatíveis com suas realidades financeiras. Essas singularidades não ofendem o princípio da isonomia e se compatibilizam com a prerrogativa da autonomia que a Constituição lhes reservou.[483]

Conforme já anotamos anteriormente no item relativo aos regimes jurídicos, a EC nº 132, de 20.12.2023 (Reforma Tributária), inseriu o § 18 no art. 37 da CF, com vigência a partir de 2027 (art. 3º da mesma Emenda), a fim de estabelecer que, para os fins do disposto no inciso XI do art. 37, *caput*, da CF, *os servidores de carreiras das administrações tributárias dos Estados, do Distrito Federal e dos Municípios sujeitam-se ao limite aplicável aos servidores da União*. Em outras palavras, a remuneração destes indicará o teto remuneratório para os servidores da mesma área pertencentes às demais unidades federativas.

Já se encetou a tentativa de distinguir o *subsídio* e o *teto remuneratório,* em Estado-membro, para o fim de elevar a remuneração, fixando-se o subsídio com o valor-limite previsto constitucionalmente, por um lado, mas, por outro, sendo admitido que a remuneração alcançasse importância superior ao subsídio. A norma se nos afigura flagrantemente inconstitucional, porque reflete violação constitucional por via oblíqua. Se é verdade que não se confundem subsídio e teto remuneratório, não é menos verdadeiro que, se a remuneração do subsídio equivale ao próprio subteto remuneratório de Estados, DF e Municípios, nos termos do art. 37, XI, CF, não pode ser elevada tomando em consideração o teto fixado para a União Federal, sob pena de infringir o citado subteto, este o limite constitucional na espécie. O teto máximo federal só pode ser tido como parâmetro em situações excepcionais que admitem o acréscimo de alguma parcela ao valor do subsídio.

Três aspectos, ainda, do art. 37, XI, da CF, merecem comentário.

---

[482] STF, ADIs 3.854 e 4.014, j. 4.12.2020. No caso, foi declarada a inconstitucionalidade parcial das Resoluções nºs 13/2006 e 14/2006, do CNJ, nas quais foi estabelecido o teto de 90,25%.

[483] STF, ADIs 3.855 e 3.872, j. 26.11.2021.

Primeiramente, sujeita-se ao teto remuneratório qualquer tipo de remuneração dos servidores, além de proventos e pensões, percebidos cumulativamente ou não, incluídas as vantagens pessoais ou de qualquer outra natureza. Entretanto, não serão computadas no referido teto as parcelas de caráter *indenizatório* expressamente previstas em lei *ordinária* (federal), aprovada pelo Congresso Nacional, de *caráter nacional*, aplicável a todos os Poderes e órgãos autônomos, conforme dispõe o art. 37, § 11, da CF, com a redação da EC nº 135, de 20.12.2024. Diante do novo texto, ficará vedado aos demais entes federativos contemplar parcelas indenizatórias não previstas na lei federal.

Em consequência, só se inserem no limite constitucional as parcelas de caráter *remuneratório*, e isso pela simples razão de que somente estas se configuram efetivamente como *rendimentos*. As primeiras, como expressa o próprio vocábulo, espelham *indenização*, não sendo cabível que sejam incluídas no limite estipendial, ou de ganhos. A despeito da alteração introduzida pela EC 135/2024, subsiste o art. 4º da EC nº 47/2005, pelo qual, enquanto não for editada a lei prevista no art. 37, § 11, da CF, será excluída do teto qualquer parcela considerada de caráter indenizatório pela legislação em vigor na data de publicação da EC 41/2003. Trata-se, pois, de mandamento de eficácia transitória.

Tem lavrado alguma discussão no que tange às parcelas que se submetem ao teto e aquelas outras que, somadas ao subsídio, podem gerar remuneração acima do teto. As vantagens de natureza indenizatória não são computadas para o limite remuneratório. É o caso da ajuda de custo para mudança e transporte, auxílio-moradia, auxílio-alimentação, diárias, auxílio--funeral, auxílio-transporte, indenização de férias não gozadas, licença--prêmio convertida em pecúnia e indenização de transporte. Há dúvidas, contudo, sobre o caráter indenizatório de algumas dessas vantagens. Há algumas parcelas, porém, que, por sua especial natureza, podem gerar remuneração superior ao teto. Como exemplos, o décimo terceiro salário, o terço constitucional de férias, o adiantamento de férias, o trabalho extraordinário de servidores, o abono de permanência em serviço (art. 40, § 19, CF). Outras provêm de fontes ou rubricas diversas (*v. g.* a remuneração pelo exercício do magistério, dentro ou fora do Poder Público, e benefícios oriundos de planos privados de previdência ou de assistência médico-social). Por último, algumas vantagens específicas também têm sido excluídas do limite constitucional. Como exemplo, a bolsa de estudo de caráter remuneratório e a gratificação eleitoral. Em relação a esta última também há dúvidas quanto à exclusão do teto. O CNJ e o CNMP já regularam a matéria em relação a magistrados e membros do Ministério Público.[484]

A verdade, contudo, é que muitas divergências têm ocorrido no que toca à identificação do que é *verba remuneratória* ou *verba indenizatória*. A tendência, obviamente, é a de enquadrar a verba como indenização, para que possa ser paga além do teto constitucional. Mas, como já se decidiu com acerto, não basta que a lei ou a Administração defina a parcela como indenizatória, o que seria evidente desvio de finalidade. Foi o que ocorreu com a "*indenização de representação*", paga como tal a servidores com cargo em comissão, embora claramente de natureza remuneratória.[485] Cumpre, isto sim, que se examine acuradamente a natureza e os fins da parcela indenizatória para evitar distorções quanto à observância dos limites remuneratórios.

No que concerne à base de cálculo para incidência do imposto de renda e da contribuição previdenciária, já se definiu ser o *valor bruto remuneratório* atribuído ao teto ou ao subteto (art. 37, XI, CF), obtido após a dedução do excesso remuneratório ("abate-teto"), e não o valor integral que o servidor receberia se não houvesse o teto. A não ser assim, vulnerados estariam

---

[484] Resolução nº 14, do CNJ (21.3.2006) e Resolução nº 10, do CNMP (19.6.2006).

[485] Foi como decidiu o STF na ADI 7.440/PA, j. 27.10.2023.

Cap. 11 · SERVIDORES PÚBLICOS | **639**

os princípios da igualdade, razoabilidade e moralidade, porquanto o servidor se aproveitaria da parcela excedente para fazer face àqueles encargos, percebendo, em muitos casos, como remuneração líquida o próprio valor do teto.[486]

A segunda observação é a de que são destinatários da referida norma todos os titulares de cargos, empregos e funções da Administração Direta, autárquica e fundacional, os membros de qualquer dos poderes das entidades federativas, os detentores de mandato eletivo e os demais agentes políticos.

Por fim, a Constituição acabou por estabelecer uma vinculação remuneratória: o subsídio mensal dos Desembargadores de Tribunal de Justiça não pode exceder a 90,25% do subsídio mensal, em espécie, dos Ministros do Supremo Tribunal Federal. Portanto, esse também será o limite para o subsídio de membros do Ministério Público, Procuradores e Defensores Públicos.

A Constituição determinou, ainda, que o teto remuneratório deve ser observado, da mesma forma, por empresas públicas e sociedades de economia mista e suas subsidiárias, quando receberem recursos das pessoas federativas a que estão vinculadas, com o objetivo de pagamento de despesas com pessoal ou com custeio em geral (art. 37, § 9º, CF).[487] Significa, pois, que a remuneração paga por tais entidades, quando dotadas de recursos próprios para despesas de pessoal, não está sujeita ao limite fixado para os demais empregados, orientação que já foi, inclusive, reafirmada na jurisprudência.[488] O dispositivo merece críticas na medida em que permite o pagamento de salários muito superiores aos padrões de mercado em entidades administrativas, nas quais, como é sabido, impera frequentemente o mais deslavado nepotismo e a total falta de controle da respectiva administração direta.

Apesar da alteração processada no art. 37, XI, da CF, o inciso XII do mesmo art. 37 continuou com a redação originária. Diz este último dispositivo: *"Os vencimentos dos cargos do Poder Legislativo e do Poder Judiciário não poderão ser superiores aos pagos pelo Poder Executivo."* O texto indica claramente que o teto remuneratório seria o atribuído aos cargos do Executivo. Ora, o art. 37, XI, da CF, com as alterações que sofreu, aponta conteúdo diverso: o teto genérico pertence a cargos do Judiciário, no caso os dos Ministros do STF. Assim, os vencimentos do Judiciário poderão ser superiores aos do Executivo. Nos Estados e Distrito Federal, o subsídio do Governador é o subteto apenas no âmbito do Poder Executivo, mas, como é curial, nada impede que seu valor seja inferior, por exemplo, ao dos Desembargadores ou ao dos Deputados Estaduais. Por conseguinte, temos para nós – e já o dissemos em edições anteriores – que, diante da matéria relativa ao teto remuneratório, hoje regulada no art. 37, XI, da CF, o inciso XII do mesmo dispositivo resultou sem qualquer aplicabilidade efetiva; ao contrário, estampa, de certo modo, contradição ao ser comparado com o aludido inciso XI – este dotado do conteúdo realmente desejado pelas reformas previdenciária e administrativa.

Há uma última consideração a fazer quanto à questão do teto remuneratório. O art. 9º da EC nº 41/2003 ordenou a aplicação do disposto no art. 17 do ADCT da Constituição a qualquer tipo de remuneração percebida pelos servidores e agentes já mencionados, considerando o teto fixado no art. 37, XI, da CF. Como o art. 17 do ADCT determinara a imediata redução de vencimentos percebidos em desacordo com as regras constitucionais, sem que o prejudicado pudesse invocar o direito adquirido ao recebimento do excesso, ficou claro que o citado art. 9º pretendeu fosse também providenciada a imediata redução dos vencimentos percebidos em valor superior ao estabelecido pelo teto.

---

[486] STF, RE 675.978, Min. CÁRMEN LÚCIA, em 15.4.2015.

[487] O STF reafirmou a orientação no AgRg-RE 590.252, j. 17.3.2009.

[488] STF, ADI 6.584, j. 21.5.2021.

640 | MANUAL DE DIREITO ADMINISTRATIVO • *Carvalho Filho*

Tal dispositivo, entretanto, se afigura flagrantemente inconstitucional. O art. 17 do ADCT da Constituição integrou originariamente a Constituição de 1988; cuida-se, pois, de norma oriunda do Poder Constituinte Originário, contra o qual, afirma a mais autorizada doutrina, não há como invocar direito adquirido. O art. 9º da EC nº 41/2003, no entanto, espelha mandamento decorrente do Poder Constituinte Derivado, que é limitado, subordinado e condicionado; segue-se, pois, que deve observar as regras imutáveis da Constituição – as denominadas *cláusulas pétreas* – insculpidas no art. 60, § 4º, da Constituição, nelas estando incluídas as que dispõem sobre direitos e garantias individuais (art. 60, § 4º, IV, CF).

Ora, não há qualquer dúvida de que a irredutibilidade de vencimentos constitui direito adquirido dos servidores, como transparece do art. 37, XV, da CF. Outra conclusão, assim, não se pode extrair senão a da inconstitucionalidade do citado art. 9º da EC nº 41/2003. Desse modo, o servidor que, com amparo na legislação pertinente, percebe remuneração superior ao teto fixado no art. 37, XI, da CF (ou provisoriamente no art. 8º da EC nº 41), não pode sofrer redução em seu montante. O direito do Poder Público, no caso, será apenas o de manter irreajustável a remuneração até que as elevações remuneratórias subsequentes possam absorver o montante. Na verdade, o correto é considerar no caso a percepção de duas parcelas, uma correspondente ao teto e outra equivalente ao excesso remuneratório. Assim, à medida que for sendo reajustada a parcela relativa ao teto, estará sendo reduzida a parcela referente ao excesso. Em certo momento futuro, esta última parcela será totalmente absorvida e, a partir daí, a remuneração do servidor – agora nos limites do teto – estará em condições de ser reajustada normalmente.

A observância do teto constitucional deve incidir também na hipótese em que o servidor licitamente perceba seus ganhos de *duas ou mais fontes* diversas, situação que não se confunde com aquela em que o servidor percebe remuneração acima do teto de apenas uma fonte pagadora. Naquela hipótese, deverá considerar-se a *totalidade* das remunerações, remanescendo o excedente como parcela absorvível pelos futuros aumentos do teto, em garantia do princípio da irredutibilidade. A dificuldade está na operacionalização desse controle, sabido que os entes públicos, como regra, não trocam informações sobre remuneração. O certo é que a um deles caberá o controle da absorção do remanescente, providência que exige, obviamente, constante troca de informações entre os órgãos administrativos.[489]

Tal orientação, contudo, foi inteiramente alterada pelo STF, que julgou inconstitucional a expressão *"percebidos cumulativamente ou não"*, introduzida no inciso XI do art. 37 pela EC 41/2003. Nesse novo cenário, a Corte decidiu que, no caso de funções acumuláveis nos termos da Constituição, o teto deve ser auferido em cada um dos vínculos, não se levando em conta a totalidade da remuneração. Fundou-se a decisão na importância dos cargos e funções suscetíveis de acumulação. Em consequência, um médico, por exemplo, se ocupar dois cargos, pode perceber, no total, o teto remuneratório em dobro.[490] De fato, tal interpretação condiz com algumas situações específicas. Uma delas é a de que, percebendo o teto remuneratório num cargo, o servidor estaria impedido de exercer outro cargo cumulável. Semelhante é a situação do aposentado que, percebendo proventos no teto, vem a exercer cargo em comissão ou cargo eletivo (art. 37, § 10, CF). Não haveria mesmo como impedir que percebessem sua remuneração também de forma cumulativa.

O que é juridicamente inviável é que, num estalar de dedos ocorrido sob a égide de emenda constitucional, a remuneração seja simplesmente reduzida a limite remuneratório

---

[489] Nessa esteira, inclusive, decidiu o CNMP no Proc. 390/2006, Rel. Cons. OSMAR FERNANDES, em 20.11.2006, a propósito de integrantes do MP da União que, em cumulação, percebiam remuneração oriunda de outros MPs ou da Magistratura.

[490] STF, RE 612.975 e RE 602.043, j. 27.4.2017.

Cap. 11 • SERVIDORES PÚBLICOS | 641

fixado posteriormente ao momento em que nasceu o direito à sua percepção. O STF, entretanto, não adotou esse entendimento, ao decidir que mesmo as parcelas remuneratórias adquiridas legitimamente antes dos citados dispositivos não estariam abrangidas pela garantia da irredutibilidade, ficando o servidor, portanto, sujeito à redução vencimental – decisão com a qual, *concessa venia*, não concordamos.[491]

Por outro lado, e nessa mesma linha, a Corte considerou incluída no teto (e, pois, redutível) a gratificação de tempo de serviço, quando se sabe que se trata de vantagem que o servidor incorpora *pro tempore*, configurando-se como direito adquirido. Reduzir tal tipo de vantagem é o mesmo que reduzir a remuneração – isso contra mandamento expresso na Carta da República. Por outro lado – e revelando-se incoerente, *concessa venia*, o julgamento –, considerou suscetível de preservação determinada parcela de acréscimo ao valor dos proventos prevista em estatuto funcional (embora sujeita à absorção por futuros aumentos do subsídio).[492] Fica, pois, a impressão de que a Corte mais se apegou a critérios políticos – no caso, relativos ao teto remuneratório – do que a critérios jurídicos, pelos quais caberia o respeito ao direito adquirido e à irredutibilidade de O STF, porém, garantiu a irredutibilidade de proventos acima do teto, percebidos antes da EC nº 41/2003, sendo prevista a sua absorção pelos futuros reajustes.[493]

8.6. Pagamento com Atraso

Lamentavelmente, não é rara a circunstância de haver atraso no pagamento dos vencimentos e vantagens dos servidores públicos. Algumas entidades estatais, desprezando a importância da pontualidade, deixam de efetuar a retribuição de seus servidores no último dia do mês trabalhado, momento que deveria ser tido como regra no tocante à retribuição do pessoal. Frequentemente encontramos a notícia de tais atrasos e, o que é mais grave, das dificuldades suportadas pelos servidores diante dos compromissos financeiros a seu cargo.

Em nosso entender, trata-se de fato grave, apto a ensejar a responsabilidade funcional dos agentes responsáveis por essa impontualidade, seja qual o for o nível administrativo em que se situem. A despeito disso, já reinou grande controvérsia a respeito da incidência de correção monetária sobre o pagamento da remuneração funcional efetuado com atraso. Atualmente, contudo, domina o entendimento de que tais valores constituem *dívidas de valor* e, por conseguinte, suscetíveis de atualização monetária, e isso para que as importâncias devidas não sofram redução em seu valor real em virtude da corrosão provocada pelo decurso do tempo e pela diminuição do poder aquisitivo da moeda.

A construção jurisprudencial formada com esse entendimento parece-nos inteiramente acertada. Decidindo tal matéria, o STJ já teve a oportunidade de sentenciar que *"as vantagens financeiras devidas aos funcionários estatutários constituem dívida de valor, de natureza alimentar, e o respectivo pagamento atualizado – quando feito com atraso – é consequência jurídica irrefragável".*[494] Em outra ocasião, decidiu o mesmo Tribunal: *"As diferenças salariais pagas com atraso a funcionários, por serem dívidas de valor, devem ser pagas com correção monetária a partir da época em que eram devidas administrativamente."*[495]

---

[491]   STF, RE 609.381, j. 2.10.2014 (3 votos vencidos, a nosso ver, com a melhor interpretação). Também: STF, RE 606.358, j. 18.11.2015.

[492]   MS 24.875-DF, Rel. Min. SEPÚLVEDA PERTENCE, em 11.5.2006.

[493]   STF, MS 27.565, j. 18.10.2011.

[494]   STJ, REsp 20208, j. 29.4.1992.

[495]   REsp 34.028, j. 18.5.1993. Também: TJ-MS, ApCiv. 47.283, DO 4.2.1997.

642 | MANUAL DE DIREITO ADMINISTRATIVO • *Carvalho Filho*

O STF pôs cobro à polêmica que reinava sobre a matéria, fixando em orientação firmada em súmula: *"Não ofende a Constituição a correção monetária no pagamento com atraso dos vencimentos de servidores públicos"* (Súmula 682, STF)."[496]

Definida a incidência da correção monetária sobre os vencimentos pagos com atraso pelo Poder Público, outra discussão versou sobre o índice a ser adotado, sobretudo porque ninguém desconhece a enorme confusão causada pela diversidade e pela sucessão de índices de atualização de valor. Nesse aspecto, o entendimento dominante é o de que o índice a ser aplicado deve ser aquele que, mais efetivamente possível, reflita a perda do poder aquisitivo da moeda e a elevação geral dos preços praticados para o consumo geral dos indivíduos. Somente assim não será causado prejuízo maior ao servidor que recebe a destempo os ganhos a que faz jus.[497]

Além da atualização monetária dos valores devidos a título de remuneração, incidem também *juros de mora* no caso de pagamento em atraso. Tal parcela, como se sabe, espelha obrigação do devedor decorrente da demora no pagamento de seu débito. Sobre o tema, dispõe o art. 1º-F da Lei nº 9.494, de 10.9.1997, com a redação da Lei nº 11.960/2009, que, nas condenações à Fazenda Pública, independentemente de sua natureza e para fins de atualização monetária, remuneração do capital e compensação da mora, haverá a incidência uma única vez, até o efetivo pagamento, *"dos índices oficiais de remuneração básica e juros aplicados à caderneta de poupança"*. O dispositivo, contudo, foi declarado inconstitucional por arrastamento.[498] Diante disso, os juros deverão ser calculados mediante o critério estabelecido em lei específica ou, na falta desta, na lei geral - no caso o art. 406 do Código Civil, com a redação da Lei 14.905, de 28.6.2024: a taxa legal, assim considerada a taxa referencial do Sistema Especial de Liquidação e de Custódia (SELIC), deduzido o índice de atualização monetária, correspondente ao Índice Nacional de Preços ao Consumidor (IPCA), apurado e divulgado pela Fundação Instituto Brasileiro de Geografia e Estatística (IBGE), ou a outro que vier a substituí-lo, na forma do art. 389, parágrafo único, do mesmo Código, também alterado pela citada lei.[499]

Os juros de mora, diferentemente do que se sustentava anteriormente, quando eram considerados acessórios do principal, ostentam agora *natureza indenizatória* e representam parte das perdas e danos decorrente do inadimplemento da obrigação principal. Por esse motivo, sobre a respectiva parcela não incide o imposto de renda, como vem entendendo a jurisprudência mais atual. Por conseguinte, vencimentos ou diferenças remuneratórias pagas com atraso, base de cálculo para o referido imposto, devem figurar em parcela diversa da dos juros, parcela esta sobre a qual não há aquela incidência tributária.[500]

8.7. Pagamento a Maior

Há algumas situações funcionais em que o servidor percebe, indevidamente, algum tipo de pagamento, seja a título de vencimentos, ou de diferenças remuneratórias, ou ainda de alguma outra vantagem pecuniária. A questão consiste em saber se, uma vez descoberto o equívoco, tem o servidor a obrigação de devolver o que percebeu indevidamente.

Na jurisprudência anterior, a obrigação de devolver era inafastável, invocando-se o fundamento de que a anulação do ato administrativo produz efeitos *ex tunc*. Desse modo, a devolução seria mero corolário da eficácia retroativa da anulação.

---

[496] Vide Súmula 682, STF.

[497] V. JOSÉ LUIZ WAGNER e RUDI MEIRA CASSEL, RDA nº 215/99, pp. 61-70 (débitos judiciais).

[498] STF, ADI 4.525, j. 25.3.2015. Na ADI 5.348, o STF declarou a inconstitucionalidade do dispositivo no que toca ao emprego do índice da caderneta de poupança (j. 1º a 8.11.2019).

[499] STJ, REsp 1.492.221, j. 22.2.2018.

[500] STJ, REsp 1.037.452, j. 20.5.2008, e REsp 1.066.949, j. 7.10.2008.

Cap. 11 · SERVIDORES PÚBLICOS | **643**

As decisões mais modernas, no entanto, têm analisado a questão sob o manto de outros fatores, inclusive considerando o caráter alimentar de semelhantes importâncias e, também, o fato de que, nesses casos, o servidor agiu de *boa-fé* e em nada contribuiu para o ato praticado pela Administração. Na verdade, a esta é que deve imputar-se a errônea interpretação ou a má aplicação da lei, não podendo punir-se o servidor por força do erro administrativo.

Daí a orientação de que *"é descabido o desconto das diferenças recebidas indevidamente pelo servidor, em decorrência de errônea interpretação ou má aplicação da lei pela Administração Pública, quando constatada a boa-fé do beneficiado, como na hipótese"*[501] –, decisão que se nos afigura absolutamente justa e compatível com o princípio da eficiência, que deve nortear a Administração e com cujas consequências deve arcar.

A orientação em tela, é importante registrar, aplica-se, da mesma forma, à percepção de valores indevidos a maior concernentes a proventos e pensões por seus destinatários, sempre considerada a boa-fé de sua conduta.[502]

O STJ, todavia, resolveu fazer uma distinção, alterando posições anteriores. Se o valor a maior tiver decorrido de interpretação errônea ou equivocada da lei, não haverá para o servidor a obrigação de devolver, mas se tiver provindo de erro de cálculo ou operacional da Administração, obrigatória será a devolução, salvo inequívoca presença de boa-fé objetiva.[503] Em nosso entender, houve equivocada inversão no entendimento da Corte. O valor recebido a maior, seja qual for a causa, não enseja devolução, a menos que a Administração comprove a má-fé do beneficiário. O ônus de provar a boa-fé não pode ser transferido ao servidor, que não pode ser punido pelo erro administrativo, cabendo à própria Administração demonstrar que não houve boa-fé.

Entretanto, quando percebe valores em decorrência de decisão judicial *precária*, vale dizer, sem trânsito em julgado (o que não deveria ocorrer), e a decisão vem a ser revogada posteriormente, o beneficiário – servidor ativo ou inativo, ou pensionista – tem o *dever de restituição* das importâncias indevidamente recebidas, porque, mesmo de boa-fé, conhecia, presumivelmente, a provisoriedade da tutela judicial concedida.[504]

Não custa, porém, assinalar que cada hipótese deverá ser examinada em conformidade com as suas singularidades. No caso de má-fé do servidor, por exemplo, não há nenhum amparo para excluí-lo da obrigação de devolver o que percebeu indevidamente: afinal, ninguém pode locupletar-se de sua própria torpeza. Por outro lado, alguns casos que espelham ilegalidade manifesta por parte do órgão administrativo têm ensejado, como efeito, a obrigação de que o beneficiário devolva os valores indevidos.

9. ASSOCIAÇÃO SINDICAL E DIREITO DE GREVE

9.1. Associação Sindical

A Constituição Federal assegura aos servidores públicos o direito à livre associação sindical (art. 37, VI). Esse direito retrata a possibilidade de o servidor aderir ao sindicato representativo de sua categoria profissional e corresponde ao direito já há muito exercido pelos empregados regidos pela Consolidação das Leis do Trabalho. A regra se configura como inovação constitu-

---

[501] STJ, AgRg no REsp 1.285.129-MA, Rel. Min. LAURITA VAZ, em 17.8.2010, e REsp 1.130.542-CE, Rel. Min. FELIX FISCHER, em 23.3.2010. Também: STJ, RMS 18.780, Rel. Min. SEBASTIÃO REIS JUNIOR, em 12.4.2012, e REsp 1.244.182, Rel. Min. BENEDITO GONÇALVES, em 10.10.2012.

[502] STJ, REsp 549.790-SC, Rel. Min. JOSÉ ARNALDO DA FONSECA, em 14.6.2005, e REsp 873.336, Rel. Min. JANE SILVA, em 25.11.2008.

[503] STJ, REsp 1.769.306, j. 10.3.2021.

[504] STJ, EAREsp 58.820, j. 8.10.2014. Também: STJ, AREsp 1.711.065, j. 3.5.2022.

644 | MANUAL DE DIREITO ADMINISTRATIVO • Carvalho Filho

cional. A respeito do assunto, vigorava anteriormente o princípio da vedação à sindicalização de servidores do Estado, insculpido no art. 566 da CLT.

Alguns comentários devem ser feitos a respeito do tema.

Para começar, o direito de adesão ao seu sindicato deve ser exercido pelo servidor com absoluta liberdade. Aliás, a Constituição prega a liberdade de associação não só no citado art. 37, VI, mas também como postulado fundamental relativo aos empregados, previsto no art. 8º. Não há, portanto, obrigatoriedade na filiação do servidor.

A norma constitucional não tem sua eficácia condicionada à edição de lei. Conclui-se, em consequência, que se trata de norma de eficácia plena, possibilitando que surja o sindicato e que se admita a filiação do servidor.

A formação dos sindicatos sempre obedeceu à presença de dois critérios básicos – a categoria profissional e a categoria econômica – para o efeito do enquadramento sindical. Em relação aos sindicatos de servidores públicos, todavia, está excluída a noção de categoria econômica, porque a Administração não tem objetivos empresariais como os empregadores da iniciativa privada. Preside, pois, para a criação do sindicato e para o enquadramento sindical, o exclusivo critério de categoria profissional.[505]

Outro aspecto que merece realce consiste no tipo de atuação do sindicato de servidores públicos. Os sindicatos são entidades que servem como instrumento de pressão para dois tipos de reivindicação em favor dos trabalhadores: uma de caráter social e outra de caráter econômico. No caso dos sindicatos de servidores, entretanto, é necessário o recurso à interpretação sistemática da Constituição. A matéria relativa aos vencimentos dos servidores obedece, como vimos, ao princípio da legalidade, isto é, são fixados e aumentados em função de lei. Esse princípio impede que haja negociação e reivindicação sindical de conteúdo econômico. Por isso mesmo, inviável será a criação de litígio trabalhista a ser decidido em dissídios coletivos, como ocorre na iniciativa privada. A atuação sindical nessa hipótese terá que observar algumas limitações compatíveis com as regras que disciplinam os servidores públicos, restringindo-se as reivindicações às de natureza social.[506]

Em abono desse entendimento, de resto inegavelmente congruente com o sistema adotado pela Constituição, segundo o qual a remuneração dos servidores públicos só pode ser fixada ou alterada por lei específica (art. 37, X, CF), o STF decidiu, em caráter sumular, que *"A fixação de vencimentos dos servidores públicos não pode ser objeto de convenção coletiva"* (Súmula 679, STF). Desse modo, é de inferir-se que os instrumentos negociais de fixação de valores remuneratórios limitam-se à modalidade de salário e são aplicáveis apenas no âmbito das relações de trabalho do setor privado. Convenções e acordos coletivos são, por conseguinte, institutos incompatíveis com o regime funcional do serviço público.[507]

Em relação à estabilidade sindical, parece induvidoso que, mesmo no caso de servidores públicos, incide a regra do art. 8º, VIII, da CF, que veda a dispensa do empregado sindicalizado a partir do registro da candidatura a cargo de direção ou representação sindical, mesmo como suplente, e até um ano após o final do mandato, no caso de ter sido eleito, ressalvada a hipótese de falta grave na forma que a lei estabelecer. Nenhuma restrição foi instituída na norma do art. 37, VI, de modo que onde a lei não restringe não é lícito ao intérprete restringir. A garantia constitucional, no entanto, não alcança os servidores ocupantes de cargo em comissão, porque, conforme já deixou assentado o STF, a norma do art. 37, II, da CF, que permite

---

[505] V. PRISCE MARIA TORRES BARBOSA, O servidor e o direito à sindicalização (RDP 96/1990. P. 305).

[506] MARIA SYLVIA DI PIETRO (ob. cit., p. 320). No mesmo sentido, JOSÉ CLÁUDIO MONTEIRO DE BRITO FILHO no trabalho A sindicalização do servidor público (*Revista LTR*, v. 54, nº 10, 1990, p. 1218 ss).

[507] STF, ADI 559, j. 15.2.2006 (inconstitucionalidade de lei estadual sobre o tema).

Cap. 11 · SERVIDORES PÚBLICOS | **645**

a livre nomeação e exoneração para tais cargos, deve prevalecer sobre o citado art. 8º, VIII, da Lei Maior. Assim, mesmo estando em cargo de direção ou representação sindical, o servidor titular de cargo em comissão não tem estabilidade sindical, podendo, em consequência, ser livremente exonerado pela Administração.[508]

No caso do surgimento de litígios sobre representação sindical, entre sindicatos, entre sindicatos e trabalhadores, e entre sindicatos e empregadores, o foro competente para dirimi-los é a Justiça do Trabalho, como atualmente registra, de forma expressa, o art. 114, III, da Constituição, com a alteração processada pela EC nº 45/2004 (Reforma do Judiciário). Quanto aos litígios envolvendo servidores públicos estatutários, havia certa dúvida sobre o foro adequado, inclusive no caso de contribuição sindical. O STJ consolidou inicialmente a interpretação no sentido de ser competente a Justiça Comum (Súmula 222), mas a reajustou para definir sua aplicação apenas aos servidores estatutários, enquanto os servidores celetistas se sujeitam à Justiça do Trabalho.[509] A revisão da súmula decorreu do entendimento do STF a respeito.[510]

Quanto à contribuição sindical, a jurisprudência tem entendido ser devida por todos os trabalhadores de determinada categoria, independentemente do vínculo celetista ou estatutário. A propósito, tal obrigação dispensa a edição de lei específica, porquanto já tem previsão expressa nos arts. 578 e seguintes da CLT, diploma que regula a matéria.[511] Entretanto, não alcança os inativos pela circunstância de estes não mais pertencerem à categoria laboral, além do fato de que já desapareceu seu vínculo jurídico com a Administração.[512]

9.2. Greve

Outra inovação constitucional se refere ao direito de greve. Anteriormente, consignava o art. 37, VII, da CF que o direito de greve seria exercido nos termos e nos limites definidos em lei complementar. A EC nº 19/1998, todavia, alterando o citado dispositivo, substituiu a lei complementar pela expressão *"lei específica"*. Com essa alteração, o diploma disciplinador, que se caracterizará como *lei ordinária*, será mais facilmente aprovado do que a lei complementar, sabido que para esta a aprovação exige maioria absoluta dos membros da Casa Legislativa (art. 69, CF).

A despeito do entendimento de alguns estudiosos de que a lei específica deve emanar de cada ente federativo responsável pela regulamentação do dispositivo constitucional, sob o argumento de que a matéria seria de direito administrativo, parece-nos, ao contrário, que a lei deve ser *federal*, aplicável a todas as pessoas políticas. Trata-se de dispositivo situado no capítulo da "Administração Pública", cujas regras formam o estatuto funcional genérico e que, por isso mesmo, têm incidência em todas as esferas federativas. À lei federal caberá enunciar, de modo uniforme, os termos e condições para o exercício do direito de greve, constituindo-se como parâmetro para toda a Administração.[513]

A grande polêmica surgida em face do dispositivo – não resolvida, aliás, com a alteração introduzida pela EC nº 19/1998 – reside no exame de sua natureza. De fato, alguns autores e decisões judiciais sufragam o entendimento de que a norma é de eficácia contida, aquela que,

---

[508] Também: STF, RE 183.884, j. 8.6.1999.

[509] STJ, CC 147.784, j. 24.3.2021.

[510] STF, RE 1.089.282, j. 7.12.2020.

[511] STJ, RMS 37.228, j. 13.8.2013, e EDcl.no REsp 1.207.858, j. 20.3.2012.

[512] Vide STJ, REsp 1.225.944, j. 5.5.2011.

[513] A respeito JOSÉ MARIA PINHEIRO MADEIRA (*Servidor público na atualidade*, América Jurídica, 2003, p. 102). Segundo o autor, MARIA SYLVIA ZANELLA DI PIETRO adota a primeira posição, ao passo que DIÓGENES GASPARINI perfilha a segunda.

646 | MANUAL DE DIREITO ADMINISTRATIVO • *Carvalho Filho*

na visão de JOSÉ AFONSO DA SILVA, tem eficácia imediata, conquanto possa o futuro legislador reduzir o âmbito de incidência normativa.[514] Os que partem dessa premissa chegam ao resultado de que o direito de greve do servidor público pode ser exercido a partir da vigência da Constituição. A lei complementar referida no dispositivo apenas fixaria os *termos* e os *limites*, mas dela não dependeria a eficácia da norma constitucional.[515]

Uma segunda corrente de entendimento sustenta que a norma é de eficácia limitada, vale dizer, o direito subjetivo de greve somente surgirá no mundo jurídico quando for editada a lei complementar (agora lei ordinária), e isso porque somente essa lei é que fixará o contorno do direito e os meios através dos quais poderá ser regularmente exercido pelos servidores.[516]

Em nosso entender, razão assiste aos que perfilham este último pensamento. O direito de greve constitui, por sua própria natureza, uma exceção dentro do funcionalismo público, e isso porque, para os serviços públicos, administrativos ou não, incide o princípio da continuidade. Desse modo, esse direito não poderá ter a mesma amplitude do idêntico direito outorgado aos empregados da iniciativa privada. Parece-nos, pois, que é a lei ordinária específica que vai fixar *o real conteúdo do direito*, e, se ainda não tem conteúdo, o direito sequer existe, não podendo ser exercido, como naturalmente se extrai dessa hipótese.[517]

Num primeiro momento, o STF pôs fim à controvérsia, abonando esta última posição. De forma absolutamente clara, decidiu o Pretório Excelso, em acórdão da lavra do Min. CELSO DE MELLO, que *"o preceito constitucional que reconheceu o direito de greve ao servidor público civil constitui norma de eficácia meramente limitada, desprovida, em consequência, de auto aplicabilidade, razão pela qual, para atuar plenamente, depende da edição da lei complementar*[518] *exigida pelo próprio texto da Constituição".* Acrescentou que *"a mera outorga constitucional do direito de greve ao servidor público civil não basta – ante a ausência de auto aplicabilidade da norma constante do art. 37, VII, da Constituição – para justificar o seu imediato exercício".* Completou o eminente Relator que *"o exercício do direito público subjetivo de greve outorgado aos servidores civis só se revelará possível depois da edição da lei complementar reclamada pela Carta Política".*[519]

A mais alta Corte, entretanto, passou a adotar orientação diversa. Em mandados de injunção em que se pleiteava fosse reconhecido o exercício do direito de greve, a despeito da ausência de lei sobre a matéria, o STF, conhecendo o pedido, julgou-o procedente para o fim de determinar a aplicação, aos servidores públicos, da disciplina contida na Lei nº 7.783/1989, que regula o direito de greve dos empregados em geral na hipótese dos denominados *"serviços essenciais".*[520] No que toca ao conhecimento da ação, com o julgamento do pedido, a decisão foi digna de aplausos, mas, quanto à aplicação da Lei nº 7.783/1989, pareceu-nos inadequada a solução. Esse diploma regula a matéria no âmbito da relação de emprego na iniciativa privada e, por conseguinte, não pode aplicar-se aos servidores públicos, integrantes de relação jurídica inteiramente diversa. Trata-se de solução paliativa decorrente da inaceitável omissão do legislador em disciplinar a matéria, como o exige o art. 37, VII, da CF. A omissão, todavia, não poderia permitir que lei, instituída para incidir sobre determinada categoria de trabalhadores, tivesse aplicação sobre categoria dotada de fisionomia jurídica

---

[514]   É o sentido decorrente da clássica lição do autor, reproduzida em seu *Direito constitucional positivo*, cit., p. 237.

[515]   No mesmo sentido, STJ, RMS 2.694, j. 8.6.1993.

[516]   Também: STJ, RMS 2.687, j. 4.8.1993.

[517]   É também o pensamento de MARIA SYLVIA DI PIETRO (ob. cit., p. 320).

[518]   O aresto é anterior à EC nº 19/1998. Hoje, como vimos, a lei reguladora será ordinária, e não mais complementar.

[519]   MI nº 20, Pleno, Rel. Min. CELSO DE MELLO (*RDA* 207/226, 1997).

[520]   STF, M.I. 670, 708 e 712, j. 25.10.2007.

diversa, como é o caso dos servidores públicos. A omissão, em consequência, teria que ser suprida através de *regulamentação própria*, sem alusão ao referido diploma. Na Corte, houve três votos vencidos, a nosso ver, com a melhor interpretação.

Se a própria Administração, entretanto, ajustar com servidores a paralisação das atividades, estará reconhecendo a legitimidade das faltas e não poderá suspender o pagamento dos vencimentos nem efetuar descontos relativos aos dias não trabalhados.[521]

Em decorrência dessa controvérsia, algumas discussões foram travadas em ocasiões nas quais servidores públicos se aglutinaram em movimento de greve, e, para dirimi-las, tem predominado a posição de que esse movimento é ilegal e que os dias de ausência devem ser contados como faltas ao trabalho, propiciando, como efeito, o desconto de vencimentos correspondente ao período de ausência.[522] Esse entendimento foi reiterado, embora algumas vozes se tenham insurgido contra o aludido desconto, considerando que, por omissão do Estado, não existiria fundo para custear o movimento ou contribuição específica para dar suporte à greve.[523] O STF decidiu que, mesmo não sendo abusiva a greve, cabe o desconto nos vencimentos quanto aos dias não trabalhados, só havendo vedação no caso de abuso do Poder Público, como, por exemplo, a falta ou atraso na remuneração – orientação que nos permitimos endossar.[524] O desconto pode efetivar-se em parcela única, a não ser que haja risco de supressão ou redução excessiva na remuneração, quando poderá ser parcelado; exige-se aqui a ponderação inerente ao princípio da razoabilidade.[525]

A verdade é que reina verdadeiro caos sobre o tema. Várias greves de servidores, algumas com a duração de semanas e até de meses, não acarretaram qualquer efeito pecuniário ou funcional para os grevistas, parecendo mesmo que, em algumas oportunidades, o Governo teve que se curvar à força e às exigências do movimento. Foram noticiadas, inclusive, greves de magistrados, de policiais, de fiscais e de outras categorias em relação às quais o movimento grevista pareceria esdrúxulo e incompatível com as relevantes funções de seus agentes.

O ideal é que o Poder Público diligencie para que seja logo editada a lei regulamentadora da matéria, porque toda a confusão sobre o assunto tem emanado da lamentável e inconstitucional inércia legislativa. Com a lei, evitar-se-iam os abusos cometidos de parte a parte, abusos estes que acabam respingando sobre quem nada tem a ver com a história – a população em geral – que, a despeito de sua necessidade, permanece sem a prestação de serviços públicos essenciais, como previdência social, assistência médica, educação e justiça, entre outros. A propósito, cumpre salientar que se revela ilegal, por incompatível, a greve de policiais, civis ou militares, tendo em vista que se trata de atividade necessária à própria segurança do Estado e da sociedade. Para esses servidores, eventual mediação instaurada pelos órgãos classistas dessas carreiras precisa ter a participação do Poder Público, na forma do art. 165 do CPC.[526]

Em virtude dos frequentes conflitos coletivos na função pública, cresce a ideia de desenvolver-se um método específico de *negociação coletiva*, já que esta, ao contrário do que muitos pensam, não é ligada apenas ao Direito do Trabalho. É claro que haverá a necessidade de parâmetros próprios, mas o certo é que a negociação, que tem amparo no art. 114, §§ 1º e 2º, da CF, e que deve preceder a greve, poderá servir como frutífero instrumento para a resolução de conflitos e como forma de evitar a paralisação da atividade administrativa.[527]

---

[521] Vide STF, RE 197.196, j. 26.10.1998.

[522] STJ, RMS 4.574, j. 6.12.1995, e TJ-MG, MS 13.379/1994.

[523] STJ, MS 15.272, j. 29.9.2010, com vários votos vencidos.

[524] STF, RE 693.456, j. 27.10.2016, maioria, com 4 votos vencidos.

[525] STJ, RMS 49.339, j. 6.10.2016.

[526] STF, Ag. em RE 654.432, j. 5.4.2017.

[527] V. FLORIVALDO DUTRA DE ARAUJO, *Negociação coletiva dos servidores públicos*, Forum, 2011, p. 361.

648 | MANUAL DE DIREITO ADMINISTRATIVO • *Carvalho Filho*

A vigente Constituição, no art. 114, II, com a redação da EC nº 45/2004, estabeleceu a competência da Justiça do Trabalho para processar e julgar *"as ações que envolvam exercício do direito de greve"*. Como o direito de greve é assegurado a todos os servidores públicos, quaisquer litígios sobre a legitimidade, ou não, do exercício desse direito devem ser submetidos à justiça trabalhista, inclusive quando se tratar de greve de servidores estatutários, pois que nenhuma distinção o dispositivo fez quanto à natureza dos grevistas. Note-se que a greve traduz questão diferente da discussão que envolve direitos e obrigações oriundos da relação estatutária. Neste último caso, como já vimos, a competência é da Justiça Comum (Estadual ou Federal), e não da Justiça do Trabalho.[528] Já a solução da controvérsia sobre a greve ficou atribuída à Justiça Trabalhista, como ressai claramente do texto constitucional.

A matéria tem suscitado muita controvérsia, o que é fácil de entender pela imprecisa disciplina que a rege. O STF, em mandado de injunção, determinou a aplicação, por analogia, da Leis nᵒˢ 7.783/1989 e 7.701/1988, aplicáveis ao regime trabalhista privado, estabelecendo as competências segundo a extensão da greve – solução que, com a devida vênia, não parece a melhor.[529] Em outro momento, decidiu-se pela inaplicabilidade do dispositivo apenas aos servidores estatutários.[530] Posteriormente, a Corte, surpreendentemente, embora por apertada maioria, desconsiderou o art. 114, II, da CF, decidindo que a Justiça Comum é competente para o julgamento de causa que envolva greve de servidor público, seja estatutário ou celetista.[531] A orientação, segundo nos parece, desborda do mandamento constitucional, que não fez qualquer distinção sobre o regime do servidor. Ou seja: aos poucos foi sendo descartada a competência da Justiça trabalhista.

Dúvida surgiu a respeito dos servidores em *estágio probatório*, indagando-se, no caso de greve, se deveria incidir a mesma proteção assegurada aos servidores estáveis. Não vemos qualquer fundamento para dar-lhes tratamento diferenciado. O estágio probatório não lhes retira a condição de servidores estatutários, e a greve constitui direito de sede constitucional, a cada dia dotado de maior reconhecimento. Desse modo, a adesão à greve impede que a Administração proceda à sua exoneração – esta somente adequada em situações especiais de incompatibilidade da postura do servidor com as funções que lhe foram cometidas, o que, à evidência, não é o caso da participação (não abusiva) na greve.[532] Avulta notar, ainda, que nem a lei nem o decreto podem prever a exoneração imediata de servidor em estágio por ter participado de greve, e por duas razões: (1º) ter-se-ia a greve como abuso de poder, e não como direito legítimo; (2º) far-se-ia distinção entre servidores estáveis e não estáveis, sem amparo normativo. Atos dessa natureza são inconstitucionais.[533]

Por outro lado, já se decidiu que a greve de advogados públicos não se configura como motivo de força maior capaz de provocar a suspensão ou devolução de prazos processuais.[534] Significa, pois, que a greve, nesse caso, poderá ensejar graves prejuízos ao respectivo ente público, que deverá organizar-se cuidadosamente para que o fato não ocorra.

---

[528] Também: MARIA SYLVIA ZANELLA DI PIETRO, *Direito administrativo*, cit., 20. ed., 2007, p. 508.

[529] MI 708-DF, Rel. Min. GILMAR MENDES, em 25.10.2007. Também: STA 207-RS, *DJ* 15.4.2008.

[530] STF, ADI-MC 3.395, j. 5.4.2006.

[531] STF, RE 846.854, j. 25.5.2017. Cinco Ministros entenderam que, para servidores celetistas, competente seria a Justiça do Trabalho – o que mostra a divisão da Corte sobre a matéria.

[532] Também: STF, RE 226.966-RS, maioria, Rel. Min. CÁRMEN LÚCIA, em 11.11.2008.

[533] STF, ADI 3.235, j. 4.2.2010 (decreto previa exoneração imediata).

[534] STJ, REsp 1.280.063, Min. ELIANA CALMON, em 4.6.2013.

10. DIREITOS SOCIAIS DOS SERVIDORES

Além dos direitos expressamente conferidos aos servidores públicos no Capítulo próprio (arts. 39 a 41) e no relativo à Administração Pública (arts. 37 e 38), encontram-se outros direitos de natureza social a que também fazem jus.

Para melhor sistema didático, podemos dividir os direitos sociais em dois grupos de acordo com a espécie de normas que os asseguram: os direitos sociais constitucionais e os direitos sociais legais.

Os direitos sociais constitucionais são objeto da referência do art. 39, § 3º, CF, o qual determina que 16 dos direitos sociais outorgados aos empregados sejam estendidos aos servidores públicos. Dentre esses direitos estão o do salário mínimo (art. 7º, IV); o décimo terceiro salário (art. 7º, VIII); o repouso semanal remunerado (art. 7º, XV); o salário-família (art. 7º, XII); o de férias anuais (art. 7º, XVII); o de licença à gestante (art. 7º, XVIII) e outros mencionados no dispositivo constitucional. Vale a pena lembrar, neste passo, que quando se quiser saber se algum direito outorgado aos trabalhadores em geral se aplica aos servidores públicos deverá ser consultado o art. 39, § 3º, da CF, o qual faz remissão a vários direitos sociais previstos no art. 7º da mesma Carta.

Além desses, há vários direitos de natureza social relacionados nos diversos estatutos funcionais das pessoas federativas. É nas leis estatutárias que se encontram tais direitos, como o direito às licenças, à pensão, aos auxílios pecuniários, como o auxílio-funeral e o auxílio-reclusão, à assistência à saúde etc.

Quanto às férias, a garantia do direito aos trabalhadores em geral está assegurada no art. 7º, XVII, da CF, sendo estendida aos servidores públicos pelo já citado art. 39, § 3º. No silêncio da Constituição, cabe à lei definir o período de fruição das férias. Como regra, o período é de 30 dias (arts. 130, I, CLT, para trabalhadores em geral, e 77, Lei 8.112, para os servidores estatutários federais), variando a disciplina quanto ao gozo parcial, ao sistema de compensação por faltas, à oportunidade de fruição e outros aspectos do gênero. Algumas categorias são beneficiadas por período mais amplo, como é o caso de magistrados e membros do Ministério Público, cujas férias são de 60 dias, fato que tem ensejado pesadas críticas, fundadas na ausência de razoabilidade e violação ao princípio da impessoalidade, propiciando, inclusive, o oferecimento de projetos de lei para a alteração dessa prerrogativa.[535] Surpreende ainda mais a possibilidade de que, em muitos casos, se permite a venda de metade das férias, numa demonstração de que (a) o período de 60 dias é desarrazoado; (b) tal venda espelha, indiretamente, aumento da remuneração; e (c) não beneficia os demais servidores, em clara ofensa ao princípio da impessoalidade.[536]

Advirta-se, ainda, que o adicional de 1/3 de férias incide sobre a remuneração concernente a todo o período de férias. Como exemplo, se o Município estabelece para os professores o período de 45 dias de férias, o adicional deverá recair sobre a remuneração relativa a todo esse período, e não apenas sobre o período de 30 dias.[537]

Merece comentário questão que tem sido suscitada a respeito do direito à indenização por férias ou licenças voluntárias não gozadas. Anteriormente, tais benefícios, se não fossem fruídos, tinham, para compensar o servidor, o respectivo período contado em dobro para efeito de tempo de aposentadoria e disponibilidade, conforme dispunham normalmente as leis estatutárias. Com o advento da norma prevista no art. 40, § 10, da CF, que vedou a contagem

---

[535] STF, RE 539.370, j. 30.11.2010 (lei constitucional: redução de 2 meses para 01 o período das férias dos Procuradores da Fazenda).

[536] É o caso da Lei/ERJ nº 5.535, de 10.9.2009 (art. 45 e § 3º).

[537] STF, RE 1.400.787/CE, j. 15.12.2022.

de tempo fictício de contribuição, tal prática resultou extinta. A dúvida, então, passou a ser qual o efeito decorrente de não ter o servidor gozado suas férias ou licenças, tendo esse direito surgido após a EC nº 20, de dezembro de 1998.

É inegável que ambos os benefícios constituem direito subjetivo do servidor: uma vez consumado o suporte fático estabelecido na lei, nasce para o servidor o direito ao gozo. Como não há mais a compensação da contagem de tempo em dobro, urge que a Administração, através do respectivo setor de pessoal, controle a fruição desses direitos pelos servidores, não permitindo que deixem de exercê-los, seja por interesse do serviço (o que, como regra, costuma ocorrer, embora não devesse), seja por omissão ou desinteresse do próprio servidor. Ocorrendo fato extintivo da relação estatutária (como a aposentadoria, por exemplo), sem que tais direitos tenham sido exercidos, o servidor faz jus à indenização correspondente à remuneração que teria auferido caso os tivesse exercido. A não ser assim, a Administração se locupletaria de sua própria torpeza e à custa de um direito do servidor apenas por não tê-lo fruído. A matéria desafia previsão em lei, mas, no caso de lacuna, ou de indeferimento do pedido na via administrativa, pode o servidor pleitear o reconhecimento de seu direito na via judicial. Já se decidiu, inclusive, pelo direito indenizatório de servidora que se aposentou sem fruir suas férias.[538] Com absoluto acerto, o direito já foi reconhecido também no caso da exoneração de servidores ocupantes de cargos em comissão, que, em atividade, não fruíram suas férias, inclusive considerando o abono constitucional de um terço dos vencimentos.[539]

O direito à conversão de férias e licença especial em pecúnia não é perene, sujeitando-se à prescrição no caso de inércia do titular. Cabe examinar qual o termo *a quo* do início do prazo prescricional. Como o direito decorre da aposentadoria do servidor, e esta se qualifica como ato complexo formado pela vontade do órgão administrativo e do registro do Tribunal de Contas, o prazo de prescrição conta-se a partir desse ato final, quando se integram as vontades e se perfaz o escopo final da Administração.[540]

A propósito, e por força de algumas investidas equivocadas da Receita Federal, restou pacificado que os valores resultantes da indenização de férias proporcionais e o respectivo adicional são isentos do imposto de renda.[541] Aliás, o mesmo ocorre com a indenização percebida por férias ou licenças-prêmio não gozadas. Tais parcelas têm nítida *feição indenizatória* e, por conseguinte, não podem mesmo sujeitar-se à contribuição do imposto de renda, incidente sobre *parcelas remuneratórias*.

Sobre a questão das férias, vale a pena fazer uma importante distinção. A parcela de um terço dos vencimentos a que faz jus o servidor quando do gozo de suas férias (denominado por alguns de *abono* ou *acréscimo de férias*) tem evidente caráter *remuneratório*, já que o art. 7º, XVII, da CF, alude ao *"gozo de férias anuais **remuneradas** com, pelo menos, um terço a mais do que o salário normal"*.[542] Ao contrário, o valor pago em virtude de férias não gozadas qualifica-se como parcela *indenizatória*. Assim, considerando a sua natureza, sobre a primeira devem incidir normalmente o imposto de renda e a contribuição previdenciária, ao passo que sobre a última não cabe a incidência. Observe-se que o art. 28, § 9º, e art. 6º da Lei nº 8.212/1990, exclui da incidência da contribuição previdenciária apenas o abono de férias previsto no art. 143 da CLT, relativo à conversão de um terço das férias em pecúnia, mas nenhuma referência faz ao terço constitucional remuneratório, instituto totalmente diverso. Anteriormente havia o entendimento de que o terço constitucional de férias estaria isento

---

[538] STF, RE 234.068, j. 19.10.2004.

[539] STF, RE 570.908, j. 16.9.2009.

[540] Também: STJ, MS 17.406, j. 15.8.2012, e AgRg.no REsp 255.215, j. 6.12.2012.

[541] STJ, Súmula 386 (2009).

[542] GUSTAVO FILIPE BARBOSA GARCIA, *Curso de direito do trabalho*, Forense, 4. ed., 2010, p. 943.

da contribuição previdenciária por ter caráter indenizatório, o que sempre nos pareceu uma interpretação equivocada.[543] Em bom momento, porém, o STF reformou essa orientação em ordem a afirmar a aludida incidência.[544] Em outra vertente, decidiu-se corretamente que o imposto de renda incide sobre a parcela de um terço sobre as *férias gozadas,* por ter evidente caráter remuneratório, como adiantamos.[545]

A gestação constitui objeto de proteção do art. 7º, XVIII, da CF, que prevê a *licença à gestante* como direito social das servidoras. O art. 10, II, *b,* do ADCT da CF, a seu turno, prevê a estabilidade provisória da gestante desde a gravidez até cinco meses após o parto. Tem lavrado alguma controvérsia a respeito do poder discricionário da Administração no caso de gestante investida em cargo em comissão, função gratificada ou sob a égide de contratação temporária. A despeito de alguma hesitação na jurisprudência, consolida-se o entendimento no sentido da estabilização da servidora gestante mesmo nas citadas situações funcionais, normalmente marcadas pela precariedade do exercício.[546] Não custa lembrar, como já assinalado anteriormente, que a Lei Complementar nº 146, de 25.6.2014, assegurou a aludida estabilidade, no caso de falecimento da genitora, a quem detiver a guarda do seu filho.

Algumas leis contemplaram o benefício de *"salário-esposa"* para trabalhadores e servidores públicos. Tais leis, entretanto, foram declaradas inconstitucionais, de forma correta a nosso ver, tendo em vista a violação dos princípios da igualdade, moralidade e razoabilidade. A concessão de benefícios deve vincular-se ao desempenho funcional, e não pode ter por base o estado civil, situação que enseja notória desigualdade em relação aos demais trabalhadores. A Constituição, inclusive, proíbe a diferença de salários por motivo de sexo, idade, cor e estado civil (art. 7º, XXX), mandamento extensivo aos servidores públicos (art. 39, § 3º).[547]

VI. Responsabilidade dos Servidores Públicos

A relação estatutária admite que, em certas circunstâncias, o servidor público seja responsabilizado perante a Administração. Obviamente, essa responsabilização só pode ser reconhecida se ocorrer uma situação fática que a lei tenha erigido como suporte da responsabilidade.

É sob esse aspecto que a responsabilidade do servidor perante a Administração pode ser civil, penal e administrativa. A Lei nº 8.112/1990 dispõe a respeito: *"O servidor responde civil, penal e administrativamente pelo exercício irregular de suas atribuições"* (art. 121). Vejamos os suportes fáticos e os efeitos dessas formas de responsabilidade.

Antes, porém, cabe salientar um aspecto que merece importante análise. A responsabilidade se origina de uma conduta ilícita ou da ocorrência de determinada situação fática prevista em lei e se caracteriza pela natureza do campo jurídico em que se consuma. Desse modo, a responsabilidade pode ser civil, penal e administrativa. Cada responsabilidade é, em princípio, independente da outra. Por exemplo, pode haver responsabilidade civil sem que haja responsabilidade penal ou administrativa. Pode também haver responsabilidade administrativa sem que se siga conjuntamente a responsabilidade penal ou civil. Sucede que, em algumas ocasiões, o fato que gera certo tipo de responsabilidade é simultaneamente gerador de outro tipo; se isso ocorrer, as responsabilidades serão conjugadas. Essa é a razão

---

[543] STF, ADPF 362-BA, j. 20.2.2024.

[544] STJ, REsp 1.230.957, j. 26.2.2014.

[545] STJ, REsp 1.459.779, j. 22.4.2015, e AgRg no REsp 1.305.039, j. 27.11.2012.

[546] STF, RE 509.775, j. 2.2.2010, e RE 597.807, j. 31.3.2009.

[547] STF, ADPF 860 e 879, j. 6.2.2023.

652 | MANUAL DE DIREITO ADMINISTRATIVO • *Carvalho Filho*

por que a mesma situação fática é idônea a criar, concomitantemente, as responsabilidades civil, penal e administrativa.

Se as responsabilidades se acumulam, a consequência natural será a da acumulabilidade das sanções, visto que para cada tipo de responsabilidade é atribuída uma espécie de sanção. No que toca ao servidor público, foi exatamente esse o motivo pelo qual o estatuto funcional federal dispôs que *"as sanções civis, penais e administrativas poderão cumular-se, sendo independentes entre si"* (art. 125, Lei 8.112/1990).[548]

Em virtude da independência das responsabilidades e, em consequência, das respectivas instâncias, é que o STF já decidiu, acertadamente, que pode a Administração aplicar ao servidor a pena de demissão em processo disciplinar, mesmo se ainda em curso a ação penal a que responde pelo mesmo fato.[549] Pode até mesmo ocorrer que a decisão penal influa na esfera administrativa, mas isso *a posteriori*. O certo é que a realização do procedimento administrativo não se sujeita ao pressuposto de haver prévia definição sobre o fato firmada na esfera judicial.

Noutro giro, é oportuno lembrar que, além desses ramos clássicos de responsabilidade do servidor, a Lei nº 8.429/1992, como veremos no momento próprio, prevê uma série de condutas que se qualificam como improbidade administrativa por enriquecimento ilícito, lesão ao erário ou violação de princípios. A lei relaciona sanções de caráter político, administrativo e civil, que podem ou não igualar-se às punições tradicionais; no caso de identidade sancionatória, vedada será a aplicação em duplicidade (*ne bis in idem*).

A propósito, ocorrendo conduta de *improbidade*, prevista no art. 132, IV, da Lei 8.112/1990 (Estatuto Federal), o administrador pode aplicar normalmente a penalidade de *demissão* ao infrator, independentemente de prévia condenação, por autoridade judicial, à perda da função pública prevista na Lei de Improbidade (Súmula 651, STJ). Embora esta seja privativa de ato judicial, aquela pode ser regularmente decretada por autoridade administrativa no exercício de sua função fiscalizadora e punitiva.

1. RESPONSABILIDADE CIVIL

Responsabilidade civil é a imputação, ao servidor público, da obrigação de reparar o dano que tenha causado à Administração ou a terceiro, em decorrência de conduta culposa ou dolosa, de caráter comissivo ou omissivo.[550] Trata-se, como se pode observar, de responsabilidade subjetiva ou com culpa.

Para imputar-se a responsabilidade civil ao servidor é preciso que haja a comprovação do dano causado, seja lesada a Administração, seja o terceiro. Sem o dano inexiste responsabilização. Cumpre também que haja a comprovação de que o servidor agiu com culpa civil, isto é, por meio de comportamento doloso ou culposo em sentido estrito.

Se o dano for causado à Administração, o servidor público é perante ela diretamente responsável. Contudo, se causa danos a terceiros, poderia o servidor, em nosso entender, responder diretamente, sendo acionado pelo lesado, ou indiretamente, por meio do direito de regresso assegurado à Administração, caso em que esta já terá sido acionada diretamente pela vítima. A matéria é controversa. Todavia, a tendência é a de que o servidor não pode ser acionado diretamente, mas apenas na ação de regresso movida pela entidade condenada a indenizar.[551]

---

[548] Art. 125 da Lei nº 8.112/1990.

[549] STF, RE 21.708, j. 9.11.2000.

[550] Art. 122 da Lei nº 8.112/1990. Cf. também DIÓGENES GASPARINI (ob. cit., p. 184).

[551] STF, RE 1.027.633, j. 14.8.2019.

Cap. 11 • SERVIDORES PÚBLICOS | **653**

A responsabilidade civil do servidor reclama apuração por processo administrativo, exigindo-se a observância do princípio da ampla defesa em seu favor, do contraditório e da ampla faculdade probatória, como assegurado no art. 5º, LV, da CF, pena de ser decretada a nulidade do procedimento.

O dever indenizatório atribuído ao servidor pode ser satisfeito de uma só vez ou de forma parcelada, podendo ser descontada cada parcela em seus vencimentos. Todavia, não pode haver desconto em folha de pagamento efetuado de modo coercitivo. O fato espelharia verdadeira penhora *ex officio* nos vencimentos, subsídios ou salários do servidor, o que, como regra, é expressamente vedado pelo art. 833, IV, do CPC Há, porém, duas ressalvas: 1ª) para pagamento de prestação alimentícia; 2ª) sobre valores excedentes a 50 salários mínimos (art. 833, § 2º, CPC).[552] Como bem já se ressalvou, *"o desconto só é possível se com ele o servidor concordar"*.[553] A afirmação é correta, pois que o Poder Público não tem crédito privilegiado em relação a seu servidor. Seu crédito é indiscutível, mas a forma de satisfazê-lo há de ser a empregada para a cobrança dos créditos em geral.[554] Consequentemente, o pagamento do débito *"somente pode se dar por meio de desconto em folha de pagamento se houver a concordância do servidor"*, sendo, portanto, vedada a autoexecutoriedade administrativa impositiva do desconto.

2. RESPONSABILIDADE PENAL

A responsabilidade penal do servidor é a que decorre de conduta que a lei penal tipifica como infração penal.

A matéria da responsabilidade penal é típica das áreas do Direito Penal e Processual penal e exige que a solução final do litígio seja definida pelo Poder Judiciário. Nesse caso, a responsabilidade só pode ser atribuída se a conduta for dolosa ou culposa, estando, por conseguinte, descartada a responsabilidade objetiva.[555]

O servidor pode ser responsabilizado apenas penalmente. Mas, se o ilícito penal acarretar prejuízo à Administração, será também civilmente responsável.

Os crimes contra a Administração são, basicamente, os dos arts. 312 a 326 do CP – crimes praticados por funcionário público contra a Administração Pública. A legislação especial, a seu turno, prevê outras condutas típicas, acarretando também a responsabilidade penal do servidor. Diga-se, por oportuno, que a responsabilidade penal pode ser, ou não, pertinente à função administrativa. Quando está fora de sua função pública, a eventual prática de ilícito penal pode não causar nenhuma influência no âmbito da Administração.

3. RESPONSABILIDADE ADMINISTRATIVA

Quando o servidor pratica um ilícito administrativo, a ele é atribuída responsabilidade administrativa. O ilícito pode verificar-se por conduta comissiva ou omissiva e os fatos que o configuram são os previstos na legislação estatutária.

A responsabilidade administrativa deve ser apurada em processo administrativo, assegurando-se ao servidor o direito à ampla defesa e ao contraditório, bem como a maior margem probatória, a fim de possibilitar mais eficientemente a apuração do ilícito. Constatada a prática do ilícito, a responsabilidade importa a aplicação da adequada sanção administrativa.

---

552   Há, porém, duas ressalvas: 1ª) para pagamento de prestação alimentícia; 2ª) sobre valores excedentes a 50 salários mínimos (art. 833, § 2º, CPC).

553   DIÓGENES GASPARINI, ob. cit., p. 185. *Contra:* MARIA SYLVIA ZANELLA DI PIETRO, *Direito administrativo,* cit., 22. ed., p. 609.

554   STF, MS 24.182, j. 21.8.2002 (vedação da autoexecutoriedade da cobrança do dano).

555   MARIA SYLVIA ZANELLA DI PIETRO, ob. cit., p. 337.

654 | MANUAL DE DIREITO ADMINISTRATIVO • *Carvalho Filho*

Tratando-se de ilícito funcional, a responsabilidade alcança tanto os servidores que estão a serviço do órgão a que pertencem, como também aqueles que exerçam atribuições que tenham relação com as de seu cargo. Nesse sentido, dispõe o art. 148 da Lei nº 8.112/1990 (Estatuto Federal). A propósito, já se decidiu no sentido da instauração de processo disciplinar e aplicação de sanção contra servidor que exercia função em fundação privada, que, todavia, atuava em apoio à instituição federal, sendo esta responsável pela alocação de recursos.[556]

Já tivemos a oportunidade de registrar – mas nunca é demais frisar novamente – que o sistema punitivo na esfera administrativa é bem diferente do que existe no plano criminal. Neste, as condutas são tipificadas, de modo que a lei cominará uma sanção específica para a conduta que a ela estiver vinculada. Assim, o crime de lesões corporais simples enseja uma sanção específica: a de detenção de três meses a um ano (art. 129, CP). Na esfera administrativa, o regime é diverso, pois que as condutas não têm a precisa definição que ocorre no campo penal, como bem adverte a doutrina.[557] Os estatutos funcionais apresentam um elenco de deveres e vedações para os servidores, e o ilícito administrativo vai configurar-se exatamente quando tais deveres e vedações são inobservados. Além do mais, os estatutos relacionam as penalidades administrativas, sem, contudo, fixar qualquer elo de ligação *a priori* com a conduta. Apenas para exemplificar: a Lei nº 8.112/1990 enumera os deveres do servidor no art. 116 e as proibições no art. 117. As penalidades estão no art. 127. As condutas infracionais, entretanto, não têm estrita precisão: fala-se em exercer com zelo e dedicação as atribuições do cargo; em tratar com urbanidade as pessoas etc.

Deflui dessa circunstância que o sistema punitivo na Administração deverá atender a princípios específicos para a regular aplicação das sanções. Um deles é o princípio da *adequação punitiva* (ou *proporcionalidade*), pelo qual se incumbe ao administrador certa margem de discricionariedade para compatibilizar a conduta e a sanção. Fora desse princípio, a punição é arbitrária e ilegal, e passível de invalidação pela Administração ou pelo Judiciário. Outro é o princípio da *motivação* da penalidade, necessário para apontar os elementos que comprovam a observância, pelo administrador, da correlação entre a infração funcional e a punição imposta.

Por essa razão, em tais atos punitivos devem estar integrados os fatores apurados no processo administrativo-disciplinar, bem como os fundamentos jurídicos da punição, rendendo ensejo, por conseguinte, a que possam tais elementos ser aferidos no Poder Judiciário.[558] Acrescente-se a esses o princípio do *contraditório e da ampla defesa*, fundado no art. 5º, LV, da CF, que, além de não poder ser postergado, deve incidir toda vez que a Administração aplica sanção a seus servidores.[559] Avulta, em consequência, que lei na qual seja prevista punição sumária qualifica-se como irremediavelmente inconstitucional.[560]

Ressalve-se, no entanto, que ao juiz só é lícito examinar o aspecto de legalidade, mas não pode ter ingerência nos critérios de conveniência, oportunidade ou justiça dos atos punitivos, visto que são eles da exclusiva alçada da Administração, conforme clássica e precisa lição de HELY LOPES MEIRELLES.[561]

Consolidou-se no STJ a diretriz segundo a qual a autoridade competente não dispõe de *discricionariedade* para aplicar ao servidor pena diversa da de *demissão*, em se tratando de

---

[556] STJ, MS 2.669, j. 23.8.2017.
[557] MARIA SYLVIA ZANELLA DI PIETRO, op. cit., p. 337.
[558] Esta é também a posição de MARIA SYLVIA DI PIETRO, ob. cit., p. 337.
[559] Correta a decisão do TJ-SP, na ApCiv. 008.025, j. 11.12.1997.
[560] Foi como decidiu o STF na ADI 2.120-AM, Rel. Min. CELSO DE MELLO, em 16.10.2008.
[561] Ob. cit., p. 415.

conduta prevista entre as enumeradas no art. 132 da Lei 8.112/1990 (Estatuto Federal).[562] Todavia, impõe-se interpretar com cautela tal orientação. Na verdade, há situações mencionadas no referido dispositivo que se apresentam com certa fluidez e indefinição, o que logicamente exigirá alguma avaliação subjetiva sobre sua configuração. É o caso, por exemplo, do inciso VI, que alude à *insubordinação grave em serviço*, em que a *gravidade* admite vários graus conforme a visão do intérprete.

Não custa anotar que a pretensão punitiva da Administração em relação a infrações de seus servidores sujeita-se à *prescrição*, variando o prazo conforme a espécie da sanção imposta (art. 142, I a III, Lei nº 8.112/1990). Se a infração disciplinar é também capitulada como crime, o prazo prescricional será o previsto na lei penal (art. 142, § 2º). Preteritamente, exigia-se que já houvesse apuração criminal da conduta do servidor como requisito para o início do prazo.[563] Tal interpretação, contudo, foi alterada para o fim de excluir esse requisito, sustentando-se que deve prevalecer critério objetivo em prol da segurança jurídica, qual seja, o fixado na lei penal.[564]

4. EFEITOS DA DECISÃO PENAL NAS ESFERAS CIVIL E ADMINISTRATIVA

Um dos mais relevantes temas dentro da responsabilidade dos servidores públicos é, sem dúvida, o que analisa a repercussão do decisório penal no seio da Administração, seja no aspecto civil, seja no administrativo.

4.1. Repercussão na Esfera Civil

A *decisão penal condenatória* só causa reflexo na esfera civil da Administração se o fato ilícito penal se caracterizar também como fato ilícito civil, ocasionando prejuízo patrimonial aos cofres públicos. Suponha-se que o servidor tenha destruído deliberadamente bens públicos, sendo condenado pela prática do crime de dano (art. 163 do CP), que pressupõe conduta dolosa. A decisão criminal, no caso, provocará reflexo na esfera civil da Administração, atribuindo responsabilidade civil ao servidor e estabelecendo sua obrigação de reparar o dano.[565] Se a condenação pelo crime, entretanto, não tiver ocasionado qualquer dano à Administração, por ser particular o bem danificado, inexistirá responsabilidade civil do servidor perante o Poder Público.

A *decisão absolutória* no crime poderá repercutir, ou não, na esfera civil, e isso porque, como vimos, as responsabilidades são independentes. Para exemplificar, se o servidor recebeu a imputação do crime de dano e é absolvido na esfera criminal, duas hipóteses serão possíveis:

a)   se não houve dano patrimonial à Administração, não poderá haver responsabilidade civil do servidor; e

b)   se houve o dano, por exemplo, em razão de conduta culposa, a decisão absolutória no crime (que exige sempre o dolo) não influirá na esfera civil da Administração, significando que, constatada sua imprudência, imperícia ou negligência, o servidor terá responsabilidade civil perante a Administração, mesmo tendo sido absolvido no crime.

A instância criminal, portanto, não obriga a instância civil.

---

562   STJ, Súmula 650 (2021).
563   STJ, MS 13.926, j. 27.2.2013, e MS 15.462, j. 14.3.2011.
564   STJ, MS 20.857, j. 22.5.2019.
565   REINALDO MOREIRA BRUNO e MANOLO DEL OLMO, *Servidor público*, cit., p. 244.

4.2. Repercussão na Esfera Administrativa

Várias são as questões atinentes ao reflexo que a decisão criminal provoca na esfera administrativa. Para melhor compreensão, vale a pena tentar um sistema que englobe as várias hipóteses.

Primeiramente, devem agrupar-se as decisões penais em duas categorias, conforme o crime imputado ao servidor público:

a) crimes funcionais, aqueles em que o ilícito penal tem correlação com os deveres administrativos; e

b) crimes não funcionais, os demais, isto é, os que não têm essa conexão.

4.3. Crimes Funcionais

Dentre os crimes funcionais, há os que ensejam decisão penal condenatória ou absolutória. Já dissemos, mas não custa insistir, que essa categoria de delitos guarda conexão com a competência funcional do servidor. Significa que as condutas ilícitas agridem tanto a lei penal quanto o estatuto funcional, configurando-se, destarte, dupla responsabilidade.

Após a conclusão do respectivo processo penal, e sempre assegurado ao servidor o direito ao contraditório e à ampla defesa, o órgão judicial pode concluir no sentido da culpabilidade ou não do servidor acusado. Dependendo da natureza do *decisum*, diferentes serão os seus efeitos relativamente à situação funcional do servidor, como veremos a seguir.

4.3.1. Condenação

Em se tratando de decisão penal condenatória por crime funcional, terá que haver sempre reflexo na esfera da Administração. Se o juiz reconheceu que o servidor praticou crime e este é conexo à função pública, a Administração não tem alternativa senão a de considerar a conduta como ilícito também administrativo. Exemplo: se o servidor é condenado pelo crime de corrupção passiva (art. 317, CP), terá implicitamente praticado um ilícito administrativo. No caso da Lei nº 8.112/1990, o servidor terá violado o art. 117, XII, que o proíbe de receber propina ou vantagem de qualquer espécie em razão de suas atribuições. A instância penal, então, obriga a instância administrativa.

Assinale-se, ainda, que o Código Penal estabelece, como um dos efeitos da condenação, a perda do cargo, função pública ou mandato eletivo, quando for aplicada pena privativa de liberdade por tempo igual ou superior a um ano, nos crimes praticados com abuso de poder ou violação de dever para com a Administração Pública (art. 92, I, Código Penal). Há também previsão de perda da função pública no caso de condenação por crime contra a probidade administrativa (art. 12, III, Lei nº 8.429/1992).

4.3.2. Absolvição

Se a decisão penal for absolutória, será necessário distinguir o motivo da absolvição:

a) se a decisão absolutória afirma a inexistência do fato atribuído ao servidor (art. 386, I, do CPP) ou o exclui expressamente da condição de autor do fato (ou, nos dizeres do novo inciso IV do art. 386 do CPP, reconheça *"estar provado que o réu não concorreu para a infração penal"*), haverá repercussão no âmbito da Administração: significa que esta não poderá punir o servidor pelo fato decidido na esfera criminal. A instância

Cap. 11 · SERVIDORES PÚBLICOS | 657

penal, no caso, obriga a instância administrativa. Se a punição já tiver sido aplicada, deverá ser anulada em virtude do que foi decidido pelo juiz criminal;

b) se a decisão absolutória, ao contrário, absolver o servidor por insuficiência de provas quanto à autoria ou porque a prova não foi suficiente para a condenação (art. 386, V e VII, do CPP), não influirá na decisão administrativa se, além da conduta penal imputada, houver a configuração de ilícito administrativo naquilo que a doutrina denomina de *conduta residual.*

Vale dizer: pode o servidor ser absolvido no crime e ser punido na esfera administrativa. Sendo assim, inexistirá repercussão, nesse caso, da decisão criminal no âmbito da Administração, ou seja, a instância penal não obriga a esfera administrativa. O STF já se pacificou sobre o tema: *"Pela falta residual não compreendida na absolvição pelo juízo criminal, é admissível a punição administrativa de servidor público".*[566] Vejamos um exemplo: imagine-se que um servidor federal tenha sido absolvido da imputação, a ele atribuída, da prática do crime de peculato (art. 312, CP), por insuficiência de provas quanto à sua participação no fato: nada impede, porém, que seja punido na esfera administrativa por ter procedido de forma desidiosa, ilícito administrativo previsto no art. 117, XV, da Lei nº 8.112/1990, que constitui conduta residual independente do crime de peculato.[567]

Essa orientação, que já está pacificada nos Tribunais, ainda leva alguns profissionais a erronias técnicas, ao postularem reintegração de servidores absolvidos na esfera criminal por insuficiência de provas. Assim, sempre vale a pena repeti-la, sobretudo em decisões claríssimas como esta do Egrégio STF: *"Embora possa ter sido absolvido o funcionário na ação penal a que respondeu, não importa tal ocorrência a sua volta aos quadros do serviço público, se a absolvição se deu por insuficiência de provas, e o servidor foi regularmente submetido a inquérito administrativo, no qual foi apurado ter ele praticado o ato pelo qual veio a ser demitido. A absolvição criminal só importaria anulação do ato demissório se tivesse ficado provada, na ação penal, a inexistência do fato, ou que o acusado não fora o autor."*[568]

Registre-se, em acréscimo, que a decisão judicial que, anulando o ato demissório, determina a reintegração do servidor, com fundamento em sua absolvição na esfera penal apenas por insuficiência de provas, contém erro de fato que redunda no desfazimento por ação rescisória, como acertadamente já se decidiu.[569]

Advirta-se, contudo, que a *absolvição imprópria*, em que a sentença reconhece a enfermidade psíquica do servidor e lhe aplica medida de segurança, reclama detida análise por parte do ente público, de modo que, se o ato tiver sido praticado durante surto psicótico, descabe a fixação de sanção disciplinar, devendo a Administração avaliar eventual concessão de licença para tratamento de saúde ou de aposentadoria por invalidez.[570]

4.4. Crimes Não Funcionais

Como antecipamos, o servidor pratica alguns delitos que não têm qualquer relação com a função atribuída a seu cargo ou com qualquer função pública. São crimes perpetrados

---

[566] Súmula 18. Também: STF, MS 20.814, j. 22.3.1991.

[567] STJ, RMS 30.590, j. 20.5.2010 (demissão de policial civil).

[568] MS nº 20.814, Pleno, Rel. Min. ALDIR PASSARINHO, julg. em 22.3.1991 (*RDA* 183/77, 1992).

[569] Foi como decidiu o STJ no REsp 879.734, j. 5.10.2010.

[570] STJ, processo segr.justiça, Rel. Min. Regina Helena Costa, j. 4.10.2024 (Informativo STJ 828).

658 | MANUAL DE DIREITO ADMINISTRATIVO • *Carvalho Filho*

nas relações privadas do servidor, não havendo qualquer interferência do ente público ao qual pertence.

Obviamente, tais situações não podem comparar-se àquelas que resultam de crimes conexos com o cargo ou função pública do servidor e, justamente por esse motivo, o tratamento jurídico aplicável sobre elas não guarda inteira identidade.

4.4.1. Condenação

Se o servidor é condenado a crime que não tenha correlação com a função pública, nenhuma influência haverá na esfera administrativa quando a pena não impuser a perda da liberdade. É o caso da suspensão condicional da pena (*sursis*).

Quando a condenação importa a aplicação de pena privativa da liberdade, devem ser diferenciadas as hipóteses:

a) se a privação da liberdade for por tempo inferior a quatro anos, o servidor ficará afastado de seu cargo ou função, prevendo o Estatuto Federal nesse caso o benefício do auxílio-reclusão, pago à sua família (art. 229) (esclareça-se aqui que esse afastamento apenas suspende a relação funcional e constitui direito social do servidor);

b) se a privação da liberdade for superior a quatro anos, incide o art. 92, I, "b", do CP (com a redação da Lei nº 9.268, de 1º.4.1996), pelo qual a condenação, nessa hipótese, acarreta a perda do cargo, função pública ou mandato eletivo.

Neste passo, convém anotar que a EC nº 20/1998 (art. 13) previu a edição de lei com o fito de disciplinar o acesso ao auxílio-reclusão para servidores, segurados e dependentes, e, enquanto não houver a lei, assegurou o benefício àqueles que tenham renda mensal igual ou inferior a R$ 360,00, valor esse a ser corrigido pelos índices adotados pelo regime geral da previdência social quando do advento do diploma regulador.

4.4.2. Absolvição

Sendo absolvido em crime de natureza não funcional, nenhum efeito ocorrerá na relação funcional, e, em consequência, na esfera administrativa. Afinal, nunca é demais relembrar que no caso há a presença de dois fatores. De um lado, a conduta é prática no âmbito das relações privadas do servidor público; de outro, mesmo configurando crime, a conduta não interfere no âmbito da relação funcional.

4.4.3. Absolvição na Esfera Administrativa

Diferentemente dos casos anteriores, em que foi examinada a influência de decisão penal sobre a esfera administrativa, não se adota o mesmo sistema na hipótese inversa. Em razão da independência das instâncias penal e administrativa, a solução nesta última esfera não impede a instauração de processo no âmbito criminal.

Em *habeas corpus* no qual o paciente pleiteava a anulação do ato do juiz que recebeu a denúncia em ação penal, o Egrégio STF decidiu que "*a absolvição em processo administrativo disciplinar não impede a apuração dos mesmos fatos em processo criminal, uma vez que as instâncias penal e administrativa são independentes*". Não prevaleceu, assim, o argumento do impetrante de que estaria havendo duplicidade de julgamento pelo fato de serem apreciadas as mesmas provas oferecidas no processo administrativo.[571]

VII. Súmulas

SUPREMO TRIBUNAL FEDERAL

Súmula 11: *A vitaliciedade não impede a extinção do cargo, ficando o funcionário em disponibilidade, com todos os vencimentos.*

Súmula 15: *Dentro do prazo de validade do concurso, o candidato aprovado tem direito à nomeação, quando o cargo for preenchido sem observância da classificação.*

Súmula 16: *Funcionário nomeado por concurso tem direito à posse.*

Súmula 17: *A nomeação de funcionário sem concurso pode ser desfeita antes da posse.*

Súmula 18: *Pela falta residual não compreendida na absolvição pelo juízo criminal, é admissível a punição administrativa do servidor público.*

Súmula 19: *É inadmissível segunda punição de servidor público, baseada no mesmo processo em que se fundou a primeira.*

Súmula 20: *É necessário processo administrativo, com ampla defesa, para demissão de funcionário admitido por concurso.*

Súmula 21: *Funcionário em estágio probatório não pode ser exonerado nem demitido sem inquérito ou sem as formalidades legais de apuração de sua capacidade.*

Súmula 22: *O estágio probatório não protege o funcionário contra a extinção do cargo.*

Súmula 36: *Servidor vitalício está sujeito à aposentadoria compulsória, em razão da idade.*

Súmula 339: *Não cabe ao Poder Judiciário, que não tem função legislativa, aumentar vencimentos de servidores públicos, sob fundamento de isonomia.*

Súmula 359: *Ressalvada a revisão prevista em lei, os proventos da inatividade regulam-se pela lei vigente ao tempo em que o militar, ou o servidor civil, reuniu os requisitos necessários.*

Súmula 678: *São inconstitucionais os incisos I e III do art. 7o da Lei no 8.162/1991, que afastam, para efeito de anuênio e de licença-prêmio, a contagem do tempo de serviço regido pela CLT dos servidores que passaram a submeter-se ao Regime Jurídico Único.*

Súmula 679: *A fixação de vencimentos dos servidores públicos não pode ser objeto de convenção coletiva.*

Súmula 680: *O direito ao auxílio-alimentação não se estende aos servidores inativos.*

Súmula 681: *vide Súmula Vinculante 42.*

Súmula 682: *Não ofende a Constituição a correção monetária no pagamento com atraso dos vencimentos de servidores públicos.*

Súmula 683: *O limite de idade para a inscrição em concurso público só se legitima em face do art. 7º, XXX, da Constituição, quando possa ser justificado pela natureza das atribuições do cargo a ser preenchido.*

Súmula 684: *É inconstitucional o veto não motivado à participação de candidato a concurso público.*

Súmula 685: *vide Súmula Vinculante 43.*

Súmula 686: *vide Súmula Vinculante 44.*

---

[571] STF, HC 77.784, j. 10.11.1998.

660 | MANUAL DE DIREITO ADMINISTRATIVO • Carvalho Filho

Súmula 726: *Para efeito de aposentadoria especial de professores, não se computa o tempo de serviço prestado fora da sala de aula.*

SÚMULAS VINCULANTES

Súmula Vinculante 4: *Salvo nos casos previstos da Constituição, o salário mínimo não pode ser usado como indexador de base de cálculo de vantagem de servidor público ou de empregado, nem ser substituído por decisão judicial.*

Súmula Vinculante 5: *A falta de defesa técnica por advogado no processo administrativo disciplinar não ofende a Constituição.*

Súmula Vinculante 6: *Não viola a Constituição o estabelecimento de remuneração inferior ao salário mínimo para as praças prestadoras de serviço militar inicial.*

Súmula Vinculante 13: *A nomeação de cônjuge, companheiro ou parente em linha reta, colateral ou por afinidade, até o terceiro grau, inclusive, da autoridade nomeante ou de servidor da mesma pessoa jurídica investido em cargo de direção, chefia ou assessoramento, para o exercício de cargo em comissão ou de confiança ou, ainda, de função gratificada na administração pública direta e indireta em qualquer dos Poderes da União, dos Estados, do Distrito Federal e dos Municípios, compreendido o ajuste mediante designações recíprocas, viola a Constituição Federal.*

Súmula Vinculante 15: *O cálculo de gratificações e outras vantagens não incide sobre o abono utilizado para se atingir o salário mínimo do servidor público.*

Súmula Vinculante 16: *Os arts. 7º, IV, e 39, § 3º (redação da EC nº 19/1998), da Constituição, referem-se ao total da remuneração percebida pelo servidor público.*

Súmula Vinculante 22: *A Justiça do Trabalho é competente para processar e julgar as ações de indenização por danos morais e patrimoniais decorrentes de acidente de trabalho propostas por empregado contra empregador, inclusive aquelas que ainda não possuíam sentença de mérito em primeiro grau quando da promulgação da Emenda Constitucional nº 45/04.*

Súmula Vinculante 33: *Aplicam-se ao servidor público, no que couber, as regras do regime geral da previdência social sobre aposentadoria especial de que trata o artigo 40, § 4º, inciso III da Constituição Federal, até a edição de lei complementar específica.*

Súmula Vinculante 37: *Não cabe ao Poder Judiciário, que não tem função legislativa, aumentar vencimentos de servidores públicos sob o fundamento de isonomia.*

Súmula Vinculante 42: *É inconstitucional a vinculação do reajuste de vencimentos de servidores estaduais ou municipais a índices federais de correção monetária (antiga Súmula 681).*

Súmula Vinculante 43: *É inconstitucional toda modalidade de provimento que propicie ao servidor investir-se, sem prévia aprovação em concurso público destinado ao seu provimento, em cargo que não integra a carreira na qual anteriormente investido (antiga Súmula 685).*

Súmula Vinculante 44: *Só por lei se pode sujeitar a exame psicotécnico a habilitação de candidato a cargo público (antiga Súmula 686).*

SUPERIOR TRIBUNAL DE JUSTIÇA

Súmula 137: *Compete à Justiça Comum Estadual processar e julgar ação de servidor público municipal, pleiteando direitos relativos ao vínculo estatutário.*

Súmula 147: *Compete à Justiça Federal processar e julgar os crimes praticados contra funcionário público federal, quando relacionados com o exercício da função.*

Súmula 170: *Compete ao juízo onde for intentada a ação de acumulação de pedidos, trabalhista e estatutário, decidi-la nos limites da sua jurisdição, sem prejuízo do ajuizamento de nova causa, com o pedido remanescente, no juízo próprio.*

Súmula 173: *Compete à Justiça Federal processar e julgar o pedido de reintegração em cargo público federal, ainda que o servidor tenha sido dispensado antes da instituição do regime jurídico único.*

Súmula 218: *Compete à Justiça dos Estados processar e julgar ação de servidor estadual decorrente de direitos e vantagens estatutárias no exercício de cargo em comissão.*

Súmula 266: *O diploma de habilitação legal para o exercício do cargo deve ser exigido na posse, e não na inscrição para o concurso público.*

Súmula 340: *A lei aplicável à concessão de pensão previdenciária por morte é aquela vigente na data do óbito do segurado.*

Súmula 377: *O portador de visão monocular tem direito de concorrer, em concurso público, às vagas reservadas aos deficientes.*

Súmula 378: *Reconhecido o desvio de função, o servidor faz jus às diferenças salariais decorrentes.*

Súmula 386: *São isentas de imposto de renda as indenizações de férias proporcionais e o respectivo adicional.*

Súmula 463: *Incide imposto de renda sobre os valores percebidos a título de indenização por horas extraordinárias trabalhadas, ainda que decorrentes de acordo coletivo.*

Súmula 552: *O portador de surdez unilateral não se qualifica como pessoa com deficiência para o fim de disputar as vagas reservadas em concursos públicos* (2015).

Súmula 650: *A autoridade administrativa não dispõe de discricionariedade para aplicar ao servidor pena diversa de demissão quando caraterizadas as hipóteses previstas no art. 132 da Lei n. 8.112/1990 (2021).*

Súmula 651: *Compete à autoridade administrativa aplicar a servidor público a pena de demissão em razão da prática de improbidade administrativa, independentemente de prévia condenação, por autoridade judiciária, à perda da função pública (2021).*

12

Intervenção do Estado na Propriedade

I. Introdução

1. BREVE HISTÓRICO

O tema relativo à intervenção do Estado na propriedade resulta da evolução do perfil do Estado no mundo moderno.

Bem anota BIELSA que o Estado moderno não limita sua ação à mantença da segurança externa e da paz interna, como que suprindo as ações individuais. Muito mais do que isso, o Estado deve perceber e concretizar as aspirações coletivas, exercendo papel de funda conotação social.[1]

No curso evolutivo da sociedade, o Estado do século XIX não tinha esse tipo de preocupação. A doutrina do *laissez faire* assegurava ampla liberdade aos indivíduos e considerava intangíveis os seus direitos, mas, ao mesmo tempo, permitia que os abismos sociais se tornassem mais profundos, deixando à mostra os inevitáveis conflitos surgidos da desigualdade entre as várias camadas da sociedade. Esse Estado-polícia não conseguiu sobreviver aos novos fatores de ordem política, econômica e social que o mundo contemporâneo passou a enfrentar.

Essa forma de Estado deu lugar ao Estado-Bem-estar, *"que emprega seu poder supremo e coercitivo para suavizar, por uma intervenção decidida, algumas das consequências mais penosas da desigualdade econômica"*, nas precisas palavras de DALMO DALLARI.[2]

Saindo daquela posição de indiferente distância, o Estado contemporâneo foi assumindo a tarefa de assegurar a prestação dos serviços fundamentais e ampliando seu espectro social, procurando a proteção da sociedade vista como um todo, e não mais como um somatório de individualidades. Para tanto, precisou imiscuir-se nas relações privadas.

O Estado intervencionista nem sempre apresenta somente aspectos positivos, mas se considera que é melhor suportar sua hipertrofia com vistas à defesa social do que assistir à sua ineficácia e desinteresse diante dos conflitos gerados pelos grupamentos sociais.

O dilema moderno se situa na relação entre o Estado e o indivíduo. Para que possa atender aos reclamos globais da sociedade e captar as exigências do interesse público, é preciso que o Estado atinja alguns interesses individuais. E a regra que atualmente guia essa relação é a da supremacia do interesse público sobre o particular. É, na verdade, esse postulado que constitui um dos fundamentos políticos da intervenção do Estado na propriedade.

---

[1] RAFAEL BIELSA, *Derecho administrativo*, cit., t. I, p. 146.

[2] DALMO DE ABREU DALLARI, *Elementos de teoria geral do estado*, cit., p. 246.

664 | MANUAL DE DIREITO ADMINISTRATIVO · Carvalho Filho

2. PROPRIEDADE

A propriedade é instituto de caráter político: a ordem jurídica pode reconhecer, ou não, as características que dão forma ao instituto. Historicamente, a propriedade constituiu verdadeiro direito natural, sendo erigida a direito fundamental nas declarações de direito da época do constitucionalismo. As tendências socializantes, porém, alteraram a fisionomia da propriedade, e muitos ordenamentos jurídicos firmaram o postulado ortodoxo de que a propriedade tinha caráter provisório até que se chegasse à coletivização em massa.[3]

Modernamente se tem assegurado a existência da propriedade como instituto político, mas o conteúdo do direito de propriedade sofre inúmeras limitações no direito positivo, tudo para permitir que o interesse privado não se sobreponha aos interesses maiores da coletividade.[4]

A vigente Constituição é peremptória no que se refere ao reconhecimento do direito: *"É garantido o direito de propriedade"* (art. 5º, XXII). O mandamento indica que o legislador não pode erradicar esse direito do ordenamento jurídico positivo. Pode, sim, definir-lhe os contornos e fixar-lhe limitações, mas nunca deixará o direito de figurar como objeto da tutela jurídica.

Logo adiante veremos que a propriedade não mais se caracteriza como direito absoluto, como ocorria na época medieval. Hoje o direito de propriedade só se justifica diante do pressuposto que a Constituição estabelece para que a torne suscetível de tutela: *a função social*. Se a propriedade não está atendendo a sua função social, deve o Estado intervir para amoldá-la a essa qualificação. E essa função autoriza não só a determinação de obrigações de fazer, como de deixar de fazer, sempre para impedir o uso egoístico e antissocial da propriedade.[5] Por isso, o direito de propriedade é relativo e condicionado.

O Código Civil, depois de repetir a norma que confere ao proprietário a faculdade de usar, gozar e dispor da coisa (art. 1.228), fez a seguinte ressalva, em conformidade com a disciplina constitucional, e para consolidar o caráter social da propriedade: *"o direito de propriedade deve ser exercido em consonância com as suas finalidades econômicas e sociais e de modo que sejam preservados, de conformidade com o estabelecido em lei especial, a flora, a fauna, as belezas naturais, o equilíbrio ecológico e o patrimônio histórico e artístico, bem como evitada a poluição do ar e das águas"* (art. 1.228, § 1º). Ficou, portanto, reforçado o sentido social da propriedade. Se o proprietário não respeita essa função, nasce para o Estado o poder jurídico de nela intervir e até de suprimi-la, se esta providência se afigurar indispensável para ajustá-la aos fins constitucionalmente assegurados.

II. Intervenção do Estado

1. SENTIDO

Essa breve introdução é necessária para chegarmos ao ponto que constitui objeto do presente capítulo, ou seja, a intervenção do Estado na propriedade.

De forma sintética, podemos considerar intervenção do Estado na propriedade toda e qualquer atividade estatal que, amparada em lei, tenha por fim ajustá-la aos inúmeros fatores exigidos pela função social a que está condicionada. Extrai-se dessa noção que qualquer ataque

---

[3] PINTO FERREIRA, *Comentários à Constituição brasileira*, v. I, p. 100. Ver também o trabalho *Direito de propriedade*, de CARLOS AYRES BRITO, no qual o instituto é analisado sob os parâmetros do mundo burguês e como fator de vulnerabilidade estrutural da democracia (*RDP* nº 91/44).

[4] PONTES DE MIRANDA faz referência a limitações positivas (que dizem até onde vai o direito) e negativas (que dizem até onde vêm ou podem vir as incursões dos outros) (*Comentários à Constituição de 1967*, cit., t. V, p. 393).

[5] MARIA SYLVIA DI PIETRO, ob. cit., p. 94.

Cap. 12 · INTERVENÇÃO DO ESTADO NA PROPRIEDADE | **665**

à propriedade, que não tenha esse objetivo, estará contaminado de irretorquível ilegalidade. Trata-se, pois, de pressuposto constitucional do qual não pode afastar-se a Administração.

A intervenção, como é óbvio, revela um poder jurídico do Estado, calcado em sua própria soberania. É verdadeiro poder de império (*ius imperii*), a ele devendo sujeição os particulares. Sem dúvida, as necessidades individuais e gerais, como bem afirma GABINO FRAGA, se satisfazem pela ação do Estado e dos particulares, e, sempre que se amplia a ação relativa a uma dessas necessidades, o efeito recai necessariamente sobre a outra.[6]

2. QUADRO NORMATIVO CONSTITUCIONAL

A vigente Constituição dá suporte à intervenção do Estado na propriedade. De um lado, garante o direito de propriedade (art. 5º, XXII), mas ao mesmo tempo condiciona o instituto ao atendimento da função social (art. 5º XXIII). Aqui se encontra o primeiro embasamento constitucional. Se a propriedade precisa estar condicionada à função social, segue-se que, se não estiver atendida essa condição, poderá o Estado intervir para vê-la atendida.

No capítulo destinado à política urbana, diz a Constituição: "*A propriedade urbana cumpre sua função social quando atende às exigências fundamentais de ordenação da cidade expressas no plano diretor*" (art. 182, § 2º). O dispositivo indica que, em termos urbanísticos, o paradigma para a expressão da função social da propriedade é o plano diretor do Município, e logicamente haverá situações em que esse plano diretor entrará em rota de colisão com interesses do proprietário. Prevendo essa situação, a Lei Fundamental deu ao Município poderes interventivos na propriedade, estabelecendo que pode ser imposta ao proprietário a obrigação de promover o adequado aproveitamento do solo urbano não edificado, subutilizado ou não utilizado, quando em descompasso com as normas no plano diretor. No caso de inobservância da imposição, tem o Município o poder de impor o parcelamento ou a edificação compulsória do solo e, em último caso, de promover a própria desapropriação (art. 182, § 4º, CF).

Outra norma que dá suporte à intervenção é a do art. 5º, XXV, da CF. Estabelece o dispositivo que o Poder Público poderá usar da propriedade particular no caso de iminente perigo público. É a figura da requisição, que examinaremos ainda neste capítulo.

Por fim, não é demais lembrar que a Constituição contempla o instituto da desapropriação, que não deixa de ser o mais draconiano modo de intervenção na propriedade, vez que a retira do domínio do proprietário para inseri-la no patrimônio do Estado. Entretanto, pela extensão dessa matéria, e para fins didáticos, teceremos os devidos comentários no capítulo seguinte.

III. Competência

Em relação à competência para proceder à intervenção na propriedade, cumpre de início distinguir a natureza da forma interventiva. A fonte para tal atividade está na Constituição, que em diversos dispositivos traça a partilha de competências entre as pessoas federativas. Portanto, é a Constituição que se deve verificar em primeiro lugar.

A competência para legislar sobre direito de propriedade, desapropriação e requisição é da União Federal (art. 22, I, II e III, CF).

Diferente da competência para legislar sobre essas matérias é a competência para legislar sobre as restrições e os condicionamentos ao uso da propriedade. Essa competência se reparte

---

6   GABINO FRAGA, *Derecho administrativo*, cit., p. 15.

666 | MANUAL DE DIREITO ADMINISTRATIVO • *Carvalho Filho*

entre a União, os Estados, o Distrito Federal e os Municípios, tudo em conformidade com o sistema de divisão de atribuições estabelecido na Constituição.[7]

Uma lei que disponha sobre casos de requisição da propriedade privada, por exemplo, tem que ser federal (art. 22, III, CF). Mas uma lei que estabeleça casos de restrição ao uso da propriedade para a proteção do meio ambiente pode ser federal, estadual, distrital ou municipal (art. 24, VI, e art. 30, I e II, da CF).

Além da competência legislativa, as pessoas políticas dispõem de competência administrativa, que é aquela que se consubstancia através da prática de atos administrativos. O primeiro ponto a considerar é o de que toda a atividade administrativa há de ter suporte na lei, porque assim o impõe o princípio da legalidade. Sendo assim, a competência administrativa estará condicionada à competência para legislar sobre a matéria. Se o Município, para exemplificar, tem competência para legislar sobre restrições à atividade de construção (que implica modo interventivo na propriedade), terá, *ipso facto*, competência para praticar os atos administrativos necessários à execução da lei que editou.

Demais disso, é oportuno destacar que esses atos administrativos estampam, como regra, o exercício do poder de polícia da Administração, ou seja, o Poder Público, seguindo os parâmetros legais, concretiza as restrições autorizadas na lei e fiscaliza o seu cumprimento. O Estado, por exemplo, tem competência para legislar sobre segurança pública, e, em decorrência dessa atribuição, cabe-lhe a prática de atos de polícia que possibilitam o cumprimento da lei estadual. Compete, pois, às autoridades estaduais interditar temporariamente o uso de certa propriedade com vistas à preservação da segurança coletiva.

IV. Fundamentos

1. SUPREMACIA DO INTERESSE PÚBLICO

No direito moderno, a supremacia do interesse público sobre o privado se configura como verdadeiro postulado fundamental, pois que confere ao próprio indivíduo condições de segurança e de sobrevivência. A estabilidade da ordem social depende dessa posição privilegiada do Estado e dela dependem a ordem e a tranquilidade das pessoas.[8]

No caso da intervenção na propriedade, o Estado age de forma vertical, ou seja, cria imposições que de alguma forma restringem o uso da propriedade pelo seu *dominus*. E o faz exatamente em função da supremacia que ostenta, relativamente aos interesses privados. Quando o particular sofre a imposição interventiva do Estado em sua propriedade, sua reação natural é a de insatisfação, e isso porque seu interesse foi contrariado. Mas toda intervenção visa ao atendimento de uma situação de interesse público e, sendo assim, há de justificar-se a atuação estatal, mesmo contrária ao interesse do particular.

Pode-se, assim, extrair desse fundamento que, toda vez que colide um interesse público com um interesse privado, é aquele que tem que prevalecer. É a supremacia do interesse público sobre o privado, como princípio, que retrata um dos fundamentos da intervenção estatal na propriedade.

O postulado da supremacia do interesse público – é forçoso reconhecer – tem sofrido questionamentos por parte de alguns especialistas, fundados em suposto autoritarismo pela posição estatal. Mas, como já assinalaram estudiosos de grande autoridade, e com razão, a proposta de

---

[7]   HELY LOPES MEIRELLES, ob. cit., p. 504.

[8]   CELSO ANTÔNIO BANDEIRA DE MELLO, ob. cit., p. 21.

Cap. 12 · INTERVENÇÃO DO ESTADO NA PROPRIEDADE | 667

novos paradigmas representa, na verdade, inegável manobra para a elisão do regime jurídico próprio do direito público, no qual se situam (e sempre se situaram) algumas prerrogativas específicas em razão da natureza dos entes públicos.[9]

2. FUNÇÃO SOCIAL DA PROPRIEDADE

Conforme assinala DROMI, a concepção individualista da propriedade já foi há muito abandonada, porque predomina atualmente a visão de que o instituto, muito mais que um fim, se configura como meio para alcançar o bem-estar social.[10]

Essa visão, que leva em conta os relevantes interesses da coletividade, é que levou o Constituinte a condicionar a propriedade ao atendimento da função social (art. 5º, XXIII). Ao fazê-lo, veio a possibilitar que o Estado interviesse na propriedade sempre que esta não estivesse amoldada ao pressuposto exigido na Constituição. Sobre o interesse do indivíduo, repetimos, há de prelevar o interesse público. Ademais, a Constituição inseriu a função social da propriedade como um dos princípios que regem a ordem econômica (art. 170, III). No dispositivo, o Constituinte mais uma vez reconhece a propriedade como fator econômico, mas a condiciona ao atendimento da função social, tornando este elemento superior àquele.

O pressuposto constitucional, contudo, não afasta nem suprime o direito em si. Ao contrário, o sistema vigente procura conciliar os interesses individuais e sociais e somente quando há o conflito é que o Estado dá primazia a estes últimos. A função social pretende erradicar algumas deformidades existentes na sociedade, nas quais o interesse egoístico do indivíduo põe em risco os interesses coletivos. Na verdade, a função social visa *a recolocar a propriedade na sua trilha normal*.[11]

O texto constitucional revela a existência de um direito contraposto a um dever jurídico. Dizendo que a propriedade deve atender à função social, assegura o direito do proprietário, de um lado, tornando inatacável sua propriedade se consonante com aquela função, e, de outro, impõe ao Estado o dever jurídico de respeitá-la nessas condições. Sob outro enfoque, o dispositivo garante ao Estado a intervenção na propriedade se descompassada com a função social, ao mesmo tempo em que faz incidir sobre o proprietário o dever jurídico de mantê-la ajustada à exigência constitucional.

Não custa lembrar que o princípio da função social da propriedade reflete o ponto de convergência resultante da evolução do conceito de propriedade. Assim, deve ser aplicado lado a lado com os interesses da coletividade. Mas dúvida não há de que sua aplicação atinge o próprio conteúdo do direito de propriedade, e não apenas o seu exercício.[12]

É, portanto, a função social o outro fundamento político e jurídico da intervenção do Estado na propriedade.

É evidente que a noção de *função social* traduz conceito jurídico aberto (ou indeterminado). A Constituição, no entanto, consignou certos parâmetros para dar alguma objetividade à citada noção. Para tanto, distinguiu a função social da propriedade *urbana* da propriedade *rural*, fixando parâmetros específicos para cada uma. Em relação à primeira, vinculou-se a função social ao atendimento das exigências básicas de ordenação da cidade fixadas no plano diretor (art. 182,

---

[9] É como pensam EMERSON GABARDO e DANIEL WUNDER HACHEM, em *"O suposto caráter autoritário da supremacia do interesse público e das origens do Direito Administrativo: uma crítica da crítica"*, em *Supremacia do interesse público*, coord. Maria Sylvia Zanella di Pietro e Carlos Vinicius Alves Ribeiro, Atlas, 2010, p. 60.

[10] ROBERTO DROMI, *Derecho administrativo*, cit., p. 581.

[11] CELSO RIBEIRO BASTOS, *Comentários à Constituição do Brasil*, cit., v. II, p. 125.

[12] LIANA PORTILHO MATTOS, *Nova ordem jurídico-constitucional*, Lumen Juris, 2006, p. 37.

668 | MANUAL DE DIREITO ADMINISTRATIVO • *Carvalho Filho*

§ 2º). A função social rural está atrelada aos fatores de aproveitamento e uso racional e adequado da propriedade, de modo que a exploração venha a favorecer o bem-estar de proprietários e trabalhadores; da preservação do meio ambiente; e do respeito às relações de trabalho (art. 186). Por outro lado, ao descartar a desapropriação da pequena e média propriedade rural, bem como da propriedade produtiva (art. 185), considerou que tais situações fáticas sempre provocarão a presunção (*iuris et de iure*) de que está presente o cumprimento da função social rural.

O Código Civil em vigor expressou, em mais de uma passagem, o conteúdo social do direito de propriedade, reforçando seu caráter de direito subjetivo condicionado. Primeiramente, recomendou que esse direito deve ser exercido de forma compatível com suas finalidades econômicas e sociais e com a necessidade de preservação do meio ambiente e do patrimônio público (art. 1.228, § 1º). Depois, alvitrando impedir o abuso no exercício do direito de propriedade, aduziu: *"São defesos os atos que não trazem ao proprietário qualquer comodidade, ou utilidade, e sejam animados pela intenção de prejudicar outrem"* (art. 1.228, § 2º). Por fim, admitiu a perda da propriedade pela desapropriação por necessidade ou utilidade pública, ou interesse social, bem como sua privação temporária em hipótese de requisição do uso da coisa em virtude de perigo público iminente (art. 1.228, § 3º).

Verifica-se, pois, que, mesmo ostentando a característica de regular relações jurídicas privadas, o Código Civil, atendendo aos reclamos das sociedades modernas, realçou o conteúdo social do direito de propriedade e fixou vários suportes que condicionam seu exercício ou que o extinguem definitivamente do patrimônio jurídico do proprietário.

V. Modalidades

Por serem bastante diversificados os fins colimados pelo Poder Público para assegurar a harmonia social e a ordem pública, diversas também serão as formas de intervenção do Estado na propriedade. Didaticamente, contudo, podemos admitir duas formas básicas de intervenção, considerando a natureza e os efeitos desta em relação à propriedade:

a) *intervenção restritiva;* e

b) *intervenção supressiva.*

A intervenção restritiva é aquela em que o Estado impõe restrições e condicionamentos ao uso da propriedade, sem, no entanto, retirá-la de seu dono. Este não poderá utilizá-la a seu exclusivo critério e conforme seus próprios padrões, devendo subordinar-se às imposições emanadas pelo Poder Público, mas, em compensação, conservará a propriedade em sua esfera jurídica.

São modalidades de intervenção restritiva:

a) a servidão administrativa;

b) a requisição;

c) a ocupação temporária;

d) as limitações administrativas;

e) o tombamento.

Em face das peculiaridades de cada uma dessas formas, serão elas adiante analisadas separadamente.

Intervenção supressiva, a seu turno, é aquela em que o Estado, valendo-se da supremacia que possui em relação aos indivíduos, transfere coercitivamente para si a propriedade de terceiro,

Cap. 12 • INTERVENÇÃO DO ESTADO NA PROPRIEDADE | 669

em virtude de algum interesse público previsto na lei. O efeito, pois, dessa forma interventiva é a própria supressão da propriedade das mãos de seu antigo titular.

A modalidade desse tipo de intervenção é a desapropriação, que, por ser matéria de maior amplitude e complexidade, será estudada no capítulo seguinte. No presente capítulo, serão comentadas as modalidades de intervenção restritiva.

VI. Servidão Administrativa

1. SENTIDO E NATUREZA JURÍDICA

Servidão administrativa é o direito real público que autoriza o Poder Público a usar a propriedade imóvel para permitir a execução de obras e serviços de interesse coletivo.

Cuida-se de um direito real público, porque é instituído em favor do Estado para atender a fatores de interesse público. Por isso, difere da servidão de direito privado, regulada pelo Código Civil e tendo como partícipes da relação jurídica pessoas da iniciativa privada (arts. 1.378 a 1.389, Código Civil). O núcleo do instituto, porém, é o mesmo. No art. 1.378 do Código vigente, o legislador deixou registrados os dois elementos da servidão:

1. a servidão é imposta sobre um prédio em favor de outro, pertencente a diverso dono;
2. o dono do prédio sujeito à servidão (prédio serviente) se obriga a tolerar seu uso, para certo fim, pelo dono do prédio favorecido (prédio dominante).

Quando se compara, portanto, a servidão de direito privado e a servidão administrativa, vemos que, embora idêntico o núcleo dos institutos, se apresentam duas diferenças principais:

a) a servidão administrativa atende a interesse público, enquanto a servidão privada visa ao interesse privado; e

b) a servidão administrativa sofre o influxo de regras de direito público, ao contrário das servidões privadas, sujeitas ao direito privado, como destaca DROMI.[13]

São exemplos mais comuns de servidão administrativa a instalação de redes elétricas e a implantação de gasodutos e oleodutos em áreas privadas para a execução de serviços públicos. Costuma-se citar também como tipos de servidão administrativa a colocação em prédios privados de placas com nome de ruas e avenidas e de ganchos para sustentar fios da rede elétrica.[14] Tais hipóteses, porém, só em sentido lato se podem considerar servidão. A noção clássica deste instituto envolve a conhecida servidão de trânsito, ou seja, aquela que provoca a utilização do solo, reduzindo, portanto, a área útil do imóvel do proprietário. Seja como for, em todos esses casos, como bem se pode observar, o Poder Público limita-se *ao uso* da parte da propriedade necessária à execução dos serviços públicos.

2. FUNDAMENTOS

O fundamento geral da servidão administrativa é o mesmo que justifica a intervenção do Estado na propriedade: de um lado, a supremacia do interesse público sobre o interesse privado e, de outro, a função social da propriedade, marcada nos arts. 5º, XXIII, e 170, III, da CF.

---

[13] ROBERTO DROMI, *Derecho administrativo*, cit., p. 586.

[14] DIÓGENES GASPARINI, ob. cit., p. 436.

MANUAL DE DIREITO ADMINISTRATIVO • *Carvalho Filho*

O sacrifício da propriedade cede lugar ao interesse público que inspira a atuação interventiva do Estado.

Não há uma disciplina normativa específica para as servidões administrativas. O dispositivo legal que a elas se refere é o art. 40 do Decreto-lei nº 3.365/1941, que regula as desapropriações por utilidade pública. Nesse diploma, reza o citado dispositivo que *"o expropriante poderá constituir servidões, mediante indenização na forma desta lei"*. A norma é antiga e anacrônica, e, na verdade, seu exíguo conteúdo não mais atende às linhas que traçam a fisionomia do instituto. Com esforço interpretativo, contudo, podemos entender que o titular do poder de instituir as servidões é o Poder Público (que na lei é o expropriante) e que, em alguns casos, será observado o procedimento da mesma lei para a instituição do ônus real. Seja como for, o art. 40 da lei expropriatória é o fundamento legal genérico do instituto.[15]

3. OBJETO

A servidão administrativa incide sobre a propriedade imóvel, como acertadamente entendem diversos estudiosos.[16] DROMI acrescenta que a incidência do ônus real é sobre imóvel *alheio*, já que o instituto pressupõe sempre uma relação jurídica integrada por dois sujeitos. Institui-se a servidão, normalmente, sobre bens privados, mas nada impede que, em situações especiais, possa incidir sobre bem público.

Há autores, porém, que sustentam que a servidão pode incidir também sobre bens móveis.[17] Advoga-se, ainda, tese mais ampla – a de que pode ser instituída sobre imóveis, móveis e até serviços.[18]

Com a vênia devida a esses estudiosos, não vemos como se possa estender, com tal amplitude, o objeto das servidões administrativas. Não se pode perder de vista que as servidões têm o mesmo núcleo, como vimos, sejam elas administrativas ou de direito privado. Mas o nascedouro do instituto se deu no direito privado e só posteriormente se estendeu ao Poder Público. No direito privado, é corretíssima a lição de CAIO MÁRIO DA SILVA PEREIRA, segundo o qual as servidões *"têm por objeto coisa imóvel corpórea, ou sejam prédios, na terminologia adequada"*.[19] Está excluída, portanto, a instituição sobre bens móveis.

Por outro lado, parece-nos mais difícil ainda aceitar a servidão administrativa sobre serviços. Tornando a invocar o autor acima, é necessário diferenciar as servidões prediais das impropriamente denominadas *servidões pessoais*, as quais *"não passam de vantagens proporcionadas a alguém"* e, dessa maneira, se caracterizam mais como direitos de crédito, e não como direito real.[20]

À semelhança do que ocorre com a desapropriação, é de aplicar-se às servidões administrativas o princípio da hierarquia federativa: não pode um Município instituir servidão sobre imóveis estaduais ou federais, nem pode o Estado fazê-lo em relação aos bens da União. A recíproca, porém, não é verdadeira: a União pode fazê-lo em relação a bens estaduais

---

[15] DIÓGENES GASPARINI, ob. cit., p. 436.

[16] HELY LOPES MEIRELLES, ob. cit., p. 530; MARIA SYLVIA DI PIETRO, ob. cit., p. 116; ROBERTO DROMI, ob. cit., p. 586.

[17] LUCIA VALLE FIGUEIREDO (*Curso*, cit., p. 201); ANTÔNIO QUEIROZ TELLES, ob. cit., p. 306.

[18] ADILSON DE ABREU DALLARI, no artigo intitulado Servidões administrativas (*RDP* 59-60/88), apud LUCIA VALLE FIGUEIREDO, ob. cit., p. 201.

[19] *Instituições*, cit., v. IV, p. 189.

[20] CAIO MÁRIO DA SILVA PEREIRA, com apoio na melhor doutrina, como a de Clóvis Beviláqua, Mazeaud e Mazeaud, Marty e Raynaud (ob. e loc. cit.).

Cap. 12 · INTERVENÇÃO DO ESTADO NA PROPRIEDADE | 671

e municipais, e o Estado, em relação a bens do Município. Neste caso, contudo, deve haver autorização legislativa, como o exige o art. 2º, § 2º, do Decreto-lei nº 3.365/1941, que regula o processo de desapropriação por utilidade pública. Como a servidão deve obedecer ao mesmo processo (art. 40 da mesma lei), a ela também deve aplicar-se esse requisito para a instituição da servidão em bem público. Em parecer sobre esse tema, CAIO TÁCITO averbou que *"não pode o município apropriar-se de área de domínio da União, quer pela via direta da desapropriação, quer pela via indireta da ocupação, para convertê-la em estrada municipal"*[21].

4. FORMAS DE INSTITUIÇÃO

Há duas formas de instituição de servidões administrativas.

A primeira delas decorre de acordo entre o proprietário e o Poder Público. Depois de declarar a necessidade pública de instituir a servidão, o Estado consegue o assentimento do proprietário para usar a propriedade deste com o fim já especificado no decreto do Chefe do Executivo, no qual foi declarada a referida necessidade. Nesse caso, as partes devem celebrar acordo formal por escritura pública, para fins de subsequente registro do direito real.

A segunda forma é através de sentença judicial. Não tendo havido acordo entre as partes, o Poder Público promove ação contra o proprietário, demonstrando ao juiz a existência do decreto específico, indicativo da declaração de utilidade pública. O procedimento, nessa hipótese, é idêntico ao adotado para a desapropriação, estando previsto, como já vimos, no art. 40 do Decreto-lei nº 3.365/1941.[22] Adite-se, à guisa de esclarecimento, que, conforme já decidido, deverão ser citados para a ação os proprietários do imóvel em que se pretende implantar a servidão, bem como eventuais possuidores, neste caso porque os efeitos da medida administrativa interferem também em sua esfera jurídica.[23]

Pode ocorrer a hipótese em que a Administração nem celebrou acordo com o proprietário nem observou as formalidades necessárias à implementação da servidão administrativa. Em outras palavras, deixou de proceder à expedição do decreto e ao ajuizamento da ação com oferta do preço. A hipótese indica que o uso da propriedade pelo Poder Público se deu *manu militari*, situação que se assemelha à da desapropriação indireta. Nesse caso, idêntica deve ser a solução: sendo fato consumado a instalação da servidão, cabe ao proprietário pleitear judicialmente indenização com vistas à eventual reparação de seus prejuízos.[24]

Não consideramos legítima a forma de instituição de servidões administrativas através de lei, como o fazem alguns autores. As servidões são instituídas sobre propriedades determinadas, o que não ocorre com a lei, que estabelece o direito de uso sobre propriedades indeterminadas. Por outro lado, a lei não impõe tipicamente uma restrição, mas sim estabelece uma limitação genérica à propriedade, razão por que entendemos que se trata de limitações administrativas, instituto que estudaremos adiante. Essas imposições legais, na verdade, decorrem da necessidade de possibilitar que o Poder Público exerça seu poder de polícia. É o caso, por exemplo, dos terrenos reservados previstos no Código de Águas (Decreto nº 24.643/1934), citado por HELY LOPES MEIRELLES, como forma de instituição de servidão *ex vi legis*, mas que, incidindo sobre as faixas marginais de rios e lagos de todas as propriedades, destinam-se, em última instância, ao exercício do poder de polícia com vistas à fiscalização

---

[21] CAIO TÁCITO, *"Bem público federal – servidão – via pública municipal"*, in RDA159/328, ano 1985.

[22] TJ-SC, AI 98.005683-7, j. 18.8.1998.

[23] STJ, REsp 953.910, j. 18.8.2009.

[24] Assim decidiu o TJ-RJ na ApCiv. 15426/98, D.O. 17.6.1999.

desses bens públicos.[25] Esse tipo de norma legal institui não servidão administrativa, mas sim limitações administrativas genéricas.

Autorizada doutrina também apresenta várias hipóteses do que considera servidões decorrentes diretamente da lei, como as do Código de Águas Minerais (Decreto-lei nº 7.841/1945); a servidão militar prevista no Decreto-lei nº 3.437/1941; a servidão para a proteção do patrimônio tombado, prevista no Decreto-lei nº 25/1937.[26] Entretanto, *venia concessa*, todos esses casos indicam limitações administrativas genéricas, e não servidões administrativas. Nesses casos, o próprio conteúdo do direito de propriedade sofre a limitação, diferentemente das servidões, que espelham restrições específicas ao uso da propriedade.[27]

Por todos esses motivos é que nos parece mais técnico considerar as servidões administrativas restrições sobre propriedades específicas, sendo admissível sua instituição apenas por acordo entre as partes ou por sentença judicial.[28]

Sendo a servidão administrativa um direito real em favor do Poder Público sobre a propriedade alheia, cabe inscrevê-la no Registro de Imóveis para produzir efeitos *erga omnes*. A Lei de Registros Públicos (Lei nº 6.015, de 31.12.1973) admitiu expressamente essa inscrição, referindo-se às servidões em geral (art. 167, I, item nº 6). A despeito da norma expressa da lei, há entendimento de que uma servidão de caráter permanente confere direito à proteção possessória, mesmo que não esteja formalizada pelo respectivo título, porque é considerada servidão aparente (Súmula 415, STF). A posição, entretanto, desborda do sentido legal e torna inócuo o dispositivo da lei de registros sobre a inscrição das servidões, além de constituir perigoso precedente contra o princípio da segurança das relações jurídicas. No caso de o Estado instituir servidão, terá que formalizar, por acordo ou por sentença, o direito real, cabendo-lhe a obrigação de inscrevê-la no Registro de Imóveis para assegurar o conhecimento do fato a terceiros interessados. Esse é o efeito *erga omnes* que decorre do registro.

5. EXTINÇÃO

A servidão administrativa é, em princípio, permanente. Na doutrina do direito privado, os autores sublinham o princípio da perpetuidade como adequado à caracterização desse ônus real, significando que deve permanecer a utilização do bem alheio enquanto compatível com os objetivos que inspiraram sua instituição.

Poderão ocorrer alguns fatos supervenientes, contudo, que acarretam a extinção da servidão. Podemos agrupar esses fatos em três categorias.

A primeira é a relativa ao fato que consiste no desaparecimento da coisa gravada. Desaparecendo o bem gravado, desaparece o próprio objeto da servidão, e esta se extingue naturalmente.

Extingue-se também se o bem gravado for incorporado ao patrimônio da pessoa em favor da qual foi instituída. Aqui desaparece a relação bilateral que caracteriza o instituto. E, como ninguém pode impor servidão sobre seus próprios bens, o efeito é a extinção do direito real.[29]

A última categoria é a da situação administrativa pela qual fica patenteado o desinteresse do Estado em continuar utilizando parte do domínio alheio. Ocorre como que o fenômeno da desafetação, ou seja, cessa o interesse público que havia inspirado a servidão administrativa. A extinção da servidão, no caso, é o efeito natural do desinteresse público superveniente: se não há

---

[25] *Direito administrativo brasileiro*, cit., p. 533.

[26] MARIA SYLVIA ZANELLA DI PIETRO, *Direito administrativo*, cit., p. 119-121.

[27] Também: RAQUEL MELO URBANO DE CARVALHO, Curso de direito administrativo cit., p. 1.030.

[28] DIÓGENES GASPARINI também não se refere à instituição por lei (ob. cit., p. 437).

[29] MARIA SYLVIA DI PIETRO, ob. cit., p. 118.

interesse público no uso de bem de terceiro, desaparece o suporte jurídico para a prossecução do direito real. Em outras palavras: o direito real fica sem objeto.

6. INDENIZAÇÃO

A servidão administrativa encerra apenas o uso da propriedade alheia para possibilitar a execução de serviços públicos. Não enseja a perda da propriedade, como é o caso da desapropriação. Nesta a indenização deve corresponder ao valor do bem cuja propriedade foi suprimida e transferida ao Poder Público. Como na servidão administrativa somente há o uso de parte da propriedade, o sistema indenizatório terá delineamento jurídico diverso.

A regra reside em que a servidão administrativa não rende ensejo à indenização se o uso pelo Poder Público não provoca prejuízo ao proprietário.[30] Segue-se daí que, se o direito real de uso provocar prejuízo ao *dominus,* deverá este ser indenizado em montante equivalente ao mesmo prejuízo, mesmo nos casos de oleoduto ou gasoduto.[31] É bom relembrar que o ônus da prova cabe ao proprietário. A ele cabe provar o prejuízo; não o fazendo, presume-se que a servidão não produz qualquer prejuízo.

Não obstante, ainda que se apure prejuízo do proprietário em virtude da servidão administrativa, na acepção verdadeira do instituto, a indenização nunca poderá corresponder ao valor do imóvel em si, uma vez que a intervenção não acarretou a perda da propriedade. Irreparável, pois, a decisão no sentido de que, *"como não há perda do domínio, mas passa ele a ser onerado pela utilização pública, a indenização não pode corresponder ao valor total do bem, mas deve compensar as restrições impostas".*[32] De fato, evidencia-se, sem qualquer dificuldade, que o valor do imóvel não pode mesmo ser idêntico àquele que visa a indenizar apenas sua utilização. O importante é que o proprietário seja indenizado pelo uso, quando de alguma forma sofre restrições no gozo do domínio.[33]

Há casos, porém, em que a servidão administrativa simula verdadeira desapropriação, porque interdita o uso, pelo proprietário, do bem gravado com a servidão. Correta nesse caso se afigura a advertência de LUCIA VALLE FIGUEIREDO, no sentido de que, *"se a servidão aniquila a propriedade em termos de sua utilização pelo proprietário, estaremos diante de típico caso de desapropriação".*[34] Se tal ocorrer, não há dúvida de que o Poder Público deve proceder à efetiva desapropriação do bem e indenizar amplamente o proprietário. Nesse sentido já se têm manifestado os Tribunais em várias decisões sobre o tema.[35]

Negligenciando o Poder Público, no entanto, em providenciar a desapropriação da propriedade ou de parte dela, interditada ao uso normal, deve o proprietário ser indenizado integralmente pelos prejuízos causados por essa interdição, verdadeira desapropriação simulada sob a capa de limitação administrativa. Acertadamente, já decidiu o STJ que, no caso de criação de Parque nacional, como há interdição de uso e de alienação da propriedade, são indenizáveis não somente as florestas como também a terra nua. Embora o acórdão se tenha referido a *servidão administrativa,* a hipótese configurava-se como verdadeira *desapropriação indireta.*[36]

---

[30]   HELY LOPES MEIRELLES, ob. cit., p. 533; MARIA SYLVIA DI PIETRO, ob. cit., p. 118; DIÓGENES GASPARINI, ob. cit., p. 436.

[31]   TJ-RJ, ApCiv. nº 641/1997.

[32]   TRF-3ª Reg., ApCiv. 91.03.046857-7, j. 19.10.1988.

[33]   STJ, EREsp 628.588, j. 10.12.2008 (parque estadual em propriedade privada).

[34]   *Curso,* cit., p. 202.

[35]   É o caso da decisão do TJ-RJ na ApCív nº 282/86, 6º CCív, Rel. o Des. Rodriguez Lema.

[36]   REsp 154.686, j. 17.4.1998, e REsp 905.410, j. 3.5.2007.

674 MANUAL DE DIREITO ADMINISTRATIVO • *Carvalho Filho*

A indenização deve ser acrescida das parcelas relativas a juros moratórios, atualização monetária, honorários de advogado, despesas judiciais, tal como ocorre nas desapropriações. Embora houvesse alguma dúvida a respeito, hoje já se tem firmado o entendimento de que cabem os juros compensatórios, quando o uso efetivo do bem pelo Poder Público antecede o pagamento da indenização.[37]

De acordo com o art. 10, parágrafo único, do Decreto-lei nº 3.365/1941, com a redação da MP nº 2.183-56, de 24.8.2001, a *prescrição* da pretensão indenizatória no caso de servidão administrativa (que encerra restrição oriunda de ato administrativo) consuma-se no prazo de cinco anos (*"Extingue-se em cinco anos o direito de propor ação que vise a indenização por restrições decorrentes de atos do Poder Público"*). O termo *a quo* da contagem do prazo prescricional ocorre com a efetiva restrição imposta pelo Poder Público: só nesse momento é que o direito do proprietário sofre lesão jurídica.

7. CARACTERÍSTICAS

Depois da análise do perfil da servidão administrativa, podem ser alinhadas as seguintes características para o instituto:

1. a natureza jurídica é a de direito real;
2. incide sobre bem imóvel;
3. tem caráter de definitividade;
4. a indenizabilidade é prévia e condicionada (neste caso só se houver prejuízo);
5. inexistência de autoexecutoriedade: só se constitui através de acordo ou de decisão judicial.

VII. Requisição

1. SENTIDO

Requisição é a modalidade de intervenção estatal através da qual o Estado utiliza bens móveis, imóveis e serviços particulares em situação de perigo público iminente.

Anteriormente, a requisição era instituto que só tinha aplicação em situação de guerra ou de movimentos graves de origem política. Hoje, ingressou no Direito Administrativo, servindo para fins militares e civis. Há, portanto, dois tipos de requisição: a requisição civil e a requisição militar.[38]

O administrador público não é livre para requisitar bens e serviços. Para que possa fazê-lo, é necessário que esteja presente situação de *perigo público iminente*, vale dizer, aquele perigo que não somente coloque em risco a coletividade, como também que esteja prestes a se consumar ou a expandir-se de forma irremediável se alguma medida não for adotada. Tais situações não são apenas as ações humanas, como bem registra MANOEL GONÇALVES FERREIRA FILHO, mas de igual maneira os fatos da natureza, como inundações, epidemias, catástrofes e outros fatos do mesmo gênero.[39]

---

[37] RONALDO DE ALBUQUERQUE, *Desapropriação e constituição de servidão administrativa*, Atlas, 1987, p. 148-149. Também: Súmula 56 do STJ e STJ, REsp 5.938, j. 4.2.1991.

[38] HELY LOPES MEIRELLES, ob. cit., p. 534.

[39] *Comentários*, cit., v. I, p. 49. No mesmo sentido, CELSO RIBEIRO BASTOS, *Curso de direito administrativo*, cit., p. 233.

2. FUNDAMENTOS

O fundamento genérico das requisições é o mesmo das servidões administrativas: o art. 5º, XXIII, e o art. 170, III, da CF. Ambos qualificam a propriedade como direito condicionado ao atendimento da função social.

Além desse fundamento, a Constituição trouxe à tona dispositivo específico para as requisições. Dispõe o art. 5º, XXV, da CF: *"no caso de iminente perigo público, a autoridade competente poderá usar de propriedade particular, assegurada ao proprietário indenização ulterior, se houver dano".*

Somente a lei federal pode regular a requisição. De acordo com o art. 22, III, da CF, compete privativamente à União Federal legislar sobre requisições civis e militares, em caso de iminente perigo e em tempo de guerra. Anote-se, porém, que a competência referida é a legislativa. Sendo assim, autoridades das demais pessoas políticas podem praticar atos de requisição, desde que, é óbvio, presentes os requisitos constitucionais e legais. O TJ-RJ, a propósito, já decidiu: *"Município – Estado de calamidade pública – Requisição de bens particulares. No caso de estado de calamidade pública reconhecido por decreto municipal, há possibilidade de requisição de bens particulares assegurada pela CF – art. 5º, XXV –, já que o interesse público se sobrepõe ao privado em situações de iminente perigo para a comunidade, ensejando a requisição de bens, sem pagamento pela utilização dos mesmos, salvo se houver dano."*[40]

O Decreto-lei nº 4.812, de 8.10.1942, disciplina o poder de requisição civil e militar e continua em vigor,[41] já que adequado ao citado art. 5º, XXV, da CF. Outros diplomas legais que preveem requisição são a Lei Delegada nº 4, de 26.9.1962, e o Decreto-lei nº 2, de 14.1.1966, ambos voltados para a intervenção no domínio econômico e para os bens e serviços necessários ao abastecimento da população.[42]

O vigente Código Civil, confirmando o instituto na parte em que disciplina a propriedade, deixou expresso que o proprietário pode ser privado da coisa não só em caso de desapropriação, como também *"no de requisição, em caso de perigo público iminente"* (art. 1.228, § 3º), o que reforça o caráter social da propriedade. De outro lado, a Lei nº 8.080, de 19.9.1990, que regula os serviços de saúde, contempla a requisição de bens e serviços de pessoas naturais ou jurídicas, para atendimento de *"necessidades coletivas, urgentes e transitórias, oriundas de perigo iminente, calamidade pública ou irrupção de epidemias"*, assegurada justa indenização (art. 15, XIII).

Exemplo concreto de requisição consta da Lei nº 13.979/2020, que, diante do perigo iminente previsto no art. 5º, XXV, da CF, alinhou várias medidas de enfrentamento da Covid-19, pandemia hoje, felizmente, em pleno declínio. Nela se admite que a autoridade proceda à *"requisição de bens e serviços de pessoas naturais ou jurídicas, hipótese em que será garantido o pagamento posterior de indenização justa"* (art. 3º, VII). Quanto à competência para a medida, considerou-se ser atribuída a todos os entes federativos por força do princípio do federalismo cooperativo.[43] Na questão da competência para a requisição administrativa, objeto de algumas controvérsias, o STF adotou o entendimento de que todos os entes federativos são competentes para impor a medida, ligados que são pelo princípio do federalismo cooperativo.[44]

---

[40] TJ-RJ, AI 99.001.197, j. 10.3.1999.

[41] O Decreto-lei nº 4.812/1942 foi declarado insubsistente pelo Decreto-lei nº 8.090, de 15.10.1945. Ocorre que este último, por sua vez, foi tornado insubsistente pelo Decreto-lei nº 8.158, de 3.11.1945. Como não houve revogação típica, considera-se que a sucessão dos dois últimos diplomas ensejou a mera restauração de eficácia do primeiro.

[42] HELY LOPES MEIRELLES, ob. cit., p. 535; MARIA SYLVIA DI PIETRO, ob. cit., p. 104.

[43] STF, ADI 6.362, j. 2.9.2020.

[44] STF, ADI 6.362, j. 2.9.2020.

676 | MANUAL DE DIREITO ADMINISTRATIVO • *Carvalho Filho*

3. OBJETO E INDENIZAÇÃO

O objeto das requisições é bem amplo: abrange *bens móveis, imóveis e serviços particulares*. A finalidade é sempre a de preservar a sociedade contra situações de perigo público iminente.

Numa situação de iminente calamidade pública, por exemplo, o Poder Público pode requisitar o uso do imóvel, dos equipamentos e dos serviços médicos de determinado hospital privado. A requisição só não será legítima se não estiver configurada a situação de perigo mencionada na Constituição. Nesse caso, pode o proprietário recorrer ao Judiciário para invalidar o ato de requisição.

A indenização pelo uso dos bens e serviços alcançados pela requisição é condicionada: o proprietário somente fará jus à indenização se a atividade estatal lhe tiver provocado danos. Inexistindo danos, nenhuma indenização será devida. O princípio neste caso é o mesmo aplicável às servidões administrativas.

Não obstante, deve ficar claro que a indenização, caso devida, será sempre *a posteriori*, ou ulterior, como consigna a Constituição. E a regra é explicável pela situação de urgência que gera a requisição, urgência naturalmente incompatível com o processo moroso de apuração prévia do *quantum* indenizatório.

Assim como ocorre com a servidão administrativa, consuma-se em cinco anos *a prescrição* da pretensão do proprietário para postular indenização (se for o caso) em face da pessoa responsável pela requisição, contado o prazo a partir do momento em que se inicia o efetivo uso do bem pelo Poder Público (art. 10, parágrafo único, Decreto-lei nº 3.365/1941 – Lei de Desapropriação). A requisição, tal como sucede com a servidão, reflete *restrição* decorrente de ato do Poder Público, e é exatamente ela que rende ensejo ao pedido indenizatório, em havendo a ocorrência de prejuízos.

Advirta-se, no entanto, que a requisição somente pode recair sobre bens e serviços *privados*, fato que estampa a preponderância do interesse público sobre interesses privados. Consequentemente, é inconstitucional qualquer ato que preveja a requisição de bens e serviços de um ente federativo por outro. A uma, porque se trata de *bens e serviços públicos*, e, a duas, porque *inexiste hierarquia* entre os entes federativos, dotados que são da prerrogativa da autonomia.[45]

4. INSTITUIÇÃO E EXTINÇÃO

Verificada a situação de perigo público iminente, a requisição pode ser de imediato decretada. Significa, pois, que o ato administrativo que a formaliza é autoexecutório e não depende, em consequência, de qualquer decisão do Judiciário.[46] É esse ato administrativo, portanto, que institui a atuação interventiva sob a modalidade de requisição.

O ato de requisição apresenta dois ângulos que devem ser devidamente analisados. Sob o aspecto da necessidade da situação de perigo público iminente, pressuposto do instituto, o ato de requisição é vinculado. Quer dizer que o agente administrativo não pode praticá-lo se ausente esse pressuposto; nenhuma liberdade de ação se lhe confere nesse ponto. A situação de perigo público, porém, só pode ser avaliada pelo administrador, e nessa avaliação não há como deixar de se lhe reconhecer o poder jurídico de fixá-la como resultado de valoração de caráter eminentemente administrativo.

Nem por isso o ato pode ser infenso à apreciação judicial. A apreciação, todavia, há de cingir-se ao exame da legalidade do ato, e não aos aspectos de avaliação reservados ao administrador. Se falta o pressuposto do perigo público iminente, por exemplo, cabe ao Judiciário invalidar o ato por vício de legalidade. O mesmo sucederá se houver arbítrio do

---

45   STF, ADI-DF 3.454, j. 20.6.2022.
46   CELSO RIBEIRO BASTOS, *Curso*, cit., p. 233.

Cap. 12 · INTERVENÇÃO DO ESTADO NA PROPRIEDADE | 677

administrador na avaliação do perigo: nesse caso, o vício estará localizado no motivo ou no objeto do ato, ou, ainda, na falta de congruência entre esses elementos, o que possibilita a sua invalidação na via judicial. Mas, sem haver arbítrio na valoração, não pode o juiz substituir-se ao administrador; sendo assim, ser-lhe-á vedado alterar o conteúdo da manifestação volitiva do administrador.

A extinção da requisição se dará tão logo desapareça a situação de perigo público iminente. Por essa razão, a requisição é de natureza transitória, sabido que aquela situação não perdurará eternamente.

5. CARACTERÍSTICAS

Diante do quadro jurídico acima examinado, é possível extrair as seguintes características da requisição e confrontá-las, para fins didáticos, com as da servidão administrativa:

1. é direito pessoal da Administração (a servidão é direito real);
2. seu pressuposto é o perigo público iminente (na servidão inexiste essa exigência);
3. incide sobre bens imóveis, móveis e serviços (a servidão só incide sobre bens imóveis);
4. caracteriza-se pela transitoriedade (a servidão tem caráter de definitividade);
5. a indenização, se houver, é ulterior (na servidão, a indenização, embora também condicionada, é prévia).

VIII. Ocupação Temporária

1. SENTIDO E OBJETO

A leitura dos publicistas mostra algumas dúvidas e imprecisões no que diz respeito à exata conceituação do instituto da ocupação temporária. Em pesquisa jurisprudencial, vemos também que até mesmo os Tribunais poucas vezes têm enfrentado questões referentes ao tema. O direito positivo, a seu turno, não contém uma disciplina minudente sobre o assunto. Procuremos, então, analisá-lo sucintamente, embora com a mais desejável precisão.

Não há dúvida de que o Poder Público tem necessidade de usar, por algum período de tempo, a propriedade privada com o fim de lhe ser permitida a execução de serviços e obras públicas, mesmo que inexista situação de perigo público iminente. Quanto a esse fato, não divergem os autores, e esse é realmente o núcleo conceitual do instituto.

Surge, porém, a primeira dúvida: sobre que tipos de propriedade incide a ocupação temporária? Para alguns, incide sobre bens móveis ou imóveis, ou, como diz DROMI, *"sobre los mismos bienes o cosas que pueden ser objeto de expropriación"*.[47] Outros autores limitam o instituto à utilização apenas de imóveis.[48]

A nosso ver, a ocupação temporária é instituto típico de utilização da propriedade imóvel, porque seu objetivo é o de permitir que o Poder Público deixe alocados, em algum terreno desocupado, máquinas, equipamentos, barracões de operários, por pequeno espaço de tempo. Esse fim, como é lógico, não se coaduna com o uso de bens móveis. Além do mais, o art. 36 do Decreto-lei nº 3.365/1941, regulador da desapropriação por utilidade pública, o

---

[47] Ob. cit., p. 615. Também: MANUEL MARIA DIEZ, *Manual de derecho administrativo*, cit., t. II, p. 267.

[48] DIÓGENES GASPARINI, ob. cit., p. 435; MARIA SYLVIA DI PIETRO, ob. cit., p. 103; HELY LOPES MEIRELLES, ob. cit., p. 536. Mesmo quando não se referem expressamente a *imóveis*, os autores mencionam que o Poder Público precisa de *local* para colocar máquinas, equipamentos etc.

678 | MANUAL DE DIREITO ADMINISTRATIVO · *Carvalho Filho*

qual comentaremos adiante, faz referência ao uso de *terrenos não edificados*. Concluímos, pois, que o objeto da ocupação temporária é a propriedade imóvel.

À luz desses primeiros dados, pode-se dizer que *ocupação temporária é a forma de intervenção pela qual o Poder Público usa transitoriamente imóveis privados, como meio de apoio à execução de obras e serviços públicos.*

Exemplo típico de ocupação temporária é a utilização temporária de terrenos particulares contíguos a estradas (em construção ou em reforma), para a alocação transitória de máquinas de asfalto, equipamentos de serviço, pequenas barracas de operários etc. É também caso de ocupação temporária o uso de escolas, clubes e outros estabelecimentos privados por ocasião das eleições; aqui a intervenção visa a propiciar a execução do serviço público eleitoral.

Há situações que, apesar da denominação de *ocupação temporária*, configuram hipótese de *requisição*, por estar presente o estado de perigo público. A Constituição fornece interessante exemplo ao admitir a *ocupação e uso temporário de bens e serviços públicos* quando ocorrer hipótese de calamidade pública, ressalvando, todavia, o dever da União de indenizar no caso de haver danos e custos decorrentes da utilização temporária (art. 136, II).

2. FUNDAMENTOS

Não é diverso o fundamento genérico da ocupação temporária em relação às formas interventivas já estudadas. Como o instituto demonstra hipótese de atendimento à função social, no caso exercida pelo Poder Público em atividade de interesse coletivo, tem-se como fundamentos os mesmos arts. 5º, XXIII, e 170, III, da CF.

Apesar da lacuna normativa sobre o instituto, podemos considerar como fundamento específico da ocupação temporária o art. 36 do Decreto-lei nº 3.365/1941, que, como mencionamos acima, trata da desapropriação por utilidade pública. Dispõe esse artigo: *"É permitida a ocupação temporária, que será indenizada, afinal, por ação própria, de terrenos não edificados, vizinhos às obras e necessários à sua realização."*

A conceituação legal, na verdade, é muito restrita e não tem a abrangência que se deve emprestar ao sentido da ocupação temporária. Mas, de qualquer modo, cuida-se de norma específica sobre o instituto. Neste passo, vale a pena realçar que esse preceito legal não retrata *a única* modalidade de ocupação temporária, como adiante examinaremos, mas sim uma espécie daquelas possibilidades de uso, pelo Poder Público, de bens imóveis, normalmente privados.

3. MODALIDADES E INDENIZAÇÃO

Para melhor examinar o assunto à luz de um sistema lógico, pensamos que se podem apresentar duas modalidades de ocupação temporária. Uma delas é a ocupação temporária *para obras públicas vinculadas ao processo de desapropriação*, esta a prevista no citado art. 36 da lei expropriatória. A outra é a ocupação temporária *para as demais obras e para os serviços públicos em geral*, sem qualquer vínculo com o processo de desapropriação executado pelo Estado.

Em ambos os casos, diga-se por oportuno, presente está o núcleo central do instituto, qual seja, a utilização transitória de bem imóvel privado pelo Estado para a consecução de uma finalidade pública.

A questão da indenização, em nosso entender, deve levar em conta essas duas modalidades.

A primeira delas implica o dever do Estado de indenizar o proprietário pelo uso do imóvel. O referido dispositivo da lei expropriatória estabelece que a ocupação *"será indenizada, afinal"*.

Nota-se aqui que a utilização estatal se consuma por período de tempo mais extenso, gerando, em consequência, o dever indenizatório.

Na ocupação desvinculada da desapropriação, a regra é a mesma que vale para a servidão administrativa, ou seja, em princípio não haverá indenização, mas esta será devida se o uso acarretar comprovado prejuízo ao proprietário. Por isso é que os casos que citamos, de obras em estradas e de serviços eleitorais, não rendem, como regra, ensejo a qualquer indenização.

Em qualquer caso, contudo, ocorre em cinco anos a prescrição da pretensão para que o proprietário postule indenização pelos prejuízos decorrentes da ocupação temporária, que, tanto como a servidão administrativa e a requisição, se caracteriza como restrição à propriedade (art. 10, parágrafo único, Decr-lei 3.365).[49] É o fato em si da ocupação que constitui o termo inicial da contagem do referido prazo prescricional.

4. INSTITUIÇÃO E EXTINÇÃO

A instituição da ocupação temporária é tema que também suscita algumas dúvidas. Alguns estudiosos não se referem ao aspecto formal desse tipo de intervenção.[50] Para alguns autores, na ocupação há autoexecutoriedade da decisão administrativa de utilizar a propriedade alheia.[51] Para outros, é imprescindível o ato instituidor, considerando-se que, se o proprietário consente no uso, ou se dispensa retribuição, o caso não seria de ocupação temporária.[52]

Pensamos, com a vênia devida a esses reconhecidos juristas, que a hipótese merece distinção, e, por isso, pareceu-nos necessário admitir duas modalidades de ocupação. Se se trata de ocupação vinculada à desapropriação, é de entender-se indispensável ato formal de instituição, seja por decreto específico do Chefe do Executivo, seja até mesmo no próprio decreto expropriatório. Há duas razões aqui: a primeira é que a ocupação se estenderá por período temporal um pouco maior do que na breve ocupação; e depois porque essa intervenção deverá ser indenizada, como reclama o já citado art. 36 da lei expropriatória.[53] Por esse motivo, não nos parece que a autoexecutoriedade decorrente do ato instituidor da ocupação dispense *sempre* a comunicação.

Diversamente deve ser tratada a ocupação temporária desvinculada de desapropriação. Nessa hipótese, a atividade é autoexecutória e dispensa ato formal, como é o caso do uso de terrenos baldios para a alocação de máquinas e equipamentos. No caso de serviços eleitorais, o formalismo limita-se a um ofício da autoridade judicial comunicando a data e o horário do uso da propriedade privada. Permitimo-nos, pois, entender, diversamente de alguns estudiosos, que o consentimento do proprietário ou a ocupação gratuita não desfiguram esse tipo de intervenção, exigindo-se apenas menor grau de formalização do que na hipótese da ocupação temporária vinculada a processo expropriatório.[54]

Quanto à extinção, não haverá muita dificuldade em identificar a situação que a provoca. Se a ocupação visa à consecução de obras e serviços públicos, segue-se que a propriedade deve ser desocupada tão logo esteja concluída a atividade pública. Prevalece, pois, o princípio de que,

---

[49] Art. 10, parágrafo único, Decreto-lei nº 3.365/1941, com a redação da MP 2.183-56, de 24.8.2001.

[50] É o caso de MARIA SYLVIA DI PIETRO, ob. cit., p. 102-103 e HELY LOPES MEIRELLES, ob. cit., p. 536.

[51] LUCIA VALLE FIGUEIREDO, *Curso*, cit., p. 204.

[52] DIÓGENES GASPARINI, *Direito administrativo*. cit., p. 436.

[53] STF, RE 84.986, j. 10.8.1976. Houve, porém, divergências nas instâncias inferiores.

[54] Com o mesmo pensamento, RAQUEL MELO URBANO DE CARVALHO, *Curso*, cit., p. 976/977. Distinguindo também as formas de ocupação temporária: ODETE MEDAUAR, *Direito administrativo moderno*, cit., p. 410.

680 | MANUAL DE DIREITO ADMINISTRATIVO • *Carvalho Filho*

extinta a causa, extingue-se o efeito. Se o Poder Público, porém, extrapolar os limites legais de ocupação, sua conduta será abusiva e suscetível de invalidação na via judicial.

5. CARACTERÍSTICAS

Vejamos, então, as características da ocupação temporária, confrontando-as com as da servidão administrativa e da requisição:

1. cuida-se de direito de caráter não real (igual à requisição e diferente da servidão, que é direito real);

2. só incide sobre a propriedade imóvel (neste ponto é igual à servidão, mas se distingue da requisição, que incide sobre móveis, imóveis e serviços);

3. tem caráter de transitoriedade (o mesmo que a requisição; a servidão, ao contrário, tem natureza de permanência);

4. a situação constitutiva da ocupação é a necessidade de realização de obras e serviços públicos *normais* (a mesma situação que a servidão, mas diversa da requisição, que exige situação de perigo público iminente);

5. a indenizabilidade varia de acordo com a modalidade de ocupação: se for vinculada à desapropriação, haverá dever indenizatório, e, se não for, inexistirá em regra esse dever, a menos que haja prejuízos para o proprietário (a requisição e a servidão podem ser ou não indenizáveis; sendo assim, igualam-se, nesse aspecto, a esta última forma de ocupação temporária, mas se diferenciam da primeira, porque esta é sempre indenizável).

IX. Limitações Administrativas

1. SENTIDO

Limitações administrativas são determinações de caráter geral, através das quais o Poder Público impõe a proprietários indeterminados obrigações positivas, negativas ou permissivas, para o fim de condicionar as propriedades ao atendimento da função social.

É exemplo de obrigação positiva aos proprietários a que impõe a limpeza de terrenos ou a que impõe o parcelamento ou a edificação compulsória (art. 182, § 4º, CF). Podem ser impostas também obrigações negativas: é o caso da proibição de construir além de determinado número de pavimentos, limitação conhecida como *gabarito* de prédios. Limita-se ainda a propriedade por meio de obrigações permissivas, ou seja, aquelas em que o proprietário tem que tolerar a ação administrativa. Exemplos: permissão de vistorias em elevadores de edifícios e ingresso de agentes para fins de vigilância sanitária.[55]

No caso das limitações administrativas, o Poder Público não pretende levar a cabo qualquer obra ou serviço público. Pretende, ao contrário, condicionar as propriedades à verdadeira função social que delas é exigida, ainda que em detrimento dos interesses individuais dos proprietários. Decorrem elas do *ius imperii* do Estado, que, como bem observa HELY LOPES MEIRELLES, tem o domínio eminente e potencial sobre todos os bens de seu território, de forma que, mesmo sem extinguir o direito do particular, tem o poder de adequá-lo coercitivamente aos interesses da coletividade.[56]

---

[55] DIÓGENES GASPARINI, ob. cit., p. 434.
[56] Ob. cit. Também: MARIA SYLVIA ZANELLA DI PIETRO, ob. cit., p. 100.

Cap. 12 • INTERVENÇÃO DO ESTADO NA PROPRIEDADE | 681

Muitas limitações administrativas têm sua origem em leis e atos de natureza urbanística. A própria Constituição destina capítulo específico à política urbana (arts. 182 e 183) e contempla institutos apropriados à sua execução. A Lei nº 10.257, de 10.7.2001 – o Estatuto da Cidade – instituiu diversos instrumentos que se configuram como limitações administrativas. É o caso, por exemplo, do *parcelamento e da edificação compulsórios*, impostos a proprietários de terrenos urbanos não edificados, subutilizados ou não utilizados, em situação de contrariedade ao plano diretor da cidade, hipótese que estampa obrigação de fazer (*facere*) (art. 5º).

Outra limitação administrativa de natureza urbanística, também contemplada no referido diploma, é o *direito de preempção municipal*, pelo qual se assegura ao Município preferência para aquisição de imóvel urbano objeto de alienação onerosa entre particulares, quando houver necessidade de implementação de medidas urbanísticas, como a regularização fundiária, os programas habitacionais, a expansão urbana, a proteção ambiental etc. (art. 25). Registre-se que o exercício desse direito depende de lei municipal, calcada no plano diretor, que delimite as áreas em que poderá incidir o direito. Ademais, o prazo de vigência do direito não pode ser superior a cinco anos, embora possa ser renovado a partir de um ano após o prazo inicial de vigência (art. 25, § 1º, do Estatuto da Cidade).[57]

Merece destaque, ainda, a limitação referente ao *estudo de impacto de vizinhança (EIV)*, previsto no art. 36 do mesmo Estatuto. Este diploma confere à lei municipal a possibilidade de definir os empreendimentos e atividades privados ou públicos em área urbana que dependerão da elaboração de estudo prévio de impacto de vizinhança para o fim de serem obtidas licenças ou autorizações de construção, ampliação ou funcionamento de competência do governo municipal.

Tal imposição visa a analisar os efeitos positivos e negativos de determinados empreendimentos sobre a qualidade de vida da população local, bem como a analisar aspectos de política urbana, como o uso e ocupação do solo, o adensamento populacional, a demanda de equipamentos urbanos, a mobilidade urbana, geração de tráfego e demanda por transporte público, aspectos esses mencionados na Lei nº 14.849, de 2.5.2024, que alterou o art. 37, V, do Estatuto, e outras imposições do gênero. Cuida-se aqui de limitação que impõe obrigação de suportar (*pati*) a determinados proprietários, para o fim de ser preservada a ordem urbanística da cidade.

Todos esses novos instrumentos urbanísticos constituem novas formas de limitações administrativas, e em relação a eles importa notar o que espelha realmente o núcleo das limitações: a intervenção do Poder Público na propriedade privada.[58]

2. NATUREZA JURÍDICA

Há alguns aspectos que devem ser analisados a respeito da natureza das limitações administrativas.

O primeiro deles diz respeito à natureza dos atos que impõem as obrigações. A manifestação volitiva do Poder Público no sentido das limitações pode ser consubstanciada por leis ou por atos administrativos normativos. Serão eles sempre *gerais*, porque, contrariamente ao que ocorre com as formas interventivas anteriores, as limitações não se destinam a imóveis específicos, mas a um grupamento de propriedades em que é dispensável a identificação. Há, pois, *indeterminabilidade* acerca do universo de destinatários e de propriedades atingidas pelas limitações.

---

[57] Sobre o tema, vide nosso trabalho *"O direito de preempção do Município como instrumento de política urbana. Novos aspectos"* (*Arquivos de direito público*, obra coletiva, Método, 2007).

[58] Sobre tais institutos urbanísticos, vide nossos *Comentários ao estatuto da cidade*, 3. ed., Lumen Juris, 2009, p. 67-77; 167-177; 243-252. Vide também *Estatuto da Cidade*, Revista dos Tribunais, vários autores, coord. de ODETE MEDAUAR e FERNANDO DIAS MENEZES DE ALMEIDA.

682 | MANUAL DE DIREITO ADMINISTRATIVO • Carvalho Filho

Outro aspecto relevante para a análise do tema consiste na distinção que alguns doutrinadores fazem sobre *limitação* e *restrição* do direito. A restrição refere-se ao exercício em si das faculdades inerentes ao conteúdo do direito; a limitação, ao revés, já integra o conteúdo do direito, ou, em outras palavras, o próprio direito de propriedade tem sua dimensão jurídica condicionada pelas várias limitações impostas no ordenamento jurídico. Assim, o conteúdo do direito já teria reduções relativas às limitações administrativas, aos direitos de vizinhança etc.[59]

Portanto, se quisermos caracterizar a natureza jurídica das limitações, poderíamos dizer que se trata de atos legislativos ou administrativos de caráter geral, que dão o contorno do próprio direito de propriedade. É nesse sentido que os autores as colocam entre as formas de intervenção do Estado na propriedade.

3. FUNDAMENTOS

O fundamento básico das limitações administrativas não difere em última análise do que dá escora às demais formas interventivas. A propriedade deve atender a sua função social, dando prevalência ao interesse público sobre os interesses particulares. É de invocar-se novamente os arts. 5º, XXIII, e 170, III, da CF.

Em relação, porém, às limitações administrativas, é de toda a oportunidade invocar outro fundamento, normalmente apontado pelos estudiosos: o exercício do poder de polícia. De fato, o poder de polícia encerra exatamente a prática de atos administrativos que restringem e condicionam a liberdade e a propriedade, com vistas ao interesse coletivo.

Resulta daí, como bem observa a doutrina, que aos proprietários não cabe qualquer medida administrativa ou judicial visando a impedir a imposição das limitações sobre as propriedades.[60] Acrescente-se que as limitações ou estarão estampadas na própria lei, ou em atos normativos fundados em lei. Implicam, pois, o exercício do poder estatal para assegurar o bem-estar comum.

É importante distinguir, a respeito do tema em foco, que tais ações administrativas encontram fundamento mais remoto na denominada *supremacia geral* (ou *sujeição geral*), retratada no poder de soberania estatal. De forma mais próxima, o fundamento repousa na *supremacia especial* (ou *sujeição especial*), esta direcionada especificamente a propriedades determinadas.[61]

4. INDENIZAÇÃO

Sendo imposições de ordem geral, as limitações administrativas não rendem ensejo à indenização em favor dos proprietários.[62]

As normas genéricas, obviamente, não visam a uma determinada restrição nesta ou naquela propriedade, abrangem quantidade indeterminada de propriedades. Desse modo, podem contrariar interesses dos proprietários, mas nunca direitos subjetivos. Por outro lado, não há prejuízos individualizados, mas sacrifícios gerais a que se devem obrigar os membros da coletividade em favor desta.

É mister salientar, por fim, que inexiste causa jurídica para qualquer tipo de indenização a ser paga pelo Poder Público. Não incide, por conseguinte, a responsabilidade civil do

---

[59] SÉRGIO DE ANDRÉA FERREIRA faz interessante exposição a respeito do tema (*Direito administrativo didático*, cit., p. 187-191).

[60] MARIA SYLVIA ZANELLA DI PIETRO, *Direito administrativo* cit., p. 102.

[61] LUIS MANUEL FONSECA PIRES, *Limitações administrativas à liberdade e à propriedade*, Quartier Latin, 2006, p. 157.

[62] HELY LOPES MEIRELLES, ob. cit., p. 537 e MARIA SYLVIA DI PIETRO, ob. cit., p. 101.

Cap. 12 • INTERVENÇÃO DO ESTADO NA PROPRIEDADE | **683**

Estado geradora do dever indenizatório, a não ser que, a pretexto de impor limitações gerais, o Estado cause prejuízo a determinados proprietários em virtude de conduta administrativa. Aí sim, haverá vício na conduta e ao Estado será imputada a devida responsabilidade, na forma do que dispõe o art. 37, § 6º, da Constituição Federal.

Nem sempre é fácil identificar tais hipóteses, como também não é simples concluir que houve violação ao princípio da razoabilidade. Todavia, a jurisprudência já se pacificou no sentido de que, se a limitação administrativa provoca redução demasiada do valor econômico do imóvel, comprovando-se efetivo prejuízo, o Estado é compelido a indenizar. Em hipótese de instituição de área *non aedificandi* pelo Município, o efeito foi, comprovadamente, inclusive por prova pericial, o da desvalorização imobiliária de loteamentos, situação que ensejou a responsabilidade indenizatória ao ente municipal.[63]

Costuma-se confundir dois institutos que têm diferentes efeitos quanto à indenizabilidade: o *alinhamento* e o *recuo obrigatório de construção*. O alinhamento é a linha limítrofe entre a propriedade privada e o domínio público urbano, sobretudo no que diz respeito, usualmente, aos bens de uso comum do povo, como ruas, estradas, avenidas. Se o Poder Público altera o alinhamento, reduzindo a área da propriedade privada, tem o dever de indenizar os proprietários prejudicados pelo novo traçado. O recuo de construção, porém, é limitação administrativa genérica, pela qual o Poder Público não concede licença para novas edificações em certo trecho da propriedade. Aqui a propriedade continua sob o domínio normal do proprietário, de modo que nenhuma indenização lhe será devida pela imposição urbanística. Em suma, o *alinhamento* rende ensejo à *perda da propriedade* e, consequentemente, à indenização, ao passo que o *recuo* impõe exclusivamente uma *limitação de uso*, não sendo devida qualquer indenização.[64]

5. CARACTERÍSTICAS

Vejamos, pois, as características das limitações administrativas e, mais uma vez, o confronto com as anteriores formas interventivas:

1. são atos legislativos ou administrativos de caráter geral (todas as demais formas interventivas são atos singulares, com indivíduos determinados);

2. têm caráter de definitividade (igual ao das servidões, mas diverso da natureza da requisição e da ocupação temporária);

3. o motivo das limitações administrativas é constituído pelos interesses públicos abstratos (nas demais formas interventivas, o motivo é sempre a execução de obras e serviços públicos específicos);

4. ausência de indenizabilidade (nas outras formas, pode ocorrer indenização quando há prejuízo para o proprietário).

X. *Tombamento*

1. SENTIDO

Tombamento é a forma de intervenção na propriedade pela qual o Poder Público procura proteger o patrimônio cultural brasileiro. Alguns estudiosos, realçando o aspecto concreto da

---

[63] STJ, AREsp 551.389, j. 5.8.2023. Também: STJ, REsp 750.050, j. 5.10.2006.
[64] HELY LOPES MEIRELLES, *Direito municipal brasileiro*, cit., p. 312-313.

684 | MANUAL DE DIREITO ADMINISTRATIVO • *Carvalho Filho*

intervenção, indicam como objetivos do instituto a preservação, sob regime especial, dos bens de valor cultural, histórico, arqueológico, artístico, turístico ou paisagístico.[65]

Quando o Estado intervém na propriedade privada para proteger o patrimônio cultural, pretende preservar a memória nacional. É o aspecto histórico de um país, como por todos reconhecido, que faz parte da própria cultura do povo e representa a fonte sociológica de identificação dos vários fenômenos sociais, políticos e econômicos existentes na atualidade.

Assim, o proprietário não pode, em nome de interesses egoísticos, usar e fruir livremente seus bens se estes traduzem interesse público por atrelados a fatores de ordem histórica, artística, cultural, científica, turística e paisagística. São esses bens que, embora permanecendo na propriedade do particular, passam a ser protegidos pelo Poder Público, que, para esse fim, impõe algumas restrições quanto a seu uso pelo proprietário.

É bem variada a gama de exemplos de bens tombados. Os bens mais comumente tombados, entretanto, são os imóveis que retratam a arquitetura de épocas passadas em nossa história, dos quais podem os estudiosos e pesquisadores extrair vários meios de conhecimento do passado e desenvolver outros estudos com vistas a disseminar a cultura do país. É comum, ainda, o tombamento de bairros ou até mesmo cidades, quando retratam aspectos culturais do passado.

O vocábulo *tombamento* é de origem antiga e provém do verbo *tombar*, que no Direito português tem o sentido de *inventariar, registrar* ou *inscrever* bens. O inventário dos bens era feito no *Livro do Tombo*, o qual assim se denominava porque guardado na Torre do Tombo. Neste local ficam depositados os arquivos de Portugal.[66] Por extensão semântica, o termo passou a representar todo registro indicativo de bens sob a proteção especial do Poder Público.

2. FONTE NORMATIVA

A proteção dos bens de interesse cultural se inicia pela Constituição, que impõe ao Estado o dever de garantir a todos o exercício dos direitos culturais e o acesso às fontes da cultura nacional. Por outro lado, nela se define o patrimônio cultural brasileiro, composto de bens materiais e imateriais necessários à exata compreensão dos vários aspectos ligados aos grupos formadores da sociedade brasileira (arts. 215 e 216).

É evidente que, para esse fim, a Constituição teria que prever os meios, e o fez no art. 216, § 1º, que tem os seguintes dizeres: *"O Poder Público, com a colaboração da comunidade, promoverá e protegerá o patrimônio cultural brasileiro, por meio de inventários, registros, vigilância, tombamento e desapropriação, e de outras formas de acautelamento e preservação."*

Verifica-se, portanto, que o tombamento é uma das várias formas de proteção do patrimônio cultural brasileiro.

O diploma infraconstitucional regulador do tombamento é o Decreto-lei nº 25, de 30.11.1937, que, sem embargo de desatualizado em alguns pontos, contém ainda as regras básicas e a fisionomia jurídica do instituto do tombamento, inclusive quanto ao registro dos bens tombados.[67] Note-se, porém, que esse Decreto-lei apenas traça as regras gerais aplicáveis ao fato jurídico-administrativo do tombamento. Mas este se consumará, como adiante veremos, através de atos administrativos específicos destinados a propriedades determinadas.

---

[65]   DIOGO DE FIGUEIREDO MOREIRA NETO, *Curso* cit., p. 318.

[66]   CALDAS AULETE, v. V, p. 4.994, 1958.

[67]   O Decreto-lei nº 25/1937 classifica quatro documentos de registro: o Livro do Tombo Arqueológico, Etnográfico e Paisagístico; o Livro do Tombo Histórico; o Livro do Tombo das Belas-Artes; e o Livro do Tombo das Artes Aplicadas, cada um deles com um tipo de inscrição.

Cap. 12 · INTERVENÇÃO DO ESTADO NA PROPRIEDADE | 685

3. FUNDAMENTO

Como toda forma de intervenção na propriedade, o tombamento, de igual maneira, tem por fundamento a necessidade de adequar o domínio privado às necessidades de interesse público. Mais uma vez se pode encontrar de modo notório o princípio de que o interesse público deve prevalecer sobre os interesses dos particulares.

É por esse motivo que, ainda em relação ao presente instituto, podem ser invocados os arts. 5º, XXIII, e 170, III, da CF, os quais, como já visto, garantem o direito de propriedade, desde que esta atenda à função social.

Sem dúvida que a defesa do patrimônio cultural é matéria de interesse geral da coletividade. Para que a propriedade privada atenda a essa função social, necessário se torna que os proprietários se sujeitem a algumas normas restritivas concernentes ao uso de seus bens, impostas pelo Poder Público. Sob essa proteção, a propriedade estará cumprindo o papel para o qual a destinou a Constituição.

Desse modo, podemos considerar que o tombamento é fundado na necessidade de adequação da propriedade à correspondente função social. E a função social, na hipótese, é estampada pela necessidade de proteção ao patrimônio cultural, histórico, artístico etc.

Bem a propósito, aliás, foi promulgada a EC nº 48, de 10.8.2005, que, acrescentando o § 3º ao art. 215 da CF, previu que lei venha a estabelecer o Plano Nacional de Cultura, de duração plurianual, com o objetivo de fomentar o desenvolvimento cultural do País e a integração de ações do Poder Público para a defesa e valorização do patrimônio cultural brasileiro, produção, promoção e difusão de bens culturais e outras ações do gênero. Nota-se, destarte, o intuito de dar cada vez mais realce aos valores culturais do País. E é nesse contexto que se encontra o instituto do tombamento.

Ultimamente, porém, têm sido tombados imóveis urbanos para o fim de impedir sua demolição e evitar novas edificações ou edificações em determinadas áreas urbanas, cuja demanda de serviços públicos e equipamentos urbanos seja incompatível com a oferta possível no local. Com tal objetivo, certas zonas urbanas têm sido qualificadas como *"áreas de proteção ao ambiente cultural"*, e nelas se indicam os imóveis sujeitos àquelas limitações. É o que tem ocorrido, por exemplo, no Município do Rio de Janeiro.

Há nesses atos notório desvio de perspectiva. São eles flagrantemente ilegais e nenhuma relação têm com o real motivo do tombamento. O fundamento real deste instituto é a preservação do patrimônio público, mas naquelas áreas não há qualquer ambiente cultural a ser preservado. O que se pretende, com efeito, é instituir *limitações administrativas urbanísticas*, cujo fundamento, inteiramente diverso, consiste na mudança de estratégia de política urbana e na necessidade de alteração de critérios para edificação, tendo-se em mira a preservação da ordem urbanística, e não da ordem cultural, como parece insinuar. Se a Administração quer alterar critérios de edificação, como gabaritos, natureza e objetivos de prédios, pode fazê-lo por instrumentos urbanísticos, mas não por meio de tombamento.

Por outro lado, importa anotar que os institutos são também diversos quanto aos destinatários: enquanto o tombamento é ato de limitação individual, e isso porque depende da análise de cada bem a ser tombado, as limitações urbanísticas administrativas, como foi visto, são atos gerais e impessoais e, por conseguinte, incidem sobre coletividades indeterminadas. Na verdade, adotou-se um instituto com os efeitos de outro.

O que se nota, na verdade, é uma conduta dissimulada do governo municipal, aplicando indevidamente o tombamento, que, como regra, não enseja indenização ao proprietário, em lugar de estabelecer limitações urbanísticas individuais, como, por exemplo, a proibição de demolir o imóvel ou a supressão do conteúdo econômico da propriedade, em que o proprietário, sacrificado em seu direito, faz jus à indenização devida pelo Município. Como sucede

686 | MANUAL DE DIREITO ADMINISTRATIVO • *Carvalho Filho*

costumeiramente em outras hipóteses, tal conduta atende mais a apelos de ordem política que à observância da ordem jurídica e ao interesse público que deve prelevar na matéria.[68]

4. OBJETO

O tombamento incide sobre bens móveis e imóveis. Esse objeto consta do art. 1º do Decreto-lei nº 25/1937, que, ao definir patrimônio histórico e artístico nacional, considera-o composto de bens móveis e imóveis existentes no país.

Deve consignar-se, porém, que os bens suscetíveis de tombamento são aqueles que traduzem aspectos de relevância para a noção de patrimônio cultural brasileiro. Como diz a Lei do Tombamento, são os bens do patrimônio histórico e artístico. Desse modo, correta é a observação de HELY LOPES MEIRELLES de que é equivocado o tombamento de florestas, reservas naturais e parques ecológicos. Logicamente que tais bens são suscetíveis de proteção pelo Poder Público, mas não é o instituto do tombamento o adequado a tal desiderato.[69]

5. NATUREZA JURÍDICA

Varia bastante o enfoque dado pelos autores à natureza jurídica do tombamento. Para alguns, trata-se de servidão administrativa.[70] Outros sustentam que o bem tombado é um bem de interesse público.[71] Defende-se também a natureza de limitação administrativa.[72]

Não concordamos com a posição segundo a qual se trata de servidão administrativa. Por mais de uma razão. Primeiramente, o tombamento não é um direito real, como o é a servidão; depois, inexistem as figuras do dominante e do serviente, intrínsecas à servidão administrativa. De outro lado, classificar o tombamento como bem de interesse público nos parece uma ideia vaga, que não chega a caracterizar esse tipo de intervenção. Limitação administrativa também é natureza inadequada: enquanto a limitação se reveste de caráter geral, o tombamento tem caráter específico, ou seja, incide apenas sobre determinados bens, discriminados no competente ato.

Mesmo quando o tombamento abrange uma determinada área, um bairro ou até uma cidade, os imóveis tombados são apenas aqueles inseridos no local mencionado pelo ato. Dizer-se que todos os imóveis de uma rua estão tombados significa que *cada um deles*, especificamente, sofre a restrição. Por isso é que difere das limitações administrativas, que se caracterizam pelo fato de ser dispensável e irrelevante a determinabilidade dos bens que sofreram a intervenção estatal. A nosso ver, é equivocada a ideia de que o tombamento possa ser geral quando o local se constitui de várias propriedades.[73] E por mais de uma razão: a uma, porque a legislação exige a notificação do proprietário, individualmente considerado; a duas, porque em determinado local pode já ter sido feita nova construção, sem qualquer conotação cultural ou histórica; a três, porque, a não ser assim, o Poder Público estaria

---

[68]   O TJ-RJ, ApCiv. 12.498/2005, anulou decreto que incluía dois imóveis em "área de proteção do ambiente cultural" (APAC).

[69]   *Direito administrativo*, cit., p. 486.

[70]   LUCIA VALLE FIGUEIREDO, *Curso* cit., p. 200. CELSO ANTÔNIO BANDEIRA DE MELLO tinha esse entendimento, mas mudou de opinião (*Curso* cit., 31. ed., p. 928).

[71]   PAULO AFFONSO LEME MACHADO (*Ação civil pública e tombamento*, cit., p. 71). O autor confessa aderir ao entendimento de JOSÉ AFONSO DA SILVA.

[72]   CRETELLA JÚNIOR (*RDA* 112/55); THEMISTOCLES CAVALCANTI (*Curso de direito administrativo*, cit., p. 149).

[73]   Assim decidiu o STJ no REsp 1.098.640, j. 9.6.2009.

Cap. 12 · INTERVENÇÃO DO ESTADO NA PROPRIEDADE | 687

vulnerando, flagrantemente e por via transversa, a garantia constitucional da propriedade. Tombamento *geral* só é admissível quando se trata de locais merecedores de proteção, como ruas, praças, logradouros públicos e outros do gênero, que não contam com a presença de propriedades individuais.

Temos para nós que o tombamento não é nem servidão nem limitação administrativa. Trata-se realmente de *instrumento especial de intervenção restritiva do Estado na propriedade privada*, com fisionomia própria e inconfundível com as demais formas de intervenção. Além disso, tem natureza concreta e específica, razão por que, diversamente das limitações administrativas, se configura como uma restrição ao uso da propriedade. Podemos, pois, concluir que a natureza jurídica do tombamento é a de se qualificar como meio de intervenção do Estado consistente na restrição do uso de propriedades determinadas.[74]

Também em relação à natureza do ato, é cabível o estudo a respeito de ser ele vinculado ou discricionário. A despeito de haver controvérsia entre os autores, que se colocam de um lado ou de outro, quanto à natureza do ato, entendemos que é preciso fazer uma distinção quanto ao motivo do ato. Sob o aspecto de que o tombamento há de ter por pressuposto a defesa do patrimônio cultural, o ato é vinculado, o que significa que o autor do ato não pode praticá-lo apresentando motivo diverso. Está, pois, vinculado a essa razão. Todavia, no que concerne à valoração da qualificação do bem como de natureza histórica, artística etc. e da necessidade de sua proteção, o ato é discricionário, visto que essa avaliação é privativa da Administração.

Cabível é, da mesma forma, a observação de que o tombamento constitui um *ato administrativo*, devendo-se, por via de consequência, exigir que contenha todos os elementos necessários para conferir-lhe carga de legalidade. Não nos parece, assim, que se trate de *procedimento administrativo*, como supõem alguns estudiosos, fundados em que não se realiza num só ato, mas numa sucessão de atos.[75] Na realidade, o tombamento é efetivamente *um ato só*, um ato administrativo único. O que ocorre é que semelhante ato *resulta* necessariamente de procedimento administrativo e corresponde ao desfecho de toda a sua tramitação. Isso significa tão somente que o ato não pode ser praticado numa só ação, mas, ao revés, reclama todo um conjunto de formalidades prévias. Não se confunde, portanto, o procedimento que culminou no ato de tombamento com o ato de tombamento em si.

6. ESPÉCIES

As espécies de tombamento podem ser agrupadas levando-se em consideração a manifestação da vontade ou a eficácia do ato.

No que se refere ao primeiro aspecto, o tombamento pode ser *voluntário* ou *compulsório*. Voluntário é aquele em que o proprietário consente no tombamento, seja através de pedido que ele mesmo formula ao Poder Público, seja quando concorda com a notificação que lhe é dirigida no sentido da inscrição do bem. O tombamento é compulsório quando o Poder Público inscreve o bem como tombado, apesar da resistência e do inconformismo do proprietário (arts. 7º e 8º, Decr-lei nº 25/1937).[76]

Quanto à eficácia do ato, pode ser *provisório* ou *definitivo*. É provisório enquanto está em curso o processo administrativo instaurado pela notificação, e definitivo quando, após concluído o processo, o Poder Público procede à inscrição do bem no Livro do Tombo.

---

[74] Também: MARIA SYLVIA DI PIETRO, ob. cit., p. 114 (antes a autora entendia haver limitação administrativa).

[75] É como pensa MARIA SYLVIA ZANELLA DI PIETRO, ob. cit., 18. ed., 2005, p. 134.

[76] Arts. 7º e 8º do Decreto-lei nº 25/1937.

Sobre a provisoriedade do tombamento, o STJ já proferiu decisão considerando que o tombamento provisório não é fase procedimental, mas sim medida assecuratória de preservação do bem até a conclusão dos pareceres e a inscrição no livro respectivo.[77] Parece-nos, contudo, que tal conclusão não se coaduna com o texto legal. Dispõe o art. 10 do Decreto-lei nº 25/1937 que o tombamento *"será considerado provisório ou definitivo, conforme esteja o respectivo processo iniciado pela notificação ou concluído pela inscrição dos bens"*. Segue-se, por conseguinte, que, a despeito de poder também revestir-se de caráter preventivo, o tombamento provisório encerra, na realidade, fase do processo, porquanto decretado antes do ato final do tombamento definitivo. Observado, porém, o devido processo legal, o tombamento provisório terá a mesma eficácia restritiva do tombamento definitivo, alvejando ambos a proteção do patrimônio público.[78]

Autorizada doutrina admite, ainda, a classificação do tombamento em *individual*, quando atinge um bem determinado, e *geral*, quando alcança *"todos os bens situados em um bairro ou uma cidade"*.[79] Ousamos dissentir dessa classificação. O tombamento, segundo nos parece, tem sempre caráter *individual*, vale dizer, os efeitos do ato alcançam diretamente apenas a esfera jurídica do proprietário de determinado bem. O dito tombamento geral seria ato limitativo de natureza genérica e abstrata incongruente com a natureza do instituto. Quando várias edificações de um bairro ou uma cidade são alvo de tombamento, tal ocorre porque foi considerada cada uma delas *per se* como suscetível de proteção histórica ou cultural. A abrangência do ato, nesse caso, atinge várias edificações tão somente pela circunstância de serem elas contíguas ao momento em que se criou a proteção. Mas, por suposição, se um dos imóveis dentro do agrupamento não mais tiver a peculiaridade histórica que reveste os demais (em virtude, por exemplo, de demolição da construção anterior e de nova construção ocorridas antes do momento em que se diligencia a proteção), tal imóvel não poderá ser tombado, porquanto lhe faltará o pressuposto que gerou a proteção dos demais e seu consequente tombamento.

7. INSTITUIÇÃO

Todo tombamento deriva de manifestação expressa da vontade do Poder Público. E deriva porque é a este que incumbem a proteção do patrimônio cultural brasileiro e a intervenção na propriedade privada para o fim de garantir a prevalência do interesse público.

A questão que se põe, contudo, é a de saber qual o tipo de ato pelo qual o Poder Público decreta o tombamento. Parte da doutrina tem o entendimento de que a instituição tanto pode ser fixada por ato administrativo como por lei. Por essa corrente de pensamento, tanto é competência do Executivo como do Legislativo a instituição interventiva.[80]

Essa, porém, não parece ser a melhor doutrina, apesar dos ilustres juristas que a defendem. O tombamento é ato tipicamente administrativo, através do qual o Poder Público, depois de concluir formalmente no sentido de que o bem integra o patrimônio público nacional, intervém na propriedade para protegê-lo de mutilações e destruições. Trata-se de atividade administrativa, e não legislativa. Além do mais, o tombamento só é definido após processo administrativo no qual, frequentemente, há conflito de interesses entre o Estado e o particular. Resulta daí que o ato de tombamento é passível de exame quanto à legalidade de seus vários elementos, como o motivo, a finalidade, a forma etc. Ora, a lei que decreta um tombamento não pressupõe qualquer

---

[77] STJ, RMS 8.252, j. 22.10.2002.

[78] STJ, REsp 753.534, j. 25.10.2011.

[79] MARIA SYLVIA ZANELLA DI PIETRO, *Direito administrativo*, cit., 18. ed., 2005, p. 135.

[80] PAULO AFFONSO LEME MACHADO, ob. cit., p. 75; PONTES DE MIRANDA (*Comentários*, cit., t. VI, p. 369).

Cap. 12 · INTERVENÇÃO DO ESTADO NA PROPRIEDADE | 689

procedimento prévio, de modo que fica trancada para o proprietário qualquer possibilidade de controle desse ato, o que seria absurdo mesmo diante da circunstância de ser a lei, nesse caso, qualificada como *lei de efeitos concretos*, ou seja, a lei que, embora tenha a forma de lei, representa materialmente um mero ato administrativo.

Ao Legislativo compete, isto sim, estabelecer regras gerais para que o administrador intervenha na propriedade privada para fins de proteção do bem por traduzir interesse histórico ou artístico. Nesse aspecto, aliás, a Constituição estabelece competência concorrente da União, dos Estados e do Distrito Federal para legislar sobre a proteção ao patrimônio histórico, cultural, artístico, turístico e paisagístico (art. 24, VII, CF). Não se exclui, nesse caso, a competência também do Município, pois que o art. 30, IX, da CF lhe dá competência para *"promover a proteção do patrimônio histórico-cultural local, observada a legislação e a ação fiscalizadora federal e estadual".* Essa competência, entretanto, é fixada para o fim da edição de regras gerais, abstratas e impessoais sobre a intervenção na propriedade para a proteção desse patrimônio. Bem diversa, porém, é a competência para *concluir que a hipótese é realmente a de tombamento,* competência típica do Executivo.

Desse modo, parece-nos que a instituição do tombamento deve ser formalizada por ato administrativo típico praticado pelo Poder Executivo.[81] O STF já teve a oportunidade de enfrentar o tema, tendo a maioria votado no sentido de que o tombamento é da competência do Executivo e, por isso, há de ser materializado por ato administrativo.[82] Posteriormente, a Corte alterou esse entendimento, ao admitir o tombamento através de lei, interpretação da qual dissentimos, com a devida vênia.[83] Por exceção, é possível que o intuito protetivo se origine da própria Constituição, e em tal situação o tombamento será instituído pela própria norma constitucional. É o caso do art. 216, § 5º, da CF: *"Ficam tombados todos os documentos e os sítios detentores de reminiscências históricas nos antigos quilombos".*

A competência para legislar sobre tombamento é concorrente de todas as pessoas federativas. Apesar da omissão dos Municípios no art. 24, da CF, o inciso VII desse dispositivo, que alude à competência para legislar sobre patrimônio histórico e cultural, deve ser interpretado em conjugação com o art. 30, I e II, da CF, de modo a considerar-se válida a legislação municipal. Nesse sentido, decidiu o TJ-MG.[84]

Quanto aos bens públicos, entendemos que, por interpretação analógica ao art. 2º, § 2º, do Decreto-lei nº 3.365/1941, que regula as desapropriações, a União pode tombar bens estaduais, distritais e municipais, e os Estados podem fazê-lo em relação aos bens do Município. Entretanto, em observância também à natureza dos interesses tutelados pelos entes federativos das diversas esferas, parece-nos não possam as entidades menores instituir, *manu militari*, tombamento sobre bens pertencentes aos entes maiores, isto é, o Município não pode fazê-lo sobre bens estaduais e federais, nem os Estados sobre bens da União. Nestes casos, a entidade menor interessada deve obter autorização do ente público maior a quem pertencer o bem a ser tombado; só assim nos parece compatível a interpretação do art. 23, III, da CF, que confere a todas as pessoas federativas competência comum para proteger bens de valor histórico, artístico e cultural. Apesar disso, alguns autores têm entendimento contrário.[85] Também há decisões que têm contrariado essa regra, o que não nos parece consentâneo com a melhor interpretação,

---

[81]   Têm o mesmo entendimento HELY LOPES MEIRELLES, ob. cit., p. 486; LUCIA VALLE FIGUEIREDO (*Disciplina urbanística da propriedade*, p. 16). Parecem adotá-lo SÉRGIO DE ANDRÉA FERREIRA (*Direito administrativo didático*, cit., p. 185) e DIOGO DE FIGUEIREDO MOREIRA NETO, ob. cit., p. 318.

[82]   STF, Repres. nº 1.312, j. 27.10.1988 (voto do Min. FRANCISCO REZEK).

[83]   STF, ACO 1.208, j. 3.5.2017.

[84]   ApCív nº 72.988-9, 5º CCív, Rel. Des. CAMPOS OLIVEIRA, julg. em 14.11.1996.

[85]   HELY LOPES MEIRELLES, *Dir. Adm. Brasileiro cit.*, 2013, p. 648.

690 | MANUAL DE DIREITO ADMINISTRATIVO • *Carvalho Filho*

além de subverter o sistema federativo previsto na Constituição.[86] Não obstante, cumpre citar o ente federativo maior para integrar o processo, conforme já se decidiu.[87]

No caso de haver omissão quanto à preservação de imóvel público tombado por entidade federativa diversa para fins culturais e históricos, a responsabilidade é solidária de ambos os entes, embora a execução seja subsidiária. Já se decidiu nesse sentido quanto a imóvel da União cedido a Município, que se omitiu na preservação do bem público, em clara violação à proteção de bens culturais.[88]

O art. 5º do Decreto-lei nº 25/1937 não regulou a hipótese acima. Limitou-se a enunciar que o tombamento dos bens pertencentes à União, aos Estados e aos Municípios se processa de ofício por ordem do serviço de patrimônio histórico federal, devendo, contudo, notificar--se o ente federativo para que o ato produza seus regulares efeitos. Portanto, trata apenas da hipótese em que a instituição do tombamento é oriunda da União. Ainda assim, porém, para que se harmonize o dispositivo com os preceitos da vigente Constituição relacionados à autonomia dos entes federativos, deve exigir-se que a notificação renda ensejo a que o ente interessado possa questionar ou rechaçar a intenção de o governo federal tombar o bem que lhe pertence. Aplica-se, pois, à hipótese o princípio do contraditório e da ampla defesa, tendo em vista que, com a oposição da entidade interessada, o processo torna-se litigioso (art. 5º, LV, CF).

7.1. Desfazimento

Embora não seja comum, é possível que, depois do tombamento, o Poder Público, de ofício ou em razão de solicitação do proprietário ou de outro interessado, julgue ter desaparecido o fundamento que deu suporte ao ato. Reconhecida a ausência do fundamento, desaparece o motivo para a restrição ao uso da propriedade. Ocorrendo semelhante hipótese, o efeito há de ser o de desfazimento do ato, promovendo-se o *cancelamento do ato de inscrição*, fato também denominado por alguns de *destombamento*.

Note-se, porém, que o cancelamento não resulta de avaliação discricionária da Administração; ao revés, está ela vinculada às razões que fizeram desaparecer o fundamento anterior. Assim, se o bem tombado continua a merecer proteção, não pode a Administração agir a seu exclusivo arbítrio e proceder ao destombamento, porque, assim agindo, sua conduta seria ofensiva aos mandamentos constitucionais que *impõem* (e não *facultam*) a tutela dos órgãos públicos.

Alguns doutrinadores admitem também o desfazimento pelo cancelamento resultante de avaliação discricionária da autoridade competente.[89] Entendemos de duvidosa legitimidade decisão administrativa de tal natureza. A uma, porque, se o tombamento tem pressupostos específicos para sua efetivação, não se poderá ter mais de uma solução dentre alternativas possíveis: ou estão presentes tais pressupostos, e o ato de tombamento *deve* ser produzido, ou estarão ausentes, e nesse caso, desaparecido o interesse público, *não há como subsistir* o tombamento, nem as restrições que dele emanam, pois que isso provocaria violação ao direito de propriedade. A duas, porque não há no Decreto-lei nº 25/1937 qualquer autorização no sentido de que o administrador possa

---

[86] STF, ACO 1.208, j. 3.5.2017 (tombamento de bem federal por lei estadual); e STJ, RMS 18.952, j. 26.4.2005 (tombamento de bem estadual por Município).

[87] STF, ACO 1.276, j. 25.9.2017.

[88] STJ, REsp 1.991.456, j. 8.8.2023. Vide também Súmula STJ 652.

[89] JOSÉ CRETELLA JR. (*Dicionário*, cit., p. 519) informa que assim se procedeu em relação ao Parque Lage, no bairro do Jardim Botânico, no Município do Rio de Janeiro. O autor faz referência até a parecer com idêntico entendimento firmado por CAIO MÁRIO DA SILVA PEREIRA, quando exercia a função de Consultor-Geral da República (*RDA* 65/315).

Cap. 12 · INTERVENÇÃO DO ESTADO NA PROPRIEDADE | 691

atuar discricionariamente na referida hipótese; aliás, ainda que houvesse, dificilmente se poderia considerar o dispositivo recepcionado pelo quadro constitucional que atualmente rege a matéria.

8. PROCESSO ADMINISTRATIVO

O ato de tombamento é o ato final do processo administrativo que a lei exige para o fim de apurar corretamente os aspectos que conduzem à necessidade de intervenção na propriedade para a proteção do bem tombado.

O processo não tem um rito predefinido, podendo sua tramitação e os atos que o compõem variar conforme a espécie do tombamento. Há, porém, alguns atos que devem integrá-lo necessariamente. Um deles é o parecer do órgão técnico cultural. Outro é a notificação ao proprietário. Este, por sua vez, se manifesta anuindo no tombamento ou impugnando a intenção de decretá-lo. O Conselho Consultivo da pessoa incumbida do tombamento, após as manifestações dos técnicos e do proprietário, define o processo, podendo anulá-lo, se houver ilegalidade; rejeitar a proposta do órgão técnico; ou homologá-la, se necessário o tombamento. Este se torna definitivo com a inscrição no respectivo Livro do Tombo.

O que é importante neste passo assinalar é a absoluta necessidade de ser observado o princípio fundamental do devido processo legal (*due process of law*), no qual se assegure ao proprietário o direito ao contraditório e à ampla defesa, incluindo os meios de prova que visem a demonstrar a inexistência de relação entre o bem a ser tombado e a proteção ao patrimônio cultural. Aplica-se, pois, a norma do art. 5º, LV, da CF.

Anote-se, por fim, que ao proprietário do bem tombado é conferido o direito de recorrer contra o ato de tombamento. O recurso é dirigido ao Presidente da República, que, atendendo a razões de interesse público, pode cancelar o tombamento. Esse recurso, considerado como impróprio, tem previsão no Decreto-lei nº 3.866, de 29.11.1941.[90]

9. EFEITOS

Do ato de tombamento resultam alguns efeitos de grande importância no que toca ao uso e à alienação do bem tombado.

Como o tombamento importa restrição ao uso da propriedade, deve ser objeto de *registro* no Ofício de Registro de Imóveis e *averbação* na matrícula ou à margem do registro respectivo.[91] Se o bem for alienado, o adquirente tem a obrigação de levar ao Registro de Imóveis a escritura pública, ou o termo de contrato, se for o caso, tendo o prazo de 30 dias para fazê-lo sob pena de multa correspondente a dez por cento do valor do negócio jurídico, bem como para comunicar a transferência ao órgão público cultural competente.

A Lei nº 6.015/1973, que regula os registros públicos, não menciona o tombamento dentre os diversos fatos jurídicos passíveis de averbação no Registro Geral de Imóveis (art. 167, II). Ainda assim, todavia, a averbação é exigível, porque o Decreto-lei nº 25 é *lex specialis* em relação à lei dos registros públicos, não tendo sido, por isso mesmo, revogada por esta (art. 2º, § 2º, do Decreto-lei nº 4.657/1942 – Lei de Introdução às Normas do Direito Brasileiro).[92]

---

[90] Esse recurso, considerado como *impróprio,* tem previsão no Decreto-lei nº 3.866, de 29.11.1941.

[91] Art. 13, Decr.-lei 25/1937. O dispositivo alude a "transcrição", mas a Lei nº 6.015/1973 (Registros Públicos) adota dois tipos de anotação: o "registro" e a "averbação" (art. 167, I e II).

[92] Também: MARIA SYLVIA ZANELLA DI PIETRO, *Direito administrativo*, cit., 2007, p. 128. Consulte-se ainda o trabalho *O tombamento de imóveis e o registro*, de AFRÂNIO DE CARVALHO (*RT* 672/73).

692 | MANUAL DE DIREITO ADMINISTRATIVO • Carvalho Filho

É vedado ao proprietário, ou ao titular de eventual direito de uso, destruir, demolir ou mutilar o bem tombado. Da mesma forma, somente lhe é autorizado reparar, pintar ou restaurar o bem com prévia autorização especial do Poder Público (art. 17, Decr.-lei 25/37).

Compete ao proprietário o *dever de conservar* o bem tombado para mantê-lo dentro de suas características culturais. É dele, pois, a responsabilidade de reparação do imóvel, salvo quando provada a ausência de condições financeiras.[93] Mas, se não dispuser de recursos para proceder a obras de conservação e reparação, deve necessariamente comunicar o fato ao órgão que decretou o tombamento, o qual mandará executá-las a suas expensas. Independentemente dessa comunicação, no entanto, tem o Estado, em caso de urgência, o poder de tomar a iniciativa de providenciar as obras de conservação. Advirta-se, porém, que cabe ao proprietário demonstrar sua impossibilidade financeira de arcar com os custos de manutenção, não bastando a mera comunicação ao órgão competente.[94]

Há restrições também para a *vizinhança* do prédio tombado. Sem que haja autorização do órgão competente, é vedado fazer qualquer construção que impeça ou reduza a visibilidade em relação ao prédio sob proteção, bem como nela colocar cartazes ou anúncios. Se tal ocorrer, poderá ser determinada a destruição da obra ou a retirada do cartaz ou anúncio, podendo, inclusive, ser aplicada multa pela infração cometida.

Anteriormente, quando pretendia alienar o bem tombado, o proprietário deveria assegurar o *direito de preferência* para a União, o Estado e o Município do local do bem, visando à aquisição pelo preço pretendido. Sem a oferta, o negócio jurídico seria nulo, aplicando-se multa ao proprietário (art. 22, DL 25/1937). O dispositivo, todavia, foi revogado pelo art. 1.072, I, do CPC, gerando, em consequência, a supressão desse dever jurídico. Entretanto, na execução por quantia certa, caso o bem seja tombado, a União, os Estados e os Municípios, nessa ordem, terão o direito de preferência na arrematação, em igualdade de oferta (art. 892, § 3º, CPC). Como se observa, reduziu-se nitidamente o campo de aplicação do direito de preferência no caso de tombamento.

Por fim, a condição de ser tombado o bem não impede o proprietário de gravá-lo livremente através de penhor, anticrese ou hipoteca.

Cabe tecer breve comentário sobre o aspecto da *indenizabilidade*. O tombamento, por significar uma restrição administrativa que apenas obriga o proprietário a manter o bem tombado dentro de suas características para a proteção do patrimônio cultural, não gera qualquer dever indenizatório para o Poder Público, e isso porque nenhum prejuízo patrimonial é causado ao dono do bem. Somente se o proprietário comprovar que o ato de tombamento lhe causou prejuízo, o que não é a regra, é que fará jus à indenização.[95]

Há, contudo, quem entenda que o só fato do tombamento geraria sempre o direito indenizatório.[96] Não abonamos esse entendimento, porquanto nem há amparo constitucional ou legal para tal conclusão, nem há, como regra, prejuízo decorrente do ato, que retrata mera restrição ao uso da propriedade. Além disso, é preciso considerar que, dependendo da singularidade da situação, pode o ato de tombamento gerar vantagens decorrentes da valorização do bem, especialmente bem imóvel, e não prejuízo, para o proprietário. É o caso, por exemplo, de tombamento de edificações em avenida central da cidade, utilizadas por lojas comerciais

---

[93] STJ, AgRg no AREsp 176.140, Rel. Min. CASTRO MEIRA, em 18.10.2012.

[94] TRF-2ª Reg., ApCiv. 200151110002686, j. 24.6.2014.

[95] Com a mesma opinião, DIÓGENES GASPARINI, ob. cit., p. 427 e MARIA SYLVIA ZANELLA DI PIETRO, ob. cit., p. 107.

[96] CELSO ANTÔNIO BANDEIRA DE MELLO, *Curso*, cit., p. 364; CARLOS ARI SUNDFELD, *Direito administrativo ordenador*, cit., p. 110.

Cap. 12 • INTERVENÇÃO DO ESTADO NA PROPRIEDADE | **693**

de diversos ramos; o tombamento, nesse caso, alia-se ao aspecto turístico, ensejando a atração de maior número de consumidores.

De qualquer modo, se houver comprovação efetiva de prejuízo, o proprietário deverá formular seu pedido indenizatório no prazo de cinco anos, pena de sujeitar-se à prescrição de sua pretensão, contando-se o prazo a partir do ato que efetivou o tombamento. Incide, pois, também aqui (por tratar-se de restrição do Poder Público) o art. 10, parágrafo único, do Decr.-lei 3.365/1941 (Lei Geral de Desapropriação).[97]

É oportuno, neste passo, ressalvar a hipótese em que, sob a denominação de tombamento, o Estado realmente interdita o uso do bem pelo proprietário. Nesse caso é até impróprio falar-se em tombamento; o certo será considerar-se hipótese de servidão administrativa ou de desapropriação, conforme o caso, passando o proprietário então a ter direito à indenização pelos prejuízos causados pelo uso, ou pela própria perda da propriedade, no todo ou em parte.

10. CONTROLE

Como todo ato administrativo, o ato de tombamento também se sujeita a controle.

Primeiramente, é possível o controle administrativo, exercido pelo presidente da entidade pública cultural ou, como visto, pelo Presidente da República. O controle aqui pode ser de legalidade ou de conveniência. Será de legalidade quando se vislumbrar vício relativo aos requisitos de validade do ato, como a competência, a forma, a finalidade. De conveniência (ou de mérito) quando, por razões de interesse público aferíveis apenas pela Administração, for rejeitada a proposta de tombamento ou for cancelado o próprio ato de tombamento.

Possível será, da mesma forma, o controle judicial. Este, no entanto, deverá cingir-se à apreciação de questões concernentes à legalidade do ato. Se houver vício no procedimento administrativo previsto na lei, o ato em que culminar o processo estará contaminado de vício de legalidade quanto à formalização exigida para a sua validade. O mesmo se dará se houver desvio de finalidade, ou seja, se o administrador usar o tombamento como simulacro de perseguição pessoal.

Quanto ao motivo do ato, repetimos, é importante distinguir os ângulos de que se reveste. Se o proprietário provar que não existe qualquer fator que implique a necessidade da intervenção protetiva do Estado, o ato estará eivado de vício e poderá ser invalidado na via judicial.

Não cabe, porém, nessa via discutir os aspectos administrativos que conduzem à valoração do sentido cultural do bem e à necessidade de sua proteção. Essa parte do ato *é insindicável pelo Judiciário*. A insindicabilidade, porém, só será aceitável se, na valoração dos aspectos a serem protegidos, houver *elementos concretos* que conduzam à necessidade do tombamento. Se vários órgãos técnicos julgam que o bem merece proteção porque tem importância histórica, a avaliação desta tem aspectos típicos da Administração, não cabendo ao juiz entender de forma contrária, salvo se houver prova peremptória em sentido contrário. Inexistentes, contudo, elementos concretos para o tombamento, é vedado ao Estado tombar o bem e, por conseguinte, o ato estará sujeito a controle de legalidade no Judiciário.

Em hipótese ocorrida no Rio de Janeiro, o Município efetuou tombamento sem qualquer apoio nos pressupostos constitucionais, praticando flagrante arbitrariedade. Para enfrentar e corrigir esse abuso de poder, o TJ-RJ acentuou a necessidade de vinculação do tombamento

---

[97] Incide, pois, também aqui (por tratar-se de restrição do Poder Público) o art. 10, parágrafo único, do Decreto-lei nº 3.365/1941 (lei geral de desapropriação), com a alteração introduzida pela MP nº 2.183-56, de 24.8.2001.

694 | MANUAL DE DIREITO ADMINISTRATIVO • *Carvalho Filho*

a atos e fatos memoráveis *reais* da história, decidindo: *"É inconsistente decreto de tombamento que se mostra ausente de metodologia científica a fundamentar o ato, de acordo com a prova técnica realizada, demonstrando que as pequenas casas que formam a vila tombada, sobre serem de ínfimo valor pecuniário, não apresentam qualquer linhagem histórica ou arquitetônica que justifique a limitação imposta ao direito de propriedade, consistindo o tombamento, na verdade, em arbitrariedade a consubstanciar abuso de poder, impondo-se sua anulação."*[98]

No aresto, salientou acertadamente o ilustre Relator que, nesse tipo de controle, *"a intervenção do Judiciário, para dirimir controvérsia entre o particular e o Poder Público Municipal, não pode ser considerada em quebra do princípio da harmonia e independência dos poderes e, muito menos, em subtração da competência do Executivo e do Legislativo"*. De fato, como a questão versou sobre os motivos do tombamento, que só podem ser tidos como legítimos se compatíveis com os pressupostos constitucionais, é perfeitamente adequado e cabível o controle judicial.

É bem verdade que a discussão envolvendo os pressupostos do tombamento nem sempre é pacífica. Em ação movida contra Município do Rio de Janeiro em virtude do tombamento do edifício em que se situa o tradicional *Bar da Lagoa*, o juiz julgou improcedente a ação por entender presente razão histórica, mas desprezou o fundamento de que o imóvel teria estilo *art déco*. O Tribunal de Justiça proveu a apelação depois de efetuar inspeção judicial no local, considerando que o tombamento não tivera escopo de preservação do interesse cultural, mas o benefício de particulares, ocorrendo assim inegável *desvio de finalidade*. O STJ deu provimento a recurso especial e anulou o acórdão porque a prova realizada pelo Tribunal *a quo* não poderia ser produzida *ex officio* e que havia sido preterido o postulado do contraditório, determinando o retorno do processo para ser feita prova de valor arquitetônico do imóvel.[99] Veja-se, portanto, que nem sempre o Poder Público efetua o tombamento por razões legítimas e, quando o fizer para beneficiar ou prejudicar o proprietário, sua conduta se revestirá de flagrante desvio de finalidade. Esses aspectos são perfeitamente suscetíveis de controle judicial.

11. OUTROS INSTRUMENTOS PROTETIVOS

O tombamento não é a única forma de proteção do patrimônio cultural.

Em algumas ocasiões, é possível que o Poder Público esteja negligenciando em seu dever inafastável de proteger o patrimônio histórico, artístico e científico do país. Ocorrendo esse *non facere* por parte do Estado, a coletividade tem o direito de acioná-lo para diligenciar essa necessária proteção.

Um dos instrumentos protetivos é o *direito de petição*, que corre na própria via administrativa. Calcado no art. 5º, XXXIV, "a", da CF, o direito de petição encerra a possibilidade de qualquer pessoa requerer ao Poder Público competente a providência colimada pela lei e estabelecida como dever de agir. Cuida-se de garantia fundamental do indivíduo, de modo que não haverá qualquer requisito prévio formal para o exercício desse direito.

Outro meio de proteção, agora em via judicial, é a *ação popular*. Prevista no art. 5º, LXIII, da CF, a ação popular é cabível para a anulação de atos lesivos ao patrimônio público e, especificamente, ao patrimônio histórico e cultural. A ação é regulada pela Lei nº 4.717, de 29.6.1965, e depende da observância de uma condição especial: a legitimação ativa para a causa é privativa do cidadão.

---

[98] TJ-RJ, ApCiv nº 779/1998, j. 2.6.1998.

[99] STJ, REsp 173.158, j. 28.3.2000.

Importante e moderno instrumento protetivo é a *ação civil pública*, regulada pela Lei nº 7.347, de 24.7.1985. O grande objetivo da lei é a proteção dos interesses coletivos e difusos da coletividade, ou seja, aqueles interesses transindividuais que têm natureza indivisível e que hoje são objeto de profundos estudos e debates dentro da doutrina moderna.

Segundo o art. 1º, III, desse diploma, são protegidos pela ação civil pública, dentre outros direitos, os bens e direitos de valor artístico, estético, histórico, turístico e paisagístico, podendo ser postulado pelo autor pedido condenatório (mandamental ou pecuniário) e constitutivo. Em relação ao patrimônio público, o mais comum é que as pessoas legitimadas para a ação formulem pedido no sentido de que o Poder Público, réu, faça ou deixe de fazer alguma coisa, ou, em outras palavras, seja condenado a diligenciar para a proteção do bem ou a abster-se de conduta que vise à sua destruição ou mutilação, isso independentemente de prévio ato de tombamento.[100]

XI. *Súmulas*

SUPREMO TRIBUNAL FEDERAL

Súmula 415: *Servidão de trânsito não titulada, mas tornada permanente, sobretudo pela natureza das obras realizadas, considera-se aparente, conferindo direito à proteção possessória.*

Súmula 668: *É inconstitucional a lei municipal que tenha estabelecido, antes da Emenda Constitucional 29/2000, alíquotas progressivas para o IPTU, salvo se destinada a assegurar o cumprimento da função social da propriedade urbana.*

SUPERIOR TRIBUNAL DE JUSTIÇA

Súmula 56: *Na desapropriação para instituir servidão administrativa são devidos juros compensatórios pela limitação de uso da propriedade.*

---

[100] Para maior detalhamento do tema, vide nossa obra *Ação civil pública*: comentários por artigo, Lumen Juris, 7. ed., 2009, p. 23 ss. Ver também Capítulo 15, tópico V, nº 13.

○○◻ 13 ◻○○

Desapropriação

I. Introdução

Vimos no Capítulo 12 o enfoque sobre o direito de propriedade na ordem jurídica vigente, bem como os fundamentos que rendem ensejo à intervenção do Estado na propriedade. Para não repetir o que já foi analisado, fazemos remissão ao que lá expendemos sobre o tema, porque inteiramente consonante com o instituto que agora será estudado.

Não obstante, convém relembrar, pela importância de que se reveste o assunto, que o direito de propriedade tem garantia constitucional (art. 5º, XXII, CF), mas a Constituição, como que em contraponto com a garantia desse direito, exige que a propriedade assuma a sua condição de atender à função social (art. 5º, XXIII). Sendo assim, ao Estado será lícito intervir na propriedade toda vez em que não esteja cumprindo seu papel no seio social, e isso porque, com a intervenção, o Estado passa a desempenhar sua função primordial, qual seja, a de atuar conforme os reclamos de interesse público.

Essa intervenção, tornamos a frisar, pode ser categorizada em dois grupos: de um lado, a intervenção *restritiva*, através da qual o Poder Público retira algumas das faculdades relativas ao domínio, embora salvaguarde a propriedade em favor do dono; de outro, a intervenção *supressiva*, que gera a transferência da propriedade de seu dono para o Estado, acarretando, por conseguinte, a perda da propriedade. Já examinamos as formas de intervenção restritiva. Cabe-nos agora analisar a forma mais drástica de intervenção do Estado, ou seja, aquela que provoca a perda da propriedade. Essa forma é a desapropriação.

Ninguém discute a complexidade de tema tão delicado, como é o caso da desapropriação. E não poderia ser diferente, tendo em vista que esse fato administrativo retrata um dos pontos máximos do eterno conflito entre o Estado e o particular, vale dizer, entre o interesse público e os interesses privados.

Entretanto, é sempre oportuno que voltemos ao correto ensinamento de DEBBASCH a respeito das instituições políticas e das instituições administrativas. Estas precisam sempre de certos conceitos ideológicos e filosóficos só estabelecidos como axiomas pelas instituições políticas.[1] A desapropriação é uma instituição administrativa, mas sua natureza, seus limites e seus efeitos resultam da opção política traçada na Constituição. Se inexistisse a ideologia política relativa à propriedade e à exigência de sua função social, seria decerto impertinente pensar em desapropriação. Por esse motivo, sempre é bom não perder de vista que o instituto envolve aspectos de natureza política, administrativa, econômica e social, o que reclama cuidado maior quando de seu estudo.[2]

---

[1] CHARLES DEBBASCH, *Institutions et droit administratifs*, cit., p. 23.

[2] V. JOSÉ MARIA PINHEIRO MADEIRA, *A questão jurídico-social da propriedade e de sua perda pela desapropriação*, Lumen Juris, 1998.

II. Conceito

Desapropriação é o procedimento de direito público pelo qual o Poder Público transfere para si a propriedade de terceiro, por razões de utilidade pública ou de interesse social, normalmente mediante o pagamento de indenização.

O fato de ser um procedimento de direito público retrata a existência de uma sequência de atos e atividades do Estado e do proprietário, desenvolvidos nas esferas administrativa e judicial. Sobre esse procedimento, incidem normas de direito público, sobretudo quanto aos aspectos que denotam a supremacia do Estado sobre o proprietário.[3]

O objetivo da desapropriação é a transferência do bem desapropriado para o acervo do expropriante, sendo que esse fim só pode ser alcançado se houver os motivos mencionados no conceito, isto é, a utilidade pública ou o interesse social. E a indenização pela transferência constitui a regra geral para as desapropriações, só por exceção se admitindo, como adiante se verá, a ausência desse pagamento indenizatório.

Não obstante ser clássico o instituto da desapropriação como forma de expropriação processada pelo Estado, o vigente Código Civil criou instituto de expropriação – até agora não conhecido – em que a iniciativa cabe *aos particulares*. Dispõe o art. 1.228, § 4º, que nasce o direito à expropriação (acarretando a perda do imóvel), indenizando-se o proprietário ao final, quando: (a) a posse seja de considerável número de pessoas; (b) seja ela ininterrupta e de boa-fé por mais de 5 anos; (c) tenham os posseiros realizado obras e serviços considerados pelo juiz de relevante interesse social e econômico. É a *expropriação social*, assim denominada pelo caráter notoriamente coletivo de que se reveste. Não se identifica com a desapropriação clássica por ser promovida por particulares, e não pelo Estado; também não se iguala ao usucapião por ser este gratuito. Contudo, em que pese o aspecto coletivo, o instituto será disciplinado pelo direito privado, ao passo que a desapropriação, diversamente, continua alojada sob a égide do direito público.

III. Natureza Jurídica

A natureza da desapropriação, como já antecipamos, é a de procedimento administrativo e, quase sempre, também judicial. Procedimento é um conjunto de atos e atividades, devidamente formalizados e produzidos com sequência, com vistas a ser alcançado determinado objetivo. No procedimento da desapropriação, tais atos se originam não somente do Poder Público, mas também do particular proprietário. Seja como for, é essencial que sejam formalizados esses atos, tanto para a garantia de uma parte quanto da outra.

O procedimento tem seu curso quase sempre em duas fases. A primeira é a *administrativa*, na qual o Poder Público declara seu interesse na desapropriação e começa a adotar as providências visando à transferência do bem. Às vezes, a desapropriação se esgota nessa fase, havendo acordo com o proprietário. Mas é raro. O normal é prolongar-se pela outra fase, a *judicial*, consubstanciada através da ação a ser movida pelo Estado contra o proprietário.

IV. Pressupostos

A desapropriação só pode ser considerada legítima se presentes estiverem os seus pressupostos. São pressupostos da desapropriação a *utilidade pública*, nesta se incluindo a *necessidade pública*, e o *interesse social*.

---

[3] SAYAGUÉS LASO, *Tratado*, cit., v. II, p. 312.

Ocorre a *utilidade pública* quando a transferência do bem se afigura conveniente para a Administração. Já a *necessidade pública* é aquela que decorre de situações de emergência, cuja solução exija a desapropriação do bem.[4] Embora o texto constitucional se refira a ambas as expressões, o certo é que a noção de necessidade pública já está inserida na de utilidade pública. Esta é mais abrangente que aquela, de modo que se pode dizer que tudo que for *necessário* será fatalmente *útil*. A recíproca é que não é verdadeira: haverá desapropriações somente úteis, embora não necessárias. Quando nos referirmos, pois, à utilidade pública, devemos entender que os casos de necessidade pública estarão incluídos naquele conceito mais abrangente. Exemplo de utilidade pública: a construção de uma escola pública ou de um centro de assistência social do Estado.

O *interesse social* consiste naquelas hipóteses em que mais se realça a função social da propriedade. O Poder Público, nesses casos, tem preponderantemente o objetivo de neutralizar de alguma forma as desigualdades coletivas. Exemplo mais marcante é a reforma agrária, ou o assentamento de colonos.

Apesar de serem dois os pressupostos expropriatórios, cabe desde logo registrar um aspecto que nos parece importante. As expressões *utilidade pública* e *interesse social* espelham conceitos jurídicos indeterminados, porque despojados de precisão que permita identificá-los *a priori*. Aliás, não seria nenhuma heresia dizer-se que o que tem utilidade pública traduz uma forma de interesse social, e que se algo tem interesse social é porque, sem dúvida, retrata alguma coisa ligada à utilidade pública. Daí a imprecisão apriorística dos conceitos. Em virtude desse fato, as hipóteses de utilidade pública e as de interesse social serão *ex vi legis*, vale dizer, serão aquelas que as leis respectivas *considerarem* como ostentando um ou outro dos pressupostos constitucionais.

V. Fontes Normativas e Espécies

A fonte primeira da desapropriação está no art. 5º, XXIV, da CF. Eis os seus termos: *"A lei estabelecerá o procedimento para desapropriação por necessidade ou utilidade pública, ou por interesse social, mediante justa e prévia indenização em dinheiro, ressalvados os casos previstos nesta Constituição."* Essa é a regra fundamental para as desapropriações em geral. Podemos, pois, denominar essa modalidade como *desapropriação comum* (ou *ordinária*).

Com caráter regulamentar da norma constitucional, devem ser destacadas duas leis reguladoras da desapropriação. A primeira é o Decreto-lei nº 3.365, de 21.6.1941, considerado a lei geral das desapropriações, que dispõe sobre os casos de desapropriação por utilidade pública. A enumeração desses casos consta do art. 5º, destacando-se, entre outros, os de segurança nacional e defesa do Estado; calamidade e salubridade pública; exploração de serviços públicos; abertura de vias e a execução de planos de urbanização; proteção de monumentos históricos e artísticos; construção de edifícios públicos etc.

O outro diploma regulamentador é a Lei nº 4.132, de 10.9.1962, que define os casos de desapropriação por interesse social e dispõe sobre sua aplicação. Entre as hipóteses consideradas pela lei como casos de interesse social estão, dentre outros, o aproveitamento de todo bem improdutivo ou explorado sem correspondência com as necessidades de habitação, trabalho e consumo dos centros populacionais; a manutenção de posseiros que, em terrenos urbanos, tenham construído residência, quando a posse tiver sido expressa ou tacitamente tolerada pelo proprietário; a instalação das culturas nas áreas em cuja exploração não se obedeça a plano de zoneamento agrícola etc.

---

4   HELY LOPES MEIRELLES, ob. cit., p. 514.

700 | MANUAL DE DIREITO ADMINISTRATIVO • *Carvalho Filho*

Além da desapropriação ordinária, contemplada no art. 5º, XXIV, da CF, podemos ainda catalogar mais três espécies de desapropriação.

A primeira delas é a que consta no art. 182, § 4º, III, da CF, que pode ser denominada de *desapropriação urbanística sancionatória*, também denominada por alguns por *desapropriação-sanção*, o que nos parece impróprio em razão da existência de outras formas punitivas, como, *v.g.*, a prevista no art. 243 da CF. Na verdade, essa forma expropriatória é prevista como a que pode ser adotada a título de penalização ao proprietário do solo urbano que não atender à exigência de promover o adequado aproveitamento de sua propriedade ao plano diretor municipal. Neste caso, o Poder Público desapropria para adequar o solo às necessidades urbanísticas expressas no plano. Essa modalidade, porém, não se confunde com a desapropriação *comum* (ou *ordinária*) para fins urbanísticos, prevista no art. 182, § 3º, da CF, em que inexiste sanção, como é o caso, por exemplo, da "*execução de planos de urbanização*", incluída no art. 5º, "i", do Decr.-lei nº 3.365/1941.

Todavia, a eficácia do art. 182, § 4º, II, da CF, dependia de lei federal. Para tanto, foi editada, a título de regulamentação e como diploma geral definidor dos termos em que a desapropriação poderá ser processada, conforme exigência do dispositivo constitucional, a Lei nº 10.257, de 10.7.2001, autodenominada de *Estatuto da Cidade*, cujo art. 8º, com seus parágrafos, cuida do assunto. Com o advento desse Estatuto federal, cabe a cada Município (e também ao Distrito Federal que, pelo art. 32, § 1º, da CF, congrega competências estaduais e municipais),[5] que vai figurar como expropriante, editar sua lei municipal específica para a área em que se implementarão as ações de política urbana, devendo ser lembrado que essa área já deverá estar incluída no plano diretor da cidade. Com a edição do referido diploma, teceremos adiante, em tópico próprio, e como ponto de informação aos leitores interessados, alguns comentários sobre essa modalidade expropriatória.[6]

Outra espécie do instituto é prevista no art. 184 da CF, e pode ser denominada de *desapropriação rural*, porque incide sobre imóveis rurais para fins de reforma agrária. Trata-se, na verdade, de modalidade específica da desapropriação por interesse social e tem o objetivo de permitir a perda da propriedade quando esta não esteja cumprindo sua função social. Esta só se considera cumprida nos casos do art. 186 da CF, de onde se infere, *a contrario sensu*, que fora deles a propriedade é passível de desapropriação. O expropriante nessa modalidade é exclusivamente a União Federal, e a indenização, da mesma forma que sucede com a modalidade anterior, será paga através de títulos, e não em dinheiro. A disciplina básica desse tipo de desapropriação é que se inscreve entre os arts. 184 e 191 da CF, e supera em muito a disciplina que vigorava anteriormente.[7]

À guisa de esclarecimento, contudo, convém registrar que não há óbice a que o Estado-membro promova desapropriação de imóvel rural por interesse social. Não pode é fazê-lo para fins de reforma agrária, esta sim, reservada à União Federal. Inaplicável, portanto, o preceito do art. 184 da CF. Necessitando do imóvel, o Estado deverá promover desapropriação ordinária, assinando-se-lhe a obrigação de proceder à indenização prévia, justa e em dinheiro.[8]

---

5   Assim também DIÓGENES GASPARINI, *Direito administrativo*. cit., p. 464.

6   A respeito dessa modalidade expropriatória, vide nossos *Comentários ao estatuto da cidade*, Atlas, 5. ed., 2013, p. 131-155; também CELSO ANTÔNIO PACHECO FIORILLO, *Estatuto da Cidade comentado*, Revista dos Tribunais, 2002, p. 45-48.

7   Nesse sentido, cf. FÁBIO DE OLIVEIRA LUCHESI em Desapropriação para fins de reforma agrária perante a nova Constituição (*RDP* 90/161).

8   No mesmo sentido: STJ, REsp 691.912, j. 7.4.2005.

Cap. 13 • DESAPROPRIAÇÃO | 701

A disciplina constitucional sobre desapropriação rural se completa através de duas leis:

1º) Lei nº 8.629, de 25.2.1993, que dispõe sobre vários aspectos desse tipo de desapropriação, como o sentido da propriedade produtiva, a distinção entre o solo e as benfeitorias para fins indenizatórios, a distribuição dos imóveis rurais e outros da mesma natureza;

2º) Lei Complementar nº 76, de 6.7.1993 (alterada pela Lei Complementar nº 88, de 23.12.1996), que, regulamentando o art. 184, § 3º, da CF, dispõe sobre o procedimento contraditório especial, de rito sumário, para o processo de desapropriação de imóvel rural por interesse social para fins de reforma agrária.[9]

A última espécie de desapropriação é a que está prevista no art. 243 da CF, com a redação dada pela EC nº 81, de 5.6.2014, a qual podemos denominar de *desapropriação confiscatória* por não conferir ao proprietário direito indenizatório, como ocorre com as modalidades anteriores. A perda da propriedade nesse caso tem como pressupostos (1) o fato de nela estarem localizadas culturas ilegais de plantas psicotrópicas ou (2) a exploração de trabalho escravo. Consumada a desapropriação, a propriedade é destinada à reforma agrária ou a programas de habitação popular. O processo adotado para essa espécie de desapropriação está disciplinado pela Lei nº 8.257, de 26.11.1991.

VI. Objeto

1. REGRA GERAL

Como regra, a desapropriação pode ter por objeto qualquer bem móvel ou imóvel dotado de valoração patrimonial. É com esse teor que se pauta o art. 2º do Decreto-lei nº 3.365/1941, no qual se encontra consignado que *"todos os bens podem ser desapropriados"* pelas entidades da federação. Deve-se, por conseguinte, incluir nessa expressão os bens móveis ou imóveis, corpóreos ou incorpóreos. Em razão dessa amplitude, são também desapropriáveis ações, cotas ou direitos relativos ao capital de pessoas jurídicas (Súmula 476, STF).

Há, entretanto, algumas situações que tornam impossível a desapropriação. Pode-se agrupar tais situações em duas categorias: as *impossibilidades jurídicas* e as *impossibilidades materiais*.

Impossibilidades jurídicas são aquelas que se referem a bens que a própria lei considere insuscetíveis de determinado tipo de desapropriação. Como exemplo, temos a propriedade produtiva, que não pode ser objeto de desapropriação para fins de reforma agrária, como emana do art. 185, II, da CF (embora possa sê-lo para desapropriação de outra natureza). Entendemos que aí também se situa a hipótese de desapropriação, por um Estado, de bens particulares situados em outro Estado; a desapropriação é poder jurídico que está associado ao fator *território*, de modo que permitir esse tipo de desapropriação implicaria vulneração da autonomia estadual sobre a extensão de seu território.

De outro lado, impossibilidades materiais são aquelas pelas quais alguns bens, por sua própria natureza, se tornam inviáveis de ser desapropriados. São exemplos dessas impossibilidades a moeda corrente, porque é ela o próprio meio em que se materializa a indenização, ressalvando-se, contudo, as moedas antigas, que têm valor patrimonial e podem ser objeto de desapropriação;[10] os

---

[9] Sobre o processo judicial para desapropriação para fins de reforma agrária, vide nosso trabalho O novo processo expropriatório para reforma agrária, publicado no *Livro de Estudos Jurídicos* nº 8, 1994, p. 93-117, e na *Revista do Ministério Público do Rio de Janeiro*, nº 2, 1995, p. 85-104.

[10] HELY LOPES MEIRELLES, *Direito administrativo* cit., p. 508.

702 | MANUAL DE DIREITO ADMINISTRATIVO • *Carvalho Filho*

direitos personalíssimos, como a honra, a liberdade, a cidadania; e as pessoas físicas ou jurídicas, porque são sujeitos, e não objeto de direitos. Em relação às pessoas jurídicas, o que se desapropria são os bens de sua propriedade ou direitos representativos do capital.[11]

Há, todavia, algumas situações que têm ocasionado divergência entre os estudiosos, no que toca à possibilidade, ou não, de desapropriação. Uma delas é a respeito do cadáver: enquanto alguns sustentam que é possível a desapropriação, desde que atendidos os pressupostos constitucionais, outros têm pensamento contrário, inadmitindo o instituto por motivos de ordem moral e religiosa e por não haver nem como identificar o sujeito da propriedade.[12] Não endossamos esse entendimento, porque, embora não seja usual, podem ocorrer situações excepcionais que reclamem a desapropriação do cadáver, como, por exemplo, para pesquisa científica e proteção social. Dúvida também é suscitada a propósito dos bens inalienáveis. Em relação a estes, porém, entendemos que nada obsta a que sejam desapropriados, porque a inviabilidade de alienação não pode prevalecer diante do *ius imperii* do Estado. O que se exige, é claro, é que o motivo seja um daqueles previstos na lei expropriatória.

2. BENS PÚBLICOS

Embora seja possível, a desapropriação de bens públicos encontra limites e condições na lei geral de desapropriações. A possibilidade expropriatória pressupõe a direção vertical das entidades federativas: a União pode desapropriar bens dos Estados, do Distrito Federal e dos Municípios, e os Estados podem desapropriar bens do Município. Assim sendo, chega-se à conclusão de que os bens da União são inexpropriáveis e que os Municípios não têm poder expropriatório sobre os bens das pessoas federativas maiores.

A despeito de não ser reconhecido qualquer nível de hierarquia entre os entes federativos, dotados todos de competências próprias alinhadas no texto constitucional, a doutrina admite a possibilidade de desapropriação pelos entes maiores ante o fundamento da *preponderância do interesse*, no qual está no grau mais elevado o interesse nacional, protegido pela União, depois o regional, atribuído aos Estados e Distrito Federal, e por fim o interesse local, próprio dos Municípios.[13] Aliás, esse fundamento foi reconhecido expressamente em decisão proferida pelo Supremo Tribunal Federal em litígio que envolvia a União e Estado-membro.[14]

Por outro lado, são fixadas vedações em relação a Estados e Municípios, uns em relação a outros. Um Estado, por exemplo, não pode desapropriar bens de outros Estados,[15] nem podem os Municípios desapropriar bens de outros Municípios, ainda que localizados em sua dimensão territorial.[16] Nem o próprio Estado pode desapropriar bem de Município situado em Estado diverso. Todas essas vedações emanam da norma contida no art. 2º, § 2º, da lei geral expropriatória.

Mesmo com esses limites, a possibilidade expropriatória de bens públicos submete-se a uma condição inafastável: a entidade expropriante somente poderá promover o processo expropriatório se devidamente autorizada pelo Poder Legislativo de seu âmbito. Com isso, é inviável a desapropriação apenas por iniciativa do Executivo. Destarte, para que

---

[11]   CELSO ANTÔNIO BANDEIRA DE MELLO, *Curso* cit., p. 376.
[12]   É a opinião de JOSÉ CARLOS MORAES SALLES, *A desapropriação*, cit., p. 81.
[13]   LÚCIA VALLE FIGUEIREDO, *Curso*, cit., 7. ed., 2004, p. 328.
[14]   Ação cautelar inominada nº 1.255, j. 16.6.2006.
[15]   STF, ADI 2.452, j. 24.09.2003.
[16]   STF, RE 85.550, j. 22.2.1978.

Cap. 13 • DESAPROPRIAÇÃO | 703

se legitime a desapropriação de bens públicos, exigível será a autorização por *lei* específica para tal desiderato.

Essa norma, porém, contida no art. 2º, § 2º, do Decreto-lei nº 3.365, sofreu mitigação pelo art. 2º, § 2º-A, incluído pela Lei nº 14.620, de 13.7.2023, segundo o qual haverá dispensa da *autorização legislativa* quando a desapropriação resultar de acordo entre os entes federativos, fato que exigirá, no entanto, a fixação das respectivas responsabilidades financeiras relativamente ao pagamento das devidas indenizações.

Entre os estudiosos, lavra alguma controvérsia sobre a *natureza* dos bens públicos objeto da desapropriação. Segundo o entendimento de alguns, somente seriam expropriáveis os bens públicos não afetados a uso ou serviço público.[17] Com a devida vênia, não comungamos com tal pensamento. A destinação de bem público a determinado serviço administrativo não o torna imune à desapropriação por entidade maior. A uma, porque a lei não procedeu a tal distinção; assim, ao intérprete não será lícito fazê-lo. A duas, porque o motivo da desapropriação também repousará na necessidade do expropriante de utilizar o bem para algum serviço público de sua competência.[18] Somente se for constatado algum desvio de finalidade, com propósitos escusos do expropriante, é que será legítimo impugnar a validade da desapropriação. Fora daí nenhuma ilegalidade haverá.

Outra questão que tem suscitado algumas dúvidas consiste em saber se é possível a desapropriação de *bens particulares tombados*. Parece-nos que a solução deve levar em conta que o tombamento é ato administrativo de caráter restritivo, que tem fundamento constitucional, e visa ao atendimento do interesse público retratado pela necessidade de tutela do patrimônio cultural brasileiro, como consta dos arts. 215 e 216 da Constituição. Sendo assim, abrem-se duas hipóteses. Se o tombamento provém de entidade federativa menor, será possível, em tese, a desapropriação do bem pela entidade maior, desde que, é óbvio, comprovado que o interesse público a ser atendido pela desapropriação tem prevalência sobre o que gerou o tombamento. A recíproca, porém, é inviável, ou seja, não pode a entidade menor desapropriar o bem cujo tombamento foi instituído pela entidade maior, porque é de se supor que o interesse atendido por esta última prevalece sobre o proteção do patrimônio local objeto do ato restritivo. A desapropriação somente seria admissível se houvesse autorização da autoridade maior (art. 2º, §§ 2º e 3º, Decr.-lei nº 3.365/1941). ·

3. BENS DE ENTIDADES DA ADMINISTRAÇÃO INDIRETA

Por falta de disposições que regulem a matéria, tem sido muito discutida a questão relativa à desapropriação de bens que pertençam a entidades administrativas, como autarquias, empresas públicas, sociedades de economia mista e fundações públicas. Para melhor exame do assunto, é melhor que se faça uma distinção preliminar.

A desapropriação de bens dessas entidades por entidades maiores não encontra óbices na disciplina pertinente e, ao contrário, guarda compatibilidade com o que dispõe o já citado art. 2º, § 2º, do Decreto-lei nº 3.365/1941. É possível, portanto, que a União desaproprie bem de uma sociedade de economia mista estadual ou de uma empresa pública municipal. O mesmo se dá na relação entre o Estado e entidades administrativas municipais.

O problema se situa em relação à possibilidade de uma entidade menor, como por exemplo um Município, desapropriar bens de uma autarquia ou empresa pública vinculadas a pessoa

---

[17] SERGIO FERRAZ, Desapropriação de bens públicos, em *Três estudos de direito*, Revista dos Tribunais, 1977, p. 50-51.

[18] Também: LETÍCIA QUEIROZ DE ANDRADE, *Desapropriação de bens públicos*, Malheiros, 2006, p. 120.

federativa maior, como o Estado ou a União Federal. A respeito dessa questão, são discrepantes os autores. Para alguns, é sempre possível a desapropriação.[19] Outros advogam a tese de que a desapropriação só é possível quando se trata de bens desvinculados do objetivo institucional da pessoa administrativa, mas inviável quando esses bens consubstanciam a execução dos serviços públicos a que estão preordenadas.[20] Nosso entendimento, porém, é diverso. A desapropriação de bens públicos, como se viu, é fundada na hierarquia das pessoas federativas considerando-se a sua extensão territorial. O princípio deve ser o mesmo adotado para os bens de pessoas administrativas, ainda que alguns deles possam ser qualificados como bens privados. Prevalece nesse caso a natureza de maior hierarquia da pessoa federativa a que está vinculada a entidade administrativa. Por conseguinte, para nós se afigura juridicamente inviável que o Estado, por exemplo, desaproprie bens de uma sociedade de economia mista ou de uma autarquia vinculada à União Federal, assim como também nos parece impossível que um Município desaproprie bens de uma empresa pública ou de uma fundação pública vinculada ao Estado, seja qual for a natureza desses bens.[21] O STJ e o STF já se manifestaram sobre o tema, decidindo ser ilegítima a desapropriação do Estado sobre bens de sociedade de economia mista federal, sob a consideração de que, sendo o serviço executado da competência da União, os bens da entidade a ela vinculada estão a merecer proteção.[22]

Reforça esse entendimento o § 3º do art. 2º da lei expropriatória, segundo o qual é vedado a Estados, Distrito Federal e Municípios desapropriar ações, cotas e direitos representativos do capital de instituições ou empresas cujo funcionamento dependa de autorização do Governo Federal e se subordine à sua fiscalização, salvo com prévia autorização do Presidente da República. Se para tais pessoas jurídicas meramente autorizadas a lei fixou a vedação expropriatória como regra, com muito maior razão é de se impedir a desapropriação de bens das pessoas administrativas descentralizadas que *integram* (não sendo meramente *autorizadas*!) a própria Administração.

Nessa mesma linha de pensamento se colocou o STJ. Reafirmando sua anterior posição, decidiu peremptoriamente que *"o Município não pode desapropriar bens de propriedade de empresa pública federal, sem a prévia autorização do Presidente da República,* mesmo que não sejam utilizados diretamente na prestação de serviço público".[23] No mesmo sentido, a vedação de Município desapropriar bens de autarquia federal.[24] As decisões retratam, a nosso ver, a correta aplicação do Direito em relação ao tema.

Será viável, contudo, que a desapropriação se realize mediante acordo entre o ente federativo e a entidade da Administração Indireta, desde que sejam fixadas as responsabilidades financeiras quanto ao pagamento das indenizações. Trata-se da aplicação extensiva do já referido art. 2º-A, da lei geral, incluído pela Lei nº 14.620/2023, pelo qual o fundamento expropriatório consiste no consenso entre os interessados.

4. MARGENS DOS RIOS NAVEGÁVEIS

As margens dos rios navegáveis têm provocado algumas controvérsias quanto à sua natureza jurídica, o que acarreta logicamente efeitos quanto à viabilidade de desapropriação.

---

[19] SÉRGIO DE ANDRÉA FERREIRA (*Direito administrativo didático*, cit., p. 197).

[20] HELY LOPES MEIRELLES, ob. cit., p. 509; DIÓGENES GASPARINI, ob. cit., p. 460.

[21] No mesmo sentido CELSO ANTÔNIO BANDEIRA DE MELLO, ob. cit., p. 377.

[22] STF, RE 172.816, j. 9.2.1994, e STJ, RMS 1.167, j. 20.11.1991 (Estado do RJ x Cia.Docas do RJ, vinculada à União).

[23] STJ, REsp 214.878, j. 5.10.1999.

[24] STJ, REsp 1.188.700, j. 18.5.2010.

Cap. 13 • DESAPROPRIAÇÃO | **705**

Em reiteradas manifestações a respeito, HELY LOPES MEIRELLES sempre sustentou que tais faixas terrestres, consideradas faixas reservadas pelo Código de Águas, integram a propriedade privada, estando destacadas apenas para uso da Administração, em forma de servidão administrativa. Além do mais, a transcrição dos imóveis ribeirinhos alcançaria esses terrenos marginais, de modo que deveria o registro ser observado pelo Poder Público.[25]

Esse entendimento, todavia, não foi sufragado pelo STF, que deixou assentado na Súmula 479: *"As margens dos rios navegáveis são de domínio público, insuscetíveis de expropriação e, por isso mesmo, excluídas de indenização."*

A matéria é realmente inçada de dúvidas. Parece-nos, entretanto, que as margens dos rios podem pertencer, ou não, ao domínio privado, embora a regra as atribua ao domínio público (art. 31 do Decreto nº 24.643/1934, o Código de Águas). Sendo assim, não haverá desapropriação e indenização se as margens integrarem o domínio público. Se pertencerem ao domínio privado, porém, tanto será obrigatória a desapropriação como o pagamento da respectiva indenização.[26]

Outros aspectos do tema, no entanto, serão objeto de consideração no capítulo relativo aos bens públicos (Capítulo 16, tópico X, item 4).

VII. Forma de Aquisição

A aquisição de um bem pode ser *originária* ou *derivada*. A aquisição é originária quando é o fato jurídico em si que enseja a transferência da propriedade, sem correlação com qualquer título jurídico de que seja titular o anterior proprietário. É o caso dos animais caçados ou pescados. Ao contrário, a aquisição é derivada quando depende da participação volitiva de outra pessoa, fixando-se a necessidade das figuras do transmitente e do adquirente. É o caso dos negócios jurídicos bilaterais, ou seja, dos contratos em geral.

A desapropriação é, realmente, modo *sui generis* de aquisição da propriedade. Mas, pela forma como se consuma, é de ser considerada forma de *aquisição originária*, porque a só vontade do Estado é idônea a consumar o suporte fático gerador da transferência da propriedade, sem qualquer relevância atribuída à vontade do proprietário ou ao título que possua. A desapropriação, assim, é considerada o ponto inicial da nova cadeia causal que se formará para futuras transferências do bem.[27]

Dessa premissa surgem dois importantes efeitos. O primeiro consiste na irreversibilidade da transferência, ainda que indenizado tenha sido terceiro que não o dono do bem desapropriado. Ademais, com a desapropriação consideram-se extintos os direitos reais de terceiros sobre a coisa. Nesse sentido, aliás, consta do art. 31 da lei geral expropriatória: *"Ficam sub-rogados no preço quaisquer ônus ou direitos que recaiam sobre o bem expropriado."* Como exemplo, temos o caso da hipoteca: o credor hipotecário terá o seu direito real substituído pelo preço total ou parcial da indenização; esta, dependendo da hipótese, poderá ser repartida, em partes iguais ou não, entre o proprietário e o credor hipotecário. Mas o bem em si ingressa no patrimônio do expropriante sem qualquer ônus em favor de terceiro.

Em virtude da natureza de aquisição originária, não cabe na desapropriação a incidência do ITBI – Imposto Sobre a Transmissão de Bens Imóveis. Trata-se, com efeito, de retirada compulsória da propriedade, sendo o pagamento da indenização meramente compensatório. Embora

---

[25] Ob. cit., p. 526.

[26] O STF reafirmou a orientação da Súmula no RE 331.086, Rel. Min. MENEZES DIREITO, em 2.9.2008.

[27] CELSO ANTÔNIO BANDEIRA DE MELLO, ob. cit., p. 373; DIÓGENES GASPARINI, ob. cit., p. 446.

706 | MANUAL DE DIREITO ADMINISTRATIVO • *Carvalho Filho*

não haja, no caso, imunidade tributária, inocorre o fato gerador que dá origem àquele tributo.[28] Em outra vertente, e por idêntico fundamento, débitos tributários anteriores à imissão na posse, como é o caso do IPTU e taxa de esgoto (de natureza *propter rem,* ou seja, em razão do bem), devem ser cobrados do expropriado, e não do expropriante.[29]

VIII. Competências

A desapropriação, como temos observado, estampa um procedimento amplo que vai desde a declaração do Estado até a transferência da propriedade, sem contar ainda com a questão sobre a competência legislativa para a matéria. Por isso, vale a pena distinguir as competências.

1. COMPETÊNCIA LEGISLATIVA

A competência privativa *para legislar* sobre desapropriação é da União Federal, *ex vi* do art. 22, II, da CF.

Essa competência, como o próprio nome indica, consiste na produção normativa a respeito da matéria, significando que é a União que tem o poder de criar regras jurídicas novas (*ius novum*) sobre desapropriação.

A Constituição, no art. 22, parágrafo único, admitiu que lei complementar viesse a autorizar os Estados a legislar sobre questões específicas das matérias sujeitas à competência privativa da União. Essa competência legislativa estadual, por isso, é condicionada, vale dizer, só se consumará quando for editada a lei complementar autorizadora referida no dispositivo. Bem a propósito, já se declarou a inconstitucionalidade de dispositivo, na Lei Orgânica do DF, que exigia prévia aprovação do Legislativo para processar desapropriações, fundando-se na usurpação de funções do Executivo, bem como no fato de extrapolar o Decr.-lei 3.365/1941.[30]

2. COMPETÊNCIA DECLARATÓRIA

Diversamente da anterior, esta é a competência *para declarar a utilidade pública ou o interesse social* do bem com vistas à futura desapropriação.

Declarar a utilidade pública ou o interesse social é conduta que apenas reflete a manifestação do Estado no sentido do interesse público que determinado bem desperta com vistas à transferência coercitiva a ser processada no futuro. Portanto, não se pode dizer ainda que, com a declaração, já exista a desapropriação. A declaração é apenas uma fase do procedimento.

A competência para declarar a utilidade pública ou o interesse social é *concorrente* da União, dos Estados, do Distrito Federal, dos Municípios e dos Territórios, e está prevista no art. 2º do Decreto-lei nº 3.365/1941. A situação dos Territórios é peculiar no sistema federativo vigente: não estão compreendidos na organização política da federação (art. 18, CF) e integram a União, dependendo sua organização de lei complementar (art. 18, § 2º, CF); apesar de tal posição, têm disciplina própria na Constituição (art. 33). Por tal motivo, alguns autores os consideram meras circunscrições ou autarquias territoriais, parecendo não

---

[28] KIYOSHI HARADA, *Direito financeiro e tributário,* Atlas, 2003, p. 410. Também: TJ-MG, Reex.Nec. 10035110099245001, j. 30.4.2012 e TJ-PR, Reex.Nec. 649.554, j. 4.11.1998.

[29] STJ, REsp 1.668.058, j. 8.6.2017.

[30] STF, ADI 969, j. 27.9.2006.

Cap. 13 • DESAPROPRIAÇÃO | 707

admitirem tenham eles personalidade jurídica própria.[31] Todavia, o Código Civil vigente os incluiu expressamente no rol das pessoas jurídicas de direito público interno (art. 41, II), o que não ocorria com o Código revogado (art. 14), a despeito de opiniões nesse sentido já àquela ocasião.[32] Em consequência, se futuramente for criado algum Território (atualmente inexistem essas entidades), terá ele também competência declaratória para fins de desapropriação.

A regra alcança todas as pessoas federativas, porque é a elas que incumbe proceder à valoração dos casos de utilidade pública e de interesse social que propiciam a desapropriação. Esses casos podem ser de interesse federal, estadual, distrital ou municipal.

A regra, contudo, comporta exceções. Assim, atribui-se competência para declarar utilidade pública ao DNIT – Departamento Nacional de Infraestrutura de Transportes, cuja natureza jurídica é a de *autarquia* administrativa (sucessora do antigo DNER – Depto. Nacional de Estradas de Rodagem), para o fim de ser promovida desapropriação visando à implantação do Sistema Nacional de Viação (art. 82, IX, Lei 10.233/2001). A competência, inclusive, estendeu-se à ANTT – Agência Nacional de Transportes Terrestres, para a execução de obras (art. 24, XIX, Lei 10.233/2001). Idêntica competência foi conferida à ANEEL – Agência Nacional de Energia Elétrica, também autarquia federal, com o objetivo de serem desapropriadas áreas para a instalação de concessionários e permissionários de energia elétrica (art. 10, Lei 9.074/1995). É discutível a opção do legislador no que concerne a tais exceções, visto que a declaração de utilidade pública ou de interesse social constitui um juízo público de valoração quanto à futura perda da propriedade, juízo esse que, a nosso ver, é próprio das pessoas da federação.

Em se tratando de desapropriação por interesse social, para o fim específico de promover a *reforma agrária*, a competência para a declaração expropriatória é exclusiva da União Federal, como registram o art. 184 e parágrafos da CF. Repita-se, no entanto, com vistas a dirimir eventuais dúvidas, que somente para a reforma agrária a União tem competência privativa; se a desapropriação for por interesse social para outro fim que não o de reforma agrária (e a lei relaciona outros casos de interesse social), as demais pessoas federativas também terão competência para a respectiva declaração expropriatória e, por conseguinte, para promover a desapropriação.[33] A diferença básica consiste na indenização: enquanto na desapropriação para reforma agrária o pagamento é efetivado por *títulos da dívida agrária*, na desapropriação por interesse social para fins diversos a indenização deve ser a comum, ou seja, prévia, justa e *em dinheiro*.[34]

A competência para declarar a utilidade pública de imóvel para *fins urbanísticos* é do *Município*, o que encontra fundamento nos arts. 30, I (interesse local) e VIII (ordenamento do solo), e 182, *caput* (política de desenvolvimento urbano), e § 3º, da Constituição. Registre-se que referida competência abrange não somente a desapropriação urbanística sancionatória, prevista no Estatuto da Cidade, como a desapropriação urbanística ordinária, prevista no art. 5º, "i", do Decreto-lei nº 3.365/1941.[35]

---

[31] MANOEL GONÇALVES FERREIRA FILHO, *Comentários à Constituição brasileira de 1988*, Saraiva, v. 1, 1990, p. 228; JOSÉ AFONSO DA SILVA, *Direito constitucional positivo*, Malheiros, 20. ed., p. 471; ALEXANDRE DE MORAES, *Direito constitucional*, Atlas, 12. ed., p. 282. De nossa parte, é também o sentido que parece emanar da Constituição, como registramos em edições anteriores.

[32] MICHEL TEMER, *Elementos de direito administrativo*, RT, 1989, p.100.

[33] Nessa direção, STJ, REsp 20.896, j. 28.11.2006.

[34] STJ, RMS 13.959, j. 6.9.2005.

[35] Em relação a esta última, v. STJ, RMS 18.703, j. 28.11.2006.

3. COMPETÊNCIA EXECUTÓRIA

A *competência executória* significa a atribuição para *promover* a desapropriação, ou seja, para adotar todas as medidas e exercer as atividades que venham a conduzir à efetiva transferência da propriedade. Essa competência se inicia pela negociação com o proprietário e estende-se até a finalização do processo judicial expropriatório, após a propositura da respectiva ação. Em outras palavras, promover a desapropriação tem o sentido de legitimidade para sua propositura, vale dizer, a *legitimatio ad causam* para a mesma ação.

A lei geral expropriatória refere-se a essa competência no art. 3º, alterado pela já citada Lei nº 14.620/2023, no qual se relacionam os *legitimados* para a execução do processo de desapropriação, incluindo-se – repita-se – a legitimidade para propor a ação expropriatória.

Primeiramente, são legitimados os *concessionários, permissionários, autorizatários e arrendatários*, incluindo-se entre os primeiros os contratados sob o regime da Lei nº 11.079/2004, que regula as PPPs – Parcerias Público-Privadas (art. 3º, I, do Decreto-lei nº 3.365). A lei alteradora inovou no que toca aos *arrendatários*, que, ao contrário dos demais, não desempenham atividade delegada, mas, ao contrário, são sujeitos de contrato de arrendamento, aos quais se permite o uso de determinado imóvel público. Na verdade, tal competência, oriunda de contrato privado, não se compatibiliza com a função de promover desapropriação.

A segunda categoria dos legitimados é constituída pelas *entidades públicas* (art. 3º, II, do DL nº 3.365). Embora possa dar margem a dúvidas, a expressão abrange as pessoas jurídicas de direito público, como os entes federativos, as autarquias e as fundações autárquicas. Anteriormente, a lei referia-se a "*estabelecimentos de caráter público* ou que exerçam funções delegadas do poder público", expressão aquela sem qualquer precisão técnica e, portanto, apta a suscitar inúmeras hesitações interpretativas, tendo sido excluída pela Lei nº 14.273/2021.

Outra categoria é a das entidades que exercem *funções delegadas do poder público* (art. 3º, III, do DL nº 3.365).[36] Tais pessoas atuam por delegação do poder público, e entre elas se situam, entre outras, os concessionários, permissionários e autorizatários de serviços públicos, cuja menção já foi feita no inciso I do mesmo art. 3º, sendo esse dispositivo, assim, absorvido pelo caráter genérico do inciso III.

Na última categoria se incluem os *contratados pelo poder público* para o fim de execução de obras e serviços de engenharia sob os regimes de *empreitada por preço global, empreitada integral* e *contratação integrada* (art. 3º, IV, do DL nº 3.365). Antes, a lei aludia a "autorizatárias para e exploração de ferrovias como atividade econômica", classe inserida pela citada Lei nº 14.273/2021; tais entidades, todavia, desempenham função delegada, estando, portanto, alcançadas pelo inciso III, já visto anteriormente.

Convém anotar que essa nova categoria traduz visível *extensão* da competência para promover desapropriação em favor de pessoas do setor privado, como normalmente são os referidos contratados, o que pode ensejar algum tipo de abuso do poder econômico. Noutra vertente, não são todos os contratados, mas apenas os que a lei menciona, cujo perfil já está definido na Lei nº 14.133/2021 – o Estatuto de Licitações e Contratos (art. 6º, XXIX, XXX e XXXII).

Justamente por serem pessoas do setor privado, a lei impõe que o *edital* estabeleça expressamente: a) o *responsável* por cada fase do procedimento de desapropriação; b) a previsão de *orçamento* para o processo; c) a distribuição objetiva de *riscos* entre as partes, inclusive o risco pela variação do custo real das desapropriações em relação ao orçamento

---

[36] Essa categoria já existia na lei geral, mas a Lei nº 14.273/2021 lhe destinou inciso próprio, no caso o inciso III, em comento.

previsto (art. 3º, parágrafo único, I a III, do DL nº 3.365, incluído pela Lei nº 14.620/2023). Como se trata de inovação, é preciso aguardar como o poder público vai definir e fiscalizar essas exigências.

Vale a pena observar, desde logo, que, no caso da competência para declarar e para promover, incide o axioma de que quem pode o mais pode o menos. A *competência declaratória* estampa *prerrogativa mais ampla* do que a *executória*. Em outras palavras, quem pode declarar pode promover, mas nem sempre quem pode promover tem o poder declaratório. Um Estado, por exemplo, pode declarar e promover a desapropriação, mas um concessionário só tem competência executória, vale dizer, para promover o processo, dependendo da declaração expropriatória de quem tenha competência para fazê-lo.

Em tal cenário, é possível, para fins didáticos, classificar essa atribuição em *competência incondicionada*, quando não se sujeita à prévia condição declaratória, como é o caso dos entes federativos e daqueles outros dotados de competência para declarar a utilidade pública, e *competência condicionada*, quando, ao contrário, se impõe que entidade diversa expeça previamente a declaração para a ulterior promoção, hipótese, por exemplo, dos concessionários.

Nunca é demais relembrar, todavia, que a possibilidade de ajuizamento da ação pressupõe autorização prévia, que figure em lei ou em contrato, como está expresso no art. 3º, caput, da lei geral. Portanto, nem todas as pessoas administrativas, ou delegatárias não administrativas, podem propor a ação: sua legitimidade depende da permissão legal ou contratual. Por outro lado, o custo da desapropriação deve ser coberto com recursos da própria entidade interessada, e não do tesouro.[37]

IX. Destinação dos Bens Desapropriados

1. REGRA GERAL

Quando a Constituição e a lei autorizam o Poder Público a processar a desapropriação, o sentido imediato que daí resulta é o de que os bens que lhe despertaram o interesse sejam transferidos para as pessoas habilitadas a promover a desapropriação, todas elas consideradas, em sentido amplo, como vetores do Poder Público.

A regra geral, portanto, reside na circunstância de que os bens desapropriados devem integrar o patrimônio das pessoas ligadas ao Poder Público que providenciaram a desapropriação e pagaram a indenização. Se determinado prédio, por exemplo, é desapropriado por um Estado para instalação de Secretaria, ingressará ele no patrimônio estadual e adquirirá o *status* de bem público.

Observe-se, entretanto, que a integração do bem expropriado no patrimônio das pessoas componentes do Poder Público pode ser *definitiva* ou *provisória*. Será definitiva quando *tiver utilização para o próprio Poder Público*, ou seja, quando a desapropriação tiver sido processada em seu próprio benefício ou em benefício do público. Exemplo: a construção de uma estrada. Ao contrário, será provisória quando, apesar de o bem ter sido desapropriado pelo Poder Público, *este o tiver feito para possibilitar sua utilização e desfrute por terceiro*. Tome-se como exemplo a desapropriação para fins de reforma agrária: os bens só ficam em poder do expropriante enquanto não são repassados aos futuros proprietários.

Em princípio, a integração do bem deverá ser definitiva. Nos casos especiais, que adiante veremos, é que será provisória. Assinale-se, porque relevante, que, mesmo nas hipóteses em que a destinação seja provisória, os bens deverão ingressar primeiramente no patrimônio do

---

[37]   EDMIR NETTO DE ARAÚJO, *Curso* cit., p. 1.083.

710 | MANUAL DE DIREITO ADMINISTRATIVO • *Carvalho Filho*

expropriante e, somente após, no patrimônio de terceiros, aqueles a quem vai incumbir sua utilização e desfrute. Significa, pois, que é juridicamente inviável, na desapropriação, que o bem expropriado seja diretamente transferido para terceiro.

Os novos cenários urbanísticos acabaram por flexibilizar a questão do domínio dos bens expropriados pela entidade expropriante. Por isso, a lei geral expropriatória, com a alteração da Lei nº 14.273, de 23.12.2021, passou a admitir que os *bens desapropriados para fins de utilidade pública* e os *direitos* oriundos da *imissão na posse* poderão ser destinados a terceiros por alienação, locação, cessão, arrendamento, concessão de direito real de uso, concessão comum ou parceria público-privada e, ainda, transferidos a fundos de investimento ou sociedades de propósito específico (art. 5º, § 4º, DL 3.365/41).

O objetivo da norma não é difícil de compreender. A desapropriação normalmente envolve a criação de novas áreas, a construção de novos edifícios e a implantação de equipamentos urbanos. Ao expropriante não interessa que tais bens permaneçam em seu acervo, e esse fato é que justifica a *transferibilidade* dos bens desapropriados. Mas é imperioso que tal processo seja cuidadosa e transparentemente executado, impedindo-se favorecimentos a particulares e desvios de dinheiros públicos.

No que se refere às hipóteses em que for comprovada a *inviabilidade* ou a *perda objetiva de interesse público* para manter a destinação prevista no decreto expropriatório, a lei geral, no § 6º do art. 5º, incluído pela Lei nº 14.620/2023, estabeleceu que o expropriante deve, preferentemente, destinar a área não utilizada para outra finalidade de interesse público ou, subsidiariamente, alienar o bem a qualquer interessado, conforme previsto em lei, garantindo-se, no entanto, o direito de preferência à pessoa física ou jurídica desapropriada. Em ambos os casos, é imperioso que o administrador apresente motivação consistente que justifique essa tomada de decisão, até porque esses novos caminhos podem ensejar favorecimentos ilegais.

2. CASOS ESPECIAIS

O quadro normativo disciplinador da desapropriação aponta para algumas hipóteses em que a destinação dos bens ao Poder Público é provisória. Os bens passam pelo patrimônio do expropriante e são repassados posteriormente a terceiros. Vejamos essas hipóteses.[38]

2.1. Desapropriação por Zona

É aquela desapropriação que abrange as áreas contíguas necessárias ao desenvolvimento da obra realizada pelo Poder Público e as zonas que vierem a sofrer valorização extraordinária em decorrência da mesma obra, estando prevista no art. 4º do Decreto-lei nº 3.365/1941.[39]

As referidas áreas devem ser bem especificadas quando da declaração de utilidade pública, indicando-se quais as que vão propiciar o desenvolvimento da obra e aquelas que vão sofrer a valorização extraordinária. É em relação a estas últimas que a lei autoriza a revenda a terceiros, sendo permitido ao expropriante que a venda se faça por valor atualizado, ou seja, pelo valor que passou a ter o bem após a realização da obra. O domínio do expropriante, portanto, terá sido provisório, durante apenas o tempo necessário à revenda a terceiro, transferência essa que, aí sim, terá caráter permanente. Como o expropriante arrecada valores bem mais elevados do que os que pagou a título de indenização, tem a seu favor uma diferença pecuniária que serve para compensar, total ou parcialmente, o custo da obra. Essa estratégia, aliás, substitui a

---

[38] Adotamos, neste tema, a classificação apresentada por MARIA SYLVIA ZANELLA DI PIETRO, ob. cit., p. 138-140.

[39] JOSÉ CARLOS DE MORAES SALLES, ob. cit., p. 13, e SEABRA FAGUNDES, *Da desapropriação no direito brasileiro,* cit., p. 100 e ss.

Cap. 13 • DESAPROPRIAÇÃO | 711

cobrança de contribuição de melhoria, espécie de tributo previsto no art. 145, III, da CF, que tem idêntico objetivo.

Esse tipo de desapropriação pode ter por escopo a execução de *planos* de urbanização, de renovação urbana ou de parcelamento ou reparcelamento do solo, conforme previsão do plano diretor, nos termos do que estabelece o art. 4º, parágrafo único, da lei geral, com a redação da Lei nº 14.620/2023. No fundo, são todos planos urbanísticos: o *plano de urbanização* é genérico para melhoria urbana; a *renovação urbana* integra esse processo, indicando nova formatação do cenário urbano; o mesmo sucede com o *parcelamento* ou *reparcelamento* do solo, quando necessária a repartição do módulo imobiliário.

Na hipótese em que a desapropriação for executada por legitimados autorizados, mencionados no art. 3º da lei geral, o *edital de licitação* pode prever que a receita oriunda da revenda ou da utilização do imóvel seja incluída em projeto associado por conta e risco do contratado, de modo a assegurar-se ao poder público responsável pela contratação, no mínimo, o *ressarcimento dos desembolsos* destinados a indenizações, em situações nas quais estas fiquem sob sua responsabilidade (art. 4º, parágrafo único, do Decreto-lei nº 3.365).

A norma suscita dois breves comentários. Primeiramente, a previsão desse reembolso no edital é facultativa e discricionária, e não compulsória. Além disso, a lei referiu-se a "autorizados" pelo art. 3º, o que padece de falta de precisão. Na verdade, "autorizados" em sentido lato são também os concessionários, os permissionários e os autorizatários (inc. I). Assim, em sentido estrito, *autorizados* serão os contratados em contratos administrativos nos regimes de empreitada por preço global, empreitada integral e contratação integrada, para os quais, em regra, será necessária a licitação (inc. IV).

Adite-se, também, que nessa espécie de desapropriação incide o regime de *transferibilidade* de bens e direitos oriundos do processo expropriatório, ou seja, podem estes ser alienados a terceiros, locados, cedidos, arrendados, outorgados em concessões e transferidos a título de integração em fundos de investimento ou sociedades de propósito específico, impondo-se, no entanto, a observância da destinação prevista no plano de urbanização ou de parcelamento do solo (art. 5º, § 5º, do Decreto-lei nº 3.365, alterado pela Lei nº 14.620/2023). Reiteramos aqui o alerta anterior no sentido de que tais transferências têm que atender ao interesse público e não podem servir a interesses particulares e, frequentemente, escusos, pena de ofensa ao direito fundamental de propriedade garantido na Constituição.

2.2. Desapropriação Urbanística

Considera-se aqui desapropriação urbanística aquela pela qual o Poder Público pretende criar ou alterar planos de urbanização para as cidades, só sendo possível a sua implementação mediante a retirada de algumas propriedades das mãos de seus donos.

Esse tipo de desapropriação, como é fácil observar, costuma alcançar bairros inteiros e, por isso, o Poder Público tem o dever de definir previamente seus projetos urbanísticos, já que são eles o próprio motivo das desapropriações. Ressalve-se, porém, que nem sempre a desapropriação acarreta a possibilidade de transferência dos bens expropriados a terceiros. Será, contudo, admissível a transferência quando, ultimado o projeto urbanístico, o Poder Público, desinteressado de permanecer com os bens expropriados, tenha mesmo que repassá--los a terceiros. Como bem já se observou, pela desapropriação o Poder Público recebe um bem, que passa a integrar seu patrimônio, e em momento subsequente se perfaz a alienação, em outro negócio jurídico.[40]

---

[40]   ADILSON ABREU DALLARI, *Desapropriação para fins urbanísticos* cit., p. 69.

712 | MANUAL DE DIREITO ADMINISTRATIVO • *Carvalho Filho*

São exemplos desse tipo de desapropriação, que propicia a destinação a terceiros: (a) a desapropriação para a execução de planos de urbanização; parcelamento do solo; abertura, conservação e melhoramento de vias ou logradouros públicos; e construção ou ampliação de distritos industriais (art. 5º, "i", do Decreto-lei nº 3.365/1941); (b) a desapropriação urbanística para adequação de imóveis ao plano diretor do Município (art. 182, § 4º, III, da CF; Lei nº 10.257/2001, o Estatuto da Cidade). Como já comentamos, esta última tem natureza sancionatória, ao passo que a primeira se inclui entre as espécies de desapropriação ordinária (ou comum). A transferência do bem deve ser onerosa, não sendo tolerável a doação, ainda que o objetivo seja a implantação de indústria.[41]

Quando é prevista a construção ou ampliação de *distritos industriais*, mencionadas no art. 5º, alínea "i", inclui-se o loteamento das áreas necessárias à instalação de indústrias e atividades correlatas, e também a revenda ou locação dos lotes a empresas previamente habilitadas (art. 5º, § 1º). A desapropriação com tal finalidade demanda a aprovação prévia do *projeto de implantação* pelo Poder Público (art. 5º, § 2º). Por outro lado, o imóvel desapropriado para implantação de *loteamento popular*, destinado a classes de menor renda, não poderá ter outra utilização nem estará sujeito a retrocessão (art. 5º, § 3º).

Noutra vertente, a lei expropriatória estabeleceu que, na hipótese de desapropriação para execução de *planos* de urbanização, de renovação urbana ou de parcelamento ou reparcelamento do solo, será necessário que as *diretrizes* do plano de urbanização ou de parcelamento do solo estejam contempladas no *plano diretor*, na *legislação* de uso e ocupação do solo ou em *lei municipal específica*, conforme exigência prevista no art. 5º, § 7º, do Decreto-lei nº 3.365, dispositivo incluído pela Lei nº 14.620/2023.

2.3. Desapropriação por Interesse Social

Os casos que a lei considera como de interesse social estão no art. 2º da Lei nº 4.132/62. A maioria deles envolve maior interesse do Estado em distribuir os bens desapropriados do que em deixá-los permanecer em seu patrimônio. Exemplo típico é a desapropriação para fins de reforma agrária: o expropriante desapropria os bens improdutivos e os transfere àqueles que tenham como adequá-los à função social. A própria lei prevê a hipótese da venda desses bens (art. 4º).

Outro exemplo é a hipótese de desapropriação para abastecimento da população, prevista na Lei Delegada nº 4, de 26.9.1962: nesse caso, o Poder Público desapropria os bens porque pode estar havendo sonegação especulativa por parte dos fornecedores; ultimada a desapropriação, contudo, os bens são distribuídos à população.

2.4. Desapropriação-Confisco

Esta forma expropriatória, como vimos, tem previsão no art. 243 da CF e não rende ensejo à indenização. Nesse mandamento está expresso que as propriedades rurais e urbanas de qualquer região do país desapropriadas pelo fato de haver cultivo ilegal de plantas psicotrópicas ou exploração de trabalho escravo são destinadas "*à reforma agrária e a programas de habitação popular*".

Nota-se, pois, que, de início, os bens desapropriados serão destinados, provisoriamente, ao patrimônio da entidade expropriante, e só depois transferidos a terceiros em decorrência de reforma agrária ou programa de habitação popular. Tais objetivos constituem atividade

---

[41] STJ, REsp 55.723, j. 15.2.1995.

Cap. 13 • DESAPROPRIAÇÃO | 713

vinculada para a Administração, sendo esta impedida de utilizar os bens para fins diversos. A esse tema dedicaremos comentários específicos mais adiante, em tópico próprio.

2.5. Desapropriação de Núcleos Urbanos Informais

A Lei nº 14.620, de 13.7.2023, introduziu o art. 4º-A no Decreto-lei nº 3.365, para o fim de regular a desapropriação na hipótese de imóvel caracterizado como *núcleo urbano informal*, ou seja, aquele ocupado preponderantemente por população de baixa renda nos termos do art. 9º, § 2º, da Lei nº 13.465/2017 e seu regulamento.

À guisa de esclarecimento, comporta lembrar que o art. 9º da Lei nº 13.465/2017 instituiu normas aplicáveis à *Regularização Fundiária Urbana* (*Reurb*), nas quais são previstas medidas jurídicas, urbanísticas e sociais cujo escopo é o de incorporar núcleos urbanos informais ao ordenamento territorial urbano e proceder à titulação dos seus ocupantes. O § 2º desse artigo, entretanto, só admite a aplicação da legitimação fundiária aos núcleos existentes até 22.12.2016. Infere-se, pois, que os que forem formados após essa data não poderão ser beneficiados nem pelo programa, nem pelos efeitos expropriatórios, a menos que lei futura amplie a referida data.

O Decreto-lei nº 3.365, com a alteração da Lei nº 14.620, passou a exigir que, ao ser planejada a desapropriação desses núcleos, sejam prognosticadas *medidas compensatórias*, mediante as quais sejam superados ou amenizados os efeitos do processo expropriatório.

Semelhantes medidas devem propiciar, entre outras, (a) a *realocação* de famílias em outra unidade habitacional, (b) a *indenização* de benfeitorias e (c) a *compensação financeira* necessária para garantir o restabelecimento da família em outro local, não sem antes providenciar o cadastramento de todos os ocupantes (art. 4º-A, § 1º, do Decreto-lei nº 3.365).

A lei previu, ainda, a possibilidade de *equiparação* à família ou à pessoa de baixa renda do ocupante de área em situação fática específica e que, em virtude dela, apresente condição de vulnerabilidade, a ser definida pelo expropriante (art. 4º-A, § 2º, do DL nº 3.365, incluído pela Lei nº 14.620/2023). A análise da norma evidencia expressões marcadas por visível conceito indeterminado, como é o caso de "situação fática específica" e "condição de vulnerabilidade". Deduz-se, portanto, que a concretização dessas situações ficará a cargo do expropriante, o qual, porém, deve oferecer rigorosa motivação para sua decisão.

X. *Fase Declaratória*

O procedimento expropriatório não se exaure num só momento, fato para o qual já chamamos atenção. Trata-se de um procedimento dentro do qual o Poder Público e o interessado produzem inúmeras manifestações volitivas.

Podemos dividir o procedimento em duas grandes fases: a *fase declaratória* e a *fase executória*. Na fase declaratória, o Poder Público manifesta sua vontade na futura desapropriação; na fase executória, adotam-se as providências para consumar a transferência do bem. Examinaremos as duas separadamente, iniciando pela fase declaratória, e procuraremos abordar os aspectos relevantes de cada uma.

1. DECLARAÇÃO EXPROPRIATÓRIA

A lei geral expropriatória consigna que, *mediante declaração de utilidade pública*, todos os bens podem ser desapropriados pelas pessoas da federação (art. 2º). A mesma declaração

714 | MANUAL DE DIREITO ADMINISTRATIVO • Carvalho Filho

é exigível para a desapropriação por interesse social. Urge, pois, que antes das providências concretas para a transferência do bem o Poder Público emita essa declaração.

Podemos, então, definir a *declaração expropriatória* como a manifestação emitida pelas pessoas federativas (com a exceção que averbamos anteriormente quando cuidamos do tema, neste capítulo) no sentido de expressar a vontade de transferir determinado bem para seu patrimônio, ou para o de pessoa delegada, com o objetivo de executar atividade de interesse público prevista em lei.

Verifica-se facilmente que a declaração expropriatória expressa uma vontade administrativa; e essa vontade, a seu turno, estampa a intenção de promover a transferência do bem.[42]

2. CONTEÚDO

Aspecto que tem encerrado alguma controvérsia diz respeito ao conteúdo da declaração expropriatória, já que a lei silencia a seu respeito.

Em primeiro lugar, a declaração precisa individuar, com precisão, o bem ou os bens nos quais o Poder Público tem interesse para fins expropriatórios. Sendo assim, não têm legitimidade declarações genéricas, em algumas ocasiões firmadas pelo expropriante, ou seja, aquelas declarações que se limitam a dizer genericamente que as áreas situadas em determinado local têm utilidade pública. Urge que a declaração identifique com precisão *todos* os bens; não o fazendo, a declaração é inválida e inapta a produzir qualquer efeito jurídico.[43]

É ainda necessário que a declaração deixe expresso o fim a que se destina a desapropriação, porque somente com essa referência será possível ao proprietário apurar se há, ou não, desvio de finalidade, e se a hipótese configura realmente um dos casos que a lei prevê como suscetíveis de ensejar a desapropriação.[44] Por outro lado, preventivamente e para dar maior transparência ao ato, deve a declaração apresentar também o dispositivo legal da lei expropriatória que contém o objetivo pretendido pelo Poder Público em relação ao bem.

Para alguns autores, é de exigir-se que na declaração conste o *dispositivo legal* da lei expropriatória em que se baseia a pretendida desapropriação.[45] Em nossa visão, podemos considerar aconselhável e conveniente, mas nunca obrigatório esse requisito. E assim pensamos porque, de um lado, nada dispõe a lei a respeito e, de outro, porque a menção ao destino específico do bem é que indica a possibilidade de se verificar se a lei prevê ou não a hipótese. É por meio do motivo e do fim da desapropriação que se afere a sua legalidade, e não pela mera menção ao dispositivo legal.[46]

O que nos parece indispensável para a validade da declaração é que nela seja precisamente identificado o bem de interesse da Administração e que esta decline expressamente qual o destino que pretende dar ao referido bem. Esses elementos são, por conseguinte, inafastáveis para o Poder Público declarante.

Avulta observar, contudo, que a destinação do bem (ou sua finalidade) tem intrínseca e indissociável relação com o *motivo* que inspirou a escolha do bem, vale dizer, com a justificativa apresentada pela Administração para definir *aquele* bem. Em outras palavras, não é lícito que a escolha do bem decorra de critério aleatório, sem causa consistente e razoável; o ônus de comprovar a legitimidade da indicação do bem cabe ao órgão administrativo. Por isso, é

---

42 DIÓGENES GASPARINI, ob. cit., p. 469; HELY LOPES MEIRELLES, ob. cit., p. 518.

43 No mesmo sentido, JOSÉ CARLOS DE MORAES SALLES, ob. cit., p. 72-74.

44 MARIA SYLVIA DI PIETRO, ob. cit., p. 124; DIÓGENES GASPARINI, ob. cit., p. 470.

45 MARIA SYLVIA DI PIETRO, ob. e loc. cit.; CELSO ANTÔNIO BANDEIRA DE MELLO, ob. cit., p. 378.

46 Também: RAQUEL MELO URBANO DE CARVALHO, *Curso*, cit., p. 1077. A exigência também não constou de acórdão do TJ-SP a respeito (ApCív 210.392-2, 13º CCiv, Rel. Des. CORRÊA VIANA).

absolutamente ilegítimo que, para expandir sua área administrativa, o Poder Público simplesmente faça recair sua escolha em edifício comercial no centro da cidade, cujos usuários e proprietários estejam em pleno exercício de suas atividades profissionais, sobretudo quando há solução *menos gravosa* para os administrados (que é o *requisito da exigibilidade* integrante do princípio da proporcionalidade). Sem a efetiva explicação do Estado, surge, no caso, evidente ofensa aos princípios da impessoalidade e da proporcionalidade, razão por que nos parece inválido o decreto expropriatório e, pois, sujeito ao controle do Judiciário.

3. FORMALIZAÇÃO

Por força do princípio da publicidade, as manifestações de vontade da Administração Pública devem ser formalizadas e divulgadas aos administrados em geral. A exigência não é diferente no caso da declaração expropriatória.

A regra geral consiste em que essa declaração seja formalizada através de *decreto* do Chefe do Executivo (Presidente, Governadores, Prefeitos e Interventores) (art. 6º, Decr.-lei nº 3.365/1941). Na verdade é essa a forma comum de declaração, sendo o ato normalmente denominado de *decreto expropriatório*.

Não obstante, dispõe a lei geral, em caráter de exceção: "*O Poder Legislativo poderá tomar a iniciativa da desapropriação, cumprindo, neste caso, ao Executivo, praticar os atos necessários à sua efetivação*" (art. 8º).

A expressão "*tomar a iniciativa*" tem o sentido de *deflagrar, dar início*, o que se consubstancia realmente pela declaração. Em consequência, o dispositivo admitiu que, quando é do Legislativo a iniciativa da desapropriação, a declaração há de se formalizar através de ato administrativo declaratório dele emanado.

Alguns autores, sempre que mencionam esse dispositivo, fazem referência à promulgação de *lei* para esse tipo de declaração expropriatória.[47] Em nosso entender, no entanto, o ato declaratório deveria ser um daqueles de caráter administrativo praticados pelo Legislativo, como é o caso de *decretos legislativos*, adequados comumente para produzir efeitos externos.[48] Demais disso, o Legislativo certamente só vai tomar a iniciativa se houver alguma desarmonia entre ele e o Executivo. Ora, se assim parece ser, o projeto de lei contendo a declaração, apresentado pelo Legislativo, será obviamente vetado pelo Executivo. A conclusão é a de que toda lei com essa natureza seria alvo de veto do Executivo. Para evitar mais esse graveto para a fogueira, o mais adequado é que o ato seja exclusivo do Legislativo, e esse é exatamente o caso do decreto legislativo.

Há, ainda, um terceiro meio de formalização – aquele que ocorre quando a declaração expropriatória provém de entidade exclusivamente administrativa (não política), como é o caso do DNIT (Departamento Nacional de Infraestrutura de Transportes) (Lei nº 10.233/2001), ou da ANEEL – Agência Nacional de Energia Elétrica (Lei nº 9.074/1995, alterada pela Lei nº 9.648/1998), ambos autarquias. Nesses casos, outro, que não o decreto, será o ato administrativo que conterá a declaração, sendo irrelevante, porém, a sua denominação. A nomenclatura do ato administrativo depende do estatuto legal, regulamentar e regimental da respectiva entidade. Seja qual for a denominação, contudo, pouca importância terá essa circunstância, porquanto o conteúdo do ato será sempre o mesmo: a declaração de utilidade pública para fins de desapropriação.

---

[47] JOSÉ CARLOS DE MORAES SALLES, ob. cit., p. 95; MARIA SYLVIA DI PIETRO, ob. cit., p. 124; DIÓGENES GASPARINI, ob. cit., p. 469.

[48] No mesmo sentido, CRETELLA JUNIOR, *Tratado geral das desapropriações*, cit., v. I, p. 255.

716 | MANUAL DE DIREITO ADMINISTRATIVO • *Carvalho Filho*

4. NATUREZA JURÍDICA

Dois pontos de análise merece o aspecto da natureza jurídica do ato que declara a utilidade pública ou o interesse social.

Primeiramente, trata-se de *ato administrativo*, porque estampa, sem qualquer dúvida, atividade ligada à administração da coisa pública. Em relação ao decreto expropriatório e à portaria ministerial, o assunto é tranquilo, porque tais atos são mesmo administrativos sob o aspecto formal. Mas o ato declaratório de utilidade pública oriundo do Legislativo, seja lei ou decreto legislativo, também se caracterizará como ato administrativo material. Em se tratando de lei, esta se qualificará como *lei de efeitos concretos*, que, embora sob a forma de lei, representa materialmente um ato administrativo.

O segundo ponto a merecer destaque concerne à questão dos parâmetros de atuação do administrador quando vai firmar a declaração. A averiguação da conveniência e oportunidade para praticar o ato administrativo declaratório é privativa do administrador público; os parâmetros, portanto, são de caráter administrativo. Sob esse ângulo, então, cuida-se de ato *discricionário*.[49] Ocorre que os casos que permitem a desapropriação são os que a lei expressamente menciona; em outras palavras, o administrador não pode afastar-se do elenco legal. Por essa ótica, o ato declaratório será *vinculado*, não tendo o administrador qualquer liberdade quanto ao fundamento da declaração, já que os parâmetros de atuação, que representam esse fundamento, são de natureza legal.

4.1. Controle Judicial

Como ocorre com todo ato administrativo, o ato que consubstancia a declaração expropriatória também é sujeito a controle judicial em todos os aspectos que digam respeito aos requisitos de validade dos atos em geral. Desse modo, podem ser apreciados aspectos de competência, finalidade, forma, motivo e objeto do ato.

Só está excluído da apreciação judicial o exame da conveniência e oportunidade que inspiraram o administrador à escolha de certo bem para o efeito da desapropriação. Esse poder de escolha é privativo da Administração e não cabe ao juiz criar outro juízo de valor, porque é necessário garantir a separação de Poderes e de funções (art. 2° da CF). Confirmando esse aspecto, o TJ-SP já decidiu acertadamente que *"não é dado ao Judiciário examinar o ato da Administração, sob os critérios de oportunidade, necessidade e conveniência da desapropriação"*.[50]

Vejamos um exemplo: se um decreto expropriatório tem vício de finalidade ou de competência, pode ser controlado pelo juiz. Mas, se a Administração optou, *v. g.*, pela abertura de uma estrada, não podem ser questionadas a conveniência e a oportunidade dessa obra, porque a valoração de tais critérios pertence exclusivamente ao administrador.

A impugnação do decreto expropriatório se concretiza por meio de *ação declaratória de nulidade*, que, pelo instituto da *conexão* (art. 55, § 1°, CPC), permitirá a tramitação em *simultaneus processus* juntamente com a ação de desapropriação. Não enseja, contudo, a suspensão desta última, eis que inexiste prejudicialidade em relação a ela.[51]

---

49   DIÓGENES GASPARINI, ob. cit., p. 469.
50   ApCív n° 246.253, 11° CCív, Rel. Des. GILDO DOS SANTOS.
51   Vide STJ, REsp 1.034.192-MS, Rel. Min. LUIZ FUX, em 16.4.2009.

Cap. 13 • DESAPROPRIAÇÃO | 717

5. EFEITOS

Expressando a vontade administrativa no sentido de proceder à futura transferência do bem, o ato que declara a utilidade pública ou o interesse social está preordenado a produzir esse objeto básico: o interesse na desapropriação de determinado bem.

Não obstante, é possível registrar *outros efeitos* da declaração. O primeiro deles consiste no consentimento dado às autoridades administrativas do expropriante ou a seus representantes autorizados para *ingressar* nas áreas incluídas na declaração, inclusive e principalmente para a realização de *inspeções* e *levantamentos* de campo. No caso de resistência, podem as autoridades, ou autorizados, recorrer ao auxílio de força policial (art. 7º do Decreto-lei nº 3.365, com a redação da Lei nº 14.620/2023).

Nem sempre, porém, essas atividades do ingressante se processarão pacífica e tranquilamente. Caso seja produzido algum *dano* oriundo de abuso de poder, sobretudo na modalidade de excesso de poder, ou proveniente das inspeções e levantamentos de campo, terá o ocupante o direito à *indenização por perdas e danos*, cabendo, ainda, eventual responsabilidade penal (art. 7º, parágrafo único, do Decreto-lei nº 3.365, incluído pela Lei nº 14.620/2023).

Outro efeito é o do início da contagem do prazo para ocorrência da caducidade do ato, prevista no art. 10. Da declaração, portanto, corre o prazo para a conduta positiva do expropriante.[52] Constitui efeito, da mesma forma, a descrição do estado em que se encontra o bem objeto da declaração, com a finalidade de permitir a fixação da futura indenização.[53]

Em relação a este último efeito, vale a pena serem feitas duas observações. A primeira reside em que a indenização somente abrange as benfeitorias *necessárias*, quando feitas após a declaração, e as *úteis*, quando o proprietário for autorizado pelo Poder Público. Em consequência, não são indenizáveis as benfeitorias *voluptuárias* feitas após a declaração (art. 26, § 1º).

A segunda observação diz respeito à possibilidade de licença para obras no imóvel já declarado de utilidade pública ou de interesse social. Essa hipótese foi definida pelo STF, que assim enunciou na Súmula 23: *"Verificados os pressupostos legais para o licenciamento da obra, não o impede a declaração de utilidade pública para desapropriação do imóvel, mas o valor da obra não se incluirá na indenização, quando a desapropriação for efetivada."*

Assim, se a licença for requerida, a Administração não pode negá-la. Mas o proprietário já deverá saber, de antemão, que o valor acrescido não será indenizado. Com essa definição, a mais alta Corte procurou conciliar os interesses da Administração e do proprietário e evitar o cometimento de abusos por qualquer deles.

6. CADUCIDADE

Caducidade é a perda dos efeitos jurídicos de um ato em decorrência de certa situação fática ou jurídica mencionada expressamente em lei.

O Decreto-lei nº 3.365/1941 prevê a caducidade do decreto expropriatório no prazo de *cinco anos*, se a desapropriação não for efetivada mediante acordo ou judicialmente nesse prazo, sendo este contado a partir da data de sua expedição (art. 10). Esse prazo é o fixado para a declaração de utilidade pública. No caso de interesse social, o prazo de caducidade do decreto é de *dois anos* (art. 3º, Lei nº 4.132/1962).

---

[52] JOSÉ CARLOS DE MORAES SALLES, *A desapropriação*, cit., p. 62.
[53] SEABRA FAGUNDES, *A desapropriação*, cit., p. 67; MARIA SYLVIA ZANELLA DI PIETRO, *Direito administrativo*, cit., p. 125.

718 | MANUAL DE DIREITO ADMINISTRATIVO • Carvalho Filho

Parte da doutrina advoga o entendimento de que a caducidade, no caso do interesse social, é definitiva, já que o prazo estaria aludindo não só à efetivação da desapropriação, como também *às providências de aproveitamento do bem expropriado*, sendo, pois, diferente do que dispõe o Decreto-lei 3.365/1941.[54] Pensamos diferentemente, e por mais de uma razão. Primeiramente, não poderia a lei simplesmente expungir o direito expropriatório conferido ao Poder Público pela Constituição; em segundo lugar, o art. 5º da Lei nº 4.132/1962 determina sejam aplicadas, no caso de omissão, as normas do Decreto-lei nº 3.365/1941. Assim, se a caducidade neste diploma é relativa e temporária, o mesmo deverá ocorrer com a da Lei nº 4.132/1962.[55]

Em nosso entendimento, é excessivamente longo o prazo de cinco anos previsto para a caducidade da declaração de utilidade pública, permitindo a lei que o expropriante se conduza com certo descaso e negligência, e que o proprietário fique durante todo esse tempo (denominado de *"período suspeito"*) numa situação de incômoda pendência.[56]

O fato que a lei considerou como suscetível de provocar a caducidade, ou seja, a não efetivação da desapropriação no prazo de cinco anos, deve ser interpretado no sentido de que cabe ao expropriante firmar acordo nesse prazo ou ao menos providenciar o ajuizamento da ação de desapropriação com *a citação* do expropriado.[57]

Dispõe, ainda, a lei expropriatória que, no caso de ocorrer a caducidade, *"somente decorrido um ano poderá ser o mesmo bem objeto de nova declaração"* (art. 10). Significa que a caducidade não é definitiva, mas sim temporária, durando apenas o período de um ano. Passado esse prazo, o Poder Público poderá expedir novo ato declaratório.

Alguns autores entendem que a norma que estabelece esse prazo de caducidade é inconstitucional.[58] Ousamos discordar desse entendimento. O art. 5º, XXIV, da CF, delega à lei ordinária o poder de regular o procedimento expropriatório, o que é feito pelo Decreto-lei nº 3.365/1941 e pela Lei nº 4.132/1962. A lei pode, assim, estabelecer algumas restrições ao Poder Público e ao proprietário, desde que, é claro, não contrariem a Constituição. A seguir o raciocínio do autor, inconstitucional também seria a exigência da declaração prévia de utilidade pública ou de interesse social, já que somente prevista na lei ordinária.[59]

XI. Fase Executória

Depois de declarada a utilidade pública do bem, cumpre adotar as providências para efetivar a desapropriação, procedendo-se à transferência do bem para o patrimônio do expropriante.

Anteriormente, o Poder Público se tinha limitado a firmar declaração de vontade indicativa de que o bem traduzia utilidade pública ou interesse social para fins de desapropriação. Por isso a fase em que se produz essa vontade se caracteriza como declaratória.

Após a fase declaratória, o Poder Público passa a agir efetivamente no sentido de ultimar a desapropriação. É a essa fase que se denomina de *fase executória*. É nela que vai ser possível completar a transferência do bem para o expropriante e ensejar ao proprietário o direito à indenização.

---

[54] É como pensa MARIA SYLVIA ZANELLA DI PIETRO, *Direito administrativo*, cit., 2006, p. 151.

[55] Nesse exato sentido, RAQUEL MELO URBANO DE CARVALHO, *Curso*, cit., p. 1081.

[56] Idêntico pensamento tem JOSÉ CARLOS DE MORAES SALLES (*A desapropriação...*, cit., p. 191).

[57] Vide STJ, REsp 72.660, j. 8.11.1995.

[58] JOSÉ CARLOS DE MORAES SALLES, ob. cit., p. 197.

[59] Os doutrinadores, como regra, também não apontam qualquer inconstitucionalidade do dispositivo: entre outros, CELSO ANTÔNIO BANDEIRA DE MELLO, *Curso*, 2008, p. 867; DIÓGENES GASPARINI, *Direito administrativo*, cit., 2006, p. 792; MARIA SYLVIA ZANELLA DI PIETRO, *Direito administrativo*, cit., 2006, p. 151.

Cap. 13 • DESAPROPRIAÇÃO | **719**

Como é possível que a transferência do bem suceda de dois modos – sem ação judicial e com ela –, dividimos o exame da fase executória separando esses dois meios, os quais serão examinados adiante.

1. VIA ADMINISTRATIVA

1.1. Alienação por Acordo

A fase executória através da *via administrativa* encerra a ultimação da transferência do bem por intermédio de *acordo* entre o Poder Público e o proprietário.[60]

O acordo resulta de entendimentos e negociações entre o Poder Público e o proprietário, mesmo que no início do procedimento tenha surgido algum conflito de interesses entre eles. O que se pretende com o acordo é evitar o recurso ao Judiciário pela ação de desapropriação. A bilateralidade de vontades incide sobre o bem e o preço, ou seja, as partes se ajustam no sentido de que o bem pode ser alienado mediante o pagamento de preço previamente acertado.

Trata-se de negócio jurídico bilateral resultante de consenso entre as partes e retrata a vontade do proprietário de alienar bem de sua propriedade a terceiro, e do adquirente, que por sua vez intenta transferir o bem a seu patrimônio. Esses elementos são exatamente os que compõem o contrato de compra e venda, não o desfigurando a circunstância de ter havido anteriormente a declaração expropriatória. Note-se que nenhuma coerção é ainda imposta ao proprietário; a declaração não o obriga a celebrar ajuste com o Poder Público. Há, pois, interesse e livre manifestação de vontade por parte do proprietário. A despeito desses fatores, esse negócio jurídico bilateral tem sido denominado de *desapropriação amigável*.[61] Seja como for, e nesse caso o rótulo não é o mais importante, parece de relevo a observação de que se trata de negócio jurídico bilateral, translativo e oneroso, retratando verdadeiro contrato de compra e venda. Entretanto, esse ajuste, com tal denominação, inclui-se entre os negócios jurídicos suscetíveis de registro no Ofício do Registro de Imóveis (art. 167, I, 34, Lei nº 6.015/1973 – Lei de Registros Públicos).

Esse negócio jurídico bilateral deve ser formalizado através de escritura pública ou por outro meio que a lei venha especificamente a indicar.[62] Cumpre, porém, que seja através de documento, e nunca de forma verbal, porque, sendo uma das partes o Poder Público, há de vigorar o princípio da publicidade e do formalismo.

Esse negócio alienativo só pode ser ajustado se houver certeza quanto ao domínio e quanto aos documentos que o comprovam.[63] A Administração, em consequência, precisa cercar-se de todas as cautelas para celebrar negócio jurídico válido e evitar que seja inquinado de vício na vontade ou na forma, proporcionando futuramente sua anulação.

O certo é que, firmado o acordo, está atingida a finalidade administrativa, sendo desnecessária a propositura de ação judicial.

1.2. Notificação e Acordo

Em consonância com as novas diretrizes fundadas no princípio do consensualismo, a Lei nº 13.867, de 26.8.2019, introduziu, na lei expropriatória, dispositivos que passaram a regular

---

60   HELY LOPES MEIRELLES, ob. cit., p. 520.
61   DIÓGENES GASPARINI, *Direito administrativo*, cit., p. 471.
62   A Lei nº 6.160, de 6.12.1974, admitiu escritura particular em casos de desapropriação no Nordeste.
63   DIÓGENES GASPARINI, ob. cit., p. 472.

720 | MANUAL DE DIREITO ADMINISTRATIVO • *Carvalho Filho*

o procedimento prévio à ação judicial e a viabilização de acordo por meio dos instrumentos de solução consensual de conflitos.

Primeiramente, foi atribuído ao Poder Público um dever jurídico, qual seja, o de *notificar* o proprietário e apresentar-lhe *oferta* de indenização (art. 10-A, Decreto-lei nº 3.365). A notificação, juntamente com a oferta, configura-se como ato vinculado, afastando qualquer escolha por parte do administrador. Vale dizer: está ele compelido a seguir esse procedimento. Se não o fizer, estará maculado todo o processo dirigido à desapropriação. Como se trata de elemento obrigatório, a notificação não pode ser formalizada verbalmente.

Para a certeza do negócio proposto pela Administração, a notificação deve conter: (a) cópia da declaração de utilidade pública; (b) planta ou descrição dos bens e confrontações; (c) valor da oferta; e (d) prazo de 15 dias para aceitar ou rejeitar a proposta, valendo o silêncio como rejeição. Aqui haverá duas soluções possíveis. Caso o proprietário aceite a oferta, a Administração efetuará o pagamento, sendo lavrado o *acordo*, que será título hábil para transcrição no registro de imóveis. O acordo, pois, retrata negócio alienativo e equipara-se a uma verdadeira escritura de compra e venda. De outro lado, se rejeitada a proposta, ou silente o proprietário no prazo fixado, o Poder Público providenciará o ajuizamento da ação (art. 10-A, §§ 1º a 3º).

A alternativa a esse procedimento consiste na opção pela *mediação* ou pela *arbitragem* feita pelo proprietário. Ao fazê-lo, deve este indicar órgão ou instituição especializados na condução dessas ferramentas, devidamente cadastrados pela entidade expropriante. A mediação será regulada pela Lei nº 13.140/2015, podendo ser criada, nos termos desse diploma, câmara de mediação pelo Poder Público. Já a arbitragem observará a disciplina da Lei nº 9.307/1996. Em ambos os casos incidem, subsidiariamente, os regulamentos da pessoa expropriante (art. 10-B, §§ 1º a 4º).

Evidentemente, há inúmeras vantagens do regime consensual para a solução dos conflitos expropriatórios. Vantagens para ambas as partes da relação jurídica, incluindo menores custos, menos aborrecimentos e mais rápida solução. Resta apenas que o Poder Público seja representado por agentes competentes, íntegros e sensíveis a esse tipo de solução, afastando-se do costumeiro ranço de atraso que acomete muitos agentes públicos. E também do proprietário, algumas vezes oportunista quanto ao real valor do bem pretendido.

2. VIA JUDICIAL

Não havendo acordo na via administrativa, outra alternativa não há senão a de ser proposta a respectiva ação com vistas a solucionar o conflito de interesses entre o Poder Público e o proprietário.

É importante, neste passo, analisar o que dispõe a lei expropriatória a respeito da função do Judiciário no que concerne ao processo de desapropriação. Dispõe o art. 9º do Decreto-lei nº 3.365/1941: *"Ao Poder Judiciário é vedado, no processo de desapropriação, decidir se se verificam ou não os casos de utilidade pública."*

O dispositivo tem sido considerado inconstitucional por alguns autores, porque estaria retirando à parte a possibilidade de levar à apreciação do Judiciário lesão a direito seu. Entretanto, domina o entendimento de que não há inconstitucionalidade, porque não se está proibindo a investigação da validade da conduta administrativa nem a defesa do direito subjetivo. O que ocorre é que essa apreciação será processada em ação autônoma, e não no processo expropriatório.[64]

---

[64] JOSÉ CARLOS DE MORAES SALLES, que detalha toda a controvérsia, ob. cit., p. 200-211.

Embora o dispositivo não tenha uma redação muito precisa, a interpretação que dele emana é a de que o processo de desapropriação, por ser necessária a celeridade para a transferência do bem, não rende ensejo à discussão sobre se o administrador tinha realmente, ou não, motivos para a desapropriação. Em outras palavras, não se pode no processo discutir sobre eventual desvio de finalidade do administrador ou sobre a existência dos motivos que o administrador considerou como de utilidade pública ou de interesse social. Essa matéria propicia discussão demorada e obviamente retardaria o desfecho da ação expropriatória. Todavia, o interessado pode levar ao Judiciário a apreciação dessas questões em ação autônoma, que a lei denominou de *ação direta* no art. 20, cujos comentários serão feitos ao momento em que examinarmos a resposta do réu na ação de desapropriação.

Não obstante, distinguimos duas hipóteses. Se a discussão versar sobre o próprio conteúdo da vontade administrativa, isto é, se ocorrer dúvida sobre a conduta do administrador quanto à desapropriação, a matéria não pode ser dirimida na ação de desapropriação, mas em ação autônoma. Contudo, se o objetivo da declaração *for atividade que não se encontre contemplada em lei*, a discussão não será quanto ao conteúdo da vontade do administrador, mas sim quanto à *inexistência de pressuposto considerado pela lei como passível de gerar a desapropriação.* Nessa hipótese, entendemos que o juiz pode (e deve) *ex officio* apreciar a questão e até mesmo extinguir o processo expropriatório sem julgamento do mérito por falta de condição da ação.

Exemplificamos para deixar mais claro o nosso pensamento. Se o Poder Público declara a utilidade pública de um bem para o fim de ser construído um prédio público, não cabe discutir no processo de desapropriação se o administrador queria, na verdade, vingar-se do proprietário do bem, em conduta indicativa de desvio de finalidade. Essa questão há de ser apreciada em ação direta. Mas, se a declaração, por exemplo, indica que o objetivo do administrador é o de fazer doação do bem a um de seus auxiliares, o juiz pode conhecer dessa questão e não julgar o mérito, porque esse objetivo – doação a particular – expresso na declaração não tem previsão em qualquer dispositivo legal como passível de admitir a desapropriação.

XII. Ação de Desapropriação

1. PARTES

Como ocorre em todo processo judicial, que visa à composição de litígios, a lide posta diante do órgão jurisdicional tem sempre um sujeito ativo e um passivo. O fato não é diverso na ação de desapropriação: se a lide expropriatória se forma pelo conflito de interesses entre o Poder Público e o proprietário, a respectiva ação terá naturalmente a presença daquele que formula a pretensão e daquele que opõe a ela a sua resistência. São as partes do processo.

O sujeito ativo da ação é sempre o Poder Público ou a pessoa privada que exerce função delegada, quando autorizada em lei ou no contrato. O proprietário nunca atua como parte no polo ativo da relação processual expropriatória. Por conseguinte, autores da ação poderão ser, por exemplo, a União, os Estados, uma sociedade de economia mista, uma fundação pública, um concessionário de serviço público etc.

A parte situada no polo passivo do processo, ou seja, o réu da ação, será sempre o proprietário do bem a ser desapropriado. É o proprietário que contesta a proposta formulada pelo autor da ação, apresentando suas razões ao juiz para ver rejeitada a pretensão e acolhida a defesa. Em alguns casos especiais, a citação nem sempre recai sobre o real proprietário (art. 16, Decr.-lei 3.365/1941).

Portanto, temos em síntese que autor da ação é o expropriante, e réu, o proprietário expropriado.

722 | MANUAL DE DIREITO ADMINISTRATIVO • Carvalho Filho

2. A PRETENSÃO

A pretensão do expropriante é a de consumar a transferência do bem desapropriado para seu patrimônio. Para tanto, deve a sua petição inicial conter indispensavelmente a oferta do preço.

A lei impõe, ainda, alguns requisitos especiais para a apresentação da petição inicial, além daqueles que já figuram no art. 319 do CPC. Assim é que deve o expropriante instruí-la com um exemplar do contrato ou do diário oficial em que houver sido publicado o decreto expropriatório. É exigida também a apresentação da planta ou da descrição do bem a ser desapropriado e suas confrontações (art. 13, Decr-lei 3.365).

A pretensão, é óbvio, tem que ser formulada por quem tenha legitimidade constitucional ou legal. No caso de desapropriação por utilidade pública, a legitimação é sempre ampla, sendo conferida a todas as pessoas federativas e àquelas que exercem função delegada, desde que autorizadas na forma da lei.

Na desapropriação por interesse social, porém, é preciso distinguir. Como regra, são legitimadas as mesmas pessoas que podem promover a ação expropriatória por utilidade pública. Há, no entanto, duas exceções. A primeira é a ação de desapropriação com fins urbanísticos prevista no art. 182, § 4º, III, da CF: parte legítima para propor a ação é exclusivamente o Município. A segunda é a ação de desapropriação por interesse social para fins de reforma agrária, prevista no art. 184 da CF: parte legítima aqui é a União Federal.[65]

Registre-se, todavia, que a lei poderá indicar pessoa administrativa da Administração Indireta com poderes para exercer as atividades mencionadas nos referidos dispositivos constitucionais, com vistas à propositura da ação. No caso de reforma agrária, por exemplo, a legitimação ordinária é da União, mas a derivada é do INCRA, autarquia a ela vinculada e legalmente destinada à execução daquela atividade.

3. A CONTESTAÇÃO

Nos termos do art. 20 do Decreto-lei nº 3.365/1941, *"a contestação só poderá versar sobre vício do processo judicial ou impugnação do preço; qualquer outra questão deverá ser decidida por ação direta"*. É uma praxe, ouvida entre muitos militantes da área jurídica, afirmar-se que na desapropriação só se discute o preço. A afirmação, como se nota do dispositivo, não é verdadeira. O mérito, de fato, é a discussão do preço, mas a lei admite que o réu oponha uma série de questões preliminares que chamou de "vícios do processo judicial".

A expressão *vícios do processo judicial* tem que ser creditada à época em que a lei foi criada. Adaptando-a ao vigente sistema processual, tem-se que a defesa do expropriado abrange todas as questões preliminares suscetíveis de apreciação antes do julgamento do mérito em si da causa. Tais questões estão relacionadas no art. 485 do CPC e, caso sejam acolhidas pelo julgador, ensejam o julgamento sem resolução do mérito.

O expropriante, como dissemos, faz a oferta do preço na petição inicial. Note-se que o pedido é de fato a fixação do valor indenizatório, porque o direito do expropriante à transferência do bem é, de antemão, albergado na legislação aplicável. O expropriado se incumbirá de impugnar o preço ofertado se com ele não concordar. Daí podermos afirmar que, *no mérito*, a controvérsia cinge-se à discussão do *quantum* indenizatório.

Sob a égide no CPC anterior, as *exceções* constituíam modalidade de defesa do réu. O Código vigente, todavia, aplicável na espécie, as excluiu e alterou-lhes a configuração. Assim, a incompetência absoluta ou relativa é suscitada como preliminar da contestação (art. 64), ao

---

[65] MARIA SYLVIA DI PIETRO, ob. cit., p. 128.

Cap. 13 • DESAPROPRIAÇÃO | 723

passo que o impedimento (art. 144) e a suspeição (art. 145) devem ser arguidos em petição fundamentada, no prazo de 15 dias a partir do conhecimento do fato, processando-se o incidente em separado (art. 148, §§ 1º e 2º).

A reconvenção, porém, é inadmissível no processo expropriatório. E não é difícil explicar a razão. A reconvenção caracteriza-se como manifestação de pretensão própria do réu, formulada contra o autor dentro da própria contestação, quando conexa com a ação principal ou suscitada a título de defesa (art. 343, CPC). Ora, de acordo com o art. 20 da lei expropriatória, qualquer outra questão ligada à relação entre o expropriante e o expropriado deve ser dirimida em ação direta, que significa uma ação e um processo autônomos. Nesses termos, não é difícil constatar que essa regra processual torna inviável o oferecimento da reconvenção na ação de desapropriação.[66]

Quanto ao que o dispositivo nominou de *ação direta*, já antecipamos que se trata de ação diversa, que vai formar novo processo. O sentido é o de que no processo expropriatório as partes, no mérito, só podem discutir o valor indenizatório. Desse modo, se o expropriado pretende discutir com o Poder Público questões sobre desvio de finalidade, dúvida na figura do proprietário, motivação desconforme a lei e, enfim, qualquer outra desse gênero, deverá propor ação nova, sendo, pois, impossível juridicamente suscitá-las no processo expropriatório.[67] Por tal motivo, se a relação jurídica entre o expropriado e terceiro for de natureza obrigacional, inadmissível será que o último *se* valha da *assistência* na ação de desapropriação, conclusão que se funda no fato de que a ação é considerada como de natureza real, sendo o aspecto da indenização intimamente ligado ao do domínio do bem expropriado.[68]

4. IMISSÃO PROVISÓRIA NA POSSE

4.1. Permissão Legal

Como a desapropriação tem o objetivo de propiciar a transferência da propriedade mediante o pagamento de indenização prévia, a posse do expropriante sobre o bem expropriado deverá dar-se normalmente quando se completar a transferência e tiver sido paga a indenização. Não é sempre assim, entretanto, que se passa.

A legislação sobre desapropriação admite a figura da *imissão provisória na posse*, ou seja, a situação jurídica em que o expropriante passa a ter a posse provisória do bem antes da finalização da ação expropriatória. Na lei geral, a imissão provisória na posse está prevista no art. 15. Entretanto, o Decreto-lei nº 1.075, de 22.1.1970, contemplou a hipótese para as desapropriações de prédios residenciais urbanos, estabelecendo, inclusive, rito especial.

Assim, se se tratar de imissão provisória na posse de prédio residencial urbano (residencial e urbano), aplica-se o Decreto-lei nº 1.075/1970; se for o caso de imóvel residencial em zona rural ou de prédio urbano não residencial, a imissão se regulará pelo art. 15 da lei geral (Decreto-lei nº 3.365/1941).

A despeito de a imissão na posse não representar ainda a transferência de domínio do bem sujeito à desapropriação, é inegável que, mesmo sendo provisória, seus efeitos são severos para com o proprietário. Na prática, a imissão na posse provoca o total impedimento para que o proprietário volte a usufruir a propriedade, ou seja, sob visão de ordem prática, o que há realmente é a perda da propriedade. Por isso mesmo, têm sido excluídas algumas obrigações

---

66   JOSÉ CARLOS DE MORAES SALLES, ob. cit., p. 354-355.
67   *Contra*: RITA TOURINHO, *O desvio de finalidade na ação expropriatória: interpretação sistemática do Decreto-lei nº 3.365/1941*, em RDA 238/2004, p. 363-374.
68   Vide STJ, REsp 817.740, j. 20.11.2007.

724 | MANUAL DE DIREITO ADMINISTRATIVO • Carvalho Filho

atribuídas ao proprietário. Em relação à incidência tributária, já decidiu o STJ que *"o proprietário de imóvel expropriado para fins de utilidade pública tão somente é responsável pelos impostos, inclusive o IPTU, até o deferimento e efetivação da imissão da posse provisória"*.[69]

Exatamente em virtude da natureza desse fato, passou a exigir-se que a imissão provisória na posse seja registrada no competente cartório do *Registro de Imóveis* (art. 15, § 4º, Decr.-lei 3.365). A exigência é, sem dúvida, pertinente e digna de aplausos, vez que, com o registro, o fato passa a produzir efeitos *erga omnes*, permitindo a qualquer interessado tomar conhecimento da severa restrição imposta à propriedade.

Em tal cenário evolutivo, *os direitos oriundos da imissão provisória na posse*, quando essa medida for decretada em favor dos entes federativos ou de suas entidades delegadas, bem como a respectiva cessão e promessa de cessão, foram incluídos na categoria dos *direitos reais* (art. 1.225, XIV, do Código Civil, incluído pela Lei nº 14.620/2023). Além disso, tanto os direitos quanto os contratos que deles se originaram podem agora ser objeto de *hipoteca* (art. 1.473, XI, do Código Civil, incluído pela referida Lei nº 14.620).

Vale a pena sublinhar, por oportuno, que a decisão que concede a imissão provisória na posse não desafia suspensão na hipótese de apensamento, por *conexão* (art. 55, § 1º, CPC), de eventual ação declaratória de nulidade do decreto expropriatório proposta pelo expropriado. É que inexiste relação de prejudicialidade desta última relativamente à ação de desapropriação. Em outras palavras, mantém-se a imissão na posse, ainda que haja a postulação de invalidar o referido decreto.[70]

4.2. Pressupostos

Dois são os pressupostos que permitem ao expropriante a imissão provisória na posse. O primeiro é que seja declarada a urgência, e o segundo, que seja depositado valor de acordo com o que a lei estabelecer. Registre-se, por oportuno, que, observados tais pressupostos, o expropriante tem direito subjetivo à imissão provisória, não podendo o juiz denegar o requerimento feito nesse sentido. Esse é o sentido que emana do art. 15 da lei expropriatória, segundo o qual, havendo urgência e depósito prévio do valor previamente arbitrado, o juiz deve *imitir o expropriante provisoriamente na posse* do bem objeto da desapropriação.

4.3. Urgência

Em relação à urgência, é mister analisar alguns aspectos especiais. Em primeiro lugar, os fatores administrativos que geram a caracterização da urgência quanto à imissão na posse se configuram como privativos do expropriante, que é, como sabido, o gestor dos interesses públicos. É a ele, exclusivamente, que compete essa avaliação. Há entendimento de que o expropriante deve explicar o motivo de urgência.[71] Assim, porém, não entendemos. A imposição legal cinge-se à declaração formal de urgência. O motivo, contudo, já deverá constar do respectivo processo administrativo. Por outro lado, a lei nada mais exige do que a formalização da urgência no decreto.

Outro aspecto é que a lei fixa o prazo de 120 dias, *a partir da alegação da urgência*, para que o expropriante requeira ao juiz a imissão na posse (art. 15, § 2º, do Decreto-lei nº 3.365/1941); se não o fizer nesse prazo, o juiz não mais deferirá a imissão. A urgência normalmente é declarada no próprio decreto expropriatório, mas pode sê-lo após esse ato, inclusive quando já em curso

---

[69] STJ, REsp 239.687, j. 17.2.2000, e REsp 182.235, j. 12.11.1998.

[70] Foi como entendeu também o STJ no REsp 1.034.192-MG, Rel. Min. LUIZ FUX, em 16.4.2009.

[71] LUCIA VALLE FIGUEIREDO, *Curso* cit., p. 216.

Cap. 13 • DESAPROPRIAÇÃO | **725**

a ação de desapropriação.[72] Importante é que, se for declarada e o expropriante não requerer a imissão, impossível lhe será renovar a alegação.

4.4. Depósito Prévio

Além da urgência, constitui também pressuposto da imissão provisória na posse o depósito arbitrado pelo juiz após instrução sumária processada inicialmente. A lei expropriatória estabelecia vários critérios para a fixação desse depósito prévio, como o valor locativo, o valor fixado para efeito do imposto predial e territorial etc. (art. 15, § 1º). Como esses valores sempre resultam em montante muito inferior ao valor real do bem a ser desapropriado, os Tribunais, a nosso ver com razão, passaram a considerar que esse dispositivo não foi acolhido pela vigente Constituição, e diante desse entendimento passou a ser exigido que o depósito prévio correspondesse, já na avaliação prévia, a um montante mais próximo ao valor real do bem. [73] Advirta-se, no entanto, que valor provisório e valor definitivo são coisas diversas; o definitivo somente se perfaz com a transferência do bem, não ao momento da imissão na posse.[74] Por isso, parece justo que a avaliação se faça pela perícia do juízo, independentemente da realizada pelo expropriante.[75]

A despeito desse entendimento, não foi essa a orientação adotada pelo STF, que, em alguns julgados, sustentou que o dispositivo em tela fora recepcionado pela Carta vigente.[76] Finalmente, o mesmo Tribunal consolidou sua posição, definindo, em súmula, que *"Não contraria a Constituição o art. 15, § 1º, do Decreto-lei nº 3.365/1941 (Lei de Desapropriação por utilidade pública)."*[77]

Concessa maxima venia, não parece justa tal posição. Já são tantas as prerrogativas do Poder Público e tantos os ônus do expropriado na desapropriação que não se justifica que o valor do depósito prévio, permissivo da imissão provisória na posse (que, na prática, significa a perda da propriedade), fique tão distante do preço real do bem, ainda mais quando se sabe que todos os critérios hoje fixados no art. 15 da lei expropriatória conduzem a valores irrisórios. Parece-nos, pois, mais consentânea com o perfil da desapropriação a posição adotada pelo Egrégio STJ.

O Decreto-lei nº 1.075/1970 não adotou os critérios da vetusta lei expropriatória. Ao contrário, previu um procedimento inicial sumário, com prova pericial e a possibilidade de o expropriado impugnar o preço ofertado, possibilitando, em consequência, o arbitramento de valor compatível com a natureza do bem.

A discussão sobre o *quantum* do depósito prévio não tem qualquer relação com sua indispensabilidade: somente mediante o depósito do valor previamente arbitrado – providência a cargo do expropriante – pode ser autorizada judicialmente a imissão na posse do bem expropriado. Caso esta se tenha consumado sem aquele requisito, cumpre ao juiz corrigir a omissão e determinar que o expropriante providencie de imediato o depósito do valor que a perícia do juízo fixar, seja qual for a fase em que o processo estiver tramitando. Imissão na posse sem o referido depósito ofende o princípio da prévia indenização fixado no art. 5º, XXIV, da CF.[78]

Cabe, ainda, anotar que, conforme vem entendendo a jurisprudência, a avaliação do bem expropriado deve considerar as condições de mercado existentes quando da efetiva

---

[72] STJ, REsp 33.477, j. 3.5.1993. Também: CELSO ANTÔNIO BANDEIRA DE MELLO, ob. cit., p. 381, e HELY LOPES MEIRELLES, ob. cit., p. 522. Este autor reconsiderou seu entendimento anterior.

[73] STJ, REsp 35.825, 3.11.1993, e TJ-RJ, MS 988/1993.

[74] STF, RE 149.993, j. 18.3.1997.

[75] Com acerto decidiu o TJ-SP, no Ag. 868.562, reg. 10.4.2009.

[76] STF, RE 178.215, j. 4.5.1999.

[77] Súmula 652.

[78] Foi a solução alvitrada pelo STJ no REsp 330.179, j. 18.11.2003.

726 | MANUAL DE DIREITO ADMINISTRATIVO • *Carvalho Filho*

perda da posse do bem. Significa dizer que o valor deve corresponder ao que o bem valia para venda, dentro dos preços praticados no mercado, evitando-se perda patrimonial do expropriado.[79]

Noutro giro, a ausência do depósito prévio ora em comento, inobservando-se o previsto no art. 15 do Decreto-lei nº 3.365/1941, não acarreta a extinção do processo sem resolução do mérito, mas tão somente o indeferimento da tutela provisória. Sendo assim, a ação prosseguirá normalmente em seu curso.[80]

4.5. Levantamento Parcial do Depósito

Embora o depósito judicial efetuado pelo expropriante no caso de imissão liminar na posse tenha caráter provisório, o expropriado sofreria grande injustiça se, além de ter perdido a posse do bem, ainda tivesse que aguardar o desfecho do processo para receber a indenização.

Para enfrentar essa situação, a lei admite que o expropriado requeira ao juiz o levantamento parcial do depósito prévio feito pelo expropriante, equivalente a até 80% da importância depositada (art. 33, § 2º, Decreto-lei nº 3.365). O direito ao levantamento independe da concordância do expropriado quanto ao valor oferecido ou depositado. Assim, pode exercer seu direito sem prejuízo de sua discordância quanto àqueles valores e sem que haja repercussão sobre a marcha normal do processo, prosseguindo este normalmente até a prolação da sentença definidora da indenização definitiva.

Não obstante, impõe-se-lhe o atendimento de algumas condições. Exige a lei que produza prova da propriedade e apresente certidão (ou prova equivalente) de quitação de dívidas fiscais que incidam sobre o bem objeto da desapropriação. Além disso, deve providenciar junto ao cartório a publicação de editais, com prazo de dez dias, para conhecimento de terceiros (art. 34).

Se houver dúvida fundada sobre o domínio do bem, não poderá ser deferido o levantamento de qualquer valor, permanecendo a importância depositada sob custódia judicial.[81] Aqueles que reivindicarem a propriedade do bem devem então socorrer-se da ação própria para formulação de suas pretensões (art. 34, parágrafo único). Essa disputa não pode prejudicar a tramitação do processo expropriatório; em verdade, o retardamento do feito causaria gravame ao Poder Público, que está perseguindo a desapropriação para determinado fim de interesse público.

Para desburocratizar um pouco o processo, a lei expropriatória passou a admitir que, havendo concordância do expropriado, em ato reduzido a termo, a concessão da imissão provisória na posse resultará na aquisição da propriedade pelo expropriante, procedendo-se ao registro da propriedade na matrícula do imóvel. Observa-se aqui a aplicação da jurisdição consensual em face da supressão do conflito. Mesmo com sua anuência, no entanto, o expropriado não renuncia ao direito de questionar o preço ofertado em juízo, o que denota que a concordância se cinge à desapropriação, mas não à indenização. O efeito do consentimento é a possibilidade de o expropriado levantar 100% do depósito efetuado. Desse valor, contudo, serão deduzidas as dívidas fiscais inscritas e ajuizadas, bem como as multas decorrentes do descumprimento de obrigações fiscais. Dependendo da hipótese, o juiz pode ordenar a dedução de valores suficientes para o custeio das despesas processuais (art. 34-A e §§ 1º a 4º, Dec.-lei 3.365).

---

[79]   TJ-MG, AI 10000170634042001, j. 9.8.2018.

[80]   STJ, REsp 1.930.735, j. 28.2.2023.

[81]   STJ, REsp 1.004.942, j. 12.4.2011, e REsp 710.628, j. 17.12.2009.

5. PROVA PERICIAL

A prova é o instrumento de que se valem as partes para justificar as razões que apresentam no curso do processo. É com base nela que o juiz dirime a controvérsia e decide a causa.

Cuida-se de inafastável direito das partes no processo. O princípio geral pertinente reside em que todos os meios legais e moralmente legítimos, ainda que não especificados no estatuto processual, objetivam provar a verdade dos fatos nos quais se ampara o pedido ou a defesa e influir, de modo eficaz, na convicção do juiz (art. 369, CPC).

Esse princípio da produção probatória pelas partes, que, aliás, está alojado na Constituição (art. 5º, LV) e se insere no âmbito do próprio direito à ampla defesa e ao contraditório, não poderia estar descartado da ação de desapropriação. Desse modo, é cabível nesta ação que as partes utilizem as provas que entenderem idôneas a dar sustento às alegações que fazem no processo.

No entanto, não se pode perder de vista que na ação de desapropriação o *meritum causae* se adstringe à discussão sobre o valor indenizatório. É esse ponto que vai ser objeto das provas a serem produzidas por expropriante e expropriado. Se é verdade que as partes podem produzir provas documental, testemunhal e as outras admitidas pelo estatuto processual vigente, não é menos verdadeiro que o meio fundamental e costumeiro para comprovar suas alegações é, de fato, a *prova pericial*, ou seja, aquela prova técnica que vai indicar ao juiz os elementos para a fixação do valor indenizatório.[82]

A lei expropriatória, inclusive, é expressa no sentido de que, formado o litígio entre as partes a respeito da indenização, o juiz determina a produção da prova pericial, devendo o perito e os assistentes técnicos apresentar seu laudo até cinco dias antes da audiência (art. 23 e parágrafos). Na própria audiência, pode ocorrer que os peritos sejam intimados para prestar esclarecimentos sobre os dados fixados no laudo, a fim de que as partes possam aduzir suas razões finais, e o juiz possa decidir a lide (art. 477, § 3º, CPC).

6. INTERVENÇÃO DO MINISTÉRIO PÚBLICO

O Decreto-lei nº 3.365/1941 e a Lei nº 4.132/1962 não registram qualquer dispositivo a respeito da intervenção do MP no processo expropriatório. Por essa razão, tem havido opiniões contra e a favor de sua intervenção obrigatória.[83]

A opinião dos que entendem não ser obrigatória a intervenção tem como fundamento o fato de que a causa, por encerrar apenas a discussão sobre a fixação do valor indenizatório, não ensejaria a caracterização de que nela houvesse interesse público que pudesse justificar a presença dos órgãos do *Parquet*, tendo em vista que, nos termos do art. 178, I, do CPC, a intervenção só é necessária quando o interesse público é assim qualificado em razão da natureza da lide ou qualidade da parte.

Pensamos, porém, que esse não é o melhor entendimento. A desapropriação acarreta a perda da propriedade e esta é garantida na Constituição, desde que condicionada à função social. Ademais, a Lei Maior exige, ainda, que a desapropriação só se considere legítima quando fundada em razões de utilidade pública ou interesse social. Todos esses elementos qualificam a ação de desapropriação como tendo interesse público em virtude da natureza da lide, o que provoca a necessidade de intervenção do MP.

---

[82] JOSÉ CARLOS DE MORAES SALLES, ob. cit., p. 396-397.

[83] *A favor* da obrigatoriedade: STF, RE 87.168, j. 10.5.1977, e RE 86.502, j. 22.8.1978. *Contra*: STJ, REsp 1.175.554, j. 6.6.2013.

728 | MANUAL DE DIREITO ADMINISTRATIVO • *Carvalho Filho*

Há ainda um outro argumento a ser considerado. A Lei Complementar nº 76/1993, que dispõe sobre o procedimento especial de rito sumário para o processo de desapropriação de imóvel rural para fins de reforma agrária, estabelece, no art. 18, § 2º: *"O Ministério Público Federal intervirá, obrigatoriamente, após a manifestação das partes, antes de cada decisão manifestada no processo, em qualquer instância."*

A norma, bem posterior à lei primitiva, demonstra, como se pode observar, que o legislador considera o feito expropriatório como revestido de interesse público justificativo da intervenção obrigatória do Ministério Público. Se impôs essa intervenção na desapropriação para reforma agrária, nenhuma razão haveria para não se considerar também obrigatória a intervenção nos processos relativos às demais modalidades de desapropriação. Afinal, *ubi eadem ratio, ibi idem ius.*[84]

O STJ, aliás, anulou, desde a contestação, processo de desapropriação de área necessária à implantação de estação ecológica, por ausência de intervenção do Ministério Público. O fundamento residiu no bem jurídico sob tutela – o meio ambiente –, interesse difuso de cuja proteção se incumbe institucionalmente o *Parquet*. O Tribunal, com acerto, entendeu aplicáveis o art. 178, I, do CPC, e o art. 127 da CF.[85] Se a obrigatoriedade da intervenção teve como fundamento a proteção ao meio ambiente por sua referência constitucional, o mesmo deve invocar-se para a proteção da propriedade, também direito fundamental previsto na Lei Maior. Contraditoriamente, porém, validou homologação de acordo em que uma das partes era incapaz, sem intimação do MP, decisão da qual ousamos discordar.[86]

Por todos esses elementos é que entendemos ser obrigatória a intervenção do Ministério Público em todo e qualquer processo expropriatório. É forçoso reconhecer, todavia, que tal interpretação ainda não se consolidou e sobre o tema reina muita divergência dentro dos próprios órgãos do *Parquet*.

7. SENTENÇA

A sentença no processo de desapropriação tem o objetivo de solucionar a lide e, no mérito, estabelecer a indenização devida pelo expropriante ao expropriado.

A lei geral expropriatória, porém, quando se refere à sentença, consigna que o juiz, depois de indicar os fatos que motivaram o seu convencimento, deve atender especialmente a vários fatores para o fim de definir a indenização. Esses fatores são a estimação dos bens para efeitos fiscais; o preço de aquisição e o interesse que deles aufere o proprietário; a situação, estado de conservação e segurança dos bens; o valor venal dos últimos cinco anos; e a valorização ou depreciação da área remanescente, pertencente ao expropriado (art. 27).

A observação que entendemos, desde logo, pertinente é a de que esses fatores nem sempre se compadecem com os parâmetros definidos na Constituição. A norma constitucional exige que a indenização seja *justa*, ou seja, que o valor indenizatório corresponda realmente ao valor do bem expropriado. Se o juiz leva em consideração os fatores previstos no citado art. 27, o resultado pode não corresponder ao valor efetivo do bem e, se isso ocorrer, a indenização certamente não será justa.

Na verdade, a adoção desses critérios é que tem provocado indenizações em montante bem inferior ao valor real do bem desapropriado e, por conseguinte, acerbas e justificáveis críticas

---

[84] Examinamos o assunto no estudo *"O novo processo expropriatório para reforma agrária"*, em Revista do Ministério Público do RJ, v. 2, 1995, p. 90.

[85] REsp 486.645, j. 18.11.2003 (art. 82, III, do CPC/1973).

[86] STJ, REsp 818.978, j. 9.8.2001.

ao sistema normalmente adotado nos órgãos do Judiciário. Quando o assunto é indenização expropriatória, sempre se nota um sorriso irônico no semblante das pessoas, quando não a expressão de revolta e inconformismo. Raríssimos têm sido os casos em que se possa dizer que a indenização correspondeu à satisfação do expropriado. Em nosso entender, o defeito está nos misteriosos e complicados mecanismos e fórmulas empregados pela prova pericial, com vistas à fixação do *quantum* indenizatório. O melhor critério a ser adotado seria aquele que, *mediante fatores de mercado,* pudesse chegar a um valor que correspondesse efetivamente à perda da propriedade. Só assim é que estaria respeitado o mandamento constitucional que reclama indenização justa.

Em compensação, noticia-se, de quando em vez, que, por incompetência ou corrupção de certos órgãos administrativos, são pagas indenizações em valor muito superior ao do bem desapropriado, principalmente em certos casos suspeitos de desapropriação rural com vistas à reforma agrária. Havendo esse tipo de conluio, o juiz dificilmente terá meios de chegar, na decisão que profere, ao valor real do bem. Só o conseguirá se seu perito for competente e idôneo para fixação do valor real.

A propósito, comporta ressaltar que a fixação do valor indenizatório não se vincula nem ao da oferta do expropriante, nem ao proposto pelo expropriado. O juiz não está adstrito, nesse aspecto, à vedação de julgamento *extra* ou *ultra petita.* Com base em tal fundamento, pode fixar a indenização em valor inferior ao da oferta inicial, desde que, obviamente, calcado em fatores técnicos constantes de perícia judicial dotada de confiabilidade.[87]

8. TRANSFERÊNCIA DA PROPRIEDADE

É o pagamento da indenização que dá ensejo à consumação da desapropriação e à imissão definitiva na posse do bem pelo expropriante. Desse modo, é a indenização que acarreta a aquisição da propriedade pelo expropriante e a perda pelo expropriado.[88]

Paga a indenização, o expropriante passa a providenciar a regularização da transferência. Nesse aspecto, dispõe a lei geral: *"Efetuado o pagamento ou a consignação, expedir-se-á, em favor do expropriante, mandado de imissão de posse, valendo a sentença como título hábil para a transcrição no registro de imóveis"* (art. 29).

A norma está a indicar que, apesar da consumação do processo expropriatório ocorrer com o pagamento da indenização, é necessária a medida de regularização da transferência junto ao Registro de Imóveis, a qual se materializa através da sentença judicial. A sentença, pois, tem duplo efeito no caso:

1. autoriza a imissão definitiva na posse do bem em favor do expropriante; e
2. consubstancia título idôneo para a transcrição da propriedade no registro imobiliário (ou para a efetivação da tradição, em se tratando de bens móveis).

Algumas dúvidas são suscitadas a respeito do *momento* em que se perfaz a transferência da propriedade. A nosso ver, é o pagamento ou a consignação do valor indenizatório que traduz o momento da consumação da transferência. O momento é um só: paga a indenização, transfere-se a propriedade.[89]

---

[87]   STJ, REsp 848.787-SC, Rel. Min. MAURO CAMPBELL MARQUES, em 20.5.2010.

[88]   CELSO ANTÔNIO BANDEIRA DE MELLO, ob. cit., p. 385.

[89]   No mesmo sentido, DIÓGENES GASPARINI, ob. cit., p. 450; JOSÉ CARLOS DE MORAES SALLES, ob. cit., p. 423.

730 | MANUAL DE DIREITO ADMINISTRATIVO • Carvalho Filho

Não obstante, há entendimentos no sentido de que a transferência se operaria ao momento da inscrição da sentença no Registro de Imóveis; essa posição, no entanto, não se coaduna com a garantia constitucional. Para outros, seria o momento da expedição do mandado de imissão de posse; aqui se confunde a transmissão da posse com a transferência da propriedade.[90] O que a Constituição exige, porém, é que o expropriante pague a indenização; portanto, cumprida essa obrigação constitucional, operam-se a aquisição da propriedade pelo expropriante e a perda pelo expropriado.[91]

O legislador, porém, parece ter encontrado parte da solução no art. 34-A, § 4º, da lei expropriatória, incluído pela Lei nº 14.421, de 20.7.2022, segundo o qual, se o expropriado, após a apresentação da contestação, não oferecer oposição expressa relativamente à *validade do decreto* expropriatório, deve o juiz determinar a imediata *transferência* da propriedade do imóvel para o expropriante, mesmo sem concordância do expropriado, prosseguindo o processo apenas para dirimir as questões litigiosas.

XIII. Indenização

1. REGRA GERAL

No que respeita à indenização, a regra fundamental está no art. 5º, XXIV, da CF: a indenização tem que ser *prévia, justa* e *em dinheiro*. São os princípios, respectivamente, da *precedência, justiça* e *pecuniariedade*.

Indenização prévia significa que deve ser ultimada antes da consumação da transferência do bem. Todavia, o advérbio *antes* tem o sentido de uma verdadeira fração de segundo. Na prática, o pagamento da indenização e a transferência do bem se dão, como vimos, no mesmo momento. Só por mera questão de causa e efeito se pode dizer que aquele se operou *antes* desta. De qualquer forma, deve entender-se o requisito como significando que não se poderá considerar transferida a propriedade antes de ser paga a indenização.

Além de prévia, a indenização deve ser justa. Indenização justa, como bem anota CELSO ANTÔNIO BANDEIRA DE MELLO, *"é aquela que corresponde real e efetivamente ao valor do bem expropriado, ou seja, aquela cuja importância deixe o expropriado absolutamente indene, sem prejuízo algum em seu patrimônio."*[92]

Para que se configure a justiça no pagamento da indenização, deve esta abranger não só o valor real e atual do bem expropriado, como também os danos emergentes e os lucros cessantes decorrentes da perda da propriedade. Incluem-se também os juros moratórios e compensatórios, a atualização monetária, as despesas judiciais e os honorários advocatícios.[93]

Por fim, a indenização há de ser em dinheiro, ou seja, o expropriante deve pagá-la ou consigná-la judicialmente *em espécie*; isso, é óbvio, para permitir que o expropriado possa, em tese, adquirir bem idêntico ao que constituiu objeto da desapropriação. Vale sublinhar que, tendo em vista não representar ganho, a indenização não se sujeita à incidência do imposto de renda.[94]

Quanto à abrangência, já se decidiu não ser indenizável a parte da propriedade que se situe na faixa marginal de estradas de rodagem, invocando-se, como fundamento, a incidência de restrições administrativas sobre a referida área; embora voltada à desapropriação

---

[90] Sobre tais divergências, v. JOSÉ CARLOS DE MORAES SALLES, ob. cit., p. 423 e ss.

[91] Com o mesmo entendimento, CELSO ANTÔNIO BANDEIRA DE MELLO (*Curso*, 2008, p. 875).

[92] Ob. cit., p. 382-383.

[93] HELY LOPES MEIRELLES, ob. cit., p. 523.

[94] O STJ reafirmou a orientação no REsp 1.116.460-SP, Rel. Min. LUIZ FUX, em 9.12.2009.

Cap. 13 · DESAPROPRIAÇÃO | 731

indireta, também alcança, em sua *ratio*, a desapropriação direta.[95] Ousamos dissentir de semelhante posição. A existência de restrições administrativas não despoja o *dominus* de sua propriedade. Sendo assim, mesmo diante de tais restrições, deve ser-lhe assegurada indenização sob pena de evidente e inaceitável afronta da garantia prevista na Constituição. O que se admite, isto sim, e se trata de coisa diversa, é que seja efetuado cálculo indenizatório próprio por força da restrição administrativa. A propriedade expropriada em si, porém, deve ser indenizada.

Se houver divergência entre a área registrada e a área real do imóvel, é aquela que deve prevalecer e ser indenizada. A não ser assim, o expropriante poderia estar indenizando quem não detém a propriedade. Por tal motivo, cabe ao expropriado, em ação própria, comprovar que o remanescente foi objeto de esbulho e pleitear a respectiva indenização.[96] Havendo excesso indenizatório, deve ficar a diferença depositada em juízo até que se complemente o registro e se defina a titularidade do imóvel.[97]

Se o imóvel expropriado tiver área dotada de cobertura vegetal, esta será indenizada em valor próprio, diverso do atribuído à terra nua. Entretanto, o expropriado deverá provar que nessa área realmente efetua exploração econômica de recursos vegetais. Se não o faz, não haverá indenização em separado, como já se pacificou na jurisprudência.[98]

O *quantum* indenizatório normalmente se compõe de duas parcelas: uma, a que já foi objeto de depósito judicial, quando o expropriante foi imitido provisoriamente na posse do bem; outra, a parcela complementar, que corresponde à diferença entre o valor que a sentença fixou, com os devidos acréscimos, e a parcela depositada. A primeira pode ser paga ao expropriado por alvará judicial, mas a segunda o expropriado só poderá receber na fase de cumprimento da sentença (de cunho executório), na forma dos arts. 534 e 535 do CPC, e observado o sistema de precatórios judiciais previsto no art. 100 da CF. É também cabível, após a sentença, o levantamento pelo expropriado de até 80% do valor depositado, aplicando-se aqui as mesmas regras adotadas para o levantamento no caso de imissão provisória na posse, regras que já comentamos anteriormente (art. 34 e parágrafo único, Decr.-lei nº 3.365/1941).

No que concerne à indenização, a ser paga pelo sistema de precatórios, como já se acentuou, parece pertinente advertir que a complementação do valor indenizatório prévio, quando este for inferior ao valor final fixado na sentença, deve ser efetivada por depósito judicial direto do expropriante no caso em que o ente público estiver *inadimplente* com a *quitação* de seus precatórios. Somente assim, estará efetivamente resguardado o princípio da justa indenização, conforme já se decidiu, a nosso ver acertadamente.[99]

O STJ, inclusive, já decidiu que o pagamento da indenização não pode ser feito mediante simples ofício requisitório ou intimação.[100] Confirmando esse pensamento, o STF também assegura aos entes públicos o pagamento de seus débitos pelo referido sistema, tendo, inclusive, declarado inconstitucional, incidentalmente, o art. 14 da LC 76/1993, que obriga o expropriante a depositar em juízo o valor de parte da indenização, no caso de desapropriação para fins de reforma agrária, exigência que ofende o art. 100 da Lei Maior.[101]

---

95 STJ, REsp 760.498, j. 5.12.2006 (maioria).

96 STJ, REsp 1.075.293, Min. LUIZ FUX, em 4.11.2010.

97 STJ, REsp 1.466.747, j. 24.2.2015.

98 STJ, REsp 978.558, Min. LUIZ FUX, em 4.12.2008.

99 STF, RE 922.144, j. 19.10.2023.

100 EREsp 160.573, j. 7.8.2000.

101 RE 247.866, j. 9.8.2000. A Lei nº 13.465/2017 revogou o dispositivo.

732 | MANUAL DE DIREITO ADMINISTRATIVO • *Carvalho Filho*

Em contraposição ao direito indenizatório do proprietário, podem existir deveres não cumpridos por ele em relação ao Estado. Por tal motivo, eventuais *dívidas fiscais* do proprietário, quando já inscritas e ajuizadas, serão deduzidas do *quantum* indenizatório. A dedução alcança ainda as *multas* oriundas de inadimplemento e de obrigações fiscais (art. 32, §§ 1º e 2º, Decr.-lei 3.365). A imposição não é desarrazoada nem agride o princípio da indenização justa, porquanto, se cabe ao expropriante o ônus de indenizar, assiste-lhe, de outro lado, o direito de excluir da indenização débitos do expropriado; não fora assim, e este se locupletaria de sua própria torpeza. Desse modo, o valor indenizatório retrata verdadeira garantia para o Estado recuperar seus créditos. Se houver discussão sobre valores inscritos ou executados, deverá ela ser travada em ação própria; o fato, portanto, não afeta o normal desenvolvimento do processo expropriatório (art. 32, § 3º, Decr.-lei 3.365).

Circunstância especial, usualmente não referida pelos juristas, é a que consta do art. 42 da Lei nº 6.766, de 19.12.1979, que dispõe sobre parcelamento do solo urbano. Segundo o dispositivo, nas desapropriações não serão considerados como loteados ou loteáveis, para fins de indenização, os terrenos ainda não vendidos ou compromissados que figurem em loteamento ou desmembramento não registrado. A indenização será devida, mas em valor bem inferior àquele correspondente aos terrenos se o loteamento fosse registrado. Se já tiver havido a venda ou a promessa, a indenização, para salvaguardar o interessado de boa-fé, levará em conta o terreno na qualidade de loteado ou loteável, ainda que sem registro o loteamento. O art. 5º do Decreto-lei nº 271, de 28.2.1967, era mais restritivo, já que vedava até mesmo a indenização por benfeitorias e construções nos loteamentos irregulares. Em nosso entender, porém, o dispositivo foi revogado pelo citado art. 42 da Lei nº 6.766/1979, que deu tratamento diverso à matéria. Ademais, a restrição seria incompatível com o atual regime constitucional, fato que impediria sua recepção pela Carta vigente.

A Emenda Constitucional nº 30/2000 acrescentou o art. 78 ao ADCT da Constituição, no qual autoriza que precatórios pendentes na data da promulgação da Emenda sejam liquidados, em seu valor real, no prazo máximo de dez anos. Não obstante, estabelece que esse prazo fica reduzido para dois anos no caso de precatórios judiciais originários de desapropriação de imóvel residencial do credor, desde que esse imóvel seja único à época da imissão na posse (art. 78, § 3º).

2. SITUAÇÕES ESPECIAIS

A regra geral mencionada comporta algumas exceções.

A primeira delas é a desapropriação para fins de reforma agrária (art. 184, CF). Nessa modalidade, a indenização é paga através de títulos da dívida agrária, com cláusula de preservação do valor real, resgatáveis no prazo de até vinte anos, a partir do segundo ano de sua emissão. Não obstante, as benfeitorias úteis e necessárias devem ser indenizadas em dinheiro, nos termos do art. 184, § 1º, da CF.

Outra situação especial é a desapropriação para fins urbanísticos, prevista no art. 182, § 4º, III, da CF. Consigna o dispositivo que o pagamento da indenização nesse caso será feito através de títulos da dívida pública, de emissão anteriormente aprovada pelo Senado, com prazo de resgate de até dez anos, em parcelas iguais e sucessivas, sendo assegurados, todavia, o valor real da indenização e os juros legais.

Por último, merece ser relembrada a desapropriação confiscatória, prevista no art. 243 da CF, que, como já foi visto, se consuma sem qualquer indenização a ser paga ao proprietário.

Cap. 13 • DESAPROPRIAÇÃO | 733

3. ENFITEUSE, JAZIDAS E DIREITO DE SUPERFÍCIE

O instituto da enfiteuse era regulado nos arts. 678 a 694 do Código Civil de 1916. O Código vigente, todavia, aboliu o instituto e, em consequência, não mais o incluiu na relação de direitos reais, contida no art. 1.225. Não obstante, assegurou a eficácia das enfiteuses instituídas anteriormente até sua extinção (art. 2.038), ressalva essa, aliás, inevitável por se tratar de atos jurídicos perfeitos, garantidos, como se sabe, contra o advento de lei nova, conforme o disposto no art. 5º, XXXVI, da vigente Constituição. Desse modo, continua juridicamente viável sua aplicação no que toca ao tema da desapropriação, até porque, mesmo sob a égide do Código ora em vigor, ainda poderão ser expropriados imóveis sujeitos a regime enfitêutico.

Exatamente no que concerne à desapropriação, o tema da enfiteuse tem provocado algumas discussões. Enfiteuse era o desmembramento da propriedade, em que o proprietário (denominado *senhorio direto*) conferia a alguém (o *enfiteuta* ou *foreiro*) o direito real consistente no domínio útil do imóvel, mediante o pagamento de uma importância anual denominada de *foro, cânon* ou *pensão* (art. 678, antigo Código Civil). Se o enfiteuta quisesse transferir o domínio útil a terceiro, deveria pagar ao senhorio direto uma importância, denominada *laudêmio*, que era fixada no percentual de 2,5% do valor da alienação. A lei civil estabelecia que a enfiteuse poderia extinguir-se pelo *resgate*, figura pela qual o enfiteuta passaria a ser o pleno proprietário do bem; nesse caso, deveria pagar ao senhorio direto o valor de um laudêmio e dez foros anuais (art. 693, do Código revogado).

A lei expropriatória foi silente a respeito do tema. Todavia, tem dominado o entendimento de que, quando se trata de desapropriação de bens sujeitos ao regime enfitêutico em que senhorio direto e enfiteuta são particulares, a indenização deve obedecer aos mesmos padrões fixados para o resgate. Nesse caso, o senhorio direto faz jus ao valor correspondente *a dez foros anuais e um laudêmio*, ao passo que o enfiteuta deve receber o valor real do bem, deduzida a parcela do senhorio direto.[102] Mas o senhorio direto não tem o direito de receber o laudêmio da parte do enfiteuta.[103]

Pode ocorrer, de outro lado, que na enfiteuse o Poder Público seja o senhorio direto e o particular o enfiteuta. De acordo com o Decreto-lei nº 9.760, de 5.9.1946, que dispõe sobre os bens imóveis da União, quando houver consolidação, pelo Governo Federal, do domínio pleno de terrenos que haja concedido para enfiteuse, deverá ser deduzido do valor total do bem a importância equivalente a 17%, que corresponde ao valor do domínio direto.[104] Segundo esse preceito, portanto, o valor do domínio puro (ou nua propriedade) equivale a 17% do valor total do terreno concedido para aforamento, o que, em consequência, é o mesmo que dizer que o domínio útil equivale a 83% do aludido valor total. Esse critério – fundado no art. 103, § 2º, do Decreto-lei nº 9.760/1946 – tem sido considerado como aplicável para indicar o valor indenizatório.[105] Sendo assim, quando a desapropriação incide sobre o domínio útil (o único passível de desapropriação) de bem imóvel da União, o *quantum* indenizatório sofrerá redução do valor equivalente ao do domínio direto, ou seja, 17% do valor integral do terreno. Esse critério tem sido adotado também para as hipóteses em que o senhorio direto é o Estado ou o Município, havendo algumas decisões judiciais nesse sentido.[106] Há entendimento, contudo, de que tal critério seria aplicável apenas às enfiteuses em imóveis da União.[107]

---

[102] SEABRA FAGUNDES, ob. cit., p. 427. Também: STJ, REsp 64.883, j. 5.6.1995, e REsp 31.596, j. 13.12.1995.

[103] Foi o que decidiu o STJ no REsp 64.883, j. 5.6.1995.

[104] Art. 103, § 2º, com a redação dada pela Lei nº 9.636, de 15.5.1998. Anteriormente, o § 3º do mesmo artigo estabelecia, para a consolidação do domínio, o valor do domínio direto como sendo de 20 foros e 1 laudêmio.

[105] Vide STJ, REsp 764.376, j. 26.5.2009, e REsp 911.020, j. 11.9.2007.

[106] Também: JOSÉ CARLOS DE MORAES SALLES, ob. cit., p. 536-538.

[107] SÉRGIO DE ANDRÉA FERREIRA, *Direito administrativo*, cit., p. 201.

734 | MANUAL DE DIREITO ADMINISTRATIVO • *Carvalho Filho*

No que se refere à desapropriação do domínio útil de imóvel aforado à União, encontra--se discrepância quanto à incidência do *laudêmio* nessa hipótese de transferência. O art. 3º do Decreto-lei nº 2.398/1987 impõe o recolhimento do laudêmio (5% sobre o valor do domínio pleno) nos casos de (a) transferência onerosa *inter vivos* do domínio útil, (b) direitos sobre benfeitorias nele construídas e (c) cessão de direitos a ele relativos. Para alguns, incide a cobrança por haver transferência, ao passo que para outros não se incluiria a hipótese da desapropriação. Esta última, a nosso ver, é a melhor interpretação: a uma, porque inexiste opção por parte do senhorio direto, que é a razão do laudêmio; a duas, porque desapropriação não implica transferência *volitiva*, mas sim *coercitiva ex vi legis*. Desse modo, a hipótese refoge à incidência do citado dispositivo, não parecendo inserir-se dentro da sua *ratio legis*.[108]

No que tange às jazidas, é preciso partir do mandamento contido no art. 176 da CF. Segundo esse dispositivo, as jazidas, em lavra ou não, constituem propriedade distinta da do solo, para efeito de exploração ou aproveitamento, e *pertencem à União*, sendo, contudo, assegurada ao concessionário a propriedade do produto da lavra. Emana daí que, no caso de desapropriação, não cabe indenização das jazidas existentes do subsolo do imóvel. Entretanto, se já tiver sido outorgada autorização para lavra, garantida será a indenização ao concessionário, vez que o título que formaliza o ato é passível de apreciação econômica, o que não ocorre com a lavra em si.[109]

O direito de superfície é o instituto sucedâneo da enfiteuse e, em que pese a existência de algumas diferenças, o núcleo dos institutos é o mesmo – o desmembramento da propriedade mediante a instituição de direito real em favor de terceiro. Por essa razão, dispõe o art. 1.369 do Código Civil que o proprietário pode conceder a outrem o direito de construir ou de plantar em seu terreno, por tempo determinado e por meio de escritura pública. Havendo desapropriação sobre o imóvel, extingue-se o direito de superfície, sendo indenizados o proprietário e o superficiário no valor correspondente ao direito real de cada um (art. 1.376, Código Civil). No caso de pertencerem integralmente ao superficiário as obras e benfeitorias realizadas no imóvel, a indenização, nessa parte, lhe caberá integralmente.[110] Por outro lado, inexistindo construção ou plantação, o superficiário será indenizado de forma a considerar-se apenas o direito de utilização do imóvel em plano abstrato, já que concretamente nenhum prejuízo terá sofrido.

4. JUROS MORATÓRIOS E COMPENSATÓRIOS

4.1. Juros Moratórios

Juros moratórios são aqueles devidos pelo expropriante em decorrência da demora no pagamento da indenização. Era de se esperar que, tão logo se encerrasse o processo expropriatório, o expropriante se incumbisse de cumprir, de imediato, seu dever de indenizar o expropriado pela perda da propriedade. Infelizmente, não é o que acontece na prática: em alguns casos, a indenização só é paga após infindáveis anos de espera. Os juros moratórios, é bom não esquecer, correspondem *à pena imposta ao devedor em atraso com o cumprimento da obrigação*.[111]

O primeiro aspecto a considerar é da *base de incidência* dessa parcela. Como a obrigação do expropriante é a de pagar ao expropriado a indenização pela transferência da propriedade, a base sobre a qual devem ser calculados os juros moratórios é o *valor da indenização* fixado

---

[108] *Contra*: STJ, REsp 1.296.044, j. 15.8.2013, reformando decisão do TRF-5ª Reg.

[109] STF, RE 315.135, j. 30.4.2002; STJ, REsp 654.321, j. 27.10.2009.

[110] SÍLVIO DE SALVO VENOSA (*Direito civil*, Atlas, v. V, 3. ed., p. 397).

[111] CAIO MÁRIO DA SILVA PEREIRA, *Instituições*, cit., 19. ed., 2000, v. II, p. 79.

Cap. 13 • DESAPROPRIAÇÃO | 735

na sentença, corrigido monetariamente. Nessa parte, por conseguinte, não houve alteração introduzida pela nova legislação expropriatória.

Não obstante, algumas questões sobre outros aspectos dos juros moratórios devem ser examinadas no que tange à matéria dos juros de mora no processo de desapropriação.

Sempre houve grande controvérsia no que toca ao *termo a quo da contagem* dos juros de mora. Uns entendiam que seria o momento da citação para a ação expropriatória, ao passo que outros advogavam que deveria ser a data da imissão na posse ou até mesmo a do laudo técnico. Prevalecia, entretanto, o entendimento, inclusive nos Tribunais Superiores, de que a contagem deveria dar-se a partir do trânsito em julgado da sentença.[112]

Ocorre que a Medida Provisória nº 2.183-56, de 24.8.2001 (precedida de várias outras e nunca se sabendo se vai ficar como está, ser alterada ou ser suprimida, mas que é aqui mencionada por sua relevância no tema de desapropriação), introduzindo o art. 15-B no Decreto-lei nº 3.365/1941, estabeleceu que, nas ações expropriatórias, os juros moratórios devem destinar-se à recomposição da perda decorrente do atraso no efetivo pagamento da indenização fixada na sentença final de mérito, sendo que só serão devidos *"à razão de até seis por cento ao ano, e a partir de 1o de janeiro do exercício seguinte àquele em que o pagamento deveria ser feito, nos termos do art. 100 da Constituição"*.

A norma merece análise. Primeiramente, o legislador alterou o pensamento dominante quanto ao termo inicial da contagem de juros, *substituindo o trânsito em julgado da sentença pelo primeiro dia do ano subsequente àquele em que a indenização deveria ter sido paga*. O novo critério prejudica injustamente o expropriado, posto que considera a mora em momento bem posterior ao adotado até aqui. Significa dizer que, se a sentença final de mérito transitou em julgado no primeiro semestre de um ano, os juros só serão contados a partir de 1º de janeiro do ano seguinte, critério considerado compatível com o sistema de precatórios previsto no art. 100 da CF.[113] Entretanto, a norma deixou margem à dúvida em duas hipóteses: (1º) se, tendo a sentença transitado em julgado no primeiro semestre, só no segundo foi apresentado o precatório de pagamento; (2º) se a sentença transitou no segundo semestre.

A dúvida se justifica em virtude da alusão feita pelo dispositivo ao art. 100 da Constituição. É que se o precatório é apresentado até 1º de julho, o respectivo pagamento deve dar-se até o final do exercício seguinte, ou seja, até o final do ano seguinte, mas, se é apresentado depois dessa data, o pagamento só é devido até o final do segundo ano depois daquele em que foi apresentado o precatório. É o que dispõe o art. 100, § 5º, da Lei Maior (com a redação da EC nº 62, de 11.12.2009). Assim, fica a dúvida sobre se a contagem dos juros moratórios, naquelas hipóteses, se fará a partir de 1º de janeiro do segundo ano posterior àquele em que o pagamento deveria ser feito (em consonância com o sistema de precatórios adotado pelo art. 100, § 5º, da CF) ou se serão eles contados sempre a partir de 1º de janeiro do ano seguinte, seja qual for o momento em que se tenha apresentado o precatório. Em nosso entender, a despeito de ser mais favorável ao expropriado esta última interpretação, os termos do novo dispositivo parecem sugerir a primeira, sobretudo porque o art. 100 da CF, nele mencionado, regula o sistema de *precatórios*.[114] É que o equívoco do novo critério adotado pelo legislador está na origem, ou seja, nada justificaria tamanho privilégio em favor da Fazenda Pública, na medida em que a ela mesma deveria incumbir o ônus de antecipadamente prever em seus orçamentos as indenizações a serem pagas em caso de desapropriação. Se o fizesse, o critério poderia muito bem continuar

---

[112] SÉRGIO FERRAZ, em sua preciosa obra *Desapropriação*: indicações da doutrina e jurisprudência, 1972, p. 88-90, indica toda a resenha de decisões díspares sobre o assunto.

[113] Nessa direção, STJ, REsp 695.547, j. 12.4.2005.

[114] Também: STJ, REsp 785.576, j. 10.8.2010.

736 | MANUAL DE DIREITO ADMINISTRATIVO • Carvalho Filho

o anterior – o trânsito em julgado da sentença – critério, aliás, muito mais justo e consonante com a exigência de justa indenização prevista no art. 5º, XXIV, da CF.

Não obstante, a Corte Suprema definiu a questão em favor do Estado, consagrando o entendimento de que, no período a que se refere o art. 100, § 5º, da CF, não incidem juros de mora sobre os precatórios que sejam pagos dentro desse período (Súmula Vinculante 17, STF). Ao exame do texto constitucional, há de concluir-se que: (a) sendo o precatório apresentado até 1º de julho, não haverá juros de mora até 31 de dezembro do exercício seguinte; (b) se o for após 1º de julho, não incidirão esses juros até 31 de dezembro do *segundo* exercício subsequente. Todavia, os valores dos precatórios deverão ser devidamente atualizados.

Outra observação que se impõe reside no *cálculo dos juros moratórios*. Tradicionalmente, eram calculados à base do percentual fixo de 6% ao ano, na forma da lei civil, já que a lei expropriatória geral era omissa a respeito (art. 1.062, C.Civil de 1916; art. 406, C.Civil vigente). Ocorre que o referido diploma alterador fez constar surpreendentemente, no art. 15-B, acrescentado ao Decreto-lei nº 3.365, que os juros moratórios *serão devidos à razão de até seis por cento ao ano*. A expressão soa ao absurdo. Que significa calcular os juros *até seis por cento*? Por acaso, indicará que o percentual poderá ser menor? Quem terá o poder jurídico de definir o percentual? Admitindo-se que definidor seja o juiz que fixa a indenização, que critérios adotará para chegar a determinado percentual?

Em nossa opinião, sendo o juiz o responsável pela fixação, o que parece mais razoável, deveria ele sempre adotar o critério fixo previsto no art. 406 do Código Civil, com a redação da Lei 14.905/2024: a taxa legal correspondente à taxa referencial do SELIC, deduzido o índice de atualização monetária. Assim pensamos por duas ordens de razão. Em primeiro lugar, porque inexistem critérios para a fixação de percentual diverso, quando se sabe que o fato gerador é sempre o mesmo: a demora no pagamento. Ademais, nenhuma razoabilidade haverá em admitir-se percentual fixo para os casos da lei civil, e um percentual variável de até 6% para a demora de pagamento no caso de desapropriações; a ser assim, maior ônus estaria incidindo sobre aqueles que eram titulares do direito de propriedade do que sobre os credores civis em geral, estes garantidos pela invariabilidade do percentual.

Em acréscimo a essa linha de interpretação, cabe, ainda, um comentário adicional. O STF, no que se refere aos juros compensatórios, como se verá adiante, julgou inconstitucional o advérbio *"até"* constante da expressão *"de até seis por cento ao ano"*, e o fez sob o argumento de que, podendo ser fixado percentual menor, vulnerado estaria o princípio da justiça indenizatória. Concluiu-se, pois, no sentido de ser *fixo*, e *não variável*, o percentual.[115] A nosso ver, conclusão e fundamento idênticos devem ser invocados para os juros moratórios. Embora nosso entendimento, como dito acima, seja no sentido de aplicação do critério previsto no Código Civil, não será desarrazoado que se entenda aplicável o percentual de 6%. Mas terá que ser *fixo*. Longe de qualquer alcance, por conseguinte, é a aplicação desse anômalo e injusto critério de variabilidade do percentual.

Uma última observação deve ser feita. A questão da contagem dos juros moratórios a partir de 1º de janeiro *alcança apenas as pessoas de direito público* (pessoas federativas, autarquias e fundações autárquicas) sujeitas ao sistema de precatórios judiciais. Em consequência, não incide o dispositivo sobre as pessoas de direito privado habilitadas a propor a ação de desapropriação, como é o caso de algumas sociedades de economia mista, empresas públicas e concessionários de serviços públicos. No que se refere a tais pessoas, o termo *a quo* da contagem dos juros moratórios continua a ser o do trânsito em julgado da sentença, como entende a jurisprudência

---

[115] STF, ADI 2.332, j. 17.5.2018.

Cap. 13 · DESAPROPRIAÇÃO | 737

dominante.[116] É que para elas esse é o efetivo momento a partir do qual a indenização é devida. Assim, é forçoso reconhecer que, ante o novo critério legal de contagem dos juros moratórios, *fica prejudicada a Súmula 70 do STJ no que tange à desapropriação direta (comum) levada a efeito por pessoa de direito público.*

4.2. Juros Compensatórios

Juros compensatórios são aqueles decorrentes da necessidade de compensar determinada perda por parte do titular do direito, como a que resulta da concessão de um empréstimo pelo credor da obrigação.

No campo da desapropriação, o Decreto-lei nº 3.365/1941, com a alteração da Lei nº 14.620/2023, admitiu a incidência de juros compensatórios no caso de *imissão prévia na posse*, quando se tratar de desapropriação por necessidade ou utilidade pública ou de desapropriação por interesse social (Lei nº 4.132/1962) (art. 15-A). Entretanto, como se verá adiante com mais detalhes, o direito a esse acréscimo reclama um *pressuposto* específico, qual seja, o de haver divergência entre o preço ofertado em juízo e o valor do bem fixado na sentença.

Quanto ao *percentual*, há todo um histórico de polêmicas envolvendo o tema. Os juros compensatórios eram inicialmente calculados à base de 12% ao ano, como sumulou o STF (Súmula 618), incidindo o percentual sobre o valor da indenização corrigido monetariamente, sendo o termo *a quo* o momento em que o expropriante foi imitido na posse do bem, tendo em vista que justamente nessa oportunidade houve a primeira perda do proprietário, suscetível de ser compensada (Súmulas 113, STJ, e 164, STF).

A Medida Provisória nº 2.183-56, de 24.8.2001, porém, introduzindo o art. 15-A no Decreto-lei nº 3.365/1941, fixou esses juros em *até 6% ao ano* e ainda condicionou seu pagamento à hipótese em que, deferida a imissão provisória na posse, houver divergência entre o valor ofertado e o valor do bem fixado na sentença, incidindo nesse caso sobre o *valor da diferença* entre ambos. Esse critério é aplicável para qualquer das modalidades de desapropriação, inclusive para fins de reforma agrária. Assim, adotou-se posição contrária à que o STF consagrara na Súmula 618.

O STF, contudo, por maioria, e em decisão definitiva, considerou constitucional o novo percentual de 6% ao ano, que modificou a interpretação da Corte contida na Súmula 618, na qual se previa percentual de 12% ao ano. Assim, mudou o entendimento firmado no julgamento da medida cautelar, na qual, erroneamente a nosso ver, se julgara inconstitucional também o novo percentual.[117] Por outro lado, julgou inconstitucional a menção ao advérbio *"até"*, que permitia a variabilidade da fixação do percentual a ser adotado, algo que provocaria grave insegurança jurídica.[118] A decisão, que se nos afigura irreparável, endossa a exata interpretação que adotamos em edições anteriores. Em síntese, os juros compensatórios são calculados no *percentual fixo de 6% ao ano*, resultando prejudicada a referida Súmula 618.

Ocorre que, como a decisão do STF na medida cautelar teve eficácia *ex nunc* e ocorreu em setembro de 2001, a MP nº 1.577/1997 (e outras subsequentes), que procedera às alterações, vigorou até aquela decisão. Como não poderia deixar de ser, surgiram várias controvérsias sobre a *aplicabilidade normativa* quanto aos juros, algo que compeliu a uma uniformização. O STJ, então, adotou a seguinte sistemática: (a) antes da MP 1.577 (11.6.1997): juros de 12%; (b) entre 12.6.1997 e a decisão do STF na medida cautelar (13.9.2001): juros de 6%; (c) a partir dessa decisão: juros

---

[116]   Também: STJ, REsp 1.306.397, Min. ARI PARGENDLER, em 21.11.2013.

[117]   STF, ADI-MC 2.332, j. 5.9.2001.

[118]   STF, ADI 2.332, j. 17.5.2018.

738 | MANUAL DE DIREITO ADMINISTRATIVO • *Carvalho Filho*

de 12% (Súmula 408, STJ, posteriormente cancelada). Obviamente, no entanto, tendo em vista a decisão definitiva do STF, que estabeleceu o percentual fixo de 6%, a sistemática teria que ser complementada para amoldar-se ao julgado.

Esse breve histórico demonstra claramente como é confusa a interpretação jurídica em nosso país. Na verdade, tal situação é que, como outras similares, provoca tanta *insegurança jurídica* para os operadores do direito.

Como se não bastasse todo esse desarranjo, o art. 15-A, *caput*, do Decreto-lei nº 3.365 foi novamente alterado, desta vez pela Lei nº 14.620/2023, com redação semelhante à anterior, mas recriando velhos problemas. Eis o texto: "*No caso de imissão prévia na posse, na desapropriação por necessidade ou utilidade pública ou na desapropriação por interesse social prevista na Lei nº 4.132, de 10 de setembro de 1962, na hipótese de haver divergência entre o preço ofertado em juízo e o valor do bem fixado na sentença, expressos em termos reais, poderão incidir juros compensatórios de até 6% a.a. (seis por cento ao ano) sobre o valor da diferença eventualmente apurada, contado da data de imissão na posse, vedada a aplicação de juros compostos*".

A nova redação desafia dois breves comentários.

Primeiramente, a norma, em seu formato anterior, assentava que, no caso da divergência de preços, "*incidirão*" juros compensatórios, ao passo que, atualmente, a lei fala em "*poderão incidir*". O caráter impositivo precedente foi substituído por uma possibilidade: só incidem os juros se houver dano, conforme anota o § 1º do mesmo art. 15-A.

Ademais, o texto volta a referir-se aos juros de "*até 6% ao ano*", expressão que, como visto anteriormente, foi declarada inconstitucional pelo STF, já que passível de causar insegurança jurídica. O fundamento da inconstitucionalidade persiste apesar da nova Lei nº 14.620/2023, de modo que o correto será *sempre* a aplicação do percentual de 6% ao ano, desde que, insista-se, sobrevenham danos a serem compensados.

Noutro giro, a Lei nº 14.620/2023, ao alterar o art. 15-A, *caput*, do Decreto-lei nº 3.365, manteve a *base de cálculo* anteriormente prevista, qual seja, a *diferença* eventualmente apurada entre o preço ofertado em juízo e o valor do bem fixado na sentença, expressos em termos reais. Ocorre que esse critério também foi julgado inconstitucional pelo STF, fundando-se a Corte no fato de que o expropriado só pode levantar de imediato 80% do preço ofertado, de modo que com base na interpretação conforme a Constituição. Assim, a base de cálculo deve ser a *diferença entre o valor correspondente a 80% do preço ofertado e o valor fixado na sentença*, conforme já se decidira em medida cautelar.[119] Com isso, restou *ampliada* a base de cálculo dos juros compensatórios.[120]

É imperioso destacar a *finalidade* dos juros compensatórios. Tais acréscimos, como assinala o art. 15-A, § 1º, do Decreto-lei nº 3.365, com a alteração da Lei nº 14.620/2023, destinam-se *tão somente* a *compensar danos* correspondentes a *lucros cessantes* sofridos pelo proprietário, impondo-se, contudo, que esses danos sejam rigorosamente comprovados. Os danos, portanto, são o *pressuposto* dos juros de compensação: sem eles, incabível a incidência destes.

Preteritamente, foram suscitadas várias questões sobre os juros compensatórios, ora sendo excluídos no caso de "graus de utilização da terra e de eficiência na exploração iguais a zero" (art. 15-A, § 2º, DL 3.365), ora sendo admitidos com produção de renda, ou não, do imóvel.[121] O texto vigente, porém, aludiu apenas a *danos*: sendo estes comprovados, incidirão os aludidos juros.

---

[119] STF, ADI 2.332, j. 17.5.2018.

[120] Para esclarecer: se o preço ofertado foi 100 e o valor da sentença foi 150, a base de cálculo conforme a citada lei alteradora será de 50. Conforme o STF, porém, o valor a considerar é de 80% do preço ofertado, ou seja, 80. A diferença, pois, sobe de 50 para 70, e sobre este último valor, mais elevado e mais justo, é que incidirão os juros.

[121] STF, ADI-MC 2.332, j. 5.9.2001; RE 110.892, j. 19.5.1987; STJ, REsp 930.274, j. 18.9.2007.

Cap. 13 · DESAPROPRIAÇÃO | **739**

Entretanto, não incidirão juros compensatórios nas indenizações concernentes às desapropriações fundadas em *descumprimento da função social da propriedade*. É o caso dos arts. 182, § 4º, III – em que há omissão reiterada do proprietário em promover o adequado aproveitamento de seu imóvel urbano, conforme plano diretor, ensejando desapropriação urbanística –, e 184 da CF – inobservância da função social da propriedade rural, permitindo reforma agrária e desapropriação por interesse social.

O fundamento dessa exclusão é fácil de compreender: se os titulares do domínio são omissos no que toca à necessária adequação de sua propriedade à função social, não há espaço, realmente, para compensá-los mediante incidência de juros compensatórios. Situação inversa refletiria para eles o efeito de locupletar-se de sua própria torpeza.

A incidência de juros compensatórios estende-se também às ações ordinárias de indenização por *apossamento administrativo* ou em virtude de *desapropriação indireta*, bem como a outras ações indenizatórias fundadas em *restrições* decorrentes de atos do Poder Público (art. 15-A, § 2º, do DL nº 3.365, com redação da Lei nº 14.620/2023). Em todos os casos, o proprietário terá sofrido uma *perda* causadora de *dano*, pressuposto esse que justifica a incidência de juros compensatórios.

A lei, todavia, apresenta uma ressalva. Nessas ações, o Poder Público *não será onerado* por juros compensatórios concernentes a *período anterior* à aquisição da propriedade ou da posse titulada pelo proprietário demandante (art. 15-A, § 3º, do DL nº 3.365, com redação da Lei nº 14.620/2023). A norma tem óbvia inspiração: se esses juros visam compensar perdas e danos do titular, não podem mesmo incidir em períodos pretéritos, porquanto durante eles nenhuma perda se lhe pode atribuir.

Vale a pena tecer breve consideração sobre esse tema. A norma constava no DL nº 3.365 (art. 15-A, § 4º), incluída pela MP nº 2.183-56/2001, tendo sido declarada inconstitucional pelo STF sob o fundamento de ofensa ao princípio da justa indenização, em virtude de ter como pressuposto a *perda de renda*.[122] A norma, entretanto, foi revogada pela Lei nº 14.620/2023, dando origem ao art. 15-A, § 3º, estabelecendo-se no § 1º do mesmo artigo que o pressuposto para os juros é a *compensação de danos* decorrentes de *perdas* do proprietário. Diante da alteração, o julgado no STF tornou-se inaplicável ao novo mandamento

4.3. Cumulatividade

Como os pressupostos são diversos, tem-se que é viável *a cumulatividade dos juros moratórios e compensatórios*. Na verdade, é possível, como, aliás, frequentemente ocorre, que o expropriante se tenha imitido antecipadamente na posse do bem e que se demore a pagar a indenização após o trânsito em julgado. Logicamente o expropriante, nessa hipótese, deverá arcar com o pagamento cumulativo dos juros de mora e dos compensatórios.[123]

Os juros compensatórios, por sua natureza, praticamente se agregam ao valor indenizatório como um único montante. Por esse motivo, está consagrado o entendimento de que os juros moratórios podem incidir sobre os compensatórios. Nesse sentido, assentou o STJ: *"A incidência dos juros moratórios sobre os compensatórios, nas ações expropriatórias, não constitui anatocismo vedado em lei"*.[124]

A MP nº 2.183-56, de 24.8.2001, ao acrescentar o art. 15-A no Decreto-lei nº 3.365, preceituou no sentido da vedação de cálculo de juros compostos. O sentido de juros compostos consiste no cálculo de juros sobre juros, mas devem eles ser *da mesma natureza*: seriam

---

[122]   STF, ADI 2.332, j. 17.3.2018.
[123]   STF, RE 88.363, j. 13.10.1978. *Contra*: MARIA SYLVIA DI PIETRO, ob. cit., p. 133.
[124]   Súmula 102.

740 | MANUAL DE DIREITO ADMINISTRATIVO • *Carvalho Filho*

compostos os juros *de mora* se incidisse o percentual sobre montante constituído pelo capital somado à parcela anterior dos mesmos juros *de mora*. Isso, porém, não é o que ocorre com a cumulatividade de juros moratórios e compensatórios. Quando incidem os juros compensatórios sobre a indenização – cálculo que deve ser o primeiro a ser efetuado –, a soma de tais parcelas corresponde ao *valor real* da indenização, ou seja, ao valor equivalente à perda da propriedade e à perda antecipada da posse. Por isso, nada mais coerente com a exigência constitucional de *indenização justa* do que o cálculo dos juros da mora (que tem caráter punitivo, como vimos) ter como base de cálculo o valor correspondente à referida soma.

Desse modo, continua inteiramente aplicável, em nosso entender, a Súmula 102 do Superior Tribunal de Justiça.

5. ATUALIZAÇÃO MONETÁRIA

Em períodos de processo inflacionário, o valor do bem objeto da desapropriação só adquire foros de mais próxima correspondência se for devidamente atualizado, e isso porque é morosa a ação expropriatória.

Anteriormente, o Decreto-lei nº 3.365/1941 dispunha que a atualização monetária só se daria quando decorrido prazo superior a um ano a partir da avaliação (art. 26, § 2º). Há grande controvérsia em torno dessa norma, entendendo-se que foi revogada pela Lei nº 6.899/1981, que estabeleceu regras específicas para o cálculo da correção monetária. Para outros, a regra persiste porque não haveria incompatibilidade. Perfilhamos, com a devida vênia, o entendimento de que o art. 26, § 2º, da lei geral expropriatória não mais pode subsistir. Com efeito, admitir que o valor indenizatório fique paralisado por falta de atualização durante o período de um ano, sobretudo quando em fases de aviltamento da moeda, não é considerar a indenização como justa. Ao contrário, o expropriado sofreria perda significativa, o que é totalmente incompatível com os postulados constitucionais sobre a indenização.[125]

Por outro lado, desnecessário realizar-se nova perícia para atualizar o valor indenizatório já fixado pelo juiz. O STJ já firmou entendimento de que *"a atualização do valor fixado judicialmente se faz com aplicação dos índices oficiais para correção monetária, não se justificando a realização de nova perícia, salvo em situações especiais"*.[126] De fato, nada justificaria nova perícia: além de ofender o princípio da economia processual e retardar ainda mais o já demorado processo expropriatório, os índices de atualização monetária existem exatamente para isso, ou seja, para ajustar a momento futuro determinado valor fixado no momento atual.

Pode ocorrer que, mesmo feita a atualização monetária, haja demora no pagamento da indenização. Nesse caso, o STF já deixou sedimentado que a correção monetária é devida até o efetivo pagamento da indenização, devendo ser processada nova atualização do cálculo, ainda que por mais de uma vez (Súmulas 561, STF, e 67, STJ).

6. HONORÁRIOS

A regra sobre honorários advocatícios no processo expropriatório está insculpida no art. 27, § 1º, do Decreto-lei nº 3.365, cuja redação sofreu alteração pela já citada MP nº 2.183-56, de 24.8.2001. Nada foi mudado, porém, em relação à base de incidência dos honorários: diversamente do que ocorre nas ações em geral, em que a parcela é calculada sobre o valor da condenação, na desapropriação a base continua sendo o *valor da diferença* entre o *quantum* indenizatório fixado na sentença e o valor da oferta feita pelo expropriante ao início da ação.

---

[125] Também: MARIA SYLVIA DI PIETRO, ob. cit., p. 133, e JOSÉ CARLOS DE MORAES SALLES, ob. cit., p. 477.
[126] STJ, REsp 92.789, j. 15.9.1998.

Cap. 13 • DESAPROPRIAÇÃO | 741

O dispositivo se funda no princípio processual do ônus da sucumbência. De fato, se o expropriante oferece certo valor como indenização e a sentença fixa valor mais elevado, é claro que aquele se considera sucumbente *na parcela do valor final fixado que excede o valor ofertado*. Em outras palavras, a sucumbência ocorre em relação à diferença entre a oferta e a definição judicial da indenização.

Assim, para exemplificar, se o expropriante oferece 100 e a sentença fixa a indenização nos mesmos 100, não haverá sucumbência e, em consequência, honorários de advogado. Ao contrário, se oferece 100 e a sentença fixa a indenização em 180, o expropriante sucumbiu na parcela correspondente à diferença entre os valores, ou seja, em 80. Nesse caso, os honorários incidirão exatamente sobre essa diferença, após proceder-se à correção monetária dos valores da oferta e da indenização (Súmulas 617, STF, e 141, STJ). Aliás, é oportuno acrescentar que na base de cálculo dos honorários advocatícios devem ser incluídas as parcelas relativas aos juros moratórios e compensatórios, também devidamente corrigidos, como já assentados pelo STJ (Súmula 131).

A nova legislação introduziu duas modificações no aludido dispositivo. Primeiramente, estabeleceu que o percentual dos honorários deve ser *fixado entre meio e cinco por cento* do valor da citada diferença, alterando, por conseguinte, os limites previstos no Código de Processo Civil, que, em princípio, estão fixados entre 10 e 20 % (art. 85, § 2º, CPC). A alteração foi notoriamente desajustada, porque, além de desvalorizar o já severo trabalho profissional dos advogados, ainda favoreceu o Estado, permitindo, agora com maior intensidade, que apresente oferta insignificante e desarrazoada pelo bem a ser desapropriado, sem que receba, ao final, o ônus de pagar os honorários sobre importância mais elevada, resultante da diferença entre a oferta e o valor da sentença. Em outras palavras, em vez de estimular os expropriantes a oferecerem valor indenizatório mais próximo possível do valor real, a lei passou e incentivar o abuso de poder administrativo.

Para a fixação do percentual, o juiz deverá levar em conta os mesmos fatores de avaliação previstos no CPC, ou seja, o zelo profissional, o lugar em que o serviço é prestado, o tempo gasto na atuação e a natureza e importância do trabalho realizado (art. 85, § 2º, I a IV, CPC).

A outra alteração do dispositivo diz respeito ao *limite máximo de valor* a que podem chegar os honorários, no que a norma anterior era silente. Segundo a nova regra, o valor dos honorários não pode ultrapassar o limite de R$ 151.000,00 (cento e cinquenta e um mil reais). É prevista, porém, a atualização desse valor no dia 1º de janeiro de cada ano, com base na variação acumulada do IPCA – Índice de Preços ao Consumidor Amplo (art. 27, § 4º, Decr.--lei nº 3.365/1941). A constatação final, assim, é a de que a nova legislação não só reduziu os percentuais a serem aplicados, como o próprio valor dos honorários.

A nova regra limitativa dos honorários se aplica também à hipótese do procedimento contraditório especial, de rito sumário, para o processo de desapropriação de imóvel rural, fundado em interesse social, para fins de reforma agrária. É o que dispõe o novo § 3º, I, do art. 27 do Decreto-lei nº 3.365, inserido pela MP nº 2.183-56, de 24.8.2001. Segundo esse dispositivo, as restrições quanto a honorários estendem-se também às ações de indenização por desapropriação indireta ou por apossamento administrativo. A aplicação a tais hipóteses, no entanto, tem que ser interpretada de acordo com a natureza da ação. Nelas *não há oferta alguma, e, consequentemente, qualquer diferença* a servir de base para os honorários. Desse modo, a base terá que ser mesmo o *valor da condenação*, de onde se infere que só serão aplicáveis naquelas ações a redução dos percentuais e o valor-limite dos honorários.

Ainda quanto à alteração em foco, comporta observar que o STF, em medida cautelar de ADI, suspendeu, no citado art. 27, § 1º, do Decreto-lei 3.365/1941, a eficácia da parte que fixava o

742 | MANUAL DE DIREITO ADMINISTRATIVO • *Carvalho Filho*

valor-limite para os honorários, fundando-se na falta de razoabilidade.[127] No julgamento definitivo, todavia, mudou o entendimento, considerando constitucional o dispositivo, sob o argumento de que a lei pode estipular parâmetros mínimo e máximo para a concessão de honorários.[128]

7. DIREITOS DE TERCEIROS

Dispõe o art. 31 do Decreto-lei nº 3.365 que ficam sub-rogados no preço quaisquer ônus ou direitos que recaiam sobre o bem desapropriado. Sub-rogação é instituto que indica modificação da natureza do direito, vale dizer, o direito de terceiro, no caso, fica substituído pelo direito pecuniário decorrente da indenização. O intuito do legislador foi claro: o poder expropriante tem apenas o dever de pagar a indenização, mas não deve suportar qualquer limitação em seu propósito de obter a transferência do bem. Sendo assim, uma vez depositado o valor indenizatório, são os próprios interessados que devem disputar suas respectivas parcelas de acordo com a natureza e a dimensão de seus direitos.

No caso de ser o bem sujeito a *hipoteca* ou *penhor*, nenhuma dúvida surgirá. O direito do credor hipotecário ou pignoratício, de natureza real, se sub-roga automaticamente no valor do *quantum* indenizatório correspondente a seu crédito, operando-se, em consequência, o vencimento antecipado da dívida.[129]

No que se refere ao *usufruto*, direito também real sobre a coisa alheia, previsto no art. 1.390 do Código Civil, há discrepância quanto à solução a ser adotada, por não ter a lei contemplado disciplina a respeito. Tendo em vista que o usufruto não se extingue pela desapropriação, mas apenas altera o objeto de incidência, passando do bem desapropriado para o valor da indenização, alguns autores advogam o entendimento de que proprietário e usufrutuário exercem conjuntamente seus direitos: aquele é o dono do montante indenizatório, ao passo que este percebe os rendimentos oriundos do referido montante.[130] Outros sustentam que a lei deveria ter previsto que, com a indenização, fosse adquirido outro bem, semelhante ao expropriado, transferindo-se para ele os direitos de usufruto afetados pela desapropriação.[131] A melhor solução, todavia, parece ser aquela oriunda de ajuste, se possível, entre o proprietário e o usufrutuário, em que o primeiro destinasse ao segundo parte da indenização como compensação pela desapropriação do bem sobre o qual incidia o direito real.

Outra questão relativa a direitos de terceiros diz respeito às *locações*. É pacífico na doutrina e na jurisprudência que a desapropriação resolve os contratos de locação. Como não se trata de direito real, não há a sub-rogação do direito do locatário, titular de direito pessoal ou obrigacional, no valor indenizatório. Diante disso, pergunta-se: o locatário faz jus à indenização? Quem deve indenizar? Em caso positivo, qual a via adequada? No que concerne à primeira indagação, a resposta é positiva. Afinal, inexiste norma que exclua a responsabilidade civil do Estado no caso de desapropriação; ao contrário, ao Estado é atribuída responsabilidade objetiva (art. 37, § 6º, CF). Desse modo, provando o locatário que teve prejuízos com a resolução do contrato locatício por força da desapropriação, tem direito a tê-los reparados pelo expropriante. A hipótese é mais comum em locações de natureza comercial, nas quais o comerciante locatário, em virtude de sua atividade, constitui *fundo de comércio*. Uma vez que o fundo possui valor

---

[127] ADI-MC 2.332, j. 5.9.2001.

[128] ADI 2.332, j. 17.5.2018.

[129] JOSÉ CARLOS DE MORAES SALLES, ob. cit., p. 555.

[130] SEABRA FAGUNDES, *Da desapropriação no direito brasileiro*, cit., p. 424-428; CAIO MÁRIO DA SILVA PEREIRA, *Instituições*, cit., v. IV, p. 212.

[131] JOSÉ CARLOS DE MORAES SALLES, ob. cit., p. 547.

Cap. 13 · DESAPROPRIAÇÃO | 743

patrimonial, haverá inevitável prejuízo ao locatário pela rescisão do contrato, e terá ele direito à reparação dos prejuízos.[132]

Quanto à segunda indagação, tem-se que não é o locador o responsável pelo dever indenizatório, mas sim o expropriante, porquanto é a este, e não àquele, que se imputa a causa da cessação do vínculo locatício.[133] Relativamente à via adequada, tem-se que o pedido indenizatório não pode ser formulado nos autos do processo de desapropriação, mas em ação autônoma, já que se trata de matéria alheia à transferência do bem, que constitui o objeto da ação expropriatória (art. 20, Decr.-lei nº 3.365/1941).[134] Todavia, se o titular do fundo de comércio for o próprio expropriado, poderá haver cumulatividade das parcelas indenizatórias no mesmo processo, e isso porque só assim não se impõe maior gravame ao expropriado.[135]

Entretanto, pode ocorrer que terceiro ajuíze ação diretamente em face do expropriado, como é o caso, por exemplo, em que postula indenização por benfeitorias. Nesse caso, o foro por onde tramitou a desapropriação atrai a competência para processar e julgar aquela ação, isso porque a indenização abrange o imóvel de forma global. Assim, se a desapropriação correu na Justiça Federal, esta, e não a Justiça Estadual, será a competente para a ação indenizatória, ainda que nos polos da relação processual esteja ausente a União ou outra entidade federal.[136]

XIV. Desistência da Desapropriação

Desaparecidos os motivos que provocaram a iniciativa do processo expropriatório, tem o expropriante o poder jurídico de desistir da desapropriação, inclusive no curso da ação judicial.

A desistência, porém, somente é possível se a desapropriação já não se tiver consumado pelo pagamento da indenização; também não será admitida se já tiver havido ao menos pagamento parcial.[137] O expropriado não pode se opor à desistência, mas terá direito à indenização por todos os prejuízos causados pelo expropriante.[138] Cabe-lhe, inclusive, arcar com o pagamento dos honorários periciais, no caso de já ter havido prova técnica no processo e a apresentação dos respectivos laudos.[139]

Será impossível, no entanto, que o expropriante desista da ação se a ocupação do bem a ser desapropriado provocou alterações substanciais, sendo inviável a devolução nas condições anteriores. O STJ, a propósito, já decidiu: *"Constatadas substanciais alterações no imóvel objeto da ação expropriatória, tornando impossível a restituição no estado em que se encontrava antes da imissão provisória, não há como se acolher o pedido de desistência apresentado pelo expropriante"*.[140] Inclui-se aí a hipótese em que a área desapropriada foi invadida por negligência do expropriante.[141] Importante observar, a respeito, que cabe ao expropriado o ônus da prova acerca da impossibilidade de devolução do imóvel e, por consequência, da desistência da desapropriação.[142]

---

[132] STJ, REsp 1.076.124-RJ, Rel. Min. ELIANA CALMON, *DJ* de 3.9.2009.

[133] TJ-RJ, ApCiv. 1.072, j. 18.8.1998.

[134] Também: JOSÉ CARLOS DE MORAES SALLES, ob. cit., p. 542-543.

[135] No mesmo sentido: STJ, AgRg no REsp 1.199.990, j. 19.4.2012.

[136] STJ, CC 90.021, j. 11.6.2008.

[137] Foi como decidiu o STJ no REsp 402.482, j. 26.3.2002.

[138] CELSO RIBEIRO BASTOS (*Curso*, cit., p. 230) e LUCIA VALLE FIGUEIREDO, ob. cit., p. 228.

[139] STJ, REsp 107.702, j. 2.6.1998.

[140] STJ, REsp 132.398, j. 15.9.1998. Também: STJ, REsp 98.560, j. 18.3.1999, e REsp 450.383, j. 3.8.2006.

[141] STJ, REsp 98.560, j. 18.3.1999, e REsp 450.383, j. 3.8.2006.

[142] STJ, REsp 1.368.773, j. 6.12.2016.

744 | MANUAL DE DIREITO ADMINISTRATIVO • *Carvalho Filho*

A desistência pode ser declarada diretamente na ação pelo expropriante, requerendo este a extinção do processo sem resolução do mérito. Pode também instrumentalizar-se através da revogação total ou parcial do decreto expropriatório pelo Poder Público, tendo em vista, de qualquer modo, a ocorrência de fatos supervenientes que afastaram o interesse que o bem inicialmente despertava. A revogação, nesse caso, repercute na ação expropriatória, ensejando, da mesma forma, a extinção do processo sem exame do mérito por falta de interesse do autor em seu desfecho.

Desse modo, podemos afirmar, juntamente com DIÓGENES GASPARINI, que são quatro os requisitos para a desistência:

1. seja ela definida pelo expropriante antes de ultimada a desapropriação;
2. ressarcimento pelo expropriante de todos os danos que causou ao expropriado;
3. ressarcimento das despesas processuais; e
4. devolução do mesmo bem.[143]

XV. Desapropriação Indireta

1. SENTIDO

Desapropriação indireta é o fato administrativo pelo qual o Estado se apropria de bem particular, sem observância dos requisitos da declaração e da indenização prévia. Observe-se que, a despeito de qualificada como *indireta*, essa forma expropriatória é mais *direta* do que a que decorre da desapropriação regular. Nela, na verdade, o Estado age realmente *manu militari* e, portanto, muito mais *diretamente*.[144]

Trata-se de situação que causa tamanho repúdio que, como regra, os estudiosos a têm considerado verdadeiro esbulho possessório. Com efeito, esse mecanismo, a despeito de ser reconhecido na doutrina e jurisprudência, e mais recentemente até por ato legislativo, não guarda qualquer relação com os termos em que a Constituição e a lei permitiram o processo de desapropriação. Primeiramente, porque a indenização não é prévia, como o exige a Lei Maior. Depois, porque o Poder Público não emite, como deveria, a necessária declaração indicativa de seu interesse. Limita-se a apropriar-se do bem e fato consumado! Exemplo comum de desapropriação indireta tem ocorrido com a apropriação de áreas privadas para a abertura de estradas.

Com esse perfil, não é nenhuma surpresa que alguns autores a definam como *esbulho possessório*, ou o *abusivo e irregular apossamento* de bem particular para ingresso no patrimônio público.[145] Há, inclusive, quem a considere inconstitucional.[146] Outros doutrinadores não defendem (ao menos expressamente) tais entendimentos.[147]

Em nosso entender, cuida-se realmente de um instituto odiável e verdadeiramente desrespeitoso para com os proprietários. Além disso, revela-se incompreensível e injustifi-

---

[143]   Ob. cit., p. 479.

[144]   Para uma visão geral do instituto, consulte-se o trabalho de CARLOS EDUARDO VIEIRA DE CARVALHO, Desapropriação indireta (*RDP* 97, p. 176/182).

[145]   CELSO ANTÔNIO BANDEIRA DE MELLO, *Curso*, cit., p. 385; EDIMUR FERREIRA DE FARIA, *Curso*, cit., p. 610; DIÓGENES GASPARINI, *Direito administrativo*, cit., 2006, p. 758; RAQUEL MELO URBANO DE CARVALHO, *Curso*, cit., p. 1139.

[146]   CRETELLA JR., *Tratado*, cit., v. II, p. 283.

[147]   LUCIA VALLE FIGUEIREDO, *Curso*, 2008, p.343, e MARIA SYLVIA ZANELLA DI PIETRO, *Direito administrativo*, cit., 2006, p. 169.

cável ante todo o sistema de prerrogativas conferidas ao Poder Público em geral. Em suma, o Estado não precisaria valer-se dessa modalidade expropriatória se tivesse um mínimo de planejamento em suas ações. Não obstante, a desapropriação indireta tem fundamento em lei – art. 35, do Decreto-lei nº 3.365/1941, como examinaremos adiante – e tem sido aceita desde sua instituição, sem que nunca se houvesse declarado sua inconstitucionalidade. Ao contrário, os Tribunais a reconhecem e têm, inclusive, editado súmulas com referência ao instituto.[148] Sendo assim, é temerário considerá-la forma de esbulho possessório, já que este se configura indiscutivelmente como ato ilegal. Entretanto, tal sistema deve ser repensado, só sendo admissível esse tipo de apossamento em situações excepcionalíssimas e de caráter irreversível, isto com o escopo de conciliar o interesse administrativo com a garantia constitucional do direito de propriedade.

Cabe aqui, porém, uma observação. Não constitui desapropriação indireta a hipótese em que o Poder Público se limita a executar serviços de infraestrutura em área cuja ocupação por terceiros apresenta situação consolidada e irreversível. De fato, sem ter colaborado para o apossamento da área por particulares e prestando serviços de sua competência para os possuidores, o Poder Público não pode ser considerado como agente de desapropriação indireta. Sendo assim, não lhe cabe qualquer obrigação indenizatória.[149]

Uma vez reconhecido e aceito, urge que examinemos seus principais aspectos.

2. FUNDAMENTO

Constitui fundamento da desapropriação indireta o art. 35 do Decreto-lei nº 3.365/1941, que dispõe: *"Os bens expropriados, uma vez incorporados à Fazenda Pública, não podem ser objeto de reivindicação, ainda que fundada em nulidade do processo de desapropriação. Qualquer ação, julgada procedente, resolver-se-á em perdas e danos."*

Esse dispositivo cuida da hipótese do denominado *fato consumado*. Havendo o fato *incorporação do bem* ao patrimônio público, mesmo se tiver sido nulo o processo de desapropriação, o proprietário não pode pretender o retorno do bem a seu patrimônio. Ora, se o fato ocorre mesmo que o processo seja nulo, pouca ou nenhuma diferença faz que não tenha havido processo. O que importa, nos dizeres da lei, é que tenha havido a incorporação.

Embora não se revista de toda a legitimidade que seria de se esperar, em se considerando a figura do Poder Público, o certo é que o fato consumado em favor deste acarreta inviabilidade de reversão à situação anterior. Suponha-se, como exemplo, que a União se aproprie de várias áreas e instale diretamente um aeroporto ou um abrigo para treinamento de militares. Concluídas essas realizações, os bens, certa ou erradamente, passaram à categoria de *bens públicos*, vale dizer, foram incorporados definitivamente ao patrimônio federal. Como reverter tal situação, levando em conta que esses bens se destinam ao exercício de uma atividade de interesse público?

Como ficou despojado de seu direito de reaver o bem desapropriado, ao ex-proprietário só resta agir da forma como a lei previu, ou seja, terá que se conformar com a substituição de seu direito de reivindicar a coisa pelo de postular *indenização* em face das perdas e danos causados pelo expropriante.

A perda da propriedade em decorrência da desapropriação indireta rende ensejo, obviamente, à ocorrência de alguns efeitos. Um deles é a cessação do vínculo tributário entre o

---

[148] Súmula 618 do STF e Súmulas 69, 70, 114 e 119 do STJ.
[149] Em tal sentido, STJ, REsp 1.770.001, j. 5.11.2019.

746 | MANUAL DE DIREITO ADMINISTRATIVO • Carvalho Filho

ex-proprietário e o Poder Público. Desse modo, fica ele desobrigado do pagamento do IPTU a partir do momento em que se efetivou a expropriação.[150]

Outro efeito reside em que a indenização deve corresponder ao *valor real e atualizado* do imóvel, ainda que este se tenha valorizado em virtude de obra pública, como, por exemplo, a abertura de rodovia ou a revitalização de área urbana. O fundamento está em que a desapropriação não observou o procedimento legítimo para suprimir o direito de propriedade. Por conseguinte, eventual supervalorização do imóvel pela expropriação há de ser compensada pela via tributária adequada – no caso, a contribuição de melhoria, sendo ilegítima a dedução de qualquer parcela indenizatória em virtude do benefício imobiliário.[151]

3. PROTEÇÃO POSSESSÓRIA

A desapropriação *indireta* somente se consuma quando o bem se incorpora definitivamente ao patrimônio público. É a incorporação que ocasiona a transferência da propriedade para o Poder Público.

Veja-se, porém, que o citado art. 35 se referiu à incorporação, situação que, como vimos, retrata verdadeiro fato consumado. Esse fato, porém, não tem qualquer relação com a situação jurídica da posse. Esta deve ser inteiramente garantida ao proprietário, porque a ameaça à posse é situação que antecede à incorporação patrimonial prevista na lei.

Na verdade, como assinala a melhor doutrina, mesmo em se tratando do Poder Público, cabe ao interessado a proteção possessória, tanto pela ação de reintegração de posse, quando consumado o esbulho, ou, ainda, pelo interdito proibitório, na hipótese de justo receio de ser o possuidor direto ou indireto molestado em sua posse, com a finalidade de impedir a turbação ou esbulho iminente (art. 1.210, Código Civil; arts. 560 e 567, CPC).[152]

Hipótese assemelhada à desapropriação indireta com a perda da propriedade é aquela em que, na enfiteuse, o enfiteuta perde o domínio útil (e, portanto, a posse) do bem imóvel para o Poder Público, na qualidade de senhorio direto, e este constrói sobre o imóvel, incorporando diretamente a construção. Ou seja: o Poder Público, que tinha somente a nua propriedade, consolida a propriedade assumindo também a posse direta do imóvel. Nesse caso, o antigo enfiteuta, sem ter tido a oportunidade de defender sua posse, fará jus apenas à indenização pelos prejuízos causados, sendo, por conseguinte, inviável pretender a restauração do *status quo ante*.[153]

4. AÇÃO DO EXPROPRIADO

4.1. Caracterização

A lei expropriatória deixou claro que a desapropriação indireta provoca o efeito de permitir ao expropriado postular perdas e danos.

O pedido a ser formulado, portanto, pelo prejudicado é o de *indenização* pelos prejuízos que lhe causou a perda da propriedade. Trata-se, desse modo, de ação que deve seguir o procedimento comum, ordinário ou sumário conforme a hipótese. Há quem denomine a referida demanda de *ação de desapropriação indireta*, mas essa denominação se nos afigura nitidamente imprópria.

---

[150] STJ, REsp 770.559, j. 17.8.2006.

[151] Também: STJ, REsp 827.613, j. 2.10.2007 e REsp 1.230.687, j. 18.10.2012.

[152] SÉRGIO DE ANDRÉA FERREIRA, *Direito administrativo didático*, cit., p. 205. Também: MARIA SYLVIA ZANELLA DI PIETRO, *Direito administrativo*, cit., p. 140.

[153] TJ-RJ, Ap. (Duplo Grau Obrig.) nº 4.017, D.O. 12.11.1998.

Cap. 13 · DESAPROPRIAÇÃO | 747

Na verdade, a desapropriação indireta é um *fato administrativo* e, como tal, constitui um dos elementos da causa de pedir na ação. O pedido do autor é o de ser indenizado pela perda da propriedade, de modo que sua pretensão deverá ser formalizada por meio de simples *ação de indenização*, cujo fato provocador, este sim, foi a ocorrência da desapropriação indireta. Aliás, o art. 10, parágrafo único, do Decr.-lei nº 3.365/1941, alude corretamente à expressão *"ação de indenização"* por apossamento administrativo ou desapropriação indireta.

A decisão dessa causa em nada afeta o direito de propriedade que tem o Poder Público sobre o bem expropriado. Na qualidade de bem público, sua propriedade tornou-se intangível. A sentença, se for julgada procedente a ação, condenará o Poder Público a indenizar o autor, ex-proprietário, tendo em vista os prejuízos que lhe causou em face da desapropriação indireta. Têm, portanto, conteúdo condenatório a ação e a sentença.

Em relação ao *quantum* indenizatório postulado pelo autor, pode considerar-se que se trata de mero valor estimativo, visto ser impossível calcular o valor exato da indenização. Desse modo, não incide no processo o princípio da vedação de julgamento *ultra petita*, segundo o qual fica vedado ao juiz proferir sentença, a favor do autor, que condene o réu em quantidade superior àquela que lhe foi demandada (art. 492, CPC). Em razão da especificidade da ação, bem como do propósito inarredável de reparar o prejuízo decorrente da perda da propriedade, o que retrata garantia constitucional, é legítimo que a sentença, com base em perícia idônea, condene o Estado à indenização em importância superior à postulada pelo autor.[154]

Tendo em vista que um dos principais postulados da desapropriação é o da *indenização justa*, pode o respectivo valor sofrer decréscimo do valor em virtude de eventual desvalorização da área expropriada oriunda de fatores urbanísticos, servindo de exemplo a proximidade de comunidades violentas ou a indevida ocupação já processada.[155] Desse modo, assim como cabe ao ente expropriante arcar com os efeitos da valorização imobiliária, deve o expropriado sofrer os efeitos da desvalorização do imóvel.

4.2. Natureza e Legitimidade para a Ação

Quando a ação tem como objeto pedido condenatório de natureza indenizatória, considera-se que sua qualificação é a de *ação pessoal*. Entretanto, em virtude da situação particular do litígio, no qual o pedido indenizatório se funda na perda da propriedade, a jurisprudência a tem considerado como *ação real*, dela emanando todos os efeitos próprios desse tipo especial de ação.[156] Discordamos, todavia, desse entendimento. O direito real extingue-se com a transferência da propriedade após o processo expropriatório. Assim, resta apenas relação de caráter indenizatório, o que enseja ação pessoal.

A legitimidade ativa e passiva nesse tipo de ação é inversa à da ação de desapropriação. Na ação de indenização por desapropriação indireta o autor é sempre o prejudicado, ex-proprietário, e ré sempre a pessoa de direito público responsável pela incorporação do bem a seu patrimônio.

Quanto à legitimidade, já se exigiu que o autor fosse o proprietário do imóvel, cabendo-lhe comprovar o domínio.[157] Todavia, tem-se considerado parte legítima o promissário comprador, com o direito a receber a indenização, ainda que a promessa de compra e venda não tenha sido registrada no cartório imobiliário, o que, em nosso entender, se afigura justo e razoável.[158]

---

[154] Vide STJ, REsp 875.256-GO, Rel. Min. LUIZ FUX, *DJ* 3.11.2008.

[155] TJ-RJ, Embs. Infr. 114.695-91.2002, Rel. Des. JORGE LUIZ HABIB, publ. em 24.5.2012.

[156] STJ, REsp 64.177, j. 2.8.1995.

[157] STJ, REsp 235.773, em 14.12.1999.

[158] STJ, REsp 1.204.923, em 20.3.2012.

748 | MANUAL DE DIREITO ADMINISTRATIVO • Carvalho Filho

O mesmo já se decidiu em favor do titular da posse legítima.[159] Sendo casado o autor, a jurisprudência tem exigido o comparecimento de ambos os cônjuges no polo ativo da ação, sob pena de ser extinto o processo.[160]

A circunstância de ser a pretensão do ex-proprietário, na respectiva ação, de natureza indenizatória – somada ao fato de já se ter consumado a perda da propriedade –, conduz à *dispensa da intervenção do Ministério Público no processo*, e isso porque na hipótese não incide o art. 178, I, do CPC: na verdade, o interesse que inspira a causa é meramente fazendário e não se revela interesse público evidenciado pela natureza da lide ou pela qualidade da parte. Diversamente ocorre na ação de desapropriação direta, na qual, embora também se discuta o valor da indenização, ainda não houve a perda da propriedade, incumbindo, assim, ao representante do Ministério Público a fiscalização do atendimento aos suportes constitucionais que amparam semelhante situação extintiva de direito fundamental.[161] A dispensa da intervenção ministerial incorre também no caso de desapropriação indireta de imóvel rural, porque: (1º) já houve a perda da propriedade e a pretensão também é indenizatória; (2º) o art. 18, § 2º, da LC nº 76/1993 impõe a intervenção do MP na ação de desapropriação direta (ou comum) para fins de reforma agrária, que é a ação regulada por aquele diploma. Note-se que o art. 178, III, do CPC, alude a *"litígios coletivos pela posse de terra rural ou urbana"*, o que não ocorre no referido conflito – que tem caráter meramente indenizatório.

Situação interessante é aquela em que o proprietário aliena a terceiro o bem submetido à desapropriação indireta. A jurisprudência tem admitido que, mesmo depois do apossamento realizado pelo Estado, o adquirente tem direito a postular a indenização, já que o alienante lhe transferiu todos os direitos e ações relativos ao imóvel. É, portanto, reconhecida a legitimidade ativa do adquirente nessa hipótese.[162]

4.3. Foro da Ação

Algumas dúvidas foram levantadas em relação ao foro adequado para a propositura da ação indenizatória por desapropriação indireta.

Entretanto, como tem prevalecido o entendimento de que se trata de ação real, a consequência será, logicamente, considerar como adequado o foro do local do imóvel (*forum rei sitae*), e não o do domicílio do réu, como seria se a ação fosse considerada pessoal. O STF já se manifestou sobre o tema, indicando que competente é o foro do local do imóvel.[163]

4.4. Prescrição da Ação (Pretensão)

A qualificação da ação como de natureza real conduz a um outro efeito relevante: o prazo de prescrição para o ajuizamento da ação indenizatória.

Tradicionalmente, dominou o entendimento de que a prescrição somente ocorreria no prazo de 20 anos, o mesmo adotado, como regra, para a aquisição do domínio por usucapião, conforme previsão no art. 550 do antigo Código Civil.[164] Esse entendimento, inclusive, fora

---

[159] STJ, REsp 769.731, em 8.5.2007.

[160] STJ, REsp nº 46.899-0-SP, 1ª Turma, Rel. Min. CESAR ROCHA, *DJ* de 2.5.1994, p. 14253.

[161] No mesmo sentido: STJ, REsp 652.621, j. 7.6.2005.

[162] TRF 4º Reg. (ApCív nº 91.04.2643-8, 1ª Turma, Rel. Juiz Ari Pargendler, publ. 31.7.1991).

[163] RE 111.988, j. 25.11.1988. Também: TJ-RJ, ApCív. 46.464.

[164] O Código Civil estabeleceu, como regra, o prazo de 15 anos para a aquisição por usucapião (art. 1.238), mas consignou outras modalidades do instituto dotadas de prazos diversos (arts. 1.238, parágrafo único, 1.239, 1.240 e 1.242, parágrafo único).

Cap. 13 • DESAPROPRIAÇÃO | 749

consagrado pelo E. Superior Tribunal de Justiça.[165] Havia até mesmo entendimento da imprescritibilidade da ação do prejudicado, posição, contudo, que não prosperou.[166]

Algumas Medidas Provisórias, entretanto, alterando essa posição, fizeram introduzir parágrafo no art. 10 do Decreto-lei nº 3.365/1941, fixando, para a hipótese, o mesmo prazo de cinco anos, já há muito adotado em favor da Fazenda Pública para a propositura de ações visando à tutela de direitos pessoais de terceiros, como é o caso da pretensão indenizatória (Decreto nº 20.910/1932 e Decreto-lei nº 4.597/1942). O novo dispositivo, em consequência, indicava que o legislador pretendia caracterizar o direito indenizatório do expropriado indireto como de *natureza pessoal*, afastando-se, assim, do *caráter real* proclamado pela jurisprudência e doutrina. Significava dizer que o proprietário teria o prazo de cinco anos para propor ação de indenização em face do Poder Público se imóvel de sua propriedade tivesse sido objeto de desapropriação indireta. Após esse prazo, ocorreria a prescrição de sua pretensão.

Não obstante, o STF, ao argumento de que se afigurava plausível ofensa ao direito de propriedade pela fixação do aludido prazo, suspendeu liminarmente a eficácia do citado dispositivo, com o que ficou restabelecido o entendimento anterior, fundado no instituto do usucapião de bens imóveis.[167] Constituiu fundamento da decisão o fato de que a redução do prazo prescricional seria inconstitucional por ofender *"a garantia constitucional da justa e prévia indenização em dinheiro"*, prevista no art. 5º, XXIV, da Lei Maior.

Posteriormente, a Medida Provisória nº 2.183-56, de 24.8.2001, procedeu a nova alteração do parágrafo, que, então, passou a conter os seguintes termos: *"Parágrafo único – Extingue-se em cinco anos o direito de propor ação que vise a indenização por restrições decorrentes de atos do Poder Público."* O novo texto excluiu a desapropriação indireta e o apossamento administrativo, restringindo a hipótese prescricional à pretensão indenizatória por *"restrições decorrentes de atos do Poder Público".*[168] Mesmo considerando a natureza genérica da expressão, é possível ao menos concluir que a desapropriação indireta e o apossamento administrativo, por serem fatos que encerram *supressão* da propriedade, e não meramente uma *restrição*, estarão fora do âmbito de aplicabilidade do preceito. São, porém, abrangidos pela norma fatos restritivos geradores de pedido indenizatório, como, por exemplo, as requisições, as ocupações temporárias, as servidões administrativas e outros similares; em relação a esse tipo de pedido, a prescrição da pretensão será quinquenal.[169]

No que se refere ao prazo prescricional, ousamos dissentir, com a devida vênia, do entendimento esposado pela Alta Corte.

Na verdade, o fundamento da prévia e justa indenização em dinheiro não se aplica à desapropriação indireta, mas sim à desapropriação comum, isto é, aquela que segue rigorosamente o procedimento expropriatório, inclusive, como regra, com o conflito de interesses deduzido em processo judicial. A desapropriação indireta, ao contrário, constitui uma ocupação forçada, uma apropriação *manu militari*, da qual usualmente o proprietário sequer tem conhecimento. Desse modo, diversamente do que acontece com a desapropriação regular, na desapropriação indireta o fato em si da incorporação do bem ao patrimônio público, como insinua o art. 35 do Decreto-lei nº 3.365/1941, já tem o condão de acarretar a perda da propriedade em favor do expropriante.

---

[165] Súmula 119, STJ. Também: TRF 4ª Reg., ApCiv. 89.04.18678-1, publ. 23.8.1990.

[166] TRF-5ª Reg., ApCiv 6.756, publ. 16.11.1990.

[167] STF, ADI 2.260, j. 14.2.2001.

[168] Por perda do objeto, o STF julgou prejudicada a ADI 2.260 (j. 26.5.2004).

[169] No mesmo sentido, STJ, AgRg no REsp 1.317.806, Min. HUMBERTO MARTINS, em 6.11.2012.

750 | MANUAL DE DIREITO ADMINISTRATIVO • *Carvalho Filho*

Ora, se assim é, como o reconhece pacificamente a jurisprudência, a única discussão plausível após a desapropriação indireta diz respeito ao valor da indenização a que faz jus o ex-proprietário. Nada há de estranho, portanto, no fato de a lei fixar prazo para que o interessado providencie a tutela de seu direito indenizatório, sob pena de ocorrer a prescrição em virtude de sua inércia. Cuida-se, é fácil constatar, de observância ao consagrado *princípio da segurança e estabilidade das relações jurídicas*, que, ninguém o desconhece, preside, com raríssimas exceções, os sistemas jurídicos modernos.

É compreensível, até mesmo, criticar o dispositivo pelo fato de ter fixado prazo quinquenal para a prescrição. Contudo, essa é uma questão que envolve exercício do poder de legislar: pode-se não gostar da lei, mas outra coisa é tê-la por inconstitucional. Diga-se, aliás, que a prescrição quinquenal em favor do Poder Público já tem consagração normativa há muitos anos (Decreto nº 20.910/1932 e Decreto-lei nº 4.597/1942), de modo que nenhuma grande novidade representaria o dispositivo em foco. O que nos parece nitidamente perceptível, porém, é que há total incongruência entre a decisão e o fundamento invocado pela mais alta Corte, ou seja, o parágrafo único do art. 10 (com redação anterior) não poderia ser inconstitucional por violação à garantia da prévia e justa indenização em dinheiro, e isso pela simples razão de que ela não se aplica à desapropriação indireta, esta, e não a desapropriação comum, a única regulada no citado dispositivo.

Diante da decisão do STF, que acabou gerando a alteração do dispositivo, deve continuar prevalecendo, como já antecipamos, o entendimento já pacificado, no sentido de aplicar-se, como prazo prescricional da pretensão do proprietário à indenização, o previsto para a aquisição da propriedade por usucapião, atualmente de 15 anos, como estabelece a regra geral prevista no art. 1.238, do vigente Código Civil. O prazo reduzir-se-á a 10 anos se o possuidor tiver sua moradia habitual no imóvel ou neste tenha realizado obras ou serviços de caráter produtivo (art. 1.238, parágrafo único, Código Civil). Já houve decisão de que esse seria o prazo quando o Poder Público realizasse obras após a desapropriação, tendo em vista sua destinação de interesse público.[170] Nesse aspecto, reconsideramos posição anterior de que as obras teriam que ter sido feitas pelo proprietário. Na verdade, se o Poder Público era o possuidor e fez obras na área expropriada, maior seria a oportunidade de o proprietário adotar as providências indenizatórias mais rapidamente. Portanto, cabível é a prescrição com menor prazo, ou seja, de 10 anos.[171]

Por último, há dois aspectos que merecem comentário a respeito do tema em foco.

Sem embargo de uma ou outra dúvida que possa causar o emprego do verbo *"extinguir"*, no que diz respeito à ocorrência de prescrição ou decadência, o certo é que a *mens legis* alvitrou realmente reduzir o prazo para que o titular do direito pleiteie a respectiva indenização nos casos que menciona. Em nosso entender, a hipótese é de prescrição, visto que o titular, em virtude de sua inércia, perde a *pretensão* à indenização devida pelo expropriante; o direito, contudo, subsiste em potencial, embora sem o necessário mecanismo de proteção. Ademais, o sistema de ações contra o Poder Público está fundado no instituto da prescrição. Não custa lembrar que o instituto da prescrição alcança a perda da pretensão, como estabelecido no art. 206, do Código Civil vigente.

Esse prazo prescricional, todavia, pode ser interrompido. Os Tribunais têm decidido que se a entidade pública ocupante do imóvel expede decreto expropriatório está reconhecendo, implicitamente, a titularidade do domínio pelo proprietário. Tal ato administrativo, então, há

---

[170] STJ, REsp 1.300.442, Min. HERMAN BENJAMIN, em 18.6.2013.

[171] Também: STJ, EREsp 1.575.846, j. 26.6.2019, e REsp 1.757.352, j. 12.2.2020.

Cap. 13 · DESAPROPRIAÇÃO | 751

de provocar a interrupção da prescrição.[172] Idêntico efeito decorre da circunstância de o Poder Público cobrar tributo do proprietário em virtude da propriedade do imóvel: como o ato também implica o reconhecimento do domínio, interrompe-se o prazo prescricional, pois que, ao fazê-lo, o Estado declara que ocupa o bem sem *animus domini*.[173]

4.5. Acréscimos Indenizatórios

Além da indenização em si, que deve espelhar o valor do bem que o Poder Público expropriou, o ex-proprietário tem direito ainda à percepção de juros moratórios e juros compensatórios.

Os *juros moratórios* são devidos quando o Poder Público, que se apropriou do bem privado, não paga tempestivamente ao ex-proprietário a indenização a que este faz jus. Como já examinado, a Medida Provisória nº 2.183-56, de 24.8.2001, incluindo o art. 15-B no Decreto-lei nº 3.365/1941, alterou alguns aspectos sobre juros moratórios relativamente à desapropriação direta (normal), particularmente no que toca ao percentual e à época do pagamento da indenização.

Tratando-se de desapropriação indireta, incidem os comentários já expendidos quanto ao *percentual*, que, de acordo com a nova legislação, foi fixado *em até 6% ao ano*, e não mais o fixo de 6%, tradicionalmente aplicado para reprimir a *mora solvendi*. Expressamos, então, nosso entendimento de que a variabilidade do percentual configurada pelo advérbio *"até"* se afigura inconstitucional por violação ao princípio da justiça indenizatória – mesmo fundamento, aliás, invocado pelo STF para reconhecer tal inconstitucionalidade no tocante a juros compensatórios (art. 15-A, *caput*, Decreto-lei nº 3.365/1941).[174] Em nossa opinião, na ausência de norma expressa, deve recorrer-se ao Código Civil, que marca a regra geral, sendo absolutamente ilegítimo adotar esse esdrúxulo critério calcado na variabilidade do percentual.

Outra alteração reside no *termo inicial* da contagem dos juros moratórios. Anteriormente, a despeito de alguma controvérsia, predominava o entendimento de que a contagem deveria iniciar-se a partir do trânsito em julgado da decisão condenatória. [175] A nova legislação estabelece que o termo *a quo* da contagem é o dia 1º de janeiro do ano seguinte àquele em que o pagamento deveria ser efetuado (art. 15-B, DL 3.365).

A *base de cálculo* para os referidos juros não sofreu modificação: devem estes incidir sobre o valor da indenização fixado na sentença condenatória. Em nosso entendimento, é aplicável também aqui o enunciado contido na Súmula 102 do STJ, em ordem a considerar que os juros moratórios devem incidir sobre o valor da indenização pela perda da propriedade somado ao valor dos juros compensatórios.

No que respeita ao termo inicial de contagem dos juros moratórios, há uma pequena diferença em relação à desapropriação direta: nesta, como vimos anteriormente, o novo critério do início da contagem não alcança as pessoas privadas que, nos termos do art. 3º do Decreto-lei nº 3.365/1941, tenham aptidão legal ou contratual para ajuizar a ação expropriatória, mas apenas as pessoas públicas, porque só elas se sujeitam ao sistema de precatórios previsto no art. 100 da CF, referido no novo dispositivo. O novo critério, assim, nem sempre será aplicado. No caso da desapropriação indireta, porém, o termo inicial dos juros moratórios *sempre deverá adotar o novo critério*, sabido que esse tipo de ação administrativa só pode ser implementado por pessoas públicas.

---

[172] STJ, REsp 291.777, j. 10.8.2004.
[173] TJ-SP, Ap. 0004405-24.2006.8.26.0114, j. 25.2.2013.
[174] STF, ADI 2.332, j. 17.5.2018.
[175] Era a interpretação do STF (RE 117.025, j. 11.10.1988) e STJ (Súmula 70).

Os *juros compensatórios* também são devidos na desapropriação indireta, porque, por meio dela, o Poder Público ocupou o bem privado sem observar a exigência de prévia indenização. Anteriormente, o percentual adotado era de *12% ao ano* (Súmula 618, STF). Todavia, assim como ocorreu com a desapropriação direta, a nova legislação fixou o percentual em *"até 6% ao ao ano"* (art. 15-A, § 3º c/c art. 15-A, caput, DL 3.365). Como registramos ao examinar a desapropriação direta, o STF, em julgamento cautelar,[176] suspendeu a eficácia do dispositivo, retornando-se ao percentual de 12% ao ano (Súmula 408, STJ, atualmente cancelada). Na decisão definitiva, porém, o percentual de 6% ao ano foi julgado constitucional e, com isso, ficou prejudicada a Súmula 618 da Corte. Noutra vertente, foi julgada inconstitucional a referência ao advérbio *"até"*, que ensejava fosse variável a fixação, com evidente ofensa à segurança jurídica.[177]

Não obstante todo esse histórico, o art. 15-A, *caput*, do DL nº 3.365, conforme antecipamos, voltou a ser modificado, desta feita, pela Lei nº 14.620/2023, que nesse aspecto revogou a MP nº 2.183-56/2001, e nessa alteração o legislador fixou os juros compensatórios em *"até 6%"* ao ano, rechaçando, destarte, a orientação definida pelo STF, no sentido de exclusão do advérbio *"até"*, para que o índice permanecesse fixo. A despeito da alteração, entendemos que a definição do STF foi vinculante, de modo que, apesar da nova lei, deve ser mantida a decisão da Corte.

Por outro lado, a lei enfatizou a *finalidade* dos juros compensatórios: estes têm o escopo de *compensação de danos* correspondentes a lucros cessantes sofridos pelo proprietário, como consta do art. 15-A, § 1º, do DL nº 3.365, com a redação da Lei nº 14.620/2023. Sendo assim, foram afastados, em bom momento, os critérios de "perda de renda" e de "graus de utilização da terra e de eficiência na exploração iguais a zero", que figuravam na legislação revogada e que causaram muitas divergências. O *pressuposto* agora é o *dano* e o *objetivo* dos juros consiste em *compensá-lo* em favor do proprietário.

A lei, porém, ressalvou os casos de *não incidência*: os juros compensatórios não incidem nas indenizações fundadas em *descumprimento da função social*, tanto em áreas urbanas (art. 182, § 4º, III, da CF) como em áreas rurais (art. 184 da CF). Eventual incidência nesses casos estamparia evidente locupletamento do proprietário à custa de sua própria torpeza (art. 15-A, *caput*, do DL nº 3.365, com a redação da Lei nº 14.620/2023).

Na desapropriação indireta, incidem os juros compensatórios sobre o *valor da indenização* corrigido monetariamente, conforme orientação da jurisprudência (Súmula 114, STJ). Neste ponto, há real diferença entre os dois tipos de desapropriação, quanto a essa modalidade de juros. Tratando-se de desapropriação indireta, a base de cálculo, diferentemente do que passou a ocorrer com a desapropriação direta, é o valor efetivo da indenização fixado na decisão judicial condenatória. Não se aplica aqui o critério empregado para a desapropriação direta, na qual a base de cálculo é a diferença entre o valor da oferta e o valor da indenização. A razão é simples: na desapropriação indireta *nenhuma oferta é apresentada*; o expropriante simplesmente ocupa o bem e o incorpora a seu acervo. Assim, inexistente qualquer diferença, a base de incidência dos juros não poderá mesmo ser outra senão a que consiste no valor indenizatório fixado na sentença, como, aliás, passou a constar da lei (art. 15-A, § 3º, *in fine*, DL 3.365).

O *termo inicial* da contagem dos juros compensatórios deve consumar-se no momento da *efetiva ocupação* do imóvel pelo expropriante, pois que nesse momento o bem foi efetivamente transferido. Sendo assim, esse deve ser o termo *a quo* que se deve considerar para iniciar a

---

[176] ADI-MC 2.332, j. 5.9.2001.

[177] ADI 2.332, j. 17.5.2018.

Cap. 13 • DESAPROPRIAÇÃO | 753

contagem: na verdade, foi nesse momento que teve início a perda do ex-proprietário, suscetível de ser compensada pela referida parcela (Súmula 69, STJ).

Registre-se, contudo, que, nas ações de indenização, tanto no caso de desapropriação indireta quanto no de apossamento administrativo, o Poder Público não poderá ser onerado pelo pagamento de juros compensatórios correspondentes a período anterior à aquisição da propriedade ou posse titulada pelo autor da ação (art. 15-A, § 3º, do DL nº 3.365, com redação da Lei nº 14.620/2023).

Como salientado anteriormente, essa norma revogou o § 4º do art. 15-A do DL nº 3.365, incluído pela MP nº 2.183-56/2001, que, a despeito de ter idêntica redação, foi declarada inconstitucional pelo STF com fundamento em violação do dogma da justa indenização.[178] Ocorre que o *pressuposto* dos juros compensatórios passou a ser a *compensação de danos* decorrentes de lucros cessantes (art. 15-A, § 1º, do DL nº 3.365, com redação da Lei nº 14.620/2023). Assim, ausentes os danos, afasta-se o pressuposto dos juros de compensação. Por conseguinte, não mais tem aplicabilidade a decisão da Corte no atual cenário, devendo-se considerar válida a desoneração do expropriante relativamente a período anterior à aquisição da propriedade ou da posse titulada pelo autor.

Quanto aos honorários advocatícios, há entendimento no sentido de que incidiriam os parâmetros fixados no art. 27, § 1º, do Decreto-lei nº 3.365/1941, com a redação da MP nº 2.183-56/2001, que, como vimos, estabelece que a dita parcela deve situar-se entre 0,5 e 5% sobre o valor da diferença entre a indenização fixada na sentença e o preço oferecido pelo expropriante.[179] Com a devida vênia, ousamos dissentir desse entendimento. Os parâmetros fixados no dispositivo só se aplicam à ação de desapropriação, mas não à ação de indenização, que é a via idônea para a tutela do direito do ex-proprietário no caso da desapropriação indireta. Tanto é assim, aliás, que a base de cálculo para os honorários, acima mencionada, é inteiramente imprópria ao processo de desapropriação indireta, visto que nesta inocorre qualquer oferta de preço. Tendo em vista que o dispositivo, que tem o caráter de lei especial, é omisso a respeito da desapropriação indireta, é de aplicar-se a lei geral, no caso o art. 85, § 3º, do CPC, que aponta os critérios de fixação de honorários nas causas em que a Fazenda Pública for parte – hipótese inevitável na desapropriação indireta.

4.6. Despesas Processuais

Segundo dispõe o art. 82 do CPC, cabe às partes, em linha de princípio, arcar com as despesas relativas aos atos que realizam ou requerem no processo e antecipar-lhes o pagamento. Por outro lado, compete ao autor adiantar as despesas concernentes a atos a serem praticados por ordem judicial, seja por determinação *ex officio*, seja por pedido do Ministério Público (art. 82, § 1º, do CPC).

Como na hipótese de desapropriação indireta é o expropriado que formula a pretensão, promovendo a competente ação de indenização, a ele, como autor da ação, se aplicam as referidas normas processuais.

Quanto à prova pericial, a responsabilidade pelo pagamento dos honorários do perito é da parte que houver requerido o exame, mas, no caso de ser requerido por ambas as partes ou determinado pelo juiz, cabe ao autor o pagamento. O assistente técnico será remunerado pela parte que o houver indicado (art. 95, CPC).

Tendo em vista, porém, a natureza da controvérsia, em que o autor foi o grande prejudicado pela perda da propriedade e o réu, aquele que transgrediu o sistema expropriatório

---

[178] STF, ADI 2.332, j. 17.5.2018.

[179] STJ, REsp 695.547, j. 12.4.2005 (redução de 10 para 5% sobre valor da condenação).

754 MANUAL DE DIREITO ADMINISTRATIVO • *Carvalho Filho*

pela inobservância do regular procedimento legal, tem havido o entendimento – irreparável em nosso entender – de que cabe ao expropriante-réu a antecipação do pagamento dos honorários periciais, como forma de não premiar o ilícito e para não agravar o pesado ônus já sofrido pelo autor.[180]

O entendimento, sobre ser inovador, guarda total congruência com os mais comezinhos princípios de justiça e, de algum modo, serve para inibir esse tipo de desapropriação *manu militari*.

5. APOSSAMENTO ADMINISTRATIVO

Apossamento administrativo é o fato administrativo pelo qual o Poder Público assume a posse efetiva de determinado bem.[181] Guarda semelhança com a desapropriação indireta, mas, enquanto esta atinge o direito do proprietário, acarretando a perda direta do próprio domínio em virtude da ocupação do bem pelo Estado, no apossamento administrativo a ação estatal investe mais diretamente contra o indivíduo que tem a posse sobre determinado bem, geralmente imóvel. Por esse motivo, somente se consuma o apossamento quando o possuidor não teve como evitar a turbação e o esbulho através dos mecanismos de proteção possessória, como examinamos anteriormente.

Essa forma de ação estatal tem o mesmo caráter de definitividade da desapropriação indireta, já que o Poder Público, ao assumir a posse, deverá utilizar o bem objeto do apossamento com permanência, isto é, a atividade administrativa exercida sobre o bem, necessariamente inspirada por fim de interesse público, deve caracterizar-se como contínua e duradoura. Havendo desvio de poder, é cabível a pretensão de desalojamento do poder estatal, eis que se afigura inconcebível perante o direito a legitimação de atividade plasmada em objetivo que retrate violação aos princípios constitucionais da moralidade e da impessoalidade.

O apossamento administrativo pode implicar, simultaneamente, a desapropriação indireta do bem: nesse caso, haverá a perda da propriedade juntamente com a da posse, sejam os mesmos ou diversos os titulares dos respectivos direitos. Poderá, contudo, ocorrer, embora mais raramente, apenas o apossamento sem a perda da propriedade. É o caso em que a propriedade pertencer a uma entidade política maior, como por exemplo o Estado, e o apossamento for perpetrado contra titulares da posse por entidade política menor, *v. g.*, o Município. Como este não pode desapropriar bens daquele (art. 2º, § 2º, Decreto-lei nº 3.365/1941), sua ação limitar-se-á ao apossamento administrativo.

O efeito do apossamento administrativo é idêntico ao da desapropriação indireta: consumado o fato, o titular da posse faz jus à indenização correspondente à perda de seu direito. Aliás, o STJ já decidiu que o possuidor, mesmo sem titularidade do domínio, *tem legitimidade ad causam para postular a indenização do seu patrimônio pelo apossamento administrativo ilícito.*[182] Quanto aos acréscimos legais e cálculo de honorários, aplicam-se as mesmas regras incidentes sobre a desapropriação indireta, já que a legislação se refere expressamente ao apossamento administrativo e à ação de indenização dele decorrente (arts. 15-A, § 2º, do DL nº 3.365, cf. Lei nº 14.620/2023, e art. 27, § 3º, II, do DL nº 3.365, cf. MP nº 2.183-56/2001).

---

[180] Nessa linha: STJ, REsp 788.817, j. 19.6.2007.

[181] O instituto não tem sido analisado pelos especialistas clássicos sobre a matéria expropriatória. Permitimo-nos examiná-lo sucintamente em virtude de referências a ele feitas por recentes regras legislativas e decisões judiciais.

[182] STJ, REsp 182.369, j. 6.4.2000.

XVI. Direito de Extensão

1. SENTIDO

Direito de extensão é o direito do expropriado de exigir que a desapropriação e a indenização alcancem a totalidade do bem, quando o remanescente resultar esvaziado de seu conteúdo econômico.

A desapropriação pode ser *total* ou *parcial*, conforme envolva total ou parcialmente o bem a ser desapropriado. O exercício do direito de extensão se dá no caso da desapropriação parcial, quando a parte que excede àquela que pretende o expropriante fica prática ou efetivamente inútil e inservível.

Para evitar a situação de permanecer com a propriedade apenas dessa parte inócua, o expropriado requer que a desapropriação e, por conseguinte, a indenização a ela se estenda, transformando-se então a desapropriação de parcial para total.

2. FUNDAMENTO

O *fundamento jurídico* do direito de extensão merece duas abordagens. A primeira reside em que a desapropriação parcial, deixando para o expropriado uma parte do bem que se torna desprovida de conteúdo econômico, acaba por traduzir uma verdadeira desapropriação total, só que sem o pagamento indenizatório da parte remanescente. E essa parte remanescente, embora sofra o esvaziamento do conteúdo econômico se tomada isoladamente, terá como merecer avaliação patrimonial, às vezes até significativa, se tomada em conjunto com a parte desapropriada. Em última instância, admitir que o expropriado permaneça com esse remanescente inócuo é o mesmo que proceder a uma desapropriação indireta desse remanescente, sem o pagamento de indenização.[183]

Por outro lado, considera-se que a desapropriação constitui um direito do expropriante contemplado na Constituição. Esta, todavia, não permite o abuso desse direito. Seria claramente abusiva a desapropriação que deixasse para o expropriado parte de sua propriedade que, isoladamente, nada representasse no mundo econômico. Daí assegurar-se ao prejudicado o direito de extensão.

Vejamos agora a questão dos *fundamentos normativos* do direito de extensão.

Há alguns autores que sustentam não existir o direito de extensão no quadro normativo concernente à desapropriação, e isso porque nem o Decreto-lei nº 3.365/1941 nem a Lei nº 4.132/1962 fizeram qualquer referência ao aludido direito.[184] Segundo esses autores, a área remanescente poderia ser indenizada a título de compensação, não como resultado do direito de extensão.

Pensamos, contudo, que a melhor interpretação é aquela no sentido de que continua em vigor o direito de extensão. No antigo Decreto federal nº 4.956, de 1903, que regulava a matéria expropriatória, esse direito tinha expressa previsão (art. 12). A lei em vigor, no entanto – o Decreto-lei nº 3.365/1941 –, nenhuma referência fez ao direito de extensão. Ocorre que este diploma determinou apenas a revogação das disposições em contrário (art. 43), não revogando expressamente o Decreto nº 4.956/1903. Por outro lado, não há qualquer disposição que guarde incompatibilidade com o antigo decreto no que diz respeito ao direito de

---

[183] Da mesma forma pensa SÉRGIO DE ANDRÉA FERREIRA, ob. cit., p. 198.

[184] SÉRGIO DE ANDRÉA FERREIRA, ob. cit., p. 198; DIOGO DE FIGUEIREDO MOREIRA NETO (*Curso*, cit., p. 326).

756 | MANUAL DE DIREITO ADMINISTRATIVO • *Carvalho Filho*

extensão. Conclui-se, portanto, que inocorreu revogação expressa ou tácita e, desse modo, é de se admitir que continue em vigor o dispositivo da lei antiga que previa o referido direito.[185]

Acresce, ainda, que, após a edição do Decreto-lei nº 3.365/1941, outras leis previram expressamente o direito de extensão. É o caso, por exemplo, da Lei nº 4.504/1964 (art. 19, § 1º), que dispunha sobre reforma agrária. Atualmente, a Lei Complementar nº 76/1993, que dispõe sobre o procedimento sumário da desapropriação para fins de reforma agrária, contempla expressamente o direito de extensão. Com efeito, dispõe o art. 4º: *"Intentada a desapropriação parcial, o proprietário poderá requerer, na contestação, a desapropriação de todo o imóvel, quando a área remanescente ficar:*

> *I – reduzida a superfície inferior à da pequena propriedade rural; ou*
>
> *II – prejudicada substancialmente em suas condições de exploração econômica, caso seja o seu valor inferior ao da parte desapropriada."*

Essas leis mais novas demonstram, à evidência, que o legislador nunca quis banir o direito de extensão do ordenamento jurídico. Ao contrário, restabeleceu-o expressamente em outras leis como que para indicar que em todos os casos de desapropriação, e presentes os mesmos pressupostos, é assegurado ao proprietário usar de seu direito de extensão.

3. OUTROS ASPECTOS

3.1. Admissibilidade

O direito de extensão foi instituído e admitido para a desapropriação normal, isto é, aquela que, observando os requisitos constitucionais e legais, tem o seu procedimento iniciado pela declaração de utilidade pública ou de interesse social.

Não é inviável, porém, que o Estado proceda à desapropriação indireta de área privada, deixando para o proprietário uma área remanescente inservível. A indagação consiste em saber se nesse caso também tem o ex-proprietário o direito de extensão.

Em nosso entendimento, a resposta é positiva, porque idêntico é o fundamento apontado para o mesmo direito de extensão no caso da desapropriação normal, ou seja, haveria a perda indireta da propriedade sem a correspondente indenização.[186] A única diferença é a forma pela qual vai ser formulado o pedido, e isso porque, é óbvio, têm perfil diverso as ações judiciais relativas à desapropriação normal e à desapropriação indireta, como chegamos a verificar anteriormente. Veremos adiante a forma do exercício do direito.

Vale a pena advertir, porém, que só se revela aplicável o direito de extensão quando a área remanescente da desapropriação resultar desprovida de conteúdo econômico. Desse modo, é incabível quando a área remanescente tiver extensão superior àquela que foi desapropriada, fato que desfiguraria o instituto.[187]

3.2. Oportunidade do Exercício do Direito

Precisamos aqui distinguir os dois tipos de desapropriação.

---

[185] EURICO SODRÉ, *A desapropriação*, p. 209-210; HELY LOPES MEIRELLES, ob. cit., p. 522; DIÓGENES GASPARINI, ob. cit., p. 473. Também: TJ-SP, AI 229.222.

[186] Cf. TJ-SC (ApCív nº 51.493, 3º CCív, Rel. Des. PAULO GALLOTTI, publ. 8.4.1996).

[187] STJ, REsp 1.937.626, j. 12.3.2024.

Cap. 13 • DESAPROPRIAÇÃO | 757

No que se refere à desapropriação normal, o pedido de extensão é formulado na via administrativa, quando há a perspectiva de acordo, ou na via judicial, neste caso por ocasião da contestação. O réu, impugnando o valor ofertado pelo expropriante, apresenta outra avaliação do bem, considerando a sua integralidade, e não a sua parcialidade, como pretendia o autor. O juiz, se reconhecer presentes os elementos do direito, fixará a indenização correspondente à integralidade do bem. Resulta daí que é o bem, da mesma forma em sua integralidade, que se transferirá ao patrimônio do expropriante.

Entendem alguns autores que, perdidas essas oportunidades, considera-se como tendo o proprietário renunciado a seu direito, nada mais podendo reclamar a respeito.[188] Discordamos, *data venia*, desse entendimento. Se o fundamento do direito de extensão é a inviabilidade da perda indireta da propriedade sem a correspondente indenização, não se pode simplesmente considerar a ocorrência de renúncia do direito. A inação não significa renúncia. Desse modo, ainda que não exercido o direito nesses momentos, tem o prejudicado ação de indenização contra o expropriante para lhe ser restaurado o direito atingido pela desapropriação parcial, a menos que, como é óbvio, já se tenha consumado a prescrição. Poder-se-á dizer, assim, que foi exercido *indiretamente* o direito de extensão. Essa nos parece a melhor forma de compatibilizar a perda da propriedade com as garantias constitucionais ao proprietário.

Em relação à desapropriação indireta, será diferente a forma pela qual se exerce o direito de extensão. Como o interessado já perdeu a propriedade diante do fato consumado da incorporação do bem ao patrimônio público, deve formular o pedido de extensão ao momento em que propõe a ação indenizatória contra o expropriante. Nessa ocasião, requererá a condenação do réu ao pagamento de indenização que cubra não apenas a parte efetivamente expropriada, como também a que permaneceu como remanescente inaproveitável. Entretanto, nada impede que formule o pedido em ação diversa, desde que não tenha decorrido tempo suficiente para acarretar a sua prescrição.

XVII. Retrocessão

1. NOÇÃO JURÍDICA

O antigo Código Civil apontava a noção jurídica da retrocessão no art. 1.150. Segundo esse dispositivo, a União, os Estados e os Municípios poderiam oferecer ao ex-proprietário o imóvel desapropriado pelo preço pago a título de indenização, caso não tivesse o destino para o qual fora desapropriado.

O Código vigente manteve a estrutura básica do instituto, embora tenha introduzido alterações que o tornaram mais claro e atual. Dispõe o art. 519 do Cód. Civil: *"Se a coisa expropriada para fins de necessidade ou utilidade pública, ou por interesse social, não tiver o destino para que se desapropriou, ou não for utilizada em obras ou serviços públicos, caberá ao expropriado direito de preferência, pelo preço atual da coisa."*

A estrutura da retrocessão é de singela percepção. O Poder Público procede à desapropriação e ultima o respectivo processo, pagando a devida indenização. Introduzido o bem no patrimônio público, o expropriante não concretiza a destinação do bem na forma como se havia manifestado anteriormente, inclusive através da expressa referência a essa destinação no decreto expropriatório. A hipótese, portanto, demonstra *desinteresse superveniente* do Poder Público pelo bem que desapropriou, ou, se se preferir, pela finalidade a que se destinava a desapropriação.

---

[188] DIÓGENES GASPARINI, ob. cit., p. 473; HELY LOPES MEIRELLES, ob. cit., p. 523.

758 | MANUAL DE DIREITO ADMINISTRATIVO • *Carvalho Filho*

É essa situação que gera a retrocessão, pois que o expropriante passa a ter a obrigação de oferecer ao ex-proprietário o bem desapropriado, reembolsando-se do valor que pagou a este a título de indenização. Em outras palavras: o expropriante devolve o bem, e o expropriado devolve o valor indenizatório devidameante atualizado. Com isso, o expropriado readquire o bem que lhe havia sido desapropriado. Essa é a fisionomia do instituto da *retrocessão*.

A inovação mais significativa trazida pelo novo dispositivo foi o acréscimo de mais um suporte fático para a configuração do instituto. Diante do texto, são dois esses suportes: (1º) o bem não ter o destino para o qual foi desapropriado; (2º) o bem não ser utilizado em obras ou serviços públicos. No Código revogado, fazia-se menção apenas ao primeiro suporte. Consequentemente, tais pressupostos devem ser interpretados de forma conjugada: não basta que o bem desapropriado não tenha o destino anteriormente projetado; cumpre que, além disso, não tenha utilização para obras ou serviços públicos. Significa dizer que, ainda que a finalidade não seja rigorosamente a que fora planejada antes, poderá o bem expropriado ser utilizado para fins públicos – obras e serviços –, sucedendo, então, o que a doutrina convencionou denominar de *tredestinação lícita*, vale dizer, alteração da finalidade inicial para outra finalidade pública – entendimento, diga-se de passagem, já há muito adotado por juristas e tribunais.

A atualização da norma reside na exclusão da referência feita pelo Código revogado às pessoas obrigadas à retrocessão: a União, os Estados e os Municípios. Ausente a menção no Código em vigor, o que se compatibiliza com a modernidade, é de entender-se que todo aquele que, por lei, tiver aptidão jurídica para promover desapropriação estará sujeito à retrocessão no caso de estarem presentes os pressupostos de sua consumação.

Registre-se, ainda, que o Código vigente alude a todos os tipos de desapropriação – necessidade ou utilidade pública, ou interesse social. Conclui-se, portanto, ser sujeita à retrocessão qualquer modalidade de desapropriação.

Vale a pena observar que a tendência atual é a de dar ao expropriante, como faculdade primária, a possibilidade de proceder à tredestinação de interesse público, reservando-se ao nível de obrigação secundária a alienação do bem e garantindo-se ao expropriado o direito à preferência na aquisição.[189]

Adite-se, ainda, que vedada será a retrocessão na hipótese de desapropriação de imóvel com o escopo de implantação de *parcelamento popular*, cujo destino sejam as classes de menor renda (art. 5º, § 3º, Dec.-lei 3.365). Nesse caso, assim, não pode o ente federativo expropriante utilizar o bem expropriado para outro fim que não seja o de criar o parcelamento popular, e, sendo assim, não se forma realmente o suporte fático para a retrocessão.

2. NATUREZA DO DIREITO

Lavra funda controvérsia sobre a natureza da retrocessão. Para alguns especialistas, a retrocessão constitui um direito real, oponível *erga omnes*, ao passo que para outros tem natureza de direito pessoal, cabendo ao ex-proprietário apenas o direito à indenização pelos prejuízos causados pelo expropriante.

Para os que advogam a tese de que se trata de *direito real*, o argumento é o de que a Constituição só autoriza a desapropriação se houver os pressupostos nela estabelecidos, todos eles sempre retratando a futura execução de atividade de interesse público. Ora, se o Poder Público *desiste* da desapropriação (*rectius*: desiste *dos fins* a que se destinava a desapropriação), tem o proprietário o direito real de reivindicar a propriedade do bem. Por isso, a aquisição da propriedade pela desapropriação tem caráter resolúvel: não atingido o fim colimado pelo Poder

---

[189] Foi a solução adotada na MP nº 700/2015, que, no entanto, teve sua vigência encerrada.

Público, resolve-se a aquisição e reingressa o bem no patrimônio do ex-proprietário.[190] Há também algumas decisões judiciais que consideraram o direito como real.[191]

A outra corrente doutrinária e jurisprudencial é a que considera a retrocessão como *direito pessoal*. Aliás, embora se costume empregar essa expressão, a verdade é que, adotando maior precisão, essa doutrina entende que o instituto da retrocessão não existe no ordenamento jurídico; o que existe é o direito pessoal do expropriado de postular indenização. Significa que, mesmo havendo desistência da desapropriação e até mesmo alienado o bem a terceiro, só caberia ao ex-proprietário o direito indenizatório, mas não o de reaver o bem, ou, o que é a mesma coisa, não o direito à retrocessão. O argumento mais poderoso dessa corrente de pensamento está na própria posição do art. 519 do Código Civil. Situa-se o dispositivo no capítulo relativo à preempção ou preferência, matéria típica do direito obrigacional, que se resolve em perdas e danos, numa evidente demonstração de que disciplinam direitos pessoais.

O outro argumento provém do já mencionado art. 35 do Decreto-lei nº 3.365/1941. Ao estatuir que o ex-proprietário perde seu direito de reivindicar o bem, ainda que nulo seja o processo de desapropriação, a lei considera definitivamente incorporado o bem ao patrimônio público. Desse modo, o ex-proprietário não poderia ter o direito real de reaver a coisa, mas apenas o direito pessoal de pleitear indenização, provando que sofreu prejuízo com a superveniente desistência do Poder Público, de dar a devida destinação ao bem desapropriado.[192] Da mesma forma que mencionamos anteriormente, também há várias decisões que adotaram essa corrente de entendimento.[193]

A nosso ver, o direito é pessoal, conclusão a que temos que nos curvar em virtude da legislação atualmente vigorante. Entretanto, conviria que, *de lege ferenda*, viesse a se caracterizar como real. De fato, se o próprio Estado desiste do que pretendia, deve restituir as coisas ao estado anterior, obrigando-se a devolver o bem a seu antigo proprietário. Este, constatada a desistência, teria direito real contra o Estado, sendo-lhe viável reaver a coisa do poder de quem indevidamente a detivesse. A vigente legislação, contudo, não permite extrair essa conclusão, com a devida vênia daqueles que pensam em contrário. Aliás, já há atualmente posições respeitáveis que entendem deva ser atenuada a fórmula do direito pessoal, estabelecendo algumas limitações para que o Estado oponha essa caracterização do direito.[194] Indiscutível, porém, é que ambas as posições básicas são suscetíveis a críticas.[195]

A doutrina faz referência a uma terceira corrente, segundo a qual se sustenta ser a retrocessão um direito de natureza mista (pessoal e real), *"cabendo ao expropriado a ação de preempção ou preferência (de natureza real) ou, se preferir, perdas e danos"*.[196] Entende a reconhecida publicista que, se o bem já tiver sofrido profundas alterações ou se tiver sido transferido a terceiros, dificultando a devolução, caberia ao ex-proprietário apenas o pedido indenizatório. Em nossa opinião, porém, o pensamento da autora, com a distinção que faz, acaba por desaguar na corrente que sustenta ser a retrocessão um direito pessoal.

---

[190]   Essa é a opinião de SEABRA FAGUNDES (*Da desapropriação*, cit., p. 397); EURICO SODRÉ (*A desapropriação por necessidade ou utilidade pública*, p. 284); CRETELLA JR. (*Dicionário*, cit., p. 472); HÉLIO MORAES DE SIQUEIRA (*A retrocessão nas desapropriações*, p. 82).

[191]   STJ, REsp 62.506, j. 5.6.1995; STF, RE 81.151, j. 14.12.1976.

[192]   Perfilham esse entendimento: EBERT CHAMOUN (*Da retrocessão nas desapropriações*, p. 31-47); CLÓVIS BEVILÁQUA (*Comentários ao Código Civil*, p. 257 ss); HELY LOPES MEIRELLES, ob. cit., p. 529; CELSO ANTÔNIO BANDEIRA DE MELLO, ob. cit., p. 387-388; DIÓGENES GASPARINI, ob. cit., p. 454.

[193]   STF, RE 99.571, j. 14.10.1983; TJ-SP, ApCiv. 68.471 (RDA 43/214).

[194]   CARLOS MÁRIO DA SILVA VELLOSO, (*Da retrocessão nas desapropriações* – o direito na década de 80, p. 262.

[195]   Sobre tais críticas, v. JOSÉ MARIA PINHEIRO MADEIRA, *A questão jurídico-social*, cit., p. 305 ss.

[196]   MARIA SYLVIA ZANELLA DI PIETRO, *Direito administrativo*, cit., p. 142.

760 | MANUAL DE DIREITO ADMINISTRATIVO • Carvalho Filho

Em virtude de tal controvérsia, acabou por revelar-se também polêmica a natureza da *ação* promovida pelo ex-proprietário. Para aqueles que advogam o entendimento de que a retrocessão importa direito real, a pretensão do interessado será deduzida em *ação de natureza real*.[197] Caso se entenda ser pessoal o direito, tratar-se-á de *ação de natureza pessoal*. A distinção tem importância para o caso da prescrição. No primeiro caso, incidirá o prazo geral de prescrição previsto no art. 205 do Código Civil (10 anos), lembrando-se que o Código vigente não mais distingue o prazo prescricional para direitos pessoais e reais, como constava no art. 176 do Código anterior; no segundo, como a pretensão é indenizatória (e, pois, de reparação civil), aplicar-se-á o art. 206, § 3º, V, do mesmo Código, que fixa o prazo de 3 anos, revogando, em nosso entender, o prazo de 5 anos previsto no Decreto nº 20.910/1932 – o que, como visto, não é pacífico na jurisprudência.

3. ASPECTOS ESPECIAIS

3.1. Tredestinação

Tredestinação significa *destinação desconforme com o plano inicialmente previsto*. A retrocessão se relaciona com a tredestinação *ilícita*, qual seja, aquela pela qual o Estado, desistindo dos fins da desapropriação, transfere a terceiro o bem desapropriado ou pratica desvio de finalidade, permitindo que alguém se beneficie de sua utilização. Esses aspectos denotam realmente a desistência da desapropriação.

Na verdade, é fácil perceber que, se o Poder Público não utiliza o bem desapropriado para o fim a que se comprometeu à época da declaração de utilidade pública, comete fatalmente *desvio de finalidade*, tornando ilegítima a desapropriação. Em hipótese interessante decidida pela Tribunal de Justiça do Paraná, foi desapropriada certa área para ampliação de distrito industrial, mas o expropriante, ao invés de implementar o fim administrativo, deu permissão provisória a que certa empresa utilizasse a área, tendo esta chegado ao ápice de vendê-la a terceiro. O certo é que, ao fim de quatro anos, não só não havia sido estendido o distrito industrial, como ainda a área se havia transformado em depósito de lixo, fato que evidenciava, em última análise, a desistência da desapropriação em virtude da ocorrência de fatos incompatíveis com o anterior objetivo do expropriante e insofismável *tredestinação ilícita*. Na decisão, o Tribunal, a nosso ver irrepreensivelmente, julgou procedente a ação do ex-proprietário *"para decretar a nulidade do ato de desapropriação, reintegrar os autores na posse do imóvel e condenar o réu a indenizar lucros cessantes"*.[198] Outra decisão, todavia, converteu o pedido de retrocessão em indenização por perdas e danos, solução da qual dissentimos pelo fato de não proporcionar a reintegração do ex-proprietário no imóvel.[199]

Não obstante, há uma tredestinação *lícita*, aquela que ocorre quando, *persistindo o interesse público*, o expropriante dispense ao bem desapropriado destino diverso do que planejara no início. É o caso, por exemplo, em que a desapropriação se destinava à construção de um posto de assistência médica, e o Estado decide construir um estabelecimento de ensino. Nesse caso, o *motivo* expropriatório continua revestido de interesse público, tendo-se alterado apenas um aspecto específico situado dentro desse mesmo interesse público.[200] Nenhuma ilicitude há, por conseguinte, na hipótese. O novo Código Civil, como já vimos, incluiu expressamente a hipótese no art. 519, demonstrando que não haverá ilicitude se no bem desapropriado houver

---

[197] Foi como entendeu o STJ no REsp 868.655, j. 6.3.2007.
[198] TJ-PR, Ap.e Reex.Necess. 64.658, j. 24.6.1998.
[199] STJ, REsp 43.651, j. 7.12.1999.
[200] Com esse entendimento, v. STJ, REsp 868.120, j. 27.11.2007.

Cap. 13 • DESAPROPRIAÇÃO | 761

utilização em obras ou serviços públicos, o que significa dizer em outras palavras que será lícita a tredestinação se o uso do bem estiver adequado a alguma finalidade pública.[201]

Há hipóteses legais em que é vedada a tredestinação. Foram elas introduzidas no direito positivo em virtude do interesse público prevalente que inspirou o objetivo da desapropriação. É o que ocorre com o art. 5º, § 3º, do Decreto-lei nº 3.365/1941, introduzido pela Lei nº 9.785, de 29.1.1999. Assim, se o imóvel for desapropriado para *implantação de parcelamento popular, destinado a classes de menor renda*, não poderá haver qualquer outra utilização, *nem haverá retrocessão*. A nova regra enuncia que será inviável juridicamente a tredestinação quando se tratar de desapropriação com tal finalidade. De outro lado, tratando-se de lei nova, já se havia processado a derrogação do art. 1.150 do Código Civil anterior, no que se refere à aludida desapropriação. O advento do art. 519 do Código ora em vigor, por sua vez, não afetou a referida norma, já que a lei nova, que enuncia normas gerais ou especiais a par das já existentes, não revoga nem modifica a lei anterior (art. 2º, § 2º, Decr-lei 4.657/1941 – Lei de Introdução às Normas do Direito Brasileiro). Portanto, mesmo diante do novo Código, subsistirá aquela impossibilidade jurídica de retrocessão.

3.2. Demora na Utilização do Bem

Tem havido algumas controvérsias sobre a questão da não utilização do bem pelo expropriante. Segundo alguns, se o Poder Público não utilizasse o bem no prazo de cinco anos, presumir-se-ia ter havido a desistência, gerando para o ex-proprietário, em consequência, o direito à retrocessão. O prazo nesse caso seria adotado de forma analógica ao que dispõe o art. 10 da lei geral, pelo qual se consuma a caducidade do decreto expropriatório se a desapropriação não for efetivada em cinco anos.

Outro entendimento é o de que inexiste essa presunção de desistência, já que a lei nada estabelece a respeito de prazo para a implementação do fim expropriatório. É o melhor enfoque, a nosso ver. De fato, a só inação do expropriante não significa, por si só, que tenha desistido da desapropriação. A desistência, como vimos, tem que estar plenamente caracterizada, ou seja, é preciso que a situação fática demonstre claramente que o expropriante não mais deseja destinar o bem a um fim público. E isso, é lógico, nem sempre decorre do fato de não se ter deflagrado a execução dos objetivos planejados.

Adotando esse entendimento, decidiu o TJ-MG que *"a simples não utilização do terreno em cinco anos contados do decreto que o declarou de utilidade pública não gera ao expropriado o direito de retrocessão, uma vez que esta só é justificável quando o expropriante demonstra, inequivocamente, a sua intenção de não se utilizar do terreno expropriado, o que somente se dá pela sua alheação, venda ou doação a terceiro".*[202]

3.3. Prescrição

Sendo direito de natureza pessoal, a prescrição da ação respectiva deve consumar-se no prazo de cinco anos, como estabelece o Decreto nº 20.910/1932, que consignou a prescrição quinquenal a favor do Estado.

Não compartilhamos do entendimento de que a prescrição deve ser a estabelecida para os direitos reais, ou seja, 10 anos entre presentes e 15 entre ausentes, como estabelecia o art. 177 do Código Civil revogado, porque, a não ser assim, *"estar-se-ia instituindo, em benefício da Fazenda Pública, uma hipótese de usucapião no prazo de cinco anos, não agasalhada quer pela*

---

[201] STJ, REsp 772.676, j. 18.10.2005, e REsp 968.414, j. 11.9.2007.
[202] TJ-MG, ApCiv 6.401, 1995.

762 | MANUAL DE DIREITO ADMINISTRATIVO • *Carvalho Filho*

Constituição, quer pela legislação ordinária".[203] Parece-nos, com a devida vênia, que não há falar em usucapião na hipótese, porque a retrocessão pressupõe que esteja finalizada a desapropriação e, com esta, se consuma a transferência da propriedade. O usucapião só seria admissível se se tratasse de posse conversível em propriedade.

Outro ponto que pode suscitar alguma dúvida é o que concerne à contagem do prazo prescricional. De acordo com o art. 189 do vigente Código Civil, o nascimento da pretensão a ser deduzida pelo titular do direito ocorre quando este sofre a violação. No caso em foco, a violação do direito sucederá no momento em que o Poder Público se definir a respeito da desistência, ou seja, quando estiver demonstrado seu desinteresse na consecução dos objetivos da desapropriação. Esse é também o momento em que nasce para o ex-proprietário o direito à retrocessão. Sendo assim, é a partir desse momento que deve ser contado o prazo quinquenal de prescrição, e não, como erroneamente supõem alguns, a contar do encerramento da desapropriação.

3.4. Alienação por Acordo

Como vimos anteriormente, é possível que, antes da ação judicial, o Poder Público e o proprietário cheguem a acordo quanto ao preço do bem sobre o qual aquele tem interesse. Nesse caso, as partes celebram verdadeiro contrato de compra e venda, muito embora denominado por muitos de *desapropriação amigável*.

Se a alienação do bem se tiver consumado através desse negócio jurídico bilateral e amigável, não tem o particular direito à indenização no caso de o Poder Público ter destinado o bem a fim diverso do que pretendia. O acordo, na hipótese, supre o caráter de coercitividade que reveste a desapropriação, prevalecendo a natureza negocial e livre do contrato.[204]

XVIII. Desapropriação Rural

1. INTRODUÇÃO

Na expressão *desapropriação rural* deve levar-se em consideração a desapropriação que tenha por objetivo transferir para o Poder Público imóvel qualificado como *rural*. Excluem-se, pois, dessa classificação os imóveis que se configuram como *urbanos*, suscetíveis de outras modalidades expropriatórias.

Por outro lado, é de se considerar que o sentido da expressão é amplo e admite mais de um objetivo. O Poder Público tem a prerrogativa de proceder à desapropriação rural quando o imóvel não está atendendo à função social rural (art. 186, CF), mas o objetivo do expropriante pode voltar-se tanto para fins de reforma agrária, como para qualquer outro fim compatível com a política agrícola e *fundiária*. É verdade que a regra é aquele objetivo, mas nada impede (porque a Constituição não proíbe) que o Poder Público persiga a conquista de outras situações que não a reforma agrária, desde que, é óbvio, compatibilize o uso do imóvel com a função social rural.

Qualquer que seja o objetivo da desapropriação rural, normal é que se enquadre na modalidade de desapropriação *por interesse social*, situação fático-jurídica constitutiva de um dos fundamentos do poder expropriatório do Estado (art. 5º, XXIV, CF).

A desapropriação rural, em sede constitucional, está regulada entre os arts. 184 a 186 da CF. Foi regulamentada pela Lei nº 8.629, de 25.2.1993, no que toca aos aspectos substantivos do quadro constitucional, e o processo judicial de desapropriação é disciplinado pela Lei Complementar nº 76, de 6.7.1993, que sofreu algumas alterações pela Lei Complementar nº 88, de 23.12.1996.

---

[203] MARIA SYLVIA DI PIETRO, *Direito administrativo*, cit., p. 143.
[204] Nesse sentido, v. STJ, REsp 46.336, j. 6.6.1994.

Cap. 13 · DESAPROPRIAÇÃO | 763

2. ASPECTOS ESPECIAIS

2.1. Competência

A competência para a desapropriação rural por interesse social é exclusiva da União Federal (art. 184, CF, e art. 2º, § 1º, Lei 8.629/1993); em consequência, Estados, Distrito Federal e Municípios estão alijados dessa prerrogativa expropriatória específica.

A razão dessa exclusividade consiste em que a matéria rural abrange todo o território brasileiro e ostenta interesse de caráter nacional. O interesse público a ser protegido extrapola o âmbito estadual, distrital e municipal. Não é por outra razão que a Constituição conferiu também à União competência para legislar sobre direito agrário (art. 22, I, CF).

2.2. Função Social Rural

Como a propriedade, modernamente, constitui direito relativo e condicionado, é necessário que, quando se qualificar como rural, tenha utilização ajustada à função social rural. É exatamente quando não tem utilização compatível com a função social rural que o imóvel se sujeita à desapropriação.

Considera-se atendendo à função social rural, nos termos do art. 186, I a IV, da CF, a propriedade que:

a) tiver aproveitamento racional e adequado (a racionalidade e a adequação do aproveitamento levam em conta os graus de utilização da terra e de eficiência na exploração. Esses graus são previstos no art. 6º, §§ 1º a 7º, da Lei nº 8.629/1993. Para exemplificar: o grau de utilização da terra deve ser igual ou superior a 80% da área aproveitável; o grau de eficiência na exploração deve ser igual ou superior a 100%);

b) utilização adequada dos recursos naturais disponíveis e preservação do meio ambiente (para configurar-se a adequada utilização dos recursos naturais disponíveis é mister que se respeite a vocação natural da terra para manter o potencial produtivo da propriedade. No que concerne ao meio ambiente, torna-se necessário manter as características próprias do meio natural e da qualidade dos recursos ambientais com vistas ao equilíbrio ecológico, *ex vi* do art. 9º, §§ 2º e 3º, da Lei nº 8.629/1993);

c) observância das disposições reguladoras das relações de trabalho (neste caso, cumpre respeitar as leis trabalhistas, os contratos de trabalho e os contratos de arrendamento e de parceria rurais, *ex vi* do art. 9º, § 4º, Lei nº 8.629/1993);

d) exploração que conduza ao bem-estar do proprietário e dos trabalhadores (o bem-estar há de ser retratado pelo atendimento às necessidades básicas e à segurança dos trabalhadores, sem que haja tensões sociais e animosidades no imóvel, cf. art. 9º, § 5º, Lei nº 8.629/1993).

A propósito dessas regras, comporta destacar que são *cumulativos* os requisitos da *propriedade produtiva* e do *atendimento de sua função social* para que o imóvel não seja suscetível de desapropriação para reforma agrária, conforme os termos dos arts. 6º e 9º da Lei nº 8.629/1993. Esses dispositivos legais foram, aliás, julgados constitucionais quando questionada a sua legitimidade em face da Constituição.[205]

---

[205] STF, ADI 3.865, j. 1º.9.2023.

764 | MANUAL DE DIREITO ADMINISTRATIVO • *Carvalho Filho*

2.3. Indenização

A indenização, no caso de desapropriação rural para fins de reforma agrária, não segue a regra geral prevista no art. 5º, XXIV, da CF, para as desapropriações por utilidade pública ou por interesse social de modo geral.

Há dois instrumentos para pagamento da indenização. O primeiro deles constitui a regra geral aplicável na espécie: a indenização deve ser paga através de títulos da dívida agrária (art. 184 da CF), que são emitidos pelo Governo Federal retratando certo valor, correspondente à dívida governamental neles contida, e ao mesmo tempo conferem direito de crédito a seu titular. Tais títulos deverão conter cláusula de preservação do valor real e serão resgatáveis no prazo de até 20 anos, a partir do segundo ano de sua emissão.

Na verdade, dificilmente se pode acreditar na preservação do valor real, principalmente no prazo de 20 anos. É que os índices oficiais de atualização não traduzem efetivamente a perda do valor real dos bens, produtos e valores mobiliários, até porque são fixados em regime econômico de evidente instabilidade. Por essa razão, mesmo que caiba à lei fixar o mecanismo de preservação, terá ele apenas a presunção legal (*juris et de jure*) de que houve a manutenção do valor real. O critério, portanto, é mais de caráter jurídico do que econômico. Regulando o tempo para resgate, a lei fixou prazos diversos, adotando o critério da proporcionalidade, de forma que o período de resgate é tanto maior quanto maior é a extensão da área expropriada (art. 5º, § 3º, Lei 8.629).

No que concerne, porém, às benfeitorias necessárias e úteis, a indenização deverá ser paga em dinheiro (art. 184, § 1º, CF, e art. 5º, § 1º, Lei nº 8.629/1993). Nessa parte, o procedimento expropriatório obedecerá à regra geral, exigindo que o expropriante ofereça o preço inicialmente, deposite em juízo se quiser a imissão provisória na posse e só obtenha a transferência das benfeitorias com o pagamento integral da indenização (art. 5º e incio VI da LC nº 76/1993).

Como a *desapropriação rural* se enquadra na categoria de *desapropriação por interesse social*, cuja disciplina é regulada na Lei nº 4.132/1962, a imissão prévia na posse pode render ensejo ao pagamento de *juros compensatórios*, quando há divergência entre o preço ofertado e o valor fixado na sentença (art. 15-A, *caput*, do DL nº 3.365, com redação da Lei nº 14.620/2023). Tal incidência, no entanto, será descartada na hipótese em que a desapropriação se amparar em *descumprimento da função social* da propriedade, como preveem os arts. 182, § 4º, III, e 184 da CF (art. 15-A, § 1º, do DL nº 3.365, com redação da Lei nº 14.620/2023).

2.4. Inaplicabilidade da Desapropriação

Não custa registrar que a Constituição Federal afastou da incidência da desapropriação rural determinados bens com qualificação específica: Dispõe o art. 185 da CF: "*Art. 185. São insuscetíveis de desapropriação para fins de reforma agrária:*

> *I – a pequena e média propriedade rural, assim definida em lei, desde que seu proprietário não possua outra;*
>
> *II – a propriedade produtiva.*"

A Lei nº 8.629/1993 definiu a propriedade produtiva como sendo "*aquela que, explorada econômica e racionalmente, atinge, simultaneamente, graus de utilização de terra e eficiência na exploração, segundo índices fixados pelo órgão, federal competente*" (art. 6º). Os conceitos de *pequena* e *média* propriedade rural são subjetivos e indeterminados, se deixados ao critério dos indivíduos. Então aquele diploma estabeleceu a definição legal, variável logicamente conforme o tamanho da área da propriedade (art. 4º, II e III).

De qualquer forma, o mandamento constitucional, considerando fora da incidência expropriatória as propriedades com tais qualificações jurídicas, permitiu que eventual ação expropriatória objetivando a transferência de tais propriedades seja julgada extinta sem resolução do mérito por falta de possibilidade jurídica do pedido.

3. PROCEDIMENTO EXPROPRIATÓRIO

A Constituição Federal previu que lei complementar viesse a disciplinar o *"procedimento contraditório especial, de rito sumário, para o processo judicial de desapropriação"* (art. 184, § 3º).

Observe-se que foi extremamente infeliz o Constituinte ao exigir a disciplina por lei complementar, visto que nada justificaria essa modalidade de lei para regular simplesmente um processo expropriatório. Toda a matéria sobre desapropriação, seja material ou processual, tem sido corretamente regulada por lei, ou por diploma semelhante. O próprio CPC, que disciplina *todo* o processo geral, foi editado (como o anterior) por lei ordinária – a Lei nº 13.105, de 16.3.2015. Cai por terra, em nosso entender, a tese, sufragada por alguns juristas, de que a lei complementar deve tratar de matéria mais intimamente ligada à Constituição, ao contrário das leis ordinárias. Afinal, o processo sobre desapropriação para reforma agrária não pode ser mais *constitucionalizado* do que o que disciplina o processo geral de desapropriação...

O dispositivo constitucional foi regulamentado pela Lei Complementar nº 76, de 6.7.1993, alterada em parte pela Lei Complementar nº 88, de 23.12.1996. Note-se que, a despeito de ser *especial* o procedimento, nada tem de tão *sumário*, como poderia parecer à primeira vista. Ao contrário, tem todas as fases bem delineadas dos processos em geral e não se acredita que deixe de caracterizar-se pela natural morosidade que emperra os demais feitos na via judicial. O que se pode entender como *sumário* é o fato de que, antes da sentença, pode o juiz ordenar a matrícula do bem expropriado em nome do expropriante, como veremos adiante (art. 6º, § 6º, Lei Complementar 76/1993).

O processo judicial, todavia, pressupõe procedimento administrativo prévio, do qual serão extraídos os elementos para a ação expropriatória, tal como ocorre com a desapropriação por utilidade pública.

Vale a pena tecer, ainda, uma última consideração sobre o tema. Como visto, tanto a Constituição (art. 184, § 3º), como a Lei Complementar nº 76/1993, aludem ao procedimento especial de *rito sumário*. Ocorre que esse rito, previsto no CPC/1973, foi extinto pelo Código vigente, que admite apenas os procedimentos *comum* e *especial* (art. 318 e parágrafo único). Decerto surgirá controvérsia sobre o procedimento na desapropriação rural. Segundo pensamos, porém, continuará sendo adotado o procedimento previsto na lei complementar, e por mais de uma razão. A uma, porque, apesar da referência ao rito sumário, a própria lei indicou o procedimento a ser observado; assim, se o legislador fez tal opção na lei especial, deu maior importância ao procedimento em si do que ao rótulo do rito. A duas, porque, como antecipamos, o procedimento, muito mais do que sumário, tem, isto sim, *caráter especial*, incidindo então o art. 318, parágrafo único, do novo CPC, que consagra o princípio da subsidiariedade: *"O procedimento comum aplica-se subsidiariamente aos demais procedimentos especiais e ao processo de execução".*

766 | MANUAL DE DIREITO ADMINISTRATIVO • *Carvalho Filho*

3.1. Procedimento Administrativo

Primeiramente é necessária a expedição do *decreto* em que será declarado o interesse social para a desapropriação. Tendo em vista a competência da União, o decreto deverá ser expedido pelo Presidente da República (art. 84, VI, CF). A ação expropriatória deve ser intentada no prazo de dois anos a partir da publicação do decreto declaratório sob pena de caducidade.

O art. 3º da Lei Complementar nº 76/1993 não se refere à caducidade. Ocorre que o art. 3º da Lei nº 4.132/1962, que trata dos casos gerais de interesse social, fixando o mesmo prazo de dois anos para a propositura da ação, admite a incidência supletiva das normas gerais sobre desapropriação (art. 5º), e entre estas é de aplicar-se o art. 10 do Decreto-lei nº 3.365/1941, segundo o qual ocorre a caducidade do decreto se a ação não for efetivada em cinco anos. A caducidade, porém, é relativa, porque, como ressalva o mesmo dispositivo, após um ano em que tenha caducado, pode ser baixado novo decreto declarando o mesmo bem objeto de nova declaração. A regra, portanto, parece-nos inteiramente aplicável à Lei nº 8.629/1993: na verdade, não fora assim e se afiguraria inteiramente inócua a fixação de prazo para que, após o decreto, seja promovida a desapropriação.

O decreto, como ato administrativo que é, pode ser confrontado no Judiciário quanto à sua legalidade. O STF já teve a oportunidade de deferir mandado de segurança para anular decreto do Presidente da República que declarava certo imóvel como de interesse social para reforma agrária. Considerou a Corte que uma primeira vistoria havia julgado produtivo o imóvel e que a segunda, processada pelo Incra, havia sido realizada durante invasão por integrantes do Movimento dos *Sem-Terra*, o que ofendia o Decreto nº 22.250, de 11.6.1993, que vedava vistoria enquanto não cessada a desocupação.[206] Cabível, por conseguinte, o controle do decreto expropriatório quanto a aspectos de sua legalidade.

Semelhantemente ao que acontece com o processo geral de desapropriação, é permitido às autoridades federais que, após a publicação do decreto, procedam à vistoria e à avaliação do imóvel, elementos necessários à elaboração da petição inicial. Se houver resistência do proprietário, podem as autoridades requerer ao juiz o recurso à força policial, mas, se causarem perdas e danos, serão responsabilizados civil e, se for o caso, criminalmente (art. 2º, § 2º, Lei nº 8.629).

A Lei nº 8.629/1993, ao conferir, em favor do órgão federal competente, o poder de vistoriar o imóvel, exigia *prévia notificação* (art. 2º, § 2º). Em virtude desses termos, passou a considerar-se a notificação prévia como condição de legitimidade para o exercício do referido poder jurídico. Decidiu o STF que aquele ato visava *"a assegurar aos seus proprietários o direito de acompanhar os procedimentos preliminares para o levantamento dos dados físicos"* referentes ao imóvel, de modo que, no entender daquela Corte, *"não se considera prévia a notificação entregue ao proprietário do imóvel no mesmo dia em que se realiza a vistoria".*[207] Sucessivas medidas provisórias, porém, alteraram o dispositivo, de modo que ao invés da antiga referência "notificação prévia", a lei passou a dispor que o levantamento de dados fosse feito *"mediante comunicação escrita ao proprietário, preposto ou representante".*[208] O prazo para a impugnação do laudo de vistoria elaborado pelo INCRA conta-se a partir da data consignada no aviso de recebimento (AR), e não da intimação do interessado, como determina o art. 477, § 1º, do CPC em vigor. Para impugnar o laudo, é bastante que o interessado tenha ciência do laudo, fato que já lhe permite interpor o competente recurso em virtude dos elementos que aquela peça contém.[209]

---

[206] STF, MS 23.323, j. 15.11.1999.
[207] MS 22.613, j. 8.6.1999 (maioria).
[208] Medida Provisória nº 2.183-56, de 24.8.2001.
[209] STF, MS 24.484-DF, Rel. Min. EROS GRAU, em 9.2.2006.

Cap. 13 • DESAPROPRIAÇÃO | 767

A despeito da alteração, onde se omitiu o termo *"prévia"*, parece-nos que a comunicação ainda deve ser prévia, já que não desapareceu a razão que levou o STF a considerá-la instrumento do direito ao contraditório e ampla defesa, bem como ao controle de legalidade da Administração. A garantia da Administração foi outra: não sendo encontrado o proprietário, preposto ou representante, a comunicação será feita mediante edital a ser publicado, por três vezes consecutivas, em jornal de grande circulação na capital do Estado onde se situar o imóvel (art. 2º, § 3º, Lei 8.629/1993). Mas, a se admitir a comunicação *a posteriori*, estaria o proprietário, ou seu representante, despojado do direito de acompanhar a vistoria realizada, o que certamente não foi intenção do legislador ante a possibilidade de serem cometidos atos arbitrários e ilegais por parte das autoridades responsáveis, sem qualquer conhecimento por parte do interessado.

3.2. Procedimento Judicial

FASES POSTULATÓRIA E INSTRUTÓRIA – A ação de desapropriação por interesse social para fins de reforma agrária é da competência privativa da União (art. 184, CF), mas nada impede que a atividade do ajuizamento em si da ação e do pagamento da indenização seja delegada a pessoa de sua administração indireta. Atualmente é o INCRA – Instituto Nacional de Colonização e Reforma Agrária a pessoa jurídica da administração indireta federal, criada sob a forma de autarquia, que, por autorização legal, recebeu competência para a execução desse programa social. Tem, portanto, legitimidade para a causa e a obrigação de pagamento da indenização.

A petição inicial deverá atender aos requisitos gerais previstos no art. 319 do CPC, mas é necessário que o autor mencione a oferta do preço e instrua a inicial com documentos indispensáveis à propositura da ação. São eles:

a) o texto do decreto expropriatório publicado no *Diário Oficial*;

b) certidões imobiliárias atualizadas relativas ao bem objeto da ação;

c) documento cadastral do imóvel;

d) laudo de vistoria e avaliação administrativa, com a descrição do imóvel e a discriminação de terra nua e benfeitorias, atribuindo-se a estas a respectiva avaliação (art. 5º, IV, "a" a "c", LC nº 76/1993);

e) prova do lançamento dos títulos da dívida agrária, suficientes para a indenização da terra nua;

f) comprovante do depósito bancário correspondente à oferta do preço para indenizar as benfeitorias necessárias e úteis.

O juiz, ao despachar a inicial, já determina, de plano ou em 48 horas, a imissão do autor na posse do imóvel (é claro que à vista do depósito bancário já juntado pelo autor) e expede mandado ao registro imobiliário para averbação da ação com vistas ao conhecimento de terceiros. A grande peculiaridade do procedimento reside em que, no curso da ação (mais precisamente nos dez primeiros dias após a citação), pode ser realizada audiência de instrução e julgamento com o fim de fixar o valor indenizatório. Presentes as partes e o Ministério Público, poderá haver acordo sobre a indenização, hipótese em que será lavrado o respectivo termo, integralizado o valor pelo expropriante nos dez dias úteis subsequentes ao pactuado e determinada a matrícula do bem em nome do expropriante (art. 6º, §§ 1º a 6º, LC nº 76/1993).

O prazo da contestação é de 15 dias e o expropriado não pode fazer qualquer apreciação sobre o interesse social, já que este é objeto de valoração do próprio expropriante. Cabe-lhe discutir questões preliminares e o valor ofertado para indenização. A partir daí, a fase é tipica-

MANUAL DE DIREITO ADMINISTRATIVO • *Carvalho Filho*

mente instrutória, sendo a prova pericial a fundamental para permitir a fixação da indenização pelo juiz. Se houver acordo, homologa-se por sentença; não havendo, deve o expropriante providenciar o depósito do valor complementar e o lançamento de novos títulos da dívida agrária, tudo para atender ao laudo pericial acolhido pelo juiz (art. 12, LC nº 76/1993).

O Ministério Público Federal deve intervir obrigatoriamente após a manifestação das partes e antes de qualquer decisão firmada no processo seja qual for a instância em que esteja tramitando (art. 18, § 2º, LC nº 76/1993). O efeito da falta de intimação e de intervenção do *Parquet* provoca a nulidade inarredável do processo.[210] É verdade que já se esposou entendimento contrário, admitindo-se não haver nulidade se não ocorreu prejuízo para as partes.[211] Não abonamos, contudo, tal pensamento. De um lado, a falta de intervenção ofende literal disposição de lei, não tendo esta suscitado qualquer questão atinente à existência ou não de prejuízo. De outro, a atuação do Ministério Público não é exigida em função desse fato (a existência de prejuízo), mas sim em decorrência dos valores jurídicos que compõem a controvérsia expropriatória em foco.

Outro aspecto com efeito processual é o que consta do art. 2º, § 6º, da Lei nº 8.629/1993, com a redação dada pela MP nº 2.183-56/2001. De acordo com tal dispositivo, se o imóvel for objeto de esbulho possessório ou invasão motivada por conflito agrário ou fundiário de caráter coletivo, não poderá ser *vistoriado, avaliado* ou *desapropriado* nos dois anos seguintes à sua desocupação, ou no dobro desse prazo, em caso de reincidência. A razão da norma é o fato de que tais situações podem alterar o resultado das demandas em que o proprietário pretenda comprovar a produtividade do imóvel expropriado, e isso mesmo após a vistoria administrativa. Por tal motivo, já se pacificou o entendimento de que, ocorrendo invasão do imóvel, deverá suspender-se o processo expropriatório para fins de reforma agrária.[212]

O entendimento atual do STF, todavia, em interpretação conforme a Constituição, é no sentido de que o esbulho possessório ou a invasão a que se refere o art. 2º, § 6º, deve ser anterior ou contemporâneo à vistoria e atingir área significativa do imóvel, alterando os graus de utilização da terra.[213]

FASES DECISÓRIA E RECURSAL – A sentença deve ser proferida na audiência ou nos 30 dias subsequentes, indicando o juiz os fatos que o levaram a arbitrar a indenização e discriminando as parcelas indenizatórias relativas à terra nua e às benfeitorias necessárias e úteis. A sentença, por conseguinte, deve individualizar o valor do imóvel, de suas benfeitorias e dos demais componentes do *quantum* indenizatório (art. 12, § 3º, LC nº 76/1993).

A lei processual expropriatória previa que o valor da indenização, fixado na sentença, deveria ser depositado *em dinheiro* pelo expropriante, à ordem do juízo, no que concerne às benfeitorias úteis e necessárias, inclusive culturas e pastagens artificiais, cabendo-lhe ainda efetuar o depósito dos títulos da dívida agrária à guisa de indenização da terra nua (arts. 14 e 15). Todavia, considerando que o depósito em dinheiro refugia ao sistema de precatórios judiciais previsto no art. 100 e parágrafos, da CF, o STF declarou, *incidenter tantum*, a inconstitucionalidade dessa parte do dispositivo,[214] e, por força dessa decisão, o Senado suspendeu, com eficácia *erga omnes*, a execução do art. 14 no que tange à citada modalidade de pagamento.[215] A questão, porém, foi superada em face da revogação dos dispositivos pela Lei nº 13.465/2017.

---

210 STJ, REsp 421.318, j. 17.6.2003.

211 REsp 780.935-RJ, 1ª Turma, Rel. Min. TEORI ALBINO ZAVASCKI, *DJ* 12.4.2007.

212 STJ, EDcl. no REsp 819.426, j. 7.8.2007, e Súmula 354, STJ.

213 STF, ADIs 2.213 e 2.411, j. 18.12.2023.

214 RE 247866-CE, Rel. Min. ILMAR GALVÃO, *DJ* 24.11.2000.

215 Resolução nº 19, de 25.10.2007, do Senado Federal.

Cabe apelação com efeito apenas devolutivo contra a sentença que fixar o preço da indenização, *quando o apelante for o expropriado*. Se for o expropriante, a apelação deve ser recebida em ambos os efeitos. Se a indenização for fixada em valor superior a 50% do valor ofertado, a sentença fica sujeita ao duplo grau de jurisdição (art. 13, § 1º, LC 76). Significa, pois, que, sendo inferior a 50%, o expropriante terá que oferecer recurso voluntário, pena de transitar em julgado a decisão.[216]

Os honorários advocatícios têm como base de incidência *o valor da diferença* entre a importância indenizatória fixada na sentença e o valor da oferta do expropriante. O percentual de fixação deverá ser de 0,5 a 5% e o limite máximo dos honorários não poderá ultrapassar de R$ 151.000,00, atualizável no primeiro dia de cada ano pelo IPCA – Índice de Preços do Consumidor Amplo (art. 27, §§ 1º, 3º, I, e 4º, DL 3.365).

As despesas judiciais e os honorários do perito constituem encargos do sucumbente na ação, sendo que a sucumbência se apura em função do preço oferecido pelo expropriante e do proposto pelo expropriado, em comparação com aquele que constar da sentença.

Uma vez registrado o imóvel rural no registro imobiliário em nome do expropriante, não mais será juridicamente possível a pretensão no sentido de reivindicá-lo (art. 21, L.C. 76).

XIX. Desapropriação Confiscatória

Instituída na vigente Constituição no art. 243, a desapropriação-confisco caracteriza-se pelo fato de consumar-se a expropriação *sem qualquer indenização ao proprietário* – situação que, na prática, corresponde realmente a um ato de confisco. Esta medida – é mister destacar – não é a única sanção; conforme dita o mandamento, a medida será aplicada sem prejuízo de outras sanções previstas em lei.

Primitivamente, o dispositivo aludia a *glebas* como objeto da desapropriação, termo que indica, habitualmente, áreas de cultivo. A EC nº 81, de 5.6.2014, contudo, alterando o mandamento, substituiu o termo pela expressão *propriedades rurais e urbanas*, garantindo, em consequência, maior exatidão quanto ao alvo do procedimento e deixando o sentido de cultivo em segundo plano.

A citada Emenda alterou ainda os pressupostos ensejadores dessa espécie de desapropriação. Anteriormente, constituía pressuposto apenas o fato de haver *culturas ilegais de plantas psicotrópicas*, mas, com a alteração, foi acrescentada a *exploração de trabalho escravo* na forma da lei. Assim, passaram a ser objetivos não somente o combate ao tráfico de entorpecentes, como também a luta contra a escravidão laborativa, que obviamente atenta contra a dignidade da pessoa humana.

A alteração incidiu, ainda, sobre a destinação da propriedade desapropriada. A destinação precedente consistia na entrega da área para *assentamento de colonos*, com o fim de permitir o cultivo de produtos alimentícios e medicamentosos. Diante da modificação processada pela EC nº 81/2014, as propriedades devem ser destinadas à *reforma agrária* e a *programas de habitação popular*. Em nosso entender, andou bem o Constituinte. De fato, a medida de assentamento de colonos é fluida e imprecisa e, como é evidente, rende ensejo a desvios de finalidade, além de se ter revelado ineficaz. Já a reforma agrária e os programas de habitação popular espelham finalidades mais objetivas, inclusive amparadas por legislação específica, o que vincula mais diretamente a Administração.

Uma quarta modificação foi introduzida pela mesma Emenda, desta feita no parágrafo único do art. 243. Na redação original, *todo e qualquer bem de valor econômico* apreendido em decorrência do tráfico ilícito de entorpecentes e drogas afins deverá ser confiscado e revertido

---

[216] Nesse sentido: STJ, REsp 885.991-DF, Rel. Min. FRANCISCO FALCÃO, *DJ* de 23.4.2008.

em favor de instituições e pessoal especializados no tratamento e recuperação de viciados e no aparelhamento e custeio de atividades de fiscalização, controle, prevenção e repressão ao crime de tráfico. Com a alteração, estabeleceu-se, em consonância com o *caput*, que a apreensão possa também ocorrer com bens oriundos da exploração do trabalho escravo. E mais: a destinação foi alterada; os bens confiscados reverterão a um *fundo especial com destinação específica*, na forma da lei. Os bens de valor econômico mencionados no dispositivo podem referir-se a *bens móveis* ou *imóveis*: naqueles se incluem ações, cotas, animais e outros da mesma categoria, ao passo que estes se referem a outros imóveis que não o desapropriado, mas provenientes da prática daqueles ilícitos.

A regulamentação do dispositivo constitucional foi perpetrada pela Lei nº 8.257, de 26.11.1991, que incluiu em sua disciplina as regras processuais aplicáveis para a transferência do imóvel. O ato regulamentador é o Decreto nº 577, de 24.6.1992, que, entre outras regras, atribui à Polícia Federal e ao INCRA a articulação administrativa com vistas à identificação das áreas com o cultivo ilegal e às providências de execução da lei.

A primeira característica distintiva em relação às demais modalidades expropriatórias consiste em que na desapropriação confiscatória, por sua própria particularidade, não há ensejo para a expedição de decreto declaratório prévio. Por essa razão, a fase administrativa limita-se à formalização das atividades gerais e as de polícia dos órgãos públicos com vistas à preparação da ação de desapropriação.

A despeito de não haver menção expressa na Lei Maior, a competência para propor a ação expropriatória é privativa da União, sendo lícito, no entanto, que a atribuição seja delegada a pessoa de sua administração indireta. Há mais de uma razão para a atribuição ser privativa da União. Em primeiro lugar, é à União que cabe legislar privativamente sobre desapropriação (art. 22, II, CF). Ademais, a lei reguladora, tal como a Constituição, em nenhum momento fez referência direta a qualquer competência para Estados, Distrito Federal e Municípios, ao contrário do que ficou expresso na lei geral de desapropriações (art. 2º, Decr.-lei nº 3.365/1841). Por último, a menção da lei ao tratar de alguns atos do procedimento é sempre feita à União Federal. É o caso da imissão liminar na posse (art. 10) e da incorporação do bem ao patrimônio da União (art. 15).

Essa modalidade expropriatória é inaplicável no que tange a *bens públicos*, não incidindo, por conseguinte, o art. 2º, § 2º, do Decreto-lei nº 3.365/1941. Não pode, assim, a União desapropriar bens de Estados, Distrito Federal e Municípios, nem de autarquias e fundações autárquicas. Primeiramente, porque essa norma se situa em lei de caráter geral e não foi inserida na Lei nº 8.257/1991, que se caracteriza como lei especial. Demais disso, é inconcebível que os pressupostos da desapropriação – o cultivo ilegal de plantas psicotrópicas e a exploração de trabalho escravo – provenham de atividade estatal. Se algum desses fatos se verificar, há de ser imputado a pessoas físicas, sem dúvida os autores do ilícito, e não ao Estado, que, quando muito, poderá ter responsabilidade por omissão.

Pode surgir dúvida *quanto à extensão* em que se dará esse tipo de expropriação, vale dizer, se, localizado um dos fatos ilícitos em *parte* da propriedade, a expropriação alcançaria toda a área ou apenas a área em que o fato se consumou. A Constituição, primitivamente como já se viu, empregava o termo *glebas*, o mesmo adotado na Lei nº 8.257/1991. Com a EC nº 81/2014, a Carta passou a utilizar a expressão *propriedades rurais e urbanas*. Entretanto, em nenhuma das redações foi feita alusão à desapropriação parcial. Em consequência, entendemos que a desapropriação deve alcançar a propriedade *integralmente*, ainda que o cultivo ou o trabalho escravo seja exercido apenas em parte dela. O proprietário tem o dever de vigilância sobre sua propriedade, de modo que é de se presumir que conhecia o ilícito.[217]

---

[217] Na mesma linha: STF, RE 543.974, j. 26.3.2009 (o acórdão reformou decisão do TRF-1ª R.).

Para nós, a hipótese só vai comportar solução diversa no caso de o proprietário comprovar que o fato ilícito é processado por terceiros à sua revelia, mas aqui o ônus da prova se inverte, cabendo ao proprietário produzi-la.[218] Neste caso, parece-nos tratar-se de fato de terceiro, não se consumando o pressuposto que inspirou essa forma de expropriação. Em síntese: não há desapropriação parcial; *ou se desapropria a propriedade por inteiro, se presente qualquer dos pressupostos constitucionais, ou não será caso de expropriação*, devendo-se, nessa hipótese, destruir a cultura ilegal e impedir a exploração da escravatura, bem como processar os respectivos responsáveis.

O procedimento judicial previsto na Lei nº 8.257/1991 tem caráter sumário. A petição inicial, sem regra especial na lei, obedecerá aos requisitos fixados no art. 319 do CPC, não havendo nem oferta de preço, nem juntada de exemplar do *Diário Oficial*, tal como se exige para as demais modalidades de desapropriação. O juiz, ao ordenar a citação, já nomeia perito, tendo este o prazo de oito dias para entregar o laudo. O prazo para contestação e indicação de assistentes técnicos é de dez dias a contar da juntada do mandado, cabendo ao juiz designar a audiência de instrução e julgamento dentro do período de 15 dias contados da data da contestação (arts. 8º e 9º, Lei nº 8.257/1991). A lei refere-se à audiência no prazo de 15 dias *a contar da data da contestação*. Essa data, na verdade, não tem qualquer relevância processual, e isso porque nada prova. Em nosso entender, deve interpretar-se o dispositivo, até mesmo para assegurar o direito de defesa ao réu, no sentido de que o início do prazo há de ocorrer na data da *protocolização formal da contestação no órgão jurisdicional competente*. Essa, sim, tem relevância jurídica, pois que indica o momento formal em que o réu exerceu o contraditório.

Se o juiz conceder ao expropriante a imissão liminar na posse do imóvel, deverá proceder a realização de audiência de justificação, na qual será exercido o contraditório. Encerrada a instrução, a sentença deve ser proferida em cinco dias, e contra ela cabe apelação. Ao transitar em julgado a sentença, será incorporado o imóvel ao acervo da União. Nenhum direito de terceiro pode ser oposto ao expropriante, pois que, como consta da Lei nº 8.257/1991, *"a expropriação de que trata esta Lei prevalecerá sobre direitos reais de garantia, não se admitindo embargos de terceiro, fundados em dívida hipotecária, anticrética ou pignoratícia"* (art. 17).

Entendemos ser obrigatória a intervenção do Ministério Público, a despeito da omissão da lei. Embora tenha havido divergências sobre esse tema, tem crescido o pensamento que defende a intervenção obrigatória do *Parquet*. Na verdade, a desapropriação é matéria de fundamento constitucional, sendo indiscutível o interesse social de que se reveste. Aplicável, pois, *in casu*, o art. 178, I, do CPC.

XX. Desapropriação Urbanística Sancionatória

Conforme já consignamos, essa modalidade expropriatória tem suporte no art. 182, § 4º, III, da vigente Constituição, estando o dispositivo dentro da disciplina relativa à política urbana. A norma constitucional foi regulamentada pela Lei nº 10.257, de 10.7.2001 (*Estatuto da Cidade*), que deu os lineamentos complementares necessários à sua efetividade jurídica.[219]

---

[218]   STF, RE 635.336, j. 14.12.2016. Também: RE 402.839, j. 13.10.2020.

[219]   Veja-se a respeito os nossos *Comentários ao Estatuto da Cidade*, Atlas, 5. ed., 2013, p. 132-155; CELSO ANTÔNIO PACHECO FIORILLO, *Estatuto da Cidade comentado*, RT, 2002, p. 45-48; FERNANDO DIAS MENEZES DE ALMEIDA, *Estatuto da Cidade*, vários autores, coord. por Odete Medauar e pelo autor citado, Revista dos Tribunais, 2002, p. 68-82.

772 | MANUAL DE DIREITO ADMINISTRATIVO • *Carvalho Filho*

O *núcleo conceitual* da desapropriação urbanística sancionatória é o mesmo das demais espécies de desapropriação: a *transferência da propriedade* do particular para o Poder Público por motivo de utilidade pública ou interesse social.

A *denominação* que nos permitimos conceber – *desapropriação urbanística sancionatória* – decorre, por um ângulo, da circunstância de que se trata de ação governamental própria de política urbana para atender aos reclamos do plano diretor da cidade e, por outro, do caráter tipicamente punitivo desse mecanismo, fato que emana do próprio dispositivo constitucional.

É o *Município* que tem *competência privativa* para promover tal desapropriação. O fundamento não é somente o texto do art. 182, § 4º, III, da CF; a política urbana *"tem no Município seu grande mobilizador"*, como já tivemos a oportunidade de consignar.[220] Ao Município, sem dúvida, foi reservada a tarefa preponderante de implementar as ações e estratégias necessárias à preservação e aperfeiçoamento da ordem urbanística. Aliás, não custa lembrar que, por esse motivo, é o Município também competente para promover a desapropriação urbanística *ordinária*, prevista no art. 5º, "i", do Decreto-lei nº 3.365/1941; é que tal providência se caracteriza como inerente à política urbana, sendo, pois, da competência dos entes municipais.[221]

A *natureza jurídica* da desapropriação não pode afastar-se dos parâmetros com os quais é conexa: a política urbana. Desse modo, é lícito considerar que sua natureza jurídica é a de *instrumento de política urbana, de caráter punitivo, executado através da transferência coercitiva do imóvel para o patrimônio municipal.*

O *pressuposto* da modalidade expropriatória em foco reside no descumprimento, pelo proprietário, da obrigação urbanística de aproveitamento do imóvel em conformidade com o que tiver sido estipulado no plano diretor. A determinação urbanística consiste na adequação do solo urbano às diretrizes fixadas no plano diretor. Não sendo cumprida, o Município adota as providências punitivas em *caráter sucessivo*: só pode ser aplicada a sanção subsequente se a anterior tiver sido ineficaz. As sanções têm a seguinte ordem de aplicabilidade: (1º) ordem de edificação ou parcelamento compulsórios; (2º) imposição de IPTU progressivo no tempo; (3º) desapropriação urbanística sancionatória. Esta última é a sanção mais grave, vez que acarreta a perda da propriedade do imóvel.

A *finalidade* já foi considerada anteriormente: essa espécie de desapropriação tem por escopo o regime de *adequação* entre os imóveis e as diretrizes estabelecidas no plano diretor. Sendo o instrumento básico de política urbana, o plano diretor exige que o solo urbano seja com ele compatível, porque somente assim estará atendendo a função social (art. 182, § 1º, CF).

A *indenização* será efetivada através de *títulos da dívida pública*, previamente aprovados pelo Senado, com resgate no prazo de até dez anos, em prestações anuais, iguais e sucessivas, assegurando-se o valor real da indenização e os juros legais de 6% ao ano (art. 8º, § 1º, Estatuto da Cidade). A lei, porém, indicou o sentido de valor real, estabelecendo: (1º) que esse valor refletirá o que serve da base de cálculo do IPTU, descontado o montante incorporado em função de obras executadas pelo Poder Público; (2º) que no valor indenizatório não poderão ser computados expectativas de ganhos, lucros cessantes e juros compensatórios (art. 8º, § 2º, I e II, Estatuto). Para alguns estudiosos, haveria inconstitucionalidade nesse critério.[222]

Ousamos dissentir de tal entendimento, e por mais de uma razão: primeiramente o conceito de indenização justa não se apresenta com determinação tal que dela se possa extrair valor prefixado; depois, essa referência, prevista no art. 5º, XXIV, da CF, constitui a regra para

---

[220] Nossos *Comentários*, cit., p. 103.

[221] STJ, RMS 18.703, 1º Turma, Rel. Min. DENISE ARRUDA, em 28.11.2006 (*Informativo STJ* nº 306, dez. 2006).

[222] FERNANDO DIAS MENEZES DE ALMEIDA, *Estatuto* cit., p. 73, e CLÓVIS BEZNOS, *Estatuto da Cidade*, vários autores, coord. por ADILSON DALLARI e SÉRGIO FERRAZ, Malheiros, 2003, p. 133.

Cap. 13 · DESAPROPRIAÇÃO | 773

as desapropriações, mas é plenamente admissível que haja exceções na própria Constituição (o art. 243 da CF sequer alude a indenização para a desapropriação confiscatória); por derradeiro, é preciso observar que essa modalidade de desapropriação tem natureza punitiva e só foi acionada em virtude da recalcitrância do proprietário em atender às obrigações urbanísticas de adequação ao plano diretor, e tal situação, é óbvio, não pode merecer o mesmo tratamento que o dispensado para a desapropriação ordinária.[223]

Não cabe, nessa modalidade de desapropriação, a incidência de *juros compensatórios*, acréscimos legais destinados a compensar danos sofridos pelo proprietário. O fundamento se situa no art. 15-A, § 1º, do DL nº 3.365, com redação da Lei nº 14.620/2023, que exclui o pagamento dessa espécie de juros quando o fundamento da desapropriação tiver sido o *descumprimento da função social* da propriedade, como ocorre na hipótese prevista no art. 182, § 4º, III, da CF.

O *efeito originário* da desapropriação punitiva é a transferência da propriedade para o Município. Constitui, porém, *efeito derivado* (ou *sucessivo*) a obrigação de o Município proceder ao aproveitamento do imóvel no prazo máximo de cinco anos a partir do ingresso do bem no acervo municipal (art. 8º, § 4º, Estatuto). O descumprimento de semelhante obrigação rende ensejo à caracterização da omissão do Prefeito e de outros agentes como conduta de improbidade administrativa, estando os autores sujeitos às penalidades previstas na Lei nº 8.429, de 2.6.1992, que regula a matéria.

O *aproveitamento do imóvel* pode ser efetivado diretamente pelo governo municipal. A lei, no entanto, faculta que seja implementado por meio de alienação ou concessão a terceiros, sempre com a adoção do devido procedimento de licitação (art. 8º, § 5º, Estatuto). Na hipótese de haver alienação, ficam mantidas para o adquirente as mesmas obrigações urbanísticas de parcelamento ou edificação compulsórios anteriormente assinadas ao ex-proprietário (art. 8º, § 6º, Estatuto da Cidade).

Quanto ao *procedimento* para efetivar a transferência do imóvel, incide no caso a lei geral de desapropriação (Decreto-lei nº 3.365/1941), mas incide *no que couber*, visto ser necessário atender-se às peculiaridades da desapropriação sancionatória. Por conseguinte, ao Município cabe propor a devida ação de desapropriação. Em nosso entender, contudo, é dispensável o decreto expropriatório, porque o objetivo desse ato é o de indicar o propósito da Administração e comunicá-la ao proprietário. Ora, na desapropriação urbanística sancionatória, o proprietário já há muito – no mínimo, desde a notificação para o cumprimento da obrigação urbanística – tomou ciência de que o descumprimento poderia conduzir à desapropriação. Por outro lado, a finalidade do Poder Público continua sendo a mesma: a necessidade de adequação do imóvel ao plano diretor para observância da política urbana. Acresce, ainda, que o decreto foi instituído pelo art. 2º da lei geral expropriatória para a desapropriação ordinária, e não para a modalidade em foco, que, repetimos, tem fisionomia específica.[224]

XXI. Súmulas

SUPREMO TRIBUNAL FEDERAL

Súmula 23: *Verificados os pressupostos legais para o licenciamento da obra, não o impede a declaração de utilidade pública para desapropriação do imóvel, mas o valor da obra não se incluirá na indenização, quando a desapropriação for efetivada.*

---

[223] Vide nossos *Comentários ao Estatuto da Cidade*, Atlas, 5. ed., 2013, p. 142-147.
[224] Vide nossos *Comentários ao Estatuto da Cidade*, Atlas, 5. ed., 2013, p. 139-140.

774 | MANUAL DE DIREITO ADMINISTRATIVO • *Carvalho Filho*

Súmula 157: *É necessária prévia autorização do Presidente da República para desapropriação, pelos Estados, de empresa de energia elétrica.*

Súmula 164: *No processo de desapropriação, são devidos juros compensatórios desde a antecipada imissão de posse, ordenada pelo juiz, por motivo de urgência.*

Súmula 218: *É competente o Juízo da Fazenda Nacional da capital do Estado, e não o da situação da coisa, para a desapropriação promovida por empresa de energia elétrica, se a União Federal intervém como assistente.*

Súmula 378: *Na indenização por desapropriação incluem-se honorários do advogado do expropriado.*

Súmula 416: *Pela demora no pagamento da desapropriação não cabe indenização complementar além dos juros.*

Súmula 476: *Desapropriadas as ações de uma sociedade, o Poder desapropriante, imitido na posse, pode exercer, desde logo, todos os direitos inerentes aos respectivos títulos.*

Súmula 479: *As margens dos rios navegáveis são de domínio público, insucetíveis de expropriação e, por isso mesmo, excluídas de indenização.*

Súmula 561: *Em desapropriação, é devida a correção monetária até a data do efetivo pagamento da indenização, devendo proceder-se à atualização do cálculo, ainda que por mais de uma vez.*

Súmula 617: *A base de cálculo dos honorários de advogado em desapropriação é a diferença entre a oferta e a indenização, corrigidas ambas monetariamente.*

Súmula 618: *Na desapropriação, direta ou indireta, a taxa dos juros compensatórios é de 12% ao ano* (Revogada. Vide tópico XIII, nº 4, e XV, nº 4, deste capítulo).

Súmula 652: *Não contraria a Constituição o art. 15, § 1º, do DL 3.365/1941 (Lei de Desapropriação por utilidade pública).*

SÚMULAS VINCULANTES

Súmula Vinculante 17: *Durante o período previsto no parágrafo 1o do artigo 100 da Constituição, não incidem juros de mora sobre os precatórios que nele sejam pagos.*

SUPERIOR TRIBUNAL DE JUSTIÇA

Súmula 12: *Em desapropriação, são cumuláveis juros compensatórios e moratórios.*

Súmula 56: *Na desapropriação para instituir servidão administrativa são devidos os juros compensatórios pela limitação de uso da propriedade.*

Súmula 67: *Na desapropriação, cabe a atualização monetária, ainda que por mais de uma vez, independente do decurso de prazo superior a um ano entre o cálculo e o efetivo pagamento da indenização.*

Súmula 69: *Na desapropriação direta, os juros compensatórios são devidos desde a antecipada imissão na posse e, na desapropriação indireta, a partir da efetiva ocupação do imóvel.*

Súmula 70: *Os juros moratórios, na desapropriação direta ou indireta, contam-se desde o trânsito em julgado da sentença* (já superada. Vide tópicos XIII e XV deste capítulo).

Súmula 102: *A incidência dos juros moratórios sobre os compensatórios, nas ações expropriatórias, não constitui anatocismo vedado em lei.*

Súmula 113: *Os juros compensatórios, na desapropriação direta, incidem a partir da imissão na posse, calculados sobre o valor da indenização, corrigido monetariamente* (Alterada parcialmente por nova legislação. Vide tópico XIII, nº 4, deste capítulo.)

Súmula 114: *Os juros compensatórios, na desapropriação indireta, incidem a partir da ocupação, calculados sobre o valor da indenização, corrigido monetariamente.*

Súmula 119: *A ação de desapropriação indireta prescreve em vinte anos* (vide tópico XV deste capítulo.)

Súmula 131: *Nas ações de desapropriação incluem-se no cálculo da verba advocatícia as parcelas relativas aos juros compensatórios e moratórios, devidamente corrigidas.*

Súmula 141: *Os honorários de advogado em desapropriação direta são calculados sobre a diferença entre a indenização e a oferta, corrigidas monetariamente.*

Súmula 354: *A invasão do imóvel é causa de suspensão do processo expropriatório para fins de reforma agrária.*

Súmula 408 (atualmente cancelada): *Nas ações de desapropriação, os juros compensatórios incidentes após a Medida Provisória nº 1.577, de 11.6.1997, devem ser fixados em 6% ao ano até 13.9.2001, e, a partir de então, em 12% ao ano, na forma da Súmula nº 618 do Supremo Tribunal Federal. (Vide tópico XIII, nº 4, e XV, nº 4, deste capítulo).*

14

Atuação do Estado
no Domínio Econômico

I. Introdução

1. O LIBERALISMO ECONÔMICO

O processo histórico sempre demonstrou a associação entre a política e a economia. Em cada fase da evolução dos povos são concebidas doutrinas filosóficas que oferecem seus axiomas para compatibilizar as formas de direção do Estado com os interesses econômicos. Quando alguma construção doutrinária é alterada quanto aos fatores políticos, são irremediáveis os reflexos que provocam na ordem econômica. E a recíproca é verdadeira.

Partindo mais especificamente do Estado moderno, e a partir do final do século XVIII, vicejou nitidamente a supremacia da teoria do *liberalismo econômico*, divulgada e praticada graças à doutrina de ADAM SMITH, estampada em sua obra *A riqueza das nações*, de 1776. Por essa doutrina que, diga-se de passagem, atendia aos interesses da burguesia que passava a dominante, cada indivíduo deve ter liberdade de promover seus interesses, porque ninguém melhor que ele para avaliá-los. Ao Estado não caberia a interferência nem a regulação da economia; limitava-se apenas a uma postura de mero observador da organização processada pelos indivíduos. O *laissez faire, laissez passer* dava bem a ideia da passividade do Estado diante dos fenômenos econômicos e sociais.

Adotando essas ideias, STUART MILL as reafirmou e desenvolveu em sua obra *Da liberdade*, de 1859. Enfocando a doutrina jusnaturalista de ROUSSEAU sob o ângulo do poder econômico, o filósofo colocava em primeiro plano as virtudes naturais do homem. A este caberia a incumbência de promover e defender seus próprios interesses; pior do que cometer eventuais enganos seria admitir a interferência do governo em atividades que somente a ele interessariam. Essa posição filosófica se fundava em alguns argumentos. Um deles era o de que, se é o homem o titular do interesse, ninguém melhor do que ele para promovê-lo, sendo então desnecessária a intervenção estatal. Outro era o de que o governo seria aquinhoado com o alargamento de seus poderes se lhe fosse permitido interferir na esfera econômica. Por fim, o indivíduo, no aprendizado da defesa de seus interesses, iria ampliando sua educação mental.[1]

A pretensa liberdade na ordem econômica conferida pelo Estado aos indivíduos surtiu efeito contrário, revelando-se forma de alargar os abismos entre as classes sociais e tornando o pobre cada vez mais pobre e o rico cada vez mais abastado. A liberdade para as classes

---

[1] DALMO DE ABREU DALLARI, *Elementos de Teoria Geral do Estado*, p. 242.

778 | MANUAL DE DIREITO ADMINISTRATIVO • *Carvalho Filho*

desfavorecidas transformou-se em escravidão. Definitivamente, o Estado não poderia ficar indiferente ao crescimento das desigualdades sociais.

2. MODELO INTERVENTIVO

O liberalismo econômico, como doutrina, passou a sofrer duros golpes. De um lado, a eclosão de movimentos sociais denunciava o inconformismo com a forma de direção do poder e, de outro, novos filósofos sociais procuravam incutir ideias antagônicas à da excessiva liberdade, destacando-se entre eles KARL MARX, propulsor da ideia do governo da sociedade e da eliminação de classes como fator de proteção do operariado.[2]

As novas ideias acabaram por inspirar uma nova posição do Estado ante a sociedade. Diferentemente do que vinha ocorrendo, o Estado saía de sua posição de indiferença para uma posição atuante e fiscalizadora e, o que é mais importante, uma postura compatível com os reclamos invocados pela própria sociedade. Do modelo liberal o Estado passou a adotar o modelo interventivo.

A intervenção do Estado o capacitou a regular a economia, permitindo a inauguração da fase do *dirigismo econômico*, em que o Poder Público produz uma estratégia sistemática de forma a participar ativamente dos fatos econômicos.[3] Na verdade, o intervencionismo compreende um sistema em que o interesse público sobreleva em relação ao regime econômico capitalista. O governo recebe certas funções distributivas e alocativas, isto é, busca proporcionar uma equânime distribuição de riqueza e fornecer a certas categorias sociais alguns elementos de proteção contra as regras exclusivamente capitalistas.

Com esse tipo de atuação, o Estado procura garantir melhores condições de vida aos mais fracos, sem considerar seu *status* no mercado de trabalho, e ainda corrige o funcionamento cego das forças de mercado, estabelecendo parâmetros a serem observados na ordem econômica. De todos esses fatores, importa que, intervindo na economia, o Estado, por via de consequência, atende aos reclamos da ordem social com vistas a reduzir as desigualdades entre os indivíduos.[4]

Bem anota DEBBASCH que a intervenção do Estado na ordem econômica se consubstanciou e se ampliou através de diversas formas e ensejou algumas técnicas especiais, entre estas a criação e a gestão pelo Estado de empresas industriais e comerciais. Por intermédio delas, passou a ter maior proximidade com os setores privados do capital e maior eficiência no controle de condutas privadas prejudiciais à comunidade.[5]

3. CONSTITUCIONALIZAÇÃO NORMATIVA

O sistema do dirigismo econômico implantado pelo Estado no fim do século passado e início do século atual propiciou o estabelecimento de regras jurídicas reguladoras da ordem econômica em várias Constituições. É o fenômeno da *constitucionalização normativa*, em que regras jurídicas insculpidas em leis são guindadas ao plano político e inseridas na Constituição. Com a elevação da estatura das normas, os princípios que contêm passam a ser obrigatórios a toda a sociedade e ao próprio Estado que as introduziu na Carta Política, constituindo capítulos de regulação específica e formando postulados sobre a matéria.

---

2   CELSO RIBEIRO BASTOS, *Curso*, cit., p. 238.

3   SÉRGIO DE ANDRÉA FERREIRA, ob. cit., p. 258.

4   Para desenvolvimento da matéria, vide o excelente trabalho Intervenção do Estado na economia (reflexões sobre a pós-modernidade na teoria jurídica), de NORBERT REICH, com tradução de FERNANDO AGUILLAR (*RDP* 94/265, 1990).

5   CHARLES DEBBASCH, *Institutions*, cit., p. 481.

Cap. 14 • ATUAÇÃO DO ESTADO NO DOMÍNIO ECONÔMICO | 779

Como bem registra MANOEL GONÇALVES FERREIRA FILHO, enquanto anteriormente as Constituições só se preocupavam com a organização política, a ordem econômica e social, com o modelo interventivo, passou a constituir capítulo próprio dentro delas, como sucedeu com a Constituição mexicana de 1917 e a de Weimar de 1919.[6]

A despeito da constitucionalização normativa da ordem econômica, alguns autores sustentam que não se trata de matéria a ser disciplinada por Constituição. Todavia, constituem questões de difícil solução as que dizem respeito à clássica divisão das normas constitucionais em normas *materialmente* constitucionais, ou seja, aquelas que seriam próprias de serem reguladas na Constituição (forma de Estado e sistema de governo; competência dos Poderes; sistema político; direitos e garantias fundamentais), e normas *formalmente* constitucionais, isto é, aquelas que só são consideradas constitucionais porque inseridas formalmente no bojo da Constituição. Em termos atuais, mais importante do que essa questão doutrinária é o fato de que a disciplina da ordem econômica implica, por consequência, a disciplina da ordem social, de modo que é melhor inserir na Constituição os *standards* da intervenção estatal do que submeter a sociedade aos riscos decorrentes das oscilações e dos interesses de grupos a que está normalmente sujeito o Poder legiferante do Estado.[7]

4. QUADRO NORMATIVO

A partir da Constituição de 1934 (arts. 115 a 143), todas as Cartas subsequentes dedicaram um de seus capítulos à ordem econômica. O estudo comparativo desses capítulos denota evidente processo evolutivo, refletindo a alteração e a criação de novos mecanismos interventivos frequentemente compatibilizados com as ideias políticas, sociais e econômicas da época, sempre com o fito de adequá-los à ordem social, à qual está atrelada a ordem econômica.

Na vigente Constituição, a disciplina da *ordem econômica e financeira* está prevista no Título VII (arts. 170 a 192), sendo dividida em quatro capítulos: o primeiro destinado aos princípios gerais da atividade econômica (arts. 170 a 181); o segundo, à política urbana (arts. 182 e 183); o terceiro, à política agrícola e fundiária e à reforma agrária (arts. 184 a 191); e o quarto, ao sistema financeiro nacional (art. 192).

Todas essas normas pretendem formar um sistema geral da ordem econômica e dentro de suas várias disciplinas algumas indicam formas de atuação e de intervenção do Estado no domínio econômico. Algumas alterações nesse conjunto normativo já foram introduzidas através de emenda constitucional, denotando, como regra, uma postura de menor ímpeto interventivo, comumente denominada de *desregulamentação da economia*.

O sentido crítico do sistema, como não podia deixar de ser, varia de acordo com a visão filosófica e política em que se coloque o analista. Louvores e imprecações existem, aliás, em relação a todos os capítulos da Constituição.[8]

II. Ordem Econômica

1. FUNDAMENTOS

Nos termos do art. 170 da CF, a ordem econômica é fundada em dois postulados básicos: a *valorização do trabalho humano* e a *livre iniciativa*.

---

[6]   *Curso de direito constitucional*, p. 299.

[7]   CELSO RIBEIRO BASTOS, ob. cit., p. 239.

[8]   Percuciente análise do sistema implantado na vigente Constituição na parte em foco é feita por FÁBIO KONDER COMPARATO, em seu trabalho Ordem econômica na Constituição brasileira de 1988 (*RDP* 93, p. 263-276, 1990).

780 | MANUAL DE DIREITO ADMINISTRATIVO • Carvalho Filho

Ao estabelecer esses dois postulados como fundamentos da ordem econômica, a Constituição pretendeu indicar que todas as atividades econômicas, independentemente de quem possa exercê-las, devem com eles compatibilizar-se. Extrai-se dessa premissa, por conseguinte, que, se a atividade econômica estiver de alguma forma vulnerando os referidos fundamentos, será considerada inválida e inconstitucional. Fundamentos, na verdade, são os pilares de sustentação do regime econômico e, como tal, impõem comportamentos que não os contrariem.

1.1. Valorização do Trabalho Humano

Entre os fundamentos da República a Constituição fez consignar os valores sociais do trabalho (art. 1º, IV). O texto demonstra a preocupação do Constituinte em conciliar os fatores de capital e trabalho de forma a atender aos preceitos da justiça social. Com esse fundamento, não há mais como serem acolhidos comportamentos que conduzam à escravidão ou a meios de trabalho que coloquem em risco a vida ou a saúde dos trabalhadores. A justiça social, é bom que se diga, tem escopo protetivo e se direciona sobre as categorias sociais mais desfavorecidas.

A valorização do trabalho humano tem intrínseca relação com os valores sociais do trabalho. Não há dúvida de que, para condicionar o trabalho aos valores sociais, é necessária a intervenção do Estado nesse capítulo da ordem econômica. Aliás, a Constituição intervém notoriamente nas relações entre empregadores e empregados, estabelecendo nos arts. 7º a 11 um detalhado elenco de direitos sociais dos empregados. Todos esses mandamentos retratam a preocupação estatal em adequar o trabalho aos ditames da justiça social.

Outro aspecto que deriva desse fundamento é o relativo à automação industrial. Se o uso das recentes tecnologias faz parte do processo de desenvolvimento das empresas do país, não é menos verdadeiro que não podem as máquinas substituir o homem para benefício exclusivo do empresariado. Diz o texto constitucional que se impõe a valorização do trabalho *humano*, o que significa que é o homem que deve ser o alvo da tutela.

Pode-se dizer, em síntese, que a valorização do trabalho humano corresponde à necessidade de situar o homem trabalhador em patamar mais elevado do que o relativo a outros interesses privados, de forma a ajustar seu trabalho aos postulados da justiça social.

Inegavelmente amoldada ao princípio em foco, a Lei nº 14.020, de 6.7.2020, instituiu o Programa Emergencial do Emprego e Renda, pelo qual foram fixadas, para o enfrentamento da Covid-19, medidas para (a) preservar o emprego e a renda, (b) garantir a continuidade das atividades laborais e empresariais e (c) reduzir o impacto social advindo do estado de calamidade pública e da emergência de saúde pública (art. 2º, I a III). As medidas consistem no pagamento de benefício emergencial para manutenção do emprego, na redução proporcional da jornada de trabalho e de salário, e na suspensão temporária do contrato de trabalho (art. 3º, I a III). A lei, na verdade, consolidou a ideia de que é imperiosa a valorização do trabalho humano para o bom funcionamento da ordem econômica e social.

1.2. Liberdade de Iniciativa

Este fundamento indica que todas as pessoas têm o direito de ingressar no mercado de produção de bens e serviços por sua conta e risco.[9] Trata-se, na verdade, da liberdade de exploração das atividades econômicas sem que o Estado as execute sozinho ou concorra com a iniciativa privada. A livre iniciativa é realmente o postulado maior do regime capitalista. O fundamento em foco se completa, aliás, com a regra do art. 170, parágrafo único, da CF, segundo o qual a todos é assegurado o livre exercício de qualquer atividade econômica, sem

---

[9]   CELSO RIBEIRO BASTOS e IVES GANDRA MARTINS (*Comentários à Constituição do Brasil*, v. VII, p. 16).

Cap. 14 · ATUAÇÃO DO ESTADO NO DOMÍNIO ECONÔMICO | 781

necessidade de autorização de órgãos públicos, à exceção dos casos previstos em lei. Além disso, o princípio abrange não só a iniciativa de empresa, mas também de indivíduos e de regimes cooperativos.[10]

A liberdade de iniciativa não é apenas um dos fundamentos da ordem econômica, mas da própria República, tal como sucede com os valores sociais do trabalho (art. 1º, IV, da CF). É claro que o sentido da livre iniciativa faz lembrar, de certa forma, os tempos do liberalismo econômico. Mas, ao contrário da doutrina de SMITH e MILL, o Estado não é mero observador, mas sim um efetivo participante e fiscal do comportamento econômico dos particulares. Por essa razão é que, quando nos referimos à atuação do Estado na economia, queremos indicar que o Estado interfere de fato no domínio econômico, restringindo e condicionando a atividade dos particulares em favor do interesse público.[11]

A garantia da liberdade de iniciativa ao setor privado é tão expressiva que prejuízos causados a empresários pela intervenção do Poder Público no domínio econômico são passíveis de ser indenizados em determinadas situações, com fundamento no art. 37, § 6º, da CF, que consagra a responsabilidade objetiva do Estado. O STF, inclusive, já entendeu que *"a intervenção estatal na economia possui limites no princípio constitucional da liberdade de iniciativa e a responsabilidade objetiva do Estado é decorrente da existência de dano atribuível à atuação deste"*.[12]

Por fim, há um aspecto que merece apreciação. A noção de liberdade de iniciativa é, de certo modo, antagônica à de valorização do trabalho humano. Com efeito, a deixar-se à iniciativa privada inteira liberdade para a exploração das atividades econômicas, haveria o risco inevitável de não se proteger o trabalho humano, tal como já ocorreu no período do liberalismo puro do século XIX. É preciso, pois, conciliar os fundamentos, criando-se estratégias de restrições e condicionamentos à liberdade de iniciativa a fim de que seja alcançada efetivamente a justiça social.[13]

2. PRINCÍPIOS

Além dos fundamentos, a Constituição contemplou alguns princípios que devem nortear o sistema da ordem econômica do país.

O primeiro deles, como não poderia deixar de ser, é o da soberania nacional: a ordem econômica não pode desenvolver-se de modo a colocar em risco a soberania nacional em face dos múltiplos interesses internacionais. Outro é o da propriedade privada, matéria que já examinamos anteriormente, o mesmo se podendo dizer da função social da propriedade (art. 170, II e III, CF).

Outros princípios são o da livre concorrência (que adiante comentaremos); o de defesa do consumidor; o de defesa do meio ambiente; o da redução das desigualdades sociais; da busca do pleno emprego; e do tratamento favorecido para empresas de pequeno porte (art. 170, IV a IX, CF).

Só pelo enunciado desses princípios é possível constatar que o Constituinte tem em mira adequar a ordem econômica aos preceitos da justiça social. Esse ajustamento entre a ordem econômica e a social, bem como a convicção de que os princípios daquela repercutem necessariamente sobre esta, são os pontos que não se pode perder de vista no estudo do tema em pauta.

---

[10]   GILBERTO BERCOVICI, *Comentários à Constituição Federal de 1988,* obra coletiva, Forense, 2009, p. 1.941.

[11]   HELY LOPES MEIRELLES, ob. cit., p. 546.

[12]   STF, RE 422.941, j. 21.5.2005.

[13]   JOSÉ AFONSO DA SILVA, *Curso,* cit., p. 663.

782 | MANUAL DE DIREITO ADMINISTRATIVO • *Carvalho Filho*

3. DECLARAÇÃO DE DIREITOS DA LIBERDADE ECONÔMICA

Já vimos que a liberdade econômica é tanto mais extensa quanto mais difundidas são a política e a ideologia norteadores do liberalismo econômico. De fato, em governos de mais acentuada tendência social são mais evidentes as amarras que limitam a liberdade econômica, sujeita que está a constantes intervenções estatais. O estatismo, no caso, é a regra. No regime liberal, ao revés, cabe ao Estado adotar posição de distanciamento das relações econômicas, atribuindo ao setor privado a tarefa principal de organizar a economia.

Instituído no país governo de inclinação liberal, foi promulgada a Lei nº 13.874, de 20.9.2019, que enunciou as normas que compõem a denominada *Declaração de Direitos de Liberdade Econômica*, procedendo, inclusive, à revogação de várias leis anteriores. A denominação tem mais pompa do que conteúdo e parece retroceder ao século XVIII, famoso pelas primeiras e diversas "Declarações". Na verdade, o que faz a lei é estabelecer algumas normas de proteção à livre-iniciativa e ao livre exercício de atividade econômica, dispondo também sobre a atuação do Estado como agente normativo e regulador.

Quanto à *posição no campo normativo-constitucional*, considera o novo diploma que suas normas básicas – entre elas as que concernem (a) à interpretação da lei em favor da liberdade econômica, da boa-fé e do respeito aos contratos, investimentos e propriedade, (b) à relação de direitos de liberdade econômica e (c) à garantia da livre-iniciativa – incluem-se no *direito econômico*, sendo qualificadas como normas gerais para o fim de aplicação do art. 24, *caput* e inciso I, e nos §§ 1º a 4º, do mesmo dispositivo, da CF.

Assim, tratando-se de direito econômico, incidem o *caput* e o inciso I do art. 24 da CF, que dispõem sobre matéria da *competência legislativa concorrente* da União, dos Estados e do Distrito Federal. Nesse caso, à União compete estabelecer *normas gerais*, mas não se exclui a *competência suplementar* dos Estados. Não havendo norma geral da União, aos Estados cabe exercer a competência legislativa plena para atender a suas peculiaridades. Todavia, a superveniência de lei federal com normas gerais suspende a eficácia da lei estadual, naquilo que lhe for contrário. Esse é o sistema previsto nos §§ 1º a 4º do art. 24 da CF. Consequentemente, a Lei nº 13.874/2019, no que se refere a normas gerais, aplica-se à União, aos Estados, ao Distrito Federal e aos Municípios, como reza seu art. 1º, § 4º.

Em complementação às regras constitucionais, a lei relacionou os *princípios* que recaem sobre a liberdade econômica: 1º) a liberdade como *garantia* no exercício de atividades econômicas; 2º) a *boa-fé* do particular em face do Poder Público; 3º) a intervenção *subsidiária e excepcional* do Estado sobre o desempenho de atividades econômicas; e 4º) o reconhecimento da *vulnerabilidade* do particular perante o Estado, que pode ser negado em situações de má-fé, hipersuficiência ou reincidência (art. 2º e parágrafo único).

Considerados essenciais para o desenvolvimento e o crescimento econômicos do país, foram elencados vários direitos atribuíveis a toda pessoa natural ou jurídica (art. 3º). Muitos deles envolvem os *atos públicos*, assim considerados tanto os atos propriamente ditos, como licenças, autorizações, concessões, alvarás, cadastros etc., quanto as condutas administrativas, representadas por ações da Administração, como operações, serviços, construção e outras do gênero (art. 1º, § 6º). Ao examiná-los, verifica-se a *intentio* do legislador em ampliar o *processo de desburocratização*, sempre tão maléfico no campo do direito econômico.

Nesse teor, ficou expresso o direito de desenvolver atividade econômica de baixo risco sem necessidade de ato público de liberação (art. 3º, I), ou de fazê-lo em qualquer horário ou dia da semana, inclusive feriados, sem a imposição de cobranças ou encargos adicionais, observadas algumas condições (art. 3º, II). Incluiu-se também o direito de definição de preços em mercados não regulados e a presunção de boa-fé no desempenho da atividade econômica (art. 3º, III e V). Veda-se também, em circunstâncias específicas, a aplicação de

Cap. 14 · ATUAÇÃO DO ESTADO NO DOMÍNIO ECONÔMICO | 783

medida compensatória ou mitigatória abusiva em caso de atividade econômica no direito urbanístico (art. 3º, XI). Há, ainda, a proibição de ser exigida certidão sem previsão expressa de lei (art. 3º, XII).

As *garantias de livre-iniciativa* estão enumeradas no art. 4º da Lei nº 13.874 e têm como suporte básico o dever da Administração e de outras entidades vinculadas à lei, de evitar o *abuso de poder regulatório*, assim devendo entender-se a ocorrência de indevidas ações interventivas do Estado no domínio econômico. Entre as garantias, destacam-se as de (a) criar reserva de mercado em detrimento de outros concorrentes (inc. I); (b) exigir especificação técnica desnecessária (inc. III); c) aumentar injustificadamente custos de transação (inc. V); d) limitar a criação de sociedades empresariais ou de atividades econômicas (inc. VII); e) criar exigências que visem atenuar os efeitos do livre exercício de atividade econômica de baixo risco (inc. IX).

Vale a pena registrar, no exame da lei em tela, a previsão de *análise de impacto regulatório*, prevista no art. 5º. Para tanto, impõe-se que as propostas de edição e de alteração de *atos normativos* relacionados a agentes econômicos ou usuários de serviços, a cargo da Administração Direta ou Indireta, sejam precedidas de análise de impacto regulatório, no âmbito da qual deverão estar presentes informações e dados relativos aos possíveis efeitos do ato, com o fim de ser verificada a razoabilidade do impacto econômico. A ideia reveste-se de inegável lógica, para impedir a ocorrência de catástrofes na área econômica. O que não se sabe, porém, é se os administradores cumprirão realmente essa exigência legal.

Duas observações finais merecem destaque. A primeira é que as normas dos arts. 1º a 4º da lei (princípios, declaração de direitos e garantias de livre-iniciativa) não se aplicam ao *direito tributário e ao direito financeiro* (art. 1º, § 3º), e isso porque sobre esses ramos incidem postulados e normas específicos. Excetua-se apenas o disposto no art. 3º, X, no qual se prevê o direito de arquivar qualquer documento por meio de microfilme ou por meio digital, a ser equiparado ao documento físico.

A outra anotação diz respeito à autonomia dos entes federativos. Em respeito a tal prerrogativa, dispõe a lei que o art. 3º, inc. IX, é inaplicável a Estados, Distrito Federal e Municípios (art. 1º, § 5º). No dispositivo, contempla-se a garantia de que, quando solicitados atos públicos de liberação da atividade econômica, e uma vez atendidos os necessários elementos instrutórios, o interessado deve ter imediata ciência do prazo máximo fixado para analisar seu pedido, assegurando-se, caso transcorrido esse prazo, que o *silêncio* da autoridade competente implique aprovação tácita para todos os efeitos, com a ressalva apenas das vedações legais. É o silêncio como manifestação positiva da vontade administrativa. Tal obrigação administrativa, assim, é aplicável somente à União. Mas, na verdade, deveria ser adotada por todas as unidades federativas, com o fito de evitar que algumas decisões de interesse de administrados sejam postergadas até as calendas, numa evidente comprovação de desídia da Administração.

III. Formas de Atuação do Estado

O Estado atua de duas formas na ordem econômica.

Numa primeira, é ele o agente regulador do sistema econômico. Nessa posição, cria normas, estabelece restrições e faz um diagnóstico social das condições econômicas. É um fiscal da ordem econômica organizada pelos particulares. Nessa posição, cabe ao Estado a formulação de *políticas públicas* direcionadas especificamente ao setor econômico, visando ao desenvolvimento do país. Pode-se dizer que, sob esse ângulo, temos o *Estado Regulador*.

Noutra forma de atuar, que tem caráter especial, o Estado executa atividades econômicas que, em princípio, estão destinadas à iniciativa privada. Aqui a atividade estatal pode estar

784 | MANUAL DE DIREITO ADMINISTRATIVO • *Carvalho Filho*

mais ou menos aproximada à atuação das empresas privadas. O certo, porém, é que não se limita a fiscalizar as atividades econômicas, mas também ingressa efetivamente no plano da sua execução. Seja qual for a posição que assuma, o Estado, mesmo quando explora atividades econômicas, há de ter sempre em mira o interesse, direto ou indireto, da coletividade. Podemos considerá-lo nesse ângulo como *Estado Executor*.

Como em cada uma dessas posições há regras e princípios específicos, examinaremos ambas em tópicos separados para melhor compreensão do tema.

IV. Estado Regulador

1. SENTIDO

Estado Regulador é aquele que, através de regime interventivo, se incumbe de estabelecer as regras disciplinadoras da ordem econômica com o objetivo de ajustá-la aos ditames da justiça social.

O mandamento fundamental do Estado Regulador está no art. 174 da CF: *"Como agente normativo e regulador da atividade econômica, o Estado exercerá, na forma da lei, as funções de fiscalização, incentivo e planejamento, sendo este determinante para o setor público e indicativo para o setor privado."*

Como agente normativo, o Estado cria as regras jurídicas que se destinam à regulação da ordem econômica. Cabem-lhe três formas de atuar: a de *fiscalização*, a de *incentivo* e a de *planejamento*. A de fiscalização implica a verificação dos setores econômicos para o fim de serem evitadas formas abusivas de comportamento de alguns particulares, causando gravames a setores menos favorecidos, como os consumidores, os hipossuficientes etc. O incentivo representa o estímulo que o governo deve oferecer para o desenvolvimento econômico e social do país, fixando medidas como as isenções fiscais, o aumento de alíquotas para importação, a abertura de créditos especiais para o setor produtivo agrícola e outras do gênero. Por fim, o planejamento, como bem averba JOSÉ AFONSO DA SILVA, *"é um processo técnico instrumentado para transformar a realidade existente no sentido de objetivos previamente estabelecidos"*.[14] De fato, planejar no texto constitucional significa estabelecer metas a serem alcançadas pelo governo no ramo da economia em determinado período futuro. A transformação não é instantânea, mas ao contrário é gradativa e realizada através de um processo dirigido para as metas planejadas.[15]

Não é inútil acrescentar neste ponto que a atuação do Estado na ordem econômica não se limita mais ao regramento instituído internamente. A necessidade de abertura de mercados e o interesse no fortalecimento mais efetivo do setor econômico quando se trata de grupos de países têm reclamado a atuação do Estado também em nível internacional.[16] Nesse sentido, várias associações têm sido feitas entre países interessados, e o Brasil tem participado desses tratados, como é o caso de Itaipu e do Mercosul.

No que concerne ao incentivo – denominado por alguns de *"fomento"* –, deve o Estado disponibilizar o maior número possível de instrumentos para o desenvolvimento econômico a ser perseguido pela iniciativa privada. Trata-se, na verdade, de estímulo para o desempenho da atividade econômica. São instrumentos de incentivo os benefícios tributários, os subsídios, as garantias, os empréstimos em condições favoráveis, a proteção aos meios nacionais de

---

[14]   Ob. cit., p. 676.

[15]   A respeito do tema, vale a pena consultar a preciosa obra de MARCOS JURUENA VILLELA SOUTO, *Aspectos jurídicos do planejamento econômico*.

[16]   ROBERTO DROMI, ob. cit., p. 516-517.

Cap. 14 · ATUAÇÃO DO ESTADO NO DOMÍNIO ECONÔMICO | 785

produção, a assistência tecnológica e outros mecanismos semelhantes que se preordenem ao mesmo objetivo.[17]

2. NATUREZA DA ATUAÇÃO

Quando figura como *regulador*, o Estado não deixa sua posição interventiva. A intervenção nesse caso se verifica através das imposições normativas destinadas principalmente aos particulares, bem como de mecanismos jurídicos preventivos e repressivos para coibir eventuais condutas abusivas.

Além de representar um meio de intervenção na ordem econômica, a atuação do Estado regulador se consuma de forma *direta*, vale dizer, sem intermediação de ninguém. As normas, os fatores preventivos e os instrumentos repressivos se originam diretamente do Estado.

Desse modo, podemos caracterizar a função do Estado-Regulador como *intervenção direta* no domínio econômico.

3. COMPETÊNCIAS

No vigente sistema de partilha constitucional de atribuições, a competência quase que absoluta para a atuação do Estado-Regulador é da União Federal.

No elenco da competência administrativa privativa (art. 21), encontram-se várias atribuições que indicam essa forma de atuar estatal. Entre elas estão a elaboração e execução de planos nacionais e regionais de ordenação do território e de desenvolvimento econômico e social (inciso IX); a fiscalização de operações financeiras, como a de crédito, câmbio, seguros e previdência privada (inciso VIII); a reserva da função relativa ao serviço postal (inciso X); a organização dos serviços de telecomunicações, radiodifusão, energia elétrica (incisos XI e XII); o aproveitamento energético dos cursos d'água e os serviços de transportes etc. (inciso XII, "b", "c", "d" e "e").

O mesmo se passa com relação à competência legislativa privativa, prevista no art. 22 da CF, dentro da qual estão também previstas diversas atribuições específicas da União. Destacam-se as competências para legislar sobre comércio exterior e interestadual (inciso VIII); sobre organização do sistema nacional de empregos (inciso XVI); sobre os sistemas de poupança, captação e garantia da poupança popular (inciso XIX); diretrizes da política nacional de transportes (inciso IX); sobre jazidas, minas e outros recursos minerais (inciso XII) etc. Em cada uma das atribuições constitucionais privativas pouco, ou nada, resta para as demais pessoas federativas, o que denuncia claramente a supremacia da União como representante do Estado-Regulador da ordem econômica. Não custa lembrar, por oportuno, que o art. 22, parágrafo único, da CF, prevê que lei complementar autorize os Estados a legislar sobre questões específicas relacionadas às matérias hoje reservadas à União. Trata-se, pois, de competência delegável, muito embora tal delegação seja adotada de modo bastante parcimonioso.

Vale a pena lembrar, nesta oportunidade, que, como já foi visto, a União tem desenvolvido a atividade de regulação do setor econômico privado por intermédio das *agências reguladoras*, autarquias instituídas diretamente para esse escopo. A elas cabe também a regulação dos serviços públicos econômicos, quando delegados a empresas privadas, sobretudo através de concessões e permissões de serviços públicos. Nesse aspecto, aliás, os demais entes federativos podem criar suas próprias entidades controladoras visando à regulação de atividades de sua competência constitucional.[18]

---

[17] Vide a respeito MARCOS JURUENA VILLELA SOUTO, *Direito administrativo da economia*, Lumen Juris, RJ, 2003, p. 39-53.

[18] Sobre o tema, vide Capítulos 7 e 9.

786 | MANUAL DE DIREITO ADMINISTRATIVO • *Carvalho Filho*

Na relação de atribuições que formam a competência legislativa concorrente da União, dos Estados e do Distrito Federal é que a Constituição contemplou algumas funções supletivas para estas últimas entidades federativas. Assim é que no art. 24 compete a essas pessoas, concorrentemente, a legislação sobre direito econômico e financeiro (inciso I); sobre produção e consumo (inciso V); proteção do meio ambiente (inciso VI). A competência da União, nesses casos, encerra a produção de normas gerais, cabendo às demais entidades políticas a edição de normas suplementares (art. 24, §§ 1º e 2º, CF).

A competência administrativa comum, do art. 23 da CF, também aponta atividades relacionadas à intervenção estatal no domínio econômico. Por essa competência, cabe a todas as entidades federativas, concorrentemente, proteger o meio ambiente (inciso VI); fomentar a produção agropecuária e organizar o abastecimento alimentar (inciso VIII); combater as causas da pobreza e promover a integração social dos segmentos hipossuficientes (inciso X).[19]

4. REPRESSÃO AO ABUSO DO PODER ECONÔMICO

4.1. Sentido

O poder econômico é derivado do acúmulo de riquezas e, se a ordem econômica estiver em situação regular e sem as frequentes crises que a assolam, tal poder é positivo no sentido do aperfeiçoamento dos produtos e serviços, bem como das condições de mercado.[20]

Comumente, porém, esse poder acaba por provocar certas distorções no plano econômico, extremamente prejudiciais aos setores mais desfavorecidos da coletividade. Quando isso ocorre, o uso do poder transforma-se em abuso do poder econômico, que, por isso mesmo, precisa ser combatido pelo Estado-Regulador interventivo.

Usualmente o abuso do poder econômico é cometido pela iniciativa privada, na qual alguns setores do empresariado, com ambição desmedida de lucros e total indiferença à justiça social, procuram e executam fórmulas altamente danosas ao público em geral. Não obstante, estudiosos, modernamente, têm sustentado (e a nosso ver com razão) que o próprio Estado pode conduzir-se de forma abusiva no setor econômico, principalmente quando atua por intermédio das entidades paraestatais a ele vinculadas e por ele controladas. O que importa aqui é a verificação da conduta antissocial causada pelo abuso do poder econômico e a repressão a ser imposta pelo Estado.[21]

Podemos definir, pois, a repressão ao abuso do poder econômico como o conjunto de estratégias adotadas pelo Estado que, mediante intervenção na ordem econômica, têm o objetivo de neutralizar os comportamentos causadores de distorção nas condições normais de mercado em decorrência do acúmulo de riquezas.

No conceito acima, sobressaem três pontos. O primeiro reside na causa eficiente para o abuso: o acúmulo de riquezas, ou o poder econômico. Depois, a consequência: a distorção nas leis de mercado, de forma a desfavorecer a imensa população de consumo. Por último, a atuação do Estado-Regulador: a criação de leis e regulamentos administrativos necessários para coibir esse tipo de prática.

A vigente Constituição foi peremptória sobre a necessidade de reprimir o abuso econômico, dispondo que *"a lei reprimirá o abuso do poder econômico que vise à dominação dos mercados, à eliminação da concorrência e ao aumento arbitrário dos lucros"* (art. 173, § 4º).

---

[19] Vide o trabalho já citado de FÁBIO KONDER COMPARATO (*RDP* 93, p. 265-267).

[20] DIOGO DE FIGUEIREDO MOREIRA NETO, ob. cit., p. 425.

[21] Vide SAULO RAMOS, em *"Empresa estatal e abuso de poder econômico"*, publ. na *RDP* 93 (1990), p. 95.

Cap. 14 · ATUAÇÃO DO ESTADO NO DOMÍNIO ECONÔMICO | 787

Na denominada *reforma tributária*, a Constituição, no art. 146-A, introduzido pela EC nº 42/2003, passou a dispor que *"lei complementar poderá estabelecer critérios especiais de tributação, com o objetivo de prevenir desequilíbrios da concorrência, sem prejuízo da competência de a União, por lei, estabelecer normas de igual objetivo"*. O mandamento, como é fácil observar, insiste na preocupação de manter a concorrência como fator impostergável do setor econômico, o que, aliás, guarda conformidade com o postulado inscrito no art. 170, IV, da Carta política.

Trata-se de típica atuação interventiva do Estado-Regulador.

4.2. Formas de Abuso

O próprio texto constitucional aponta para as formas pelas quais se consuma o abuso do poder econômico.

A primeira delas é a *dominação dos mercados*. O mercado, como sabido, funciona de acordo com a lei da oferta e procura. A regularidade de seu funcionamento depende do equilíbrio entre as forças oriundas do fornecimento e do consumo. Se a empresa busca dominar o mercado, a consequência será a do desaparecimento do equilíbrio daquelas forças e a da possibilidade de a empresa dominante impor condições que somente a ela favoreçam. Logicamente, esse domínio e essas imposições provocam efeitos nocivos à coletividade.

Em seguida, temos a *eliminação da concorrência*, que, é fácil observar, tem próxima relação com a dominação dos mercados. A relação é de causa e efeito: a eliminação da concorrência deriva do domínio do mercado. Embora seja difícil modernamente admitir-se a concorrência perfeita, o certo é que ela regula e dá relativo equilíbrio ao mercado, porque a intenção abusiva de um encontra barreiras na atuação idônea de seu concorrente. É o regime de competição que cerceia a imposição de produtos e de preços e, dessa maneira, merece defesa no regime econômico.[22] Aliás, é oportuno lembrar que, como a livre concorrência constitui efetivamente um dos princípios reguladores da ordem econômica e financeira (art. 170, IV, CF), nem a própria Administração pode suprimi-la, ou, sem que aponte fundamento legítimo, impor restrições aos administrados.[23]

Finalmente, temos como forma abusiva *o aumento arbitrário dos lucros*, que também guarda relação com as formas anteriores. Sempre que a empresa intenta dominar o mercado e eliminar o sistema de concorrência, seu objetivo é mesmo o de auferir lucros despropositados e arbitrários. E não se precisa ir muito longe para constatar ser essa outra forma de abuso do poder econômico. Se o lucro é arbitrário, quem o está pagando é a massa de consumidores do produto ou do serviço. Ocorrendo essa conduta, cabe ao Estado reprimi-la por ser abusiva e ilegal.

4.3. Trustes, Cartéis e *Dumping*

O domínio abusivo dos mercados no setor econômico se apresenta sob múltiplas espécies, dentre as quais se destacam os trustes, os cartéis e o *dumping*. Vejamos as características desses fenômenos econômicos.

Truste (do inglês *trust*) é a forma de abuso do poder econômico pela qual uma grande empresa domina o mercado e afasta seus concorrentes, ou os obriga a seguir a estratégia econômica que adota. É uma forma impositiva do grande sobre o pequeno empresário.

Cartel é a conjugação de interesses entre grandes empresas com o mesmo objetivo, ou seja, o de eliminar a concorrência e aumentar arbitrariamente seus lucros. Diante do poderio

---

[22] CELSO R. BASTOS e IVES GANDRA MARTINS (*Comentários*, cit., v. VII, p. 99-101).

[23] STF, Súmula Vinculante 49 (2015), antiga Súmula 646.

788 | MANUAL DE DIREITO ADMINISTRATIVO • *Carvalho Filho*

econômico desses grupos, o pequeno empresariado acaba por sucumbir e, por vezes, se deixar absorver pelo grupo dominante.

O *dumping* normalmente encerra abuso de caráter internacional. Uma empresa recebe subsídio oficial de seu país de modo a baratear excessivamente o custo do produto. Como o preço é muito inferior ao das empresas que arcam com os seus próprios custos, ficam estas sem condições de competir com aquelas, propiciando-lhes uma inevitável elevação de lucros.

Outras formas de abuso do poder econômico existem, mas, como regra, todas derivam, de algum modo, das formas já citadas.[24]

4.4. Normas e Meios Repressivos

De forma crescente, o Estado tem trazido a lume várias leis que visam a combater condutas abusivas na economia e estabelecer sanções para os seus autores. Infelizmente, esse combate não tem sido eficiente. O que se tem observado é o aprisionamento do governo a grupos econômicos poderosos que, às claras, têm cometido as mais diversas formas de abuso sem que recebam as devidas sanções. Por outro lado, as sanções, quando aplicadas, são verdadeiramente inócuas e não chegam a ter o caráter intimidativo que seria de se desejar, de modo a prevenir a reiteração dos abusos.

A legislação regente se dispersa por vários diplomas legais, podendo citar-se, à guisa de exemplos, a Lei nº 8.137, de 27.12.1990, que define os crimes contra a ordem tributária, econômica e contra as relações de consumo; e a Lei nº 8.078, de 11.9.1990, o Código de Defesa do Consumidor, que rege as relações de consumo e visa à tutela dos direitos dos consumidores.

No entanto, o diploma que regula, de forma mais detalhada, a repressão ao abuso do poder econômico e as providências administrativas e judiciais de combate a situações abusivas na economia, é a Lei nº 12.529, de 30.11.2011, que estrutura o Sistema Brasileiro de Defesa da Concorrência – SBDC e sobre a qual, por sua relevância na matéria, teceremos alguns comentários, conquanto sucintamente. A citada lei revogou o sistema anterior da Lei nº 8.884/1994.

O *sistema* compõe-se de dois órgãos básicos: o Conselho Administrativo de Defesa Econômica – CADE e a Secretaria de Acompanhamento Econômico do Ministério da Economia. O CADE tem a natureza jurídica de autarquia, vinculada ao Ministério da Justiça e, embora silente a lei, ostenta regime especial, como emana das normas que lhe definem a estrutura. A entidade é dividida em três órgãos: (a) o Tribunal Administrativo de Defesa Econômica; (b) a Superintendência-Geral; e (c) o Departamento de Estudos Econômicos. Enquanto o CADE tem atribuições de maior caráter decisório, a SAE do MF funciona mais como órgão opinativo. Junto ao CADE atua um membro do Ministério Público Federal, designado pelo Procurador--Geral da República (art. 20, Lei 12.529).

Quanto às *infrações*, a Lei nº 12.529/2011 aplica-se a pessoas físicas ou jurídicas, de direito público ou privado, e, ainda, a associações de entidades ou pessoas, de fato ou de direito, mesmo que sem personalidade jurídica ou de caráter temporário, sendo prevista a *responsabilidade solidária* da sociedade e dos dirigentes ou administradores. Além disso, incide a teoria da desconsideração da personalidade jurídica no caso de abuso de direito e infração à lei (arts. 31 a 35, Lei 12.529).

As infrações podem ser cometidas independentemente de culpa e são formalizadas por atos que visam aos seguintes *efeitos*: (a) limitar, falsear ou prejudicar a livre concorrência ou a livre iniciativa; (b) dominar mercado relevante de bens ou serviços; (c) aumentar

---

[24] HELY LOPES MEIRELLES, ob. cit., p. 548.

Cap. 14 · ATUAÇÃO DO ESTADO NO DOMÍNIO ECONÔMICO | 789

arbitrariamente os lucros; e (d) exercer de forma abusiva posição dominante (art. 36, I a IV). A lei enumera outras infrações, retratando condutas mais específicas, que constituem decorrência das infrações básicas, tendo, pois, *natureza derivada*.

A prática de infrações sujeita o infrator à aplicação de *sanções*, ou *penas*, como preferiu o legislador. A sanção mais comum é a de *multa*, que sofre variação conforme a natureza do sujeito ou a gravidade da infração. Outras, porém, são previstas, como a publicação da decisão condenatória, a proibição de contratar com entidades oficiais, a cisão da sociedade, a transferência de controle acionário e a cessação parcial da atividade. É aplicável, ainda, a pena de proibição de exercer o comércio pelo prazo de até 5 anos e a inscrição do infrator no Cadastro Nacional de Defesa do Consumidor (arts. 37 e 38).

A *prescrição* da pretensão punitiva da Administração (que a lei denomina de "*prescrição das ações punitivas*") ocorre no prazo de 5 anos, contado da prática do ilícito ou, tratando-se de infrações permanentes ou continuadas, do dia em que houver a cessação da prática do ilícito (art. 46). De acordo com essa norma, portanto, decorrido o prazo prescricional, o infrator fica imune às sanções inerentes à infração que cometeu.

A lei cataloga também várias espécies de *processos administrativos*, alguns objetivando a apuração das infrações à ordem econômica e outros voltados à apuração de sanções, sendo que cada uma das modalidades segue procedimento próprio (arts. 48 a 53). Em caso de fundado receio de que o investigado possa causar ao mercado lesão irreparável ou de difícil reparação, ou se conduza de forma a tornar ineficaz o resultado final do processo, cabível será a aplicação de *medida preventiva*, pela qual pode ser imposta a imediata cessão da prática ou a reversão à situação anterior (art. 49).

Tal como ocorria na legislação revogada, foi previsto o *termo de compromisso de cessação*, conforme o qual pode o CADE tomar do representado o compromisso de paralisar a prática sob investigação, ou seus efeitos lesivos (art. 85). Trata-se de instrumento similar ao *termo de ajustamento de conduta*, previsto pioneiramente na Lei nº 7.347/1985, que rege a ação civil pública. A inexecução do compromisso enseja o prosseguimento do processo investigativo.

Surge, no cenário legal, uma novidade: o *acordo de leniência*. Trata-se de colaboração com o CADE, por parte de pessoas físicas ou jurídicas autoras de infração à ordem econômica, através da qual os infratores auxiliam efetivamente nas investigações e no processo administrativo, além de fornecerem informações de que resulte a identificação de outros envolvidos na infração e a obtenção de dados e documentos que comprovem a sua prática (art. 86). Consumando-se o acordo, extingue-se a ação punitiva da Administração ou procede--se à redução de um ou dois terços da penalidade aplicável. A fisionomia do instituto, como se pode constatar, assemelha-se à da *delação premiada*, já existente na legislação penal. O objetivo é o de compensar o informante, mediante atenuação ou extinção da penalidade, em virtude dos resultados oriundos da informação, que dão ensejo ao desfecho ou à solução de outras investigações.

Uma das funções primordiais do CADE é o chamado *controle de concentração*. Esse controle visa a evitar a formação de trustes ou cartéis pela associação ou absorção de grupos econômicos de maior poder econômico-financeiro, podendo provocar domínio do mercado e, consequentemente, ofensa ao princípio da livre concorrência. Assim, se tais grupos produzem atos de concentração econômica, devem submetê-los ao CADE, que poderá avaliar, em cada caso, o impacto da junção no setor econômico (arts. 88 a 91).

A decisão condenatória do CADE, seja aplicando multa ou impondo obrigação de fazer ou não fazer, constitui título executivo extrajudicial. No caso de multa, a execução, obedece à Lei nº 6.830/1980, que regula a cobrança judicial da dívida ativa da Fazenda Pública e cujas

790 | MANUAL DE DIREITO ADMINISTRATIVO • *Carvalho Filho*

regras, obviamente, são mais severas (art. 93). Dependendo da gravidade da infração, pode a execução alvitrar a intervenção na empresa como tutela específica, nomeando-se um interventor (arts. 93, 94 e 102).

Diga-se, por fim, que nem sempre tem sido fácil nem eficaz a fiscalização exercida pelos órgãos de controle. Há toda uma série de envolvimentos e interesses políticos, como se observa usualmente. Por outro lado, há imensa dificuldade de comprovar o abuso cometido pelos grandes grupos econômicos, muitas vezes ligados afetivamente a autoridades governamentais. Só mesmo um governo isento, forte e preordenado realmente à proteção da massa coletiva é que poderia levar a cabo essa difícil tarefa e evitar a descrença popular, originada dos acontecimentos verificados cotidianamente.

5. CONTROLE DO ABASTECIMENTO

Controle do abastecimento é a forma interventiva do Estado que objetiva a manter no mercado consumidor produtos e serviços suficientes para atender à demanda da coletividade.[25]

Em momentos de crise econômica, ou de galopante processo inflacionário, é frequente que as empresas retenham seus produtos ou deixem de prestar seus serviços, provocando insuficiência de consumo no mercado e impedindo que a população obtenha regularmente os bens e serviços. Tal situação é geralmente especulativa e representa, sem dúvida, modalidade de abuso do poder econômico.

É diante desse quadro que entra em cena o Estado-Regulador para, mesmo contra a vontade dos fornecedores, proporcionar a regularização do abastecimento da população, ainda que sejam necessárias algumas medidas coercitivas para alcançar esse objetivo.

A Lei Delegada nº 4, de 26.9.1962, previa vários mecanismos por meio dos quais se poderia processar a intervenção do Estado, visando ao controle do abastecimento e ao equilíbrio do mercado. Havia a previsão de compra, armazenamento, distribuição e venda de produtos alimentícios, animais, tecidos, medicamentos, máquinas etc., e até mesmo a desapropriação por interesse social. O referido diploma, no entanto, foi revogado pela Lei nº 13.874, de 20.9.2019, que instituiu a Declaração de Direitos de Liberdade Econômica. Em nosso entender, porém, subsistem todos esses instrumentos. E por mais de uma razão. A uma, porque o art. 174 da CF atribui ao Estado o papel de agente regulador do setor econômico; essa é a regra-matriz. A duas, porque todas as formas interventivas previstas na lei revogada nada mais são do que instrumentos que decorrem logicamente da função estatal de regulação do mercado.

O *controle do abastecimento* de bens e serviços à população constitui atividade de significativo interesse público. Ninguém desconhece que o desabastecimento provoca numerosos gravames aos indivíduos e se revela inaceitável quando se caracteriza como artificioso e fraudulento. Por conseguinte, não basta que a lei proíba essas práticas: é preciso que a Administração esteja devidamente aparelhada para enfrentar tais desvios de mercado. Referida atividade se qualifica como de *polícia administrativa*, por meio da qual poderão ser aplicadas medidas preventivas e repressivas.[26] De outro lado, as ações do Poder Público devem ser implementadas de imediato, já que podem ser irreversíveis os efeitos causados pela falta de produtos no mercado.[27]

---

[25] HELY LOPES MEIRELLES, ob. cit., p. 550.
[26] EDIMUR FERREIRA DE FARIA, *Curso de direito administrativo positivo*, cit., p. 615.
[27] A correta advertência é de DIÓGENES GASPARINI, *Direito administrativo*, cit., 2006, p. 753.

Cap. 14 · ATUAÇÃO DO ESTADO NO DOMÍNIO ECONÔMICO | 791

6. TABELAMENTO DE PREÇOS

Os preços de bens e serviços existentes num determinado sistema econômico retratam a expressão monetária de seus valores.[28] A regra geral, como sabemos, consiste na atribuição de preços a tudo o que se encontra oferecido para consumo. Raros são os bens que não têm valor monetário intrínseco.

Os preços classificam-se em *privados*, aqueles que se originam das condições normais do mercado, e *públicos*, aqueles fixados unilateralmente pelo Poder Público para os serviços que ele ou seus delegados prestem à coletividade, cobrados através de tarifas. Alguns costumam apontar também os denominados *preços semiprivados*, resultantes de certa ingerência do Poder Público no mercado. Tais preços, todavia, acabam sendo mais de natureza privada, porque é a força do mercado que serve diretamente para sua formação.

A atuação interventiva do Estado ocorre em relação aos preços privados. A expressão monetária dos preços privados se origina das condições do mercado, através de sua natural *lei da oferta e procura*, aquela que equilibra ou desequilibra o mercado conforme a natureza dos acontecimentos no sistema econômico. Quando a oferta é maior que a procura, os preços tendem a reduzir-se; quando a procura é maior que a oferta, ocorre o contrário, isto é, os preços tendem a elevar-se.

Na verdade, os preços devem ser naturalmente fixados pelo mercado, mas nem sempre é isso que se passa. Em alguns momentos da vida econômica, a sonegação de bens e serviços para o consumo regular do mercado, levada a efeito por alguns setores empresariais, provoca uma alta artificial dos preços. Trustes, cartéis, dominação de mercados, eliminação da concorrência, todos esses fatores rendem ensejo à elevação artificial dos preços.

É exatamente quando se dá esse desequilíbrio nas condições de mercado que o Estado-Regulador atua de forma interventiva. Para tanto, utiliza o mecanismo mais apropriado para regular o mercado: o tabelamento de preços. *Tabelamento de preços, portanto, é a fixação dos preços privados de bens e produtos pelo Estado quando a iniciativa privada se revela sem condições de mantê-los nas regulares condições de mercado.* Tem sido denominado por alguns analistas de *"congelamento"*, o que não deixa de ser um tabelamento protraído no tempo.

O tabelamento de preços estava previsto expressamente na Lei Delegada nº 4/1962, como forma de atuação interventiva do Estado no domínio econômico. Como já antecipamos, a citada lei foi revogada pela Lei nº 13.874, de 20.9.2019, mas, a nosso ver, esse instrumento continua legítimo se assim o exigirem as condições de mercado. Afinal, não se pode perder de vista que ao Estado foi reservado o papel de agente normativo regulador do domínio econômico (art. 174, CF), cabendo-lhe, pois, executar sua função até mesmo por meio de intervenção nos preços, se for necessário. A competência para essa atuação é privativa da União ou de entidades a ela vinculadas, às quais tenha sido delegada essa atribuição. Estão fora, portanto, os Estados, o Distrito Federal e os Municípios.

Esse tipo de intervenção estatal, entretanto, não pode desviar-se de sua finalidade. O fim a que se dirige o Estado é a regularização do mercado, de modo que se afigura ilegítima a atuação estatal pela qual sejam tabelados preços privados sem obediência à natural lei da oferta e procura. É que as empresas também têm amparo constitucional para a exploração das atividades econômicas, postulado próprio da liberdade de iniciativa. Seu direito só dá lugar ao poder interventivo do Estado quando há vulneração dos interesses maiores da coletividade.[29]

---

[28] JOSÉ PASCHOAL ROSSETTI, *Introdução à economia*, p. 227.

[29] A respeito do tema, vale a pena a leitura do trabalho de MIGUEL REALE, *Controle ministerial de preços* (*RDP* 89/235 – 1989).

7. MICROEMPRESAS E EMPRESAS DE PEQUENO PORTE

Além do grande empresariado, o setor econômico possui um grande número de empresas menores que, sem dúvida, são também responsáveis pelo desenvolvimento econômico do país.

Foi com essa visão que a Constituição em vigor contemplou sistema de proteção a essas empresas, estabelecendo no art. 179: *"A União, os Estados, o Distrito Federal e os Municípios dispensarão às microempresas e às empresas de pequeno porte, assim definidas em lei, tratamento jurídico diferenciado, visando a incentivá-las pela simplificação de suas obrigações administrativas, tributárias, previdenciárias e creditícias, ou pela eliminação ou redução destas por meio de lei."*

O objetivo constitucional, como se pode observar, foi o de propiciar a essa categoria de empresas a oportunidade de competição, ou ao menos de desenvolvimento, diante das grandes empresas que, naturalmente, precisam de menor ajuda por terem situação econômica mais sólida e melhores meios para alcançarem seus objetivos.

Desenvolvendo o sistema protetivo, a Constituição, no art. 146, III, "d", norma incluída pela EC nº 42/2003, passou a prever que caberia à *lei complementar* sobre normas gerais de matéria tributária definir *"tratamento diferenciado e favorecido para as microempresas e para as empresas de pequeno porte"*, inclusive regimes especiais ou simplificados no caso do imposto sobre operações relativas à circulação de mercadorias (art. 155, II, CF), da contribuição para o PIS (art. 239, CF) e das contribuições previdenciárias previstas no art. 195, I, e §§ 12 e 13.

A EC nº 132, de 20.12.2023 (*Reforma Tributária*), *alterou o dispositivo* da seguinte forma: a) manteve o art. 155, II (ICMS); b) incluiu o art. 156-A: imposto de competência compartilhada entre Estados, Distrito Federal e Municípios; c) manteve o art. 239; d) referiu-se ao art. 195, I e V, e § 12, excluindo o § 13. O dispositivo, em razão da mudança do sistema, sofrerá, ainda, duas modificações: 1ª) exclusão do art. 239, referente ao PIS, em 2027 (art. 3º, EC nº 132/2023); 2ª) exclusão do art. 155, II, sobre ISS, em 2033 (art. 4º, EC nº 132/2023).

A Constituição atribuiu competência concorrente a todas as entidades federativas no que tange a ações protetivas para as microempresas, e o fez porque há vários aspectos de proteção que se incluem em competências constitucionais diversas. Tributos, por exemplo, pertencem a todas as esferas. Registros de empresas são da atribuição do Estado através das juntas comerciais. Os alvarás de construção, de localização e de funcionamento são, de regra, da competência dos Municípios. Enfim, a proteção a essa categoria de empresas é geral e deve emanar do Estado como um todo.

Para regulamentar a matéria em sede infraconstitucional, foi promulgada a *Lei Complementar no 123, de 14.12.2006*, que instituiu o *Estatuto da Microempresa e da Empresa de Pequeno Porte*. O diploma introduziu alterações em algumas leis e revogou expressamente as Leis nºs 9.841, de 5.10.1999, que instituíra o estatuto anterior, e 9.317, de 5.12.1996, que dispunha sobre o sistema integrado de imposto e contribuições daquelas empresas, denominado de "SIMPLES". Na verdade, a revogação dessas leis visou à unificação de toda a matéria em diploma único.

A legislação básica tem sido objeto de algumas alterações supervenientes, na busca de melhor adequação às novas realidades surgidas sobre o tema e da criação de mais facilidades para melhor atuação das microempresas e empresas de pequeno porte, mediante a concessão de certos benefícios e a redução da tradicional burocracia pública. O último grupo de alterações proveio da Lei Complementar nº 147, de 7.8.2014, transmitindo, como as leis anteriores, idêntico objetivo.

Parece oportuno, em breve síntese, apontar os destaques da LC nº 123/2006, já considerando as modificações ulteriores.

A proposta do legislador foi a de estabelecer as *normas gerais* relativas ao *tratamento diferenciado e favorecido* às microempresas e empresas de pequeno porte em nível federal, estadual, distrital e municipal. Quatro foram os pontos objeto do foco da lei: (1º) regime único de arrecadação para apuração e recolhimento de impostos e contribuições; (2º) regras específicas para cumprimento de obrigações trabalhistas e previdenciárias; (3º) acesso ao crédito e ao mercado (com preferência nas aquisições de bens e serviços pela Administração), à tecnologia, ao associativismo e às regras de inclusão; (4º) formação de cadastro nacional único de contribuintes, objetivando o compartilhamento, pelas pessoas federativas, dos processos de arrecadação, fiscalização e cobrança, nos termos do art. 146, § 1º, I a IV, da Constituição, com redação da EC nº 132/2023 (art. 1º, I a IV).

Para gerir semelhante sistema, três foram os órgãos previstos na lei: (1º) Comitê Gestor do Simples Nacional, composto de representantes dos entes federativos e destinado a tratar dos *aspectos tributários*; (2º) Comitê para Gestão da Rede Nacional para a Simplificação do Registro e da Legalização de Empresas e Negócios, também composto de representantes das pessoas federativas e órgãos de apoio e de registro empresarial, e com a finalidade de tratar do *processo de registro e de legalização* de empresários e de pessoas jurídicas; (3º) Fórum Permanente das Microempresas e Empresas de Pequeno Porte, do qual participam órgãos federais e entidades vinculadas ao setor, com o objetivo de tratar dos *demais aspectos* de interesse dessas pessoas (art. 2º, I a III). Para implementar as medidas da lei com maior efetividade, ficou estabelecido que aos Municípios caberá designar servidor específico (Agente de Desenvolvimento), que ficará responsável pelas ações locais ou comunitárias, individuais ou coletivas, visando ao cumprimento das disposições e diretrizes da lei geral (art. 85-A e § 1º).

Segundo a lei, só podem enquadrar-se naquelas categorias empresariais a sociedade empresária, a sociedade simples, a empresa individual de responsabilidade limitada (art. 980-A, Código Civil) e o empresário, este com a fisionomia delineada no Código Civil (art. 966), desde que providenciado o registro nos órgãos competentes. As categorias distinguem-se em função da receita bruta auferida pela empresa no ano-calendário, conforme os limites fixados na lei (art. 3º, I e II). Não obstante, a lei exclui do regime diferenciado e favorecido as pessoas jurídicas em determinadas situações especiais, tais como, *v. g.*, a inclusão de outra pessoa jurídica no capital, a adoção da forma de cooperativa, banco, instituição financeira ou sociedade por ações e a relação de pessoalidade, subordinação e habitualidade entre os titulares ou sócios e o contratante do serviço (art. 3º, § 4º, I a XI, LC nº 123/2006).

No *aspecto tributário*, repete-se na LC nº 123/2006, embora com algumas normas diferenciadas, o Regime Especial Unificado de Arrecadação de Tributos e Contribuições – *Simples Nacional* (arts. 12 a 41). A lei visou a facilitar os pequenos empresários no que diz respeito ao débito de impostos e outras contribuições, inclusive reduzindo as exigências formais adotadas normalmente para o pagamento de despesas fiscais. A LC nº 139/2011 introduziu sistema mais simplificado para as pequenas empresas, beneficiando mais profundamente o Microempreendedor Individual (MEI) (art. 18-A, LC nº 123/2006).

No âmbito das *relações trabalhistas*, foram criadas normas que reduzem as formalidades usualmente exigidas das empresas em geral. Dentre elas, destacam-se as que dispensam as microempresas e empresas de pequeno porte de pagamento das contribuições sindicais e das contribuições de interesse dos serviços sociais autônomos (art. 240, CF), bem como do salário-educação (Lei nº 9.424, de 24.12.1996) (arts. 50 a 55, LC nº 123/2006).

O *associativismo* foi contemplado com a possibilidade de as microempresas e empresas de pequeno porte constituírem *sociedade de propósito específico*, para realizar negócios de compra e venda de bens, destinados aos mercados nacional e internacional. Compete-lhes também adotar uma série de providências de apoio e operacionalização em prol das entidades associadas. A norma anterior exigia que apenas empresas que tivessem optado pelo Simples Nacional poderiam participar da sociedade, mas a exigência foi revogada pela LC nº 147/2014 (art. 56, LC nº 123/2006).

MANUAL DE DIREITO ADMINISTRATIVO • Carvalho Filho

O *acesso aos mercados* pretendeu oferecer oportunidades mais expressivas às mesmas empresas através de preferências no setor de aquisições de bens e serviços pela Administração Pública e de redução de formalismos dentro do procedimento licitatório (arts. 42 a 49). A lei passou, inclusive, a oferecer às empresas acesso ao mercado externo, permitindo-lhes usufruir do regime de exportação dotado de procedimentos simplificados para habilitação, licenciamento, despacho aduaneiro e câmbio, em conformidade com o respectivo regulamento (art. 49-A, Lei Complementar 146/2014). Introduziu-se a inovação de permitir a tais empresas a emissão de *cédula de crédito microempresarial*, na hipótese de serem titulares de direitos creditórios oriundos de empenhos liquidados por órgãos e entidades das pessoas federativas, não pagos no prazo de trinta dias contados da liquidação.

Foram instituídas, da mesma forma, medidas de *estímulo ao crédito e à capitalização* com o escopo de melhorar o acesso dessas empresas aos mercados de crédito e de capitais e, com isso, reduzir custos, elevar eficiência e incentivar o quadro competitivo (arts. 57 a 63).

O *acesso à justiça* foi consignado com a legitimidade das empresas para a propositura de ações perante os juizados especiais (art. 8º, § 1º, Lei nº 9.099/1995), bem como através do estímulo à conciliação prévia, mediação e arbitragem. Averbe-se, ainda, que a lei admitiu que entidades privadas e públicas, inclusive o Judiciário, possam firmar *parcerias* entre si, com o objetivo de permitir a instalação ou utilização de ambientes adequados à realização dos procedimentos, alvitrando-se a busca da solução de conflitos (art. 75-A).

Em suma, a análise da nova legislação denota o desejo de fomentar as atividades das microempresas e empresas de pequeno porte, inserindo-as no mercado de créditos e de capitais em condições ao menos equiparadas às das grandes empresas. Trata-se da concessão de oportunidade para que possam realmente competir no mercado, não sucumbindo diante da usual voracidade e ambição de grupos econômicos poderosos. A implementação dessas políticas retrata verdadeira evolução dos setores econômico e social. É necessário, porém, que a tutela não se limite às normas inscritas na lei, mas que, ao contrário, sejam efetivadas pelos entes federativos nos limites de suas competências.

V. Estado Executor

Vimos que, além da figura do Estado-Regulador, o Poder Público aparece ainda sob a forma de Estado-Executor. Como regulador, o Estado – já foi visto – atua produzindo normas, interferindo na iniciativa privada, regulando preços, controlando o abastecimento, reprimindo o abuso do poder econômico e enfim praticando uma série de atos disciplinadores da ordem econômica.

Entretanto, o Estado também age *exercendo*, e não apenas regulando, atividades econômicas. É claro que o exercício estatal dessas atividades não pode constituir-se em regra geral. Ao contrário, a Constituição estabelece uma série de limites à atuação dessa natureza, exatamente para preservar o princípio da liberdade de iniciativa, concedido aos particulares em geral (art. 170, parágrafo único, CF).

É essa postura estatal que examinaremos a seguir.

1. FORMAS

Como exercente de atividades econômicas, o Estado pode assumir duas posições.

A primeira é aquela em que o próprio Estado se incumbe de explorar a atividade econômica através de seus órgãos internos. É o exemplo em que uma Secretaria Municipal passa a fornecer medicamentos ao mercado de consumo, para favorecer sua aquisição pelas pessoas de baixa renda. Pode dizer-se neste caso que há *exploração direta* de atividades econômicas pelo Poder Público.

Cap. 14 · ATUAÇÃO DO ESTADO NO DOMÍNIO ECONÔMICO | 795

Pela especial natureza de tais situações, a atividade econômica acaba confundindo-se com a própria prestação de serviços públicos, já que o Estado tem objetivos sociais e não persegue lucro.

Mas o que mais frequentemente acontece é a criação pelo Estado de pessoas jurídicas a ele vinculadas, destinadas mais apropriadamente à execução de atividades mercantis. Para tanto, institui normalmente empresas públicas e sociedades de economia mista, entidades adequadas a tais objetivos. Embora sejam pessoas autônomas, que não se confundem com a pessoa do Estado, é este que as controla, dirige e impõe a execução de seus objetivos institucionais. Assim, se são elas que exploram diretamente a atividade econômica, é o Estado que, em última instância, intervém na ordem econômica. Nesse caso, podemos dizer que há *exploração indireta* de atividades econômicas pelo Estado.

2. EXPLORAÇÃO DIRETA

2.1. Regra Geral

A regra relativa à exploração direta de atividades econômicas pelo Estado se encontra no art. 173, *caput*, da CF: *"Ressalvados os casos previstos nesta Constituição, a exploração direta de atividade econômica pelo Estado só será permitida quando necessária aos imperativos da segurança nacional ou a relevante interesse coletivo, conforme definidos em lei."*

O art. 173, *caput*, da CF tem que ser interpretado conjugadamente com o art. 170, IV e parágrafo único. A exploração de atividades econômicas cabe, como regra, à iniciativa privada, um dos postulados fundamentais do regime capitalista. Desse modo, a possibilidade que a Constituição admitiu no art. 173 há de ser considerada como tendo caráter excepcional. Por isso é que o próprio texto estabeleceu os limites que ensejariam essa forma de atuar do Estado. Sendo assim, não é difícil perceber que a leitura do texto indica claramente que a regra é que o Estado *não explore atividades econômicas*, podendo fazê-lo, contudo, em caráter especial, quando estiverem presentes os pressupostos nele consignados.[30]

Dois pontos nesse tema merecem consideração.

Primeiramente é preciso reafirmar que, mesmo quando explore atividade econômica, o Estado está preordenado, mediata ou imediatamente, à execução de atividade que traduza benefício para a coletividade, vale dizer, que retrate interesse público. A razão é simples: não se pode conceber o Estado senão como sujeito capaz de perseguir o interesse coletivo. A intervenção na economia só tem correlação com a iniciativa privada porque é a esta que cabe primordialmente a exploração. Mas o móvel da atuação interventiva haverá de ser sempre a busca de atendimento de algum interesse público, mesmo que o Estado se vista com a roupagem mercantil de comerciante ou industrial.

O outro ponto que merece destaque diz respeito à inconveniência de o Estado imiscuir-se nas atividades econômicas. Na verdade, sempre que o Estado intervém no domínio econômico se mostra ineficiente e incapaz de atingir seus objetivos, acabando por ocasionar uma série de outros problemas. Não há como comparar-se seus resultados com os obtidos pela iniciativa privada. Autorizada doutrina mostra essa realidade: *"A verdade é que o Estado não consegue submeter suas empresas regidas pelo direito privado a uma verdadeira mentalidade empresarial; pelo contrário sempre encontra formas de pô-las a serviço dos interesses do poder, e não da coletividade."*[31] A observação é de todo correta. Não é incomum deparar empresa estatal gerando prejuízos, enquanto as do setor privado, atuando no mesmo segmento, conquistam

---

[30] V. JOSÉ VICENTE SANTOS DE MENDONÇA, *Direito constitucional econômico*, cit., p. 181 e ss.

[31] CELSO RIBEIRO BASTOS e YVES GANDRA MARTINS, *Comentários*, cit., V. VII, p. 72.

796 | MANUAL DE DIREITO ADMINISTRATIVO • *Carvalho Filho*

lucros expressivos. É falta de gestão e compromisso público, além da comprovação de que o Estado é um péssimo personagem do setor econômico.

O que se verifica, em última instância, é que o Estado não deve mesmo exercer a função de explorar atividades econômicas. O papel que deve desempenhar é realmente o de Estado-Regulador, controlador e fiscal, mas deixando o desempenho às empresas da iniciativa privada.

Conquanto já tenhamos examinado o tema anteriormente, não custa relembrar que nem sempre é muito fácil distinguir os *serviços públicos econômicos das atividades privadas eminentemente econômicas.* Ambos propiciam lucratividade, mas, enquanto aqueles visam ao atendimento de demandas da coletividade para sua maior comodidade, estas retratam atividades de caráter empresarial, de indústria, comércio ou serviços. Por isso, os primeiros se situam dentro da competência normal dos entes federativos, ao passo que as últimas devem ser atribuídas ao setor privado e, somente por exceção, à exploração direta pelo Estado.

2.2. Pressupostos

A Constituição não deixa liberdade para o Estado explorar atividades econômicas, mas, ao contrário, aponta três pressupostos que legitimam a intervenção.

O primeiro é a *segurança nacional,* pressuposto de natureza claramente política. Se a ordem econômica conduzida pelos particulares estiver causando algum risco à soberania do país, fica o Estado autorizado a intervir no domínio econômico, direta ou indiretamente, tudo com vistas a restabelecer a paz e a ordem sociais.

O outro pressuposto é o *interesse coletivo relevante.* A noção de interesse coletivo relevante constitui conceito jurídico indeterminado, porque lhe faltam a precisão e a identificação necessárias a sua determinabilidade. Por essa razão, a Constituição admitiu que essa noção viesse a ser definida em lei. Desse modo, será necessário que o Governo edite a lei definidora do que é interesse coletivo relevante para permitir a intervenção legítima do Estado no domínio econômico.

Há um terceiro pressuposto que está implícito no texto. O dispositivo, ao ressalvar os casos previstos na Constituição, está admitindo que o só fato de haver disposição em que haja permissividade interventiva contida no texto constitucional é suficiente para autorizar a exploração da atividade econômica pelo Estado, independentemente de ser hipótese de segurança nacional ou de interesse coletivo relevante. Há, de fato, interesse coletivo relevante *presumido,* porque constante da Constituição, muito embora não tenha sido ele definido em lei.

Por todos esses elementos podemos dizer que a atuação do Estado como explorador da atividade econômica é, em princípio, vedada, só sendo permitida quando:

a)   o exigir a segurança nacional;

b)   atender a interesse coletivo relevante; e

c)   houver expresso permissivo constitucional.

3. EXPLORAÇÃO INDIRETA

3.1. Sentido

A forma mais comum pela qual o Estado intervém no domínio econômico é através das entidades paraestatais. As sociedades de economia mista e as empresas públicas são as entidades vinculadas ao Estado às quais se atribui a tarefa de intervir no domínio econômico.

Nesse caso, o Estado não é o executor direto das atividades econômicas, como vimos no tópico anterior. Para executá-las, socorre-se dessas entidades, que têm a sua criação autorizada por lei e já nascem com objetivos predeterminados (art. 37, XIX, CF). E são as entidades que

Cap. 14 • ATUAÇÃO DO ESTADO NO DOMÍNIO ECONÔMICO | 797

vão realmente explorar as atividades econômicas para as quais a lei as destinou. O projeto de lei para a criação das entidades com esse propósito deve ser subsidiado por estudos e documentos que demonstrem claramente a existência de relevante interesse coletivo ou de imperativo de segurança nacional, pois que, afinal, atuarão no campo destinado à iniciativa privada (art. 173, *caput*, CF, e art. 2º, § 1º, Lei nº 13.303/2016).

A exploração indireta de atividades econômicas pelo Estado tem previsão no art. 173, § 1º, da CF, com a redação dada pela EC nº 19/1998 (reforma administrativa do Estado), segundo o qual a lei deverá estabelecer o estatuto jurídico da empresa pública, da sociedade de economia mista e de suas subsidiárias que explorem atividade econômica de produção ou comercialização de bens ou de prestação de serviço.

Como já comentamos quando do estudo da Administração Indireta, o estatuto jurídico previsto no dispositivo constitucional veio a configurar-se com a edição da Lei nº 13.303, de 30.6.2016, que procura disciplinar o regime jurídico que deve reger as empresas públicas e as sociedades de economia mista, bem como suas subsidiárias. Contudo, reafirmamos o comentário anterior no sentido de que o referido estatuto não exaure todos os aspectos relacionados às entidades paraestatais, mas, ao menos, serve como guia para examinar seu regime jurídico básico.

De qualquer modo, podemos conceituar a exploração indireta do Estado como aquela pela qual exerce atividades econômicas por intermédio de entidades paraestatais a ele vinculadas e por ele controladas.

3.2. As Empresas do Estado

O Estado, conforme já examinamos anteriormente, interfere no setor econômico usualmente através de entidades de duas categorias: as empresas públicas e as sociedades de economia mista, ambas integrantes da Administração Indireta dos entes federativos. Ao fazê-lo, desempenha o papel de explorador de atividades econômicas de *forma indireta*.

O art. 173, § 1º, da CF, delineia o perfil dessas entidades, quando "*explorem atividade econômica de produção ou comercialização de bens ou de prestação de serviços*". Ficou prevista no dispositivo a criação de um estatuto, formalizado pela Lei nº 13.303, de 30.6.2016 (Estatuto das Estatais), no qual se consignasse (a) a função social das entidades; (b) a fiscalização pelo Estado e pela sociedade; (c) a sujeição ao regime próprio das empresas privadas, inclusive quanto às obrigações civis, comerciais, trabalhistas e tributárias; (d) a licitação e contratação de obras, serviços, compras e alienações; (e) a organização dos conselhos administrativo e fiscal; e (f) o mandato, a avaliação de desempenho e a responsabilidade dos administradores.

A exploração indireta da atividade econômica pelo Estado, desse modo, é efetivada pelas seguintes categorias de entidades: (a) empresas públicas; (b) sociedades de economia mista; (c) subsidiárias de ambas; e (d) sociedades empresariais privadas das quais participe o Estado sem controle acionário. É claro que o ramo econômico pode sofrer o influxo de intensa gama de variações, mesmo com a participação do Estado. O que importa, porém, é que, seja qual for a modalidade formal em que se incluir a entidade, haverá exploração indireta da atividade econômica pelos entes estatais.

Obviamente, será variável a intensidade em que se concretiza a ingerência do Estado no setor econômico. Tratando-se de entidade criada diretamente por ele, a atuação será mais intensa e, ao contrário, quando seu papel for de mero coadjuvante, sem o controle da empresa, o Estado terá atuação também secundária.

Quanto ao *regime jurídico*, importante reafirmar neste passo que as entidades, por mais que tenham personalidade de direito privado e que executem atividades econômicas, inclusive empresariais, nunca poderão ter integralmente a mesma fisionomia jurídica das sociedades da

798 | MANUAL DE DIREITO ADMINISTRATIVO • *Carvalho Filho*

iniciativa privada. A razão fundamental é o fato de terem sido instituídas pelo Estado por meio de lei. Esse aspecto denota o *hibridismo* de seu regime jurídico, pelo qual sofrem a irradiação de normas de direito público e de direito privado.[32] Em razão de sua origem estatal, tais entidades sempre receberão o influxo de normas de direito público.[33]

Semelhante situação específica comporta, como observou VEDEL, fatores positivos e negativos.[34] Fator positivo é a possibilidade de o Estado desvencilhar-se de suas amarras burocráticas para ingerir no setor econômico com maior flexibilidade e autonomia. Já o fator negativo é o de que, embora direcionadas à atividade econômica, tais entidades nunca podem abstrair-se do interesse público que norteia toda a atividade da Administração Pública.[35]

Não é difícil perceber que o referido hibridismo tem provocado inúmeras complexidades para o intérprete desvendar qual tipo de normas deve incidir nesta ou naquela hipótese. Se, de um lado, o Estado impõe uma série de limitações, como emana da Lei nº 13.303/2016, de outro será necessário atender ao preceito constitucional, no sentido de que se lhes apliquem normas de direito privado no que tange a obrigações civis, comerciais, trabalhistas e tributárias.[36]

Sobre o *regime tributário* também já tecemos minuciosas observações anteriormente. Exatamente para não abrir fendas no sistema de concorrência dentro do setor econômico, relativamente às empresas oriundas da iniciativa privada, registrou a Constituição: *"As empresas públicas e as sociedades de economia mista não poderão gozar de privilégios fiscais não extensivos às do setor privado"* (art. 173, § 2º). Por conseguinte, ou as vantagens fiscais beneficiam todas as empresas, estatais e privadas, ou não haverá como instituí-las apenas em favor das primeiras. Lamentavelmente, como já vimos, alguns posicionamentos têm destoado do mandamento constitucional e instituído soluções esdrúxulas, incompatíveis com a natureza e os fins dessas entidades.[37]

VI. Monopólio Estatal

1. SENTIDO

Monopólio significa a exploração exclusiva de um negócio, em decorrência da concessão de um privilégio. O monopólio privado é absolutamente vedado pela Constituição, porque permite a dominação do mercado e a eliminação da concorrência, fatores que espelham abuso do poder econômico.[38] A empresa monopolista a curto prazo tem condições de obter lucro máximo e não necessita se ajustar aos preços de mercado.[39] Não é difícil observar que tal situação é totalmente incompatível com o sistema adotado na Constituição, cabendo no caso a presença do Estado-Regulador.

O mesmo não se passa com o monopólio estatal, isto é, aquele que é exercido pelo Estado ou por delegados expressamente autorizados a tanto. A diferença, porém, é flagrante. Enquanto o monopólio privado tem por escopo o aumento de lucros e o interesse privado, o monopólio

---

[32] CELSO ANTÔNIO BANDEIRA DE MELLO, *Sociedades mistas, empresas públicas e o regime de direito público*, em RDP 97, p. 32, 1991.

[33] CARLOS PINTO COELHO MOTTA, *Curso prático de direito administrativo*, cit., p. 147-148.

[34] GEORGES VEDEL, *Droit administratif*, cit., p. 751-752.

[35] A advertência é de RAFAEL BIELSA, *Derecho administrativo*, cit., T. I, p. 505.

[36] Nesse sentido, STF, ADI-MC 1.552, j. 17.4.1997.

[37] Vide Capítulo 9, no qual se aprofundou o exame das entidades.

[38] JOSÉ AFONSO DA SILVA, *Curso*, cit., p. 673.

[39] JOSÉ PASCHOAL ROSSETTI, *Introdução*, cit., p. 293.

Cap. 14 · ATUAÇÃO DO ESTADO NO DOMÍNIO ECONÔMICO | **799**

estatal visa sempre à proteção do interesse público. A exclusividade de atuação do Estado em determinado setor econômico tem caráter protetivo, e não lucrativo, e por esse motivo tem abrigo constitucional.[40] Cabe destacar, por oportuno, que a exploração direta de atividade econômica pelo Estado em regime de monopólio é *imperiosa* (e não facultativa), quando se trate de imperativo de segurança nacional (art. 173, *caput*, CF).[41]

Podemos, assim, definir o monopólio estatal como a atribuição conferida ao Estado para o desempenho exclusivo de certa atividade do domínio econômico, tendo em vista as exigências de interesse público.

2. NATUREZA JURÍDICA

O monopólio estatal tem a natureza de atuação interventiva do Estado, direta ou indireta, de caráter exclusivo, em determinado setor da ordem econômica.

É atuação interventiva exclusiva porque a exploração da atividade pelo Estado afasta os particulares do mesmo ramo. Pode ser direta ou indireta, porque tanto o Estado como uma de suas entidades vinculadas podem explorar a atividade, embora a reserva de controle sempre seja pertencente àquele.

Além disso, o monopólio, embora voltado à atividade econômica, é meio de intervenção que também atende à ordem social.

3. MONOPÓLIO E PRIVILÉGIO

A doutrina distingue monopólio e privilégio.

Monopólio é o fato econômico que retrata a reserva, a uma pessoa específica, da exploração de atividade econômica.

Nem sempre, no entanto, o titular do monopólio é aquele que explora a atividade. Pode delegar a atuação a outra pessoa. *Privilégio* é a delegação do direito de explorar a atividade econômica a outra pessoa. Sendo assim, só quem tem o monopólio tem idoneidade para conceder privilégio.[42]

4. ATIVIDADES MONOPOLIZADAS

O exame do conjunto normativo constitucional denuncia que se podem encontrar dois tipos de monopólios estatais: o monopólio *expresso* e o monopólio *implícito*.

As atividades objeto de *monopólio expresso* estão relacionadas no art. 177 da CF. São elas:

a) a pesquisa e a lavra das jazidas de petróleo e gás natural e outros hidrocarbonetos fluidos;

b) a refinação do petróleo nacional ou estrangeiro;

c) a importação e exportação dos produtos e derivados básicos resultantes das atividades previstas nos incisos anteriores;

---

[40] É a lição de RAFAEL BIELSA, ob. e v. cit., p. 491.

[41] Com o mesmo pensamento, EROS ROBERTO GRAU, *A Ordem Econômica na Constituição de 1988*, Malheiros, 10. ed., 2005, p. 283-284.

[42] HELY LOPES MEIRELLES, ob. cit., p. 547.

800 | MANUAL DE DIREITO ADMINISTRATIVO • *Carvalho Filho*

d) o transporte marítimo do petróleo bruto de origem nacional ou de derivados básicos de petróleo produzidos no País, bem assim o transporte, por meio de conduto, de petróleo bruto, seus derivados e gás natural de qualquer origem;

e) a pesquisa, a lavra, o enriquecimento, o reprocessamento, a industrialização e o comércio de minérios e minerais nucleares e seus derivados, com exceção dos radioisótopos, cuja produção, comercialização e utilização poderão ser usadas sob o regime da permissão, conforme as alíneas "b" e "c" do inciso XXIII do *caput* do art. 21 da CF (redação dada pela EC nº 49/2006).

Note-se, no elenco constitucional, que duas são as atividades monopolizadas, uma relativa a atividades petrolíferas e outra concernente a materiais nucleares.

A Emenda nº 9/1995 introduziu profunda alteração no regime monopolístico relativo ao petróleo. Anteriormente, era vedado à União ceder ou conceder qualquer tipo de participação, em espécie ou em valor, na exploração de jazidas de petróleo (art. 177, § 1º, com a redação anterior). Reduzindo a extensão do monopólio, passou a consignar o dispositivo que a União poderá contratar empresas estatais ou privadas para a realização das atividades ligadas ao petróleo, previstas nos incisos I a IV do art. 177. Portanto, observa-se que a atividade petrolífera continua monopolizada, embora atualmente seja possível a concessão de privilégios a outras pessoas.

O marco regulatório da exploração de petróleo é previsto na Lei nº 9.478, de 6.8.1997, e nessa disciplina ficou contemplado o *regime de concessão*, em cujo contrato fica delegado a sociedade privada o direito de exploração. Esta corre por conta e risco do concessionário, mas, no caso de descoberta do produto, é do concessionário o resultado da produção, cabendo-lhe, contudo, pagar compensação financeira ao governo (*royalties*). Complementando a lei básica, foi editada a Lei nº 13.609, de 10.1.2018, que estabeleceu novas normas sobre a distribuição dos recursos provenientes dos pagamentos dos *royalties* em favor de Estados e Municípios e alterou a disciplina do RRF – Regime de Recuperação Fiscal, quando objeto da adesão por essas entidades.

Com a descoberta de imensas jazidas na camada inferior do subsolo em áreas oceânicas brasileiras, denominada de *pré-sal*, foi editada a Lei nº 12.351, de 22.12.2010, que, diversamente da lei anterior, estabeleceu marco regulatório sob novo regime, denominado de *partilha de produção*, também formalizado por contrato. Em tal sistema, o contratado explora a jazida por sua conta e risco, e o montante produzido, após serem descontados o custo operacional da sociedade e o total dos *royalties*, é partilhado entre o governo e o contratado nas condições contratuais. O regime, para o governo, é mais vantajoso que o anterior e teve como fundamento o fato de haver baixo risco exploratório e alto potencial de produção de petróleo nas áreas do pré-sal.

A EC nº 49, de 8.2.2006, alterando o art. 177, V, da CF, também atenuou o monopólio relativo à pesquisa, enriquecimento, reprocessamento, industrialização e comércio de minérios e minerais nucleares e seus derivados, passando a admitir a produção, comercialização e utilização de *radioisótopos* por particulares sob regime de *permissão*, fato agora também previsto – já o referimos – no art. 21, XXIII, alíneas "b" e "c", da Constituição. Nesse aspecto, por conseguinte, a alteração fez desaparecer o monopólio estatal.

Além dessas, há ainda as atividades que constituem *monopólio implícito* e que estão previstas no art. 21 da CF, entre as quais citem-se a emissão de moedas (inciso VII); o serviço postal (inciso X); a exploração de serviços de telecomunicações (inciso XI); e a exploração de serviços de radiodifusão sonora e de sons e imagens; de serviços de energia elétrica e de aproveitamento dos cursos d'água; da navegação aérea, aeroespacial e a infraestrutura aeroportuária; de serviços de transporte ferroviário e aquaviário entre portos brasileiros e fronteiras nacionais, ou que transponham os limites de Estado ou Território; de serviços de transporte rodoviário interestadual e internacional de passageiros; de portos marítimos, fluviais e lacustres (inciso XII).

Em todas essas atividades, é a União que detém o monopólio da atividade econômica. Em muitas delas, como já se pôde observar, pode a União atribuir a exploração direta a terceiro através de delegação.

É oportuno anotar, ainda, que o art. 20, § 1º, da CF, com a redação da EC nº 102, de 26.9.2019, prevê o *direito de participação*. Com efeito, nos termos do dispositivo, ficou assegurada à União, aos Estados, ao Distrito Federal e aos Municípios a participação no resultado da exploração de petróleo ou gás natural e de outros recursos minerais, ou compensação financeira por essa exploração.

VII. *Súmulas*

SUPREMO TRIBUNAL FEDERAL

Súmula 646: *vide Súmula Vinculante 49.*

SÚMULA VINCULANTE

Súmula Vinculante 49: *Ofende o princípio da livre concorrência lei municipal que impede a instalação de estabelecimentos comerciais do mesmo ramo em determinada área.*

15

Controle da Administração Pública

I. Introdução

1. CONTROLE POLÍTICO E CONTROLE ADMINISTRATIVO

O controle do Estado pode ser exercido através de duas formas distintas, que merecem ser desde logo diferenciadas.

De um lado, temos o *controle político*, aquele que tem por base a necessidade de equilíbrio entre os Poderes estruturais da República – o Executivo, o Legislativo e o Judiciário. Nesse controle, cujo delineamento se encontra na Constituição, pontifica o sistema de freios e contrapesos, nele se estabelecendo normas que inibem o crescimento de qualquer um deles em detrimento de outro e que permitem a compensação de eventuais pontos de debilidade de um para não deixá-lo sucumbir à força de outro. São realmente freios e contrapesos dos Poderes políticos.

Esse tipo de controle nasceu da célebre teoria da separação de poderes, preconizada por LOCKE e MONTESQUIEU nos séculos XVII e XVIII. Este último, em sua obra *O espírito das leis*, sustentava que era necessário que um Poder detivesse o outro e que todos deveriam atuar harmonicamente. O poder soberano é uno e indivisível, mas suas funções devem ser diversificadas, e para cada uma delas deve ser criado um órgão próprio, que vem a ser o Poder.[1] É nesse sentido que dispõe o art. 2º da CF: *"São Poderes da União, independentes e harmônicos entre si, o Legislativo, o Executivo e o Judiciário."*

Vários são os casos que traduzem o controle político do Estado exercido entre os seus Poderes. O Executivo, por exemplo, controla o Legislativo através do veto aos projetos oriundos desse Poder (art. 66, § 1º, CF). O Legislativo, a seu turno, controla o Executivo através da rejeição ao veto do Chefe deste Poder (art. 66, § 4º, CF). O Judiciário controla a ambos pelo controle da legalidade e da constitucionalidade de seus atos. Mas, apesar disso, é o Chefe do Executivo que, exercendo controle político sobre o Judiciário, nomeia os integrantes dos mais altos Tribunais do país (art. 101, parágrafo único; art. 104, parágrafo único; art. 107, CF etc.). O Legislativo também controla o Judiciário, como é o caso do controle financeiro e orçamentário (art. 70, CF).

O que ressalta de todos esses casos é a demonstração do caráter que tem o controle político: seu objetivo é a preservação e o equilíbrio das instituições democráticas do país.

O *controle administrativo* tem linhas diversas. Nele não se procede a nenhuma medida para estabilizar poderes políticos, mas, ao contrário, se pretende alvejar os órgãos incumbidos de

---

[1]   MACHADO PAUPÉRIO, *Teoria geral do Estado*, p. 242.

804 | MANUAL DE DIREITO ADMINISTRATIVO • *Carvalho Filho*

exercer uma das funções do Estado – a função administrativa. Enquanto o controle político se relaciona com as instituições políticas, o controle administrativo é direcionado às instituições administrativas.

Esse controle administrativo se consuma de vários modos, podendo-se exemplificar com a fiscalização financeira das pessoas da Administração Direta e Indireta; com a verificação de legalidade, ou não, dos atos administrativos; com a conveniência e oportunidade de condutas administrativas etc. Todos os mecanismos de controle neste caso são empregados com vistas à função, aos órgãos e aos agentes administrativos. Afinal, como bem acentua DIEZ, se a Administração tem vários fins, um deles, e dos mais importantes, é de controle de sua própria atividade.[2]

O *controle político* é estudado basicamente no Direito Constitucional. No presente capítulo, estaremos voltados mais especificamente para o controle administrativo da Administração Pública, matéria própria do Direito Administrativo.

Em algumas situações, todavia, o poder administrativo se entrelaça com o poder político, o que não exclui o controle dos entes públicos, por sua natureza de instrumento democrático do Estado de Direito. Não obstante, é conhecida a prática de alguns governantes de tentar transferir as irregularidades de sua responsabilidade para os sucessores, buscando eximir-se de eventual punição. Para esse controle, não é lícito imputar ilegalidades precedentes aos governantes sucessores, já que "*o princípio da intranscendência subjetiva das sanções, consagrado pelo STF, inibe a aplicação de severas sanções às administrações por ato de gestão anterior à assunção dos deveres públicos*".[3] De outro lado, aduzimos nós, cumpre não esquecer o passado e aplicar com rigor as devidas sanções aos responsáveis pelas práticas ilícitas.

2. FUNDAMENTOS

O controle administrativo da Administração Pública tem dois pilares de sustentação.

O primeiro deles é o *princípio da legalidade*, reconhecidamente o mais importante em termos de função administrativa. Partindo-se da premissa de que esta função se desenvolve de forma subjacente à lei e que os agentes não têm aquela vontade livre que caracteriza os particulares em geral,[4] não é difícil perceber que tudo quanto se processe no âmbito da Administração Pública há de estar adstrito ao que a lei determina. Bem anota SEABRA FAGUNDES que administrar é aplicar a lei *ex officio*,[5] de modo que, com muito maior razão, será necessário que se possa ter à mão instrumentos eficientes para controlar a legalidade das condutas administrativas.

O outro princípio de relevo é o das *políticas administrativas*, ou seja, o poder que tem a Administração de estabelecer suas diretrizes, suas metas, suas prioridades e seu planejamento para que a atividade administrativa seja desempenhada da forma mais eficiente e rápida possível. Neste ponto, não se pode perder de vista que o único alvo da atividade administrativa tem que ser o interesse público, e, sendo assim, é este mesmo interesse que estará a exigir o controle da Administração, não somente em sede de legalidade, mas também no que diz respeito aos objetivos a serem alcançados através da função de gerir os negócios da coletividade.

---

[2]   MANUEL MARIA DIEZ, Manual de derecho administrativo, p. 36.
[3]   STF, AC 2.614 e AC 781, Min. LUIZ FUX, em 23.6.2015.
[4]   RUY CIRNE LIMA, Princípios de direito administrativo, p. 21.
[5]   SEABRA FAGUNDES, *O controle*, cit., p. 4-5.

II. Controle

1. SENTIDO

Podemos denominar de controle da Administração Pública *o conjunto de mecanismos jurídicos e administrativos por meio dos quais se exerce o poder de fiscalização e de revisão da atividade administrativa em qualquer das esferas de Poder.*

No conceito acima são ressaltados alguns importantes elementos.

Quando fazemos referência a um conjunto de mecanismos jurídicos e administrativos, desejamos realçar o fato de que há formas jurídicas de controle, como é o caso do controle judicial dos atos da Administração, e formas administrativas, como é, por exemplo, o pedido de certa comunidade à Prefeitura para o asfaltamento de vias públicas de trânsito.

A fiscalização e a revisão são os elementos básicos do controle. A fiscalização consiste no poder de verificação que se faz sobre a atividade dos órgãos e dos agentes administrativos, bem como em relação à finalidade pública que deve servir de objetivo para a Administração.[6] A revisão é o poder de corrigir as condutas administrativas, seja porque tenham vulnerado normas legais, seja porque haja necessidade de alterar alguma linha das políticas administrativas para que melhor seja atendido o interesse coletivo.

A abrangência do controle é bem ampla e alcança *toda a atividade administrativa*, alcançando assim todas as esferas de Poder, vale dizer, todos os Poderes da República. Sabemos que em todos eles há serviços administrativos, ainda que, em alguns casos, sejam serviços de apoio, e, por isso mesmo, o controle se exerce sobre todos os órgãos e agentes de caráter administrativo em todos esses Poderes. Bom exemplo é o dos atos administrativos. Praticam-se atos administrativos no Executivo, no Legislativo e no Judiciário, e sobre todos eles será possível exercer o controle. O mesmo se dá em relação à gestão dos recursos públicos: assim como essa gestão se dá em todos os Poderes, é em todos eles que se exercerá o controle dessa gestão.

Sensível à necessidade de ser exercido maior controle ainda sobre os órgãos administrativos, o Constituinte, através da EC nº 45/2004, que implantou a Reforma do Judiciário, introduziu no texto constitucional dispositivos em que foram criados o Conselho Nacional de Justiça (art. 103-B) e o Conselho Nacional do Ministério Público (art. 130-A), a ambos competindo o controle da atuação administrativa e financeira do Judiciário e do Ministério Público e a função de zelar pela observância dos princípios administrativos insculpidos no art. 37, da CF, inclusive quanto à legalidade dos atos de suas administrações.

2. OBJETIVO

A função de controle tem intrínseca relação com o instituto da garantia jurídica.

De fato, embora caiba à Administração a tarefa de gerir o interesse coletivo, não é ela livre para fazê-lo. Deve atuar sempre em conformidade com os padrões fixados na lei e buscar, a toda a força, o interesse da coletividade.

Sendo assim, os mecanismos de controle vão assegurar a garantia dos administrados e da própria Administração no sentido de ver alcançados esses objetivos e não serem vulnerados direitos subjetivos dos indivíduos nem as diretrizes administrativas. Esse é que constitui o seu objetivo.

É exatamente através do controle que os administrados e a Administração podem aferir a legitimidade ou a conveniência das condutas administrativas, e por essa razão essa possibilidade espelha, sem a menor dúvida, uma garantia para ambos.[7]

---

[6]   MARIA SYLVIA DI PIETRO, ob. cit., p. 417.

[7]   DIÓGENES GASPARINI, ob. cit., p. 546.

806 | MANUAL DE DIREITO ADMINISTRATIVO • *Carvalho Filho*

Modernamente, no âmbito da ciência política, os estudiosos têm tratado o controle dentro do campo da *accountability* pública, expressão que indica a análise de aspectos fundamentais da Administração, como a gestão de recursos públicos, o exercício de atribuições públicas e a condução de instituições estatais, públicas ou privadas. Recorre-se, pois, a um campo mais amplo e efetivo do controle. Dois são os fundamentos do sistema: de um lado, o evidente destaque do Estado na regulação da vida pública e privada e, de outro, a emergência da democracia, modelo mais justo e popular de governo.[8]

3. NATUREZA JURÍDICA

A natureza jurídica do controle é a de *princípio fundamental* da Administração Pública.

O Decreto-lei nº 200/1967 – o estatuto da reforma administrativa federal – relacionou cinco princípios fundamentais aos quais deverá estar atrelada a Administração: o planejamento, a coordenação, a descentralização, a delegação de competência e o controle (art. 6º, I a V).

Inserido entre os princípios fundamentais, o aludido diploma legal pretendeu considerar o controle como indispensável à execução das atividades administrativas do Estado, chegando mesmo a registrar que *deverá exercer-se em todos os níveis e em todos os órgãos* (art. 13). Significa que o controle, como princípio fundamental, com caráter de indispensabilidade, não pode ser recusado por nenhum órgão administrativo. O espírito da lei é inverso, isto é, serve para estimular órgãos e agentes a desenvolverem métodos cada vez mais eficientes para um melhor controle da Administração.

O princípio, conquanto esteja previsto em legislação federal, deve ser observado por todas as demais entidades federativas independentemente de lei, porque a gestão de interesses alheios, como é o caso da Administração, implica naturalmente a prestação de contas de ações e resultados aos titulares dos mesmos interesses, no caso a coletividade.

4. CLASSIFICAÇÃO

4.1. Quanto à Natureza do Controlador

A classificação do controle quanto à natureza do controlador, que é das mais importantes, leva em conta os setores fundamentais do Estado, razão por que, sob esse aspecto, o controle pode ser *legislativo, judicial* ou *administrativo*.

O *controle legislativo* é aquele executado através do Poder Legislativo sobre os atos da Administração Pública. Sendo o Poder de representação popular, não poderia retirar-se a ele a função fiscalizadora das condutas administrativas em geral. Exemplo desse controle é o exercido pelos Tribunais de Contas, órgãos de controle financeiro que integram o Legislativo das diversas esferas da federação.

O *controle judicial* é o levado a efeito pelo Poder Judiciário. Cabe a este Poder a decisão sobre a legalidade, ou não, de atos da Administração em geral, principalmente em casos de conflitos de interesses. Exemplo desse controle é o exercido por meio de ações judiciais nas quais se discuta sobre a legalidade de atos administrativos.

Por último, o *controle administrativo* é o que se origina da própria Administração Pública. Significa aquele poder que têm os órgãos que a compõem, de fiscalizarem e reverem seus próprios atos, controle, aliás, normalmente denominado de *autotutela*. A revogação de um ato administrativo serve como exemplo desse tipo de controle.

---

[8] MARIANA MONTEBELLO WILLEMAN, *"Accountability" democrática e o desenho institucional dos Tribunais de Contas no Brasil*, Fórum, 2017, p. 42.

Cap. 15 · CONTROLE DA ADMINISTRAÇÃO PÚBLICA | 807

4.2. Quanto à Extensão do Controle

Sob o aspecto da extensão do controle, divide-se ele em *interno e externo*.

Controle interno é aquele exercido por órgãos de um Poder sobre condutas administrativas produzidas dentro de sua esfera.[9] Desse modo, o controle que um órgão ministerial exerce sobre os vários departamentos administrativos que o compõem se caracteriza como interno, e isso porque todos integram o Poder Executivo. No Judiciário, por exemplo, é controle interno o que a Corregedoria exerce sobre os atos dos serventuários da Justiça. Esse tipo de controle prescinde de lei expressa, porque a Constituição, no art. 74, dispõe que os Poderes Executivo, Legislativo e Judiciário devem manter, integradamente, sistema de controle interno.

Ocorre o *controle externo* quando o órgão fiscalizador se situa em Administração diversa daquela de onde a conduta administrativa se originou.[10] É o controle externo que dá bem a medida da harmonia que deve reinar entre os Poderes, como o impõe o art. 2º da CF. Por envolver aspectos que de alguma forma atenuam a independência entre eles, esse tipo de controle está normalmente contemplado na Constituição. É o caso do controle do Judiciário sobre atos do Executivo em ações judiciais. Ou do Tribunal de Contas sobre atos do Executivo e do Judiciário.

No que toca ao controle interno, têm-se desenvolvido estudos sobre a *autovinculação*, com o sentido de que a Administração está vinculada a certas posições anteriormente adotadas. A autovinculação *geral e abstrata*, como a que provém de decretos, regulamentos e outros atos normativos internos, já é admissível há muito, mas novas ideias se dirigem atualmente à autovinculação *individual e concreta*, decorrente da prática de atos administrativos concretos. Deles emana norma jurídica que vincula o comportamento da Administração para casos idênticos posteriores, constituindo uma nova categoria de *precedentes administrativos*. O efeito fundamental destes seria o de atribuir aos atos anteriores eficácia vinculante relativamente às situações futuras.[11]

4.3. Quanto à Natureza do Controle

A classificação quanto à natureza do controle é fundada no conteúdo de que se reveste o ato de controle. Nesse aspecto, temos o *controle de legalidade* e o *controle de mérito*.

Controle de legalidade, como informa a própria expressão, é aquele em que o órgão controlador faz o confronto entre a conduta administrativa e uma norma jurídica vigente e eficaz, que pode estar na Constituição, na lei ou em ato administrativo impositivo de ação ou de omissão. Verificada a incompatibilidade da ação ou omissão administrativa com a norma jurídica incidente sobre a espécie, deve ser revista a conduta por ser ilegítima. O art. 103-A, § 3º, da CF, introduzido pela EC nº 45/2004 (Reforma do Judiciário), prevê a anulação de ato administrativo que ofenda súmula vinculante, ou lhe dê aplicação indevida. Trata-se, pois, de outro mecanismo de controle de legalidade.

O controle de legalidade dos atos da Administração pode ser interno ou externo, vale dizer, pode ser processado pelos órgãos da mesma Administração ou por órgãos de Poder diverso. Pode dizer-se, assim, que Legislativo, Judiciário e a própria Administração podem exercer o controle de legalidade. O Judiciário, por exemplo, examina a legalidade de atos administrativos em mandado de segurança (art. 5º, LXIX, CF). O Legislativo, pelo seu Tribunal de Contas,

---

9   DIEZ, ob. e v. cit., p. 38.
10   HELY LOPES MEIRELLES, ob. cit., p. 570.
11   Foi o estudo desenvolvido por GUSTAVO MARINHO DE CARVALHO, em *Precedentes administrativos no direito brasileiro,* Contracorrente, 2015, p. 116-123.

808 | MANUAL DE DIREITO ADMINISTRATIVO • *Carvalho Filho*

aprecia a legalidade dos atos de admissão de pessoal (art. 71, III, CF). E a Administração, em qualquer esfera, controla a legalidade de seus próprios atos: se uma autoridade estadual age em desconformidade com norma jurídica válida, pode o Secretário Estadual controlar a legalidade da ação administrativa.

Resultado desse controle pode ser, de um lado, a confirmação do ato ou, de outro, a sua invalidação. São atos de confirmação *a homologação, a aprovação, o visto* e outros atos eventualmente inominados.[12] A invalidação é costumeiramente denominada de *anulação*, termo que serve tanto para o Judiciário, em ações judiciais, como para a Administração. Pode ocorrer que a Administração proceda à anulação por meio de ato com designação específica, como, por exemplo, uma portaria que anule uma conduta administrativa anterior. Portaria será o nome formal do ato, mas em seu conteúdo estará a intenção administrativa de proceder à anulação.

Controle de mérito é o controle que se consuma pela verificação da conveniência e da oportunidade da conduta administrativa. Nesse controle, nada se questiona sobre a legalidade da conduta; afere-se apenas se uma conduta anterior merece prosseguir ou se deve ser revista.

O termo *mérito*, no Direito Administrativo, tem sido empregado, algumas vezes, em sentido um pouco diverso do sentido clássico. Quando se faz referência ao controle de mérito, no entanto, a intenção é considerar aqueles aspectos da conduta administrativa sujeitos à valoração dos próprios agentes administrativos. Significa, pois, aquilo que é melhor, mais conveniente, mais oportuno, mais adequado, mais justo, tudo, enfim, para propiciar que a Administração alcance seus fins.

O ponto que mais merece atenção nesse tipo de controle reside na competência para exercê-lo. Com efeito, o controle de mérito *é privativo da Administração Pública* e, logicamente, não se submete à sindicabilidade no Poder Judiciário.[13] A razão é simples. Se esse controle tem por objeto a avaliação de condutas administrativas, há de traduzir certa discricionariedade atribuída aos órgãos administrativos. Somente a estes incumbe proceder a essa valoração, até porque esta é inteiramente administrativa. Ao Judiciário somente é cabível o controle de legalidade, vez que constitui sua função decidir sobre os confrontos entre as condutas administrativas e as normas jurídicas, como vimos acima.

O controle de mérito é ultimado através de atos de confirmação de conduta (aprovação, confirmação etc.), quando esta não precisa ser revista. Se a Administração entender que deve rever a conduta anterior, dar-se-á o instituto da *revogação*. Revogação, portanto, é o meio de que se socorre a Administração para desfazer situações administrativas anteriores, tendo em vista critérios de cunho exclusivamente administrativos.

A respeito desse tema, tem surgido alguma polêmica acerca da possibilidade de controle judicial sobre as denominadas *políticas públicas*. É que, em regra, tais políticas caracterizam-se como atividade administrativa, de forma que somente à Administração caberá instituí-las e executá-las. No entanto, a ineficiência administrativa tem permitido que o Judiciário profira decisões que provocam ingerência no campo da Administração. Colidem, no caso, os princípios da separação de Poderes e da efetividade constitucional. De qualquer modo, embora possa aceitar-se a referida ingerência em determinadas situações, em outras a pretensão determinativa dirigida a órgãos administrativos se revela juridicamente impossível e, consequentemente, inexequível.[14]

---

[12]   LUCIA VALLE FIGUEIREDO faz referência aos dois primeiros (ob. cit., p. 232).

[13]   No mesmo sentido, e de forma expressa, HELY LOPES MEIRELLES, ob. cit., p. 572.

[14]   Sobre o tema, v. nosso trabalho *"Políticas públicas e pretensões judiciais determinativas"*, na obra coletiva *Políticas públicas*. Possibilidades e limites, Fórum, 2008, p. 107-125.

4.4. Quanto ao Âmbito da Administração

Quanto ao âmbito da Administração, classificação que considera os dois segmentos básicos da estrutura administrativa, o controle pode ser *por subordinação* ou *por vinculação.*

O *controle por subordinação* é o exercido por meio dos vários patamares da hierarquia administrativa dentro da mesma Administração. Decorre da relação de subordinação que existe entre os diversos órgãos públicos, a qual permite ao órgão de graduação superior fiscalizar, orientar e rever a atuação de órgãos de menor hierarquia. Esse controle é tipicamente interno, porque os órgãos pertencem, como regra, à mesma pessoa. Exemplo: o controle exercido por um departamento administrativo municipal sobre suas divisões; ou de cada divisão sobre as seções que a integram.

De outro lado, no *controle por vinculação* o poder de fiscalização e de revisão é atribuído a uma pessoa e se exerce sobre os atos praticados por pessoa diversa. Tem, portanto, caráter externo. Esse controle é o mais comum na relação entre as pessoas da Administração Indireta e a respectiva Administração Direta. Como é sabido, aquelas pessoas estão vinculadas a esta, sendo, em consequência, por esta controladas. Esse poder fiscalizatório é que se denomina de controle por vinculação. Como exemplo: o Banco do Brasil, como sociedade de economia mista, sofre controle por vinculação por parte da União Federal, através do Ministério da Economia.

4.5. Quanto à Oportunidade

No que se refere ao momento em que é exercido, o controle pode ser *prévio, concomitante* ou *posterior.*

O *controle prévio* (ou *a priori*) é o exercido antes de consumar-se a conduta administrativa. Tem, por isso, natureza preventiva. Se determinada ação administrativa de engenharia depender de aprovação do órgão técnico superior para ser executada, haverá aí controle prévio.

Controle concomitante é aquele que se processa à medida que se vai desenvolvendo a conduta administrativa. Esse controle tem aspectos preventivos e repressivos, conforme o andamento da atividade administrativa. Como exemplo desse controle, podemos citar a fiscalização dos agentes públicos no curso da execução de obras públicas. Exemplo dessa hipótese, inclusive, é a do art. 117 da Lei nº 14.133/2021 – o Estatuto de Licitações e Contratos.

Finalmente, o *controle posterior* (ou *a posteriori*) tem por objetivo a revisão de atos já praticados, quer para o fim de confirmá-los, quer para corrigi-los.[15] As ações judiciais, por exemplo, são instrumentos de controle *a posteriori* dos atos administrativos: primeiro, o ato é praticado, e somente depois é que o Judiciário aprecia sua legalidade.

4.6. Quanto à Iniciativa

Nesta classificação, o ponto distintivo está na origem do controle. Sob esse aspecto, o controle divide-se em *de ofício* ou *provocado.*

Controle de ofício é o executado pela própria Administração no regular exercício de suas funções. Ninguém precisa deflagrar o controle; os próprios órgãos administrativos o fazem. É o controle de ofício que caracteriza o poder de autotutela da Administração. Exemplo: se um diretor de coordenadoria-geral reforma, por sua iniciativa, ato de uma coordenadoria-regional, sua subordinada, estará exercendo controle de ofício.

---

[15] MARIA SYLVIA DI PIETRO, ob. cit., p. 418.

MANUAL DE DIREITO ADMINISTRATIVO • Carvalho Filho

Já o *controle provocado* é aquele deflagrado por terceiro. Este postula a revisão de conduta administrativa invocando quais as razões que escoram o pedido revisional. Melhor exemplo é o dos recursos administrativos. Se alguém depara ato ilegal ou inconveniente da Administração, toma a iniciativa de solicitar seja ele revisto pela autoridade superior.

III. Controle Administrativo

1. SENTIDO

Na classificação dos controles quanto à natureza do órgão controlador, dividimos o controle em legislativo, judicial e administrativo. Trataremos neste tópico deste último tipo de controle, reservando tópicos adiante para cada um dos demais controles.

Controle administrativo é o exercido pelo Executivo e pelos órgãos administrativos do Legislativo e do Judiciário para o fim de confirmar, rever ou alterar condutas internas, tendo em vista aspectos de legalidade ou de conveniência para a Administração.

O fator de importância nesse tipo de controle é o reconhecimento de que o poder de fiscalizar e de rever ocorre dentro da mesma estrutura de Poder. Em outras palavras, trata-se de controle interno, porque controlador e controlado pertencem à mesma organização.[16]

Esse aspecto interno é que permite se reconheça na espécie a conhecida *prerrogativa de autotutela* conferida aos órgãos da Administração. Havendo condutas ilegais ou inconvenientes, a ela mesma cabe invalidá-las ou revogá-las. O Supremo Tribunal Federal, nas Súmulas 346 e 473, já deixou assentada essa possibilidade e bem identificadas as formas de desfazimento. O controle administrativo emana do próprio sistema normativo e guarda sintonia com a natureza da atividade administrativa. Tem sido considerado tão relevante que algumas Constituições Estaduais dedicam capítulo específico ao tema. É o caso da Constituição do Estado do Rio de Janeiro, que trata do controle administrativo em disposições especiais – os arts. 79 a 81.

2. OBJETIVOS

São três os objetivos do controle administrativo.

O primeiro deles é o de *confirmação*, pelo qual atos e comportamentos administrativos são dados pela Administração como legítimos ou adequados. Exemplo: o ato de confirmação de autuação fiscal, quando o autuado alega ilegalidade do ato.

O segundo é o de *correção*, em que a Administração, considerando ilegal ou inconveniente a conduta ou o ato, providencia a sua retirada do mundo jurídico e procede à nova conduta, agora compatível com a legalidade ou com a conveniência administrativas. Se o Poder Público, para exemplificar, revoga autorização de estacionamento, está corrigindo o ato anterior quanto às novas condições de conveniência para a Administração.

Finalmente o de *alteração*, através do qual a Administração ratifica uma parte e substitui outra em relação ao que foi produzido por órgãos e agentes administrativos. Exemplo: portaria que altera local de atendimento de serviço público, mas mantém o mesmo horário anterior.

3. MEIOS DE CONTROLE

De nada adiantaria possibilitar-se o controle administrativo se não houvesse os meios idôneos a serem utilizados para esse objetivo. Os meios de controle são instrumentos jurídicos que

---

[16] Do mesmo pensamento é DIÓGENES GASPARINI, ob. cit., p. 548.

Cap. 15 · CONTROLE DA ADMINISTRAÇÃO PÚBLICA | 811

concretizam, efetivamente, a possibilidade de ser efetuado o controle administrativo. Vejamos quais são esses instrumentos.

3.1. Controle Ministerial

O controle ministerial é o exercido pelos Ministérios sobre os órgãos de sua estrutura administrativa e também sobre as pessoas da Administração Indireta federal. Naquele caso o controle é interno e por subordinação e neste é externo e por vinculação. Quando se exerce sobre as entidades da administração descentralizada recebe a denominação específica de *supervisão ministerial*, prevista no Decreto-lei nº 200/1967, cujo art. 19 estampa a regra de que *"todo e qualquer órgão da administração federal, direta ou indireta, está sujeito à supervisão do Ministro de Estado competente"*.

A despeito do teor da lei, a expressão *supervisão ministerial*, que parece abranger administração direta e indireta, é mais empregada no sentido do controle que a União, através dos Ministérios, exerce sobre as pessoas descentralizadas federais.[17] Esse tipo de controle, é claro, é aplicável na esfera federal, mas nos Estados e nos Municípios é comum que as Secretarias, que nessas esferas correspondem aos Ministérios, desempenhem idêntico papel. Tudo dependerá, todavia, da organização adotada na pessoa federativa.

3.2. Hierarquia Orgânica

A hierarquia orgânica corresponde ao sistema organizacional da Administração que encerra a existência de escalonamento composto de vários patamares, formando o que se denomina normalmente de *via administrativa*.

Essa hierarquia, considerada por alguns como um dos poderes administrativos, constitui um dos meios de controle administrativo porque dela decorre o princípio pelo qual agentes de grau superior têm o poder fiscalizatório e revisional sobre agentes de menor grau.

Sendo assim, a Administração, através dessa via administrativa, exerce o controle de ofício ou provocado, de legalidade ou de mérito, prévio, concomitante ou posterior sobre suas próprias atividades. É o caso, por exemplo, em que o governador de um Estado tem o poder de fiscalizar a atuação de seus subordinados, revendo sua atividade de modo a adequá-la aos fins administrativos, seja porque foi ela contrária a alguma norma jurídica, seja porque há conveniência e oportunidade na revisão.

3.3. Direito de Petição

Outro relevante instrumento de controle administrativo é o direito de petição. Consiste esse direito, de longínqua tradição inglesa, na faculdade que têm os indivíduos de formular aos órgãos públicos qualquer tipo de postulação, tudo como decorrência da própria cidadania.

A Constituição em vigor contempla o direito de petição entre os direitos e garantias fundamentais, estabelecendo no art. 5º, XXXIV, "a", ser a todos assegurado *"o direito de petição aos Poderes Públicos em defesa de direitos ou contra ilegalidade ou abuso de poder"*.

Avulta observar que esse direito tem grande amplitude. Na verdade, quando admite que seja exercido para a "defesa de direitos", não discrimina que tipo de direitos, o que torna admissível a interpretação de que abrange direitos individuais e coletivos, próprios ou de terceiros, contanto que possa refletir o poder jurídico do indivíduo de dirigir-se aos órgãos

---

[17] No mesmo sentido, HELY LOPES MEIRELLES, ob. cit., p. 574.

MANUAL DE DIREITO ADMINISTRATIVO • *Carvalho Filho*

públicos e deles obter a devida resposta. O direito – convém acentuar – se entrelaça com o princípio da informalidade, não devendo exigir-se do cidadão senão os requisitos mínimos para formular sua petição.[18]

Reafirmamos aqui o que já deixamos consignado quanto ao direito de postular junto aos órgãos públicos. Alguns servidores menos esclarecidos costumam negar-se a receber petições de administrados. Tal atuação é ilegítima. O recebimento dos pedidos é obrigatório, ainda que eventualmente contenha algum absurdo. Cabe à Administração, no máximo, indeferir o pedido, se for o caso, ou encaminhá-lo ao órgão competente para apreciação. Somente assim poderá afirmar-se que o administrado exerceu seu direito de petição.

Como é lógico, o direito de petição não pode mascarar qualquer forma de abuso por parte do interessado. A Constituição protege o uso do direito, e não o abuso. Por isso, as petições devem ser, como regra, escritas e não devem conter expressões ofensivas e difamatórias. Não são consideradas lícitas as petições clandestinas ou anônimas, como bem consigna PINTO FERREIRA.[19] Fora isso, podem conter pedidos revisionais, queixas, súplicas, sugestões e correção de erros e abusos.[20] Demonstrada está, portanto, a amplitude do direito.

Cuida-se, indiscutivelmente, de um dos mais relevantes e tradicionais mecanismos de controle administrativo.

3.4. Revisão Recursal

Como instrumento de controle administrativo, a revisão recursal significa a possibilidade de eventuais interessados se insurgirem formalmente contra certos atos da Administração, lesivos ou não a direito próprio, mas sempre alvitrando a reforma de determinada conduta.

Esse meio de controle é processado através dos *recursos administrativos*, matéria que, marcada por muitas singularidades, será estudada em separado a seguir.

3.5. Controle Social

Modernamente as normas jurídicas, tanto constitucionais como legais, têm contemplado a possibilidade de ser exercido controle do Poder Público, em qualquer de suas funções, por segmentos oriundos da sociedade. É o que se configura como *controle social*, assim denominado justamente por ser uma forma de controle exógeno do Poder Público nascido das diversas demandas dos grupos sociais.

Cuida-se, sem dúvida, de poderoso instrumento democrático, permitindo a efetiva participação dos cidadãos em geral no processo de exercício do poder. É bem de ver, no entanto, que, conquanto semelhante modalidade de controle se venha revelando apenas incipiente, já se vislumbra a existência de mecanismos jurídicos que, gradativamente, vão inserindo a vontade social como fator de avaliação para a criação, o desempenho e as metas a serem alcançadas no âmbito de algumas políticas públicas.

Em relação à *função legislativa*, é tradicional o instrumento da *iniciativa popular* (art. 61, § 2º, CF), muito embora não seja empregado com a frequência proporcional à quantidade de propostas legislativas exigidas pelas inúmeras demandas sociais.

---

[18] OCIMAR BARROS DE OLIVEIRA, *Processo administrativo e democracia participativa*, J. H. Mizuno, Leme, 2014, p. 141.

[19] *Comentários*, cit., v. I, p. 138.

[20] PINTO FERREIRA, ob. e v. cit., p. 139.

Cap. 15 · CONTROLE DA ADMINISTRAÇÃO PÚBLICA | 813

A ampliação do controle social, entretanto, tem incidido de forma mais expressiva sobre a *função administrativa*, ou seja, sobre o Estado-Administração. A Constituição prevê, por exemplo, a edição de lei que regule as formas de participação do usuário na administração direta e indireta, conforme art. 37, § 3º. A Lei nº 13.460/2017 passou a regular as formas de participação. O mesmo sucede em relação às ações e serviços de saúde, cujo sistema deve admitir a participação da comunidade (art. 198, III, CF), o que foi regulamentado pela Lei nº 8.142, de 28.12.1990. A participação social é também prevista no sistema da seguridade social, ao qual se deve conferir caráter democrático e cogestão entre Administração e administrados (art. 194, VII), com regulamentação pela Lei nº 8.212/1991 (Lei da Seguridade Social).

Em sede infraconstitucional, a legislação também tem voltado suas atenções para o controle social. À guisa de exemplo, a Lei nº 10.257/2001 (Estatuto da Cidade) inclui, dentre os objetivos da política urbana, a *gestão democrática* com a participação das comunidades na formulação, execução e acompanhamento dos planos de desenvolvimento urbano (art. 2º, II). A Lei nº 11.445/2007 expressa, como princípio, o *controle social* (art. 2º, X), que define como sendo os mecanismos que garantem à sociedade informações e participação na formulação, planejamento e avaliação dos serviços de saneamento básico (art. 3º, IV). A Lei nº 9.784/1999, que regula o processo administrativo federal, admite, em situações de interesse geral, a *consulta pública* (art. 31) e a *audiência pública* (art. 32), instrumentos relevantes de controle social e participação comunitária nas atividades da Administração. Por último, a Lei nº 12.587/2012 previu a participação da sociedade civil no planejamento, fiscalização e avaliação da Política Nacional de Mobilidade Urbana, através de (a) órgãos colegiados constituídos de representantes do governo, da sociedade e dos operadores dos serviços; (b) ouvidorias; (c) audiências e consultas públicas; e (d) procedimentos sistemáticos de comunicação, avaliação e prestação de contas (art. 15).

A *efetivação* do controle social pode ocorrer basicamente de duas formas. De um lado, o *controle natural*, executado diretamente pelas comunidades, quer através dos próprios indivíduos que as integram, quer por meio de entidades representativas, como associações, fundações, sindicatos e outras pessoas do terceiro setor. De outro, o *controle institucional*, exercido por entidades e órgãos do Poder Público instituídos para a defesa de interesses gerais da coletividade, como é o caso do Ministério Público, dos Procons, da Defensoria Pública, dos órgãos de ouvidoria e outros do gênero.

Os exemplos significativos acima mencionados demonstram o processo de evolução do *controle social*, como meio democrático de participação da sociedade na gestão do interesse público. Trata-se, com efeito, de um *processo*, em que cada etapa representa um fator de ampliação desse tipo de controle. Urge, entretanto, que o Poder Público reduza cada vez mais sua postura de imposição vertical, admitindo a cogestão comunitária das atividades de interesse coletivo, e que a sociedade também se organize para realçar a expressão de sua vontade e a indicação de suas demandas, fazendo-se ouvir e respeitar no âmbito dos poderes estatais.[21]

A propósito, vale lembrar, em razão do intenso debate produzido, que o STF, a nosso ver corretamente, decidiu no sentido da legitimidade do *compartilhamento de dados* bancários e fiscais do contribuinte entre, de um lado, a Receita Federal e outros órgãos de controle financeiro, como a Unidade de Inteligência Financeira (UIF, que substituiu o Conselho de Controle de Atividades Financeiras – COAF), e, de outro, o Ministério Público, para apuração da eventual prática de ilícitos penais. Entendeu-se que, embora consagrada a proteção à intimidade e à vida privada (art. 5º, X, CF), bem como à inviolabilidade de dados (art. 5º, XII, CF), tais garantias não são absolutas e, por isso, não podem servir de escudo para a prática de atividades criminosas.[22]

---

[21] Sobre a matéria, consulte-se FABRÍCIO MOTTA, *Função normativa*, cit., p. 247-256.

[22] STF, RE 105.594, j. 27 e 28.11.2019.

3.6. Outros Instrumentos Legais

Em virtude dos numerosos fatos que têm provocado grandes prejuízos à Administração, normalmente em decorrência de agentes que praticam atos qualificados como de improbidade administrativa, tem o legislador editado alguns diplomas legais, regulamentadores da Constituição, com o propósito de exercer controle mais efetivo sobre os órgãos e agentes públicos.

Um desses diplomas é a Lei Complementar nº 101, de 4.5.2000, que estabelece normas de finanças públicas voltadas para a responsabilidade na gestão fiscal, regulamentando o art. 163, I, (finanças públicas) e o art. 169, da Constituição. O grande objetivo desse diploma reside na obtenção de equilíbrio nas contas públicas, para tanto prevenindo riscos e corrigindo desvios, tudo mediante o cumprimento de metas de resultados entre receita e despesa. A lei institui limites e condições para a geração de despesas com pessoal e com a seguridade social, bem como com a renúncia de receitas, contendo também regras sobre as dívidas consolidada e mobiliária, operações de crédito e outras do gênero. Trata-se de diploma avançado e indispensável no cenário do país, sobretudo no que tange ao controle de despesas de pessoal, estas de montantes elevadíssimos e resultantes de descalabro administrativo causado pelos dirigentes das entidades da federação.

A EC nº 40, de 29.5.2003, alterou a redação do inciso V do art. 163, da Constituição, para admitir que lei complementar venha a dispor sobre *"fiscalização financeira da administração pública direta e indireta"*. O dispositivo se encontra dentro do capítulo destinado às finanças públicas, de modo que a modificação constitucional teve por intuito permitir que lei complementar institua, regule e defina novos meios de controle da administração, voltados agora para a atividade financeira. Por conseguinte, a lei prevista no art. 163 da CF tem maior amplitude que a LC nº 101/2000, já que esta foi voltada especificamente para a responsabilidade na gestão fiscal.

São todos mecanismos de controle administrativo, mas, como já acentuamos anteriormente, de nada valerão se não houver real deliberação de implementá-los. Cabe, pois, aos governantes adotar as medidas concretas para fiscalizar sua própria administração, pois que somente assim observarão as normas constitucionais voltadas para tal finalidade.

4. RECURSOS ADMINISTRATIVOS

4.1. Sentido

Recursos administrativos são os meios formais de controle administrativo, através dos quais o interessado postula, junto a órgãos da Administração, a revisão de determinado ato administrativo.

Analisemos os elementos do conceito. De início, esse instrumento tem que ser formal, já que a via administrativa, por onde terá tramitação, sujeita-se ao princípio da publicidade e do formalismo, em relação aos quais somente em situações excepcionais uma atividade pode deixar de ser formalizada. A forma, aliás, constitui garantia para a Administração e para o administrado.

O outro elemento é o inconformismo do interessado. Quando o administrado se vê beneficiado por algum ato da Administração, não tem interesse recursal, porque nada pretende ver reformado. O fundamento da via recursal é a contrariedade do ato com algum interesse do administrado. É nesse momento que utiliza o recurso administrativo.[23]

---

[23] Esse aspecto é bem salientado por MARCELO CAETANO (*Manual*, cit., t. II, p. 1240).

Cap. 15 • CONTROLE DA ADMINISTRAÇÃO PÚBLICA | 815

Ficou também destacado no conceito que o recurso tramita pela via administrativa. Significa dizer que o percurso se dá pelos diversos órgãos que compõem o escalonamento organizacional da Administração e dentro desta o pedido é resolvido. Não há, portanto, na hipótese, qualquer ingerência da função jurisdicional para a obtenção do resultado pretendido pelo recurso. A solução se exaure na via administrativa.

Deixamos realçado esse fato para mostrar que no Poder Judiciário também existe a via administrativa e as autoridades que decidem sobre os recursos exercem função administrativa, mesmo que seu cargo seja da Magistratura, como é o caso do Corregedor ou do próprio Presidente do Tribunal. Se o resultado for desfavorável ao recorrente, poderá ele valer-se da ação judicial, e nesse caso o Judiciário vai figurar como órgão titular de função jurisdicional.

4.2. Fundamentos e Objetivo

Os recursos administrativos têm suporte em três fundamentos básicos: (1) o sistema de hierarquia orgânica; (2) o exercício do direito de petição; (3) a garantia do contraditório e ampla defesa.

De fato, é o escalonamento de órgãos e agentes, constitutivo da hierarquia, que possibilita ao interessado requerer a reapreciação, por autoridade ou órgão superior, de ato ou conduta de agentes ou órgãos inferiores. Desse modo, cabe, como regra, ao agente hierarquicamente superior *o poder revisional sobre a conduta de seus subordinados.* Essa forma de controle interessa não só ao recorrente, que deseja ver alterado um ato administrativo, como à própria Administração, que deve ter interesse em averiguar todas as razões trazidas pelo recorrente, impugnando a atuação administrativa.[24]

Também é fundamento dos recursos administrativos o direito de petição, previsto no art. 5º, XXXIV, "a", da CF. Quando o examinamos neste mesmo capítulo, destacamos ser o direito de petição um dos meios de controle administrativo. Aqui é propícia a extensão do sentido em ordem a ser esse direito considerado como fundamento dos recursos, porque *os recursos não são senão um meio de postulação formulado normalmente a um órgão administrativo superior.* Ora, a noção que encerra o direito de petição é ampla e logicamente abrange também os pedidos revisionais, como são os recursos administrativos. Podemos, assim, concluir que os recursos são uma forma de exercer o direito de petição, não podendo os indivíduos, em consequência, encontrar óbices para sua interposição.

O art. 5º, LV, da CF, assinala claramente o terceiro fundamento dos recursos, dispondo ser assegurado o direito de ampla defesa e contraditório *com os meios e recursos a ela inerentes.* O texto deixa claro que o princípio da ampla defesa não estará completo se não se garantir ao interessado o direito de interposição de recursos. Com efeito, hipóteses de arbitrariedades e condutas abusivas por parte de maus administradores devem ser corrigidas pelos agentes superiores, e para que o interessado leve sua pretensão a estes certamente se socorrerá do instituto recursal. Cercear o recurso, portanto, é desnaturar indevidamente o fundamento pertinente ao próprio direito de defesa.

Em relação ao objetivo, não é difícil observar que os recursos, como meio de impugnação de condutas administrativas, não são interpostos pelos interessados sem que haja uma finalidade especial a ser alcançada pelo recorrente.

O objetivo do recurso tem aproximada relação com a condição processual do interesse de recorrer. Sempre que o interessado interpõe um recurso administrativo pretende *a revisão de*

---

24   GUIDO E POTENZA enfocam esse aspecto (*Manuale di diritto amministrativo*, p. 637).

816 | MANUAL DE DIREITO ADMINISTRATIVO • *Carvalho Filho*

uma conduta ou de um ato da Administração. O objetivo, pois, é o de revisão, reforma ou alteração de alguma situação administrativa que o recorrente entende ilegal ou inadequada ao interesse público. Se inexiste esse objetivo, o interessado não tem por que interpor qualquer recurso.

A revisão da decisão administrativa pode ter como fundamento a contrariedade a enunciado de *súmula vinculante*. Se o recorrente apresentar alegação dessa natureza, a autoridade que praticou o ato impugnado, bem como aquela competente para julgar o recurso, deverão explicitar claramente os *motivos* de sua decisão, visto que tal situação permite ao interessado promover *reclamação* junto ao STF para que tais autoridades sejam obrigadas a adequar suas futuras ações ao disposto na súmula contrariada. É o que emana da Lei nº 9.784/1999, com a alteração da Lei nº 11.417/2006, que regulou o art. 103-A da Constituição.

4.3. Natureza Jurídica

A natureza jurídica dos recursos administrativos é a de *meio formal de impugnação de atos e comportamentos administrativos*.

É um meio de impugnação porque serve como instrumento de exercício do direito de petição pelo interessado.[25] Além disso, é formal porque deve ser interposto por petição escrita e devidamente protocolada na repartição administrativa, observando-se o princípio da publicidade e do formalismo a que se submete a Administração. O instrumento é de impugnação porque através dele o interessado hostiliza, por alguma razão, a atividade administrativa e requer seja esta reexaminada por outros órgãos da Administração.

4.4. Formalização

Ao contrário do que ocorre com os recursos judiciais, contemplados em diploma legal específico, os recursos administrativos estão previstos em diversas leis e atos administrativos e não têm uma tramitação previamente determinada. É comum a referência a recursos administrativos, por exemplo, em regulamentos e regimentos de órgãos públicos e pessoas administrativas, nos quais se fixam suas próprias regras acerca de prazos, competências, forma e, enfim, os requisitos que devem estar presentes na interposição. Apenas para exemplificar, a Lei nº 14.133/2021 (Estatuto de Licitações e Contratos) e a Lei nº 9.784/1999 (regula o processo administrativo federal), entre outras, possuem normas específicas sobre recursos.

Outro aspecto é o relativo à *forma* dos recursos. Como já tivemos a oportunidade de salientar, por mais de uma vez, os recursos não dispensam os pontos básicos do formalismo (petição escrita, assinada etc.) porque assim o exigem os princípios administrativos aplicáveis. Entretanto, o rigor formal é mais atenuado do que o exigido para os recursos judiciais. Nenhuma forma especial relativa ao conteúdo do recurso é cobrada do recorrente. Assim, este não precisa de advogado para representá-lo, o que torna possível que ele mesmo aponte suas razões, mesmo que estas não tenham as mínimas condições de aceitabilidade. Não se lhe exige estilo ou perfeição no emprego do idioma. Na verdade, nem o motivo do pedido revisional é condição de conhecimento do recurso.

Existem dois pontos, porém, que o recorrente deve atender: primeiramente, deve declinar sua identificação, evitando que o pedido possa ser tido como abusivo ou meramente formulado por mero capricho; ademais, deve o recorrente apontar claramente qual o ato ou a conduta administrativa cuja reforma pretende com a interposição do recurso. As exigências, de fato, precisam ser mínimas para permitir que pessoas menos esclarecidas ou desprovidas

---

[25] DROMI, ob. cit., p. 797.

Cap. 15 • CONTROLE DA ADMINISTRAÇÃO PÚBLICA | 817

de maior preparo intelectual possam exercer seu direito de impugnação. À Administração caberá simplesmente examinar o pedido, ainda que seja para não acolhê-lo. O que não se pode é cercear o direito dos administrados, seja qual for a categoria social a que pertençam.

Por outro lado, não há amparo para a dissociação entre a *petição* de recurso e as *razões* que lhe servem de fundamento, a menos que haja expressa previsão na lei, como ocorre em alguns casos na esfera judicial. Na petição já devem ser oferecidas as respectivas razões. Com o final do prazo do recurso, ocorre *preclusão consumativa*, não mais sendo cabível que o recorrente apresente razões *a posteriori*, até porque deve prevalecer no caso o *princípio da segurança jurídica*.[26]

Vale a pena, ainda, consignar que, em razão do formalismo exigido, os recursos administrativos podem dar início a um processo administrativo. Se o processo administrativo já estiver materializado, o recurso será interposto dentro dele, à semelhança do que ocorre com os recursos judiciais. Mas se não houver ainda processo administrativo, o recurso interposto contra o ato administrativo estará deflagrando, com a protocolização da petição escrita do recorrente, a instauração do processo.

4.5. Classificação

Em nosso entender, a classificação mais importante relativa aos recursos administrativos é a que os divide em *recursos hierárquicos próprios* e *recursos hierárquicos impróprios*.

Recursos hierárquicos próprios são aqueles que tramitam na via interna de órgãos ou pessoas administrativas. Se o interessado, por exemplo, recorre do ato de um diretor de divisão para o diretor do departamento-geral, esse recurso é hierárquico próprio.

No que concerne a essa categoria de recursos, parece-nos devam ser destacados dois aspectos. O primeiro deles é o de que esses recursos dispensam previsão legal ou regulamentar expressa, e isso porque derivam normalmente do controle hierárquico que deve reinar na Administração. Mesmo que a lei não os preveja, é lícito ao interessado dirigir-se à autoridade superior àquela que praticou o ato, requerendo sua revisão. O segundo ponto a considerar diz respeito à abrangência da apreciação dos recursos hierárquicos próprios. Ao examiná-los, a autoridade administrativa tem amplo poder revisional e pode decidir até mesmo além do que é pedido no recurso, fundamento que se encontra na faculdade de autotutela da Administração.[27]

Recursos hierárquicos impróprios são aqueles que o recorrente dirige a autoridades ou órgãos estranhos àquele de onde se originou o ato impugnado. O adjetivo *"impróprio"* na expressão significa que entre o órgão controlado e o controlador não há propriamente relação hierárquica de subordinação, mas sim uma relação de vinculação, já que se trata de pessoas diversas ou de órgãos pertencentes a pessoas diversas. Exemplo: se o interessado recorre contra o ato do presidente de uma fundação pública estadual para o Secretário Estadual ou para o Governador do respectivo Estado, esse recurso é hierárquico impróprio.

Em relação a tais recursos, vale a pena acentuar que sua admissibilidade depende de lei expressa, porque no caso, como dissemos, não há hierarquia em sentido puro. Apesar disso, nada impede e tudo aconselha, a nosso ver, que a autoridade examine o recurso administrativo mesmo diante do silêncio da lei, até porque, se não for a postulação reconhecida como recurso, deverá sê-lo como exercício regular do direito de petição, o qual há de merecer a resposta da Administração.

Inviável, no entanto, é a interposição de recurso a um Poder contra ato de outro, porque não há hierarquia entre eles e ainda em virtude de sua independência e da separação de funções (art. 2º, CF).

---

[26]   Foi como decidiu o STJ no MS 7.897, j. 24.10.2007.
[27]   No mesmo sentido, HELY LOPES MEIRELLES, ob. cit., p. 580.

MANUAL DE DIREITO ADMINISTRATIVO • *Carvalho Filho*

Outra classificação que merece comentário, pela peculiaridade de que se reveste na via administrativa, consiste em agrupar os recursos em *recursos incidentais* e *recursos deflagradores* (ou *autônomos*). Os *recursos incidentais* são interpostos pelo interessado quando já está em curso o processo administrativo e o insurgimento se dá contra algum ato praticado no processo. Por exemplo, se o servidor recorre, para autoridade superior, contra ato punitivo em que culminou o processo disciplinar, o recurso é incidental. *Recursos deflagradores*, por sua vez, são aqueles que formalizam a própria instauração do processo, vale dizer, são interpostos sem que haja qualquer processo anterior em curso sobre o tema objeto da irresignação. Em síntese: são recursos autônomos. É o caso, para exemplificar, de uma representação contra conduta arbitrária de administrador público: ao ser apresentado o recurso, a petição que o formaliza será ela própria o instrumento de instauração do processo. Essa modalidade, porém, não é admitida na via judicial, em cujo sistema existem apenas recursos incidentais.

4.6. Espécies

NOMENCLATURA USUAL – Inserimos este tópico para dar destaque a um ponto de grande importância prática na questão dos recursos administrativos.

Há realmente nomenclatura própria para alguns recursos administrativos, como indicam os estudiosos, e que veremos adiante. Todavia, a prática tem demonstrado que a grande maioria de administrados que usam de seu direito de impugnação de atos ou condutas administrativas desconhecem as denominações específicas dos recursos e se limitam simplesmente a denominá--los de *"recursos administrativos"* ou simplesmente de *"recursos"*. Essas designações de caráter genérico, porém, não retiram ao pedido revisional a natureza de recurso administrativo, razão pela qual deve este ser apreciado normalmente.

Em suma: apesar de serem genéricas as expressões que servem para denominar as impugnações, as quais abrangem todos os diversos tipos de recursos dotados de nomenclatura própria, deve a Administração conhecê-los como recursos e apreciá-los normalmente. Por exemplo, se o recurso é dirigido à mesma autoridade que praticou o ato, denomina-se comumente de pedido de reconsideração. Caso o postulante, contudo, o denomine simplesmente de *recurso* ou de *recurso administrativo*, a autoridade deve apreciá-lo regularmente como pedido de reconsideração. É que o administrado, para o controle administrativo, não está obrigado a conhecer as denominações técnicas das impugnações; basta que aponte o ato ou a conduta em relação aos quais demonstre seu inconformismo e requeira a sua revisão.

REPRESENTAÇÃO – *Representação* é o recurso administrativo pelo qual o recorrente, denunciando irregularidades, ilegalidades e condutas abusivas oriundas de agentes da Administração, postula a apuração e a regularização dessas situações.

O pedido deve ser formalizado e assinado pelo recorrente, como já vimos antes. A grande característica desse tipo de recurso é que o recorrente pode ser qualquer pessoa, ainda que não afetada pela irregularidade ou pela conduta abusiva. É, portanto, significativo meio de exercer as faculdades decorrentes da cidadania.

Oferecida a representação, a Administração deve receber a denúncia, instaurar o processo administrativo e apurar a situação informada. Para a Administração, essa preocupação constitui um poder-dever de agir, eis que diante de ilegalidades não se pode admitir que se conduza com indiferença e comodismo. Urge apurar a denúncia e, se nada for comprovado, será o processo normalmente arquivado.[28]

---

[28] No mesmo sentido, MARIA SYLVIA ZANELLA DI PIETRO, *Direito administrativo*, cit., p. 420.

Cap. 15 • CONTROLE DA ADMINISTRAÇÃO PÚBLICA | 819

A Constituição Federal prevê hipótese de representação no art. 74, § 2º, quando admite que qualquer indivíduo é parte legítima para denunciar irregularidades ou ilegalidades perante o Tribunal de Contas da União. A própria lei processual prevê a representação contra juiz, interposta pela parte ou pelo MP e dirigida ao órgão do Judiciário competente, quando há excesso no cumprimento de prazos processuais (art. 235, CPC).

RECLAMAÇÃO – A *reclamação* é a modalidade de recurso em que o interessado postula a revisão de ato que lhe prejudica direito ou interesse. Sua característica é exatamente essa: o recorrente há de ser o interessado direto na correção do ato que entende prejudicial. Nesse ponto difere da representação, que admite o pedido formulado por qualquer pessoa.

Esse recurso está previsto e regulado no Decreto nº 20.910, de 6.1.1932. De acordo com o referido diploma, o direito à reclamação extingue-se em um ano, caso não haja na lei a fixação de prazo. Significa que, decorrido esse prazo, a Administração tem o direito de não conhecer do pedido por absoluta intempestividade.

Na hipótese, o transcurso do prazo *in albis* acarreta para o interessado a *decadência* do direito de formular a reclamação.[29] Anote-se que o citado diploma emprega impropriamente o termo *"prescreve"* (art. 6º), mas, como se trata de direito potestativo, a falta de sua fruição no prazo legal fixado para seu exercício configura decadência.

Entretanto, não é absoluta a posição da Administração quanto ao não conhecimento do recurso por intempestividade. A mitigação da norma legal decorre da própria faculdade de autotutela da Administração e do princípio da economia processual. Se, mesmo após o prazo, a Administração reconhece o direito do recorrente, pode desfazer o ato lesivo anterior e restaurar a legalidade. Só não poderá fazê-lo quando afetar a esfera jurídica de outrem, ou quando já se tiver consumado a prescrição quinquenal em favor da Fazenda, e isso porque esta atinge o próprio direito de ação judicial.[30]

Por outro lado, reza o art. 4º do mesmo diploma legal que, interposta a reclamação no prazo próprio, ocorre a suspensão do prazo prescricional até a solução do pedido. A suspensão, porém, só se verifica se a discussão versar sobre apuração de dívida da Fazenda. Decorre daí que, se já tiver decorrido, antes do recurso, algum período contado para a prescrição, o prazo prescricional continuará sua contagem após a solução do recurso, porque a hipótese legal é a de *suspensão*, e não a de *interrupção*. Para a discussão de outras matérias, todavia, o prazo prescricional continua a fluir.

A Lei nº 11.417, de 19.12.2006, que regulamentou o art. 103-A, da CF, introduzido pela EC nº 45/2004, previu *reclamação* ao STF contra ato administrativo que contraria súmula vinculante, lhe nega vigência ou a aplica indevidamente, estabelecendo que, caso procedente a medida, o ato será anulado (art. 7º, § 2º). A hipótese é interessante, pois que órgão judicial estará anulando ato da Administração. Na verdade, trata-se de correção de ilegalidade administrativa, de modo que essa reclamação tem mais *caráter jurisdicional* do que administrativo. Nesse caso, o STF estará exercendo função jurisdicional propriamente dita. Na reclamação, como típico recurso administrativo, a irresignação é dirigida a *órgão administrativo* de estatura hierárquica superior; a solução do recurso, assim, retratará legítimo exercício de *função administrativa*.

PEDIDO DE RECONSIDERAÇÃO – Este recurso se caracteriza pelo fato de ser dirigido à mesma autoridade que praticou o ato contra o qual se insurge o recorrente. Se um ato

---

[29]   Entendendo também ser caso de decadência: RAQUEL MELO URBANO DE CARVALHO, *Curso*, cit., p. 482.
[30]   HELY LOPES MEIRELLES, ob. cit., p. 578.

820 | MANUAL DE DIREITO ADMINISTRATIVO • *Carvalho Filho*

é praticado por um Coordenador-Geral, por exemplo, haverá pedido de reconsideração se o interessado em revê-lo a ele mesmo se dirige.

Não há uma lei específica que regule esse recurso. Ao contrário, alguns diplomas fazem referência a ele. É o caso do art. 115 da Lei nº 14.133/2021 (Estatuto das Licitações e Contratos) e do art. 106 da Lei nº 8.112/1990 (Estatuto dos servidores federais). Não obstante, o pedido de reconsideração não precisa ser previsto expressamente em lei. Desde que o interessado se dirija ao mesmo agente que produziu o ato, o recurso se configurará como pedido de reconsideração.

Dois aspectos especiais merecem ser salientados neste tópico. O prazo para a interposição do pedido de reconsideração é de um ano, se não houver prazo diverso fixado em lei.[31] Apesar de não haver regra geral nesse sentido, é razoável se admita esse prazo, tomando-se como fonte analógica a reclamação, como vimos anteriormente. É que, na verdade, o pedido de reconsideração não deixa de ser uma reclamação, caracterizando-se apenas por ser dirigido à mesma autoridade.

Contudo, o pedido de reconsideração não suspende nem interrompe a prescrição e também não altera os prazos para a interposição de recursos hierárquicos. Significa que a ausência de solução pelos órgãos administrativos não valerá como escusa para o interessado livrar-se da ocorrência da prescrição. Consumar-se-á, pois, a prescrição mesmo que o pedido de reconsideração não seja apreciado. O tema, inclusive, está sedimentado pela Súmula 430 do STF, segundo a qual o pedido de reconsideração não interrompe o prazo para o mandado de segurança. Quer dizer: se o interessado interpõe esse recurso e a autoridade não o aprecia no prazo de 120 dias, prazo legal para a impetração do mandado de segurança, a consequência será a decadência do direito ao uso desse remédio especial.

REVISÃO – *Revisão é o recurso administrativo pelo qual o interessado postula a reapreciação de determinada decisão, já proferida em processo administrativo"* (Súmula 64, TJ/RJ).

O recurso é normalmente utilizado por servidores públicos, valendo-se da previsão do mesmo em vários estatutos funcionais. Nesse caso, já terá havido um processo administrativo e neste já terá sido proferida a decisão.

O interessado, então, reivindica a revisão desse ato decisório. Entretanto, precisa preencher um requisito especial para que seja conhecido o recurso: a existência de fatos novos suscetíveis de conduzir o administrador à solução diversa daquela que apresentou anteriormente no processo administrativo. A revisão, por isso, enseja a instauração de *novo processo,* que tramitará em apenso ao processo anterior.

4.7. Efeitos

Os recursos administrativos podem ter efeito *devolutivo* ou *suspensivo*.

A regra geral é que tenham efeito apenas devolutivo. Só se considera que possam ter efeito também suspensivo quando a lei expressamente o menciona. Quer dizer: *no silêncio da lei, o efeito é apenas devolutivo.* A razão é simples: *os atos administrativos têm a seu favor a presunção de legitimidade;* só *a posteriori* são controlados, como regra. Sendo assim, o inconformismo do indivíduo no que concerne a algum ato administrativo não tem o condão de paralisar a atividade administrativa, pois que prevalece neste caso o princípio da continuidade das ações da Administração.

Apesar disso, nada impede que o recurso com efeito apenas devolutivo seja recebido pela autoridade competente com efeito suspensivo. Ou em outras palavras: mesmo que o efeito seja somente devolutivo, pode o administrador sustar, de ofício, os efeitos do ato hostilizado. Pode

---

[31] DIÓGENES GASPARINI, ob. cit., p. 550 e HELY LOPES MEIRELLES, ob. cit., p. 579.

Cap. 15 • CONTROLE DA ADMINISTRAÇÃO PÚBLICA | 821

ocorrer, com efeito, que o administrador suspeite, de plano, da ilegalidade do ato e o paralise para evitar consequências mais danosas para a Administração. Esse poder administrativo decorre da autotutela administrativa: se a Administração pode paralisar *ex officio* sua atividade, poderá fazê-lo também diante de um recurso sem efeito suspensivo.

Há relevante relação entre os efeitos do recurso e a prescrição. Se o recurso tem efeito meramente devolutivo, sua interposição não suspende nem interrompe o prazo prescricional. Quer dizer: a prescrição é contada a partir do ato que o recorrente está impugnando. De outro lado, se o recurso tem efeito suspensivo, o ato impugnado fica com sua eficácia suspensa até que a autoridade competente decida o recurso. Confirmando-se o ato impugnado, continuará a correr o prazo prescricional que se iniciara quando se tornou eficaz o primeiro ato.

Outro ponto importante a ser enfocado é o que diz respeito à ação judicial. Tendo o recurso efeito somente devolutivo, pode o interessado recorrer desde logo ao Judiciário, e isso porque o ato atacado continua a produzir normalmente os seus efeitos, ainda que seja interposto o recurso administrativo. Nesse caso, é indiferente que o interessado tenha ou não recorrido; se recorreu, pode ajuizar a ação concomitantemente à tramitação do recurso.

O mesmo não ocorre, entretanto, se o recurso tem efeito suspensivo. Com a interposição deste, ficam suspensos os efeitos do ato hostilizado; o ato fica sem operatividade e não tem como atingir a esfera jurídica do interessado. Nessa hipótese, é necessário que este aguarde a decisão do recurso, para que o ato administrativo passe a ter eficácia. Antes disso, não é cabível o ajuizamento de ação judicial: a pessoa não tem ainda interesse processual para a formulação da pretensão. Não há ainda nem a lesão ao direito nem a ameaça de lesão, não se verificando, por conseguinte, a ocorrência dos pressupostos para o recurso ao Poder Judiciário (art. 5º, XXXV, CF).

Considerando a independência de instâncias, nada impede que o interessado utilize *simultaneamente as vias administrativa e judicial* para a defesa de seu direito. Não lhe é lícito, porém, recorrer à via administrativa quando já há decisão judicial transitada em julgado. O recurso à via administrativa é assegurado no art. 5º, XXXIV, "a" (direito de petição), e LV (contraditório e ampla defesa com os meios e recursos a eles inerentes), da Constituição, ao passo que o socorro ao Judiciário está consagrado no art. 5º, XXXV, da CF. Poderá ocorrer que a decisão numa esfera influa na de outra, mas não se pode opor, de início, vedação ao recurso concomitante às vias administrativa e judicial.

Por tal motivo, julgamos inconstitucional o art. 38, parágrafo único, da Lei nº 6.830, de 22.9.1980 (Lei das Execuções Fiscais), segundo o qual *"a propositura, pelo contribuinte, da ação prevista neste artigo* (execução fiscal) *importa em renúncia ao poder de recorrer na esfera administrativa e desistência do recurso acaso interposto"*. Tal norma contraria os preceitos constitucionais acima mencionados e confere ao ajuizamento de ação efeito não previsto na Lei Maior. É claro que se a pretensão do interessado for satisfeita em qualquer das instâncias, a outra restará prejudicada. Esse fato, contudo, não se confunde com a renúncia à via administrativa ou com a desistência do recurso administrativo, efeitos determinados *a priori* pelo citado mandamento.[32]

4.8. Exigência de Garantia

Tem reinado grande controvérsia sobre a questão relativa à *exigência de garantia para a admissibilidade do recurso*. Algumas leis consignam a imposição de a parte oferecer garantia, normalmente o depósito prévio, para que seu recurso seja apreciado.

---

[32] *Contra*: STF, RE 233.582, j. 16.8.2007 (2 votos vencidos), e RE 234.277, j. 16.8.2007.

822 | MANUAL DE DIREITO ADMINISTRATIVO • Carvalho Filho

Entendem alguns que a lei pode estabelecer essa condição especial para a interposição de recursos, mesmo que sejam estes recursos administrativos.[33] Para outros autores, a exigência seria inconstitucional porque refletiria ofensa ao direito de defesa.[34]

Em nosso entender, razão assiste àquela primeira linha de pensamento. Não há na Constituição qualquer regra expressa no sentido de ser vedado prévio depósito a título de garantia. Ao contrário, limitou-se a Carta Maior a garantir o direito ao contraditório e à ampla defesa nos processos judiciais e administrativos quando houvesse litígio. No silêncio da Constituição, a única interpretação cabível é aquela segundo a qual ao legislador cabe estabelecer as regras regulamentares do direito, como prazo, requisitos, forma etc. Não vemos, pois, como se possa considerar incompatível com a Constituição norma de lei que exija a garantia prévia do administrado como condição de interposição de recurso. Pode considerar-se que a lei deveria evitar essa exigência, quando se tratasse de recurso administrativo. Mas daí a ter-se como inconstitucional a exigência vai realmente uma grande distância. Ilícito, isto sim, é que um decreto regulamentador institua essa condição, sem que a lei regulamentada a preveja. Só a lei pode criar direitos e obrigações, não os decretos, que são meros atos administrativos.[35] O TJ do Rio de Janeiro adotou a posição que nos parece a melhor, consignando: "*É legítima a exigência do depósito, como requisito para a interposição de recurso administrativo*" (Súmula 64, TJ/RJ).

A matéria a cada dia se consolida nesse sentido, inclusive na via legislativa. A Lei nº 9.784/1999, que regula o processo administrativo federal, dispõe expressamente: "*Salvo exigência legal, a interposição de recurso administrativo independe de caução*" (art. 56, § 2º). A dicção da lei – é fácil constatar – é a de que, *a contrario sensu*, será legítima a exigência se lei fizer a previsão.

A matéria tem sido solucionada dessa maneira, inclusive no campo do direito tributário. Assim, se a lei condiciona a apreciação de recurso administrativo a depósito prévio de valor determinado ou calculado sobre o valor cobrado a título de tributo, o conhecimento do recurso fica na dependência do depósito de garantia, não se podendo argumentar com a ofensa ao princípio do contraditório e ampla defesa, eis que, antes mesmo do recurso, tal oportunidade já foi concedida ao interessado.[36]

Depois de alguma hesitação, o STF adotou o entendimento no sentido de que é inconstitucional a exigência de depósito prévio como condição de admissibilidade de recurso na esfera administrativa. Fundou-se a decisão no fato de que tal exigência vulnera o art. 5º, LV, da CF, que assegura o contraditório e a ampla defesa com os meios e recursos a ela inerentes, e o art. 5º, XXXIV, "a", que garante o direito de petição independentemente do pagamento de taxas.[37] A decisão não foi unânime, tendo sido proferido voto no sentido de que no sistema vigente inexiste a garantia do duplo grau obrigatório na via administrativa, interpretação, a nosso ver, mais compatível com o melhor direito. O STJ, no entanto, embora reconhecendo a mudança de orientação, decidiu no mesmo sentido da inconstitucionalidade da exigência (Súmula 373, STJ). O STF, a seu turno, consolidou essa mesma posição, com caráter vinculante (Súmula Vinculante 21, STF).

Diante desse entendimento, é ilícita a exigência de depósito de valores ou arrolamento de bens como condição para a interposição de recurso administrativo. Por via de consequência, serão considerados inconstitucionais dispositivos legais que façam tal previsão.

---

[33] STF, ADI 1.049, j.18.5.1995, e RE 210.246, j. 12.11.1997. Também: STF, RE 226.229, j. 8.9.1998.

[34] STJ, REsp 943.116, j. 19.6.2007; TRF-4ª Reg., AMS 95.04.4684.

[35] TRF, 1ª Reg., AMS 92.01.19152, publ. 11.9.1994.

[36] Assim decidiu o STJ no RMS 14.893, j. 12.11.2002.

[37] RE 390.513 e RE 389.933, j. 28.3.2007, e ADI 1976, j. 28.3.2007.

Cap. 15 · CONTROLE DA ADMINISTRAÇÃO PÚBLICA | 823

4.9. *Reformatio in Pejus*

O instituto da *non reformatio in pejus* é bem conhecido no Direito Processual Penal. Significa que a decisão de recurso interposto somente pelo réu contra sentença condenatória criminal não pode agravar a situação que esta definiu. Em outras palavras, o Tribunal nesse caso não pode reformar a sentença piorando a situação do condenado, isto, repita-se, quando apenas o réu tenha recorrido em razão do desinteresse do Ministério Público em fazê-lo.

A questão tem sido colocada no tema pertinente aos recursos administrativos, para discutir-se a aplicação ou não desse princípio. É o caso, por exemplo, em que o indivíduo tenha sofrido uma sanção administrativa "A" e recorra para outra instância administrativa, visando à reforma do ato punitivo. A autoridade que aprecia o recurso verifica que, legalmente, a sanção adequada seria a sanção "B", mais gravosa. Eis a indagação: ter-se-ia que manter a sanção "A" ou poderia o administrador, reconhecendo a inadequação dessa punição, aplicar a sanção "B"?

Embora haja algumas opiniões em contrário, parece-nos correta esta última alternativa. Há mais de uma razão para nosso entendimento. Uma delas é que são diversos os interesses em jogo no Direito Penal e no Direito Administrativo, não podendo simplesmente estender-se a este princípios específicos daquele. Depois, um dos fundamentos do Direito Administrativo é o princípio da legalidade, pelo qual é inafastável a observância da lei, devendo esta prevalecer sobre qualquer interesse privado.[38]

Neste ponto, permitimo-nos fazer uma distinção sobre o tema. Quando admitimos inaplicável o referido princípio no Direito Administrativo, consideramos que a matéria é de legalidade estrita. É a hipótese em que o ato administrativo da autoridade inferior *tenha sido praticado em desconformidade com a lei, conclusão extraída mediante critérios objetivos.* Vejamos um exemplo: um servidor reincidente foi punido com a pena "A", quando a lei determinava que a pena deveria ser a "B", por causa da reincidência. A pena "A", portanto, não atendeu à regra legal, o que se observa mediante critério meramente objetivo. Se o servidor recorre, e estando presentes os elementos que deram suporte à apenação, deve a autoridade julgadora não somente negar provimento ao recurso, como ainda corrigir o ato punitivo, substituindo a pena "A" pela "B".

Suponhamos outra hipótese: o servidor foi punido com a pena "A" porque assim o entendeu a autoridade competente como resultado da apreciação das provas, dos elementos do processo, do grau de dolo ou culpa, dos antecedentes etc. Observe-se que todos estes elementos foram considerados *subjetivamente* para a conclusão da comissão. Se o servidor recorre contra a pena "A", não poderá a autoridade de instância superior *proceder à nova avaliação subjetiva* dos elementos do processo, para o fim de concluir aplicável a pena "B", de caráter mais gravoso. Aqui sim, parece-nos aplicável a vedação à *reformatio in pejus*, em ordem a impedir o agravamento da sanção para o recorrente.

Há flagrante diferença entre as hipóteses. No primeiro caso, o ato punitivo originário é realmente ilegal, porque contrário ao mandamento da lei. No segundo, todavia, o ato não é rigorosa e objetivamente ilegal; há apenas uma variação nos critérios subjetivos de apreciação dos elementos processuais. Por isso, ali pode dar-se a correção do ato, e aqui se daria apenas uma substituição, o que nos parece vedado.

A despeito desses elementos, já se considerou hipótese de *reformatio in pejus* o agravamento da sanção em novo julgamento proferido em processo administrativo, em virtude da anulação da anterior por vício de legalidade, necessária para ajustar a conduta do servidor à

---

[38] Do mesmo entendimento: DIÓGENES GASPARINI, ob. cit., p. 553 e HELY LOPES MEIRELLES, ob. cit., p. 576. *Contra*: STJ, RMS 3.252, j. 30.11.1994.

824 | MANUAL DE DIREITO ADMINISTRATIVO • *Carvalho Filho*

punição adequada.[39] Ousamos divergir de tal entendimento. O ato anulatório tem eficácia *ex tunc*, de modo que o ato punitivo anterior é excluído do cenário jurídico. Assim, se é o novo ato que guarda adequação com a lei, nenhuma razão há para desfazê-lo, ou para considerá-lo como ofensivo àquele princípio, mesmo que a punição seja mais grave.

A Lei nº 9.784, de 29.1.1999, que disciplinou o processo administrativo na Administração Federal, deu correto tratamento à matéria. Ao tratar do recurso administrativo, admitiu que a autoridade decisória possa modificar, total ou parcialmente, a decisão recorrida. Ressalvou, entretanto, que, se na apreciação do recurso, puder haver gravame ao recorrente, terá a autoridade que dar-lhe ciência do fato para que apresente suas alegações. Em outras palavras, a lei admitiu a *reformatio in pejus*, atenuando-a, porém, com a possibilidade de manifestação prévia do recorrente. Em plano contrário, a lei vedou o agravamento da situação do interessado na hipótese do processo de *revisão*, caracterizado pelo fato de que o interessado intenta reduzir ou suprimir sanção aplicada em processo já findo, mediante a apresentação de fatos novos ou circunstâncias relevantes (arts. 64, parágrafo único, e 65 e parágrafo único, Lei nº 9.784/1999).

4.10. Exaustão da Via Administrativa

Exaustão ou *esgotamento da via administrativa* é a impossibilidade de prosseguir o percurso de um processo pelas instâncias da Administração em virtude de algum obstáculo legal.

Parece errônea, porém, a ideia, divulgada entre muitos estudiosos, de que a exaustão indicaria o percurso obrigatório por todas as instâncias da Administração. Tanto exaure a via administrativa aquele que percorre todas as instâncias, como aquele que, usando somente uma delas, deixe transcorrer *in albis* o prazo para recurso, ou que renuncie à interposição do recurso. Tanto num caso como noutro estará surgindo óbice legal ao prosseguimento do percurso. Naquele primeiro caso, o óbice é o efetivo percurso por todas as instâncias. Nestes dois últimos, porém, é o fato de o interessado se manifestar no sentido de que *não deseja continuar utilizando a via administrativa*, o que é direito seu.

Ressaltamos esse aspecto, porque é comum ouvir-se a indagação: é preciso exaurir antes a via administrativa para só depois recorrer-se ao Judiciário?

O enfoque para o momento de recorrer ao Judiciário não deve levar em conta o exaurimento da via administrativa, tal como é comumente entendido, mas sim *a operatividade ou não do ato ou da conduta administrativa que o interessado pretenda contestar.* Se a exaustão ocorrer porque o interessado percorreu efetivamente todas as instâncias, é possível ajuizar a ação porque a decisão final tornou operante a vontade administrativa. Se, por outro lado, o interessado deixou passar em branco o prazo para recorrer, ou se renunciou ao recurso, esse fato também torna operante a vontade administrativa e possibilita o recurso à esfera judicial. Com isso, é possível concluir que o recurso ao Judiciário sempre será possível quando haja efetiva lesão ou ameaça de lesão ao direito do indivíduo.

Desse modo, se se entender a exaustão da via administrativa da forma como demonstramos, podemos responder positivamente à indagação acima: antes da ação judicial é preciso que se tenha exaurido a via administrativa, no sentido de que não pode o interessado prosseguir o seu percurso e que, por isso mesmo, a vontade administrativa se torna operante.

A se entender, porém, exaustão como o percurso *efetivo* por todos os patamares recursais da Administração, a resposta à indagação será evidentemente negativa: não é obrigatório usar

---

[39] STJ, MS 10.950, j. 23.5.2012.

Cap. 15 • CONTROLE DA ADMINISTRAÇÃO PÚBLICA | 825

todas as instâncias administrativas para recorrer ao Judiciário, porque basta que o ato administrativo seja eficaz e operante.

A Constituição, porém, abriu uma fenda no sistema, e exatamente porque o fez averbou-a em termos expressos. Dispõe o art. 217, § 1º, da CF: *"O Poder Judiciário só admitirá ações relativas à disciplina e às competições desportivas após esgotarem-se as instâncias da justiça desportiva, regulada em lei".* O dispositivo foi regulamentado pela Lei nº 9.615/1998.

Aqui a leitura do texto indica realmente que o Constituinte pretendeu criar uma nova e específica condição de ação – a de ter-se *efetivamente* percorrido todas as instâncias administrativas. Em outras palavras: quando se tratar de ação judicial relativa à disciplina ou a competições desportivas, o autor precisará provar, desde logo, que utilizou todos os patamares decisórios da via administrativa. A hipótese em foco, porém, tem caráter excepcional e não se estende aos demais casos em que o interessado utiliza a via administrativa.

A Lei nº 11.417, de 19.12.2006, que regulamentou o art. 103-A da CF, dispondo sobre o regime de *súmulas vinculantes*, estabeleceu que contra ato da administração pública *"o uso da reclamação só será admitido após o esgotamento das vias administrativas"* (art. 7º, § 1º). A reclamação visa a anular atos administrativos que contrariam enunciado de súmula vinculante, ou lhe negam vigência, ou o aplicam indevidamente, sendo cabível ainda contra omissões (art. 7º, *caput* e § 1º). Em virtude da natureza específica de semelhante instrumento, parece-nos que a exigência nesse caso é realmente a de serem percorridas *todas as instâncias do órgão ou da pessoa administrativa.* E assim pensamos por mais de uma razão: a uma, porque a medida tem caráter excepcional dentro do sistema de impugnações; a duas, porque se permite que o STF aprecie a legalidade de ato também em confronto com interpretação errônea feita pelo administrador (aplicação indevida do enunciado); e a três, porque, prevendo a lei a possibilidade de atacar-se a omissão administrativa, não teria lógica que o interessado se dirigisse de plano à mais alta Corte, sem submeter a situação omissiva a órgãos ou agentes de hierarquia superior à daquele responsável pela omissão. Em suma, o STF só decidirá a reclamação após estar indiscutivelmente definida a conduta comissiva ou omissiva da Administração.

Não custa advertir, todavia, que a questão concernente ao esgotamento da via administrativa não se confunde com o interesse de agir, que espelha uma das condições da ação. Se o administrado propõe ação contra a Administração, é de presumir-se que tenha formulado requerimento na via administrativa e que este tenha sido indeferido. O ato de indeferimento traduz o interesse de agir do administrado, objetivando a correção do ato. Mas, se postula diretamente no Judiciário, faltar-lhe-á interesse para a pretensão, ensejando a extinção do processo sem resolução do mérito. A propositura direta da ação só é cabível quando a posição do órgão administrativo é notória e costumeiramente contrária à pretensão; nesse caso, dispensável será o requerimento administrativo.[40]

5. COISA JULGADA ADMINISTRATIVA

O instituto da *coisa julgada* é estudado na teoria geral do processo, indicando uma decisão judicial que não mais pode ser alterada. Nas palavras de FREDERICO MARQUES, *"é a imutabilidade que adquire a prestação jurisdicional do Estado, quando entregue definitivamente".*[41]

No Direito Administrativo, a doutrina tem feito referência à *coisa julgada administrativa*, tomando por empréstimo o instituto em virtude de alguns fatores de semelhança. Mas a semelhança está longe de significar a igualdade entre essas figuras. Primeiramente, é preciso

---

[40] Foi como decidiu o STF, no RE 631.240, Min. ROBERTO BARROSO, em 27.8.2014.

[41] *Manual de direito processual civil*, Saraiva, v. III. 1975, p. 231.

MANUAL DE DIREITO ADMINISTRATIVO • *Carvalho Filho*

levar em conta que a verdadeira coisa julgada *é própria da função jurisdicional do Estado*, função essa que tem o objetivo de autorizar que o juiz aplique a lei no caso concreto.

Ocorre que o sistema brasileiro de controle, como veremos mais detalhadamente adiante, só admite o exercício da função jurisdicional para os órgãos do Judiciário, ou excepcionalmente para o Legislativo, neste caso quando a Constituição o autoriza. A Administração Pública não exerce a função jurisdicional. Desse modo, embora possam ser semelhantes decisões proferidas no Judiciário e na Administração, elas não se confundem: enquanto as decisões judiciais podem vir a qualificar-se com o caráter da *definitividade absoluta*, as decisões administrativas sempre estarão desprovidas desse aspecto. A definitividade da função jurisdicional é *absoluta*, porque nenhum outro recurso existe para desfazê-la; a definitividade da decisão administrativa, quando ocorre, é *relativa,* porque pode muito bem ser desfeita e reformada por decisão de outra esfera de Poder – a judicial.

A coisa julgada administrativa, desse modo, significa tão somente que determinado assunto decidido na via administrativa não mais poderá sofrer alteração *nessa mesma via administrativa*, embora possa sê-lo na via judicial. Os autores costumam apontar que o instituto tem o sentido de indicar mera irretratabilidade dentro da Administração, ou a preclusão da via administrativa para o fim de alterar o que foi decidido por órgãos administrativos.[42]

Podemos conceituar, portanto, a coisa julgada administrativa como sendo *a situação jurídica pela qual determinada decisão firmada pela Administração não mais pode ser modificada na via administrativa*. A irretratabilidade, pois, se dá apenas nas instâncias da Administração.

Essa figura ocorre comumente em processos administrativos onde de um lado está o Estado e de outro o administrado, ambos com interesses contrapostos. Suponha--se que o administrado, inconformado com certo ato administrativo, interponha recurso para uma autoridade superior. Esta confirma o ato, e o interessado utiliza novo recurso, agora para a autoridade mais elevada, que também nega provimento ao recurso e confirma o ato. Essa decisão faz coisa julgada administrativa, porque dentro da Administração será ela irretratável, já que nenhum outro caminho existe para o administrado insistir na sua pretensão. Mas a definitividade do decisório administrativo é relativa, porque o administrado, ainda inconformado, poderá oferecer sua pretensão ao Judiciário, e este poderá amanhã decidir em sentido contrário ao que foi decidido pela Administração. Essa decisão judicial, sim, terá definitividade absoluta ao momento em que o interessado não mais tiver qualquer mecanismo jurídico que possa ensejar sua modificação.

É oportuno ressaltar, como elemento que se agrega à matéria, que novos estudos têm demonstrado que, além das causas tradicionais apontadas pelos estudiosos, outras mais recentes têm contribuído para a formação da coisa julgada administrativa, como meio de estabilização das relações jurídicas e garantias para o administrado. Entre elas, podem ser citadas algumas normas constantes da Lei nº 9.784/1999, que regula o processo administrativo, e da Lei nº 13.655/2018, que introduziu alterações na Lei de Introdução às Normas do Direito Brasileiro (LINDB).[43]

6. PRAZOS EXTINTIVOS (PRESCRIÇÃO ADMINISTRATIVA)

O tema da *prescrição administrativa* tradicionalmente foi objeto de estudos por parte dos administrativistas pátrios para a análise da extinção de prazos na via administrativa, muito embora realçada a impropriedade da expressão. Na verdade, sempre se acentuou que esse

---

[42] HELY LOPES MEIRELLES, ob. cit., p. 582; MARIA SYLVIA DI PIETRO, ob. cit., p. 424; DIÓGENES GASPARINI, ob. cit., p. 555.

[43] Excelente a obra de MURILLO GIORDAN SANTOS, *Coisa julgada administrativa*, Forum, 2021, especialmente pp. 273/277.

Cap. 15 · CONTROLE DA ADMINISTRAÇÃO PÚBLICA | 827

instituto não poderia ser confundido com a *prescrição judicial*, pelo fato de esta representar a *perda da pretensão na via judicial*.

O sentido da prescrição administrativa, em clássica lição, indicava "*o escoamento dos prazos para interposição de recurso no âmbito da Administração, ou para a manifestação da própria Administração sobre a conduta de seus servidores ou sobre direitos e obrigações dos particulares perante o Poder Público*".[44] Outros estudiosos incluem no citado instituto a perda do prazo para interposição de recursos administrativos.[45]

Parece-nos, todavia, que, diante do moderno sistema sobre os prazos extintivos em geral, sobretudo a configuração da prescrição e da decadência delineada no vigente Código Civil (arts. 189 a 211), a expressão vai sendo gradativamente abandonada em razão de sua fluidez e imprecisão. Por tal motivo, é conveniente que se tente conferir tratamento mais claro à matéria. É de consignar-se, contudo, que o assunto é inçado de dificuldades, dúvidas e controvérsias, e nunca assumiu ares de pacificação entre os estudiosos. Essa é uma ressalva que não se pode esquecer.

Primeiramente, cabe sublinhar o fato de que a *prescrição administrativa* exibe em seu núcleo a ideia de *prazo extintivo*. Quer dizer: quando se faz alusão àquela figura, tem-se em vista o sentido de que inexistiu, na via administrativa, manifestação do interessado no prazo que a lei determinou. Portanto, está presente o fundamento que conduz aos prazos extintivos: *a inércia do interessado*.

Por outro lado, não custa destacar que o fundamento dos institutos concernentes aos prazos extintivos reside no *princípio da segurança jurídica* e da *estabilidade das relações jurídicas*, como já deixou assente reconhecida doutrina.[46] De fato, não mais se concebe – a não ser em situações excepcionalíssimas de imprescritibilidade – que relações jurídicas fiquem à mercê de uma perene instabilidade, provocando contínuos temores aos que delas participam. A segurança jurídica consiste exatamente em oferecer às pessoas em geral a crença da imutabilidade e da permanência dos efeitos que as relações visam a produzir.

São prazos extintivos: (a) a *prescrição*; (b) a *decadência*; (c) a *preclusão*. Em apertada síntese, a *prescrição* tem por objeto a *pretensão* (art. 189, Código Civil), normalmente formalizada por meio da *ação*; portanto, não atinge, de forma direta, o direito material. A *decadência* (art. 207, Código Civil), por sua vez, incide sobre *direitos potestativos*,[47] quando a lei ou a vontade fixam determinado prazo para serem exercidos; não o sendo, extingue-se o próprio direito material.[48] A *preclusão*, por fim, é instituto eminentemente processual e representa a perda da oportunidade de ser praticado certo *ato processual* em virtude de o interessado não o ter praticado no período estabelecido.[49]

Para melhor compreensão do tema, vale a pena distinguir os prazos extintivos para o *administrado* e para a *Administração*. Repita-se, por oportuno, que vários desses prazos continuam sendo denominados por alguns estudiosos de "*prescrição administrativa*".

PRAZOS EXTINTIVOS PARA OS ADMINISTRADOS – As pretensões e manifestações dos *administrados*, na via administrativa, podem sujeitar-se a diversos prazos extintivos, dependendo de sua fisionomia.

---

44   HELY LOPES MEIRELLES, *Direito administrativo brasileiro*, cit., 29. ed., 2004, p. 656.
45   MARIA SYLVIA ZANELLA DI PIETRO, *Direito administrativo,*, cit., 20. ed., 2007, p. 682/683, e DIÓGENES GASPARINI, *Direito administrativo,*, cit., 11. ed., 2006, p. 896-898.
46   HELY LOPES MEIRELLES, ob. cit., 2004, p. 657.
47   AGNELO AMORIM FI LHO, Critério científico... cit., p. 728.
48   É a clássica lição de CÂMARA LEAL, *Prescrição e decadência*, Forense, 2. ed., 1959.
49   Referida tripartição é adotada por CELSO ANTÔNIO BANDEIRA DE MELLO, *Curso*, cit., 2008, p. 1024-1025, e DIÓGENES GASPARINI, *Direito administrativo*, cit., 2006, p. 896-898.

MANUAL DE DIREITO ADMINISTRATIVO • *Carvalho Filho*

Se o interessado oferece reclamação fora do prazo de um ano (não havendo outro estabelecido), com vistas à desconstituição de ato, ocorre a *decadência*, perdendo o administrado o direito material relativo ao uso de tal instrumento (art. 6º do Decreto nº 20.910/1932).[50]

No caso da perda de prazo para praticar ato dentro de processo administrativo, como, por exemplo, a apresentação de rol de testemunhas ou a interposição de recurso administrativo (*incidental*), em processo de licitação, o caso é de *preclusão*. Com esta, o administrado perdeu a oportunidade de manifestar-se dentro do prazo no curso do processo administrativo. Observa-se, pois, que tal instituto é de caráter processual.

Observe-se, no entanto, que, em se tratando de recurso administrativo *deflagador* (aquele que, como vimos, dá ensejo à instauração do processo), tal instrumento tem, na via administrativa, a particularidade de equivaler à própria reclamação; destarte, a perda do prazo será de decadência, a teor do já citado dispositivo do Decreto nº 20.910/1932.

Por último, deve consignar-se que, em relação ao administrado, *não ocorre a prescrição* na via administrativa. Com efeito, só ocorre a prescrição quando o administrado perde a pretensão e, por conseguinte, a ação para proteger seu direito material. Ora, essa é exatamente a *prescrição quinquenal* prevista no art. 1º do Decreto nº 20.910. Sendo assim, esse prazo extintivo sempre refoge aos limites da via administrativa. Apenas à guisa de melhor compreensão, é possível que o administrado tenha sofrido os efeitos da decadência pelo transcurso do prazo para a reclamação administrativa, mas ainda não tenha sofrido os efeitos da prescrição quinquenal (cujo prazo é obviamente maior), de modo que, mesmo perdido o direito à reclamação, subsiste a possibilidade de ajuizamento da ação judicial protetiva de seu direito material.

PRAZOS EXTINTIVOS PARA A ADMINISTRAÇÃO – No que concerne à Administração, é possível vislumbrar, *na via administrativa*, a existência das três modalidades de prazos extintivos.

Numa primeira visão, temos a hipótese em que, por força de expressa disposição legal, a Administração tem o poder de exercitar seu *poder punitivo*. Em diversos diplomas legais, é possível encontrar essa competência, associada à fixação de prazos extintivos. Como exemplo, cite-se: (a) poder punitivo de polícia (Lei nº 9.873/1999: cinco anos); (b) poder disciplinar funcional (estatutos funcionais; na esfera federal, Lei nº 8.112/1990). Nesses casos, a Administração é dotada de *pretensão punitiva*, de modo que, transcorrido o prazo legal sem a punição, sucederá a *prescrição* da referida pretensão. A rigor, é esta a única hipótese de *prescrição administrativa*, vez que ocorre a perda da ação punitiva no âmbito da própria Administração.[51] Os diplomas acima, aliás, empregam o verbo *"prescrever"*, estando tecnicamente corretos quanto à qualificação desses prazos extintivos.[52]

Em outras hipóteses, a lei fixa prazo extintivo para que a Administração adote determinada providência administrativa, sob pena de, não o fazendo no prazo, ficar impedida de adotá-la. Exemplo típico é o do art. 54 da Lei nº 9.784/1999, que regula o processo administrativo federal. Segundo esse dispositivo, extingue-se em cinco anos o prazo para a Administração anular seus próprios atos, quando decorrem efeitos favoráveis para os administrados, ressalvada apenas a má-fé. Aqui se limita o exercício da autotutela administrativa e da possibilidade de desconsti-

---

[50] No mesmo sentido: RAQUEL MELO URBANO DE CARVALHO, *Curso*, cit., p. 482. *Contra*, entendendo ser caso de prescrição: CELSO ANTÔNIO BANDEIRA DE MELLO, *Curso*, cit., 2008, p. 1027.

[51] *Contra*, entendendo haver decadência: RAQUEL MELO URBANO DE CARVALHO, *Curso*, cit., p. 536, e CRISTIANA FORTINI, Os conceitos de prescrição, preclusão e decadência na esfera administrativa, *RBDP* nº 15, 2005, p. 206.

[52] Também: DIÓGENES GASPARINI, *Direito administrativo*, cit., p. 954.

Cap. 15 · CONTROLE DA ADMINISTRAÇÃO PÚBLICA | 829

tuição dos atos. Resulta, pois, nesse caso o surgimento de *decadência*, já que a Administração perde o próprio direito de anular seus próprios atos.[53]

Por fim, ocorrerá *preclusão* se a Administração, no processo administrativo, deixar de manifestar-se no prazo legalmente fixado. Nesse caso, tanto quanto ocorre com o particular, o Poder Público também sofre os efeitos de sua inércia, perdendo a oportunidade de manifestar-se no feito. Tal situação não difere da inércia do particular: em ambas as hipóteses, o transcurso do prazo enseja a ocorrência da preclusão.

Uma outra situação relativa à extinção merece análise: a dos casos de *ausência de previsão legal* do prazo extintivo. A matéria é controversa. Para alguns estudiosos, não haveria prazo para o desfazimento de tais atos.[54] Outros sustentam ser inadmissível o estado de infinita pendência.[55] Há também quem entenda que, no silêncio da lei, o prazo será de cinco anos, com fundamento no Decreto nº 20.910/1932.[56] Este último pensamento nos parece o de mais preciso fundamento jurídico: se a prescrição judicial de pretensões contra a Fazenda ocorre em cinco anos, não seria razoável que fosse mais extenso o prazo na via administrativa. Conforme já consolidado, o prazo decadencial de 5 anos previsto no art. 54 da Lei nº 9.784/1999 pode ser aplicado nos demais entes federativos, caso não haja norma específica sobre a matéria.[57]

Ressalvem-se, todavia, os atos contaminados de vícios insanáveis, atinentes à sua própria natureza, e que são denominados por alguns estudiosos de "*atos inexistentes*". Estes são realmente *inextinguíveis* e insuscetíveis de convalidação. É o caso, para exemplificar, de ato praticado por pessoa que não seja agente administrativo, ou de ato despido de *forma*. O mesmo se pode dizer dos *atos nulos* com vício absolutamente insanável, como aquele, por exemplo, cujo objeto expresse a autorização para a prática de um delito. Em tais hipóteses, não haverá mesmo ensejo para que haja convalidação em virtude do tempo.[58]

7. PROCESSO ADMINISTRATIVO

7.1. Introdução

PROCESSO E PROCEDIMENTO – O termo *processo* indica uma atividade para a frente, ou seja, uma atividade voltada a determinado objetivo. Trata-se de categoria jurídica caracterizada pelo fato de que o fim alvitrado resulta da relação jurídica existente entre os integrantes do processo. Na verdade, pode definir-se o processo como *a relação jurídica integrada por algumas pessoas, que nela exercem várias atividades direcionadas para determinado fim*. De fato, a ideia do processo reflete função dinâmica, em que os atos e os comportamentos de seus integrantes se apresentam em sequência ordenada com sentido teleológico, vale dizer, perseguindo o objetivo a que se destina o processo.

O processo costuma ser qualificado como instituto típico da função jurisdicional ou, na preferência de alguns processualistas, como instrumento da jurisdição. Através do processo é que os juízes exercem seu poder jurisdicional e, como regra, decidem os litígios entre as partes. A relação jurídica, todavia, na qual sobressai o desempenho da função jurisdicional é o *processo*

---

53   No mesmo sentido: RAQUEL MELO URBANO DE CARVALHO, *Curso*, cit., p. 548.
54   RÉGIS FERNANDES DE OLIVEIRA, *Ato Administrativo*, Revista dos Tribunais, 1978, p. 122-123.
55   CELSO ANTÔNIO BANDEIRA DE MELLO, *Curso*, cit., 2008, p. 475.
56   MARIA SYLVIA ZANELLA DI PIETRO, *Direito administrativo*, 2007, p. 684.
57   STJ, Súmula nº 633 (2019).
58   Com a mesma opinião, CELSO ANTÔNIO BANDEIRA DE MELLO, que, no entanto, refere-se a caso de *imprescritibilidade* (*Curso*, 2008, p. 178). Como se trata da permanência do direito de desconstituir o ato, entendemos que não seria caso de exclusão da prescrição, e sim da decadência.

830 | MANUAL DE DIREITO ADMINISTRATIVO • *Carvalho Filho*

judicial, que, sem embargo de ser o mais notório (e clássico, pelas antigas e ultrapassadas noções jurídicas), não é a única modalidade de processo (este considerado como categoria jurídica). É bastante usual ouvir-se a afirmação – de todo equivocada – de que o processo é o instrumento da jurisdição, como se fora essa a única forma de sua exteriorização. O que é instrumento da função jurisdicional é – isto sim – o *processo judicial*, que não exclui, como é óbvio, a existência de outras categorias de processo.

A subcategorização do processo deve fundar-se na natureza da função estatal básica que nele é exercida. Se a função primordial exercida no processo é a legiferante, estaremos diante do *processo legislativo*, e nele estará também presente relação jurídica entre vários agentes e órgãos, desta feita de caráter político, cujas atividades, desenvolvidas em sequência previamente determinada, têm por escopo a promulgação da lei. Assim como a sentença é o objetivo final do processo judicial, a lei é o fim último do processo legislativo – expressão, aliás, empregada pela própria Constituição (art. 59). Por outro lado, se a função é a administrativa, a relação jurídica traduzirá *processo administrativo*, sendo, da mesma forma, inafastáveis as características do processo em geral – de um lado, as atividades sequenciadas produzidas pelos figurantes da relação jurídica e, de outro, o objetivo final a que se destina.

Como na via administrativa as autoridades não desempenham função jurisdicional, poderia supor-se (como supõem erroneamente alguns, já alertamos) não ser muito técnica a denominação *processo administrativo*. Contudo, tanto quanto o processo judicial, que visa a uma decisão, o processo administrativo tem igualmente objetivo certo, no caso a prática de ato administrativo final. Não bastasse esse fator de identificação, a expressão está consagrada, é reconhecida pelas mais diversas camadas da população e a esta altura não há qualquer razão para ser alterada. A própria Constituição Federal, para exemplificar, faz, por mais de uma vez, referência à expressão *processo administrativo* (ou simplesmente a *processo*), reafirmando a aceitação geral da nomenclatura dispensada aos instrumentos formais pelos quais se exerce a função administrativa (vide arts. 5º, LV; 5º, LXXII, "b"; 37, XXI; 41, § 1º, II, da CF).[59]

O que é necessário, isto sim, é distinguir alguns pontos fundamentais que marcam cada tipo de processo. O processo judicial encerra o exercício de função jurisdicional e sempre há conflito de interesses, ao passo que o processo administrativo implica o desempenho de atividade administrativa, nem sempre se verificando qualquer tipo de conflito. No processo judicial, a relação é trilateral, porque além do Estado-Juiz, a quem as partes solicitam a tutela jurisdicional, nela figuram também a parte autora e a parte ré. No processo administrativo, a relação é bilateral, porque, quando há conflito, de um lado está o particular e de outro o Estado, a este incumbindo decidir a questão; o Estado é parte e juiz. Por fim, o processo judicial vai culminar numa decisão que pode tornar-se imodificável e definitiva, ao passo que no processo administrativo as decisões ainda poderão ser hostilizadas no Poder Judiciário.

A noção de *procedimento*, porém, é diversa. CALMON DE PASSOS averba que *"procedimento é o processo em sua dinâmica, é o modo pelo qual os diversos atos se relacionam na série constitutiva de um processo"*.[60] A ideia formulada pelo grande processualista é bastante precisa e indica a mecânica do processo, vale dizer, o modo e a forma pelos quais se vão sucedendo os atos do processo. A noção de processo implica objetivo, fim a ser alcançado; é noção teleológica. A de procedimento importa meio, instrumento, dinâmica, tudo enfim que seja necessário para se alcançar o fim do processo. Em suma, o sentido de procedimento revela a própria sequência ordenada de atos e de atividades produzidos pelos interessados para a consecução dos objetivos do processo.

---

[59] A respeito vide o nosso *Processo administrativo federal*, Atlas, 5. ed., 2013, p. 4-7.
[60] *Comentários ao CPC*, v. III, p. 9.

Não é difícil perceber, por isso mesmo, que *tanto há procedimento no processo judicial como no processo administrativo,* porque em ambos há uma sequência de atos e de atividades preordenadas a determinado fim. Um exemplo bem esclarece a questão: a relação jurídica formada entre os agentes administrativos e as empresas para seleção com vistas a futuro contrato administrativo materializa o *processo administrativo* de licitação; a sequência dos atos e das fases previstas na Lei nº 14.133/2021 (que deve ser por todos observada) constitui o *procedimento administrativo* concernente àquele processo. São, pois, categorias jurídicas dotadas de fisionomia própria.

Essa é a razão por que entendemos inadequada a expressão *procedimento administrativo* como substituta de *processo administrativo,* como propõem alguns estudiosos que não aceitam esta última expressão. São coisas inteiramente diversas. Denominar-se o processo administrativo de *procedimento administrativo* é enfocar apenas um aspecto daquele, qual seja, o relativo à dinâmica do processo. Este instituto, porém, considerado como relação jurídica, ficaria sem a denominação exata. Desse modo, *processo e procedimento* – é importante acentuar – não são coisas antagônicas, mas sim figuras intrinsecamente ligadas entre si: todo processo demanda um procedimento – que é a tramitação dos atos –, da mesma forma que todo procedimento só tem existência se houver o respectivo processo –, este indicando a relação jurídica firmada entre aqueles que dele participam.

SISTEMATIZAÇÃO – No Direito brasileiro, não há sistematização uniforme para o processo administrativo, como existe para o processo judicial. Algumas regras sobre aspectos do processo administrativo, como competência, prazos, requisitos etc., se espalham em diversos diplomas legais e até por atos administrativos normativos ou de organização como os decretos, regulamentos, regimentos e outros.

Por isso, não se pode esperar uma rigidez absoluta para os processos administrativos. Entretanto, devem o intérprete e o agente administrativo incumbido do processo atentar primeiramente para os princípios norteadores da atividade administrativa em geral, isso sem deslocar sua atenção também para as regras legais ou regulamentares que possam disciplinar o processo.

Em suma: mesmo sem sistematização uniforme, o processo administrativo recebe o influxo de princípios e normas jurídicas para que seja possível a sua conclusão dentro das regras gerais de direito.

O Governo Federal, em boa hora, fez editar a Lei nº 9.784, de 29.1.1999, estabelecendo as regras para o processo administrativo e instituindo um sistema normativo que tem por fim obter uniformidade nos diversos expedientes que tramitam nos órgãos administrativos. A lei, todavia, tem caráter tipicamente *federal,* ou seja, destina-se a incidir apenas sobre a Administração Federal. Dentro desta, a disciplina é aplicável no âmbito da Administração direta e indireta e também aos órgãos administrativos dos Poderes Legislativo e Judiciário da União. Embora destinada somente ao Governo Federal, já é um início de uniformidade normativa, o que muito facilita os administrados. Estados e Municípios deveriam trilhar o mesmo caminho, instituindo, pelas respectivas leis, sistema uniforme de processo administrativo em suas repartições.

7.2. Sentido

Diante do que expusemos até agora, parece-nos possível conceituar o processo administrativo como *o instrumento que formaliza a sequência ordenada de atos e de atividades do Estado e dos particulares a fim de ser produzida uma vontade final da Administração.*

O processo administrativo importa uma sequência de atos e de atividades, isso porque, se em alguns momentos se pratica algum ato formal, em outros são exigidas meras atividades, mesmo que venham a ser formalizadas no processo. Originam-se do Estado, através de seus órgãos e agentes, ou de administrados interessados no assunto a ser apreciado no processo.

832 | MANUAL DE DIREITO ADMINISTRATIVO • *Carvalho Filho*

Além disso, todos esses atos e atividades têm um objetivo, qual seja, o de provocar uma definição final da Administração.[61]

Neste passo, é justo sublinhar, como o faz doutrina de grande autoridade, que o processo administrativo é instituto de inegável relevância no sistema jurídico e espelha *"instrumento útil para assegurar a observância do superprincípio da segurança jurídica"*, que alcança, na verdade, todas as situações que envolvam *"a certeza do direito e a estabilidade das relações jurídicas"*.[62]

7.3. Classificação

Várias são as classificações que os autores apresentam, o que não causa estranheza em virtude da ampla dimensão dos processos administrativos. A nosso ver, porém, há dois grandes grupos de processos administrativos: *os processos não litigiosos* e *os processos litigiosos*.

PROCESSOS NÃO LITIGIOSOS – Processos não litigiosos, como o próprio nome indica, são aqueles em que não se apresenta conflito de interesses entre o Estado e um particular.

Essa categoria, aliás, constitui um dos pontos diferenciais dos processos judiciais, já que nestes é indispensável a presença do conflito. Os processos não litigiosos são os de maior número e através deles se concretiza o desempenho da função administrativa nos seus mais variados aspectos, desde os mais simplórios até os mais complexos.

O grande fundamento de tais processos é o princípio do formalismo das atividades administrativas. Para que os administrados e a própria Administração possam efetuar o controle administrativo, torna-se necessário que tudo fique formalizado e registrado.

Entre os processos não litigiosos se incluem o inquérito policial, o inquérito civil e a sindicância administrativa. Trata-se de processos que têm por objeto apenas uma *apuração*, sendo, pois, *inquisitórios*, e não *contraditórios*. Neles não incide o princípio da ampla defesa e do contraditório, estando ausente qualquer litígio formal. Apesar de ser garantido o acesso a advogados constituídos, não tem a autoridade administrativa o dever de conferir acesso livre a terceiros, até porque pode haver investigação sobre dados sigilosos relativos a outras pessoas.[63]

PROCESSOS LITIGIOSOS – Ao contrário do que ocorre com a categoria anterior, os processos litigiosos contêm realmente um conflito de interesses entre o Estado e o administrado. Esse conflito é o mesmo que constitui objeto do processo judicial. A diferença, porém, como já vimos, está em que as decisões neste último podem tornar-se imutáveis, fato que não ocorre nos processos administrativos.

Não há a menor dúvida de que, em sua aparência e no procedimento, guardam semelhança com os processos judiciais, sendo, por isso, comumente denominados de *processos judicialiformes*, ou seja, processos que têm a forma de processos judiciais.

Os conflitos, todavia, são decididos pelo próprio Estado, que tem a posição de parte e de julgador. Em compensação, suas decisões podem ser impugnadas na via judicial, onde o Estado-Juiz atuará com imparcialidade e equidistância dos interesses do particular e do Estado--Administração.

É comum esse tipo de processo nos conflitos de natureza tributária e previdenciária. O processo percorre diversas instâncias administrativas formadas de agentes e de órgãos administrativos, como os tribunais e conselhos administrativos, aos quais compete decidir sobre as

---

[61] MARCELO CAETANO, *Manual*, cit., t. II, p. 1263.

[62] A aguda observação é de ADILSON ABREU DALLARI, no trabalho *Processo administrativo e segurança jurídica*, em *Segurança Jurídica*, obra coletiva, Elsevier, 2010, p. 14.

[63] Também: STJ, RMS 31.747, j. 11.10.2011.

Cap. 15 · CONTROLE DA ADMINISTRAÇÃO PÚBLICA | 833

controvérsias, e sua tramitação, normalmente regulada em lei, se aproxima em muitos pontos do procedimento judicial. Exemplo típico é o processo tributário, apreciado por agentes do órgão de fiscalização e, em grau de recurso, por conselhos de contribuintes. O rito é de fato parecido com o do processo judicial.

É fácil perceber que a presença do conflito de interesses vai exigir que nesse tipo de processo administrativo haja maior rigidez quanto à observância de alguns princípios, como o do contraditório, da ampla defesa, da produção probatória etc.

É oportuno esclarecer, neste ponto, que a classificação dos processos em litigiosos e não litigiosos não corresponde à classificação que os divide em processos *graciosos* e *contenciosos*. Essa classificação leva em conta os sistemas da unidade e da dualidade de jurisdição, tema que será analisado adiante. Como no Brasil não há o sistema da dualidade de jurisdição, descabe a referida classificação.[64]

7.4. Objeto

GENÉRICO – Todo processo representa um instrumento para alcançar determinado fim. É esse elemento dinâmico que o caracteriza. Sempre que há a referência a um processo, certamente haverá a menção a algo que é pretendido, ao fim a que se destina, a um objeto, enfim.

Por isso, podemos aludir aos tipos fundamentais de processo, de acordo com as funções básicas do Estado. Nesse caso, temos um *processo legislativo*, um *processo judicial* e um *processo administrativo*, cada um deles voltado a um fim próprio. O processo legislativo tem por objeto a produção da *lei* (embora haja outros atos análogos com denominação diversa); o processo judicial alvitra a produção da *sentença* (mesmo caso do processo anterior); e o processo administrativo tem por objeto a produção do *ato administrativo*.

Assim, considerando-se o aspecto teleológico genérico, inerente ao processo, podemos consignar que constitui objeto do processo administrativo *a prática de um ato administrativo*. Há processos, por exemplo, que culminam com ato de outorga de licença; outros desaguam em ato de punição; outros, ainda, findam com atos de indeferimento de pedido, e assim por diante. Mesmo que o processo não tenha servido para alcançar seu objeto específico, terá que haver um ato administrativo final, nem que seja para a prática de ato de arquivamento. Uma coisa é certa: não se pode conceber o processo administrativo sem que tenha ele esse objeto genérico.

OBJETOS ESPECÍFICOS – Objetos específicos do processo administrativo são as providências especiais que a Administração pretende adotar por meio do ato administrativo final. Dada a grande variedade dos objetivos colimados pela Administração, podemos agrupar os processos administrativos em categorias diversas.

De acordo com a especificidade dos processos, podem ser classificados em:

a) processos com objeto de mera tramitação;

b) processos com objeto de controle;

c) processos com objeto punitivo;

d) processos com objeto contratual;

e) processos com objeto revisional; e

f) processos com objeto de outorga de direitos.

A primeira categoria é dos processos com *objeto de mera tramitação*. É a grande maioria dos processos, pois que representam todos aqueles que não se enquadram nas demais categorias,

---

[64] MARCELO CAETANO, *Manual*, cit., p. 1.263, e MARIA SYLVIA DI PIETRO, ob. cit., p. 345.

MANUAL DE DIREITO ADMINISTRATIVO • *Carvalho Filho*

tendo caráter residual. Nesses processos é que a Administração formaliza suas rotinas administrativas, já que tudo que é protocolizado numa repartição pública se converte em processo. Estão nessa categoria os processos resultantes de ofícios encaminhados por entidades públicas ou privadas; de meras comunicações aos órgãos públicos; de planejamento de serviços, e tudo enfim que acarrete uma tramitação pela via administrativa.

Há outros processos que têm *objeto de controle*, porque visam a proporcionar um ato administrativo final que espelhe o resultado desse controle. Exemplo típico é o do processo que encaminha as contas dos administradores para controle financeiro interno ou do Tribunal de Contas. Os atos finais de controle podem ser de aprovação das contas ou de sua rejeição. Outro exemplo é o processo de avaliação de conduta funcional de servidor público, no qual a Administração objetiva fixar certo conceito funcional, ou chegar à conclusão de que o servidor merece ser exonerado, ou ainda fiscalizar condutas de servidores ou de terceiros. Esse tipo de processo pode eventualmente provocar a instauração de outro processo com objeto diverso: é o caso em que o controle resulta em verificação de irregularidades nas contas prestadas, hipótese em que outro processo deverá ser iniciado com objeto punitivo.

A terceira categoria é a dos processos com *objeto punitivo*. Como indica a própria expressão, têm eles como objetivo a averiguação de situações irregulares ou ilegais na Administração e, quando elas se positivam, ensejam também a aplicação de penalidades. O objeto punitivo pode ser *interno*, quando a apuração tem pertinência com a relação funcional entre o Estado e o servidor público, e *externo*, quando a verificação tem em mira a relação entre o Estado e os administrados em geral. Exemplo de objeto punitivo interno é o processo que culmina com a aplicação da pena de suspensão ao servidor; exemplo de objeto punitivo externo é o processo que gera a cassação de licença pelo fato de ter o interessado cometido infração grave prevista em lei. O processo com objeto punitivo interno denomina-se de *processo administrativo disciplinar*, e será estudado em tópico separado.

Outra categoria é a dos processos com *objeto contratual*, aqueles em que a Administração pretende celebrar contrato com terceiro para a aquisição de bens, a construção de obras, o desempenho de serviços, a execução de serviços concedidos e permitidos etc. Típicos dessa categoria são os processos de licitação, regulados pela Lei nº 14.133/2021.

Há ainda os processos com *objeto revisional*, que são aqueles instaurados em virtude da interposição de algum recurso administrativo pelo administrado ou pelo servidor público. Neles a Administração vai examinar a pretensão do recorrente, que é a de revisão de certo ato ou conduta administrativa. Se um servidor formula reclamação contra ato que não o incluiu numa lista de promoção por merecimento, o processo que se instaura tem objeto revisional. A Administração, ao final, pode rever o ato, como foi pedido pelo recorrente, ou mantê-lo, indeferindo o pedido recursal do interessado.

Por fim, temos os processos com *objeto de outorga de direitos*. Nesse tipo de processo, a Administração, atendendo ao pedido do interessado, pode conferir-lhe determinado direito ou certa situação individual.[65] Exemplos destes processos são aqueles em que o Poder Público concede permissões e autorizações; registra marcas e patentes; concede isenções; confere licenças para construção ou para exercer atividades profissionais etc.

7.5. Princípios

DEVIDO PROCESSO LEGAL – O princípio do devido processo legal (*due process of law*) é daqueles mais relevantes quando se trata de examinar os efeitos da relação jurídica entre

---

[65]   HELY LOPES MEIRELLES, ob. cit., p. 592.

Cap. 15 · CONTROLE DA ADMINISTRAÇÃO PÚBLICA | 835

o Estado e os administrados. Trata-se de postulado inerente ao Estado de Direito, que, como sabemos, foi a situação política em que o Estado reconheceu que, se de um lado podia criar o direito, de outro tinha o dever de submeter-se a ele. A lei, portanto, é o limite de atuação de toda a sociedade e do próprio Estado.

A Constituição vigente referiu-se ao devido processo legal dentro do capítulo dos direitos e garantias fundamentais. Dispõe o art. 5º, LIV, da CF: *"Ninguém será privado da liberdade ou de seus bens sem o devido processo legal."*

Como bem já se registrou, a adoção do princípio em sede constitucional *"representou um natural desenvolvimento da sociedade que não mais se conforma com a atuação estatal sem controle e altamente cerceadora do desenvolvimento do indivíduo".*[66] E tem razão o grande publicista. O devido processo legal é realmente um postulado dirigido diretamente ao Estado, indicando que lhe cabe o dever de observar rigorosamente as regras legais que ele mesmo criou.

Em relação ao processo administrativo, o princípio do devido processo legal tem sentido claro: em todo o processo administrativo devem ser respeitadas as normas legais que o regulam. A regra, aliás, vale para todo e qualquer tipo de processo, e no caso do processo administrativo incide sempre, seja qual for o objeto a que se destine. Embora se costume invocá-lo nos processos litigiosos, porque se assemelham aos processos judiciais, a verdade é que a exigência do postulado atinge até mesmo os processos não litigiosos, no sentido de que nestes também deve o Estado respeitar as normas que sobre eles incidam.

Aliás, a amplitude do princípio (embora a Constituição pareça tê-lo limitado um pouco) dá margem à interpretação de que tem ele estreita conexão com o princípio da legalidade, este de amplo espectro e reconhecidamente abrangente. Em ambos, o Estado deverá prostrar-se como servo da lei.

OFICIALIDADE – O princípio da oficialidade significa que a iniciativa da instauração e do desenvolvimento do processo administrativo compete à própria Administração. Neste ponto, há flagrante diferença com o processo judicial. A relação processual no âmbito judicial é deflagrada por iniciativa da parte: *ne procedat iudex ex officio* (art. 2º, CPC). A tutela jurisdicional só pode ser exercida se o interessado adotar as providências para instaurar o processo judicial.

O princípio da oficialidade é diametralmente diverso. A Administração pode instaurar e impulsionar, de ofício, o processo e não depende da vontade do interessado. Trata-se de responsabilidade administrativa, pela qual aos administradores cabe atuar e decidir por si mesmos, não se adstringindo, inclusive, às alegações das partes suscitadas no curso do processo.[67] Ainda que a lei não o estabeleça nesse sentido, o dever da Administração é inerente à função de concluir os processos para a verificação da conduta a ser adotada, satisfazendo, assim, o interesse da coletividade.[68]

Esse princípio permite aos agentes administrativos encarregados do processo várias formas de atuação *ex officio*, como a tomada de depoimentos, a inspeção em locais e bens, a adoção de diligências, tudo enfim que seja necessário para a conclusão do processo. É tão necessária a conclusão do processo que, como bem anota DIÓGENES GASPARINI, pode ser responsabilizado funcionalmente o servidor que se tenha conduzido com desídia ou desinteresse, paralisando o processo ou retardando seu desfecho.[69]

O princípio da oficialidade foi acolhido pela Lei nº 9.784, de 29.1.1999, que, disciplinando o processo administrativo federal, consignou que as atividades de instrução com a finalidade

---

[66] NAGIB SLAIBI FILHO, *Anotações*, cit., p. 213.

[67] MARCELO HARGER, *Princípios constitucionais do processo administrativo*, Forense, 2001, p. 173.

[68] MARIA SYLVIA DI PIETRO, ob. cit., p. 347.

[69] Ob. cit., p. 575.

836 | MANUAL DE DIREITO ADMINISTRATIVO • *Carvalho Filho*

de averiguar e comprovar os elementos necessários à decisão podem realizar-se *de ofício* ou *mediante impulsão do órgão responsável pelo processo*, independentemente, portanto, de haver interesse ou desinteresse das partes no processo (art. 29). A adoção do princípio revela a possibilidade de desfecho mais rápido do processo, pois que não haverá dependência da iniciativa de terceiros.

CONTRADITÓRIO E AMPLA DEFESA – O princípio do contraditório está expresso no art. 5º, LV, da CF, que tem o seguinte teor: *"Aos litigantes, em processo judicial ou administrativo, e aos acusados em geral são assegurados o contraditório e ampla defesa, com os meios e recursos a ela inerentes."*

O mandamento constitucional abrange processos judiciais e administrativos. É necessário, todavia, que haja litígio, ou seja, interesses conflituosos suscetíveis de apreciação e decisão. Portanto, a incidência da norma recai efetivamente sobre os processos administrativos litigiosos. A interpretação *a contrario sensu* é a de que não incide o princípio sobre processos não litigiosos. É o caso, por exemplo, do inquérito policial, do inquérito civil, da sindicância prévia de mera averiguação.[70] Não obstante, pode a lei, considerando a natureza da apuração, exigir a oportunidade de manifestação do investigado e até mesmo da produção de alguns elementos probatórios, criando, de certo modo, um regime contraditório. É o que ocorre com o inquérito que apura improbidade administrativa (art. 22, parágrafo único, Lei 8.429/92).

Costuma-se fazer referência ao princípio do contraditório e da ampla defesa, como está mencionado na Constituição. Contudo, o contraditório é natural corolário da ampla defesa. Esta, sim, é que constitui o princípio fundamental e inarredável. Na verdade, dentro da ampla defesa já se inclui, em seu sentido, o direito ao contraditório, que é o direito de contestação, de redarguição a acusações, de impugnação de atos e atividades.

O acusado pode atuar por si mesmo, elaborando a sua defesa e acompanhando o processo, ou fazer-se representar por advogado devidamente munido da respectiva procuração. A *representação*, portanto, constitui uma *faculdade* outorgada ao acusado, como já consagrou – corretamente a nosso ver – a mais autorizada doutrina.[71] Não obstante, como garantia do princípio do contraditório, exige-se a presença de *defensor dativo* no caso de estar o acusado em lugar incerto e não sabido, ou na hipótese de revelia. Fora dessas hipóteses, contudo, é dispensável a presença de advogado. Desse modo, não nos parece correta a orientação judicial pela qual se afirma ser obrigatória, *genericamente,* a presença de advogado no curso do processo disciplinar.[72] Tal pensamento exorbita em muito a garantia do contraditório e não tem fundamento normativo. O STF, porém, contrariando o entendimento do STJ, e de forma acertada, a nosso ver, decidiu não ser ofensiva à Constituição a falta de defesa técnica por advogado no processo administrativo disciplinar.[73]

Não obstante, outros aspectos cabem na ampla defesa e também são inderrogáveis, como é o caso da produção de prova, do acompanhamento dos atos processuais, da vista do processo, da interposição de recursos e, afinal, de toda a intervenção que a parte entender necessária para provar suas alegações.[74] Só é vedada aos interessados a utilização de meios procrastinatórios ou ilícitos que, pretextando buscar a verdade dos fatos, tenham por fim desviar o objetivo do pro-

---

[70] STJ, REsp 1.171.857, j. 25.5.2010.

[71] DIÓGENES GASPARINI, *Direito administrativo*, cit., 11. ed., 2006, p. 934, e HELY LOPES MEIRELLES, *Direito administrativo brasileiro*, cit., 29. ed., 2004, p. 663.

[72] STJ, MS 10.837, j. 28.6.2006. V. Súmula 343, STJ (a súmula acabou sendo cancelada em 2021).

[73] Súmula Vinculante 5 (vide texto ao final do capítulo).

[74] HELY LOPES MEIRELLES, ob. cit., p. 588.

Cap. 15 · CONTROLE DA ADMINISTRAÇÃO PÚBLICA | 837

cesso. Nesse caso, não há uso, mas abuso de direito. Daí ser lícito ao órgão processante indeferir a oitiva de testemunhas apresentadas com o único objetivo de dilargar o andamento do feito.[75]

Ainda no que concerne à instrução do processo, domina na jurisprudência a interpretação de que são inadmissíveis, em qualquer tipo de processo administrativo, *provas ilícitas* assim consideradas pelo Poder Judiciário.[76] Realmente procede tal interpretação. Afinal, não se pode admitir que uma prova seja lícita numa via e ilícita noutra – situação que, sem dúvida, provocaria inaceitável agressão ao princípio da segurança jurídica.

É importante lembrar que o princípio da ampla defesa não deve ser interpretado restritivamente, quando se trata de processos com litígios e com acusados. Além do mais, deve considerar-se que a tutela jurídica do direito à defesa é dever do Estado, qualquer que seja a função que esteja desempenhando.[77]

PUBLICIDADE – A vigente Constituição consagra a publicidade como um dos princípios básicos da Administração Pública (art. 37, *caput*). Como já tivemos a oportunidade de examinar, o princípio da publicidade importa o dever do Estado de dar a maior divulgação possível aos atos que pratica. É o dever de transparência das atividades administrativas.

Em relação aos processos administrativos, o princípio está a indicar que os indivíduos têm direito de acesso aos referidos processos, sequer se exigindo que sejam os titulares do direito material, mas que apontem algum interesse público a ser preservado.

Note-se que, ligados a esse princípio, a Constituição registra o direito à informação, contido no art. 5º, XXXIII, bem como o direito à obtenção de certidões para a defesa de direitos e para o esclarecimento de situações, consagrado no art. 5º, XXXIV, "b". Significa que o indivíduo tem o direito a ser informado do que se passa junto aos órgãos públicos e, sendo assim, tem o direito de acesso aos processos que tramitam nas vias administrativas. Por outro lado, garantido o direito à obtenção de certidões, está implícito também o direito de acesso aos feitos administrativos.

É lógico que o direito de acesso não pode se converter em abuso. Havendo abuso, a Administração não é obrigada a atender pedidos de quem o comete.[78] Admite-se a restrição desse direito nas situações que imponham sigilo, o que, aliás, resulta do próprio art. 5º, XXXIII, da CF, e naquelas em que se precise preservar a intimidade ou o interesse social.[79]

Outro aspecto do princípio da publicidade merece destaque. Como os processos administrativos comportam sempre, como seu objetivo, a prática de atos administrativos, é necessário que a Administração dispense a eles a devida divulgação, seja pela publicação nos órgãos de imprensa oficial, seja pela comunicação pessoal. A exigência também emana do art. 37 da vigente Constituição.

INFORMALISMO PROCEDIMENTAL – Como inexiste um sistema específico para o processo administrativo, várias são as leis que dispõem sobre eles. Quando essas leis traçam o rito que o processo deve obedecer, cumpre observá-lo porque a isso obriga o princípio do devido processo legal.

Essas leis, porém, não regulam todos os processos, sobretudo quando se considera a grande amplitude de sentido que se empresta aos processos administrativos. Há inúmeros processos não litigiosos que não sofrem o influxo de qualquer disciplina legal. O mesmo ocorre com alguns processos litigiosos.

---

[75] Em abono: STJ, MS 8.290, j. 23.6.2008.

[76] STF, ARE 1.316.369, j. 9.12.2022.

[77] JESSÉ TORRES PEREIRA JUNIOR, *O direito de defesa na Constituição*, p. 85.

[78] A correta advertência é de MARIA SYLVIA DI PIETRO, ob. cit., p. 347.

[79] MARIA SYLVIA DI PIETRO, ob. e loc. cit.

O princípio do informalismo significa que, no silêncio da lei ou de atos regulamentares, não há para o administrador a obrigação de adotar excessivo rigor na tramitação dos processos administrativos, tal como ocorre, por exemplo, nos processos judiciais. Ao administrador caberá seguir um procedimento que seja adequado ao objeto específico a que se destinar o processo. Por isso, já se decidiu que o julgamento fora do prazo não importa nulidade do feito.[80] Se um administrado, por exemplo, formula algum requerimento à Administração, e não havendo lei disciplinadora do processo, deve o administrador impulsionar o feito, devidamente formalizado, pelos demais órgãos que tenham competência relacionada ao requerimento, e ainda, se for o caso, comunicar ao requerente a necessidade de fornecer outros elementos, ou de trazer novos documentos, e até mesmo o resultado do processo. Enfim, o que é importante no princípio do informalismo é que os órgãos administrativos *compatibilizem os trâmites do processo administrativo com o objeto a que é destinado.*

Entretanto, como bem observa DIÓGENES GASPARINI, não pode o informalismo servir de pretexto ao desleixo, com os administradores fazendo tramitar o processo sem a devida numeração, com falta de folhas, com rasuras suspeitas, enfim sem os elementos mínimos que possam denotar o zelo e a atenção dos órgãos administrativos para os fins do processo. Só assim o processo administrativo pode oferecer segurança e credibilidade aos administrados. Fora daí, o feito seria absolutamente inócuo.[81]

Cabe reiterar, neste passo, que a Lei nº 13.726/2018 dispõe sobre a *racionalização* de atos e procedimentos administrativos em todos os entes federativos para avanço do regime de *desburocratização*, e nessa disciplina dispensa ou simplifica várias exigências desnecessárias ou superpostas, inclusive quanto à prova e documentos, o que, evidentemente, se aplica aos processos administrativos. Sobre o aludido diploma, veja-se o que dissemos no Capítulo 1, dentro do tópico relativo ao princípio da eficiência.

VERDADE MATERIAL – É o princípio da verdade material que autoriza o administrador a perseguir a *verdade real*, ou seja, aquela que resulta efetivamente dos fatos que a constituíram. Nos processos judiciais, como bem observa HELY LOPES MEIRELLES, viceja o princípio da *verdade formal,* já que o juiz se limita a decidir conforme as provas produzidas no processo, em obediência ao velho brocardo *quod non est in actis non est in mundo.*[82]

Pelo princípio da verdade material, o próprio administrador pode buscar as provas para chegar à sua conclusão e para que o processo administrativo sirva realmente para alcançar a verdade incontestável, e não apenas a que ressai de um procedimento meramente formal. Devemos lembrar-nos de que nos processos administrativos, diversamente do que ocorre nos processos judiciais, não há propriamente *partes*, mas sim *interessados*, e entre estes se coloca a própria Administração. Por conseguinte, o interesse da Administração em alcançar o objeto do processo e, assim, satisfazer o interesse público pela conclusão calcada na verdade real, tem prevalência sobre o interesse do particular. Por isso é que esse princípio serve também como fundamento da *reformatio in pejus*, como examinamos anteriormente.[83]

Apenas como exemplo prático, veja-se a matéria de prova. No processo judicial, é às partes que compete a produção das provas que respaldem suas alegações (art. 373, CPC). O juiz apenas as aprecia como meio de chegar a seu convencimento. No processo administrativo, porém, o próprio administrador vai à busca de documentos, comparece a locais, inspeciona bens, colhe depoimentos e, a final, adota realmente todas as providências que possam conduzi-lo a uma

---

[80] STF, RMS 22.450, j. 24.8.1999. V. art. 169, § 1º, Lei 8.112/1990.
[81] DIÓGENES GASPARINI, *Direito administrativo*, cit., p. 576.
[82] *Direito administrativo*, cit., p. 587.
[83] HELY LOPES MEIRELLES, ob. cit., p. 588.

conclusão baseada na verdade material ou real. É esse o exato sentido do princípio da verdade material.[84]

A busca da verdade real tem conduzido os estudiosos modernos a admitir, no processo administrativo, a *teoria da desconsideração da pessoa jurídica* ("*disregard of legal entity*"), de modo a atribuir-se responsabilidade às pessoas físicas que se valem da pessoa jurídica como escudo para o cometimento de fraudes, desvios e outros ilícitos. Serve como exemplo o caso dos conhecidos "*laranjas*", em que os administradores não têm qualquer vínculo com a sociedade e que são indicados pelos verdadeiros donos do negócio. Incide também a mesma teoria nos processos administrativos punitivos, inclusive nos contratos administrativos e licitações, quando perpetradas fraudes pelo contratado ou interessado contra a Administração.[85]

Existem divergências a respeito da admissibilidade da *prova ilícita* no processo administrativo. Os Tribunais a têm rechaçado peremptoriamente, estendendo a repulsa, inclusive, aos efeitos dela oriundos (teoria dos frutos envenenados ou "*fruits of the poisonous tree*").[86] Todavia, moderna doutrina a considera admissível em alguns casos excepcionais, quando embasada nos princípios da proporcionalidade e da moralidade e sempre alvejando a preponderância do interesse público. Na verdade, não há irrestrita aceitação, mas certa flexibilidade em função das particularidades do caso concreto, entendimento ao qual emprestamos nosso abono.[87]

7.6. Processo Administrativo na Administração Federal

DISCIPLINA – Tendo em vista a necessidade de uniformizar pelo menos as regras básicas a serem adotadas nos expedientes internos da Administração, foi editada a Lei nº 9.784, de 29.1.1999, destinada a regular os processos administrativos no âmbito da Administração Pública Federal.

Note-se, primeiramente, que a lei tem caráter *federal*, e não *nacional*, vale dizer, é aplicável apenas na tramitação de expedientes processuais dentro da Administração Pública Federal, inclusive no âmbito dos Poderes Legislativo e Judiciário. Em virtude de nosso regime federativo, em que as entidades integrantes são dotadas de autonomia, não podem tais mandamentos se estender a Estados, Distrito Federal e Municípios, já que estes são titulares de competência privativa para estabelecer as próprias regras a respeito de seus processos administrativos.

Nada impede, e, ao contrário, tudo aconselha a que as demais entidades também uniformizem seus procedimentos administrativos, não somente para limitar a atuação dos administradores públicos, mas também para conferir aos administrados maior garantia no controle da legalidade dos atos administrativos praticados nos diversos expedientes que tramitam nos órgãos da Administração Pública. A propósito, essa interpretação foi consolidada no STJ, que consignou a subsidiariedade da Lei nº 9.784/1999 para aplicação às demais unidades federativas, desde que inexistente norma local incidente sobre a matéria.[88]

Vale a pena destacar, ainda, que as normas da Lei nº 9.784/1999 têm caráter *genérico* e *subsidiário*, ou seja, aplicam-se apenas nos casos em que não haja lei específica regulando o respectivo processo administrativo ou, quando haja, é aplicável para complementar as regras especiais. A lei específica, por conseguinte, continuará sendo *lex specialis* e prevalecerá sobre a lei geral. É o caso, por exemplo, dos processos disciplinares, previstos nas leis estatutárias, e dos

---

[84]   Também: MARCELO HARGER, *Princípios constitucionais*, cit., p. 174.

[85]   FLÁVIA ALBERTIN DE MORAES, em trabalho sobre o tema (*RDA* 252, p. 46-65).

[86]   STF, HC 93.050, j. 18.6.2008; STJ HC 117.678, j. 24.8.2009.

[87]   EGON BOCKMANN MOREIRA, *Processo Administrativo*, Malheiros, 4. ed., 2010, p. 365-369.

[88]   STJ, Súmula nº 633 (2019).

840 | MANUAL DE DIREITO ADMINISTRATIVO • *Carvalho Filho*

processos tributários, regulados pelo Código Tributário Nacional e outras leis do gênero. Sendo normas especiais, só subsidiariamente recebem a incidência das normas gerais previstas na Lei nº 9.784/1999.[89] Quer dizer: se a lei específica for silente, a Lei nº 9.784/1999 será aplicável.[90]

PRINCÍPIOS E CRITÉRIOS – O processo administrativo federal deve observar os *princípios* da legalidade, finalidade, motivação, razoabilidade, proporcionalidade, moralidade, ampla defesa, contraditório, segurança jurídica, interesse público e eficiência (art. 2º). Veja-se, portanto, que, além dos princípios consagrados expressamente na Constituição, o legislador acrescentou alguns outros de pacífico reconhecimento doutrinário em sede de direito público.

A lei não fez menção aos princípios da publicidade e da impessoalidade, mencionados no art. 37 da CF. É bem verdade que se confundem os princípios da impessoalidade e da finalidade, já que em ambos se pretende indicar que o fim último da atividade administrativa é o interesse público. Mas a publicidade deveria ter sido referida no elenco dos princípios; a referência a ela foi feita apenas indiretamente na relação dos critérios a serem adotados pelo administrador, entre eles o da *divulgação oficial dos atos* (art. 2º).

A propósito, e para haver consonância com o princípio da eficiência e da razoável duração do processo, a lei passou a contemplar o *regime de prioridade na tramitação* do processo administrativo em favor de pessoas com idade igual ou superior a 60 anos; portadoras de deficiência física ou mental; e de portadoras de várias doenças graves (art. 69-A da Lei 9.784). Sobre essa alteração, afirmamos que seu fundamento consistiu na maior atenção a ser dada pela Administração a esses hipossuficientes, na certeza de que o fator *tempo* se revela impostergável para a defesa de seus interesses.[91]

A lei enumerou uma série de *critérios* (art. 2º, parágrafo único), que, na verdade, nada mais são do que padrões a serem observados pelas autoridades nos processos administrativos. Dentre eles, merecem destaque o que impõe seja a conduta administrativa dotada de probidade, decoro e boa-fé, e o que exige congruência entre meios e fins, vedando-se sanções, restrições e obrigações além das necessárias para atender ao interesse público. Inserem-se também como critérios a proibição de cobrança de despesas processuais (ressalvadas as hipóteses legais) e o impulso *ex officio* dos processos para evitar paralisações e o retardamento das soluções. Direito a alegações e recursos e divulgação oficial dos atos são outros dos padrões a que devem se submeter os agentes nos processos administrativos.

ASPECTOS ESPECIAIS – A lei destina regras relativas aos *direitos* e aos *deveres* dos administrados. Como direitos, inscreve o de receber tratamento condigno das autoridades e o de ser assistido facultativamente por advogado, bem como o de ter ciência dos atos nos processos em que seja interessado, sendo-lhe permitido consulta aos autos e extração de cópias. São deveres a conduta leal e de boa-fé e a observância da veracidade das afirmações; deve também prestar as informações que lhe forem solicitadas e não agir de modo temerário (arts. 3º e 4º).

O processo pode ser deflagrado *ex officio* ou por provocação do interessado. São necessários alguns aspectos relativos à *formalização dos requerimentos*, devendo identificar-se os órgãos a que se dirigem, a identificação completa do requerente e a exposição completa dos fatos e fundamentos do pleito. Várias pessoas são consideradas pela lei como *interessadas* nos processos administrativos: além das pessoas físicas ou jurídicas titulares de direitos e interesses diretos, podem ser interessadas pessoas que possam ter direitos ameaçados em decorrência da decisão

---

[89] Vide nosso *Processo administrativo federal*, Atlas, 5. ed., 2013, p. 356.
[90] STJ, MS 12.895, j. 11.11.2009.
[91] Nosso *Processo administrativo federal*, cit., p. 357.

no processo; também as organizações e associações representativas podem defender interesses coletivos e as pessoas ou associações legítimas podem invocar a tutela de interesses difusos.

Algumas regras do processo administrativo federal guardam semelhança com as do processo judicial. A lei estabelece normas sobre competência administrativa, impedimento e suspeição, forma, tempo e lugar dos atos do processo e comunicação dos atos, além de consignar detalhada disciplina sobre a instrução do processo, fase em que avulta a observância do contraditório e ampla defesa.

Cabe observar, por oportuno, que incide no processo administrativo a tutela cautelar, em consonância com o princípio geral de cautela, apropriado a qualquer modelo processual. O art. 45 da Lei nº 9.784/99 prevê a prática de providências acauteladoras sem a manifestação do interessado. Infere-se, pois, que é lícita a medida cautelar imediata (*in limine litis*), sobretudo quando se conclui que o processo perderia sua razão de ser, ante a ineficácia da decisão final.[92]

Dentre as normas integrantes do capítulo destinado à *instrução* do processo, duas merecem destaque: a *audiência pública* (art. 32) e a *consulta pública* (art. 31). Pela consulta pública, a Administração procura obter a opinião pública de pessoas e entidades sobre determinado assunto de relevância discutido no processo, formalizando-se as manifestações através de peças formais instrutórias. Já a audiência pública (que, em última instância, é também forma de consulta) se destina a obter manifestações orais e provocar debates em sessão pública especificamente designada para o debate acerca de determinada matéria.[93] Ambas retratam, na verdade, instrumentos de participação das comunidades na tomada de decisões administrativas. É correto, pois, afirmar que de sua realização emanam efeitos significativos: um deles é o de influenciar a vontade estatal; outro é o de reclamar que a Administração (ou o juiz) apresente argumentação convincente no caso de optar por caminho contrário ao que foi sugerido na consulta ou na sessão da audiência pública.[94]

Há uma questão sobre *prazos*, que desafia um breve comentário. Segundo o art. 24 da Lei nº 9.784, não havendo disposição específica, os atos do processo, de qualquer participante, devem ser praticados no prazo de 5 dias, salvo motivo de força maior. Com o advento do vigente Código de Processo Civil, surgiu a dúvida sobre como deveria ser contado o prazo, e isso porque nesse diploma foi prevista a contagem em *dias úteis* (art. 219). Não obstante, a jurisprudência se consolidou no sentido de que no processo administrativo a contagem deve ser feita em *dias corridos*, a menos que haja dispositivo com critério diverso. Portanto, o critério adotado pelo CPC não se estendeu aos processos administrativos, regulados que são por lei especial.[95]

Regra de inegável importância é a que obriga a Administração a decidir os processos administrativos e dar resposta às reclamações e solicitações formuladas pelos interessados (art. 48). Tenta o legislador evitar as indesejáveis paralisações de processos na Administração, muitas vezes deliberadas e ilegais, e usadas para esconder outros fatos ilegítimos. Para que as questões sejam solucionadas, é preciso a *definição do processo*, e é exatamente a essa definição que agora está vinculado o administrador. Não se pode perder de vista que o dever de decidir, cominado ao administrador, é consectário do próprio direito de petição.[96] Trata-se, pois, de dever congruente com essa garantia constitucional.

Preocupa-se o legislador com a *motivação* dos atos administrativos, assim considerada como a explicitação dos fatos e fundamentos que deram suporte à prática do ato. Pode a fun-

---

[92]   SHIRLEI SILMARA DE FREITAS MELLO, *Tutela cautelar no processo administrativo*, p. 461.

[93]   Vide nosso *Processo administrativo federal*, cit., p. 192.

[94]   ANTÔNIO CABRAL, Os efeitos processuais da audiência pública, *RDE* nº 2, p. 199-213.

[95]   TJ-MG, Rec. Adm. 10000170647168000, j. 9.8.2018.

[96]   IRENE PATRÍCIA NOHARA, *Processo administrativo* (com Thiago Marrara), p. 313.

842 | MANUAL DE DIREITO ADMINISTRATIVO • *Carvalho Filho*

damentação adotar a de outros atos, como pareceres, informações e decisões. Tratando-se de decisões de órgãos colegiados e comissões, ou de decisões orais, a motivação constará da respectiva ata ou termo escrito, possibilitando aos interessados exercer o controle de legalidade dos atos tendo em vista a justificativa em que se basearam. Não custa, neste passo, relembrar que motivação e motivo não se confundem, como já consignamos anteriormente: o motivo se compõe das razões para a prática do ato, ao passo que a motivação encerra a expressividade formal dessas razões.

Não são todos os atos que exigem expressa motivação, o que vem em abono ao que sempre defendemos. Não se pode indiscriminadamente exigir a motivação de todos os atos, como parecem defender, exageradamente, alguns autores, até porque há atos da rotina administrativa, indiferentes à órbita jurídica de terceiros, que não podem a cada passo exigir expressa e formal justificativa. A motivação depende de determinação legal, exatamente como fez a Lei nº 9.784/1999. É exigível nos atos que:

a) neguem, limitem ou afetem direitos;
b) imponham ou agravem deveres, encargos e sanções;
c) permitam a dispensa e a inexigibilidade de licitações;
d) decidam processos administrativos de recrutamento público;
e) decidam recursos administrativos;
f) deixem de seguir jurisprudência sobre determinada questão administrativa;
g) indiquem reexame de ofício; e
h) impliquem anulação, revogação, suspensão ou convalidação de atos administrativos (V. art. 50, I a VIII).

Fora desses casos, dispensável será a motivação. A lei, é bom que se destaque, ao exigir que os atos sejam motivados, impõe também sejam indicados os *fatos e os fundamentos jurídicos*. Como já tivemos a oportunidade de salientar, a ideia *"não guarda total consonância com o sentido que o legislador quis emprestar à motivação do ato administrativo"*.[97] Na verdade, a motivação não abrange necessariamente os fundamentos jurídicos, mas, ao contrário, pode relacionar-se apenas à situação fática. Os fundamentos jurídicos constituem *"o suporte jurídico da conclusão adotada no ato administrativo"*, de modo que, nos casos do art. 50, não bastará a menção aos fatos, devendo o administrador indicar também qual o substrato jurídico em que se apoia, conforme já deixamos consignado em obra específica.[98]

Por fim, a lei traçou normas especiais sobre os *recursos administrativos*. Devem os recursos ser interpostos por requerimento do interessado, com a clara exposição dos fatos e fundamentos do pedido revisional, podendo este fundar-se em razões de legalidade ou de mérito. Parte da doutrina sustenta que a decisão de validade no processo administrativo não pode ser revista *ex officio* e exige novo processo.[99] Com a devida vênia, ousamos discordar: a uma, porque a lei é silente sobre tal vedação e, a duas, porque a própria Administração pode corrigir de ofício suas ilegalidades, impondo-se apenas que, caso haja gravame para o interessado, lhe seja assegurado o contraditório.

O prazo recursal, não havendo regra específica, é de *10 dias* contados da ciência ou divulgação oficial do ato, cabendo à autoridade decidir o recurso no prazo de *30 dias* a partir do recebimento do pedido recursal; esse prazo pode ser prorrogado por igual período, desde que

---

[97] Nosso *Processo administrativo federal*, cit., p. 232.

[98] Ob. cit., p. 227.

[99] SÉRGIO FERRAZ, Processo administrativo: prazos; preclusões, *RTDP* nº 26, p. 45-59.

Cap. 15 · CONTROLE DA ADMINISTRAÇÃO PÚBLICA | 843

a autoridade o justifique. Como regra, o recurso *não tem efeito suspensivo*, mas, se houver justo receio de prejuízo de difícil ou incerta reparação decorrente da execução do ato impugnado, poderá a autoridade recorrida ou a imediatamente superior, de ofício ou a requerimento do interessado, conferir efeito suspensivo ao recurso. É a aplicação, portanto, da tutela preventiva no processo administrativo.

O recurso administrativo deverá tramitar no máximo por três instâncias administrativas, salvo se houver disposição legal em contrário (art. 57). Já se decidiu, com base nesse dispositivo, que só podem ser interpostos dois recursos administrativos.[100] A decisão, em nosso entender, é equivocada. De acordo com o art. 56, § 1º, o interessado primeiramente pede a reforma da decisão à autoridade que a proferiu. Essa solicitação constitui um pedido de reconsideração, que também é modalidade de recurso. Caso não acolha o pedido, o agente deve enviá-lo à autoridade superior, obviamente de segunda instância. Contra esta cabe recurso para uma terceira instância. Assim, podem ser interpostos três e não somente dois recursos.

Havendo outros interessados, a Administração deverá intimá-los para, em *cinco dias*, apresentarem suas alegações. O órgão competente para apreciar o recurso poderá confirmar, modificar, anular e revogar, total ou parcialmente, a decisão recorrida; se houver agravamento da situação do recorrente, ser-lhe-á dada oportunidade de apresentar alegações (art. 64, parágrafo único). A Administração pode deixar de *conhecer* do recurso, hipótese diversa da de *julgar* o recurso. O recurso não será *conhecido* quando interposto: (a) fora do prazo; (b) por pessoa sem legitimação; (c) após o exaurimento da instância administrativa; (d) perante órgão incompetente (nesta hipótese, a autoridade indicará ao interessado a autoridade competente, assegurando-se àquele a devolução do prazo, para não sofrer prejuízo). Contudo, mesmo não conhecido o recurso, a Administração pode exercer seu poder de autotutela, revendo de ofício o ato ilegal, ressalvada, é óbvio, a hipótese de preclusão administrativa (art. 63, §§ 1º e 2º, da Lei 9.784).

A autoridade administrativa que rejeita recurso administrativo numa instância não pode participar dele ou decidi-lo em outra, caso seja erigida a patamar hierárquico superior. Haverá impedimento, com lastro no art. 18 da Lei nº 9.784/1999. Ofensa a esse impedimento rende ensejo à anulação da decisão, como já se reconheceu, a nosso ver, acertadamente.[101]

Se houver fatos novos ou circunstâncias relevantes, pode o interessado requerer a *revisão* de processo sancionatório já findo, alvitrando a correta adequação da sanção aplicada (art. 65 da Lei 9.784). Entretanto, não poderá haver, no processo de revisão, a *reformatio in pejus*, ou seja, o agravamento da situação do recorrente (art. 65, parágrafo único).

A Lei nº 11.417, de 19.12.2006, que regulamentou o art. 103-A da CF, introduziu algumas alterações no sistema de recursos previsto na Lei nº 9.784/1999. Primeiramente, acrescentou o § 3º ao art. 56, estabelecendo que, se o recorrente alegar que a decisão administrativa contraria enunciado de *súmula vinculante*, deve a autoridade decisória, no caso de não a reconsiderar, consignar, de forma explícita, antes da remessa do recurso à autoridade superior, os *motivos* da aplicabilidade ou inaplicabilidade da súmula, conforme a hipótese. Significa, assim, que o administrador tem a obrigação de cumprir esse requisito de *ordem material* (a explicação de sua conduta) e de *ordem formal* (a exigência da justificativa formalizada no ato de reapreciação do recurso).

Outra alteração diz respeito à atuação do órgão competente para a decisão do recurso: a ele também compete explicitar os motivos da aplicabilidade ou inaplicabilidade do que consta no enunciado da súmula vinculante, se o recorrente tiver alegado esse tipo de ofensa. Caso acolhida a reclamação proposta pelo interessado, o STF dará ciência ao órgão prolator da decisão e ao

---

100 STJ, MS 27.102, j. 23.8.2023.
101 STF, RMS 26.029, Min. CÁRMEN LÚCIA, em 11.3.2014.

844 | MANUAL DE DIREITO ADMINISTRATIVO • *Carvalho Filho*

órgão competente para julgar o recurso, para que as futuras decisões sobre o assunto guardem adequação ao que dispõe a súmula vinculante desrespeitada pela decisão administrativa, pena de responsabilização pessoal no âmbito cível, administrativo e penal (arts. 64-A e 64-B, Lei nº 9.784/1999, introduzidos pela citada Lei nº 11.417/2006).

A Lei nº 9.784 também tratou da *anulação, revogação* e *convalidação* dos atos administrativos. A *anulação* funda-se em vício de legalidade, ao passo que a *revogação* pressupõe motivo de conveniência e oportunidade do administrador (art. 53). Já a *convalidação* traduz a confirmação de ato com defeitos sanáveis, mas não pode causar lesão ao interesse público ou prejuízo a terceiros (art. 55).

O tema já foi comentado no capítulo dos atos administrativos.

Noutro giro, a lei preceituou que o direito da Administração de *anular seus próprios atos* quando produzem efeitos favoráveis para os destinatários *decai em 5 anos*, contados da data de sua prática, exceto se tiver havido comprovada má-fé (art. 54, *caput)*. Qualquer *ação administrativa* que indique impugnação à validade do ato é considerada como forma de *exercício do direito* de anulação (art. 54, § 2º). Tratando-se de *prestações patrimoniais contínuas*, o prazo decadencial é contado da data do primeiro pagamento (art. 54, § 1º).

O comando principal retrata o poder de *autotutela administrativa,* o qual, no entanto, encontra limite temporal, impedindo sua perpetuidade e agredindo a segurança jurídica. Entretanto, esse prazo quinquenal, em nosso entender, foi destinado à União Federal e, portanto, não obriga os demais entes federativos, porque se trata de *gestão administrativa* dos atos, matéria que se insere no âmbito da autonomia que lhes reservou a Constituição. Apesar disso, o STF, embora com vários votos vencidos – com os quais se fez a melhor interpretação –, declarou inconstitucional lei estadual que fixou o prazo decadencial em 10 anos, invocando o fato de que outros Estados teriam adotado o prazo quinquenal.[102] Realmente, a Corte foi infeliz em tal orientação.

Não é escusado enfatizar, por oportuno, que o instituto da decadência, na esfera administrativa, visa proteger a *estabilidade* do ato e de seus efeitos, em consonância com o princípio da segurança jurídica. Assim, quando impede o exercício da autotutela pela Administração, a lei tem o propósito de garantir a permanência do ato e de seus efeitos em virtude do transcurso do tempo.[103]

DECISÃO COORDENADA – A Lei nº 14.210, de 30.9.2021, acrescentou à Lei nº 9.784/99 o Capítulo XI-A (arts. 49-A a 49-G), para instituir o mecanismo da *decisão coordenada* na Administração Pública federal, cuja inspiração proveio da denominada *conferência de serviços* (*conferenza di servizi*) do direito italiano, embora os regimes não tenham total identidade. Conquanto a lei seja federal, as demais entidades federativas podem adotar o instrumento no âmbito de suas respectivas administrações, visto serem gerais os princípios que o informam.

O novo instrumento, na verdade, que só pode ser constituído por *mais de três participantes*, atende a alguns princípios administrativos e demandas das competências internas da Administração. De plano, é possível inferir que o legislador, ao criá-lo, reconheceu a ineficácia do *princípio da coordenação administrativa* e procura alternativas para essa necessária interação dos setores administrativos. Não é a única ferramenta, como o demonstram acordos, convênios, termos de cooperação e similares, mas se agrega a estes para concretizar aquele princípio. Outro postulado que deu suporte ao instrumento foi o *princípio da eficiência*, concretizado pela *celeridade* com que devem ser conduzidas as ações administrativas. A lei alude, ainda, aos *princípios da legalidade* e da *transparência* (art. 49-A, § 5º, Lei 9.784), mas,

---

[102] STF, ADI 6.019, j. 12.4.2021 (maioria, com 4 votos vencidos).

[103] MARINA FONTÃO ZAGO e FLORIANO DE AZEVEDO MARQUES NETO, Decadência da autotutela administrativa: a proteção do ato administrativo e de seus efeitos jurídicos, *RDA* v. 281, nº 3, p. 117-142, set.-dez. 2022.

Cap. 15 · CONTROLE DA ADMINISTRAÇÃO PÚBLICA | 845

a nosso ver, as bases reais são mesmo a *coordenação* e a *eficiência*, fatores fundamentais à boa administração.

É possível oferecer o *conceito* de *decisão coordenada* como sendo aquela, de caráter interinstitucional ou intersetorial, resultante da participação concomitante de agentes decisórios e instrutórios, atuando de forma compartilhada para o fim de simplificar o processo administrativo e definir soluções uniformes de interesse da Administração (art. 49-A, § 1º). A lei a define como "*instância*", mas, a nosso ver, o termo é impróprio. *Instância* é foro, local, e a decisão não é isso. A decisão, isto sim, é manifestação volitiva, cuja prolação se efetiva em nível administrativo próprio, e este, na verdade, é que retrata a instância concebida para proferir a decisão.

A natureza *interinstitucional* indica o compartilhamento de instituições, inclusive pessoas da administração indireta, ao passo que o caráter *intersetorial* indica ação interorgânica, vale dizer, em que o compartilhamento se dá entre órgãos. Advirta-se, porém, que o agrupamento não dá origem a novo órgão, até porque este tem que ser criado por lei, mas espelha apenas situação eventual direcionada a questões específicas da Administração. Aliás, a decisão coordenada não exclui a responsabilidade originária de cada órgão ou autoridade envolvida, como enuncia o art. 49-A, § 4º, da Lei 9.784.

Diz a lei que será adotada a decisão coordenada em duas hipóteses: 1ª) quando justificável pela *relevância* da matéria; 2ª) quando houver *discordância* prejudicial à celeridade do processo administrativo decisório (art. 49-A, I e II). No primeiro caso, há certo subjetivismo quanto ao aspecto da relevância, mas no segundo a causa é objetiva e tem como essência a diversidade de posições sobre a mesma matéria, impeditiva da celeridade processual.

A decisão coordenada, no entanto, *não se aplica* aos processos administrativos de *licitação*, referentes ao *poder sancionador* ou quando há autoridades de *Poderes distintos* (art. 49-A, § 6º). Essa inaplicabilidade, entretanto, não parece ter justificativa consistente. Afinal, nessas áreas pode haver necessidade de tomada de decisões com uniformidade, possibilitando mais rapidez no processo decisório. Por conseguinte, nessas hipóteses será inviável o compartilhamento de órgãos ou instituições para uma só decisão.

No processo administrativo, a Lei atribuiu *legitimidade* a algumas pessoas e entes para figurar como *interessados* (art. 9º, Lei 9.784). Têm essa condição: a) pessoas físicas ou jurídicas que deflagrem o processo como titulares de direitos ou interesses; b) os que têm interesses passíveis de ser afetados pela decisão; c) as entidades representativas no que tange a direitos individuais e coletivos; d) as entidades legalmente constituídas para a tutela de tais direitos. Todas elas podem participar da decisão coordenada como *ouvintes* (art. 49-B), embora possam ter *direito a voz* (art. 49-B, parágrafo único). O ato de deferimento da participação nessa hipótese é irrecorrível.

Segundo dispõe o art. 49-D da Lei 9.784, os participantes da decisão coordenada devem ser *intimados* nos termos do art. 26 do mesmo diploma. Entretanto, a lei foi omissa quanto ao responsável pela *convocação*, já que os órgãos e pessoas participantes não terão, frequentemente, vínculo hierárquico entre eles. A nosso ver, pois, a intimação, ato dotado de certa força coercitiva, não seria o adequado para a convocação. Mais razoável seria um ato de *convite*, até porque o órgão pode entender impertinente a sua participação. Por outro lado, também não se esclarece o que ocorrerá quando o órgão "intimado" se recusar a participar. Para funcionar bem, essa ferramenta há de merecer regulamentação para colmatar essas lacunas.

Aliás, não custa registrar que o art. 49-C previa a convocação pela "*autoridade máxima do órgão ou da entidade que tiver maior responsabilidade na condução da matéria*". O dispositivo, contudo, foi *vetado*, a nosso ver corretamente, porque, a rigor, nenhum deles terá "maior responsabilidade" do que o outro e, ao contrário, todos a têm; não fora assim, desnecessária seria a decisão coordenada.

846 | MANUAL DE DIREITO ADMINISTRATIVO • *Carvalho Filho*

Cada participante deverá elaborar *documento específico* sobre o tema ligado à sua competência, de modo que possa subsidiar e integrar o processo decisório (art. 49-E). Se houver *dissenso* na solução do objeto da decisão coordenada, deve ser esclarecido motivadamente durante as reuniões, e o órgão irresignado deverá apresentar sua solução e eventuais alterações (art. 49-F). Para evitar tumulto nessa participação coletiva, a lei veda seja arguida matéria estranha ao objeto da convocação (art. 49-F, parágrafo único).

Impõe-se a elaboração de uma *ata* para consolidar os elementos conclusivos da decisão coordenada. Nela constarão o relato dos itens, a síntese dos fundamentos e teses, orientações e diretrizes, bem como das soluções. Devem figurar também o posicionamento dos participantes e a decisão de cada órgão sobre a matéria de sua competência (art. 49-G, I a VI). A fundamentação pode ser *complementada* até a assinatura da ata (art. 49-G, § 1º). A ata será publicada por extrato no Diário Oficial da União com todos os dados relativos à reunião e à decisão coordenada (art. 49-G, § 2º).

Teoricamente, o mecanismo da decisão coordenada tem inegável fundamento jurídico e administrativo, e realmente pode auxiliar na coordenação e eficiência da atuação administrativa. Aguardemos, todavia, o futuro para constatar se as dificuldades do espírito cooperativo dos órgãos públicos serão efetivamente superados com o referido instrumento.

7.7. Processo Administrativo Disciplinar

SENTIDO E FUNDAMENTO – Processo administrativo-disciplinar é o instrumento formal através do qual a Administração apura a existência de infrações praticadas por seus servidores e, se for o caso, aplica as sanções adequadas. Basicamente essa é também a conceituação adotada pelo Estatuto Federal dos Servidores (art. 148, Lei nº 8.112/1990). Como já anotamos, o processo não abrange apenas os servidores que estejam laborando dentro do órgão a que pertencem, mas alcança também aqueles que, em outras entidades públicas ou privadas, exercem funções que guardem alguma conexão com a repartição de origem.[104]

Quando uma infração é praticada no âmbito da Administração, é absolutamente necessário apurá-la, como garantia para o servidor e também da Administração. O procedimento tem que ser formal para permitir ao autor do fato o exercício do direito de ampla defesa, procurando eximir-se da acusação a ele oferecida.

O fundamento do processo em foco está abrigado no *sistema disciplinar* que vigora na relação entre o Estado e seus servidores. Cabe à Administração zelar pela correção e legitimidade da atuação de seus agentes, de modo que quando se noticia conduta incorreta ou ilegítima tem a Administração o poder jurídico de restaurar a legalidade e de punir os infratores. A hierarquia administrativa, que comporta vários escalões funcionais, permite esse controle funcional com vistas à regularidade no exercício da função administrativa. A necessidade de formalizar a apuração através de processo administrativo é exatamente para que a Administração conclua a apuração dentro dos padrões da maior veracidade.

Cabe aqui uma observação. Como toda apuração, o processo retrata um estorvo para o envolvido. Bem por isso, a Lei nº 14.110, de 18.12.2020, deu nova redação ao art. 339 do Código Penal, para o fim de considerar crime de *denunciação caluniosa* o fato de dar causa à instauração de processos e inquéritos na área criminal, bem como de *processo disciplinar*, inquérito civil e ação de improbidade, com imputação de crime, infração ético-disciplinar ou ato ímprobo a quem sabe ser inocente. Tenta-se evitar, por conseguinte, que, dolosamente, alguém provoque,

---

[104] STJ, MS 21.669, j. 23.8.2017.

Cap. 15 · CONTROLE DA ADMINISTRAÇÃO PÚBLICA | 847

provavelmente por retaliação, a instauração de processo disciplinar contra o servidor, mesmo ciente de que não praticou qualquer infração.

BASE NORMATIVA – O processo disciplinar se regula por bases normativas diversas. Incide para esse tipo de processo o princípio da *disciplina reguladora difusa*, e isso porque suas regras, a tramitação, a competência, os prazos e as sanções se encontram nos estatutos funcionais das diversas pessoas federativas. Contrariamente sucede nos processos judiciais, sujeitos à *disciplina reguladora concentrada*, porque todo o sistema básico se situa num só diploma legal e apenas os ritos especiais se alojam em leis especiais.

Cada pessoa federativa tem autonomia, como já vimos, para instituir o seu estatuto funcional. A liberdade para a instituição das regras do processo disciplinar só esbarra nos mandamentos constitucionais. Fora daí, a União, os Estados, o Distrito Federal e os Municípios estabelecem suas próprias regras para esse tipo de processo. Por essa razão, quando se quiser verificar alguma questão sobre tramitação de processos disciplinares, necessária será a consulta ao estatuto da pessoa federativa que tenha instaurado o respectivo processo disciplinar. Registramos aqui esse fato porque é comum a consulta à Lei nº 8.112/1990, o Estatuto dos Servidores Civis da União. Esse diploma, porém, só se aplica aos processos disciplinares relativos aos servidores federais.

OBJETO – O objeto do processo administrativo-disciplinar é a averiguação da existência de alguma infração funcional por parte dos servidores públicos, qualquer que seja o nível de gravidade.

Não nos parece correta a afirmação segundo a qual o processo administrativo *"é o meio de apuração e punição de faltas graves dos servidores públicos"*.[105] O processo serve tanto para as faltas graves como para as leves, pois que é preciso considerar que a apuração é que vai levar à conclusão sobre a maior ou menor gravidade da falta. Por esse motivo é que entendemos que o art. 41, § 1º, I e II, da CF, que dispõe que o servidor estável só perderá o cargo por força de sentença judicial ou processo administrativo com ampla defesa, apenas se refere ao processo administrativo para sinalizar um meio alternativo de apuração no que concerne à sentença judicial. O dispositivo, contudo, há de ser interpretado em consonância com o art. 5º, LV, da CF, que contempla o princípio da ampla defesa e contraditório, de modo que não apenas a perda do cargo mas qualquer infração e punição pressupõem a instauração de processo administrativo.[106] Em última instância, nem precisaria haver menção ao processo administrativo no art. 41, § 1º; mesmo sem ela, o processo seria imprescindível para gerar eventual punição ao servidor.

A averiguação de faltas funcionais constitui um poder-dever da Administração. Não se pode conceber qualquer discricionariedade nessa atuação, porquanto o princípio da legalidade é de observância obrigatória para todos os órgãos administrativos. E, como é óbvio, não se observa esse princípio se não for apurado desempenho funcional revestido de irregularidade ou de ilegalidade. É tão importante a apuração que a Administração normalmente instaura *ex officio* o processo disciplinar.

A apuração é o objeto precípuo do processo disciplinar. Mas o resultado do processo pode levar a duas condutas administrativas. Uma delas é a aplicação da sanção ao servidor que tiver cometido a falta funcional. A outra é o arquivamento do feito, no caso de ficar demonstrada a ausência da infração.

SINDICÂNCIA – Na correta visão de CRETELLA JR., sindicância *"é o meio sumário de que se utiliza a Administração Pública, no Brasil, para, sigilosa ou publicamente, com indiciados ou não, proceder à apuração de ocorrências anômalas no serviço público, as quais, confirmadas,*

---

[105] HELY LOPES MEIRELLES, *Direito administrativo brasileiro*, cit., p. 594.
[106] DIÓGENES GASPARINI, *Direito administrativo*, cit., p. 589.

848 | MANUAL DE DIREITO ADMINISTRATIVO • *Carvalho Filho*

fornecerão elementos concretos para a imediata abertura de processo administrativo contra o funcionário público responsável".[107]

Essa é a clássica e precisa noção de sindicância. Trata-se da denominação usualmente dispensada ao procedimento administrativo que visa a permitir uma *apuração preliminar* sobre a existência de ilícito funcional. É através da sindicância que se colhem os indícios sobre:

a) a existência da infração funcional;

b) sua autoria; e

c) o elemento subjetivo com que se conduziu o responsável.

Reveste-se de caráter *inquisitório*, porque é processo não litigioso; como consequência, não incide o princípio da ampla defesa e do contraditório.[108] Caracteriza-se por ser *procedimento preparatório*, porque objetiva a instauração de um processo principal, quando for o caso, obviamente. Por esse motivo, o princípio da publicidade é aqui atenuado, porque o papel da Administração é o de proceder a mera apuração preliminar, sem fazer qualquer acusação a ninguém. Decorre daí que a autoridade que presidir ao procedimento não tem poderes para intimar terceiros a prestar depoimento, porque tais poderes são próprios das autoridades judiciais ou policiais, por força de lei.[109]

Convém anotar, todavia, que a Administração deve garantir ao defensor do investigado, mesmo em processo inquisitório, o acesso amplo aos elementos de prova pertinentes ao direito de defesa, conforme já assentado na Súmula Vinculante nº 14 do STF. Para reforçar essa garantia, a Lei nº 8.906/1994 (Estatuto da OAB) confere ao advogado o direito de examinar autos de investigação de qualquer natureza, embora possa haver delimitação do acesso em situações especiais, bem como de assistir a seus clientes durante a apuração, podendo apresentar razões e quesitos. A inobservância de tais direitos pelo agente responsável implicará sua responsabilização criminal e funcional por abuso de autoridade, sem prejuízo de o advogado recorrer ao órgão judicial (art. 7º, XIV e XXI, e §§ 10 a 12, Lei nº 8.906/1994). Em tal sentido, dispõe o Estatuto da OAB ser crime de abuso de autoridade a violação de alguns direitos básicos do advogado, como, *v.g.*, o de comunicação com seus clientes, pessoal e reservadamente, ainda que sem procuração, em caso de prisão (art. 7º-B, com alteração da Lei nº 13.869, de 5.9.2019).

Outro aspecto que, desde já, merece observação, principalmente em virtude da funda confusão que costuma ser feita, é o de que *a sindicância também é um processo administrativo*, como tantos outros que tramitam pela Administração. Desse modo, pode haver dois processos administrativos interligados – a sindicância e o processo disciplinar principal. A despeito de terem a mesma natureza, é simples apontar a distinção fundamental: enquanto a sindicância é processo administrativo preparatório, inquisitório e tem por objeto uma apuração preliminar, o processo disciplinar principal é definitivo, contraditório e tem por objeto a apuração principal e, quando for o caso, a aplicação de sanção.

Por essa razão, pode o órgão administrativo instaurar diretamente o processo administrativo principal sem que se tenha instaurado previamente a sindicância; para tanto, basta que já estejam presentes os elementos probatórios que lhe sirvam de suporte para a acusação.[110] É o mesmo que ocorre em relação à ação penal, que também pode ser promovida pelo Ministério Público sem o prévio inquérito policial.

---

[107] *Dicionário*, cit., p. 494.

[108] STF, MS 23.261, j. 18.2.2002.

[109] STF, AgR. na Recl. 10.771, Min. MARCO AURÉLIO, em 4.2.2014.

[110] STJ, MS 8.030, j. 13.6.2007.

Cap. 15 · CONTROLE DA ADMINISTRAÇÃO PÚBLICA | **849**

Outro ponto a sublinhar é o relativo à questão da nomenclatura. O termo *sindicância* indica apenas a denominação usualmente dada a esse tipo especial de processo preparatório. Lamentavelmente, para aumentar a confusão, nem sempre os processos preliminares e preparatórios são nominados de sindicância, e, o que é pior, há alguns casos em que processos denominados de sindicância não têm a natureza clássica desse procedimento preparatório. Como enfrentar essa dúvida? Do modo mais simples possível, ou seja, dando maior relevo ao aspecto da *natureza* do processo, e não ao de sua *denominação*. Quer dizer: mesmo que o processo seja denominado de *sindicância*, deverá ser tratado como processo disciplinar principal no caso de ter o mesmo objeto atribuído a esta categoria de processos.

O Estatuto federal contém um bom exemplo do que consideramos. Dispõe, primeiramente, que a apuração de irregularidade no serviço público se formaliza mediante sindicância *ou* processo administrativo disciplinar (art. 143). Mais adiante, consigna que da sindicância poderá resultar *aplicação de penalidade de advertência ou suspensão de até 30 dias* (art. 145, II). Ora, só por esse texto se pode verificar que essa sindicância só tem o nome de sindicância, mas *sua natureza é a de processo disciplinar principal*, porque somente dessa categoria pode resultar aplicação de penalidades. Assim, nesse tipo de sindicância, que tem caráter acusatório, há repercussão do princípio da ampla defesa e do contraditório, sendo inconstitucionais quaisquer dispositivos estatutários que dispensarem essa exigência.[111] Repita-se, contudo, que esse processo *não corresponde à noção clássica da sindicância*.

A jurisprudência tem diferenciado os dois tipos de sindicância. Quando se trata da verdadeira sindicância, como processo preliminar, tem sido dispensado o princípio da ampla defesa e do contraditório.[112] Ao contrário, quando o nome é de sindicância, mas a natureza é a de processo disciplinar principal, a exigência tem sido considerada impostergável e sua dispensa decidida como nula.[113]

INQUÉRITO ADMINISTRATIVO – Essa é outra expressão que, por sua imprecisão, tem provocado diversos sentidos.

Em primeiro lugar, devemos atentar para o fato de que a expressão *inquérito administrativo* (ao contrário da sindicância) deve indicar a *natureza jurídica* de um processo administrativo, e não sua *denominação*. Isso é que desde logo precisa ser observado. Mas nem sempre tem sido assim.

Parece-nos que se possam encontrar três sentidos para a expressão *inquérito administrativo*.

O primeiro é o que traduz a natureza jurídica da sindicância. Em outras palavras: pode dizer-se que a sindicância, em sua concepção tradicional e técnica, tem a natureza jurídica de um inquérito administrativo. O sentido aqui leva em conta a noção de *inquérito*, de inquirição, interrogatório.[114] Ou seja: considera o aspecto inquisitivo, próprio da sindicância, que é, como vimos, processo administrativo preparatório. Nesse aspecto, a sindicância, como inquérito administrativo, guarda semelhança com o inquérito policial e com o inquérito civil, ambos também inquisitórios e preparatórios, respectivamente, da ação penal e da ação civil pública.

O inquérito administrativo tem ainda sido empregado como indicativo do processo disciplinar principal, o que já retrata uma distorção de seu sentido técnico. É nesse sentido que comumente se ouve a afirmação de que fulano ou beltrano estão respondendo a um inquérito

---

[111] Também: SPIRIDON NICOFOTIS ANYFANTIS, *Servidor público*, coautoria, Fórum, 2006, p. 321.
[112] Com esse sentido, v. STJ, RMS 281, j. 10.9.1993.
[113] Foi como decidiu o TJ-DF na Ap. Cív. 34.570, *DJ* 21.6.1995.
[114] CALDAS AULETE, v. III, p. 2.747. Aliás, no verbete o dicionário insere a *sindicância* como sinônimo.

850 | MANUAL DE DIREITO ADMINISTRATIVO • *Carvalho Filho*

administrativo. Só que nesse inquérito há contraditório, ampla defesa, produção de provas e aplicação de pena. Obviamente não é inquérito, mas sim processo administrativo principal.

E finalmente pode o inquérito administrativo significar uma das fases do processo disciplinar principal, ou seja, aquela em que a prova é produzida. É exatamente esse o sentido adotado pela Lei nº 8.112/1990, o Estatuto federal, ao dispor que o processo disciplinar se desenvolve em três fases:

a)   instauração;
b)   inquérito administrativo, que compreende instrução, defesa e relatório; e
c)   julgamento.[115]

Por tudo o que procuramos diferenciar, para evitar dúvidas, repetimos o que nos parece mais aconselhável em relação ao múltiplo sentido da expressão *inquérito administrativo*: o exame do contexto em que é empregada. Tanto serve como natureza jurídica da sindicância; ou como processo disciplinar principal; ou finalmente como a fase de instrução do processo disciplinar principal.

PROCESSO DISCIPLINAR PRINCIPAL – Depois de tudo o que foi dito a respeito de sindicância e de inquérito administrativo, não parece difícil identificar o que é o processo disciplinar principal.

Processo disciplinar principal, ou simplesmente processo disciplinar, é todo aquele que tenha por objeto a apuração de ilícito funcional e, quando for o caso, a aplicação da respectiva sanção, seja qual for a expressão adotada para denominá-lo.

É este o processo administrativo litigioso, acusatório e definitivo que exige a incidência do princípio da ampla defesa e do contraditório, e o do devido processo legal. Este, e somente este, é que, ao seu final, permite ao administrador aplicar a penalidade adequada quando tiver sido efetivamente verificada a ocorrência de infração funcional.

Uma vez instaurado o processo disciplinar principal, a sindicância preliminar fica superada, de modo que nada mais há a impugnar nesse procedimento, sabido que o interessado terá o direito ao contraditório e ampla defesa no feito principal. Por isso, já se decidiu que, *"instaurado o processo administrativo disciplinar, não há que se alegar mácula na fase de sindicância, porque esta apura as irregularidades funcionais para depois fundamentar a instauração do processo punitivo, dispensando-se a defesa do investigado nessa fase de mero expediente investigatório"*.[116]

O processo disciplinar principal é autônomo e terá inteira legitimidade se observar as regras reguladoras. Por isso, não depende do processamento de sindicância prévia como condição para sua instauração. Tal condição só se afigura admissível se a lei disciplinadora do processo expressamente o exigir, o que é raro de ocorrer. Caso a autoridade já tenha elementos suficientes para realizar o processo principal, dispensável, no silêncio da lei, será a instauração de prévia sindicância. O STJ, aliás, já firmou o correto entendimento de que, *"contando com os elementos concretos mais do que suficientes para a instauração do processo administrativo, dispensável era a utilização da sindicância"*.[117]

A deflagração do processo, em linha de princípio, não deve dar-se em virtude de *denúncia anônima*, o que se funda no art. 5º, IV, da CF, que veda o anonimato. Por conseguinte, o denunciante deve qualificar-se e formular a denúncia por escrito; correta, pois, a exigência contida no art. 144, *caput*, da Lei nº 8.112/1990. Entretanto, tal exigência vem sendo mitigada

---

[115] Tal significado foi referido por CRETELLA JUNIOR (*Dicionário*, cit., p. 304).
[116] STJ, RMS 10.472, j. 17.8.2000.
[117] STJ, RMS 8.280, j. 1.4.1992.

Cap. 15 • CONTROLE DA ADMINISTRAÇÃO PÚBLICA | 851

para o fim de examinar-se caso a caso a hipótese, sendo lícito à Administração, em situações excepcionais e ante denúncia relatada com aceitável grau de seriedade, proceder *ex officio* para apuração do ilícito.[118] A respeito, consolidou-se na jurisprudência o entendimento de que, em razão do poder-dever de autotutela da Administração, é permitida a instauração do processo por denúncia anônima, desde que devidamente motivada e amparada em investigação ou sindicância.[119]

Como regra, os estatutos submetem a direção e a condução do processo a uma comissão disciplinar, cuja composição e atuação se sujeitam a determinadas condições, também previstas na lei estatutária. A Administração está obrigada a observar apenas as restrições legais. Assim, por exemplo, se não há previsão legal, pode a comissão ser integrada por servidor lotado em unidade federativa diversa daquela em que atua o servidor processado.[120]

PROCEDIMENTO – Já deixamos anotado que o processo administrativo disciplinar não tem uma regra única de tramitação. Como figuram nos estatutos funcionais, e estes são resultado do poder de auto-organização das pessoas federativas, o procedimento sofre algumas variações, embora não lhes seja lícito afrontar qualquer mandamento constitucional ou legal. É preciso lembrar que o agente atua na via administrativa, motivo suficiente para que seus atos, nos processos disciplinares, sejam corrigidos pelo Poder Judiciário se inquinados de abuso de poder.[121]

Mesmo com tais possíveis variações, é possível delinear a tramitação comum dos processos disciplinares, apontando certa sequência lógica das fases que os compõem.

A deflagração do processo se dá com a *instauração*. Embora normalmente formalizada por *portaria*, esse ato administrativo pode receber denominação diversa. O que interessa, na verdade, é verificar seu conteúdo indicativo da intenção de deflagrar o processo. O ato de instauração deve conter todos os elementos relativos à infração funcional, como o servidor acusado, a época em que ocorreu e tudo o que possa permitir o direito de ampla defesa por parte do acusado. Conquanto os fatos devam ser relatados com a maior fidelidade possível, à semelhança do que ocorre com a denúncia oferecida pelo Ministério Público no processo penal,[122] revela-se possível que, após a instrução, seja complementada a situação fática que dá suporte à acusação.[123] Por isso, o STJ consolidou o entendimento de que a portaria de instauração dispensa a exposição detalhada dos fatos a serem apurados (Súmula 641/2020). Pensamos, porém, que deve ser exigido o relato mínimo que permita a defesa do servidor; se não houver a indicação do fato, a portaria é inválida. O que não se pode é descartar a oportunidade de conferir-se ao acusado o direito ao contraditório e à ampla defesa. Ademais, o processo disciplinar pode ser instaurado e não precisa ser suspenso mesmo diante de ação penal já proposta, incidindo aqui o princípio da independência de instâncias.[124]

Segue-se a fase da *instrução*, na qual a Administração colige todos os elementos probatórios que possam respaldar a indicação de que a infração foi cometida pelo servidor. Para essa fase, deve a comissão responsável pela condução do processo providenciar a *citação* do servidor para acompanhar a prova, porque somente assim estará observando o princípio do contraditório e da ampla defesa. Havendo prova testemunhal, tem o servidor o direito de formular indagações

---

[118]   A respeito, veja-se SPIRIDON NICOFOTIS ANYFANTIS, *Servidor público*, cit., p. 312-314.

[119]   STJ, Súmula 611 (2018).

[120]   STJ, MS 14.827, Rel. Min. MARCO AURÉLIO BELIZZE, em 24.10.2012.

[121]   V. JOSÉ RAIMUNDO GOMES DA CRUZ, *O controle jurisdicional do processo disciplinar*, Malheiros, 1996.

[122]   É a opinião de MARIA SYLVIA ZANELLA DI PIETRO, ob. cit., p. 362.

[123]   Vide STJ, RMS 26.206, j. 15.5.2008.

[124]   STJ, MS 18.090, Min. HUMBERTO MARTINS, em 8.5.2013.

às testemunhas. Como já anotamos, pode ser recusado o depoimento de testemunhas arroladas única e exclusivamente com o propósito de procrastinar a tramitação do processo; tal conduta configura-se como condenável desvio de finalidade.[125] A intimação das testemunhas deve ser feita com três dias de antecedência, aplicando-se aqui, subsidiariamente aos estatutos, o art. 41 da Lei nº 9.784/1999.[126]

Em outro giro, a jurisprudência tem admitido – a nosso juízo, corretamente – o uso de *prova emprestada* legalmente produzida em processo criminal, ainda que não tenha ocorrido a coisa julgada.[127] Admite-se, inclusive, o empréstimo dos dados oriundos de *interceptação telefônica* produzida na ação penal, desde que autorizada pelo juiz.[128] No caso, deve considerar--se a idoneidade da prova e a irradiação de seus efeitos: se o fato foi provado regularmente no processo criminal, nada impedirá seja provado, da mesma forma, no processo administrativo. O que prevalece, então, é a busca da verdade real. Aliás, consolidou-se a admissibilidade desse tipo de prova, desde que autorizada pelo órgão judicial e assegurado o contraditório e a ampla defesa (Súmula 591, STJ).

Como não há o formalismo dos processos judiciais, pode o servidor comparecer sozinho ou ser representado por advogado munido do necessário instrumento de procuração. Essa fase de instrução, apesar de estar mais a cargo da Administração, há de exigir a presença do servidor acusado. É a amplitude da fase instrutória que permite – já o dissemos, mas cumpre reiterar pela relevância do assunto – o recurso à *prova emprestada*, desde que obtida licitamente, como é o caso, *v. g.*, da interceptação telefônica autorizada judicialmente em processo criminal.[129] Aliás, convém anotar que as exigências probatórias da Administração devem ser o menos possível onerosas para o administrado.[130] Na verdade, o intuito do processo reside, como já se salientou, na busca da verdade material. Quanto à admissibilidade de provas ilícitas, veja-se o que observamos anteriormente no tópico relativo ao princípio da verdade material.

Conforme antecipamos, em nenhum processo administrativo é admissível a produção de *prova ilícita*, assim já considerada por decisão de órgão jurisdicional. Com efeito, a prova não pode ser ilícita numa via de apuração e ao mesmo tempo ilícita em outra, sob pena de ofensa aos princípios da segurança jurídica e da ampla defesa.[131]

Ultimada a instrução, é o momento de abrir a fase da *defesa* do servidor, fase essa em que poderá apresentar razões escritas e requerer novas provas, se as da instrução não tiverem sido suficientes para dar sustento a suas razões. Advirta-se, porém, que o direito de defesa já se iniciara com a citação do servidor para conhecer os termos da portaria e para acompanhar a prova. Assim, a fase de defesa indica apenas que o servidor poderá oferecer razões escritas e produzir sua própria prova.[132] O que lhe é vedado é tentar subverter a ordem do processo ou usar de artifícios ilícitos para tumultuá-lo ou procrastiná-lo. Não sendo verificada essa intenção, deve a comissão funcional permitir a produção de prova da forma mais ampla possível, porque é essa a exigência do princípio do contraditório e do devido processo legal.

Neste passo, reafirmamos o que já foi dito anteriormente. A defesa e o acompanhamento do processo podem ficar a cargo do próprio acusado, não sendo exigível que se faça

---

[125] STJ, MS 8.290-DF, Rel. Min. MARIA THEREZA DE ASSIS MOURA, *DJ* de 30.6.2008.
[126] Também: STJ, MS 12.895, j. 11.11.2009.
[127] STJ, RMS 33.628, Min. HUMBERTO MARTINS, em 2.4.2013.
[128] STJ, MS 16.146, Min. ELIANA CALMON, em 22.5.2013.
[129] STF, QO-Inq. 2.424, em 27.6.2007, e STJ, MS 14.405, j. 26.5.2010.
[130] CRISTIANA FORTINI, *Processo administrativo* (coautoria), Fórum, 2008, p. 136.
[131] STF, ARE 1.316.369, j. 9.12.2022.
[132] É também o pensamento de MARIA SYLVIA ZANELLA DI PIETRO (ob. cit., p. 352).

Cap. 15 • CONTROLE DA ADMINISTRAÇÃO PÚBLICA | 853

representar por advogado; a representação, por conseguinte, retrata uma *faculdade* conferida ao acusado.[133] Aliás, tal faculdade está expressa no art. 3º, IV, da Lei nº 9.784/1999, que regula o processo administrativo federal. Exigível é apenas a presença de *defensor dativo*, no caso de o acusado estar em lugar incerto e não sabido, ou se houver revelia (art. 164, § 2º, Lei 8.112/1990). Assim, parece dissonante a doutrina que considera obrigatória a constituição de advogado.[134] Da mesma forma, causa estranheza a posição do STJ que considera obrigatória, *genericamente*, a presença *de advogado* no processo administrativo (Súmula 343, STJ, cancelada em 2021).

Trata-se de orientação que contraria a consagrada e, a nosso ver, acertada posição da doutrina, pela qual é lícito que o interessado assuma a sua própria defesa ou, até mesmo, que renuncie ao processo administrativo para posterior recurso à via judicial.

O Supremo Tribunal Federal, entretanto, adotando posição que se nos afigura inteiramente correta, recompôs o bom direito ao deixar sumulado, de forma vinculante, que "*a falta de defesa técnica por advogado no processo administrativo disciplinar não ofende a Constituição*".[135] Diante de tal entendimento, a defesa de acusado por advogado (*capacidade postulatória*) somente se torna exigível no processo judicial, foro, aliás, em que a presença do causídico se revela de fundamental importância.[136] Diga-se, ainda, que, se o acusado não tiver qualquer interesse em defender-se no processo administrativo, seja por si, seja por meio de advogado, terá sempre a garantia de fazê-lo no processo judicial, porque é nesse sentido que dispõe o art. 5º, XXXV, da CF, que consagra o princípio do acesso à Justiça.

Concluída essa fase, segue-se a do *relatório*, peça formal elaborada pela comissão processante, na qual deve ficar descrito tudo o que ocorreu no processo, tal como ocorre na sentença judicial. Descritos todos os elementos do processo, a comissão os analisará e firmará os fundamentos que levem à conclusão opinativa. Em outras palavras, a comissão apenas *opina*, mas para tanto deverá expor detalhadamente os fundamentos de seu opinamento. Esses fundamentos são de suma importância, porque a autoridade decisória, como hábito, limita-se a acolher esses fundamentos e utilizá-los como motivo de sua decisão, seja para aplicar a sanção ao servidor, seja para concluir que a hipótese não é a de apenação.

Já se suscitou dúvida sobre se há, ou não, obrigatoriedade de *intimação* do servidor para ciência do relatório. A jurisprudência tem adotado a interpretação de que, na ausência de dispositivo legal instituindo coercitivamente esse tipo de providência, não há falar em obrigação legal. Da mesma forma, não procede a alegação de ofensa ao contraditório e à ampla defesa, e isso porque já ocorreu a etapa da defesa anteriormente. Além disso, após o relatório será proferida uma decisão final, a qual poderá ser objeto da irresignação do servidor. Não há, pois, qualquer prejuízo para a defesa.[137]

A última fase é a da *decisão*, em que a autoridade que tenha essa competência vai julgar o processo à luz dos elementos do relatório e dos contidos no próprio processo. Referido ato decisório, contudo, merece alguns comentários. Em primeiro lugar, trata-se de ato administrativo, que, para ser válido e eficaz, precisa estar dotado de todos os seus requisitos de validade (a competência, a forma, a finalidade, o objeto e o motivo).

Depois, é preciso considerar duas hipóteses distintas. Na primeira, a autoridade julgadora aceita todos os fundamentos e o opinamento da comissão processante, inclusive quanto à

---

[133] Em abono de nossa opinião: MARIA SYLVIA ZANELLA DI PIETRO, *Direito administrativo*, cit., 19. ed., 2006, p. 608, e DIÓGENES GASPARINI, *Direito administrativo*, cit., 11. ed., 2006, p. 934.

[134] ODETE MEDAUAR, *Direito administrativo moderno*, cit., 8. ed., p. 365.

[135] Súmula Vinculante nº 5. Também: RE 434.059, j. 7.5.2008.

[136] *Contra: MARCO ANTÔNIO PRAXEDES DE MORAES FILHO, Processo administrativo (ob. colet.), Atlas, 2011, p. 181-182.*

[137] STJ, MS 22.750, j. 9.8.2023, e STF, RMS 28.774, j. 22.9.2015.

854 | MANUAL DE DIREITO ADMINISTRATIVO • *Carvalho Filho*

penalidade a ser aplicada. Nesse caso, quando o julgador acolhe o relatório em todos os seus termos e, para evitar a repetição de tudo o que dele consta, decide no sentido da aplicação da sanção ao servidor, ou de sua absolvição, o ato decisório *terá como motivo os fundamentos do relatório e como objeto a punição nele sugerida*. Portanto, o ato tem motivo e tem objeto; o motivo, porém, é encontrado nos fundamentos do relatório, inteiramente acolhidos pelo julgador. Se o servidor quiser impugnar a validade desse ato, por alguma razão de legalidade, deverá identificar alguns aspectos do ato dentro do próprio relatório.

É pertinente consignar neste ponto questão suscitada quando à *fundamentação* do ato da autoridade administrativa. Conforme jurisprudência do STJ, esta pode valer-se de fundamentação *per relationem* nos processos disciplinares. Significa que não há necessidade de detalhar o motivo, bastando que a autoridade faça referência ao que já foi fundamento de outro ato (Súmula 674, STJ).

Pode ocorrer, entretanto, que o julgador discorde dos termos do relatório da comissão processante. Essa discordância pode traduzir:

a) a aplicação da sanção, quando o relatório indicou a absolvição;

b) a absolvição, quando o relatório opinou pela apenação; e

c) a aplicação de sanção diversa (mais grave ou mais leve) daquela sugerida pela comissão.

O processo disciplinar admite, em certas situações, a alteração da *capitulação legal* da conduta do servidor. O fato por si só, no entanto, não rende ensejo à nulidade do processo disciplinar. É que o fato infrator continua o mesmo, mudando apenas a sua capitulação legal. Não há, pois, prejuízo para a defesa.[138]

No que se refere à apenação mais grave (*reformatio in pejus*), é importante assinalar que a autoridade decisória não está vinculada, como visto, à apreciação opinativa da comissão processante, por isso que nada impede que aplique penalidade mais severa. O STJ, a nosso ver acertadamente, já decidiu que *"é lícito à autoridade administrativa competente divergir e aplicar penalidade mais grave que a sugerida no relatório da comissão disciplinar. A autoridade não se vincula à capitulação proposta, mas sim aos fatos"*.[139] O STF, a seu turno, já abonou esse entendimento.[140]

Seja qual for a hipótese, no entanto, o ato decisório, como é cristalino, precisará ter seus próprios fundamentos, os quais terão linhas diferentes dos fundamentos expendidos pela comissão. Em outras palavras, *o motivo do ato decisório é diverso do motivo do opinamento da comissão*, e, desse modo, é necessário que o julgador exponha detalhadamente seu motivo no ato para que o servidor possa identificar, com precisão, o que vai impugnar em eventual recurso administrativo ou ação judicial. É, inclusive, como dispõe o art. 168, parágrafo único, da Lei 8.112/1990 (Estatuto Federal).

É preciso registrar que o eventual agravamento da sanção proposta pela comissão de inquérito é corolário natural do caráter decisório do julgamento a ser proferido pela autoridade superior. Não poderia esta ficar sempre à mercê do opinamento da comissão quando a prova dos autos o contrariasse de modo insofismável. O que não se pode dispensar – insista-se – é a transparência dos fundamentos da decisão, por isso que eles é que constituem o foco de defesa do acusado. O próprio estatuto federal consigna a possibilidade. Reza o art. 168, parágrafo

---

138 STJ, Súmula 672 (public. em 16.9.2024).

139 STJ, MS 8.184, j. 10.3.2004.

140 STF, RMS 25.736, j. 1.3.2008.

Cap. 15 · CONTROLE DA ADMINISTRAÇÃO PÚBLICA | 855

único, da Lei nº 8.112/1990: *"Quando o relatório da comissão contrariar as provas dos autos, a autoridade julgadora poderá, motivadamente, agravar a penalidade proposta, abrandá-la ou isentar o servidor de responsabilidade."* Em que pese situar-se no estatuto federal, a norma aplica-se aos estatutos de todas as pessoas federativas, ainda que não haja norma expressa em idêntico sentido. À guisa de exemplo, já se julgou legítima, considerada a prova dos autos, a aplicação da pena de suspensão por 90 dias pela autoridade decisória, apesar de a comissão ter proposto a de advertência.[141]

Ultimado o processo administrativo, e não havendo previsão de recurso com efeito suspensivo, a penalidade pode ser aplicada de imediato. No caso, vigora a prerrogativa da autoexecutoriedade administrativa, pela qual pode a Administração dar execução, desde logo, aos atos que pratica.[142]

Neste passo, convém salientar que, a despeito de uma minoria divergente, predomina o entendimento de que a penalidade de *demissão* pode ser aplicada pela Administração com fundamento em ato de improbidade administrativa praticado pelo servidor acusado. Assim, não se torna compulsória a ação judicial. A Lei nº 8.429/1992, que regula a improbidade administrativa, não revogou a Lei nº 8.112/1990, subsistindo, portanto, os dispositivos desta última que disciplinam a matéria.[143]

Outro ponto importante a ser observado reside na necessária obediência da Administração ao *princípio da proporcionalidade* (ou da *adequação punitiva*), atualmente inegável garantia do administrado ou servidor contra abusos de autoridade. Significa que a aplicação desproporcional de penalidade mais grave do que exigiria a infração funcional constitui ato ilegal, suscetível de anulação na via administrativa ou judicial, sem prejuízo, é claro, da possibilidade de ser aplicada a sanção adequada à conduta ilícita.[144] Uma das formas de ofensa ao princípio é exatamente o agravamento da sanção, sem a fundamentação necessária, a despeito de ter sido sugerida punição menos grave.[145]

Cumpre anotar, no entanto, que não incide, no processo disciplinar, o *princípio da insignificância*, acolhido na esfera penal, quando o servidor obtém proveito econômico indevido; ou seja: é irrelevante o *quantum* da vantagem ilícita.[146] Em outra vertente, sempre é bom lembrar que a ofensa à proporcionalidade, por constituir matéria de mérito, deve ser apurada em procedimento processual *ordinário*, sendo incabível fazê-lo em mandado de segurança, em razão da sumariedade do rito.[147]

De outro lado, havendo o reconhecimento de que as condutas têm gradação diversa quanto à gravidade, não podem seus autores, como regra, receber idêntica sanção, a menos que o aplicador mencione expressamente os *motivos adicionais* que conduziram à punição. Aplicar sanções idênticas para comportamentos de gravidade diversa ofende o princípio da proporcionalidade, porque de duas uma: ou um dos punidos mereceu sanção menos grave do que devia, ou o outro recebeu sanção mais grave do que merecia. Claro que tal sistema punitivo vulnera a equidade e qualquer regra lógica de direito.

Quanto ao *prazo* para a ultimação do processo disciplinar, alguns estatutos funcionais mais detalhados o estabelecem e ainda preveem prazos para as diversas fases do procedimento.

---

[141] STF, RMS 24.561, j. 21.10.2003.
[142] STJ, MS 19.488, j. 25.3.2015.
[143] Com acerto, decidiu o STJ nesse sentido (MS 12.735, Min. OG FERNANDES, em 9.6.2010).
[144] Vide STJ, MS 10.826, j. 25.4.2007, e MS 14.993, j. 8.6.2011.
[145] Como exemplo, veja-se STJ, MS 17.490, Rel. Min. MAURO CAMPBELL MARQUES, em 14.12.2011.
[146] STJ, MS 18.090, Min. HUMBERTO MARTINS, em 8.5.2013.
[147] STJ, MS 17.479, Min. HERMAN BENJAMIN, em 28.11.2012.

856 | MANUAL DE DIREITO ADMINISTRATIVO • *Carvalho Filho*

O desejável é que a Administração observe o que neles está definido, evitando-se os vários efeitos que a inércia pode provocar. Contudo, a eventual inobservância do prazo conclusivo, desde que não seja desarrazoada, não encerra necessariamente ilegalidade, mas mera irregularidade, e não pode ter causado prejuízo ao acusado.[148]

O STJ decidiu interessante questão sobre tal matéria. Em processo disciplinar para apuração de irregularidades cometidas por servidores do INSS, o relatório da comissão recomendou a pena de demissão para o servidor responsável, por seu elevado grau de culpa, e a sanção de advertência para os demais implicados. Todavia, todos acabaram sendo demitidos. Em mandado de segurança, o Tribunal, entendendo ter havido ofensa aos princípios da individualização e da proporcionalidade, proferiu decisão – de técnica jurídica digna de aplausos, diga-se de passagem – no sentido de conceder a ordem para o fim de anular o ato demissório e determinar a reintegração dos servidores, sem prejuízo de lhes ser aplicada a sanção adequada. Como se vê, os impetrantes não ficaram imunes ao poder sancionatório, mas sim à punição desproporcional que sofreram.[149]

De tudo o que demonstramos, parece claro que tais cuidados são exigíveis para permitir, de forma clara, o exercício de um dos mais importantes direitos fundamentais, qual seja, o de recorrer ao Judiciário para controle da legalidade dos atos administrativos.[150]

Na verdade, esse controle é essencial para garantir a observância do princípio da legalidade, porquanto ninguém desconhece que alguns efeitos oriundos de decisão do processo disciplinar são extremamente gravosos. O arbítrio de alguns administradores pode acarretar irreversíveis prejuízos ao servidor. Essa é a razão por que, atualmente, cresce a tendência de reduzir o espaço impenetrável de averiguação dos elementos fáticos e jurídicos exercida pelo Poder Judiciário, sobretudo porque nos feitos administrativos não é exigida a imparcialidade própria dos julgadores de litígios. Ampliar a perscrutação do juiz no processo administrativo é assegurar maior garantia de legalidade aos acusados, e é nesse sentido que se encontra o sentimento atual de controle judicial.[151] Nessa investigação – como acentuam os estudiosos – devem ser apreciados todos os elementos do ato punitivo, especialmente a *motivação* conducente ao desfecho sancionatório.[152]

O controle de legalidade, todavia, deve observar a sequência normal das instâncias do Judiciário, não sendo permitida a supressão de nenhum grau de jurisdição. Desse modo, é incabível a interposição de recurso extraordinário contra qualquer decisão de caráter administrativo, uma vez que inexiste *causa* decidida em última ou única instância por órgão do Poder Judiciário no exercício da função jurisdicional, o que, de resto, é exigido no art. 102, III, da CF.[153]

O controle, entretanto, não chega ao extremo de permitir a majoração ou alteração da sanção administrativa imposta a servidor, já que, como deixou corretamente assentado o STJ, *"deve o Judiciário levar em conta o princípio da legalidade, sem esquecer que a mensuração da sanção administrativa é feita pelo juízo competente – o administrador público –, sendo defeso ao Judiciário adentrar no mérito administrativo"*.[154]

A matéria ficou consolidada no STJ, segundo a qual o controle jurisdicional do processo administrativo disciplinar cinge-se ao exame da regularidade do procedimento e da legalidade

---

[148] STJ, Súmula 592 (2017). Também: STJ RMS 33.628, j. 2.4.2013, e MS 15.810, j. 29.2.2012.
[149] STJ, MS 6.663, j. 13.9.2000.
[150] Essas são também as linhas consignadas por HELY LOPES MEIRELLES, ob. cit., p. 595.
[151] Vide a respeito JOSÉ RAIMUNDO GOMES DA CRUZ, *O controle*, cit., p. 375-382.
[152] FLÁVIO HENRIQUE UNES PEREIRA, *Sanções disciplinares*, Fórum, 2007, p. 112-115.
[153] Foi como julgou o STF no AgRg. 316.458, j. 19.3.2002.
[154] STJ, MS 7.966, j. 8.10.2003.

Cap. 15 · CONTROLE DA ADMINISTRAÇÃO PÚBLICA | 857

do ato, sempre sob a égide dos princípios do contraditório, ampla defesa e devido processo legal. Em consequência, é *inviável que o Judiciário invada o mérito administrativo*, a menos que haja ilegalidade, teratologia ou evidente desproporcionalidade da sanção (STJ, Súmula 665/2023).

Quanto ao *recurso* contra a pena de demissão ou cassação de aposentadoria na esfera federal, há controvérsia que desafia breve comentário. O art. 141, I, da Lei nº 8.112/1990, dispõe que tais sanções podem ser aplicadas pelo Presidente da República, pelos Presidentes das Casas do Legislativo e do Judiciário e pelo Procurador-Geral da República. Por outro lado, o art. 84, VI, "a", e parágrafo único, da CF admite a delegação dessa decisão aos Ministros de Estado, e, com base nesses dispositivos, foi editado decreto para formalizar a delegação. A despeito da delegação, trata-se de *recurso hierárquico próprio*, e isso porque o Presidente integra o sistema hierárquico do Poder Executivo.[155]

PRESCRIÇÃO INTERCORRENTE – Questão que tem suscitado funda controvérsia diz respeito à interrupção da prescrição da pretensão punitiva, quando instaurada a sindicância ou o processo disciplinar, sendo que a interrupção perdura até a decisão final proferida pela autoridade administrativa, conforme figura em alguns estatutos funcionais, como é o caso do art. 142, § 3º, do Estatuto federal.

A norma, tal como é apresentada, parece permitir que a interrupção se prolongue até o infinito, bastando, para tanto, que não seja proferida decisão no respectivo processo administrativo. Se assim fosse, seria imperioso reconhecer a total inexistência de proteção do servidor público, sujeito a uma prescrição que dependeria da conclusão do processo.[156]

Entretanto, quando o processo disciplinar é sujeito a prazos fixados na lei, e nesse caso está o Estatuto federal, pelo qual o processo deve ser concluído em 140 dias, conforme interpretação conjugada dos arts. 152, *caput*, e 169, § 2º, o prazo prescricional volta a correr após o período conferido à Administração para concluir o processo. Ocorre, no caso, a *prescrição intercorrente*. Nesse sentido se têm orientado os Tribunais[157] e a doutrina.[158]

MEIOS SUMÁRIOS – Tradicionalmente os autores, na matéria pertinente ao poder disciplinar do Estado, têm feito referência aos chamados *meios sumários,* que seriam instrumentos céleres e informais para a apuração de infrações funcionais e para a aplicação de sanções. É clássico, por exemplo, o ensinamento de HELY LOPES MEIRELLES de que haveria três meios sumários de penalização: a sindicância, a verdade sabida e o termo de declarações. Pela sindicância, haveria rápida apuração e apenação. A verdade sabida é a hipótese em que a autoridade toma conhecimento pessoal da infração (como a insubordinação do servidor), ou quando a infração é de conhecimento público (por exemplo, a notícia na imprensa). E o termo de declarações se traduz pelo depoimento do servidor, que, confessando a prática da infração, se sujeita à aplicação da sanção.[159]

Essas formas sumárias de apuração, contudo, não mais se compatibilizam com as linhas atuais da vigente Constituição. As normas constantes de estatutos funcionais que as preveem não foram recepcionadas pela Carta de 1988, que foi peremptória em assegurar a ampla defesa e o contraditório em processos administrativos onde houvesse litígio, bem como naqueles em que alguém estivesse na situação de acusado.

---

[155] STJ, MS 17.449, j. 14.8.2019, reformando acórdão do TJ-DF, com interpretação diversa.

[156] ROMEU FELIPE BACELLAR FILHO, *Processo administrativo disciplinar*, 2003, p. 388.

[157] STF, RMS 23.436, j. 24.8.1999, e MS 22.728, j. 22.4.1998; STJ, Súmula nº 635 (2019).

[158] MAURO ROBERTO GOMES DE MATTOS, Lei nº 8.112/1990, cit., p. 730-734.

[159] HELY LOPES MEIRELLES, ob. cit., p. 596-597.

858 | MANUAL DE DIREITO ADMINISTRATIVO • *Carvalho Filho*

Com efeito, essa fórmula, como reconhecido na doutrina, ofende os princípios do *Estado Democrático de Direito*, pelo uso unilateral do poder pela autoridade sem defesa prévia; da *legalidade*, por falta de previsão legal; do *devido processo legal*, por inexistir processo prévio; do *contraditório e ampla defesa*, pela falta de oportunidade de redarguição; da *impessoalidade*, por ser viável perseguição específica; e da *moralidade*, em face de possível interpretação abusiva.[160]

Quanto à sindicância sumária, já vimos exaustivamente que tal processo não pode gerar punição, e se vai gerar não é sindicância, mas sim processo disciplinar principal. Não mais serve como meio sumário de punição. A verdade sabida e o termo de declarações, a seu turno, também não dão ensejo a que o servidor exerça seu amplo direito de defesa. Não há guarida, portanto, para tais mecanismos de apuração em face da atual Constituição. Aliás, nem se precisa ir muito longe. A cada momento em que um servidor é tido como merecedor de sanção, é lógico que a Administração o está acusando da prática de uma infração. Se é acusado, tem o direito à ampla defesa e ao contraditório. Mesmo que a infração seja leve e possa dar causa a uma mera advertência, deve instaurar-se o processo disciplinar e proporcionar o regular contraditório.[161]

Esse entendimento, já aceito entre os modernos doutrinadores, tem sido abonado por decisões judiciais, sensíveis ao quadro normativo constitucional e ao novo delineamento que vigora sobre a matéria. A propósito, foi declarada inconstitucional lei estadual que previa a aplicação sumária das penas de repreensão e suspensão até cinco dias.[162]

8. ARBITRAGEM

Arbitragem é o instrumento alternativo por meio do qual as pessoas dirimem seus conflitos de interesses fora do âmbito judicial. Em virtude do anacrônico sistema judicial, marcado pela morosidade e inefetividade, é cada vez maior o número de interessados que recorrem à arbitragem para a solução de suas divergências. A verdade é que *"nem sempre se pode esperar da decisão judicial a verdadeira e efetiva pacificação dos conflitos"*.[163]

É a Lei nº 9.307, de 23.9.1996, que regula a arbitragem. Segundo a lei, as pessoas capazes de contratar podem socorrer-se do juízo arbitral para dirimir litígios relativos a *direitos patrimoniais disponíveis* (art. 1º). Para tanto, devem ajustar convenção de arbitragem através da cláusula compromissória e do compromisso arbitral. Aquela retrata o ajuste firmado em cláusula contratual com a previsão de serem submetidos à arbitragem litígios supervenientes à celebração do contrato. O compromisso arbitral é a convenção pela qual as partes submetem um litígio à arbitragem de uma ou mais pessoas, comportando ser judicial ou extrajudicial. Cuida-se, pois, de instrumentos colocados à disposição daqueles interessados em evitar a intervenção estatal no campo da realização da justiça.[164]

Questão que desafiava a argúcia dos estudiosos consistia em saber se a Administração poderia valer-se da arbitragem para a solução de alguns conflitos de natureza patrimonial, tendo em vista os princípios da legalidade e da indisponibilidade dos bens públicos. Com a ressalva

---

[160] A correta observação é de EGON BOCKMANN MOREIRA, *Processo administrativo. Princípios constitucionais e a Lei nº 9.784/99*, Forum, 6. ed., 2022, p. 306-307.

[161] Também: DIÓGENES GASPARINI, ob. cit., p. 601, e MARIA SYLVIA DI PIERO, ob. cit., p. 354.

[162] STF, ADI 2.120, j. 16.10.2008.

[163] HUMBERTO THEODORO JUNIOR, A arbitragem como meio de solução de controvérsias (*RF* nº 97/109, 2001).

[164] JOEL DIAS FIGUEIRA JUNIOR, *Manual de arbitragem*, Revista dos Tribunais, 1997, p. 62.

Cap. 15 · CONTROLE DA ADMINISTRAÇÃO PÚBLICA | 859

da necessidade de atuação com cautela, alguns autores já admitiam essa possibilidade, até em respeito ao princípio da eficiência e da economicidade.[165]

A Lei nº 9.307/1996, porém, foi alterada pela Lei nº 13.129, de 26.5.2015, e passou a admitir que a Administração Pública Direta e Indireta possa utilizar-se da arbitragem para dirimir conflitos relativos a *direitos patrimoniais disponíveis* (art. 1º, § 1º). São, pois, os direitos nos quais seja *predominante o aspecto da patrimonialidade*, além de serem passíveis de disponibilização.[166] Excluem-se, assim, os direitos sociais, inclusive os metaindividuais, sobre os quais prepondera o interesse público e que não são nem patrimoniais, nem disponíveis.

A *competência* para celebrar convenção de arbitragem é da mesma autoridade ou órgão competente para firmar acordos ou transações, como averba o art. 1º, § 2º, da Lei nº 9.307, o que se justifica dada a similitude de tais negócios consensuais. A competência pode ser originária, normalmente atribuída à autoridade de maior escalão, ou delegada, quando a lei ou o ato administrativo encerrar a transferência dessa função. Sendo incompetente a autoridade, a convenção de arbitragem será inválida, mas, em se tratando de vício de competência, é lícito que se processe sua convalidação, ratificando-se ulteriormente a vontade administrativa pela manifestação da autoridade competente.

A lei estabeleceu ainda duas outras condições de validade (art. 2º, § 3º, Lei nº 9.307). Primeiramente, a arbitragem de que participe a Administração será sempre *de direito*, diversamente do que sucede no campo privado, que admite seja a arbitragem calcada em equidade, princípios gerais de direito, usos e costumes e regras internacionais de comércio (art. 2º, *caput* e § 2º). A segunda condição é que seja observado o *princípio da publicidade*, o que é plenamente justificável. Sem dúvida não se pode recorrer ao instituto de forma sigilosa, ou seja, sem que haja transparência; somente com a publicidade poderá ser verificada a legalidade da convenção. Assegura-se aqui, portanto, o direito à informação sobre a arbitragem com fundamento no art. 5º, XXXIII, CF, e na Lei nº 12.527/2011 (Lei de Acesso a Informações).

A despeito da referida alteração, alguns julgados e doutrinadores já entendiam viável o uso da arbitragem pela Administração, inclusive invocando alguns diplomas que a previam.[167] Realmente as Leis nº 9.472/1997 (telecomunicações), 9.478/1997 (lei do petróleo), 10.433/2002 (mercado atacadista de energia elétrica) contêm tal previsão. Isso sem contar a Lei nº 8.987/1995 (concessões e permissões), pela qual o contrato *"poderá prever o emprego de mecanismos privados para a resolução de disputas decorrentes ou relacionadas ao contrato, inclusive a arbitragem"* (art. 23-A).

A novidade merece aplausos, considerando ser imperioso que a Administração se afaste da judicialização excessiva de seus conflitos, muito morosa e nem sempre eficaz, além de seguir o princípio constitucional da eficiência (art. 37, *caput,* CF). A ressalva fundamental – insista-se – descansa na inafastável observância dos princípios da publicidade e do interesse público, em ordem a permitir a averiguação da legitimidade dos motivos e do objeto da Administração ao recorrer à arbitragem. Em suma, o mecanismo é adequado, mas a higidez de seu uso dependerá, como sempre, das autoridades.

---

[165] ADA PELLEGRINI GRINOVER, Arbitragem e prestação de serviços públicos (*RDA* 233, 2003, p. 377-385).

[166] CAIO TÁCITO, Arbitragem dos litígios administrativos (*RDA* 210/114, 1997).

[167] SUZANA DOMINGUES MEDEIROS, Arbitragem envolvendo o Estado no direito brasileiro, *RDA* 233, p. 71-101, 2003.

860 | MANUAL DE DIREITO ADMINISTRATIVO • *Carvalho Filho*

9. MEDIAÇÃO

O vigente Código de Processo Civil, sensível à necessidade de incentivar equivalentes jurisdicionais, estabeleceu que o Estado, sempre que possível, deve promover a *solução consensual dos conflitos* (art. 3º, § 2º). Aduziu que todos os métodos para esse fim, incluindo-se a conciliação e a mediação, devem ser fomentados por juízes e demais operadores jurídicos (art. 3º, § 3º). É o princípio da autocomposição dos conflitos, capaz de coexistir perfeitamente com o princípio do acesso à justiça (art. 5º, XXXV, CF), com a vantagem de reduzir o grande número de processos a cargo do Judiciário.

A Lei nº 13.140, de 26.6.2015 (Lei da Mediação), disciplinou o instituto da *mediação*, judicial ou extrajudicial, assim considerada a atividade técnica executada por pessoa imparcial (*mediador*), sem poder de decisão, que auxilia e incentiva as partes a identificar e desenvolver soluções consensuais para o litígio. Cuida-se, então, de mecanismo de solução de controvérsias entre particulares e de autocomposição de conflitos no seio da Administração Pública (art. 1º e parágrafo único). Não obstante, cumpre que a mediação tenha por objeto apenas direitos disponíveis ou indisponíveis que comportem transação; neste último caso, a homologação deve ser judicial, exigida a presença do Ministério Público. Estão, fora, portanto, os direitos intransacionáveis. Incide no mecanismo a *confidencialidade*, sendo vedada, como regra, a divulgação de informação a terceiros (art. 30).

Para processar a autocomposição em que for parte pessoa de direito público, os entes federativos podem criar *câmaras de prevenção e resolução administrativa de conflitos*, dentro da estrutura da respectiva Advocacia Pública e na forma de seu regulamento, às quais incumbe: (a) resolver conflitos entre órgãos e pessoas da Administração; (b) avaliar a admissibilidade da autocomposição para conflitos entre a Administração e particular; (c) celebrar, quando cabível, termo de ajustamento de conduta (art. 32); (d) dirimir controvérsias relativas ao equilíbrio econômico-financeiro de contratos da Administração com particulares (art. 32, § 5º); e) instaurar mediação coletiva de conflitos ligados à prestação de serviços públicos (art. 33, parágrafo único). De qualquer modo, não tendo sido criadas as câmaras, pode a mediação observar as disposições comuns do mecanismo, previstas nos arts. 14 a 20 da lei.

Havendo acordo entre as partes, será ele reduzido a termo, passando este a qualificar-se como título executivo extrajudicial (art. 32, § 3º). Por outro lado, as câmaras não têm competência para as controvérsias que, para sua resolução, dependam de atos sujeitos à autorização do Legislativo (art. 32, § 4º). Ocorre a suspensão da prescrição quando é instaurado o processo para a resolução consensual do conflito; a instauração sucede quando o órgão se manifesta pela admissibilidade do pedido, caso em que a prescrição retroage à data de sua formalização (art. 34 e § 1º). Tratando-se de matéria tributária, a suspensão regula-se pela Lei nº 5.172/1966 (Código Tributário Nacional). São essas as normas básicas para a mediação em que a Administração é parte.

A Lei da Mediação destinou algumas de suas normas exclusivamente à Administração Direta federal, suas autarquias e fundações (arts. 35 a 40). Destaca-se a figura da *transação por adesão*, pela qual o interessado postula a aplicação de solução já acertada e definida previamente em resolução administrativa. A adesão implica renúncia ao direito objeto de ação ou recurso ainda pendentes na via judicial ou administrativa; se a ação for coletiva, a renúncia será expressa e comunicada ao juiz da causa. A resolução administrativa para a transação por adesão não importa renúncia à prescrição nem interrupção ou suspensão.

Na esfera federal, a resolução extrajudicial de conflitos entre entidades públicas caberá à Advocacia-Geral da União e, inviável o consenso, o litígio é decidido pelo Advogado-Geral da União (art. 36 e § 1º). Se a matéria for objeto de ação de improbidade ou tiver sido apreciada

Cap. 15 · CONTROLE DA ADMINISTRAÇÃO PÚBLICA | **861**

pelo Tribunal de Contas, só haverá conciliação mediante anuência do juiz ou do Ministro Relator (art. 36, § 4º). Estados, Distrito Federal e Municípios, por sua administração direta ou indireta, em litígio com entes federais, podem optar pela resolução consensual extrajudicial a cargo da AGU (art. 37). Somente com autorização do Advogado-Geral da União poderá um ente público federal propor ação contra outro ente ou órgão da mesma esfera (art. 39); a norma traduz condição *interna* de ação para os referidos entes, podendo gerar a extinção do processo judicial sem resolução do mérito na falta da aludida anuência.

Segundo alguns estudos, o sistema de mediação no Brasil, regulado pela Lei nº 13.140/2015, ainda não alcançou um patamar de eficiência que permita ser o Judiciário apenas uma das opções, ou uma opção secundária, para a resolução de conflitos. Para tanto, seria necessário maior comprometimento com os métodos relativos à consensualidade, tanto mediante avanços legislativos quanto por meio de políticas institucionais mais eficazes.[168]

10. ACORDO TERMINATIVO DE LITÍGIOS

Modernamente, conforme já registramos, tem-se desenvolvido o sistema de *resolução consensual de conflitos*, evitando a demora e o custo de demandas judiciais, com severos gravames para entes públicos e administrados credores.

Na esfera federal, a Lei nº 9.469, de 10.7.1997, permite que o Advogado-Geral da União e os dirigentes máximos de empresas públicas federais, em conjunto com o dirigente estatuário da área respectiva, possam autorizar a celebração de acordos ou transações, com o fito de prevenir ou terminar litígios, judiciais ou extrajudiciais (art. 1º). No mesmo sentido, a Lei nº 10.522, de 19.7.2002 (art. 19, § 12), autoriza que o Judiciário e as unidades da Procuradoria-Geral da Fazenda Nacional, de comum acordo, celebrem negócios processuais no caso de direitos que comportem autocomposição, na forma do art. 190 do CPC.

A Lei nº 14.057, de 11.9.2020, ofereceu regulamentação da matéria, prevendo que os *acordos terminativos de litígio* a que se refere a legislação citada podem ser propostos pelo ente público ou pelos titulares do direito creditório, podendo conter condições diferenciadas de deságio e de parcelamento para o pagamento do crédito que deles se origine (art. 3º).

O parcelamento, contudo, não pode ser superior a 8 parcelas, no caso de haver título executivo judicial transitado em julgado, e a 12 parcelas, não havendo título dessa natureza. Ao receber a proposta, o juiz da ação intimará o credor ou a entidade pública para se manifestar sobre a proposta, inclusive oferecendo contraproposta (art. 3º, §§ 1º e 2º).

Caso seja aceito o valor proposto, o montante será consolidado como principal e sujeito ao parcelamento na forma do ajustado, com a devida atualização monetária e os juros de mora, consoante o disposto nos §§ 5º e 12 do art. 100 da CF.

É importante consignar também neste tópico a Lei nº 13.988, de 14.4.2020, que dispõe sobre os requisitos e as condições para que a União, suas autarquias e fundações, e devedores, ou partes adversas, celebrem *transação resolutiva de litígio*, relativamente à cobrança de créditos da Fazenda Pública, de natureza tributária ou não tributária. Caberá à entidade federal realizar juízo discricionário, avaliando a conveniência e a oportunidade para a transação e decidindo motivadamente a respeito. A lei pretende fundar-se nos princípios da isonomia, capacidade contributiva, transparência, moralidade, razoável duração do processo, eficiência e publicidade. Cuida-se, portanto, de outra ferramenta com o escopo de escapar do Judiciário e proceder à resolução consensual de conflitos.

---

[168] FABIANA MARION SPENGLER e ELISA BERTON EIDT, Em busca de uma regra geral para a realização de autocomposição na administração pública: a insuficiência da Lei nº 13.140/2015, *RDA* 281/2, p. 265-289, 2022.

862 | MANUAL DE DIREITO ADMINISTRATIVO • *Carvalho Filho*

11. RESPONSABILIDADE ADMINISTRATIVA E CIVIL DE PESSOAS JURÍDICAS (LEI ANTICORRUPÇÃO)

Algumas pessoas jurídicas, usualmente do setor privado, praticam por vezes certos atos e adotam certas condutas contra a Administração Pública. Em virtude de semelhante prática, foi editada a Lei nº 12.846, de 1º.8.2013 (vigência a partir de 2.2.2014), denominada de *Lei Anticorrupção*, que dispõe sobre a *responsabilização administrativa e civil* de tais *pessoas jurídicas*, quando seus atos atinjam a Administração nacional ou estrangeira. Com tal objetivo, a lei permite a apuração da responsabilidade dessas pessoas não somente no âmbito administrativo, como também em sede judicial, desafiando algumas breves observações sobre seus principais pontos.

A *noção de pessoa jurídica* para os fins da lei é ampla. Nela se enquadram sociedades empresárias e simples, com ou sem personalidade jurídica, com qualquer modelo de organização, bem como fundações, associações de entidades ou pessoas e sociedades estrangeiras, com sede, filial ou representação em território brasileiro, constituídas de fato ou de direito, mesmo que transitoriamente (art. 1º, parágrafo único).

Importante notar que a lei adota a *responsabilidade objetiva* tanto no campo civil quanto no administrativo, o que implica a desnecessidade de averiguação de culpa na prática do ato. Contudo, o fato de a pessoa jurídica ser responsabilizada não impede a responsabilização de dirigentes e administradores ou outros participantes do ato, mas nessa hipótese indispensável será a prova da culpa, configurando-se, assim, caso de responsabilidade subjetiva (art. 3º e §§ 1º e 2º).

A responsabilidade subsiste no caso de *alterações* supervenientes da pessoa jurídica, evitando-se que sirvam como instrumento fraudulento de fuga da incidência. Nos casos de fusão ou incorporação, no entanto, a responsabilidade da sucessora, quanto aos atos anteriores, limita-se à multa e à reparação integral do dano causado até o limite do patrimônio transferido, a menos que tais alterações tenham resultado de simulação ou fraude (art. 4º e § 1º).

São considerados *atos lesivos* à Administração os praticados contra (a) o patrimônio público nacional ou estrangeiro, (b) os princípios da administração e (c) os compromissos internacionais firmados pelo governo brasileiro. As condutas, enumeradas no art. 5º, são de natureza variada, devendo citar-se, entre outras, (a) a promessa, oferta ou entrega de vantagem indevida a agente público; (b) o financiamento, custeio e patrocínio dos atos ilícitos; (c) a utilização de interposta pessoa, física ou jurídica, para dissimular seus reais interesses ou a identificação dos beneficiários dos atos; (d) dificultar a função de investigar ou fiscalizar atribuída a órgãos públicos e intervir em sua atuação. Incluem-se, também, vários atos praticados em detrimento de contratos e licitações, conforme já mencionado nos capítulos pertinentes a tais temas.

Na *esfera administrativa* são previstas duas espécies de sanção: (a) multa de 01% a 20% do faturamento bruto do último exercício anterior à instauração do processo administrativo; (b) publicação extraordinária da decisão punitiva em meios de comunicação de grande circulação. Independentemente dessas punições, sempre incidirá a obrigação de reparar o dano (art. 6º). As sanções são aplicáveis isolada ou cumulativamente, mas os respectivos atos deverão ter motivação expressa, fato que os torna passíveis de controle judicial de legalidade. O administrador, na função sancionatória, é compelido a considerar vários fatores para a motivação do ato, como, por exemplo, a gravidade e a consumação do fato, o grau e os efeitos da lesão, a posição econômica do infrator e outros similares (art. 7º).

A responsabilidade da pessoa jurídica será apurada em *processo administrativo*, sendo este instaurado e julgado pela autoridade máxima de cada órgão ou entidade, que poderá valer-se de delegação (art. 8º), e conduzido por comissão para tanto designada (art. 10), a quem caberá apresentar relatório ao final. A lei fixa prazo para a conclusão (180 dias),

Cap. 15 • CONTROLE DA ADMINISTRAÇÃO PÚBLICA | 863

embora admita prorrogação. Por outro lado, é assegurado o *contraditório* pela possibilidade de defesa da pessoa acusada (art. 11). Entretanto, a lei previu processo administrativo *específico para a reparação integral do dano*, que, porém, não será afetado pelo processo de apuração da responsabilidade (art. 13). Em nosso entender, todavia, nada impede a instauração de um só processo pelo princípio da economia procedimental na Administração. A rigor, a dualidade de processos só seria exigível se houvesse dificuldade na apuração. Havendo abuso de direito visando encobrir ou dissimular a prática dos atos ilícitos, poderá aplicar-se o método da *desconsideração da personalidade jurídica*, recaindo a responsabilidade sobre sócios ou dirigentes.

Na disciplina do processo administrativo, parece-nos importante fazer uma advertência quanto à *aplicabilidade da lei*. Várias das normas da matéria, entre os arts. 8º e 14 da Lei nº 12.846/2013, como as que aludem a prazos de conclusão e de defesa, de condução do processo, de prorrogabilidade do prazo etc. só têm aplicabilidade compulsória para a União Federal, e isso porque *se cuida de normas federais, e não nacionais*. Resulta, então, que os demais entes federativos podem editar normas de conteúdo diverso, porquanto o processo administrativo, sendo de direito administrativo, se aloja dentro da autonomia que lhes reserva a Constituição. Impor a esses outros entes a obrigação de atendê-las implicaria inevitável inconstitucionalidade por ofensa ao princípio da autonomia federativa (art. 18, CF).

À semelhança do instituto da delação (ou colaboração) premiada no Direito Penal, a lei previu instrumento a que denominou de *acordo de leniência*, celebrado quando pessoas jurídicas responsáveis por ilícitos, preenchendo alguns requisitos legais, colaborem efetivamente com a apuração e com o processo administrativo, daí resultando: (a) identificação dos demais envolvidos na infração; (b) a rápida obtenção de informações e documentos comprobatórios da prática do ilícito (art. 16). Por sua configuração, tal ajuste tem a natureza de *negócio jurídico bilateral e consensual de direito público*, porquanto, além da incidência de normas específicas de direito público, dele participam o Poder Público e a entidade infratora.

O acordo de leniência traduz *negócio condicionado*, submetendo-se a determinadas *condições*, sem as quais não pode ser firmado. Assim, cumpre que a pessoa jurídica: (a) seja a primeira a se manifestar sobre sua intenção de colaborar com a investigação do ilícito; (b) interrompa sua atividade ilícita sob investigação logo após a propositura do acordo; (c) admita sua participação no ilícito; (d) coopere com as investigações e o processo administrativo; (e) compareça, quando solicitada, a todos os atos processuais (art. 16, § 1º, I a III). Houve tentativa de suprimir a primeira das condições supramencionadas, o que banalizaria o acordo e afastaria eventuais punições, mas, em bom momento, a intenção acabou frustrada.[169] As benesses daí oriundas alcançam apenas a entidade que primeiramente propõe o acordo.

A *competência* para a celebração do ajuste, nos termos da lei, é atribuída à autoridade máxima de cada órgão ou entidade pública (art. 16). A indicação legal padece da desejável clareza. Ao que parece, pretendeu o legislador que a anuência para firmar o acordo seja do agente que representa ou dirige o órgão ou a entidade. Nada impede, contudo, que a lei específica ou outro ato administrativo autorize a *delegação* para autoridade de nível hierarquicamente inferior. O importante é que o agente seja o representante jurídico do órgão ou da pessoa jurídica pública. Na esfera federal, a lei designou a Controladoria-Geral da União – CGU para firmar o acordo no âmbito do Poder Executivo (art. 16, § 10).

Conquanto a lei não prime pela clareza nessa parte, parece melhor a interpretação de que se revela obrigatória a intervenção do Ministério Público no processo que conduz ao acordo de leniência. Dois são os fundamentos para tal conclusão. O primeiro reside na determinação da própria lei, para que a comissão de apuração, após o processo ad-

---

[169] Trata-se da MP nº 703/2015, que teve sua vigência encerrada.

864 | MANUAL DE DIREITO ADMINISTRATIVO • *Carvalho Filho*

ministrativo, dê conhecimento ao Ministério Público sobre sua existência, com vistas à investigação sobre eventual delito (art. 15). O segundo consiste na função do *Parquet*, cuja intervenção se revela natural para a verificação das condições do acordo celebrado, sobretudo porque o órgão responsável pelo acordo pode não ter a imparcialidade e a isenção exigíveis para o ajuste.

Alguns *efeitos* advêm do acordo de leniência. Um deles recai sobre as sanções, ora para *isenção*, ora para *redução*. A *isenção* alcança duas sanções: (a) a publicação extraordinária da sentença condenatória, prevista no art. 6º, II; e (b) a vedação para receber incentivos, subsídios, subvenções, doações ou empréstimos de órgãos ou entidades públicas e de instituições financeiras públicas ou controladas pelo poder público, pelo prazo mínimo de um e máximo de cinco anos, prevista no art. 19, IV. A *redução* diz respeito à multa aplicável, que pode ser reduzida em até 2/3 de seu valor.

Ainda sobre os efeitos, devem ser feitas duas anotações. De um lado, a isenção e a redução da multa estendem-se às entidades que integram o mesmo grupo econômico, desde que todas sejam pactuantes do acordo e observem as condições impostas (art. 16, § 5º). Noutro giro, o acordo não exime a pessoa jurídica da obrigação de reparar integralmente o dano causado (art. 16, § 3º).

A *publicidade* do acordo só se dará após a sua celebração, e por tal motivo a proposta deve ficar sob reserva, a menos que haja fundado interesse das investigações e do processo administrativo. Caso a proposta seja *rejeitada*, não haverá a presunção de reconhecimento da prática do ato ilícito; infere-se, pois, que este deverá ser devidamente comprovado pelos órgãos investigativos (art. 16, § 7º), e, ao mesmo tempo, se afastará eventual receio de oferecimento da proposta. *Descumprido* o acordo, a pessoa jurídica ficará impedida de firmar novo acordo pelo prazo de três anos, contados a partir do conhecimento da Administração Pública acerca do seu descumprimento.

A lei previu, ainda, efeito quanto à *prescrição*. Diz o art. 16, § 9º, que o acordo de leniência *interrompe* o prazo prescricional dos atos ilícitos previstos na lei. Resulta que, afastada a interrupção, a contagem do prazo será reiniciada desde o início, como se não houvera paralisação.

Infrações cometidas no âmbito de *contratos e licitações* relacionadas no art. 155 da Lei nº 14.133/2021 (Estatuto de Licitações e Contratos), suscetíveis de aplicação das sanções previstas no art. 156 da mesma lei, também podem ser objeto de acordo de leniência com a pessoa jurídica responsável pela sua prática (art. 17). No caso, o acordo terá o escopo de isentar ou atenuar o ato punitivo. A Lei nº 14.133/2021 reforçou o sistema, exigindo apenas que infrações também previstas na Lei nº 12.846 sejam apuradas e julgadas conjuntamente, nos mesmos autos, com observância do rito e da autoridade competente definidos nesse último diploma (art. 159, ELC).

Embora lavre certa polêmica, o acordo de leniência, em razão da omissão da lei, não é fato impeditivo à propositura da ação de improbidade administrativa (Lei nº 8.429/1992). Noutro giro, a lei anticorrupção recai sobre pessoas jurídicas, ao passo que aquela demanda alcança pessoas físicas, vale dizer, os agentes assim considerados como autores de improbidade; trata-se, pois, de sujeitos ativos diversos. O mesmo se diga em relação à ação penal.[170]

Além da via administrativa, a Lei nº 12.846/2013 contemplou a *responsabilização judicial* (art. 18), por meio de ação com o mesmo rito fixado na Lei nº 7.347/1985, que regula a ação civil pública (art. 21). Para tanto, são legitimados os órgãos de representação judicial dos entes públicos e o Ministério Público. Havendo condenação, fica a pessoa obrigada a reparar o

---

[170] Também: PATRÍCIA TOLEDO DE CAMPOS, Comentários à Lei nº 12.846/2013 – Lei anticorrupção, *Rev. Digital de Dir. Administrativo da Fac. Dir. Ribeirão Preto*, v. 2, nº 1, 2015, p. 181.

Cap. 15 · CONTROLE DA ADMINISTRAÇÃO PÚBLICA | 865

dano (art. 21, parágrafo único). São aplicáveis, isolada ou cumulativamente, as sanções de (a) perdimento de bens, direitos ou valores obtidos em decorrência do ilícito; (b) suspensão ou interdição parcial das atividades; (c) dissolução compulsória da pessoa jurídica; e (d) vedação para o recebimento de incentivos, subsídios e subvenções governamentais (art. 19, I a IV). Para a garantia da reparação integral do dano e do pagamento da multa, é lícito postular na ação a indisponibilidade dos bens, direitos e valores da pessoa jurídica responsável (art. 19, § 4º); trata-se de medida assecuratória que impede seja inócua a condenação.

A ação judicial prevista na Lei nº 12.846/2013 é *autônoma*, de modo que, ainda que a conduta possa estar também prevista na Lei nº 8.429/1992 (Lei de Improbidade Administrativa), contém pretensão própria, sendo inviável a cumulação de pedidos. E por mais de uma razão: além de envolver responsabilidade objetiva, o procedimento não prevê fase de admissibilidade da ação, nem se exige participação de agente público.[171]

É oportuno destacar, neste passo, que no cotejo entre a Lei nº 12.846/2013 e a Lei nº 8.429/92 (LIA - Lei de Improbidade Administrativa), pode surgir a situação de *duplicidade normativa*. Partindo-se da premissa de que há condutas idênticas em ambas as leis, impõe--se verificar, com rigor, se já houve prévia punição à pessoa jurídica. Por tal motivo, a LIA determina que as sanções aplicadas a pessoas jurídicas devem observar o princípio constitucional da *vedação à duplicidade sancionatória* (*non bis in idem*) (art. 12, § 7º). Eventual sanção aplicada em face de uma lei após idêntica punição já decretada em razão de outra estará irremediavelmente contaminada de vício de legalidade, ou seja, haverá nulidade passível de decretação pelo Judiciário.

A *prescrição* da pretensão punitiva decorrente das infrações foi fixada em 5 anos, sendo contada a partir da data da ciência da data da infração ou, se esta for permanente ou continuada, da data de sua cessação. A instauração do processo administrativo configura-se como causa de *interrupção* da prescrição tanto na esfera administrativa quanto na judicial, o que obrigará ao reinício da contagem a partir do momento inicial (art. 25, parágrafo único).

IV. Controle Legislativo

1. SENTIDO E FUNDAMENTO

Controle legislativo é a prerrogativa atribuída ao Poder Legislativo de fiscalizar a Administração Pública sob os critérios político e financeiro.

O Poder Legislativo, como todos sabemos, é aquele que espelha a representação popular. Na teoria política do Estado é esse Poder que materializa realmente a vontade do povo. Isso é que resulta do sistema da representatividade política. A Administração executa os mandamentos legais; sua função não é criadora, mas executora do direito. Se assim é, nada mais natural que, para o equilíbrio do sistema da divisão de funções, seja outorgada essa função específica de fiscalização ao Poder Legislativo.

O fundamento desse controle é *eminentemente constitucional*. Como a administração pública também é uma das funções básicas do Estado, não poderia o Legislativo, incumbido de outra dessas funções, ser autorizado ao controle se não fosse por expressa referência da Constituição. A não ser assim, estar-se-ia admitindo a indevida interferência de um em outro dos Poderes, com vulneração do princípio da separação entre eles, consagrada no art. 2º da Carta Maior.[172]

---

[171] Também: LUCIANO MOREIRA DE OLIVEIRA, in *RDA* 276, 2017, p. 161.
[172] MARIA SYLVIA DI PIETRO, ob. cit., p. 426.

Note-se, por oportuno, que o controle legislativo abrange basicamente os atos do Poder Executivo e alguns atos do Poder Judiciário. É lógico que o Legislativo exerce também o controle sobre sua administração, mas esse controle é interno, diversamente do que exerce sobre os demais Poderes, que é externo.

2. ESPÉCIES DE CONTROLE

O controle legislativo se exerce sobre atividades bastante diferenciadas. Sendo assim é possível distinguir controles de dupla natureza: o *controle político* e o *controle financeiro*. Vejamos os aspectos principais de cada um deles.

2.1. Controle Político

A característica do controle político tem por base a possibilidade de fiscalização e decisão do Poder Legislativo sobre atos ligados à função administrativa e de organização do Executivo e do Judiciário.

A Constituição aponta vários aspectos desse tipo de controle.

Um deles está no art. 49, X, da CF. Por esse dispositivo, compete exclusivamente ao Congresso Nacional fiscalizar e controlar, diretamente, ou por qualquer das Casas, os atos do Poder Executivo, abrangendo administração direta e indireta. O dispositivo é específico de um lado, porque se refere ao Executivo, mas é genérico de outro em virtude de alcançar qualquer tipo de ato, seja da Administração Direta, seja das entidades integrantes da Administração Indireta. Se, por exemplo, houver necessidade de apurar a legalidade do ato do presidente de uma empresa pública ou de uma fundação governamental, o Congresso, ou qualquer de suas Casas, tem a prerrogativa constitucional de fazê-lo.

Não obstante, a fiscalização fundada no art. 49, X, da CF, somente se legitima se executada *institucionalmente*. Em outras palavras, é vedado conferir a parlamentar, *individualmente*, o poder de requisitar informações ao Executivo, até porque, como regra, tal desempenho teria nítida coloração política. Por tal motivo, o STF já decidiu no sentido da inconstitucionalidade de dispositivo de Constituição Estadual que admitia tal possibilidade, visivelmente incompatível com a Constituição Federal.[173]

Várias outras formas de controle político estão no mesmo art. 49 da CF. Apenas para exemplificar: pelo inciso III é o Congresso que autoriza o Presidente da República a se ausentar do país (este é um controle prévio); o inciso XII dá ao Congresso competência para apreciar os atos de concessão e renovação de concessão de emissoras de rádio e televisão. Observa-se, pois, que o controle abrange toda a ação que diga respeito ao Executivo.[174] Além do Congresso, como órgão controlador político, o Senado Federal também recebeu algumas funções pertinentes a esse tipo de controle. Como exemplo, cite-se a competência do Senado para autorizar operações externas de natureza financeira, de interesse das pessoas federativas (art. 52, V).[175] A Câmara dos Deputados, a seu turno, é quem tem competência para providenciar a tomada de contas do Presidente da República quando este não as apresenta ao Congresso no prazo de 60 dias contados da abertura da sessão legislativa (art. 51, II).

O *poder convocatório* é outra das prerrogativas do Legislativo no que toca ao controle. A Câmara dos Deputados e o Senado Federal (ou qualquer de suas Comissões) podem

---

[173] STF ADI 4.700, j. 13.12.2021.

[174] Outros incisos do mesmo art. 49 que traduzem controle político são: I, II, IV, XII, XIV, XVI e XVII.

[175] Os incisos II, IV, VI, VII, VIII e XI do mesmo art. 52 também indicam atuação de controle político.

Cap. 15 · CONTROLE DA ADMINISTRAÇÃO PÚBLICA | 867

convocar Ministro de Estado ou autoridades ligadas diretamente à Presidência da República, bem como o Presidente do Comitê Gestor do Imposto sobre Bens e Serviços (incluído pela EC nº 132/2023), para prestarem depoimento sobre assunto previamente determinado (art. 50, *caput*, CF). Podem ainda solicitar por escrito informações às mesmas autoridades (art. 50, § 2º, CF). Da mesma forma, esse controle alcança as funções próprias do Poder Executivo, principalmente.

Função controladora de grande importância é o *poder de sustação* do Congresso Nacional, novidade na atual Constituição. Nos termos do art. 49, V, cabe ao Congresso *"sustar os atos normativos do Poder Executivo que exorbitem do poder regulamentar ou dos limites de delegação legislativa"*. O mandamento preserva a função legiferante do Legislativo, impedindo que o Executivo, a pretexto de regulamentar a lei, acabe por ultrapassar os limites de sua atuação, criando a própria lei. O poder regulamentar, já o vimos, tem como limite a lei, só sendo válido se for *secundum legem*, nunca *contra* ou *ultra legem*. Se o poder regulamentar extrapolar seus limites, o Congresso tem o poder de sustação, ou seja, de paralisar os efeitos do ato exorbitante. Paralisar, todavia, não é anular ou revogar, providências que cabem ao próprio Executivo; significa apenas impedir a continuação dos efeitos do ato ou, se se preferir, sustar-lhe a eficácia.

Por fim, devemos relacionar também o *controle das Comissões Parlamentares de Inquérito*, previsto no art. 58, § 3º, da CF. Essas comissões, que têm os mesmos poderes investigatórios que os órgãos judiciais, têm a prerrogativa de apurar fatos ocorridos na Administração, podendo, se for o caso, encaminhar suas conclusões ao Ministério Público com vistas à responsabilização civil e criminal dos responsáveis.

2.2. Controle Financeiro

SENTIDO – Controle financeiro é aquele exercido pelo Poder Legislativo sobre o Executivo, o Judiciário e sobre sua própria administração no que se refere à receita, à despesa e à gestão dos recursos públicos.

Como se observa do conceito, embora o Legislativo esteja voltado mais para os outros Poderes, o certo é que não pode deixar de exercer a autotutela, isto é, a fiscalização de seus próprios atos. Em relação ao Executivo e ao Judiciário, o controle é externo, e no que toca a seus próprios atos, o controle é interno. O sistema republicano não permite que uma estrutura orgânica seja apenas controladora. Assim, há muito para ser fiscalizado dentro do próprio Legislativo. Se a fiscalização não é muito eficiente, como todos têm conhecimento, não será por culpa do sistema constitucional, que deixa clara essa exigência: o art. 70 refere-se expressamente ao controle externo do Congresso e o art. 74 consigna que todos os Poderes devem ter mecanismos de controle interno.

O outro aspecto a ser destacado no conceito é o objeto desse controle. Na verdade, tudo que diga respeito às finanças públicas está sob a mira do controle. Finanças públicas, no caso, tem sentido amplo e abrange realmente a receita e a despesa públicas, bem como a gestão dos recursos do erário, tudo com vistas a preservar o Estado de atividades ilícitas e dilapidatórias.

ABRANGÊNCIA – O controle financeiro, por incidir em regime federativo, há de ter larga abrangência.

Em primeiro lugar, o controle abraça todos os Poderes da República, como vimos, externa e internamente. Dentro de cada um deles, é de considerar-se a administração direta e indireta (art. 70, CF).

Depois, alcança todas as pessoas políticas da federação, respeitando-se, como é natural, a autonomia que lhes é reservada constitucionalmente. Todos os entes estão sujeitos ao controle. Os Estados e o Distrito Federal têm a fiscalização a cargo de seu Legislativo (art. 75,

868 | MANUAL DE DIREITO ADMINISTRATIVO • *Carvalho Filho*

CF). No âmbito dos Municípios, a fiscalização financeira compete às respectivas Câmaras Municipais, conforme reza o art. 31 da CF. E logicamente o controle, em cada uma dessas pessoas, abrange todos os Poderes que as integram.

Aliás, para não deixar qualquer dúvida sobre o controle, a EC nº 19/1998, concernente à reforma administrativa do Estado, alterou a redação do art. 70, parágrafo único, da CF, ampliando mais ainda o campo de controle. Na redação original, o texto, no que se refere ao dever de prestar contas, referia-se a *qualquer pessoa física ou entidade pública;* com a alteração, o dever passou a ser atribuído a *qualquer pessoa física ou jurídica, pública ou privada,* incluindo-se, em consequência, todas as pessoas da Administração Direta ou Indireta e até mesmo pessoas não integrantes desse sistema, desde que utilizem, arrecadem, guardem, gerenciem ou administrem dinheiros, bens e valores públicos ou pelos quais a União (e também Estados, Distrito Federal e Municípios) responda, ou que, em seu nome, assuma obrigações de natureza pecuniária.

Entretanto, nenhum controle é absoluto, inclusive o financeiro. Como exemplo, é vedado à lei ordinária, de iniciativa do Executivo, fixar limites de despesa com a folha de pagamento de pessoal e encargos do Poder Judiciário e do Ministério Público, depois de ter sido feita a estimativa orçamentária dessas unidades. Lei nesse sentido reflete inegável ingerência na esfera de autonomia que lhes é conferida no que tange à gestão orçamentária.[176]

FORMAS DE CONTROLE – A Constituição estabelece duas formas básicas de controle financeiro.

Uma delas é o *controle interno.* Nesse controle, cada Poder tem que possuir, em sua estrutura, órgãos especialmente destinados à verificação dos recursos do erário. São inspetorias, departamentos etc. com a atribuição de fiscalizar as contas internamente. O art. 70 da CF faz menção a que a fiscalização se processe *pelo sistema de controle interno de cada Poder.* É claro o dispositivo.

Não custa observar que órgãos específicos instituídos pela Administração para fiscalização financeira rendem ensejo a controle *interno,* e não externo, permitindo que o órgão controlador fiscalize setores pertencentes a outro ente federativo, sem que se possa objetar com a autonomia que lhe assegura a Constituição. Assim, órgão federal de controle interno, por exemplo, pode fiscalizar a aplicação de verbas públicas federais repassadas a Estado ou Município por força de convênio ou outro instrumento jurídico, inclusive com verificação documental, pois que se trata de proteção do patrimônio público sob a guarda do ente controlador. Ressalve-se que o controle deve ser exercido somente sobre as verbas pertencentes à pessoa que as repassou.[177] Esse controle, pois, não se confunde com o controle a cargo do Tribunal de Contas, que tem caráter externo, como se verá a seguir.

A outra é o *controle externo.* Este é exercido pelo Congresso Nacional, com o auxílio do Tribunal de Contas, como enuncia o art. 71 da CF. O Tribunal de Contas é um órgão que integra a estrutura do Poder Legislativo e, por isso mesmo, sua atuação é de caráter *auxiliar e especializado,* porque colabora com o Legislativo e tem a atribuição específica de exercer esse tipo de controle.

ÁREAS FISCALIZADAS – São cinco as áreas de atuação sujeitas ao controle financeiro: *contábil, financeiro (em sentido estrito), orçamentário, operacional* e *patrimonial* (art. 70, CF).

A área *contábil* é aquela em que se formalizam os registros das receitas e despesas. Na área *financeira stricto sensu,* o controle se executa sobre os depósitos bancários, os empenhos, o pagamento e o recebimento de valores etc. O controle *orçamentário* visa ao acompanhamento do orçamento e à fiscalização dos registros nas rubricas adequadas.

---

[176] Também: STF, ADIs 4.420 e 4.536, j. 9.2.2011.

[177] STF, RMS 25.943, j. 24.11.2010 (CGU fiscalizando verbas federais em Município).

Restam os controles *operacional* e *patrimonial*. No primeiro, a fiscalização incide sobre a execução das atividades administrativas em geral, verificando-se notadamente a observância dos procedimentos legais para cada fim, bem como a necessidade de sua adequação à maior celeridade, eficiência e economicidade. O controle *patrimonial* recai sobre os bens do patrimônio público, exigindo-se sejam fiscalizados os almoxarifados, os bens em estoque, os bens de uso, os bens consumíveis etc.

NATUREZA DO CONTROLE – A Constituição foi incisiva quando proclamou que o controle será exercido sob cinco aspectos diferentes:

1. quanto à legalidade;
2. quanto à legitimidade:
3. quanto à economicidade;
4. quanto à aplicação das subvenções; e
5. quanto à renúncia de receitas (art. 70, CF);

O *controle da legalidade* é aquele que se caracteriza como fundamental, e por mais de uma razão. A atividade de administrar é subjacente à lei, de modo que não se pode conceber que seu desempenho afronte os comandos normativos desta. Se o administrador pudesse vulnerar a lei, estaria indiretamente legislando e não administrando. Além desse aspecto, cumpre lembrar que a legalidade foi relacionada como princípio expresso na Constituição atual, como se observa no art. 37, *caput*. A verdade é que na atividade de administrar a vontade pessoal do administrador não tem maior valia e nem pode prevalecer sobre a vontade da lei. O controle financeiro envolve, primordialmente, o exame da legalidade dos atos da Administração.

O *controle da legitimidade* foi uma novidade constitucional. Ao referir-se à *legitimidade*, depois de se ter referido à *legalidade*, a Constituição parece ter admitido *um controle externo de mérito por parte do Congresso*, no aspecto financeiro. Note-se que o art. 70 da CF cuida dos sistemas de controle interno e externo. No que se refere ao controle interno, nenhuma novidade há no controle de mérito, que é, como vimos, uma revisão com base em critérios administrativos de conveniência e oportunidade. O ângulo novo na questão é a admissibilidade do controle *externo* de legitimidade. Como bem salienta MANOEL GONÇALVES FERREIRA FILHO, a legalidade diz apenas com o confronto formal entre o ato e a lei, mas a legitimidade *não observa apenas as formas prescritas ou não defesas pela lei, mas também em sua substância se ajusta a esta, assim como aos* princípios não jurídicos *da boa administração*.[178]

O controle se completa com o *controle da economicidade*, que enseja a verificação, pelo órgão controlador, da existência, ou não, dos princípios da adequação e da compatibilidade, referentes às despesas públicas. Esse controle também envolve o mérito, porque, conforme clássica lição, serve *"para verificar se o órgão procedeu, na aplicação da despesa pública, de modo mais econômico, atendendo, p. ex., uma adequada relação custo-benefício".*[179] Adite-se, contudo, que o valor *quantitativo* do gasto público nem sempre reflete o elemento prevalente, mas sim a adequada alocação *qualitativa*, sobretudo em períodos de crise econômica.[180]

---

[178] *Comentários*, cit., v. II, p. 126 (grifo nosso).

[179] JOSÉ AFONSO DA SILVA, *Curso*, cit., p. 625 (grifo do autor).

[180] É a correta advertência de FABRICIO DANTAS, em O gasto público na estratégia institucional: direitos fundamentais no jogo dos afetos e da escassez, em *RDA*, FGV, v. 282, nº 2, p. 163-188, maio-ago. 2023.

870 | MANUAL DE DIREITO ADMINISTRATIVO • *Carvalho Filho*

A *aplicação das subvenções* e a *renúncia de receitas* são os demais aspectos em que pode se efetivar o controle, envolvendo aspectos de legalidade ou de mérito. No concernente à aplicação das subvenções tanto é importante fiscalizar se o destino formal das verbas observou o que determinava a lei, como se, mesmo atendida esta, o aplicador as utilizou de forma econômica, criteriosa e não perdulária. Este último enfoque é importante, porque ninguém desconhece que alguns administradores não têm a menor preocupação quanto ao preço de bens e serviços, isso naquele criticável pensamento de que os recursos são públicos e, por isso, seus gastos não ofendem seus próprios bolsos.

A *renúncia de receitas* há de ter sempre caráter excepcional, pois que não pode o administrador deixar de receber recursos que vão ser vertidos para a própria coletividade. A fiscalização interna e externa deve considerar esse aspecto. É verdade que, em algumas ocasiões, a renúncia a receitas traduz interesse público específico; se assim ocorrer, a renúncia será lícita. Ilícita, isto sim, será a renúncia *sem causa*, ou seja, aquela para a qual o administrador não tenha qualquer fundamento de ordem administrativa. Nesse caso, a renúncia pura e simples, sem motivo administrativo legítimo, caracteriza desvio de finalidade e se sujeita à invalidação e à responsabilidade funcional, civil e criminal do administrador.

3. TRIBUNAL DE CONTAS

O Tribunal de Contas é o órgão integrante do Congresso Nacional que tem a função constitucional de auxiliá-lo no controle financeiro externo da Administração Pública, como emana do art. 71 da atual Constituição. Cuida-se de órgão de inegável relevância no regime republicano e, sem embargo de críticas que tem sofrido (algumas delas merecidas), tem uma relativa autonomia no sistema, desfrutando, inclusive, de quadro próprio (art. 73, CF), Ministros (e Conselheiros) com as prerrogativas da Magistratura (art. 73, § 3º) e lei própria de auto-organização. A propósito, já se julgou inconstitucional lei de iniciativa parlamentar que modificava dispositivos de lei orgânica de Tribunal de Contas estadual, por violação ao princípio da iniciativa privativa da Corte.[181]

Vale a pena comentar o fato de que um dos requisitos para a investidura de Ministro ou Conselheiro das Cortes de Contas é o de ser dotado de *idoneidade moral e reputação ilibada* (art. 73, II, CF). Tais requisitos guardam evidente indeterminação e carecem de parâmetros objetivos, o que, em princípio, tornaria difícil o seu controle. Entretanto, muitos abusos foram cometidos mediante nomeações indevidas, passando a considerar-se que a nomeação não é ato inteiramente discricionário, mas, ao contrário, sujeita-se ao controle judicial desses requisitos.[182]

Várias são as atribuições do Tribunal de Contas no que toca ao controle financeiro da Administração.

De início, é o órgão que aprecia as contas do Presidente da República e elabora parecer prévio a ser analisado pelo Congresso (art. 71, I, CF). Nesse caso, a competência é tão somente para *apreciar* as contas, ou seja, *opinar*, e não para julgá-las. Idêntico critério é aplicável a prefeitos, em que o Tribunal de Contas *aprecia* as contas, mas a Câmara Municipal é que as *julga*.[183] A competência para julgar cinge-se às contas dos demais administradores.[184] Cabe-lhe também proceder a auditorias em todas as unidades administrativas dos Poderes Executivo, Judiciário e Legislativo, bem como nas pessoas da Administração Indireta do Estado (art. 71,

---

[181] STF, ADI-MC 4.421, j. 6.10.2010, e ADI 4.643, j. 15.5.2019.
[182] STJ, REsp 1.347.443, j. 19.10.2021.
[183] STF, RE 848.826, j. 17.8.2016.
[184] STF, Recl. 10.456, Min. GILMAR MENDES, em 25.6.2014.

Cap. 15 · CONTROLE DA ADMINISTRAÇÃO PÚBLICA | 871

IV). Veda-se-lhe, contudo, exercer controle sobre entidades administrativas vinculadas a ente federativo diverso: tal atuação refoge à competência constitucional.[185]

Por outro lado, fiscaliza as contas nacionais das empresas supranacionais de que participe a União (art. 71, V); fiscaliza a aplicação de recursos repassados pela União, concluindo sobre aspectos de legalidade, legitimidade e economicidade da aplicação (art. 71, VI), atribuição que, segundo alguns estudiosos, permite, em certas situações, o controle de políticas públicas – conclusão que, em nosso entender, deve ser aferida com extrema cautela, para evitar excesso de competência;[186] aprecia, para fins de registro, a legalidade de atos de admissão de pessoal e as concessões de aposentadoria (art. 71, III); aplica sanções aos responsáveis por conduta ilícita no processo de despesas públicas e fixa prazo para que órgãos e entidades adotem as providências exigidas para o cumprimento da lei (art. 71, VIII e IX); e susta, no caso de não atendimento, a execução de ato impugnado, comunicando o fato à Câmara e ao Senado (art. 71, X).

O inciso II do art. 71 atribui ao Tribunal de Contas competência para *julgar* as contas dos administradores e demais responsáveis por dinheiros, bens e valores públicos da Administração Direta ou Indireta, bem como as contas daqueles que provocarem a perda, o extravio ou outra irregularidade, causando prejuízo ao erário. O termo *julgar* no texto constitucional não tem o sentido normalmente atribuído aos juízes no exercício de sua função jurisdicional. O sentido do termo é o de *apreciar, examinar, analisar* as contas, porque a função exercida pelo Tribunal de Contas na hipótese *é de caráter eminentemente administrativo, a despeito de algumas opiniões em contrário.*[187] Por isso, esse exame se sujeita, como qualquer ato administrativo, a controle do Poder Judiciário no caso de contaminado de vício de legalidade, e não tem a definitividade que qualifica os atos jurisdicionais. Autorizada doutrina, aliás, já anotava: "*As decisões do Tribunal de Contas não são decisões judiciárias, porque ele não julga. Não profere julgamento nem de natureza cível, nem de natureza penal. As decisões proferidas dizem respeito à regularidade intrínseca da conta, e não sobre a responsabilidade do exator ou pagador ou sobre a imputação dessa responsabilidade.*[188]

Por outro lado, reina certa dúvida a respeito do sentido da expressão *dinheiros públicos* contida no mesmo art. 71, II, havendo mesmo decisões contraditórias no próprio STF.[189] É de considerar-se, porém, como dinheiros públicos aqueles que integram o acervo das pessoas de direito público (entes federativos, autarquias e fundações de direito público). Da mesma natureza deve ser considerado o montante derivado do pagamento de contribuições ou pagamentos compulsórios efetuados por administrados, ainda que os destinatários sejam pessoas de direito privado, integrantes da Administração ou não. É o caso, para exemplificar, dos recursos oriundos de contribuições parafiscais. Da mesma forma, as contribuições sindicais compulsórias, que têm natureza tributária.[190] Por fim, é dinheiro público aquele transferido por ente público a qualquer outra pessoa, de direito público ou privado, para emprego em finalidades específicas.[191] Como exemplo, a alocação de recursos a ente privado para utilização em seus fins institucionais.

---

[185] STF, MS 24.423, j. 10.9.2008.

[186] RICARDO SCHNEIDER RODRIGUES, *Os Tribunais de Contas e o controle de políticas públicas*, Viva Editora, 2014, p. 174-192.

[187] RODRIGO VALGAS DOS SANTOS, *Procedimento administrativo nos Tribunais de Contas e Câmaras Municipais*, Del Rey, 2006, p. 61.

[188] JOSÉ CRETELLA JUNIOR, *Manual de direito administrativo*, cit., p. 49.

[189] STF, MS 23.627, j. j. 7.3.2002, e MS 25.092, j. 10.1.2005.

[190] STF, MS 28.465, j. 18.3.2014 (admitindo controle sobre sindicatos).

[191] STF, MS 26.969, Min. LUIZ FUX, em 18.11.2014.

872 | MANUAL DE DIREITO ADMINISTRATIVO • Carvalho Filho

Todos esses valores sujeitam-se à prestação de contas e à apreciação pelo Tribunal de Contas. São, todavia, recursos privados aqueles decorrentes de exploração de atividade econômica (*v. g.*, os lucros obtidos por bancos governamentais) ou da própria gestão de entidades privadas (*v. g.*, valores cobrados pela prestação de serviços ligados a seus fins institucionais). Tais valores integram o patrimônio privado da pessoa e são insuscetíveis de controle pelas Cortes de Contas; a não ser assim, não teria o Constituinte aludido a dinheiros *públicos*.

É mister acentuar, neste ponto, que as funções básicas dos Tribunais de Contas em geral são exatamente as que constam do art. 71 da CF, muito embora as normas sejam aplicáveis diretamente à Corte de Contas federal. Significa dizer que, pelo princípio da simetria constitucional, os demais Tribunais de Contas não podem inserir, em sua competência, funções não mencionadas na Constituição Federal. Referidos Tribunais devem adotar, como modelo de competência, as funções constantes do art. 71 da CF. Esse entendimento, aliás, já foi expressamente abraçado pelo Supremo Tribunal Federal, de forma irreparável, a nosso ver.[192]

Não obstante, a despeito de serem administrativos os seus atos, o Supremo Tribunal Federal já reconheceu que *o Tribunal de Contas, no exercício de suas atribuições, pode apreciar a constitucionalidade das leis e dos atos do Poder Público.*[193] Não há novidade na afirmação, eis que a doutrina constitucionalista dominante já admite que os órgãos fundamentais da República (Chefia do Executivo, os Tribunais Judiciários, as Casas Legislativas e o Ministério Público) também podem apreciar questões de inconstitucionalidade, visto que a eles compete, da mesma forma, a guarda da Constituição.

Matéria que redundou em acirrada polêmica é a concernente ao art. 71, § 3º, da CF, que dispõe: *"As decisões do Tribunal de que resulte imputação de débito ou multa terão eficácia de título executivo."* O preceito denuncia, de forma clara, que a relação obrigacional decorrente da atribuição de débito ou aplicação de multa enseja a formalização por título executivo, de natureza obviamente extrajudicial. Não indica, entretanto, a legitimidade para a ação que vise à respectiva cobrança. Embora haja alguns entendimentos e até mesmo dispositivos constitucionais de Estados que admitem que o Tribunal de Contas possa executar as suas próprias decisões, o STF decidiu em contrário, considerando inconstitucional dispositivo nesse sentido da Constituição do Estado de Sergipe, com fundamento no citado art. 71, § 3º, que não permitiria tal amplitude.[194] De fato, nada justifica a pretendida *legitimatio*, e por mais de uma razão. A uma, porque não se trata de pessoa jurídica, e sim de órgão público despersonalizado, ao qual só é conferida capacidade processual em situações excepcionais. A duas, porque, integrando pessoa federativa (União ou Estado), é a esta que cabe a competência para ajuizamento das ações que visem à cobrança de valores devidos ao Poder Público, mesmo que os recursos cobrados sejam alocados para determinado órgão nos termos da lei.

No caso de multa aplicada a agente municipal, é imperioso distinguir. Se o crédito é oriundo de multa aplicada pela Corte de Contas estadual em virtude de *danos causados ao erário municipal*, o Município prejudicado é que tem legitimidade para a execução do respectivo crédito.[195] Todavia, se o crédito decorre de *multas simples*, fundadas em normas financeiras ou descumprimento dos deveres de colaboração com o órgão de controle, é o Estado que detém legitimidade para a execução.[196]

---

[192] STF, ADI 461, j. 8.8.2001, e ADI 3.715, j. 24.5.2006.
[193] Súmula 347.
[194] STF, RE 223.037, j. 2.5.2002.
[195] STF, RE 580.943, j. 18.6.2013.
[196] STF, ADPF 1.011, j. 28.6.2024.

Adite-se que Ministério Público tem legitimidade extraordinária para promover a execução com base no aludido título, sabido que, entre suas funções institucionais, está a defesa do patrimônio público genericamente considerado (art. 129, III, CF).[197]

Por fim, compete observar que os Tribunais de Contas, em algumas ocasiões, têm adotado posições que extrapolam os limites da função que a Constituição lhes outorgou. Não se questiona aqui que sua função é relevante para a regularidade da atividade administrativa, mas daí não se pode permitir atuações que não estejam contempladas no sistema constitucional.

Tem-se entendido, a propósito, ser vedado ao TC expedir normas gerais e abstratas no pretenso exercício do poder regulamentar, privativo do Poder Executivo. Mais: para sustar atos administrativos, é imperioso acatar o princípio do devido processo legal, se envolver direitos de terceiros. Ainda: conquanto competente para apreciar concessão de aposentadoria, com as providências necessárias para sua conclusão, não lhe cabe impor ao administrador a modificação do ato sob pena de multa, devendo eventual conflito ser dirimido no Judiciário.[198]

Outra ilegalidade praticada por Tribunal de Contas é a afronta à decisão judicial. Se o Judiciário, como Poder definidor de controvérsias, define posição e a reveste com o manto da *res iudicata*, nenhuma alternativa remanesce para a Corte de Contas: cabe-lhe apenas respeitá-la e cumpri-la. O TCU, por exemplo, determinou a suspensão de pagamento de parcelas remuneratórias incluídas nos proventos de servidores públicos aposentados por força de decisão judicial transitada em julgado. O STF, examinando a questão em mandado de segurança, deferiu o pedido, a nosso ver, com absoluto acerto, para anular a decisão da Corte de Contas, fundando-se a decisão no princípio da intangibilidade da coisa julgada.[199] Avulta notar que esse impedimento se opõe, inclusive, quando há outros fundamentos para a decisão transitada em julgado, tudo em nome do princípio da segurança jurídica e da proteção à confiança.[200]

Dúvida já surgiu sobre a possibilidade de o Tribunal de Contas ordenar a suspensão cautelar de processo licitatório. Em virtude do silêncio da Constituição, deve analisar-se o círculo de competências da Corte. A Carta conferiu ao Tribunal de Contas o poder de sustar, *se não atendido*, a execução de atos impugnados, comunicando a decisão à Câmara dos Deputados e ao Senado Federal (art. 71, X). Antes, porém, permitiu-se-lhe assinar prazo para que o órgão ou entidade adote as medidas necessárias à eventual restauração da legalidade (art. 71, IX). Em nosso entender, tais dispositivos devem ser interpretados conjugadamente: a sustação de atos de outros órgãos (que é providência gravíssima na relação entre os Poderes) só se legitima após decorrido o prazo em que foi recomendada a superação da ilegalidade. Segue-se, portanto, que o poder de cautela também há de depender do descumprimento oportuno da recomendação prévia dirigida ao órgão administrativo.[201] A Lei nº 14.133/2021 (Estatuto de Licitações e Contratos) prevê expressamente a suspensão cautelar do processo licitatório pelo tribunal de contas, mas lhe comina a obrigação de pronunciar-se sobre o mérito da irregularidade no prazo de 25 dias úteis, contado do recebimento das informações (art. 171, § 1º). Como a lei contempla a obrigação de prestar informações (art. 170, ELC), o legislador parece sugerir que a suspensão cautelar só se efetive se houver omissão ou insuficiência delas, o que estará compatível com o perfil constitucional. Noutro giro, já se reconheceu ser legítima a competência do TCU para impor a sanção de declaração de

---

[197] STJ, REsp 1.119.377, j. 26.8.2009 (legitimidade do MP).

[198] Vide LUIZ ROBERTO BARROSO, em *Tribunais de contas: algumas incompetências* (publ. na *RDA* 203, p. 131-140, 1996).

[199] STF, MS 23.665, j. 5.6.2002, e MS 30.312, j. 27.11.2012.

[200] Com acerto decidiu o STF no MS 28.150, j. 8.9.2009.

[201] *Contra*: STF, MS 24.510, j. 19.11.2003 (maioria).

874 | MANUAL DE DIREITO ADMINISTRATIVO • *Carvalho Filho*

inidoneidade no caso de infração grave praticada pelo licitante, invocando-se o art. 46 de sua Lei Orgânica (Lei nº 8.443/1992).[202]

No que tange às decisões das Cortes de Contas, já está consagrado o entendimento segundo o qual, nos processos em que forem proferidas, deve assegurar-se o contraditório e a ampla defesa quando forem capazes de provocar a anulação ou a revogação de ato administrativo que beneficie o interessado.[203] Trata-se de restrição ao poder de autotutela da Administração, tendência que, como já vimos, tem sido observada em diversas situações administrativas para evitar que ato unilateral tenha o condão de desfazer benefício para o administrado, sobretudo quando praticado com abuso de poder. Excetua-se da mencionada exigência a apreciação da legalidade de ato de concessão inicial de aposentadoria, reforma e pensão. Em nosso entender, contudo, se tal apreciação conduz à invalidade ou alteração de tais atos – de resto, já praticados pelo órgão administrativo competente –, deveria o Tribunal de Contas sujeitar sua apreciação ao interessado, possibilitando-lhe arguir outros elementos para a defesa do ato que o beneficia. Afinal, cuida-se de hipótese em que se contradizem dois órgãos estatais – de um lado, aquele de onde se originou o ato de aposentadoria, reforma ou pensão e, de outro, a própria Corte de Contas.[204]

O Tribunal de Contas, em sua atividade de controle de contas e de administradores públicos, poderia ter sido autorizado a impor, em situações especiais, a quebra de sigilo bancário de dados constantes do Banco Central. Todavia, a LC nº 105/2001 conferiu esse poder exclusivamente ao Judiciário, ao Legislativo e às Comissões Parlamentares de Inquérito, após aprovação do plenário do Senado, da Câmara ou das respectivas comissões. Tratando-se de restrição ao direito fundamental relativo à privacidade, inviável proceder à interpretação extensiva. Assim, à Corte de Contas é vedado o exercício desse meio investigatório.[205]

Em outra vertente, julgou-se legítima, em tomada de contas especial solicitada pelo Legislativo, a imposição feita pelo TCU a certa entidade privada da Administração Indireta para o envio de documentos relativos a determinadas operações financeiras. Embora resguardando o sigilo de algumas delas, de cunho privado, visando preservar o aspecto concorrencial, entendeu-se que à Corte incumbiria aferir a conduta dos administradores quanto à eficiência, legitimidade, economicidade e moralidade, numa demonstração de que, diante de seu novo papel, a instituição mais pertenceria à sociedade do que ao Legislativo.[206]

No exercício de sua função constitucional, e ainda com lastro na Lei nº 8.443/1992, que o regula, pode o Tribunal de Contas usar seu poder geral de cautela e decretar a indisponibilidade de bens em processo de tomada de contas especial, desde que seja devidamente fundamentada da decisão. O objetivo é o de neutralizar, de forma imediata, situações de lesividade ao erário ou de gravame ao interesse público, as quais poderiam ser irreversíveis sem a promoção da medida de urgência.[207]

Já foi visto anteriormente que existe certa controvérsia quanto à *decadência* prevista no art. 54 da Lei nº 9.784/1999 no caso de registro do ato de aposentadoria inscrito no art. 71, III, da CF. Não obstante, o STF já decidiu que se aplica o instituto em outras funções, como é o caso

---

[202] STF, MS 30.788, Min. ROBERTO BARROSO, j. 21.5.2015.

[203] STF, Súmula Vinculante 3. Também: STF, MS 25.399, j. 15.10.2014.

[204] STJ, RMS 27.233, j. 7.2.2012 (anulada decisão de TCE por falta de contraditório).

[205] STF, MS 22.801, j. 17.12.2007, e MS 22.934, j. 17.4.2012.

[206] STF MS 33.340, Min. LUIZ FUX, j. 26.5.2015.

[207] No mesmo sentido, STF, MS 33.092, j. 24.3.2015. Também: MARCUS ABRAHAM, *"Os tribunais de contas e o poder cautelar de indisponibilidade de bens"*, publ. no sítio *genjurídico* em 9.2.2017.

Cap. 15 • CONTROLE DA ADMINISTRAÇÃO PÚBLICA | 875

de auditorias em que há determinação de devolução de valores, invocando como fundamento o fato de que se trata de mero ato administrativo, sujeito àquele tipo de extinção temporal. Ou seja: ultrapassado o prazo de 5 anos, ter-se-ia consumado a decadência e, com isso, a inviabilidade de ser cumprida a aludida ordem.[208] Advirta-se, contudo, que, a despeito de o acórdão ter tratado da hipótese como decadência, parece-nos que o prazo extintivo em tela envolve prescrição da pretensão de cobrança, e isso porque não é o caso de anulação de ato ilegal anterior, mas sim de extinção pelo decurso do tempo em razão da inércia do titular do direito.

Em matéria que se tornou litigiosa, ficou decidido que é constitucional a lei estadual de iniciativa parlamentar que altera a destinação da receita arrecadada com a cobrança de multas aplicadas pelo Tribunal local - recursos pertencentes à Fazenda Pública estadual. No caso, não se trataria de matéria relativa à organização, à estrutura interna, ao funcionamento ou ao exercício do poder fiscalizatório da Corte (arts. 73, 75 e 96, II, CF).[209]

V. *Controle Judicial*

1. SENTIDO

Controle judicial é o poder de fiscalização que os órgãos do Poder Judiciário exercem sobre os atos administrativos do Executivo, do Legislativo e do próprio Judiciário.[210]

A origem do controle é o Poder Judiciário. No sistema de equilíbrio de Poderes, o Judiciário assume a relevante missão de examinar a legalidade e a constitucionalidade de atos e leis. É o Poder jurídico por excelência, sempre distanciado dos interesses políticos que figuram frequentemente no Executivo e no Legislativo.

A importância do controle judicial, convém que se diga, é mais destacada se levarmos em conta os direitos e garantias fundamentais, estatuídos na Constituição. O Judiciário, por ser um Poder equidistante do interesse das pessoas públicas e privadas, assegura sempre um julgamento em que o único fator de motivação é a lei ou a Constituição. Assim, quando o Legislativo e o Executivo se desprendem de seus parâmetros e ofendem tais direitos do indivíduo ou da coletividade, é o controle judicial que vai restaurar a situação de legitimidade, sem que o mais humilde indivíduo se veja prejudicado pelo todo-poderoso Estado.

O controle judicial incide especificamente sobre a atividade administrativa do Estado, seja qual for o Poder onde esteja sendo desempenhada. Alcança os atos administrativos do Executivo, basicamente, mas também examina os atos do Legislativo e do próprio Judiciário, nos quais, como já vimos, se desempenha a atividade administrativa em larga escala.

Com a EC nº 45/2004, que acrescentou o inciso LXXVIII ao art. 5º, da CF (que relaciona os direitos e garantias fundamentais), o controle judicial deve sujeitar-se ao princípio da eficiência, sendo assegurado a todos a duração aceitável e tramitação célere dos processos, porque somente assim será resguardado o princípio do acesso à justiça, contemplado no art. 5º, XXXV, da Carta vigente.

É importante ressalvar, nesse passo, que o controle judicial deve ser pautado por certos limites de contenção, impedindo a invasão na área de competência de outros Poderes. Nos últimos tempos, tem havido ampliação dessa interferência e do denominado *ativismo judicial*, o que é perigoso para o regime democrático. Como já averbou ilustre estudioso, basta o juiz invocar o princípio da dignidade humana para se considerar competente em todos os setores sociais, aditando que

---

[208] STF, MS 31.344, j. 23.4.2013.

[209] STF, ADI 6.557, j. 16.8.2024.

[210] HELY LOPES MEIRELLES, ob. cit., p. 603.

"*o desvio de finalidade é o novo princípio da dignidade humana, à disposição dos tribunais que queiram impor as suas soluções aos casos concretos, sob o pretexto de aplicar o direito*".[211]

Noutra vertente, é imperiosa a observância das normas estabelecidas pela LINDB – Lei de Introdução às Normas do Direito Brasileiro, com as inserções da Lei nº 13.655/2018. De um lado, cumpre um controle mais regulatório do que principiológico, ou seja, que não descarte os princípios abstratos, mas previna consequências dissociadas da realidade. De outro, é mister que o controle de moralidade não renda ensejo à presunção de má-fé do gestor, como já se enfatizou acertadamente. A esses novos caminhos, doutrinadores denominaram de "*deferência judicial redimida*".[212]

SÚMULAS VINCULANTES – Depois de promulgada a EC nº 45/2004 (reforma do Judiciário), na qual foi previsto o sistema de *súmulas vinculantes*, com o objetivo de reduzir o número de processos judiciais e acelerar sua solução, foi editada a Lei nº 11.417, de 19.12.2006, para regulamentar o aludido sistema. Como este envolve *controle do Poder Judiciário* também sobre *atos da Administração*, parece-nos oportuno e conveniente, neste tópico, tecer alguns breves comentários sobre os aspectos básicos do sistema.

Em primeiro lugar, é de considerar-se que o objetivo fundamental de tais súmulas é a *vinculação* de seu preceito, ou seja, seus enunciados terão força vinculante em relação aos demais órgãos do Judiciário e à Administração Pública, seja direta ou indireta, abrangendo todas as esferas federativas. O Poder Legislativo, entretanto, não sofre essa vinculação, quando no exercício de sua produção normativa. Assim, nada impede que disponha em novo ato sobre matéria contida em lei anteriormente declarada inconstitucional, ainda que em controle concentrado. Se tal ocorrer, não haverá ofensa à autoridade do STF, nem será a reclamação (art. 102, I, *l*, CF) a via idônea de impugnação.[213]

O funcionamento desse regime, no que toca às súmulas, alcança três modalidades de providência: a *edição*, a *revisão* e o *cancelamento*. A *edição* é a providência pela qual é instituído o enunciado da súmula vinculante, denunciando a orientação que o Supremo Tribunal Federal deseja dispensar a determinada matéria. A *revisão*, a seu turno, espelha a alteração a ser introduzida em súmula vinculante já editada e nela se denota a mudança da posição anteriormente firmada na súmula revista. Por fim, o *cancelamento* aponta para a supressão da súmula, exprimindo que a nova posição da Corte não mais se coaduna com a orientação anterior.

O *fundamento* das súmulas vinculantes reside na necessidade de definir a posição do STF quanto a controvérsias que coloquem em grave risco a segurança jurídica e que possam gerar expressiva quantidade de processos tendo por alvo a mesma discussão, fato que prejudica inegavelmente o funcionamento do Judiciário. No que tange ao *objeto*, tem-se que as súmulas visam a indicar a orientação do STF sobre a validade, a interpretação e a eficácia de normas determinadas (art. 2º, § 1º).

A *legitimidade* para propor a edição, a revisão ou o cancelamento de enunciado de súmula vinculante é concorrente, assemelhando-se a relação dos legitimados àquela voltada para ações de inconstitucionalidade. São partes legítimas: (a) O Presidente da República; (b) a Mesa do Senado; (c) a Mesa da Câmara dos Deputados; (d) o Procurador-Geral da República; (e) o Conselho Federal da OAB; (f) o Defensor Público-Geral da União; (g) partido político com representação no Congresso; (h) confederação sindical ou entidade de classe

---

[211] EDUARDO JORDÃO, *Estudos antirromânticos sobre controle da Administração Pública*, JusPodivm/Malheiros, 2022, p. 642.

[212] HENRIQUE RIBEIRO CARDOSO e MATEUS LEVI FONTES SANTOS, A deferência judicial redimida, *RDA* 282/1, p. 139-172, 2023.

[213] STF, Recl. 5442-PE, Rel. Min. CELSO DE MELLO (*Informativo STF* nº 477, ago. 2007).

Cap. 15 • CONTROLE DA ADMINISTRAÇÃO PÚBLICA | 877

de âmbito nacional; (i) Mesa de Assembleia Legislativa ou da Câmara Legislativa do DF; (j) o Governador de Estado ou do Distrito Federal; (k) os Tribunais Superiores, os Tribunais de Justiça de Estados ou do DF e Territórios, os Tribunais Regionais Federais, os Tribunais Regionais do Trabalho, os Tribunais Regionais Eleitorais e os Tribunais Militares. Embora despido do poder de formular proposta em processo autônomo, ao Município foi conferida legitimidade para fazê-lo *incidentalmente* no curso de processo em que figure como parte (art. 3°, § 1°). Admite-se, ainda, a manifestação de terceiros na questão, na forma como estiver regulado no Regimento Interno do STF (art. 3°, § 2°, Lei 11.417/2006).

Para que seja editada súmula vinculante, a decisão deve ser tomada por 2/3 (dois terços) dos membros do STF (art. 103-A, CF, e art. 2°, § 3°, Lei 11.417).

Além do mais, sempre será ouvido o Procurador-Geral da República, quando ele mesmo não tiver sido o autor da proposta atinente à súmula.

Como regra, a *eficácia* da súmula vinculante é imediata. Entretanto, decisão tomada por 2/3 (dois terços) dos membros do STF pode restringir os efeitos vinculantes ou decidir que a eficácia tenha início a partir de outro momento, sendo pressuposto de tal exceção a existência de motivos de segurança jurídica ou de excepcional interesse público (art. 4°).

Não se suspenderá o curso de processos nos quais a controvérsia tenha relação com o conteúdo de enunciado de súmula ao momento da proposta de sua edição, revisão ou cancelamento. Assim, a incidência dos efeitos da súmula nos processos em tramitação só se inicia a partir de sua decisão e da respectiva publicação no *Diário Oficial da União* (art. 6°). No caso de *revogação ou modificação da lei* que serviu de fundamento para a edição da súmula, o STF deverá providenciar a revisão ou o cancelamento do enunciado, atuando nesse caso de ofício ou por provocação do legitimado (art. 5°).

Na hipótese de haver contrariedade, negativa de vigência ou aplicação indevida de enunciado de súmula vinculante por decisão judicial ou por ato administrativo, caberá *reclamação* ao STF, sem prejuízo de recursos ou outros meios de impugnação. Acolhida a reclamação, a decisão judicial será objeto de *cassação* e o ato administrativo, de *anulação* (art. 7°, *caput*, e § 2°). Esta decorre da própria decisão do STF, mas, no caso de decisão judicial, a Corte ordenará que outra seja proferida, aplicando, ou não, o julgador, conforme o caso, o enunciado da súmula.

Como já tivemos a oportunidade de assinalar, é cabível a reclamação contra *atos administrativos* ou *condutas omissivas* da Administração que contrariem enunciado de súmula, lhe neguem vigência ou o apliquem de forma indevida (art. 7°, § 1°). Sendo procedente a medida proposta contra ato administrativo, este será anulado, como já vimos. Tratando-se, no entanto, de omissão administrativa, a decisão do STF deverá ter natureza mandamental (ou condenatória determinativa, segundo alguns), obrigando-se o administrador omisso a uma conduta comissiva (*facere*) com o fim de suprir a omissão. De qualquer modo, a reclamação só será admitida depois de esgotadas as vias administrativas, devendo-se entender aqui, como já vimos, o efetivo percurso pelos níveis hierárquicos recursais do órgão ou da pessoa administrativa (art. 7°, § 1°).

Observa-se, portanto, que no sistema das súmulas vinculantes se incluem aspectos ligados ao controle judicial sobre a Administração Pública.

Cabe aqui uma observação final. O art. 102, § 3°, da CF, incluído pela EC n° 45/2004, passou a exigir que, no recurso extraordinário, o recorrente demonstre a *repercussão geral* das questões discutidas no caso, sendo aquela considerada a existência, ou não, de questões relevantes do ponto de vista econômico, político, social ou jurídico, que ultrapassem os interesses subjetivos das partes no processo. O dispositivo foi regulamentado pelo art. 1.035 do CPC, segundo o qual pode o STF não conhecer do recurso se ausente aquele requisito de admissibilidade.

878 | MANUAL DE DIREITO ADMINISTRATIVO • *Carvalho Filho*

O que interessa diretamente ao tópico em estudo é o que consta no art. 1.035, § 3º, I, do CPC, segundo o qual haverá repercussão geral quando o recurso impugnar acórdão contrário a súmula ou jurisprudência dominante do STF. O art. 1.035, § 3º, III, do vigente CPC, acrescenta mais uma hipótese: quando o acórdão tenha reconhecido a inconstitucionalidade de tratado ou lei federal, nos termos do art. 97 da CF. Essa contrariedade, portanto, retrata situação para a qual a lei atribuiu a presunção de que está presente o requisito da repercussão geral. Resulta que, se for pretendido o controle de legalidade de ato administrativo através de recurso extraordinário, alegando o recorrente contrariedade a alguma súmula vinculante, será o recurso admitido em razão do atendimento ao citado requisito de admissibilidade.

2. SISTEMAS DE CONTROLE

Sistemas de controle é o conjunto de instrumentos contemplados no ordenamento jurídico que têm por fim fiscalizar a legalidade dos atos da Administração.

Cada ordenamento jurídico apresenta mecanismos próprios para esse controle. Esses mecanismos buscam, na verdade, evitar que a atividade administrativa, seja no âmbito interno, seja a que se estende aos administrados, fique desprovida de controle da legalidade. Se isso fosse admitido, a lei poderia ser a todo momento violada pelo administrador, retirando completamente a segurança da coletividade.

Os sistemas sofrem sempre alguma variação, mas, com uma ou outra pequena diferença, pode dizer-se que dois são os sistemas básicos de controle: o *sistema do contencioso administrativo* e o *sistema da unidade de jurisdição*. Vejamos seus pontos característicos.

2.1. Sistema do Contencioso Administrativo

A expressão *contencioso administrativo* tem dois sentidos. Um deles é a denominação dada ao sistema da dualidade de jurisdição. O outro significa qualquer tipo de conflito que tramite na via administrativa. Ou seja, mesmo nos países que não adotam o sistema em foco, existe o contencioso administrativo neste último sentido, porque em todos os lugares é permitido que o indivíduo reclame da Administração junto a seus próprios órgãos. Os recursos de reclamação e de representação, por exemplo, formam um contencioso administrativo, porque tramita na via administrativa.

O *sistema do contencioso administrativo*, também denominado de *sistema da dualidade de jurisdição* ou *sistema francês*, se caracteriza pelo fato de que, ao lado da Justiça do Poder Judiciário, o ordenamento contempla uma *Justiça Administrativa*. Esse sistema, adotado pela França e pela Itália, entre outros países sobretudo europeus, apresenta juízes e tribunais pertencentes a Poderes diversos do Estado. Em ambas as Justiças, as decisões proferidas ganham o revestimento da *res iudicata*, de modo que a causa decidida numa delas não mais pode ser reapreciada pela outra. É desse aspecto que advém a denominação de sistema de *dualidade de jurisdição*: a jurisdição é dual na medida em que a função jurisdicional é exercida naturalmente por duas estruturas orgânicas independentes – a Justiça Judiciária e a Justiça Administrativa.

A Justiça Administrativa tem jurisdição e competência sobre alguns litígios específicos. Nunca serão, todavia, litígios somente entre particulares; nos conflitos, uma das partes é necessariamente o Poder Público. Compete-lhe julgar causas que visem à invalidação e à interpretação de atos administrativos e aquelas em que o interessado requer a restauração da legalidade quando teve direito seu ofendido por conduta administrativa. Julga, ainda, os recursos administrativos de excesso ou desvio de poder. Os autores franceses costumam agrupar as competências da justiça administrativa de acordo com a natureza do litígio. GEORGES VEDEL as divide em

Cap. 15 · CONTROLE DA ADMINISTRAÇÃO PÚBLICA | **879**

(a) contencioso de anulação; (b) contencioso de plena jurisdição; (c) contencioso de interpretação e de apreciação de legalidade; e (d) contencioso de repressão.[214]

A organização da Justiça Administrativa é complexa e se compõe de várias Cortes e Tribunais administrativos. Na França, situa-se em seu ponto mais elevado o conhecido Conselho de Estado *(Conseil d'État)* e, no caso de conflito de atribuições entre as duas Justiças, a controvérsia é dirimida pelo Tribunal de Conflitos, criado fundamentalmente para esse fim.

A vantagem desse sistema consiste na apreciação de conflitos de natureza essencialmente administrativa por uma Justiça composta de órgãos julgadores especializados, razão por que têm contribuído de forma significativa para o desenvolvimento do Direito Administrativo. Os que o criticam se baseiam no fato de que fica mitigada em favor dos litigantes privados a garantia da imparcialidade, já que na Justiça Administrativa o Estado, em tese, é parte e juiz do conflito.[215]

2.2. Sistema da Unidade de Jurisdição

Diverso delineamento tem o *sistema da unidade de jurisdição*, também conhecido como *sistema do monopólio de jurisdição* ou *sistema inglês*. Por essa modalidade de sistema, todos os litígios, administrativos ou de caráter privado, são sujeitos à apreciação e à decisão da Justiça Comum, vale dizer, a que é composta de juízes e tribunais do Poder Judiciário.[216] Adotam o sistema da unidade de jurisdição os Estados Unidos, o México e alguns outros países, entre eles o Brasil.

No sistema da unidade de jurisdição – *una lex una jurisdictio* –, apenas os órgãos do Judiciário exercem a função jurisdicional e proferem decisões com o caráter da definitividade. Mesmo as raríssimas exceções contempladas na Constituição, conferindo essa função ao Congresso Nacional, não servem para desfigurar o monopólio da jurisdição pelo Judiciário.

O fundamento da adoção do sistema da unidade de jurisdição pelo Brasil está sufragado pelos termos do art. 5º, XXXV, da vigente Constituição: *"A lei não excluirá da apreciação do Poder Judiciário lesão ou ameaça a direito"*. O preceito é claro: nenhuma decisão de qualquer outro Poder que ofenda direito, ou ameace ofendê-lo, pode ser excluída do reexame, com foros de definitividade, por órgãos jurisdicionais. A Administração Pública em nenhum momento exerce função jurisdicional, de forma que seus atos sempre poderão ser reapreciados no Judiciário.

Em relação a vantagens e desvantagens, nada temos a acrescentar ao que já dissemos a respeito, quando estudamos o sistema do contencioso administrativo. O sistema da unidade apresenta maior vantagem no que se refere à imparcialidade dos julgamentos, porque o Estado-Administração e o administrado se colocam, a todo o tempo, em plano jurídico de igualdade quando seus conflitos de interesse são deduzidos nas ações judiciais.

3. NATUREZA

O controle judicial sobre atos da Administração é *exclusivamente de legalidade*. Significa dizer que o Judiciário tem o poder de confrontar qualquer ato administrativo com a lei ou com a Constituição e verificar se há ou não compatibilidade normativa. Se o ato for contrário à lei ou à Constituição, o Judiciário declarará a sua invalidação de modo a não permitir que continue produzindo efeitos ilícitos. É bom salientar que o controle abrange tanto os atos vinculados como os discricionários, já que todos têm que obedecer aos requisitos de validade. Um vício de

---

[214] GEORGES VEDEL, *Droit administratif*, cit., p. 456-465.

[215] Vide SÉRGIO DE ANDRÉA FERREIRA, *Lições de direito administrativo*, p. 121-152. Também: ROMEU FELIPE BACELLAR FILHO, *RDA* 211, 1998, p. 65-78.

[216] HELY LOPES MEIRELLES, ob. cit., p. 51.

880 | MANUAL DE DIREITO ADMINISTRATIVO • *Carvalho Filho*

competência, por exemplo, tanto pode estar num ato vinculado como discricionário. O mesmo ocorre com vícios na finalidade, no motivo etc.

Com a Emenda Constitucional nº 45/2004, que implantou a Reforma do Judiciário, foi introduzido no direito pátrio, como já examinamos anteriormente, o sistema de *súmulas vinculantes* (art. 103-A, da CF, e Lei nº 11.417/2006), passando a admitir-se o cabimento de reclamação ao STF contra ato administrativo (e também decisão judicial) que contrarie súmula daquela natureza, ou a aplique indevidamente. No caso de procedência da reclamação, efeito da decisão será a *anulação* do ato reclamado, conforme registra o art. 103-A, § 3º, da CF (também inserido pela referida Emenda). Cuida-se, pois, de outro mecanismo de controle judicial de legalidade.

O que é vedado ao Judiciário, como corretamente têm decidido os Tribunais, é apreciar o que se denomina normalmente de *mérito administrativo*, vale dizer, a ele é interditado o poder de reavaliar critérios de conveniência e oportunidade dos atos, que são privativos do administrador público. Já tivemos a oportunidade de destacar que, a se admitir essa reavaliação, estar-se-ia possibilitando que o juiz exercesse também função administrativa, o que não corresponde obviamente à sua competência. Além do mais, a invasão de atribuições é vedada na Constituição em face do sistema da tripartição de Poderes (art. 2º).[217]

Alguns autores têm cometido o exagero de ampliar os limites de atuação do Judiciário, invocando princípios que, em última análise, acabam por recair no aspecto fundamental – o exame da legalidade. A despeito dessa evidente distorção, os Tribunais, sensíveis às linhas que demarcam a atuação dos Poderes, têm sistematicamente rejeitado essa indevida ampliação e decidido que o controle do mérito dos atos administrativos é da competência exclusiva da Administração.[218]

4. OPORTUNIDADE

A regra geral é a de que o controle judicial é *posterior (a posteriori)*. Depois que os atos administrativos são produzidos e ingressam no mundo jurídico é que o Judiciário atua para, a pedido dos interessados, examinar a legalidade, ou não, dos atos. Estes, como sabemos, têm a seu favor a prerrogativa da presunção de legitimidade e da autoexecutoriedade, de modo que a Administração, como regra, os pratica sem que precise de qualquer autorização.

Se o ato estiver contaminado de vício de legalidade, o controle judicial é que vai permitir que seja invalidado, restaurando-se a situação de legalidade anteriormente existente.

Há, entretanto, algumas situações especiais que admitem um controle *prévio* do Judiciário (*a priori*). Esse controle, porém, não deve ser entendido como uma forma de o Judiciário fazer averiguação prévia de tudo o que está a cargo da Administração, mas sim como o meio de evitar que direitos individuais ou coletivos sejam irreversivelmente ofendidos, vale dizer, sem que haja a possibilidade de o ofendido ver restaurada inteiramente a legalidade. O fundamento desse controle se encontra no próprio art. 5º, XXXV, da CF, que garante o indivíduo contra lesão ou *ameaça de lesão* a direito.

Para esse fim, as leis processuais preveem a tutela preventiva, ensejando a possibilidade de o juiz sustar os efeitos de atos administrativos através de medidas preventivas liminares, quando presentes os pressupostos da plausibilidade do direito (*fumus boni iuris*) e o risco de haver lesão irreparável pelo decurso do tempo (*periculum in mora*). Tais medidas, além de contempladas no estatuto processual comum, têm previsão em leis especiais, como a que regula o mandado de segurança (Lei nº 12.016/2009); a ação popular (Lei nº 4.717/1965); e ação civil pública (Lei nº 7.347/1985).

---

[217] HELY LOPES MEIRELLES, ob. cit., p. 605.
[218] Nesse sentido, STJ, REsp 69.735, j. 14.11.1995.

5. ATOS SOB CONTROLE ESPECIAL

Há alguns atos emanados do Poder Público que, como reconhecem os estudiosos, sofrem um controle especial em razão de suas peculiaridades. Observe-se que controle especial não é o mesmo que ausência de controle. No regime republicano democrático, onde desponta a proteção dos direitos e garantias fundamentais, não se pode conceber atos insuscetíveis a controle. Nenhum Poder ou função são tão absolutos que possam estar infensos ao controle judicial. A questão é apenas a da especificidade do controle.

5.1. Atos Políticos

As características dos atos políticos são bem marcadas por HELY LOPES MEIRELLES, que tratou o assunto com muita clareza, a despeito de algumas dúvidas sobre seu lineamento.[219] Trata-se daqueles atos produzidos por certos agentes da cúpula diretiva do país, no uso de sua competência constitucional.

Esses atos não são propriamente administrativos, mas atos de governo. Seu fundamento se encontra na Constituição, e por tal motivo não têm parâmetros prévios de controle. Por outro lado, são esses os atos que permitem a condução das políticas, das diretrizes e das estratégias do Governo. Ausentes quaisquer *standards* predeterminados para limitá-los, os atos políticos comportam maior discricionariedade para os governantes, facultando-lhes a todo o tempo um leque aberto de possibilidades de ação, sendo todas legítimas. Como exemplo desses atos, temos o ato de indulto, da competência do Presidente da República (art. 84, XII, CF); o ato de permissão da mesma autoridade, para que forças estrangeiras transitem pelo território nacional (art. 84, XXII, CF). Em relação ao Congresso Nacional, exemplificamos com o ato pelo qual é concedida autorização ao Presidente da República para se ausentar do país (art. 49, III, CF). Todos esses são considerados atos políticos, porque seus motivos residem na esfera exclusiva da autoridade competente para praticá-los.

A especificidade do controle reside na circunstância de que o Judiciário não pode exercer seu controle sobre os critérios governamentais que conduzem à edição dos atos políticos. A razão é simples: se há várias alternativas lícitas de atuação, não podem os órgãos judiciários substituir a escolhida pelo agente governamental pela sua própria. Por isso é que são atos de governo, e não atos meramente administrativos.

Não obstante, a doutrina já se pacificou no sentido de que mesmo tais atos são sujeitos a controle pelo Judiciário quando ofendem direitos individuais ou coletivos, por estarem eivados de algum vício de legalidade ou constitucionalidade. Aqui o problema não diz respeito ao conteúdo e ao motivo dos atos, mas sim a elementos que não podem deixar de ser fiscalizados, porque nesse caso preleva o princípio da legalidade e da supremacia da Constituição. A vedação ao controle limita-se apenas à valoração dos motivos dos atos por situar-se na esfera privativa do agente governamental.

5.2. Atos Legislativos Típicos

Quando se faz referência aos atos legislativos típicos, estamo-nos referindo àqueles que dispõem de conteúdo *normativo, abstrato e geral*, também chamados de *leis em tese*. Não se trata, é óbvio, das leis que, conforme já verificamos, só são assim caracterizadas sob o aspecto formal, embora sob o aspecto material sejam meros atos administrativos – caso da lei de efeitos concretos.

O controle desse tipo de ato é idêntico ao que o Judiciário exerce sobre os atos administrativos em geral.

---

[219] Ob. cit., p. 607.

882 | MANUAL DE DIREITO ADMINISTRATIVO • *Carvalho Filho*

No entanto, os atos legislativos típicos são os que se originam do Poder Legislativo no regular exercício de sua função constitucional, qual seja, a de criação do sistema normativo. Incluem-se na categoria desses atos os demais constantes do art. 59 da CF, entre eles as leis complementares, as leis delegadas, medidas provisórias, decretos legislativos etc.

O controle judicial desses atos é especial na medida em que não podem ser questionados pelas ações comuns. O controle judicial cinge-se aos parâmetros fixados na Constituição e, como é evidente, não pode excedê-los. Por outro lado, esse controle não é propriamente de legalidade, mas sim de constitucionalidade, porque cabe ao Judiciário confrontar o ato legislativo típico com a Constituição.

Lembremo-nos de que o Judiciário exerce duas formas de controle da constitucionalidade das leis: o controle difuso e o controle concentrado. O controle difuso não chega a ser especial, porque a matéria de constitucionalidade, ou não, da lei é discutida como prejudicial numa ação judicial comum.[220]

O controle concentrado – aquele que se destina a impugnar diretamente a lei ou o ato normativo, ou seja, aquele em que a apreciação da constitucionalidade ou não constitui a questão principal do processo – é que representa um modelo especial processado através de mecanismos previstos na Constituição. Tais mecanismos são a ação direta de inconstitucionalidade por ação ou omissão (ADI e ADO: arts. 102, I, "a" e "p"; art. 103 e §§ 1º a 3º; e art. 125, § 2º, CF), a ação declaratória de constitucionalidade (ADC: art. 102, I, "a"; art. 102, § 2º, e art. 103, § 4º, CF) – reguladas pela Lei nº 9.868, de 10.11.1999 – e a arguição de descumprimento de preceito fundamental (ADPF: art. 102, § 1º, CF), regulada pela Lei nº 9.882, de 3.12.1999. Nesses casos, ao Judiciário, por seus Tribunais federal e estaduais de cúpula, vai caber o controle da constitucionalidade, o que significa dizer, segundo o pensamento de constitucionalistas, que, de certo modo, esse controle estampa função legislativa, ao menos quando é declarada a inconstitucionalidade da lei ou do ato normativo, visto que, com a decisão judicial, são eles expungidos do ordenamento jurídico. Por essa razão é que tal controle também reflete modalidade específica de controle judicial.

A ação declaratória de constitucionalidade, prevista nos arts. 102, I, "a", 103, § 4º, e 102, § 2º, da CF, é modalidade de controle na qual se busca obter da mais alta Corte a certeza jurídica a respeito de determinada lei ou ato normativo federal. Havendo decisões e entendimentos judiciais discrepantes nas instâncias inferiores, provocando instabilidade jurídica à comunidade, haverá interesse de sua propositura, e isso porque, definido o mérito da ação pelo STF, essa decisão produzirá efeito vinculante relativamente aos demais órgãos do Poder Judiciário e à Administração Pública de todos os níveis da federação, assegurando o objeto maior da ação – certeza jurídica. O efeito vinculante, aliás, antes somente atribuído às ações declaratórias, foi estendido também às ações diretas de inconstitucionalidade pela EC nº 45/2004 (Reforma do Judiciário), que alterou o art. 102, § 2º, da Carta vigente.

Trata-se, por conseguinte, de controle especial em que o Judiciário exerce função verdadeiramente legislativa e política, como, aliás, tem sido reconhecido por inúmeros constitucionalistas.[221]

5.3. Atos *Interna Corporis*

Atos *interna corporis* são aqueles praticados dentro da competência interna e exclusiva dos órgãos dos Poderes Legislativo e Judiciário.

---

[220] Cf. MICHEL TEMER, Elementos de Direito Constitucional, p. 44.
[221] Vide a respeito GUILHERME PEÑA, Direito constitucional, Lumen Juris, 2003, p. 147-149.

Cap. 15 · CONTROLE DA ADMINISTRAÇÃO PÚBLICA | 883

Esses atos, antes de mais nada, têm embasamento constitucional, vale dizer, a competência interna e exclusiva está demarcada na Constituição. Emanam dos referidos Poderes, porque têm eles prerrogativas que lhes são próprias no regular exercício de suas funções. Vejamos um exemplo no caso do Legislativo: as votações e a elaboração de seus regimentos internos (arts. 47, 51, III, e 52, XII, CF). Os Tribunais também têm autonomia para elaborar seus regimentos (art. 96, I, "a", CF).

O controle judicial não pode ser exercido sobre as razões que levam os órgãos diretivos desses Poderes a manifestarem a sua vontade e a produzirem seus atos, porque estes são *internos e exclusivos* dos mesmos Poderes. O fundamento da vedação aqui se assemelha em muito ao que embasa o controle especial sobre os atos políticos. A síntese reside em que o Judiciário, na função jurisdicional, não pode substituir os critérios internos e exclusivos outorgados aos Poderes pela Constituição.

No entanto, cumpre fazer a mesma ressalva que fizemos quanto aos atos políticos: como não pode existir ato sem controle, poderá o Judiciário controlar esses atos *internos e exclusivos* quando contiverem vícios de ilegalidade ou de constitucionalidade, ou vulnerarem direitos individuais. Nesta hipótese, o controle judicial se exercerá normalmente.[222] Vejamos um exemplo: o Senado e a Câmara têm liberdade de estabelecer as regras que entenderem convenientes para a tramitação dos projetos pela Casa. Nesse aspecto, os atos praticados serão *interna corporis*, e em relação às citadas regras não pode haver o controle judicial. Mas se as regras já estiverem estabelecidas em ato próprio e alguns parlamentares decidirem desrespeitá-las, sua conduta será considerada ilegal e controlável no Judiciário. Se, contrariamente ao regimento já em vigor, se nega a algum parlamentar o direito de se manifestar, há violação do direito deste, de modo que o ato de denegação será sujeito à apreciação judicial.

Em suma: o Judiciário não pode invadir os aspectos que representam competência interna e exclusiva do Legislativo e do próprio Judiciário; por essa razão, inexiste controle nesses aspectos. Mas se os atos estiverem eivados de vício de legalidade ou de constitucionalidade e ofenderem direitos individuais, podem os prejudicados instaurar normalmente suas demandas no Judiciário, requerendo a apreciação e a invalidação de tais atos. Essa é a razão por que também é especial esse tipo de controle.[223]

A despeito dessa clássica lição, sempre encontrada em ilustres especialistas, o Supremo Tribunal Federal, embora sem unanimidade, parece ter ultimamente ampliado a insindicabilidade, pelo Judiciário, de atos praticados no exercício da função legislativa, assentando que até mesmo os incidentes relativos à interpretação das normas regimentais têm caráter *interna corporis* e devem ser solucionados dentro das respectivas Casas Legislativas. Somente caberá ao Judiciário analisar eventual violação ao direito subjetivo do parlamentar no tocante à observância do devido processo legislativo estatuído na Constituição. Em mandado de segurança impetrado por parlamentares com vistas à invalidação de ato do Presidente da Câmara dos Deputados, que teria ofendido normas do regimento interno no que concerne à apreciação de emenda aglutinativa, o Pretório Excelso decidiu que a matéria seria insuscetível de controle pelo Judiciário em virtude do vigente sistema da separação de Poderes previsto no art. 2º da CF. Desse modo, a Corte eximiu-se de apreciar a legalidade, ou não, de atos de parlamentares em face do regimento interno da Casa Legislativa.[224]

---

[222]   HELY LOPES MEIRELLES, ob. cit., p. 611.
[223]   Cf. MARIA SYLVIA DI PIETRO, ob. cit., p. 431.
[224]   STF, MS 22.503, j. 8.5.1996 (3 votos vencidos).

884 | MANUAL DE DIREITO ADMINISTRATIVO • *Carvalho Filho*

6. INSTRUMENTOS DE CONTROLE

6.1. Meios Inespecíficos

Meios inespecíficos de controle judicial da Administração são os representados por aquelas ações judiciais de que todas as pessoas se podem socorrer, ou, em outras palavras, por aquelas ações que não exijam necessariamente a presença do Estado em qualquer dos polos da relação processual.[225]

São exemplos de meios inespecíficos as ações ordinárias, a ação penal, os interditos possessórios, a nunciação de obra nova, a consignação em pagamento. Em todos esses casos, poderá dar-se o controle judicial sobre atos da Administração.

6.2. Meios Específicos

Meios específicos de controle judicial são aquelas ações que exigem a presença no processo das pessoas administrativas ou de seus agentes. Tais meios se caracterizam pelo fato de que foram instituídos visando exatamente à tutela de direitos individuais ou coletivos contra atos de autoridade, comissivos ou omissivos.[226]

São meios específicos: o mandado de segurança, a ação popular, o *habeas corpus,* o *habeas data* e o mandado de injunção. Além desses cinco meios, temos a ação civil pública, que, apesar de nem sempre exigir a presença do Estado ou de alguma de suas autoridades, não deixa de ser uma forma específica de controle judicial da Administração.

Adiante, teceremos breves considerações sobre cada um desses instrumentos especiais de controle. Antes, porém, examinaremos alguns aspectos sobre a prescrição de ações contra a Fazenda.

7. PRESCRIÇÃO DE AÇÕES CONTRA A FAZENDA PÚBLICA

7.1. Sentido

Prescrição é a perda da oportunidade de formular uma pretensão na via judicial em decorrência da inércia do titular do direito material. Em outras palavras, não é o direito material que se extingue, mas sim a pretensão à sua tutela, a ser requerida através da ação judicial. Como bem salienta CLÓVIS BEVILÁQUA, *"não é o fato de não se exercer o direito que lhe tira o vigor".* E culmina rematando: *"O que o torna inválido é o não uso da sua propriedade defensiva, da ação que o reveste e protege."*[227] A inércia do titular não provoca a prescrição como penalidade. O que ocorre é que o tempo faz nascer e consolidar-se outras situações jurídicas contrárias ao direito e desse modo fica o titular do direito material sem condições jurídicas de defendê-lo contra essas novas situações.

A prescrição distingue-se da decadência. Aquela acarreta a perda da pretensão a ser formulada na ação, ou, como se diz na prática, a perda da ação; esta provoca a perda do próprio direito. Além disso, a prescrição se suspende ou se interrompe, ao passo que na decadência não há paralisação do curso do prazo, a menos que a lei expressamente o admita. Essa é a sistemática adotada pelo vigente Código Civil (arts. 189 e 207).

---

[225] Também: DIOGO DE FIGUEIREDO MOREIRA NETO, *Curso,* cit., p. 537.
[226] DIOGO DE FIGUEIREDO MOREIRA NETO, ob. cit., p. 546 ss.
[227] *Teoria geral do direito civil,* p. 268.

Cap. 15 • CONTROLE DA ADMINISTRAÇÃO PÚBLICA | 885

O tema examinado neste tópico diz respeito à ocorrência da prescrição das ações de particulares contra a Fazenda Pública, ou seja, os casos em que o particular, titular do direito material em face da Fazenda, fica impossibilitado de ver a pretensão à tutela desse mesmo direito como objeto de apreciação judicial.

7.2. Fonte Normativa

A prescrição de ações contra a Fazenda Pública é disciplinada pelo antigo Decreto nº 20.910 (com força de lei), de 6.1.1932, que dispõe que *"as dívidas passivas da União, dos Estados e dos Municípios, bem assim todo e qualquer direito ou ação contra a Fazenda Federal, Estadual ou Municipal, seja qual for a sua natureza, prescrevem em cinco anos contados da data do ato ou fato do qual se originarem"* (art. 1º).

Complementando esse diploma, foi baixado o Decreto-lei nº 4.597, de 19.8.1942, que estendeu a aplicação do Decreto nº 20.910/1932 às dívidas passivas das autarquias, ou *"entidades e órgãos paraestatais"*, criados por lei e mantidos por receita tributária prevista em lei, *"bem como todo e qualquer direito e ação contra os mesmos"* (art. 2º).

Apesar da confusa redação de ambos os dispositivos, que acabou rendendo ensejo a algumas controvérsias, o certo é que a doutrina dominante sustenta, e a nosso ver com razão, que esses diplomas favoreceram o Estado com a *prescrição quinquenal*, quer se trate de dívidas passivas, como dizem os citados diplomas, quer se trate de direitos de natureza diversa.

A expressão *"entidades e órgãos paraestatais"*, contida no art. 2º do Decreto-lei nº 4.597/1942, é de total imprecisão. Contudo, tudo parece indicar que o legislador procurou alcançar, além das autarquias, as entidades de direito privado vinculadas ao Estado, que hoje compõem a Administração Indireta. Em relação a essas entidades, porém, não mais prevalece a prescrição quinquenal, eis que a Constituição vigente não recepcionou essa parte do dispositivo, na medida em que deu a essas pessoas, quando exercem atividades econômicas, o mesmo tratamento dispensado às empresas privadas. Consequentemente, a prescrição de ações contra elas se regula pelo Código Civil.

7.3. Direitos Pessoais e Reais

É claro que a expressão *todo e qualquer direito* prevista na lei haveria de ensejar controvérsias em razão de sua generalidade. O entendimento que veio a prevalecer, porém, é o de que a prescrição quinquenal abrange apenas as ações protetivas de direitos pessoais, e não também os direitos reais.

Em relação às pretensões protetivas de direitos reais contra a Fazenda Pública, aplica-se atualmente a regra geral prevista no art. 205 do Código Civil, segundo a qual *"a prescrição ocorre em 10 anos, quando a lei não lhe haja fixado prazo menor"*. No sistema do vigente Código Civil, não há mais distinção entre os prazos prescricionais relativos a direitos reais e pessoais, como ocorria no antigo Código (art. 177).

Note-se, porém, que é preciso distinguir. O referido prazo de dez anos é aplicável na hipótese em que o particular deseja proteger seu direito real contra o Estado, inclusive o de propriedade. Não se trata, desse modo, da pretensão de adquirir por usucapião propriedade móvel ou imóvel pertencente às pessoas públicas – pretensão essa que também é forma de prescrição, embora de natureza aquisitiva (arts. 1.238 ss e 1.260, Código Civil). Semelhante pretensão é juridicamente impossível, uma vez que os bens públicos são insuscetíveis de serem adquiridos por usucapião (art. 102, Código Civil).

Sob a égide do Código Civil revogado, travou-se discussão a respeito do assunto, tendo dominado o entendimento de que, em relação a direitos reais, aplicava-se a regra do art. 177

886 | MANUAL DE DIREITO ADMINISTRATIVO • *Carvalho Filho*

daquele diploma: prescrição em 10 anos entre presentes e 15 entre ausentes. Fundava-se o pensamento em que, a ser aplicado o prazo quinquenal previsto no Decreto nº 20.910/1932 também para os direitos reais, estar-se-ia, por via oblíqua, permitindo que o Estado tivesse a seu favor o usucapião de bens imóveis de particulares em cinco anos, alterando dessa maneira o regime da propriedade, fato que não teria sido alvitrado pelo legislador.[228]

Note-se que o usucapião de bens imóveis ocorria, como regra, em 20 anos (art. 550, antigo Código Civil) ou em 10 entre presentes ou 15 entre ausentes, quando havia justo título e boa-fé (art. 551). No novo Código, o prazo geral do usucapião foi reduzido para 15 anos (art. 1.238); com justo título e boa-fé, o prazo foi unificado para 10 anos (art. 1.242). Foram introduzidas novas formas de usucapião (especial), fundadas em moradia, obras ou titulação cartorária (arts. 1.238, parágrafo único, 1.239, 1.240 e 1.242, parágrafo único).

Pensamos, contudo, que se cuida de enfoque diverso. Aqui a pretensão tem como titular o Estado, sendo exercida em face do particular, e consiste na aquisição da propriedade por usucapião, o que se afigura plenamente viável (embora incomum) sob o aspecto jurídico. Se essa for a pretensão, deverão aplicar-se as regras comuns de usucapião de bens imóveis previstas no Código Civil, variando o prazo conforme a situação fática que renda ensejo ao usucapião (arts. 1.238 a 1.244).[229] Coisa diversa, todavia, é a pretensão do particular em face do Estado para a tutela de direitos reais; nessa hipótese, aplica-se, como dissemos, a regra geral da prescrição prevista no art. 205, do Código Civil: prazo de dez anos, salvo disposição legal contrária.[230]

No que concerne aos *direitos pessoais*, a prescrição de pretensões de particulares em face da Fazenda Pública, como vimos, ocorre em *cinco anos* (prescrição quinquenal), de acordo com a disciplina do Decreto nº 20.910/1932. Desse modo, se um administrado pretende ver reconhecido direito pessoal seu em face da Fazenda, deve providenciar a propositura da respectiva ação no prazo de cinco anos, contados da ocorrência da lesão jurídica. No que tange à pretensão para reparação civil contra a Fazenda, reiteramos que a prescrição se consuma no prazo geral de três anos, aplicando-se nessa matéria o disposto no art. 206, § 3º, V, do vigente Código Civil, já que o sistema não admite prazo de prescrição privilegiado para particulares, quando tal prazo sempre favoreceu a Fazenda.[231]

Se o titular do direito pessoal, contudo, for a própria Fazenda, em face do administrado, a prescrição se regulará naturalmente pela lei geral, no caso o Código Civil – particularmente o citado art. 205, que fixa o prazo genérico de dez anos (quando não houver prazo diverso específico expresso na lei). Em consequência, discordamos, com a vênia devida, daqueles que, em nome do princípio da isonomia, advogam a mesma prescrição quinquenal quando é titular da pretensão a Fazenda em face do administrado.[232] Em nosso entender, a única aplicação do referido princípio é para o fim de serem consideradas situações desiguais e, portanto, sujeitas a tratamento diverso. O Decreto nº 20.910/1932 visou especificamente a regular a prescrição de pretensões de administrados em face da Fazenda, dispensando à matéria foros de direito público. Como nada foi regulado em relação à prescrição de pretensões da Fazenda em face de administrados, é de aplicar-se a lei geral, no caso o Código Civil. Pode ocorrer que, *de lege ferenda*, os prazos venham a igualar-se, mas enquanto não houver *lei específica* em tal direção, aplicáveis serão as normas da lei civil.[233]

---

[228] HELY LOPES MEIRELLES, ob. cit., p. 624.

[229] Também: CELSO ANTÔNIO BANDEIRA DE MELLO, *Curso*, cit., 22. ed., p. 1010.

[230] Também: DIÓGENES GASPARINI, ob. cit., 11. ed., p. 920.

[231] STJ, REsp 1.137.354, j. 8.9.2009. V. comentários no Capítulo 10.

[232] STJ, REsp 623.023, j. 3.11.2005, e REsp 781.601, j. 24.11.2009. Também: REsp 1.105.442, j. 21.12.2009.

[233] *Contra*: CELSO ANTÔNIO BANDEIRA DE MELLO, *Curso*, cit., 22. ed., p. 1013-1014. O autor também entendia aplicável a lei civil, mas, como declara na obra, reconsiderou sua posição.

Cap. 15 · CONTROLE DA ADMINISTRAÇÃO PÚBLICA | 887

Neste tópico, avulta relembrar, ainda, que, por exceção, são *imprescritíveis* as ações de ressarcimento a serem movidas pela Fazenda contra agentes públicos, servidores ou não, no caso de ilícitos que causem prejuízo ao erário, como registra o art. 37, § 5º, da CF. Significa, por via de consequência, que, se um servidor causa prejuízo ao Estado, ao praticar ato ilícito, o ente público não terá limite de prazo para ajuizar a ação indenizatória, podendo fazê-lo a qualquer tempo. A hipótese, assim, não é alcançada pela prescrição.

Da mesma forma, há também imprescritibilidade no caso de *atos inexistentes*, assim considerados aqueles despidos de elemento essencial para sua qualificação como ato administrativo. Embora existentes materialmente, não existem sob o ângulo jurídico. Por isso, são tratados, em parte, como atos nulos. Seu desfazimento, porém, se origina de ação declaratória, que é insuscetível de prescrição.

Anote-se, ainda, que, de acordo com a jurisprudência, são *imprescritíveis* as *ações indenizatórias* por danos morais e materiais decorrentes de atos de perseguição política em que tenha havido vulneração de direitos fundamentais, ocorridos durante o regime militar.[234]

Entretanto, cumpre que se analise com cuidado o vício. Caracteriza-se como inexistente o ato, por exemplo, praticado por sujeito não integrante da Administração; ou aquele que resulte de mero processo psíquico, ou seja, destituído do elemento *forma*. Autorizada doutrina também considera inexistentes os atos de natureza criminosa, como o que determina a prática de tortura ou concede licença para exploração de lenocínio.[235] Com a devida vênia, apesar do absurdo em seu conteúdo, trata-se de *atos nulos*, contaminados de vício no *objeto*, e isso porque seu conteúdo ofende mandamento legal. Pela natureza do vício, porém, jamais se convalidam, além do fato de que seu desfazimento decorre de ação constitutiva, só sujeita a prescrição quando a lei expressamente a contempla. Desse modo, a eles também deve ser estendida a imprescritibilidade.[236]

7.4. Interrupção e Suspensão

A diferença entre a interrupção e a suspensão do prazo prescricional está nos efeitos que decorrem desses fatores. A interrupção, quando ocorre, acarreta o reinício da contagem do prazo a partir da data em que o ato interruptivo ocorreu, ou do último ato do processo que objetivou a interrupção (art. 202, parágrafo único, Código Civil). A suspensão implica apenas a paralisação do prazo, mas, cessando a suspensão, a contagem do prazo prossegue, computando-se o tempo anterior à suspensão.

Os casos gerais de interrupção e suspensão estão relacionados no Código Civil, embora haja outros casos previstos em leis especiais. São casos de interrupção, por exemplo, o despacho do juiz que ordenar a citação, desde que esta seja diligenciada pelo interessado no prazo e na forma da lei processual (art. 202, I, Código Civil, e art. 240, §§ 1º e 2º, CPC), e qualquer ato inequívoco, mesmo extrajudicial, que revele reconhecimento do direito pelo devedor (art. 202, VI, Código Civil). A suspensão ocorre, por exemplo, entre cônjuges, na constância do casamento (art. 197, I, Código Civil), ou no caso de absolutamente incapazes (art. 198, I, Código Civil), ou ainda quando haja pendência de condição suspensiva (art. 199, I, Código Civil).

Em relação à suspensão do prazo prescricional, nenhuma novidade especial ocorre em relação à Fazenda. Os efeitos, quanto à contagem do prazo para os particulares, são idênticos. Tem a jurisprudência entendido, todavia, que suspendem o prazo prescricional o

---

[234] STJ, Súmula 647 (2021).

[235] CELSO ANTÔNIO BANDEIRA DE MELLO, *Curso*, cit., 25. ed., 2008, p. 459.

[236] V. AGNELO AMORIM FILHO, Critério científico para distinguir a prescrição da decadência e para identificar as ações imprescritíveis, *RT* 744, 1997, p. 725-750.

888 | MANUAL DE DIREITO ADMINISTRATIVO • *Carvalho Filho*

requerimento na via administrativa, a reclamação administrativa e os recursos hierárquicos sem efeito suspensivo.[237]

O mesmo não sucede, porém, no caso de interrupção. O art. 3º do Decreto-lei nº 4.597/1942 estabelece duas regras especiais quando se trata de prazo correndo contra o particular e a favor da Fazenda:

1.   o prazo prescricional só pode ser interrompido uma vez; e
2.   a prescrição recomeça a correr pela metade do prazo.

Nesta segunda regra, contudo, o STF já decidiu que, mesmo se a prescrição for interrompida na primeira metade do prazo normal, nunca o prazo total poderá ser inferior a cinco anos.[238] A interpretação, realmente, foi necessária no caso. Vejamos dois exemplos. Suponha-se que já tenham decorridos três anos do prazo quinquenal em favor da Fazenda, quando houve a interrupção; cessada esta, o prazo correrá pela metade, ou seja, por dois anos e meio, e o total dos prazos alcançará cinco anos e meio. Neste caso não há problema. Suponha-se, agora, que a interrupção se tenha dado quando transcorria um ano do início do prazo. Cessada a interrupção, a recontagem alcançaria dois anos e meio. Ora, o total dos prazos (um ano mais dois anos e meio) chega a três anos e meio, prazo inferior aos cinco anos fixados em lei. Foi aí que o STF decidiu que, nesse caso, o prazo terá ainda mais um ano e meio para completar os cinco anos da prescrição quinquenal, como estabelece a lei.

Diante da interpretação jurisprudencial, infere-se que ambas as particularidades sobre a matéria favorecem a Fazenda. Com efeito, no direito privado, não há limitação quanto ao *número de interrupções* e, além disso, o reinício da contagem rende ensejo ao *prazo integral*, e não à metade dele, como ocorre em favor da Fazenda.

7.5. Prescrição da Ação e Prescrição das Prestações

Os estudiosos e várias decisões judiciais têm diferenciado as hipóteses da prescrição da ação, também denominada de *prescrição do fundo de direito*, e a *prescrição das prestações*. Diante do sistema segundo o qual a prescrição atinge a pretensão, traçado pelo novo Código Civil, pode-se modernamente fazer alusão à *"prescrição da pretensão ao reconhecimento do direito"* e à *"prescrição da pretensão à cobrança dos efeitos pecuniários"*, expressões que correspondem às clássicas denominações referidas.

Na *prescrição da ação*, o interessado na tutela de seu direito material em face da Fazenda Pública perde a oportunidade de formular a pretensão defensiva por intermédio da ação judicial. Aqui é indiferente que do ato lesivo haja, ou não, efeitos futuros. Consumada a prescrição quinquenal, a Fazenda fica livre da ação do particular não só em relação ao direito material e originário, como também no que toca aos efeitos deste.[239]

Há casos, porém, em que ocorre apenas a *prescrição das prestações*, ou seja, dos efeitos do ato originário. Em outras palavras, o direito decorrente do ato permanece intocado. Em compensação, tornam-se prescritas as parcelas dele decorrentes anteriores a cinco anos, resguardando-se as que ocorreram nos cinco anos anteriores ao fato interruptivo. Por exemplo: se o direito nasceu

---

[237]   HELY LOPES MEIRELLES, ob. cit., p. 624. Também: STJ, AgRg. 964.524, j. 15.12.2009.
[238]   Súmula 383, STF.
[239]   STF, RE 112.374, j. 18.3.1988. Também: STJ, REsp 851.560, j. 8.4.2008, e EREsp 173.964, j. 27.11.2002.

Cap. 15 · CONTROLE DA ADMINISTRAÇÃO PÚBLICA | 889

há oito anos, e o interessado pleiteia judicialmente os efeitos dele, as prestações relativas aos três primeiros anos estarão prescritas, mas as dos últimos cinco anos não o estariam.

O tema reclama que se considere a natureza do ato que deu origem à lesão. Nesse caso, é importante distinguir as *condutas comissivas* e as *condutas omissivas* do Estado. Quando é comissiva, isto é, quando o Estado se manifestou expressamente, a contagem do prazo prescricional se dá a partir dessa expressão da vontade estatal. Aqui a prescrição alcança o próprio direito, ou, como preferem alguns, o próprio fundo do direito.[240] Quando, ao contrário, o Estado se mantém inerte, embora devesse ter reconhecido o direito do interessado, a conduta é omissiva, isto é, o Estado não se manifestou quando deveria fazê-lo. Nesse caso, a contagem se dá a partir de cada uma das prestações decorrentes do ato que o Estado deveria praticar para reconhecer o direito, e não o fez. A prescrição, aqui, alcança apenas as prestações, mas não afeta o direito em si.[241]

O STJ já teve a oportunidade de definir com precisão a matéria prescricional em que está envolvida a Fazenda Pública e averbou, em enunciado sumular, que *"nas relações de trato sucessivo em que a Fazenda Pública figure como devedora, quando não tiver sido negado o próprio direito reclamado, a prescrição atinge apenas as prestações vencidas antes do quinquênio anterior à propositura da ação"* (Súmula 85, STJ). É o que ocorre, por exemplo, com a pretensão de postular os juros progressivos sobre os saldos de conta vinculada do FGTS: a prescrição não atinge o fundo do direito, mas apenas as parcelas vencidas (Súmula 398, STJ). O STF, a seu turno, também já consagrou esse entendimento (Súmula 443, STF).

7.6. Prescrição Intercorrente

Prescrição intercorrente é aquela que se consuma no curso da ação judicial.

Em relação à prescrição de ações contra a Fazenda, o Decreto-lei nº 4.597/1942 criou regra específica. Dispõe o art. 3º desse diploma que se consumará *"a prescrição no curso da lide sempre que a partir do último ato ou termo da mesma, inclusive da sentença nela proferida, embora passada em julgado, decorrer o prazo de dois anos e meio"*, prazo diverso do que prevê o Código Civil para a prescrição intercorrente (art. 206-A). Diante de tal norma específica, o particular tem, para a prescrição, prazo menor após o fato de intercorrência do que tinha primitivamente.

Atualmente, porém, a norma geral é a do art. 206-A do Código Civil, incluído pela Lei nº 14.382/2022, que tem sentido diverso: a prescrição intercorrente tem o *mesmo prazo* que a prescrição da pretensão. Assim, se a pretensão é da Fazenda contra o particular, será ela beneficiada por esse sistema, visto que a ela será aplicada a norma geral do Código Civil.

O dispositivo também beneficia a Fazenda. Significa que, se a inércia do titular do direito material ocorrer dentro do curso da ação, haverá a prescrição intercorrente na mesma ação, vale dizer, a prescrição ocorre como se fora anteriormente à própria instauração da demanda.

7.7. Apreciação no Processo

A regra tradicional no direito pátrio sempre foi a de que o juiz, em certos casos, não poderia apreciar *ex officio* a prescrição no processo Assim, dispunha o art. 219, § 5º, do CPC/1973, na redação anterior, que, não se tratando de direitos patrimoniais, o juiz poderia, de ofício, conhecer

---

[240]   STJ, REsp 1.159.935, j. 2.12.2009.
[241]   V. nosso trabalho sobre o tema em *Doutrina*, v. II, 1996, p. 264-281.

890 | MANUAL DE DIREITO ADMINISTRATIVO • Carvalho Filho

da prescrição e decretá-la de imediato; consequentemente, quando a prescrição versasse sobre direitos patrimoniais, o juiz só poderia decidi-la se a parte a alegasse.

O vigente Código Civil, embora continuasse limitando o julgamento de ofício pelo juiz, alterou um pouco os termos do dispositivo anterior, estabelecendo no art. 194 que *"O juiz não pode suprir, de ofício, a alegação de prescrição, salvo se favorecer a absolutamente incapaz."* O legislador afastou a limitação em virtude da natureza do direito (direitos patrimoniais), mantendo a atuação *ex officio* tão somente em favor de absolutamente incapaz, e isso por força de sua condição de hipossuficiente.

Tais regras, sendo de caráter geral, aplicavam-se aos processos de que fosse parte a Fazenda Pública: se a alegação da prescrição coubesse ao particular e este se omitisse, não poderia o juiz supri-la de ofício em seu favor, visto que a omissão poderia refletir renúncia tácita pelo interessado.[242] Aliás, nem mesmo o Ministério Público era admitido a suscitar a prescrição.[243] É verdade que, na situação inversa, havia entendimento no sentido de que o juiz poderia decretar *ex officio* a prescrição quando em favor da Fazenda Pública, ainda que esta não a tivesse suscitado, argumentando-se com o fato de que no caso se estaria protegendo o interesse público.[244]

Ocorre que tal sistema foi profundamente alterado, em virtude da revogação do art. 194 do Código Civil e da redação posterior do art. 219, § 5º, do CPC/1973, passando este a permitir que o juiz pronunciasse, de ofício, a prescrição. Por força de tais modificações, passou a não mais haver qualquer restrição quanto à atuação *ex officio* do juiz no que tange à decretação da prescrição. Seja qual for a natureza do direito ou a parte à qual venha a decisão a favorecer, poderá o juiz decidir sobre a prescrição independentemente de alegação pelos interessados. Motivou as alterações o *princípio da efetividade do processo,* visto que a atuação limitada do juiz usualmente retardava o resultado do processo, deixando-o à mercê da alegação das partes. O aludido princípio preponderou, portanto, sobre o do interesse das partes e da disponibilidade dos direitos.

O novo sistema aplica-se inteiramente aos processos de que seja parte a Fazenda Pública, no polo ativo ou passivo da relação processual. Verificada a existência da prescrição, contra ou a favor da Fazenda, o juiz poderá reconhecê-la de ofício. Por isso, o STJ consignou expressamente que, em *execução fiscal,* pode ser decretada a prescrição ocorrida antes da propositura da ação.[245]

Aliás, apenas para compreensão sistemática da matéria, vale a pena registrar que a Lei nº 11.051, de 29.12.2004, ao acrescentar o § 4º ao art. 40 da Lei nº 6.830, de 22.09.1980 (Lei de Execuções Fiscais), admitiu que o juiz poderá, de ofício, ouvida a Fazenda, decretar de imediato a *prescrição intercorrente* contra a mesma Fazenda, desde que haja decorrido o prazo prescricional a partir da decisão que ordenou o arquivamento do processo, permitindo-se apenas a arguição de eventuais causas suspensivas ou interruptivas do prazo prescricional. Como a citada norma tem caráter processual, é de aplicar-se de imediato aos processos em curso.[246]

O vigente CPC, no entanto, introduziu outra alteração. Embora tenha continuado a admitir tacitamente a decretação da prescrição *ex officio* pelo juiz, impôs que, antes que este a reconheça e também a decadência, deve conferir às partes oportunidade de manifestação (art. 487, parágrafo único, CPC). Tal condição só não é exigida no caso em que o juiz julgar liminarmente improcedente o pedido, fundando-se na ocorrência da prescrição ou da decadência (art. 332, § 1º, CPC).

---

242   STJ, REsp 46.058, j. 20.4.1994.

243   STJ, REsp 15.265, j. 10.3.1993.

244   A respeito o excelente trabalho de EDILSON PEREIRA NOBRE JUNIOR, Prescrição: decretação de ofício em favor da fazenda pública (*RTDP* nº 22, 1998, p. 55-63).

245   Súmula 409 (2009).

246   Foi como entendeu o STJ no REsp 731.961, j. 2.8.2006.

8. MANDADO DE SEGURANÇA

8.1. Conceito

Mandado de segurança é a ação de fundamento constitucional pela qual se torna possível proteger o direito líquido e certo do interessado contra ato do Poder Público ou de agente de pessoa privada no exercício de função delegada.

Sem qualquer dúvida, o mandado de segurança representa o mais poderoso instrumento de proteção aos direitos dos indivíduos e agora também aos direitos de grupos de pessoas tomados de forma global. Trata-se de *garantia fundamental*, como assinala a Constituição ao inserir esse mecanismo entre os instrumentos de cidadania e de tutela aos direitos em geral.

Inegavelmente constitui expressivo pilar de enfrentamento relativamente aos *atos estatais*, de qualquer natureza, assim considerados de forma genérica aqueles provenientes de órgãos e pessoas do próprio Estado, bem como aqueles oriundos de pessoas privadas no desempenho da função pública por delegação. Portanto, nada mais justo que o examinemos desde logo como sendo a arma mais eficaz de controle da Administração Pública.

8.2. Espécies e Fontes Normativas

Após o advento da Constituição de 1988, podemos encontrar duas espécies de mandado de segurança.

De um lado, temos o *mandado de segurança individual*, modalidade clássica da ação, adotado para a defesa do direito próprio do impetrante. Aqui o resultado da ação atinge exclusivamente a esfera jurídica do interessado. Sua base constitucional é o art. 5º, LXIX, da Constituição.

De outro, encontramos o *mandado de segurança coletivo*, cuja impetração é atribuída a pessoas jurídicas para a defesa do interesse de seus membros ou associados. É o caso, por exemplo, de uma entidade de classe ou uma associação quando se insurge contra ato do Poder Público ofensivo a direito de seus membros ou associados. A fonte constitucional dessa categoria está no art. 5º, LXX, da CF, que – diga-se de passagem – foi também o mandamento instituidor dessa espécie.

Atualmente, o diploma básico regulador de ambas as espécies é a *Lei no 12.016, de 7.8.2009* (LMS – Lei do Mandado de Segurança), que revogou a antiga Lei nº 1.533/1951 e várias outras leis posteriores que alteraram a disciplina do *writ*. À guisa de informação, esclareça-se que a lei revogada, obviamente, disciplinava tão somente o mandado de segurança individual e, por essa razão, era aplicada subsidiariamente ao mandado de segurança coletivo. Por falta da legislação específica, a modalidade coletiva gerou uma série de controvérsias em sua aplicação.

8.3. A Tutela

Constitui objeto da tutela de ambas as espécies de mandado de segurança o *direito líquido e certo*. Trata-se de noção bastante controvertida, havendo alguns autores que entendem que o *fato* sobre o qual se funda o direito é que pode ser líquido e certo, e não o direito em si, este sempre líquido e certo quando existente.[247]

Domina, porém, o entendimento de que direito líquido e certo é aquele que pode ser *comprovado de plano*, ou seja, aquela situação que permite ao autor da ação exibir desde logo os elementos de prova que conduzam à certeza e à liquidez dos fatos que amparam o direito.

---

[247] HELY LOPES MEIRELLES, Mandado de segurança, Ação popular, Ação civil pública, mandado de injunção e *habeas data*, Revista dos Tribunais, 1989, p. 12.

892 | MANUAL DE DIREITO ADMINISTRATIVO • *Carvalho Filho*

Se o impetrante não tem esses elementos logo no início do mandado de segurança, não pode valer-se do instrumento, mas sim das ações comuns. Não obstante, nada impede seja concedida a segurança quando há controvérsia sobre matéria de direito, como já consagrou a jurisprudência (Súmula 625, STF). É que nesse caso a matéria de direito suplanta a matéria de fato, propiciando ao juiz, desde logo, identificar e reconhecer o direito ofendido.

Não é qualquer direito líquido e certo que é protegido pelo mandado de segurança. Se se tratar de direito de locomoção, o instrumento de defesa será o *habeas corpus*; se for o direito líquido e certo à informação, a ação será o *habeas data*. Tem-se, então, que o mandado de segurança serve para a tutela de todas as categorias de direito líquido e certo, à exceção dos que são protegidos pelos referidos remédios específicos. Essa exclusão, aliás, já é definida no texto constitucional.

A tutela, no *mandado de segurança individual*, é o direito titularizado pelo indivíduo, ou seja, é o *direito individual* do impetrante. Mesmo quando vários são os impetrantes, associados em litisconsórcio, a ação visa à proteção de direitos individuais.

Quanto à natureza do ato sujeito à tutela pelo *writ*, consignamos que a Constituição aludiu à alternativa *"ilegalidade ou abuso de poder"* por parte da autoridade. O art. 1º da LMS mencionou *"ilegalmente ou com abuso de poder"*. Contudo, a alternativa não reflete a técnica desejada para descrever a conduta sujeita à ação. Na verdade, *a conduta contaminada de abuso de poder é sempre ilegal*. A não ser assim, teríamos que admitir que condutas abusivas pudessem ser produzidas sob o crivo da legalidade, o que seria rematado absurdo e inaceitável paradoxo. A melhor interpretação há de ser aquela segundo a qual o mandado de segurança visa a atacar a ilegalidade, seja ela praticada ou não com abuso de poder. Afinal, ilegalidade é gênero do qual o abuso de poder constitui espécie. Pretendeu-se apenas dar ênfase à necessidade de conter condutas abusivas.[248]

8.4. Impetrante

No *mandado de segurança individual*, *impetrante* é aquele que sofre ou que tem justo receio de sofrer violação em seu direito por parte da autoridade (art. 1º, LMS). Quer dizer: ou a ofensa já ocorre ou existe a ameaça de ocorrer. Conquanto seja silente o mandamento constitucional (art. 5º, LXIX), a LMS foi expressa em mencionar como impetrantes tanto a *pessoa física* como a *pessoa jurídica* (art. 1º). Afinal, pessoas jurídicas também são titulares de direitos líquidos e certos, de modo que, se o forem, podem socorrer-se do *mandamus* para a sua tutela.

Pode ocorrer que várias pessoas sejam titulares do direito violado ou ameaçado. Nesse caso, qualquer delas poderá promover a ação (art. 1º, § 3º, LMS). Nada impede também que algumas delas ou todas o façam: aqui se formará litisconsórcio ativo na impetração. Seja como for, considera-se que o dispositivo – já existente na legislação anterior – retrata hipótese de substituição processual.[249]

A lei trata, como o fazia a anterior, dos titulares de *direito originário* e de *direito decorrente*. O normal é que a impetração seja promovida pelo titular do direito originário. Mas se este ficar inerte por 30 dias após notificado judicialmente, poderá impetrar o mandado de segurança o titular do direito decorrente na defesa do direito originário (art. 3º, LMS). Com isso, evita-se o perecimento do direito de alguém em virtude do desinteresse de terceiro na tutela de seu

---

[248] SEABRA FAGUNDES, *O controle dos atos administrativos pelo Poder Judiciário*, Forense, 1979, p. 269.
[249] CASSIO SCARPINELLA BUENO, *A nova lei do mandado de segurança*, Saraiva, 2009, p. 12.

Cap. 15 • CONTROLE DA ADMINISTRAÇÃO PÚBLICA | **893**

próprio direito.[250] O permissivo legal, pois, indica clara hipótese de legitimação extraordinária, na qual o impetrante ajuíza a ação em seu nome na defesa de direito alheio.

8.5. Impetrado

Impetrado é o agente público, ou o agente de pessoa privada com funções delegadas, que pratica o ato violador sujeito à impugnação através do mandado de segurança, individual ou coletivo. Pode qualificar-se também como autoridade o agente do qual se origina a ordem para a prática do ato (art. 6°, § 3°, LMS).

Na prática, não é difícil identificar o agente coator. Em certas situações, contudo, em virtude do usualmente complexo sistema hierárquico da Administração, há alguma dificuldade para defini-lo. Daí a clássica lição de que autoridade coatora é aquela que tenha *"poder de decisão"*, não se configurando como tal nem os subalternos, meramente executores da ordem (porteiros, entregadores de notificações etc.), nem os situados nos degraus superiores de hierarquia, que, como regra, se limitam a estabelecer as políticas públicas a cargo do órgão ou da entidade.[251] A legitimidade, pois, é da autoridade de onde emana a ordem, e não do mero cumpridor.[252]

A lei refere-se a *"autoridade"* (art. 1°), mas o termo não tem aquela precisão que conduza à imediata identificação do autor do ato. Ao contrário, cuida-se de termo plurissignificativo, aplicável a situações diversas e com diferentes conotações. Na prática, esse agente é denominado de *"autoridade coatora"*.

Todavia, conjugando-se o *caput* do art. 1° da Lei n° 12.016/2009 com seu § 1°, é possível fixar parâmetro de algum modo palpável sobre o sentido do termo: autoridade é o agente que integra qualquer das unidades federativas. São, portanto, os agentes políticos e os servidores públicos que integram as estruturas da União, Estados, Distrito Federal e Município. A esse grupo pode atribuir-se o caráter de *autoridades por natureza*.

A lei, porém, equipara às autoridades os representantes de partidos políticos e os administradores de entidades autárquicas, bem como os dirigentes de pessoas jurídicas ou as pessoas naturais no exercício de atribuições do poder público, somente no que disser respeito a essas atribuições (art. 1°, § 1°, LMS). Configuram-se tais agentes como *autoridades por equiparação*.

No que concerne aos agentes de pessoas privadas no exercício de funções delegadas, é importante observar que seus atos só são considerados como de autoridade quando *praticados no exercício da função delegada*.[253] Quando se tratar de atos produzidos no âmbito da gestão interna da empresa, de natureza privada, a impugnação não pode ser oferecida por mandado de segurança, mas sim pelas ações comuns. Por exemplo: um ato de dirigente de empresa concessionária de energia elétrica pode ser, ou não, praticado no exercício da função delegada.[254] É preciso, assim, analisá-lo para se concluir se pode, ou não, ser hostilizado pelo *mandamus*.

A propósito, é nesse exato sentido que se direciona o art. 1°, § 2°, da LMS. Segundo esse dispositivo, é incabível mandado de segurança contra atos de *gestão comercial* praticados pelos dirigentes de empresas públicas, sociedades de economia mista e concessionários de serviços

---

[250] PEDRO ROBERTO DECOMAIN, *Mandado de segurança*, Dialética, 2009, p. 93.

[251] HELY LOPES MEIRELLES, ob. cit., p. 10.

[252] STJ, RMS 30.561, j. 14.8.2012.

[253] JOSÉ MIGUEL GARCIA MEDINA e FÁBIO CALDAS DE ARAÚJO, *Mandado de segurança individual e coletivo*, RT, 2009, p. 46.

[254] Pela admissibilidade: STJ, REsp 457.716, j. 10.6.2003.

894 | MANUAL DE DIREITO ADMINISTRATIVO • *Carvalho Filho*

públicos.[255] Sendo assim, não é qualquer ato dessas entidades administrativas (as duas primeiras) que se sujeita ao mandado de segurança; somente o será se praticado dentro da competência delegada.[256]

A qualificação da autoridade depende da pessoa federativa a que pertencer. A lei, no entanto, praticamente repetindo o direito anterior, registra apenas a qualificação de *autoridade federal*, assim considerada quando as *"consequências de ordem patrimonial"* do ato impugnado forem suportadas pela União ou por entidade por ela controlada (art. 2º, LMS). Embora omissa a lei, a autoridade será estadual, distrital ou municipal quando as referidas consequências estiverem a cargo da respectiva pessoa federativa.[257]

A nova lei não impede se continue a aceitar a denominada *"teoria da encampação"*. Esta ocorre quando o impetrante indica errônea autoridade coatora, mas a autoridade notificada *encampa* a impugnação e oferece a devida redarguição. A jurisprudência exige a presença de dois pressupostos: (1º) a autoridade notificada deve enfrentar o *meritum causae* no mandado; (2º) deve haver vínculo hierárquico entre ambas as autoridades. Não havendo prejuízo para o impetrante, deve ser aproveitado o processo em favor do princípio da efetividade processual.[258] A Súmula 628 do STJ cravou um terceiro pressuposto: a ausência de modificação de competência fixada na Constituição Federal; a *contrario sensu*, sendo diversas as competências, inviável será aplicar-se a teoria da encampação.

8.6. Formas de Tutela

O mandado de segurança admite duas formas de tutela e, por isso, são duas as espécies do instrumento sob esse ângulo: o mandado de segurança *repressivo* e o mandado de segurança *preventivo*.

Através do *mandado de segurança repressivo*, o impetrante defende seu direito contra ato do Poder Público já vigente e eficaz. Como esses elementos tornam o ato operante, o *mandamus* visa a corrigir a conduta administrativa adotada. Reprime-se, pois, a atuação do administrador.

O *mandado de segurança preventivo* tem por fim evitar a lesão ao direito líquido e certo do titular. No caso, o ato já foi praticado, mas ainda está despido de eficácia, sendo inoperante; ou não foi praticado, mas já há elementos idôneos que sugerem que o será. O interessado, de qualquer modo, sente-se ameaçado pelos efeitos que lhe advirão. Presentes tais pressupostos, cabe o mandado de segurança preventivo.[259]

Advirta-se apenas, quanto à tutela preventiva, que não é qualquer ameaça que habilita o interessado à propositura da ação, até porque existem posturas que só representam ameaças a espíritos mais frágeis. Desse modo, a ameaça reclama: (a) *realidade*, para que o interessado demonstre se é efetiva a prática iminente do ato ou de seus efeitos; (b) *objetividade*, indicando-se que a ameaça deve ser séria, e não fundada em meras suposições; (c) *atualidade*, significando que a ameaça é iminente e deve estar presente ao momento da ação, não servindo, pois, ameaças pretéritas e já ultrapassadas.

---

[255] Pela inadmissibilidade: STJ, REsp 156.015, j. 8.2.1999.

[256] Atos de licitação são impugnáveis por MS (Súmula 333, STJ).

[257] É a correta observação de CASSIO SCARPINELLA BUENO, ob. cit., p. 13.

[258] JOSÉ MIGUEL GARCIA MEDINA e FÁBIO CALDAS DE ARAÚJO, ob. cit., p. 49. Também: STJ, REsp 997.623-MT, Rel. Min. LUIZ FUX, em 2.6.2009.

[259] BRUNO GARCIA REDONDO, GUILHERME PERES DE OLIVEIRA e RONALDO CRAMER, *Mandado de segurança*. Comentários à Lei nº 12.016/2009, Método, 2009, p. 58.

Cap. 15 • CONTROLE DA ADMINISTRAÇÃO PÚBLICA | 895

8.7. Descabimento

O mandado de segurança não é remédio para todos os males, razão por que existem hipóteses em que a ação não é cabível. Algumas das hipóteses de descabimento formaram-se na jurisprudência, ao passo que outras se encontram estampadas de forma expressa na lei.

Em primeiro lugar, descabe o mandado de segurança contra a *lei em tese*, expressão que, como já comentamos, indica o ato legislativo com efeito geral, abstrato e impessoal, sendo mais comum a lei, embora outros atos, como decretos, regulamentos, decretos legislativos, medidas provisórias etc. também possam ter tais características. Esses atos, por serem gerais, não ofendem diretamente direitos individuais. Além disso, o ordenamento jurídico aponta mecanismos específicos de impugnação, entre os quais não figura o mandado de segurança.[260] Advirta-se, entretanto, que cabe o MS contra a *lei de efeitos concretos*, que tem "*corpo de lei e alma de ato administrativo*".[261] Como tais atos podem atingir a esfera jurídica do interessado, cabível será valer-se do mandado de segurança para a defesa de seu direito líquido e certo.

Não cabe, da mesma forma, o *writ* contra a *coisa julgada*. Esta traduz instituto fundamental para a observância do princípio da estabilidade das relações jurídicas, indicativa de que determinada controvérsia se reveste do caráter de imutabilidade. A se admitir o cabimento, instalar-se-ia perigosa perspectiva de instabilidade, o que vai de encontro aos modernos postulados jurídicos. A jurisprudência, aliás, já havia consagrado esse entendimento.[262] A nova lei, diferentemente da anterior, que era silente a respeito, deixou expressa essa hipótese de descabimento, não se concedendo o MS quando se tratar de "*decisão judicial transitada em julgado*" (art. 5º, III). Não obstante, considera-se, por exceção, cabível a ação quando o impetrante não foi parte na relação processual.[263]

Os atos *interna corporis* não ensejam o cabimento do mandado de segurança. São atos específicos produzidos no âmbito da competência reservada a determinados órgãos do Estado e decorrem de valoração de conveniência e de oportunidade marcada pela discricionariedade. Assim, são inidôneos para ofender direitos individuais ou transindividuais. É o caso das normas de regimentos de Tribunais e de Casas Legislativas. O processo criativo resulta normalmente de votação dos membros, e estes têm liberdade de decisão quanto às diretrizes a serem seguidas.[264] Admite-se, contudo, o cabimento quando o ato propiciar vulneração direta e incisiva ao direito do interessado: nesse caso, a controvérsia se fundará em aspectos de legalidade.

A nova lei estabelece não ser viável a concessão do mandado de segurança no caso "*de ato do qual caiba recurso administrativo com efeito suspensivo, independentemente de caução*" (art. 5º, I), praticamente reproduzindo o texto anterior. Por tal motivo, continua a impropriedade do conteúdo normativo, parecendo ser exigido o exaurimento da via administrativa como condição para o *writ*. Sempre assinalamos que não é o fato em si de caber o recurso com efeito suspensivo que impede a ação; é, sim, o fato de caber esse tipo de recurso e o *interessado tê-lo efetivamente interposto*, tornando o ato inoperante até que o recurso seja decidido. Se o interessado, porém, não recorre e deixa transcorrer *in albis* o prazo recursal, o ato passa a ser exequível, propiciando o cabimento da impetração do mandado.[265] Antes da decisão, a parte não dispõe ainda do interesse processual, uma das condições da ação. Se houve o recurso, e este

---

[260] Nesse sentido, a Súmula 266 do STF.

[261] A comparação é de ALFREDO BUZAID, *Do mandado de segurança*, Saraiva, 1989, p. 129.

[262] Vide Súmula 268 do STF.

[263] STJ, RMS 13.065, j. 19.2.2002.

[264] HELY LOPES MEIRELLES, *Mandado de segurança...*, cit., p. 17.

[265] Também: HELY LOPES MEIRELLES, ob. cit., p. 21; JOSÉ MIGUEL GARCIA MEDINA e FÁBIO CALDAS DE ARAÚJO, ob. cit., p. 72-73; e CASSIO SCARPINELLA BUENO, ob. cit., p. 18-19.

896 | MANUAL DE DIREITO ADMINISTRATIVO • *Carvalho Filho*

tem efeito suspensivo, o ato impugnado ainda não tem eficácia para atingir a esfera jurídica do interessado. Somente após a decisão administrativa sobre o recurso é que o ato se tornará operante, gerando, em consequência, a oportunidade de impetrar o mandado de segurança. No sentido do que dissemos, aliás, já se manifestara a jurisprudência.[266]

Descabe também o mandado de segurança contra *"decisão judicial da qual caiba recurso com efeito suspensivo"* (art. 5º, II). A lei nova fez duas alterações relativamente ao texto anterior: primeiro, suprimiu o termo *"despacho"*, ato do qual sequer cabe recurso; depois, suprimiu a referência à vetusta *"correição"*, já praticamente banida do sistema processual e que tanta polêmica causou sobre a sua natureza jurídica – se recurso ou reclamação fundada no direito de petição.[267] A *ratio legis* é clara: se o ato judicial pode ser discutido por recurso processual próprio, com efeito suspensivo, fica afastada a possibilidade de impugnação pelo *mandamus*, porque, a não ser assim, ou teríamos dois meios de ataque para o mesmo objetivo, ou o mandado de segurança estaria substituindo recurso previsto na lei processual, o que refugiria a sua finalidade.

Dois comentários devem ser feitos a propósito dessa hipótese de descabimento. Primeiramente, é de considerar-se que, se em alguma situação a decisão judicial só possa ser hostilizada por recurso sem efeito suspensivo (ou seja, meramente devolutivo), o mandado de segurança será cabível para impugná-la quanto à sua legalidade. Em segundo lugar, cabe averbar que, diversamente do que ocorre com a hipótese legal anterior, atinente ao recurso administrativo, o descabimento do mandado de segurança se dá pelo só fato de estar previsto recurso processual com efeito suspensivo, *não se exigindo, portanto, que a parte o tenha efetivamente oferecido no processo*. O motivo é que, naquela situação (art. 5º, I), o interessado tem uma segunda via de impugnação – a via judicial; nesta, já estará litigando na via judicial, que é a definitiva para dirimir o conflito.

A lei vigente não mais inclui, como de descabimento, a hipótese de *ato disciplinar*. A lei revogada não admitia o mandado contra ato dessa natureza, ressalvando os casos de incompetência do agente ou inobservância de formalidade essencial. A hipótese foi alvo de funda controvérsia, malgrado tenha sido intenção do legislador afastar do controle judicial a *valoração da penalidade*.[268] Consolidou-se, no entanto, o entendimento de que o ato punitivo pode ser aferido em qualquer aspecto relativo à sua legalidade, fato que daria ensejo à impetração do mandado de segurança.[269] A ausência dessa hipótese na lei em vigor demonstra que o legislador adotou a orientação que já vinha sendo seguida e que, a nosso ver, guarda consonância com o princípio do acesso judicial previsto no art. 5º, XXXV, da CF.

8.8. Medida Liminar

Há certas situações que rendem ensejo à *tutela de urgência*: para evitar um dano irreparável, cumpre paralisar os efeitos do ato violador do direito líquido e certo.

A Lei nº 12.016/2009 manteve o sistema da lei anterior e permite que o juiz, ao despachar a inicial, suspenda o ato impugnado quando houver *fundamento relevante* e desse mesmo ato possa resultar a *ineficácia da segurança*, caso seja deferida ao final (art. 7º, III). Esses elementos legais valem como condições para a concessão da medida liminar, uma indicando que o pedido tem plausibilidade jurídica, ou seja, fundamento razoável e presumidamente verídico (*fumus boni iuris*), e a outra destacando que a demora na solução final pode não assegurar o direito

---

[266] STF, MS 24.511, j. 30.10.2003.

[267] E. D. MONIZ DE ARAGÃO, *A correição parcial*, José Bushatsky, 1969, p. 17.

[268] MILTON FLAKS, Mandado de segurança. Pressupostos de impetração, Forense, 1980, p. 192-193.

[269] STF, MS 21.001, Rel. Min. OCTÁVIO GALLOTTI, *DJ* 9.2.1990.

Cap. 15 · CONTROLE DA ADMINISTRAÇÃO PÚBLICA | **897**

do impetrante, ou seja, mesmo que o impetrante vença a demanda, de nada terá adiantado promovê-la (*periculum in mora*), o que viola o princípio da efetividade do processo. Se for deferida a liminar, o processo terá prioridade para julgamento (art. 7º, § 4º, LMS).

Essa providência judicial, que tem a natureza de *medida cautelar*[270] e se reveste de caráter preventivo, pode ser concedida *inaudita altera parte*, ou seja, de modo imediato, liminar, sem manifestação da parte contrária. Em determinadas situações, o juiz, antes de decidir sobre a liminar, poderá aguardar as informações do impetrado. A cautela nesse caso decorre de alguma situação de risco quanto à concessão imediata, gerando o que a doutrina denomina de "*periculum in mora in rem verso*", ou seja, a probabilidade de que a concessão imediata possa trazer efeitos extremamente danosos para o Poder Público. Seja como for, o objeto da liminar deve coincidir, total ou parcialmente, com o objeto da impetração.[271]

Semelhante situação, na verdade, acabou por causar o acréscimo de um dado no texto legal que o anterior não continha: a faculdade de o juiz exigir do impetrante *caução, fiança* ou *depósito*, visando a assegurar eventual ressarcimento à pessoa jurídica do impetrado (art. 7º, III). Embora tenha sofrido duras críticas, parece-nos que a exigência é constitucional, porquanto o patrimônio público também é objeto de proteção.[272] Defendemos, porém, a necessidade de o juiz mitigar a exigência em certas hipóteses específicas, como a do impetrante sem recursos ou bens;[273] muito valerão aqui o equilíbrio e a sensibilidade do julgador.

A concessão da medida liminar encontra *restrições* na lei, reproduzindo alguns casos contemplados pela legislação anterior extravagante. São cinco os casos de *vedação* à liminar: (a) compensação de créditos tributários; (b) entrega de mercadorias e bens oriundos do exterior; (c) reclassificação ou equiparação de servidores; (d) concessão de aumento; e) extensão de vantagens ou pagamento de qualquer natureza (art. 7º, § 2º). O STF, contudo, julgou inconstitucionais os casos de vedação.[274]

A medida liminar pode ser objeto de *cassação* ou de *revogação* diante de elementos supervenientes ocorridos no processo (art. 7º, § 3º). A *revogação* ocorre quando o juiz forma nova convicção em virtude de dados posteriores vindos ao processo, passando a entender ausente algum dos pressupostos que o mobilizaram à concessão da medida. Por outro lado, a *cassação* decorre de ato produzido por diverso órgão jurisdicional, que, por convencimento antagônico ao do juiz, julga indevido o deferimento da liminar.[275] Não havendo tais atos de desfazimento, a medida liminar produzirá os seus efeitos até a prolação da sentença: significa que, até a decisão, ficará o ato impugnado com a eficácia suspensa.

Para evitar que o impetrante, desonestamente, se socorra dos efeitos da concessão da liminar, dispõe a lei que será decretada a *perempção* ou *caducidade* se ele: (a) criar obstáculo à tramitação regular do feito; ou (b) deixar de promover, por mais de 3 dias úteis, os atos e as diligências que lhe incumbem (art. 8º, LMS). Com a perempção, o ato estatal que fora suspenso volta a ter eficácia.

8.9. Competência

Conquanto se caracterize como ação, o mandado de segurança constitui remédio especial e garantia fundamental com amparo na Constituição. Desse modo, em matéria de *competência*,

---

[270] Também: CELSO AGRICOLA BARBI, *Do mandado de segurança*, Forense, 1980, p. 201.

[271] Súmula 626 do STF.

[272] Com o mesmo entendimento, CASSIO SCARPINELLA BUENO, ob. cit., p. 42.

[273] Também: JOSÉ MIGUEL GARCIA MEDINA e FÁBIO CALDAS DE ARAÚJO, ob. cit., p. 126.

[274] STF, ADI 4.296, j. 9.6.2021.

[275] DARLAN BARROSO e LUCIANO ALVES ROSSATO, *Mandado de segurança*, RT, 2009, p. 76.

898 | MANUAL DE DIREITO ADMINISTRATIVO • *Carvalho Filho*

a Lei Maior oferece algumas regras que levam em consideração a *posição da autoridade coatora* na estrutura funcional do Estado.

Na esfera federal, têm competência para processar e julgar mandado de segurança:

a) o *STF*, quando se tratar de ato do Presidente da República, das Mesas da Câmara e do Senado, do Tribunal de Contas da União, do Procurador-Geral da República e do próprio STF (art. 102, I, "d", CF); não lhe compete, porém, conhecer originariamente de mandado de segurança contra atos de outros Tribunais (Súmula 624, STF); o mesmo se passa com atos de Turmas Recursais;[276]

b) o *STJ*, quando se tratar de ato de Ministro de Estado ou do próprio STJ (art. 105, I, "b", CF); não é competente o STJ no caso de atos de outros Tribunais (Súmula 41, STJ); se o ato é de Ministro de Estado como presidente de órgão colegiado, como, *v. g.*, um Conselho administrativo, competente é a Justiça Federal de 1ª instância (Súmula 177, STJ) (o mesmo se aplica a autoridades estaduais ou municipais com foro especial);[277]

c) os *Tribunais Regionais Federais*, no caso de atos dos próprios Tribunais ou de juiz federal (art. 108, I, "c", CF);

d) os *juízes federais*, quando se cuida de atos de outras autoridades federais (art. 109, VIII, CF); idêntica é a competência quando se trata de atos estaduais praticados por delegação da União;[278] é da Justiça Federal, e não da Estadual, a competência para mandado de segurança impetrado por autarquia federal, mesmo sendo coatora autoridade estadual ou municipal: aplica-se no caso o art. 109, I, CF.[279]

Além das hipóteses contempladas pela Constituição Federal, as Constituições Estaduais, os regimentos internos de Tribunais e os códigos de organização judiciária podem demarcar outras regras sobre competência para processar e julgar mandado de segurança, sendo ela atribuída a diversos órgãos jurisdicionais, sempre considerada a posição da autoridade coatora no cenário estrutural da pessoa jurídica a que pertence. Regimentos internos, por exemplo, definem a competência dos órgãos internos dos Tribunais, como Câmaras, Grupos de Câmaras, Seções, Órgão Especial, Pleno etc.

Não raramente surgem conflitos sobre matéria de competência para processar e julgar o *mandamus*. Uma delas é a competência quando se trata de atos de *juizado especial*: já se pacificou o entendimento de que a competência é da respectiva *turma recursal* (Súmula 376, STJ).

Há interessante questão sobre competência, que continua a merecer comentário, vez que foi vetado o dispositivo da nova lei que a enfrentava (art. 6º, § 4º, LMS). Se o *writ* é impetrado contra ato de determinada autoridade e o órgão judicial a que é dirigido não tem competência para processá-lo e julgá-lo, esse caso de *incompetência absoluta* ensejava, segundo clássico entendimento do STF, o arquivamento do processo, alegando-se que não caberia ao citado órgão apontar qual seria a correta autoridade coatora. A mais alta Corte, porém, modificou seu entendimento e agora admite seja aplicado o art. 64, § 4º, do CPC, segundo o qual, declarada a incompetência absoluta, devem os autos ser remetidos ao juiz competente, aproveitando--se todos os atos não decisórios. Semelhante orientação, em nosso entender, se coaduna

---

[276] STF, MS 24.691, Rel. Min. SEPÚLVEDA PERTENCE, em 4.12.2003.

[277] STJ, RMS 1.509, j. 17.8.1994.

[278] STF, RE 100.541, Rel. Min. NÉRI DA SILVEIRA, em 19.6.1984.

[279] STJ, Confl. Compet. 5.248, j. 14.9.1993.

Cap. 15 • CONTROLE DA ADMINISTRAÇÃO PÚBLICA | 899

perfeitamente com os princípios da celeridade processual e da razoável duração do processo.[280] Sendo assim, pode o juiz determinar a emenda da inicial para a correção do órgão judicial.[281]

Nos casos de competência originária dos tribunais, cabe ao relator a instrução do processo, sendo assegurada a defesa oral na sessão de julgamento de mérito, conforme dita o art. 16 da LMS. A Lei nº 13.676, de 11.6.2018, no entanto, alterou o dispositivo para o fim de assegurar a defesa oral também no julgamento do pedido liminar.

8.10. Prazo

O prazo para a impetração do mandado de segurança é de 120 dias contados da data em que o interessado tomou ciência do ato impugnado, conforme averba o art. 23 da LMS.

Conquanto haja algumas divergências sobre o tema, domina o entendimento de que o referido prazo é de *decadência*, e não de prescrição, e, por isso, não se suspende nem se interrompe. O fundamento consiste em que o prazo atinge a relação processual, e não a pretensão de direito material. Esta persiste ainda que o titular tenha perdido o prazo para o mandado de segurança; por tal motivo, pode recorrer à via processual ordinária para a defesa do mesmo direito.[282]

Clássica é a controvérsia a respeito da constitucionalidade, ou não, da fixação do prazo para o *mandamus*. Há autores que o consideram inconstitucional pelo fato de ter criado restrição não prevista na Constituição.[283] Prevalece, contudo, o pensamento de que o legislador federal pode fixar prazo extintivo para ajuizamento de ação judicial.[284] Esse nos parece o melhor entendimento, que, a propósito, já foi consagrado pelo Supremo Tribunal Federal (Súmula 632, STF).

A nova lei não alterou o já consolidado entendimento de que o pedido de reconsideração na via administrativa, por não ter efeito suspensivo, não interrompe o prazo para a impetração do mandado de segurança (Súmula 430, STF). Se o interessado formula esse recurso administrativo e fica aguardando a resposta da Administração até depois do prazo de 120 dias, perderá o direito à impetração. Para não perdê-lo, deve ajuizar a ação mesmo que a Administração não se pronuncie sobre o recurso.

No caso de haver decisão que não tenha apreciado o mérito, pode o interessado renovar o pedido dentro do prazo decadencial (art. 6º, § 6º, LMS). A hipótese não é usual, mas, se surgir, permite nova impetração com o mesmo pedido, oferecendo-se nova oportunidade para o interessado.

8.11. Sentença e Coisa Julgada

A *sentença* que julga o mandado de segurança pode decidir a causa em três sentidos.

Primeiramente, a sentença pode julgar no sentido da *procedência do pedido*: o juiz *concede a segurança*. Nesse caso, o juiz reconhece a lesão ao direito líquido e certo e pode tomar uma de duas decisões: (a) anulação do ato lesivo; (b) determinação à autoridade coatora para que faça, deixe de fazer ou tolere alguma coisa (*facere, non facere* ou *pati*). Neste caso, se a autoridade não cumpre a ordem, comete crime de desobediência (art. 26, LMS).

---

[280] STF, MS 26.006, j. 2.4.2007. Também: MS 25.087-ED, 21.6.2006.

[281] CASSIO SCARPINELLA BUENO, ob. cit., p. 30.

[282] CELSO AGRICOLA BARBI, ob. cit., p. 193, e MAURO LUÍS ROCHA LOPES, *Comentários à nova lei do mandado de segurança*, Impetus, 2009, p. 40.

[283] NELSON NERY JUNIOR e ROSA MARIA DE ANDRADE NERY, *Código de processo civil comentado*, RT, 10. ed., 2007, p. 1.564.

[284] CARLOS ALBERTO MENEZES DIREITO, *Manual do mandado de segurança*, Renovar, 1991, p. 42.

MANUAL DE DIREITO ADMINISTRATIVO • Carvalho Filho

A sentença pode decidir pela *improcedência do pedido*: nessa hipótese, o juiz *denega a segurança*. O julgamento decide o próprio mérito da controvérsia, reconhecendo que o impetrante não tem o direito subjetivo de que supõe ser titular. A sentença, então, é declaratória negativa.

Por fim, a sentença pode *extinguir o processo sem resolução do mérito*. O art. 6º, § 5º, da LMS, faz remissão ao art. 267 do CPC/1973, correspondente ao art. 485, do Código em vigor, que relaciona os casos de julgamento sem resolução do mérito, sendo tais casos, portanto, aplicáveis ao mandado de segurança. Ocorre que a nova lei, ao fazer a remissão, usa a expressão *"Denega-se o mandado de segurança..."*, que, a nosso ver, é adequada à decisão com exame de mérito.[285]

Semelhante situação sucede com a sentença que conclui não haver *certeza e liquidez* do direito, pressuposto inafastável do mandado de segurança. Discrepam os estudiosos sobre o tema. Alguns entendem que há julgamento com resolução do mérito.[286] Outros, ao contrário, advogam o entendimento de que se trata de extinção do processo sem resolução do mérito, até porque nesse caso pode o interessado socorrer-se da via ordinária e formular idêntico pedido (art. 19, LMS).[287] Perfilhamos este último entendimento, de resto adotado por vários juristas, e isso porque se nos afigura mais consentâneo com o sistema processual em vigor.[288]

A sentença que decidir a demanda com resolução do mérito, concedendo ou denegando a segurança, faz *coisa julgada material* e, em consequência, não mais poderá ser reapreciada a lide em outro juízo (art. 505, CPC). Se o julgamento se der sem resolução haverá *coisa julgada formal*, tendo o interessado a oportunidade de promover outra ação (art. 19, LMS) ou, como visto, impetrar novo MS, nesse caso desde que, obviamente, dentro do prazo decadencial (art. 6º, § 6º, LMS). Inocorrendo direito líquido e certo, o interessado também terá o direito de renovar o pedido na via comum (art. 19, LMS).

8.12. Mandado de Segurança Coletivo

Já antecipamos no início deste tópico que o mandado de segurança coletivo, contemplado desde a promulgação da vigente Constituição (art. 5º, LXX), só passou a ter disciplina própria pela Lei nº 12.016/2009.

Neste tópico serão apresentados, em síntese, comentários específicos sobre esse instrumento.

IMPETRANTES – No *mandado de segurança coletivo*, o *impetrante* pode ser: (a) partido político com representação no Congresso Nacional; (b) organização sindical; (c) entidade de classe; (d) associação legalmente constituída e em funcionamento há pelo menos um ano (art. 21, LMS). Trata-se, pois, de legitimidade *plúrima e concorrente*, embora voltada à tutela de interesses diversos.

A legitimidade atribuída ao partido político direciona-se à defesa dos interesses legítimos concernentes a seus integrantes, ou à finalidade partidária. Por exemplo: a defesa de seus filiados contra ato de Casa Legislativa que os exclua das comissões temáticas. Os demais legitimados estão habilitados à defesa de direito líquido e certo de todos ou de alguns de seus membros ou

---

[285]   *Contra*: CASSIO SCARPINELLA BUENO, ob. cit., p. 31.

[286]   SÉRGIO FERRAZ. *Mandado de segurança* – aspectos polêmicos, Malheiros, 2002, p. 25.

[287]   A Súmula 304 do STF também fundamentaria essa conclusão.

[288]   Também: CARLOS ALBERTO MENEZES DIREITO, ob. cit., p. 73, e HÉLCIO ALVES DE ASSUMPÇÃO, em *Mandado de segurança*: a comprovação dos fatos como pressuposto específico de admissibilidade do *writ*, *Revista do Ministério Público do Rio de Janeiro*, v. 2, 1995, p. 33-43.

Cap. 15 · CONTROLE DA ADMINISTRAÇÃO PÚBLICA | 901

associados, desde que pertinentes às suas finalidades. Ex.: a proteção a direito de associados contra ato de indevida imposição tributária.

Os três últimos impetrantes não precisam de autorização especial, porquanto atuam como substitutos processuais de seus membros ou associados, situação que se distingue da prevista no art. 5º, XXI, da CF, que cuida apenas da representação judicial. Por outro lado, a legitimidade pode alcançar apenas parte dos associados, e não necessariamente sua totalidade, como resultaria da jurisprudência já consagrada nas Súmulas 629 e 630 do STF.[289] Para outro pensamento, no entanto, a proteção só abrangeria a totalidade do grupo.[290]

TUTELA – No *mandado de segurança coletivo* são suscetíveis de proteção os *direitos coletivos* e os *direitos individuais homogêneos*. As definições de tais categorias jurídicas são praticamente as mesmas consignadas no Código de Defesa do Consumidor (Lei nº 8.078/1990, art. 81, parágrafo único).

Direitos coletivos são os transindividuais, de natureza indivisível, de que seja titular grupo ou categoria de pessoas ligadas entre si ou com a parte contrária por meio de relação jurídica básica. De outro lado, *direitos individuais homogêneos* são os decorrentes de origem comum e da atividade ou situação específica da totalidade ou de parte dos associados ou membros da entidade impetrante (art. 21, parágrafo único, I e II, LMS).

Avulta notar que tanto os direitos individuais como os individuais homogêneos se qualificam como *direitos individuais*. Mas, enquanto aqueles pertencem a pessoas dispersas, estes últimos são da titularidade de pessoas que integram associação, entidade de classe ou organização sindical. Por essa razão é que no mandado de segurança coletivo tais entidades têm legitimidade para a ação, embora na defesa de direito alheio, isto é, do direito de seus membros ou associados.

LIMINAR – Diversamente do que ocorre no mandado de segurança individual, *a medida liminar*, no mandado de segurança coletivo, somente pode ser concedida depois de audiência do representante judicial da pessoa de direito público, devendo este, no entanto, manifestar-se no prazo de 72 horas (art. 22, § 2º).[291]

O dispositivo não elide a antecipação da tutela; indica tão somente que o juiz não pode conceder a medida ao momento em que despacha a inicial, como ocorre com o *mandamus* individual. A exigência protelatória da lei tem suporte no fato de que qualquer decisão proferida na ação coletiva terá maior repercussão e abrangência.[292]

Em nosso entender, porém, para considerar-se constitucional o dispositivo urge interpretá-lo em conformidade com o art. 5º, XXXV, da CF, que consagra o direito de acesso à Justiça. Como esse mandamento protege a lesão e *a ameaça*, a audiência do representante só deverá efetivar-se caso não haja risco para o direito dos interessados; se houver, a medida cautelar terá que ser mesmo liminar e imediata. Contudo, sendo concedida a medida *in limine* sem a referida audiência, deve o juiz declinar a *motivação* expressa em que se inspirou. Essa é que nos parece a melhor interpretação considerando os interesses em jogo na ação coletiva.[293]

---

[289] BRUNO GARCIA REDONDO, ob. cit., p. 151.

[290] HELY LOPES MEIRELLES, *Mandado de segurança*, cit., p. 16.

[291] O dispositivo foi julgado inconstitucional pelo STF (ADI 4.296, j. 9.6.2021).

[292] PEDRO ROBERTO DECOMAIN, ob. cit., p. 295.

[293] Também: CASSIO SCARPINELLA BUENO, ob. cit., p. 140, e JOSÉ MIGUEL GARCIA MEDINA *et alii*, ob. cit., p. 224. *Contra*: PEDRO ROBERTO DECOMAIN ob. cit., p. 295, que cita STJ, REsp 88.583, j. 21.10.1996.

902 | MANUAL DE DIREITO ADMINISTRATIVO • *Carvalho Filho*

SENTENÇA E COISA JULGADA – Singularidade do mandado de segurança coletivo é que a sentença faz *coisa julgada limitadamente* aos membros do grupo ou categoria substituídos pela entidade impetrante, como reza o art. 22 da LMS.

A norma se compatibiliza com a do art. 21, parágrafo único, I e II: de fato, se a lei destina a proteção aos titulares de *direitos coletivos* e de *direitos individuais homogêneos*, a coisa julgada deve ter a extensão dos beneficiados pela sentença, isto é, deve limitar-se àqueles que compõem os respectivos grupos.

Lavra funda controvérsia sobre a possibilidade, ou não, de impetração de mandado de segurança coletivo para a defesa de *interesses difusos*. Para alguns autores, a tutela é impossível juridicamente.[294] Segundo outros, a tutela tem viabilidade jurídica.[295] Partilhamos do primeiro pensamento, e por mais de uma razão: a uma, porque o texto constitucional (e também o da lei) não alude aos interesses difusos; a duas, porque tal proteção é incompatível com o mandado de segurança coletivo, sabido que os referidos interesses pertencem a destinatários *indeterminados* (e não *determináveis*, como são os interesses coletivos), o que, a nosso ver, não constitui objeto da ação; e a três, porque tais interesses já são tutelados por outros instrumentos com expressa previsão legal.

LITISPENDÊNCIA – Dita o art. 22, § 1º, da LMS que o mandado de segurança coletivo não induz *litispendência* relativamente às ações individuais. Entretanto, os efeitos da coisa julgada não beneficiam o impetrante individual se este não requerer a desistência de seu *writ* no prazo de 30 dias a contar da efetiva ciência da impetração da ação coletiva.

Como se sabe, litispendência é a situação na qual nova ação é proposta com as mesmas partes, causa de pedir e pedido; ou seja, repete-se ação que está em curso (art. 337, § 3º, CPC). Sendo inaceitável a nova demanda, cabe seja extinto o processo *sem resolução de mérito* (art. 485, V, CPC). O que a norma acima quer indicar é que no caso não haverá litispendência se já estiver em curso mandado de segurança individual e posteriormente for impetrado mandado de segurança coletivo. Nada impedirá que ambas as ações prossigam em seu curso, mas o impetrante individual não poderá receber o influxo de decisão favorável no mandado de segurança coletivo. Para tanto, terá que desistir de sua ação.

A *desistência* do impetrante individual encontra justas críticas dos estudiosos, porque essa exigência se afastou da prevista no art. 104 do Código de Defesa do Consumidor, pelo qual o autor postula apenas a *suspensão* do processo, e não a sua desistência. Suponha-se a seguinte hipótese: o impetrante individual desiste de seu mandado e o mandado de segurança coletivo é denegado no mérito; se isso ocorrer, terá ele, com a desistência, perdido a oportunidade de tentar nova decisão, já que o processo terá sido extinto, fato esse que não aconteceria com a suspensão, com a qual se admite o prosseguimento do feito. Parece-nos, pois, deva interpretar-se o dispositivo com o sentido de ser o impetrante compelido apenas a suspender o curso do processo enquanto aguarda o desfecho da ação coletiva; tratar-se-ia, pois, de *desistência fática e transitória*.[296]

8.13. Aspectos Especiais

ATOS OMISSIVOS – A despeito de ser mais usual a impetração de mandado de segurança contra *atos comissivos*, vale dizer, atos administrativos que são efetivamente praticados,

---

[294] HELY LOPES MEIRELLES, ob. cit., p. 16; JOSÉ MIGUEL GARCIA MEDINA *et al.*, ob. cit., p. 218; JOSÉ ROGÉRIO CRUZ E TUCCI, *Class action e mandado de segurança coletivo*, Saraiva, 1990, p. 40; UADI LAMÊGOS BULOS, *Mandado de segurança coletivo*, Revista dos Tribunais, 1996, p. 64-65.

[295] PEDRO ROBERTO DECOMAIN, ob. cit., p. 540; CASSIO SCARPINELLA BUENO, ob. cit., p. 134; BRUNO GARCIA REDONDO *et al.*, ob. cit., p. 154; LUIZ MANOEL GOMES JUNIOR *et al.*, *Comentários à nova lei do mandado de segurança*, Revista dos Tribunais, 2009, p. 203.

[296] Concordamos, pois, com CASSIO SCARPINELLA BUENO, ob. cit., p. 137.

Cap. 15 · CONTROLE DA ADMINISTRAÇÃO PÚBLICA | 903

é pacífico o entendimento de que o instrumento é cabível também contra *atos omissivos* (ou *omissões administrativas*).

O remédio constitucional protege o indivíduo contra ilegalidade ou abuso de poder, e tais situações podem caracterizar atos omissivos da Administração ou de pessoas com funções delegadas.

Por conseguinte, tais omissões equiparam-se a atos de autoridade, *"ensejando mandado de segurança para compelir a Administração a pronunciar-se sobre o requerido pelo impetrante"*, como já acentuou autorizada doutrina,[297] confirmada pela jurisprudência.[298]

NOTIFICAÇÃO E CIÊNCIA – Sob o império da revogada Lei nº 1.533/1951, o procedimento do MS implicava apenas a notificação da autoridade coatora para prestar as devidas informações no prazo de dez dias (art. 7º, I).

A Lei nº 12.016/2009, todavia, suprindo omissão que tantas controvérsias gerou anteriormente, previu não somente essa *notificação* ao coator (art. 7º, I), mas também a *ciência*, através de cópia da inicial, ao órgão de representação judicial da pessoa jurídica interessada, para ingresso no feito se lhe convier (art. 7º, II).

A exigência revela-se salutar e resolve situação anterior pela qual autoridades públicas deixavam de comunicar a impetração do mandado aos dirigentes de suas pessoas jurídicas ou a seus órgãos de representação judicial – postura que bem caracteriza a desorganização e falta de coordenação de alguns órgãos administrativos. Essa omissão era inaceitável na medida em que eventuais ônus patrimoniais decorrentes do mandado são suportados pelas pessoas jurídicas.[299] Ressalve-se que a Lei nº 4.348/1964, também revogada, fazia previsão de ciência, mas o sistema era confuso e de pouca valia em sua aplicação.

Agora a lei deixa clara a exigência de conhecimento da causa por ambos os interessados – a autoridade coatora e a pessoa jurídica a que pertence. Além disso, obriga o coator, no caso de liminar concedida, a cientificar em 48 horas o órgão de representação da pessoa jurídica (art. 9º, LMS).

MINISTÉRIO PÚBLICO – Dispõe a lei que, após as informações, seja ouvido o representante do Ministério Público, que deverá manifestar-se no prazo improrrogável de dez dias (art. 12), devendo a decisão do juiz, com ou sem parecer do Ministério Público, ser proferida em 30 dias (art. 12, parágrafo único).

Trata-se de hipótese de *intervenção obrigatória* do MP, vez que o legislador impôs o pronunciamento de seu representante no curso da tramitação do mandado de segurança[300]. Entretanto, se houver qualquer inércia para essa manifestação, o juiz profere a sentença, não havendo qualquer nulidade no caso da ausência do parecer.

O que a lei exige é que seja aberta vista para a manifestação, não que haja obrigatoriamente essa manifestação como condição de prolação do *decisum*. Sem a referida vista, o processo estará eivado de vício de nulidade.[301] Apesar de alguns entendimentos em contrário, parece-nos errônea a interpretação segundo a qual poderia convalidar-se a nulidade no caso de ausência do MP quando a lei exige sua intervenção; tal postura não só desprestigia a instituição como ofende dispositivo de lei.[302]

---

[297] HELY LOPES MEIRELLES, ob. cit., p. 11.

[298] STF, RMS 24.214, Rel. Min. ELLEN GRACIE, em 14.6.2005.

[299] DARLAN BARROSO, ob. colet. cit., p. 69.

[300] STJ, AgRg no RMS 26.495, j. 17.9.2015.

[301] Também: JOSÉ MIGUEL GARCIA MEDINA *et al.*, ob. cit., p. 155.

[302] STJ, ROMS 20.498, j. 25.9.2007.

904 | MANUAL DE DIREITO ADMINISTRATIVO • *Carvalho Filho*

Diante do novo texto, tem o juiz o direito de requisitar o processo ao órgão ministerial quando for constatado o término do prazo de dez dias para seu parecer. Aqui prevalece o princípio da razoável duração do processo sobre casual omissão do pronunciamento. Não obstante, se a manifestação for extemporânea, não ocorrerá a preclusão para o *Parquet*, considerando-se que se trata, na espécie, de *prazo impróprio*, a símile dos proferidos pelos magistrados.[303]

PRIORIDADE – Em razão da natureza dos direitos que tutela, o mandado de segurança foi instituído como instrumento processual de maior celeridade e tramitação de menor complexidade. Usualmente, no entanto, a ação tem igual ou superior demora em comparação com os processos comuns, o que se mostra incompatível com o perfil dentro do qual foi criado.

A lei, para tentar solver tal problema, estabeleceu quatro regras: (a) processos de mandado de segurança e seus recursos terão prioridade sobre todos os atos judiciais, ressalvado o *habeas corpus*; (b) nos Tribunais, o julgamento deve ser feito na sessão seguinte àquela em que os autos forem conclusos ao relator; (c) o prazo máximo para a conclusão do processo é de cinco dias; d) o deferimento da liminar acarreta a prioridade de julgamento (arts. 20, §§ 1º e 2º, e 7º, § 4º, LMS).

Em nosso entender, porém, não bastam as imposições legais e nem mesmo a constitucional (art. 5º, LXXVIII, CF). O que é necessário é que o sistema judicial do Estado se aperfeiçoe tecnicamente e se adapte às reais demandas da sociedade. Só assim o indivíduo exercerá sua verdadeira cidadania quando necessitar dos serviços judiciários.

HONORÁRIOS ADVOCATÍCIOS – A lei, no art. 25, confirmou o entendimento jurisprudencial no sentido do não cabimento de honorários em mandado de segurança.

Esse tema sempre provocou polêmica entre os estudiosos.

Sob o fundamento de que o diploma que regulava o mandado de segurança se caracterizava como *lei especial*, vicejou o entendimento de que as regras sobre honorários advocatícios, previstas no Código de Processo Civil, lei geral, não incidiam sobre aquela ação. Além do mais, criar-se-ia restrição ao acesso à Justiça, devendo, assim, tratar-se o *mandamus* como se trata o *habeas corpus*. Foi a base da posição adotada na jurisprudência dos Tribunais Superiores.[304] Outros estudiosos perfilham diverso fundamento, qual seja, o de que a condenação em honorários pode incentivar o impetrante a buscar a tutela jurisdicional contra o Estado.[305] Mais modernamente, alguns admitiriam a condenação apenas quando fosse acolhido o pedido do impetrante.[306]

Todavia, os doutrinadores, em geral, sempre criticaram a isenção dos honorários, invocando o argumento de que o mandado de segurança se caracterizava como *causa*, situação que ensejaria a aplicação das normas do estatuto processual.[307] Em nosso entender, essa é realmente a melhor posição. Embora o mandado de segurança seja realmente ação especial e verdadeira garantia constitucional, configura-se como causa, devendo assim fixar-se os ônus da sucumbência. Por outro lado, tal isenção pode provocar abuso do direito de ação por parte de administrados, cientes de que eventual derrota judicial não lhes trará prejuízo algum.

---

[303] STJ, RMS 32.880, Rel. Min. TEORI ZAVASCKI, em 20.9.2011.

[304] Súmula 512 do STF e Súmula 105 do STJ.

[305] É posição de CASSIO SCARPINELLA BUENO, ob. cit., p. 150.

[306] GILBERTO GOMES BRUSCHI e DENIS DONOSO, *Rev. Bras. Dir. Processual* nº 64, p. 163-176, apud CASSIO SCARPINELLA BUNEO, ob. cit., p. 150.

[307] HELY LOPES MEIRELLES, ob. cit., p. 66; CELSO AGRICOLA BARBI, ob. cit., p. 241-244; JOSÉ CRETELLA JUNIOR, *Do mandado de segurança*, Forense, 1980, p. 334; PEDRO ROBERTO DECOMAIN, ob. cit., p. 375; JOSÉ MIGUEL GARCIA MEDINA e FÁBIO CALDAS DE ARAÚJO, ob. cit., p. 165.

Cap. 15 • CONTROLE DA ADMINISTRAÇÃO PÚBLICA | 905

Seja como for, o que era súmula se converteu em lei. Destarte, não cabem honorários advocatícios em mandado de segurança.

9. **HABEAS CORPUS**

9.1. Conceito e Fontes Normativas

Habeas Corpus é a ação de fundamento constitucional que protege o direito líquido e certo de locomoção contra atos inquinados de vício de legalidade.

É uma das mais antigas garantias do indivíduo, tendo-se originado da Magna Carta de 1215 e formando seu atual desenho no *Habeas Corpus Act* de 1679. Na Constituição americana o instrumento está no art. 1º, Seção IX, "a".

Trata-se de ação judicial porque o impetrante busca a tutela jurisdicional do direito seu ou daquele que esteja sofrendo a ilegalidade, formando-se um litígio entre o postulante e o responsável pela ilegalidade, a ser decidido pelo juiz no exercício da função jurisdicional.[308]

A fonte constitucional desse importante instrumento jurídico é o art. 5º, LXVIII, da CF. Apesar do embasamento constitucional, o *habeas corpus* é disciplinado nos arts. 647 a 667 do CPP. O capítulo pertinente está situado no título dos recursos, mas houve erronia técnica no sistema protetivo, já que o remédio se caracteriza como *ação* pela presença dos elementos que a compõem.

Na ação, há o impetrante, que formula a postulação ao órgão judicial; o paciente, que está sofrendo a violação de seu direito; e o coator, aquele responsável pela ofensa ao direito do paciente. Diversamente do que ocorre com o mandado de segurança, o coator nem sempre será um agente público ou delegado de função pública. A Constituição não o qualificou como tal, assim como fez com o mandado de segurança. Desse modo, mesmo o particular pode ser sujeito passivo do litígio, quando responsável pela ilegalidade.

9.2. Pressupostos Constitucionais

A fisionomia constitucional do instituto do *habeas corpus* apresenta dois pressupostos.

O primeiro é a ilegalidade da conduta do coator. O texto, tal como no mandado de segurança, refere-se à ilegalidade ou abuso de poder, mas já vimos que há no caso impropriedade redacional, já que este é sempre uma forma de conduta ilegal. Se o ato for lícito, não é cabível o *habeas corpus*.

O outro pressuposto é a violação ou ameaça de violação ao direito de locomoção, ou direito de ir e vir, como preferem alguns. O texto alude à situação em que o indivíduo sofra *violência ou coação em sua liberdade de locomoção*. Novamente aqui encontramos alternativa duvidosa. Com efeito, toda coação é uma forma de violência, seja física ou psíquica, de modo que melhor se interpreta o mandamento considerando que o autor da ilegalidade constrange a liberdade de ir e vir do indivíduo. É esse constrangimento ilegal contra uma das liberdades constitucionais que se configura como pressuposto do instituto.

9.3. Espécies

Empregando o texto constitucional as expressões *sofrer ou se achar ameaçado de sofrer* o constrangimento, é de se reconhecer, também para o instituto, duas espécies: o *habeas corpus* preventivo e o *habeas corpus* repressivo.

---

[308] MANOEL GONÇALVES FERREIRA FILHO (*Comentários*, cit., v. I, p. 75).

906 | MANUAL DE DIREITO ADMINISTRATIVO • *Carvalho Filho*

A diferença é a mesma que apontamos para o mandado de segurança. No *habeas corpus* preventivo, não existe ainda o ato ilegal do coator, mas a só ameaça de ser praticado. A ameaça é que justifica a tutela preventiva. O *habeas corpus* repressivo pressupõe que a ilegalidade já se tenha perpetrado, gerando então o direito à obtenção da providência judicial para o fim de invalidar a conduta ilegítima e restaurar a situação de legalidade.

9.4. Constrangimento Ilegal

Vários são os casos que a lei considera como de constrangimento ilegal, suscetíveis de amparar a admissibilidade do *habeas corpus.*

A coação é ilegal, por exemplo, quando não tiver justa causa. Há ilegalidade também quando já tiver cessado o motivo que gerou a coação. Permitir que o indivíduo fique preso por mais tempo do que o exige a lei e decretar a coação sem competência legal são, da mesma forma, hipóteses de constrangimento ilegal. O mesmo se diga quando a coação emane de processo manifestamente nulo e quando já extinta a punibilidade.

Na verdade, o *habeas corpus* é quase sempre a proteção contra prisões ilegais. Essa é que é a prática do emprego do instrumento em foco. E, quando se fala em prisão, temos que entender tanto a prisão criminal como a prisão civil, desde que, é óbvio, esteja havendo violação no direito de ir e vir.[309]

9.5. Competência

O *habeas corpus,* assim como mandado de segurança, se configura como garantia constitucional específica e permite a tutela do direito de locomoção contra atos de autoridades públicas. Desse modo, a Constituição traça também em relação a ele normas de competência.

Compete o processamento e julgamento do *habeas corpus:*

a) ao STF, quando: (1°) são pacientes o Presidente e o Vice-Presidente da República, os membros do Congresso Nacional, seus próprios Ministros, o Procurador-Geral da República, os Ministros de Estado, os membros dos Tribunais Superiores e do Tribunal de Contas da União e os chefes de missão diplomática de caráter permanente (art. 102, I, "d", CF); (2°) for coator Tribunal Superior, ou coator ou paciente, autoridade ou funcionário cujos atos estejam sujeitos diretamente à jurisdição do STF, ou for o caso de crime sujeito à jurisdição do mesmo STF em única instância (art. 102, I, "i", CF, com a redação dada pela EC n° 22/1999); o critério considera as duas posições no processo, ou seja, o de paciente e o de coator. Observe-se que, no que tange ao paciente, há redundância parcial em relação à alínea "d", porque algumas autoridades aí referidas (*v. g.,* o Presidente da República e os próprios membros do STF) são também sujeitas à jurisdição do Pretório Excelso. Excepcionam-se os Ministros de Estados, que, como pacientes impetram HC no STF, mas como coatores sujeitam-se à competência do STJ (art. 105, I, "c", CF);[310]

b) ao STJ (ressalvada a competência da Justiça Eleitoral), quando: (1°) for coator ou paciente for Governador de Estado ou do Distrito Federal, os desembargadores dos Tribunais de Justiça, os membros dos Tribunais de Contas dos Estados, os dos Tribunais Regionais Federais, dos Tribunais Regionais Eleitorais e do Trabalho, os membros dos Conselhos ou Tribunais de Contas dos Municípios e os membros do Ministério Público da União que oficiem perante os Tribunais; (2°) for coator

---

[309] JULIO FABBRINI MIRABETE, *Código de Processo Penal interpretado,* p. 753.
[310] PINTO FERREIRA, *Comentários à Constituição brasileira,* v. IV, p. 118.

Cap. 15 · CONTROLE DA ADMINISTRAÇÃO PÚBLICA | 907

tribunal sujeito a essa jurisdição; (3º) for coator Ministro de Estado (art. 105, I, "c", CF, com a redação dada pela EC nº 22/1999);

c)   aos Tribunais Regionais Federais, quando o coator for juiz federal (art. 108, I, "d", CF);

d)   aos juízes federais, em matéria criminal de sua competência ou quando a coação for exercida por autoridade cujos atos não estejam diretamente sujeitos a outra jurisdição (art. 109, VII, CF). O dispositivo refere-se apenas à "autoridade", mas deve interpretar-se no sentido de que se trata de autoridade federal, já que de outros níveis a competência será da Justiça Estadual.

Em se tratando de autoridades diversas, caberá às Constituições Estaduais, aos Regimentos Internos e aos Códigos de Organização Judiciária estabelecerem a competência dos diversos órgãos jurisdicionais.

10. AÇÃO POPULAR

10.1. Conceito e Fontes Normativas

Ação popular é a garantia de nível constitucional que visa à proteção do patrimônio público, da moralidade administrativa e do meio ambiente.

Como as anteriores, cuida-se de *ação*, já que a tutela é requerida através de processo com partes ativa e passiva, a ser decidido pelo órgão jurisdicional. O procedimento é contencioso e especial, nesse caso porque a tramitação do feito obedece a regras especiais para a ação.

A vigente Constituição contempla a ação popular no art. 5º, LXXIII, sendo a disciplina infraconstitucional regulada pela Lei nº 4.717, de 29.6.1965.

10.2. Bens Tutelados

As Cartas anteriores que previram a ação popular a vinculavam apenas à proteção do patrimônio público. A vigente Constituição, porém, alargou o universo de bens a serem tutelados pela mesma ação.

Refere-se o dispositivo constitucional à proteção contra atos lesivos *"ao patrimônio público ou de entidade de que o Estado participe, à moralidade administrativa, ao meio ambiente e ao patrimônio histórico e cultural"*.

É evidente que o texto apresenta algumas impropriedades. Em primeiro lugar, a noção de *patrimônio público* tem amplitude suficiente para alojar os demais aspectos mencionados na Carta. Ninguém pode negar, de plano, que o patrimônio histórico e cultural se inserem no sentido de patrimônio público. Nesse sentido, aliás, já dispunha o art. 1º, § 1º, da Lei nº 4.717/1965, ao dizer: "Consideram-se patrimônio público, para os fins referidos neste artigo, os bens e direitos de valor econômico, artístico, estético, histórico ou turístico" . Por outro lado, a moralidade administrativa e o meio ambiente também se integram, em sentido lato, na mesma noção.

Para fins didáticos, todavia, preferimos considerar como sendo três os bens tutelados:

1.   o patrimônio público, inclusive o histórico e cultural;

2.   a moralidade administrativa; e

3.   o meio ambiente.

908 | MANUAL DE DIREITO ADMINISTRATIVO • *Carvalho Filho*

10.3. Competência

Em relação à ação popular, não há, como nos casos do mandado de segurança, *habeas corpus, habeas data* e mandado de injunção, regras de competência traçadas na Constituição.

É que, mesmo que o ato lesivo emane de alguma das autoridades sujeitas à jurisdição de Tribunais, sempre será parte na ação a própria pessoa jurídica a que pertence o autor do ato. Desse modo, a ação deverá ser deflagrada nos juízos de primeira instância da Justiça Federal ou da Justiça Estadual, conforme o foro apropriado para a pessoa jurídica.

10.4. Legitimação Ativa e Passiva

A legitimação ativa para a ação popular tem início pela própria Constituição ao consignar que *qualquer cidadão é parte legítima* para promover a demanda. Trata-se, portanto, de legitimação *restrita e condicionada*, porque, de um lado, não é estendida a todas as pessoas, mas somente aos cidadãos e, de outro, porque somente comprovada essa condição é que admissível será a legitimidade.

A qualidade de cidadão tem que ser demonstrada já na inicial. A prova será feita com o título eleitoral ou com documento que a ele seja equivalente (art. 1º, § 3º, Lei 4.717/1965).

A legitimação passiva será sempre múltipla. Vale dizer: formar-se-á litisconsórcio necessário no polo passivo da relação processual aquele que exige a presença de todos os litisconsortes na lide.

De acordo com a lei reguladora, *"a ação será proposta contra as pessoas públicas ou privadas e as entidades referidas no art. 1º, contra as autoridades, funcionários ou administradores que houverem autorizado, aprovado, ratificado ou praticado o ato impugnado, ou que, por omissão, tiverem dado oportunidade à lesão, e contra os beneficiários diretos do mesmo"* (art. 6º, Lei 4.717/1965).

É fácil notar que o legislador pretendeu introduzir no polo passivo do processo todos aqueles que, de alguma forma, tenham interesse no desfecho da causa e na apuração da lesão aos bens tutelados. Poderíamos, por questão de método, agrupá-las em três categorias:

1. a pessoa jurídica de onde promanou o ato;
2. os servidores, de qualquer nível, que de algum modo tenham contribuído para a lesão; e
3. os terceiros beneficiários diretos do ato lesivo.

A peculiaridade no rito da ação popular, quanto à legitimação passiva, reside na possibilidade de a pessoa jurídica ré deixar de contestar a ação e atuar ao lado do autor, quando tal posição atender ao interesse público (art. 6º, § 3º, Lei 4.717/1965).

O Ministério Público intervém obrigatoriamente na ação popular e, em sua função de *custos legis*, cabe-lhe: (a) apressar a produção da prova; (b) promover a responsabilidade civil ou criminal dos autores da lesão (art. 6º, § 4º). No primeiro caso, deve interpretar-se o texto legal no sentido de que tem legitimidade para produzir provas que constituam matéria de ordem pública, mesmo que, em tese, de iniciativa do autor popular.[311] O mesmo dispositivo veda ao MP *"assumir a defesa do ato impugnado ou dos seus autores"*. Trata-se de evidente erronia técnica da lei, absolutamente dispensável, aliás, já que o MP nem assume defesa de ato algum, nem de quem o tenha praticado; compete-lhe tão somente a fiscalização da lei, podendo sua convicção ser favorável, ou não, ao autor ou à sua conduta.

---

[311] STJ, REsp 826.613, j. 18.5.2010.

Cap. 15 · CONTROLE DA ADMINISTRAÇÃO PÚBLICA | 909

10.5. Objeto da Ação

O objeto fundamental da ação popular é o de *anular* atos lesivos aos bens sob tutela, como ecoa no texto constitucional.

A questão, porém, merece rápida e necessária observação. A Lei nº 4.717/1965 adota a clássica divisão do direito privado no que concerne aos vícios dos atos, admitindo a existência de atos nulos (art. 2º) ao lado dos atos anuláveis (art. 3º). Sem a crítica de maior análise a respeito dessa dicotomia e dos casos que a lei relacionou como integrantes de uma ou de outra das categorias, o certo é que o autor tem a pretensão de invalidar a conduta lesiva ao patrimônio público, à moralidade administrativa e ao meio ambiente.

A respeito da natureza do ato impugnado, tem lavrado controvérsia a respeito da necessidade, ou não, de comprovar-se a *lesividade* do ato, além de sua ilegalidade. Tanto a Constituição como a Lei nº 4.717/1965 aludem à anulação de *atos lesivos*, mas o diploma regulador inclui hipóteses em que, sem embargo da ilegalidade, não há propriamente lesividade. Por tal razão, entendem alguns que, ocorrida a hipótese de ilegalidade prevista na lei, haverá *lesividade concreta ou presumida*; o que não se pode é relegar a segundo plano o requisito da lesividade, sobretudo porque a lei não contém palavras inúteis.[312] Para outros, porém, não basta a ilegalidade formal do ato, exigindo-se que a lesividade seja demonstrada sob o aspecto material ou moral, o que exclui, em consequência, a presunção de lesividade.[313] Para outros, ainda, pode haver ilegalidade *ou* lesividade.[314] Lamentamos, porém, divergir de tal pensamento, porque, se o ato se reveste de lesividade, está contaminado de vício em algum de seus elementos. Pode – isto sim – estar a ilegalidade dissimulada e disfarçada, mas ilegalidade sempre haverá.

Em nosso entender, melhor é a primeira interpretação. Se o legislador considerou passíveis de ação popular atos nulos e anuláveis, ao mesmo tempo em que se preocupou em proceder à enumeração de várias hipóteses consideradas como de nulidade (art. 4º), com certeza as reputou sempre *concreta* ou *presumivelmente lesivas*, seja material, seja moralmente. Ocorrendo qualquer delas, portanto, à sentença caberá anular o ato. Permitimo-nos, contudo, distinguir: se a lesão não for aferida pecuniariamente, a decisão limitar-se-á à anulação do ato; caso possível essa aferição, aí sim, a sentença, além do conteúdo anulatório, terá também *conteúdo condenatório*, em ordem a responsabilizar os agentes e terceiros que deram ensejo à lesão, o que é expressamente autorizado pelo art. 11, da Lei nº 4.717/1965.

No caso de ser procedente o pedido, e reconhecida a ilegalidade, o bem jurídico a ser obtido é o da restauração da legalidade rompida com a prática do ato lesivo. Como exemplo, se o ato de uma autarquia ofende o princípio da moralidade administrativa, o autor popular formula a pretensão de invalidar esse ato e de ver restabelecida a situação de legalidade existente antes da prática do ato.

Podemos averbar, por isso, que o objeto da ação é de caráter desconstitutivo, porque visa a desconstituir o ato lesivo a um dos bens sob tutela.

10.6. Liminar

É de todo concebível que um ato lesivo possa produzir dano irreversível se não for imediatamente suspenso. Como é evidente, a demora do desfecho da ação não permitiria a atuação da tutela preventiva, normalmente processada pela medida liminar.

---

[312] HELY LOPES MEIRELLES, *Direito administrativo*, cit., 30. ed., 2005, p. 697, e RODOLFO DE CAMARGO MANCUSO, *Ação popular*, Revista dos Tribunais, 3. ed., 1998, p. 86-87.

[313] Foi como decidiu o STJ no EREsp 260.821, j. 23.11.2005.

[314] LUCIA VALLE FIGUEIREDO, *Curso*, cit., 7. ed., p. 419.

910 | MANUAL DE DIREITO ADMINISTRATIVO • *Carvalho Filho*

Originariamente, a lei da ação popular não previa a medida liminar, mas a Lei nº 6.513, de 20.11.1977, introduziu, no art. 5º, o § 4º, que dispôs: *"Na defesa do patrimônio público caberá a suspensão liminar do ato lesivo impugnado".* A finalidade, como ocorre com medidas dessa natureza, consiste na suspensão dos efeitos do ato impugnado para evitar a consumação de dano irreparável.

A Lei nº 8.437/1992 consignou que é inviável a concessão de medida liminar quando o ato provém de autoridade sujeita, na via do mandado de segurança, à competência originária de Tribunal (art. 1º, § 1º). Contudo, excluiu da incidência da norma os processos de ação popular e ação civil pública (art. 1º, § 2º). Assim, mesmo que a ação popular, por exemplo, alveje ato de Governador (que normalmente se sujeita à competência do Tribunal Estadual respectivo), será possível, se presentes os pressupostos legais, que o juiz conceda a medida liminar.

Embora a lei só se tenha referido à proteção do patrimônio público, e isso porque a Constituição de 1946 em que se baseou só aludia a esse bem jurídico, é de se entender que a medida *initio litis* seja concedida ainda que a pretensão se dirija à tutela dos demais bens jurídicos mencionados na vigente Constituição, bastando apenas que estejam presentes os pressupostos necessários à concessão da medida. Essa é a interpretação que decorre do sentido lógico da providência cautelar em conjugação com a tutela jurisdicional hoje vigorante.

10.7. Sentença e Coisa Julgada

A lei da ação popular apresenta interessante peculiaridade quanto à sentença. Embora a pretensão do autor popular seja a de obter a anulação de um ato lesivo aos valores tutelados, a lei admite que a sentença tenha também conteúdo de condenação.

Com efeito, dispõe o art. 11: *"A sentença que, julgando procedente a ação popular, decretar a invalidade do ato impugnado, condenará ao pagamento de perdas e danos os responsáveis pela sua prática e os beneficiários dele, ressalvada a ação regressiva contra os funcionários causadores do dano, quando incorrerem em culpa."*

Em outras palavras, o legislador admitiu que a sentença tenha conteúdo *simultaneamente constitutivo e condenatório*, ainda que o pedido formulado pelo autor tenha sido apenas o de desconstituir a relação jurídica decorrente do ato lesivo. A disposição legal pretendeu, por economia processual, admitir logo a condenação dos responsáveis, na medida em que no próprio processo restou comprovada sua culpa em relação ao ato inválido.

Se a sentença julgar improcedente a ação, estará reconhecendo que inexistiu ato lesivo e ilegal a ser desconstituído, gerando, em consequência, decisão de caráter *declaratório*.

A matéria relativa à coisa julgada foi vista como verdadeira inovação no sistema processual. A esse respeito, reza o art. 18 que *"a sentença terá eficácia de coisa julgada oponível erga omnes, exceto no caso de haver sido a ação julgada improcedente por deficiência de prova; neste caso, qualquer cidadão poderá intentar outra ação com idêntico fundamento, valendo-se de nova prova".*

Podemos extrair do texto três conclusões:

1. se o juiz julgar a causa com convicção quanto à prova, a coisa julgada é *erga omnes*, seja procedente ou improcedente o pedido;

2. caso o juiz julgue procedente o pedido por deficiência de prova *por parte do réu*, a decisão também fará coisa julgada *erga omnes*, porque a produção de prova é ônus do próprio réu; e

Cap. 15 • CONTROLE DA ADMINISTRAÇÃO PÚBLICA | 911

3. por fim, se o julgador decide pela improcedência do pedido, por deficiência de prova *por parte do autor*, a decisão fará coisa julgada somente *inter partes*, ou seja, nada impedirá que outra ação idêntica seja ajuizada, desde que o autor se socorra de nova prova.

Há razões para tal solução legislativa. O fato de a coisa julgada poder ser oponível *erga omnes* decorre da circunstância de que, se o ato for reconhecido como válido ou lesivo, o será não só para as partes do processo, como também para as demais pessoas. O ato ou é válido ou é lesivo para todos. Não pode sê-lo para alguns e não o ser para outros.

Quanto à questão da deficiência da prova por parte do autor popular, o legislador se preocupou com a repercussão do julgado como fator de dependência dessa prova. Poderia ocorrer que o autor popular fosse desidioso ou tivesse má-fé e deixasse de produzir a prova adequada para demonstrar a ilegalidade e a lesividade. Poderia até mesmo o autor firmar conluio com os réus para oferecer prova deficiente e ver o ato considerado válido na decisão, quando, na verdade, não o é. Resguardou-se, por isso, e admitiu que a coisa julgada não se estendesse *erga omnes*, o que permite que outro cidadão (ou até o mesmo), com nova prova, ajuíze idêntica ação. Ficou assim mais fortalecida a tutela aos bens mencionados na Constituição como objeto da ação popular.

11. MANDADO DE INJUNÇÃO

11.1. Conceito, Fonte Normativa e Modalidades

Mandado de injunção é a ação de fundamento constitucional, pela qual, mesmo diante da ausência ou insuficiência da norma regulamentadora, se viabiliza o exercício de direitos e liberdades constitucionais, bem como das prerrogativas inerentes à nacionalidade, à soberania e à cidadania.

O embasamento constitucional da ação encontra-se no art. 5º, LXXI, da vigente Constituição, que estabelece: "*Conceder-se-á mandado de injunção sempre que a falta de norma regulamentadora torne inviável o exercício dos direitos e liberdades constitucionais e das prerrogativas inerentes à nacionalidade, à soberania e à cidadania*".

Como nos demais casos, o mandado de injunção também se caracteriza por ser ação, porque presentes as partes, a causa de pedir e o pedido. Sendo meio específico de controle da Administração, seu procedimento é *contencioso*, vez que o processo contém controvérsia em forma de lide, vale dizer, na ação se deduz uma pretensão contra a qual cabe eventual resistência.

A disciplina da ação está alinhada na *Lei nº 13.300, de 23.6.2016*, na qual é regulado o processo e julgamento tanto do mandado de injunção individual, quanto do coletivo. Antes da lei, aplicava-se o rito do mandado de segurança pela similaridade entre as ações.[315] Com o advento da lei disciplinadora, consolida-se o caráter de *procedimento especial* da ação, assim classificado em virtude de suas especificidades na tramitação do feito.

Não custa acrescentar que, em caráter subsidiário, aplicam-se ao mandado de injunção as normas do mandado de segurança (Lei nº 12.016/2009) e do Código de Processo Civil (art. 14).

Admitem-se duas modalidades da ação: o mandado de injunção *individual* e o mandado de injunção *coletivo*. No primeiro, o impetrante formula pretensão própria, buscando exercer seu direito – que não consegue por falta da norma regulamentadora. O segundo confere legitimidade a corporações para, em nome próprio, patrocinar interesses coletivos e difusos. Por sua peculiaridade, este último será examinado adiante em tópico próprio.

---

[315] Nesse sentido dispõe a Lei nº 8.038/1990 (art. 24, parágrafo único).

11.2. Pressupostos

São dois os pressupostos do mandado de injunção:

1. a ausência ou insuficiência de norma regulamentadora; e
2. a inviabilidade de exercer o direito contemplado na Constituição.

Há normas jurídicas que, embora vigentes, não têm eficácia porque dependem de outras normas que as regulamentem, de forma a possibilitar a sua execução. A importância, pois, da norma regulamentadora consiste, frequentemente, na viabilização do exercício do direito, de modo que sem ela este deixará de ser exercido. Por isso é que a ausência da norma regulamentadora que tenha esse efeito é combatida pelo mandado de injunção. Significa, por outro lado, que, se já existe, por exemplo, lei reguladora do direito previsto na Constituição, faltante estará o pressuposto para o instrumento.[316]

A inviabilidade do exercício do direito indica que o titular tem o direito e apenas não está podendo exercê-lo por causa da ausência da norma regulamentadora. O mandado de injunção vem, então, para permitir que o titular do direito possa efetivamente exercê-lo e usufruir os efeitos dele decorrentes. Se o direito, porém, está contemplado em norma autoaplicável, ou seja, aquela que independe de regulamentação, não se tornará cabível o mandado de injunção por falta desse pressuposto.[317]

Apesar de o art. 5º, LXXI, da CF mencionar, como pressuposto, apenas a *falta* de norma regulamentadora, a lei do MI refere-se à *falta total ou parcial* da norma (art. 2º). Por esse motivo, a lei considera *parcial* a regulamentação quando forem *insuficientes* as normas editadas pelo legislador (art. 2º, parágrafo único). Assim, a regulamentação pode estar *ausente* ou ser *insuficiente*.

11.3. Bens Tutelados

Bens tutelados, no mandado de injunção, são as espécies de direito que a Carta contempla. Alude a Constituição ao exercício *"dos direitos e liberdades constitucionais e das prerrogativas inerentes à nacionalidade, à soberania e à cidadania"*.

O texto não é um primor de clareza, primeiramente porque menciona três vocábulos que têm sentido idêntico ou aproximado: *direitos, liberdades* e *prerrogativas*. MANOEL GONÇALVES FERREIRA FILHO, com razão, averba que a prerrogativa é um direito excepcional conferido a agente político no interesse público, distinguindo-se do privilégio, que é o direito excepcional conferido a alguém em seu próprio interesse.[318] No texto, entretanto, as prerrogativas inerentes à nacionalidade, soberania e cidadania são efetivamente direitos relacionados a esses mesmos valores.

Com relação a *direitos e liberdades*, o mesmo se pode dizer. A despeito de alguns estudiosos procurarem encontrar a linha demarcatória entre ambos,[319] a verdade é que a própria liberdade constitui um direito fundamental. Aliás, a própria Constituição, no art. 5º, *caput*, assegura a inviolabilidade do direito à vida, à liberdade, à igualdade etc. Em outras palavras, reconhece que a liberdade é também um direito.

Desse modo, poderíamos concluir que os bens sob tutela no mandado de injunção são os *direitos de embasamento constitucional*, inclusive os inerentes à nacionalidade, à soberania e à cidadania.

---

[316] STJ, MI 3, j. 30.6.1989.

[317] STF, MI 97, j. 1.2.1990.

[318] *Comentários*, cit., v. I, p. 80.

[319] MANOEL GONÇALVES FERREIRA FILHO, *Comentários*, cit., v. I, p. 80.

Cap. 15 · CONTROLE DA ADMINISTRAÇÃO PÚBLICA | 913

11.4. Competência

O mandado de injunção sujeita-se a regras especiais de competência previstas na Constituição, a símile de outras ações que retratam controle específico dos atos estatais.

Quando a falta de norma regulamentadora for atribuída ao Presidente da República, ao Congresso Nacional, à Câmara dos Deputados e ao Senado, às Mesas destas Casas, ao Tribunal de Contas da União, aos Tribunais Superiores ou ao próprio STF, a competência para decidir o mandado de injunção é do Supremo Tribunal Federal (art. 102, I, "q", CF). Se a inércia for de órgão, entidade ou autoridade federal (excetuada a competência do STF, da Justiça Militar, da Eleitoral, do Trabalho e da Justiça Federal), caberá o processamento e julgamento da ação ao Superior Tribunal de Justiça (art. 105, I, "h", CF).

Não há previsão constitucional expressa para competência dos Tribunais Regionais Federais e para os juízes federais; a única referência constitucional, feita à *Justiça Federal*, consta do citado art. 105, I, "h", da CF, como exceção à competência do STJ. Por essa razão, alguns estudiosos entendem que houve descuido do Constituinte, porque a competência daqueles órgãos está inteiramente posta na Constituição, e, dessa maneira, não poderia a lei atribuir--lhes competência para julgarem mandados de injunção em caso algum.[320] Coerente com tal posição, o STF decidiu primitivamente que mandado de injunção contra entidade federal da administração indireta deveria ser processado e julgado no STJ, *ex vi* do citado art. 105, I, "h", da CF.[321] Posteriormente, contudo, tendo em vista a ressalva final da norma, julgou competente o juiz federal.[322]

11.5. Legitimação Ativa e Passiva

Legitimado ativo para o mandado de injunção é o titular do direito instituído e definido na Constituição, podendo ser pessoa física ou jurídica (art. 3º). Não é permitido, por conseguinte, que o postulante venha defender direito de outrem, salvo nos casos de substituição processual expressamente previstos na lei. A legitimação se completa com a demonstração de que o titular do direito está impossibilitado de exercê-lo em virtude da mora do órgão a quem incumbe o dever de regulamentação.

O impetrante não possui, contudo, a mesma disponibilidade quanto ao interesse no prosseguimento ou não da ação. Por isso, já se decidiu que, iniciado o julgamento do mandado de injunção por órgão jurisdicional, está o autor impedido de expressar sua *desistência* da causa, porque: (a) poderia espelhar uma fraude para frustrar o julgamento do órgão; (b) o julgamento é uno, muito embora possa cindir-se de acordo com o advento de incidente processual.[323]

Legitimado passivo é o Poder, o órgão ou a autoridade a quem couber a atribuição de editar a norma regulamentadora, ou seja, aquele que tem o dever de instituir a norma regulamentadora que viabilize o exercício do direito por seu titular (art. 3º). A regulamentação a que se refere a lei é a *primária*, isto é, aquela que, sendo efetivada, poderia permitir o exercício do direito. Sendo assim, os órgãos responsáveis por regulamentações *secundárias* não têm legitimidade passiva *ad causam* para a ação.[324]

---

[320] CARLOS VELLOSO, conferência publicada na *RDP* nº 100, p. 170 e ss.

[321] STF, MI 4, j. 13.10.1988. O MI foi impetrado contra o Banco Central.

[322] SF, MI 571, j. 8.10.1998.

[323] Foi como decidiu o STF, no MI 712-QO, j. 15.10.2007.

[324] STJ, MI 10, j. 28.9.1989. Nesse sentido, vários MI contra o INSS indicaram o legislador como omisso.

914 | MANUAL DE DIREITO ADMINISTRATIVO • Carvalho Filho

Outro aspecto a ser comentado é o de que não pode figurar como sujeito passivo do mandado de injunção o órgão que não tem a incumbência de deflagrar o processo de formação do ato regulamentador. Por exemplo, se é a lei que deve regulamentar certo mandamento constitucional, e se essa lei é da iniciativa do Presidente da República, é essa autoridade que deve ser chamada ao processo, e não a Câmara dos Deputados ou o Senado Federal, já que estes só podem atuar se o Presidente der início ao processo legislativo.[325]

11.6. Liminar

Antes da Lei nº 13.300/2016, sempre houve grande controvérsia no que toca à admissibilidade, ou não, da medida liminar no mandado de injunção.

Alguns autores sustentam que, presentes os pressupostos da tutela preventiva, pode o órgão jurisdicional conceder a liminar.[326] Outros, ao contrário, advogam a tese de que a medida é incabível e que a decisão é que vai dar eficácia ao direito, produzindo efeito *ex nunc*.[327]

Com o advento da lei, cabe fazer breve comentário a respeito do cabimento da medida liminar. A lei reguladora não incluiu norma expressa sobre a viabilidade da medida, mas foi expressa no sentido da aplicação subsidiária da lei do mandado de segurança, que admite a sua concessão (art. 7º, III, da Lei nº 12.016/2009). Além disso, pode ocorrer de o não exercício do direito provocar dano irreparável ao titular pela demora na solução da demanda. Desse modo, entendemos que, presentes tais pressupostos, cabível se torna a medida liminar. Ressalvamos apenas que não serão comuns tais hipóteses; a regra, ao contrário, será a desnecessidade da tutela preventiva de urgência por meio da medida liminar.[328]

11.7. Procedimento

O mandado de injunção é deflagrado por *petição inicial*, com os requisitos previstos na lei processual, juntando-se os documentos pertinentes (art. 4º). Ao receber a inicial, serão determinadas: (a) a notificação do impetrado sobre o que consta na inicial, assinando-se o prazo de 10 dias para prestar *informações*; (b) a ciência da ação ao *representante judicial* da pessoa jurídica interessada, com cópia da inicial, para que ingresse no feito, se o desejar (art. 5º, I e II). Findo o prazo, abre-se *vista ao Ministério Público* para opinamento no prazo de 10 dias, retornando o processo ao órgão julgador com ou sem parecer (art. 7º).

Quando a impetração for manifestamente incabível ou improcedente, a petição inicial será *indeferida* de plano, e da decisão indeferitória do relator cabe *agravo*, em 5 dias, para o órgão colegiado com competência para o julgamento da demanda (art. 6º e parágrafo único). Cuida-se, portanto, de rito especial e dotado de celeridade processual, nos moldes do que sucede com o mandado de segurança.

11.8. Decisão

Anteriormente à atual lei disciplinadora, havia três posições quanto aos efeitos da decisão proferida no mandado de injunção.

O primeiro entendimento era o de que a decisão deveria declarar a mora em face da omissão do órgão responsável pela regulamentação, permitindo-se ao interessado ajuizar diretamente

---

[325] STF, Ag.Rg. no MI 153, j. 14.3.1990.

[326] HELY LOPES MEIRELLES, DIOMAR ACKEL, IRINEU STRENGER.

[327] GALENO LACERDA, JOSÉ CARLOS CAL GARCIA.

[328] Vide STF, MI 232, j. 2.8.1991 (a decisão silenciou sobre descabimento da liminar).

Cap. 15 · CONTROLE DA ADMINISTRAÇÃO PÚBLICA | 915

a ação para obter a satisfação concreta de seu interesse e o exercício de seu direito. A decisão seria, então, declaratória e condenatória.[329]

Uma segunda corrente entendia que a decisão teria caráter constitutivo, porquanto se viabilizaria o exercício do direito pelo titular, sem qualquer notificação ao órgão omisso. Nessa hipótese, o próprio órgão jurisdicional criaria a regulamentação para o caso concreto, facultando ao interessado promover a respectiva ação de conhecimento no caso de descumprimento da ordem.

Por fim, uma terceira posição, que nos parecia a melhor, advogava que, constatada a omissão do órgão responsável pela regulamentação, poderia o órgão jurisdicional fazer a imediata regulamentação para o caso concreto, possibilitando desde logo o exercício do direito por seu titular.[330]

Muitas críticas foram desferidas contra as duas primeiras posições, com base, sobretudo, na retirada da eficácia e da praticidade da decisão, e, de outro lado, dificultaram a tutela dos bens jurídicos que a Constituição pretendeu preservar, prejudicando bastante os titulares de direitos constitucionais impossibilitados de seu exercício.[331]

A verdade é que as divergências se desenvolviam dentro da própria Corte, fato que culminava com decisões sem unanimidade.[332] Embora predominasse a primeira posição, é justo lembrar que, em algumas hipóteses, foram proferidas decisões pelas quais se garantia diretamente o exercício do direito, como ocorreu em mandado de injunção no qual se assegurou à servidora pública, com 25 anos de serviço em atividade insalubre (enfermeira de fundação hospitalar), o direito à aposentadoria especial prevista no art. 40, § 4º, da CF – direito esse que não podia exercer pela inércia do Poder Público em regulamentar o dispositivo por meio de lei complementar, tal como nele previsto.[333] A decisão, sem dúvida, constituiu um avanço na aplicação dessa ferramenta jurídica.

A Lei nº 13.300/2016 acabou adotando o primeiro entendimento. Assim, dispôs que, reconhecida a *mora legislativa*, será deferida a injunção para (a) determinar *prazo* razoável para que o impetrado providencie *a edição da norma regulamentadora* e (b) fixar as *condições* em que se efetivará o exercício dos direitos, liberdades e prerrogativas, ou, se for o caso, as condições em que o impetrante poderá promover *ação própria* com o objetivo de exercê-los, no caso de não ser suprida a mora no prazo determinado (art. 8º, I e II). Significa, assim, que o mandado de injunção não ensejará a satisfação direta do interesse do impetrante, pois lhe será exigido que ajuíze nova ação para exercer concretamente o seu direito. A declaração da mora, porém, será dispensada se tiver havido descumprimento em mandado de injunção anterior.

A ação tem caráter individual e, por essa razão, a decisão terá *eficácia subjetiva* limitada às partes, com efeitos até que a omissão seja suprida. Contudo, pode ser atribuída eficácia *ultra partes* ou *erga omnes* à decisão, quando isso for inerente ou indispensável ao exercício do direito ou prerrogativa (art. 9º e § 1º). A decisão transitada em julgado pode ter seus efeitos estendidos a casos análogos por decisão monocrática do relator (art. 9º, § 2º, LMI). A ação pode ser renovada se o pedido anterior for indeferido por insuficiência da prova (art. 9º, § 3º). Nesse caso, pois, não cabe a alegação de litispendência ou de coisa julgada.

Dispõe, ainda, a lei que a superveniência da norma regulamentadora ensejará efeitos *ex nunc* em relação àqueles que estiverem beneficiados por decisão transitada em julgado. Mas se a nova norma lhes for *mais favorável*, a eficácia será *ex tunc*. Se a norma regulamentadora for editada *antes*

---

[329]   Foi a posição adotada pelo STF no MI 107-QO, j. 23.11.1989.

[330]   Nesse sentido, os três votos vencidos proferidos no MI 384, j. 5.8.1993 (STF).

[331]   Vide DIRLEY DA CUNHA JUNIOR, *Controle judicial das omissões do poder público*, Saraiva, 2004, p. 524; e CLÈMERSON MERLIN CLÈVE, *A fiscalização abstrata da constitucionalidade no direito brasileiro*, RT, 2. ed., 2000, p. 376.

[332]   Como exemplo, vide STF, MI 543, j. 26.10.2000, por maioria.

[333]   STF, MI 721, j. 30.8.2007 (decisão *mandamental*, e não só *declaratória*).

916 | MANUAL DE DIREITO ADMINISTRATIVO • *Carvalho Filho*

da decisão no mandado de injunção, o pedido ficará prejudicado e o processo será extinto sem resolução do mérito – evidentemente por falta de interesse processual (art. 11, parágrafo único, LMI). Razões relevantes de fato ou de direito supervenientes podem conduzir à *revisão* da decisão, sem prejuízo dos efeitos já produzidos, sendo o processo deflagrado por qualquer interessado (art. 10).

11.9. Mandado de Injunção Coletivo

A Lei nº 13.300/2016 disciplinou alguns aspectos do mandado de injunção coletivo, que se configura como uma das espécies de ação coletiva. Esse tipo de mandado de injunção visa à defesa de direitos, liberdades e prerrogativas pertencentes à coletividade indeterminada de pessoas ou determinada por grupo, classe ou categoria (art. 12, parágrafo único, LMI). A tutela abrange *interesses difusos, coletivos e individuais homogêneos.*

Mesmo antes da lei, o mandado de injunção coletivo já era admitido no sistema, sobretudo na jurisprudência dos tribunais superiores, muito embora a Constituição a ele não se tenha referido com maior precisão no art. 5º, LXXI. Primitivamente, porém, no curso da interpretação da norma, alguns autores não o admitiam,[334] ao passo que outros sustentavam a sua admissibilidade.[335]

A lei conferiu *legitimidade ativa* a órgãos e instituições habitualmente definidas na legislação como adequadas à representatividade dos grupos titulares dos interesses sob tutela. Trata-se, pois, de *substituição processual* em *legitimação extraordinária.* São eles: (a) o *Ministério Público,* para a defesa da ordem jurídica, do regime democrático ou dos interesses sociais e individuais indisponíveis; (b) o *partido político* com representação no Congresso, para a defesa dos direitos de seus integrantes ou dos concernentes à finalidade partidária; (c) a *organização sindical, entidade de classe ou associação legalmente constituída* e em funcionamento há pelo menos um ano, para a defesa de direitos em favor da totalidade ou de parte de seus membros ou associados, na forma de seus estatutos e com pertinência às suas finalidades, sendo dispensada autorização especial; (d) a *Defensoria Pública,* no caso de tutela relevante para a defesa de direitos humanos e dos direitos individuais e coletivos dos necessitados, na forma do art. 5º, LXXIV, da CF (art. 12, I a IV).

A *sentença,* no mandado de injunção coletivo, fará coisa julgada *limitadamente* às pessoas integrantes da coletividade, grupo, classe ou categoria representados pelo impetrante. Mas, tal como sucede no mandado de injunção individual, pode ser atribuída eficácia *ultra partes* ou *erga omnes* à decisão, se inerente ou indispensável ao exercício do direito, liberdade ou prerrogativa postulados na ação (art. 13).

No que concerne ao mandado de injunção coletivo, não há *litispendência* em relação aos individuais. Os efeitos da coisa julgada, no entanto, não beneficiarão o impetrante individual se este não requerer a desistência de sua demanda no prazo de trinta dias, contados da ciência comprovada da ação coletiva (art. 13, parágrafo único). A norma, aliás, reproduz idêntico mandamento constante do Código de Defesa do Consumidor (art. 104 da Lei nº 8.078/1990).

12. *HABEAS DATA*

12.1. Conceito e Fonte Normativa

Habeas Data é o instrumento jurídico constitucional que se destina à proteção do direito de informação. Da mesma forma que os instrumentos já estudados, o *habeas data* configura-se como ação judicial, visto que nele estão presentes os componentes normais das ações – partes, causa de pedir e pedido.

---

[334] J. J. CALMON DE PASSOS, *Mandado de segurança coletivo, mandado de injunção,* habeas data, Forense, 1989, p. 17.

[335] ULDERICO PIRES DOS SANTOS, *Mandado de injunção,* Paumape, 1988, p. 77.

Cap. 15 · CONTROLE DA ADMINISTRAÇÃO PÚBLICA | 917

A fonte constitucional do *habeas data* está no art. 5º, LXXII, da CF, pelo qual se assegura o conhecimento de informações relativas ao interessado, inscritas em registros ou bancos de dados de entidades governamentais ou de caráter público, ou a retificação de dados, nos casos em que o interessado não prefira utilizar processo sigiloso, na via judicial ou administrativa.

O remédio constitucional ficou longos anos sem lei reguladora, tendo-se entendido que, por sua similitude, o rito a ser adotado deveria ser o do mandado de segurança, onde cabível. Finalmente, veio a lume a Lei nº 9.507, de 12.11.1997, que atualmente disciplina o procedimento da ação.

12.2. Bem Tutelado

No próprio art. 5º, a Constituição tutela o direito ao acesso à informação em geral (inciso XIV) e à informação dos órgãos públicos (inciso XXXIII). O *habeas data* é o instrumento apropriado para a defesa de tais direitos.

Repita-se, entretanto, que, no caso do *habeas data*, o direito à informação se subdivide em dois aspectos: o conhecimento da informação e a retificação da informação. Ambos, contudo, são facetas específicas do direito substantivo. Na verdade, o que se pretende é a salvaguarda do registro correto dos dados relativos à pessoa, eis que a incorreção neles pode acarretar prejuízos graves e muitas vezes irreversíveis.

12.3. Partes

Autor da ação deve ser, necessariamente, o titular do direito ao conhecimento ou à retificação da informação. Esse direito, aliás, é personalíssimo, não se transferindo a terceiros, como têm entendido os Tribunais.[336] Por exceção, já se admitiu a legitimidade do cônjuge sobrevivente para solicitar informações do interesse do *de cujus*.[337]

O sujeito passivo da ação é a entidade responsável pelo registro das informações. Essa entidade pode ser pública ou privada, neste último caso caracterizando-se, como diz a Constituição, como tendo caráter público. Enquadram-se nessa categoria aquelas entidades que, por exemplo, mantêm cadastro de devedores, ao qual pode o público ter acesso normal.

No entanto, se a entidade é detentora de dados em caráter privado e reservado, não tem a obrigação de fornecê-los ao interessado, já que no caso se trata de julgamento pessoal, não divulgado a terceiros.[338]

O STF indeferiu *habeas data*, conhecendo e dando provimento a recurso extraordinário, em hipótese na qual ex-empregada do Banco do Brasil pedia informações sobre sua ficha funcional, tendo em vista ter sido negado seu pedido de readmissão. A Corte entendeu que a entidade não se enquadra na expressão *entidades governamentais*, já que destinada à exploração de atividade econômica. Além disso, as fichas de empregado não permitiam acesso ao público, sendo, assim, consideradas como arquivo de natureza privada.[339]

12.4. Competência

O *habeas data*, como ocorre com outras garantias constitucionais, tem disciplina constitucional básica quanto à competência judicial, variando esta em função da maior ou menor estatura dos agentes responsáveis pelas condutas impugnadas.

---

[336] No mesmo sentido, TRF-4, Ap.HD 9595, j. 28.6.1991.

[337] STJ, HD 147, Min. ARNALDO E. LIMA, em 12.12.2007.

[338] TJ-RJ, Ap. Cív. 00047751720008190208, j. 27.2.2002.

[339] STF, RE 195.304, j. 19.10.2000.

918 | MANUAL DE DIREITO ADMINISTRATIVO • *Carvalho Filho*

Assim, a competência para processar e julgar a causa será:

a) do STF, quando se tratar de atos do Presidente da República, das Mesas da Câmara e do Senado, do Tribunal de Contas da União, do Procurador-Geral da República ou do próprio STF (art. 102, I, "d", CF);

b) do STJ, quando o ato for praticado por Ministro de Estado ou pelo próprio STJ (art. 105, I, "b", CF);

c) dos Tribunais Regionais Federais, quando se tratar de ato desses mesmos Tribunais ou de juiz federal (art. 108, I, "c", CF); e

d) dos juízes federais, quando o ato provier de autoridade federal (art. 109, VIII, CF).

A propósito, já se decidiu que o *habeas data* contra ato de entidade previdenciária federal é da competência da Justiça Federal por força do art. 109, VIII, da CF, ainda que as causas previdenciárias em geral, do interesse dos segurados, sejam processadas e julgadas na Justiça Estadual *ex vi* do art. 109, § 3º, da CF. Prevalece, pois, para a fixação da competência, o fato de ser parte autoridade federal, e não o de ser ela qualificada como entidade previdenciária.[340]

Fora dessas autoridades, o foro competente é o da Justiça Estadual, definido nas Constituições Estaduais e nos respectivos Códigos de Organização Judiciária.

12.5. Interesse de Agir

No início da vigência da atual Constituição, quando ainda se esboçava o desenho interpretativo do *habeas data*, ocorreram alguns abusos quanto ao uso desse instrumento.

Uma dessas formas foi a impetração da ação para obter ou corrigir dados pessoais, sem que a entidade detentora do registro das informações tenha sido comunicada sobre o interesse em sua obtenção ou correção.

Decidiram, então, os Tribunais que o interesse de agir somente nasce quando há a sonegação das informações ou de sua retificação. É que nesse caso a denegação do pedido é que ofenderia o direito, dando ensejo à propositura da ação. Desse modo, se o interessado não postular previamente a informação ou a correção, será carecedor da ação do *habeas data*, por falta da condição pertinente ao interesse de agir.[341] O STJ, inclusive, deixou pacificado em súmula o referido pensamento.[342]

A Lei nº 9.507/1997 contemplou procedimento prévio, estabelecendo que o interessado deve dirigir seu requerimento à pessoa depositária do registro ou banco de dados (a lei fala em *órgão* ou *entidade*, mas aquele logicamente será sempre integrante desta). Será obrigatório decidir o pedido em 48 horas, deferindo-o ou não, bem como comunicar ao requerente a decisão no prazo de 24 horas (art. 2º e parágrafo único). No caso de deferimento, deve ser marcado dia e hora para que o interessado conheça as informações.

Havendo inexatidão nos dados, o requerente, com documentos comprobatórios, postulará a retificação, cabendo à entidade destinatária dar ciência da correção ao interessado no prazo de dez dias, contados a partir da protocolização do requerimento. Se o registro estiver correto, pode o interessado apresentar explicação ou contestação sobre ele, motivado por possível pendência

---

[340] TRF-1ª Região, Rec. em HD 1998.01.00053624-6, *DO* de 22.10.1998.

[341] STF, ROHD nº 22, j. 19.9.1991.

[342] Súmula 2.

Cap. 15 · CONTROLE DA ADMINISTRAÇÃO PÚBLICA | 919

do fato; nessa hipótese, os dados explicativos ou contestatórios invocados pelo requerente serão anotados em seu cadastro (art. 4° e §§ 1° e 2°).

12.6. Pedido

Na Constituição Federal, vislumbram-se nitidamente dois pedidos suscetíveis de serem formulados:

1. o conhecimento dos dados; e
2. a retificação dos dados.

Não obstante, a Lei n° 9.507 aditou um terceiro: *"o de ser anotada, nos assentamentos do interessado, contestação ou explicação sobre os dados registrados"* (art. 7°, III).

Não há dúvida de que *anotar contestação ou explicação* não é o mesmo que *pedir informação* ou *pedir retificação* de dados. A lei, portanto, ampliou a margem fixada na Constituição. Sobre esse aspecto, a doutrina, com razão, sustenta que não há incompatibilidade constitucional, pois que vedado seria que a lei reduzisse o âmbito da garantia constitucional. E remata que, *"apesar da diferença ontológica, se o remédio se presta à consecução de providência mais intensa (retificação de dados), é razoável admitir, a fortiori, que se preste à de providência menos intensa (simples anotação de explicações fornecidas pelo requerente, sem alteração dos assentamentos existentes)"*.[343]

12.7. Procedimento

O rito do *habeas data* é realmente semelhante ao do mandado de segurança e, como a tutela de ambos consiste na proteção a direito líquido e certo, pode surgir alguma dúvida quanto à ação a ser proposta. O STJ indeferiu mandado de segurança em que se solicitava, por certidão, a identidade dos autores de denúncias contra o impetrante, ao argumento de que seria o *habeas data* a via idônea. O STF, entretanto, e a nosso ver acertadamente, reformou o julgado em nome do princípio da efetividade da Constituição, acentuando, ainda, que já se havia pacificado o entendimento de que o mandado de segurança se configurava também como remédio adequado à tutela dos direitos em questão.[344]

A ação é gratuita; não há, pois, despesas processuais para o impetrante (art. 5°, LXXVII, CF, e art. 21 da Lei n° 9.507). A competência básica é sediada na Constituição Federal (ordinária nos arts. 102, I, "d", 105, I, "b", 108, I, "c", e 109, VIII, e recursal nos arts. 102, II, "a", 102, III, 105, III, e 108, II). A Lei n° 9.507 reproduz essa competência e a completa com a da Justiça Estadual (art. 20).

A petição inicial, em duas vias e com os respectivos documentos (inclusive o da recusa da entidade ao pedido extrajudicial do interessado), deve obedecer aos requisitos gerais dos arts. 319 e 320 do CPC. O juiz, despachando a inicial, deverá fixar prazo de dez dias para que a entidade ré preste informações (art. 9°). Diferentemente do que ocorre com o mandado de segurança, e pela natureza diversa da pretensão do impetrante, seguida do silêncio da lei a respeito, não cabe pedido de concessão de medida liminar.

O Ministério Público intervém obrigatoriamente como *custos legis*, manifestando-se logo após a prestação de informações ou o término do prazo *in albis* (art. 12). A seguir, os autos são conclusos para a sentença.

---

[343] JOSÉ CARLOS BARBOSA MOREIRA, O habeas data e sua lei regulamentadora, *RDA* 211, 1998, p. 55 (grifo do autor).

[344] STF, RMS 24.617, j. 17.5.2005.

920 | MANUAL DE DIREITO ADMINISTRATIVO • *Carvalho Filho*

12.8. Decisão e Recursos

Reconhecido o direito do impetrante, com a procedência do pedido, a decisão *ordenará* à entidade ré que preste a informação, providencie a correção ou anote a explicação ou contestação, designando dia e hora para tanto (art. 13). Na teoria processual clássica, a decisão tem caráter condenatório, porque a ré é condenada à obrigação de fazer. Para os que a aceitam, é possível caracterizar a decisão também como mandamental, visto que o juiz expede uma ordem a ser cumprida pelo réu. Denegada a concessão do *habeas data*, a decisão estará reconhecendo que o impetrante não tinha o direito à informação ou à correção, como havia requerido. Nesse caso, a decisão tem conteúdo declaratório negativo.

O recurso cabível é o de apelação, seja a sentença concessiva ou denegatória (art. 15). Se for concessiva, o recurso terá efeito somente devolutivo. À semelhança do que já ocorre nas Leis nᵒˢ 12.016/2009 (relativa ao mandado de segurança), 7.347/1985 (reguladora da ação civil pública) e 8.437/1992 (suspensão de liminares contra atos do Poder Público), a Lei nº 9.507 também previu a hipótese, quando o *habeas data* é concedido, de o réu postular ao Presidente do Tribunal, competente para apreciar os recursos, a suspensão da execução da sentença. Em caso de deferimento do pedido, cabe agravo contra essa decisão (art. 16). Observe-se, contudo, que naqueles casos o legislador só legitimou esse requerimento recursal quando houvesse grave lesão à ordem, à saúde, à segurança e à economia públicas. A Lei nº 9.507, porém, silenciou a respeito desses pressupostos. Ainda assim, é de entender-se, em interpretação sistemática, que são eles necessários para a decisão do Presidente do Tribunal.

A sentença que decidir a ação com resolução do mérito fará coisa julgada material. Se extinguir o processo sem julgar o mérito, poderá o interessado renovar o pedido, impetrando novo *habeas data* com idênticos pedido e fundamento (art. 18). É o princípio da renovabilidade da ação, de resto adotado também no mandado de segurança (art. 6º, § 6º, da Lei nº 12.016/2009).

13. AÇÃO CIVIL PÚBLICA

13.1. Conceito e Fontes Normativas

Ação civil pública é o instrumento judicial adequado à proteção dos interesses coletivos e difusos.

Sua natureza jurídica é a de *ação*, de rito *especial* e preordenado à tutela específica. Por outro lado, ao contrário do que ocorre com as ações já estudadas, não se trata de meio específico e exclusivo de controle da Administração, já que pode ser intentada contra qualquer pessoa pública ou privada. Entretanto, pela peculiaridade dos bens tutelados é conveniente deixar assentados os seus contornos principais.

A Constituição Federal prevê a ação civil pública no art. 129, III, quando, entre as funções atribuídas ao Ministério Público, menciona a de *"promover o inquérito civil e a ação civil pública, para a proteção do patrimônio público e social, do meio ambiente e de outros interesses difusos e coletivos"*. O inquérito civil a que se refere o dispositivo é o procedimento administrativo a cargo do Ministério Público que se configura como preparatório da ação civil pública, ensejando a colheita de elementos para sua propositura, à semelhança do que ocorre com o inquérito policial, também preparatório da ação penal.[345]

O diploma básico que contém a disciplina da ação é a Lei nº 7.347, de 24.7.1985, que sofreu algumas alterações posteriores. A referida lei, embora nascida sob a égide da Carta anterior,

---

[345] Vide nosso *Ação civil pública. Comentários por artigo*, 7. ed., 2009, p. 265 seguintes.

Cap. 15 · CONTROLE DA ADMINISTRAÇÃO PÚBLICA | 921

foi recepcionada pela vigente Constituição, que, inclusive, passou a referir-se expressamente à ação civil pública, fato que não ocorria anteriormente.

A ação pode ser ajuizada na Justiça Estadual ou na Federal, conforme critérios fundados na natureza dos bens tutelados ou das partes envolvidas. Nesse caso, atuará, respectivamente, o Ministério Público Estadual ou o Federal. Anteriormente, não se admitiam a conexão e a continência entre ações civis públicas promovidas na Justiça Estadual e na Federal, tendo em vista a competência absoluta e improrrogável.[346] Com a introdução, na Lei nº 7.347/1985, do parágrafo único do art. 2º, passou a doutrina a admitir os institutos naquela hipótese.[347] A prevalência para decidir as causas num só julgamento é da Justiça Federal (Súmula 489, STJ). Não é admissível, contudo, o cúmulo subjetivo de demandas na Justiça Federal, para formação de litisconsórcio passivo facultativo comum, quando apenas um dos demandados se sujeita à sua jurisdição e os demais à Justiça Estadual.[348]

13.2. Bens Tutelados

A Constituição deu expressa destinação à ação civil pública: a proteção do patrimônio público e social, do meio ambiente e de outros interesses coletivos e difusos. Nota-se, de plano, que a relação contida no dispositivo é meramente exemplificativa, devendo-se emprestar a interpretação de que o objetivo é a tutela dos interesses difusos e coletivos, dentre os quais estão os relativos ao patrimônio público e social e ao meio ambiente.

A Lei nº 7.347/1985 mencionava, como bens tutelados, o meio ambiente, o consumidor, os bens e direitos de valor artístico, estético, histórico, turístico e paisagístico e a proteção contra infrações à ordem econômica, bem como a tutela de qualquer outro interesse coletivo ou difuso (art. 1º, I a VI). Posteriormente, foi incluída também a proteção à ordem urbanística (art. 1º, VI). Acrescentou-se, ainda, a proteção à honra e à dignidade de grupos raciais, étnicos ou religiosos (art. 1º, VII), bem como a tutela do patrimônio público e social (art. 1º, VIII). Infere-se, pois, que todos os interesses contemplados na lei se caracterizam como difusos ou coletivos. Isso, no entanto, não impede que outros diplomas tratem especificamente de outros interesses da mesma categoria. É o caso da Lei nº 7.913, de 7.12.1989, que dispõe sobre investidores no mercado de títulos mobiliários; a Lei nº 8.069, de 13.7.1990, o Estatuto da Criança e do Adolescente; a Lei nº 8.078, de 11.9.1990, o Código de Defesa do Consumidor.

A expressão *interesses difusos e coletivos* assumia anteriormente noção eminentemente doutrinária. Como a Constituição a eles se referiu, era preciso demarcar com maior precisão o sentido de tais interesses. Fê-lo o Código de Defesa do Consumidor (Lei nº 8.078/1990), definindo os interesses ou direitos difusos como *"os transindividuais, de natureza indivisível, de que sejam titulares pessoas indeterminadas e ligadas por circunstâncias de fato"*, e os interesses ou direitos coletivos como *"os transindividuais de natureza indivisível de que seja titular grupo, categoria ou classe de pessoas ligadas entre si ou com a parte contrária por uma relação jurídica base"* (art. 81, parágrafo único, I e II).

Além desses interesses, o Código do Consumidor também definiu uma terceira categoria de direitos – os interesses ou direitos individuais homogêneos –, definidos na lei como aqueles que decorrem de origem comum. Esses direitos são marcadamente individuais, e o aspecto de grupo a eles relativo diz respeito apenas a uma associação de interesses com vistas a um mesmo fim. Não têm, portanto, o caráter transindividual dos interesses coletivos e difusos, nos quais o relevante é o agrupamento em si, e não os indivíduos que o compõem (art. 81, parágrafo único, III).

---

[346] Nesse, e com acerto, v. STJ, Confl. Compet. 832, j. 26.9.1990.

[347] MARCELO ABELHA RODRIGUES, *Ação civil pública e meio ambiente*, Forense Universitária, p. 132.

[348] STJ, REsp 1.120.169, Min. LUÍS FELIPE SALOMÃO, em 20.8.2013.

MANUAL DE DIREITO ADMINISTRATIVO • *Carvalho Filho*

É oportuno lembrar, por último, que a ação popular também objetiva a tutela de alguns dos interesses difusos e coletivos, como, por exemplo, o meio ambiente e o patrimônio público. Por isso, em alguns casos será possível a utilização da ação popular ou da ação civil pública para postular a tutela da mesma espécie de bens jurídicos. A própria Lei nº 7.347/85, no art. 1º, admite que por ela sejam regidas, *sem prejuízo da ação popular*, as ações de responsabilidade por danos causados ao meio ambiente, ao patrimônio público e a outros interesses coletivos ou difusos.

Quanto à tutela dos *interesses individuais homogêneos*, tem havido alguma oscilação nos Tribunais a respeito da viabilidade, ou não, de serem objeto de ação civil pública. Como já tivemos a oportunidade de assinalar em obra que escrevemos a respeito, o art. 129, III, da CF e a Lei 7.347/1985 só se referiram a direitos coletivos ou difusos, mas não aos individuais homogêneos, que formam uma terceira categoria. A Lei nº 8.078/1990 (Código de Defesa do Consumidor) prevê a *defesa coletiva* para tais direitos, mas não esclarece se se trata de categoria específica de ação ou se é a mesma ação civil pública. Em que pese a confusão que se formou a respeito, parece-nos melhor considerar a ação civil pública como via idônea para a tutela de direitos individuais homogêneos, desde que a defesa seja efetivamente coletiva, vale dizer, abranja grupo com significativo número de integrantes.[349]

Problema diverso, porém, é o que se relaciona com a legitimidade do Ministério Público para a ação com vistas à tutela de tais direitos. Aqui a melhor posição é a que só admite essa legitimidade quando se tratar de direitos ou interesses *indisponíveis*, como, inclusive, emana do art. 127 da CF, que menciona as funções básicas do *Parquet*.[350]

Assinale-se, contudo, que a lei considera incabível a ação para formular pretensões que envolvam tributos, contribuições previdenciárias, o FGTS e outros fundos institucionais cujos beneficiários possam ser individualmente determinados (art. 1º, parágrafo único, Lei nº 7.347/1985). Nessas matérias, o autor carece da ação por falta de interesse de agir. Apesar disso, há entendimento de que o Ministério Público tem legitimidade para propor ação civil pública visando à revisão de benefícios previdenciários.[351] Ousamos divergir dessa linha de pensamento: a uma, porque os interesses sob tutela não são indisponíveis, e a duas, porque a lei é transparente no que toca à impossibilidade jurídica de pedido dessa natureza.

A despeito da relevância da tutela dos interesses transindividuais no sistema jurídico atual, não pode a ação civil pública espelhar mecanismo para a formulação de pretensões visando à ingerência em políticas públicas a cargo da Administração. De um lado, o Judiciário não pode executar funções conferidas aos órgãos administrativos e, de outro, a gestão dos interesses públicos, a fixação de prioridades, a execução dos orçamentos e outras atividades correlatas são da competência privativa da Administração. É preciso, pois, conter eventuais abusos na utilização da ação civil pública, sob pena de seu descrédito e enfraquecimento.

O STJ, por exemplo, rejeitou pretensão do Ministério Público – decisão irreparável, a nosso ver – no sentido de Município ser obrigado a instalar abrigos para crianças e adolescentes. Disse o eminente Relator que a *"municipalidade tem liberdade de escolher onde devem ser aplicadas as verbas orçamentárias e o que deve ter prioridade, não cabendo ao Poder Judiciário intervir"*.[352] Pretensões dessa natureza não são cabíveis no âmbito da ação civil pública.

---

[349] Nosso *Ação civil pública*, 7. ed., 2009, p. 30-33.

[350] *Contra*: CARLOS ROBERTO DE CASTRO JATAHY, *Curso de princípios institucionais do ministério público*, Roma Victor, 2004, p. 230.

[351] STJ, REsp 1.142.630, j. 7.12.2010.

[352] STJ, REsp 208.893, j. 19.12.2003.

Cap. 15 · CONTROLE DA ADMINISTRAÇÃO PÚBLICA | 923

É forçoso reconhecer, no entanto, que a matéria tem suscitado grande polêmica e funda hesitação na doutrina e jurisprudência, podendo mesmo afirmar-se que ainda não se apresentou a almejada definição. Na verdade, há algumas pretensões determinativas acolhidas, dentro do cenário hoje denominado de *ativismo judicial*, pelo qual o Judiciário interfere na Administração e ordena o cumprimento de obrigações de fazer.[353] Cuida-se de tema tão polêmico e inexato que o próprio Judiciário reconhece que, em algumas situações, é impossível estabelecer, num plano abstrato, as prioridades a serem executadas pela Administração.[354]

13.3. Espécies de Tutela

A lei admite dois tipos de tutela dos interesses coletivos e difusos: a *tutela repressiva* e a *tutela preventiva*. A primeira ocorre quando o agente já consumou a conduta ofensiva aos citados interesses. Nesse caso, a ação terá a finalidade de obter a providência judicial que imponha ao agente que não mais se conduza dessa forma e que, se for o caso, seja obrigado a reparar o dano causado.

A tutela preventiva é a que pretende evitar a consumação do dano aos interesses transindividuais. Há dois mecanismos preventivos previstos na lei reguladora. O primeiro se dá através de ação cautelar (art. 4º) e o segundo através do que a lei denominou de *"mandado liminar"* (art. 12). Por isso, deixamos consignado em obra que escrevemos a respeito que *"a lei, todavia, além de admitir, no art. 4º, a concessão de medida liminar dentro da ação cautelar, o que é corolário natural desse tipo de processo, admitiu-a também quando requerida na ação principal, como se vê no texto do art. 12".*[355]

O que é importante acentuar é a própria existência da tutela preventiva. Desde que presentes o *periculum in mora* e o *fumus boni iuris*, poderá o juiz conceder a medida liminar para evitar a consumação do dano ao meio ambiente, aos consumidores, ao patrimônio público, à criança e ao adolescente, aos deficientes etc. E essa medida liminar, como visto, tanto pode ser concedida em ação cautelar específica e preparatória da ação principal ou na própria ação civil pública principal.

13.4. Partes

A legitimidade ativa para a causa não é genérica, como é a regra para as ações em geral. Segundo o art. 5º da Lei nº 7.347/1985, podem ajuizar a ação:

a) o Ministério Público (Súmula 329, STJ);

b) as pessoas de direito público (pessoas federativas, autarquias e fundações autárquicas);

c) as pessoas da Administração Indireta (empresas públicas, sociedades de economia mista e fundações governamentais de direito privado);

d) as associações constituídas há no mínimo um ano e que sejam preordenadas, institucionalmente, à proteção dos respectivos interesses difusos e coletivos (como, por exemplo, uma associação de proteção ao meio ambiente ou de proteção a determinada área de preservação ambiental); e

e) a Defensoria Pública.

---

[353] STF, RE 482.611, j. 23.3.2010 (ordem para executar programas sociais).
[354] STJ, REsp 1.367.549, j. 2.9.2014 (ordem para executar obra pública).
[355] Nossa *Ação civil pública*, cit., 7. ed., 2009, p. 113.

MANUAL DE DIREITO ADMINISTRATIVO • *Carvalho Filho*

No que concerne ao Ministério Público, se é pacífica a sua legitimidade ativa para a tutela dos interesses transindividuais, incontornáveis divergências são suscitadas a respeito dos interesses individuais homogêneos, parecendo dominar o entendimento de que, nos termos do art. 127, *caput*, da CF, a proteção só pode alcançar tais interesses quando *indisponíveis*. A indisponibilidade de interesses espelha conceito fluido e indeterminado, nele se considerando incluídos aqueles que, mesmo sendo individuais homogêneos, traduzem relevante interesse social – o que gera, obviamente, intermináveis conflitos. Nesse teor, considerou-se ter o MP legitimidade ativa para propor ação civil pública em defesa de direitos sociais referentes ao FGTS, fundando-se a interpretação no fato de estar caracterizado direito individual homogêneo com forte conotação social.[356]

A Defensoria Pública passou a constar no art. 5º, II, da Lei nº 7.347/1985, em virtude de alteração introduzida pela Lei nº 11.448/2007, integrando, portanto, o rol dos legitimados ativos. Para alguns setores, mormente do Ministério Público, a inclusão da Defensoria revelar-se-ia inconstitucional, interpretação, a nosso ver, inteiramente descabida.[357] Em nosso entender, caberia interpretação conforme a Constituição, para, com base nos arts. 134 e 5º, LXXIV, da CF, admitir-se a legitimidade para a tutela de interesses individuais homogêneos ou interesses coletivos, desde que se configurassem como *necessitados*, sendo incabível a tutela de interesses difusos, em relação aos quais é impossível identificar a condição dos beneficiários. O STF, contudo, conferiu ampla interpretação ao dispositivo, admitindo sua aplicação para interesses de qualquer categoria. Fundou-se a Corte no argumento de que a distinção da natureza dos direitos sob tutela implicaria violação ao art. 3º da CF.[358] A decisão causa estranheza porque, além de fundar-se em dispositivo constitucional que não tem relação com o foco da discussão, como é o caso do art. 3º da CF, desviou-se do fato mobilizador da atuação da Defensoria, qual seja, a defesa dos *necessitados*, como consta do art. 134, da CF. Seja como for, pela sua importância no sistema, será sempre bem-vinda a legitimação da Defensoria Pública, que sempre contribuiu em muito para reduzir desigualdades sociais.

No polo passivo, não há qualquer especificidade. Quem quer que se conduza de forma ofensiva a tais interesses, seja pessoa física ou jurídica, pública ou privada, será o demandado na ação civil pública. A legitimação passiva, por conseguinte, é daquele cuja conduta vulnerar os interesses sob tutela. Como a parte ré será a pessoa jurídica, e não o seu preposto ou a autoridade que integre seu quadro funcional, não há regras especiais de competência na Constituição. A ação civil pública será ajuizada em primeira instância, na Justiça Federal ou Estadual, conforme a natureza da pessoa jurídica. Ocorre, portanto, o mesmo que na ação popular, como comentamos ao analisar essa demanda.

13.5. Sentença e Coisa Julgada

A sentença, na ação civil pública, dependerá da natureza do pedido formulado na ação, que pode variar conforme o caso.

Dita o art. 3º da Lei nº 7.347/1985 que "*a ação civil poderá ter por objeto a condenação em dinheiro ou o cumprimento de obrigação de fazer ou não fazer*". No primeiro caso, se procedente a ação, a sentença terá conteúdo *condenatório pecuniário*, já que o réu será condenado a pagar em dinheiro a indenização pelos danos causados por sua conduta ofensiva. No segundo, a sentença terá natureza *condenatória mandamental* (ou simplesmente mandamental), pois que caberá ao réu cumprir obrigação de fazer ou não fazer determinada pelo juiz. No caso de

---

[356] STF, RE 643.978, j. 9.10.2019 (Tema 850, Repercussão Geral).

[357] Foi a postulação da CONAMP – Associação Nacional dos Membros do Ministério Público, na ADI 3.943.

[358] ADI 3.943, Min. CÁRMEN LÚCIA, j. 7.5.2015.

Cap. 15 · CONTROLE DA ADMINISTRAÇÃO PÚBLICA | 925

improcedência, a sentença terá natureza *declaratória negativa*, já que estará declarando que o réu não vulnerou os interesses transindividuais sob tutela.[359]

A Lei nº 7.347/1985 só previu essas duas formas de tutela. Todavia, a Lei nº 8.078/1990 (o Código do Consumidor) passou a admitir hipóteses em que o pedido é o de anulação de atos ou de cláusulas contratuais. É o caso, *v. g.*, do art. 51, § 4º, que permite que na ação seja formulado o pedido de invalidação de cláusula contratual abusiva, ou seja, aquela que contraria os postulados do Código. A Lei nº 8.625/1993 (Lei Orgânica Nacional do Ministério Público), a seu turno, também admite a ação civil pública para invalidação de atos; com efeito, o art. 25, IV, "b", admite a ação "para a anulação ou declaração de nulidade de atos lesivos ao patrimônio público ou à moralidade administrativa do Estado ou de Município [...]". Em tais casos, a sentença que acolher a pretensão terá a natureza *constitutiva* (ou *desconstitutiva*), já que extinguirá relação jurídica anteriormente formada. Se improcedente a decisão, a sentença também será *declaratória negativa*.

Em relação à coisa julgada, repetimos aqui o que dissemos a respeito da ação popular, cujo art. 18 serviu de modelo para o art. 16 da Lei nº 7.347/1985. Em termos idênticos, reza o dispositivo que a sentença civil fará coisa julgada *erga omnes*, salvo no caso em que a ação for julgada improcedente por deficiência da prova, hipótese em que qualquer legitimado poderá ajuizar nova ação com o mesmo fundamento, socorrendo-se de nova prova.

Cabe aqui uma breve, mas pertinente anotação. O referido art. 16 da Lei 7.347 foi alterado pela Lei 9.494/97, passando-se a limitar a eficácia *erga omnes* da sentença aos *limites da competência territorial do órgão prolator*, reduzindo, por conseguinte, o âmbito espacial dentro do qual a decisão poderia ter eficácia. O novo comando, assim, permitia a coexistência de várias decisões, muitas vezes contraditórias. O STF, porém, declarou a inconstitucionalidade desse critério (mais de 23 anos após) e determinou a aplicação do art. 93, II, do CDC, pelo qual, para os danos de *âmbito nacional ou regional*, a competência de foro é a Capital do Estado ou o Distrito Federal, aplicando-se as regras do CPC no caso de competência concorrente.[360] A Corte entendeu que o critério antes adotado feria os princípios da igualdade, permitindo a escolha aleatória do juízo para a ação, e da eficiência, pela falta de uniformidade das decisões judiciais. Houve, pois, ampliação territorial para a eficácia jurisdicional.

A regra será a produção da coisa julgada *erga omnes*. Será, todavia, *inter partes* quando a prova for deficiente, e nesse caso poderá ser ajuizada nova ação para o mesmo fim, recorrendo o autor à nova prova. Mais uma vez o legislador, por questão de política legislativa, preocupou-se em não deixar que o trânsito em julgado da decisão improcedente, por questão de prova, deixasse sem proteção, para o futuro, os interesses coletivos e difusos. Fixando esse efeito limitado, o legislador permite que tais interesses sejam defendidos em ação idêntica, na qual outra (e melhor) prova possa ser produzida para demonstrar a violação por parte do réu. Vigora aqui, mais uma vez, o princípio da renovabilidade da ação, calcado na relevância que merecem os interesses sob tutela.[361]

Releva notar que, tendo em vista a natureza singular do pedido e da sentença na ação civil pública, somente se admite o controle incidental de constitucionalidade se o propósito do autor não for o de obter, por linha transversa, a declaração de inconstitucionalidade de lei ou ato

---

[359] Nosso *Ação civil pública*, cit., p. 71-80.

[360] STF, RE 1.101.973, j. 7.4.2021.

[361] Cf. nossa *Ação civil pública*, cit., p. 440.

926 MANUAL DE DIREITO ADMINISTRATIVO • Carvalho Filho

normativo, matéria de competência reservada ao STF e, portanto, insuscetível de usurpação pela Justiça de primeiro grau.[362]

14. IMPROBIDADE ADMINISTRATIVA

14.1. Microssistema da Improbidade Administrativa

O microssistema que regula a improbidade administrativa é disciplinado pela **Lei nº 8.429, de 2.6.1992 (LIA – Lei de Improbidade Administrativa)**, com as alterações da **Lei nº 14.230, de 25.10.2021**, e suas normas tratam não apenas dos atos de improbidade, mas também dos seus autores, das sanções e dos mecanismos de apuração e de punição.

De acordo com o art. 1º da lei, o sistema se destina à responsabilização pela prática de atos de improbidade administrativa e à tutela da probidade na organização do Estado e no exercício de suas funções, tudo isso com o propósito de garantir a integridade do patrimônio público e social.

As alterações introduzidas no texto primitivo afetaram bastante a configuração original da lei e, em várias passagens, abrandaram o combate à improbidade, o que levou os especialistas a uma funda divisão de pensamento quanto à eficácia social do que passou a vigorar. A seguir, comentaremos o texto vigente, apontando, sempre que pertinente, a modificação introduzida.

14.2. Ação de Improbidade

Ação de improbidade administrativa é aquela em que se pretende o reconhecimento judicial de condutas de improbidade na Administração, perpetradas por administradores públicos e terceiros, e a consequente aplicação das sanções legais, com o escopo de preservar o princípio da moralidade administrativa. Sem dúvida, cuida-se de poderoso instrumento de controle judicial sobre atos que a lei caracteriza como de improbidade.

A doutrina, em geral, procura distinções quanto ao sentido de *probidade* e de *moralidade*, já que ambas as expressões são mencionadas na Constituição. Alguns consideram distintos os sentidos, entendendo que a probidade é um subprincípio da moralidade.[363] Para outros, a probidade é conceito mais amplo do que o de moralidade, porque aquela não abarcaria apenas elementos morais.[364] Outros ainda sustentam que, em última instância, as expressões se equivalem, tendo a Constituição, em seu texto, mencionado a moralidade como princípio (art. 37, *caput*) e a improbidade como lesão ao mesmo princípio (art. 37, § 4º).[365] Em nosso entender, melhor é esta última posição. De um lado, é indiscutível a associação de sentido das expressões, confirmadas por praticamente todos os dicionaristas;[366] de outro, parece-nos desnecessário buscar diferenças semânticas em cenário no qual foram elas utilizadas para o mesmo fim – a preservação do princípio da moralidade administrativa. Decorre, pois, que, diante do direito positivo, o agente ímprobo sempre se qualificará como violador do princípio da moralidade.

---

[362] STF, Rcl. 1.503 e 1.519, j. 17.11.2011.

[363] WALLACE PAIVA MARTINS JÚNIOR, *Probidade administrativa*, cit., p. 111, e EURICO BITENCOURT NETO, *Improbidade administrativa e violação de princípios*, Del Rey, 2005, p. 105.

[364] EMERSON GARCIA e ROGÉRIO PACHECO ALVES, *Improbidade*, cit., 2004, p. 120.

[365] É o pensamento de MARIA SYLVIA ZANELLA DI PIETRO, *Direito administrativo*, cit., 18. ed., 2005, p. 709. Também MARCELO FIGUEIREDO, *Probidade administrativa*, cit., p. 23-24.

[366] CALDAS AULETE indica que moralidade tem o sentido de honestidade, honradez, retidão de caráter (*Dicionário*, cit., v. 4, p. 3.343).

14.3. Fontes Normativas

14.3.1. Fontes Constitucionais

Não é propósito desta obra o aprofundamento do processo histórico-normativo da tutela da moralidade. Entretanto, à guisa de mero subsídio, vale anotar que foi a Constituição de 1946 (art. 141, § 31) que primeiramente tratou do tema com a fisionomia jurídica adotada na Carta vigente. Secundou-a a Constituição de 1967 (art. 150, § 11), depois modificada pela EC nº 1/1969 (art. 153, § 11). No plano infraconstitucional, alguns diplomas deram tímido ou incompleto tratamento à matéria, mas, de uma forma ou de outra, aludiam ao sequestro e perdimento de bens de autores de condutas lesivas ao patrimônio do Estado ou geradoras de enriquecimento ilícito.[367]

Atualmente, é o *art. 37, § 4º, da Constituição*, a fonte normativa principal sobre a matéria. Segundo o dispositivo, os atos de improbidade administrativa provocam a suspensão dos direitos políticos, a perda da função pública, a indisponibilidade dos bens e o ressarcimento ao erário, sem prejuízo da ação penal cabível. Trata-se, sem dúvida, de sanções severas e necessárias à tutela jurídica alvejada (embora, lamentavelmente, nem sempre aplicadas). Há, ainda, outros mandamentos dotados de conteúdo correlato, como, por exemplo, o art. 37, *caput* (que inclui a moralidade como princípio); o art. 37, § 5º (prazos de prescrição para ilícitos que causem prejuízos ao erário); e o art. 85, V (crime de responsabilidade do Presidente da República por ato que atente contra a probidade na Administração).

14.3.2. Direito Administrativo Sancionador

Dispõe a lei serem aplicáveis ao microssistema de improbidade os princípios constitucionais do *direito administrativo sancionador* (art. 1º, § 4º).

A rigor, tais princípios encerram os mandamentos da Constituição que envolvem o sistema de infrações e sanções administrativas, frequentemente os mesmos aplicáveis ao regime do Direito Penal. De qualquer modo, podem-se apontar, entre outros, os princípios da proibição de provas ilícitas (art. 5º, LVI, CF); do devido processo legal (art. 5º, LIV, CF); da garantia do contraditório e da ampla defesa (art. 5º, LV, CF); da presunção de inocência (art. 5º, LVII, CF); da individualização sancionatória (art. 5º, XLV e XLVI, CF); e da competência da autoridade punitiva (art. 5º, LIII, CF).

Na verdade, é imperioso assegurar àqueles que respondem pela prática de ato de improbidade todos os direitos e garantias que sirvam de elementos de blindagem contra eventual abuso de poder cometido por agentes do sistema punitivo do Poder Público. De grande relevo, pois, é a observância, no caso, dos princípios da legalidade, da imparcialidade e da moralidade, aos quais estão sujeitos todos os responsáveis pela apuração de ilícitos.

Em nosso entender, a aplicação do sistema tem ensejado muitas *disfunções*, não somente por provocar condenáveis iniquidades, como também pela expressão de alguns julgados e decisões de certos órgãos jurisdicionais. Tudo isso, inoculou rajadas de medo em vários agentes públicos, de modo que assiste razão ao autor da seguinte advertência: "Nesse contexto, ao assumir a função pública e ordenar a despesa pública, não se trata mais de *quem* poderá ser processado por improbidade, mas sim de *quando* isto ocorrerá".[368]

---

[367] Decreto-lei nº 3.240, de 8.5.1941; Lei nº 3.164, de 1.6.1957; Lei nº 3.502, de 21.1.1958; Decreto-lei nº 359, de 17.12.1968.

[368] RODRIGO VALGAS DOS SANTOS, *Direito administrativo do medo*, RT, 2020, p. 164.

14.3.3. Fontes Legislativas

O diploma regulador da improbidade administrativa – repita-se - é a **Lei nº 8.429, de 2.6.1992 (LIA – Lei de Improbidade Administrativa)**, que, após quase trinta anos de vigência, sofreu, como dito acima, profunda alteração pela **Lei nº 14.230, de 25.10.2021**, como efeito de incessantes críticas recebidas sobre a aplicação de determinados aspectos e, por que não dizer, em razão de certos abusos cometidos pelos órgãos de controle.

Como ocorre frequentemente, as correções culminaram por ultrapassar os limites do razoável, de modo que, para renomados estudiosos, os órgãos políticos, sobretudo o Legislativo, pretenderam blindar-se a si mesmos em face de ações desferidas contra alguns de seus membros, em cenário político semelhante ao já ocorrido em outros sistemas, como, por exemplo, o italiano. De fato, numa sociedade em que a corrupção é endêmica, causa estranheza que o legislador abrande sanções e dificulte tipificações. Mas *legem habemus*, cabendo então analisar os termos do que atualmente está vigorando.

Além da LIA, outros diplomas se destinam à proteção de diversos valores na Administração Pública e preveem medidas e sanções com o intuito de protegê-los. Citem-se, como exemplos, a Lei nº 4.717, de 29.6.1965 (regula a ação popular contra imoralidade administrativa); Lei nº 8.730, de 10.11.1993 (exige declaração de bens de servidores públicos); Lei Complementar nº 101, de 4.5.2000 (responsabilidade na gestão fiscal); Lei nº 10.028, de 19.10.2000 (tipologia de crimes praticados em detrimento da LC nº 101/2000); Lei nº 12.846, de 1.8.2013 (responsabilidade de pessoas jurídicas por atos contra a Administração), entre outras.

14.4. Lei Reguladora

14.4.1. Natureza

O art. 37, § 4º, da CF, ao tratar das sanções decorrentes de improbidade, mencionou "*na forma e gradação previstas em* lei", mas não definiu o ente federativo competente para editá--la. Cabe, então, abordar sucintamente esse aspecto, já que há improbidade administrativa em todas as esferas da federação.

É imperioso, no caso, que o intérprete identifique a natureza da norma, ou seja, se contempla matéria legislativa ou administrativa. Além disso, cumpre verificar, na primeira hipótese, se há competência privativa ou concorrente. Como a LIA trata de aspectos de grande variedade, relevante será a demarcação desses pontos, inclusive para fins de análise da constitucionalidade.

A maioria das matérias contidas na lei é da competência União, de onde se infere que a disciplina deve ser estampada em *lei federal*, de caráter *nacional,* porquanto destinada ao país inteiro. De fato, o regime punitivo inclui sanção de natureza política, como é o caso da suspensão de direitos políticos, matéria de direito eleitoral da competência da União (art. 22, I, CF). A indisponibilidade de bens e o ressarcimento ao erário pertencem ao direito civil e, pois, da mesma competência (art. 22, I, CF). O mesmo se diga quanto ao processo judicial, às condutas de improbidade e aos sujeitos ativo e passivo da conduta.

A própria sanção de perda de função pública, no caso de improbidade, se qualifica como autônoma, muito embora afete o vínculo funcional do servidor. Aqui a norma é endereçada a todos os agentes, o que não impede que os entes públicos incluam a sanção em seus estatutos funcionais. A demissão, prevista em todos os estatutos, rende ensejo à perda da função pública. Por conseguinte, podem coexistir normalmente as normas nacional e local, podendo variar, porém, os suportes fáticos para a punição.

Cap. 15 • CONTROLE DA ADMINISTRAÇÃO PÚBLICA | **929**

Em algumas hipóteses, pode haver competência suplementar de Estados e Distrito Federal no caso de procedimentos em matéria processual (art. 24, XI, CF), sem prejuízo da legislação federal (art. 24, § 2º, CF). A LIA também prevê aplicação da lei local no caso de processo disciplinar decorrente de representação (art. 14, § 3º). Por fim, quando só puder ser destinada à União, a norma terá caráter *federal*, e *não nacional*, cabendo ao ente federativo competente a respectiva disciplina.

14.4.2. *Abrangência*

A disciplina prevista na LIA, alterada pela Lei nº 14.230/2021, tem por enfoque básico o enfrentamento relativamente a atos de improbidade praticados contra a Administração Pública.

Todavia, por questão didática, podem-se classificar os seguintes pontos principais na disciplina: 1º) natureza do ato de improbidade; 2º) o sujeito passivo; 3º) o sujeito ativo; 4º) a tipologia da improbidade; 5º) as sanções e medidas aplicáveis; 6º) o procedimento administrativo; 7º) o procedimento judicial.

Com efeito, é imperioso identificar (a) a configuração jurídica do ato de improbidade; (b) o ente público atingido pelo ato; (c) o autor do ato de improbidade; (d) o enquadramento legal do ato; (e) os efeitos do ato, sancionatórios ou não; (f) a tramitação na via administrativa; (g) o rito e os componentes da ação judicial.

14.5. Uso Indevido da Ação

É oportuno lembrar, desde já, que, a despeito da seriedade que envolve as condutas de improbidade, algumas ações e inquéritos civis foram deflagrados indevidamente, algumas vezes até mesmo por retaliação, dado o incômodo que produzem para a pessoa envolvida. Por tal razão, conforme já consignamos, a Lei nº 14.110, de 18.12.2020, alterou o art. 339 do Código Penal, para o fim de estabelecer que o crime de *denunciação caluniosa* abrange também aquele que provoca dolosamente a instauração de inquérito civil ou ação de improbidade contra alguém, sabendo-o inocente. Cuida-se de crime grave, em que pese a necessidade de rigorosa apuração dos fatos em cada hipótese concreta.

Examinaremos, a seguir, de modo conciso, como convém a esta obra, os aspectos principais da citada lei (sem a pretensão de esgotá-los), procurando indicar algumas das controvérsias arguidas pelos estudiosos.

14.6. ATOS DE IMPROBIDADE ADMINISTRATIVA

14.6.1. *Noção*

Conforme os dizeres da LIA, consideram-se atos de improbidade administrativa as condutas dolosas contempladas nos arts. 9º, 10 e 11, ressalvando-se tipos previstos em leis especiais (art. 1º, § 1º).

Uma das alterações mais sensíveis do texto vigente foi a *exclusão da culpa* como elemento subjetivo da conduta de improbidade. Por isso, ao conceituar o ato de improbidade, o legislador se apressou em caracterizá-lo com a exigência da presença do *dolo*. Por via de consequência, após a vigência da Lei nº 14.230/2021, "*deixou de existir, no ordenamento jurídico, a tipificação para atos culposos de improbidade administrativa*", como definido na jurisprudência.[369]

---

[369] STF, ARE 843.989, j. 24.2.2022.

930 | MANUAL DE DIREITO ADMINISTRATIVO • *Carvalho Filho*

Consequentemente, foi extinta a improbidade no caso de ato culposo lesivo ao patrimônio público, como autorizava o texto anterior no art. 10. Condutas perpetradas por imperícia, imprudência ou negligência – pressupostos da culpa – não mais se enquadram como atos de improbidade.

A despeito da alteração, alguns agentes praticam atos culposos gravíssimos contra o patrimônio público, muitas vezes em decorrência de culpa inaceitável no exercício da função. Decerto ficará muito mais difícil sancionar tais atos, já que os estatutos nunca o fizeram com resultados positivos. Por outro lado, os entes lesados raramente reivindicam a reparação dos danos. E assim Estado e sociedade é que pagarão pelos efeitos da conduta danosa.

A ressalva sobre tipos previstos em leis especiais busca impedir o *bis in idem*, ou seja, que uma única conduta seja punida mais de uma vez. Assim, se contemplar a conduta qualificada como improbidade, é a lei especial que será aplicada, e não a Lei de Improbidade.

Nenhuma autoridade poderá ficar inerte diante da prática de ato de improbidade. Tomando conhecimento de indícios do ato, cabe-lhe representar ao Ministério Público para as devidas providências (art. 7º, LIA). Imperioso será o bom-senso do administrador: nem poderá ficar omisso, sob pena de conivência, nem poderá cometer abuso de poder mediante avaliação errônea dos indícios ou intuito persecutório contra o suposto autor. Daí a necessidade de rígida triagem por parte do órgão ministerial.

Noutro giro, constitui dever do Estado oferecer capacitação ininterrupta aos agentes públicos em cuja competência se situar a função de atuar com prevenção ou repressão relativamente aos atos de improbidade (art. 23-A, LIA). A norma estampa mera exortação e dificilmente será posta em prática com efetividade; daí porque se infere a suspeita de que há real interesse, por trás dos bastidores, de deixá-la como letra morta. É da "cultura" da Administração.

Outro aspecto a considerar é a previsão da lei no sentido de que atos que tenham provocado enriquecimento ilícito, perda patrimonial, desvio, apropriação, malbaratamento ou dilapidação de *recursos públicos* dos *partidos políticos*, ou de suas fundações, serão objeto da devida responsabilização nos termos da Lei nº 9.096/1995, que dispõe sobre os partidos políticos (art. 23-C, LIA). Embora sejam pessoas de direito privado (art. 17, § 2º, CF), recebem recursos públicos, o que impõe a proteção contra eventuais atos de improbidade.

14.6.2. Dolo

O ato somente se qualificará como improbidade administrativa se o agente ou terceiro se conduzir *dolosamente*, vale dizer, buscando o fim ilícito a que se preordenar o comportamento. A lei reafirmou tal exigência ao registrar que a ilegalidade *sem a presença do dolo* não configura ato de improbidade (art. 17-C, § 1º, LIA).

Segundo a teoria finalista, o dolo é a vontade de praticar a conduta típica (dolo natural), sem a imposição de que o autor tenha a consciência de realizar um ilícito, como exige a teoria causalista. Assim, basta que o agente se proponha a atuar na conformidade do tipo incriminador, não importando se ele sabe ou não que realiza algo ilícito.[370]

Por outro lado, a teoria causalista da ação admite o *dolo genérico* e o *dolo específico*: naquele o tipo não indica qualquer fim específico; neste o tipo o menciona de modo expresso ("*com o fim de*"). Conforme a teoria finalista, porém, a distinção seria dispensável, eis que é possível afirmar que em todo tipo há uma finalidade que o torna distinto de outro. Significa que "*toda*

---

[370] GUILHERME DE SOUZA NUCCI, *Manual de direito penal*, RT, 7ª ed., 2011, p. 233.

conduta é finalisticamente dirigida à produção de um resultado qualquer, não importando se a intenção do agente é mais ou menos evidenciada no tipo penal".[371]

Anteriormente, exigia-se apenas o dolo genérico para o enquadramento do ato de improbidade.[372] A LIA, porém, em sua redação atual, definiu o dolo como *"a vontade livre e consciente de alcançar o resultado ilícito tipificado nos arts. 9º, 10 e 11"*, acrescentando que não basta a *voluntariedade do agente*. O legislador, assim, parece ter adotado a teoria causalista, obrigando à comprovação de que o agente *quis obter* o resultado ilícito, o que caracteriza o *dolo específico*.

A opção do legislador é corroborada pela ressalva legal de que o mero exercício da função ou desempenho de competências públicas, sem que esteja comprovado o ato doloso com fim ilícito, afasta a responsabilidade por ato de improbidade (art. 1º, § 3º). A norma revela-se desnecessária ante os termos do art. 1º, § 2º, em que o dolo já constitui requisito para o enquadramento. Noutra vertente, não se consegue entender bem a alternativa proposta, porquanto quem desempenha competência pública está obviamente exercendo função pública.

Como se pode observar, nem sempre será fácil identificar esse elemento intencional finalístico na conduta; sem este, contudo, não se qualificará a conduta como ato de improbidade. Certamente será bastante reduzido o número de ímprobos na Administração.

14.6.3. *Atipicidade da Conduta*

Nos termos da LIA, não se configura como improbidade a ação ou omissão oriunda de *divergência interpretativa* da lei, com base em jurisprudência, mesmo que esta não esteja pacificada e não venha a ser posteriormente dominante nas decisões dos órgãos de controle ou dos tribunais judiciários (art. 1º, § 8º).

O preceito é, sem dúvida, nebuloso. Segundo o dispositivo, se houver interpretações dissonantes a respeito da lei, tendo como fonte a jurisprudência, o ato não será considerado como de improbidade. Sem dúvida, existem situações em que a interpretação é diversa relativamente a uma mesma norma, o que causa certas dificuldades na aplicação.[373]

Causa estranheza, porém, a observação de que a jurisprudência pode não estar uniformizada e pode até mesmo não prevalecer junto aos órgãos controladores. Trata-se de inovação reprovável, em nosso entender. Primeiramente, porque provoca o engessamento dos órgãos controladores, que, diante de algumas decisões favoráveis, constitutivas de jurisprudência minoritária, terão que curvar-se à consideração de que não terá havido improbidade. No que toca ao Judiciário, poder-se-á questionar, inclusive, a constitucionalidade diante do princípio do livre convencimento do juiz.

Ademais, a norma excluirá o autor do ato de improbidade quando ocorrer aquela situação, o que obviamente reduzirá em muito a punibilidade das condutas ilícitas. Aqueles que tiverem uma ou duas decisões favoráveis, poderão brandi-las contra qualquer tipo de acusação e livrar-se da responsabilidade decorrente da prática do ato. Uma coisa é a interpretação razoável e outra, diversa, é a interpretação calcada em entendimentos isolados.

Cabe, então, aguardar para ver como será aplicado o art. 1º, § 8º, da LIA, que, de plano, parece anômalo e propicia grande desserviço ao combate à improbidade.

---

[371] ROGÉRIO GRECO, *Curso de direito penal – Parte geral*, Impetus, 2002, p. 184.

[372] STJ, AgRg no AREsp 804.289, j. 7.4.2016.

[373] MARÇAL JUSTEN FILHO, *Reforma da Lei de Improbidade Administrativa*, Gen/Forense, 2021, p. 38.

14.6.4. Retroatividade

Ampla controvérsia se instalou entre os analistas sobre a retroatividade da Lei nº 14.230/2021, tendo em vista que esta instituiu várias normas mais favoráveis àqueles que praticaram atos de improbidade administrativa.

Uma das questões principais nessa divergência consistia na possibilidade de aplicar-se o princípio da retroatividade da lei mais benéfica (art. 2º, parágrafo único, Cód. Penal), com fundamento no art. 5º, XL, da CF ("a lei penal não retroagirá, salvo para beneficiar o réu").

Numa vertente, alguns intérpretes entenderam de forma positiva, ou seja, no sentido da aplicação do princípio, considerando que a norma de improbidade se reveste de certo conteúdo penal.[374] Tal interpretação contou com o apoio de alguns setores do Judiciário.[375] Um dos fundamentos consiste no fato de que, se para a sanção penal, que é mais grave, se admite a retroatividade mais benéfica, com maior razão se deve acolher o benefício para sanções administrativas.[376]

O STF, contudo, decidiu que a revogação dos *tipos culposos* de improbidade "*é irretroativa, de modo que os seus efeitos não têm incidência em relação à eficácia da coisa julgada, nem durante o processo de execução das penas e seus incidentes*".[377] Considerou a Corte que o princípio da retroatividade da lei penal mais benéfica não se aplica a ilícitos de improbidade nem ao direito administrativo sancionador, em virtude do art. 5º, XXXVI, da CF, que consagra a garantia da coisa julgada, com o que prevalece o princípio do *tempus regit actum*.

Na mesma decisão, a Corte julgou aplicável a Lei nº 14.230/2021 aos atos de improbidade *culposos* praticados na vigência da Lei nº 8.429/92, com a condição, porém, de *não existir condenação transitada em julgado*, incumbindo ao juiz verificar a existência eventual de dolo na conduta. Sendo assim, afigura-se inadmissível prosseguir em investigação, em ação judicial ou em sentença condenatória relativamente a condutas movidas por culpa. A orientação prevalece,[378] inclusive, quando não houve conhecimento do recurso, em juízo de admissibilidade não ultrapassado.[379]

Diante de tal orientação, a jurisprudência ampliou a retroatividade mais benéfica, admitindo, para os processos em curso, a incidência da Lei 14.230/2021, em ordem a verificar se a imputação se baseia no *dolo genérico*, fato que afastaria a ilicitude da conduta, tendo em vista que a nova legislação exige o *dolo específico*.[380]

Julgou-se, ainda, que os *prazos prescricionais* previstos na Lei nº 14.230/2021 não retroagem, aplicando-se a partir da publicação da lei, ocorrida em 26.10.2021, o que será comentado adiante no tópico pertinente.

14.7. Objeto da Tutela

A proteção da lei se irradia sobre a probidade na organização do Estado e no exercício de suas funções, bem como sobre a integridade do patrimônio público e social dos Poderes

---

[374] ALUIZIO BEZERRA FILHO, Tribunais aplicam a retroatividade da nova lei de improbidade administrativa, *Correio Forense*, 17 fev. 2022.

[375] TRF 5ª Reg., Apel. 08000946920174058203, j. 14.12.2021, e TRF 3ª Reg., ApCiv 5000547-79.2018.4.03.6118, j. 17.12.2021 (decisões citadas pelo autor mencionado na nota de rodapé anterior).

[376] STJ, AgInt no REsp 2.024.133, j. 13.3.2023.

[377] STF, ARE 843.989, j. 24.2.2022.

[378] Também: STJ, AgInt no REsp 2.082.995, j. 11.3.2024.

[379] STJ, AgInt no AREsp 1.855.285, j. 18.9.2023.

[380] STJ, REsp 2.107.601-MG, j. 23.4.2024 (com base no Tema 1.199 do STF).

Cap. 15 · CONTROLE DA ADMINISTRAÇÃO PÚBLICA | **933**

constitucionais (art. 1º, § 5º, LIA). A proteção alcança os Poderes Legislativo, Legislativo e Judiciário, e, ainda, a administração direta e indireta de todas as entidades componentes da federação.

Diz a lei que os atos de improbidade *violam* a probidade na Administração. A observação, na verdade, é desnecessária: se o ato é de improbidade administrativa, é intuitivo que sua prática ofenderá a ética nos órgãos estatais. Por outro lado, convém ressalvar que atos de outra natureza também ofendem o Poder Público em áreas diversas. O que disse o legislador é que aqueles atos são ofensivos à ética estatal, sem prejuízo de outras violações possíveis contra os valores estatais sob tutela.

14.8. Sujeito Passivo da Improbidade

14.8.1. Conceito

Sujeito passivo é a pessoa jurídica que a lei indica como atingida pela conduta de improbidade, vale dizer, aquela contra a qual investe o agente mediante a prática do ato de improbidade.

Na verdade, lesada pelo ato é a *pessoa jurídica*, que sofre a violação decorrente da conduta de improbidade e os efeitos que dela emanam. Os agentes da entidade, pessoas naturais, podem ser atingidos apenas em seu foro íntimo e no plano moral. Juridicamente, porém, é a pessoa jurídica que carrega a pretensão de restabelecer a situação de legalidade rompida pelo ato ímprobo.

A despeito da expressão improbidade *administrativa*, nem sempre o sujeito passivo, como se verá, se qualifica como pessoa eminentemente administrativa. A lei, portanto, ampliou a noção, em ordem a alcançar também algumas entidades que, sem integrar a Administração, guardam algum tipo de conexão com ela.

14.8.2. Entidades Federativas

Primeiramente, são sujeitos passivos de improbidade administrativa as pessoas jurídicas de direito público de natureza federativa. Nesse sentido, a LIA referiu-se aos Poderes Políticos e às entidades federativas (art. 1º, § 5º).

Por conseguinte, os primeiros alvos de improbidade são as unidades da federação – a União, os Estados, o Distrito Federal e os Municípios -, que exercem a administração direta (ou centralizada) por seus órgãos de representação. Tais entidades são sujeitos passivos *incondicionados*, significando que essa qualificação independe de qualquer condição; basta o só fato de serem entes públicos.

14.8.3. Administração Indireta

O mesmo art. 1º, § 5º, da LIA, inclui a *administração indireta* dos entes públicos como destinatária de eventual ato de improbidade administrativa.

A Administração Indireta, como já visto, é constituída das autarquias e fundações governamentais de direito público, entidades públicas descentralizadas, de caráter não político, ou seja, de cunho meramente administrativo e operacional, bem como das empresas públicas e sociedades de economia mista, entidades dotadas de personalidade jurídica de direito privado.

Como a lei não distinguiu essas pessoas pela natureza de sua personalidade jurídica, são elas também sujeitos passivos *incondicionados*, vale dizer, sua qualidade de sujeito passivo pressupõe tão somente sua integração na administração descentralizada do ente público federativo.

934 | MANUAL DE DIREITO ADMINISTRATIVO • *Carvalho Filho*

É bem verdade que empresas estatais que exploram atividade econômica mais se aproximam daquelas que pertencem ao setor privado do que propriamente do Estado. Sendo assim, deveriam ter seus próprios mecanismos de governança, sendo desnecessária a equiparação ao setor público. Mas, repita-se, a lei não destacou tal situação, de modo que também elas se sujeitam às normas da Lei de Improbidade.

14.8.4. *Entidades do Setor Privado*

O texto anterior da LIA já incluía, como sujeitos passivos da improbidade, entidades do setor privado com algumas características. O texto vigente as manteve incluídas, mas apresentou algumas alterações.

São duas as categorias de pessoas privadas estabelecidas na lei. Embora sujeitas a situação fática diversa, apresentam um fator comum: todas estão atreladas ao Poder Público mediante *vínculo jurídico* e dele recebem algum tipo de *benefício financeiro*. Além disso, os atos sujeitos à incidência da lei são aqueles praticados contra o *patrimônio* das entidades.

O primeiro grupo é formado pelas entidades privadas que recebem subvenção, benefício ou incentivo, fiscal ou creditício, de entes públicos ou governamentais, cujo *patrimônio* tenha sido atingido pelo ato de improbidade (art. 1º, § 6º). Como o dispositivo faz menção ao § 5º do mesmo art. 1º, as pessoas estatais responsáveis pelo apoio financeiro são as que compõem a administração direta ou que executam a administração descentralizada.

A outra categoria é constituída pelas entidades privadas, da administração indireta ou não, para cuja criação ou custeio o erário haja contribuído ou contribua para seu patrimônio ou receita anual. O ato desferido contra o patrimônio de tais entidades também se qualificará como de improbidade e estará sujeito ao regime punitivo da LIA (art. 1º, § 7º). A aplicação da sanção de ressarcimento de prejuízo, contudo, tem como limite a repercussão do ilícito sobre a contribuição dos cofres públicos.

Anteriormente, havia limite percentual de cinquenta por cento relativo à contribuição estatal, demarcando-se aquelas entidades que receberam mais e as que receberam menos, sendo mais rigorosa a apuração naquela hipótese. A demarcação, porém, desapareceu com as modificações da Lei nº 14.230/2021. Na verdade, essa linha de separação não só era inócua, como ainda suscitava numerosas controvérsias.

14.8.5. *Outras Entidades*

As pessoas de cooperação governamental (serviços sociais autônomos) são destinatárias de contribuições parafiscais instituídas por lei. Nada obstante seja forma de contribuição indireta (mas relevante e fundamental, porque tais contribuições têm suporte em lei e natureza compulsória), podem referidas entidades ser sujeitos passivos de conduta de improbidade, visto que praticamente todo o seu custeio é coberto pelo montante arrecadado com as ditas contribuições. Enquadram-se, por conseguinte, no art. 1º, *caput*, da Lei de Improbidade.[381]

As entidades do terceiro setor, como as OS - Organizações Sociais (Lei 9.637/1998), as OSCIPs – Organizações da Sociedade Civil de Interesse Público (Lei 9.790/1999) e as OSCs – Organizações da Sociedade Civil (Lei 13.019/2014), espelham pessoas não governamentais e se subordinam a legislação própria. Nesse caso, poderão ou não ser sujeitos passivos de improbidade, dependendo de eventuais benefícios financeiros que lhes sejam dispensados pelo

---

[381] EMERSON GARCIA e ROGÉRIO PACHECO ALVES, ob. cit., p. 213. *Contra*: MARIA SYLVIA ZANELLA DI PIETRO, ob. cit., p. 720.

Poder Público. E, se forem destinatárias de tais benefícios, serão enquadradas no art. 1º, §§ 6º ou 7º da LIA.

14.9. Sujeito Ativo da Improbidade

14.9.1. Conceito

Denomina-se *sujeito ativo* aquele que pratica dolosamente o ato de improbidade, concorre para sua prática ou dele extrai vantagens indevidas. É o autor ímprobo que, de forma consciente, perpetra a conduta.

Em alguns casos, não pratica o ato em si, mas oferece sua colaboração, ciente da desonestidade do comportamento. Em outros, obtém benefícios do ato, muito embora sabedor de sua origem ilícita. Em qualquer caso, a conduta violará o princípio da probidade, resultando daí a necessidade de que se lhe imponha a adequada sanção ou medida restritiva.

No sistema da LIA, podem identificar-se dois grupos de sujeitos ativos pessoas físicas: 1º) os agentes públicos; 2º) terceiros participantes da conduta. Vejamos adiante as considerações que parecem pertinentes a cada categoria.

14.9.2. Agentes Públicos

A noção de agentes públicos mencionada no art. 2º da LIA sempre causou algumas interpretações dissonantes sobre o alcance desejado pelo legislador. Uma das razões era a conceituação de agentes públicos à luz da disciplina organizacional da Administração. Por isso mesmo, o dispositivo confirmou a expressão "para os efeitos desta Lei", de onde se infere que, para outros efeitos, o âmbito conceitual pode ser diverso.

O novo texto não afastou inteiramente a confusão. Embora, de um lado, tenha incluído os agentes políticos entre os agentes públicos, de outro referiu-se de forma atécnica aos servidores públicos, como se verá adiante. Segundo a lei, são agentes públicos o agente político, o servidor público e *"todo aquele que exerce, ainda que transitoriamente ou sem remuneração, por eleição, nomeação, designação, contratação ou qualquer outra forma de investidura ou vínculo, mandato, cargo, emprego ou função"* nas entidades referidas no art. 1º da lei. Ocorre que essa última categoria, notoriamente genérica, inclui também o agente político, o servidor público e vários tipos de servidores, deixando afinal alguma dúvida sobre os grupos funcionais abrangidos pela lei.

Como resulta do próprio texto legal, a expressão *agente público* é claramente genérica, mas, para os fins da lei, pode afirmar-se que agentes públicos são todos aqueles que, a qualquer título, têm vínculo com o Estado por meio de relação jurídica de caráter funcional. Todos exercem funções que lhes são atribuídas pelo órgão a que pertencem, independentemente da natureza e das características do vínculo jurídico.

Noutro giro, o novo texto da lei tratou especificamente de pessoas físicas ou jurídicas particulares que firmaram com a Administração convênio e alguns contratos, bem como negócios jurídicos similares (art. 2º, parágrafo único).

Para fins didáticos, é possível capitular os sujeitos ativos da improbidade em duas categorias básicas: 1ª) agentes públicos; 2ª) pessoas privadas. Os agentes públicos, por sua vez, comportam três subgrupos: a) agentes políticos; b) servidores públicos em sentido estrito; c) outros servidores e agentes.

Alguns breves comentários serão feitos a seguir sobre esses agentes.

936 | MANUAL DE DIREITO ADMINISTRATIVO • *Carvalho Filho*

14.9.3. Agentes Políticos

Não é tarefa muito fácil descrever o perfil do que se convencionou denominar de *agentes políticos*, expressão, diga-se, desde já, que não constava no texto anterior da Lei de Improbidade e que, por isso mesmo, rendeu ensejo a muitas polêmicas. Na verdade, inexiste definição exata sobre tais agentes.

A noção jurídica sobre os agentes políticos já foi desenvolvida no capítulo destinado aos servidores públicos, de modo que aqui é suficiente caracterizá-los como aqueles que desempenham as funções políticas destinadas à direção efetiva do Estado para alcançar os seus fins.

Com uma ou outra dissidência, incluem-se primeiramente nessa categoria os agentes oriundos de eleição, como os Chefes do Executivo e os membros do Poder Legislativo, em todas as unidades da federação. Por extensão, são também incluídos os auxiliares diretos da Chefia do Executivo, como é o caso de Ministros e Secretários Estaduais e Municipais. Embora não sejam eleitos, são eles que, na prática, executam as funções de direção dos entes públicos nos diversos setores sob a intervenção destes.

Evidentemente, dada a sua posição no sistema da organização estatal, não se lhes podem ser aplicar as normas comuns destinadas aos servidores públicos, que formam a maioria nas pessoas federativas. Entretanto, com a expressa referência da lei, foram espancadas as dúvidas sobre sua responsabilização por improbidade administrativa: todos se sujeitam à LIA, com as ressalvas próprias de legislação específica.

Outro aspecto que merece realce é o de que, com as alterações da LIA, não há mais ensejo para manter a polêmica sobre a sujeição à Lei de Improbidade de magistrados e membros do Ministério Público, considerados por alguns como agentes políticos, entendimento do qual dissentimos por entender que se trata de servidores públicos de regime jurídico especial. Seja qual for a posição preferida, todos se sujeitarão à Lei de Improbidade.

Sempre houve funda controvérsia sobre a possibilidade, ou não, de ser proposta *ação de improbidade* contra agentes políticos. Segundo um primeiro entendimento, seria inaplicável a LIA se o agente se sujeitasse ao regime do crime de responsabilidade, cujo rito está na Lei nº 1.079/1950.[382] Assim não haveria concorrência entre os dois regimes.[383] Para outros, seria viável a concomitância de regimes.[384] Um terceiro entendimento admitia a ação, mas impedia a aplicação da sanção de perda da função pública e da suspensão de direitos políticos.[385]

A despeito de tanta divergência, o STF parece ter definido os pontos básicos no concernente à responsabilidade dos *agentes políticos*. Tais aspectos podem resumir-se a três: 1º) submetem-se a *duplo regime sancionatório*, sendo suscetíveis de responsabilização civil por atos de improbidade conjuntamente com a responsabilidade político-administrativa por crimes de responsabilidade, com fundamento na inexistência de impedimento à concorrência de regimes; 2º) a única exceção em matéria de improbidade refere-se aos atos do Presidente da República, em face da previsão expressa do art. 85, V, da CF; 3º) por fim, não se lhes aplica o foro especial por prerrogativa de função, e isso porque: (a) esse foro é limitado a ações penais; (b) as sanções

---

[382] ARNOLDO WALD e GILMAR FERREIRA MENDES, Competência para julgar a improbidade administrativa, em *Revista de Informação Legislativa* no 138, abr./jun. 1998, p. 213-215.

[383] Foi como decidiu no STF no Agr.Reg-RE 579.799, j. 2.12.2008.

[384] ROGÉRIO PACHECO ALVES, *Improbidade administrativa*, Lumen Juris, 2. ed., 2004, p. 740 (obra em conjunto com Emerson Garcia).

[385] STF, Recl. 2.138, j. 13.6.2007 (dois votos vencidos).

da LIA, embora graves, não têm natureza penal; (c) o foro especial é de direito estrito, não podendo ser ampliado para hipóteses não expressamente previstas na Constituição.[386]

Nessa linha, aliás, a jurisprudência tem entendido que os agentes públicos municipais se submetem à Lei de Improbidade Administrativa, sem prejuízo da responsabilização política e criminal disciplinada pelo Decreto-lei nº 201/1967, o que torna viável a apuração do fato indigitado nas duas vias.[387]

14.9.4. *Servidores Públicos*

Conforme já assinalamos anteriormente, a noção mais precisa de servidores públicos é aquela que os caracteriza como trabalhadores ligados à Administração por uma *relação formal de trabalho*, seja qual for a natureza do vínculo dessa relação. São os profissionais do setor público.

Na verdade, podemos dividi-los em três grupos: a) servidores estatutários; b) servidores trabalhistas; c) servidores temporários sob regime especial. Já se viu que a diferença entre as categorias se situa na natureza do vínculo de trabalho. Mas, para fins de improbidade, todos se sujeitam à LIA.

Com efeito, se um servidor temporário frustra dolosamente a licitude de processo licitatório, sujeitar-se-á à norma do art. 10, VIII, da LIA, e às sanções do art. 12. Igual efeito ocorrerá se o sujeito da conduta for servidor estatutário ou trabalhista. Afinal, nenhum servidor estará imune à lei, independentemente do vínculo que o atrelar ao Estado.

14.9.5. *Outros Agentes*

O texto atual da LIA, porém, cometeu a impropriedade de baralhar as categorias de agentes públicos. De fato, referiu-se, de um lado, a "servidor público" e, de outro, a "todo aquele que exerce, ainda que transitoriamente ou sem remuneração, por eleição, nomeação, designação, contratação ou qualquer outra forma de investidura ou vínculo, mandato, cargo, emprego ou função" nas entidades referidas no art. 1º da lei.

Ocorre, como adiantamos, que essa última categoria insere também vários tipos de servidores e agentes, e até mesmo agentes políticos, deixando afinal alguma dúvida sobre os grupos funcionais abrangidos pela lei. Com algum método, parece razoável considerar que, no conceito genérico da lei, estão incluídos os agentes políticos (eleição, mandato), os servidores públicos (cargo, emprego) e os demais agentes públicos (particulares por designação, convocação, função de fato).

Quanto aos agentes de fato, em que pese não serem propriamente servidores públicos, estão inseridos nessa categoria conforme o que a lei demarcou, e isso porque podem eventualmente atuar por autorização do Poder Público, mesmo que sem vínculo formal ou com vínculo ilegal. Apesar disso, nem sempre serão situações fáceis de enquadrar, havendo, pois, a necessidade de acurada análise de cada caso. Não havendo a dita vinculação, o autor do fato não se sujeitará ao sistema de improbidade.

Oportuno acrescentar, nesta etapa de análise, que, a despeito de alguns questionamentos suscitados por estudiosos do tema, a *ampliação* do conceito de agente público, nos termos do que dispõe o atual art. 2º da LIA, foi julgado constitucional.[388]

---

[386] STF, Pet 3.240 AgR, j. 10.5.2018.

[387] STJ, AREsp 2.031.414, j. 13.6.2023, e STF, RE 976.566, j. 13.9.2019.

[388] STF, ADI 4.295, j. 21.8.2023.

938 | MANUAL DE DIREITO ADMINISTRATIVO • *Carvalho Filho*

14.9.6. *Recursos de Origem Pública*

A lei se preocupou em proteger a probidade administrativa no que concerne ao uso de *recursos de origem pública* (art. 2º, parágrafo único). Estes devem ser entendidos como os que provêm dos cofres de entidades públicas e são repassados a pessoas privadas em virtude de determinado ajuste. Sendo os recursos de origem privada, a conduta não se enquadrará como de improbidade administrativa, mas não isentará os autores da adequada responsabilização pelo emprego indevido desses recursos.

Sujeita-se às sanções da LIA a *pessoa física ou jurídica particular*, que firma com a Administração algum tipo de ajuste, como convênios, contratos de repasse, contratos de gestão, termo de parceria, termo de cooperação ou ajuste equivalente. A relação é meramente exemplificativa, de modo que incidirá a lei quando for celebrado contrato de perfil semelhante, retratando instrumento de parceria, ainda que externado com rótulo diverso.

Diante da menção a pessoas físicas ou jurídicas particulares, vale a pena uma observação. A pessoa física privada dificilmente firmará ajuste de parceria com a Administração. Se o fizer, claro, se sujeitará às sanções da lei. Entretanto, o mesmo ocorrerá se o contrato for celebrado pela pessoa jurídica e a conduta de improbidade for consumada por pessoa física, como, por exemplo, um empregado. Esse autor, pessoa física, também responderá por improbidade administrativa. Urge, pois, que o fato seja cuidadosamente apurado: pode a conduta ser atribuída à pessoa jurídica e não o ser à pessoa física, e vice-versa; de outro lado, pode a responsabilidade de ambas ser conjunta.

14.9.7. *Pessoas Jurídicas*

Em princípio, pessoas jurídicas não podem ser autoras de ato de improbidade. A LIA só aludiu a agentes, pessoas físicas, e não as incluiu no art. 2º para caracterizá-las como agentes públicos. De outro lado, como o ato de improbidade pressupõe conduta movida por dolo (art. 1º, § 1º), é materialmente impossível admitir tal elemento subjetivo para pessoas jurídicas.

Mas, como foi visto, a lei admitiu a responsabilização de pessoas jurídicas quando destinatárias de recursos de origem pública, alocados por força de contratos, convênios e outras parcerias (art. 2º, parágrafo único). Resulta, pois, que sua responsabilização é *objetiva*, como, aliás, ocorre na Lei nº 12.846/2013, que regula atos lesivos de pessoas jurídicas contra a Administração.

Advirta-se, no entanto, que tal responsabilização deve ser objeto de redobrada cautela e imparcialidade para não haver injustiças e gravames, isso porque, de um lado, elas não têm vontade própria, sendo dos agentes a expressão volitiva, e, de outro, vários tipos previstos na LIA são incompatíveis com a atribuição de sua responsabilidade.

Essa precaução, diga-se de passagem, não é mera abstração. Ao contrário, a própria LIA estabelece que as sanções nela previstas não se aplicarão à pessoa jurídica quando o ato de improbidade for também sancionado como ato lesivo à Administração nos termos da já citada Lei nº 12.846/2013. Como exemplo, se a conduta revela fraude à licitação (art. 11, V, LIA), as sanções do art. 12, III, da LIA, não poderão ser aplicadas, já que a Lei 12.846 prevê a conduta de fraudar licitação (art. 5, IV, "d"); as sanções, portanto, serão as previstas nesse diploma.

A responsabilidade da pessoa jurídica independe da de seus agentes. Sócios, cotistas, diretores e colaboradores, em princípio, não têm responsabilidade por conduta de improbidade imputada à respectiva pessoa jurídica. Mas serão responsabilizados se ficar comprovada a ocorrência de participação ou benefício *diretos*, caso em que responderão nos limites da sua participação (art. 2º, § 2º, LIA). Trata-se, no caso, de responsabilidade subjetiva, decorrente de comportamento doloso.

Cap. 15 • CONTROLE DA ADMINISTRAÇÃO PÚBLICA | **939**

A esse respeito, há entendimento de que o dispositivo é inconstitucional por violar o princípio da isonomia, porquanto inaplicável a agentes públicos. Além disso, a dita comprovação pode estimular a percepção de benefícios *indiretos* para não incidir a norma.[389] Em nosso entender, todavia, não vislumbramos ofensa ao referido princípio. Pode o legislador não ter feito a escolha desejável, mas instituir restrições diversas para situações também diversas não traduz violação à isonomia.

14.9.8 *Terceiros*

A despeito de o microssistema sugerir que os atos de improbidade sejam praticados pelos agentes do próprio Estado ou de suas entidades vinculadas, a LIA responsabiliza também *terceiros* não pertencentes aos quadros funcionais daqueles entes. De acordo com o art. 3º da LIA, esta aplica-se, no que couber, àquele que, mesmo não qualificado como agente público, induza ou concorra dolosamente para a prática do ato de improbidade.

Importante observar que, para a incidência da LIA, a conduta do terceiro deve estar de alguma forma associada à do agente público; sem tal vinculação, será responsabilizado conforme a legislação própria, mas não responderá perante o sistema de improbidade. Não há, pois, a figura do terceiro autônomo para fins de improbidade administrativa. Por tal motivo, não pode figurar sozinho no polo passivo da relação processual de improbidade.[390]

Os comportamentos ilícitos do terceiro são os de *induzir* ou *concorrer* para a prática do ato de improbidade. O sentido de *induzir* é o de instalar, plantar, incutir em outrem a ideia do ilícito (que antes não existia). Já *concorrer* significa participar da prática do ato, prestando auxílio material ao agente. O Código Penal prevê o crime de induzir, *instigar* e prestar auxílio material para a prática de suicídio (art. 122). *Instigar* significa incentivar, fomentar, estimular. Como se trata de condutas puníveis, descabe interpretação ampliativa no sistema da improbidade. Desse modo, se o terceiro apenas incentiva o agente a se conduzir com improbidade, sem induzir ou concorrer, não recebe o influxo do sistema.[391]

Antes da alteração, a LIA silenciava sobre o elemento subjetivo da conduta do terceiro. Apesar disso, predominava o entendimento de que exigível seria o *dolo*.[392] Todavia, o texto foi alterado para a inclusão do advérbio *"dolosamente"*, de modo que restou confirmada a interpretação precedente. Consequentemente, é impunível qualquer conduta de terceiro movida por *culpa*.

Noutro giro, o texto anterior enquadrava como improbidade o fato de o terceiro se *beneficiar direta ou indiretamente* do ato. O texto vigente, porém, excluiu essa conduta, embora tenha recebido muitas críticas. Com efeito, se alguém dolosamente se beneficia de alguma forma com o ato, como, por exemplo, recebendo valores indevidos, comete sem dúvida ato de improbidade. No fundo, parece sem sentido a exclusão, ainda mais quando a corrupção é endêmica no país.

O terceiro, dentro do conceito do art. 3º, *caput*, da LIA, só pode ser pessoa física. Como já se afirmou, o dispositivo é constituído de condutas incompatíveis com autoria de pessoas jurídicas.[393] O texto vigente, aliás, reforçou tal interpretação. Primeiro, porque procedeu à

---

[389] Nota Técnica nº 01/2021-5ª CCR, de 12.11.2021, do Ministério Público Federal.

[390] Nessa esteira, STJ, REsp 1.155.992, j. 23.3.2010.

[391] *Contra*: MARINO PAZZAGLINI FILHO, *Lei de Improbidade* cit., p. 25.

[392] JACINTHO DE ARRUDA CÂMARA, *Improbidade administrativa: questões polêmicas e atuais*, obra colet., Malheiros, 2001, p. 209.

[393] Também: LUCIANO MOREIRA DE OLIVEIRA, *in* RDA 276, p. 153, 2010.

940 | MANUAL DE DIREITO ADMINISTRATIVO • *Carvalho Filho*

já citada exclusão de receber benefício do ato; depois, porque impôs o dolo como elemento subjetivo; e, finalmente, porque tratou da responsabilização da pessoa jurídica no art. 2º, parágrafo único. Aliás, nunca é demais relembrar que a disciplina básica de responsabilização de pessoas jurídicas por atos lesivos à Administração é a Lei nº 12.846/2013, como já assinalamos acima.

14.9.9. Sucessão e Alteração Contratual

É comum que autores de atos de improbidade venham a falecer antes de sua responsabilização. Nesse caso, cabe indagar qual a situação dos sucessores. Desde logo, uma observação: a lei refere-se a *sucessor* ou *herdeiro*. Aqui há uma impropriedade, pois que todo herdeiro é naturalmente sucessor; a recíproca é que não é verdadeira: nem todo sucessor se qualifica como herdeiro.

O *sucessor* daquele que praticou ato de improbidade e que, em consequência, causou danos ao erário ou se enriqueceu ilicitamente está sujeito a uma única obrigação, que, aliás, tem nítida feição sancionatória: a *reparação do dano* até o limite do valor da herança ou do patrimônio transferido (art. 8º, LIA).

A lei não foi muito clara a respeito dessa reparação, dando a impressão de que só atingiria atos causadores de prejuízos ao Estado. Entretanto, deve entender-se como *dano* não só o prejuízo financeiro causado ao erário como também o *montante acrescido ilicitamente* ao patrimônio do autor, incluindo-se a percepção de vantagens indevidas, visivelmente danosas ao patrimônio público.[394] A não ser assim, o sucessor seria beneficiado mediante enriquecimento sem causa decorrente da improbidade praticada pelo falecido.

Idêntica responsabilidade sucessória é aplicável no caso de *alteração contratual, transformação, incorporação, fusão* ou *cisão societária* (art. 8º-A). Tratando-se de fusão ou incorporação, a pessoa sucessora terá apenas a obrigação de reparar integralmente o dano, até o limite do patrimônio transferido. Não incidem outras sanções da lei relativamente a atos ou atos ocorridos antes da alteração societária, a menos que tenha havido efetiva comprovação de simulação ou propósito de fraude (art. 8º-A, parágrafo único).

14.10. Tipologia da Improbidade

14.10.1. Considerações Preliminares

A LIA agrupou os atos de improbidade em *três categorias* distintas, considerando os valores afetados pela conduta e suscetíveis de tutela: 1ª) atos de improbidade que importam *enriquecimento ilícito* (art. 9º); 2ª) atos de improbidade que causam *lesão ao erário* (art. 10); 3ª) atos de improbidade que atentam contra os *princípios* da Administração Pública (art. 11). O antigo art. 10-A, configurando como improbidade a conduta contrária à Lei Complementar nº 116/2003, sobre imposto sobre serviços, foi revogado e incluído no art. 10 (inciso XXII).

A Lei nº 10.257/2001 (Estatuto da Cidade), todavia, considerou como atos de improbidade algumas condutas positivas ou omissivas relativas à ordem urbanística, determinando a aplicação das normas da Lei nº 8.429/1992. Com isso, é lícito admitir ter sido criada uma nova categoria de atos.

O legislador optou por mencionar no *caput* dos dispositivos o *tipo genérico* configurador da improbidade e nos incisos os *tipos específicos*, que nada mais são do que situações jurídicas exemplificativas do tipo genérico, o que se confirma pelo advérbio "*notadamente*" antes

---

[394] *Contra*: LUANA PEDROSA DE FIGUEIREDO CRUZ, *Comentários à Nova Lei de Improbidade Administrativa*, obra em coautoria, RT, 5ª ed., 2021, p. 79.

da enumeração. Portanto, os tipos específicos constituem *relação meramente exemplificativa* (*numerus apertus*), de onde se infere que outros comportamentos fora dessa relação podem eventualmente inserir-se na cabeça do dispositivo.[395]

14.10.2. Enriquecimento Ilícito

Segundo o art. 9°, a conduta de improbidade gera enriquecimento ilícito quando o autor aufere, a título de dolo, *"qualquer tipo de vantagem patrimonial indevida em razão do exercício do cargo, de mandato, de função, de emprego ou de atividade nas entidades referidas do art. 1°"* da LIA. Esse é o *tipo genérico*, constando dos incisos I a XII os *tipos específicos*.

Constitui *objeto da tutela* o *enriquecimento legítimo*, justo e moral. Não há objeção a que o indivíduo se enriqueça, desde que o faça por meios lícitos. O que a lei proíbe é o enriquecimento ilícito, ou seja, aquele que ofende os princípios da moralidade e da probidade.

O *pressuposto exigível* do tipo é a percepção da vantagem patrimonial ilícita obtida pelo exercício da função pública em geral. *Pressuposto dispensável* é o dano ao erário. Significa que a conduta de improbidade no caso pode perfazer-se sem que haja lesão aos cofres públicos.[396]

É o que ocorre, por exemplo, quando servidor recebe propina de terceiro para conferir-lhe alguma vantagem; os incisos I, II, III, V, VI e IX do art. 9° são exemplos claros de tal conduta.

No texto anterior da LIA, o art. 9° era omisso quanto ao *elemento subjetivo* do tipo. Dominava, contudo, o entendimento de que as condutas só seriam tipificadas com a presença de *dolo*; era, pois, inimaginável enriquecimento ilícito por culpa. Atualmente, todos os tipos de improbidade impõem o *dolo* (art. 1°, § 1°), de modo que não há mais discussão sobre o tema. Por outro lado, a conduta não admite *tentativa*, a símile do que ocorre na esfera penal, e isso tanto em conduta meramente *formal* (ex.: aceitar emprego), quanto *material* (ex.: receber vantagem). Consequentemente, só haverá improbidade ante a consumação da conduta. Em qualquer caso, porém, é inadmissível a responsabilidade objetiva.[397]

O *sujeito ativo*, em algumas situações, pode ser o agente público e o terceiro, cada um deles necessariamente numa face da conduta e animados do mesmo propósito de ilicitude (coautoria). É o que ocorre na corrupção, em que o terceiro oferece a vantagem (corruptor) e o agente a recebe para si (corrupto). Noutras situações, contudo, pode ser sujeito ativo apenas o agente, quando, por exemplo, adquire bens cujo valor se afigura desproporcional à sua renda (art. 9°, VII, LIA).

Quanto à *natureza* do tipo, tratar-se-á sempre de conduta *comissiva*. De fato, a conduta genérica do caput e as específicas dos incisos não comportam condutas omissivas. Ninguém pode ser omisso para receber vantagem indevida, aceitar emprego ou comissão ou utilizar em seu favor utensílio pertencente ao patrimônio público.

14.10.3. Prejuízo ao Erário

Os atos de improbidade que causam prejuízo ao erário estão previstos no art. 10 da LIA. Será ato de improbidade nesse caso *"qualquer ação ou omissão dolosa que enseje, efetiva e comprovadamente, perda patrimonial, desvio, apropriação, malbaratamento ou dilapidação dos bens*

---

[395]   Também: MAURO ROBERTO GOMES DE MATTOS, *O limite da improbidade administrativa* cit., 2ª ed., 2005, p. 168. *Contra*, entendendo ser taxativa a relação: FRANCISCO OCTAVIO DE ALMEIDA PRADO, *Improbidade administrativa*, Malheiros, 2001, p. 35.

[396]   STJ, REsp 1.412.214, j. 8.3.2016.

[397]   STJ, AgRg no REsp 1.500.812. j. 21.5.2015, e AgRg no REsp 968.447, j. 16.4.2015.

942 | MANUAL DE DIREITO ADMINISTRATIVO • *Carvalho Filho*

ou haveres das entidades referidas no art. 1º" da lei. Esse *tipo genérico* vem acompanhado dos *tipos específicos* arrolados nos incisos do dispositivo; daí o advérbio *"notadamente"* inserido no *caput*.

No título da Seção II, a lei aludiu a atos que causam *prejuízo* ao erário, mas no *caput* do art. 10 constou a expressão *lesão* ao erário. Não deveria ser assim, posto que lesão e prejuízo não são rigorosamente sinônimos; pode haver lesão sem prejuízo. Segundo a melhor interpretação, porém, é de entender-se que o termo *lesão* deve indicar *perda financeira* para caracterizar efetivamente o prejuízo.

Numa interpretação sistemática da lei, deve considerar-se que o termo *erário*, constante da tipologia do art. 10, não foi usado em seu sentido estrito, ou *sentido objetivo* – o montante de recursos financeiros de uma pessoa pública (o tesouro).[398] O sentido adotado foi o *subjetivo*, em ordem a indicar as *pessoas jurídicas* aludidas no art. 1º. Anote-se, ainda, que o sentido de *patrimônio* na expressão *perda patrimonial* tem ampla densidade, a mesma que provém da expressão *patrimônio público*.[399] Vai, portanto, muito além do patrimônio econômico-financeiro, embora se reconheça que este é o mais usualmente passível de violações.

A *perda patrimonial* consiste em qualquer lesão que afete o patrimônio, este em seu sentido amplo. *Desvio* indica direcionamento indevido de bens ou haveres; *apropriação* é a transferência indevida da propriedade; *malbaratamento* significa desperdiçar, dissipar, vender com prejuízo; e *dilapidação* equivale a destruição, estrago. Na verdade, estas quatro últimas ações são exemplos de meios que conduzem à perda patrimonial; esta é o gênero, do qual aquelas são espécies.

O *objeto da tutela* reside na preservação do patrimônio público. Não somente é de proteger-se o erário em si, com suas dotações e recursos, como outros bens e valores jurídicos de que se compõe o patrimônio público. Esse é o intuito da lei no que toca a tal aspecto. Modernamente, impõem-se maior zelo e proteção também no concernente ao *patrimônio intangível*, constituído de bens imateriais, como marcas, patentes, direitos autorais e, sobretudo, criações tecnológicas.[400]

Pressuposto exigível é a ocorrência do dano ao patrimônio das pessoas referidas no art. 1º da lei. Nesta há a menção a *prejuízo* ao erário, termo que transmite o sentido de perda patrimonial em sentido estrito, mas a ideia é mais ampla, significando *dano*, indicativo de qualquer tipo de lesão. Sem muita propriedade, a Lei nº 11.107/2005 incluiu os incisos XIV e XV, cuja conduta é a de *celebrar* contratos ligados aos consórcios públicos. Para congruência com a tutela do dispositivo, contudo, só haverá improbidade se a conduta for dolosa e sobrevier prejuízo ao erário. Sem este último requisito, a conduta poderá apenas, se for o caso, enquadrar-se no art. 11 da LIA, que trata da violação a princípios.

Sendo o dano pressuposto exigível, não vislumbramos qualquer impropriedade nos incisos acrescentados pela Lei nº 11.107/2005, que regula os consórcios – o XIV (*"celebrar contrato ou outro instrumento que tenha por objeto a prestação de serviços públicos por meio da gestão associada sem observar as formalidades previstas em lei"*) e o XV (*"celebrar contrato de rateio de consórcio público sem suficiente e prévia dotação orçamentária, ou sem observar as formalidades previstas em lei"*): somente se caracterizará o ato de improbidade nessas condutas se houver dano ao erário; se não houver, incidirá, conforme o caso, o art. 11, que trata da violação de princípios.

---

[398] O sentido originário é o de *"edifício onde se guardavam os capitais ou dinheiros públicos"* (CALDAS AULETE, *Dicionário*, cit., v. 2, p. 1.816).

[399] Com o mesmo pensamento SÉRGIO MONTEIRO MEDEIROS, *Lei de improbidade administrativa* – comentários e anotações jurisprudenciais, Juarez de Oliveira, 2003, p. 43.

[400] CLÁUDIO EDUARDO REGIS DE FIGUEIREDO E SILVA, *Software e propriedade intelectual na gestão pública*, Lumen Juris, 2015, p. 81.

Cap. 15 · CONTROLE DA ADMINISTRAÇÃO PÚBLICA | **943**

É imperioso que a conduta provoque *dano efetivo*, como afirma o art. 10, *caput*. Caso a imputação se tenha fundado em dano presumido, ficará ela prejudicada ante o novo sistema. A nova exigência, inclusive, aplica-se aos processos iniciados antes da alteração da Lei 14.230/2021. [401]

Pressuposto dispensável é a ocorrência de enriquecimento ilícito. A conduta pode provocar dano ao erário sem que alguém se locuplete indevidamente. É o caso em que o agente público realiza operação financeira sem observância das normas legais e regulamentares (art. 10, inciso VI).

O *elemento subjetivo* do tipo é exclusivamente o *dolo*. Como já se viu, não há mais ato de improbidade punível a título de culpa (art. 1º, § 1º, LIA). Essa, aliás, foi uma das mais importantes alterações introduzidas pela Lei nº 14.230/2021. A alteração, já foi dito, dividiu opiniões: para alguns, a norma anterior seria inconstitucional,[402] ao passo que para outros não haveria ofensa à Constituição e deveria ser mantida.[403] Nesse sentido, até mesmo decisões judiciais foram proferidas com esse entendimento.[404] Em nosso entender, a alteração decorreu de opção legislativa, ou seja, o legislador decidiu abrandar a punibilidade excluindo atos culposos, muito embora – ninguém desconhece – haja atos dessa natureza mais graves que alguns dolosos.

No que tange ao *sujeito ativo*, repetimos o comentário já feito anteriormente a propósito do enriquecimento ilícito: tanto pode a improbidade ser cometida apenas pelo agente público (quando, por exemplo, age negligentemente na arrecadação de tributo, como previsto no art. 10, X), quanto pelo agente em coautoria com o terceiro (como ocorre quando o agente indevidamente faz doação de bem público a terceiro, nos termos do art. 10, III).

A *natureza* dos tipos admite condutas *comissivas* e *omissivas*, o que nesse aspecto se diferencia dos atos que importam enriquecimento ilícito, só perpetrados, como vimos, por atos comissivos. Se o agente concorre para que bem público seja incorporado ao patrimônio de pessoa privada (art. 10, I), sua conduta é comissiva; quando permite a realização de despesas não autorizadas em lei ou regulamento (art. 10, IX), sua conduta é normalmente omissiva.

Inovação da LIA, em face de suas alterações, é a norma segundo a qual, quando o ato de improbidade não implicar *perda patrimonial efetiva*, não será imposta a medida de ressarcimento, sendo vedado enriquecimento sem causa das entidades administrativas protegidas pela lei (art. 10, § 1º, LIA). A norma não agrega nada, pois que, se não há perda, sequer haverá tipicidade da conduta e evidentemente não haverá espaço para nenhum ressarcimento.[405]

Outro aspecto adicionado na LIA relaciona-se com a *atividade econômica*. Caso a perda patrimonial provenha da atividade econômica da entidade, não se caracterizará improbidade administrativa. De fato, o setor econômico apresenta-se costumeiramente aleatório e, por isso mesmo, causa perdas eventuais. O fato em si não pode mesmo configurar improbidade. Não obstante, se houver ato doloso direcionado a essa perda, a conduta será de improbidade (art. 10, § 2º, LIA).

---

[401] STJ, REsp 1.929.685-TO, j. 27.8.2024.

[402] ARISTIDES JUNQUEIRA ALVARENGA, *Improbidade administrativa* – questões polêmicas e atuais, vários autores, Malheiros, 2001, p. 88; MAURO ROBERTO GOMES DE MATTOS, *O limite da improbidade*, cit., p. 253-257.

[403] ALEXANDRE ALBAGLI OLIVEIRA, *Estudos sobre improbidade administrativa*, obr. colet., Lumen Juris, 2010, pp. 73/84, e EMERSON GARCIA, *Improbidade* cit., p. 278.

[404] STJ, REsp 842.428, j. 24.2.2007.

[405] MARÇAL JUSTEN FILHO, *Reforma* cit., p. 107.

14.10.4. Violação a Princípios

Diz o art. 11 da LIA constituir ato de improbidade administrativa *"que atenta contra os princípios da administração pública a ação ou omissão dolosa que viole os deveres de honestidade, de imparcialidade e de legalidade"*, caracterizada por uma das condutas relacionadas nos incisos do dispositivo. Tal qual ocorre com os demais atos de improbidade, o *caput* do art. 11 estampa o *tipo genérico*, ao passo que nos incisos estão contemplados os *tipos específicos*.

Duas foram as alterações de fundo incluídas pela Lei nº 14.230/2021 no dispositivo em tela. Primeiramente, foi inserido o *dolo* como elemento subjetivo; o texto anterior silenciava sobre esse aspecto. Em segundo lugar, foi excluído o dever de lealdade às instituições, que constava primitivamente no dispositivo. Realmente, esse dever não tem qualquer relação com os princípios e, ao contrário, implica conceito muito fluido sobre o que é ser "leal" a uma instituição.

Diversamente do que se passa com os casos de enriquecimento ilícito e de lesão ao erário, a violação a princípios sempre se configurou como aleatória, o que gerou algumas distorções na aplicação do dispositivo. A norma atual deu alguma concretude em direção a uma interpretação mais consentânea com o princípio da proporcionalidade ao estabelecer que a violação deve ser *caracterizada* pelas condutas dos incisos. Ou seja, a improbidade não pode ficar sujeita aos humores do administrador, mas, ao contrário, só se configura diante da violação concreta do tipo específico.

Para confirmar esse propósito, dispõe a lei que o enquadramento da conduta funcional em qualquer dos casos do dispositivo em foco pressupõe *"a demonstração objetiva da prática de ilegalidade no exercício da função pública"*, sendo necessário indicar as normas constitucionais, legais e infralegais vulneradas (art. 11, § 3º).

O *caput* do art. 11 não faz alusão ao dever de publicidade dos atos. Entretanto, há conduta que ofende diretamente essa obrigação funcional, como é o caso do inciso IV, que prevê a improbidade pelo fato de o agente *"negar publicidade aos atos oficiais"*. A omissão citada, assim, não descaracteriza o tipo específico, que, sem dúvida, trata de relevante dever para o administrador.

Considerando tais aspectos, a jurisprudência entende que, embora tenha sido abolida a hipótese de *violação genérica* aos princípios administrativos no art. 11 da LIA, o novo quadro normativo contempla *previsão específica* em seus incisos de violação aos princípios da moralidade e da impessoalidade, o que demonstra a continuidade típico-normativa da conduta. No caso de promoção pessoal de agente público, a conduta se enquadra no art. 11, inciso XII, da LIA.[406]

O *objeto da tutela* é a observância dos deveres de honestidade, imparcialidade e legalidade, além da divulgação dos atos da Administração. A despeito de referir-se a *princípios*, a improbidade reside na ofensa aos citados *deveres funcionais*, que, como é óbvio, têm lastro nos princípios administrativos.

O *pressuposto exigível* é somente a vulneração dos deveres referidos no tipo genérico. Consequentemente, são *pressupostos dispensáveis* o enriquecimento ilícito e o dano ao erário (art. 11, § 4º). A improbidade, portanto, cometida com base no art. 11 pode não permitir enriquecimento indevido, nem ensejar lesão aos cofres públicos. O já referido inciso IV sobre negar publicidade a atos oficiais é um exemplo dessa possibilidade. A lei exige, ainda, a *lesividade relevante* ao bem jurídico tutelado. Como "relevância" é um juízo de valor, será difícil contornar a discussão sobre ser relevante ou não a conduta.

O *elemento subjetivo* é exclusivamente o *dolo*. Primitivamente, o dispositivo silenciava sobre esse elemento, mas a interpretação dominante já era no sentido de não ser admitida a

---

[406] STJ, AgInt no AREsp 1.206.630-SP, j. 27.2.2024.

Cap. 15 · CONTROLE DA ADMINISTRAÇÃO PÚBLICA | 945

culpa, considerando a natureza das condutas. Com a alteração da LIA, o dolo passou a ser o único elemento subjetivo admissível.

Aliás, o legislador foi severo para exigir a configuração da improbidade: esta só ocorrerá quando for comprovado na conduta funcional do agente *"o fim de obter proveito ou benefício indevido para si ou para outra pessoa ou entidade"* (art. 11, § 1º). Trata-se de *dolo específico*, com finalidade própria e, por isso mesmo, nem sempre passível de comprovação. Decerto, muitos agentes escaparão da improbidade pela falta de comprovação desse elemento subjetivo.

Tais imposições são aplicáveis a quaisquer condutas de improbidade administrativa tipificadas em leis especiais e na própria LIA, estendendo-se a quaisquer outros atos de improbidade criados por lei (art. 11, § 2º). A *aplicabilidade*, no que toca à exigência de dolo, abrange, inclusive, os atos anteriores à alteração da Lei 14.230/2021, desde que não tenha havido trânsito em julgado da sentença.[407]

Quanto ao *sujeito ativo*, a regra é que somente o agente público assim se qualifique. O terceiro somente será coautor se induzir ou concorrer para a improbidade praticada pelo agente. Para exemplificar, é concebível que terceiro, representante de empresa, induza o agente a frustrar a licitude de concurso público (art. 11, inciso V); se o fizer, será autor de ato de improbidade (art. 3º).

Finalmente, a *natureza* dos tipos implica *condutas comissivas* e *omissivas*. Como exemplo das primeiras, cite-se a revelação pelo agente de algum fato de que tenha ciência em virtude de suas atribuições (art. 11, inc. III); já omissiva é a conduta em que o agente *"deixa de prestar contas quando esteja obrigado a fazê-lo"* (art. 11, VI).

É interessante observar que, após ter revogado alguns tipos anteriores, a já citada lei alteradora acrescentou mais duas condutas importantes que se configuram como atos de improbidade. De um lado, considerou improbidade a nomeação de cônjuge, companheiro ou parente em linha rela, colateral ou por afinidade, até o terceiro grau, inclusive, da autoridade nomeante ou de servidor da mesma pessoa jurídica ocupante de cargo de direção, chefia ou assessoramento, para exercer cargo em comissão ou função de confiança, ou, também, função gratificada na administração direta ou indireta, em qualquer dos Poderes dos entes federativos, valendo o mesmo para ajustes mediante designações recíprocas (art. 11, inc. XI). Em outras palavras, o legislador atacou o *nepotismo*, prática infelizmente habitual na esfera pública e ofensiva, no mínimo, aos princípios da moralidade e da impessoalidade.

Quanto a essa hipótese, porém, a lei apresenta uma ressalva: não se considera improbidade a mera nomeação ou indicação política feita por detentores de *mandatos eletivos*, sendo indispensável aferir o dolo com finalidade ilícita por parte do agente (art. 11, § 5º). Na verdade, inexiste *mera* nomeação e, ao que parece, refere-se mesmo a indicações políticas.[408] A norma, na prática, afasta a caracterização da improbidade. Numa vertente, a livre nomeação quase sempre implica favorecimento por parte do nomeante, e, na outra, é improvável comprovar o dolo específico. Enfim, aqui o sistema de corrupção está plenamente adequado à lei.

A outra conduta consiste na *autopromoção* de administradores, isto é, a prática, com recursos do erário, de ato de publicidade dotado de *personificação* da autoridade, caracterizada pela promoção inequívoca de enaltecimento do agente e personalização de atos, programas, obras, serviços ou campanhas de órgãos públicos (art. 11, XII). A hipótese é claramente fundada no art. 37, § 1º, da CF, que, como norma básica, condena esse tipo de prática à custa dos cofres públicos.

---

[407] STJ, AREsp 2.380.545-SP, j. 6.2.2024 (v. Tema 1.199, STF).

[408] MARÇAL JUSTEN FILHO, *Reforma* cit., p. 126.

946 | MANUAL DE DIREITO ADMINISTRATIVO • *Carvalho Filho*

Noutro giro, a jurisprudência tem decidido que a *contratação de servidores temporários* sem concurso público, mas fundada em legislação local, não estampa ato de improbidade administrativa previsto no art. 11 da LIA, e isso porque está ausente o dolo como elemento subjetivo necessário para a configuração das condutas desse dispositivo.[409]

Os tribunais têm adotado o *princípio da continuidade típico-normativa*, em ordem a considerar que não se extingue a ação de improbidade se ocorreu a abolição da tipicidade mediante exclusão da conduta prevista anteriormente no art. 11, mas a nova previsão legal faz a previsão legal específica em seus incisos.[410]

14.10.5. *Ordem Urbanística*

O art. 52 da Lei nº 10.257, de 10.7.2001 (Estatuto da Cidade), estabeleceu que, sem prejuízo da punição de outros agentes públicos e da aplicação de outras sanções cabíveis, o Prefeito incorre em improbidade administrativa nos termos da Lei nº 8.429/1992 em várias situações em que desrespeita obrigações impostas pelo referido Estatuto.

Ao contrário, porém, do sistema adotado na Lei de Improbidade, o Estatuto da Cidade relacionou apenas condutas específicas na tipologia de improbidade, todas contempladas nos incisos II a VIII do art. 52 (o inciso I foi vetado). Assim, apenas para exemplificar, o Prefeito sujeitar-se-á à Lei nº 8.429/1992 quando não providencia, em cinco anos, o aproveitamento de imóvel objeto de desapropriação urbanística sancionatória (inciso II), ou quando aplica indevidamente recursos obtidos com outorga onerosa do direito de construir ou alteração de uso do solo (inciso IV). Enfim, todos os tipos guardam correlação com a política de desenvolvimento urbano do Município.

Nas hipóteses do Estatuto, o *objeto da tutela* é a ordem urbanística do Município, ou, se assim se preferir, a observância das diretrizes gerais de política urbana definidas no plano diretor do ente municipal.

O *pressuposto exigível* é a conduta expressamente definida no tipo. Diga-se, a propósito, que no rol do Estatuto há menor grau de generalidade (ou maior precisão) na definição dos comportamentos de improbidade do que nos tipos previstos na Lei nº 8.429/1992. *Pressupostos dispensáveis* são o enriquecimento ilícito e o dano ao erário. Mas é certo que as condutas mencionadas no Estatuto sempre serão ofensivas a algum princípio administrativo, no mínimo o da legalidade, já que se trata de obrigações legais não cumpridas pelo Prefeito. Tal ofensa, pois, é pressuposto exigível por consequência.

O *elemento subjetivo* é o *dolo*, e aqui se integram os mesmos fundamentos já alinhados nas hipóteses anteriores.

A figura do *sujeito ativo* resume-se, pelo Estatuto, ao Prefeito. Aqui, entretanto, se impõe observar que a conduta do Prefeito pode enquadrar-se diretamente na Lei nº 8.429/1992, se, por exemplo, perceber vantagem indevida para a prática dos atos previstos no Estatuto. Por outro lado, outros agentes, embora não possam ser sujeitos ativos das condutas previstas no Estatuto, poderão sê-lo em relação à Lei de Improbidade, como é o caso, por exemplo, em que Secretário aceita doação indevida de bem móvel para obstar ao processo de elaboração do plano diretor.[411]

---

[409] STJ, AgInt no REsp 1.950.564, j. 18.12.2023

[410] STJ, AgInt no AREsp 1.206.630, j. 27.2.2024.

[411] Sobre o tema, vide os nossos *Comentários ao estatuto da cidade*, Lumen Juris, 3. ed., 2009, p. 344.

Cap. 15 · CONTROLE DA ADMINISTRAÇÃO PÚBLICA | **947**

Quanto à *natureza* da conduta, pode esta ser *comissiva*, quando, para exemplificar, o Prefeito aplica indevidamente recursos obtidos em operações urbanas consorciadas (art. 52, V, Estatuto da Cidade), ou *omissiva*, na hipótese em que deixa de tomar providências para a aprovação do plano diretor no prazo de cinco anos (art. 52, VII).

14.10.6. Conflito de Interesses

Como instrumento de proteção à moralidade administrativa, já adiantamos que a Lei nº 12.813, de 16.5.2013, regulou os casos de *conflito de interesses* na Administração Pública federal, assim consideradas as situações resultantes do confronto entre interesses públicos e privados, suscetíveis de comprometer o interesse coletivo ou influenciar impropriamente o exercício da função pública. O legislador pretendeu, por via oblíqua, preservar a probidade administrativa.

No art. 5º, a lei relacionou uma série de condutas que configuram conflito de interesses nas hipóteses de exercício de cargo ou emprego, como, por exemplo, divulgar informação privilegiada, em proveito próprio ou de terceiro, por força da função desempenhada (art. 5º, I). Já no art. 6º o legislador enumerou condutas, também qualificadas como conflitos de interesses, praticadas *após o exercício* do cargo ou emprego, normalmente em virtude de aposentadoria ou exoneração.

O citado diploma consignou que a prática de tais condutas espelha improbidade administrativa, podendo o ato enquadrar-se nos arts. 9º a 11 da LIA, conforme a sua natureza (*"Art. 12: O agente público que praticar os atos previstos nos arts. 5º e 6º desta Lei incorre em improbidade administrativa, na forma do art. 11 da Lei nº 8.429, de 2 de junho de 1992, quando não caracterizada qualquer das condutas descritas nos arts. 9º e 10 daquela Lei"*). Trata-se, pois, de outros atos de improbidade descritos em *lei específica*, razão por que estão fora da LIA, a lei geral. Apesar disso, é esta que será aplicada quanto aos sujeitos, sanções, procedimentos etc.

14.11. Sanções

14.11.1. Base Legal

O elenco das sanções está previsto no art. 12, incisos I a III, da LIA. Cada inciso contém relação própria para uma determinada categoria de improbidade: o inciso I relaciona as sanções no caso de enriquecimento ilícito; o inciso II, as que incidem em atos lesivos ao erário; e o inciso III, as que se aplicam quando há violação de princípios.

Diferentemente do que ocorria na redação primitiva, seguem-se ao art. 12, *caput*, os parágrafos 1º a 10, nos quais se encontram estabelecidas novas regras sobre o processo de aplicação sancionatória. Tais regras serão comentadas adiante.

14.11.2. Cominações

O art. 12, *caput*, estabelece que, independentemente do ressarcimento integral do efetivo dano patrimonial e das sanções penais comuns e de responsabilidade, civis e administrativas previstas na legislação própria, o autor do ato está sujeito às *cominações* que se seguem nos incisos.

O termo *cominação* tem o sentido de *"ameaça de pena"*, como consta nos dicionários.[412] Embora o sentido não seja exatamente o mesmo atribuído a *sanção* ou *pena*, a verdade é

---

[412] CALDAS AULETE, *Dicionário Contemporâneo da Língua Portuguesa*, Delta, v. 1, 1958, p. 1.045.

MANUAL DE DIREITO ADMINISTRATIVO • Carvalho Filho

que, em termos práticos, tratar-se-á mesmo de punição ao momento em que a ameaça se concretiza.

Noutro giro, o texto parece excluir o ressarcimento do dano da relação de cominações. De fato, para alguns tal efeito não traduz propriamente sanção, mas sim a consequência natural do dever de repor as coisas ao estado anterior. Para outros, contudo, trata-se de sanção de natureza civil imposta a quem causa danos a terceiros.

De qualquer modo, todas as providências previstas na lei como resultantes da prática do ato de improbidade retratam *medidas restritivas*, sejam elas consideradas sanções, sejam tidas como medidas consequenciais. Portanto, não há qualquer heresia em agrupá-las todas na categoria de *sanções*, indicando a punibilidade oriunda do ilícito de improbidade.

14.11.3. Modalidades

Anteriormente, a relação constante dos incisos continha sanções da mesma natureza, variando apenas em quantidade de valor ou de tempo. Excepcionava-se, porém, o inciso IV, que foi revogado. Com as alterações provenientes da Lei nº 14.230/2021, a regra perdurou apenas nos incisos I e II, de modo que a relação do inciso III não tem equivalência com a dos incisos anteriores.

São modalidades sancionatórias: a) perda dos bens ou valores acrescidos ilicitamente ao patrimônio: b) perda da função pública; c) suspensão dos direitos políticos; d) pagamento de multa civil; e) proibição de contratar com o Poder Público; f) proibição de receber benefícios ou incentivos fiscais ou creditícios, direta ou indiretamente; g) ressarcimento integral do dano (com a ressalva da natureza da medida, como registramos acima).

14.11.4. Sanções e Atos de Improbidade

Tal como sempre ocorreu, o legislador fixou relação própria de sanções para cada categoria de atos de improbidade. A variação das sanções resulta da valoração feita pelo legislador sobre a maior ou menor gravidade das condutas.

No caso de *enriquecimento ilícito* (art. 12, I), o elenco de sanções é o seguinte: a) ressarcimento integral do dano; b) perda dos bens ou valores acrescidos ilicitamente ao patrimônio; c) perda da função pública; d) suspensão dos direitos políticos até 14 anos; e) pagamento de multa civil equivalente ao valor do acréscimo patrimonial; f) proibição de contratar com o Poder Público; g) proibição de receber benefícios ou incentivos, fiscais ou creditícios, direta ou indiretamente, ainda que por intermédio de pessoa jurídica de que seja sócio majoritário (nos dois últimos casos, por prazo não superior a 14 anos).

As sanções para atos que causam *prejuízo ao erário* (art. 12, II) são: a) ressarcimento integral do dano; b) perda dos bens ou valores acrescidos ilicitamente ao patrimônio (se concorrer esse fato); c) perda da função pública; d) suspensão dos direitos políticos até 12 anos; e) pagamento de multa civil correspondente ao valor do dano; f) proibição de contratar com o Poder Público; g) proibição de receber benefícios ou incentivos, fiscais ou creditícios, direta ou indiretamente, ainda que por intermédio de pessoa jurídica de que seja sócio majoritário (nos dois últimos casos, por prazo não superior a 12 anos).

Por fim, o rol fixado para a *violação de princípios* (art. 12, III) é o seguinte: a) ressarcimento integral do dano; b) pagamento de multa civil de até 24 vezes o valor da remuneração percebida pelo agente; c) proibição de contratar com o Poder Público; d) proibição de receber benefícios ou incentivos, fiscais ou creditícios, direta ou indiretamente, ainda que por intermédio de pessoa jurídica de que seja sócio majoritário (nos dois últimos casos, por prazo não superior a 4 anos).

Cap. 15 • CONTROLE DA ADMINISTRAÇÃO PÚBLICA | 949

14.11.5. Natureza Jurídica

O elenco das sanções caracteriza-se pela *heterogeneidade* de sua natureza jurídica. Há sanções em que sobressai o *caráter político*, como a suspensão de direitos políticos. Outras têm nítida feição *disciplinar-funcional*, como a perda da função pública. Há aquelas com fisionomia *civil*, como a perda de bens, o ressarcimento do dano e o pagamento de multa civil. Já as proibições de contratar ou de receber benefícios revelam natureza de *sanção administrativa*.

A LIA, ao prever as cominações, deixa claro que estas são aplicáveis independentemente "*das sanções penais comuns e de responsabilidade, civis e administrativas previstas em na legislação específica*". Ou seja, o legislador incluiu as sanções numa categoria própria inconfundível com as demais mencionadas no dispositivo.

Assim, embora cada uma delas tenha fisionomia que se enquadra nessas outras categorias, deve considerar-se que constituem uma categoria própria, cujas cominações podem muito bem ser qualificadas como *sanções de improbidade administrativa*.

14.11.6. Constitucionalidade do Rol de Sanções

O art. 37, § 4º, da Constituição, aludiu apenas às seguintes sanções para os casos de improbidade: (a) suspensão de direitos políticos; (b) perda da função pública; (c) indisponibilidade dos bens; (d) ressarcimento do erário. Suscita-se, por isso, discussão sobre o elenco de sanções da Lei nº 8.429/1992, no qual se inserem outras penalidades.

Não há qualquer inconstitucionalidade na relação instituída na lei. Primeiramente, porque a Constituição não limitou as sanções àquelas que relacionou e, em segundo lugar, porque a lei é o instrumento idôneo para sua instituição. Assim, a Carta apenas apontou a *relação mínima* das penalidades, tendo-se incumbido a lei de ampliá-la para incluir outras adequadas à punição dos autores de atos de improbidade. Idêntica situação, aliás, poderia ocorrer com a sanção penal: se a Constituição prevê determinada sanção reclusiva para a prática de crime, nada impediria que o legislador acrescentasse, em aplicação cumulativa, também a pena de multa.[413]

14.11.7. Aplicabilidade

O primeiro aspecto a considerar quanto à aplicabilidade é o da *escala de gravidade*, isso porque as sanções do art. 9º, aplicáveis em caso de enriquecimento ilícito, são mais severas do que as do art. 10, referentes a atos que causam prejuízos ao erário, e ambos enumeram medidas mais gravosas do que as do art. 11, atribuídas à conduta de violação a princípios. Pode haver um ou outro questionamento relativo à valoração de gravidade nas duas primeiras categorias, mas essa foi a opção do legislador: *legem habemus*.

A aplicação das sanções pressupõe, como adiantamos, a observância do *princípio da proporcionalidade*, exigindo-se correlação entre a natureza da conduta de improbidade e a penalidade a ser imposta ao autor. A aplicação do princípio é relevantíssima no caso de improbidade em virtude de a lei apresentar *tipos abertos*, dando margem a interpretações abusivas. Desse modo, condutas de menor gravidade não são suscetíveis de sanções mais severas do que exige a natureza da conduta. O oposto também viola o princípio: se a conduta se enquadrou no tipo da lei, é de considerar-se a prática do ato de improbidade. Apesar disso, deve considerar-se que a conduta só é punível a título de dolo, como já mencionamos antes.

---

[413] FÁBIO MEDINA OSÓRIO, *Improbidade administrativa* – observações sobre a Lei nº 8.429/1992, Síntese, Porto Alegre, 2. ed., 1998, p. 252.

950 | MANUAL DE DIREITO ADMINISTRATIVO • *Carvalho Filho*

Nessa linha, aliás, a nova legislação incluiu norma segundo a qual, na hipótese de *menor ofensa* aos bens jurídicos tutelados, a sanção deverá cingir-se à aplicação de *multa* (art. 12, § 5º, LIA). Cuida-se de figura assemelhada à dos delitos de *menor potencial ofensivo* existente na legislação penal, e com lastro no mesmo fundamento, qual seja o de que violações menos graves devem ser apenadas de modo menos severo. Entretanto, se for o caso, o autor sujeitar-se-á ao ressarcimento integral do dano e à perda dos valores obtidos.

Cumpre registrar, noutro giro, a ferramenta da *compensação sancionatória*. Dispõe o art. 21, § 5º, da LIA, que sanções eventualmente aplicadas em outras esferas devem ser compensadas com as sanções aplicadas em conformidade com o sistema de improbidade. O objetivo é bem claro, vale dizer, o de evitar o *bis in idem*, ou, em outras palavras, o agravamento indevido de determinada sanção.

Há um aspecto que tem merecido algumas interpretações divergentes nesse início de vigência do microssistema de improbidade. De um lado, emerge o entendimento de que, no caso de atos de improbidade anteriores à vigência da lei nova, não deve aplicar-se o princípio da retroatividade mais benéfica, com fundamento na distinção entre o Direito Penal e o Direito Administrativo Sancionador.[414] Opinião diversa – que nos parece a melhor interpretação – é a de que o referido princípio é de caráter geral (art. 5º, XL, CF) e, por conseguinte, aplicável, de modo que, se o ato anterior passou a merecer sanção mais branda, esta é que deve ser imposta.[415] Noutro giro, se a lei nova agrava a sanção, ocorre a ultratividade da lei antiga, que continua a incidir a despeito de já revogada.

Ainda no âmbito do tema em foco, convém assinalar que a aplicação das sanções *independe*: (a) da efetiva ocorrência de *dano* ao patrimônio público, ressalvadas a pena de ressarcimento e as condutas relacionadas no art. 10; (b) da aprovação ou rejeição das *contas* pelo Tribunal ou Conselho de Contas, ou por algum de seus órgãos (art. 21, I e II, da LIA). A primeira hipótese – adite-se – já foi declarada constitucional, sob o fundamento de que a defesa da probidade "não se restringe à proteção do erário, sob o prisma patrimonial".[416]

14.11.8. *Sanções Isoladas ou Cumulativas*

Já houve preteritamente alguma discussão sobre se as sanções poderiam ser aplicadas isoladamente, entendimento de alguns, que sempre abonamos,[417] ou se teriam que sê-lo cumulativamente, como outros interpretavam.[418] A discussão decorria da omissão do texto primitivo do art. 12, *caput*, da LIA, a respeito. A Lei 12.120/2009, no entanto, supriu acertadamente a lacuna e expressamente admitiu a aplicação isolada ou cumulativa das sanções.

O mesmo art. 12, *caput*, conquanto modificado pela Lei nº 14.230/2021, manteve a referida alternativa, assentando que as sanções *"podem ser aplicadas isolada ou cumulativamente, de acordo com a gravidade do ato"*. Diante disso, pode o autor do ato, por exemplo, ser punido apenas com a sanção de pagamento de multa civil, tanto quanto o agente que se enriqueceu ilicitamente pode ser apenado com todas as sanções previstas no art. 12, I, da LIA.

---

[414] Nota Técnica nº 01/2021, 5ª CCR, da Procuradoria-Geral da República, de 12.11.2021.

[415] ROGÉRIO MARINHO, *"Retroatividade da norma mais benéfica no Direito Administrativo sancionador"* (sítio CONJUR - Consultor Jurídico; conjur.com.br; publ. 19.8.2021; acesso em 10.1.2022).

[416] STF, ADI 4.295, j. 21.8.2023.

[417] Entre outros, MARINO PAZZAGLINI FILHO, ob. cit., p. 123; MAURO ROBERTO GOMES DE MATTOS, *O limite da improbidade*, cit., p. 524; CARLOS FREDERICO BRITO DOS SANTOS, *Improbidade administrativa – reflexões sobre a Lei no 8.429/1992*, Forense, RJ, 2002, p. 75; e MARCELO FIGUEIREDO, ob. cit., p. 136.

[418] EMERSON GARCIA e ROGÉRIO PACHECO ALVES, ob. cit., p. 533, e WALLACE PAIVA MARTINS JUNIOR, ob. cit., p. 263.

Cap. 15 · CONTROLE DA ADMINISTRAÇÃO PÚBLICA | 951

Essa possibilidade reflete, sem dúvida, a incidência do princípio da proporcionalidade para o fim de que a cada transgressão corresponda a mais congruente sanção, evitando-se gravames ou reducionismos incompatíveis com o intuito da lei. Fica evidente, todavia, ser imprescindível que o postulante e o aplicador da sanção tenham o equilíbrio e a sensibilidade exigidos para o processo punitivo.

14.11.9. Elementos Valorativos

Elementos valorativos são aqueles que devem ser necessariamente considerados para a definição da sanção a ser aplicada. Como regra, as punições devem ser precedidas do exame das circunstâncias objetivas e subjetivas mediante as quais é possível atingir-se a fixação de uma apenação justa e proporcional. O Código Penal, por exemplo, impõe tal avaliação (art. 59).

No caso da sanção de improbidade, tais elementos estavam enumerados no art. 12, parágrafo único, da LIA, em sua redação anterior. Ocorre, no entanto, que o dispositivo foi revogado pela Lei nº 14.230/2021, ou seja, a menção aos referidos elementos estava ligada ao dispositivo em que constam as sanções (art. 12).

Não obstante, a lei não deixou de prever os elementos valorativos e apenas alterou a posição da norma no contexto geral. Atualmente, estão eles no art. 17-C, atrelados à sentença na ação de improbidade. Ficou estabelecido que o juiz, ao sentenciar, deve considerar, entre outros dados, (a) a natureza, a gravidade e o impacto da infração; (b) a extensão do dano causado; (c) o proveito patrimonial obtido pelo agente; (d) as circunstâncias agravantes ou atenuantes; (e) os antecedentes; (f) o esforço do agente em reduzir os prejuízos e as consequências de seu ato (art. 17-C, IV, "b" a "g").

Diante de tais parâmetros, é irretorquível que a aplicação da sanção de improbidade não resulta de mero exercício aleatório punitivo, mas, ao contrário, de cuidadoso exame dos elementos valorativos que devem ser considerados para a adequada fixação.

14.11.10. Revisão Sancionatória

As sanções de improbidade podem ser consideradas mediante dois aspectos: o *qualitativo*, concernente à natureza das sanções, e o *quantitativo*, consistente no *quantum* de fixação. No primeiro caso, a perda da função pública e a multa civil são diversas sob o aspecto qualitativo, ao passo que a suspensão de direitos políticos pode ser vista na dimensão quantitativa em virtude de sua fixação estar prevista para determinado tempo (p. ex.: pode ser fixada em *até* 14 anos no caso de enriquecimento ilícito).

A questão que se põe diz respeito à possibilidade, ou não, de haver *revisão* das sanções aplicadas. Para exemplificar, é o caso em que o juiz de primeiro grau condena o agente por improbidade, aplicando-lhe as respectivas sanções, e, mediante recurso ao órgão jurisdicional superior, o recorrente (Ministério Público ou réu) postula o agravamento ou a mitigação da penalidade.

A lei não traz qualquer impedimento à revisão sancionatória. Contrariamente, admite, como vimos, que as sanções possam ser aplicadas isolada ou cumulativamente. Além disso, prevê sanções aplicáveis dentro de determinado prazo, com flexibilidade quanto à fixação. Nada obsta, *v.g.*, a que o Ministério Público recorra da sentença para o fim de acrescentar a sanção de perda da função pública (*revisão qualitativa*). Ou que o réu o faça para postular a redução do prazo de proibição de contratar com o Poder Público (*revisão quantitativa*).

A respeito, já se decidiu ser possível o agravamento mediante acréscimo de sanção não aplicada em instância inferior.[419] Por outro lado, a revisão só deve ser processada se tiver

---

[419] STJ, REsp 1.025.300, j. 17.2.209 (inclusão da suspensão de direitos políticos, inaplicada no 1º grau).

952 | MANUAL DE DIREITO ADMINISTRATIVO • *Carvalho Filho*

havido ofensa ao princípio da proporcionalidade.[420] Em nosso entender, podem incidir na área de improbidade os parâmetros da lei penal, vale dizer, é possível o agravamento quantitativo ou qualitativo desde que o Ministério Público tenha interposto recurso. Da mesma forma, o órgão superior só pode decidir pela mitigação quantitativa ou qualitativa, se houver recurso do réu. Incide então o *princípio do interesse recursal*.

De qualquer modo, é admissível a revisão sancionatória. É claro que esta há de se submeter a limites e condições, como se viu, mas é imperioso reconhecer que a sentença pode ser proferida de forma indevida e inadequada aos limites estabelecidos na lei. Se fosse inviável a revisão, ter-se-ia que aceitar eventuais abusos de poder cometidos pelo juiz, ou decisões teratológicas.

14.11.11. Adequação Punitiva

Conforme já comentamos, os sujeitos ativos da improbidade são muito variados. Para corroborar o fato, veja-se que entre eles estão agentes públicos e terceiros, estes sem ligação alguma com a Administração.

O *princípio da adequação punitiva* retrata a necessidade de que a sanção seja compatível com a *natureza* do sujeito ativo da improbidade. Decorre daí, por exemplo, que a sanção de perda de função pública só se revela cabível se aplicada a um agente público, visto que obviamente terceiros não mantêm relação jurídica funcional com o Poder Público.

Noutra vertente, a sanção de multa civil de até 24 vezes o valor da remuneração, prevista no art. 12, III, só pode incidir sobre agentes públicos que tenham remuneração, não alcançando os chamados agentes colaboradores (honoríficos) que, com frequência, exercem sua colaboração gratuitamente.

Quanto a terceiros, lembre-se que a eles são aplicáveis, *no que couber*, as disposições da lei. Essa expressão de ressalva bem demonstra o propósito da adequação punitiva proposta na lei, indicando que ocorrerá a aplicabilidade sempre que possível. Assim, é viável que terceiro receba a sanção de suspensão de direitos políticos ou a de proibição de contratar com o Poder Público.

14.11.12. Pessoas Jurídicas

Não é difícil perceber a diferença entre os efeitos punitivos sofridos por pessoas físicas e pessoas jurídicas. Levando em conta esse aspecto, o legislador assinalou que a *responsabilização* da pessoa jurídica deve considerar os efeitos econômicos e sociais das sanções, com o propósito de serem mantidas as suas atividades (art. 12, § 3º, LIA).

A esse respeito, é forçoso que Ministério Público e Judiciário atuem com as cautelas necessárias e acurada análise dos dados que cercam a pessoa jurídica. Afinal, se, de um lado, a infração deve ser punida, de outro, não há, em princípio, interesse em implodir a entidade, paralisando as atividades em detrimento do setor produtivo e das relações de trabalho.

Fato que merece observação é o relativo à *duplicidade normativa* decorrente das relações entre a LIA e a Lei nº 12.846/2013 (Lei Anticorrupção), que dispõe sobre a responsabilização de pessoas jurídicas por atos contra a Administração Pública. Como existem condutas idênticas em ambos os diplomas, será sempre exigível verificar se já houve prévia punição. Daí o registro da lei no sentido de que as sanções aplicadas a pessoas jurídicas devem observar o princípio constitucional da vedação à duplicidade sancionatória (*non bis in idem*) (art. 12, § 7º, LIA).

---

[420] AgRg no REsp 1.500.812, j. 21.5.2015, e AgRg no REsp 1.452.792, j. 26.5.2015.

14.11.13. *Oportunidade da Aplicação*

Dispõe o art. 20 da LIA: "*A perda da função pública e a suspensão dos direitos políticos só se efetivam com o trânsito em julgado da sentença condenatória*". O dispositivo gerou muitas controvérsias, sobretudo porque somente se referiu a duas sanções – a perda da função pública e a suspensão dos direitos políticos.

Da forma como foi redigido o dispositivo, o legislador deu a impressão de que a efetivação das demais sanções ocorreria em momento diverso, antes do trânsito em julgado da sentença. Entretanto, apesar do texto, alguns intérpretes entendem que *todas* as sanções só podem ser aplicadas após o trânsito em julgado, o que encontra eco no 5º, LVII, da CF, que consagra o princípio da presunção de inocência.

A Lei nº 14.230/2021, porém, incluiu o § 9º no art. 12 da LIA, que dispõe: "*As sanções previstas neste artigo somente poderão ser executadas após o trânsito em julgado da sentença condenatória*". Parece haver certa contradição entre as normas, mas a melhor interpretação é a de que qualquer sanção de improbidade só poderá ser executada após transitar em julgado a sentença condenatória – o que, aliás, é de lógica acaciana, pois que antes disso sequer há a certeza da culpabilidade.

O verbo *executar*, no art. 12, § 9º, tem maior clareza e precisão do que *efetivar*, no art. 20. *Executar* indica *concretizar, pôr em execução; efetivar* significa *tornar efetivo*. Em tese, é possível que algo se efetive sem ainda ser executado. No entanto, o legislador, ao que parece, empregou *efetivar* no sentido mesmo de *executar*. Diante disso, o paradoxo subsiste. O melhor é considerar a prevalência do art. 12, § 9º, pelo qual qualquer sanção só se torna exequível após o trânsito em julgado da sentença.

14.11.14. *Princípio da Subsunção*

Pode ocorrer que uma só conduta ofenda simultaneamente os arts. 9º, 10 e 11 da LIA: é o caso das *ofensas simultâneas* a dois ou todos os dispositivos.

Caso seja *apenas uma* a conduta ofensiva simultânea, o aplicador deverá valer-se do *princípio da subsunção*, em que a conduta e a sanção mais graves absorvem as de menor gravidade.[421] Se forem *múltiplas* as condutas, cada uma delas, por exemplo, ofendendo um daqueles preceitos, as sanções poderão cumular-se desde que haja compatibilidade para tanto. É o caso, para exemplificar, do ressarcimento cumulado com a multa civil.

Em certos casos, todavia, será inviável a cumulação: ninguém poderá ser condenado a múltiplas sanções de suspensão de direitos políticos, mediante a soma dos diversos períodos da fixação. Aqui, o aplicador também deve socorrer-se da subsunção para que a sanção quantitativamente mais grave absorva as menos severas. Não fosse assim, o somatório, por via oblíqua, estamparia verdadeira cassação, e não suspensão, dos direitos políticos, solução para a qual faltaria embasamento constitucional.

14.11.15. *Independência de Instâncias*

O estudo das sanções de improbidade impõe o exame, ainda que sucinto, da questão da *independência de instâncias*. E a razão consiste na multiplicidade de normas de diferente natureza que podem ser vulneradas mediante um só comportamento.

Dita o art. 12, *caput*, que as sanções de improbidade são aplicáveis *independentemente* das sanções penais comuns e de responsabilidade, civis e administrativas previstas na legislação

---

[421] Assim também MARIA SYLVIA ZANELLA DI PIETRO, ob. cit., p. 730.

954 | MANUAL DE DIREITO ADMINISTRATIVO • *Carvalho Filho*

específica. De fato, não é difícil que uma só conduta, além de violar preceitos pertinentes ao sistema de improbidade, ofenda também preceitos de sistemas diversos dotados de suas próprias sanções.

Somente a título de exemplo, suponha-se que o agente tenha praticado ato de improbidade doloso com o qual causou prejuízos ao erário (art. 10, LIA). Semelhante comportamento, ofensivo ao sistema de improbidade, pode ter vulnerado *simultaneamente* norma do sistema penal (crime de dano qualificado: art. 163, parágrafo único, III, Código Penal), do sistema civil (obrigação de reparar o dano: art. 927, Código Civil) e do sistema administrativo-funcional (infração de dano prevista em estatutos funcionais).

Como as instâncias são independentes, não há qualquer anomalia no fato de o agente ser punido em todas essas esferas, já que a conduta ofendeu norma do respectivo sistema. No exemplo acima, o agente pode receber *cumulativamente* as sanções (a) do art. 12, II, da LIA, (b) do Código Penal, (c) da esfera cível e (d) do estatuto funcional. Assim, a despeito de algumas críticas, entendemos subsistir o princípio da independência de instâncias, embora se devam considerar, obviamente, outras esferas para evitar a duplicidade da sanção.[422]

Não custa lembrar, a propósito, que sentenças penais e cíveis repercutem na esfera da ação de improbidade, quando concluírem pela *inexistência da conduta* ou *pela exclusão da autoria* (art. 21, § 3º, LIA). Isso significa que tais questões não podem ser restabelecidas no caso de improbidade. Apesar disso, já se decidiu que a absolvição criminal fundada em atipicidade da conduta não faz coisa julgada no juízo cível, em razão da independência de instâncias – entendimento que – registre-se – suscita alguma insegurança na aplicação desse regime.[423]

Todavia, não é lícito que o autor da conduta receba duas sanções idênticas pela prática do mesmo ato, uma vez que nosso sistema consagra o *princípio da vedação à duplicidade punitiva* (*ne bis in idem*). Se na esfera da improbidade, por exemplo, o agente foi punido com a pena de perda da função pública – que retrata inevitavelmente a perda do próprio cargo –, não poderá ser sancionado com a demissão prevista em seu estatuto. Primeiro, porque seria materialmente inviável a cumulação; segundo, porque estamparia duplicidade punitiva.

14.12. Sanções em Espécie

14.12.1. *Ressarcimento Integral do Dano*

Já mencionamos a existência de controvérsias sobre a natureza do *ressarcimento integral do dano*, medida que para alguns representa efeito do dano causado pelo ato, como prescreve a lei civil, ao passo que para outros, mesmo sob a incidência da lei civil, corresponde realmente a uma sanção consistente em obrigação de fazer.

A controvérsia é dispensável para o presente exame. O certo é que o dever de ressarcimento consta expressamente do *caput* do art. 12 da LIA, extensivo a *todas* as condutas de improbidade previstas nos incisos I a III do mesmo art. 12, desde que o dano seja efetivo. Realmente, nada mais lógico do que obrigar aquele que causou o dano por sua conduta de improbidade a restabelecer o patrimônio da entidade lesada. Em suma, se qualquer ato de improbidade provoca dano às entidades protegidas, o autor fica obrigado a ressarci-lo integralmente.

Não cabe, porém, a pretensão reparatória por *dano moral*. Antes das alterações da LIA, muitos estudiosos admitiam tal pretensão em favor da pessoa jurídica lesada, embora silente a

---

[422] LUIZ MANOEL GOMES JUNIOR, *Comentários à Nova Lei de Improbidade Administrativa,* obra em coautoria, RT, 5ª ed., 2021, p. 398.

[423] STJ, AgInt no REsp 1.991.470-MG, j. 11.6.2024.

Cap. 15 · CONTROLE DA ADMINISTRAÇÃO PÚBLICA | 955

lei a respeito.[424] Por outro lado, a possibilidade de reparação de dano moral em favor de pessoas jurídicas já está consagrado na jurisprudência (Súmula 227, STJ).

Ocorre que o art. 12, *caput*, da LIA, em sua nova redação, deixou consignado que, em caso de dano, a medida será a de ressarcimento integral do *dano patrimonial*, se efetivo. Diante disso, o legislador excluiu a pretensão de reparação de dano moral, cingindo-se apenas ao dano que tenha afetado o patrimônio da entidade. Podem-se identificar, então, duas condições: 1ª) o dano tem que ser *patrimonial*, e não *moral*; 2ª) o dano tem que ser *efetivo*, sendo, portanto, excluído o *dano presumido*.

Quanto aos *acréscimos legais*, o ressarcimento integral do dano patrimonial sujeita-se à adição de *juros de mora* e de *atualização monetária*, contando-se o termo *a quo* na data em que se consumou o ilícito (Súmula 43, STJ). Quanto aos juros, esse é o termo previsto no Código Civil (art. 398).[425] De fato, sem tais acréscimos a reparação não seria integral dado o decurso do tempo.

É possível que, antes ou após a ação de improbidade, o réu decida, *motu próprio*, efetuar o ressarcimento integral do dano. O cumprimento da obrigação, no entanto, não elide as demais sanções. Caso isso ocorra no curso da ação, deve esta ter prosseguimento em relação às demais pretensões punitivas, conforme já se decidiu.[426] Como se verá adiante, o ressarcimento do dano, somado a outros requisitos, pode ensejar um *acordo de não persecução civil* a ser firmado com o Ministério Público (art. 17-B, LIA).

Aplica-se, ainda, no que toca à sanção de ressarcimento, a *detração reparatória*. Significa que, ocorrendo lesão ao patrimônio público, da reparação do dano deve deduzir-se necessariamente o ressarcimento processado nas instâncias criminal, civil e administrativa e com base nos mesmos fatos (art. 12, § 6º). O objetivo é indubitável: a dedução do que já foi ressarcido anteriormente evita que o devedor se obrigue a valor superior do que aquele ao qual foi condenado (*ne bis in idem*). A figura assemelha-se à detração penal, que implica a redução da pena final do período já cumprido anteriormente.

14.12.2. *Perda de Bens e Valores*

A sanção de *perda dos bens e valores acrescidos ilicitamente ao patrimônio* indica exatamente o que traduz a expressão que a denomina. Pressupõe, obviamente, que o autor da conduta de improbidade tenha incorporado a seu patrimônio, de modo ilícito, bens e valores de terceiros. Reflete, assim, verdadeira apropriação indébita.

A contrário do que ocorria no texto primitivo da LIA, em que era prevista para todos os atos de improbidade, a sanção de perda de bens e valores somente é aplicável nos casos de enriquecimento ilícito e de prejuízo ao erário, razão por que só figura nos respectivos dispositivos (art. 12, I e II), mas não para a violação de princípios (art. 12, III). Consequentemente, a conduta de improbidade por violação de princípios não mais rende ensejo à aplicação da sanção em tela.

A perda de bens tem como fonte constitucional o art. 5º, XLVI, "b", na qual é prevista mediante regulação a ser definida em lei. Embora o dispositivo esteja associado à individualização da pena, cabe à lei estabelecer os fatos geradores que conduzem à perda de bens obtidos ilicitamente. Na esfera penal, a perda de bens é prevista no art. 91, II, "b", do Código Penal.

---

[424] Com esse entendimento, dentre outros, FÁBIO MEDINA OSÓRIO, *Improbidade*, cit., p. 256, e EMERSON GARCIA, *Improbidade*, cit., p. 471.

[425] Súmula 54 do STJ. Também: STJ, REsp 1.336.977, j. 13.8.2013.

[426] STJ, REsp 1.009.204, publ. 17.12.2009.

956 | MANUAL DE DIREITO ADMINISTRATIVO • *Carvalho Filho*

Há uma observação que merece ser feita. A sanção em foco só incide sobre os bens acrescidos *após* a prática do ato de improbidade. Se alcançasse bens anteriores, estaria ocorrendo verdadeiro confisco, despido naturalmente de escora constitucional.[427] Além disso, o acréscimo deve derivar de origem ilícita; desse modo, não abrange, por exemplo, imóvel legitimamente adquirido por herança.

Estando o bem ainda em poder do autor da improbidade, deve ser objeto de *reversão* ao patrimônio público; deste, na verdade, nunca deveria ter sido retirado. Se há impossibilidade de devolução do bem, a obrigação converter-se-á em pecúnia, de modo que a sanção de perda do bem será substituída pela de ressarcimento do dano, sendo, então, recomposto o patrimônio público. Podem ambas, no entanto, ser cumuladas se, além do bem a ser devolvido, houver outros danos causados à entidade prejudicada.

14.12.3. Perda da Função Pública

A sanção de *perda da função pública* enseja a extinção do vínculo jurídico que liga o agente à entidade vitimada pela improbidade e tem como fundamento a incompatibilidade do agente para o exercício da função pública, cuja base tem assento no dogma da probidade administrativa. Tal sanção também só está prevista nos incisos I e II do art. 12, e, por esse motivo, sua aplicabilidade cinge-se aos casos de enriquecimento ilícito e danos ao erário, não se estendendo aos de violação a princípios.

A noção de perda da função pública reclama interpretação ampla. Não se trata de extinção do vínculo apenas dos servidores públicos (os que integram os entes federativos, autarquias e fundações de direito público), mas também daqueles que se encontram no quadro de empregados de todas as entidades referidas no art. 1º da lei, inclusive das do setor privado que recebem ou receberam apoio do Estado acima dos limites nela fixados. No regime estatutário, a perda da função pública espelha a penalidade de demissão, que, embora possa originar-se da sentença condenatória, pode também ser aplicada pela própria Administração, em virtude de condutas que se configurem como de improbidade, observando as normas do respectivo estatuto funcional; como antecipamos, a LIA não revogou a Lei nº 8.112/1990, o estatuto federal.[428]

A sanção, todavia, não alcança os empregados de pessoas jurídicas meramente contratadas pelo Estado, como os executores de obras e serviços, os fornecedores e os concessionários e permissionários de serviços públicos. Também não incide sobre aposentados, cuja vinculação jurídica já sofreu prévia extinção; o vínculo previdenciário só se extingue por outro tipo de punição, a *cassação de aposentadoria*, que, entretanto, não tem previsão na Lei de Improbidade, além de não confundir-se com a perda de função pública (afinal, esta nem mais existe com o advento da aposentadoria).[429]

Se o agente é titular de mandato, a perda se processa pelo instrumento da *cassação*. Sendo servidor estatutário, sujeitar-se-á à *demissão* do serviço público. Havendo contrato de trabalho (servidores trabalhistas e temporários), a perda da função pública se consubstancia pela *rescisão do contrato* com culpa do empregado. No caso de exercer apenas uma função pública, fora de tais situações, a perda se dará pela *revogação* da designação.

A LIA, em sua nova redação, instituiu norma antes inexistente. Estabelece que, nos casos de enriquecimento ilícito e dano ao erário (art. 12, I e II), a sanção de perda da função pública

---

[427] Com acerto, v. STJ, REsp 196.932, j. 18.3.1999, e REsp 401.437, j. 16.10.2007.

[428] V. STJ, MS 12.735, j. 9.6.2010, e MS 14.140, j. 26.9.2012.

[429] *Contra*: EMERSON GARCIA e ROGÉRIO PACHECO ALVES, ob. cit., p. 492, e WALLACE MARTINS PAIVA JUNIOR, ob. cit., p. 180.

Cap. 15 · CONTROLE DA ADMINISTRAÇÃO PÚBLICA | 957

atinge tão somente o vínculo de *mesma qualidade e natureza* que ligava o agente público ou político ao Poder Público na *época do cometimento da infração* (art. 12, § 1º). A norma não esclareceu a diferença entre *qualidade e natureza* do vínculo, mas, ao que parece, teve o intuito de abranger qualquer tipo de vínculo (estatutário, trabalhista etc.), bem como sua configuração (definitivo, transitório, político etc.).

A *limitação temporal* da aplicação da sanção, concernente ao vínculo da *época* da prática da infração, causa alguma estranheza. Dependendo do momento em que o ato foi praticado, o autor provavelmente ou já não estará exercendo qualquer função, ou estará desempenhando função diversa (em outro cargo ou mandato, por exemplo). E nesse caso a sanção será inaplicável. Em outras palavras, a punição só terá eficácia se o agente ainda estiver exercendo a *mesma função*, o que frequentemente não ocorrerá em virtude da demora no desfecho do processo punitivo. Causa assombro admitir que o autor seja condenado por improbidade no exercício de determinada função, mas que não seja considerado ímprobo se no desempenho de outra. Afinal, ou é probo para todas, ou ímprobo para todas.

É bem verdade que, no caso de enriquecimento ilícito (art. 12, I), pode o juiz, excepcionalmente, *estender a sanção aos demais vínculos*, consideradas as *circunstâncias do caso* e a *gravidade da infração* (art. 12, § 1º, parte final). Essa avaliação, contudo, escora-se em fatores fluidos situados na discricionariedade judicial, e não é difícil admitir que poderá haver favorecimentos ou arbitrariedades difíceis de corrigir. Será fundamental, então, o cuidadoso e imparcial exercício da jurisdição.

A sanção de perda da função pública não é irrestrita; ao contrário, exige adequação ao regime jurídico-político ao qual estão sujeitos certos agentes públicos.

O *Presidente da República* pratica crime de responsabilidade se pratica ato atentatório à probidade administrativa (art. 85, V, CF). O processo de perda do cargo, nessa hipótese, tem caráter especial: a Câmara dos Deputados autoriza a instauração (art. 51, I) e o Senado Federal processa e julga (art. 52, I), aplicando, se for o caso, a sanção de perda do cargo (art. 52, parágrafo único); o procedimento é o previsto na Lei nº 1.079/1950. Desse modo, não cabe o procedimento fixado na Lei nº 8.429/1992 e, em consequência, inviável se torna a aplicação da sanção de perda da função pública pelo julgador comum.[430]

Embora, como já se disse, o STF tenha decidido que, à exceção do Presidente da República, todos os demais agentes podem ser réus em ação de improbidade, não se pode esquecer que alguns deles só perdem seus cargos ou funções mediante *foro especial por prerrogativa de função* ou por *órgão julgador específico*. Assim, para exemplificar, Deputados Federais e Senadores só perdem o mandato por decisão do Poder Legislativo (art. 55, CF). Idêntica garantia foi estendida aos Deputados Estaduais (art. 27, § 1º, CF). Desse modo, a perda do mandato não pode ser decretada em ação de improbidade.

A questão da perda de função pública também merece acurada análise quanto a sua aplicabilidade a agentes dotados de vitaliciedade – *magistrados, membros dos Tribunais de Contas e membros do Ministério Público*. Quanto aos magistrados, dispõe a Lei Orgânica da Magistratura sobre as hipóteses de perda do cargo e sobre a exigência de que tal procedimento seja instaurado perante o tribunal a que pertença (arts. 26 e 27 da LC nº 35/1979). Os membros dos Tribunais de Contas têm idêntica prerrogativa (art. 73, § 3º, CF). No que tange aos membros do Ministério Público, dispõem seus diplomas reguladores que tais agentes também só podem perder seus cargos em ação civil processada perante os Tribunais a que estejam vinculados (arts. 18, II, "a" e "c", da LC nº 75/1993, e 26 da Lei nº 8.625/1993). Trata-se, pois, de agentes sujeitos a

---

[430] Também, MARINO PAZZAGLINI FILHO, ob. cit., p. 118. *Contra*: EMERSON GARCIA, ob. cit., p. 494. STF, Pet. 3.240, AgrR, j. 10.5.2018.

958 | MANUAL DE DIREITO ADMINISTRATIVO • *Carvalho Filho*

regime jurídico especial. Embora haja entendimento de que poderiam perder seus cargos por juízo monocrático,[431] pensamos, contrariamente, que constituiu escopo da Constituição e das leis reguladoras dispensar-lhes regime próprio, com o qual se afigura incompatível a aplicação da referida sanção por juízo de primeira instância.[432] Os Tribunais, a propósito, têm decidido nessa trilha.[433]

Ressalve-se, não obstante, que a vedação atinge especificamente a aplicação da perda de função pública pelo juízo de primeiro grau. Nada impede que o seja pelo tribunal competente em ação de improbidade administrativa regulada pela Lei nº 8.429/1992, sendo, pois, dispensável ação específica para esse fim.[434] Em outro giro, a reserva de competência só alcança a referida penalidade, de onde se infere que, para outras sanções, a competência é do juiz singular.[435]

14.12.4. Suspensão de Direitos Políticos

A sanção de *suspensão de direitos políticos* tem *natureza política* e expressa o que diz sua própria denominação. Traduz a impossibilidade de o autor da improbidade exercer, em determinado período, sua plena cidadania mediante o exercício de seus direitos políticos. Enquanto perdurar a sanção, não pode o autor, por exemplo, exercer seu direito de voto nem de se habilitar para ser eleito; ou seja, nem pode ser eleitor nem elegível.

Quanto à *aplicabilidade*, a sanção em tela pode penalizar não apenas agentes públicos, mas também particulares que tenham praticado o ato de improbidade em conjunto com o agente público.[436] Com efeito, não haveria motivo realmente para isentá-los da suspensão, fato que ofenderia o princípio da isonomia em detrimento dos agentes estatais.

A Constituição veda a cassação de direitos políticos, mas admite a sua suspensão diante de algumas hipóteses que enumera (art. 15). Uma delas é precisamente a improbidade administrativa (art. 15, V).

Verifica-se, assim, que a Constituição, contrariamente à hipótese de perda da função pública, estabeleceu norma geral sobre a suspensão de direitos políticos, exigindo apenas que o fato gerador seja a prática do ato de improbidade. Em consequência, tal punição poderá ser naturalmente aplicada na ação de improbidade. Claro que tal sanção poderá vir a gerar a perda do cargo ou função, mas, nesse caso, esta não ocorrerá diretamente, e sim como efeito derivado daquela. A consumação da perda da função, porém, atenderá, aí sim, ao procedimento especial decorrente da especificidade do regime, como visto acima.

A sentença, na ação de improbidade, tem que ser *expressa* quanto à aplicação das sanções e os respectivos fundamentos, inclusive a de suspensão dos direitos políticos. Não o sendo, é de considerar-se que não foi aplicada. A propósito, a decisão não pode deixar de fixar o período de vigência da sanção. Nesse sentido, o art. 17-C da LIA. Há, pois, diferença quanto à sentença penal, cujo efeito é imediato e independe de ser mencionada a medida de suspensão dos direitos políticos (art. 15, III, CF).

---

[431] EMERSON GARCIA, *Improbidade*, cit., p. 498-501.

[432] Como Consultor Jurídico do MP-RJ, adotamos tal entendimento – o qual foi acatado pelo Órgão Especial do Colégio de Procuradores de Justiça.

[433] STJ, Rcl. 4.927, j. 15.6.2011 (competência do STJ para ação contra magistrado de TRT).

[434] STJ, REsp 1.191.613, j. 19.3.2015.

[435] No mesmo sentido, MARINO PAZZAGLINI FILHO, ob. cit., p. 119, e MARIA SYLVIA ZANELLA DI PIETRO, ob. cit., p. 722-723.

[436] STJ, REsp 1.735.603-AL, j. 3.9.2024.

Por outro lado, a decisão há que ser comunicada à Justiça eleitoral para o cancelamento do registro (art. 71 e segs. da Lei nº 4.737/1965 – Código Eleitoral). Sem essa providência, a sanção não terá a mínima operatividade. Findo o prazo da sanção, a reaquisição dos direitos políticos é automática, mas o interessado deve diligenciar no sentido de ser novamente realistado, para voltar a figurar na relação dos habilitados ao exercício daqueles direitos.

Quanto à *contagem do prazo*, dispõe a LIA que na sanção de suspensão dos direitos políticos se computará *retroativamente* o intervalo de tempo entre a decisão colegiada e o trânsito em julgado da sentença condenatória (art. 12, § 10). Conquanto não seja um primor de redação, o legislador parece ter considerado que a contagem se estenderá ao período anterior ao trânsito em julgado, após a decisão colegiada. Resulta que, se esse período anterior for de 2 anos de suspensão e a sentença final fixar em 5 anos, o réu só cumprirá a sanção nos 3 anos remanescentes.

Reiterando o que já antecipamos, revela-se impossível juridicamente somar sanções de suspensão dos direitos políticos no caso de mais de uma condenação por improbidade administrativa. Impõe-se, no caso, a aplicação do *princípio da detração*, como corolário do *princípio da razoabilidade*. Significa que a sanção mais grave (ou seja, a de maior extensão temporal), por efeito lógico, absorve as mais leves. A não ser assim, poder-se-ia alcançar, por via oblíqua, verdadeira cassação dos direitos políticos.[437]

Não obstante, tal solução deve ser adotada – é mister distinguir – quando as sanções são contemporâneas. Entretanto, se já foi cumprido o interstício de suspensão após sentença condenatória transitada em julgado e, posteriormente, for o mesmo réu condenado em outra sentença, deverá ele cumprir o novo período de suspensão após o trânsito em julgado da decisão mais recente. É que, não sendo assim, teria que considerar-se que o ímprobo, após cumprir o primeiro período da sanção, estaria imune a qualquer outra condenação de suspensão dos direitos políticos, ainda que cometesse novo ato de improbidade, conclusão que, obviamente, malfere o princípio da probidade administrativa. O limite máximo da suspensão, porém, é de 20 anos (art. 18-A, parágrafo único).

14.12.5. Multa Civil

Esta sanção também encontra previsão em todos os incisos do art. 12 da Lei de Improbidade. Como multa que é, implica uma imposição pecuniária sobre o patrimônio, característica, aliás, de qualquer tipo de multa.

A lei adotou para a multa civil o critério da *variabilidade de base de cálculo*. Com efeito, no caso de enriquecimento ilícito, a base é equivalente ao *valor do acréscimo patrimonial* (art. 12, I); no caso de lesão ao erário, é equivalente ao *valor do dano* (art. 12, II); e, na hipótese de violação a princípios, a fixação é até 24 vezes o *valor da remuneração* do agente (art. 12, III).

A sanção apresenta-se com dois aspectos diferenciados. De um lado, sujeita-se à *inflexibilidade punitiva* relativamente ao *quantum*: é o que ocorre nos incisos I e II, em que o valor é previamente determinado. De outro, adota-se o critério da *flexibilidade punitiva*, como ocorre no inciso III: havendo um limite legal, é possível a fixação em variados valores com base na avaliação do julgador (a norma, inclusive, emprega o advérbio "*até*").

A *natureza* da multa civil é a de *sanção civil* (não penal) e não tem natureza indenizatória; a indenização, como vimos, consuma-se pela sanção de reparação integral do dano. O produto da multa civil deve ser destinado à pessoa jurídica que sofreu a lesão patrimonial.[438]

---

[437] Nesse sentido, STJ, REsp 993.658, j. 15.10.2009.

[438] MARINO PAZZAGLINI FILHO, *Lei de improbidade*, cit., p. 120.

Não havendo adimplemento espontâneo por parte do ímprobo, deverá a pessoa interessada promover a liquidação da sentença e o cumprimento do julgado, nos termos do que prevê a lei processual (art. 513 e ss. do CPC).

Pode ocorrer que o valor fixado para a multa civil seja ineficaz para reprovar e prevenir o ato de improbidade, considerando a situação econômica do réu. Nessa hipótese, a lei autoriza que o juiz a aumente *até o dobro* (art. 12, § 2º, LIA). Tal possibilidade decorre do princípio da proporcionalidade para o fim de evitar que a sanção em foco se desvie de seu real objetivo relativamente ao réu, ou seja, não represente efetiva medida sancionatória.

14.12.6. *Proibição de Contratar com o Poder Público*

A sanção de *proibição de contratar com o Poder Público* reflete uma obrigação de não fazer endereçada tanto ao agente público quanto aos entes protegidos pela lei. Impede que o réu condenado por improbidade celebre ajustes com tais entidades como medida preventiva contra a prática de novos atos de improbidade.

Tal sanção consta em *todos os casos* de improbidade enumerados no art. 12 (incisos I a III). Consequentemente, atinge não somente o ímprobo que se beneficiou de enriquecimento ilícito, mas também o que causou danos ao erário ou ofendeu princípios administrativos. O que varia é o prazo: no primeiro caso, o prazo vai até 14 anos; no caso de prejuízo ao erário, o limite é de 12 anos; para a violação de princípios, o prazo máximo é de 4 anos. O limite máximo admitido, todavia, é de 20 anos (art. 18-A, parágrafo único).

A proibição de contratar imposta ao agente é aplicável *direta* ou *indiretamente*, mesmo por meio de *pessoa jurídica* na qual ocupe a posição de sócio majoritário. Impugnado esse meio, decidiu-se que a sanção não ofende o princípio da incomunicabilidade das punições (ar. 5º, XLV, da CF) e, ao contrário, possibilita o controle e direcionamento da atividade empresarial, evitando a ocorrência de ser fraudada a sanção aplicável.[439]

Em que pese a sanção ter foco na contratação com o Poder Público, na prática a vedação alcança também a participação em *licitações*, embora por linha oblíqua. Com efeito, na licitação o licitante precisa apresentar certidões negativas, e decerto a proibição de contratar constará nos registros administrativos. Noutro giro, o Poder Público, se for *contratar diretamente*, deverá investigar a situação do contratado quanto a eventuais sanções administrativas.

Em princípio, o Poder Público a que se refere a lei é o ente público atingido pelo ato de improbidade. Caso, por exemplo, seja um Município o ente ofendido pelo ato, a proibição de contratar cingir-se-á a contratos com esse ente. Apesar disso, a LIA previu que, excepcionalmente e por razões relevantes expressamente justificadas, a proibição pode *extrapolar* esse ente, mas deverão considerar-se os impactos econômicos e sociais das sanções, visando à manutenção da função social da pessoa jurídica, inclusive quanto à continuação de suas atividades (art. 12, § 4º).

A proibição de contratar com o Poder Público deve ser *registrada* no Cadastro Nacional de Empresas Inidôneas e Suspensas (CEIS), previsto na Lei nº 12.846/2013 (Lei Anticorrupção), atendidas, contudo, as limitações territoriais contidas na decisão judicial (art. 12, § 8º). É óbvia a finalidade desse cadastro: unificar o registro de empresas e sanções de improbidade, como elemento de verificação para ulteriores condutas e aferição para eventuais contratações públicas. Depende, porém, da informação dos entes públicos; resta saber se estes têm prestado, ou prestarão, efetivamente essa informação ao órgão federal.

---

[439] STF, ADI 4.295. j. 21.8.2023.

Cap. 15 · CONTROLE DA ADMINISTRAÇÃO PÚBLICA 961

14.12.7. *Probição de Receber Benefícios ou Incentivos Fiscais ou Creditícios*

Como informa o próprio título, a sanção em tela impede que o condenado por improbidade administrativa seja favorecido por concessões veiculadas pelo Poder Público, o que, sem dúvida, espelha frequentemente irreversível gravame para o ímprobo.

Tal qual acontece com a proibição de contratar, tal sanção consta em todos os casos de improbidade (art. 12, I a III), variando apenas os prazos, que, aliás, são os mesmos atribuídos àquela sanção: de 14 anos para o enriquecimento ilícito; de 12 anos para o prejuízo ao erário; e de 4 anos para a violação de princípios. Como na hipótese anterior, o limite máximo da sanção é de 20 anos (art. 18-A, parágrafo único).

A proibição abrange tanto benefícios *diretos* como *indiretos*. E, nesse último caso, até por meio de pessoa jurídica da qual o autor da improbidade seja *sócio majoritário*, hipótese em que são mais estreitos os vínculos entre sócio e sociedade. Excluem-se, desse modo, as entidades nas quais o agente tenha apenas ações ou cotas em percentual minoritário. Por outro lado, a sanção não proíbe a percepção de benefícios genéricos (ex.: as isenções gerais), e isso porque ofenderia o princípio da impessoalidade tributária.

Como a sanção se restringe à vedação de obter benefícios e incentivos fiscais ou creditícios de *natureza pessoal*, alcança anistia fiscal, remissão tributária, isenção restrita, subvenções e subsídios pessoais, e outras benesses do gênero.[440] Aqui também a sanção só se efetiva se houver um cadastro unificado para registrar a proibição. Se não houver, e considerando a grande quantidade de entes públicos, a aplicação será parcialmente ineficaz.

Tal sanção aplica-se, inclusive a *particulares* que praticaram o ato de improbidade em conjunto com agentes públicos. Considerando que a improbidade foi imputada a ambos, não haveria mesmo como isentar algum deles da incidência sancionatória.[441]

14.13. Declaração de Imposto de Renda

Se a questão do patrimônio dos agentes públicos fosse realmente levada a sério, o controle de eventuais distorções seria facilmente exercido pela análise de sua *declaração de imposto de renda e proventos de qualquer natureza*. Como não há seriedade, alguns patrimônios de agentes públicos se multiplicam sem que tenha havido explicação consistente sobre sua origem e com total ignorância da Administração.

Mas, na teoria, o legislador bem que tentou. A LIA determina que *a posse e o exercício* de agente público ficam condicionados à *apresentação* da declaração de imposto de renda encaminhada à Secretaria da Receita Federal, com o intuito de ser arquivada no órgão de pessoal competente (art. 13, *caput*) – dispositivo, aliás, já julgado constitucional para fiscalização do patrimônio de agentes públicos e preservação do princípio da moralidade.[442] A lei *condiciona* aqueles fatos funcionais à apresentação da declaração, e isso indica que, só depois de apresentá-la, poderá ser empossado no cargo e entrar em exercício de suas funções. É claro que, na prática, muitos entes públicos deixam de fazê-lo, ou por negligência, ou por interesses escusos.

Necessária se faz a *atualização* da declaração, o que pode ocorrer em dois momentos. Primeiramente, a atualização deve ser *anual*, devendo o órgão de pessoal notificar os agentes a apresentar a última declaração. O outro momento é por ocasião em que o agente público *deixar de exercer* o cargo, o emprego, o mandato ou a função (art. 13, § 2º). Como se pode observar,

---

[440] Também MARINO PAZZAGLINI FILHO, ob. cit., p. 120.
[441] STJ, REsp 1.735.603, j. 3.9.2024.
[442] STF, ADI 4.295, j. 21.8.2023.

962 | MANUAL DE DIREITO ADMINISTRATIVO • *Carvalho Filho*

tal controle, se efetivo, poderia evitar muitos atos de improbidade ou, no caso de sua prática, ensejar a aplicação das respectivas sanções.

Se o agente público se recusar a prestar a declaração de renda dentro do prazo determinado ou se o fizer com dados falsos, será ele punido com a penalidade de *demissão*, além de outras sanções pertinentes (art. 13, § 3º). Aqui também a teoria supera a prática: nunca, ou raramente, se viu demissão com base nesse tipo de transgressão.

É mister lembrar, nesse passo, que o art. 13 da LIA tem caráter *nacional*, e não apenas *federal*, sendo aplicável em todas as unidades da federação. Por conseguinte, é constitucional o decreto estadual ou municipal que impõe ao servidor de seu quadro que apresente sua declaração de bens e valores, bem como a respectiva evolução patrimonial.[443]

Advirta-se, porém, que a Lei nº 8.730, de 10.11.1993, há muito impõe a obrigatoriedade da declaração de bens e rendas para o exercício de cargos, empregos e funções nos Poderes Executivo, Legislativo e Judiciário. Portanto, a obrigação constante da LIA não é nenhuma novidade. O que falta, insista-se, é a diligência da Administração em cumprir as exigências legais. Sem a iniciativa do órgão público, a lei será apenas mais uma peça de retórica.

14.14. Procedimento Administrativo

O *procedimento administrativo* é o conjunto de atos e atividades que, ordenados em sequência lógica e encadeada, objetiva apurar a prática de ato de improbidade. Como qualquer procedimento, sua formalização implica a instauração de *processo administrativo* – este a relação jurídica firmada entre órgãos do Estado e pessoas do setor privado em busca daquela finalidade.

A disciplina, que se encontra nos arts. 14 a 16 da Lei nº 8.429/1992, não apresenta nenhuma particularidade de relevo. O art. 14 limita-se a autorizar que qualquer pessoa possa representar à autoridade administrativa competente para instaurar processo de investigação sobre condutas de improbidade. Na verdade, o dispositivo é inócuo e nada mais faz do que repetir, com outro modelo, o direito assegurado na Constituição. O denominado *direito de representação* inclui-se no âmbito do *direito de petição* (art. 5º, XXXIV, "a"), e por este fica assegurado a qualquer pessoa o direito de denunciar ao Poder Público a ocorrência de ilegalidades em geral e de solicitar a adoção das medidas cabíveis.

Não custa relembrar neste passo, no entanto, que a representação há de ser responsável e verídica, como já assinalamos. Se não o for, pode configurar-se o delito de *denunciação caluniosa*, previsto no art. 339 do Código Penal, com a redação da Lei nº 14.110, de 18.12.2020, que se tipifica quando alguém dá causa, entre outros feitos, à instauração de processo administrativo disciplinar, inquérito civil ou ação de improbidade administrativa contra pessoa que sabe ser inocente. Andou bem o legislador para evitar posturas retaliatórias ou inconsequentes que provocam gravames materiais e morais ao suposto envolvido.

Impõe-se que a representação seja escrita ou reduzida a termo (art. 14, § 1º), devendo o denunciante qualificar-se, prestar as informações sobre o fato e sua autoria e comunicar as provas pertinentes, se as conhecer. Diz a lei que, sem tais formalidades, o pedido será rejeitado (art. 14, § 2º), embora seja sempre possível representar ao Ministério Público. O intuito da lei foi o de evitar o denuncismo irresponsável ou coibir as acusações levianas, o que realmente já reflete verdadeira condenação.[444]

---

[443] STJ, AgInt nos Edcl. no RMS 55.819, j. 8.8.2022. V. STF, ADPF 411.

[444] A correta observação é de MAURO ROBERTO GOMES DE MATTOS, ob. cit., p. 546.

Cap. 15 · CONTROLE DA ADMINISTRAÇÃO PÚBLICA | 963

Nesse aspecto, entretanto, a autoridade não deverá agir com radicalismos; cumpre proceder com bom senso e equilíbrio, até mesmo para não desprezar denúncias de fatos graves em nome do excesso de formalismo. Por isso mesmo, a jurisprudência tem admitido a instauração de procedimento investigatório até mesmo em caso de denúncia anônima, quando esta oferecer indícios de veracidade e seriedade, argumentando-se com a circunstância de que, se o Poder Público pode fazê-lo *ex officio*, poderá aceitar a investigação provocada, ainda que o denunciante não tenha observado a formalização de maneira ortodoxa.[445]

Caso estejam presentes os *requisitos* da representação, a autoridade competente deve ordenar a imediata *apuração dos fatos*. No texto anterior, a lei referia-se à Lei 8.112/1990, destinada apenas aos servidores da esfera federal, o que era notória impropriedade. Com a alteração da Lei nº 14.230/2021, porém, determina-se agora seja observada a legislação que regula o *processo administrativo disciplinar pertinente* (art. 14, § 3º). Assim, poderá haver processos disciplinares nas esferas federal, estadual, distrital e municipal, conforme o vínculo funcional do agente.

Instaurado esse processo disciplinar, o órgão competente deverá dar *ciência* ao Ministério Público e ao Tribunal de Contas sobre a apuração (art. 15, *caput*). O dispositivo refere-se a uma *"comissão processante"*, mas, na verdade, cada ente terá a seu cargo a formalização das autoridades ou órgãos incumbidos da condução do processo. Os referidos órgãos de controle, por sua vez, poderão designar representante para acompanhar o processo administrativo disciplinar (art. 15, parágrafo único). Na prática, raramente são tomadas essas providências – o que não surpreende ante a já conhecida desorganização e falta de coordenação dos órgãos da Administração e de controle.

Suscitada dúvida quanto à sua legitimidade, o art. 15, *caput*, foi declarado constitucional, não havendo qualquer ofensa a parâmetros constitucionais. Fundou-se a decisão no fato de que a norma concretiza o princípio da eficiência previsto no art. 37, *caput*, da CF, além do aspecto de que cabe ao Ministério Público promover as medidas adequadas ao enfrentamento da improbidade.[446] Reafirme-se, porém, que a *mens legis* só funcionará se houver efetividade nas ações dos órgãos referidos, fato que, como já se adiantou, não tem ocorrido com a frequência desejável.

O Ministério Público, diante da comunicação da autoridade, poderá instaurar *inquérito civil* ou *procedimento investigativo similar* e requisitar a instauração de *inquérito policial* (art. 22, LIA). Na apuração dos ilícitos, todavia, será assegurada ao investigado a oportunidade de manifestação por escrito e de juntada de documentos para subsidiar suas alegações e auxiliar no esclarecimento dos fatos (art. 22, parágrafo único). Em suma, a lei inovou com a admissão de verdadeiro contraditório em procedimento inquisitório, o que refoge à natureza deste, mas que, em face de algumas distorções já ocorridas, acaba por tornar-se mais uma barreira contra o arbítrio de alguns órgãos de controle.

No que concerne a essa fase administrativa, a jurisprudência adotou o entendimento de que não há *prerrogativa de foro* em favor de agentes públicos quando da instauração de inquéritos civis ou no julgamento de ações de improbidade, tendo em vista não possuírem natureza criminal.[447]

14.15. Indisponibilidade de Bens

A decretação de indisponibilidade de bens, prevista no art. 16 e parágrafos da LIA, tem por essência a *vedação* endereçada ao réu na ação de improbidade no sentido de exercer o

---

[445]   STF, MS 24.369, j. 10.10.2002; e STJ, MS 7.069, j. 14.2.2001, e RMS 38.010, j. 4.4.2013.

[446]   STF, ADI 4.295, j. 21.8.2023.

[447]   STJ, AgRg nos EDcl. no RHC 171.760, j. 24.4.2023.

964 | MANUAL DE DIREITO ADMINISTRATIVO • *Carvalho Filho*

direito à disponibilização de seus bens. A medida, portanto, reside numa *obrigação de não fazer* decorrente de decisão judicial.

A *natureza* do processo que contém o pedido é a de *tutela provisória de urgência*, cujo escopo é o de afastar o *periculum in mora*, servindo para evitar o risco de um prejuízo grave ou do resultado útil do processo.[448] Por isso, aplicam-se as normas relativas à referida tutela previstas especialmente nos arts. 294 e 301 do CPC (art. 16, § 8º, LIA).

O *objetivo* da medida consiste na necessidade de *garantir* a recomposição integral do erário ou do acréscimo patrimonial obtido em decorrência de enriquecimento ilícito (art. 16, *caput*). A garantia, como é claro, procura evitar que o titular dilapide ou desvie seus bens e valores para se esquivar da indenização aos cofres públicos ou da restituição do que indevida e ilicitamente acresceu a seu patrimônio.

A *pretensão* deve ser formulada na ação de improbidade administrativa, tanto em forma *antecedente* como por meio *incidental*. O emprego do pedido antecedente retrata maior urgência na apreciação do pedido e permite que a ação principal já seja processada com a tutela deferida. O pedido incidental, a seu turno, é formulado quando já em curso a ação de improbidade. Nessa hipótese, a necessidade da tutela cautelar é superveniente à propositura da ação. Por outro lado, o pedido não depende da prévia representação da autoridade ao Ministério Público (art. 16, § 1º-A).

Os *pressupostos* para o deferimento do pedido são o perigo de dano irreparável ou o risco ao resultado útil do processo (*periculum in mora*), hipóteses que o juiz avaliará pelos dados de plausibilidade apontados na petição inicial (*fumus boni iuris*).[449] Importante consignar a observância do contraditório, ouvindo-se o réu em 5 dias (art. 16, § 3º). Conforme a hipótese, contudo, a ser verificada pelo juiz, a indisponibilidade poderá ser decretada sem a oitiva prévia do réu (*audiatur et altera pars*) (art. 16, § 4º), o que já era admitido pela jurisprudência.[450] O rito, pois, denota a tentativa de afastar eventual arbítrio.[451]

Quanto à *incidência* da medida, tem-se que a demonstração do requisito da *urgência* para a indisponibilidade de bens, prevista no art. 16 da LIA, com a redação da Lei 14.230/2021, tem aplicação imediata aos processos em curso, tendo em vista se tratar de medida de caráter processual.[452]

Vale o registro, neste passo, de que, anteriormente à Lei nº 14.230, havia forte entendimento no sentido de que a decretação de indisponibilidade traduziria uma tutela de evidência atípica, sequer sendo necessário comprovar *o periculum in mora*, mas apenas os indícios de infração grave.[453] Todavia, com a nova lei, ficou claro que se trata de *tutela cautelar*, cujo deferimento depende necessariamente daquele requisito.[454]

Havendo *pluralidade de réus*, o total de valores indisponíveis não pode exceder o montante do dano ou do enriquecimento ilícito informado na petição inicial. Na verdade, se assim não fosse, a medida violaria, por excesso, o princípio da proporcionalidade; decerto não é essa a finalidade. Conforme a estimativa do dano no pedido inicial, será calculado o valor da

---

[448] TERESA ARRUDA ALVIM WAMBIER *et alii, Primeiros comentários ao novo Código de Processo Civil,* RT, 2015, p. 487.

[449] STJ, REsp 958.582-MG, Rel. Min. JOSÉ DELGADO, *DJ* de 4.8.2008.

[450] STJ, REsp 1.197.444, j. 27.8.2013, e AgRg no AREsp 460.279, j. 7.10.2014.

[451] Foi como decidiu o STJ, no REsp 731.084, j. 2.2.2006.

[452] STJ, AREsp 2.272.508-RN, j. 6.2.2024.

[453] STJ, REsp 1.339.967, j. 3.9.2013.

[454] FERNANDO DA FONSECA GAJARDONI, *Comentários à Nova Lei de Improbidade Administrativa,* obra em coautoria, RT, 5ª ed., 2021, p. 267.

Cap. 15 · CONTROLE DA ADMINISTRAÇÃO PÚBLICA | **965**

indisponibilidade, sendo viável sua *substituição* por caução, fiança bancária ou seguro garantia judicial, ou a *readequação* durante o processo, caso necessário o reajuste do valor por alguma causa superveniente (art. 16, §§ 5º e 6º).

Sobre o tema, vem decidindo a jurisprudência que, em se tratando de indisponibilidade de bens, há solidariedade enre os corréus da ação de improbidade. Em consequência, a medida constritiva deve recair sobre os bens *de todos eles*, sem divisão em cotas. O somatório da medida, porém, limita-se ao que foi determinado pelo juiz, ao mesmo tempo em que, para evitar excesso de poder, é inadmissível que o bloqueio equivalha ao débito total em relação a cada um deles. [455]

Em se tratando de *terceiro*, a indisponibilidade somente será decretada se claramente demonstrada sua efetiva concorrência para os atos ilícitos apurados. Impossível, pois, a caracterização da improbidade diante de meros indícios ou presunções; impõe-se comprovação inequívoca da contribuição para o ilícito. Quanto a bens de *pessoa jurídica*, por outro lado, urge instaurar incidente de desconsideração de pessoa jurídica, na forma do que é previsto na lei processual (art. 16, § 7º), isso para separar o autor do ato de improbidade da pessoa jurídica a que pertence.

O *objeto* da indisponibilidade incide apenas sobre bens necessários ao ressarcimento integral do dano aos cofres públicos. Em consequência, não abrange valores referentes à multa civil ou ao acréscimo patrimonial oriundo de atividade lícita (art. 16, § 10). A norma protege o ímprobo de duas formas. Primeiro, permite que fique inadimplente com a condenação ao pagamento da multa civil. Depois, deixa intactos outros bens, em detrimento do prejuízo causado ao erário.

O juiz deve considerar, no caso, o método da *priorização* de bens e valores ao momento da decretação da indisponibilidade. Primeiramente, sujeitam-se à medida os veículos terrestres, imóveis, móveis, semoventes, navios e aeronaves, ações e cotas de sociedades, pedras e metais preciosos. Só depois poderá a medida investir sobre o bloqueio de contas bancárias, visto ser necessário assegurar a subsistência do acusado e a preservação da atividade empresária no curso do processo (art. 16, § 11).

A LIA ressalvou algumas *vedações* quanto à indisponibilidade. De um lado, ficou vedada a decretação da medida em importância inferior a 40 salários mínimos depositados em conta-corrente, em caderneta de poupança ou em outras aplicações financeiras. Presume-se tenha sido o valor-limite para a subsistência do acusado. Ficou vedada também a indisponibilidade do bem de família do réu, a menos que oriundo de vantagem ilícita (art. 16, §§ 13 e 14).

O pedido de indisponibilidade pode incluir a investigação, o exame e o bloqueio de bens e valores custodiados *no exterior*, observando-se a legislação e os tratados internacionais (art. 16, § 2º). A razão é simples: vários autores de atos de improbidade escamoteiam bens e valores fora do país como meio mais seguro de preservar os frutos do ato ilícito. Alguns deles, como é óbvio, acabam por escapar da investigação e apreensão pelos órgãos de controle.

Ao proferir a sentença de indisponibilidade, o juiz deve observar *os efeitos práticos* da decisão (*consequencialismo*), sendo-lhe vedado causar prejuízo à prestação de serviços públicos (art. 16, § 12). A norma, cabe ressaltar, guarda consonância com o art. 20 do Dec.-lei. 4.657/1942 (LINDB – Lei de Introdução às Normas do Direito Brasileiro), com as alterações da Lei nº 13.655/2018, e, como já assinalamos, nem sempre será fácil avaliar os referidos efeitos. Da decisão deferitória ou indeferitória do pedido de indisponibilidade caberá *agravo de instrumento*, com o rito do Código de Processo Civil (art. 16, § 9º).

---

455 STJ, RE 1.955.440, j. 22.5.2024.

14.16. Procedimento Judicial

14.16.1. Considerações Preliminares

As alterações introduzidas pela Lei nº 14.230/2021 na LIA ampliaram o número de normas que regem o *procedimento judicial* para apuração e decisão sobre atos de improbidade.

Na verdade, foi instituído um *microssistema processual*, numa clara indicação de que o mecanismo de apuração traduz ação com fisionomia própria, como se verá diante. Algumas normas remetem ao Código de Processo Civil, ao passo que outras integram o regime próprio adotado pelo legislador específico.

Conquanto a matéria traduza basicamente a disciplina do procedimento judicial, serão feitas abaixo breves considerações sobre o tema, considerando que várias normas guardam conexão com o direito substantivo atinente à improbidade administrativa.

14.16.2. Procedimento

De acordo com o art. 17, *caput*, da LIA, a ação de improbidade administrativa seguirá o *procedimento comum* previsto no CPC. Pelo sistema do Código, a regra é o procedimento comum, aplicável a todas as causas, exceto disposições em contrário (art. 318, CPC). Por outro lado, tem aplicação subsidiária nos procedimentos especiais e no processo de execução (art. 318, parágrafo único, CPC). Esse é o sistema geral no estatuto processual.

Apesar de observar o procedimento comum, a ação de improbidade contém algumas especificidades que não condizem exatamente com o sistema do CPC. Portanto, é correto afirmar que em tal ação incide o procedimento comum com eventuais especificidades de seu rito.

O procedimento comum apresenta-se com 4 fases: 1ª) fase postulatória, aquela em que o autor formula a pretensão; 2ª) fase saneadora, seguinte à anterior, na qual o juiz verifica a regularidade do processo; 3ª) fase instrutória, na qual se procede à coleta do material probatório; e 4ª) fase decisória, direcionada à prolação da sentença.[456]

14.16.3. Natureza da Ação

O legislador caracterizou a ação de improbidade como *repressiva* e de *caráter sancionatório* (art. 17-D, LIA). Tais dados, porém, não têm qualquer conteúdo classificatório, pois que há inúmeras ações de áreas diversas que também visam reprimir e sancionar.

O que, na verdade, surpreende é a qualificação dada na lei, no mesmo dispositivo, de que a ação de improbidade "*não constitui ação civil*". Ao que parece, o legislador intentou criar uma quarta categoria de ações, ao lado da civil, penal e administrativa. A ressalva prevista na referida norma de que as sanções têm caráter pessoal não leva a qualquer classificação especial, vez que a maioria das demandas têm mesmo caráter pessoal.

A verdade é que, não comportando a aplicação de penas como aquelas constantes do Código Penal e outras leis penais, a natureza só pode ser a de *ação civil*, embora seu regime sancionatório implique a previsão de sanções estritamente de direito civil ao lado de outras de caráter administrativo. Como exemplo, a multa civil cumulada com a perda da função pública.

Em virtude da natureza com que a lei a qualificou, a ação de improbidade é incabível para o controle de legalidade de políticas públicas e para a proteção do patrimônio público e social,

---

[456] HUMBERTO THEODORO JUNIOR, *Curso de direito processual civil*, Gen/Forense, 1º vol., 56ª ed., 2015, p. 728/730.

do meio ambiente e de outros interesses difusos, coletivos ou individuais homogêneos (art. 17-D, *caput*). Há uma impropriedade na lei: apesar de vedar a ação para a defesa do patrimônio público, a verdade é que a repressão aos atos de improbidade que causam danos ao erário se insere nessa proteção. O que lei veda, aí sim, é a proteção do patrimônio como objeto de interesses transindividuais ou individuais homogêneos.

14.16.4. *Ação de Improbidade e Ação Civil Pública*

Aspecto positivo, não contemplado no texto primitivo da lei, é a advertência de que a ação de improbidade administrativa, regida pela Lei nº 8.429/1992, e a ação civil pública, disciplinada na Lei nº 7.347/1985, possuem natureza distinta. Aquela, portanto, não se presta ao controle de políticas públicas exercido por esta última, quanto à responsabilidade por danos causados ao meio ambiente, ao consumidor e a outros interesses coletivos e difusos (art. 17-D, parágrafo único).

Inegavelmente houve grande confusão na aplicação desses dois diplomas protetivos, inclusive quanto à nomenclatura frequentemente empregada por alguns órgãos do Ministério Público: *"ação civil pública de improbidade administrativa"*. Ao contrário, sempre sustentamos a existência autônoma de ambas as ações, o que deixamos mais de uma vez consignado em nossos estudos.[457]

Por vários fatores, as ações são flagrantemente diversas. Quando comparadas, infere-se que têm diferenças básicas quanto aos sujeitos, ao objeto, à tutela jurídica e ao procedimento de cada uma. Nesse aspecto, a lei espancou uma dúvida que não se justificava.

Caso o Ministério Público pretenda a condenação de agente público por ato de improbidade e por danos ao meio ambiente, terá que propor duas ações. Para a primeira hipótese, deve ajuizar ação de improbidade nos termos da Lei 8.429, a LIA, enquanto que para a segunda deve socorrer-se da ação civil pública, em conformidade com a disciplina estabelecida na Lei nº 7.347/1985.

Na hipótese de o juiz vislumbrar irregularidades ou ilegalidades insuscetíveis de serem sanadas no processo, poderá, motivadamente, converter a ação de improbidade administrativa em ação civil pública (art. 17, § 16, LIA), seguindo-se então o rito previsto na lei reguladora, a Lei nº 7.347/1985. O recurso cabível contra essa decisão é o agravo de instrumento (art. 17, § 17).

14.16.5. *Legitimidade*

A Lei nº 14.230/2021 alterou o art. 17, *caput*, da LIA, atribuindo ao Ministério Público *legitimidade exclusiva* para propor a ação de improbidade, com o que alteraria o regime anterior, segundo o qual era admitida também a legitimidade da pessoa jurídica interessada.

Entretanto, o STF declarou a *inconstitucionalidade* parcial, sem redução de texto, do referido dispositivo, em ordem a considerar inviável a referida privatividade para a propositura da ação. Fundou-se a Corte no fato de que a Constituição só atribui privatividade ao MP para a ação penal (art. 129, I) e admite legitimidade concorrente de terceiros para ações civis (art. 129, § 1º). A decisão, assim, retornou ao regime anterior que admitia *legitimidade concorrente* do MP e da pessoa jurídica interessada para a ação de improbidade.[458]

---

[457] V. nosso trabalho "Ação civil pública e ação de improbidade: unidade ou dualidade" em *A ação civil pública após 25 anos*, obra colet., RT, 2010, p. 484-499.

[458] STF, ADIs 7.042 e 7.043, j. 31.8.2022.

968 | MANUAL DE DIREITO ADMINISTRATIVO • *Carvalho Filho*

Por questão de pertinência temática, foi, da mesma forma, declarada a inconstitucionalidade do art. 3º da Lei nº 14.230/2021, que assinava o prazo de 1 ano, a partir da publicação da lei, para que o Ministério Público *manifestasse interesse* no prosseguimento das ações de improbidade em curso promovidas por entes federativos, inclusive em fase de recurso. A norma ficou prejudicada no momento em que voltou a ser admitida a legitimidade concorrente para a referida ação.[459]

A *legitimidade passiva* na ação é daquele que praticou o ato de improbidade administrativa e, em consequência, passará a responder ao respectivo processo. Trata-se do sujeito ativo da improbidade, que, conforme já anotado, pode ser o agente público, a pessoa jurídica ou o terceiro com atuação em coautoria direcionada à prática do ato. No caso de desconsideração de pessoa jurídica, deverão ser observados os arts. 133 a 137 do CPC (art. 17, § 15).

14.16.6. *Foro e Prevenção*

A *competência de foro* para a propositura da ação é alternativa: pode ser o local em que ocorreu o dano ou o da pessoa jurídica interessada (art. 17, § 4º-A, LIA). Para exemplificar, se o dano ocorreu em Vitória e a pessoa é sediada em S. Paulo, qualquer das cidades pode ser o foro para a propositura da ação. Se não há dano, como ocorre normalmente nos atos de violação a princípios, o foro será apenas o da pessoa jurídica.

Proposta a ação, ocorrerá a *prevenção*, ou seja, a *competência do juízo* passa a ser a daquele em que houve a propositura. A prevenção atrai para o juízo prevento todas as ações ajuizadas ulteriormente que possuem a mesma causa de pedir ou o mesmo pedido (art. 17, § 5º, LIA). A *ratio* do dispositivo é a de evitar a dispersão de demandas, unificando-as em um único juízo, que então será o responsável pela solução do litígio.

Quanto à *competência judicial*, vale a pena ressaltar que, conforme já decidido em instância superior, é da justiça federal a competência para processar e julgar ação de improbidade em que figure ente público na relação processual, observando-se aqui o disposto no art. 109, I, da CF. O só fato de haver controle de contas pelo TCU não tem aptidão de afastar a regra constitucional. Resulta, pois, que as Súmulas 208 e 209 do STJ devem ser interpretadas em consonância com a Constituição.[460]

14.16.7. *Fase Postulatória*

A *petição inicial* deve obedecer a três requisitos fundamentais: 1º) individualização da conduta de cada réu; 2º) indicação dos dados probatórios relativos aos arts. 9º a 11 da LIA; 3º) instrução documental, salvo impossibilidade devidamente comprovada (art. 17, § 6º, I e II). Com a inicial, pode o MP requerer as *tutelas provisórias* cabíveis à hipótese controversa (art. 17, § 6º-A). Em face da nova orientação do STF, tais tutelas também poderão ser postuladas pela pessoa jurídica interessada.[461]

Pode ser decretada a *rejeição* da petição inicial em três hipóteses. A primeira nos casos no art. 330 do CPC (inépcia, ilegitimidade, falta de interesse processual, falta de declaração do advogado em causa própria e falta de requisitos da inicial). Depois, caso o réu não cumpra o que dispõe o art. 17, § 6º, I e II, já comentado. Por fim, na hipótese de ser manifestamente inexistente o ato de improbidade atribuído (art. 17, § 6º-B). Estando nos devidos termos, o juiz ordenará a autuação da petição e a citação dos réus.

---

[459]   Decisão também constante das já citadas ADIs 7.042 e 7.043.

[460]   Nesse sentido, STJ, CC 174.764, j. 4.2.2022.

[461]   STF, ADIs 7.042 e 7.043, j. 31.8.2022.

Cap. 15 · CONTROLE DA ADMINISTRAÇÃO PÚBLICA | 969

Quanto à *contestação*, é imperioso fazer breve, mas importante anotação. Segundo o art. 17, § 7º, da LIA, o juiz ordena a citação *dos requeridos* para que a *"contestem no prazo comum de 30 dias"*. Observa-se, então, que esse prazo é destinado ao caso em que há pluralidade de réus. Como foi adotado o procedimento comum para a ação, o prazo para contestar, no caso de somente um réu, será de *15 dias úteis* (art. 335 c/c art. 219, CPC). O termo inicial da contagem é o fixado no art. 231 do CPC, no qual são registrados vários momentos, dependendo da forma da citação (juntada aos autos do aviso de recebimento, ou do mandado cumprido etc.).

As *assessorias jurídicas* passaram a ter papel inovador na ação de improbidade. A assessoria jurídica responsável pelo parecer no sentido da legalidade do ato praticado pelo administrador ficará *compelida a defendê-lo judicialmente* até o trânsito em julgado, na hipótese de ser réu em ação de improbidade (art. 17, § 20, LIA). A norma causou estranheza, porque assessorias jurídicas são órgãos internos de aconselhamento e opinamento para o administrador. A defesa judicial cabe ao órgão jurídico externo, provavelmente uma procuradoria. Assim, quando a lei fala em *"defendê-lo"*, não pode tratar-se da defesa processual, mas apenas do fornecimento de subsídios e argumentos para reafirmar a posição estampada no parecer interno.

Em boa hora, o STF declarou a *inconstitucionalidade parcial*, com redução de texto, do art. 17, § 20, da LIA, introduzido pela Lei nº 14.230, afirmando que não existe *obrigatoriedade de defesa judicial*, mas sim a possibilidade de órgãos da Advocacia Pública delegarem a representação judicial ao órgão emissor do parecer, nos termos do que dispuser a respeito a lei do respectivo ente federativo.[462]

Após a contestação, o juiz pode proferir o *julgamento* conforme o estado do processo e desmembrar o litisconsórcio para acelerar a instrução. É possível também que ofereça a oportunidade de *réplica* ao Ministério Público (art. 17, § 10-C), estendendo-se essa possibilidade também à pessoa jurídica interessada, conforme decidiu o STF.[463]

14.16.8. *Decisão Inicial*

Após a réplica, o juiz profere a *primeira decisão* no processo, cabendo-lhe nela apontar a tipificação do ato de improbidade imputável ao réu, mas sendo-lhe vedado alterar o fato principal e a capitulação legal relatada pelo autor (art. 17, § 10-C). Com a referida decisão, as partes serão intimadas a especificar suas provas (art. 17, § 10-E).

Para cada ato de improbidade, deverá ser indicado necessariamente *apenas* um tipo daqueles previstos nos arts. 9º a 11 da LIA (art. 17, § 10-D). Na verdade, não ficou muito claro o propósito do legislador nessa norma, já que, na prática, é viável que o agente, v.g., se tenha enriquecido ilicitamente por condutas previstas em mais de um inciso do art. 9º. O mesmo ocorre com a lesão ao erário (art. 10). Se a intenção foi a de que nesse caso não poderia haver cumulação de condutas, a norma está longe de espelhá-la. Se foi outra, haverá dificuldades para os intérpretes.

Se, em qualquer momento, verificar ser *inexistente* o ato de improbidade, o juiz proferirá de imediato decisão pela improcedência do pedido (art. 17, § 11). Nesse caso, a motivação é fundamental para controle do ato decisório, porquanto a decisão estará reconhecendo que sequer existiu ato de improbidade. Muita cautela, pois, deve revestir a atuação do julgador nessa hipótese.

---

[462] Foi o que decidiu o STF nas já citadas ADIs 7.042 e 7.043, j. 31.8.2022.

[463] STF, ADIs 7.042 e 7.043, j. 31.8.2022.

14.16.9. Instrução

Aplicam-se em regra à ação de improbidade o *regime instrutório* adotado para o procedimento comum. Não obstante, algumas peculiaridades devem ser observadas.

Uma delas é o *interrogatório* do réu. Conforme imposição legal, o réu tem o direito de ser interrogado sobre os fatos que lhe são imputados na ação, permitindo-lhe agregar às provas do processo eventuais novos esclarecimentos sobre a dinâmica dos acontecimentos. Por outro lado, sua recusa ou seu silêncio não implicarão confissão (art. 17, § 18). Apesar de tal benefício, semelhantes posturas sempre pesarão a seu desfavor por demonstrarem implicitamente o reconhecimento da improbidade.

Outros postulados também foram excluídos do regime instrutório. Um deles é o de que, na situação de revelia, não se aplica a presunção de veracidade dos fatos alegados pelo autor. Por outro lado, afastou-se a obrigação do ônus da prova ao réu, situação também contemplada, como exceção, no art. 373, § 1º, do CPC, incumbindo ao juiz, porém, justificar em cada caso. Incabível, ainda, é o reexame obrigatório de sentença de improcedência ou de extinção sem resolução de mérito (art. 17, § 19, I, II e IV).

Diz a lei não ser aplicável o ajuizamento de mais uma ação de improbidade pelo mesmo fato, incumbindo ao Conselho Nacional do MP dirimir conflitos de atribuições entre membros da instituição (art. 17, § 19, III). O dispositivo é de constitucionalidade duvidosa, vez que matéria organizacional do Ministério Público deve ser tratada por lei complementar de iniciativa do Procurador-Geral (art. 128, § 5º, CF).

Os atos do órgão de controle interno ou externo devem ser avaliados pelo juiz quando tiverem sido fundamento para a acusação ao agente (art. 21, § 1º, LIA). Noutra vertente, as provas coligidas junto aos órgãos de controle, bem como eventuais atos decisórios, deverão ser considerados na formação do convencimento do juiz, sempre exigida, porém, a análise do dolo (art. 21, § 2º). Com efeito, são dados probatórios que não podem ser descartados pelo julgador.

14.16.10. Acordo de Não Persecução Civil

Foi incluído na LIA um microssistema normativo sobre a possibilidade de o Ministério Público firmar o que a lei denominou de *acordo de não persecução civil* (art. 17-B). De alguma forma, assemelha-se ao compromisso de ajustamento de conduta previsto na Lei 7.347/1985 para a ação civil pública. A deflagração do acordo deriva das negociações entre o Ministério Público e o investigado ou demandado e seu defensor (art. 17-B, § 5º).

Cabe aqui advertir, porém, que, em virtude de ter sido declarada inconstitucional a legitimidade exclusiva do MP para a ação de improbidade (art. 17, *caput*, LIA), como vimos anteriormente, o STF estendeu a inconstitucionalidade ao *caput* e § 5º do art. 17-B, de modo que a pessoa jurídica interessada também pode firmar o acordo de não persecução civil, bem como pode negociar sua celebração com o investigado ou demandado e seu defensor.[464]

Trata-se, na verdade, de um *acordo*, ou seja, uma conjugação de vontades, sujeitas a direitos, deveres e obrigações, cujo objetivo reflete um interesse para os pactuantes. Em sua essência, um dos pactuantes é o órgão estatal, enquanto que o outro é aquele sobre o qual pesam elementos que indiciam ou comprovam a prática de ato de improbidade. Do acordo, devem emanar ao menos dois *resultados*: a) o ressarcimento integral do dano, cabendo ouvir-se o Tribunal de Contas quanto à apuração (art. 17-B, § 3º); b) a reversão ao ente lesado da vantagem obtida, mesmo que provenha de pessoas privadas (art. 17-B, I e II).

---

[464] STF, ADIs 7.042 e 7.043, j. 31.8.2022.

Cap. 15 · CONTROLE DA ADMINISTRAÇÃO PÚBLICA | 971

O ajuste pode ser firmado em mais de um *momento*. É possível pactuá-lo quando ainda em curso a investigação sobre o ilícito, ou já no curso da ação de improbidade, ou, ainda, ao momento da execução da sentença condenatória (art. 17-B, § 4º). Tais possibilidades estampam, à perfeição, o intento legislativo de incentivar a *consensualização* e evitar o prolongamento de litígios, sempre desinteressante para todos. Avulta notar, ainda, que a jurisprudência admite que o acordo em foco seja homologado inclusive em fase recursal.[465]

O acordo subordina-se a determinados *requisitos*. O primeiro é a *oitiva* do ente federativo lesado. Outro consiste na *aprovação* pelo Ministério Público ao qual caiba analisar arquivamentos de inquéritos civis, antes da ação. Por fim, a *homologação judicial* firmada antes ou depois do ajuizamento da ação (art. 17-B, § 1º). Quanto ao segundo requisito, a lei fixou o prazo de até 60 dias para a aprovação do MP, o que, para alguns, é inconstitucional por violar o art. 128, § 5º, da CF, que impõe lei de iniciativa do chefe da instituição para matéria relativa à sua organização.

Cumpre, ainda, considerar alguns *elementos circunstanciais* subjetivos e objetivos para o acordo. São eles a personalidade do agente e a natureza, circunstâncias, gravidade e repercussão social do ato de improbidade. Além disso, o acordo visa à rápida solução do conflito, mas para tanto impõe-se esclarecer as vantagens que dela advirão para o interesse público (art. 17-B, § 2º).

O acordo também se dirige a *valores éticos* e pode prever mecanismos e procedimentos internos de integridade, de auditoria e de estímulo às denúncias sobre irregularidades. Tratando-se de pessoa jurídica, podem ser aplicados códigos de ética e de conduta, para mais apurada governança corporativa (art. 17-B, § 6º).

Na hipótese de *descumprimento* do acordo, o indiciado ou demandado ficarão impedidos de celebrar novo acordo pelo prazo de 5 anos, iniciando-se a contagem ao momento em que o Ministério Público tomar conhecimento da efetiva inobservância do ajuste (art. 17-B, § 7º). No caso de o acordo ter sido celebrado pela pessoa jurídica interessada, o prazo de impedimento terá o mesmo termo *a quo*, ou seja, será contado a partir do momento em que a entidade estiver ciente do descumprimento.[466]

14.16.11. *Sentença Final*

A *sentença*, como ato decisório, deve ser proferida em conformidade com os *parâmetros* do art. 489 do CPC. No entanto, deve observar alguns outros *requisitos especiais*, como figura no art. 17-C da LIA. Lembre-se que aqui se trata da sentença final, diversa daquela primeira prevista no art. 17, § 10-C, da LIA.

Entre outros, deve expressar os *elementos* atinentes aos arts. 9º a 11, que conduziram à decisão. Deve também considerar, de um lado, as consequências práticas da decisão, quando calcada em valores abstratos, e, de outro, avaliar dificuldades e obstáculos enfrentados pelo gestor (art. 17-C, I a II). Esses aspectos, aliás, fundam-se em normas similares da LINDB – Lei de Introdução às Normas do Direito Brasileiro (arts. 20 e 22).

Além disso, a sentença deve observar os princípios da proporcionalidade e razoabilidade, bem como a natureza, a gravidade e o impacto do ato de improbidade, e, ainda, o dano causado e o proveito patrimonial obtido pelo autor. Quanto ao agente, urge que se examinem circunstâncias agravantes e atenuantes, os antecedentes do agente e sua atuação visando mitigar o dano patrimonial (art. 17-C, IV).

---

[465] STJ, EAREsp 102.585, j. 9.3.2022.
[466] V. STF, ADIs 7.042 e 7.043, j. 31.8.2022.

972 | MANUAL DE DIREITO ADMINISTRATIVO • *Carvalho Filho*

Caso haja *procedência do pedido*, a sentença condenará o réu ao ressarcimento dos danos e à perda ou à reversão dos bens e valores obtidos ilicitamente. Cabe à pessoa jurídica prejudicada proceder à liquidação do dano, se for o caso. Caso não o faça no prazo de 6 meses, incumbirá ao Ministério Público fazê-lo, sendo viável a responsabilização dos agentes omissos. O valor do dano poderá ser parcelado em até 48 parcelas conforme autorização judicial com atualização monetária, na hipótese de incapacidade financeira do réu. Do total, devem ser descontados os serviços efetivamente prestados (art. 18 e §§ 1º a 4º).

Cabe aqui anotar que o reconhecimento da prática do ato de improbidade rende ensejo à possibilidade de *invalidação* do ato administrativo, e isso pela singela razão de que seria totalmente esdrúxulo admitir que ato ilícito continuasse a produzir seus efeitos, como o tem consignado a mais autorizada doutrina.[467]

Se houver *sentenças penais ou civis* anteriores, deverão elas produzir efeitos em relação à ação de improbidade quando ficar decidido: a) a inexistência do ato; b) a negativa de autoria (art. 21, § 3º). Incidem no caso, portanto, *efeitos extraprocessuais* daqueles processos, assegurando-se ao réu na ação de improbidade o direito de suscitá-los tendo em vista a evidente vantagem que lhe será proporcionada pela aplicação.

Caso o réu na ação de improbidade tenha sido favorecido com *absolvição criminal*, confirmada por órgão colegiado, o fato impedirá o curso daquela ação, comunicando-se todos os efeitos da decisão absolutória mediante os mesmos fundamentos estabelecidos no art. 386 do Código de Processo Penal (art. 21, § 4º, LIA). Embora a lei se refira a *impedir o trâmite*, o efeito real é o de ensejar o julgamento de improcedência ou de extinção sem resolução de mérito, conforme a razão impeditiva.

Em outra vertente, no julgamento da ação de improbidade administrativa, a absolvição por ausência de dolo e de obtenção de vantagem indevida na conduta provoca o esvaziamento da justa causa para a continuação da ação penal.[468]

14.16.12. *Unificação de Sanções*

Pode ocorrer que o réu já tenha sofrido outras sanções em processos diversos. Nesse caso, o juiz, a requerimento do réu, ao momento do cumprimento da sentença, procederá à *unificação das sanções*, considerando a hipótese de ilícitos continuados ou a prática de diversas ilicitudes (art. 18-A).

Caso haja continuidade de ilícito, o juiz promoverá a maior sanção aplicada, aumentada de 1/3, ou a soma das sanções, prevalecendo a alternativa mais benéfica ao réu. No caso de prática de novos atos ilícitos pelo mesmo autor, serão somadas as sanções (art. 18-A, I e II). As sanções de suspensão de direitos políticos e de contratar ou receber benefícios fiscais ou creditícios do Poder Público terão como *limite máximo o prazo de 20 anos* (art. 18-A, parágrafo único).

14.16.13. *Denunciação Caluniosa*

A apuração de ato de improbidade, seja na fase de investigação, seja no curso da ação, pode provocar muitos problemas em relação ao suposto autor. São rumores negativos, reputações abaladas, condenação na mídia e na sociedade, e, o que é mais desolador, sem

---

[467] ANDERSON SANT'ANA PEDRA e JASSON HIBNER AMARAL, Revisitando a invalidação do ato ímprobo em face da Lei nº 14.230/2021, em *Anotações sobre a Lei de Improbidade Administrativa*, org. Maria Lia Porto Corona e outros, Forum, 2022, p. 13.

[468] STJ, HC 826.165, j. 30.11.2023.

Cap. 15 · CONTROLE DA ADMINISTRAÇÃO PÚBLICA | 973

grande possibilidade de reversão. Infelizmente essas notícias e informações acabam por ser cimentadas, ainda que a acusação venha a ser desnaturada.

Não é difícil entender, então, como é sério denunciar alguém pela prática de ato de improbidade. Quando é verídica, a denúncia retrata exercício de cidadania e defesa de probidade na Administração. Quando não o é, podem surgir vários gravames para o denunciado, sobretudo se falsa a informação.

A representação por ato de improbidade contra agente público ou terceiro constitui *crime* quando o denunciante *sabe* que o denunciado é inocente (art. 19, LIA). A conduta, além de dolosa, reveste-se de condenável má-fé. Para isso, contudo, é preciso comprovar que o denunciante da falsa improbidade tinha *convicção* da inocência, quer porque o fato não ocorreu, quer porque sabia que o autor seria outra pessoa. Enfim, sobressai no caso o embuste praticado pelo denunciante.

A pena prevista para esse crime é de detenção de 6 a 10 meses e multa. Segundo entendemos, a pena é por demais branda para a gravidade do crime. Enfim, foi a escolha do legislador. Além da sanção penal, o denunciante deverá indenizar o denunciado pelos danos materiais, morais ou à imagem causados pela falsa denúncia (art. 19, parágrafo único).

14.16.14. Afastamento do Agente

Em virtude de algumas circunstâncias que justificam o fato, é lícito que o juiz decrete o *afastamento do agente público* do exercício do cargo, emprego ou função, sem que perca seu direito à remuneração (art. 20, § 1º, LIA).

Tratando-se de medida restritiva de *exceção*, o afastamento pode fundar-se em duas ordens de motivos. O primeiro consiste na preservação da *instrução do processo*. De fato, o agente, no exercício da função, pode manipular, desviar e suprimir elementos probatórios relevantes para o desfecho do processo. O segundo tem em mira impedir a prática de *novos ilícitos*. Também aqui a permanência na função facilita inegavelmente que o agente prossiga sua atividade delitiva.

Por ser excepcional, a medida tem *prazo determinado*, não podendo exceder a 90 dias, admitida uma *prorrogação* pelo mesmo prazo (art. 20, § 2º). A lei exige decisão motivada para a prorrogação, mas, na verdade, a motivação é imprescindível também para a decretação inicial. Nem poderia ser de outra forma, dada a natureza da restrição funcional.

Apenas à guisa de comparação, o texto atual trouxe duas alterações em relação ao anterior. Primeiramente, acrescentou, como motivo do afastamento, a possibilidade da prática de novos ilícitos. Depois, estabeleceu prazo de vigência da medida, dado sobre o qual o texto anterior silenciava. Essa inclusão se mostrou importante, pois que sem parâmetros um afastamento pode, por via transversa, converter-se em destituição.

14.17. Prescrição

14.17.1. Observações Iniciais

Como é sabido, o instituto da prescrição tem como fundamento o *princípio da estabilidade das relações jurídicas* e busca impedir que se tornem perpétuas situações jurídicas indefinidas. Ao mesmo tempo, o referido princípio tem estreita conexão com o *princípio da segurança jurídica*, segundo o qual é sempre desejável a moção de confiança dos indivíduos nas perspectivas que regularão seus interesses.

Já anotamos, em outra oportunidade, que o enfrentamento à improbidade administrativa deve ser contínuo e incessante, mas, noutro ângulo, "*é inadmissível oferecer o benefício da eter-*

974 | MANUAL DE DIREITO ADMINISTRATIVO • *Carvalho Filho*

nidade ao titular do direito que se conduz com inércia".[469] No caso, se a Administração quedar inerte quanto ao exercício de sua pretensão punitiva por improbidade, sujeitar-se-á à extinção dessa pretensão pelo advento da prescrição.

A Constituição Federal reconheceu expressamente tais situações ao definir que "*a lei deve estabelecer os prazos de prescrição para ilícitos praticados por qualquer agente, servidor ou não*", que causem danos ao erário, ressalvadas as respectivas ações de ressarcimento (art. 37, § 5º). Por conseguinte, a matéria sobre prescrição de pretensões relativas a ilícitos de agentes públicos deve ser objeto de lei ordinária, de modo que a LIA, como lei que é, tem aptidão para fazê-lo licitamente.

Nessas primeiras observações, parece conveniente assinalar que as normas primitivas da LIA (Lei nº 8.429/1992) sobre prescrição foram significativamente alteradas pela Lei nº 14.230/2021, que criou novo regime, com maior detalhamento e outro perfil. É sobre ele que serão tecidos os comentários a seguir.

14.17.2. *Regra Geral*

A regra geral sobre prescrição é a que consta do art. 23, *caput*, da LIA. Segundo o dispositivo, a ação de improbidade prescreve em 8 anos, iniciando-se a contagem a partir da ocorrência do fato ou, no caso de infrações permanentes, do dia em que cessou a permanência.

A lei alude à *prescrição da ação*. Tecnicamente, contudo, o correto seria a prescrição da *pretensão*, conforme o sistema adotado pelo Código Civil. De fato, reza o Código que "*violado o direito, nasce para o titular a pretensão, a qual se extingue, pela prescrição, nos prazos a que aludem os arts. 205 e 206*". O Estado, no caso de improbidade, é titular da pretensão punitiva contra aquele que praticou ato dessa natureza. Decorrido o prazo legal sem o exercício da pretensão, sujeita-se esta à prescrição.

Significa, pois, dizer, em outras palavras, que o Estado não tem direito à inércia quando depara atos de improbidade. Ao mesmo tempo que tem o direito de aplicar a sanção, tem o dever de expor seu interesse no sistema de punibilidade, com a adoção dos procedimentos administrativos e judiciais necessários a tal propósito.

Quanto ao termo *a quo* do prazo prescricional, pode o marco inicial ser constituído a partir da ocorrência da conduta, aqui considerada fato único, com início e exaurimento imediatos. É a *infração instantânea*, que se consuma em momento determinado sem prolongamento temporal, mesma ideia, aliás, que recai sobre os crimes instantâneos na esfera penal. Se o agente causa o dano ao erário por um ato somente, como, por exemplo, se realiza operação financeira sem observar a disciplina pertinente (art. 10, VI, LIA), a infração é instantânea, e do momento de sua ocorrência se conta o prazo da prescrição.

O outro marco inicial é a cessação de infração permanente. *Infração permanente* é aquela em que a execução se prolonga no tempo por determinação do autor do ato, conceito que se aplica também aos crimes permanentes dentro do Direito Penal. Quando o agente usa, em proveito próprio, bens ou rendas de ente público por tempo indeterminado (art. 9º, XII, LIA), a infração é permanente, de modo que o prazo prescricional somente tem início com a cessação da atividade ilícita.

A lei não fez qualquer distinção sobre os beneficiários da prescrição. Mas, ao referir-se à prescrição da "ação" no art. 23, *caput*, o legislador acabou por alcançar a todos os sujeitos ativos do ato de improbidade. Desse modo, eventual sentença decretando a prescrição da pretensão

---

[469] Nossa obra *Improbidade administrativa. Prescrição e outros prazos extintivos*, Gen/Atlas, 3ª ed., 2019, p. 104.

Cap. 15 · CONTROLE DA ADMINISTRAÇÃO PÚBLICA | 975

punitiva acaba por eximir de qualquer sanção não somente os agentes públicos como também terceiros que tenham conspirado para a prática do ato.

14.17.3. Suspensão do Prazo

A instauração de inquérito civil ou de processo administrativo destinados à averiguação dos ilícitos de improbidade provocam a *suspensão* do prazo prescricional por no máximo 180 dias corridos, recomeçando a correr após a sua conclusão ou, se não concluído o processo, com o esgotamento do prazo de suspensão (art. 23, § 1º, LIA).

Importante observar que, na hipótese de suspensão, *não se abandona* o período já transcorrido antes da causa suspensiva, de modo que, cessada a suspensão, continua a contagem do prazo, incluindo-se o período anterior, fluindo, em consequência, apenas o período remanescente do prazo. Como exemplo, se o prazo prescricional é de 8 anos e com 3 anos surge a causa suspensiva, finda esta, fluirá o prazo residual, ou seja, 5 anos.

A suspensão é *transitória*, com o fim de evitar-se a perenidade da apuração, com evidente ofensa ao princípio da estabilidade das relações jurídicas. Concluído o procedimento investigatório, o prazo da prescrição será retomado. Caso não o seja em 180 dias, a partir desse termo cessa a causa suspensiva. Em outras palavras, a suspensão nunca poderá ultrapassar o período de 180 dias.

Foi assinado o prazo de 365 dias para a *conclusão do inquérito civil* de apuração da improbidade, prorrogável uma única vez pelo mesmo período, mediante ato motivado submetido à apreciação do órgão competente do Ministério Público, conforme dispuser a lei orgânica pertinente (art. 23, § 2º). Como já antecipado em norma similar, é também duvidosa a constitucionalidade desse mandamento, e isso porque prazos de inquérito são matéria de organização do MP, a ser regulada por lei de iniciativa do respectivo Procurador-Geral (art. 128, § 5º, CF).

Confirmando o intento, diz a lei que, encerrado o prazo de 365 dias ou o resultante da prorrogação, o órgão ministerial terá dois caminhos a seguir: ou *propor a ação* de improbidade no prazo de 30 dias, ou encaminhar o feito para *arquivamento* (art. 23, § 3º). O prazo busca impedir que a propositura da ação se prolongue para as calendas, numa situação de inércia totalmente gravosa ao investigado, que sequer poderá saber se de investigado passará a acusado. Cabe, pois, ao Ministério Público organizar-se para cumprir os prazos legais.

14.17.4. Interrupção do Prazo

Antes de examinar o texto legal sobre a matéria, e para dirimir eventuais dúvidas, convém revisitar o tema concernente à suspensão e à interrupção do prazo prescricional.

A *suspensão* do prazo, como visto no tópico anterior, implica a retomada do período anterior à causa suspensiva, e, tão logo finda esta, o prazo continua a fluir. Ou seja: sempre se aproveita o período anterior à suspensão. Ao contrário, na *interrupção*, uma vez cessada a causa, reinicia-se a contagem de novo prazo, considerando o integral previsto na lei e desconsiderando o período anterior à causa interruptiva.

Normalmente, o novo prazo é o mesmo que a lei fixou primitivamente. Por exemplo, se um prazo da prescrição é de 10 anos, sendo interrompido após o transcurso de 4 anos, ao cessar a interrupção deveria contar-se novo prazo de 10 anos. No caso de improbidade, porém, o legislador optou por fixar o segundo prazo em período diverso, ou seja, interrompida a prescrição, o prazo recomeça a contar *pela metade* do prazo normal (8 anos). Assim, se já transcorreu o período de 2 anos e houve a interrupção, cessada esta o novo prazo a ser contado é de 4 anos (metade de 8) (art. 23, § 5º).

976 | MANUAL DE DIREITO ADMINISTRATIVO • *Carvalho Filho*

Há várias *causas* que acarretam a interrupção do prazo prescricional: a) o ajuizamento da ação; b) a publicação da sentença condenatória; c) a publicação de decisão do TJ ou TRF confirmatória da condenação ou que reforma a de improcedência; d) a publicação de decisão do STJ que confirma condenação ou reforma improcedência; e) a publicação de decisão do STF nas mesmas condições (art. 23, § 4º, I a V).

14.17.5. *Aspectos Complementares*

Não é incomum que atos de improbidade sejam praticados em *concurso*, vale dizer, vários autores colaboraram para sua prática. Se ocorrer tal situação, a suspensão e a interrupção do prazo de prescrição produzem efeitos relativamente a todos os autores (art. 23, § 6º). A lei, portanto, tratou a todos no mesmo plano jurídico, e, desse modo, não eximiu qualquer dos responsáveis pelo ato de improbidade.

Por outro lado, se o mesmo processo contiver atos de improbidade *conexos*, a suspensão e a interrupção que alcançar um dos réus se estenderão também aos demais (art. 23, § 7º). Embora não sejam rigorosamente idênticos os atos, entre eles poderá haver conexão, exigindo tratamento global. Assim, nenhum escapará de eventual causa suspensiva ou interruptiva.

A lei admite que o juiz decrete, *ex officio* ou a requerimento da parte interessada, a *prescrição intercorrente* da pretensão punitiva, sempre ouvido o Ministério Público. A decretação será imediata quando o juiz verificar que entre os marcos interruptivos previstos no art. 23, § 4º, tenha transcorrido o prazo fixado no art. 23, § 5º, ou seja, de 4 anos, correspondente à metade do prazo normal definido para a prescrição (8 anos) (art. 23, § 8º).

Como mencionado anteriormente, o STF decidiu no sentido de que os prazos prescricionais previstos na Lei nº 14.230/2021 não estão sujeitos à retroatividade, sendo aplicáveis a partir da publicação da referida lei, que ocorreu em 26.10.2021. Fundou-se a Corte nos princípios da segurança jurídica, do acesso à justiça e da proteção da confiança, assegurando-se a plena eficácia dos atos válidos praticados sob a égide da lei anterior. Além disso, a inércia nunca pode caracterizar-se por uma lei futura que reduza prazos prescricionais.[470]

14.18. Despesas Processuais

A LIA traçou regras especiais sobre as despesas do processo. Inicialmente estabeleceu que não haverá *adiantamento* de custas, de preparo, de emolumentos, de honorários periciais e de quaisquer outras despesas nas ações de improbidade e acordos firmados (art. 23-B, *caput*). Anote-se que a lei não concedeu isenção dessas despesas, mas apenas o adiantamento.

Com efeito, se a ação for julgada *procedente*, as custas e demais despesas processuais serão pagas *ao final* (art. 23-B, § 1º). Obviamente, tal encargo será atribuído ao réu ou aos réus no caso de pluralidade de sujeitos ativos.

Caso a ação seja julgada *improcedente*, haverá condenação em honorários de sucumbência (art. 23-B, § 2º). Nesse caso, não foi acolhida a pretensão deduzida pelo Ministério Público, órgão estatal, transmitindo o encargo de pagamento ao ente federativo ao qual pertencer a instituição.

---

[470] STF, ARE 843.989, j. 24.2.2022.

VI. O Poder Público em Juízo

1. CAPACIDADE PROCESSUAL

Alguns autores se têm referido à questão relativa às causas judiciais em que é parte o Poder Público com o emprego da expressão *"A Administração em Juízo"*.[471] Na verdade, somente em sentido lato se pode admitir que a Administração Pública esteja em juízo, porquanto não tem ela capacidade jurídica própria nem capacidade processual. Administração Pública, como já tivemos a oportunidade de examinar, é o instituto que abriga a noção do conjunto dos diversos órgãos públicos e pessoas administrativas integrantes do Poder Público ou a ele vinculados. Daí por que não se encontra realmente ação movida pela Administração Pública ou em face dela.

A capacidade processual do Poder Público obedece à regra adotada no art. 70 do CPC, segundo a qual toda pessoa que se encontre no exercício de seus direitos tem capacidade para estar em juízo. Toda *pessoa*, diz o Código. Sendo assim, as pessoas que se integram na noção de Poder Público são a União Federal, os Estados, o Distrito Federal, os Municípios, as autarquias, as empresas públicas, as sociedades de economia mista e as fundações governamentais, todos eles dotados de regular personalidade jurídica. Desse modo, diz-se que o Estado ajuíza ação de rescisão de contrato ou que alguém propõe ação de indenização em face deste ou daquele Município etc. Alguns profissionais menos avisados indicam, como ré na ação, a *Prefeitura*, em vez do *Município*. Trata-se de erronia técnica, porque a pessoa jurídica é o Município. Prefeitura é o órgão público dirigente do Poder Executivo municipal, constituído do Prefeito e de eventuais órgãos e agentes auxiliares. Apesar da erronia, o Judiciário a tem relevado, considerando como parte o Município, e não a Prefeitura.[472]

Em algumas espécies de demanda, as pessoas de direito público têm sido nominadas de *Fazenda Pública*, e daí expressões decorrentes, como *Fazenda Federal, Fazenda Estadual* e *Fazenda Municipal*. Trata-se de mera praxe forense, usualmente explicada pelo fato de que o dispêndio com a demanda é debitado ao erário da respectiva pessoa. Entretanto, *Fazenda Pública* igualmente não é pessoa jurídica, de modo que, encontrando-se tal referência no processo, deverá ela ser interpretada como indicativa de que a parte é a União, o Estado, o Município e, enfim, a pessoa jurídica a que se referir a Fazenda.

Não é juridicamente admissível, porém, que entidades federadas – no caso, Estados e Municípios – sejam *representadas por associações* em litígios deduzidos em processos coletivos nos quais sejam partes pessoas de direito público. Tais entes federativos têm direitos garantidos por *regime próprio de direito público*, sendo incompatível a delegação de atividades típicas do Poder Público em forma de substituição por pessoa associativa de natureza privada. A associação, se tal ocorrer, será considerada parte ilegítima *ad causam*; a legitimidade será de cada pessoa federativa.[473]

Por fim, vale a pena relembrar que em situações especiais é admitida a capacidade de órgãos públicos, muito embora despidos de personalidade jurídica. É o caso em que, por exemplo, o litígio seja instalado entre uma Prefeitura e a Câmara Municipal.[474] O Código de Defesa do Consumidor igualmente conferiu capacidade de ser parte aos órgãos, mesmo despersonalizados, que se destinarem à defesa dos interesses nele protegidos (art. 82, III).

---

[471] HELY LOPES MEIRELLES, ob. cit., p. 617; DIÓGENES GASPARINI, ob. cit., p. 569.

[472] V. TJ/SP, Ap. 0004409-49.2010.8.26.0299, j. 21.5.2015.

[473] Nesse sentido, v. STJ, RMS 34.270, j. 25.10.2011.

[474] STJ, REsp 88.856, j. 18.6.1996.

2. PESSOAS FEDERAIS

A União Federal, suas autarquias e fundações autárquicas e suas empresas públicas têm foro privilegiado: as ações comuns em que sejam autoras, rés, assistentes ou opoentes têm curso na Justiça Federal (art. 109, I, CF). Lembre-se, porém, que, como já assinalamos anteriormente, algumas situações processuais rendem ensejo a que pessoas da Administração Federal litiguem na Justiça Estadual: é o caso, por exemplo, da execução nesta última Justiça em que algum ente federal reivindique preferência de crédito (Súmula 270, STJ).

As sociedades de economia e as fundações de direito privado (despidas de natureza autárquica) da esfera federal, entretanto, não possuem foro privilegiado. Os processos de que façam parte em qualquer condição devem tramitar normalmente na Justiça Estadual. A exceção corre apenas por conta de haver eventual interesse por parte da União: nesse caso, o foro deslocar-se-á para a Justiça Federal, como registra o art. 109, I, da CF.

A competência da Justiça Federal para causas da União pode ser excepcionada. Dispõe o art. 109, § 3º, da CF, com a redação da EC nº 103/2019, que *lei poderá autorizar* que as causas de competência da Justiça Federal em que litigam instituição de previdência social e segurado possam ser processadas e julgadas na *justiça estadual*, quando a comarca do domicílio do segurado *não for sede* de vara federal. Duas alterações são significativas em relação ao texto anterior. Inicialmente, a competência era definida na própria Constituição: o citado dispositivo dizia que *"serão processadas e julgadas na justiça estadual"*. Atualmente, porém, é a lei que autoriza o deslocamento da competência. Além disso, no texto anterior se previa que também outras causas pudessem ter esse deslocamento; na redação vigente, a alterabilidade competencial limita-se a causas de natureza previdenciária.

Quanto à *competência de foro*, a União, sendo autora, ajuíza suas ações na seção judiciária do domicílio do réu (art. 109, § 1º, CF). Sendo ré, a União pode ser demandada em quatro seções: (a) do domicílio do autor; (b) da ocorrência do ato ou fato gerador do litígio; (c) da situação da coisa; (d) no Distrito Federal (art. 109, § 2º, CF). A despeito da referência exclusivamente à União, deve adotar-se interpretação extensiva para o fim de também incluir em tais normas as autarquias e fundações de direito público, justificando-se, em relação ao último dispositivo, o intuito da Constituição de facilitar a defesa do réu.[475]

O foro para processar e julgar os litígios decorrentes das relações de trabalho varia de acordo com a natureza da relação funcional. Tratando-se de relação estatutária, o litígio é considerado comum, e o foro é o da Justiça Federal. Se a vinculação for de natureza trabalhista, o processo terá curso perante a Justiça do Trabalho (art. 114, CF). É oportuno consignar que a EC nº 45/2004 ampliou a competência da Justiça do Trabalho, nela inserindo litígios antes considerados por grande parte da jurisprudência como sujeitos à Justiça Comum; é o caso, para exemplificar, das ações de indenização por dano moral ou patrimonial, decorrentes da relação de trabalho (art. 114, VI), e das relativas a sanções administrativas impostas a empregadores por órgãos de fiscalização do vínculo trabalhista (art. 114, VII). Noutro giro, a jurisprudência já definiu que compete à Justiça do Trabalho promover a execução de ofício das contribuições previdenciárias vinculadas ao objeto da condenação fixado em sentença ou em acordo.[476]

Aos Juizados Especiais Cíveis da Justiça Federal foi conferida competência para processar, conciliar e julgar causas reservadas à Justiça Federal até o valor de 60 salários mínimos, e também para a execução de suas sentenças, conforme previsto na Lei nº 10.259/2001, que instituiu

---

[475] Vide STF, RE 627.709, Min. RICARDO LEWANDOWSKI, em 20.8.2014.
[476] STF, Súmula Vinculante 53 (2015).

esses órgãos na Justiça Federal. Estão excluídas dos Juizados Especiais demandas sobre: (a) mandados de segurança; (b) desapropriações; (c) divisão e demarcação; (d) ações populares; (e) execuções fiscais; (f) interesses difusos, coletivos ou individuais homogêneos; (g) bens imóveis federais; (h) anulação ou cancelamento de ato administrativo federal, ressalvando-se, porém, os atos de natureza previdenciária e o de lançamento fiscal; (i) anulação de pena de demissão de servidor civil ou sanções disciplinares aplicadas a militares; (j) causas de natureza internacional ou relativas a direitos indígenas (art. 109, II, III e XI, CF). A competência só alcança a União, autarquias, fundações de direito público e empresas públicas federais; estão, pois, excluídas as sociedades de economia mista.

Cabe ao Supremo Tribunal Federal processar e julgar litígios entre a União, de um lado, e os Estados ou o Distrito Federal, de outro (art. 102, I, "f", CF). Não importa qual seja a natureza do conflito entre essas entidades: ainda que tenha caráter patrimonial, será do STF a competência para dirimi-lo (há como que presunção de crise federativa). A restrição que a Corte faz reside na hipótese em que a União litiga contra pessoa da administração indireta de outro ente federativo: somente no caso de o conflito colocar em risco o pacto federativo é que a competência será do STF; caso contrário, a demanda deve seguir as regras regulares de competência. Atualmente, pois, a interpretação do aludido art. 102, I, "f", sujeita-se ao que a Corte denomina de *redução teleológica*", exatamente para não se dispensar inteligência por demais extensa à norma.[477] A competência estende-se também a conflitos entre pessoas da Administração Indireta, como, *v.g.*, autarquia federal e empresa pública estadual.[478]

A competência ainda é do STF quando a União litiga contra Estado estrangeiro ou organismo internacional (art. 102, I, "e", CF). Se o conflito, porém, se der entre autoridades administrativas e judiciárias da União, competente será o Superior Tribunal de Justiça (art. 105, I, "g", CF). Cabe, igualmente, ao STJ solucionar conflitos entre autoridades administrativas da União e do Distrito Federal, conforme dispõe esse mesmo mandamento. Este, no entanto, omitiu-se quanto aos conflitos entre *autoridades* judiciárias do Estado e administrativas da União e entre *autoridades* administrativas do Estado e judiciárias da União. Para a solução, deve-se abdicar do sentido de *autoridade* em si, para centrar-se sobre a União e o Estado a que pertencem, permitindo a aplicação do art. 102, I, "f", da CF, que confere competência ao STF.

3. PESSOAS ESTADUAIS E PESSOA DISTRITAL

Os Estados e o Distrito Federal, quanto à *competência de foro*, litigam no foro do domicílio do réu, quando forem *autores* (art. 52, *caput*, CPC). Quando forem réus, há pluralidade de competência, à escolha do demandante: (a) domicílio do autor; (b) lugar da ocorrência do ato ou fato gerador da ação; (c) situação da coisa; ou (d) na capital do ente federativo (art. 52, parágrafo único, CPC). No que tange à *competência de juízo*, urge verificar o que dispõe o respectivo código de organização judiciária. Normalmente, é previsto juízo fazendário próprio para processar e julgar ações de que são partes entes públicos. É comum ser denominado de "*Vara da Fazenda Pública*", que, todavia, é apenas um rótulo; dependendo da comarca, um juízo único ou um juízo cível pode ser o competente para processamento e julgamento, fazendo as vezes da Vara de Fazenda. Aqui – reitere-se – é preciso ver o que dispõe o código de organização judiciária.

A Lei nº 12.153, de 22.12.2009, previu a criação dos Juizados Especiais da Fazenda Pública no âmbito dos Estados, Distrito Federal, Territórios e Municípios, para conciliação, processo, julgamento e execução das causas de sua competência – que alcançam o limite de 60 salários

---

[477]   STF, ACO-QO nº 555, j. 4.8.2005.
[478]   STF, ACO nº 202, j. 26.9.1973.

980 | MANUAL DE DIREITO ADMINISTRATIVO • *Carvalho Filho*

mínimos. Sem a lei específica, o limite é fixado em 40 salários mínimos para Estados e Distrito Federal, e de 30 salários mínimos para os Municípios. Entretanto, excluem-se da competência dos referidos órgãos as seguintes ações: (a) mandados de segurança; (b) desapropriações; (c) divisão e demarcação; (d) ações populares; (e) de improbidade administrativa; (f) execuções fiscais; (g) sobre interesses difusos ou coletivos; (h) sobre bens imóveis estaduais, distritais ou municipais; (i) que visem à impugnação de demissão imposta a servidor civil ou sanções disciplinares aplicadas a militares. Apenas os entes federativos e suas autarquias, fundações e empresas públicas podem figurar como réus no processo (art. 5º, II). A referência às empresas públicas nos parece inconstitucional, por ofender a autonomia dos Estados para sua organização judiciária. Na esfera federal, as empresas públicas têm expressa referência para o foro fazendário (art. 109, I, CF), o que não ocorre com as empresas estaduais. Ter-se-á, pois, que interpretar o dispositivo conforme a Constituição: tais empresas só litigam nos Juizados Especiais de Fazenda Pública se assim dispuser o respectivo código de organização judiciária do Estado.

Se se tratar de ação fundada em direito real sobre imóveis, o foro normal é o da situação da coisa. É admissível, porém, que o autor faça opção pelo foro do domicílio ou o de eleição, mas tal opção será vedada se a lide versar sobre direito de propriedade, vizinhança, servidão, posse, divisão e demarcação de terras e de nunciação de obra nova (art. 47 e § 1º, CPC).

No caso de mandado de segurança, é comum que a violação do direito líquido e certo provenha de autoridade estadual lotada em Municípios fora da Capital. Nesse caso, o processo terá curso perante o Juízo da comarca onde estiver localizada a autoridade, já que o mandado de segurança é lei especial e não abriu qualquer exceção relativa a essa hipótese.

As autarquias e as fundações de direito público seguem as regras aplicáveis aos Estados. No tocante às empresas públicas, sociedades de economia mista e fundações públicas de direito privado, é o Código de Organização Judiciária que indicará o foro, podendo este ser, ou não, o privativo para as causas de interesse do Estado.

As causas trabalhistas serão processadas e julgadas normalmente perante a Justiça do Trabalho. Se o litígio decorrer da relação estatutária, será ele apreciado pela Justiça Estadual comum, em Juízo privativo ou não, conforme o que dispuser a lei organizacional do Judiciário.

O litígio entre Estados ou entre Estados ou o Distrito Federal e a União são processados e julgados pelo Supremo Tribunal Federal. O mesmo foro alcança esse tipo de litígios quando litigante é entidade da administração indireta (art. 102, I, "f", CF). Da mesma forma, é o STF o órgão competente para solver conflitos entre Estado-membro e Estado estrangeiro ou organismo internacional (art. 102, I, "e"). Já o conflito entre autoridade administrativa de um Estado e judiciária de outro é suscetível de deslinde pelo Superior Tribunal de Justiça, como registra o art. 105, I, "g", da CF.

4. PESSOAS MUNICIPAIS

Os Municípios têm seus litígios processados e julgados na respectiva comarca judiciária, cabendo ao Código de Organização Judiciária a indicação do Juízo competente, que pode ser fazendário, ou não.

Causas decorrentes de litígios com servidores trabalhistas correm na Justiça do Trabalho (art. 114, CF). Como nos casos anteriores, litígios funcionais de servidores estatutários têm curso perante a Justiça Estadual comum.

Litígios entre Município e Estado estrangeiro ou organismo internacional são processados e julgados por juízes federais (art. 109, II, CF). Conquanto não haja referência expressa

Cap. 15 • CONTROLE DA ADMINISTRAÇÃO PÚBLICA | 981

na Constituição Federal, litígios entre Município e a União sujeitam-se a deslinde também por juízes federais, aplicando-se aqui o art. 109, I, da CF; o mesmo ocorre com litígios entre Municípios e autarquias ou empresas públicas federais.[479] Já os conflitos entre Municípios ou entre Município e o respectivo Estado são da competência da Justiça estadual, como regra, de primeiro grau de jurisdição, em juízo fazendário. Não obstante, é legítimo que a Constituição do Estado submeta tais litígios à competência originária do respectivo Tribunal de Justiça, aplicando, pois, a simetria decorrente da solução dada aos conflitos entre Estados, de um lado, ou entre estes e a União, de outro, todos sujeitos à competência originária do STF (art. 102, I, "f", CF).

5. REPRESENTAÇÃO JUDICIAL

De acordo com a LC nº 73, de 10.2.1993, a União é representada em Juízo pelo Advogado-Geral da União. A lei, aliás, referiu-se à representação junto ao Supremo Tribunal Federal (art. 4º, III), mas no § 1º desse mesmo dispositivo a lei mencionou que o Advogado-Geral pode representá-la junto a qualquer juízo ou Tribunal. Significa que, junto ao STF, apenas o Advogado-Geral da União representa a União, e nos demais Juízos tem atribuição para tanto, embora não seja o único. Com efeito, a lei atribuiu à Procuradoria-Geral da União a representação nas causas comuns junto a juízes e Tribunais (art. 9º) e à Procuradoria-Geral da Fazenda Nacional a representação da União na execução de sua dívida ativa de caráter tributário e idêntica representação nas causas de natureza fiscal (art. 12, II e V). Segundo o vigente CPC, que nessa parte corrigiu o Código anterior, a União é representada em juízo pela Advocacia-Geral da União, diretamente ou mediante órgão vinculado (art. 75, I).

Se a parte processual for autarquia ou fundação pública de direito público, a representação por procuradores de carreira (e não por advogados autônomos) dispensa a apresentação de instrumento de mandato, como já decidiu o E. Superior Tribunal de Justiça.[480] No mesmo sentido, o STF já consagrou, em súmula, que "*ao titular do cargo de procurador de autarquia não se exige a apresentação de instrumento de mandato para representá-la em juízo*".[481] Empresas públicas, sociedades de economia mista e fundações públicas de direito privado, entretanto, só terão a sua representação processual regular se for apresentada a necessária procuração, como o exigem os arts. 103 e 104 do CPC.

Nos Estados e no Distrito Federal, a representação judicial é exercida pelos respectivos Procuradores, como dita o art. 132 da CF, que, inclusive, menciona a exigência de carreira própria e de ingresso por concurso público (art. 75, II, CPC). Pode eventualmente o Estado contratar advogado especializado para representá-lo judicialmente; nada o impede. Contudo, enquanto os Procuradores titulares de cargos de carreira dispensam a prova do mandato através de procuração, os advogados autônomos contratados devem comprovar a outorga dos poderes para atuar no processo. O mesmo se aplica às autarquias e às fundações autárquicas estaduais. As entidades privadas da Administração Indireta estadual, porém, ainda que tenham carreira interna de advogados, devem comprovar em Juízo o mandato a eles outorgado através do competente instrumento de procuração.

Em virtude do princípio da *unicidade orgânica* da advocacia pública estadual (art. 132, *caput*, CF), segundo o qual a representação judicial e a consultoria jurídica dos Estados e Distrito Federal são da competência exclusiva dos *Procuradores do Estado*, é vedada a previsão de cargos

---

[479] STF, ACO 1.342/AgR, Min. MARCO AURÉLIO, em 16.6.2010.

[480] Vide STJ, EREsp 103.610, julg. em 20.5.1998. V. também Lei nº 9.469, de 10.7.1997.

[481] Súmula 644.

982 | MANUAL DE DIREITO ADMINISTRATIVO • *Carvalho Filho*

e carreiras de advogado ou de procurador com o fim de propiciar a criação ou a manutenção de órgãos de assessoramento jurídico na estrutura de *autarquias* e *fundações estaduais*, ressalvados os instituídos anteriormente à vigente Constituição. Lei estadual que assim disponha estará inquinada de vício de inconstitucionalidade.[482]

Quase tudo o que se disse em relação aos Estados aplica-se igualmente aos Municípios. São eles representados por seus Procuradores, titulares de cargos efetivos, ou por advogados contratados: aqueles dispensam a procuração e estes precisam apresentá-la no processo para satisfazer os pressupostos da capacidade postulatória.[483] A particularidade em relação aos Municípios é que seus Prefeitos também podem representá-los judicialmente, como assegura o art. 75, III, do CPC. Para tanto, porém, devem estar habilitados ao legítimo exercício da advocacia.

Ainda no que concerne à representação judicial, foi objeto de questionamento norma de lei que previa a instituição de Procuradoria-Geral em Casa Legislativa, argumentando-se que o fato ofenderia o citado art. 132, da CF, relativo às Procuradorias dos Estados. Ficou decidido, porém, que o Legislativo tem autonomia para criar seus próprios órgãos internos e que, além disso, nada impede que tenha órgãos de consultoria e assessoria jurídica, podendo, inclusive, ter a representação da Casa quando estiver em juízo em nome próprio – o que se afigura processualmente viável em determinadas hipóteses. Vedado é, então, apenas a atribuição aos órgãos jurídicos internos de poderes para representar judicialmente a própria pessoa federativa tomada como uma só unidade – função essa privativa das Procuradorias- -Gerais das respectivas entidades.[484] A matéria, inclusive, já se consolidou nessa linha junto aos tribunais superiores.[485]

6. PARTICULARIDADES PROCESSUAIS

O Código de Processo Civil estabelece algumas regras especiais para regular a atuação do Poder Público em Juízo. São as particularidades processuais que dão especificidade de tratamento e, usualmente, constituem benesses para o Poder Público.

Essas prerrogativas não são conferidas ao Estado de forma aleatória. É evidente que a complexidade das ações a cargo do Poder Público, a quantidade de litígios em que se envolve e a imensidão das estruturas estatais não podem permitir situação de inteira igualdade entre o Estado e o particular no processo. São particularidades que, de resto, se incluem em praticamente todos os ordenamentos jurídicos. Alguns sustentam, no entanto, que as prerrogativas processuais ofendem os princípios da igualdade, da razoabilidade e da dignidade da pessoa humana.[486] Assim não nos parece, entretanto. Ostentando situações jurídicas diversas, não podem Estado e particular sujeitar-se às mesmas regras, porque, aí sim, estaria vulnerada a isonomia. Da mesma forma, não se afigura razoável tal resistência contra o ente público, que, bem ou mal, representa os interesses da coletividade. É certo que o Estado deve buscar maior eficiência na sua atividade, mas o fato de ser rodeado de ineficiências não tem o condão de afastar as particularidades processuais.

Entre as mais importantes particularidades processuais, destaca-se a relativa aos *prazos*. O CPC em vigor alterou significativamente o regime da lei processual anterior. Primeiramente, substituiu

---

482 STF, ADI 7.218, j. 11.3.2024.

483 STJ, REsp 169.950, Min. ARI PARGENDLER, em 17.9.1998.

484 ADI 1.557-DF, Rel. Min. ELLEN GRACIE, julg. em 31.3.2004.

485 STF, ADI 6.433, j. 31.3.2023.

486 ROGÉRIO PACHECO ALVES, *Prerrogativas da administração pública nas ações coletivas*, Lumen Juris, 2007, p. 83.

a expressão *Fazenda Pública* pela nomenclatura das pessoas públicas – União, Estados, Distrito Federal e Municípios, bem como autarquias e fundações de direito público (art. 183). Quanto ao prazo, fixou-o uniformemente em *dobro* para *todas as suas manifestações processuais*, submetendo-se a ele os referidos entes públicos (art. 183), o Ministério Público (art. 180) e a Defensoria Pública (art. 186). A prerrogativa, porém, não incide em favor de empresas públicas, sociedades de economia mista e fundações públicas de direito privado, que não são entes públicos em sentido estrito. Não se aplica esse prazo, entretanto, quando outro for fixado em lei especial (art. 183, § 2º). A contagem do prazo terá início a partir da intimação pessoal (art. 183), que se consuma por carga, remessa ou meio eletrônico (art. 183, § 1º).

Ainda quanto à matéria, o CPC revogado previa, no procedimento sumário, a prerrogativa de contagem em dobro do prazo de antecedência para a realização da audiência, bem como para a citação. Nada obstante, o Código vigente suprimiu o procedimento sumário (art. 318 e parágrafo único), de modo que tais regras ficaram superadas.

É importante destacar, nesse passo, que essas regras quanto ao alargamento do prazo nem sempre são aplicáveis em ações regidas por leis especiais. Como bem ensina MONIZ DE ARAGÃO, tais benesses incidem sobre os procedimentos previstos no Código de Processo Civil, mas não se estendem a procedimentos regulados por leis diversas. Nesse caso, porém, é preciso distinguir: se a lei especial fixar prazo específico para resposta e recurso, é esse que prevalecerá, mesmo que interessado seja o Poder Público. Silente a lei a respeito, e fazendo remissão ao Código de Processo Civil, aplicar-se-á ao Poder Público a regalia processual.[487]

Exemplo bem esclarecedor é o do *mandado de segurança*. A Lei nº 12.016/2009 faz algumas remissões ao CPC, indicando sua aplicabilidade (arts. 6º, § 5º; 7º, §§ 1º e 5º; e 24). Foi silente, portanto, sobre a aplicação de outros dispositivos. Desse modo, o prazo de dez dias fixado para as informações da autoridade coatora (que normalmente é agente do Poder Público) não tem ampliação (art. 7º, I, Lei 12.016/2009). Por outro lado, diz a lei, simplesmente, que da sentença caberá apelação, não tendo fixado qualquer prazo. Neste último caso, deve entender-se aplicável subsidiariamente o Código de Processo Civil, sendo então admitido o prazo em dobro para o Poder Público interpor recurso.[488]

Outro exemplo interessante é o da *ação civil pública*, regulada pela Lei nº 7.347/1985. No art. 19, admite a lei a aplicação subsidiária do Código de Processo Civil naquilo que não contrariar suas disposições. Por outro lado, o art. 12 da Lei nº 7.347 admite a interposição de agravo contra a decisão que concede medida liminar ao autor, mas não fixa prazo específico para o recurso. Desse modo, incide o CPC/1973, que fixa o prazo normal de 15 dias (art. 1003, § 5º, CPC), contando-se apenas os dias úteis (art. 219, CPC); se a recorrente for pessoa de direito público, o prazo será contado em dobro, conforme dispõe o art. 183 do CPC vigente.

No caso da *ação popular*, regulada pela Lei nº 4.717/1965, fato diverso se passa. A despeito de admitir a incidência supletiva do CPC no que não contrariar suas disposições (art. 22), a lei fixou prazo específico de 20 dias, prorrogáveis por mais 20, para a contestação (art. 7º, IV). Fixando tal prazo, de modo específico, a lei pretendeu que ele fosse comum e não ampliado a todos os réus, ainda que entre eles estivessem a União, o Estado etc.[489]

As pessoas jurídicas de direito público são, em regra, beneficiadas pelo duplo grau obrigatório de jurisdição, vale dizer, não produzem efeito senão depois de confirmadas pelo tribunal as sentenças proferidas contra a União, Estados, Distrito Federal e o Município, bem como

---

[487] MONIZ DE ARAGÃO, *Comentários ao CPC*, Forense, v. II, 1974, p. 115.

[488] STJ, REsp 37.312, Min. GOMES DE BARROS, em 9.3.1994.

[489] HELY LOPES MEIRELLES, *Mandado de segurança*, cit., p. 103-104.

984 | MANUAL DE DIREITO ADMINISTRATIVO • *Carvalho Filho*

contra as respectivas autarquias e fundações de direito público (art. 496, I, CPC).[490] A mesma garantia é prevista para as sentenças que julgam procedentes embargos à execução de dívida ativa da Fazenda Pública (art. 496, II, CPC).

Tais prerrogativas processuais, entretanto, não mais são absolutas e sofrem *algumas exceções.* Assim é que, como dispõe o vigente CPC (que fez alterações no regime anterior), não se aplica a remessa necessária em duas hipóteses: 1ª) quando a condenação ou o proveito econômico obtido na causa for de valor certo e líquido inferior a (a) 1.000 salários mínimos para a União e suas autarquias e fundações de direito público; (b) 500 salários mínimos para os Estados, Distrito Federal, suas autarquias e fundações de direito público, e para os Municípios que forem capitais de Estados; (c) 100 salários mínimos para os demais Municípios e suas autarquias e fundações de direito público (art. 496, § 3º, I a III);[491] 2ª) quando a sentença estiver fundada em: (a) súmula de Tribunal Superior; (b) acórdão proferido pelo STF ou STJ ao julgar recursos repetitivos; (c) entendimento firmado em incidente de resolução de demandas repetitivas ou de assunção de competência; (d) entendimento idêntico à orientação vinculante firmada na via administrativa do próprio ente público, consolidada em manifestação, parecer ou súmula administrativa (art. 496, § 4º, I a IV).

Por via de consequência, as pessoas públicas privilegiadas, nas causas com tais peculiaridades, deverão interpor recurso voluntário se quiserem ver suas razões apreciadas pelo órgão jurisdicional *ad quem.* No caso da remessa *ex officio* obrigatória, contudo, devolve-se ao Tribunal o reexame de todas as parcelas de condenação a que se submete a Fazenda Pública, incluindo-se a correspondente aos honorários de advogado.[492] Entretanto, no caso de a Fazenda não oferecer recurso voluntário, limitando-se a permitir de ofício a subida do processo, descaberá o recurso especial contra decisão do Tribunal de segundo grau de jurisdição: a razão é a existência de preclusão lógica impeditiva da admissibilidade do aludido recurso, além de não ser razoável beneficiar, *a posteriori,* a parte omissa e desinteressada, no caso, a Fazenda.[493] Esse nos parece o melhor entendimento, a despeito de já se ter decidido em sentido oposto.[494]

Podem as pessoas públicas estabelecer que causas aquém de determinada importância sejam consideradas como *ações de pequeno valor,* ensejando a sua desistência pela respectiva entidade. Tais valores, no entanto, devem ser fixados por lei, já que se trata de renúncia a direito, e, além disso, deve ter como justificativa o fato de ser mais gravosa a continuidade da causa, com prejuízo para a Fazenda. É o caso da Lei nº 9.469/1997 (art. 1º), dirigida à Administração federal. Entretanto, cuida-se de faculdade da Administração, sendo vedado ao juiz extinguir a ação *ex officio,* como já pacificado nos Tribunais.[495]

No que tange à *ação rescisória,* a lei processual impõe o *depósito prévio* de 5% sobre o valor da causa, que se converte em *multa* no caso de a ação, por unanimidade de votos, ser declarada inadmissível ou improcedente (art. 968, II, CPC). Todavia, não se aplica tal imposição à União, aos Estados, ao Distrito Federal, aos Municípios, e suas respectivas autarquias e fundações de direito público, bem como ao Ministério Público, à Defensoria Pública e aos que tenham obtido o benefício da gratuidade de justiça (art. 968, § 1º). Antes do Código vigente, a Lei nº 9.028/1995 já isentava a União do depósito prévio e multa na ação rescisória (art. 24-A), passando-se a estender o benefício a todos os entes de direito público.[496] Como inovação, o Código limitou

---

[490]   Com a nova redação do dispositivo, ficou prejudicada a Súmula 620 do STF.

[491]   Tais alçadas não se aplicam ao mandado de segurança (STJ, REsp 788.847, em 26.4.2006).

[492]   Súmula 325, STJ.

[493]   STJ, REsp 904.885, j. 12.11.2008, e EREsp 1.036.329, j. 14.10.2009.

[494]   Prevaleceu esse entendimento. V. EREsp 853.618, j. 18.5.2011.

[495]   Súmula 452, STJ. Também: STJ, REsp 1.125.627, Min. TEORI ZAVASCKI, em 28.10.2009.

[496]   STJ, Súmula 175.

Cap. 15 · CONTROLE DA ADMINISTRAÇÃO PÚBLICA | 985

o depósito prévio ao valor de 1.000 salários mínimos, evitando com isso que causas de valor vultoso impedissem, na prática, o recurso ao processo rescisório (art. 968, § 2º).

Algumas controvérsias surgiram a respeito da *tutela antecipada* contra a Fazenda Pública, prevista no art. 1º da Lei nº 9.494/1997, no qual foram criadas várias restrições para a admissibilidade da medida. Segundo alguns estudiosos, tal dispositivo seria inconstitucional por contemplar prerrogativa ofensiva aos princípios da igualdade das partes no processo e da razoabilidade. O STF, entretanto, adotando, a nosso ver, o melhor entendimento, declarou a constitucionalidade da norma, sob o argumento de que a matéria se insere no campo natural de competência do legislador federal, que, inclusive, já houvera instituído outras particularidades em favor da Fazenda Pública.[497] A tutela antecipada, contudo, é inaplicável no caso de execução de decisões que impliquem reclassificação, equiparação, concessão de aumento, extensão de vantagens ou qualquer outro pagamento a servidor público.[498] O vigente CPC consolidou e definiu esse entendimento, dispondo ser aplicável à *tutela provisória* contra a Fazenda Pública os arts. 1º a 4º, da Lei nº 8.437/1992 (dispõe sobre medidas cautelares contra atos do Poder Público), e 7º, § 2º, da Lei nº 12.016/2009 (regula o mandado de segurança), estabelecendo-se neste último que não cabe medida liminar que objetive (a) a compensação de créditos tributários; (b) a entrega de mercadorias e bens oriundos do exterior; (c) a reclassificação ou equiparação de servidores públicos e (d) a concessão de aumento ou a extensão de vantagens ou pagamento de qualquer natureza.

Quanto à *execução* contra a Fazenda Pública, embora seja pacífica a sua admissibilidade quando fundada em *título judicial*, havia algumas divergências quanto à execução por *título extrajudicial*, dada a impossibilidade de ser decretada a penhora de bens públicos. A doutrina, porém, admitia esse tipo de execução, desde que a Fazenda fosse citada para opor embargos, e não para pagamento imediato do débito, como ocorre com as execuções contra particulares.[499] O Código em vigor dirimiu essa dúvida, prevendo expressamente a execução fundada em título extrajudicial contra a Fazenda, que será citada para opor embargos em 30 dias (art. 910).

A defesa da Fazenda varia conforme a modalidade executória. Tratando-se de *execução por título judicial* para pagamento de quantia certa, a defesa formaliza-se por meio de *impugnação* nos mesmos autos do processo de cognição, no prazo de 30 dias (art. 535, CPC). Se for o caso de *execução por título extrajudicial*, a Fazenda é citada para opor *embargos* também no prazo de 30 dias (art. 910, CPC); nesta hipótese, instaura-se processo autônomo.[500] Se não houver oposição de embargos ou transitada em julgado a decisão que os rejeitar, expede-se precatório em favor do exequente, observando-se o que dispõe o art. 100 da CF (art. 910, § 1º, CPC). Como o orçamento só pode conter débitos oriundos de sentença transitada em julgado, não se considera admissível a *execução provisória* contra a Fazenda.[501] Na execução por título judicial, se a Fazenda não impugnar o crédito (execução não resistida), permitindo a imediata expedição do precatório, não serão devidos honorários (art. 85, § 7º, CPC). Na execução por título extrajudicial, no entanto, o legislador não ofereceu norma específica e, por essa razão, a doutrina entende ser aplicável o art. 85, § 1º, do CPC, pelo qual são devidos honorários na execução *"resistida ou não".*[502]

---

[497] ADC nº 4/DF, Rel. Min. CELSO DE MELLO, em 1º.10.2008.

[498] STF, SS 4.140, j. 2.3.2011; STJ, AgrRg-AI 1.281.355, j. 19.9.2011.

[499] CELSO NEVES, *Comentários ao CPC*, Forense, v. VII, p. 166.

[500] DANIEL AMORIM ASSUMPÇÃO NEVES, *Novo* código de processo civil, Método, 2015, p. 347.

[501] STJ, REsp 464.332, em 14.9.2004, e REsp 447.406, j. 7.8.2003.

[502] CASSIO SCAPINELLA BUENO, *Novo código de processo civil anotado*, Saraiva, 2015, p. 555. Explica o autor que, por ser lei nova, o CPC revogou o § 1º do art. 1º-D, da Lei nº 9.494/1997.

986 | MANUAL DE DIREITO ADMINISTRATIVO • *Carvalho Filho*

O sistema de precatórios, porém, não se aplica à *execução de obrigações de fazer* contra a Fazenda, já que é limitado às obrigações de pagar quantia certa. Em outra vertente, não havendo recurso que suspenda a eficácia da execução ou no caso de recurso sem efeito suspensivo, pode ser promovida a *execução provisória*, inexistindo qualquer vedação constitucional nesse sentido. Aplica-se, pois, o art. 520 do CPC, que se compatibiliza com o art. 100 da CF.[503]

A Fazenda Pública submete-se a normas especiais para o *processo de execução* de sua dívida ativa. Regula o processo a Lei nº 6.830, de 22.9.1980, aplicando-se subsidiariamente as regras do Código de Processo Civil sobre a matéria. *Dívida ativa*, como prevê o art. 2º do referido diploma, é aquela definida como tributária ou não tributária pela Lei nº 4.320, de 17.3.1964, que estabelece normas de direito financeiro. Quanto ao aspecto subjetivo, a dívida ativa alcança a União, os Estados, o Distrito Federal, os Municípios e respectivas autarquias, incluindo-se nestas as fundações governamentais de direito público por serem consideradas espécie de autarquias. Já se pacificou o entendimento de que os créditos de autarquias federais preferem aos créditos da Fazenda Estadual, desde que coexistam penhoras sobre o mesmo bem (Súmula 497, STJ). A Ordem dos Advogados do Brasil – OAB, todavia, considerada autarquia especial não sujeita a controle estatal (Lei nº4.320/1964), não tem seus créditos qualificados como de natureza tributária, de modo que sua execução não obedece à disciplina prevista na Lei nº 6.830/1980, como já decidiu o STJ.[504]

Quanto à *penhora*, restou consagrado o entendimento, fundado no CPC e na Lei nº 6.830/1980, de que, em *execução* promovida pela Fazenda Pública, é lícito que esta recuse a substituição do bem penhorado por precatórios judiciais, não prevalecendo, por conseguinte, a tese suscitada pela qual a execução deveria ser a menos gravosa para o executado (Súmula 406, STJ).

Tem lavrado certa divergência a respeito da *intimação* do representante da Fazenda Pública nas execuções fiscais. Segundo dispõe o art. 25, da Lei nº 6.830/1980 (lei de execuções fiscais), a intimação deve ser *pessoal*, não se considerando válida se for processada pela só publicação ou por carta, mesmo registrada.[505] Entretanto, tem-se considerado que equivale a tal forma a intimação por carta registrada (com o devido aviso de recebimento – AR) dirigida ao Procurador da Fazenda, quando este órgão se situar fora da sede do juízo por onde tramita o processo de execução. Argumenta-se que a interpretação literal do texto não aproveita a ninguém, pois que provoca a paralisação e a eternização das execuções fiscais que têm curso em comarcas do interior, nas quais não esteja situado o órgão de representação fazendária.[506] Em nosso entendimento, afigura-se correta a interpretação ampliativa do citado dispositivo. Podemos asseverar, aliás, que atualmente essa orientação é obrigatória diante dos termos do art. 5º, LXXVIII, da CF, inserido pela EC nº 45/2004, que assegura a todos o direito à razoável duração do processo e os meios que garantam a celeridade de seus trâmites.

Outra particularidade processual atinente ao Poder Público diz respeito à *ação monitória*, disciplinada nos arts. 700 a 702 do CPC. A ação pode ser proposta por quem afirmar, com base em prova escrita sem eficácia de título executivo, que tem o direito de exigir do devedor: (a) o pagamento de quantia em dinheiro; (b) a entrega de coisa fungível ou infungível ou de bem móvel ou imóvel; (c) o adimplemento de obrigação de fazer ou de não fazer. No que respeita à ação monitória, já foi decidido ser ela incabível para cobrança de débito da Fazenda Pública. Primeiramente, porque o pagamento imediato contraria o sistema de precatórios, previsto no

---

[503] STF, RE 573.872, j. 24.5.2017.
[504] REsp 462, 2º Turma, Rel. Min. ELIANA CALMON, 11.5.2004.
[505] STJ, REsp 547.221, j. 21.9.2006.
[506] STJ, REsp 743.867, Min. ELIANA CALMON, em 7.6.2005.

art. 100 da CF. Em segundo lugar, porque se prevê a conversão do mandado inicial em mandado executivo, passível de penhora de bens, o que afronta o postulado da impenhorabilidade dos bens públicos.[507]

No caso de *agravo interno*, o CPC impõe ao agravante a condenação de pagar ao agravado a *multa* fixada entre 1 e 5% do valor atualizado da causa, na hipótese de ser o agravo declarado manifestamente inadmissível ou improcedente em votação unânime (art. 1.021, § 4º). Dispõe, ainda, que a interposição de qualquer outro recurso está condicionada ao depósito prévio do valor da multa, exceto a Fazenda Pública e o beneficiário da gratuidade de justiça, a quem incumbe o pagamento ao final (art. 1.021, § 5º, CPC). A norma reflete inovação no sistema processual e afasta divergências surgidas sob a vigência do Código anterior. Observe-se, porém, que, presentes os pressupostos da lei, o Estado não fica isento da multa, mas, sim, de comprovar previamente o pagamento antes de interpor novo recurso – benesse que mereceu críticas por parte de estudiosos.[508]

7. DESPESAS JUDICIAIS

O Poder Público, ao contrário das partes em geral, não adianta despesas judiciais, inclusive o pagamento de valor relativo à postagem de carta para citação postal.[509] Se for vencido na ação, deverá pagá-las ao final (art. 91, CPC, que incluiu a Defensoria Pública). Em se tratando, porém, de execução fiscal, processada na Justiça Estadual, é dever da Fazenda Pública antecipar a importância destinada ao custeio das despesas com o transporte dos Oficiais de Justiça, como já definido pelo Superior Tribunal de Justiça (Súmula 190).

Mesmo na hipótese de serem devidas custas processuais, por força de decisão judicial, o pagamento respectivo só pode ser exigido através de precatório judicial, e não diretamente, como advogam certos órgãos do Judiciário. Nesse sentido já se definiu o STF em questão que envolvia autarquia, e que, por isso mesmo, deve aplicar-se às demais pessoas públicas.[510]

A Lei nº 9.289, de 4.7.1996, enuncia serem isentos do pagamento de custas, na Justiça Federal, a União, os Estados, o Distrito Federal e os Municípios, bem como o Ministério Público (art. 4º, I e III). A isenção, contudo, não alcança as entidades fiscalizadoras do exercício profissional – normalmente Conselhos com natureza de autarquias (art. 4º, parágrafo único). Essa norma especial prevalece sobre outras de caráter geral previstas em leis processuais gerais, de modo que, não efetuado o preparo do recurso, será este declarado deserto.[511]

A sucumbência na ação, por outro lado, obriga o Poder Público a pagar os honorários advocatícios ao vencedor. No que se refere à Defensoria Pública, se o litígio tem como parte adversa outro ente federativo, como, por exemplo, quando litiga contra Município, e há previsão na lei respectiva, é admissível a cobrança de honorários.[512] Em se tratando do mesmo ente, entendia-se que não eram devidos honorários.[513] Semelhante orientação, no entanto, foi alterada, passando a ser admissível a cobrança, o que nos parece mais consentâneo com o regime processual da sucumbência.[514]

---

[507] STJ, REsp 202.277, j. 11.5.2004. *Contra*: REsp 434.571, j. 8.6.2005, e Súmula 339 do STJ.

[508] CASSIO SCARPINELLA BUENO, *Novo código*, cit., p. 658.

[509] STJ, REsp 366.196, j. 5.8.2004. *Contra*: STJ, REsp 884.574, j. 6.2.2007.

[510] STF, RE 234.443, j. 14.11.2000 (reformando decisão do TRT-4ª R.).

[511] STJ, REsp 1.338.247, j. 10.10.2012, e AgRg no AREsp 2.795, j. 6.12.2011.

[512] STJ, REsp 1.183.771, j. 26.10.2010.

[513] STJ, Súmula 421 (2010).

[514] A referida Súmula 421 foi cancelada pela Corte Especial do STJ em 17.4.2024.

988 | MANUAL DE DIREITO ADMINISTRATIVO • *Carvalho Filho*

O CPC em vigor instituiu várias inovações na matéria. Além dos critérios gerais para a fixação dos honorários (art. 85, § 2º, I a IV), deverá observar-se, sendo parte a Fazenda, os seguintes percentuais, calculados sobre o valor da condenação ou do proveito econômico obtido: (1) de 10 e 20%, até 200 salários mínimos; (2) de 8 e 10%, entre 200 e 2.000 salários mínimos; (3) de 5 a 8%, entre 2.000 e 20.000 salários mínimos; (4) de 3 a 5%, entre 20.000 e 100.000 salários mínimos; (5) de 1 a 3%, acima de 100.000 salários mínimos (art. 85, § 3º, I a V). O salário mínimo será o vigente quando for proferida a sentença líquida ou a decisão de liquidação (art. 85, § 4º, IV). Se for líquida a sentença, os percentuais serão logo aplicados; se não o for, incidirão quando da decisão de liquidação (art. 85, § 4º, I e II). No caso de inexistir condenação principal ou de ser impossível dimensionar o proveito econômico, os honorários recairão sobre o valor atualizado da causa (art. 85, § 4º, III). Nas causas de valor inestimável ou com proveito econômico irrisório, o juiz decidirá equitativamente sobre a referida verba (art. 85, § 8º). Anote-se, contudo, que o cálculo será feito por faixas: se o valor da causa ou o proveito for superior à primeira faixa (até 200 SM), apenas o que a exceder recairá sobre a faixa seguinte, e assim por diante (art. 85, § 5º), o que decerto exigirá uma série de cálculos. Por fim, os honorários incidirão seja qual for a natureza da decisão, inclusive sobre aquela que não resolver o mérito; entretanto, não serão devidos no caso de cumprimento de sentença contra a Fazenda que culmine com a expedição de precatório, se a decisão não for impugnada (art. 85, §§ 6º e 7º).

Há exceção para procedimentos especiais. No *habeas corpus* e no *habeas data* não são devidas custas nem honorários advocatícios por força de expresso mandamento constitucional (art. 5º, LXXVII, CF).

Em relação aos *honorários periciais*, funda discrepância surgiu na hipótese de ser a Fazenda Pública parte no processo. O STJ, pela Súmula 232, definiu a questão, assentando: *"A Fazenda Pública, quando parte no processo, fica sujeita à exigência do depósito prévio dos honorários do perito"*. Quanto à matéria, o vigente CPC prevê que as perícias requeridas pela Fazenda Pública, Ministério Público e Defensoria Pública serão pagas ao final pelo vencido (art. 91, *caput*). Todavia, as perícias podem ser realizadas por entidade pública ou pagas adiantadamente, se houver previsão orçamentária; não havendo esta, os honorários serão pagos no exercício seguinte ou ao final, pelo vencido, caso o processo se encerre antes do adiantamento a ser feito pelo ente público (art. 91, §§ 1º e 2º). Por outro lado, os entes públicos e suas entidades autárquicas, bem como o Ministério Público, são dispensados do preparo, incluindo porte de remessa e de retorno, para a interposição de recursos (art. 1.007, § 1º, novo CPC).

De acordo com o art. 1º-A, da Lei nº 9.494, de 10.09.1997, as pessoas jurídicas de direito público federais, estaduais, distritais e municipais estão dispensadas de efetuar *depósito prévio* para a interposição de *recurso*. A isenção estende-se também às autarquias, que, da mesma forma, gozam das prerrogativas da Fazenda Pública.[515]

Em qualquer condenação imposta à Fazenda Pública, seja qual for a sua natureza, com vistas à *atualização monetária, remuneração de capital* e *compensação da mora*, incidirão uma única vez, até o efetivo pagamento, os índices oficiais de remuneração básica e juros aplicados à *caderneta de poupança* (art. 1º-F, Lei nº 9.494/1997). É verdade que há entendimento de que deve prevalecer o art. 406 do Código Civil, com a redação da Lei nº 14.905/2024, que fixa os juros de acordo com a taxa legal, assim considerada a taxa referencial da SELIC, deduzido o índice de atualização monetária fixada conforme o IPCA e divulgada pelo IBGE (art. 389,

---

[515] Súmula nº 483, STJ (2012). Também: STJ, REsp 1.101.727, j. 23.8.2010.

Cap. 15 · CONTROLE DA ADMINISTRAÇÃO PÚBLICA | 989

parágrafo único, Cód. Civil).[516] Ousamos dissentir desse entendimento: a Lei nº 9.494/1997 é lei especial e, portanto, insuscetível de alteração ou revogação por lei geral superveniente, no caso, o Código Civil (art. 2º, § 2º, Lei Introdução às Normas do Direito Brasileiro – LINDB).

8. PAGAMENTO DOS CRÉDITOS DE TERCEIROS

8.1. Sistema de Precatórios

A matéria relativa ao pagamento, por *precatórios judiciais*, dos créditos de terceiros contra a Fazenda Pública, em virtude de decisão judicial, está disciplinada basicamente no art. 100 da Constituição – dispositivo que tem sofrido frequentes alterações, numa demonstração de toda a falta de estabilidade normativa que caracteriza nosso ordenamento.

Segundo dispõe o art. 100, *caput*, da CF, regra básica do sistema, os pagamentos devidos pela Fazenda Pública, em face de sentença judicial, devem ser efetuados exclusivamente na *ordem cronológica* de apresentação dos precatórios e à conta dos respectivos créditos. Para a preservação do princípio da impessoalidade, é vedada a designação de casos ou de pessoas nas dotações orçamentárias e nos créditos adicionais abertos para a referida finalidade.

O sistema visa a substituir o procedimento de execução judicial, adotado pela lei processual para as pessoas de direito privado em geral. Figuras processuais, como a penhora, praça, adjudicação e outras do gênero, não se incluem no procedimento requisitório utilizado para as pessoas públicas. Sendo diverso o procedimento, diversa também será a garantia dos credores, imprescindível à satisfação dos créditos.

8.2. Fazenda Pública

As Fazendas Federal, Estaduais, Distrital e Municipais – todas retratando a *Fazenda Pública* – são representadas pelas *pessoas jurídicas de direito público*: os entes federativos, as autarquias e as fundações de direito público (estas de natureza autárquica).[517] *Pessoas administrativas de direito privado*, por outro lado, não se incluem no sistema, sendo sujeitas à execução normal regida pela lei processual civil.[518] Lei que lhes atribua o privilégio do sistema de precatórios tem a eiva da inconstitucionalidade.[519] Lamentavelmente, como já vimos, há julgados que ordenaram a aplicação do regime a empresas públicas numa evidente distorção da *ratio* constitucional.[520] Essa errônea interpretação estendeu-se, inclusive, a sociedades de economia mista.[521] Entretanto, como já assinalamos no Capítulo 9, o STF, com fundamento no art. 173, § 1º, II, da CF, decidiu que empresas públicas e sociedades de economia mista não têm direito à prerrogativa de execução via precatório.[522]

Em outra vertente, decidiu-se, ainda que por maioria, que conselhos de fiscalização profissional, embora sejam autarquias dotadas de personalidade jurídica de direito público, não se inserem no conceito de "Fazenda Pública", nem se incluem nos orçamentos dos entes federativos, o que afastaria a aplicação do sistema de precatórios.[523] É fácil constatar que ainda

---

516 TJ-RJ, Bem. Decl. na Ap. Cível 2004.001.37158, j. 22.6.2005.
517 STF, RE 356.711, Min. GILMAR MENDES, em 6.12.2005.
518 Nesse sentido, a Súmula 139 do TJ-RJ.
519 STF, RE 599.628, j. 25.5.2011.
520 STF, RE 220.906, j. 16.11.2000.
521 STF, ADPF 387, j. 23.3.2017.
522 STF, AgR no RE 851.711, j. 12.12.2017, e RE 892.727, j. 7.8.2018. V. Tema 253 da Repercussão Geral (STF).
523 STF, RE 938.837, j. 19.4.2017, maioria.

990 | MANUAL DE DIREITO ADMINISTRATIVO • *Carvalho Filho*

reina muita imprecisão na matéria, com interpretações frequentemente casuísticas e dissonantes do regime constitucional.

8.3. Execução dos Créditos

De acordo com esse procedimento especial, a execução dos créditos de terceiros contra a Fazenda, uma vez transitada em julgado a sentença, materializa-se pelos precatórios, que correspondem a *requisições* do Judiciário ao Executivo, de forma a constituir-se uma relação em *ordem cronológica* de apresentação, conferindo método mais justo para recebimento dos créditos pelos credores fazendários.

Além dessa forma regular de recebimento do crédito, a Constituição admite alternativa: a *faculdade* de o credor *oferecer seus créditos* líquidos e certos ou adquiridos de terceiros, reconhecidos pelo ente federativo ou por decisão judicial, para efetuar negócios de seu interesse, desde que haja a devida regulamentação legal por parte da entidade devedora. Anteriormente, o art. 100, § 11, da CF, previa, excepcionalmente, que para a União haveria autoaplicabilidade quanto à regulamentação, mas tal exceção foi julgada inconstitucional.[524]

Anteriormente facultava-se somente a *aquisição de imóvel público* da unidade federativa devedora disponibilizado para venda, mas, com a alteração da EC 113, de 8.12.2021, o credor ainda pode utilizar seu crédito para: a) *quitar débitos* parcelados ou inscritos em dívida ativa do ente devedor, incluindo-se transação resolutiva de litígio, além de, subsidiariamente, quitar débitos com autarquias e fundações da mesma unidade federativa; b) *pagar outorga* de delegação de serviços públicos e de outras concessões negociais; c) *comprar direitos* do ente federativo relativos à antecipação de valores a serem recebidos a título do excedente em óleo em contratos de partilha de petróleo; d) *adquirir participação societária*, ainda que minoritária, disponibilizada para venda pelo ente federativo.

Anote-se, por oportuno, que a relação de créditos é atribuída a cada ente público, não se entrelaçando com a de outro. Ou seja: são *autônomas* entre si. Assim, não se considera rompida a ordem cronológica relativamente a entes diversos, ainda que referentes à mesma unidade federativa. É o caso, *v. g.*, de débitos de um Estado e de autarquia a ele vinculada.[525]

8.4. Débitos Fazendários Especiais

Há alguns débitos fazendários especiais, no entanto, que devem ser pagos com preferência sobre os demais e, portanto, não obedecem à ordem cronológica: são os *débitos de natureza alimentícia* – aqueles que se originam de salários, vencimentos, proventos, pensões e suas complementações, benefícios previdenciários e indenizações por morte ou invalidez, com base em responsabilidade civil (art. 100, § 1º, CF). A despeito, porém, da natureza especial desses créditos, o pagamento demanda necessariamente a observância do regime de precatórios, tendo apenas preferência na ordem cronológica em relação aos outros créditos.[526]

Embora o rol do art. 100, § 1º, seja *exemplificativo*, e *não taxativo*, a verba deve subsumir-se a uma das categorias enumeradas no dispositivo.[527] Se a hipótese não versa sobre salários, vencimentos, proventos, pensões e suas complementações, ou sobre benefícios previdenciários, sendo mera indenização reparatória, não incide a benesse da referida norma.[528]

---

[524] STF, ADI 7047, j. 1.12.2023.
[525] Nesse sentido, STF, Rcl. 3.138-CE, Rel. Min. JOAQUIM BARBOSA, em 4.3.2009.
[526] Súmulas 655 do STF e 144 do STJ.
[527] STF, RE 470.407, j. 9.5.2006.
[528] STJ RMS 72.481-BA, j. 5.12.2023.

A Constituição, contudo, enuncia uma nova categoria de débitos, que ostentam preferência sobre os demais. Trata-se dos débitos de *natureza alimentícia*, cujos titulares são: (a) os que tenham 60 anos de idade; (b) os portadores de doença grave; (c) as pessoas com deficiência (estes últimos conforme definição legal) (art. 100, § 2º, CF). A natureza alimentícia do débito e a idade são requisitos cumulativos; portanto, não basta apenas a idade.[529] A preferência, todavia, é limitada ao crédito cujo valor seja equivalente ao triplo do que for fixado em lei para os débitos de pequeno valor. Caso seja superior, o crédito comporta fracionamento para que parte dele seja pago com preferência, ficando o remanescente para ser pago na ordem cronológica de apresentação do precatório. A limitação do valor, entretanto, incide para cada precatório, e não para a totalidade dos precatórios de titularidade de um mesmo credor preferencial, ainda que apresentados no mesmo exercício financeiro e que o ente devedor seja o mesmo.[530]

Sobre o art. 100, § 2º, duas observações devem ser feitas. Primeiramente, o dispositivo, ao fixar a idade mínima de 60 anos, exigia que ela ocorresse na data da expedição do precatório. A ressalva, porém, foi declarada inconstitucional.[531] A EC 94/2016, no entanto, procedeu à correção e suprimiu a exigência. A segunda anotação diz respeito ao titular do crédito. Em discussão sobre o tema, chegou-se a decidir que o crédito seria personalíssimo, não se estendendo, por isso, aos sucessores, ainda que também idosos.[532] A aludida EC dirimiu também essa dúvida, assegurando a preferência aos titulares, *originários ou por sucessão hereditária*, desde que também idosos.

8.5. Obrigações de Pequeno Valor

A Constituição abre exceção no que toca ao sistema de precatórios: a ele não se submetem os pagamentos das *obrigações definidas em lei como de pequeno valor*, devidas pela Fazenda por força de decisão judicial. Significa que o titular de crédito dessa natureza não ingressa na lista dos precatórios, o que lhe permite receber seu crédito de imediato, sem enfrentar a longa fila dos credores da Fazenda (art. 100, § 3º, CF). Podemos citar dois exemplos. Primeiramente, a Lei nº 8.213, de 24.7.1991 (Previdência Social), dispensa o precatório quando o crédito, oriundo de reajuste ou concessão de *benefícios previdenciários*, tem por limite o valor de R$ 5.180,25, por autor (art. 128). Depois, a Lei nº 10.259, de 12.7.2001, que instituiu os Juizados Especiais Cíveis e Criminais da Justiça Federal, considera de pequeno valor a obrigação de até 60 salários mínimos (art. 17, § 1º). Nesses casos, não há precatório: o juiz expede o mandado requisitório (RPV – Requisição de Pequeno Valor) para pagamento de imediato ou no prazo fixado na lei.

Para a aplicação desse preceito, entretanto, urge considerar as gigantescas diferenças quanto aos recursos financeiros dos diversos entes federativos. Em outras palavras, são abismais as distâncias que separam as *capacidades econômicas* dos entes. Exatamente por tal motivo, foi-lhes autorizada a edição de leis próprias com a indicação de valores distintos para a fixação da obrigação de *pequeno valor*. Contudo, o valor mínimo fixado terá que ser igual ao valor do maior benefício do regime geral de previdência social (art. 100, § 4º, CF). A não ser assim, a lei poderia indicar valor tão insignificante que, transversalmente, lançaria por terra o elemento inspirador do benefício. Enquanto não editada a lei própria, porém, considera-se de pequeno

---

[529] STJ, RMS 65.747, j. 16.3.2021.

[530] STJ, RMS 46.155, j. 22.9.2015.

[531] STF, ADIs 4.357 e 4.425, j. 14.3.2013.

[532] STJ, RMS 44.836, j. 20.2.2014.

992 | MANUAL DE DIREITO ADMINISTRATIVO • *Carvalho Filho*

valor o crédito de valor igual ou inferior a 40 salários mínimos, se for devedor o Estado ou o Distrito Federal, e a 30 salários mínimos, se o débito for do Município (art. 87, ADCT da CF).

8.6. Precatórios Complementares e Fracionamento

A satisfação de créditos de pequeno valor, por outro lado, reclama algumas cautelas para evitar artifícios fraudulentos. Não cabe a expedição de *precatórios complementares* ou *suplementares* do valor já pago, com o fim de enquadramento como obrigação de pequeno valor. Também não se admite, para o mesmo objetivo, *fracionamento, repartição* ou *quebra* do valor da execução, pois que não foi esse o escopo da norma; o objetivo foi o de afastar do sistema de precatórios o débito de pequeno valor, considerado em sua integralidade. Assim, se o crédito é superior ao limite, deve ser pago normalmente pelo regime de precatórios.[533] Essa a razão das mencionadas vedações (art. 100, § 8º, CF).

Não obstante, pode o credor *renunciar* à importância excedente ao limite de forma a remanescer apenas o valor suscetível de pagamento direto (art. 87, parágrafo único, ADCT da CF). Caso haja litisconsórcio passivo, é lícito o fracionamento de modo a que cada credor tenha o direito à requisição de pequeno valor, justificando-se tal solução pelo fato de o valor da execução, nesse caso, já nascer fracionado.[534]

No que tange ao fracionamento do crédito, já se decidiu não constituir ofensa ao art. 100, § 8º, da CF, o desmembramento do valor da execução em *parcelas controversa e incontroversa*, hipótese em que não haveria alteração do regime de pagamento, definido pelo valor integral da obrigação. Desse modo, é lícito ao credor prosseguir a execução contra a Fazenda em relação à parte incontroversa, aplicando-se, em consequência, o art. 919, § 3º, do CPC, que admite o prosseguimento da execução, independentemente do trânsito em julgado, da parte não contestada na decisão. Deflui daí, pois, que poderão ser expedidas duas ordens judiciais de pagamento, uma imediata relativa à parcela incontroversa e outra *a posteriori*, quando se definir o *quantum* correspondente à parcela controversa.[535]

8.7. Dotações Orçamentárias

Os entes públicos são obrigados a incluir em seu *orçamento* os recursos necessários ao pagamento de seus débitos, fixados em decisão judicial transitada em julgado. A inclusão anteriormente deveria ocorrer até 1º julho, mas a EC 114, de 16.12.2021, alterou o art. 100, § 5º, da CF, fixando o prazo em 2 de abril. O pagamento deve ser efetuado até o final do exercício seguinte, ocasião em que os valores serão atualizados. Resulta do mandamento que, sendo o precatório apresentado após aquela data, só será incluído o débito no orçamento do ano seguinte, sendo pago no ano subsequente a este.

Dispõe o art. 100, § 6º, da CF, que as dotações orçamentárias e os créditos abertos são *consignados diretamente ao Poder Judiciário*, de forma a permitir que o Presidente do Tribunal possa determinar o pagamento ao credor fazendário. Veda-se-lhe, no entanto, que, por ação ou omissão, *retarde ou tente frustrar* a liquidação regular dos precatórios. Se o fizer, a conduta configura-se como crime de responsabilidade. Outro efeito advém ainda do fato: o Presidente responderá perante o CNJ – Conselho Nacional de Justiça (art. 100, § 7º, CF). Significa que, comprovada a prática do crime de responsabilidade, poderá o CNJ aplicar-lhe sanção de

---

[533] STF, RE 592.619, j. 8.9.2010. No caso, não se admitiu a RPV para pagamento das custas de forma autônoma.

[534] Foi como decidiu o STF no RE 568.645, j. 24.9.2014.

[535] STF, RE 484.770, Min. SEPÚLVEDA PERTENCE, j. 6.6.2006.

Cap. 15 · CONTROLE DA ADMINISTRAÇÃO PÚBLICA | 993

disponibilidade ou aposentadoria com proventos proporcionais, isso sem prejuízo do poder correicional do próprio Tribunal a que pertence (art. 103-B, § 4º, III, CF).

Compete ao Presidente do Tribunal autorizar, a pedido do credor, o sequestro da importância correspondente ao débito se houver *preterição* de seu direito de precedência. Pode-se inferir, desse modo, que o credor tem direito subjetivo à observância da ordem de inscrição dos créditos. Há também um outro motivo para o sequestro: a *não alocação orçamentária*, pelo ente público, do valor necessário à satisfação de seu débito (art. 100, § 6º, CF). Vale a pena realçar, nesse passo, que a medida de sequestro, por sua gravidade, só pode ser aplicada mediante a ocorrência dos referidos suportes fáticos, e não de qualquer outro sem previsão constitucional.[536]

8.8. Débitos do Credor

Pode ocorrer que, além do crédito para com a Fazenda, o credor também tenha débitos inscritos em dívida ativa. Considerando esse aspecto, dispõe o art. 100, § 9º, da CF, com a redação da EC 113/2021, que, sem interrupção no pagamento do precatório e mediante comunicação da Fazenda Pública ao Tribunal, o *valor* relativo a *eventuais débitos do credor* e seus substituídos inscritos em dívida pública deverá ser *depositado à conta do juízo* responsável pela ação de cobrança, no qual se definirá seu destino final. Tal dispositivo, contudo, foi declarado inconstitucional por incompatibilidade com a disciplina da Constituição.[537]

Antes da alteração da citada EC 113, o mandamento ordenava o abatimento desse débito do credor, inscrito ou não em dívida ativa, ao momento da expedição dos precatórios. A norma, contudo, foi declarada inconstitucional pelo STF, fundando-se, entre outros argumentos, na compulsoriedade do abatimento, na superioridade do ente público e na violação do contraditório e ampla defesa.[538]

Complementando a norma, o art. 100, § 10, estabeleceu que, antes da expedição dos precatórios, o Tribunal deve solicitar à Fazenda Pública devedora, com resposta em até 30 dias, informação sobre os débitos relativos ao credor do requisitório, sob pena de ficar prejudicado o direito ao abatimento. Essa norma também foi declarada inconstitucional nas citadas ADIs, mas, contrariamente ao que ocorreu com o § 9º, não houve alteração pela EC 113/2021.

8.9. Atualização de Valores

Dispõe o art. 100, § 12, da CF, que a *atualização de valores* de requisitórios de qualquer natureza, após sua expedição, até o efetivo pagamento, será feita pelo *índice oficial de remuneração básica* da caderneta de poupança e, para fins de compensação da mora, incidirão juros simples em percentual idêntico ao dos juros incidentes sobre a caderneta de poupança, excluindo-se a aplicação de juros compensatórios.

A norma, porém, foi declarada inconstitucional. Assentou-se a inconstitucionalidade em dois pontos: 1º) a atualização teria que refletir a desvalorização da moeda e a perda do poder aquisitivo, o que não ocorre com o índice da poupança; 2º) os precatórios de natureza tributária deveriam sofrer a incidência dos mesmos juros de mora aplicáveis sobre todo e qualquer crédito tributário.[539]

---

[536]   Vide STF, Recl. 1.987, j. 21.5.2003. Também: STF, ADI 1.662, j. 30.8.2001.
[537]   STF, ADI 7047, j. 1.12.2023.
[538]   STF, ADI 4.357 e 4.425, j. 14.3.2013.
[539]   STF, ADIs 4.357 e 4.425, já mencionadas.

994 | MANUAL DE DIREITO ADMINISTRATIVO • *Carvalho Filho*

A despeito dessa orientação, a norma permanece no texto constitucional e não foi alterada pela EC 113/2021. Por via de consequência, a norma se tornou inaplicável ante os efeitos da decisão da Corte no sentido da inconstitucionalidade. O certo é que o índice da caderneta de poupança não reflete a desvalorização da moeda, de modo que, se aplicável aos precatórios, o montante não representaria o justo e adequado valor do crédito.

A propósito dos juros moratórios, já se decidiu que não incidem entre a confecção dos cálculos de liquidação e a expedição do precatório ou do ofício requisitório, pois o transcurso desse prazo decorre da sistemática constitucionalmente prevista para pagamento dos débitos da Fazenda Pública.[540] Noutra vertente, também não incidem juros de mora no período compreendido entre a data da expedição do precatório e a de seu efetivo pagamento, desde que este seja realizado no prazo constitucional do art. 100, § 1º, da CF.[541]

8.10. Cessão de Créditos

Como o precatório retrata um crédito do titular para com a Fazenda Pública, a Constituição contemplou a possibilidade de *cessão*, total ou parcial, *de precatórios* a terceiros, sem ser exigida a anuência do ente devedor; em outras palavras, a intenção deste não interfere na liberdade de o credor efetuar a cessão. Em contraposição, o cessionário não poderá socorrer-se dos benefícios previstos para idosos e para os credores de obrigações de pequeno valor, previstos no art. 100, §§ 2º e 3º, da CF (art. 100, § 13, CF).

A cessão de precatórios, no entanto, não pode espelhar negócio apenas no âmbito do interesse privado. Urge seja informada, por petição protocolizada, ao Tribunal competente e à unidade federativa devedora. Só assim o ajuste terá aptidão para produzir efeitos (art. 100, § 14). Impõe-se, ainda, observar o § 9º, ou seja, eventuais débitos do credor-cedente devem ser depositados em conta à disposição do juízo da ação de cobrança, que dará ao depósito a destinação devida.

8.11. Precatórios de Estados, Distrito Federal e Municípios

Outro mandamento atinente ao regime de precatórios é o que prevê a edição de *lei complementar* através da qual se institui *regime especial* para pagamento de precatórios dos Estados, Distrito Federal e Municípios, com a previsão, inclusive, de vinculações à receita corrente líquida, forma e prazo de liquidação (art. 100, § 15). O art. 97, do ADCT, da CF previu um regime transitório, admitindo a prorrogação, em alguns casos, de 15 anos para a quitação dos créditos – verdadeiro absurdo, registre-se. O STF, porém, em bom momento, declarou a inconstitucionalidade do dispositivo, fundando-se, entre outras razões, em que se trataria de abuso de poder, porquanto anteriormente já havia sido permitida prorrogação pela EC 30/2000.[542]

Curiosa inclusão deu-se com o § 16 do art. 100. Por essa norma, a União pode *assumir* débitos de precatórios de Estados, Distrito Federal e Municípios, na forma que a lei estabelecer. Cuida-se – é verdade – de *faculdade*, cabendo ao governo federal a valoração da conveniência ou não da adoção da medida. Mas a regra bem demonstra o total descompasso do atual regime federativo e o sistema paternalista e protetivo que beneficia as unidades federadas, cujos gestores, no fim das contas, acabam por escapar de suas responsabilidades.

---

[540] STJ, REsp 1.188.749, em 11.5.2010, e REsp 1.240.532, em 18.8.2011.

[541] STF, RE 594.892, j. 1.7.2020, e Súmula Vinculante 17 (2009).

[542] STF, ADI 4.357 e 4.425, j. 14.3.2013.

Cap. 15 · CONTROLE DA ADMINISTRAÇÃO PÚBLICA | 995

8.12. Comprometimento dos Precatórios

O Constituinte, no art. 100, § 17, cominou a todas as pessoas da federação a obrigação de *aferição mensal do comprometimento* de suas receitas correntes líquidas com o pagamento de precatórios e requisições de pequeno valor. O objetivo é válido, mas há que se esperar pelo efetivo cumprimento da norma pelos entes federativos – o que, sem dúvida, provoca um tom de certa descrença pelos administrados.

A definição de *receita corrente* tem previsão no art. 100, § 18 (que complementa o § 17), assim entendida como o somatório das receitas tributárias, patrimoniais, industriais, agropecuárias, de contribuições e serviços, de transferências correntes e outras receitas, incluindo-se nesse caso as que figuram no 20, § 1º, da CF, que trata da participação no resultado da exploração de petróleo ou gás natural, de recursos hídricos e outros recursos minerais.

O art. 100, § 19, da CF expressa o reconhecimento do excesso de créditos em relação ao ente federativo, ou seja, admite que a má gestão financeira possa conduzir a débitos vultosos. Diz a norma que, se em período de 12 meses, os débitos com precatórios ultrapassarem a média de comprometimento da receita corrente líquida nos 5 anos anteriores, a parcela excedente a tal limite: (a) pode ser financiada; (b) pode excluir os limites de endividamento previstos no art. 52, VI e VII, da CF, e outros existentes; (c) pode afastar a vedação de vinculação de receita, prevista no art. 167, IV, da CF. Trocando em miúdos, estaria aí a solução para os maus gestores, aqueles que não tiveram competência para equilibrar as finanças de sua unidade.

8.13. Precatórios de Grande Valor

A matéria relativa aos *precatórios de grande valor* é tratada no art. 100, § 20, da CF. O dispositivo reza que, havendo precatório com valor superior a 15% do montante de precatórios apresentados até 1º de julho (art. 100, § 5º), 15% do valor desse precatório serão pagos até o exercício seguinte, sendo o remanescente pago em parcelas iguais nos 5 exercícios subsequentes, com juros de mora e correção monetária. Quer dizer: precatórios de maior valor sujeitar-se-ão a parcelamento no prazo total de 6 anos. Qual o crime desse credor? Apenas o de ser o maior credor do Estado.

Não obstante, a norma introduziu uma grande novidade no regime de precatórios, passando a admitir o *acordo direto* entre o Estado-devedor e o titular do crédito – solução já alvitrada por eminentes doutrinadores.[543] Ficou estabelecido que, em vez do parcelamento, poderá ser firmado esse acordo no caso dos já aludidos grandes precatórios, sendo competentes os Juízos Auxiliares de Conciliação de Precatórios, *com redução máxima de 40%* do valor do crédito atualizado, desde que não haja recurso pendente ou defesa judicial e seja observada a regulamentação da respectiva pessoa federativa. Nesse caso, portanto, o credor terá que renunciar a parte de seu crédito para poder recebê-lo em uma só parcela, figura que encerra inegável *transação*.

Para a União e suas autarquias e fundações, o *acordo direto* foi regulado pela Lei nº 14.057, de 11.9.2020. Segundo a lei, a proposta pode ser apresentada pelo credor ou pela entidade pública até a quitação integral do valor do precatório, sem suspensão do pagamento das parcelas, e será endereçada ao Juízo Auxiliar de Conciliação de Precatórios vinculado ao Presidente do respectivo tribunal, não podendo a proposta afastar a atualização monetária ou os juros moratórios. Ao receber a proposta, o Juízo intimará o credor ou a entidade devedora para aceitá-la ou recusá-la, ou apresentar contraproposta, fixado o limite máximo de desconto de 40% do crédito

---

[543] É também o pensamento de ADILSON ABREU DALLARI, em *Acordo para recebimento de crédito perante a Fazenda Pública* (RDA nº 239/2005, p. 177-192). No mesmo sentido, DIOGO DE FIGUEIREDO MOREIRA NETO, *Mutações de direito administrativo*, Renovar, 2000, p. 41.

996 | MANUAL DE DIREITO ADMINISTRATIVO • *Carvalho Filho*

atualizado. Caso aceita a proposta, o Juízo homologará o acordo, dando ciência ao Presidente do tribunal para as medidas cabíveis (art. 2º, §§ 1º a 4º).

8.14. Amortização de Dívidas de Entes Públicos

Não é incomum que entes públicos sejam credores ou devedores de outros entes da mesma natureza. Para facilitar a *compensação* de créditos e débitos entre as unidades federativas, o art. 100, § 21, incluído pela já citada EC 113/2021, possibilitou que uma pessoa pública utilize valores objeto de sentenças transitadas em julgado para o fim de *amortização* de determinadas dívidas junto a outro ente, vincendas ou vencidas. Para tanto, cumpre estar presente a *aceitação* de ambas as partes: cuida-se, pois, de *negócio consensual*.

Tais *dívidas amortizáveis* devem decorrer de: a) contratos de refinanciamento cujos créditos sejam retidos pela entidade federativa credora; b) contratos em que houve prestação de garantia a outro ente federativo; c) parcelamentos de tributos ou de contribuições sociais; d) obrigações oriundas do inadimplemento de prestação de contas ou de desvio de recursos (art. 100, § 21, I a IV). O escopo desse instrumento é o de destravar situações de pendência em razão de débitos públicos e permitir a aquisição de certas vantagens cujo pressuposto seja a quitação de dívidas.

Foram estabelecidos alguns *critérios de amortização*, considerando-se a natureza da obrigação do devedor. Em se tratando de *obrigações vencidas*, a amortização será atribuída primeiramente às *parcelas mais antigas*. Na hipótese de *obrigações vincendas*, a amortização *reduzirá*, de modo uniforme, *o valor de cada parcela devida*, sendo obrigatório, contudo, manter a duração original do respectivo contrato ou parcelamento (art. 100, § 22, incluído pela EC 113/2021).

8.15. Processo Administrativo

Por fim, vale fazer uma rápida observação sobre o aspecto formal dos precatórios. Estes, como regra, geram a instauração de *processo administrativo* com trâmite perante órgão administrativo do Tribunal e isso porque, além de retratar o elo de contato entre o Judiciário e o Executivo, pode haver nesse procedimento ensejo para o surgimento de incidente que reclame solução nessa via. Por esse motivo, várias questões esporádicas têm sido suscitadas no que tange ao procedimento.

Numa delas se decidiu que compete ao juiz que proferiu a sentença a decisão de questões relativas ao cumprimento do precatório, cabendo ao Presidente do Tribunal apenas apurar a exatidão dos cálculos e aferir o exato cumprimento da requisição.[544]

Não se configurando esse processo como *causa*, não cabe recurso extraordinário contra decisão proferida no processamento de precatórios (Súmula 733, STF). Desse modo, os atos do presidente do Tribunal que tratam de processamento e pagamento de precatórios não têm caráter jurisdicional (Súmula 311, STJ).

Sobre a questão do reexame de precatórios, a Lei nº 9.494/1997 passou a dispor que *"são passíveis de revisão, pelo Presidente do Tribunal, de ofício ou a requerimento das partes, as contas elaboradas para aferir o valor dos precatórios antes de seu pagamento ao credor"* (art. 1º-E). O intuito do dispositivo foi o de submeter os cálculos efetuados pelo juízo *a quo* a nova aferição, evitando-se pagamento a maior ou a menor no que tange ao valor realmente devido. O Tribunal deverá estruturar-se e instalar órgão próprio para a referida tarefa. A esse órgão caberá proceder à revisão *ex officio*, mas o interessado, no caso de omissão do órgão judicial, pode requerer a revisão e até mesmo impugná-la; é que dentro do poder de postular o reexame, como assegura a lei, já se insere a faculdade de rechaçar o resultado da revisão, como efeito do postulado do contraditório e da ampla defesa.

---

[544] STJ, REsp 128.812, Rel. Min. HUMBERTO GOMES DE BARROS, *DJ* 31.8.1998.

8.16. Regime Transitório

Os comentários feitos até o momento traduzem a disciplina permanente do regime de precatórios na Constituição e os efeitos da relação jurídica entre os credores e a Fazenda Pública devedora.

Noutro ângulo, todavia, é imperioso admitir que, por razões políticas e econômicas, algumas dessas normas sofrem alterações sem caráter definitivo, ou seja, modificações que indicam, em outras palavras, a criação de um *regime transitório* para atender a situações específicas e de momento.

Essas normas de exceção são costumeiramente incluídas na parte final da Constituição, isto é, na parte que trata do Ato das Disposições Constitucionais Transitórias. Por essa razão é que não figuram no corpo da Constituição, mas sim em capítulo final com normatização e numeração próprias. Em virtude de sua transitoriedade, e, ainda, por serem meramente episódicas, deixaremos de comentá-las com maior detalhamento.

Apenas a título de informação, os arts. 97 e 101 a 105 do ADCT da Constituição tratam de aspectos momentâneos e episódicos sobre o regime de precatórios, sendo que vários desses dispositivos sofreram alterações ou foram declarados inconstitucionais pelo Supremo Tribunal Federal.

Por sua relevância, vale a pena fazer duas rápidas anotações sobre o tema. Primeiramente, o art. 2º da EC 30/2000, que inseriu o art. 78 do ADCT da CF, admitindo, como regra, o parcelamento dos precatórios da Fazenda, foi declarado inconstitucional por violar o direto de propriedade (art. 5º, XXII e XXIV, CF), a isonomia (art. 5º, *caput*), o devido processo legal (art. 5º, LIV), o acesso à jurisdição (art. 5º, XXXV) e o princípio da separação de Poderes (art. 2º).[545] Por outro lado, já se decidiu que, quando não houver o pagamento das parcelas do precatório, podem incidir juros de mora durante o prazo de parcelamento previsto no art. 78 do ADCT da CF, excluindo-se, contudo, o chamado "período de graça constitucional" (art. 100, § 5º, CF).[546]

VII. Controle Estatal na LINDB – Lei de Introdução às Normas do Direito Brasileiro

1. CONSIDERAÇÕES INICIAIS

O Decreto-lei nº 4.657/1942 é o diploma que atualmente se intitula *Lei de Introdução às Normas do Direito Brasileiro* (*LINDB*). Anteriormente, era denominado de *Lei de Introdução ao Código Civil* (*LICC*), mas teve seu cognome alterado pela Lei nº 12.376, de 30.12.2010, em virtude do caráter genérico de seu microssistema, aplicável a toda a Teoria Geral do Direito, e não apenas à lei civil. Daí ser considerada "*lei de sobredireito*", configurando um sistema a que se submetem as demais leis.

A LINDB trata de vigência das normas (arts. 1º e 2º), obrigatoriedade das leis (art. 3º), integração e interpretação das normas (arts. 4º e 5º), aplicação da lei no tempo (art. 6º) e aplicação da lei no espaço (arts. 7º a 19).

A **Lei nº 13.655, de 25.4.2018**, contudo, incluiu no Decreto-lei nº 4.657 os arts. 20 a 30, retratando normas que dispõem sobre *segurança jurídica* e *eficiência* na criação e na aplicação do direito público. Na verdade, cuida-se de normas que tratam de temas de direito público,

---

[545] STF, ADIs 2.356/DF e 2.362/DF, j. 6.5.2024.
[546] STF, ARE 1.462.538 AgR/PR, j. 6.8.2024.

998 | MANUAL DE DIREITO ADMINISTRATIVO • *Carvalho Filho*

especificamente sobre *controle estatal*, e, como algumas têm pertinência com o Direito Administrativo, entendemos dever comentá-las brevemente no presente tópico. Não custa lembrar, no entanto, que a nova legislação tem provocado funda polêmica, com críticas de alguns e aplausos de outros. Por isso, vamos analisá-la com o máximo de isenção e bom senso.

2. VALORES ABSTRATOS E MOTIVAÇÃO (ART. 20)

A lei determina, no art. 20, que nas esferas administrativa, controladora e judicial, não se decidirá com base em *valores jurídicos abstratos* sem que se considerem as *consequências* práticas da decisão. É o que alguns estudiosos têm denominado de *consequencialismo*, método interpretativo que leva em conta, como fundamental, a antevisão dos efeitos oriundos da decisão.

Primeiramente, a expressão *"esfera controladora"* seria dispensável. Na verdade, inexiste esse tipo de esfera com caráter autônomo. O controle apresenta-se tanto na esfera administrativa como na judicial. Alguns intérpretes qualificam essa atividade, por exemplo, como aquela exercida pelos Tribunais de Contas; o certo, porém, é que neles se desempenha função administrativa, não importando se é de controle ou não.

A intenção do legislador foi evitar que decisões se fundamentem exclusivamente em valores abstratos, usualmente contidos na Constituição, como dignidade da pessoa humana, moralidade administrativa, interesse público, valores sociais do trabalho etc. No caso, busca-se atenuar a força normativa dos princípios realçada pelo pós-positivismo, dado que, por serem eles de grande amplitude, acabam propiciando um certo subjetivismo em sua aplicação, sobretudo porque, em última análise, quase tudo resta incluído em sua dimensão, algo que enseja insegurança jurídica.

É imperioso notar, contudo, que a norma não veda decisões fundadas em valores abstratos, mas sim que sejam proferidas de modo irresponsável, sem considerar as consequências práticas delas decorrentes. A *ratio* consiste em evitar o que não raras vezes ocorre – decisões que culminam por encerrar consequências desastrosas pelo fato de serem proferidas sem qualquer padrão de razoabilidade. Exemplos: Município condenado a fornecer vaga para crianças até 5 anos de idade;[547] Estado condenado a realizar obras emergenciais em estabelecimento prisional.[548] A ideia da norma é digna de louvores, buscando reduzir o perigoso ativismo judicial, mas, sem dúvida, será, na prática, de difícil aplicabilidade. Tais decisões provocam grande incerteza jurídica e não só afastam investimentos do setor privado como também dificultam a retomada do crescimento da economia.

Apesar disso, o legislador enunciou que a motivação será o elemento de comprovação da necessidade e da adequação de medida imposta ou de invalidação de ato, contrato, processo ou norma administrativa (art. 20, parágrafo único). O preceito, conquanto relevante, não traz, a rigor, nenhuma novidade. Com efeito, a moderna interpretação das decisões administrativas já há muito considera fundamentais os *elementos justificativos* da conduta, com base no art. 93, IX, da CF, porquanto o aplicador poderá aferi-los em confronto com os efeitos da decisão. Incide aqui o princípio da proporcionalidade, cabendo à autoridade demonstrar a inviabilidade de alternativas. No mesmo sentido, o art. 50 da Lei nº 9.784/1999, que regula o processo administrativo na esfera federal.

---

[547] STF, RE 956.475, j. 12.5.2016.
[548] STF, RE 592.581, j. 13.8.2015.

Cap. 15 • CONTROLE DA ADMINISTRAÇÃO PÚBLICA | 999

3. CONSEQUÊNCIAS E REGULARIZAÇÃO DE CONDUTAS (ART. 21)

No art. 21, *caput*, o legislador procedeu a uma inútil repetição, pois a norma traduz o que já dispõem o *caput* e o parágrafo único do art. 20: a decisão administrativa ou judicial que invalidar ato, contrato e outras condutas administrativas deve indicar expressamente as *consequências jurídicas e administrativas*.

O parágrafo único desse mesmo art. 21 trata das condições de *regularização* das condutas invalidatórias, exigindo que ocorram de modo proporcional e equânime, sem prejuízo aos interesses gerais e sem impor aos sujeitos atingidos ônus ou perdas que, no caso, sejam anormais ou excessivos. Pretendeu o legislador impedir decisões irresponsáveis que desconsiderem situações constituídas. Interpreta-se *modo proporcional* como a possibilidade de modulação de efeitos, ao passo que a *equanimidade* espelha justiça e neutralidade, sendo intrínseca a qualquer tipo de ato decisório de órgãos do Estado.

Entretanto, também aqui, como em outros dispositivos da lei, a dificuldade estará na aplicação da norma. Pode-se, inclusive, vislumbrar certa contradição: embora intentando afastar abstrações, refere-se a *"interesses gerais"* e a perdas e ônus *"anormais ou excessivos"*, expressões de evidente cunho indeterminado. De outro lado, a antevisão de *"consequências jurídicas e administrativas"* pode traduzir, para muitos, verdadeiro "exercício de futurologia", pois que constantemente tais consequências refogem a qualquer previsão. A lei, no entanto, alude a efeitos previsíveis com certo grau de certeza. Portanto, ainda que não seja desejável, sempre haverá certo grau de subjetivismo quanto à qualificação de tais situações.

4. GESTÃO COMPLEXA E POLÍTICAS PÚBLICAS (ART. 22)

Em nosso regime federativo, composto de unidades autônomas, há expressivas diferenças quanto à gestão dos administradores públicos, sendo induvidoso que a gestão da União ou de um Estado-membro poderoso não pode comparar-se à de um longínquo e isolado Município. E essa diferença realmente tem que ser considerada pelos órgãos de controle, principalmente pelos Tribunais de Contas.

Por esse motivo, a nova lei, no art. 22, recomendou que, para a interpretação de normas sobre *gestão pública*, deverão levar-se em conta *os obstáculos e as dificuldades* do gestor e as *exigências das políticas públicas* de sua atribuição, sem prejuízo dos direitos dos administrados. Em outra vertente, para avaliar regularidade ou validade de conduta, ato, contrato, processo ou norma, será imprescindível analisar as circunstâncias concretas que impuseram, limitaram ou condicionaram a conduta do gestor (art. 22, § 1º). A incidência, no caso, é do *princípio da realidade*, que sugere, em alguns casos, a inaplicabilidade de parâmetros meramente teóricos. Exemplo crítico sempre citado é o da condenação de pequenos Municípios a fornecer a uma só pessoa medicamentos ou serviços de custo elevadíssimo, cujos recursos seriam alocados para assistência médica a toda a população.

Algumas críticas foram opostas ao dispositivo, de um lado considerado desnecessário, porque a interpretação teria mesmo que considerar os fatores apontados na lei, e de outro perigoso, porquanto maus administradores podem socorrer-se dessa brecha para o descumprimento de obrigações administrativas. Em nosso entender, há excesso de ambos os lados – órgãos controladores e controlados –, de modo que o maior perigo repousa na forma de aplicação da norma – algo que não oferece perspectivas muito animadoras.

Quanto ao regime punitivo, diz a lei que na aplicação de sanções serão consideradas a natureza e a gravidade da infração, os danos decorrentes, agravantes e atenuantes e antecedentes do agente (art. 22, § 2º). Nenhuma novidade trouxe a norma, pois que o princípio da proporcionalidade já impõe a verificação desses elementos para fixar a sanção. É a mesma aferição

1000 | MANUAL DE DIREITO ADMINISTRATIVO • *Carvalho Filho*

prevista no art. 59 do Código Penal e, em menor extensão, no art. 12, parágrafo único, da Lei nº 8.429/1992, para a punibilidade em caso de improbidade administrativa, dentro da qual deverão incidir os critérios agora generalizados.

O mesmo se pode dizer sobre a dosimetria das sanções: ao ser aplicada determinada sanção, ter-se-á que levar em conta aquelas da mesma natureza e pertinentes ao mesmo fato, preteritamente aplicadas (art. 22, § 3º). Alvitra a norma impedir o *bis in idem*, vale dizer, a incidência de mais de uma punição pelo mesmo fato, ou uma punição mais gravosa do que aquela realmente adequada à infração.

5. NOVA INTERPRETAÇÃO OU ORIENTAÇÃO (ART. 23)

Muitos problemas já se originaram de alterações acerca de determinada interpretação ou orientação, ocorridas quer na esfera administrativa, quer na judicial. Visando a mitigá-los, a LINDB estabelece que a decisão que enunciar *nova interpretação ou orientação* a respeito de norma de *conteúdo indeterminado*, gerando a imposição de novos deveres ou condicionamentos de direitos, precisa prever *regime de transição*, se este for indispensável ao cumprimento proporcional, equânime e eficiente do dever ou do condicionamento, sem prejuízo aos *interesses gerais* (art. 23).

Embora se reconheça o direito de instituições públicas de proceder a tais mudanças, a ideia que mobilizou o legislador foi a de que elas, quando pertinentes a normas de conteúdo indeterminado, não podem simplesmente descartar os efeitos de relações jurídicas legítimas constituídas anteriormente. É o que veicula o princípio segundo o qual *"tempus regit actum"*. Urge que se crie um regime de transição, a fim de que haja a oportunidade de adequação às mudanças, de acordo com parâmetros de razoabilidade e proporcionalidade, obstando a ocorrência de indesejável regime de incerteza jurídica.

A ideia alcança, inclusive, o método da *modulação de efeitos*, costumeiramente adotada pelo STF em ações de inconstitucionalidade e em casos de mudança de interpretação da Corte sobre algumas matérias. O CPC, por sua vez, prevê esse método no caso de alteração da jurisprudência dominante, em nome do princípio da segurança jurídica (art. 927, § 3º). Mais uma vez é preciso destacar que a dificuldade está na aplicação da norma, não havendo parâmetros para o regime de transição, nem para a incidência da razoabilidade e proporcionalidade. No projeto, o parágrafo único do art. 23 previa o direito subjetivo ao citado regime no caso de falta de sua previsão, mas o dispositivo foi vetado sob o argumento de que retiraria a força cogente da própria norma.

6. REVISÃO DE VALIDADE (ART. 24)

O legislador criou barreiras de contenção no que toca à revisão da validade de atos, contratos, normas e processos, nas esferas administrativa, "controladora" e judicial. Diz o art. 24 que, estando completa a produção de tais condutas, a revisão deve sopesar as *orientações gerais* da época, isso para evitar a declaração de invalidade de situações plenamente constituídas. Na verdade, pretende o legislador aplicar o princípio da irretroatividade das leis às hipóteses de mudança de orientação. Trata-se de uma vertente da teoria do *fato consumado*, com a diferença, contrariamente a este, de que à época o fato modificativo foi produzido de modo legítimo.

De fato, não se pode negar que, dada a morosidade da máquina pública, algumas decisões revisionais somente são proferidas anos ou décadas após a prática do ato, contrato ou norma. Depois de tanto tempo, a revisão produz efeito inverso, pois que estimula a incerteza e agride o princípio da segurança jurídica. Alguns criticam o perigo do dispositivo por ensejar a ampliação

Cap. 15 · CONTROLE DA ADMINISTRAÇÃO PÚBLICA | 1001

das possibilidades de convalidação de atos e contratos. Considerando o habitual despreparo de muitos agentes públicos, a crítica é procedente em parte. Mas o certo é que, se as instituições atuassem com eficiência e celeridade, a norma seria plenamente dispensável. Com efeito, não se pode viver sob o manto da incúria do Estado.

Orientações gerais, segundo a lei, são as interpretações e especificações inseridas em atos públicos gerais ou em jurisprudência administrativa ou judicial majoritária, bem como as adotadas na prática administrativa reiterada e de amplo conhecimento público (art. 24, parágrafo único).

7. CELEBRAÇÃO DE COMPROMISSO (ART. 26)

A lei instituiu a figura do *compromisso* entre a *autoridade administrativa* e os *interessados*, com o objetivo de afastar irregularidade, incerteza jurídica ou situação contenciosa na aplicação do direito público, inclusive no caso de licença. Equivale aos *termos de ajustamento de conduta* já adotados pelo Ministério Público no caso de ação civil pública (art. 5º, § 6º, Lei nº 7.347/1985). São exigidas as seguintes condições: 1ª) oitiva do órgão jurídico; 2ª) realização de consulta pública, quando for o caso; 3ª) razões de relevante interesse geral; 4ª) observância da legislação aplicável (art. 26). A norma, por conseguinte, não recai sobre a atividade judicial.

O citado compromisso deverá preencher alguns requisitos: 1º) deve alvitrar solução jurídica proporcional, equânime, eficiente e compatível com os interesses gerais; 2º) não pode conceder desoneração permanente de dever ou condicionamento de direito; 3º) deve prever claramente as obrigações dos pactuantes, o prazo de cumprimento e as sanções no caso de descumprimento (art. 26, § 1º, I, III e IV; o inciso II foi vetado).

O ajuste guarda consonância com a tendência moderna de promover a resolução consensual de conflitos. Nesse sentido dispõem os parágrafos 2º e 3º, do art. 3º, e o art. 174, do CPC, este último prevendo a criação de câmaras de mediação e conciliação.

Entretanto, esse acordo tem sofrido críticas contundentes, muitas delas procedentes, a nosso ver. De plano, provoca imediata suspeita pela desconfiança que, em geral, as autoridades administrativas despertam. Noutro giro, não há indicação dos limites temporais e materiais de atuação dos administradores, algo que se afigura perigoso. Como se cuida de transação, eventuais concessões recíprocas podem ofender o interesse público. E mais: é muito vaga a expressão "relevante interesse geral" contida no dispositivo e, pois, passível de evidente interpretação subjetiva. Tem-se exemplificado com a hipótese de atividade executada pelo administrado sem a obtenção da licença prévia exigível: o compromisso sanaria essa irregularidade. Mas, ainda assim, não será fácil demonstrar que esse tipo de compromisso atenda a "relevante interesse geral". Daí, o ceticismo com que é vista essa novidade.

Numa primeira análise, entendemos que o compromisso não pode envolver interesses indisponíveis, limitando-se aos disponíveis, principalmente os de caráter patrimonial. De outro lado, sua celebração não pode afastar o controle do Ministério Público e dos Tribunais de Contas, função que lhes é cometida constitucionalmente. Também não parece constituir título executivo extrajudicial, já que a lei não lhe atribuiu essa condição, como o exige o art. 784, XII, do CPC, e nesse aspecto difere dos termos de ajustamento de conduta, expressamente qualificados com tal condição (art. 5º, § 6º, Lei nº 7.347/1985).

8. COMPENSAÇÃO E COMPROMISSO PROCESSUAL (ART. 27)

Reza o art. 27 da LINDB que a decisão no processo, na via administrativa ou judicial, poderá impor *compensação* por benefícios indevidos ou prejuízos anormais ou injustos, decorrentes

1002 | MANUAL DE DIREITO ADMINISTRATIVO • *Carvalho Filho*

do processo ou da conduta dos envolvidos. O verbo *"poderá"* indica faculdade discricionária do julgador, e aí não se compreende quando é que este se valerá dessa opção.

É verdade que há entendimento no sentido de que, a despeito do termo "poderá", o legislador teria expressado competência vinculada, de modo a indicar que o administrador "deverá" proceder compulsoriamente à compensação.[549] Lamentamos divergir. A compensação impõe a análise de vários elementos de cunho administrativo, financeiro, probatório, orçamentário etc. Seria, pois, desaconselhável a obrigatoriedade. Em cada caso, verificando a real existência de gravames para o administrado, a Administração teria a faculdade de compensá-lo diante da situação cuidadosamente analisada, ponderados, ainda, os elementos valorativos para a decisão.

O dispositivo não encerra fácil interpretação, mas tudo indica que o legislador pretendeu instituir uma indenização, que denominou de *"compensação"*, para reparar danos causados por benefícios incorretos ou prejuízos anormais ou injustos. Fica-se na dúvida, porém, sobre como compensar benefícios indevidos, e também sobre o que significam prejuízos "anormais" ou "injustos", conceitos que, como outros, implicam valoração eminentemente subjetiva. Outra indagação reside em saber se a compensação favorece o Estado e o administrado. Da mesma forma que ocorre com outras normas, não será fácil a aplicação desse mecanismo.

Apesar das dificuldades, estudiosos têm relacionado algumas situações passíveis de compensação, como, por exemplo, a paralisação de atividade lícita de empresa por decisão de agência reguladora e a suspensão de contrato legítimo de obra ordenada pelo Tribunal de Contas. Em favor do Estado, poderiam ser apontados os ganhos econômicos de particular pelo prosseguimento em explorar mina em decorrência de medida liminar judicial.[550]

A decisão terá que ser *motivada*, cabendo ao administrador expor transparentemente suas justificativas. Além disso, consultam-se as partes sobre o cabimento, a forma a ser adotada e, dependendo da hipótese, o valor (art. 27, § 1º). Por outro lado, é previsto um *compromisso processual* entre os interessados, entendido como um acordo firmado no curso do processo administrativo ou judicial, próprio da administração consensual (art. 27, § 2º). Na via processual, o compromisso processual traduz uma *transação*, ensejando o julgamento de mérito (art. 487, III, "b", CPC).

9. RESPONSABILIDADE PESSOAL DO AGENTE (ART. 28)

Uma das maiores controvérsias sobre os novos dispositivos da LINDB recai sobre o art. 28, segundo o qual o agente público responderá *pessoalmente* por suas decisões ou opiniões técnicas em caso de *dolo ou erro grosseiro*. Sobre esse preceito, há algumas considerações a ser feitas.

Critica-se o dispositivo por incompatibilidade com o art. 37, § 6º, da CF, que prevê a responsabilidade *regressiva* do agente nos casos de dolo ou culpa em ação promovida pelo Estado. A polêmica se dá pelo fato de que o art. 28 parece conter mandamento coercitivo para a responsabilização pessoal e direta do agente, ao passo que a Constituição trata primeiramente da relação indenizatória entre o lesado e o Estado e depois da que vincula o Estado a seu agente, neste caso uma relação de regresso. Já vimos que a responsabilização direta e pessoal do agente, nos termos do art. 37, § 6º, da CF, comporta duas interpretações. Para alguns, o agente público, pela chamada teoria da "dupla garantia", só pode ser acionado regressivamente, ou seja, primeiro aciona-se o Estado e depois o agente. Em outra vertente, admite-se como alternativa, salvo em raras hipóteses, a demanda direta contra o agente – posição com a qual

---

[549] CARLOS ARI SUNDFELD e ALICE VORONOFF, in *RDA*, ed. especial, FGV, out. 2018, p. 181.
[550] CARLOS ARI SUNDFELD e ALICE VORONOFF, trab. e *RDA* cits.

concordamos. Assim, considerando esta última inteligência, o art. 28 não estaria afrontando a Constituição. Entretanto, é incabível interpretar que a responsabilização direta prevista nesse artigo seria obrigatória. Para haver compatibilidade, deve entender-se que o agente público *poderá* responder pessoalmente por suas decisões ou opiniões técnicas, não se podendo excluir a hipótese de o interessado acionar primeiramente o Estado.

Outro ponto polêmico é o que cerca a expressão "dolo ou erro grosseiro" inserida no dispositivo, diversa da que consta no art. 37, § 6º, da CF – "dolo ou culpa". O mandamento constitucional limitou-se a mencionar a "culpa", sem qualquer graduação quanto à sua intensidade. Contudo, o "erro grosseiro" só comporta a culpa grave, sendo, pois, mais restritiva que a norma constitucional. Pela Constituição, a responsabilidade não decorre de "erro grosseiro", mas sim de "erro culposo", que não tem o mesmo sentido. Portanto, inegável a inconstitucionalidade do dispositivo nessa parte,[551] além de também violar a proteção ao erário, permitindo que agentes sejam isentos de responsabilidade pela atuação culposa, com ofensa aos arts. 37, § 5º, e 71, II e VIII, da CF, dentro do controle efetuado pelos Tribunais de Contas.[552]

Não custa repetir neste ponto que, como já consignamos anteriormente, o art. 28 não teve o condão de derrogar o art. 10 da LIA, que se refere apenas à culpa e ao dolo. A LIA espelha lei especial, não sofrendo o impacto de lei nova de caráter geral. Assim, no que toca à improbidade, o elemento subjetivo é efetivamente a culpa, e não o erro grosseiro, ainda que se possa avaliar, em cada caso, a sua intensidade.

O art. 28 refere-se, ainda, a *"opiniões técnicas"*, cuja formalização ocorre por meio de pareceres. A controvérsia sobre esses atos não é nova e já a comentamos anteriormente, mas sempre defendemos a ideia de que se trata de atos opinativos e não decisórios, sendo insuscetíveis de provocar *a priori* a responsabilidade do parecerista, a menos que, realmente, tenha atuado com dolo ou erro grosseiro. Fora daí, a responsabilidade é do agente que profere a decisão, até porque não está vinculado ao parecer.[553] A norma, por consequência, apenas consolida, nesse aspecto, a interpretação dominante sobre o tema. Por último, incumbe anotar que os denominados "pareceres vinculantes", considerados por alguns como aqueles que compelem a autoridade decisória a adotá-los, não têm a natureza jurídica dos pareceres, mas, ao contrário, espelham verdadeiros atos decisórios, e não opinativos.

10. ATOS NORMATIVOS E CONSULTA PÚBLICA (ART. 29)

Muitos atos normativos da Administração Pública são produzidos sem que atendam às reais demandas dos administrados. Quando isso acontece, evidencia-se um hiato entre o Poder Público e a sociedade. Tentando evitar esse descompasso, o legislador estabeleceu que a edição de *atos normativos* por autoridade administrativa, à exceção dos atos de organização interna, poderá ser precedida de *consulta pública* visando à manifestação de interessados, de preferência por meio eletrônico (art. 29). É a aplicação da transparência na edição de atos normativos do Poder Público.

A convocação oferecerá a minuta do ato e fixará o prazo e demais condições da consulta, observando-se as normas legais e regulamentares específicas, se houver (art. 29, § 1º).

---

[551] Também: ODILON CAVALLARI DE OLIVEIRA, *Política pública e controle*: um diálogo interdisciplinar em face da Lei nº 13.655/2018, que alterou a LINDB (obra colet.), Fórum, 2018, p. 81-86.

[552] GABRIEL HELLER e PAULO AFONSO CAVICHIOLI CARMONA, Reparação e sanção no controle de atos e contratos administrativos: as diferentes formas de responsabilização pelo Tribunal de Contas, in *RDA*, v. 279, n. 1, p. 51-78, jan./abr. 2020.

[553] TJ-RJ, AI 38018920188190000, 3ª C.Cív., j. 6.6.2018.

1004 | MANUAL DE DIREITO ADMINISTRATIVO • *Carvalho Filho*

Verifica-se no dispositivo que a realização da consulta pública é facultativa: a lei diz que a edição de atos *poderá* ser precedida da consulta. A ideia é republicana e democrática. Mas muito terá que mudar a mentalidade dos administradores para efetivar esse tipo de diálogo com a sociedade, algo com o qual lidam com muita dificuldade e falta de hábito. O costume é inverso: atos normativos são impostos com verticalidade, isto é, de cima para baixo. O tempo dirá se a interação prevista no artigo será realmente implementada.

11. SEGURANÇA JURÍDICA (ART. 30)

Reafirmando o escopo da nova legislação, o art. 30 comina às autoridades o dever de atuar para aumentar a *segurança jurídica* na aplicação das normas, socorrendo-se de regulamentos, súmulas administrativas e respostas a consultas. Tais instrumentos terão *caráter vinculante* relativamente ao órgão ou entidade a que se destinam, até que se proceda à sua revisão (art. 30, parágrafo único).

O intuito da lei é louvável, dada a quantidade infinita de normas que regulam as relações de direito público e pelas dificuldades próprias do regime federativo, com tantas unidades autônomas idôneas à produção de suas próprias normas. Não obstante, os gestores públicos devem estimular a elaboração de súmulas para indicar a orientação dominante no órgão e torná-las acessíveis aos administrados. Os regulamentos, no caso, são atos de esclarecimento e se formalizam por decretos, portarias, instruções, circulares e outros com idêntico conteúdo.

O caráter vinculante, por sua vez, é corolário lógico das medidas de esclarecimentos previstas no *caput* do artigo. De fato, seria absolutamente ineficaz o propósito de oferecer segurança jurídica se referidas medidas não impusessem atividade vinculada ao administrador. Não custa lembrar que o ato administrativo ofensivo a essas medidas resulta contaminado por vício de legalidade e, pois, sujeito a desfazimento.

VIII. Súmulas

SUPREMO TRIBUNAL FEDERAL

Súmula 101: *O mandado de segurança não substitui a ação popular.*

Súmula 266: *Não cabe mandado de segurança contra lei em tese.*

Súmula 267: *Não cabe mandado de segurança contra ato judicial passível de recurso ou correição.*

Súmula 268: *Não cabe mandado de segurança contra decisão judicial transitada em julgado.*

Súmula 269: *O mandado de segurança não é substitutivo de ação de cobrança.*

Súmula 271: *Concessão de mandado de segurança não produz efeitos patrimoniais, em relação a período pretérito, os quais devem ser reclamados administrativamente ou pela via judicial própria.*

Súmula 304: *Decisão denegatória de mandado de segurança, não fazendo coisa julgada contra o impetrante, não impede o uso da ação própria.*

Súmula 330: *O STF não é competente para conhecer de mandado de segurança contra atos dos tribunais de justiça dos Estados.*

Súmula 346: *A Administração Pública pode declarar a nulidade dos seus próprios atos.*

Súmula 347: *O Tribunal de Contas, no exercício de suas atribuições, pode apreciar a constitucionalidade das leis e dos atos do Poder Público.*

Súmula 383: *A prescrição em favor da Fazenda Pública recomeça a correr, por dois anos e meio, a partir do ato interruptivo, mas não fica reduzida aquém de cinco anos, embora o titular do direito a interrompa durante a primeira metade do prazo.*

Cap. 15 • CONTROLE DA ADMINISTRAÇÃO PÚBLICA | 1005

Súmula 392: *O prazo para recorrer de acórdão concessivo de segurança conta-se da publicação oficial de suas conclusões, e não da anterior ciência à autoridade para cumprimento da decisão.*

Súmula 405: *Denegado o mandado de segurança pela sentença, ou no julgamento do agravo dela interposto, fica sem efeito a liminar concedida, retroagindo os efeitos da decisão contrária.*

Súmula 429: *A existência de recurso administrativo com efeito suspensivo não impede o uso do mandado de segurança contra omissão da autoridade.*

Súmula 430: *Pedido de reconsideração na via administrativa não interrompe o prazo para o mandado de segurança.*

Súmula 433: *É competente o TRT para julgar mandado de segurança contra ato de seu presidente em execução de sentença trabalhista.*

Súmula 443: *A prescrição das prestações anteriores ao período previsto em lei não ocorre, quando não tiver sido negado, antes daquele prazo, o próprio direito reclamado, ou a situação jurídica de que ele resulta.*

Súmula 473: *A Administração pode anular seus próprios atos, quando eivados de vícios que os tornam ilegais, porque deles não se originam direitos; ou revogá-los, por motivo de conveniência ou oportunidade, respeitados os direitos adquiridos e ressalvada, em todos os casos, a apreciação judicial.*

Súmula 510: *Praticado o ato por autoridade no exercício de competência delegada, contra ela cabe o mandado de segurança ou medida judicial.*

Súmula 512: *Não cabe condenação em honorários de advogado na ação de mandado de segurança.*

Súmula 597: *Não cabem embargos infringentes de acórdão que, em mandado de segurança, decidiu, por maioria de votos a apelação.*

Súmula 622: *Não cabe agravo regimental contra decisão do relator que concede ou indefere liminar em mandado de segurança.*

Súmula 623: *Não gera por si só a competência originária do Supremo Tribunal Federal para conhecer do mandado de segurança com base no art. 102, I, n, da Constituição, dirigir-se o pedido contra deliberação administrativa do tribunal de origem, da qual haja participado a maioria ou a totalidade de seus membros.*

Súmula 624: *Não compete ao Supremo Tribunal Federal conhecer originariamente de mandado de segurança contra atos de outros tribunais.*

Súmula 625: *Controvérsia sobre matéria de direito não impede concessão de mandado de segurança.*

Súmula 626: *A suspensão da liminar em mandado de segurança, salvo determinação em contrário da decisão que a deferir, vigorará até o trânsito em julgado da decisão definitiva de concessão da segurança ou, havendo recurso, até a sua manutenção pelo Supremo Tribunal Federal, desde que o objeto da liminar deferida coincida, total ou parcialmente, com o da impetração.*

Súmula 629: *A impetração de mandado de segurança coletivo por entidade de classe em favor dos associados independe da autorização destes.*

Súmula 630: *A entidade de classe tem legitimação para o mandado de segurança ainda quando a pretensão veiculada interesse apenas a uma parte da respectiva categoria.*

Súmula 631: *Extingue-se o processo de mandado de segurança se o impetrante não promove, no prazo assinado, a citação do litisconsorte passivo necessário.*

MANUAL DE DIREITO ADMINISTRATIVO • Carvalho Filho

Súmula 632: *É constitucional lei que fixa o prazo de decadência para a impetração de mandado de segurança.*

Súmula 644: *Ao titular de cargo de Procurador de autarquia não se exige a apresentação de instrumento de mandato para representá-la em juízo.*

Súmula 655: *A exceção prevista no art. 100, caput, da Constituição, em favor dos créditos de natureza alimentícia, não dispensa a expedição de precatório, limitando-se a isentá-los da observância da ordem cronológica dos precatórios decorrentes de condenações de outra natureza.*

Súmula 733: *Não cabe recurso extraordinário contra decisão proferida no precessamento de precatórios.*

Súmula 735: *Não cabe recurso extraordinário contra acórdão que defere medida liminar.*

SÚMULAS VINCULANTES

Súmula Vinculante 3: *Nos processos perante o Tribunal de Contas da União asseguram-se o contraditório e a ampla defesa quando da decisão puder resultar anulação ou revogação de ato administrativo que beneficie o interessado, excetuada a apreciação da legalidade do ato de concessão inicial de aposentadoria, reforma e pensão.*

Súmula Vinculante 5: *A falta de defesa técnica por advogado no processo administrativo disciplinar não ofende a Constituição.*

Súmula Vinculante 17: *Durante o período previsto no parágrafo 1º do artigo 100 da Constituição, não incidem juros de mora sobre os precatórios que nele sejam pagos.*

Súmula Vinculante 21: *É inconstitucional a exigência de depósito ou arrolamento prévios de dinheiro ou bens para admissibilidade de recurso administrativo.*

Súmula Vinculante 53: *A competência da Justiça do Trabalho prevista no art. 114, VIII, da Constituição Federal, alcança a execução de ofício das contribuições previdenciárias relativas ao objeto da condenação constante das sentenças que proferir e acordos por ela homologados.*

SUPERIOR TRIBUNAL DE JUSTIÇA

Súmula 2: *Não cabe o habeas data se não houve recusa de informações por parte da autoridade administrativa.*

Súmula 39: *Prescreve em vinte anos a ação para haver indenização, por responsabilidade civil, de sociedade de economia mista.*

Súmula 85: *Nas relações jurídicas de trato sucessivo em que a Fazenda Pública figure como devedora, quando não tiver sido negado o próprio direito reclamado, a prescrição atinge apenas as prestações vencidas antes do quinquênio anterior à propositura da ação.*

Súmula 105: *Na ação de mandado de segurança não se admite condenação em honorários advocatícios.*

Súmula 116: *A Fazenda Pública e o Ministério Público têm prazo em dobro para interpor agravo regimental no Superior Tribunal de Justiça.*

Súmula 144: *Os créditos de natureza alimentícia gozam de preferência, desvinculados os precatórios da ordem cronológica dos créditos de natureza diversa.*

Súmula 169: *São inadmissíveis embargos infringentes no processo de mandado de segurança.*

Súmula 175: *Descabe o depósito prévio nas ações rescisórias propostas pelo INSS.*

Súmula 177: *O Superior Tribunal de Justiça é incompetente para proceder e julgar, originariamente, mandado de segurança contra ato de órgão colegiado presidido por Ministro de Estado.*

Cap. 15 · CONTROLE DA ADMINISTRAÇÃO PÚBLICA | **1007**

Súmula 183: *Compete ao Juiz Estadual, nas comarcas que não sejam sede de Vara da Justiça Federal, processar e julgar ação civil pública, ainda que a União figure no processo.* (O STJ, por sua 1º Seção, cancelou esta Súmula, ao julgar o EDD no CC 27.676-BA, Rel. Min. JOSÉ DEL-GADO, em 8.11.2000; vide *Informativo STJ* nº 77, nov. 2000).

Súmula 190: *Na execução fiscal, processada perante a Justiça Estadual, cumpre à Fazenda Pública antecipar o numerário destinado ao custeio das despesas com o transporte dos oficiais de justiça.*

Súmula 208: *Compete a justiça federal processar e julgar prefeito municipal por desvio de verba sujeita a prestação de contas perante órgão federal.*

Súmula 209: *Compete a justiça estadual processar e julgar prefeito por desvio de verba transferida e incorporada ao patrimônio municipal.*

Súmula 213: *O mandado de segurança constitui ação adequada para a declaração do direito à compensação tributária.*

Súmula 217: *Não cabe agravo de decisão que indefere pedido de suspensão de execução da liminar ou da sentença em mandado de segurança* (esta Súmula foi cancelada pelo STJ no julgamento do Agr. Regim. na Susp. Seg. nº 1.204-AM, Corte Especial, em 23.10.2003).

Súmula 224: *Excluído do feito o ente federal, cuja presença levara o Juiz Estadual a declinar da competência, deve o Juiz Federal restituir os autos, e não suscitar conflito.*

Súmula 232: *A Fazenda Pública, quando parte no processo, fica sujeita à exigência do depósito prévio dos honorários do perito.*

Súmula 270: *O protesto pela preferência de crédito, apresentado por ente federal em execução que tramita na Justiça Estadual, não desloca a competência para a Justiça Federal.*

Súmula 279: *É cabível execução por título extrajudicial contra a Fazenda Pública.*

Súmula 311: *Os atos do presidente do tribunal que disponham sobre processamento e pagamento de precatório não têm caráter jurisdicional.*

Súmula 324: *Compete à Justiça Federal processar e julgar ações de que participa a Fundação Habitacional do Exército, equiparada à entidade autárquica federal, supervisionada pelo Ministério do Exército.*

Súmula 325: *A remessa oficial devolve ao Tribunal o reexame de todas as parcelas da condenação suportadas pela Fazenda Pública, inclusive dos honorários de advogado.*

Súmula 329: *O Ministério Público tem legitimidade para propor ação civil pública em defesa do patrimônio público.*

Súmula 333: *Cabe mandado de segurança contra ato praticado em licitação promovida por sociedade de economia mista ou empresa pública.*

Súmula 339: *É cabível ação monitória contra a Fazenda Pública.*

Súmula 343: *É obrigatória a presença de advogado em todas as fases do processo administrativo disciplinar.* (cancelada em maio/2021)

Súmula 345: *São devidos honorários advocatícios pela Fazenda Pública nas execuções individuais de sentença proferida em ações coletivas, ainda que não embargadas.*

Súmula 373: *É ilegítima a exigência de depósito prévio para admissibilidade de recurso administrativo.*

Súmula 376: *Compete a turma recursal processar e julgar o mandado de segurança contra ato de juizado especial.*

Súmula 398: *A prescrição da ação para pleitear os juros progressivos sobre os saldos de conta vinculada do FGTS não atinge o fundo de direito, limitando-se às parcelas vencidas.*

Súmula 406: *A Fazenda Pública pode recusar a substituição do bem penhorado por precatórios.*

Súmula 409: *Em execução fiscal, a prescrição ocorrida antes da propositura da ação pode ser decretada de ofício.*

Súmula 421: *Os honorários advocatícios não são devidos à Defensoria Pública quando ela atua contra a pessoa jurídica de direito público à qual pertença* (cancelada pela Corte Especial em 17.4.2024).

Súmula 452: *A extinção das ações de pequeno valor é faculdade da Administração Federal, vedada a atuação judicial de ofício.*

Súmula 460: *É incabível o mandado de segurança para convalidar a compensação tributária realizada pelo contribuinte.*

Súmula 470: *O Ministério Público não tem legitimidade para pleitear, em ação civil pública, a indenização decorrente do DPVAT em benefício do segurado.* (2010)

Súmula 483: *O INSS não está obrigado a efetuar depósito prévio do preparo por gozar das prerrogativas e privilégios da Fazenda Pública.*

Súmula 489: *Reconhecida a continência, devem ser reunidas na Justiça Federal as ações civis públicas propostas nesta e na Justiça estadual.*

Súmula 497: *Os créditos das autarquias federais preferem aos créditos da fazenda Estadual desde que coexistam penhoras sobre o mesmo bem.*

Súmula 591: *É permitida a prova emprestada no processo administrativo disciplinar, desde que devidamente autorizada pelo juízo competente e respeitados o contraditório e a ampla defesa.*

Súmula 592: *O excesso de prazo para a conclusão do processo administrativo disciplinar só causa nulidade se houver demonstração de prejuízo à defesa.*

Súmula 611: *Desde que devidamente motivada e com amparo em investigação ou sindicância, é permitida a instauração de processo administrativo disciplinar com base em denúncia anônima, em face do poder-dever de autotutela imposto à Administração.*

Súmula 628: *A teoria da encampação é aplicada no mandado de segurança quando presentes, cumulativamente, os seguintes requisitos: a) existência de vínculo hierárquico entre a autoridade que prestou informações e a que ordenou a prática do ato impugnado; b) manifestação a respeito do mérito nas informações prestadas; e c) ausência de modificação de competência estabelecida na Constituição Federal.* (2018)

Súmula 633: *A Lei nº 9.784/1999, especialmente no que diz respeito ao prazo decadencial para a revisão de atos administrativos no âmbito da Administração Pública federal, pode ser aplicada, de forma subsidiária, aos estados e municípios, se inexistente norma local e específica que regule a matéria.* (2019)

Súmula 634: *Ao particular aplica-se o mesmo regime prescricional previsto na Lei de Improbidade Administrativa para o agente público.* (2019)

Súmula 635: *Os prazos prescricionais previstos no art. 142 da Lei nº 8.112/1990 iniciam-se na data em que a autoridade competente para a abertura do procedimento administrativo toma conhecimento do fato, interrompem-se com o primeiro ato de instauração válido – sindicância de caráter punitivo ou processo disciplinar – e voltam a fluir por inteiro, após decorridos 140 dias desde a interrupção.* (2019)

Súmula 641: *A portaria de instauração do processo administrativo disciplinar prescinde da exposição detalhada dos fatos a serem apurados.* (2020)

Súmula 645: *O crime de fraude à licitação é formal, e sua consumação prescinde da comprovação do prejuízo ou da obtenção de vantagem.* (2021)

Cap. 15 • CONTROLE DA ADMINISTRAÇÃO PÚBLICA | 1009

Súmula 647: *São imprescritíveis as ações indenizatórias por danos morais e materiais decorrentes de atos de perseguição política com violação de direitos fundamentais ocorridos durante o regime militar.* (2021)

Súmula 665: *O controle jurisdicional do processo administrativo disciplinar restringe-se ao exame da regularidade do procedimento e da legalidade do ato, à luz dos princípios do contraditório, da ampla defesa e do devido processo legal, não sendo possível incursão no mérito administrativo, ressalvadas as hipóteses de flagrante ilegalidade, teratologia ou manifesta desproporcionalidade da sanção aplicada.* (2023)

Súmula 672: *A alteração da capitulação legal da conduta do servidor, por si só, não enseja a nulidade do processo administrativo disciplinar* (2024).

Súmula 674: *A autoridade administrativa pode se utilizar de fundamentação **per relationem** nos processos disciplinares* (2024).

16

Bens Públicos

I. Introdução

1. DOMÍNIO PÚBLICO

A expressão *domínio público* não tem um sentido preciso e induvidoso, como se extrai da lição dos autores que escreveram sobre o tema. Ao contrário, ela é empregada em sentidos variados, ora sendo dado o enfoque voltado para o Estado, ora sendo considerada a própria coletividade como usuária de alguns bens.

Com efeito, é comum, de um lado, a referência ao domínio público no sentido dos bens que pertencem ao domínio do Estado ou que estejam sob sua administração e regulamentação. Nesse caso, o adjetivo *público* fica entrelaçado à noção de Estado, a quem é conferido um poder de dominação geral.[1] Mas, de outro lado, pode o domínio público ser visto como um conjunto de bens destinados à coletividade, hipótese em que o mesmo adjetivo se estaria referindo *ao público*, de forma direta ou indireta. Nesse ângulo, incluir-se-iam não somente os bens próprios do patrimônio do Estado, como aqueles que servissem para a utilização do público em geral, mesmo quando fossem diversos dos bens que normalmente são objeto de propriedade (como as praças públicas, por exemplo) ou quando se caracterizassem pela inapropriabilidade natural (como o ar, por exemplo). Logicamente, este último sentido traduz maior amplitude que o primeiro.

Parece-nos, pois, que, a despeito das dúvidas que o instituto suscita, melhor é considerá-lo em sentido amplo. Em consequência, podemos conceituar domínio público, na esteira de CRETELLA JÚNIOR, como *"o conjunto de bens móveis e imóveis destinados ao uso direto do Poder Público ou à utilização direta ou indireta da coletividade, regulamentados pela Administração e submetidos a regime de direito público".*[2]

2. DOMÍNIO EMINENTE

Quando se pretende fazer referência ao poder político que permite ao Estado, de forma geral, submeter à sua vontade todos os bens situados em seu território, emprega-se a expressão *domínio eminente*.

Domínio eminente não tem qualquer relação com o domínio de caráter patrimonial. O sentido da expressão alcança o poder geral do Estado sobre tudo quanto esteja em suas linhas

---

[1] HELY LOPES MEIRELLES, ob. cit., p. 426.

[2] CRETELLA JÚNIOR, *Dicionário*, cit., p. 204.

territoriais, sendo esse poder decorrente de sua própria soberania. Não quer dizer que o Estado seja proprietário de todos os bens. Claro que não o é. Significa apenas a disponibilidade potencial de que é detentor em razão de seu poder soberano.[3]

A expressão *domínio eminente* não é um primor de clareza, razão por que tem sido criticada por alguns estudiosos.[4] Entretanto, o adjetivo *eminente* (do latim *eminens, entis*, significando *aquilo se eleva*) retrata apenas a soberania do Estado sobre seu território. Não há, pois, total impropriedade da expressão – empregada, aliás, por vários autores clássicos.[5] Com a devida vênia aos críticos, entendemos que, mais que o rótulo, deve sobressair a *ideia* do instituto.

Com esse sentido, o domínio eminente abrange as três categorias de bens, os quais, em tese, se sujeitam ao poder estatal:

1. os bens públicos;
2. os bens privados; e
3. os bens não sujeitos ao regime normal da propriedade, como, por exemplo, o espaço aéreo e as águas.[6]

Desse aspecto político, que é inerente ao sentido de domínio eminente, defluem todas as formas de investida que o Estado emprega em relação à propriedade privada. Com efeito, pode o Estado transferir a propriedade privada, por meio da desapropriação, quando há utilidade pública ou interesse social; estabelecer limitações administrativas gerais à propriedade; criar regime especial de domínio em relação a algumas espécies de bens, como os situados no subsolo, nas águas, nas florestas etc. Em outras palavras, ainda que não sendo proprietário de todos os bens, o Estado pode instituir regimes jurídicos específicos que afetam fundamente o domínio.[7]

A noção de domínio eminente, como visto, não pode se confundir com a de *domínio patrimonial*, porque esta importa a inclusão daqueles bens que o Estado possui na qualidade de proprietário, tal como se fora uma pessoa privada.

II. Conceito

A matéria pertinente aos bens jurídicos em geral é tratada no Código Civil, que dedica um capítulo aos bens públicos e particulares. A regra básica está no art. 98, que dispõe: "*São públicos os bens do domínio nacional pertencentes às pessoas jurídicas de direito público interno; todos os outros são particulares, seja qual for a pessoa a que pertencerem.*"

A redação oferecida pelo Código vigente atualizou e aperfeiçoou a que constava do art. 65 do Código anterior, que só se referia, como titulares de tais bens, à União, aos Estados e aos Municípios. A despeito da relação anacrônica, compatível com a antiguidade do Código (1916), especialistas e órgãos judiciais já tinham o pensamento de que titulares dos bens públicos

---

[3]   HELY LOPES MEIRELLES, ob. cit., p. 427.

[4]   FLÁVIO GARCIA CABRAL e LEANDRO SARAI, *Manual de direito administrativo*, Mizuno, 2022, p. 582, com a citação de outros autores.

[5]   Entre outros, SÉRGIO DE ANDRÉA FERREIRA, *Direito administrativo didático*, cit., p. 159, e DIOGO DE FIGUEIREDO MOREIRA NETO, *Curso*, cit., 15. ed., 2009, p. 379.

[6]   DIOGO DE FIGUEIREDO MOREIRA NETO, que denomina esta última categoria como a de *adéspotas* ou *res nullius* (*Curso*, cit., p. 280).

[7]   *Contra*: LUCIA VALLE FIGUEIREDO, para quem o domínio eminente traduz a propriedade sobre todas as coisas (*Curso*, cit., p. 359).

Cap. 16 · BENS PÚBLICOS | 1013

seriam todas as pessoas de direito público, incluindo-se nelas, portanto, o Distrito Federal, as autarquias e as fundações autárquicas de direito público.[8]

Com base no vigente dispositivo do novo Código, podemos, então, conceituar bens públicos como *todos aqueles que, de qualquer natureza e a qualquer título, pertençam às pessoas jurídicas de direito público, sejam elas federativas, como a União, os Estados, o Distrito Federal e os Municípios, sejam da Administração descentralizada, como as autarquias, nestas incluindo-se as fundações de direito público e as associações públicas.* Os elementos do conceito que já anteriormente apresentávamos foram sufragados pelo art. 98 do Código Civil, como é fácil concluir.

Referimo-nos a bens *de qualquer natureza*, porque na categoria se inserem os bens corpóreos e incorpóreos, móveis, imóveis, semoventes, créditos, direitos e ações.[9] Há entendimento de maior amplitude que considera bens públicos também os bens privados afetados à prestação de um serviço público.[10] Ousamos divergir desse entendimento, visto que a utilização de um bem privado pelo Estado não tem aptidão para convertê-lo em bem público. Por outro lado, a menção à propriedade *a qualquer título* funda-se na especial circunstância de que no conceito tanto se incluem os bens do domínio do Estado na qualidade de proprietário em sentido estrito, quanto aqueles outros que, de utilização pública, se sujeitam ao poder de disciplinamento e regulamentação pelo Poder Público.

É costume encontrar, em alguns textos, a expressão *bens alodiais* como relacionada aos bens públicos. A expressão foi cunhada na Idade Média e significava os bens que constituíam a propriedade definitiva – que, por isso mesmo, não estava sujeita a prazo nem a outras condições, além de beneficiar-se de isenções senhoriais feudais. Verifica-se, pois, ser impróprio o emprego da expressão na atualidade, a menos que para indicar *bens públicos livres* (*alodialidade*), o que, na prática, terá pouco reflexo quanto aos efeitos jurídicos.[11]

O elenco das pessoas jurídicas de direito público está no art. 41, do Código Civil. São elas: (a) a União Federal; (b) os Estados-membros e o Distrito Federal; (c) os Municípios; (d) os Territórios; (e) as autarquias (inclusive as fundações de direito público e as associações públicas); (f) outras pessoas de caráter público criadas por lei. Por conseguinte, deverão qualificar-se como bens públicos todos os que pertencerem a tais pessoas.

A propósito da titularidade dos bens públicos, há uma particularidade a destacar: os titulares são as *pessoas jurídicas públicas,* e não os órgãos que as compõem. Na prática, tem ocorrido o registro de propriedade atribuído a Tribunal de Justiça, Assembleia Legislativa, Ministério Público. A indicação revela apenas que o bem foi adquirido com o orçamento daquele órgão específico, estando, por isso, afetado a suas finalidades institucionais. A propriedade, todavia, é do ente estatal, no caso, o Estado-membro, e não do órgão, que não tem personalidade jurídica e representa mera repartição interna da pessoa jurídica, por mais relevantes que sejam as suas funções. O efeito jurídico exclusivo de semelhante afetação é o de que, somente por exceção, deve o bem ser desvinculado dos fins institucionais do órgão, eis que, afinal, este o adquiriu com recursos próprios.

No que concerne à *denominação* de bens públicos, como ruas, praças e logradouros públicos, há uma controvérsia que merece comentário. Para alguns, a competência para denominar esses próprios é concorrente entre o Executivo e o Legislativo. Em tal sentido, reformando-se acórdão do TJ-SP, foi proferida decisão no sentido da constitucionalidade de lei orgânica

---

[8]   No mesmo sentido, CRETELLA JÚNIOR (*Dicionário*, cit., p. 108).

[9]   LUCIA VALLE FIGUEIREDO, *Curso*, cit., p. 359.

[10] CELSO ANTÔNIO BANDEIRA DE MELLO, *Curso*, cit., Malheiros, 33. ed., 2016, p. 943.

[11] Segundo CRETELLA JR, o *allodium* era a gleba que os bárbaros distribuíam aos vencidos e que, assim, era considerada bem livre (*Bens públicos*, cit., p. 24). Ver também CALDAS AULETE, *Dicionário*, cit., v. I, p. 242.

municipal que atribuía tal competência à Câmara Municipal.[12] No entanto, a decisão não foi unânime, entendendo a minoria que o dispositivo subtraiu competência do Chefe do Executivo. Em nosso entendimento, bem melhor é essa última interpretação, de resto também adotada pelo respectivo Tribunal de Justiça, e isso porque se cuida de matéria de cunho eminentemente administrativo, integrando a rotina da gestão dos bens públicos, matéria própria do Poder Executivo. Definitivamente, não é assunto para o órgão legislativo.

Como os bens públicos integram o patrimônio público, devem ser objeto de constante proteção e controle por parte do ente público titular do domínio ou da posse. Assim, sempre que estiverem indevidamente sob o controle de particulares, cabe ao titular reivindicá-lo pelos meios próprios, inclusive por demanda judicial. A propósito, já se consagrou o entendimento de que o ente público detém legitimidade e interesse para intervir, incidentalmente, na ação possessória entre particulares, sendo-lhe lícito deduzir qualquer matéria de defesa, inclusive o domínio.[13]

III. Bens das Pessoas Administrativas Privadas

Segundo clássica lição de HELY LOPES MEIRELLES, os bens das entidades paraestatais também se consideram bens públicos. Eis as palavras do renomado publicista: *"Quanto aos bens das entidades paraestatais (empresas públicas, sociedades de economia mista, serviços autônomos etc.), entendemos que são, também, bens públicos com destinação especial e administração particular das instituições a que foram transferidos para consecução dos fins estatutários"*.[14]

Baseia-se o autor no fato de que tais bens são públicos em sua origem e em seus fins, e que apenas a sua administração é que é confiada à entidade paraestatal. Ressalva adiante, porém, que os referidos bens são sujeitos à oneração e sujeitam-se à penhora por dívidas da entidade, podendo, ainda, ser alienados na forma como o dispuserem seus estatutos.[15]

O ensinamento do grande autor, entretanto, se nos afigura contraditório. Se incide sobre tais bens a normatividade básica atribuída aos bens privados, fica difícil caracterizá--los como bens públicos pela só circunstância de provirem de pessoas de direito público e de terem a finalidade de atender aos fins institucionais da entidade.

Com todo o respeito que merece o grande autor, permitimo-nos discordar de seu entendimento. Parece-nos, ao contrário, que os bens das pessoas administrativas privadas, como é o caso das empresas públicas, sociedades de economia mista e fundações públicas de direito privado, *devem ser caracterizados como bens privados*, mesmo que em certos casos a extinção dessas entidades possa acarretar o retorno dos bens ao patrimônio da pessoa de direito público de onde se haviam originado.[16] O fator que deve preponderar na referida classificação é o de que as entidades têm personalidade jurídica de direito privado e, embora vinculadas à Administração Direta, atuam normalmente com a maleabilidade própria das pessoas privadas.

Aliás, não custa lembrar que a Lei nº 6.404/1976, que dispõe sobre as sociedades anônimas, previa expressamente, no art. 242, que os bens de sociedades de economia mista sujeitavam-se normalmente ao processo de execução e penhora de seus bens, o que indica claramente que não se poderia mesmo tratar de bens públicos, haja vista que uma das características destes é

---

[12]   STF, RE 1.151.237-SP, j. 3.10.2019.

[13]   STJ, Súmula nº 637 (2019).

[14]   Ob. cit., p. 428 (grifos do original).

[15]   Ob. cit., p. 429.

[16]   No mesmo sentido, LUCIA VALLE FIGUEIREDO, que, inclusive, invoca trabalho do Prof. ELIVAL DA SILVA RAMOS, ob. cit., p. 359. Também CELSO RIBEIRO BASTOS, embora em sentido lato considere tais bens como inseridos no patrimônio público (*Curso*, cit., p. 306).

Cap. 16 · BENS PÚBLICOS | **1015**

exatamente a impenhorabilidade. Apesar de o dispositivo ter sido revogado pela Lei nº 10.303, de 31.10.2001, o preceito nele contido subsiste normalmente, já que inexiste qualquer comando constitucional que autorize a extensão da qualidade de bens públicos aos referidos bens, como já tivemos a oportunidade de salientar.

O vigente Código Civil resolveu definitivamente a questão. Com efeito, dispõe claramente o art. 98 do novo diploma, conforme destacado *supra*, que bens públicos são apenas os que pertencem a pessoas jurídicas de direito público interno e que todos os demais são particulares, *"seja qual for a pessoa a que pertencerem"*. Consequentemente, não há mais dúvida de que os bens de sociedades de economia mista e de empresas públicas, como entidades administrativas de direito privado que são, devem qualificar-se como *bens privados*.

Exatamente esse, diga-se de passagem, foi o entendimento do STF, a nosso ver irreparável, em mandados de segurança impetrados pelo Banco do Brasil contra decisões do Tribunal de Contas da União, que determinaram fosse instaurado procedimento de tomada de contas especial visando à apuração de danos a seus próprios cofres. Entendeu o Tribunal que os bens e direitos das sociedades de economia mista não são bens públicos, mas bens privados inconfundíveis com os bens do Estado, não incidindo, desse modo, o art. 71, II, da CF, que fixa a competência do TCU para julgar as contas dos responsáveis por dinheiros, bens e valores públicos.[17]

Não obstante, a Corte, em outro julgado, decidiu diametralmente em contrário, considerando aplicável o art. 71, II, da CF, e, consequentemente, legítima a tomada de contas pretendida pelo TCU. Fundou-se a decisão na circunstância de que o prejuízo causado a uma sociedade de economia mista afetaria a parte do capital pertencente ao Poder Público (capital majoritário com direito a voto) e, com isso, causaria lesão ao erário. Além disso, foi invocado o argumento segundo o qual se afigura híbrido o regime jurídico incidente sobre tais entidades.[18]

Em nosso entender, é preciso distinguir. Os valores e bens oriundos da gestão da empresa pública ou da sociedade de economia mista devem caracterizar-se, em princípio, como *privados,* já que, como temos visto, são elas pessoas jurídicas de direito privado (art. 98, Código Civil). Somente os bens e valores oriundos diretamente da pessoa controladora, normalmente a entidade federativa, e ainda não administrados pelo ente paraestatal, é que se qualificam (*si et in quantum*) como *públicos*. Dessa maneira, o controle do Tribunal de Contas executado com base no art. 71, II, da CF (que se refere a *"dinheiros, bens e valores públicos"*), somente tem incidência nestes últimos, ficando os primeiros fora do âmbito de controle.

Por conseguinte, o regime jurídico dos bens das pessoas privadas da Administração será, em princípio, o aplicável às demais pessoas privadas. Pode ocorrer que, excepcionalmente, a lei instituidora da pessoa administrativa disponha de modo diverso, criando alguma regra especial de direito público. Essa norma, é claro, será derrogatória da de direito privado, mas os bens continuarão a ser considerados como privados. Como sucede, em regra, com as pessoas privadas, a alienação e a oneração de seus bens devem atender ao que dispõem os respectivos regulamentos.

Excepcionalmente, a Lei nº 11.284, de 2.3.2006, considerou *florestas públicas*, e, pois, bens públicos (cuja gestão regula), aquelas localizadas nos entes públicos e nas *entidades da administração indireta*, sem fazer distinção entre as de direito público e de direito privado (art. 3º, I). A *ratio legis* no caso é a ampliação protetiva dos ecossistemas e da biodiversidade, sendo de maior relevância sua caracterização em virtude de estar situada em área do domínio de qualquer pessoa administrativa, do que pela natureza em si da entidade. Mas cuida-se – insistimos – de exceção ao sistema geral adotado para a espécie.

---

[17] STF, MS 23.627 e MS 23.875, j. 7.3.2002.
[18] STF, MS 25.092, j. 10.11.2005.

1016 | MANUAL DE DIREITO ADMINISTRATIVO • *Carvalho Filho*

IV. Classificação

1. QUANTO À TITULARIDADE

Os bens públicos, quanto à natureza da pessoa titular, classificam-se em *federais, estaduais, distritais e municipais*, conforme pertençam, respectivamente, à União Federal, aos Estados, ao Distrito Federal e aos Municípios.

1.1. Bens Federais

A vigente Constituição enumera os bens da União e dos Estados, mas a enumeração não é taxativa. A enumeração tem mais o aspecto de partilha básica de alguns bens de caráter especial, que, por isso, devem merecer enfoque também especial. Os bens da União estão relacionados no art. 20, e a Carta levou em conta alguns critérios ligados à esfera federal, como a segurança nacional, a proteção à economia do país, o interesse público nacional e a extensão do bem.

Em relação à segurança nacional, são bens federais as terras devolutas necessárias à defesa das fronteiras, das fortificações e construções militares (inciso II); os lagos e rios limítrofes com outros países (inciso III); o mar territorial (inciso VI); e os terrenos de marinha e seus acrescidos (inciso VII).

O art. 20, IV, da Carta, confere à União o domínio sobre as ilhas fluviais e lacustres nas zonas limítrofes com outros países, bem como as praias marítimas. Com relação às ilhas oceânicas e costeiras, o dispositivo também as considera bens da União. Anteriormente, a norma ressalvava as ilhas que estivessem no domínio dos Estados, Municípios ou de terceiros, referidas no art. 26, II, da CF. O dispositivo, porém, sofreu alteração pela EC nº 46, de 8.5.2005, ampliando a ressalva e consignando serem bens da União *"as ilhas oceânicas e costeiras, excluídas, destas, as que contenham a sede de Municípios, exceto aquelas áreas afetadas ao serviço público e a unidade ambiental federal"*.[19]

Para proteger a economia do país, foram elencados os recursos naturais da plataforma continental e da zona econômica exclusiva (inciso V); os potenciais de energia hidráulica (inciso VIII); e os recursos minerais, inclusive os do subsolo (inciso IX).

O critério de interesse público nacional implicou a inserção das vias federais de comunicação (inciso II); as terras devolutas necessárias à preservação ambiental (inciso II); as cavidades naturais subterrâneas e os sítios arqueológicos e pré-históricos (inciso X); e as terras tradicionalmente ocupadas pelos indígenas (inciso XI).

Por fim, considerando a sua extensão, são bens federais os lagos e rios que banhem mais de um Estado (inciso III).

Deve ser consignado que, em relação aos bens que atualmente pertencem à União e aos que vierem a pertencer (art. 20, I), tanto quanto no que concerne aos recursos minerais, inclusive os do subsolo (art. 20, IX), o STF consagrou o entendimento de que neles não estão incluídas as terras de aldeamentos extintos, mesmo se os indígenas as tiverem ocupado em passado remoto.[20]

Em relação aos bens imóveis da União, é preciso não esquecer o Decreto-lei nº 9.760, de 5.9.1946, que é o diploma básico a regulamentar os vários aspectos relacionados aos bens federais.

Vale a pena acrescentar que litígios que envolvam bens públicos federais, sejam de natureza penal, sejam de caráter civil, e que encerrem a necessidade de sua preservação, devem ser

---

[19] Sobre a melhor interpretação do dispositivo, faremos os devidos comentários adiante, ao tratarmos especificamente das ilhas.

[20] Súmula 650, STF.

Cap. 16 · BENS PÚBLICOS | 1017

deslindados na *justiça federal*, mesmo na hipótese em que terceiro tenha a responsabilidade direta pela gestão dos bens.[21]

1.2. Bens Estaduais e Distritais

No art. 26, a Constituição enumera os bens dos Estados:

a) as águas superficiais ou subterrâneas, fluentes, emergentes e em depósito, com a ressalva daquelas que se originem de obras da União;

b) as áreas, nas ilhas oceânicas e costeiras, que estiverem no seu domínio;

c) as ilhas fluviais e lacustres não pertencentes à União;

d) as terras devolutas não compreendidas entre as da União.

Repita-se que a relação não é taxativa. Ao Estado pertencem outros bens, como, por exemplo, os prédios estaduais, a dívida ativa, os valores depositados judicialmente para a Fazenda Estadual e outros.[22]

Em relação ao Distrito Federal, parece-nos que o rol fixado constitucionalmente a ele também se aplica. Embora a Constituição, no art. 16, se tenha referido apenas aos Estados, e no art. 32, que trata do Distrito Federal, não tenha feito alusão à matéria dos bens públicos, o certo é que não estabeleceu qualquer vedação a que houvesse identidade de tratamento no assunto. Ao contrário, emana do sistema constitucional a aproximação do Distrito Federal com os Estados-membros. Assim, não vemos razão para não lhe estender as regras relativas aos Estados.

1.3. Bens Municipais

Os Municípios não foram contemplados com a partilha constitucional de bens públicos. Todavia, é claro que há vários desses bens que lhes pertencem.

Como regra, as ruas, praças, jardins públicos, os logradouros públicos pertencem ao Município. Integram-se entre seus bens, da mesma forma, os edifícios públicos e os vários imóveis que compõem seu patrimônio. E, por fim, os dinheiros públicos municipais, os títulos de crédito e a dívida ativa também são bens municipais.[23]

2. QUANTO À DESTINAÇÃO

Considerando a destinação, vale dizer, o objetivo a que se destinam, os bens públicos classificam-se em:

a) bens de uso comum do povo;

b) bens de uso especial; e

c) bens dominicais.

Essa classificação não é nova. Ao tratar dos bens públicos e particulares, o Código Civil procedeu à distinção entre essas três categorias de bens, procurando explicá-la no art. 99 do Código Civil. Vejamos os dados mais significativos dessa classificação.

---

21 STJ, Confl. Compet. 55.433, j. 28.6.2006. Também: CC 43.376, j. 20.5.2005 e CC 45.154, j. 8.9.2004.

22 MANOEL DE OLIVEIRA FRANCO SOBRINHO, *Curso de direito administrativo*, 1979, p. 250.

23 MANOEL DE OLIVEIRA FRANCO SOBRINHO, ob. cit., p. 250-251.

1018 | MANUAL DE DIREITO ADMINISTRATIVO • *Carvalho Filho*

2.1. Bens de Uso Comum do Povo

Como deflui da própria expressão, os bens de uso comum do povo são aqueles que se destinam à utilização geral pelos indivíduos, podendo ser federais, estaduais ou municipais.

Nessa categoria de bens não está presente o sentido técnico de propriedade, tal como é conhecido esse instituto no Direito. Aqui o que prevalece é a *destinação pública* no sentido de sua utilização efetiva pelos membros da coletividade. Por outro lado, o fato de servirem a esse fim não retira ao Poder Público o direito de regulamentar o uso, restringindo-o ou até mesmo o impedindo, conforme o caso, desde que se proponha à tutela do interesse público.

São bens de uso comum do povo os mares, as praias, os rios, as estradas, as ruas, as praças e os logradouros públicos (art. 99, I, do Código Civil).

2.2. Bens de Uso Especial

Bens de uso especial são aqueles que visam à execução dos serviços administrativos e dos serviços públicos em geral. A denominação não é muito precisa, mas indica que tais bens constituem o aparelhamento material da Administração para atingir os seus fins. Da mesma forma que os de uso comum do povo, podem ser federais, estaduais e municipais.

Quanto ao uso em si, pode dizer-se que primordialmente cabe ao Poder Público. Os indivíduos podem utilizá-los na medida em que algumas vezes precisam estar presentes nas repartições estatais, mas essa utilização deverá observar as condições previamente estabelecidas pela pessoa pública interessada, não somente quanto à autorização, ao horário, preço e regulamento.[24]

Aspecto que não é comumente analisado pelos estudiosos é o relativo à natureza dos bens de uso especial. O antigo Código Civil, no art. 66, II, mencionava *"os bens de uso especial, tais como os edifícios ou terrenos aplicados a serviço ou estabelecimento federal, estadual ou municipal"*. Os exemplos dados pelo dispositivo, a título de mero esclarecimento, podiam gerar dúvidas quanto à natureza dos bens que formam essa categoria, vale dizer, se deveriam ser apenas imóveis, ou se poderiam ser móveis ou imóveis. Alguns autores não faziam qualquer referência à hipótese. Mas a verdade é que, a despeito da exemplificação contida no dispositivo, devia-se ter em mira a *utilização dos bens para a consecução das atividades administrativas em geral*, razão por que poderia tratar-se de bens móveis ou imóveis.[25]

O vigente Código Civil manteve o perfil jurídico atribuído a tais bens pelo Código de 1916. Ajustou, no entanto, o seu texto, inserindo o termo *administração* para qualificar o nível da entidade federativa – federal, estadual, municipal e territorial, este não mencionado anteriormente. De outro lado, incluiu na categoria dos bens de uso especial os pertencentes a autarquias, quando, logicamente, estejam a serviço de atividade inerente à função que lhes foi cometida. De acordo com o novo diploma, são bens públicos *"os de uso especial, tais como edifícios ou terrenos destinados a serviços ou estabelecimento da administração federal, estadual, territorial ou municipal, inclusive os de suas autarquias"* (art. 99, II). O Código atual não aludiu à administração *distrital*, termo usualmente empregado como referência ao Distrito Federal. Não obstante, o tratamento deve ser o mesmo, já que se trata de entidade própria integrante do regime federativo. Embora com fisionomia específica dentro da federação, o Distrito Federal guarda certa similitude com os Estados federados.

---

[24] DIÓGENES GASPARINI, ob. cit., p. 484.

[25] No mesmo sentido, e de forma expressa, MARIA SYLVIA DI PIETRO, ob. cit., p. 372 e DIÓGENES GASPARINI, ob. cit., p. 484.

São bens de uso especial os edifícios públicos, como as escolas e universidades, os hospitais, os prédios do Executivo, Legislativo e Judiciário, os quartéis e os demais onde se situem repartições públicas; os cemitérios públicos; os aeroportos; os museus; os mercados públicos; as terras reservadas aos indígenas etc. Estão, ainda, nessa categoria, os veículos oficiais, os navios militares e todos os demais bens móveis necessários às atividades gerais da Administração, nesta incluindo-se a administração autárquica, como passou a constar do Código Civil em vigor.

Registre-se, ainda, que não perdem a característica de bens de uso especial aqueles que, objetivando a prestação de serviços públicos, estejam sendo utilizados por particulares, sobretudo sob regime de delegação.[26]

2.3. Bens Dominicais

De acordo com o antigo Código Civil, os bens dominicais eram *"os que constituem o patrimônio da União, dos Estados ou dos Municípios, como objeto de direito pessoal ou real de cada uma dessas entidades"* (art. 66, III). O vigente Código Civil alargou um pouco o conceito, substituindo a alusão à União, Estados e Municípios pela expressão *pessoas jurídicas de direito público* (art. 99, III), à evidência mais abrangente e compatível com a própria ideia de bens públicos traduzida no art. 98.

A noção é residual, porque nessa categoria se situam todos os bens que não se caracterizem como de uso comum do povo ou de uso especial.[27] Se o bem, portanto, serve ao uso público em geral, ou se se presta à consecução das atividades administrativas, não será enquadrado como dominical.

Desse modo, são bens dominicais as terras sem destinação pública específica (entre elas, as terras devolutas, adiante estudadas), os prédios públicos desativados, os bens móveis inservíveis e a dívida ativa. Esses é que constituem objeto de direito real ou pessoal das pessoas jurídicas de direito público.

Costuma indagar-se sobre a diferença entre *bens dominicais* e *bens dominiais*. Alguns autores empregam esta última expressão para designar aqueles bens.[28] Outros aludem aos bens dominicais, aduzindo que são também denominados de "dominiais".[29] CRETELLA JUNIOR, porém, distingue as noções, reservando a expressão *bens dominiais* como gênero indicativo dos bens do domínio do Estado e *bens dominicais* como sendo os bens que constituem o *patrimônio* dos entes públicos, objeto de direito real ou pessoal.[30] De fato, o adjetivo *dominicus*, em latim, tinha o sentido de *"do senhor; o que pertence ao senhor"*.[31] Ora, a noção ampla de *domínio* tanto envolve os bens dominicais como os de uso especial. Por isso, a expressão *bens dominicais*, de acordo com sua origem, nem alcança todos os bens públicos, nem somente os tidos como dominicais. Apesar da imprecisão do termo, pode considerar-se que a noção de bens dominicais implica *caráter residual*, isto é, são todos os que não estejam incluídos nas demais categorias de bens públicos. Trata-se, por conseguinte, de noção *ex vi legis*. Já a expressão *bens dominiais*, como distingue CRETELLA JUNIOR, deve indicar, de forma genérica, os bens que formam o domínio público em sentido amplo, sem levar em conta sua categoria, natureza ou destinação.

---

[26] STF, RE 253.394, j. 26.11.2002. Admitiu-se, inclusive, a imunidade tributária recíproca (art. 150, VI, "a", CF) e a não incidência do IPTU.

[27] Do mesmo pensar é LÚCIA VALLE FIGUEIREDO, ob. cit., p. 168.

[28] HELY LOPES MEIRELLES, *Direito administrativo brasileiro*, cit., p. 431.

[29] CELSO ANTÔNIO BANDEIRA DE MELLO, *Curso*, cit., p. 391.

[30] *Dicionário de direito administrativo*, cit., p. 107.

[31] FRANCISCO TORRINHA, *Dicionário latino-português*, Maranus, Porto, 1945, p. 269.

O atual Código Civil apresentou inovação no que concerne aos bens dominicais. Dispõe o art. 99, parágrafo único, que, não dispondo a lei em contrário, *"consideram-se dominicais os bens pertencentes às pessoas jurídicas de direito público a que se tenha dado estrutura de direito privado"*. A norma é de difícil compreensão. O que significaria dar estrutura de direito privado a uma pessoa de direito público? A ideia da norma é, no mínimo, estranha. Há duas hipóteses que teriam pertinência no caso: ou a pessoa de direito público se transforma em pessoa de direito privado, logicamente adotando a estrutura própria desse tipo de entidade; ou continua sendo de direito público, apenas adaptando em sua estrutura alguns aspectos (e não podem ser todos!) próprios de pessoas de direito privado. Ao que parece, somente essa segunda hipótese se conformaria ao texto legal, mas fica difícil entender a razão do legislador. Se a intenção foi a de tornar mais flexível a disponibilização dos bens dessas entidades, qualificando-os como dominicais, seria mais razoável que a lei responsável pela introdução da nova estrutura de direito privado já atribuísse aos bens a referida qualificação, e isso porque o novo diploma já estabelece que os bens dominicais podem ser alienados, observadas as exigências da lei (art. 101). Desse modo, não nos parece ter sido feliz o legislador nessa inovação.

3. QUANTO À DISPONIBILIDADE

Essa classificação tem por fim distinguir os bens públicos no que diz respeito à sua disponibilidade em relação às pessoas de direito público a que pertencem.

Sob esse prisma, podemos classificá-los em:

a)   *bens indisponíveis;*

b)   *bens patrimoniais indisponíveis; e*

c)   *bens patrimoniais disponíveis.*

3.1. Bens Indisponíveis

Como o informa a expressão, bens indisponíveis são aqueles que não ostentam caráter tipicamente patrimonial e que, por isso mesmo, as pessoas a que pertencem não podem deles dispor. Não poder dispor, no caso, significa que não podem ser alienados ou onerados nem desvirtuados das finalidades a que estão voltados. Significa, ainda, que o Poder Público tem o dever de conservá-los, melhorá-los e mantê-los ajustados a seus fins, sempre em benefício da coletividade.

São bens indisponíveis os bens de uso comum do povo, porquanto se revestem de característica não patrimonial. Incluem-se, então, os mares, os rios, as estradas, as praças e logradouros públicos, o espaço aéreo etc., alguns deles, é óbvio, enquanto mantiverem essa destinação.

3.2. Bens Patrimoniais Indisponíveis

Essa classificação leva em consideração dois aspectos: o primeiro é o relativo à natureza patrimonial do bem público e o segundo é a sua característica de indisponibilidade.[32]

Tais bens possuem caráter patrimonial, porque, mesmo sendo indisponíveis, admitem em tese uma correlação de valor, sendo, por isso, suscetíveis de avaliação pecuniária. São indisponíveis, entretanto, porque utilizados efetivamente pelo Estado para alcançar os seus fins. Ainda que terceiros possam usá-los, tais bens são indisponíveis enquanto servirem aos fins estatais.

---

[32]   A classificação foi adotada pelo velho Regulamento de Contabilidade Pública da União (Decreto nº 15.783, de 8.11.1922, hoje revogado pelo Decreto de 25.4.1991) e ainda invocada por vários autores em face de sua precisão.

Cap. 16 · BENS PÚBLICOS | 1021

Enquadram-se nessa categoria os bens de uso especial, sejam móveis ou imóveis, porque, como visto, são eles sempre os instrumentos de ação da Administração Pública. Enquanto o forem, serão bens patrimoniais indisponíveis. Por exemplo: um prédio público é suscetível de avaliação patrimonial; é um bem vendável no mercado imobiliário e faz parte do patrimônio estatal. É, contudo, indisponível porque serve à utilização do Estado.

3.3. Bens Patrimoniais Disponíveis

Diversamente da categoria anterior, os bens patrimoniais disponíveis, embora também tenham caráter patrimonial como os da categoria anterior, podem ser alienados, obviamente nas condições que a lei estabelecer. Não é, portanto, a possibilidade de livre alienação, que é coisa diversa; é, isto sim, a disponibilidade dentro das condições legalmente fixadas.

Os bens patrimoniais disponíveis são os bens dominicais em geral, porque nem se destinam ao público em geral, nem são utilizados para o desempenho normal das atividades administrativas.

V. *Afetação e Desafetação*

O tema da afetação e da desafetação diz respeito aos fins para os quais está sendo utilizado o bem público. Se um bem está sendo utilizado para determinado fim público, seja diretamente do Estado, seja pelo uso dos indivíduos em geral, diz-se que está *afetado* a determinado fim público. Por exemplo: uma praça, como bem de uso comum do povo, se estiver tendo sua natural utilização, será considerada um bem afetado ao fim público. O mesmo se dá com um ambulatório público: se no prédio estiver sendo atendida a população com o serviço de assistência médica e ambulatorial, estará ele também afetado a um fim público.

Ao contrário, o bem se diz *desafetado* quando não está sendo usado para qualquer fim público. Por exemplo: uma área pertencente ao Município na qual não haja qualquer serviço administrativo é um bem desafetado de fim público. Uma viatura policial alocada ao depósito público como inservível igualmente se caracteriza como bem desafetado, já que não utilizado para a atividade administrativa normal.

Afetação e *desafetação* são os fatos administrativos dinâmicos que indicam a alteração das finalidades do bem público. Se o bem está afetado e passa a desafetado do fim público, ocorre a *desafetação*; se, ao revés, um bem desativado passar a ter alguma utilização pública, poderá dizer-se que ocorreu a *afetação*.

Dessa maneira, pode conceituar-se a *afetação* como sendo o fato administrativo pelo qual se atribui ao bem público uma destinação pública especial de interesse direto ou indireto da Administração. E a *desafetação* é o inverso: é o fato administrativo pelo qual um bem público é desativado, deixando de servir à finalidade pública anterior. Em tal situação, como já se afirmou corretamente, a desafetação traz implícita a faculdade de alienação do bem.[33] À guisa de informação, costuma-se empregar os termos *consagração* e *desconsagração* como sinônimos de *afetação* e *desafetação*, respectivamente.[34]

A afetação e a desafetação servem para demonstrar que os bens públicos não se perenizam, em regra, com a natureza que adquiriram em decorrência de sua destinação. Um prédio onde haja uma Secretaria de Estado em funcionamento pode ser desativado para que o órgão seja

---

[33] ELYESLEY SILVA DO NASCIMENTO, *Curso*, cit., p. 766.
[34] DIÓGENES GASPARINI, *Direito administrativo*, cit., 11. ed., 2006, p. 812.

instalado em local diverso. Esse prédio, como é lógico, sairá de sua categoria de bem de uso especial e ingressará na de bem dominical. A desativação do prédio implica sua desafetação. Se, posteriormente, no mesmo prédio for instalada uma creche organizada pelo Estado, haverá afetação, e o bem, que estava na categoria dos dominicais, retornará a sua condição de bem de uso especial. Outro exemplo é o da desestatização (privatização), que também pode render ensejo à desafetação.

Até mesmo os bens de uso comum do povo podem sofrer alteração em sua finalidade, como é o caso, por exemplo, de uma praça pública que desaparece, em razão de projeto urbanístico, para dar lugar a uma rua e a um terreno público sem utilização. Nesse caso, o bem que era de uso comum do povo converteu-se, parte, em outro bem de uso comum do povo (a nova rua), e parte, em bem dominical (o terreno sem utilização). Poder-se-á dizer, na hipótese, que houve desafetação parcial, pois que parte do bem que tinha finalidade pública passou a não mais dispor desse fim (o terreno).[35]

Por fim, deve destacar-se que a afetação e a desafetação constituem *fatos administrativos*, ou seja, acontecimentos ocorridos na atividade administrativa independentemente da forma com que se apresentem. Embora alguns autores entendam a necessidade de haver ato administrativo para consumar-se a afetação ou a desafetação, não é essa realmente a melhor doutrina em nosso entender. O fato administrativo tanto pode ocorrer mediante a prática de ato administrativo formal, como através de fato jurídico de diversa natureza.[36] Significa que, até mesmo tacitamente, é possível que determinada conduta administrativa produza a afetação ou a desafetação, bastando, para tanto, verificar-se no caso o real intento da Administração.[37]

Suponha-se, para exemplificar, que um terreno sem utilização venha a ser aproveitado como área de plantio para órgão público de pesquisa: o bem, que era dominical, passará a ser de uso especial, havendo, portanto, afetação. Essa transformação de finalidade certamente será processada através de ato administrativo. Suponha-se, contrariamente, que um incêndio destrua inteiramente determinado prédio escolar: o bem que era de uso especial se transformou em bem dominical. Do momento em que esse imóvel não mais possa servir à finalidade pública inicial, podemos dizer que terá havido desafetação, e sua causa não terá sido um ato, mas sim um fato jurídico – o incêndio.

Por tudo isso é que entendemos ser irrelevante a *forma* pela qual se processa a alteração da finalidade do bem quanto a seu fim público ou não. Relevante, isto sim, é a *ocorrência em si da alteração da finalidade*, significando que na afetação o bem passa a ter uma destinação pública que não tinha, e que na desafetação se dá o fenômeno contrário, ou seja, o bem, que tinha a destinação pública, passa a não mais tê-la, temporária ou definitivamente.

Na verdade, é forçoso reconhecer que até o legislador peca pela falta de técnica. A Lei nº 13.465/2017, que cuida da regularização fundiária urbana e rural, estabelece, no art. 71, que, para a implementação desse programa, estariam *"dispensadas"* a desafetação e outras exigências nas alienações de bens públicos. A impropriedade é flagrante. O legislador pretendeu apenas dizer que estaria dispensada a prática de ato administrativo formal. Mas o só fato de o Estado providenciar a alienação de alguns bens imóveis, como é o caso, já consuma a desafetação, seja ou não praticado ato formal. O que importa é que o Estado abdica do domínio de seus bens em favor de particulares.

---

[35] TJ/RJ, Reex.Necess. 2009.009.00082, julg. em 26.6.2009. No caso, área destinada à praça pública (bem de uso comum) foi destinada ao assentamento de população de baixa renda (bem dominical).

[36] Comungam desse entendimento DIÓGENES GASPARINI, ob. cit., p. 486 e MARIA SYLVIA DI PIETRO, ob. cit., p. 374.

[37] JOSÉ ROBERTO DE ANDRADE COUTINHO, *Gestão do patrimônio imobiliário na Administração Pública*, Lumen Juris, 2011, p. 119.

VI. Regime Jurídico

1. ALIENABILIDADE CONDICIONADA

É comum ouvir-se que os bens públicos têm como característica a inalienabilidade. Na verdade, porém, a afirmação não resulta de análise precisa sobre o tema.

Se é certo que, em algumas situações especiais, os bens públicos não podem ser alienados, não é menos certo que, na maioria das vezes, podem ser alteradas tais situações de modo a tornar possível a alienação.

O Código Civil de 1916 dispunha que os bens somente perderiam a inalienabilidade, que lhes era peculiar, nos casos e forma que a lei estabelecesse (art. 67). A despeito da redação um pouco confusa do texto legal, entendia-se que o aspecto peculiar de inalienabilidade só atingiria os bens de uso comum do povo e os de uso especial, estes enquanto estivessem servindo aos respectivos fins.[38] Os bens dominicais, por via de consequência, seriam passíveis de alienação na forma da lei. Entretanto, os bens de uso especial e alguns de uso comum do povo, ao serem objeto de desafetação, passam à categoria dos bens dominicais, como já observamos, o que também poderá ensejar a sua alienação. Consideram-se, porém, insuscetíveis de alienação, por sua peculiaridade, os mares e os rios navegáveis, bens *extra commercium*.[39] Desse modo, já sob a égide do Código anterior, seria impróprio falar-se em *inalienabilidade*; a melhor interpretação era a de que os bens teriam como característica a *alienabilidade condicionada*, vale dizer, a alienação deveria ser efetivada em conformidade com o que a lei dispusesse.[40]

O vigente Código Civil disciplinou a matéria com maior precisão e exatamente nos termos que deduzimos acima. No art. 100, dispõe o novo diploma: *"Os bens públicos de uso comum do povo e os de uso especial são inalienáveis, enquanto conservarem a sua qualificação, na forma que a lei determinar"*. O art. 101, a seu turno, consigna: *"Os bens públicos dominicais podem ser alienados, observadas as exigências da lei"*. Emana de tais preceitos que a regra é a alienabilidade na forma em que a lei dispuser a respeito, atribuindo-se a inalienabilidade somente nos casos do art. 100, e assim mesmo enquanto perdurar a situação específica que envolve os bens.

Anote-se, à guisa de complementação, que *alienação* é um fato jurídico. Indica a transferência da propriedade de determinado bem móvel ou imóvel de uma pessoa para outra. Portanto, quando se faz referência à alienação de bem público, a ideia que se deseja transmitir é a de que a pessoa de direito público transfere para terceiros bem móvel ou imóvel de sua propriedade. Diverso do fato jurídico em si são os instrumentos idôneos à sua consumação. Há diversos instrumentos de alienação de bens, normalmente de caráter contratual. Assim, podem os bens públicos ser alienados por força de contratos de compra e venda, de doação, de permuta e de dação em pagamento, como, aliás, também se passa com os bens privados.

Pode ocorrer, mas a título de exceção, que a própria Constituição atribua a determinado tipo de bem o caráter de indisponibilidade. É o caso, por exemplo, do art. 225, § 5º, da Carta vigente, segundo o qual *"são indisponíveis as terras devolutas ou arrecadadas pelos Estados, por ações discriminatórias, necessárias à proteção dos ecossistemas naturais"*. Trata-se, porém, de hipótese específica, de nível constitucional, em que o Constituinte pretendeu preservar a destinação de certos bens, tornando-os insuscetíveis de disponibilidade por força de lei ordinária.

---

[38] No memo sentido, CELSO RIBEIRO BASTOS (*Curso*, cit., p. 309).

[39] CELSO RIBEIRO BASTOS, Curso cit., p. 310.

[40] Alguns autores referiam-se expressamente à inalienabilidade. Outros faziam referências um pouco diversas. CELSO ANTÔNIO BANDEIRA DE MELLO aludia à "inalienabilidade ou alienabilidade dos termos da lei" (ob. cit., p. 392). LUCIA VALLE FIGUEIREDO distinguia a inalienabilidade absoluta e a relativa (ob. cit., p. 368).

1024 | MANUAL DE DIREITO ADMINISTRATIVO • *Carvalho Filho*

Em compensação, nada impede que, em função da mesma Constituição, a indisponibilidade seja transformada em disponibilidade condicionada, o que revela que tal situação de inalienabilidade tem caráter relativo, a despeito da previsão constitucional.

Enfim, vale a pena concluir formulando a seguinte indagação: como se pode caracterizar os bens públicos com a marca da inalienabilidade, se o próprio Estatuto autoriza expressamente as alienações de bens públicos móveis e imóveis da Administração (art. 76)? Só por aí se vê que não há inalienabilidade, mas sim alienabilidade sujeita às condições alinhadas na referida disciplina normativa.

2. IMPENHORABILIDADE

A penhora é ato de natureza constritiva que, no processo, recai sobre bens do devedor para propiciar a satisfação do credor no caso do não cumprimento da obrigação. O bem sob penhora pode ser alienado a terceiros para que o produto da alienação satisfaça o interesse do credor.

Os bens públicos, porém, não se sujeitam ao regime da penhora, e por esse motivo são caracterizados como impenhoráveis. A impenhorabilidade tem lastro constitucional. Dispõe o art. 100 da Constituição Federal que os créditos de terceiros contra a Fazenda Pública, em virtude de sentença judicial, são pagos através do sistema de precatórios, em que o Judiciário recomenda ao Executivo que introduza o crédito, em ordem cronológica, na relação de credores para ulterior pagamento. Atualmente, no entanto, como já vimos, o § 3º do art. 100 da CF, introduzido pela EC nº 20/1998 (reforma da Previdência Social), admite que créditos de pequeno valor, definidos em lei, possam ser exigíveis fora do sistema de precatórios. De qualquer modo, o novo dispositivo em nada interfere no que toca à garantia da impenhorabilidade dos bens públicos.

A lei processual civil regulamenta a matéria nos arts. 534 e 535, § 3º, I, e 910, do Código de Processo Civil, confirmando a especificidade das regras sobre a execução contra a Fazenda Pública, nas quais ficou excluído o instituto da penhora.

Relembre-se, por oportuno, que a impenhorabilidade tem o escopo de salvaguardar os bens públicos desse processo de alienação, comum aos bens privados. Com efeito, admitir--se a penhora de bens públicos seria o mesmo que admitir sua alienabilidade nos moldes do que ocorre com os bens particulares em geral. A característica, por conseguinte, tem intuito eminentemente protetivo.

É bem verdade que há alguma doutrina que advoga a penhorabilidade de bens públicos *dominicais*, quando estiverem sendo utilizados em caráter privado.[41] Semelhante posição, contudo, além de minoritária, não encontra ressonância no ordenamento jurídico vigente; ao contrário, esbarra no princípio da garantia dos bens públicos, independentemente da categoria a que pertençam. O fato de serem objeto de uso por particulares, por se caracterizarem como *bens dominicais*, não elide a sua garantia, já que esse tipo de uso se insere na gestão normal dos bens públicos levada a efeito pelos entes titulares.

3. IMPRESCRITIBILIDADE

A imprescritibilidade significa que os bens públicos são insuscetíveis de aquisição por usucapião, e isso independentemente da categoria a que pertençam.[42]

---

[41] JOSÉ MARINHO PAULO JUNIOR, *O poder jurisdicional de administrar*, Lumen Juris, 2007, p. 122.

[42] HELY LOPES MEIRELLES, ob. cit., p. 450.

Houve, é bem verdade, inúmeros questionamentos a respeito dessa característica especial dos bens públicos. Contudo, o Direito brasileiro sempre dispensou aos bens públicos essa proteção, evitando que, por meio do usucapião, pudessem ser alienados como o são os bens privados, quando o possuidor mantém a posse dos bens por determinado período.

A propósito, cabe lembrar que desde o Brasil Colônia já era acolhida essa proteção. A Lei nº 601, de 1850, a primeira lei de terras, também fixou a imprescritibilidade. Posteriormente, os Decretos nºs 19.924, de 27.4.1931, 22.785, de 31.5.1933, e 710, de 17.9.1938, confirmaram a garantia.[43] Mais recentemente, o STF, em sua Súmula 340, assentou: "*Desde a vigência do Código Civil, os bens dominicais, como os demais bens públicos, não podem ser adquiridos por usucapião*". A matéria, pois, está sedimentada.

Atualmente, a Constituição estabelece regra específica a respeito, dispondo, no art. 183, § 3º, que os imóveis públicos não serão adquiridos por usucapião, norma, aliás, repetida no art. 191, relativa a imóveis públicos rurais.

Desse modo, mesmo que o interessado tenha a posse de bem público pelo tempo necessário à aquisição do bem por usucapião, tal como estabelecido no direito privado, não nascerá para ele o direito de propriedade, porque a posse não terá idoneidade de converter-se em domínio pela impossibilidade jurídica do usucapião. A ocupação ilegítima em área do domínio público, ainda que por longo período, permite que o Estado formule a respectiva pretensão reintegratória, sendo incabível a alegação de omissão administrativa.[44] Por outro lado, não são indenizáveis acessões e benfeitorias realizadas sem prévia notificação ao Poder Público (art. 90, Decr.-lei nº 9.760/1946, que dispõe sobre imóveis da União).

Há entendimentos no sentido de que os bens dominicais seriam usucapíveis e que o art. 188 da CF, por ter-se referido conjuntamente a *terras públicas* e *terras devolutas*, teria criado outra categoria de bens públicos, admitindo o usucapião dessas últimas.[45] Ousamos discordar, *data venia*, de semelhante pensamento. No primeiro caso, os bens dominicais se enquadram como bens públicos, estando, portanto, protegidos contra a prescrição aquisitiva. No segundo, houve, de fato, impropriedade no texto constitucional, mas a interpretação sistemática não conduz à criação de nova categoria de bens públicos. As terras devolutas, como se verá adiante, se inserem nos bens públicos, de modo que a elas também terá que ser estendida a garantia constitucional.[46]

O novo Código Civil espancou qualquer dúvida que ainda pudesse haver quanto à imprescritibilidade dos bens públicos, seja qual for a sua natureza. Nele se dispõe expressamente que "*os bens públicos não estão sujeitos a usucapião*" (art. 102). Como a lei não distinguiu, não caberá ao intérprete distinguir, de modo que o usucapião não poderá atingir nem os bens imóveis nem os bens móveis.

É verdade que há entendimento no sentido de que é vedado o usucapião apenas sobre bens materialmente públicos, assim considerados aqueles em que esteja sendo exercida atividade estatal, e isso porque somente estes estariam cumprindo função social.[47] Reafirmando tal distorção, já se decidiu, equivocadamente em nosso entender, que a imprescritibilidade alcança bens da

---

43   CELSO ANTÔNIO BANDEIRA DE MELLO, *Curso*, cit., 33. ed., 2016, p. 945.

44   TRF-2, Ap. 391.538, j. 25.4.2007, e TRF-1, Ap. 1999.38.00.036675-1, j. 1.7.2013.

45   JUAREZ FREITAS, *Revista de jurisprudência dos estados*, v. 121, fev. 1994; SILVIO RODRIGUES, *Revista literária de direito*, jan./fev. 97, p. 8-10.

46   A doutrina dominante também não aponta essa distinção. Vide MARIA SYLVIA ZANELLA DI PIETRO (*Direito administrativo*, cit., 2007, p. 622); ODETE MEDAUAR (*Direito administrativo moderno*, cit., p. 287); e DIÓGENES GASPARINI (*Direito administrativo*, cit., 2006, p. 815).

47   CRISTIANA FORTINI, A função social dos bens públicos e o mito da imprescritibilidade, *RDM – Revista de Direito Municipal*, Belo Horizonte, ano 5, nº 12, p. 113-122, 2004.

1026 | MANUAL DE DIREITO ADMINISTRATIVO • *Carvalho Filho*

Caixa Econômica, no caso de ser financiado pelo Sistema Financeiro de Habitação, ainda que se trate de pessoa de direito privado.[48] Trata-se de desvio de perspectiva não autorizado nem pela Constituição nem pela lei civil e do qual dissentimos, com a devida vênia. O argumento da função social nos parece infundado, e isso porque se proprietário e financiador se mostram inertes quanto a propriedade, é porque não há nenhuma função social, nem justificativa para prejudicar o direito do terceiro possuidor.

4. NÃO ONERABILIDADE

Onerar um bem significa deixá-lo como garantia para o credor no caso de inadimplemento da obrigação. Exemplos de direitos reais sobre a coisa alheia são o penhor, a hipoteca e a anticrese, mencionados no art. 1.419 do vigente Código Civil.

No direito público, não podem bens públicos ser gravados com esse tipo de direitos reais em favor de terceiros. E por mais de uma razão. Primeiramente, é a própria Constituição que contemplou o regime de precatórios para o pagamento dos créditos de terceiros contra a Fazenda, excluindo, desse modo, o sistema da penhora processual. Ora, se aqueles direitos reais se caracterizam pela possibilidade de execução direta e penhora, como conciliar essa garantia com o princípio da impenhorabilidade dos bens públicos? Como bem registra HELY LOPES MEIRELLES, se uma garantia real deixa de satisfazer os seus fins, *não seria, de modo algum, garantia real.*[49]

Outra razão decorre da própria lei civil. Segundo esta, só aquele que pode alienar poderá hipotecar, dar em anticrese ou empenhar (art. 1.420, Código Civil). Ora, os bens de uso comum e os de uso especial são inalienáveis enquanto destinados a seus fins. Em relação aos dominicais, é certo que o administrador público, como vimos, não pode livremente alienar; ao contrário, a alienação só é possível nos casos e na forma que a lei prescrever. Fica, portanto, inviável a onerabilidade dos bens públicos. Inviável e incompatível com as garantias que defluem dos direitos reais sobre a coisa alheia. Há interpretação no sentido de ser admitida garantia real sobre bens dominicais, porque o Estado teria renunciado à sua indisponibilidade. Divergimos dessa interpretação, a nosso ver incongruente com o atual sistema constitucional.[50]

Temos, pois, que o credor do Poder Público não pode ajustar garantia real sobre bens públicos. Se, por desvio jurídico, as partes assim ajustarem, a estipulação é nula e não pode ensejar os efeitos normalmente extraídos desse tipo de garantia. O credor terá que se sujeitar ao regime previsto no mandamento do art. 100 da Carta em vigor, isto é, o regime de precatórios.

VII. Aquisição

1. INTRODUÇÃO

Para que o Estado atinja seus fins, é preciso utilizar-se das mais variadas espécies de bens. Alguns deles já estão integrados em seu acervo, mas outros precisam ser adquiridos de terceiros pelas mais diversas razões de ordem administrativa.

São inúmeros os mecanismos através dos quais a União, os Estados, o Distrito Federal, os Municípios e suas autarquias e fundações de direito público conseguem que bens de terceiros

---

48   STJ, REsp 1.448.026, j. 17.11.2016.

49   Ob. cit., p. 451.

50   No mesmo sentido, MARIA SYLVIA ZANELLA DI PIETRO, ob. cit., p. 377, que indica a posição de SEABRA FAGUNDES, da qual também discorda.

Cap. 16 · BENS PÚBLICOS | 1027

ingressem em seu acervo. Há *causas contratuais*, decorrentes de negócios jurídicos regulados pelo direito privado. Há causas naturais, como fenômenos da natureza. Há, ainda, *causas jurídicas*, como aquelas a que a lei dá esse efeito especial translativo. Esses bens geralmente são privados, mas quando adquiridos pelas pessoas públicas convertem-se em bens públicos. Por esse motivo, quando falamos em aquisição de bens públicos indicamos o sentido daqueles bens que, adquiridos pelo Poder Público, passam a qualificar-se como bens públicos.

Enfim, para estudo mais didático do tema, vale a pena comentarmos essas formas de aquisição de bens públicos, o que faremos adiante, após a classificação dessas formas.

2. CLASSIFICAÇÃO

A aquisição divide-se em dois grupos: a *aquisição originária* e a *aquisição derivada*.

Na *aquisição originária* não há a transmissão da propriedade por qualquer manifestação de vontade. A aquisição é direta. O adquirente independe da figura do transmitente.[51] Nesse tipo de aquisição, não há ensejo para discussão sobre vícios de vontade ou vícios de legalidade quanto à transmissão do bem. Exemplo de aquisição originária é o da acessão por aluvião, em que a margem ribeirinha se vai ampliando por extensão provocada pelas águas. A pesca e a caça também propiciam a aquisição originária dos animais.

Já na *aquisição derivada* há uma cadeia de transmissibilidade do bem, ou seja, alguém transmite um bem ao adquirente mediante certas condições por eles estabelecidas. Esse tipo de aquisição rende ensejo à discussão sobre vícios da vontade e sobre o próprio negócio jurídico de transferência do bem.[52] Exemplo de aquisição derivada é a que resulta de contrato de compra e venda, com a transcrição do título do Registro de Imóveis.

Os efeitos dessas formas de aquisição aplicam-se também à aquisição de bens pelas pessoas de direito público. Quando a forma de aquisição é regulada pelo direito privado, essas regras incidem na relação jurídica de que faz parte a pessoa de direito público. Portanto, em cada caso é preciso verificar se a forma aquisitiva é própria do direito privado ou se apresenta disciplina específica de direito público.

3. FORMAS DE AQUISIÇÃO

3.1. Contratos

Entre as várias formas pelas quais o Poder Público adquire bens, destaca-se a dos contratos. Como qualquer particular, o Estado pode celebrar contratos visando a adquirir bens, já que as entidades em que se subdivide são dotadas de personalidade jurídica, com aptidão para adquirir direitos e contrair obrigações.

Desse modo, as entidades públicas podem, na qualidade de adquirentes, firmar contratos de compra e venda, de doação, de permuta e de dação em pagamento. Na verdade, é absolutamente jurídico que entidade beneficente privada faça doação de bens ao Estado ou ao Município. Também não surpreende que um contribuinte de tributos estaduais, não tendo como solver seu débito, celebre com o Estado ajuste de dação em pagamento. E assim por diante. Em todos esses casos as entidades públicas figuram como adquirentes de bens de terceiros.

Alguns pontos, porém, devem ser considerados nesse tema.

---

[51]   MELHIM NAMEM CHALHUB, *Direitos reais*, 2ª ed., RT, 2014, p. 79.

[52]   DIÓGENES GASPARINI, ob. cit., p. 490.

1028 | MANUAL DE DIREITO ADMINISTRATIVO • *Carvalho Filho*

Primeiramente, todos esses contratos são de natureza privada, sendo, por conseguinte, regulados pelo direito privado. Os princípios que sobre eles incidem não recebem o influxo de cláusulas de privilégio ou exorbitantes do direito comum, como ocorre nos contratos administrativos. Ao contrário, Estado adquirente e terceiro alienante se encontram no mesmo plano jurídico, de modo que o Poder Público nesse caso atua muito mais em função de seu *ius gestionis* do que de seu *ius imperii*. Ressalve-se, contudo, que a compra de bens móveis necessários aos fins administrativos se caracteriza como contrato administrativo, incidindo, por conseguinte, todas as prerrogativas atribuídas por lei ao Poder Público (art. 37, XXI, da CF e Lei nº 14.133/2021).

A aquisição de bens públicos através de contrato não atribui ao administrador público a mesma liberdade que possuem os particulares em geral para manifestar a vontade aquisitiva, e nem poderia ser de outra maneira. Como a Administração Pública só se legitima se estiver em conformidade com a lei, é natural que esta prescreva algumas condições especiais para que os agentes do Estado possam representá-lo em contratos para a aquisição de bens. Exemplo de condição específica para a aquisição de bens pelo Estado mediante contrato de compra é a exigência de prévia licitação, como figura na Lei nº 14.133/2021 – algo não exigível nas relações entre particulares.

Quando adquiridos os bens por contrato, pode variar a categoria na qual serão inseridos. Se o Município, por exemplo, adquire um conjunto de salas e instala um centro de treinamento para seus fiscais, serão as salas enquadradas como bens de uso especial. Caso adquira uma área para futuramente construir prédio público, esse bem vai caracterizar-se como bem dominical enquanto não realizada a construção e implantado o serviço. O fato certo é que, ingressando no acervo das pessoas de direito público, tais bens terão a qualificação de bens públicos.

Por fim, não é dispensável sublinhar que no Direito brasileiro a aquisição de bem imóvel objeto de contrato sujeita-se a registro, no cartório do Registro de Imóveis, do título translativo da propriedade por ato *inter vivos* (art. 1.245, Código Civil). Tratando-se de bens móveis, a aquisição se consuma através da tradição (art. 1.267, Código Civil). Os contratos, portanto, não *transferem* por si mesmos a propriedade, mas ensejam a transferência desde que observados os requisitos ora mencionados. Essas regras aplicam-se à aquisição de bens pelo Estado.

3.2. Usucapião

Outra forma de aquisição de bens públicos é através de usucapião.

O Código Civil admite expressamente o usucapião como forma de aquisição de bens (art. 1.238, Código Civil) e estabelece algumas condições necessárias à consumação aquisitiva, como a posse do bem por determinado período, a boa-fé em alguns casos e a sentença declaratória da propriedade (arts. 1.238 a 1.244, do Código Civil, referentes à propriedade imóvel, e arts. 1.260 a 1.262, relativos à propriedade móvel).

Poder-se-ia indagar se a União, um Estado ou Município, ou ainda uma autarquia podem adquirir bens por usucapião. A resposta é positiva. A lei civil, ao estabelecer os requisitos para a aquisição da propriedade por usucapião, não descartou o Estado como possível titular do direito. Segue-se, pois, que, observados os requisitos legais exigidos para os possuidores particulares de modo geral, podem as pessoas de direito público adquirir bens por usucapião.[53] Esses bens, uma vez consumado o processo aquisitivo, tornar-se-ão bens públicos.

---

[53] No mesmo sentido, DIÓGENES GASPARINI, trazendo o abono de autorizada doutrina, como CRETELLA JÚNIOR, GUIMARÃES MENEGALE e THEMISTOCLES BRANDÃO CAVALCANTI, ob. cit., p. 506. HELY LOPES MEIRELLES tem igualmente esse entendimento, ob. cit., p. 452.

Cabe aduzir, por oportuno, que o CPC em vigor (art. 1.071), introduzindo o art. 216-A na Lei nº 6.015/1973 (Lei de Registros Públicos), passou a admitir o pedido de *reconhecimento extrajudicial de usucapião (usucapião administrativo)*, a ser processado diretamente no cartório do registro de imóveis da comarca em que estiver situado o imóvel usucapiendo, devendo apresentar, para tanto, os documentos necessários relacionados no dispositivo. A lei impõe a observância de procedimento próprio para tal pedido. Caso este seja rejeitado, pode o interessado ajuizar a ação de usucapião (art. 216-A, § 9º). Havendo *impugnação justificada* do pedido de usucapião, o juiz deve enviar o processo ao juízo da comarca do imóvel, devendo o requerente emendar a inicial para adequá-la ao procedimento comum. Se o caso, contudo, é de *impugnação injustificada*, será ela rejeitada pelo registrador, hipótese em que o interessado deve suscitar dúvida, como prevê a Lei de Registros (art. 216-A, § 10, Lei nº 6.015/1973, incluído pela Lei nº 14.382/2022).

3.3. Desapropriação

O Código Civil trata da desapropriação como forma de perda da propriedade imóvel (art. 1.275, V, Código Civil).

Entretanto, como a desapropriação é em regra promovida pelas pessoas de direito público, a perda da propriedade pelo proprietário privado retrata, por outro ângulo, a aquisição pelo expropriante.

Os bens desapropriados transformam-se em bens públicos tão logo ingressem no patrimônio do expropriante. Mesmo que venham a ser repassados a terceiros, como no caso da reforma agrária, os bens desapropriados permanecem como bens públicos enquanto não se dá a transferência.

Para não repetir o que já estudamos, remetemos o leitor ao capítulo próprio, onde o assunto foi desenvolvido.[54]

3.4. Acessão

A acessão é outra das formas de aquisição de bens imóveis, como previsto no art. 1.248 do Código Civil. Significa que passa a pertencer ao proprietário tudo o que aderir à propriedade, revelando um acréscimo a esse direito.

A acessão pode efetivar-se: (a) pela formação de ilhas; (b) por aluvião; (c) por avulsão; (d) pelo abandono de álveo; (e) pela construção de obras ou plantações (art. 1.248, I a V, Código Civil).

No caso da formação de ilhas, é preciso verificar em que águas ocorre. Se a ilha é formada em águas territoriais ou nos rios que pertencem à União, conforme já vimos (rios que banhem mais de um Estado, por exemplo), será ela bem federal. Ao contrário, se a formação se der em águas estaduais, a forma aquisitiva beneficiará o Estado.[55]

Aluvião é o fenômeno pelo qual as águas vão vagarosamente aumentando as margens dos rios, ampliando a extensão da propriedade ribeirinha. Avulsão é o desprendimento repentino de determinada área de terra que passa a ficar anexa a outra propriedade. Se a pessoa de direito público tiver propriedade ribeirinha e nesta suceda um desses fenômenos, haverá a aquisição de bens privados, que passarão a qualificar-se como bens públicos.

---

[54] Vide Capítulo 13.

[55] Há outros casos de acessão por formação de ilhas previstos para as denominadas águas particulares. Esses casos estão disciplinados no Código de Águas (Decreto nº 24.643/1934).

1030 | MANUAL DE DIREITO ADMINISTRATIVO • *Carvalho Filho*

Quando as águas do rio deixam de percorrer seu leito, diz-se que tal situação corresponde à de álveo abandonado: o rio, tendo secado, se transforma em solo comum. O abandono do álveo é forma de aquisição da propriedade imóvel e a área que resultar dessa situação é dividida entre os proprietários ribeirinhos (art. 26, Código de Águas). Tal como ocorre com a aluvião e com a avulsão, o abandono de álveo pode significar a aquisição de bens por pessoas de direito público no caso de serem proprietárias de terrenos ribeirinhos. Esses bens, vindo a integrar seu patrimônio, passam a caracterizar-se como bens públicos.

No que se refere às construções e plantações, vigora a regra do art. 1.253, do Código Civil, segundo o qual se presumem feitas pelo proprietário e à sua custa, até que se prove o contrário. Se a pessoa pública constrói ou planta em terrenos de sua propriedade, adquirirá a propriedade, por acessão, também das construções e plantações.

3.5. Aquisição *Causa Mortis*

Os bens públicos podem originar-se de aquisição *causa mortis*, tal como ocorre, aliás, com os bens privados.

No sistema adotado pelo Código Civil revogado (art. 1.603, V), os Municípios, o Distrito Federal e a União figuravam na relação dos sucessores hereditários legítimos.[56]

O Código vigente, no entanto, não mais inclui aquelas pessoas federativas no elenco da vocação hereditária, como se pode observar na relação do art. 1.829. Não obstante, consigna que, não sobrevivendo cônjuge, companheiro ou algum outro parente sucessível, ou, ainda, tendo havido renúncia por parte dos herdeiros, a herança se devolve ao Município ou ao Distrito Federal, se localizada em seus respectivos territórios, ou à União, caso esteja situada em território federal (art. 1.844).

Sob o aspecto jurídico, o atual sistema é mais técnico, mas, em última instância, serão praticamente os mesmos os efeitos. Significa que, consumados os suportes fáticos previstos na lei, as citadas pessoas federativas terão direito subjetivo à herança e, por conseguinte, aos bens que a integram. Tais bens, nesse caso, passam a qualificar-se como bens públicos.

No caso de herança jacente, dispõe a lei civil, empregando a mesma fórmula acima, que, decorridos cinco anos da abertura da sucessão, passarão os bens arrecadados ao domínio do Município ou do Distrito Federal, se localizados em seus territórios, ou se incorporarão ao domínio da União, quando situados em território federal (art. 1.822, Código Civil).

Averbe-se, a título de esclarecimento, que tais regras resultam da sucessão hereditária normal. Por tal motivo é que os Estados, embora excluídos desse tipo de sucessão, podem ser contemplados na sucessão testamentária, podendo, em consequência, receber bens por via de testamento, como ocorre com as pessoas jurídicas em geral.[57] Ao momento em que os bens oriundos do testamento passam a integrar o acervo da pessoa federativa beneficiária, também terão a natureza de bens públicos.

3.6. Arrematação

Arrematação é o meio de aquisição de bens através da alienação de bem penhorado, em processo de execução, em praça ou leilão judicial.

Nada impede que as pessoas de direito público participem do praceamento do bem e sejam vitoriosas no oferecimento do lance. Se tal ocorrer, será expedida, em seu favor, carta de

---

[56] Os Estados foram excluídos da relação pela Lei nº 8.049, de 20.6.1990.

[57] Art. 1.801, do Código Civil. Cf. ainda CAIO MÁRIO DA SILVA PEREIRA (*Instituições*, cit., v. VI, 1974, p. 150).

Cap. 16 · BENS PÚBLICOS | 1031

arrematação, que servirá como instrumento para o registro do bem no Registro de Imóveis; sendo bens móveis, a aquisição se fará pela tradição (art. 881, CPC).

Os bens adquiridos por esse sistema se classificam também como bens públicos.

3.7. Adjudicação

Adjudicação é o meio pelo qual o credor obtém o direito de adquirir os bens penhorados e praceados, oferecendo preço não inferior ao fixado na *avaliação* (arts. 876 a 878, CPC). Esse critério, hoje enunciado no art. 876, do Código de Processo Civil, substituiu o anterior, pelo qual o preço não poderia ser inferior ao fixado no *edital*.

As pessoas de direito público podem situar-se na posição de credoras. Desse modo, e desde que ocorridos os pressupostos da lei processual, podem elas requerer lhes sejam adjudicados os bens e, assim, adquirir-lhes a propriedade. Tais bens, como é evidente, se qualificarão como bens públicos.

3.8. Resgate na Enfiteuse

Enfiteuse era o direito real sobre a coisa alheia, pelo qual o uso e o gozo do bem (domínio útil) pertenciam ao enfiteuta, e ao proprietário (ou senhorio direto) cabia apenas a nua propriedade (propriedade abstrata). O antigo Código Civil disciplinava o instituto, mas o Código vigente não mais incluiu a enfiteuse entre os direitos reais (art. 1.225). Não obstante, manteve as já existentes, que continuam reguladas pelo Código anterior (art. 2.038). Desse modo, o presente tópico há de cingir-se às enfiteuses constituídas antes do Código ora em vigor.

Dentre as regras que disciplinavam a enfiteuse, uma referia-se ao *resgate*, situação jurídica que permitia ao enfiteuta, após o prazo de dez anos, consolidar a propriedade, pagando ao senhorio direto determinado valor previsto em lei.[58]

A situação mais comum era que, sendo público o imóvel, fosse senhorio direto o Poder Público e enfiteuta o particular. Nada, porém, impedia posição inversa. Se enfiteuta for pessoa de direito público e efetuado o resgate por meio do devido pagamento ao proprietário-senhorio direto, a propriedade se consolidará em favor daquela e, por via de consequência, o bem, que era privado, passará a ostentar a natureza de bem público.[59]

3.9. Aquisição *Ex Vi Legis*

Além de todos esses casos que mencionamos como formas de aquisição de bens, há outros peculiares e específicos do direito público, previstos em normas constitucionais ou legais, que comentaremos de forma objetiva. A esse tipo de incorporação de bens denominamos de *aquisição "ex vi legis"* pela particularidade de não estar enquadrada nos regimes usuais de aquisição de bens.

Uma dessas modalidades é a que ressai dos *loteamentos*. A lei que regula o parcelamento do solo urbano (Lei 6.766/1979 - Lei do Parcelamento do Solo) estabelece que algumas áreas dos loteamentos serão reservadas ao Poder Público. Dessa maneira, passam a integrar o domínio público, desde o registro do loteamento no cartório próprio, as ruas, as praças, os espaços livres e, se for o caso, as áreas destinadas à construção de prédios públicos. A aquisição desses bens – normalmente enquadrados como bens de uso comum do povo, em virtude de sua destinação – dispensa qualquer instrumento especial, ingressando automaticamente na categoria dos bens

---

58   Art. 693, do antigo Código Civil.
59   DIÓGENES GASPARINI, ob. cit., p. 502.

1032 | MANUAL DE DIREITO ADMINISTRATIVO • *Carvalho Filho*

públicos. Como regra, os bens (sobretudo os de uso comum do povo) passam ao domínio do Município. Mas é possível que haja, por exemplo, a destinação de área para construir-se escola do Estado; nesse caso, o bem será estadual.

Outra forma é a do *perdimento de bens*, previsto em algumas regras jurídicas especiais. Para começar, o Código Penal estabelece que, entre os efeitos da condenação, está a perda, em favor da União, dos instrumentos do crime, se consistirem em coisas cuja fabricação, alienação, uso, porte ou detenção se tipifiquem como fato ilícito, bem como do produto do crime ou de qualquer outro bem que resulte de proveito obtido pelo agente com a prática do fato criminoso (art. 91, I e II). Esses bens passam a enquadrar-se como *federais*, porquanto somente a União é contemplada na lei penal. Outra lei que prevê o perdimento de bens é a Lei nº 8.429, de 2.6.1992, que dispõe sobre as sanções aplicáveis nos casos de improbidade administrativa e enriquecimento ilícito. Ocorrendo tais hipóteses, a sentença que julgar procedente o pedido determinará o pagamento ou decretará a perda dos bens dos responsáveis e sua incorporação à pessoa jurídica prejudicada (art. 18). Nessa forma de aquisição, os bens poderão ser federais, estaduais, distritais ou municipais, conforme a pessoa que tenha sido lesada pela improbidade.

A *reversão* nas concessões de serviços públicos também importa a aquisição de bens pelas pessoas públicas. Já vimos que, em algumas concessões, os bens do concessionário empregados para a execução do serviço podem passar ao patrimônio do concedente ao término do contrato. A Lei nº 8.987, de 13.2.1995, que regula as concessões, prevê expressamente a reversão. (art. 35, § 1º). Esses bens, que estavam sob o domínio privado do concessionário, passam, com a reversão, a se qualificar como bens públicos, normalmente na categoria de bens de uso especial, se continuarem servindo à prestação do serviço. Trata-se, pois, de outra forma de aquisição de bens lei (art. 693 do antigo Código Civil).

O Código Civil prevê a figura do *abandono* de bens móveis ou imóveis, como modalidade de perda da propriedade (art. 1.275, III). No abandono (ou derrelição), o proprietário exclui o bem de sua propriedade sem manifestação expressa da vontade; simplesmente se desinteressa dele. É preciso, porém, que tenha a intenção de abandoná-lo, já que o simples não uso não implica a perda da propriedade.[60] No caso de cessar a posse e o proprietário deixar de pagar os ônus fiscais sobre o bem, presume-se que o abandonou; cuida-se, aliás, de presunção absoluta (*iuris et de iure*), não cedendo à prova em contrário (art. 1.276, § 2º). Diz a lei civil que o imóvel abandonado, não se encontrando na posse de outrem, poderá ser arrecadado, como bem vago, e passar, após três anos, à propriedade do Município ou do Distrito Federal, se se tratar de imóvel urbano (art. 1.276) ou à da União Federal, se o imóvel for situado em zona rural (art. 1.276, § 1º). Resulta daí que a perda da propriedade acarretará, caso presentes os pressupostos legais, a consequente aquisição pela pessoa federativa, com o que os bens passarão a qualificar-se como bens públicos.

Todas essas formas apresentam particularidades de direito público, mas de qualquer modo representam hipóteses pelas quais são adquiridos bens públicos.

Além desses meios, contudo, alguns autores apontam mais duas hipóteses: a desapropriação de áreas com cultivo de plantas psicotrópicas ou exploração de trabalho escravo (art. 243, CF) e a investidura, que consiste na anexação de área remanescente à propriedade por força de alteração de traçado urbano.[61] A primeira hipótese, entretanto, inclui-se entre as espécies de desapropriação, ao passo que a segunda, embora possível em tese, é muito mais comum como forma de alienação, para anexação a imóveis privados, motivo pelo qual a matéria será examinada adiante no item relativo à alienação de bens públicos.

---

60   SÍLVIO DE SALVO VENOSA, *Direito Civil*, Atlas, v. V, 3. ed., 2003, p. 239.
61   DIÓGENES GASPARINI, *Direito administrativo*, cit., p. 500-501.

VIII. Gestão dos Bens Públicos

1. SENTIDO

Já se consagrou entre os autores a noção de que a gestão (ou administração) dos bens públicos importa a ideia de sua utilização e conservação. Assim como está definida essa noção, não menos definida está a que indica que na atividade gestora dos bens públicos não se inclui o poder de alienação, oneração e aquisição desses bens.[62]

Em nosso entender, nada há a reparar em relação a tais princípios. Na verdade, o poder de administração, como subordinado à lei, apenas confere ao administrador o poder (e ao mesmo tempo o dever) de zelar pelo patrimônio público, através de ações que tenham por objetivo a conservação dos bens, ou que visem a impedir sua deterioração ou perda, ou, ainda, que os protejam contra investida de terceiros, mesmo que necessário se torne adotar conduta coercitiva autoexecutória ou recorrer ao Judiciário para a defesa do interesse público.

A gestão dos bens públicos, como retrata típica atividade administrativa, é regulada normalmente por preceitos legais genéricos e por normas regulamentares mais específicas. A alienação, a oneração e a aquisição reclamam, como regra, autorização legal de caráter mais específico, porque na hipótese não há mera administração, mas alteração na esfera do domínio das pessoas de direito público.

Um ponto, porém, precisa ser lembrado. Toda a atividade de gestão dos bens públicos é basicamente regulada pelo direito público, e só quando não há norma expressa é que se devem buscar os fundamentos supletivos no direito privado.

Em princípio, a gestão dos bens públicos é executada pelo ente que detém sua titularidade. Mas é lícita a *transferência de gestão* a outra entidade pública, conforme as condições estabelecidas em lei editada pelo titular. A Lei nº 13.240, de 30.12.2015, por exemplo, autorizou a União a transferir aos Municípios litorâneos a gestão das orlas e praias marítimas, estuarinas, lacustres e fluviais federais, incluindo-se as áreas situadas em bens de uso comum com exploração econômica, de que são exemplos calçadões, praças e parques públicos (art. 14, com redação da Lei nº 13.813, de 9.4.2019). A transferência, no caso, é formalizada por *termo de adesão*, no qual o Município, de um lado, se compromete a observar as normas da SPU – Secretaria do Patrimônio da União e, de outro, adquire o direito sobre as receitas auferidas com autorizações de uso, típicas da atividade de gestão. Entretanto, a União pode retomar a gestão por culpa do Município cessionário ou por motivo superveniente de interesse público, o que denota a natureza discricionária do ato (art. 14, § 2º). Alguns bens, contudo, são excluídos da transferência, como as áreas utilizadas por órgãos federais, as destinadas à exploração de serviços públicos dessa esfera, os corpos d'água e as áreas essenciais à defesa nacional ou situadas em unidades de conservação demarcadas pela União (art. 14, I a V).

2. USO DOS BENS PÚBLICOS

Os bens públicos podem ser usados pela pessoa jurídica de direito público a que pertencem, independentemente de serem de uso comum, de uso especial ou dominicais. Essa é a regra geral. Se os bens pertencem a tais pessoas, nada mais normal que elas mesmas os utilizem.

Não obstante, é possível que sejam também utilizados por particulares, ora com maior liberdade, ora com a observância dos preceitos legais pertinentes. O que é importante no caso é a demonstração de que a utilização dos bens públicos por particulares deve atender ao interesse

---

[62] HELY LOPES MEIRELLES, ob. cit., p. 431.

público, aferido pela Administração. Daí porque inferimos que esse tipo de utilização pode sofrer, ou não, regulamentação mais minuciosa.

MARIA SYLVIA DI PIETRO anota, com razão, que no uso de bens públicos por particulares é necessário verificar atentamente o fim a que se destinam, porque de nenhum modo podem ser desvirtuados de seus objetivos básicos para satisfazer interesses exclusivamente privados.[63] Mesmo assim, é preciso distinguir. Há hipóteses em que o uso é normal porque inteira e diretamente compatível com os fins do bem público. É o caso, por exemplo, do uso de praças e ruas pelos particulares em geral. Em outras, no entanto, o uso é anormal, porque o objetivo da utilização só indiretamente se compatibiliza com os fins naturais do bem. Serve como exemplo as já conhecidas ruas de lazer: o uso normal da rua objetiva o trânsito geral dos veículos, mas em determinado dia visou à utilização anormal, ou seja, à diversão de pessoas. O mesmo ocorre com as ruas de pedestres ou com aquelas que sofrem interdição para festas locais. Outro exemplo é a autorização para instalação de cantina em mercado constituído de boxes para a venda de produtos.

Destaque-se ainda que algumas formas de utilização independem de consentimento do Poder Público, porque o uso é natural. Vejam-se os bens de uso comum do povo. Quando se tratar de uso anormal, ou de hipóteses especiais de uso normal, necessária se tornará a autorização estatal para que o uso seja considerado legítimo. No caso dos boxes de um mercado municipal ou na ocupação de uma área pública por veículos particulares, é imprescindível que os interessados obtenham o consentimento da repartição pública competente.

Nem sempre o uso relacionado a bens públicos recebe o influxo de normas de direito público. Para exemplificar, se uma pessoa jurídica de direito público é titular de alguma unidade em condomínio, as decisões deste obedecem às normas edilícias de direito privado, fundadas basicamente na Lei nº 4.591/1964. Assim, pode o condomínio ceder o uso de área comum a terceiros para exploração de estacionamento sem que se imponha observar o Estatuto que obriga à licitação. A titularidade do Poder Público, desse modo, não tem prevalência sobre a titularidade das frações ideais dos demais condôminos.[64]

Quanto ao uso de bens públicos, é oportuno afirmar, ainda, que, como já consagrou a jurisprudência, a ocupação indevida desses bens constitui mera detenção, de caráter precário, e não gera retenção ou indenização por acessões e benfeitorias.[65]

3. FORMAS DE USO

Quando se estuda a utilização de bens públicos, é de grande importância analisar os critérios permissivos, levando em conta a generalidade do uso ou a sua privatividade.

Sob esse aspecto, pode dizer-se que há duas formas de uso dos bens públicos:

a)   *o uso comum; e*

b)   *o uso especial.*

Essas duas formas têm delineamentos e fundamentos diversos, o que provoca, como não podia deixar de ser, efeitos também diferenciados.

Vale a pena examiná-las em separado.

---

[63]   Ob. cit., p. 384.

[64]   STJ, REsp 1.413.804, j. 8.9.2015.

[65]   Súmula 619, STJ (2018).

3.1. Uso Comum

Uso comum é a utilização de um bem público pelos membros da coletividade sem que haja discriminação entre os usuários, nem consentimento estatal específico para esse fim.

A medida certa para o uso comum está nos bens de uso comum do povo. Pela sua própria natureza, esses bens são destinados à utilização coletiva, no exercício dos direitos e liberdades individuais em relação aos quais só é vedada a conduta quando a lei expressamente comina essa qualificação. De fato, as praias, as ruas, os mares, os rios, todos esses bens de uso comum do povo são exemplos que prestigiam a hipótese de *uso comum*.[66]

Mas não são apenas os bens de uso comum do povo que possibilitam o uso comum. Os bens de uso especial também o admitem quando a utilização é processada em conformidade com os fins normais a que se destinam. Por exemplo: as repartições públicas, o edifício da Justiça, os prédios de autarquias e fundações governamentais sujeitam-se, como regra, ao uso comum, porque as pessoas podem ingressar livremente nesses locais, sem necessidade de qualquer autorização especial.

Embora essa forma de uso seja comum e geral, não se pode negar ao Poder Público a competência para regulamentá-lo em algumas situações com o fito de adequar a utilização ao interesse público. Essa regulamentação, porém, ainda que tenha caráter de certo modo restritivo, há de se traduzir em normas gerais e impessoais a fim de manter incólume a indiscriminação entre os indivíduos.

O uso comum, entretanto, deve ser gratuito, de modo a não causar qualquer ônus aos que utilizem o bem. Essa exigência de gratuidade é decorrência da própria generalidade do uso; se fosse oneroso, haveria discriminação entre os que poderiam e os que não poderiam sofrer o ônus.

Podemos, pois, alinhar as seguintes características do uso comum dos bens públicos:

a)   a generalidade da utilização do bem;

b)   a indiscriminação dos administrados no que toca ao uso do bem;

c)   a compatibilização do uso com os fins normais a que se destina; e

d)   a inexistência de qualquer gravame para permitir a utilização.

3.2. Uso Especial

Uso especial é a forma de utilização de bens públicos em que o indivíduo se sujeita a regras específicas e consentimento estatal, ou se submete à incidência da obrigação de pagar pelo uso. Há alguma variação de sentido quanto à expressão. Alguns entendem que se trata do uso remunerado do bem.[67] Outros sustentam que o uso especial abrange os dois casos: o uso específico pelo particular e o uso mediante remuneração, o que nos parece mais lógico.[68] O sentido de *uso especial* é rigorosamente o inverso do significado do uso comum. Enquanto este é indiscriminado e gratuito, aquele não apresenta essas características.

Pela conceituação, verificamos que uma das formas de uso especial de bens públicos é a do *uso remunerado*, aquela em que o administrado sofre algum tipo de ônus, sendo o mais comum o pagamento de certa importância para possibilitar o uso. Esse tipo de uso tem previsão até mesmo no Código Civil, em cujo art. 103 se lê: *"O uso comum dos bens públicos pode ser gratuito ou retribuído, conforme for estabelecido legalmente pela entidade a cuja administração pertencerem."*

---

[66]   CELSO ANTÔNIO BANDEIRA DE MELLO, *Curso* cit., p. 401.

[67]   MARIA SYLVIA ZANELLA DI PIETRO, *Direito administrativo* cit., p. 386.

[68]   HELY LOPES MEIRELLES, *Direito administrativo* cit., p. 434.

1036 | MANUAL DE DIREITO ADMINISTRATIVO • *Carvalho Filho*

Embora o texto se refira a *uso comum*, deve interpretar-se o adjetivo *comum* como significando que as pessoas em geral têm acesso ao bem. Por isso, quando esse *uso comum* for *retribuído*, o acesso é limitado ao pagamento da retribuição, e, se assim é, passamos a ter forma de *uso especial*.

Tanto os bens de uso comum como os de uso especial podem estar sujeitos a uso especial remunerado. O pagamento de pedágio em estradas rodoviárias e em pontes e viadutos é um exemplo de uso especial de bem de uso comum do povo. Um museu de artes pertencente ao Governo, cujo ingresso seja remunerado, é exemplo de bem de uso especial sujeito a uso especial.

Podemos concluir, portanto, que os bens de uso comum do povo e os de uso especial podem estar sujeitos a uso comum ou a uso especial. No caso da rodovia, por exemplo, que é um bem de uso comum do povo, se não há pedágio, o uso é comum; se há, é uso especial. O mesmo em relação ao museu: se o ingresso é gratuito e aberto ao público, trata-se de uso comum de bem de uso especial; se há pagamento, tratar-se-á de uso especial de bem de uso especial.

Mas o uso especial também se caracteriza quando o bem público é objeto de *uso privativo* por algum administrado. Como, porém, essas formas de uso especial privativo apresentam alguma singularidade, serão elas examinadas em tópico próprio adiante.

Alinhemos, então, os aspectos que marcam o uso especial dos bens públicos:

a) a exclusividade do uso aos que pagam a remuneração ou aos que recebem consentimento estatal para o uso;

b) a onerosidade, nos casos de uso especial remunerado;

c) a privatividade, nos casos de uso especial privativo; e

d) a inexistência de compatibilidade estrita, em certos casos, entre o uso e o fim a que se destina o bem.

O uso privativo de bem público depende de ato administrativo de consentimento por parte da pessoa pública titular. Fora daí, o uso é irregular. Por tal motivo, quando um imóvel público é irregularmente ocupado, não há que se falar em direito de retenção por eventuais benfeitorias e acessões realizadas pelo ocupante, mesmo que se tenha agido de boa-fé. Descabe, assim, qualquer direito à indenização.[69]

Averbe-se, por oportuno, que a *ocupação indevida* de bem da União lhe permite imitir-se sumariamente em sua posse (art. 10, Lei nº 9.636/1998). Até ser o bem desocupado, a União faz jus a *indenização* equivalente a dez por cento do valor atualizado do domínio pleno do terreno, por ano ou fração de ano em que a União tenha sido privada da posse (art. 10, parágr. único, Lei 9.636). A indenização é devida independentemente da boa ou má-fé do ocupante ilícito.[70]

3.3. Uso Compartilhado

Ainda a respeito do uso especial de bens públicos, têm sido suscitadas, vez ou outra, questões a respeito do denominado *uso compartilhado* – inclusive no que respeita à remuneração pelo usuário –, assim considerado aquele em que pessoas públicas ou privadas, prestadoras de serviços públicos, precisam utilizar-se de espaços integrantes de áreas da propriedade de pessoas diversas. É o caso, por exemplo, do uso de certas áreas para instalação de serviços de energia, de comunicações e de gás canalizado por meio de dutos normalmente implantados no subsolo. Quando se trata de serviços envolvendo pessoas públicas, o problema se resolve através de convênios. Mas quando o prestador do serviço é pessoa de direito privado, mesmo

---

[69]   STJ, AgRg no REsp 1.470.182, j. 4.11.2014.
[70]   STJ, REsp 1.898.029-RJ, j. 17.9.2024.

que incluída na administração pública descentralizada, são mais complexas as questões e as soluções. Como regra, porém, podem-se vislumbrar quatro hipóteses nesse caso:

1º) uso de área integrante do domínio público: o uso depende de autorização do ente público sob cujo domínio se encontra o bem e, como regra, não há ensejo para remuneração pelo uso;

2º) uso de área *non aedificandi* pertencente a particular: como há, na hipótese, mera limitação administrativa, pode o prestador usá-la livremente e, como o uso não afeta o direito do proprietário, não tem este direito à remuneração nem indenização, salvo, neste último caso, se o uso houver comprovadamente causado prejuízo para o proprietário; é o que ocorre em faixas reservadas de estradas e vias públicas, por exemplo;

3º) uso de área privada, além da faixa *non aedificandi*: aqui o uso é regulado pelo direito privado e depende de autorização do proprietário, devendo a empresa prestadora do serviço negociar eventual remuneração ou firmar com ele pacto de cessão gratuita de uso;

4º) uso de área pública sujeita à operação por pessoa privada em virtude de contrato de concessão ou permissão: o uso deve resultar de ajuste pluripessoal, envolvendo o concedente, o concessionário e o prestador do serviço, e, conquanto não haja regulação expressa para tais situações, é possível fixar-se remuneração pelo uso do solo ou do subsolo.[71]

A despeito de tais regras, e em razão do surgimento de algumas controvérsias a respeito do uso de bens públicos, é imperioso reconhecer que muitas soluções nesse tema devem resultar de atuação equilibrada e dotada de razoabilidade por parte dos entes públicos. Para tanto, convém realçar algumas premissas. Uma delas é a de que tais pessoas podem cobrar pelo uso de seus bens, como está expresso no art. 103 do Código Civil, mas não podem agir como empresas privadas que buscam lucro na locação de seus bens.

Há mais. Se o uso se destina à prestação de serviços públicos, a regra deve ser a gratuidade do uso, pois que afinal tais serviços visam a atender ao interesse público. Havendo cobrança, que não pode ser exorbitante, deve ela resultar de entendimento entre a pessoa pública e o concessionário, caracterizando-se o pagamento como *preço*, dado o seu caráter negocial.[72] Se não houver entendimento ou a cobrança for desproporcional, o serviço não pode deixar de ser prestado, cabendo nessa hipótese à pessoa titular do serviço (que é o concedente, e não o concessionário, que é mero executor) promover, por acordo ou pela via judicial, a *servidão administrativa* sobre a área necessária à execução do serviço. O valor a ser pago nessa hipótese há de configurar-se como *indenização*.[73]

Não abonamos, todavia, a orientação abrangente segundo a qual seria sempre inviável a cobrança de preço pelo uso de bens públicos, sobretudo quando prevista expressamente em lei.[74]

---

[71] MARCELO FIGUEIREDO, em Utilização de subsolo para passagem de equipamentos públicos (*RTDP* nº 26, 1999, p. 187-194). Também: CARLOS AUGUSTO ALCÂNTARA MACHADO, em As empresas de energia elétrica e o uso do solo urbano (*RTDP* nº 27, 1999, p. 123-130).

[72] Também: CLEMERSON MERLIN CLÈVE e SOLON SEHN (*RTDP* nº 33, 2001, p. 100-109).

[73] É a correta observação de ADILSON ABREU DALLARI em seu trabalho Uso do espaço urbano por concessionárias de serviços de telecomunicações (*RDA*, nº 223, p. 51, 2001).

[74] *Contra*: STJ, REsp 897.296, j. 18.8.2009, e REsp 863.577, j. 10.8.2010.

1038 | MANUAL DE DIREITO ADMINISTRATIVO • *Carvalho Filho*

Por via de consequência, também entendemos inexistir qualquer inconstitucionalidade em norma estadual que preveja a remuneração pelo uso.[75] Parece-nos necessário examinar cada caso à luz do princípio da razoabilidade. Para exemplificar, não existe, em nosso entender, qualquer impedimento constitucional para a cobrança do uso de espaço público para a colocação de postes em via municipal, desde que haja previsão em lei editada pelo Município.[76] A vedação, no caso, se revela desarrazoada.

Quanto ao direito de cobrar o preço pela utilização do bem, tem-se inclinado moderna doutrina, a nosso ver com razão, no sentido de que a titularidade cabe não somente às pessoas públicas a que estiver afeto o bem, como também ao concessionário, se houver autorização do concedente, e isso porque, como delegatário, tem ele direito subjetivo ao uso, formalizado pelo contrato de concessão. É o caso de concessionário de manutenção de rodovias em face do uso da faixa de domínio por empresas de energia elétrica, telecomunicações ou distribuição de gás.[77]

Em outras palavras, não podem as entidades estaduais ou municipais, ou seus concessionários, impedir a execução de serviço público federal, mesmo que delegado por concessão, negando-se a admitir a instalação de dutos, postes, fiação e qualquer outro equipamento urbano desse gênero.[78] Semelhante resistência ofenderia o princípio da eficiência do serviço público, hoje contemplado no art. 37, *caput*, da Constituição. Permitimo-nos ir mais além: nenhum ente federativo pode impedir o uso de bens de uso comum do povo sob sua administração para a execução de serviços públicos, salvo efetiva comprovação do impedimento. Pode até cobrar pelo uso, mas não impedi-lo. Só assim se afastará eventual autoritarismo e se poderá admitir o respeito ao princípio da eficiência.

É legítimo que o contrato de concessão de serviços públicos preveja que o concessionário arrecade recursos de outras fontes, com o objetivo de reduzir a tarifa, em nome do princípio da modicidade. Havendo semelhante clausulação, pode o concessionário cobrar de quem seja usuário de seu serviço. Como exemplo, o concessionário de rodovia, nesse caso, pode cobrar pelo uso da área sob concessão por concessionária de energia elétrica.[79] Da mesma forma, a concessionária do serviço de metrô tem o direito de cobrar de empresa que pretende instalar infraestrutura de telecomunicações a contraprestação pelo direito de passagem, com fulcro no art. 11 da Lei 8.987/1995, não se aplicando a exceção prevista no art. 12 da Lei nº 13.116/2015.[80]

A respeito do tema, veio a lume a Lei nº 13.116, de 20.4.2015, que estabelece normas gerais para o processo de *licenciamento, implantação e compartilhamento* da infraestrutura de *telecomunicações*, alvitrando sua compatibilização com o desenvolvimento socioeconômico do país (art. 1º). Segundo a lei, compartilhamento de infraestrutura é a cessão, a título oneroso, de capacidade excedente da infraestrutura de suporte, em favor de prestadores de serviços de telecomunicações pertencentes a outros grupos (art. 3º, II). Essa infraestrutura consiste nos meios físicos para a execução do serviço, como postes, torres, mastros, armários e estruturas de superfície ou suspensas. Havendo capacidade excedente, é obrigatório o compartilhamento da infraestrutura, exceto por razão de ordem técnica (art. 14), sendo realizado de forma não discriminatória e a preços e condições justos e razoáveis (art. 14,

---

[75]   Contra: STF, ADI 3.763, j. 7.4.2021.

[76]   *Contra*: STF, RE 581.947, j. 15.5.2010.

[77]   CELSO ANTÔNIO BANDEIRA DE MELLO, em *RTDP* nº 31, 2000, p. 90. *Contra*: STJ, REsp 954.067, j. 27.5.2008.

[78]   Abonamos aqui, novamente, o pensamento de ADILSON DALLARI (ob. cit., p. 40).

[79]   STJ, AREsp 1.510.988, j. 8.2.2022, e REsp 1.677.414, j. 14.12.2021.

[80]   STJ, REsp 1.990.245-SP, j. 17.8.2024.

§ 4º). O referido diploma, portanto, regula o uso conjugado de estruturas físicas para permitir atuação de múltiplos prestadores do serviço de telecomunicações e impedir o monopólio dessa utilização, com evidente prejuízo para outras empresas interessadas. De qualquer modo, sempre deverá preservar-se o patrimônio urbanístico (art. 14, § 1º), uma vez que este traduz interesse público, prevalente sobre interesses privados.

Ainda sobre o setor de telecomunicações, é oportuno anotar que a Lei nº 9.472/1997 (Lei Geral de Telecomunicações) confere aos prestadores desse serviço o direito à utilização de postes, dutos, condutos e servidões pertencentes ou controlados por prestadora de serviços de comunicações (art. 73). Esse compartilhamento obrigatório, por ser previsto em lei, estampa verdadeira servidão administrativa. A respeito, já se decidiu que o uso compartilhado não constitui sublocação, de modo que o locador do espaço para instalação de torres e equipamentos necessários para esse serviço não faz jus a indenização, como já se decidiu corretamente.[81]

Noutro giro, é vedado ao Município, a pretexto de exercer sua competência constitucional, instituir *restrições e condicionantes* para instalação e funcionamento de equipamentos de *telefonia*, bem como *taxas* de fiscalização desses serviços, conforme já foi decidido. O fundamento situa-se no art. 22, IV, da CF, que atribui à União Federal competência exclusiva para definir a forma e a execução de tais serviços.[82]

3.4. Cemitérios Públicos

Os cemitérios, desde a mais remota antiguidade considerados campos santos pelas comunidades, que neles enterram seus mortos, classificam-se em *públicos* e *privados*. Os *cemitérios públicos* constituem áreas do domínio público, ao passo que os *cemitérios privados* são instituídos em terrenos do domínio particular, embora sob controle do Poder Público, já que há vários aspectos a serem fiscalizados em relação aos cemitérios, inclusive pertinentes à higiene e à saúde públicas.

Na tradição do Brasil-Colônia e Império, os cemitérios eram particulares e normalmente de caráter religioso, mas a Constituição de 1891 estabeleceu que passariam eles a ter caráter secular, seriam administrados pelos Municípios e estariam abertos a todas as pessoas, de qualquer nacionalidade ou religião. As demais Constituições mantiveram a regra e a de 1946 acrescentou a possibilidade de associações religiosas manterem cemitérios particulares (art. 141, § 10).[83] As Constituições de 1967 e a atual silenciaram sobre o assunto. A doutrina, entretanto, continua a admitir ambas as modalidades, embora com a ressalva de que a regra é que os cemitérios sejam públicos.

Para que seja instituído cemitério particular é necessário ato de consentimento do Poder Público municipal, através do qual a atividade se faz delegada ao particular. A delegação se efetiva por *permissão* ou por *concessão*, ambas atualmente de caráter contratual, porque há interesse público e privado no serviço prestado;[84] inadequada, porém, seria a *autorização*, porque esta vislumbra apenas interesses privados, o que não é o caso dos cemitérios. Podem ser permissionários ou concessionários entidades religiosas, assistenciais, educacionais ou filantrópicas, sempre desprovidas de fins lucrativos.

---

[81]   STJ, REsp 1.309.158, j. 26.9.2017.
[82]   STF, ADPF 1.063. j. 17.10.203.
[83]   JOSÉ CRETELLA JUNIOR, *Bens públicos*, p. 318.
[84]   SÉRGIO DE ANDRÉA FERREIRA refere-se unicamente à permissão, mas, a nosso ver, nada impede a concessão (*Direito administrativo*, cit., p. 187).

1040 | MANUAL DE DIREITO ADMINISTRATIVO • *Carvalho Filho*

Os cemitérios públicos qualificam-se como *bens de uso especial*, vez que nas áreas públicas onde se situam há a prestação específica de um serviço de interesse público.[85] Há, contudo, alguma controvérsia sobre a caracterização: alguns autores, considerando que a eles podem ter acesso todas as pessoas de modo geral, os classificam de bens de uso comum do povo.[86] *Trata--se, com efeito, de bens de uso especial:* o fato de bens dessa modalidade admitirem, em certas situações, o livre trânsito de pessoas não os descaracteriza como tais; *o que neles prevalece é o serviço público a que se destinam, isto é, sua afetação a fim específico.*

Os terrenos onde se situam os cemitérios públicos pertencem, em regra, aos Municípios, e só excepcionalmente podem pertencer às demais pessoas federativas. O serviço funerário é da competência municipal, porquanto se trata inegavelmente de assunto de *interesse local*; incide, pois, o art. 30, I, da CF.[87] O serviço, porém, pode ser executado *diretamente* pelos órgãos municipais ou *indiretamente*, através de pessoa da administração indireta, como fundações, por exemplo. Pode, ainda, ser objeto de *delegação negocial*, firmado por *contrato de concessão de uso de bem público*, cabendo nesse caso ao concessionário (normalmente entidade filantrópica) a administração do cemitério.

Reafirmando a competência do Município para os serviços funerários, o STF declarou a inconstitucionalidade de norma de Constituição estadual e de lei estadual, nas quais era prevista gratuidade de sepultamento e procedimentos a ele necessários em favor de desempregados e de pessoas reconhecidamente pobres. Na decisão, o Tribunal, acertadamente a nosso ver, entendeu violado o art. 30, V, da CF, que confere competência aos Municípios para organizar e prestar os serviços públicos locais.[88] Em virtude da competência constitucional, é de se reconhecer que o Município tem o direito de elevar as taxas cobradas pelo uso do bem público, fato que decorre do próprio regime de direito público decorrente da concessão ou da permissão.[89]

No caso de administração de cemitério público por entidade privada, há *duas relações jurídicas que ensejam direito de uso.* De um lado, há um *direito geral de uso*, decorrente da vinculação entre o Município e o concessionário, típica relação de direito público, abrangendo toda a extensão do terreno público. Nesse vínculo, o Município exerce poder de controle e deste emana, inclusive, o de rescisão do contrato por razões de interesse público ou de inadimplemento da parte do concessionário. De outro lado, temos um *direito especial de uso*, que provém da relação entre o concessionário e o administrado, relação esta com aspectos de direito público e de direito privado, limitado o direito apenas ao local do sepultamento.

O negócio jurídico entre o administrador do cemitério público (Município ou concessionário) e o administrado tem natureza *contratual* e gera para este *direito subjetivo de uso de área determinada.* É o que a doutrina denomina de *ius sepulchri*.[90] Tal direito, entretanto, pode ser de dupla natureza. Primeiramente, a contratação pode ter por objeto *direito pessoal de uso temporário*, hipótese em que o ajuste tem sido denominado de *contrato de arrendamento temporário de sepulturas*. É o ajuste mais comum e sua característica é o exercício do direito por prazo determinado. Além dessa hipótese, tem sido celebrado contrato para uso permanente de certo local no cemitério, em que se permite até mesmo a construção de jazigos perpétuos; nesse caso, a doutrina considera que o contrato gera *direito real administrativo de uso perpétuo*.[91] O exercício desse direito de uso comporta remuneração normal, mas precisa admitir, em situações excepcionais definidas em lei, a utilização gratuita de espaços no cemitério.

---

[85] HELY LOPES MEIRELLES, *Direito municipal brasileiro*, p. 330; SÉRGIO DE ANDRÉA FERREIRA, ob. e loc. cit.

[86] THEMISTOCLES BRANDÃO CAVALCANTI, *Tratado de direito administrativo*, p. 386.

[87] HELY LOPES MEIRELLES, *Direito municipal*, cit., p. 330.

[88] STF, ADI 1.221, j. 9.10.2003.

[89] Também: STJ, REsp 747.871, j. 21.6.2007.

[90] CRETELLA JR., *Bens públicos*, cit., p. 320.

[91] Nesse sentido, SÉRGIO DE ANDRÉA FERREIRA, ob. e loc. cit.

4. USO PRIVATIVO

Uso privativo, ou *uso especial privativo*, é o direito de utilização de bens públicos conferido pela Administração a pessoas determinadas, mediante instrumento jurídico específico para tal fim. A outorga pode ser transmitida a pessoas físicas ou jurídicas, públicas ou privadas, sabido que inexiste qualquer impeditivo quanto ao usuário do bem. Por outro lado, dada a natureza do uso, é significativamente variável o conteúdo da outorga, e isso porque variáveis são também as situações que a ensejam.[92]

O uso privativo pode alcançar qualquer das três categorias de bens públicos. Suponha-se, para exemplificar, o consentimento dado pelo Poder Público para utilização da calçada por comerciante para a colocação de mesas e cadeiras de bar. Ou certo boxe de mercado produtor pertencente ao Município, para uso privativo de determinado indivíduo. Ou, ainda, um prédio desativado, cujo uso a um particular determinado é autorizado pelo Estado. Estão aí exemplos de bem de uso comum do povo, de uso especial e dominical, todos sujeitos a uso privativo.

Anote-se, todavia, que os instrumentos empregados para o uso privativo, que estudaremos adiante, incidem exclusivamente sobre *bens públicos*, qualquer que seja a sua natureza. Consequentemente, são impróprios para formalizar a utilização de bens privados, ainda que esses bens pertençam a pessoas administrativas. Por força desse aspecto, não cabe a empresas públicas ou sociedades de economia mista emitir permissões de uso ou firmar concessões de uso, embora algumas dessas entidades indevidamente o façam; devem valer-se, isto sim, de instrumentos de direito privado, como o comodato, locação etc.

Quatro são as características do uso especial privativo dos bens públicos.

A primeira é a *privatividade* do uso. Significa que aquele que recebeu o consentimento estatal tem direito a usar sozinho o bem, afastando possíveis interessados. Se o uso é privativo, não admite a concorrência de outras pessoas.

Outra característica é a *instrumentalidade formal*. O uso privativo não existe senão através de título jurídico formal, através do qual a Administração exprima seu consentimento. É nesse título que estarão fixadas as condições de uso, condições essas a que o administrado deve submeter-se estritamente.

A terceira é a *precariedade* do uso. Dizer-se que o uso é precário tem o significado de admitir posição de prevalência para a Administração, de modo que, sobrevindo interesse público, possa ser revogado o instrumento jurídico que legitimou o uso. Essa revogação, como regra, não rende ensejo a qualquer indenização, mas pode ocorrer que seja devida pela Administração em casos especiais, como, por exemplo, a hipótese em que uma autorização de uso tenha sido conferida por tempo certo, e a Administração resolva revogá-la antes do termo final.

Finalmente, esses instrumentos sujeitam-se a *regime de direito público*, no sentido de que a Administração possui em seu favor alguns princípios administrativos que levam em consideração o interesse público, como é o caso da revogação, acima mencionada. Vale a pena observar, todavia, que algumas dessas características não se aplicam integralmente aos instrumentos de uso privativo regulados pelo direito privado, como veremos adiante.

A propósito do tema, tem havido alguns conflitos no tocante ao uso privativo de bens de uso comum do povo, principalmente de praias. Em linha de princípio, as praias, por sua natureza, devem ser objeto de acesso geral pelas populações. Somente em caráter de exceção pode permitir-se o uso privativo por particular de algum trecho do litoral. Para tanto, deve a Administração autorizá-lo expressa e formalmente, sempre apontando o motivo de interesse público (como, por exemplo, o fomento ao turismo) que conduziu à autorização. Havendo

---

[92] MARIA SYLVIA DI PIETRO, *Uso privativo de bem público por particular*, Atlas, 2010, p. 29.

1042 | MANUAL DE DIREITO ADMINISTRATIVO • *Carvalho Filho*

abuso na apropriação exclusiva por parte do ocupante, cabe a propositura de ação civil pública pelo Ministério Público para o fim de garantir o acesso à coletividade em geral. Aliás, já se decidiu, corretamente a nosso ver, que condomínios não podem reservar a exclusividade do uso de praias aos condôminos, impedindo o acesso de terceiros e "privatizando" bem de uso comum do povo.[93]

Ainda no que concerne ao regime de direito público, vale anotar que, sem embargo de ser conferido o uso privativo a pessoa da iniciativa privada, o imóvel continua a caracterizar-se como bem público e a merecer a incidência das prerrogativas que o ordenamento jurídico lhe atribui. Entretanto, uma delas, a *imunidade recíproca*, prevista no art. 150, VI, "a", da CF, tem sido objeto de grande controvérsia. Inicialmente, a jurisprudência se inclinava no sentido de que a prerrogativa deveria persistir no caso de uso do bem por particulares, sustentando-se que o usuário privado não poderia figurar no polo passivo da relação tributária; desse modo, o Município não poderia cobrar IPTU sobre imóvel federal objeto de concessão para empresa privada.[94] Posteriormente, passou a não ser admitida quando houvesse exploração econômica.[95] Numa terceira etapa, o STF passou a entender que a *ratio* da imunidade recíproca não foi a de conceder privilégios a pessoas do setor privado, ofendendo o princípio da competitividade. Soma-se, ainda, o fato de que o usuário privado empresarial qualifica-se como possuidor a qualquer título, na forma da lei tributária, cabendo-lhe arcar com o ônus tributário normal, inclusive o IPTU – orientação que, realmente e em melhor reflexão, se nos afigura mais consentânea aos princípios da igualdade e da justiça econômica.[96]

O governo federal editou a Lei nº 13.311, de 11.7.2016, para instituir, nos termos do art. 182, *caput*, da CF, normas gerais para ocupação e utilização da área pública urbana por quiosques, *trailers*, feiras e bancas de jornais e revistas. Nela se pretendeu regular o regime de outorga, materializada pelos atos de consentimento estatal. Fora parte a estranheza que provoca, a lei é flagrantemente *inconstitucional*, e por mais de uma razão. Primeiro, o art. 182, *caput*, da CF confere à União competência para editar *normas gerais* sobre política de desenvolvimento urbano, e esse rigorosamente não é o caso. Segundo, porque o mesmo dispositivo atribui ao Município a *execução* da política urbana, e nela é que se situa a ocupação e utilização da área urbana; com isso, houve inegável invasão da competência municipal pela União. Terceiro, por dedução absolutamente lógica: o que a União tem a ver com ação urbanística dessa natureza? A conclusão é a de que os atos de outorga e consentimento para aquela finalidade devem continuar a ser expedidos pelo governo municipal – como, aliás, tem sido feito há séculos.

Vejamos, então, os instrumentos de uso privativo.

4.1. Autorização de Uso

Autorização de uso é o ato administrativo pelo qual o Poder Público consente que determinado indivíduo utilize bem público de modo privativo, atendendo primordialmente a seu próprio interesse.

Esse ato administrativo é *unilateral*, porque a exteriorização da vontade é apenas da Administração Pública, embora o particular seja o interessado no uso. É também *discricionário*, porque depende da valoração do Poder Público sobre a conveniência e a oportunidade em

---

93   TJ-RJ, Ap. Cív. 626.64.2007, publ. 25.4.2012.

94   STF, RE 451.152, j. 22.8.2006, e RE 599.417-AgR, j. 29.9.2009.

95   STF, RE 253.472, j. 25.8.2010 (maioria com três votos vencidos).

96   STF, RE 601.720, j. 6.4.2017, e RE 434.251, j. 19.4.2017.

conceder o consentimento. Trata-se de *ato precário*: a Administração pode revogar posteriormente a autorização se sobrevierem razões administrativas para tanto, não havendo, como regra, qualquer direito de indenização em favor do administrado.[97]

A autorização de uso só remotamente atende ao interesse público, até porque esse objetivo é inarredável para a Administração. Na verdade, porém, o benefício maior do uso do bem público pertence ao administrado que obteve a utilização privativa. Portanto, é de se considerar que na autorização de uso é prevalente o interesse privado do autorizatário.

Como regra, a autorização não deve ser conferida com prazo certo. O comum é que o seja até que a Administração decida revogá-la. Entretanto, consideram os autores que, fixado prazo para o uso, a Administração terá instituído autolimitação e deverá obedecer à fixação, razão por que o desfazimento antes do prazo atribui o dever indenizatório à pessoa revogadora pelos prejuízos causados, os quais, no entanto, devem ser comprovados.[98]

Como o ato é discricionário e precário, ficam resguardados os interesses administrativos. Sendo assim, o consentimento dado pela autorização de uso não depende de lei nem exige licitação prévia. Em outra ótica, cabe afirmar que o administrado não tem direito subjetivo à utilização do bem público, não comportando formular judicialmente pretensão no sentido de obrigar a Administração a consentir no uso; os critérios de deferimento ou não do pedido de uso são exclusivamente administrativos, calcados na conveniência e na oportunidade da Administração.[99]

Exemplos desse tipo de ato administrativo são as autorizações de uso de terrenos baldios, de área para estacionamento, de retirada de água de fontes não abertas ao público, de fechamento de ruas para festas comunitárias ou para a segurança de moradores e outros semelhantes.

Autorização de uso de natureza urbanística – A Medida Provisória nº 2.220, de 4.9.2001, criou novo tipo de autorização de uso de imóvel público. Como esse diploma, com lastro nos arts. 182 e 183 da CF, trata de instrumentos adotados para a política urbana, inclusive a concessão de uso especial para fins de moradia, que examinaremos adiante, poderíamos qualificá-la, distinguindo-a da autorização clássica, como *autorização de uso de imóvel público de natureza urbanística*.

Dispõe o art. 9º do referido diploma que ao Poder Público competente é facultado conceder, gratuitamente, autorização de uso àquele que possuiu como seu, por cinco anos, de forma pacífica e ininterruptamente, imóvel público de até 250 m², em área característica e de finalidade urbana para fins comerciais. Primitivamente, a posse teria que ser ultimada em 2001, mas a Lei nº 13.465, de 11.7.2017, estendeu o prazo até 22.12.2016. Para completar o prazo legal, a lei admite que o possuidor acrescente sua posse à do antecessor, desde que ambas sejam contínuas.

Essa nova modalidade de autorização de uso de imóvel público tem regime jurídico próprio, dotado de lineamentos diversos dos já conhecidos para a autorização de uso de natureza comum. Ambas são formalizadas por ato administrativo, mas *há diferença quanto à discricionariedade e à precariedade*. Na autorização comum, o ato é discricionário porque a Administração avalia apenas a conveniência e a oportunidade para sua outorga; na autorização urbanística, porém, a discricionariedade é mais estrita, pois que, além desses fatores de valoração, é necessário ainda que se verifique a presença dos pressupostos legais. Em outras palavras, o ato comporta uma face discricionária e outra vinculada.

---

[97] HELY LOPES MEIRELLES, ob. cit., p. 435.

[98] A correta observação é de MARIA SYLVIA DI PIETRO, ob. cit., p. 389.

[99] TRF-2º R., AMS 023999/2001, Rel. Des. RALD NIO COSTA, *DJ* 9.5.2008.

1044 | MANUAL DE DIREITO ADMINISTRATIVO • *Carvalho Filho*

Por outro lado, a autorização comum é precária porque o órgão administrativo pode revogá-la de acordo com meros critérios administrativos; na autorização urbanística, todavia, inexiste precariedade: uma vez deferida a autorização, o uso se tornará definitivo, não mais havendo ensejo para a revogação administrativa, que, aliás, só se aplica, como regra, quando se cuida de ato precário.

Outro aspecto distintivo reside na forma como o interessado se vincula ao imóvel público. Na autorização comum, o indivíduo tem plena ciência de que o imóvel não lhe pertence, tendo, portanto, mera *detenção*. Já a autorização urbanística pressupõe que o indivíduo possua o imóvel *como seu*, para usar a linguagem da lei, o que significa que o fato jurídico que o liga ao imóvel corresponde indubitavelmente à *posse*, desde que seja esta ininterrupta e sem oposição.

Há ainda fatores diferenciais quanto aos aspectos *temporal, territorial* e *finalístico*. Vejamos tais fatores:

a) *Temporal*: a autorização comum não tem qualquer limitação de tempo para ser concedida; a autorização urbanística só pode ser conferida para aqueles que completaram os requisitos legais até 22.12.2016;

b) *Territorial*: na autorização comum, não há restrição quanto à dimensão do território; na autorização urbanística, o uso só é autorizado para imóveis urbanos de até 250 m²;

c) *Finalístico*: a autorização comum admite qualquer tipo de uso pelo interessado, ao passo que a autorização urbanística só se legitima se o ocupante utilizar o imóvel para fins comerciais.

Por fim, o legislador previu que, em alguns casos, poderá ser conferida a autorização de uso de natureza urbanística para local diverso daquele ocupado pelo interessado. São as hipóteses, dentre outras, em que o possuidor ocupe local que ofereça risco à vida ou à saúde do ocupante; ou imóvel qualificado como bem de uso comum do povo; ou área destinada à urbanização ou à preservação ambiental (arts. 9º, § 3º, 4º e 5º, MP 2.220). Note-se que todos os fatos ensejadores da mudança de local são de natureza urbanística, o que demonstra efetivamente a preocupação do novo diploma em adotar estratégias de política urbana.

4.2. Permissão de Uso

Permissão de uso é o ato administrativo pelo qual a Administração consente que certa pessoa utilize privativamente bem público, atendendo ao mesmo tempo aos interesses público e privado.

O delineamento jurídico do ato de permissão de uso guarda visível semelhança com o de autorização de uso. São realmente muito assemelhados. A distinção entre ambos está na predominância, ou não, dos interesses em jogo. Na autorização de uso, o interesse que predomina é o privado, conquanto haja interesse público como pano de fundo. Na permissão de uso, os interesses são nivelados: a Administração tem algum interesse público na exploração do bem pelo particular, e este tem intuito lucrativo na utilização privativa do bem. Esse é que nos parece ser o ponto distintivo.

Quanto ao resto, são idênticas as características. Trata-se de ato *unilateral, discricionário e precário*, pelas mesmas razões que apontamos para a autorização de uso.[100]

---

[100] Nesse sentido, TA-SP, Ap. com Rev. nº 269.229-0, j. 27.6.1990.

Cap. 16 · BENS PÚBLICOS | **1045**

A questão do prazo e da revogabilidade também se aplica às permissões de uso. Sendo o ato discricionário e precário, pode a Administração revogá-lo posteriormente se para tanto houver razões de interesse público. No entanto, os Tribunais, a nosso ver com razão, têm exigido que o ato revogador tenha motivo bem definido e claro, para não mascarar possível desvio de finalidade em prejuízo do permissionário.[101] Em relação à indenização, no caso de permissão a prazo certo, ou permissão condicionada, a aplicação é a mesma adotada para as autorizações de uso. Aliás, é oportuno registrar que a permissão condicionada de uso tem maior grau de permanência que a permissão simples e muito se aproxima da figura do contrato, passando a confundir-se, em alguns momentos, com a concessão de uso, a ser estudada logo à frente.

O ato de permissão de uso é praticado *intuitu personae*, razão por que sua transferência a terceiros só se legitima se houver consentimento expresso da entidade permitente. Nesse caso, a transferibilidade retrata a prática de novo ato de permissão de uso a permissionário diverso do que era favorecido pelo ato anterior.[102]

Quanto à exigência de licitação, deve entender-se necessária sempre que for possível e houver mais de um interessado na utilização do bem, evitando-se favorecimentos ou preterições ilegítimas. Há, inclusive, previsão no vigente Estatuto (art. 2º, IV). Em alguns casos especiais, porém, a licitação será inexigível, como, por exemplo, a permissão de uso de calçada em frente a um bar, restaurante ou sorveteria.[103] Registre-se, por oportuno, que as permissões de uso de bens imóveis *residenciais* e de bens imóveis *de uso comercial de âmbito local* com área de até 250 m² estão entre os casos de *dispensa de licitação* quando estiverem inseridas em programas habitacionais ou de regularização fundiária de interesse social desenvolvidos pela Administração Pública (art. 76, I, "f" e "g", Lei 14.133/2021).

Exemplos comuns desses atos de consentimento: permissão de uso para feiras de artesanato em praças públicas; para vestiários públicos; para banheiros públicos; para restaurantes turísticos etc.

É comum encontrar-se, entre os publicistas, a referência à permissão de uso de bem público para a instalação de bancas de jornal, feiras livres e colocação de mesas e cadeiras em frente a estabelecimentos comerciais, como bares e restaurantes. Em nosso entender, todavia, o interesse privado sobrepuja qualquer interesse público no consentimento estatal, razão por que, por lógica, melhor se configurariam como autorizações de uso de bem público. No caso de banheiros, vestiários e restaurantes explorados por particular em prédios pertencentes ao Poder Público, haverá por certo interesse público pertinente ao turismo, à higiene etc., razão por que se enquadram bem como permissão de uso.

Neste passo, é importante assinalar a ocorrência de fato muito comum nas zonas urbanas, qual seja, o da ocupação de calçadas e passeios públicos por quiosques, *trailers*, bancas etc. Frequentemente, tais equipamentos dificultam ou impedem a circulação de pessoas nesses locais, que se caracterizam como bens de uso comum do povo. Assim, se esse fato ocorrer, pode a Administração revogar o ato de permissão ou, se este não existir, intimar o comerciante a remover o equipamento. Deve, pois, prevalecer o interesse público sobre o particular.[104]

A grande verdade – esta a que nos convence atualmente – reside na conveniência de considerar-se prejudicada, por inócua e imprecisa, a clássica distinção entre permissão e autorização de uso, e isso a começar pelo significado dos termos, já que quem *autoriza* é porque

---

[101] Foi como decidiu o TJ-MG na Ap. Cív. 76.179, Rel. Des. PAULO TINOCO.

[102] TJ-GO (Duplo Grau de Jurisd. nº 1.647, 2º CCív., Rel. Des. FENELON TEODORO REIS, julg. em 22.5.1990).

[103] A correta advertência é de LUCIA VALLE FIGUEIREDO (*Curso*, cit., p. 376).

[104] Também: STJ, REsp 1.846.075, j. 3.3.2020.

1046 | MANUAL DE DIREITO ADMINISTRATIVO • *Carvalho Filho*

permite, sendo verdadeira a recíproca. Ambos são atos administrativos, em regra discricionários e precários, como vimos, revestem-se da mesma fisionomia jurídica e se sujeitam aos mesmos efeitos jurídicos quanto à outorga, eficácia e revogação. A questão do interesse predominante – se público ou privado – nem sempre é suficientemente clara e, ao que temos visto, tem dado ensejo a distorções quanto à configuração do ato.

Em suma, parece-nos hoje que o melhor e mais lógico seria uniformizar os atos sob um único rótulo – seja autorização, seja permissão de uso –, visto que a distinção atual causa aos estudiosos mais hesitações do que precisão quanto à qualificação jurídica. Como sistema, o correto seria adotar classificação básica dicotômica quanto a referidos atos de consentimento: de um lado, a autorização de uso (ou permissão de uso), caracterizada como ato administrativo, e de outro a concessão de uso, com a natureza de contrato administrativo.[105]

4.3. Concessão de Uso

Concessão de uso é o contrato administrativo pelo qual o Poder Público confere a pessoa determinada o uso privativo de bem público, independentemente do maior ou menor interesse público da pessoa concedente.

Não é difícil observar que o núcleo conceitual da concessão de uso é idêntico ao das permissões e autorizações de uso: em todos, o particular tem direito ao uso privativo do bem público mediante consentimento formal emanado do Poder Público. Contudo, a concessão apresenta alguns elementos diferenciais.

O primeiro deles é a *forma jurídica*: a concessão de uso é formalizada por *contrato administrativo*, ao passo que a autorização e a permissão se formalizam por *atos administrativos*. Por isso, nestas fica claro o aspecto da *unilateralidade*, enquanto naquela reponta o caráter de *bilateralidade*.

A *discricionariedade* é marca das concessões de uso, identificando-se nesse particular com autorizações e permissões de uso. Com efeito, a celebração do contrato de concessão de uso depende da aferição, pelos órgãos administrativos, da conveniência e oportunidade em conferir a utilização privativa do bem ao particular. Significa dizer que um bem público só será objeto de uso por ato de concessão se a Administração entender que é conveniente e que, por isso, nenhum óbice existe para o uso privativo.

Ao contrário do que ocorre com os atos anteriores de consentimento, a concessão de uso *não dispõe da precariedade* quase absoluta existente naquelas hipóteses. Como bem assinala MARIA SYLVIA DI PIETRO, a concessão é mais apropriada a atividades de maior vulto, em relação às quais o concessionário *"assume obrigações perante terceiros e encargos financeiros elevados, que somente se justificam se ele for beneficiado com a fixação de prazos mais prolongados, que assegurem um mínimo de estabilidade no exercício de suas atividades"*.[106] Tem toda a razão a ilustrada publicista. Se o concessionário ficasse à inteira mercê do concedente, sendo totalmente precária a concessão, não se sentiria decerto atraído para implementar a atividade e fazer os necessários investimentos, já que seriam significativos os riscos do empreendimento. Isso não quer dizer, porém, que a estabilidade seja absoluta. Não o é, nem pode sê-lo, porque acima de qualquer interesse privado sobrejaz o interesse público. Mas ao menos milita a presunção de que, inexistindo qualquer grave razão superveniente, o contrato se executará no tempo ajustado pelas partes.

---

[105] Advogamos esse entendimento em nosso trabalho Autorização e permissão: a necessidade de unificação dos institutos (*Revista do Ministério Público*, RJ, nº 16, 2002, p. 117-130).

[106] Ob. cit., p. 391.

Cap. 16 · BENS PÚBLICOS | **1047**

No conceito da concessão de uso, mencionamos o fato de que o consentimento independe do maior ou menor interesse da pessoa concedente. Esse aspecto, que marca a distinção entre autorização e permissão de uso, não tem relevância no que toca à concessão de uso, visto que haverá concessões em que os interesses público e privado estarão no mesmo plano, mas outras serão ajustadas em que mais ostensivo será o interesse privado e mais remoto o interesse público. Importante no caso é a verificação da *forma contratual*, fator que por si só as distingue das modalidades anteriores. Ressalve-se, no entanto, que há respeitável opinião no sentido de que predominará sempre o interesse público.[107] Ousamos divergir, porquanto há ações estatais que, no fundo, beneficiam preponderantemente o particular

Admitem-se duas espécies de concessão de uso: (a) *a concessão remunerada de uso de bem público*; (b) *a concessão gratuita de uso de bem público*. A diferença emana das próprias expressões. Em alguns casos, o uso privativo implica o pagamento, pelo concessionário, de alguma importância ao concedente. Outras concessões consentem o uso sem qualquer ônus para o concessionário. Vejamos os exemplos. Os boxes de um mercado municipal ou a exploração de um hotel situado em prédio público podem ser objeto de concessão de uso *remunerada ou gratuita*, conforme o interesse da pessoa concedente. Imóveis públicos para moradia de servidores ou para moradia e vigia de outros (algumas escolas têm nos fundos do terreno uma casa para residência do zelador e do vigia) normalmente são objeto de concessão de uso: quando o servidor (no caso do vigia) usa sem ônus, a concessão é gratuita; se efetua algum pagamento, a concessão é remunerada.

Importa observar, neste passo, que o concessionário de uso, seja remunerada ou gratuita a concessão, não pode reivindicar a posse do bem, sob a alegação de que a anuência da Administração estaria a indicar a existência de contrato verbal. Na verdade, sequer tem a posse efetiva, mas mera detenção, de modo que, recalcitrando em desocupar o imóvel, sujeita-se à respectiva ação de reintegração da entidade concedente.[108]

Em nosso entendimento, a *concessão remunerada de uso* e a *concessão gratuita de uso* não se confundem com a *locação* e com o *comodato*, respectivamente. A despeito de guardarem semelhanças na sua fisionomia jurídica, estas últimas figuras são reguladas pelo direito privado, ao passo que as concessões são contratos administrativos, institutos típicos do direito público.[109] Todavia, discordamos da doutrina que rechaça a possibilidade de bens públicos serem objeto de locação ou comodato. Na verdade, inexiste qualquer impedimento para tanto. Se, por um lado, a Administração deve preferir as concessões, por serem basicamente de direito público e estarem sob incidência de prerrogativas especiais em seu favor, por outro nada obsta a que celebre contratos de locação ou de comodato, desde que, é claro, haja permissivo legal para tais avenças e que a contratação tenha por objeto bens dominicais.[110] Aliás, é bom lembrar que a própria Constituição, no art. 49, § 3º, do ADCT, permite a contratação de aforamento para terrenos de marinha, contrato típico de direito privado. Além disso, a Lei nº 14.133/2021 (ELC) refere-se expressamente à locação de bens imóveis (art. 76, I, "f" e "g") e o Decreto-lei nº 9.760/1946 alude à locação de bens imóveis da União. (art. 86) Assim, nenhuma hipótese deve ser excluída *a priori*; ao revés, em cada caso deverá o intérprete analisar se a avença se configurou como de direito público ou privado.[111]

---

[107] HELY LOPES MEIRELLES, *Direito administrativo*, cit., p. 197. O autor, porém, admite a legitimidade dos *contratos de atribuição*, em que é precípuo o interesse privado.

[108] Também: STJ, REsp 888.417, j. 7.6.2011.

[109] É também a opinião de HELY LOPES MEIRELLES, *Direito administrativo brasileiro*, cit., p. 438.

[110] Também: MARIA SYLVIA ZANELLA DI PIETRO, *Direito administrativo*, cit., 19. ed., 2006, p. 664.

[111] *Contra*: HELY LOPES MEIRELLES, *Direito administrativo brasileiro*, cit., p. 438. DIÓGENES GASPARINI desaconselha o emprego de locação e comodato, embora reconheça inexistir qualquer vedação nesse sentido (*Direito administrativo*, cit., 9. ed., 2004, p. 759).

1048 | MANUAL DE DIREITO ADMINISTRATIVO • Carvalho Filho

Sendo contratos administrativos, as concessões de uso de bem público recebem a incidência normativa própria do instituto, ressaltando a desigualdade das partes contratantes e a aplicação das cláusulas de privilégio decorrentes do direito público. Desse modo, deve ser realizada licitação prévia para a seleção do concessionário que apresentar as melhores condições para o uso do bem público (art. 2º, IV, ELC). Será inexigível, porém, o procedimento quando a hipótese não comportar regime de normal competição entre eventuais interessados. A inexigibilidade, entretanto, deve ser considerada como exceção. Em se tratando de contrato administrativo, o prazo deve ser determinado, extinguindo-se direitos e obrigações quando do advento do termo final do acordo.

4.4. Concessão de Direito Real de Uso

Concessão de direito real de uso é o contrato administrativo pelo qual o Poder Público confere ao particular o direito real resolúvel de uso de terreno público ou sobre o espaço aéreo que o recobre, para os fins que, prévia e determinadamente, o justificaram. Essa forma de concessão é regulada expressamente pelo Decreto-lei nº 271, de 28.2.1967 (art. 7º).

O legislador ampliou o campo de incidência do instituto para atender a outras situações indicativas de interesse social. Atualmente diz o citado art. 7º do Decreto-lei nº 271/1967: "*É instituída a concessão de uso, de terrenos públicos ou particulares, remunerada ou gratuita, por tempo certo ou indeterminado, como direito real resolúvel, para fins específicos de regularização fundiária de interesse social, urbanização, industrialização, edificação, cultivo da terra, aproveitamento sustentável das várzeas, preservação das comunidades tradicionais e seus meios de subsistência, ou outras modalidades de interesse social de áreas urbanas*".

O dispositivo passou a contemplar, entre os objetivos do instituto, a *regularização fundiária*, o *aproveitamento sustentável das várzeas* e a *preservação das comunidades tradicionais e seus meios de subsistência*. Trata-se, como é fácil observar, de finalidades de caráter eminentemente social. Na verdade, já poderiam ser concebidas como inclusas na expressão final do dispositivo – "*outra utilização de interesse social*" –, nele já anteriormente prevista; a expressão, vê-se em seus termos, é nitidamente de *reserva* (ou *residual*). De qualquer modo, esses novos objetivos integram-se nas preocupações sociais mais modernas, o que justifica sua menção expressa. A regularização fundiária, pela qual se possibilita a adequação de terrenos e moradias ao direito positivo, é hoje ponto fundamental da política urbana, esta regulada basicamente na Constituição (arts. 182 e 183). A sustentabilidade do aproveitamento das várzeas é finalidade de cunho eminentemente ambiental. Por fim, a preservação das comunidades tradicionais é foco do interesse governamental em não causar gravame aos povos (principalmente os indígenas) já assentados há longo tempo em certas áreas, destas extraindo os meios de subsistência. Justo, portanto, que mereçam ser aquinhoados com a concessão de direito real de uso.

O instituto se assemelha, em certos pontos, à concessão de uso. Mas há dois pontos diferenciais básicos. De um lado, a concessão de uso que estudamos anteriormente instaura relação jurídica de caráter *pessoal*, tendo as partes relação meramente obrigacional, enquanto que no presente tipo de concessão de uso é outorgado ao concessionário direito real.[112] De outro, os fins da concessão de direito real de uso são previamente fixados na lei reguladora. Destina-se o uso à urbanização, à edificação, à industrialização, ao cultivo ou a qualquer outro que traduza interesse social. Na concessão comum de uso nem sempre estarão presentes esses fins.

---

[112] CELSO ANTÔNIO BANDEIRA DE MELLO (*Curso*, cit., p. 405).

Como deixamos assentado no conceito, a concessão de direito real de uso incide sobre terrenos públicos em que não existam benfeitorias ou sobre o espaço aéreo que se ergue acima da superfície. Há entendimento, contudo, no sentido de que esse direito somente incide sobre terrenos.[113] Ocorre que o art. 8º do Decreto-lei nº 271 admite expressamente a ocupação do espaço aéreo sobre a superfície de terrenos públicos ou particulares.[114] Os objetivos da concessão devem ser estritamente respeitados pelo concessionário, sob pena de reverter o uso para a Administração, que poderá firmar novo contrato para alvejar o fim específico do uso privativo.

Como dissemos, a concessão de uso em foco tem a *natureza jurídica* de *direito real*. Entretanto, não constava originalmente da relação dos direitos reais prevista no Código Civil. Atualmente, está relacionado no art. 1.225, inciso XII, do mesmo Código, com a alteração introduzida pela Lei nº 11.481, de 31.5.2007. Essa mesma lei instituiu outra modificação no que concerne ao instituto: incluiu-o no Código Civil como direito suscetível da incidência de *hipoteca* (art. 1.473, IX). Se a concessão de direito real for outorgada por prazo determinado, o direito de garantia ficará limitado à duração do referido prazo (art. 1.473, § 2º, Código Civil). Por outro lado, esse direito real pode ser objeto de *alienação fiduciária*, desde que seja passível de alienação; se tiver sido concedido por prazo determinado, a garantia também ficará restrita a esse prazo (art. 22, § 1º, III, e § 2º, da Lei nº 9.514, de 20.11.1997 – lei que regula a alienação fiduciária).

O direito real oriundo da concessão é transmissível por ato *inter vivos* ou *causa mortis*, mas inafastável será a observância dos fins da concessão. O instrumento de formalização pode ser escritura pública ou termo administrativo, devendo o direito real ser inscrito no competente Registro de Imóveis.[115] Para a celebração desse ajuste, são necessárias lei autorizadora e licitação prévia (art. 2º, I, do Estatuto).

Entretanto, a licitação é dispensada quando se destinar a (a) outra entidade administrativa e (b) pessoa natural que, conforme lei ou regulamento, tenha implementado os requisitos mínimos de cultura, ocupação mansa e pacífica e exploração direta sobre *área rural*, na forma da Lei nº 11.952/2009, que trata da regularização fundiária em terras da União (art. 76, § 3º, I e II, do Estatuto). Em alguns casos específicos, pode ser inclusive dispensada a autorização legislativa (art. 76, § 4º).

A concessão de direito real de uso salvaguarda o patrimônio da Administração e evita a alienação de bens públicos, autorizada às vezes sem qualquer vantagem para ela. Além do mais, o concessionário não fica livre para dar ao uso a destinação que lhe convier, mas, ao contrário, será obrigado a destiná-lo ao fim estabelecido em lei, o que mantém resguardado o interesse público que originou a concessão real de uso.

Exemplo dessa figura é a concessão de direito real de uso de terrenos públicos quando o Município deseja incentivar a edificação em determinada área. Ou a concessão do uso de área estadual quando o Estado pretende implantar região industrial para desenvolver a economia em seu território.

Quando o Poder Público concede direito real de uso de imóveis em favor de outro órgão ou pessoa administrativa, torna-se dispensada a licitação, conforme assenta o art. 76, I, "f" e "g", do Estatuto. O fundamento está em que, tratando-se de pessoas da Administração, não há ameaça ao princípio da competitividade próprio do setor privado, sabido que entre aquelas entidades o alvo deverá sempre ser atividade de interesse público. O limite territorial máximo para esse tipo de concessão, no entanto, é estabelecido pela Administração, normalmente por

---

[113] DIÓGENES GASPARINI, Concessão de direito real de uso, *RDP* nº 92, 1989, p. 210.

[114] Também: CELSO ANTÔNIO BANDEIRA DE MELLO, *Curso*, cit., p. 406.

[115] HELY LOPES MEIRELLES, ob. cit., p. 439.

1050 | MANUAL DE DIREITO ADMINISTRATIVO • *Carvalho Filho*

decreto do Chefe do Executivo. Será também dispensada a licitação na hipótese de o direito real sobre *imóveis residenciais*, ou *de uso comercial* de âmbito local, com área de até 250 m², ser concedido em função de programas habitacionais ou de regularização fundiária de interesse social desenvolvidos pela Administração (art. 76, I, "f" e "g", do Estatuto). Fora tais exceções, deve ser realizado o processo licitatório.

A *taxa de ocupação* paga pelo concessionário não tem natureza tributária e, por isso, não se enquadra nem como taxa nem como preço público, mas sim como *receita patrimonial*. Consequentemente, como há a instituição de direito real, a cobrança do respectivo valor não se sujeita à prescrição quinquenal prevista tanto no Decreto nº 20.910/1932 quanto no art. 206, § 5º, I, do Código Civil, mas sim ao prazo decenal do art. 205 do mesmo Código, que fixa genericamente esse prazo quando lei não houver fixado prazo menor.[116]

4.5. Concessão de Uso Especial para Fins de Moradia

O art. 183, da vigente Constituição, instituiu o usucapião especial de imóvel urbano, conferindo àquele que possuir como seu, por cinco anos ininterruptos e sem oposição, imóvel de até 250 m², para sua moradia ou de sua família, o direito de adquirir o domínio, desde que não seja proprietário de outro imóvel urbano ou rural. Trata-se de relevante instrumento de política urbana, regulado pela Lei nº 10.257, de 10.7.2001 – o Estatuto da Cidade.

Esse diploma, porém, direcionou o usucapião especial para imóveis urbanos de *propriedade privada*. Como os imóveis públicos não são suscetíveis de ser adquiridos por usucapião, conforme averba o art. 183, § 3º, da CF, sentiu-se a necessidade de adotar para eles outro instrumento que guardasse similitude com aquele instituto, sempre tendo em mira atender às necessidades reclamadas pela política urbana. Foi então instituída a *concessão de uso especial para fins de moradia*, disciplinada pela Medida Provisória nº 2.220, de 4.9.2001. Sendo instrumento recente, vale a pena alinhavar sucintamente algumas observações sobre seu regime jurídico.

Antes, porém, cumpre salientar que ambos os instrumentos têm como núcleo central o *direito à moradia*, sem dúvida um dos direitos fundamentais dos indivíduos. Desse modo, pode dizer-se que o *direito à propriedade*, no usucapião, e o *direito ao uso de imóvel público*, na concessão de uso especial, retratam *direitos-meio* para o exercício do *direito-fim* – este o direito à moradia, verdadeiro pano de fundo daqueles outros direitos. Esse aspecto não deve ser esquecido na medida em que o Estatuto da Cidade inclui o direito à moradia como um dos fatores que marcam as *cidades sustentáveis (art. 2º, I, Estatuto da Cidade)*. Constitui, pois, uma das diretrizes de política urbana, de modo que outros instrumentos devem ser instituídos para tal desiderato política urbana.

Os *pressupostos* da concessão de uso especial para fins de moradia são bem semelhantes aos do usucapião especial urbano:

a)   posse por cinco anos até 22.12.2016;

b)   posse ininterrupta e pacífica (sem oposição);

c)   imóvel urbano público de até 250 m²;

d)   uso do terreno para fins de moradia do possuidor ou de sua família; e

e)   não ter o possuidor a propriedade de outro imóvel urbano ou rural (art. 1º).

---

[116]   STJ, REsp 1.675.985, j. 15.12.2022.

Cap. 16 · BENS PÚBLICOS | 1051

A distinção entre a concessão de uso especial para fins de moradia e o usucapião especial urbano, quanto aos pressupostos, reside em dois pontos: (1º) nesta o objeto é imóvel privado, ao passo que naquela é imóvel público (federal, estadual, distrital ou municipal, desde que regular a ocupação, como reza o art. 3º); (2º) na concessão só se conferiu o direito ao possuidor se os pressupostos foram atendidos até 22 de dezembro de 2016, ao passo que no usucapião não foi previsto termo final para a aquisição do direito. Significa que, se o indivíduo, naquela data, tinha a posse do imóvel público por quatro anos, por exemplo, não adquirirá o direito à concessão de uso especial.

A propósito, é oportuno enfatizar que a previsão em lei municipal de módulo urbanístico com área superior à prevista para os institutos anteriormente citados (250 m²) não impede que o possuidor, preenchidos os demais requisitos, tenha o direito à usucapião urbana, e isso porque os elementos do direito subjetivo têm definição no art. 183 da CF. Além do mais, o tecido social do instituto deve preponderar sobre o formalismo de leis locais urbanísticas.[117] Em razão de idêntica fisionomia e da mesma *ratio essendi*, igual solução deve aplicar-se à concessão de uso especial para fins de moradia.

Na esfera federal, a concessão de uso especial para fins de moradia aplica-se às áreas de propriedade da União, alcançando, inclusive, os terrenos de marinha e acrescidos, desde que, obviamente, os ocupantes preencham os requisitos estabelecidos na MP nº 2.220/2001. A lei, todavia, veda a incidência do instituto sobre imóveis funcionais, o que, porém, não impede, como já vimos, sejam utilizados por força de outros institutos jurídicos (art. 22-A, *caput* e § 1º, da Lei nº 9.636/1998). Por outro lado, não há para o ocupante direito subjetivo à concessão em foco relativa à ocupação de imóveis sob administração do Ministério da Defesa ou dos Comandos da Marinha, do Exército e da Aeronáutica; tais imóveis são considerados de *interesse da defesa nacional*, o que permite que a Administração transfira a concessão para outra área (art. 5º, III, MP nº 2.220/2001, e art. 22-A, § 2º, Lei nº 9.636/1998).

A legislação era omissa a respeito da *natureza do direito* oriundo da concessão sob exame, muito embora sua fisionomia fosse a de *direito real*, como sustentamos em edições anteriores. Atualmente, a concessão de uso especial para fins de moradia está expressamente mencionada na relação dos direitos reais contida no Código Civil (art. 1.225, XI, com a alteração da Lei nº 11.481, de 31.5.2007). Por outro lado, o direito passou a estar entre aqueles que podem ser objeto de *hipoteca*, como registra o art. 1.473, VIII, do Código Civil. Ademais, o direito de uso especial para fins de moradia tem idoneidade para figurar como objeto de *alienação fiduciária*, podendo, portanto, o devedor transferi-lo, de forma resolúvel, ao credor como instrumento de garantia contratual (art. 22, § 1º, II, Lei nº 9.514/1997).

Além disso, o título da concessão, seja ele formalizado por termo administrativo, seja por sentença judicial, reclama registro no Cartório do Registro de Imóveis (art. 167, I, nº 40, Lei nº 6.015/1973 – Lei de Registros Públicos). Devidamente regularizada, a concessão pode ser objeto de garantia real, cominando-se aos agentes financeiros do sistema financeiro da habitação a obrigação de aceitá-la (art. 13, Lei nº 11.481, de 31.5.2007). A concessão em foco, porém, distingue-se da concessão de direito real de uso prevista no Decreto-lei nº 271/1967 pela circunstância de que é ela conferida para a *finalidade exclusiva de moradia*, o que não ocorre nesta última, em que há outras finalidades do uso, como visto anteriormente. Para ambos os institutos, no entanto, a lei garante que, na execução, a alienação de imóvel sobre o qual tenham sido instituídas as concessões será ineficaz no caso de não intimação do concessionário (art. 804, § 4º, CPC).

---

[117] STF, RE 422.349, j. 29.4.2015, e REsp 1.040.296, j. 2.6.2015.

1052 | MANUAL DE DIREITO ADMINISTRATIVO • *Carvalho Filho*

Outro aspecto que nos parece relevante no tema diz respeito à natureza jurídica do instituto no que concerne à forma jurídica de que se reveste. Ao exame do regime jurídico desse tipo de concessões, que tem lineamentos singulares, está claro que o legislador atribuiu à Administração *atividade vinculada* para o fim de reconhecer ao ocupante o *direito subjetivo* à concessão para moradia, desde que cumpridos os requisitos legais. Quer dizer: cumprido o suporte fático do direito pelo ocupante, outra conduta não se espera da Administração senão a de outorgar a concessão. A lei não lhe outorgou qualquer margem de liberdade para decidir sobre a outorga ou não da concessão. Ora, justamente por isso é que a concessão de uso especial para fins de moradia só pode ostentar a natureza jurídica de *ato administrativo vinculado*, e não de contrato administrativo, como poderia parecer à primeira vista em razão do que sucede nas demais formas de concessão.

Há mais de uma razão para tal fisionomia.

Primeiramente, inexiste qualquer tipo de negócio jurídico bilateral que ao menos denuncie a celebração de contrato. Depois, não há como se admitir contrato administrativo em que a Administração seja obrigada à celebração. Note-se que a hipótese não é a mesma que ocorre nos contratos administrativos, em que o vencedor da licitação, sendo esta homologada, tem direito subjetivo ao contrato. Mesmo quando tal ocorre, é possível, diante de razões de interesse público, que a Administração não firme o contrato, embora deva arcar com as consequências pecuniárias. Não é o que acontece com a concessão em foco: preenchidos os requisitos pelo ocupante, tem ele direito subjetivo à concessão. Se a Administração opuser algum interesse público incontornável para a outorga, terá que indenizar integralmente o concessionário, como o faria se o caso fosse de desapropriação.

Por último, essa modalidade de concessão tem o mesmo suporte jurídico básico do usucapião especial de imóvel urbano para fins de moradia, instituto que, obviamente, está distante de qualquer concepção contratual. Em suma, se o instituto tem linhas específicas e regime jurídico próprio, o que deve prevalecer é o seu conteúdo, e não a denominação, que pode conduzir a uma errônea perspectiva.

Pode-se, pois, considerar, para concluir, que a *natureza jurídica* da concessão de uso especial para fins de moradia é a de *ato administrativo vinculado*, de outorga de direito real de uso em imóvel público, para fins de moradia do possuidor ou de sua família.

Para evitar o desvio de finalidade do instituto, o direito à concessão de uso especial para fins de moradia só será reconhecido uma vez ao mesmo possuidor. A concessão será gratuita e poderá ser outorgada ao homem ou à mulher, ou a ambos, sendo irrelevante o estado civil dos interessados. No caso de morte do possuidor, o herdeiro legítimo continua a posse do antecessor, desde que já resida no imóvel ao tempo da abertura da sucessão (art. 1º, § 3º, MP nº 2.220/2001). Sem essa condição, não haverá continuidade e, em consequência, inviável será a outorga da concessão.

A *formalização* da concessão para moradia pode efetivar-se por *termo administrativo*, quando o pedido for atendido na via administrativa, sem a formação de litígio, ou por *sentença judicial*, quando, denegado o pedido ou omissa a Administração em apreciá-lo, o ocupante formular seu pedido em juízo (art. 6º). Registre-se que a Administração terá o prazo máximo de doze meses, contado da protocolização, para decidir o pedido (art. 6º, § 1º). Qualquer desses títulos será suscetível de registro no Cartório do Registro Imobiliário. Se se tratar de imóvel da União ou dos Estados, o interessado deve instruir o pedido de concessão com certidão do órgão municipal competente, na qual seja certificado que o imóvel se localiza em área urbana e que se destina realmente à moradia do ocupante ou de sua família. O dispositivo que menciona tal exigência (art. 6º, § 2º) não se refere a imóvel do Distrito Federal. E está correto em não fazê-lo, porquanto essa entidade não tem divisão em

Municípios (art. 32, CF) e apresenta a peculiaridade de acumular as competências estaduais e municipais (art. 32, § 1º, CF).

Em alguns casos, o legislador admite que o possuidor possa obter a concessão em outro local. Um desses casos pressupõe que o local da ocupação provoque risco à vida ou à saúde dos possuidores; se tal suceder, fica garantido aos ocupantes o *direito subjetivo* à concessão em local diverso (art. 4º). A Administração, portanto, também aqui está *vinculada* à outorga desse direito, não tendo qualquer margem de decidir de forma diversa. Coerente com a vinculação do administrador, a lei atribuiu à sentença judicial a natureza *declaratória*, demonstrando que o direito era preexistente. A decisão, pois, há de ter efeito *ex tunc*, retroagindo ao momento em que o ocupante adquiriu o direito em face do preenchimento dos requisitos legais. Em outros, no entanto, o legislador conferiu ao Poder Público a *faculdade* de transferir o local da ocupação, rendendo ensejo, assim, a atuação *discricionária* por parte dos órgãos administrativos. É o que ocorre quando a ocupação se processa em imóvel:

a) de uso comum do povo;

b) situado em via de comunicação;

c) destinado a projeto de urbanização;

d) adequado à construção de represas e obras congêneres; e

e) de interesse da preservação ambiental, da proteção dos ecossistemas naturais ou da defesa nacional (art. 5º, I a V).

A concessão de uso especial para fins de moradia pode extinguir-se de duas maneiras: (1º) quando houver desvio de finalidade, ou seja, quando o concessionário der ao imóvel outro fim que não o de moradia para si ou para sua família; (2º) no caso de o concessionário adquirir a propriedade de outro imóvel urbano ou rural (art. 8º). Extinta a concessão, deverá averbar-se o fato no Cartório do Registro de Imóveis por meio de declaração da Administração que outorgou a concessão, a fim de produzir efeitos *erga omnes*.

O legislador, ainda, curvando-se a exigências urbanísticas inafastáveis, instituiu a concessão *coletiva* de uso especial para fins de moradia (art. 2º), à semelhança do usucapião especial coletivo de imóvel urbano particular, disciplinado pela Lei nº 10.257/2001 (Estatuto da Cidade). Outorgar-se-á a concessão coletiva para moradia quando, em imóvel público urbano com área superior a 250 m², haja ocupação por população de baixa renda para sua moradia, por cinco anos, ininterruptamente e sem oposição, não sendo possível identificar os terrenos ocupados por possuidor. Aqui também há a exigência de que o possuidor não seja proprietário de outro imóvel urbano ou rural.

Na concessão coletiva, a cada concessionário será atribuída igual fração ideal do terreno, e isso sem levar em conta a dimensão do terreno que cada possuidor ocupe. Ressalva-se apenas a celebração de acordo entre os ocupantes, no qual pode ser pactuada a atribuição de frações ideais diferenciadas. A fração ideal outorgada a cada possuidor não poderá exceder a 250 m² (art. 2º, §§ 2º e 3º). Sem dúvida é singular, e até mesmo se afigura esdrúxulo, que a concessão seja outorgada para incidir sobre uma fração ideal do terreno. Entretanto, deve considerar-se que o instituto tem caráter urbanístico e visa a regularizar a situação imobiliária de infinito número de pessoas, integrantes do que a lei denominou de "população de baixa renda". Além disso, procurou o legislador assemelhar esse tipo de concessão ao usucapião especial de imóvel urbano privado, figura em que, pela formação de condomínio, o domínio de fração ideal de terreno não acarreta qualquer estranheza. Por fim, é preciso aceitar que a ordem urbanística está mesmo a reclamar medidas jurídicas novas, ainda mais quando se cuida de garantir o bem-estar, a segurança e a comodidade das populações.

1054 | MANUAL DE DIREITO ADMINISTRATIVO • *Carvalho Filho*

4.6. Cessão de Uso

Cessão de uso é aquela em que o Poder Público consente o uso gratuito de bem público por órgãos da mesma pessoa ou de pessoa diversa, incumbida de desenvolver atividade que, de algum modo, traduza interesse para a coletividade.

A grande diferença entre a cessão de uso e as formas até agora vistas consiste em que o consentimento para a utilização do bem se fundamenta no benefício coletivo decorrente da atividade desempenhada pelo cessionário. O usual na Administração é a cessão de uso entre órgãos da mesma pessoa. Por exemplo: o Tribunal de Justiça cede o uso de determinada sala do prédio do foro para uso de órgão de inspetoria do Tribunal de Contas do mesmo Estado. Ou o Secretário de Justiça cede o uso de uma de suas dependências para órgão da Secretaria de Saúde.

A cessão de uso, entretanto, pode efetivar-se também entre órgãos de entidades públicas diversas. Exemplo: o Estado cede grupo de salas situado em prédio de uma de suas Secretarias para a União instalar um órgão do Ministério da Economia. Alguns autores limitam a cessão de uso às entidades públicas.[118] Outros a admitem para entidades da Administração Indireta.[119] Em nosso entender, porém, o uso pode ser cedido também, em certos casos especiais, a pessoas privadas, desde que desempenhem atividade não lucrativa que vise a beneficiar, geral ou parcialmente, a coletividade. Citamos, como exemplo, a cessão de uso de sala, situada em prédio público, que o Estado faz a uma associação de servidores. Ou a entidade beneficente de assistência social. Aliás, tais casos não são raros na Administração. O que nos parece importante é que tais casos sejam restritos a esse tipo de cessionários, impedindo-se que o benefício do uso seja carreado a pessoas com intuito lucrativo.

Em semelhante sentido, aliás, está definida a legislação incidente sobre imóveis pertencentes à União. Nela é prevista a cessão gratuita de uso de bens imóveis federais quando o governo federal pretende concretizar "*auxílio ou colaboração que entenda prestar*" (art. 64, § 3º, Decreto-lei nº 9.760/1946). Em outro diploma, admitiu-se a cessão a Estados, Distrito Federal, Municípios e entidades sem fins lucrativos das áreas de educação, cultura, assistência social ou saúde (art. 18, I, Lei nº 9.636/1998). É verdade, todavia, que os demais entes federativos têm autonomia para estabelecer uma ou outra condição a mais. Não obstante, a legislação federal bem aponta as linhas básicas dessa forma de uso.

A formalização da cessão de uso se efetiva por instrumento firmado entre os representantes das pessoas cedente e cessionária, normalmente denominado de "*termo de cessão*" ou "*termo de cessão de uso*". O prazo pode ser determinado ou indeterminado, e o cedente pode a qualquer momento reaver a posse do bem cedido. Por outro lado, entendemos que esse tipo de uso só excepcionalmente depende de lei autorizadora, porque o consentimento se situa normalmente dentro do poder de gestão dos órgãos administrativos. Logicamente, é vedado qualquer desvio de finalidade, bem como a extensão de dependências cedidas com prejuízo para o regular funcionamento da pessoa cedente. Apesar disso, há opinião no sentido de ser exigida autorização legal quando a cessão é para entidade diversa.[120] Com a devida vênia, a exigência não encontra eco na Constituição, por ser matéria de gestão interna do patrimônio público. Se algum ente público pretende criar tal restrição, deve fazê-lo por lei editada pelo seu próprio Poder Legislativo; no silêncio da lei, a decisão é exclusiva da Administração.

O fundamento básico da cessão de uso é a colaboração entre entidades públicas e privadas com o objetivo de atender, global ou parcialmente, a interesses coletivos. É assim que deve ser vista como instrumento de uso de bem público.

---

[118]   HELY LOPES MEIRELLES, ob. cit., p. 436; LUCIA VALLE FIGUEIREDO, ob. cit., p. 378.
[119]   DIÓGENES GASPARINI, ob. cit., p. 519.
[120]   HELY LOPES MEIRELLES, *Direito administrativo*, cit., p. 437.

Cap. 16 • BENS PÚBLICOS | 1055

4.7. Formas de Direito Privado

Além dos mecanismos já estudados, sabidamente regulados pelo direito público, existem outros, agora regidos fundamentalmente pelo direito privado, pelos quais o Poder Público também confere a determinadas pessoas o uso privativo de bens públicos.

Como é voz uníssona entre os estudiosos, o Poder Público sempre deve preferir a adoção das formas regidas pelo direito público, tendo em vista que, em última análise, o uso incide sobre bens do domínio público. Mas, na verdade, conquanto haja entendimentos contrários, não há obstáculos a que o Estado se utilize dessas formas jurídicas, como bem assinala DIÓGENES GASPARINI[121] e conforme deixamos consignado anteriormente.[122] Em cada caso, é a Administração que deve verificar qual a forma de uso a ser conferida ao particular, de modo a melhor atender ao interesse público. Nada impede, em consequência, que convivam lado a lado institutos de direito público e de direito privado, desde que a Administração os utilize tendo em mira o interesse público, único fim a ser por ela perseguido.

Vejamos essas formas.

ENFITEUSE – Já nos referimos à *enfiteuse* ou *aforamento* como forma de aquisição de bens públicos pelo Estado quando figura como enfiteuta ou titular do domínio útil. O mais comum, no entanto, é a hipótese em que a propriedade pertença ao Poder Público e o domínio útil pertença a um particular. É aqui que se dá o uso privativo de bens públicos por particulares.

Enfiteuse é o instituto pelo qual o Estado permite ao particular o uso privativo de bem público a título de domínio útil, mediante a obrigação de pagar ao proprietário uma pensão ou foro anual, certo e invariável. O STF, todavia, a propósito do art. 101 do Decreto-lei nº 9.760/1946, que fixa o foro em 0,6% (seis décimos por cento) do valor do respectivo domínio pleno, decidiu que, apesar de assegurado o direito dos anteriores enfiteutas, por ser o contrato tido como ato jurídico perfeito (e, pois, imune à lei nova, *ex vi* do art. 5º, XXXVI, CF), é admissível a correção monetária de seu valor a fim de evitar enriquecimento sem causa do enfiteuta.[123]

O instituto propicia a aquisição de direito real por parte do enfiteuta, titular do domínio útil. Esse direito pode ser transferido a terceiro, mas é preciso que o senhorio direto renuncie a seu direito de preferência para reaver o imóvel. Se renunciar, o enfiteuta deverá pagar, pela transmissão do domínio útil, importância nominada de *laudêmio*, calculada sobre o preço da alienação. No caso da União, o laudêmio é de 5% sobre o valor atualizado do domínio pleno do terreno, sendo, posteriormente, excluídas as benfeitorias para cálculo do referido valor (art. 3º, Decreto-lei nº 2.398/1987). Quanto ao foro anual, trata-se de obrigação que o enfiteuta não pode deixar de cumprir. Se deixar de pagar o foro durante três anos consecutivos, ou quatro intercalados, o inadimplemento acarretará a caducidade da enfiteuse (art. 101, parágrafo único, Decreto-lei nº 9.760/1946).

Acresce, ainda, que são isentas do pagamento do laudêmio e do foro as pessoas jurídicas sem fins lucrativos, destinadas à prestação dos serviços de assistência social, saúde ou educação, bem como as que desempenhem ações de preservação de bens culturais registrados pelo Iphan, quando os imóveis forem essenciais a seus fins (art. 16, I e II, Lei nº 13.139, de 26.6.2015). A mesma isenção abrange as pessoas de baixa renda, cuja situação econômica não lhes permita arcar com esses encargos, sem prejuízo do sustento próprio

---

[121] Ob. cit., p. 519.
[122] Vide neste capítulo o item VIII, nº 4.3.
[123] RE nº 185.578-RJ, 1ª Turma, Rel. Min. ILMAR GALVÃO, j. 6.10.1998.

ou de sua família (art. 1º, Decreto-lei nº 1.876, de 15.7.1981). Por outro lado, passaram a ser isentas de laudêmio as transferências de bens imóveis dominiais pertencentes à União, quando feitas a pessoas federativas ou da Administração Indireta, ou a pessoas físicas, por qualquer desses entes, desde que vinculadas a programas habitacionais de interesse social (art. 2º, Decreto-lei nº 1.876/1981).

A disciplina geral da enfiteuse se encontrava entre os arts. 678 a 694, do antigo Código Civil. Como já dissemos anteriormente, o vigente Código não mais inclui a enfiteuse no elenco dos direitos reais. Além disso, proibiu a constituição de novas enfiteuses e subenfiteuses, garantindo, entretanto, a eficácia das instituídas anteriormente (art. 2.038). Referida garantia – é bom assinalar – apenas reafirma o postulado constitucional segundo o qual a lei nova não pode prejudicar o ato jurídico perfeito (art. 5º, XXXVI), de modo que a subsistência dos atos anteriores dispensaria mesmo norma expressa a respeito. Não obstante, a lei nova vedou a cobrança de laudêmio ou ônus semelhante, nas transmissões de bem aforado, sobre o valor das construções ou plantações, bem como a constituição de outras subenfiteuses (art. 2.038, § 1º, I e II).

O Decreto-lei nº 9.760, de 5.9.1946 que dispõe sobre os bens imóveis da União, regula a enfiteuse dos imóveis públicos pertencentes à União Federal. Em complemento, a Lei nº 9.636, de 15.5.1998, dispõe sobre a regularização, administração, aforamento e alienação de bens imóveis da União. Essas regras, se houvesse conflito, prevaleciam sobre as do Código Civil de 1916, porque se encontram também em lei federal; além disso, o citado diploma qualifica-se como lei nova e especial em relação ao antigo Código, o que reforça sua prevalência em relação a este. Para as demais pessoas de direito público, entretanto, sempre incidiram as normas previstas no estatuto civil, agora revogado.

Advirta-se, porém, que, em virtude da exclusão da enfiteuse da categoria dos direitos reais no Código em vigor, não mais poderá haver sua instituição mesmo por entidades públicas, tendo-se apenas que assegurar a eficácia das já existentes. A razão consiste, primeiramente, no fato de que o Código Civil é o instrumento formal orgânico que cataloga e disciplina os direitos reais, sendo, pois, obrigatório para todas as pessoas. E, depois, porquanto, apesar de instituída também por pessoas públicas, a enfiteuse espelha instituto próprio do direito privado.

Há várias áreas federais cujo uso é conferido através de enfiteuse, como é o caso dos terrenos de marinha, o que é previsto, inclusive, no art. 49, § 3º, do ADCT da CF. A enfiteuse de terrenos de marinha, aliás, foi a única forma ressalvada pelo novo Código Civil (art. 2.038, § 2º), com a previsão de que seria regulada por lei especial. Sobre o assunto nos deteremos no momento próprio. Ressalve-se, por oportuno, que não podem ser objeto de aforamento os imóveis considerados por lei como indisponíveis e inalienáveis, bem como os qualificados como de interesse do serviço público por ato do Secretário da SPU – Secretaria do Patrimônio da União (art. 12, § 3º, Lei nº 9.636/1998).

Avulta, ainda, que haverá *dispensa de licitação* para o aforamento de imóveis residenciais ou de uso comercial de âmbito local com dimensão máxima de 250 m², quando o contrato se originar de programas habitacionais ou de regularização fundiária de interesse social desenvolvidos pela Administração Pública (art. 76, I, "f" e "g", Lei nº 14.133/2021).

DIREITO DE SUPERFÍCIE – Direito de superfície é aquele pelo qual o proprietário concede a outrem o direito de utilizar, no mínimo, a superfície de seu imóvel na forma pactuada no respectivo contrato. Embora seja contrato de direito privado, nada impede que ente público, desde que haja lei autorizadora, conceda ao administrado o direito de utilizar a superfície do imóvel público.[124] Registre-se, aliás, que o art. 1.377, do Código Civil, admite expressamente que o referido direito seja constituído por pessoa jurídica de direito público interno.[125] Fundamental é que haja minuciosa motivação a fim de aferir-se a legalidade do negócio jurídico. Cabe à Administração – enfatize-se – demonstrar limpidamente as razões de ordem administrativa que a levaram à contratação, bem como o interesse público que resultará do contrato.

Sem dúvida o direito de superfície é instituto similar à enfiteuse, sobretudo porque, tanto quanto esta, comporta o desmembramento da propriedade, figurando como *dominus* da nua-propriedade o *proprietário* (que pode ser a pessoa estatal) e como titular do direito de uso o *superficiário*. Difere da enfiteuse, contudo, porque o superficiário, em princípio, pode alienar seu direito sem anuência do proprietário, o que não ocorria com aquela. Ademais, na enfiteuse o foro (ou cânon) é da essência do instituto, ao passo que o valor ajustado no direito de superfície (*solarium*) não o é. Por último, o inadimplemento do foro na enfiteuse provoca a extinção desta, ao passo que na superfície a extinção nessa hipótese é eventual.[126]

Existem duas disciplinas que regulam o direito de superfície. Uma delas encontra-se nos arts. 21 a 24 do Estatuto da Cidade (Lei nº 10.257, de 10.7.2001) e a outra no Código Civil, entre os arts. 1.369 e 1.377. A primeira se insere em *lei especial*, destinada a regular o referido negócio em *áreas urbanas* e voltada especificamente para a política de desenvolvimento urbano (art. 182, CF). Consequentemente, o Código Civil, embora materializado por lei mais nova, caracteriza-se como *lei geral*, e, portanto, será aplicável a imóveis situados fora da área urbana. Incide aqui o art. 2º, § 2º, da Lei de Introdução às Normas do Direito Brasileiro, segundo o qual não ocorre revogação quando lei geral sucede a lei especial. Ambos os diplomas, por conseguinte, convivem harmoniosamente dentro do sistema, cada um deles incidindo sobre esfera jurídica específica.[127]

O direito de superfície deve formalizar-se por *contrato*, como consta da lei, revelando as manifestações volitivas do proprietário e do superficiário. No instrumento contratual é que as partes devem pactuar detalhadamente os direitos e obrigações atribuídos a cada uma delas.

A natureza jurídica é a de *direito real* sobre a coisa alheia. O Código Civil, inclusive, inseriu expressamente o direito de superfície no elenco dos direitos reais (art. 1.225, II), podendo, inclusive, ser objeto de *hipoteca* (art. 1.473, X, incluído pela Lei nº 14.620/2023). Constituído o direito, deve ser objeto de averbação no respectivo cartório do registro de imóveis. Como corolário, o direito é transferível a terceiros por ato *inter vivos* ou *causa mortis* (*arts. 24, § 2º, do Estatuto da Cidade, e 1.369 do Código Civil*). Pode, inclusive, ser objeto de garantia real no âmbito do sistema financeiro da habitação, cujos agentes não podem recusá-la. (art. 13 da Lei nº 11.481, de 31.5.2007). Quanto ao *objeto* do negócio jurídico, a lei refere-se à concessão da superfície do *terreno*, parecendo indicar apenas o solo puro. Entretanto, a lei disse menos do que queria (*minus quam voluit*). Na verdade, tanto pode o terreno puro ser objeto do contrato, como eventual edificação que a ela tenha acedido pelo princípio da acessão natural (*superficies solo cedit*).[128] O terreno, desse modo, é a *reserva mínima* para figurar como objeto contratual, nada impedindo maior extensão.

---

[124] Vide a respeito os nossos *Comentários ao estatuto da cidade*, Atlas, 5. ed., 2013, p. 197.

[125] Na hipótese – dita o dispositivo – aplica-se o Código Civil, *"no que não for diversamente disciplinado em lei especial"*. Como a Lei nº 10.257/2001 é lei especial, será ela aplicada a imóveis em áreas urbanas.

[126] A respeito, consulte-se RICARDO PEREIRA LIRA, *Elementos de direito urbanístico*, Renovar, 1997, p. 62; também nossos *Comentários ao estatuto da cidade*, cit., p. 199.

[127] Também: MARCO AURÉLIO BEZERRA DE MELO, *Direito das coisas*, Lumen Juris, 2007, p. 297.

[128] Também: FERNANDO DIAS MENEZES DE ALMEIDA, *Estatuto da cidade*, 2009, p. 114.

1058 | MANUAL DE DIREITO ADMINISTRATIVO • *Carvalho Filho*

No cotejo entre as disciplinas do Estatuto da Cidade e do Código Civil, encontram-se algumas diferenças de tratamento da matéria (o que é um complicador indesejável). Vejamos as distinções básicas: (1º) no Estatuto da Cidade, o direito de superfície pode ser ajustado por prazo determinado ou indeterminado (art. 21), ao passo que no Código Civil o ajuste deve ser apenas por prazo determinado (art. 1.369) (note-se que o Estado, como proprietário, só pode contratar por prazo determinado); (2º) o direito de superfície no Estatuto abrange, como regra, o direito de utilização do subsolo (art. 21, § 1º), o que não ocorre no Código Civil, a menos que a obra seja inerente ao objeto do contrato (art. 1.369, parágrafo único); (3º) o Código Civil alude à constituição do direito por pessoa jurídica de direito público interno (art. 1.377), ao passo que o Estatuto é silente a respeito (embora o próprio Código Civil, como vimos, admita a incidência da lei especial, suprindo, pois, a omissão do Estatuto); (4º) o Código Civil regula a hipótese de desapropriação, estabelecendo que a indenização caberá ao proprietário e ao superficiário, sendo proporcional ao valor do direito real de cada um (art. 1.376); o Estatuto não regulou tal hipótese. Nesse caso, entendemos aplicável subsidiariamente, por ser lei geral, o Código Civil quando se tratar de desapropriação de imóvel situado em áreas urbanas.[129]

Por fim, releva destacar que, no caso de alienação da propriedade ou do direito de superfície, terão *direito de preferência*, respectivamente, o superficiário e o proprietário, em igualdade de condições à oferta de terceiros. Extinto o negócio, o proprietário recuperará a propriedade plena do imóvel, só tendo a *obrigação de indenizar* acessões e benfeitorias feitas pelo superficiário se o contrato for expresso a respeito.

LOCAÇÃO – Locação é o contrato de direito privado pelo qual o proprietário-locador transfere a posse do bem ao locatário, que tem a obrigação de pagar certa importância – o aluguel – por período determinado de uso do bem.

O uso privativo nessa hipótese ocorre quando o bem pertence ao Estado. Se este celebra, como locador, contrato de locação com um particular, assumindo este a condição de locatário, deve o ajuste ser regulado normalmente pelo Código Civil, demonstrando o caráter privado da contratação. A lei especial em vigor sobre locações é a Lei nº 8.245, de 18.10.1991. No art. 1º, parágrafo único, "a", nº 1, porém, a referida lei deixou consignado que os imóveis de propriedade da União, dos Estados e dos Municípios continuam regulados pelo Código Civil e pelas leis específicas.

Importa lembrar que, mesmo sendo instrumento de direito privado, a locação de bens públicos a terceiros também confere seu uso privativo pelo locatário, tal como ocorre com as formas de direito público já examinadas.

Têm surgido algumas controvérsias a respeito dessa forma de uso dos bens de entidades administrativas. Há estudiosos que não aceitam o regime de locação do direito civil para bens públicos, sustentando que somente se revela admissível a concessão remunerada de uso de bem público, modalidade de contrato administrativo.[130]

Como já visto, essa não nos parece a melhor posição: na verdade, inexiste qualquer vedação de índole constitucional em tal sentido. Ademais, legislação mais recente tem sido expressa no que concerne à viabilidade jurídica do instituto da locação de imóveis públicos.[131] Resulta, pois, que não se pode deixar de reconhecer a viabilidade desse ajuste. O Estatuto de Licitações e Contratos refere-se expressamente à locação de imóveis públicos (art. 76, I, "f" e "g"). Uma coisa é concluir ser a concessão de uso um ajuste mais adequado do que a locação; outra, inteiramente

---

129   Nossos *Comentários*, cit., p. 157.

130   É como pensam DIÓGENES GASPARINI, *Direito administrativo*, cit., 9. ed., 2004, p. 759 e HELY LOPES MEIRELLES, *Direito administrativo brasileiro*, cit., 29. ed., 2004, p. 504.

131   Assim também CELSO ANTÔNIO BANDEIRA DE MELLO, *Curso* cit., 22. ed., 2007, p. 893, e MARIA SYLVIA ZANELLA DI PIETRO, *Direito administrativo*, cit., 19. ed., 2006, p. 664.

Cap. 16 · BENS PÚBLICOS | 1059

diversa, é simplesmente considerar inadmissível a locação. O que importa, na espécie, é a opção do administrador – que, diga-se de passagem, terá que avaliar cada situação e não poderá vislumbrar outro fim senão o de interesse público. Por isso mesmo, sendo indevida a escolha, o ajuste estará sujeito à invalidação, e o administrador, à responsabilidade civil, administrativa e penal.

Entretanto, há alguns julgados que realmente causam espécie. No STJ já se julgou que o contrato firmado por particular com a INFRAERO, empresa pública (e, por isso mesmo, dotada de personalidade jurídica de direito privado), não é de locação, e sim de direito público, porque *os bens da empresa pública relativos a sua finalidade são utilizados de acordo com as regras do Direito Público*, não seguindo, pois, as regras da locação de direito privado.[132] Em nosso entender, há dois equívocos, *venia concessa*, na decisão. Por um lado, nem se o bem fosse efetivamente público (e os de empresas públicas não o são) haveria objeção para a relação locatícia. Por outro, se a entidade administrativa é privada, com mais razão deve regular-se pelas normas aplicáveis às empresas privadas quanto a direitos e obrigações civis e comerciais, como registra o art. 173, § 1º, II, da Lei Fundamental. Não obstante, repetimos, não é pacífico o entendimento dos especialistas sobre a matéria.

Será *dispensada a licitação* para a locação de imóveis residenciais ou de uso comercial de âmbito local com área de até 250 m², quando resultar de programas habitacionais ou de regularização fundiária de interesse social a cargo de órgãos administrativos (art. 76, "f" e "g", Lei 14.133/2021 – Licitações e Contratos).

COMODATO – *Comodato*, nas palavras da lei civil, *"é o empréstimo gratuito de coisas não fungíveis"* (art. 579, Código Civil). Pelo comodato, o proprietário transfere ao comodatário o uso gratuito do bem por prazo determinado ou indeterminado.

Quanto ao núcleo em si desse contrato, tem-se que a diferença básica em relação ao contrato locatício é o da onerosidade. A locação é onerosa para o locatário, ao passo que o comodato não o é para o comodatário.

A Administração também pode conceder o uso privativo de bem público por comodato, embora, repetimos, deva priorizar a concessão gratuita de uso de bem público, por ser instituto próprio de direito público. Se, mesmo assim, insistir no comodato, a Administração sujeitar-se-á às regras estatuídas no Código Civil sobre a matéria.

IX. Alienação

1. CONSIDERAÇÕES GERAIS

Alienação de bens públicos é a transferência de sua propriedade a terceiros, quando há interesse público na transferência e desde que observadas as normas legais pertinentes.

A regra é que a Administração mantenha os bens em sua propriedade e os conserve adequadamente para evitar sua deterioração. Tais bens, como temos visto, integram o domínio público. Mas haverá situações em que a alienação dos bens públicos não somente pode ser conveniente para a Administração como ainda pode trazer-lhe outras vantagens. É com esse aspecto que se deve analisar a alienação dos bens públicos.

Já observamos anteriormente que a conhecida expressão *inalienabilidade*, empregada para os bens públicos, é inadequada e despida de técnica, sendo melhor caracterizá-los como sujeitos a *alienabilidade condicionada*. Vimos também que, salvo os casos em que materialmente há impossibilidade jurídica, os bens públicos podem ser alienados com observância dos requisitos legais. Se os bens estiverem categorizados como de uso comum do povo ou especial, devem ser

---

[132] REsp 41.549, j. 22.2.2000.

1060 | MANUAL DE DIREITO ADMINISTRATIVO • *Carvalho Filho*

desafetados para se enquadrarem como dominicais, e, sendo dominicais, podem ser alienados, respeitando-se todos os parâmetros que a lei traça para os administradores públicos.[133]

Tal como ocorre com a aquisição e com a gestão dos bens públicos, existem instrumentos de direito privado e de direito público que rendem ensejo à alienação desses bens. Os primeiros são instrumentos *comuns* de alienação, porque deles se podem valer os particulares em geral; os demais são *específicos*, porque guardam consonância com os postulados de direito público.

À guisa de método didático de mais fácil compreensão, distinguiremos esses mecanismos e os estudaremos separadamente.

2. COMPETÊNCIA NORMATIVA E REGULADORA

Antes de analisarmos as espécies de alienação de bens *públicos*, parece-nos oportuno tecer breve consideração a respeito da competência para criar as normas sobre o assunto e proceder à regulamentação, quando necessária.

De início, cabe assinalar que o art. 22, inc. XXVII, da CF atribui à União Federal competência privativa para legislar sobre *normas gerais* de contratação e licitação para toda a Administração da própria União, dos Estados, do Distrito Federal e dos Municípios. O preceito é claro ao empregar a expressão *normas gerais*. Em consequência, não será constitucional qualquer norma federal que não se caracterizar como *geral*, mas, ao contrário, retratar disciplina *específica*, cuja competência tem que ser atribuída à respectiva pessoa federativa.

O mandamento constitucional demonstra, com clareza, embora diante de interpretação *a contrario sensu*, que somente as *regras gerais* sobre contratações que envolvam alienação de bens públicos, móveis ou imóveis, podem ser editadas pela União, mas caberá às demais pessoas políticas, titulares de seus próprios bens, criar as *regras específicas* sobre alienação de seus próprios bens a serem aplicadas em seus respectivos territórios. Como a União também é titular de bens públicos – os bens federais –, pode criar lei própria para regular o detalhamento do processo de alienação; contudo, urge ressaltar que essa lei conterá disciplina *específica*, ou seja, apenas para os bens federais, e não *geral*, que é a que vale para os bens de todos os entes da federação.

Para corroborar semelhante diferença, a Lei nº 13.240, de 30.12.2015, oriunda da União, dispôs sobre a alienação de vários imóveis de seu domínio para a constituição de *fundos*, em conformidade com seus próprios dispositivos ou com a Lei nº 9.636/1998 (art. 1º), com o fim de atender a despesas com a administração patrimonial imobiliária federal. A lei, pois, é *federal* e tem eficácia apenas nessa esfera. Do ângulo social, a lei autoriza a alienação a ocupantes de imóveis que os tenham como único residencial no Município ou no Distrito Federal, inclusive com dispensa de licitação; se estiverem em área urbana, deve esta qualificar-se como *consolidada*, isto é, ser dotada de elementos mínimos de infraestrutura, e, caso estejam situados em área rural, os imóveis deverão ter área igual ou superior à dimensão do módulo de propriedade rural, *ex vi* da Lei nº 4.504, de 30.11.1964, e não superior ao dobro dessa dimensão (art. 9, I e II). Noutra vertente, assegurou-se ao ocupante de boa-fé o *direito de preferência* para a aquisição do imóvel federal objeto da ocupação.

Quanto à competência para *regulamentação*, resulta ela da própria competência normatizadora. Assim, ao ente federativo competente para criar a disciplina legal competirá, *ipso facto*, proceder à regulamentação. Esse o quadro básico sobre competência legal e regulamentadora a respeito da matéria.

---

[133] Vide o que dissemos no tópico VI, nº 1, deste capítulo.

Cap. 16 · BENS PÚBLICOS | **1061**

A Lei nº 14.133/2021 – o Estatuto de Licitações e Contratos – destinou seção específica para tratar das alienações de bens públicos móveis e imóveis, mencionando como *destinatários todas as pessoas políticas* (art. 76, I e II). Como a lei foi editada dentro da competência federal para instituir normas gerais, só podem considerar-se constitucionais aquelas que realmente indiquem os princípios fundamentais a serem observados por todos os entes federativos sobre a alienação de bens públicos. São, portanto, plenamente compatíveis com o texto constitucional, por terem caráter de generalidade, as exigências de prévia avaliação, autorização legislativa, realização de concorrência e justificação de interesse público para a alienação (art. 76).

Sucede que a lei federal se excedeu na disciplina e acabou criando regras verdadeiramente específicas, as quais, como vimos, se situariam na competência da pessoa federativa titular dos bens. É o caso da exigência de que a doação seja permitida exclusivamente se o donatário for entidade administrativa (art. 76, I, "b") ou a que cria condições para a permuta de bens (art. 76, I, "c", e 76, II, "b"). A inconstitucionalidade, aliás, já existia na Lei nº 8.666 (art. 17, I, "b" e "c", e II, "b"). *Tais dispositivos são flagrantemente inconstitucionais* por invadirem a esfera destinada às demais pessoas federativas, e o próprio Supremo Tribunal Federal já teve a oportunidade de considerá-las incompatíveis com os limites da competência legislativa federal sobre a matéria.[134]

Por conseguinte, ao tratarmos adiante das diversas formas de alienação, faremos menção, em cada uma delas, aos requisitos indiscutivelmente constitucionais, ou seja, àqueles que espelham efetivo princípio geral a ser observado por todas as pessoas federativas.

3. INSTRUMENTOS COMUNS

A alienação de bens públicos pode ser efetivada pelas formas de contratação adotadas no direito privado. Em todos os casos em que a Administração se socorrer desses meios, o contrato se caracterizará como de direito privado e as partes estarão niveladas no mesmo plano jurídico. Não incidem, pois, as cláusulas exorbitantes dos contratos administrativos.

Vejamos esses instrumentos.

3.1. Venda

A venda, ou a compra e venda, é o ajuste pelo qual alguém transfere sua propriedade a outrem mediante certo preço. A disciplina da compra e venda é própria do direito privado, tendo previsão no art. 481 do Código Civil.

A venda de bens públicos imóveis reclama a observância dos seguintes requisitos:

a)   autorização legislativa;

b)   interesse público devidamente justificado;

c)   avaliação prévia; e

d)   licitação, ressalvadas situações especiais contempladas na respectiva lei.

Em se tratando de bem imóvel, a licitação deve ser processada na modalidade de leilão (art. 76, I, da Lei nº 14.133/2021). No regime da Lei nº 8.666/1993, contudo, a modalidade era a concorrência, como anunciava o art. 17, I, desse diploma. Além disso, previa-se, como habilitação, o recolhimento da importância equivalente a 5% da avaliação (art. 18 da Lei nº 8.666), sendo

---

[134]   STF, ADI-MC nº 927, j. 3.11.1993.

1062 | MANUAL DE DIREITO ADMINISTRATIVO • *Carvalho Filho*

vedado que a Administração fixasse valor diverso.[135] No regime atual, foi suprimida a habilitação no leilão (art. 31, § 4º, da Lei nº 14.133) e nenhuma referência foi feita a recolhimento prévio.

A Lei nº 13.465, de 11.7.2017, que, entre outras matérias, trata da regularização de imóveis urbanos, dispensou expressamente o cumprimento dessas exigências para os fins de execução do programa de Regularização Fundiária Urbana – Reurb (art. 71). Portanto, nesses casos não será aplicável o art. 76, I, do Estatuto. O objetivo é claramente social, visando desburocratizar o processo. Mas, como sempre, caberá à União instituir um rígido controle para evitar fraudes e desvios de finalidade.

A licitação é *dispensada* em determinados casos ou por impossibilidade jurídica ou pela peculiaridade da alienação dos imóveis. Esses casos estão relacionados no art. 76, I, do Estatuto. As hipóteses tradicionais de dispensa são aquelas em que se trata de: (a) dação em pagamento; (b) doação; (c) permuta; (d) investidura; (e) venda a outro órgão da Administração (alíneas "a" a "e", do mesmo dispositivo). Nesta última hipótese, porém, a dispensa não inclui os serviços sociais autônomos, entidades que, como adiantamos em outra oportunidade, são pessoas de cooperação e não integram a Administração Pública.[136]

Posteriormente, foram incluídas outras hipóteses, todas com objetivos relacionados à *regularização fundiária*. Assim, haverá dispensa de licitação no caso de alienação gratuita ou onerosa de bens imóveis *residenciais* construídos ou efetivamente utilizados, dentro de *programas habitacionais*, e também de bens imóveis *de uso comercial* de âmbito local com área de até 250 m², em ambos os casos com observância de metas inseridas em programas de regularização fundiária de interesse social implementada pela Administração Pública (art. 76, I, "f" e "g", do Estatuto). A dispensa de licitação estende-se ainda à alienação de terras públicas rurais da União situadas na Amazônia Legal, relativamente a ocupações até o limite de 2.500 hectares, com o propósito de proceder à regularização fundiária (art. 76, I, "h", do Estatuto).

Ressalve-se que a dispensa da licitação não abrange apenas a alienação de imóveis, mas também o *aforamento*, a *concessão de direito real de uso*, a *locação* e a *permissão de uso*, sempre com os mesmos fins. No que tange à regularização fundiária de áreas federais da Amazônia Legal, a dispensa alcança a *alienação* e a *concessão de direito real de uso*.

Além desses, foi incluída também a hipótese atinente aos procedimentos com vistas à *legitimação de posse* prevista na Lei nº 6.383/1976. Nesse caso, a atribuição para a iniciativa e deliberação será dos órgãos administrativos aos quais foi conferida competência legal para a referida função (art. 76, I, "i", do Estatuto).

Seja como for, a dispensa de licitação deve obedecer a critérios rigidamente estabelecidos para evitar a alienação indiscriminada dos imóveis públicos, violando-se flagrantemente os princípios da impessoalidade e da obrigatoriedade de licitação, previstos, respectivamente, no *caput* e inciso XXI do art. 37 da CF.[137] A grande convulsão social no que tange à ocupação de áreas públicas e privadas, bem como à necessidade de proceder-se à regularização fundiária, tem permitido a alienação direta das áreas aos respectivos ocupantes, considerando-se verdadeiro caso de *inexigibilidade* de licitação por não envolver qualquer aspecto de competitividade ou de ofensa ao princípio da moralidade.[138] O mesmo fundamento foi adotado para a alienação de terras públicas rurais em relação aos ocupantes que já as vinham cultivando.[139]

---

[135] STJ, REsp 1.617.745, j. 22.10.2019.
[136] STJ, REsp 1.241.460, Min. BENEDITO GONÇALVES, em 8.10.2013.
[137] Nessa direção, v. STF, ADI 651, j. 8.8.2002.
[138] STF, ADI 2.990, j. 18.4.2007.
[139] STF, ADI 2.416, j. 20.6.2007.

Cap. 16 · BENS PÚBLICOS | **1063**

Cabe notar, a propósito, que, se o bem imóvel é indivisível, e a pessoa de direito público adquiriu fração ideal por meio de arrecadação em herança jacente, pode o condômino privado exercer seu direito potestativo de promover a extinção do condomínio pela alienação judicial do bem. Aqui incide o regime jurídico de direito privado, já que os bens dominicais podem ser alienados na forma que a lei prescrever (art. 101, Código Civil), de modo que dispensável será a autorização legislativa própria do regime de direito público.[140]

Quanto aos bens móveis, exigem-se os mesmos requisitos, mas, em virtude da natureza mobiliária dos bens, a autorização legislativa pode ser genérica, ou seja, referente aos bens móveis em geral, sem especificação, obrigando-se o administrador à observância dos demais requisitos. A licitação também é exigível, mas a modalidade mais comumente empregada é o leilão, menos formal que as demais modalidades licitatórias. Como é evidente, haverá alguns casos em relação aos quais a própria lei dispensará a licitação, como, por exemplo, a venda de produtos a outras entidades da Administração (art. 24, VIII, Lei nº 8.666/1993).

3.2. Doação

Doação é o ajuste em que o proprietário (doador) transfere a outrem (donatário) bem de seu patrimônio, a título de mera liberalidade. Esse tipo de contrato é também de direito privado, sendo regulado nos arts. 538 e seguintes do Código Civil.

A Administração pode fazer doação de bens públicos, mas tal possibilidade deve ser tida como excepcional e atender a interesse público cumpridamente demonstrado.[141] Qualquer violação a tais pressupostos espelha conduta ilegal e dilapidatória do patrimônio público. Embora não haja proibição constitucional para a doação de bens públicos, a Administração deve substituí-la pela concessão de direito real de uso, instituto pelo qual não há perda patrimonial no domínio estatal. Pode ocorrer que a legislação de determinada pessoa de direito público proíba a doação de bens públicos em qualquer hipótese. Se tal ocorrer, deve o administrador observar a vedação instituída para os bens daquela pessoa específica.

São requisitos para a doação de *bens imóveis* públicos: (a) autorização legal; (b) avaliação prévia; e (c) interesse público justificado.

Segundo dispõe o art. 76, I, "b", do Estatuto, a doação de imóveis somente é permitida quando for destinada a *"outro órgão ou entidade da administração pública, de qualquer esfera de governo"*. Essa restrição, como já vimos, aplica-se exclusivamente à União Federal. O fundamento consiste em que a legislação federal só pode dispor sobre *normas gerais* de contratação e licitação, e esse tipo de restrição não se enquadra nessa categoria normativa, como já decidido pela mais alta Corte.[142] Dessa maneira, nada impede que a legislação estadual, distrital ou municipal permita a doação para outra espécie de destinatários, como é o caso, por exemplo, de instituições associativas ou sem fins lucrativos, não integrantes da Administração.

Entretanto, o aludido dispositivo sofreu alterações, reduzindo-se a restrição já mencionada em ordem a admitir-se a doação a particulares quando se tratar de programas habitacionais ou de regularização fundiária. Essa parte final caracteriza-se perfeitamente como *norma geral*, e não *específica*: não está voltada apenas para a União. Consequentemente, mesmo se omissa a respeito a legislação estadual, distrital ou municipal, será legítima a doação de imóveis a particulares se tiver por alvo um daqueles objetivos de caráter social.

---

[140] STJ, REsp 655.787, Min. TEORI ZAVASCKI, em 9.8.2005.

[141] HELY LOPES MEIRELLES, ob. cit., p. 445.

[142] STF, ADI-MC 927, j. 3.11.1993.

1064 | MANUAL DE DIREITO ADMINISTRATIVO • *Carvalho Filho*

Segundo dispõe o art. 76, § 2º, do Estatuto de Licitações e Contratos, os imóveis objeto de doação devem reverter ao patrimônio da entidade doadora no caso de cessarem as razões que justificaram a doação. A norma exige interpretação conforme a Constituição de modo a alcançar apenas as doações efetuadas pelo governo federal, tendo em vista seu caráter de *norma específica*. Por via de consequência, podem os demais entes federativos dispor, em legislação própria, sobre a reversão dos bens doados e outros aspectos relacionados à doação de seus imóveis.

A doação de *bens móveis* públicos depende de avaliação prévia, mas dispensa a autorização legal. Não obstante, é admissível exclusivamente para fins de interesse social, sendo necessário que a Administração examine os fatores de conveniência e oportunidade socioeconômica pelos quais se conclua ser a doação mais adequada do que outras formas de alienação (art. 76, II, "a", do Estatuto). Esse dispositivo também foi caracterizado como norma específica, e não geral, de modo que sua incidência ficou restrita ao âmbito da Administração federal. Entretanto, pelos termos que delineiam o dispositivo, a objeção, com a devida vênia, não procede, e isso porque, em última análise, o critério de conveniência e oportunidade socioeconômica sempre será o elemento inspirador da legislação de cada ente federativo, quando regular os casos de doação. Portanto, trata-se, no fundo, de *norma geral* a ser observada por todas as pessoas da federação.

Pela natureza do negócio jurídico, a doação, como regra, é objeto de *dispensa de licitação* tanto para bens móveis como para bens imóveis (art. 76, I e II, do Estatuto). No entanto, a doação *com encargo* deve ser precedida de licitação, além de ser exigido que no respectivo instrumento convocatório constem, obrigatoriamente, os encargos, o prazo de cumprimento e a cláusula de reversão do bem ao patrimônio público; a ausência de tais elementos provoca a nulidade do ato (art. 76, § 6º, do Estatuto). A lei, todavia, dispensa a licitação no caso de *interesse público devidamente justificado*. A ressalva, segundo alguns, é inconstitucional por ofensa ao art. 37, XXI, da CF, pelo qual somente a lei terá idoneidade de ressalvar os casos de dispensa de licitação, exigindo-se, pois, a edição de lei própria editada pelos entes federativos.[143] Não abonamos, com a devida vênia, tal entendimento. Na verdade, a lei a que se refere o texto constitucional é a própria Lei nº 14.133/2021 e a esta coube indicar a hipótese de dispensa em foco, delegando à Administração a função de avaliar a conveniência e justificar expressa e detidamente sua opção; se abuso houver, apurar-se-ão as devidas responsabilidades.[144]

3.3. Permuta

Permuta é o contrato em que um dos contratantes transfere a outrem bem de seu patrimônio e deste recebe outro bem equivalente. Há uma troca de bens entre os permutantes. A permuta tem previsão no art. 533 do Código Civil.

A Administração também pode, em certas e especiais situações, celebrar contrato de permuta de bens. Os bens dados em permuta eram públicos e passam a ser privados; os recebidos se caracterizavam como privados e passaram a ser bens públicos. Na verdade, a permuta implica uma alienação e uma aquisição simultâneas.

Exige-se para a permuta de bens públicos:

a) autorização legal;

b) avaliação prévia dos bens a serem permutados; e

c) interesse público justificado.

---

143 MARÇAL JUSTEN FILHO, *Comentários* cit., 9. ed., 2002, p. 186-187.

144 Também: JESSÉ TORRES PEREIRA JUNIOR, *Comentários*, cit., 5. ed., 2002, p. 210.

Cap. 16 · BENS PÚBLICOS | 1065

A licitação é normalmente dispensada, porque a relação jurídica na permuta atende à situação especial da Administração e do administrado permutante. Na esfera federal, a dispensa de licitação na permuta, quando se trata de imóveis, deve atender à necessidade de instalação de algum serviço em local de maior conveniência (art. 76, I, "c", do Estatuto).

3.4. Dação em Pagamento

Nos termos do art. 356 do Código Civil, *"o credor pode consentir em receber prestação diversa da que lhe é devida"*. Convergindo as vontades para esse fim, o negócio jurídico se regulará pelas disposições da compra e venda (art. 357, Código Civil).

O Código de 1916 tinha redação um pouco diversa: admitia que o credor recebesse, em substituição da prestação devida, coisa diversa *que não fosse dinheiro (art. 995)*. O Código vigente não foi tão restritivo: basta que o devedor substitua o objeto original da obrigação. Assim, pode haver substituição: (a) de dinheiro por coisa (*rem pro pecuni*); (b) de coisa por coisa (*rem pro re*); (c) de uma coisa por obrigação de fazer.[145] Parece, pois, que, à luz do novo Código, legítima será a *datio in solutum* até mesmo em dinheiro, se, por exemplo, for diverso o objeto da obrigação inicialmente ajustada.

Pode ocorrer que a Administração seja devedora de alguma importância e que o credor aceite receber bem público como forma de quitação do débito. Essa forma de alienação de bem público será viabilizada pela dação em pagamento.

São requisitos para a dação em pagamento:

a)   autorização legal;

b)   avaliação prévia do bem público a ser transferido; e

c)   demonstração de interesse público na celebração desse tipo de acordo.

Pela particularidade do ajuste, e tendo em vista a determinação prévia do credor, é inexigível a licitação, já que inviável o regime de competição na hipótese.

4. INSTRUMENTOS ESPECÍFICOS

Além dos instrumentos comuns já estudados, cuja disciplina é encontrada, basicamente, no direito privado, existem formas alienativas de bens públicos consumadas por instrumentos próprios de direito público.

Examinemos esses mecanismos.

4.1. Concessão de Domínio

Concessão de domínio é o instrumento de direito público pelo qual uma entidade de direito público transfere a outrem, gratuita ou remuneradamente, bem público de seu domínio.

O núcleo dessa forma alienativa é o mesmo da compra e venda e da doação, conforme a concessão seja remunerada ou gratuita. Mas, diferentemente delas, não tem fisionomia contratual típica, porque o ajuste é previsto especificamente para o direito público. Esse tipo de alienação remonta à época das concessões de sesmaria e das concessões de data, instrumentos pelos quais a Coroa ia transferindo a particulares áreas a ela pertencentes. Posteriormente, com o advento da República, as terras devolutas tiveram o domínio traspassado para Estados, os quais por sua vez transferiram parte delas para Municípios.

---

[145]   SÍLVIO DE SALVO VENOSA, *Direito civil*, Atlas, v. II, 3. ed., 2003, p. 286.

1066 | MANUAL DE DIREITO ADMINISTRATIVO • *Carvalho Filho*

Quando a concessão de domínio tem como destinatária pessoa estatal, formaliza-se pela própria lei e independe de transcrição imobiliária. Se a transferência é para pessoa privada, deve formalizar-se por escritura pública ou termo administrativo e exigirá transcrição no competente Registro de Imóveis.[146]

A concessão de domínio reclama lei específica de transferência ou de autorização para esse fim. A CF, no art. 188, § 1º, prevê a necessidade de anuência do Congresso Nacional para a alienação ou concessão de terras públicas, à pessoa física ou jurídica, com área superior a 2.500 hectares.

Pela fisionomia de que se reveste, a concessão de domínio, como instrumento de direito público, guarda mais consonância com a transferência de bens entre pessoas estatais. Quando a destinatária é pessoa de direito privado, o negócio jurídico mais se assemelha à doação, ou à compra e venda, se for ajustado preço.

Não obstante, a Lei nº 14.133/2021 (Estatuto de Licitações e Contratos) não distingue as hipóteses. No art. 76, § 3º, o Estatuto prevê o que denomina de "*concessão do título de propriedade*" de imóveis, que nada mais é do que a concessão de domínio. Tal forma de alienação pode ser feita: (a) a outra pessoa administrativa ou órgão público; (b) a pessoa física que tenha cumprido os requisitos mínimos de cultura, ocupação mansa e pacífica e exploração direta sobre área rural, sempre dentro de alguns limites de extensão territorial.

Considerando a especificidade de tais situações, a lei admitiu a *dispensa de licitação* para a transferência do bem imóvel, permitindo-se, então, à Administração a escolha, de certo modo discricionária, do beneficiário.

Para a segunda hipótese, porém, a lei, além da dispensa de licitação, estabeleceu a *dispensa de autorização legislativa*, embora tenha fixado algumas condições para a celebração do ajuste (art. 76, § 4º, do Estatuto). Entre elas podem citar-se: (a) a exigência de que se trate de área rural, para a qual inexista vedação ou impedimento para atividades agropecuárias; (b) seja observado o limite territorial fixado em lei. Em áreas superiores ao limite legal, a lei veda a dispensa de licitação, e o faz por motivo óbvio, qual seja, o de impedir que extensas glebas públicas sejam indevidamente transferidas a particulares, com inevitável lesão ao patrimônio público.

4.2. Investidura

O Estatuto de Licitações e Contratos (Lei nº 14.133/2021) define a investidura como sendo a alienação aos proprietários de imóveis lindeiros de área remanescente ou resultante de obra pública, quando esta se tornar inaproveitável isoladamente, por preço nunca inferior ao da avaliação, e desde que o preço não ultrapasse a determinado valor (art. 76, § 5º).

Os aspectos dessa forma alienativa são claros. Em virtude de obra pública, surge área remanescente que, tomada isoladamente, não pode ser aproveitada. Manter essa nesga de terra seria inócuo e improdutivo. A lei, então, admite a alienação dessa área aos titulares de propriedades contíguas, beneficiando-os com a ampliação de seu domínio. Esse é o objetivo da investidura.

Exige-se avaliação prévia da área a ser transferida e preço não superior ao que a lei estabelece. Em algumas ocasiões, o Poder Público permite que o pagamento da área seja feito pelo proprietário em parcelas, tudo conforme o que for decidido em cada caso pela Administração.

Exemplo típico de investidura ocorre quando a Administração implementa novos projetos urbanos e alteração do traçado de alinhamento, remanescendo áreas contíguas a propriedades privadas.[147]

---

[146] HELY LOPES MEIRELLES, ob. cit., p. 448.
[147] Cf. CRETELLA JÚNIOR (*Dicionário*, cit., p. 310).

Cap. 16 • BENS PÚBLICOS | 1067

Além da investidura clássica, o Estatuto insere no instituto a alienação, ao legítimo possuidor direto, ou, em caso de falta, ao Poder Público, de imóvel para fins residenciais construído em núcleo urbano anexo a usina hidrelétrica, com a condição de ser considerado dispensável na fase de operação da usina e de não integrar a categoria de bens reversíveis ao final da concessão (art. 76, § 5º, II).

4.3. Incorporação

Incorporação é a forma alienativa pela qual o Estado, ao instituir entidade administrativa privada, faz integrar no seu capital dinheiro ou bens móveis ou imóveis.[148]

Como se trata de incorporação no capital, tais pessoas devem ter natureza societária, como é o caso das empresas públicas e sociedades de economia mista. Para legitimar-se, a incorporação deve ter autorização legal, normalmente da lei que autoriza a instituição da entidade, e registro nos assentamentos desta. Tratando-se de imóveis, deve regularizar-se a transmissão da propriedade com o registro imobiliário do documento formal em que se consumou, acompanhada da lei autorizadora. Observe-se que a Lei nº 6.015/1973 (Registros Públicos), prevê expressamente o registro *da transferência de imóvel à sociedade, quando integrar cota social* (art. 167, I, nº 32).

4.4. Retrocessão

Já tivemos a oportunidade de estudar o instituto da retrocessão no capítulo da desapropriação.

O instituto tem lastro no art. 519 do Código Civil (art. 1.150, do antigo Código) e por ele a entidade que processou a desapropriação do bem oferece-o de volta ao ex-proprietário, pagando o preço atual, isso quando o bem não tiver o destino para o qual fora preordenado, ou se não houver sua utilização em obras e serviços públicos.

Consumando-se a retrocessão, a hipótese também implica alienação de bem público. Antes da desapropriação, o bem era privado. Com a desapropriação, transformou-se em bem público, eis que passou a integrar o patrimônio do expropriante (sendo este, é óbvio, pessoa de direito público). Com a retrocessão, o bem volta ao ex-proprietário privado, o que significa que estará ele sendo objeto de alienação.

Pela natureza de que se reveste, não há necessidade de lei especial, porquanto a lei civil já prevê expressamente o instituto. Dispensável também é a avaliação prévia, porque o preço a ser pago corresponde ao da indenização recebida pelo expropriado. Desnecessária, por fim, a licitação, porque o ex-proprietário é pessoa certa e determinada, sendo inviável, por conseguinte, o regime de competição.[149]

4.5. Legitimação de Posse

Legitimação de posse é o instituto através do qual o Poder Público, reconhecendo a posse legítima do interessado e a observância dos requisitos fixados em lei, transfere a ele a propriedade de área integrante do patrimônio público.

A expressão *legitimação de posse* é imprópria. O Poder Público não se limita a julgar legítima a posse do interessado. Reconhecendo a posse, e presentes os requisitos legais, procede à *regularização fundiária*, legitimando a ocupação por um período e, subsequentemente,

---

[148] DIÓGENES GASPARINI, ob. cit., p. 522.
[149] Com o mesmo entendimento, DIÓGENES GASPARINI, ob. cit., p. 523.

1068 | MANUAL DE DIREITO ADMINISTRATIVO • *Carvalho Filho*

efetivando a alienação com vistas à transferência do domínio para o possuidor. Por isso, o instituto retrata uma das condições para a alienação de bens públicos.

A Constituição de 1967 previu a legitimação de posse no art. 171, já admitindo, na forma da lei reguladora, que o titular da posse teria preferência na aquisição da área. O mandamento constitucional foi regulamentado pela Lei nº 6.383, de 7.12.1976 (discriminação de terras devolutas federais), a qual estabeleceu vários requisitos para a configuração do instituto. Em primeiro lugar, a lei criou uma licença de ocupação por um prazo máximo de quatro anos (licença de ocupação) (art. 29, § 1º). Depois desse prazo, previu a transferência da propriedade, desde que cumpridas algumas exigências relativas à extensão da área, à atividade e à moradia do possuidor.

A legitimação de posse tem caráter eminentemente social e visa atender pessoas que explorem diretamente o cultivo das áreas públicas e nelas estabeleçam a sua moradia, sendo vedado qualquer fim especulativo. Assim, satisfeitas as condições legais, e decorrido o prazo da licença de ocupação, o interessado recebe o título de domínio.[150]

Apenas à guisa de esclarecimento, para evitar confusão com institutos diferentes, embora dotados da mesma nomenclatura, é mister explicar que a Lei nº 13.465, de 11.7.2017, previu o instrumento da legitimação de posse para fins de regularização fundiária (Reurb). Não obstante, a lei deixa expresso que *"A legitimação de posse não se aplica aos imóveis urbanos situados em área de titularidade do poder público"* (art. 25, § 2º). Consequentemente, o instrumento em foco só incide sobre imóveis públicos *rurais*. Pode - é verdade - aplicar-se a imóveis privados, mas nesse caso inexistirá alienação de bem público.

4.6. Legitimação Fundiária

A já citada Lei nº 13.465, de 11.7.2017 (Regularização Fundiária Urbana – Reurb) instituiu nova ferramenta de alienação de bens públicos, a que denominou de *legitimação fundiária*, cujo perfil é praticamente o mesmo que reveste a legitimação de posse. Constitui forma de aquisição do direito de propriedade, que beneficia aquele que detiver em área pública ou possuir em área privada, como sua, unidade imobiliária com destinação urbana (art. 23).

A natureza do instrumento é a de direito real de propriedade e a transferência se consuma mediante forma originária de aquisição da propriedade. O objetivo é a regularização fundiária urbana (Reurb), conferindo legitimidade à propriedade e segurança aos ocupantes, ao passo que a característica do imóvel é a de ser integrante de núcleo urbano informal consolidado até 22.12.2016. O núcleo urbano informal é considerado aquele clandestino, irregular ou insuscetível de titulação aos ocupantes, mesmo com atendimento das exigências pertinentes. Quando o aglomerado é de difícil reversão, denomina-se núcleo urbano informal consolidado (art. 11, II e III).

São condições para fazer jus ao instrumento: (a) o beneficiário não ser concessionário, foreiro ou proprietário exclusivo de imóvel urbano ou rural; (b) não ter sido contemplado com legitimação de posse ou fundiária de imóvel urbano com a mesma finalidade; (c) no caso de imóvel não residencial, o reconhecimento pelo Poder Público do interesse público da ocupação (art. 23, § 1º). O efeito da legitimação consiste na aquisição da unidade imobiliária livre e desembaraçada de quaisquer ônus, direitos reais, gravames ou inscrições anteriores (art. 23, § 2º).

Quanto ao aspecto federativo, dispõe a lei que, no que toca à regularização fundiária de interesse social (Reurb-S) de imóveis públicos, a União, os Estados, o Distrito Federal e os Municípios, e as entidades da administração indireta, quando titulares do domínio, têm

---

[150] A respeito, consulte-se MARIA SYLVIA DI PIETRO, ob. cit., p. 381-382.

Cap. 16 · BENS PÚBLICOS | **1069**

competência para reconhecer o direito de propriedade em favor dos ocupantes do núcleo urbano informal já regularizado por meio da legitimação fundiária (art. 23, § 4º). É importante registrar que cada ente federativo é dotado de autonomia, de modo que a cada um deles cabe disciplinar os mecanismos de alienação dos respectivos imóveis.

A Lei nº 13.465/2017 alimenta, ainda, o fomento à política urbana municipal. De fato, consoante o art. 24, os Municípios podem utilizar a legitimação fundiária e outros instrumentos previstos na lei, para o fim de conferir propriedade aos ocupantes, nos casos previstos na Lei nº 11.952/2009, que dispõe sobre a regularização fundiária no âmbito da Amazônia Legal. Em diversos Municípios, a desordem urbana apresenta situações de munícipes ocupando áreas do domínio público há muitos anos, sem que os entes titulares tenham exercido a devida fiscalização. Nesses casos, fixados determinados critérios, o mais justo é implementar a regularização urbanística mediante a legitimação fundiária.

X. Espécies de Bens Públicos

1. TERRAS DEVOLUTAS

O regime das *terras públicas* sofreu grandes mutações desde a descoberta do Brasil. De início, todas as terras pertenceram à Coroa Portuguesa: foi uma aquisição originária, decorrente do *direito de conquista*, que vigorava à época. O domínio, de natureza estatal, passou sucessivamente ao Brasil-Império e ao Brasil-República.

Na evolução do regime, muitas áreas públicas foram sendo transferidas a particulares, malgrado fossem desordenados e não muito bem definidos os critérios para a privatização do domínio imobiliário. Os instrumentos mais conhecidos foram as *concessões de sesmaria*, assemelhadas à atual doação com encargos, outorgadas no sistema das capitanias hereditárias e, logo depois, pelos governadores gerais, e as *concessões de data*, pelas quais as municipalidades transferiam a propriedade de áreas nas cidades e povoados para construção de benfeitorias particulares. Como regra, tais concessões eram outorgadas a título gratuito.[151]

Foi a Lei Imperial nº 601, de 18.9.1850 (Lei de Terras), que se incumbiu de definir as *terras devolutas*, exigindo que sua alienação se desse por venda, e não mais gratuitamente, ressalvadas algumas áreas situadas em zonas limítrofes com outros países. Por outro lado, revalidou as concessões anteriores, regulou a legitimação de posses e criou o processo de discriminação de terras públicas e particulares. Por força da disciplina que estabeleceu, a citada lei é considerada como o diploma fundamental para a organização das terras públicas e privadas. Não é, portanto, desarrazoada a regra segundo a qual toda terra, sem título de propriedade particular, se insere no domínio público.[152]

Terras devolutas são as áreas que, integrando o patrimônio das pessoas federativas, não são utilizadas para quaisquer finalidades públicas específicas. Esse conceito foi dado pela já referida Lei Imperial nº 601, de 1850, ao regularizar o sistema dominial, distinguindo o público do privado. O Decreto-lei nº 9.760/1946 as caracteriza como as terras *não aplicadas a algum uso público federal, estadual ou municipal*, incluindo também as das faixas de fronteira.[153] Em

---

[151] CRETELLA JUNIOR, *Bens públicos*, cit., p. 292, invocando RODRIGO OTÁVIO e sua obra *Do domínio da União e dos Estados* (1924). Sobre o tema, vide JOSÉ EDGAR PENNA AMORIM PEREIRA, *Perfis constitucionais das terras devolutas*, Del Rey, 2003, p. 13-32.

[152] HELY LOPES MEIRELLES, ob. cit., 29. ed., p. 521, com lastro na obra de J. O. LIMA PEREIRA, *Da propriedade no Brasil* (1932).

[153] Art. 5º. As terras devolutas em fronteiras são reguladas pelo Decreto-lei nº 2.375, de 24.11.1987.

1070 | MANUAL DE DIREITO ADMINISTRATIVO • *Carvalho Filho*

outras palavras, trata-se de áreas sem utilização, nas quais não se desempenha qualquer serviço administrativo, ou seja, não ostentam serventia para uso pelo Poder Público.

O termo *devolutas* origina-se do latim *devolutu*, particípio do verbo *devolvere*, cujo sentido é o de *despenhar, precipitar, rolar de cima, afastar-se*. Daí, o termo *devoluto* passou ao sentido de *devolvido, adquirido por devolução, vago, desocupado*. Ao ser absorvida na linguagem técnico-jurídica, a expressão passou a indicar as terras que *"se afastam do patrimônio das pessoas jurídicas públicas sem se incorporarem, por qualquer título, ao patrimônio dos particulares"*.[154]

As terras devolutas fazem parte do domínio terrestre da União, dos Estados, do Distrito Federal e dos Municípios e, enquanto devolutas, não têm uso para serviços administrativos. Por serem bens patrimoniais com essas características, tais áreas enquadram-se na categoria dos *bens dominicais*.

Essas terras, como já acentuamos, pertenciam originariamente à Coroa e, depois, ao Império, até que sobreveio a República. Tendo esta adotado o regime da federação, as terras devolutas passaram aos Estados-membros, reservando-se à União somente as áreas em que estivesse presente o interesse nacional, como as áreas de fronteiras com outros países e as necessárias à segurança nacional (art. 64, Constituição de 1891). Os Estados, por sua vez, transferiram a muitos Municípios parte de suas terras devolutas, formando-se o atual regime dominial. Sendo assim, tanto a União como os Estados e Municípios possuem terras devolutas.

A regra, todavia, é que pertençam aos Estados. A CF atribuiu à União as *"terras devolutas indispensáveis à defesa das fronteiras, das fortificações e construções militares, das vias federais de comunicação e à preservação ambiental, definidas em lei"* (art. 20, II). Para os Estados, foram reservadas *"as terras devolutas não compreendidas entre as da União"* (art. 26. IV). A conjugação dessas normas demonstra que apenas algumas terras devolutas continuaram sob o domínio da União, pertencendo aos Estados todas as demais. Em outra vertente, porém, é nula a transmissão de terra devoluta feita por Estado-membro a terceiro, se a área nunca lhe havia pertencido. A nulidade atinge tanto os negócios primitivos como os subsequentes.[155]

Não é difícil perceber, contudo, que, pela forma como foram transferidas as propriedades, muitos conflitos surgiram. Para solucioná-los, foi editada a Lei nº 6.383, de 7.12.1976, que, além de prever uma fase administrativa prévia, contempla a *ação discriminatória*, cujo desfecho é o de definir as linhas demarcatórias do domínio público e privado.

Muita divergência marcou a questão da *prova* no que toca à discussão sobre a propriedade. Para uma corrente, todas as terras deveriam ser, por presunção, consideradas públicas, devendo o interessado comprovar que foram transferidas para o domínio privado mediante algum título hábil. O art. 5º do Decreto-lei nº 9.760/1946 fez referência a vários desses títulos alienativos, como a sentença judicial, a lei, a posse incontestada e com justo título por mais de 20 anos, a posse sem título por mais de 30 anos e outros documentos comprobatórios de alienação, concessão ou reconhecimento estatal. Para outra corrente, a presunção haveria de militar em favor do particular, devendo o Poder Público comprovar sua propriedade. O ponto comum nesses entendimentos reside na natureza da presunção: sempre se tratará de presunção relativa (*iuris tantum*), que, como sabido, pode ser elidida por prova contrária. O próprio STF decidiu ora de acordo com uma, ora com outra das correntes. Em nosso entender, porém, melhor é a primeira corrente. Se as terras eram originariamente públicas, passando ao domínio privado pelas antigas concessões de sesmarias e de datas, parece-nos lógico que os particulares é que

---

[154] É a exata lição de CRETELLA JUNIOR, *Bens públicos*, cit., p. 292.
[155] STF, ACO 478, Min. DIAS TOFFOLI, j. 5.8.2015.

Cap. 16 · BENS PÚBLICOS | 1071

precisam demonstrar, de algum modo, a transferência da propriedade.[156] Não obstante, tem dominado o pensamento contrário, segundo o qual cabe ao Estado provar a sua propriedade no caso de ausência de registro imobiliário.[157]

A hesitação, porém, se justifica pela circunstância de que a característica mais significativa das terras devolutas reside na *indeterminação física do bem*, ou seja, tais áreas não são determinadas, mas sim *determináveis*. Resulta que a determinação dessas áreas deverá ser obtida pela ação discriminatória regulada pela Lei nº 6.383/1976. Irreparável, por conseguinte, a seguinte conclusão: *"Esse traço aponta a dificuldade em caracterizar a natureza jurídica do vínculo existente entre a União e seu patrimônio devoluto como um direito de propriedade traçado no Código Civil".*[158]

2. TERRENOS DE MARINHA

Terrenos de marinha são as áreas que, banhadas pelas águas do mar ou dos rios navegáveis, em sua foz, se estendem à distância de 33 metros para a área terrestre, contados da linha do preamar médio de 1831. A definição inicial dos terrenos de marinha foi dada pelo Aviso Imperial de 12.7.1833, e por isso a referência ao preamar médio de 1831. O Decreto-lei nº 9.760/1946 também define essas áreas e faz menção ao preamar da mesma época (art. 2º).

Os terrenos de marinha pertencem à União por expresso mandamento constitucional (art. 20, VII, CF), justificando-se o domínio federal em virtude da necessidade de defesa e de segurança nacional. Caracterizam-se, pois, como bens públicos e sobre eles incidem todas as prerrogativas inscritas no direito positivo. Diante dessa premissa, está consolidada a jurisprudência segundo a qual os registros de propriedade particular de imóveis em terrenos de marinha não são oponíveis à União.[159] Apesar disso, se a União não providenciou a demarcação da área de marinha pelo procedimento administrativo próprio, como exige o Decreto-lei nº 9.760/1946, pode o Judiciário decretar o usucapião do imóvel, eis que o jurisdicionado não pode ficar à mercê de atividade discricionária futura e incerta da Administração.[160]

Entretanto, algumas áreas dos terrenos de marinha se tornaram urbanas ou urbanizáveis por aquiescência do Governo Federal, passando a ser permitido o uso privado. No que concerne às construções e edificações particulares, incidem regularmente as normas próprias editadas pelos Estados e pelos Municípios, estes, inclusive, dotados de competência urbanística local por preceito expresso na Constituição (art. 30, VIII).

Como essas áreas pertencem à União, o uso por particulares é admitido pelo regime da *enfiteuse*, pelo qual, como vimos, a União, na qualidade de senhorio direto, transfere o domínio útil ao particular, enfiteuta, tendo este a obrigação de pagar anualmente importância a título de *foro* ou *pensão* e de pagar também, ao momento de transferência onerosa do domínio útil ou cessão de direitos por ato *inter vivos*, o *laudêmio*, quando o senhorio não exercer a preferência. Reitere-se que, no que concerne à União, o laudêmio é de 5% sobre o valor atualizado do domínio pleno do terreno, excluídas as benfeitorias (art. 3º, Decr.-lei nº 2.398/1987). O fato gerador do laudêmio é o registro do imóvel no cartório de Registro de Imóveis, e isso por ser o momento

---

[156] Essa é também a opinião de MARIA SYLVIA DI PIETRO, ob. cit., p. 408.

[157] STJ, REsp 964.223, j. 18.10.2011; Ag. 514.921, j. 17.11.2005; REsp 113.255, j. 10.4.2000.

[158] NILMA DE CASTRO ABE, no trabalho intitulado O domínio da União sobre terras devolutas (*RTDP* nº 31, p. 216-223, 2000).

[159] Súmula nº 496, STJ (2012).

[160] STJ, REsp 1.090.847, Min. LUÍS FELIPE SALOMÃO, em 23.4.2013.

1072 | MANUAL DE DIREITO ADMINISTRATIVO • *Carvalho Filho*

em que ocorre a transferência do domínio útil relativo ao direito de propriedade.161 Conforme já comentamos precedentemente, embora excluído o instituto da enfiteuse do vigente Código Civil, foi feita a ressalva do instituto em relação aos terrenos de marinha, em ordem a que essa matéria seja suscetível de regulação por lei especial (art. 2.038, § 2º).

O Decreto-lei nº 3.438, de 17.07.1941, que dispõe sobre os terrenos de marinha, prevê, para estes e seus acrescidos, o regime enfitêutico, excepcionando os necessários aos logradouros e serviços públicos (art. 4º). Entretanto, a já citada Lei nº 13.240, de 30.12.2015, alterando o dispositivo, criou nova exceção, afastando a enfiteuse também quando houver disposição de lei em contrário. Assim, no primeiro caso teremos *exceções fáticas*, ao passo que no segundo a lei passou a contemplar *exceções jurídicas*.

O Decreto-lei nº 9.760/1946, além da enfiteuse, prevê ainda a figura da *ocupação* para legitimar o uso de terras públicas federais, inclusive a dos terrenos de marinha, em favor daqueles que já as venham ocupando há determinado tempo. Para tanto, a lei prevê o cadastramento de tais ocupantes pela SPU (Secretaria de Patrimônio da União) e o pagamento da *taxa de ocupação*. O ato administrativo de ocupação, porém, é discricionário e precário, de modo que a União, se precisar do imóvel, pode promover a sua desocupação sumária, sem que o ocupante tenha direito à permanência. A matéria está disciplinada nos arts. 127 a 132 do Decreto-lei nº 9.760/1946. Como já dissemos, a ocupação indevida de bens públicos representa detenção, de natureza precária, insuscetível de retenção ou indenização por acessões e benfeitorias.[162]

O direito à cobrança da taxa de ocupação pela União não é perpétuo. Dispõe a lei que o crédito originado da receita patrimonial se submete à *decadência* no prazo de dez anos para a *constituição do crédito*, e à *prescrição* de cinco anos para sua *exigência*, contado o prazo a partir do lançamento (art. 47, Lei nº 9.636/1998). Significa, pois, que, ultrapassados tais prazos, fica a Fazenda federal impedida de cobrar a referida taxa do ocupante do terreno público. Antes da vigência da Lei nº 9.636/1998, inexistia legislação específica regulando a matéria, o que gerou divergências quanto ao prazo prescricional para a cobrança da taxa. Prevaleceu, todavia, a interpretação segundo a qual deve aplicar-se o Decreto nº 20.910/1932, que fixa em cinco anos a prescrição contra a Fazenda, e não o Código Civil, eis que se trata de matéria de Direito Administrativo, e não de Direito Civil.[163]

A taxa de ocupação é suscetível de atualização monetária, sendo o critério de reajuste estabelecido no art. 1º do Decreto-lei nº 2.398/1987. De acordo com esse dispositivo, o cálculo da taxa é efetuado com base no valor do domínio pleno do terreno, atualizado pelo órgão responsável pelo patrimônio da União – no caso, a SPU (Secretaria do Patrimônio da União). Conquanto haja aqui e ali alguma divergência, esse é o critério que deve ser observado para a atualização, como já consolidado pela jurisprudência.[164]

Outra divergência diz respeito à necessidade de intimação do ocupante para ciência da atualização do valor da taxa, em observância ao contraditório previsto na Lei nº 9.784/1999, tese defendida por alguns intérpretes. A alegação, com a devida vênia, não procede. Se a lei já fixa o critério de reajuste, a Administração pode executá-la de ofício, exercendo seu poder de autoexecutoriedade administrativa. Além disso, é preciso ter em conta que, no caso, inexiste qualquer relação de natureza conflituosa, sendo, pois, dispensável a garantia da ampla defesa e do contraditório.[165]

---

[161] STJ, REsp 1.833.609, j. 8.11.2022.
[162] STJ, Súmula 619 (2018).
[163] STJ, EREsp 961.064, j. 10.6.2009, e AgRg.no REsp 1.071.126, j. 19.8.2010.
[164] Vide STJ, REsp 1.146.556, j. 9.2.2010, e REsp 1.161.439, j. 10.12.2009.
[165] O STJ consolidou essa interpretação: REsp 1.158.545, j. 14.9.2010, e REsp 1.152.269, j. 11.5.2010.

Cap. 16 · BENS PÚBLICOS | 1073

Uma vez discriminados os terrenos de marinha na SPU, com base na legislação específica, somente por ação judicial podem ser descaracterizados. Por isso, o STJ considerou exigível a taxa de ocupação (e, por via de consequência, legítima a caracterização de área como terreno de marinha) mesmo diante de negócio jurídico de doação em que figurava como doador o Estado do Rio Grande do Sul e donatário o interessado que se julgava proprietário do imóvel. O Tribunal considerou que a inscrição do título do registro de imóvel espelha presunção *juris tantum*, não afastando, desse modo, a titularidade do imóvel em favor da União.[166] No caso, há a inversão do ônus da prova, cabendo ao interessado promover a ação para o fim de anular o ato administrativo de imposição da taxa de ocupação e validar seu título de propriedade.[167]

No caso de transferência ou cessão de direito de uso, que depende da decisão discricionária da Administração federal, não pode haver cobrança de *laudêmio*. Essa figura é própria da enfiteuse, e somente nesta há opção de preferência do proprietário enfiteuta para a retomada do domínio útil do imóvel. Qualquer cobrança desse tipo suscita correção judicial em favor do ocupante.[168] A matéria, todavia, desperta grande controvérsia, havendo julgados que entendem legítimo o laudêmio – posição que não nos parece a melhor, levando-se em conta a natureza do instituto.[169] O STJ parece ter consolidado esta última interpretação, decidindo: a) a inexistência de registro imobiliário da transação (contratos de gaveta) não impede a caracterização do fato gerador do laudêmio; b) o termo inicial do prazo para a constituição dos créditos relativos ao laudêmio é a data em que a União toma conhecimento do fato gerador (art. 47, § 1º, da Lei 9.636/1998), e não a do negócio jurídico entre os particulares.[170]

A demarcação dos terrenos de marinha obedece a procedimento específico previsto no Decreto-lei nº 9.760/1946. Inicia-se com a realização, pela SPU, de *audiência pública* no órgão legislativo dos Municípios onde se localizar a área a ser demarcada, com ampla divulgação, e nela são colhidos plantas, documentos e outros dados relativos aos terrenos e fornecidas informações sobre o processo. O Município será notificado, com antecedência de 30 dias da data da audiência, para apresentar os elementos documentais pertinentes às áreas (art. 11, §§ 1º a 4º). Após os trabalhos técnicos, será determinada a posição da linha demarcatória. A SPU fará, então, a notificação *pessoal* dos interessados *certos*,[171] tanto nas áreas urbanas quanto nas rurais, cabendo ao Município ou ao Incra fornecer a relação dos inscritos nos respectivos cadastros imobiliários (art. 12-A). Os interessados *incertos* serão notificados *por edital* (art. 12-B). Improvida eventual impugnação ao ato demarcatório, cabe recurso com efeito suspensivo ao Secretário de Patrimônio da União; contra a decisão deste, cabe recurso, sem efeito suspensivo, ao Ministro de Estado do Planejamento, Desenvolvimento e Gestão (arts. 13 e 14).

Acresce, ainda, anotar que a EC 46/2005, modificativa do art. 20, IV, da CF, pela qual se alterou o regime dominial federal em ilhas costeiras, como se verá adiante, não interferiu nos outros bens federais relacionados nos demais incisos do art. 20, de modo que os terrenos de marinha, a despeito de algum questionamento, continuam pertencendo à União, *ex vi* do art. 20, VII, da CF.[172]

---

[166] STJ, REsp 1.183.546, j. 8.9.2010, e REsp 409.303, j. 27.8.2002.

[167] Art. 47 da Lei nº 9.636/1998, com a redação da Lei nº 10.852, de 29.3.2004.

[168] STJ, REsp 1.190.970, j. 15.6.2010, e REsp 926.956, j. 3.12.2009.

[169] STJ, REsp 1.214.683, j. 13.4.2011, e REsp 1.143.683, j. 3.8.2010.

[170] STJ, REsp 1.951.346, j. 10.5.2023.

[171] Com a notificação pessoal, superou-se a inconstitucionalidade da notificação por edital, prevista anteriormente e considerada atentatória ao contraditório e à ampla defesa (STF, ADI 4.264, j. 16.3.2011).

[172] Nesse sentido, STF, RE 636.199, j. 27.4.2017.

1074 | MANUAL DE DIREITO ADMINISTRATIVO • *Carvalho Filho*

3. TERRENOS ACRESCIDOS

"Terrenos acrescidos são os que se tiverem formado, natural ou artificialmente, para o lado do mar ou dos rios e lagoas, em seguimento aos terrenos de marinha" (art. 3º, Decreto-lei nº 9.760/1946).

Os terrenos acrescidos também pertencem à União Federal, mencionados que estão no já citado art. 20, VII, da CF. Registre-se, porém, que esse domínio depende de os acréscimos se terem agregado aos terrenos de marinha. Como estes se situam no domínio federal, federais serão também os terrenos a eles acrescidos.

Se os acrescidos se tiverem formado em terrenos situados às margens de rios e lagos, poderão pertencer ao domínio público ou ao particular. Em se tratando de acréscimos formados em águas comuns ou das correntes públicas de uso comum, pertencerão aos proprietários privados ribeirinhos. Se se agregarem nas águas públicas dominicais, serão bens públicos dominicais, salvo se estiverem servindo ao uso comum ou se pertencerem a particular (arts. 16, § 1º, e 17, do Decreto nº 24.643/1934 – Código de Águas).

4. TERRENOS RESERVADOS

Terrenos reservados, também chamados *terrenos marginais*, são aqueles que, banhados pelas correntes navegáveis, fora do alcance das marés, se estendem até a distância de 15 metros para a parte da terra, contados desde a linha média das enchentes ordinárias. A expressão *terrenos reservados* é empregada pelo Código de Águas, ao passo que *terrenos marginais* foi a utilizada no Decreto-lei nº 9.760/1946. A conceituação é idêntica em ambos os diplomas, razão por que se consideram com o mesmo sentido.[173]

Lavra grande controvérsia sobre o domínio dos terrenos reservados. Entendemos que o ponto nodal para análise é o art. 31 do Código de Águas, pelo qual pertencem *aos Estados* os terrenos reservados às margens das correntes e lagos navegáveis, isso se, por algum título, não estiverem no domínio federal, municipal ou particular. Diante desse texto legal, ter-se-á que considerar, *no concernente aos rios navegáveis*, que a regra é que tais terrenos pertençam aos Estados, só não lhes pertencendo se forem federais, municipais ou particulares, estes provando a propriedade por título que indique sua transferência pelo Poder Público, como, por exemplo, as concessões de domínio. Em relação *aos rios não navegáveis*, dispõe o art. 12 do Código de Águas que, dentro de faixa de 10 metros, fica estabelecida servidão de trânsito para os agentes da Administração, quando em execução de serviço.

A Súmula 479 do STF, a seu turno, averba que *"as margens dos rios navegáveis são de domínio público, insuscetíveis de expropriação e, por isso mesmo, excluídas de indenização"*. Pelo entendimento da mais alta Corte do país, foi considerada a antiga tradição do Direito brasileiro de considerar do domínio público os terrenos marginais. Deve interpretar-se a posição do STF, todavia, excluindo de sua abrangência as áreas marginais *"que houverem sido legitimamente transferidas pelo Poder Público ao domínio privado"*.[174] Entretanto, se o proprietário ribeirinho não dispuser de título legítimo que prove o domínio privado, os terrenos reservados pertencerão realmente ao domínio público. Conclui-se, por conseguinte, que os terrenos marginais podem ser do domínio público, que é a regra geral, ou do domínio privado, quando provada a transmissão legítima da área. A orientação da Súmula foi reafirmada pela Corte.[175] Ressalve-se, no entanto, que há interpretação no

---

[173] Também: MARIA SYLVIA DI PIETRO (ob. cit., p. 402) e DIÓGENES GASPARINI (ob. cit., p. 538).
[174] MARIA SYLVIA DI PIETRO, ob. cit., p. 402.
[175] STF, RE 331.086, j. 2.9.2008.

Cap. 16 · BENS PÚBLICOS | 1075

sentido de as referidas áreas pertencerem ao domínio privado, sendo, pois, suscetíveis de desapropriação e indenização.[176]

5. TERRAS OCUPADAS PELOS INDÍGENAS

A Constituição Federal inclui entre os bens da União *as terras tradicionalmente ocupadas pelos indígenas* (art. 20, XI).

A definição dessas áreas, contudo, está expressa no art. 231, § 1º, da CF, com os seguintes dizeres: *"São terras tradicionalmente ocupadas pelos índios as por eles habitadas em caráter permanente, as utilizadas para suas atividades produtivas, as imprescindíveis à preservação dos recursos ambientais necessários a seu bem-estar e as necessárias a sua reprodução física e cultural, segundo seus usos, costumes e tradições."* O dispositivo constitucional foi regulamentado pela Lei nº 14.701, de 20.10.2023.

O dispositivo demonstra nitidamente o caráter protetivo em relação aos indígenas. Pretendeu-se resguardar seu *habitat* natural, de modo que se mantivessem sua tradição e costumes e o prosseguimento de sua descendência genética, enquanto não se inserem no processo de aculturação com o meio civilizado.

Nessas áreas existe a afetação a uma finalidade pública, qual seja, a de proteção a essa categoria social. Não é estritamente um serviço administrativo, mas há objetivo social perseguido pelo Poder Público. Sendo assim, trata-se de bens públicos enquadrados na categoria dos bens de uso especial.

Para bem realçar o caráter protetivo que o sistema jurídico empresta a tais áreas, o STF definiu que os bens do domínio da União, previstos no art. 20, incisos I (bens que lhe pertencem ou que vierem a lhe pertencer) e IX (recursos minerais), não alcançam as terras de aldeamentos extintos, ainda que ocupadas por indígenas em passado remoto.[177]

A proteção se consuma através de alguns aspectos especiais:

a) a posse permanente das áreas pelos indígenas;
b) o usufruto exclusivo das riquezas do solo, dos rios e dos lagos nelas situados;
c) a inalienabilidade, a imprescritibilidade e a indisponibilidade das terras;
d) a nulidade dos efeitos jurídicos dos atos que visem à ocupação, o domínio e a posse das terras; e
e) a participação dos indígenas nos resultados de lavra de riquezas minerais (art. 231, §§ 1º a 6º, CF).

6. PLATAFORMA CONTINENTAL

Plataforma continental é a extensão das áreas continentais sob o mar até a profundidade de cerca de 200 metros.

O art. 20 da CF não contempla a plataforma continental como bem da União. Não obstante, a Constituição precedente a considerava expressamente bem federal, tendo sido incorporada ao domínio federal por força desse dispositivo (art. 4º, III, da Constituição de 1967, com a

---

[176] HELY LOPES MEIRELLES, *Direito administrativo*, cit., p. 461.
[177] Súmula 650.

1076 | MANUAL DE DIREITO ADMINISTRATIVO • *Carvalho Filho*

Emenda 1/69). Como o art. 20, I, da atual Carta inclui entre os bens da União *os que atualmente lhe pertencem*, deve ser tida como enquadrada nessa categoria.

A importância do domínio sobre a plataforma continental decorre da necessidade de proteção dos recursos minerais e animais existentes nessa faixa. Sobressai, portanto, relevante interesse econômico para o país. Por esse motivo é que a Constituição considerou bens públicos federais *"os recursos naturais da plataforma continental e da zona econômica exclusiva"* (art. 20, V).

É oportuno assinalar que a matéria sobre a plataforma continental é regulada pela Lei nº 8.617, de 4.1.1993, segundo a qual tal faixa compreende o leito e o subsolo das áreas submarinas que se estende além do seu mar territorial, até o bordo exterior da margem continental, ou até uma distância de 200 milhas marítimas das linhas de base (art. 11 e parágrafo único – neste último caso, com referência ao art. 76 da Convenção das Nações Unidas sobre o Direito do Mar, celebrada em Montego Bay, em 10.12.1982). O Brasil exerce sobre a plataforma continental direitos de soberania para efeitos de exploração dos recursos naturais (art. 12).

7. ILHAS

Ilhas são as elevações de terra acima das águas e por estas cercadas em toda a sua extensão.

Classificam-se em *ilhas marítimas, fluviais e lacustres*, conforme se situem, respectivamente, no mar, nos rios e nos lagos. As ilhas marítimas, por sua vez, dividem-se em *ilhas oceânicas* e *ilhas costeiras*: aquelas ficam distantes da costa e não têm relação geológica com o relevo continental; estas surgem do próprio relevo da plataforma continental.

As ilhas marítimas oceânicas ou costeiras pertencem ao domínio da União (art. 20, IV, CF), mas é admissível que Estados e Municípios tenham domínio parcial ou total sobre elas, visto que o dispositivo faz alusão ao art. 26, II, da CF. Observe-se que a leitura isolada do art. 20, IV, da CF, poderia induzir o intérprete a considerar que apenas nas ilhas costeiras haveria domínio do Estado. Contudo, o art. 26, II, da CF, mencionado por aquele dispositivo, refere--se a ilhas oceânicas e costeiras, de modo que, numa interpretação conjugada, se infere que o domínio estadual pode processar-se em qualquer das duas espécies de ilhas. Acresce, ainda, que o domínio não se circunscreve apenas às ilhas, mas, nos termos daquele mandamento constitucional, estende-se, quando for o caso, às praias marítimas que se acostam a suas extremidades.

O art. 20, IV, da CF, sofreu alteração pela EC nº 46/2005, passando a dispor que pertencem à União *"as ilhas oceânicas e as costeiras, excluídas, destas, as que contenham a sede de Municípios, exceto aquelas áreas afetadas ao serviço público e a unidade ambiental federal"*, mantida a ressalva do art. 26, II. Conquanto o texto não seja um primor de clareza, parece-nos que a expressão *"excluídas, destas"*, refere-se apenas às ilhas costeiras, porque, situando-se próximas à costa, permitem a existência de integração com o continente e, consequentemente, a instalação de cidades com a configuração de Municípios, em relação aos quais deve ser observado normalmente o processo de urbanização contemplado na Constituição (art. 182, CF).[178] Semelhante integração, obviamente, não pode suceder em ilhas oceânicas, que, na verdade, são unidades de conservação ou de pesquisa. É o caso do atol das Rocas, o arquipélago de Fernando de Noronha, os penedos de São Pedro e São Paulo, Trindade e Martim Vaz.

Destarte, não será da União, mas sim do Município, a área em que estiver localizada a sua sede, situando-se fora de seu domínio, no entanto, as áreas que constituírem unidade ambiental de proteção da União e aquelas nas quais estiver sendo executado serviço público federal. Nos dados inspiradores da EC nº 46/2005 em foco, foram expressamente mencionados

---

[178] Na PEC nº 15/2004, constou apenas a menção às *"ilhas costeiras"*.

Cap. 16 · BENS PÚBLICOS | 1077

alguns Municípios situados em ilhas, alguns com o *status* de capital de Estado, como São Luís, Florianópolis e Vitória, e outros como os Municípios situados na ilha de Marajó e na Ilha Bela. Todas essas ilhas se caracterizam como costeiras, e tanto é assim que, por serem próximas ao continente e apoiadas na plataforma continental, se ligam àquele através de pontes. Resulta, então, do novo mandamento que milhares de imóveis em semelhante situação passarão a ficar desobrigados do pagamento de *aforamento* à União, evitando-se com isso a dupla tributação desses imóveis; assim, o proprietário pagará apenas o IPTU ao respectivo Município – observação, aliás, que figurou expressamente na já referida PEC nº 15/2004.

Com a dita alteração, pode extrair-se o seguinte sistema no que diz respeito às ilhas oceânicas e costeiras:

a) integram, como regra, o domínio da União;

b) nelas pode haver áreas do domínio dos Estados, Municípios ou de terceiros particulares (art. 26, II);

c) nas ilhas costeiras, pertence ao Município a área em que estiver localizada a sua sede; e

d) nessa hipótese, porém, excluem-se do domínio municipal as áreas afetadas a serviço público ou a qualquer unidade ambiental federal.

A nova redação do art. 20, IV, tem suscitado interpretações divergentes quanto à situação dos *terrenos de marinha* situados nas ilhas costeiras. Uma delas reside em que o citado dispositivo teria excluído tais áreas do patrimônio da União, sendo elas repassadas ao Município, o que geraria a extinção das enfiteuses e ocupações legítimas de terrenos nelas situadas. Argumenta--se, nesse caso, que o texto constitucional não mencionou os terrenos de marinha entre as exceções lá contempladas.[179] Não endossamos, com a devida vênia, tal linha de pensamento. E por mais de uma razão. A uma, porque, em sentido lato, tais áreas merecem proteção especial ligada à segurança e à soberania nacional e, desse modo, há um serviço público de proteção do litoral brasileiro; a duas, porque, dentro da regra geral, os terrenos de marinha continuam incluídos entre os bens da União (art. 20, VII, CF), não tendo o dispositivo sofrido alteração pela EC nº 46/2005; e a três, em virtude de interpretação lógica e sistemática da matéria: se as referidas áreas continuam sob domínio da União em todo o litoral continental, nenhuma razão haveria para que fossem excluídas desse domínio somente quando o litoral se situasse em ilhas costeiras, até porque em ambos os casos poderão elas alojar-se na sede de Municípios. Inferimos, pois, que a alteração constitucional não afetou a questão do domínio federal sobre os terrenos de marinha.[180]

Parece pertinente observar, nesse passo, que a Lei nº 9.985, de 18.7.2000, que regulamenta o art. 225, § 1º, incisos I a III e VI, da CF, e institui o Sistema Nacional de Unidades de Conservação da Natureza (SNUC), estabeleceu que as ilhas oceânicas e costeiras se destinam prioritariamente à proteção da natureza, exigindo-se para destinação diversa ato de autorização do órgão ambiental competente (art. 44), dispensando-se, porém, a autorização relativamente aos órgãos que já atuam nas citadas ilhas em virtude de dispositivos legais ou por força de compromissos legais já firmados (art. 44, parágrafo único). A norma, contudo, tem que ser interpretada em consonância com o citado art. 20, IV, da CF, alterado pela EC nº 46/2005,

---

[179] Em tal sentido, sentença da 58º Vara Federal Cível do Espírito Santo, de maio de 2007, em ação civil pública movida pelo MP Federal (Proc. 2006.50.01.000112-6).

[180] O STF endossou nosso entendimento: v. RE 636.199, j. 27.4.2017.

1078 | MANUAL DE DIREITO ADMINISTRATIVO • *Carvalho Filho*

sobretudo com relação a ilhas costeiras em que se localize a sede de Municípios: nelas o uso prioritário não pode ser o de proteção da natureza, porque no mandamento constitucional a afetação a determinada unidade ambiental federal é mencionada apenas como ressalva. É óbvio que nunca se dispensará a tutela do meio ambiente, mas a prioridade do uso, na hipótese, dar-se-á em função da habitabilidade dos munícipes.

As ilhas fluviais e lacustres, como regra, pertencem aos Estados-membros (art. 26, III, CF). Pertencerão à União, no entanto, se:

a) estiverem em zonas limítrofes com outros países (art. 20, IV); e

b) se estiverem em águas do domínio da União, como é o caso, por exemplo, dos rios que banham mais de um Estado ou que demarquem a fronteira com países estrangeiros (art. 20, III, CF).

Tem havido controvérsias sobre o domínio da União das ilhas internas situadas em rios e lagos pertencentes ao Estado. Não obstante, parece-nos claro que a Constituição só quis atribuir ao domínio da União as ilhas fluviais e lacustres nas faixas de fronteiras por razões de defesa e segurança nacional. As que se situam nas águas do domínio da União também serão, logicamente, de seu domínio. Fora daí, o domínio é dos Estados, como emana do art. 26, III, da CF.[181]

As ilhas, seja qual for a sua natureza, qualificam-se, em regra, como bens dominicais, mas é viável que se caracterizem como bens de uso comum do povo se seu uso estiver afetado a tal finalidade.[182]

Tendo em vista que áreas nas ilhas oceânicas e costeiras podem pertencer ao Estado (art. 26, II, CF) e que lhe pertencem as fluviais e lacustres, como regra geral, é inteiramente viável que áreas internas de ilhas federais, bem como as ilhas lacustres e fluviais, pertençam, total ou parcialmente, ao domínio privado, desde que se tenham transferido legitimamente a particulares.[183]

8. FAIXA DE FRONTEIRAS

Faixa de fronteiras é a área de 150 km de largura que corre paralelamente à linha terrestre demarcatória da divisa entre o território nacional e países estrangeiros, considerada fundamental para a defesa do território nacional, como dita o art. 20, § 2º, da CF.

Há, desde logo, uma observação a ser feita. Essa área de fronteiras não é em sua integralidade bem do domínio público. O que a vigente Constituição registra é que pertencem ao domínio da União as terras devolutas indispensáveis à defesa das fronteiras (art. 20, II), o que significa que nem todas as áreas situadas na referida faixa se caracterizam como bens públicos. Por isso, há áreas nessas faixas que pertencem ao domínio privado, embora seu uso sofra algumas restrições especiais em função do objetivo constitucional.

Coube à Lei nº 6.634, de 2.5.1979, dispor sobre a *faixa de fronteira*, tendo o legislador considerado que tal faixa interna, com a dimensão de 150 km de largura e paralela à linha divisória terrestre do território nacional, configura-se como área indispensável à *segurança nacional*. Cuida-se, porém, de presunção *juris tantum*, de modo que a própria lei poderá afastar semelhante qualificação no que toca a algumas áreas, o que viabilizaria a transferência para o domínio privado. Aliás, a própria lei admite a alienação e concessão de terras públicas na faixa, desde que haja anuência prévia do Conselho de Segurança Nacional (art. 2º). Outras restrições são enunciadas, sempre considerando o escopo protetivo da segurança nacional.

---

[181] Cf. a respeito HELY LOPES MEIRELLES, *Direito administrativo*, cit., p. 462-463.

[182] DIÓGENES GASPARINI, com amparo no art. 25 do Código de Águas (ob. cit., p. 545).

[183] MARIA SYLVIA DI PIETRO, ob. cit., p. 412.

Cap. 16 · BENS PÚBLICOS | 1079

Em relação às terras devolutas, situadas nessas faixas, e concedidas pelos Estados a terceiros, o STF já assentou que a transferência se limita ao uso, permanecendo o domínio com a União, mesmo que tolerante esta com os possuidores.[184] Para conciliar, porém, a orientação do Supremo com o vigente texto constitucional, ter-se-á que interpretar que apenas as terras devolutas *indispensáveis à defesa das fronteiras* é que só ensejam a transferência do uso, o mesmo não ocorrendo com as demais, que podem ser transferidas com observância das condições legais pertinentes.

Não obstante, em se tratando de áreas situadas na faixa de fronteiras do domínio da União, é inteiramente ilegítimo que Estado-membro (ou Município) se arvore a sua titularidade e as transfira a particulares. A hipótese caracteriza-se como alienação *a non domino*, cujo consectário é a declaração de nulidade do negócio jurídico.[185] No caso, o particular prejudicado tem direito à reparação dos prejuízos que o alienante lhe causou, cabendo-lhe, para tanto, ajuizar a competente ação indenizatória.

Tantos têm sido os conflitos a respeito da titulação de áreas na faixa de fronteira que o governo federal editou a Lei nº 13.178, de 22.10.2015, que procedeu à *ratificação dos registros imobiliários* referentes a imóveis rurais decorrentes de títulos de alienação e concessão de terras devolutas expedidos pelos Estados situadas naquela faixa, desde que o registro tenha sido efetuado até a data de publicação da lei (23.10.2015) e que a área não exceda ao limite de 15 módulos fiscais. Inviável será a ratificação em dois casos: (a) se houver impugnação ou reivindicação na esfera administrativa ou judicial por parte de órgão ou pessoa da administração federal; (b) se estiver em curso ação de desapropriação por interesse social para fins de reforma agrária, proposta até a data de publicação da lei.

Caso o título corresponda à área superior a 15 módulos fiscais, a ratificação do registro dependerá de o interessado obter no órgão federal: (a) a certificação do georreferenciamento do imóvel (art. 176, §§ 3º e 5º, Lei nº 6.015/1973); (b) a atualização da inscrição do imóvel no Sistema Nacional de Cadastro Rural (Lei nº 5.868/1972). O requerimento deve ser formulado no prazo de quatro anos; se não o for, ou se impossível a ratificação, será postulado o registro do imóvel em nome da União (art. 2º, §§ 3º e 5º). Tendo o imóvel área superior a 2.500 hectares, a ratificação do registro dependerá de aprovação do Congresso Nacional, na forma do art. 188, § 1º, CF (art. 2º, § 6º).

Ao ser proposta ação de desapropriação por interesse social para fins de reforma agrária, ou estando em curso, tendo por objeto imóvel não excluído validamente do domínio federal, o Estado será citado para integrar a lide. Caso o Judiciário reconheça o domínio do Estado, a União estará previamente autorizada *ipso facto* a desapropriar o imóvel rural do domínio estadual (art. 4º, §§ 1º a 3º).

9. SUBSOLO E RIQUEZAS MINERAIS

De acordo com o sistema adotado pelo Código Civil, a propriedade do solo estende-se ao espaço aéreo e ao subsolo correspondentes em altura e em profundidade úteis ao seu exercício (art. 1.229). De outro lado, pertencem ao proprietário os frutos e os produtos oriundos da propriedade (art. 1.232).

O regime jurídico aplicável às riquezas minerais do subsolo, entretanto, tem lineamentos diversos. Dispõe o art. 176 da Constituição que as jazidas, em lavra ou não (a jazida em lavra constitui a *mina*, conforme art. 4º do Código de Mineração), e demais recursos minerais, bem

---

184 Súmula 477, STF.
185 STJ, REsp 752.944, j. 24.6.2008.

1080 | MANUAL DE DIREITO ADMINISTRATIVO • *Carvalho Filho*

como os potenciais de energia hidráulica, constituem *propriedade distinta da do solo*, para efeito de exploração ou aproveitamento, e *pertencem à União Federal* (art. 176). A regulamentação da disciplina constitucional encontra-se no Decreto-lei nº 227, de 28.2.1967 – o Código de Mineração. Por outro lado, a Lei nº 13.575, de 26.12.2017, instituiu a ANM – Agência Nacional de Mineração, à qual atribuiu, entre outras, a competência para implementar as orientações e diretrizes estabelecidas do referido Código, com a finalidade de promover a gestão dos recursos minerais da União, bem como a regulação e a fiscalização das atividades para o aproveitamento dos recursos minerais no país.

A despeito do domínio federal, ficou garantida ao concessionário a propriedade do produto da lavra, isso como retribuição pela atividade que exerce, qual seja, a de exploração da jazida. Não obstante, a Constituição assegurou ao proprietário do solo participação nos resultados da lavra, tudo em conformidade com a forma e o valor que a lei estabelecer (art. 176, § 2º).[186]

Há duas atividades básicas concernentes aos recursos minerais: primeiramente, a *pesquisa* e, depois, a *lavra*. Esta é objeto de ato administrativo de *concessão de lavra*, ao passo que aquela é permitida por meio do ato de *autorização de pesquisa* – ambos os atos oriundos de autoridades da União e dotados de caráter *intuitu personae*, não podendo ser cedidos ou transferidos sem anuência do Poder concedente (art. 176, § 3º, CF). Há, contudo, uma exceção: independe de autorização ou concessão o aproveitamento do potencial de energia renovável de capacidade reduzida (art. 176, § 4º, CF).

No que diz respeito ao petróleo e gás natural e outros hidrocarbonetos fluidos, a previsão está no art. 177 da Constituição, que atribui à União o monopólio para a pesquisa e lavra.

Especificamente quanto ao petróleo, como já mencionamos anteriormente, os marcos regulatórios estão definidos na Lei nº 9.478/97, na qual se prevê o *contrato de concessão de exploração* do petróleo, e na Lei nº 12.351/2011, que, tratando particularmente das jazidas situadas no *pré-sal*, camada mais profunda do subsolo, contemplou novo regime de exploração através do *contrato de partilha de produção*.[187]

Apesar do domínio da União sobre o subsolo, vale a pena relembrar que a Constituição prevê o denominado *direito de participação* a outros entes públicos no que concerne a riquezas minerais. De fato, o art. 20, § 1º, da CF, com a redação dada pela EC nº 102, de 26.9.2019, assegura à União, aos Estados, ao Distrito Federal e aos Municípios (a) a participação no resultado da exploração de petróleo ou gás natural, de recursos hídricos para fins de geração de energia elétrica e de outros recursos minerais no respectivo território, plataforma continental, mar territorial ou zona econômica exclusiva, ou (b) compensação financeira em razão dessa exploração. Primitivamente, tal direito não se referia expressamente à "União", mas sim a "órgãos da administração direta da União", o que, no fundo, não faz muita diferença. A referida Emenda, contudo, procedeu à alteração.

XI. *Águas Públicas*

Águas públicas são aquelas de que se compõem os mares, os rios e os lagos do domínio público.

De acordo com o Código de Águas (Decreto nº 24.643, de 10.7.1934), existem três categorias de águas: (a) águas públicas (pertencentes ao Poder Público); (b) águas privadas (nascidas

---

[186] V. HELY LOPES MEIRELLES, *Direito de Construir*, Malheiros, 2011, p. 25-26.
[187] Sobre o tema, vide Capítulo 14.

Cap. 16 · BENS PÚBLICOS | **1081**

e localizadas em terrenos particulares, quando não estejam em categoria diversa); (c) águas comuns (correntes não navegáveis ou flutuáveis e que não criem tais correntes).[188]

As águas públicas, por sua vez, dividem-se em *águas de uso comum* e *águas dominicais.*

As *águas públicas de uso comum*, em toda a sua extensão, são as águas dos lagos, bem como dos cursos d'água naturais que, em algum trecho, sejam flutuáveis ou navegáveis por um tipo qualquer de embarcação (art. 2º do Código de Águas).

São *águas públicas dominicais* todas as situadas em terrenos também dominicais, quando não se configurarem como águas públicas de uso comum ou não se qualificarem como águas comuns (art. 6º do Código de Águas).

Segundo alguns especialistas, em virtude do crescente processo de publicização das águas e pelo texto sobre águas previsto na vigente Constituição, teria sido extinta a categoria de águas privadas, prevista no Código de Águas, fato que teria sido reforçado pelo art. 1º, I, da Lei nº 9.433/1997, sobre recursos hídricos, segundo o qual a água é um bem de domínio público.[189] Com a devida vênia, ousamos discordar desse entendimento. A uma, porque não vislumbramos no texto constitucional tal desiderato; a duas, porque a norma da Lei nº 9.433 deve ser interpretada em relação às águas que são efetivamente públicas. As águas formadas em áreas privadas – tanques, pequenos açudes e lagos, locais de armazenamento de águas da chuva – são bens privados, ainda que eventualmente tenham sido captados de águas públicas. Por conseguinte, concordamos em que as águas, em sua maioria, sejam bens públicos, mas isso não afasta a possibilidade da existência de águas privadas.[190]

A Constituição apresenta partilha de águas entre a União e os Estados. Assim, são do domínio da União os lagos, rios e quaisquer correntes de água que:

a) estejam em terrenos de seu domínio;

b) banhem mais de um Estado;

c) façam limites com outros países; e

d) se estendam a território estrangeiro ou dele provenham (art. 20, III, CF).

Aos Estados pertence o domínio das demais águas públicas. Segundo o texto constitucional, pertencem-lhes *"as águas superficiais ou subterrâneas, fluentes, emergentes e em depósito"*, ressalvando-se, nesse caso, as que decorram de obras da União (art. 26, I, CF).

Nenhuma referência foi feita na Constituição sobre o domínio do Município sobre águas públicas. Como a divisão constitucional abrangeu todas as águas, é de considerar-se que não mais tem aplicação o art. 29 do Código de Águas, quando admitiu pertencerem aos Municípios as águas situadas em seus territórios.[191]

Por fim, é oportuno lembrar que a competência para legislar sobre águas é privativa da União Federal, como deflui do art. 22, IV, da Constituição em vigor. Além dessa competência

---

[188] Em edições anteriores, aludimos a uma quarta categoria – a de águas comuns de todos –, referida como categoria própria no art. 8º do Código de Águas. Reexaminando o Código, todavia, que é bastante antigo, verificamos que, a despeito da alusão, não há qualquer disciplina específica sobre tais águas, devendo então considerar-se que houve impropriedade do legislador. Na verdade, a ideia de águas comuns de todos deve levar em conta meramente a possibilidade de serem elas utilizadas pelo público em geral.

[189] MARIA LÚCIA MACHADO GRANZIERA, *Direito de águas*, Atlas, 2. ed., 2003, p. 89. A autora faz alusão a trabalho de CID TOMANIK POMPEU (*RDA* 196/1994), segundo o qual *praticamente* todas as águas seriam públicas.

[190] Muito comum tem sido o armazenamento de águas em pequenos lagos artificiais para pescaria, seja como divertimento, seja a título de exploração empresarial (*"pesque-pague"*). Tais águas são evidentemente privadas, ainda que o proprietário tenha pago para sua aquisição e utilização.

[191] MARIA SYLVIA DI PIETRO, ob. cit., p. 413.

1082 | MANUAL DE DIREITO ADMINISTRATIVO • *Carvalho Filho*

genérica, a Constituição reservou à União competência para instituir o sistema nacional de gerenciamento de recursos hídricos e definir os critérios de outorga de direitos de seu uso (art. 21, XIX). Fazendo uso dessa competência, a União fez editar a Lei nº 9.433, de 8.1.1997, que institui a política nacional de recursos hídricos e regulamenta aquele mandamento constitucional. Assentada em alguns fundamentos básicos, como, por exemplo, os que consideram a água como bem de domínio público e como recurso natural limitado, dotado de valor econômico, a lei prevê as diretrizes para utilização dos recursos hídricos e trata dos atos de outorga dos direitos de uso desses recursos (dispensada a outorga em algumas situações) e de sua cobrança dos beneficiários do uso. É, portanto, o diploma que estabelece as diretrizes para a captação e o uso dos recursos hídricos.

Como as águas envolvem frequentemente outras entidades federativas, a lei prevê ainda o Sistema Nacional de Gerenciamento de Recursos Hídricos (art. 32), integrado por órgãos dos Poderes Públicos federal, estadual e municipal, que devem atuar em regime de gestão associada em face dos interesses que os aproximam. Para controle da correta aplicação da política nacional dos recursos hídricos, a lei contemplou também a criação de Agências de Água, certamente sob a forma de autarquias (embora seja silente a lei a respeito), constitutivas da categorias das *agências controladoras* ou agências reguladoras, na trilha, aliás, do ocorrido com os serviços de energia elétrica, telecomunicações, petróleo e vigilância sanitária.

Com a finalidade de implementar, em sua esfera de atribuições, a política nacional dos recursos hídricos, o Governo Federal fez editar a Lei nº 9.984, de 17.7.2000, que criou a Agência Nacional de Águas e Saneamento Básico – ANA, sob a forma de autarquia de regime especial, vinculada ao Ministério do Meio Ambiente. Entre suas atribuições, da referida entidade, que se qualifica como *agência reguladora*, estão a de supervisionar, controlar e avaliar as ações e atividades decorrentes do cumprimento da disciplina federal relacionada com os recursos hídricos, instituir a disciplina normativa aplicável na matéria e fiscalizar e outorgar, por meio de autorização, o direito de uso de recursos hídricos no que se refere às águas de domínio da União (art. 4º).

MAR TERRITORIAL – Como já antecipamos, o *mar territorial*, situado dentro das *águas externas*, inclui-se entre os bens da União Federal, nos termos do art. 20, VI, da Constituição, devendo sublinhar-se o fato de que a inclusão teve por fundamento razões de segurança nacional.

De acordo com a Lei nº 8.617, de 4.1.1993, que regula a matéria, o mar territorial compreende uma faixa de *doze milhas*, "*medidas a partir da linha de baixa-mar do litoral continental e insular, tal como indicada nas cartas náuticas de grande escala, reconhecidas oficialmente no Brasil*" (art. 1º).

O aspecto marcante da faixa relativa ao mar territorial consiste em que sobre ele o Brasil exerce sua *plena soberania*, assim como sobre o espaço aéreo sobrejacente, o leito e o subsolo, constituindo-se tais espaços como extensão do território brasileiro. Conforme regras internacionais, garante-se aos navios estrangeiros o *direito de passagem inocente*, assim considerado como aquele que não prejudique a paz, a ordem e a segurança do país (art. 3º e § 1º). Semelhante direito, entretanto, não impede o exercício do poder de polícia para a verificação da observância das normas regulamentadoras do direito de passagem.

Além do mar territorial, distinguem-se, ainda, duas outras faixas do sistema hídrico externo.

Uma delas é a *zona contígua*, situada numa extensão das *12 às 24 milhas marítimas*, sobre a qual o Brasil tem o poder de fiscalização para evitar infrações aduaneiras, fiscais e de imigração, bem como para reprimir eventuais transgressões (art. 5º).

A outra é a *zona econômica exclusiva*, que compreende a faixa que vai das *12 às 200 milhas marítimas*, contadas do mesmo ponto empregado para a contagem do mar territorial. Sobre essa faixa o Brasil tem direitos de soberania para fins de exploração e aproveitamento, conservação e gestão dos recursos naturais do leito do mar e de seu respectivo subsolo. Cabe-lhe também o direito de regulamentar a investigação científica marinha, a proteção e preservação do meio marítimo, e ainda a construção, operação e uso de todos os tipos de ilhas artificiais, instalações e estruturas (arts. 6º a 8º). Tendo em vista que a Constituição insere os recursos oriundos da referida faixa entre os bens federais (art. 20, V), os Estados só podem executar certas atividades mediante anuência do governo federal, muito embora lhes seja reconhecida a liberdade de navegação e sobrevoo (arts. 9º e 10).

O denominado *alto-mar* é o que fica situado fora das águas territoriais dos países e constituem *res nullius*, objeto do uso comum de todos. Sobre ele as nações não exercem soberania e seu uso está condicionado pelas normas contidas em convenções e tratados internacionais.[192]

XII. Súmulas

SUPREMO TRIBUNAL FEDERAL

Súmula 340: *Desde a vigência do Código Civil, os bens dominicais, como os demais bens públicos, não podem ser adquiridos por usucapião.*

Súmula 477: *As concessões de terras devolutas situadas na faixa de fronteira, feitas pelos estados, autorizam, apenas, o uso, permanecendo o domínio com a União, ainda que se mantenha inerte ou tolerante, em relação aos possuidores.*

Súmula 479: *As margens dos rios navegáveis são de domínio público, insuscetíveis de expropriação e, por isso mesmo, excluídas de indenização.*

Súmula 650: *Os incisos I e XI do art. 20 da CF não alcançam terras de aldeamentos extintos, ainda que ocupadas por indígenas em passado remoto.*

SUPERIOR TRIBUNAL DE JUSTIÇA

Súmula 496: *Os registros de propriedade particular de imóveis situados em terrenos de marinha não são oponíveis à União.*

Súmula 619: *A ocupação indevida de bem público configura mera detenção, de natureza precária, insuscetível de retenção ou indenização por acessões e benfeitorias.*

Súmula 637: *O ente público detém legitimidade e interesse para intervir, incidentalmente, na ação possessória entre particulares, podendo deduzir qualquer matéria defensiva, inclusive, se for o caso, o domínio.*

---

[192] HELY LOPES MEIRELLES, *Direito administrativo brasileiro*, cit., 29. ed., p. 539.

Índice Remissivo

A

ABANDONO DE BENS MÓVEIS 1032

ABSOLVIÇÃO 656, 658

ABSOLVIÇÃO NA ESFERA ADMINISTRATIVA 658

ABUSIVO E IRREGULAR APOSSAMENTO 744

ABUSO
de poder 43
poder e ilegalidade 43
poder regulamentar 51
do poder econômico 787

AÇÃO
afirmativa 18
civil pública 19, 920
de desapropriação 721
desapropriação indireta 746
improbidade administrativa 926
popular 19, 983
popular 907

ACESSÃO 1029

ACESSIBILIDADE 551
ACESSO
à água 225
à justiça 794
aos mercados 794
profissional ao idoso 562

ACIDENTE DE TRABALHO 660

ACIONISTA CONTROLADOR 408, 422

ACIONISTA CONTROLADOR 423

AÇÕES DE PEQUENO VALOR 984

ACORDO
terminativo de litígio 861
de leniência 789

ACUMULAÇÃO
de cargos e funções 563
remunerada 564
remunerada de cargos 569

ADEQUAÇÃO 37

ADJUDICAÇÃO 1031

ADMINISTRAÇÃO
direta 361, 364
direta ou indireta 558

em juízo 977
fundacional 372
gerencial 26
indireta 369, 374, 419
pública 9, 362, 363

ADMINISTRAÇÕES FUNDACIONAIS 198

ADMINISTRADOR
do cemitério público 1040
probo 57

ADMINISTRATIVA 655

ADMISSÃO 126

ADMISSIBILIDADE 756

AFETAÇÃO 1021

AFFECTIO SOCIETATIS 351

AFORAMENTO 1055

AGÊNCIA REGULADORA 318, 397

AGÊNCIAS
de propaganda 160
agências executivas 450
reguladoras 387

AGENTES
administrativos 496
administração 89
de fato 496
delegatários 89
do estado 468
necessários 496
particulares colaboradores 494
políticos 390, 494
públicos 493
putativos 496

ÁGUAS
de uso comum 1081
águas dominicais 1081
públicas 1080
de uso comum 1081
dominicais 1081

ALIENABILIDADE CONDICIONADA 1059

ALIENAÇÃO 762
bens móveis públicos 230
de bens públicos 1059

ALIMENTAÇÃO GRATUITA 225

ALÍQUOTAS PROGRESSIVAS 695

ALOCAÇÃO DE RISCOS 163

ALODIALIDADE 1013

ALTERAÇÃO DO CONCESSIONÁRIO 312

ALVARÁ 74

ALVARÁS 118

AMPLA DEFESA 128

AMPLIAÇÃO DA JORNADA DE TRABALHO 634

ANIMUS DOMINI 751

ANULAÇÃO 92, 133, 322, 336
do contrato de concessão 322

APLICABILIDADE CONCOMITANTE
Leis 8.666/93 e 14.133/2021 197

APLICAÇÃO
da responsabilidade objetiva 469
aplicação das sanções 63, 949

APOSSAMENTO ADMINISTRATIVO 754

APOSTILA 121

APROVAÇÃO 126

APROVEITAMENTO DO IMÓVEL 773

AQUISIÇÃO 1026
causa mortis 1030
de bens públicos 1028
derivada 1027
ex vi legis 1031
originária 1027

ARBITRAGEM 176, 858

ARGUIÇÃO DE DESCUMPRIMENTO DE PRECEITO
FUNDAMENTAL 54

ARREMATAÇÃO 1030

ASSINATURA BÁSICA 245

ASSOCIAÇÃO
de pessoas com deficiência 225
pública 394
sindical 643
públicas 190, 394

ATENDIMENTO DO PEDIDO ADMINISTRATIVO 91

ATESTADOS 120

ATIPICIDADE 3

ATIVIDADE DE POLÍCIA 73

ATIVIDADE
material 85
monopolizadas 799
atividades não exclusivas do Estado 439
vinculadas 47

ATIVISMO JUDICIAL 48

ATO
administrativo 85, 123, 619
de autoridade federal 397
de polícia 68
discricionário 99, 716
jurídico perfeito 110

ATOS 113, 115
administrativos 12, 87, 101, 481

autoexecutórios 115
complexos 113
compostos 113
concretos 73
constitutivos 114
da administração 86
das autarquias 398
declaratórios 114
de confirmação 127
de fiscalização 75
de império 112
de improbidade
de multidões 473
de organização e funcionamento da administração federal 56
de polícia 73, 112
de regulamentação de primeiro grau 51
discricionários 47, 112
enunciativos 114
funcionais 129
gerais 111
simples 113
simples coletivo 114
individuais 112
interna corporis 882
judiciais 481
judiciários 481
jurídicos 87
jurisdicionais 481
legislativos 478
legislativos típicos 881
materiais 86
não autoexecutórios 115
normativos 73
omissivos 902
políticos 86
políticos e de natureza primária 57
privados 86
revogáveis 114
sancionatórios 127
sob controle especial 881
vinculados 47, 99, 112

ATUAÇÃO
do estado no domínio econômico 777
do poder público em Juízo 982
vinculada 47

ATUALIZAÇÃO MONETÁRIA 740

AUDIÊNCIA PÚBLICA 813, 841

AUMENTOS EM CASCATA 636

AUTARQUIAS 376, 394
de regime especial 383
autarquias federais 396
autarquias institucionais 377
autarquias territoriais 377

AUTOADMINISTRAÇÃO 5

AUTOEXECUTORIEDADE 76

AUTOEXECUTORIEDADE 76, 106

ÍNDICE REMISSIVO 1087

AUTONOMIA 5
decisória 388
econômico-financeira 390

AUTORIDADE COMPETENTE 128
judiciária competente 128

AUTORIZAÇÃO 125
de pesquisa 1080
de uso 1042
legislativa específica 353

AUTORIZAÇÕES 74

AUTOTUTELA 137

AUXÍLIO-MORADIA

AVOCAÇÃO 61, 94

B

BENS
alodiais 1013
das pessoas administrativas privadas 1014
de entidades da administração indireta 703
de qualquer natureza 1013
de uso comum do povo 1018
de uso especial 1018
dominiais 1019
dominicais 1019
estaduais e distritais 1017
federais 1016
indisponíveis 1020
jurídicos 1012
municipais 1017
particulares tombados 703
patrimoniais disponíveis 1021
patrimoniais indisponíveis 1020
privados 1014
públicos 702, 1011, 1013, 1033
públicos de uso especial 414
públicos livres 1013
tutelados 907
tutelados, no mandado de injunção 912

BONS COSTUMES 49

BUSCA DO PLENO EMPREGO 781

C

CADUCIDADE 131, 323, 337, 717

CALAMIDADE PÚBLICA 225

CÁLCULO
dos juros moratórios 736
indenizatório 310

CAPTURE THEORY 391

CARACTERÍSTICAS 674, 677, 680, 683

CARGO
efetivo 515, 516, 521, 574, 575, 585, 622, 628
em comissão 38, 517, 521, 574, 576, 585, 588, 623, 628, 634, 644, 660
público 514

CARGOS
científicos 565
de carreira 515
efetivos 515, 516
em comissão 515
em comissão ou funções gratificadas 517
isolados 515
vitalícios 515
vitalício 521

CARREIRA 514

CARTÉIS 787

CASSAÇÃO 131

CATEGORIAS DE BENS 1012

CAUSA DE PEDIR 489

CAUSA MORTIS 1030

CEMITÉRIOS PÚBLICOS 1039

CENTRALIZAÇÃO 362

CERTIDÕES 22, 120

CERTIFICADO DE QUALIFICAÇÃO 160

CESSÃO
de créditos não tributários 348
de créditos operacionais 313
de servidores 527
de uso 1054

CHAMADA PÚBLICA 25

CHEFIA, DIREÇÃO E ASSESSORAMENTO 516

CLASSIFICAÇÃO
do controle quanto à natureza do controlador 806
dos cargos 515
quanto à natureza do controle 807

CLÁUSULAS
de fiscalização 309
de prestação de contas 309
essenciais 345
não essenciais 346
relativas 310
relativas aos direitos e obrigações 309

COBRANÇA RESSARCITÓRIA 24

CÓDIGO CIVIL 464

COERCIBILIDADE 78

COISA JULGADA 899
Administrativa 825
limitadamente 902

COMISSÃO PROCESSANTE

COMISSÕES PARLAMENTARES DE INQUÉRITO 867

COMITÊ DE AUDITORIA ESTATUTÁRIO 421, 426

COMODATO 1059

COMPARTILHAMENTO DOS RISCOS 344

COMPETÊNCIA 67
da justiça eleitoral 906
competência normativa e reguladora 1060
competência para a desapropriação rural 763
competência para declarar a utilidade pública ou o interesse social 706
competência para proceder à intervenção na propriedade 665
competência para regulamentação 1060
competência privativa para legislar sobre desapropriação 706

COMPETÊNCIAS CONSTITUCIONAIS 68

COMPLEXIDADE 114

COMPLEXOS E COMPOSTOS 113

COMPLIANCE 420

COMPOSIÇÃO 114

COMPULSÓRIO 687

CONCEDENTE 292

CONCEDENTE 297

CONCEITO JURÍDICO INDETERMINADO 29

CONCEITOS JURÍDICOS INDETERMINADOS 49

CONCESSÃO 296, 332
concessão administrativa 342
concessão a empresas estatais 298
concessão comum 291
concessão de direito real de uso 1048
concessão de domínio 1065
concessão de exploração do petróleo 1080
concessão de lavra 126, 1080
concessão de serviço público precedida da execução de obra pública 293
concessão de serviço público simples 291
concessão de serviços públicos 291
concessão de uso 1046
concessão de uso especial para fins de moradia 1050
concessão e permissão de serviços públicos 289
concessão especial de serviços públicos 339
concessão florestal 329
concessão gratuita de uso 1047
concessão patrocinada 342, 353
concessão remunerada de uso 1047

CONCESSIONÁRIO 292, 310

CONCESSIONÁRIO 297
concessões anteriores 327
concessões comuns 289
concessões de data 1069
concessões de sesmaria 1069
concessões especiais 290

CONCURSO
interno 534
concurso público 528, 535, 540

CONDENAÇÃO 656, 658

CONDUTAS
administrativas 86
condutas culposas 482
condutas dolosas 482

condutas omissivas 475
condutas omissivas da Administração 877

CONFLITO
comitê de resolução 176

CONFLITOS
meios alternativos de resolução 176

CONGRUÊNCIA ENTRE O MOTIVO E O RESULTADO DO ATO 103

CONHECIMENTO DOS DADOS 919

CONSEIL D'ÉTAT 879

CONSELHO DE ADMINISTRAÇÃO 424

CONSENTIMENTOS 74

CONSÓRCIOS
administrativos 187
públicos 187, 394

CONSTATAÇÃO DE FATOS 71

CONSTITUCIONALIDADE DA RELAÇÃO DE SANÇÕES

CONSTITUCIONALISMO DA EFETIVIDADE 49

CONSTITUIÇÃO FEDERAL 465

CONSTRANGIMENTO ILEGAL 906

CONSULTA PÚBLICA 352, 841

CONSUMAR A TRANSFERÊNCIA DO BEM DESAPROPRIADO PARA SEU PATRIMÔNIO 722

CONTESTAÇÃO 722

CONTRADITÓRIO E AMPLA DEFESA 836

CONTRAPRESTAÇÃO PECUNIÁRIA 347
de parceria público-privada 341
por tarefa 158, 218
semi-integrada 431
do Concessionário 316

CONTRATO
administrativo 123
de adesão 123
de concessão de uso de bem público 1040
de eficiência 210
maior retorno econômico 210
de partilha de produção 1080
de patrocínio 412
de programa 192
multilateral 188

CONTRATOS
de eficiência 165
de gestão 270, 366
contratos de parceria 283

CONTRIBUIÇÃO SINDICAL 645

CONTROLE
administrativo 375
administrativo da Administração Pública 804
concomitante 809
da Administração Pública 803
da economicidade 869
da legalidade 869
da legitimidade 869
de concentração 789
de legalidade 807

ÍNDICE REMISSIVO | 1089

de mérito 808
de mérito 808
de ofício 809
de políticas públicas 48
do abastecimento 790
do mérito 108
do ministério público 446
dos atos de regulamentação 53
dos serviços concedidos 328
financeiro 375, 868
financeiro 867
institucional 375
judicial 47, 875, 446
legislativo 865
ministerial 811
natural 813
político 375, 866
por subordinação 809
por vinculação 809
posterior 809
prévio 809
provocado 810
social 813

CONTROVÉRSIA DOUTRINÁRIA 132

CONVALIDAÇÃO 140
Constitucional 569

CONVENIÊNCIA E A OPORTUNIDADE DOS ATOS 45

CONVÊNIO 186, 187
administrativos 184
interorgânicos 185

CORONAVÍRUS
medidas de isolamento
quarentena

COTAS 18
sistemas 18

COVID-19 226

CREDENCIAMENTO 219

CREDENCIAMENTO 231

CRÉDITOS DE TERCEIROS 989

CRIMES
funcionais 656
não funcionais 657

CRITÉRIO
da executoriedade 115
da intervenção da vontade administrativa 113
da liberdade de ação 112
da retratabilidade 114
das prerrogativas 112
dos destinatários 111
dos efeitos 114
formal 239
material 240
orgânico 239

CRITÉRIOS
definidores da competência 94
de Julgamento 301

CULPA IN VIGILANDO 469

CUMULATIVIDADE 739

CUMULATIVIDADE DOS JUROS MORATÓRIOS E COMPENSATÓRIOS 739

D

DAÇÃO EM PAGAMENTO 1065

DANO 460, 469

DANOS AO ERÁRIO

DANOS DE OBRA PÚBLICA 474

DÉBITOS PRETÉRITOS 251

DECADÊNCIA 827

DECISÃO
absolutória 655
penal condenatória 655

DECISÕES ADMINISTRATIVAS 101

DECLARAÇÃO
de quitação anual de débitos 318
expropriatória 713

DECLARAÇÕES 120

DECRETO-LEI Nº 200/1967 440

DECRETOS
autônomos 116
e regulamentos 51
regulamentares 116

DEFESA
das fronteiras 1079
defesa de interesses difusos 902
defesa do consumidor 781
defesa do meio ambiente 781

DEFINITIVA 709

DEFINITIVIDADE 3, 498
absoluta 826

DELEGAÇÃO 61, 94
com parâmetros 52
legal 262, 289
negocial 262, 289, 1040
with standards 52

DELIBERAÇÕES 117

DEMARCAÇÃO 68, 99, 187, 239, 979

DEMISSÃO E EXONERAÇÃO 575

DEMORA NA UTILIZAÇÃO DO BEM 761

DENEGAÇÃO DA ESTABILIDADE 570

DENTRO DO TEXTO DO ATO 100

DENUNCIAÇÃO À LIDE 487

DESAFETAÇÃO 1021

DESAPROPRIAÇÃO 697, 1029
amigável 719
Confiscatória 769
Desapropriação-Confisco 712

MANUAL DE DIREITO ADMINISTRATIVO • Carvalho Filho

do direito 122
indireta 673, 744, 757
normal 757
por Interesse Social 712
por zona 710
rural 762
urbanística 711
urbanística sancionatória 700
urbanística Sancionatória 771

DESCENTRALIZAÇÃO 261, 362
política 5

DESCONCENTRAÇÃO 261

DESCONSIDERAÇÃO DA PERSONALIDADE JURÍDICA 788

DESESTATIZAÇÃO 264

DESFAZIMENTO
por Iniciativa do Permissionário (Rescisão) 338
Volitivo 131

DESISTÊNCIA DA DESAPROPRIAÇÃO 743

DESLEGALIZAÇÃO 52, 117, 388

DESLEGIFICAÇÃO 388

DESMEMBRAMENTO ORGÂNICO 262

DESPACHOS 121

DESPESAS JUDICIAIS 987

DESTINAÇÃO
dos bens desapropriados 709
pública 1018

DESTOMBAMENTO 690

DESVIO
de finalidade 18
de função 515
de poder 42
de qualificação jurídica 119

DETERMINAÇÕES 74

DEVER
de eficiência 59
de invalidar 135
de obediência 60
de prestar contas 58
de probidade 57

DEVERES
administrativos 39
dos administradores públicos 57

DEVIDO PROCESSO LEGAL 834

DIÁLOGO COMPETITIVO 209

DIMENSÃO COLETIVA 22

DIREITO
administrativo 6, 7, 8
à informação 22
à nomeação 536, 537, 557, 659
à propriedade 1050
constitucional 8
de acesso à informação 22
de acesso ao serviço público 552
de extensão 755

de greve 643
de petição 22, 811, 962
de preempção municipal 681
de regresso 488
de representação 962
de superfície 1057
de superfície 733
de superfície 1056
do trabalho 8
líquido e certo 891
penal 8, 62
positivo 66
processual 8
punitivo funcional 62
real sobre a coisa alheia 1057
subjetivo à participação nos concursos públicos 555
tributário 8
urbanístico 9

DIREITOS
de terceiros 742
e obrigações dos usuários 317
pessoais e reais 885
políticos
sociais dos servidores 648

DIRIGISMO ECONÔMICO 778

DISCIPLINA 839
da ordem econômica e financeira 779
funcional 62
geral da enfiteuse 1056
reguladora concentrada 847
reguladora difusa 847

DISCRICIONARIEDADE 50
e arbitrariedade 46
e conceitos jurídicos indeterminados 49
técnica 46

DISPENSA
de autorização legislativa 1066
de licitação 1056, 1064

DISPONIBILIDADE 618
punitiva 618

DISPUTA
aberta 212
fechada 212

DÍVIDAS DE VALOR 641

DIVULGAÇÃO
de informações 22
dos vencimentos 24

DOAÇÃO 1063
de bens móveis 1064

DOMAINE DE L'ORDONNANCE 52

DOMINAÇÃO DOS MERCADOS 787

DOMÍNIO
Eminente 1011
Público 1011

DUE PROCESS OF LAW 64, 81, 127

ÍNDICE REMISSIVO | 1091

DUMPING 787

DUPLICIDADE DE RELAÇÕES JURÍDICAS 469

E

EDITAL 201, 353

EDITAL 300

EDITAL DE CHAMAMENTO 231

EDITAL DE CHAMAMENTO PÚBLICO. 232

EFEITO ORIGINÁRIO DA DESAPROPRIAÇÃO PUNITIVA 773

EFEITOS 42

EFEITOS DA DECISÃO PENAL NAS ESFERAS CIVIL 655

EFICÁCIA 110

ELEMENTO 92

ELIMINAÇÃO DA CONCORRÊNCIA 787

EMPRESA INDIVIDUAL DE RESPONSABILIDADE LIMITADA 793

EMPRESAS PÚBLICAS 400

EMPRESAS PÚBLICAS DEPENDENTES 408

ENCAMPAÇÃO 324, 337

ENCARGOS
  do concedente 313
  do concessionário 315

ENFITEUSE 733, 1031

ENFITEUSE 1055

ENFITEUTA 733

ENRIQUECIMENTO ILÍCITO

ENTIDADES
  autárquicas 378
  governamentais 917
  paraestatais 372, 796, 1014

ESBULHO POSSESSÓRIO 744

ESCALA DE GRAVIDADE

ESCRITURA PÚBLICA 3

ESPÉCIES
  de bens públicos 1069
  de tombamento 687
  de tutela 923
  quanto à forma de exteriorização 116

ESTABILIDADE 570

DAS RELAÇÕES JURÍDICAS 32

E EFETIVIDADE 574

PROVISÓRIA 576

ESTABILIZAÇÃO CONSTITUCIONAL 571

ESTADO

BEM-ESTAR 663

DE DIREITO 2

REGULADOR 783, 787, 796

ESTÁGIO
  experimental 574
  probatório 572, 574, 648

ESTATUTO
  da Cidade 700, 771
  de Concessões 315
  do desarmamento 74

DO DESARMAMENTO 125

JURÍDICO DAS EMPRESAS PÚBLICAS, DAS SOCIEDADES DE ECONOMIA MISTA 401, 407, 435

ESTATUTOS

ESPECIAIS 500

ESTRUTURA ADMINISTRATIVA 809

EXAME
  de ordem 71
  médico 562
  psicotécnico 560

EXAUSTÃO
  da via administrativa 824
  ou esgotamento da via administrativa 824

EXCESSO DE PODER 37

EXECUÇÃO
  direta 260
  indireta 261

EXECUTIVO 2

EXEQUIBILIDADE 110

EXEQUIBILIDADE SUSPEITA 213

EXERCÍCIO DO DIREITO DE PETIÇÃO 815

EXIGÊNCIA
  de garantia para a admissibilidade do recurso 821
  de licitação 299

EXIGIBILIDADE 37

EXONERAÇÃO
  conversível em demissão 578
  de servidor 578

EXPLORAÇÃO INDIRETA 796

EXTINÇÃO 672

DO CONTRATO DE CONCESSÃO 321

DOS ATOS ADMINISTRATIVOS 130

NATURAL 130

OBJETIVA 130

SUBJETIVA 130

F

FAIXA DE FRONTEIRAS 1078

FALÊNCIA E EXTINÇÃO DA CONCESSIONÁRIA 325

FALTA
  de congruência entre o motivo 103
  de congruência entre o motivo e o resultado 103
  do motivo 100

FATO
  administrativo 85, 469
  jurídico administrativo 90

FATORES DE DESCLASSIFICAÇÃO 301

1092 | MANUAL DE DIREITO ADMINISTRATIVO • *Carvalho Filho*

FATOS
administrativos 85
imprevisíveis 472

FEDERAÇÃO 5

FEDERAÇÃO 4, 361

FEDERALISMO CENTRÍFUGO 5

FEDERALISMO CENTRÍPETO 5

FINALIDADE EXCLUSIVA DE MORADIA 1051

FINANCIAMENTO DO SETOR PRIVADO 344

FISCALIZAÇÃO 61

FISCALIZAÇÃO 313

FLORESTAS PÚBLICAS 329

FONTE
constitucional 196
legislativa 197

FONTES

NORMATIVAS 290

FORMALIZAÇÃO 51

FORMAS
anômalas 130
básicas de controle financeiro 868
de abuso 41
de aquisição 1027
de direito privado 1055
de provimento 521
de tutela 894

FORO DOS LITÍGIOS 446

FRONTEIRAS 1078

FUNÇÃO
administrativa 813
administrativa 3, 362
administrativa típica 3
de fato 11
delegada 89
gratificada 514
jurisdicional 62
jurisdicional atípica 3
legislativa 51, 812
materialmente administrativa 4
normativa 51
pública 514
social da propriedade 667
social rural 763

FUNÇÕES
atípicas 2
comissionadas 514
de confiança 514
típicas 2

FUNDAÇÕES PÚBLICAS 436

FUNDAMENTO
da responsabilidade objetiva 463
das súmulas vinculantes 876
jurídico do direito de extensão 755

FUNDAMENTOS 675, 678, 682

FUNDO DE COMÉRCIO 742

G

GARANTIA DO CONTRADITÓRIO E AMPLA DEFESA 815

GESTÃO ASSOCIADA 69, 267

GESTÃO
da coisa pública 112
de bens e interesses da coletividade 58
de riscos 420, 425
de riscos 421
dos bens públicos 1033
por colaboração 273

GOVERNANÇA CORPORATIVA 420, 422, 424

GRAU DE PREPONDERÂNCIA 16

GREVE 645

H

HABEAS CORPUS 905
preventivo 905
repressivo 905

HABEAS DATA 916, 917

HIERARQUIA 60

E DISCIPLINA 60

HOMOLOGAÇÃO 127

HONORÁRIOS ADVOCATÍCIOS 904

I

ILEGALIDADE 43

ILHAS 1076
marítimas 1076

ILICITUDE PENAL 63

IMISSÃO PROVISÓRIA NA POSSE 724

IMISSÃO PROVISÓRIA NA POSSE 723

IMPENHORABILIDADE 1024

IMPENHORABILIDADE DOS BENS 415

IMPERATIVIDADE 105

IMPETRADO 893

IMPETRANTE 892

IMPETRANTES 900

IMPRESCRITIBILIDADE 1024

IMPROBIDADE 57

IMPROBIDADE ADMINISTRATIVA 193, 926

IMPRORROGABILIDADE 94

IMPUGNAÇÃO 179

IMUNIDADE TRIBUTÁRIA 399, 418

INAPLICABILIDADE DA DESAPROPRIAÇÃO 764

INAUDITA ALTERA PARTE 897

INCLUSÃO SOCIAL 555

INCORPORAÇÃO 1067

ÍNDICE REMISSIVO | 1093

INDELEGABILIDADE DE FUNÇÕES EXCLUSIVAS DO ESTADO 345

INDENIZAÇÃO 460, 484, 673, 682, 764
  no caso de desapropriação rural 764

INDEPENDÊNCIA DE INSTÂNCIAS

INDERROGABILIDADE 94

INDÚSTRIA DE MULTA 70

INEFICÁCIA DA SEGURANÇA 896

INEXEQUIBILIDADE PRESUMIDA 213

INEXIGIBILIDADE 533

INFORMALISMO PROCEDIMENTAL 837

INFRAÇÃO ADMINISTRATIVA 80

INFRAÇÕES 128

INGRESSO EM NOVA CARREIRA 568

INICIATIVA RESERVADA 12

INQUÉRITO ADMINISTRATIVO 849

INSTITUIÇÃO DE SERVIDÕES ADMINISTRATIVAS 671

INSTITUIÇÃO E EXTINÇÃO 676, 679

INSTRUMENTALIDADE FORMAL 1041

INSTRUMENTOS COMUNS 1061

INTEGRAÇÃO DO BEM EXPROPRIADO 709

INTERESSE
  coletivo 241
  de agir 489
  público 49, 72, 104, 143

INTERESSES
  individuais homogêneos 922

INTERRUPÇÃO E A SUSPENSÃO DO PRAZO PRESCRICIONAL 887

INTERVENÇÃO
  do Estado na Propriedade 663
  do Ministério Público 728, 748
  do Ministério Público 727
  na Concessão 320
  na Propriedade Privada 314

INTIMAÇÃO DO REPRESENTANTE DA FAZENDA PÚBLICA 986

INVALIDAÇÃO 131, 133
  do concurso 545

INVERSÃO DO ÔNUS DA PROVA 35

INVESTIDURA 522, 1066

INVESTIMENTOS 313

IRREDUTIBILIDADE DE VENCIMENTOS 633

IRRESPONSABILIDADE DO ESTADO 461

ISOLAMENTO

ISONOMIA 635

IUS GESTIONIS 112

IUS NOVUM 4

J

JAZIDAS 733

JUDICIALIZAÇÃO DA POLÍTICA 48

JUDICIÁRIO 2

JUROS MORATÓRIOS E COMPENSATÓRIOS 734

L

LAGOS DO DOMÍNIO PÚBLICO 1080

LAISSEZ FAIRE 663

LAISSEZ FAIRE, LAISSEZ PASSER 777

LEGISLAÇÃO NEGATIVA EM CONTRÁRIO 55

LEGISLATIVO 2

LEGITIMAÇÃO
  ativa para a ação popular 908
  de posse 1067

LEGITIMATIO 872

LEI
  da oferta e procura 791
  de acesso à informação 23
  pendente de regulamento 55

LEIS
  de efeitos concretos 4
  de efeitos concretos 480
  inconstitucionais 479

LESIVIDADE
  concreta 909
  do ato 909

LEVANTAMENTO PARCIAL DO DEPÓSITO 726

LIBERALISMO ECONÔMICO 777

LIBERDADE DE INICIATIVA 780

LICENÇA 121

LICENÇAS 74

LICITAÇÃO
  conceito 195
  natureza jurídica 196
  deserta 223
  fracassada 223
  frustrada 223

LICITAÇÕES 351
  aspectos 195
  alienação de bens móveis 230
  credenciamento 280
  princípios 199

LIMINAR 901

LIMITAÇÃO ADMINISTRATIVA 681

LIMITAÇÃO SANCIONATÓRIA

LIMITAÇÕES
  administrativas 680
  administrativas urbanísticas 685
  ao poder discricionário 46

LITÍGIOS 318
  acordo terminativo 861
  trabalhista 397

LITISPENDÊNCIA 902

LIVRE CONCORRÊNCIA 781

LIVRO DO TOMBO 684

LOCAÇÃO 1058

LOTEAMENTOS 1031

1094 | MANUAL DE DIREITO ADMINISTRATIVO • *Carvalho Filho*

M

MAIOR
desconto 210
retorno econômico 210

MANDADO DE INJUNÇÃO 911
de injunção coletivo 911, 916
de injunção coletivo 916
de injunção individual 911, 916
de segurança 983
de segurança 891
de segurança coletivo 891
de segurança coletivo 900
de segurança individual 891, 892
de segurança preventivo 894
de segurança repressivo 894
eletivo 622

MANIFESTAÇÃO DE INTERESSE 232

MARCO LEGAL DO SANEAMENTO BÁSICO 251

MARGENS DOS RIOS NAVEGÁVEIS 704

MAR TERRITORIAL 1082

MEDIDA
cautelar 897
liminar 896
de polícia 80

MEIOS
alternativos de resolução de controvérsias 176
de reparação do dano 484
inespecíficos 884

MEMBRO INDEPENDENTE 425

MÉRITO ADMINISTRATIVO 107

MICROEMPREENDEDOR INDIVIDUAL (MEI) 793

MICROEMPRESAS E EMPRESAS DE PEQUENO PORTE 792

MINISTÉRIO PÚBLICO 446

MINISTÉRIO PÚBLICO 903

MOBILIDADE
fiscalizatória 69
licitatória 300
e indenização 678
urbana 67, 247, 259, 357, 813

MONOPÓLIO 799
estatal 798
expresso 799
implícito 799

MORA LEGISLATIVA 915

MORALIDADE 926
administrativa 198

MOTIVAÇÃO 100
obrigatória 100

MOTIVO
aliunde 101
contextual 101
de direito 98
de fato 98

MOTIVOS 100
determinantes 102

MOVIMENTO DOS SEM-TERRA 766

MULTA CIVIL

MUTABILIDADE 302

N

NÃO ONERABILIDADE 1026
das funções 558
do poder regulamentar 51
jurídica 681
jurídica das fundações 436

NEGÓCIO JURÍDICO 87

NEPOTISMO 20, 517

NEPOTISMO
cruzado 517
transverso 517

NEXO CAUSAL 469

NOÇÃO DE RESPONSABILIDADE 459

NON REFORMATIO IN PEJUS 823

NOTÓRIA ESPECIALIZAÇÃO 429

NÚCLEOS URBANOS INFORMAIS 713

NULIDADES NO DIREITO PRIVADO 132

O

OBJETIVOS 810
de alteração 810
de confirmação 810
de correção 810

OBJETO
de outorga de direitos 834
e indenização 676
vinculado 96

OBRAS
públicas 474
públicas vinculadas ao processo de desapropriação 678

OBRIGAÇÕES SUBSIDIÁRIAS 53

OCUPAÇÃO
e utilização da área pública 1042
temporária 677

OFÍCIOS 118
de notas e de registro 495

OMISSÃO
legislativa 480
administrativas 91
específicas 41
genéricas 40
genéricas da Administração 91

ÔNUS DA PROVA 471

ORDEM BANCÁRIA 348

ÍNDICE REMISSIVO | 1095

ORDEM
    econômica 779
    formal 843
    pública 49
    urbanística 945

ORGANIZAÇÃO SOCIAL 271

ORGANIZAÇÕES
    da sociedade civil de interesse público 273, 274, 456
    organizações sociais 270, 456

ÓRGÃOS PÚBLICOS 10
    outorga de direitos em face da administração pública 348
    outorga de direitos sobre bens públicos dominicais 349

P

PACTO DE CONCESSÃO 308
    a maior 642
    com atraso 641
    de assinatura 308
    de taxas 24
    dos créditos de terceiros 989

PANDEMIA

PARCELAMENTO DO SOLO URBANO 1031

PARCERIA PÚBLICO-PRIVADA 341

PARCERIAS PÚBLICO-PRIVADAS 339

PARECERES 118
    vinculantes 119

PARTICIPAÇÃO
    de empresas estatais 302
    do lesado 471

PARTICULARIDADE DAS SANÇÕES

PARTICULARIDADES PROCESSUAIS 982

PARTILHA DE PRODUÇÃO 800, 1080

PATRIMÔNIO
    das empresas públicas 414
    de afetação 350
    público 907

PEDIDO
    de esclarecimento 179
    de reconsideração 819
    de esclarecimento 235

PENHORA 986, 1024

PENHORABILIDADE DE BENS PÚBLICOS DOMINICAIS 1024

PENSÕES 589

PERCENTUAL DOS CARGOS E EMPREGOS PÚBLICOS 554

PERDA DA FUNÇÃO PÚBLICA

PERDA DE BENS E VALORES

PERDA PATRIMONIAL 942

PERDIMENTO DE BENS 1032

PERIGO PÚBLICO IMINENTE 674

PERMISSÃO 122, 296, 332

PERMISSÃO
    condicionada 334
    de serviço público 331
    de uso 1044

PERMUTA 1064

PERSONALIDADE JURÍDICA DE DIREITO PÚBLICO 394

PERSONALIZAÇÃO DO NEGÓCIO JURÍDICO 189

PERSPECTIVA
    de certeza 32
    de estabilidade 32

PESSOA
    distrital 979
    jurídica de direito privado 394

PESSOAS
    administrativas privadas 1014
    de cooperação governamental 448
    de cooperação governamental 448
    estaduais 979
    federais 978
    jurídicas de direito público 989
    jurídicas públicas 1013
    jurídicas vinculadas ao estado 448
    municipais 980
    portadoras de deficiência 554
    privadas da administração 517
    responsáveis 466

PISO
    nacional 630
    salarial profissional 630

PLANO
    da validade 16
    de validade 37

PLATAFORMA CONTINENTAL 1075

PLURIPERSONALISMO 10

PODER
    administrativo 43
    convocatório 866
    de criação 69
    de delegação 70
    de polícia 65, 73
    de polícia 57, 65, 66, 69
    de polícia delegado 70
    de polícia fiscalizatório 71
    de polícia originário 69
    de revisão dos atos praticados 61
    disciplinar 60
    discricionário 45, 47, 143
    hierárquico 60
    normativo da Administração 34
    normativo técnico 388
    público 977, 982
    regulador 52
    regulamentar 50, 53
    regulatório 386
    vinculado 47

1096 | MANUAL DE DIREITO ADMINISTRATIVO • *Carvalho Filho*

PODER-DEVER DE AGIR 40

PODERES
administrativos 39, 45, 60
da união 2
de estado 2
implícitos da administração 56

POLÍCIA
administrativa 71, 79
judiciária 71

POLÍTICA
nacional de mobilidade urbana 247, 259, 357, 813
tarifária 304

POLITIZAÇÃO DA JUSTIÇA 48

PONDERAÇÃO DE VALORES 16

PORTAL NACIONAL DE CONTRATAÇÕES PÚBLICAS (PNCP)
162, 183, 236

PRAZO
da concessão 319
para a impetração do mandado de segurança 899

PRAZOS
extintivos para a administração 828
extintivos para os administrados 827
extintivos (prescrição administrativa) 826

PRECARIEDADE DO USO 1041

PRECATÓRIOS JUDICIAIS 989

PRECEDENTES ADMINISTRATIVOS 807

PRECLUSÃO 827

PREÇOS 791
privados 791
públicos 791

PRÉ-QUALIFICAÇÃO 232
permanente 434

PRÉ-SAL 800, 1080

PRESCRIÇÃO 485, 490, 827
da ação e prescrição das prestações 888
da ação (pretensão) 748
da pretensão indenizatória 674
de ações contra a fazenda pública 884
intercorrente 889
intercorrente 857
quinquenal 828

PRESSUPOSTO DA LESIVIDADE 19
de contas de administradores 59
de serviço adequado 315

PRESUNÇÃO
de Legitimidade 105
iuris tantum 106

PRETENSÃO DO EXPROPRIANTE 722

PREVALÊNCIA DO INTERESSE 5

PREVIDÊNCIA DO SERVIDOR PÚBLICO 582

PRINCÍPIO 804
da adequação punitiva 63, 654
da autotutela 30
da competição 530

da continuidade 249
da continuidade dos serviços públicos 31
da economicidade 203
da eficiência 25, 253
da especialidade 375
da finalidade 17
da generalidade 249
da igualdade 200, 530
da impessoalidade 18
da impessoalidade 17
da imputação volitiva 11
da indisponibilidade 31
da isonomia 200, 637
da legalidade 80, 128, 200, 804
da legalidade 16
da livre convicção do juiz 62
da modicidade 253
da moralidade 200
da moralidade 18
da moralidade administrativa 530
da oficialidade 835
da partilha das competências constitucionais 62
da precaução 35
da proporcionalidade 63, 128, 855
da proporcionalidade 49
da proporcionalidade 37, 79
da publicidade 22, 201
da razoabilidade 35
da reserva legal 374
da segregação de funções 205
da segurança e estabilidade das relações jurídicas 750
da segurança jurídica 32
da segurança jurídica 32
da solenidade 97
das políticas administrativas 804
da subsunção
da supremacia do interesse público 29
da transparência 201
da verdade material 838
do contraditório 128
do contraditório e da ampla defesa 654
do controle 375
do desenvolvimento nacional sustentável 205
do devido processo legal 64, 128
do informalismo 838
do planejamento 204

PRINCÍPIOS 363, 781
da razoabilidade 49
expressos 16
reconhecidos 29

PRIVATIVIDADE DO USO 1041

PRIVATIZAÇÃO 264

PRIVILÉGIO 799

PROBIDADE 926

PROCEDIMENTALIZAÇÃO DA ATIVIDADE ADMINISTRATIVA
130

ÍNDICE REMISSIVO | 1097

PROCEDIMENTO
administrativo 129, 962
de apuração 64
de manifestação de interesse social 280
expropriatório 765
judicial
preparatório 848

PROCESSO
administrativo 129, 830, 840
administrativo disciplinar 834, 846
administrativo na administração federal 839
de execução 986
de licitação 353
disciplinar principal 850
legislativo 830

PROCESSOS
com objeto contratual 833
com objeto de controle 833
com objeto de mera tramitação 833
com objeto de outorga de direitos 833
com objeto punitivo 833
com objeto revisional 833
judicialiformes 832
litigiosos 832
não litigiosos 832

PROFISSIONAIS DA ÁREA DE SAÚDE 565

PROFISSIONALIDADE 497

PROFISSIONALIZAÇÃO 498, 562

PROFISSIONALIZAÇÃO 498

PROGRAMA
de desestatização 267
de parcerias de investimentos – ppi 283

PROIBIÇÃO DE CONTRATAR E RECEBER BENEFÍCIOS

PROJETO DE PARCERIA 350

PROPORCIONALIDADE 654

PROPORCIONALIDADE
em sentido estrito 37

PROPRIEDADE 664

PROPRIEDADE
privada 314

PROTEÇÃO
à confiança 33
possessória 746

PROTOCOLO DE INTENÇÕES 189

PROVA
de aptidão física 544
discursiva 543

PROVIMENTO 520

PROVISÓRIA 709

PUBLICIDADE 837

PUBLICIZAÇÃO 270

PUBLIC MANAGEMENT 26

Q

QUADRO FUNCIONAL 514

QUALIFICAÇÃO ESPECIAL 270

QUARENTENA

QUEM PODE INVALIDAR 134

R

RAZOABILIDADE 36

REAJUSTAMENTO EM SENTIDO ESTRITO 159, 170

RECEBIMENTO DEFINITIVO 173

RECEBIMENTO PROVISÓRIO 173

RECLAMAÇÃO 41, 92

RECLAMAÇÃO 819

RECONDUÇÃO 568

RECURSO HIERÁRQUICO 180

RECURSOS
ADMINISTRATIVOS 818, 842

RECURSOS
administrativos 814
deflagradores (ou autônomos) 818
hierárquicos impróprios 817
hierárquicos próprios 817
incidentais 818

REDUÇÃO DAS DESIGUALDADES SOCIAIS 781

REFORMA DO JUDICIÁRIO 27

REFORMATIO IN PEJUS 823, 824

REFORMA TRIBUTÁRIA

REGIME
constitucional do servidor público 528
de convênios administrativos 269
de direito público 1041
de direito público 241
de emprego público 503
de prioridade na tramitação 840
de súmulas vinculantes 825
especial 505
estatutário 501
jurídico 1023
jurídico de direito público 89
jurídico-político
jurídico único 509
previdendiário: aposentadorias e pensões 582
regime trabalhista 502

REGIMES
de parceria 268
de previdência 582
jurídicos funcionais 500

REGIMENTOS 118

REGISTRO
cadastral 234
civil de pessoas jurídicas 449

1098 | MANUAL DE DIREITO ADMINISTRATIVO • *Carvalho Filho*

REGRAS IDÊNTICAS ÀS DAS CONCESSÕES 335

REGULAMENTAÇÃO
de segundo grau 51
técnica 52

REGULAMENTOS
autônomos 55
de execução 56

REGULARIZAÇÃO FUNDIÁRIA 1067

REINGRESSO 523

RELAÇÃO
hierárquica 60
jurídica de trabalho 498
órgão/pessoa 10

RELAÇÕES TRABALHISTAS 793

REMUNERAÇÃO 254, 623, 624

REMUNERAÇÃO
básica 624
proporcional 621

RENÚNCIA DE RECEITAS 870

REPACTUAÇÃO 159, 170, 172

REPARAÇÃO DO DANO 484

REPARTIÇÃO OBJETIVA DOS RISCOS 345

REPETIÇÃO DE INDÉBITO DE TARIFAS 257

REPRESENTAÇÃO 818

REPRESENTAÇÃO
Judicial 981

REPRESSÃO AO ABUSO DO PODER ECONÔMICO 786

REQUISIÇÃO 674

REQUISITO
da anualidade 630
de ordem material 843
de validade 25, 97
de inscrição e do cargo 556
de validade 92, 96
formais prévios à formação do consórcio 189
gerais de validade 79

RESCISÃO 322

RESERVA
administrativa 40
do possível 40, 48, 91, 108

RESERVAS LEGAIS 11

RESGATE NA ENFITEUSE 1031

RESILIÇÃO CONTRATUAL 172

RES IUDICATA 3

RESOLUÇÃO CONTRATUAL 172

RESOLUÇÕES 117

RESPONSABILIDADE
administrativa 653
civil 460, 652
civil do estado 459
do concessionário 310

dos servidores públicos 651
fiscal 345
objetiva 469
penal 653
primária e subsidiária 477

RESSARCIMENTO INTEGRAL DO DANO 954

RESTRIÇÕES DE ACESSO À INFORMAÇÃO 23

RESULTADO DO CONCURSO 542

RETIFICAÇÃO DOS DADOS 919

RETROCESSÃO 757, 1067

REVERSÃO 1032

REVERSÃO 325

REVISÃO 820
remuneratória 630

REVOGAÇÃO 142
da revogação 145

RIQUEZAS MINERAIS 1079

ROYALTIES 800

RULE OF LAW 2

S

SANÇÃO
administrativa 80
de polícia 80

SANÇÕES
de improbidade
de polícia 80
internas e externas 127
para os casos de improbidade 949

SAÚDE PÚBLICA
emergência

SEGURANÇA
jurídica 33
nacional 49

SENHORIO DIRETO 733

SENTENÇA 899

SENTENÇA
no processo de desapropriação 728

SENTIDO 674, 680, 683
e objeto 677

SERVIÇO
adequado 315
público 291, 293

SERVIÇOS
administrativos 243
coletivos (*uti universi*) 243
delegáveis 242
descentralizados 261
de transporte público 67
de utilidade pública 243

ÍNDICE REMISSIVO | 1099

econômicos 244

indelegáveis 242

serviços públicos 239, 264, 289, 298, 466

serviços singulares (*uti singuli*) 243

serviços sociais 244

sociais autônomos 448, 450

SERVIDÃO ADMINISTRATIVA 669

SERVIDORES

públicos 493, 496

públicos civis e militares 498

públicos comuns 499

públicos especiais 499

públicos estatutários 499

públicos temporários 500

públicos trabalhistas 500

trabalhistas 579, 626

SEXO E IDADE 558

SILÊNCIO 90

SILÊNCIO

administrativo 90

SIMPLES NACIONAL 793

SINDICÂNCIA 847

SISTEMA

constitucional de remuneração 623

da dualidade de jurisdição 878

da unidade de jurisdição 879

de hierarquia orgânica 815

de registro de preços 233

de repartição de competências 5

do contencioso administrativo 878

SITUAÇÕES DE PERMISSIVIDADE 564

SOBREPREÇO 430

SOCIEDADE

de propósito específico 350, 793

de economia mista 400

de mera participação do estado 404

STANDARDS DE OBJETIVIDADE 50

SUBCONTRATAÇÃO

SUBORDINAÇÃO 809

SUBORDINAÇÃO 61

SUBSIDIÁRIAS 402

SUBSOLO 1079

SUJEITO

estatal 241

passivo da lide 486

da manifestação de vontade 89

SÚMULAS 1004, 1083

vinculantes 62, 816, 876

SUPERFATURAMENTO 430

SUPREMACIA

do interesse público 666

do interesse público sobre o privado 666

SUSPENSÃO DE DIREITOS POLÍTICOS

T

TABELAMENTO DE PREÇOS 791

de ocupação 1072, 1073

de inscrição 554

de regulação 390

TEORIA 12

da captura 391

da culpa administrativa 462

da representação 10

da responsabilidade objetiva 463

das nulidades 131

do mandato 10

do órgão 11

do risco administrativo 463

dos frutos envenenados 839

dos motivos determinantes 102

dualista 132

eclética 13

monista 132

objetiva 13

de caracterização do órgão 12

subjetiva 12

TERCEIROS

TERMO

de referência 161

final do prazo 321, 336

de cooperação 186

TERRAS

devolutas 1069

ocupadas pelos indígenas 1075

TERRENOS

acrescidos 1074

de marinha 1071

reservados 1074

TETO REMUNERATÓRIO 625, 636

TIPICIDADE 3, 63

TIPOLOGIA DE IMPROBIDADE

TIPOS

de provimento 521

de responsabilidade 459

TITULARES 516

TOMBAMENTO 684, 687

TOMBAMENTO 683

TRANSFERÊNCIA

da propriedade 729

de encargos do concessionário 312

TRANSPARÊNCIA

ativa 23

na execução 316

passiva 23

MANUAL DE DIREITO ADMINISTRATIVO • Carvalho Filho

TRANSPORTE
   privado 357
   público 67, 247, 357

TRATAMENTO FAVORECIDO PARA EMPRESAS DE PEQUENO PORTE 781

TREDESTINAÇÃO 760

TRIBUNAL DE CONTAS 870

TRUSTES 787

TUTELA 891, 901
   antecipada 985
   cautelar 338, 841
   de urgência 896
   preventiva 923
   repressiva 923

U

UNIVERSALIDADE JURÍDICA DE BENS 350

USO
   compartilhado 1036
   comum 1035
   de imóvel público 1050
   do poder 39
   dos bens públicos 1033
   especial 1035
   especial para fins de moradia 1050
   especial privativo dos bens públicos 1041
   privativo 1041

USUÁRIOS 317

USUCAPIÃO 1028

V

VACÂNCIA 525

VALIDADE 111

VALORIZAÇÃO DO TRABALHO HUMANO 780

VANTAGENS PECUNIÁRIAS 627

VARIABILIDADE DE BASE DE CÁLCULO

VARIABILIDADE REMUNERATÓRIA 348

VEDAÇÕES 347

VENCIMENTO 624

VENCIMENTO-BASE 624, 627, 628, 629

VENCIMENTO-PADRÃO 624

VENCIMENTOS 271, 489, 497, 510, 522, 525, 526, 539, 564, 566, 568, 621, 622, 624, 628, 632, 633, 634, 635, 636, 639, 640, 641, 642, 644, 647, 990

VENCIMENTOS PROPORCIONAIS 620

VENDA 1061

VÍCIOS DA VONTADE 88

VIGENTE CONSTITUIÇÃO 779

VINCULAÇÃO 809

VINCULAÇÃO 61

VINCULAÇÃO DE RECEITAS 349

VISTO 127

VITALICIEDADE 581

VITALICIEDADE IMEDIATA 581

VITALICIEDADE MEDIATA 581

VOLUNTARIEDADE 128

VOLUNTÁRIO 687

VONTADE FINAL 113

VONTADES-MEIO 113, 127

W

WELFARE STATE 29

Referências Bibliográficas

ABE, Nilma de Castro. O domínio da União sobre terras devolutas, *RTDP* n° 31/216, 2000.

ABRAHAM, Marcus. *Os tribunais de contas e o poder cautelar de indisponibilidade de bens.* (publ. sítio *genjurídico* em 9.2.2017).

ACCIOLI, Wilson. *Instituições de direito constitucional*, Rio de Janeiro, Forense, 1984.

ADRI, Renata Porto. Planejamento estatal e democracia. *Corrupção, ética e moralidade administrativa.* Obra coletiva organizada pela autora, Maurício Zockun e Luis Manuel Fonseca Pires, Belo Horizonte, Fórum, 2008.

AGUIAR JR., Ruy Rosado. *A extinção dos contratos por incumprimento do devedor*, Aide, 1991.

ALBUQUERQUE, Ronaldo de. *Desapropriação e constituição de servidão administrativa*, São Paulo, Atlas, 1987.

ALEGRE, José Sérgio Monte. Revisão anual da remuneração dos servidores públicos, *RTDP* n° 39, 2002.

ALEGRE, José Sérgio Monte. Presunção de legalidade, ônus da prova e autotutela: o que diz a Constituição? *RTDP* n° 30, 2000.

ALESSI, Renato. *Instituciones de derecho administrativo*, Milão, Dott A. Giuffrè, 1970.

ALEXANDRINO, Marcelo; PAULO, Vicente. *Direito administrativo*, Rio de Janeiro, Impetus, 10. ed., 2006.

ALMEIDA, Fernando Menezes Dias de. *Estatuto da cidade.* Obra coletiva organizada por Odete Medauar e o autor, São Paulo, Revista dos Tribunais, 2002.

ALOCHIO, Luiz Henrique Antunes. *Direito do saneamento*, Campinas, Millennium, 2007.

ALVARENGA, Aristides Junqueira. *Improbidade administrativa* – questões polêmicas e atuais, vários autores, São Paulo, Malheiros, 2001.

ALVES, Rogério Pacheco (e Emerson Garcia). *Improbidade administrativa*, Rio de Janeiro, Lumen Juris, 2. ed., 2004.

ALVES, Rogério Pacheco. *As prerrogativas da administração pública nas ações coletivas*, Rio de Janeiro, Lumen Juris, 2007.

AMARAL, Antônio Carlos Cintra do. Validade de leis estaduais que estipulam isenção de pedágio, ou outro benefício tarifário, nas rodovias concedidas, *RTDP* n° 31/1997, 2000.

AMORIM, Rafael Amorim de. *Comentários à Lei de Licitações e Contratos Administrativos*, org. Cristiana Fortini e outros, v. 2, Forum, 2022.

1102 | MANUAL DE DIREITO ADMINISTRATIVO • *Carvalho Filho*

AMORIM, Victor Aguiar Jardim de. Análise sobre a repercussão da Lei de Acesso à Informação em relação à divulgação dos dados remuneratórios dos servidores públicos, *Informativo COAD* nº 28, 2012.

AMORIM FILHO, Agnelo. Critério científico para distinguir a prescrição da decadência e para identificar as ações imprescritíveis, *RT* 744, out. 1997.

ANDRADE, Letícia Queiroz de. *Desapropriação de bens públicos*, São Paulo, Malheiros, 2006.

ANDRADE, Letícia Queiroz de. *Teoria das relações jurídicas da prestação de serviço público sob regime de concessão*, São Paulo: Malheiros, 2015.

ANYFANTIS, Spiridon Nicofotis. *Servidor público* – questões polêmicas. Obra coletiva, Belo Horizonte, Fórum, 2006.

ARAGÃO, Alexandre Santos de. As fundações públicas e o novo Código Civil, *RDA* 231/313, Rio de Janeiro, Forense, 2003.

ARAGÃO, Alexandre Santos de. *As parcerias público-privadas* – PPPs no direito brasileiro, *RDA* 240, 2005.

ARAGÃO, Alexandre Santos de. *Direito dos serviços públicos*, Rio de Janeiro, Forense, 2007.

ARAGÃO, Alexandre Santos de. *Supervisão Ministerial das agências reguladoras*: limites, possibilidades e o parecer AGU nº AC-051, *RDA* 245, 2007.

ARAGÃO, E. D. Moniz de. *Comentários ao CPC*, v. II, Rio de Janeiro, 1974.

ARAGÃO, E. D. Moniz de. *A correição parcial*, José Bushatsky, 1969.

ARAUJO, Anildo Fabio de. Acesso aos cargos públicos. *Informativo COAD* nº 35, 2011.

ARAÚJO, Edmir Netto de. *Curso de direito administrativo*, São Paulo, Saraiva, 5. ed., 2010.

ARAÚJO, Florivaldo Dutra de. *Motivação e controle do ato administrativo*, Belo Horizonte, Del Rey, 2. ed., 2005.

ARAÚJO, Florivaldo Dutra de. *Negociação coletiva dos servidores públicos*, Belo Horizonte, Fórum, 2011.

ARAÚJO, Marcos Paulo Marques. *Serviço de limpeza urbana à luz da lei de saneamento básico*, Belo Horizonte, Fórum, 2008.

ARAÚJO, Valter Shuenquener de. *O princípio da proteção à confiança*, Rio de Janeiro, Impetus, 2009.

ASSIS, Alexandre C. Excesso de poder e discricionariedade: controle judicial, *RDP* 92, 1989.

ASSUMPÇÃO, Helcio Alves de. Mandado de segurança: a comprovação dos fatos como pressuposto específico de admissibilidade do *writ*, *Revista do Ministério Público do Rio de Janeiro*, v. II, 1995.

AULETE, Caldas. *Dicionário contemporâneo da língua portuguesa*, v. V, Rio de Janeiro, Delta, 1958.

AVELAR, Mariana Magalhães. *Comentários à Lei de Licitações e Contratos Administrativos*, Coord. Cristiana Fortini *et al.*, Belo Horizonte, Fórum, 2022.

AZEVEDO, Damião Alves de. A natureza jurídica das associações de municípios e dos consórcios intermunicipais, *RDA* 238, 2004.

BACELLAR FILHO, Romeu Felipe. Breves reflexões sobre a jurisdição administrativa: uma perspectiva de direito comparado, *RDA* 211, 1998.

REFERÊNCIAS BIBLIOGRÁFICAS | 1103

BACELLAR FILHO, Romeu Felipe. *Processo administrativo disciplinar*, São Paulo, Max Limonad, 2003.

BACELLAR FILHO, Romeu Felipe. *Profissionalização da função pública*: a experiência brasileira, *RDA* 232/1, 2003.

BACELLAR FILHO, Romeu Felipe. *Direito administrativo*, São Paulo, Saraiva, 2005.

BAPTISTA, Patrícia. A tutela da confiança legítima como limite ao exercício do poder normativo da Administração Pública – a proteção às expectativas legítimas dos cidadãos como limite à retroatividade normativa, *RDE* nº 3, jul./set. 2006.

BARBI, Celso Agrícola. *Do mandado de segurança*, Rio de Janeiro, Forense, 1980.

BARBOSA, Prisce Maria Torres. O servidor e o direito à sindicalização, *RDP* 96, 1990.

BARBOZA, Márcia Noll. *O princípio da moralidade administrativa*, Porto Alegre, Livraria do Advogado, 2002.

BARRAL, Daniel. *Comentários à Lei de Licitações e Contratos Administrativos*, org. Cristiana Fortini e outros, v. 1, Forum, 2022.

BARROSO, Darlan; ROSSATO, Luciano Alves. *Mandado de segurança*, São Paulo, Revista dos Tribunais, 2009.

BARROSO, Luís Roberto. Tribunais de contas: algumas incompetências, *RDA* 203, 1996.

BASTOS, Celso Ribeiro; MARTINS, Ives Gandra da Silva. *Comentários à Constituição do Brasil*, São Paulo, Saraiva, 1988.

BASTOS, Celso Ribeiro. *Curso de direito constitucional*, São Paulo, Saraiva, 1989.

BASTOS, Celso Ribeiro. *Curso de direito administrativo*, São Paulo, Saraiva, 1996.

BATISTA JÚNIOR, Onofre Alves. *Princípio constitucional da eficiência administrativa*, Fórum, Belo Horizonte, 2. ed., 2012.

BENSOUSSAN, Fábio Guimarães. *Intervenção estatal na empresa privatizada*, Porto Alegre, Sergio Antonio Fabris, 2007.

BERBAT FILHO, Jayme; LIMA, Cláudio Roberto Paz. *Comentários à Lei Orgânica da Polícia Civil do Estado do Rio de Janeiro*, Rio de Janeiro, Freitas Bastos, 2023.

BERCOVICI, Gilberto. *Comentários à Constituição Federal de 1988*, coord. Paulo Bonavides, Jorge Miranda e Walter Agra, Rio de Janeiro, Forense, 2009.

BEVILÁQUA, Clóvis. *Comentários ao Código Civil*, 1958.

BEVILÁQUA, Clóvis. *Teoria geral do direito civil*, Rio de Janeiro, Francisco Alves, 1955.

BEZERRA FILHO, Aluizio. Tribunais aplicam a retroatividade da nova lei de improbidade administrativa, *Correio Forense*, 17 fev. 2022.

BEZNOS, Clóvis. Transporte coletivo alternativo – aspectos jurídicos, *RTDP* nº 26, 1999.

BEZNOS, Clóvis. *Estatuto da Cidade*, São Paulo, Malheiros, 2003, vários autores, coordenação de Adilson Dallari e Sérgio Ferraz.

BIELSA, Rafael. *Derecho administrativo*, Buenos Aires, Depalma, v. II, 1955.

BINEMBOJM, Gustavo. Agências reguladoras independentes e democracia no Brasil, *RDA* 240, 2005.

BINENBOJM, Gustavo; CYRINO, André. A cláusula geral do erro administrativo. *RDA*, FGV, edição especial, p. 203-224, out. 2018.

BITENCOURT NETO, Eurico. *Improbidade administrativa e violação de princípios*, Belo Horizonte, Del Rey, 2005.

BITENCOURT NETO, Eurico. *Devido procedimento equitativo e vinculação de serviços públicos delegados no Brasil*, Belo Horizonte, Fórum, 2009.

BLASI, Marcos Chucralla Moherdaui. Panorama atual da responsabilidade do Estado em matéria de serviços públicos na jurisprudência do STF, *RBDP* 31, 2010.

BONATTO, Hamilton. *Comentários à Lei de Licitações e Contratos Administrativos*, org. Cristiana Fortini e outros, v. 2, Forum, 2022.

BONAVIDES, Paulo. *Curso de direito constitucional*, São Paulo, Malheiros, 9. ed., 2000.

BONNARD, Roger. *Précis de droit administratif*, Paris, Librairie du Recueil Sirey, 1940.

BORBA, José Edwaldo Tavares. *Sociedade de economia mista e privatização*, Rio de Janeiro, Lumen Juris, 1997.

BORGES, Alice Gonzalez. Concessões de serviço público de abastecimento de água aos municípios, *RDA*, 212, 1998.

BORGES, Alice Gonzalez. O estatuto jurídico das empresas estatais na Emenda Constitucional 19/1998, *RDA* 217, 1999.

BORGES, Alice Gonzalez. Consórcios públicos: nova sistemática e controle, *Revista do Tribunal de Contas do Estado da Bahia*, nº 1, nov. 2005.

BORGES, José Arthur Diniz. *Direito administrativo sistematizado e sua interdependência com o direito constitucional*, Rio de Janeiro, Lumen Juris, 2002.

BORTOLETO, Leandro. *Direito administrativo, Salvador,* JusPodivm, 2012.

BOSELLI, Felipe. *Comentários à Lei de Licitações e Contratos Administrativos*, org. Cristiana Fortini e outros, v. 2, Forum, 2022.

BOTTINO, Marco Tullio. *Manual prático das licitações* (com Ivan Barbosa Rigolin), São Paulo, Saraiva, 2. ed., 1998.

BRITO FILHO, José Cláudio Monteiro. A sindicalização do servidor público, *Revista LTR*, v. 54, 1990.

BRITTO, Carlos Ayres de. Direito de propriedade, *RDP*, 91, 1989.

BRODBEKIER, Bruno. Poder regulamentar da administração pública, *RDA* 233/141, 2003.

BRUNO, Reinaldo Moreira; OLMO, Manolo Del. *Servidor público. Doutrina e jurisprudência*, Belo Horizonte, Del Rey, 2006.

BRUNO, Reinaldo Moreira. *Direito administrativo didático*, Belo Horizonte, Del Rey, 2. ed., 2008.

BUENO, Cássio Scarpinella. *Mandado de segurança*, São Paulo, Saraiva, 2. ed., 2004.

BUENO, Cássio Scarpinella. *A nova etapa da reforma do código de processo civil*, São Paulo, Saraiva, v. 1, 2006.

BUENO, Cássio Scarpinella. *A nova lei do mandado de segurança*, São Paulo, Saraiva, 2009.

BUENO, Cássio Scarpinella. *Novo código de processo civil anotado*. São Paulo: Saraiva, 2015.

REFERÊNCIAS BIBLIOGRÁFICAS | 1105

BULOS, Uadi Lamêgos. *Mandado de Segurança Coletivo*, São Paulo, Revista dos Tribunais, 1996.

BUZAID, Alfredo. *Do mandado de segurança*, São Paulo, Saraiva, 1989.

CABRAL, Antônio. Os efeitos processuais da audiência pública, *RDE*, n° 2, Renovar, abr./jun. 2006.

CABRAL, Flávio Garcia; SARAI, Leandro. *Manual de direito administrativo*, São Paulo, Mizuno, 2022.

CAETANO, Marcelo. *Manual de direito administrativo*, v. II, Lisboa, Coimbra Editora, 1973.

CAETANO, Marcelo. *Princípios fundamentais de direito administrativo*, Rio de Janeiro, Forense, 1977.

CALIMAN, AURO AUGUSTO. Parcerias público-privadas e a fiscalização dos tribunais de contas, *RDA*, n° 244, 2007.

CÂMARA, Alexandre Freitas. *A nova execução de sentença*, Rio de Janeiro, Lumen Juris, 2. ed., 2006.

CÂMARA, Jacintho de Arruda. *Improbidade administrativa*: questões polêmicas e atuais, vários autores, São Paulo, Malheiros, 2001.

CAMARÃO, Tatiana Martins da Costa. *Comentários à Lei de Licitações e Contratos Administrativos*, Coord. Cristiana Fortini, Rafael Sérgio Lima de Oliveira e Tatiana Martins da Costa Camarão, Belo Horizonte, Fórum, 2022.

CAMARÃO, Tatiana Martins da Costa. *Licitações e contratos*. Aspectos relevantes, Belo Horizonte, Fórum, 2007.

CAMARGO, Sabino Lamego de. Parecer, *RDPGERJ* 40, 1988.

CAMMAROSANO, Marcio. Concurso interno para efetivação de servidores, *BDM*, maio 1992.

CAMMAROSANO, Marcio; POZZO, Augusto dal; VALIM, Rafael (Org.), *Regime diferenciado de contratações públicas – RDC*: aspectos fundamentais, Belo Horizonte, Fórum, 2012.

CAMPAZ, Walter. *Revogação dos atos administrativos*, São Paulo, Revista dos Tribunais, 1983.

CAMPINHO, Sérgio. *O direito de empresa*, Rio de Janeiro, Lumen Juris, 2. ed., 2003.

CAMPOS, Patrícia Toledo de. Comentários à Lei n° 12.846/2013 – Lei anticorrupção. *Revista Digital de Direito Administrativo da Faculdade de Direito de Ribeirão Preto/USP*. v. 2, n. 1, 2015.

CARDOSO, Henrique Ribeiro; SANTOS, Mateus Levi Fontes. A deferência judicial redimida, *RDA*, Ed. FGV, 282/1, 2023.

CARRION, Valentin. *Comentários à CLT*, São Paulo, Saraiva, 30. ed., 2005.

CARVALHO, Afrânio de. *O tombamento de imóveis e o registro*, São Paulo, Revista dos Tribunais, 672.

CARVALHO, Carlos Eduardo Vieira de. Desapropriação indireta, *RDP* 97, 1991.

CARVALHO, Fábio Lins de Lessa. *Concursos públicos no direito brasileiro*. Curitiba: Juruá, 2015.

CARVALHO FILHO, José dos Santos. *Ação civil pública*. Comentários por artigos, 7. ed., Rio de Janeiro, Lumen Juris, 2009.

CARVALHO FILHO, José dos Santos. *Processo administrativo federal*, São Paulo, Atlas, 5. ed., 2013.

CARVALHO FILHO, José dos Santos. *Comentários ao estatuto da cidade*, São Paulo, Atlas, 5. ed., 2013.

CARVALHO FILHO, José dos Santos. *Consórcios públicos*, 2. ed., São Paulo, Atlas, 2013.

CARVALHO FILHO, José dos Santos. O princípio da efetividade e os direitos sociais urbanísticos, *A efetividade dos direitos sociais*, obra coletiva coordenada por Emerson Garcia, Rio de Janeiro, Lumen Juris, 2004.

CARVALHO FILHO, José dos Santos. Processo administrativo, *Direito administrativo*, obra coletiva coordenada por Marcelo Leonardo Tavares e Valter Shuenquener de Araújo, Impetus, 2005.

CARVALHO FILHO, José dos Santos. *A discricionariedade*: análise de seu delineamento jurídico, *Discricionariedade administrativa*, obra coletiva coordenada por Emerson Garcia, Rio de Janeiro, Lumen Juris, 2005.

CARVALHO FILHO, José dos Santos. Acumulação de vencimentos com proventos da inatividade, *Revista Doutrina*, v. 4, 1997.

CARVALHO FILHO, José dos Santos. As novas agências autárquicas diante da privatização e da globalização da economia, *Revista Doutrina*, v. 6, 1998.

CARVALHO FILHO, José dos Santos. O controle autárquico no processo de desestatização e da globalização da economia, *Revista do Ministério Público do Rio de Janeiro*, v. 8, 1998.

CARVALHO FILHO, José dos Santos. A investidura em cargos em comissão e o princípio da moralidade, *Revista Doutrina*, v. 8, 1999.

CARVALHO FILHO, José dos Santos. O futuro estatuto das empresas públicas e sociedades de economia mista, *Revista do Ministério Público do Rio de Janeiro*, v. 11, 2000, e *Revista Doutrina*, nº 9, 2000.

CARVALHO FILHO, José dos Santos. O pregão como nova modalidade de licitação, *Revista Doutrina*, v. 10, 2000.

CARVALHO FILHO, José dos Santos. Regime especial dos servidores temporários, *Revista Ibero-Americana de Direito Público*, v. III, 2001.

CARVALHO FILHO, José dos Santos. A ampla defesa nos processos administrativos, Suplemento, *Diário Oficial do Rio de Janeiro*, nº 22, 1990.

CARVALHO FILHO, José dos Santos. Regime jurídico dos atos administrativos de confirmação e de substituição, *Revista Doutrina*, nº 1, 1996.

CARVALHO FILHO, José dos Santos. A contradição da Lei nº 8.987/1995 quanto à natureza da permissão de serviços públicos, *Arquivos do Tribunal de Alçada*, v. 21, 1995.

CARVALHO FILHO, José dos Santos. Responsabilidade civil do estado por atos legislativos, *Livro de Estudos Jurídicos*, nº 6, 1993.

CARVALHO FILHO, José dos Santos. Exame psicotécnico: natureza e condições de legitimidade, *Livro de Estudos Jurídicos*, nº 9, 1994.

CARVALHO FILHO, José dos Santos. Extensibilidade dos direitos funcionais aos aposentados, *Revista do Tribunal de Contas do Estado do Rio de Janeiro*, nº 26, 1994.

REFERÊNCIAS BIBLIOGRÁFICAS | **1107**

CARVALHO FILHO, José dos Santos. O novo processo expropriatório para reforma agrária, *Revista do Ministério Público do Rio de Janeiro*, nº 2, 1995.

CARVALHO FILHO, José dos Santos. A prescrição judicial das ações contra o estado no que concerne a condutas comissivas e omissivas, *Revista Doutrina*, v. II, 1996.

CARVALHO FILHO, José dos Santos. *Políticas públicas e pretensões judiciais determinativas* (*Políticas públicas. Possibilidades e limites*), obra coletiva coordenada por Cristiana Fortini, Júlio César dos Santos Esteves e Maria Tereza Fonseca Dias, Fórum, 2008.

CARVALHO FILHO, José dos Santos. *Terceirização no setor público*: encontros e desencontros, terceirização na administração, obra coletiva coordenada por Cristiana Fortini, Fórum, 2009.

CARVALHO FILHO, José dos Santos. O processo administrativo de apuração da improbidade administrativa, *Estudos sobre improbidade administrativa em homenagem ao Prof. J. J. Calmon de Passos*, obra coletiva organizada por Alexandre Albagli Oliveira, Cristiano Chaves e Luciano Ghigone, Rio de Janeiro, Lumen Juris, 2010.

CARVALHO FILHO, José dos Santos. Interesse público: verdades e sofismas, *Supremacia do interesse público*, obra coletiva coordenada por Maria Sylvia Zanella di Pietro e Carlos Vinicius Alves Ribeiro, São Paulo, Atlas, 2010.

CARVALHO FILHO, José dos Santos. Ação civil pública e ação de improbidade administrativa: unidade ou dualidade?, em *A ação civil pública após 25 anos*, obra coletiva coordenada por Édis Milaré, São Paulo, Revista dos Tribunais, 2010.

CARVALHO FILHO, José dos Santos. *Improbidade administrativa*: prescrição e outros prazos extintivos, São Paulo, Atlas, 2012.

CARVALHO, Gustavo Marinho de. *Precedentes administrativos no direito brasileiro*, São Paulo, Contracorrente, 2015.

CARVALHO, Raquel Melo Urbano de. *Curso de direito administrativo*, Salvador, JusPodivm, Parte Geral, 2008.

CASSAGNE, Juan Carlos. *El acto administrativo*, Buenos Aires, Abeledo Perrot, 1974.

CASSAR, Vólia Bonfim. *Direito do trabalho*, Rio de Janeiro, Impetus, 2011.

CASTRO, Rodrigo Pironti Aguirre de; GONÇALVES, Francine Silva Pacheco. *"Compliance" e gestão de risco nas empresas estatais*, Belo Horizonte, Fórum, 2018.

CAVALCANTI, Themistocles. *Curso de direito administrativo*, Rio de Janeiro, Freitas Bastos, 1964.

CAVALIERI FILHO, Sergio. *Programa de responsabilidade civil*, São Paulo, Malheiros, 2. ed., 1998.

CAVALLARI, Odilon Cavallari de. Alterações à Lei de Introdução às Normas do Direito Brasileiro. In: Graziane, Élida *et al.* (Coord.). *Política pública e controle: um diálogo interdisciplinar em face da Lei nº 13.655/2018*, Belo Horizonte, Fórum, 2018.

CAVALLI, Cássio. O controle da discricionariedade administrativa e a discricionariedade técnica, *RDA* nº 251, FGV, maio/ago. 2009.

CERQUINHO, Maria Cuervo Silva e Vaz. *O desvio de poder no ato administrativo*, São Paulo, Revista dos Tribunais, 1979.

CHALHUB, Melhim Namem. *Direitos reais*. 2. ed. São Paulo: RT, 2014.

1108 | MANUAL DE DIREITO ADMINISTRATIVO • *Carvalho Filho*

CHAMOUN, Ebert Vianna. *Da retrocessão nas desapropriações*, Rio de Janeiro, Forense, 1959.

CINTRA, Antônio Carlos de Araujo. *Motivo e motivação do ato administrativo*, São Paulo, Revista dos Tribunais, 1979.

CLÈVE, Clèmerson Merlin; SEHN, Solon. Municípios e concessionárias federais de serviço de energia elétrica e telecomunicações – cobrança de preço público pela permissão de uso do solo urbano, *RTDP*, 33/100, 2001.

CLÈVE, Clèmerson Merlin. *A fiscalização abstrata da constitucionalidade no direito brasileiro*, São Paulo, Revista dos Tribunais, 2. ed., 2000.

COELHO, Fábio Ulhoa. *Comentários à nova lei de falências e de recuperação de empresas*, São Paulo, Saraiva, 2. ed., 2005.

COELHO, Daniela Mello. *Administração pública gerencial e direito administrativo*, Belo Horizonte, Melhoramentos, 2004.

COELHO, Sacha Calmon Navarro. *Curso de direito tributário brasileiro*, Rio de Janeiro, Forense, 1999.

COMPARATO, Fabio Konder. Ordem econômica na Constituição Brasileira de 1988, *RDP* 93, 1990.

COTRIM NETO, Alberto Bittencourt. Da responsabilidade do estado por atos de juiz em face da Constituição de 1988, *RTDP* nº 1, 1993.

COUTINHO, Alessandro Dantas e BREDA, Lara Carvalho. A (im)possibilidade de afastamento da vedação à realização de transação, acordo ou conciliação nas ações de improbidade administrativa, *Revista Síntese Dir. Administrativo*, nº 141, set/2017.

COUTINHO, José Roberto der Andrade. *Gestão do patrimônio imobiliário na administração pública*, Rio de Janeiro, Lumen Juris, 2011.

COUTINHO, Marcos Pereira Anjo. *Dimensões normativas da governança e do planejamento administrativo*, Belo Horizonte, D'Plácido, 2018.

CRETELLA JÚNIOR, José. *Dicionário de direito administrativo*, Rio de Janeiro, Forense, 1978.

CRETELLA JÚNIOR, José. *Bens públicos*, 2. ed. São Paulo, Universitária de Direito, 1975.

CRETELLA JÚNIOR, José. *Curso de direito administrativo*, Rio de Janeiro, Forense, 1986.

CRETELLA JÚNIOR, José. *Comentários à Constituição de 1988*, São Paulo, Forense Universitária, 1991, v. I a IV; obra em continuação.

CRETELLA JÚNIOR, José. *Anulação do ato administrativo por desvio de poder*, Rio de Janeiro, Forense, 1978.

CRETELLA JÚNIOR, José. Polícia e poder de polícia, *RDA* 162, 1985.

CRETELLA JÚNIOR, José. *Tratado de direito administrativo*, Rio de Janeiro, Forense.

CRETELLA JÚNIOR, José. *Tratado geral das desapropriações*, Rio de Janeiro, Forense, 1980.

CRETELLA JÚNIOR, José. *Mandado de segurança*, Rio de Janeiro, Forense, 1980.

CRETELLA JÚNIOR, José. *Manual de direito administrativo*, Rio de Janeiro, Forense, 1989.

CRETTON, Ricardo Aziz. *Os princípios da proporcionalidade e da razoabilidade e sua aplicação no Direito Tributário*, Rio de Janeiro, Lumen Juris, 2001.

REFERÊNCIAS BIBLIOGRÁFICAS | 1109

CRUZ, José Raimundo Gomes da. *O controle jurisdicional do processo disciplinar*, São Paulo, Malheiros, 1996.

CRUZ, Luana Pedrosa de Figueiredo *et al*. *Comentários à nova Lei de Improbidade Administrativa*, 5. ed., São Paulo, RT, 2021.

CUESTA, Rafael Entrena. *Curso de derecho administrativo*, Madri, Tecnos, 1981.

CUNHA JUNIOR, Dirley da. *Controle judicial das omissões do poder público*, São Paulo, Saraiva, 2004.

CUNHA, Paulo César Melo da. *Regulação jurídica da saúde suplementar no Brasil*, Rio de Janeiro, Lumen Juris, 2003.

DALLARI, Adilson Abreu. Processo administrativo e segurança jurídica, *Segurança jurídica*, obra coletiva coordenada por Paulo André Jorge Germanos, Rio de Janeiro, Elsevier, 2010.

DALLARI, Adilson Abreu. *Aspectos jurídicos da licitação*, São Paulo, Saraiva, 1992.

DALLARI, Adilson Abreu. Empresa estatal prestadora de serviços públicos – natureza jurídica – repercussões tributárias, *RDP* 94, 1990.

DALLARI, Adilson Abreu. *Desapropriação para fins urbanísticos*, Rio de Janeiro, Forense, 1980.

DALLARI, Adilson Abreu. Os poderes administrativos e as relações jurídico-administrativas, *RTDP* 24, 1998.

DALLARI, Adilson Abreu. Cobrança de taxa remuneratória do serviço de coleta de lixo, *RTDP* 25, 1999.

DALLARI, Adilson Abreu. Uso do espaço urbano por concessionárias de serviços de telecomunicações, *RDA* 223, 2001.

DALLARI, Adilson Abreu. Acordo para recebimento de crédito perante a Fazenda Pública, *RDA* 239, 2005.

DALLARI, Adilson Abreu; BRANCO, Adriano Murgel. *O financiamento de obras e de serviços públicos*, São Paulo, Bertin/Paz e Terra, 2006.

DALLARI, Adilson Abreu. *Regime constitucional dos servidores públicos*, São Paulo, Revista dos Tribunais, 1990.

DALLARI, Dalmo de Abreu. *Elementos de teoria geral do Estado*, São Paulo, Saraiva, 1983.

DANTAS, Fabricio. O gasto público na estratégia institucional: direitos fundamentais no jogo dos afetos e da escassez, *RDA*, Ed. FGV, v. 282, nº 2, maio-ago. 2023.

DEBBASCH, Charles. *Institutions de droit administratif*, Paris, Presses Univ. de France, 1976.

DECOMAIN, Pedro Roberto. *Mandado de segurança*, São Paulo, Dialética, 2009.

DECOMAIN, Pedro Roberto. *Improbidade administrativa*, Dialética, 2007.

DEIAB, Felipe. Uma nova experiência na advocacia pública brasileira: a procuradoria-geral do tribunal de contas do Estado do Rio de Janeiro, *Revista da Procuradoria Geral do Tribunal Contas do Estado do Rio de Janeiro*, nº 1, 2005.

DELGADO, Maurício Godinho. *Curso de direito do trabalho*, São Paulo, LTr, 3ª. ed., 2004.

DELPINO, L.; DEL GIUDICE, F. *Elementi di diritti amministrativo*, Nápoles, Esselibri Simone, 10. ed., 1998.

DIAS, Maria Tereza Fonseca. *Terceiro setor e estado*: legitimidade e regulação, Belo Horizonte, Fórum, 2008.

DIEZ, Manuel Maria. *Manual de derecho administrativo*, Buenos Aires, Plus Ultra, 1980.

DINIZ, Davi Monteiro. Independência das agências administrativas nos Estados Unidos da América: contraste com a autonomia de entes administrativos no direito brasileiro, *RDA*, Ed. FGV, v. 282, n° 2, maio-ago. 2023.

DIREITO, Carlos Alberto Menezes. *Manual do mandado de segurança*, Renovar, 1991.

DIREITO, Carlos Gustavo. *A evolução do modelo de regulação francês*, *RDE* n° 2, Renovar, abr./jun. 2006.

DROMI, Roberto. *Derecho administrativo*, Buenos Aires, Ciudad Argentina, 1995.

DUTRA, Pedro. O poder regulamentar dos órgãos reguladores, *RDA* 221, 2000.

ENTERRÍA, Eduardo García de; FERNÁNDEZ, Tomás-Ramón. *Curso de derecho administrativo*, Madri, Civitas, 10. ed., 2000.

ESTEVES, Julio César dos Santos. *Responsabilidade civil do Estado por ato legislativo*, Belo Horizonte, Del Rey, 2003.

FAGUNDES, Miguel Seabra. *O controle dos atos administrativos pelo poder judiciário*, Rio de Janeiro, Forense, 1979.

FAGUNDES, Miguel Seabra. *Da desapropriação no direito brasileiro*, Rio de Janeiro, 1949.

FALDINI, Cristiana Corrêa Conde. *A constitucionalização do direito administrativo*, em *Supremacia do interesse público*, coord. Maria Sylvia di Pietro e Carlos Vinicius Alves Ribeiro, São Paulo, Atlas, 2010.

FALLA, Fernando Garrido. *Tratado de derecho administrativo*, Madri, Inst. Estudios Políticos, v. I, 6. ed., 1973.

FARIA, Luzardo. O papel do princípio da indisponibilidade do interesse público na administração pública consensual, *RDA*, Ed. FGV, v. 281, n° 3, set.-dez. 2022.

FARIA, Edmur Ferreira de. *Curso de direito administrativo positivo*, Minas Gerais, Del Rey, 1997.

FARIAS, Sara Jane Leite de. *Regulação jurídica dos serviços autorizados*, Rio de Janeiro, Lumen Juris, 2005.

FÉRES, Marcelo Andrade. O estado empresário: reflexões sobre a eficiência do regime jurídico das sociedades de economia mista na atualidade, *Revista de Direito do Estado*, Rio de Janeiro, Renovar, n° 6, 2007.

FERNANDES, Daniel André. *Os princípios da razoabilidade e da ampla defesa*, Rio de Janeiro, Lumen Juris, 2003.

FERNANDES, Jorge Ulisses Jacoby. *Contratação direta sem licitação*, Brasília, Brasília Jurídica, 5. ed., 2004.

FERNANDES, Jorge Ulisses Jacoby. *Vade-mecum de licitações e contratos*, Belo Horizonte, Fórum, 2. ed., 2005.

FERRAZ, Leonardo de Araújo. *Da teoria à crítica. Princípio da proporcionalidade*, Minas Gerais, Dictum, 2009.

REFERÊNCIAS BIBLIOGRÁFICAS | 1111

FERRAZ, Luciano. *Comentários à Constituição do Brasil,* coord. por J. J. GOMES CANOTI-LHO *et alii,* São Paulo/Coimbra, Saraiva/Almedina, 2013.

FERRAZ, Luciano. *Controle da administração pública,* Belo Horizonte, Mandamentos, 1999.

FERRAZ, Sérgio. *Desapropriação. Indicações da doutrina e jurisprudência,* Rio de Janeiro, Forense, 1972.

FERRAZ, Sérgio. Processo administrativo: prazos; preclusões, *RTDP,* nº 26, 1999.

FERRAZ, Sérgio. Desapropriação de bens públicos, *Três Estudos de Direito,* São Paulo, Revista dos Tribunais, 1977.

FERRAZ, Sérgio. *Mandado de segurança* – aspectos polêmicos, São Paulo, Malheiros, 3. ed., 2002.

FERREIRA, Daniel. *Sanções administrativas,* São Paulo, Malheiros, 2001.

FERREIRA, Daniel. *Teoria geral da infração administrativa,* Belo Horizonte, Fórum, 2009.

FERREIRA, Luiz Tarcísio Teixeira. *Parcerias público-privadas.* Aspectos constitucionais, Belo Horizonte, Fórum 2006.

FERREIRA, Pinto. *Comentários à constituição brasileira,* v. 5, 1989, obra incompleta.

FERREIRA, Sérgio de Andréa. *Direito administrativo didático,* Rio de Janeiro, Forense, 1985.

FERREIRA, Sérgio de Andréa. *Comentários à Constituição,* v. III, Rio de Janeiro, Freitas Bastos, 1991.

FERREIRA, Sérgio de Andréa. *Lições de direito administrativo,* Rio de Janeiro, 1972.

FERREIRA, Sérgio de Andréa. A moralidade na principiologia da atuação governamental, *RDA* 220, 2000.

FERREIRA, Sérgio de Andréa. Empresa estatal – funções de confiança – constituição federal – art. 37, II, *RDA* nº 227, 2002.

FERREIRA FILHO, Manoel Gonçalves. *Curso de direito constitucional,* São Paulo, Saraiva, 1989.

FERREIRA FILHO, Manoel Gonçalves. *Comentários à Constituição brasileira de 1988,* São Paulo, Saraiva, 1990.

FERREIRA FILHO, Manoel Gonçalves. As origens do estado de direito, *RDA* 168, 1987.

FERREIRA FILHO, Manoel Gonçalves. Empresa pública – direito de greve – serviços essenciais, *RDA* 175, 1989.

FIGUEIRA JUNIOR, Joel Dias. *Manual de arbitragem,* São Paulo, Revista dos Tribunais, 1997.

FIGUEIREDO, Lucia Valle. *Curso de direito administrativo,* São Paulo, Malheiros, 1995.

FIGUEIREDO, Lucia Valle. *Disciplina urbanística da propriedade,* São Paulo, Revista dos Tribunais, 1980.

FIGUEIREDO, Lucia Valle. Reforma administrativa – estabilidade – direito adquirido, *RTDP* nº 25, 1999.

FIGUEIREDO, Marcelo. Utilização de subsolo para passagem de equipamentos públicos – aspectos gerais e desafios do uso compartilhado – resenha doutrinária e jurisprudencial, *RTDP* nº 16, 1999

FIGUEIREDO, Marcelo. *Probidade administrativa,* São Paulo, Malheiros, 5. ed., 2004.

FIORILLO, Celso Antônio Pacheco. *Estatuto da cidade comentado*, São Paulo, Revista dos Tribunais, 2002.

FLAKS, Milton. *Mandado de segurança*. Pressupostos de impetração, Rio de Janeiro, Forense, 1980.

FLEINER, Fritz. *Droit administratif allemand*, Librairie Delagrave, Paris, 1933, tradução de Eisenmann.

FORTINI, Cristiana. Organizações sociais: natureza jurídica da responsabilidade civil das organizações sociais em face dos danos causados a terceiros, *Revista do Curso de Direito do Centro Universitário Metodista Izabela Hendrix*, v. 4, 2004.

FORTINI, Cristiana. A função social dos bens públicos e o mito da imprescritibilidade, *Revista de Direito Municipal*, Belo Horizonte, 5, nº 12, 2004.

FORTINI, Cristiana. *Contratos administrativos*, Belo Horizonte, Del Rey, 2000.

FORTINI, Cristiana. Os conceitos de prescrição, preclusão e decadência na esfera administrativa – a influência do Novo Código Civil e da Lei Federal de Processo Administrativo, *Revista Brasileira de Direito Público*, Belo Horizonte, nº 15, 2006.

FORTINI, Cristiana; PEREIRA, Maria Fernanda P. de Carvalho; CAMARÃO, Tatiana Martins da Costa. *Processo administrativo*. Comentários à Lei nº 9.784/1999, Belo Horizonte, Fórum, 2008.

FRAGA, Gabino. *Direito administrativo*, México, Porrúa, 1977.

FRANÇA, Vladimir da Rocha. Eficiência administrativa da Constituição Federal, *RDA* 220, 2000.

FRANCO NETO, Eduardo Grossi; ABREU, Thiago Elias Mauad de. *Licitações & Contratos,* Belo Horizonte, Letramento, 2019.

FRAZÃO, Ana. Regime societário das empresas públicas e sociedades de economia mista, *Estatuto jurídico das empresas estatais*, coord. Augusto Neves Dal Pozzo e Ricardo Marcondes Martins, São Paulo, Contracorrente, 2018.

FREIRE JÚNIOR, Américo Bedê. A natureza jurídica da ação por ato de improbidade administrativa, *Estudos sobre improbidade administrativa*, em homenagem ao Prof. J. J. Calmon de Passos, obra coletiva organizada por Alexandre Albagli Oliveira *et al.*, Rio de Janeiro, Lumen Juris, 2010.

FREIRE, André Luiz. *Direito dos contratos administrativos*, São Paulo, Ed. RT, 2023.

FREITAS, André Guilherme Tavares de. *Crimes da lei de licitações*, Rio de Janeiro, Lumen Juris, 2007.

FREITAS, Juarez. *O controle dos atos administrativos e os princípios constitucionais*, São Paulo, Malheiros, 3. ed., 2004.

FREITAS, Juarez. *Discricionariedade administrativa e o direito fundamental à boa administração pública*, São Paulo, Malheiros, 2007.

GABARDO, Emerson e HACHEM, Daniel Wunder. O suposto caráter autoritário da supremacia do interesse público e das origens do Direito Administrativo: uma crítica da crítica, em *Supremacia do interesse público,* coord. Maria Sylvia di Pietro e Carlos Vinicius Alves Ribeiro, São Paulo, Atlas, 2010.

REFERÊNCIAS BIBLIOGRÁFICAS | 1113

GAJARDONI, Fernando da Fonseca *et al. Comentários à nova Lei de Improbidade Administrativa*, 5. ed., São Paulo, RT, 2021.

GALVÃO, Ciro di Benatti. *O dever jurídico de motivação administrativa*, Rio de Janeiro, Lumen Juris, 2. ed., 2016.

GANDINI, João Agnaldo Donizeti; SALOMÃO, Diana Paola da Silva. A responsabilidade civil do Estado por conduta omissiva, *RDA*, 232/199, 2003.

GARCIA, Doris Piccinini. *Teoria del decaimiento de los actos administrativos*, Santiago, Jurídica de Chile, 1968.

GARCIA, Emerson; ALVES, Rogério Pacheco. *Improbidade administrativa*, Rio de Janeiro, Lumen Juris, 2003.

GARCIA, Flávio Amaral. *Regulação jurídica das rodovias concedidas*, Rio de Janeiro, Lumen Juris, 2004.

GARCIA, Flávio Amaral. *Licitações e contratos administrativos*, São Paulo, Malheiros, 4. ed., 2016.

GARCIA, Flávio Amaral. *Licitações e contratos administrativos*, Rio de Janeiro, Lumen Juris, 2007.

GARCIA, Gustavo Filipe Barbosa. *Curso de direito do trabalho*, 4. ed., Rio de Janeiro, Forense, 2010.

GASPARINI, Diógenes. *Direito administrativo*, São Paulo, Saraiva, 1992.

GASPARINI, Diógenes. Concessão de Direito Real de Uso, *RDP* 92, 1989.

GASPARINI, Diógenes. *Poder regulamentar*, São Paulo, Revista dos Tribunais, 2. ed., 1982.

GIACOMUZZI, José Guilherme. A moralidade administrativa – história de um conceito, *RDA*, 230/291, 2002.

GOMES JUNIOR, Luiz Manoel *et al. Comentários à nova Lei de Improbidade Administrativa*, 5. ed., São Paulo, RT, 2021.

GOMES, Magno Federici; ALVES, Amanda Rodrigues. O poder de polícia e a liberdade de locomoção: estado de necessidade administrativo em tempos de pandemia ambiental, *RDA*, Ed. FGV, 282/1, 2023.

GOMES, Orlando. *Obrigações*, Rio de Janeiro, Forense, 1961.

GONÇALVES, Carlos Roberto. *Responsabilidade civil*, São Paulo, Saraiva, 8. ed., 2003.

GORDILHO, Pedro. Aspectos da emenda constitucional nº 45, de 8.12.2004 – reforma do judiciário, *RDA* 240, 2005.

GRANZIERA, Maria Lúcia Machado, *Direito de águas*, São Paulo, Atlas, 2. ed., 2003.

GRAU, Eros Roberto. *Elementos de direito econômico*, São Paulo, Revista dos Tribunais, 1981.

GRAU, Eros Roberto. *A ordem econômica na Constituição de 1988*, São Paulo, Malheiros, 10. ed., 2005.

GRAU, Eros Roberto. Inexigibilidade de licitação: aquisição de bens e serviços que só podem ser fornecidos ou prestados por determinado agente econômico, *RDP* 100, 1991.

GRAU, Eros Roberto. Inexigibilidade de licitação – serviços técnico-profissionais especializados, *RDP* 99, 1991.

1114 | MANUAL DE DIREITO ADMINISTRATIVO • *Carvalho Filho*

GRECO FILHO, Vicente. *Direito processual civil brasileiro*, São Paulo: Saraiva, 3 volumes, v. I, 13. ed., 1998.

GRINOVER, Ada Pellegrini. Arbitragem e prestação de serviços públicos, *RDA* 233/377, 2003.

GROTTI, Dinorá Musetti. Regime jurídico das telecomunicações, *RDA*, 244, 2001.

GUERRA, Sérgio. Direito administrativo e a nova hermenêutica: uma releitura do modelo regulatório brasileiro, *RDA* n° 243, 2006.

GUERRA, Sérgio. Teoria da captura de agência reguladora em sede pretoriana, *RDA* n° 244, 2007.

GUERRA, Sérgio. *Discricionariedade e reflexividade*, Belo Horizonte, Fórum, 2008.

GUIMARÃES, Edgar. *Contratação direta*, Ed. Negócios Públicos, Curitiba, 2013.

GUIMARÃES, Edgar *et al. Licitações e contratos administrativos*, Rio de Janeiro, Forense, 2021.

GUIMARÃES, Edgar; NIEBUHR, Joel de Menezes. *Registro de preços*. Aspectos práticos e jurídicos, Belo Horizonte, Fórum, 2008.

GUIMARÃES, Edgar; SANTOS, José Anacleto Abduch. *Lei das estatais*, Belo Horizonte, Fórum, 2017.

GUIMARÃES, Felipe Montenegro Viviani. Dos pressupostos de validade para a prorrogação por interesse público das concessões de serviço público, *RDA*, Ed. FGV, v. 282, n° 2, maio-ago. 2023.

GUIMARÃES, Fernando Vernalha. Uma releitura do poder de modificação unilateral dos contratos administrativos (*ius variandi*) no âmbito das concessões de serviços públicos, *RDA* n° 219, p. 107-125, 2000.

GUIMARÃES, Geraldo Spagno. *Comentários à lei de mobilidade urbana*, Belo Horizonte, Fórum, 2012.

GUSMÃO, Mônica. *Direito empresarial*, Rio de Janeiro, Impetus, 2. ed., 2004.

HARADA, Kiyoshi. *Direito financeiro e tributário*, São Paulo, Atlas, 2003.

HARGER, Marcelo. *Princípios constitucionais do processo administrativo*, Rio de Janeiro, Forense, 2001.

HARGER, Marcelo. *Consórcios Públicos na Lei n° 11.107/2005*, Belo Horizonte, Fórum, 2007.

HEINEN, Juliano. Normas de referência da agência de águas (e saneamento básico) no Brasil a partir do novo marco legal do setor (Lei n° 14.026/2020), *RDA*, Ed. FGV, v. 281, n° 3, set.-dez. 2022.

HELLER, Gabriel; CARMONA, Paulo Afonso Cavichioli. *Reparação e sanção no controle de atos e contratos administrativos:* as diferentes formas de responsabilização pelo Tribunal de Contas, RDA, v. 279, n. 1, jan./abr. 2020.

JATAHY, Carlos Roberto de Castro. *Curso de princípios institucionais do ministério público*, Rio de Janeiro, Roma Victor, 2004.

JORDÃO, Eduardo. *Estudos antirromânticos sobre controle da Administração Pública*, JusPodivm/Malheiros, 2022.

JUSTEN FILHO, Marçal. *Comentários à lei de licitações e contratos administrativos*, Rio de Janeiro, Aide, 1993.

JUSTEN FILHO, Marçal. *Concessões de serviços públicos*, São Paulo, Dialética, 1997.

REFERÊNCIAS BIBLIOGRÁFICAS 1115

JUSTEN FILHO, Marçal. *Comentários à legislação do pregão comum e eletrônico*, São Paulo, Dialética, 4. ed., 2005.

JUSTEN FILHO, Marçal. O regime jurídico das empresas estatais e a distinção entre serviço público e atividade econômica, *RDE* nº 1, Renovar, jan./mar. 2006.

JUSTEN FILHO, Marçal. Pregão: nova modalidade licitatória, *RDA*, 221, 2000.

JUSTEN FILHO, Marçal. *Reforma da Lei de Improbidade Administrativa*, Rio de Janeiro, Forense, 2021.

JUSTEN FILHO, Marçal. *Curso de direito administrativo*, São Paulo, Saraiva, 2005.

KOURY, Suzy Elizabeth Cavalcante. A ética no serviço público, *RDA*, 220, 2000.

KRAMER, Evane Beiguelman. Os novos parâmetros de "compliance" na Lei nº 13.303/2016, *Estatuto jurídico das empresas estatais*, coord. Augusto Neves Dal Pozzo e Ricardo Marcondes Martins, São Paulo, Contracorrente, 2018.

LANDI, Guido; POTENZA, Giuseppe. *Manuale di diritto amministrativo*, Milão, Dott A. Giuffrè, 1978.

LASO, Enrique Sayagués. Tratado de derecho administrativo, Montevidéu, Daniel H. Martins, 1974.

LAUBADÈRE, André. *Manuel de droit administratif*, Paris, L. G. D. J., 1976.

LIMA, Rui Cirne. *Princípios de direito administrativo*, São Paulo, Revista dos Tribunais, 1987.

LIRA, Ricardo Pereira. Elementos de direito urbanístico, Rio de Janeiro, Renovar, 1997.

LOPES, Eugênio Noronha. Poder de polícia; seu exercício por fundação instituída pelo poder público; exame da possibilidade; FEEMA, *RDPGE* nº 39, 1987.

LOPES, Mauro Luís Rocha. *Comentários à nova lei do mandado de segurança*, Rio de Janeiro, Impetus, 2009.

LOUREIRO FILHO, Lair da Silva. Responsabilidade pública por atividade judiciária no direito brasileiro, *RDA*, 231/27, 2003.

LUCHESI, Fabio de Oliveira. Desapropriação para fins de reforma agrária perante a nova Constituição, *RDP*, 90, 1989.

MACHADO, Carlos Augusto Alcântara. As empresas de energia elétrica e o uso do solo urbano, *RTDP*, nº 27, 1999.

MACHADO, Fernanda Neves Vieira. Procedimento de licitação aplicável às empresas estatais e sociedades de economia mista: aspectos gerais e outros apontamentos, *Estatuto jurídico das empresas estatais*, coord. Augusto Neves Dal Pozzo e Ricardo Marcondes Martins, São Paulo, Contracorrente, 2018.

MACHADO, Paulo Affonso Leme. *Ação civil pública e tombamento*, São Paulo, 1986.

MACHADO, Paulo Affonso Leme. *Direito ambiental brasileiro*, São Paulo, Malheiros, 5. ed., 1995.

MADEIRA, José Maria Pinheiro. *A questão jurídico-social da propriedade e de sua perda pela desapropriação*, Rio de Janeiro, Lumen Juris, 1998.

MADEIRA, José Maria Pinheiro. *Reconceituando o poder de polícia*, Rio de Janeiro, Lumen Juris, 2000.

MADEIRA, José Maria Pinheiro. *Administração pública centralizada e descentralizada*, Rio de Janeiro, América Jurídica, 2001.

MADEIRA, José Maria Pinheiro. *Servidor público na atualidade*, Rio de Janeiro, América Jurídica, 2003.

MAGALHÃES, Gustavo Alexandre. O desrespeito ao princípio da valorização do trabalho humano por meio da contratação temporária de servidores públicos, *RDA* nº 239, 2005.

MAIRAL, Héctor A. *As raízes legais da corrupção*, São Paulo, Contracorrente, 2018.

MALUF, Carlos Alberto Dabus. *Teoria e prática da desapropriação*, São Paulo, Saraiva, 2. ed., 1999.

MANCUSO, Rodolfo de Camargo. *Ação popular*, São Paulo, Revista dos Tribunais, 3. ed., 1998.

MARANHÃO, Délio. *Direito do trabalho*, Rio de Janeiro, FGV, 11. ed., 1983.

MARIA, José Serpa de Santa. *Sociedades de economia mista e empresas públicas*, Rio de Janeiro, Liber Juris, 1979.

MARINELA, Fernanda. *Direito Administrativo*, Salvador, JusPodivm, 2005.

MARINHO, Armando de Oliveira; LARA FILHO, Zairo. *Programa de direito administrativo*, Rio de Janeiro, Editora Rio, 1985.

MARINHO, Rogério. Retroatividade da norma mais benéfica no Direito Administrativo sancionador. CONJUR – Consultor Jurídico. Disponível em: conjur.com.br. Acesso em: 10 jan. 2022.

MARQUES, Carlos Henrique Magalhães. Equilíbrio econômico-financeiro do contrato e encargos sociais – revisão de preços, *RDP* 91, 1989.

MARQUES, José Frederico. *Manual de direito processual civil*, São Paulo, Saraiva, 1975.

MARQUES NETO, Floriano de Azevedo. Aspectos jurídicos da interrupção de obras públicas por inadimplência da Administração, *RTDP* nº 27, 1999.

MARQUES NETO, Floriano de Azevedo. A admissão de atestados de subcontratada nomeada nas licitações para concessão de serviços públicos, *RDA* 138, 2004.

MARQUES NETO, Floriano de Azevedo. Breves considerações sobre o equilíbrio econômico e financeiro nas concessões, *RDA* 227/2002.

MARRARA, Thiago *et al. Licitações e contratos administrativos*, Rio de Janeiro, Forense, 2021.

MARRARA, Thiago. *Processo administrativo. Lei nº 9.784/1999 comentada*, coautoria com Irene Patrícia Nohara, São Paulo, Atlas, 2009.

MARTINEZ, Wladimir Novaes. *Comentários à lei básica da previdência social*, São Paulo, LTr, 1992.

MARTINS, Augusto Henrique Werneck. Reflexões acerca do Poder Regulamentar – Propostas à Constituinte, *RDPGERJ* nº 40, 1988.

MARTINS, Fernando Rodrigues. *Controle do patrimônio público*, São Paulo: Revista dos Tribunais, 2000.

MARTINS, Ricardo Marcondes. Titularidade do serviço de saneamento básico, *RDA* nº 249, 2009.

REFERÊNCIAS BIBLIOGRÁFICAS 1117

MARTINS, Ricardo Marcondes. *Efeitos dos vícios do ato administrativo*, São Paulo, Malheiros, 2008.

MARTINS, Ricardo Marcondes. *Regulação administrativa à luz da Constituição Federal*, São Paulo, Malheiros, 2011.

MARTINS JUNIOR, Wallace Paiva. *Probidade administrativa*, São Paulo, Saraiva, 2001.

MARTINS JUNIOR, Wallace Paiva. *Transparência administrativa*, São Paulo, Saraiva, 2004.

MATTOS, Liana Portilho. *Nova ordem jurídico-urbanística*, Rio de Janeiro, Lumen Juris, 2006.

MATTOS, Mauro Roberto Gomes de. Agências reguladoras e as suas características, *RDA*, 218, 1999.

MATTOS, Mauro Roberto Gomes de. Princípio do fato consumado no direito administrativo, *RDA*, 220, 2000.

MATTOS, Mauro Roberto Gomes de. *Contrato administrativo*, Rio de Janeiro, América Jurídica, 2. ed., 2002.

MATTOS, Mauro Roberto Gomes de. Da prescrição intercorrente no processo administrativo disciplinar, *Seleções Jurídicas*, COAD, mar. 2002.

MATTOS, Mauro Roberto Gomes de. *Lei nº 8.112/1990 interpretada e comentada*, Rio de Janeiro, América Jurídica, 2005.

MATTOS, Mauro Roberto Gomes de. *O limite da improbidade administrativa*, Rio de Janeiro, América Jurídica, 2005.

MEDAUAR, Odete. *Direito administrativo moderno*, São Paulo, Revista dos Tribunais, 2. ed., 1998.

MEDAUAR, Odete; OLIVEIRA, Gustavo Justino de. *Consórcios públicos*, São Paulo, Revista dos Tribunais, 2006.

MEDEIROS, Sérgio Monteiro. *Lei de improbidade administrativa* – comentários e anotações jurisprudenciais, São Paulo, Juarez de Oliveira, 2003.

MEDEIROS, Suzana Domingues. Arbitragem envolvendo o Estado no direito brasileiro, *RDA*, 233/71, 2003.

MEDINA, José Miguel; ARAÚJO, Fábio Caldas de. *Mandado de segurança individual e coletivo*, São Paulo, Revista dos Tribunais, 2009.

MEIRELLES, Hely Lopes. *Direito administrativo brasileiro*, São Paulo, Malheiros, 1993.

MEIRELLES, Hely Lopes. *Mandado de segurança, ação popular, ação civil pública, mandado de injunção, habeas data*, São Paulo, Revista dos Tribunais, 1989.

MEIRELLES, Hely Lopes. *Licitação e contrato administrativo*, São Paulo, Revista dos Tribunais, 1990.

MEIRELLES, Hely Lopes. *Direito municipal brasileiro*, São Paulo: Revista dos Tribunais, 5. ed., 1985.

MEIRELLES, Hely Lopes. *Direito de construir* (atualizado por Adilson Abreu Dallari *et al.*). São Paulo, Malheiros, 10. ed., 2011.

MELLO, Celso Antônio Bandeira de. *Curso de direito administrativo*, São Paulo, Malheiros, 17. ed., 2004.

1118 | MANUAL DE DIREITO ADMINISTRATIVO • *Carvalho Filho*

MELLO, Celso Antônio Bandeira de. *Apontamentos sobre os agentes e órgãos públicos*, São Paulo, Revista dos Tribunais, 1975.

MELLO, Celso Antônio Bandeira de. Legalidade, motivo e motivação do ato administrativo, *RDP* 90, 1989.

MELLO, Celso Antônio Bandeira de. O desvio de poder, *RDA*, 172, 1988.

MELLO, Celso Antônio Bandeira de. *Prestação de serviços públicos e administração indireta*, São Paulo, 1968.

MELLO, Celso Antônio Bandeira de. Sociedades mistas, empresas públicas e o regime de direito público, *RDP*, 97, 1991.

MELLO, Celso Antônio Bandeira de. Preferências em licitação para bens e serviços fabricados no Brasil e para empresas brasileiras de capital nacional, *RTDP* nº 27, 1999.

MELLO, Celso Antônio Bandeira de. *Discricionariedade e controle judicial*, São Paulo, Malheiros, 2. ed., 2001.

MELLO, Celso Antônio Bandeira de. Competência para Julgamento de Agentes Políticos por Ofensa à Lei de Improbidade Administrativa, *RTDP* nº 40, 2002.

MELLO, Oswaldo Aranha Bandeira de. *Princípios gerais de direito administrativo*, Rio de Janeiro, Forense, 1979.

MELLO, Rafael Munhoz de. O desvio de poder, *RTDP* nº 40, 2002.

MELLO, Shirlei Silmara de Freitas. *Tutela cautelar no processo administrativo*, Belo Horizonte, Mandamentos, 2003.

MELO, Marco Aurélio Bezerra de. *Direito das coisas*, Rio de Janeiro, Lumen Juris, 2007.

MENDES, Raul Armando. *Comentários ao estatuto das licitações e contratos administrativos*, São Paulo, 1991.

MENDONÇA, José Vicente Santos de. Estatais com poder de polícia: por que não?, *RDA* nº 252, FGV, set./dez. 2009.

MENDONÇA, José Vicente Santos de. *Direito constitucional econômico*, Minas Gerais, Fórum, 2014.

MIRABETE, Julio Fabbrini. *Código de processo penal interpretado*, São Paulo, Atlas, 1995.

MIRANDA, Pontes de. *Comentários à Constituição de 1967*, Rio de Janeiro, Forense, 1974.

MODESTO, Paulo. Reforma administrativa e marco legal das organizações sociais no Brasil, *RDA* 210, 1997.

MODESTO, Paulo. Reforma do Estado, formas de prestação de serviços ao público e parcerias público-privadas, *Parcerias Público-Privadas*, coordenada por Carlos Ari Sundfeld, São Paulo, Malheiros, 2005.

MODESTO, Paulo. Reforma do marco legal do terceiro setor no Brasil, *RDA* nº 214, 1998.

MONTEIRO, Vera. *Concessão*, São Paulo, Malheiros, 2010.

MONTEIRO, Washington de Barros. *Curso de direito civil*, v. V, São Paulo, Saraiva, 1976.

MONTESQUIEU. *De l'esprit des lois*, Paris, 1748.

MORAES, Alexandre de. *Direito constitucional*, São Paulo, Atlas, 12. ed., 2002.

REFERÊNCIAS BIBLIOGRÁFICAS | 1119

MORAES, Flávia Albertin de. A teoria da desconsideração da personalidade jurídica e o processo administrativo punitivo, *RDA*, 252, 2009.

MORAES, Germana de Oliveira. *Controle jurisdicional da administração pública*, São Paulo, Dialética, 1999.

MORAES, Guilherme Peña de. *Curso de direito constitucional*, Rio de Janeiro, Lumen Juris, 2008.

MORAES FILHO, Marco Antônio Praxedes de. Súmula Vinculante nº 5 do STF e o Sistema Processual Administrativo, Processo Administrativo. *Temas Polêmicos da Lei no 9.784/1999*, obra coletiva organizada por Irene Nohara e o autor, São Paulo, Atlas, 2011.

MOREIRA, Egon Bockmann. Os consórcios empresariais e as licitações públicas, *RTDP* nº 40, 2002.

MOREIRA, Egon Bockmann. *Direito das concessões de serviço público*, São Paulo, Malheiros, 2010.

MOREIRA, Egon Bockmann. *Direito das concessões de serviço público*, Forum (MG), 2. ed., 2022.

MOREIRA, Egon Bockmann. *Processo administrativo*, São Paulo, Malheiros, 4. ed., 2010.

MOREIRA, Egon Bockmann. *Processo administrativo. Princípios constitucionais e a Lei nº 9.784/99*, Forum (MG), 6. ed., 2022.

MOREIRA, José Carlos Barbosa. O *habeas data* brasileiro e sua lei regulamentadora, *RDA*, 211, 1998.

MOREIRA NETO, Diogo de Figueiredo. *Curso de direito administrativo*, Rio de Janeiro, Forense, 1989.

MOREIRA NETO, Diogo de Figueiredo. *Contencioso administrativo*, Rio de Janeiro, Forense, 1977.

MOREIRA NETO, Diogo de Figueiredo. *Legitimidade e discricionariedade*, Rio de Janeiro, Forense, 1995.

MOREIRA NETO, Diogo de Figueiredo. O estatuto das concessões de serviços e obras públicas do estado do Rio de Janeiro, *RDPGERJ* nº 29, 1989.

MOREIRA NETO, Diogo de Figueiredo. Organizações Sociais de Colaboração, *RDA*, 210, 1997.

MOREIRA NETO, Diogo de Figueiredo. *Mutações do direito administrativo*, Rio de Janeiro, Renovar, 2000.

MOURA, Emerson Affonso da Costa. *Regime administrativo brasileiro e Constituição Federal de 1988*, Rio de Janeiro, Lumen Juris, 2017.

MOTTA, Carlos Pinto Coelho. Textos vetoriais sobre a reforma administrativa, *RTDP* nº 20, 97.

MOTTA, Carlos Pinto Coelho. *O novo servidor público* – regime jurídico único, Minas Gerais, Lê, 1990.

MOTTA, Carlos Pinto Coelho. *Curso prático de direito administrativo*, Belo Horizonte, Del Rey, 1999.

MOTTA, Carlos Pinto Coelho. *Aplicação do código civil às licitações e contratos*, Belo Horizonte, Del Rey, 2004.

MOTTA, Carlos Pinto Coelho. *Divulgação institucional e contratação de serviços de publicidade*, Belo Horizonte, Fórum, 2010.

MOTTA, Fabrício. Concurso público e a confiança na atuação administrativa: análise dos princípios da motivação, vinculação ao edital e publicidade, *Concurso Público e Constituição*, Belo Horizonte, Fórum, 2005.

MOTTA, Fabrício. *Função normativa da administração pública*, Belo Horizonte, Del Rey, 2007.

MOTTA, Paulo Roberto Ferreira; SILVEIRA, Raquel Dias da. Concurso público, *Servidor público*, obra coletiva organizada por Cristiana Fortini, Belo Horizonte, Fórum, 2009.

MOTTA, Reuder Cavalcante. *Tutela do patrimônio público e da moralidade administrativa*, Fórum, Belo Horizonte, 2012.

MUKAI, Toshio. *Estatuto jurídico das licitações e contratos administrativos*, São Paulo, Revista dos Tribunais, 1988.

MUKAI, Toshio. *Administração pública na Constituição de 1988*, São Paulo, 1989.

MUKAI, Toshio. *Direito administrativo sistematizado*, São Paulo, Saraiva, 1999.

MUKAI, Toshio. Contrato de concessão formulado pela Agência Nacional de Petróleo – comentários e sugestões, *RTDP* 25, 1999.

MUKAI, Toshio. Licitações e contratos na Emenda Constitucional 19/1998, *RDA* 219, 2000.

NASCIMENTO, Elyesley Silva do. *Curso de direito administrativo*, Rio de Janeiro, Impetus, 2013.

NERY JUNIOR, Nelson; NERY, Rosa Maria de Andrade. *Código de Processo Civil comentado*, São Paulo, Revista dos Tribunais, 10. ed., 2007.

NETTO, Luísa Cristina Pinto e. *A contratualização da função Pública*, Belo Horizonte, Del Rey, 2005.

NETTO, Luísa Cristina Pinto e. *Participação administrativa procedimental*, Belo Horizonte, Fórum, 2009.

NEVES, Daniel Amorim Assumpção. *Novo código de processo civil*. São Paulo: Método, 2015.

NEVES, Sergio Luiz Barbosa. *Regime jurídico único e os servidores públicos*, Rio de Janeiro, Lumen Juris, 1991.

NICOLITT, André Luiz. *A duração razoável do processo*, Rio de Janeiro, Lumen Juris, 2006.

NIEBUHR, Joel de Menezes. *Pregão presencial e eletrônico*, Curitiba, Zênite, 4. ed., 2006.

NIEBUHR, Joel de Menezes. *Licitação pública e contrato administrativo*, Belo Horizonte, Fórum, 3. ed., 2013.

NOBRE JUNIOR, Edilson Pereira. Prescrição: decretação de ofício em favor da fazenda pública, *RTDP* nº 22, 1998.

NÓBREGA, Marcos. *Direito de infraestrutura*, São Paulo, Quartier Latin, 2011.

NOGUEIRA, Erico Ferrari. Convênio administrativo: espécie de contrato? *RDA* 258, ano 2011.

NOHARA, Irene Patrícia. *Limites à razoabilidade nos atos administrativos*, São Paulo, Atlas, 2006.

NOHARA, Irene Patrícia. *Direito administrativo, São Paulo,* Atlas, 2. ed., 2012.

REFERÊNCIAS BIBLIOGRÁFICAS | 1121

NOHARA, Irene Patrícia. *O motivo no ato administrativo*, São Paulo, Atlas, 2004.

NOHARA, Irene Patrícia; MARRARA, Thiago. *Processo administrativo*. Lei nº 9.784/1999 comentada, São Paulo, Atlas, 2009.

NUCCI, Guilherme de Souza. *Manual de direito penal*, São Paulo, Revista dos Tribunais, 7. ed., 2011.

OLIVEIRA, Antônio Flávio de. *Servidor público* – questões polêmicas, obra coletiva, Belo Horizonte, Fórum, 2006.

OLIVEIRA, Antônio Flávio de. *Servidor público*. Remoção, cessão, enquadramento e redistribuição, Belo Horizonte, Fórum, 2009.

OLIVEIRA, Cláudio Brandão de. *Manual de direito administrativo*, Rio de Janeiro, Impetus, 3. ed., 2006.

OLIVEIRA, Fábio Corrêa Souza de. *Por uma teoria dos princípios*. O Princípio constitucional da razoabilidade, Rio de Janeiro, Lumen Juris, 2003.

OLIVEIRA, Gustavo Henrique Justino de. A arbitragem e as parcerias público-privadas, *RDA* nº 241, 2005.

OLIVEIRA, Luciano Moreira de. Autonomia da ação de responsabilidade de pessoas jurídicas no Brasil com fundamento na Lei nº 12.846/2013, *RDA* 276, 2017.

OLIVEIRA, Ocimar Barros de. *Processo administrativo e democracia participativa*, São Paulo, J. H. Mizuno, 2014.

OLIVEIRA, Odilia Ferreira da Luz. *Manual de direito administrativo*, Rio de Janeiro: Renovar, 1997.

OLIVEIRA, Rafael Carvalho Rezende. *A constitucionalização do direito administrativo*, Rio de Janeiro, Lumen Juris, 2009.

OLIVEIRA, Rafael Carvalho Rezende. *Administração pública, concessões e terceiro setor*, Rio de Janeiro, Lumen Juris, 2009.

OLIVEIRA, Rafael Carvalho Rezende. *Princípios do direito administrativo*. Rio de Janeiro, Lumen Juris, 2011.

OLIVEIRA, Rafael Carvalho Rezende. *Licitações e contratos administrativos*: teoria e prática, *São Paulo*, Método, 2012.

OLIVEIRA, Rafael Sérgio Lima de. *Comentários à Lei de Licitações e Contratos Administrativos*, org. Cristiana Fortini e outros, v. 1, Forum, 2022.

OLIVEIRA, Régis Fernandes de. *Infrações e sanções administrativas*, São Paulo, Revista dos Tribunais, 1985.

OLIVEIRA, Régis Fernandes de. *Executoriedade dos atos administrativos*, São Paulo, Revista dos Tribunais, 684.

OLIVEIRA, Régis Fernandes de. *Ato administrativo*, São Paulo, 1978.

OLMO, Manolo Del; BRUNO, Reinaldo Moreira. *Servidor público*. Doutrina e jurisprudência, Minas Gerais, Del Rey, 2006.

OSÓRIO, Fábio Medina. *Direito administrativo sancionador*, São Paulo, Revista dos Tribunais, 2000.

OSÓRIO, Fábio Medina. *Improbidade administrativa* – observações sobre a Lei nº 8.429/1992, Porto Alegre, Síntese, 2. ed., 1998.

PAES, José Eduardo Sabo. *Fundações, associações e entidades de interesse social*, Brasília Jurídica, Distrito Federal 6. ed., 2006.

PASSOS, J. J. Calmon de. *Comentários ao CPC*, v. III, Rio de Janeiro, Forense, 1975.

PASSOS, J. J. Calmon de. *Mandado de segurança coletivo, mandado de injunção*, habeas data, Rio de Janeiro, Forense, 1989.

PAULO JUNIOR, José Marinho. *O poder jurisdicional de administrar*, Rio de Janeiro, Lumen Juris, 2007.

PAULO JUNIOR, José Marinho. *O poder jurisdicional de administrar*, Rio de Janeiro, Lumen Juris, 2007.

PAZZAGLINI FILHO, Marino. *Lei de improbidade administrativa comentada*, São Paulo, Atlas, 2002.

PEDRA, Anderson Sant'Ana. *Comentários à Lei de Licitações e Contratos Administrativos*, org. Cristiana Fortini e outros, v. 1, Forum, 2022.

PEDRA, Anderson Sant'Ana; AMARAL, Jasson Hibner. Revisitando a invalidação do ato ímprobo em face da Lei nº 14.230/2021, em *Anotações sobre a Lei de Improbidade Administrativa*, org. Maria Lia Porto Corona *et alii*, Forum, 2022.

PEREIRA, Caio Mário da Silva. *Instituições de direito civil*, Rio de Janeiro, Forense, volumes de edições diversas.

PEREIRA, Cesar A. Guimarães. Participação privada nos serviços de limpeza urbana, *RDA*, 216, 1999.

PEREIRA, Flávio Henrique Unes. *Sanções disciplinares*. O alcance do controle jurisdicional, Belo Horizonte, Fórum, 2007.

PEREIRA, José Edgar Penna Amorim. *Perfis constitucionais das terras devolutas*, Belo Horizonte, Del Rey, 2003.

PEREIRA JUNIOR, Jessé Torres. *Comentários à nova lei das licitações públicas*, Rio de Janeiro, Renovar, 1993.

PEREIRA JUNIOR, Jessé Torres. *O direito de defesa na Constituição de 1988*, Rio de Janeiro, Renovar, 1991.

PEREIRA JUNIOR, Jessé Torres. *Da reforma administrativa constitucional*, Rio de Janeiro, Renovar, 1999.

PEREIRA, Maria Fernanda Pires de Carvalho. *Licitações e contratos*. Aspectos relevantes, Belo Horizonte, Fórum, 2007.

PICCELLI, Roberto Ricomini. Função estimulante da publicidade governamental, *RDA*, Ed. FGV, v. 281, nº 3, set.-dez. 2022.

PIETRO, Maria Sylvia Zanella di. *Direito administrativo*, São Paulo, Atlas, 1993.

PIETRO, Maria Sylvia Zanella di et al. *Temas polêmicos sobre licitações e contratos*, São Paulo, Malheiros, 1995.

PIETRO, Maria Sylvia Zanella di. *Parcerias na administração pública*, São Paulo, Atlas, 3. ed., 1999.

REFERÊNCIAS BIBLIOGRÁFICAS | **1123**

PIETRO, Maria Sylvia Zanella di. *Uso privativo de bem público por particular*, São Paulo, Atlas, 2. ed., 2010.

PIRES, Luis Manuel Fonseca. Controle judicial do nepotismo: para além da 13ª súmula vinculante do Supremo Tribunal Federal, *Corrupção, ética e moralidade administrativa*, obra coletiva coordenada pelo autor e por Maurício Zockun e Renata Porto Adri, Fórum, 2008.

PIRES, Luis Manuel Fonseca. *Controle judicial da discricionariedade administrativa*, Rio de Janeiro, Campus-Elsevier, 2008.

PIRES, Luis Manuel Fonseca. *Limitações administrativas à liberdade e à propriedade*, São Paulo, Quartier Latin, 2006.

PORTO, Mário Moacyr. *Responsabilidade do Estado pelos atos de seus juízes*, São Paulo, Revista dos Tribunais, nº 563/9, 1982.

POZZO, Augusto Neves Dal; FACCHINATTO, Renan Marcondes. *O novo marco regulatório do saneamento básico*, obra colet., coord. por Augusto Neves Dal Pozzo, São Paulo, RT, 2020.

PRADO, Francisco Octavio de Almeida. *Improbidade administrativa*, São Paulo, Malheiros, 2001.

RAMIREZ, Carlos Fernando Urzúa. *Requisitos del acto administrativo*, Santiago, Jurídica de Chile, 1971.

RAMOS, Dora Maria de Oliveira. *Temas polêmicos sobre licitações e contratos*, vários autores, São Paulo, Malheiros, 2. ed., 1995.

RAMOS, Lilian da Silva. Administração indireta – concurso público, *RDP*, 92, 1989.

RAMOS, Saulo. Empresa estatal e abuso de poder econômico, *RDP*, 93, 1990.

RANGEL, Leonardo Carvalho. Normas relacionadas às aquisições e alienações pelas empresas estatais, *Estatuto jurídico das empresas estatais*, coord. Augusto Neves Dal Pozzo e Ricardo Marcondes Martins, São Paulo, Contracorrente, 2018.

REALE, Miguel. *Revogação e anulamento do ato administrativo*, Rio de Janeiro, Forense, 1986.

REALE, Miguel. Controle ministerial de preços, *RDP*, 89, 1989.

REDONDO, Bruno Garcia; OLIVEIRA, Guilherme Peres de; CRAMER, Ronaldo. *Mandado de segurança. Comentários à Lei no 12.016/2009*, São Paulo, Método, 2009.

REISDORFER, Guilherme F. Dias. *Diálogo competitivo*, Forum, 2022.

RIBEIRO, Carlos Vinícius Alves. Interesse público: um conceito jurídico determinável, *Supremacia do Interesse Público*, obra coletiva coordenada por Maria Sylvia Zanella di Pietro e pelo autor, São Paulo, Atlas, 2010.

RIGOLIN, Ivan. *Manual prático das licitações*, São Paulo, Saraiva, 1991.

RIGOLIN, Ivan. *O servidor público na Constituição de 1988*, São Paulo, Saraiva, 1989.

RIGOLIN, Ivan. *O servidor público nas reformas constitucionais*, Belo Horizonte, Fórum, 2003.

RIVERO, Jean. *Droit administratif*, Paris, Dalloz, 1977.

ROCHA, Cármen Lúcia Antunes. *Estudo sobre concessões e permissões de serviços públicos no direito brasileiro*, São Paulo, Saraiva, 1996.

ROCHA, Cármen Lúcia Antunes. *Regime constitucional dos servidores públicos*, São Paulo, Saraiva.

ROCHA, Cármen Lúcia Antunes. *Princípios constitucionais dos servidores públicos*, São Paulo, Saraiva, 1999.

ROCHA, Felippe Borring. Nova sistemática executiva do CPC e os juizados especiais cíveis, *a nova reforma processual*, obra coletiva, Rio de Janeiro, Lumen Juris, coordenada por Gustavo Nogueira, 2007.

ROCHA, Silvio Luís Ferreira. A irrelevância da vontade do agente na teoria do ato administrativo, *RTDP*, 25, 1999.

RODRIGUES, Eduardo Azeredo. Da dispensa de licitação na contratação de órgão ou entidade exploradora de atividade econômica, *Revista da Procuradoria do Tribunal de Contas do. Rio de Janeiro*, nº 1, 2005.

RODRIGUES, Eduardo Azeredo. *O princípio da eficiência à luz da teoria dos princípios*, Rio de Janeiro, Lumen Juris, 2012.

RODRIGUES, Luciana Cordeiro. A concessão do título jurídico de organização social, *RDA*, 232/133, 2003.

RODRIGUES, Marcelo Abelha. *Ação civil pública e meio ambiente*, Rio de Janeiro, Forense Universitária, 2003.

RODRIGUES, Ricardo Schneider. *Os Tribunais de Contas e o controle de políticas públicas*. Maceió: Viva Editora, 2014.

RODRIGUES, Walton Alencar. O controle da regulação no Brasil, *RDA* nº 241, 2005.

ROSA JR., Luiz Emygdio da. *Manual de direito financeiro e de direito tributário*, Rio de Janeiro, Renovar, 1998.

ROSSETTI, José Paschoal. *Introdução à economia*, São Paulo, Atlas, 1988.

SADDY, André. *Curso de direito administrativo brasileiro*, Ed. CEEJ, 2022.

SADDY, André. *Silêncio administrativo no direito brasileiro*. Rio de Janeiro: Forense, 2014.

SALGADO, Plínio. A disponibilidade do servidor: uma visão histórica e atual, *Direito Público*, obra coletiva coordenada por Wagner Junior, Del Rey, 2004.

SALLES, José Carlos Moraes. *A desapropriação à luz da doutrina e da jurisprudência*, São Paulo, Revista dos Tribunais, 1992.

SANDOVAL, Daniela; ACOCELLA, Jéssica. Os desafios do saneamento e os incentivos para o avanço do setor, em *O novo marco regulatório do saneamento básico*, coord. Augusto Neves Dal Pozzo, São Paulo, RT, 2020.

SANTANA, Jair Eduardo; GUIMARÃES, Edgar. *Licitações e o novo estatuto da pequena e microempresa*, Belo Horizonte, Fórum, 2. ed., 2009.

SANTOS, Aricê Moacyr Amaral. Função administrativa, *RDP*, 89, 1989.

SANTOS, Carlos Frederico Brito. *Improbidade administrativa* – reflexões sobre a Lei nº 8.429/1992, Rio de Janeiro, Forense, 2002.

SANTOS, Márcia Walquiria Batista dos. *Temas polêmicos sobre licitações e contratos*, 5. ed., São Paulo, Malheiros, 2001.

SANTOS, Murillo Giordan. *Coisa julgada administrativa*, Minas Gerais, Forum, 2021.

SANTOS, Rodrigo Valgas dos. *Direito administrativo do medo*, São Paulo, RT, 2020.

REFERÊNCIAS BIBLIOGRÁFICAS | 1125

SANTOS, Rodrigo Valgas dos. *Procedimento administrativo nos tribunais de contas e câmaras municipais*, Belo Horizonte, Del Rey, 2006.

SANTOS, Ulderico Pires dos. *Mandado de injunção*, São Paulo, Paumape, 1988.

SARAI, Leandro; BERTOLDI, Thyago de Pieri. Mais é melhor? O papel da advocacia pública como "linha de defesa" nas contratações públicas brasileiras no cenário de disfuncionalidade do controle da administração pública. *RDA* v. 283, n. 2, maio-ago. 2024.

SARAI, Leandro; CABRAL, Flavio Garcia; IWAKURA, Cristiane Rodrigues. O conceito de norma geral de licitação e contratação pública, *RDA*, Ed. FGV, 282/1, 2023.

SCHIRATO, Vítor Rhein. Novas anotações sobre as empresas estatais, *RDA*, 239, 2005.

SEFERJAN, Tatiana Robles. O controle das políticas públicas pelo Poder Judiciário, em *Supremacia do interesse público*, coord. Maria Sylvia di Pietro e Carlos Vinicius Alves Ribeiro, São Paulo, Atlas, 2010.

SIDOU, Othon. *As garantias ativas dos direitos coletivos*, Rio de Janeiro, Forense, 1977.

SILVA, Almiro do Couto e. Responsabilidade pré-negocial e *culpa in contrahendo* no direito administrativo brasileiro, *RDA* 217, 1999.

SILVA, Almiro do Couto e. *O Princípio da Segurança Jurídica*, proteção à confiança no direito público brasileiro e o direito da administração pública de anular seus próprios atos administrativos: o prazo decadencial do art. 54 da lei do processo administrativo da União, Lei nº 9.784/1999, *RDA* nº 237, 2004.

SILVA, Antônio Marcello. *Contratações administrativas*, São Paulo, Revista dos Tribunais, 1971.

SILVA, Cláudio Eduardo Regis de Figueiredo e. *Software e propriedade intelectual na gestão pública*. Rio de Janeiro: Lumen Juris, 2015.

SILVA, José Afonso da. *Direito constitucional positivo*, São Paulo, Malheiros, 1989.

SILVA, Juary. *A responsabilidade do Estado por atos judiciários e legislativos*, São Paulo, Saraiva, 1985.

SILVEIRA, Raquel Dias da. *Profissionalização da função pública*, Belo Horizonte, Fórum, 2009.

SIMÃO, Calil. *Fundações governamentais*, São Paulo, RT, 2014.

SIQUEIRA, Bruno Luiz Weiler. O nexo de causalidade na responsabilidade patrimonial do Estado, *RDA*, 219, 2000.

SIQUEIRA, Hélio de Moraes. *A retrocessão nas desapropriações*, São Paulo, Revista dos Tribunais, 1964.

SLAIBI FILHO, Nagib. *Anotações à Constituição de 1988*, Rio de Janeiro, Forense, 1989.

SOARES, Alexandre Augusto Rocha; CARDOSO, Henrique Ribeiro. Direito subjetivo à regulação eficiente: a natureza dúplice da Análise de Impacto Regulatório, *RDA*, Ed. FGV, 281/2, 2022.

SOBRINHO, Manoel de Oliveira Franco. *Curso de direito administrativo*, São Paulo, Saraiva, 1979.

SODRÉ, Eurico. *A desapropriação*, São Paulo, Saraiva, 1955.

SODRÉ, Eurico. *A desapropriação por necessidade ou utilidade pública*, São Paulo, Saraiva, 1945.

SOUTO, Marcos Juruena Villela. *Licitações e contratos administrativos*, Rio de Janeiro, Esplanada, 1993.

1126 | MANUAL DE DIREITO ADMINISTRATIVO • *Carvalho Filho*

SOUTO, Marcos Juruena Villela. *Desestatização* – privatização, concessões e terceirizações, 2. ed., Rio de Janeiro, Lumen Juris, 1998.

SOUTO, Marcos Juruena Villela. *Aspectos jurídicos do planejamento econômico*, Rio de Janeiro, Lumen Juris, 1997.

SOUTO, Marcos Juruena Villela. *Direito administrativo regulatório*, Rio de Janeiro, Lumen Juris, 2002.

SOUTO, Marcos Juruena Villela. *Direito administrativo da economia*, Rio de Janeiro, Lumen Juris, 3. ed., 2003.

SOUTO, Marcos Juruena Villela. Formas consensuais de composição de conflitos para a exploração de ferrovias, *RDA* nº 253, 2010.

SOUZA, Horácio Augusto Mendes de. *Regulação jurídica do transporte rodoviário de passageiros*, Rio de Janeiro, Lumen Juris, 2003.

SOUZA, Horácio Augusto Mendes de. *Temas de licitações e contratos da administração pública*, Rio de Janeiro, Lumen Juris, 2008.

SOUZA, Rodrigo Pagani de. Licitação nas estatais: levando a natureza empresarial a sério, com Carlos Ari Sundfeld, *RDA* 245, 2000.

SOARES, Alexandre Augusto Rocha; CARDOSO, Henrique Ribeiro. Direito subjetivo à regulação eficiente: a natureza dúplice da Análise de Impacto Regulatório, *RDA*, Ed. FGV, 281/2, 2022.

SPENGLER, Fabiana Marion; EIDT, Elisa Berton. Em busca de uma regra geral para a realização de autocomposição na administração pública: a insuficiência da Lei nº 13.140/2015, *RDA*, Ed. FGV, 281/2, 2022.

STOCCO, Rui. Responsabilidade civil dos notários e registradores, *Seleções jurídicas – COAD*, 1995.

STROPPA, Christianne de Carvalho; FORTINI, Cristiana. *Comentários à Lei de Licitações e Contratos Administrativos*, org. por Christianne de Carvalho Stroppa, v. 2, Forum, 2022.

SUNDFELD, Carlos Ari. *Licitação e contrato administrativo*, São Paulo, Malheiros, 1994.

SUNDFELD, Carlos Ari. Criação, estruturação e extinção de órgãos públicos – limites da lei ao decreto regulamentar, *RDP* nº 97, 1991.

SUNDFELD, Carlos Ari. *Direito administrativo ordenador*, São Paulo, Malheiros, 1997.

SUNDFELD, Carlos Ari; CÂMARA, Jacintho Arruda. Improbidade administrativa de dirigente de empresa estatal, *RTDP* nº 40, 2002.

SUNDFELD, Carlos Ari; SOUZA, Rodrigo Pagani de. As empresas estatais, o concurso público e os cargos em comissão, *RDA* nº 243, São Paulo, Atlas, 2006.

SUNDFELD, Carlos Ari; VORONOFF, Alice. Quem paga pelos riscos dos processos. *RDA*, FGV, edição especial, p. 172-201, out. 2018.

SUNDFELD, Carlos Ari. Licitação nas estatais: levando a natureza empresarial a sério, *RDA* 245, 2007.

SÜSSEKIND, Arnaldo; MARANHÃO, Délio; SEGADAS VIANNA. *Instituições de direito do trabalho*, 11. ed., São Paulo, LTr, 1991.

TÁCITO, Caio. *Direito administrativo*, São Paulo, Saraiva, 1975.

TÁCITO, Caio. Poder de polícia e polícia do poder, *RDA*, 162, 1985.

TÁCITO, Caio. Agências reguladoras da administração, *RDA*, 221, 2000.

TÁCITO, Caio. Revisão administrativa de atos julgados pelos tribunais de contas, *RDA*, nº 53.

REFERÊNCIAS BIBLIOGRÁFICAS 1127

TAVARES, André Ramos. *Tratado da arguição de preceito fundamental*, São Paulo, Saraiva, 2001.

TAVARES, Anna Rita. Desconsideração da pessoa jurídica em matéria licitatória, *RTDP*, 25, 1999.

TELLES, Antônio Queiroz. *Introdução ao direito administrativo*, São Paulo, Revista dos Tribunais, 1995.

TEMER, Michel. *Elementos de direito constitucional*, São Paulo, Revista dos Tribunais, 1989.

THEODORO JÚNIOR, Humberto. *Curso de direito processual civil*, Rio de Janeiro, Forense, 1990.

THEODORO JÚNIOR, Humberto. *Curso de direito processual civil*, 56. ed., Rio de Janeiro, Forense, 2015.

TORRES, Ricardo Lobo. *Curso de direito financeiro e tributário*, Rio de Janeiro, Renovar, 12. ed., 2005.

TORRINHA, Francisco. *Dicionário latino-português*, Porto, Maránus, 1945.

TOURINHO, Rita. O desvio de finalidade na ação expropriatória: interpretação sistemática do Decreto-lei n° 3.365/41, *RDA* n° 238/2004.

TOURINHO, Rita. *Concurso público*, Rio de Janeiro, Lumen Juris, 2008.

TOURINHO, Rita. *Discricionariedade administrativa*, Rio de Janeiro, Juruá, 2. ed., 2009.

TUCCI, José Rogério Cruz e. *Class action e mandado de segurança coletivo*, São Paulo, Saraiva, 1990.

VALIM, Rafael. *O princípio da segurança jurídica no direito administrativo brasileiro*, São Paulo, Malheiros, 2010.

VALLE, Vanice Regina Lírio do. A reforma administrativa que ainda não veio: dever estatal de fomento à cidadania ativa e à governança, *RDA* n° 252, FGV, set./dez, 2009.

VANZELLA, Rafael Domingos Faiardo; BORGES, Jéssica Suruagy Amaral, Notas sobre a prestação regionalizada dos serviços públicos de saneamento básico, em *O novo marco regulatório do saneamento básico*, obra colet., São Paulo, RT, 2020.

VEDEL, Georges. *Droit administratif*, Paris, Presses Univ. de France, 1976.

VELLOSO, Leandro. *Resumo de direito administrativo*, Rio de Janeiro, Impetus, 2007.

VELOSO, Zeno. Inaplicabilidade do limite máximo de 65 anos de idade para o preenchimento do cargo de desembargador a ser provido pelo quinto constitucional, *RTDP* n° 28, 1999.

VENOSA, Sílvio de Salvo. *Direito Civil*, São Paulo, Atlas, vários volumes.

VERAS, Rafael. A concessão de florestas e o desenvolvimento sustentável, *Revista de Direito Público da Economia*, n° 26, 2009.

VIDIGAL, Luiz Eulálio Bueno. Mandado de segurança, *RF* 139.

VIEIRA, Danilo Miranda. Margens de preferência nas contratações públicas e promoção do desenvolvimento econômico, *RDA*, Ed. FGV, 282/1, 2023.

VIEIRA, Raphael Diógenes Serafim. *Servidor público temporário*, Viçosa, UFV, 2007.

VITTA, Heraldo Garcia. Atos administrativos. Invalidações. Classificação, *RDA* 221, 2000.

WAGNER, José Luiz; CASSEL, Rudi Meira. Correção monetária de débitos judiciais referentes à remuneração dos servidores públicos federais, *RDA* 215, 1999.

WALD, Arnoldo; MORAES, Luiza Rangel de. Agências reguladoras, *Revista de Informação Legislativa* (DF), jan./mar. 1999.

WALD, Arnoldo; MENDES, Gilmar Ferreira. Competência para julgar a improbidade administrativa, *Revista de Informação Legislativa*, nº 138, 1998.

WALINE, Marcel. *Droit administratif*, Paris, Librairie du Recueil Sirey, 1963.

WAMBIER, Teresa Arruda Alvim; CONCEIÇÃO, Maria Lucia Lins; RIBEIRO, Leonardo Ferres da Silva; MELLO, Rogerio Licastro Torres de. *Primeiros comentários ao novo Código de Processo Civil*, São Paulo, RT, 2015.

WILLEMAN, Flávio de Araújo. *Responsabilidade civil do Estado por risco jurisdicional anormal no Brasil*, CEEJ (RJ), 2023.

WILLEMAN, Flávio de Araújo. *Responsabilidade civil das agências reguladoras*, Rio de Janeiro, Lumen Juris, 2005.

WILLEMAN, Flávio de Araújo. *Temas de direito público*, Rio de Janeiro, Lumen Juris, 2017.

WILLEMAN, Mariana Montebello. *"Accountability" democrática e o desenho institucional dos Tribunais de Contas no Brasil*, Belo Horizonte, Fórum, 2017.

ZAGO, Mariana Fontão; MARQUES NETO, Floriano de Azevedo. Decadência da autotutela administrativa: a proteção do ato administrativo e de seus efeitos jurídicos, *RDA*, Ed. FGV, v. 281, nº 3, set.-dez. 2022.

ZANCANER, Weida. *Da convalidação e da invalidação dos atos administrativos*, São Paulo, Malheiros, 1996.

ZANCANER, Weida. *Responsabilidade extracontratual do Estado*, São Paulo, Revista dos Tribunais, 1981.

ZARDO, Francisco. Infrações e sanções administrativas na Lei nº 13.303/16, *Estatuto jurídico das empresas estatais*, coord. Augusto Neves Dal Pozzo e Ricardo Marcondes Martins, São Paulo, Contracorrente, 2018.

ZOCKUN, Carolina Zancaner. *Da terceirização na administração pública*, São Paulo, Malheiros, 2014.

ZOCKUN, Maurício. A participação do administrado na administração e o preenchimento de cargo nos tribunais administrativos, *Corrupção, ética e moralidade administrativa* obra coletiva organizada pelo autor, Renata Porto Adri e Luis Manuel Fonseca Pires, Belo Horizonte, Fórum, 2008.

ZOCKUN, Maurício. *Responsabilidade patrimonial do Estado*, São Paulo, Malheiros, 2010.